Maxiletra LETRAS GRANDES

Consolidação das Leis do Trabalho

As atualizações de 2023 e 2024 encontram-se destacadas em negrito e itálico.
Para acesso exclusivo às atualizações *on-line*, acesse o *site*:

www.apprideel.com.br

ORGANIZAÇÃO:
Cléber Sales e
Rodrigo Dias da Fonseca

Maxiletra LETRAS GRANDES

Consolidação das Leis do Trabalho

- Constituição Federal
- Legislação
- Código

30ª EDIÇÃO
2024

CF:
atualizada até a EC nº 132/2023

ATUALIZAÇÃO On-line

EDITORA RIDEEL
Quem tem Rideel tem mais.

Expediente

Fundador	Italo Amadio (*in memoriam*)
Diretora Editorial	Katia Amadio
Equipe Técnica	Giovanna Homma Mayara Sobrane
Editora	Mônica Ibiapino
Revisão	Equipe Rideel
Projeto Gráfico	Sergio A. Pereira
Diagramação	Sheila Fahl/Projeto e Imagem

Elaboração das notas remissivas até a 29ª edição:
Fabiano Coelho de Souza e Platon Teixeira de Azevedo Neto

Dados Internacionais de Catalogação na Publicação (CIP)
Angélica Ilacqua CRB-8/7057

Brasil
Consolidação das leis do trabalho / Rodrigo Dias da Fonseca e Cléber Sales, organização. – 30. ed. – São Paulo : Rideel, 2024.
(Maxiletra)

Inclui Constituição Federal e Legislação.
ISBN 978-85-339-6203-3

1. Trabalho – Leis e legislação – Brasil I. Fonseca, Rodrigo Dias da II. Sales, Cléber III. Título IV. Série

CDD 344.8101
24-0089 CDU 34:331(81)(094)

Índice para catálogo sistemático:
1. Brasil : Legislação : Leis trabalhistas

Edição Atualizada até 15-1-2024

e-mail: sac@rideel.com.br
www.editorarideel.com.br

1 3 5 7 9 8 6 4 2
0 2 2 4

ÍNDICE GERAL DA OBRA

APRESENTAÇÃO

A Editora Rideel, empresa nacionalmente reconhecida por sua destacada atuação e pioneirismo na área de publicação de legislação, vem mais uma vez revolucionar o mercado editorial com a **Coleção de Legislação Maxiletra 2024**.

Baseada nas já renomadas e consagradas edições de sua coleção de legislação, obras que são ininterruptamente editadas desde a década de 1990, esta coleção possui projeto gráfico que traz a **letra 50% maior** do que a das edições anteriores (publicadas até 2017). Além do aumento no tamanho da letra, **a fonte também foi trocada e está mais legível e o espaço entre letras e parágrafos também foi aumentado**.

A **Coleção Maxiletra abrange os mais diversos ramos do Direito e é composta de 16 títulos**: • Constituição Federal • Código Civil • Código Comercial • Código de Processo Civil • Código Penal • Código de Processo Penal • Código Penal Militar e Código de Processo Penal Militar • Código de Defesa do Consumidor • Código Tributário Nacional • Código Eleitoral • Código de Trânsito Brasileiro • Consolidação das Leis do Trabalho • Legislação de Direito Previdenciário • Legislação de Direito Administrativo • Legislação de Direito Ambiental • Legislação de Direito Internacional.

O projeto gráfico e a organização conjugam praticidade e comodidade e os **diversos facilitadores de consulta** continuam sendo um diferencial desta obra, apreciados pelos operadores, professores e acadêmicos do Direito, a saber:

- Índice Cronológico Geral, contendo todos os diplomas legais publicados na obra;
- Notas remissivas a outros artigos, diplomas legais e súmulas;
- Índices Sistemático e Alfabético-Remissivo para cada Código;
- Índices por assuntos da legislação extravagante;
- Atualizações de 2023 e 2024 em destaque;
- Tarjas laterais identificativas das seções; e
- Indicação do número dos artigos no cabeçalho dos Códigos e do número das leis no cabeçalho da legislação.

Todos os diplomas legais estão **rigorosamente atualizados até a data indicada na página IV** dos livros e a Rideel oferece, gratuitamente, as atualizações publicadas até 31 de outubro de 2024, no *site* www.apprideel.com.br. Basta acessar e inserir o ISBN da obra.

Esta Editora, sempre empenhada em oferecer o melhor produto, continua seguindo seus objetivos de constante aprimoramento e atualização, mantendo-se sempre receptiva às críticas e às sugestões que podem ser feitas pelo *e-mail*: sac@rideel.com.br

O Editor

LISTA DE ABREVIATURAS

ADCT	Ato das Disposições Constitucionais Transitórias
ADIN	Ação Direta de Inconstitucionalidade
Art.	Artigo
Arts.	Artigos
CADE	Conselho Administrativo de Defesa Econômica
c/c	combinado com
CC/1916	Código Civil de 1916
CC/2002	Código Civil de 2002
CCom.	Código Comercial
CDC	Código de Defesa do Consumidor
CEF	Caixa Econômica Federal
CF	Constituição Federal de 1988
CGJT	Corregedoria-Geral da Justiça do Trabalho
CLT	Consolidação das Leis do Trabalho
CP	Código Penal
CPC/1973	Código de Processo Civil de 1973
CPC/2015	Código de Processo Civil de 2015
CPP	Código de Processo Penal
CTN	Código Tributário Nacional
CTVV	Convenção de Viena sobre Trânsito Viário
Dec.	Decreto
Dec.-lei	Decreto-lei
Del.	Deliberação
DOU	Diário Oficial da União
DSST	Departamento de Segurança e Saúde no Trabalho
EC	Emenda Constitucional
ECA	Estatuto da Criança e do Adolescente
ECR	Emenda Constitucional de Revisão
ER	Emenda Regimental
FAT	Fundo de Amparo ao Trabalhador
FGTS	Fundo de Garantia do Tempo de Serviço
IN	Instrução Normativa
LC	Lei Complementar
LCP	Lei das Contravenções Penais
LEP	Lei de Execução Penal
LINDB	Lei de Introdução às normas do Direito Brasileiro (Dec.-Lei nº 4.657, de 4-9-1942)
MP	Medida Provisória
MPAS	Ministério da Previdência e Assistência Social
MTE	Ministério do Trabalho e Emprego
OAB	Ordem dos Advogados do Brasil
OIT	Organização Internacional do Trabalho
OJ	Orientação Jurisprudencial
Port.	Portaria
Res.	Resolução
Res. Adm.	Resolução Administrativa
Res. Norm.	Resolução Normativa
RFB	Secretaria da Receita Federal do Brasil
RISTF	Regimento Interno do Supremo Tribunal Federal
RISTJ	Regimento Interno do Superior Tribunal de Justiça
SDC	Seção de Dissídios Coletivos
SDE	Secretaria de Direito Econômico
SDI	Seção de Dissídios Individuais
SEAE	Secretaria de Acompanhamento Econômico
SEPRT	Secretaria Especial de Previdência e Trabalho do Ministério da Economia
SIT	Secretaria de Inspeção do Trabalho
SRT	Secretaria de Relações do Trabalho
STF	Supremo Tribunal Federal
STJ	Superior Tribunal de Justiça
Súm.	Súmula
TDA	Títulos da Dívida Agrária
TFR	Tribunal Federal de Recursos
TJ	Tribunal de Justiça
TRF	Tribunal Regional Federal
TRT	Tribunal Regional do Trabalho
TST	Tribunal Superior do Trabalho

Índice Cronológico da Legislação por Tipo de Ato Normativo

Emendas Constitucionais

Leis Complementares

Decretos-Leis

Índice Cronológico

Leis

Decretos

Instruções Normativas

* Ementa Rideel – texto não oficial.
**Ementa Rideel – texto não oficial.

Constituição Federal

Índice Sistemático da Constituição da República Federativa do Brasil

PREÂMBULO

TÍTULO I – DOS PRINCÍPIOS FUNDAMENTAIS

TÍTULO II – DOS DIREITOS E GARANTIAS FUNDAMENTAIS

TÍTULO III – DA ORGANIZAÇÃO DO ESTADO

TÍTULO IV – DA ORGANIZAÇÃO DOS PODERES

TÍTULO V – DA DEFESA DO ESTADO E DAS INSTITUIÇÕES DEMOCRÁTICAS

TÍTULO VI – DA TRIBUTAÇÃO E DO ORÇAMENTO

TÍTULO VII – DA ORDEM ECONÔMICA E FINANCEIRA

TÍTULO VIII – DA ORDEM SOCIAL

TÍTULO IX – DAS DISPOSIÇÕES CONSTITUCIONAIS GERAIS

ATO DAS DISPOSIÇÕES CONSTITUCIONAIS TRANSITÓRIAS

CONSTITUIÇÃO DA REPÚBLICA FEDERATIVA DO BRASIL

PREÂMBULO

Nós, representantes do povo brasileiro, reunidos em Assembleia Nacional Constituinte para instituir um Estado Democrático, destinado a assegurar o exercício dos direitos sociais e individuais, a liberdade, a segurança, o bem-estar, o desenvolvimento, a igualdade e a justiça como valores supremos de uma sociedade fraterna, pluralista e sem preconceitos, fundada na harmonia social e comprometida, na ordem interna e internacional, com a solução pacífica das controvérsias, promulgamos, sob a proteção de Deus, a seguinte CONSTITUIÇÃO DA REPÚBLICA FEDERATIVA DO BRASIL.

- ▶ Publicada no *DOU* nº 191-A, de 5-10-1988.

TÍTULO I – DOS PRINCÍPIOS FUNDAMENTAIS

Art. 1º A República Federativa do Brasil, formada pela união indissolúvel dos Estados e Municípios e do Distrito Federal, constitui-se em Estado Democrático de Direito e tem como fundamentos:

- ▶ No plebiscito realizado em 21-4-1993, disciplinado na EC nº 2, de 25-8-1992, foram mantidos a república e o presidencialismo, como forma e sistema de governo, respectivamente.
- ▶ Arts.18, *caput*, e 60, § 4º, I e II, desta Constituição.

I – a soberania;

- ▶ Arts. 20, VI, 21, I e III, 84, VII, VIII, XIX e XX, desta Constituição.
- ▶ Arts. 36, *caput*, 237, I a III, 260 e 263 do CPC/2015.
- ▶ Arts. 780 a 790 do CPP.
- ▶ Arts. 215 a 229 do RISTF.

II – a cidadania;

- ▶ Arts. 5º, XXXIV, LIV, LXXI, LXXIII e LXXVII, e 60, § 4º, desta Constituição.
- ▶ Lei nº 9.265, de 12-2-1996, estabelece a gratuidade dos atos necessários ao exercício da cidadania.
- ▶ Lei nº 10.835, de 8-1-2004, institui a renda básica da cidadania.

III – a dignidade da pessoa humana;

- ▶ Arts. 5º, XLII, XLIII, XLVIII, XLIX, L, 34, VII, *b*, 226, § 7º, 227 e 230 desta Constituição.
- ▶ Art. 8º, III, da Lei nº 11.340, de 7-8-2006 (Lei que Coíbe a Violência Doméstica e Familiar Contra a Mulher).
- ▶ Dec. nº 10.088, de 5-11-2019, consolida atos normativos editados pelo Poder Executivo Federal que dispõem sobre a promulgação de convenções e recomendações da Organização Internacional do Trabalho – OIT ratificadas pela República Federativa do Brasil.
- ▶ Súmulas Vinculantes nºs 6, 11 e 14 do STF.

IV – os valores sociais do trabalho e da livre iniciativa;

- ▶ Arts. 6º a 11 e 170 desta Constituição.

V – o pluralismo político.

- ▶ Art. 17 desta Constituição.
- ▶ Lei nº 9.096, de 19-9-1995 (Lei dos Partidos Políticos).

Parágrafo único. Todo o poder emana do povo, que o exerce por meio de representantes eleitos ou diretamente, nos termos desta Constituição.

- ▶ Arts. 14, 27, § 4º, 29, XIII, 60, § 4º, II, e 61, § 2º, desta Constituição.
- ▶ Art. 1º da Lei nº 9.709, de 19-11-1998, que regulamenta a execução do disposto nos incisos I, II e III do art. 14 desta Constituição.

Art. 2º São Poderes da União, independentes e harmônicos entre si, o Legislativo, o Executivo e o Judiciário.

- ▶ Art. 60, § 4º, III, desta Constituição.
- ▶ Súm. Vinc. nº 37 do STF.
- ▶ Súm. nº 649 do STF.

Art. 3º Constituem objetivos fundamentais da República Federativa do Brasil:

I – construir uma sociedade livre, justa e solidária;

- ▶ Art. 29, 1, *d*, do Dec. nº 99.710, de 21-11-1990, que promulga a convenção sobre os direitos das crianças.
- ▶ Art. 10, 1, do Dec. nº 591, de 6-7-1992, que promulga o Pacto Internacional Sobre Direitos Econômicos, Sociais e Culturais.

II – garantir o desenvolvimento nacional;

- ▶ Arts. 23, parágrafo único, e 174, § 1º, desta Constituição.

III – erradicar a pobreza e a marginalização e reduzir as desigualdades sociais e regionais;

- ▶ Arts. 23, X, e 214 desta Constituição.
- ▶ Arts. 79 a 81 do ADCT.
- ▶ LC nº 111, de 6-7-2001, dispõe sobre o Fundo de Combate e Erradicação da Pobreza.

IV – promover o bem de todos, sem preconceitos de origem, raça, sexo, cor, idade e quaisquer outras formas de discriminação.

- ▶ Art. 4º, VIII, desta Constituição.
- ▶ Lei nº 7.716, de 5-1-1989 (Lei do Racismo).
- ▶ Lei nº 8.081, de 21-9-1990, dispõe sobre os crimes e penas aplicáveis aos atos discriminatórios ou de preconceito de raça, cor, religião, etnia ou procedência nacional, praticados pelos meios de comunicação ou por publicação de qualquer natureza.
- ▶ Lei nº 11.340, de 7-8-2006 (Lei que Coíbe a Violência Doméstica e Familiar Contra a Mulher).
- ▶ Lei nº 12.288, de 20-7-2010 (Estatuto da Igualdade Racial).
- ▶ Dec. nº 3.956, de 8-10-2001, promulga a Convenção Interamericana para Eliminação de Todas as Formas de Discriminação contra as Pessoas Portadoras de Deficiência.
- ▶ Dec. nº 4.377, de 13-9-2002, promulga a Convenção sobre a Eliminação de Todas as Formas de Discriminação contra a Mulher, de 1979.
- ▶ Dec. nº 4.886, de 20-11-2003, dispõe sobre a Política Nacional de Promoção de Igualdade Racial – PNPIR.
- ▶ Dec. nº 7.388, de 9-12-2010, dispõe sobre a composição, estruturação, competências e funcionamento do Conselho Nacional de Combate à Discriminação – CNCD.
- ▶ Dec. nº 10.088, de 5-11-2019, consolida atos normativos editados pelo Poder Executivo Federal que dispõem sobre a promulgação de convenções e recomendações da Organização Internacional do Trabalho – OIT ratificadas pela República Federativa do Brasil.
- ▶ O STF, por unanimidade de votos, julgou procedentes a ADPF nº 132 (como ação direta de inconstitucionalidade) e a ADIN nº 4.277, com eficácia *erga omnes* e efeito vinculante, para dar ao art. 1.723 do CC interpretação conforme à CF para dele excluir qualquer significado que impeça o reconhecimento da união contínua, pública e duradoura entre pessoas do mesmo sexo como entidade familiar (*DOU* de 13-5-2011).

Art. 4º A República Federativa do Brasil rege-se nas suas relações internacionais pelos seguintes princípios:

- ▶ Arts. 21, I, e 84, VII e VIII, desta Constituição.
- ▶ Art. 39, V, da Lei nº 9.082 de 25-7-1995, que dispõe sobre a intensificação das relações internacionais do Brasil com os seus parceiros comerciais, em função de um maior apoio do Banco do Brasil S.A. ao financiamento dos setores exportador e importador.

I – independência nacional;

- ▶ Arts. 78, *caput*, e 91, § 1º, III e IV, desta Constituição.
- ▶ Lei nº 8.183, de 11-4-1991, dispõe sobre a organização e o funcionamento do Conselho de Defesa Nacional, regulamentada pelo Dec. nº 893, de 12-8-1993.

II – prevalência dos direitos humanos;

- ▶ Dec. nº 678, de 6-11-1992, promulga a Convenção Americana sobre Direitos Humanos – Pacto de São José da Costa Rica.
- ▶ Dec. nº 4.463, de 8-11-2002, dispõe sobre a declaração de reconhecimento da competência obrigatória da Corte Interamericana em todos os casos relativos à interpretação ou aplicação da Convenção Americana sobre Diretos Humanos.

III – autodeterminação dos povos;

IV – não intervenção;

V – igualdade entre os Estados;

VI – defesa da paz;

VII – solução pacífica dos conflitos;

VIII – repúdio ao terrorismo e ao racismo;

- ▶ Art. 5º, XLII e XLIII, desta Constituição.
- ▶ Lei nº 7.716, de 5-1-1989 (Lei do Racismo).
- ▶ Lei nº 8.072, de 25-7-1990 (Lei dos Crimes Hediondos).
- ▶ Dec. nº 5.639, de 26-12-2005, promulga a Convenção Interamericana contra o Terrorismo.

IX – cooperação entre os povos para o progresso da humanidade;

X – concessão de asilo político.

- ▶ Lei nº 9.474, de 22-7-1997, define mecanismos para a implementação do Estatuto dos Refugiados de 1951.
- ▶ Dec. nº 55.929, de 14-4-1965, promulgou a Convenção sobre Asilo Territorial.

Parágrafo único. A República Federativa do Brasil buscará a integração econômica, política, social e cultural dos povos da América Latina, visando à formação de uma comunidade latino-americana de nações.

- ▶ Dec. nº 350, de 21-11-1991, promulgou o Tratado de Assunção que estabeleceu o Mercado Comum entre o Brasil, Paraguai, Argentina e Uruguai – MERCOSUL.
- ▶ Dec. nº 922, de 10-9-1993, promulga o Protocolo para Solução de Controvérsias no âmbito do Mercado Comum do Sul – MERCOSUL.

TÍTULO II – DOS DIREITOS E GARANTIAS FUNDAMENTAIS

CAPÍTULO I

DOS DIREITOS E DEVERES INDIVIDUAIS E COLETIVOS

Art. 5º Todos são iguais perante a lei, sem distinção de qualquer natureza, garantindo-se aos brasileiros e aos estrangeiros residentes no País a inviolabilidade do direito à vida, à liberdade, à igualdade, à segurança e à propriedade, nos termos seguintes:

- Arts. 5º, §§ 1º e 2º, 14, *caput*, e 60, § 4º, IV, desta Constituição.
- Art. 7º do CPC/2015.
- Lei nº 1.542, de 5-1-1952, dispõe sobre o casamento dos funcionários da carreira de diplomata com pessoa de nacionalidade estrangeira.
- Lei nº 5.709, de 7-10-1971, regula a aquisição de imóvel rural por estrangeiro residente no país ou pessoa jurídica estrangeira autorizada a funcionar no Brasil.
- Lei nº 13.445, de 24-5-2017 (Lei de Migração).
- Arts. 4º e 24 do Pacto de São José da Costa Rica.
- Dec. nº 10.088, de 5-11-2019, consolida atos normativos editados pelo Poder Executivo Federal que dispõem sobre a promulgação de convenções e recomendações da Organização Internacional do Trabalho – OIT ratificadas pela República Federativa do Brasil.
- Súmulas Vinculantes nºs 6, 11, 34 e 37 do STF.
- Súm. nº 683 do STF.

I – homens e mulheres são iguais em direitos e obrigações, nos termos desta Constituição;

- Arts. 143, § 2º, e 226, § 5º, desta Constituição.
- Art. 372 da CLT.
- Art. 4º da Lei nº 8.159, de 8-1-1991, que dispõe sobre a política nacional de arquivos públicos e privados.
- Lei nº 9.029, de 13-4-1995, proíbe a exigência de atestado de gravidez e esterilização e outras práticas discriminatórias, para efeitos admissionais ou de permanência da relação jurídica de trabalho.
- Lei nº 12.318, de 26-8-2010 (Lei da Alienação Parental).
- Dec. nº 678, de 6-11-1992, promulga a Convenção Americana sobre Direitos Humanos – Pacto de São José da Costa Rica.
- Dec. nº 4.377, de 13-9-2002, promulga a Convenção sobre a Eliminação de todas as Formas de Discriminação contra a Mulher, de 1979.
- Dec. nº 10.088, de 5-11-2019, consolida atos normativos editados pelo Poder Executivo Federal que dispõem sobre a promulgação de convenções e recomendações da Organização Internacional do Trabalho – OIT ratificadas pela República Federativa do Brasil.
- Port. do MTE nº 1.246, de 28-5-2010, orienta as empresas e os trabalhadores em relação à testagem relacionada ao vírus da imunodeficiência adquirida – HIV.

II – ninguém será obrigado a fazer ou deixar de fazer alguma coisa senão em virtude de lei;

- Arts. 14, § 1º, I, e 143 desta Constituição.
- Súm. Vinc. nº 37 do STF.
- Súmulas nºs 636 e 686 do STF.

III – ninguém será submetido a tortura nem a tratamento desumano ou degradante;

- Incisos XLIII, XLVII, *e*, XLIX, LXII, LXIII, LXV e LXVI deste artigo.
- Arts. 2º e 8º da Lei nº 8.072, de 25-7-1990 (Lei dos Crimes Hediondos).
- Lei nº 9.455, de 7-4-1997 (Lei dos Crimes de Tortura).
- Lei nº 12.847, de 2-8-2013, institui o Sistema Nacional de Prevenção e Combate à Tortura; cria o Comitê Nacional de Prevenção e Combate à Tortura e o Mecanismo Nacional de Prevenção e Combate à Tortura.
- Art. 13 da Lei nº 13.869, de 5-9-2019 (Lei do Abuso de Autoridade).
- Dec. nº 40, de 15-2-1991, promulga a Convenção contra a Tortura e Outros Tratamentos ou Penas Cruéis, Desumanos ou Degradantes.
- Art. 5º, nº 2, do Pacto de São José da Costa Rica.
- Súm. Vinc. nº 11 do STF.

IV – é livre a manifestação do pensamento, sendo vedado o anonimato;

- Art. 220, § 1º, desta Constituição.
- Art. 6º, XIV, *e*, da LC nº 75, de 20-5-1993 (Lei Orgânica do Ministério Público da União).
- Art. 1º da Lei nº 7.524 de 17-7-1986, que dispõe sobre a manifestação, por militar inativo, de pensamento e opinião políticos e filosóficos.
- Art. 2º, *a*, da Lei nº 8.389, de 30-12-1991, que institui o Conselho Nacional de Comunicação Social.
- Art. 13 do Pacto de São José da Costa Rica.

V – é assegurado o direito de resposta, proporcional ao agravo, além da indenização por dano material, moral ou à imagem;

- Art. 220, § 1º, desta Constituição.
- Lei nº 7.524, de 17-7-1986, dispõe sobre a manifestação, por militar inativo, de pensamento e opinião políticos ou filosóficos.
- Art. 6º da Lei nº 8.159, de 8-1-1991, que dispõe sobre a Política Nacional de arquivos públicos e privados.

- ▶ Dec. nº 1.171, de 22-6-1994, aprova o código de ética profissional do servidor público civil do Poder Executivo Federal.
- ▶ Art. 14 do Pacto de São José da Costa Rica.
- ▶ Súmulas nºs 37, 227, 362, 387, 388 e 403 do STJ.

VI – é inviolável a liberdade de consciência e de crença, sendo assegurado o livre exercício dos cultos religiosos e garantida, na forma da lei, a proteção aos locais de culto e a suas liturgias;

- ▶ Arts. 208 a 212 do CP.
- ▶ Art. 24 da LEP.
- ▶ Arts. 16, II, e 124, XIV, do ECA.
- ▶ Art. 39 da Lei nº 8.313, de 23-12-1991, que restabelece princípios da Lei nº 7.505, de 2-7-1986, institui o Programa Nacional de Apoio a Cultura – PRONAC.
- ▶ Arts. 23 a 26 da Lei nº 12.288, de 20-7-2010 (Estatuto da Igualdade Racial).
- ▶ Lei nº 13.869, de 5-9-2019 (Lei do Abuso de Autoridade).
- ▶ Art. 12, 1, do Pacto de São José da Costa Rica.

VII – é assegurada, nos termos da lei, a prestação de assistência religiosa nas entidades civis e militares de internação coletiva;

- ▶ Art. 24 da LEP.
- ▶ Art. 124, XIV, do ECA.
- ▶ Lei nº 6.923, de 29-6-1981, dispõe sobre o serviço de assistência religiosa nas Forças Armadas.
- ▶ Lei nº 9.982, de 14-7-2000, dispõe sobre prestação de assistência religiosa nas entidades hospitalares públicas e privadas, bem como nos estabelecimentos prisionais civis e militares.

VIII – ninguém será privado de direitos por motivo de crença religiosa ou de convicção filosófica ou política, salvo se as invocar para eximir-se de obrigação legal a todos imposta e recusar-se a cumprir prestação alternativa, fixada em lei;

- ▶ Arts. 15, IV, e 143, §§ 1º e 2º, desta Constituição.
- ▶ Lei nº 7.210 de 11-7-1984 (Lei de Execução Penal).
- ▶ Lei nº 8.239, de 4-10-1991, dispõe sobre a prestação de serviço alternativo ao serviço militar obrigatório.
- ▶ Dec.-lei nº 1.002, de 21-10-1969 (Código de Processo Penal Militar).
- ▶ Art. 12 do Pacto de São José da Costa Rica.

IX – é livre a expressão da atividade intelectual, artística, científica e de comunicação, independentemente de censura ou licença;

- ▶ Art. 220, § 2º, desta Constituição.
- ▶ Art. 5º, *d*, da LC nº 75, de 20-5-1993 (Lei Orgânica do Ministério Público da União).
- ▶ Art. 39 da Lei nº 8.313, de 23-12-1991, que restabelece princípios da Lei nº 7.505, de 2-7-1986, institui o Programa Nacional de Apoio a Cultura – PRONAC.
- ▶ Lei nº 9.456, de 25-4-1997, institui a Lei de Proteção de Cultivares.
- ▶ Lei nº 9.609, de 19-2-1998, dispõe sobre a proteção da propriedade intelectual de programa de computador e sua comercialização no país.
- ▶ Lei nº 9.610, de 19-2-1998 (Lei de Direitos Autorais).

X – são invioláveis a intimidade, a vida privada, a honra e a imagem das pessoas, assegurado o direito à indenização pelo dano material ou moral decorrente de sua violação;

- ▶ Art. 37, § 3º, II, desta Constituição.
- ▶ Arts. 4º e 6º da Lei nº 8.159, de 8-1-1981, que dispõe sobre a Política Nacional de Arquivos Públicos e Privados.
- ▶ Art. 30, V, da Lei nº 8.935, de 18-11-1994 (Lei dos Serviços Notariais e de Registro).
- ▶ Art. 101, § 1º, da Lei nº 11.101, de 9-2-2005 (Lei de Recuperação de Empresas e Falências).
- ▶ Art. 11, 2, do Pacto de São José da Costa Rica.
- ▶ Súm. Vinc. nº 11 do STF.
- ▶ Súm. nº 714 do STF.
- ▶ Súmulas nºs 227, 387, 388, 403 e 420 do STJ.

XI – a casa é asilo inviolável do indivíduo, ninguém nela podendo penetrar sem consentimento do morador, salvo em caso de flagrante delito ou desastre, ou para prestar socorro, ou, durante o dia, por determinação judicial;

- ▶ Art. 212, § 2º, do CPC/2015.
- ▶ Art. 150, §§ 1º a 5º, do CP.
- ▶ Art. 283 do CPP.
- ▶ Art. 226, §§ 1º a 5º, do CPM.
- ▶ Art. 11 do Pacto de São José da Costa Rica.

XII – é inviolável o sigilo da correspondência e das comunicações telegráficas, de dados e das comunicações telefônicas, salvo, no último caso, por ordem judicial, nas hipóteses e na forma que a lei estabelecer para fins de investigação criminal ou instrução processual penal;

- ▶ Arts.136, § 1º, I, *b* e c, e 139, III, desta Constituição.
- ▶ Arts. 151 a 152 do CP.
- ▶ Art. 233 do CPP.
- ▶ Art. 227 do CPM.
- ▶ Art. 6º, XVIII, *a*, da LC nº 75, de 20-5-1993 (Lei Orgânica do Ministério Público da União).
- ▶ Arts. 55 a 57 da Lei nº 4.117, de 24-8-1962 (Código Brasileiro de Telecomunicações).

► Lei nº 6.538, de 22-6-1978, dispõe sobre os serviços postais.

► Art. 7º, II, da Lei nº 8.906, de 4-7-1994 (Estatuto da Advocacia e da OAB).

► Lei nº 9.296, de 24-7-1996 (Lei das Interceptações Telefônicas).

► Lei nº 13.869, de 5-9-2019 (Lei do Abuso de Autoridade).

► Art. 11 do Pacto de São José da Costa Rica.

► Dec. nº 3.505, de 13-6-2000, institui a Política de Segurança da Informação nos órgãos e entidades da Administração Pública Federal.

► Res. do CNJ nº 59, de 9-9-2008, disciplina e uniformiza as rotinas visando ao aperfeiçoamento do procedimento de interceptação de comunicações telefônicas e de sistemas de informática e telemática nos órgãos jurisdicionais do Poder Judiciário.

XIII – é livre o exercício de qualquer trabalho, ofício ou profissão, atendidas as qualificações profissionais que a lei estabelecer;

► Arts. 170 e 220, § 1º, desta Constituição.

► Art. 6º do Pacto de São José da Costa Rica.

XIV – é assegurado a todos o acesso à informação e resguardado o sigilo da fonte, quando necessário ao exercício profissional;

► Art. 220, § 1º, desta Constituição.

► Art. 154 do CP.

► Art. 8º, § 2º, da LC nº 75, de 20-5-1993 (Lei Orgânica do Ministério Público da União).

► Art. 6º da Lei nº 8.394, de 30-12-1991, que dispõe sobre a preservação, organização e proteção dos acervos documentais privados dos Presidentes da República.

► O STF, ao julgar a ADPF nº 130, declarou como não recepcionada pela Constituição de 1988 a Lei de Imprensa (Lei nº 5.250/1967).

XV – é livre a locomoção no território nacional em tempo de paz, podendo qualquer pessoa, nos termos da lei, nele entrar, permanecer ou dele sair com seus bens;

► Arts. 109, X, e 139 desta Constituição.

► Art. 2º, III, da Lei nº 7.685, de 2-12-1988, que dispõe sobre o registro provisório para o estrangeiro em situação ilegal em território nacional.

► Lei nº 13.869, de 5-9-2019 (Lei do Abuso de Autoridade).

► Art. 22 do Pacto de São José da Costa Rica.

XVI – todos podem reunir-se pacificamente, sem armas, em locais abertos ao público, independentemente de autorização, desde que não frustrem outra reunião anteriormente convocada para o mesmo local, sendo apenas exigido prévio aviso à autoridade competente;

► Arts. 109, X, 136, § 1º, I, *a*, e 139, IV, desta Constituição.

► Art. 2º, III, da Lei nº 7.685, de 2-12-1988, que dispõe sobre o registro provisório para o estrangeiro em situação ilegal em território nacional.

► Lei nº 13.869, de 5-9-2019 (Lei do Abuso de Autoridade).

► Art. 21 do Dec. nº 592, de 6-7-1992, que promulga o Pacto Internacional sobre Direitos Civis e Políticos.

► Art. 15 do Pacto de São José da Costa Rica.

XVII – é plena a liberdade de associação para fins lícitos, vedada a de caráter paramilitar;

► Arts. 8º, 17, § 4º, e 37, VI, desta Constituição.

► Art. 199 do CP.

► Art. 117, VII, da Lei nº 8.112, de 11-12-1990 (Estatuto dos Servidores Públicos Civis da União, Autarquias e Fundações Públicas Federais).

► Lei nº 13.869, de 5-9-2019 (Lei do Abuso de Autoridade).

► Art. 16 do Pacto de São José da Costa Rica.

XVIII – a criação de associações e, na forma da lei, a de cooperativas independem de autorização, sendo vedada a interferência estatal em seu funcionamento;

► Arts. 8º, I, e 37, VI, desta Constituição.

► Lei nº 5.764, de 16-12-1971 (Lei das Cooperativas).

► Lei nº 9.867, de 10-11-1999, dispõe sobre a criação e o funcionamento de Cooperativas Sociais, visando à integração social dos cidadãos.

XIX – as associações só poderão ser compulsoriamente dissolvidas ou ter suas atividades suspensas por decisão judicial, exigindo-se, no primeiro caso, o trânsito em julgado;

XX – ninguém poderá ser compelido a associar-se ou a permanecer associado;

► Arts. 4º, II, *a*, e 5º, V, do CDC.

► Art. 117, VII, da Lei nº 8.112, de 11-12-1990 (Estatuto dos Servidores Públicos Civis da União, Autarquias e Fundações Públicas Federais).

► Art. 16 do Pacto de São José da Costa Rica.

► O STF, ao julgar a ADIN nº 3.464, declarou a inconstitucionalidade do art. 2º, IV, *a*, *b*, e *c*, da Lei nº 10.779/2003, por condicionar a habilitação ao seguro-desemprego na hipótese descrita na lei à filiação à colônia de pescadores.

XXI – as entidades associativas, quando expressamente autorizadas, têm legitimidade para representar seus filiados judicial ou extrajudicialmente;

- Art. 18, parágrafo único, do CPC/2015.
- Art. 82, IV, do CDC.
- Art. 210, III, do ECA.
- Art. 5º da Lei nº 7.347, de 24-7-1985 (Lei da Ação Civil Pública).
- Arts. 3º e 5º, I e III, da Lei nº 7.853, de 24-10-1989 (Lei de Apoio às Pessoas Portadoras de Deficiência), regulamentada pelo Dec. nº 3.298, de 20-12-1999.
- Súm. nº 629 do STF.

XXII – é garantido o direito de propriedade;

- Art. 243 desta Constituição.
- Arts. 1.228 a 1.368 do CC.
- Lei nº 4.504, de 30-11-1964 (Estatuto da Terra).
- Arts. 1º, 4º e 15 da Lei nº 8.257, de 26-10-1991, que dispõe sobre a expropriação das glebas nas quais se localizem culturas ilegais de plantas psicotrópicas.

XXIII – a propriedade atenderá a sua função social;

- Arts.156, § 1º, 170, III, 182, § 2º, e 186 desta Constituição.
- Art. 5º do Dec.-lei nº 4.657, de 4-9-1942 (Lei de Introdução às normas do Direito Brasileiro).
- Arts. 2º, 12, 18, *a*, e 47, I, da Lei nº 4.504, de 30-11-1964 (Estatuto da Terra).
- Art. 2º, I, da Lei nº 8.171, de 17-1-1991 (Lei da Política Agrícola).
- Arts. 2º, § 1º, 5º, § 2º, e 9º, da Lei nº 8.629, de 25-2-1993, que regula os dispositivos constitucionais relativos à reforma agrária.
- Arts. 27 a 37 da Lei nº 12.288, de 20-7-2010 (Estatuto da Igualdade Racial).
- Art. 1º da Lei nº 12.529, de 30-11-2011 (Lei do Sistema Brasileiro de Defesa da Concorrência).

XXIV – a lei estabelecerá o procedimento para desapropriação por necessidade ou utilidade pública, ou por interesse social, mediante justa e prévia indenização em dinheiro, ressalvados os casos previstos nesta Constituição;

- Arts. 22, II, 182, § 4º, 184, *caput*, e 185, I e II,desta Constituição.
- Art. 1.275, V, do CC.
- LC nº 76, de 6-7-1993 (Lei de Desapropriação de Imóvel Rural para fins de Reforma Agrária).
- Lei nº 4.132, de 10-9-1962 (Lei da Desapropriação por Interesse Social).
- Arts. 17, *a*, 18, 19, §§ 1º a 4º, 31, IV, e 35, *caput*, da Lei nº 4.504, de 30-11-1964 (Estatuto da Terra).
- Lei nº 6.602, de 7-12-1978, altera a redação do art. 5º do Dec.-lei nº 3.365, de 21-6-1941 (Lei das Desapropriações).
- Arts. 2º, § 1º, 5º, § 2º, e 7º, IV, da Lei nº 8.629, de 25-2-1993, que regula os dispositivos constitucionais relativos à reforma agrária.
- Art. 10 da Lei nº 9.074, de 7-7-1995, que estabelece normas para outorga e prorrogações das concessões e permissões de serviços públicos.
- Art. 34, IV, da Lei nº 9.082, de 25-7-1995, que dispõe sobre as diretrizes para a elaboração da lei orçamentária de 1996.
- Dec.-lei nº 1.075, de 22-1-1970 (Lei da Imissão de Posse).
- Dec.-lei nº 3.365, de 21-6-1941 (Lei das Desapropriações).
- Súmulas nºs 23, 111, 157, 164, 218, 345, 378, 416, 561, 618 e 652 do STF.
- Súmulas nºs 56, 69, 70, 113, 114 e 119 do STJ.

XXV – no caso de iminente perigo público, a autoridade competente poderá usar de propriedade particular, assegurada ao proprietário indenização ulterior, se houver dano;

XXVI – a pequena propriedade rural, assim definida em lei, desde que trabalhada pela família, não será objeto de penhora para pagamento de débitos decorrentes de sua atividade produtiva, dispondo a lei sobre os meios de financiar o seu desenvolvimento;

- Art. 185 desta Constituição.
- Art. 4º, I, da LC nº 76, de 6-7-1993 (Lei de Desapropriação de Imóvel Rural para fins de Reforma Agrária).
- Lei nº 4.504, de 30-11-1964 (Estatuto da Terra).
- Art. 19, IX, da Lei nº 4.595, de 31-12-1964 (Lei do Sistema Financeiro Nacional).
- Art. 4º, § 2º, da Lei nº 8.009, de 29-3-1990 (Lei da Impenhorabilidade do Bem de Família).
- Art. 4º, II, e parágrafo único, da Lei nº 8.629, de 25-2-1993, que regula os dispositivos constitucionais relativos à reforma agrária.
- Súm. nº 364 do STJ.

XXVII – aos autores pertence o direito exclusivo de utilização, publicação ou reprodução de suas obras, transmissível aos herdeiros pelo tempo que a lei fixar;

- Art. 184 do CP.
- Art. 30 da Lei nº 8.977, de 6-1-1995, que dispõe sobre o serviço de TV a cabo, regulamentado pelo Dec. nº 2.206, de 8-4-1997.
- Lei nº 9.456, de 25-4-1997, institui a Lei de Proteção de Cultivares.

► Lei nº 9.609, de 19-2-1998, dispõe sobre a proteção da propriedade intelectual de programa de computador e sua comercialização no país.

► Lei nº 9.610, de 19-2-1998 (Lei de Direitos Autorais).

► Súm. nº 386 do STF.

XXVIII – são assegurados, nos termos da lei:

a) a proteção às participações individuais em obras coletivas e à reprodução da imagem e voz humanas, inclusive nas atividades desportivas;

► Lei nº 6.533 de 24-5-1978, dispõe sobre a regulamentação das profissões de Artista e de Técnico em Espetáculos de Diversões.

► Lei nº 9.610, de 19-2-1998 (Lei de Direitos Autorais).

► Art. 42 da Lei nº 9.615, de 24-3-1998, que institui normas gerais sobre desporto, regulamentada pelo Dec. nº 7.984, de 8-4-2013.

b) o direito de fiscalização do aproveitamento econômico das obras que criarem ou de que participarem aos criadores, aos intérpretes e às respectivas representações sindicais e associativas;

XXIX – a lei assegurará aos autores de inventos industriais privilégio temporário para sua utilização, bem como proteção às criações industriais, à propriedade das marcas, aos nomes de empresas e a outros signos distintivos, tendo em vista o interesse social e o desenvolvimento tecnológico e econômico do País;

► Art. 4º, VI, do CDC.

► Lei nº 9.279, de 14-5-1996 (Lei da Propriedade Industrial).

► Lei nº 9.456, de 25-4-1997, institui a Lei de Proteção de Cultivares.

► Art. 48, IV, da Lei nº 11.101, de 9-2-2005 (Lei de Recuperação de Empresas e Falências).

XXX – é garantido o direito de herança;

► Arts. 1.784 a 2.027 do CC.

► Art. 743, § 2º, do CPC/2015.

► Lei nº 6.858, de 24-11-1980, dispõe sobre o pagamento aos dependentes ou sucessores, de valores não recebidos em vida pelos respectivos titulares.

► Lei nº 8.971, de 29-12-1994, regula o direito dos companheiros a alimentos e sucessão.

► Lei nº 9.278, de 10-5-1996 (Lei da União Estável).

XXXI – a sucessão de bens de estrangeiros situados no País será regulada pela lei brasileira em benefício do cônjuge ou dos filhos brasileiros, sempre que não lhes seja mais favorável a lei pessoal do *de cujus*;

► Art. 10, §§ 1º e 2º, do Dec.-lei nº 4.657, de 4-9-1942 (Lei de Introdução às normas do Direito Brasileiro).

XXXII – o Estado promoverá, na forma da lei, a defesa do consumidor;

► Art. 48 do ADCT.

► Lei nº 8.078, de 11-9-1990 (Código de Defesa do Consumidor).

► Art. 4º da Lei nº 8.137, de 27-12-1990 (Lei dos Crimes contra a Ordem Tributária, Econômica e contra as Relações de Consumo).

► Lei nº 8.178, de 1º-3-1991, estabelece regras sobre preços e salários.

► Lei nº 12.529, de 30-11-2011 (Lei do Sistema Brasileiro de Defesa da Concorrência).

XXXIII – todos têm direito a receber dos órgãos públicos informações de seu interesse particular, ou de interesse coletivo ou geral, que serão prestadas no prazo da lei, sob pena de responsabilidade, ressalvadas aquelas cujo sigilo seja imprescindível à segurança da sociedade e do Estado;

► Arts. 5º, LXXII, e 37, § 3º, II, desta Constituição.

► Lei nº 12.527, de 18-11-2011, regula o acesso a informações previsto neste inciso.

► Súm. Vinc. nº 14 do STF.

► Súm. nº 202 do STJ.

XXXIV – são a todos assegurados, independentemente do pagamento de taxas:

a) o direito de petição aos Poderes Públicos em defesa de direitos ou contra ilegalidade ou abuso de poder;

► Súm. Vinc. nº 21 do STF.

► Súm. nº 373 do STJ.

► Súm. nº 424 do TST.

► Ao julgar a ADPF nº 156, o Plenário do STF declarou não recepcionada pela Constituição de 1988 a exigência de depósito prévio do valor correspondente à multa por infração trabalhista como condição de admissibilidade de recurso administrativo interposto junto à autoridade trabalhista, constante do § 1º do art. 636 da CLT. No mesmo sentido, o Plenário do STF, ao julgar a ADIN nº 1.976, concluiu pela inconstitucionalidade da regra constante do art. 32 da MP nº 1.699-41, convertida na Lei nº 10.522, de 19-7-2002, que exigia depósito ou arrolamento prévio de bens e direitos como condição de admissibilidade de recurso administrativo.

b) a obtenção de certidões em repartições públicas, para defesa de direitos e esclarecimento de situações de interesse pessoal;

- ▸ Art. 6º do Dec.-lei nº 4.657, de 4-9-1942 (Lei de Introdução às normas do Direito Brasileiro).
- ▸ Lei nº 9.051, de 18-5-1995, dispõe sobre a expedição de certidões para defesa de direitos e esclarecimentos de situações.
- ▸ Lei nº 9.307, de 23-9-1996 (Lei da Arbitragem).
- ▸ Art. 40 da Lei nº 11.101, de 9-2-2005 (Lei de Recuperação de Empresas e Falências).

XXXV – a lei não excluirá da apreciação do Poder Judiciário lesão ou ameaça a direito;

- ▸ Arts. 3º e 42 do CPC/2015.
- ▸ Lei nº 9.307, de 23-9-1996 (Lei da Arbitragem).
- ▸ Súm. Vinc. nº 28 do STF.
- ▸ Súm. nº 667 do STF.
- ▸ OJ da SBDI-I nº 391do TST.
- ▸ O Plenário do STF, ao julgar as cautelares das Ações Diretas de Inconstitucionalidade nºs 2.139 e 2.160 deram interpretação conforme à Constituição ao art. 625-D da CLT, para declararem que a submissão do litígio à Comissão de Conciliação Prévia não constitui fase administrativa obrigatória e antecedente ao exercício do direito de ação.
- ▸ Ao julgar a ADC nº 4, o Plenário do STF declarou a constitucionalidade do art. 1º da Lei nº 9.494, de 10-9-1997, a restringir o poder geral de cautela do juiz nas ações contra a Fazenda Pública.

XXXVI – a lei não prejudicará o direito adquirido, o ato jurídico perfeito e a coisa julgada;

- ▸ Art. 502 do CPC/2015.
- ▸ Art. 6º, *caput*, do Dec.-lei nº 4.657, de 4-9-1942 (LINDB).
- ▸ Súmulas Vinculantes nºs 1, 9 e 35 do STF.
- ▸ Súmulas nºs 654, 667, 678 e 684 do STF.
- ▸ Súm. nº 315 do TST.

XXXVII – não haverá juízo ou tribunal de exceção;

XXXVIII – é reconhecida a instituição do júri, com a organização que lhe der a lei, assegurados:

- ▸ Arts. 406 a 432 do CPP.
- ▸ Arts. 18 e 19 da Lei nº 11.697, de 13-6-2008 (Lei da Organização Judiciária do Distrito Federal e dos Territórios).

a) a plenitude de defesa;

- ▸ Súmulas nºs 156 e 162 do STF.

b) o sigilo das votações;

c) a soberania dos veredictos;

d) a competência para o julgamento dos crimes dolosos contra a vida;

- ▸ Arts. 74, § 1º, e 406 a 502 do CPP.
- ▸ Súm. Vinc. nº 45 do STF.
- ▸ Súmulas nºs 603, 713 e 721 do STF.

XXXIX – não há crime sem lei anterior que o defina, nem pena sem prévia cominação legal;

- ▸ Art. 1º do CP.
- ▸ Art. 1º do CPM.
- ▸ Art. 9º do Pacto de São José da Costa Rica.

XL – a lei penal não retroagirá, salvo para beneficiar o réu;

- ▸ Art. 2º, parágrafo único, do CP.
- ▸ Art. 2º, § 1º, do CPM.
- ▸ Art. 66, I, da LEP.
- ▸ Art. 9º do Pacto de São José da Costa Rica.
- ▸ Súmulas Vinculantes nºs 3, 5, 14, 21, 24 e 28 do STF.
- ▸ Súmulas nºs 611 e 711 do STF.

XLI – a lei punirá qualquer discriminação atentatória dos direitos e liberdades fundamentais;

- ▸ Lei nº 7.716, de 5-1-1989 (Lei do Racismo).
- ▸ Lei nº 8.081, de 21-9-1990, estabelece os crimes e as penas aplicáveis aos atos discriminatórios ou de preconceito de raça, cor, religião, etnia ou procedência de qualquer natureza.
- ▸ Lei nº 9.029, de 13-4-95, proíbe a exigência de atestados de gravidez e esterilização e outras práticas discriminatórias, para efeitos admissionais ou de permanência da relação jurídica de trabalho.
- ▸ Dec. nº 3.956, de 8-10-2001, promulga a Convenção Interamericana para eliminação de todas as Formas de Discriminação contra as Pessoas Portadoras de Deficiência.
- ▸ Dec. nº 4.377, de 13-9-2002, promulga a Convenção Sobre a Eliminação de Todas as Formas de Discriminação Contra a Mulher, de 1979.
- ▸ Dec. nº 4.886, de 20-11-2003, institui a Política Nacional de Promoção da Igualdade Racial – PNPIR.
- ▸ Dec. nº 7.388, de 9-12-2010, dispõe sobre a composição, estruturação, competências e funcionamento do Conselho Nacional de Combate à Discriminação – CNCD.

XLII – a prática do racismo constitui crime inafiançável e imprescritível, sujeito à pena de reclusão, nos termos da lei;

- ▸ Art. 323, I, do CPP.
- ▸ Lei nº 7.716, de 5-1-1989 (Lei do Racismo).
- ▸ Lei nº 10.678, de 23-5-2003, cria a Secretaria Especial de Políticas de Promoção da Igualdade Racial, da Presidência da República.

► Lei nº 12.288, de 20-7-2010 (Estatuto da Igualdade Racial).

XLIII – a lei considerará crimes inafiançáveis e insuscetíveis de graça ou anistia a prática da tortura, o tráfico ilícito de entorpecentes e drogas afins, o terrorismo e os definidos como crimes hediondos, por eles respondendo os mandantes, os executores e os que, podendo evitá-los, se omitirem;

► Lei nº 8.072, de 25-7-1990 (Lei dos Crimes Hediondos).
► Lei nº 9.455, de 7-4-1997 (Lei dos Crimes de Tortura).
► Lei nº 11.343, de 23-8-2006 (Lei Antidrogas).
► Lei nº 12.847, de 2-8-2013, institui o Sistema Nacional de Prevenção e Combate à Tortura; cria o Comitê Nacional de Prevenção e Combate à Tortura e o Mecanismo Nacional de Prevenção e Combate à Tortura.
► Lei nº 13.260, de 16-3-2016 (Lei de Terrorismo).
► Dec. nº 5.639, de 29-12-2005, promulga a Convenção Interamericana contra o Terrorismo.
► Súm. Vinc. nº 26 do STF.

XLIV – constitui crime inafiançável e imprescritível a ação de grupos armados, civis ou militares, contra a ordem constitucional e o Estado Democrático;

► Lei nº 12.850, de 2-8-2013 (Nova Lei do Crime Organizado).

XLV – nenhuma pena passará da pessoa do condenado, podendo a obrigação de reparar o dano e a decretação do perdimento de bens ser, nos termos da lei, estendidas aos sucessores e contra eles executadas, até o limite do valor do patrimônio transferido;

► Arts. 932 e 935 do CC.
► Arts. 32 a 52 do CP.
► Art. 5º, nº 3, do Pacto de São José da Costa Rica.

XLVI – a lei regulará a individualização da pena e adotará, entre outras, as seguintes:

► Arts. 32 a 52 do CP.
► Súm. Vinc. nº 26 do STF.

a) privação ou restrição da liberdade;

► Arts. 33 a 42 do CP.

b) perda de bens;

► Art. 43, II, do CP.

c) multa;

► Art. 49 do CP.

d) prestação social alternativa;

► Arts. 44 e 46 do CP.

e) suspensão ou interdição de direitos;

► Art. 47 do CP.

XLVII – não haverá penas:

► Art. 60, § 4º, IV, desta Constituição.
► Arts. 32 a 52 do CP.
► Súm. Vinc. nº 26 do STF.

a) de morte, salvo em caso de guerra declarada, nos termos do artigo 84, XIX;

► Arts. 55 a 57 do CPM.
► Arts. 707 e 708 do CPPM.
► Art. 4º, nºs 2 a 6, do Pacto de São José da Costa Rica.

b) de caráter perpétuo;

► Súm. nº 527 do STJ.

c) de trabalhos forçados;

► Art. 6º, nº 2, do Pacto de São José da Costa Rica.
► Dec. nº 10.088, de 5-11-2019, consolida atos normativos editados pelo Poder Executivo Federal que dispõem sobre a promulgação de convenções e recomendações da Organização Internacional do Trabalho – OIT ratificadas pela República Federativa do Brasil.

d) de banimento;
e) cruéis;

► Art. 7º, 7, do Pacto de São José da Costa Rica.
► Súmulas nºs 280, 309 e 419 do STJ.

XLVIII – a pena será cumprida em estabelecimentos distintos, de acordo com a natureza do delito, a idade e o sexo do apenado;

► Arts. 32 a 52 do CP.
► Arts. 82 a 104 da LEP.

XLIX – é assegurado aos presos o respeito à integridade física e moral;

► Art. 5º, III, desta Constituição.
► Art. 38 do CP.
► Art. 40 da LEP.
► Lei nº 8.653, de 10-5-1993, dispõe sobre o transporte de presos.
► Art. 5º, nº 1, do Pacto de São José da Costa Rica.
► Súm. Vinc. nº 11 do STF.

L – às presidiárias serão asseguradas condições para que possam permanecer com seus filhos durante o período de amamentação;

► Art. 89 da LEP.

LI – nenhum brasileiro será extraditado, salvo o naturalizado, em caso de crime comum, praticado antes da naturalização, ou de comprovado envolvimento em tráfico ilícito de entorpecentes e drogas afins, na forma da lei;

- Art. 12, II, desta Constituição.
- Arts. 81 a 99 da Lei nº 13.445, de 24-5-2017 (Lei de Migração).
- Lei nº 11.343, de 23-8-2006 (Lei Antidrogas).
- Súm. nº 421 do STF.

LII – não será concedida extradição de estrangeiro por crime político ou de opinião;

- Art. 82, VII da Lei nº 13.445, de 24-5-2017 (Lei de Migração).

LIII – ninguém será processado nem sentenciado senão pela autoridade competente;

- Art. 8º, nº 1, do Pacto de São José da Costa Rica.
- Súm. nº 704 do STF.

LIV – ninguém será privado da liberdade ou de seus bens sem o devido processo legal;

- Súmulas Vinculantes nºs 3, 14 e 35 do STF.
- Súm. nº 704 do STF.
- Súmulas nºs 255 e 347 do STJ.

LV – aos litigantes, em processo judicial ou administrativo, e aos acusados em geral são assegurados o contraditório e ampla defesa, com os meios e recursos a ela inerentes;

- Arts. 9º, 10 e 317 do CPC/2015.
- Lei nº 8.112, de 11-12-1990 (Estatuto dos Servidores Públicos Civis da União, Autarquias e Fundações Públicas Federais).
- Lei nº 9.784, de 29-1-1999 (Lei do Processo Administrativo Federal).
- Súmulas Vinculantes nºs 3, 5, 14, 21, 24 e 28 do STF.
- Súmulas nºs 523, 701, 704, 705, 707, 708 e 712 do STF.
- Súmulas nºs 196, 255, 312, 347 e 373 do STJ.

LVI – são inadmissíveis, no processo, as provas obtidas por meios ilícitos;

- Arts. 369 a 484 do CPC/2015.
- Art. 157 do CPP.
- Lei nº 9.296, de 24-7-1996 (Lei das Interceptações Telefônicas).

LVII – ninguém será considerado culpado até o trânsito em julgado de sentença penal condenatória;

- Art. 8º, nº 2, do Pacto de São José da Costa Rica.
- Súm. nº 9 do STJ.

LVIII – o civilmente identificado não será submetido à identificação criminal, salvo nas hipóteses previstas em lei;

- Lei nº 12.037, de 1º-10-2009, regulamenta este inciso.
- Art. 6º, VIII, do CPP.
- Súm. nº 568 do STF.

LIX – será admitida ação privada nos crimes de ação pública, se esta não for intentada no prazo legal;

- Art. 100, § 3º, do CP.
- Art. 29 do CPP.

LX – a lei só poderá restringir a publicidade dos atos processuais quando a defesa da intimidade ou o interesse social o exigirem;

- Art. 93, IX, desta Constituição.
- Arts. 11, 189, *caput*, I e II, e 368 do CPC/2015.
- Art. 20 do CPP.
- Art. 770 da CLT.
- Lei nº 9.800, de 26-5-1999, dispõe sobre sistemas de transmissão de dados para a prática de atos processuais.
- Art. 8º, nº 5, do Pacto de São José da Costa Rica.
- Súm. nº 708 do STF.
- Súm. nº 427 do TST.

LXI – ninguém será preso senão em flagrante delito ou por ordem escrita e fundamentada de autoridade judiciária competente, salvo nos casos de transgressão militar ou crime propriamente militar, definidos em lei;

- Art. 93, IX, desta Constituição.
- Art. 302 do CPP.
- Dec.-lei nº 1.001, de 21-10-1969 (Código Penal Militar).
- Art. 244 do CPPM.
- Lei nº 6.880, de 9-12-1980 (Estatuto dos Militares).
- Art. 7º, nº 2, do Pacto de São José da Costa Rica.
- Súmulas nºs 9 e 280 do STJ.

LXII – a prisão de qualquer pessoa e o local onde se encontre serão comunicados imediatamente ao juiz competente e à família do preso ou à pessoa por ele indicada;

- Art. 136, § 3º, IV, desta Constituição.

LXIII – o preso será informado de seus direitos, entre os quais o de permanecer calado, sendo-lhe assegurada a assistência da família e de advogado;

- Art. 289-A, § 4º, do CPP.
- Art. 8º, nº 2, *g*, do Pacto de São José da Costa Rica.

LXIV – o preso tem direito à identificação dos responsáveis por sua prisão ou por seu interrogatório policial;

- Art. 306, § 2º, do CPP.

LXV – a prisão ilegal será imediatamente relaxada pela autoridade judiciária;

- Art. 310, I, do CPP.
- Art. 224 do CPPM.
- Art. 7º, nº 6, do Pacto de São José da Costa Rica.
- Súm. nº 697 do STF.

LXVI – ninguém será levado à prisão ou nela mantido, quando a lei admitir a liberdade provisória, com ou sem fiança;

- Art. 310, III, do CPP.
- Arts. 270 e 271 do CPPM.

LXVII – não haverá prisão civil por dívida, salvo a do responsável pelo inadimplemento voluntário e inescusável de obrigação alimentícia e a do depositário infiel;

- Art. 652 do CC.
- Arts. 161 e 528, § 3º, do CPC/2015.
- Arts. 466 a 480 do CPPM.
- Arts. 19 e 22 da Lei nº 5.478, de 25-7-1968 (Lei da Ação de Alimentos).
- Dec.-lei nº 911, de 1-10-1969 (Lei das Alienações Fiduciárias).
- Art. 7º, 7, do Pacto de São José da Costa Rica.
- Súm. Vinc. nº 25 do STF.
- Súmulas nºs 280, 309 e 419 do STJ.
- Orientações Jurisprudenciais da SBDI-II nºs 89 e 143 do TST.

LXVIII – conceder-se-á *habeas corpus* sempre que alguém sofrer ou se achar ameaçado de sofrer violência ou coação em sua liberdade de locomoção, por ilegalidade ou abuso de poder;

- Art. 142, § 2º, desta Constituição.
- Arts. 647 a 667 do CPP.
- Arts. 466 a 480 do CPPM.
- Art. 5º da Lei nº 9.289, de 4-7-1996 (Regimento de Custas da Justiça Federal).
- Súmulas nºs 693 a 695 do STF.
- OJ da SBDI-II nº 156 do TST.

LXIX – conceder-se-á mandado de segurança para proteger direito líquido e certo, não amparado por *habeas corpus* ou *habeas data*, quando o responsável pela ilegalidade ou abuso de poder for autoridade pública ou agente de pessoa jurídica no exercício de atribuições do Poder Público;

- Lei nº 9.507, de 12-11-1997 (Lei do *Habeas Data*).
- Lei nº 12.016, de 7-8-2009 (Lei do Mandado de Segurança Individual e Coletivo).
- Súmulas nºs 266, 268, 271, 510, 512, 625 e 632 do STF.
- Súmulas nºs 33, 414, 415, 416, 417 e 418 do TST.

LXX – o mandado de segurança coletivo pode ser impetrado por:

- Súm. nº 630 do STF.

a) partido político com representação no Congresso Nacional;

b) organização sindical, entidade de classe ou associação legalmente constituída e em funcionamento há pelo menos um ano, em defesa dos interesses de seus membros ou associados;

- Art. 5º da Lei nº 7.347, de 24-7-1985 (Lei da Ação Civil Pública).
- Súmulas nºs 629 e 630 do STF.

LXXI – conceder-se-á mandado de injunção sempre que a falta de norma regulamentadora torne inviável o exercício dos direitos e liberdades constitucionais e das prerrogativas inerentes à nacionalidade, à soberania e à cidadania;

- Lei nº 9.265, de 12-2-1996, estabelece a gratuidade dos atos necessários ao exercício da cidadania.
- Lei nº 13.300, de 23-6-2016 (Lei do Mandado de Injunção).

LXXII – conceder-se-á *habeas data*:

- Art. 5º da Lei nº 9.289, de 4-7-1996 (Regimento de Custas da Justiça Federal).
- Lei nº 9.507, de 12-11-1997 (Lei do *Habeas Data*).
- Súm. nº 368 do STJ.

a) para assegurar o conhecimento de informações relativas à pessoa do impetrante, constantes de registros ou bancos de dados de entidades governamentais ou de caráter público;

- Súm. nº 2 do STJ.

b) para a retificação de dados, quando não se prefira fazê-lo por processo sigiloso, judicial ou administrativo;

- Súm. nº 368 do STJ.

LXXIII – qualquer cidadão é parte legítima para propor ação popular que vise a anular ato lesivo ao patrimônio público ou de entidade de que o Estado participe, à moralidade administrativa, ao meio ambiente e ao patrimônio histórico e cultural, ficando o autor, salvo comprovada má-fé, isento de custas judiciais e do ônus da sucumbência;

- ► Lei nº 4.717, de 29-6-1965 (Lei da Ação Popular).
- ► Lei nº 6.938, de 31-8-1981 (Lei da Política Nacional do Meio Ambiente).
- ► Súm. nº 365 do STF.

LXXIV – o Estado prestará assistência jurídica integral e gratuita aos que comprovarem insuficiência de recursos;

- ► Art. 134 desta Constituição.
- ► Arts. 98 a 102 do CPC/2015.
- ► LC nº 80, de 12-1-1994 (Lei da Defensoria Pública).
- ► Lei nº 1.060, de 5-2-1950 (Lei de Assistência Judiciária).
- ► Art. 8º, nº 2, e, do Pacto de São José da Costa Rica.
- ► Súm. nº 102 do STJ.

LXXV – o Estado indenizará o condenado por erro judiciário, assim como o que ficar preso além do tempo fixado na sentença;

- ► Art. 10 do Pacto de São José da Costa Rica.

LXXVI – são gratuitos para os reconhecidamente pobres, na forma da lei:

- ► Art. 30 da Lei nº 6.015, de 31-12-1973 (Lei dos Registros Públicos).
- ► Art. 45 da Lei nº 8.935, de 18-11-1994 (Lei dos Serviços Notariais e de Registro).
- ► Lei nº 9.265, de 12-2-1996, estabelece a gratuidade dos atos necessários ao exercício da cidadania.
- ► Dec. nº 6.190, de 20-8-2007, regulamenta o disposto no art. 1º do Decreto-Lei nº 1.876, de 15-7-1981, para dispor sobre a isenção do pagamento de foros, taxas de ocupação e laudêmios, referentes a imóveis de propriedade da União, para as pessoas consideradas carentes ou de baixa renda.

a) o registro civil de nascimento;

- ► Art. 46 da Lei nº 6.015, de 31-12-1973 (Lei dos Registros Públicos).

b) a certidão de óbito;

- ► Arts. 77 a 88 da Lei nº 6.015, de 31-12-1973 (Lei dos Registros Públicos).

LXXVII – são gratuitas as ações de *habeas corpus* e *habeas data* e, na forma da lei, os atos necessários ao exercício da cidadania;

- ► Lei nº 9.265, de 12-2-1996, estabelece a gratuidade dos atos necessários ao exercício da cidadania.
- ► Lei nº 9.507, de 12-11-1997 (Lei do *Habeas Data*).

LXXVIII – a todos, no âmbito judicial e administrativo, são assegurados a razoável duração do processo e os meios que garantam a celeridade de sua tramitação;

- ► Inciso LXXVIII acrescido pela EC nº 45, de 8-12-2004.
- ► Art. 4º do CPC/2015.
- ► Art. 75, parágrafo único, da Lei nº 11.101, de 9-2-2005 (Lei de Recuperação de Empresas e Falências).
- ► Art. 7º, nº 5º, do Pacto de São José da Costa Rica.

LXXIX – é assegurado, nos termos da lei, o direito à proteção dos dados pessoais, inclusive nos meios digitais.

- ► Inciso LXXIX acrescido pela EC nº 115, de 10-2-2022.

§ 1º As normas definidoras dos direitos e garantias fundamentais têm aplicação imediata.

§ 2º Os direitos e garantias expressos nesta Constituição não excluem outros decorrentes do regime e dos princípios por ela adotados, ou dos tratados internacionais em que a República Federativa do Brasil seja parte.

- ► Súm. Vinc. nº 25 do STF.

§ 3º Os tratados e convenções internacionais sobre direitos humanos que forem aprovados, em cada Casa do Congresso Nacional, em dois turnos, por três quintos dos votos dos respectivos membros, serão equivalentes às emendas constitucionais.

- ► Dec. nº 6.949, de 25-8-2009, promulga a Convenção Internacional sobre os Direitos das Pessoas com Deficiência.

§ 4º O Brasil se submete à jurisdição de Tribunal Penal Internacional a cuja criação tenha manifestado adesão.

- ► §§ 3º e 4º acrescidos pela EC nº 45, de 8-12-2004.
- ► Dec. nº 4.388, de 25-9-2002, promulga o Estatuto de Roma do Tribunal Penal Internacional.

Capítulo II

DOS DIREITOS SOCIAIS

Art. 6º São direitos sociais a educação, a saúde, a alimentação, o trabalho, a moradia, o transporte, o lazer, a segurança, a previdência social, a proteção à maternidade e à infância, a assistência aos desamparados, na forma desta Constituição.

- ► *Caput* com a redação dada pela EC nº 90, de 15-9-2015.
- ► Arts. 208, 212, § 4º, e 227 desta Constituição.
- ► Lei nº 10.689, de 13-6-2003, cria o Programa Nacional de Acesso à Alimentação – PNAA.

▸ Lei nº 10.836, de 9-1-2004, cria o programa "Bolsa-Família", que tem por finalidade a unificação dos procedimentos da gestão e execução das ações de transferência de renda do Governo Federal, incluindo o "Bolsa-Alimentação".

▸ Art. 6º da Lei nº 12.288, de 20-7-2010 (Estatuto da Igualdade Racial).

▸ MP nº 2.206-1, de 6-9-2001, que até o encerramento desta edição não havia sido convertida em Lei, cria o Programa Nacional de Renda Mínima vinculado à saúde: "Bolsa-Alimentação", regulamentada pelo Dec. nº 3.934, de 30-9-2001.

▸ Dec. nº 3.964, de 10-10-2001, dispõe sobre o Fundo Nacional de Saúde.

▸ Dec. nº 10.088, de 5-11-2019, consolida atos normativos editados pelo Poder Executivo Federal que dispõem sobre a promulgação de convenções e recomendações da Organização Internacional do Trabalho – OIT ratificadas pela República Federativa do Brasil.

▸ Decreto Legislativo nº 269, 18-9-2008, aprova a Convenção nº 102 da OIT sobre normas mínimas da seguridade social.

Parágrafo único. Todo brasileiro em situação de vulnerabilidade social terá direito a uma renda básica familiar, garantida pelo poder público em programa permanente de transferência de renda, cujas normas e requisitos de acesso serão determinados em lei, observada a legislação fiscal e orçamentária.

▸ Parágrafo único acrescido pela EC nº 114, de 16-12-2021.

Art. 7º São direitos dos trabalhadores urbanos e rurais, além de outros que visem à melhoria de sua condição social:

▸ Lei nº 9.799, de 26-5-1999, insere na CLT regras de acesso da mulher ao mercado de trabalho.

▸ Arts. 38 e 39 da Lei nº 12.288, de 20-7-2010 (Estatuto da Igualdade Racial).

▸ Declaração sobre Princípios e Direitos Fundamentais no Trabalho e seu seguimento, aprovada pela Conferência Internacional do Trabalho da OIT, em 1998.

I – relação de emprego protegida contra despedida arbitrária ou sem justa causa, nos termos de lei complementar, que preverá indenização compensatória, dentre outros direitos;

▸ Art. 10 do ADCT.

II – seguro-desemprego, em caso de desemprego involuntário;

▸ Art. 201, IV, desta Constituição.

▸ Art. 12 da CLT.

▸ Lei nº 10.779, de 25-11-2003, dispõe sobre a concessão do benefício de seguro-desemprego, durante o período de defeso, ao pescador profissional que exerce a atividade pesqueira de forma artesanal.

▸ Dec. nº 10.088, de 5-11-2019, consolida atos normativos editados pelo Poder Executivo Federal que dispõem sobre a promulgação de convenções e recomendações da Organização Internacional do Trabalho – OIT ratificadas pela República Federativa do Brasil.

▸ Súm. nº 389 do TST.

III – Fundo de Garantia do Tempo de Serviço;

▸ Arts. 7º, 477, 478 e 492 da CLT.

▸ LC nº 110, de 29-6-2001, institui contribuições sociais, autoriza créditos de complementos de atualização monetária em contas vinculadas do FGTS, regulamentada pelos Decretos nº 3.913, de 11-9-2001, e 3.914, de 11-9-2001.

▸ Lei nº 8.036, de 11-5-1990, Dec. nº 99.684, de 8-11-1990 (Regulamento), e Lei nº 8.844, de 20-1-1994, dispõem sobre o FGTS.

▸ Súm. nº 353 do STJ.

▸ Súmulas nºs 63, 98, 206, 305, 362, 363 e 426 do TST.

▸ Orientações Jurisprudenciais da SBDI-I nºs 42, 125, 195, 232, 302, 341, 344, 362, 370 e 394 do TST.

IV – salário mínimo, fixado em lei, nacionalmente unificado, capaz de atender a suas necessidades vitais básicas e às de sua família com moradia, alimentação, educação, saúde, lazer, vestuário, higiene, transporte e previdência social, com reajustes periódicos que lhe preservem o poder aquisitivo, sendo vedada sua vinculação para qualquer fim;

▸ Art. 39, § 3º, desta Constituição.

▸ Art. 109, VII, do ADCT.

▸ Lei nº 6.205, de 29-4-1975, estabelece a descaracterização do salário mínimo como fator de correção monetária.

▸ Dec. nº 10.088, de 5-11-2019, consolida atos normativos editados pelo Poder Executivo Federal que dispõem sobre a promulgação de convenções e recomendações da Organização Internacional do Trabalho – OIT ratificadas pela República Federativa do Brasil.

▸ Súmulas Vinculantes nºs 4, 6, 15 e 16 do STF.

▸ Súm. nº 201 do STJ.

▸ Súm. nº 356 do TST.

▸ Orientações Jurisprudenciais da SBDI-I nºs 272, 358 e 393 do TST.

▸ Orientações Jurisprudenciais da SBDI-II nºs 2 e 71 do TST.

▸ Ao julgar a ADIN nº 4.568, o Plenário do STF declarou a constitucionalidade da Lei nº 12.382, de 25-2-2011, que estipula os parâmetros para fixação do salário mínimo, cabendo ao Presidente da República aplicar os índices definidos para reajuste e aumento e divulgá-los por meio de decreto.

V – piso salarial proporcional à extensão e à complexidade do trabalho;

- ► LC nº 103, de 14-7-2000, autoriza os Estados e o Distrito Federal a instituir o piso salarial a que se refere este inciso.
- ► OJ da SBDI-I nº 358 do TST.

VI – irredutibilidade do salário, salvo o disposto em convenção ou acordo coletivo;

- ► Súm. nº 391 do TST.
- ► Orientações Jurisprudenciais da SBDI-I nºs 358 e 396 do TST.

VII – garantia de salário, nunca inferior ao mínimo, para os que percebem remuneração variável;

- ► Art. 39, § 3º, desta Constituição.
- ► Lei nº 8.716, de 11-10-1993, dispõe sobre a garantia do salário mínimo.
- ► Lei nº 9.032, de 28-4-1995, dispõe sobre o valor do salário mínimo.

VIII – décimo terceiro salário com base na remuneração integral ou no valor da aposentadoria;

- ► Arts. 39, § 3º, e 142, § 3º, VIII, desta Constituição.
- ► Leis nºs 4.090, de 13-7-1962, e 4.749, de 12-8-1965, dispõe sobre o 13º salário.
- ► Arts. 76 a 82 do Dec. nº 10.854, de 10-11-2021, que regulamenta disposições relativas à legislação trabalhista.
- ► OJ da SBDI-I nº 358 do TST.
- ► Súm. nº 349 do STJ.

IX – remuneração do trabalho noturno superior à do diurno;

- ► Art. 39, § 3º, desta Constituição.
- ► Art. 73, §§ 1º a 5º, da CLT.
- ► Dec. nº 10.088, de 5-11-2019, consolida atos normativos editados pelo Poder Executivo Federal que dispõem sobre a promulgação de convenções e recomendações da Organização Internacional do Trabalho – OIT ratificadas pela República Federativa do Brasil.
- ► Súmulas nºs 60, 140, 265 e 354 do TST.
- ► Orientações Jurisprudenciais da SBDI-I nºs 97, 265 e 388 do TST.

X – proteção do salário na forma da lei, constituindo crime sua retenção dolosa;

- ► Dec. nº 10.088, de 5-11-2019, consolida atos normativos editados pelo Poder Executivo Federal que dispõem sobre a promulgação de convenções e recomendações da Organização Internacional do Trabalho – OIT ratificadas pela República Federativa do Brasil.

XI – participação nos lucros, ou resultados, desvinculada da remuneração, e, excepcionalmente, participação na gestão da empresa, conforme definido em lei;

- ► Arts. 543 e 621 da CLT.
- ► Lei nº 10.101, de 19-12-2000 (Lei da Participação nos Lucros e Resultados).
- ► Súm. nº 451 do TST.
- ► OJ da SBDI-I Transitória nº 73 do TST.

XII – salário-família pago em razão do dependente do trabalhador de baixa renda nos termos da lei;

- ► Inciso XII com a redação dada pela EC nº 20, de 15-12-1998.
- ► Arts. 39, § 3º, e 142, § 3º, VIII, desta Constituição.
- ► Art. 12 da CLT.
- ► Leis nºs 4.266, de 3-10-1963, e 5.559, de 11-12-1968, dispõem sobre salário-família.
- ► Arts. 18, 26, 28, 65 a 70 da Lei nº 8.213, de 24-7-1991 (Lei dos Planos de Benefícios da Previdência Social).
- ► Arts. 5º, 25, 30 a 32, 42, 81 a 92, 173, 217, § 6º, 218, 225 e 255 do Dec. nº 3.048, de 6-5-1999 (Regulamento da Previdência Social).
- ► OJ da SBDI-I nº 358 do TST.

XIII – duração do trabalho normal não superior a oito horas diárias e quarenta e quatro semanais, facultada a compensação de horários e a redução da jornada, mediante acordo ou convenção coletiva de trabalho;

- ► Art. 39, § 3º, desta Constituição.
- ► Arts. 57 a 75 e 224 a 350 da CLT.
- ► Súmulas nºs 85 e 445 do TST.
- ► OJ da SBDI-I nº 323 do TST.

XIV – jornada de seis horas para o trabalho realizado em turnos ininterruptos de revezamento, salvo negociação coletiva;

- ► Art. 58 da CLT.
- ► Súm. nº 675 do STF.
- ► Súmulas nºs 360 e 423 do TST.
- ► Orientações Jurisprudenciais da SBDI-I nºs 360 e 395 do TST.

XV – repouso semanal remunerado, preferencialmente aos domingos;

- ► Art. 39, §§ 2º e 3º, desta Constituição.
- ► Art. 67 da CLT.

- ► Lei nº 605, de 5-1-1949 (Lei do Repouso Semanal Remunerado).
- ► Dec. nº 10.088, de 5-11-2019, consolida atos normativos editados pelo Poder Executivo Federal que dispõem sobre a promulgação de convenções e recomendações da Organização Internacional do Trabalho – OIT ratificadas pela República Federativa do Brasil.
- ► Arts. 151 a 162 do Dec. nº 10.854, de 10-11-2021, que regulamenta disposições relativas à legislação trabalhista.
- ► Súm. nº 27 do TST.
- ► Orientações Jurisprudenciais da SBDI-I nºs 394 e 410 do TST.

XVI – remuneração do serviço extraordinário superior, no mínimo, em cinquenta por cento à do normal;

- ► Art. 39, §§ 2º e 3º, desta Constituição.
- ► Art. 59 da CLT.

XVII – gozo de férias anuais remuneradas com, pelo menos, um terço a mais do que o salário normal;

- ► Art. 39, §§ 2º e 3º, desta Constituição.
- ► Arts. 7º e 129 a 153 da CLT.
- ► Dec. nº 10.088, de 5-11-2019, consolida atos normativos editados pelo Poder Executivo Federal que dispõem sobre a promulgação de convenções e recomendações da Organização Internacional do Trabalho – OIT ratificadas pela República Federativa do Brasil.
- ► Súm. nº 386 do STJ.
- ► Súmulas nºs 171 e 328 do TST.

XVIII – licença à gestante, sem prejuízo do emprego e do salário, com a duração de cento e vinte dias;

- ► O STF, por unanimidade de votos, julgou parcialmente procedente a ADIN nº 1.946-5, para dar, ao art. 14 da EC nº 20, de 15-12-1998, interpretação conforme a CF, excluindo-se sua aplicação ao salário da licença gestante, a que se refere este inciso (*DJU* de 16-5-2003 e *DOU* de 3-6-2003).
- ► Art. 39, §§ 2º e 3º, desta Constituição.
- ► Art. 10, II, *b*, do ADCT.
- ► Arts. 391 e 392 da CLT.
- ► Arts. 71 a 73 da Lei nº 8.213, de 24-7-1991 (Lei dos Planos de Benefícios da Previdência Social).
- ► Lei nº 10.421, de 15-4-2002, estende à mãe adotiva o direito à licença-maternidade e ao salário-maternidade.
- ► Lei nº 11.770, de 9-9-2008 (Lei do Programa Empresa Cidadã).
- ► Dec. nº 4.377, de 13-9-2002, promulga a Convenção Sobre a Eliminação de Todas as Formas de Discriminação Contra a Mulher, de 1979.
- ► Dec. nº 10.088, de 5-11-2019, consolida atos normativos editados pelo Poder Executivo Federal que dispõem sobre a promulgação de convenções e recomendações da Organização Internacional do Trabalho – OIT ratificadas pela República Federativa do Brasil.
- ► Arts. 137 a 142 do Dec. nº 10.854, de 10-11-2021, que regulamenta disposições relativas à legislação trabalhista.
- ► Súm. nº 244 do TST.
- ► OJ da SBDI-I nº 44 do TST.

XIX – licença-paternidade, nos termos fixados em lei;

- ► Art. 39, §§ 2º e 3º, desta Constituição.
- ► Art. 10, § 1º, do ADCT.

XX – proteção do mercado de trabalho da mulher, mediante incentivos específicos, nos termos da lei;

- ► Art. 39, §§ 2º e 3º, desta Constituição.
- ► Arts. 372 a 401 da CLT.
- ► Dec. nº 4.377, de 13-9-2002, promulga a Convenção sobre a Eliminação de Todas as Formas de Discriminação contra a Mulher, de 1979.
- ► Dec. nº 10.088, de 5-11-2019, consolida atos normativos editados pelo Poder Executivo Federal que dispõem sobre a promulgação de convenções e recomendações da Organização Internacional do Trabalho – OIT ratificadas pela República Federativa do Brasil.

XXI – aviso prévio proporcional ao tempo de serviço, sendo no mínimo de trinta dias, nos termos da lei;

- ► Arts. 7º e 487 a 491 da CLT.
- ► Lei nº 12.506, de 11-10-2011 (Lei do Aviso Prévio).
- ► Súm. nº 441 do TST.

XXII – redução dos riscos inerentes ao trabalho, por meio de normas de saúde, higiene e segurança;

- ► Art. 39, §§ 2º e 3º, desta Constituição.
- ► Arts. 154 a 159 e 192 da CLT.
- ► Dec. nº 10.088, de 5-11-2019, consolida atos normativos editados pelo Poder Executivo Federal que dispõem sobre a promulgação de convenções e recomendações da Organização Internacional do Trabalho – OIT ratificadas pela República Federativa do Brasil.
- ► Súm. nº 736 do STF.

XXIII – adicional de remuneração para as atividades penosas, insalubres ou perigosas, na forma da lei;

► Art. 39, § 2º, desta Constituição.
► Arts. 189 a 197 da CLT.
► Súm. Vinc. nº 4 do STF.
► Súm. nº 453 do TST.
► OJ da SBDI-I nº 385 do TST.

XXIV – aposentadoria;

► Art. 154 da CLT.
► Arts. 42 a 58 da Lei nº 8.213, de 24-7-1991 (Lei dos Planos de Benefícios da Previdência Social).
► Lei nº 9.477, de 24-7-1997, institui o Fundo de Aposentadoria Programa Individual – FAPI e o Plano de Incentivo à Aposentadoria Programa Individual.
► Arts. 25, 29, 30, 43 a 70-J, 120, 135, 167, 168, 173, 180, 181-B, 181-D, 183, 184, 187, 188, 188-A, 188-H a 188-Q, 190, parágrafo único, e 202 do Dec. nº 3.048, de 6-5-1999 (Regulamento da Previdência Social).

XXV – assistência gratuita aos filhos e dependentes desde o nascimento até 5 (cinco) anos de idade em creches e pré-escolas;

► Inciso XXV com a redação dada pela EC nº 53, de 19-12-2006.
► Art. 208, IV, desta Constituição.

XXVI – reconhecimento das convenções e acordos coletivos de trabalho;

► Arts. 611 a 625 da CLT.
► Dec. nº 10.088, de 5-11-2019, consolida atos normativos editados pelo Poder Executivo Federal que dispõem sobre a promulgação de convenções e recomendações da Organização Internacional do Trabalho – OIT ratificadas pela República Federativa do Brasil.
► Súmulas nºs 277 e 374 do TST.
► Orientações Jurisprudenciais da SBDI-I Transitória nºs 61 e 73 do TST.

XXVII – proteção em face da automação, na forma da lei;

► Dec. nº 10.088, de 5-11-2019, consolida atos normativos editados pelo Poder Executivo Federal que dispõem sobre a promulgação de convenções e recomendações da Organização Internacional do Trabalho – OIT ratificadas pela República Federativa do Brasil.

XXVIII – seguro contra acidentes de trabalho, a cargo do empregador, sem excluir a indenização a que este está obrigado, quando incorrer em dolo ou culpa;

► Art. 114, VI, desta Constituição.
► Art. 154 da CLT.
► Lei nº 6.338, de 7-6-1976, inclui as ações de indenização por acidentes do trabalho entre as que têm curso nas férias forenses.
► Lei nº 8.212, de 24-7-1991 (Lei Orgânica da Seguridade Social).
► Lei nº 8.213, de 24-7-1991 (Lei dos Planos de Benefícios da Previdência Social).
► Lei nº 9.307, de 23-9-1996 (Lei da Arbitragem).
► Art. 40 da Lei nº 11.101, de 9-2-2005 (Lei de Recuperação de Empresas e Falências).
► Dec. nº 3.048, de 6-5-1999 (Regulamento da Previdência Social).
► Dec. nº 10.088, de 5-11-2019, consolida atos normativos editados pelo Poder Executivo Federal que dispõem sobre a promulgação de convenções e recomendações da Organização Internacional do Trabalho – OIT ratificadas pela República Federativa do Brasil.
► Súm. Vinc. nº 22 do STF.
► Súm. nº 378 do TST.

XXIX – ação, quanto aos créditos resultantes das relações de trabalho, com prazo prescricional de cinco anos para os trabalhadores urbanos e rurais, até o limite de dois anos após a extinção do contrato de trabalho;

► Inciso XXIX com a redação dada pela EC nº 28, de 25-5-2000.
► Art. 11, I e II, da CLT.
► Art. 10 da Lei nº 5.889, de 8-6-1973 (Lei do Trabalho Rural).
► Súmulas nºs 206, 294, 308, 362 e 409 do TST.
► Orientações Jurisprudenciais da SBDI-I nºs 271, 359, 399 e 417 do TST.

a) e *b)* *Revogadas*. EC nº 28, de 25-5-2000.

XXX – proibição de diferença de salários, de exercício de funções e de critério de admissão por motivo de sexo, idade, cor ou estado civil;

► Art. 39, § 3º, desta Constituição.
► Lei nº 9.029, de 13-4-1995, proíbe a exigência de atestados de gravidez e esterilização, e outras práticas discriminatórias, para efeitos admissionais ou de permanência da relação jurídica de trabalho.
► Dec. nº 4.377, de 13-9-2002, promulga a Convenção sobre a Eliminação de Todas as Formas de Discriminação contra a Mulher, de 1979.
► Dec. nº 10.088, de 5-11-2019, consolida atos normativos editados pelo Poder Executivo Federal que dispõem sobre a promulgação de convenções e recomendações da Organização Internacional do Trabalho – OIT ratificadas pela República Federativa do Brasil.
► Port. do MTE nº 1.246, de 28-5-2010, orienta as empresas e os trabalhadores em relação à testagem relacionada ao vírus da imunodeficiência adquirida – HIV.

▸ Súm. nº 683 do STF.

▸ Súmulas nºs 6 e 443 do TST.

▸ OJ da SBDI-I nº 383 do TST.

▸ Orientações Jurisprudenciais da SDC nºs 25 e 26 do TST.

XXXI – proibição de qualquer discriminação no tocante a salário e critérios de admissão do trabalhador portador de deficiência;

▸ Dec. nº 3.298, de 20-12-1999, dispõe sobre a Política Nacional para Integração da Pessoa Portadora de Deficiência e consolida as normas de proteção.

▸ Dec. nº 10.088, de 5-11-2019, consolida atos normativos editados pelo Poder Executivo Federal que dispõem sobre a promulgação de convenções e recomendações da Organização Internacional do Trabalho – OIT ratificadas pela República Federativa do Brasil.

XXXII – proibição de distinção entre trabalho manual, técnico e intelectual ou entre os profissionais respectivos;

▸ Súm. nº 84 do TST.

XXXIII – proibição de trabalho noturno, perigoso ou insalubre a menores de dezoito e de qualquer trabalho a menores de dezesseis anos, salvo na condição de aprendiz, a partir de quatorze anos;

▸ Inciso XXXIII com a redação dada pela EC nº 20, de 15-12-1998.

▸ Art. 227 desta Constituição.

▸ Arts. 192, 402 a 410 e 792 da CLT.

▸ Arts. 60 a 69 do ECA.

▸ Art. 13 da Lei nº 11.685, de 2-6-2008 (Estatuto do Garimpeiro).

▸ Art. 68, VI, da Lei nº 14.133, de 1º-4-2021 (Nova Lei de Licitações e Contratos Administrativos).

▸ Dec. nº 10.088, de 5-11-2019, consolida atos normativos editados pelo Poder Executivo Federal que dispõem sobre a promulgação de convenções e recomendações da Organização Internacional do Trabalho – OIT ratificadas pela República Federativa do Brasil.

XXXIV – igualdade de direitos entre o trabalhador com vínculo empregatício permanente e o trabalhador avulso.

Parágrafo único. São assegurados à categoria dos trabalhadores domésticos os direitos previstos nos incisos IV, VI, VII, VIII, X, XIII, XV, XVI, XVII, XVIII, XIX, XXI, XXII, XXIV, XXVI, XXX, XXXI e XXXIII e, atendidas as condições estabelecidas em lei e observada a simplificação do cumprimento das obrigações tributárias, principais e acessórias, decorrentes da relação de trabalho e suas peculiaridades, os previstos nos incisos I, II, III, IX, XII, XXV e XXVIII, bem como a sua integração à previdência social.

▸ Parágrafo único com a redação dada pela EC nº 72, de 3-4-2013.

▸ Art. 7º da CLT.

▸ LC nº 150, de 1-6-2015 (Dispõe sobre o contrato de trabalho doméstico).

Art. 8º É livre a associação profissional ou sindical, observado o seguinte:

▸ Arts. 511 a 515, 524, 537, 543, 553, 558 e 570 da CLT.

I – a lei não poderá exigir autorização do Estado para a fundação de sindicato, ressalvado o registro no órgão competente, vedadas ao Poder Público a interferência e a intervenção na organização sindical;

▸ Dec. nº 10.088, de 5-11-2019, consolida atos normativos editados pelo Poder Executivo Federal que dispõem sobre a promulgação de convenções e recomendações da Organização Internacional do Trabalho – OIT ratificadas pela República Federativa do Brasil.

▸ Port. do MTE nº 186, de 10-4-2008, trata de procedimentos administrativos de registro sindical.

▸ Súm. nº 677 do STF.

▸ OJ da SDC nº 15 do TST.

II – é vedada a criação de mais de uma organização sindical, em qualquer grau, representativa de categoria profissional ou econômica, na mesma base territorial, que será definida pelos trabalhadores ou empregadores interessados, não podendo ser inferior à área de um município;

▸ Súm. nº 677 do STF.

III – ao sindicato cabe a defesa dos direitos e interesses coletivos ou individuais da categoria, inclusive em questões judiciais ou administrativas;

▸ Orientações Jurisprudenciais da SBDI-I nºs 359 e 365 do TST.

▸ OJ da SDC nº 22 do TST.

IV – a assembleia-geral fixará a contribuição que, em se tratando de categoria profissional, será descontada em folha, para custeio do sistema confederativo da representação sindical respectiva, independentemente da contribuição prevista em lei;

▸ Súm. Vinc. nº 40 do STF.

▸ Súm. nº 666 do STF.

▸ Súm. nº 396 do STJ.

▸ OJ da SDC nº 17 do TST.

▸ Precedente Normativo da SDC nº 119 do TST.

► Ao julgar a ADIN nº 4.033, o Plenário do STF julgou constitucional a isenção de contribuição sindical patronal das microempresas e empresas de pequeno porte, optantes do regime SIMPLES NACIONAL, constante do art. 13, § 3º, da LC nº 123, de 14-12-2006.

► No julgamento da ADIN nº 2.522, o Plenário do STF julgou constitucional o art. 47 da Lei nº 8.906, de 4-7-1994 (Estatuto da OAB) a isentar o recolhimento da contribuição sindical obrigatória aos advogados inscritos na Ordem dos Advogados do Brasil.

V – ninguém será obrigado a filiar-se ou manter-se filiado a sindicato;

► Art. 199 do CP.

► Dec. nº 10.088, de 5-11-2019, consolida atos normativos editados pelo Poder Executivo Federal que dispõem sobre a promulgação de convenções e recomendações da Organização Internacional do Trabalho – OIT ratificadas pela República Federativa do Brasil.

► OJ da SDC nº 20 do TST.

VI – é obrigatória a participação dos sindicatos nas negociações coletivas de trabalho;

► O STF, ao julgar as Ações Diretas de Inconstitucionalidade nºs 1.861 e 1.361, declararam a inconstitucionalidade de regra constante da MP nº 1.698-46, de 30-6-1998 e art. 2º da MP nº 1.136, de 26-9-1995, que previam a possibilidade de negociação coletiva para instituição de participação nos lucros, por meio de comissão de trabalhadores integrada por um representante indicado pelo sindicato, em alternativa ao acordo coletivo ou convenção coletiva de trabalho.

VII – o aposentado filiado tem direito a votar e ser votado nas organizações sindicais;

VIII – é vedada a dispensa do empregado sindicalizado, a partir do registro da candidatura a cargo de direção ou representação sindical e, se eleito, ainda que suplente, até um ano após o final do mandato, salvo se cometer falta grave nos termos da lei.

► Art. 543 da CLT.

► Dec. nº 10.088, de 5-11-2019, consolida atos normativos editados pelo Poder Executivo Federal que dispõem sobre a promulgação de convenções e recomendações da Organização Internacional do Trabalho – OIT ratificadas pela República Federativa do Brasil.

► Súm. nº 197 do STF.

► Súmulas nºs 369 e 379 do TST.

► Orientações Jurisprudenciais da SBDI-I nºs 365 e 369 do TST.

Parágrafo único. As disposições deste artigo aplicam-se à organização de sindicatos rurais e de colônias de pescadores, atendidas as condições que a lei estabelecer.

► Lei nº 11.699, de 13-6-2008, dispõe sobre as Colônias, Federações e Confederação Nacional dos Pescadores, regulamentando este parágrafo.

Art. 9º É assegurado o direito de greve, competindo aos trabalhadores decidir sobre a oportunidade de exercê-lo e sobre os interesses que devam por meio dele defender.

► Arts. 37, VII, 114, II, e 142, § 3º, IV, desta Constituição.

► Lei nº 7.783, de 28-6-1989 (Lei de Greve).

§ 1º A lei definirá os serviços ou atividades essenciais e disporá sobre o atendimento das necessidades inadiáveis da comunidade.

§ 2º Os abusos cometidos sujeitam os responsáveis às penas da lei.

► Súm. nº 316 do STF.

► OJ da SDC nº 10 do TST.

Art. 10. É assegurada a participação dos trabalhadores e empregadores nos colegiados dos órgãos públicos em que seus interesses profissionais ou previdenciários sejam objeto de discussão e deliberação.

Art. 11. Nas empresas de mais de duzentos empregados, é assegurada a eleição de um representante destes com a finalidade exclusiva de promover-lhes o entendimento direto com os empregadores.

► Art. 543 da CLT.

► Precedente Normativo da SDC nº 86 do TST.

Capítulo III

DA NACIONALIDADE

► Art. 5º, LXXI, desta Constituição.

► Dec. nº 4.246, de 22-5-2002, promulga a Convenção sobre o Estatuto dos Apátridas.

Art. 12. São brasileiros:

I – natos:

a) os nascidos na República Federativa do Brasil, ainda que de pais estrangeiros, desde que estes não estejam a serviço de seu país;

b) os nascidos no estrangeiro, de pai brasileiro ou mãe brasileira, desde que qualquer deles esteja a serviço da República Federativa do Brasil;

c) os nascidos no estrangeiro de pai brasileiro ou de mãe brasileira, desde que sejam registrados em repartição brasileira competente ou venham a residir na República Federativa do Brasil e optem, em qualquer tempo, depois de atingida a maioridade, pela nacionalidade brasileira;

► Alínea *c* com a redação dada pela EC nº 54, de 20-9-2007.

► Art. 95 do ADCT.

II – naturalizados:

► Lei nº 818, de 18-9-1949 (Lei da Nacionalidade Brasileira).

► Arts. 64 a 73 da Lei nº 13.445, de 24-5-2017 (Lei de Migração).

a) os que, na forma da lei, adquiram a nacionalidade brasileira, exigidas aos originários de países de língua portuguesa apenas residência por um ano ininterrupto e idoneidade moral;

b) os estrangeiros de qualquer nacionalidade, residentes na República Federativa do Brasil há mais de quinze anos ininterruptos e sem condenação penal, desde que requeiram a nacionalidade brasileira.

► Alínea *b* com a redação dada pela ECR nº 3, de 7-6-1994.

§ 1º Aos portugueses com residência permanente no País, se houver reciprocidade em favor de brasileiros, serão atribuídos os direitos inerentes ao brasileiro, salvo os casos previstos nesta Constituição.

► § 1º com a redação dada pela ECR nº 3, de 7-6-1994.

§ 2º A lei não poderá estabelecer distinção entre brasileiros natos e naturalizados, salvo nos casos previstos nesta Constituição.

§ 3º São privativos de brasileiro nato os cargos:

I – de Presidente e Vice-Presidente da República;

II – de Presidente da Câmara dos Deputados;

III – de Presidente do Senado Federal;

IV – de Ministro do Supremo Tribunal Federal;

V – da carreira diplomática;

VI – de oficial das Forças Armadas;

► LC nº 97, de 9-6-1999, dispõe sobre as normas gerais para organização, o preparo e o emprego das Forças Armadas.

VII – de Ministro de Estado da Defesa.

► Inciso VII acrescido pela EC nº 23, de 2-9-1999.

► LC nº 97, de 9-6-1999, dispõe sobre a criação do Ministério de Defesa.

§ 4º Será declarada a perda da nacionalidade do brasileiro que:

I – tiver cancelada sua naturalização, por sentença judicial, em virtude de fraude relacionada ao processo de naturalização ou de atentado contra a ordem constitucional e o Estado Democrático;

► Inciso I com a redação dada pela EC nº 131, de 3-10-2023.

► Art. 75 da Lei nº 13.445, de 24-5-2017 (Lei de Migração).

II – fizer pedido expresso de perda da nacionalidade brasileira perante autoridade brasileira competente, ressalvadas situações que acarretem apatridia.

► *Caput* do inciso II com a redação dada pela EC nº 131, de 3-10-2023.

► Art. 76 da Lei nº 13.445, de 24-5-2017 (Lei de Migração).

a e b) Revogadas. *EC nº 131, de 3-10-2023.*

§ 5º A renúncia da nacionalidade, nos termos do inciso II do § 4º deste artigo, não impede o interessado de readquirir sua nacionalidade brasileira originária, nos termos da lei.

► § 5º acrescido pela EC nº 131, de 3-10-2023.

Art. 13. A língua portuguesa é o idioma oficial da República Federativa do Brasil.

► Dec. nº 5.002, de 3-3-2004, promulga a Declaração Constitutiva e os Estatutos da Comunidade dos Países de Língua Portuguesa.

§ 1º São símbolos da República Federativa do Brasil a bandeira, o hino, as armas e o selo nacionais.

► Lei nº 5.700, de 1º-9-1971, dispõe sobre a forma e a apresentação dos Símbolos Nacionais.

► Dec. nº 98.068, de 18-8-1989, dispõe sobre o hasteamento da bandeira nacional nas repartições públicas federais e nos estabelecimentos de ensino.

§ 2º Os Estados, o Distrito Federal e os Municípios poderão ter símbolos próprios.

Capítulo IV

DOS DIREITOS POLÍTICOS

► Art. 5º, LXXI, desta Constituição.

Art. 14. A soberania popular será exercida pelo sufrágio universal e pelo voto direto e secreto, com valor igual para todos, e, nos termos da lei, mediante:

► Lei nº 4.737, de 15-7-1965 (Código Eleitoral).

► Lei nº 9.709, de 18-11-1998, regulamenta a execução do disposto nos incisos I, II e III do artigo supratranscrito.

I – plebiscito;

► Arts. 18, §§ 3º e 4º, e 49, XV, desta Constituição.

► Art. 2º do ADCT.

II – referendo;

► Arts. 1º, II, 2º, § 2º, 3º, 6º, 8º e 10 a 12 da Lei nº 9.709, de 18-11-1998, que regulamenta a execução do disposto nos incisos I, II e III deste artigo.

III – iniciativa popular.

► Art. 61, § 2º, desta Constituição.

► Arts. 1º, III, 13 e 14 da Lei nº 9.709, de 18-11-1998, que regulamenta a execução do disposto nos incisos I, II e III deste artigo.

§ 1º O alistamento eleitoral e o voto são:

► Arts. 42 a 81 e 133 a 157 do CE.

I – obrigatórios para os maiores de dezoito anos;

► Lei nº 9.274, de 7-5-1996, dispõe sobre anistia relativamente às eleições de 3 de outubro e de 15 de novembro dos anos de 1992 e 1994.

II – facultativos para:

a) os analfabetos;

b) os maiores de setenta anos;

c) os maiores de dezesseis e menores de dezoito anos.

§ 2º Não podem alistar-se como eleitores os estrangeiros e, durante o período do serviço militar obrigatório, os conscritos.

§ 3º São condições de elegibilidade, na forma da lei:

I – a nacionalidade brasileira;

II – o pleno exercício dos direitos políticos;

► Art. 47, I, do CP.

III – o alistamento eleitoral;

IV – o domicílio eleitoral na circunscrição;

V – a filiação partidária;

► Lei nº 9.096, de 19-9-1995 (Lei dos Partidos Políticos).

► Res. do TSE nº 23.282, de 22-6-2010, disciplina a criação, organização, fusão, incorporação e extinção de partidos políticos.

VI – a idade mínima de:

a) trinta e cinco anos para Presidente e Vice-Presidente da República e Senador;

b) trinta anos para Governador e Vice-Governador de Estado e do Distrito Federal;

c) vinte e um anos para Deputado Federal, Deputado Estadual ou Distrital, Prefeito, Vice-Prefeito e juiz de paz;

► Dec.-lei nº 201, de 27-2-1967 (Lei de Responsabilidade dos Prefeitos e Vereadores).

d) dezoito anos para Vereador.

► Dec.-lei nº 201, de 27-2-1967 (Lei de Responsabilidade dos Prefeitos e Vereadores).

§ 4º São inelegíveis os inalistáveis e os analfabetos.

§ 5º O Presidente da República, os Governadores de Estado e do Distrito Federal, os Prefeitos e quem os houver sucedido ou substituído no curso dos mandatos poderão ser reeleitos para um único período subsequente.

► § 5º com a redação dada pela EC nº 16, de 4-6-1997.

► Súm. nº 8 do TSE.

§ 6º Para concorrerem a outros cargos, o Presidente da República, os Governadores de Estado e do Distrito Federal e os Prefeitos devem renunciar aos respectivos mandatos até seis meses antes do pleito.

§ 7º São inelegíveis, no território de jurisdição do titular, o cônjuge e os parentes consanguíneos ou afins, até o segundo grau ou por adoção, do Presidente da República, de Governador de Estado ou Território, do Distrito Federal, de Prefeito ou de quem os haja substituído dentro dos seis meses anteriores ao pleito, salvo se já titular de mandato eletivo e candidato à reeleição.

► Súm. Vinc. nº 18 do STF.

► Súmulas nºs 6 e 12 do TSE.

§ 8º O militar alistável é elegível, atendidas as seguintes condições:

I – se contar menos de dez anos de serviço, deverá afastar-se da atividade;

II – se contar mais de dez anos de serviço, será agregado pela autoridade superior e, se eleito, passará automaticamente, no ato da diplomação, para a inatividade.

► Art. 42, § 1º, desta Constituição.

§ 9º Lei complementar estabelecerá outros casos de inelegibilidade e os prazos de sua cessação, a fim de proteger a probidade administrativa, a moralidade para o exercício do mandato, considerada a vida pregressa do candidato, e a normalidade e legitimidade das eleições contra a influência do poder econômico ou o abuso do exercício de função, cargo ou emprego na administração direta ou indireta.

► § 9º com a redação dada pela ECR nº 4, de 7-6-1994.

► Art. 37, § 4º, desta Constituição.

► LC nº 64, de 18-5-1990 (Lei dos Casos de Inelegibilidade).

► Súm. nº 13 do TSE.

§ 10. O mandato eletivo poderá ser impugnado ante a Justiça Eleitoral no prazo de quinze dias contados da diplomação, instruída a ação com provas de abuso do poder econômico, corrupção ou fraude.

► O STF, ao julgar as Ações Diretas de Inconstitucionalidade nºs 3.999 e 4.086, confirmou a constitucionalidade da Res. do TSE nº 22.610, de 25-10-2007, que disciplina o processo de perda do mandato eletivo por infidelidade partidária.

§ 11. A ação de impugnação de mandato tramitará em segredo de justiça, respondendo o autor, na forma da lei, se temerária ou de manifesta má-fé.

§ 12. Serão realizadas concomitantemente às eleições municipais as consultas populares sobre questões locais aprovadas pelas Câmaras Municipais e encaminhadas à Justiça Eleitoral até 90 (noventa) dias antes da data das eleições, observados os limites operacionais relativos ao número de quesitos.

§ 13. As manifestações favoráveis e contrárias às questões submetidas às consultas populares nos termos do § 12 ocorrerão durante as campanhas eleitorais, sem a utilização de propaganda gratuita no rádio e na televisão.

► §§ 12 e 13 acrescidos pela EC nº 111, de 28-9-2021.

Art. 15. É vedada a cassação de direitos políticos, cuja perda ou suspensão só se dará nos casos de:

► Lei nº 9.096, de 19-9-1995 (Lei dos Partidos Políticos).

I – cancelamento da naturalização por sentença transitada em julgado;

II – incapacidade civil absoluta;

III – condenação criminal transitada em julgado, enquanto durarem seus efeitos;

► Art. 92, I e parágrafo único, do CP.

► Súm. nº 9 do TSE.

IV – recusa de cumprir obrigação a todos imposta ou prestação alternativa, nos termos do artigo 5º, VIII;

► Art. 143 desta Constituição.

► Lei nº 8.239, de 4-10-1991, dispõe sobre a prestação de serviço alternativo ao Serviço Militar Obrigatório.

V – improbidade administrativa, nos termos do artigo 37, § 4º.

Art. 16. A lei que alterar o processo eleitoral entrará em vigor na data de sua publicação, não se aplicando à eleição que ocorra até um ano da data de sua vigência.

► Artigo com a redação dada pela EC nº 4, de 14-9-1993.

► Lei nº 9.504, de 30-9-1997 (Lei das Eleições).

CAPÍTULO V

DOS PARTIDOS POLÍTICOS

Art. 17. É livre a criação, fusão, incorporação e extinção de partidos políticos, resguardados a soberania nacional, o regime democrático, o pluripartidarismo, os direitos fundamentais da pessoa humana e observados os seguintes preceitos:

► Lei nº 9.096, de 19-9-1995 (Lei dos Partidos Políticos).

► Lei nº 9.504, de 30-9-1997 (Lei das Eleições).

► Res. do TSE nº 23.282, de 22-6-2010, disciplina a criação, organização, fusão, incorporação e extinção de partidos políticos.

I – caráter nacional;

II – proibição de recebimento de recursos financeiros de entidade ou governo estrangeiros ou de subordinação a estes;

III – prestação de contas à Justiça Eleitoral;

► Lei nº 9.096, de 19-9-1995 (Lei dos Partidos Políticos).

IV – funcionamento parlamentar de acordo com a lei.

§ 1º É assegurada aos partidos políticos autonomia para definir sua estrutura interna e estabelecer regras sobre escolha, formação e duração de seus órgãos permanentes e provisórios e sobre sua organização e funcionamento e para adotar os critérios de escolha e o regime de suas coligações nas eleições majoritárias, vedada a sua celebração nas eleições proporcionais, sem obrigatoriedade de vinculação entre as candidaturas em âmbito nacional, estadual, distrital ou municipal, devendo seus estatutos estabelecer normas de disciplina e fidelidade partidária.

► § 1º com a redação dada pela EC nº 97, de 4-10-2017.

§ 2º Os partidos políticos, após adquirirem personalidade jurídica, na forma da lei civil, registrarão seus estatutos no Tribunal Superior Eleitoral.

§ 3º Somente terão direito a recursos do fundo partidário e acesso gratuito ao rádio e à televisão, na forma da lei, os partidos políticos que alternativamente:

I – obtiverem, nas eleições para a Câmara dos Deputados, no mínimo, 3% (três por cento) dos votos válidos, distribuídos em pelo menos um terço das unidades da Federação, com um mínimo de 2% (dois por cento) dos votos válidos em cada uma delas; ou

II – tiverem elegido pelo menos quinze Deputados Federais distribuídos em pelo menos um terço das unidades da Federação.

► § 3º com a redação dada pela EC nº 97, de 4-10-2017.

► Art. 241 do CE.

§ 4º É vedada a utilização pelos partidos políticos de organização paramilitar.

§ 5º Ao eleito por partido que não preencher os requisitos previstos no § 3º deste artigo é assegurado o mandato e facultada a filiação, sem perda do mandato, a outro partido que os tenha atingido, não sendo essa filiação considerada para fins de distribuição dos recursos do fundo partidário e de acesso gratuito ao tempo de rádio e de televisão.

► § 5º acrescido pela EC nº 97, de 4-10-2017.

§ 6º Os Deputados Federais, os Deputados Estaduais, os Deputados Distritais e os Vereadores que se desligarem do partido pelo qual tenham sido eleitos perderão o mandato, salvo nos casos de anuência do partido ou de outras hipóteses de justa causa estabelecidas em lei, não computada, em qualquer caso, a migração de partido para fins de distribuição de recursos do fundo partidário ou de outros fundos públicos e de acesso gratuito ao rádio e à televisão.

► § 6º acrescido pela EC nº 111, de 28-9-2021.

§ 7º Os partidos políticos devem aplicar no mínimo 5% (cinco por cento) dos recursos do fundo partidário na criação e na manutenção de programas de promoção e difusão da participação política das mulheres, de acordo com os interesses intrapartidários.

§ 8º O montante do Fundo Especial de Financiamento de Campanha e da parcela do fundo partidário destinada a campanhas eleitorais, bem como o tempo de propaganda gratuita no rádio e na televisão a ser distribuído pelos partidos às respectivas candidatas, deverão ser de no mínimo 30% (trinta por cento), proporcional ao número de candidatas, e a distribuição deverá ser realizada conforme critérios definidos pelos respectivos órgãos de direção e pelas normas estatutárias, considerados a autonomia e o interesse partidário.

► §§ 7º e 8º acrescidos pela EC nº 117, de 5-4-2022.

TÍTULO III – DA ORGANIZAÇÃO DO ESTADO

CAPÍTULO I

DA ORGANIZAÇÃO POLÍTICO-ADMINISTRATIVA

Art. 18. A organização político-administrativa da República Federativa do Brasil compreende a União, os Estados, o Distrito Federal e os Municípios, todos autônomos, nos termos desta Constituição.

§ 1º Brasília é a Capital Federal.

§ 2º Os Territórios Federais integram a União, e sua criação, transformação em Estado ou reintegração ao Estado de origem serão reguladas em lei complementar.

§ 3º Os Estados podem incorporar-se entre si, subdividir-se ou desmembrar-se para se anexarem a outros, ou formarem novos Estados ou Territórios Federais, mediante aprovação da população diretamente interessada, através de plebiscito, e do Congresso Nacional, por lei complementar.

► Arts. 3º e 4º da Lei nº 9.709, de 18-11-1998, que dispõe sobre a convocação do plebiscito e o referendo nas questões de relevância nacional, de competência do Poder Legislativo ou do Poder Executivo.

§ 4º A criação, a incorporação, a fusão e o desmembramento de Municípios, far-se-ão por lei estadual, dentro do período determinado por lei complementar federal, e dependerão de consulta prévia, mediante plebiscito, às populações dos Municípios envolvidos, após divulgação dos Estudos de Viabilidade Municipal, apresentados e publicados na forma da lei.

► § 4º com a redação dada pela EC nº 15, de 12-9-1996.

► Art. 5º da Lei nº 9.709, de 18-11-1998, que dispõe sobre o plebiscito destinado à criação, à incorporação, à fusão e ao desmembramento de Municípios.

► Lei nº 10.521, de 18-7-2002, assegura a instalação de Municípios criados por lei estadual.

Art. 19. É vedado à União, aos Estados, ao Distrito Federal e aos Municípios:

I – estabelecer cultos religiosos ou igrejas, subvencioná-los, embaraçar-lhes o funcionamento ou manter com eles ou seus representantes relações de dependência ou aliança, ressalvada, na forma da lei, a colaboração de interesse público;

II – recusar fé aos documentos públicos;

III – criar distinções entre brasileiros ou preferências entre si.

► Art. 325 da CLT.

CAPÍTULO II

DA UNIÃO

Art. 20. São bens da União:

- ► Art. 176, §§ 1º a 4º, desta Constituição.
- ► Art. 99 do CC.
- ► Dec.-lei nº 9.760, de 5-9-1946 (Lei dos Bens Imóveis da União).

I – os que atualmente lhe pertencem e os que lhe vierem a ser atribuídos;

- ► Súm. nº 650 do STF.

II – as terras devolutas indispensáveis à defesa das fronteiras, das fortificações e construções militares, das vias federais de comunicação e à preservação ambiental, definidas em lei;

- ► Lei nº 4.504, de 30-11-1964 (Estatuto da Terra).
- ► Lei nº 6.383, de 7-12-1976 (Lei das Ações Discriminatórias).
- ► Lei nº 6.431, de 11-7-1977, autoriza a doação de porções de terras devolutas a Municípios incluídos na região da Amazônia Legal, para os fins que especifica.
- ► Lei nº 6.634, de 2-5-1979, dispõe sobre a faixa de fronteira.
- ► Lei nº 6.938, de 31-8-1981 (Lei da Política Nacional do Meio Ambiente).
- ► Dec.-lei nº 227, de 28-2-1967 (Código de Mineração).
- ► Dec.-lei nº 1.135, de 3-12-1970, dispõe sobre a organização, a competência e o funcionamento do Conselho de Segurança Nacional.
- ► Súm. nº 477 do STF.

III – os lagos, rios e quaisquer correntes de água em terrenos de seu domínio, ou que banhem mais de um Estado, sirvam de limites com outros países, ou se estendam a território estrangeiro ou dele provenham, bem como os terrenos marginais e as praias fluviais;

- ► Dec. nº 1.265, de 11-10-1994, aprova a Política Marítima Nacional – PMN.

IV – as ilhas fluviais e lacustres nas zonas limítrofes com outros países; as praias marítimas; as ilhas oceânicas e as costeiras, excluídas, destas, as que contenham a sede de Municípios, exceto aquelas áreas afetadas ao serviço público e a unidade ambiental federal, e as referidas no art. 26, II;

- ► Inciso IV com a redação dada pela EC nº 46, de 5-5-2005.
- ► Dec. nº 1.265, de 11-10-1994, aprova a Política Marítima Nacional – PMN.

V – os recursos naturais da plataforma continental e da zona econômica exclusiva;

- ► Lei nº 8.617, de 4-1-1993, dispõe sobre o mar territorial, a zona contígua, a zona econômica exclusiva e a plataforma continental brasileiros.
- ► Dec. nº 1.265, de 11-10-1994, aprova a Política Marítima Nacional – PMN.

VI – o mar territorial;

- ► Lei nº 8.617, de 4-1-1993, dispõe sobre o mar territorial, a zona contígua, a zona econômica exclusiva e a plataforma continental brasileira.
- ► Dec. nº 1.265, de 11-10-1994, aprova a Política Marítima Nacional – PMN.

VII – os terrenos de marinha e seus acrescidos;

- ► Súm nº 496 do STJ.

VIII – os potenciais de energia hidráulica;

IX – os recursos minerais, inclusive os do subsolo;

X – as cavidades naturais subterrâneas e os sítios arqueológicos e pré-históricos;

XI – as terras tradicionalmente ocupadas pelos índios.

- ► Súm. nº 650 do STF.

§ 1º É assegurada, nos termos da lei, à União, aos Estados, ao Distrito Federal e aos Municípios a participação no resultado da exploração de petróleo ou gás natural, de recursos hídricos para fins de geração de energia elétrica e de outros recursos minerais no respectivo território, plataforma continental, mar territorial ou zona econômica exclusiva, ou compensação financeira por essa exploração.

- ► § 1º com a redação dada pela EC nº 102, de 26-9-2019, para vigorar na data de sua publicação (*DOU* de 27-9-2019), produzindo efeitos a partir da execução orçamentária do exercício financeiro subsequente.
- ► Arts. 100, § 18, e 177 desta Constituição.
- ► Arts. 101, § 1º, e 107, § 6º, I, do ADCT.
- ► Art. 3º da EC nº 86, de 17-3-2015, que torna obrigatória a execução orçamentária que especifica.
- ► Lei nº 7.990, de 28-12-1989, institui, para os Estados, Distrito Federal e Municípios, compensação financeira pelo resultado da exploração de petróleo ou gás natural, de recursos hídricos para fins de geração de energia elétrica, de recursos minerais em seus respectivos territórios, plataforma continental, mar territorial ou zona econômica exclusiva.
- ► Lei nº 8.001, de 13-3-1990, define os percentuais da distribuição da compensação financeira instituída pela Lei nº 7.990, de 28-12-1989.
- ► Lei nº 9.427, de 26-12-1996, institui a Agência Nacional de Energia Elétrica (ANEEL), e disciplina o re-

gime de concessões de serviços públicos de energia elétrica.

► Lei nº 9.478, de 6-8-1997, dispõe sobre a Política Energética Nacional, as atividades relativas a o monopólio do petróleo, institui o Conselho Nacional de Política Energética e a Agência Nacional de Petróleo – ANP.

► Lei nº 9.984, de 17-7-2000, dispõe sobre a Agência Nacional de Águas e Saneamento Básico – ANA.

► Lei nº 12.858, de 9-9-2013, dispõe sobre a destinação para as áreas de educação e saúde de parcela da participação no resultado ou da compensação financeira pela exploração de petróleo e gás natural, com a finalidade de cumprimento da meta prevista no inciso VI do *caput* do art. 214 e no art. 196 desta Constituição.

► Dec. nº 1, de 11-1-1991, regulamenta o pagamento da compensação financeira instituída pela Lei nº 7.990, de 28-12-1989.

§ 2º A faixa de até cento e cinquenta quilômetros de largura, ao longo das fronteiras terrestres, designada como faixa de fronteira, é considerada fundamental para defesa do território nacional, e sua ocupação e utilização serão reguladas em lei.

► Lei nº 6.634, de 2-5-1979, dispõe sobre a faixa de fronteira.

► Art. 10, § 3º, da Lei nº 11.284, de 2-3-2006 (Lei de Gestão de Florestas Públicas).

► Dec.-lei nº 1.135, de 3-12-1970, dispõe sobre a organização, a competência e o funcionamento do Conselho de Segurança Nacional.

Art. 21. Compete à União:

I – manter relações com Estados estrangeiros e participar de organizações internacionais;

II – declarar a guerra e celebrar a paz;

III – assegurar a defesa nacional;

IV – permitir, nos casos previstos em lei complementar, que forças estrangeiras transitem pelo território nacional ou nele permaneçam temporariamente;

► LC nº 90, de 1º-10-1997, regulamenta este inciso e determina os casos em que forças estrangeiras possam transitar pelo território nacional ou nele permanecer temporariamente.

► Dec. nº 97.464, de 20-1-1989, estabelece procedimentos para a entrada no Brasil e o sobrevoo de seu território por aeronaves civis estrangeiras, que não estejam em serviço aéreo internacional regular.

V – decretar o estado de sítio, o estado de defesa e a intervenção federal;

VI – autorizar e fiscalizar a produção e o comércio de material bélico;

VII – emitir moeda;

VIII – administrar as reservas cambiais do País e fiscalizar as operações de natureza financeira, especialmente as de crédito, câmbio e capitalização, bem como as de seguros e de previdência privada;

► LC nº 108, de 29-5-2001, dispõe sobre a relação entre União, os Estados o Distrito Federal e os Municípios, suas autarquias, fundações, sociedades de economia mista e outras entidades públicas e suas respectivas entidades fechadas de previdência complementar.

► LC nº 109, de 29-5-2001 (Lei do Regime de Previdência Complementar).

► Lei nº 4.595, de 31-12-1964 (Lei do Sistema Financeiro Nacional).

► Lei nº 4.728, de 14-7-1965 (Lei do Mercado de Capitais).

► Dec.-lei nº 73, de 21-11-1966, regulamentado pelo Dec. nº 60.459, de 13-3-1967, dispõe sobre o sistema nacional de seguros privados e regula as operações de seguros e resseguros.

IX – elaborar e executar planos nacionais e regionais de ordenação do território e de desenvolvimento econômico e social;

► Lei nº 9.491, de 9-9-1997, altera procedimentos relativos ao programa nacional de desestatização.

X – manter o serviço postal e o correio aéreo nacional;

► Lei nº 6.538, de 22-6-1978, dispõe sobre os serviços postais.

XI – explorar, diretamente ou mediante autorização, concessão ou permissão, os serviços de telecomunicações, nos termos da lei, que disporá sobre a organização dos serviços, a criação de um órgão regulador e outros aspectos institucionais;

► Inciso XI com a redação dada pela EC nº 8, de 15-8-1995.

► Art. 246 desta Constituição.

► Lei nº 8.987, de 13-2-1995 (Lei da Concessão e Permissão da Prestação de Serviços Públicos).

► Lei nº 9.295, de 19-7-1996, dispõe sobre serviços de telecomunicações, organizações e órgão regulador.

► Lei nº 9.472, de 16-7-1997, dispõe sobre a organização dos serviços de telecomunicações, a criação e funcionamento de um Órgão Regulador e outros aspectos institucionais.

► Lei nº 10.052, de 28-11-2000, institui o Fundo para o Desenvolvimento Tecnológico das Telecomunicações – FUNTTEL.

► Dec. nº 3.896, de 23-8-2001, dispõe sobre a regência dos serviços de telecomunicações.

XII – explorar, diretamente ou mediante autorização, concessão ou permissão:

► Lei nº 4.117, de 24-8-1962 (Código Brasileiro de Telecomunicações).

► Dec. nº 2.196, de 8-4-1997, aprova o Regulamento de Serviços Especiais.

► Dec. nº 2.197, de 8-4-1997, aprova o Regulamento de Serviços Limitados.

► Dec. nº 2.198, de 8-4-1997, aprova o Regulamento de Serviços Público-Restritos.

a) os serviços de radiodifusão sonora e de sons e imagens;

► Alínea *a* com a redação dada pela EC nº 8, de 15-8-1995.

► Art. 246 desta Constituição.

► Lei nº 9.472, de 16-7-1997, dispõe sobre a organização dos serviços de telecomunicações, a criação e funcionamento de um Órgão Regulador e outros aspectos institucionais.

► Lei nº 10.052, de 28-11-2000, institui o Fundo para o Desenvolvimento Tecnológico das Telecomunicações – FUNTTEL.

b) os serviços e instalações de energia elétrica e o aproveitamento energético dos cursos de água, em articulação com os Estados onde se situam os potenciais hidroenergéticos;

► Lei nº 9.427, de 26-12-1996, institui a Agência Nacional de Energia Elétrica – ANEEL e disciplina o regime de concessão de serviços públicos de energia elétrica.

► Lei nº 9.648, de 27-5-1998, regulamentada pelo Dec. nº 2.655, de 2-7-1998, autoriza o Poder Executivo a promover a reestruturação da Centrais Elétricas Brasileiras – ELETROBRÁS e de suas subsidiárias.

► Lei nº 12.111, de 9-12-2009, dispõe sobre os serviços de energia elétrica nos Sistemas Isolados.

c) a navegação aérea, aeroespacial e a infraestrutura aeroportuária;

► Lei nº 7.565, de 19-12-1986 (Código Brasileiro de Aeronáutica).

► Lei nº 9.994, de 24-7-2000, institui o Programa de Desenvolvimento Científico e Tecnológico do Setor Espacial.

d) os serviços de transporte ferroviário e aquaviário entre portos brasileiros e fronteiras nacionais, ou que transponham os limites de Estado ou Território;

► Lei nº 9.277, de 10-5-1996, autoriza a União a delegar aos Municípios, Estados da Federação e ao Distrito Federal a Administração e Exploração de Rodovias e Portos Federais.

e) os serviços de transporte rodoviário interestadual e internacional de passageiros;

f) os portos marítimos, fluviais e lacustres;

► Lei nº 10.233, de 5-6-2001, dispõe sobre a reestruturação dos transportes aquaviário e terrestre, cria o Conselho Nacional de Integração de Políticas de Transporte, a Agência Nacional de Transportes Terrestres, a Agência Nacional de Transportes Aquaviários e o Departamento Nacional de Infraestrutura de Transportes.

► Dec. nº 1.265, de 11-10-1994, aprova a Política Marítima Nacional – PMN.

► Dec. nº 10.088, de 5-11-2019, consolida atos normativos editados pelo Poder Executivo Federal que dispõem sobre a promulgação de convenções e recomendações da Organização Internacional do Trabalho – OIT ratificadas pela República Federativa do Brasil.

XIII – organizar e manter o Poder Judiciário, o Ministério Público do Distrito Federal e dos Territórios e a Defensoria Pública dos Territórios;

► Inciso XIII com a redação dada pela EC nº 69, de 29-3-2012, em vigor na data de sua publicação, produzindo efeitos após 120 dias de sua publicação oficial (*DOU* de 30-3-2012).

XIV – organizar e manter a polícia civil, a polícia penal, a polícia militar e o corpo de bombeiros militar do Distrito Federal, bem como prestar assistência financeira ao Distrito Federal para a execução de serviços públicos, por meio de fundo próprio;

► Inciso XIV com a redação dada pela EC nº 104, de 4-12-2019.

► Art. 107, § 6º, I, do ADCT.

► Art. 25 da EC nº 19, de 4-6-1998 (Reforma Administrativa).

► Lei nº 10.633, de 27-12-2002, institui o Fundo Constitucional do Distrito Federal – FCDF, para atender o disposto neste inciso.

► Súm. Vinc. nº 39 do STF.

► Súm. nº 647 do STF.

XV – organizar e manter os serviços oficiais de estatística, geografia, geologia e cartografia de âmbito nacional;

▶ Art. 71, § 3º, da Lei nº 11.355, de 19-10-2006, que dispõe sobre plano de carreiras e cargos do Instituto Brasileiro de Geografia e Estatística – IBGE.

▶ Dec. nº 243, de 28-2-1967, fixa as diretrizes e bases da Cartografia Brasileira.

XVI – exercer a classificação, para efeito indicativo, de diversões públicas e de programas de rádio e televisão;

▶ Art. 23 do ADCT.

XVII – conceder anistia;

XVIII – planejar e promover a defesa permanente contra as calamidades públicas, especialmente as secas e as inundações;

XIX – instituir sistema nacional de gerenciamento de recursos hídricos e definir critérios de outorga de direitos de seu uso;

▶ Lei nº 9.433, de 8-1-1997, institui a Política Nacional de Recursos Hídricos, cria o Sistema Nacional de Gerenciamento de Recursos Hídricos e regulamenta o inciso acima transcrito.

XX – instituir diretrizes para o desenvolvimento urbano, inclusive habitação, saneamento básico e transportes urbanos;

▶ Lei nº 5.318, de 26-9-1967, institui a Política Nacional de Saneamento e cria o Conselho Nacional de Saneamento.

▶ Lei nº 7.196, de 13-6-1984, institui o Plano Nacional de Moradia – PLAMO.

▶ Lei nº 10.188, de 12-2-2001, cria o Programa de Arrendamento Residencial e institui o arrendamento residencial com opção de compra.

▶ Lei nº 10.233, de 5-6-2001, dispõe sobre a reestruturação dos transportes aquaviário e terrestre, cria o Conselho Nacional de Integração de Políticas de Transporte, a Agência Nacional de Transportes Terrestres, a Agência Nacional de Transportes Aquaviários e o Departamento Nacional de Infraestrutura de Transportes.

▶ Lei nº 11.445, de 5-1-2007, estabelece diretrizes nacionais para o saneamento básico, regulamentada pelo Dec. nº 7.217, de 21-6-2010.

▶ Lei nº 12.587, de 3-1-2012 (Lei da Política Nacional de Mobilidade Urbana).

XXI – estabelecer princípios e diretrizes para o sistema nacional de viação;

▶ Lei nº 10.233, de 5-6-2001, dispõe sobre a reestruturação dos transportes aquaviário e terrestre, cria o Conselho Nacional de Integração de Políticas de Transporte, a Agência Nacional de Transportes Terrestres, a Agência Nacional de Transportes Aquaviários e o Departamento Nacional de Infraestrutura de Transportes.

XXII – executar os serviços de polícia marítima, aeroportuária e de fronteiras;

▶ Inciso XXII com a redação dada pela EC nº 19, de 4-6-1998.

▶ Súm. Vinc. nº 36 do STF.

XXIII – explorar os serviços e instalações nucleares de qualquer natureza e exercer monopólio estatal sobre a pesquisa, a lavra, o enriquecimento e reprocessamento, a industrialização e o comércio de minérios nucleares e seus derivados, atendidos os seguintes princípios e condições:

▶ Lei nº 10.308, de 20-11-2001, estabelece normas para o destino final dos rejeitos radioativos produzidos em território nacional, incluídos a seleção de locais, a construção, o licenciamento, a operação, a fiscalização, os custos, a indenização e a responsabilidade civil.

▶ Dec.-lei nº 1.982, de 28-12-1982, dispõe sobre o exercício das atividades nucleares incluídas no monopólio da União e o controle do desenvolvimento de pesquisas no campo da energia nuclear.

a) toda atividade nuclear em Território Nacional somente será admitida para fins pacíficos e mediante aprovação do Congresso Nacional;

▶ Dec.-lei nº 1.809, de 7-10-1980, regulamentado pelo Dec. nº 2.210, de 22-4-1997, instituiu o Sistema de Proteção ao Programa Nuclear Brasileiro – SIPRON.

b) sob regime de permissão, são autorizadas a comercialização e a utilização de radioisótopos para pesquisa e uso agrícolas e industriais;

c) sob regime de permissão, são autorizadas a produção, a comercialização e a utilização de radioisótopos para pesquisa e uso médicos;

▶ Alíneas *b* e *c* com a redação dada pela EC nº 118, de 28-4-2022.

▶ Lei nº 10.308, de 20-11-2001, dispõe sobre a seleção de locais, a construção, o licenciamento, a operação, a fiscalização, os custos, a indenização, a responsabilidade civil e as garantias referentes aos depósitos de rejeitos radioativos.

d) a responsabilidade civil por danos nucleares independe da existência de culpa;

▶ Alínea *d* acrescida pela EC nº 49, de 8-2-2006.

▶ Lei nº 6.453, de 17-10-1977, dispõe sobre a responsabilidade civil por danos nucleares e responsabilidade criminal por atos relacionados a atividades nucleares.

► Lei nº 9.425, de 24-12-1996, dispõe sobre a concessão de pensão especial às vítimas do acidente nuclear ocorrido em Goiânia, Goiás.

► Lei nº 10.308, de 20-11-2001, estabelece normas para o destino final dos rejeitos radioativos produzidos e território nacional, incluídos a seleção de locais, a construção, o licenciamento, a operação, a fiscalização, os custos, a indenização, a responsabilidade civil.

XXIV – organizar, manter e executar a inspeção do trabalho;

► Art. 174 desta Constituição.

► Dec. nº 10.088, de 5-11-2019, consolida atos normativos editados pelo Poder Executivo Federal que dispõem sobre a promulgação de convenções e recomendações da Organização Internacional do Trabalho – OIT ratificadas pela República Federativa do Brasil.

XXV – estabelecer as áreas e as condições para o exercício da atividade de garimpagem, em forma associativa;

► Lei nº 7.805, de 18-7-1989, regulamentada pelo Dec. nº 98.812, de 9-1-1990, disciplina o regime de permissão de lavra garimpeira.

XXVI – organizar e fiscalizar a proteção e o tratamento de dados pessoais, nos termos da lei.

► Inciso XXVI acrescido pela EC nº 115, de 10-2-2022.

Art. 22. Compete privativamente à União legislar sobre:

I – direito civil, comercial, penal, processual, eleitoral, agrário, marítimo, aeronáutico, espacial e do trabalho;

► Lei nº 556, de 25-6-1850 (Código Comercial).

► Lei nº 4.504, de 30-11-1964 (Estatuto da Terra).

► Lei nº 4.737, de 15-7-1965 (Código Eleitoral).

► Lei nº 4.947, de 6-4-1966, fixa normas de direito agrário, dispõe sobre o sistema de organização e funcionamento do Instituto Brasileiro de Reforma Agrária – IBRA.

► Lei nº 7.565, de 19-12-1986 (Código Brasileiro de Aeronáutica).

► Lei nº 10.406, de 10-1-2002 (Código Civil).

► Lei nº 13.105, de 16-3-2015 (Código de Processo Civil).

► Dec.-lei nº 2.848, de 7-12-1940 (Código Penal).

► Dec.-lei nº 3.689, de 3-10-1941 (Código de Processo Penal).

► Dec.-lei nº 5.452, de 1-5-1943 (Consolidação das Leis do Trabalho).

► Dec.-lei nº 1.001, de 21-10-1969 (Código Penal Militar).

► Dec.-lei nº 1.002, de 21-10-1969 (Código de Processo Penal Militar).

► Dec. nº 1.265, de 11-10-1994, aprova a Política Marítima Nacional – PMN.

► Súm. Vinc. nº 46 do STF.

► Súm. nº 722 do STF.

II – desapropriação;

► Arts. 184 e 185, I e II, desta Constituição.

► Arts. 1.228, § 3º, e 1.275, V, do CC.

► LC nº 76, de 6-7-1993 (Lei de Desapropriação de Imóvel Rural para fins de Reforma Agrária).

► Leis nº 4.132, de 10-9-1962, 8.257, de 26-11-1991, e 8.629, de 25-2-1993, dispõem sobre desapropriação por interesse social.

► Dec.-lei nº 3.365, de 21-6-1941 (Lei das Desapropriações).

► Dec.-lei nº 1.075, de 22-1-1970 (Lei da Imissão de Posse).

III – requisições civis e militares, em caso de iminente perigo e em tempo de guerra;

IV – águas, energia, informática, telecomunicações e radiodifusão;

► Lei nº 4.117, de 24-8-1962 (Código Brasileiro de Telecomunicações).

► Lei nº 9.295, de 19-7-1996, dispõe sobre os serviços de telecomunicações e sua organização e sobre o órgão regulador.

► Lei nº 9.472, de 16-7-1997, dispõe sobre a organização dos serviços de telecomunicações, a criação e funcionamento de um Órgão Regulador e outros aspectos institucionais.

► Lei nº 9.984, de 17-7-2000, dispõe sobre a Agência Nacional de Águas e Saneamento Básico – ANA.

► Dec. nº 2.196, de 8-4-1997, aprova o Regulamento de Serviços Especiais.

► Dec. nº 2.197, de 8-4-1997, aprova o Regulamento de Serviços Limitados.

► Dec. nº 2.198, de 8-4-1997, aprova o regulamento de Serviços Público-Restritos.

V – serviço postal;

► Lei nº 6.538, de 22-6-1978, dispõe sobre serviços postais.

VI – sistema monetário e de medidas, títulos e garantias dos metais;

► Leis nºs 9.069, de 26-9-1995, e 10.192, de 14-2-2001, dispõem sobre o Plano Real.

VII – política de crédito, câmbio, seguros e transferência de valores;

VIII – comércio exterior e interestadual;

IX – diretrizes da política nacional de transportes;

▶ Decretos nºs 4.122, de 13-2-2002, e 4.130, de 13-2-2002, dispõem sobre o Conselho Nacional de Integração de Políticas de Transportes.

X – regime dos portos, navegação lacustre, fluvial, marítima, aérea e aeroespacial;

▶ Lei nº 9.277, de 10-5-1996, autoriza a União a delegar aos Municípios, Estados da Federação e ao Distrito Federal a Administração e Exploração de Rodovias e Portos Federais.

▶ Lei nº 9.994, de 24-7-2000, institui o Programa de Desenvolvimento Científico e Tecnológico do Setor Espacial.

XI – trânsito e transporte;

▶ Lei nº 9.503, de 23-9-1997 (Código de Trânsito Brasileiro).

XII – jazidas, minas, outros recursos minerais e metalurgia;

▶ Dec.-lei nº 227, de 28-2-1967 (Código de Mineração).

XIII – nacionalidade, cidadania e naturalização;

▶ Lei nº 13.445, de 24-5-2017 (Lei de Migração).

XIV – populações indígenas;

▶ Art. 231 desta Constituição.

▶ Lei nº 6.001, de 19-12-1973 (Estatuto do Índio).

XV – emigração e imigração, entrada, extradição e expulsão de estrangeiros;

▶ Lei nº 13.445, de 24-5-2017 (Lei de Migração).

▶ Dec. nº 840, de 22-6-1993, dispõe sobre a organização e o funcionamento do Conselho Nacional de Imigração.

XVI – organização do sistema nacional de emprego e condições para o exercício de profissões;

XVII – organização judiciária, do Ministério Público do Distrito Federal e dos Territórios e da Defensoria Pública dos Territórios, bem como organização administrativa destes;

▶ Inciso XVII com a redação dada pela EC nº 69, de 29-3-2012, em vigor na data de sua publicação, produzindo efeitos após 120 dias de sua publicação oficial (*DOU* de 30-3-2012).

▶ LC nº 75, de 20-5-1993 (Lei Orgânica do Ministério Público da União).

▶ LC nº 80, de 12-1-1994 (Lei da Defensoria Pública).

XVIII – sistema estatístico, sistema cartográfico e de geologia nacionais;

▶ Art. 71, § 3º, da Lei nº 11.355, de 19-10-2006, que dispõe sobre plano de carreiras e cargos do Instituto Brasileiro de Geografia e Estatística – IBGE.

XIX – sistemas de poupança, captação e garantia da poupança popular;

▶ Leis nºs 8.177, de 1º-3-1991, 9.069, de 29-6-1995, e 10.192, de 14-2-2001, dispõem sobre regras para a remuneração das cadernetas de poupança.

▶ Dec.-lei nº 70, de 21-11-1966 (Lei de Execução de Cédula Hipotecária).

XX – sistemas de consórcios e sorteios;

▶ Lei nº 5.768, de 20-12-1971, regulamentada pelo Dec. nº 70.951, de 9-8-1972, dispõe sobre a distribuição gratuita de prêmios, mediante sorteio, vale-brinde ou concurso, a título de propaganda, e estabelece normas de proteção à poupança popular.

▶ Súm. Vinc. nº 2 do STF.

XXI – normas gerais de organização, efetivos, material bélico, garantias, convocação, mobilização, inatividades e pensões das polícias militares e dos corpos de bombeiros militares;

▶ Inciso XXI com a redação dada pela EC nº 103, de 12-11-2019.

XXII – competência da Polícia Federal e das Polícias Rodoviária e Ferroviária Federais;

▶ Lei nº 9.654, de 2-6-1998, cria a carreira de Policial Rodoviário Federal.

XXIII – seguridade social;

▶ Lei nº 8.212, de 24-7-1991 (Lei Orgânica da Seguridade Social).

XXIV – diretrizes e bases da educação nacional;

▶ Lei nº 9.394, de 20-12-1996 (Lei das Diretrizes e Bases da Educação Nacional).

XXV – registros públicos;

▶ Lei nº 6.015, de 31-12-1973 (Lei dos Registros Públicos).

XXVI – atividades nucleares de qualquer natureza;

▶ Lei nº 10.308, de 20-11-2001, dispõe sobre a seleção de locais, a construção, o licenciamento, a operação, a fiscalização, os custos, a indenização, a responsabilidade civil e as garantias referentes aos depósitos de rejeitos radioativos.

XXVII – normas gerais de licitação e contratação, em todas as modalidades, para as administrações públicas diretas, autárquicas e fundacionais da União, Estados, Distrito Federal e Municípios, obedecido o disposto no artigo 37, XXI, e para as empresas públicas e sociedades de economia mista, nos termos do artigo 173, § 1º, III;

- Inciso XXVII com a redação dada pela EC nº 19, de 4-6-1998.
- Art. 37, XXI, desta Constituição.
- Lei nº 14.133, de 1º-4-2021 (Nova Lei de Licitações e Contratos Administrativos).

XXVIII – defesa territorial, defesa aeroespacial, defesa marítima, defesa civil e mobilização nacional;

- Lei nº 12.340, de 1º-12-2010, dispõe sobre o Sistema Nacional de Defesa Civil – SINDEC, sobre as transferências de recursos para ações de socorro, assistência às vítimas, restabelecimento de serviços essenciais e reconstrução nas áreas atingidas por desastre, e sobre o Fundo Especial para Calamidades Públicas.
- Dec. nº 5.376, de 17-2-2005, dispõe sobre o Sistema Nacional de Defesa Civil – SINDEC e o Conselho Nacional de Defesa Civil.
- Dec. nº 7.294, de 6-9-2010, dispõe sobre a Política de Mobilização Nacional.

XXIX – propaganda comercial;

- Lei nº 8.078, de 11-9-1990 (Código de Defesa do Consumidor).

XXX – proteção e tratamento de dados pessoais.

- Inciso XXX acrescido pela EC nº 115, de 10-2-2022.

Parágrafo único. Lei complementar poderá autorizar os Estados a legislar sobre questões específicas das matérias relacionadas neste artigo.

- LC nº 103, de 14-7-2000, autoriza os Estados e o Distrito Federal a instituir o piso salarial a que se refere o inciso V do art. 7º desta Constituição.

Art. 23. É competência comum da União, dos Estados, do Distrito Federal e dos Municípios:

I – zelar pela guarda da Constituição, das leis e das instituições democráticas e conservar o patrimônio público;

II – cuidar da saúde e assistência pública, da proteção e garantia das pessoas portadoras de deficiência;

- Art. 203, V, desta Constituição.
- Lei nº 10.436, de 24-4-2002, dispõe sobre a Língua Brasileira de Sinais – LIBRAS.
- Lei nº 12.319, de 1º-9-2010, regulamenta a profissão de Tradutor e Intérprete da Língua Brasileira de Sinais – LIBRAS.
- Arts. 18 a 26 da Lei nº 13.146, de 6-7-2015 (Estatuto da Pessoa com Deficiência).
- Dec. nº 3.956, de 8-10-2001, promulga a Convenção Interamericana para eliminação de todas as Formas de Discriminação contra as Pessoas Portadoras de Deficiência.
- Dec. nº 3.964, de 10-10-2001, dispõe sobre o Fundo Nacional de Saúde.

III – proteger os documentos, as obras e outros bens de valor histórico, artístico e cultural, os monumentos, as paisagens naturais notáveis e os sítios arqueológicos;

- LC nº 140, de 8-12-2011, fixa normas, nos termos deste inciso, para a cooperação entre a União, os Estados, o Distrito Federal e os Municípios nas ações administrativas decorrentes do exercício da competência comum relativas à proteção das paisagens naturais notáveis, à proteção do meio ambiente, ao combate à poluição em qualquer de suas formas e à preservação das florestas, da fauna e da flora.
- Dec.-lei nº 25, de 30-11-1937, organiza a Proteção do Patrimônio Histórico e Artístico Nacional.

IV – impedir a evasão, a destruição e a descaracterização de obras de arte e de outros bens de valor histórico, artístico ou cultural;

V – proporcionar os meios de acesso à cultura, à educação, à ciência, à tecnologia, à pesquisa e à inovação;

- Inciso V com a redação dada pela EC nº 85, de 26-2-2015.

VI – proteger o meio ambiente e combater a poluição em qualquer de suas formas;

- LC nº 140, de 8-12-2011, fixa normas, nos termos deste inciso, para a cooperação entre a União, os Estados, o Distrito Federal e os Municípios nas ações administrativas decorrentes do exercício da competência comum relativas à proteção das paisagens naturais notáveis, à proteção do meio ambiente, ao combate à poluição em qualquer de suas formas e à preservação das florestas, da fauna e da flora.
- Lei nº 6.938, de 31-8-1981 (Lei da Política Nacional do Meio Ambiente).
- Lei nº 9.605, de 12-2-1998 (Lei dos Crimes Ambientais).
- Lei nº 9.966, de 28-4-2000, dispõe sobre a prevenção, o controle e a fiscalização da poluição causada por lançamento de óleo e outras substâncias nocivas ou perigosas em águas sob jurisdição nacional.
- Lei nº 11.284, de 2-3-2006 (Lei de Gestão de Florestas Públicas).
- Lei nº 12.305, de 2-8-2010 (Lei da Política Nacional de Resíduos Sólidos).
- Dec. nº 4.297, de 10-7-2002, regulamenta o inciso II do art. 9º da Lei nº 6.938, de 31-8-1981 (Lei da Política Nacional do Meio Ambiente), estabelecendo critério para o Zoneamento Ecológico-Econômico do Brasil – ZEE.

► Dec. nº 6.514, de 22-7-2008, dispõe sobre as infrações e sanções administrativas ao meio ambiente e estabelece o processo administrativo federal para apuração destas infrações.

VII – preservar as florestas, a fauna e a flora;

► LC nº 140, de 8-12-2011, fixa normas, nos termos deste inciso, para a cooperação entre a União, os Estados, o Distrito Federal e os Municípios nas ações administrativas decorrentes do exercício da competência comum relativas à proteção das paisagens naturais notáveis, à proteção do meio ambiente, ao combate à poluição em qualquer de suas formas e à preservação das florestas, da fauna e da flora.
► Lei nº 5.197, de 3-1-1967 (Lei de Proteção à Fauna).
► Lei nº 11.284, de 2-3-2006 (Lei de Gestão de Florestas Públicas).
► Lei nº 12.651, de 25-5-2012 (Novo Código Florestal).
► Dec.-lei nº 221, de 28-2-1967 (Lei de Proteção e Estímulos à Pesca).
► Dec. nº 3.420, de 20-4-2000, cria o Programa Nacional de Florestas.

VIII – fomentar a produção agropecuária e organizar o abastecimento alimentar;

► Lei nº 10.836, de 9-1-2004, cria o programa "Bolsa-Família", que tem por finalidade a unificação do procedimentos da gestão e execução das ações de transferência de renda do Governo Federal, incluindo o "Bolsa-Alimentação".
► MP nº 2.206-1, de 6-9-2001, que até o encerramento desta edição não havia sido convertida em Lei, cria o programa Nacional de Renda Mínima vinculado a saúde: "bolsa-alimentação", regulamentada pelo Dec. nº 3.934, de 30-9-2001.

IX – promover programas de construção de moradias e a melhoria das condições habitacionais e de saneamento básico;

► Lei nº 10.188, de 12-2-2001, cria o Programa de Arrendamento Residencial e institui o arrendamento residencial com opção de compra.
► Lei nº 11.445, de 5-1-2007, estabelece diretrizes nacionais para o saneamento básico, regulamentada pelo Dec. nº 7.217, de 21-6-2010.

X – combater as causas da pobreza e os fatores de marginalização, promovendo a integração social dos setores desfavorecidos;

► EC nº 31, de 14-12-2000, altera o ADCT, introduzindo artigos que criam o Fundo de Combate e Erradicação da Pobreza.
► LC nº 111, de 6-7-2001, dispõe sobre o Fundo de Combate e Erradicação da Pobreza, na forma prevista nos arts. 19, 80 e 81 do ADCT.

XI – registrar, acompanhar e fiscalizar as concessões de direitos de pesquisa e exploração de recursos hídricos e minerais em seus territórios;

► Lei nº 9.433, de 8-1-1997, institui a Política Nacional de Recursos Hídricos, e cria o Sistema Nacional de Gerenciamento de Recursos Hídricos.

XII – estabelecer e implantar política de educação para a segurança do trânsito.

Parágrafo único. Leis complementares fixarão normas para a cooperação entre a União e os Estados, o Distrito Federal e os Municípios, tendo em vista o equilíbrio do desenvolvimento e do bem-estar em âmbito nacional.

► Parágrafo único com a redação dada pela EC nº 53, de 19-12-2006.
► LC nº 140, de 8-12-2011, fixa normas, nos termos deste parágrafo único, para a cooperação entre a União, os Estados, o Distrito Federal e os Municípios nas ações administrativas decorrentes do exercício da competência comum relativas à proteção das paisagens naturais notáveis, à proteção do meio ambiente, ao combate à poluição em qualquer de suas formas e à preservação das florestas, da fauna e da flora.

Art. 24. Compete à União, aos Estados e ao Distrito Federal legislar concorrentemente sobre:

I – direito tributário, financeiro, penitenciário, econômico e urbanístico;

► Lei nº 4.320, de 17-3-1964, estatui normas gerais de direito financeiro para elaboração e controle dos orçamentos e balanços da União, dos Estados, dos Municípios e do Distrito Federal.
► Lei nº 5.172, de 25-10-1966 (Código Tributário Nacional).
► Lei nº 7.210, de11-7-1984 (Lei de Execução Penal).

II – orçamento;
III – juntas comerciais;

► Lei nº 8.934, de 18-11-1994 (Lei do Registro Público de Empresas Mercantis), regulamentada pelo Dec. nº 1.800, de 30-1-1996.

IV – custas dos serviços forenses;

► Lei nº 9.289, de 4-7-1996 (Regimento de Custas da Justiça Federal).
► Súm. nº 178 do STJ.

V – produção e consumo;
VI – florestas, caça, pesca, fauna, conservação da natureza, defesa do solo e dos recursos naturais, proteção do meio ambiente e controle da poluição;

► Lei nº 5.197, de 3-1-1967 (Lei de Proteção à Fauna).

- ▶ Lei nº 9.605, de 12-2-1998 (Lei dos Crimes Ambientais).
- ▶ Lei nº 9.795, de 27-4-1999, dispõe sobre a educação ambiental e institui a Política Nacional de Educação Ambiental.
- ▶ Lei nº 9.966, de 24-4-2000, dispõe sobre a prevenção, o controle e a fiscalização da poluição causada por lançamentos de óleo e outras substâncias nocivas ou perigosas em águas sob jurisdição nacional.
- ▶ Lei nº 12.651, de 25-5-2012 (Novo Código Florestal).
- ▶ Dec.-lei nº 221, de 28-2-1967 (Lei de Proteção e Estímulos à Pesca).
- ▶ Dec. nº 3.420, de 20-4-2000, cria o Programa Nacional de Florestas.
- ▶ Dec. nº 6.514, de 22-7-2008, dispõe sobre as infrações e sanções administrativas ao meio ambiente e estabelece o processo administrativo federal para apuração destas infrações.

VII – proteção ao patrimônio histórico, cultural, artístico, turístico e paisagístico;

- ▶ Lei nº 5.197, de 3-1-1967 (Lei de Proteção à Fauna).
- ▶ Dec.-lei nº 221, de 28-2-1967 (Lei de Proteção e Estímulos à Pesca).

VIII – responsabilidade por dano ao meio ambiente, ao consumidor, a bens e direitos de valor artístico, estético, histórico, turístico e paisagístico;

- ▶ Arts. 6º, VII, *b*, e 37, II, da LC nº 75, de 20-5-1993 (Lei Orgânica do Ministério Público da União).
- ▶ Lei nº 7.347, de 24-7-1985 (Lei da Ação Civil Pública).
- ▶ Art. 25, VI, *a*, da Lei nº 8.625, de 12-2-1993 (Lei Orgânica Nacional do Ministério Público).
- ▶ Lei nº 9.605, de 12-2-1998 (Lei de Crimes Ambientais).
- ▶ Dec. nº 1.306, de 9-11-1994, regulamenta o Fundo de Defesa de Direitos Difusos, e seu conselho gestor.
- ▶ Dec nº 2.181, de 20-3-1997, dispõe sobre a organização do Sistema Nacional de Defesa do Consumidor – SNDC, e estabelece as normas gerais de aplicação das sanções administrativas previstas no CDC.
- ▶ Dec. nº 6.514, de 22-7-2008, dispõe sobre as infrações e sanções administrativas ao meio ambiente, estabelece o processo administrativo federal para apuração destas infrações.

IX – educação, cultura, ensino, desporto, ciência, tecnologia, pesquisa, desenvolvimento e inovação;

- ▶ Inciso IX com a redação dada pela EC nº 85, de 26-2-2015.
- ▶ Lei nº 9.394, de 20-12-1996 (Lei das Diretrizes e Bases da Educação Nacional).
- ▶ Lei nº 9.615, de 24-3-1998, que institui normas gerais sobre desporto, regulamentada pelo Dec. nº 7.984, de 8-4-2013.

X – criação, funcionamento e processo do juizado de pequenas causas;

- ▶ Art. 98, I, desta Constituição.
- ▶ Lei nº 9.099, de 26-9-1995 (Lei dos Juizados Especiais).
- ▶ Lei nº 10.259, de 12-7-2001 (Lei dos Juizados Especiais Federais).

XI – procedimentos em matéria processual;

- ▶ Art. 98, I, desta Constituição.
- ▶ Lei nº 9.099, de 26-9-1995 (Lei dos Juizados Especiais).
- ▶ Lei nº 10.259, de 12-7-2001 (Lei dos Juizados Especiais Federais).

XII – previdência social, proteção e defesa da saúde;

- ▶ Lei nº 8.080, de 19-9-1990, dispõe sobre as condições para a promoção, proteção e recuperação da saúde e a organização e o funcionamento dos serviços correspondentes.
- ▶ Lei nº 8.213, de 24-7-1991 (Lei dos Planos de Benefícios da Previdência Social).
- ▶ Lei nº 9.273, de 3-5-1996, torna obrigatória a inclusão de dispositivo de segurança que impeça a reutilização das seringas descartáveis.
- ▶ Dec. nº 3.048, de 6-5-1999 (Regulamento da Previdência Social).

XIII – assistência jurídica e defensoria pública;

- ▶ LC nº 80, de 12-1-1994 (Lei da Defensoria Pública).
- ▶ Lei nº 1.060, de 5-2-1950 (Lei de Assistência Judiciária).

XIV – proteção e integração social das pessoas portadoras de deficiência;

- ▶ Art. 203, V, desta Constituição.
- ▶ Lei nº 7.853, de 24-10-1989 (Lei de Apoio às Pessoas Portadoras de Deficiência), regulamentada pelo Dec. nº 3.298, de 20-12-1999.
- ▶ Lei nº 13.146, de 6-7-2015 (Estatuto da Pessoa com Deficiência).
- ▶ Dec. nº 6.949, de 25-8-2009, promulga a Convenção Internacional sobre os Direitos das Pessoas com Deficiência.

XV – proteção à infância e à juventude;

- ▶ Lei nº 8.069, de 13-7-1990 (Estatuto da Criança e do Adolescente).
- ▶ Lei nº 10.515, de 11-7-2002, que institui o 12 de agosto como Dia Nacional da Juventude.

XVI – organização, garantias, direitos e deveres das polícias civis.

§ 1º No âmbito da legislação concorrente, a competência da União limitar-se-á a estabelecer normas gerais.

§ 2º A competência da União para legislar sobre normas gerais não exclui a competência suplementar dos Estados.

§ 3º Inexistindo lei federal sobre normas gerais, os Estados exercerão a competência legislativa plena, para atender a suas peculiaridades.

§ 4º A superveniência de lei federal sobre normas gerais suspende a eficácia da lei estadual, no que lhe for contrário.

Capítulo III

DOS ESTADOS FEDERADOS

Art. 25. Os Estados organizam-se e regem-se pelas Constituições e leis que adotarem, observados os princípios desta Constituição.

► Súm. nº 681 do STF.

§ 1º São reservadas aos Estados as competências que não lhes sejam vedadas por esta Constituição.

► Art. 19 desta Constituição.

§ 2º Cabe aos Estados explorar diretamente, ou mediante concessão, os serviços locais de gás canalizado, na forma da lei, vedada a edição de medida provisória para a sua regulamentação.

► § 2º com a redação dada pela EC nº 5, de 15-8-1995.
► Art. 246 desta Constituição.
► Lei nº 9.478, de 6-8-1997, dispõe sobre a Política Nacional, as atividades relativas ao monopólio do petróleo, institui o Conselho Nacional de Política Energética e a Agência Nacional do Petróleo – ANP.

§ 3º Os Estados poderão, mediante lei complementar, instituir regiões metropolitanas, aglomerações urbanas e microrregiões, constituídas por agrupamentos de municípios limítrofes, para integrar a organização, o planejamento e a execução de funções públicas de interesse comum.

Art. 26. Incluem-se entre os bens dos Estados:

I – as águas superficiais ou subterrâneas, fluentes, emergentes e em depósito, ressalvadas, neste caso, na forma da lei, as decorrentes de obras da União;

► Lei nº 9.984, de 17-7-2000, dispõe sobre a Agência Nacional de Águas e Saneamento Básico – ANA.
► Art. 29 do Dec. nº 24.643, de 10-7-1934 (Código de Águas).

II – as áreas, nas ilhas oceânicas e costeiras, que estiverem no seu domínio, excluídas aquelas sob domínio da União, Municípios ou terceiros;

► Art. 20, IV, desta Constituição.

III – as ilhas fluviais e lacustres não pertencentes à União;

IV – as terras devolutas não compreendidas entre as da União.

Art. 27. O número de Deputados à Assembleia Legislativa corresponderá ao triplo da representação do Estado na Câmara dos Deputados e, atingido o número de trinta e seis, será acrescido de tantos quantos forem os Deputados Federais acima de doze.

► Art. 32 desta Constituição.

§ 1º Será de quatro anos o mandato dos Deputados Estaduais, aplicando-se-lhes as regras desta Constituição sobre sistema eleitoral, inviolabilidade, imunidades, remuneração, perda de mandato, licença, impedimentos e incorporação às Forças Armadas.

§ 2º O subsídio dos Deputados Estaduais será fixado por lei de iniciativa da Assembleia Legislativa, na razão de, no máximo, setenta e cinco por cento daquele estabelecido, em espécie, para os Deputados Federais, observado o que dispõem os artigos 39, § 4º, 57, § 7º, 150, II, 153, III, e 153, § 2º, I.

► § 2º com a redação dada pela EC nº 19, de 4-6-1998.

§ 3º Compete às Assembleias Legislativas dispor sobre seu regimento interno, polícia e serviços administrativos de sua Secretaria, e prover os respectivos cargos.

► Art. 6º da Lei nº 9.709, de 18-11-1998, que dispõe sobre a convocação de plebiscitos e referendos pelos Estados, Distrito Federal e Municípios.

§ 4º A lei disporá sobre a iniciativa popular no processo legislativo estadual.

► Art. 6º da Lei nº 9.709, de 18-11-1998, que regulamenta a execução do disposto nos incisos I, II e III do art. 14 desta Constituição.

Art. 28. A eleição do Governador e do Vice-Governador de Estado, para mandato de 4 (quatro) anos, realizar-se-á no primeiro domingo de outubro, em primeiro turno, e no último domingo de outubro, em segundo turno, se houver, do ano anterior ao do término do mandato de seus antecessores, e a posse ocorrerá em 6 de janeiro do ano subsequente, observado, quanto ao mais, o disposto no art. 77 desta Constituição.

► *Caput* com a redação dada pela EC nº 111, de 28-9-2021.

► Art. 5º da EC nº 111, de 28-9-2021, que estabelece que a alteração efetuada neste *caput* será aplicada a partir das eleições de 2026.

► Lei nº 9.504, de 30-9-1997 (Lei das Eleições).

§ 1º Perderá o mandato o Governador que assumir outro cargo ou função na administração pública direta ou indireta, ressalvada a posse em virtude de concurso público e observado o disposto no artigo 38, I, IV e V.

► Parágrafo único transformado em § 1º pela EC nº 19, de 4-6-1998.

► Art. 29, XIV, desta Constituição.

§ 2º Os subsídios do Governador, do Vice-Governador e dos Secretários de Estado serão fixados por lei de iniciativa da Assembleia Legislativa, observado o que dispõem os artigos 37, XI, 39, § 4º, 150, II, 153, III, e 153, § 2º, I.

► § 2º acrescido pela EC nº 19, de 4-6-1998.

Capítulo IV

DOS MUNICÍPIOS

Art. 29. O Município reger-se-á por lei orgânica, votada em dois turnos, com o interstício mínimo de dez dias, e aprovada por dois terços dos membros da Câmara Municipal, que a promulgará, atendidos os princípios estabelecidos nesta Constituição, na Constituição do respectivo Estado e os seguintes preceitos:

I – eleição do Prefeito, do Vice-Prefeito e dos Vereadores, para mandato de quatro anos, mediante pleito direto e simultâneo realizado em todo o País;

► Lei nº 9.504, de 30-9-1997 (Lei das Eleições).

II – eleição do Prefeito e do Vice-Prefeito realizada no primeiro domingo de outubro do ano anterior ao término do mandato dos que devam suceder, aplicadas as regras do artigo 77 no caso de Municípios com mais de duzentos mil eleitores;

► Inciso II com a redação dada pela EC nº 16, de 4-6-1997.

III – posse do Prefeito e do Vice-Prefeito no dia 1º de janeiro do ano subsequente ao da eleição;

IV – para a composição das Câmaras Municipais, será observado o limite máximo de:

► *Caput* do inciso IV com a redação dada pela EC nº 58, de 23-9-2009 (*DOU* de 24-9-2009), produzindo efeitos a partir do processo eleitoral de 2008.

► O STF, por maioria de votos, referendou as medidas cautelares concedidas nas Ações Diretas de Inconstitucionalidade nºs 4.307 e 4.310, com eficácia *ex tunc*, para sustar os efeitos do art. 3º, I, da EC nº 58, de 23-9-2009, que altera este inciso IV (*DJE* de 8-10-2009).

a) 9 (nove) Vereadores, nos Municípios de até 15.000 (quinze mil) habitantes;

b) 11 (onze) Vereadores, nos Municípios de mais de 15.000 (quinze mil) habitantes e de até 30.000 (trinta mil) habitantes;

c) 13 (treze) Vereadores, nos Municípios com mais de 30.000 (trinta mil) habitantes e de até 50.000 (cinquenta mil) habitantes;

► Alíneas *a* a *c* com a redação dada pela EC nº 58, de 23-9-2009 (*DOU* de 24-9-2009), produzindo efeitos a partir do processo eleitoral de 2008.

d) 15 (quinze) Vereadores, nos Municípios de mais de 50.000 (cinquenta mil) habitantes e de até 80.000 (oitenta mil) habitantes;

e) 17 (dezessete) Vereadores, nos Municípios de mais de 80.000 (oitenta mil) habitantes e de até 120.000 (cento e vinte mil) habitantes;

f) 19 (dezenove) Vereadores, nos Municípios de mais de 120.000 (cento e vinte mil) habitantes e de até 160.000 (cento e sessenta mil) habitantes;

g) 21 (vinte e um) Vereadores, nos Municípios de mais de 160.000 (cento e sessenta mil) habitantes e de até 300.000 (trezentos mil) habitantes;

h) 23 (vinte e três) Vereadores, nos Municípios de mais de 300.000 (trezentos mil) habitantes e de até 450.000 (quatrocentos e cinquenta mil) habitantes;

i) 25 (vinte e cinco) Vereadores, nos Municípios de mais de 450.000 (quatrocentos e cinquenta mil) habitantes e de até 600.000 (seiscentos mil) habitantes;

j) 27 (vinte e sete) Vereadores, nos Municípios de mais de 600.000 (seiscentos mil) habitantes e de até 750.000 (setecentos e cinquenta mil) habitantes;

k) 29 (vinte e nove) Vereadores, nos Municípios de mais de 750.000 (setecentos e cinquenta mil) habitantes e de até 900.000 (novecentos mil) habitantes;

l) 31 (trinta e um) Vereadores, nos Municípios de mais de 900.000 (novecentos mil) habitantes e de até 1.050.000 (um milhão e cinquenta mil) habitantes;

m) 33 (trinta e três) Vereadores, nos Municípios de mais de 1.050.000 (um milhão e cinquenta mil) habitantes e de até 1.200.000 (um milhão e duzentos mil) habitantes;

n) 35 (trinta e cinco) Vereadores, nos Municípios de mais de 1.200.000 (um milhão e duzentos mil) habitantes e de até 1.350.000 (um milhão e trezentos e cinquenta mil) habitantes;

o) 37 (trinta e sete) Vereadores, nos Municípios de 1.350.000 (um milhão e trezentos e cinquenta mil) habitantes e de até 1.500.000 (um milhão e quinhentos mil) habitantes;

p) 39 (trinta e nove) Vereadores, nos Municípios de mais de 1.500.000 (um milhão e quinhentos mil) habitantes e de até 1.800.000 (um milhão e oitocentos mil) habitantes;

q) 41 (quarenta e um) Vereadores, nos Municípios de mais de 1.800.000 (um milhão e oitocentos mil) habitantes e de até 2.400.000 (dois milhões e quatrocentos mil) habitantes;

r) 43 (quarenta e três) Vereadores, nos Municípios de mais de 2.400.000 (dois milhões e quatrocentos mil) habitantes e de até 3.000.000 (três milhões) de habitantes;

s) 45 (quarenta e cinco) Vereadores, nos Municípios de mais de 3.000.000 (três milhões) de habitantes e de até 4.000.000 (quatro milhões) de habitantes;

t) 47 (quarenta e sete) Vereadores, nos Municípios de mais de 4.000.000 (quatro milhões) de habitantes e de até 5.000.000 (cinco milhões) de habitantes;

u) 49 (quarenta e nove) Vereadores, nos Municípios de mais de 5.000.000 (cinco milhões) de habitantes e de até 6.000.000 (seis milhões) de habitantes;

v) 51 (cinquenta e um) Vereadores, nos Municípios de mais de 6.000.000 (seis milhões) de habitantes e de até 7.000.000 (sete milhões) de habitantes;

w) 53 (cinquenta e três) Vereadores, nos Municípios de mais de 7.000.000 (sete milhões) de habitantes e de até 8.000.000 (oito milhões) de habitantes; e

x) 55 (cinquenta e cinco) Vereadores, nos Municípios de mais de 8.000.000 (oito milhões) de habitantes;

► Alíneas *d* a *x* acrescidas pela EC nº 58, de 23-9-2009 (*DOU* de 24-9-2009), produzindo efeitos a partir do processo eleitoral de 2008.

V – subsídios do Prefeito, do Vice-Prefeito e dos Secretários municipais fixados por lei de iniciativa da Câmara Municipal, observado o que dispõem os artigos 37, XI, 39, § 4º, 150, II, 153, III, e 153, § 2º, I;

► Inciso V com a redação dada pela EC nº 19, de 4-6-1998.

VI – o subsídio dos Vereadores será fixado pelas respectivas Câmaras Municipais em cada legislatura para a subsequente, observado o que dispõe esta Constituição, observados os critérios estabelecidos na respectiva Lei Orgânica e os seguintes limites máximos:

a) em Municípios de até dez mil habitantes, o subsídio máximo dos Vereadores corresponderá a vinte por cento do subsídio dos Deputados Estaduais;

b) em Municípios de dez mil e um a cinquenta mil habitantes, o subsídio máximo dos Vereadores corresponderá a trinta por cento do subsídio dos Deputados Estaduais;

c) em Municípios de cinquenta mil e um a cem mil habitantes, o subsídio máximo dos Vereadores corresponderá a quarenta por cento do subsídio dos Deputados Estaduais;

d) em Municípios de cem mil e um a trezentos mil habitantes, o subsídio máximo dos Vereadores corresponderá a cinquenta por cento do subsídio dos Deputados Estaduais;

e) em Municípios de trezentos mil e um a quinhentos mil habitantes, o subsídio máximo dos Vereadores corresponderá a sessenta por cento do subsídio dos Deputados Estaduais;

f) em Municípios de mais de quinhentos mil habitantes, o subsídio máximo dos Vereadores corresponderá a setenta e cinco por cento do subsídio dos Deputados Estaduais;

► Inciso VI com a redação dada pela EC nº 25, de 14-2-2000.

VII – o total da despesa com a remuneração dos Vereadores não poderá ultrapassar o montante de cinco por cento da receita do Município;

► Inciso VII acrescido pela EC nº 1, de 31-3-1992, renumerando os demais.

VIII – inviolabilidade dos Vereadores por suas opiniões, palavras e votos no exercício do mandato e na circunscrição do Município;

► Inciso VIII renumerado pela EC nº 1, de 31-3-1992.

IX – proibições e incompatibilidades, no exercício da vereança, similares, no que couber, ao disposto nesta Constituição para os membros do Congresso Nacional e, na Constituição do respectivo Estado, para os membros da Assembleia Legislativa;

► Inciso IX renumerado pela EC nº 1, de 31-3-1992.

X – julgamento do Prefeito perante o Tribunal de Justiça;

► Inciso X renumerado pela EC nº 1, de 31-3-1992.

► Dec.-lei nº 201, de 27-2-1967 (Lei de Responsabilidade dos Prefeitos e Vereadores).

► Súmulas nºs 702 e 703 do STF.

► Súm. nº 209 do STJ.

XI – organização das funções legislativas e fiscalizadoras da Câmara Municipal;

► Inciso XI renumerado pela EC nº 1, de 31-3-1992.

► Lei nº 9.452, de 20-3-1997, determina que as Câmaras Municipais sejam obrigatoriamente notificadas da liberação de recursos federais para os respectivos Municípios.

XII – cooperação das associações representativas no planejamento municipal;

► Inciso XII renumerado pela EC nº 1, de 31-3-1992.

XIII – iniciativa popular de projetos de lei de interesse específico do Município, da cidade ou de bairros, através de manifestação de, pelo menos, cinco por cento do eleitorado;

► Inciso XIII renumerado pela EC nº 1, de 31-3-1992.

XIV – perda do mandato do Prefeito, nos termos do artigo 28, parágrafo único.

► Inciso XIV renumerado pela EC nº 1, de 31-3-1992.

Art. 29-A. O total da despesa do Poder Legislativo Municipal, incluídos os subsídios dos Vereadores e excluídos os gastos com inativos, não poderá ultrapassar os seguintes percentuais, relativos ao somatório da receita tributária e das transferências previstas no § 5º do artigo 153 e nos artigos 158 e 159, efetivamente realizado no exercício anterior:

► Artigo acrescido pela EC nº 25, de 14-2-2000.

⋆ **Nova redação do dispositivo alterado:** "Art. 29-A. O total da despesa do Poder Legislativo Municipal, incluídos os subsídios dos Vereadores e os demais gastos com pessoal inativo e pensionistas, não poderá ultrapassar os seguintes percentuais, relativos ao somatório da receita tributária e das transferências previstas no § 5º do art. 153 e nos arts. 158 e 159 desta Constituição, efetivamente realizado no exercício anterior:"

► *Caput* com a redação dada pela EC nº 109, de 15-3-2021, para vigorar a partir do início da primeira legislatura municipal após a data de publicação desta Emenda Constitucional.

I – 7% (sete por cento) para Municípios com população de até 100.000 (cem mil) habitantes;

II – 6% (seis por cento) para Municípios com população entre 100.000 (cem mil) e 300.000 (trezentos mil) habitantes;

III – 5% (cinco por cento) para Municípios com população entre 300.001 (trezentos mil e um) e 500.000 (quinhentos mil) habitantes;

IV – 4,5% (quatro inteiros e cinco décimos por cento) para Municípios com população entre 500.001 (quinhentos mil e um) e 3.000.000 (três milhões) de habitantes;

► Incisos I a IV com a redação dada pela EC nº 58, de 23-9-2009 (*DOU* de 24-9-2009), para vigorar na data de sua promulgação, produzindo efeitos a partir de 1º de janeiro do ano subsequente ao da promulgação desta Emenda.

V – 4% (quatro por cento) para Municípios com população entre 3.000.001 (três milhões e um) e 8.000.000 (oito milhões) de habitantes;

VI – 3,5% (três inteiros e cinco décimos por cento) para Municípios com população acima de 8.000.001 (oito milhões e um) habitantes.

► Incisos V e VI acrescidos pela EC nº 58, de 23-9-2009 (*DOU* de 24-9-2009), para vigorar na data de sua promulgação, produzindo efeitos a partir de 1º de janeiro do ano subsequente ao da promulgação desta Emenda.

§ 1º A Câmara Municipal não gastará mais de setenta por cento de sua receita com folha de pagamento, incluído o gasto com o subsídio de seus Vereadores.

§ 2º Constitui crime de responsabilidade do Prefeito Municipal:

I – efetuar repasse que supere os limites definidos neste artigo;

II – não enviar o repasse até o dia vinte de cada mês; ou

III – enviá-lo a menor em relação à proporção fixada na Lei Orçamentária.

§ 3º Constitui crime de responsabilidade do Presidente da Câmara Municipal o desrespeito ao § 1º deste artigo.

► §§ 1º a 3º acrescidos pela EC nº 25, de 14-2-2000.

Art. 30. Compete aos Municípios:

I – legislar sobre assuntos de interesse local;

► Súm. Vinc. nº 38 do STF.

► Súm. nº 645 do STF.

II – suplementar a legislação federal e a estadual no que couber;

III – instituir e arrecadar os tributos de sua competência, bem como aplicar suas rendas, sem prejuízo da obrigatoriedade de prestar contas e publicar balancetes nos prazos fixados em lei;

► Art. 156 desta Constituição.

IV – criar, organizar e suprimir distritos, observada a legislação estadual;

V – organizar e prestar, diretamente ou sob regime de concessão ou permissão, os serviços públicos de interesse local, incluído o de transporte coletivo, que tem caráter essencial;

VI – manter, com a cooperação técnica e financeira da União e do Estado, programas de educação infantil e de ensino fundamental;

► Inciso VI com a redação dada pela EC nº 53, de 19-12-2006.

VII – prestar, com a cooperação técnica e financeira da União e do Estado, serviços de atendimento à saúde da população;

► Dec. nº 3.964, de 10-10-2001, dispõe sobre o Fundo Nacional de Saúde.

VIII – promover, no que couber, adequado ordenamento territorial, mediante planejamento e controle do uso, do parcelamento e da ocupação do solo urbano;

► Art. 182 desta Constituição.

IX – promover a proteção do patrimônio histórico-cultural local, observada a legislação e a ação fiscalizadora federal e estadual.

Art. 31. A fiscalização do Município será exercida pelo Poder Legislativo Municipal, mediante controle externo, e pelos sistemas de controle interno do Poder Executivo Municipal, na forma da lei.

§ 1º O controle externo da Câmara Municipal será exercido com o auxílio dos Tribunais de Contas dos Estados ou do Município ou dos Conselhos ou Tribunais de Contas dos Municípios, onde houver.

§ 2º O parecer prévio, emitido pelo órgão competente sobre as contas que o Prefeito deve anualmente prestar, só deixará de prevalecer por decisão de dois terços dos membros da Câmara Municipal.

§ 3º As contas dos Municípios ficarão, durante sessenta dias, anualmente, à disposição de qualquer contribuinte, para exame e apreciação, o qual poderá questionar-lhes a legitimidade, nos termos da lei.

§ 4º É vedada a criação de Tribunais, Conselhos ou órgãos de Contas Municipais.

Capítulo V

DO DISTRITO FEDERAL E DOS TERRITÓRIOS

Seção I

DO DISTRITO FEDERAL

Art. 32. O Distrito Federal, vedada sua divisão em Municípios, reger-se-á por lei orgânica, votada em dois turnos com interstício mínimo de dez dias, e aprovada por dois terços da Câmara Legislativa, que a promulgará, atendidos os princípios estabelecidos nesta Constituição.

§ 1º Ao Distrito Federal são atribuídas as competências legislativas reservadas aos Estados e Municípios.

► Súm. nº 642 do STF.

§ 2º A eleição do Governador e do Vice-Governador, observadas as regras do artigo 77, e dos Deputados Distritais coincidirá com a dos Governadores e Deputados Estaduais, para mandato de igual duração.

§ 3º Aos Deputados Distritais e à Câmara Legislativa aplica-se o disposto no artigo 27.

§ 4º Lei federal disporá sobre a utilização, pelo Governo do Distrito Federal, da polícia civil, da polícia penal, da polícia militar e do corpo de bombeiros militar.

► § 4º com a redação dada pela EC nº 104, de 4-12-2019.

► Lei nº 6.450, de 14-10-1977, dispõe sobre a organização básica da Polícia Militar do Distrito Federal.

► Lei nº 7.289, de 18-12-1984, dispõe sobre o Estatuto dos Policiais Militares da Polícia Militar do Distrito Federal.

► Lei nº 7.479, de 2-6-1986, aprova o Estatuto dos Bombeiros Militares do Corpo de Bombeiros do Distrito Federal.

► Lei nº 12.086, de 6-11-2009, dispõe sobre os militares da Polícia Militar do Distrito Federal e do Corpo de Bombeiros Militar do Distrito Federal.

► Dec.-lei nº 667, de 2-7-1969, reorganiza as Polícias Militares e os Corpos de Bombeiros Militares dos Estados, dos Territórios e do Distrito Federal.

Seção II

DOS TERRITÓRIOS

Art. 33. A lei disporá sobre a organização administrativa e judiciária dos Territórios.

► Lei nº 8.185, de 14-5-1991 (Lei de Organização Judiciária do Distrito Federal).

§ 1º Os Territórios poderão ser divididos em Municípios, aos quais se aplicará, no que couber, o disposto no Capítulo IV deste Título.

§ 2º As contas do Governo do Território serão submetidas ao Congresso Nacional, com parecer prévio do Tribunal de Contas da União.

§ 3º Nos Territórios Federais com mais de cem mil habitantes, além do Governador nomeado na forma desta Constituição, haverá órgãos judiciários de primeira e segunda instância, membros do Ministério Público e defensores públicos federais; a lei disporá sobre as eleições para a Câmara Territorial e sua competência deliberativa.

Capítulo VI

DA INTERVENÇÃO

Art. 34. A União não intervirá nos Estados nem no Distrito Federal, exceto para:

I – manter a integridade nacional;

► Art. 1º desta Constituição.

II – repelir invasão estrangeira ou de uma Unidade da Federação em outra;

III – pôr termo a grave comprometimento da ordem pública;

IV – garantir o livre exercício de qualquer dos Poderes nas Unidades da Federação;

► Art. 36, I, desta Constituição.

V – reorganizar as finanças da Unidade da Federação que:

a) suspender o pagamento da dívida fundada por mais de dois anos consecutivos, salvo motivo de força maior;

b) deixar de entregar aos Municípios receitas tributárias fixadas nesta Constituição, dentro dos prazos estabelecidos em lei;

► Art. 10 da LC nº 63, de 11-1-1990, que dispõe sobre critérios e prazos de crédito das parcelas do produto da arrecadação de impostos de competência dos Estados e de transferências por estes recebidas, pertencentes aos Municípios.

VI – prover a execução de lei federal, ordem ou decisão judicial;

► Art. 36, § 3º, desta Constituição.

► Súm. nº 637 do STF.

VII – assegurar a observância dos seguintes princípios constitucionais:

► Art. 36, III e § 3º, desta Constituição.

a) forma republicana, sistema representativo e regime democrático;

b) direitos da pessoa humana;

c) autonomia municipal;

d) prestação de contas da administração pública, direta e indireta;

e) aplicação do mínimo exigido da receita resultante de impostos estaduais, compreendida a proveniente de transferências, na manutenção e desenvolvimento do ensino e nas ações e serviços públicos de saúde.

► Alínea *e* com a redação dada pela EC nº 29, de 13-9-2000.

► Art. 212 desta Constituição.

Art. 35. O Estado não intervirá em seus Municípios, nem a União nos Municípios localizados em Território Federal, exceto quando:

► Súm. nº 637 do STF.

I – deixar de ser paga, sem motivo de força maior, por dois anos consecutivos, a dívida fundada;

II – não forem prestadas contas devidas, na forma da lei;

III – não tiver sido aplicado o mínimo exigido da receita municipal na manutenção e desenvolvimento do ensino e nas ações e serviços públicos de saúde;

► Inciso III com a redação dada pela EC nº 29, de 13-9-2000.

► Art. 212 desta Constituição.

► Art. 119 do ADCT.

► Art. 2º da EC nº 119, de 27-4-2022, que altera o ADCT para determinar a impossibilidade de responsabilização dos Estados, do Distrito Federal, dos Municípios e dos agentes públicos desses entes federados pelo descumprimento, nos exercícios financeiros de 2020 e 2021, do disposto no *caput* do art. 212 da CF.

IV – o Tribunal de Justiça der provimento a representação para assegurar a observância de princípios indicados na Constituição Estadual, ou para prover a execução de lei, de ordem ou de decisão judicial.

Art. 36. A decretação da intervenção dependerá:

I – no caso do artigo 34, IV, de solicitação do Poder Legislativo ou do Poder Executivo coacto ou impedido, ou de requisição do Supremo Tribunal Federal, se a coação for exercida contra o Poder Judiciário;

II – no caso de desobediência a ordem ou decisão judiciária, de requisição do Supremo Tribunal Federal, do Superior Tribunal de Justiça ou do Tribunal Superior Eleitoral;

► Arts. 19 a 22 da Lei nº 8.038, de 28-5-1990, que institui normas procedimentais para os processos que especifica, perante o STJ e o STF.

III – de provimento, pelo Supremo Tribunal Federal, de representação do Procurador-Geral da República, na hipótese do art. 34, VII, e no caso de recusa à execução de lei federal.

► Inciso III com a redação dada pela EC nº 45, de 8-12-2004.

► Lei nº 12.562, de 23-12-2011, regulamenta este inciso para dispor sobre o processo e julgamento da representação interventiva perante o STF.

IV – *Revogado*. EC nº 45, de 8-12-2004.

§ 1º O decreto de intervenção, que especificará a amplitude, o prazo e as condições de execução e que, se couber, nomeará o interventor, será submetido à apreciação do Congresso Nacional ou da Assembleia Legislativa do Estado, no prazo de vinte e quatro horas.

§ 2º Se não estiver funcionando o Congresso Nacional ou a Assembleia Legislativa, far-se-á convocação extraordinária, no mesmo prazo de vinte e quatro horas.

§ 3º Nos casos do artigo 34, VI e VII, ou do artigo 35, IV, dispensada a apreciação pelo Congresso Nacional ou pela Assembleia Legislativa, o decreto limitar-se-á a suspender a execução do ato impugnado, se essa medida bastar ao restabelecimento da normalidade.

§ 4º Cessados os motivos da intervenção, as autoridades afastadas de seus cargos a estes voltarão, salvo impedimento legal.

CAPÍTULO VII

DA ADMINISTRAÇÃO PÚBLICA

► Lei nº 8.112, de 11-12-1990 (Estatuto dos Servidores Públicos Civis da União, Autarquias e Fundações Públicas Federais).

► Lei nº 8.727, de 5-11-1993, estabelece diretrizes para consolidação e o reescalonamento pela União, de dívidas internas da administração direta e indireta dos Estados, do Distrito Federal e dos Municípios.

► Lei nº 9.784, de 29-1-1999 (Lei do Processo Administrativo Federal).

SEÇÃO I

DISPOSIÇÕES GERAIS

Art. 37. A administração pública direta e indireta de qualquer dos Poderes da União, dos Estados, do Distrito Federal e dos Municípios obedecerá aos princípios de legalidade, impessoalidade, moralidade, publicidade e eficiência e, também, ao seguinte:

► *Caput* com a redação dada pela EC nº 19, de 4-6-1998.

► Art. 19 do ADCT.

► Arts. 3º e 5º, I a VI, §§ 1º e 2º, da Lei nº 8.112, de 11-12-1990 (Estatuto dos Servidores Públicos Civis da União, Autarquias e Fundações Públicas Federais).

► Lei nº 8.727, de 5-11-1993, estabelece diretrizes para a consolidação e o reescalonamento, pela União, de dividas internas das administrações direta e indireta dos Estados, do Distrito Federal e dos Municípios.

► Lei nº 8.730, de 10-11-1993, estabelece a obrigatoriedade da declaração de bens e rendas para o exercício de cargos, empregos, e funções nos Poderes Executivo, Legislativo e Judiciário.

► Súm. Vinc. nº 13 do STF.

► Súmulas nºs 346 e 473 do STF.

I – os cargos, empregos e funções públicas são acessíveis aos brasileiros que preencham os requisitos estabelecidos em lei, assim como aos estrangeiros, na forma da lei;

► Inciso I com a redação dada pela EC nº 19, de 4-6-1998.

► Art. 7º da CLT.

► Arts. 3º a 5º, I a VI, §§ 1º e 2º, da Lei nº 8.112, de 11-12-1990 (Estatuto dos Servidores Públicos Civis da União, Autarquias e Fundações Públicas Federais).

► Lei nº 8.730, de 10-11-1993, estabelece a obrigatoriedade da declaração de bens e rendas para o exercício de cargos, empregos e funções nos Poderes Executivo, Legislativo e Judiciário.

► Súm. Vinc. nº 44 do STF.

► Súmulas nºs 683, 684 e 686 do STF.

▶ Súm. nº 266 do STJ.

II – a investidura em cargo ou emprego público depende de aprovação prévia em concurso público de provas ou de provas e títulos, de acordo com a natureza e a complexidade do cargo ou emprego, na forma prevista em lei, ressalvadas as nomeações para cargo em comissão declarado em lei de livre nomeação e exoneração;

▶ Inciso II com a redação dada pela EC nº 19, de 4-6-1998.

▶ Art. 7º da CLT.

▶ Arts. 11 e 12 da Lei nº 8.112, de 11-12-1990 (Estatuto dos Servidores Públicos Civis da União, Autarquias e Fundações Públicas Federais).

▶ Lei nº 9.962, de 22-2-2000, disciplina o regime de emprego público do pessoal da administração federal direta, autárquica e fundacional.

▶ Dec. nº 7.203, de 4-6-2010, dispõe sobre a vedação do nepotismo no âmbito da administração pública federal.

▶ Súm. Vinc. nº 43 do STF.

▶ Súm. nº 685 do STF.

▶ Súmulas nºs 331 e 363 do TST.

▶ Orientações Jurisprudenciais da SBDI-I nºs 321, 338 e 366 do TST.

III – o prazo de validade do concurso público será de até dois anos, prorrogável uma vez, por igual período;

▶ Art. 12 da Lei nº 8.112, de 11-12-1990 (Estatuto dos Servidores Públicos Civis da União, Autarquias e Fundações Públicas Federais).

▶ Lei nº 12.562, de 23-12-2011, regulamenta este inciso para dispor sobre o processo e julgamento da representação interventiva perante o STF.

IV – durante o prazo improrrogável previsto no edital de convocação, aquele aprovado em concurso público de provas ou de provas e títulos será convocado com prioridade sobre novos concursados para assumir cargo ou emprego, na carreira;

▶ Art. 7º da CLT.

V – as funções de confiança, exercidas exclusivamente por servidores ocupantes de cargo efetivo, e os cargos em comissão, a serem preenchidos por servidores de carreira nos casos, condições e percentuais mínimos previstos em lei, destinam-se apenas às atribuições de direção, chefia e assessoramento;

▶ Inciso V com a redação dada pela EC nº 19, de 4-6-1998.

VI – é garantido ao servidor público civil o direito à livre associação sindical;

VII – o direito de greve será exercido nos termos e nos limites definidos em lei específica;

▶ Inciso VII com a redação dada pela EC nº 19, de 4-6-1998.

▶ Dec. nº 1.480, de 3-5-1995, dispõe sobre os procedimentos a serem adotados em casos de paralisações dos serviços públicos federais.

▶ Ao julgar os MIs nºs 708 e 712, o Plenário do Supremo Tribunal deferiu injunção e regulamentou provisoriamente o exercício do direito de greve pelos servidores públicos, com base nas Leis nºs 7.701, de 21-12-1988, e 7.783, 28-6-1989, no que for compatível.

VIII – a lei reservará percentual dos cargos e empregos públicos para as pessoas portadoras de deficiência e definirá os critérios de sua admissão;

▶ Lei nº 7.853, de 24-10-1989 (Lei de Apoio às Pessoas Portadoras de Deficiência), regulamentada pelo Dec. nº 3.298, de 20-12-1999.

▶ Art. 5º, § 2º, da Lei nº 8.112, de 11-12-1990 (Estatuto dos Servidores Públicos Civis da União, Autarquias e Fundações Públicas Federais).

▶ Lei nº 13.146, de 6-7-2015 (Estatuto da Pessoa com Deficiência).

▶ Dec. nº 6.949, de 25-8-2009, promulga a Convenção Internacional sobre os Direitos das Pessoas com Deficiência.

▶ Súmulas nºs 377 e 552 do STJ.

IX – a lei estabelecerá os casos de contratação por tempo determinado para atender a necessidade temporária de excepcional interesse público;

▶ Art. 2º da EC nº 106, de 7-5-2020.

▶ Lei nº 8.745, de 9-12-1993, dispõe sobre a contratação de servidor público por tempo determinado, para atender a necessidade temporária de excepcional interesse público.

▶ Art. 30 da Lei nº 10.871, de 20-5-2004, que dispõe sobre a criação de carreiras e organização de cargos efetivos das autarquias especiais denominadas Agências Reguladoras.

▶ MP nº 2.165-36, de 23-8-2001, que até o encerramento desta edição não havia sido convertida em Lei, institui o auxílio-transporte.

X – a remuneração dos servidores públicos e o subsídio de que trata o § 4º do artigo 39 somente poderão ser fixados ou alterados por lei específica, observada a iniciativa privativa em cada caso, assegurada revisão geral anual, sempre na mesma data e sem distinção de índices;

- ► Inciso X com a redação dada pela EC nº 19, de 4-6-1998.
- ► Arts. 39, § 4º, 95, III, e 128, § 5º, I, c, desta Constituição.
- ► Art. 109, § 3º, do ADCT.
- ► Lei nº 7.706, de 21-12-1988, dispõe sobre a revisão dos vencimentos, salários, soldos e proventos dos servidores, civis e militares, da Administração Federal Direta, das Autarquias, dos extintos Territórios Federais e das Fundações Públicas.
- ► Lei nº 10.331, de 18-12-2001, regulamenta este inciso.
- ► Súm. Vinc. nº 37 do STF.
- ► Súmulas nºs 672 e 679 do STF.

XI – a remuneração e o subsídio dos ocupantes de cargos, funções e empregos públicos da administração direta, autárquica e fundacional, dos membros de qualquer dos Poderes da União, dos Estados, do Distrito Federal e dos Municípios, dos detentores de mandato eletivo e dos demais agentes políticos e os proventos, pensões ou outra espécie remuneratória, percebidos cumulativamente ou não, incluídas as vantagens pessoais ou de qualquer outra natureza, não poderão exceder o subsídio mensal, em espécie, dos Ministros do Supremo Tribunal Federal, aplicando-se como limite, nos Municípios, o subsídio do Prefeito, e nos Estados e no Distrito Federal, o subsídio mensal do Governador no âmbito do Poder Executivo, o subsídio dos Deputados Estaduais e Distritais no âmbito do Poder Legislativo e o subsídio dos Desembargadores do Tribunal de Justiça, limitado a noventa inteiros e vinte e cinco centésimos por cento do subsídio mensal, em espécie, dos Ministros do Supremo Tribunal Federal, no âmbito do Poder Judiciário, aplicável este limite aos membros do Ministério Público, aos Procuradores e aos Defensores Públicos;

- ► Inciso XI com a redação dada pela EC nº 41, de 19-12-2003.
- ► O STF, *ad referendum* do Plenário, deferiu o pedido de medida cautelar na ADIN nº 6.257 para: "dar interpretação a este inciso no tópico em que a norma estabelece subteto, para suspender qualquer interpretação e aplicação do subteto aos professores e pesquisadores das universidades estaduais, prevalecendo, assim, como teto único das universidades no país, os subsídios dos Ministros do STF" (*DJe* de 3-2-2020).
- ► O STF, por maioria dos votos, julgou procedente os pedidos formulados nas Ações Diretas de Inconstitucionalidade nºs 3.854 e 4.014, dando interpretação conforme à Constituição ao art. 37, XI e § 12, para afastar a submissão dos membros da magistratura estadual da regra do subteto remuneratório (*DOU* de 8-1-2021).
- ► Arts. 27, § 2º, 28, § 2º, 29, V e VI, 39, §§ 4º e 5º, 49, VII, e VIII, 93, V, 95, III, 128, § 5º, I, c, e 142, § 3º, VIII, desta Constituição.
- ► Art. 3º, § 3º, da EC nº 20, de 15-12-1998 (Reforma Previdenciária).
- ► Arts. 7º e 8º da EC nº 41, de 19-12-2003.
- ► Art. 4º da EC nº 47, de 5-7-2005.
- ► Lei nº 8.112, de 11-12-1990 (Estatuto dos Servidores Públicos Civis da União, Autarquias e Fundações Públicas Federais).
- ► Leis nºs 8.448, de 21-7-1992, e 8.852, de 4-2-1994, dispõem sobre este inciso.
- ► Art. 3º da Lei nº 10.887, de 18-6-2004, que dispõe sobre a aplicação de disposições da EC nº 41, de 19-12-2003.
- ► Lei nº 12.770, de 28-12-2012, dispõe sobre o subsídio do Procurador-Geral da República.
- ► Lei Delegada nº 13, de 27-8-1982, institui Gratificações de Atividade para os servidores civis do Poder Executivo, revê vantagens.
- ► OJ da SBDI-I nº 339 do TST.

XII – os vencimentos dos cargos do Poder Legislativo e do Poder Judiciário não poderão ser superiores aos pagos pelo Poder Executivo;

- ► Art. 135 desta Constituição.
- ► Art. 42 da Lei nº 8.112, de 11-12-1990 (Estatuto dos Servidores Públicos Civis da União, Autarquias e Fundações Públicas Federais).
- ► Lei nº 8.852, de 4-2-1994, dispõe sobre a aplicação deste inciso.

XIII – é vedada a vinculação ou equiparação de quaisquer espécies remuneratórias para o efeito de remuneração de pessoal do serviço público;

- ► Inciso XIII com a redação dada pela EC nº 19, de 4-6-1998.
- ► Art. 142, § 3º, VIII, desta Constituição.
- ► Súm. Vinc. nº 42 do STF.
- ► Súm. nº 455 do TST.
- ► OJ da SBDI-I nº 297 do TST.

XIV – os acréscimos pecuniários percebidos por servidor público não serão computados nem acumulados para fins de concessão de acréscimos ulteriores;

► Inciso XIV com a redação dada pela EC nº 19, de 4-6-1998.

► Art. 142, § 3º, VIII, desta Constituição.

XV – o subsídio e os vencimentos dos ocupantes de cargos e empregos públicos são irredutíveis, ressalvado o disposto nos incisos XI e XIV deste artigo e nos artigos 39, § 4º, 150, II, 153, III, e 153, § 2º, I;

► Inciso XV com a redação dada pela EC nº 19, de 4-6-1998.

► Art. 142, § 3º, VIII, desta Constituição.

XVI – é vedada a acumulação remunerada de cargos públicos, exceto, quando houver compatibilidade de horários, observado em qualquer caso o disposto no inciso XI:

► Inciso XVI com a redação dada pela EC nº 19, de 4-6-1998.

a) a de dois cargos de professor;

b) a de um cargo de professor com outro, técnico ou científico;

► Alíneas *a* e *b* com a redação dada pela EC nº 19, de 4-6-1998.

c) a de dois cargos ou empregos privativos de profissionais de saúde, com profissões regulamentadas;

► Alínea c com a redação dada pela EC nº 34, de 13-12-2001.

► Arts. 118 a 120 da Lei nº 8.112, de 11-12-1990 (Estatuto dos Servidores Públicos Civis da União, Autarquias e Fundações Públicas Federais).

XVII – a proibição de acumular estende-se a empregos e funções e abrange autarquias, fundações, empresas públicas, sociedades de economia mista, suas subsidiárias, e sociedades controladas, direta ou indiretamente, pelo Poder Público;

► Inciso XVII com a redação dada pela EC nº 19, de 4-6-1998.

► Art. 118, § 1º, da Lei nº 8.112, de 11-12-1990 (Estatuto dos Servidores Públicos Civis da União, Autarquias e Fundações Públicas Federais).

XVIII – a administração fazendária e seus servidores fiscais terão, dentro de suas áreas de competência e jurisdição, precedência sobre os demais setores administrativos, na forma da lei;

XIX – somente por lei específica poderá ser criada autarquia e autorizada a instituição de empresa pública, de sociedade de economia mista e de fundação, cabendo à lei complementar, neste último caso, definir as áreas de sua atuação;

► Inciso XIX com a redação dada pela EC nº 19, de 4-6-1998.

XX – depende de autorização legislativa, em cada caso, a criação de subsidiárias das entidades mencionadas no inciso anterior, assim como a participação de qualquer delas em empresa privada;

XXI – ressalvados os casos especificados na legislação, as obras, serviços, compras e alienações serão contratados mediante processo de licitação pública que assegure igualdade de condições a todos os concorrentes, com cláusulas que estabeleçam obrigações de pagamento, mantidas as condições efetivas da proposta, nos termos da lei, o qual somente permitirá as exigências de qualificação técnica e econômica indispensáveis à garantia do cumprimento das obrigações;

► Art. 22, XXVII, desta Constituição.

► Dec. nº 3.555, de 8-8-2000, regulamenta a modalidade de licitação denominada pregão.

► Dec. nº 9.450, de 25-7-2018, institui a Política Nacional de Trabalho no âmbito do Sistema Prisional e regulamenta o disposto neste inciso.

► Lei nº 14.133, de 1º-4-2021 (Nova Lei de Licitações e Contratos Administrativos).

► Súm. nº 333 do STJ.

► Súm. nº 331 do TST.

XXII – as administrações tributárias da União, dos Estados, do Distrito Federal e dos Municípios, atividades essenciais ao funcionamento do Estado, exercidas por servidores de carreiras específicas, terão recursos prioritários para a realização de suas atividades e atuarão de forma integrada, inclusive com o compartilhamento de cadastros e de informações fiscais, na forma da lei ou convênio.

► Inciso XXII acrescido pela EC nº 42, de 19-12-2003.

► Art. 137, IV, desta Constituição.

§ 1º A publicidade dos atos, programas, obras, serviços e campanhas dos órgãos públicos deverá ter caráter educativo, informativo ou de orientação social, dela não podendo constar nomes, símbolos ou imagens que caracterizem promoção pessoal de autoridades ou servidores públicos.

► Lei nº 8.389, de 30-12-1991, institui o Conselho de Comunicação Social.

► Dec. nº 4.799, de 4-8-2003, dispõe sobre a comunicação de Governo do Poder Executivo Federal.

► Dec. nº 6.555, de 8-9-2008, dispõe sobre as ações de comunicação do Poder Executivo Federal.

§ 2º A não observância do disposto nos incisos II e III implicará a nulidade do ato e a punição da autoridade responsável, nos termos da lei.

► Arts. 116 a 142 da Lei nº 8.112, de 11-12-1990 (Estatuto dos Servidores Públicos Civis da União, Autarquias e Fundações Públicas Federais).

► Lei nº 8.429, de 2-6-1992 (Lei da Improbidade Administrativa).

► Súm. nº 466 do STJ.

► Súm. nº 363 do TST.

§ 3º A lei disciplinará as formas de participação do usuário na administração pública direta e indireta, regulando especialmente:

I – as reclamações relativas à prestação dos serviços públicos em geral, asseguradas a manutenção de serviços de atendimento ao usuário e a avaliação periódica, externa e interna, da qualidade dos serviços;

II – o acesso dos usuários a registros administrativos e a informações sobre atos de governo, observado o disposto no artigo 5º, X e XXXIII;

► Lei nº 12.527, de 18-11-2011, regula o acesso a informações previsto neste inciso.

III – a disciplina da representação contra o exercício negligente ou abusivo de cargo, emprego ou função na administração pública.

► § 3º e incisos I a III com a redação dada pela EC nº 19, de 4-6-1998.

§ 4º Os atos de improbidade administrativa importarão a suspensão dos direitos políticos, a perda da função pública, a indisponibilidade dos bens e o ressarcimento ao erário, na forma e gradação previstas em lei, sem prejuízo da ação penal cabível.

► Art. 15, V, desta Constituição.

► Arts. 312 a 327 do CP.

► Lei nº 8.026, de 12-4-1990, dispõe sobre a aplicação de pena de demissão a funcionário publico.

► Lei nº 8.027, de 12-4-1990, dispõe sobre normas de conduta dos servidores públicos civis da União, das Autarquias e das Fundações Públicas.

► Lei nº 8.112, de 11-12-1990 (Estatuto dos Servidores Públicos Civis da União, Autarquias e Fundações Públicas Federais).

► Art. 3º da Lei nº 8.137, de 27-12-1990 (Lei dos Crimes Contra a Ordem Tributária, Econômica e Contra as Relações de Consumo).

► Lei nº 8.429, de 2-6-1992 (Lei da Improbidade Administrativa).

► Dec.-lei nº 3.240, de 8-5-1941, sujeita a sequestro os bens de pessoas indiciadas por crimes de que resulta prejuízo para a Fazenda Pública.

► Dec. nº 4.410, de 7-10-2002, promulga a Convenção Interamericana contra a Corrupção.

§ 5º A lei estabelecerá os prazos de prescrição para ilícitos praticados por qualquer agente, servidor ou não, que causem prejuízos ao erário, ressalvadas as respectivas ações de ressarcimento.

► Lei nº 8.112, de 11-12-1990 (Estatuto dos Servidores Públicos Civis da União, Autarquias e Fundações Públicas Federais).

► Lei nº 8.429, de 2-6-1992 (Lei da Improbidade Administrativa).

§ 6º As pessoas jurídicas de direito público e as de direito privado prestadoras de serviços públicos responderão pelos danos que seus agentes, nessa qualidade, causarem a terceiros, assegurado o direito de regresso contra o responsável nos casos de dolo ou culpa.

► Art. 43 do CC.

► Arts. 143, 155, 181 e 182 do CPC/2015.

► Lei nº 6.453, de 17-10-1977, dispõe sobre a responsabilidade civil por danos nucleares e a responsabilidade criminal por atos relacionados com atividades nucleares.

► Dec. nº 10.088, de 5-11-2019, consolida atos normativos editados pelo Poder Executivo Federal que dispõem sobre a promulgação de convenções e recomendações da Organização Internacional do Trabalho – OIT ratificadas pela República Federativa do Brasil.

§ 7º A lei disporá sobre os requisitos e as restrições ao ocupante de cargo ou emprego da administração direta e indireta que possibilite o acesso a informações privilegiadas.

§ 8º A autonomia gerencial, orçamentária e financeira dos órgãos e entidades da administração direta e indireta poderá ser ampliada mediante contrato, a ser firmado entre seus administradores e o poder público, que tenha por objeto a fixação de metas de desempenho para o órgão ou entidade, cabendo à lei dispor sobre:

► Lei nº 13.934, de 11-12-2019, regulamenta este parágrafo.

I – o prazo de duração do contrato;

II – os controles e critérios de avaliação de desempenho, direitos, obrigações e responsabilidade dos dirigentes;

III – a remuneração do pessoal.

§ 9º O disposto no inciso XI aplica-se às empresas públicas e às sociedades de economia mista, e suas subsidiárias, que receberem recursos da União, dos Estados, do Distrito Federal ou dos Municípios para pagamento de despesas de pessoal ou de custeio em geral.

► §§ 7º a 9º acrescidos pela EC nº 19, de 4-6-1998.

§ 10. É vedada a percepção simultânea de proventos de aposentadoria decorrentes do artigo 40 ou dos artigos 42 e 142 com a remuneração de cargo, emprego ou função pública, ressalvados os cargos acumuláveis na forma desta Constituição, os cargos eletivos e os cargos em comissão declarados em lei de livre nomeação e exoneração.

► § 10 acrescido pela EC nº 20, de 15-12-1998.

§ 11. Não serão computadas, para efeito dos limites remuneratórios de que trata o inciso XI do *caput* deste artigo, as parcelas de caráter indenizatório previstas em lei.

► Art. 4º da EC nº 47, de 5-7-2005.

§ 12. Para os fins do disposto no inciso XI do *caput* deste artigo, fica facultado aos Estados e ao Distrito Federal fixar, em seu âmbito, mediante emenda às respectivas Constituições e Lei Orgânica, como limite único, o subsídio mensal dos Desembargadores do respectivo Tribunal de Justiça, limitado a noventa inteiros e vinte e cinco centésimos por cento do subsídio mensal dos Ministros do Supremo Tribunal Federal, não se aplicando o disposto neste parágrafo aos subsídios dos Deputados Estaduais e Distritais e dos Vereadores.

► §§ 11 e 12 acrescidos pela EC nº 47, de 5-7-2005.

► O STF, por maioria dos votos, julgou procedente os pedidos formulados nas Ações Diretas de Inconstitucionalidade nºs 3.854 e 4.014, dando interpretação conforme à Constituição ao art. 37, XI e § 12, para afastar a submissão dos membros da magistratura estadual da regra do subteto remuneratório (*DOU* de 8-1-2021).

§ 13. O servidor público titular de cargo efetivo poderá ser readaptado para exercício de cargo cujas atribuições e responsabilidades sejam compatíveis com a limitação que tenha sofrido em sua capacidade física ou mental, enquanto permanecer nesta condição, desde que possua a habilitação e o nível de escolaridade exigidos para o cargo de destino, mantida a remuneração do cargo de origem.

§ 14. A aposentadoria concedida com a utilização de tempo de contribuição decorrente de cargo, emprego ou função pública, inclusive do Regime Geral de Previdência Social, acarretará o rompimento do vínculo que gerou o referido tempo de contribuição.

§ 15. É vedada a complementação de aposentadorias de servidores públicos e de pensões por morte a seus dependentes que não seja decorrente do disposto nos §§ 14 a 16 do art. 40 ou que não seja prevista em lei que extinga regime próprio de previdência social.

► §§ 13 a 15 acrescidos pela EC nº 103, de 12-11-2019.

§ 16. Os órgãos e entidades da administração pública, individual ou conjuntamente, devem realizar avaliação das políticas públicas, inclusive com divulgação do objeto a ser avaliado e dos resultados alcançados, na forma da lei.

► § 16 acrescido pela EC nº 109, de 15-3-2021.

§ 17. Lei complementar estabelecerá normas gerais aplicáveis às administrações tributárias da União, dos Estados, do Distrito Federal e dos Municípios, dispondo sobre deveres, direitos e garantias dos servidores das carreiras de que trata o inciso XXII do **caput.**

§ 18. Para os fins do disposto no inciso XI do caput deste artigo, os servidores de carreira das administrações tributárias dos Estados, do Distrito Federal e dos Municípios sujeitam-se ao limite aplicável aos servidores da União.

► §§ 17 e 18 acrescidos pela EC nº 132, de 20-12-2023, para vigorar a partir de 2027.

Art. 38. Ao servidor público da administração direta, autárquica e fundacional, no exercício de mandato eletivo, aplicam-se as seguintes disposições:

► *Caput* com a redação dada pela EC nº 19, de 4-6-1998.

► Art. 28 desta Constituição.

► Lei nº 8.112, de 11-12-1990 (Estatuto dos Servidores Públicos Civis da União, Autarquias e Fundações Públicas Federais).

I – tratando-se de mandato eletivo federal, estadual ou distrital, ficará afastado de seu cargo, emprego ou função;

► Art. 28, § 1º, desta Constituição.

II – investido no mandato de Prefeito será afastado do cargo, emprego ou função, sendo-lhe facultado optar pela sua remuneração;

III – investido no mandato de Vereador, havendo compatibilidade de horários, perceberá as vantagens de seu cargo, emprego ou função, sem prejuízo da remuneração do cargo eletivo, e, não havendo compatibilidade, será aplicada a norma do inciso anterior;

IV – em qualquer caso que exija o afastamento para o exercício de mandato eletivo, seu tempo de serviço será contado para todos os efeitos legais, exceto para promoção por merecimento;

► Art. 28, § 1º, desta Constituição.

V – na hipótese de ser segurado de regime próprio de previdência social, permanecerá filiado a esse regime, no ente federativo de origem.

► Inciso V com a redação dada pela EC nº 103, de 12-11-2019.

Seção II

DOS SERVIDORES PÚBLICOS

► Denominação desta Seção dada pela EC nº 18, de 5-2-1998.
► Lei nº 8.026, de 12-4-1990, dispõe sobre a aplicação de pena de demissão a funcionário público.
► Lei nº 8.027, de 12-4-1990, dispõe sobre normas de conduta dos servidores públicos civis da União, das autarquias e das fundações públicas.
► Lei nº 8.112, de 11-12-1990 (Estatuto dos Servidores Públicos Civis da União, Autarquias e Fundações Públicas Federais).
► Súm. nº 378 do STJ.

Art. 39. A União, os Estados, o Distrito Federal e os Municípios instituirão conselho de política de administração e remuneração de pessoal, integrado por servidores designados pelos respectivos Poderes.

► *Caput* com a redação dada pela EC nº 19, de 4-6-1998.
► O STF, por maioria de votos, deferiu parcialmente a medida cautelar na ADIN nº 2.135-4, para suspender, com efeitos *ex nunc*, a eficácia do *caput* deste artigo, razão pela qual continuará em vigor a redação original: "Art. 39. A União, os Estados, o Distrito Federal e os Municípios instituirão, no âmbito de sua competência, regime jurídico único e planos de carreira para os servidores da administração pública direta, das autarquias e das fundações públicas" (*DOU* de 14-8-2007).
► Art. 24 do ADCT.
► Lei nº 8.026, de 12-4-1990, dispõe sobre a aplicação de pena de demissão a funcionário público.
► Lei nº 8.027, de 12-4-1990, dispõe sobre normas de conduta dos servidores públicos civis da União, das Autarquias e das Fundações Públicas.
► Lei nº 8.112, de 11-12-1990 (Estatuto dos Servidores Públicos Civis da União, Autarquias e Fundações Públicas Federais).
► Súm. Vinc. nº 4 do STF.
► Súm. nº 97 do STJ.

§ 1º A fixação dos padrões de vencimento e dos demais componentes do sistema remuneratório observará:

I – a natureza, o grau de responsabilidade e a complexidade dos cargos componentes de cada carreira;

II – os requisitos para a investidura;

III – as peculiaridades dos cargos.

► Art. 41, § 4º, da Lei nº 8.112, de 11-12-1990 (Estatuto dos Servidores Públicos Civis da União, Autarquias e Fundações Públicas Federais).
► Lei nº 8.448, de 21-7-1992, regulamenta este parágrafo.
► Lei nº 8.852, de 4-2-1994, dispõe sobre a aplicação deste parágrafo.
► Lei nº 9.367, de 16-12-1996, fixa critérios para a progressiva unificação das tabelas de vencimentos dos servidores.
► Súm. Vinc. nº 4 do STF.
► Súm. nº 339 do STF.

§ 2º A União, os Estados e o Distrito Federal manterão escolas de governo para a formação e o aperfeiçoamento dos servidores públicos, constituindo-se a participação nos cursos um dos requisitos para a promoção na carreira, facultada, para isso, a celebração de convênios ou contratos entre os entes federados.

► §§ 1º e 2º com a redação dada pela EC nº 19, de 4-6-1998.

§ 3º Aplica-se aos servidores ocupantes de cargo público o disposto no artigo 7º, IV, VII, VIII, IX, XII, XIII, XV, XVI, XVII, XVIII, XIX, XX, XXII e XXX, podendo a lei estabelecer requisitos diferenciados de admissão quando a natureza do cargo o exigir.

► Dec.-lei nº 5.452, de 1-5-1943 (Consolidação das Leis do Trabalho).
► Decreto Legislativo nº 206, de 7-4-2010, aprova a ratificação da Convenção nº 151 da OIT sobre direito de sindicalização e relações de trabalho na administração pública.
► Súmulas Vinculantes nºs 4, 15 e 16 do STF.
► Súmulas nºs 683 e 684 do STF.
► Súm. nº 243 do TST.

§ 4º O membro de Poder, o detentor de mandato eletivo, os Ministros de Estado e os Secretários Estaduais e Municipais serão remunerados exclusivamente por subsídio fixado em parcela única, vedado o acréscimo de qualquer gratificação, adicional, abono, prêmio, verba de representação ou outra espécie remuneratória, obedecido, em qualquer caso, o disposto no artigo 37, X e XI.

- ► Arts. 27, § 2º, 28, § 2º, 29, V, e VI, 37, XV, 48, XV, 49, VII e VIII, 93, V, 95, III, 128, § 5º, I, c, e 135 desta Constituição.
- ► Lei nº 11.144, de 26-7-2005, dispõe sobre o subsídio do Procurador-Geral da República.
- ► Lei nº 12.770, de 28-12-2012, dispõe sobre o subsídio do Procurador-Geral da República.

§ 5º Lei da União, dos Estados, do Distrito Federal e dos Municípios poderá estabelecer a relação entre a maior e a menor remuneração dos servidores públicos, obedecido, em qualquer caso, o disposto no artigo 37, XI.

§ 6º Os Poderes Executivo, Legislativo e Judiciário publicarão anualmente os valores do subsídio e da remuneração dos cargos e empregos públicos.

§ 7º Lei da União, dos Estados, do Distrito Federal e dos Municípios disciplinará a aplicação de recursos orçamentários provenientes da economia com despesas correntes em cada órgão, autarquia e fundação, para aplicação no desenvolvimento de programas de qualidade e produtividade, treinamento e desenvolvimento, modernização, reaparelhamento e racionalização do serviço público, inclusive sob a forma de adicional ou prêmio de produtividade.

§ 8º A remuneração dos servidores públicos organizados em carreira poderá ser fixada nos termos do § 4º.

- ► §§ 3º a 8º acrescidos pela EC nº 19, de 4-6-1998.

§ 9º É vedada a incorporação de vantagens de caráter temporário ou vinculadas ao exercício de função de confiança ou de cargo em comissão à remuneração do cargo efetivo.

- ► § 9º acrescido pela EC nº 103, de 12-11-2019.

Art. 40. O regime próprio de previdência social dos servidores titulares de cargos efetivos terá caráter contributivo e solidário, mediante contribuição do respectivo ente federativo, de servidores ativos, de aposentados e de pensionistas, observados critérios que preservem o equilíbrio financeiro e atuarial.

- ► *Caput* com a redação dada pela EC nº 103, de 12-11-2019.
- ► Arts. 37, § 10, 73, § 3º, e 93, VI, desta Constituição.
- ► Arts. 4º e 6º da EC nº 41, de 19-12-2003.
- ► Art. 3º da EC nº 47, de 5-7-2005.

§ 1º O servidor abrangido por regime próprio de previdência social será aposentado:

- ► *Caput* do § 1º com a redação dada pela EC nº 103, de 12-11-2019.
- ► Art. 2º, § 5º, da EC nº 41, de 19-12-2003.
- ► Súm. nº 726 do STF.

I – por incapacidade permanente para o trabalho, no cargo em que estiver investido, quando insuscetível de readaptação, hipótese em que será obrigatória a realização de avaliações periódicas para verificação da continuidade das condições que ensejaram a concessão da aposentadoria, na forma de lei do respectivo ente federativo;

- ► Inciso I com a redação dada pela EC nº 103, de 12-11-2019.

II – compulsoriamente, com proventos proporcionais ao tempo de contribuição, aos 70 (setenta) anos de idade, ou aos 75 (setenta e cinco) anos de idade, na forma de lei complementar;

- ► Inciso II com a redação dada pela EC nº 88, de 7-5-2015.
- ► Art. 100 do ADCT.
- ► Arts. 2º, § 5º, e 3º, § 1º, da EC nº 41, de 19-12-2003.
- ► LC nº 152, de 3-12-2015, dispõe sobre aposentadoria por idade, com proventos proporcionais, nos termos deste inciso.

III – no âmbito da União, aos 62 (sessenta e dois) anos de idade, se mulher, e aos 65 (sessenta e cinco) anos de idade, se homem, e, no âmbito dos Estados, do Distrito Federal e dos Municípios, na idade mínima estabelecida mediante emenda às respectivas Constituições e Leis Orgânicas, observados o tempo de contribuição e os demais requisitos estabelecidos em lei complementar do respectivo ente federativo.

- ► Inciso III com a redação dada pela EC nº 103, de 12-11-2019.

§ 2º Os proventos de aposentadoria não poderão ser inferiores ao valor mínimo a que se refere o § 2º do art. 201 ou superiores ao limite máximo estabelecido para o Regime Geral de

Previdência Social, observado o disposto nos §§ 14 a 16.

§ 3º As regras para cálculo de proventos de aposentadoria serão disciplinadas em lei do respectivo ente federativo.

► Art. 2º da EC nº 41, de 19-12-2003.

► Art. 1º da Lei nº 10.887, de 18-6-2004, que dispõe sobre a aplicação de disposições da EC nº 41, de 19-12-2003.

§ 4º É vedada a adoção de requisitos ou critérios diferenciados para concessão de benefícios em regime próprio de previdência social, ressalvado o disposto nos §§ 4º-A, 4º-B, 4º-C e 5º.

► §§ 2º a 4º com a redação dada pela EC nº 103, de 12-11-2019.

§ 4º-A. Poderão ser estabelecidos por lei complementar do respectivo ente federativo idade e tempo de contribuição diferenciados para aposentadoria de servidores com deficiência, previamente submetidos a avaliação biopsicossocial realizada por equipe multiprofissional e interdisciplinar.

► Lei nº 13.146, de 6-7-2015 (Estatuto da Pessoa com Deficiência).

§ 4º-B. Poderão ser estabelecidos por lei complementar do respectivo ente federativo idade e tempo de contribuição diferenciados para aposentadoria de ocupantes do cargo de agente penitenciário, de agente socioeducativo ou de policial dos órgãos de que tratam o inciso IV do *caput* do art. 51, o inciso XIII do *caput* do art. 52 e os incisos I a IV do *caput* do art. 144.

§ 4º-C. Poderão ser estabelecidos por lei complementar do respectivo ente federativo idade e tempo de contribuição diferenciados para aposentadoria de servidores cujas atividades sejam exercidas com efetiva exposição a agentes químicos, físicos e biológicos prejudiciais à saúde, ou associação desses agentes, vedada a caracterização por categoria profissional ou ocupação.

► §§ 4º-A a 4º-C acrescidos pela EC nº 103, de 12-11-2019.

► Súm. Vinc. nº 33 do STF.

§ 5º Os ocupantes do cargo de professor terão idade mínima reduzida em 5 (cinco) anos em relação às idades decorrentes da aplicação do disposto no inciso III do § 1º, desde que comprovem tempo de efetivo exercício das funções de magistério na educação infantil e no ensino fundamental e médio fixado em lei complementar do respectivo ente federativo.

► § 5º com a redação dada pela EC nº 103, de 12-11-2019.

► Arts. 2º, § 1º, e 6º, *caput*, da EC nº 41, de 19-12-2003.

► Art. 67, § 2º, da Lei nº 9.394, de 20-12-1996 (Lei das Diretrizes e Bases da Educação Nacional).

► Súm. nº 726 do STF.

§ 6º Ressalvadas as aposentadorias decorrentes dos cargos acumuláveis na forma desta Constituição, é vedada a percepção de mais de uma aposentadoria à conta de regime próprio de previdência social, aplicando-se outras vedações, regras e condições para a acumulação de benefícios previdenciários estabelecidas no Regime Geral de Previdência Social.

§ 7º Observado o disposto no § 2º do art. 201, quando se tratar da única fonte de renda formal auferida pelo dependente, o benefício de pensão por morte será concedido nos termos de lei do respectivo ente federativo, a qual tratará de forma diferenciada a hipótese de morte dos servidores de que trata o § 4º-B decorrente de agressão sofrida no exercício ou em razão da função.

► §§ 6º e 7º com a redação dada pela EC nº 103, de 12-11-2019.

► Art. 42, § 2º, desta Constituição.

§ 8º É assegurado o reajustamento dos benefícios para preservar-lhes, em caráter permanente, o valor real, conforme critérios estabelecidos em lei.

► § 8º com a redação dada pela EC nº 41, de 19-12-2003.

► Arts. 2º, § 6º, e 6º-A da EC nº 41, de 19-12-2003.

► Súmulas Vinculantes nºs 20 e 34 do STF.

§ 9º O tempo de contribuição federal, estadual, distrital ou municipal será contado para fins de aposentadoria, observado o disposto nos §§ 9º e 9º-A do art. 201, e o tempo de serviço correspondente será contado para fins de disponibilidade.

► § 9º com a redação dada pela EC nº 103, de 12-11-2019.

► Art. 42, § 1º, desta Constituição.

§ 10. A lei não poderá estabelecer qualquer forma de contagem de tempo de contribuição fictício.

► Art. 4º da EC nº 20, de 15-12-1998 (Reforma Previdenciária).

§ 11. Aplica-se o limite fixado no artigo 37, XI, à soma total dos proventos de inatividade, inclusive quando decorrentes da acumulação de cargos ou empregos públicos, bem como de outras atividades sujeitas a contribuição para o regime geral de previdência social, e ao montante resultante da adição de proventos de inatividade com remuneração de cargo acumulável na forma desta Constituição, cargo em comissão declarado em lei de livre nomeação e exoneração, e de cargo eletivo.

§ 12. Além do disposto neste artigo, serão observados, em regime próprio de previdência social, no que couber, os requisitos e critérios fixados para o Regime Geral de Previdência Social.

§ 13. Aplica-se ao agente público ocupante, exclusivamente, de cargo em comissão declarado em lei de livre nomeação e exoneração, de outro cargo temporário, inclusive mandato eletivo, ou de emprego público, o Regime Geral de Previdência Social.

- Lei nº 9.962, de 22-2-2000, disciplina o regime de emprego público do pessoal da administração federal direta, autárquica e fundacional.

§ 14. A União, os Estados, o Distrito Federal e os Municípios instituirão, por lei de iniciativa do respectivo Poder Executivo, regime de previdência complementar para servidores públicos ocupantes de cargo efetivo, observado o limite máximo dos benefícios do Regime Geral de Previdência Social para o valor das aposentadorias e das pensões em regime próprio de previdência social, ressalvado o disposto no § 16.

- LC nº 108, de 29-5-2001, dispõe sobre a relação entre a União, e os Estados, o Distrito Federal e os Municípios, suas autarquias, fundações, sociedades de economia mista e outras entidades públicas e suas respectivas entidades fechadas de previdência complementar.
- Lei nº 12.618, de 30-4-2012, institui o regime de previdência complementar para os servidores públicos federais titulares de cargo efetivo.

§ 15. O regime de previdência complementar de que trata o § 14 oferecerá plano de benefícios somente na modalidade contribuição definida, observará o disposto no art. 202 e será efetivado por intermédio de entidade fechada de previdência complementar ou de entidade aberta de previdência complementar.

- §§ 12 a 15 com a redação dada pela EC nº 103, de 12-11-2019.
- Lei nº 12.618, de 30-4-2012, institui o regime de previdência complementar para os servidores públicos federais titulares de cargo efetivo.

§ 16. Somente mediante sua prévia e expressa opção, o disposto nos §§ 14 e 15 poderá ser aplicado ao servidor que tiver ingressado no serviço público até a data da publicação do ato de instituição do correspondente regime de previdência complementar.

- § 16 acrescido pela EC nº 20, de 15-12-1998.
- Lei nº 9.717, de 27-11-1998, dispõe sobre regras gerais para a organização e o funcionamento dos regimes próprios de previdência social dos servidores públicos da União, dos Estados, do Distrito Federal e dos Municípios, bem como dos militares dos Estados e do Distrito Federal.
- Lei nº 10.887, de 18-6-2004, dispõe sobre a aplicação de disposições da EC nº 41, de 19-12-2003.
- Lei nº 12.618, de 30-4-2012, institui o regime de previdência complementar para os servidores públicos federais titulares de cargo efetivo.

§ 17. Todos os valores de remuneração considerados para o cálculo do benefício previsto no § 3º serão devidamente atualizados, na forma da lei.

- Arts. 2º e 6º-A da EC nº 41, de 19-12-2003.

§ 18. Incidirá contribuição sobre os proventos de aposentadorias e pensões concedidas pelo regime de que trata este artigo que superem o limite máximo estabelecido para os benefícios do regime geral de previdência social de que trata o art. 201, com percentual igual ao estabelecido para os servidores titulares de cargos efetivos.

- §§ 17 e 18 acrescidos pela EC nº 41, de 19-12-2003.
- Art. 4º, I e II, da EC nº 41, de 19-12-2003.

§ 19. Observados critérios a serem estabelecidos em lei do respectivo ente federativo, o servidor titular de cargo efetivo que tenha completado as exigências para a aposentadoria voluntária e que opte por permanecer em atividade poderá fazer jus a um abono de permanência equivalente, no máximo, ao valor da sua contribuição previdenciária, até completar a idade para aposentadoria compulsória.

§ 20. É vedada a existência de mais de um regime próprio de previdência social e de mais de um órgão ou entidade gestora desse regime em cada ente federativo, abrangidos todos os poderes, órgãos e entidades autárquicas e fundacionais, que serão responsáveis pelo seu financiamento, observados os critérios, os parâmetros e a natureza jurídica definidos na lei complementar de que trata o § 22.

► §§ 19 e 20 com a redação dada pela EC nº 103, de 12-11-2019.

► Art. 28 da EC nº 19, de 4-6-1998 (Reforma Administrativa).

§ 21. A contribuição prevista no § 18 deste artigo incidirá apenas sobre as parcelas de proventos de aposentadoria e de pensão que superem o dobro do limite máximo estabelecido para os benefícios do regime geral de previdência social de que trata o artigo 201 desta Constituição, quando o beneficiário, na forma da lei, for portador de doença incapacitante.

► § 21 acrescido pela EC nº 47, de 5-7-2005, em vigor na data de sua publicação, com efeitos retroativos à data de vigência da EC nº 41, de 19-12-2003 (*DOU* de 6-7-2005).

► Este parágrafo estará revogado pela EC nº 103, de 12-11-2019, em vigor na data de publicação de lei de iniciativa privativa do respectivo Poder Executivo que o referende integralmente.

§ 22. Vedada a instituição de novos regimes próprios de previdência social, lei complementar federal estabelecerá, para os que já existam, normas gerais de organização, de funcionamento e de responsabilidade em sua gestão, dispondo, entre outros aspectos, sobre:

I – requisitos para sua extinção e consequente migração para o Regime Geral de Previdência Social;

II – modelo de arrecadação, de aplicação e de utilização dos recursos;

III – fiscalização pela União e controle externo e social;

IV – definição de equilíbrio financeiro e atuarial;

V – condições para instituição do fundo com finalidade previdenciária de que trata o art. 249 e para vinculação a ele dos recursos provenientes de contribuições e dos bens, direitos e ativos de qualquer natureza;

VI – mecanismos de equacionamento do *deficit* atuarial;

VII – estruturação do órgão ou entidade gestora do regime, observados os princípios relacionados com governança, controle interno e transparência;

VIII – condições e hipóteses para responsabilização daqueles que desempenhem atribuições relacionadas, direta ou indiretamente, com a gestão do regime;

IX – condições para adesão a consórcio público;

X – parâmetros para apuração da base de cálculo e definição de alíquota de contribuições ordinárias e extraordinárias.

► § 22 acrescido pela EC nº 103, de 12-11-2019.

Art. 41. São estáveis após três anos de efetivo exercício os servidores nomeados para cargo de provimento efetivo em virtude de concurso público.

► Súm. nº 390 do TST.

§ 1º O servidor público estável só perderá o cargo:

I – em virtude de sentença judicial transitada em julgado;

II – mediante processo administrativo em que lhe seja assegurada ampla defesa;

► Súmulas nºs 18, 19, 20 e 21 do STF.

► OJ da SBDI-I nº 247 do TST.

III – mediante procedimento de avaliação periódica de desempenho, na forma de lei complementar, assegurada ampla defesa.

► Art. 247 desta Constituição.

§ 2º Invalidada por sentença judicial a demissão do servidor estável, será ele reintegrado, e o eventual ocupante da vaga, se estável, reconduzido ao cargo de origem, sem direito a indenização, aproveitado em outro cargo ou posto em disponibilidade com remuneração proporcional ao tempo de serviço.

§ 3º Extinto o cargo ou declarada a sua desnecessidade, o servidor estável ficará em disponibilidade, com remuneração proporcional ao tempo de serviço, até seu adequado aproveitamento em outro cargo.

► Súmulas nºs 11 e 39 do STF.

§ 4º Como condição para a aquisição da estabilidade, é obrigatória a avaliação especial de desempenho por comissão instituída para essa finalidade.

► Art. 41 com a redação dada pela EC nº 19, de 4-6-1998.

► Art. 28 da EC nº 19, de 4-6-1998 (Reforma Administrativa).

Seção III

DOS MILITARES DOS ESTADOS, DO DISTRITO FEDERAL E DOS TERRITÓRIOS

► Denominação desta Seção dada pela EC nº 18, de 5-2-1998.

Art. 42. Os membros das Polícias Militares e Corpos de Bombeiros Militares, instituições organizadas com base na hierarquia e disciplina, são militares dos Estados, do Distrito Federal e dos Territórios.

► *Caput* com a redação dada pela EC nº 18, de 5-2-1998.

► Art. 37, § 10, desta Constituição.

► Art. 89 do ADCT.

§ 1º Aplicam-se aos militares dos Estados, do Distrito Federal e dos Territórios, além do que vier a ser fixado em lei, as disposições do artigo 14, § 8º; do artigo 40, § 9º; e do artigo 142, §§ 2º e 3º, cabendo a lei estadual específica dispor sobre as matérias do artigo 142, § 3º, X, sendo as patentes dos oficiais conferidas pelos respectivos governadores.

► § 1º com a redação dada pela EC nº 20, de 15-12-1998.

► Súm. Vinc. nº 4 do STF.

§ 2º Aos pensionistas dos militares dos Estados, do Distrito Federal e dos Territórios aplica-se o que for fixado em lei específica do respectivo ente estatal.

► § 2º com a redação dada pela EC nº 41, de 19-12-2003.

§ 3º Aplica-se aos militares dos Estados, do Distrito Federal e dos Territórios o disposto no art. 37, inciso XVI, com prevalência da atividade militar.

► § 3º acrescido pela EC nº 101, de 3-7-2019.

Seção IV

DAS REGIÕES

Art. 43. Para efeitos administrativos, a União poderá articular sua ação em um mesmo complexo geoeconômico e social, visando a seu desenvolvimento e à redução das desigualdades regionais.

§ 1º Lei complementar disporá sobre:

I – as condições para integração de regiões em desenvolvimento;

II – a composição dos organismos regionais que executarão, na forma da lei, os planos regionais, integrantes dos planos nacionais de desenvolvimento econômico e social, aprovados juntamente com estes.

► LC nº 124, de 3-1-2007, institui a Superintendência do Desenvolvimento da Amazônia – SUDAM.

► LC nº 125, de 3-1-2007, institui a Superintendência do Desenvolvimento do Nordeste – SUDENE.

► LC nº 134, de 14-1-2010, dispõe sobre a composição do Conselho de Administração da Superintendência da Zona Franca de Manaus – SUFRAMA.

§ 2º Os incentivos regionais compreenderão, além de outros, na forma da lei:

I – igualdade de tarifas, fretes, seguros e outros itens de custos e preços de responsabilidade do Poder Público;

II – juros favorecidos para financiamento de atividades prioritárias;

III – isenções, reduções ou diferimento temporário de tributos federais devidos por pessoas físicas ou jurídicas;

IV – prioridade para o aproveitamento econômico e social dos rios e das massas de água represadas ou represáveis nas regiões de baixa renda, sujeitas a secas periódicas.

§ 3º Nas áreas a que se refere o § 2º, IV, a União incentivará a recuperação de terras áridas e cooperará com os pequenos e médios proprietários rurais para o estabelecimento, em suas glebas, de fontes de água e de pequena irrigação.

§ 4º Sempre que possível, a concessão dos incentivos regionais a que se refere o § 2º, III, considerará critérios de sustentabilidade ambiental e redução das emissões de carbono.

► § 4º acrescido pela EC nº 132, de 20-12-2023.

TÍTULO IV – DA ORGANIZAÇÃO DOS PODERES

CAPÍTULO I

DO PODER LEGISLATIVO

Seção I

DO CONGRESSO NACIONAL

Art. 44. O Poder Legislativo é exercido pelo Congresso Nacional, que se compõe da Câmara dos Deputados e do Senado Federal.

Parágrafo único. Cada legislatura terá a duração de quatro anos.

Art. 45. A Câmara dos Deputados compõe-se de representantes do povo, eleitos, pelo sistema proporcional, em cada Estado, em cada Território e no Distrito Federal.

§ 1º O número total de Deputados, bem como a representação por Estado e pelo Distrito Federal, será estabelecido por lei complementar, proporcionalmente à população, procedendo-se aos ajustes necessários, no ano anterior às eleições, para que nenhuma daquelas Unidades da

Federação tenha menos de oito ou mais de setenta Deputados.

► Arts. 1º a 3º da LC nº 78, de 30-12-1993, que disciplina a fixação do número de Deputados, nos termos deste parágrafo.

§ 2º Cada Território elegerá quatro Deputados.

Art. 46. O Senado Federal compõe-se de representantes dos Estados e do Distrito Federal, eleitos segundo o princípio majoritário.

§ 1º Cada Estado e o Distrito Federal elegerão três Senadores, com mandato de oito anos.

§ 2º A representação de cada Estado e do Distrito Federal será renovada de quatro em quatro anos, alternadamente, por um e dois terços.

§ 3º Cada Senador será eleito com dois suplentes.

Art. 47. Salvo disposição constitucional em contrário, as deliberações de cada Casa e de suas Comissões serão tomadas por maioria dos votos, presente a maioria absoluta de seus membros.

Seção II

DAS ATRIBUIÇÕES DO CONGRESSO NACIONAL

Art. 48. Cabe ao Congresso Nacional, com a sanção do Presidente da República, não exigida esta para o especificado nos artigos 49, 51 e 52, dispor sobre todas as matérias de competência da União, especialmente sobre:

I – sistema tributário, arrecadação e distribuição de rendas;

II – plano plurianual, diretrizes orçamentárias, orçamento anual, operações de crédito, dívida pública e emissões de curso forçado;

III – fixação e modificação do efetivo das Forças Armadas;

IV – planos e programas nacionais, regionais e setoriais de desenvolvimento;

V – limites do território nacional, espaço aéreo e marítimo e bens do domínio da União;

VI – incorporação, subdivisão ou desmembramento de áreas de Territórios ou Estados, ouvidas as respectivas Assembleias Legislativas;

► Art. 4º da Lei nº 9.709, de 18-11-1998, que regulamenta o art. 14 desta Constituição.

VII – transferência temporária da sede do Governo Federal;

VIII – concessão de anistia;

► Art. 187 da LEP.

IX – organização administrativa, judiciária, do Ministério Público e da Defensoria Pública da União e dos Territórios e organização judiciária e do Ministério Público do Distrito Federal;

► Inciso IX com a redação dada pela EC nº 69, de 29-3-2012, em vigor na data de sua publicação, produzindo efeitos após 120 dias de sua publicação oficial (*DOU* de 30-3-2012).

X – criação, transformação e extinção de cargos, empregos e funções públicas, observado o que estabelece o art. 84, VI, *b*;

XI – criação e extinção de Ministérios e órgãos da administração pública;

► Incisos X e XI com a redação dada pela EC nº 32, de 11-9-2001.

XII – telecomunicações e radiodifusão;

► Lei nº 9.295, de 19-7-1996, dispõe sobre serviços de telecomunicações, organizações e órgão regulador.

► Lei nº 9.472, de 16-7-1997, dispõe sobre a organização dos serviços de telecomunicações, a criação e funcionamento de um órgão regulador e outros aspectos institucionais.

► Lei nº 9.612, de 19-2-1998, institui o serviço de radiodifusão comunitária.

XIII – matéria financeira, cambial e monetária, instituições financeiras e suas operações;

XIV – moeda, seus limites de emissão, e montante da dívida mobiliária federal;

XV – fixação do subsídio dos Ministros do Supremo Tribunal Federal, observado o que dispõem os arts. 39, § 4º; 150, II; 153, III; e 153, § 2º, I.

► Inciso XV com a redação dada pela EC nº 41, de 19-12-2003.

► Lei nº 14.520, de 9-1-2023, fixa o subsídio de Ministro do Supremo Tribunal Federal.

Art. 49. É da competência exclusiva do Congresso Nacional:

► Art. 48 desta Constituição.

I – resolver definitivamente sobre tratados, acordos ou atos internacionais que acarretem encargos ou compromissos gravosos ao patrimônio nacional;

II – autorizar o Presidente da República a declarar guerra, a celebrar a paz, a permitir que forças estrangeiras transitem pelo território nacional ou nele permaneçam temporariamente, ressalvados os casos previstos em lei complementar;

III – autorizar o Presidente e o Vice-Presidente da República a se ausentarem do País, quando a ausência exceder a quinze dias;

IV – aprovar o estado de defesa e a intervenção federal, autorizar o estado de sítio, ou suspender qualquer uma dessas medidas;

V – sustar os atos normativos do Poder Executivo que exorbitem do poder regulamentar ou dos limites de delegação legislativa;

VI – mudar temporariamente sua sede;

VII – fixar idêntico subsídio para os Deputados Federais e os Senadores, observado o que dispõem os artigos 37, XI, 39, § 4º, 150, II, 153, III, e 153, § 2º, I;

VIII – fixar os subsídios do Presidente e do Vice-Presidente da República e dos Ministros de Estado, observado o que dispõem os artigos 37, XI, 39, § 4º, 150, II, 153, III, e 153, § 2º, I;

▸ Incisos VII e VIII com a redação dada pela EC nº 19, de 4-6-1998.

IX – julgar anualmente as contas prestadas pelo Presidente da República e apreciar os relatórios sobre a execução dos planos de governo;

X – fiscalizar e controlar, diretamente, ou por qualquer de suas Casas, os atos do Poder Executivo, incluídos os da administração indireta;

XI – zelar pela preservação de sua competência legislativa em face da atribuição normativa dos outros Poderes;

XII – apreciar os atos de concessão e renovação de concessão de emissoras de rádio e televisão;

XIII – escolher dois terços dos membros do Tribunal de Contas da União;

▸ Dec. Legislativo nº 6, de 22-4-1993, regulamenta a escolha de Ministro do Tribunal de Contas da União pelo Congresso Nacional.

XIV – aprovar iniciativas do Poder Executivo referentes a atividades nucleares;

XV – autorizar referendo e convocar plebiscito;

▸ Arts. 1º a 12 da Lei nº 9.709, de 18-11-1998, que regulamenta o art. 14 desta Constituição.

XVI – autorizar, em terras indígenas, a exploração e o aproveitamento de recursos hídricos e a pesquisa e lavra de riquezas minerais;

XVII – aprovar, previamente, a alienação ou concessão de terras públicas com área superior a dois mil e quinhentos hectares;

XVIII – decretar o estado de calamidade pública de âmbito nacional previsto nos arts. 167-B, 167-C, 167-D, 167-E, 167-F e 167-G desta Constituição.

▸ Inciso XVIII acrescido pela EC nº 109, de 15-3-2021.

Art. 50. A Câmara dos Deputados e o Senado Federal, ou qualquer de suas Comissões, poderão convocar Ministro de Estado, quaisquer titulares de órgãos diretamente subordinados à Presidência da República ou o Presidente do Comitê Gestor do Imposto sobre Bens e Serviços para prestarem, pessoalmente, informações sobre assunto previamente determinado, importando crime de responsabilidade a ausência sem justificação adequada.

▸ *Caput* com a redação dada pela EC nº 132, de 20-12-2023.

§ 1º Os Ministros de Estado poderão comparecer ao Senado Federal, à Câmara dos Deputados, ou a qualquer de suas Comissões, por sua iniciativa e mediante entendimentos com a Mesa respectiva, para expor assunto de relevância de seu Ministério.

§ 2º As Mesas da Câmara dos Deputados e do Senado Federal poderão encaminhar pedidos escritos de informação a Ministros de Estado ou a qualquer das pessoas referidas no *caput* deste artigo, importando em crime de responsabilidade a recusa, ou o não atendimento, no prazo de trinta dias, bem como a prestação de informações falsas.

▸ § 2º com a redação dada pela ECR nº 2, de 7-6-1994.

Seção III

DA CÂMARA DOS DEPUTADOS

Art. 51. Compete privativamente à Câmara dos Deputados:

▸ Art. 48 desta Constituição.

I – autorizar, por dois terços de seus membros, a instauração de processo contra o Presidente e o Vice-Presidente da República e os Ministros de Estado;

II – proceder à tomada de contas do Presidente da República, quando não apresentadas ao Congresso Nacional dentro de sessenta dias após a abertura da sessão legislativa;

III – elaborar seu regimento interno;

IV – dispor sobre sua organização, funcionamento, polícia, criação, transformação ou extinção dos cargos, empregos e funções de seus serviços, e a iniciativa de lei para fixação da respectiva remuneração, observados os parâmetros estabelecidos na lei de diretrizes orçamentárias;

▸ Inciso IV com a redação dada pela EC nº 19, de 4-6-1998.

▸ Art. 107, § 2º, do ADCT.

V – eleger membros do Conselho da República, nos termos do artigo 89, VII.

Seção IV

DO SENADO FEDERAL

Art. 52. Compete privativamente ao Senado Federal:

► Art. 48 desta Constituição.

I – processar e julgar o Presidente e o Vice-Presidente da República nos crimes de responsabilidade, bem como os Ministros de Estado e os Comandantes da Marinha, do Exército e da Aeronáutica nos crimes da mesma natureza conexos com aqueles;

► Inciso I com a redação dada pela EC nº 23, de 2-9-1999.

► Art. 102, I, c, desta Constituição.

► Lei nº 1.079, de 10-4-1950 (Lei dos Crimes de Responsabilidade).

II – processar e julgar os Ministros do Supremo Tribunal Federal, os membros do Conselho Nacional de Justiça e do Conselho Nacional do Ministério Público, o Procurador-Geral da República e o Advogado-Geral da União nos crimes de responsabilidade;

► Inciso II com a redação dada pela EC nº 45, de 8-12-2004.

► Arts. 103-B, 130-A, 131 e 132 desta Constituição.

► Art. 5º da EC nº 45, de 8-12-2004 (Reforma do Judiciário).

III – aprovar previamente, por voto secreto, após arguição pública, a escolha de:

a) magistrados, nos casos estabelecidos nesta Constituição;

b) Ministros do Tribunal de Contas da União indicados pelo Presidente da República;

c) Governador de Território;

d) presidente e diretores do Banco Central;

e) Procurador-Geral da República;

f) titulares de outros cargos que a lei determinar;

IV – aprovar previamente, por voto secreto, após arguição em sessão secreta, a escolha dos chefes de missão diplomática de caráter permanente;

V – autorizar operações externas de natureza financeira, de interesse da União, dos Estados, do Distrito Federal, dos Territórios e dos Municípios;

VI – fixar, por proposta do Presidente da República, limites globais para o montante da dívida consolidada da União, dos Estados, do Distrito Federal e dos Municípios;

► Art. 100, § 19, desta Constituição.

► Art. 101, § 2º, III, do ADCT.

VII – dispor sobre limites globais e condições para as operações de crédito externo e interno da União, dos Estados, do Distrito Federal e dos Municípios, de suas autarquias e demais entidades controladas pelo Poder Público Federal;

► Art. 100, § 19, desta Constituição.

► Art. 101, § 2º, III, do ADCT.

VIII – dispor sobre limites e condições para a concessão de garantia da União em operações de crédito externo e interno;

IX – estabelecer limites globais e condições para o montante da dívida mobiliária dos Estados, do Distrito Federal e dos Municípios;

X – suspender a execução, no todo ou em parte, de lei declarada inconstitucional por decisão definitiva do Supremo Tribunal Federal;

XI – aprovar, por maioria absoluta e por voto secreto, a exoneração, de ofício, do Procurador-Geral da República antes do término de seu mandato;

XII – elaborar seu regimento interno;

XIII – dispor sobre sua organização, funcionamento, polícia, criação, transformação ou extinção dos cargos, empregos e funções de seus serviços, e a iniciativa de lei para fixação da respectiva remuneração, observados os parâmetros estabelecidos na lei de diretrizes orçamentárias;

► Inciso XIII com a redação dada pela EC nº 19, de 4-6-1998.

► Art. 107, § 2º, do ADCT.

XIV – eleger membros do Conselho da República, nos termos do artigo 89, VII;

XV – avaliar periodicamente a funcionalidade do Sistema Tributário Nacional, em sua estrutura e seus componentes, e o desempenho das administrações tributárias da União, dos Estados e do Distrito Federal e dos Municípios.

► Inciso XV acrescido pela EC nº 42, de 19-12-2003.

Parágrafo único. Nos casos previstos nos incisos I e II, funcionará como Presidente o do Supremo Tribunal Federal, limitando-se a condenação, que somente será proferida por dois terços dos votos do Senado Federal, à perda do cargo, com inabilitação, por oito anos, para o exercício de função pública, sem prejuízo das demais sanções judiciais cabíveis.

Seção V

DOS DEPUTADOS E DOS SENADORES

▶ Lei nº 9.504, de 30-9-1997 (Lei das Eleições).

Art. 53. Os Deputados e Senadores são invioláveis, civil e penalmente, por quaisquer de suas opiniões, palavras e votos.

▶ *Caput* com a redação dada pela EC nº 35, de 20-12-2001.

▶ Súm. nº 245 do STF.

§ 1º Os Deputados e Senadores, desde a expedição do diploma, serão submetidos a julgamento perante o Supremo Tribunal Federal.

▶ Art. 102, I, *b*, desta Constituição.

§ 2º Desde a expedição do diploma, os membros do Congresso Nacional não poderão ser presos, salvo em flagrante de crime inafiançável. Nesse caso, os autos serão remetidos dentro de vinte e quatro horas à Casa respectiva, para que, pelo voto da maioria de seus membros, resolva sobre a prisão.

▶ Art. 301 do CPP.

§ 3º Recebida a denúncia contra o Senador ou Deputado, por crime ocorrido após a diplomação, o Supremo Tribunal Federal dará ciência à Casa respectiva, que, por iniciativa de partido político nela representado e pelo voto da maioria de seus membros, poderá, até a decisão final, sustar o andamento da ação.

§ 4º O pedido de sustação será apreciado pela Casa respectiva no prazo improrrogável de quarenta e cinco dias do seu recebimento pela Mesa Diretora.

§ 5º A sustação do processo suspende a prescrição, enquanto durar o mandato.

§ 6º Os Deputados e Senadores não serão obrigados a testemunhar sobre informações recebidas ou prestadas em razão do exercício do mandato, nem sobre as pessoas que lhes confiaram ou deles receberam informações.

§ 7º A incorporação às Forças Armadas de Deputados e Senadores, embora militares e ainda que em tempo de guerra, dependerá de prévia licença da Casa respectiva.

▶ §§ 1º a 7º com a redação dada pela EC nº 35, de 20-12-2001.

§ 8º As imunidades de Deputados ou Senadores subsistirão durante o estado de sítio, só podendo ser suspensas mediante o voto de dois terços dos membros da Casa respectiva, nos casos de atos praticados fora do recinto do Congresso Nacional, que sejam incompatíveis com a execução da medida.

▶ § 8º acrescido pela EC nº 35, de 20-12-2001.

▶ Arts. 137 a 141 desta Constituição.

▶ Arts. 138 a 145 do CP.

Art. 54. Os Deputados e Senadores não poderão:

I – desde a expedição do diploma:

a) firmar ou manter contrato com pessoa jurídica de direito público, autarquia, empresa pública, sociedade de economia mista ou empresa concessionária de serviço público, salvo quando o contrato obedecer a cláusulas uniformes;

b) aceitar ou exercer cargo, função ou emprego remunerado, inclusive os de que sejam demissíveis *ad nutum*, nas entidades constantes da alínea anterior;

II – desde a posse:

a) ser proprietários, controladores ou diretores de empresa que goze de favor decorrente de contrato com pessoa jurídica de direito público, ou nela exercer função remunerada;

b) ocupar cargo ou função de que sejam demissíveis *ad nutum*, nas entidades referidas no inciso I, *a*;

c) patrocinar causa em que seja interessada qualquer das entidades a que se refere o inciso I, *a*;

d) ser titulares de mais de um cargo ou mandato público eletivo.

Art. 55. Perderá o mandato o Deputado ou Senador:

I – que infringir qualquer das proibições estabelecidas no artigo anterior;

▶ Art. 1º do Dec. Legislativo nº 16, de 24-3-1994, que submete à condição suspensiva a renúncia de parlamentar contra o qual pende procedimento fundado nos termos deste inciso.

II – cujo procedimento for declarado incompatível com o decoro parlamentar;

▶ Art. 1º do Dec. Legislativo nº 16, de 24-3-1994, que submete à condição suspensiva a renúncia de parlamentar contra o qual pende procedimento fundado nos termos deste inciso.

III – que deixar de comparecer, em cada sessão legislativa, à terça parte das sessões ordinárias da Casa a que pertencer, salvo licença ou missão por esta autorizada;

IV – que perder ou tiver suspensos os direitos políticos;

V – quando o decretar a Justiça Eleitoral, nos casos previstos nesta Constituição;

VI – que sofrer condenação criminal em sentença transitada em julgado.

► Art. 92, I, do CP.

§ 1º É incompatível com o decoro parlamentar, além dos casos definidos no regimento interno, o abuso das prerrogativas asseguradas a membro do Congresso Nacional ou a percepção de vantagens indevidas.

§ 2º Nos casos dos incisos I, II e VI, a perda do mandato será decidida pela Câmara dos Deputados ou pelo Senado Federal, por maioria absoluta, mediante provocação da respectiva Mesa ou de partido político representado no Congresso Nacional, assegurada ampla defesa.

► § 2º com a redação dada pela EC nº 76, de 28-11-2013.

§ 3º Nos casos previstos nos incisos III a V, a perda será declarada pela Mesa da Casa respectiva, de ofício ou mediante provocação de qualquer de seus membros, ou de partido político representado no Congresso Nacional, assegurada ampla defesa.

§ 4º A renúncia de parlamentar submetido a processo que vise ou possa levar à perda do mandato, nos termos deste artigo, terá seus efeitos suspensos até as deliberações finais de que tratam os §§ 2º e 3º.

► § 4º acrescido pela ECR nº 6, de 7-6-1994.

Art. 56. Não perderá o mandato o Deputado ou Senador:

I – investido no cargo de Ministro de Estado, Governador de Território, Secretário de Estado, do Distrito Federal, de Território, de Prefeitura de Capital ou chefe de missão diplomática temporária;

II – licenciado pela respectiva Casa por motivo de doença, ou para tratar, sem remuneração, de interesse particular, desde que, neste caso, o afastamento não ultrapasse cento e vinte dias por sessão legislativa.

§ 1º O suplente será convocado nos casos de vaga, de investidura em funções previstas neste artigo ou de licença superior a cento e vinte dias.

§ 2º Ocorrendo vaga e não havendo suplente, far-se-á eleição para preenchê-la se faltarem mais de quinze meses para o término do mandato.

§ 3º Na hipótese do inciso I, o Deputado ou Senador poderá optar pela remuneração do mandato.

SEÇÃO VI

DAS REUNIÕES

Art. 57. O Congresso Nacional reunir-se-á, anualmente, na Capital Federal, de 2 de fevereiro a 17 de julho e de 1º de agosto a 22 de dezembro.

► *Caput* com a redação dada pela EC nº 50, de 14-2-2006.

§ 1º As reuniões marcadas para essas datas serão transferidas para o primeiro dia útil subsequente, quando recaírem em sábados, domingos ou feriados.

§ 2º A sessão legislativa não será interrompida sem a aprovação do projeto de lei de diretrizes orçamentárias.

§ 3º Além de outros casos previstos nesta Constituição, a Câmara dos Deputados e o Senado Federal reunir-se-ão em sessão conjunta para:

I – inaugurar a sessão legislativa;

II – elaborar o regimento comum e regular a criação de serviços comuns às duas Casas;

III – receber o compromisso do Presidente e do Vice-Presidente da República;

IV – conhecer do veto e sobre ele deliberar.

§ 4º Cada uma das Casas reunir-se-á em sessões preparatórias, a partir de 1º de fevereiro, no primeiro ano da legislatura, para a posse de seus membros e eleição das respectivas Mesas, para mandato de 2 (dois) anos, vedada a recondução para o mesmo cargo na eleição imediatamente subsequente.

► § 4º com a redação dada pela EC nº 50, de 14-2-2006.

§ 5º A Mesa do Congresso Nacional será presidida pelo Presidente do Senado Federal, e os demais cargos serão exercidos, alternadamente, pelos ocupantes de cargos equivalentes na Câmara dos Deputados e no Senado Federal.

§ 6º A convocação extraordinária do Congresso Nacional far-se-á:

► § 6º com a redação dada pela EC nº 50, de 14-2-2006.

I – pelo Presidente do Senado Federal, em caso de decretação de estado de defesa ou de intervenção federal, de pedido de autorização para a decretação de estado de sítio e para o compromisso e a posse do Presidente e do Vice-Presidente da República;

II – pelo Presidente da República, pelos Presidentes da Câmara dos Deputados e do Senado Federal ou a requerimento da maioria dos membros de ambas as Casas, em caso de urgência ou interesse público relevante, em todas as hipóteses deste inciso com a aprovação da maioria absoluta de cada uma das Casas do Congresso Nacional.

► Inciso II com a redação dada pela EC nº 50, de 14-2-2006.

§ 7º Na sessão legislativa extraordinária, o Congresso Nacional somente deliberará sobre a matéria para a qual foi convocado, ressalvada a hipótese do § 8º deste artigo, vedado o pagamento de parcela indenizatória, em razão da convocação.

► § 7º com a redação dada pela EC nº 50, de 14-2-2006.

§ 8º Havendo medidas provisórias em vigor na data de convocação extraordinária do Congresso Nacional, serão elas automaticamente incluídas na pauta da convocação.

► § 8º acrescido pela EC nº 32, de 11-9-2001.

SEÇÃO VII

DAS COMISSÕES

Art. 58. O Congresso Nacional e suas Casas terão comissões permanentes e temporárias, constituídas na forma e com as atribuições previstas no respectivo regimento ou no ato de que resultar sua criação.

§ 1º Na constituição das Mesas e de cada Comissão, é assegurada, tanto quanto possível, a representação proporcional dos partidos ou dos blocos parlamentares que participam da respectiva Casa.

§ 2º Às comissões, em razão da matéria de sua competência, cabe:

I – discutir e votar projeto de lei que dispensar, na forma do regimento, a competência do Plenário, salvo se houver recurso de um décimo dos membros da Casa;

II – realizar audiências públicas com entidades da sociedade civil;

III – convocar Ministros de Estado para prestar informações sobre assuntos inerentes a suas atribuições;

IV – receber petições, reclamações, representações ou queixas de qualquer pessoa contra atos ou omissões das autoridades ou entidades públicas;

V – solicitar depoimento de qualquer autoridade ou cidadão;

VI – apreciar programas de obras, planos nacionais, regionais e setoriais de desenvolvimento e sobre eles emitir parecer.

§ 3º As comissões parlamentares de inquérito, que terão poderes de investigação próprios das autoridades judiciais, além de outros previstos nos regimentos das respectivas Casas, serão criadas pela Câmara dos Deputados e pelo Senado Federal, em conjunto ou separadamente, mediante requerimento de um terço de seus membros, para a apuração de fato determinado e por prazo certo, sendo suas conclusões, se for o caso, encaminhadas ao Ministério Público, para que promova a responsabilidade civil ou criminal dos infratores.

► Lei nº 1.579, de 18-3-1952 (Lei das Comissões Parlamentares de Inquérito).

► Lei nº 10.001, de 4-9-2000, dispõe sobre a prioridade nos procedimentos a serem adotados pelo Ministério Publico e por outros órgãos a respeito das conclusões das Comissões Parlamentares de Inquérito.

§ 4º Durante o recesso, haverá uma Comissão Representativa do Congresso Nacional, eleita por suas Casas na última sessão ordinária do período legislativo, com atribuições definidas no regimento comum, cuja composição reproduzirá, quanto possível, a proporcionalidade da representação partidária.

SEÇÃO VIII

DO PROCESSO LEGISLATIVO

SUBSEÇÃO I

DISPOSIÇÃO GERAL

Art. 59. O processo legislativo compreende a elaboração de:

I – emendas à Constituição;

II – leis complementares;

III – leis ordinárias;

IV – leis delegadas;

V – medidas provisórias;

► Arts. 70, 73 e 114 do ADCT.

VI – decretos legislativos;

► Art. 3º da Lei nº 9.709, de 18-11-1998, que dispõe sobre a convocação do plebiscito e o referendo nas questões de relevância nacional, de competência do Poder Legislativo ou do Poder Executivo.

VII – resoluções.

Parágrafo único. Lei complementar disporá sobre a elaboração, redação, alteração e consolidação das leis.

- LC nº 95, de 26-2-1998, trata do disposto neste parágrafo único.
- Dec. nº 9.191, de 1º-11-2017, estabelece as normas e as diretrizes para elaboração, redação, alteração, consolidação e encaminhamento de propostas de atos normativos ao Presidente da República pelos Ministros de Estado.

SUBSEÇÃO II

DA EMENDA À CONSTITUIÇÃO

Art. 60. A Constituição poderá ser emendada mediante proposta:

I – de um terço, no mínimo, dos membros da Câmara dos Deputados ou do Senado Federal;

II – do Presidente da República;

III – de mais da metade das Assembleias Legislativas das Unidades da Federação, manifestando-se, cada uma delas, pela maioria relativa de seus membros.

§ 1º A Constituição não poderá ser emendada na vigência de intervenção federal, de estado de defesa ou de estado de sítio.

- Arts. 34 a 36, e 136 a 141 desta Constituição.

§ 2º A proposta será discutida e votada em cada Casa do Congresso Nacional, em dois turnos, considerando-se aprovada se obtiver, em ambos, três quintos dos votos dos respectivos membros.

§ 3º A emenda à Constituição será promulgada pelas Mesas da Câmara dos Deputados e do Senado Federal, com o respectivo número de ordem.

§ 4º Não será objeto de deliberação a proposta de emenda tendente a abolir:

I – a forma federativa de Estado;

- Arts. 1º e 18 desta Constituição.

II – o voto direto, secreto, universal e periódico;

- Arts. 1º, 14 e 81, § 1º, desta Constituição.
- Lei nº 9.709, de 18-11-1998, regulamenta o art. 14 desta Constituição.

III – a separação dos Poderes;

- Art. 2º desta Constituição.

IV – os direitos e garantias individuais.

- Art. 5º desta Constituição.

§ 5º A matéria constante de proposta de emenda rejeitada ou havida por prejudicada não pode ser objeto de nova proposta na mesma sessão legislativa.

SUBSEÇÃO III

DAS LEIS

Art. 61. A iniciativa das leis complementares e ordinárias cabe a qualquer membro ou Comissão da Câmara dos Deputados, do Senado Federal ou do Congresso Nacional, ao Presidente da República, ao Supremo Tribunal Federal, aos Tribunais Superiores, ao Procurador-Geral da República e aos cidadãos, na forma e nos casos previstos nesta Constituição.

§ 1º São de iniciativa privativa do Presidente da República as leis que:

I – fixem ou modifiquem os efetivos das Forças Armadas;

II – disponham sobre:

- Súmulas nºs 679 e 681 do STF.

a) criação de cargos, funções ou empregos públicos na administração direta e autárquica ou aumento de sua remuneração;

- Súm. nº 679 do STF.

b) organização administrativa e judiciária, matéria tributária e orçamentária, serviços públicos e pessoal da administração dos Territórios;

c) servidores públicos da União e Territórios, seu regime jurídico, provimento de cargos, estabilidade e aposentadoria;

- Alínea *c* com a redação dada pela EC nº 18, de 5-2-1998.

d) organização do Ministério Público e da Defensoria Pública da União, bem como normas gerais para a organização do Ministério Público e da Defensoria Pública dos Estados, do Distrito Federal e dos Territórios;

e) criação e extinção de Ministérios e órgãos da administração pública, observado o disposto no artigo 84, VI;

- Alínea *e* com a redação dada pela EC nº 32, de 11-9-2001.

f) militares das Forças Armadas, seu regime jurídico, provimento de cargos, promoções, estabilidade, remuneração, reforma e transferência para a reserva.

- Alínea *f* acrescida pela EC nº 18, de 5-2-1998.

§ 2º A iniciativa popular pode ser exercida pela apresentação à Câmara dos Deputados de projeto de lei subscrito por, no mínimo, um por cento do eleitorado nacional, distribuído pelo menos por cinco Estados, com não menos de três décimos por cento dos eleitores de cada um deles.

► Arts. 1º, III, 13 e 14 da Lei nº 9.709, de 18-11-1998, que regulamenta o art. 14 desta Constituição.

Art. 62. Em caso de relevância e urgência, o Presidente da República poderá adotar medidas provisórias, com força de lei, devendo submetê-las de imediato ao Congresso Nacional.

► *Caput* com a redação dada pela EC nº 32, de 11-9-2001.
► Arts. 167, § 3º, e 246 desta Constituição.
► Art. 2º da EC nº 32, de 11-9-2001.
► Súm. nº 651 do STF.

§ 1º É vedada a edição de medidas provisórias sobre matéria:

I – relativa a:

a) nacionalidade, cidadania, direitos políticos, partidos políticos e direito eleitoral;

b) direito penal, processual penal e processual civil;

c) organização do Poder Judiciário e do Ministério Público, a carreira e a garantia de seus membros;

d) planos plurianuais, diretrizes orçamentárias, orçamento e créditos adicionais e suplementares, ressalvado o previsto no artigo 167, § 3º;

II – que vise a detenção ou sequestro de bens, de poupança popular ou qualquer outro ativo financeiro;

III – reservada a lei complementar;

IV – já disciplinada em projeto de lei aprovado pelo Congresso Nacional e pendente de sanção ou veto do Presidente da República.

§ 2º Medida provisória que implique instituição ou majoração de impostos, exceto os previstos nos artigos 153, I, II, IV, V, e 154, II, só produzirá efeitos no exercício financeiro seguinte se houver sido convertida em lei até o último dia daquele em que foi editada.

§ 3º As medidas provisórias, ressalvado o disposto nos §§ 11 e 12 perderão eficácia, desde a edição, se não forem convertidas em lei no prazo de sessenta dias, prorrogável, nos termos do § 7º, uma vez por igual período, devendo o Congresso Nacional disciplinar, por decreto legislativo, as relações jurídicas delas decorrentes.

§ 4º O prazo a que se refere o § 3º contar-se-á da publicação da medida provisória, suspendendo-se durante os períodos de recesso do Congresso Nacional.

§ 5º A deliberação de cada uma das Casas do Congresso Nacional sobre o mérito das medidas provisórias dependerá de juízo prévio sobre o atendimento de seus pressupostos constitucionais.

§ 6º Se a medida provisória não for apreciada em até quarenta e cinco dias contados de sua publicação, entrará em regime de urgência, subsequentemente, em cada uma das Casas do Congresso Nacional, ficando sobrestadas, até que se ultime a votação, todas as demais deliberações legislativas da Casa em que estiver tramitando.

§ 7º Prorrogar-se-á uma única vez por igual período a vigência de medida provisória que, no prazo de sessenta dias, contado de sua publicação, não tiver a sua votação encerrada nas duas Casas do Congresso Nacional.

§ 8º As medidas provisórias terão sua votação iniciada na Câmara dos Deputados.

§ 9º Caberá à comissão mista de Deputados e Senadores examinar as medidas provisórias e sobre elas emitir parecer, antes de serem apreciadas, em sessão separada, pelo plenário de cada uma das Casas do Congresso Nacional.

§ 10. É vedada a reedição, na mesma sessão legislativa, de medida provisória que tenha sido rejeitada ou que tenha perdido sua eficácia por decurso de prazo.

§ 11. Não editado o decreto legislativo a que se refere o § 3º até sessenta dias após a rejeição ou perda de eficácia de medida provisória, as relações jurídicas constituídas e decorrentes de atos praticados durante sua vigência conservar-se-ão por ela regidas.

§ 12. Aprovado projeto de lei de conversão alterando o texto original da medida provisória, esta manter-se-á integralmente em vigor até que seja sancionado ou vetado o projeto.

► §§ 1º a 12 acrescidos pela EC nº 32, de 11-9-2001.

Art. 63. Não será admitido aumento da despesa prevista:

I – nos projetos de iniciativa exclusiva do Presidente da República, ressalvado o disposto no artigo 166, §§ 3º e 4º;

II – nos projetos sobre organização dos serviços administrativos da Câmara dos Deputados, do Senado Federal, dos Tribunais Federais e do Ministério Público.

Art. 64. A discussão e votação dos projetos de lei de iniciativa do Presidente da República, do Supremo Tribunal Federal e dos Tribunais Superiores terão início na Câmara dos Deputados.

§ 1º O Presidente da República poderá solicitar urgência para apreciação de projetos de sua iniciativa.

§ 2º Se, no caso do § 1º, a Câmara dos Deputados e o Senado Federal não se manifestarem sobre a proposição, cada qual sucessivamente, em até quarenta e cinco dias, sobrestar-se-ão todas as demais deliberações legislativas da respectiva Casa, com exceção das que tenham prazo constitucional determinado, até que se ultime a votação.

▸ § 2º com a redação dada pela EC nº 32, de 11-9-2001.

§ 3º A apreciação das emendas do Senado Federal pela Câmara dos Deputados far-se-á no prazo de dez dias, observado quanto ao mais o disposto no parágrafo anterior.

§ 4º Os prazos do § 2º não correm nos períodos de recesso do Congresso Nacional, nem se aplicam aos projetos de código.

Art. 65. O projeto de lei aprovado por uma Casa será revisto pela outra, em um só turno de discussão e votação, e enviado à sanção ou promulgação, se a Casa revisora o aprovar, ou arquivado, se o rejeitar.

Parágrafo único. Sendo o projeto emendado, voltará à Casa iniciadora.

Art. 66. A Casa na qual tenha sido concluída a votação enviará o projeto de lei ao Presidente da República, que, aquiescendo, o sancionará.

§ 1º Se o Presidente da República considerar o projeto, no todo ou em parte, inconstitucional ou contrário ao interesse público, vetá-lo-á total ou parcialmente, no prazo de quinze dias úteis, contados da data do recebimento, e comunicará, dentro de quarenta e oito horas, ao Presidente do Senado Federal os motivos do veto.

§ 2º O veto parcial somente abrangerá texto integral de artigo, de parágrafo, de inciso ou de alínea.

§ 3º Decorrido o prazo de quinze dias, o silêncio do Presidente da República importará sanção.

§ 4º O veto será apreciado em sessão conjunta, dentro de trinta dias a contar de seu recebimento, só podendo ser rejeitado pelo voto da maioria absoluta dos Deputados e Senadores.

▸ § 4º com a redação dada pela EC nº 76, de 28-11-2013.

§ 5º Se o veto não for mantido, será o projeto enviado, para promulgação, ao Presidente da República.

§ 6º Esgotado sem deliberação o prazo estabelecido no § 4º, o veto será colocado na ordem do dia da sessão imediata, sobrestadas as demais proposições, até sua votação final.

▸ § 6º com a redação dada pela EC nº 32, de 11-9-2001.

§ 7º Se a lei não for promulgada dentro de quarenta e oito horas pelo Presidente da República, nos casos dos §§ 3º e 5º, o Presidente do Senado a promulgará, e, se este não o fizer em igual prazo, caberá ao Vice-Presidente do Senado fazê-lo.

Art. 67. A matéria constante de projeto de lei rejeitado somente poderá constituir objeto de novo projeto, na mesma sessão legislativa, mediante proposta da maioria absoluta dos membros de qualquer das Casas do Congresso Nacional.

Art. 68. As leis delegadas serão elaboradas pelo Presidente da República, que deverá solicitar a delegação ao Congresso Nacional.

§ 1º Não serão objeto de delegação os atos de competência exclusiva do Congresso Nacional, os de competência privativa da Câmara dos Deputados ou do Senado Federal, a matéria reservada à lei complementar, nem a legislação sobre:

I – organização do Poder Judiciário e do Ministério Público, a carreira e a garantia de seus membros;

II – nacionalidade, cidadania, direitos individuais, políticos e eleitorais;

III – planos plurianuais, diretrizes orçamentárias e orçamentos.

§ 2º A delegação ao Presidente da República terá a forma de resolução do Congresso Nacional, que especificará seu conteúdo e os termos de seu exercício.

§ 3º Se a resolução determinar a apreciação do projeto pelo Congresso Nacional, este a fará em votação única, vedada qualquer emenda.

Art. 69. As leis complementares serão aprovadas por maioria absoluta.

SEÇÃO IX

DA FISCALIZAÇÃO CONTÁBIL, FINANCEIRA E ORÇAMENTÁRIA

► Dec. nº 3.590, de 6-9-2000, dispõe sobre o Sistema de Administração Financeira Federal.

► Dec. nº 3.591, de 6-9-2000, dispõe sobre o Sistema de Controle Interno do Poder Executivo Federal.

► Dec. nº 6.976, de 7-10-2009, dispõe sobre o Sistema de Contabilidade Federal.

Art. 70. A fiscalização contábil, financeira, orçamentária, operacional e patrimonial da União e das entidades da administração direta e indireta, quanto à legalidade, legitimidade, economicidade, aplicação das subvenções e renúncia de receitas, será exercida pelo Congresso Nacional, mediante controle externo, e pelo sistema de controle interno de cada Poder.

Parágrafo único. Prestará contas qualquer pessoa física ou jurídica, pública ou privada, que utilize, arrecade, guarde, gerencie ou administre dinheiros, bens e valores públicos ou pelos quais a União responda, ou que, em nome desta, assuma obrigações de natureza pecuniária.

► Parágrafo único com a redação dada pela EC nº 19, de 4-6-1998.

Art. 71. O controle externo, a cargo do Congresso Nacional, será exercido com o auxílio do Tribunal de Contas da União, ao qual compete:

► Lei nº 8.443, de 16-7-1992, dispõe sobre a Lei Orgânica do Tribunal de Contas da União – TCU.

I – apreciar as contas prestadas anualmente pelo Presidente da República, mediante parecer prévio que deverá ser elaborado em sessenta dias a contar de seu recebimento;

II – julgar as contas dos administradores e demais responsáveis por dinheiros, bens e valores públicos da administração direta e indireta, incluídas as fundações e sociedades instituídas e mantidas pelo Poder Público federal, e as contas daqueles que derem causa a perda, extravio ou outra irregularidade de que resulte prejuízo ao erário público;

III – apreciar, para fins de registro, a legalidade dos atos de admissão de pessoal, a qualquer título, na administração direta e indireta, incluídas as fundações instituídas e mantidas pelo Poder Público, excetuadas as nomeações para cargo de provimento em comissão, bem como a das concessões de aposentadorias, reformas e pensões, ressalvadas as melhorias posteriores que não alterem o fundamento legal do ato concessório;

► Súm. Vinc. nº 3 do STF.

IV – realizar, por iniciativa própria, da Câmara dos Deputados, do Senado Federal, de Comissão técnica ou de inquérito, inspeções e auditorias de natureza contábil, financeira, orçamentária, operacional e patrimonial, nas unidades administrativas dos Poderes Legislativo, Executivo e Judiciário, e demais entidades referidas no inciso II;

V – fiscalizar as contas nacionais das empresas supranacionais de cujo capital social a União participe, de forma direta ou indireta, nos termos do tratado constitutivo;

VI – fiscalizar a aplicação de quaisquer recursos repassados pela União mediante convênio, acordo, ajuste ou outros instrumentos congêneres, a Estado, ao Distrito Federal ou a Município;

VII – prestar as informações solicitadas pelo Congresso Nacional, por qualquer de suas Casas, ou por qualquer das respectivas Comissões, sobre a fiscalização contábil, financeira, orçamentária, operacional e patrimonial e sobre resultados de auditorias e inspeções realizadas;

VIII – aplicar aos responsáveis, em caso de ilegalidade de despesa ou irregularidade de contas, as sanções previstas em lei, que estabelecerá, entre outras cominações, multa proporcional ao dano causado ao erário;

IX – assinar prazo para que o órgão ou entidade adote as providências necessárias ao exato cumprimento da lei, se verificada ilegalidade;

X – sustar, se não atendido, a execução do ato impugnado, comunicando a decisão à Câmara dos Deputados e ao Senado Federal;

XI – representar ao Poder competente sobre irregularidades ou abusos apurados.

§ 1º No caso de contrato, o ato de sustação será adotado diretamente pelo Congresso Nacional, que solicitará, de imediato, ao Poder Executivo as medidas cabíveis.

§ 2º Se o Congresso Nacional ou o Poder Executivo, no prazo de noventa dias, não efetivar as medidas previstas no parágrafo anterior, o Tribunal decidirá a respeito.

§ 3º As decisões do Tribunal de que resulte imputação de débito ou multa terão eficácia de título executivo.

§ 4º O Tribunal encaminhará ao Congresso Nacional, trimestral e anualmente, relatório de suas atividades.

Art. 72. A Comissão mista permanente a que se refere o artigo 166, § 1º, diante de indícios de despesas não autorizadas, ainda que sob a forma de investimentos não programados ou de subsídios não aprovados, poderá solicitar à autoridade governamental responsável que, no prazo de cinco dias, preste os esclarecimentos necessários.

- ► Art. 16, § 2º, do ADCT.

§ 1º Não prestados os esclarecimentos, ou considerados estes insuficientes, a Comissão solicitará ao Tribunal pronunciamento conclusivo sobre a matéria, no prazo de trinta dias.

§ 2º Entendendo o Tribunal irregular a despesa, a Comissão, se julgar que o gasto possa causar dano irreparável ou grave lesão à economia pública, proporá ao Congresso Nacional sua sustação.

Art. 73. O Tribunal de Contas da União, integrado por nove Ministros, tem sede no Distrito Federal, quadro próprio de pessoal e jurisdição em todo o Território Nacional, exercendo, no que couber, as atribuições previstas no artigo 96.

- ► Art. 84, XV, desta Constituição.
- ► Lei nº 8.443, de 16-7-1992, dispõe sobre a Lei Orgânica do Tribunal de Contas da União –TCU.

§ 1º Os Ministros do Tribunal de Contas da União serão nomeados dentre brasileiros que satisfaçam os seguintes requisitos:

I – mais de trinta e cinco e menos de setenta anos de idade;

- ► Inciso I com a redação dada pela EC nº 122, de 17-5-2022.

II – idoneidade moral e reputação ilibada;

III – notórios conhecimentos jurídicos, contábeis, econômicos e financeiros ou de administração pública;

IV – mais de dez anos de exercício de função ou de efetiva atividade profissional que exija os conhecimentos mencionados no inciso anterior.

- ► Dec. Legislativo nº 6, de 22-4-1993, dispõe sobre a escolha de Ministro do Tribunal de Contas da União.

§ 2º Os Ministros do Tribunal de Contas da União serão escolhidos:

- ► Súm. nº 653 do STF.

I – um terço pelo Presidente da República, com aprovação do Senado Federal, sendo dois alternadamente dentre auditores e membros do Ministério Público junto ao Tribunal, indicados em lista tríplice pelo Tribunal, segundo os critérios de antiguidade e merecimento;

II – dois terços pelo Congresso Nacional.

- ► Dec. Legislativo nº 6, de 22-4-1993, dispõe sobre a escolha de Ministro do Tribunal de Contas da União.

§ 3º Os Ministros do Tribunal de Contas da União terão as mesmas garantias, prerrogativas, impedimentos, vencimentos e vantagens dos Ministros do Superior Tribunal de Justiça, aplicando-se-lhes, quanto à aposentadoria e pensão, as normas constantes do art. 40.

- ► § 3º com a redação dada pela EC nº 20, de 15-12-1998.

§ 4º O auditor, quando em substituição a Ministro, terá as mesmas garantias e impedimentos do titular e, quando no exercício das demais atribuições da judicatura, as de juiz de Tribunal Regional Federal.

Art. 74. Os Poderes Legislativo, Executivo e Judiciário manterão, de forma integrada, sistema de controle interno com a finalidade de:

I – avaliar o cumprimento das metas previstas no plano plurianual, a execução dos programas de governo e dos orçamentos da União;

II – comprovar a legalidade e avaliar os resultados, quanto à eficácia e eficiência, da gestão orçamentária, financeira e patrimonial nos órgãos e entidades da administração federal, bem como da aplicação de recursos públicos por entidades de direito privado;

III – exercer o controle das operações de crédito, avais e garantias, bem como dos direitos e haveres da União;

IV – apoiar o controle externo no exercício de sua missão institucional.

§ 1º Os responsáveis pelo controle interno, ao tomarem conhecimento de qualquer irregularidade ou ilegalidade, dela darão ciência ao Tribunal de Contas da União, sob pena de responsabilidade solidária.

§ 2º Qualquer cidadão, partido político, associação ou sindicato é parte legítima para, na forma da lei, denunciar irregularidades ou ilegalidades perante o Tribunal de Contas da União.

- ► Arts. 1º, XVI, e 53, da Lei nº 8.443, de 16-7-1992, que dispõe sobre a Lei Orgânica do Tribunal de Contas da União – TCU.

Art. 75. As normas estabelecidas nesta seção aplicam-se, no que couber, à organização, composição e fiscalização dos Tribunais de Contas dos Estados e do Distrito Federal, bem como dos Tribunais e Conselhos de Contas dos Municípios.

► Súm. nº 653 do STF.

Parágrafo único. As Constituições estaduais disporão sobre os Tribunais de Contas respectivos, que serão integrados por sete Conselheiros.

CAPÍTULO II

DO PODER EXECUTIVO

SEÇÃO I

DO PRESIDENTE E DO VICE-PRESIDENTE DA REPÚBLICA

► Lei nº 13.844, de 18-6-2019, estabelece a organização básica dos órgãos da Presidência da República e dos Ministérios.

Art. 76. O Poder Executivo é exercido pelo Presidente da República, auxiliado pelos Ministros de Estado.

Art. 77. A eleição do Presidente e do Vice-Presidente da República realizar-se-á, simultaneamente, no primeiro domingo de outubro, em primeiro turno, e no último domingo de outubro, em segundo turno, se houver, do ano anterior ao do término do mandato presidencial vigente.

► *Caput* com a redação dada pela EC nº 16, de 4-6-1997.

► Arts. 28, 29, II, 32, § 2º, desta Constituição.

► Lei nº 9.504, de 30-9-1997 (Lei das Eleições).

§ 1º A eleição do Presidente da República importará a do Vice-Presidente com ele registrado.

§ 2º Será considerado eleito Presidente o candidato que, registrado por partido político, obtiver a maioria absoluta de votos, não computados os em branco e os nulos.

§ 3º Se nenhum candidato alcançar maioria absoluta na primeira votação, far-se-á nova eleição em até vinte dias após a proclamação do resultado, concorrendo os dois candidatos mais votados e considerando-se eleito aquele que obtiver a maioria dos votos válidos.

§ 4º Se, antes de realizado o segundo turno, ocorrer morte, desistência ou impedimento legal de candidato, convocar-se-á, dentre os remanescentes, o de maior votação.

§ 5º Se, na hipótese dos parágrafos anteriores, remanescer, em segundo lugar, mais de um candidato com a mesma votação, qualificar-se-á o mais idoso.

Art. 78. O Presidente e o Vice-Presidente da República tomarão posse em sessão do Congresso Nacional, prestando o compromisso de manter, defender e cumprir a Constituição, observar as leis, promover o bem geral do povo brasileiro, sustentar a união, a integridade e a independência do Brasil.

Parágrafo único. Se, decorridos dez dias da data fixada para a posse, o Presidente ou o Vice-Presidente, salvo motivo de força maior, não tiver assumido o cargo, este será declarado vago.

Art. 79. Substituirá o Presidente, no caso de impedimento, e suceder-lhe-á, no de vaga, o Vice-Presidente.

Parágrafo único. O Vice-Presidente da República, além de outras atribuições que lhe forem conferidas por lei complementar, auxiliará o Presidente, sempre que por ele convocado para missões especiais.

Art. 80. Em caso de impedimento do Presidente e do Vice-Presidente, ou vacância dos respectivos cargos, serão sucessivamente chamados ao exercício da Presidência o Presidente da Câmara dos Deputados, o do Senado Federal e o do Supremo Tribunal Federal.

Art. 81. Vagando os cargos de Presidente e Vice-Presidente da República, far-se-á eleição noventa dias depois de aberta a última vaga.

§ 1º Ocorrendo a vacância nos últimos dois anos do período presidencial, a eleição para ambos os cargos será feita trinta dias depois da última vaga, pelo Congresso Nacional, na forma da lei.

§ 2º Em qualquer dos casos, os eleitos deverão completar o período de seus antecessores.

Art. 82. O mandato do Presidente da República é de 4 (quatro) anos e terá início em 5 de janeiro do ano seguinte ao de sua eleição.

► Artigo com a redação dada pela EC nº 111, de 28-9-2021.

► Art. 5º da EC nº 111, de 28-9-2021, que estabelece que a alteração efetuada neste artigo será aplicada a partir das eleições de 2026.

Art. 83. O Presidente e o Vice-Presidente da República não poderão, sem licença do Congresso Nacional, ausentar-se do País por período superior a quinze dias, sob pena de perda do cargo.

Seção II

DAS ATRIBUIÇÕES DO PRESIDENTE DA REPÚBLICA

Art. 84. Compete privativamente ao Presidente da República:

▸ Arts. 55 a 57 do CPM.

▸ Arts. 466 a 480 do CPPM.

I – nomear e exonerar os Ministros de Estado;

II – exercer, com o auxílio dos Ministros de Estado, a direção superior da administração federal;

III – iniciar o processo legislativo, na forma e nos casos previstos nesta Constituição;

IV – sancionar, promulgar e fazer publicar as leis, bem como expedir decretos e regulamentos para sua fiel execução;

V – vetar projetos de lei, total ou parcialmente;

▸ Art. 66, §§ 1º a 7º, desta Constituição.

VI – dispor, mediante decreto, sobre:

▸ Art. 61, § 1º, II, *e*, desta Constituição.

a) organização e funcionamento da administração federal, quando não implicar aumento de despesa nem criação ou extinção de órgãos públicos;

b) extinção de funções ou cargos públicos, quando vagos;

▸ Inciso VI com a redação dada pela EC nº 32, de 11-9-2001.

▸ Art. 48, X, desta Constituição.

VII – manter relações com Estados estrangeiros e acreditar seus representantes diplomáticos;

VIII – celebrar tratados, convenções e atos internacionais, sujeitos a referendo do Congresso Nacional;

IX – decretar o estado de defesa e o estado de sítio;

X – decretar e executar a intervenção federal;

XI – remeter mensagem e plano de governo ao Congresso Nacional por ocasião da abertura da sessão legislativa, expondo a situação do País e solicitando as providências que julgar necessárias;

XII – conceder indulto e comutar penas, com audiência, se necessário, dos órgãos instituídos em lei;

▸ Dec. nº 1.860, de11-4-1996, concede indulto especial e condicional.

▸ Dec. nº 2.002, de 9-9-1996, concede indulto e comuta penas.

XIII – exercer o comando supremo das Forças Armadas, nomear os Comandantes da Marinha, do Exército e da Aeronáutica, promover seus oficiais-generais e nomeá-los para os cargos que lhes são privativos;

▸ Inciso XIII com a redação dada pela EC nº 23, de 2-9-1999.

▸ Art. 49, I, desta Constituição.

▸ LC nº 97, de 9-6-1999, dispõe sobre as normas gerais para a organização, o preparo e o emprego das Forças Armadas.

XIV – nomear, após aprovação pelo Senado Federal, os Ministros do Supremo Tribunal Federal e dos Tribunais Superiores, os Governadores de Territórios, o Procurador-Geral da República, o presidente e os diretores do Banco Central e outros servidores, quando determinado em lei;

XV – nomear, observado o disposto no artigo 73, os Ministros do Tribunal de Contas da União;

XVI – nomear os magistrados, nos casos previstos nesta Constituição, e o Advogado-Geral da União;

▸ Arts. 131 e 132 desta Constituição.

▸ Súm. nº 627 do STF.

XVII – nomear membros do Conselho da República, nos termos do artigo 89, VII;

XVIII – convocar e presidir o Conselho da República e o Conselho de Defesa Nacional;

XIX – declarar guerra, no caso de agressão estrangeira, autorizado pelo Congresso Nacional ou referendado por ele, quando ocorrida no intervalo das sessões legislativas, e, nas mesmas condições, decretar, total ou parcialmente, a mobilização nacional;

▸ Art. 5º, XLVII, *a*, desta Constituição.

▸ Dec. nº 7.294, de 6-9-2010, dispõe sobre a Política de Mobilização Nacional.

XX – celebrar a paz, autorizado ou com o referendo do Congresso Nacional;

XXI – conferir condecorações e distinções honoríficas;

XXII – permitir, nos casos previstos em lei complementar, que forças estrangeiras transitem pelo Território Nacional ou nele permaneçam temporariamente;

▸ LC nº 90, de 1º-10-1997, regulamenta este inciso e determina os casos em que forças estrangeiras possam transitar pelo território nacional ou nele permanecer temporariamente.

XXIII – enviar ao Congresso Nacional o plano plurianual, o projeto de lei de diretrizes orçamentárias e as propostas de orçamento previstos nesta Constituição;

XXIV – prestar anualmente, ao Congresso Nacional, dentro de sessenta dias após a abertura da sessão legislativa, as contas referentes ao exercício anterior;

XXV – prover e extinguir os cargos públicos federais, na forma da lei;

XXVI – editar medidas provisórias com força de lei, nos termos do artigo 62;

XXVII – exercer outras atribuições previstas nesta Constituição;

XXVIII – propor ao Congresso Nacional a decretação do estado de calamidade pública de âmbito nacional previsto nos arts. 167-B, 167-C, 167-D, 167-E, 167-F e 167-G desta Constituição.

▸ Inciso XXVIII acrescido pela EC nº 109, de 15-3-2021.

Parágrafo único. O Presidente da República poderá delegar as atribuições mencionadas nos incisos VI, XII e XXV, primeira parte, aos Ministros de Estado, ao Procurador-Geral da República ou ao Advogado-Geral da União, que observarão os limites traçados nas respectivas delegações.

Seção III

DA RESPONSABILIDADE DO PRESIDENTE DA REPÚBLICA

Art. 85. São crimes de responsabilidade os atos do Presidente da República que atentem contra a Constituição Federal e, especialmente, contra:

▸ Lei nº 1.079, de 10-4-1950 (Lei dos Crimes de Responsabilidade).

▸ Lei nº 8.429, de 2-6-1992 (Lei da Improbidade Administrativa).

I – a existência da União;

II – o livre exercício do Poder Legislativo, do Poder Judiciário, do Ministério Público e dos Poderes Constitucionais das Unidades da Federação;

III – o exercício dos direitos políticos, individuais e sociais;

IV – a segurança interna do País;

▸ LC nº 90, de 1º-10-1997, determina os casos em que forças estrangeiras possam transitar pelo território nacional ou nele permanecer temporariamente.

V – a probidade na administração;

▸ Art. 37, § 4º, desta Constituição.

VI – a lei orçamentária;

VII – o cumprimento das leis e das decisões judiciais.

Parágrafo único. Estes crimes serão definidos em lei especial, que estabelecerá as normas de processo e julgamento.

▸ Lei nº 1.079, de 10-4-1950 (Lei dos Crimes de Responsabilidade).

▸ Súm. nº 722 do STF.

Art. 86. Admitida a acusação contra o Presidente da República, por dois terços da Câmara dos Deputados, será ele submetido a julgamento perante o Supremo Tribunal Federal, nas infrações penais comuns, ou perante o Senado Federal, nos crimes de responsabilidade.

§ 1º O Presidente ficará suspenso de suas funções:

I – nas infrações penais comuns, se recebida a denúncia ou queixa-crime pelo Supremo Tribunal Federal;

II – nos crimes de responsabilidade, após a instauração do processo pelo Senado Federal.

§ 2º Se, decorrido o prazo de cento e oitenta dias, o julgamento não estiver concluído, cessará o afastamento do Presidente, sem prejuízo do regular prosseguimento do processo.

§ 3º Enquanto não sobrevier sentença condenatória, nas infrações comuns, o Presidente da República não estará sujeito à prisão.

§ 4º O Presidente da República, na vigência de seu mandato, não pode ser responsabilizado por atos estranhos ao exercício de suas funções.

Seção IV

DOS MINISTROS DE ESTADO

▸ Lei nº 13.844, de 18-6-2019, estabelece a organização básica dos órgãos da Presidência da República e dos Ministérios.

Art. 87. Os Ministros de Estado serão escolhidos dentre brasileiros maiores de vinte e um anos e no exercício dos direitos políticos.

Parágrafo único. Compete ao Ministro de Estado, além de outras atribuições estabelecidas nesta Constituição e na lei:

I – exercer a orientação, coordenação e supervisão dos órgãos e entidades da administração federal na área de sua competência e referendar os atos e decretos assinados pelo Presidente da República;

II – expedir instruções para a execução das leis, decretos e regulamentos;

III – apresentar ao Presidente da República relatório anual de sua gestão no Ministério;

IV – praticar os atos pertinentes às atribuições que lhe forem outorgadas ou delegadas pelo Presidente da República.

Art. 88. A lei disporá sobre a criação e extinção de Ministérios e órgãos da administração pública.

▶ Artigo com a redação dada pela EC nº 32, de 11-9-2001.

Seção V
DO CONSELHO DA REPÚBLICA E DO CONSELHO DE DEFESA NACIONAL

Subseção I
DO CONSELHO DA REPÚBLICA

▶ Lei nº 8.041, de 5-6-1990, dispõe sobre a organização e o funcionamento do Conselho da República.

▶ Lei nº 13.844, de 18-6-2019, estabelece a organização básica dos órgãos da Presidência da República e dos Ministérios.

Art. 89. O Conselho da República é órgão superior de consulta do Presidente da República, e dele participam:

▶ Lei nº 8.041, de 5-6-1990, dispõe sobre a organização e o funcionamento do Conselho da República.

I – o Vice-Presidente da República;

II – o Presidente da Câmara dos Deputados;

III – o Presidente do Senado Federal;

IV – os líderes da maioria e da minoria na Câmara dos Deputados;

V – os líderes da maioria e da minoria no Senado Federal;

VI – o Ministro da Justiça;

VII – seis cidadãos brasileiros natos, com mais de trinta e cinco anos de idade, sendo dois nomeados pelo Presidente da República, dois eleitos pelo Senado Federal e dois eleitos pela Câmara dos Deputados, todos com mandato de três anos, vedada a recondução.

▶ Arts. 51, V, 52, XIV, e 84, XVII, desta Constituição.

Art. 90. Compete ao Conselho da República pronunciar-se sobre:

I – intervenção federal, estado de defesa e estado de sítio;

II – as questões relevantes para a estabilidade das instituições democráticas.

§ 1º O Presidente da República poderá convocar Ministro de Estado para participar da reunião do Conselho, quando constar da pauta questão relacionada com o respectivo Ministério.

§ 2º A lei regulará a organização e o funcionamento do Conselho da República.

▶ Lei nº 8.041, de 5-6-1990, dispõe sobre a organização e o funcionamento do Conselho da República.

Subseção II
DO CONSELHO DE DEFESA NACIONAL

▶ Lei nº 8.183, de 11-4-1991, dispõe sobre a organização e o funcionamento do Conselho de Defesa Nacional.

▶ Dec. nº 893, de 12-8-1993, aprova o regulamento do Conselho de Defesa Nacional.

▶ Lei nº 13.844, de 18-6-2019, estabelece a organização básica dos órgãos da Presidência da República e dos Ministérios.

Art. 91. O Conselho de Defesa Nacional é órgão de consulta do Presidente da República nos assuntos relacionados com a soberania nacional e a defesa do Estado democrático, e dele participam como membros natos:

▶ Lei nº 8.183, de 11-4-1991, dispõe sobre a organização e funcionamento do Conselho de Defesa Nacional.

▶ Dec. nº 893, de 12-8-1993, aprova o regulamento do Conselho de Defesa Nacional.

I – o Vice-Presidente da República;

II – o Presidente da Câmara dos Deputados;

III – o Presidente do Senado Federal;

IV – o Ministro da Justiça;

V – o Ministro de Estado da Defesa;

▶ Inciso V com a redação dada pela EC nº 23, de 2-9-1999.

VI – o Ministro das Relações Exteriores;

VII – o Ministro do Planejamento;

VIII – os Comandantes da Marinha, do Exército e da Aeronáutica.

▶ Inciso VIII acrescido pela EC nº 23, de 2-9-1999.

§ 1º Compete ao Conselho de Defesa Nacional:

I – opinar nas hipóteses de declaração de guerra e de celebração da paz, nos termos desta Constituição;

II – opinar sobre a decretação do estado de defesa, do estado de sítio e da intervenção federal;

III – propor os critérios e condições de utilização de áreas indispensáveis à segurança do território nacional e opinar sobre seu efetivo uso, especialmente na faixa de fronteira e nas relacionadas com a preservação e a exploração dos recursos naturais de qualquer tipo;

IV – estudar, propor e acompanhar o desenvolvimento de iniciativas necessárias a garantir a independência nacional e a defesa do Estado democrático.

§ 2º A lei regulará a organização e o funcionamento do Conselho de Defesa Nacional.

► Lei nº 8.183, de 11-4-1991, dispõe sobre a organização e o funcionamento do Conselho de Defesa Nacional.

► Dec. nº 893, de 12-8-1993, aprova o Regulamento do Conselho de Defesa Nacional.

Capítulo III

DO PODER JUDICIÁRIO

Seção I

DISPOSIÇÕES GERAIS

Art. 92. São órgãos do Poder Judiciário:

I – o Supremo Tribunal Federal;

I-A – O Conselho Nacional de Justiça;

► Inciso I-A acrescido pela EC nº 45, de 8-12-2004.

► Art. 103-B desta Constituição.

► Art. 5º da EC nº 45, de 8-12-2004 (Reforma do Judiciário).

► O STF, ao julgar a ADIN nº 3.367, considerou constitucional a criação do CNJ, como órgão interno de controle administrativo, financeiro e disciplinar da magistratura, inovação trazida com a EC nº 45, de 8-12-2004.

II – o Superior Tribunal de Justiça;

II-A – o Tribunal Superior do Trabalho;

► Inciso II-A acrescido pela EC nº 92, de 12-7-2016.

III – os Tribunais Regionais Federais e Juízes Federais;

IV – os Tribunais e Juízes do Trabalho;

V – os Tribunais e Juízes Eleitorais;

VI – os Tribunais e Juízes Militares;

VII – os Tribunais e Juízes dos Estados e do Distrito Federal e Territórios.

§ 1º O Supremo Tribunal Federal, o Conselho Nacional de Justiça e os Tribunais Superiores têm sede na Capital Federal.

► Art. 103-B desta Constituição.

§ 2º O Supremo Tribunal Federal e os Tribunais Superiores têm jurisdição em todo o território nacional.

► §§ 1º e 2º acrescidos pela EC nº 45, de 8-12-2004.

Art. 93. Lei complementar, de iniciativa do Supremo Tribunal Federal, disporá sobre o Estatuto da Magistratura, observados os seguintes princípios:

► LC nº 35, de 14-3-1979 (Lei Orgânica da Magistratura Nacional).

► Lei nº 5.621, de 4-11-1970, dispõe sobre organização e divisão judiciária.

I – ingresso na carreira, cujo cargo inicial será o de juiz substituto, mediante concurso público de provas e títulos, com a participação da Ordem dos Advogados do Brasil em todas as fases, exigindo-se do bacharel em direito, no mínimo, três anos de atividade jurídica e obedecendo-se, nas nomeações, à ordem de classificação;

► Inciso I com a redação dada pela EC nº 45, de 8-12-2004.

II – promoção de entrância para entrância, alternadamente, por antiguidade e merecimento, atendidas as seguintes normas:

a) é obrigatória a promoção do juiz que figure por três vezes consecutivas ou cinco alternadas em lista de merecimento;

b) a promoção por merecimento pressupõe dois anos de exercício na respectiva entrância e integrar o juiz a primeira quinta parte da lista de antiguidade desta, salvo se não houver com tais requisitos quem aceite o lugar vago;

c) aferição do merecimento conforme o desempenho e pelos critérios objetivos de produtividade e presteza no exercício da jurisdição e pela frequência e aproveitamento em cursos oficiais ou reconhecidos de aperfeiçoamento;

d) na apuração de antiguidade, o tribunal somente poderá recusar o juiz mais antigo pelo voto fundamentado de dois terços de seus membros, conforme procedimento próprio, e assegurada ampla defesa, repetindo-se a votação até fixar-se a indicação;

► Alíneas *c* e *d* com a redação dada pela EC nº 45, de 8-12-2004.

e) não será promovido o juiz que, injustificadamente, retiver autos em seu poder além do prazo legal, não podendo devolvê-los ao cartório sem o devido despacho ou decisão;

► Alínea *e* acrescida pela EC nº 45, de 8-12-2004.

III – o acesso aos tribunais de segundo grau far-se-á por antiguidade e merecimento, alternadamente, apurados na última ou única entrância;

IV – previsão de cursos oficiais de preparação, aperfeiçoamento e promoção de magistrados, constituindo etapa obrigatória do processo de vitaliciamento a participação em curso oficial ou reconhecido por escola nacional de formação e aperfeiçoamento de magistrados;

▸ Incisos III e IV com a redação dada pela EC nº 45, de 8-12-2004.

V – o subsídio dos Ministros dos Tribunais Superiores corresponderá a noventa e cinco por cento do subsídio mensal fixado para os Ministros do Supremo Tribunal Federal e os subsídios dos demais magistrados serão fixados em lei e escalonados, em nível federal e estadual, conforme as respectivas categorias da estrutura judiciária nacional, não podendo a diferença entre uma e outra ser superior a dez por cento ou inferior a cinco por cento, nem exceder a noventa e cinco por cento do subsídio mensal dos Ministros dos Tribunais Superiores, obedecido, em qualquer caso, o disposto nos artigos 37, XI, e 39, § 4º;

▸ Inciso V com a redação dada pela EC nº 19, de 4-6-1998.

▸ Lei nº 9.655, de 2-6-1998, altera o percentual de diferença entre a remuneração dos cargos de Ministros do Superior Tribunal de Justiça e dos Juízes da Justiça Federal de Primeiro e Segundo Graus.

VI – a aposentadoria dos magistrados e a pensão de seus dependentes observarão o disposto no artigo 40;

▸ Inciso VI com a redação dada pela EC nº 20, de 15-12-1998.

VII – o juiz titular residirá na respectiva comarca, salvo autorização do tribunal;

▸ Inciso VII com a redação dada pela EC nº 45, de 8-12-2004.

VIII – o ato de remoção ou de disponibilidade do magistrado, por interesse público, fundar-se-á em decisão por voto da maioria absoluta do respectivo tribunal ou do Conselho Nacional de Justiça, assegurada ampla defesa;

▸ Inciso VIII com a redação dada pela EC nº 103, de 12-11-2019.

▸ Arts. 95, II, e 103-B desta Constituição.

▸ Art. 5º da EC nº 45, de 8-12-2004 (Reforma do Judiciário).

VIII-A – a remoção a pedido de magistrados de comarca de igual entrância atenderá, no que couber, ao disposto nas alíneas a, b, c e e do inciso II do caput deste artigo e no art. 94 desta Constituição;

▸ Inciso VIII-A com a redação dada pela EC nº 130, de 3-10-2023.

VIII-B – a permuta de magistrados de comarca de igual entrância, quando for o caso, e dentro do mesmo segmento de justiça, inclusive entre os juízes de segundo grau, vinculados a diferentes tribunais, na esfera da justiça estadual, federal ou do trabalho, atenderá, no que couber, ao disposto nas alíneas a, b, c e e do inciso II do caput deste artigo e no art. 94 desta Constituição;

▸ Inciso VIII-B acrescido pela EC nº 130, de 3-10-2023.

IX – todos os julgamentos dos órgãos do Poder Judiciário serão públicos, e fundamentadas todas as decisões, sob pena de nulidade, podendo a lei limitar a presença, em determinados atos, às próprias partes e a seus advogados, ou somente a estes, em casos nos quais a preservação do direito à intimidade do interessado no sigilo não prejudique o interesse público à informação;

▸ Súm. nº 123 do STJ.

X – as decisões administrativas dos tribunais serão motivadas e em sessão pública, sendo as disciplinares tomadas pelo voto da maioria absoluta de seus membros;

XI – nos tribunais com número superior a vinte e cinco julgadores, poderá ser constituído órgão especial, com o mínimo de onze e o máximo de vinte e cinco membros, para o exercício das atribuições administrativas e jurisdicionais delegadas da competência do tribunal pleno, provendo-se metade das vagas por antiguidade e a outra metade por eleição pelo tribunal pleno;

▸ Incisos IX a XI com a redação dada pela EC nº 45, de 8-12-2004.

▸ Art. 926, § 2º, do CPC/2015.

XII – a atividade jurisdicional será ininterrupta, sendo vedado férias coletivas nos juízos e tribunais de segundo grau, funcionando, nos dias em que não houver expediente forense normal, juízes em plantão permanente;

▸ Art. 214 do CPC/2015.

XIII – o número de juízes na unidade jurisdicional será proporcional à efetiva demanda judicial e à respectiva população;

XIV – os servidores receberão delegação para a prática de atos de administração e atos de mero expediente sem caráter decisório;

XV – a distribuição de processos será imediata, em todos os graus de jurisdição.

▸ Incisos XII a XV acrescidos pela EC nº 45, de 8-12-2004.

Art. 94. Um quinto dos lugares dos Tribunais Regionais Federais, dos Tribunais dos Estados, e do Distrito Federal e Territórios será composto de membros, do Ministério Público, com mais de dez anos de carreira, e de advogados de notório saber jurídico e de reputação ilibada, com mais de dez anos de efetiva atividade profissional, indicados em lista sêxtupla pelos órgãos de representação das respectivas classes.

► Arts. 104, II, e 115, II, desta Constituição.

Parágrafo único. Recebidas as indicações, o Tribunal formará lista tríplice, enviando-a ao Poder Executivo, que, nos vinte dias subsequentes, escolherá um de seus integrantes para nomeação.

Art. 95. Os juízes gozam das seguintes garantias:

I – vitaliciedade, que, no primeiro grau, só será adquirida após dois anos de exercício, dependendo a perda do cargo, nesse período, de deliberação do Tribunal a que o juiz estiver vinculado, e, nos demais casos, de sentença judicial transitada em julgado;

► Súm. nº 36 do STF.

II – inamovibilidade, salvo por motivo de interesse público, na forma do artigo 93, VIII;

III – irredutibilidade de subsídio, ressalvado o disposto nos artigos 37, X e XI, 39, § 4º, 150, II, 153, III, e 153, § 2º, I.

► Inciso III com a redação dada pela EC nº 19, de 4-6-1998.

Parágrafo único. Aos juízes é vedado:

I – exercer, ainda que em disponibilidade, outro cargo ou função, salvo uma de magistério;

II – receber, a qualquer título ou pretexto, custas ou participação em processo;

III – dedicar-se à atividade político-partidária;

IV – receber, a qualquer título ou pretexto, auxílios ou contribuições de pessoas físicas, entidades públicas ou privadas, ressalvadas as exceções previstas em lei;

V – exercer a advocacia no juízo ou tribunal do qual se afastou, antes de decorridos três anos do afastamento do cargo por aposentadoria ou exoneração.

► Incisos IV e V acrescidos pela EC nº 45, de 8-12-2004.

► Art. 128, § 6º, desta Constituição.

Art. 96. Compete privativamente:

► Art. 4º da EC nº 45, de 8-12-2004.

I – aos Tribunais:

a) eleger seus órgãos diretivos e elaborar seus regimentos internos, com observância das normas de processo e das garantias processuais das partes, dispondo sobre a competência e o funcionamento dos respectivos órgãos jurisdicionais e administrativos;

b) organizar suas secretarias e serviços auxiliares e os dos juízos que lhes forem vinculados, velando pelo exercício da atividade correicional respectiva;

c) prover, na forma prevista nesta Constituição, os cargos de juiz de carreira da respectiva jurisdição;

d) propor a criação de novas varas judiciárias;

e) prover, por concurso público de provas, ou de provas e títulos, obedecido o disposto no artigo 169, parágrafo único, os cargos necessários à administração da Justiça, exceto os de confiança assim definidos em lei;

► De acordo com a alteração processada pela EC nº 19, de 4-6-1998, a referência passa a ser ao art. 169, § 1º.

f) conceder licença, férias e outros afastamentos a seus membros e aos juízes e servidores que lhes forem imediatamente vinculados;

II – ao Supremo Tribunal Federal, aos Tribunais Superiores e aos Tribunais de Justiça propor ao Poder Legislativo respectivo, observado o disposto no artigo 169:

a) a alteração do número de membros dos Tribunais inferiores;

b) a criação e a extinção de cargos e a remuneração dos seus serviços auxiliares e dos juízos que lhes forem vinculados, bem como a fixação do subsídio de seus membros e dos juízes, inclusive dos tribunais inferiores, onde houver;

► Alínea *b* com a redação dada pela EC nº 41, de 19-12-2003.

► Lei nº 11.416, de 15-12-2006, dispõe sobre as carreiras dos servidores do Poder Judiciário da União.

c) a criação ou extinção dos Tribunais inferiores;

d) a alteração da organização e da divisão judiciárias;

III – aos Tribunais de Justiça julgar os juízes estaduais e do Distrito Federal e Territórios, bem como os membros do Ministério Público, nos crimes comuns e de responsabilidade, ressalvada a competência da Justiça Eleitoral.

Art. 97. Somente pelo voto da maioria absoluta de seus membros ou dos membros do respectivo órgão especial poderão os Tribunais declarar a inconstitucionalidade de lei ou ato normativo do Poder Público.

▶ Súm. Vinc. nº 10 do STF.

Art. 98. A União, no Distrito Federal e nos Territórios, e os Estados criarão:

I – juizados especiais, providos por juízes togados, ou togados e leigos, competentes para a conciliação, o julgamento e a execução de causas cíveis de menor complexidade e infrações penais de menor potencial ofensivo, mediante os procedimentos oral e sumaríssimo, permitidos, nas hipóteses previstas em lei, a transação e o julgamento de recursos por turmas de juízes de primeiro grau;

▶ Lei nº 9.099, de 26-9-1995 (Lei dos Juizados Especiais).

▶ Lei nº 10.259, de 12-7-2001 (Lei dos Juizados Especiais Federais).

▶ Lei nº 12.153, de 22-12-2009 (Lei dos Juizados Especiais da Fazenda Pública).

▶ Súmulas Vinculantes nºs 27 e 35 do STF.

▶ Súm. nº 376 do STJ.

II – justiça de paz, remunerada, composta de cidadãos eleitos pelo voto direto, universal e secreto, com mandato de quatro anos e competência para, na forma da lei, celebrar casamentos, verificar, de ofício ou em face de impugnação apresentada, o processo de habilitação e exercer atribuições conciliatórias, sem caráter jurisdicional, além de outras previstas na legislação.

▶ Art. 30 do ADCT.

§ 1º Lei federal disporá sobre a criação de juizados especiais no âmbito da Justiça Federal.

▶ Antigo parágrafo único renumerado para § 1º pela EC nº 45, de 8-12-2004.

▶ Lei nº 10.259, de 12-7-2001 (Lei dos Juizados Especiais Federais).

▶ Súm. nº 428 do STJ.

§ 2º As custas e emolumentos serão destinados exclusivamente ao custeio dos serviços afetos às atividades específicas da Justiça.

▶ § 2º acrescido pela EC nº 45, de 8-12-2004.

Art. 99. Ao Poder Judiciário é assegurada autonomia administrativa e financeira.

§ 1º Os Tribunais elaborarão suas propostas orçamentárias dentro dos limites estipulados conjuntamente com os demais Poderes na lei de diretrizes orçamentárias.

▶ Art. 134, § 2º, desta Constituição.

▶ Art. 107, § 2º, do ADCT.

§ 2º O encaminhamento da proposta, ouvidos os outros Tribunais interessados, compete:

▶ Art. 134, § 2º, desta Constituição.

I – no âmbito da União, aos Presidentes do Supremo Tribunal Federal e dos Tribunais Superiores, com a aprovação dos respectivos Tribunais;

II – no âmbito dos Estados e no do Distrito Federal e Territórios, aos Presidentes dos Tribunais de Justiça, com a aprovação dos respectivos Tribunais.

§ 3º Se os órgãos referidos no § 2º não encaminharem as respectivas propostas orçamentárias dentro do prazo estabelecido na lei de diretrizes orçamentárias, o Poder Executivo considerará, para fins de consolidação da proposta orçamentária anual, os valores aprovados na lei orçamentária vigente, ajustados de acordo com os limites estipulados na forma do § 1º deste artigo.

§ 4º Se as propostas orçamentárias de que trata este artigo forem encaminhadas em desacordo com os limites estipulados na forma do § 1º, o Poder Executivo procederá aos ajustes necessários para fins de consolidação da proposta orçamentária anual.

§ 5º Durante a execução orçamentária do exercício, não poderá haver a realização de despesas ou a assunção de obrigações que extrapolem os limites estabelecidos na lei de diretrizes orçamentárias, exceto se previamente autorizadas, mediante a abertura de créditos suplementares ou especiais.

▶ §§ 3º a 5º acrescidos pela EC nº 45, de 8-12-2004.

Art. 100. Os pagamentos devidos pelas Fazendas Públicas Federal, Estaduais, Distrital e Municipais, em virtude de sentença judiciária, far-se-ão exclusivamente na ordem cronológica de apresentação dos precatórios e à conta dos créditos respectivos, proibida a designação de casos ou de pessoas nas dotações orçamentárias e nos créditos adicionais abertos para este fim.

▶ *Caput* com a redação dada pela EC nº 62, de 9-12-2009.

▶ Arts. 33, 78, 86, 87 e 97 do ADCT.

▶ Art. 4º da EC nº 62, de 9-12-2009.

- Art. 6º da Lei nº 9.469, de 10-7-1997, que regula os pagamentos devidos pela Fazenda Pública em virtude de sentença judiciária.
- Res. do CNJ nº 303, de 18-12-2019, dispõe sobre a gestão dos precatórios e respectivos procedimentos operacionais no âmbito do Poder Judiciário.
- Súmulas nºs 655 e 729 do STF.
- Súmulas nºs 144 e 339 do STJ.
- Orientações Jurisprudenciais do Tribunal Pleno nºs 12 e 13 do TST.

§ 1º Os débitos de natureza alimentícia compreendem aqueles decorrentes de salários, vencimentos, proventos, pensões e suas complementações, benefícios previdenciários e indenizações por morte ou por invalidez, fundadas em responsabilidade civil, em virtude de sentença judicial transitada em julgado, e serão pagos com preferência sobre todos os demais débitos, exceto sobre aqueles referidos no § 2º deste artigo.

- § 1º com a redação dada pela EC nº 62, de 9-12-2009.
- Súm. Vinc. nº 47 do STF.

§ 2º Os débitos de natureza alimentícia cujos titulares, originários ou por sucessão hereditária, tenham 60 (sessenta) anos de idade, ou sejam portadores de doença grave, ou pessoas com deficiência, assim definidos na forma da lei, serão pagos com preferência sobre todos os demais débitos, até o valor equivalente ao triplo fixado em lei para os fins do disposto no § 3º deste artigo, admitido o fracionamento para essa finalidade, sendo que o restante será pago na ordem cronológica de apresentação do precatório.

- § 2º com a redação dada pela EC nº 94, de 15-12-2016.
- Art. 102 do ADCT.

§ 3º O disposto no *caput* deste artigo relativamente à expedição de precatórios não se aplica aos pagamentos de obrigações definidas em leis como de pequeno valor que as Fazendas referidas devam fazer em virtude de sentença judicial transitada em julgado.

- Art. 87 do ADCT.
- Lei nº 10.099, de 19-12-2000, regulamenta este parágrafo.
- Art. 17, § 1º, da Lei nº 10.259, de 12-7-2001 (Lei dos Juizados Especiais Federais).
- Art. 13 da Lei nº 12.153, de 22-12-2009 (Lei dos Juizados Especiais da Fazenda Pública).

§ 4º Para os fins do disposto no § 3º, poderão ser fixados, por leis próprias, valores distintos às entidades de direito público, segundo as diferentes capacidades econômicas, sendo o mínimo igual ao valor do maior benefício do regime geral de previdência social.

- §§ 3º e 4º com a redação dada pela EC nº 62, de 9-12-2009.
- Art. 97, § 12, do ADCT.
- Orientações Jurisprudenciais nºs 1 e 9 do Tribunal Pleno do TST.

§ 5º É obrigatória a inclusão no orçamento das entidades de direito público de verba necessária ao pagamento de seus débitos oriundos de sentenças transitadas em julgado constantes de precatórios judiciários apresentados até 2 de abril, fazendo-se o pagamento até o final do exercício seguinte, quando terão seus valores atualizados monetariamente.

- § 5º com a redação dada pela EC nº 114, de 16-12-2021.
- Súm. Vinc. nº 17 do STF.

§ 6º As dotações orçamentárias e os créditos abertos serão consignados diretamente ao Poder Judiciário, cabendo ao Presidente do Tribunal que proferir a decisão exequenda determinar o pagamento integral e autorizar, a requerimento do credor e exclusivamente para os casos de preterimento de seu direito de precedência ou de não alocação orçamentária do valor necessário à satisfação do seu débito, o sequestro da quantia respectiva.

- § 6º com a redação dada pela EC nº 62, de 9-12-2009.
- Súm. nº 733 do STF.

§ 7º O Presidente do Tribunal competente que, por ato comissivo ou omissivo, retardar ou tentar frustrar a liquidação regular de precatórios incorrerá em crime de responsabilidade e responderá, também, perante o Conselho Nacional de Justiça.

- Lei nº 1.079, de 10-4-1950 (Lei dos Crimes de Responsabilidade).

§ 8º É vedada a expedição de precatórios complementares ou suplementares de valor pago, bem como o fracionamento, repartição ou quebra do valor da execução para fins de enquadramento de parcela do total ao que dispõe o § 3º deste artigo.

- §§ 7º e 8º acrescidos pela EC nº 62, de 9-12-2009.
- Art. 87 do ADCT.

§ 9º Sem que haja interrupção no pagamento do precatório e mediante comunicação da Fazenda

Pública ao Tribunal, o valor correspondente aos eventuais débitos inscritos em dívida ativa contra o credor do requisitório e seus substituídos deverá ser depositado à conta do juízo responsável pela ação de cobrança, que decidirá pelo seu destino definitivo.

▶ § 9º com a redação dada pela EC nº 113, de 8-12-2021.

§ 10. Antes da expedição dos precatórios, o Tribunal solicitará à Fazenda Pública devedora, para resposta em até 30 (trinta) dias, sob pena de perda do direito de abatimento, informação sobre os débitos que preencham as condições estabelecidas no § 9º, para os fins nele previstos.

▶ § 10 acrescido pela EC nº 62, de 9-12-2009.

▶ Orient. Norm. do CJF nº 4, de 8-6-2010, estabelece regra de transição para os procedimentos de compensação previstos neste inciso.

▶ O STF, por maioria dos votos, julgou parcialmente procedente a ADIN nº 4.425, para declarar a inconstitucionalidade deste parágrafo (*DOU* de 8-3-2021).

§ 11. É facultada ao credor, conforme estabelecido em lei do ente federativo devedor, com autoaplicabilidade para a União, a oferta de créditos líquidos e certos que originalmente lhe são próprios ou adquiridos de terceiros reconhecidos pelo ente federativo ou por decisão judicial transitada em julgado para:

▶ *Caput* do § 11 com a redação dada pela EC nº 113, de 8-12-2021.

I – quitação de débitos parcelados ou débitos inscritos em dívida ativa do ente federativo devedor, inclusive em transação resolutiva de litígio, e, subsidiariamente, débitos com a administração autárquica e fundacional do mesmo ente;

II – compra de imóveis públicos de propriedade do mesmo ente disponibilizados para venda;

III – pagamento de outorga de delegações de serviços públicos e demais espécies de concessão negocial promovidas pelo mesmo ente;

IV – aquisição, inclusive minoritária, de participação societária, disponibilizada para venda, do respectivo ente federativo; ou

V – compra de direitos, disponibilizados para cessão, do respectivo ente federativo, inclusive, no caso da União, da antecipação de valores a serem recebidos a título do excedente em óleo em contratos de partilha de petróleo.

▶ Incisos I a V acrescidos pela EC nº 113, de 8-12-2021.

▶ Dec. nº 11.249, de 9-11-2022, dispõe sobre o procedimento de oferta de créditos líquidos e certos decorrentes de decisão judicial transitada em julgado, nos termos do disposto neste parágrafo.

§ 12. A partir da promulgação desta Emenda Constitucional, a atualização de valores de requisitórios, após sua expedição, até o efetivo pagamento, independentemente de sua natureza, será feita pelo índice oficial de remuneração básica da caderneta de poupança, e, para fins de compensação da mora, incidirão juros simples no mesmo percentual de juros incidentes sobre a caderneta de poupança, ficando excluída a incidência de juros compensatórios.

▶ OJ do Tribunal Pleno nº 7 do TST.

▶ OJ da SBDI-I nº 382 do TST.

▶ O STF, por maioria dos votos, julgou parcialmente procedente a ADIN nº 4.425 para declarar a inconstitucionalidade parcial sem redução da expressão "independentemente de sua natureza", contida neste parágrafo, para determinar que, quanto aos precatórios de natureza tributária, sejam aplicados os mesmos juros de mora incidentes sobre todo e qualquer crédito tributário (*DOU* de 8-3-2021).

§ 13. O credor poderá ceder, total ou parcialmente, seus créditos em precatórios a terceiros, independentemente da concordância do devedor, não se aplicando ao cessionário o disposto nos §§ 2º e 3º.

▶ §§ 12 e 13 acrescidos pela EC nº 62, de 9-12-2009.

▶ Art. 5º da EC nº 62, de 9-12-2009, que convalida todas as cessões de precatórios efetuadas antes da sua promulgação, independentemente da concordância da entidade devedora.

▶ Arts. 286 a 298 do CC.

§ 14. A cessão de precatórios, observado o disposto no § 9º deste artigo, somente produzirá efeitos após comunicação, por meio de petição protocolizada, ao Tribunal de origem e ao ente federativo devedor.

▶ § 14 com a redação dada pela EC nº 113, de 8-12-2021.

§ 15. Sem prejuízo do disposto neste artigo, lei complementar a esta Constituição Federal poderá estabelecer regime especial para pagamento de crédito de precatórios de Estados, Distrito Federal e Municípios, dispondo sobre vinculações à receita corrente líquida e forma e prazo de liquidação.

► O STF, por maioria dos votos, julgou parcialmente procedente a ADIN nº 4.425, para declarar a inconstitucionalidade deste parágrafo.

► Art. 97, *caput*, do ADCT.

§ 16. A seu critério exclusivo e na forma de lei, a União poderá assumir débitos, oriundos de precatórios, de Estados, Distrito Federal e Municípios, refinanciando-os diretamente.

► §§ 15 e 16 acrescidos pela EC nº 62, de 9-12-2009.

§ 17. A União, os Estados, o Distrito Federal e os Municípios aferirão mensalmente, em base anual, o comprometimento de suas respectivas receitas correntes líquidas com o pagamento de precatórios e obrigações de pequeno valor.

§ 18. Entende-se como receita corrente líquida, para os fins de que trata o § 17, o somatório das receitas tributárias, patrimoniais, industriais, agropecuárias, de contribuições e de serviços, de transferências correntes e outras receitas correntes, incluindo as oriundas do § 1º do art. 20 da Constituição Federal, verificado no período compreendido pelo segundo mês imediatamente anterior ao de referência e os 11 (onze) meses precedentes, excluídas as duplicidades, e deduzidas:

I – na União, as parcelas entregues aos Estados, ao Distrito Federal e aos Municípios por determinação constitucional;

II – nos Estados, as parcelas entregues aos Municípios por determinação constitucional;

III – na União, nos Estados, no Distrito Federal e nos Municípios, a contribuição dos servidores para custeio de seu sistema de previdência e assistência social e as receitas provenientes da compensação financeira referida no § 9º do art. 201 da Constituição Federal.

§ 19. Caso o montante total de débitos decorrentes de condenações judiciais em precatórios e obrigações de pequeno valor, em período de 12 (doze) meses, ultrapasse a média do comprometimento percentual da receita corrente líquida nos 5 (cinco) anos imediatamente anteriores, a parcela que exceder esse percentual poderá ser financiada, excetuada dos limites de endividamento de que tratam os incisos VI e VII do art. 52 da Constituição Federal e de quaisquer outros limites de endividamento previstos, não se aplicando a esse financiamento a vedação de vinculação de receita prevista no inciso IV do art. 167 da Constituição Federal.

§ 20. Caso haja precatório com valor superior a 15% (quinze por cento) do montante dos precatórios apresentados nos termos do § 5º deste artigo, 15% (quinze por cento) do valor deste precatório serão pagos até o final do exercício seguinte e o restante em parcelas iguais nos cinco exercícios subsequentes, acrescidas de juros de mora e correção monetária, ou mediante acordos diretos, perante Juízos Auxiliares de Conciliação de Precatórios, com redução máxima de 40% (quarenta por cento) do valor do crédito atualizado, desde que em relação ao crédito não penda recurso ou defesa judicial e que sejam observados os requisitos definidos na regulamentação editada pelo ente federado.

► §§ 17 a 20 acrescidos pela EC nº 94, de 15-12-2016.

§ 21. Ficam a União e os demais entes federativos, nos montantes que lhes são próprios, desde que aceito por ambas as partes, autorizados a utilizar valores objeto de sentenças transitadas em julgado devidos a pessoa jurídica de direito público para amortizar dívidas, vencidas ou vincendas:

I – nos contratos de refinanciamento cujos créditos sejam detidos pelo ente federativo que figure como devedor na sentença de que trata o *caput* deste artigo;

II – nos contratos em que houve prestação de garantia a outro ente federativo;

III – nos parcelamentos de tributos ou de contribuições sociais; e

IV – nas obrigações decorrentes do descumprimento de prestação de contas ou de desvio de recursos.

§ 22. A amortização de que trata o § 21 deste artigo:

I – nas obrigações vencidas, será imputada primeiramente às parcelas mais antigas;

II – nas obrigações vincendas, reduzirá uniformemente o valor de cada parcela devida, mantida a duração original do respectivo contrato ou parcelamento.

► §§ 21 e 22 acrescidos pela EC nº 113, de 8-12-2021.

Seção II

DO SUPREMO TRIBUNAL FEDERAL

Art. 101. O Supremo Tribunal Federal compõe-se de onze Ministros, escolhidos dentre cidadãos com mais de trinta e cinco e menos de setenta anos de idade, de notável saber jurídico e reputação ilibada.

▶ *Caput* com a redação dada pela EC nº 122, de 17-5-2022.

▶ Lei nº 8.038, de 28-5-1990, institui normas procedimentais para os processos que especifica, perante o STJ e o STF.

Parágrafo único. Os Ministros do Supremo Tribunal Federal serão nomeados pelo Presidente da República, depois de aprovada a escolha pela maioria absoluta do Senado Federal.

Art. 102. Compete ao Supremo Tribunal Federal, precipuamente, a guarda da Constituição, cabendo-lhe:

I – processar e julgar, originariamente:

▶ Res. do STF nº 693, de 17-7-2020, regulamenta o processo eletrônico no âmbito do Supremo Tribunal Federal.

a) a ação direta de inconstitucionalidade de lei ou ato normativo federal ou estadual e a ação declaratória de constitucionalidade de lei ou ato normativo federal;

▶ Alínea *a* com a redação dada pela EC nº 3, de 17-3-1993.

▶ Lei nº 9.868, de 10-11-1999 (Lei da ADIN e da ADECON).

▶ Dec. nº 2.346, de 10-10-1997, consolida as normas de procedimentos a serem observadas pela administração pública federal em razão de decisões judiciais.

▶ Súmulas nºs 360, 642 e 735 do STF.

b) nas infrações penais comuns, o Presidente da República, o Vice-Presidente, os membros do Congresso Nacional, seus próprios Ministros e o Procurador-Geral da República;

c) nas infrações penais comuns e nos crimes de responsabilidade, os Ministros de Estado e os Comandantes da Marinha, do Exército e da Aeronáutica, ressalvado o disposto no artigo 52, I, os membros dos Tribunais Superiores, os do Tribunal de Contas da União e os chefes de missão diplomática de caráter permanente;

▶ Alínea *c* com a redação dada pela EC nº 23, de 2-9-1999.

▶ Lei nº 1.079, de 10-4-1950 (Lei dos Crimes de Responsabilidade).

d) o *habeas corpus*, sendo paciente qualquer das pessoas referidas nas alíneas anteriores; o mandado de segurança e o *habeas data* contra atos do Presidente da República, das Mesas da Câmara dos Deputados e do Senado Federal, do Tribunal de Contas da União, do Procurador-Geral da República e do próprio Supremo Tribunal Federal;

▶ Lei nº 9.507, de 12-11-1997 (Lei do *Habeas Data*).

▶ Lei nº 12.016, de 7-8-2009 (Lei do Mandado de Segurança Individual e Coletivo).

▶ Súm. nº 624 do STF.

e) o litígio entre Estado estrangeiro ou organismo internacional e a União, o Estado, o Distrito Federal ou o Território;

▶ Art. 24 do CPC/2015.

f) as causas e os conflitos entre a União e os Estados, a União e o Distrito Federal, ou entre uns e outros, inclusive as respectivas entidades da administração indireta;

g) a extradição solicitada por Estado estrangeiro;

▶ Súmulas nºs 367, 421 e 692 do STF.

h) *Revogada*. EC nº 45, de 8-12-2004;

i) o *habeas corpus*, quando o coator for Tribunal Superior ou quando o coator ou o paciente for autoridade ou funcionário cujos atos estejam sujeitos diretamente à jurisdição do Supremo Tribunal Federal, ou se trate de crime sujeito à mesma jurisdição em uma única instância;

▶ Alínea *i* com a redação dada pela EC nº 22, de 18-3-1999.

▶ Súmulas nºs 606, 691, 692 e 731 do STF.

j) a revisão criminal e a ação rescisória de seus julgados;

▶ Arts. 966 a 975 do CPC/2015.

▶ Arts. 621 a 631 do CPP.

l) a reclamação para a preservação de sua competência e garantia da autoridade de suas decisões;

▶ Súm. 734 do STF.

m) a execução de sentença nas causas de sua competência originária, facultada a delegação de atribuições para a prática de atos processuais;

n) a ação em que todos os membros da magistratura sejam direta ou indiretamente interessados, e aquela em que mais da metade dos membros do Tribunal de origem estejam impedidos ou sejam direta ou indiretamente interessados;

▶ Súmulas nºs 623 e 731 do STF.

o) os conflitos de competência entre o Superior Tribunal de Justiça e quaisquer Tribunais, entre Tribunais Superiores, ou entre estes e qualquer outro Tribunal;

► Arts. 105, I, *d*, 108, I, *e*, e 114, V, desta Constituição.

p) o pedido de medida cautelar das ações diretas de inconstitucionalidade;

q) o mandado de injunção, quando a elaboração da norma regulamentadora for atribuição do Presidente da República, do Congresso Nacional, da Câmara dos Deputados, do Senado Federal, das Mesas de uma dessas Casas Legislativas, do Tribunal de Contas da União, de um dos Tribunais Superiores, ou do próprio Supremo Tribunal Federal;

► Lei nº 13.300, de 23-6-2016 (Lei do Mandado de Injunção).

r) as ações contra o Conselho Nacional de Justiça e contra o Conselho Nacional do Ministério Público;

► Alínea *r* acrescida pela EC nº 45, de 8-12-2004.

► Arts. 103-A e 130-B desta Constituição.

II – julgar, em recurso ordinário:

a) o *habeas corpus*, o mandado de segurança, o *habeas data* e o mandado de injunção decididos em única instância pelos Tribunais Superiores, se denegatória a decisão;

► Lei nº 9.507, de 12-11-1997 (Lei do *Habeas Data*).

► Lei nº 12.016, de 7-8-2009 (Lei do Mandado de Segurança Individual e Coletivo).

► Lei nº 13.300, de 23-6-2016 (Lei do Mandado de Injunção).

b) o crime político;

III – julgar, mediante recurso extraordinário, as causas decididas em única ou última instância, quando a decisão recorrida:

► Arts. 928, II, e 1.029 a 1.044 do CPC/2015.

► Lei nº 8.658, de 26-5-1993, dispõe sobre a aplicação, nos Tribunais de Justiça e nos Tribunais Regionais Federais, das normas da Lei nº 8038, de 28-5-1990.

► Súmulas nºs 279, 283, 634, 635, 637, 640, 727 e 733 do STF.

a) contrariar dispositivo desta Constituição;

► Súmulas nºs 400 e 735 do STF.

b) declarar a inconstitucionalidade de tratado ou lei federal;

► Art. 948 do CPC/2015.

c) julgar válida lei ou ato de governo local contestado em face desta Constituição;

d) julgar válida lei local contestada em face de lei federal.

► Alínea *d* acrescida pela EC nº 45, de 8-12-2004.

§ 1º A arguição de descumprimento de preceito fundamental decorrente desta Constituição será apreciada pelo Supremo Tribunal Federal, na forma da lei.

► Parágrafo único transformado em § 1º pela EC nº 3, de 17-3-1993.

► Lei nº 9.882, de 3-12-1999 (Lei da Ação de Descumprimento de Preceito Fundamental).

§ 2º As decisões definitivas de mérito, proferidas pelo Supremo Tribunal Federal, nas ações diretas de inconstitucionalidade e nas ações declaratórias de constitucionalidade, produzirão eficácia contra todos e efeito vinculante, relativamente aos demais órgãos do Poder Judiciário e à administração pública direta e indireta, nas esferas federal, estadual e municipal.

► § 2º com a redação dada pela EC nº 45, de 8-12-2004.

► Lei nº 9.868, de 10-11-1999 (Lei da ADIN e da ADECON).

§ 3º No recurso extraordinário o recorrente deverá demonstrar a repercussão geral das questões constitucionais discutidas no caso, nos termos da lei, a fim de que o Tribunal examine a admissão do recurso, somente podendo recusá-lo pela manifestação de dois terços de seus membros.

► § 3º acrescido pela EC nº 45, de 8-12-2004.

► Arts. 1.035, 1.036, § 1º e 1.039 do CPC/2015.

Art. 103. Podem propor a ação direta de inconstitucionalidade e a ação declaratória de constitucionalidade:

► *Caput* com a redação dada pela EC nº 45, de 8-12-2004.

► Arts. 2º, 12-A e 13 da Lei nº 9.868, de 10-11-1999 (Lei da ADIN e da ADECON).

I – o Presidente da República;

II – a Mesa do Senado Federal;

III – a Mesa da Câmara dos Deputados;

IV – a Mesa de Assembleia Legislativa ou da Câmara Legislativa do Distrito Federal;

V – o Governador de Estado ou do Distrito Federal;

► Incisos IV e V com a redação dada pela EC nº 45, de 8-12-2004.

VI – o Procurador-Geral da República;

VII – o Conselho Federal da Ordem dos Advogados do Brasil;

VIII – partido político com representação no Congresso Nacional;

IX – confederação sindical ou entidade de classe de âmbito nacional.

§ 1º O Procurador-Geral da República deverá ser previamente ouvido nas ações de inconstitucionalidade e em todos os processos de competência do Supremo Tribunal Federal.

§ 2º Declarada a inconstitucionalidade por omissão de medida para tornar efetiva norma constitucional, será dada ciência ao Poder competente para a adoção das providências necessárias e, em se tratando de órgão administrativo, para fazê-lo em trinta dias.

▸ Art. 12-H da Lei nº 9.868, de 10-11-1999 (Lei da ADIN e da ADECON).

§ 3º Quando o Supremo Tribunal Federal apreciar a inconstitucionalidade, em tese, de norma legal ou ato normativo, citará, previamente, o Advogado-Geral da União, que defenderá o ato ou texto impugnado.

§ 4º *Revogado*. EC nº 45, de 8-12-2004.

Art. 103-A. O Supremo Tribunal Federal poderá, de ofício ou por provocação, mediante decisão de dois terços dos seus membros, após reiteradas decisões sobre matéria constitucional, aprovar súmula que, a partir de sua publicação na imprensa oficial, terá efeito vinculante em relação aos demais órgãos do Poder Judiciário e à administração pública direta e indireta, nas esferas federal, estadual e municipal, bem como proceder à sua revisão ou cancelamento, na forma estabelecida em lei.

▸ Art. 8º da EC nº 45, de 8-12-2004 (Reforma do Judiciário).

▸ Art. 927, II, do CPC/2015.

▸ Lei nº 11.417, de 19-12-2006 (Lei da Súmula Vinculante), regulamenta este artigo.

§ 1º A súmula terá por objetivo a validade, a interpretação e a eficácia de normas determinadas, acerca das quais haja controvérsia atual entre órgãos judiciários ou entre esses e a administração pública que acarrete grave insegurança jurídica e relevante multiplicação de processos sobre questão idêntica.

§ 2º Sem prejuízo do que vier a ser estabelecido em lei, a aprovação, revisão ou cancelamento de súmula poderá ser provocada por aqueles que podem propor a ação direta de inconstitucionalidade.

§ 3º Do ato administrativo ou decisão judicial que contrariar a súmula aplicável ou que indevidamente a aplicar, caberá reclamação ao Supremo Tribunal Federal que, julgando-a procedente, anulará o ato administrativo ou cassará a decisão judicial reclamada, e determinará que outra seja proferida com ou sem a aplicação da súmula, conforme o caso.

▸ Art. 103-A acrescido pela EC nº 45, de 8-12-2004.

Art. 103-B. O Conselho Nacional de Justiça compõe-se de 15 (quinze) membros com mandato de 2 (dois) anos, admitida 1 (uma) recondução, sendo:

▸ *Caput* com a redação dada pela EC nº 61, de 11-11-2009.

▸ Art. 5º da EC nº 45, de 8-12-2004 (Reforma do Judiciário).

▸ Lei nº 11.364, de 26-10-2006, dispõe sobre as atividades de apoio ao Conselho Nacional de Justiça.

I – o Presidente do Supremo Tribunal Federal;

▸ Inciso I com a redação dada pela EC nº 61, de 11-11-2009.

II – um Ministro do Superior Tribunal de Justiça, indicado pelo respectivo tribunal;

III – um Ministro do Tribunal Superior do Trabalho, indicado pelo respectivo tribunal;

IV – um desembargador de Tribunal de Justiça, indicado pelo Supremo Tribunal Federal;

V – um juiz estadual, indicado pelo Supremo Tribunal Federal;

VI – um juiz de Tribunal Regional Federal, indicado pelo Superior Tribunal de Justiça;

VII – um juiz federal, indicado pelo Superior Tribunal de Justiça;

VIII – um juiz de Tribunal Regional do Trabalho, indicado pelo Tribunal Superior do Trabalho;

IX – um juiz do trabalho, indicado pelo Tribunal Superior do Trabalho;

X – um membro do Ministério Público da União, indicado pelo Procurador-Geral da República;

XI – um membro do Ministério Público estadual, escolhido pelo Procurador-Geral da República dentre os nomes indicados pelo órgão competente de cada instituição estadual;

XII – dois advogados, indicados pelo Conselho Federal da Ordem dos Advogados do Brasil;

XIII – dois cidadãos, de notável saber jurídico e reputação ilibada, indicados um pela Câmara dos Deputados e outro pelo Senado Federal.

▸ Incisos II a XIII acrescidos pela EC nº 45, de 8-12-2004.

§ 1º O Conselho será presidido pelo Presidente do Supremo Tribunal Federal e, nas suas ausências e impedimentos, pelo Vice-Presidente do Supremo Tribunal Federal.

§ 2º Os demais membros do Conselho serão nomeados pelo Presidente da República, depois de aprovada a escolha pela maioria absoluta do Senado Federal.

► §§ 1º e 2º com a redação dada pela EC nº 61, de 11-11-2009.

§ 3º Não efetuadas, no prazo legal, as indicações previstas neste artigo, caberá a escolha ao Supremo Tribunal Federal.

► § 3º acrescido pela EC nº 45, de 8-12-2004.

§ 4º Compete ao Conselho o controle da atuação administrativa e financeira do Poder Judiciário e do cumprimento dos deveres funcionais dos juízes, cabendo-lhe, além de outras atribuições que lhe forem conferidas pelo Estatuto da Magistratura:

► *Caput* do § 4º acrescido pela EC nº 45, de 8-12-2004.

I – zelar pela autonomia do Poder Judiciário e pelo cumprimento do Estatuto da Magistratura, podendo expedir atos regulamentares, no âmbito de sua competência, ou recomendar providências;

II – zelar pela observância do art. 37 e apreciar, de ofício ou mediante provocação, a legalidade dos atos administrativos praticados por membros ou órgãos do Poder Judiciário, podendo desconstituí-los, revê-los ou fixar prazo para que se adotem as providências necessárias ao exato cumprimento da lei, sem prejuízo da competência do Tribunal de Contas da União;

► Incisos I e II acrescidos pela EC nº 45, de 8-12-2004.

III – receber e conhecer das reclamações contra membros ou órgãos do Poder Judiciário, inclusive contra seus serviços auxiliares, serventias e órgãos prestadores de serviços notariais e de registro que atuem por delegação do poder público ou oficializados, sem prejuízo da competência disciplinar e correicional dos tribunais, podendo avocar processos disciplinares em curso, determinar a remoção ou a disponibilidade e aplicar outras sanções administrativas, assegurada ampla defesa;

► Inciso III com a redação dada pela EC nº 103, de 12-11-2019.

IV – representar ao Ministério Público, no caso de crime contra a administração pública ou de abuso de autoridade;

V – rever, de ofício ou mediante provocação, os processos disciplinares de juízes e membros de tribunais julgados há menos de um ano;

VI – elaborar semestralmente relatório estatístico sobre processos e sentenças prolatadas, por unidade da Federação, nos diferentes órgãos do Poder Judiciário;

VII – elaborar relatório anual, propondo as providências que julgar necessárias, sobre a situação do Poder Judiciário no País e as atividades do Conselho, o qual deve integrar mensagem do Presidente do Supremo Tribunal Federal a ser remetida ao Congresso Nacional, por ocasião da abertura da sessão legislativa.

► Incisos IV a VII acrescidos pela EC nº 45, de 8-12-2004.

§ 5º O Ministro do Superior Tribunal de Justiça exercerá a função de Ministro-Corregedor e ficará excluído da distribuição de processos no Tribunal, competindo-lhe, além das atribuições que lhe forem conferidas pelo Estatuto da Magistratura, as seguintes:

I – receber as reclamações e denúncias, de qualquer interessado, relativas aos magistrados e aos serviços judiciários;

II – exercer funções executivas do Conselho, de inspeção e de correição geral;

III – requisitar e designar magistrados, delegando-lhes atribuições, e requisitar servidores de juízos ou tribunais, inclusive nos Estados, Distrito Federal e Territórios.

§ 6º Junto ao Conselho oficiarão o Procurador-Geral da República e o Presidente do Conselho Federal da Ordem dos Advogados do Brasil.

§ 7º A União, inclusive no Distrito Federal e nos Territórios, criará ouvidorias de justiça, competentes para receber reclamações e denúncias de qualquer interessado contra membros ou órgãos do Poder Judiciário, ou contra seus serviços auxiliares, representando diretamente ao Conselho Nacional de Justiça.

► §§ 5º a 7º acrescidos pela EC nº 45, de 8-12-2004.

► Res. do CNJ nº 103, de 24-2-2010, dispõe sobre as atribuições da Ouvidoria do Conselho Nacional de Justiça e determina a criação de ouvidorias no âmbito dos Tribunais.

Seção III

DO SUPERIOR TRIBUNAL DE JUSTIÇA

▶ Lei nº 8.038, de 28-5-1990, institui normas procedimentais para os processos que especifica, perante o STJ e o STF.

Art. 104. O Superior Tribunal de Justiça compõe-se de, no mínimo, trinta e três Ministros.

Parágrafo único. Os Ministros do Superior Tribunal de Justiça serão nomeados pelo Presidente da República, dentre brasileiros com mais de trinta e cinco e menos de setenta anos de idade, de notável saber jurídico e reputação ilibada, depois de aprovada a escolha pela maioria absoluta do Senado Federal, sendo:

▶ *Caput* do parágrafo único com a redação dada pela EC nº 122, de 17-5-2022.

▶ Lei nº 8.038, de 28-5-1990, institui normas procedimentais para os processos que especifica, perante o STJ e o STF.

I – um terço dentre juízes dos Tribunais Regionais Federais e um terço dentre desembargadores dos Tribunais de Justiça, indicados em lista tríplice elaborada pelo próprio Tribunal;

II – um terço, em partes iguais, dentre advogados e membros do Ministério Público Federal, Estadual, do Distrito Federal e Territórios, alternadamente, indicados na forma do artigo 94.

Art. 105. Compete ao Superior Tribunal de Justiça:

I – processar e julgar, originariamente:

a) nos crimes comuns, os Governadores dos Estados e do Distrito Federal, e, nestes e nos de responsabilidade, os desembargadores dos Tribunais de Justiça dos Estados e do Distrito Federal, os membros dos Tribunais de Contas dos Estados e do Distrito Federal, os dos Tribunais Regionais Federais, dos Tribunais Regionais Eleitorais e do Trabalho, os membros dos Conselhos ou Tribunais de Contas dos Municípios e os do Ministério Público da União que oficiem perante tribunais;

b) os mandados de segurança e os *habeas data* contra ato de Ministro de Estado, dos Comandantes da Marinha, do Exército e da Aeronáutica ou do próprio Tribunal;

▶ Alínea *b* com a redação dada pela EC nº 23, de 2-9-1999.

▶ Lei nº 9.507, de 12-11-1997 (Lei do *Habeas Data*).

▶ Lei nº 12.016, de 7-8-2009 (Lei do Mandado de Segurança Individual e Coletivo).

▶ Súm. nº 41 do STJ.

c) os *habeas corpus*, quando o coator ou paciente for qualquer das pessoas mencionadas na alínea *a*, ou quando o coator for tribunal sujeito à sua jurisdição, Ministro de Estado ou Comandante da Marinha, do Exército ou da Aeronáutica, ressalvada a competência da Justiça Eleitoral;

▶ Alínea *c* com a redação dada pela EC nº 23, de 2-9-1999.

d) os conflitos de competência entre quaisquer tribunais, ressalvado o disposto no artigo 102, I, *o*, bem como entre Tribunal e juízes a ele não vinculados e entre juízes vinculados a Tribunais diversos;

▶ Súm. nº 22 do STJ.

e) as revisões criminais e as ações rescisórias de seus julgados;

▶ Arts. 966 a 975 do CPC/2015.

▶ Arts. 621 a 631 do CPP.

f) a reclamação para a preservação de sua competência e garantia da autoridade de suas decisões;

g) os conflitos de atribuições entre autoridades administrativas e judiciárias da União, ou entre autoridades judiciárias de um Estado e administrativas de outro ou do Distrito Federal, ou entre as deste e da União;

h) o mandado de injunção, quando a elaboração da norma regulamentadora for atribuição de órgão, entidade ou autoridade federal, da administração direta ou indireta, excetuados os casos de competência do Supremo Tribunal Federal e dos órgãos da Justiça Militar, da Justiça Eleitoral, da Justiça do Trabalho e da Justiça Federal;

▶ Art. 109 desta Constituição.

▶ Arts. 961 e 965, parágrafo único, do CPC/2015.

▶ Lei nº 13.300, de 23-6-2016 (Lei do Mandado de Injunção).

i) a homologação de sentenças estrangeiras e a concessão de *exequatur* às cartas rogatórias;

▶ Alínea *i* acrescida pela EC nº 45, de 8-12-2004.

▶ Art. 109, X, desta Constituição.

▶ Arts. 961 e 965, parágrafo único, do CPC/2015.

▶ Dec. nº 9.039, de 27-4-2017, promulga a Convenção sobre a Obtenção de Provas no Estrangeiro em Matéria Civil ou Comercial, firmada em Haia, em 18-3-1970.

▶ Arts. 216-A a 216-X do RISTJ.

j) ***os conflitos entre entes federativos, ou entre estes e o Comitê Gestor do Imposto sobre Bens e Serviços, relacionados aos tributos previstos nos arts. 156-A e 195, V;***

▸ Alínea *j* acrescida pela EC nº 132, de 20-12-2023.

II – julgar, em recurso ordinário:

a) os *habeas corpus* decididos em única ou última instância pelos Tribunais Regionais Federais ou pelos Tribunais dos Estados, do Distrito Federal e Territórios, quando a decisão for denegatória;

b) os mandados de segurança decididos em única instância pelos Tribunais Regionais Federais ou pelos Tribunais dos Estados, do Distrito Federal e Territórios, quando denegatória a decisão;

▸ Lei nº 12.016, de 7-8-2009 (Lei do Mandado de Segurança Individual e Coletivo).

c) as causas em que forem partes Estado estrangeiro ou organismo internacional, de um lado, e, do outro, Município ou pessoa residente ou domiciliada no País;

III – julgar, em recurso especial, as causas decididas, em única ou última instância, pelos Tribunais Regionais Federais ou pelos Tribunais dos Estados, do Distrito Federal e Territórios, quando a decisão recorrida:

▸ Lei nº 8.658, de 26-5-1993, dispõe sobre a aplicação, nos Tribunais de Justiça e nos Tribunais Regionais Federais, das normas da Lei nº 8038, de 28-5-1990.

▸ Arts. 928, III, e 1.029 a 1.044 do CPC/2015.

▸ Súmulas nºs 5, 7, 86, 203, 207, 320 e 518 do STJ.

a) contrariar tratado ou lei federal, ou negar-lhes vigência;

b) julgar válido ato de governo local contestado em face de lei federal;

▸ Alínea *b* com a redação dada pela EC nº 45, de 8-12-2004.

c) der a lei federal interpretação divergente da que lhe haja atribuído outro Tribunal.

▸ Súm. nº 13 do STJ.

§ 1º Funcionarão junto ao Superior Tribunal de Justiça:

I – a escola nacional de formação e aperfeiçoamento de magistrados, cabendo-lhe, dentre outras funções, regulamentar os cursos oficiais para o ingresso e promoção na carreira;

II – o Conselho da Justiça Federal, cabendo-lhe exercer, na forma da lei, a supervisão administrativa e orçamentária da Justiça Federal de primeiro e segundo graus, como órgão central do sistema e com poderes correicionais, cujas decisões terão caráter vinculante.

▸ Parágrafo único renumerado para § 1º pela EC nº 125, de 14-7-2022.

§ 2º No recurso especial, o recorrente deve demonstrar a relevância das questões de direito federal infraconstitucional discutidas no caso, nos termos da lei, a fim de que a admissão do recurso seja examinada pelo Tribunal, o qual somente pode dele não conhecer com base nesse motivo pela manifestação de 2/3 (dois terços) dos membros do órgão competente para o julgamento.

§ 3º Haverá a relevância de que trata o § 2º deste artigo nos seguintes casos:

I – ações penais;

II – ações de improbidade administrativa;

III – ações cujo valor da causa ultrapasse 500 (quinhentos) salários mínimos;

IV – ações que possam gerar inelegibilidade;

V – hipóteses em que o acórdão recorrido contrariar jurisprudência dominante do Superior Tribunal de Justiça;

VI – outras hipóteses previstas em lei.

▸ §§ 2º e 3º acrescidos pela EC nº 125, de 14-7-2022.

Seção IV

DOS TRIBUNAIS REGIONAIS FEDERAIS E DOS JUÍZES FEDERAIS

Art. 106. São órgãos da Justiça Federal:

▸ Lei nº 7.727, de 9-1-1989, dispõe sobre a composição inicial dos Tribunais Regionais Federais e sua instalação, cria os respectivos quadros de pessoal.

I – os Tribunais Regionais Federais;

II – os Juízes Federais.

Art. 107. Os Tribunais Regionais Federais compõem-se de, no mínimo, sete juízes, recrutados, quando possível, na respectiva região e nomeados pelo Presidente da República dentre brasileiros com mais de trinta e menos de setenta anos de idade, sendo:

▸ *Caput* com a redação dada pela EC nº 122, de 17-5-2022.

I – um quinto dentre advogados com mais de dez anos de efetiva atividade profissional e membros do Ministério Público Federal com mais de dez anos de carreira;

II – os demais, mediante promoção de juízes federais com mais de cinco anos de exercício, por antiguidade e merecimento, alternadamente.

- Art. 27, § 9º, do ADCT.
- Lei nº 9.967, de 10-5-2000, dispõe sobre as reestruturações dos Tribunais Regionais Federais das cinco Regiões.

§ 1º A lei disciplinará a remoção ou a permuta de juízes dos Tribunais Regionais Federais e determinará sua jurisdição e sede.

- Parágrafo único transformado em § 1º pela EC nº 45, de 8-12-2004.
- Art. 1º da Lei nº 9.967, de 10-5-2000, que dispõe sobre as reestruturações dos Tribunais Regionais Federais das cinco regiões.
- Lei nº 9.968, de 10-5-2000, dispõe sobre a reestruturação do Tribunal Regional Federal da 3ª Região.

§ 2º Os Tribunais Regionais Federais instalarão a justiça itinerante, com a realização de audiências e demais funções da atividade jurisdicional, nos limites territoriais da respectiva jurisdição, servindo-se de equipamentos públicos e comunitários.

§ 3º Os Tribunais Regionais Federais poderão funcionar descentralizadamente, constituindo Câmaras regionais, a fim de assegurar o pleno acesso do jurisdicionado à justiça em todas as fases do processo.

- §§ 2º e 3º acrescidos pela EC nº 45, de 8-12-2004.

Art. 108. Compete aos Tribunais Regionais Federais:

I – processar e julgar, originariamente:

a) os juízes federais da área de sua jurisdição, incluídos os da Justiça Militar e da Justiça do Trabalho, nos crimes comuns e de responsabilidade, e os membros do Ministério Público da União, ressalvada a competência da Justiça Eleitoral;

b) as revisões criminais e as ações rescisórias de julgados seus ou dos juízes federais da região;

- Arts. 966 a 975 do CPC/2015.
- Arts. 621 a 631 do CPP.

c) os mandados de segurança e os *habeas data* contra ato do próprio Tribunal ou de juiz federal;

- Lei nº 9.507, de 12-11-1997 (Lei do *Habeas Data*).
- Lei nº 12.016, de 7-8-2009 (Lei do Mandado de Segurança Individual e Coletivo).

d) os *habeas corpus*, quando a autoridade coatora for juiz federal;

e) os conflitos de competência entre juízes federais vinculados ao Tribunal;

- Súmulas nºs 3 e 428 do STJ.

II – julgar, em grau de recurso, as causas decididas pelos juízes federais e pelos juízes estaduais no exercício da competência federal da área de sua jurisdição.

- Súm. nº 55 do STJ.

Art. 109. Aos juízes federais compete processar e julgar:

- Lei nº 7.492, de 16-6-1986 (Lei dos Crimes Contra o Sistema Financeiro Nacional).
- Lei nº 9.469, de 9-7-1997, dispõe sobre a intervenção da União nas causas em que figurarem, como autores ou réus, entes da Administração indireta.
- Lei nº 10.259, de 12-7-2001 (Lei dos Juizados Especiais Federais).
- Art. 70 da Lei nº 11.343, de 23-8-2006 (Lei Antidrogas).
- Súmulas nºs 15, 32, 42, 66, 82, 150, 173, 324, 349 e 365 do STJ.

I – as causas em que a União, entidade autárquica ou empresa pública federal forem interessadas na condição de autoras, rés, assistentes ou oponentes, exceto as de falência, as de acidentes de trabalho e as sujeitas à Justiça Eleitoral e à Justiça do Trabalho;

- Arts. 45 e 51 do CPC/2015.
- Súmulas Vinculantes nºs 22 e 27 do STF.
- Súmulas nºs 15, 32, 42, 66, 82, 150, 173, 324, 365, 374 e 489 do STJ.

II – as causas entre Estado estrangeiro ou organismo internacional e Município ou pessoa domiciliada ou residente no País;

III – as causas fundadas em tratado ou contrato da União com Estado estrangeiro ou organismo internacional;

- Súm. nº 689 do STF.

IV – os crimes políticos e as infrações penais praticadas em detrimento de bens, serviços ou interesse da União ou de suas entidades autárquicas ou empresas públicas, excluídas as contravenções e ressalvada a competência da Justiça Militar e da Justiça Eleitoral;

- Art. 9º do CPM.
- Art. 11 da Lei nº 13.260, de 16-3-2016 (Lei de Terrorismo).
- Súm. Vinc. nº 36 do STF.

▸ Súmulas nºs 38, 42, 62, 73, 104, 147, 165 e 208 do STJ.

V – os crimes previstos em tratado ou convenção internacional, quando, iniciada a execução no País, o resultado tenha ou devesse ter ocorrido no estrangeiro, ou reciprocamente;

V-A – as causas relativas a direitos humanos a que se refere o § 5º deste artigo;

▸ Inciso V-A acrescido pela EC nº 45, de 8-12-2004.

VI – os crimes contra a organização do trabalho e, nos casos determinados por lei, contra o sistema financeiro e a ordem econômico-financeira;

▸ Arts. 197 a 207 do CP.

▸ Lei nº 7.492, de 16-6-1986 (Lei dos Crimes contra o Sistema Financeiro Nacional).

▸ Lei nº 8.137, de 27-12-1990 (Lei dos Crimes Contra a Ordem Tributária, Econômica e contra as Relações de Consumo).

▸ Lei nº 8.176, de 8-2-1991 (Lei dos Crimes contra a Ordem Econômica).

VII – os *habeas corpus*, em matéria criminal de sua competência ou quando o constrangimento provier de autoridade cujos atos não estejam diretamente sujeitos a outra jurisdição;

VIII – os mandados de segurança e os *habeas data* contra ato de autoridade federal, excetuados os casos de competência dos Tribunais federais;

▸ Lei nº 9.507, de 12-11-1997 (Lei do *Habeas Data*).

▸ Lei nº 12.016, de 7-8-2009 (Lei do Mandado de Segurança Individual e Coletivo).

IX – os crimes cometidos a bordo de navios ou aeronaves, ressalvada a competência da Justiça Militar;

▸ Art. 125, § 4º, desta Constituição.

▸ Art. 9º do CPM.

X – os crimes de ingresso ou permanência irregular de estrangeiro, a execução de carta rogatória, após o *exequatur*, e de sentença estrangeira após a homologação, as causas referentes à nacionalidade, inclusive a respectiva opção, e à naturalização;

▸ Art. 105, I, *i*, desta Constituição.

▸ Art. 965, parágrafo único, do CPC/2015.

XI – a disputa sobre direitos indígenas.

▸ Súm. nº 140 do STJ.

§ 1º As causas em que a União for autora serão aforadas na seção judiciária onde tiver domicílio a outra parte.

§ 2º As causas intentadas contra a União poderão ser aforadas na seção judiciária em que for domiciliado o autor, naquela onde houver ocorrido o ato ou fato que deu origem à demanda ou onde esteja situada a coisa, ou, ainda, no Distrito Federal.

§ 3º Lei poderá autorizar que as causas de competência da Justiça Federal em que forem parte instituição de previdência social e segurado possam ser processadas e julgadas na justiça estadual quando a comarca do domicílio do segurado não for sede de vara federal.

▸ § 3º com a redação dada pela EC nº 103, de 12-11-2019.

▸ Lei nº 5.010, de 30-5-1966 (Lei de Organização da Justiça Federal).

▸ Súmulas nºs 11, 15 e 32 do STJ.

§ 4º Na hipótese do parágrafo anterior, o recurso cabível será sempre para o Tribunal Regional Federal na área de jurisdição do juiz de primeiro grau.

▸ Súm. nº 32 do STJ.

§ 5º Nas hipóteses de grave violação de direitos humanos, o Procurador-Geral da República, com a finalidade de assegurar o cumprimento de obrigações decorrentes de tratados internacionais de direitos humanos dos quais o Brasil seja parte, poderá suscitar, perante o Superior Tribunal de Justiça, em qualquer fase do inquérito ou processo, incidente de deslocamento de competência para a Justiça Federal.

▸ § 5º acrescido pela EC nº 45, de 8-12-2004.

Art. 110. Cada Estado, bem como o Distrito Federal, constituirá uma seção judiciária que terá por sede a respectiva Capital, e varas localizadas segundo o estabelecido em lei.

▸ Arts. 45 e 51 do CPC/2015.

▸ Lei nº 5.010, de 30-5-1966 (Lei de Organização da Justiça Federal).

Parágrafo único. Nos Territórios Federais, a jurisdição e as atribuições cometidas aos juízes federais caberão aos juízes da justiça local, na forma da lei.

▸ Lei nº 9.788, de 19-2-1999, dispõe sobre a reestruturação da Justiça Federal de Primeiro Grau, nas cinco regiões, com a criação de cem Varas Federais.

SEÇÃO V

DO TRIBUNAL SUPERIOR DO TRABALHO, DOS TRIBUNAIS REGIONAIS DO TRABALHO E DOS JUÍZES DO TRABALHO

- Seção V com a denominação dada pela EC nº 92, de 12-7-2016.
- Art. 743 e seguintes da CLT.
- Lei nº 9.957, de 12-1-2000, institui o procedimento sumaríssimo no processo trabalhista.
- Lei nº 9.958, de 12-1-2000, criou as Comissões de Conciliação Prévia no âmbito na Justiça do Trabalho.

Art. 111. São órgãos da Justiça do Trabalho:

I – o Tribunal Superior do Trabalho;
II – os Tribunais Regionais do Trabalho;
III – Juízes do Trabalho.

- Inciso III com a redação dada pela EC nº 24, de 9-12-1999.

§§ 1º a 3º *Revogados*. EC nº 45, de 8-12-2004.

Art. 111-A. O Tribunal Superior do Trabalho compõe-se de vinte e sete Ministros, escolhidos dentre brasileiros com mais de trinta e cinco e menos de setenta anos de idade, de notável saber jurídico e reputação ilibada, nomeados pelo Presidente da República após aprovação pela maioria absoluta do Senado Federal, sendo:

- *Caput* com a redação dada pela EC nº 122, de 17-5-2022.

I – um quinto dentre advogados com mais de dez anos de efetiva atividade profissional e membros do Ministério Público do Trabalho com mais de dez anos de efetivo exercício, observado o disposto no art. 94;
II – os demais dentre juízes do Trabalho dos Tribunais Regionais do Trabalho, oriundos da magistratura da carreira, indicados pelo próprio Tribunal Superior.

- Incisos I e II acrescidos pela EC nº 45, de 8-12-2004.

§ 1º A lei disporá sobre a competência do Tribunal Superior do Trabalho.

§ 2º Funcionarão junto ao Tribunal Superior do Trabalho:

I – a Escola Nacional de Formação e Aperfeiçoamento de Magistrados do Trabalho, cabendo-lhe, dentre outras funções, regulamentar os cursos oficiais para o ingresso e promoção na carreira;

II – o Conselho Superior da Justiça do Trabalho, cabendo-lhe exercer, na forma da lei, a supervisão administrativa, orçamentária, financeira e patrimonial da Justiça do Trabalho de primeiro e segundo graus, como órgão central do sistema, cujas decisões terão efeito vinculante.

- §§ 1º e 2º acrescidos pela EC nº 45, de 8-12-2004.
- Art. 6º da EC nº 45, de 8-12-2004 (Reforma do Judiciário).

§ 3º Compete ao Tribunal Superior do Trabalho processar e julgar, originariamente, a reclamação para a preservação de sua competência e garantia da autoridade de suas decisões.

- § 3º acrescido pela EC nº 92, de 12-7-2016.

Art. 112. A lei criará varas da Justiça do Trabalho, podendo, nas comarcas não abrangidas por sua jurisdição, atribuí-la aos juízes de direito, com recurso para o respectivo Tribunal Regional do Trabalho.

- Artigo com a redação dada pela EC nº 45, de 8-12-2004.

Art. 113. A lei disporá sobre a constituição, investidura, jurisdição, competência, garantias e condições de exercício dos órgãos da Justiça do Trabalho.

- Artigo com a redação dada pela EC nº 24, de 9-12-1999.
- Arts. 643 a 673 da CLT.
- LC nº 35, de 14-3-1979 (Lei Orgânica da Magistratura Nacional).

Art. 114. Compete à Justiça do Trabalho processar e julgar:

- *Caput* com a redação dada pela EC nº 45, de 8-12-2004.
- Art. 651 da CLT.
- Art. 6º, § 2º, da Lei nº 11.101, de 9-2-2005 (Lei de Recuperação de Empresas e Falências).
- Súm. Vinc. nº 22 do STF.
- Súmulas nºs 349 e 736 do STF.
- Súmulas nºs 57, 97, 137, 180, 222, 349 e 363 do STJ.
- Súmulas nºs 300, 389 e 392 do TST.

I – as ações oriundas da relação de trabalho, abrangidos os entes de direito público externo e da administração pública direta e indireta da União, dos Estados, do Distrito Federal e dos Municípios;

- O STF, por maioria de votos, julgou parcialmente procedente as Ações Diretas de Inconstitucionalidade nºs 3.395 e 3.529, confirmando a decisão liminar concedida e fixando, com aplicação de interpretação conforme a CF, que o disposto neste inciso não abrange causas ajuizadas para discussão de relação jurídico-estatutária entre o Poder Público dos Entes da Federação e seus Servidores (*DOU* de 23-4-2020).

► OJ da SBDI-I nº 26 do TST.

II – as ações que envolvam exercício do direito de greve;

► Art. 9º desta Constituição.
► Lei nº 7.783, de 28-6-1989 (Lei de Greve).
► Súm. Vinc. nº 23 do STF.
► Súm. nº 189 do TST.

III – as ações sobre representação sindical, entre sindicatos, entre sindicatos e trabalhadores, e entre sindicatos e empregadores;

► Lei nº 8.984, de 7-2-1995, estende a competência da Justiça do Trabalho.

IV – os mandados de segurança, *habeas corpus* e *habeas data*, quando o ato questionado envolver matéria sujeita à sua jurisdição;

► Arts. 5º, LXVIII, LXIX, LXXII, 7º, XXVIII, desta Constituição.
► Lei nº 9.507, de 12-11-1997 (Lei do *Habeas Data*).
► Lei nº 12.016, de 7-8-2009 (Lei do Mandado de Segurança Individual e Coletivo).
► OJ da SBDI-II nº 156 do TST.

V – os conflitos de competência entre órgãos com jurisdição trabalhista, ressalvado o disposto no art. 102, I, *o*;

► Arts. 803 a 811 da CLT.
► Súm. nº 420 do TST.
► OJ da SBDI-II nº 149 do TST.

VI – as ações de indenização por dano moral ou patrimonial, decorrentes da relação de trabalho;

► Arts. 186, 927, 949 a 951 do CC.
► Art. 8º da CLT.
► Súmulas nºs 227, 362, 370, 376 e 387 do STJ.
► Súm. nº 392 do TST.

VII – as ações relativas às penalidades administrativas impostas aos empregadores pelos órgãos de fiscalização das relações de trabalho;

► OJ da SBDI-II nº 156 do TST.

VIII – a execução, de ofício, das contribuições sociais previstas no art. 195, I, *a*, e II, e seus acréscimos legais, decorrentes das sentenças que proferir;

► Súm. Vinc. nº 53 do STF.
► Súm. nº 368 do TST.
► Orientações Jurisprudenciais da SBDI-I nºs 363, 368, 398 e 400 do TST.

IX – outras controvérsias decorrentes da relação de trabalho, na forma da lei.

► Incisos I a IX acrescidos pela EC nº 45, de 8-12-2004.
► O STF, por maioria de votos, julgou procedente a ADIN nº 3.684 para dar interpretação conforme a CF ao art. 114, I, IV e IX, com a redação dada pela EC nº 45, de 8-12-2004, para afastar qualquer interpretação que entenda competir à Justiça do Trabalho processar e julgar ações penais, nos termos da medida cautelar anteriormente deferida pelo Plenário (*DOU* de 22-5-2020).
► Súm. nº 736 do STF.
► Súm. nº 389 do TST.

§ 1º Frustrada a negociação coletiva, as partes poderão eleger árbitros.

§ 2º Recusando-se qualquer das partes à negociação coletiva ou à arbitragem, é facultado às mesmas, de comum acordo, ajuizar dissídio coletivo de natureza econômica, podendo a Justiça do Trabalho decidir o conflito, respeitadas as disposições mínimas legais de proteção ao trabalho, bem como as convencionadas anteriormente.

§ 3º Em caso de greve em atividade essencial, com possibilidade de lesão do interesse público, o Ministério Público do Trabalho poderá ajuizar dissídio coletivo, competindo à Justiça do Trabalho decidir o conflito.

► §§ 2º e 3º com a redação dada pela EC nº 45, de 8-12-2004.
► Art. 9º, § 1º, desta Constituição.
► Lei nº 7.783, de 28-6-1989 (Lei de Greve).
► Súm. nº 190 do TST.

Art. 115. Os Tribunais Regionais do Trabalho compõem-se de, no mínimo, sete juízes, recrutados, quando possível, na respectiva região e nomeados pelo Presidente da República dentre brasileiros com mais de trinta e menos de setenta anos de idade, sendo:

► *Caput* com a redação dada pela EC nº 122, de 17-5-2022.
► Súm. nº 628 do STF.

I – um quinto dentre advogados com mais de dez anos de efetiva atividade profissional e membros do Ministério Público do Trabalho com mais de dez anos de efetivo exercício, observado o disposto no art. 94;

II – os demais, mediante promoção de juízes do trabalho por antiguidade e merecimento, alternadamente.

► Incisos I e II acrescidos pela EC nº 45, de 8-12-2004.

§ 1º Os Tribunais Regionais do Trabalho instalarão a justiça itinerante, com a realização de audiências e demais funções de atividade jurisdicional, nos limites territoriais da respectiva jurisdição, servindo-se de equipamentos públicos e comunitários.

§ 2º Os Tribunais Regionais do Trabalho poderão funcionar descentralizadamente, constituindo Câmaras regionais, a fim de assegurar o pleno acesso do jurisdicionado à justiça em todas as fases do processo.

► §§ 1º e 2º acrescidos pela EC nº 45, de 8-12-2004.

Art. 116. Nas Varas do Trabalho, a jurisdição será exercida por um juiz singular.

► *Caput* com a redação dada pela EC nº 24, de 9-12-1999.

Parágrafo único. *Revogado*. EC nº 24, de 9-12-1999.

Art. 117. *Revogado*. EC nº 24, de 9-12-1999.

Seção VI

DOS TRIBUNAIS E JUÍZES ELEITORAIS

► Arts. 12 a 41 do CE.

Art. 118. São órgãos da Justiça Eleitoral:

I – o Tribunal Superior Eleitoral;

II – os Tribunais Regionais Eleitorais;

III – os Juízes Eleitorais;

IV – as Juntas Eleitorais.

Art. 119. O Tribunal Superior Eleitoral compor-se-á, no mínimo, de sete membros, escolhidos:

I – mediante eleição, pelo voto secreto:

a) três juízes dentre os Ministros do Supremo Tribunal Federal;

b) dois juízes dentre os Ministros do Superior Tribunal de Justiça;

II – por nomeação do Presidente da República, dois juízes dentre seis advogados de notável saber jurídico e idoneidade moral, indicados pelo Supremo Tribunal Federal.

Parágrafo único. O Tribunal Superior Eleitoral elegerá seu Presidente e o Vice-Presidente dentre os Ministros do Supremo Tribunal Federal, e o Corregedor Eleitoral dentre os Ministros do Superior Tribunal de Justiça.

Art. 120. Haverá um Tribunal Regional Eleitoral na Capital de cada Estado e no Distrito Federal.

§ 1º Os Tribunais Regionais Eleitorais compor-se-ão:

I – mediante eleição, pelo voto secreto:

a) de dois juízes dentre os desembargadores do Tribunal de Justiça;

b) de dois juízes, dentre juízes de direito, escolhidos pelo Tribunal de Justiça;

II – de um juiz do Tribunal Regional Federal com sede na Capital do Estado ou no Distrito Federal, ou, não havendo, de juiz federal, escolhido, em qualquer caso, pelo Tribunal Regional Federal respectivo;

III – por nomeação, pelo Presidente da República, de dois juízes dentre seis advogados de notável saber jurídico e idoneidade moral, indicados pelo Tribunal de Justiça.

§ 2º O Tribunal Regional Eleitoral elegerá seu Presidente e o Vice-Presidente dentre os desembargadores.

Art. 121. Lei complementar disporá sobre a organização e competência dos Tribunais, dos juízes de direito e das juntas eleitorais.

► Arts. 22, 23, 29, 30, 34, 40 e 41 do CE.

► Súm. nº 368 do STJ.

§ 1º Os membros dos Tribunais, os juízes de direito e os integrantes das juntas eleitorais, no exercício de suas funções, e no que lhes for aplicável, gozarão de plenas garantias e serão inamovíveis.

§ 2º Os juízes dos Tribunais eleitorais, salvo motivo justificado, servirão por dois anos, no mínimo, e nunca por mais de dois biênios consecutivos, sendo os substitutos escolhidos na mesma ocasião e pelo mesmo processo, em número igual para cada categoria.

§ 3º São irrecorríveis as decisões do Tribunal Superior Eleitoral, salvo as que contrariarem esta Constituição e as denegatórias de *habeas corpus* ou mandado de segurança.

§ 4º Das decisões dos Tribunais Regionais Eleitorais somente caberá recurso quando:

I – forem proferidas contra disposição expressa desta Constituição ou de lei;

II – ocorrer divergência na interpretação de lei entre dois ou mais Tribunais eleitorais;

III – versarem sobre inelegibilidade ou expedição de diplomas nas eleições federais ou estaduais;

IV – anularem diplomas ou decretarem a perda de mandatos eletivos federais ou estaduais;

V – denegarem *habeas corpus*, mandado de segurança, *habeas data* ou mandado de injunção.

► Lei nº 13.300, de 23-6-2016 (Lei do Mandado de Injunção).

Seção VII

DOS TRIBUNAIS E JUÍZES MILITARES

Art. 122. São órgãos da Justiça Militar:

► Lei nº 8.457, de 4-9-1992, organiza a Justiça Militar da União e regula o funcionamento de seus Serviços Auxiliares.

► Art. 90-A da Lei nº 9.099, de 26-9-1995 (Lei dos Juizados Especiais).

I – o Superior Tribunal Militar;

II – os Tribunais e Juízes Militares instituídos por lei.

Art. 123. O Superior Tribunal Militar compor-se-á de quinze Ministros vitalícios, nomeados pelo Presidente da República, depois de aprovada a indicação pelo Senado Federal, sendo três dentre oficiais-generais da Marinha, quatro dentre oficiais-generais do Exército, três dentre oficiais-generais da Aeronáutica, todos da ativa e do posto mais elevado da carreira, e cinco dentre civis.

Parágrafo único. Os Ministros civis serão escolhidos pelo Presidente da República dentre brasileiros com mais de trinta e cinco e menos de setenta anos de idade, sendo:

► *Caput* do parágrafo único com a redação dada pela EC nº 122, de 17-5-2022.

I – três dentre advogados de notório saber jurídico e conduta ilibada, com mais de dez anos de efetiva atividade profissional;

II – dois, por escolha paritária, dentre juízes auditores e membros do Ministério Público da Justiça Militar.

Art. 124. À Justiça Militar compete processar e julgar os crimes militares definidos em lei.

► Dec.-lei nº 1.002, de 21-10-1969 (Código de Processo Penal Militar).

► Art. 90-A da Lei nº 9.099, de 26-9-1995 (Lei dos Juizados Especiais).

Parágrafo único. A lei disporá sobre a organização, o funcionamento e a competência da Justiça Militar.

► Lei nº 8.457, de 4-9-1992, organiza a Justiça Militar da União e regula o funcionamento de seus Serviços Auxiliares.

Seção VIII

DOS TRIBUNAIS E JUÍZES DOS ESTADOS

Art. 125. Os Estados organizarão sua Justiça, observados os princípios estabelecidos nesta Constituição.

► Art. 70 do ADCT.

► Súm. nº 721 do STF.

§ 1º A competência dos Tribunais será definida na Constituição do Estado, sendo a lei de organização judiciária de iniciativa do Tribunal de Justiça.

► Súmulas Vinculantes nºs 27 e 45 do STF.

► Súm. nº 721 do STF.

► Súm. nº 238 do STJ.

§ 2º Cabe aos Estados a instituição de representação de inconstitucionalidade de leis ou atos normativos estaduais ou municipais em face da Constituição Estadual, vedada a atribuição da legitimação para agir a um único órgão.

§ 3º A lei estadual poderá criar, mediante proposta do Tribunal de Justiça, a Justiça Militar estadual, constituída, em primeiro grau, pelos juízes de direito e pelos Conselhos de Justiça e, em segundo grau, pelo próprio Tribunal de Justiça, ou por Tribunal de Justiça Militar nos Estados em que o efetivo militar seja superior a vinte mil integrantes.

§ 4º Compete à Justiça Militar estadual processar e julgar os militares dos Estados, nos crimes militares definidos em lei e as ações judiciais contra atos disciplinares militares, ressalvada a competência do júri quando a vítima for civil, cabendo ao tribunal competente decidir sobre a perda do posto e da patente dos oficiais e da graduação das praças.

► §§ 3º e 4º com a redação dada pela EC nº 45, de 8-12-2004.

► Súm. nº 673 do STF.

► Súmulas nºs 6, 53 e 90 do STJ.

§ 5º Compete aos juízes de direito do juízo militar processar e julgar, singularmente, os crimes militares cometidos contra civis e as ações judiciais contra atos disciplinares militares, cabendo ao Conselho de Justiça, sob a presidência de juiz de direito, processar e julgar os demais crimes militares.

§ 6º O Tribunal de Justiça poderá funcionar descentralizadamente, constituindo Câmaras regionais, a fim de assegurar o pleno acesso do jurisdicionado à justiça em todas as fases do processo.

§ 7º O Tribunal de Justiça instalará a justiça itinerante, com a realização de audiências e demais funções da atividade jurisdicional, nos limites territoriais da respectiva jurisdição, servindo-se de equipamentos públicos e comunitários.

► §§ 5º a 7º acrescidos pela EC nº 45, de 8-12-2004.

Art. 126. Para dirimir conflitos fundiários, o Tribunal de Justiça proporá a criação de varas especializadas, com competência exclusiva para questões agrárias.

► *Caput* com a redação dada pela EC nº 45, de 8-12-2004.

Parágrafo único. Sempre que necessário à eficiente prestação jurisdicional, o juiz far-se-á presente no local do litígio.

Capítulo IV

DAS FUNÇÕES ESSENCIAIS À JUSTIÇA

Seção I

DO MINISTÉRIO PÚBLICO

► LC nº 75, de 20-5-1993 (Lei Orgânica do Ministério Público da União).

► Lei nº 8.625, de 12-2-1993 (Lei Orgânica Nacional do Ministério Público).

Art. 127. O Ministério Público é instituição permanente, essencial à função jurisdicional do Estado, incumbindo-lhe a defesa da ordem jurídica, do regime democrático e dos interesses sociais e individuais indisponíveis.

§ 1º São princípios institucionais do Ministério Público a unidade, a indivisibilidade e a independência funcional.

§ 2º Ao Ministério Público é assegurada autonomia funcional e administrativa, podendo, observado o disposto no artigo 169, propor ao Poder Legislativo a criação e extinção de seus cargos e serviços auxiliares, provendo-os por concurso público de provas ou de provas e títulos, a política remuneratória e os planos de carreira; a lei disporá sobre sua organização e funcionamento.

► § 2º com a redação dada pela EC nº 19, de 4-6-1998.

► Lei nº 12.770, de 28-12-2012, dispõe sobre o subsídio do Procurador-Geral da República.

§ 3º O Ministério Público elaborará sua proposta orçamentária dentro dos limites estabelecidos na lei de diretrizes orçamentárias.

► Art. 107, § 2º, do ADCT.

§ 4º Se o Ministério Público não encaminhar a respectiva proposta orçamentária dentro do prazo estabelecido na lei de diretrizes orçamentárias, o Poder Executivo considerará, para fins de consolidação da proposta orçamentária anual, os valores aprovados na lei orçamentária vigente, ajustados de acordo com os limites estipulados na forma do § 3º.

§ 5º Se a proposta orçamentária de que trata este artigo for encaminhada em desacordo com os limites estipulados na forma do § 3º, o Poder Executivo procederá aos ajustes necessários para fins de consolidação da proposta orçamentária anual.

§ 6º Durante a execução orçamentária do exercício, não poderá haver a realização de despesas ou a assunção de obrigações que extrapolem os limites estabelecidos na lei de diretrizes orçamentárias, exceto se previamente autorizadas, mediante a abertura de créditos suplementares ou especiais.

► §§ 4º a 6º acrescidos pela EC nº 45, de 8-12-2004.

Art. 128. O Ministério Público abrange:

► LC nº 75, de 20-5-1993 (Lei Orgânica do Ministério Público da União).

I – o Ministério Público da União, que compreende:

a) o Ministério Público Federal;

b) o Ministério Público do Trabalho;

c) o Ministério Público Militar;

d) o Ministério Público do Distrito Federal e Territórios;

II – os Ministérios Públicos dos Estados.

§ 1º O Ministério Público da União tem por chefe o Procurador-Geral da República, nomeado pelo Presidente da República dentre integrantes da carreira, maiores de trinta e cinco anos, após a aprovação de seu nome pela maioria absoluta dos membros do Senado Federal, para mandato de dois anos, permitida a recondução.

§ 2º A destituição do Procurador-Geral da República, por iniciativa do Presidente da República, deverá ser precedida de autorização da maioria absoluta do Senado Federal.

§ 3º Os Ministérios Públicos dos Estados e o do Distrito Federal e Territórios formarão lista tríplice dentre integrantes da carreira, na forma da lei respectiva, para escolha de seu Procurador-Geral, que será nomeado pelo Chefe do Poder Executivo, para mandato de dois anos, permitida uma recondução.

§ 4º Os Procuradores-Gerais nos Estados e no Distrito Federal e Territórios poderão ser destituídos por deliberação da maioria absoluta do Poder Legislativo, na forma da lei complementar respectiva.

§ 5º Leis complementares da União e dos Estados, cuja iniciativa é facultada aos respectivos Procuradores-Gerais, estabelecerão a organização, as atribuições e o estatuto de cada Ministério Público, observadas, relativamente a seus membros:

I – as seguintes garantias:

a) vitaliciedade, após dois anos de exercício, não podendo perder o cargo senão por sentença judicial transitada em julgado;

b) inamovibilidade, salvo por motivo de interesse público, mediante decisão do órgão colegiado competente do Ministério Público, pelo voto da maioria absoluta de seus membros, assegurada ampla defesa;

▸ Alínea *b* com a redação dada pela EC nº 45, de 8-12-2004.

c) irredutibilidade de subsídio, fixado na forma do artigo 39, § 4º, e ressalvado o disposto nos artigos 37, X e XI, 150, II, 153, III, 153, § 2º, I;

▸ Alínea *c* com a redação dada pela EC nº 19, de 4-6-1998.

▸ Lei nº 12.770, de 28-12-2012, dispõe sobre o subsídio do Procurador-Geral da República.

II – as seguintes vedações:

a) receber, a qualquer título e sob qualquer pretexto, honorários, percentagens ou custas processuais;

b) exercer a advocacia;

c) participar de sociedade comercial, na forma da lei;

d) exercer, ainda que em disponibilidade, qualquer outra função pública, salvo uma de magistério;

e) exercer atividade político-partidária;

▸ Alínea *e* com a redação dada pela EC nº 45, de 8-12-2004.

f) receber, a qualquer título ou pretexto, auxílios ou contribuições de pessoas físicas, entidades públicas ou privadas, ressalvadas as exceções previstas em lei.

▸ Alínea *f* acrescida pela EC nº 45, de 8-12-2004.

§ 6º Aplica-se aos membros do Ministério Público o disposto no art. 95, parágrafo único, V.

▸ § 6º acrescido pela EC nº 45, de 8-12-2004.

Art. 129. São funções institucionais do Ministério Público:

I – promover, privativamente, a ação penal pública, na forma da lei;

▸ Art. 100, § 1º, do CP.

▸ Art. 24 do CPP.

▸ Lei nº 8.625, de 12-2-1993 (Lei Orgânica Nacional do Ministério Público).

▸ Súm. nº 234 do STJ.

II – zelar pelo efetivo respeito dos Poderes Públicos e dos serviços de relevância pública aos direitos assegurados nesta Constituição, promovendo as medidas necessárias a sua garantia;

III – promover o inquérito civil e a ação civil pública, para a proteção do patrimônio público e social, do meio ambiente e de outros interesses difusos e coletivos;

▸ Lei nº 7.347, de 24-7-1985 (Lei da Ação Civil Pública).

▸ Súm. nº 643 do STF.

▸ Súm. nº 329 do STJ.

IV – promover a ação de inconstitucionalidade ou representação para fins de intervenção da União e dos Estados, nos casos previstos nesta Constituição;

▸ Arts. 34 a 36 desta Constituição.

V – defender judicialmente os direitos e interesses das populações indígenas;

▸ Art. 231 desta Constituição.

VI – expedir notificações nos procedimentos administrativos de sua competência, requisitando informações e documentos para instruí-los, na forma da lei complementar respectiva;

▸ Súm. nº 234 do STJ.

VII – exercer o controle externo da atividade policial, na forma da lei complementar mencionada no artigo anterior;

▸ LC nº 75, de 20-5-1993 (Lei Orgânica do Ministério Público da União).

VIII – requisitar diligências investigatórias e a instauração de inquérito policial, indicados os fundamentos jurídicos de suas manifestações processuais;

IX – exercer outras funções que lhe forem conferidas, desde que compatíveis com sua finalidade, sendo-lhe vedada a representação judicial e a consultoria jurídica de entidades públicas.

§ 1º A legitimação do Ministério Público para as ações civis previstas neste artigo não impede a de terceiros, nas mesmas hipóteses, segundo o disposto nesta Constituição e na lei.

▸ Lei nº 7.347, de 24-7-1985 (Lei da Ação Civil Pública).

§ 2º As funções do Ministério Público só podem ser exercidas por integrantes da carreira, que deverão residir na comarca da respectiva lotação, salvo autorização do chefe da instituição.

§ 3º O ingresso na carreira do Ministério Público far-se-á mediante concurso público de provas e títulos, assegurada a participação da Ordem dos Advogados do Brasil em sua realização, exigindo-se do bacharel em direito, no mínimo, três anos de atividade jurídica e observando-se, nas nomeações, a ordem de classificação.

§ 4º Aplica-se ao Ministério Público, no que couber, o disposto no art. 93.

▸ §§ 2º a 4º com a redação dada pela EC nº 45, de 8-12-2004.

§ 5º A distribuição de processos no Ministério Público será imediata.

▸ § 5º acrescido pela EC nº 45, de 8-12-2004.

Art. 130. Aos membros do Ministério Público junto aos Tribunais de Contas aplicam-se as disposições desta seção pertinentes a direitos, vedações e forma de investidura.

Art. 130-A. O Conselho Nacional do Ministério Público compõe-se de quatorze membros nomeados pelo Presidente da República, depois de aprovada a escolha pela maioria absoluta do Senado Federal, para um mandato de dois anos, admitida uma recondução, sendo:

▸ *Caput* do art. 130-A acrescido pela EC nº 45, de 8-12-2004.

▸ Art. 5º da EC nº 45, de 8-12-2004 (Reforma do Judiciário).

I – o Procurador-Geral da República, que o preside;

II – quatro membros do Ministério Público da União, assegurada a representação de cada uma de suas carreiras;

III – três membros do Ministério Público dos Estados;

IV – dois juízes, indicados um pelo Supremo Tribunal Federal e outro pelo Superior Tribunal de Justiça;

V – dois advogados, indicados pelo Conselho Federal da Ordem dos Advogados do Brasil;

VI – dois cidadãos de notável saber jurídico e reputação ilibada, indicados um pela Câmara dos Deputados e outro pelo Senado Federal.

▸ Incisos I a VI acrescidos pela EC nº 45, de 8-12-2004.

§ 1º Os membros do Conselho oriundos do Ministério Público serão indicados pelos respectivos Ministérios Públicos, na forma da lei.

▸ § 1º acrescido pela EC nº 45, de 8-12-2004.

▸ Lei nº 11.372, de 28-11-2006, regulamenta este parágrafo.

§ 2º Compete ao Conselho Nacional do Ministério Público o controle da atuação administrativa e financeira do Ministério Público e do cumprimento dos deveres funcionais de seus membros, cabendo-lhe:

▸ *Caput* do § 2º acrescido pela EC nº 45, de 8-12-2004.

I – zelar pela autonomia funcional e administrativa do Ministério Público, podendo expedir atos regulamentares, no âmbito de sua competência, ou recomendar providências;

II – zelar pela observância do art. 37 e apreciar, de ofício ou mediante provocação, a legalidade dos atos administrativos praticados por membros ou órgãos do Ministério Público da União e dos Estados, podendo desconstituí-los, revê-los ou fixar prazo para que se adotem as providências necessárias ao exato cumprimento da lei, sem prejuízo da competência dos Tribunais de Contas;

▸ Incisos I e II acrescidos pela EC nº 45, de 8-12-2004.

III – receber e conhecer das reclamações contra membros ou órgãos do Ministério Público da União ou dos Estados, inclusive contra seus serviços auxiliares, sem prejuízo da competência disciplinar e correicional da instituição, podendo avocar processos disciplinares em curso, determinar a remoção ou a disponibilidade e aplicar outras sanções administrativas, assegurada ampla defesa;

▶ Inciso III com a redação dada pela EC nº 103, de 12-11-2019.

IV – rever, de ofício ou mediante provocação, os processos disciplinares de membros do Ministério Público da União ou dos Estados julgados há menos de um ano;

V – elaborar relatório anual, propondo as providências que julgar necessárias sobre a situação do Ministério Público no País e as atividades do Conselho, o qual deve integrar a mensagem prevista no art. 84, XI.

▶ Incisos IV e V acrescidos pela EC nº 45, de 8-12-2004.

§ 3º O Conselho escolherá, em votação secreta, um Corregedor nacional, dentre os membros do Ministério Público que o integram, vedada a recondução, competindo-lhe, além das atribuições que lhe forem conferidas pela lei, as seguintes:

I – receber reclamações e denúncias, de qualquer interessado, relativas aos membros do Ministério Público e dos seus serviços auxiliares;

II – exercer funções executivas do Conselho, de inspeção e correição geral;

III – requisitar e designar membros do Ministério Público, delegando-lhes atribuições, e requisitar servidores de órgãos do Ministério Público.

§ 4º O Presidente do Conselho Federal da Ordem dos Advogados do Brasil oficiará junto ao Conselho.

§ 5º Leis da União e dos Estados criarão ouvidorias do Ministério Público, competentes para receber reclamações e denúncias de qualquer interessado contra membros ou órgãos do Ministério Público, inclusive contra seus serviços auxiliares, representando diretamente ao Conselho Nacional do Ministério Público.

▶ §§ 3º a 5º acrescidos pela EC nº 45, de 8-12-2004.

Seção II

DA ADVOCACIA PÚBLICA

▶ Denominação da Seção dada pela EC nº 19, de 4-6-1998.

▶ LC nº 73, de 10-2-1993 (Lei Orgânica da Advocacia-Geral da União).

▶ Lei nº 9.028, de 12-4-1995, dispõe sobre o exercício das atribuições institucionais da Advocacia-Geral da União, em caráter emergencial e provisório.

▶ Dec. nº 767, de 5-3-1993, dispõe sobre as atividades de controle interno da Advocacia-Geral da União.

Art. 131. A Advocacia-Geral da União é a instituição que, diretamente ou através de órgão vinculado, representa a União, judicial e extrajudicialmente, cabendo-lhe, nos termos da lei complementar que dispuser sobre sua organização e funcionamento, as atividades de consultoria e assessoramento jurídico do Poder Executivo.

▶ LC nº 73, de 10-2-1993 (Lei Orgânica da Advocacia-Geral da União).

▶ Lei nº 9.028, de 12-4-1995, dispõe sobre o exercício das atribuições institucionais da Advocacia-Geral da União, em caráter emergencial e provisório.

▶ Dec. nº 767, de 5-3-1993, dispõe sobre as atividades de controle interno da Advocacia-Geral da União.

▶ Súm. nº 644 do STF.

§ 1º A Advocacia-Geral da União tem por chefe o Advogado-Geral da União, de livre nomeação pelo Presidente da República dentre cidadãos maiores de trinta e cinco anos, de notável saber jurídico e reputação ilibada.

§ 2º O ingresso nas classes iniciais das carreiras da instituição de que trata este artigo far-se-á mediante concurso público de provas e títulos.

§ 3º Na execução da dívida ativa de natureza tributária, a representação da União cabe à Procuradoria-Geral da Fazenda Nacional, observado o disposto em lei.

▶ Súm. nº 139 do STJ.

Art. 132. Os Procuradores dos Estados e do Distrito Federal, organizados em carreira, na qual o ingresso dependerá de concurso público de provas e títulos, com a participação da Ordem dos Advogados do Brasil em todas as suas fases, exercerão a representação judicial e a consultoria jurídica das respectivas unidades federadas.

Parágrafo único. Aos procuradores referidos neste artigo é assegurada estabilidade após três anos de efetivo exercício, mediante avaliação de desempenho perante os órgãos próprios, após relatório circunstanciado das corregedorias.

▶ Art. 132 com a redação dada pela EC nº 19, de 4-6-1998.

Seção III

DA ADVOCACIA

▶ Denominação da Seção dada pela EC nº 80, de 4-6-2014.

Art. 133. O advogado é indispensável à administração da justiça, sendo inviolável por seus atos e manifestações no exercício da profissão, nos limites da lei.

- Art. 103 do CPC/2015.
- Art. 791 da CLT.
- Lei nº 8.906, de 4-7-1994 (Estatuto da Advocacia e da OAB).
- Súm. Vinc. nº 14 do STF.
- Súm. nº 219, 329 e 425 do TST.
- O STF, ao julgar a ADIN nº 1.194, deu interpretação conforme à Constituição ao art. 21 e parágrafo único da Lei nº 8.906, de 4-7-1994 (Estatuto da OAB), no sentido da preservação da liberdade contratual quanto à destinação dos honorários de sucumbência fixados judicialmente.

Seção IV

DA DEFENSORIA PÚBLICA

- Denominação da Seção dada pela EC nº 80, de 4-6-2014.

Art. 134. A Defensoria Pública é instituição permanente, essencial à função jurisdicional do Estado, incumbindo-lhe, como expressão e instrumento do regime democrático, fundamentalmente, a orientação jurídica, a promoção dos direitos humanos e a defesa, em todos os graus, judicial e extrajudicial, dos direitos individuais e coletivos, de forma integral e gratuita, aos necessitados, na forma do inciso LXXIV do art. 5º desta Constituição Federal.

- *Caput* com a redação dada pela EC nº 80, de 4-6-2014.
- Art. 98 do ADCT.
- Art. 104 do CPC/2015.
- LC nº 80, de 12-1-1994 (Lei da Defensoria Pública).
- Súm. Vinc. nº 14 do STF.

§ 1º Lei complementar organizará a Defensoria Pública da União e do Distrito Federal e dos Territórios e prescreverá normas gerais para sua organização nos Estados, em cargos de carreira, providos, na classe inicial, mediante concurso público de provas e títulos, assegurada a seus integrantes a garantia da inamovibilidade e vedado o exercício da advocacia fora das atribuições institucionais.

- Parágrafo único transformado em § 1º pela EC nº 45, de 8-12-2004.
- Súm. nº 421 do STJ.

§ 2º Às Defensorias Públicas Estaduais é assegurada autonomia funcional e administrativa, e a iniciativa de sua proposta orçamentária dentro dos limites estabelecidos na lei de diretrizes orçamentárias e subordinação ao disposto no art. 99, § 2º.

- § 2º acrescido pela EC nº 45, de 8-12-2004.

§ 3º Aplica-se o disposto no § 2º às Defensorias Públicas da União e do Distrito Federal.

- § 3º acrescido pela EC nº 74, de 6-8-2013.
- Art. 107, § 2º, do ADCT.

§ 4º São princípios institucionais da Defensoria Pública a unidade, a indivisibilidade e a independência funcional, aplicando-se também, no que couber, o disposto no art. 93 e no inciso II do art. 96 desta Constituição Federal.

- § 4º acrescido pela EC nº 80, de 4-6-2014.

Art. 135. Os servidores integrantes das carreiras disciplinadas nas Seções II e III deste Capítulo serão remunerados na forma do artigo 39, § 4º.

- Artigo com a redação dada pela EC nº 19, de 4-6-1998.
- Art. 132 desta Constituição.

TÍTULO V – DA DEFESA DO ESTADO E DAS INSTITUIÇÕES DEMOCRÁTICAS

CAPÍTULO I

DO ESTADO DE DEFESA E DO ESTADO DE SÍTIO

Seção I

DO ESTADO DE DEFESA

Art. 136. O Presidente da República pode, ouvidos o Conselho da República e o Conselho de Defesa Nacional, decretar estado de defesa para preservar ou prontamente restabelecer, em locais restritos e determinados, a ordem pública ou a paz social ameaçadas por grave e iminente instabilidade institucional ou atingidas por calamidades de grandes proporções na natureza.

- Arts. 89 a 91 desta Constituição.
- Lei nº 8.041, de 5-6-1990, dispõe sobre a organização e o funcionamento do Conselho da República.
- Lei nº 8.183, de 11-4-1991, dispõe sobre a organização e o funcionamento do Conselho de Defesa Nacional.
- Dec. nº 893, de 12-8-1993, aprova o regulamento do Conselho de Defesa Nacional.

§ 1º O decreto que instituir o estado de defesa determinará o tempo de sua duração, especificará as áreas a serem abrangidas e indicará, nos termos e limites da lei, as medidas coercitivas a vigorarem, dentre as seguintes:

I – restrições aos direitos de:

a) reunião, ainda que exercida no seio das associações;
b) sigilo de correspondência;
c) sigilo de comunicação telegráfica e telefônica;

II – ocupação e uso temporário de bens e serviços públicos, na hipótese de calamidade pública, respondendo a União pelos danos e custos decorrentes.

§ 2º O tempo de duração do estado de defesa não será superior a trinta dias, podendo ser prorrogado uma vez, por igual período, se persistirem as razões que justificaram a sua decretação.

§ 3º Na vigência do estado de defesa:

I – a prisão por crime contra o Estado, determinada pelo executor da medida, será por este comunicada imediatamente ao juiz competente, que a relaxará, se não for legal, facultado ao preso requerer exame de corpo de delito à autoridade policial;

II – a comunicação será acompanhada de declaração, pela autoridade, do estado físico e mental do detido no momento de sua autuação;

III – a prisão ou detenção de qualquer pessoa não poderá ser superior a dez dias, salvo quando autorizada pelo Poder Judiciário;

IV – é vedada a incomunicabilidade do preso.

§ 4º Decretado o estado de defesa ou sua prorrogação, o Presidente da República, dentro de vinte e quatro horas, submeterá o ato com a respectiva justificação ao Congresso Nacional, que decidirá por maioria absoluta.

§ 5º Se o Congresso Nacional estiver em recesso, será convocado, extraordinariamente, no prazo de cinco dias.

§ 6º O Congresso Nacional apreciará o decreto dentro de dez dias contados de seu recebimento, devendo continuar funcionando enquanto vigorar o estado de defesa.

§ 7º Rejeitado o decreto, cessa imediatamente o estado de defesa.

SEÇÃO II
DO ESTADO DE SÍTIO

Art. 137. O Presidente da República pode, ouvidos o Conselho da República e o Conselho de Defesa Nacional, solicitar ao Congresso Nacional autorização para decretar o estado de sítio nos casos de:

I – comoção grave de repercussão nacional ou ocorrência de fatos que comprovem a ineficácia de medida tomada durante o estado de defesa;

II – declaração de estado de guerra ou resposta a agressão armada estrangeira.

Parágrafo único. O Presidente da República, ao solicitar autorização para decretar o estado de sítio ou sua prorrogação, relatará os motivos determinantes do pedido, devendo o Congresso Nacional decidir por maioria absoluta.

Art. 138. O decreto do estado de sítio indicará sua duração, as normas necessárias a sua execução e as garantias constitucionais que ficarão suspensas, e, depois de publicado, o Presidente da República designará o executor das medidas específicas e as áreas abrangidas.

§ 1º O estado de sítio, no caso do artigo 137, I, não poderá ser decretado por mais de trinta dias, nem prorrogado, de cada vez, por prazo superior; no do inciso II, poderá ser decretado por todo o tempo que perdurar a guerra ou a agressão armada estrangeira.

§ 2º Solicitada autorização para decretar o estado de sítio durante o recesso parlamentar, o Presidente do Senado Federal, de imediato, convocará extraordinariamente o Congresso Nacional para se reunir dentro de cinco dias, a fim de apreciar o ato.

§ 3º O Congresso Nacional permanecerá em funcionamento até o término das medidas coercitivas.

Art. 139. Na vigência do estado de sítio decretado com fundamento no artigo 137, I, só poderão ser tomadas contra as pessoas as seguintes medidas:

I – obrigação de permanência em localidade determinada;

II – detenção em edifício não destinado a acusados ou condenados por crimes comuns;

III – restrições relativas à inviolabilidade da correspondência, ao sigilo das comunicações, à prestação de informações e à liberdade de imprensa, radiodifusão e televisão, na forma da lei;

▸ Lei nº 9.296, de 24-7-1996 (Lei das Interceptações Telefônicas).

IV – suspensão da liberdade de reunião;

▸ Lei nº 9.296, de 24-7-1996 (Lei das Interceptações Telefônicas).

V – busca e apreensão em domicílio;

VI – intervenção nas empresas de serviços públicos;

VII – requisição de bens.

Parágrafo único. Não se inclui nas restrições do inciso III a difusão de pronunciamentos de parlamentares efetuados em suas Casas Legislativas, desde que liberada pela respectiva Mesa.

Seção III

DISPOSIÇÕES GERAIS

Art. 140. A Mesa do Congresso Nacional, ouvidos os líderes partidários, designará Comissão composta de cinco de seus membros para acompanhar e fiscalizar a execução das medidas referentes ao estado de defesa e ao estado de sítio.

Art. 141. Cessado o estado de defesa ou o estado de sítio, cessarão também seus efeitos, sem prejuízo da responsabilidade pelos ilícitos cometidos por seus executores ou agentes.

Parágrafo único. Logo que cesse o estado de defesa ou o estado de sítio, as medidas aplicadas em sua vigência serão relatadas pelo Presidente da República, em mensagem ao Congresso Nacional, com especificação e justificação das providências adotadas, com relação nominal dos atingidos, e indicação das restrições aplicadas.

Capítulo II

DAS FORÇAS ARMADAS

- Dec. nº 3.897, de 24-8-2001, fixa as diretrizes para o emprego das Forças Armadas na garantia da Lei e da Ordem.

Art. 142. As Forças Armadas, constituídas pela Marinha, pelo Exército e pela Aeronáutica, são instituições nacionais permanentes e regulares, organizadas com base na hierarquia e na disciplina, sob a autoridade suprema do Presidente da República, e destinam-se à defesa da Pátria, à garantia dos poderes constitucionais e, por iniciativa de qualquer destes, da lei e da ordem.

- Art. 37, X, desta Constituição.
- Art. 14-A, § 6º, do CPP.
- LC nº 69, de 23-7-1991, dispõe sobre a organização e emprego das Forças Armadas.
- Lei nº 8.071, de 17-7-1990, dispõe sobre os efetivos do Exército em tempo de paz.

§ 1º Lei complementar estabelecerá as normas gerais a serem adotadas na organização, no preparo e no emprego das Forças Armadas.

- LC nº 97, de 9-6-1999, dispõe sobre as normas gerais para a organização, o preparo e o emprego das Forças Armadas.

§ 2º Não caberá *habeas corpus* em relação a punições disciplinares militares.

- Art. 42, § 1º, desta Constituição.
- Dec.-lei nº 1.001, de 21-10-1969 (Código Penal Militar).
- Dec. nº 76.322, de 22-9-1975 (Regulamento Disciplinar da Aeronáutica).
- Dec. nº 88.545, de 26-7-1983 (Regulamento Disciplinar para a Marinha).
- Dec. nº 4.346, de 26-8-2002 (Regulamento Disciplinar do Exército).

§ 3º Os membros das Forças Armadas são denominados militares, aplicando-se-lhes, além das que vierem a ser fixadas em lei, as seguintes disposições:

- § 3º acrescido pela EC nº 18, de 5-2-1998.
- Art. 42, § 1º, desta Constituição.
- Lei nº 9.786, de 8-2-1999, dispõe sobre o ensino do Exército Brasileiro.
- Dec. nº 3.182, de 23-9-1999, regulamenta a Lei nº 9.786, de 8-2-1999, que dispõe sobre o ensino do Exército Brasileiro.

I – as patentes, com prerrogativas, direitos e deveres a elas inerentes, são conferidas pelo Presidente da República e asseguradas em plenitude aos oficiais da ativa, da reserva ou reformados, sendo-lhes privativos os títulos e postos militares e, juntamente com os demais membros, o uso dos uniformes das Forças Armadas;

- Inciso I acrescido pela EC nº 18, de 5-2-1998.

II – o militar em atividade que tomar posse em cargo ou emprego público civil permanente, ressalvada a hipótese prevista no art. 37, inciso XVI, alínea c, será transferido para a reserva, nos termos da lei;

III – o militar da ativa que, de acordo com a lei, tomar posse em cargo, emprego ou função pública civil temporária, não eletiva, ainda que da administração indireta, ressalvada a hipótese prevista no art. 37, inciso XVI, alínea c, ficará agregado ao respectivo quadro e somente poderá, enquanto permanecer nessa situação, ser promovido por antiguidade, contando-se-lhe o tempo de serviço apenas para aquela promoção e transferência para a reserva, sendo depois de dois anos de afastamento, contínuos ou não, transferido para a reserva, nos termos da lei;

▸ Incisos II e III com a redação dada pela EC nº 77, de 11-2-2014.

IV – ao militar são proibidas a sindicalização e a greve;

V – o militar, enquanto em serviço ativo, não pode estar filiado a partidos políticos;

VI – o oficial só perderá o posto e a patente se for julgado indigno do oficialato ou com ele incompatível, por decisão de Tribunal militar de caráter permanente, em tempo de paz, ou de Tribunal especial, em tempo de guerra;

VII – o oficial condenado na justiça comum ou militar a pena privativa de liberdade superior a dois anos, por sentença transitada em julgado, será submetido ao julgamento previsto no inciso anterior;

▸ Incisos IV a VII acrescidos pela EC nº 18, de 5-2-1998.

VIII – aplica-se aos militares o disposto no art. 7º, incisos VIII, XII, XVII, XVIII, XIX e XXV, e no art. 37, incisos XI, XIII, XIV e XV, bem como, na forma da lei e com prevalência da atividade militar, no art. 37, inciso XVI, alínea c;

▸ Inciso VIII com a redação dada pela EC nº 77, de 11-2-2014.

▸ Súm. Vinc. nº 6 do STF.

IX – *Revogado*. EC nº 41, de 19-12-2003;

X – a lei disporá sobre o ingresso nas Forças Armadas, os limites de idade, a estabilidade e outras condições de transferência do militar para a inatividade, os direitos, os deveres, a remuneração, as prerrogativas e outras situações especiais dos militares, consideradas as peculiaridades de suas atividades, inclusive aquelas cumpridas por força de compromissos internacionais e de guerra.

▸ Inciso X acrescido pela EC nº 18, de 5-2-1998.

▸ Arts. 40, § 20, e 42, § 1º, desta Constituição.

▸ Súm. Vinc. nº 4 do STF.

Art. 143. O serviço militar é obrigatório nos termos da lei.

▸ Lei nº 4.375, de 17-8-1964 (Lei do Serviço Militar), regulamentada pelo Dec. nº 57.654, de 20-1-1966.

§ 1º Às Forças Armadas compete, na forma da lei, atribuir serviço alternativo aos que, em tempo de paz, após alistados, alegarem imperativo de consciência, entendendo-se como tal o decorrente de crença religiosa e de convicção filosófica ou política, para se eximirem de atividades de caráter essencialmente militar.

▸ Art. 5º, VIII, desta Constituição.

§ 2º As mulheres e os eclesiásticos ficam isentos do serviço militar obrigatório em tempo de paz, sujeitos, porém, a outros encargos que a lei lhes atribuir.

▸ Lei nº 8.239, de 4-10-1991, regulamenta os §§ 1º e 2º deste artigo.

▸ Súm. Vinc. nº 6 do STF.

Capítulo III

DA SEGURANÇA PÚBLICA

▸ Dec. nº 5.289, de 29-11-2004, disciplina a organização e o funcionamento da administração pública federal, para o desenvolvimento do programa de cooperação federativa denominado Força Nacional de Segurança Pública.

Art. 144. A segurança pública, dever do Estado, direito e responsabilidade de todos, é exercida para a preservação da ordem pública e da incolumidade das pessoas e do patrimônio, através dos seguintes órgãos:

▸ Arts. 14-A e 133-A do CPP.

▸ Dec. nº 4.332, de 12-8-2002, estabelece normas para o planejamento, a coordenação e a execução de medidas de segurança a serem implementadas durante as viagens presidenciais em território nacional, ou em eventos na capital federal.

I – polícia federal;

II – polícia rodoviária federal;

▸ Dec. nº 1.655, de 3-10-1995, define a competência da Polícia Rodoviária Federal.

III – polícia ferroviária federal;

IV – polícias civis;

V – polícias militares e corpos de bombeiros militares;

VI – polícias penais federal, estaduais e distrital.

▸ Inciso VI acrescido pela EC nº 104, de 4-12-2019.

§ 1º A polícia federal, instituída por lei como órgão permanente, organizado e mantido pela União e estruturado em carreira, destina-se a:

▸ § 1º com a redação dada pela EC nº 19, de 4-6-1998.

I – apurar infrações penais contra a ordem política e social ou em detrimento de bens, serviços e interesses da União ou de suas entidades autárquicas e empresas públicas, assim como outras infrações cuja prática tenha repercussão interestadual ou internacional e exija repressão uniforme, segundo se dispuser em lei;

▸ Lei nº 8.137, de 27-12-1990 (Lei dos Crimes contra a Ordem Tributária, Econômica e contra as Relações de Consumo).

▸ Lei nº 10.446, de 8-5-2002, dispõe sobre infrações penais de repercussão interestadual ou internacional que exigem repressão uniforme, para os fins de aplicação do disposto neste inciso.

II – prevenir e reprimir o tráfico ilícito de entorpecentes e drogas afins, o contrabando e o descaminho, sem prejuízo da ação fazendária e de outros órgãos públicos nas respectivas áreas de competência;

▸ Lei nº 11.343, de 23-8-2006 (Lei Antidrogas).

▸ Dec. nº 2.781, de 14-9-1998, institui o Programa Nacional de Combate ao Contrabando e o Descaminho.

III – exercer as funções de polícia marítima, aeroportuária e de fronteiras;

▸ Inciso III com a redação dada pela EC nº 19, de 4-6-1998.

▸ Súm. Vinc. nº 36 do STF.

IV – exercer, com exclusividade, as funções de polícia judiciária da União.

§ 2º A polícia rodoviária federal, órgão permanente, organizado e mantido pela União e estruturado em carreira, destina-se, na forma da lei, ao patrulhamento ostensivo das rodovias federais.

▸ Lei nº 9.654, de 2-3-1998, cria a carreira de Policial Rodoviário Federal.

§ 3º A polícia ferroviária federal, órgão permanente, organizado e mantido pela União e estruturado em carreira, destina-se, na forma da lei, ao patrulhamento ostensivo das ferrovias federais.

▸ §§ 2º e 3º com a redação dada pela EC nº 19, de 4-6-1998.

§ 4º Às polícias civis, dirigidas por delegados de polícia de carreira, incumbem, ressalvada a competência da União, as funções de polícia judiciária e a apuração de infrações penais, exceto as Militares.

▸ Art. 9º do CPM.

▸ Art. 7º do CPPM.

§ 5º Às polícias militares cabem a polícia ostensiva e a preservação da ordem pública; aos corpos de bombeiros militares, além das atribuições definidas em lei, incumbe a execução de atividades de defesa civil.

▸ Dec.-lei nº 667, de 2-7-1969, reorganiza as Polícias Militares e os Corpos de Bombeiros Militares dos Estados, dos Território e do Distrito Federal.

§ 5º-A. Às polícias penais, vinculadas ao órgão administrador do sistema penal da unidade federativa a que pertencem, cabe a segurança dos estabelecimentos penais.

▸ § 5º-A acrescido pela EC nº 104, de 4-12-2019.

§ 6º As polícias militares e os corpos de bombeiros militares, forças auxiliares e reserva do Exército subordinam-se, juntamente com as polícias civis e as polícias penais estaduais e distrital, aos Governadores dos Estados, do Distrito Federal e dos Territórios.

▸ § 6º com a redação dada pela EC nº 104, de 4-12-2019.

§ 7º A lei disciplinará a organização e o funcionamento dos órgãos responsáveis pela segurança pública, de maneira a garantir a eficiência de suas atividades.

▸ Lei nº 12.681, de 4-7-2012, institui o Sistema Nacional de Informações de Segurança Pública, Prisionais e sobre Drogas – SINESP.

▸ Lei nº 13.675, de 11-6-2018 (Lei do SUSP).

▸ Dec. nº 9.489, de 30-8-2018, regulamenta a Lei nº 13.675, de 11-6-2018 (Lei do SUSP).

§ 8º Os Municípios poderão constituir guardas municipais destinadas à proteção de seus bens, serviços e instalações, conforme dispuser a lei.

▸ Lei nº 13.022, de 8-8-2014, dispõe sobre o Estatuto Geral das Guardas Municipais.

§ 9º A remuneração dos servidores policiais integrantes dos órgãos relacionados neste artigo será fixada na forma do § 4º do artigo 39.

▸ § 9º acrescido pela EC nº 19, de 4-6-1998.

§ 10. A segurança viária, exercida para a preservação da ordem pública e da incolumidade das pessoas e do seu patrimônio nas vias públicas:

I – compreende a educação, engenharia e fiscalização de trânsito, além de outras atividades previstas em lei, que assegurem ao cidadão o direito à mobilidade urbana eficiente; e

II – compete, no âmbito dos Estados, do Distrito Federal e dos Municípios, aos respectivos órgãos ou entidades executivos e seus agentes de trânsito, estruturados em Carreira, na forma da lei.

▸ § 10 acrescido pela EC nº 82, de 16-7-2014.

TÍTULO VI – DA TRIBUTAÇÃO E DO ORÇAMENTO

► Lei nº 5.172, de 25-10-1966 (Código Tributário Nacional).

CAPÍTULO I

DO SISTEMA TRIBUTÁRIO NACIONAL

► Lei nº 8.137, de 27-12-1990 (Lei de Crimes contra a Ordem Tributária, Econômica e contra as Relações de Consumo).

► Lei nº 8.176, de 8-2-1991, define crimes contra a ordem econômica e cria o sistema de estoque de combustíveis.

► Dec. nº 2.730, de 10-8-1998, dispõe sobre o encaminhamento ao Ministério Público da representação fiscal para os crimes contra a ordem tributária.

SEÇÃO I

DOS PRINCÍPIOS GERAIS

Art. 145. A União, os Estados, o Distrito Federal e os Municípios poderão instituir os seguintes tributos:

► Arts. 1º a 5º do CTN.

► Súm. nº 667 do STF.

I – impostos;

► Arts. 16 a 76 do CTN.

II – taxas, em razão do exercício do poder de polícia ou pela utilização, efetiva ou potencial, de serviços públicos específicos e divisíveis, prestados ao contribuinte ou postos a sua disposição;

► Arts. 77 a 80 do CTN.

► Lei nº 7.940, de 20-12-1969, institui a Taxa de Fiscalização dos mercados de títulos e valores mobiliários.

► Súmulas Vinculantes nºs 19 e 41 do STF.

► Súmulas nºs 665 e 670 do STF.

III – contribuição de melhoria, decorrente de obras públicas.

► Arts. 81 e 82 do CTN.

► Dec.-lei nº 195, de 24-2-1967 (Lei da Contribuição de Melhoria).

§ 1º Sempre que possível, os impostos terão caráter pessoal e serão graduados segundo a capacidade econômica do contribuinte, facultado à administração tributária, especialmente para conferir efetividade a esses objetivos, identificar, respeitados os direitos individuais e nos termos da lei, o patrimônio, os rendimentos e as atividades econômicas do contribuinte.

► Lei nº 8.021, de 12-4-1990, dispõe sobre a identificação dos contribuintes para fins fiscais.

► Súmulas nºs 656 e 668 do STF.

§ 2º As taxas não poderão ter base de cálculo própria de impostos.

► Art. 77, parágrafo único, do CTN.

► Súm. Vinc. nº 29 do STF.

► Súm. nº 665 do STF.

§ 3º O Sistema Tributário Nacional deve observar os princípios da simplicidade, da transparência, da justiça tributária, da cooperação e da defesa do meio ambiente.

§ 4º As alterações na legislação tributária buscarão atenuar efeitos regressivos.

► §§ 3º e 4º acrescidos pela EC nº 132, de 20-12-2023.

Art. 146. Cabe à lei complementar:

I – dispor sobre conflitos de competência, em matéria tributária, entre a União, os Estados, o Distrito Federal e os Municípios;

► Arts. 6º a 8º do CTN.

II – regular as limitações constitucionais ao poder de tributar;

► Arts. 9º a 15 do CTN.

III – estabelecer normas gerais em matéria de legislação tributária, especialmente sobre:

► Art. 149 desta Constituição.

a) definição de tributos e de suas espécies, bem como, em relação aos impostos discriminados nesta Constituição, a dos respectivos fatos geradores, bases de cálculo e contribuintes;

b) obrigação, lançamento, crédito, prescrição e decadência tributários;

► Súm. Vinc. nº 8 do STF.

c) adequado tratamento tributário ao ato cooperativo praticado pelas sociedades cooperativas, inclusive em relação aos tributos previstos nos arts. 156-A e 195, V;

d) definição de tratamento diferenciado e favorecido para as microempresas e para as empresas de pequeno porte, inclusive regimes especiais ou simplificados no caso dos impostos previstos nos arts. 155, II, e 156-A, das contribuições

sociais previstas no art. 195, I e V, e § 12 e da contribuição a que se refere o art. 239.

▶ Alíneas *c* e *d* com a redação dada pela EC nº 132, de 20-12-2023.

⋆ **Nova redação do dispositivo alterado:** "*d)* definição de tratamento diferenciado e favorecido para as microempresas e para as empresas de pequeno porte, inclusive regimes especiais ou simplificados no caso dos impostos previstos nos arts. 155, II, e 156-A e das contribuições previstas no art. 195, I e V."

▶ Alínea *d* com a redação dada pela EC nº 132, de 20-12-2023, para vigorar a partir de 2027.

⋆ **Nova redação do dispositivo alterado:** "*d)* definição de tratamento diferenciado e favorecido para as microempresas e para as empresas de pequeno porte, inclusive regimes especiais ou simplificados no caso do imposto previsto no art. 156-A e das contribuições sociais previstas no art. 195, I e V."

▶ Alínea *d* com a redação dada pela EC nº 132, de 20-12-2023, para vigorar a partir de 2033.

§ 1º A lei complementar de que trata o inciso III,* d*, também poderá instituir um regime único de arrecadação dos impostos e contribuições da União, dos Estados, do Distrito Federal e dos Municípios, observado que:

I – será opcional para o contribuinte;

II – poderão ser estabelecidas condições de enquadramento diferenciadas por Estado;

III – o recolhimento será unificado e centralizado e a distribuição da parcela de recursos pertencentes aos respectivos entes federados será imediata, vedada qualquer retenção ou condicionamento;

▶ Art. 107, § 6º, I, do ADCT.

IV – a arrecadação, a fiscalização e a cobrança poderão ser compartilhadas pelos entes federados, adotado cadastro nacional único de contribuintes.

▶ Parágrafo único transformado em § 1º pela EC nº 132, de 20-12-2023.

§ 2º É facultado ao optante pelo regime único de que trata o § 1º apurar e recolher os tributos previstos nos arts. 156-A e 195, V, nos termos estabelecidos nesses artigos, hipótese em que as parcelas a eles relativas não serão cobradas pelo regime único.

§ 3º Na hipótese de o recolhimento dos tributos previstos nos arts. 156-A e 195, V, ser realizado por meio do regime único de que trata o § 1º, enquanto perdurar a opção:

I – não será permitida a apropriação de créditos dos tributos previstos nos arts. 156-A e 195, V, pelo contribuinte optante pelo regime único; e

II – será permitida a apropriação de créditos dos tributos previstos nos arts. 156-A e 195, V, pelo adquirente não optante pelo regime único de que trata o § 1º de bens materiais ou imateriais, inclusive direitos, e de serviços do optante, em montante equivalente ao cobrado por meio do regime único.

▶ §§ 2º e 3º acrescidos pela EC nº 132, de 20-12-2023.

Art. 146-A. Lei complementar poderá estabelecer critérios especiais de tributação, com o objetivo de prevenir desequilíbrios da concorrência, sem prejuízo da competência de a União, por lei, estabelecer normas de igual objetivo.

▶ Art. 146-A acrescido pela EC nº 42, de 19-12-2003.

Art. 147. Competem à União, em Território Federal, os impostos estaduais e, se o Território não for dividido em Municípios, cumulativamente, os impostos municipais; ao Distrito Federal cabem os impostos municipais.

Art. 148. A União, mediante lei complementar, poderá instituir empréstimos compulsórios:

I – para atender a despesas extraordinárias, decorrentes de calamidade pública, de guerra externa ou sua iminência;

II – no caso de investimento público de caráter urgente e de relevante interesse nacional, observado o disposto no artigo 150, III, *b*.

▶ Art. 34, § 12, do ADCT.

Parágrafo único. A aplicação dos recursos provenientes de empréstimo compulsório será vinculada à despesa que fundamentou sua instituição.

Art. 149. Compete exclusivamente à União instituir contribuições sociais, de intervenção no domínio econômico e de interesse das categorias profissionais ou econômicas, como instrumento de sua atuação nas respectivas áreas, observado o disposto nos artigos 146, III, e 150, I e III, e sem prejuízo do previsto no artigo 195, § 6º, relativamente às contribuições a que alude o dispositivo.

▸ Lei nº 10.336, de 19-12-2001, institui a Contribuição de Intervenção no Domínio Econômico incidente sobre a importação e a comercialização de petróleo e seus derivados, gás natural e seus derivados e álcool etílico combustível – CIDE a que se refere este artigo.

§ 1º Os Estados, o Distrito Federal e os Municípios instituirão contribuição, cobrada de seus servidores, para o custeio, em benefício destes, do regime previdenciário de que trata o art. 40, cuja alíquota não será inferior à da contribuição dos servidores titulares de cargos efetivos da União.

▸ § 1º com a redação dada pela EC nº 41, de 19-12-2003.

⋆ **Nova redação do dispositivo alterado:** "§ 1º A União, os Estados, o Distrito Federal e os Municípios instituirão, por meio de lei, contribuições para custeio de regime próprio de previdência social, cobradas dos servidores ativos, dos aposentados e dos pensionistas, que poderão ter alíquotas progressivas de acordo com o valor da base de contribuição ou dos proventos de aposentadoria e de pensões."

▸ § 1º com a redação dada pela EC nº 103, de 12-11-2019, em vigor na data de publicação de lei de iniciativa privativa do respectivo Poder Executivo que o referende integralmente.

§ 1º-A. Quando houver *deficit* atuarial, a contribuição ordinária dos aposentados e pensionistas poderá incidir sobre o valor dos proventos de aposentadoria e de pensões que supere o salário mínimo.

§ 1º-B. Demonstrada a insuficiência da medida prevista no § 1º-A para equacionar o *deficit* atuarial, é facultada a instituição de contribuição extraordinária, no âmbito da União, dos servidores públicos ativos, dos aposentados e dos pensionistas.

§ 1º-C. A contribuição extraordinária de que trata o § 1º-B deverá ser instituída simultaneamente com outras medidas para equacionamento do *deficit* e vigorará por período determinado, contado da data de sua instituição.

▸ §§ 1º-A a 1º-C acrescidos pela EC nº 103, de 12-11-2019, em vigor na data de publicação de lei de iniciativa privativa do respectivo Poder Executivo que os referende integralmente.

§ 2º As contribuições sociais e de intervenção no domínio econômico de que trata o *caput* deste artigo:

I – não incidirão sobre as receitas decorrentes de exportação;

II – incidirão também sobre a importação de produtos estrangeiros ou serviços;

▸ Inciso II com a redação dada pela EC nº 42, de 19-12-2003.

▸ Lei nº 10.336, de 19-12-2001, institui Contribuição de Intervenção no Domínio Econômico incidente sobre a importação e a comercialização de petróleo e seus derivados, e álcool etílico combustível – CIDE.

▸ Lei nº 10.865, de 30-4-2004, dispõe sobre o PIS/PASEP-Importação e a COFINS-Importação.

III – poderão ter alíquotas:

a) *ad valorem*, tendo por base o faturamento, a receita bruta ou o valor da operação e, no caso de importação, o valor aduaneiro;

b) específica, tendo por base a unidade de medida adotada.

§ 3º A pessoa natural destinatária das operações de importação poderá ser equiparada a pessoa jurídica, na forma da lei.

§ 4º A lei definirá as hipóteses em que as contribuições incidirão uma única vez.

▸ §§ 2º a 4º acrescidos pela EC nº 33, de 11-12-2001.

Art. 149-A. Os Municípios e o Distrito Federal poderão instituir contribuição, na forma das respectivas leis, para o custeio, a expansão e a melhoria do serviço de iluminação pública e de sistemas de monitoramento para segurança e preservação de logradouros públicos, observado o disposto no art. 150, I e III.

▸ *Caput* com a redação dada pela EC nº 132, de 20-12-2023.

Parágrafo único. É facultada a cobrança da contribuição a que se refere o *caput*, na fatura de consumo de energia elétrica.

▸ Parágrafo único acrescido pela EC nº 39, de 19-12-2002.

Art. 149-B. Os tributos previstos nos arts. 156-A e 195, V, observarão as mesmas regras em relação a:

I – fatos geradores, bases de cálculo, hipóteses de não incidência e sujeitos passivos;
II – imunidades;
III – regimes específicos, diferenciados ou favorecidos de tributação;
IV – regras de não cumulatividade e de creditamento.

Parágrafo único. Os tributos de que trata o caput observarão as imunidades previstas no art. 150, VI, não se aplicando a ambos os tributos o disposto no art. 195, § 7º.

Art. 149-C. O produto da arrecadação do imposto previsto no art. 156-A e da contribuição prevista no art. 195, V, incidentes sobre operações contratadas pela administração pública direta, por autarquias e por fundações públicas, inclusive suas importações, será integralmente destinado ao ente federativo contratante, mediante redução a zero das alíquotas do imposto e da contribuição devidos aos demais entes e equivalente elevação da alíquota do tributo devido ao ente contratante.

§ 1º As operações de que trata o caput poderão ter alíquotas reduzidas de modo uniforme, nos termos de lei complementar.

§ 2º Lei complementar poderá prever hipóteses em que não se aplicará o disposto no caput e no § 1º.

§ 3º Nas importações efetuadas pela administração pública direta, por autarquias e por fundações públicas, o disposto no art. 150, VI, **a*****, será implementado na forma do disposto no caput e no § 1º, assegurada a igualdade de tratamento em relação às aquisições internas.***

▸ Arts. 149-B e 149-C acrescidos pela EC nº 132, de 20-12-2023.

Seção II

DAS LIMITAÇÕES DO PODER DE TRIBUTAR

Art. 150. Sem prejuízo de outras garantias asseguradas ao contribuinte, é vedado à União, aos Estados, ao Distrito Federal e aos Municípios:

▸ Lei nº 5.172 de 25-10-1966 (Código Tributário Nacional).

I – exigir ou aumentar tributo sem lei que o estabeleça;

▸ Arts. 3º e 97, I e II, do CTN.

II – instituir tratamento desigual entre contribuintes que se encontrem em situação equivalente, proibida qualquer distinção em razão de ocupação profissional ou função por eles exercida, independentemente da denominação jurídica dos rendimentos, títulos ou direitos;

▸ Art. 5º, *caput*, desta Constituição.

▸ Súm. nº 658 do STF.

III – cobrar tributos:

a) em relação a fatos geradores ocorridos antes do início da vigência da lei que os houver instituído ou aumentado;

▸ Art. 9º, II, do CTN.

b) no mesmo exercício financeiro em que haja sido publicada a lei que os instituiu ou aumentou;

▸ Art. 195, § 6º, desta Constituição.

c) antes de decorridos noventa dias da data em que haja sido publicada a lei que os instituiu ou aumentou, observado o disposto na alínea *b*;

▸ Alínea *c* acrescida pela EC nº 42, de 19-12-2003.

IV – utilizar tributo com efeito de confisco;

V – estabelecer limitações ao tráfego de pessoas ou bens, por meio de tributos interestaduais ou intermunicipais, ressalvada a cobrança de pedágio pela utilização de vias conservadas pelo Poder Público;

▸ Art. 9º, III, do CTN.

VI – instituir impostos sobre:

a) patrimônio, renda ou serviços, uns dos outros;

▸ Art. 9º, IV, *a*, do CTN.

b) entidades religiosas e templos de qualquer culto, inclusive suas organizações assistenciais e beneficentes;

▸ Alínea *b* com a redação dada pela EC nº 132, de 20-12-2023.

▸ Art. 9º, IV, *b*, do CTN.

c) patrimônio, renda ou serviços dos partidos políticos, inclusive suas fundações, das entidades sindicais dos trabalhadores, das instituições de educação e de assistência social, sem fins lucrativos, atendidos os requisitos da lei;

▸ Art. 9º, IV, *c*, e 14 do CTN.

▸ Lei nº 3.193, de 4-7-1957, dispõe sobre isenção de impostos em templos de qualquer culto, bens e serviços de partidos políticos e instituições de educação e assistência social.

▸ Súm. Vinc. nº 52 do STF.

▸ Súmulas nºs 724 e 730 do STF.

d) livros, jornais, periódicos e o papel destinado à sua impressão;

▸ Lei nº 10.753, de 30-10-2003, institui a Política Internacional do Livro.

▸ Art. 1º, *caput*, I e II, da Lei nº 11.945, de 4-6-2009, que dispõe sobre o Registro Especial na Secretaria da Receita Federal do Brasil.

▸ Súm. nº 657 do STF.

e) fonogramas e videofonogramas musicais produzidos no Brasil contendo obras musicais ou literomusicais de autores brasileiros e/ou obras em geral interpretadas por artistas brasileiros bem como os suportes materiais ou arquivos digitais que os contenham, salvo na etapa de replicação industrial de mídias ópticas de leitura a *laser*.

▸ Alínea e acrescida pela EC nº 75, de 15-10-2013.

§ 1º A vedação do inciso III, *b*, não se aplica aos tributos previstos nos arts. 148, I, 153, I, II, IV e V; e 154, II; e a vedação do inciso III, *c*, não se aplica aos tributos previstos nos arts. 148, I, 153, I, II, III e V; e 154, II, nem à fixação da base de cálculo dos impostos previstos nos arts. 155, III, e 156, I.

▸ § 1º com a redação dada pela EC nº 42, de 19-12-2003.

§ 2º A vedação do inciso VI, a, é extensiva às autarquias e às fundações instituídas e mantidas pelo poder público e à empresa pública prestadora de serviço postal, no que se refere ao patrimônio, à renda e aos serviços vinculados a suas finalidades essenciais ou às delas decorrentes.

▸ § 2º com a redação dada pela EC nº 132, de 20-12-2023.

§ 3º As vedações do inciso VI, *a*, e do parágrafo anterior não se aplicam ao patrimônio, à renda e aos serviços, relacionados com exploração de atividades econômicas regidas pelas normas aplicáveis a empreendimentos privados, ou em que haja contraprestação ou pagamento de preços ou tarifas pelo usuário, nem exonera o promitente comprador da obrigação de pagar imposto relativamente ao bem imóvel.

§ 4º As vedações expressas no inciso VI, alíneas *b* e *c*, compreendem somente o patrimônio, a renda e os serviços, relacionados com as finalidades essenciais das entidades nelas mencionadas.

§ 5º A lei determinará medidas para que os consumidores sejam esclarecidos acerca dos impostos que incidam sobre mercadorias e serviços.

▸ Lei nº 12.741, de 8-12-2012, dispõe sobre as medidas de esclarecimento ao consumidor de que trata este parágrafo; regulamentada pelo Dec. nº 8.264, de 5-6-2014.

§ 6º Qualquer subsídio ou isenção, redução de base de cálculo, concessão de crédito presumido, anistia ou remissão, relativos a impostos, taxas ou contribuições, só poderá ser concedido mediante lei específica, federal, estadual ou municipal, que regule exclusivamente as matérias acima enumeradas ou o correspondente tributo ou contribuição, sem prejuízo do disposto no artigo 155, § 2º, XII, *g*.

⋆ **Nova redação do dispositivo alterado:** "§ 6º Qualquer subsídio ou isenção, redução de base de cálculo, concessão de crédito presumido, anistia ou remissão, relativos a impostos, taxas ou contribuições, só poderá ser concedido mediante lei específica, federal, estadual ou municipal, que regule exclusivamente as matérias acima enumeradas ou o correspondente tributo ou contribuição."

▸ § 6º com a redação dada pela EC nº 132, de 20-12-2023, para vigorar a partir de 2033.

§ 7º A lei poderá atribuir a sujeito passivo de obrigação tributária a condição de responsável pelo pagamento de imposto ou contribuição, cujo fato gerador deva ocorrer posteriormente, assegurada a imediata e preferencial restituição da quantia paga, caso não se realize o fato gerador presumido.

▸ §§ 6º e 7º acrescidos pela EC nº 3, de 17-3-1993.

Art. 151. É vedado à União:

I – instituir tributo que não seja uniforme em todo o Território Nacional ou que implique distinção ou preferência em relação a Estado, ao Distrito Federal ou a Município, em detrimento de outro, admitida a concessão de incentivos fiscais destinados a promover o equilíbrio do desenvolvimento socioeconômico entre as diferentes regiões do País;

▸ Art. 10 do CTN.

▸ Lei nº 9.440, de 14-3-1997, estabelece incentivos fiscais para o desenvolvimento regional.

▸ Lei nº 11.508, de 20-7-2007 (Lei das Zonas de Processamento de Exportação).

II – tributar a renda das obrigações da dívida pública dos Estados, do Distrito Federal e dos Municípios, bem como a remuneração e os proventos dos respectivos agentes públicos, em níveis superiores aos que fixar para suas obrigações e para seus agentes;

III – instituir isenções de tributos da competência dos Estados, do Distrito Federal ou dos Municípios.

► Súm. nº 185 do STJ.

Art. 152. É vedado aos Estados, ao Distrito Federal e aos Municípios estabelecer diferença tributária entre bens e serviços, de qualquer natureza, em razão de sua procedência ou destino.

► Art. 11 do CTN.

Seção III

DOS IMPOSTOS DA UNIÃO

Art. 153. Compete à União instituir impostos sobre:

I – importação de produtos estrangeiros;

► Arts. 60, § 2º, e 154, I, desta Constituição.

► Lei nº 7.810, de 30-8-1989, dispõe sobre a redução de impostos na importação.

► Lei nº 8.032, de 12-4-1990, dispõe sobre a isenção ou redução de imposto de importação.

► Lei nº 9.449, de 14-3-1997, reduz o Imposto de Importação para os produtos que especifica.

II – exportação, para o exterior, de produtos nacionais ou nacionalizados;

► Art. 60, § 2º, desta Constituição.

III – renda e proventos de qualquer natureza;

► Arts. 27, § 2º, 28, § 2º, 29, V e VI, 37, XV, 48, XV, 49, VII e VIII, 95, III, 128, § 5º, I, c, desta Constituição.

► Art. 34, § 2º, I, do ADCT.

► Lei nº 8.166, de 11-1-1991, dispõe sobre a não incidência do imposto de renda sobre lucros ou dividendos distribuídos a residentes ou domiciliados no exterior, doados a instituições sem fins lucrativos.

► Lei nº 9.430, de 27-12-1996, dispõe sobre a legislação tributária federal, as contribuições para a Seguridade Social, o processo administrativo de consulta.

► Súmulas nºs 125, 136 e 386 do STJ.

IV – produtos industrializados;

► Art. 60, § 2º, desta Constituição.

► Art. 34, § 2º, I, do ADCT.

► Lei nº 9.363, de 13-12-1996, dispõe sobre a instituição de crédito presumido do Imposto sobre Produtos Industrializados, para ressarcimento do valor do PIS/PASEP e COFINS nos casos que especifica.

► Lei nº 9.493, de 10-9-1997, concede isenção do Imposto sobre Produtos Industrializados – IPI na aquisição de equipamentos, máquinas, aparelhos e instrumentos, dispõe sobre período de apuração e prazo de recolhimento do referido imposto para as microempresas e empresas de pequeno porte, e estabelece suspensão do IPI na saída de bebidas alcoólicas, acondicionadas para venda a granel, dos estabelecimentos produtores e dos estabelecimentos equiparados a industrial.

► Dec. nº 7.212, de 15-6-2010, regulamenta a cobrança, fiscalização, arrecadação e administração do Imposto sobre Produtos Industrializados – IPI.

V – operações de crédito, câmbio e seguro, ou relativas a títulos ou valores mobiliários;

★ **Nova redação do dispositivo alterado:** "V – operações de crédito e câmbio ou relativas a títulos ou valores mobiliários;"

► Inciso V com a redação dada pela EC nº 132, de 20-12-2023, para vigorar a partir de 2027.

► Art. 60, § 2º, desta Constituição.

► Arts. 63 a 67 do CTN.

► Lei nº 8.894, de 21-6-1994, dispõe sobre o Imposto sobre Operações de Crédito, Câmbio e Seguro, ou relativas a Títulos e Valores Mobiliários.

► Dec. nº 6.306, de 14-12-2007, regulamenta o imposto sobre Operações de Crédito, Câmbio e Seguro, ou relativas a Títulos e Valores Mobiliários – IOF.

► Súm. Vinc. nº 32 do STF.

► Súm. nº 664 do STF.

VI – propriedade territorial rural;

► Lei nº 8.847, de 28-1-1994, dispõe sobre o Imposto sobre a Propriedade Territorial Rural – ITR.

► Lei nº 9.393, de 19-12-1996, dispõe sobre a Propriedade Territorial Rural – ITR, e sobre o pagamento da dívida representada por Títulos da Dívida Agrária – TDA.

► Dec. nº 4.382, de 19-9-2002, regulamenta a tributação, fiscalização, arrecadação e administração do Imposto sobre a Propriedade Territorial Rural – ITR.

► Súm. nº 139 do STJ.

VII – grandes fortunas, nos termos de lei complementar;

► LC nº 111, de 6-7-2001, dispõe sobre o Fundo de Combate e Erradicação da Pobreza, na forma prevista nos arts. 79 a 81 do ADCT.

VIII – produção, extração, comercialização ou importação de bens e serviços prejudiciais à saúde ou ao meio ambiente, nos termos de lei complementar.

► Inciso VIII acrescido pela EC nº 132, de 20-12-2023.

§ 1º É facultado ao Poder Executivo, atendidas as condições e os limites estabelecidos em lei, alterar as alíquotas dos impostos enumerados nos incisos I, II, IV e V.

► Art. 150, § 1º, desta Constituição.

▸ Lei nº 8.088, de 30-10-1990, dispõe sobre a atualização do Bônus do Tesouro Nacional e dos depósitos de poupança.

§ 2º O imposto previsto no inciso III:

I – será informado pelos critérios da generalidade, da universalidade e da progressividade, na forma da lei;

▸ Arts. 27, § 2º, 28, § 2º, 29, V e VI, 37, XV, 48, XV, 49, VII e VIII, 95, III, e 128, § 5º, I, c, desta Constituição.

II – *Revogado*. EC nº 20, de 15-12-1998.

§ 3º O imposto previsto no inciso IV:

I – será seletivo, em função da essencialidade do produto;

II – será não cumulativo, compensando-se o que for devido em cada operação com o montante cobrado nas anteriores;

III – não incidirá sobre produtos industrializados destinados ao exterior;

IV – terá reduzido seu impacto sobre a aquisição de bens de capital pelo contribuinte do imposto, na forma da lei.

▸ Inciso IV acrescido pela EC nº 42, de 19-12-2003.

§ 4º O imposto previsto no inciso VI do *caput*:

▸ *Caput* com a redação dada pela EC nº 42, de 19-12-2003.

▸ Lei nº 8.629, de 25-2-1993, regula os dispositivos constitucionais relativos à reforma agrária.

I – será progressivo e terá suas alíquotas fixadas de forma a desestimular a manutenção de propriedades improdutivas;

II – não incidirá sobre pequenas glebas rurais, definidas em lei, quando as explore o proprietário que não possua outro imóvel;

III – será fiscalizado e cobrado pelos Municípios que assim optarem, na forma da lei, desde que não implique redução do imposto ou qualquer outra forma de renúncia fiscal.

▸ Incisos I a III acrescidos pela EC nº 42, de 19-12-2003.

▸ Lei nº 11.250, de 27-12-2005, regulamenta este inciso.

§ 5º O ouro, quando definido em lei como ativo financeiro ou instrumento cambial, sujeita-se exclusivamente à incidência do imposto de que trata o inciso V do *caput* deste artigo, devido na operação de origem; a alíquota mínima será de um por cento, assegurada a transferência do montante da arrecadação nos seguintes termos:

▸ Arts. 74, § 2º, e 107, § 6º, I, do ADCT.

▸ Lei nº 7.766, de 11-5-1989, dispõe sobre o ouro, ativo financeiro e sobre seu tratamento tributário.

I – trinta por cento para o Estado, o Distrito Federal ou o Território, conforme a origem;

II – setenta por cento para o Município de origem.

▸ Arts. 72, § 3º, 74, § 2º, 75 e 76, § 1º, do ADCT.

▸ Lei nº 7.766, de 11-5-1989, dispõe sobre o ouro, ativo financeiro e sobre seu tratamento tributário.

§ 6º O imposto previsto no inciso VIII do caput deste artigo:

I – não incidirá sobre as exportações nem sobre as operações com energia elétrica e com telecomunicações;

II – incidirá uma única vez sobre o bem ou serviço;

III – não integrará sua própria base de cálculo;

IV – integrará a base de cálculo dos tributos previstos nos arts. 155, II, 156, III, 156-A e 195, V;

⋆ **Nova redação do dispositivo alterado:** "IV – integrará a base de cálculo dos tributos previstos nos arts. 156-A e 195, V;"

▸ Inciso IV acrescido pela EC nº 132, de 20-12-2023, para vigorar a partir de 2033.

V – poderá ter o mesmo fato gerador e base de cálculo de outros tributos;

VI – terá suas alíquotas fixadas em lei ordinária, podendo ser específicas, por unidade de medida adotada, ou ad valorem;

VII – na extração, o imposto será cobrado independentemente da destinação, caso em que a alíquota máxima corresponderá a 1% (um por cento) do valor de mercado do produto.

▸ § 6º acrescido pela EC nº 132, de 20-12-2023.

Art. 154. A União poderá instituir:

I – mediante lei complementar, impostos não previstos no artigo anterior, desde que sejam não cumulativos e não tenham fato gerador ou base de cálculo próprios dos discriminados nesta Constituição;

▸ Art. 195, § 4º, desta Constituição.

▸ Arts. 74, § 2º, e 75 do ADCT.

II – na iminência ou no caso de guerra externa, impostos extraordinários, compreendidos ou não em sua competência tributária, os quais serão suprimidos, gradativamente, cessadas as causas de sua criação.

▸ Arts. 62, § 2º, 150, § 1º, desta Constituição.

Seção IV

DOS IMPOSTOS DOS ESTADOS E DO DISTRITO FEDERAL

Art. 155. Compete aos Estados e ao Distrito Federal instituir impostos sobre:

▸ *Caput* com a redação dada pela EC nº 3, de 17-3-1993.

I – transmissão *causa mortis* e doação de quaisquer bens ou direitos;

II – operações relativas à circulação de mercadorias e sobre prestações de serviços de transporte interestadual e intermunicipal e de comunicação, ainda que as operações e as prestações se iniciem no exterior;

▸ Art. 60, § 2º, do ADCT.

▸ LC nº 24, de 7-1-1975, dispõe sobre os convênios para a concessão de isenções do imposto sobre operações relativas à circulação de mercadorias.

▸ LC nº 87, de 13-9-1996 (Lei Kandir – ICMS).

▸ Súm. nº 662 do STF.

▸ Súmulas nºs 334 e 457 do STJ.

III – propriedade de veículos automotores;

▸ Incisos I a III acrescidos pela EC nº 3, de 17-3-1993.

§ 1º O imposto previsto no inciso I:

▸ § 1º com a redação dada pela EC nº 3, de 17-3-1993.

I – relativamente a bens imóveis e respectivos direitos, compete ao Estado da situação do bem, ou ao Distrito Federal;

II – relativamente a bens móveis, títulos e créditos, compete ao Estado onde era domiciliado o de cujus, ou tiver domicílio o doador, ou ao Distrito Federal;

▸ Inciso II com a redação dada pela EC nº 132, de 20-12-2023.

▸ Art. 17 da EC nº 132, de 20-12-2023.

III – terá a competência para sua instituição regulada por lei complementar:

▸ Art. 16 da EC nº 132, de 20-12-2023.

a) se o doador tiver domicílio ou residência no exterior;

b) se o *de cujus* possuía bens, era residente ou domiciliado ou teve o seu inventário processado no exterior;

IV – terá suas alíquotas máximas fixadas pelo Senado Federal;

V – não incidirá sobre as doações destinadas, no âmbito do Poder Executivo da União, a projetos socioambientais ou destinados a mitigar os efeitos das mudanças climáticas e às instituições federais de ensino;

▸ Inciso V acrescido pela EC nº 126, de 21-12-2022.

VI – será progressivo em razão do valor do quinhão, do legado ou da doação;

VII – não incidirá sobre as transmissões e as doações para as instituições sem fins lucrativos com finalidade de relevância pública e social, inclusive as organizações assistenciais e beneficentes de entidades religiosas e institutos científicos e tecnológicos, e por elas realizadas na consecução dos seus objetivos sociais, observadas as condições estabelecidas em lei complementar.

▸ Incisos VI e VII acrescidos pela EC nº 132, de 20-12-2023.

§ 2º O imposto previsto no inciso II atenderá ao seguinte:

▸ *Caput* do § 2º com a redação dada pela EC nº 3, de 17-3-1993.

▸ LC nº 24, de 7-1-1975, dispõe sobre os convênios para a concessão de isenções do imposto sobre operações relativas à circulação de mercadorias.

▸ LC nº 101, de 4-5-2000 (Lei da Responsabilidade Fiscal).

▸ Dec.-lei nº 406, de 31-12-1968, estabelece normas gerais de direito financeiro, aplicáveis aos Impostos sobre Operações relativas à Circulação de Mercadorias e sobre Serviços de Qualquer Natureza.

I – será não cumulativo, compensando-se o que for devido em cada operação relativa à circulação de mercadorias ou prestação de serviços com o montante cobrado nas anteriores pelo mesmo ou outro Estado ou pelo Distrito Federal;

II – a isenção ou não incidência, salvo determinação em contrário da legislação:

▸ LC nº 24, de 7-1-1975, dispõe sobre os convênios para concessão para isenções do Imposto sobre Obrigações Relativas a Circulação de Mercadorias.

▸ LC nº 87, de 13-9-1996 (Lei Kandir – ICMS).

▸ Súm. nº 662 do STF.

a) não implicará crédito para compensação com o montante devido nas operações ou prestações seguintes;

b) acarretará a anulação do crédito relativo às operações anteriores;

III – poderá ser seletivo, em função da essencialidade das mercadorias e dos serviços;

IV – resolução do Senado Federal, de iniciativa do Presidente da República ou de um terço dos Senadores, aprovada pela maioria absoluta de seus membros, estabelecerá as alíquotas aplicáveis às operações e prestações, interestaduais e de exportação;

V – é facultado ao Senado Federal:

a) estabelecer alíquotas mínimas nas operações internas, mediante resolução de iniciativa de um terço e aprovada pela maioria absoluta de seus membros;

b) fixar alíquotas máximas nas mesmas operações para resolver conflito específico que envolva interesse de Estados, mediante resolução de iniciativa da maioria absoluta e aprovada por dois terços de seus membros;

VI – salvo deliberação em contrário dos Estados e do Distrito Federal, nos termos do disposto no inciso XII, *g*, as alíquotas internas, nas operações relativas à circulação de mercadorias e nas prestações de serviços, não poderão ser inferiores às previstas para as operações interestaduais;

VII – nas operações e prestações que destinem bens e serviços a consumidor final, contribuinte ou não do imposto, localizado em outro Estado, adotar-se-á a alíquota interestadual e caberá ao Estado de localização do destinatário o imposto correspondente à diferença entre a alíquota interna do Estado destinatário e a alíquota interestadual;

► Inciso VII com a redação dada pela EC nº 87, de 16-4-2015.

a) e *b*) *Revogadas*. EC nº 87, de 16-4-2015.

VIII – a responsabilidade pelo recolhimento do imposto correspondente à diferença entre a alíquota interna e a interestadual de que trata o inciso VII será atribuída:

a) ao destinatário, quando este for contribuinte do imposto;

b) ao remetente, quando o destinatário não for contribuinte do imposto;

► Inciso VIII com a redação dada pela EC nº 87, de 16-4-2015.

IX – incidirá também:

► Súmulas nºs 660 e 661 do STF.

► Súm. nº 155 do STJ.

a) sobre a entrada de bem ou mercadoria importados do exterior por pessoa física ou jurídica, ainda que não seja contribuinte habitual do imposto, qualquer que seja a sua finalidade, assim como sobre o serviço prestado no exterior, cabendo o imposto ao Estado onde estiver situado o domicílio ou o estabelecimento do destinatário da mercadoria, bem ou serviço;

► Alínea *a* com a redação dada pela EC nº 33, de 11-12-2001.

► Súm. Vinc. nº 48 do STF.

► Súmulas nºs 660 e 661 do STF.

► Súm. nº 198 do STJ.

b) sobre o valor total da operação, quando mercadorias forem fornecidas com serviços não compreendidos na competência tributária dos Municípios;

X – não incidirá:

a) sobre operações que destinem mercadorias para o exterior, nem sobre serviços prestados a destinatários no exterior, assegurada a manutenção e o aproveitamento do montante do imposto cobrado nas operações e prestações anteriores;

► Alínea *a* com a redação dada pela EC nº 42, de 19-12-2003.

► Súm. nº 433 do STJ.

b) sobre operações que destinem a outros Estados petróleo, inclusive lubrificantes, combustíveis líquidos e gasosos dele derivados, e energia elétrica;

c) sobre o ouro, nas hipóteses definidas no artigo 153, § 5º;

► Lei nº 7.766, de 11-5-1989, dispõe sobre o ouro, ativo financeiro, e sobre seu tratamento tributário.

d) nas prestações de serviço de comunicação nas modalidades de radiodifusão sonora e de sons e imagens de recepção livre e gratuita;

► Alínea *d* acrescida pela EC nº 42, de 19-12-2003.

XI – não compreenderá, em sua base de cálculo, o montante do imposto sobre produtos industrializados, quando a operação, realizada entre contribuintes e relativa a produto destinado à industrialização ou à comercialização, configure fato gerador dos dois impostos;

XII – cabe à lei complementar:

► Art. 4º da EC nº 42, de 19-12-2003.

a) definir seus contribuintes;

b) dispor sobre substituição tributária;

c) disciplinar o regime de compensação do imposto;

d) fixar, para efeito de sua cobrança e definição do estabelecimento responsável, o local das operações relativas à circulação de mercadorias e das prestações de serviços;

e) excluir da incidência do imposto, nas exportações para o exterior, serviços e outros produtos além dos mencionados no inciso X, *a*;

f) prever casos de manutenção de crédito, relativamente à remessa para outro Estado e exportação para o exterior, de serviços e de mercadorias;

g) regular a forma como, mediante deliberação dos Estados e do Distrito Federal, isenções, incentivos e benefícios fiscais serão concedidos e revogados;

► Art. 22, parágrafo único, da LC nº 123, de 14-12-2006 (Estatuto Nacional da Microempresa e da Empresa de Pequeno Porte).

► Art. 2º da LC nº 160, de 7-8-2017, que dispõe sobre convênio que permite aos Estados e ao Distrito Federal deliberar sobre a remissão dos créditos tributários, constituídos ou não, decorrentes das isenções, dos incentivos e dos benefícios fiscais ou financeiro-fiscais instituídos em desacordo com o disposto nesta alínea e a reinstituição das respectivas isenções, incentivos e benefícios fiscais ou financeiro-fiscais.

h) definir os combustíveis e lubrificantes sobre os quais o imposto incidirá uma única vez, qualquer que seja a sua finalidade, hipótese em que não se aplicará o disposto no inciso X, *b*;

► Alínea *h* acrescida pela EC nº 33, de 11-12-2001.

► Conforme o art. 4º da EC nº 33, de 11-12-2001, enquanto não entrar em vigor a lei complementar de que trata esta alínea, os Estados e o Distrito Federal, mediante convênio celebrado nos termos do § 2º, XII, *g*, deste artigo, fixarão normas para regular provisoriamente a matéria.

i) fixar a base de cálculo, de modo que o montante do imposto a integre, também na importação do exterior de bem, mercadoria ou serviço.

► Alínea *i* acrescida pela EC nº 33, de 11-12-2001.

► Súm. nº 457 do STJ.

§ 3º À exceção dos impostos de que tratam o inciso II do caput deste artigo e os arts. 153, I e II, e 156-A, nenhum outro imposto poderá incidir sobre operações relativas a energia elétrica e serviços de telecomunicações e, à exceção destes e do previsto no art. 153, VIII, nenhum outro imposto poderá incidir sobre operações relativas a derivados de petróleo, combustíveis e minerais do País.

► § 3º com a redação dada pela EC nº 132, de 20-12-2023.

► Súm. nº 659 do STF.

§ 4º Na hipótese do inciso XII, *h*, observar-se-á o seguinte:

I – nas operações com os lubrificantes e combustíveis derivados de petróleo, o imposto caberá ao Estado onde ocorrer o consumo;

II – nas operações interestaduais, entre contribuintes, com gás natural e seus derivados, e lubrificantes e combustíveis não incluídos no inciso I deste parágrafo, o imposto será repartido entre os Estados de origem e de destino, mantendo-se a mesma proporcionalidade que ocorre nas operações com as demais mercadorias;

III – nas operações interestaduais com gás natural e seus derivados, e lubrificantes e combustíveis não incluídos no inciso I deste parágrafo, destinadas a não contribuinte, o imposto caberá ao Estado de origem;

IV – as alíquotas do imposto serão definidas mediante deliberação dos Estados e Distrito Federal, nos termos do § 2º, XII, *g*, observando-se o seguinte:

a) serão uniformes em todo o território nacional, podendo ser diferenciadas por produto;

b) poderão ser específicas, por unidade de medida adotada, ou *ad valorem*, incidindo sobre o valor da operação ou sobre o preço que o produto ou seu similar alcançaria em uma venda em condições de livre concorrência;

c) poderão ser reduzidas e restabelecidas, não se lhes aplicando o disposto no artigo 150, III, *b*.

§ 5º As regras necessárias à aplicação do disposto no § 4º, inclusive as relativas à apuração e à destinação do imposto, serão estabelecidas mediante deliberação dos Estados e do Distrito Federal, nos termos do § 2º, XII, *g*.

► §§ 4º e 5º acrescidos pela EC nº 33, de 11-12-2001.

§ 6º O imposto previsto no inciso III:

► *Caput* do § 6º acrescido pela EC nº 42, de 19-12-2003.

I – terá alíquotas mínimas fixadas pelo Senado Federal;

► Inciso I acrescido pela EC nº 42, de 19-12-2003.

II – poderá ter alíquotas diferenciadas em função do tipo, do valor, da utilização e do impacto ambiental;

► Inciso II com a redação dada pela EC nº 132, de 20-12-2023.

III – incidirá sobre a propriedade de veículos automotores terrestres, aquáticos e aéreos, excetuados:

a) ***aeronaves agrícolas e de operador certificado para prestar serviços aéreos a terceiros;***
b) ***embarcações de pessoa jurídica que detenha outorga para prestar serviços de transporte aquaviário ou de pessoa física ou jurídica que pratique pesca industrial, artesanal, científica ou de subsistência;***
c) ***plataformas suscetíveis de se locomoverem na água por meios próprios, inclusive aquelas cuja finalidade principal seja a exploração de atividades econômicas em águas territoriais e na zona econômica exclusiva e embarcações que tenham essa mesma finalidade principal;***
d) ***tratores e máquinas agrícolas.***

▸ Inciso III acrescido pela EC nº 132, de 20-12-2023.

SEÇÃO V

DOS IMPOSTOS DOS MUNICÍPIOS

Art. 156. Compete aos Municípios instituir impostos sobre:

▸ Art. 167, § 4º, desta Constituição.

I – propriedade predial e territorial urbana;

▸ Arts. 32 a 34 do CTN.
▸ Súm. nº 589 do STF.
▸ Súm. nº 399 do STJ.

II – transmissão *inter vivos*, a qualquer título, por ato oneroso, de bens imóveis, por natureza ou acessão física, e de direitos reais sobre imóveis, exceto os de garantia, bem como cessão de direitos à sua aquisição;

▸ Arts. 34 a 42 do CTN.
▸ Súm. nº 656 do STF.

III – serviços de qualquer natureza, não compreendidos no artigo 155, II, definidos em lei complementar.

▸ Inciso III com a redação dada pela EC nº 3, de 17-3-1993.
▸ LC nº 116, de 31-4-2003 (Lei do ISS).
▸ Súm. Vinc. nº 31 do STF.
▸ Súm. nº 424 do STJ.

IV – *Revogado*. EC nº 3, de 17-3-1993.

§ 1º Sem prejuízo da progressividade no tempo a que se refere o artigo 182, § 4º, inciso II, o imposto previsto no inciso I poderá:

▸ *Caput* do § 1º com a redação dada pela EC nº 29, de 13-9-2000.
▸ Arts. 182, §§ 2º e 4º, e 186 desta Constituição.
▸ Súm. nº 589 do STF.

I – ser progressivo em razão do valor do imóvel; e

II – ter alíquotas diferentes de acordo com a localização e o uso do imóvel;

▸ Incisos I e II com a redação dada pela EC nº 29, de 13-9-2000.
▸ Lei nº 10.257, de 10-7-2001 (Estatuto da Cidade).

III – ter sua base de cálculo atualizada pelo Poder Executivo, conforme critérios estabelecidos em lei municipal.

▸ Inciso III acrescido pela EC nº 132, de 20-12-2023.

§ 1º-A. O imposto previsto no inciso I do *caput* deste artigo não incide sobre templos de qualquer culto, ainda que as entidades abrangidas pela imunidade de que trata a alínea *b* do inciso VI do *caput* do art. 150 desta Constituição sejam apenas locatárias do bem imóvel.

▸ § 1º-A acrescido pela EC nº 116, de 17-2-2022.

§ 2º O imposto previsto no inciso II:

I – não incide sobre a transmissão de bens ou direitos incorporados ao patrimônio de pessoa jurídica em realização de capital, nem sobre a transmissão de bens ou direitos decorrentes de fusão, incorporação, cisão ou extinção de pessoa jurídica, salvo se, nesses casos, a atividade preponderante do adquirente for a compra e venda desses bens ou direitos, locação de bens imóveis ou arrendamento mercantil;

II – compete ao Município da situação do bem.

§ 3º Em relação ao imposto previsto no inciso III do *caput* deste artigo, cabe à lei complementar:

▸ *Caput* do § 3º com a redação dada pela EC nº 37, de 12-6-2002.

I – fixar as suas alíquotas máximas e mínimas;

▸ Inciso I com a redação dada pela EC nº 37, de 12-6-2002.
▸ Art. 88 do ADCT.

II – excluir da sua incidência exportações de serviços para o exterior;

▸ Inciso II com a redação dada pela EC nº 3, de 17-3-1993.

III – regular a forma e as condições como isenções, incentivos e benefícios fiscais serão concedidos e revogados.

▸ Inciso III acrescido pela EC nº 37, de 12-6-2002.
▸ Art. 88 do ADCT.

§ 4º *Revogado*. EC nº 3, de 17-3-1993.

SEÇÃO V-A

DO IMPOSTO DE COMPETÊNCIA COMPARTILHADA ENTRE ESTADOS, DISTRITO FEDERAL E MUNICÍPIOS

▸ Seção V-A acrescida pela EC nº 132, de 20-12-2023.

***Art. 156-A.** Lei complementar instituirá imposto sobre bens e serviços de competência compartilhada entre Estados, Distrito Federal e Municípios.*

***§ 1º** O imposto previsto no caput será informado pelo princípio da neutralidade e atenderá ao seguinte:*

***I** – incidirá sobre operações com bens materiais ou imateriais, inclusive direitos, ou com serviços;*

***II** – incidirá também sobre a importação de bens materiais ou imateriais, inclusive direitos, ou de serviços realizada por pessoa física ou jurídica, ainda que não seja sujeito passivo habitual do imposto, qualquer que seja a sua finalidade;*

***III** – não incidirá sobre as exportações, assegurados ao exportador a manutenção e o aproveitamento dos créditos relativos às operações nas quais seja adquirente de bem material ou imaterial, inclusive direitos, ou serviço, observado o disposto no § 5º, III;*

***IV** – terá legislação única e uniforme em todo o território nacional, ressalvado o disposto no inciso V;*

***V** – cada ente federativo fixará sua alíquota própria por lei específica;*

***VI** – a alíquota fixada pelo ente federativo na forma do inciso V será a mesma para todas as operações com bens materiais ou imateriais, inclusive direitos, ou com serviços, ressalvadas as hipóteses previstas nesta Constituição;*

***VII** – será cobrado pelo somatório das alíquotas do Estado e do Município de destino da operação;*

***VIII** – será não cumulativo, compensando-se o imposto devido pelo contribuinte com o montante cobrado sobre todas as operações nas quais seja adquirente de bem material ou imaterial, inclusive direito, ou de serviço, excetuadas exclusivamente as consideradas de uso ou consumo pessoal especificadas em lei complementar e as hipóteses previstas nesta Constituição;*

***IX** – não integrará sua própria base de cálculo nem a dos tributos previstos nos arts. 153, VIII, e 195, I, b, IV e V, e da contribuição para o Programa de Integração Social de que trata o art. 239;*

★ **Nova redação do dispositivo alterado:** "IX – não integrará sua própria base de cálculo nem a dos tributos previstos nos arts. 153, VIII, e 195, V;"

▸ Inciso IX acrescido pela EC nº 132, de 20-12-2023, para vigorar a partir de 2027.

★ **Nova redação do dispositivo alterado:** "IX – não integrará sua própria base de cálculo nem a dos tributos previstos nos arts. 153, VIII, e 195, V;"

▸ Inciso IX acrescido pela EC nº 132, de 20-12-2023, para vigorar a partir de 2033.

***X** – não será objeto de concessão de incentivos e benefícios financeiros ou fiscais relativos ao imposto ou de regimes específicos, diferenciados ou favorecidos de tributação, excetuadas as hipóteses previstas nesta Constituição;*

***XI** – não incidirá nas prestações de serviço de comunicação nas modalidades de radiodifusão sonora e de sons e imagens de recepção livre e gratuita;*

***XII** – resolução do Senado Federal fixará alíquota de referência do imposto para cada esfera federativa, nos termos de lei complementar, que será aplicada se outra não houver sido estabelecida pelo próprio ente federativo;*

***XIII** – sempre que possível, terá seu valor informado, de forma específica, no respectivo documento fiscal.*

***§ 2º** Para fins do disposto no § 1º, V, o Distrito Federal exercerá as competências estadual e municipal na fixação de suas alíquotas.*

***§ 3º** Lei complementar poderá definir como sujeito passivo do imposto a pessoa que concorrer para a realização, a execução ou o pagamento da operação, ainda que residente ou domiciliada no exterior.*

***§ 4º** Para fins de distribuição do produto da arrecadação do imposto, o Comitê Gestor do Imposto sobre Bens e Serviços:*

***I** – reterá montante equivalente ao saldo acumulado de créditos do imposto não compensados pelos contribuintes e não ressarcidos ao final de cada período de apuração e aos valores decorrentes do cumprimento do § 5º, VIII;*

II – distribuirá o produto da arrecadação do imposto, deduzida a retenção de que trata o inciso I deste parágrafo, ao ente federativo de destino das operações que não tenham gerado creditamento.

§ 5º Lei complementar disporá sobre:

I – as regras para a distribuição do produto da arrecadação do imposto, disciplinando, entre outros aspectos:

a) *a sua forma de cálculo;*

b) *o tratamento em relação às operações em que o imposto não seja recolhido tempestivamente;*

c) *as regras de distribuição aplicáveis aos regimes favorecidos, específicos e diferenciados de tributação previstos nesta Constituição;*

II – o regime de compensação, podendo estabelecer hipóteses em que o aproveitamento do crédito ficará condicionado à verificação do efetivo recolhimento do imposto incidente sobre a operação com bens materiais ou imateriais, inclusive direitos, ou com serviços, desde que:

a) *o adquirente possa efetuar o recolhimento do imposto incidente nas suas aquisições de bens ou serviços; ou*

b) *o recolhimento do imposto ocorra na liquidação financeira da operação;*

III – a forma e o prazo para ressarcimento de créditos acumulados pelo contribuinte;

IV – os critérios para a definição do destino da operação, que poderá ser, inclusive, o local da entrega, da disponibilização ou da localização do bem, o da prestação ou da disponibilização do serviço ou o do domicílio ou da localização do adquirente ou destinatário do bem ou serviço, admitidas diferenciações em razão das características da operação;

V – a forma de desoneração da aquisição de bens de capital pelos contribuintes, que poderá ser implementada por meio de:

a) *crédito integral e imediato do imposto;*

b) *diferimento; ou*

c) *redução em 100% (cem por cento) das alíquotas do imposto;*

VI – as hipóteses de diferimento e desoneração do imposto aplicáveis aos regimes aduaneiros especiais e às zonas de processamento de exportação;

VII – o processo administrativo fiscal do imposto;

VIII – as hipóteses de devolução do imposto a pessoas físicas, inclusive os limites e os beneficiários, com o objetivo de reduzir as desigualdades de renda;

IX – os critérios para as obrigações tributárias acessórias, visando à sua simplificação.

§ 6º Lei complementar disporá sobre regimes específicos de tributação para:

I – combustíveis e lubrificantes sobre os quais o imposto incidirá uma única vez, qualquer que seja a sua finalidade, hipótese em que:

a) *serão as alíquotas uniformes em todo o território nacional, específicas por unidade de medida e diferenciadas por produto, admitida a não aplicação do disposto no § 1º, V a VII;*

b) *será vedada a apropriação de créditos em relação às aquisições dos produtos de que trata este inciso destinados a distribuição, comercialização ou revenda;*

c) *será concedido crédito nas aquisições dos produtos de que trata este inciso por sujeito passivo do imposto, observado o disposto na alínea* b *e no § 1º, VIII;*

II – serviços financeiros, operações com bens imóveis, planos de assistência à saúde e concursos de prognósticos, podendo prever:

a) *alterações nas alíquotas, nas regras de creditamento e na base de cálculo, admitida, em relação aos adquirentes dos bens e serviços de que trata este inciso, a não aplicação do disposto no § 1º, VIII;*

b) *hipóteses em que o imposto incidirá sobre a receita ou o faturamento, com alíquota uniforme em todo o território nacional, admitida a não aplicação do disposto no § 1º, V a VII, e, em relação aos adquirentes dos bens e serviços de que trata este inciso, também do disposto no § 1º, VIII;*

III – sociedades cooperativas, que será optativo, com vistas a assegurar sua competitividade, observados os princípios da livre concorrência e da isonomia tributária, definindo, inclusive:

a) *as hipóteses em que o imposto não incidirá sobre as operações realizadas entre a sociedade cooperativa e seus associados, entre estes e aquela e pelas sociedades cooperativas entre si quando associadas para a consecução dos objetivos sociais;*

b) *o regime de aproveitamento do crédito das etapas anteriores;*

IV – serviços de hotelaria, parques de diversão e parques temáticos, agências de viagens e de turismo, bares e restaurantes, atividade esportiva desenvolvida por Sociedade Anônima do Futebol e aviação regional, podendo prever hipóteses de alterações nas alíquotas, nas bases de cálculo e nas regras de creditamento, admitida a não aplicação do disposto no § 1º, V a VIII;

V – operações alcançadas por tratado ou convenção internacional, inclusive referentes a missões diplomáticas, repartições consulares, representações de organismos internacionais e respectivos funcionários acreditados;

VI – serviços de transporte coletivo de passageiros rodoviário intermunicipal e interestadual, ferroviário e hidroviário, podendo prever hipóteses de alterações nas alíquotas e nas regras de creditamento, admitida a não aplicação do disposto no § 1º, V a VIII.

§ 7º A isenção e a imunidade:

I – não implicarão crédito para compensação com o montante devido nas operações seguintes;

II – acarretarão a anulação do crédito relativo às operações anteriores, salvo, na hipótese da imunidade, inclusive em relação ao inciso XI do § 1º, quando determinado em contrário em lei complementar.

§ 8º Para fins do disposto neste artigo, a lei complementar de que trata o caput poderá estabelecer o conceito de operações com serviços, seu conteúdo e alcance, admitida essa definição para qualquer operação que não seja classificada como operação com bens materiais ou imateriais, inclusive direitos.

§ 9º Qualquer alteração na legislação federal que reduza ou eleve a arrecadação do imposto:

I – deverá ser compensada pela elevação ou redução, pelo Senado Federal, das alíquotas de referência de que trata o § 1º, XII, de modo a preservar a arrecadação das esferas federativas, nos termos de lei complementar;

II – somente entrará em vigor com o início da produção de efeitos do ajuste das alíquotas de referência de que trata o inciso I deste parágrafo.

§ 10. Os Estados, o Distrito Federal e os Municípios poderão optar por vincular suas alíquotas à alíquota de referência de que trata o § 1º, XII.

§ 11. Projeto de lei complementar em tramitação no Congresso Nacional que reduza ou aumente a arrecadação do imposto somente será apreciado se acompanhado de estimativa de impacto no valor das alíquotas de referência de que trata o § 1º, XII.

§ 12. A devolução de que trata o § 5º, VIII, não será considerada nas bases de cálculo de que tratam os arts. 29-A, 198, § 2º, 204, parágrafo único, 212, 212-A, II, e 216, § 6º, não se aplicando a ela, ainda, o disposto no art. 158, IV, b.

§ 13. A devolução de que trata o § 5º, VIII, será obrigatória nas operações de fornecimento de energia elétrica e de gás liquefeito de petróleo ao consumidor de baixa renda, podendo a lei complementar determinar que seja calculada e concedida no momento da cobrança da operação.

Art. 156-B. Os Estados, o Distrito Federal e os Municípios exercerão de forma integrada, exclusivamente por meio do Comitê Gestor do Imposto sobre Bens e Serviços, nos termos e limites estabelecidos nesta Constituição e em lei complementar, as seguintes competências administrativas relativas ao imposto de que trata o art. 156-A:

I – editar regulamento único e uniformizar a interpretação e a aplicação da legislação do imposto;

II – arrecadar o imposto, efetuar as compensações e distribuir o produto da arrecadação entre Estados, Distrito Federal e Municípios;

III – decidir o contencioso administrativo.

§ 1º O Comitê Gestor do Imposto sobre Bens e Serviços, entidade pública sob regime especial, terá independência técnica, administrativa, orçamentária e financeira.

§ 2º Na forma da lei complementar:

I – os Estados, o Distrito Federal e os Municípios serão representados, de forma paritária, na instância máxima de deliberação do Comitê Gestor do Imposto sobre Bens e Serviços;

II – será assegurada a alternância na presidência do Comitê Gestor entre o conjunto dos Estados e o Distrito Federal e o conjunto dos Municípios e o Distrito Federal;

III – o Comitê Gestor será financiado por percentual do produto da arrecadação do imposto destinado a cada ente federativo;

IV – o controle externo do Comitê Gestor será exercido pelos Estados, pelo Distrito Federal e pelos Municípios;

V – a fiscalização, o lançamento, a cobrança, a representação administrativa e a representação judicial relativos ao imposto serão realizados, no âmbito de suas respectivas competências, pelas administrações tributárias e procuradorias dos Estados, do Distrito Federal e dos Municípios, que poderão definir hipóteses de delegação ou de compartilhamento de competências, cabendo ao Comitê Gestor a coordenação dessas atividades administrativas com vistas à integração entre os entes federativos;

VI – as competências exclusivas das carreiras da administração tributária e das procuradorias dos Estados, do Distrito Federal e dos Municípios serão exercidas, no Comitê Gestor e na representação deste, por servidores das referidas carreiras;

VII – serão estabelecidas a estrutura e a gestão do Comitê Gestor, cabendo ao regimento interno dispor sobre sua organização e funcionamento.

§ 3º A participação dos entes federativos na instância máxima de deliberação do Comitê Gestor do Imposto sobre Bens e Serviços observará a seguinte composição:

I – 27 (vinte e sete) membros, representando cada Estado e o Distrito Federal;

II – 27 (vinte e sete) membros, representando o conjunto dos Municípios e do Distrito Federal, que serão eleitos nos seguintes termos:

a) 14 (quatorze) representantes, com base nos votos de cada Município, com valor igual para todos; e

b) 13 (treze) representantes, com base nos votos de cada Município ponderados pelas respectivas populações.

§ 4º As deliberações no âmbito do Comitê Gestor do Imposto sobre Bens e Serviços serão consideradas aprovadas se obtiverem, cumulativamente, os votos:

I – em relação ao conjunto dos Estados e do Distrito Federal:

a) da maioria absoluta de seus representantes; e

b) de representantes dos Estados e do Distrito Federal que correspondam a mais de 50% (cinquenta por cento) da população do País; e

II – em relação ao conjunto dos Municípios e do Distrito Federal, da maioria absoluta de seus representantes.

§ 5º O Presidente do Comitê Gestor do Imposto sobre Bens e Serviços deverá ter notórios conhecimentos de administração tributária.

§ 6º O Comitê Gestor do Imposto sobre Bens e Serviços, a administração tributária da União e a Procuradoria-Geral da Fazenda Nacional compartilharão informações fiscais relacionadas aos tributos previstos nos arts. 156-A e 195, V, e atuarão com vistas a harmonizar normas, interpretações, obrigações acessórias e procedimentos a eles relativos.

§ 7º O Comitê Gestor do Imposto sobre Bens e Serviços e a administração tributária da União poderão implementar soluções integradas para a administração e cobrança dos tributos previstos nos arts. 156-A e 195, V.

§ 8º Lei complementar poderá prever a integração do contencioso administrativo relativo aos tributos previstos nos arts. 156-A e 195, V.

▸ Arts. 156-A e 156-B acrescidos pela EC nº 132, de 20-12-2023.

SEÇÃO VI

DA REPARTIÇÃO DAS RECEITAS TRIBUTÁRIAS

Art. 157. Pertencem aos Estados e ao Distrito Federal:

▸ Art. 167, § 4º, desta Constituição.

▸ Art. 107, § 6º, I, do ADCT.

I – o produto da arrecadação do imposto da União sobre renda e proventos de qualquer natureza, incidente na fonte, sobre rendimentos pagos, a qualquer título, por eles, suas autarquias e pelas fundações que instituírem e mantiverem;

- ▶ Art. 159, § 1º, desta Constituição.
- ▶ Art. 76, § 1º, do ADCT.
- ▶ Súm. nº 447 do STJ.

II – vinte por cento do produto da arrecadação do imposto que a União instituir no exercício da competência que lhe é atribuída pelo artigo 154, I.

- ▶ Art. 72, § 3º, do ADCT.

Art. 158. Pertencem aos Municípios:

- ▶ Art. 167, IV, desta Constituição.
- ▶ Art. 104, IV, do ADCT.
- ▶ LC nº 63, de 11-1-1990, dispõe sobre critérios e prazos de crédito das parcelas do produto da arrecadação de impostos de competência dos Estados e de transferências por estes recebidas, pertencentes aos Municípios.

I – o produto da arrecadação do imposto da União sobre renda e proventos de qualquer natureza, incidente na fonte, sobre rendimentos pagos, a qualquer título, por eles, suas autarquias e pelas fundações que instituírem e mantiverem;

- ▶ Art. 159, § 1º, desta Constituição.
- ▶ Arts. 76, § 1º, e 107, § 6º, I, do ADCT.

III – 50% (cinquenta por cento) do produto da arrecadação do imposto do Estado sobre a propriedade de veículos automotores licenciados em seus territórios e, em relação a veículos aquáticos e aéreos, cujos proprietários sejam domiciliados em seus territórios;

- ▶ Inciso III com a redação dada pela EC nº 132, de 20-12-2023.
- ▶ Arts. 76, § 1º, e 107, § 6º, I, do ADCT.
- ▶ Súm. nº 139 do STJ.

III – cinquenta por cento do produto da arrecadação do imposto do Estado sobre a propriedade de veículos automotores licenciados em seus territórios;

- ▶ Art. 1º da LC nº 63, de 11-1-1990, que dispõe sobre critérios e prazos de crédito das parcelas do produto da arrecadação de impostos de competência dos Estados e de transferências por estes recebidas, pertencentes aos Municípios.

IV – 25% (vinte e cinco por cento):

- ▶ *Caput* do inciso IV com a redação dada pela EC nº 132, de 20-12-2023.

a) *do produto da arrecadação do imposto do Estado sobre operações relativas à circulação de mercadorias e sobre prestações de serviços de transporte interestadual e intermunicipal e de comunicação;*

b) *do produto da arrecadação do imposto previsto no art. 156-A distribuída aos Estados.*

- ▶ Alíneas *a* e *b* acrescidas pela EC nº 132, de 20-12-2023.
- ▶ Arts. 60, § 2º, e 82, § 1º, do ADCT.
- ▶ Art. 1º da LC nº 63, de 11-1-1990, que dispõe sobre critérios e prazos de crédito das parcelas do produto da arrecadação de impostos de competência dos Estados e de transferências por estes recebidas, pertencentes aos Municípios.

§ 1º As parcelas de receita pertencentes aos Municípios mencionadas no inciso IV, a, serão creditadas conforme os seguintes critérios:

I – 65% (sessenta e cinco por cento), no mínimo, na proporção do valor adicionado nas operações relativas à circulação de mercadorias e nas prestações de serviços, realizadas em seus territórios;

II – até 35% (trinta e cinco por cento), de acordo com o que dispuser lei estadual, observada, obrigatoriamente, a distribuição de, no mínimo, 10 (dez) pontos percentuais com base em indicadores de melhoria nos resultados de aprendizagem e de aumento da equidade, considerado o nível socioeconômico dos educandos.

- ▶ Parágrafo único transformado em § 1º e com a redação do *caput* dada pela EC nº 132, de 20-12-2023.
- ▶ Art. 3º da EC nº 108, de 26-8-2020, que estabelece que os Estados terão prazo de 2 (dois) anos, contados da data de promulgação desta Emenda, para aprovar a lei estadual prevista neste inciso.

§ 2º As parcelas de receita pertencentes aos Municípios mencionadas no inciso IV, b, serão creditadas conforme os seguintes critérios:

I – 80% (oitenta por cento) na proporção da população;

II – 10% (dez por cento) com base em indicadores de melhoria nos resultados de aprendizagem e de aumento da equidade, considerado o nível socioeconômico dos educandos, de acordo com o que dispuser lei estadual;

III – 5% (cinco por cento) com base em indicadores de preservação ambiental, de acordo com o que dispuser lei estadual;

IV – 5% (cinco por cento) em montantes iguais para todos os Municípios do Estado.

▸ § 2º acrescido pela EC nº 132, de 20-12-2023.

Art. 159. A União entregará:

▸ Art. 167, IV, desta Constituição.

▸ Arts. 72, §§ 2º e 4º, 80, § 1º, e 107, § 6º, I, do ADCT.

▸ LC nº 62, de 28-12-1989, dispõe sobre normas para cálculo, entrega e controle de liberações de recursos dos Fundos de Participação.

I – do produto da arrecadação dos impostos sobre renda e proventos de qualquer natureza e sobre produtos industrializados e do imposto previsto no art. 153, VIII, 50% (cinquenta por cento), da seguinte forma:

▸ *Caput* do inciso I com a redação dada pela EC nº 132, de 20-12-2023.

▸ Art. 3º da EC nº 17, de 22-11-1997.

▸ Art. 60, II, do ADCT.

a) vinte e um inteiros e cinco décimos por cento ao Fundo de Participação dos Estados e do Distrito Federal;

▸ Arts. 34, § 2º, II e 60, § 2º, 76, § 1º, do ADCT.

▸ LC nº 62, de 28-12-1989, estabelece normas sobre o cálculo, a entrega e o controle das liberações dos recursos dos fundos de participação dos Estados, do Distrito Federal e dos Municípios.

b) vinte e dois inteiros e cinco décimos por cento ao Fundo de Participação dos Municípios;

▸ Art. 76, § 1º, do ADCT.

▸ LC nº 62, de 28-12-1989, estabelece normas sobre o cálculo, a entrega e o controle das liberações dos recursos dos fundos de participação dos Estados, do Distrito Federal e dos Municípios.

▸ LC nº 91, de 22-12-1997, dispõe sobre a fixação dos coeficientes do Fundo de Participação dos Municípios.

c) três por cento, para aplicação em programas de financiamento ao setor produtivo das Regiões Norte, Nordeste e Centro-Oeste, através de suas instituições financeiras de caráter regional, de acordo com os planos regionais de desenvolvimento, ficando assegurada ao semiárido do Nordeste a metade dos recursos destinados à Região, na forma que a lei estabelecer;

▸ Lei nº 7.827, de 22-9-1989, regulamenta esta alínea.

d) um por cento ao Fundo de Participação dos Municípios, que será entregue no primeiro decêndio do mês de dezembro de cada ano;

▸ Alínea *d* acrescida pela EC nº 55, de 20-9-2007.

▸ Art. 2º da EC nº 55, de 20-9-2007, que estabelece que as alterações inseridas neste artigo somente se aplicam sobre a arrecadação dos impostos sobre renda e proventos de qualquer natureza e sobre produtos industrializados realizada a partir de 1º-9-2007.

e) 1% (um por cento) ao Fundo de Participação dos Municípios, que será entregue no primeiro decêndio do mês de julho de cada ano;

▸ Alínea e acrescida pela EC nº 84, de 2-12-2014.

▸ Art. 2º da EC nº 84, de 2-12-2014, que estabelece o aumento da entrega de recursos pela União para o Fundo de Participação dos Municípios.

f) 1% (um por cento) ao Fundo de Participação dos Municípios, que será entregue no primeiro decêndio do mês de setembro de cada ano;

▸ Alínea *f* acrescida pela EC nº 112, de 27-10-2021, para vigorar na data de sua publicação (*DOU* de 28-10-2021), produzindo efeitos financeiros a partir de 1º de janeiro do exercício subsequente.

▸ Art. 2º da EC nº 112, de 27-10-2021, que disciplina a distribuição de recursos pela União ao Fundo de Participação dos Municípios.

II – do produto da arrecadação do imposto sobre produtos industrializados e do imposto previsto no art. 153, VIII, 10% (dez por cento) aos Estados e ao Distrito Federal, proporcionalmente ao valor das respectivas exportações de produtos industrializados;

▸ Arts. 60, § 2º, e 76, § 1º, do ADCT.

▸ Art. 1º da LC nº 63, de 11-1-1990, que dispõe sobre critérios e prazos de crédito das parcelas do produto da arrecadação de impostos de competência dos Estados e de transferências por estes recebidas, pertencentes aos Municípios.

▸ Lei nº 8.016, de 8-4-1990, dispõe sobre a entrega das quotas de participação dos Estados e do Distrito Federal na arrecadação do Imposto sobre Produtos Industrializados – IPI, a que se refere este inciso.

III – do produto da arrecadação da contribuição de intervenção no domínio econômico prevista no art. 177, § 4º, 29% (vinte e nove por cento) para os Estados e o

Distrito Federal, distribuídos na forma da lei, observadas as destinações a que se referem as alíneas c e d do inciso II do referido parágrafo.

► Incisos II e III com a redação dada pela EC nº 132, de 20-12-2023.

► Art. 93 do ADCT.

§ 1º Para efeito de cálculo da entrega a ser efetuada de acordo com o previsto no inciso I, excluir-se-á a parcela da arrecadação do imposto de renda e proventos de qualquer natureza pertencente aos Estados, ao Distrito Federal e aos Municípios, nos termos do disposto nos artigos 157, I, e 158, I.

§ 2º A nenhuma unidade federada poderá ser destinada parcela superior a vinte por cento do montante a que se refere o inciso II, devendo o eventual excedente ser distribuído entre os demais participantes, mantido, em relação a esses, o critério de partilha nele estabelecido.

► LC nº 61, de 26-12-1989, dispõe sobre normas para participação dos Estados e do Distrito Federal no produto de arrecadação do Imposto sobre Produtos Industrializados – IPI, relativamente às exportações.

§ 3º Os Estados entregarão aos respectivos Municípios 25% (vinte e cinco por cento) dos recursos que receberem nos termos do inciso II do caput deste artigo, observados os critérios estabelecidos no art. 158, § 1º, para a parcela relativa ao imposto sobre produtos industrializados, e no art. 158, § 2º, para a parcela relativa ao imposto previsto no art. 153, VIII.

► § 3º com a redação dada pela EC nº 132, de 20-12-2023.

⋆ **Nova redação do dispositivo alterado:** "§ 3º Os Estados entregarão aos respectivos Municípios 25% (vinte e cinco por cento) dos recursos que receberem nos termos do inciso II do *caput* deste artigo, observados os critérios estabelecidos no art. 158, § 2º."

► § 3º com a redação dada pela EC nº 132, de 20-12-2023, para vigorar a partir de 2033.

► LC nº 63, de 11-1-1990, dispõe sobre critérios e prazos de crédito das parcelas do produto da arrecadação de impostos de competência dos Estados e de transferências por estes recebidas, pertencentes aos Municípios.

§ 4º Do montante de recursos de que trata o inciso III que cabe a cada Estado, vinte e cinco por cento serão destinados aos seus Municípios, na forma da lei a que se refere o mencionado inciso.

► § 4º acrescido pela EC nº 42, de 19-12-2003.

► Art. 93 do ADCT.

Art. 159-A. Fica instituído o Fundo Nacional de Desenvolvimento Regional, com o objetivo de reduzir as desigualdades regionais e sociais, nos termos do art. 3º, III, mediante a entrega de recursos da União aos Estados e ao Distrito Federal para:

I – realização de estudos, projetos e obras de infraestrutura;

II – fomento a atividades produtivas com elevado potencial de geração de emprego e renda, incluindo a concessão de subvenções econômicas e financeiras; e

III – promoção de ações com vistas ao desenvolvimento científico e tecnológico e à inovação.

§ 1º É vedada a retenção ou qualquer restrição ao recebimento dos recursos de que trata o caput.

§ 2º Na aplicação dos recursos de que trata o caput, os Estados e o Distrito Federal priorizarão projetos que prevejam ações de sustentabilidade ambiental e redução das emissões de carbono.

§ 3º Observado o disposto neste artigo, caberá aos Estados e ao Distrito Federal a decisão quanto à aplicação dos recursos de que trata o caput.

§ 4º Os recursos de que trata o caput serão entregues aos Estados e ao Distrito Federal de acordo com coeficientes individuais de participação, calculados com base nos seguintes indicadores e com os seguintes pesos:

I – população do Estado ou do Distrito Federal, com peso de 30% (trinta por cento);

II – coeficiente individual de participação do Estado ou do Distrito Federal nos recursos de que trata o art. 159, I, a, da Constituição Federal, com peso de 70% (setenta por cento).

§ 5º O Tribunal de Contas da União será o órgão responsável por regulamentar e calcular os coeficientes individuais de participação de que trata o § 4º.

► Art. 159-A acrescido pela EC nº 132, de 20-12-2023.

Art. 160. É vedada a retenção ou qualquer restrição à entrega e ao emprego dos recursos atribuídos, nesta seção, aos Estados, ao Distrito Federal e aos Municípios, neles compreendidos adicionais e acréscimos relativos a impostos.

► Art. 3º da EC nº 17, de 22-11-1997.

§ 1º A vedação prevista neste artigo não impede a União e os Estados de condicionarem a entrega de recursos:

I – ao pagamento de seus créditos, inclusive de suas autarquias;

II – ao cumprimento do disposto no artigo 198, § 2º, incisos II e III.

► Parágrafo único renumerado para § 1º pela EC nº 113, de 8-12-2021.

§ 2º Os contratos, os acordos, os ajustes, os convênios, os parcelamentos ou as renegociações de débitos de qualquer espécie, inclusive tributários, firmados pela União com os entes federativos conterão cláusulas para autorizar a dedução dos valores devidos dos montantes a serem repassados relacionados às respectivas cotas nos Fundos de Participação ou aos precatórios federais.

► § 2º acrescido pela EC nº 113, de 8-12-2021.

Art. 161. Cabe à lei complementar:

I – definir valor adicionado para fins do disposto no art. 158, § 1º, I;

► Inciso I com a redação dada pela EC nº 132, de 20-12-2023.

► LC nº 63, de 11-1-1990, dispõe sobre critérios e prazos de crédito das parcelas do produto da arrecadação de impostos de competência dos Estados e de transferências por estes recebidas, pertencentes aos Municípios.

II – estabelecer normas sobre a entrega dos recursos de que trata o artigo 159, especialmente sobre os critérios de rateio dos fundos previstos em seu inciso I, objetivando promover o equilíbrio socioeconômico entre Estados e entre Municípios;

► Art. 34, § 2º, do ADCT.

► LC nº 62, de 28-12-1989, estabelece normas sobre o cálculo, a entrega e o controle das liberações dos recursos dos fundos de participação dos Estados, do Distrito Federal e dos Municípios.

III – dispor sobre o acompanhamento, pelos beneficiários, do cálculo das quotas e da liberação das participações previstas nos artigos 157, 158 e 159.

► LC nº 62, de 28-12-1989, estabelece normas sobre o cálculo, a entrega e o controle das liberações dos recursos dos fundos de participação dos Estados, do Distrito Federal e dos Municípios.

Parágrafo único. O Tribunal de Contas da União efetuará o cálculo das quotas referentes aos fundos de participação a que alude o inciso II.

Art. 162. A União, os Estados, o Distrito Federal e os Municípios divulgarão, até o último dia do mês subsequente ao da arrecadação, os montantes de cada um dos tributos arrecadados, os recursos recebidos, os valores de origem tributária entregues e a entregar e a expressão numérica dos critérios de rateio.

Parágrafo único. Os dados divulgados pela União serão discriminados por Estado e por Município; os dos Estados, por Município.

Capítulo II

DAS FINANÇAS PÚBLICAS

Seção I

NORMAS GERAIS

Art. 163. Lei complementar disporá sobre:

► Art. 30 da EC nº 19, de 4-6-1998.

► Lei nº 4.320, de 17-3-1964, estatui normas gerais de direito financeiro para elaboração e controle dos orçamentos e balanços da União, dos Estados, dos Municípios e do Distrito Federal.

► Lei nº 6.830, de 22-9-1980 (Lei das Execuções Fiscais).

I – finanças públicas;

► LC nº 101, de 4-5-2000 (Lei da Responsabilidade Fiscal).

II – dívida pública externa e interna, incluída a das autarquias, fundações e demais entidades controladas pelo Poder Público;

► Lei nº 8.388, de 30-12-1991, estabelece diretrizes para que a União possa realizar a consolidação e o reescalonamento de dívidas das administrações direta e indireta dos Estados, do Distrito Federal e dos Municípios.

III – concessão de garantias pelas entidades públicas;

IV – emissão e resgate de títulos da dívida pública;

► Art. 34, § 2º, I, do ADCT.

V – fiscalização financeira da administração pública direta e indireta;

▸ Inciso V com a redação dada pela EC nº 40, de 29-5-2003.

▸ Lei nº 4.595, de 31-12-1964 (Lei do Sistema Financeiro Nacional).

VI – operações de câmbio realizadas por órgãos e entidades da União, dos Estados, do Distrito Federal e dos Municípios;

▸ Lei nº 4.131, de 3-9-1962, disciplina a aplicação do capital estrangeiro e as remessas de valores para o exterior.

▸ Dec.-lei nº 9.025, de 27-2-1946, dispõe sobre as operações de cambio e regulamenta o retorno de capitais estrangeiros.

▸ Dec.-lei nº 9.602, de 16-8-1946, e Lei nº 1.807, de 7-1-1953, dispõem sobre operações de câmbio.

VII – compatibilização das funções das instituições oficiais de crédito da União, resguardadas as características e condições operacionais plenas das voltadas ao desenvolvimento regional;

▸ Art. 30 da EC nº 19, de 4-6-1998 (Reforma Administrativa).

▸ LC nº 101, de 4-5-2000 (Lei da Responsabilidade Fiscal).

▸ Lei nº 4.595, de 31-12-1964 (Lei do Sistema Financeiro Nacional).

VIII – sustentabilidade da dívida, especificando:

a) indicadores de sua apuração;

b) níveis de compatibilidade dos resultados fiscais com a trajetória da dívida;

c) trajetória de convergência do montante da dívida com os limites definidos em legislação;

d) medidas de ajuste, suspensões e vedações;

e) planejamento de alienação de ativos com vistas à redução do montante da dívida.

▸ Inciso VIII acrescido pela EC nº 109, de 15-3-2021.

Parágrafo único. A lei complementar de que trata o inciso VIII do *caput* deste artigo pode autorizar a aplicação das vedações previstas no art. 167-A desta Constituição.

▸ Parágrafo único acrescido pela EC nº 109, de 15-3-2021.

Art. 163-A. A União, os Estados, o Distrito Federal e os Municípios disponibilizarão suas informações e dados contábeis, orçamentários e fiscais, conforme periodicidade, formato e sistema estabelecidos pelo órgão central de contabilidade da União, de forma a garantir a rastreabilidade, a comparabilidade e a publicidade dos dados coletados, os quais deverão ser divulgados em meio eletrônico de amplo acesso público.

▸ Art. 163-A acrescido pela EC nº 108, de 26-8-2020.

Art. 164. A competência da União para emitir moeda será exercida exclusivamente pelo Banco Central.

§ 1º É vedado ao Banco Central conceder, direta ou indiretamente, empréstimos ao Tesouro Nacional e a qualquer órgão ou entidade que não seja instituição financeira.

§ 2º O Banco Central poderá comprar e vender títulos de emissão do Tesouro Nacional, com o objetivo de regular a oferta de moeda ou a taxa de juros.

§ 3º As disponibilidades de caixa da União serão depositadas no Banco Central; as dos Estados, do Distrito Federal, dos Municípios e dos órgãos ou entidades do Poder Público e das empresas por ele controladas, em instituições financeiras oficiais, ressalvados os casos previstos em lei.

Art. 164-A. A União, os Estados, o Distrito Federal e os Municípios devem conduzir suas políticas fiscais de forma a manter a dívida pública em níveis sustentáveis, na forma da lei complementar referida no inciso VIII do *caput* do art. 163 desta Constituição.

Parágrafo único. A elaboração e a execução de planos e orçamentos devem refletir a compatibilidade dos indicadores fiscais com a sustentabilidade da dívida.

▸ Art. 164-A acrescido pela EC nº 109, de 15-3-2021.

Seção II

DOS ORÇAMENTOS

Art. 165. Leis de iniciativa do Poder Executivo estabelecerão:

I – o plano plurianual;

II – as diretrizes orçamentárias;

III – os orçamentos anuais.

§ 1º A lei que instituir o plano plurianual estabelecerá, de forma regionalizada, as diretrizes, os objetivos e metas da administração pública federal para as despesas de capital e outras delas decorrentes e para as relativas aos programas de duração continuada.

§ 2º A lei de diretrizes orçamentárias compreenderá as metas e prioridades da administração pública federal, estabelecerá as diretrizes de política fiscal e respectivas metas, em consonância com trajetória sustentável da dívida pública, orientará a elaboração da lei orçamentária anual, disporá sobre as alterações na legislação tributária e estabelecerá a política de aplicação das agências financeiras oficiais de fomento.

► § 2º com a redação dada pela EC nº 109, de 15-3-2021.

► Art. 4º da LC nº 101, de 4-5-2000 (Lei da Responsabilidade Fiscal).

§ 3º O Poder Executivo publicará, até trinta dias após o encerramento de cada bimestre, relatório resumido da execução orçamentária.

► Art. 5º, II, da EC nº 106, de 7-5-2020.

§ 4º Os planos e programas nacionais, regionais e setoriais previstos nesta Constituição serão elaborados em consonância com o plano plurianual e apreciados pelo Congresso Nacional.

► Lei nº 9.491, de 9-9-1997, altera procedimentos relativos ao Programa Nacional de Desestatização.

§ 5º A lei orçamentária anual compreenderá:

I – o orçamento fiscal referente aos Poderes da União, seus fundos, órgãos e entidades da administração direta e indireta, inclusive fundações instituídas e mantidas pelo Poder Público;

II – o orçamento de investimento das empresas em que a União, direta ou indiretamente, detenha a maioria do capital social com direito a voto;

III – o orçamento da seguridade social, abrangendo todas as entidades e órgãos a ela vinculados, da administração direta ou indireta, bem como os fundos e fundações instituídos e mantidos pelo Poder Público.

§ 6º O projeto de lei orçamentária será acompanhado de demonstrativo regionalizado do efeito, sobre as receitas e despesas, decorrente de isenções, anistias, remissões, subsídios e benefícios de natureza financeira, tributária e creditícia.

§ 7º Os orçamentos previstos no § 5º, I e II, deste artigo, compatibilizados com o plano plurianual, terão entre suas funções a de reduzir desigualdades inter-regionais, segundo critério populacional.

► Art. 35 do ADCT.

§ 8º A lei orçamentária anual não conterá dispositivo estranho à previsão da receita e à fixação da despesa, não se incluindo na proibição a autorização para abertura de créditos suplementares e contratação de operações de crédito, ainda que por antecipação de receita, nos termos da lei.

► Art. 167, IV, desta Constituição.

§ 9º Cabe à lei complementar:

► Art. 168 desta Constituição.

► Art. 35, § 2º, do ADCT.

► Lei nº 4.320, de 17-3-1964, estatui normas gerais de direito financeiro para elaboração e controle dos orçamentos e balanços da União, dos Estados, dos Municípios e do Distrito Federal.

► Dec.-lei nº 200, de 25-2-1967, dispõe sobre a organização da Administração Federal, estabelece diretrizes para a Reforma Administrativa.

I – dispor sobre o exercício financeiro, a vigência, os prazos, a elaboração e a organização do plano plurianual, da lei de diretrizes orçamentárias e da lei orçamentária anual;

II – estabelecer normas de gestão financeira e patrimonial da administração direta e indireta, bem como condições para a instituição e funcionamento de fundos;

► Arts. 35, § 2º, 71, § 1º, e 81, § 3º, do ADCT.

► LC nº 89, de 18-2-1997, institui o Fundo para Aparelhamento e Operacionalização das Atividades-fim da Polícia Federal – FUNAPOL.

► LC nº 101, de 4-5-2000 (Lei da Responsabilidade Fiscal).

III – dispor sobre critérios para a execução equitativa, além de procedimentos que serão adotados quando houver impedimentos legais e técnicos, cumprimento de restos a pagar e limitação das programações de caráter obrigatório, para a realização do disposto nos §§ 11 e 12 do art. 166.

► Inciso III com a redação dada pela EC nº 100, de 26-6-2019, para vigorar na data de sua publicação (*DOU* de 27-6-2019), produzindo efeitos a partir da execução orçamentária do exercício financeiro subsequente.

§ 10. A administração tem o dever de executar as programações orçamentárias, adotando os meios e as medidas necessários, com o propósito de garantir a efetiva entrega de bens e serviços à sociedade.

► § 10 acrescido pela EC nº 100, de 26-6-2019, para vigorar na data de sua publicação (*DOU* de 27-6-2019), produzindo efeitos a partir da execução orçamentária do exercício financeiro subsequente.

§ 11. O disposto no § 10 deste artigo, nos termos da lei de diretrizes orçamentárias:

I – subordina-se ao cumprimento de dispositivos constitucionais e legais que estabeleçam metas fiscais ou limites de despesas e não impede o cancelamento necessário à abertura de créditos adicionais;

II – não se aplica nos casos de impedimentos de ordem técnica devidamente justificados;

III – aplica-se exclusivamente às despesas primárias discricionárias.

§ 12. Integrará a lei de diretrizes orçamentárias, para o exercício a que se refere e, pelo menos, para os 2 (dois) exercícios subsequentes, anexo com previsão de agregados fiscais e a proporção dos recursos para investimentos que serão alocados na lei orçamentária anual para a continuidade daqueles em andamento.

§ 13. O disposto no inciso III do § 9º e nos §§ 10, 11 e 12 deste artigo aplica-se exclusivamente aos orçamentos fiscal e da seguridade social da União.

§ 14. A lei orçamentária anual poderá conter previsões de despesas para exercícios seguintes, com a especificação dos investimentos plurianuais e daqueles em andamento.

§ 15. A União organizará e manterá registro centralizado de projetos de investimento contendo, por Estado ou Distrito Federal, pelo menos, análises de viabilidade, estimativas de custos e informações sobre a execução física e financeira.

► §§ 11 a 15 acrescidos pela EC nº 102, de 26-9-2019, para vigorar na data de sua publicação (*DOU* de 27-9-2019), produzindo efeitos a partir da execução orçamentária do exercício financeiro subsequente.

§ 16. As leis de que trata este artigo devem observar, no que couber, os resultados do monitoramento e da avaliação das políticas públicas previstos no § 16 do art. 37 desta Constituição.

► § 16 acrescido pela EC nº 109, de 15-3-2021.

Art. 166. Os projetos de lei relativos ao plano plurianual, às diretrizes orçamentárias, ao orçamento anual e aos créditos adicionais serão apreciados pelas duas Casas do Congresso Nacional, na forma do regimento comum.

§ 1º Caberá a uma Comissão mista permanente de Senadores e Deputados:

I – examinar e emitir parecer sobre os projetos referidos neste artigo e sobre as contas apresentadas anualmente pelo Presidente da República;

II – examinar e emitir parecer sobre os planos e programas nacionais, regionais e setoriais previstos nesta Constituição e exercer o acompanhamento e a fiscalização orçamentária, sem prejuízo da atuação das demais comissões do Congresso Nacional e de suas Casas, criadas de acordo com o artigo 58.

§ 2º As emendas serão apresentadas na Comissão mista, que sobre elas emitirá parecer, e apreciadas, na forma regimental, pelo Plenário das duas Casas do Congresso Nacional.

§ 3º As emendas ao projeto de lei do orçamento anual ou aos projetos que o modifiquem somente podem ser aprovadas caso:

I – sejam compatíveis com o plano plurianual e com a lei de diretrizes orçamentárias;

II – indiquem os recursos necessários, admitidos apenas os provenientes de anulação de despesa, excluídas as que incidam sobre:

a) dotações para pessoal e seus encargos;

b) serviço da dívida;

c) transferências tributárias constitucionais para Estados, Municípios e Distrito Federal; ou

III – sejam relacionadas:

a) com a correção de erros ou omissões; ou

b) com os dispositivos do texto do projeto de lei.

§ 4º As emendas ao projeto de lei de diretrizes orçamentárias não poderão ser aprovadas quando incompatíveis com o plano plurianual.

► Art. 63, I, desta Constituição.

§ 5º O Presidente da República poderá enviar mensagem ao Congresso Nacional para propor modificação nos projetos a que se refere este artigo enquanto não iniciada a votação, na Comissão mista, da parte cuja alteração é proposta.

§ 6º Os projetos de lei do plano plurianual, das diretrizes orçamentárias e do orçamento anual serão enviados pelo Presidente da República ao Congresso Nacional, nos termos da lei complementar a que se refere o artigo 165, § 9º.

§ 7º Aplicam-se aos projetos mencionados neste artigo, no que não contrariar o disposto nesta seção, as demais normas relativas ao processo legislativo.

§ 8º Os recursos que, em decorrência de veto, emenda ou rejeição do projeto de lei orçamentária anual, ficarem sem despesas correspondentes poderão ser utilizados, conforme o caso, mediante créditos especiais ou suplementares, com prévia e específica autorização legislativa.

§ 9º As emendas individuais ao projeto de lei orçamentária serão aprovadas no limite de 2% (dois por cento) da receita corrente líquida do exercício anterior ao do encaminhamento do projeto, observado que a metade desse percentual será destinada a ações e serviços públicos de saúde.

► § 9º com a redação dada pela EC nº 126, de 21-12-2022.

► Art. 111 do ADCT.

§ 9º-A. Do limite a que se refere o § 9º deste artigo, 1,55% (um inteiro e cinquenta e cinco centésimos por cento) caberá às emendas de Deputados e 0,45% (quarenta e cinco centésimos por cento) às de Senadores.

► § 9º-A acrescido pela EC nº 126, de 21-12-2022.

§ 10. A execução do montante destinado a ações e serviços públicos de saúde previsto no § 9º, inclusive custeio, será computada para fins do cumprimento do inciso I do § 2º do art. 198, vedada a destinação para pagamento de pessoal ou encargos sociais.

► § 10 acrescido pela EC nº 86, de 17-3-2015.

§ 11. É obrigatória a execução orçamentária e financeira das programações oriundas de emendas individuais, em montante correspondente ao limite a que se refere o § 9º deste artigo, conforme os critérios para a execução equitativa da programação definidos na lei complementar prevista no § 9º do art. 165 desta Constituição, observado o disposto no § 9º-A deste artigo.

► § 11 com a redação dada pela EC nº 126, de 21-12-2022.

► Art. 111 do ADCT.

§ 12. A garantia de execução de que trata o § 11 deste artigo aplica-se também às programações incluídas por todas as emendas de iniciativa de bancada de parlamentares de Estado ou do Distrito Federal, no montante de até 1% (um por cento) da receita corrente líquida realizada no exercício anterior.

► Art. 2º da EC nº 100, de 26-6-2019, que determina que o montante previsto neste parágrafo será de 0,8% (oito décimos por cento) no exercício subsequente ao da promulgação da referida Emenda Constitucional (*DOU* de 27-6-2019).

► Art. 3º da EC nº 100, de 26-6-2019, que determina que a partir do 3º (terceiro) ano posterior à promulgação da referida Emenda Constitucional até o último exercício de vigência do regime previsto na EC nº 95, de 15-12-2016, a execução prevista neste parágrafo corresponderá ao montante de execução obrigatória para o exercício anterior, corrigido na forma estabelecida no inciso II do § 1º do art. 107 do ADCT.

§ 13. As programações orçamentárias previstas nos §§ 11 e 12 deste artigo não serão de execução obrigatória nos casos dos impedimentos de ordem técnica.

► §§ 12 e 13 com a redação dada pela EC nº 100, de 26-6-2019, para vigorar na data de sua publicação (*DOU* de 27-6-2019), produzindo efeitos a partir da execução orçamentária do exercício financeiro subsequente.

§ 14. Para fins de cumprimento do disposto nos §§ 11 e 12 deste artigo, os órgãos de execução deverão observar, nos termos da lei de diretrizes orçamentárias, cronograma para análise e verificação de eventuais impedimentos das programações e demais procedimentos necessários à viabilização da execução dos respectivos montantes.

► *Caput* do § 14 com a redação dada pela EC nº 100, de 26-6-2019, para vigorar na data de sua publicação (*DOU* de 27-6-2019), produzindo efeitos a partir da execução orçamentária do exercício financeiro subsequente.

I a IV – *Revogados*. EC nº 100, de 26-6-2019, para vigorar na data de sua publicação (*DOU* de 27-6-2019), produzindo efeitos a partir da execução orçamentária do exercício financeiro subsequente.

§ 15. *Revogado*. EC nº 100, de 26-6-2019, para vigorar na data de sua publicação (*DOU* de 27-6-2019), produzindo efeitos a partir da execução orçamentária do exercício financeiro subsequente.

§ 16. Quando a transferência obrigatória da União para a execução da programação prevista nos §§ 11 e 12 deste artigo for destinada a Estados, ao Distrito Federal e a Municípios, independerá da adimplência do ente federativo destinatário e não integrará a base de cálculo da receita corrente líquida para fins de aplicação dos limites de despesa de pessoal de que trata o *caput* do art. 169.

► § 16 com a redação dada pela EC nº 100, de 26-6-2019, para vigorar na data de sua publicação (*DOU* de 27-6-2019), produzindo efeitos a partir da execução orçamentária do exercício financeiro subsequente.

§ 17. Os restos a pagar provenientes das programações orçamentárias previstas nos §§ 11 e 12 deste artigo poderão ser considerados para fins de cumprimento da execução financeira até o limite de 1% (um por cento) da receita corrente líquida do exercício anterior ao do encaminhamento do projeto de lei orçamentária, para as programações das emendas individuais, e até o limite de 0,5% (cinco décimos por cento), para as programações das emendas de iniciativa de bancada de parlamentares de Estado ou do Distrito Federal.

▸ § 17 com a redação dada pela EC nº 126, de 21-12-2022.

§ 18. Se for verificado que a reestimativa da receita e da despesa poderá resultar no não cumprimento da meta de resultado fiscal estabelecida na lei de diretrizes orçamentárias, os montantes previstos nos §§ 11 e 12 deste artigo poderão ser reduzidos em até a mesma proporção da limitação incidente sobre o conjunto das demais despesas discricionárias.

▸ § 18 com a redação dada pela EC nº 100, de 26-6-2019, para vigorar na data de sua publicação (*DOU* de 27-6-2019), produzindo efeitos a partir da execução orçamentária do exercício financeiro subsequente.

§ 19. Considera-se equitativa a execução das programações de caráter obrigatório que observe critérios objetivos e imparciais e que atenda de forma igualitária e impessoal às emendas apresentadas, independentemente da autoria, observado o disposto no § 9º-A deste artigo.

▸ § 19 com a redação dada pela EC nº 126, de 21-12-2022.

§ 20. As programações de que trata o § 12 deste artigo, quando versarem sobre o início de investimentos com duração de mais de 1 (um) exercício financeiro ou cuja execução já tenha sido iniciada, deverão ser objeto de emenda pela mesma bancada estadual, a cada exercício, até a conclusão da obra ou do empreendimento.

▸ § 20 acrescido pela EC nº 100, de 26-6-2019, para vigorar na data de sua publicação (*DOU* de 27-6-2019), produzindo efeitos a partir da execução orçamentária do exercício financeiro subsequente.

Art. 166-A. As emendas individuais impositivas apresentadas ao projeto de lei orçamentária anual poderão alocar recursos a Estados, ao Distrito Federal e a Municípios por meio de:

I – transferência especial; ou

▸ Art. 2º da EC nº 105, de 12-12-2019, que acrescentou este artigo para autorizar a transferência de recursos federais a Estados, ao Distrito Federal e a Municípios mediante emendas ao projeto de lei orçamentária anual.

II – transferência com finalidade definida.

§ 1º Os recursos transferidos na forma do *caput* deste artigo não integrarão a receita do Estado, do Distrito Federal e dos Municípios para fins de repartição e para o cálculo dos limites da despesa com pessoal ativo e inativo, nos termos do § 16 do art. 166, e de endividamento do ente federado, vedada, em qualquer caso, a aplicação dos recursos a que se refere o *caput* deste artigo no pagamento de:

I – despesas com pessoal e encargos sociais relativas a ativos e inativos, e com pensionistas; e

II – encargos referentes ao serviço da dívida.

§ 2º Na transferência especial a que se refere o inciso I do *caput* deste artigo, os recursos:

I – serão repassados diretamente ao ente federado beneficiado, independentemente de celebração de convênio ou de instrumento congênere;

II – pertencerão ao ente federado no ato da efetiva transferência financeira; e

III – serão aplicadas em programações finalísticas das áreas de competência do Poder Executivo do ente federado beneficiado, observado o disposto no § 5º deste artigo.

§ 3º O ente federado beneficiado da transferência especial a que se refere o inciso I do *caput* deste artigo poderá firmar contratos de cooperação técnica para fins de subsidiar o acompanhamento da execução orçamentária na aplicação dos recursos.

§ 4º Na transferência com finalidade definida a que se refere o inciso II do *caput* deste artigo, os recursos serão:

I – vinculados à programação estabelecida na emenda parlamentar; e

II – aplicados nas áreas de competência constitucional da União.

§ 5º Pelo menos 70% (setenta por cento) das transferências especiais de que trata o inciso I do *caput* deste artigo deverão ser aplicadas em despesas de capital, observada a restrição a que se refere o inciso II do § 1º deste artigo.

▸ Art. 166-A acrescido pela EC nº 105, de 12-12-2019.

Art. 167. São vedados:

I – o início de programas ou projetos não incluídos na lei orçamentária anual;

II – a realização de despesas ou a assunção de obrigações diretas que excedam os créditos orçamentários ou adicionais;

III – a realização de operações de créditos que excedam o montante das despesas de capital, ressalvadas as autorizadas mediante créditos suplementares ou especiais com finalidade precisa, aprovados pelo Poder Legislativo por maioria absoluta;

- ▶ Art. 37 do ADCT.
- ▶ Art. 4º da EC nº 106, de 7-5-2020.
- ▶ Art. 38, § 1º, da LC nº 101, de 4-5-2000 (Lei da Responsabilidade Fiscal).

IV – a vinculação de receita de impostos a órgão, fundo ou despesa, ressalvadas a repartição do produto da arrecadação dos impostos a que se referem os arts. 158 e 159, a destinação de recursos para as ações e serviços públicos de saúde, para manutenção e desenvolvimento do ensino e para realização de atividades da administração tributária, como determinado, respectivamente, pelos arts. 198, § 2º, 212 e 37, XXII, e a prestação de garantias às operações de crédito por antecipação de receita, previstas no art. 165, § 8º, bem como o disposto no § 4º deste artigo;

- ▶ Inciso IV com a redação dada pela EC nº 42, de 19-12-2003.
- ▶ Art. 100, § 19, desta Constituição.
- ▶ Art. 101, § 2º, III, do ADCT.
- ▶ Art. 2º, parágrafo único, da LC nº 111, de 6-7-2001, que dispõe sobre o Fundo de Combate e Erradicação da Pobreza, na forma prevista nos arts. 79 a 81 do ADCT.

V – a abertura de crédito suplementar ou especial sem prévia autorização legislativa e sem indicação dos recursos correspondentes;

VI – a transposição, o remanejamento ou a transferência de recursos de uma categoria de programação para outra ou de um órgão para o outro, sem prévia autorização legislativa;

VII – a concessão ou utilização de créditos ilimitados;

VIII – a utilização, sem autorização legislativa específica, de recursos dos orçamentos fiscal e da seguridade social para suprir necessidade ou cobrir déficit de empresas, fundações e fundos, inclusive dos mencionados no artigo 165, § 5º;

IX – a instituição de fundos de qualquer natureza, sem prévia autorização legislativa;

X – a transferência voluntária de recursos e a concessão de empréstimos, inclusive por antecipação de receita, pelos Governos Federal e Estaduais e suas instituições financeiras, para pagamento de despesas com pessoal ativo, inativo e pensionista, dos Estados, do Distrito Federal e dos Municípios;

- ▶ Inciso X acrescido pela EC nº 19, de 4-6-1998.

XI – a utilização dos recursos provenientes das contribuições sociais de que trata o artigo 195, I, a, e II, para realização de despesas distintas do pagamento de benefícios do regime geral de previdência social de que trata o artigo 201;

- ▶ Inciso XI acrescido pela EC nº 20, de 15-12-1998.

XII – na forma estabelecida na lei complementar de que trata o § 22 do art. 40, a utilização de recursos de regime próprio de previdência social, incluídos os valores integrantes dos fundos previstos no art. 249, para a realização de despesas distintas do pagamento dos benefícios previdenciários do respectivo fundo vinculado àquele regime e das despesas necessárias à sua organização e ao seu funcionamento;

XIII – a transferência voluntária de recursos, a concessão de avais, as garantias e as subvenções pela União e a concessão de empréstimos e de financiamentos por instituições financeiras federais aos Estados, ao Distrito Federal e aos Municípios na hipótese de descumprimento das regras gerais de organização e de funcionamento de regime próprio de previdência social;

- ▶ Incisos XII e XIII acrescidos pela EC nº 103, de 12-11-2019.

XIV – a criação de fundo público, quando seus objetivos puderem ser alcançados mediante a vinculação de receitas orçamentárias específicas ou mediante a execução direta por programação orçamentária e financeira de órgão ou entidade da administração pública.

- ▶ Inciso XIV acrescido pela EC nº 109, de 15-3-2021.

§ 1º Nenhum investimento cuja execução ultrapasse um exercício financeiro poderá ser iniciado sem prévia inclusão no plano plurianual, ou sem lei que autorize a inclusão, sob pena de crime de responsabilidade.

§ 2º Os créditos especiais e extraordinários terão vigência no exercício financeiro em que forem autorizados, salvo se o ato de autorização for promulgado nos últimos quatro meses daquele exercício, caso em que, reabertos nos limites de seus saldos, serão incorporados ao orçamento do exercício financeiro subsequente.

§ 3º A abertura de crédito extraordinário somente será admitida para atender a despesas imprevisíveis e urgentes, como as decorrentes de guerra, comoção interna ou calamidade pública, observado o disposto no artigo 62.

▸ Art. 107, § 6º, II, do ADCT.

§ 4º É permitida a vinculação das receitas a que se referem os arts. 155, 156, 156-A, 157, 158 e as alíneas a, b, d, e e f do inciso I e o inciso II do caput do art. 159 desta Constituição para pagamento de débitos com a União e para prestar-lhe garantia ou contragarantia.

▸ § 4º com a redação dada pela EC nº 132, de 21-12-2023.

§ 5º A transposição, o remanejamento ou a transferência de recursos de uma categoria de programação para outra poderão ser admitidos, no âmbito das atividades de ciência, tecnologia e inovação, com o objetivo de viabilizar os resultados de projetos restritos a essas funções, mediante ato do Poder Executivo, sem necessidade da prévia autorização legislativa prevista no inciso VI deste artigo.

▸ § 5º acrescido pela EC nº 85, de 26-2-2015.

§ 6º Para fins da apuração ao término do exercício financeiro do cumprimento do limite de que trata o inciso III do *caput* deste artigo, as receitas das operações de crédito efetuadas no contexto da gestão da dívida pública mobiliária federal somente serão consideradas no exercício financeiro em que for realizada a respectiva despesa.

▸ § 6º acrescido pela EC nº 109, de 15-3-2021.

§ 7º A lei não imporá nem transferirá qualquer encargo financeiro decorrente da prestação de serviço público, inclusive despesas de pessoal e seus encargos, para a União, os Estados, o Distrito Federal ou os Municípios, sem a previsão de fonte orçamentária e financeira necessária à realização da despesa ou sem a previsão da correspondente transferência de recursos financeiros necessários ao seu custeio, ressalvadas as obrigações assumidas espontaneamente pelos entes federados e aquelas decorrentes da fixação do salário mínimo, na forma do inciso IV do *caput* do art. 7º desta Constituição.

▸ § 7º acrescido pela EC nº 128, de 22-12-2022.

Art. 167-A. Apurado que, no período de 12 (doze) meses, a relação entre despesas correntes e receitas correntes supera 95% (noventa e cinco por cento), no âmbito dos Estados, do Distrito Federal e dos Municípios, é facultado aos Poderes Executivo, Legislativo e Judiciário, ao Ministério Público, ao Tribunal de Contas e à Defensoria Pública do ente, enquanto permanecer a situação, aplicar o mecanismo de ajuste fiscal de vedação da:

I – concessão, a qualquer título, de vantagem, aumento, reajuste ou adequação de remuneração de membros de Poder ou de órgão, de servidores e empregados públicos e de militares, exceto dos derivados de sentença judicial transitada em julgado ou de determinação legal anterior ao início da aplicação das medidas de que trata este artigo;

II – criação de cargo, emprego ou função que implique aumento de despesa;

III – alteração de estrutura de carreira que implique aumento de despesa;

IV – admissão ou contratação de pessoal, a qualquer título, ressalvadas:

a) as reposições de cargos de chefia e de direção que não acarretem aumento de despesa;

b) as reposições decorrentes de vacâncias de cargos efetivos ou vitalícios;

c) as contratações temporárias de que trata o inciso IX do *caput* do art. 37 desta Constituição; e

d) as reposições de temporários para prestação de serviço militar e de alunos de órgãos de formação de militares;

V – realização de concurso público, exceto para as reposições de vacâncias previstas no inciso IV deste *caput*;

VI – criação ou majoração de auxílios, vantagens, bônus, abonos, verbas de representação ou benefícios de qualquer natureza, inclusive os de cunho indenizatório, em favor de membros de Poder, do Ministério Público ou da Defensoria Pública e de servidores e empregados públicos e de militares, ou ainda de seus dependentes, exceto quando derivados de sentença judicial transitada em julgado ou de determinação legal anterior ao início da aplicação das medidas de que trata este artigo;

VII – criação de despesa obrigatória;

VIII – adoção de medida que implique reajuste de despesa obrigatória acima da variação da inflação, observada a preservação do poder aquisitivo referida no inciso IV do *caput* do art. 7º desta Constituição;

IX – criação ou expansão de programas e linhas de financiamento, bem como remissão, renegociação ou refinanciamento de dívidas que impliquem ampliação das despesas com subsídios e subvenções;

X – concessão ou ampliação de incentivo ou benefício de natureza tributária.

§ 1º Apurado que a despesa corrente supera 85% (oitenta e cinco por cento) da receita corrente, sem exceder o percentual mencionado no *caput* deste artigo, as medidas nele indicadas podem ser, no todo ou em parte, implementadas por atos do Chefe do Poder Executivo com vigência imediata, facultado aos demais Poderes e órgãos autônomos implementá-las em seus respectivos âmbitos.

§ 2º O ato de que trata o § 1º deste artigo deve ser submetido, em regime de urgência, à apreciação do Poder Legislativo.

§ 3º O ato perde a eficácia, reconhecida a validade dos atos praticados na sua vigência, quando:

I – rejeitado pelo Poder Legislativo;

II – transcorrido o prazo de 180 (cento e oitenta) dias sem que se ultime a sua apreciação; ou

III – apurado que não mais se verifica a hipótese prevista no § 1º deste artigo, mesmo após a sua aprovação pelo Poder Legislativo.

§ 4º A apuração referida neste artigo deve ser realizada bimestralmente.

§ 5º As disposições de que trata este artigo:

I – não constituem obrigação de pagamento futuro pelo ente da Federação ou direitos de outrem sobre o erário;

II – não revogam, dispensam ou suspendem o cumprimento de dispositivos constitucionais e legais que disponham sobre metas fiscais ou limites máximos de despesas.

§ 6º Ocorrendo a hipótese de que trata o *caput* deste artigo, até que todas as medidas nele previstas tenham sido adotadas por todos os Poderes e órgãos nele mencionados, de acordo com declaração do respectivo Tribunal de Contas, é vedada:

I – a concessão, por qualquer outro ente da Federação, de garantias ao ente envolvido;

II – a tomada de operação de crédito por parte do ente envolvido com outro ente da Federação, diretamente ou por intermédio de seus fundos, autarquias, fundações ou empresas estatais dependentes, ainda que sob a forma de novação, refinanciamento ou postergação de dívida contraída anteriormente, ressalvados os financiamentos destinados a projetos específicos celebrados na forma de operações típicas das agências financeiras oficiais de fomento.

Art. 167-B. Durante a vigência de estado de calamidade pública de âmbito nacional, decretado pelo Congresso Nacional por iniciativa privativa do Presidente da República, a União deve adotar regime extraordinário fiscal, financeiro e de contratações para atender às necessidades dele decorrentes, somente naquilo em que a urgência for incompatível com o regime regular, nos termos definidos nos arts. 167-C, 167-D, 167-E, 167-F e 167-G desta Constituição.

Art. 167-C. Com o propósito exclusivo de enfrentamento da calamidade pública e de seus efeitos sociais e econômicos, no seu período de duração, o Poder Executivo federal pode adotar processos simplificados de contratação de pessoal, em caráter temporário e emergencial, e de obras, serviços e compras que assegurem, quando possível, competição e igualdade de condições a todos os concorrentes, dispensada a observância do § 1º do art. 169 na contratação de que trata o inciso IX do *caput* do art. 37 desta Constituição, limitada a dispensa às situações de que trata o referido inciso, sem prejuízo do controle dos órgãos competentes.

Art. 167-D. As proposições legislativas e os atos do Poder Executivo com propósito exclusivo de enfrentar a calamidade e suas consequências sociais e econômicas, com vigência e efeitos restritos à sua duração, desde que não impliquem despesa obrigatória de caráter continuado, ficam dispensados da observância das limitações legais quanto à criação, à expansão ou ao aperfeiçoamento de ação governamental que acarrete aumento de despesa e à concessão ou à ampliação de incentivo ou benefício de natureza tributária da qual decorra renúncia de receita.

Parágrafo único. Durante a vigência da calamidade pública de âmbito nacional de que trata o art. 167-B, não se aplica o disposto no § 3º do art. 195 desta Constituição.

Art. 167-E. Fica dispensada, durante a integralidade do exercício financeiro em que vigore a calamidade pública de âmbito nacional, a observância do inciso III do *caput* do art. 167 desta Constituição.

Art. 167-F. Durante a vigência da calamidade pública de âmbito nacional de que trata o art. 167-B desta Constituição:

I – são dispensados, durante a integralidade do exercício financeiro em que vigore a calamidade pública, os limites, as condições e demais restrições aplicáveis à União para a contratação de operações de crédito, bem como sua verificação;

II – o superávit financeiro apurado em 31 de dezembro do ano imediatamente anterior ao reconhecimento pode ser destinado à cobertura de despesas oriundas das medidas de combate à calamidade pública de âmbito nacional e ao pagamento da dívida pública.

§ 1º Lei complementar pode definir outras suspensões, dispensas e afastamentos aplicáveis durante a vigência do estado de calamidade pública de âmbito nacional.

§ 2º O disposto no inciso II do *caput* deste artigo não se aplica às fontes de recursos:

I – decorrentes de repartição de receitas a Estados, ao Distrito Federal e a Municípios;

II – decorrentes das vinculações estabelecidas pelos arts. 195, 198, 201, 212, 212-A e 239 desta Constituição;

III – destinadas ao registro de receitas oriundas da arrecadação de doações ou de empréstimos compulsórios, de transferências recebidas para o atendimento de finalidades determinadas ou das receitas de capital produto de operações de financiamento celebradas com finalidades contratualmente determinadas.

Art. 167-G. Na hipótese de que trata o art. 167-B, aplicam-se à União, até o término da calamidade pública, as vedações previstas no art. 167-A desta Constituição.

§ 1º Na hipótese de medidas de combate à calamidade pública cuja vigência e efeitos não ultrapassem a sua duração, não se aplicam as vedações referidas nos incisos II, IV, VII, IX e X do *caput* do art. 167-A desta Constituição.

§ 2º Na hipótese de que trata o art. 167-B, não se aplica a alínea *c* do inciso I do *caput* do art. 159 desta Constituição, devendo a transferência a que se refere aquele dispositivo ser efetuada nos mesmos montantes transferidos no exercício anterior à decretação da calamidade.

§ 3º É facultada aos Estados, ao Distrito Federal e aos Municípios a aplicação das vedações referidas no *caput*, nos termos deste artigo, e, até que as tenham adotado na integralidade, estarão submetidos às restrições do § 6º do art. 167-A desta Constituição, enquanto perdurarem seus efeitos para a União.

▸ Arts. 167-A a 167-G acrescidos pela EC nº 109, de 15-3-2021.

Art. 168. Os recursos correspondentes às dotações orçamentárias, compreendidos os créditos suplementares e especiais, destinados aos órgãos dos Poderes Legislativo e Judiciário, do Ministério Público e da Defensoria Pública, ser-lhes-ão entregues até o dia 20 de cada mês, em duodécimos, na forma da lei complementar a que se refere o art. 165, § 9º.

▸ *Caput* com a redação dada pela EC nº 45, de 8-12-2004.

§ 1º É vedada a transferência a fundos de recursos financeiros oriundos de repasses duodecimais.

§ 2º O saldo financeiro decorrente dos recursos entregues na forma do *caput* deste artigo deve ser restituído ao caixa único do Tesouro do ente federativo, ou terá seu valor deduzido das primeiras parcelas duodecimais do exercício seguinte.

▸ §§ 1º e 2º acrescidos pela EC nº 109, de 15-3-2021.

Art. 169. A despesa com pessoal ativo e inativo e pensionistas da União, dos Estados, do Distrito Federal e dos Municípios não pode exceder os limites estabelecidos em lei complementar.

▸ *Caput* com a redação dada pela EC nº 109, de 15-3-2021.

▸ Arts. 96, II, e 127, § 2º, desta Constituição.

▸ Arts. 19 a 23 da LC nº 101, de 4-5-2000 (Lei da Responsabilidade Fiscal).

▸ Lei nº 9.801, de 14-6-1999, dispõe sobre normas gerais para a perda de cargo público por excesso de despesa.

§ 1º A concessão de qualquer vantagem ou aumento de remuneração, a criação de cargos, empregos e funções ou alteração de estrutura de carreiras, bem como a admissão ou contratação de pessoal, a qualquer título, pelos órgãos e entidades da administração direta ou indireta, inclusive fundações instituídas e mantidas pelo poder público, só poderão ser feitas:

▸ Art. 96, I, *e*, desta Constituição.

▸ Art. 2º da EC nº 106, de 7-5-2020.

I – se houver prévia dotação orçamentária suficiente para atender às projeções de despesa de pessoal e aos acréscimos dela decorrentes;

II – se houver autorização específica na lei de diretrizes orçamentárias, ressalvadas as empresas públicas e as sociedades de economia mista.

► § 1º com a redação dada pela EC nº 19, de 4-6-1998.

§ 2º Decorrido o prazo estabelecido na lei complementar referida neste artigo para a adaptação aos parâmetros ali previstos, serão imediatamente suspensos todos os repasses de verbas federais ou estaduais aos Estados, ao Distrito Federal e aos Municípios que não observarem os referidos limites.

§ 3º Para o cumprimento dos limites estabelecidos com base neste artigo, durante o prazo fixado na lei complementar referida no *caput*, a União, os Estados, o Distrito Federal e os Municípios adotarão as seguintes providências:

I – redução em pelo menos vinte por cento das despesas com cargos em comissão e funções de confiança;

II – exoneração dos servidores não estáveis.

► Art. 33 da EC nº 19, de 4-6-1998 (Reforma Administrativa).

§ 4º Se as medidas adotadas com base no parágrafo anterior não forem suficientes para assegurar o cumprimento da determinação da lei complementar referida neste artigo, o servidor estável poderá perder o cargo, desde que ato normativo motivado de cada um dos Poderes especifique a atividade funcional, o órgão ou unidade administrativa objeto da redução de pessoal.

► Art. 198, § 6º, desta Constituição.

§ 5º O servidor que perder o cargo na forma do parágrafo anterior fará jus a indenização correspondente a um mês de remuneração por ano de serviço.

§ 6º O cargo objeto da redução prevista nos parágrafos anteriores será considerado extinto, vedada a criação de cargo, emprego ou função com atribuições iguais ou assemelhadas pelo prazo de quatro anos.

§ 7º Lei federal disporá sobre as normas gerais a serem obedecidas na efetivação do disposto no § 4º.

► §§ 2º a 7º acrescidos pela EC nº 19, de 4-6-1998.

► Art. 247 desta Constituição.

► Lei nº 9.801, de 14-6-1999, dispõe sobre as normas gerais para a perda de cargo público por excesso de despesa.

TÍTULO VII – DA ORDEM ECONÔMICA E FINANCEIRA

CAPÍTULO I

DOS PRINCÍPIOS GERAIS DA ATIVIDADE ECONÔMICA

► Lei nº 8.137, de 27-12-1990 (Lei dos Crimes contra a Ordem Tributária, Econômica e contra as Relações de Consumo).

► Lei nº 8.176, de 8-2-1991, define crimes contra a ordem econômica e cria o sistema de estoque de combustíveis.

► Lei nº 12.529, de 30-11-2011 (Lei do Sistema Brasileiro de Defesa da Concorrência).

Art. 170. A ordem econômica, fundada na valorização do trabalho humano e na livre iniciativa, tem por fim assegurar a todos existência digna, conforme os ditames da justiça social, observados os seguintes princípios:

I – soberania nacional;

► Art. 1º, I, desta Constituição.

II – propriedade privada;

► Art. 5º, XXII, desta Constituição.

► Arts. 1.228 a 1.368 do CC.

III – função social da propriedade;

► Lei nº 12.529, de 30-11-2011 (Lei do Sistema Brasileiro de Defesa da Concorrência).

IV – livre concorrência;

► Lei nº 12.529, de 30-11-2011 (Lei do Sistema Brasileiro de Defesa da Concorrência).

► Art. 52 do Dec. nº 2.594, de 15-4-1998, que dispõe sobre a defesa da concorrência na desestatização.

► Súm. Vinc. nº 49 do STF.

► Súm. nº 646 do STF.

V – defesa do consumidor;

► Lei nº 8.078, de 11-9-1990 (Código de Defesa do Consumidor).

► Lei nº 10.504, de 8-7-2002, institui o Dia Nacional do Consumidor, que é comemorado anualmente, no dia 15 de março.

► Dec. nº 2.181, de 20-3-1997, dispõe sobre a organização do Sistema Nacional de Defesa do Consumidor – SNDC e estabelece normas gerais de aplicação das sanções administrativas previstas no CDC.

► Súm. Vinc. nº 49 do STF.

► Súm. nº 646 do STF.

VI – defesa do meio ambiente, inclusive mediante tratamento diferenciado conforme o impacto ambiental dos produtos e serviços e de seus processos de elaboração e prestação;

- ▶ Inciso VI com a redação dada pela EC nº 42, de 19-12-2003.
- ▶ Art. 5º, LXXIII, desta Constituição.
- ▶ Lei nº 7.347, de 24-7-1985 (Lei da Ação Civil Pública).
- ▶ Lei nº 9.605, de 12-2-1998 (Lei dos Crimes Ambientais).
- ▶ Dec. nº 6.514, de 22-7-2008, dispõe sobre as infrações e sanções administrativas ao meio ambiente e estabelece o processo administrativo federal para apuração destas infrações.
- ▶ Res. do CONAMA nº 369, de 28-3-2006, dispõe sobre os casos excepcionais, de utilidade pública, interesse social ou baixo impacto ambiental, que possibilitam a intervenção ou supressão de vegetação em Área de Preservação Permanente – APP.

VII – redução das desigualdades regionais e sociais;

- ▶ Art. 3º, III, desta Constituição.

VIII – busca do pleno emprego;

- ▶ Arts. 6º e 7º desta Constituição.
- ▶ Art. 47 da Lei nº 11.101, de 9-2-2005 (Lei de Recuperação de Empresas e Falências).
- ▶ Dec. nº 10.088, de 5-11-2019, consolida atos normativos editados pelo Poder Executivo Federal que dispõem sobre a promulgação de convenções e recomendações da Organização Internacional do Trabalho – OIT ratificadas pela República Federativa do Brasil.

IX – tratamento favorecido para as empresas de pequeno porte constituídas sob as leis brasileiras e que tenham sua sede e administração no País.

- ▶ Inciso IX com a redação dada pela EC nº 6, de 15-8-1995.
- ▶ Art. 246 desta Constituição.
- ▶ LC nº 123, de 14-12-2006 (Estatuto Nacional da Microempresa e da Empresa de Pequeno Porte).
- ▶ Lei nº 6.174, de 1-8-2007, institui e regulamenta o Fórum Permanente das Microempresas de Pequeno Porte.

Parágrafo único. É assegurado a todos o livre exercício de qualquer atividade econômica, independentemente de autorização de órgãos públicos, salvo nos casos previstos em lei.

- ▶ Súm. Vinc. nº 49 do STF.
- ▶ Súm. nº 646 do STF.

Art. 171. *Revogado.* EC nº 6, de 15-8-1995.

Art. 172. A lei disciplinará, com base no interesse nacional, os investimentos de capital estrangeiro, incentivará os reinvestimentos e regulará a remessa de lucros.

- ▶ Lei nº 4.131, de 3-9-1962, disciplina a aplicação do capital estrangeiro e as remessas de valores para o exterior.
- ▶ Dec.-lei nº 37, de 18-11-1966 (Lei do Imposto de Importação).

Art. 173. Ressalvados os casos previstos nesta Constituição, a exploração direta de atividade econômica pelo Estado só será permitida quando necessária aos imperativos da segurança nacional ou a relevante interesse coletivo, conforme definidos em lei.

- ▶ OJ da SBDI-I nº 364 do TST.

§ 1º A lei estabelecerá o estatuto jurídico da empresa pública, da sociedade de economia mista e de suas subsidiárias que explorem atividade econômica de produção ou comercialização de bens ou de prestação de serviços, dispondo sobre:

- ▶ *Caput* do § 1º com a redação dada pela EC nº 19, de 4-6-1998.
- ▶ Lei nº 13.303, de 30-6-2016 (Estatuto Jurídico da Empresa Pública, da Sociedade de Economia Mista e de suas Subsidiárias).

I – sua função social e formas de fiscalização pelo Estado e pela sociedade;

II – a sujeição ao regime jurídico próprio das empresas privadas, inclusive quanto aos direitos e obrigações civis, comerciais, trabalhistas e tributários;

- ▶ Súm. nº 455 do TST.

III – licitação e contratação de obras, serviços, compras e alienações, observados os princípios da administração pública;

- ▶ Art. 22, XXVII, desta Constituição.
- ▶ Súm. nº 333 do STJ.

IV – a constituição e o funcionamento dos conselhos de administração e fiscal, com a participação de acionistas minoritários;

V – os mandatos, a avaliação de desempenho e a responsabilidade dos administradores.

- ▶ Incisos I a V com a redação dada pela EC nº 19, de 4-6-1998.

§ 2º As empresas públicas e as sociedades de economia mista não poderão gozar de privilégios fiscais não extensivos às do setor privado.

§ 3º A lei regulamentará as relações da empresa pública com o Estado e a sociedade.

§ 4º A lei reprimirá o abuso do poder econômico que vise à dominação dos mercados, à eliminação da concorrência e ao aumento arbitrário dos lucros.

► Lei nº 8.137, de 27-12-1990 (Lei dos Crimes Contra a Ordem Tributária, Econômica e Contra as Relações de Consumo).

► Lei nº 8.176, de 8-2-1991 (Lei dos Crimes Contra a Ordem Econômica).

► Lei nº 9.069, de 29-6-1995, dispõe sobre o Plano Real, o Sistema Monetário Nacional, estabelece as regras e condições de emissão do Real e os critérios para conversão das obrigações para o Real.

► Lei nº 12.529, de 30-11-2011 (Lei do Sistema Brasileiro de Defesa da Concorrência).

► Súm. nº 646 do STF.

§ 5º A lei, sem prejuízo da responsabilidade individual dos dirigentes da pessoa jurídica, estabelecerá a responsabilidade desta, sujeitando-a às punições compatíveis com sua natureza, nos atos praticados contra a ordem econômica e financeira e contra a economia popular.

Art. 174. Como agente normativo e regulador da atividade econômica, o Estado exercerá, na forma da lei, as funções de fiscalização, incentivo e planejamento, sendo este determinante para o setor público e indicativo para o setor privado.

§ 1º A lei estabelecerá as diretrizes e bases do planejamento do desenvolvimento nacional equilibrado, o qual incorporará e compatibilizará os planos nacionais e regionais de desenvolvimento.

§ 2º A lei apoiará e estimulará o cooperativismo e outras formas de associativismo.

► Lei nº 5.764, de 16-12-1971 (Lei das Cooperativas).

► Lei nº 9.867, de 10-11-1999, dispõe sobre a criação e o funcionamento de Cooperativas Sociais, visando à integração social dos cidadãos.

§ 3º O Estado favorecerá a organização da atividade garimpeira em cooperativas, levando em conta a proteção do meio ambiente e a promoção econômico-social dos garimpeiros.

► Dec.-lei nº 227, de 28-2-1967 (Código de Mineração).

§ 4º As cooperativas a que se refere o parágrafo anterior terão prioridade na autorização ou concessão para pesquisa e lavra dos recursos e jazidas de minerais garimpáveis, nas áreas onde estejam atuando, e naquelas fixadas de acordo com o artigo 21, XXV, na forma da lei.

Art. 175. Incumbe ao Poder Público, na forma da lei, diretamente ou sob regime de concessão ou permissão, sempre através de licitação, a prestação de serviços públicos.

► Lei nº 8.987, de 13-2-1995 (Lei da Concessão e Permissão da Prestação de Serviços Públicos).

► Lei nº 9.074, de 7-7-1995, estabelece normas para outorga e prorrogações das concessões e permissões de serviços públicos.

► Lei nº 9.427, de 26-12-1996, institui a Agência Nacional de Energia Elétrica – ANEEL e disciplina o regime das concessões de serviços públicos de energia elétrica.

► Lei nº 9.791, de 24-3-1999, dispõe sobre a obrigatoriedade de as concessionárias de serviços públicos estabelecerem ao consumidor e ao usuário datas opcionais para o vencimento de seus débitos.

► Dec. nº 2.196, de 8-4-1997, aprova o Regulamento de Serviços Especiais.

Parágrafo único. A lei disporá sobre:

I – o regime das empresas concessionárias e permissionárias de serviços públicos, o caráter especial de seu contrato e de sua prorrogação, bem como as condições de caducidade, fiscalização e rescisão da concessão ou permissão;

II – os direitos dos usuários;

III – política tarifária;

► Súm. nº 407 do STJ.

IV – a obrigação de manter serviço adequado.

Art. 176. As jazidas, em lavra ou não, e demais recursos minerais e os potenciais de energia hidráulica constituem propriedade distinta da do solo, para efeito de exploração ou aproveitamento, e pertencem à União, garantida ao concessionário a propriedade do produto da lavra.

§ 1º A pesquisa e a lavra de recursos minerais e o aproveitamento dos potenciais a que se refere o *caput* deste artigo somente poderão ser efetuados mediante autorização ou concessão da União, no interesse nacional, por brasileiros ou empresa constituída sob as leis brasileiras e que tenha sua sede e administração no País, na forma da lei, que estabelecerá as condições específicas quando essas atividades se desenvolverem em faixa de fronteira ou terras indígenas.

► § 1º com a redação dada pela EC nº 6, de 15-8-1995.

► Art. 246 desta Constituição.

► Dec.-lei nº 227, de 28-2-1967 (Código de Mineração).

§ 2º É assegurada participação ao proprietário do solo nos resultados da lavra, na forma e no valor que dispuser a lei.

- Lei nº 8.901, de 30-6-1995, regulamenta este parágrafo.
- Dec.-lei nº 227, de 28-2-1967 (Código de Mineração).

§ 3º A autorização de pesquisa será sempre por prazo determinado, e as autorizações e concessões previstas neste artigo não poderão ser cedidas ou transferidas, total ou parcialmente, sem prévia anuência do poder concedente.

§ 4º Não dependerá de autorização ou concessão o aproveitamento do potencial de energia renovável de capacidade reduzida.

Art. 177. Constituem monopólio da União:

- Lei nº 9.478, de 6-8-1997, dispõe sobre a política energética nacional, as atividades relativas ao monopólio do petróleo, institui o Conselho Nacional de Política Energética e a Agência Nacional do Petróleo – ANP.

I – a pesquisa e a lavra das jazidas de petróleo e gás natural e outros hidrocarbonetos fluidos;

- Lei nº 12.304, de 2-8-2010, autoriza o Poder Executivo a criar a empresa pública denominada Empresa Brasileira de Administração de Petróleo e Gás Natural S.A. – Pré-Sal Petróleo S.A. (PPSA).

II – a refinação do petróleo nacional ou estrangeiro;

- Art. 45 do ADCT.

III – a importação e exportação dos produtos e derivados básicos resultantes das atividades previstas nos incisos anteriores;

- Lei nº 11.909, de 4-3-2009, dispõe sobre as atividades relativas a importação, exportação, transporte por meio de condutos, tratamento, processamento, estocagem, liquefação, regaseificação e comercialização de gás natural.

IV – o transporte marítimo do petróleo bruto de origem nacional ou de derivados básicos de petróleo produzidos no País, bem assim o transporte, por meio de conduto, de petróleo bruto, seus derivados e gás natural de qualquer origem;

- Lei nº 11.909, de 4-3-2009, dispõe sobre as atividades relativas a importação, exportação, transporte por meio de condutos, tratamento, processamento, estocagem, liquefação, regaseificação e comercialização de gás natural.

V – a pesquisa, a lavra, o enriquecimento, o reprocessamento, a industrialização e o comércio de minérios e minerais nucleares e seus derivados, com exceção dos radioisótopos cuja produção, comercialização e utilização poderão ser autorizadas sob regime de permissão, conforme as alíneas *b* e *c* do inciso XXIII do *caput* do art. 21 desta Constituição Federal.

- Inciso V com a redação dada pela EC nº 49, de 8-2-2006.

§ 1º A União poderá contratar com empresas estatais ou privadas a realização das atividades previstas nos incisos I a IV deste artigo, observadas as condições estabelecidas em Lei.

- § 1º com a redação dada pela EC nº 9, de 9-11-1995.
- Lei nº 12.304, de 2-8-2010, autoriza o Poder Executivo a criar a empresa pública denominada Empresa Brasileira de Administração de Petróleo e Gás Natural S.A. – Pré-Sal Petróleo S.A. (PPSA).

§ 2º A lei a que se refere o § 1º disporá sobre:

- Lei nº 9.478, de 6-8-1997, dispõe sobre a Política Energética Nacional, as atividades relativas ao monopólio do petróleo, institui o Conselho Nacional de Política Energética e a Agência Nacional de Petróleo – ANP.
- Lei nº 9.847, de 26-10-1999, dispõe sobre a fiscalização das atividades relativas ao abastecimento nacional de combustíveis de que trata a Lei nº 9.478, de 6-8-1997, e estabelece sanções administrativas.

I – a garantia do fornecimento dos derivados de petróleo em todo o Território Nacional;

II – as condições de contratação;

III – a estrutura e atribuições do órgão regulador do monopólio da União.

- § 2º acrescido pela EC nº 9, de 9-11-1995.
- Lei nº 9.478, de 6-8-1997, dispõe sobre a política energética nacional, as atividades relativas ao monopólio do petróleo, que institui o Conselho Nacional de Política Energética e a Agência Nacional de Petróleo – ANP.

§ 3º A lei disporá sobre transporte e a utilização de materiais radioativos no Território Nacional.

- Antigo § 2º transformado em § 3º pela EC nº 9, de 9-11-1995.
- Art. 3º da EC nº 9, de 9-11-1995.

§ 4º A lei que instituir contribuição de intervenção no domínio econômico relativa às atividades de importação ou comercialização de petróleo e seus derivados, gás natural e seus derivados e álcool combustível deverá atender aos seguintes requisitos:

- *Caput* do § 4º acrescido pela EC nº 33, de 11-12-2001.

I – a alíquota da contribuição poderá ser:

a) diferenciada por produto ou uso;

b) reduzida e restabelecida por ato do Poder Executivo, não se lhe aplicando o disposto no artigo 150, III, *b*;

► Inciso I acrescido pela EC nº 33, de 11-12-2001.

II – os recursos arrecadados serão destinados:

► *Caput* do inciso II acrescido pela EC nº 33, de 11-12-2001.

a) ao pagamento de subsídios a preços ou transporte de álcool combustível, gás natural e seus derivados e derivados de petróleo;

► Lei nº 10.453, de 13-5-2002, dispõe sobre subvenções ao preço e ao transporte do álcool combustível e subsídios ao preço do gás liquefeito de petróleo – GLP.

b) ao financiamento de projetos ambientais relacionados com a indústria do petróleo e do gás;

c) ao financiamento de programas de infraestrutura de transportes;

► Alíneas *a* a *c* acrescidas pela EC nº 33, de 11-12-2001.

► O STF, por maioria de votos, julgou parcialmente procedente a ADIN nº 2.925-8, para dar interpretação conforme a CF, no sentido de que a abertura de crédito suplementar deve ser destinada às três finalidades enumeradas nas alíneas *a* a *c*, deste inciso (*DJ* de 4-3-2005).

► Lei nº 10.336, de 19-12-2001, institui Contribuição de Intervenção no Domínio Econômico incidente sobre a importação e a comercialização de petróleo e seus derivados, gás natural e seus derivados, e álcool etílico combustível – CIDE.

► Art. 1º da Lei nº 10.453, de 13-5-2002, que dispõe sobre subvenções ao preço e ao transporte do álcool combustível e subsídios ao preço do gás liquefeito de petróleo – GLP.

d) ***ao pagamento de subsídios a tarifas de transporte público coletivo de passageiros.***

► Alínea *d* acrescida pela EC nº 132, de 20-12-2023.

Art. 178. A lei disporá sobre a ordenação dos transportes aéreo, aquático e terrestre, devendo, quanto à ordenação do transporte internacional, observar os acordos firmados pela União, atendido o princípio da reciprocidade.

► Art. 246 desta Constituição.

► Lei nº 7.565, de 19-15-1986, dispõe sobre o Código Brasileiro de Aeronáutica.

► Lei nº 11.442, de 5-1-2007, dispõe sobre o transporte rodoviário de cargas por conta de terceiros e mediante remuneração.

► Dec.-lei nº 116, de 25-1-1967, dispõe sobre as operações inerentes ao transporte de mercadorias por via d'água nos portos brasileiros, delimitando suas responsabilidades e tratando das faltas e avarias.

Parágrafo único. Na ordenação do transporte aquático, a lei estabelecerá as condições em que o transporte de mercadorias na cabotagem e a navegação interior poderão ser feitos por embarcações estrangeiras.

► Art. 178 com a redação dada pela EC nº 7, de 15-8-1995.

► Art. 246 desta Constituição.

► Lei nº 10.233, de 5-6-2001, dispõe sobre a reestruturação dos transportes aquaviário e terrestre, cria o Conselho Nacional de Integração de Políticas de Transporte, a Agência Nacional de Transportes Terrestres, a Agência Nacional de Transportes Aquaviários e o Departamento Nacional de Infraestrutura de Transportes.

► Dec. nº 4.130, de 13-2-2002, aprova o Regulamento e o Quadro Demonstrativo dos Cargos Comissionados e dos Cargos Comissionados Técnicos da Agência Nacional de Transporte Terrestre – ANTT.

► Dec. nº 10.267, de 5-3-2020, dispõe sobre o transporte aéreo de autoridades em aeronaves do Comando da Aeronáutica.

Art. 179. A União, os Estados, o Distrito Federal e os Municípios dispensarão às microempresas e às empresas de pequeno porte, assim definidas em lei, tratamento jurídico diferenciado, visando a incentivá-las pela simplificação de suas obrigações administrativas, tributárias, previdenciárias e creditícias, ou pela eliminação ou redução destas por meio de lei.

► Art. 47, § 1º, do ADCT.

► LC nº 123, de 14-12-2006 (Estatuto Nacional da Microempresa e da Empresa de Pequeno Porte).

Art. 180. A União, os Estados, o Distrito Federal e os Municípios promoverão e incentivarão o turismo como fator de desenvolvimento social e econômico.

Art. 181. O atendimento de requisição de documento ou informação de natureza comercial, feita por autoridade administrativa ou judiciária estrangeira, a pessoa física ou jurídica residente ou domiciliada no País dependerá de autorização do Poder competente.

Capítulo II

DA POLÍTICA URBANA

► Lei nº 10.257, de 10-7-2001 (Estatuto da Cidade).

Art. 182. A política de desenvolvimento urbano, executada pelo Poder Público municipal, conforme diretrizes gerais fixadas em lei, tem por objetivo ordenar o pleno desenvolvimento das funções sociais da cidade e garantir o bem-estar de seus habitantes.

► Lei nº 10.257, de 10-7-2001 (Estatuto da Cidade), regulamenta este artigo.

► Lei nº 12.587, de 3-1-2012 (Lei da Política Nacional de Mobilidade Urbana).

► Lei nº 13.089, de 12-1-2015 (Estatuto da Metrópole).

§ 1º O plano diretor, aprovado pela Câmara Municipal, obrigatório para cidades com mais de vinte mil habitantes, é o instrumento básico da política de desenvolvimento e de expansão urbana.

§ 2º A propriedade urbana cumpre sua função social quando atende às exigências fundamentais de ordenação da cidade expressas no plano diretor.

► Art. 186 desta Constituição.

► Súm. nº 668 do STF.

§ 3º As desapropriações de imóveis urbanos serão feitas com prévia e justa indenização em dinheiro.

► Art. 46 da LC nº 101, de 4-5-2000 (Lei da Responsabilidade Fiscal).

► Dec.-lei nº 3.365, de 21-6-1941 (Lei das Desapropriações).

► Súmulas nºs 113 e 114 do STJ.

§ 4º É facultado ao Poder Público municipal, mediante lei específica para área incluída no plano diretor, exigir, nos termos da lei federal, do proprietário do solo urbano não edificado, subutilizado ou não utilizado, que promova seu adequado aproveitamento, sob pena, sucessivamente, de:

I – parcelamento ou edificação compulsórios;

II – imposto sobre a propriedade predial e territorial urbana progressivo no tempo;

► Art. 156, § 1º, desta Constituição.

► Súm. nº 668 do STF.

III – desapropriação com pagamento mediante títulos da dívida pública de emissão previamente aprovada pelo Senado Federal, com prazo de resgate de até dez anos, em parcelas anuais, iguais e sucessivas, assegurados o valor real da indenização e os juros legais.

► Lei nº 10.257, de 10-7-2001 (Estatuto da Cidade).

► Dec.-lei nº 3.365, de 21-6-1941 (Lei das Desapropriações).

Art. 183. Aquele que possuir como sua área urbana de até duzentos e cinquenta metros quadrados, por cinco anos, ininterruptamente e sem oposição, utilizando-a para sua moradia ou de sua família, adquirir-lhe-á o domínio, desde que não seja proprietário de outro imóvel urbano ou rural.

► Arts. 1.238 e 1.240 do CC.

► Lei nº 10.257, de 10-7-2001 (Estatuto da Cidade), regulamenta este artigo.

§ 1º O título de domínio e a concessão de uso serão conferidos ao homem ou à mulher, ou a ambos, independentemente do estado civil.

► MP nº 2.220, de 4-9-2001, que até o encerramento desta edição não havia sido convertida em Lei, dispõe sobre a concessão de uso especial de que trata este parágrafo.

§ 2º Esse direito não será reconhecido ao mesmo possuidor mais de uma vez.

§ 3º Os imóveis públicos não serão adquiridos por usucapião.

► Lei nº 10.257, de 10-7-2001 (Estatuto da Cidade), regulamenta este artigo.

Capítulo III

DA POLÍTICA AGRÍCOLA E FUNDIÁRIA E DA REFORMA AGRÁRIA

► LC nº 93, de 4-2-1998, cria o Fundo de Terras e da Reforma Agrária – Banco da Terra, e seu Dec. regulamentador nº 2.622, de 9-6-1998.

► Lei nº 4.504, de 30-11-1964 (Estatuto da Terra).

► Lei nº 8.174, de 30-1-1991, dispõe sobre princípios de política agrícola, estabelecendo atribuições ao Conselho Nacional de Política Agrícola – CNPA, tributação compensatória de produtos agrícolas, amparo ao pequeno produtor e regras de fixação e liberação dos estoques públicos.

► Lei nº 8.629, de 25-2-1993, regulamenta os dispositivos constitucionais relativos à reforma agrária.

► Lei nº 9.126, de 10-11-1995, dispõe sobre a concessão de subvenção econômica nas operações de crédito rural.

► Lei nº 9.138, de 29-11-1995, dispõe sobre o crédito rural.

► Lei nº 9.393, de 19-12-1996, dispõe sobre o ITR.

Art. 184. Compete à União desapropriar por interesse social, para fins de reforma agrária, o imóvel rural que não esteja cumprindo sua função social, mediante prévia e justa indenização em títulos da dívida agrária, com cláusula de preservação do valor real, resgatáveis no prazo de até vinte anos, a partir do segundo ano de sua emissão, e cuja utilização será definida em lei.

► Lei nº 8.629, de 25-2-1993, regula os dispositivos constitucionais relativos à reforma agrária.

§ 1º As benfeitorias úteis e necessárias serão indenizadas em dinheiro.

§ 2º O decreto que declarar o imóvel como de interesse social, para fins de reforma agrária, autoriza a União a propor a ação de desapropriação.

§ 3º Cabe à lei complementar estabelecer procedimento contraditório especial, de rito sumário, para o processo judicial de desapropriação.

► LC nº 76, de 6-7-1993 (Lei de Desapropriação de Imóvel Rural para fins de Reforma Agrária).

§ 4º O orçamento fixará anualmente o volume total de títulos da dívida agrária, assim como o montante de recursos para atender ao programa de reforma agrária no exercício.

§ 5º São isentas de impostos federais, estaduais e municipais as operações de transferência de imóveis desapropriados para fins de reforma agrária.

Art. 185. São insuscetíveis de desapropriação para fins de reforma agrária:

► Lei nº 8.629, de 25-2-1993, regula os dispositivos constitucionais relativos à reforma agrária.

I – a pequena e média propriedade rural, assim definida em lei, desde que seu proprietário não possua outra;
II – a propriedade produtiva.

Parágrafo único. A lei garantirá tratamento especial à propriedade produtiva e fixará normas para o cumprimento dos requisitos relativos à sua função social.

Art. 186. A função social é cumprida quando a propriedade rural atende, simultaneamente, segundo critérios e graus de exigência estabelecidos em lei, aos seguintes requisitos:

► Lei nº 8.629, de 25-2-1993, regula os dispositivos constitucionais relativos à reforma agrária.

I – aproveitamento racional e adequado;
II – utilização adequada dos recursos naturais disponíveis e preservação do meio ambiente;

► Res. do CONAMA nº 369, de 28-3-2006, dispõe sobre os casos excepcionais, de utilidade pública, interesse social ou baixo impacto ambiental, que possibilitam a intervenção ou supressão de vegetação em Área de Preservação Permanente – APP.

III – observância das disposições que regulam as relações de trabalho;
IV – exploração que favoreça o bem-estar dos proprietários e dos trabalhadores.

Art. 187. A política agrícola será planejada e executada na forma da lei, com a participação efetiva do setor de produção, envolvendo produtores e trabalhadores rurais, bem como dos setores de comercialização, de armazenamento e de transportes, levando em conta, especialmente:

► Lei nº 8.171, de 17-1-1991 (Lei da Política Agrícola).
► Lei nº 8.174, de 30-1-1991, dispõe sobre princípios de política agrícola, estabelecendo atribuições ao Conselho Nacional de Política Agrícola – CNPA, tributação compensatória de produtos agrícolas, amparo ao pequeno produtor e regras de fixação e liberação dos estoques públicos.
► Súm. nº 298 do STJ.

I – os instrumentos creditícios e fiscais;
II – os preços compatíveis com os custos de produção e a garantia de comercialização;
III – o incentivo à pesquisa e à tecnologia;
IV – a assistência técnica e extensão rural;
V – o seguro agrícola;
VI – o cooperativismo;
VII – a eletrificação rural e irrigação;
VIII – a habitação para o trabalhador rural.

§ 1º Incluem-se no planejamento agrícola as atividades agroindustriais, agropecuárias, pesqueiras e florestais.

§ 2º Serão compatibilizadas as ações de política agrícola e de reforma agrária.

Art. 188. A destinação de terras públicas e devolutas será compatibilizada com a política agrícola e com o plano nacional de reforma agrária.

§ 1º A alienação ou a concessão, a qualquer título, de terras públicas com área superior a dois mil e quinhentos hectares a pessoa física ou jurídica, ainda que por interposta pessoa, dependerá de prévia aprovação do Congresso Nacional.

§ 2º Excetuam-se do disposto no parágrafo anterior as alienações ou as concessões de terras públicas para fins de reforma agrária.

Art. 189. Os beneficiários da distribuição de imóveis rurais pela reforma agrária receberão títulos de domínio ou de concessão de uso, inegociáveis, pelo prazo de dez anos.

- ▶ Lei nº 8.629, de 25-2-1993, regula os dispositivos constitucionais relativos à reforma agrária.
- ▶ Art. 6º, II, da Lei nº 11.284, de 2-3-2006 (Lei de Gestão de Florestas Públicas).

Parágrafo único. O título de domínio e a concessão de uso serão conferidos ao homem ou à mulher, ou a ambos, independentemente do estado civil, nos termos e condições previstos em lei.

Art. 190. A lei regulará e limitará a aquisição ou o arrendamento de propriedade rural por pessoa física ou jurídica estrangeira e estabelecerá os casos que dependerão de autorização do Congresso Nacional.

- ▶ Lei nº 5.709, de 7-10-1971, regula a aquisição de imóveis rurais por estrangeiro residente no País ou pessoa jurídica estrangeira autorizada a funcionar no Brasil.
- ▶ Lei nº 8.629, de 25-2-1993, regula os dispositivos constitucionais relativos à reforma agrária.

Art. 191. Aquele que, não sendo proprietário de imóvel rural ou urbano, possua como seu, por cinco anos ininterruptos, sem oposição, área de terra, em zona rural, não superior a cinquenta hectares, tornando-a produtiva por seu trabalho ou de sua família, tendo nela sua moradia, adquirir-lhe-á a propriedade.

- ▶ Art. 1.239 do CC.
- ▶ Lei nº 6.969, de 10-12-1981 (Lei do Usucapião Especial).

Parágrafo único. Os imóveis públicos não serão adquiridos por usucapião.

Capítulo IV

DO SISTEMA FINANCEIRO NACIONAL

Art. 192. O sistema financeiro nacional, estruturado de forma a promover o desenvolvimento equilibrado do País e a servir aos interesses da coletividade, em todas as partes que o compõem, abrangendo as cooperativas de crédito, será regulado por leis complementares que disporão, inclusive, sobre a participação do capital estrangeiro nas instituições que o integram.

- ▶ *Caput* com a redação dada pela EC nº 40, de 29-5-2003.

I a VIII – *Revogados*. EC nº 40, de 29-5-2003.

§§ 1º a 3º *Revogados*. EC nº 40, de 29-5-2003.

TÍTULO VIII – DA ORDEM SOCIAL

Capítulo I

DISPOSIÇÃO GERAL

Art. 193. A ordem social tem como base o primado do trabalho, e como objetivo o bem-estar e a justiça sociais.

Parágrafo único. O Estado exercerá a função de planejamento das políticas sociais, assegurada, na forma da lei, a participação da sociedade nos processos de formulação, de monitoramento, de controle e de avaliação dessas políticas.

- ▶ Parágrafo único acrescido pela EC nº 108, de 26-8-2020.

Capítulo II

DA SEGURIDADE SOCIAL

- ▶ Lei nº 8.212, de 24-7-1991 (Lei Orgânica da Seguridade Social).
- ▶ Lei nº 8.213, de 24-7-1991 (Lei dos Planos de Benefícios da Previdência Social).
- ▶ Lei nº 8.742, de 7-12-1993 (Lei Orgânica da Assistência Social).
- ▶ Dec. nº 3.048, de 6-5-1999 (Regulamento da Previdência Social).

Seção I

DISPOSIÇÕES GERAIS

Art. 194. A seguridade social compreende um conjunto integrado de ações de iniciativa dos Poderes Públicos e da sociedade, destinadas a assegurar os direitos relativos à saúde, à previdência e à assistência social.

- ▶ Lei nº 8.212, de 24-7-1991 (Lei Orgânica da Seguridade Social).
- ▶ Lei nº 8.213, de 24-7-1991 (Lei dos Planos de Benefícios da Previdência Social).

Parágrafo único. Compete ao Poder Público, nos termos da lei, organizar a seguridade social, com base nos seguintes objetivos:

I – universalidade da cobertura e do atendimento;

II – uniformidade e equivalência dos benefícios e serviços às populações urbanas e rurais;

III – seletividade e distributividade na prestação dos benefícios e serviços;

IV – irredutibilidade do valor dos benefícios;

V – equidade na forma de participação no custeio;

VI – diversidade da base de financiamento, identificando-se, em rubricas contábeis específicas para cada área, as receitas e as despesas vinculadas a ações de saúde, previdência e assistência social, preservado o caráter contributivo da previdência social;

▸ Inciso VI com a redação dada pela EC nº 103, de 12-11-2019.

VII – caráter democrático e descentralizado da administração, mediante gestão quadripartite, com participação dos trabalhadores, dos empregadores, dos aposentados e do Governo nos órgãos colegiados.

▸ Inciso VII com a redação dada pela EC nº 20, de 15-12-1998.

Art. 195. A seguridade social será financiada por toda a sociedade, de forma direta e indireta, nos termos da lei, mediante recursos provenientes dos orçamentos da União, dos Estados, do Distrito Federal e dos Municípios, e das seguintes contribuições sociais:

▸ Art. 12 da EC nº 20, de 15-12-1998 (Reforma Previdenciária).

▸ LC nº 70, de 30-12-1991, institui contribuição para financiamento da Seguridade Social, eleva a alíquota da contribuição social sobre o lucro das instituições financeiras.

▸ Lei nº 7.689, de 15-12-1988 (Lei da Contribuição Social Sobre o Lucro das Pessoas Jurídicas).

▸ Lei nº 7.894, de 24-11-1989, dispõe sobre as contribuições para o Finsocial e PIS/PASEP.

▸ Lei nº 9.363, de 13-12-1996, dispõe sobre a instituição de crédito presumido do Imposto sobre Produtos Industrializados, para ressarcimento do valor do PIS/PASEP e COFINS nos casos que especifica.

▸ Lei nº 9.477, de 24-7-1997, institui o Fundo de Aposentadoria Programada Individual – FAPI e o plano de incentivo à aposentadoria programada individual.

▸ Súmulas nºs 658, 659 e 688 do STF.

▸ Súm. nº 423 do STJ.

I – do empregador, da empresa e da entidade a ela equiparada na forma da lei, incidentes sobre:

▸ Súm. nº 688 do STF.

a) a folha de salários e demais rendimentos do trabalho pagos ou creditados, a qualquer título, à pessoa física que lhe preste serviço, mesmo sem vínculo empregatício;

▸ Art. 114, VIII, desta Constituição.

b) a receita ou o faturamento;

c) o lucro;

▸ Inciso I com a redação dada pela EC nº 20, de 15-12-1998.

▸ Art. 195, § 9º, desta Constituição.

▸ LC nº 70, de 30-12-1991, institui contribuição para o funcionamento da Seguridade Social e eleva alíquota da contribuição social sobre o lucro das instituições financeiras.

II – do trabalhador e dos demais segurados da previdência social, podendo ser adotadas alíquotas progressivas de acordo com o valor do salário de contribuição, não incidindo contribuição sobre aposentadoria e pensão concedidas pelo Regime Geral de Previdência Social;

▸ Inciso II com a redação dada pela EC nº 103, de 12-11-2019.

▸ Arts. 114, VIII, e 167, IX, desta Constituição.

▸ Lei nº 9.477, de 24-7-1997, institui o Fundo de Aposentadoria Programada Individual – FAPI e o Plano de Incentivo à Aposentadoria Programada Individual.

III – sobre a receita de concursos de prognósticos;

▸ Art. 4º da Lei nº 7.856, de 24-10-1989, que dispõe sobre a destinação da renda de concursos de prognósticos.

IV – do importador de bens ou serviços do exterior, ou de quem a lei a ele equiparar;

▸ Inciso IV acrescido pela EC nº 42, de 19-12-2003.

▸ Lei nº 10.865, de 30-4-2004, dispõe sobre o PIS/PASEP-Importação e a COFINS-Importação.

V – sobre bens e serviços, nos termos de lei complementar.

▸ Inciso V acrescido pela EC nº 132, de 20-12-2023.

§ 1º As receitas dos Estados, do Distrito Federal e dos Municípios destinadas à seguridade social constarão dos respectivos orçamentos, não integrando o orçamento da União.

§ 2º A proposta de orçamento da seguridade social será elaborada de forma integrada pelos órgãos responsáveis pela saúde, previdência social e assistência social, tendo em vista as metas e prioridades estabelecidas na lei de diretrizes orçamentárias, assegurada a cada área a gestão de seus recursos.

§ 3º A pessoa jurídica em débito com o sistema da seguridade social, como estabelecido em lei, não poderá contratar com o Poder Público nem dele receber benefícios ou incentivos fiscais ou creditícios.

▸ Lei nº 8.212, de 24-7-1991 (Lei Orgânica da Seguridade Social).

§ 4º A lei poderá instituir outras fontes destinadas a garantir a manutenção ou expansão da seguridade social, obedecido o disposto no artigo 154, I.

► Lei nº 9.876, de 26-11-1999, dispõe sobre a contribuição previdenciária do contribuinte individual e o cálculo do benefício.

§ 5º Nenhum benefício ou serviço da seguridade social poderá ser criado, majorado ou estendido sem a correspondente fonte de custeio total.

► Art. 24 da LC nº 101, de 4-5-2000 (Lei da Responsabilidade Fiscal).

§ 6º As contribuições sociais de que trata este artigo só poderão ser exigidas após decorridos noventa dias da data da publicação da lei que as houver instituído ou modificado, não se lhes aplicando o disposto no artigo 150, III, *b*.

► Art. 74, § 4º, do ADCT.
► Súm. Vinc. nº 50 do STF.
► Súm. nº 669 do STF.

§ 7º São isentas de contribuição para a seguridade social as entidades beneficentes de assistência social que atendam às exigências estabelecidas em lei.

► Súm. nº 659 do STF.
► Súm. nº 352 do STJ.
► Ações Diretas de Inconstitucionalidade nºs 2.028, 2.036, 2.228 e 2.621 convoladas em Ações de Descumprimento de Preceito Fundamental.

§ 8º O produtor, o parceiro, o meeiro e o arrendatário rurais e o pescador artesanal, bem como os respectivos cônjuges, que exerçam suas atividades em regime de economia familiar, sem empregados permanentes, contribuirão para a seguridade social mediante a aplicação de uma alíquota sobre o resultado da comercialização da produção e farão jus aos benefícios nos termos da lei.

► § 8º com a redação dada pela EC nº 20, de 15-12-1998.
► Súm. nº 272 do STJ.

§ 9º As contribuições sociais previstas no inciso I do *caput* deste artigo poderão ter alíquotas diferenciadas em razão da atividade econômica, da utilização intensiva de mão de obra, do porte da empresa ou da condição estrutural do mercado de trabalho, sendo também autorizada a adoção de bases de cálculo diferenciadas apenas no caso das alíneas *b* e *c* do inciso I do *caput*.

► § 9º com a redação dada pela EC nº 103, de 12-11-2019.

★ **Nova redação do dispositivo alterado:** "§ 9º As contribuições sociais previstas no inciso I do *caput* deste artigo poderão ter alíquotas diferenciadas em razão da atividade econômica, da utilização intensiva de mão de obra, do porte da empresa ou da condição estrutural do mercado de trabalho, sendo também autorizada a adoção de bases de cálculo diferenciadas apenas no caso da alínea c do inciso I do *caput*."

► § 9º com a redação dada pela EC nº 132, de 21-12-2023, para vigorar a partir de 2027.

§ 10. A lei definirá os critérios de transferência de recursos para o sistema único de saúde e ações de assistência social da União para os Estados, o Distrito Federal e os Municípios, e dos Estados para os Municípios, observada a respectiva contrapartida de recursos.

► § 10 acrescido pela EC nº 20, de 15-12-1998.

§ 11. São vedados a moratória e o parcelamento em prazo superior a 60 (sessenta) meses e, na forma de lei complementar, a remissão e a anistia das contribuições sociais de que tratam a alínea *a* do inciso I e o inciso II do *caput*.

► § 11 com a redação dada pela EC nº 103, de 12-11-2019.
► Art. 11, § 3º, da Lei nº 13.988, de 14-4-2020 (Lei da Transação Tributária).

§ 12. A lei definirá os setores de atividade econômica para os quais as contribuições incidentes na forma dos incisos I, *b*; e IV do *caput*, serão não cumulativas.

► § 12 acrescido pela EC nº 42, de 19-12-2003.

§ 13. *Revogado*. EC nº 103, de 12-11-2019.

§ 14. O segurado somente terá reconhecida como tempo de contribuição ao Regime Geral de Previdência Social a competência cuja contribuição seja igual ou superior à contribuição mínima mensal exigida para sua categoria, assegurado o agrupamento de contribuições.

► § 14 acrescido pela EC nº 103, de 12-11-2019.

§ 15. A contribuição prevista no inciso V do caput poderá ter sua alíquota fixada em lei ordinária.

§ 16. Aplica-se à contribuição prevista no inciso V do caput o disposto no art. 156-A, § 1º, I a VI, VIII, X a XIII, § 3º, § 5º, II a VI e IX, e §§ 6º a 11 e 13.

§ 17. A contribuição prevista no inciso V do caput não integrará sua própria base de cálculo nem a dos tributos previstos nos arts. 153, VIII, 156-A e 195, I, b, e IV, e da contribuição para o Programa de Integração Social de que trata o art. 239.

★ **Nova redação do dispositivo alterado:** "§ 17. A contribuição prevista no inciso V do *caput* não integrará sua própria base de cálculo nem a dos impostos previstos nos arts. 153, VIII, e 156-A."

► § 17 acrescido pela EC nº 132, de 21-12-2023, para vigorar a partir de 2027.

★ **Nova redação do dispositivo alterado:** "§ 17. A contribuição prevista no inciso V do *caput* não integrará sua própria base de cálculo nem a dos impostos previstos nos arts. 153, VIII, e 156-A."

► § 17 acrescido pela EC nº 132, de 20-12-2023, para vigorar a partir de 2033.

§ 18. Lei estabelecerá as hipóteses de devolução da contribuição prevista no inciso V do caput a pessoas físicas, inclusive em relação a limites e beneficiários, com o objetivo de reduzir as desigualdades de renda.

§ 19. A devolução de que trata o § 18 não será computada na receita corrente líquida da União para os fins do disposto nos arts. 100, § 15, 166, §§ 9º, 12 e 17, e 198, § 2º.

► §§ 15 a 19 acrescidos pela EC nº 132, de 20-12-2023.

★ **Nova redação do dispositivo alterado:** "§ 19. A devolução de que trata o § 18: I – não será computada na receita corrente líquida da União para os fins do disposto nos arts. 100, § 15, 166, §§ 9º, 12 e 17, e 198, § 2º; II – não integrará a base de cálculo para fins do disposto no art. 239."

► § 19 acrescido pela EC nº 132, de 21-12-2023, para vigorar a partir de 2027.

SEÇÃO II
DA SAÚDE

► Lei nº 8.147, de 28-12-1990, dispõe sobre a alíquota do Finsocial.

► Lei nº 9.790, de 23-3-1999, dispõe sobre a qualificação de pessoas jurídicas de direito privado, sem fins lucrativos, como organizações da sociedade civil de interesse público e institui e disciplina o termo de parceria.

► Lei nº 9.961, de 28-1-2000, cria a Agência Nacional de Saúde Suplementar – ANS, regulamentada pelo Dec. nº 3.327, de 5-1-2000.

► Lei nº 10.216, de 6-4-2001, dispõe sobre a proteção e os direitos das pessoas portadoras de transtornos mentais e redireciona o modelo assistencial em saúde mental.

► Dec. nº 3.964, de 10-10-2001, dispõe sobre o Fundo Nacional de Saúde.

Art. 196. A saúde é direito de todos e dever do Estado, garantido mediante políticas sociais e econômicas que visem à redução do risco de doença e de outros agravos e ao acesso universal e igualitário às ações e serviços para sua promoção, proteção e recuperação.

► Lei nº 9.273, de 3-5-1996, torna obrigatória a inclusão de dispositivo de segurança que impeça a reutilização das seringas descartáveis.

► Lei nº 9.313, de 13-11-1996, dispõe sobre a distribuição gratuita de medicamentos aos portadores do HIV e doentes de AIDS.

► Lei nº 9.797, de 5-6-1999, dispõe sobre a obrigatoriedade da cirurgia plástica reparadora da mama pela rede de unidades integrantes do Sistema Único de Saúde – SUS nos casos de mutilação decorrentes de tratamento de câncer.

► Lei nº 12.858, de 9-9-2013, dispõe sobre a destinação para as áreas de educação e saúde de parcela da participação no resultado ou da compensação financeira pela exploração de petróleo e gás natural, com a finalidade de cumprimento da meta prevista no inciso VI do *caput* do art. 214 e no art. 196 desta Constituição.

Art. 197. São de relevância pública as ações e serviços de saúde, cabendo ao Poder Público dispor, nos termos da lei, sobre sua regulamentação, fiscalização e controle, devendo sua execução ser feita diretamente ou através de terceiros e, também, por pessoa física ou jurídica de direito privado.

► Lei nº 8.080, de 19-9-1990, dispõe sobre as condições para a promoção, proteção e recuperação da saúde, a organização e o funcionamento dos serviços correspondentes.

► Lei nº 9.273, de 3-5-1996, torna obrigatória a inclusão de dispositivo de segurança que impeça a reutilização das seringas descartáveis.

Art. 198. As ações e serviços públicos de saúde integram uma rede regionalizada e hierarquizada e constituem um sistema único, organizado de acordo com as seguintes diretrizes:

I – descentralização, com direção única em cada esfera de governo;

► Lei nº 8.080, de 19-9-1990, dispõe sobre as condições para a promoção, proteção e recuperação da saúde, a organização e o funcionamento dos serviços correspondentes.

II – atendimento integral, com prioridade para as atividades preventivas, sem prejuízo dos serviços assistenciais;

III – participação da comunidade.

§ 1º O sistema único de saúde será financiado, nos termos do artigo 195, com recursos do orçamento da seguridade social, da União, dos Estados, do Distrito Federal e dos Municípios, além de outras fontes.

► Parágrafo único transformado em § 1º pela EC nº 29, de 13-9-2000.

§ 2º União, os Estados, o Distrito Federal e os Municípios aplicarão, anualmente, em ações e serviços públicos de saúde recursos mínimos derivados da aplicação de percentuais calculados sobre:

► Art. 167, IV, desta Constituição.

I – no caso da União, a receita corrente líquida do respectivo exercício financeiro, não podendo ser inferior a 15% (quinze por cento);

► Inciso I com a redação dada pela EC nº 86, de 17-3-2015.

► Art. 110, I, do ADCT.

II – no caso dos Estados e do Distrito Federal, o produto da arrecadação dos impostos a que se referem os arts. 155 e 156-A e dos recursos de que tratam os arts. 157 e 159, I, a, e II, deduzidas as parcelas que forem transferidas aos respectivos Municípios;

III – no caso dos Municípios e do Distrito Federal, o produto da arrecadação dos impostos a que se referem os arts. 156 e 156-A e dos recursos de que tratam os arts. 158 e 159, I, b, e § 3º.

► Incisos II e III com a redação dada pela EC nº 132, de 20-12-2023.

§ 3º Lei complementar, que será reavaliada pelo menos a cada cinco anos, estabelecerá:

► *Caput* do § 3º acrescido pela EC nº 29, de 13-9-2000.

I – os percentuais de que tratam os incisos II e III do § 2º;

► Inciso I com a redação dada pela EC nº 86, de 17-3-2015.

II – os critérios de rateio dos recursos da União vinculados à saúde destinados aos Estados, ao Distrito Federal e aos Municípios, e dos Estados destinados a seus respectivos Municípios, objetivando a progressiva redução das disparidades regionais;

III – as normas de fiscalização, avaliação e controle das despesas com saúde nas esferas federal, estadual, distrital e municipal;

► Incisos II e III acrescidos pela EC nº 29, de 13-9-2000.

IV – *Revogado*. EC nº 86, de 17-3-2015.

► LC nº 141, de 13-1-2012, regulamenta este parágrafo para dispor sobre os valores mínimos a serem aplicados anualmente pela União, Estados, Distrito Federal e Municípios em ações e serviços públicos de saúde.

§ 4º Os gestores locais do sistema único de saúde poderão admitir agentes comunitários de saúde e agentes de combate às endemias por meio de processo seletivo público, de acordo com a natureza e complexidade de suas atribuições e requisitos específicos para sua atuação.

► § 4º acrescido pela EC nº 51, de 14-2-2006.

► Art. 2º da EC nº 51, de 14-2-2006, que dispõe sobre a contratação dos agentes comunitários de saúde e de combate às endemias.

§ 5º Lei federal disporá sobre o regime jurídico, o piso salarial profissional nacional, as diretrizes para os Planos de Carreira e a regulamentação das atividades de agente comunitário de saúde e agente de combate às endemias, competindo à União, nos termos da lei, prestar assistência financeira complementar aos Estados, ao Distrito Federal e aos Municípios, para o cumprimento do referido piso salarial.

► § 5º com a redação dada pela EC nº 63, de 4-2-2010.

► Lei nº 11.350, de 5-10-2006, regulamenta este parágrafo.

§ 6º Além das hipóteses previstas no § 1º do art. 41 e no § 4º do art. 169 da Constituição Federal, o servidor que exerça funções equivalentes às de agente comunitário de saúde ou de agente de combate às endemias poderá perder o cargo em caso de descumprimento dos requisitos específicos, fixados em lei, para o seu exercício.

► § 6º acrescido pela EC nº 51, de 14-2-2006.

§ 7º O vencimento dos agentes comunitários de saúde e dos agentes de combate às endemias fica sob responsabilidade da União, e cabe aos Estados, ao Distrito Federal e aos Municípios estabelecer, além de outros consectários e vantagens, incentivos, auxílios, gratificações e indenizações, a fim de valorizar o trabalho desses profissionais.

§ 8º Os recursos destinados ao pagamento do vencimento dos agentes comunitários de saúde e dos agentes de combate às endemias serão consignados no orçamento geral da União com dotação própria e exclusiva.

§ 9º O vencimento dos agentes comunitários de saúde e dos agentes de combate às endemias não será inferior a 2 (dois) salários mínimos, repassados pela União aos Municípios, aos Estados e ao Distrito Federal.

§ 10. Os agentes comunitários de saúde e os agentes de combate às endemias terão também, em razão dos riscos inerentes às funções desempenhadas, aposentadoria especial e, somado aos seus vencimentos, adicional de insalubridade.

§ 11. Os recursos financeiros repassados pela União aos Estados, ao Distrito Federal e aos Municípios para pagamento do vencimento ou de qualquer outra vantagem dos agentes comunitários de saúde e dos agentes de combate às endemias não serão objeto de inclusão no cálculo para fins do limite de despesa com pessoal.

► §§ 7º a 11 acrescidos pela EC nº 120, de 5-5-2022.

§ 12. Lei federal instituirá pisos salariais profissionais nacionais para o enfermeiro, o técnico de enfermagem, o auxiliar de enfermagem e a parteira, a serem observados por pessoas jurídicas de direito público e de direito privado.

§ 13. A União, os Estados, o Distrito Federal e os Municípios, até o final do exercício financeiro em que for publicada a lei de que trata o § 12 deste artigo, adequarão a remuneração dos cargos ou dos respectivos planos de carreiras, quando houver, de modo a atender aos pisos estabelecidos para cada categoria profissional.

► §§ 12 e 13 acrescidos pela EC nº 124, de 14-7-2022.

§ 14. Compete à União, nos termos da lei, prestar assistência financeira complementar aos Estados, ao Distrito Federal e aos Municípios e às entidades filantrópicas, bem como aos prestadores de serviços contratualizados que atendam, no mínimo, 60% (sessenta por cento) de seus pacientes pelo sistema único de saúde, para o cumprimento dos pisos salariais de que trata o § 12 deste artigo.

§ 15. Os recursos federais destinados aos pagamentos da assistência financeira complementar aos Estados, ao Distrito Federal e aos Municípios e às entidades filantrópicas, bem como aos prestadores de serviços contratualizados que atendam, no mínimo, 60% (sessenta por cento) de seus pacientes pelo sistema único de saúde, para o cumprimento dos pisos salariais de que trata o § 12 deste artigo serão consignados no orçamento geral da União com dotação própria e exclusiva.

► §§ 14 e 15 acrescidos pela EC nº 127, de 22-12-2022.

Art. 199. A assistência à saúde é livre à iniciativa privada.

► Lei nº 9.656, de 3-6-1998 (Lei dos Planos e Seguros Privados de Saúde).

§ 1º As instituições privadas poderão participar de forma complementar do sistema único de saúde, segundo diretrizes deste, mediante contrato de direito público ou convênio, tendo preferência as entidades filantrópicas e as sem fins lucrativos.

§ 2º É vedada a destinação de recursos públicos para auxílios ou subvenções às instituições privadas com fins lucrativos.

§ 3º É vedada a participação direta ou indireta de empresas ou capitais estrangeiros na assistência à saúde no País, salvo nos casos previstos em lei.

► Lei nº 8.080, de 19-9-1990, dispõe sobre as condições para a promoção, proteção e recuperação da saúde, a organização e o funcionamento dos serviços correspondentes.

§ 4º A lei disporá sobre as condições e os requisitos que facilitem a remoção de órgãos, tecidos e substâncias humanas para fins de transplante, pesquisa e tratamento, bem como a coleta, processamento e transfusão de sangue e seus derivados, sendo vedado todo tipo de comercialização.

► Lei nº 8.501, de 30-11-1992, dispõe sobre a utilização de cadáver não reclamado, para fins de estudos ou pesquisas científicas.

► Lei nº 9.434, de 4-2-1997 (Lei de Remoção de Órgãos e Tecidos), regulamentada pelo Dec. nº 9.175, de 18-10-2017.

► Lei nº 10.205, de 21-3-2001, regulamenta este parágrafo, relativo à coleta, processamento, estocagem, distribuição e aplicação do sangue, seus componentes e derivados.

- ▶ Lei nº 10.972, de 2-12-2004, autoriza o Poder Executivo a criar a empresa pública denominada Empresa Brasileira de Hemoderivados e Biotecnologia – HEMOBRÁS.

Art. 200. Ao sistema único de saúde compete, além de outras atribuições, nos termos da lei:

- ▶ Lei nº 8.080, de 19-9-1990, dispõe sobre as condições para a promoção, proteção e recuperação da saúde e a organização e o funcionamento dos serviços correspondentes.
- ▶ Lei nº 8.142, de 28-12-1990, dispõe sobre a participação da comunidade na gestão do Sistema Único de Saúde – SUS e sobre as transferências intergovernamentais de recursos financeiros na área da saúde.

I – controlar e fiscalizar procedimentos, produtos e substâncias de interesse para a saúde e participar da produção de medicamentos, equipamentos, imunobiológicos, hemoderivados e outros insumos;

- ▶ Lei nº 9.431, de 6-1-1997, dispõe sobre a obrigatoriedade da manutenção de programa de controle de infecções hospitalares pelos hospitais do País.
- ▶ Lei nº 9.677, de 2-7-1998, dispõe sobre a obrigatoriedade da cirurgia plástica reparadora da mama pela rede de unidades integrantes do Sistema Único de Saúde – SUS, nos casos de mutilação decorrente do tratamento de câncer.
- ▶ Lei nº 9.695, de 20-8-1998, incluíram na classificação dos delitos considerados hediondos determinados crimes contra a saúde pública.

II – executar as ações de vigilância sanitária e epidemiológica, bem como as de saúde do trabalhador;

III – ordenar a formação de recursos humanos na área de saúde;

IV – participar da formulação da política e da execução das ações de saneamento básico;

V – incrementar, em sua área de atuação, o desenvolvimento científico e tecnológico e a inovação;

- ▶ Inciso V com a redação dada pela EC nº 85, de 26-2-2015.

VI – fiscalizar e inspecionar alimentos, compreendido o controle de seu teor nutricional, bem como bebidas e águas para consumo humano;

VII – participar do controle e fiscalização da produção, transporte, guarda e utilização de substâncias e produtos psicoativos, tóxicos e radioativos;

- ▶ Lei nº 14.785, de 27-12-2023, dispõe sobre a pesquisa, a experimentação, a produção, a embalagem, a rotulagem, o transporte, o armazenamento, a comercialização, a utilização, a importação, a exportação, o destino final dos resíduos e das embalagens, o registro, a classificação, o controle, a inspeção e a fiscalização de agrotóxicos, de produtos de controle ambiental, de seus produtos técnicos e afins.

VIII – colaborar na proteção do meio ambiente, nele compreendido o do trabalho.

Seção III

DA PREVIDÊNCIA SOCIAL

- ▶ Lei nº 8.147, de 28-12-1990, dispõe sobre a alíquota do Finsocial.
- ▶ Lei nº 8.213, de 24-7-1991 (Lei dos Planos de Benefícios da Previdência Social).
- ▶ Lei nº 9.796, de 5-5-1999, dispõe sobre a compensação financeira entre o Regime Geral de Previdência Social e os Regimes de previdência dos servidores da União, dos Estados, do Distrito Federal e dos Municípios, nos casos de contagem recíproca de tempo de contribuição para efeito de aposentadoria.
- ▶ Dec. nº 3.048, de 6-5-1999 (Regulamento da Previdência Social).

Art. 201. A previdência social será organizada sob a forma do Regime Geral de Previdência Social, de caráter contributivo e de filiação obrigatória, observados critérios que preservem o equilíbrio financeiro e atuarial, e atenderá, na forma da lei, a:

- ▶ *Caput* com a redação dada pela EC nº 103, de 12-11-2019.
- ▶ Arts. 40, 167, XI e 195, II, desta Constituição.
- ▶ Art. 14 da EC nº 20, de 15-12-1998 (Reforma Previdenciária).
- ▶ Arts. 4º, parágrafo único, I e II, e 5º, da EC nº 41, de 19-12-2003.
- ▶ Lei nº 8.212, de 24-7-1991 (Lei Orgânica da Seguridade Social).
- ▶ Lei nº 8.213, de 24-7-1991 (Lei dos Planos de Benefícios da Previdência Social).
- ▶ Dec. nº 3.048, de 6-5-1999 (Regulamento da Previdência Social).

I – cobertura dos eventos de incapacidade temporária ou permanente para o trabalho e idade avançada;

- ▶ Inciso I com a redação dada pela EC nº 103, de 12-11-2019.

II – proteção à maternidade, especialmente à gestante;

III – proteção ao trabalhador em situação de desemprego involuntário;

► Lei nº 7.998, de 11-1-1990 (Lei do Seguro-Desemprego).

► Lei nº 10.779, de 25-11-2003, dispõe sobre a concessão do benefício de seguro-desemprego, durante o período de defeso, ao pescador profissional que exerce a atividade pesqueira de forma artesanal.

IV – salário-família e auxílio-reclusão para os dependentes dos segurados de baixa renda;

V – pensão por morte do segurado, homem ou mulher, ao cônjuge ou companheiro e dependentes, observado o disposto no § 2º.

► Incisos II a V com a redação dada pela EC nº 20, de 15-12-1998.

§ 1º É vedada a adoção de requisitos ou critérios diferenciados para concessão de benefícios, ressalvada, nos termos de lei complementar, a possibilidade de previsão de idade e tempo de contribuição distintos da regra geral para concessão de aposentadoria exclusivamente em favor dos segurados:

I – com deficiência, previamente submetidos a avaliação biopsicossocial realizada por equipe multiprofissional e interdisciplinar;

► Art. 41 da Lei nº 13.146, de 6-7-2015 (Estatuto da Pessoa com Deficiência).

II – cujas atividades sejam exercidas com efetiva exposição a agentes químicos, físicos e biológicos prejudiciais à saúde, ou associação desses agentes, vedada a caracterização por categoria profissional ou ocupação.

► § 1º com a redação dada pela EC nº 103, de 12-11-2019.

§ 2º Nenhum benefício que substitua o salário de contribuição ou o rendimento do trabalho do segurado terá valor mensal inferior ao salário mínimo.

§ 3º Todos os salários de contribuição considerados para o cálculo de benefício serão devidamente atualizados, na forma da lei.

► Súm. nº 456 do STJ.

§ 4º É assegurado o reajustamento dos benefícios para preservar-lhes, em caráter permanente, o valor real, conforme critérios definidos em lei.

§ 5º É vedada a filiação ao regime geral de previdência social, na qualidade de segurado facultativo, de pessoa participante de regime próprio de previdência.

§ 6º A gratificação natalina dos aposentados e pensionistas terá por base o valor dos proventos do mês de dezembro de cada ano.

► §§ 2º a 6º com a redação dada pela EC nº 20, de 15-12-1998.

► Leis nºs 4.090, de 13-7-1962, e 4.749, de 12-8-1965, dispõe sobre o 13º salário.

► Arts. 76 a 82 do Dec. nº 10.854, de 10-11-2021, que regulamenta disposições relativas à legislação trabalhista.

► Súm. nº 688 do STF.

§ 7º É assegurada aposentadoria no regime geral de previdência social, nos termos da lei, obedecidas as seguintes condições:

► *Caput* com a redação dada pela EC nº 20, de 15-12-1998.

I – 65 (sessenta e cinco) anos de idade, se homem, e 62 (sessenta e dois) anos de idade, se mulher, observado tempo mínimo de contribuição;

II – 60 (sessenta) anos de idade, se homem, e 55 (cinquenta e cinco) anos de idade, se mulher, para os trabalhadores rurais e para os que exerçam suas atividades em regime de economia familiar, nestes incluídos o produtor rural, o garimpeiro e o pescador artesanal.

► Incisos I e II com a redação dada pela EC nº 103, de 12-11-2019.

§ 8º O requisito de idade a que se refere o inciso I do § 7º será reduzido em 5 (cinco) anos, para o professor que comprove tempo de efetivo exercício das funções de magistério na educação infantil e no ensino fundamental e médio fixado em lei complementar.

► Art. 67, § 2º, da Lei nº 9.394, de 20-12-1996 (Lei das Diretrizes e Bases da Educação Nacional).

§ 9º Para fins de aposentadoria, será assegurada a contagem recíproca do tempo de contribuição entre o Regime Geral de Previdência Social e os regimes próprios de previdência social, e destes entre si, observada a compensação financeira, de acordo com os critérios estabelecidos em lei.

► §§ 8º e 9º com a redação dada pela EC nº 103, de 12-11-2019.

► Art. 100, § 18, III, desta Constituição.

► Art. 101, § 1º, II, do ADCT.

► Lei nº 9.796, de 5-5-1999, dispõe sobre a compensação financeira entre o Regime Geral de Previdência

Social e os Regimes de Previdência dos Servidores da União, dos Estados, do Distrito Federal e dos Municípios, nos casos de contagem recíproca de tempo de contribuição para efeito de aposentadoria.

▶ Dec. nº 10.188, de 20-12-2019, regulamenta a Lei nº 9.796, de 5-5-1999.

§ 9º-A. O tempo de serviço militar exercido nas atividades de que tratam os arts. 42, 142 e 143 e o tempo de contribuição ao Regime Geral de Previdência Social ou a regime próprio de previdência social terão contagem recíproca para fins de inativação militar ou aposentadoria, e a compensação financeira será devida entre as receitas de contribuição referentes aos militares e as receitas de contribuição aos demais regimes.

▶ § 9º-A acrescido pela EC nº 103, de 12-11-2019.

§ 10. Lei complementar poderá disciplinar a cobertura de benefícios não programados, inclusive os decorrentes de acidente do trabalho, a ser atendida concorrentemente pelo Regime Geral de Previdência Social e pelo setor privado.

▶ § 10 com a redação dada pela EC nº 103, de 12-11-2019.

§ 11. Os ganhos habituais do empregado, a qualquer título, serão incorporados ao salário para efeito de contribuição previdenciária e consequente repercussão em benefícios, nos casos e na forma da lei.

▶ § 11 acrescido pela EC nº 20, de 15-12-1998.

▶ Art. 3º da EC nº 20, de 15-12-1998 (Reforma Previdenciária).

▶ Lei nº 8.213, de 24-7-1991 (Lei dos Planos de Benefícios da Previdência Social).

▶ Dec. nº 3.048, de 6-5-1999 (Regulamento da Previdência Social).

§ 12. Lei instituirá sistema especial de inclusão previdenciária, com alíquotas diferenciadas, para atender aos trabalhadores de baixa renda, inclusive os que se encontram em situação de informalidade, e àqueles sem renda própria que se dediquem exclusivamente ao trabalho doméstico no âmbito de sua residência, desde que pertencentes a famílias de baixa renda.

§ 13. A aposentadoria concedida ao segurado de que trata o § 12 terá valor de 1 (um) salário mínimo.

▶ §§ 12 e 13 com a redação dada pela EC nº 103, de 12-11-2019.

§ 14. É vedada a contagem de tempo de contribuição fictício para efeito de concessão dos benefícios previdenciários e de contagem recíproca.

§ 15. Lei complementar estabelecerá vedações, regras e condições para a acumulação de benefícios previdenciários.

§ 16. Os empregados dos consórcios públicos, das empresas públicas, das sociedades de economia mista e das suas subsidiárias serão aposentados compulsoriamente, observado o cumprimento do tempo mínimo de contribuição, ao atingir a idade máxima de que trata o inciso II do § 1º do art. 40, na forma estabelecida em lei.

▶ §§ 14 a 16 acrescidos pela EC nº 103, de 12-11-2019.

Art. 202. O regime de previdência privada, de caráter complementar e organizado de forma autônoma em relação ao regime geral de previdência social, será facultativo, baseado na constituição de reservas que garantam o benefício contratado, e regulado por lei complementar.

▶ *Caput* com a redação dada pela EC nº 20, de 15-12-1998.

▶ Art. 40, § 15, desta Constituição.

▶ Art. 7º da EC nº 20, de 15-12-1998 (Reforma Previdenciária).

▶ LC nº 109, de 29-5-2001 (Lei do Regime de Previdência Complementar), regulamentada pelo Dec. nº 4.206, de 23-4-2002.

▶ Lei nº 9.656, de 3-6-1998 (Lei dos Planos e Seguros Privados de Saúde).

▶ Lei nº 10.185, de 12-2-2001, dispõe sobre a especialização das sociedades seguradoras em planos privados de assistência à saúde.

▶ Dec. nº 3.745, de 5-2-2001, institui o Programa de Interiorização do Trabalho em Saúde.

▶ Dec. nº 7.123, de 3-3-2010, dispõe sobre o Conselho Nacional de Previdência Complementar – CNPC e sobre a Câmara de Recursos de Previdência Complementar – CRPC.

▶ Súm. nº 149 do STJ.

§ 1º A lei complementar de que trata este artigo assegurará ao participante de planos de benefícios de entidades de previdência privada o pleno acesso às informações relativas à gestão de seus respectivos planos.

§ 2º As contribuições do empregador, os benefícios e as condições contratuais previstas nos estatutos, regulamentos e planos de benefícios das entidades de previdência privada não integram o contrato de trabalho dos participantes, assim como, à exceção dos benefícios concedidos, não integram a remuneração dos participantes, nos termos da lei.

► §§ 1º e 2º com a redação dada pela EC nº 20, de 15-12-1998.

§ 3º É vedado o aporte de recursos a entidade de previdência privada pela União, Estados, Distrito Federal e Municípios, suas autarquias, fundações, empresas públicas, sociedades de economia mista e outras entidades públicas, salvo na qualidade de patrocinador, situação na qual, em hipótese alguma, sua contribuição normal poderá exceder a do segurado.

► § 3º acrescido pela EC nº 20, de 15-12-1998.
► Art. 5º da EC nº 20, de 15-12-1998 (Reforma Previdenciária).
► LC nº 108, de 29-5-2001, regulamenta este parágrafo.

§ 4º Lei complementar disciplinará a relação entre a União, Estados, Distrito Federal ou Municípios, inclusive suas autarquias, fundações, sociedades de economia mista e empresas controladas direta ou indiretamente, enquanto patrocinadores de planos de benefícios previdenciários, e as entidades de previdência complementar.

► Art. 40, § 14, desta Constituição.
► LC nº 108, de 29-5-2001, regulamenta este parágrafo.

§ 5º A lei complementar de que trata o § 4º aplicar-se-á, no que couber, às empresas privadas permissionárias ou concessionárias de prestação de serviços públicos, quando patrocinadoras de planos de benefícios em entidades de previdência complementar.

► LC nº 108, de 29-5-2001, regulamenta este parágrafo.

§ 6º Lei complementar estabelecerá os requisitos para a designação dos membros das diretorias das entidades fechadas de previdência complementar instituídas pelos patrocinadores de que trata o § 4º e disciplinará a inserção dos participantes nos colegiados e instâncias de decisão em que seus interesses sejam objeto de discussão e deliberação.

► §§ 4º a 6º com a redação dada pela EC nº 103, de 12-11-2019.
► LC nº 108, de 29-5-2001, regulamenta este parágrafo.
► LC nº 109, de 29-5-2001 (Lei do Regime de Previdência Complementar).

Seção IV

DA ASSISTÊNCIA SOCIAL

► Lei nº 8.147, de 28-12-1990, dispõe sobre a alíquota do Finsocial.
► Lei nº 8.742, de 7-12-1993 (Lei Orgânica da Assistência Social).
► Lei nº 8.909, de 6-7-1994, dispõe sobre a prestação de serviços por entidades de assistência social, entidades beneficentes de assistência social e entidades de fins filantrópicos e estabelece prazos e procedimentos para o recadastramento de entidades junto ao Conselho Nacional de Assistência Social.
► Lei nº 9.790, de 23-3-1999, dispõe sobre a promoção da assistência social por meio de organizações da sociedade civil de interesse público.

Art. 203. A assistência social será prestada a quem dela necessitar, independentemente de contribuição à seguridade social, e tem por objetivos:

► Lei nº 8.213, de 24-7-1991 (Lei dos Planos de Benefícios da Previdência Social).
► Lei nº 8.742, de 7-12-1993 (Lei Orgânica da Assistência Social).
► Lei nº 8.909, de 6-7-1994, dispõe, em caráter emergencial, sobre a prestação de serviços por entidades de assistência social, entidades beneficentes de assistência social e entidades de fins filantrópicos e estabelece prazos e procedimentos para o recadastramento de entidades junto ao Conselho Nacional de Assistência Social.
► Lei nº 9.429, de 26-12-1996, dispõe sobre prorrogação de prazo para renovação de Certificado de Entidades de Fins Filantrópicos e de recadastramento junto ao Conselho Nacional de Assistência Social – CNAS e anulação de atos emanados do Instituto Nacional do Seguro Social – INSS contra instituições que gozavam de isenção da contribuição social, pela não apresentação do pedido de renovação do certificado em tempo hábil.

I – a proteção à família, à maternidade, à infância, à adolescência e à velhice;
II – o amparo às crianças e adolescentes carentes;
III – a promoção da integração ao mercado de trabalho;
IV – a habilitação e reabilitação das pessoas portadoras de deficiência e a promoção de sua integração à vida comunitária;

► Dec. nº 6.949, de 25-8-2009, promulga a Convenção Internacional sobre os Direitos das Pessoas com Deficiência.
► Arts. 14 a 17, 39 e 40 da Lei nº 13.146, de 6-7-2015 (Estatuto da Pessoa com Deficiência).

V – a garantia de um salário mínimo de benefício mensal à pessoa portadora de deficiência e ao idoso que comprovem não possuir meios de prover à própria manutenção ou de tê-la provida por sua família, conforme dispuser a lei;

► Lei nº 10.741, de 1º-10-2003 (Estatuto da Pessoa Idosa).

► Art. 40 da Lei nº 13.146, de 6-7-2015 (Estatuto da Pessoa com Deficiência).

VI – a redução da vulnerabilidade socioeconômica de famílias em situação de pobreza ou de extrema pobreza.

► Inciso VI acrescido pela EC nº 114, de 16-12-2021.

Art. 204. As ações governamentais na área da assistência social serão realizadas com recursos do orçamento da seguridade social, previstos no artigo 195, além de outras fontes, e organizadas com base nas seguintes diretrizes:

I – descentralização político-administrativa, cabendo a coordenação e as normas gerais à esfera federal e a coordenação e a execução dos respectivos programas às esferas estadual e municipal, bem como a entidades beneficentes e de assistência social;

II – participação da população, por meio de organizações representativas, na formulação das políticas e no controle das ações em todos os níveis.

Parágrafo único. É facultado aos Estados e ao Distrito Federal vincular a programa de apoio à inclusão e promoção social até cinco décimos por cento de sua receita tributária líquida, vedada a aplicação desses recursos no pagamento de:

I – despesas com pessoal e encargos sociais;

II – serviço da dívida;

III – qualquer outra despesa corrente não vinculada diretamente aos investimentos ou ações apoiados.

► Parágrafo único acrescido pela EC nº 42, de 19-12-2003.

Capítulo III

DA EDUCAÇÃO, DA CULTURA E DO DESPORTO

Seção I

DA EDUCAÇÃO

► Lei nº 9.394, de 20-12-1996 (Lei das Diretrizes e Bases da Educação Nacional).

► Lei nº 9.424, de 24-12-1996, dispõe sobre o fundo de manutenção e desenvolvimento e de valorização do magistério.

► Lei nº 9.766, de 18-12-1998, altera a legislação que rege o salário-educação.

► Lei nº 10.219, de 11-4-2001, cria o Programa Nacional de Renda Mínima vinculado à educação – "Bolsa-Escola", regulamentada pelo Dec. nº 4.313, de 24-7-2002.

► Lei nº 10.558, de 13-11-2002, cria o Programa Diversidade na Universidade.

► Lei nº 11.096, de 13-1-2005, institui o Programa Universidade para Todos – PROUNI.

► Lei nº 11.274, de 6-2-2006, fixa a idade de seis anos para o início do ensino fundamental obrigatório e altera para nove anos seu período de duração.

► Lei nº 12.089, de 11-11-2009, proíbe que uma mesma pessoa ocupe 2 (duas) vagas simultaneamente em instituições públicas de ensino superior.

Art. 205. A educação, direito de todos e dever do Estado e da família, será promovida e incentivada com a colaboração da sociedade, visando ao pleno desenvolvimento da pessoa, seu preparo para o exercício da cidadania e sua qualificação para o trabalho.

► Lei nº 8.147, de 28-12-1990, dispõe sobre a alíquota do Finsocial.

► Lei nº 9.394, de 20-12-1996 (Lei das Diretrizes e Bases da Educação Nacional).

Art. 206. O ensino será ministrado com base nos seguintes princípios:

I – igualdade de condições para o acesso e permanência na escola;

II – liberdade de aprender, ensinar, pesquisar e divulgar o pensamento, a arte e o saber;

III – pluralismo de ideias e de concepções pedagógicas, e coexistência de instituições públicas e privadas de ensino;

IV – gratuidade do ensino público em estabelecimentos oficiais;

► Art. 242 desta Constituição.

► Súm. Vinc. nº 12 do STF.

V – valorização dos profissionais da educação escolar, garantidos, na forma da lei, planos de carreira, com ingresso exclusivamente por concurso público de provas e títulos, aos das redes públicas;

► Inciso V com a redação dada pela EC nº 53, de 19-12-2006.

► Lei nº 9.424, de 24-12-1996, dispõe sobre o Fundo de Manutenção e Desenvolvimento do Ensino Fundamental e de Valorização do Magistério.

VI – gestão democrática do ensino público, na forma da lei;

► Lei nº 9.394, de 20-12-1996 (Lei das Diretrizes e Bases da Educação Nacional).

VII – garantia de padrão de qualidade;

VIII – piso salarial profissional nacional para os profissionais da educação escolar pública, nos termos de lei federal;

► Inciso VIII acrescido pela EC nº 53, de 19-12-2006.

IX – garantia do direito à educação e à aprendizagem ao longo da vida.

► Inciso IX acrescido pela EC nº 108, de 26-8-2020.

Parágrafo único. A lei disporá sobre as categorias de trabalhadores considerados profissionais da educação básica e sobre a fixação de prazo para a elaboração ou adequação de seus planos de carreira, no âmbito da União, dos Estados, do Distrito Federal e dos Municípios.

► Parágrafo único acrescido pela EC nº 53, de 19-12-2006.

Art. 207. As universidades gozam de autonomia didático-científica, administrativa e de gestão financeira e patrimonial, e obedecerão ao princípio de indissociabilidade entre ensino, pesquisa e extensão.

§ 1º É facultado às universidades admitir professores, técnicos e cientistas estrangeiros, na forma da lei.

§ 2º O disposto neste artigo aplica-se às instituições de pesquisa científica e tecnológica.

► §§ 1º e 2º acrescidos pela EC nº 11, de 30-4-1996.

Art. 208. O dever do Estado com a educação será efetivado mediante a garantia de:

I – educação básica obrigatória e gratuita dos 4 (quatro) aos 17 (dezessete) anos de idade, assegurada inclusive sua oferta gratuita para todos os que a ela não tiveram acesso na idade própria;

► Inciso I com a redação dada pela EC nº 59, de 11-11-2009.

► Art. 6º da EC nº 59, de 11-11-2009, que determina que o disposto neste inciso deverá ser implementado progressivamente, até 2016, nos termos do Plano Nacional de Educação, com apoio técnico e financeiro da União.

II – progressiva universalização do ensino médio gratuito;

► Inciso II com a redação dada pela EC nº 14, de 12-9-1996.

► Art. 6º da EC nº 14, de 12-9-1996.

III – atendimento educacional especializado aos portadores de deficiência, preferencialmente na rede regular de ensino;

► Lei nº 7.853, de 24-10-1989 (Lei de Apoio às Pessoas Portadoras de Deficiência), regulamentada pelo Dec. nº 3.298, de 20-12-1999.

► Lei nº 10.436, de 24-4-2002, dispõe sobre a Língua Brasileira de Sinais – LIBRAS.

► Lei nº 10.845, de 5-3-2004, institui o Programa de Complementação ao Atendimento Educacional Especializado às Pessoas Portadoras de Deficiência – PAED.

► Arts. 27 a 30 da Lei nº 13.146, de 6-7-2015 (Estatuto da Pessoa com Deficiência).

► Dec. nº 3.956, de 8-10-2001, promulga a Convenção Interamericana para a Eliminação de todas as Formas de Discriminação contra as Pessoas Portadoras de Deficiências.

► Dec. nº 6.949, de 25-8-2009, promulga a Convenção Internacional sobre os Direitos das Pessoas com Deficiência.

IV – educação infantil, em creche e pré-escola, às crianças até 5 (cinco) anos de idade;

► Inciso IV com a redação dada pela EC nº 53, de 19-12-2006.

► Art. 7º, XXV, desta Constituição.

V – acesso aos níveis mais elevados do ensino, da pesquisa e da criação artística, segundo a capacidade de cada um;

► Lei nº 10.260, de 10-7-2001, dispõe sobre o Fundo de Financiamento ao Estudante do Ensino Superior.

► Lei nº 12.089, de 11-11-2009, proíbe que uma mesma pessoa ocupe 2 (duas) vagas simultaneamente em instituições públicas de ensino superior.

VI – oferta de ensino noturno regular, adequado às condições do educando;

VII – atendimento ao educando, em todas as etapas da educação básica, por meio de programas suplementares de material didático-escolar, transporte, alimentação e assistência à saúde.

► Inciso VII com a redação dada pela EC nº 59, de 11-11-2009.

► Arts. 6º e 212, § 4º, desta Constituição.

§ 1º O acesso ao ensino obrigatório e gratuito é direito público subjetivo.

§ 2º O não oferecimento do ensino obrigatório pelo Poder Público, ou sua oferta irregular, importa responsabilidade da autoridade competente.

§ 3º Compete ao Poder Público recensear os educandos no ensino fundamental, fazer-lhes a chamada e zelar, junto aos pais ou responsáveis, pela frequência à escola.

Art. 209. O ensino é livre à iniciativa privada, atendidas as seguintes condições:

I – cumprimento das normas gerais da educação nacional;

II – autorização e avaliação de qualidade pelo Poder Público.

Art. 210. Serão fixados conteúdos mínimos para o ensino fundamental, de maneira a assegurar formação básica comum e respeito aos valores culturais e artísticos, nacionais e regionais.

§ 1º O ensino religioso, de matrícula facultativa, constituirá disciplina dos horários normais das escolas públicas de ensino fundamental.

§ 2º O ensino fundamental regular será ministrado em língua portuguesa, assegurada às comunidades indígenas também a utilização de suas línguas maternas e processos próprios de aprendizagem.

Art. 211. A União, os Estados, o Distrito Federal e os Municípios organizarão em regime de colaboração seus sistemas de ensino.

- ► Art. 60 do ADCT.
- ► Art. 6º da EC nº 14, de 12-9-1996.

§ 1º A União organizará o sistema federal de ensino e o dos Territórios, financiará as instituições de ensino públicas federais e exercerá, em matéria educacional, função redistributiva e supletiva, de forma a garantir equalização de oportunidades educacionais e padrão mínimo de qualidade de ensino mediante assistência técnica e financeira aos Estados, ao Distrito Federal e aos Municípios.

§ 2º Os Municípios atuarão prioritariamente no ensino fundamental e na educação infantil.

- ► §§ 1º e 2º com a redação dada pela EC nº 14, de 12-9-1996.

§ 3º Os Estados e o Distrito Federal atuarão prioritariamente no ensino fundamental e médio.

- ► § 3º acrescido pela EC nº 14, de 12-9-1996.

§ 4º Na organização de seus sistemas de ensino, a União, os Estados, o Distrito Federal e os Municípios definirão formas de colaboração, de forma a assegurar a universalização, a qualidade e a equidade do ensino obrigatório.

- ► § 4º com a redação dada pela EC nº 108, de 26-8-2020.

§ 5º A educação básica pública atenderá prioritariamente ao ensino regular.

- ► § 5º acrescido pela EC nº 53, de 19-12-2006.

§ 6º A União, os Estados, o Distrito Federal e os Municípios exercerão ação redistributiva em relação a suas escolas.

§ 7º O padrão mínimo de qualidade de que trata o § 1º deste artigo considerará as condições adequadas de oferta e terá como referência o Custo Aluno Qualidade (CAQ), pactuados em regime de colaboração na forma disposta em lei complementar, conforme o parágrafo único do art. 23 desta Constituição.

- ► §§ 6º e 7º acrescidos pela EC nº 108, de 26-8-2020.

Art. 212. A União aplicará, anualmente, nunca menos de dezoito, e os Estados, o Distrito Federal e os Municípios vinte e cinco por cento, no mínimo, da receita resultante de impostos, compreendida a proveniente de transferências, na manutenção e desenvolvimento do ensino.

- ► Arts. 34, VII, e, 35, III, e 167, IV, desta Constituição.
- ► Arts. 60, *caput*, § 6º, 72, §§ 2º e 3º, 76, § 3º, e 110, I, do ADCT.
- ► Lei nº 9.424, de 24-12-1996, dispõe sobre o Fundo de Manutenção e Desenvolvimento do Ensino Fundamental e de Valorização do Magistério.

§ 1º A parcela da arrecadação de impostos transferida pela União aos Estados, ao Distrito Federal e aos Municípios, ou pelos Estados aos respectivos Municípios, não é considerada, para efeito do cálculo previsto neste artigo, receita do governo que a transferir.

§ 2º Para efeito do cumprimento do disposto no *caput* deste artigo, serão considerados os sistemas de ensino federal, estadual e municipal e os recursos aplicados na forma do artigo 213.

§ 3º A distribuição dos recursos públicos assegurará prioridade ao atendimento das necessidades do ensino obrigatório, no que se refere a universalização, garantia de padrão de qualidade e equidade, nos termos do plano nacional de educação.

- ► § 3º com a redação dada pela EC nº 59, de 11-11-2009.

§ 4º Os programas suplementares de alimentação e assistência à saúde previstos no artigo 208, VII, serão financiados com recursos provenientes de contribuições sociais e outros recursos orçamentários.

§ 5º A educação básica pública terá como fonte adicional de financiamento a contribuição social do salário-educação, recolhida pelas empresas na forma da lei.

▶ § 5º com a redação dada pela EC nº 53, de 19-12-2006.

▶ Art. 76, § 2º, do ADCT.

▶ Lei nº 9.424, de 24-12-1996, dispõe sobre o Fundo de Manutenção e Desenvolvimento do Ensino Fundamental e de Valorização do Magistério.

▶ Lei nº 9.766, de 18-12-1998, dispõe sobre o salário-educação.

▶ Dec. nº 6.003, de 28-12-2006, regulamenta a arrecadação, a fiscalização e a cobrança da contribuição social do salário-educação.

▶ Súm. nº 732 do STF.

§ 6º As cotas estaduais e municipais da arrecadação da contribuição social do salário-educação serão distribuídas proporcionalmente ao número de alunos matriculados na educação básica nas respectivas redes públicas de ensino.

▶ § 6º acrescido pela EC nº 53, de 19-12-2006.

▶ Art. 107, § 6º, I, do ADCT.

§ 7º É vedado o uso dos recursos referidos no *caput* e nos §§ 5º e 6º deste artigo para pagamento de aposentadorias e de pensões.

§ 8º Na hipótese de extinção ou de substituição de impostos, serão redefinidos os percentuais referidos no *caput* deste artigo e no inciso II do *caput* do art. 212-A, de modo que resultem recursos vinculados à manutenção e ao desenvolvimento do ensino, bem como os recursos subvinculados aos fundos de que trata o art. 212-A desta Constituição, em aplicações equivalentes às anteriormente praticadas.

§ 9º A lei disporá sobre normas de fiscalização, de avaliação e de controle das despesas com educação nas esferas estadual, distrital e municipal.

▶ §§ 7º a 9º acrescidos pela EC nº 108, de 26-8-2020.

Art. 212-A. Os Estados, o Distrito Federal e os Municípios destinarão parte dos recursos a que se refere o *caput* do art. 212 desta Constituição à manutenção e ao desenvolvimento do ensino na educação básica e à remuneração condigna de seus profissionais, respeitadas as seguintes disposições:

▶ *Caput* do art. 212-A acrescido pela EC nº 108, de 26-8-2020.

▶ Lei nº 14.113, de 25-12-2020, regulamenta o Fundo de Manutenção e Desenvolvimento da Educação Básica e de Valorização dos Profissionais da Educação (FUNDEB), de que trata este artigo.

I – a distribuição dos recursos e de responsabilidades entre o Distrito Federal, os Estados e seus Municípios é assegurada mediante a instituição, no âmbito de cada Estado e do Distrito Federal, de um Fundo de Manutenção e Desenvolvimento da Educação Básica e de Valorização dos Profissionais da Educação (FUNDEB), de natureza contábil;

▶ Inciso I acrescido pela EC nº 108, de 26-8-2020.

▶ Art. 60-A do ADCT.

II – os fundos referidos no inciso I do caput deste artigo serão constituídos por 20% (vinte por cento):

▶ *Caput* do inciso II com a redação dada pela EC nº 132, de 20-12-2023.

a) ***das parcelas dos Estados no imposto de que trata o art. 156-A;***

b) ***da parcela do Distrito Federal no imposto de que trata o art. 156-A, relativa ao exercício de sua competência estadual, nos termos do art. 156-A, § 2º; e***

c) ***dos recursos a que se referem os incisos I, II e III do caput do art. 155, o inciso II do caput do art. 157, os incisos II, III e IV do caput do art. 158 e as alíneas a e b do inciso I e o inciso II do caput do art. 159 desta Constituição;***

▶ Alíneas *a* a *c* acrescidas pela EC nº 132, de 20-12-2023.

⋆ **Nova redação do dispositivo alterado:** "*c)* dos recursos a que se referem os incisos I e III do *caput* do art. 155, o inciso II do *caput* do art. 157, os incisos II, III e IV do *caput* do art. 158 e as alíneas *a* e *b* do inciso I e o inciso II do *caput* do art. 159 desta Constituição;"

▶ Alínea c acrescida pela EC nº 132, de 20-12-2023, para vigorar a partir de 2033.

III – os recursos referidos no inciso II do *caput* deste artigo serão distribuídos entre cada Estado e seus Municípios, proporcionalmente ao número de alunos das diversas etapas e modalidades da educação básica presencial matriculados nas respectivas redes, nos âmbitos de atuação prioritária, conforme estabelecido nos §§ 2º e 3º do art. 211 desta Constituição, observadas as ponderações referidas na alínea *a* do inciso X do *caput* e no § 2º deste artigo;

IV – a União complementará os recursos dos fundos a que se refere o inciso II do *caput* deste artigo;

▸ Art. 60 do ADCT.

V – a complementação da União será equivalente a, no mínimo, 23% (vinte e três por cento) do total de recursos a que se refere o inciso II do *caput* deste artigo, distribuída da seguinte forma:

a) 10 (dez) pontos percentuais no âmbito de cada Estado e do Distrito Federal, sempre que o valor anual por aluno (VAAF), nos termos do inciso III do *caput* deste artigo, não alcançar o mínimo definido nacionalmente;

b) no mínimo, 10,5 (dez inteiros e cinco décimos) pontos percentuais em cada rede pública de ensino municipal, estadual ou distrital, sempre que o valor anual total por aluno (VAAT), referido no inciso VI do *caput* deste artigo, não alcançar o mínimo definido nacionalmente;

c) 2,5 (dois inteiros e cinco décimos) pontos percentuais nas redes públicas que, cumpridas condicionalidades de melhoria de gestão previstas em lei, alcançarem evolução de indicadores a serem definidos, de atendimento e melhoria da aprendizagem com redução das desigualdades, nos termos do sistema nacional de avaliação da educação básica;

▸ Art. 60, § 2º, do ADCT.

VI – o VAAT será calculado, na forma da lei de que trata o inciso X do *caput* deste artigo, com base nos recursos a que se refere o inciso II do *caput* deste artigo, acrescidos de outras receitas e de transferências vinculadas à educação, observado o disposto no § 1º e consideradas as matrículas nos termos do inciso III do *caput* deste artigo;

VII – os recursos de que tratam os incisos II e IV do *caput* deste artigo serão aplicados pelos Estados e pelos Municípios exclusivamente nos respectivos âmbitos de atuação prioritária, conforme estabelecido nos §§ 2º e 3º do art. 211 desta Constituição;

VIII – a vinculação de recursos à manutenção e ao desenvolvimento do ensino estabelecida no art. 212 desta Constituição suportará, no máximo, 30% (trinta por cento) da complementação da União, considerados para os fins deste inciso os valores previstos no inciso V do *caput* deste artigo;

IX – o disposto no *caput* do art. 160 desta Constituição aplica-se aos recursos referidos nos incisos II e IV do *caput* deste artigo, e seu descumprimento pela autoridade competente importará em crime de responsabilidade;

X – a lei disporá, observadas as garantias estabelecidas nos incisos I, II, III e IV do *caput* e no § 1º do art. 208 e as metas pertinentes do plano nacional de educação, nos termos previstos no art. 214 desta Constituição, sobre:

a) a organização dos fundos referidos no inciso I do *caput* deste artigo e a distribuição proporcional de seus recursos, as diferenças e as ponderações quanto ao valor anual por aluno entre etapas, modalidades, duração da jornada e tipos de estabelecimento de ensino, observados as respectivas especificidades e os insumos necessários para a garantia de sua qualidade;

b) a forma de cálculo do VAAF decorrente do inciso III do *caput* deste artigo e do VAAT referido no inciso VI do *caput* deste artigo;

c) a forma de cálculo para distribuição prevista na alínea *c* do inciso V do *caput* deste artigo;

d) a transparência, o monitoramento, a fiscalização e o controle interno, externo e social dos fundos referidos no inciso I do *caput* deste artigo, assegurada a criação, a autonomia, a manutenção e a consolidação de conselhos de acompanhamento e controle social, admitida sua integração aos conselhos de educação;

e) o conteúdo e a periodicidade da avaliação, por parte do órgão responsável, dos efeitos redistributivos, da melhoria dos indicadores educacionais e da ampliação do atendimento;

XI – proporção não inferior a 70% (setenta por cento) de cada fundo referido no inciso I do *caput* deste artigo, excluídos os recursos de que trata a alínea *c* do inciso V do *caput* deste artigo, será destinada ao pagamento dos profissionais da educação básica em efetivo exercício, observado, em relação aos recursos previstos na alínea *b* do inciso V do *caput* deste artigo, o percentual mínimo de 15% (quinze por cento) para despesas de capital;

XII – lei específica disporá sobre o piso salarial profissional nacional para os profissionais do magistério da educação básica pública;

XIII – a utilização dos recursos a que se refere o § 5º do art. 212 desta Constituição para a complementação da União ao FUNDEB, referida no inciso V do *caput* deste artigo, é vedada.

▸ Incisos III a XIII acrescidos pela EC nº 108, de 26-8-2020.

§ 1º O cálculo do VAAT, referido no inciso VI do *caput* deste artigo, deverá considerar, além dos recursos previstos no inciso II do *caput* deste artigo, pelo menos, as seguintes disponibilidades:

I – receitas de Estados, do Distrito Federal e de Municípios vinculadas à manutenção e ao desenvolvimento do ensino não integrantes dos fundos referidos no inciso I do *caput* deste artigo;

II – cotas estaduais e municipais da arrecadação do salário-educação de que trata o § 6º do art. 212 desta Constituição;

III – complementação da União transferida a Estados, ao Distrito Federal e a Municípios nos termos da alínea *a* do inciso V do *caput* deste artigo.

§ 2º Além das ponderações previstas na alínea *a* do inciso X do *caput* deste artigo, a lei definirá outras relativas ao nível socioeconômico dos educandos e aos indicadores de disponibilidade de recursos vinculados à educação e de potencial de arrecadação tributária de cada ente federado, bem como seus prazos de implementação.

§ 3º Será destinada à educação infantil a proporção de 50% (cinquenta por cento) dos recursos globais a que se refere a alínea *b* do inciso V do *caput* deste artigo, nos termos da lei.

▸ §§ 1º a 3º acrescidos pela EC nº 108, de 26-8-2020.

Art. 213. Os recursos públicos serão destinados às escolas públicas, podendo ser dirigidos a escolas comunitárias, confessionais ou filantrópicas, definidas em lei, que:

▸ Art. 212 desta Constituição.

▸ Art. 61 do ADCT.

▸ Lei nº 9.394, de 20-12-1996 (Lei das Diretrizes e Bases da Educação Nacional).

I – comprovem finalidade não lucrativa e apliquem seus excedentes financeiros em educação;

II – assegurem a destinação de seu patrimônio à outra escola comunitária, filantrópica ou confessional, ou ao Poder Público, no caso de encerramento de suas atividades.

▸ Art. 61 do ADCT.

§ 1º Os recursos de que trata este artigo poderão ser destinados a bolsas de estudo para o ensino fundamental e médio, na forma da lei, para os que demonstrarem insuficiência de recursos, quando houver falta de vagas e cursos regulares da rede pública na localidade da residência do educando, ficando o Poder Público obrigado a investir prioritariamente na expansão de sua rede na localidade.

▸ Lei nº 9.394, de 20-12-1996 (Lei das Diretrizes e Bases da Educação Nacional).

§ 2º As atividades de pesquisa, de extensão e de estímulo e fomento à inovação realizadas por universidades e/ou por instituições de educação profissional e tecnológica poderão receber apoio financeiro do Poder Público.

▸ § 2º com a redação dada pela EC nº 85, de 26-2-2015.

▸ Lei nº 8.436, de 25-6-1992, institucionaliza o Programa de Crédito Educativo para estudantes carentes.

Art. 214. A lei estabelecerá o plano nacional de educação, de duração decenal, com o objetivo de articular o sistema nacional de educação em regime de colaboração e definir diretrizes, objetivos, metas e estratégias de implementação para assegurar a manutenção e desenvolvimento do ensino em seus diversos níveis, etapas e modalidades por meio de ações integradas dos poderes públicos das diferentes esferas federativas que conduzam a:

▸ *Caput* com a redação dada pela EC nº 59, de 11-11-2009.

I – erradicação do analfabetismo;

II – universalização do atendimento escolar;

III – melhoria da qualidade do ensino;

IV – formação para o trabalho;

V – promoção humanística, científica e tecnológica do País;

▸ Lei nº 10.172, de 9-1-2001, aprova o Plano Nacional de Educação.

VI – estabelecimento de meta de aplicação de recursos públicos em educação como proporção do produto interno bruto.

▸ Inciso VI acrescido pela EC nº 59, de 11-11-2009.

▸ Lei nº 9.394, de 20-12-1996 (Lei das Diretrizes e Bases da Educação Nacional).

▸ Lei nº 10.172, de 9-1-2001, aprova o Plano Nacional de Educação.

▸ Lei nº 12.858, de 9-9-2013, dispõe sobre a destinação para as áreas de educação e saúde de parcela da participação no resultado ou da compensação financeira pela exploração de petróleo e gás natural, com a finalidade de cumprimento da meta prevista no inciso VI do *caput* do art. 214 e no art. 196 desta Constituição.

Seção II

DA CULTURA

Art. 215. O Estado garantirá a todos o pleno exercício dos direitos culturais e acesso às fontes da cultura nacional, e apoiará e incentivará a valorização e a difusão das manifestações culturais.

► Lei nº 8.313, de 23-12-1991, institui o Programa Nacional de Apoio à Cultura – PRONAC), regulamentada pelo Dec. nº 5.761, de 27-4-2002.

► Lei nº 8.685, de 20-7-1993, cria mecanismos de fomento à atividade audiovisual.

► Lei nº 10.454, de 13-5-2002, dispõe sobre remissão da Contribuição para o Desenvolvimento da Indústria Cinematográfica – CONDECINE.

► MP nº 2.228-1, de 6-9-2001, que até o encerramento desta edição não havia sido convertida em Lei, cria a Agência Nacional do Cinema – ANCINE.

► Dec. nº 2.290, de 4-8-1997, regulamenta o art. 5º, VIII, da Lei nº 8.313, de 23-12-1991.

§ 1º O Estado protegerá as manifestações das culturas populares, indígenas e afro-brasileiras, e das de outros grupos participantes do processo civilizatório nacional.

§ 2º A lei disporá sobre a fixação de datas comemorativas de alta significação para os diferentes segmentos étnicos nacionais.

§ 3º A lei estabelecerá o Plano Nacional de Cultura, de duração plurianual, visando ao desenvolvimento cultural do País e à integração das ações do poder público que conduzem à:

► Lei nº 12.343, de 2-12-2010, institui o Plano Nacional de Cultura – PNC e cria o Sistema Nacional de Informações e Indicadores Culturais – SNIIC.

I – defesa e valorização do patrimônio cultural brasileiro;

II – produção, promoção e difusão de bens culturais;

III – formação de pessoal qualificado para a gestão da cultura em suas múltiplas dimensões;

IV – democratização do acesso aos bens de cultura;

V – valorização da diversidade étnica e regional.

► § 3º acrescido pela EC nº 48, de 10-8-2005.

Art. 216. Constituem patrimônio cultural brasileiro os bens de natureza material e imaterial, tomados individualmente ou em conjunto, portadores de referência à identidade, à ação, à memória dos diferentes grupos formadores da sociedade brasileira, nos quais se incluem:

I – as formas de expressão;

II – os modos de criar, fazer e viver;

III – as criações científicas, artísticas e tecnológicas;

► Lei nº 9.610, de 19-2-1998 (Lei de Direitos Autorais).

IV – as obras, objetos, documentos, edificações e demais espaços destinados às manifestações artístico-culturais;

V – os conjuntos urbanos e sítios de valor histórico, paisagístico, artístico, arqueológico, paleontológico, ecológico e científico.

► Lei nº 3.924, de 26-7-1961 (Lei dos Monumentos Arqueológicos e Pré-Históricos).

► Arts. 1º, 20, 28, I, II e parágrafo único, da Lei nº 7.542, de 26-9-1986, que dispõe sobre a pesquisa, exploração, remoção e demolição de coisas ou bens afundados, submersos, encalhados e perdidos em águas sob jurisdição nacional, em terreno de marinha e seus acrescidos e em terrenos marginais, em decorrência de sinistro, alijamento ou fortuna do mar.

§ 1º O Poder Público, com a colaboração da comunidade, promoverá e protegerá o patrimônio cultural brasileiro, por meio de inventários, registros, vigilância, tombamento e desapropriação, e de outras formas de acautelamento e preservação.

► Lei nº 7.347, de 24-7-1985 (Lei da Ação Civil Pública).

► Lei nº 8.394, de 30-12-1991, dispõe sobre a preservação, organização e proteção dos acervos documentais privados dos presidentes da República.

► Dec. nº 3.551, de 4-8-2000, institui o registro de bens culturais de natureza imaterial que constituem Patrimônio Cultural Brasileiro e cria o Programa Nacional do Patrimônio Imaterial.

§ 2º Cabem à administração pública, na forma da lei, a gestão da documentação governamental e as providências para franquear sua consulta a quantos dela necessitem.

► Lei nº 8.159, de 8-1-1991, dispõe sobre a Política Nacional de arquivos públicos e privados.

► Lei nº 12.527, de 18-11-2011, regula o acesso a informações previsto neste parágrafo.

§ 3º A lei estabelecerá incentivos para a produção e o conhecimento de bens e valores culturais.

► Lei nº 7.505, de 2-7-1986, dispõe sobre benefícios fiscais na área do imposto de renda concedidos a operações de caráter cultural ou artístico.

► Lei nº 8.313, de 23-12-1991, dispõe sobre benefícios fiscais concedidos a operações de caráter cultural ou artístico e cria o Programa Nacional de Apoio a Cultura – PRONAC.

► Lei nº 8.685, de 20-7-1993, cria mecanismos de fomento à atividade audiovisual.

► Lei nº 10.454, de 13-5-2002, dispõe sobre remissão da Contribuição para o Desenvolvimento da Indústria Cinematográfica – CONDECINE.

► MP nº 2.228-1, de 6-9-2001, que até o encerramento desta edição não havia sido convertida em Lei, cria a Agência Nacional do Cinema – ANCINE.

§ 4º Os danos e ameaças ao patrimônio cultural serão punidos, na forma da lei.

► Lei nº 3.924, de 26-7-1961 (Lei dos Monumentos Arqueológicos e Pré-Históricos).

► Lei nº 4.717, de 29-6-1965 (Lei da Ação Popular).

► Lei nº 7.347, de 24-7-1985 (Lei da Ação Civil Pública).

§ 5º Ficam tombados todos os documentos e os sítios detentores de reminiscências históricas dos antigos quilombos.

§ 6º É facultado aos Estados e ao Distrito Federal vincular a fundo estadual de fomento à cultura até cinco décimos por cento de sua receita tributária líquida, para o financiamento de programas e projetos culturais, vedada a aplicação desses recursos no pagamento de:

I – despesas com pessoal e encargos sociais;

II – serviço da dívida;

III – qualquer outra despesa corrente não vinculada diretamente aos investimentos ou ações apoiados.

► § 6º acrescido pela EC nº 42, de 19-12-2003.

Art. 216-A. O Sistema Nacional de Cultura, organizado em regime de colaboração, de forma descentralizada e participativa, institui um processo de gestão e promoção conjunta de políticas públicas de cultura, democráticas e permanentes, pactuadas entre os entes da Federação e a sociedade, tendo por objetivo promover o desenvolvimento humano, social e econômico com pleno exercício dos direitos culturais.

§ 1º O Sistema Nacional de Cultura fundamenta-se na política nacional de cultura e nas suas diretrizes, estabelecidas no Plano Nacional de Cultura, e rege-se pelos seguintes princípios:

I – diversidade das expressões culturais;

II – universalização do acesso aos bens e serviços culturais;

III – fomento à produção, difusão e circulação de conhecimento e bens culturais;

IV – cooperação entre os entes federados, os agentes públicos e privados atuantes na área cultural;

V – integração e interação na execução das políticas, programas, projetos e ações desenvolvidas;

VI – complementaridade nos papéis dos agentes culturais;

VII – transversalidade das políticas culturais;

VIII – autonomia dos entes federados e das instituições da sociedade civil;

IX – transparência e compartilhamento das informações;

X – democratização dos processos decisórios com participação e controle social;

XI – descentralização articulada e pactuada da gestão, dos recursos e das ações;

XII – ampliação progressiva dos recursos contidos nos orçamentos públicos para a cultura.

§ 2º Constitui a estrutura do Sistema Nacional de Cultura, nas respectivas esferas da Federação:

I – órgãos gestores da cultura;

II – conselhos de política cultural;

III – conferências de cultura;

IV – comissões intergestores;

V – planos de cultura;

VI – sistemas de financiamento à cultura;

VII – sistemas de informações e indicadores culturais;

VIII – programas de formação na área da cultura; e

IX – sistemas setoriais de cultura.

§ 3º Lei federal disporá sobre a regulamentação do Sistema Nacional de Cultura, bem como de sua articulação com os demais sistemas nacionais ou políticas setoriais de governo.

§ 4º Os Estados, o Distrito Federal e os Municípios organizarão seus respectivos sistemas de cultura em leis próprias.

► Art. 216-A acrescido pela EC nº 71, de 29-11-2012.

Seção III

DO DESPORTO

► Lei nº 9.615, de 24-3-1998, institui normas gerais sobre desporto, regulamentada pelo Dec. nº 7.984, de 8-4-2013.

► Lei nº 14.597, de 14-6-2023 (Lei Geral do Esporte).

Art. 217. É dever do Estado fomentar práticas desportivas formais e não formais, como direito de cada um, observados:

I – a autonomia das entidades desportivas dirigentes e associações, quanto a sua organização e funcionamento;

II – a destinação de recursos públicos para a promoção prioritária do desporto educacional e, em casos específicos, para a do desporto de alto rendimento;

III – o tratamento diferenciado para o desporto profissional e o não profissional;

IV – a proteção e o incentivo às manifestações desportivas de criação nacional.

§ 1º O Poder Judiciário só admitirá ações relativas à disciplina e às competições desportivas após esgotarem-se as instâncias da justiça desportiva, regulada em lei.

§ 2º A justiça desportiva terá o prazo máximo de sessenta dias, contados da instauração do processo, para proferir decisão final.

§ 3º O Poder Público incentivará o lazer, como forma de promoção social.

Capítulo IV

DA CIÊNCIA, TECNOLOGIA E INOVAÇÃO

- ► Capítulo IV com a denominação dada pela EC nº 85, de 26-2-2015.
- ► Lei nº 9.257, de 9-1-1996, dispõe sobre o Conselho Nacional de Ciência e Tecnologia.
- ► Lei nº 10.168, de 29-12-2000, institui Contribuição de Intervenção de Domínio Econômico destinado a financiar o Programa de Estímulo à Interação Universidade-Empresa para o apoio à inovação.
- ► Lei nº 10.332, de 19-12-2001, institui mecanismo de financiamento para o Programa de Ciência e Tecnologia para o Agronegócio, para o Programa de Fomento à Pesquisa em Saúde, para o Programa Biotecnologia e Recursos Genéticos, para o Programa de Ciência e Tecnologia para o Setor Aeronáutico e para o Programa de Inovação para Competitividade.

Art. 218. O Estado promoverá e incentivará o desenvolvimento científico, a pesquisa, a capacitação científica e tecnológica e a inovação.

- ► *Caput* com a redação dada EC nº 85, de 26-2-2015.
- ► Lei nº 10.973, de 2-12-2004, estabelece medidas de incentivo à inovação e à pesquisa científica e tecnológica no ambiente produtivo, com vistas à capacitação e ao alcance da autonomia tecnológica e ao desenvolvimento industrial do país, nos termos deste artigo e do art. 219.

§ 1º A pesquisa científica básica e tecnológica receberá tratamento prioritário do Estado, tendo em vista o bem público e o progresso da ciência, tecnologia e inovação.

- ► § 1º com a redação dada pela EC nº 85, de 26-2-2015.

§ 2º A pesquisa tecnológica voltar-se-á preponderantemente para a solução dos problemas brasileiros e para o desenvolvimento do sistema produtivo nacional e regional.

§ 3º O Estado apoiará a formação de recursos humanos nas áreas de ciência, pesquisa, tecnologia e inovação, inclusive por meio do apoio às atividades de extensão tecnológica, e concederá aos que delas se ocupem meios e condições especiais de trabalho.

- ► § 3º com a redação dada pela EC nº 85, de 26-2-2015.

§ 4º A lei apoiará e estimulará as empresas que invistam em pesquisa, criação de tecnologia adequada ao País, formação e aperfeiçoamento de seus recursos humanos e que pratiquem sistemas de remuneração que assegurem ao empregado, desvinculada do salário, participação nos ganhos econômicos resultantes da produtividade de seu trabalho.

- ► Lei nº 9.257, de 9-1-1996, dispõe sobre o Conselho Nacional de Ciência e Tecnologia.

§ 5º É facultado aos Estados e ao Distrito Federal vincular parcela de sua receita orçamentária a entidades públicas de fomento ao ensino e à pesquisa científica e tecnológica.

- ► Lei nº 8.248, de 23-10-1991, dispõe sobre a capacitação e competitividade do setor de informática e automação.

§ 6º O Estado, na execução das atividades previstas no *caput*, estimulará a articulação entre entes, tanto públicos quanto privados, nas diversas esferas de governo.

§ 7º O Estado promoverá e incentivará a atuação no exterior das instituições públicas de ciência, tecnologia e inovação, com vistas à execução das atividades previstas no *caput*.

- ► §§ 6º e 7º acrescidos pela EC nº 85, de 26-2-2015.

Art. 219. O mercado interno integra o patrimônio nacional e será incentivado de modo a viabilizar o desenvolvimento cultural e socioeconômico, o bem-estar da população e a autonomia tecnológica do País, nos termos de lei federal.

- ► Lei nº 10.973, de 2-12-2004, estabelece medidas de incentivo à inovação e à pesquisa científica e tecnológica no ambiente produtivo, com vistas à capacitação e ao alcance da autonomia tecnológica e ao desenvolvimento industrial do país, nos termos deste artigo e do art. 218.

Parágrafo único. O Estado estimulará a formação e o fortalecimento da inovação nas empresas, bem como nos demais entes, públicos ou privados, a constituição e a manutenção de parques e polos tecnológicos e de demais ambientes promotores da inovação, a atuação dos inventores independentes e a criação, absorção, difusão e transferência de tecnologia.

► Parágrafo único acrescido pela EC nº 85, de 26-2-2015.

Art. 219-A. A União, os Estados, o Distrito Federal e os Municípios poderão firmar instrumentos de cooperação com órgãos e entidades públicos e com entidades privadas, inclusive para o compartilhamento de recursos humanos especializados e capacidade instalada, para a execução de projetos de pesquisa, de desenvolvimento científico e tecnológico e de inovação, mediante contrapartida financeira ou não financeira assumida pelo ente beneficiário, na forma da lei.

Art. 219-B. O Sistema Nacional de Ciência, Tecnologia e Inovação será organizado em regime de colaboração entre entes, tanto públicos quanto privados, com vistas a promover o desenvolvimento científico e tecnológico e a inovação.

§ 1º Lei federal disporá sobre as normas gerais do Sistema Nacional de Ciência, Tecnologia e Inovação.

§ 2º Os Estados, o Distrito Federal e os Municípios legislarão concorrentemente sobre suas peculiaridades.

► Arts. 219-A e 219-B acrescidos pela EC nº 85, de 26-2-2015.

Capítulo V

DA COMUNICAÇÃO SOCIAL

Art. 220. A manifestação do pensamento, a criação, a expressão e a informação, sob qualquer forma, processo ou veículo não sofrerão qualquer restrição, observado o disposto nesta Constituição.

► Arts. 1º, III e IV, 3º, III e IV, 4º, II, 5º, IX, XII, XIV, XXVII, XXVIII e XXIX, desta Constituição.

► Arts. 36, 37, 43 e 44 do CDC.

► Lei nº 4.117, de 24-8-1962 (Código Brasileiro de Telecomunicações).

► Art. 1º da Lei nº 7.524, de 17-7-1986, que dispõe sobre a manifestação, por militar inativo, de pensamento e opinião políticos ou filosóficos.

► Art. 2º da Lei nº 8.389, de 30-12-1991, que institui o Conselho de Comunicação Social.

► Lei nº 9.472, de 16-7-1997, dispõe sobre a organização dos serviços de telecomunicações, a criação e funcionamento de um Órgão Regulador e outros aspectos institucionais.

► Art. 7º da Lei nº 9.610, de 19-2-1998 (Lei de Direitos Autorais).

§ 1º Nenhuma lei conterá dispositivo que possa constituir embaraço à plena liberdade de informação jornalística em qualquer veículo de comunicação social, observado o disposto no artigo 5º, IV, V, X, XIII e XIV.

► Art. 45 da Lei nº 9.504, de 30-9-1997 (Lei das Eleições).

§ 2º É vedada toda e qualquer censura de natureza política, ideológica e artística.

§ 3º Compete à lei federal:

I – regular as diversões e espetáculos públicos, cabendo ao Poder Público informar sobre a natureza deles, as faixas etárias a que não se recomendem, locais e horários em que sua apresentação se mostre inadequada;

► Art. 21, XVI, desta Constituição.

► Arts. 74, 80, 247 e 258 do ECA.

II – estabelecer os meios legais que garantam à pessoa e à família a possibilidade de se defenderem de programas ou programações de rádio e televisão que contrariem o disposto no artigo 221, bem como da propaganda de produtos, práticas e serviços que possam ser nocivos à saúde e ao meio ambiente.

► Arts. 9º e 10 do CDC.

► Art. 5º da Lei nº 8.389, de 30-12-1991, que institui o Conselho de Comunicação Social.

§ 4º A propaganda comercial de tabaco, bebidas alcoólicas, agrotóxicos, medicamentos e terapias estará sujeita a restrições legais, nos termos do inciso II do parágrafo anterior, e conterá, sempre que necessário, advertência sobre os malefícios decorrentes de seu uso.

► Lei nº 9.294, de 15-7-1996, dispõe sobre as restrições ao uso e à propaganda de produtos fumígenos, bebidas alcoólicas, medicamentos, terapias e defensivos agrícolas referidos neste parágrafo.

► Lei nº 10.359, de 27-12-2001, dispõe sobre a obrigatoriedade de os novos aparelhos de televisão conterem dispositivo que possibilite o bloqueio temporário da recepção de programação inadequada.

§ 5º Os meios de comunicação social não podem, direta ou indiretamente, ser objeto de monopólio ou oligopólio.

► Arts. 36 e segs. da Lei nº 12.529, de 30-11-2011 (Lei do Sistema Brasileiro de Defesa da Concorrência).

§ 6º A publicação de veículo impresso de comunicação independe de licença de autoridade.

► Art. 114, parágrafo único, da Lei nº 6.015, de 31-12-1973 (Lei dos Registros Públicos).

Art. 221. A produção e a programação das emissoras de rádio e televisão atenderão aos seguintes princípios:

I – preferência a finalidades educativas, artísticas, culturais e informativas;

► Dec. nº 4.901, de 26-11-2003, institui o Sistema Brasileiro de Televisão Digital – SBTVD.

II – promoção da cultura nacional e regional e estímulo à produção independente que objetive sua divulgação;

► Lei nº 10.454, de 13-5-2002, dispõe sobre remissão da Contribuição para o Desenvolvimento da Indústria Cinematográfica – CONDECINE.

► Art. 2º da MP nº 2.228-1, de 6-9-2001, que cria a Agência Nacional do Cinema – ANCINE.

III – regionalização da produção cultural, artística e jornalística, conforme percentuais estabelecidos em lei;

► Art. 3º, III, desta Constituição.

IV – respeito aos valores éticos e sociais da pessoa e da família.

► Arts. 1º, III, 5º, XLII, XLIII, XLVIII, XLIX, L, 34, VII, *b*, 225 a 227 e 230 desta Constituição.

► Art. 8º, III, da Lei nº 11.340, de 7-8-2006 (Lei que Coíbe a Violência Doméstica e Familiar Contra a Mulher).

Art. 222. A propriedade de empresa jornalística e de radiodifusão sonora e de sons e imagens é privativa de brasileiros natos ou naturalizados há mais de dez anos, ou de pessoas jurídicas constituídas sob as leis brasileiras e que tenham sede no País.

► *Caput* com a redação dada pela EC nº 36, de 28-5-2002.

§ 1º Em qualquer caso, pelo menos setenta por cento do capital total e do capital votante das empresas jornalísticas e de radiodifusão sonora e de sons e imagens deverá pertencer, direta ou indiretamente, a brasileiros natos ou naturalizados há mais de dez anos, que exercerão obrigatoriamente a gestão das atividades e estabelecerão o conteúdo da programação.

§ 2º A responsabilidade editorial e as atividades de seleção e direção da programação veiculada são privativas de brasileiros natos ou naturalizados há mais de dez anos, em qualquer meio de comunicação social.

► §§ 1º e 2º com a redação dada pela EC nº 36, de 28-5-2002.

§ 3º Os meios de comunicação social eletrônica, independentemente da tecnologia utilizada para a prestação do serviço, deverão observar os princípios enunciados no art. 221, na forma de lei específica, que também garantirá a prioridade de profissionais brasileiros na execução de produções nacionais.

§ 4º Lei disciplinará a participação de capital estrangeiro nas empresas de que trata o § 1º.

► Lei nº 10.610, de 20-12-2002, dispõe sobre a participação de capital estrangeiro nas empresas jornalísticas e de radiodifusão sonora e de sons e imagens.

§ 5º As alterações de controle societário das empresas de que trata o § 1º serão comunicadas ao Congresso Nacional.

► §§ 3º a 5º acrescidos pela EC nº 36, de 28-5-2002.

Art. 223. Compete ao Poder Executivo outorgar e renovar concessão, permissão e autorização para o serviço de radiodifusão sonora e de sons e imagens, observado o princípio da complementaridade dos sistemas privado, público e estatal.

► Lei nº 9.612, de 19-2-1998, institui o serviço de radiodifusão comunitária.

► Arts. 2º e 10 do Dec. nº 52.795, de 31-10-1963, que aprova regulamento dos serviços de radiodifusão.

§ 1º O Congresso Nacional apreciará o ato no prazo do artigo 64, §§ 2º e 4º, a contar do recebimento da mensagem.

§ 2º A não renovação da concessão ou permissão dependerá de aprovação de, no mínimo, dois quintos do Congresso Nacional, em votação nominal.

§ 3º O ato de outorga ou renovação somente produzirá efeitos legais após deliberação do Congresso Nacional, na forma dos parágrafos anteriores.

§ 4º O cancelamento da concessão ou permissão, antes de vencido o prazo, depende de decisão judicial.

§ 5º O prazo da concessão ou permissão será de dez anos para as emissoras de rádio e de quinze para as de televisão.

Art. 224. Para os efeitos do disposto neste Capítulo, o Congresso Nacional instituirá, como seu órgão auxiliar, o Conselho de Comunicação Social, na forma da lei.

- ▶ Lei nº 6.650, de 23-5-1979, dispõe sobre a criação, na Presidência da República, da Secretaria de Comunicação Social.
- ▶ Lei nº 8.389, de 30-12-1991, institui o Conselho de Comunicação Social.
- ▶ Dec. nº 4.799, de 4-8-2003, dispõe sobre a comunicação de Governo do Poder Executivo Federal.
- ▶ Dec. nº 6.555, de 8-9-2008, dispõe sobre as ações de comunicação do Poder Executivo Federal.

Capítulo VI

DO MEIO AMBIENTE

- ▶ Lei nº 9.605, de 12-2-1998 (Lei dos Crimes Ambientais).
- ▶ Lei nº 14.785, de 27-12-2023, dispõe sobre a pesquisa, a experimentação, a produção, a embalagem, a rotulagem, o transporte, o armazenamento, a comercialização, a utilização, a importação, a exportação, o destino final dos resíduos e das embalagens, o registro, a classificação, o controle, a inspeção e a fiscalização de agrotóxicos, de produtos de controle ambiental, de seus produtos técnicos e afins.
- ▶ Dec. nº 4.339, de 22-8-2002, institui princípios e diretrizes para a implementação Política Nacional da Biodiversidade.
- ▶ Dec. nº 4.411, de 7-10-2002, dispõe sobre a atuação das Forças Armadas e da Polícia Federal nas unidades de conservação.

Art. 225. Todos têm direito ao meio ambiente ecologicamente equilibrado, bem de uso comum do povo e essencial à sadia qualidade de vida, impondo-se ao Poder Público e à coletividade o dever de defendê-lo e preservá-lo para as presentes e futuras gerações.

- ▶ Lei nº 7.735, de 22-2-1989, dispõe sobre a extinção de órgão e de entidade autárquica, cria o Instituto Brasileiro do Meio Ambiente e dos Recursos Naturais Renováveis.
- ▶ Lei nº 7.797, de 10-7-1989 (Lei do Fundo Nacional de Meio Ambiente).
- ▶ Lei nº 11.284, de 2-3-2006 (Lei de Gestão de Florestas Públicas).
- ▶ Dec. nº 4.339, de 22-8-2002, institui princípios e diretrizes para a implementação Política Nacional da Biodiversidade.

§ 1º Para assegurar a efetividade desse direito, incumbe ao Poder Público:

- ▶ Lei nº 9.985, de 18-7-2000 (Lei do Sistema Nacional de Unidades de Conservação da Natureza).

I – preservar e restaurar os processos ecológicos essenciais e prover o manejo ecológico das espécies e ecossistemas;

- ▶ Lei nº 9.985, de 18-7-2000 (Lei do Sistema Nacional de Unidades de Conservação da Natureza), regulamentada pelo Dec. nº 4.340, de 22-8-2002.

II – preservar a diversidade e a integridade do patrimônio genético do País e fiscalizar as entidades dedicadas à pesquisa e manipulação de material genético;

- ▶ Lei nº 9.985, de 18-7-2000 (Lei do Sistema Nacional de Unidades de Conservação da Natureza), regulamentada pelo Dec. nº 4.340, de 22-8-2002.
- ▶ Lei nº 11.105, de 24-3-2005 (Lei de Biossegurança), regulamenta este inciso.
- ▶ Dec. nº 5.705, de 16-2-2006, promulga o Protocolo de Cartagena sobre Biossegurança da Convenção sobre Diversidade Biológica.

III – definir, em todas as Unidades da Federação, espaços territoriais e seus componentes a serem especialmente protegidos, sendo a alteração e a supressão permitidas somente através de lei, vedada qualquer utilização que comprometa a integridade dos atributos que justifiquem sua proteção;

- ▶ Lei nº 9.985, de 18-7-2000 (Lei do Sistema Nacional de Unidades de Conservação da Natureza), regulamentada pelo Dec. nº 4.340, de 22-8-2002.
- ▶ Res. do CONAMA nº 369, de 28-3-2006, dispõe sobre os casos excepcionais, de utilidade pública, interesse social ou baixo impacto ambiental, que possibilitam a intervenção ou supressão de vegetação em Área de Preservação Permanente – APP.

IV – exigir, na forma da lei, para instalação de obra ou atividade potencialmente causadora de significativa degradação do meio ambiente, estudo prévio de impacto ambiental, a que se dará publicidade;

- ▶ Lei nº 11.105, de 24-3-2005 (Lei de Biossegurança), regulamenta este inciso.

V – controlar a produção, a comercialização e o emprego de técnicas, métodos e substâncias que comportem risco para a vida, a qualidade de vida e o meio ambiente;

► Lei nº 9.985, de 18-7-2000 (Lei do Sistema Nacional de Unidades de Conservação da Natureza), regulamentada pelo Dec. nº 4.340, de 22-8-2002.

► Lei nº 11.105, de 24-3-2005 (Lei de Biossegurança), regulamenta este inciso.

► Lei nº 14.785, de 27-12-2023, dispõe sobre a pesquisa, a experimentação, a produção, a embalagem, a rotulagem, o transporte, o armazenamento, a comercialização, a utilização, a importação, a exportação, o destino final dos resíduos e das embalagens, o registro, a classificação, o controle, a inspeção e a fiscalização de agrotóxicos, de produtos de controle ambiental, de seus produtos técnicos e afins.

VI – promover a educação ambiental em todos os níveis de ensino e a conscientização pública para a preservação do meio ambiente;

► Lei nº 9.795, de 27-4-1999, dispõe sobre a educação ambiental e a instituição da Política Nacional de Educação Ambiental.

VII – proteger a fauna e a flora, vedadas, na forma da lei, as práticas que coloquem em risco sua função ecológica, provoquem a extinção de espécies ou submetam os animais à crueldade;

► Lei nº 5.197, de 3-1-1967 (Lei de Proteção à Fauna).

► Lei nº 9.605, de 12-2-1998 (Lei dos Crimes Ambientais).

► Lei nº 9.985, de 18-7-2000 (Lei do Sistema Nacional de Unidades de Conservação da Natureza), regulamentada pelo Dec. nº 4.340, de 22-8-2002.

► Lei nº 11.794, de 8-10-2008, regulamenta este inciso, estabelecendo procedimentos para o uso científico de animais.

► Lei nº 12.651, de 25-5-2012 (Novo Código Florestal).

► Lei nº 14.785, de 27-12-2023, dispõe sobre a pesquisa, a experimentação, a produção, a embalagem, a rotulagem, o transporte, o armazenamento, a comercialização, a utilização, a importação, a exportação, o destino final dos resíduos e das embalagens, o registro, a classificação, o controle, a inspeção e a fiscalização de agrotóxicos, de produtos de controle ambiental, de seus produtos técnicos e afins.

► Dec.-lei nº 221, de 28-2-1967 (Lei de Proteção e Estímulos à Pesca).

VIII – manter regime fiscal favorecido para os biocombustíveis e para o hidrogênio de baixa emissão de carbono, na forma de lei complementar, a fim de assegurar-lhes tributação inferior à incidente sobre os combustíveis fósseis, capaz de garantir diferencial competitivo em relação a estes, especialmente em relação às contribuições de que tratam o art. 195, I, **b*****, IV e V, e o art. 239 e aos impostos a que se referem os arts. 155, II, e 156-A.***

► Inciso VIII com a redação dada pela EC nº 132, de 20-12-2023.

★ **Nova redação do dispositivo alterado:** "VIII – manter regime fiscal favorecido para os biocombustíveis e para o hidrogênio de baixa emissão de carbono, na forma de lei complementar, a fim de assegurar-lhes tributação inferior à incidente sobre os combustíveis fósseis, capaz de garantir diferencial competitivo em relação a estes, especialmente em relação à contribuição de que trata o art. 195, V, e aos impostos a que se referem os arts. 155, II, e 156-A."

► Inciso VIII com a redação dada pela EC nº 132, de 20-12-2023, para vigorar a partir de 2027.

★ **Nova redação do dispositivo alterado:** "VIII – manter regime fiscal favorecido para os biocombustíveis e para o hidrogênio de baixa emissão de carbono, na forma de lei complementar, a fim de assegurar-lhes tributação inferior à incidente sobre os combustíveis fósseis, capaz de garantir diferencial competitivo em relação a estes, especialmente em relação à contribuição de que trata o art. 195, V, e ao imposto a que se refere o art. 156-A."

► Inciso VIII com a redação dada pela EC nº 132, de 20-12-2023, para vigorar a partir de 2033.

§ 2º Aquele que explorar recursos minerais fica obrigado a recuperar o meio ambiente degradado, de acordo com solução técnica exigida pelo órgão público competente, na forma da lei.

► Dec.-lei nº 227, de 28-2-1967 (Código de Mineração).

§ 3º As condutas e atividades consideradas lesivas ao meio ambiente sujeitarão os infratores, pessoas físicas ou jurídicas, a sanções penais e administrativas, independentemente da obrigação de reparar os danos causados.

► Art. 3º, *caput*, e parágrafo único, da Lei nº 9.605, de 12-2-1998 (Lei dos Crimes Ambientais).

► Dec. nº 6.514, de 22-7-2008, dispõe sobre as infrações e sanções administrativas ao meio ambiente e estabelece o processo administrativo federal para apuração destas infrações.

§ 4º A Floresta Amazônica brasileira, a Mata Atlântica, a Serra do Mar, o Pantanal Mato-Grossense e a Zona Costeira são patrimônio nacional, e sua utilização far-se-á, na forma da lei, dentro de condições que assegurem a preservação do meio ambiente, inclusive quanto ao uso dos recursos naturais.

- Lei nº 6.902, de 27-4-1981 (Lei das Estações Ecológicas e das Áreas de Proteção Ambiental).
- Lei nº 6.938, de 31-8-1981 (Lei da Política Nacional do Meio Ambiente).
- Lei nº 7.347, de 24-7-1985 (Lei da Ação Civil Pública).
- Dec. nº 4.297, de 10-7-2002, regulamenta o inciso II do art. 9º da Lei nº 6.938, de 31-8-1981 (Lei da Política Nacional do Meio Ambiente), estabelecendo critério para o Zoneamento Ecológico-Econômico do Brasil – ZEE.
- Res. do CONAMA nº 369, de 28-3-2006, dispõe sobre os casos excepcionais, de utilidade pública, interesse social ou baixo impacto ambiental, que possibilitam a intervenção ou supressão de vegetação em Área de Preservação Permanente – APP.

§ 5º São indisponíveis as terras devolutas ou arrecadadas pelos Estados, por ações discriminatórias, necessárias à proteção dos ecossistemas naturais.

- Lei nº 6.383, de 7-12-1976 (Lei das Ações Discriminatórias).
- Dec.-lei nº 9.760, de 5-9-1946 (Lei dos Bens Imóveis da União).
- Res. do CONAMA nº 369, de 28-3-2006, dispõe sobre os casos excepcionais, de utilidade pública, interesse social ou baixo impacto ambiental, que possibilitam a intervenção ou supressão de vegetação em Área de Preservação Permanente – APP.

§ 6º As usinas que operem com reator nuclear deverão ter sua localização definida em lei federal, sem o que não poderão ser instaladas.

- Dec.-lei nº 1.809, de 7-10-1980, institui o Sistema de Proteção ao Programa Nuclear Brasileiro – SIPRON.

§ 7º Para fins do disposto na parte final do inciso VII do § 1º deste artigo, não se consideram cruéis as práticas desportivas que utilizem animais, desde que sejam manifestações culturais, conforme o § 1º do art. 215 desta Constituição Federal, registradas como bem de natureza imaterial integrante do patrimônio cultural brasileiro, devendo ser regulamentadas por lei específica que assegure o bem-estar dos animais envolvidos.

- § 7º acrescido pela EC nº 96, de 6-6-2017.

Capítulo VII

DA FAMÍLIA, DA CRIANÇA, DO ADOLESCENTE, DO JOVEM E DO IDOSO

- Capítulo VII com a denominação dada pela EC nº 65, de 13-7-2010.
- Lei nº 8.069, de 13-7-1990 (Estatuto da Criança e do Adolescente).
- Lei nº 8.842, de 4-1-1994, dispõe sobre a composição, estruturação, competência e funcionamento do Conselho Nacional dos Direitos do Idoso – CNDI.
- Lei nº 10.741, de 1º-10-2003 (Estatuto da Pessoa Idosa).
- Lei nº 12.010, de 3-8-2009 (Lei da Adoção).
- Lei nº 12.852, de 5-8-2013 (Estatuto da Juventude).

Art. 226. A família, base da sociedade, tem especial proteção do Estado.

- Arts. 1.533 a 1.542 do CC.
- Lei nº 6.015, de 31-12-1973 (Lei dos Registros Públicos).
- Lei nº 8.069, de 13-7-1990 (Estatuto da Criança e do Adolescente).

§ 1º O casamento é civil e gratuita a celebração.

- Arts. 1.511 a 1.570 do CC.
- Arts. 67 a 76 da Lei nº 6.015, de 31-12-1973 (Lei dos Registros Públicos).

§ 2º O casamento religioso tem efeito civil, nos termos da lei.

- Lei nº 1.110, de 23-5-1950, regula o reconhecimento dos efeitos civis ao casamento religioso.
- Arts. 71 a 75 da Lei nº 6.015, de 31-12-1973 (Lei dos Registros Públicos).
- Lei nº 9.278, de 10-5-1996 (Lei da União Estável).
- Art. 5º do Dec.-lei nº 3.200, de 19-4-1941, que dispõe sobre a organização e proteção da família.

§ 3º Para efeito da proteção do Estado, é reconhecida a união estável entre o homem e a mulher como entidade familiar, devendo a lei facilitar sua conversão em casamento.

- Arts. 1.723 a 1.727 do CC.
- Art. 73, § 3º, do CPC/2015.
- Lei nº 8.971, de 29-12-1994, regula o direito dos companheiros a alimentos e sucessão.
- Lei nº 9.278, de 10-5-1996 (Lei da União Estável).
- O STF, por unanimidade de votos, julgou procedentes a ADPF nº 132 (como ação direta de inconstitucionalidade) e a ADIN nº 4.277, com eficácia *erga omnes* e efeito vinculante, para dar ao art. 1.723 do CC interpretação conforme à CF para dele excluir qualquer significado que impeça o reconhecimento da união

contínua, pública e duradoura entre pessoas do mesmo sexo como entidade familiar (*DOU* de 13-5-2011).

§ 4º Entende-se, também, como entidade familiar a comunidade formada por qualquer dos pais e seus descendentes.

§ 5º Os direitos e deveres referentes à sociedade conjugal são exercidos igualmente pelo homem e pela mulher.

- ▶ Arts. 1.511 a 1.570 do CC.
- ▶ Arts. 2º a 8º da Lei nº 6.515, de 26-12-1977 (Lei do Divórcio).

§ 6º O casamento civil pode ser dissolvido pelo divórcio.

- ▶ § 6º com a redação dada pela EC nº 66, de 13-7-2010.
- ▶ Lei nº 6.515, de 26-12-1977 (Lei do Divórcio).

§ 7º Fundado nos princípios da dignidade da pessoa humana e da paternidade responsável, o planejamento familiar é livre decisão do casal, competindo ao Estado propiciar recursos educacionais e científicos para o exercício desse direito, vedada qualquer forma coercitiva por parte de instituições oficiais ou privadas.

- ▶ Lei nº 9.263, de 12-1-1996 (Lei do Planejamento Familiar), regulamenta este parágrafo.

§ 8º O Estado assegurará a assistência à família na pessoa de cada um dos que a integram, criando mecanismos para coibir a violência no âmbito de suas relações.

- ▶ Lei nº 11.340, de 7-8-2006 (Lei que Coíbe a Violência Doméstica e Familiar Contra a Mulher).

Art. 227. É dever da família, da sociedade e do Estado assegurar à criança, ao adolescente e ao jovem, com absoluta prioridade, o direito à vida, à saúde, à alimentação, à educação, ao lazer, à profissionalização, à cultura, à dignidade, ao respeito, à liberdade e à convivência familiar e comunitária, além de colocá-los a salvo de toda forma de negligência, discriminação, exploração, violência, crueldade e opressão.

- ▶ *Caput* com a redação dada pela EC nº 65, de 13-7-2010.
- ▶ Arts. 6º, 208 e 212, § 4º, desta Constituição.
- ▶ Lei nº 8.069, de 13-7-1990 (Estatuto da Criança e do Adolescente).
- ▶ Lei nº 12.318, de 26-8-2010 (Lei da Alienação Parental).
- ▶ Lei nº 13.431, de 4-4-2017, estabelece o sistema de garantia de direitos da criança e do adolescente vítima ou testemunha de violência.
- ▶ Dec. nº 3.413, de 14-4-2000, promulga a Convenção sobre os Aspectos Civis do Sequestro Internacional de Crianças, concluída na cidade de Haia, em 25-10-1980.
- ▶ Dec. nº 3.951, de 4-10-2001, designa a Autoridade Central para dar cumprimento às obrigações impostas pela Convenção sobre os Aspectos Civis do Sequestro Internacional de Crianças, cria o Conselho da Autoridade Central Administrativa Federal Contra o Sequestro Internacional de Crianças e institui o Programa Nacional para Cooperação no Regresso de Crianças e Adolescentes Brasileiros Sequestrados Internacionalmente.
- ▶ Dec. nº 10.088, de 5-11-2019, consolida atos normativos editados pelo Poder Executivo Federal que dispõem sobre a promulgação de convenções e recomendações da Organização Internacional do Trabalho – OIT ratificadas pela República Federativa do Brasil.
- ▶ Dec. Legislativo nº 79, de 15-9-1999, aprova o texto da Convenção sobre os Aspectos Civis do Sequestro Internacional de Crianças, concluída na cidade de Haia, em 25-10-1980, com vistas a adesão pelo governo brasileiro.
- ▶ Res. do CNJ nº 94, de 27-10-2009, determina a criação de Coordenadorias da Infância e da Juventude no âmbito dos Tribunais de Justiça dos Estados e do Distrito Federal.

§ 1º O Estado promoverá programas de assistência integral à saúde da criança, do adolescente e do jovem, admitida a participação de entidades não governamentais, mediante políticas específicas e obedecendo aos seguintes preceitos:

- ▶ § 1º com a redação dada pela EC nº 65, de 13-7-2010.
- ▶ Lei nº 8.642, de 31-3-1993, dispõe sobre a instituição do Programa Nacional de Atenção à Criança e ao Adolescente – PRONAICA.

I – aplicação de percentual dos recursos públicos destinados à saúde na assistência materno-infantil;

II – criação de programas de prevenção e atendimento especializado para as pessoas portadoras de deficiência física, sensorial ou mental, bem como de integração social do adolescente e do jovem portador de deficiência, mediante o treinamento para o trabalho e a convivência, e a facilitação do acesso aos bens e serviços coletivos, com a eliminação de obstáculos arquitetônicos e de todas as formas de discriminação.

- ▶ Inciso II com a redação dada pela EC nº 65, de 13-7-2010.
- ▶ Lei nº 7.853, de 24-10-1989 (Lei de Apoio às Pessoas Portadoras de Deficiência), regulamentada pelo Dec. nº 3.298, de 20-12-1999.

► Lei nº 8.069, de 13-7-1990 (Estatuto da Criança e do Adolescente).

► Lei nº 10.216, de 6-4-2001, dispõe sobre a proteção e os direitos das pessoas portadoras de transtornos mentais e redireciona o modelo assistencial em saúde mental.

► Lei nº 13.146, de 6-7-2015 (Estatuto da Pessoa com Deficiência).

► Dec. nº 3.956, de 8-10-2001, promulga a Convenção Interamericana para Eliminação de Todas as Formas de Discriminação contra as Pessoas Portadoras de Deficiência.

► Dec. nº 6.949, de 25-8-2009, promulga a Convenção Internacional sobre os Direitos das Pessoas com Deficiência.

§ 2º A lei disporá sobre normas de construção dos logradouros e dos edifícios de uso público e de fabricação de veículos de transporte coletivo, a fim de garantir acesso adequado às pessoas portadoras de deficiência.

► Art. 244 desta Constituição.

► Art. 3º da Lei nº 7.853, de 24-10-1989 (Lei de Apoio às Pessoas Portadoras de Deficiência), regulamentada pelo Dec. nº 3.298, de 20-12-1999.

► Lei nº 13.146, de 6-7-2015 (Estatuto da Pessoa com Deficiência).

► Dec. nº 6.949, de 25-8-2009, promulga a Convenção Internacional sobre os Direitos das Pessoas com Deficiência.

§ 3º O direito a proteção especial abrangerá os seguintes aspectos:

I – idade mínima de quatorze anos para admissão ao trabalho, observado o disposto no artigo 7º, XXXIII;

► O art. 7º, XXXIII, desta Constituição, foi alterado pela EC nº 20, de 15-12-1998, e agora fixa em dezesseis anos a idade mínima para admissão ao trabalho.

II – garantia de direitos previdenciários e trabalhistas;

III – garantia de acesso do trabalhador adolescente e jovem à escola;

► Inciso III com a redação dada pela EC nº 65, de 13-7-2010.

IV – garantia de pleno e formal conhecimento da atribuição de ato infracional, igualdade na relação processual e defesa técnica por profissional habilitado, segundo dispuser a legislação tutelar específica;

V – obediência aos princípios de brevidade, excepcionalidade e respeito à condição peculiar de pessoa em desenvolvimento, quando da aplicação de qualquer medida privativa da liberdade;

VI – estímulo do Poder Público, através de assistência jurídica, incentivos fiscais e subsídios, nos termos da lei, ao acolhimento, sob a forma de guarda, de criança ou adolescente órfão ou abandonado;

► Arts. 33 a 35 do ECA.

VII – programas de prevenção e atendimento especializado à criança, ao adolescente e ao jovem dependente de entorpecentes e drogas afins.

► Inciso VII com a redação dada pela EC nº 65, de 13-7-2010.

► Lei nº 11.343, de 23-8-2006 (Lei Antidrogas).

§ 4º A lei punirá severamente o abuso, a violência e a exploração sexual da criança e do adolescente.

► Arts. 217-A a 218-B e 224 do CP.

► Arts. 225 a 258 do ECA.

§ 5º A adoção será assistida pelo Poder Público, na forma da lei, que estabelecerá casos e condições de sua efetivação por parte de estrangeiros.

► Arts. 1.618 e 1.619 do CC.

► Arts. 39 a 52 do ECA.

► Lei nº 12.010, de 3-8-2009 (Lei da Adoção).

► Dec. nº 3.087, de 21-6-1999, promulga a Convenção Relativa a Proteção das Crianças e a Cooperação em Matéria de Adoção Internacional, concluída em Haia, em 29-5-1993.

§ 6º Os filhos, havidos ou não da relação do casamento, ou por adoção, terão os mesmos direitos e qualificações, proibidas quaisquer designações discriminatórias relativas à filiação.

► Art. 41, §§ 1º e 2º, do ECA.

► Lei nº 8.560, de 29-12-1992 (Lei de Investigação de Paternidade).

► Lei nº 10.317, de 6-12-2001, dispõe sobre a gratuidade no exame de DNA nos casos que especifica.

► Lei nº 12.010, de 3-8-2009 (Lei da Adoção).

§ 7º No atendimento dos direitos da criança e do adolescente levar-se-á em consideração o disposto no artigo 204.

§ 8º A lei estabelecerá:

I – o estatuto da juventude, destinado a regular os direitos dos jovens;

II – o plano nacional de juventude, de duração decenal, visando à articulação das várias esferas do poder público para a execução de políticas públicas.

► § 8º acrescido pela EC nº 65, de 13-7-2010.

Art. 228. São penalmente inimputáveis os menores de dezoito anos, sujeitos às normas da legislação especial.

► Art. 27 do CP.

► Arts. 101, 104 e 112 do ECA.

Art. 229. Os pais têm o dever de assistir, criar e educar os filhos menores, e os filhos maiores têm o dever de ajudar e amparar os pais na velhice, carência ou enfermidade.

► Art. 22 do ECA.

Art. 230. A família, a sociedade e o Estado têm o dever de amparar as pessoas idosas, assegurando sua participação na comunidade, defendendo sua dignidade e bem-estar e garantindo-lhes o direito à vida.

► Lei nº 8.842, de 4-1-1994, dispõe sobre a política nacional do idoso.

► Lei nº 10.741, de 1º-10-2003 (Estatuto da Pessoa Idosa).

§ 1º Os programas de amparo aos idosos serão executados preferencialmente em seus lares.

§ 2º Aos maiores de sessenta e cinco anos é garantida a gratuidade dos transportes coletivos urbanos.

CAPÍTULO VIII

DOS ÍNDIOS

Art. 231. São reconhecidos aos índios sua organização social, costumes, línguas, crenças e tradições, e os direitos originários sobre as terras que tradicionalmente ocupam, competindo à União demarcá-las, proteger e fazer respeitar todos os seus bens.

► Lei nº 6.001, de 19-12-1973 (Estatuto do Índio).

► Dec. nº 26, de 4-2-1991, dispõe sobre a educação indígena no Brasil.

► Dec. nº 1.775, de 8-1-1996, dispõe sobre o procedimento administrativo de demarcação de terras indígenas.

► Dec. nº 3.156, de 7-10-1999, dispõe sobre as condições para a prestação de assistência à saúde dos povos indígenas, no âmbito do Sistema Único de Saúde.

► Dec. nº 4.412, de 7-10-2002, dispõe sobre a atuação das Forças Armadas e da Polícia Federal nas terras indígenas.

► Dec. nº 6.040, de 7-2-2007, institui a Política Nacional de Desenvolvimento Sustentável dos Povos e Comunidades Tradicionais.

► Dec. nº 7.747, de 5-6-2012, institui a Política Nacional de Gestão Territorial e Ambiental de Terras Indígenas – PNGATI

► Dec. nº 10.088, de 5-11-2019, consolida atos normativos editados pelo Poder Executivo Federal que dispõem sobre a promulgação de convenções e recomendações da Organização Internacional do Trabalho – OIT ratificadas pela República Federativa do Brasil.

§ 1º São terras tradicionalmente ocupadas pelos índios as por eles habitadas em caráter permanente, as utilizadas para suas atividades produtivas, as imprescindíveis à preservação dos recursos ambientais necessários a seu bem-estar e as necessárias a sua reprodução física e cultural, segundo seus usos, costumes e tradições.

§ 2º As terras tradicionalmente ocupadas pelos índios destinam-se a sua posse permanente, cabendo-lhes o usufruto exclusivo das riquezas do solo, dos rios e dos lagos nelas existentes.

§ 3º O aproveitamento dos recursos hídricos, incluídos os potenciais energéticos, a pesquisa e a lavra das riquezas minerais em terras indígenas só podem ser efetivados com autorização do Congresso Nacional, ouvidas as comunidades afetadas, ficando-lhes assegurada participação nos resultados da lavra, na forma da lei.

§ 4º As terras de que trata este artigo são inalienáveis e indisponíveis, e os direitos sobre elas, imprescritíveis.

§ 5º É vedada a remoção dos grupos indígenas de suas terras, salvo, *ad referendum* do Congresso Nacional, em caso de catástrofe ou epidemia que ponha em risco sua população, ou no interesse da soberania do País, após deliberação do Congresso Nacional, garantindo, em qualquer hipótese, o retorno imediato logo que cesse o risco.

§ 6º São nulos e extintos, não produzindo efeitos jurídicos, os atos que tenham por objeto a ocupação, o domínio e a posse das terras a que se refere este artigo, ou a exploração das riquezas naturais do solo, dos rios e dos lagos nelas existentes, ressalvado relevante interesse público da União, segundo o que dispuser lei complementar, não gerando a nulidade e a extinção direito a indenização ou ações contra a União, salvo, na forma da lei, quanto às benfeitorias derivadas da ocupação de boa-fé.

▶ Art. 62 da Lei nº 6.001, de 19-12-1973 (Estatuto do Índio).

§ 7º Não se aplica às terras indígenas o disposto no artigo 174, §§ 3º e 4º.

Art. 232. Os índios, suas comunidades e organizações são partes legítimas para ingressar em juízo em defesa de seus direitos e interesses, intervindo o Ministério Público em todos os atos do processo.

▶ Lei nº 6.001, de 19-12-1973 (Estatuto do Índio).

TÍTULO IX – DAS DISPOSIÇÕES CONSTITUCIONAIS GERAIS

Art. 233. *Revogado.* EC nº 28, de 25-5-2000.

Art. 234. É vedado à União, direta ou indiretamente, assumir, em decorrência da criação de Estado, encargos referentes a despesas com pessoal inativo e com encargos e amortizações da dívida interna ou externa da administração pública, inclusive da indireta.

▶ Art. 13, § 6º, do ADCT.

Art. 235. Nos dez primeiros anos da criação de Estado, serão observadas as seguintes normas básicas:

I – a Assembleia Legislativa será composta de dezessete Deputados se a população do Estado for inferior a seiscentos mil habitantes, e de vinte e quatro, se igual ou superior a esse número, até um milhão e quinhentos mil;

II – o Governo terá no máximo dez Secretarias;

III – o Tribunal de Contas terá três membros, nomeados, pelo Governador eleito, dentre brasileiros de comprovada idoneidade e notório saber;

IV – o Tribunal de Justiça terá sete Desembargadores;

V – os primeiros Desembargadores serão nomeados pelo Governador eleito, escolhidos da seguinte forma:

a) cinco dentre os magistrados com mais de trinta e cinco anos de idade, em exercício na área do novo Estado ou do Estado originário;

b) dois dentre promotores, nas mesmas condições, e advogados de comprovada idoneidade e saber jurídico, com dez anos, no mínimo, de exercício profissional, obedecido o procedimento fixado na Constituição;

VI – no caso de Estado proveniente de Território Federal, os cinco primeiros Desembargadores poderão ser escolhidos dentre juízes de direito de qualquer parte do País;

VII – em cada Comarca, o primeiro Juiz de Direito, o primeiro Promotor de Justiça e o primeiro Defensor Público serão nomeados pelo Governador eleito após concurso público de provas e títulos;

VIII – até a promulgação da Constituição Estadual, responderão pela Procuradoria-Geral, pela Advocacia-Geral e pela Defensoria-Geral do Estado advogados de notório saber, com trinta e cinco anos de idade, no mínimo, nomeados pelo Governador eleito e demissíveis *ad nutum*;

IX – se o novo Estado for resultado de transformação de Território Federal, a transferência de encargos financeiros da União para pagamento dos servidores optantes que pertenciam à Administração Federal ocorrerá da seguinte forma:

a) no sexto ano de instalação, o Estado assumirá vinte por cento dos encargos financeiros para fazer face ao pagamento dos servidores públicos, ficando ainda o restante sob a responsabilidade da União;

b) no sétimo ano, os encargos do Estado serão acrescidos de trinta por cento e, no oitavo, dos restantes cinquenta por cento;

X – as nomeações que se seguirem às primeiras, para os cargos mencionados neste artigo, serão disciplinadas na Constituição Estadual;

XI – as despesas orçamentárias com pessoal não poderão ultrapassar cinquenta por cento da receita do Estado.

Art. 236. Os serviços notariais e de registro são exercidos em caráter privado, por delegação do Poder Público.

▶ Art. 32 do ADCT.

▶ Lei nº 8.935, de 18-11-1994 (Lei dos Serviços Notariais e de Registro).

§ 1º Lei regulará as atividades, disciplinará a responsabilidade civil e criminal dos notários, dos oficiais de registro e de seus prepostos, e definirá a fiscalização de seus atos pelo Poder Judiciário.

§ 2º Lei federal estabelecerá normas gerais para fixação de emolumentos relativos aos atos praticados pelos serviços notariais e de registro.

▶ Lei nº 10.169, de 29-12-2000, dispõe sobre normas gerais para a fixação de emolumentos relativos aos atos praticados pelos serviços notariais e de registro.

§ 3º O ingresso na atividade notarial e de registro depende de concurso público de provas e títulos, não se permitindo que qualquer serventia fique vaga, sem abertura de concurso de provimento ou de remoção, por mais de seis meses.

Art. 237. A fiscalização e o controle sobre o comércio exterior, essenciais à defesa dos interesses fazendários nacionais, serão exercidos pelo Ministério da Fazenda.

► Dec. nº 2.781, de 14-9-1998, institui o Programa Nacional de Combate ao Contrabando e ao Descaminho.

Art. 238. A lei ordenará a venda e revenda de combustíveis de petróleo, álcool carburante e outros combustíveis derivados de matérias-primas renováveis, respeitados os princípios desta Constituição.

► Lei nº 9.478, de 6-8-1997, dispõe sobre a Política Energética Nacional, as atividades relativas ao monopólio do petróleo, institui o Conselho Nacional de Política Energética e a Agência Nacional de Petróleo – ANP.

► Lei nº 9.847, de 26-10-1999, disciplina a fiscalização das atividades relativas ao abastecimento nacional de combustíveis, de que trata a Lei nº 9.478, de 6-8-1997, e estabelece sanções.

Art. 239. A arrecadação decorrente das contribuições para o Programa de Integração Social, criado pela Lei Complementar nº 7, de 7 de setembro de 1970, e para o Programa de Formação do Patrimônio do Servidor Público, criado pela Lei Complementar nº 8, de 3 de dezembro de 1970, passa, a partir da promulgação desta Constituição, a financiar, nos termos que a lei dispuser, o programa do seguro-desemprego, outras ações da previdência social e o abono de que trata o § 3º deste artigo.

► *Caput* com a redação dada pela EC nº 103, de 12-11-2019.

⋆ **Nova redação do dispositivo alterado:** "Art. 239. A arrecadação correspondente a 18% (dezoito por cento) da contribuição prevista no art. 195, V, e a decorrente da contribuição para o Programa de Formação do Patrimônio do Servidor Público, criado pela Lei Complementar nº 8, de 3 de dezembro de 1970, financiarão, nos termos em que a lei dispuser, o programa do seguro-desemprego, outras ações da previdência social e o abono de que trata o § 3º deste artigo."

► *Caput* com a redação dada pela EC nº 132, de 20-12-2023, para vigorar a partir de 2027.

► Art. 72, §§ 2º e 3º, do ADCT.

► Lei nº 7.998, de 11-1-1990 (Lei do Seguro-Desemprego).

► Lei nº 9.715, de 25-11-1998, dispõe sobre as contribuições para os Programas de Integração Social e de Formação do Patrimônio do Servidor Público – PIS/PASEP.

§ 1º Dos recursos mencionados no *caput*, no mínimo 28% (vinte e oito por cento) serão destinados para o financiamento de programas de desenvolvimento econômico, por meio do Banco Nacional de Desenvolvimento Econômico e Social, com critérios de remuneração que preservem o seu valor.

► § 1º com a redação dada pela EC nº 103, de 12-11-2019.

§ 2º Os patrimônios acumulados do Programa de Integração Social e do Programa de Formação do Patrimônio do Servidor Público são preservados, mantendo-se os critérios de saque nas situações previstas nas leis específicas, com exceção da retirada por motivo de casamento, ficando vedada a distribuição da arrecadação de que trata o *caput* deste artigo, para depósito nas contas individuais dos participantes.

§ 3º Aos empregados que percebam de empregadores que contribuem para o Programa de Integração Social ou para o Programa de Formação do Patrimônio do Servidor Público, até dois salários mínimos de remuneração mensal, é assegurado o pagamento de um salário mínimo anual, computado neste valor o rendimento das contas individuais, no caso daqueles que já participavam dos referidos programas, até a data da promulgação desta Constituição.

⋆ **Nova redação do dispositivo alterado:** "§ 3º Aos empregados que percebam de empregadores que recolhem a contribuição prevista no art. 195, V, ou a contribuição para o Programa de Formação do Patrimônio do Servidor Público até 2 (dois) salários mínimos de remuneração mensal é assegurado o pagamento de 1 (um) salário mínimo anual, computado neste valor o rendimento das contas individuais, no caso daqueles que já participavam dos referidos programas, até a data de promulgação desta Constituição."

► § 3º com a redação dada pela EC nº 132, de 20-12-2023, para vigorar a partir de 2027.

§ 4º O financiamento do seguro-desemprego receberá uma contribuição adicional da empresa cujo índice de rotatividade da força de trabalho superar o índice médio da rotatividade do setor, na forma estabelecida por lei.

- ► Lei nº 7.998, de 11-1-1990 (Lei do Seguro-Desemprego).
- ► Lei nº 8.352, de 28-12-1991, dispõe sobre as disponibilidades financeiras do Fundo de Amparo ao Trabalhador – FAT.

§ 5º Os programas de desenvolvimento econômico financiados na forma do § 1º e seus resultados serão anualmente avaliados e divulgados em meio de comunicação social eletrônico e apresentados em reunião da comissão mista permanente de que trata o § 1º do art. 166.

- ► § 5º acrescido pela EC nº 103, de 12-11-2019.

Art. 240. Ficam ressalvadas do disposto no artigo 195 as atuais contribuições compulsórias dos empregadores sobre a folha de salários, destinadas às entidades privadas de serviço social e de formação profissional vinculadas ao sistema sindical.

- ► Art. 13, § 3º, da LC nº 123, de 14-12-2006 (Estatuto Nacional da Microempresa e da Empresa de Pequeno Porte).

Art. 241. A União, os Estados, o Distrito Federal e os Municípios disciplinarão por meio de lei os consórcios públicos e os convênios de cooperação entre os entes federados, autorizando a gestão associada de serviços públicos, bem como a transferência total ou parcial de encargos, serviços, pessoal e bens essenciais à continuidade dos serviços transferidos.

- ► Artigo com a redação dada pela EC nº 19, de 4-6-1998.
- ► Lei nº 11.107, de 6-4-2005 (Lei de Consórcios Públicos), regulamenta este artigo.
- ► Arts. 3º, II, e 8º, § 1º, da Lei nº 11.445, de 5-1-2007, que estabelece diretrizes nacionais para o saneamento básico, regulamentada pelo Dec. nº 7.217, de 21-6-2010.

Art. 242. O princípio do artigo 206, IV, não se aplica às instituições educacionais oficiais criadas por lei estadual ou municipal e existentes na data da promulgação desta Constituição, que não sejam total ou preponderantemente mantidas com recursos públicos.

§ 1º O ensino da História do Brasil levará em conta as contribuições das diferentes culturas e etnias para a formação do povo brasileiro.

§ 2º O Colégio Pedro II, localizado na cidade do Rio de Janeiro, será mantido na órbita federal.

Art. 243. As propriedades rurais e urbanas de qualquer região do País onde forem localizadas culturas ilegais de plantas psicotrópicas ou a exploração de trabalho escravo na forma da lei serão expropriadas e destinadas à reforma agrária e a programas de habitação popular, sem qualquer indenização ao proprietário e sem prejuízo de outras sanções previstas em lei, observado, no que couber, o disposto no art. 5º.

- ► Lei nº 8.257, de 26-11-1991, dispõe sobre a expropriação das glebas nas quais se localizem culturas ilegais de plantas psicotrópicas, regulamentada pelo Dec. nº 577, de 24-6-1992.

Parágrafo único. Todo e qualquer bem de valor econômico apreendido em decorrência do tráfico ilícito de entorpecentes e drogas afins e da exploração de trabalho escravo será confiscado e reverterá a fundo especial com destinação específica, na forma da lei.

- ► Art. 243 com a redação dada pela EC nº 81, de 5-6-2014.

Art. 244. A lei disporá sobre a adaptação dos logradouros, dos edifícios de uso público e dos veículos de transporte coletivo atualmente existentes a fim de garantir acesso adequado às pessoas portadoras de deficiência, conforme o disposto no art. 227, § 2º.

- ► Lei nº 7.853, de 24-10-1989 (Lei de Apoio às Pessoas Portadoras de Deficiência), regulamentada pelo Dec. nº 3.298, de 20-12-1999.
- ► Lei nº 8.899, de 29-6-1994, concede passe livre às pessoas portadoras de deficiência, no sistema de transporte coletivo interestadual.
- ► Lei nº 10.098, de 19-12-2000, estabelece normas gerais e critérios básicos para a promoção da acessibilidade das pessoas portadoras de deficiência ou com mobilidade reduzida.
- ► Arts. 46 a 62 da Lei nº 13.146, de 6-7-2015 (Estatuto da Pessoa com Deficiência).
- ► Dec. nº 6.949, de 25-8-2009, promulga a Convenção Internacional sobre os Direitos das Pessoas com Deficiência.

Art. 245. A lei disporá sobre as hipóteses e condições em que o Poder Público dará assistência aos herdeiros e dependentes carentes de pessoas vitimadas por crime doloso, sem prejuízo da responsabilidade civil do autor do ilícito.

- ► LC nº 79, de 7-1-1994, cria o Fundo Penitenciário Nacional – FUNPEN.

Art. 246. É vedada a adoção de medida provisória na regulamentação de artigo da Constituição cuja redação tenha sido alterada por meio de emenda promulgada entre 1º de janeiro de 1995 até a promulgação desta emenda, inclusive.

► Artigo com a redação dada pela EC nº 32, de 11-9-2001.

► Art. 62 desta Constituição.

Art. 247. As leis previstas no inciso III do § 1º do artigo 41 e no § 7º do artigo 169 estabelecerão critérios e garantias especiais para a perda do cargo pelo servidor público estável que, em decorrência das atribuições de seu cargo efetivo, desenvolva atividades exclusivas de Estado.

Parágrafo único. Na hipótese de insuficiência de desempenho, a perda do cargo somente ocorrerá mediante processo administrativo em que lhe sejam assegurados o contraditório e a ampla defesa.

► Art. 247 acrescido pela EC nº 19, de 4-6-1998.

Art. 248. Os benefícios pagos, a qualquer título, pelo órgão responsável pelo regime geral de previdência social, ainda que à conta do Tesouro Nacional, e os não sujeitos ao limite máximo de valor fixado para os benefícios concedidos por esse regime observarão os limites fixados no artigo 37, XI.

Art. 249. Com o objetivo de assegurar recursos para o pagamento de proventos de aposentadoria e pensões concedidas aos respectivos servidores e seus dependentes, em adição aos recursos dos respectivos tesouros, a União, os Estados, o Distrito Federal e os Municípios poderão constituir fundos integrados pelos recursos provenientes de contribuições e por bens, direitos e ativos de qualquer natureza, mediante lei que disporá sobre a natureza e administração desses fundos.

Art. 250. Com o objetivo de assegurar recursos para o pagamento dos benefícios concedidos pelo regime geral de previdência social, em adição aos recursos de sua arrecadação, a União poderá constituir fundo integrado por bens, direitos e ativos de qualquer natureza, mediante lei que disporá sobre a natureza e administração desse fundo.

► Arts. 248 a 250 acrescidos pela EC nº 20, de 15-12-1998.

ATO DAS DISPOSIÇÕES CONSTITUCIONAIS TRANSITÓRIAS

Art. 1º O Presidente da República, o Presidente do Supremo Tribunal Federal e os membros do Congresso Nacional prestarão o compromisso de manter, defender e cumprir a Constituição, no ato e na data de sua promulgação.

Art. 2º No dia 7 de setembro de 1993 o eleitorado definirá, através de plebiscito, a forma (república ou monarquia constitucional) e o sistema de governo (parlamentarismo ou presidencialismo) que devem vigorar no País.

► EC nº 2, de 25-8-1992.

► Lei nº 8.624, de 4-2-1993, dispõe sobre o plebiscito que definirá a Forma e o Sistema de Governo, regulamentando este artigo.

► No plebiscito realizado em 21-4-1993, disciplinado pela EC nº 2, de 25-8-1992, foram mantidos a República e o Presidencialismo, como forma e sistema de Governo, respectivamente.

§ 1º Será assegurada gratuidade na livre divulgação dessas formas e sistemas, através dos meios de comunicação de massa cessionários de serviço público.

§ 2º O Tribunal Superior Eleitoral, promulgada a Constituição, expedirá as normas regulamentadoras deste artigo.

Art. 3º A revisão constitucional será realizada após cinco anos, contados da promulgação da Constituição, pelo voto da maioria absoluta dos membros do Congresso Nacional, em sessão unicameral.

► Emendas Constitucionais de Revisão nºs 1 a 6.

Art. 4º O mandato do atual Presidente da República terminará em 15 de março de 1990.

§ 1º A primeira eleição para Presidente da República após a promulgação da Constituição será realizada no dia 15 de novembro de 1989, não se lhe aplicando o disposto no artigo 16 da Constituição.

§ 2º É assegurada a irredutibilidade da atual representação dos Estados e do Distrito Federal na Câmara dos Deputados.

§ 3º Os mandatos dos Governadores e dos Vice-Governadores eleitos em 15 de novembro de 1986 terminarão em 15 de março de 1991.

§ 4º Os mandatos dos atuais Prefeitos, Vice-Prefeitos e Vereadores terminarão no dia 1º de janeiro de 1989, com a posse dos eleitos.

Art. 5º Não se aplicam às eleições previstas para 15 de novembro de 1988 o disposto no artigo 16 e as regras do artigo 77 da Constituição.

§ 1º Para as eleições de 15 de novembro de 1988 será exigido domicílio eleitoral na circunscrição pelo menos durante os quatro meses anteriores ao pleito, podendo os candidatos que preencham este requisito, atendidas as demais exigências da lei, ter seu registro efetivado pela Justiça Eleitoral após a promulgação da Constituição.

§ 2º Na ausência de norma legal específica, caberá ao Tribunal Superior Eleitoral editar as normas necessárias à realização das eleições de 1988, respeitada a legislação vigente.

§ 3º Os atuais parlamentares federais e estaduais eleitos Vice-Prefeitos, se convocados a exercer a função de Prefeito, não perderão o mandato parlamentar.

§ 4º O número de vereadores por município será fixado, para a representação a ser eleita em 1988, pelo respectivo Tribunal Regional Eleitoral, respeitados os limites estipulados no artigo 29, IV, da Constituição.

§ 5º Para as eleições de 15 de novembro de 1988, ressalvados os que já exercem mandato eletivo, são inelegíveis para qualquer cargo, no território de jurisdição do titular, o cônjuge e os parentes por consanguinidade ou afinidade, até o segundo grau, ou por adoção, do Presidente da República, do Governador de Estado, do Governador do Distrito Federal e do Prefeito que tenham exercido mais da metade do mandato.

Art. 6º Nos seis meses posteriores à promulgação da Constituição, parlamentares federais, reunidos em número não inferior a trinta, poderão requerer ao Tribunal Superior Eleitoral o registro de novo partido político, juntando ao requerimento o manifesto, o estatuto e o programa devidamente assinados pelos requerentes.

§ 1º O registro provisório, que será concedido de plano pelo Tribunal Superior Eleitoral, nos termos deste artigo, defere ao novo partido todos os direitos, deveres e prerrogativas dos atuais, entre eles o de participar, sob legenda própria, das eleições que vierem a ser realizadas nos doze meses seguintes à sua formação.

§ 2º O novo partido perderá automaticamente seu registro provisório se, no prazo de vinte e quatro meses, contados de sua formação, não obtiver registro definitivo no Tribunal Superior Eleitoral, na forma que a lei dispuser.

Art. 7º O Brasil propugnará pela formação de um Tribunal Internacional dos Direitos Humanos.

- ▶ Dec. nº 4.388, de 25-9-2002, promulga o Estatuto de Roma do Tribunal Penal Internacional.
- ▶ Dec. nº 4.463, de 8-11-2002, promulga a Declaração de Reconhecimento da Competência Obrigatória da Corte Interamericana em todos os casos relativos à interpretação ou aplicação da Convenção Americana sobre Direitos Humanos.

Art. 8º É concedida anistia aos que, no período de 18 de setembro de 1946 até a data da promulgação da Constituição, foram atingidos, em decorrência de motivação exclusivamente política, por atos de exceção, institucionais ou complementares, aos que foram abrangidos pelo Decreto Legislativo nº 18, de 15 de dezembro de 1961, e aos atingidos pelo Decreto-Lei nº 864, de 12 de setembro de 1969, asseguradas as promoções, na inatividade, ao cargo, emprego, posto ou graduação a que teriam direito se estivessem em serviço ativo, obedecidos os prazos de permanência em atividade previstos nas leis e regulamentos vigentes, respeitadas as características e peculiaridades das carreiras dos servidores públicos civis e militares e observados os respectivos regimes jurídicos.

- ▶ Lei nº 10.559, de 13-11-2002, regulamenta este artigo.
- ▶ Lei nº 12.528, de 18-11-2011, cria a Comissão Nacional da Verdade no âmbito da Casa Civil da Presidência da República.
- ▶ Súm. nº 674 do STF.

§ 1º O disposto neste artigo somente gerará efeitos financeiros a partir da promulgação da Constituição, vedada a remuneração de qualquer espécie em caráter retroativo.

§ 2º Ficam assegurados os benefícios estabelecidos neste artigo aos trabalhadores do setor privado, dirigentes e representantes sindicais que, por motivos exclusivamente políticos, tenham sido punidos, demitidos ou compelidos ao afastamento das atividades remuneradas que exerciam, bem como aos que foram impedidos de exercer atividades profissionais em virtude de pressões ostensivas ou expedientes oficiais sigilosos.

§ 3º Aos cidadãos que foram impedidos de exercer, na vida civil, atividade profissional específica, em decorrência das Portarias Reservadas do Ministério da Aeronáutica nº S-50-GM5, de 19 de junho de 1964, e nº S-285-GM5 será concedida reparação de natureza econômica, na forma que dispuser lei de iniciativa do Congresso Nacional e a entrar em vigor no prazo de doze meses a contar da promulgação da Constituição.

§ 4º Aos que, por força de atos institucionais, tenham exercido gratuitamente mandato eletivo de vereador serão computados, para efeito de aposentadoria no serviço público e Previdência Social, os respectivos períodos.

§ 5º A anistia concedida nos termos deste artigo aplica-se aos servidores públicos civis e aos empregados em todos os níveis de governo ou em suas fundações, empresas públicas ou empresas mistas sob controle estatal, exceto nos Ministérios militares, que tenham sidos punidos ou demitidos por atividades profissionais interrompidas em virtude de decisão de seus trabalhadores, bem como em decorrência do Decreto-lei nº 1.632, de 4 de agosto de 1978, ou por motivos exclusivamente políticos, assegurada a readmissão dos que foram atingidos a partir de 1979, observado o disposto no § 1º.

► O referido Decreto-lei foi revogado pela Lei nº 7.783, de 28-6-1989 (Lei de Greve).

Art. 9º Os que, por motivos exclusivamente políticos, foram cassados ou tiveram seus direitos políticos suspensos no período de 15 de julho a 31 de dezembro de 1969, por ato do então Presidente da República, poderão requerer ao Supremo Tribunal Federal o reconhecimento dos direitos e vantagens interrompidos pelos atos punitivos, desde que comprovem terem sido estes eivados de vício grave.

Parágrafo único. O Supremo Tribunal Federal proferirá a decisão no prazo de cento e vinte dias, a contar do pedido do interessado.

Art. 10. Até que seja promulgada a lei complementar a que se refere o artigo 7º, I, da Constituição:

I – fica limitada a proteção nele referida ao aumento, para quatro vezes, da porcentagem prevista no artigo 6º, *caput* e § 1º, da Lei nº 5.107, de 13 de setembro de 1966;

► A referida Lei foi revogada pela Lei nº 7.839, de 12-10-1989, e essa pela Lei nº 8.036, de 11-5-1990.

► Art. 18 da Lei nº 8.036, de 11-5-1990 (Lei do FGTS).

II – fica vedada a dispensa arbitrária ou sem justa causa:

a) do empregado eleito para cargo de direção de comissões internas de prevenção de acidentes, desde o registro de sua candidatura até um ano após o final de seu mandato;

► Súm. nº 676 do STF.

► Súm. nº 339 do TST.

b) da empregada gestante, desde a confirmação da gravidez até cinco meses após o parto.

► LC nº 146, de 25-6-2014, estende a estabilidade provisória prevista na alínea *b* do inciso II do art. 10 do ADCT à trabalhadora gestante, nos casos de morte desta, a quem detiver a guarda de seu filho.

► Súm. nº 244 do TST.

► OJ da SDC nº 30 do TST.

§ 1º Até que a lei venha a disciplinar o disposto no artigo 7º, XIX, da Constituição, o prazo da licença-paternidade a que se refere o inciso é de cinco dias.

§ 2º Até ulterior disposição legal, a cobrança das contribuições para o custeio das atividades dos sindicatos rurais será feita juntamente com a do imposto territorial rural, pelo mesmo órgão arrecadador.

§ 3º Na primeira comprovação do cumprimento das obrigações trabalhistas pelo empregador rural, na forma do artigo 233, após a promulgação da Constituição, será certificada perante a Justiça do Trabalho a regularidade do contrato e das atualizações das obrigações trabalhistas de todo o período.

► O referido art. 233 foi revogado pela EC nº 28, de 25-5-2000.

Art. 11. Cada Assembleia Legislativa, com poderes constituintes, elaborará a Constituição do Estado, no prazo de um ano, contado da promulgação da Constituição Federal, obedecidos os princípios desta.

Parágrafo único. Promulgada a Constituição do Estado, caberá à Câmara Municipal, no prazo de seis meses, votar a Lei Orgânica respectiva, em dois turnos de discussão e votação, respeitado o disposto na Constituição Federal e na Constituição Estadual.

Art. 12. Será criada, dentro de noventa dias da promulgação da Constituição, Comissão de Estudos Territoriais, com dez membros indicados pelo Congresso Nacional e cinco pelo Poder Executivo, com a finalidade de apresentar estudos sobre o território nacional e anteprojetos relativos a novas unidades territoriais, notadamente na Amazônia Legal e em áreas pendentes de solução.

§ 1º No prazo de um ano, a Comissão submeterá ao Congresso Nacional os resultados de seus estudos para, nos termos da Constituição, serem apreciados nos doze meses subsequentes, extinguindo-se logo após.

§ 2º Os Estados e os Municípios deverão, no prazo de três anos, a contar da promulgação da Constituição, promover, mediante acordo ou arbitramento, a demarcação de suas linhas divisórias atualmente litigiosas, podendo para isso fazer alterações e compensações de área que atendam aos acidentes naturais, critérios históricos, conveniências administrativas e comodidade das populações limítrofes.

§ 3º Havendo solicitação dos Estados e Municípios interessados, a União poderá encarregar-se dos trabalhos demarcatórios.

§ 4º Se, decorrido o prazo de três anos, a contar da promulgação da Constituição, os trabalhos demarcatórios não tiverem sido concluídos, caberá à União determinar os limites das áreas litigiosas.

§ 5º Ficam reconhecidos e homologados os atuais limites do Estado do Acre com os Estados do Amazonas e de Rondônia, conforme levantamentos cartográficos e geodésicos realizados pela Comissão Tripartite integrada por representantes dos Estados e dos serviços técnico-especializados do Instituto Brasileiro de Geografia e Estatística.

Art. 13. É criado o Estado do Tocantins, pelo desmembramento da área descrita neste artigo, dando-se sua instalação no quadragésimo sexto dia após a eleição prevista no § 3º, mas não antes de 1º de janeiro de 1989.

§ 1º O Estado do Tocantins integra a Região Norte e limita-se com o Estado de Goiás pelas divisas norte dos Municípios de São Miguel do Araguaia, Porangatu, Formoso, Minaçu, Cavalcante, Monte Alegre de Goiás e Campos Belos, conservando a leste, norte e oeste as divisas atuais de Goiás com os Estados da Bahia, Piauí, Maranhão, Pará e Mato Grosso.

§ 2º O Poder Executivo designará uma das cidades do Estado para sua Capital provisória até a aprovação da sede definitiva do governo pela Assembleia Constituinte.

§ 3º O Governador, o Vice-Governador, os Senadores, os Deputados Federais e os Deputados Estaduais serão eleitos, em um único turno, até setenta e cinco dias após a promulgação da Constituição, mas não antes de 15 de novembro de 1988, a critério do Tribunal Superior Eleitoral, obedecidas, entre outras, as seguintes normas:

I – o prazo de filiação partidária dos candidatos será encerrado setenta e cinco dias antes da data das eleições;

II – as datas das convenções regionais partidárias destinadas a deliberar sobre coligações e escolha de candidatos, de apresentação de requerimento de registro dos candidatos escolhidos e dos demais procedimentos legais serão fixadas em calendário especial, pela Justiça Eleitoral;

III – são inelegíveis os ocupantes de cargos estaduais ou municipais que não se tenham deles afastado, em caráter definitivo, setenta e cinco dias antes da data das eleições previstas neste parágrafo;

IV – ficam mantidos os atuais diretórios regionais dos partidos políticos do Estado de Goiás, cabendo às Comissões Executivas Nacionais designar comissões provisórias no Estado do Tocantins, nos termos e para os fins previstos na lei.

§ 4º Os mandatos do Governador, do Vice-Governador, dos Deputados Federais e Estaduais eleitos na forma do parágrafo anterior extinguir-se-ão concomitantemente aos das demais Unidades da Federação; o mandato do Senador eleito menos votado extinguir-se-á nessa mesma oportunidade, e os dos outros dois, juntamente com os dos Senadores eleitos em 1986 nos demais Estados.

§ 5º A Assembleia Estadual Constituinte será instalada no quadragésimo sexto dia da eleição de seus integrantes, mas não antes de 1º de janeiro de 1989, sob a presidência do Presidente do Tribunal Regional Eleitoral do Estado de Goiás, e dará posse, na mesma data, ao Governador e ao Vice-Governador eleitos.

§ 6º Aplicam-se à criação e instalação do Estado do Tocantins, no que couber, as normas legais disciplinadoras da divisão do Estado de Mato Grosso, observado o disposto no artigo 234 da Constituição.

§ 7º Fica o Estado de Goiás liberado dos débitos e encargos decorrentes de empreendimentos no território do novo Estado, e autorizada a União, a seu critério, a assumir os referidos débitos.

Art. 14. Os Territórios Federais de Roraima e do Amapá são transformados em Estados Federados, mantidos seus atuais limites geográficos.

§ 1º A instalação dos Estados dar-se-á com a posse dos Governadores eleitos em 1990.

§ 2º Aplicam-se à transformação e instalação dos Estados de Roraima e Amapá as normas e critérios seguidos na criação do Estado de Rondônia, respeitado o disposto na Constituição e neste Ato.

§ 3º O Presidente da República, até quarenta e cinco dias após a promulgação da Constituição, encaminhará à apreciação do Senado Federal os nomes dos Governadores dos Estados de Roraima e do Amapá que exercerão o Poder Executivo até a instalação dos novos Estados com a posse dos Governadores eleitos.

§ 4º Enquanto não concretizada a transformação em Estados, nos termos deste artigo, os Territórios Federais de Roraima e do Amapá serão beneficiados pela transferência de recursos prevista nos artigos 159, I, *a*, da Constituição, e 34, § 2º, II, deste Ato.

Art. 15. Fica extinto o Território Federal de Fernando de Noronha, sendo sua área reincorporada ao Estado de Pernambuco.

Art. 16. Até que se efetive o disposto no artigo 32, § 2º, da Constituição, caberá ao Presidente da República, com a aprovação do Senado Federal, indicar o Governador e o Vice-Governador do Distrito Federal.

§ 1º A competência da Câmara Legislativa do Distrito Federal, até que se instale, será exercida pelo Senado Federal.

§ 2º A fiscalização contábil, financeira, orçamentária, operacional e patrimonial do Distrito Federal, enquanto não for instalada a Câmara Legislativa, será exercida pelo Senado Federal, mediante controle externo, com o auxílio do Tribunal de Contas do Distrito Federal, observado o disposto no artigo 72 da Constituição.

§ 3º Incluem-se entre os bens do Distrito Federal aqueles que lhe vierem a ser atribuídos pela União na forma da lei.

Art. 17. Os vencimentos, a remuneração, as vantagens e os adicionais, bem como os proventos de aposentadoria que estejam sendo percebidos em desacordo com a Constituição serão imediatamente reduzidos aos limites dela decorrentes, não se admitindo, neste caso, invocação de direito adquirido ou percepção de excesso a qualquer título.

► Art. 9º da EC nº 41, de 19-12-2003, dispõe sobre a Reforma Previdenciária.

§ 1º É assegurado o exercício cumulativo de dois cargos ou empregos privativos de médico que estejam sendo exercidos por médico militar na administração pública direta ou indireta.

§ 2º É assegurado o exercício cumulativo de dois cargos ou empregos privativos de profissionais de saúde que estejam sendo exercidos na administração pública direta ou indireta.

Art. 18. Ficam extintos os efeitos jurídicos de qualquer ato legislativo ou administrativo, lavrado a partir da instalação da Assembleia Nacional Constituinte, que tenha por objeto a concessão de estabilidade a servidor admitido sem concurso público, da administração direta ou indireta, inclusive das fundações instituídas e mantidas pelo Poder Público.

Art. 18-A. Os atos administrativos praticados no Estado do Tocantins, decorrentes de sua instalação, entre 1º de janeiro de 1989 e 31 de dezembro de 1994, eivados de qualquer vício jurídico e dos quais decorram efeitos favoráveis para os destinatários ficam convalidados após 5 (cinco) anos, contados da data em que foram praticados, salvo comprovada má-fé.

► Art. 18-A acrescido pela EC nº 110, de 12-7-2021.

Art. 19. Os servidores públicos civis da União, dos Estados, do Distrito Federal e dos Municípios, da administração direta, autárquica e das fundações públicas, em exercício na data da promulgação da Constituição, há pelo menos cinco anos continuados, e que não tenham sido admitidos na forma regulada no artigo 37, da Constituição, são considerados estáveis no serviço público.

► OJ da SBDI-I nº 364 do TST.

§ 1º O tempo de serviço dos servidores referidos neste artigo será contado como título quando se submeterem a concurso para fins de efetivação, na forma da lei.

§ 2º O disposto neste artigo não se aplica aos ocupantes de cargos, funções e empregos de confiança ou em comissão, nem aos que a lei declare de livre exoneração, cujo tempo de serviço não será computado para os fins do *caput* deste artigo, exceto se se tratar de servidor.

§ 3º O disposto neste artigo não se aplica aos professores de nível superior, nos termos da lei.

Art. 20. Dentro de cento e oitenta dias, proceder-se-á à revisão dos direitos dos servidores públicos inativos e pensionistas e à atualização dos proventos e pensões a eles devidos, a fim de ajustá-los ao disposto na Constituição.

► EC nº 41, de 19-12-2003, dispõe sobre a Reforma Previdenciária.

► Lei nº 8.112, de 11-12-1990 (Estatuto dos Servidores Públicos Civis da União, Autarquias e Fundações Públicas Federais).

Art. 21. Os juízes togados de investidura limitada no tempo, admitidos mediante concurso público de provas e títulos e que estejam em exercício na data da promulgação da Constituição, adquirem estabilidade, observado o estágio probatório, e passam a compor quadro em extinção, mantidas as competências, prerrogativas e restrições da legislação a que se achavam submetidos, salvo as inerentes à transitoriedade da investidura.

Parágrafo único. A aposentadoria dos juízes de que trata este artigo regular-se-á pelas normas fixadas para os demais juízes estaduais.

Art. 22. É assegurado aos defensores públicos investidos na função até a data de instalação da Assembleia Nacional Constituinte o direito de opção pela carreira, com a observância das garantias e vedações previstas no artigo 134, parágrafo único, da Constituição.

► O referido parágrafo único foi renumerado para § 1º, pela EC nº 45, de 8-12-2004.

Art. 23. Até que se edite a regulamentação do artigo 21, XVI, da Constituição, os atuais ocupantes do cargo de Censor Federal continuarão exercendo funções com este compatíveis, no Departamento de Polícia Federal, observadas as disposições constitucionais.

► Lei nº 9.688, de 6-7-1998, dispõe sobre a extinção dos cargos de Censor Federal e o enquadramento de seus ocupantes.

Parágrafo único. A lei referida disporá sobre o aproveitamento dos Censores Federais, nos termos deste artigo.

Art. 24. A União, os Estados, o Distrito Federal e os Municípios editarão leis que estabeleçam critérios para a compatibilização de seus quadros de pessoal ao disposto no artigo 39 da Constituição e à reforma administrativa dela decorrente, no prazo de dezoito meses, contados da sua promulgação.

Art. 25. Ficam revogados, a partir de cento e oitenta dias da promulgação da Constituição, sujeito este prazo a prorrogação por lei, todos os dispositivos legais que atribuam ou deleguem a órgão do Poder Executivo competência assinalada pela Constituição ao Congresso Nacional, especialmente no que tange à:

I – ação normativa;

II – alocação ou transferência de recursos de qualquer espécie.

§ 1º Os decretos-leis em tramitação no Congresso Nacional e por este não apreciados até a promulgação da Constituição terão seus efeitos regulados da seguinte forma:

I – se editados até 2 de setembro de 1988, serão apreciados pelo Congresso Nacional no prazo de até cento e oitenta dias a contar da promulgação da Constituição, não computado o recesso parlamentar;

II – decorrido o prazo definido no inciso anterior, e não havendo apreciação, os decretos-leis ali mencionados serão considerados rejeitados;

III – nas hipóteses definidas nos incisos I e II, terão plena validade os atos praticados na vigência dos respectivos decretos-leis, podendo o Congresso Nacional, se necessário, legislar sobre os efeitos deles remanescentes.

§ 2º Os decretos-leis editados entre 3 de setembro de 1988 e a promulgação da Constituição serão convertidos, nesta data, em medidas provisórias, aplicando-se-lhes as regras estabelecidas no artigo 62, parágrafo único.

► Art. 62, § 3º, desta Constituição.

Art. 26. No prazo de um ano a contar da promulgação da Constituição, o Congresso Nacional promoverá, através de Comissão Mista, exame analítico e pericial dos atos e fatos geradores do endividamento externo brasileiro.

§ 1º A Comissão terá a força legal de Comissão Parlamentar de Inquérito para os fins de requisição e convocação, e atuará com o auxílio do Tribunal de Contas da União.

§ 2º Apurada irregularidade, o Congresso Nacional proporá ao Poder Executivo a declaração de nulidade do ato e encaminhará o processo ao Ministério Público Federal, que formalizará, no prazo de sessenta dias, a ação cabível.

Art. 27. O Superior Tribunal de Justiça será instalado sob a Presidência do Supremo Tribunal Federal.

§ 1º Até que se instale o Superior Tribunal de Justiça, o Supremo Tribunal Federal exercerá as atribuições e competências definidas na ordem constitucional precedente.

§ 2º A composição inicial do Superior Tribunal de Justiça far-se-á:

I – pelo aproveitamento dos Ministros do Tribunal Federal de Recursos;

II – pela nomeação dos Ministros que sejam necessários para completar o número estabelecido na Constituição.

§ 3º Para os efeitos do disposto na Constituição, os atuais Ministros do Tribunal Federal de Recursos serão considerados pertencentes à classe de que provieram, quando de sua nomeação.

§ 4º Instalado o Tribunal, os Ministros aposentados do Tribunal Federal de Recursos tornar-se-ão, automaticamente, Ministros aposentados do Superior Tribunal de Justiça.

§ 5º Os Ministros a que se refere o § 2º, II, serão indicados em lista tríplice pelo Tribunal Federal de Recursos, observado o disposto no artigo 104, parágrafo único, da Constituição.

§ 6º Ficam criados cinco Tribunais Regionais Federais, a serem instalados no prazo de seis meses a contar da promulgação da Constituição, com a jurisdição e sede que lhes fixar o Tribunal Federal de Recursos, tendo em conta o número de processos e sua localização geográfica.

► Lei nº 7.727, de 9-1-1989, dispõe sobre a composição inicial dos Tribunais Regionais Federais e sua instalação, cria os respectivos quadros de pessoal.

§ 7º Até que se instalem os Tribunais Regionais Federais, o Tribunal Federal de Recursos exercerá a competência a eles atribuída em todo o território nacional, cabendo-lhe promover sua instalação e indicar os candidatos a todos os cargos da composição inicial, mediante lista tríplice, podendo desta constar juízes federais de qualquer região, observado o disposto no § 9º.

§ 8º É vedado, a partir da promulgação da Constituição, o provimento de vagas de Ministros do Tribunal Federal de Recursos.

§ 9º Quando não houver juiz federal que conte o tempo mínimo previsto no artigo 107, II, da Constituição, a promoção poderá contemplar juiz com menos de cinco anos no exercício do cargo.

§ 10. Compete à Justiça Federal julgar as ações nela propostas até a data da promulgação da Constituição, e aos Tribunais Regionais Federais bem como ao Superior Tribunal de Justiça julgar as ações rescisórias das decisões até então proferidas pela Justiça Federal, inclusive daquelas cuja matéria tenha passado à competência de outro ramo do Judiciário.

► Súmulas nºs 38, 104, 147 e 165 do STJ.

§ 11. São criados, ainda, os seguintes Tribunais Regionais Federais: o da 6ª Região, com sede em Curitiba, Estado do Paraná, e jurisdição nos Estados do Paraná, Santa Catarina e Mato Grosso do Sul; o da 7ª Região, com sede em Belo Horizonte, Estado de Minas Gerais, e jurisdição no Estado de Minas Gerais; o da 8ª Região, com sede em Salvador, Estado da Bahia, e jurisdição nos Estados da Bahia e Sergipe; e o da 9ª Região, com sede em Manaus, Estado do Amazonas, e jurisdição nos Estados do Amazonas, Acre, Rondônia e Roraima.

► § 11 acrescido pela EC nº 73, de 6-6-2013.

► O STF, na ADIN nº 5.017, deferiu, em caráter excepcional e sujeita ao referendo do Colegiado, medida cautelar para suspender os efeitos da EC nº 73, de 6-6-2013 (*DJe* 1º-8-2013).

Art. 28. Os juízes federais de que trata o artigo 123, § 2º, da Constituição de 1967, com a redação dada pela Emenda Constitucional nº 7, de 1977, ficam investidos na titularidade de varas na Seção Judiciária para a qual tenham sido nomeados ou designados; na inexistência de vagas, proceder-se-á ao desdobramento das varas existentes.

► Dispunha o artigo citado: "A lei poderá atribuir a juízes federais exclusivamente funções de substituição, em uma ou mais seções judiciárias e, ainda, as de auxílio a juízes titulares de Varas, quando não se encontrarem no exercício de substituição".

Parágrafo único. Para efeito de promoção por antiguidade, o tempo de serviço desses juízes será computado a partir do dia de sua posse.

Art. 29. Enquanto não aprovadas as leis complementares relativas ao Ministério Público e à Advocacia-Geral da União, o Ministério Público Federal, a Procuradoria-Geral da Fazenda Nacional, as Consultorias Jurídicas dos Ministérios, as Procuradorias e Departamentos Jurídicos de autarquias federais com representação própria e os membros das Procuradorias das Universidades fundacionais públicas continuarão a exercer suas atividades na área das respectivas atribuições.

► LC nº 73, de 10-2-1993 (Lei Orgânica da Advocacia-Geral da União).

► LC nº 75, de 20-5-1993 (Lei Orgânica do Ministério Público da União).

► Dec. nº 767, de 5-3-1993, dispõe sobre as atividades de controle interno da Advocacia-Geral da União.

§ 1º O Presidente da República, no prazo de cento e vinte dias, encaminhará ao Congresso Nacional projeto de lei complementar dispondo sobre a organização e o funcionamento da Advocacia-Geral da União.

§ 2º Aos atuais Procuradores da República, nos termos da lei complementar, será facultada a opção, de forma irretratável, entre as carreiras do Ministério Público Federal e da Advocacia-Geral da União.

§ 3º Poderá optar pelo regime anterior, no que respeita às garantias e vantagens, o membro do Ministério Público admitido antes da promulgação da Constituição, observando-se, quanto às vedações, a situação jurídica na data desta.

§ 4º Os atuais integrantes do quadro suplementar dos Ministérios Públicos do Trabalho e Militar que tenham adquirido estabilidade nessas funções passam a integrar o quadro da respectiva carreira.

§ 5º Cabe à atual Procuradoria-Geral da Fazenda Nacional, diretamente ou por delegação, que pode ser ao Ministério Público Estadual, representar judicialmente a União nas causas de natureza fiscal, na área da respectiva competência, até a promulgação das leis complementares previstas neste artigo.

Art. 30. A legislação que criar a Justiça de Paz manterá os atuais juízes de paz até a posse dos novos titulares, assegurando-lhes os direitos e atribuições conferidos a estes, e designará o dia para a eleição prevista no artigo 98, II, da Constituição.

Art. 31. Serão estatizadas as serventias do foro judicial, assim definidas em lei, respeitados os direitos dos atuais titulares.

► Lei nº 8.935, de 18-11-1994 (Lei dos Serviços Notariais e de Registro).

Art. 32. O disposto no artigo 236 não se aplica aos serviços notariais e de registro que já tenham sido oficializados pelo Poder Público, respeitando-se o direito de seus servidores.

Art. 33. Ressalvados os créditos de natureza alimentar, o valor dos precatórios judiciais pendentes de pagamento na data da promulgação da Constituição, incluído o remanescente de juros e correção monetária, poderá ser pago em moeda corrente, com atualização, em prestações anuais, iguais e sucessivas, no prazo máximo de oito anos, a partir de 1º de julho de 1989, por decisão editada pelo Poder Executivo até cento e oitenta dias da promulgação da Constituição.

► Res. do CNJ nº 303, de 18-12-2019, dispõe sobre a gestão dos precatórios e respectivos procedimentos operacionais no âmbito do Poder Judiciário.

► Art. 97, § 15, deste Ato.

Parágrafo único. Poderão as entidades devedoras, para o cumprimento do disposto neste artigo, emitir, em cada ano, no exato montante do dispêndio, títulos de dívida pública não computáveis para efeito do limite global de endividamento.

► Súm. nº 144 do STJ.

Art. 34. O sistema tributário nacional entrará em vigor a partir do primeiro dia do quinto mês seguinte ao da promulgação da Constituição, mantido, até então, o da Constituição de 1967, com a redação dada pela Emenda nº 1, de 1969, e pelas posteriores.

§ 1º Entrarão em vigor com a promulgação da Constituição os artigos 148, 149, 150, 154, I, 156, III, e 159, I, c, revogadas as disposições em contrário da Constituição de 1967 e das Emendas que a modificaram, especialmente de seu artigo 25, III.

§ 2º O Fundo de Participação dos Estados e do Distrito Federal e o Fundo de Participação dos Municípios obedecerão às seguintes determinações:

I – a partir da promulgação da Constituição, os percentuais serão, respectivamente, de dezoito por cento e de vinte por cento, calculados sobre o produto da arrecadação dos impostos referidos no artigo 153, III e IV, mantidos os atuais critérios de rateio até a entrada em vigor da lei complementar a que se refere o artigo 161, II;

II – o percentual relativo ao Fundo de Participação dos Estados e do Distrito Federal será acrescido de um ponto percentual no exercício financeiro de 1989 e, a partir de 1990, inclusive, à razão de meio ponto por exercício, até 1992, inclusive, atingindo em 1993 o percentual estabelecido no artigo 159, I, *a*;

III – o percentual relativo ao Fundo de Participação dos Municípios, a partir de 1989, inclusive, será elevado à razão de meio ponto percentual por exercício financeiro, até atingir o estabelecido no artigo 159, I, *b*.

§ 3º Promulgada a Constituição, a União, os Estados, o Distrito Federal e os Municípios po-

ADCT

derão editar as leis necessárias à aplicação do sistema tributário nacional nela previsto.

§ 4º As leis editadas nos termos do parágrafo anterior produzirão efeitos a partir da entrada em vigor do sistema tributário nacional previsto na Constituição.

§ 5º Vigente o novo sistema tributário nacional, fica assegurada a aplicação da legislação anterior, no que não seja incompatível com ele e com a legislação referida nos §§ 3º e 4º.

- ▸ Súm. nº 663 do STF.
- ▸ Súm. nº 198 do STJ.

§ 6º Até 31 de dezembro de 1989, o disposto no artigo 150, III, *b*, não se aplica aos impostos de que tratam os artigos 155, I, *a* e *b*, e 156, II e III, que podem ser cobrados trinta dias após a publicação da lei que os tenha instituído ou aumentado.

- ▸ Com a alteração determinada pela EC nº 3, de 17-3-1993, a referência ao art. 155, I, *b*, passou a ser ao art. 155, II.

§ 7º Até que sejam fixadas em lei complementar, as alíquotas máximas do imposto municipal sobre vendas a varejo de combustíveis líquidos e gasosos não excederão a três por cento.

§ 8º Se, no prazo de sessenta dias contados da promulgação da Constituição, não for editada a lei complementar necessária à instituição do imposto de que trata o artigo 155, I, *b*, os Estados e o Distrito Federal, mediante convênio celebrado nos termos da Lei Complementar nº 24, de 7 de janeiro de 1975, fixarão normas para regular provisoriamente a matéria.

- ▸ De acordo com a nova redação dada pela EC nº 3, de 17-3-1993, a referência ao art. 155, I, *b* passou a ser art. 155, II.
- ▸ LC nº 24, de 7-1-1975, dispõe sobre os convênios para a concessão de isenções de imposto sobre operações relativas à circulação de mercadorias.
- ▸ LC nº 87, de 13-9-1996 (Lei Kandir – ICMS).
- ▸ Súm. nº 198 do STJ.

§ 9º Até que lei complementar disponha sobre a matéria, as empresas distribuidoras de energia elétrica, na condição de contribuintes ou de substitutos tributários, serão as responsáveis, por ocasião da saída do produto de seus estabelecimentos, ainda que destinado a outra Unidade da Federação, pelo pagamento do Imposto sobre Operações Relativas à Circulação de mercadorias incidente sobre energia elétrica, desde a produção ou importação até a última operação, calculado o imposto sobre o preço então praticado na operação final e assegurado seu recolhimento ao Estado ou ao Distrito Federal, conforme o local onde deva ocorrer essa operação.

§ 10. Enquanto não entrar em vigor a lei prevista no artigo 159, I, *c*, cuja promulgação se fará até 31 de dezembro de 1989, é assegurada a aplicação dos recursos previstos naquele dispositivo da seguinte maneira:

- ▸ Lei nº 7.827, de 27-9-1989, regulamenta o art. 159, inciso I, alínea *c*, desta Constituição, institui o Fundo Constitucional de Financiamento do Norte – FNO, o Fundo Constitucional de Financiamento do Nordeste – FNE e o Fundo Constitucional de Financiamento do Centro-Oeste – FCO.

I – seis décimos por cento na Região Norte, através do Banco da Amazônia S/A;

II – um inteiro e oito décimos por cento na Região Nordeste, através do Banco do Nordeste do Brasil S/A;

III – seis décimos por cento na Região Centro-Oeste, através do Banco do Brasil S/A.

§ 11. Fica criado, nos termos da lei, o Banco de Desenvolvimento do Centro-Oeste, para dar cumprimento, na referida região, ao que determinam os artigos 159, I, *c*, e 192, § 2º, da Constituição.

- ▸ O referido § 2º foi revogado pela EC nº 40, de 29-5-2003.

§ 12. A urgência prevista no artigo 148, II, não prejudica a cobrança do empréstimo compulsório instituído, em benefício das Centrais Elétricas Brasileiras S/A (ELETROBRÁS), pela Lei nº 4.156, de 28 de novembro de 1962, com as alterações posteriores.

Art. 35. O disposto no artigo 165, § 7º, será cumprido de forma progressiva, no prazo de até dez anos, distribuindo-se os recursos entre as regiões macroeconômicas em razão proporcional à população, a partir da situação verificada no biênio 1986/1987.

§ 1º Para aplicação dos critérios de que trata este artigo, excluem-se das despesas totais as relativas:

I – aos projetos considerados prioritários no plano plurianual;

II – à segurança e defesa nacional;

III – à manutenção dos órgãos federais no Distrito Federal;

IV – ao Congresso Nacional, ao Tribunal de Contas da União e ao Poder Judiciário;
V – ao serviço da dívida da administração direta e indireta da União, inclusive fundações instituídas e mantidas pelo Poder Público Federal.

§ 2º Até a entrada em vigor da lei complementar a que se refere o artigo 165, § 9º, I e II, serão obedecidas as seguintes normas:

I – o projeto do plano plurianual, para vigência até o final do primeiro exercício financeiro do mandato presidencial subsequente, será encaminhado até quatro meses antes do encerramento do primeiro exercício financeiro e devolvido para sanção até o encerramento da sessão legislativa;
II – o projeto de lei de diretrizes orçamentárias será encaminhado até oito meses e meio antes do encerramento do exercício financeiro e devolvido para sanção até o encerramento do primeiro período da sessão legislativa;
III – o projeto de lei orçamentária da União será encaminhado até quatro meses antes do encerramento do exercício financeiro e devolvido para sanção até o encerramento da sessão legislativa.

Art. 36. Os fundos existentes na data da promulgação da Constituição, excetuados os resultantes de isenções fiscais que passem a integrar patrimônio privado e os que interessem à defesa nacional, extinguir-se-ão, se não forem ratificados pelo Congresso Nacional no prazo de dois anos.

Art. 37. A adaptação ao que estabelece o artigo 167, III, deverá processar-se no prazo de cinco anos, reduzindo-se o excesso à base de, pelo menos, um quinto por ano.

Art. 38. Até a promulgação da lei complementar referida no artigo 169, a União, os Estados, o Distrito Federal e os Municípios não poderão despender com pessoal mais do que sessenta e cinco por cento do valor das respectivas receitas correntes.

§ 1º A União, os Estados, o Distrito Federal e os Municípios, quando a respectiva despesa de pessoal exceder o limite previsto neste artigo, deverão retornar àquele limite, reduzindo o percentual excedente à razão de um quinto por ano.

► Parágrafo único renumerado para § 1º pela EC nº 127, de 22-12-2022.

§ 2º As despesas com pessoal resultantes do cumprimento do disposto nos §§ 12, 13, 14 e 15 do art. 198 da Constituição Federal serão contabilizadas, para fins dos limites de que trata o art. 169 da Constituição Federal, da seguinte forma:

I – até o fim do exercício financeiro subsequente ao da publicação deste dispositivo, não serão contabilizadas para esses limites;
II – no segundo exercício financeiro subsequente ao da publicação deste dispositivo, serão deduzidas em 90% (noventa por cento) do seu valor;
III – entre o terceiro e o décimo segundo exercício financeiro subsequente ao da publicação deste dispositivo, a dedução de que trata o inciso II deste parágrafo será reduzida anualmente na proporção de 10% (dez por cento) de seu valor.

► § 2º acrescido pela EC nº 127, de 22-12-2022.

Art. 39. Para efeito do cumprimento das disposições constitucionais que impliquem variações de despesas e receitas da União, após a promulgação da Constituição, o Poder Executivo deverá elaborar e o Poder Legislativo apreciar projeto de revisão da lei orçamentária referente ao exercício financeiro de 1989.

Parágrafo único. O Congresso Nacional deverá votar no prazo de doze meses a lei complementar prevista no artigo 161, II.

Art. 40. É mantida a Zona Franca de Manaus, com suas características de área livre de comércio, de exportação e importação, e de incentivos fiscais, pelo prazo de vinte e cinco anos, a partir da promulgação da Constituição.

► Art. 92 deste Ato.
► Arts.92 e 92-A deste Ato.
► Dec. nº 205, de 5-9-1991, dispõe sobre a apresentação de guias de importação ou documento de efeito equivalente, na Zona Franca de Manaus e suspende a fixação de limites máximos globais anuais de importação, durante o prazo de que trata este artigo.

Parágrafo único. Somente por lei federal podem ser modificados os critérios que disciplinaram ou venham a disciplinar a aprovação dos projetos na Zona Franca de Manaus.

Art. 41. Os Poderes Executivos da União, dos Estados, do Distrito Federal e dos Municípios reavaliarão todos os incentivos fiscais de natureza setorial ora em vigor, propondo aos Poderes Legislativos respectivos as medidas cabíveis.

► Arts. 151, I, 155, XII, *g*, 195, § 3º, e 227, § 3º, VI, desta Constituição.

► Lei nº 8.402, de 8-1-1992, restabelece os incentivos fiscais que menciona.

§ 1º Considerar-se-ão revogados após dois anos, a partir da data da promulgação da Constituição, os incentivos que não forem confirmados por lei.

§ 2º A revogação não prejudicará os direitos que já tiverem sido adquiridos, àquela data, em relação a incentivos concedidos sob condição e com prazo certo.

§ 3º Os incentivos concedidos por convênio entre Estados, celebrados nos termos do artigo 23, § 6º, da Constituição de 1967, com a redação da Emenda nº 1, de 17 de outubro de 1969, também deverão ser reavaliados e reconfirmados nos prazos deste artigo.

Art. 42. Durante 40 (quarenta) anos, a União aplicará dos recursos destinados à irrigação:

I – 20% (vinte por cento) na Região Centro-Oeste;

II – 50% (cinquenta por cento) na Região Nordeste, preferencialmente no Semiárido.

Parágrafo único. Dos percentuais previstos nos incisos I e II do *caput*, no mínimo 50% (cinquenta por cento) serão destinados a projetos de irrigação que beneficiem agricultores familiares que atendam aos requisitos previstos em legislação específica.

► Art. 42 com a redação dada pela EC nº 89, de 15-9-2015.

Art. 43. Na data da promulgação da lei que disciplinar a pesquisa e a lavra de recursos e jazidas minerais, ou no prazo de um ano, a contar da promulgação da Constituição, tornar-se-ão sem efeito as autorizações, concessões e demais títulos atributivos de direitos minerários, caso os trabalhos de pesquisa ou de lavra não hajam sido comprovadamente iniciados nos prazos legais ou estejam inativos.

► Lei nº 7.886, de 20-11-1989, regulamenta este artigo.

Art. 44. As atuais empresas brasileiras titulares de autorização de pesquisa, concessão de lavra de recursos minerais e de aproveitamento dos potenciais de energia hidráulica em vigor terão quatro anos, a partir da promulgação da Constituição, para cumprir os requisitos do artigo 176, § 1º.

§ 1º Ressalvadas as disposições de interesse nacional previstas no texto constitucional, as empresas brasileiras ficarão dispensadas do cumprimento do disposto no artigo 176, § 1º, desde que, no prazo de até quatro anos da data da promulgação da Constituição, tenham o produto de sua lavra e beneficiamento destinado a industrialização no território nacional, em seus próprios estabelecimentos ou em empresa industrial controladora ou controlada.

§ 2º Ficarão também dispensadas do cumprimento do disposto no artigo 176, § 1º, as empresas brasileiras titulares de concessão de energia hidráulica para uso em seu processo de industrialização.

§ 3º As empresas brasileiras referidas no § 1º somente poderão ter autorizações de pesquisa e concessões de lavra ou potenciais de energia hidráulica, desde que a energia e o produto da lavra sejam utilizados nos respectivos processos industriais.

Art. 45. Ficam excluídas do monopólio estabelecido pelo artigo 177, II, da Constituição as refinarias em funcionamento no País amparadas pelo artigo 43 e nas condições do artigo 45 da Lei nº 2.004, de 3 de outubro de 1953.

► A referida Lei foi revogada pela Lei nº 9.478, de 6-8-1997.

Parágrafo único. Ficam ressalvados da vedação do artigo 177, § 1º, os contratos de risco feitos com a Petróleo Brasileiro S/A (PETROBRAS), para pesquisa de petróleo, que estejam em vigor na data da promulgação da Constituição.

Art. 46. São sujeitos à correção monetária desde o vencimento, até seu efetivo pagamento, sem interrupção ou suspensão, os créditos junto a entidades submetidas aos regimes de intervenção ou liquidação extrajudicial, mesmo quando esses regimes sejam convertidos em falência.

► Súm. nº 304 do TST.

Parágrafo único. O disposto neste artigo aplica-se também:

I – às operações realizadas posteriormente à decretação dos regimes referidos no *caput* deste artigo;

II – às operações de empréstimo, financiamento, refinanciamento, assistência financeira de liquidez, cessão ou sub-rogação de créditos ou cédulas hipotecárias, efetivação de garantia de depósitos do público ou de compra de obrigações passivas, inclusive as realizadas com recursos de fundos que tenham essas destinações;

III – aos créditos anteriores à promulgação da Constituição;

IV – aos créditos das entidades da administração pública anteriores à promulgação da Constituição, não liquidados até 1º de janeiro de 1988.

Art. 47. Na liquidação dos débitos, inclusive suas renegociações e composições posteriores, ainda que ajuizados, decorrentes de quaisquer empréstimos concedidos por bancos e por instituições financeiras, não existirá correção monetária desde que o empréstimo tenha sido concedido:

I – aos micro e pequenos empresários ou seus estabelecimentos no período de 28 de fevereiro de 1986 a 28 de fevereiro de 1987;

II – aos mini, pequenos e médios produtores rurais no período de 28 de fevereiro de 1986 a 31 de dezembro de 1987, desde que relativos a crédito rural.

§ 1º Consideram-se, para efeito deste artigo, microempresas as pessoas jurídicas e as firmas individuais com receitas anuais de até dez mil Obrigações do Tesouro Nacional, e pequenas empresas as pessoas jurídicas e as firmas individuais com receita anual de até vinte e cinco mil Obrigações do Tesouro Nacional.

- Art. 179 desta Constituição.

§ 2º A classificação de mini, pequeno e médio produtor rural será feita obedecendo-se às normas de crédito rural vigentes à época do contrato.

§ 3º A isenção da correção monetária a que se refere este artigo só será concedida nos seguintes casos:

I – se a liquidação do débito inicial, acrescido de juros legais e taxas judiciais, vier a ser efetivada no prazo de noventa dias, a contar da data da promulgação da Constituição;

II – se a aplicação dos recursos não contrariar a finalidade do financiamento, cabendo o ônus da prova à instituição credora;

III – se não for demonstrado pela instituição credora que o mutuário dispõe de meios para o pagamento de seu débito, excluído desta demonstração seu estabelecimento, a casa de moradia e os instrumentos de trabalho e produção;

IV – se o financiamento inicial não ultrapassar o limite de cinco mil Obrigações do Tesouro Nacional;

V – se o beneficiário não for proprietário de mais de cinco módulos rurais.

§ 4º Os benefícios de que trata este artigo não se estendem aos débitos já quitados e aos devedores que sejam constituintes.

§ 5º No caso de operações com prazos de vencimento posteriores à data-limite de liquidação da dívida, havendo interesse do mutuário, os bancos e as instituições financeiras promoverão, por instrumento próprio, alteração nas condições contratuais originais de forma a ajustá-las ao presente benefício.

§ 6º A concessão do presente benefício por bancos comerciais privados em nenhuma hipótese acarretará ônus para o Poder Público, ainda que através de refinanciamento e repasse de recursos pelo Banco Central.

§ 7º No caso de repasse a agentes financeiros oficiais ou cooperativas de crédito, o ônus recairá sobre a fonte de recursos originária.

Art. 48. O Congresso Nacional, dentro de cento e vinte dias da promulgação da Constituição, elaborará Código de Defesa do Consumidor.

- Lei nº 8.078, de 11-9-1990 (Código de Defesa do Consumidor).

Art. 49. A lei disporá sobre o instituto da enfiteuse em imóveis urbanos, sendo facultada aos foreiros, no caso de sua extinção, a remição dos aforamentos mediante aquisição do domínio direto, na conformidade do que dispuserem os respectivos contratos.

- Dec.-lei nº 9.760, de 5-9-1946 (Lei dos Bens Imóveis da União).

§ 1º Quando não existir cláusula contratual, serão adotados os critérios e bases hoje vigentes na legislação especial dos imóveis da União.

§ 2º Os direitos dos atuais ocupantes inscritos ficam assegurados pela aplicação de outra modalidade de contrato.

- Lei nº 9.636, de 15-5-1998, regulamenta este parágrafo.

§ 3º A enfiteuse continuará sendo aplicada aos terrenos de marinha e seus acrescidos, situados na faixa de segurança, a partir da orla marítima.

- Art. 2.038, § 2º, do CC.
- Dec.-lei nº 9.760, de 5-9-1946 (Lei dos Bens Imóveis da União).

§ 4º Remido o foro, o antigo titular do domínio direto deverá, no prazo de noventa dias, sob pena de responsabilidade, confiar à guarda do registro de imóveis competente toda a documentação a ele relativa.

Art. 50. Lei agrícola a ser promulgada no prazo de um ano disporá, nos termos da Constituição, sobre os objetivos e instrumentos de política agrícola, prioridades, planejamento de safras, comercialização, abastecimento interno, mercado externo e instituição de crédito fundiário.

► Lei nº 8.171, de 17-1-1991 (Lei da Política Agrícola).

Art. 51. Serão revistos pelo Congresso Nacional, através de Comissão Mista, nos três anos a contar da data da promulgação da Constituição, todas as doações, vendas e concessões de terras públicas com área superior a três mil hectares, realizadas no período de 1º de janeiro de 1962 a 31 de dezembro de 1987.

§ 1º No tocante às vendas, a revisão será feita com base exclusivamente no critério de legalidade da operação.

§ 2º No caso de concessões e doações, a revisão obedecerá aos critérios de legalidade e de conveniência do interesse público.

§ 3º Nas hipóteses previstas nos parágrafos anteriores, comprovada a ilegalidade, ou havendo interesse público, as terras reverterão ao patrimônio da União, dos Estados, do Distrito Federal ou dos Municípios.

Art. 52. Até que sejam fixadas as condições do art. 192, são vedados:

► *Caput* com a redação dada pela EC nº 40, de 29-5-2003.

I – a instalação, no País, de novas agências de instituições financeiras domiciliadas no exterior;

II – o aumento do percentual de participação, no capital de instituições financeiras com sede no País, de pessoas físicas ou jurídicas residentes ou domiciliadas no exterior.

Parágrafo único. A vedação a que se refere este artigo não se aplica às autorizações resultantes de acordos internacionais, de reciprocidade, ou de interesse do Governo brasileiro.

Art. 53. Ao ex-combatente que tenha efetivamente participado de operações bélicas durante a Segunda Guerra Mundial, nos termos da Lei nº 5.315, de 12 de setembro de 1967, serão assegurados os seguintes direitos:

► Lei nº 8.059, de 4-7-1990, dispõe sobre a pensão especial devida aos ex-combatentes da Segunda Guerra Mundial e a seus dependentes.

I – aproveitamento no serviço público, sem a exigência de concurso, com estabilidade;

II – pensão especial correspondente à deixada por segundo-tenente das Forças Armadas, que poderá ser requerida a qualquer tempo, sendo inacumulável com quaisquer rendimentos recebidos dos cofres públicos, exceto os benefícios previdenciários, ressalvado o direito de opção;

III – em caso de morte, pensão à viúva ou companheira ou dependente, de forma proporcional, de valor igual à do inciso anterior;

IV – assistência médica, hospitalar e educacional gratuita, extensiva aos dependentes;

V – aposentadoria com proventos integrais aos vinte e cinco anos de serviço efetivo, em qualquer regime jurídico;

VI – prioridade na aquisição da casa própria, para os que não a possuam ou para suas viúvas ou companheiras.

Parágrafo único. A concessão da pensão especial do inciso II substitui, para todos os efeitos legais, qualquer outra pensão já concedida ao ex-combatente.

Art. 54. Os seringueiros recrutados nos termos do Decreto-Lei nº 5.813, de 14 de setembro de 1943, e amparados pelo Decreto-Lei nº 9.882, de 16 de setembro de 1946, receberão, quando carentes, pensão mensal vitalícia no valor de dois salários mínimos.

► Art. 54-A deste Ato.

► Lei nº 7.986, de 28-12-1989, dispõe sobre a concessão do benefício previsto neste artigo.

► Lei nº 9.882, de 3-12-1999 (Lei da Ação de Descumprimento de Preceito Fundamental).

► Dec.-lei nº 5.813, de 14-9-1943, aprova o acordo relativo ao recrutamento, encaminhamento e colocação de trabalhadores para a Amazônia.

§ 1º O benefício é estendido aos seringueiros que, atendendo a apelo do Governo brasileiro, contribuíram para o esforço de guerra, trabalhando na produção de borracha, na Região Amazônica, durante a Segunda Guerra Mundial.

§ 2º Os benefícios estabelecidos neste artigo são transferíveis aos dependentes reconhecidamente carentes.

► Art. 2º da EC nº 78, de 14-5-2014.

§ 3º A concessão do benefício far-se-á conforme lei a ser proposta pelo Poder Executivo dentro de cento e cinquenta dias da promulgação da Constituição.

Art. 54-A. Os seringueiros de que trata o art. 54 deste Ato das Disposições Constitucionais Transitórias receberão indenização, em parcela única, no valor de R$ 25.000,00 (vinte e cinco mil reais).

► Artigo acrescido pela EC nº 78, de 14-5-2014.

► Art. 2º da EC nº 78, de 14-5-2014.

Art. 55. Até que seja aprovada a lei de diretrizes orçamentárias, trinta por cento, no mínimo, do orçamento da seguridade social, excluído o seguro-desemprego, serão destinados ao setor de saúde.

Art. 56. Até que a lei disponha sobre o artigo 195, I, a arrecadação decorrente de, no mínimo, cinco dos seis décimos percentuais correspondentes à alíquota da contribuição de que trata o Decreto-Lei nº 1.940, de 25 de maio de 1982, alterada pelo Decreto-Lei nº 2.049, de 1º de agosto de 1983, pelo Decreto nº 91.236, de 8 de maio de 1985, e pela Lei nº 7.611, de 8 de julho de 1987, passa a integrar a receita da seguridade social, ressalvados, exclusivamente no exercício de 1988, os compromissos assumidos com programas e projetos em andamento.

► LC nº 70, de 30-12-1991, institui contribuição para financiamento da Seguridade Social e eleva alíquota da contribuição social sobre o lucro das instituições financeiras.

► Dec.-lei nº 1.940, de 25-5-1982, institui contribuição social para financiamento da Seguridade Social e cria o Fundo de Investimento Social – FINSOCIAL.

► Súm. nº 658 do STF.

Art. 57. Os débitos dos Estados e dos Municípios relativos às contribuições previdenciárias até 30 de junho de 1988 serão liquidados, com correção monetária, em cento e vinte parcelas mensais, dispensados os juros e multas sobre eles incidentes, desde que os devedores requeiram o parcelamento e iniciem seu pagamento no prazo de cento e oitenta dias a contar da promulgação da Constituição.

§ 1º O montante a ser pago em cada um dos dois primeiros anos não será inferior a cinco por cento do total do débito consolidado e atualizado, sendo o restante dividido em parcelas mensais de igual valor.

§ 2º A liquidação poderá incluir pagamentos na forma de cessão de bens e prestação de serviços, nos termos da Lei nº 7.578, de 23 de dezembro de 1986.

§ 3º Em garantia do cumprimento do parcelamento, os Estados e os Municípios consignarão, anualmente, nos respectivos orçamentos as dotações necessárias ao pagamento de seus débitos.

§ 4º Descumprida qualquer das condições estabelecidas para concessão do parcelamento, o débito será considerado vencido em sua totalidade, sobre ele incidindo juros de mora; nesta hipótese, parcela dos recursos correspondentes aos Fundos de Participação, destinada aos Estados e Municípios devedores, será bloqueada e repassada à Previdência Social para pagamento de seus débitos.

Art. 58. Os benefícios de prestação continuada, mantidos pela Previdência Social na data da promulgação da Constituição, terão seus valores revistos, a fim de que seja restabelecido o poder aquisitivo, expresso em número de salários mínimos, que tinham na data de sua concessão, obedecendo-se a esse critério de atualização até a implantação do plano de custeio e benefícios referidos no artigo seguinte.

► Súm. nº 687 do STF.

Parágrafo único. As prestações mensais dos benefícios atualizadas de acordo com este artigo serão devidas e pagas a partir do sétimo mês a contar da promulgação da Constituição.

Art. 59. Os projetos de lei relativos à organização da seguridade social e aos planos de custeio e de benefício serão apresentados no prazo máximo de seis meses da promulgação da Constituição ao Congresso Nacional, que terá seis meses para apreciá-los.

Parágrafo único. Aprovados pelo Congresso Nacional, os planos serão implantados progressivamente nos dezoito meses seguintes.

► Lei nº 8.212, de 24-7-1991 (Lei Orgânica da Seguridade Social).

► Lei nº 8.213, de 24-7-1991 (Lei dos Planos de Benefícios da Previdência Social).

Art. 60. A complementação da União referida no inciso IV do *caput* do art. 212-A da Constituição Federal será implementada progressivamente até alcançar a proporção estabelecida no inciso V do *caput* do mesmo artigo, a partir de 1º de janeiro de 2021, nos seguintes valores mínimos:

► Lei nº 14.113, de 25-12-2020, regulamenta o Fundo de Manutenção e Desenvolvimento da Educação Básica e de Valorização dos Profissionais da Educação (FUNDEB).

I – 12% (doze por cento), no primeiro ano;

II – 15% (quinze por cento), no segundo ano;

ADCT

III – 17% (dezessete por cento), no terceiro ano;
IV – 19% (dezenove por cento), no quarto ano;
V – 21% (vinte e um por cento), no quinto ano;
VI – 23% (vinte e três por cento), no sexto ano.

§ 1º A parcela da complementação de que trata a alínea *b* do inciso V do caput do art. 212-A da Constituição Federal observará, no mínimo, os seguintes valores:

I – 2 (dois) pontos percentuais, no primeiro ano;
II – 5 (cinco) pontos percentuais, no segundo ano;
III – 6,25 (seis inteiros e vinte e cinco centésimos) pontos percentuais, no terceiro ano;
IV – 7,5 (sete inteiros e cinco décimos) pontos percentuais, no quarto ano;
V – 9 (nove) pontos percentuais, no quinto ano;
VI – 10,5 (dez inteiros e cinco décimos) pontos percentuais, no sexto ano.

§ 2º A parcela da complementação de que trata a alínea c do inciso V do *caput* do art. 212-A da Constituição Federal observará os seguintes valores:

I – 0,75 (setenta e cinco centésimos) ponto percentual, no terceiro ano;
II – 1,5 (um inteiro e cinco décimos) ponto percentual, no quarto ano;
III – 2 (dois) pontos percentuais, no quinto ano;
IV – 2,5 (dois inteiros e cinco décimos) pontos percentuais, no sexto ano.

▸ Art. 60 com a redação dada pela EC nº 108, de 26-8-2020.

Art. 60-A. Os critérios de distribuição da complementação da União e dos fundos a que se refere o inciso I do *caput* do art. 212-A da Constituição Federal serão revistos em seu sexto ano de vigência e, a partir dessa primeira revisão, periodicamente, a cada 10 (dez) anos.

▸ Art. 60-A acrescido pela EC nº 108, de 26-8-2020.

Art. 61. As entidades educacionais a que se refere o artigo 213, bem como as fundações de ensino e pesquisa cuja criação tenha sido autorizada por lei, que preencham os requisitos dos incisos I e II do referido artigo e que, nos últimos três anos, tenham recebido recursos públicos, poderão continuar a recebê-los, salvo disposição legal em contrário.

Art. 62. A lei criará o Serviço Nacional de Aprendizagem Rural (SENAR) nos moldes da legislação relativa ao Serviço Nacional de Aprendizagem Industrial (SENAI) e ao Serviço Nacional de Aprendizagem do Comércio (SENAC), sem prejuízo das atribuições dos órgãos públicos que atuam na área.

▸ Lei nº 8.315, de 13-12-1991, dispõe sobre a criação do Serviço Nacional de Aprendizagem Rural – SENAR.

Art. 63. É criada uma Comissão composta de nove membros, sendo três do Poder Legislativo, três do Poder Judiciário e três do Poder Executivo, para promover as comemorações do centenário da proclamação da República e da promulgação da primeira Constituição republicana do País, podendo, a seu critério, desdobrar-se em tantas subcomissões quantas forem necessárias.

Parágrafo único. No desenvolvimento de suas atribuições, a Comissão promoverá estudos, debates e avaliações sobre a evolução política, social, econômica e cultural do País, podendo articular-se com os governos estaduais e municipais e com instituições públicas e privadas que desejem participar dos eventos.

Art. 64. A Imprensa Nacional e demais gráficas da União, dos Estados, do Distrito Federal e dos Municípios, da administração direta ou indireta, inclusive fundações instituídas e mantidas pelo Poder Público, promoverão edição popular do texto integral da Constituição, que será posta à disposição das escolas e dos cartórios, dos sindicatos, dos quartéis, das igrejas e de outras instituições representativas da comunidade, gratuitamente, de modo que cada cidadão brasileiro possa receber do Estado um exemplar da Constituição do Brasil.

Art. 65. O Poder Legislativo regulamentará, no prazo de doze meses, o artigo 220, § 4º.

Art. 66. São mantidas as concessões de serviços públicos de telecomunicações atualmente em vigor, nos termos da lei.

▸ Lei nº 9.472, de 16-7-1997, dispõe sobre a organização dos serviços de telecomunicações, a criação e funcionamento de um Órgão Regulador e outros aspectos institucionais.

Art. 67. A União concluirá a demarcação das terras indígenas no prazo de cinco anos a partir da promulgação da Constituição.

Art. 68. Aos remanescentes das comunidades dos quilombos que estejam ocupando suas terras é reconhecida a propriedade definitiva, devendo o Estado emitir-lhes os títulos respectivos.

▸ Dec. nº 4.887, de 20-11-2003, regulamenta o procedimento para identificação, reconhecimento, delimitação, demarcação e titulação das terras ocupadas por remanescentes das comunidades dos quilombos de que trata este artigo.

► Dec. nº 6.040, de 7-2-2007, institui a Política Nacional de Desenvolvimento Sustentável dos Povos e Comunidades Tradicionais.

Art. 69. Será permitido aos Estados manter consultorias jurídicas separadas de suas Procuradorias-Gerais ou Advocacias-Gerais, desde que, na data da promulgação da Constituição, tenham órgãos distintos para as respectivas funções.

Art. 70. Fica mantida a atual competência dos tribunais estaduais até que a mesma seja definida na Constituição do Estado, nos termos do artigo 125, § 1º, da Constituição.

► Art. 4º da EC nº 45, de 8-12-2004 (Reforma do Judiciário).

Art. 71. É instituído, nos exercícios financeiros de 1994 e 1995, bem assim nos períodos de 1º de janeiro de 1996 a 30 de junho de 1997 e 1º de julho de 1997 a 31 de dezembro de 1999, o Fundo Social de Emergência, com o objetivo de saneamento financeiro da Fazenda Pública Federal e de estabilização econômica, cujos recursos serão aplicados prioritariamente no custeio das ações dos sistemas de saúde e educação, incluindo a complementação de recursos de que trata o § 3º do artigo 60 do Ato das Disposições Constitucionais Transitórias, benefícios previdenciários e auxílios assistenciais de prestação continuada, inclusive liquidação de passivo previdenciário, e despesas orçamentárias associadas a programas de relevante interesse econômico e social.

► *Caput* com a redação dada pela EC nº 17, de 22-11-1997.

§ 1º Ao Fundo criado por este artigo não se aplica o disposto na parte final do inciso II do § 9º do artigo 165 da Constituição.

§ 2º O Fundo criado por este artigo passa a ser denominado Fundo de Estabilização Fiscal a partir do início do exercício financeiro de 1996.

§ 3º O Poder Executivo publicará demonstrativo da execução orçamentária, de periodicidade bimestral, no qual se discriminarão as fontes e usos do Fundo criado por este artigo.

► §§ 1º a 3º acrescidos pela EC nº 10, de 4-3-1996.

Art. 72. Integram o Fundo Social de Emergência:

► *Caput* acrescido pela ECR nº 1, de 1º-3-1994.

I – o produto da arrecadação do imposto sobre renda e proventos de qualquer natureza incidente na fonte sobre pagamentos efetuados, a qualquer título, pela União, inclusive suas autarquias e fundações;

► Inciso I acrescido pela ECR nº 1, de 1º-3-1994.

II – a parcela do produto da arrecadação do imposto sobre renda e proventos de qualquer natureza e do imposto sobre operações de crédito, câmbio e seguro, ou relativas a títulos e valores mobiliários, decorrente das alterações produzidas pela Lei nº 8.894, de 21 de junho de 1994, e pelas Leis nºs 8.849 e 8.848, ambas de 28 de janeiro de 1994, e modificações posteriores;

III – a parcela do produto da arrecadação resultante da elevação da alíquota da contribuição social sobre o lucro dos contribuintes a que se refere o § 1º do artigo 22 da Lei nº 8.212, de 24 de julho de 1991, a qual, nos exercícios financeiros de 1994 e 1995, bem assim no período de 1º de janeiro de 1996 a 30 de junho de 1997, passa a ser de trinta por cento, sujeita a alteração por lei ordinária, mantidas as demais normas da Lei nº 7.689, de 15 de dezembro de 1988;

IV – vinte por cento do produto da arrecadação de todos os impostos e contribuições da União, já instituídos ou a serem criados, excetuado o previsto nos incisos I, II e III, observado o disposto nos §§ 3º e 4º;

► Incisos II a IV com a redação dada pela EC nº 10, de 4-3-1996.

V – a parcela do produto da arrecadação da contribuição de que trata a Lei Complementar nº 7, de 7 de setembro de 1970, devida pelas pessoas jurídicas a que se refere o inciso III deste artigo, a qual será calculada, nos exercícios financeiros de 1994 a 1995, bem assim nos períodos de 1º de janeiro de 1996 a 30 de junho de 1997 e de 1º de julho de 1997 a 31 de dezembro de 1999, mediante a aplicação da alíquota de setenta e cinco centésimos por cento, sujeita a alteração por lei ordinária posterior, sobre a receita bruta operacional, como definida na legislação do imposto sobre renda e proventos de qualquer natureza;

► Inciso V com a redação dada pela EC nº 17, de 22-11-1997.

VI – outras receitas previstas em lei específica.

► § 1º acrescido pela ECR nº 1, de 1º-3-1994.

§ 1º As alíquotas e a base de cálculo previstas nos incisos III e IV aplicar-se-ão a partir do primeiro dia do mês seguinte aos noventa dias posteriores à promulgação desta Emenda.

§ 2º As parcelas de que tratam os incisos I, II, III e V serão previamente deduzidas da base de cálculo de qualquer vinculação ou participação constitucional ou legal, não se lhes aplicando o disposto nos artigos 159, 212 e 239 da Constituição.

§ 3º A parcela de que trata o inciso IV será previamente deduzida da base de cálculo das vinculações ou participações constitucionais previstas nos artigos 153, § 5º, 157, II, 212 e 239 da Constituição.

§ 4º O disposto no parágrafo anterior não se aplica aos recursos previstos nos artigos 158, II, e 159 da Constituição.

§ 5º A parcela dos recursos provenientes do imposto sobre renda e proventos de qualquer natureza, destinada ao Fundo Social de Emergência, nos termos do inciso II deste artigo, não poderá exceder a cinco inteiros e seis décimos por cento do total do produto da sua arrecadação.

▸ §§ 2º a 5º acrescidos pela EC nº 10, de 4-3-1996.

Art. 73. Na regulação do Fundo Social de Emergência não poderá ser utilizado o instrumento previsto no inciso V do artigo 59 da Constituição.

▸ Artigo acrescido pela ECR nº 1, de 1º-3-1994.

Art. 74. A União poderá instituir contribuição provisória sobre movimentação ou transmissão de valores e de créditos e direitos de natureza financeira.

▸ Art. 84 deste Ato.

§ 1º A alíquota da contribuição de que trata este artigo não excederá a vinte e cinco centésimos por cento, facultado ao Poder Executivo reduzi-la ou restabelecê-la, total ou parcialmente, nas condições e limites fixados em lei.

▸ Alíquota alterada pela EC nº 21, de 18-3-1999.

§ 2º À contribuição de que trata este artigo não se aplica o disposto nos artigos 153, § 5º, e 154, I, da Constituição.

§ 3º O produto da arrecadação da contribuição de que trata este artigo será destinado integralmente ao Fundo Nacional de Saúde, para financiamento das ações e serviços de saúde.

§ 4º A contribuição de que trata este artigo terá sua exigibilidade subordinada ao disposto no artigo 195, § 6º, da Constituição, e não poderá ser cobrada por prazo superior a dois anos.

▸ Art. 74 acrescido pela EC nº 12, de 15-8-1996.

▸ Lei nº 9.311 de 24-10-1996, institui a Contribuição Provisória sobre Movimentação ou Transmissão de Valores e de Créditos e Direitos de Natureza Financeira – CPMF.

Art. 75. É prorrogada, por trinta e seis meses, a cobrança da contribuição provisória sobre movimentação ou transmissão de valores e de créditos e direitos de natureza financeira de que trata o artigo 74, instituída pela Lei nº 9.311, de 24 de outubro de 1996, modificada pela Lei nº 9.539, de 12 de dezembro de 1997, cuja vigência é também prorrogada por idêntico prazo.

▸ Arts. 80, I, e 84 deste Ato.

§ 1º Observado o disposto no § 6º do artigo 195 da Constituição Federal, a alíquota da contribuição será de trinta e oito centésimos por cento, nos primeiros doze meses, e de trinta centésimos, nos meses subsequentes, facultado ao Poder Executivo reduzi-la total ou parcialmente, nos limites aqui definidos.

§ 2º O resultado do aumento da arrecadação, decorrente da alteração da alíquota, nos exercícios financeiros de 1999, 2000 e 2001, será destinado ao custeio da Previdência Social.

§ 3º É a União autorizada a emitir títulos da dívida pública interna, cujos recursos serão destinados ao custeio da saúde e da Previdência Social, em montante equivalente ao produto da arrecadação da contribuição, prevista e não realizada em 1999.

▸ Art. 75 acrescido pela EC nº 21, de 18-3-1999.

▸ O STF, por maioria de votos, julgou parcialmente procedente a ADIN nº 2.031-5, para declarar a inconstitucionalidade deste parágrafo, acrescido pela EC nº 21, de 18-3-1999 (*DOU* de 5-11-2003).

▸ LC nº 111, de 6-7-2001, dispõe sobre o Fundo de Combate e Erradicação da Pobreza, na forma prevista nos arts. 79, 80 e 81 do ADCT.

Art. 76. São desvinculados de órgão, fundo ou despesa, até 31 de dezembro de 2024, 30% (trinta por cento) da arrecadação da União relativa às contribuições sociais, sem prejuízo do pagamento das despesas do Regime Geral de Previdência Social, às contribuições de intervenção no domínio econômico e às taxas, já instituídas ou que vierem a ser criadas até a referida data.

▸ *Caput* com a redação dada pela EC nº 126, de 21-12-2022.

§ 1º *Revogado.* EC nº 93, de 8-9-2016 (*DOU* de 9-9-2016 – edição extra), produzindo efeitos a partir de 1º de janeiro de 2016.

§ 2º Excetua-se da desvinculação de que trata o *caput* a arrecadação da contribuição social do salário-educação a que se refere o § 5º do art. 212 da Constituição Federal.

▸ § 2º com a redação dada pela EC nº 68, de 21-12-2011.

§ 3º *Revogado*. EC nº 93, de 8-9-2016 (*DOU* de 9-9-2016 – edição extra), produzindo efeitos a partir de 1º de janeiro de 2016.

§ 4º A desvinculação de que trata o *caput* não se aplica às receitas das contribuições sociais destinadas ao custeio da seguridade social.

▸ § 4º acrescido pela EC nº 103, de 12-11-2019.

Art. 76-A. São desvinculados de órgão, fundo ou despesa, até 31 de dezembro de 2032, 30% (trinta por cento) das receitas dos Estados e do Distrito Federal relativas a impostos, taxas e multas já instituídos ou que vierem a ser criados até a referida data, seus adicionais e respectivos acréscimos legais, e outras receitas correntes.

▸ *Caput* com a redação dada pela EC nº 132, de 20-12-2023.

Parágrafo único. Excetuam-se da desvinculação de que trata o *caput*:

I – recursos destinados ao financiamento das ações e serviços públicos de saúde e à manutenção e desenvolvimento do ensino de que tratam, respectivamente, os incisos II e III do § 2º do art. 198 e o art. 212 da Constituição Federal;
II – receitas que pertencem aos Municípios decorrentes de transferências previstas na Constituição Federal;
III – receitas de contribuições previdenciárias e de assistência à saúde dos servidores;
IV – demais transferências obrigatórias e voluntárias entre entes da Federação com destinação especificada em lei;
V – fundos instituídos pelo Poder Judiciário, pelos Tribunais de Contas, pelo Ministério Público, pelas Defensorias Públicas e pelas Procuradorias-Gerais dos Estados e do Distrito Federal.

▸ Parágrafo único acrescido pela EC nº 93, de 8-9-2016 (*DOU* de 9-9-2016 – edição extra).

Art. 76-B. São desvinculados de órgão, fundo ou despesa, até 31 de dezembro de 2032, 30% (trinta por cento) das receitas dos Municípios relativas a impostos, taxas e multas, já instituídos ou que vierem a ser criados até a referida data, seus adicionais e respectivos acréscimos legais, e outras receitas correntes.

▸ *Caput* com a redação dada pela EC nº 132, de 20-12-2023.

Parágrafo único. Excetuam-se da desvinculação de que trata o *caput*:

I – recursos destinados ao financiamento das ações e serviços públicos de saúde e à manutenção e desenvolvimento do ensino de que tratam, respectivamente, os incisos II e III do § 2º do art. 198 e o art. 212 da Constituição Federal;
II – receitas de contribuições previdenciárias e de assistência à saúde dos servidores;
III – transferências obrigatórias e voluntárias entre entes da Federação com destinação especificada em lei;
IV – fundos instituídos pelo Tribunal de Contas do Município.

▸ Parágrafo único acrescido pela EC nº 93, de 8-9-2016 (*DOU* de 9-9-2016 – edição extra).

Art. 77. Até o exercício financeiro de 2004, os recursos mínimos aplicados nas ações e serviços públicos de saúde serão equivalentes:

I – no caso da União:

a) no ano 2000, o montante empenhado em ações e serviços públicos de saúde no exercício financeiro de 1999 acrescido de, no mínimo, cinco por cento;

b) do ano de 2001 ao ano de 2004, o valor apurado no ano anterior, corrigido pela variação nominal do Produto Interno Bruto – PIB;

II – no caso dos Estados e do Distrito Federal, doze por cento do produto da arrecadação dos impostos a que se refere o artigo 155 e dos recursos de que tratam os artigos 157 e 159, inciso I, alínea *a* e inciso II, deduzidas as parcelas que forem transferidas aos respectivos Municípios; e

III – no caso dos Municípios e do Distrito Federal, quinze por cento do produto da arrecadação dos impostos a que se refere o artigo 156 e dos recursos de que tratam os artigos 158 e 159, inciso I, alínea *b* e § 3º.

§ 1º Os Estados, o Distrito Federal e os municípios que apliquem percentuais inferiores aos fixados nos incisos II e III deverão elevá-los gradualmente, até o exercício financeiro de 2004, reduzida a diferença à razão de, pelo menos, um quinto por ano, sendo que, a partir de 2000, a aplicação será de pelo menos sete por cento.

§ 2º Dos recursos da União apurados nos termos deste artigo, quinze por cento, no mínimo, serão aplicados nos Municípios, segundo o critério populacional, em ações e serviços básicos de saúde, na forma da lei.

§ 3º Os recursos dos Estados, do Distrito Federal e dos Municípios destinados às ações e serviços públicos de saúde e os transferidos pela União para a mesma finalidade serão aplicados por meio de Fundo de Saúde que será acompanhado e fiscalizado por Conselho de Saúde, sem prejuízo do disposto no artigo 74 da Constituição Federal.

§ 4º Na ausência da lei complementar a que se refere o artigo 198, § 3º, a partir do exercício financeiro de 2005, aplicar-se-á à União, aos Estados, ao Distrito Federal e aos Municípios o disposto neste artigo.

► Art. 77 acrescido pela EC nº 29, de 13-9-2000.

Art. 78. Ressalvados os créditos definidos em lei como de pequeno valor, os de natureza alimentícia, os de que trata o artigo 33 deste Ato das Disposições Constitucionais Transitórias e suas complementações e os que já tiverem os seus respectivos recursos liberados ou depositados em juízo, os precatórios pendentes na data da publicação desta Emenda e os que decorram de ações iniciais ajuizadas até 31 de dezembro de 1999 serão liquidados pelo seu valor real, em moeda corrente, acrescido de juros legais, em prestações anuais, iguais e sucessivas, no prazo máximo de dez anos, permitida a cessão dos créditos.

► O STF, por maioria de votos, deferiu as cautelares, nas Ações Diretas de Inconstitucionalidade nºs 2.356 e 2.362, para suspender a eficácia do art. 2º da EC nº 30/2000, que introduziu este artigo ao ADCT (*DOU* de 7-12-2010).

► Arts. 86, 87 e 97, § 15, do ADCT.

► Res. do CNJ nº 303, de 18-12-2019, dispõe sobre a gestão dos precatórios e respectivos procedimentos operacionais no âmbito do Poder Judiciário.

§ 1º É permitida a decomposição de parcelas, a critério do credor.

§ 2º As prestações anuais a que se refere o *caput* deste artigo terão, se não liquidadas até o final do exercício a que se referem, poder liberatório do pagamento de tributos da entidade devedora.

► Art. 6º da EC nº 62, de 9-12-2009, que convalida todas as compensações de precatórios com tributos vencidos até 31-10-2009 da entidade devedora, efetuadas na forma deste parágrafo, realizadas antes da promulgação desta Emenda Constitucional.

§ 3º O prazo referido no *caput* deste artigo fica reduzido para dois anos, nos casos de precatórios judiciais originários de desapropriação de imóvel residencial do credor, desde que comprovadamente único à época da imissão na posse.

§ 4º O Presidente do Tribunal competente deverá, vencido o prazo ou em caso de omissão no orçamento, ou preterição ao direito de precedência, a requerimento do credor, requisitar ou determinar o sequestro de recursos financeiros da entidade executada, suficientes à satisfação da prestação.

► Art. 78 acrescido pela EC nº 30, de 13-12-2000.

Art. 79. É instituído, para vigorar até o ano de 2010, no âmbito do Poder Executivo Federal, o Fundo de Combate e Erradicação da Pobreza, a ser regulado por lei complementar com o objetivo de viabilizar a todos os brasileiros acesso a níveis dignos de subsistência, cujos recursos serão aplicados em ações suplementares de nutrição, habitação, educação, saúde, reforço de renda familiar e outros programas de relevante interesse social voltados para melhoria da qualidade de vida.

► Art. 4º da EC nº 42, de 19-12-2003.

► EC nº 67, de 22-12-2010, prorroga, por tempo indeterminado, o prazo de vigência do Fundo de Combate e Erradicação da Pobreza.

Parágrafo único. O Fundo previsto neste artigo terá Conselho Consultivo e de Acompanhamento que conte com a participação de representantes da sociedade civil, nos termos da lei.

► Art. 79 acrescido pela EC nº 31, de 14-12-2000.

► LC nº 111, de 6-7-2001, dispõe sobre o Fundo de Combate e Erradicação da Pobreza, na forma prevista nos arts. 79 a 81 do ADCT.

► Dec. nº 3.997, de 1º-11-2001, define o órgão gestor do Fundo de Combate e Erradicação da Pobreza, e regulamenta a composição e o funcionamento do seu Conselho Consultivo e de Acompanhamento.

Art. 80. Compõem o Fundo de Combate e Erradicação da Pobreza:

► Art. 31, III, do Dec. nº 6.140, de 3-7-2007, que regulamenta a Contribuição Provisória sobre Movimentação ou Transmissão de Valores e de Créditos e Direitos de Natureza Financeira – CPMF.

I – a parcela do produto da arrecadação correspondente a um adicional de oito centésimos por cento, aplicável de 18 de junho de 2000 a 17 de junho de 2002, na alíquota da contribuição social de que trata o art. 75 do Ato das Disposições Constitucionais Transitórias;

▸ Art. 84 deste Ato.

▸ Art. 4º da EC nº 42, de 19-12-2003.

II – a parcela do produto da arrecadação correspondente a um adicional de cinco pontos percentuais na alíquota do Imposto sobre Produtos Industrializados – IPI, ou do imposto que vier a substituí-lo, incidente sobre produtos supérfluos e aplicável até a extinção do Fundo;

III – o produto da arrecadação do imposto de que trata o artigo 153, inciso VII, da Constituição;

IV – dotações orçamentárias;

V – doações, de qualquer natureza, de pessoas físicas ou jurídicas do País ou do exterior;

VI – outras receitas, a serem definidas na regulamentação do referido Fundo.

§ 1º Aos recursos integrantes do Fundo de que trata este artigo não se aplica o disposto nos artigos 159 e 167, inciso IV, da Constituição, assim como qualquer desvinculação de recursos orçamentários.

§ 2º A arrecadação decorrente do disposto no inciso I deste artigo, no período compreendido entre 18 de junho de 2000 e o início da vigência da lei complementar a que se refere o artigo 79, será integralmente repassada ao Fundo, preservando o seu valor real, em títulos públicos federais, progressivamente resgatáveis após 18 de junho de 2002, na forma da lei.

▸ Art. 80 acrescido pela EC nº 31, de 14-12-2000.

▸ LC nº 111, de 6-7-2001, dispõe sobre o Fundo de Combate e Erradicação da Pobreza, na forma prevista nos arts. 79 a 81 do ADCT.

Art. 81. É instituído Fundo constituído pelos recursos recebidos pela União em decorrência da desestatização de sociedades de economia mista ou empresas públicas por ela controladas, direta ou indiretamente, quando a operação envolver a alienação do respectivo controle acionário a pessoa ou entidade não integrante da Administração Pública, ou de participação societária remanescente após a alienação, cujos rendimentos, gerados a partir de 18 de junho de 2002, reverterão ao Fundo de Combate e Erradicação da Pobreza.

▸ Art. 31, III, do Dec. nº 6.140, de 3-7-2007, que regulamenta a Contribuição Provisória sobre Movimentação ou Transmissão de Valores e de Créditos e Direitos de Natureza Financeira – CPMF.

§ 1º Caso o montante anual previsto nos rendimentos transferidos ao Fundo de Combate e Erradicação da Pobreza, na forma deste artigo, não alcance o valor de quatro bilhões de reais, far-se-á complementação na forma do artigo 80, inciso IV, do Ato das Disposições Constitucionais Transitórias.

§ 2º Sem prejuízo do disposto no § 1º, o Poder Executivo poderá destinar o Fundo a que se refere este artigo outras receitas decorrentes da alienação de bens da União.

§ 3º A constituição do Fundo a que se refere o *caput*, a transferência de recursos ao Fundo de Combate e Erradicação da Pobreza e as demais disposições referentes ao § 1º deste artigo serão disciplinadas em lei, não se aplicando o disposto no artigo 165, § 9º, inciso II, da Constituição.

▸ Art. 81 acrescido pela EC nº 31, de 13-12-2000.

▸ LC nº 111, de 6-7-2001, dispõe sobre o Fundo de Combate e Erradicação da Pobreza, na forma prevista nos arts. 79 a 81 do ADCT.

Art. 82. Os Estados, o Distrito Federal e os Municípios devem instituir Fundos de Combate à Pobreza, com os recursos de que trata este artigo e outros que vierem a destinar, devendo os referidos Fundos ser geridos por entidades que contem com a participação da sociedade civil.

▸ *Caput* acrescido pela EC nº 31, de 14-12-2000.

▸ Art. 4º da EC nº 42, de 19-12-2003.

§ 1º Para o financiamento dos Fundos Estaduais e Distrital, poderá ser criado adicional de até dois pontos percentuais na alíquota do Imposto sobre Circulação de Mercadorias e Serviços – ICMS, sobre os produtos e serviços supérfluos e nas condições definidas na lei complementar de que trata o art. 155, § 2º, XII, da Constituição, não se aplicando, sobre este percentual, o disposto no art. 158, IV, da Constituição.

▸ § 1º com a redação dada pela EC nº 42, de 19-12-2003.

§ 2º Para o financiamento dos Fundos Municipais, poderá ser criado adicional de até meio ponto percentual na alíquota do Imposto sobre serviços ou do imposto que vier a substituí-lo, sobre os serviços supérfluos.

▶ § 2º acrescido pela EC nº 31, de 14-12-2000.

⋆ **Nova redação do dispositivo alterado:** "Art. 82. Os Estados, o Distrito Federal e os Municípios devem instituir Fundos de Combate à Pobreza, devendo os referidos Fundos ser geridos por entidades que contem com a participação da sociedade civil. § 1º Para o financiamento dos Fundos Estaduais, Distrital e Municipais, poderá ser destinado percentual do imposto previsto no art. 156-A da Constituição Federal e dos recursos distribuídos nos termos dos arts. 131 e 132 deste Ato das Disposições Constitucionais Transitórias, nos limites definidos em lei complementar, não se aplicando, sobre estes valores, o disposto no art. 158, IV, da Constituição Federal. § 2º *Revogado*. EC nº 132, de 20-12-2023."

▶ Art. 82 com a redação dada pela EC nº 132, de 20-12-2023, para vigorar a partir de 2033.

Art. 83. Lei federal definirá os produtos e serviços supérfluos a que se referem os arts. 80, II, e 82, § 2º.

▶ Artigo com a redação dada pela EC nº 42, de 19-12-2003.

Art. 84. A contribuição provisória sobre movimentação ou transmissão de valores e de créditos e direitos de natureza financeira, prevista nos arts. 74, 75 e 80, I, deste Ato das Disposições Constitucionais Transitórias, será cobrada até 31 de dezembro de 2004.

▶ Art. 90 deste Ato.

▶ Dec. nº 6.140, de 3-7-2007, regulamenta a Contribuição Provisória sobre Movimentação ou Transmissão de Valores e de Créditos e Direitos de Natureza Financeira – CPMF.

§ 1º Fica prorrogada, até a data referida no *caput* deste artigo, a vigência da Lei nº 9.311, de 24 de outubro de 1996, e suas alterações.

§ 2º Do produto da arrecadação da contribuição social de que trata este artigo será destinada a parcela correspondente à alíquota de:

▶ Art. 31 do Dec. nº 6.140, de 3-7-2007, que regulamenta a Contribuição Provisória sobre Movimentação ou Transmissão de Valores e de Créditos e Direitos de Natureza Financeira – CPMF.

I – vinte centésimos por cento ao Fundo Nacional de Saúde, para financiamento das ações e serviços de saúde;

II – dez centésimos por cento ao custeio da previdência social;

III – oito centésimos por cento ao Fundo de Combate e Erradicação da Pobreza, de que tratam os arts. 80 e 81 deste Ato das Disposições Constitucionais Transitórias.

§ 3º A alíquota da contribuição de que trata este artigo será de:

I – trinta e oito centésimos por cento, nos exercícios financeiros de 2002 e 2003;

II – *Revogado*. EC nº 42, de 19-12-2003.

▶ Art. 84 acrescido pela EC nº 37, de 12-6-2002.

Art. 85. A contribuição a que se refere o art. 84 deste Ato das Disposições Constitucionais Transitórias não incidirá, a partir do trigésimo dia da data de publicação desta Emenda Constitucional, nos lançamentos:

▶ Art. 3º do Dec. nº 6.140, de 3-7-2007, que regulamenta a Contribuição Provisória sobre Movimentação ou Transmissão de Valores e de Créditos e Direitos de Natureza Financeira – CPMF.

I – em contas correntes de depósito especialmente abertas e exclusivamente utilizadas para operações de:

▶ Art. 2º da Lei nº 10.892, de 13-7-2004, que dispõe sobre multas nos casos de utilização diversa da prevista na legislação das contas correntes de depósitos beneficiarias da alíquota 0 (zero), bem como da inobservância de normas baixadas pelo BACEN que resultem na falta de cobrança do CPMF devida.

a) câmaras e prestadoras de serviços de compensação e de liquidação de que trata o parágrafo único do art. 2º da Lei nº 10.214, de 27 de março de 2001;

b) companhias securitizadoras de que trata a Lei nº 9.514, de 20 de novembro de 1997;

c) sociedades anônimas que tenham por objeto exclusivo a aquisição de créditos oriundos de operações praticadas no mercado financeiro;

▶ Art. 2º, § 3º, da Lei nº 10.892, de 13-7-2004, que altera os arts. 8º e 16 da Lei nº 9.311, de 24-10-1996, que institui a Contribuição Provisória sobre Movimentação ou Transmissão de Valores e de Créditos e Direitos de Natureza Financeira – CPMF.

II – em contas correntes de depósito, relativos a:

a) operações de compra e venda de ações, realizadas em recintos ou sistemas de negociação de bolsas de valores e no mercado de balcão organizado;

b) contratos referenciados em ações ou índices de ações, em suas diversas modalidades, negociados em bolsas de valores, de mercadorias e de futuros;

III – em contas de investidores estrangeiros, relativos a entradas no País e a remessas para o exterior de recursos financeiros empregados, exclusivamente, em operações e contratos referidos no inciso II deste artigo.

§ 1º O Poder Executivo disciplinará o disposto neste artigo no prazo de trinta dias da data de publicação desta Emenda Constitucional.

§ 2º O disposto no inciso I deste artigo aplica-se somente às operações relacionadas em ato do Poder Executivo, dentre aquelas que constituam o objeto social das referidas entidades.

§ 3º O disposto no inciso II deste artigo aplica-se somente a operações e contratos efetuados por intermédio de instituições financeiras, sociedades corretoras de títulos e valores mobiliários, sociedades distribuidoras de títulos e valores mobiliários e sociedades corretoras de mercadorias.

▸ Art. 85 acrescido pela EC nº 37, de 12-6-2002.

Art. 86. Serão pagos conforme disposto no art. 100 da Constituição Federal, não se lhes aplicando a regra de parcelamento estabelecida no *caput* do art. 78 deste Ato das Disposições Constitucionais Transitórias, os débitos da Fazenda Federal, Estadual, Distrital ou Municipal oriundos de sentenças transitadas em julgado, que preencham, cumulativamente, as seguintes condições:

I – ter sido objeto de emissão de precatórios judiciários;

▸ Res. do CNJ nº 303, de 18-12-2019, dispõe sobre a gestão dos precatórios e respectivos procedimentos operacionais no âmbito do Poder Judiciário.

II – ter sido definidos como de pequeno valor pela lei de que trata o § 3º do art. 100 da Constituição Federal ou pelo art. 87 deste Ato das Disposições Constitucionais Transitórias;

III – estar, total ou parcialmente, pendentes de pagamento na data da publicação desta Emenda Constitucional.

§ 1º Os débitos a que se refere o *caput* deste artigo, ou os respectivos saldos, serão pagos na ordem cronológica de apresentação dos respectivos precatórios, com precedência sobre os de maior valor.

▸ Res. do CNJ nº 303, de 18-12-2019, dispõe sobre a gestão dos precatórios e respectivos procedimentos operacionais no âmbito do Poder Judiciário.

§ 2º Os débitos a que se refere o *caput* deste artigo, se ainda não tiverem sido objeto de pagamento parcial, nos termos do art. 78 deste Ato das Disposições Constitucionais Transitórias, poderão ser pagos em duas parcelas anuais, se assim dispuser a lei.

§ 3º Observada a ordem cronológica de sua apresentação, os débitos de natureza alimentícia previstos neste artigo terão precedência para pagamento sobre todos os demais.

▸ Art. 86 acrescido pela EC nº 37, de 12-6-2002.

Art. 87. Para efeito do que dispõem o § 3º do art. 100 da Constituição Federal e o art. 78 deste Ato das Disposições Constitucionais Transitórias serão considerados de pequeno valor, até que se dê a publicação oficial das respectivas leis definidoras pelos entes da Federação, observado o disposto no § 4º do art. 100 da Constituição Federal, os débitos ou obrigações consignados em precatório judiciário, que tenham valor igual ou inferior a:

I – quarenta salários mínimos, perante a Fazenda dos Estados e do Distrito Federal;

II – trinta salários mínimos, perante a Fazenda dos Municípios.

Parágrafo único. Se o valor da execução ultrapassar o estabelecido neste artigo, o pagamento far-se-á, sempre, por meio de precatório, sendo facultada à parte exequente a renúncia ao crédito do valor excedente, para que possa optar pelo pagamento do saldo sem o precatório, da forma prevista no § 3º do art. 100.

▸ Art. 87 acrescido pela EC nº 37, de 12-6-2002.

▸ Res. do CNJ nº 303, de 18-12-2019, dispõe sobre a gestão dos precatórios e respectivos procedimentos operacionais no âmbito do Poder Judiciário.

Art. 88. Enquanto lei complementar não disciplinar o disposto nos incisos I e III do § 3º do art. 156 da Constituição Federal, o imposto a que se refere o inciso III do *caput* do mesmo artigo:

I – terá alíquota mínima de dois por cento, exceto para os serviços a que se referem os itens 32, 33 e 34 da Lista de Serviços anexa ao Decreto-Lei nº 406, de 31 de dezembro de 1968;

II – não será objeto de concessão de isenções, incentivos e benefícios fiscais, que resulte, direta ou indiretamente, na redução da alíquota mínima estabelecida no inciso I.

► Art. 88 acrescido pela EC nº 37, de 12-6-2002.

Art. 89. Os integrantes da carreira policial militar e os servidores municipais do ex-Território Federal de Rondônia que, comprovadamente, se encontravam no exercício regular de suas funções prestando serviço àquele ex-Território na data em que foi transformado em Estado, bem como os servidores e os policiais militares alcançados pelo disposto no art. 36 da Lei Complementar nº 41, de 22 de dezembro de 1981, e aqueles admitidos regularmente nos quadros do Estado de Rondônia até a data de posse do primeiro Governador eleito, em 15 de março de 1987, constituirão, mediante opção, quadro em extinção da administração federal, assegurados os direitos e as vantagens a eles inerentes, vedado o pagamento, a qualquer título, de diferenças remuneratórias.

► *Caput* com a redação dada pela EC nº 60, de 11-11-2009.

► Art. 1º da EC nº 60, de 11-11-2009, que veda o pagamento, a qualquer título, em virtude da alteração pela referida Emenda, de ressarcimentos ou indenizações, de qualquer espécie, referentes a períodos anteriores à data de sua publicação (*DOU* de 12-11-2009).

► Arts. 2º, 4º e 5º da EC nº 79, de 27-5-2014, que altera o art. 31 da EC nº 19, de 4-6-1998, para prever a inclusão, em quadro em extinção da Administração Federal, de servidores e policiais militares admitidos pelos Estados do Amapá e de Roraima, na fase de instalação dessas unidades federadas.

► Lei nº 13.681, de 18-6-2018, que dispõe sobre as tabelas de salários, vencimentos, soldos e demais vantagens aplicáveis aos servidores civis, aos militares e aos empregados dos ex-Territórios Federais, integrantes do quadro em extinção de que trata este artigo.

§ 1º Os membros da Polícia Militar continuarão prestando serviços ao Estado de Rondônia, na condição de cedidos, submetidos às corporações da Polícia Militar, observadas as atribuições de função compatíveis com o grau hierárquico.

§ 2º Os servidores a que se refere o *caput* continuarão prestando serviços ao Estado de Rondônia na condição de cedidos, até seu aproveitamento em órgão ou entidade da administração federal direta, autárquica ou fundacional.

► §§ 1º e 2º acrescidos pela EC nº 60, de 11-11-2009.

Art. 90. O prazo previsto no *caput* do art. 84 deste Ato das Disposições Constitucionais Transitórias fica prorrogado até 31 de dezembro de 2007.

§ 1º Fica prorrogada, até a data referida no *caput* deste artigo, a vigência da Lei nº 9.311, de 24 de outubro de 1996, e suas alterações.

§ 2º Até a data referida no *caput* deste artigo, a alíquota da contribuição de que trata o art. 84 deste Ato das Disposições Constitucionais Transitórias será de trinta e oito centésimos por cento.

► Art. 90 acrescido pela EC nº 42, de 19-12-2003.

Art. 91. *Revogado.* EC nº 109, de 15-3-2021.

Art. 92. São acrescidos dez anos ao prazo fixado no art. 40 deste Ato das Disposições Constitucionais Transitórias.

► Artigo acrescido pela EC nº 42, de 19-12-2003.

► Art. 92-A deste Ato.

Art. 92-A. São acrescidos 50 (cinquenta) anos ao prazo fixado pelo art. 92 deste Ato das Disposições Constitucionais Transitórias.

► Artigo acrescido pela EC nº 83, de 5-8-2014.

Art. 92-B. As leis instituidoras dos tributos previstos nos arts. 156-A e 195, V, da Constituição Federal estabelecerão os mecanismos necessários, com ou sem contrapartidas, para manter, em caráter geral, o diferencial competitivo assegurado à Zona Franca de Manaus pelos arts. 40 e 92-A e às áreas de livre comércio existentes em 31 de maio de 2023, nos níveis estabelecidos pela legislação relativa aos tributos extintos a que se referem os arts. 126 a 129, todos deste Ato das Disposições Constitucionais Transitórias.

§ 1º Para assegurar o disposto no caput, serão utilizados, isolada ou cumulativamente, instrumentos fiscais, econômicos ou financeiros.

§ 2º Lei complementar instituirá Fundo de Sustentabilidade e Diversificação Econômica do Estado do Amazonas, que será constituído com recursos da União e por ela gerido, com a efetiva participação do Estado do Amazonas na definição das políticas, com o objetivo de fomentar o desenvolvimento e a diversificação das atividades econômicas no Estado.

§ 3º A lei complementar de que trata o § 2º:

I – estabelecerá o montante mínimo de aporte anual de recursos ao Fundo, bem como os critérios para sua correção;
II – preverá a possibilidade de utilização dos recursos do Fundo para compensar eventual perda de receita do Estado do Amazonas em função das alterações no sistema tributário decorrentes da instituição dos tributos previstos nos arts. 156-A e 195, V, da Constituição Federal.

§ 4º A União, mediante acordo com o Estado do Amazonas, poderá reduzir o alcance dos instrumentos previstos no § 1º, condicionado ao aporte de recursos adicionais ao Fundo de que trata o § 2º, asseguradas a diversificação das atividades econômicas e a antecedência mínima de 3 (três) anos.

§ 5º Não se aplica aos mecanismos previstos no caput o disposto nos incisos III e IV do caput do art. 149-B da Constituição Federal.

§ 6º Lei complementar instituirá Fundo de Desenvolvimento Sustentável dos Estados da Amazônia Ocidental e do Amapá, que será constituído com recursos da União e por ela gerido, com a efetiva participação desses Estados na definição das políticas, com o objetivo de fomentar o desenvolvimento e a diversificação de suas atividades econômicas.

§ 7º O Fundo de que trata o § 6º será integrado pelos Estados onde estão localizadas as áreas de livre comércio de que trata o caput e observará, no que couber, o disposto no § 3º, I e II, sendo, quanto a este inciso, considerados os respectivos Estados, e no § 4º.

► Art. 92-B acrescido pela EC nº 132, de 20-12-2023.

Art. 93. A vigência do disposto no art. 159, III, e § 4º, iniciará somente após a edição da lei de que trata o referido inciso III.

► Artigo acrescido pela EC nº 42, de 19-12-2003.

Art. 94. Os regimes especiais de tributação para microempresas e empresas de pequeno porte próprios da União, dos Estados, do Distrito Federal e dos Municípios cessarão a partir da entrada em vigor do regime previsto no art. 146, III, *d*, da Constituição.

► Artigo acrescido pela EC nº 42, de 19-12-2003.

Art. 95. Os nascidos no estrangeiro entre 7 de junho de 1994 e a data da promulgação desta Emenda Constitucional, filhos de pai brasileiro ou mãe brasileira, poderão ser registrados em repartição diplomática ou consular brasileira competente ou em ofício de registro, se vierem a residir na República Federativa do Brasil.

► Artigo acrescido pela EC nº 54, de 20-9-2007.

► Art. 12 desta Constituição.

Art. 96. Ficam convalidados os atos de criação, fusão, incorporação e desmembramento de Municípios, cuja lei tenha sido publicada até 31 de dezembro de 2006, atendidos os requisitos estabelecidos na legislação do respectivo Estado à época de sua criação.

► Artigo acrescido pela EC nº 57, de 18-12-2008.

Art. 97. Até que seja editada a Lei Complementar de que trata o § 15 do art. 100 da Constituição Federal, os Estados, o Distrito Federal e os Municípios que, na data de publicação desta Emenda Constitucional, estejam em mora na quitação de precatórios vencidos, relativos às suas administrações direta e indireta, inclusive os emitidos durante o período de vigência do regime especial instituído por este artigo, farão esses pagamentos de acordo com as normas a seguir estabelecidas, sendo inaplicável o disposto no art. 100 desta Constituição Federal, exceto em seus §§ 2º, 3º, 9º, 10, 11, 12, 13 e 14, e sem prejuízo dos acordos de juízos conciliatórios já formalizados na data de promulgação desta Emenda Constitucional.

► O STF, por maioria dos votos, julgou parcialmente procedente a ADIN nº 4.425, para declarar a inconstitucionalidade deste artigo.

► Art. 3º da EC nº 62, de 9-12-2009, que estabelece que a implantação do regime de pagamento criado por este artigo deverá ocorrer no prazo de até 90 (noventa dias), contados da data de sua publicação (*DOU* de 10-12-2009).

§ 1º Os Estados, o Distrito Federal e os Municípios sujeitos ao regime especial de que trata este artigo optarão, por meio de ato do Poder Executivo:

► Art. 4º da EC nº 62, de 9-12-2009, que estabelece os casos em que a entidade federativa voltará a observar somente o disposto no art. 100 da CF.

I – pelo depósito em conta especial do valor referido pelo § 2º deste artigo; ou
II – pela adoção do regime especial pelo prazo de até 15 (quinze) anos, caso em que o percentual a ser depositado na conta especial a que se refere o § 2º deste artigo corresponderá, anual-

ADCT

mente, ao saldo total dos precatórios devidos, acrescido do índice oficial de remuneração básica da caderneta de poupança e de juros simples no mesmo percentual de juros incidentes sobre a caderneta de poupança para fins de compensação da mora, excluída a incidência de juros compensatórios, diminuído das amortizações e dividido pelo número de anos restantes no regime especial de pagamento.

§ 2º Para saldar os precatórios, vencidos e a vencer, pelo regime especial, os Estados, o Distrito Federal e os Municípios devedores depositarão mensalmente, em conta especial criada para tal fim, 1/12 (um doze avos) do valor calculado percentualmente sobre as respectivas receitas correntes líquidas, apuradas no segundo mês anterior ao mês de pagamento, sendo que esse percentual, calculado no momento de opção pelo regime e mantido fixo até o final do prazo a que se refere o § 14 deste artigo, será:

I – para os Estados e para o Distrito Federal:

a) de, no mínimo, 1,5% (um inteiro e cinco décimos por cento), para os Estados das regiões Norte, Nordeste e Centro-Oeste, além do Distrito Federal, ou cujo estoque de precatórios pendentes das suas administrações direta e indireta corresponder a até 35% (trinta e cinco por cento) do total da receita corrente líquida;

b) de, no mínimo, 2% (dois por cento), para os Estados das regiões Sul e Sudeste, cujo estoque de precatórios pendentes das suas administrações direta e indireta corresponder a mais de 35% (trinta e cinco por cento) da receita corrente líquida;

II – para Municípios:

a) de, no mínimo, 1% (um por cento), para Municípios das regiões Norte, Nordeste e Centro-Oeste, ou cujo estoque de precatórios pendentes das suas administrações direta e indireta corresponder a até 35% (trinta e cinco por cento) da receita corrente líquida;

b) de, no mínimo, 1,5% (um inteiro e cinco décimos por cento), para Municípios das regiões Sul e Sudeste, cujo estoque de precatórios pendentes das suas administrações direta e indireta corresponder a mais de 35 % (trinta e cinco por cento) da receita corrente líquida.

§ 3º Entende-se como receita corrente líquida, para os fins de que trata este artigo, o somatório das receitas tributárias, patrimoniais, industriais, agropecuárias, de contribuições e de serviços, transferências correntes e outras receitas correntes, incluindo as oriundas do § 1º do art. 20 da Constituição Federal, verificado no período compreendido pelo mês de referência e os 11 (onze) meses anteriores, excluídas as duplicidades, e deduzidas:

I – nos Estados, as parcelas entregues aos Municípios por determinação constitucional;

II – nos Estados, no Distrito Federal e nos Municípios, a contribuição dos servidores para custeio do seu sistema de previdência e assistência social e as receitas provenientes da compensação financeira referida no § 9º do art. 201 da Constituição Federal.

§ 4º As contas especiais de que tratam os §§ 1º e 2º serão administradas pelo Tribunal de Justiça local, para pagamento de precatórios expedidos pelos tribunais.

§ 5º Os recursos depositados nas contas especiais de que tratam os §§ 1º e 2º deste artigo não poderão retornar para Estados, Distrito Federal e Municípios devedores.

§ 6º Pelo menos 50% (cinquenta por cento) dos recursos de que tratam os §§ 1º e 2º deste artigo serão utilizados para pagamento de precatórios em ordem cronológica de apresentação, respeitadas as preferências definidas no § 1º, para os requisitórios do mesmo ano e no § 2º do art. 100, para requisitórios de todos os anos.

§ 7º Nos casos em que não se possa estabelecer a precedência cronológica entre 2 (dois) precatórios, pagar-se-á primeiramente o precatório de menor valor.

§ 8º A aplicação dos recursos restantes dependerá de opção a ser exercida por Estados, Distrito Federal e Municípios devedores, por ato do Poder Executivo, obedecendo à seguinte forma, que poderá ser aplicada isoladamente ou simultaneamente:

I – destinados ao pagamento dos precatórios por meio do leilão;

II – destinados a pagamento a vista de precatórios não quitados na forma do § 6º e do inciso I, em ordem única e crescente de valor por precatório;

III – destinados a pagamento por acordo direto com os credores, na forma estabelecida por lei própria da entidade devedora, que poderá prever criação e forma de funcionamento de câmara de conciliação.

§ 9º Os leilões de que trata o inciso I do § 8º deste artigo:

I – serão realizados por meio de sistema eletrônico administrado por entidade autorizada pela Comissão de Valores Mobiliários ou pelo Banco Central do Brasil;

II – admitirão a habilitação de precatórios, ou parcela de cada precatório indicada pelo seu detentor, em relação aos quais não esteja pendente, no âmbito do Poder Judiciário, recurso ou impugnação de qualquer natureza, permitida por iniciativa do Poder Executivo a compensação com débitos líquidos e certos, inscritos ou não em dívida ativa e constituídos contra devedor originário pela Fazenda Pública devedora até a data da expedição do precatório, ressalvados aqueles cuja exigibilidade esteja suspensa nos termos da legislação, ou que já tenham sido objeto de abatimento nos termos do § 9º do art. 100 da Constituição Federal;

III – ocorrerão por meio de oferta pública a todos os credores habilitados pelo respectivo ente federativo devedor;

IV – considerarão automaticamente habilitado o credor que satisfaça o que consta no inciso II;

V – serão realizados tantas vezes quanto necessário em função do valor disponível;

VI – a competição por parcela do valor total ocorrerá a critério do credor, com deságio sobre o valor desta;

VII – ocorrerão na modalidade deságio, associado ao maior volume ofertado cumulado ou não com o maior percentual de deságio, pelo maior percentual de deságio, podendo ser fixado valor máximo por credor, ou por outro critério a ser definido em edital;

VIII – o mecanismo de formação de preço constará nos editais publicados para cada leilão;

IX – a quitação parcial dos precatórios será homologada pelo respectivo Tribunal que o expediu.

§ 10. No caso de não liberação tempestiva dos recursos de que tratam o inciso II do § 1º e os §§ 2º e 6º deste artigo:

I – haverá o sequestro de quantia nas contas de Estados, Distrito Federal e Municípios devedores, por ordem do Presidente do Tribunal referido no § 4º, até o limite do valor não liberado;

II – constituir-se-á, alternativamente, por ordem do Presidente do Tribunal requerido, em favor dos credores de precatórios, contra Estados, Distrito Federal e Municípios devedores, direito líquido e certo, autoaplicável e independentemente de regulamentação, à compensação automática com débitos líquidos lançados por esta contra aqueles, e, havendo saldo em favor do credor, o valor terá automaticamente poder liberatório do pagamento de tributos de Estados, Distrito Federal e Municípios devedores, até onde se compensarem;

III – o chefe do Poder Executivo responderá na forma da legislação de responsabilidade fiscal e de improbidade administrativa;

IV – enquanto perdurar a omissão, a entidade devedora:

a) não poderá contrair empréstimo externo ou interno;

b) ficará impedida de receber transferências voluntárias;

V – a União reterá os repasses relativos ao Fundo de Participação dos Estados e do Distrito Federal e ao Fundo de Participação dos Municípios, e os depositará nas contas especiais referidas no § 1º, devendo sua utilização obedecer ao que prescreve o § 5º, ambos deste artigo.

§ 11. No caso de precatórios relativos a diversos credores, em litisconsórcio, admite-se o desmembramento do valor, realizado pelo Tribunal de origem do precatório, por credor, e, por este, a habilitação do valor total a que tem direito, não se aplicando, neste caso, a regra do § 3º do art. 100 da Constituição Federal.

§ 12. Se a lei a que se refere o § 4º do art. 100 não estiver publicada em até 180 (cento e oitenta) dias, contados da data de publicação desta Emenda Constitucional, será considerado, para os fins referidos, em relação a Estados, Distrito Federal e Municípios devedores, omissos na regulamentação, o valor de:

I – 40 (quarenta) salários mínimos para Estados e para o Distrito Federal;

II – 30 (trinta) salários mínimos para Municípios.

§ 13. Enquanto Estados, Distrito Federal e Municípios devedores estiverem realizando pagamentos de precatórios pelo regime especial, não poderão sofrer sequestro de valores, exceto no caso de não liberação tempestiva dos recursos de que tratam o inciso II do § 1º e o § 2º deste artigo.

§ 14. O regime especial de pagamento de precatório previsto no inciso I do § 1º vigorará enquanto o valor dos precatórios devidos for superior ao valor dos recursos vinculados, nos termos do § 2º, ambos deste artigo, ou pelo prazo fixo de até 15 (quinze) anos, no caso da opção prevista no inciso II do § 1º.

§ 15. Os precatórios parcelados na forma do art. 33 ou do art. 78 deste Ato das Disposições Constitucionais Transitórias e ainda pendentes de pagamento ingressarão no regime especial com o valor atualizado das parcelas não pagas relativas a cada precatório, bem como o saldo dos acordos judiciais e extrajudiciais.

§ 16. A partir da promulgação desta Emenda Constitucional, a atualização de valores de requisitórios, até o efetivo pagamento, independentemente de sua natureza, será feita pelo índice oficial de remuneração básica da caderneta de poupança, e, para fins de compensação da mora, incidirão juros simples no mesmo percentual de juros incidentes sobre a caderneta de poupança, ficando excluída a incidência de juros compensatórios.

§ 17. O valor que exceder o limite previsto no § 2º do art. 100 da Constituição Federal será pago, durante a vigência do regime especial, na forma prevista nos §§ 6º e 7º ou nos incisos I, II e III do § 8º deste artigo, devendo os valores dispendidos para o atendimento do disposto no § 2º do art. 100 da Constituição Federal serem computados para efeito do § 6º deste artigo.

§ 18. Durante a vigência do regime especial a que se refere este artigo, gozarão também da preferência a que se refere o § 6º os titulares originais de precatórios que tenham completado 60 (sessenta) anos de idade até a data da promulgação desta Emenda Constitucional.

► Art. 97 acrescido pela EC nº 62, de 9-12-2009.

Art. 98. O número de defensores públicos na unidade jurisdicional será proporcional à efetiva demanda pelo serviço da Defensoria Pública e à respectiva população.

§ 1º No prazo de 8 (oito) anos, a União, os Estados e o Distrito Federal deverão contar com defensores públicos em todas as unidades jurisdicionais, observado o disposto no *caput* deste artigo.

§ 2º Durante o decurso do prazo previsto no § 1º deste artigo, a lotação dos defensores públicos ocorrerá, prioritariamente, atendendo as regiões com maiores índices de exclusão social e adensamento populacional.

► Art. 98 acrescido pela EC nº 80, de 4-6-2014.

► Art. 134 da CF.

Art. 99. Para efeito do disposto no inciso VII do § 2º do art. 155, no caso de operações e prestações que destinem bens e serviços a consumidor final não contribuinte localizado em outro Estado, o imposto correspondente à diferença entre a alíquota interna e a interestadual será partilhado entre os Estados de origem e de destino, na seguinte proporção:

I – para o ano de 2015: 20% (vinte por cento) para o Estado de destino e 80% (oitenta por cento) para o Estado de origem;

II – para o ano de 2016: 40% (quarenta por cento) para o Estado de destino e 60% (sessenta por cento) para o Estado de origem;

III – para o ano de 2017: 60% (sessenta por cento) para o Estado de destino e 40% (quarenta por cento) para o Estado de origem;

IV – para o ano de 2018: 80% (oitenta por cento) para o Estado de destino e 20% (vinte por cento) para o Estado de origem;

V – a partir do ano de 2019: 100% (cem por cento) para o Estado de destino.

► Art. 99 acrescido pela EC nº 87, de 16-4-2015.

Art. 100. Até que entre em vigor a lei complementar de que trata o inciso II do § 1º do art. 40 da Constituição Federal, os Ministros do Supremo Tribunal Federal, dos Tribunais Superiores e do Tribunal de Contas da União aposentar-se-ão, compulsoriamente, aos 75 (setenta e cinco) anos de idade, nas condições do art. 52 da Constituição Federal.

► Artigo acrescido pela EC nº 88, de 7-5-2015.

► O STF, por maioria de votos, deferiu o pedido de medida cautelar na ADIN nº 5.316 (*DOU* de 9-6-2015), para: "1) suspender a aplicação da expressão *"nas condições do art. 52 da Constituição Federal"* contida no art. 100 do ADCT, introduzido pela EC nº 88/2015, por vulnerar as condições materiais necessárias ao exercício imparcial e independente da função jurisdicional, ultrajando a separação dos Poderes, cláusula pétrea inscrita no art. 60, § 4º, III, da CRFB; 2) fixar a interpretação, quanto à parte remanescente da EC nº 88/2015, de que o art. 100 do ADCT não pode ser estendido a outros agentes públicos até que seja editada a lei complementar a que alude o art. 40, § 1º, II, da CRFB, a qual, quanto à magistratura, é a lei complementar de iniciativa do Supremo Tribunal Federal nos termos do art. 93 da CRFB; 3) suspender a tramitação de todos os processos que envolvam a aplicação a magistrados do art. 40, § 1º, II da CRFB e do art. 100 do ADCT, até o julgamento definitivo da presente demanda, e 4) declarar sem efeito todo e qualquer pronunciamento judicial ou administrativo que afaste, amplie ou reduza a literalidade do comando previsto no art. 100 do ADCT e, com base neste fundamento, assegure a qualquer outro agente público o exercício das funções relativas a cargo efetivo após ter completado setenta anos de idade."

Art. 101. Os Estados, o Distrito Federal e os Municípios que, em 25 de março de 2015, se encontravam em mora no pagamento de seus precatórios quitarão, até 31 de dezembro de 2029, seus débitos vencidos e os que vencerão dentro desse período, atualizados pelo Índice Nacional de Preços ao Consumidor Amplo Especial (IPCA-E), ou por outro índice que venha a substituí-lo, depositando mensalmente em conta especial do Tribunal de Justiça local, sob única e exclusiva administração deste, 1/12 (um doze avos) do valor calculado percentualmente sobre suas receitas correntes líquidas apuradas no segundo mês anterior ao mês de pagamento, em percentual suficiente para a quitação de seus débitos e, ainda que variável, nunca inferior, em cada exercício, ao percentual praticado na data da entrada em vigor do regime especial a que se refere este artigo, em conformidade com plano de pagamento a ser anualmente apresentado ao Tribunal de Justiça local.

► *Caput* com a redação dada pela EC nº 109, de 15-3-2021.

§ 1º Entende-se como receita corrente líquida, para os fins de que trata este artigo, o somatório das receitas tributárias, patrimoniais, industriais, agropecuárias, de contribuições e de serviços, de transferências correntes e outras receitas correntes, incluindo as oriundas do § 1º do art. 20 da Constituição Federal, verificado no período compreendido pelo segundo mês imediatamente anterior ao de referência e os 11 (onze) meses precedentes, excluídas as duplicidades, e deduzidas:

I – nos Estados, as parcelas entregues aos Municípios por determinação constitucional;

II – nos Estados, no Distrito Federal e nos Municípios, a contribuição dos servidores para custeio de seu sistema de previdência e assistência social e as receitas provenientes da compensação financeira referida no § 9º do art. 201 da Constituição Federal.

► § 1º acrescido pela EC nº 94, de 15-12-2016.

§ 2º O débito de precatórios será pago com recursos orçamentários próprios provenientes das fontes de receita corrente líquida referidas no § 1º deste artigo e, adicionalmente, poderão ser utilizados recursos dos seguintes instrumentos:

► *Caput* do § 2º com a redação dada pela EC nº 99, de 14-12-2017.

I – até 75% (setenta e cinco por cento) dos depósitos judiciais e dos depósitos administrativos em dinheiro referentes a processos judiciais ou administrativos, tributários ou não tributários, nos quais sejam parte os Estados, o Distrito Federal ou os Municípios, e as respectivas autarquias, fundações e empresas estatais dependentes, mediante a instituição de fundo garantidor em montante equivalente a 1/3 (um terço) dos recursos levantados, constituído pela parcela restante dos depósitos judiciais e remunerado pela taxa referencial do Sistema Especial de Liquidação e de Custódia (SELIC) para títulos federais, nunca inferior aos índices e critérios aplicados aos depósitos levantados;

► Inciso I com a redação dada pela EC nº 99, de 14-12-2017.

II – até 30% (trinta por cento) dos demais depósitos judiciais da localidade sob jurisdição do respectivo Tribunal de Justiça, mediante a instituição de fundo garantidor em montante equivalente aos recursos levantados, constituído pela parcela restante dos depósitos judiciais e remunerado pela taxa referencial do Sistema Especial de Liquidação e de Custódia (SELIC) para títulos federais, nunca inferior aos índices e critérios aplicados aos depósitos levantados, destinando-se:

► *Caput* do inciso II com a redação dada pela EC nº 99, de 14-12-2017.

a) no caso do Distrito Federal, 100% (cem por cento) desses recursos ao próprio Distrito Federal;

► Alínea *a* acrescida pela EC nº 94, de 15-12-2016.

b) no caso dos Estados, 50% (cinquenta por cento) desses recursos ao próprio Estado e 50% (cinquenta por cento) aos respectivos Municípios, conforme a circunscrição judiciária onde estão depositados os recursos, e, se houver mais de um Município na mesma circunscrição judiciária, os recursos serão rateados entre os Municípios concorrentes, proporcionalmente às respectivas populações, utilizado como referência o último levantamento censitário ou a mais recente es-

ADCT

timativa populacional da Fundação Instituto Brasileiro de Geografia e Estatística (IBGE);

► Alínea *b* com a redação dada pela EC nº 99, de 14-12-2017.

III – empréstimos, excetuados para esse fim os limites de endividamento de que tratam os incisos VI e VII do *caput* do art. 52 da Constituição Federal e quaisquer outros limites de endividamento previstos em lei, não se aplicando a esses empréstimos a vedação de vinculação de receita prevista no inciso IV do *caput* do art. 167 da Constituição Federal;

► Inciso III com a redação dada pela EC nº 99, de 14-12-2017.

IV – a totalidade dos depósitos em precatórios e requisições diretas de pagamento de obrigações de pequeno valor efetuados até 31 de dezembro de 2009 e ainda não levantados, com o cancelamento dos respectivos requisitórios e a baixa das obrigações, assegurada a revalidação dos requisitórios pelos juízos dos processos perante os Tribunais, a requerimento dos credores e após a oitiva da entidade devedora, mantidas a posição de ordem cronológica original e a remuneração de todo o período.

► Inciso IV acrescido pela EC nº 99, de 14-12-2017.

§ 3º Os recursos adicionais previstos nos incisos I, II e IV do § 2º deste artigo serão transferidos diretamente pela instituição financeira depositária para a conta especial referida no *caput* deste artigo, sob única e exclusiva administração do Tribunal de Justiça local, e essa transferência deverá ser realizada em até sessenta dias contados a partir da entrada em vigor deste parágrafo, sob pena de responsabilização pessoal do dirigente da instituição financeira por improbidade.

► § 3º acrescido pela EC nº 99, de 14-12-2017.

§ 4º *Revogado*. EC nº 109, de 15-3-2021.

§ 5º Os empréstimos de que trata o inciso III do § 2º deste artigo poderão ser destinados, por meio de ato do Poder Executivo, exclusivamente ao pagamento de precatórios por acordo direto com os credores, na forma do disposto no inciso III do § 8º do art. 97 deste Ato das Disposições Constitucionais Transitórias.

► § 5º acrescido pela EC nº 113, de 8-12-2021.

Art. 102. Enquanto viger o regime especial previsto nesta Emenda Constitucional, pelo menos 50% (cinquenta por cento) dos recursos que, nos termos do art. 101 deste Ato das Disposições Constitucionais Transitórias, forem destinados ao pagamento dos precatórios em mora serão utilizados no pagamento segundo a ordem cronológica de apresentação, respeitadas as preferências dos créditos alimentares, e, nessas, as relativas à idade, ao estado de saúde e à deficiência, nos termos do § 2º do art. 100 da Constituição Federal, sobre todos os demais créditos de todos os anos.

► *Caput* acrescido pela EC nº 94, de 15-12-2016.

§ 1º A aplicação dos recursos remanescentes, por opção a ser exercida por Estados, Distrito Federal e Municípios, por ato do respectivo Poder Executivo, observada a ordem de preferência dos credores, poderá ser destinada ao pagamento mediante acordos diretos, perante Juízos Auxiliares de Conciliação de Precatórios, com redução máxima de 40% (quarenta por cento) do valor do crédito atualizado, desde que em relação ao crédito não penda recurso ou defesa judicial e que sejam observados os requisitos definidos na regulamentação editada pelo ente federado.

► Parágrafo único transformado em § 1º pela EC nº 99, de 14-12-2017.

§ 2º Na vigência do regime especial previsto no art. 101 deste Ato das Disposições Constitucionais Transitórias, as preferências relativas à idade, ao estado de saúde e à deficiência serão atendidas até o valor equivalente ao quíntuplo fixado em lei para os fins do disposto no § 3º do art. 100 da Constituição Federal, admitido o fracionamento para essa finalidade, e o restante será pago em ordem cronológica de apresentação do precatório.

► § 2º acrescido pela EC nº 99, de 14-12-2017.

Art. 103. Enquanto os Estados, o Distrito Federal e os Municípios estiverem efetuando o pagamento da parcela mensal devida como previsto no *caput* do art. 101 deste Ato das Disposições Constitucionais Transitórias, nem eles, nem as respectivas autarquias, fundações e empresas estatais dependentes poderão sofrer sequestro de valores, exceto no caso de não liberação tempestiva dos recursos.

► *Caput* acrescido pela EC nº 94, de 15-12-2016.

Parágrafo único. Na vigência do regime especial previsto no art. 101 deste Ato das Disposições Constitucionais Transitórias, ficam vedadas desapropriações pelos Estados, pelo Distrito Federal e pelos Municípios, cujos estoques de precatórios ainda pendentes de pagamento, incluídos os precatórios a pagar de suas entidades da administração indireta, sejam superiores a 70% (setenta por cento) das respectivas receitas correntes líquidas, excetuadas as desapropriações para fins de necessidade pública nas áreas de saúde, educação, segurança pública, transporte público, saneamento básico e habitação de interesse social.

► Parágrafo único acrescido pela EC nº 99, de 14-12-2017.

Art. 104. Se os recursos referidos no art. 101 deste Ato das Disposições Constitucionais Transitórias para o pagamento de precatórios não forem tempestivamente liberados, no todo ou em parte:

► *Caput* acrescido pela EC nº 94, de 15-12-2016.

I – o Presidente do Tribunal de Justiça local determinará o sequestro, até o limite do valor não liberado, das contas do ente federado inadimplente;

II – o chefe do Poder Executivo do ente federado inadimplente responderá, na forma da legislação de responsabilidade fiscal e de improbidade administrativa;

III – a União reterá os recursos referentes aos repasses ao Fundo de Participação dos Estados e do Distrito Federal e ao Fundo de Participação dos Municípios e os depositará na conta especial referida no art. 101 deste Ato das Disposições Constitucionais Transitórias, para utilização como nele previsto;

► Incisos I a III acrescidos pela EC nº 94, de 15-12-2016.

IV – os Estados e o Comitê Gestor do Imposto sobre Bens e Serviços reterão os repasses previstos, respectivamente, nos §§ 1º e 2º do art. 158 da Constituição Federal e os depositarão na conta especial referida no art. 101 deste Ato das Disposições Constitucionais Transitórias, para utilização como nele previsto.

► Inciso IV com a redação dada pela EC nº 132, de 20-12-2023.

★ **Nova redação do dispositivo alterado:** "IV – o Comitê Gestor do Imposto sobre Bens e Serviços reterá os repasses previstos no § 2º do art. 158 da Constituição Federal e os depositará na conta especial referida no art. 101 deste Ato das Disposições Constitucionais Transitórias, para utilização como nele previsto."

► Inciso IV com a redação dada pela EC nº 132, de 20-12-2023, para vigorar a partir de 2033.

Parágrafo único. Enquanto perdurar a omissão, o ente federado não poderá contrair empréstimo externo ou interno, exceto para os fins previstos no § 2º do art. 101 deste Ato das Disposições Constitucionais Transitórias, e ficará impedido de receber transferências voluntárias.

► Parágrafo único acrescido pela EC nº 94, de 15-12-2016.

Art. 105. Enquanto viger o regime de pagamento de precatórios previsto no art. 101 deste Ato das Disposições Constitucionais Transitórias, é facultada aos credores de precatórios, próprios ou de terceiros, a compensação com débitos de natureza tributária ou de outra natureza que até 25 de março de 2015 tenham sido inscritos na dívida ativa dos Estados, do Distrito Federal ou dos Municípios, observados os requisitos definidos em lei própria do ente federado.

► *Caput* acrescido pela EC nº 94, de 15-12-2016.

§ 1º Não se aplica às compensações referidas no *caput* deste artigo qualquer tipo de vinculação, como as transferências a outros entes e as destinadas à educação, à saúde e a outras finalidades.

► Parágrafo único transformado em § 1º pela EC nº 99, de 14-12-2017.

§ 2º Os Estados, o Distrito Federal e os Municípios regulamentarão nas respectivas leis o disposto no *caput* deste artigo em até cento e vinte dias a partir de 1º de janeiro de 2018.

§ 3º Decorrido o prazo estabelecido no § 2º deste artigo sem a regulamentação nele prevista, ficam os credores de precatórios autorizados a exercer a faculdade a que se refere o *caput* deste artigo.

► §§ 2º e 3º acrescidos pela EC nº 99, de 14-12-2017.

Arts. 106 e 107. *Revogados.* EC nº 126, de 21-12-2022.

Art. 107-A. Até o fim de 2026, fica estabelecido, para cada exercício financeiro, limite para alocação na proposta orçamentária das despesas com pagamentos em virtude de sentença judiciária de que trata o art. 100 da Constituição Federal, equivalente ao valor da despesa paga no exercício de 2016, incluídos os restos a pagar pagos, corrigido, para o exercício de 2017, em

7,2% (sete inteiros e dois décimos por cento) e, para os exercícios posteriores, pela variação do Índice Nacional de Preços ao Consumidor Amplo (IPCA), publicado pela Fundação Instituto Brasileiro de Geografia e Estatística, ou de outro índice que vier a substituí-lo, apurado no exercício anterior a que se refere a lei orçamentária, devendo o espaço fiscal decorrente da diferença entre o valor dos precatórios expedidos e o respectivo limite ser destinado ao programa previsto no parágrafo único do art. 6º e à seguridade social, nos termos do art. 194, ambos da Constituição Federal, a ser calculado da seguinte forma:

▶ *Caput* do art. 107-A com a redação dada pela EC nº 126, de 21-12-2022.

I – no exercício de 2022, o espaço fiscal decorrente da diferença entre o valor dos precatórios expedidos e o limite estabelecido no *caput* deste artigo deverá ser destinado ao programa previsto no parágrafo único do art. 6º e à seguridade social, nos termos do art. 194, ambos da Constituição Federal;

II – no exercício de 2023, pela diferença entre o total de precatórios expedidos entre 2 de julho de 2021 e 2 de abril de 2022 e o limite de que trata o *caput* deste artigo válido para o exercício de 2023; e

III – nos exercícios de 2024 a 2026, pela diferença entre o total de precatórios expedidos entre 3 de abril de dois anos anteriores e 2 de abril do ano anterior ao exercício e o limite de que trata o *caput* deste artigo válido para o mesmo exercício.

▶ Incisos I a III acrescidos pela EC nº 114, de 16-12-2021.

§ 1º O limite para o pagamento de precatórios corresponderá, em cada exercício, ao limite previsto no *caput* deste artigo, reduzido da projeção para a despesa com o pagamento de requisições de pequeno valor para o mesmo exercício, que terão prioridade no pagamento.

§ 2º Os precatórios que não forem pagos em razão do previsto neste artigo terão prioridade para pagamento em exercícios seguintes, observada a ordem cronológica e o disposto no § 8º deste artigo.

§ 3º É facultado ao credor de precatório que não tenha sido pago em razão do disposto neste artigo, além das hipóteses previstas no § 11 do art. 100 da Constituição Federal e sem prejuízo dos procedimentos previstos nos §§ 9º e 21 do referido artigo, optar pelo recebimento, mediante acordos diretos perante Juízos Auxiliares de Conciliação de Pagamento de Condenações Judiciais contra a Fazenda Pública Federal, em parcela única, até o final do exercício seguinte, com renúncia de 40% (quarenta por cento) do valor desse crédito.

§ 4º O Conselho Nacional de Justiça regulamentará a atuação dos Presidentes dos Tribunais competentes para o cumprimento deste artigo.

§ 5º Não se incluem no limite estabelecido neste artigo as despesas para fins de cumprimento do disposto nos §§ 11, 20 e 21 do art. 100 da Constituição Federal e no § 3º deste artigo, bem como a atualização monetária dos precatórios inscritos no exercício.

§ 6º Não se incluem nos limites estabelecidos no art. 107 deste Ato das Disposições Constitucionais Transitórias o previsto nos §§ 11, 20 e 21 do art. 100 da Constituição Federal e no § 3º deste artigo.

§ 7º Na situação prevista no § 3º deste artigo, para os precatórios não incluídos na proposta orçamentária de 2022, os valores necessários à sua quitação serão providenciados pela abertura de créditos adicionais durante o exercício de 2022.

§ 8º Os pagamentos em virtude de sentença judiciária de que trata o art. 100 da Constituição Federal serão realizados na seguinte ordem:

I – obrigações definidas em lei como de pequeno valor, previstas no § 3º do art. 100 da Constituição Federal;

II – precatórios de natureza alimentícia cujos titulares, originários ou por sucessão hereditária, tenham no mínimo 60 (sessenta) anos de idade, ou sejam portadores de doença grave ou pessoas com deficiência, assim definidos na forma da lei, até o valor equivalente ao triplo do montante fixado em lei como obrigação de pequeno valor;

III – demais precatórios de natureza alimentícia até o valor equivalente ao triplo do montante fixado em lei como obrigação de pequeno valor;

IV – demais precatórios de natureza alimentícia além do valor previsto no inciso III deste parágrafo;

V – demais precatórios.

▶ §§ 1º a 8º acrescidos pela EC nº 114, de 16-12-2021.

Art. 108. *Revogado.* EC nº 113, de 8-12-2021.

os encargos incidentes, de modo a possibilitar o acompanhamento da evolução desses débitos.

Arts. 109 a 112. *Revogados*. EC nº 126, de 21-12-2022.

Art. 113. A proposição legislativa que crie ou altere despesa obrigatória ou renúncia de receita deverá ser acompanhada da estimativa do seu impacto orçamentário e financeiro.

► Artigo acrescido pela EC nº 95, de 15-12-2016.

Art. 114. *Revogado*. EC nº 126, de 21-12-2022.

Art. 115. Fica excepcionalmente autorizado o parcelamento das contribuições previdenciárias e dos demais débitos dos Municípios, incluídas suas autarquias e fundações, com os respectivos regimes próprios de previdência social, com vencimento até 31 de outubro de 2021, inclusive os parcelados anteriormente, no prazo máximo de 240 (duzentos e quarenta) prestações mensais, mediante autorização em lei municipal específica, desde que comprovem ter alterado a legislação do regime próprio de previdência social para atendimento das seguintes condições, cumulativamente:

I – adoção de regras de elegibilidade, de cálculo e de reajustamento dos benefícios que contemplem, nos termos previstos nos incisos I e III do § 1º e nos §§ 3º a 5º, 7º e 8º do art. 40 da Constituição Federal, regras assemelhadas às aplicáveis aos servidores públicos do regime próprio de previdência social da União e que contribuam efetivamente para o atingimento e a manutenção do equilíbrio financeiro e atuarial;

II – adequação do rol de benefícios ao disposto nos §§ 2º e 3º do art. 9º da Emenda Constitucional nº 103, de 12 de novembro de 2019;

III – adequação da alíquota de contribuição devida pelos servidores, nos termos do § 4º do art. 9º da Emenda Constitucional nº 103, de 12 de novembro de 2019; e

IV – instituição do regime de previdência complementar e adequação do órgão ou entidade gestora do regime próprio de previdência social, nos termos do § 6º do art. 9º da Emenda Constitucional nº 103, de 12 de novembro de 2019.

Parágrafo único. Ato do Ministério do Trabalho e Previdência, no âmbito de suas competências, definirá os critérios para o parcelamento previsto neste artigo, inclusive quanto ao cumprimento do disposto nos incisos I, II, III e IV do *caput* deste artigo, bem como disponibilizará as informações aos Municípios sobre o montante das dívidas, as formas de parcelamento, os juros e os encargos incidentes, de modo a possibilitar o acompanhamento da evolução desses débitos.

Art. 116. Fica excepcionalmente autorizado o parcelamento dos débitos decorrentes de contribuições previdenciárias dos Municípios, incluídas suas autarquias e fundações, com o Regime Geral de Previdência Social, com vencimento até 31 de outubro de 2021, ainda que em fase de execução fiscal ajuizada, inclusive os decorrentes do descumprimento de obrigações acessórias e os parcelados anteriormente, no prazo máximo de 240 (duzentos e quarenta) prestações mensais.

§ 1º Os Municípios que possuam regime próprio de previdência social deverão comprovar, para fins de formalização do parcelamento com o Regime Geral de Previdência Social, de que trata este artigo, terem atendido as condições estabelecidas nos incisos I, II, III e IV do *caput* do art. 115 deste Ato das Disposições Constitucionais Transitórias.

§ 2º Os débitos parcelados terão redução de 40% (quarenta por cento) das multas de mora, de ofício e isoladas, de 80% (oitenta por cento) dos juros de mora, de 40% (quarenta por cento) dos encargos legais e de 25% (vinte e cinco por cento) dos honorários advocatícios.

§ 3º O valor de cada parcela será acrescido de juros equivalentes à taxa referencial do Sistema Especial de Liquidação e de Custódia (SELIC), acumulada mensalmente, calculados a partir do mês subsequente ao da consolidação até o mês anterior ao do pagamento.

§ 4º Não constituem débitos dos Municípios aqueles considerados prescritos ou atingidos pela decadência.

§ 5º A Secretaria Especial da Receita Federal do Brasil e a Procuradoria-Geral da Fazenda Nacional, no âmbito de suas competências, deverão fixar os critérios para o parcelamento previsto neste artigo, bem como disponibilizar as informações aos Municípios sobre o montante das dívidas, as formas de parcelamento, os juros e os encargos incidentes, de modo a possibilitar o acompanhamento da evolução desses débitos.

Art. 117. A formalização dos parcelamentos de que tratam os arts. 115 e 116 deste Ato das Disposições Constitucionais Transitórias deverá ocorrer até 30 de junho de 2022 e ficará condicionada à autorização de vinculação do Fundo de Participação dos Municípios para fins de pagamento das prestações acordadas nos termos de parcelamento, observada a seguinte ordem de preferência:

I – a prestação de garantia ou de contragarantia à União ou os pagamentos de débitos em favor da União, na forma do § 4º do art. 167 da Constituição Federal;

II – as contribuições parceladas devidas ao Regime Geral de Previdência Social;

III – as contribuições parceladas devidas ao respectivo regime próprio de previdência social.

▸ Arts. 115 a 117 acrescidos pela EC nº 113, de 8-12-2021.

Art. 118. Os limites, as condições, as normas de acesso e os demais requisitos para o atendimento do disposto no parágrafo único do art. 6º e no inciso VI do *caput* do art. 203 da Constituição Federal serão determinados, na forma da lei e respectivo regulamento, até 31 de dezembro de 2022, dispensada, exclusivamente no exercício de 2022, a observância das limitações legais quanto à criação, à expansão ou ao aperfeiçoamento de ação governamental que acarrete aumento de despesa no referido exercício.

▸ Artigo acrescido pela EC nº 114, de 16-12-2021.

Art. 119. Em decorrência do estado de calamidade pública provocado pela pandemia da COVID-19, os Estados, o Distrito Federal, os Municípios e os agentes públicos desses entes federados não poderão ser responsabilizados administrativa, civil ou criminalmente pelo descumprimento, exclusivamente nos exercícios financeiros de 2020 e 2021, do disposto no *caput* do art. 212 da Constituição Federal.

▸ Art. 35, III, da CF.

▸ Art. 2º da EC nº 119, de 27-4-2022, que altera este ADCT para determinar a impossibilidade de responsabilização dos Estados, do Distrito Federal, dos Municípios e dos agentes públicos desses entes federados pelo descumprimento, nos exercícios financeiros de 2020 e 2021, do disposto no *caput* do art. 212 da CF.

Parágrafo único. Para efeitos do disposto no *caput* deste artigo, o ente deverá complementar na aplicação da manutenção e desenvolvimento do ensino, até o exercício financeiro de 2023, a diferença a menor entre o valor aplicado, conforme informação registrada no sistema integrado de planejamento e orçamento, e o valor mínimo exigível constitucionalmente para os exercícios de 2020 e 2021.

▸ Art. 119 acrescido pela EC nº 119, de 27-4-2022.

Art. 120. Fica reconhecido, no ano de 2022, o estado de emergência decorrente da elevação extraordinária e imprevisível dos preços do petróleo, combustíveis e seus derivados e dos impactos sociais dela decorrentes.

Parágrafo único. Para enfretamento ou mitigação dos impactos decorrentes do estado de emergência reconhecido, as medidas implementadas, até os limites de despesas previstos em uma única e exclusiva norma constitucional observarão o seguinte:

I – quanto às despesas:

a) serão atendidas por meio de crédito extraordinário;

b) não serão consideradas para fins de apuração da meta de resultado primário estabelecida no *caput* do art. 2º da Lei nº 14.194, de 20 de agosto de 2021, e do limite estabelecido para as despesas primárias, conforme disposto no inciso I do *caput* do art. 107 do Ato das Disposições Constitucionais Transitórias; e

c) ficarão ressalvadas do disposto no inciso III do *caput* do art. 167 da Constituição Federal;

II – a abertura do crédito extraordinário para seu atendimento dar-se-á independentemente da observância dos requisitos exigidos no § 3º do art. 167 da Constituição Federal; e

III – a dispensa das limitações legais, inclusive quanto à necessidade de compensação:

a) à criação, à expansão ou ao aperfeiçoamento de ação governamental que acarrete aumento de despesa; e

b) à renúncia de receita que possa ocorrer.

▸ Art. 120 acrescido pela EC nº 123, de 14-7-2022.

Art. 121. As contas referentes aos patrimônios acumulados de que trata o § 2º do art. 239 da Constituição Federal cujos recursos não tenham sido reclamados por prazo superior a 20 (vinte) anos serão encerradas após o prazo de 60 (sessenta) dias da publicação de aviso no *Diário Oficial da União*, ressalvada reivindicação por eventual interessado legítimo dentro do referido prazo.

Parágrafo único. Os valores referidos no *caput* deste artigo serão tidos por abandonados, nos termos do inciso III do *caput* do art. 1.275 da Lei nº 10.406, de 10 de janeiro de 2002 (Código Civil), e serão apropriados pelo Tesouro Nacional como receita primária para realização de despesas de investimento de que trata o § 6º-B do art. 107, que não serão computadas nos limites previstos no art. 107, ambos deste Ato das Disposições Constitucionais Transitórias, podendo o interessado reclamar ressarcimento à União no prazo de até 5 (cinco) anos do encerramento das contas.

Art. 122. As transferências financeiras realizadas pelo Fundo Nacional de Saúde e pelo Fundo Nacional de Assistência Social diretamente aos fundos de saúde e assistência social estaduais, municipais e distritais, para enfrentamento da pandemia da COVID-19, poderão ser executadas pelos entes federativos até 31 de dezembro de 2023.

▸ Arts. 121 e 122 acrescidos pela EC nº 126, de 21-12-2022.

Art. 123. Todos os termos de credenciamentos, contratos, aditivos e outras formas de ajuste de permissão lotérica, em vigor, indistintamente, na data de publicação deste dispositivo, destinados a viabilizar a venda de serviços lotéricos, disciplinados em lei ou em outros instrumentos de alcance específico, terão assegurado prazo de vigência adicional, contado do término do prazo do instrumento vigente, independentemente da data de seu termo inicial.

▸ Artigo acrescido pela EC nº 129, de 5-7-2023.

Art. 124. A transição para os tributos previstos no art. 156-A e no art. 195, V, todos da Constituição Federal, atenderá aos critérios estabelecidos nos arts. 125 a 133 deste Ato das Disposições Constitucionais Transitórias.

Parágrafo único. A contribuição prevista no art. 195, V, será instituída pela mesma lei complementar de que trata o art. 156-A, ambos da Constituição Federal.

Art. 125. Em 2026, o imposto previsto no art. 156-A será cobrado à alíquota estadual de 0,1% (um décimo por cento), e a contribuição prevista no art. 195, V, ambos da Constituição Federal, será cobrada à alíquota de 0,9% (nove décimos por cento).

§ 1º O montante recolhido na forma do caput será compensado com o valor devido das contribuições previstas no art. 195, I, b, e IV, e da contribuição para o Programa de Integração Social a que se refere o art. 239, ambos da Constituição Federal.

§ 2º Caso o contribuinte não possua débitos suficientes para efetuar a compensação de que trata o § 1º, o valor recolhido poderá ser compensado com qualquer outro tributo federal ou ser ressarcido em até 60 (sessenta) dias, mediante requerimento.

§ 3º A arrecadação do imposto previsto no art. 156-A da Constituição Federal decorrente do disposto no caput deste artigo não observará as vinculações, repartições e destinações previstas na Constituição Federal, devendo ser aplicada, integral e sucessivamente, para:

I – o financiamento do Comitê Gestor do Imposto sobre Bens e Serviços, nos termos do art. 156-B, § 2º, III, da Constituição Federal;

II – compor o Fundo de Compensação de Benefícios Fiscais ou Financeiro-Fiscais do imposto de que trata o art. 155, II, da Constituição Federal.

§ 4º Durante o período de que trata o caput, os sujeitos passivos que cumprirem as obrigações acessórias relativas aos tributos referidos no caput poderão ser dispensados do seu recolhimento, nos termos de lei complementar.

Art. 126. A partir de 2027:

I – serão cobrados:

a) a contribuição prevista no art. 195, V, da Constituição Federal;

b) o imposto previsto no art. 153, VIII, da Constituição Federal;

II – serão extintas as contribuições previstas no art. 195, I, b, e IV, e a contribuição para o Programa de Integração Social de que trata o art. 239, todos da Constituição Federal, desde que instituída a contribuição referida na alínea a do inciso I;

III – o imposto previsto no art. 153, IV, da Constituição Federal:

a) terá suas alíquotas reduzidas a zero, exceto em relação aos produtos que tenham industrialização incentivada na Zona Franca de Manaus, conforme critérios estabelecidos em lei complementar; e

b) não incidirá de forma cumulativa com o imposto previsto no art. 153, VIII, da Constituição Federal.

ADCT

Art. 127. Em 2027 e 2028, o imposto previsto no art. 156-A da Constituição Federal será cobrado à alíquota estadual de 0,05% (cinco centésimos por cento) e à alíquota municipal de 0,05% (cinco centésimos por cento).

Parágrafo único. No período referido no caput, a alíquota da contribuição prevista no art. 195, V, da Constituição Federal, será reduzida em 0,1 (um décimo) ponto percentual.

Art. 128. De 2029 a 2032, as alíquotas dos impostos previstos nos arts. 155, II, e 156, III, da Constituição Federal, serão fixadas nas seguintes proporções das alíquotas fixadas nas respectivas legislações:

I – 9/10 (nove décimos), em 2029;
II – 8/10 (oito décimos), em 2030;
III – 7/10 (sete décimos), em 2031;
IV – 6/10 (seis décimos), em 2032.

§ 1º Os benefícios ou os incentivos fiscais ou financeiros relativos aos impostos previstos nos arts. 155, II, e 156, III, da Constituição Federal não alcançados pelo disposto no caput deste artigo serão reduzidos na mesma proporção.

§ 2º Os benefícios e incentivos fiscais ou financeiros referidos no art. 3º da Lei Complementar nº 160, de 7 de agosto de 2017, serão reduzidos na forma deste artigo, não se aplicando a redução prevista no § 2º-A do art. 3º da referida Lei Complementar.

§ 3º Ficam mantidos em sua integralidade, até 31 de dezembro de 2032, os percentuais utilizados para calcular os benefícios ou incentivos fiscais ou financeiros já reduzidos por força da redução das alíquotas, em decorrência do disposto no caput.

Art. 129. Ficam extintos, a partir de 2033, os impostos previstos nos arts. 155, II, e 156, III, da Constituição Federal.

Art. 130. Resolução do Senado Federal fixará, para todas as esferas federativas, as alíquotas de referência dos tributos previstos nos arts. 156-A e 195, V, da Constituição Federal, observados a forma de cálculo e os limites previstos em lei complementar, de forma a assegurar:

I – de 2027 a 2033, que a receita da União com a contribuição prevista no art. 195, V, e com o imposto previsto no art. 153, VIII, todos da Constituição Federal, seja equivalente à redução da receita:

a) das contribuições previstas no art. 195, I, b, e IV, e da contribuição para o Programa de Integração Social de que trata o art. 239, todos da Constituição Federal;
b) do imposto previsto no art. 153, IV; e
c) do imposto previsto no art. 153, V, da Constituição Federal, sobre operações de seguros;

II – de 2029 a 2033, que a receita dos Estados e do Distrito Federal com o imposto previsto no art. 156-A da Constituição Federal seja equivalente à redução:

a) da receita do imposto previsto no art. 155, II, da Constituição Federal; e
b) das receitas destinadas a fundos estaduais financiados por contribuições estabelecidas como condição à aplicação de diferimento, regime especial ou outro tratamento diferenciado, relativos ao imposto de que trata o art. 155, II, da Constituição Federal, em funcionamento em 30 de abril de 2023, excetuadas as receitas dos fundos mantidas na forma do art. 136 deste Ato das Disposições Constitucionais Transitórias;

III – de 2029 a 2033, que a receita dos Municípios e do Distrito Federal com o imposto previsto no art. 156-A seja equivalente à redução da receita do imposto previsto no art. 156, III, ambos da Constituição Federal.

§ 1º As alíquotas de referência serão fixadas no ano anterior ao de sua vigência, não se aplicando o disposto no art. 150, III, c, da Constituição Federal, com base em cálculo realizado pelo Tribunal de Contas da União.

§ 2º Na fixação das alíquotas de referência, deverão ser considerados os efeitos sobre a arrecadação dos regimes específicos, diferenciados ou favorecidos e de qualquer outro regime que resulte em arrecadação menor do que a que seria obtida com a aplicação da alíquota padrão.

§ 3º Para fins do disposto nos §§ 4º a 6º, entende-se por:

I – Teto de Referência da União: a média da receita no período de 2012 a 2021, apurada como proporção do PIB, do imposto previsto no art. 153, IV, das contribuições previstas no art. 195, I, b, *e IV, da contribuição para o Programa de Integração Social de que trata o art. 239 e do imposto previsto no art. 153, V, sobre operações de seguro, todos da Constituição Federal;*

II – Teto de Referência Total: a média da receita no período de 2012 a 2021, apurada como proporção do PIB, dos impostos previstos nos arts. 153, IV, 155, II e 156, III, das contribuições previstas no art. 195, I, b*, e IV, da contribuição para o Programa de Integração Social de que trata o art. 239 e do imposto previsto no art. 153, V, sobre operações de seguro, todos da Constituição Federal;*

III – Receita-Base da União: a receita da União com a contribuição prevista no art. 195, V, e com o imposto previsto no art. 153, VIII, ambos da Constituição Federal, apurada como proporção do PIB;

IV – Receita-Base dos Entes Subnacionais: a receita dos Estados, do Distrito Federal e dos Municípios com o imposto previsto no art. 156-A da Constituição Federal, deduzida da parcela a que se refere a alínea b *do inciso II do caput, apurada como proporção do PIB;*

V – Receita-Base Total: a soma da Receita-Base da União com a Receita-Base dos Entes Subnacionais, sendo essa última:

a) multiplicada por 10 (dez) em 2029;

b) multiplicada por 5 (cinco) em 2030;

c) multiplicada por 10 (dez) e dividida por 3 (três) em 2031;

d) multiplicada por 10 (dez) e dividida por 4 (quatro) em 2032;

e) multiplicada por 1 (um) em 2033.

§ 4º A alíquota de referência da contribuição a que se refere o art. 195, V, da Constituição Federal será reduzida em 2030 caso a média da Receita-Base da União em 2027 e 2028 exceda o Teto de Referência da União.

§ 5º As alíquotas de referência da contribuição a que se refere o art. 195, V, e do imposto a que se refere o art. 156-A, ambos da Constituição Federal, serão reduzidas em 2035 caso a média da Receita-Base Total entre 2029 e 2033 exceda o Teto de Referência Total.

§ 6º As reduções de que tratam os §§ 4º e 5º serão:

I – definidas de forma a que a Receita-Base seja igual ao respectivo Teto de Referência;

II – no caso do § 5º, proporcionais para as alíquotas de referência federal, estadual e municipal.

§ 7º A revisão das alíquotas de referência em função do disposto nos §§ 4º, 5º e 6º não implicará cobrança ou restituição de tributo relativo a anos anteriores ou transferência de recursos entre os entes federativos.

§ 8º Os entes federativos e o Comitê Gestor do Imposto sobre Bens e Serviços fornecerão ao Tribunal de Contas da União as informações necessárias para o cálculo a que se referem os §§ 1º, 4º e 5º.

§ 9º Nos cálculos das alíquotas de que trata o caput, deverá ser considerada a arrecadação dos tributos previstos nos arts. 156-A e 195, V, da Constituição Federal, cuja cobrança tenha sido iniciada antes dos períodos de que tratam os incisos I, II e III do caput.

§ 10. O cálculo das alíquotas a que se refere este artigo será realizado com base em propostas encaminhadas pelo Poder Executivo da União e pelo Comitê Gestor do Imposto sobre Bens e Serviços, que deverão fornecer ao Tribunal de Contas da União todos os subsídios necessários, mediante o compartilhamento de dados e informações, nos termos de lei complementar.

Art. 131. De 2029 a 2077, o produto da arrecadação dos Estados, do Distrito Federal e dos Municípios com o imposto de que trata o art. 156-A da Constituição Federal será distribuído a esses entes federativos conforme o disposto neste artigo.

§ 1º Serão retidos do produto da arrecadação do imposto de cada Estado, do Distrito Federal e de cada Município apurada com base nas alíquotas de referência de que trata o art. 130 deste Ato das Disposições Constitucionais Transitórias, nos termos dos arts. 149-C e 156-A, § 4º, II, e § 5º, I e IV, antes da aplicação do disposto no art. 158, IV, b*, todos da Constituição Federal:*

I – de 2029 a 2032, 80% (oitenta por cento);

II – em 2033, 90% (noventa por cento);

III – de 2034 a 2077, percentual correspondente ao aplicado em 2033, reduzido à razão de 1/45 (um quarenta e cinco avos) por ano.

§ 2º Na forma estabelecida em lei complementar, o montante retido nos termos do

ADCT

§ 1º será distribuído entre os Estados, o Distrito Federal e os Municípios proporcionalmente à receita média de cada ente federativo, devendo ser consideradas:

I – no caso dos Estados:

a) *a arrecadação do imposto previsto no art. 155, II, após aplicação do disposto no art. 158, IV,* a*, todos da Constituição Federal; e*

b) *as receitas destinadas aos fundos estaduais de que trata o art. 130, II,* b*, deste Ato das Disposições Constitucionais Transitórias;*

II – no caso do Distrito Federal:

a) *a arrecadação do imposto previsto no art. 155, II, da Constituição Federal; e*

b) *a arrecadação do imposto previsto no art. 156, III, da Constituição Federal;*

III – no caso dos Municípios:

a) *a arrecadação do imposto previsto no art. 156, III, da Constituição Federal; e*

b) *a parcela creditada na forma do art. 158, IV,* a*, da Constituição Federal.*

§ 3º Não se aplica o disposto no art. 158, IV, b*, da Constituição Federal aos recursos distribuídos na forma do § 2º, I, deste artigo.*

§ 4º A parcela do produto da arrecadação do imposto não retida nos termos do § 1º, após a retenção de que trata o art. 132 deste Ato das Disposições Constitucionais Transitórias, será distribuída a cada Estado, ao Distrito Federal e a cada Município de acordo com os critérios da lei complementar de que trata o art. 156-A, § 5º, I, da Constituição Federal, nela computada a variação de alíquota fixada pelo ente em relação à de referência.

§ 5º Os recursos de que trata este artigo serão distribuídos nos termos estabelecidos em lei complementar, aplicando-se o seguinte:

I – constituirão a base de cálculo dos fundos de que trata o art. 212-A, II, da Constituição Federal, observado que:

a) *para os Estados, o percentual de que trata o art. 212-A, II, será aplicado proporcionalmente à razão entre a soma dos valores distribuídos a cada ente nos termos do § 2º, I,* a*, e do § 4º, e a soma dos valores distribuídos nos termos do § 2º, I e do § 4º;*

b) *para o Distrito Federal, o percentual de que trata o art. 212-A, II, será aplicado proporcionalmente à razão entre a soma dos valores distribuídos nos termos do § 2º, II,* a*, e do § 4º, e a soma dos valores distribuídos nos termos do § 2º, II, e do § 4º, considerada, em ambas as somas, somente a parcela estadual nos valores distribuídos nos termos do § 4º;*

c) *para os Municípios, o percentual de que trata o art. 212-A, II, será aplicado proporcionalmente à razão entre a soma dos valores distribuídos nos termos do § 2º, III,* b*, e a soma dos valores distribuídos nos termos do § 2º, III;*

II – constituirão as bases de cálculo de que tratam os arts. 29-A, 198, § 2º, 204, parágrafo único, 212 e 216, § 6º, da Constituição Federal, excetuados os valores distribuídos nos termos do § 2º, I, b*;*

III – poderão ser vinculados para prestação de garantias às operações de crédito por antecipação de receita previstas no art. 165, § 8º, para pagamento de débitos com a União e para prestar-lhe garantia ou contragarantia, nos termos do art. 167, § 4º, todos da Constituição Federal.

§ 6º Durante o período de que trata o caput deste artigo, é vedado aos Estados, ao Distrito Federal e aos Municípios fixar alíquotas próprias do imposto de que trata o art. 156-A da Constituição Federal inferiores às necessárias para garantir as retenções de que tratam o § 1º deste artigo e o art. 132 deste Ato das Disposições Constitucionais Transitórias.

Art. 132. Do imposto dos Estados, do Distrito Federal e dos Municípios apurado com base nas alíquotas de referência de que trata o art. 130 deste Ato das Disposições Constitucionais Transitórias, deduzida a retenção de que trata o art. 131, § 1º, será retido montante correspondente a 5% (cinco por cento) para distribuição aos entes com as menores razões entre:

I – o valor apurado nos termos dos arts. 149-C e 156-A, § 4º, II, e § 5º, I e IV, com base nas alíquotas de referência, após a aplicação do disposto no art. 158, IV, b*, todos da Constituição Federal; e*

II – a respectiva receita média, apurada nos termos do art. 131, § 2º, I, II e III, deste Ato das Disposições Constitucionais Transitórias, limitada a 3 (três) vezes a média nacional por habitante da respectiva esfera federativa.

§ 1º Os recursos serão distribuídos, sequencial e sucessivamente, aos entes com as menores razões de que trata o caput, de maneira que, ao final da distribuição, para todos os entes que receberem recursos, seja observada a mesma a razão entre:

I – a soma do valor apurado nos termos do inciso I do caput com o valor recebido nos termos deste artigo; e

II – a receita média apurada na forma do inciso II do caput.

§ 2º Aplica-se aos recursos distribuídos na forma deste artigo o disposto no art. 131, § 5º deste Ato das Disposições Constitucionais Transitórias.

§ 3º Lei complementar estabelecerá os critérios para a redução gradativa, entre 2078 e 2097, do percentual de que trata o caput, até a sua extinção.

Art. 133. Os tributos de que tratam os arts. 153, IV, 155, II, 156, III, e 195, I, b, *e IV, e a contribuição para o Programa de Integração Social a que se refere o art. 239 não integrarão a base de cálculo do imposto de que trata o art. 156-A e da contribuição de que trata o art. 195, V, todos da Constituição Federal.*

Art. 134. Os saldos credores relativos ao imposto previsto no art. 155, II, da Constituição Federal, existentes ao final de 2032 serão aproveitados pelos contribuintes na forma deste artigo e nos termos de lei complementar.

§ 1º O disposto neste artigo alcança os saldos credores cujos aproveitamento ou ressarcimento sejam admitidos pela legislação em vigor em 31 de dezembro de 2032 e que tenham sido homologados pelos respectivos entes federativos, observadas as seguintes diretrizes:

I – apresentado o pedido de homologação, o ente federativo deverá se pronunciar no prazo estabelecido na lei complementar a que se refere o caput;

II – na ausência de resposta ao pedido de homologação no prazo a que se refere o inciso I deste parágrafo, os respectivos saldos credores serão considerados homologados.

§ 2º Aplica-se o disposto neste artigo também aos créditos reconhecidos após o prazo previsto no caput.

§ 3º O saldo dos créditos homologados será informado pelos Estados e pelo Distrito Federal ao Comitê Gestor do Imposto sobre Bens e Serviços para que seja compensado com o imposto de que trata o art. 156-A da Constituição Federal:

I – pelo prazo remanescente, apurado nos termos do art. 20, § 5º, da Lei Complementar nº 87, de 13 de setembro de 1996, para os créditos relativos à entrada de mercadorias destinadas ao ativo permanente;

II – em 240 (duzentos e quarenta) parcelas mensais, iguais e sucessivas, nos demais casos.

§ 4º O Comitê Gestor do Imposto sobre Bens e Serviços deduzirá do produto da arrecadação do imposto previsto no art. 156-A devido ao respectivo ente federativo o valor compensado na forma do § 3º, o qual não comporá base de cálculo para fins do disposto nos arts. 158, IV, 198, § 2º, 204, parágrafo único, 212, 212-A, II, e 216, § 6º, todos da Constituição Federal.

§ 5º A partir de 2033, os saldos credores serão atualizados pelo IPCA ou por outro índice que venha a substituí-lo.

§ 6º Lei complementar disporá sobre:

I – as regras gerais de implementação do parcelamento previsto no § 3º;

II – a forma pela qual os titulares dos créditos de que trata este artigo poderão transferi-los a terceiros;

III – a forma pela qual o crédito de que trata este artigo poderá ser ressarcido ao contribuinte pelo Comitê Gestor do Imposto sobre Bens e Serviços, caso não seja possível compensar o valor da parcela nos termos do § 3º.

Art. 135. Lei complementar disciplinará a forma de utilização dos créditos, inclusive presumidos, do imposto de que trata o art. 153, IV, e das contribuições de que tratam o art. 195, I, b, *e IV, e da contribuição para o Programa de Integração Social a que se refere o art. 239, todos da Constituição Federal, não apropriados ou não utilizados*

até a extinção, mantendo-se, apenas para os créditos que cumpram os requisitos estabelecidos na legislação vigente na data da extinção de tais tributos, a permissão para compensação com outros tributos federais, inclusive com a contribuição prevista no inciso V do caput do art. 195 da Constituição Federal, ou ressarcimento em dinheiro.

Art. 136. Os Estados que possuíam, em 30 de abril de 2023, fundos destinados a investimentos em obras de infraestrutura e habitação e financiados por contribuições sobre produtos primários e semielaborados estabelecidas como condição à aplicação de diferimento, regime especial ou outro tratamento diferenciado, relativos ao imposto de que trata o art. 155, II, da Constituição Federal, poderão instituir contribuições semelhantes, não vinculadas ao referido imposto, observado que:

I – a alíquota ou o percentual de contribuição não poderão ser superiores e a base de incidência não poderá ser mais ampla que os das respectivas contribuições vigentes em 30 de abril de 2023;

II – a instituição de contribuição nos termos deste artigo implicará a extinção da contribuição correspondente, vinculada ao imposto de que trata o art. 155, II, da Constituição Federal, vigente em 30 de abril de 2023;

III – a destinação de sua receita deverá ser a mesma das contribuições vigentes em 30 de abril de 2023;

IV – a contribuição instituída nos termos do caput será extinta em 31 de dezembro de 2043.

Parágrafo único. As receitas das contribuições mantidas nos termos deste artigo não serão consideradas como receita do respectivo Estado para fins do disposto nos arts. 130, II, b, e 131, § 2º, I, b, deste Ato das Disposições Constitucionais Transitórias.

Art. 137. Os saldos financeiros dos recursos transferidos pelo Fundo Nacional de Saúde e pelo Fundo Nacional de Assistência Social, para enfrentamento da pandemia de COVID-19 no período de 2020 a 2022, aos fundos de saúde e assistência social estaduais, municipais e do Distrito Federal poderão ser aplicados, até 31 de dezembro de 2024, para o custeio de ações e serviços públicos de saúde e de assistência social, observadas, respectivamente, as diretrizes emanadas do Sistema Único de Saúde e do Sistema Único de Assistência Social.

▸ Arts. 124 a 137 acrescidos pela EC nº 132, de 20-12-2023.

Brasília, 5 de outubro de 1988.

Ulysses Guimarães – Presidente,
Mauro Benevides – 1º Vice-Presidente,
Jorge Arbage – 2º Vice-Presidente,
Marcelo Cordeiro – 1º Secretário,
Mário Maia – 2º Secretário,
Arnaldo Faria de Sá – 3º Secretário,
Benedita da Silva – 1º Suplente de Secretário,
Luiz Soyer – 2º Suplente de Secretário,
Sotero Cunha – 3º Suplente de Secretário,
Bernardo Cabral – Relator Geral,
Adolfo Oliveira – Relator Adjunto,
Antônio Carlos Konder Reis – Relator Adjunto,
José Fogaça – Relator Adjunto.

Índice Alfabético-Remissivo da Constituição da República Federativa do Brasil, de suas Disposições Transitórias e Emendas Constitucionais

A

P

S

T

Emendas Constitucionais

EMENDA CONSTITUCIONAL Nº 24, DE 9 DE DEZEMBRO DE 1999

Altera dispositivos da Constituição Federal pertinentes à representação classista na Justiça do Trabalho.

► Publicada no *DOU* de 10-12-1999.

As Mesas da Câmara dos Deputados e do Senado Federal, nos termos do § 3º do artigo 60 da Constituição Federal, promulgam a seguinte Emenda ao texto constitucional:

Art. 1º Os arts. 111, 112, 113, 115 e 116 da Constituição Federal passam a vigorar com a seguinte redação:

► Alterações inseridas no texto da CF.

Art. 2º É assegurado o cumprimento dos mandatos dos atuais ministros classistas temporários do Tribunal Superior do Trabalho e dos atuais juízes classistas temporários dos Tribunais Regionais do Trabalho e das Juntas de Conciliação e Julgamento.

Art. 3º Esta Emenda Constitucional entra em vigor na data de sua publicação.

Art. 4º Revoga-se o art. 117 da Constituição Federal.

Brasília, 9 de dezembro de 1999.

Mesa da Câmara dos Deputados: Deputado Michel Temer, Presidente; Deputado Heráclito Fortes, 1º Vice-Presidente; Deputado Severino Cavalcanti, 2º Vice-Presidente; Deputado Ubiratan Aguiar, 1º Secretário; Deputado Nelson Trad, 2º Secretário ; Deputado Jaques Wagner, 3º Secretário; Deputado Efraim Morais, 4º Secretário

Mesa do Senado Federal: Senador Antonio Carlos Magalhães, Presidente; Senador Geraldo Melo, 1º Vice-Presidente; Senador Ademir Andrade, 2º Vice-Presidente; Senador Ronaldo Cunha Lima, 1º Secretário; Senador Carlos Patrocínio, 2º Secretário; Senador Nabor Júnior, 3º Secretário; Senador Casildo Maldaner, 4º Secretário

EMENDA CONSTITUCIONAL Nº 45, DE 8 DE DEZEMBRO DE 2004

Altera dispositivos dos arts. 5º, 36, 52, 92, 93, 95, 98, 99, 102, 103, 104, 105, 107, 109, 111, 112, 114, 115, 125, 126, 127, 128, 129, 134 e 168 da Constituição Federal, e acrescenta os arts. 103-A, 103-B, 111-A e 130-A, e dá outras providências.

► Publicada no *DOU* de 31-12-2004.

As Mesas da Câmara dos Deputados e do Senado Federal, nos termos do § 3º do art. 60 da Constituição Federal, promulgam a seguinte Emenda ao texto constitucional:

Art. 1º Os arts. 5º, 36, 52, 92, 93, 95, 98, 99, 102, 103, 104, 105, 107, 109, 111, 112, 114, 115, 125, 126, 127, 128, 129, 134 e 168 da Constituição Federal passam a vigorar com a seguinte redação:

► Alterações inseridas no texto da CF.

Art. 2º A Constituição Federal passa a vigorar acrescida dos seguintes arts. 103-A, 103-B, 111-A e 130-A:

► Alterações inseridas no texto da CF.

Art. 3º A lei criará o Fundo de Garantia das Execuções Trabalhistas, integrado pelas multas decorrentes de condenações trabalhistas e administrativas oriundas da fiscalização do trabalho, além de outras receitas.

Art. 4º Ficam extintos os tribunais de Alçada, onde houver, passando os seus membros a integrar os Tribunais de Justiça dos respectivos Estados, respeitadas a antiguidade e classe de origem.

Parágrafo único. No prazo de cento e oitenta dias, contado da promulgação desta Emenda, os Tribunais de Justiça, por ato administrativo, promoverão a integração dos membros dos tribunais extintos em seus quadros, fixando-lhes a competência e remetendo, em igual prazo, ao Poder Legislativo, proposta de alteração da organização e da divisão judiciária correspondentes, assegurados os direitos dos inativos e pensionistas e o aproveitamento dos servidores no Poder Judiciário estadual.

Art. 5º O Conselho Nacional de Justiça e o Conselho Nacional do Ministério Público serão instalados no prazo de cento e oitenta dias a contar da promulgação desta Emenda, devendo a indicação ou escolha de seus membros ser efetuada até trinta dias antes do termo final.

§ 1º Não efetuadas as indicações e escolha dos nomes para os Conselhos Nacional de Justiça e do Ministério Público dentro do prazo fixado no *caput* deste artigo, caberá, respectivamente, ao Supremo Tribunal Federal e ao Ministério Público da União realizá-las.

§ 2º Até que entre em vigor o Estatuto da Magistratura, o Conselho Nacional de Justiça, mediante resolução, disciplinará seu funcionamento e definirá as atribuições do Ministro-Corregedor.

Art. 6º O Conselho Superior da Justiça do Trabalho será instalado no prazo de cento e oitenta dias, cabendo ao Tribunal Superior do Trabalho regulamentar seu funcionamento por resolução, enquanto não promulgada a lei a que se refere o art. 111-A, § 2º, II.

Art. 7º O Congresso Nacional instalará, imediatamente após a promulgação desta Emenda Constitucional, comissão especial mista, destinada a elaborar, em cento e oitenta dias, os projetos de lei necessários à regulamentação da matéria nela tratada, bem como promover alterações na legislação federal objetivando tornar mais amplo o acesso à Justiça e mais célere a prestação jurisdicional.

Art. 8º As atuais súmulas do Supremo Tribunal Federal somente produzirão efeito vinculante após sua confirmação por dois terços de seus integrantes e publicação na imprensa oficial.

Art. 9º São revogados o inciso IV do art. 36; a alínea *h* do inciso I do art. 102; o § 4º do art. 103; e os §§ 1º a 3º do art. 111.

Art. 10. Esta Emenda Constitucional entra em vigor na data de sua publicação.

Brasília, em 8 de dezembro de 2004

Mesa da Câmara dos Deputados: Deputado João Paulo Cunha, Presidente; Deputado Inocêncio Oliveira, 1º Vice-Presidente; Deputado Luiz Piauhylino, 2º Vice-Presidente; Deputado Geddel Vieira Lima, 1º Secretário; Deputado Severino Cavalcanti, 2º Secretário; Deputado Nilton Capixaba, 3º Secretário; Deputado Ciro Nogueira, 4º Secretário

Mesa do Senado Federal: Senador José Sarney, Presidente ; Senador Paulo Paim, 1º Vice-Presidente; Senador Eduardo Siqueira Campos, 2º Vice-Presidente; Senador Romeu Tuma, 1º Secretário; Senador Alberto Silva, 2º Secretário; Senador Heráclito Fortes, 3º Secretário; Senador Sérgio Zambiasi, 4º Secretário

EMENDA CONSTITUCIONAL Nº 72, DE 3 DE ABRIL DE 2013

Altera a redação do parágrafo único do art. 7º da Constituição Federal para estabelecer a igualdade de direitos trabalhistas entre os trabalhadores domésticos e os demais trabalhadores urbanos e rurais.

► Publicada no *DOU* de 3-4-2013.

As Mesas da Câmara dos Deputados e do Senado Federal, nos termos do § 3º do art. 60 da Constituição Federal, promulgam a seguinte Emenda ao texto constitucional:

Artigo único. O parágrafo único do art. 7º da Constituição Federal passa a vigorar com a seguinte redação:

► Alteração inserida no texto da CF.

Brasília, em 2 de abril de 2013.

Mesa da Câmara dos Deputados: Deputado Henrique Eduardo Alves, Presidente; Deputado André Vargas, 1º Vice-Presidente; Deputado Fábio Faria, 2º Vice-Presidente; Deputado Simão Sessim, 2º Secretário;Deputado Maurício Quintella Lessa, 3º Secretário; Deputado Antonio Carlos Biffi, 4º Secretário

Mesa do Senado Federal: Senador Renan Calheiros, Presidente; Senador Jorge Viana, 1º Vice-Presidente; Senador Romero Jucá, 2º Vice-Presidente; Senador Flexa Ribeiro, 1º Secretário, Senadora Angela Portela, 2ª Secretária; Senador Ciro Nogueira, 3º Secretário; Senador João Vicente Claudino, 4º Secretário

EMENDA CONSTITUCIONAL Nº 92, DE 12 DE JULHO DE 2016

Altera os arts. 92 e 111-A da Constituição Federal, para explicitar o Tribunal Superior do Trabalho como órgão do Poder Judiciário, alterar os requisitos para o provimento dos cargos de Ministros daquele Tribunal e modificar-lhe a competência.

► Publicada no *DOU* de 13-7-2016.

As Mesas da Câmara dos Deputados e do Senado Federal, nos termos do § 3º do art. 60 da Constituição Federal, promulgam a seguinte Emenda ao texto constitucional:

Art. 1º Os arts. 92 e 111-A da Constituição Federal passam a vigorar com as seguintes alterações:

► Alterações inseridas no texto da CF.

Art. 2º Esta Emenda Constitucional entra em vigor na data de sua publicação.

Brasília, em 12 de julho de 2016.

Mesa da Câmara dos Deputados: Deputado Waldir Maranhão, 1º Vice-Presidente, no exercício da Presidência; Deputado Giacobo, 2º Vice- Presidente; Deputado Beto Mansur, 1º Secretário; Deputado Felipe Bornier, 2º Secretário; Deputada Mara Gabrilli, 3ª Secretária; Deputado Alex Canziani, 4º Secretário.

Mesa do Senado Federal: Senador Renan Calheiros, Presidente; Senador Jorge Viana, 1º Vice- Presidente; Senador Romero Jucá, 2º Vice- Presidente; Senador Vicentinho Alves, 1º Secretário; Senador Zeze Perrella, 2º Secretário; Senador Gladson Cameli, 3º Secretário; Senadora Ângela Portela, 4ª Secretária.

EMENDA CONSTITUCIONAL Nº 103, DE 12 DE NOVEMBRO DE 2019

Altera o sistema de previdência social e estabelece regras de transição e disposições transitórias.

▸ Publicada no *DOU* de 13-11-2019.

As Mesas da Câmara dos Deputados e do Senado Federal, nos termos do § 3º do art. 60 da Constituição Federal, promulgam a seguinte Emenda ao texto constitucional:

Art. 1º A Constituição Federal passa a vigorar com as seguintes alterações:

▸ Alterações inseridas no texto da CF.

Art. 2º O art. 76 do Ato das Disposições Constitucionais Transitórias passa a vigorar com a seguinte redação:

▸ Alteração inserida no texto do ADCT.

Art. 3º A concessão de aposentadoria ao servidor público federal vinculado a regime próprio de previdência social e ao segurado do Regime Geral de Previdência Social e de pensão por morte aos respectivos dependentes será assegurada, a qualquer tempo, desde que tenham sido cumpridos os requisitos para obtenção desses benefícios até a data de entrada em vigor desta Emenda Constitucional, observados os critérios da legislação vigente na data em que foram atendidos os requisitos para a concessão da aposentadoria ou da pensão por morte.

§ 1º Os proventos de aposentadoria devidos ao servidor público a que se refere o *caput* e as pensões por morte devidas aos seus dependentes serão calculados e reajustados de acordo com a legislação em vigor à época em que foram atendidos os requisitos nela estabelecidos para a concessão desses benefícios.

§ 2º Os proventos de aposentadoria devidos ao segurado a que se refere o *caput* e as pensões por morte devidas aos seus dependentes serão apurados de acordo com a legislação em vigor à época em que foram atendidos os requisitos nela estabelecidos para a concessão desses benefícios.

§ 3º Até que entre em vigor lei federal de que trata o § 19 do art. 40 da Constituição Federal, o servidor de que trata o *caput* que tenha cumprido os requisitos para aposentadoria voluntária com base no disposto na alínea *a* do inciso III do § 1º do art. 40 da Constituição Federal, na redação vigente até a data de entrada em vigor desta Emenda Constitucional, no art. 2º, no § 1º do art. 3º ou no art. 6º da Emenda Constitucional nº 41, de 19 de dezembro de 2003, ou no art. 3º da Emenda Constitucional nº 47, de 5 de julho de 2005, que optar por permanecer em atividade fará jus a um abono de permanência equivalente ao valor da sua contribuição previdenciária, até completar a idade para aposentadoria compulsória.

Art. 4º O servidor público federal que tenha ingressado no serviço público em cargo efetivo até a data de entrada em vigor desta Emenda Constitucional poderá aposentar-se voluntariamente quando preencher, cumulativamente, os seguintes requisitos:

I – 56 (cinquenta e seis) anos de idade, se mulher, e 61 (sessenta e um) anos de idade, se homem, observado o disposto no § 1º;
II – 30 (trinta) anos de contribuição, se mulher, e 35 (trinta e cinco) anos de contribuição, se homem;
III – 20 (vinte) anos de efetivo exercício no serviço público;
IV – 5 (cinco) anos no cargo efetivo em que se der a aposentadoria; e
V – somatório da idade e do tempo de contribuição, incluídas as frações, equivalente a 86 (oitenta e seis) pontos, se mulher, e 96 (noventa e seis) pontos, se homem, observado o disposto nos §§ 2º e 3º.

§ 1º A partir de 1º de janeiro de 2022, a idade mínima a que se refere o inciso I do *caput* será de 57 (cinquenta e sete) anos de idade, se mulher, e 62 (sessenta e dois) anos de idade, se homem.

§ 2º A partir de 1º de janeiro de 2020, a pontuação a que se refere o inciso V do *caput* será acrescida a cada ano de 1 (um) ponto, até atingir o limite de 100 (cem) pontos, se mulher, e de 105 (cento e cinco) pontos, se homem.

§ 3º A idade e o tempo de contribuição serão apurados em dias para o cálculo do somatório de pontos a que se referem o inciso V do *caput* e o § 2º.

§ 4º Para o titular do cargo de professor que comprovar exclusivamente tempo de efetivo exercício das funções de magistério na educação infantil e no ensino fundamental e médio, os requisitos de idade e de tempo de contribuição de que tratam os incisos I e II do *caput* serão:

I – 51 (cinquenta e um) anos de idade, se mulher, e 56 (cinquenta e seis) anos de idade, se homem;

II – 25 (vinte e cinco) anos de contribuição, se mulher, e 30 (trinta) anos de contribuição, se homem; e

III – 52 (cinquenta e dois) anos de idade, se mulher, e 57 (cinquenta e sete) anos de idade, se homem, a partir de 1º de janeiro de 2022.

§ 5º O somatório da idade e do tempo de contribuição de que trata o inciso V do *caput* para as pessoas a que se refere o § 4º, incluídas as frações, será de 81 (oitenta e um) pontos, se mulher, e 91 (noventa e um) pontos, se homem, aos quais serão acrescidos, a partir de 1º de janeiro de 2020, 1 (um) ponto a cada ano, até atingir o limite de 92 (noventa e dois) pontos, se mulher, e de 100 (cem) pontos, se homem.

§ 6º Os proventos das aposentadorias concedidas nos termos do disposto neste artigo corresponderão:

I – à totalidade da remuneração do servidor público no cargo efetivo em que se der a aposentadoria, observado o disposto no § 8º, para o servidor público que tenha ingressado no serviço público em cargo efetivo até 31 de dezembro de 2003 e que não tenha feito a opção de que trata o § 16 do art. 40 da Constituição Federal, desde que tenha, no mínimo, 62 (sessenta e dois) anos de idade, se mulher, e 65 (sessenta e cinco) anos de idade, se homem, ou, para os titulares do cargo de professor de que trata o § 4º, 57 (cinquenta e sete) anos de idade, se mulher, e 60 (sessenta) anos de idade, se homem;

II – ao valor apurado na forma da lei, para o servidor público não contemplado no inciso I.

§ 7º Os proventos das aposentadorias concedidas nos termos do disposto neste artigo não serão inferiores ao valor a que se refere o § 2º do art. 201 da Constituição Federal e serão reajustados:

I – de acordo com o disposto no art. 7º da Emenda Constitucional nº 41, de 19 de dezembro de 2003, se cumpridos os requisitos previstos no inciso I do § 6º; ou

II – nos termos estabelecidos para o Regime Geral de Previdência Social, na hipótese prevista no inciso II do § 6º.

§ 8º Considera-se remuneração do servidor público no cargo efetivo, para fins de cálculo dos proventos de aposentadoria com fundamento no disposto no inciso I do § 6º ou no inciso I do § 2º do art. 20, o valor constituído pelo subsídio, pelo vencimento e pelas vantagens pecuniárias permanentes do cargo, estabelecidos em lei, acrescidos dos adicionais de caráter individual e das vantagens pessoais permanentes, observados os seguintes critérios:

I – se o cargo estiver sujeito a variações na carga horária, o valor das rubricas que refletem essa variação integrará o cálculo do valor da remuneração do servidor público no cargo efetivo em que se deu a aposentadoria, considerando-se a média aritmética simples dessa carga horária proporcional ao número de anos completos de recebimento e contribuição, contínuos ou intercalados, em relação ao tempo total exigido para a aposentadoria;

II – se as vantagens pecuniárias permanentes forem variáveis por estarem vinculadas a indicadores de desempenho, produtividade ou situação similar, o valor dessas vantagens integrará o cálculo da remuneração do servidor público no cargo efetivo mediante a aplicação, sobre o valor atual de referência das vantagens pecuniárias permanentes variáveis, da média aritmética simples do indicador, proporcional ao número de anos completos de recebimento e de respectiva contribuição, contínuos ou intercalados, em relação ao tempo total exigido para a aposentadoria ou, se inferior, ao tempo total de percepção da vantagem.

§ 9º Aplicam-se às aposentadorias dos servidores dos Estados, do Distrito Federal e dos Municípios as normas constitucionais e infraconstitucionais anteriores à data de entrada em vigor desta Emenda Constitucional, enquanto não promovidas alterações na legislação interna relacionada ao respectivo regime próprio de previdência social.

§ 10. Estende-se o disposto no § 9º às normas sobre aposentadoria de servidores públicos incompatíveis com a redação atribuída por esta Emenda Constitucional aos §§ 4º, 4º-A, 4º-B e 4º-C do art. 40 da Constituição Federal.

Art. 5º O policial civil do órgão a que se refere o inciso XIV do *caput* do art. 21 da Constituição Federal, o policial dos órgãos a que se referem o inciso IV do *caput* do art. 51, o inciso XIII do *caput* do art. 52 e os incisos I a III do *caput* do art. 144 da Constituição Federal e o ocupante de cargo de agente federal penitenciário ou socioeducativo que tenham ingressado na respectiva carreira até a data de entrada em vigor desta Emenda Constitucional poderão aposentar-se, na forma da Lei Complementar nº 51, de 20 de dezembro de 1985, observada a idade mínima de 55 (cinquenta e cinco) anos para ambos os sexos ou o disposto no § 3º.

§ 1º Serão considerados tempo de exercício em cargo de natureza estritamente policial, para os fins do inciso II do art. 1º da Lei Complementar nº 51, de 20 de dezembro de 1985, o tempo de atividade militar nas Forças Armadas, nas polícias militares e nos corpos de bombeiros militares e o tempo de atividade como agente penitenciário ou socioeducativo.

§ 2º Aplicam-se às aposentadorias dos servidores dos Estados de que trata o § 4º-B do art. 40 da Constituição Federal as normas constitucionais e infraconstitucionais anteriores à data de entrada em vigor desta Emenda Constitucional, enquanto não promovidas alterações na legislação interna relacionada ao respectivo regime próprio de previdência social.

§ 3º Os servidores de que trata o *caput* poderão aposentar-se aos 52 (cinquenta e dois) anos de idade, se mulher, e aos 53 (cinquenta e três) anos de idade, se homem, desde que cumprido período adicional de contribuição correspondente ao tempo que, na data de entrada em vigor desta Emenda Constitucional, faltaria para atingir o tempo de contribuição previsto na Lei Complementar nº 51, de 20 de dezembro de 1985.

Art. 6º O disposto no § 14 do art. 37 da Constituição Federal não se aplica a aposentadorias concedidas pelo Regime Geral de Previdência Social até a data de entrada em vigor desta Emenda Constitucional.

Art. 7º O disposto no § 15 do art. 37 da Constituição Federal não se aplica a complementações de aposentadorias e pensões concedidas até a data de entrada em vigor desta Emenda Constitucional.

Art. 8º Até que entre em vigor lei federal de que trata o § 19 do art. 40 da Constituição Federal, o servidor público federal que cumprir as exigências para a concessão da aposentadoria voluntária nos termos do disposto nos arts. 4º, 5º, 20, 21 e 22 e que optar por permanecer em atividade fará jus a um abono de permanência equivalente ao valor da sua contribuição previdenciária, até completar a idade para aposentadoria compulsória.

Art. 9º Até que entre em vigor lei complementar que discipline o § 22 do art. 40 da Constituição Federal, aplicam-se aos regimes próprios de previdência social o disposto na Lei nº 9.717, de 27 de novembro de 1998, e o disposto neste artigo.

§ 1º O equilíbrio financeiro e atuarial do regime próprio de previdência social deverá ser comprovado por meio de garantia de equivalência, a valor presente, entre o fluxo das receitas estimadas e das despesas projetadas, apuradas atuarialmente, que, juntamente com os bens, direitos e ativos vinculados, comparados às obrigações assumidas, evidenciem a solvência e a liquidez do plano de benefícios.

§ 2º O rol de benefícios dos regimes próprios de previdência social fica limitado às aposentadorias e à pensão por morte.

§ 3º Os afastamentos por incapacidade temporária para o trabalho e o salário-maternidade serão pagos diretamente pelo ente federativo e não correrão à conta do regime próprio de previdência social ao qual o servidor se vincula.

§ 4º Os Estados, o Distrito Federal e os Municípios não poderão estabelecer alíquota inferior à da contribuição dos servidores da União, exceto se demonstrado que o respectivo regime próprio de previdência social não possui deficit atuarial a ser equacionado, hipótese em que a alíquota não poderá ser inferior às alíquotas aplicáveis ao Regime Geral de Previdência Social.

§ 5º Para fins do disposto no § 4º, não será considerada como ausência de deficit a implementação de segregação da massa de segurados ou a previsão em lei de plano de equacionamento de deficit.

§ 6º A instituição do regime de previdência complementar na forma dos §§ 14 a 16 do art. 40 da Constituição Federal e a adequação do órgão ou entidade gestora do regime próprio de previdência social ao § 20 do art. 40 da Constituição Federal deverão ocorrer no prazo máximo de 2 (dois) anos da data de entrada em vigor desta Emenda Constitucional.

§ 7º Os recursos de regime próprio de previdência social poderão ser aplicados na concessão de empréstimos a seus segurados, na modalidade de consignados, observada regulamentação específica estabelecida pelo Conselho Monetário Nacional.

§ 8º Por meio de lei, poderá ser instituída contribuição extraordinária pelo prazo máximo de 20 (vinte) anos, nos termos dos §§ 1º-B e 1º-C do art. 149 da Constituição Federal.

§ 9º O parcelamento ou a moratória de débitos dos entes federativos com seus regimes próprios de previdência social fica limitado ao prazo a que se refere o § 11 do art. 195 da Constituição.

Art. 10. Até que entre em vigor lei federal que discipline os benefícios do regime próprio de previdência social dos servidores da União, aplica-se o disposto neste artigo.

§ 1º Os servidores públicos federais serão aposentados:

I – voluntariamente, observados, cumulativamente, os seguintes requisitos:

a) 62 (sessenta e dois) anos de idade, se mulher, e 65 (sessenta e cinco) anos de idade, se homem; e

b) 25 (vinte e cinco) anos de contribuição, desde que cumprido o tempo mínimo de 10 (dez) anos de efetivo exercício no serviço público e de 5 (cinco) anos no cargo efetivo em que for concedida a aposentadoria;

II – por incapacidade permanente para o trabalho, no cargo em que estiverem investidos, quando insuscetíveis de readaptação, hipótese em que será obrigatória a realização de avaliações periódicas para verificação da continuidade das condições que ensejaram a concessão da aposentadoria; ou

III – compulsoriamente, na forma do disposto no inciso II do § 1º do art. 40 da Constituição Federal.

§ 2º Os servidores públicos federais com direito a idade mínima ou tempo de contribuição distintos da regra geral para concessão de aposentadoria na forma dos §§ 4º-B, 4º-C e 5º do art. 40 da Constituição Federal poderão aposentar-se, observados os seguintes requisitos:

I – o policial civil do órgão a que se refere o inciso XIV do *caput* do art. 21 da Constituição Federal, o policial dos órgãos a que se referem o inciso IV do *caput* do art. 51, o inciso XIII do *caput* do art. 52 e os incisos I a III do *caput* do art. 144 da Constituição Federal e o ocupante de cargo de agente federal penitenciário ou socioeducativo, aos 55 (cinquenta e cinco) anos de idade, com 30 (trinta) anos de contribuição e 25 (vinte e cinco) anos de efetivo exercício em cargo dessas carreiras, para ambos os sexos;

II – o servidor público federal cujas atividades sejam exercidas com efetiva exposição a agentes químicos, físicos e biológicos prejudiciais à saúde, ou associação desses agentes, vedada a caracterização por categoria profissional ou ocupação, aos 60 (sessenta) anos de idade, com 25 (vinte e cinco) anos de efetiva exposição e contribuição, 10 (dez) anos de efetivo exercício de serviço público e 5 (cinco) anos no cargo efetivo em que for concedida a aposentadoria;

III – o titular do cargo federal de professor, aos 60 (sessenta) anos de idade, se homem, aos 57 (cinquenta e sete) anos, se mulher, com 25 (vinte e cinco) anos de contribuição exclusivamente em efetivo exercício das funções de magistério na educação infantil e no ensino fundamental e médio, 10 (dez) anos de efetivo exercício de serviço público e 5 (cinco) anos no cargo efetivo em que for concedida a aposentadoria, para ambos os sexos.

§ 3º A aposentadoria a que se refere o § 4º-C do art. 40 da Constituição Federal observará adicionalmente as condições e os requisitos estabelecidos para o Regime Geral de Previdência Social, naquilo em que não conflitarem com as regras específicas aplicáveis ao regime próprio de previdência social da União, vedada a conversão de tempo especial em comum.

§ 4º Os proventos das aposentadorias concedidas nos termos do disposto neste artigo serão apurados na forma da lei.

§ 5º Até que entre em vigor lei federal de que trata o § 19 do art. 40 da Constituição Federal, o servidor federal que cumprir as exigências para a concessão da aposentadoria voluntária nos termos do disposto neste artigo e que optar por permanecer em atividade fará jus a um abono de permanência equivalente ao valor da sua contribuição previdenciária, até completar a idade para aposentadoria compulsória.

§ 6º A pensão por morte devida aos dependentes do policial civil do órgão a que se refere o inciso XIV do *caput* do art. 21 da Constituição Federal, do policial dos órgãos a que se referem o inciso IV do *caput* do art. 51, o inciso XIII do *caput* do art. 52 e os incisos I a III do *caput* do art. 144 da Constituição Federal e dos ocupantes dos cargos de agente federal penitenciário ou socioeducativo decorrente de agressão sofrida no exercício ou em razão da função será vitalícia para o cônjuge ou companheiro e equivalente à remuneração do cargo.

§ 7º Aplicam-se às aposentadorias dos servidores dos Estados, do Distrito Federal e dos Municípios as normas constitucionais e infraconstitucionais anteriores à data de entrada em vigor desta Emenda Constitucional, enquanto não promovidas alterações na legislação interna relacionada ao respectivo regime próprio de previdência social.

Art. 11. Até que entre em vigor lei que altere a alíquota da contribuição previdenciária de que tratam os arts. 4º, 5º e 6º da Lei nº 10.887, de 18 de junho de 2004, esta será de 14% (quatorze por cento).

- ▶ Art. 36, I, desta EC, que vigorará no primeiro dia do quarto mês subsequente ao da data de sua publicação (*DOU* de 13-11-2019).

§ 1º A alíquota prevista no *caput* será reduzida ou majorada, considerado o valor da base de contribuição ou do benefício recebido, de acordo com os seguintes parâmetros:

I – até 1 (um) salário mínimo, redução de seis inteiros e cinco décimos pontos percentuais;

II – acima de 1 (um) salário mínimo até R$ 2.000,00 (dois mil reais), redução de cinco pontos percentuais;

III – de R$ 2.000,01 (dois mil reais e um centavo) até R$ 3.000,00 (três mil reais), redução de dois pontos percentuais;

IV – de R$ 3.000,01 (três mil reais e um centavo) até R$ 5.839,45 (cinco mil, oitocentos e trinta e nove reais e quarenta e cinco centavos), sem redução ou acréscimo;

V – de R$ 5.839,46 (cinco mil, oitocentos e trinta e nove reais e quarenta e seis centavos) até R$ 10.000,00 (dez mil reais), acréscimo de meio ponto percentual;

VI – de R$ 10.000,01 (dez mil reais e um centavo) até R$ 20.000,00 (vinte mil reais), acréscimo de dois inteiros e cinco décimos pontos percentuais;

VII – de R$ 20.000,01 (vinte mil reais e um centavo) até R$ 39.000,00 (trinta e nove mil reais), acréscimo de cinco pontos percentuais; e

VIII – acima de R$ 39.000,00 (trinta e nove mil reais), acréscimo de oito pontos percentuais.

§ 2º A alíquota, reduzida ou majorada nos termos do disposto no § 1º, será aplicada de forma progressiva sobre a base de contribuição do servidor ativo, incidindo cada alíquota sobre a faixa de valores compreendida nos respectivos limites.

§ 3º Os valores previstos no § 1º serão reajustados, a partir da data de entrada em vigor desta Emenda Constitucional, na mesma data e com o mesmo índice em que se der o reajuste dos benefícios do Regime Geral de Previdência Social, ressalvados aqueles vinculados ao salário mínimo, aos quais se aplica a legislação específica.

§ 4º A alíquota de contribuição de que trata o *caput*, com a redução ou a majoração decorrentes do disposto no § 1º, será devida pelos aposentados e pensionistas de quaisquer dos Poderes da União, incluídas suas entidades autárquicas e suas fundações, e incidirá sobre o valor da parcela dos proventos de aposentadoria e de pensões que supere o limite máximo estabelecido para os benefícios do Regime Geral de Previdência Social, hipótese em que será considerada a totalidade do valor do benefício para fins de definição das alíquotas aplicáveis.

Art. 12. A União instituirá sistema integrado de dados relativos às remunerações, proventos e pensões dos segurados dos regimes de previdência de que tratam os arts. 40, 201 e 202 da Constituição Federal, aos benefícios dos programas de assistência social de que trata o art. 203 da Constituição Federal e às remunerações, proventos de inatividade e pensão por morte decorrentes das atividades militares de que tratam os arts. 42 e 142 da Constituição Federal, em interação com outras bases de dados, ferramentas e plataformas, para o fortalecimento de sua gestão, governança e transparência e o cumprimento das disposições estabelecidas nos incisos XI e XVI do art. 37 da Constituição Federal.

§ 1º A União, os Estados, o Distrito Federal e os Municípios e os órgãos e entidades gestoras dos regimes, dos sistemas e dos programas a que se refere o *caput* disponibilizarão as informações necessárias para a estruturação do sistema integrado de dados e terão acesso ao compartilhamento das referidas informações, na forma da legislação.

§ 2º É vedada a transmissão das informações de que trata este artigo a qualquer pessoa física ou jurídica para a prática de atividade não relacionada à fiscalização dos regimes, dos sistemas e dos programas a que se refere o *caput*.

Art. 13. Não se aplica o disposto no § 9º do art. 39 da Constituição Federal a parcelas remuneratórias decorrentes de incorporação de vantagens de caráter temporário ou vinculadas ao exercício de função de confiança ou de cargo em comissão efetivada até a data de entrada em vigor desta Emenda Constitucional.

Art. 14. Vedadas a adesão de novos segurados e a instituição de novos regimes dessa natureza, os atuais segurados de regime de previdência aplicável a titulares de mandato eletivo da União, dos Estados, do Distrito Federal e dos Municípios poderão, por meio de opção expressa formalizada no prazo de 180 (cento e oitenta) dias, contado da data de entrada em vigor desta Emenda Constitucional, retirar-se dos regimes previdenciários aos quais se encontrem vinculados.

§ 1º Os segurados, atuais e anteriores, do regime de previdência de que trata a Lei nº 9.506, de 30 de outubro de 1997, que fizerem a opção de permanecer nesse regime previdenciário deverão cumprir período adicional correspondente a 30% (trinta por cento) do tempo de contribuição que faltaria para aquisição do direito à aposentadoria na data de entrada em vigor desta Emenda Constitucional e somente poderão aposentar-se a partir dos 62 (sessenta e dois) anos de idade, se mulher, e 65 (sessenta e cinco) anos de idade, se homem.

§ 2º Se for exercida a opção prevista no *caput*, será assegurada a contagem do tempo de contribuição vertido para o regime de previdência ao qual o segurado se encontrava vinculado, nos termos do disposto no § 9º do art. 201 da Constituição Federal.

§ 3º A concessão de aposentadoria aos titulares de mandato eletivo e de pensão por morte aos dependentes de titular de mandato eletivo falecido será assegurada, a qualquer tempo, desde que cumpridos os requisitos para obtenção desses benefícios até a data de entrada em vigor desta Emenda Constitucional, observados os critérios da legislação vigente na data em que foram atendidos os requisitos para a concessão da aposentadoria ou da pensão por morte.

§ 4º Observado o disposto nos §§ 9º e 9º-A do art. 201 da Constituição Federal, o tempo de contribuição a regime próprio de previdência social e ao Regime Geral de Previdência Social, assim como o tempo de contribuição decorrente das atividades militares de que tratam os arts. 42 e 142 da Constituição Federal, que tenha sido considerado para a concessão de benefício pelos regimes a que se refere o *caput* não poderá ser utilizado para obtenção de benefício naqueles regimes.

§ 5º Lei específica do Estado, do Distrito Federal ou do Município deverá disciplinar a regra de transição a ser aplicada aos segurados que, na forma do *caput*, fizerem a opção de permanecer no regime previdenciário de que trata este artigo.

Art. 15. Ao segurado filiado ao Regime Geral de Previdência Social até a data de entrada em vigor desta Emenda Constitucional, fica assegurado o direito à aposentadoria quando forem preenchidos, cumulativamente, os seguintes requisitos:

I – 30 (trinta) anos de contribuição, se mulher, e 35 (trinta e cinco) anos de contribuição, se homem; e

II – somatório da idade e do tempo de contribuição, incluídas as frações, equivalente a 86 (oitenta e seis) pontos, se mulher, e 96 (noventa e seis) pontos, se homem, observado o disposto nos §§ 1º e 2º.

§ 1º A partir de 1º de janeiro de 2020, a pontuação a que se refere o inciso II do *caput* será acrescida a cada ano de 1 (um) ponto, até atingir o limite de 100 (cem) pontos, se mulher, e de 105 (cento e cinco) pontos, se homem.

§ 2º A idade e o tempo de contribuição serão apurados em dias para o cálculo do somatório de pontos a que se referem o inciso II do *caput* e o § 1º.

§ 3º Para o professor que comprovar exclusivamente 25 (vinte e cinco) anos de contribuição, se mulher, e 30 (trinta) anos de contribuição, se homem, em efetivo exercício das funções de magistério na educação infantil e no ensino fundamental e médio, o somatório da idade e do tempo de contribuição, incluídas as frações, será equivalente a 81 (oitenta e um) pontos, se mulher, e 91 (noventa e um) pontos, se homem, aos quais serão acrescidos, a partir de 1º de janeiro de 2020, 1 (um) ponto a cada ano para o homem e para a mulher, até atingir o limite de

92 (noventa e dois) pontos, se mulher, e 100 (cem) pontos, se homem.

§ 4º O valor da aposentadoria concedida nos termos do disposto neste artigo será apurado na forma da lei.

Art. 16. Ao segurado filiado ao Regime Geral de Previdência Social até a data de entrada em vigor desta Emenda Constitucional fica assegurado o direito à aposentadoria quando preencher, cumulativamente, os seguintes requisitos:

I – 30 (trinta) anos de contribuição, se mulher, e 35 (trinta e cinco) anos de contribuição, se homem; e

II – idade de 56 (cinquenta e seis) anos, se mulher, e 61 (sessenta e um) anos, se homem.

§ 1º A partir de 1º de janeiro de 2020, a idade a que se refere o inciso II do *caput* será acrescida de 6 (seis) meses a cada ano, até atingir 62 (sessenta e dois) anos de idade, se mulher, e 65 (sessenta e cinco) anos de idade, se homem.

§ 2º Para o professor que comprovar exclusivamente tempo de efetivo exercício das funções de magistério na educação infantil e no ensino fundamental e médio, o tempo de contribuição e a idade de que tratam os incisos I e II do *caput* deste artigo serão reduzidos em 5 (cinco) anos, sendo, a partir de 1º de janeiro de 2020, acrescidos 6 (seis) meses, a cada ano, às idades previstas no inciso II do *caput*, até atingirem 57 (cinquenta e sete) anos, se mulher, e 60 (sessenta) anos, se homem.

§ 3º O valor da aposentadoria concedida nos termos do disposto neste artigo será apurado na forma da lei.

Art. 17. Ao segurado filiado ao Regime Geral de Previdência Social até a data de entrada em vigor desta Emenda Constitucional e que na referida data contar com mais de 28 (vinte e oito) anos de contribuição, se mulher, e 33 (trinta e três) anos de contribuição, se homem, fica assegurado o direito à aposentadoria quando preencher, cumulativamente, os seguintes requisitos:

I – 30 (trinta) anos de contribuição, se mulher, e 35 (trinta e cinco) anos de contribuição, se homem; e

II – cumprimento de período adicional correspondente a 50% (cinquenta por cento) do tempo que, na data de entrada em vigor desta Emenda Constitucional, faltaria para atingir 30 (trinta) anos de contribuição, se mulher, e 35 (trinta e cinco) anos de contribuição, se homem.

Parágrafo único. O benefício concedido nos termos deste artigo terá seu valor apurado de acordo com a média aritmética simples dos salários de contribuição e das remunerações calculada na forma da lei, multiplicada pelo fator previdenciário, calculado na forma do disposto nos §§ 7º a 9º do art. 29 da Lei nº 8.213, de 24 de julho de 1991.

Art. 18. O segurado de que trata o inciso I do § 7º do art. 201 da Constituição Federal filiado ao Regime Geral de Previdência Social até a data de entrada em vigor desta Emenda Constitucional poderá aposentar-se quando preencher, cumulativamente, os seguintes requisitos:

I – 60 (sessenta) anos de idade, se mulher, e 65 (sessenta e cinco) anos de idade, se homem; e

II – 15 (quinze) anos de contribuição, para ambos os sexos.

§ 1º A partir de 1º de janeiro de 2020, a idade de 60 (sessenta) anos da mulher, prevista no inciso I do *caput*, será acrescida em 6 (seis) meses a cada ano, até atingir 62 (sessenta e dois) anos de idade.

§ 2º O valor da aposentadoria de que trata este artigo será apurado na forma da lei.

Art. 19. Até que lei disponha sobre o tempo de contribuição a que se refere o inciso I do § 7º do art. 201 da Constituição Federal, o segurado filiado ao Regime Geral de Previdência Social após a data de entrada em vigor desta Emenda Constitucional será aposentado aos 62 (sessenta e dois) anos de idade, se mulher, 65 (sessenta e cinco) anos de idade, se homem, com 15 (quinze) anos de tempo de contribuição, se mulher, e 20 (vinte) anos de tempo de contribuição, se homem.

§ 1º Até que lei complementar disponha sobre a redução de idade mínima ou tempo de contribuição prevista nos §§ 1º e 8º do art. 201 da Constituição Federal, será concedida aposentadoria:

I – aos segurados que comprovem o exercício de atividades com efetiva exposição a agentes químicos, físicos e biológicos prejudiciais à saúde, ou associação desses agentes, vedada a caracterização por categoria profissional ou ocupação, durante, no mínimo, 15 (quinze), 20 (vinte) ou 25 (vinte e cinco) anos, nos termos do disposto nos arts. 57 e 58 da Lei nº 8.213, de 24 de julho de 1991, quando cumpridos:

a) 55 (cinquenta e cinco) anos de idade, quando se tratar de atividade especial de 15 (quinze) anos de contribuição;

b) 58 (cinquenta e oito) anos de idade, quando se tratar de atividade especial de 20 (vinte) anos de contribuição; ou

c) 60 (sessenta) anos de idade, quando se tratar de atividade especial de 25 (vinte e cinco) anos de contribuição;

II – ao professor que comprove 25 (vinte e cinco) anos de contribuição exclusivamente em efetivo exercício das funções de magistério na educação infantil e no ensino fundamental e médio e tenha 57 (cinquenta e sete) anos de idade, se mulher, e 60 (sessenta) anos de idade, se homem.

§ 2º O valor das aposentadorias de que trata este artigo será apurado na forma da lei.

Art. 20. O segurado ou o servidor público federal que se tenha filiado ao Regime Geral de Previdência Social ou ingressado no serviço público em cargo efetivo até a data de entrada em vigor desta Emenda Constitucional poderá aposentar-se voluntariamente quando preencher, cumulativamente, os seguintes requisitos:

I – 57 (cinquenta e sete) anos de idade, se mulher, e 60 (sessenta) anos de idade, se homem;

II – 30 (trinta) anos de contribuição, se mulher, e 35 (trinta e cinco) anos de contribuição, se homem;

III – para os servidores públicos, 20 (vinte) anos de efetivo exercício no serviço público e 5 (cinco) anos no cargo efetivo em que se der a aposentadoria;

IV – período adicional de contribuição correspondente ao tempo que, na data de entrada em vigor desta Emenda Constitucional, faltaria para atingir o tempo mínimo de contribuição referido no inciso II.

§ 1º Para o professor que comprovar exclusivamente tempo de efetivo exercício das funções de magistério na educação infantil e no ensino fundamental e médio serão reduzidos, para ambos os sexos, os requisitos de idade e de tempo de contribuição em 5 (cinco) anos.

§ 2º O valor das aposentadorias concedidas nos termos do disposto neste artigo corresponderá:

I – em relação ao servidor público que tenha ingressado no serviço público em cargo efetivo até 31 de dezembro de 2003 e que não tenha feito a opção de que trata o § 16 do art. 40 da Constituição Federal, à totalidade da remuneração no cargo efetivo em que se der a aposentadoria, observado o disposto no § 8º do art. 4º; e

II – em relação aos demais servidores públicos e aos segurados do Regime Geral de Previdência Social, ao valor apurado na forma da lei.

§ 3º O valor das aposentadorias concedidas nos termos do disposto neste artigo não será inferior ao valor a que se refere o § 2º do art. 201 da Constituição Federal e será reajustado:

I – de acordo com o disposto no art. 7º da Emenda Constitucional nº 41, de 19 de dezembro de 2003, se cumpridos os requisitos previstos no inciso I do § 2º;

II – nos termos estabelecidos para o Regime Geral de Previdência Social, na hipótese prevista no inciso II do § 2º.

§ 4º Aplicam-se às aposentadorias dos servidores dos Estados, do Distrito Federal e dos Municípios as normas constitucionais e infraconstitucionais anteriores à data de entrada em vigor desta Emenda Constitucional, enquanto não promovidas alterações na legislação interna relacionada ao respectivo regime próprio de previdência social.

Art. 21. O segurado ou o servidor público federal que se tenha filiado ao Regime Geral de Previdência Social ou ingressado no serviço público em cargo efetivo até a data de entrada em vigor desta Emenda Constitucional cujas atividades tenham sido exercidas com efetiva exposição a agentes químicos, físicos e biológicos prejudiciais à saúde, ou associação desses agentes, vedada a caracterização por categoria profissional ou ocupação, desde que cumpridos, no caso do servidor, o tempo mínimo de 20 (vinte) anos de efetivo exercício no serviço público e de 5 (cinco) anos no cargo efetivo em que for concedida a aposentadoria, na forma dos arts. 57 e 58 da Lei nº 8.213, de 24 de julho de 1991, poderão aposentar-se quando o total da soma resultante da sua idade e do tempo de contribuição e o tempo de efetiva exposição forem, respectivamente, de:

I – 66 (sessenta e seis) pontos e 15 (quinze) anos de efetiva exposição;

II – 76 (setenta e seis) pontos e 20 (vinte) anos de efetiva exposição; e

III – 86 (oitenta e seis) pontos e 25 (vinte e cinco) anos de efetiva exposição.

§ 1º A idade e o tempo de contribuição serão apurados em dias para o cálculo do somatório de pontos a que se refere o *caput*.

§ 2º O valor da aposentadoria de que trata este artigo será apurado na forma da lei.

§ 3º Aplicam-se às aposentadorias dos servidores dos Estados, do Distrito Federal e dos Municípios cujas atividades sejam exercidas com efetiva exposição a agentes químicos, físicos e biológicos prejudiciais à saúde, ou associação desses agentes, vedada a caracterização por categoria profissional ou ocupação, na forma do § 4º-C do art. 40 da Constituição Federal, as normas constitucionais e infraconstitucionais anteriores à data de entrada em vigor desta Emenda Constitucional, enquanto não promovidas alterações na legislação interna relacionada ao respectivo regime próprio de previdência social.

Art. 22. Até que lei discipline o § 4º-A do art. 40 e o inciso I do § 1º do art. 201 da Constituição Federal, a aposentadoria da pessoa com deficiência segurada do Regime Geral de Previdência Social ou do servidor público federal com deficiência vinculado a regime próprio de previdência social, desde que cumpridos, no caso do servidor, o tempo mínimo de 10 (dez) anos de efetivo exercício no serviço público e de 5 (cinco) anos no cargo efetivo em que for concedida a aposentadoria, será concedida na forma da Lei Complementar nº 142, de 8 de maio de 2013, inclusive quanto aos critérios de cálculo dos benefícios.

Parágrafo único. Aplicam-se às aposentadorias dos servidores com deficiência dos Estados, do Distrito Federal e dos Municípios as normas constitucionais e infraconstitucionais anteriores à data de entrada em vigor desta Emenda Constitucional, enquanto não promovidas alterações na legislação interna relacionada ao respectivo regime próprio de previdência social.

Art. 23. A pensão por morte concedida a dependente de segurado do Regime Geral de Previdência Social ou de servidor público federal será equivalente a uma cota familiar de 50% (cinquenta por cento) do valor da aposentadoria recebida pelo segurado ou servidor ou daquela a que teria direito se fosse aposentado por incapacidade permanente na data do óbito, acrescida de cotas de 10 (dez) pontos percentuais por dependente, até o máximo de 100% (cem por cento).

► O STF, por maioria, julgou improcedente o pedido formulado na ADIN nº 7.051 para declarar a constitucionalidade deste artigo (*DOU* de 7-7-2023).

§ 1º As cotas por dependente cessarão com a perda dessa qualidade e não serão reversíveis aos demais dependentes, preservado o valor de 100% (cem por cento) da pensão por morte quando o número de dependentes remanescente for igual ou superior a 5 (cinco).

§ 2º Na hipótese de existir dependente inválido ou com deficiência intelectual, mental ou grave, o valor da pensão por morte de que trata o *caput* será equivalente a:

I – 100% (cem por cento) da aposentadoria recebida pelo segurado ou servidor ou daquela a que teria direito se fosse aposentado por incapacidade permanente na data do óbito, até o limite máximo de benefícios do Regime Geral de Previdência Social; e

II – uma cota familiar de 50% (cinquenta por cento) acrescida de cotas de 10 (dez) pontos percentuais por dependente, até o máximo de 100% (cem por cento), para o valor que supere o limite máximo de benefícios do Regime Geral de Previdência Social.

§ 3º Quando não houver mais dependente inválido ou com deficiência intelectual, mental ou grave, o valor da pensão será recalculado na forma do disposto no *caput* e no § 1º.

§ 4º O tempo de duração da pensão por morte e das cotas individuais por dependente até a perda dessa qualidade, o rol de dependentes e sua qualificação e as condições necessárias para enquadramento serão aqueles estabelecidos na Lei nº 8.213, de 24 de julho de 1991.

§ 5º Para o dependente inválido ou com deficiência intelectual, mental ou grave, sua condição pode ser reconhecida previamente ao óbito do segurado, por meio de avaliação biopsicossocial realizada por equipe multiprofissional e interdisciplinar, observada revisão periódica na forma da legislação.

§ 6º Equiparam-se a filho, para fins de recebimento da pensão por morte, exclusivamente o enteado e o menor tutelado, desde que comprovada a dependência econômica.

§ 7º As regras sobre pensão previstas neste artigo e na legislação vigente na data de entrada em vigor desta Emenda Constitucional poderão ser alteradas na forma da lei para o Regime Geral de Previdência Social e para o regime próprio de previdência social da União.

§ 8º Aplicam-se às pensões concedidas aos dependentes de servidores dos Estados, do Distrito Federal e dos Municípios as normas constitucionais e infraconstitucionais anteriores à data de entrada em vigor desta Emenda Constitucional, enquanto não promovidas alterações na legislação interna relacionada ao respectivo regime próprio de previdência social.

Art. 24. É vedada a acumulação de mais de uma pensão por morte deixada por cônjuge ou companheiro, no âmbito do mesmo regime de previdência social, ressalvadas as pensões do mesmo instituidor decorrentes do exercício de cargos acumuláveis na forma do art. 37 da Constituição Federal.

§ 1º Será admitida, nos termos do § 2º, a acumulação de:

I – pensão por morte deixada por cônjuge ou companheiro de um regime de previdência social com pensão por morte concedida por outro regime de previdência social ou com pensões decorrentes das atividades militares de que tratam os arts. 42 e 142 da Constituição Federal;

II – pensão por morte deixada por cônjuge ou companheiro de um regime de previdência social com aposentadoria concedida no âmbito do Regime Geral de Previdência Social ou de regime próprio de previdência social ou com proventos de inatividade decorrentes das atividades militares de que tratam os arts. 42 e 142 da Constituição Federal; ou

III – pensões decorrentes das atividades militares de que tratam os arts. 42 e 142 da Constituição Federal com aposentadoria concedida no âmbito do Regime Geral de Previdência Social ou de regime próprio de previdência social.

§ 2º Nas hipóteses das acumulações previstas no § 1º, é assegurada a percepção do valor integral do benefício mais vantajoso e de uma parte de cada um dos demais benefícios, apurada cumulativamente de acordo com as seguintes faixas:

I – 60% (sessenta por cento) do valor que exceder 1 (um) salário mínimo, até o limite de 2 (dois) salários mínimos;

II – 40% (quarenta por cento) do valor que exceder 2 (dois) salários mínimos, até o limite de 3 (três) salários mínimos;

III – 20% (vinte por cento) do valor que exceder 3 (três) salários mínimos, até o limite de 4 (quatro) salários mínimos; e

IV – 10% (dez por cento) do valor que exceder 4 (quatro) salários mínimos.

§ 3º A aplicação do disposto no § 2º poderá ser revista a qualquer tempo, a pedido do interessado, em razão de alteração de algum dos benefícios.

§ 4º As restrições previstas neste artigo não serão aplicadas se o direito aos benefícios houver sido adquirido antes da data de entrada em vigor desta Emenda Constitucional.

§ 5º As regras sobre acumulação previstas neste artigo e na legislação vigente na data de entrada em vigor desta Emenda Constitucional poderão ser alteradas na forma do § 6º do art. 40 e do § 15 do art. 201 da Constituição Federal.

Art. 25. Será assegurada a contagem de tempo de contribuição fictício no Regime Geral de Previdência Social decorrente de hipóteses descritas na legislação vigente até a data de entrada em vigor desta Emenda Constitucional para fins de concessão de aposentadoria, observando-se, a partir da sua entrada em vigor, o disposto no § 14 do art. 201 da Constituição Federal.

§ 1º Para fins de comprovação de atividade rural exercida até a data de entrada em vigor desta Emenda Constitucional, o prazo de que tratam os §§ 1º e 2º do art. 38-B da Lei nº 8.213, de 24 de julho de 1991, será prorrogado até a data em que o Cadastro Nacional de Informações Sociais (CNIS) atingir a cobertura mínima de 50% (cinquenta por cento) dos trabalhadores de que trata o § 8º do art. 195 da Constituição Federal, apurada conforme quantitativo da Pesquisa Nacional por Amostra de Domicílios Contínua (Pnad).

§ 2º Será reconhecida a conversão de tempo especial em comum, na forma prevista na Lei nº 8.213, de 24 de julho de 1991, ao segurado do Regime Geral de Previdência Social que comprovar tempo de efetivo exercício de atividade sujeita a condições especiais que efetivamente prejudiquem a saúde, cumprido até a data de entrada em vigor desta Emenda Constitucional, vedada a conversão para o tempo cumprido após esta data.

§ 3º Considera-se nula a aposentadoria que tenha sido concedida ou que venha a ser concedida por regime próprio de previdência social com contagem recíproca do Regime Geral de Previdência Social mediante o cômputo de tempo de serviço sem o recolhimento da respectiva contribuição ou da correspondente indenização pelo segurado obrigatório responsável, à época do exercício da atividade, pelo recolhimento de suas próprias contribuições previdenciárias.

Art. 26. Até que lei discipline o cálculo dos benefícios do regime próprio de previdência social da União e do Regime Geral de Previdência Social, será utilizada a média aritmética simples dos salários de contribuição e das remunerações adotados como base para contribuições a regime próprio de previdência social e ao Regime Geral de Previdência Social, ou como base para contribuições decorrentes das atividades militares de que tratam os arts. 42 e 142 da Constituição Federal, atualizados monetariamente, correspondentes a 100% (cem por cento) do período contributivo desde a competência julho de 1994 ou desde o início da contribuição, se posterior àquela competência.

§ 1º A média a que se refere o *caput* será limitada ao valor máximo do salário de contribuição do Regime Geral de Previdência Social para os segurados desse regime e para o servidor que ingressou no serviço público em cargo efetivo após a implantação do regime de previdência complementar ou que tenha exercido a opção correspondente, nos termos do disposto nos §§ 14 a 16 do art. 40 da Constituição Federal.

§ 2º O valor do benefício de aposentadoria corresponderá a 60% (sessenta por cento) da média aritmética definida na forma prevista no *caput* e no § 1º, com acréscimo de 2 (dois) pontos percentuais para cada ano de contribuição que exceder o tempo de 20 (vinte) anos de contribuição nos casos:

I – do inciso II do § 6º do art. 4º, do § 4º do art. 15, do § 3º do art. 16 e do § 2º do art. 18;

II – do § 4º do art. 10, ressalvado o disposto no inciso II do § 3º e no § 4º deste artigo;

III – de aposentadoria por incapacidade permanente aos segurados do Regime Geral de Previdência Social, ressalvado o disposto no inciso II do § 3º deste artigo; e

IV – do § 2º do art. 19 e do § 2º do art. 21, ressalvado o disposto no § 5º deste artigo.

§ 3º O valor do benefício de aposentadoria corresponderá a 100% (cem por cento) da média aritmética definida na forma prevista no *caput* e no § 1º:

I – no caso do inciso II do § 2º do art. 20;

II – no caso de aposentadoria por incapacidade permanente, quando decorrer de acidente de trabalho, de doença profissional e de doença do trabalho.

§ 4º O valor do benefício da aposentadoria de que trata o inciso III do § 1º do art. 10 corresponderá ao resultado do tempo de contribuição dividido por 20 (vinte) anos, limitado a um inteiro, multiplicado pelo valor apurado na forma do *caput* do § 2º deste artigo, ressalvado o caso de cumprimento de critérios de acesso para aposentadoria voluntária que resulte em situação mais favorável.

§ 5º O acréscimo a que se refere o *caput* do § 2º será aplicado para cada ano que exceder 15 (quinze) anos de tempo de contribuição para os segurados de que tratam a alínea *a* do inciso I do § 1º do art. 19 e o inciso I do art. 21 e para as mulheres filiadas ao Regime Geral de Previdência Social.

§ 6º Poderão ser excluídas da média as contribuições que resultem em redução do valor do benefício, desde que mantido o tempo mínimo de contribuição exigido, vedada a utilização do tempo excluído para qualquer finalidade, inclusive para o acréscimo a que se referem os §§ 2º e 5º, para a averbação em outro regime previdenciário ou para a obtenção dos proventos de inatividade das atividades de que tratam os arts. 42 e 142 da Constituição Federal.

§ 7º Os benefícios calculados nos termos do disposto neste artigo serão reajustados nos termos estabelecidos para o Regime Geral de Previdência Social.

Art. 27. Até que lei discipline o acesso ao salário-família e ao auxílio-reclusão de que trata o inciso IV do art. 201 da Constituição Federal, esses benefícios serão concedidos apenas àqueles que tenham renda bruta mensal igual ou inferior a R$ 1.364,43 (mil, trezentos e sessenta e quatro reais e quarenta e três centavos), que serão corrigidos pelos mesmos índices aplicados aos benefícios do Regime Geral de Previdência Social.

§ 1º Até que lei discipline o valor do auxílio-reclusão, de que trata o inciso IV do art. 201 da Constituição Federal, seu cálculo será realizado na forma daquele aplicável à pensão por morte, não podendo exceder o valor de 1 (um) salário mínimo.

§ 2º Até que lei discipline o valor do salário-família, de que trata o inciso IV do art. 201 da Constituição Federal, seu valor será de R$ 46,54 (quarenta e seis reais e cinquenta e quatro centavos).

Art. 28. Até que lei altere as alíquotas da contribuição de que trata a Lei nº 8.212, de 24 de julho de 1991, devidas pelo segurado empregado, inclusive o doméstico, e pelo trabalhador avulso, estas serão de:

► Art. 36, I, desta EC, que vigorará no primeiro dia do quarto mês subsequente ao da data de sua publicação (*DOU* de 13-11-2019).

I – até 1 (um) salário mínimo, 7,5% (sete inteiros e cinco décimos por cento);
II – acima de 1 (um) salário mínimo até R$ 2.000,00 (dois mil reais), 9% (nove por cento);
III – de R$ 2.000,01 (dois mil reais e um centavo) até R$ 3.000,00 (três mil reais), 12% (doze por cento); e
IV – de R$ 3.000,01 (três mil reais e um centavo) até o limite do salário de contribuição, 14% (quatorze por cento).

§ 1º As alíquotas previstas no *caput* serão aplicadas de forma progressiva sobre o salário de contribuição do segurado, incidindo cada alíquota sobre a faixa de valores compreendida nos respectivos limites.

§ 2º Os valores previstos no *caput* serão reajustados, a partir da data de entrada em vigor desta Emenda Constitucional, na mesma data e com o mesmo índice em que se der o reajuste dos benefícios do Regime Geral de Previdência Social, ressalvados aqueles vinculados ao salário mínimo, aos quais se aplica a legislação específica.

Art. 29. Até que entre em vigor lei que disponha sobre o § 14 do art. 195 da Constituição Federal, o segurado que, no somatório de remunerações auferidas no período de 1 (um) mês, receber remuneração inferior ao limite mínimo mensal do salário de contribuição poderá:
I – complementar a sua contribuição, de forma a alcançar o limite mínimo exigido;
II – utilizar o valor da contribuição que exceder o limite mínimo de contribuição de uma competência em outra; ou
III – agrupar contribuições inferiores ao limite mínimo de diferentes competências, para aproveitamento em contribuições mínimas mensais.

Parágrafo único. Os ajustes de complementação ou agrupamento de contribuições previstos nos incisos I, II e III do *caput* somente poderão ser feitos ao longo do mesmo ano civil.

Art. 30. A vedação de diferenciação ou substituição de base de cálculo decorrente do disposto no § 9º do art. 195 da Constituição Federal não se aplica a contribuições que substituam a contribuição de que trata a alínea *a* do inciso I do *caput* do art. 195 da Constituição Federal instituídas antes da data de entrada em vigor desta Emenda Constitucional.

Art. 31. O disposto no § 11 do art. 195 da Constituição Federal não se aplica aos parcelamentos previstos na legislação vigente até a data de entrada em vigor desta Emenda Constitucional, sendo vedadas a reabertura ou a prorrogação de prazo para adesão.

Art. 32. Até que entre em vigor lei que disponha sobre a alíquota da contribuição de que trata a Lei nº 7.689, de 15 de dezembro de 1988, esta será de 20% (vinte por cento) no caso das pessoas jurídicas referidas no inciso I do § 1º do art. 1º da Lei Complementar nº 105, de 10 de janeiro de 2001.

► Art. 36, I, desta EC, que vigorará no primeiro dia do quarto mês subsequente ao da data de sua publicação (*DOU* de 13-11-2019).

Art. 33. Até que seja disciplinada a relação entre a União, os Estados, o Distrito Federal e os Municípios e entidades abertas de previdência complementar na forma do disposto nos §§ 4º e 5º do art. 202 da Constituição Federal, somente entidades fechadas de previdência complementar estão autorizadas a administrar planos de benefícios patrocinados pela União, Estados, Distrito Federal ou Municípios, inclusive suas autarquias, fundações, sociedades de economia mista e empresas controladas direta ou indiretamente.

Art. 34. Na hipótese de extinção por lei de regime previdenciário e migração dos respectivos segurados para o Regime Geral de Previdência Social, serão observados, até que lei federal disponha sobre a matéria, os seguintes requisitos pelo ente federativo:
I – assunção integral da responsabilidade pelo pagamento dos benefícios concedidos durante a vigência do regime extinto, bem como daqueles cujos requisitos já tenham sido implementados antes da sua extinção;
II – previsão de mecanismo de ressarcimento ou de complementação de benefícios aos que tenham contribuído acima do limite máximo do Regime Geral de Previdência Social;
III – vinculação das reservas existentes no momento da extinção, exclusivamente:
a) ao pagamento dos benefícios concedidos e a conceder, ao ressarcimento de contribuições ou à complementação de benefícios, na forma dos incisos I e II; e
b) à compensação financeira com o Regime Geral de Previdência Social.

Parágrafo único. A existência de *superavit* atuarial não constitui óbice à extinção de regime próprio de previdência social e à consequente migração para o Regime Geral de Previdência Social.

Art. 35. Revogam-se:

I – os seguintes dispositivos da Constituição Federal:

a) o § 21 do art. 40;

b) o § 13 do art. 195;

II – os arts. 9º, 13 e 15 da Emenda Constitucional nº 20, de 15 de dezembro de 1998;

III – os arts. 2º, 6º e 6º-A da Emenda Constitucional nº 41, de 19 de dezembro de 2003;

IV – o art. 3º da Emenda Constitucional nº 47, de 5 de julho de 2005.

Art. 36. Esta Emenda Constitucional entra em vigor:

I – no primeiro dia do quarto mês subsequente ao da data de publicação desta Emenda Constitucional, quanto ao disposto nos arts. 11, 28 e 32;

II – para os regimes próprios de previdência social dos Estados, do Distrito Federal e dos Municípios, quanto à alteração promovida pelo art. 1º desta Emenda Constitucional no art. 149 da Constituição Federal e às revogações previstas na alínea *a* do inciso I e nos incisos III e IV do art. 35, na data de publicação de lei de iniciativa privativa do respectivo Poder Executivo que as referende integralmente;

III – nos demais casos, na data de sua publicação.

Parágrafo único. A lei de que trata o inciso II do *caput* não produzirá efeitos anteriores à data de sua publicação.

Brasília, em 12 de novembro de 2019.

Mesa da Câmara dos Deputados: Deputado Rodrigo Maia, Presidente; Deputado Marcos Pereira, 1º Vice-Presidente; Deputado Luciano Bivar, 2º Vice-Presidente; Deputada Soraya Santos, 1ª Secretária; Deputado Mário Heringer, 2º Secretário; Deputado Fábio Faria, 3º Secretário; Deputado André Fufuca, 4º Secretário.

Mesa do Senado Federal: Senador Davi Alcolumbre, Presidente; Senador Antonio Anastasia, 1º Vice-Presidente; Senador Lasier Martins, 2º Vice-Presidente; Senador Sérgio Petecão, 1º Secretário; Senador Eduardo Gomes, 2º Secretário; Senador Flávio Bolsonaro, 3º Secretário; Senador Luis Carlos Heinze, 4º Secretário.

Consolidação das Leis do Trabalho

Índice Sistemático da Consolidação das Leis do Trabalho

(Decreto-Lei nº 5.452, de 1º-5-1943)

TÍTULO I – INTRODUÇÃO

TÍTULO II – DAS NORMAS GERAIS DE TUTELA DO TRABALHO

TÍTULO II-A – DO DANO EXTRAPATRIMONIAL

TÍTULO III – DAS NORMAS ESPECIAIS DE TUTELA DO TRABALHO

TÍTULO IV – DO CONTRATO INDIVIDUAL DO TRABALHO

TÍTULO IV-A – DA REPRESENTAÇÃO DOS EMPREGADOS

TÍTULO V – DA ORGANIZAÇÃO SINDICAL

TÍTULO VI – DAS CONVENÇÕES COLETIVAS DE TRABALHO

TÍTULO VI-A – DAS COMISSÕES DE CONCILIAÇÃO PRÉVIA

TÍTULO VII – DO PROCESSO DE MULTAS ADMINISTRATIVAS

TÍTULO VII-A – DA PROVA DE INEXISTÊNCIA DE DÉBITOS TRABALHISTAS

TÍTULO VIII – DA JUSTIÇA DO TRABALHO

TÍTULO IX – DO MINISTÉRIO PÚBLICO DO TRABALHO

TÍTULO X – DO PROCESSO JUDICIÁRIO DO TRABALHO

TÍTULO XI – DISPOSIÇÕES FINAIS E TRANSITÓRIAS

EXPOSIÇÃO DE MOTIVOS DA CONSOLIDAÇÃO DAS LEIS DO TRABALHO

DECRETO-LEI Nº 5.452, DE 1º DE MAIO DE 1943

Sr. Presidente da República:

Tenho grande honra de apresentar a Vossa Excelência o projeto definitivo de Consolidação das Leis de Proteção ao Trabalho, relevante cometimento jurídico e social, cuja redação última foi procedida, havendo sido escrupulosamente apreciadas as sugestões e emendas propostas ao anteprojeto, após uma verdadeira autocrítica, que a própria Comissão efetuou, do texto original divulgado pelo *Diário Oficial* de 5 de janeiro do corrente ano.

2. A Comissão cotejou e julgou cerca de dois mil reparos, observações ou comentários feitos à Consolidação.

3. Peço vênia a Vossa Excelência, preliminarmente, para ressaltar o esforço, a cultura, a inteligência com que, no desempenho da difícil incumbência, se houveram os signatários do Relatório incluso no aprofundado exame da matéria.

4. Durante quase um ano, em longas reuniões diárias, entregaram-se à tarefa complexa e ilustre, com uma dedicação e um espírito público que bem demonstram o patriotismo que os inspirou. Desejo, por isso, antes de mais nada, e perante V. Exª., patentear o meu reconhecimento e a minha admiração por esses notáveis colaboradores da obra ministerial.

5. É da mais alta significação social e merece uma referência especial o interesse suscitado pela divulgação do anteprojeto.

6. Juristas e magistrados, entidades públicas, empresas privadas e associações culturais concorreram com a judiciosa reflexão de sua experiência para sugerir um ou outro retoque.

7. Revelando, não só a repercussão alcançada pelo monumento legal projetado, mas, principalmente, uma vigorosa consciência sindical – prova plena de um regime social já radicado –, manifestaram-se as classes de empregadores e de empregados, através das respectivas instituições representativas. Esta foi, na realidade, a contribuição mais palpitante trazida à Comissão, quer pelo teor original da discussão das teses, quer pela eficiência patente do sistema paritário de equilíbrio social, evidenciando-se, do contraste de interesse, sob a luz de um pensamento público de bem comum, a fórmula de composição harmônica das forças do capital e do trabalho.

8. A Consolidação corresponde a um estágio no desenvolvimento do progresso jurídico.

9. Entre a compilação ou coleção de leis e um código – que são, respectivamente, os momentos extremos de um processo de corporificação do direito – existe a consolidação, que é a fase própria da concatenação dos textos e da coordenação dos princípios, quando já se denuncia primeiro o pensamento do sistema depois de haverem sido reguladas, de modo amplo, relações sociais em determinado plano da vida política.

10. Projetada a ação do Estado em várias direções, para atender ao tratamento de situações especiais e constantes em uma mesma órbita jurídica, impõe-se, desde o instante em que se surpreende a unidade interna desses problemas, perscrutar a sua inteligência ordenadora, que será então a *ratio legis* do sistema normativo necessário.

11. Esse o significado da Consolidação, que não é uma coleção de leis, mas a sua coordenação sistematizada.

Não é apenas um engenho de arquitetura legislativa, mas uma recapitulação de valores coerentes, que resultaram de uma grande expansão legislativa anterior, em um dado ramo do direito.

12. É o diploma do idealismo excepcional do Brasil, orientado pela clarividência genial de V. Exa., reajustando o imenso e fundamental processo de sua dinâmica econômica, nas suas relações com o trabalho, aos padrões mais altos de dignidade e de humanidade da justiça social. É incontestavelmente a síntese das instituições políticas estabelecidas por V. Exa., desde o início de seu governo.

13. Empenhou-se, por isso, a Comissão na articulação dos textos legais vigentes, na exata dedução dos princípios, na concordância essencial das regras, na unidade interna do sistema. As lacunas preenchidas propuseram-se a tornar explícitas verdades inerentes às leis anteriores.

Algumas inovações aparentes não passam de necessárias consequências da Constituição. As omissões intencionalmente ocorridas restringiram-se a excluir do conjunto as leis tipicamente transitórias e que, para atender a situações de emergência decorrentes do estado de guerra, ficaram à margem dos postulados do nosso direito social.

14. O que importa salientar é ter havido a preocupação dominante de subordinação às leis preexistentes e não como se procedesse à organização de um código, para o qual se permite modernamente a originalidade inicial e onde é mesmo espontânea e essencial a livre criação do direito, sem qualquer dependência do regime vigente.

15. A Consolidação representa, portanto, em sua substância normativa e em seu título, neste ano de 1943, não um ponto de partida, nem uma adesão recente a uma doutrina, mas a maturidade de uma ordem social há mais de um decênio instituída, que já se consagrou pelos benefícios distribuídos, como também pelo julgamento da opinião pública consciente, e sob cujo espírito de equidade confraternizaram as classes na vida econômica, instaurando nesse ambiente, antes instável e incerto, os mesmos sentimentos de humanismo cristão que encheram de generosidade e de nobreza os anais da nossa vida pública e social.

16. No relatório elaborado pela Comissão respectiva, que corresponde a um prefácio admirável da obra monumental, e no qual se filia a presente exposição de motivos, encontrará V. Exª minucioso e brilhante estudo das doutrinas, dos sistemas, das leis, dos regulamentos e das emendas sugeridas, comprovando que a Consolidação representa um documento resultante da instituição do gênio com que Vossa Excelência vem preparando o Brasil para uma missão universal.

17. A estrutura da Consolidação e a ordenada distribuição das matérias que lhe compõem o texto evidenciam claramente não só um plano lógico como também um pensamento doutrinário.

18. A sucessiva disposição das matérias, nos Títulos e Capítulos, corresponde a uma racional precedência.

19. Assim, sem fazer injúria ao bom-senso geral, exemplificarei, entretanto; o contrato individual do trabalho pressupõe a regulamentação legal de tutela do empregado, não lhe podendo ser adversa; a organização sindical pressupõe igualmente a condição de emprego ou o exercício de profissão e a constituição da empresa; o contrato coletivo de trabalho seria, por sua vez, inviável sem a prévia formação sindical das classes.

20. Essa uma distribuição em que os institutos jurídico-políticos são alinhados, não ao sabor de classificações subjetivas ou sob a sugestão irrefletida de padrões quaisquer, mas sim, e verdadeiramente, de acordo com dados racionais derivados do próprio valor e da função social que lhes é essencial.

21. Para melhor compreensão, dividiu a Comissão o Título II do anteprojeto em dois Títulos, visando a tornar ainda mais intuitivo o esquema da consolidação: ocupando-se essas duas divisões, respectivamente, "Das Normas Gerais de Tutela do Trabalho" e "Das Normas Especiais de Tutela do Trabalho", que constituem exatamente os princípios institucionais e básicos da proteção do trabalho.

22. Mais uma vez nota-se nessa concepção um ânimo de ordem que resultou de uma meditação exclusiva sobre os institutos concatenados.

23. O pormenorizado exame, nesta exposição, de todos os temas ali discutidos, importaria reproduzir, quase na íntegra, o referido relatório, com prejuízo talvez de sua harmonia e da lógica irretorquível com que se apresenta.

24. Peço licença, entretanto, para assinalar alguns aspectos principais do trabalho da Comissão.

25. No concernente à identificação profissional, há quem incorra em absoluto equívoco, ignorando o sentido exato dessa instituição jurídica.

26. Houve quem lhe apontasse apenas a utilidade de mero instrumento de contrato do trabalho, quando, na verdade, é este, embora de grande alcance, apenas um aspecto da carteira profissional, cujo caráter fundamental é o de documento de qualificação profissional, constituindo mesmo a primeira manifestação de tutela do Estado ao trabalhador, antes formalmente "desqualificado" sob o ponto de vista profissional e a seguir, com a emissão daquele título, habilitado à ocupação de um emprego ou ao exercício de uma profissão. Não há como subordinar essa criação típica do Direito Social ao papel acessório de prova do contrato de trabalho, quando, como se vê, a sua emissão antecede livremente o ajuste do emprego e agora, pela Consolidação, passará até a constituir uma condição obrigatória para o trabalho.

27. Foi, aliás, considerando a importância da carteira profissional como elemento primacial para manutenção do cadastro profissional dos trabalhadores, como título de qualificação profissional, como documento indispensável à colocação e à inscrição sindical e, finalmente, por servir de instrumento prático do contrato individual do trabalho – que a Comissão encontrou razões bastantes para a reputar uma instituição fundamental de proteção do trabalhador e não admitir fosse relegada à inoperância da franquia liberal, tornando-a, então, obrigatória.

28. Em relação aos contratos de trabalho, cumpre esclarecer que a precedência das "normas" de tutela sobre os "contratos" acentuou que a ordem institucional ou estatutária prevalece sobre a concepção contratualista.

29. A análise do conteúdo da nossa legislação social provava exuberantemente a primazia do caráter institucional sobre o efeito do contrato, restrito este à objetivação do ajuste, à determinação do salário e à estipulação da natureza dos serviços e isso mesmo dentro de *standards* e sob condições preestabelecidas na lei.

30. Ressaltar essa expressão peculiar constituiria certamente uma conformação com a realidade e com a filosofia do novo Direito, justificando-se assim a ênfase inicial atribuída à enumeração das normas de proteção ao trabalho, para somente em seguida ser referido o contrato individual.

31. Nem há como contestar semelhante método, desde que o Direito Social é, por definição, um complexo de normas e de instituições voltadas à proteção do trabalho dependente na atividade privada.

32. Entre as inúmeras sugestões trazidas, uma houve que suscitou singular estranheza, dada a sua procedência de uma entidade representativa de empregados.

33. Objetava contra a exclusão da permissão contida no inciso final do parágrafo único do art. 4º da Lei nº 264, de 5 de outubro de 1936, e reclamava a sua incorporação à Consolidação.

34. Esse texto propositadamente omitido colidia rigorosamente com um dispositivo legal posterior – art. 12 do Decreto-lei nº 2.308, de 13 de junho de 1942 – em que se anunciava uma regra irrecusável de proteção ao trabalhador.

35. Como se tolerar, efetivamente, que possa um empregado realizar os encargos de sua função, por mais rudimentar que esta seja, durante oito horas sucessivas, sem um intervalo para repouso ou alimentação?

36. Talvez uma incompreensão tivesse surgido na consideração desse preceito legal vigente: há, na realidade, determinadas funções de supervisão e de controle, tais como as exercidas por encarregados de estações ou usinas elétricas, cujo trabalho é intermitente, não exigindo uma atenção constante e um esforço continuado, sendo benéfica, então, para esses empregados a exclusão da hora de repouso pela redução que se dá no tempo de permanência no serviço, facilitada, por outro lado, a organização das tabelas de rodízio dos ocupantes desses cargos pelas empresas.

37. Essa hipótese, constituindo tipicamente o caso do trabalho descontínuo, segundo a conhecida definição de Barassi, não se enquadra, entretanto, na determinação do citado art. 12 do Decreto-lei nº 2.308, que apenas abrange o "trabalho contínuo", conforme foi incluído à Consolidação no Capítulo "Da Duração do Trabalho", parecendo, portanto, resolvida a dúvida.

38. O trabalho dos menores, entre quatorze e dezoito anos, ou tem como finalidade a preparação dos mesmos para um ofício, uma profissão, ou, então, constitui uma exploração e um aniquilamento da juventude.

39. Esse pensamento fez com que o Decreto-lei nº 3.616, de 13 de setembro de 1941, salvo nos casos excepcionais de força maior ou de interesse público, proibisse para os menores a prorrogação da duração normal de trabalho. Tal a fonte do dispositivo idêntico que se encontra na Consolidação, sem incorrer em inovação.

40. Atentando, também, nos deveres impostos aos empregadores de menores, ver-se-á que são eles obrigados a permitir a esses seus empregados a frequência às aulas, quer as de instrução primária, conforme sempre foi estabelecido, como também as de formação profissional a cargo do Serviço Nacional de Aprendizagem dos Industriários, de acordo com o estatuído pelo Decreto-lei nº 4.481, de 16 de julho de 1942.

41. Acreditamos que não se levantará mais qualquer argumento contra a razoabilíssima disposição legal de proibição da prorrogação do horário normal do trabalho dos menores, justificada não só por óbvias considerações biológicas de preservação da saúde dos adolescentes, como também por motivos educacionais irrefutáveis.

42. A clara e total definição que do contrato individual do trabalho foi dada pelo anteprojeto da Consolidação, provocou algumas divergências de mero gosto polêmico.

43. A emenda então apresentada não pôde ser aceita. Revelava, primeiramente, incompreensão do espírito institucional tantas vezes salientado nesses empreendimentos. Repetia ainda um conceito prévio e básico já formulado, qual seja o de empregado.

44. O que os objetantes não alcançaram foi o deliberado propósito de se reconhecer a correspondência e equivalência entre a "relação de emprego" e o "contrato individual do trabalho", para os efeitos da legislação social, correspondência essa que a escola contratualista italiana nega, exigindo a expressa pactuação.

45. Na concepção do projeto, admitido, como fundamento de contrato, o acordo tácito, é lógico que a "relação de emprego" constitui o ato jurídico suficiente para provocar a objetivação das medidas tutelares que se contêm no direito do trabalho em vigor.

46. O conceito firmado na Consolidação é tanto mais justo e relevante quanto é o que se evidencia em face de contratos formalmente nulos ou substancialmente contrários à ordem pública dos preceitos da legislação de proteção ao trabalho.

47. Embora seja plenamente positivo o texto da Consolidação, diante de dúvidas propostas, urge repetir que o projeto não feriu nenhum direito, garantindo até simples expectativas de direito, uma vez que todos os empregados bancários admitidos até a data da vigência do decreto-lei que aprovar a Consolidação terão assegurada a estabilidade em dois anos, nos termos do art. 15 do mesmo Decreto nº 24.615, de 9 de julho de 1934.

48. O que não poderia ser admitido, em uma Consolidação que se propõe a sistematizar os princípios do nosso Direito Social, era a persistência de um singular privilégio para uma categoria de trabalhadores, quando o prestígio das instituições públicas exige exatamente uma igualdade de tratamento para situações sociais idênticas.

49. Fosse uma medida de proteção especial correlata de peculiares condições de trabalho, e não teria havido a menor dúvida em se manter tal regime, conforme aliás procedeu a Comissão, conservando do estatuto profissional dos bancários todos os preceitos que lhes fossem favoráveis e suprimindo os que não se equiparassem às disposições gerais de proteção à duração de trabalho, tais como os que legitimavam a prorrogação a horas suplementares independentemente de pagamento extraordinário.

50. Houve, portanto, estrita justiça.

51. Conforme ficou esclarecido inicialmente, a redação final que tenho a subida honra de apresentar a Vossa Excelência foi precedida de um meticuloso exame de todas as sugestões apresentadas, não constituindo menor contribuição a que cada um dos membros da Comissão procurou trazer, corrigindo e completando o anteprojeto.

52. Na revisão realizada, a Comissão assumiu uma posição censora de sua própria obra, promovendo consequentemente o aprimoramento do respectivo teor.

53. Na introdução aperfeiçoou a redação dos artigos; inseriu a definição de empregador, que integra o conceito definitivo da relação de emprego, acompanhando-a da noção legal de empregadora única dada pela Lei nº 435, de 17 de maio de 1937; removeu, outrossim, para o Capítulo pertinente, a declaração da igualdade de salário por trabalho do mesmo valor sem distinção de sexo. Foi, por outro lado, suprimida a afirmação concernente à proibição da renúncia de direitos, que entendeu a Comissão ser elementar do princípio de ordem pública, mediante o qual são nulos os atos praticados no intuito de excluir a eficácia da legislação social.

54. O Título das normas institucionais foi reconstituído em dois outros, para mais fácil apresentação dos preceitos nele contidos.

55. O Capítulo sobre a identificação profissional e os registros de empregados foi melhorado na nomenclatura, na redação e na disposição das Seções.

56. Sofreu alteração o texto que reproduziu o parágrafo único do art. 18 do Decreto nº 22.035, de 29 de outubro de 1932, eliminando-se agora da carteira profissional a averbação de notas desabonadoras, as quais, somente quando resultarem de sentença transitada em julgado, serão inscritas no prontuário do portador da carteira.

57. Ligeiros retoques foram dados ao Capítulo sobre a duração geral do trabalho.

58. Considerou-se de justiça equiparar o regime de trabalho dos operadores das empresas de serviços telefônicos aos das que exploram serviços de telegrafia, radiotelegrafia e radiotelefonia, cujas condições de fadiga são idênticas.

59. A duração do trabalho nos serviços ferroviários foi reexaminada de acordo com sugestões do Sindicato dos Empregados Ferroviários do Rio de Janeiro, e das empresas responsáveis por esses serviços, principalmente a Companhia Paulista de Estradas de Ferro, cuja cooperação inteligente favoreceu a racionalização imprimida ao projeto, com a supressão, pela qual se batia a Comissão, do confuso e prejudicial sistema de ciclos de 96 horas em 14 dias, com duração máxima diária de 16 horas, do citado Decreto nº 279, de graves consequências para a saúde dos ferroviários.

60. As disposições destinadas à regulamentação das condições de trabalho nos serviços de estiva mereceram igual reexame, atendidas, em harmonia, as sugestões da Comissão de Marinha Mercante, do Sindicato dos Estivadores do Rio de Janeiro e do Sindicato dos Trabalhadores em Estiva de Minérios desta Capital.

61. Houve também a preocupação de atender tanto quanto possível à equiparação, pleiteada pelo Sindicato dos Operários nos Serviços Portuários de Santos, entre os serviços de estiva e os de capatazias, que realmente funcionam em necessária coordenação.

62. Uma lacuna estava a exigir, há longa data, fosse coberta na nossa legislação. Recomendado, reiteradas vezes, pelo Presidente da República, diante da insuficiência da lei geral, não se ultimara, entretanto, até o presente, o projetado decreto-lei especial amparando as condições de trabalho em minas de subsolo. Coligindo os dados apurados pelo Departamento Nacional do Trabalho, depois de sucessivas e conclusivas investigações locais, foi constituída uma Seção prevendo as reduções do horário nos trabalhos em minas subterrâneas, trabalhos esses árduos e particularmente ruinosos para a vida dos respectivos operários.

63. Na Seção em que se regula o exercício da profissão de químico, foi adotada a indicação da Federação das Indústrias do Estado de São Paulo, no sentido de ficarem declinados os tipos de indústrias em que se torna obrigatória a admissão de um químico. De acordo com a sugestão e segundo o critério do Instituto Nacional de Tecnologia deste Ministério, ficou resolvida essa questão e homologada a orientação prática deste Ministério.

64. O Capítulo da Nacionalização do Trabalho recebeu pequenas emendas de redação, tendo sido suprimido o dispositivo do anteprojeto relativo aos cargos de chefia. Reconsiderando a matéria, verificou a Comissão que o problema, que suscitava a emenda aditiva ao anteprojeto, encontrava solução no próprio texto legal quando este disciplina que os ocupantes de funções técnicas somente ficarão à margem da proporcionalidade na falta de trabalhadores nacionais especializados. Sem gerar confusões que não haviam sido, aliás, pretendidas pelo preceito ora suprimido, o qual não continha qualquer restrição à desejada colaboração de iniciativas e de capitais estrangeiros, restará sempre no dispositivo acima referido o remédio para o Governo proporcionar garantias às elites de técnicos nacionais.

65. O regime de Higiene e Segurança do Trabalho, pela revisão efetuada, adquiriu maior eficácia, por força da explícita declaração, que constitui formalidade longamente seguida, da exigência de prévia verificação e aprovação das instalações dos estabelecimentos industriais para o respectivo funcionamento.

66. Estabeleceu-se, igualmente, a obrigatoriedade do uso, pelos empregados, dos equipamentos de defesa pessoal fornecidos pelos empregadores e aprovados pelas autoridades de Higiene do Trabalho.

67. Quanto aos Capítulos da proteção ao trabalho das mulheres e dos menores, as correções limitaram-se a erros de impressão, tendo sido, por outro lado, restabelecido o preceito inscrito no parágrafo único do art. 16 do antigo Decreto nº 22.042, de 3 de novembro de 1932, que, pela referência feita no § 3º do art. 16 do Decreto-lei nº 3.616, de 13 de setembro de 1941, é intuitivo concluir fora omitido, involuntariamente, neste último diploma legal.

68. Os deveres impostos aos empregadores para o efeito da habilitação profissional dos respectivos empregados menores e consubstanciados no Decreto-lei nº 4.481, de 16 de julho de 1942, corporificando normas de tutela dessa classe de empregados, cujo trabalho tem de ser orientado pelo alto escopo da educação técnica, passaram a integrar a Seção correspondente do Capítulo versando esse regime especial.

69. É oportuno salientar que a legislação social, universalmente, vem atribuindo um remarcado desvelo pelas condições de trabalho dos menores.

70. Em consonância com as convenções internacionais e as recomendações de congressos, e mesmo a estas se antecipando, o Brasil, pela pessoal inspiração de Vossa Excelência, vem realizando, através deste Ministério, uma salutar ação pública de preservação da juventude que trabalha.

71. O prosseguimento dessa política especializada é um imperativo e pareceu à Comissão dever ser assim ponderado na revisão, a que se procede, do Código de Menores, pois os seus preceitos atinentes ao trabalho foram totalmente melhorados e anexados à nossa legislação trabalhista, cujo Decreto-lei nº 3.616, consolidado agora, consagra a melhor solução de articulação e distinção entre a competência dos magistrados de menores e a das autoridades de trabalho, conferindo àqueles a plenitude das funções morais, jurisdicionais e supletivas do pátrio poder, que lhes são eminentemente reservadas, e atribuindo às autoridades deste Ministério a efetivação do regime de proteção ao trabalho.

72. O Título em que se compendiam as regras constitutivas do contrato individual de trabalho careceu apenas de pequenas especificações do pensamento já expresso, acrescentando-se-lhe, entretanto, as normas pertinentes aos contratos de autores teatrais e congêneres, oriundos da celebrada Lei Getúlio Vargas, cuja atualização vinha sendo ultimamente promovida por uma Comissão interministerial, da qual provieram os artigos de lei aditados ao presente projeto.

73. Estatuiu a Consolidação que aos trabalhadores rurais se aplicam as regras básicas do contrato individual do trabalho, inclusive o aviso prévio, não lhes atingindo, porém, o regime de garantias em caso de rescisão, a que não tenham dado motivo, nem o instituto da estabilidade. A essa conclusão chegou a Comissão, em voto preponderante, sob a alegação de serem imprescindíveis maiores esclarecimentos das exatas condições das classes rurais, inibidas, no momento, por falta de lei, da representação sindical dos respectivos interesses.

74. Em seu relatório, manifesta a Comissão, consequentemente e em princípio, a sua restrição quanto ao projeto do Código Rural, publicado no *Diário Oficial* de 16 de janeiro último, na parte referente ao Contrato de Trabalho, objeto preciso desta Consolidação e não de um Código em que, com exclusividade, deveriam ser tratados os problemas relativos à produção na agricultura e em atividades conexas.

75. A revisão dos artigos compreendidos no Título da Organização Sindical ofereceu oportunidade para pequenas adaptações, sem afetar o sistema.

76. Procedeu-se à consolidação do Decreto-lei nº 5.242, de 11 de fevereiro de 1943, que dispôs sobre a exigência da sindicalização para o exercício da função de representação social em órgão oficial, bem como para o gozo de favores ou isenções tributárias.

77. Suprimiu-se a emenda constante do anteprojeto tendente à instituição do regime de tomada de contas dos sindicatos. A eficiência do sistema de controle contábil do patrimônio das entidades sindicais e o regime de recolhimento dos sindicatos. A eficiência do sistema de controle contábil do patrimônio das entidades sindicais e o regime de recolhimento do imposto sindical, posteriormente criados pela Portaria Ministerial nº 884, de 5 de dezembro de 1942, veio indicar ser prescindível esse processo de tomada de contas, que poderia determinar a burocratização desses órgãos de classe, por todos os títulos evitável, a fim de se conservar a espontaneidade e originalidade do regime sindical.

78. A Federação das Indústrias do Estado de São Paulo propôs e foram aceitos os aumentos, de um para sete, do número máximo de membros da diretoria das entidades de grau superior, e de Cr$ 20,00 para Cr$ 30,00, da importância mínima correspondente ao imposto sindical de empregadores.

79. A Comissão de Enquadramento Sindical, dado o crescente desenvolvimento de sua atividade, teve a respectiva composição ampliada, incluindo um representante do Ministério da Agricultura na previsão da próxima sindicalização das classes rurais.

80. Ligeiros reparos foram feitos ao Capítulo do Imposto Sindical, na base do regime estabelecido pelo Decreto-lei nº 4.298, de 14 de maio de 1942, introduzindo-se apenas um artigo destinado a facultar a ação executiva, com os privilégios da Fazenda Pública, excluído o foro próprio, para a cobrança do imposto sindical, quando houver débito certificado pela autoridade competente deste Ministério.

81. Finalmente, quanto à Justiça do Trabalho, deliberou-se a exclusão de toda a parte consistente em regimento de órgãos e serviços, bem como dos assuntos referentes à administração dos seguros sociais.

82. O julgamento dos agravos foi elevado ao seu verdadeiro nível, que é o da instância superior, necessário à adequada conceituação desses recursos e à jurídica apreciação da respectiva substância. Apurou-se, outrossim, a definição do prejulgado, estabelecendo-se a forma do seu processamento e os efeitos que gera.

83. Tais, em rápida resenha, as principais modificações operadas no anteprojeto publicado. De todas essas alterações deflui um único pensamento – o de ajustar, mais e mais, a obra constituída às diretrizes da Política Social do Governo, fixadas de maneira tão ampla e coerente no magnífico quadro das disposições legais que acabam de ser recapituladas.

84. Ao pedir a atenção de Vossa Excelência para essa notável obra da construção jurídica, afirmo, com profunda convicção e de um modo geral, que, nesta hora dramática que o mundo sofre, a Consolidação constitui um marco venerável na história de nossa civilização, demonstra a vocação brasileira pelo direito e, na escureza que envolve a humanidade, representa a expressão de uma luz que não se apagou.

Apresento a vossa Excelência os protestos do meu mais profundo respeito.

Rio de Janeiro, 19 de abril de 1943.

Alexandre Marcondes Filho

CONSOLIDAÇÃO DAS LEIS DO TRABALHO

DECRETO-LEI Nº 5.452, DE 1º DE MAIO DE 1943

Aprova a Consolidação das Leis do Trabalho.

► Publicado no *DOU* de 9-8-1943.

► Art. 57, I, da Lei nº 13.844, de 18-6-2019, que estabelece a organização básica dos órgãos da Presidência da República e transforma o Ministério do Trabalho no Ministério da Economia.

O Presidente da República, usando da atribuição que lhe confere o artigo 180 da Constituição, decreta:

► O art. 180 citado refere-se à CF/1937.

► Arts. 5º, XIII, 6º, 7º, XXVII, XXXIV, e 193 da CF.

Art. 1º Fica aprovada a Consolidação das Leis do Trabalho, que a este Decreto-Lei acompanha, com as alterações por ela introduzidas na legislação vigente.

Parágrafo único. Continuam em vigor as disposições legais transitórias ou de emergência, bem como as que não tenham aplicação em todo o território nacional.

Art. 2º O presente Decreto-Lei entrará em vigor em 10 de novembro de 1943.

Rio de Janeiro, 1º de maio de 1943;
122º da Independência e
55º da República.

Getúlio Vargas

CONSOLIDAÇÃO DAS LEIS DO TRABALHO

TÍTULO I – INTRODUÇÃO

Art. 1º Esta Consolidação estatui as normas que regulam as relações individuais e coletivas de trabalho, nela previstas.

► Lei nº 7.064, de 6-12-1982, dispõe sobre a situação dos trabalhadores contratados ou transferidos para prestar serviços no exterior.

Art. 2º Considera-se empregador a empresa, individual ou coletiva, que, assumindo os riscos da atividade econômica, admite, assalaria e dirige a prestação pessoal de serviços.

► Art. 3º da Lei nº 5.889, de 8-6-1973 (Lei do Trabalho Rural).

§ 1º Equiparam-se ao empregador, para os efeitos exclusivos da relação de emprego, os profissionais liberais, as instituições de beneficência, as associações recreativas ou outras instituições sem fins lucrativos, que admitirem trabalhadores como empregados.

§ 2º Sempre que uma ou mais empresas, tendo, embora, cada uma delas, personalidade jurídica própria, estiverem sob a direção, controle ou administração de outra, ou ainda quando, mesmo guardando cada uma sua autonomia, integrem grupo econômico, serão responsáveis solidariamente pelas obrigações decorrentes da relação de emprego.

► § 2º com a redação dada pela Lei nº 13.467, de 13-7-2017.

§ 3º Não caracteriza grupo econômico a mera identidade de sócios, sendo necessárias, para a configuração do grupo, a demonstração do interesse integrado, a efetiva comunhão de interesses e a atuação conjunta das empresas dele integrantes.

► § 3º acrescido pela Lei nº 13.467, de 13-7-2017.

Art. 3º Considera-se empregado toda pessoa física que prestar serviços de natureza não eventual a empregador, sob a dependência deste e mediante salário.

Parágrafo único. Não haverá distinções relativas à espécie de emprego e à condição de trabalhador, nem entre o trabalho intelectual, técnico e manual.

► Art. 7º, XXX a XXXII, da CF.

► LC nº 150, de 1º-6-2015 (Lei do Empregado Doméstico).

► Lei nº 3.207, de 18-7-1957 (Lei dos Vendedores, Viajantes e Pracistas).

► Art. 2º da Lei nº 5.889, de 8-6-1973 (Lei do Trabalho Rural).

► Súmulas nºs 6, VII, 363, 386 e 430 do TST.

► Orientações Jurisprudenciais da SBDI-I nºs 199, 321, 335, 338, 350, 362 e 366 do TST.

Art. 4º Considera-se como de serviço efetivo o período em que o empregado esteja à disposição do empregador, aguardando ou executando ordens, salvo disposição especial expressamente consignada.

► Súm. nº 463 do STF.

► Súmulas nºs 90, 118, 229, 320, 366, 428 e 429 do TST.

► OJ da SBDI-I nº 355 do TST.

§ 1º Computar-se-ão, na contagem de tempo de serviço, para efeito de indenização e estabilidade, os períodos em que o empregado estiver afastado do trabalho prestando serviço militar e por motivo de acidente do trabalho.

► Parágrafo único transformado em § 1º e com a redação dada pela Lei nº 13.467, de 13-7-2017.

§ 2º Por não se considerar tempo à disposição do empregador, não será computado como período extraordinário o que exceder a jornada normal, ainda que ultrapasse o limite de cinco minutos previsto no § 1º do art. 58 desta Consolidação, quando o empregado, por escolha própria, buscar proteção pessoal, em caso de insegurança nas vias públicas ou más condições climáticas, bem como adentrar ou permanecer nas dependências da empresa para exercer atividades particulares, entre outras:

I – práticas religiosas;
II – descanso;
III – lazer;
IV – estudo;
V – alimentação;
VI – atividades de relacionamento social;
VII – higiene pessoal;
VIII – troca de roupa ou uniforme, quando não houver obrigatoriedade de realizar a troca na empresa.

► § 2º acrescido pela Lei nº 13.467, de 13-7-2017.

Art. 5º A todo trabalho de igual valor corresponderá salário igual, sem distinção de sexo.

► Art. 7º, XXX, XXXI e XXXIV, da CF.
► Dec. nº 10.088, de 5-11-2019, consolida atos normativos editados pelo Poder Executivo Federal que dispõem sobre a promulgação de convenções e recomendações da Organização Internacional do Trabalho – OIT ratificadas pela República Federativa do Brasil.
► Súm. nº 202 do STF.
► Súm. nº 6 do TST.

Art. 6º Não se distingue entre o trabalho realizado no estabelecimento do empregador, o executado no domicílio do empregado e o realizado a distância, desde que estejam caracterizados os pressupostos da relação de emprego.

Parágrafo único. Os meios telemáticos e informatizados de comando, controle e supervisão se equiparam, para fins de subordinação jurídica, aos meios pessoais e diretos de comando, controle e supervisão do trabalho alheio.

► Art. 6º com a redação dada pela Lei nº 12.551, de 15-12-2011.
► Súm. nº 428 do TST.

Art. 7º Os preceitos constantes da presente Consolidação, salvo quando for, em cada caso, expressamente determinado em contrário, não se aplicam:

► *Caput* com a redação dada pelo Dec.-lei nº 8.079, de 11-10-1945.

a) aos empregados domésticos, assim considerados, de um modo geral, os que prestam serviços de natureza não econômica à pessoa ou à família, no âmbito residencial destas;

► Art. 7º, parágrafo único, da CF.
► LC nº 150, de 1º-6-2015 (Lei do Empregado Doméstico).

b) aos trabalhadores rurais, assim considerados aqueles que, exercendo funções diretamente ligadas à agricultura e à pecuária, não sejam empregados em atividades que, pelos métodos de execução dos respectivos trabalhos ou pela finalidade de suas operações, se classifiquem como industriais ou comerciais;

► Art. 7º da CF.
► Lei nº 5.889, de 8-3-1973 (Lei do Trabalho Rural).
► Arts. 83 a 105 do Dec. nº 10.854, de 10-11-2021, que regulamenta disposições relativas à legislação trabalhista.
► OJ da SBDI-I nº 38 do TST.

c) aos funcionários públicos da União, dos Estados e dos Municípios e aos respectivos extranumerários em serviço nas próprias repartições;

► Arts. 7º, 37, VI, e 39, § 2º, da CF.
► Súmulas nºs 56 e 212 do extinto TFR.
► Súmulas nºs 58, 178 e 243 do TST.
► OJ da SBDI-I nº 138 do TST.

d) aos servidores de autarquias paraestatais, desde que sujeitos a regime próprio de proteção ao trabalho, que lhes assegure situação análoga à dos funcionários públicos;

► Alíneas *c* e *d* com a redação dada pelo Dec.-lei nº 8.079, de 11-10-1945.
► Arts. 7º e 39, § 2º, da CF.
► Súm. nº 58 do TST.

e) aos empregados das empresas de propriedade da União Federal, quando por esta ou pelos Estados administradas, salvo em se tratando daquelas cuja propriedade ou administração resultem de circunstâncias transitórias.

► O Dec.-lei nº 8.079, de 11-10-1945, ao dar nova redação a dispositivos deste artigo não trouxe a redação da alínea *e*. Mantivemos conforme redação original.

f) às atividades de direção e assessoramento nos órgãos, institutos e fundações dos partidos, assim definidas em normas internas de organização partidária.

► Alínea *f* acrescida pela Lei nº 13.877, de 27-9-2019.

Parágrafo único. *Revogado*. Dec.-Lei nº 8.249, de 29-11-1945.

► O Dec.-lei nº 8.079, de 11-10-1945, teve seu art. 1º, parágrafo único, revogado pelo Dec. nº 8.249, de 29-11-1945, que foi revogado pela Lei nº 2.193, de 9-3-1954, dispõe sobre a execução dos serviços a cargo da Superintendência das Empresas Incorporadas ao Patrimônio Nacional.

Art. 8º As autoridades administrativas e a Justiça do Trabalho, na falta de disposições legais ou contratuais, decidirão, conforme o caso, pela jurisprudência, por analogia, por equidade e outros princípios e normas gerais de direito, principalmente do direito do trabalho, e, ainda, de acordo com os usos e costumes, o direito comparado, mas sempre de maneira que nenhum interesse de classe ou particular prevaleça sobre o interesse público.

► Art. 140 do CPC/2015.

► Arts. 4º e 5º do Dec.-lei nº 4.657, de 4-9-1942 (LINDB).

§ 1º O direito comum será fonte subsidiária do direito do trabalho.

► Parágrafo único transformado em § 1º e com a redação dada pela Lei nº 13.467, de 13-7-2017.

§ 2º Súmulas e outros enunciados de jurisprudência editados pelo Tribunal Superior do Trabalho e pelos Tribunais Regionais do Trabalho não poderão restringir direitos legalmente previstos nem criar obrigações que não estejam previstas em lei.

§ 3º No exame de convenção coletiva ou acordo coletivo de trabalho, a Justiça do Trabalho analisará exclusivamente a conformidade dos elementos essenciais do negócio jurídico, respeitado o disposto no art. 104 da Lei nº 10.406, de 10 de janeiro de 2002 (Código Civil), e balizará sua atuação pelo princípio da intervenção mínima na autonomia da vontade coletiva.

► §§ 2º e 3º acrescidos pela Lei nº 13.467, de 13-7-2017.

Art. 9º Serão nulos de pleno direito os atos praticados com o objetivo de desvirtuar, impedir ou fraudar a aplicação dos preceitos contidos na presente Consolidação.

► Arts. 197 a 207 do CP.

► OJ da SBDI-I nº 362 do TST.

► Súmulas nºs 91, 152, 230 e 331 do TST.

Art. 10. Qualquer alteração na estrutura jurídica da empresa não afetará os direitos adquiridos por seus empregados.

► Art. 5º, XXXVI, da CF.

► Art. 448 desta Consolidação.

► Art. 6º, *caput*, e § 2º, do Dec.-lei nº 4.657, de 4-9-1942 (LINDB).

► Arts. 6º, parágrafo único, 83, I e IV, *c*, e 141, II, da Lei nº 11.101, de 9-2-2005 (Lei de Recuperação de Empresas e Falências).

► Orientações Jurisprudenciais da SBDI-I nºs 92, 225, 261, 343, 408 e 411 do TST.

► Orientações Jurisprudenciais da SBDI-I Transitória nºs 28, 30, 37, 48 e 59 do TST.

Art. 10-A. O sócio retirante responde subsidiariamente pelas obrigações trabalhistas da sociedade relativas ao período em que figurou como sócio, somente em ações ajuizadas até dois anos depois de averbada a modificação do contrato, observada a seguinte ordem de preferência:

I – a empresa devedora;

II – os sócios atuais; e

III – os sócios retirantes.

Parágrafo único. O sócio retirante responderá solidariamente com os demais quando ficar comprovada fraude na alteração societária decorrente da modificação do contrato.

► Art. 10-A acrescido pela Lei nº 13.467, de 13-7-2017.

Art. 11. A pretensão quanto a créditos resultantes das relações de trabalho prescreve em cinco anos para os trabalhadores urbanos e rurais, até o limite de dois anos após a extinção do contrato de trabalho.

► *Caput* com a redação dada pela Lei nº 13.467, de 13-7-2017.

I e II – *Revogados*. Lei nº 13.467, de 13-7-2017.

§ 1º O disposto neste artigo não se aplica às ações que tenham por objeto anotações para fins de prova junto à Previdência Social.

► § 1º com a redação dada pela Lei nº 9.658, de 5-6-1998.

§ 2º Tratando-se de pretensão que envolva pedido de prestações sucessivas decorrente de alteração ou descumprimento do pactuado, a prescrição é total, exceto quando o direito à parcela esteja também assegurado por preceito de lei.

§ 3º A interrupção da prescrição somente ocorrerá pelo ajuizamento de reclamação trabalhista, mesmo que em juízo incompetente, ainda que venha a ser extinta sem resolução do mérito, produzindo efeitos apenas em relação aos pedidos idênticos.

- §§ 2º e 3º acrescidos pela Lei nº 13.467, de 13-7-2017.

Art. 11-A. Ocorre a prescrição intercorrente no processo do trabalho no prazo de dois anos.

§ 1º A fluência do prazo prescricional intercorrente inicia-se quando o exequente deixa de cumprir determinação judicial no curso da execução.

- Art. 2º da IN do TST nº 41, de 21-6-2018, que dispõe sobre a aplicação das normas processuais desta Consolidação alteradas pela Lei nº 13.467, de 13-7-2017.

§ 2º A declaração da prescrição intercorrente pode ser requerida ou declarada de ofício em qualquer grau de jurisdição.

- Art. 11-A acrescido pela Lei nº 13.467, de 13-7-2017.

Art. 12. Os preceitos concernentes ao regime de seguro social são objeto de lei especial.

- Arts. 194 a 204 da CF.
- Lei nº 8.212, de 24-7-1991 (Lei Orgânica da Seguridade Social).
- Lei nº 8.213, de 24-7-1991 (Lei dos Planos de Benefícios da Previdência Social).
- OJ da SDC nº 31 do TST.

TÍTULO II – DAS NORMAS GERAIS DE TUTELA DO TRABALHO

CAPÍTULO I

DA IDENTIFICAÇÃO PROFISSIONAL

SEÇÃO I

DA CARTEIRA DE TRABALHO E PREVIDÊNCIA SOCIAL

- Título da Seção I com a redação dada pelo Dec.-lei nº 926, de 10-10-1969.
- Art. 1º do Dec.-lei nº 926, de 10-10-1969, que determinou a substituição do termo "carteira profissional" por "carteira de trabalho e previdência social".

Art. 13. A Carteira de Trabalho e Previdência Social é obrigatória para o exercício de qualquer emprego, inclusive de natureza rural, ainda que em caráter temporário, e para o exercício por conta própria de atividade profissional remunerada.

- *Caput* com a redação dada pelo Dec.-lei nº 926, de 10-10-1969.
- Lei nº 6.019, de 3-1-1974 (Lei do Trabalho Temporário).
- Lei nº 9.465, de 7-7-1997, dispõe sobre o fornecimento gratuito de registro extemporâneo de nascimento, quando destinado à obtenção de Carteira de Trabalho e Previdência Social.
- Arts. 41 a 75 do Dec. nº 10.854, de 10-11-2021, que regulamenta disposições relativas à legislação trabalhista.
- Súm. nº 225 do STF.
- Súm. nº 12 do TST.

§ 1º O disposto neste artigo aplica-se, igualmente, a quem:

I – proprietário rural ou não, trabalhe individualmente ou em regime de economia familiar, assim entendido o trabalho dos membros da mesma família, indispensável à própria subsistência, e exercido em condições de mútua dependência e colaboração;

II – em regime de economia familiar e sem empregado, explore área não excedente do módulo rural ou de outro limite que venha a ser fixado, para cada região, pelo Ministério do Trabalho, Indústria e Comércio.

- § 1º com a redação dada pelo Dec.-lei nº 926, de 10-10-1969.

§ 2º A Carteira de Trabalho e Previdência Social (CTPS) obedecerá aos modelos que o Ministério da Economia adotar.

- § 2º com a redação dada pela Lei nº 13.874, de 20-9-2019.

§§ 3º e 4º *Revogados*. Lei nº 13.874, de 20-9-2019.

SEÇÃO II

DA EMISSÃO DA CARTEIRA

- Título da Seção II com a redação dada pelo Dec.-lei nº 926, de 10-10-1969.

Art. 14. A CTPS será emitida pelo Ministério da Economia preferencialmente em meio eletrônico.

- *Caput* com a redação dada pela Lei nº 13.874, de 20-9-2019.
- Dec.-lei nº 926, de 10-10-1969, institui a Carteira de Trabalho e Previdência Social – CTPS.

Parágrafo único. Excepcionalmente, a CTPS poderá ser emitida em meio físico, desde que:

I – nas unidades descentralizadas do Ministério da Economia que forem habilitadas para a emissão;

II – mediante convênio, por órgãos federais, estaduais e municipais da administração direta ou indireta;

III – mediante convênio com serviços notariais e de registro, sem custos para a administração, garantidas as condições de segurança das informações.

► Parágrafo único com a redação dada pela Lei nº 13.874, de 20-9-2019.

Art. 15. Os procedimentos para emissão da CTPS ao interessado serão estabelecidos pelo Ministério da Economia em regulamento próprio, privilegiada a emissão em formato eletrônico.

► Artigo com a redação dada pela Lei nº 13.874, de 20-9-2019.

Art. 16. A CTPS terá como identificação única do empregado o número de inscrição no Cadastro de Pessoas Físicas (CPF).

► *Caput* com a redação dada pela Lei nº 13.874, de 20-9-2019.

I a IV – *Revogados*. Lei nº 13.874, de 20-9-2019.

Parágrafo único. *Revogado*. Lei nº 13.874, de 20-9-2019.

Art. 17. *Revogado*. Lei nº 13.874, de 20-9-2019.

Arts. 18 e 19. *Revogados*. Lei nº 7.855, de 24-10-1989.

Arts. 20 e 21. *Revogados*. Lei nº 13.874, de 20-9-2019.

Arts. 22 a 24. *Revogados*. Dec.-lei nº 926, de 10-10-1969.

Seção III

DA ENTREGA DAS CARTEIRAS DE TRABALHO E PREVIDÊNCIA SOCIAL

Arts. 25 e 26. *Revogados*. Lei nº 13.874, de 20-9-2019.

Arts. 27 e 28. *Revogados*. Lei nº 7.855, de 24-10-1989.

Seção IV

DAS ANOTAÇÕES

Art. 29. O empregador terá o prazo de 5 (cinco) dias úteis para anotar na CTPS, em relação aos trabalhadores que admitir, a data de admissão, a remuneração e as condições especiais, se houver, facultada a adoção de sistema manual, mecânico ou eletrônico, conforme instruções a serem expedidas pelo Ministério da Economia.

► *Caput* com a redação dada pela Lei nº 13.874, de 20-9-2019.

► Art. 203, § 1º, II, do CP.

► Art. 14-A da Lei nº 5.889, de 8-6-1973 (Lei do Trabalho Rural).

► Port. do MTPrev nº 671, de 8-11-2021, regulamenta disposições relativas à legislação trabalhista, à inspeção do trabalho, às políticas públicas e às relações de trabalho.

► Súm. nº 225 do STF.

► Súm. nº 12 do TST.

§ 1º As anotações concernentes à remuneração devem especificar o salário, qualquer que seja sua forma de pagamento, seja ele em dinheiro ou em utilidades, bem como a estimativa da gorjeta.

► § 1º com a redação dada pelo Dec.-lei nº 229, de 28-2-1967.

§ 2º As anotações na Carteira de Trabalho e Previdência Social serão feitas:

a) na data-base;

b) a qualquer tempo, por solicitação do trabalhador;

c) no caso de rescisão contratual; ou

d) necessidade de comprovação perante a Previdência Social.

§ 3º A falta de cumprimento pelo empregador do disposto neste artigo acarretará a lavratura do auto de infração, pelo Fiscal do Trabalho, que deverá, de ofício, comunicar a falta de anotação ao órgão competente, para o fim de instaurar o processo de anotação.

► §§ 2º e 3º com a redação dada pela Lei nº 7.855, de 24-10-1989.

§ 4º É vedado ao empregador efetuar anotações desabonadoras à conduta do empregado em sua Carteira de Trabalho e Previdência Social.

§ 5º O descumprimento do disposto no § 4º deste artigo submeterá o empregador ao pagamento de multa prevista no art. 52 deste Capítulo.

► §§ 4º e 5º acrescidos pela Lei nº 10.270, de 29-8-2001.

► Súm. nº 12 do TST.

§ 6º A comunicação pelo trabalhador do número de inscrição no CPF ao empregador equivale à apresentação da CTPS em meio digital, dispensado o empregador da emissão de recibo.

§ 7º Os registros eletrônicos gerados pelo empregador nos sistemas informatizados da CTPS em meio digital equivalem às anotações a que se refere esta Lei.

§ 8º O trabalhador deverá ter acesso às informações da sua CTPS no prazo de até 48 (quarenta e oito) horas a partir de sua anotação.

▶ §§ 6º a 8º acrescidos pela Lei nº 13.874, de 20-9-2019.

Art. 29-A. O empregador que infringir o disposto no *caput* e no § 1º do art. 29 desta Consolidação ficará sujeito a multa no valor de R$ 3.000,00 (três mil reais) por empregado prejudicado, acrescido de igual valor em cada reincidência.

§ 1º No caso de microempresa ou de empresa de pequeno porte, o valor final da multa aplicada será de R$ 800,00 (oitocentos reais) por empregado prejudicado.

§ 2º A infração de que trata o *caput* deste artigo constitui exceção ao critério da dupla visita.

Art. 29-B. Na hipótese de não serem realizadas as anotações a que se refere o § 2º do art. 29 desta Consolidação, o empregador ficará sujeito a multa no valor de R$ 600,00 (seiscentos reais) por empregado prejudicado.

▶ Arts. 29-A e 29-B acrescidos pela Lei nº 14.438, de 24-8-2022.

Arts. 30 a 34. *Revogados*. Lei nº 13.874, de 20-9-2019.

Art. 35. *Revogado*. Lei nº 6.533, de 24-5-1978.

Seção V

DAS RECLAMAÇÕES POR FALTA OU RECUSA DE ANOTAÇÃO

Art. 36. Recusando-se a empresa a fazer as anotações a que se refere o artigo 29 ou a devolver a Carteira de Trabalho e Previdência Social recebida, poderá o empregado comparecer, pessoalmente ou por intermédio de seu sindicato, perante a Delegacia Regional ou órgão autorizado, para apresentar reclamação.

Art. 37. No caso do artigo 36, lavrado o termo de reclamação, determinar-se-á a realização de diligência para instrução do feito, observado, se for o caso, o disposto no § 2º do artigo 29, notificando-se posteriormente o reclamado por carta registrada, caso persista a recusa, para que, em dia e hora previamente designados, venha prestar esclarecimentos ou efetuar as devidas anotações na Carteira de Trabalho e Previdência Social ou sua entrega.

Parágrafo único. Não comparecendo o reclamado, lavrar-se-á termo de ausência, sendo considerado revel e confesso sobre os termos da reclamação feita, devendo as anotações ser efetuadas por despacho da autoridade que tenha processado a reclamação.

▶ Arts. 36 e 37 com a redação dada pelo Dec.-lei nº 229, de 28-2-1967.

Art. 38. Comparecendo o empregador e recusando-se a fazer as anotações reclamadas, será lavrado um termo de comparecimento, que deverá conter, entre outras indicações, o lugar, o dia e hora de sua lavratura, o nome e a residência do empregador, assegurando-se-lhe o prazo de quarenta e oito horas, a contar do termo, para apresentar defesa.

Parágrafo único. Findo o prazo para a defesa, subirá o processo à autoridade administrativa de primeira instância, para se ordenarem diligências, que completem a instrução do feito, ou para julgamento, se o caso estiver suficientemente esclarecido.

Art. 39. Verificando-se que as alegações feitas pelo reclamado versam sobre a não existência de relação de emprego, ou sendo impossível verificar essa condição pelos meios administrativos, será o processo encaminhado à Justiça do Trabalho, ficando, nesse caso, sobrestado o julgamento do auto de infração que houver sido lavrado.

§ 1º Se não houver acordo, a Junta de Conciliação e Julgamento, em sua sentença ordenará que a Secretaria efetue as devidas anotações uma vez transitada em julgado, e faça a comunicação à autoridade competente para o fim de aplicar a multa cabível.

▶ EC nº 24, de 9-12-1999, alterou a denominação das Juntas de Conciliação e Julgamento para Varas do Trabalho e extinguiu a representação classista na Justiça do Trabalho.

§ 2º Igual procedimento observar-se-á no caso de processo trabalhista de qualquer natureza, quando for verificada a falta de anotações na Carteira de Trabalho e Previdência Social, devendo o Juiz, nesta hipótese, mandar proceder, desde logo, àquelas sobre as quais não houver controvérsia.

▶ Art. 39 com a redação dada pelo Dec.-lei nº 229, de 28-2-1967.

Seção VI

DO VALOR DAS ANOTAÇÕES

Art. 40. A CTPS regularmente emitida e anotada servirá de prova:

▸ *Caput* com a redação dada pela Lei nº 13.874, de 20-9-2019.

▸ Súm. nº 225 do STF.

I – nos casos de dissídio na Justiça do Trabalho entre a empresa e o empregado por motivo de salário, férias ou tempo de serviço;

▸ Inciso I com a redação dada pelo Dec.-lei nº 229, de 28-2-1967.

▸ Súm. nº 12 do TST.

II – *Revogado*. Lei nº 13.874, de 20-9-2019;

III – para cálculo de indenização por acidente do trabalho ou moléstia profissional.

▸ Inciso III com a redação dada pelo Dec.-lei nº 229, de 28-2-1967.

Seção VII

DOS LIVROS DE REGISTRO DE EMPREGADOS

▸ Arts. 50 a 54 da LC nº 123, de 14-12-2006 (Lei do Super-Simples).

▸ Lei nº 6.868, de 3-12-1980, dispensa a apresentação dos documentos que especifica.

▸ Port. do MTPrev nº 671, de 8-11-2021, regulamenta disposições relativas à legislação trabalhista, à inspeção do trabalho, às políticas públicas e às relações de trabalho.

▸ IN da SEFIT nº 4, de 1º-8-1996, estabelece normas a serem desenvolvidas quando da lavratura de auto de infração por empregado sem registro e a respectiva comunicação para instauração do processo de anotações.

▸ IN da SIT nº 89, de 2-3-2011, estabelece procedimentos para apreensão e guarda de documentos, livros, materiais, equipamentos e assemelhados por Auditor Fiscal do Trabalho e aprova modelos de Auto de Apreensão, Termo de Guarda e Termo de Devolução.

Art. 41. Em todas as atividades será obrigatório para o empregador o registro dos respectivos trabalhadores, podendo ser adotados livros, fichas ou sistema eletrônico, conforme instruções a serem expedidas pelo Ministério do Trabalho.

Parágrafo único. Além da qualificação civil ou profissional de cada trabalhador, deverão ser anotados todos os dados relativos à sua admissão no emprego, duração e efetividade do trabalho, a férias, acidentes e demais circunstâncias que interessem à proteção do trabalhador.

▸ Art. 41 com a redação dada pela Lei nº 7.855, de 24-10-1989.

▸ Art. 43, § 2º, da Port. do MTPrev nº 671, de 8-11-2021, que regulamenta disposições relativas à legislação trabalhista, à inspeção do trabalho, às políticas públicas e às relações de trabalho.

Art. 42. *Revogado*. Lei nº 10.243, de 19-6-2001.

Arts. 43 e 44. *Revogados*. Lei nº 7.855, de 24-10-1989.

Arts. 45 e 46. *Revogados*. Dec.-lei nº 229, de 28-2-1967.

Art. 47. O empregador que mantiver empregado não registrado nos termos do art. 41 desta Consolidação ficará sujeito a multa no valor de R$ 3.000,00 (três mil reais) por empregado não registrado, acrescido de igual valor em cada reincidência.

§ 1º Especificamente quanto à infração a que se refere o *caput* deste artigo, o valor final da multa aplicada será de R$ 800,00 (oitocentos reais) por empregado não registrado, quando se tratar de microempresa ou empresa de pequeno porte.

§ 2º A infração de que trata o *caput* deste artigo constitui exceção ao critério da dupla visita.

▸ Art. 47 com a redação dada pela Lei nº 13.467, de 13-7-2017.

Art. 47-A. Na hipótese de não serem informados os dados a que se refere o parágrafo único do art. 41 desta Consolidação, o empregador ficará sujeito à multa de R$ 600,00 (seiscentos reais) por empregado prejudicado.

▸ Art. 47-A acrescido pela Lei nº 13.467, de 13-7-2017.

Art. 48. As multas previstas nesta Seção serão aplicadas pela autoridade de primeira instância no Distrito Federal, e pelas autoridades regionais do Ministério do Trabalho, Indústria e Comércio, nos Estados e no Território do Acre.

▸ As autoridades regionais do Ministério do Trabalho são, atualmente, as Superintendências Regionais do Trabalho e Emprego.

▸ Lei nº 4.070, de 15-6-1962, eleva o território do Acre à categoria de Estado.

▸ Port. do MTPrev nº 667, de 8-11-2021, regulamenta a imposição de multas administrativas previstas na legislação trabalhista.

Seção VIII

DAS PENALIDADES

Art. 49. Para os efeitos da emissão, substituição ou anotação de Carteiras de Trabalho e Previdência Social, considerar-se-á crime de falsidade, com as penalidades previstas no artigo 299 do Código Penal:

I – fazer, no todo ou em parte, qualquer documento falso ou alterar o verdadeiro;

II – afirmar falsamente a sua própria identidade, filiação, lugar de nascimento, residência, profissão ou estado civil e beneficiários, ou atestar os de outra pessoa;

III – servir-se de documentos, por qualquer forma falsificados;

IV – falsificar, fabricando ou alterando, ou vender, usar ou possuir Carteiras de Trabalho e Previdência Social assim alteradas;

V – anotar dolosamente em Carteira de Trabalho e Previdência Social ou registro de empregado, ou confessar ou declarar, em juízo ou fora dele, data de admissão em emprego diversa da verdadeira.

- ▶ Art. 49 com a redação dada pelo Dec.-lei nº 229, de 28-2-1967.
- ▶ Arts. 297, 299 e 304 do CP.
- ▶ Súmulas nºs 17, 62, 104 e 107 do STJ.

Art. 50. Comprovando-se falsidade, quer nas declarações para emissão de Carteira de Trabalho e Previdência Social, quer nas respectivas anotações, o fato será levado ao conhecimento da autoridade que houver emitido a carteira, para fins de direito.

- ▶ Súm. nº 62 do STJ.

Art. 51. Incorrerá em multa de valor igual a 3 (três) vezes o salário mínimo regional aquele que, comerciante ou não, vender ou expuser à venda qualquer tipo de carteira igual ou semelhante ao tipo oficialmente adotado.

- ▶ Artigo com a redação dada pelo Dec.-lei nº 229, de 28-2-1967.
- ▶ Art. 7º, IV, da CF.
- ▶ Lei nº 6.205, de 29-4-1975, c/c a Lei nº 6.986, de 13-4-1982, elevou as multas por infração aos preceitos da CLT em dez vezes o seu valor.
- ▶ Port. do MTPrev nº 667, de 8-11-2021, regulamenta a imposição de multas administrativas previstas na legislação trabalhista.

Art. 52. O extravio ou inutilização da Carteira de Trabalho e Previdência Social por culpa da empresa sujeitará esta à multa de valor igual á metade do salário mínimo regional.

- ▶ Artigo com a redação dada pelo Dec.-lei nº 926, de 10-10-1969.
- ▶ Art. 7º, IV, da CF.
- ▶ Lei nº 6.205, de 29-4-1975, c/c a Lei nº 6.986, de 13-4-1982, elevou as multas por infração aos preceitos da CLT em dez vezes o seu valor.
- ▶ Port. do MTPrev nº 667, de 8-11-2021, regulamenta a imposição de multas administrativas previstas na legislação trabalhista.

Arts. 53 e 54. *Revogados*. Lei nº 13.874, de 20-9-2019.

Art. 55. Incorrerá na multa de valor igual a 1 (um) salário mínimo regional a empresa que infringir o art. 13 e seus parágrafos.

- ▶ Artigo com a redação dada pelo Dec.-lei nº 229, de 28-2-1967.
- ▶ Art. 7º, IV, da CF.
- ▶ Lei nº 6.205, de 29-4-1975, c/c a Lei nº 6.986, de 13-4-1982, elevou as multas por infração aos preceitos da CLT em dez vezes o seu valor.
- ▶ Port. do MTPrev nº 667, de 8-11-2021, regulamenta a imposição de multas administrativas previstas na legislação trabalhista.

Art. 56. *Revogado*. Lei nº 13.874, de 20-9-2019.

Capítulo II

DA DURAÇÃO DO TRABALHO

Seção I

DISPOSIÇÃO PRELIMINAR

Art. 57. Os preceitos deste Capítulo aplicam-se a todas as atividades, salvo as expressamente excluídas, constituindo exceções as disposições especiais, concernentes estritamente a peculiaridades profissionais constantes do Capítulo I do Título III.

- ▶ Art. 62 desta Consolidação.

Seção II

DA JORNADA DE TRABALHO

Art. 58. A duração normal do trabalho, para os empregados em qualquer atividade privada, não excederá de oito horas diárias, desde que não seja fixado expressamente outro limite.

- ▶ Art. 7º, XIII e XIV, da CF.
- ▶ Súm. nº 675 do STF.
- ▶ Súmulas nºs 110, 360 e 423 do TST.
- ▶ Orientações Jurisprudenciais da SBDI-I nºs 274, 275, 360, 395, 396 e 420 do TST.
- ▶ OJ da SBDI-I Transitória nº 72 do TST.

§ 1º Não serão descontadas nem computadas como jornada extraordinária as variações de horário no registro de ponto não excedentes de cinco minutos, observado o limite máximo de dez minutos diários.

► § 1º acrescido pela Lei nº 10.243, de 19-6-2001.

► Art. 74, § 2º, da CLT.

► Súmulas nºs 366, 429 e 449 do TST.

§ 2º O tempo despendido pelo empregado desde a sua residência até a efetiva ocupação do posto de trabalho e para o seu retorno, caminhando ou por qualquer meio de transporte, inclusive o fornecido pelo empregador, não será computado na jornada de trabalho, por não ser tempo à disposição do empregador.

► § 2º com a redação dada pela Lei nº 13.467, de 13-7-2017.

§ 3º *Revogado*. Lei nº 13.467, de 13-7-2017.

Art. 58-A. Considera-se trabalho em regime de tempo parcial aquele cuja duração não exceda a trinta horas semanais, sem a possibilidade de horas suplementares semanais, ou, ainda, aquele cuja duração não exceda a vinte e seis horas semanais, com a possibilidade de acréscimo de até seis horas suplementares semanais.

► *Caput* com a redação dada pela Lei nº 13.467, de 13-7-2017.

§ 1º O salário a ser pago aos empregados sob o regime de tempo parcial será proporcional à sua jornada, em relação aos empregados que cumprem, nas mesmas funções, tempo integral.

► OJ da SBDI-I nº 358 do TST.

§ 2º Para os atuais empregados, a adoção do regime de tempo parcial será feita mediante opção manifestada perante a empresa, na forma prevista em instrumento decorrente de negociação coletiva.

► §§ 1º e 2º acrescidos pela MP nº 2.164-41, de 24-8-2001, que até o encerramento desta edição não havia sido convertida em Lei.

► Art. 7º, XIII, da CF.

§ 3º As horas suplementares à duração do trabalho semanal normal serão pagas com o acréscimo de 50% (cinquenta por cento) sobre o salário-hora normal.

§ 4º Na hipótese de o contrato de trabalho em regime de tempo parcial ser estabelecido em número inferior a vinte e seis horas semanais, as horas suplementares a este quantitativo serão consideradas horas extras para fins do pagamento estipulado no § 3º, estando também limitadas a seis horas suplementares semanais.

§ 5º As horas suplementares da jornada de trabalho normal poderão ser compensadas diretamente até a semana imediatamente posterior à da sua execução, devendo ser feita a sua quitação na folha de pagamento do mês subsequente, caso não sejam compensadas.

§ 6º É facultado ao empregado contratado sob regime de tempo parcial converter um terço do período de férias a que tiver direito em abono pecuniário.

§ 7º As férias do regime de tempo parcial são regidas pelo disposto no art. 130 desta Consolidação.

► §§ 3º a 7º acrescidos pela Lei nº 13.467, de 13-7-2017.

Art. 59. A duração diária do trabalho poderá ser acrescida de horas extras, em número não excedente de duas, por acordo individual, convenção coletiva ou acordo coletivo de trabalho.

► *Caput* com a redação dada pela Lei nº 13.467, de 13-7-2017.

§ 1º A remuneração da hora extra será, pelo menos, 50% (cinquenta por cento) superior à da hora normal.

► § 1º com a redação dada pela Lei nº 13.467, de 13-7-2017.

§ 2º Poderá ser dispensado o acréscimo de salário se, por força de acordo ou convenção coletiva de trabalho, o excesso de horas em um dia for compensado pela correspondente diminuição em outro dia, de maneira que não exceda, no período máximo de um ano, à soma das jornadas semanais de trabalho previstas, nem seja ultrapassado o limite máximo de dez horas diárias.

► § 2º com a redação dada pela MP nº 2.164-41, de 24-8-2001, que até o encerramento desta edição não havia sido convertida em Lei.

► Súmulas nºs 85 e 444 do TST.

► OJ da SBDI-I nº 323 do TST.

§ 3º Na hipótese de rescisão do contrato de trabalho sem que tenha havido a compensação integral da jornada extraordinária, na forma dos §§ 2º e 5º deste artigo, o trabalhador terá direito ao pagamento das horas extras não compensadas, calculadas sobre o valor da remuneração na data da rescisão.

► § 3º com a redação dada pela Lei nº 13.467, de 13-7-2017.

§ 4º *Revogado.* Lei nº 13.467, de 13-7-2017.

§ 5º O banco de horas de que trata o § 2º deste artigo poderá ser pactuado por acordo individual escrito, desde que a compensação ocorra no período máximo de seis meses.

§ 6º É lícito o regime de compensação de jornada estabelecido por acordo individual, tácito ou escrito, para a compensação no mesmo mês.

▶ §§ 5º e 6º acrescidos pela Lei nº 13.467, de 13-7-2017.

Art. 59-A. Em exceção ao disposto no art. 59 desta Consolidação, é facultado às partes, mediante acordo individual escrito, convenção coletiva ou acordo coletivo de trabalho, estabelecer horário de trabalho de doze horas seguidas por trinta e seis horas ininterruptas de descanso, observados ou indenizados os intervalos para repouso e alimentação.

Parágrafo único. A remuneração mensal pactuada pelo horário previsto no *caput* deste artigo abrange os pagamentos devidos pelo descanso semanal remunerado e pelo descanso em feriados, e serão considerados compensados os feriados e as prorrogações de trabalho noturno, quando houver, de que tratam o art. 70 e o § 5º do art. 73 desta Consolidação.

Art. 59-B. O não atendimento das exigências legais para compensação de jornada, inclusive quando estabelecida mediante acordo tácito, não implica a repetição do pagamento das horas excedentes à jornada normal diária se não ultrapassada a duração máxima semanal, sendo devido apenas o respectivo adicional.

Parágrafo único. A prestação de horas extras habituais não descaracteriza o acordo de compensação de jornada e o banco de horas.

▶ Arts. 59-A e 59-B acrescidos pela Lei nº 13.467, de 13-7-2017.

Art. 60. Nas atividades insalubres, assim consideradas as constantes dos quadros mencionados no Capítulo "Da Higiene e Segurança do Trabalho", ou que neles venham a ser incluídas por ato do Ministro do Trabalho, Indústria e Comércio, quaisquer prorrogações só poderão ser acordadas mediante licença prévia das autoridades competentes em matéria de higiene do trabalho, as quais, para esse efeito, procederão aos necessários exames locais e à verificação dos métodos e processos de trabalho, quer diretamente, quer por intermédio de autoridades sanitárias federais, estaduais e municipais, com quem entrarão em entendimento para tal fim.

▶ Art. 7º, XIII, da CF.

▶ Súmula nº 85, VI, do TST.

▶ O Capítulo V do Título II desta Consolidação passou a ser denominado "Da Segurança e da Medicina do Trabalho" pela Lei nº 6.514, de 22-12-1977.

Parágrafo único. Excetuam-se da exigência de licença prévia as jornadas de doze horas de trabalho por trinta e seis horas ininterruptas de descanso.

▶ Parágrafo único acrescido pela Lei nº 13.467, de 13-7-2017.

Art. 61. Ocorrendo necessidade imperiosa, poderá a duração do trabalho exceder do limite legal ou convencionado, seja para fazer face a motivo de força maior, seja para atender à realização ou conclusão de serviços inadiáveis ou cuja inexecução possa acarretar prejuízo manifesto.

§ 1º O excesso, nos casos deste artigo, pode ser exigido independentemente de convenção coletiva ou acordo coletivo de trabalho.

▶ § 1º com a redação dada pela Lei nº 13.467, de 13-7-2017.

§ 2º Nos casos de excesso de horário por motivo de força maior, a remuneração da hora excedente não será inferior à da hora normal. Nos demais casos de excesso previstos neste artigo, a remuneração será, pelo menos, vinte e cinco por cento superior à da hora normal, e o trabalho não poderá exceder de doze horas, desde que a lei não fixe expressamente outro limite.

▶ Este parágrafo não foi recepcionado pelo art. 7º, XVI, da CF de 1988, que determina a remuneração do serviço extraordinário superior, no mínimo, em cinquenta por cento à do normal.

§ 3º Sempre que ocorrer interrupção do trabalho, resultante de causas acidentais, ou de força maior, que determinem a impossibilidade de sua realização, a duração do trabalho poderá ser prorrogada pelo tempo necessário até o máximo de duas horas, durante o número de dias indispensáveis à recuperação do tempo perdido, desde que não exceda de dez horas diárias, em período não superior a quarenta e cinco dias por ano, sujeita essa recuperação à prévia autorização da autoridade competente.

▶ Art. 501 desta Consolidação.

Art. 62. Não são abrangidos pelo regime previsto neste Capítulo:

I – os empregados que exercem atividade externa incompatível com a fixação de horário de trabalho, devendo tal condição ser anotada na Carteira de Trabalho e Previdência Social e no registro de empregados;

▸ Art. 235-A e seguintes desta Consolidação.

▸ OJ da SBDI-I nº 332 do TST.

II – os gerentes, assim considerados os exercentes de cargos de gestão, aos quais se equiparam, para efeito do disposto neste artigo, os diretores e chefes de departamento ou filial;

III – os empregados em regime de teletrabalho que prestam serviço por produção ou tarefa.

▸ Inciso III com a redação dada pela Lei nº 14.442, de 2-9-2022.

Parágrafo único. O regime previsto neste Capítulo será aplicável aos empregados mencionados no inciso II deste artigo, quando o salário do cargo de confiança, compreendendo a gratificação de função, se houver, for inferior ao valor do respectivo salário efetivo acrescido de quarenta por cento.

▸ Art. 62 com a redação dada pela Lei nº 8.966, de 27-12-1994.

▸ Súm. nº 201 do STF.

▸ Súmulas nºs 27, 65, 287 e 372 do TST.

Art. 63. Não haverá distinção entre empregados e interessados, e a participação em lucros e comissões, salvo em lucros de caráter social, não exclui o participante do regime deste Capítulo.

Art. 64. O salário-hora normal, no caso do empregado mensalista, será obtido dividindo-se o salário mensal correspondente à duração do trabalho, a que se refere o artigo 58, por trinta vezes o número de horas dessa duração.

▸ Súmulas nºs 264, 340, 347 e 431 do TST.

▸ Orientações Jurisprudenciais da SBDI-I nºs 235 e 397 do TST.

Parágrafo único. Sendo o número de dias inferior a trinta, adotar-se-á para o cálculo, em lugar desse número, o de dias de trabalho por mês.

Art. 65. No caso do empregado diarista, o salário-hora normal será obtido dividindo-se o salário diário correspondente à duração do trabalho, estabelecido no artigo 58, pelo número de horas de efetivo trabalho.

▸ Art. 7º, XIII a XV, da CF.

▸ Súm. nº 431 do TST.

▸ OJ da SBDI-I nº 396 do TST.

Seção III

DOS PERÍODOS DE DESCANSO

▸ Dec. nº 10.088, de 5-11-2019, consolida atos normativos editados pelo Poder Executivo Federal que dispõem sobre a promulgação de convenções e recomendações da Organização Internacional do Trabalho – OIT ratificadas pela República Federativa do Brasil.

Art. 66. Entre duas jornadas de trabalho haverá um período mínimo de onze horas consecutivas para descanso.

▸ Art. 7º, XV, da CF.

▸ Súmulas nºs 110 e 118 do TST.

▸ OJ da SBDI-I nº 355 do TST.

Art. 67. Será assegurado a todo empregado um descanso semanal de 24 (vinte e quatro) horas consecutivas, o qual, salvo motivo de conveniência pública ou necessidade imperiosa do serviço, deverá coincidir com o domingo, no todo ou em parte.

▸ Art. 7º, XV, da CF.

Parágrafo único. Nos serviços que exijam trabalho aos domingos, com exceção quanto aos elencos teatrais, será estabelecida escala de revezamento, mensalmente organizada e constando de quadro sujeito à fiscalização.

▸ Lei nº 605, de 5-1-1949 (Lei do Repouso Semanal Remunerado).

▸ Lei nº 662, de 6-4-1949, declara feriados nacionais os dias primeiro de janeiro, primeiro de maio, sete de setembro, quinze de novembro e vinte e cinco de dezembro.

▸ Art. 6º, parágrafo único, da Lei nº 10.101, de 19-12-2000 (Lei da Participação nos Lucros ou Resultados).

▸ Arts. 151 a 162 do Dec. nº 10.854, de 10-11-2021, que regulamenta disposições relativas à legislação trabalhista.

▸ Súmulas nºs 15, 27, 146, 172, 225, 351 e 354 do TST.

▸ Orientações Jurisprudenciais da SBDI-I nºs 103, 394 e 410 do TST.

▸ OJ da SBDI-I Transitória nº 72 do TST.

Art. 68. O trabalho em domingo, seja total ou parcial, na forma do art. 67, será sempre subordinado à permissão prévia da autoridade competente em matéria de trabalho.

▸ Art. 6º da Lei nº 10.101, de 19-12-2000 (Lei da Participação nos Lucros ou Resultados).

▸ Súmulas nºs 146 e 354 do TST.

Parágrafo único. A permissão será concedida a título permanente nas atividades que, por sua natureza ou pela conveniência pública, devem ser exercidas aos domingos, cabendo ao Ministro do Trabalho, Indústria e Comércio, expedir instruções em que sejam especificadas tais atividades. Nos demais casos, ela será dada sob forma transitória, com discriminação do período autorizado, o qual, de cada vez, não excederá de 60 (sessenta) dias.

► Súmulas nºs 15, 27, 146 e 172 do TST.

Art. 69. Na regulamentação do funcionamento de atividades sujeitas ao regime deste Capítulo, os municípios atenderão aos preceitos nele estabelecidos, e as regras que venham a fixar não poderão contrariar tais preceitos nem as instruções que, para seu cumprimento, forem expedidas pelas autoridades competentes em matéria de trabalho.

► Art. 7º da CF.

Art. 70. Salvo o disposto nos arts. 68 e 69, é vedado o trabalho em dias feriados nacionais e feriados religiosos, nos termos da legislação própria.

► Artigo com a redação dada pelo Dec.-lei nº 229, de 28-2-1967.

Art. 71. Em qualquer trabalho contínuo, cuja duração exceda de seis horas, é obrigatória a concessão de um intervalo para repouso ou alimentação, o qual será, no mínimo, de uma hora e, salvo acordo escrito ou contrato coletivo em contrário, não poderá exceder de duas horas.

► O art. 20 do Dec.-lei nº 229, de 28-2-1967, substituiu a expressão "Contratos coletivos de trabalho" por "Convenções coletivas de trabalho".

► Art. 7º, XXII, da CF.

► Súmulas nºs 118, 437 e 446 do TST.

► OJ da SBDI-I nº 355 do TST.

§ 1º Não excedendo de seis horas o trabalho, será, entretanto, obrigatório um intervalo de quinze minutos quando a duração ultrapassar quatro horas.

§ 2º Os intervalos de descanso não serão computados na duração do trabalho.

► Arts. 72, 253, 298, 383 e 396 desta Consolidação.

§ 3º O limite mínimo de uma hora para repouso ou refeição poderá ser reduzido por ato do Ministro do Trabalho, Indústria e Comércio quando, ouvido o Serviço de Alimentação de Previdência Social, se verificar que o estabelecimento atende integralmente às exigências concernentes à organização dos refeitórios e quando os respectivos empregados não estiverem sob regime de trabalho prorrogado a horas suplementares.

► Art. 383 desta Consolidação.

► Port. do MTPrev nº 671, de 8-11-2021, regulamenta disposições relativas à legislação trabalhista, à inspeção do trabalho, às políticas públicas e às relações de trabalho.

§ 4º A não concessão ou a concessão parcial do intervalo intrajornada mínimo, para repouso e alimentação, a empregados urbanos e rurais, implica o pagamento, de natureza indenizatória, apenas do período suprimido, com acréscimo de 50% (cinquenta por cento) sobre o valor da remuneração da hora normal de trabalho.

► § 4º com a redação dada pela Lei nº 13.467, de 13-7-2017.

§ 5º O intervalo expresso no *caput* poderá ser reduzido e/ou fracionado, e aquele estabelecido no § 1º poderá ser fracionado, quando compreendidos entre o término da primeira hora trabalhada e o início da última hora trabalhada, desde que previsto em convenção ou acordo coletivo de trabalho, ante a natureza do serviço e em virtude das condições especiais de trabalho a que são submetidos estritamente os motoristas, cobradores, fiscalização de campo e afins nos serviços de operação de veículos rodoviários, empregados no setor de transporte coletivo de passageiros, mantida a remuneração e concedidos intervalos para descanso menores ao final de cada viagem.

► § 5º com a redação dada pela Lei nº 13.103, de 2-3-2015.

Art. 72. Nos serviços permanentes de mecanografia (datilografia, escrituração ou cálculo), a cada período de noventa minutos de trabalho consecutivo corresponderá um repouso de dez minutos não deduzidos da duração normal do trabalho.

► Súm. nº 346 do TST.

Seção IV

DO TRABALHO NOTURNO

► Dec. nº 10.088, de 5-11-2019, consolida atos normativos editados pelo Poder Executivo Federal que dispõem sobre a promulgação de convenções e recomendações da Organização Internacional do Trabalho – OIT ratificadas pela República Federativa do Brasil.

Art. 73. Salvo nos casos de revezamento semanal ou quinzenal, o trabalho noturno terá remuneração superior à do diurno e, para esse efeito, sua remuneração terá um acréscimo de vinte por cento, pelo menos, sobre a hora diurna.

- Art. 7º, *caput*, IX e XXXIII, da CF.
- Dec. nº 10.088, de 5-11-2019, consolida atos normativos editados pelo Poder Executivo Federal que dispõem sobre a promulgação de convenções e recomendações da Organização Internacional do Trabalho – OIT ratificadas pela República Federativa do Brasil.
- Súmulas nºs 213, 214, 313 e 402 do STF.
- Súmulas nºs 60, 112, 140 e 265 do TST.
- Orientações Jurisprudenciais da SBDI-I nºs 60, 97 e 388 do TST.

§ 1º A hora do trabalho noturno será computada como de cinquenta e dois minutos e trinta segundos.

- Orientações Jurisprudenciais da SBDI-I nº 127 e 395 do TST.

§ 2º Considera-se noturno, para os efeitos deste artigo, o trabalho executado entre as vinte e duas horas de um dia e as cinco horas do dia seguinte.

- Súmulas nºs 60 e 65 do TST.

§ 3º O acréscimo a que se refere o presente artigo, em se tratando de empresas que não mantêm, pela natureza de suas atividades, trabalho noturno habitual, será feito tendo em vista os quantitativos pagos por trabalhos diurnos de natureza semelhante. Em relação às empresas cujo trabalho noturno decorra da natureza de suas atividades, o aumento será calculado sobre o salário mínimo geral vigente na região, não sendo devido quando exceder desse limite, já acrescido da percentagem.

- Port. do MTPrev nº 671, de 8-11-2021, regulamenta disposições relativas à legislação trabalhista, à inspeção do trabalho, às políticas públicas e às relações de trabalho.
- Súm. nº 313 do STF.

§ 4º Nos horários mistos, assim entendidos os que abrangem períodos diurnos e noturnos, aplica-se às horas de trabalho noturno o disposto neste artigo e seus parágrafos.

- OJ da SBDI-I nº 388 do TST.

§ 5º Às prorrogações do trabalho noturno aplica-se o disposto neste Capítulo.

- Art. 73 com a redação dada pelo Dec.-lei nº 9.666, de 28-8-1946.

Seção V

DO QUADRO DE HORÁRIO

Art. 74. O horário de trabalho será anotado em registro de empregados.

- *Caput* com a redação dada pela Lei nº 13.874, de 20-9-2019.
- Art. 7º, XIII, da CF.
- Art. 51, I, da LC nº 123, de 14-12-2006 (Lei do Super-Simples).
- IN da SIT nº 72, de 5-12-2007, orienta os Auditores-Fiscais do Trabalho quanto a procedimentos a serem adotados na fiscalização, para que seja dispensado às microempresas e empresas de pequeno porte o tratamento diferenciado de que trata a LC nº 123, de 14-12-2006.

§ 1º *Revogado*. Lei nº 13.874, de 20-9-2019.

§ 2º Para os estabelecimentos com mais de 20 (vinte) trabalhadores será obrigatória a anotação da hora de entrada e de saída, em registro manual, mecânico ou eletrônico, conforme instruções expedidas pela Secretaria Especial de Previdência e Trabalho do Ministério da Economia, permitida a pré-assinalação do período de repouso.

- Port. do MTPrev nº 671, de 8-11-2021, regulamenta disposições relativas à legislação trabalhista, à inspeção do trabalho, às políticas públicas e às relações de trabalho.
- Súmulas nºs 338 e 340 do TST.
- OJ da SBDI-I nº 233 do TST.

§ 3º Se o trabalho for executado fora do estabelecimento, o horário dos empregados constará do registro manual, mecânico ou eletrônico em seu poder, sem prejuízo do que dispõe o *caput* deste artigo.

- §§ 2º e 3º com a redação dada pela Lei nº 13.874, de 20-9-2019.

§ 4º Fica permitida a utilização de registro de ponto por exceção à jornada regular de trabalho, mediante acordo individual escrito, convenção coletiva ou acordo coletivo de trabalho.

- § 4º acrescido pela Lei nº 13.874, de 20-9-2019.

Seção VI

DAS PENALIDADES

Art. 75. Os infratores dos dispositivos do presente Capítulo incorrerão na multa de três a trezentos valores de referência regionais, segundo a natureza da infração, sua extensão e a intenção de quem a praticou, aplicada em dobro no caso de reincidência e oposição à fiscalização ou desacato à autoridade.

- Lei nº 6.205, de 29-4-1975, c/c a Lei nº 6.986, de 13-4-1982, elevou as multas por infração aos preceitos da CLT em dez vezes o seu valor.
- Port. do MTPrev nº 667, de 8-11-2021, regulamenta a imposição de multas administrativas previstas na legislação trabalhista.

Parágrafo único. São competentes para impor penalidades, no Distrito Federal, a autoridade de 1ª instância do Departamento Nacional do Trabalho e, nos Estados e no Território do Acre, as autoridades regionais do Ministério do Trabalho, Indústria e Comércio.

- A competência para impor penalidades é atualmente atribuída às Superintendências Regionais do Trabalho.
- Lei nº 4.070, de 15-6-1962, eleva o território do Acre à categoria de Estado.
- Port. do MTPrev nº 667, de 8-11-2021, regulamenta a imposição de multas administrativas previstas na legislação trabalhista.

Capítulo II-A

DO TELETRABALHO

- Capítulo II-A acrescido pela Lei nº 13.467, de 13-7-2017.

Art. 75-A. A prestação de serviços pelo empregado em regime de teletrabalho observará o disposto neste Capítulo.

- Art. 75-A acrescido pela Lei nº 13.467, de 13-7-2017.

Art. 75-B. Considera-se teletrabalho ou trabalho remoto a prestação de serviços fora das dependências do empregador, de maneira preponderante ou não, com a utilização de tecnologias de informação e de comunicação, que, por sua natureza, não configure trabalho externo.

- *Caput* do art. 75-B com a redação dada pela Lei nº 14.442, de 2-9-2022.

§ 1º O comparecimento, ainda que de modo habitual, às dependências do empregador para a realização de atividades específicas que exijam a presença do empregado no estabelecimento não descaracteriza o regime de teletrabalho ou trabalho remoto.

- Parágrafo único transformado em § 1º e com a redação dada pela Lei nº 14.442, de 2-9-2022.

§ 2º O empregado submetido ao regime de teletrabalho ou trabalho remoto poderá prestar serviços por jornada ou por produção ou tarefa.

§ 3º Na hipótese da prestação de serviços em regime de teletrabalho ou trabalho remoto por produção ou tarefa, não se aplicará o disposto no Capítulo II do Título II desta Consolidação.

§ 4º O regime de teletrabalho ou trabalho remoto não se confunde nem se equipara à ocupação de operador de *telemarketing* ou de teleatendimento.

§ 5º O tempo de uso de equipamentos tecnológicos e de infraestrutura necessária, bem como de *softwares*, de ferramentas digitais ou de aplicações de internet utilizados para o teletrabalho, fora da jornada de trabalho normal do empregado não constitui tempo à disposição ou regime de prontidão ou de sobreaviso, exceto se houver previsão em acordo individual ou em acordo ou convenção coletiva de trabalho.

§ 6º Fica permitida a adoção do regime de teletrabalho ou trabalho remoto para estagiários e aprendizes.

§ 7º Aos empregados em regime de teletrabalho aplicam-se as disposições previstas na legislação local e nas convenções e nos acordos coletivos de trabalho relativas à base territorial do estabelecimento de lotação do empregado.

§ 8º Ao contrato de trabalho do empregado admitido no Brasil que optar pela realização de teletrabalho fora do território nacional aplica-se a legislação brasileira, excetuadas as disposições constantes da Lei nº 7.064, de 6 de dezembro de 1982, salvo disposição em contrário estipulada entre as partes.

§ 9º Acordo individual poderá dispor sobre os horários e os meios de comunicação entre empregado e empregador, desde que assegurados os repousos legais.

- §§ 2º a 9º acrescidos pela Lei nº 14.442, de 2-9-2022.

Art. 75-C. A prestação de serviços na modalidade de teletrabalho deverá constar expressamente do instrumento de contrato individual de trabalho.

- *Caput* do art. 75-C com a redação dada pela Lei nº 14.442, de 2-9-2022.

§ 1º Poderá ser realizada a alteração entre regime presencial e de teletrabalho desde que haja mútuo acordo entre as partes, registrado em aditivo contratual.

§ 2º Poderá ser realizada a alteração do regime de teletrabalho para o presencial por determinação do empregador, garantido prazo de transição mínimo de quinze dias, com correspondente registro em aditivo contratual.

▶ §§ 1º e 2º acrescidos pela Lei nº 13.467, de 13-7-2017.

§ 3º O empregador não será responsável pelas despesas resultantes do retorno ao trabalho presencial, na hipótese de o empregado optar pela realização do teletrabalho ou trabalho remoto fora da localidade prevista no contrato, salvo disposição em contrário estipulada entre as partes.

▶ § 3º acrescido pela Lei nº 14.442, de 2-9-2022.

Art. 75-D. As disposições relativas à responsabilidade pela aquisição, manutenção ou fornecimento dos equipamentos tecnológicos e da infraestrutura necessária e adequada à prestação do trabalho remoto, bem como ao reembolso de despesas arcadas pelo empregado, serão previstas em contrato escrito.

Parágrafo único. As utilidades mencionadas no *caput* deste artigo não integram a remuneração do empregado.

Art. 75-E. O empregador deverá instruir os empregados, de maneira expressa e ostensiva, quanto às precauções a tomar a fim de evitar doenças e acidentes de trabalho.

Parágrafo único. O empregado deverá assinar termo de responsabilidade comprometendo-se a seguir as instruções fornecidas pelo empregador.

▶ Arts. 75-D e 75-E acrescidos pela Lei nº 13.467, de 13-7-2017.

Art. 75-F. Os empregadores deverão dar prioridade aos empregados com deficiência e aos empregados com filhos ou criança sob guarda judicial até 4 (quatro) anos de idade na alocação em vagas para atividades que possam ser efetuadas por meio do teletrabalho ou trabalho remoto.

▶ Art. 75-F acrescido pela Lei nº 14.442, de 2-9-2022.

CAPÍTULO III

DO SALÁRIO MÍNIMO

SEÇÃO I

DO CONCEITO

Art. 76. Salário mínimo é a contraprestação mínima devida e paga diretamente pelo empregador a todo trabalhador, inclusive ao trabalhador rural, sem distinção de sexo, por dia normal de serviço, e capaz de satisfazer, em determinada época e região do País, as suas necessidades normais de alimentação, habitação, vestuário, higiene e transporte.

▶ Art. 7º, IV a VII e XII, da CF.

▶ Art. 6º, § 1º, da Lei nº 8.542, de 23-12-1992 (Lei da Política Nacional de Salários).

▶ LC nº 103, de 14-7-2000, autoriza os Estados e o Distrito Federal a instituir o piso salarial a que se refere o inciso V do art. 7º da CF, por aplicação do disposto no parágrafo único do seu art. 22.

▶ Dec. nº 10.088, de 5-11-2019, consolida atos normativos editados pelo Poder Executivo Federal que dispõem sobre a promulgação de convenções e recomendações da Organização Internacional do Trabalho – OIT ratificadas pela República Federativa do Brasil.

▶ Súm. Vinc. nº 4 do STF.

▶ Orientações Jurisprudenciais da SBDI-I nºs 272 e 358 do TST.

Art. 77. *Revogado.* Lei nº 4.589, de 11-12-1964.

Art. 78. Quando o salário for ajustado por empreitada, ou convencionado por tarefa ou peça, será garantida ao trabalhador uma remuneração diária nunca inferior à do salário mínimo por dia normal da região, zona ou subzona.

▶ Art. 7º, V, *a*, VII e XII, da CF.

Parágrafo único. Quando o salário mínimo mensal do empregado a comissão ou que tenha direito a percentagem for integrado por parte fixa e parte variável, ser-lhe-á sempre garantido o salário mínimo, vedado qualquer desconto em mês subsequente a título de compensação.

▶ Parágrafo único acrescido pelo Dec.-lei nº 229, de 28-2-1967.

Art. 79. *Revogado.* Lei nº 4.589, de 11-12-1964.

Art. 80. *Revogado.* Lei nº 10.097, de 19-12-2000.

Art. 81. O salário mínimo será determinado pela fórmula $Sm = a + b + c + d + e$, em que *a*, *b*, *c*, *d* e *e* representam, respectivamente, o valor das despesas diárias com alimentação, habitação, vestuário, higiene e transporte necessários à vida de um trabalhador adulto.

▶ Art. 7º, IV, da CF, que acrescentou "educação", "saúde", "lazer" e "previdência social".

§ 1º A parcela correspondente à alimentação terá um valor mínimo igual aos valores da lista de provisões, constantes dos quadros devidamente aprovados e necessários à alimentação diária do trabalhador adulto.

§ 2º Poderão ser substituídos pelos equivalentes de cada grupo, também mencionados nos quadros a que alude o parágrafo anterior, os alimentos, quando as condições da região, zona ou subzona o aconselharem, respeitados os valores nutritivos determinados nos mesmos quadros.

§ 3º O Ministério do Trabalho, Indústria e Comércio fará, periodicamente, a revisão dos quadros a que se refere o § 1º deste artigo.

Art. 82. Quando o empregador fornecer, *in natura*, uma ou mais das parcelas do salário mínimo, o salário em dinheiro será determinado pela fórmula *Sd* = *Sm* – *P*, em que *Sd* representa o salário em dinheiro, *Sm* o salário mínimo e *P* a soma dos valores daquelas parcelas na região, zona ou subzona.

► Art. 458 desta Consolidação.

► Súm. nº 258 do TST.

Parágrafo único. O salário mínimo pago em dinheiro não será inferior a trinta por cento do salário mínimo fixado para a região, zona ou subzona.

► Art. 7º, IV, da CF.

Art. 83. É devido o salário mínimo ao trabalhador em domicílio, considerado este como o executado na habitação do empregado ou em oficina de família, por conta de empregador que o remunere.

Seção II

DAS REGIÕES, ZONAS E SUBZONAS

Art. 84. *Revogado*. Lei nº 13.467, de 13-7-2017.

Arts. 85 e 86. *Revogados*. Lei nº 4.589, de 11-12-1964.

Seção III

DA CONSTITUIÇÃO DAS COMISSÕES

Arts. 87 a 100. *Revogados*. Lei nº 4.589, de 11-12-1964.

Seção IV

DAS ATRIBUIÇÕES DAS COMISSÕES DE SALÁRIO MÍNIMO

Arts. 101 a 111. *Revogados*. Lei nº 4.589, de 11-12-1964.

Seção V

DA FIXAÇÃO DO SALÁRIO MÍNIMO

Arts. 112 a 115. *Revogados*. Lei nº 4.589, de 11-12-1964.

Art. 116. O decreto fixando o salário mínimo, decorridos sessenta dias de sua publicação no *Diário Oficial*, obrigará a todos que utilizem o trabalho de outrem mediante remuneração.

► Art. 7º, IV, da CF.

► Lei nº 13.152, de 29-7-2015, sobre a política de valorização do salário mínimo.

► Súm. nº 203 do STF.

§§ 1º e 2º *Revogados*. Lei nº 4.589, de 11-12-1964.

Seção VI

DISPOSIÇÕES GERAIS

Art. 117. Será nulo de pleno direito, sujeitando o empregador às sanções do artigo 120, qualquer contrato ou convenção que estipule remuneração inferior ao salário mínimo estabelecido na região, zona ou subzona em que tiver de ser cumprido.

► Art. 7º, IV, da CF.

Art. 118. O trabalhador a quem for pago salário inferior ao mínimo terá direito, não obstante qualquer contrato, ou convenção em contrário, a reclamar do empregador o complemento de seu salário mínimo estabelecido na região, zona ou subzona em que tiver de ser cumprido.

► Art. 7º, IV, da CF.

► Súm. nº 363 do TST.

Art. 119. Prescreve em dois anos a ação para reaver a diferença, contados, para cada pagamento, da data em que o mesmo tenha sido efetuado.

► Art. 7º, XXIX, da CF, que estabelece o mesmo prazo prescricional de 5 anos, tanto para os trabalhadores urbanos como para os trabalhadores rurais, até o limite de 2 anos após a extinção do contrato de trabalho.

Art. 120. Aquele que infringir qualquer dispositivo concernente ao salário mínimo será passível de multa de três a cento e vinte valores de referência regionais, elevada ao dobro na reincidência.

► Lei nº 6.205, de 29-4-1975, c/c a Lei nº 6.986, de 13-4-1982, elevou as multas por infração aos preceitos da CLT em dez vezes o seu valor.

► Port. do MTPrev nº 667, de 8-11-2021, regulamenta a imposição de multas administrativas previstas na legislação trabalhista.

Art. 121. *Revogado*. Dec.-lei nº 229, de 28-2-1967.

Arts. 122 e 123. *Revogados*. Lei nº 4.589, de 11-12-1964.

Art. 124. A aplicação dos preceitos deste Capítulo não poderá, em caso algum, ser causa determinante da redução do salário.

► Art. 7º, *caput* e VI, da CF.

Art. 125. *Revogado.* Lei nº 4.589, de 11-12-1964.

Art. 126. O Ministro do Trabalho, Indústria e Comércio expedirá as instruções necessárias à fiscalização do salário mínimo, podendo cometer essa fiscalização a qualquer dos órgãos componentes do respectivo Ministério, e, bem assim, aos fiscais dos Institutos de Aposentadoria e Pensões, na forma da legislação em vigor.

► Dec. nº 99.350, de 27-6-1990, criou o Instituto Nacional do Seguro Social – INSS.

Arts. 127 e 128. *Revogados.* Dec.-lei nº 229, de 28-2-1967.

Capítulo IV

DAS FÉRIAS ANUAIS

► Título do Capítulo IV com a redação dada pelo Dec.-lei nº 1.535, de 13-4-1977.

Seção I

DO DIREITO A FÉRIAS E DA SUA DURAÇÃO

► Título da Seção I com a redação dada pelo Dec.-lei nº 1.535, de 13-4-1977.

► LC nº 150, de 1º-6-2015 (Dispõe sobre o contrato de trabalho doméstico).

► Dec. nº 10.088, de 5-11-2019, consolida atos normativos editados pelo Poder Executivo Federal que dispõem sobre a promulgação de convenções e recomendações da Organização Internacional do Trabalho – OIT ratificadas pela República Federativa do Brasil.

Art. 129. Todo empregado terá direito anualmente ao gozo de um período de férias, sem prejuízo da remuneração.

► Art. 7º, XVII, da CF.

► Súmulas nºs 198, 199 e 200 do STF.

► Súmulas nºs 7, 10, 14, 81, 89, 149, 171, 253 e 261 do TST.

Art. 130. Após cada período de doze meses de vigência do contrato de trabalho, o empregado terá direito a férias, na seguinte proporção:

I – trinta dias corridos, quando não houver faltado ao serviço mais de cinco vezes;

II – vinte e quatro dias corridos, quando houver tido de seis a quatorze faltas;

III – dezoito dias corridos, quando houver tido de quinze a vinte e três faltas;

IV – doze dias corridos, quando houver tido de vinte e quatro a trinta e duas faltas.

§ 1º É vedado descontar, do período de férias, as faltas do empregado ao serviço.

§ 2º O período das férias será computado, para todos os efeitos, como tempo de serviço.

► Arts. 129 e 130 com a redação dada pelo Dec.-lei nº 1.535, de 13-4-1977.

► Súmulas nºs 46, 71, 89, 261 e 386 do TST.

Art. 130-A. *Revogado.* Lei nº 13.467, de 13-7-2017.

Art. 131. Não será considerada falta ao serviço, para os efeitos do artigo anterior, a ausência do empregado:

► *Caput* com a redação dada pelo Dec.-lei nº 1.535, de 13-4-1977.

► Súm. nº 198 do STF.

► Súmulas nºs 46 e 89 do TST.

I – nos casos referidos no artigo 473;

► Inciso I com a redação dada pelo Dec.-lei nº 1.535, de 13-4-1977.

II – durante o licenciamento compulsório da empregada por motivo de maternidade ou aborto, observados os requisitos para percepção do salário-maternidade custeado pela Previdência Social;

► Inciso II com a redação dada pela Lei nº 8.921, de 25-7-1994.

III – por motivo de acidente do trabalho ou enfermidade atestada pelo Instituto Nacional do Seguro Social – INSS, excetuada a hipótese do inciso IV do artigo 133;

► Inciso III com a redação dada pela Lei nº 8.726, de 5-11-1993.

► Súmulas nºs 81, 89 e 149 do TST.

IV – justificada pela empresa, entendendo-se como tal a que não tiver determinado o desconto do correspondente salário;

V – durante a suspensão preventiva para responder a inquérito administrativo ou de prisão preventiva, quando for impronunciado ou absolvido; e

VI – nos dias em que não tenha havido serviço, salvo na hipótese do inciso III do artigo 133.

► Incisos IV a VI com a redação dada pelo Dec.-lei nº 1.535, de 13-4-1977.

Art. 132. O tempo de trabalho anterior à apresentação do empregado para serviço militar obrigatório será computado no período aquisitivo, desde que ele compareça ao estabelecimento dentro de noventa dias da data em que se verificar a respectiva baixa.

▸ Artigo com a redação dada pelo Dec.-lei nº 1.535, de 13-4-1977.

Art. 133. Não terá direito a férias o empregado que, no curso do período aquisitivo:

▸ *Caput* com a redação dada pelo Dec.-lei nº 1.535, de 13-4-1977.

I – deixar o emprego e não for readmitido dentro dos sessenta dias subsequentes à sua saída;
II – permanecer em gozo de licença, com percepção de salários, por mais de trinta dias;
III – deixar de trabalhar, com percepção do salário, por mais de trinta dias em virtude de paralisação parcial ou total dos serviços da empresa; e
IV – tiver percebido da Previdência Social prestações de acidente de trabalho ou de auxílio-doença por mais de seis meses, embora descontínuos.

▸ Incisos I a IV com a redação dada pelo Dec.-lei nº 1.535, de 13-4-1977.

§ 1º A interrupção da prestação de serviços deverá ser anotada na Carteira de Trabalho e Previdência Social.

§ 2º Iniciar-se-á o decurso de novo período aquisitivo quando o empregado, após o implemento de qualquer das condições previstas neste artigo, retornar ao serviço.

▸ §§ 1º e 2º com a redação dada pelo Dec.-lei nº 1.535, de 13-4-1977.

§ 3º Para os fins previstos no inciso III deste artigo a empresa comunicará ao órgão local do Ministério do Trabalho, com antecedência mínima de quinze dias, as datas de início e fim da paralisação total ou parcial dos serviços da empresa, e, em igual prazo, comunicará, nos mesmos termos, ao sindicato representativo da categoria profissional, bem como afixará avisos nos respectivos locais de trabalho.

▸ § 3º acrescido pela Lei nº 9.016, de 30-3-1995.

§ 4º VETADO. Lei nº 9.016, de 30-3-1995.

Seção II

DA CONCESSÃO E DA ÉPOCA DAS FÉRIAS

Art. 134. As férias serão concedidas por ato do empregador, em um só período, nos doze meses subsequentes à data em que o empregado tiver adquirido o direito.

▸ *Caput* com a redação dada pelo Dec.-lei nº 1.535, de 13-4-1977.

§ 1º Desde que haja concordância do empregado, as férias poderão ser usufruídas em até três períodos, sendo que um deles não poderá ser inferior a quatorze dias corridos e os demais não poderão ser inferiores a cinco dias corridos, cada um.

▸ § 1º com a redação dada pela Lei nº 13.467, de 13-7-2017.

§ 2º *Revogado*. Lei nº 13.467, de 13-7-2017.

§ 3º É vedado o início das férias no período de dois dias que antecede feriado ou dia de repouso semanal remunerado.

▸ § 3º acrescido pela Lei nº 13.467, de 13-7-2017.

Art. 135. A concessão das férias será participada, por escrito, ao empregado, com antecedência de, no mínimo, trinta dias. Dessa participação o interessado dará recibo.

▸ *Caput* com a redação dada pela Lei nº 7.414, de 9-12-1985.

§ 1º O empregado não poderá entrar no gozo das férias sem que apresente ao empregador sua Carteira de Trabalho e Previdência Social, para que nela seja anotada a respectiva concessão.

§ 2º A concessão das férias será, igualmente, anotada no livro ou nas fichas de registro dos empregados.

▸ §§ 1º e 2º com a redação dada pelo Dec.-lei nº 1.535, de 13-4-1977.

▸ IN da SIT nº 72, de 5-12-2007, orienta os Auditores-Fiscais do Trabalho quanto a procedimentos a serem adotados na fiscalização, para que seja dispensado às microempresas e empresas de pequeno porte o tratamento diferenciado de que trata a LC nº 123, de 14-12-2006.

§ 3º Nos casos em que o empregado possua a CTPS em meio digital, a anotação será feita nos sistemas a que se refere o § 7º do art. 29 desta Consolidação, na forma do regulamento, dispensadas as anotações de que tratam os §§ 1º e 2º deste artigo.

▸ § 3º acrescido pela Lei nº 13.874, de 20-9-2019.

Art. 136. A época da concessão das férias será a que melhor consulte os interesses do empregador.

§ 1º Os membros de uma família, que trabalharem no mesmo estabelecimento ou empresa, terão direito a gozar férias no mesmo período, se assim o desejarem e se disto não resultar prejuízo para o serviço.

§ 2º O empregado estudante, menor de dezoito anos, terá direito a fazer coincidir suas férias com as férias escolares.

▶ Dec. nº 10.088, de 5-11-2019, consolida atos normativos editados pelo Poder Executivo Federal que dispõem sobre a promulgação de convenções e recomendações da Organização Internacional do Trabalho – OIT ratificadas pela República Federativa do Brasil.

Art. 137. Sempre que as férias forem concedidas após o prazo de que trata o artigo 134, o empregador pagará em dobro a respectiva remuneração.

▶ Súmulas nºs 181 e 450 do TST.

§ 1º Vencido o mencionado prazo sem que o empregador tenha concedido as férias, o empregado poderá ajuizar reclamação pedindo a fixação, por sentença, da época de gozo das mesmas.

§ 2º A sentença cominará pena diária de cinco por cento do salário mínimo da região, devida ao empregado até que seja cumprida.

▶ Art. 7º, IV, da CF.

§ 3º Cópia da decisão judicial transitada em julgado será remetida ao órgão local do Ministério do Trabalho, para fins de aplicação da multa de caráter administrativo.

▶ Súmulas nºs 7 e 81 do TST.

Art. 138. Durante as férias, o empregado não poderá prestar serviços a outro empregador, salvo se estiver obrigado a fazê-lo em virtude de contrato de trabalho regularmente mantido com aquele.

▶ Arts. 136 a 138 com a redação dada pelo Dec.-lei nº 1.535, de 13-4-1977.

Seção III

DAS FÉRIAS COLETIVAS

Art. 139. Poderão ser concedidas férias coletivas a todos os empregados de uma empresa ou de determinados estabelecimentos ou setores da empresa.

§ 1º As férias poderão ser gozadas em dois períodos anuais, desde que nenhum deles seja inferior a dez dias corridos.

§ 2º Para os fins previstos neste artigo, o empregador comunicará ao órgão local do Ministério do Trabalho, com a antecedência mínima de quinze dias, as datas de início e fim das férias, precisando quais os estabelecimentos ou setores abrangidos pela medida.

▶ IN da SIT nº 72, de 5-12-2007, orienta os Auditores-Fiscais do Trabalho quanto a procedimentos a serem adotados na fiscalização, para que seja dispensado às microempresas e empresas de pequeno porte o tratamento diferenciado de que trata a LC nº 123, de 14-12-2006.

§ 3º Em igual prazo o empregador enviará cópia da aludida comunicação aos sindicatos representativos da respectiva categoria profissional, e providenciará a afixação de aviso nos locais de trabalho.

Art. 140. Os empregados contratados há menos de doze meses gozarão, na oportunidade, férias proporcionais, iniciando-se, então, novo período aquisitivo.

▶ Arts. 139 e 140 com a redação dada pelo Dec.-lei nº 1.535, de 13-4-1977.

Art. 141. *Revogado.* Lei nº 13.874, de 20-9-2019.

Seção IV

DA REMUNERAÇÃO E DO ABONO DE FÉRIAS

Art. 142. O empregado perceberá, durante as férias, a remuneração que lhe for devida na data da sua concessão.

▶ Art. 7º, XVII, da CF.

▶ Súm. nº 328 do TST.

§ 1º Quando o salário for pago por hora, com jornadas variáveis, apurar-se-á a média do período aquisitivo, aplicando-se o valor do salário na data da concessão das férias.

§ 2º Quando o salário for pago por tarefa, tomar-se-á por base a média da produção no período aquisitivo do direito a férias, aplicando-se o valor da remuneração da tarefa na data da concessão das férias.

▶ Art. 7º, VII e XVI, da CF.

▶ Súm. nº 149 do TST.

§ 3º Quando o salário for pago por percentagem, comissão ou viagem, apurar-se-á a média percebida pelo empregado nos doze meses que precederem a concessão das férias.

▶ OJ da SBDI-I nº 181 do TST.

§ 4º A parte do salário paga em utilidades será computada de acordo com a anotação na Carteira de Trabalho e Previdência Social.

§ 5º Os adicionais por trabalho extraordinário, noturno, insalubre ou perigoso serão computados no salário que servirá de base ao cálculo da remuneração das férias.

§ 6º Se, no momento das férias, o empregado não estiver percebendo o mesmo adicional do período aquisitivo, ou quando o valor deste não tiver sido uniforme, será computada a média duodecimal recebida naquele período, após a atualização das importâncias pagas, mediante incidência dos percentuais dos reajustamentos salariais supervenientes.

- ▶ Art. 142 com a redação dada pelo Dec.-lei nº 1.535, de 13-4-1977.
- ▶ Art. 7º, *caput*, e XVII, da CF.
- ▶ Súmulas nºs 10 e 253 do TST.

Art. 143. É facultado ao empregado converter um terço do período de férias a que tiver direito em abono pecuniário, no valor da remuneração que lhe seria devida nos dias correspondentes.

- ▶ *Caput* com a redação dada pelo Dec.-lei nº 1.535, de 13-4-1977.

§ 1º O abono de férias deverá ser requerido até quinze dias antes do término do período aquisitivo.

§ 2º Tratando-se de férias coletivas, a conversão a que se refere este artigo deverá ser objeto de acordo coletivo entre o empregador e o sindicato representativo da respectiva categoria profissional, independendo de requerimento individual a concessão do abono.

- ▶ §§ 1º e 2º com a redação dada pelo Dec.-lei nº 1.535, de 13-4-1977.

§ 3º *Revogado*. Lei nº 13.467, de 13-7-2017.

Art. 144. O abono de férias de que trata o artigo anterior, bem como o concedido em virtude de cláusula do contrato de trabalho, do regulamento da empresa, de convenção ou acordo coletivo, desde que não excedente de vinte dias do salário, não integrarão a remuneração do empregado para os efeitos da legislação do trabalho.

- ▶ Artigo com a redação dada pela Lei nº 9.528, de 10-12-1997.
- ▶ Art. 7º, *caput*, e XVII, da CF.

Art. 145. O pagamento da remuneração das férias e, se for o caso, o do abono referido no artigo 143 serão efetuados até dois dias antes do início do respectivo período.

- ▶ Súm. nº 450 do TST.

Parágrafo único. O empregado dará quitação do pagamento, com indicação do início e do termo das férias.

- ▶ Art. 145 com a redação dada pelo Dec.-lei nº 1.535, de 13-4-1977.

Seção V

DOS EFEITOS DA CESSAÇÃO DO CONTRATO DE TRABALHO

Art. 146. Na cessação do contrato de trabalho, qualquer que seja a sua causa, será devida ao empregado a remuneração simples ou em dobro, conforme o caso, correspondente ao período de férias cujo direito tenha adquirido.

- ▶ Art. 7º, XVII, da CF.
- ▶ Art. 484 desta Consolidação.
- ▶ Súm. nº 386 do STJ.
- ▶ Súmulas nºs 14 e 328 do TST.
- ▶ OJ da SBDI-I nº 195 do TST.

Parágrafo único. Na cessação do contrato de trabalho, após doze meses de serviço, o empregado, desde que não haja sido demitido por justa causa, terá direito à remuneração relativa ao período incompleto de férias, de acordo com o artigo 130, na proporção de um doze avos por mês de serviço ou fração superior a quatorze dias.

- ▶ Art. 146 com a redação dada pelo Dec.-lei nº 1.535, de 13-4-1977.
- ▶ Súmulas nºs 7, 10, 14, 171 e 261 do TST.

Art. 147. O empregado que for despedido sem justa causa, ou cujo contrato de trabalho se extinguir em prazo predeterminado, antes de completar doze meses de serviço, terá direito à remuneração relativa ao período incompleto de férias, de conformidade com o disposto no artigo anterior.

- ▶ Artigo com a redação dada pelo Dec.-lei nº 1.535, de 13-4-1977.
- ▶ Art. 7º, XVII, da CF.
- ▶ Súm. nº 261 do TST.

Art. 148. A remuneração das férias, ainda quando devida após a cessação do contrato de trabalho, terá natureza salarial, para os efeitos do artigo 449.

- ▶ Artigo com a redação dada pelo Dec.-lei nº 1.535, de 13-4-1977.
- ▶ OJ da SBDI-I nº 195 do TST.

SEÇÃO VI

DO INÍCIO DA PRESCRIÇÃO

Art. 149. A prescrição do direito de reclamar a concessão das férias ou o pagamento da respectiva remuneração é contada do término do prazo mencionado no artigo 134 ou, se for o caso, da cessação do contrato de trabalho.

▸ Artigo com a redação dada pelo Dec.-lei nº 1.535, de 13-4-1977.
▸ Art. 7º, XXIX, da CF.
▸ Arts. 11 e 440 desta Consolidação.

SEÇÃO VII

DISPOSIÇÕES ESPECIAIS

Art. 150. O tripulante que, por determinação do armador, for transferido para o serviço de outro, terá computado, para o efeito de gozo de férias, o tempo de serviço prestado ao primeiro, ficando obrigado a concedê-las o armador em cujo serviço ele se encontra na época de gozá-las.

▸ Dec. nº 10.088, de 5-11-2019, consolida atos normativos editados pelo Poder Executivo Federal que dispõem sobre a promulgação de convenções e recomendações da Organização Internacional do Trabalho – OIT ratificadas pela República Federativa do Brasil.

§ 1º As férias poderão ser concedidas, a pedido dos interessados e com aquiescência do armador, parceladamente, nos portos de escala de grande estadia do navio, aos tripulantes ali residentes.

§ 2º Será considerada grande estadia a permanência no porto por prazo excedente de seis dias.

§ 3º Os embarcadiços, para gozarem férias nas condições deste artigo, deverão pedi-las, por escrito, ao armador, antes do início da viagem, no porto de registro ou armação.

§ 4º O tripulante, ao terminar as férias, apresentar-se-á ao armador, que deverá designá-lo para qualquer de suas embarcações ou o adir a algum dos seus serviços terrestres, respeitadas a condição pessoal e a remuneração.

§ 5º Em caso de necessidade, determinada pelo interesse público, e comprovada pela autoridade competente, poderá o armador ordenar a suspensão das férias já iniciadas ou a iniciar-se, ressalvado ao tripulante o direito ao respectivo gozo posteriormente.

§ 6º O Delegado do Trabalho Marítimo poderá autorizar a acumulação de dois períodos de férias do marítimo, mediante requerimento justificado:

▸ Art. 1º, III, *d*, que extinguiu o Conselho Superior do Trabalho Marítimo – CSTM e suas respectivas Delegacias.

I – do sindicato, quando se tratar de sindicalizado; e

II – da empresa, quando o empregado não for sindicalizado.

Art. 151. Enquanto não se criar um tipo especial de caderneta profissional para os marítimos, as férias serão anotadas pela Capitania do Porto na caderneta-matrícula do tripulante, na página das observações.

Art. 152. A remuneração do tripulante, no gozo de férias, será acrescida da importância correspondente à etapa que estiver vencendo.

▸ Arts. 150 a 152 com a redação dada pelo Dec.-lei nº 1.535, de 13-4-1977.

SEÇÃO VIII

DAS PENALIDADES

Art. 153. As infrações ao disposto neste Capítulo serão punidas com multas de valor igual a 160 BTN por empregado em situação irregular.

▸ A partir de 1º-2-1991, foi extinto o BTN pelo art. 3º da Lei nº 8.177, de 1º-3-1991, que fixa, no seu parágrafo único, a conversão do BTN em cruzeiros no valor de CR$ 126,8621. Tal valor foi mantido pelo art. 21, I, da Lei nº 8.178, de 4-3-1991, tendo sido elevado em 70% pelo art. 10 da Lei nº 8.218, de 29-8-1991. Desde 1º-8-1993, o cruzeiro passou para cruzeiro real na paridade de mil por um, em função da MP nº 336, de 28-7-1993, convertida na Lei nº 8.697, de 27-8-1993. Desde 1º-7-1994, o cruzeiro real passou a real pela Lei nº 8.880, de 27-5-1994, fixada a paridade de R$ 1,00 para 2.750,00 URVs. Pelo art. 1º da Lei nº 8.383, de 30-12-1991, foi instituída a UFIR como medida de valor e parâmetro de atualização monetária de tributos e de multas e penalidades de qualquer natureza. O art. 29, § 3º, da Lei nº 10.522, de 19-7-2002, que dispõe sobre o Cadastro Informativo dos créditos não quitados de órgãos e entidades federais, extinguiu a UFIR.

Parágrafo único. Em caso de reincidência, embaraço ou resistência à fiscalização, emprego de artifício ou simulação com o objetivo de fraudar a lei, a multa será aplicada em dobro.

▸ Art. 153 com a redação dada pela Lei nº 7.855, de 24-10-1989.

► Lei nº 6.205, de 29-4-1975, c/c a Lei nº 6.986, de 13-4-1982, elevou as multas por infração aos preceitos da CLT em dez vezes o seu valor.

► Port. do MTPrev nº 667, de 8-11-2021, regulamenta a imposição de multas administrativas previstas na legislação trabalhista.

CAPÍTULO V

DA SEGURANÇA E DA MEDICINA DO TRABALHO

► Capítulo V com a redação dada pela Lei nº 6.514, de 22-12-1977.

► Dec. nº 10.088, de 5-11-2019, consolida atos normativos editados pelo Poder Executivo Federal que dispõem sobre a promulgação de convenções e recomendações da Organização Internacional do Trabalho – OIT ratificadas pela República Federativa do Brasil.

► Port. do MTE nº 3.214, de 8-6-1978, aprova as normas regulamentadoras – NR – do Capítulo V, Título II, desta CLT, relativas à segurança e medicina do trabalho.

► Port. do MTPrev nº 667, de 8-11-2021, regulamenta a imposição de multas administrativas previstas na legislação trabalhista.

SEÇÃO I

DISPOSIÇÕES GERAIS

► NR-1 (Disposições Gerais) instituída pela Port. do MTb nº 3.214, de 8-6-1978.

Art. 154. A observância, em todos os locais de trabalho, do disposto neste Capítulo, não desobriga as empresas do cumprimento de outras disposições que, com relação à matéria, sejam incluídas em códigos de obras ou regulamentos sanitários dos Estados ou Municípios em que se situem os respectivos estabelecimentos, bem como daquelas oriundas de convenções coletivas de trabalho.

► Artigo com a redação dada pela Lei nº 6.514, de 22-12-1977.

► Súmulas nºs 39, 47 e 228 do TST.

Art. 155. Incumbe ao órgão de âmbito nacional competente em matéria de segurança e medicina do trabalho:

I – estabelecer, nos limites de sua competência, normas sobre a aplicação dos preceitos deste Capítulo, especialmente os referidos no artigo 200;

II – coordenar, orientar, controlar e supervisionar a fiscalização e as demais atividades relacionadas com a segurança e a medicina do trabalho em todo o território nacional, inclusive a Campanha Nacional de Prevenção de Acidentes do Trabalho;

III – conhecer, em última instância, dos recursos, voluntários ou de ofício, das decisões proferidas pelos Delegados Regionais do Trabalho, em matéria de segurança e medicina do trabalho.

► Art. 7º, XXII e XXIII, da CF.

Art. 156. Compete especialmente às Delegacias Regionais do Trabalho, nos limites de sua jurisdição:

I – promover a fiscalização do cumprimento das normas de segurança e medicina do trabalho;

II – adotar as medidas que se tornem exigíveis, em virtude das disposições deste Capítulo, determinando as obras e reparos que, em qualquer local de trabalho, se façam necessárias;

III – impor as penalidades cabíveis por descumprimento das normas constantes deste Capítulo, nos termos do artigo 201.

Art. 157. Cabe às empresas:

I – cumprir e fazer cumprir as normas de segurança e medicina do trabalho;

II – instruir os empregados, através de ordens de serviço, quanto às precauções a tomar no sentido de evitar acidentes do trabalho ou doenças ocupacionais;

III – adotar as medidas que lhes sejam determinadas pelo órgão regional competente;

IV – facilitar o exercício da fiscalização pela autoridade competente.

Art. 158. Cabe aos empregados:

I – observar as normas de segurança e medicina do trabalho, inclusive as instruções de que trata o item II do artigo anterior;

II – colaborar com a empresa na aplicação dos dispositivos deste Capítulo.

Parágrafo único. Constitui ato faltoso do empregado a recusa injustificada:

a) à observância das instruções expedidas pelo empregador na forma do item II do artigo anterior;

b) ao uso dos equipamentos de proteção individual fornecidos pela empresa.

► Súm. nº 289 do TST.

Art. 159. Mediante convênio autorizado pelo Ministro do Trabalho, poderão ser delegadas a outros órgãos federais, estaduais ou municipais atribuições de fiscalização ou orientação às empresas quanto ao cumprimento das disposições constantes deste Capítulo.

► Arts. 154 a 159 com a redação dada pela Lei nº 6.514, de 22-12-1977.

Seção II

DA INSPEÇÃO PRÉVIA E DO EMBARGO OU INTERDIÇÃO

► NR-2 (Inspeção Prévia) instituída pela Port. do MTb nº 3.214, de 8-6-1978.

► NR-3 (Embargo e Interdição) instituída pela Port. do MTb nº 3.214, de 8-6-1978.

Art. 160. Nenhum estabelecimento poderá iniciar suas atividades sem prévia inspeção e aprovação das respectivas instalações pela autoridade regional competente em matéria de segurança e medicina do trabalho.

§ 1º Nova inspeção deverá ser feita quando ocorrer modificação substancial nas instalações, inclusive equipamentos, que a empresa fica obrigada a comunicar, prontamente, à Delegacia Regional do Trabalho.

§ 2º É facultado às empresas solicitar prévia aprovação, pela Delegacia Regional do Trabalho, dos projetos de construção e respectivas instalações.

Art. 161. O Delegado Regional do Trabalho, à vista do laudo técnico do serviço competente que demonstre grave e iminente risco para o trabalhador, poderá interditar estabelecimento, setor de serviço, máquina ou equipamento, ou embargar obra, indicando na decisão, tomada com a brevidade que a ocorrência exigir, as providências que deverão ser adotadas para prevenção de infortúnios de trabalho.

§ 1º As autoridades federais, estaduais e municipais darão imediato apoio às medidas determinadas pelo Delegado Regional do Trabalho.

§ 2º A interdição ou embargo poderão ser requeridos pelo serviço competente da Delegacia Regional do Trabalho e, ainda, por agente da inspeção do trabalho ou por entidade sindical.

§ 3º Da decisão do Delegado Regional do Trabalho poderão os interessados recorrer, no prazo de 10 (dez) dias, para o órgão de âmbito nacional competente em matéria de segurança e medicina do trabalho, ao qual será facultado dar efeito suspensivo ao recurso.

§ 4º Responderá por desobediência, além das medidas penais cabíveis, quem, após determinada a interdição ou embargo, ordenar ou permitir o funcionamento do estabelecimento ou de um dos seus setores, a utilização de máquina ou equipamento, ou o prosseguimento de obra, se, em consequência, resultarem danos a terceiros.

§ 5º O Delegado Regional do Trabalho, independente de recurso, e após laudo técnico do serviço competente, poderá levantar a interdição.

§ 6º Durante a paralisação dos serviços, em decorrência da interdição ou embargo, os empregados receberão os salários como se estivessem em efetivo exercício.

► Arts. 160 e 161 com a redação dada pela Lei nº 6.514, de 22-12-1977.

Seção III

DOS ÓRGÃOS DE SEGURANÇA E DE MEDICINA DO TRABALHO NAS EMPRESAS

► NR-4 (Serviço Especializado em Segurança e Medicina do Trabalho – SESMT) instituída pela Port. do MTb nº 3.214, de 8-6-1978.

► NR-5 (Comissão Interna de Prevenção de Acidentes – CIPA) instituída pela Port. do MTb nº 3.214, de 8-6-1978.

Art. 162. As empresas, de acordo com normas a serem expedidas pelo Ministério do Trabalho, estarão obrigadas a manter serviços especializados em segurança e em medicina do trabalho.

Parágrafo único. As normas a que se refere este artigo estabelecerão:

a) classificação das empresas segundo o número de empregados e a natureza do risco de suas atividades;

b) o número mínimo de profissionais especializados exigido de cada empresa, segundo o grupo em que se classifique, na forma da alínea anterior;

c) a qualificação exigida para os profissionais em questão e o seu regime de trabalho;

d) as demais características e atribuições dos serviços especializados em segurança e em medicina do trabalho, nas empresas.

► Art. 162 com a redação dada pela Lei nº 6.514, de 22-12-1977.

Art. 163. Será obrigatória a constituição de Comissão Interna de Prevenção de Acidentes e de Assédio (CIPA), em conformidade com instruções expedidas pelo Ministério do Trabalho e

Previdência, nos estabelecimentos ou nos locais de obra nelas especificadas.

▶ *Caput* com a redação dada pela Lei nº 14.457, de 21-9-2022.

Parágrafo único. O Ministério do Trabalho regulamentará as atribuições, a composição e o funcionamento das CIPAs.

▶ Parágrafo único com a redação dada pela Lei nº 6.514, de 22-12-1977.

Art. 164. Cada CIPA será composta de representantes da empresa e dos empregados, de acordo com os critérios que vierem a ser adotados na regulamentação de que trata o parágrafo único do artigo anterior.

▶ Súm. nº 676 do STF.

§ 1º Os representantes dos empregadores, titulares e suplentes, serão por eles designados.

§ 2º Os representantes dos empregados, titulares e suplentes, serão eleitos em escrutínio secreto, do qual participem, independentemente de filiação sindical, exclusivamente os empregados interessados.

§ 3º O mandato dos membros eleitos da CIPA terá a duração de um ano, permitida uma reeleição.

§ 4º O disposto no parágrafo anterior não se aplicará ao membro suplente que, durante o seu mandato, tenha participado de menos da metade do número de reuniões da CIPA.

§ 5º O empregador designará, anualmente, dentre os seus representantes, o Presidente da CIPA, e os empregados elegerão, dentre eles, o Vice-Presidente.

Art. 165. Os titulares da representação dos empregados nas CIPAs não poderão sofrer despedida arbitrária, entendendo-se como tal a que não se fundar em motivo disciplinar, técnico, econômico ou financeiro.

▶ Art. 10, II, *a*, do ADCT.
▶ Súm. nº 339 do TST.
▶ OJ da SBDI-II nº 6 do TST.

Parágrafo único. Ocorrendo a despedida, caberá ao empregador, em caso de reclamação à Justiça do Trabalho, comprovar a existência de qualquer dos motivos mencionados neste artigo, sob pena de ser condenado a reintegrar o empregado.

▶ Arts. 164 e 165 com a redação dada pela Lei nº 6.514, de 22-12-1977.

Seção IV

DO EQUIPAMENTO DE PROTEÇÃO INDIVIDUAL

▶ NR-6 (Equipamento de Proteção Individual – EPI) instituída pela Port. do MTb nº 3.214, de 8-6-1978.

▶ Port. da SIT nº 125, de 12-11-2009, define o processo administrativo para suspensão e cancelamento de Certificado de Aprovação de EPI, cabendo ao DSST a apuração de eventuais irregularidades.

Art. 166. A empresa é obrigada a fornecer aos empregados, gratuitamente, equipamento de proteção individual adequado ao risco e em perfeito estado de conservação e funcionamento, sempre que as medidas de ordem geral não ofereçam completa proteção contra os riscos de acidentes e danos à saúde dos empregados.

▶ Súm. nº 289 do TST.

Art. 167. O equipamento de proteção só poderá ser posto à venda ou utilizado com a indicação do Certificado de Aprovação do Ministério do Trabalho.

▶ Arts. 166 e 167 com a redação dada pela Lei nº 6.514, de 22-12-1977.

Seção V

DAS MEDIDAS PREVENTIVAS DE MEDICINA DO TRABALHO

▶ NR-7 (Exames Médicos) instituída pela Port. do MTb nº 3.214, de 8-6-1978.

Art. 168. Será obrigatório exame médico, por conta do empregador, nas condições estabelecidas neste artigo e nas instruções complementares a serem expedidas pelo Ministério do Trabalho:

▶ *Caput* com a redação dada pela Lei nº 7.855, de 24-10-1989.

I – na admissão;
II – na demissão;
III – periodicamente.

§ 1º O Ministério do Trabalho baixará instruções relativas aos casos em que serão exigíveis exames:

a) por ocasião da demissão;
b) complementares.

§ 2º Outros exames complementares poderão ser exigidos, a critério médico, para apuração da capacidade ou aptidão física e mental do empregado para a função que deva exercer.

§ 3º O Ministério do Trabalho estabelecerá, de acordo com o risco da atividade e o tempo de exposição, a periodicidade dos exames médicos.

► Art. 3º, § 2º, da Lei nº 6.514, de 22-12-1977, que dispõe sobre Segurança e Medicina do Trabalho.

§ 4º O empregador manterá, no estabelecimento, o material necessário à prestação de primeiros socorros médicos, de acordo com o risco da atividade.

§ 5º O resultado dos exames médicos, inclusive o exame complementar, será comunicado ao trabalhador, observados os preceitos da ética médica.

► §§ 1º a 5º acrescidos pela Lei nº 7.855, de 24-10-1989.

§ 6º Serão exigidos exames toxicológicos, previamente à admissão e por ocasião do desligamento, quando se tratar de motorista profissional, assegurados o direito à contraprova em caso de resultado positivo e a confidencialidade dos resultados dos respectivos exames.

► Art. 13 da Lei nº 13.103, de 2-3-2015 (Lei do Motorista Profissional), que dispõe sobre o prazo para exigência do exame toxicológico.

§ 7º Para os fins do disposto no § 6º, será obrigatório exame toxicológico com janela de detecção mínima de 90 (noventa) dias, específico para substâncias psicoativas que causem dependência ou, comprovadamente, comprometam a capacidade de direção, podendo ser utilizado para essa finalidade o exame toxicológico previsto na Lei nº 9.503, de 23 de setembro de 1997 – Código de Trânsito Brasileiro, desde que realizado nos últimos 60 (sessenta) dias.

► §§ 6º e 7º acrescidos pela Lei nº 13.103, de 2-3-2015.

► Art. 13 da Lei nº 13.103, de 2-3-2015 (Lei do Motorista Profissional), que dispõe sobre o prazo para exigência do exame toxicológico.

Art. 169. Será obrigatória a notificação das doenças profissionais e das produzidas em virtude de condições especiais de trabalho, comprovadas ou objeto de suspeita, de conformidade com as instruções expedidas pelo Ministério do Trabalho.

► Artigo com a redação dada pela Lei nº 6.514, de 22-12-1977.

Seção VI

DAS EDIFICAÇÕES

► Dec. nº 10.088, de 5-11-2019, consolida atos normativos editados pelo Poder Executivo Federal que dispõem sobre a promulgação de convenções e recomendações da Organização Internacional do Trabalho – OIT ratificadas pela República Federativa do Brasil.

► NR-8 (Edificações) instituída pela Port. do MTb nº 3.214, de 8-6-1978.

► OJ da SBDI-I nº 385 do TST.

Art. 170. As edificações deverão obedecer aos requisitos técnicos que garantam perfeita segurança aos que nelas trabalhem.

Art. 171. Os locais de trabalho deverão ter, no mínimo, três metros de pé-direito, assim considerada a altura livre do piso ao teto.

Parágrafo único. Poderá ser reduzido esse mínimo desde que atendidas as condições de iluminação e conforto térmico compatíveis com a natureza do trabalho, sujeitando-se tal redução ao controle do órgão competente em matéria de segurança e medicina do trabalho.

Art. 172. Os pisos dos locais de trabalho não deverão apresentar saliências nem depressões que prejudiquem a circulação de pessoas ou a movimentação de materiais.

Art. 173. As aberturas nos pisos e paredes serão protegidas de forma que impeçam a queda de pessoas ou de objetos.

Art. 174. As paredes, escadas, rampas de acesso, passarelas, pisos, corredores, coberturas e passagens dos locais de trabalho deverão obedecer às condições de segurança e de higiene do trabalho estabelecidas pelo Ministério do Trabalho e manter-se em perfeito estado de conservação e limpeza.

► Arts. 170 a 174 com a redação dada pela Lei nº 6.514, de 22-12-1977.

Seção VII

DA ILUMINAÇÃO

Art. 175. Em todos os locais de trabalho deverá haver iluminação adequada, natural ou artificial, apropriada à natureza da atividade.

§ 1º A iluminação deverá ser uniformemente distribuída, geral e difusa, a fim de evitar ofuscamento, reflexos incômodos, sombras e contrastes excessivos.

§ 2º O Ministério do Trabalho estabelecerá os níveis mínimos de iluminamento a serem observados.

► Art. 175 com a redação dada pela Lei nº 6.514, de 22-12-1977.

► OJ da SBDI-I Transitória nº 57 do TST.

Seção VIII

DO CONFORTO TÉRMICO

► NR-9 (Riscos Ambientais) instituída pela Port. do MTb nº 3.214, de 8-6-1978.

Art. 176. Os locais de trabalho deverão ter ventilação natural, compatível com o serviço realizado.

Parágrafo único. A ventilação artificial será obrigatória sempre que a natural não preencha as condições de conforto térmico.

Art. 177. Se as condições de ambiente se tornarem desconfortáveis, em virtude de instalações geradoras de frio ou de calor, será obrigatório o uso de vestimenta adequada para o trabalho em tais condições ou de capelas, anteparos, paredes duplas, isolamento térmico e recursos similares, de forma que os empregados fiquem protegidos contra as radiações térmicas.

Art. 178. As condições de conforto térmico dos locais de trabalho devem ser mantidas dentro dos limites fixados pelo Ministério do Trabalho.

► Arts. 176 a 178 com a redação dada pela Lei nº 6.514, de 22-12-1977.

Seção IX

DAS INSTALAÇÕES ELÉTRICAS

► NR-10 (Instalações e Serviços de Eletricidade) instituída pela Port. do MTb nº 3.214, de 8-6-1978.

Art. 179. O Ministério do Trabalho disporá sobre as condições de segurança e as medidas especiais a serem observadas relativamente a instalações elétricas, em qualquer das fases de produção, transmissão, distribuição ou consumo de energia.

Art. 180. Somente profissional qualificado poderá instalar, operar, inspecionar ou reparar instalações elétricas.

Art. 181. Os que trabalharem em serviços de eletricidade ou instalações elétricas devem estar familiarizados com os métodos de socorro a acidentados por choque elétrico.

► Arts. 179 a 181 com a redação dada pela Lei nº 6.514, de 22-12-1977.

Seção X

DA MOVIMENTAÇÃO, ARMAZENAGEM E MANUSEIO DE MATERIAIS

► NR-11 (Transporte, Movimentação, Armazenagem e Manuseio de Materiais) instituída pela Port. do MTb nº 3.214, de 8-6-1978.

Art. 182. O Ministério do Trabalho estabelecerá normas sobre:

I – as precauções de segurança na movimentação de materiais nos locais de trabalho, os equipamentos a serem obrigatoriamente utilizados e as condições especiais a que estão sujeitas a operação e a manutenção desses equipamentos, inclusive exigências de pessoal habilitado;

II – as exigências similares relativas ao manuseio e à armazenagem de materiais, inclusive quanto às condições de segurança e higiene relativas aos recipientes e locais de armazenagem e os equipamentos de proteção individual;

III – a obrigatoriedade de indicação de carga máxima permitida nos equipamentos de transporte, dos avisos de proibição de fumar e de advertência quanto à natureza perigosa ou nociva à saúde das substâncias em movimentação ou em depósito, bem como das recomendações de primeiros socorros e de atendimento médico e símbolo de perigo, segundo padronização internacional, nos rótulos dos materiais ou substâncias armazenados ou transportados.

Parágrafo único. As disposições relativas ao transporte de materiais aplicam-se, também, no que couber, ao transporte de pessoas nos locais de trabalho.

► Art. 182 com a redação dada pela Lei nº 6.514, de 22-12-1977.

Art. 183. As pessoas que trabalharem na movimentação de materiais deverão estar familiarizadas com os métodos racionais de levantamento de cargas.

► Artigo com a redação dada pela Lei nº 6.514, de 22-12-1977.

Seção XI

DAS MÁQUINAS E EQUIPAMENTOS

► NR-12 (Máquinas e Equipamentos) instituída pela Port. do MTb nº 3.214, de 8-6-1978.

Art. 184. As máquinas e os equipamentos deverão ser dotados de dispositivos de partida e parada e outros que se fizerem necessários para a prevenção de acidentes do trabalho, especialmente quanto ao risco de acionamento acidental.

Parágrafo único. É proibida a fabricação, a importação, a venda, a locação e o uso de máquinas e equipamentos que não atendam ao disposto neste artigo.

Art. 185. Os reparos, limpeza e ajustes somente poderão ser executados com as máquinas paradas, salvo se o movimento for indispensável à realização do ajuste.

Art. 186. O Ministério do Trabalho estabelecerá normas adicionais sobre proteção e medidas de segurança na operação de máquinas e equipamentos, especialmente quanto à proteção das partes móveis, distância entre estas, vias de acesso às máquinas e equipamentos de grandes dimensões, emprego de ferramentas, sua adequação e medidas de proteção exigidas quando motorizadas ou elétricas.

▶ Arts. 184 a 186 com a redação dada pela Lei nº 6.514, de 22-12-1977.

▶ Lei nº 5.280, de 27-4-1967, proíbe a entrada no país de máquinas e maquinismos sem os dispositivos de proteção e segurança do trabalho exigidos por esta Consolidação.

Seção XII

DAS CALDEIRAS, FORNOS E RECIPIENTES SOB PRESSÃO

Art. 187. As caldeiras, equipamentos e recipientes em geral que operam sob pressão deverão dispor de válvulas e outros dispositivos de segurança, que evitem seja ultrapassada a pressão interna de trabalho compatível com a sua resistência.

Parágrafo único. O Ministério do Trabalho expedirá normas complementares quanto à segurança das caldeiras, fornos e recipientes sob pressão, especialmente quanto ao revestimento interno, à localização, à ventilação dos locais e outros meios de eliminação de gases ou vapores prejudiciais à saúde, e demais instalações ou equipamentos necessários à execução segura das tarefas de cada empregado.

Art. 188. As caldeiras serão periodicamente submetidas a inspeções de segurança, por engenheiro ou empresa especializada, inscritos no Ministério do Trabalho, de conformidade com as instruções que, para esse fim, forem expedidas.

§ 1º Toda caldeira será acompanhada de "Prontuário", com documentação original do fabricante, abrangendo, no mínimo: especificação técnica, desenhos, detalhes, provas e testes realizados durante a fabricação e a montagem, características funcionais e a pressão máxima de trabalho permitida (PMTP), esta última indicada, em local visível, na própria caldeira.

§ 2º O proprietário da caldeira deverá organizar, manter atualizado e apresentar, quando exigido pela autoridade competente, o Registro de Segurança, no qual serão anotadas, sistematicamente, as indicações das provas efetuadas, inspeções, reparos e quaisquer outras ocorrências.

§ 3º Os projetos de instalação de caldeiras, fornos e recipientes sob pressão deverão ser submetidos à aprovação prévia do órgão regional competente em matéria de segurança do trabalho.

▶ Arts. 187 e 188 com a redação dada pela Lei nº 6.514, de 22-12-1977.

Seção XIII

DAS ATIVIDADES INSALUBRES OU PERIGOSAS

▶ Art. 7º, XXIII, da CF.

▶ NR-15 (Atividades e Operações Insalubre) instituída pela Port. do MTb nº 3.214, de 8-6-1978.

▶ NR-16 (Atividades e Operações Perigosas) instituída pela Port. do MTb nº 3.214, de 8-6-1978.

Art. 189. Serão consideradas atividades ou operações insalubres aquelas que, por sua natureza, condições ou métodos de trabalho, exponham os empregados a agentes nocivos à saúde, acima dos limites de tolerância fixados em razão da natureza e da intensidade do agente e do tempo de exposição aos seus efeitos.

▶ Súmulas nºs 47, 80, 139, 289 e 293 do TST.

Art. 190. O Ministério do Trabalho aprovará o quadro das atividades e operações insalubres e adotará normas sobre os critérios de caracterização da insalubridade, os limites de tolerância aos agentes agressivos, meios de proteção e o tempo máximo de exposição do empregado a esses agentes.

▶ Súm. nº 248 do TST.

Parágrafo único. As normas referidas neste artigo incluirão medidas de proteção do organismo do trabalhador nas operações que produzem aerodispersoides tóxicos, irritantes, alergênicos ou incômodos.

Art. 191. A eliminação ou a neutralização da insalubridade ocorrerá:

I – com a adoção de medidas que conservem o ambiente de trabalho dentro dos limites de tolerância;

II – com a utilização de equipamentos de proteção individual ao trabalhador, que diminuam a intensidade do agente agressivo a limites de tolerância.

- Súmulas n°s 80 e 289 do TST.

Parágrafo único. Caberá às Delegacias Regionais do Trabalho, comprovada a insalubridade, notificar as empresas, estipulando prazos para sua eliminação ou neutralização, na forma deste artigo.

Art. 192. O exercício de trabalho em condições insalubres, acima dos limites de tolerância estabelecidos pelo Ministério do Trabalho, assegura a percepção de adicional respectivamente de quarenta por cento, vinte por cento e dez por cento do salário mínimo da região, segundo se classifiquem nos graus máximo, médio e mínimo.

- Art. 7º, IV e XXIII, da CF, que unificou o salário mínimo em todo o território nacional e dispõe sobre o adicional de remuneração para as atividades penosas, insalubres ou perigosas, na forma da lei, respectivamente.
- Súm. Vinc. nº 4 do STF.
- Súmulas n°s 47, 80, 139 e 448 do TST.
- Orientações Jurisprudenciais SBDI-I n°s 103, 172 e 173 do TST.
- OJ da SBDI-II nº 2 do TST.
- OJ da SBDI-I Transitória nº 12 do TST.

Art. 193. São consideradas atividades ou operações perigosas, na forma da regulamentação aprovada pelo Ministério do Trabalho e Emprego, aquelas que, por sua natureza ou métodos de trabalho, impliquem risco acentuado em virtude de exposição permanente do trabalhador a:

- *Caput* com a redação dada pela Lei nº 12.740, de 8-12-2012.
- Súm. nº 447 do TST.
- OJ SBDI-I nº 345 do TST.

I – inflamáveis, explosivos ou energia elétrica;

II – roubos ou outras espécies de violência física nas atividades profissionais de segurança pessoal ou patrimonial;

- Incisos I e II acrescidos pela Lei nº 12.740, de 8-12-2012.

III – colisões, atropelamentos ou outras espécies de acidentes ou violências nas atividades profissionais dos agentes das autoridades de trânsito.

- Inciso III acrescido pela Lei nº 14.684, de 20-9-2023.

§ 1º O trabalho em condições de periculosidade assegura ao empregado um adicional de trinta por cento sobre o salário sem os acréscimos resultantes de gratificações, prêmios ou participações nos lucros da empresa.

- Art. 7º, XXIII, da CF.
- Orientações Jurisprudenciais da SBDI-I n°s 172, 259, 279, 324, 347 e 385 do TST.

§ 2º O empregado poderá optar pelo adicional de insalubridade que porventura lhe seja devido.

- Art. 7º, *caput* e XXIII, da CF.
- Súmulas n°s 39, 70, 132, 191, 361 e 364 do TST.

§ 3º Serão descontados ou compensados do adicional outros da mesma natureza eventualmente já concedidos ao vigilante por meio de acordo coletivo.

- § 3º acrescido pela Lei nº 12.740, de 8-12-2012.

§ 4º São também consideradas perigosas as atividades de trabalhador em motocicleta.

- § 4º acrescido pela Lei nº 12.997, de 18-6-2014.

§ 5º O disposto no inciso I do caput deste artigo não se aplica às quantidades de inflamáveis contidas nos tanques de combustíveis originais de fábrica e suplementares, para consumo próprio de veículos de carga e de transporte coletivo de passageiros, de máquinas e de equipamentos, certificados pelo órgão competente, e nos equipamentos de refrigeração de carga.

- § 5º acrescido pela Lei nº 14.766, de 22-12-2023.

Art. 194. O direito do empregado ao adicional de insalubridade ou de periculosidade cessará com a eliminação do risco à sua saúde ou integridade física, nos termos desta Seção e das normas expedidas pelo Ministério do Trabalho.

- Súmulas n°s 80, 139, 248 e 289 do TST.
- OJ SBDI-I nº 47 do TST.

Art. 195. A caracterização e a classificação da insalubridade e da periculosidade, segundo as normas do Ministério do Trabalho, far-se-ão através de perícia a cargo de Médico do Trabalho ou Engenheiro do Trabalho, registrados no Ministério do Trabalho.

- Súm. nº 453 do TST.

§ 1º É facultado às empresas e aos sindicatos das categorias profissionais interessadas requererem ao Ministério do Trabalho a realização de perícia em estabelecimento ou setor deste, com o objetivo de caracterizar e classificar ou delimitar as atividades insalubres ou perigosas.

§ 2º Arguida em juízo insalubridade ou periculosidade, seja por empregado, seja por sindicato em favor de grupo de associados, o juiz designará perito habilitado na forma deste artigo, e, onde não houver, requisitará perícia ao órgão competente do Ministério do Trabalho.

► Súm. nº 293 do TST.

► Orientações Jurisprudenciais da SBDI-I nºs 121, 165, 278 e 406 do TST.

§ 3º O disposto nos parágrafos anteriores não prejudica a ação fiscalizadora do Ministério do Trabalho, nem a realização *ex officio* da perícia.

Art. 196. Os efeitos pecuniários decorrentes do trabalho em condições de insalubridade ou periculosidade serão devidos a contar da data da inclusão da respectiva atividade nos quadros aprovados pelo Ministério do Trabalho, respeitadas as normas do artigo 11.

► Art. 2º da Lei nº 6.514, de 22-12-1977, que dispõe sobre Segurança e Medicina do Trabalho.

Art. 197. Os materiais e substâncias empregados, manipulados ou transportados nos locais de trabalho, quando perigosos ou nocivos à saúde, devem conter, no rótulo, sua composição, recomendações de socorro imediato e o símbolo de perigo correspondente, segundo a padronização internacional.

Parágrafo único. Os estabelecimentos que mantenham as atividades previstas neste artigo afixarão, nos setores de trabalho atingidos, avisos ou cartazes, com advertência quanto aos materiais e substâncias perigosos ou nocivos à saúde.

► Arts. 189 a 197 com a redação dada pela Lei nº 6.514, de 22-12-1977.

Seção XIV

DA PREVENÇÃO DA FADIGA

► NR-17 (Ergonomia) instituída pela Port. do MTb nº 3.214, de 8-6-1978.

Art. 198. É de sessenta quilogramas o peso máximo que um empregado pode remover individualmente, ressalvadas as disposições especiais relativas ao trabalho do menor e da mulher.

► Dec. nº 10.088, de 5-11-2019, consolida atos normativos editados pelo Poder Executivo Federal que dispõem sobre a promulgação de convenções e recomendações da Organização Internacional do Trabalho – OIT ratificadas pela República Federativa do Brasil.

Parágrafo único. Não está compreendida na proibição deste artigo a remoção de material feita por impulsão ou tração de vagonetes sobre trilhos, carros de mão ou quaisquer outros aparelhos mecânicos, podendo o Ministério do Trabalho, em tais casos, fixar limites diversos, que evitem sejam exigidos do empregado serviços superiores às suas forças.

Art. 199. Será obrigatória a colocação de assentos que assegurem postura correta ao trabalhador, capazes de evitar posições incômodas ou forçadas, sempre que a execução da tarefa exija que trabalhe sentado.

Parágrafo único. Quando o trabalho deva ser executado de pé, os empregados terão à sua disposição assentos para serem utilizados nas pausas que o serviço permitir.

► Arts. 198 e 199 com a redação dada pela Lei nº 6.514, de 22-12-1977.

Seção XV

DAS OUTRAS MEDIDAS ESPECIAIS DE PROTEÇÃO

Art. 200. Cabe ao Ministério do Trabalho estabelecer disposições complementares às normas de que trata este Capítulo, tendo em vista as peculiaridades de cada atividade ou setor de trabalho, especialmente sobre:

► OJ da SBDI-I nº 345 do TST.

I – medidas de prevenção de acidentes e os equipamentos de proteção individual em obras de construção, demolição ou reparos;

II – depósitos, armazenagem e manuseio de combustíveis, inflamáveis e explosivos, bem como trânsito e permanência nas áreas respectivas;

III – trabalho em escavações, túneis, galerias, minas e pedreiras, sobretudo quanto à prevenção de explosões, incêndios, desmoronamentos e soterramentos, eliminação de poeiras, gases etc., e facilidades de rápida saída dos empregados;

IV – proteção contra incêndio em geral e as medidas preventivas adequadas, com exigências ao especial revestimento de portas e paredes, construção de paredes contra fogo, diques e outros anteparos, assim como garantia geral de fácil circulação, corredores de acesso e saídas amplas e protegidas, com suficiente sinalização;

V – proteção contra insolação, calor, frio, umidade e ventos, sobretudo no trabalho a céu aberto, com provisão, quanto a este, de água potável, alojamento e profilaxia de endemias;

VI – proteção do trabalhador exposto a substâncias químicas nocivas, radiações ionizantes e não ionizantes, ruídos, vibrações e trepidações ou pressões anormais ao ambiente de trabalho, com especificação das medidas cabíveis para eliminação ou atenuação desses efeitos, limites máximos quanto ao tempo de exposição, à intensidade da ação ou de seus efeitos sobre o organismo do trabalhador, exames médicos obrigatórios, limites de idade, controle permanente dos locais de trabalho e das demais exigências que se façam necessárias;

VII – higiene nos locais de trabalho, com discriminação das exigências, instalações sanitárias, com separação de sexos, chuveiros, lavatórios, vestiários e armários individuais, refeitórios ou condições de conforto por ocasião das refeições, fornecimento de água potável, condições de limpeza dos locais de trabalho e modo de sua execução, tratamento de resíduos industriais;

VIII – emprego das cores nos locais de trabalho, inclusive nas sinalizações de perigo.

Parágrafo único. Tratando-se de radiações ionizantes e explosivos, as normas a que se referem este artigo serão expedidas de acordo com as resoluções a respeito adotadas pelo órgão técnico.

▸ Art. 200 com a redação dada pela Lei nº 6.514, de 22-12-1977.

Seção XVI

DAS PENALIDADES

▸ NR-28 (Fiscalização e Penalidades) instituída pela Port. do MTb nº 3.214, de 8-6-1978.

Art. 201. As infrações ao disposto neste Capítulo relativas à medicina do trabalho serão punidas com multa de 3 (três) a 30 (trinta) vezes o valor de referência previsto no art. 2º, parágrafo único, da Lei nº 6.205, de 29 de abril de 1975, e as concernentes à segurança do trabalho com multa de 5 (cinco) a 50 (cinquenta) vezes o mesmo valor.

▸ Lei nº 6.205, de 29-4-1975, c/c a Lei nº 6.986, de 13-4-1982, elevou as multas por infração aos preceitos da CLT em dez vezes o seu valor.

▸ Port. do MTPrev nº 667, de 8-11-2021, regulamenta a imposição de multas administrativas previstas na legislação trabalhista.

Parágrafo único. Em caso de reincidência, embaraço ou resistência à fiscalização, emprego de artifício ou simulação com o objetivo de fraudar a lei, a multa será aplicada em seu valor máximo.

▸ Art. 201 com a redação dada pela Lei nº 6.514, de 22-12-1977.

▸ Lei nº 6.205, de 29-4-1975, c/c a Lei nº 6.986, de 13-4-1982, elevou as multas por infração aos preceitos da CLT em dez vezes o seu valor.

▸ Port. do MTE nº 290, de 11-4-1997, aprova normas para a imposição de multas administrativas previstas na legislação trabalhista.

Arts. 202 a 223. *Revogados.* Lei nº 6.514, de 22-12-1977.

TÍTULO II-A – DO DANO EXTRAPATRIMONIAL

▸ Título II-A acrescido pela Lei nº 13.467, de 13-7-2017.

Art. 223-A. Aplicam-se à reparação de danos de natureza extrapatrimonial decorrentes da relação de trabalho apenas os dispositivos deste Título.

▸ O STF, por maioria, no julgamento das Ações Diretas de Inconstitucionalidade nºs 6.050, 6.069 e 6.082, conferiu interpretação conforme a Constituição Federal a este artigo (*DOU* de 29-8-2023).

Art. 223-B. Causa dano de natureza extrapatrimonial a ação ou omissão que ofenda a esfera moral ou existencial da pessoa física ou jurídica, as quais são as titulares exclusivas do direito à reparação.

▸ O STF, por maioria, no julgamento das Ações Diretas de Inconstitucionalidade nºs 6.050, 6.069 e 6.082, conferiu interpretação conforme a Constituição Federal a este artigo (*DOU* de 29-8-2023).

Art. 223-C. A honra, a imagem, a intimidade, a liberdade de ação, a autoestima, a sexualidade, a saúde, o lazer e a integridade física são os bens juridicamente tutelados inerentes à pessoa física.

Art. 223-D. A imagem, a marca, o nome, o segredo empresarial e o sigilo da correspondência são bens juridicamente tutelados inerentes à pessoa jurídica.

Art. 223-E. São responsáveis pelo dano extrapatrimonial todos os que tenham colaborado para a ofensa ao bem jurídico tutelado, na proporção da ação ou da omissão.

Art. 223-F. A reparação por danos extrapatrimoniais pode ser pedida cumulativamente com a indenização por danos materiais decorrentes do mesmo ato lesivo.

§ 1º Se houver cumulação de pedidos, o juízo, ao proferir a decisão, discriminará os valores das indenizações a título de danos patrimoniais e das reparações por danos de natureza extrapatrimonial.

§ 2º A composição das perdas e danos, assim compreendidos os lucros cessantes e os danos emergentes, não interfere na avaliação dos danos extrapatrimoniais.

Art. 223-G. Ao apreciar o pedido, o juízo considerará:

- O STF, por maioria, no julgamento das Ações Diretas de Inconstitucionalidade nºs 6.050, 6.069 e 6.082, conferiu interpretação conforme a Constituição Federal a este artigo (*DOU* de 29-8-2023).

I – a natureza do bem jurídico tutelado;
II – a intensidade do sofrimento ou da humilhação;
III – a possibilidade de superação física ou psicológica;
IV – os reflexos pessoais e sociais da ação ou da omissão;
V – a extensão e a duração dos efeitos da ofensa;
VI – as condições em que ocorreu a ofensa ou o prejuízo moral;
VII – o grau de dolo ou culpa;
VIII – a ocorrência de retratação espontânea;
IX – o esforço efetivo para minimizar a ofensa;
X – o perdão, tácito ou expresso;
XI – a situação social e econômica das partes envolvidas;
XII – o grau de publicidade da ofensa.

§ 1º Se julgar procedente o pedido, o juízo fixará a indenização a ser paga, a cada um dos ofendidos, em um dos seguintes parâmetros, vedada a acumulação:

I – ofensa de natureza leve, até três vezes o último salário contratual do ofendido;
II – ofensa de natureza média, até cinco vezes o último salário contratual do ofendido;
III – ofensa de natureza grave, até vinte vezes o último salário contratual do ofendido;
IV – ofensa de natureza gravíssima, até cinquenta vezes o último salário contratual do ofendido.

§ 2º Se o ofendido for pessoa jurídica, a indenização será fixada com observância dos mesmos parâmetros estabelecidos no § 1º deste artigo, mas em relação ao salário contratual do ofensor.

§ 3º Na reincidência entre partes idênticas, o juízo poderá elevar ao dobro o valor da indenização.

- Arts. 223-A a 223-G acrescidos pela Lei nº 13.467, de 13-7-2017.

TÍTULO III – DAS NORMAS ESPECIAIS DE TUTELA DO TRABALHO

CAPÍTULO I

DAS DISPOSIÇÕES ESPECIAIS SOBRE DURAÇÃO E CONDIÇÕES DE TRABALHO

SEÇÃO I

DOS BANCÁRIOS

- Art. 8º da Lei nº 10.556, de 13-11-2002, que dispõe sobre a não aplicabilidade do disposto nesta Seção aos empregados da Financiadora de Estudos e Projetos – FINEP.
- Súmulas nºs 55, 93, 102, 109, 113, 117, 119, 124, 199, 226, 239, 240 e 247 do TST.
- OJ da SBDI-I nº 123 do TST.
- Orientações Jurisprudenciais da SBDI-I Transitória nºs 34 e 77 do TST.

Art. 224. A duração normal do trabalho dos empregados em bancos, casas bancárias e Caixa Econômica Federal será de 6 (seis) horas continuas nos dias úteis, com exceção dos sábados, perfazendo um total de 30 (trinta) horas de trabalho por semana.

- *Caput* com a redação dada pela Lei nº 7.430, de 17-12-1985.
- Súmulas nºs 55, 113, 117, 119, 124, 199 e 239 do TST.
- OJ da SBDI-I nº 379 do TST.

§ 1º A duração normal do trabalho estabelecida neste artigo ficará compreendida entre sete e vinte e duas horas, assegurando-se ao empregado, no horário diário, um intervalo de quinze minutos para alimentação.

- § 1º com a redação dada pelo Dec.-lei nº 229, de 28-2-1967.
- Súm. nº 437 do TST.
- OJ da SBDI-I nº 178 do TST.

§ 2º As disposições deste artigo não se aplicam aos que exercem funções de direção, gerência, fiscalização, chefia e equivalentes, ou que desempenhem outros cargos de confiança, desde que o valor da gratificação não seja inferior a um terço do salário do cargo efetivo.

- § 2º com a redação dada pelo Dec.-lei nº 754, de 11-8-1969.
- Dec.-lei nº 546, de 18-4-1969, dispõe sobre o trabalho noturno em estabelecimentos bancários, nas atividades que especifica.
- Súmulas nºs 102, 109 e 287 do TST.
- OJ da SBDI-I nº 17 do TST.
- OJ da SBDI-I Transitória nº 70 do TST.

Art. 225. A duração normal de trabalho dos bancários poderá ser excepcionalmente prorrogada até oito horas diárias, não excedendo de quarenta horas semanais, observados os preceitos gerais sobre a duração do trabalho.

- ▶ Artigo com a redação dada pela Lei nº 6.637, de 8-5-1979.
- ▶ Súmulas nºs 55, 102, 109, 113, 119, 124, 240, 247, 248 e 287 do TST.

Art. 226. O regime especial de seis horas de trabalho também se aplica aos empregados de portaria e de limpeza, tais como porteiros, telefonistas de mesa, contínuos e serventes, empregados em bancos e casas bancárias.

- ▶ Súmulas nºs 239 e 257 do TST.

Parágrafo único. A direção de cada banco organizará a escala de serviço do estabelecimento de maneira a haver empregados do quadro da portaria em função, meia hora antes e até meia hora após o encerramento dos trabalhos, respeitado o limite de seis horas diárias.

- ▶ Artigo com a redação dada pela Lei nº 3.488, de 12-12-1958.
- ▶ Súm. nº 117 do TST.

Seção II

DOS EMPREGADOS NOS SERVIÇOS DE TELEFONIA, DE TELEGRAFIA SUBMARINA E SUBFLUVIAL, DE RADIOTELEGRAFIA E RADIOTELEFONIA

Art. 227. Nas empresas que explorem o serviço de telefonia, telegrafia submarina ou subfluvial, de radiotelegrafia ou de radiotelefonia, fica estabelecida para os respectivos operadores a duração máxima de seis horas contínuas de trabalho por dia ou trinta e seis horas semanais.

- ▶ *Caput* com a redação retificada pelo Dec.-lei nº 6.353, de 20-3-1944.
- ▶ Súm. nº 178 do TST.
- ▶ OJ da SBDI-I nº 213 do TST.

§ 1º Quando, em caso de indeclinável necessidade, forem os operadores obrigados a permanecer em serviço além do período normal fixado neste artigo, a empresa pagar-lhes-á extraordinariamente o tempo excedente com acréscimo de cinquenta por cento sobre o seu salário-hora normal.

§ 2º O trabalho aos domingos, feriados e dias santos de guarda será considerado extraordinário e obedecerá, quanto à sua execução e remuneração, ao que dispuserem empregadores e empregados em acordo, ou os respectivos sindicatos em contrato coletivo de trabalho.

- ▶ § 2º com a redação retificada pelo Dec.-lei nº 6.353, de 20-3-1944.
- ▶ O art. 20 do Dec.-lei nº 229, de 28-2-1967, substituiu a expressão "Contratos coletivos de trabalho" por "Convenções coletivas de trabalho".
- ▶ Lei nº 605, de 5-1-1949 (Lei do Repouso Semanal Remunerado).
- ▶ Arts. 151 a 162 do Dec. nº 10.854, de 10-11-2021, que regulamenta disposições relativas à legislação trabalhista.

Art. 228. Os operadores não poderão trabalhar, de modo ininterrupto, na transmissão manual, bem como na recepção visual, auditiva, com escrita manual ou datilográfica, quando a velocidade for superior a vinte e cinco palavras por minuto.

Art. 229. Para os empregados sujeitos a horários variáveis, fica estabelecida a duração máxima de sete horas diárias de trabalho e dezessete horas de folga, deduzindo-se desse tempo vinte minutos para descanso, de cada um dos empregados, sempre que se verificar um esforço contínuo de mais de três horas.

§ 1º São considerados empregados sujeitos a horários variáveis, além dos operadores, cujas funções exijam classificação distinta, os que pertençam a seções de técnica, telefones, revisão, expedição, entrega e balcão.

§ 2º Quanto à execução e remuneração aos domingos, feriados e dias santos de guarda e às prorrogações de expediente, o trabalho dos empregados a que se refere o parágrafo anterior será regido pelo que se contém no § 1º do artigo 227 desta Seção.

- ▶ §§ 1º e 2º com a redação retificada pelo Dec.-lei nº 6.353, de 20-3-1944.

Art. 230. A direção das empresas deverá organizar as turmas de empregados, para a execução dos seus serviços, de maneira que prevaleça sempre o revezamento entre os que exercem a mesma função, quer em escalas diurnas, quer em noturnas.

§ 1º Aos empregados que exerçam a mesma função será permitida, entre si, a troca de turmas, desde que isso não importe em prejuízo dos serviços, cujo chefe ou encarregado resolverá sobre a oportunidade ou possibilidade dessa medida, dentro das prescrições desta Seção.

§ 2º As empresas não poderão organizar horários que obriguem os empregados a fazer a refeição do almoço antes das dez e depois das treze horas e a do jantar antes das dezesseis e depois das dezenove horas e trinta minutos.

Art. 231. As disposições desta Seção não abrangem o trabalho dos operadores de radiotelegrafia embarcados em navios ou aeronaves.

Seção III

DOS MÚSICOS PROFISSIONAIS

Art. 232. Será de seis horas a duração de trabalho dos músicos em teatro e congêneres.

Parágrafo único. Toda vez que o trabalho contínuo em espetáculo ultrapassar de seis horas, o tempo de duração excedente será pago com um acréscimo de 25 % (vinte e cinco por cento) sobre o salário da hora normal.

► Art. 232 revogado tacitamente pela Lei nº 3.857, de 22-12-1960, regulamento da profissão de músico.

► Este parágrafo único não foi recepcionado pelo art. 7º, XVI, da CF de 1988, que determina a remuneração do serviço extraordinário superior, no mínimo, em cinquenta por cento à do normal.

Art. 233. A duração normal de trabalho dos músicos profissionais poderá ser elevada até oito horas diárias, observados os preceitos gerais sobre duração do trabalho.

► Art. 233 revogado tacitamente pela Lei nº 3.857, de 22-12-1960, regulamento da profissão de músico.

Seção IV

DOS OPERADORES CINEMATOGRÁFICOS

Art. 234. A duração normal do trabalho dos operadores cinematográficos e seus ajudantes não excederá de seis horas diárias, assim distribuídas:

► *Caput* com a redação retificada pelo Dec.-lei nº 6.353, de 20-3-1944.

a) cinco horas consecutivas de trabalho em cabina, durante o funcionamento cinematográfico;

b) um período suplementar, até o máximo de uma hora para limpeza, lubrificação dos aparelhos de projeção, ou revisão de filmes.

Parágrafo único. Mediante remuneração adicional de vinte e cinco por cento sobre o salário da hora normal e observado um intervalo de duas horas para folga, entre o período a que se refere a alínea *b* deste artigo e o trabalho em cabina de que trata a alínea *a*, poderá o trabalho dos operadores cinematográficos e seus ajudantes ter a duração prorrogada por duas horas diárias, para exibições extraordinárias.

► Este parágrafo único não foi recepcionado pelo art. 7º, XVI, da CF, que estabelece remuneração do serviço extraordinário superior, no mínimo, em cinquenta por cento à do normal.

Art. 235. Nos estabelecimentos cujo funcionamento normal seja noturno, será facultado aos operadores cinematográficos e seus ajudantes, mediante acordo ou contrato coletivo de trabalho e com um acréscimo de vinte e cinco por cento sobre o salário de hora normal, executar o trabalho em sessões diurnas extraordinárias e, cumulativamente, nas noturnas, desde que isso se verifique até três vezes por semana e entre as sessões diurnas e as noturnas haja o intervalo de uma hora, no mínimo, de descanso.

► Este artigo não foi recepcionado pelo art. 7º, XVI, da CF, que estabelece remuneração do serviço extraordinário superior, no mínimo, em cinquenta por cento à do normal.

► O art. 20 do Dec.-lei nº 229, de 28-2-1967, substituiu a expressão "Contratos coletivos de trabalho" por "Convenções coletivas de trabalho".

§ 1º A duração de trabalho cumulativo a que alude o presente artigo não poderá exceder de dez horas.

§ 2º Em seguida a cada período de trabalho haverá um intervalo de repouso no mínimo de doze horas.

Seção IV-A

DO SERVIÇO DO MOTORISTA PROFISSIONAL EMPREGADO

► Seção IV-A com a denominação dada pela Lei nº 13.103, de 2-3-2015.

► Lei nº 13.103, de 2-3-2015 (Lei do Motorista Profissional).

Art. 235-A. Os preceitos especiais desta Seção aplicam-se ao motorista profissional empregado:

I – de transporte rodoviário coletivo de passageiros;

II – de transporte rodoviário de cargas.

► Art. 235-A com a redação dada pela Lei nº 13.103, de 2-3-2015.

Art. 235-B. São deveres do motorista profissional empregado:

► *Caput* com a redação dada pela Lei nº 13.103, de 2-3-2015.

I – estar atento às condições de segurança do veículo;

II – conduzir o veículo com perícia, prudência, zelo e com observância aos princípios de direção defensiva;

III – respeitar a legislação de trânsito e, em especial, as normas relativas ao tempo de direção e de descanso controlado e registrado na forma do previsto no art. 67-E da Lei nº 9.503, de 23 de setembro de 1997 – Código de Trânsito Brasileiro;

▶ Inciso III com a redação dada pela Lei nº 13.103, de 2-3-2015.

IV – zelar pela carga transportada e pelo veículo;

V – colocar-se à disposição dos órgãos públicos de fiscalização na via pública;

VI – VETADO; Lei nº 12.619, de 30-4-2012.

VII – submeter-se a exames toxicológicos com janela de detecção mínima de 90 (noventa) dias e a programa de controle de uso de droga e de bebida alcoólica, instituído pelo empregador, com sua ampla ciência, pelo menos uma vez a cada 2 (dois) anos e 6 (seis) meses, podendo ser utilizado para esse fim o exame obrigatório previsto na Lei nº 9.503, de 23 de setembro de 1997 – Código de Trânsito Brasileiro, desde que realizado nos últimos 60 (sessenta) dias.

▶ Inciso VII com a redação dada pela Lei nº 13.103, de 2-3-2015.

▶ Art. 13 da Lei nº 13.103, de 2-3-2015 (Lei do Motorista Profissional), que dispõe sobre o prazo para exigência do exame toxicológico.

Parágrafo único. A recusa do empregado em submeter-se ao teste ou ao programa de controle de uso de droga e de bebida alcoólica previstos no inciso VII será considerada infração disciplinar, passível de penalização nos termos da lei.

▶ Parágrafo único com a redação dada pela Lei nº 13.103, de 2-3-2015.

Art. 235-C. A jornada diária de trabalho do motorista profissional será de 8 (oito) horas, admitindo-se a sua prorrogação por até 2 (duas) horas extraordinárias ou, mediante previsão em convenção ou acordo coletivo, por até 4 (quatro) horas extraordinárias.

▶ *Caput* com a redação dada pela Lei nº 13.103, de 2-3-2015.

§ 1º Será considerado como trabalho efetivo o tempo em que o motorista empregado estiver à disposição do empregador, excluídos os intervalos para refeição, repouso e descanso e o tempo de espera.

▶ O STF, por unanimidade, no julgamento da ADIN nº 5.322, declarou inconstitucional por arrastamento a expressão "e o tempo de espera", constante neste parágrafo (*DOU* de 12-7-2023).

§ 2º Será assegurado ao motorista profissional empregado intervalo mínimo de 1 (uma) hora para refeição, podendo esse período coincidir com o tempo de parada obrigatória na condução do veículo estabelecido pela Lei nº 9.503, de 23 de setembro de 1997 – Código de Trânsito Brasileiro, exceto quando se tratar do motorista profissional enquadrado no § 5º do art. 71 desta Consolidação.

▶ Art. 12 da Lei nº 13.103, de 2-3-2015 (Lei do Motorista Profissional), que dispõe sobre a produção de efeitos deste dispositivo.

§ 3º Dentro do período de 24 (vinte e quatro) horas, são asseguradas 11 (onze) horas de descanso, sendo facultados o seu fracionamento e a coincidência com os períodos de parada obrigatória na condução do veículo estabelecida pela Lei nº 9.503, de 23 de setembro de 1997 – Código de Trânsito Brasileiro, garantidos o mínimo de 8 (oito) horas ininterruptas no primeiro período e o gozo do remanescente dentro das 16 (dezesseis) horas seguintes ao fim do primeiro período.

▶ O STF, por maioria, no julgamento da ADIN nº 5.322, declarou inconstitucional a expressão "sendo facultados o seu fracionamento e a coincidência com os períodos de parada obrigatória na condução do veículo estabelecida pela Lei nº 9.503, de 23 de setembro de 1997 – Código de Trânsito Brasileiro, garantidos o mínimo de 8 (oito) horas ininterruptas no primeiro período e o gozo do remanescente dentro das 16 (dezesseis) horas seguintes ao fim do primeiro período", constante neste parágrafo (*DOU* de 12-7-2023).

▶ Art. 12 da Lei nº 13.103, de 2-3-2015 (Lei do Motorista Profissional), que dispõe sobre a produção de efeitos deste dispositivo.

§ 4º Nas viagens de longa distância, assim consideradas aquelas em que o motorista profissional empregado permanece fora da base da empresa, matriz ou filial e de sua residência por mais de 24 (vinte e quatro) horas, o repouso diário pode ser feito no veículo ou em alojamento do empregador, do contratante do transporte, do embarcador ou do destinatário ou em outro local que ofereça condições adequadas.

§ 5º As horas consideradas extraordinárias serão pagas com o acréscimo estabelecido na Constituição Federal ou compensadas na forma do § 2º do art. 59 desta Consolidação.

§ 6º À hora de trabalho noturno aplica-se o disposto no art. 73 desta Consolidação.

► §§ 1º a 6º com a redação dada pela Lei nº 13.103, de 2-3-2015.

§ 7º VETADO. Lei nº 12.619, de 30-4-2012.

§ 8º São considerados tempo de espera as horas em que o motorista profissional empregado ficar aguardando carga ou descarga do veículo nas dependências do embarcador ou do destinatário e o período gasto com a fiscalização da mercadoria transportada em barreiras fiscais ou alfandegárias, não sendo computados como jornada de trabalho e nem como horas extraordinárias.

► O STF, por maioria, no julgamento da ADIN nº 5.322, declarou inconstitucional a expressão "não sendo computadas como jornada de trabalho e nem como horas extraordinárias", constante neste parágrafo (*DOU* de 12-7-2023).

§ 9º As horas relativas ao tempo de espera serão indenizadas na proporção de 30% (trinta por cento) do salário-hora normal.

► §§ 8º e 9º com a redação dada pela Lei nº 13.103, de 2-3-2015.

► O STF, por unanimidade, no julgamento da ADIN nº 5.322, declarou a inconstitucionalidade deste parágrafo, sem efeito repristinatório (*DOU* de 12-7-2023).

§ 10. Em nenhuma hipótese, o tempo de espera do motorista empregado prejudicará o direito ao recebimento da remuneração correspondente ao salário-base diário.

§ 11. Quando a espera de que trata o § 8º for superior a 2 (duas) horas ininterruptas e for exigida a permanência do motorista empregado junto ao veículo, caso o local ofereça condições adequadas, o tempo será considerado como de repouso para os fins do intervalo de que tratam os §§ 2º e 3º, sem prejuízo do disposto no § 9º.

§ 12. Durante o tempo de espera, o motorista poderá realizar movimentações necessárias do veículo, as quais não serão consideradas como parte da jornada de trabalho, ficando garantido, porém, o gozo do descanso de 8 (oito) horas ininterruptas aludido no § 3º.

► O STF, por maioria, no julgamento da ADIN nº 5.322, declarou inconstitucional a expressão "as quais não serão consideradas como parte da jornada de trabalho, ficando garantido, porém, o gozo do descanso de 8 (oito) horas ininterruptas aludido no § 3º", constante neste parágrafo (*DOU* de 12-7-2023).

§ 13. Salvo previsão contratual, a jornada de trabalho do motorista empregado não tem horário fixo de início, de final ou de intervalos.

§ 14. O empregado é responsável pela guarda, preservação e exatidão das informações contidas nas anotações em diário de bordo, papeleta ou ficha de trabalho externo, ou no registrador instantâneo inalterável de velocidade e tempo, ou nos rastreadores ou sistemas e meios eletrônicos, instalados nos veículos, normatizados pelo CONTRAN, até que o veículo seja entregue à empresa.

§ 15. Os dados referidos no § 14 poderão ser enviados a distância, a critério do empregador, facultando-se a anexação do documento original posteriormente.

§ 16. Aplicam-se as disposições deste artigo ao ajudante empregado nas operações em que acompanhe o motorista.

► §§ 10 a 16 acrescidos pela Lei nº 13.103, de 2-3-2015.

§ 17. O disposto no *caput* deste artigo aplica-se também aos operadores de automotores destinados a puxar ou a arrastar maquinaria de qualquer natureza ou a executar trabalhos de construção ou pavimentação e aos operadores de tratores, colheitadeiras, autopropelidos e demais aparelhos automotores destinados a puxar ou a arrastar maquinaria agrícola ou a executar trabalhos agrícolas.

► § 17 acrescido pela Lei nº 13.154, de 30-7-2015.

Art. 235-D. Nas viagens de longa distância com duração superior a 7 (sete) dias, o repouso semanal será de 24 (vinte e quatro) horas por semana ou fração trabalhada, sem prejuízo do intervalo de repouso diário de 11 (onze) horas, totalizando 35 (trinta e cinco) horas, usufruído no retorno do motorista à base (matriz ou filial) ou ao seu domicílio, salvo se a empresa oferecer condições adequadas para o efetivo gozo do referido repouso.

► *Caput* com a redação dada pela Lei nº 13.103, de 2-3-2015.

► O STF, por maioria, no julgamento da ADIN nº 5.322, declarou inconstitucional a expressão "usufruído no retorno do motorista à base (matriz ou filial) ou ao seu domicílio, salvo se a empresa oferecer condições adequadas para o efetivo gozo do referido repouso", constante neste *caput* (*DOU* de 12-7-2023).

I a III – *Revogados*. Lei nº 13.103, de 2-3-2015.

§ 1º É permitido o fracionamento do repouso semanal em 2 (dois) períodos, sendo um destes de, no mínimo, 30 (trinta) horas ininterruptas, a serem cumpridos na mesma semana e em continuidade a um período de repouso diário, que deverão ser usufruídos no retorno da viagem.

▶ O STF, por unanimidade, no julgamento da ADIN nº 5.322, declarou a inconstitucionalidade deste parágrafo (*DOU* de 12-7-2023).

§ 2º A cumulatividade de descansos semanais em viagens de longa distância de que trata o *caput* fica limitada ao número de 3 (três) descansos consecutivos.

▶ O STF, por unanimidade, no julgamento da ADIN nº 5.322, declarou a inconstitucionalidade deste parágrafo (*DOU* de 12-7-2023).

§ 3º O motorista empregado, em viagem de longa distância, que ficar com o veículo parado após o cumprimento da jornada normal ou das horas extraordinárias fica dispensado do serviço, exceto se for expressamente autorizada a sua permanência junto ao veículo pelo empregador, hipótese em que o tempo será considerado de espera.

§ 4º Não será considerado como jornada de trabalho, nem ensejará o pagamento de qualquer remuneração, o período em que o motorista empregado ou o ajudante ficarem espontaneamente no veículo usufruindo dos intervalos de repouso.

§ 5º Nos casos em que o empregador adotar 2 (dois) motoristas trabalhando no mesmo veículo, o tempo de repouso poderá ser feito com o veículo em movimento, assegurado o repouso mínimo de 6 (seis) horas consecutivas fora do veículo em alojamento externo ou, se na cabine leito, com o veículo estacionado, a cada 72 (setenta e duas) horas.

▶ O STF, por unanimidade, no julgamento da ADIN nº 5.322, declarou a inconstitucionalidade deste parágrafo (*DOU* de 12-7-2023).

§ 6º Em situações excepcionais de inobservância justificada do limite de jornada de que trata o art. 235-C, devidamente registradas, e desde que não se comprometa a segurança rodoviária, a duração da jornada de trabalho do motorista profissional empregado poderá ser elevada pelo tempo necessário até o veículo chegar a um local seguro ou ao seu destino.

§ 7º Nos casos em que o motorista tenha que acompanhar o veículo transportado por qualquer meio onde ele siga embarcado e em que o veículo disponha de cabine leito ou a embarcação disponha de alojamento para gozo do intervalo de repouso diário previsto no § 3º do art. 235-C, esse tempo será considerado como tempo de descanso.

§ 8º Para o transporte de cargas vivas, perecíveis e especiais em longa distância ou em território estrangeiro poderão ser aplicadas regras conforme a especificidade da operação de transporte realizada, cujas condições de trabalho serão fixadas em convenção ou acordo coletivo de modo a assegurar as adequadas condições de viagem e entrega ao destino final.

▶ §§ 1º a 8º acrescidos pela Lei nº 13.103, de 2-3-2015.

Art. 235-E. Para o transporte de passageiros, serão observados os seguintes dispositivos:

▶ *Caput* com a redação dada pela Lei nº 13.103, de 2-3-2015.

I – é facultado o fracionamento do intervalo de condução do veículo previsto na Lei nº 9.503, de 23 de setembro de 1997 – Código de Trânsito Brasileiro, em períodos de no mínimo 5 (cinco) minutos;

II – será assegurado ao motorista intervalo mínimo de 1 (uma) hora para refeição, podendo ser fracionado em 2 (dois) períodos e coincidir com o tempo de parada obrigatória na condução do veículo estabelecido pela Lei nº 9.503, de 23 de setembro de 1997 – Código de Trânsito Brasileiro, exceto quando se tratar do motorista profissional enquadrado no § 5º do art. 71 desta Consolidação;

III – nos casos em que o empregador adotar 2 (dois) motoristas no curso da mesma viagem, o descanso poderá ser feito com o veículo em movimento, respeitando-se os horários de jornada de trabalho, assegurado, após 72 (setenta e duas) horas, o repouso em alojamento externo ou, se em poltrona correspondente ao serviço de leito, com o veículo estacionado.

▶ O STF, por unanimidade, no julgamento da ADIN nº 5.322, declarou a inconstitucionalidade deste inciso (*DOU* de 12-7-2023).

§ 1º *Revogado*. Lei nº 13.103, de 2-3-2015.

§ 2º VETADO. Lei nº 12.619, de 30-4-2012.

§§ 3º a 7º *Revogados*. Lei nº 13.103, de 2-3-2015.

§ 8º VETADO. Lei nº 12.619, de 30-4-2012.

§§ 9º a 12. *Revogados*. Lei nº 13.103, de 2-3-2015.

Art. 235-F. Convenção e acordo coletivo poderão prever jornada especial de 12 (doze) horas de trabalho por 36 (trinta e seis) horas de descanso para o trabalho do motorista profissional empregado em regime de compensação.

► Artigo com a redação dada pela Lei nº 13.103, de 2-3-2015.

Art. 235-G. É permitida a remuneração do motorista em função da distância percorrida, do tempo de viagem ou da natureza e quantidade de produtos transportados, inclusive mediante oferta de comissão ou qualquer outro tipo de vantagem, desde que essa remuneração ou comissionamento não comprometa a segurança da rodovia e da coletividade ou possibilite a violação das normas previstas nesta Lei.

► Artigo com a redação dada pela Lei nº 13.103, de 2-3-2015.

Art. 235-H. *Revogado*. Lei nº 13.103, de 2-3-2015.

Seção V

Do Serviço Ferroviário

► Súmulas nºs 52, 61, 67 e 229 do TST.

Art. 236. No serviço ferroviário – considerado este o de transporte em estradas de ferro abertas ao tráfego público, compreendendo a administração, construção, conservação e remoção das vias férreas e seus edifícios, obras de arte, material rodante, instalações complementares e acessórias, bem como o serviço de tráfego, de telegrafia, telefonia e funcionamento de todas as instalações ferroviárias – aplicam-se os preceitos especiais constantes desta Seção.

Art. 237. O pessoal a que se refere o artigo antecedente fica dividido nas seguintes categorias:

a) funcionários de alta administração, chefes e ajudantes de departamentos e seções, engenheiros residentes, chefes de depósitos, inspetores e demais empregados que exercem funções administrativas ou fiscalizadoras;

b) pessoal que trabalhe em lugares ou trechos determinados e cujas tarefas requeiram atenção constante; pessoal de escritório, turmas de conservação e construção da via permanente, oficinas e estações principais, inclusive os respectivos telegrafistas; pessoal de tração, lastro e revistadores;

c) das equipagens de trens em geral;

d) pessoal cujo serviço é de natureza intermitente ou de pouca intensidade, embora com permanência prolongada nos locais de trabalho; vigias e pessoal das estações do interior, inclusive os respectivos telegrafistas.

Art. 238. Será computado como de trabalho efetivo todo o tempo em que o empregado estiver à disposição da Estrada.

§ 1º Nos serviços efetuados pelo pessoal da categoria *c*, não será considerado como de trabalho efetivo o tempo gasto em viagens do local ou para o local de terminação e início dos mesmos serviços.

§ 2º Ao pessoal removido ou comissionado fora da sede será contado como de trabalho normal e efetivo o tempo gasto em viagens, sem direito à percepção de horas extraordinárias.

§ 3º No caso das turmas de conservação da via permanente, o tempo efetivo do trabalho será contado desde a hora da saída da casa da turma até a hora em que cessar o serviço em qualquer ponto compreendido dentro dos limites da respectiva turma. Quando o empregado trabalhar fora dos limites da sua turma, ser-lhe-á também computado como de trabalho efetivo o tempo gasto no percurso da volta a esses limites.

§ 4º Para o pessoal da equipagem de trens, só será considerado esse trabalho efetivo, depois de chegado ao destino, o tempo em que o ferroviário estiver ocupado ou retido à disposição da Estrada. Quando, entre dois períodos de trabalho, não mediar intervalo superior a uma hora, será esse intervalo computado como de trabalho efetivo.

§ 5º O tempo concedido para refeição não se computa como de trabalho efetivo, senão para o pessoal da categoria *c*, quando as refeições forem tomadas em viagem ou nas estações durante as paradas. Esse tempo não será inferior a uma hora, exceto para o pessoal da referida categoria em serviço de trens.

► Súm. nº 446 do TST.

§ 6º No trabalho das turmas encarregadas da conservação de obras de arte, linhas telegráficas ou telefônicas e edifícios, não será contado como de trabalho efetivo o tempo de viagem para o local do serviço, sempre que não exceder de uma hora, seja para ida ou para volta, e a Estrada fornecer os meios de locomoção, computando-se sempre o tempo excedente a esse limite.

► Art. 238 com a redação primitiva restaurada pelo art. 36 do Dec.-lei nº 5, de 4-4-1966.

Art. 239. Para o pessoal da categoria c, a prorrogação do trabalho independe de acordo ou contrato coletivo, não podendo, entretanto, exceder de doze horas, pelo que as empresas organizarão, sempre que possível, os serviços de equipagens de trens com destacamentos nos trechos das linhas de modo a ser observada a duração normal de oito horas de trabalho.

► O art. 20 do Dec.-lei nº 229, de 28-2-1967, substituiu a expressão "Contratos coletivos de trabalho" por "Convenções coletivas de trabalho".

§ 1º Para o pessoal sujeito ao regime do presente artigo, depois de cada jornada de trabalho haverá um repouso de dez horas contínuas, no mínimo, observando-se, outrossim, o descanso semanal.

► Lei nº 605, de 5-1-1949 (Lei do Repouso Semanal Remunerado).

► Arts. 151 a 162 do Dec. nº 10.854, de 10-11-2021, que regulamenta disposições relativas à legislação trabalhista.

§ 2º Para o pessoal da equipagem de trens, a que se refere o presente artigo, quando a empresa não fornecer alimentação, em viagem, e hospedagem, no destino, concederá uma ajuda de custo para atender a tais despesas.

► Art. 457, § 2º, desta Consolidação.

§ 3º As escalas do pessoal abrangido pelo presente artigo serão organizadas de modo que não caiba a qualquer empregado, quinzenalmente, um total de horas de serviço noturno superior às de serviço diurno.

§ 4º Os períodos de trabalho do pessoal a que alude o presente artigo serão registrados em cadernetas especiais, que ficarão sempre em poder do empregado, de acordo com o modelo aprovado pelo Ministro do Trabalho, Indústria e Comércio.

Art. 240. Nos casos de urgência ou de acidente, capazes de afetar a segurança ou regularidade do serviço, poderá a duração do trabalho ser excepcionalmente elevada a qualquer número de horas, incumbindo à Estrada zelar pela incolumidade dos seus empregados e pela possibilidade de revezamento de turmas, assegurando ao pessoal um repouso correspondente e comunicando a ocorrência ao Ministério do Trabalho, Indústria e Comércio dentro de dez dias da sua verificação.

Parágrafo único. Nos casos previstos neste artigo, a recusa, sem causa justificada, por parte de qualquer empregado, à execução de serviço extraordinário será considerada falta grave.

Art. 241. As horas excedentes das do horário normal de oito horas serão pagas como serviço extraordinário na seguinte base: as duas primeiras com o acréscimo de vinte e cinco por cento sobre o salário-hora normal; as duas subsequentes com um adicional de cinquenta por cento e as restantes com um adicional de setenta e cinco por cento.

► Este artigo não foi recepcionado pelo art. 7º, XVI, da CF, que estabelece remuneração do serviço extraordinário superior, no mínimo, em cinquenta por cento à do normal.

► OJ da SBDI-I nº 274 do TST.

Parágrafo único. Para o pessoal da categoria c, a primeira hora será majorada de vinte e cinco por cento, a segunda hora será paga com o acréscimo de cinquenta por cento e as duas subsequentes com o de sessenta por cento, salvo caso de negligência comprovada.

► Art. 7º, XVI, da CF.

Art. 242. As frações de meia hora superiores a dez minutos serão computadas como meia hora.

Art. 243. Para os empregados de estações do interior, cujo serviço for de natureza intermitente ou de pouca intensidade, não se aplicam os preceitos gerais sobre duração do trabalho, sendo-lhes, entretanto, assegurado o repouso contínuo de dez horas, no mínimo, entre dois períodos de trabalho e descanso semanal.

► Lei nº 605, de 5-1-1949 (Lei do Repouso Semanal Remunerado).

► Arts. 151 a 162 do Dec. nº 10.854, de 10-11-2021, que regulamenta disposições relativas à legislação trabalhista.

► Súmulas nºs 61, 67, e 106 do TST.

Art. 244. As estradas de ferro poderão ter empregados extranumerários, de sobreaviso e de prontidão, para executarem serviços imprevistos ou para substituições de outros empregados que faltem à escala organizada.

§ 1º Considera-se "*extranumerário*" o empregado não efetivo, candidato à efetivação, que se apresentar normalmente ao serviço, embora só trabalhe quando for necessário. O extranumerário só receberá os dias de trabalho efetivo.

§ 2º Considera-se de "*sobreaviso*" o empregado efetivo, que permanecer em sua própria casa, aguardando a qualquer momento o chamado para o serviço. Cada escala de "*sobreaviso*" será, no máximo, de vinte e quatro horas. As horas de "*sobreaviso*", para todos os efeitos, serão contadas à razão de um terço do salário normal.

▸ Súmulas nºs 132 e 428 do TST.

§ 3º Considera-se de "*prontidão*" o empregado que ficar nas dependências da Estrada, aguardando ordens. A escala de prontidão será, no máximo, de doze horas. As horas de prontidão serão, para todos os efeitos, contadas à razão de dois terços do salário-hora normal.

§ 4º Quando, no estabelecimento ou dependência em que se achar o empregado, houver facilidade de alimentação, as doze horas de prontidão, a que se refere o parágrafo anterior, poderão ser contínuas. Quando não existir essa facilidade, depois de seis horas de prontidão, haverá sempre um intervalo de uma hora para cada refeição, que não será, nesse caso, computada como de serviço.

▸ Art. 244 com a redação primitiva restaurada pelo art. 36 do Dec.-lei nº 5, de 4-4-1966.

▸ Art. 7º, XIII, da CF.

Art. 245. O horário normal de trabalho dos cabineiros nas estações de tráfego intenso não excederá de oito horas e deverá ser dividido em dois turnos com intervalo não inferior a uma hora de repouso, não podendo nenhum turno ter duração superior a cinco horas, com um período de descanso entre duas jornadas de trabalho de quatorze horas consecutivas.

Art. 246. O horário de trabalho dos operadores telegrafistas nas estações de tráfego intenso não excederá de seis horas diárias.

Art. 247. As estações principais, estações de tráfego intenso e estações do interior serão classificadas para cada empresa pelo Departamento Nacional de Estradas de Ferro.

Seção VI

DAS EQUIPAGENS DAS EMBARCAÇÕES DA MARINHA MERCANTE NACIONAL, DE NAVEGAÇÃO FLUVIAL E LACUSTRE, DO TRÁFEGO NOS PORTOS E DA PESCA

▸ Dec. nº 10.088, de 5-11-2019, consolida atos normativos editados pelo Poder Executivo Federal que dispõem sobre a promulgação de convenções e recomendações da Organização Internacional do Trabalho – OIT ratificadas pela República Federativa do Brasil.

▸ Dec. Legislativo nº 892, de 21-11-2009, aprova o texto da Convenção nº 185 da OIT sobre os documentos de identidade do trabalhador marítimo.

Art. 248. Entre as horas zero e vinte e quatro de cada dia civil, o tripulante poderá ser conservado em seu posto durante oito horas, quer de modo contínuo, quer de modo intermitente.

▸ Súm. nº 96 do TST.

§ 1º A exigência do serviço contínuo ou intermitente ficará a critério do comandante e, neste último caso, nunca por período menor que uma hora.

§ 2º Os serviços de quarto nas máquinas, passadiço, vigilância e outros que, consoante parecer médico, possam prejudicar a saúde do tripulante serão executados por períodos não maiores e com intervalos não menores de quatro horas.

Art. 249. Todo o tempo de serviço efetivo, excedente de oito horas, ocupado na forma do artigo anterior, será considerado de trabalho extraordinário, sujeito à compensação a que se refere o artigo 250, exceto se se tratar de trabalho executado:

▸ Art. 7º, XVI, da CF.

a) em virtude de responsabilidade pessoal do tripulante e no desempenho de funções de direção, sendo consideradas como tais todas aquelas que a bordo se achem constituídas em um único indivíduo com responsabilidade exclusiva e pessoal;

b) na iminência de perigo, para salvaguarda ou defesa da embarcação, dos passageiros, ou da carga, a juízo exclusivo do comandante ou do responsável pela segurança a bordo;

c) por motivo de manobras ou fainas gerais que reclamem a presença, em seus postos, de todo o pessoal de bordo;

d) na navegação lacustre e fluvial, quando se destina ao abastecimento do navio ou embarcação de combustível e rancho, ou por efeito das contingências da natureza da navegação, na transposição de passos ou pontos difíceis, inclusive operações de alívio ou transbordo de carga, para obtenção de calado menor para essa transposição.

§ 1º O trabalho executado aos domingos e feriados será considerado extraordinário, salvo se se destinar:

a) ao serviço de quartos e vigilância, movimentação das máquinas e aparelhos de bordo, limpeza e higiene da embarcação, preparo de alimentação da equipagem e dos passageiros, serviço pessoal destes e, bem assim, aos socorros de urgência ao navio ou ao pessoal;

b) ao fim da navegação ou das manobras para a entrada ou saída de portos, atracação, desatracação, embarque ou desembarque de carga e passageiros.

§ 2º Não excederá de trinta horas semanais o serviço extraordinário prestado para o tráfego nos portos.

Art. 250. As horas de trabalho extraordinário serão compensadas, segundo a conveniência do serviço, por descanso em período equivalente, no dia seguinte ou no subsequente, dentro das do trabalho normal, ou no fim da viagem, ou pelo pagamento do salário correspondente.

▶ Súm. nº 96 do TST.

Parágrafo único. As horas extraordinárias de trabalho são indivisíveis, computando-se a fração de hora como hora inteira.

Art. 251. Em cada embarcação haverá um livro em que serão anotadas as horas extraordinárias de trabalho de cada tripulante, e outro, do qual constarão, devidamente circunstanciadas, as transgressões dos mesmos tripulantes.

Parágrafo único. Os livros de que trata este artigo obedecerão a modelos organizados pelo Ministério do Trabalho, Indústria e Comércio, serão escriturados em dia pelo comandante da embarcação e ficam sujeitos às formalidades instituídas para os livros de registro de empregados em geral.

▶ Arts. 41 a 48 desta Consolidação.

Art. 252. Qualquer tripulante que se julgue prejudicado por ordem emanada de superior hierárquico poderá interpor recurso, em termos, perante a Delegacia do Trabalho Marítimo, por intermédio do respectivo comandante, o qual deverá encaminhá-lo com a respectiva informação dentro de cinco dias, contados de sua chegada ao porto.

▶ Art. 1º, III, *d*, que extinguiu o Conselho Superior do Trabalho Marítimo – CSTM e suas respectivas Delegacias.

Seção VII

DOS SERVIÇOS FRIGORÍFICOS

Art. 253. Para os empregados que trabalham no interior das câmaras frigoríficas e para os que movimentam mercadorias do ambiente quente ou normal para o frio e vice-versa, depois de uma hora e quarenta minutos de trabalho contínuo, será assegurado um período de vinte minutos de repouso, computado esse intervalo como de trabalho efetivo.

Parágrafo único. Considera-se artificialmente frio, para os fins do presente artigo, o que for inferior, nas primeira, segunda e terceira zonas climáticas do mapa oficial do Ministério do Trabalho, Indústria e Comércio, a quinze graus, na quarta zona a doze graus, e nas quinta, sexta e sétima zonas a dez graus.

▶ Súm. nº 438 do TST.

Seção VIII

DOS SERVIÇOS DE ESTIVA

▶ NR-29 do Ministério do Trabalho e Emprego sobre segurança e saúde no trabalho portuário.

▶ Arts. 32 a 44 da Lei nº 12.815, de 5-6-2013 (Lei dos Portos).

▶ Dec. nº 10.088, de 5-11-2019, consolida atos normativos editados pelo Poder Executivo Federal que dispõem sobre a promulgação de convenções e recomendações da Organização Internacional do Trabalho – OIT ratificadas pela República Federativa do Brasil.

Arts. 254 a 284. *Revogados*. Lei nº 8.630, de 25-2-1993.

Seção IX

DOS SERVIÇOS DE CAPATAZIAS NOS PORTOS

▶ Arts. 32 a 44 da Lei nº 12.815, de 5-6-2013 (Lei dos Portos).

Arts. 285 a 292. *Revogados*. Lei nº 8.630, de 25-2-1993.

Seção X

DO TRABALHO EM MINAS DE SUBSOLO

▶ Dec. nº 10.088, de 5-11-2019, consolida atos normativos editados pelo Poder Executivo Federal que dispõem sobre a promulgação de convenções e recomendações da Organização Internacional do Trabalho – OIT ratificadas pela República Federativa do Brasil.

Art. 293. A duração normal do trabalho efetivo para os empregados em minas no subsolo não excederá de seis horas diárias ou de trinta e seis semanais.

Art. 294. O tempo despendido pelo empregado da boca da mina ao local do trabalho e vice-versa será computado para o efeito de pagamento do salário.

Art. 295. A duração normal do trabalho efetivo no subsolo poderá ser elevada até oito horas diárias ou quarenta e oito semanais, mediante acordo escrito entre empregado e empregador ou contrato coletivo de trabalho, sujeita essa prorrogação à prévia licença da autoridade competente em matéria de higiene do trabalho.

- ► Art. 7º, XIII, da CF, que determina a duração do trabalho normal não superior a oito horas diárias e quarenta e quatro semanais, facultada a compensação de horários e a redução da jornada, mediante acordo ou convenção coletiva de trabalho.
- ► O art. 20 do Dec.-lei nº 229, de 28-2-1967, substituiu a expressão "Contratos coletivos de trabalho" por "Convenções coletivas de trabalho".

Parágrafo único. A duração normal do trabalho efetivo no subsolo poderá ser inferior a seis horas diárias, por determinação da autoridade de que trata este artigo, tendo em vista condições locais de insalubridade e os métodos e processos do trabalho adotado.

Art. 296. A remuneração da hora prorrogada será no mínimo de vinte e cinco por cento superior à da hora normal e deverá constar do acordo ou contrato coletivo de trabalho.

- ► Este artigo não foi recepcionado pelo art. 7º, XVI, da CF, que estabelece remuneração do serviço extraordinário superior, no mínimo, em cinquenta por cento à do normal.
- ► O art. 20 do Dec.-lei nº 229, de 28-2-1967, substituiu a expressão "Contratos coletivos de trabalho" por "Convenções coletivas de trabalho".

Art. 297. Ao empregado no subsolo será fornecida, pelas empresas exploradoras de minas, alimentação adequada à natureza do trabalho, de acordo com as instruções estabelecidas pelo Serviço de Alimentação da Previdência Social, e aprovadas pelo Ministério do Trabalho, Indústria e Comércio.

Art. 298. Em cada período de três horas consecutivas de trabalho, será obrigatória uma pausa de quinze minutos para repouso, a qual será computada na duração normal de trabalho efetivo.

Art. 299. Quando nos trabalhos de subsolo ocorrerem acontecimentos que possam comprometer a vida ou saúde do empregado, deverá a empresa comunicar o fato imediatamente à autoridade regional do trabalho, do Ministério do Trabalho, Indústria e Comércio.

Art. 300. Sempre que, por motivo de saúde, for necessária a transferência do empregado, a juízo da autoridade competente em matéria de segurança e medicina do trabalho, dos serviços no subsolo para os de superfície, é a empresa obrigada a realizar essa transferência, assegurando ao transferido a remuneração atribuída ao trabalhador de superfície em serviço equivalente, respeitada a capacidade profissional do interessado.

Parágrafo único. No caso de recusa do empregado em atender a essa transferência, será ouvida a autoridade competente em matéria de higiene e segurança do trabalho, que decidirá a respeito.

- ► Art. 300 com a redação dada pela Lei nº 2.924, de 21-10-1956.

Art. 301. O trabalho no subsolo somente será permitido a homens, com idade compreendida entre vinte e um e cinquenta anos, assegurada a transferência para a superfície nos termos previstos no artigo anterior.

- ► Art. 7º, XXX, da CF.

Seção XI

DOS JORNALISTAS PROFISSIONAIS

- ► Dec.-lei nº 972, de 17-10-1969, dispõe sobre o exercício da profissão de jornalista.

Art. 302. Os dispositivos da presente Seção se aplicam aos que nas empresas jornalísticas prestem serviços como jornalistas, revisores, fotógrafos, ou na ilustração, com as exceções nela previstas.

§ 1º Entende-se como jornalista o trabalhador intelectual cuja função se estende desde a busca de informações até a redação de notícias e artigos e a organização, orientação e direção desse trabalho.

§ 2º Consideram-se empresas jornalísticas, para os fins desta Seção, aquelas que têm a seu cargo a edição de jornais, revistas, boletins e periódicos, ou a distribuição de noticiário, e, ainda, a radiodifusão em suas seções destinadas à transmissão de notícias e comentários.

- ► Arts. 5º, IX, XIV, e 219 a 224 da CF.

Art. 303. A duração normal do trabalho dos empregados compreendidos nesta Seção não deverá exceder de cinco horas, tanto de dia como à noite.

► OJ da SBDI-I nº 407 do TST.

Art. 304. Poderá a duração normal do trabalho ser elevada a sete horas, mediante acordo escrito, em que se estipule aumento de ordenado, correspondente ao excesso do tempo de trabalho, em que se fixe um intervalo destinado a repouso ou a refeição.

Parágrafo único. Para atender a motivos de força maior, poderá o empregado prestar serviços por mais tempo do que aquele permitido nesta Seção. Em tais casos, porém o excesso deve ser comunicado à Divisão de Fiscalização do Departamento Nacional do Trabalho ou às Delegacias Regionais do Ministério do Trabalho, Indústria e Comércio, dentro de 5 (cinco) dias, com a indicação expressa dos seus motivos.

► Arts. 501 a 504 desta Consolidação.

Art. 305. As horas de serviço extraordinário, quer as prestadas em virtude de acordo, quer as que derivam das causas previstas no parágrafo único do artigo anterior, não poderão ser remuneradas com quantia inferior à que resulta do quociente da divisão da importância do salário mensal por cento e cinquenta para os mensalistas, e do salário diário por cinco para os diaristas, acrescido de, pelo menos, vinte e cinco por cento.

► Este artigo não foi recepcionado pelo art. 7º, XVI, da CF, que estabelece remuneração do serviço extraordinário superior, no mínimo, em cinquenta por cento à do normal.

Art. 306. Os dispositivos dos artigos 303, 304 e 305 não se aplicam àqueles que exercem as funções de redator-chefe, secretário, subsecretário, chefe e subchefe de revisão, chefe de oficina, de ilustração e chefe de portaria.

Parágrafo único. Não se aplicam, do mesmo modo, os artigos acima referidos aos que se ocuparem unicamente em serviços externos.

► Art. 62, I, desta Consolidação.

Art. 307. A cada seis dias de trabalho efetivo corresponderá um dia de descanso obrigatório, que coincidirá com o domingo, salvo acordo escrito em contrário, no qual será expressamente estipulado o dia em que se deve verificar o descanso.

► Art. 7º, XV, da CF.

► Lei nº 605, de 5-1-1949 (Lei do Repouso Semanal Remunerado).

► Arts. 151 a 162 do Dec. nº 10.854, de 10-11-2021, que regulamenta disposições relativas à legislação trabalhista.

Art. 308. Em seguida a cada período diário de trabalho haverá um intervalo mínimo de dez horas, destinado ao repouso.

Art. 309. Será computado como de trabalho efetivo o tempo em que o empregado estiver à disposição do empregador.

► Art. 4º, *caput*, desta Consolidação.

Art. 310. *Revogado*. Dec.-lei nº 972, de 17-10-1969.

Art. 311. Para o registro de que trata o artigo anterior, deve o requerente exibir os seguintes documentos:

a) prova de nacionalidade brasileira;
b) folha corrida;
c) prova de que não responde a processo ou não sofreu condenação por crime contra a segurança nacional;
d) carteira de trabalho e previdência social.

§ 1º Aos profissionais devidamente registrados será feita a necessária declaração na carteira de trabalho e previdência social.

§ 2º Aos novos empregados será concedido o prazo de 60 dias para a apresentação da carteira de trabalho e previdência social, fazendo-se o registro condicionado a essa apresentação e expedindo-se um certificado provisório para aquele período.

► Art. 311 revogado tacitamente pelo Dec.-lei nº 972, de 17-10-1969, dispõe sobre o exercício da profissão de jornalista.

Art. 312. O registro dos diretores-proprietários de jornais será feito, no Distrito Federal e nos Estados, e independentemente da exigência constante do art. 311, letra *d*, da presente seção.

§ 1º A prova de profissão, apresentada pelo diretor-proprietário juntamente com os demais documentos exigidos, consistirá em uma certidão, fornecida nos Estados e Território do Acre, pelas Juntas Comerciais ou Cartórios, e, no Distrito Federal, pela seção competente do Departamento Nacional de Indústria e Comércio, do Ministério do Trabalho, Indústria e Comércio.

§ 2º Aos diretores-proprietários regularmente inscritos será fornecido um certificado do qual deverão constar o livro e a folha em que houver sido feito o registro.

► Art. 312 revogado tacitamente pelo Dec.-lei nº 972, de 17-10-1969, dispõe sobre o exercício da profissão de jornalista.

Art. 313. Aqueles que, sem caráter profissional, exercerem atividades jornalísticas, visando fins culturais, científicos ou religiosos, poderão promover sua inscrição como jornalistas, na forma desta seção.

§ 1º As repartições competentes do Ministério do Trabalho, Indústria e Comércio manterão, para os fins do artigo anterior, um registro especial, anexo ao dos jornalistas profissionais, nele inscrevendo os que satisfaçam os requisitos das alíneas *a*, *b* e *c* do art. 311 e apresentem prova do exercício de atividade jornalística não profissional, o que poderá ser feito por meio de atestado de associação cultural, científica ou religiosa idônea.

§ 2º O pedido de registro será submetido a despacho do ministro que, em cada caso, apreciará o valor da prova oferecida.

§ 3º O registro de que trata o presente artigo tem caráter puramente declaratório e não implica no reconhecimento de direitos que decorrem do exercício remunerado e profissional do jornalismo.

► Art. 313 revogado tacitamente pelo Dec.-lei nº 972, de 17-10-1969, que dispõe sobre o exercício da profissão de jornalista.

Art. 314. *Revogado*. Dec.-lei nº 972, de 17-10-1969.

Art. 315. O Governo Federal, de acordo com os governos estaduais, promoverá a criação de escolas de preparação ao jornalismo, destinadas à formação dos profissionais da imprensa.

Art. 316. A empresa jornalística que deixar de pagar pontualmente, e na forma acordada, os salários devidos a seus empregados, terá suspenso o seu funcionamento, até que se efetue o pagamento devido.

Parágrafo único. Para os efeitos do cumprimento deste artigo deverão os prejudicados reclamar contra a falta de pagamento perante a autoridade competente e, proferida a condenação, desde que a empresa não a cumpra, ou, em caso de recurso, não deposite o valor da indenização, a autoridade que proferir a condenação oficiará à autoridade competente, para a suspensão da circulação do jornal. Em igual pena de suspensão incorrerá a empresa que deixar de recolher as contribuições devidas às instituições de previdência social.

► Dec.-lei nº 368, de 19-12-1968, dispõe sobre os efeitos de débitos salariais.

SEÇÃO XII
DOS PROFESSORES

► Art. 37, XVI e XVII, da CF.
► OJ da SBDI-I nº 65 do TST.
► OJ da SBDI-II nº 38 do TST.

Art. 317. O exercício remunerado do magistério, em estabelecimentos particulares de ensino, exigirá apenas habilitação legal e registro no Ministério da Educação.

§ 1º Far-se-á o registro de que trata este artigo uma vez que o interessado apresente os documentos seguintes:

a) certificado de habilitação para o exercício do magistério, expedido pelo Ministério da Educação e do Desporto, ou pela competente autoridade estadual ou municipal;
b) carteira de identidade;
c) folha-corrida;
d) atestado, firmado por pessoa idônea, de que não responde a processo nem sofreu condenação por crime de natureza infamante;
e) atestado de que não sofre de doença contagiosa, passado por autoridade sanitária competente.

§ 2º Dos estrangeiros serão exigidos, além dos documentos indicados nas alíneas *a*, *c* e *e* do parágrafo anterior, estes outros:

a) carteira de identidade de estrangeiro;
b) atestado de bons antecedentes, passado por autoridade policial competente.

§ 3º Tratando-se de membros de congregação religiosa, será dispensada a apresentação de documentos indicados nas alíneas *c* e *d* do § 1º e, quando estrangeiros, será o documento referido na alínea *b* do § 1º substituído por atestado do bispo diocesano ou de autoridade equivalente.

► A Lei nº 7.855, de 24-10-1989, deu nova redação a este artigo, mas não revogou os seus parágrafos, razão pela qual mantivemos sua redação.
► Art. 37, XVI e XVII, da CF.

Art. 318. O professor poderá lecionar em um mesmo estabelecimento por mais de um turno, desde que não ultrapasse a jornada de trabalho semanal estabelecida legalmente, assegurado e não computado o intervalo para refeição.

► Artigo com a redação dada pela Lei nº 13.415, de 16-2-2017.

► Orientações Jurisprudenciais da SBDI-I nº 206 e 393 do TST.

Art. 319. Aos professores é vedado, aos domingos, a regência de aulas e o trabalho em exames.

Art. 320. A remuneração dos professores será fixada pelo número de aulas semanais, na conformidade dos horários.

§ 1º O pagamento far-se-á mensalmente, considerando-se para este efeito cada mês constituído de quatro semanas e meia.

► Súm. nº 351 do TST.

§ 2º Vencido cada mês, será descontada, na remuneração dos professores, a importância correspondente ao número de aulas a que tiverem faltado.

§ 3º Não serão descontadas, no decurso de nove dias, as faltas verificadas por motivo de gala ou de luto em consequência de falecimento do cônjuge, do pai ou mãe, ou de filho.

► Art. 473, I e II, desta Consolidação.

Art. 321. Sempre que o estabelecimento de ensino tiver necessidade de aumentar o número de aulas marcado nos horários, remunerará o professor, findo cada mês, com uma importância correspondente ao número de aulas excedentes.

► OJ da SBDI-I nº 244 do TST.

Art. 322. No período de exames e no de férias escolares, é assegurado aos professores o pagamento, na mesma periodicidade contratual, da remuneração por eles percebida, na conformidade dos horários, durante o período de aulas.

► *Caput* com a redação dada pela Lei nº 9.013, de 30-3-1995.

§ 1º Não se exigirá dos professores, no período de exames, a prestação de mais de oito horas de trabalho diário, salvo mediante o pagamento complementar de cada hora excedente pelo preço correspondente ao de uma aula.

§ 2º No período de férias, não se poderá exigir dos professores outro serviço senão o relacionado com a realização de exames.

§ 3º Na hipótese de dispensa sem justa causa, ao término do ano letivo ou no curso das férias escolares, é assegurado ao professor o pagamento a que se refere o *caput* deste artigo.

► § 3º acrescido pela Lei nº 9.013, de 30-3-1995.

► Súm. nº 10 do TST.

Art. 323. Não será permitido o funcionamento do estabelecimento particular de ensino que não remunere condignamente os seus professores, ou não lhes pague pontualmente a remuneração de cada mês.

Parágrafo único. Compete ao Ministério da Educação e Saúde fixar os critérios para a determinação da condigna remuneração devida aos professores bem como assegurar a execução do preceito estabelecido no presente artigo.

Art. 324. *Revogado.* Lei nº 7.855, de 24-10-1989.

Seção XIII

DOS QUÍMICOS

► Lei nº 2.800, de 18-6-1956, dispõe sobre o exercício profissional dos químicos.

► Dec. nº 85.877, de 7-4-1981, estabelece normas para execução da Lei nº 2.800, de 18-6-1956.

Art. 325. É livre o exercício da profissão de químico em todo o território da República, observadas as condições de capacidade técnica e outras exigências previstas na presente Seção:

a) aos possuidores de diploma de químico, químico industrial, químico industrial agrícola ou engenheiro químico, concedido, no Brasil, por escola oficial ou oficialmente reconhecida;

b) aos diplomados em química por instituto estrangeiro de ensino superior, que tenham, de acordo com a lei e a partir de 14 de julho de 1934, revalidado os seus diplomas;

c) aos que, ao tempo da publicação do Decreto nº 24.693, de 12 de julho de 1934, se achavam no exercício efetivo de função pública ou particular, para a qual seja exigida a qualidade de químico, e que tenham requerido o respectivo registro até a extinção do prazo fixado pelo Decreto-Lei nº 2.298, de 10 de junho de 1940.

§ 1º Aos profissionais incluídos na alínea *c* deste artigo, se dará, para os efeitos da presente Seção, a denominação de *"licenciados"*.

§ 2º O livre exercício da profissão de que trata o presente artigo só é permitido a estrangeiros, quando compreendidos:

a) nas alíneas *a* e *b*, independentemente de revalidação do diploma, se exerciam, legitimamente, na República, a profissão de químico na data da promulgação da Constituição de 1934;

b) na alínea *b*, se a seu favor militar a existência de reciprocidade internacional, admitida em lei, para o reconhecimento dos respectivos diplomas;

c) na alínea *c*, satisfeitas as condições nela estabelecidas.

§ 3º O livre exercício da profissão a brasileiros naturalizados está subordinado à prévia prestação do Serviço Militar, no Brasil.

§ 4º Só aos brasileiros natos é permitida a revalidação dos diplomas de químicos, expedidos por institutos estrangeiros de ensino superior.

► Art. 12, § 2º, da CF.

► Lei nº 6.192, de 19-12-1974, veda qualquer distinção entre brasileiros natos e naturalizados.

Art. 326. Todo aquele que exercer ou pretender exercer as funções de químico é obrigado ao uso de Carteira de Trabalho e Previdência Social, devendo os profissionais que se encontrarem nas condições das alíneas *a* e *b* do art. 325, registrar os seus diplomas de acordo com a legislação vigente.

§ 1º A requisição de Carteira de Trabalho e Previdência Social para uso dos químicos, além do disposto no capítulo "Da Identificação Profissional", somente será processada mediante apresentação dos seguintes documentos que provem:

a) ser o requerente brasileiro, nato ou naturalizado, ou estrangeiro;

b) estar, se for brasileiro, de posse dos direitos civis e políticos;

c) ter diploma de químico, químico industrial, químico industrial agrícola ou engenheiro químico, expedido por escola superior oficial ou oficializada;

d) ter, se diplomado no estrangeiro, o respectivo diploma revalidado nos termos da lei;

e) haver, o que for brasileiro naturalizado, prestado serviço militar no Brasil;

f) achar-se o estrangeiro, ao ser promulgada a Constituição de 1934, exercendo legitimamente, na República, a profissão de químico, ou concorrer a seu favor a existência de reciprocidade internacional, admitida em lei, para o reconhecimento dos diplomas dessa especialidade.

► Art. 12, § 2º, da CF.

► Lei nº 6.192, de 19-12-1974, veda qualquer distinção entre brasileiros natos e naturalizados.

§ 2º A requisição de que trata o parágrafo anterior deve ser acompanhada:

a) do diploma devidamente autenticado no caso da alínea *b* do artigo precedente, e com as firmas reconhecidas no país de origem e na Secretaria de Estado das Relações Exteriores, ou da respectiva certidão, bem como do título de revalidação, ou certidão respectiva, de acordo com a legislação em vigor;

b) do certificado ou atestado comprobatório de se achar o requerente na hipótese da alínea *c* do referido artigo, ao tempo da publicação do Dec. nº 24.693 de 12 de julho de 1934, no exercício efetivo de função pública, ou particular, para a qual seja exigida a qualidade de químico, devendo esses documentos ser autenticados pelo Delegado Regional do Trabalho, quando se referirem a requerentes moradores nas capitais dos Estados, ou coletor federal, no caso de residirem os interessados nos municípios do interior;

c) de 3 (três) exemplares de fotografia exigida pelo art. 329 e de 1 (uma) folha com as declarações que devem ser lançadas na Carteira de Trabalho e Previdência Social de conformidade com o disposto nas alíneas do mesmo artigo e seu parágrafo único.

§ 3º Reconhecida a validade dos documentos apresentados, o Serviço de Identificação Profissional do Departamento Nacional do Trabalho, no Distrito Federal, ou os órgãos regionais do Ministério do Trabalho, Indústria e Comércio, nos Estados e no Território do Acre, registrarão, em livros próprios, os documentos a que se refere a alínea *c* do § 1º e, juntamente com a Carteira de Trabalho e Previdência Social emitida, os devolverão ao interessado.

► § 3º revogado tacitamente pelo art. 15 da Lei nº 2.800, de 18-6-1956, que cria os Conselhos Federal e Regionais de Química e dispõe sobre o exercício da profissão de químico.

Art. 327. Além dos emolumentos fixados no Capítulo "Da Identificação Profissional", o registro do diploma fica sujeito à taxa de CR$ 30,00 (trinta cruzeiros).

► Artigo revogado tacitamente pelo art. 26 da Lei nº 2.800, de 18-6-1956, que cria os Conselhos Federal e Regionais de Química e dispõe sobre o exercício da profissão de químico.

Art. 328. Só poderão ser admitidos a registro os diplomas, certificados de diplomas, cartas e outros títulos, bem como atestados e certificados que estiverem na devida forma e cujas firmas hajam sido regularmente reconhecidas por tabelião público e, sendo estrangeiros, pela Secretaria do Estado das Relações Exteriores, acompanhados estes últimos da respectiva tradução, feita por intérprete comercial brasileiro.

Parágrafo único. O Departamento Nacional do Trabalho e as Delegacias Regionais do Ministério do Trabalho, Indústria e Comércio, nos Estados, publicarão, periodicamente, a lista dos químicos registrados na forma desta Seção.

► Parágrafo único revogado tacitamente pelo art. 8º, *e*, c/c o art. 13, *d*, da Lei nº 2.800, de 18-6-1956, que cria os Conselhos Federal e Regionais de Química e dispõe sobre o exercício da profissão de químico.

Art. 329. A cada inscrito, e como documento comprobatório do registro, será fornecida pelo Departamento Nacional do Trabalho, no Distrito Federal, ou pelas Delegacias Regionais, nos Estados e no Território do Acre, uma Carteira de Trabalho e Previdência Social numerada, que, além da fotografia, medindo 3 (três) por 4 (quatro) centímetros, tirada de frente, com a cabeça descoberta, e das impressões do polegar, conterá as declarações seguintes:

► Arts. 13 e 15 da Lei nº 2.800, de 18-6-1956, que dispõe sobre o exercício profissional dos químicos.

a) o nome por extenso;

b) a nacionalidade e, se estrangeiro, a circunstância de ser ou não naturalizado;

► Art. 12, § 2º, da CF.

► Lei nº 6.192, de 19-12-1974, veda qualquer distinção entre brasileiros natos e naturalizados.

c) a data e lugar do nascimento;

d) a denominação da escola em que houver feito o curso;

e) a data da expedição do diploma e o número do registro no Ministério do Trabalho, Indústria e Comércio;

f) a data da revalidação do diploma, se de instituto estrangeiro;

g) a especificação, inclusive data, de outro título ou títulos de habilitação;

h) a assinatura do inscrito.

Parágrafo único. A carteira destinada aos profissionais a que se refere o § 1º do art. 325 deverá, em vez das declarações indicadas nas alíneas *d*, *e* e *f* deste artigo, e além do título – licenciado – posto em destaque, conter a menção do título de nomeação ou admissão e respectiva data, se funcionário público, ou do atestado relativo ao exercício, na qualidade de químico, de um cargo em empresa particular, com designação desta e da data inicial do exercício.

► Art. 329 tacitamente revogado pelos arts. 13 e 15 da Lei nº 2.800, de 18-6-1956, que cria os Conselhos Federal e Regionais de Química e dispõe sobre o exercício da profissão de químico.

Art. 330. A carteira profissional, expedida nos termos desta seção, é obrigatória para o exercício da profissão, substitui em todos os casos o diploma ou título e servirá de carteira de identidade.

► Artigo com a redação dada pelo Dec.-lei nº 5.922, de 25-10-1943.

Art. 331. Nenhuma autoridade poderá receber impostos relativos ao exercício profissional de químico, senão à vista da prova de que o interessado se acha registrado de acordo com a presente Seção, e essa prova será também exigida para a realização de concursos periciais e todos os outros atos oficiais que exijam capacidade técnica de químico.

Art. 332. Quem, mediante anúncios, placas, cartões comerciais ou outros meios capazes de ser identificados, se propuser ao exercício da química, em qualquer dos seus ramos, sem que esteja devidamente registrado, fica sujeito às penalidades aplicáveis ao exercício ilegal da profissão.

Art. 333. Os profissionais a que se referem os dispositivos anteriores só poderão exercer legalmente as funções de químicos depois de satisfazerem as obrigações constantes do art. 330 desta Seção.

Art. 334. O exercício da profissão de químico compreende:

a) a fabricação de produtos e subprodutos químicos em seus diversos graus de pureza;

b) a análise química, a elaboração de pareceres, atestados e projetos da especialidade e sua execução, perícia civil ou judiciária sobre essa matéria, a direção e a responsabilidade de laboratórios ou departamentos químicos, de indústria e empresas comerciais;

c) o magistério nas cadeiras de química dos cursos superiores especializados em química;

d) a engenharia química.

§ 1º Aos químicos, químicos industriais e químicos industriais agrícolas que estejam nas condições estabelecidas no artigo 325, alíneas *a* e *b*, compete o exercício das atividades definidas nos itens *a*, *b* e *c* deste artigo, sendo privativa dos engenheiros químicos a do item *d*.

§ 2º Aos que estiverem nas condições do artigo 325, alíneas *a* e *b*, compete, como aos diplomados em medicina ou farmácia, as atividades definidas no artigo 2º, alíneas *d*, *e* e *f* do Decreto nº 20.377, de 8 de setembro de 1931, cabendo aos agrônomos e engenheiros agrônomos as que se acham especificadas no artigo 6º, alínea *h*, do Decreto nº 23.196, de 12 de outubro de 1933.

Art. 335. É obrigatória a admissão de químicos nos seguintes tipos de indústria:

a) de fabricação de produtos químicos;

b) que mantenham laboratório de controle químico;

c) de fabricação de produtos industriais que são obtidos por meio de reações químicas dirigidas, tais como: cimento, açúcar e álcool, vidro, curtume, massas plásticas artificiais, explosivos, derivados de carvão ou de petróleo, refinação de óleos vegetais ou minerais, sabão, celulose e derivados.

Art. 336. No preenchimento de cargos públicos, para os quais se faz mister a qualidade de químico, ressalvadas as especificações referidas no § 2º do artigo 334, a partir da data da publicação do Decreto nº 24.693, de 12 de julho de 1934, requer-se, como condição essencial, que os candidatos previamente hajam satisfeito as exigências do artigo 333 desta Seção.

Art. 337. Fazem fé pública os certificados de análises químicas, pareceres, atestados, laudos de perícias e projetos relativos a essa especialidade, assinados por profissionais que satisfaçam as condições estabelecidas nas alíneas *a* e *b* do artigo 325.

▸ Res. do Conselho Federal de Química – CFQ nº 195, de 14-4-2004, regulamenta em caráter de exclusividade este artigo.

Art. 338. É facultado aos químicos que satisfizerem as condições constantes do artigo 325, alíneas *a* e *b*, o ensino da especialidade a que se dedicarem, nas escolas superiores, oficiais ou oficializadas.

Parágrafo único. Na hipótese de concurso para o provimento de cargo ou emprego público, os químicos a que este artigo se refere terão preferência, em igualdade de condições.

Art. 339. O nome do químico responsável pela fabricação dos produtos de uma fábrica, usina ou laboratório deverá figurar nos respectivos rótulos, faturas e anúncios, compreendida entre estes últimos a legenda impressa em cartas e sobrecartas.

Art. 340. Somente os químicos habilitados, nos termos do artigo 325, alíneas *a* e *b*, poderão ser nomeados *ex officio* para os exames periciais de fábricas, laboratórios e usinas e de produtos aí fabricados.

Parágrafo único. Não se acham compreendidos no artigo anterior os produtos farmacêuticos e os laboratórios de produtos farmacêuticos.

Art. 341. Cabe aos químicos habilitados, conforme estabelece o artigo 325, alíneas *a* e *b*, a execução de todos os serviços que, não especificados no presente regulamento, exijam por sua natureza o conhecimento de química.

▸ Res. do Conselho Federal de Química – CFQ nº 195, de 14-4-2004, regulamenta em caráter de exclusividade este artigo.

Art. 342. A fiscalização do exercício da profissão de químico incumbe ao Departamento Nacional do Trabalho no Distrito Federal e às autoridades regionais do Ministério do Trabalho, Indústria e Comércio, nos Estados e Território do Acre.

▸ Artigo revogado tacitamente pela Lei nº 2.800, de 18-6-1956, que cria os Conselhos Federal e Regionais de Química e dispõe sobre o exercício da profissão de químico.

Art. 343. São atribuições dos órgãos de fiscalização:

a) examinar os documentos exigidos para o registro profissional de que trata o artigo 326 e seus §§ 1º e 2º e o artigo 327, proceder à respectiva inscrição e indeferir o pedido dos interessados que não satisfizerem as exigências desta Seção;

b) registrar as comunicações e contratos, a que aludem o artigo 350 e seus parágrafos, e dar as respectivas baixas;

c) verificar o exato cumprimento das disposições desta Seção, realizando as investigações que forem necessárias, bem como o exame dos arquivos, livros de escrituração, folhas de pagamento, contratos e outros documentos de uso de firmas ou empresas industriais ou comerciais, em cujos serviços tome parte um ou mais profissionais que desempenhem função para a qual se deva exigir a qualidade de químico.

► Matéria de competência dos Conselhos Regionais de Química, nos termos do disposto nos arts. 1º, 13 e 15 da Lei nº 2.800, de 18-6-1956, que dispõe sobre o exercício profissional dos químicos.

Art. 344. Aos sindicatos de químicos devidamente reconhecidos é facultado auxiliar a fiscalização, no tocante à observação da alínea *c* do artigo anterior.

Art. 345. Verificando-se, pelo Ministério do Trabalho, Indústria e Comércio, serem falsos os diplomas ou outros títulos dessa natureza, atestados, certificados e quaisquer documentos exibidos para os fins de que trata esta Seção, incorrerão os seus autores e cúmplices nas penalidades estabelecidas em lei.

Parágrafo único. A falsificação de diploma ou outros quaisquer títulos, uma vez verificada, será imediatamente comunicada ao Serviço de Identificação Profissional, do Departamento Nacional do Trabalho, remetendo-se-lhe os documentos falsificados, para instauração do processo que no caso couber.

► Arts. 13 e 15 da Lei nº 2.800, de 18-6-1956, que dispõe sobre o exercício profissional dos químicos.

Art. 346. Será suspenso do exercício de suas funções, independentemente de outras penas em que possa incorrer, o químico, inclusive o licenciado, que incidir em alguma das seguintes faltas:

► Art. 346 atualizado pela Lei nº 2.800, de 18-6-1956, que dispõe sobre o exercício profissional dos químicos.

► Res. Norm. do Conselho Federal de Química nº 241, de 15-12-2011, regulamenta este artigo.

a) revelar improbidade profissional, dar falso testemunho, quebrar o sigilo profissional e promover falsificações referentes à prática de atos de que trata esta Seção;

b) concorrer com seus conhecimentos científicos para a prática de crime ou atentado contra a pátria, a ordem social ou a saúde pública;

c) deixar, no prazo marcado nesta Seção, de requerer a revalidação e registro do diploma estrangeiro, ou o seu registro profissional no Ministério do Trabalho, Indústria e Comércio.

Parágrafo único. O tempo de suspensão a que alude este artigo variará entre um mês e um ano, a critério do Departamento Nacional do Trabalho, após processo regular, ressalvada a ação da justiça pública.

► Lei nº 2.800, de 18-6-1956, dispõe sobre o exercício profissional dos químicos.

Art. 347. Aqueles que exercerem a profissão de químico sem ter preenchido as condições do art. 325 e suas alíneas, nem promovido o seu registro, nos termos do art. 326, incorrerão na multa de 2/5 (dois quintos) do salário mínimo a 10 (dez) salários mínimos regionais, que será elevada ao dobro, no caso de reincidência.

► Art. 7º, IV, da CF.

► Lei nº 6.205, de 29-4-1975, c/c a Lei nº 6.986, de 13-4-1982, elevou as multas por infração aos preceitos da CLT em dez vezes o seu valor.

► Lei nº 7.855, de 24-10-1989, dispõe sobre a atualização dos valores das multas.

► Port. do MTPrev nº 667, de 8-11-2021, regulamenta a imposição de multas administrativas previstas na legislação trabalhista.

Art. 348. Aos licenciados a que alude o § 1º do artigo 325 poderão, por ato do Departamento Nacional do Trabalho, sujeito à aprovação do Ministro, ser cassadas as garantias asseguradas por esta Seção, desde que interrompam, por motivo de falta prevista no artigo 346, a função pública ou particular em que se encontravam por ocasião da publicação do Decreto nº 24.693, de 12 de julho de 1934.

► Lei nº 2.800, de 18-6-1956, que dispõe sobre o exercício profissional dos químicos.

Art. 349. O número de químicos estrangeiros a serviço de particulares, empresas ou companhias não poderá exceder de um terço aos dos profissionais brasileiros compreendidos nos respectivos quadros.

► Arts. 352 a 358 desta Consolidação.

Art. 350. O químico que assumir a direção técnica ou cargo de químico de qualquer usina, fábrica, ou laboratório industrial ou de análise deverá, dentro de vinte e quatro horas e por escrito, comunicar essa ocorrência ao órgão fiscalizador, contraindo, desde essa data, a responsabilidade da parte técnica referente à sua profissão, assim como a responsabilidade técnica dos produtos manufaturados.

§ 1º Firmando-se contrato entre o químico e o proprietário da usina, fábrica ou laboratório, será esse documento apresentado, dentro do prazo de trinta dias, para registro, ao órgão fiscalizador.

§ 2º Comunicação idêntica à de que trata a primeira parte deste artigo fará o químico quando deixar a direção técnica ou o cargo de químico, em cujo exercício se encontrava, a fim de ressalvar a sua responsabilidade e fazer-se o cancelamento do contrato. Em caso de falência do estabelecimento, a comunicação será feita pela firma proprietária.

Seção XIV

DAS PENALIDADES

Art. 351. Os infratores dos dispositivos do presente Capítulo incorrerão na multa de três a trezentos valores de referência, segundo a natureza da infração, sua extensão e a intenção de quem a praticou, aplicada em dobro no caso de reincidência, oposição à fiscalização ou desacato à autoridade.

- *Caput* com a redação dada pela Lei nº 6.205, de 29-4-1975, c/c a Lei nº 6.986, de 13-4-1982.
- Lei nº 6.205, de 29-4-1975, c/c a Lei nº 6.986, de 13-4-1982, elevou as multas por infração aos preceitos da CLT em dez vezes o seu valor.
- Port. do MTPrev nº 667, de 8-11-2021, regulamenta a imposição de multas administrativas previstas na legislação trabalhista.

Parágrafo único. São competentes para impor penalidades as autoridades de primeira instância incumbidas da fiscalização dos preceitos constantes do presente Capítulo.

- Port. do MTPrev nº 667, de 8-11-2021, regulamenta a imposição de multas administrativas previstas na legislação trabalhista.

Capítulo II

DA NACIONALIZAÇÃO DO TRABALHO

Seção I

DA PROPORCIONALIDADE DE EMPREGADOS BRASILEIROS

- Art. 12, § 2º, da CF.
- Lei nº 6.192, de 19-12-1974, veda qualquer distinção entre brasileiros natos e naturalizados.
- Dec. nº 10.088, de 5-11-2019, consolida atos normativos editados pelo Poder Executivo Federal que dispõem sobre a promulgação de convenções e recomendações da Organização Internacional do Trabalho – OIT ratificadas pela República Federativa do Brasil.

Art. 352. As empresas, individuais ou coletivas, que explorem serviços públicos dados em concessão, ou que exerçam atividades industriais ou comerciais, são obrigadas a manter, no quadro do seu pessoal, quando composto de três ou mais empregados, uma proporção de brasileiros não inferior à estabelecida no presente Capítulo.

- Arts. 12 e 175 da CF.

§ 1º Sob a denominação geral de atividades industriais e comerciais compreendem-se, além de outras que venham a ser determinadas em portaria do Ministro do Trabalho, Indústria e Comércio, as exercidas:

a) nos estabelecimentos industriais em geral;
b) nos serviços de comunicações, de transportes terrestres, marítimos, fluviais, lacustres e aéreos;
c) nas garagens, oficinas de reparos e postos de abastecimento de automóveis e nas cocheiras;
d) na indústria da pesca;
e) nos estabelecimentos comerciais em geral;
f) nos escritórios comerciais em geral;
g) nos estabelecimentos bancários, ou de economia coletiva, nas empresas de seguros e nas de capitalização;
h) nos estabelecimentos jornalísticos, de publicidade e de radiodifusão;
i) nos estabelecimentos de ensino remunerado, excluídos os que neles trabalhem por força de voto religioso;
j) nas drogarias e farmácias;
k) nos salões de barbeiro ou cabeleireiro e de beleza;
l) nos estabelecimentos de diversões públicas, excluídos os elencos teatrais, e nos clubes esportivos;
m) nos hotéis, restaurantes, bares e estabelecimentos congêneres;
n) nos estabelecimentos hospitalares e fisioterápicos cujos serviços sejam remunerados, excluídos os que neles trabalhem por força de voto religioso;
o) nas empresas de mineração;
p) nas autarquias, empresas públicas, sociedades de economia mista e demais órgãos da Administração Pública, direta ou indireta, que tenham em seus quadros de pessoal empregados regidos pela CLT.

§ 2º Não se acham sujeitas às obrigações da proporcionalidade as indústrias rurais, as que, em zona agrícola, se destinem ao beneficiamento ou transformação de produtos da região e as atividades industriais de natureza extrativa, salvo a mineração.

► Art. 12, § 1º, da CF.

► Lei nº 5.889, de 8-6-1973 (Lei do Trabalho Rural).

Art. 353. Equiparam-se aos brasileiros, para os fins deste Capítulo, ressalvado o exercício de profissões reservadas aos brasileiros natos ou aos brasileiros em geral, os estrangeiros que, residindo no País há mais de dez anos, tenham cônjuge ou filho brasileiro, e os portugueses.

► Artigo com a redação dada pela Lei nº 6.651, de 23-5-1979.

► Art. 12, § 3º, da CF.

► Lei nº 13.445, de 24-5-2017 (Lei da Migração).

► Nos termos da Lei nº 6.192, de 19-12-1974, a condição de brasileiro nato exigida em leis e decretos foi modificada para a de brasileiro.

Art. 354. A proporcionalidade será de dois terços de empregados brasileiros, podendo, entretanto, ser fixada proporcionalidade inferior, em atenção às circunstâncias especiais de cada atividade, mediante ato do Poder Executivo, e depois de devidamente apurada pelo Departamento Nacional do Trabalho e pelo Serviço de Estatística de Previdência e Trabalho a insuficiência do número de brasileiros na atividade de que se tratar.

► Art. 12, § 2º, da CF.

► Lei nº 6.192, de 19-12-1974, veda qualquer distinção entre brasileiros natos e naturalizados.

Parágrafo único. A proporcionalidade é obrigatória não só em relação à totalidade do quadro de empregados, com as exceções desta Lei, como ainda em relação à correspondente folha de salários.

Art. 355. Consideram-se como estabelecimentos autônomos, para os efeitos da proporcionalidade a ser observada, as sucursais, filiais e agências em que trabalhem três ou mais empregados.

Art. 356. Sempre que uma empresa ou indivíduo explore atividades sujeitas a proporcionalidades diferentes, observar-se-á, em relação a cada uma delas, a que lhe corresponder.

Art. 357. Não se compreendem na proporcionalidade os empregados que exerçam funções técnicas especializadas, desde que, a juízo do Ministério do Trabalho, Indústria e Comércio, haja falta de trabalhadores nacionais.

Art. 358. Nenhuma empresa, ainda que não sujeita à proporcionalidade, poderá pagar a brasileiro que exerça função análoga, a juízo do Ministério do Trabalho, Indústria e Comércio, à que é exercida por estrangeiro a seu serviço, salário inferior ao deste, excetuando-se os casos seguintes:

a) quando, nos estabelecimentos que não tenham quadros de empregados organizados em carreira, o brasileiro contar menos de dois anos de serviço, e o estrangeiro mais de dois anos;

b) quando, mediante aprovação do Ministério do Trabalho, Indústria e Comércio, houver quadro organizado em carreira em que seja garantido o acesso por antiguidade;

c) quando o brasileiro for aprendiz, ajudante ou servente, e não o for o estrangeiro;

d) quando a remuneração resultar de maior produção, para os que trabalham à comissão ou por tarefa.

Parágrafo único. Nos casos de falta ou cessação de serviço, a dispensa do empregado estrangeiro deve preceder à de brasileiro que exerça função análoga.

Seção II
DAS RELAÇÕES ANUAIS DE EMPREGADOS

Art. 359. Nenhuma empresa poderá admitir a seu serviço empregado estrangeiro sem que este exiba a carteira de identidade de estrangeiro devidamente anotada.

Parágrafo único. A empresa é obrigada a assentar no registro de empregados os dados referentes à nacionalidade de qualquer empregado estrangeiro e o número da respectiva carteira de identidade.

Art. 360. Toda empresa compreendida na enumeração do art. 352, § 1º, deste Capítulo, qualquer que seja o número de seus empregados, deve apresentar anualmente às repartições competentes do Ministério do Trabalho, Indústria e Comércio, de 2 de maio a 30 de junho, uma relação, em três vias, de todos os seus empregados, segundo o modelo que for expedido.

► *Caput* com a redação retificada pelo Dec.-lei nº 6.353, de 20-3-1944.

§ 1º As relações terão, na primeira via, o selo de três cruzeiros pela folha inicial e dois cruzeiros por folha excedente, além do selo do Fundo de Educação, e nelas será assinalada, em tinta vermelha, a modificação havida com referência à última relação apresentada. Se se tratar de nova empresa, a relação, encimada pelos dizeres –

Primeira Relação – deverá ser feita dentro de 30 (trinta) dias de seu registro no Departamento Nacional da Indústria e Comércio ou repartições competentes.

§ 2º A entrega das relações far-se-á diretamente às repartições competentes do Ministério do Trabalho, Indústria e Comércio, ou, onde não as houver, às Coletorias Federais, que as remeterão desde logo àquelas repartições. A entrega operar-se-á contra recibo especial, cuja exibição é obrigatória, em caso de fiscalização, enquanto não for devolvida ao empregador a via autenticada da declaração.

§ 3º Quando não houver empregado far-se-á declaração negativa.

Art. 361. Apurando-se, das relações apresentadas, qualquer infração, será concedido ao infrator o prazo de 10 (dez) dias para defesa, seguindo-se o despacho pela autoridade competente.

Art. 362. As repartições às quais competir a fiscalização do disposto no presente Capítulo manterão fichário especial de empresas, do qual constem as anotações referentes ao respectivo cumprimento, e fornecerão aos interessados as certidões de quitação que se tornarem necessárias, no prazo de trinta dias, contados da data do pedido.

► *Caput* com a redação dada pelo Dec.-lei nº 229, de 28-2-1967.

§ 1º As certidões de quitação farão prova até 30 de setembro do ano seguinte àquele a que se referirem e estarão sujeitas à taxa correspondente a um décimo do valor de referência regional. Sem elas nenhum fornecimento ou contrato poderá ser feito com o Governo da União, dos Estados ou Municípios, ou com as instituições paraestatais a eles subordinadas, nem será renovada autorização à empresa estrangeira para funcionar no País.

► A Taxa referida neste parágrafo foi extinta pela Lei nº 8.522, de 11-12-1992.

► Art. 4º, I, da Lei nº 13.999, de 18-5-2020, que institui o Programa Nacional de Apoio às Microempresas e Empresas de Pequeno Porte (PRONAMPE), para o desenvolvimento e fortalecimento dos pequenos negócios.

§ 2º A primeira via da relação, depois de considerada pela repartição fiscalizadora, será remetida anualmente ao Departamento Nacional de Mão de Obra (DNMO), como subsídio ao estudo das condições de mercado de trabalho, de um modo geral, e, em particular, no que se refere à mão de obra qualificada.

§ 3º A segunda via da relação será remetida pela repartição competente ao Serviço de Estatística da Previdência e Trabalho e a terceira via devolvida à empresa, devidamente autenticada.

► §§ 1º a 3º com a redação dada pelo Dec.-lei nº 229, de 28-2-1967.

► Arts. 163 a 165 do Dec. nº 10.854, de 10-11-2021, que regulamenta disposições relativas à legislação trabalhista.

§ 4º O disposto no § 1º deste artigo não se aplica às contratações de operações de crédito realizadas com instituições financeiras criadas por lei própria ou autorizadas a funcionar pelo Banco Central do Brasil.

► § 4º acrescido pela Lei nº 14.690, de 3-10-2023.

Seção III

DAS PENALIDADES

Art. 363. O processo das infrações do presente Capítulo obedecerá ao disposto no título "*Do Processo de Multas Administrativas*", no que lhe for aplicável, com observância dos modelos de auto a serem expedidos.

► Arts. 626 a 638 desta Consolidação.

Art. 364. As infrações do presente Capítulo serão punidas com a multa de seis a seiscentos valores de referência regionais.

► Lei nº 6.205, de 29-4-1975, c/c a Lei nº 6.986, de 13-4-1982, elevou as multas por infração aos preceitos da CLT em dez vezes o seu valor.

► Port. do MTPrev nº 667, de 8-11-2021, regulamenta a imposição de multas administrativas previstas na legislação trabalhista.

Parágrafo único. Em se tratando de empresa concessionária de serviço público, ou de sociedade estrangeira autorizada a funcionar no País, se a infratora, depois de multada, não atender afinal ao cumprimento do texto infringido, poderá ser-lhe cassada a concessão ou autorização.

Seção IV

DISPOSIÇÕES GERAIS

Art. 365. O presente Capítulo não derroga as restrições vigentes quanto às exigências de nacionalidade brasileira para o exercício de determinadas profissões nem as que vigoram para as faixas de fronteiras, na conformidade da respectiva legislação.

Art. 366. Enquanto não for expedida a carteira a que se refere o artigo 359 deste Capítulo, valerá, a título precatório, como documento hábil, uma certidão, passada pelo serviço competente do Registro de Estrangeiros, provando que o empregado requereu sua permanência no País.

Art. 367. A redução a que se refere o artigo 354, enquanto o Serviço de Estatística da Previdência e Trabalho não dispuser dos dados estatísticos necessários à fixação da proporcionalidade conveniente para cada atividade, poderá ser feita por ato do Ministro do Trabalho, Indústria e Comércio mediante representação fundamentada da associação sindical.

Parágrafo único. O Serviço de Estatística da Previdência e Trabalho deverá promover, e manter em dia, estudos necessários aos fins do presente Capítulo.

Seção V

DAS DISPOSIÇÕES ESPECIAIS SOBRE A NACIONALIZAÇÃO DA MARINHA MERCANTE

Art. 368. O comando de navio mercante nacional só poderá ser exercido por brasileiro nato.

- ▶ Art. 12, § 2º, da CF.
- ▶ Lei nº 6.192, de 19-12-1974, veda qualquer distinção entre brasileiros natos e naturalizados.

Art. 369. A tripulação de navio ou embarcação nacional será constituída, pelo menos, de dois terços de brasileiros natos.

- ▶ Art. 12, § 2º, da CF, que proíbe o estabelecimento de distinções entre brasileiros natos e naturalizados que não estejam no próprio texto constitucional.
- ▶ Lei nº 6.192, de 19-12-1974, veda qualquer distinção entre brasileiros natos e naturalizados.

Parágrafo único. O disposto neste artigo não se aplica aos navios nacionais de pesca, sujeitos a legislação específica.

- ▶ Art. 369 com a redação dada pela Lei nº 5.683, de 21-7-1971.
- ▶ Lei nº 10.233, de 5-6-2001, sobre a reestruturação dos transportes aquaviário e terrestre, cria o Conselho Nacional de Integração de Políticas de Transporte, a Agência Nacional de Transportes Terrestres, a Agência Nacional de Transportes Aquaviários e o Departamento Nacional de Infraestrutura de Transportes.

Art. 370. As empresas de navegação organizarão as relações dos tripulantes das respectivas embarcações, enviando-as no prazo a que se refere a Seção II deste Capítulo à Delegacia do Trabalho Marítimo onde as mesmas tiverem sede.

- ▶ Art. 1º, III, *d*, que extinguiu o Conselho Superior do Trabalho Marítimo – CSTM e suas respectivas Delegacias.

Parágrafo único. As relações a que alude o presente artigo obedecerão, na discriminação hierárquica e funcional do pessoal embarcadiço, ao quadro aprovado pelo regulamento das Capitanias dos Portos.

Art. 371. A presente Seção é também aplicável aos serviços de navegação fluvial e lacustre e à praticagem nas barras, portos, rios, lagos e canais.

Capítulo III

DA PROTEÇÃO DO TRABALHO DA MULHER

- ▶ Lei nº 12.227, de 12-4-2010, cria o Relatório Anual Socioeconômico da Mulher.

Seção I

DA DURAÇÃO, CONDIÇÕES DO TRABALHO E DA DISCRIMINAÇÃO CONTRA A MULHER

- ▶ Denominação da Seção dada pela Lei nº 9.799, de 26-5-1999.

Art. 372. Os preceitos que regulam o trabalho masculino são aplicáveis ao trabalho feminino, naquilo em que não colidirem com a proteção especial instituída por este Capítulo.

- ▶ Lei nº 9.029, de 13-4-1995, proíbe a exigência de atestado de gravidez e esterilização, e outras práticas discriminatórias, para efeitos admissionais ou de permanência da relação jurídica de trabalho.
- ▶ Port. do MTE nº 1.246, de 28-5-2010, orienta as empresas e os trabalhadores em relação à testagem relacionada ao vírus da imunodeficiência adquirida – HIV.

Parágrafo único. *Revogado.* Lei nº 13.467, de 13-7-2017.

Art. 373. A duração normal de trabalho da mulher será de oito horas diárias, exceto nos casos para os quais for fixada duração inferior.

- ▶ Art. 7º, XIII, da CF.
- ▶ Arts. 3º e 9º da Lei nº 11.340, de 7-8-2006 (Lei que Coíbe a Violência Doméstica e Familiar Contra a Mulher).
- ▶ Súm. nº 85 do TST.

Art. 373-A. Ressalvadas as disposições legais destinadas a corrigir as distorções que afetam o acesso da mulher ao mercado de trabalho e certas especificidades estabelecidas nos acordos trabalhistas, é vedado:

I – publicar ou fazer publicar anúncio de emprego no qual haja referência ao sexo, à idade, à cor ou situação familiar, salvo quando a natureza da atividade a ser exercida, pública e notoriamente, assim o exigir;

II – recusar emprego, promoção ou motivar a dispensa do trabalho em razão de sexo, idade, cor, situação familiar ou estado de gravidez, salvo quando a natureza da atividade seja notória e publicamente incompatível;

III – considerar o sexo, a idade, a cor ou situação familiar como variável determinante para fins de remuneração, formação profissional e oportunidades de ascensão profissional;

► Dec. nº 10.088, de 5-11-2019, consolida atos normativos editados pelo Poder Executivo Federal que dispõem sobre a promulgação de convenções e recomendações da Organização Internacional do Trabalho – OIT ratificadas pela República Federativa do Brasil.

IV – exigir atestado ou exame, de qualquer natureza, para comprovação de esterilidade ou gravidez, na admissão ou permanência no emprego;

V – impedir o acesso ou adotar critérios subjetivos para deferimento de inscrição ou aprovação em concursos, em empresas privadas, em razão de sexo, idade, cor, situação familiar ou estado de gravidez;

VI – proceder o empregador ou preposto a revistas íntimas nas empregadas ou funcionárias.

► Lei nº 13.271, de 15-4-2016, dispõe sobre a proibição de revista íntima de funcionárias nos locais de trabalho.

Parágrafo único. O disposto neste artigo não obsta a adoção de medidas temporárias que visem ao estabelecimento das políticas de igualdade entre homens e mulheres, em particular as que se destinam a corrigir as distorções que afetam a formação profissional, o acesso ao emprego e as condições gerais de trabalho da mulher.

► Artigo acrescido pela Lei nº 9.799, de 26-5-1999.

► Art. 7º, XIII, da CF.

► Dec. nº 10.088, de 5-11-2019, consolida atos normativos editados pelo Poder Executivo Federal que dispõem sobre a promulgação de convenções e recomendações da Organização Internacional do Trabalho – OIT ratificadas pela República Federativa do Brasil.

Arts. 374 e 375. *Revogados*. Lei nº 7.855, de 24-10-1989.

Art. 376. *Revogado*. Lei nº 10.244, de 27-6-2001.

Art. 377. A adoção de medidas de proteção ao trabalho das mulheres é considerada de ordem pública, não justificando, em hipótese alguma, a redução de salário.

► Art. 7º, VI e XX, da CF.

► Art. 5º desta Consolidação.

Art. 378. *Revogado*. Lei nº 7.855, de 24-10-1989.

Seção II – *Do Trabalho Noturno*

Arts. 379 e 380. *Revogados*. Lei nº 7.855, de 24-10-1989.

Art. 381. O trabalho noturno das mulheres terá salário superior ao diurno.

► Súmulas nºs 60 e 265 do TST.

§ 1º Para os fins desse artigo, os salários serão acrescidos duma percentagem adicional de vinte por cento no mínimo.

§ 2º Cada hora do período noturno de trabalho das mulheres terá cinquenta e dois minutos e trinta segundos.

► Art. 73 desta Consolidação.

Seção III – *Dos Períodos de Descanso*

Art. 382. Entre duas jornadas de trabalho, haverá um intervalo de onze horas consecutivas, no mínimo, destinado ao repouso.

► Art. 66 desta Consolidação.

Art. 383. Durante a jornada de trabalho, será concedido à empregada um período para refeição e repouso não inferior a uma hora nem superior a duas horas, salvo a hipótese prevista no artigo 71, § 3º.

Art. 384. *Revogado*. Lei nº 13.467, de 13-7-2017.

Art. 385. O descanso semanal será de 24 (vinte e quatro) horas consecutivas e coincidirá no todo ou em parte com o domingo, salvo motivo de conveniência pública ou necessidade imperiosa de serviço, a juízo da autoridade competente, na forma das disposições gerais, caso em que recairá em outro dia.

► Lei nº 605, de 5-1-1949 (Lei do Repouso Semanal Remunerado).

► Arts. 151 a 162 do Dec. nº 10.854, de 10-11-2021, que regulamenta disposições relativas à legislação trabalhista.

Parágrafo único. Observar-se-ão, igualmente, os preceitos da legislação geral sobre a proibição de trabalho nos feriados civis e religiosos.

Art. 386. Havendo trabalho aos domingos, será organizada uma escala de revezamento quinzenal, que favoreça o repouso dominical.

- Lei nº 605, de 5-1-1949 (Lei do Repouso Semanal Remunerado).
- Arts. 151 a 162 do Dec. nº 10.854, de 10-11-2021, que regulamenta disposições relativas à legislação trabalhista.

Seção IV

Dos Métodos e Locais de Trabalho

Art. 387. *Revogado.* Lei nº 7.855, de 24-10-1989.

Art. 388. Em virtude de exame e parecer da autoridade competente, o Ministro do Trabalho, Indústria e Comércio poderá estabelecer derrogações totais ou parciais às proibições a que alude o artigo anterior, quando tiver desaparecido, nos serviços considerados perigosos ou insalubres, todo e qualquer caráter perigoso ou prejudicial mediante a aplicação de novos métodos de trabalho ou pelo emprego de medidas de ordem preventiva.

- Artigo prejudicado face da revogação do artigo anterior.

Art. 389. Toda empresa é obrigada:

I – a prover os estabelecimentos de medidas concernentes à higienização dos métodos e locais de trabalho, tais como ventilação e iluminação e outros que se fizerem necessários à segurança e ao conforto das mulheres, a critério da autoridade competente;

II – a instalar bebedouros, lavatórios, aparelhos sanitários; dispor de cadeiras ou bancos, em número suficiente, que permitam às mulheres trabalhar sem grande esgotamento físico;

III – a instalar vestiários com armários individuais privativos das mulheres, exceto os estabelecimentos comerciais, escritórios, bancos e atividades afins, em que não seja exigida a troca de roupa, e outros, a critério da autoridade competente em matéria de segurança e higiene do trabalho, admitindo-se como suficientes as gavetas ou escaninhos, onde possam as empregadas guardar seus pertences;

IV – a fornecer, gratuitamente, a juízo da autoridade competente, os recursos de proteção individual, tais como óculos, máscaras, luvas e roupas especiais, para a defesa dos olhos, do aparelho respiratório e da pele, de acordo com a natureza do trabalho.

§ 1º Os estabelecimentos em que trabalharem pelo menos trinta mulheres com mais de dezesseis anos de idade terão local apropriado onde seja permitido às empregadas guardar sob vigilância e assistência os seus filhos no período da amamentação.

- Art. 7º, XXV, da CF.

§ 2º A exigência do § 1º poderá ser suprida por meio de creches distritais mantidas, diretamente ou mediante convênios, com outras entidades públicas ou privadas, pelas próprias empresas, em regime comunitário, ou a cargo do SESI, do SESC, da LBA ou de entidades sindicais.

- Art. 389 com a redação dada pelo Dec.-lei nº 229, de 28-2-1967.

Art. 390. Ao empregador é vedado empregar a mulher em serviço que demande o emprego de força muscular superior a vinte quilos para o trabalho contínuo, ou vinte e cinco quilos para o trabalho ocasional.

Parágrafo único. Não está compreendida na determinação deste artigo a remoção de material feita por impulsão ou tração de vagonetes sobre trilhos, de carros de mão ou quaisquer aparelhos mecânicos.

Art. 390-A. VETADO.

Art. 390-B. As vagas dos cursos de formação de mão de obra, ministrados por instituições governamentais, pelos próprios empregadores ou por qualquer órgão de ensino profissionalizante, serão oferecidas aos empregados de ambos os sexos.

Art. 390-C. As empresas com mais de cem empregados, de ambos os sexos, deverão manter programas especiais de incentivos e aperfeiçoamento profissional da mão de obra.

Art. 390-D. VETADO.

Art. 390-E. A pessoa jurídica poderá associar-se a entidade de formação profissional, sociedades civis, sociedades cooperativas, órgãos e entidades públicas ou entidades sindicais, bem como firmar convênios para o desenvolvimento de ações conjuntas, visando à execução de projetos relativos ao incentivo ao trabalho da mulher.

- Arts. 390-A a 390-E acrescidos pela Lei nº 9.799, de 26-5-1999.

Seção V

DA PROTEÇÃO À MATERNIDADE

▸ Dec. nº 10.088, de 5-11-2019, consolida atos normativos editados pelo Poder Executivo Federal que dispõem sobre a promulgação de convenções e recomendações da Organização Internacional do Trabalho – OIT ratificadas pela República Federativa do Brasil.

Art. 391. Não constitui justo motivo para a rescisão do contrato de trabalho da mulher o fato de haver contraído matrimônio ou de encontrar-se em estado de gravidez.

Parágrafo único. Não serão permitidos em regulamentos de qualquer natureza contratos coletivos ou individuais de trabalho, restrições ao direito da mulher ao seu emprego, por motivo de casamento ou de gravidez.

▸ Art. 7º, XXV e XXX, da CF.

▸ Lei nº 5.473, de 9-6-1968, proíbe a discriminação de sexo na admissão a emprego sujeito a seleção.

▸ OJ da SDC nº 30 do TST.

Art. 391-A. A confirmação do estado de gravidez advindo no curso do contrato de trabalho, ainda que durante o prazo do aviso prévio trabalhado ou indenizado, garante à empregada gestante a estabilidade provisória prevista na alínea *b* do inciso II do art. 10 do Ato das Disposições Constitucionais Transitórias.

▸ *Caput* acrescido pela Lei nº 12.812, de 16-5-2013.

Parágrafo único. O disposto no caput deste artigo aplica-se ao empregado adotante ao qual tenha sido concedida guarda provisória para fins de adoção.

▸ Parágrafo único acrescido pela Lei nº 13.509, de 22-11-2017.

Art. 392. A empregada gestante tem direito à licença-maternidade de 120 (cento e vinte) dias, sem prejuízo do emprego e do salário.

▸ *Caput* com a redação dada pela Lei nº 10.421, de 15-4-2002.

▸ Art. 7º, XVII a XIX, da CF.

▸ Art. 10, § 1º, do ADCT.

▸ Art. 313, IX, X, §§ 6º e 7º, do CPC/2015.

▸ Art. 7º-A da Lei nº 8.906, de 4-7-1994 (Estatuto da Advocacia e da OAB).

▸ Lei nº 11.770, de 9-9-2008 (Lei do Programa Empresa Cidadã).

▸ Art. 18, § 3º, da Lei nº 13.301, 27-6-2016, que estende o prazo da licença-maternidade previsto neste artigo para 180 (cento e oitenta dias) no caso das mães de crianças acometidas por sequelas neurológicas decorrentes de doenças transmitidas pelo *Aedes aegypti*, assegurado, nesse período, o recebimento de salário-maternidade previsto no art. 71 da Lei nº 8.213, de 24 de julho de 1991.

▸ Arts. 137 a 142 do Dec. nº 10.854, de 10-11-2021, que regulamenta disposições relativas à legislação trabalhista

▸ Súm. nº 244 do TST.

▸ OJ da SDC nº 30 do TST.

▸ Orientações Jurisprudenciais da SBDI-I nºs 44 e 399 do TST.

§ 1º A empregada deve, mediante atestado médico, notificar o seu empregador da data do início do afastamento do emprego, que poderá ocorrer entre o 28º (vigésimo oitavo) dia antes do parto e ocorrência deste.

▸ O STF, por unanimidade, conheceu a ADIN nº 6.327 como arguição de descumprimento de preceito fundamental e, ratificando a medida cautelar, julgou procedente o pedido formulado para conferir interpretação conforme à Constituição a este § 1º, "de modo a se considerar como termo inicial da licença-maternidade e do respectivo salário-maternidade a alta hospitalar do recém-nascido e/ou de sua mãe, o que ocorrer por último, prorrogando-se em todo o período o benefício, quando o período de internação exceder as duas semanas previstas no art. 392, § 2º, da CLT, e no art. 93, § 3º, do Dec. nº 3.048/1999" (*DOU* de 26-10-2022).

§ 2º Os períodos de repouso, antes e depois do parto, poderão ser aumentados de 2 (duas) semanas cada um, mediante atestado médico.

§ 3º Em caso de parto antecipado, a mulher terá direito aos 120 (cento e vinte) dias previstos neste artigo.

▸ §§ 1º a 3º com a redação dada pela Lei nº 10.421, de 15-4-2002.

▸ Art. 7º, VIII, da CF.

§ 4º É garantido à empregada, durante a gravidez, sem prejuízo do salário e demais direitos:

I – transferência de função, quando as condições de saúde o exigirem, assegurada a retomada da função anteriormente exercida, logo após o retorno ao trabalho;

II – dispensa do horário de trabalho pelo tempo necessário para a realização de, no mínimo, seis consultas médicas e demais exames complementares.

▸ § 4º com a redação dada pela Lei nº 9.799, de 26-5-1999.

▸ A alteração que seria introduzida no § 4º pela Lei nº 10.421, de 15-4-2002, foi vetada, razão pela qual mantivemos a sua redação.

§ 5º VETADO. Lei nº 10.421, de 15-4-2002.

Art. 392-A. À empregada que adotar ou obtiver guarda judicial para fins de adoção de criança ou adolescente será concedida licença-maternidade nos termos do art. 392 desta Lei.

▸ *Caput* com a redação dada pela Lei nº 13.509, de 22-11-2017.

§§ 1º a 3º *Revogados*. Lei nº 12.010, de 3-8-2009.

§ 4º A licença-maternidade só será concedida mediante apresentação do termo judicial de guarda à adotante ou guardiã.

▸ § 4º acrescido pela Lei nº 10.421, de 15-4-2002.

§ 5º A adoção ou guarda judicial conjunta ensejará a concessão de licença-maternidade a apenas um dos adotantes ou guardiães empregado ou empregada.

▸ § 5º acrescido pela Lei nº 12.873, de 24-10-2013.

Art. 392-B. Em caso de morte da genitora, é assegurado ao cônjuge ou companheiro empregado o gozo de licença por todo o período da licença-maternidade ou pelo tempo restante a que teria direito a mãe, exceto no caso de falecimento do filho ou de seu abandono.

▸ Artigo acrescido pela Lei nº 12.873, de 24-10-2013.

Art. 392-C. Aplica-se, no que couber, o disposto no art. 392-A e 392-B ao empregado que adotar ou obtiver guarda judicial para fins de adoção.

▸ Artigo acrescido pela Lei nº 12.873, de 24-10-2013.

Art. 393. Durante o período a que se refere o artigo 392, a mulher terá direito ao salário integral e, quando variável, calculado de acordo com a média dos seis últimos meses de trabalho, bem como aos direitos e vantagens adquiridos, sendo-lhe ainda facultado reverter à função, que anteriormente ocupava.

▸ Artigo com a redação dada pelo Dec.-lei nº 229, de 28-2-1967.

▸ Lei nº 6.136, de 7-11-1974, dispõe sobre o salário-maternidade.

▸ Art. 72 da Lei nº 8.213, de 24-7-1991 (Lei dos Planos de Benefícios da Previdência Social).

▸ Art. 93 do Regulamento da Previdência Social, aprovado pelo Dec. nº 3.048, de 6-5-1999.

Art. 394. Mediante atestado médico, à mulher grávida é facultado romper o compromisso resultante de qualquer contrato de trabalho, desde que este seja prejudicial à gestação.

Art. 394-A. Sem prejuízo de sua remuneração, nesta incluído o valor do adicional de insalubridade, a empregada deverá ser afastada de:

▸ *Caput* com a redação dada pela Lei nº 13.467, de 13-7-2017.

I – atividades consideradas insalubres em grau máximo, enquanto durar a gestação;

II – atividades consideradas insalubres em grau médio ou mínimo, quando apresentar atestado de saúde, emitido por médico de confiança da mulher, que recomende o afastamento durante a gestação;

▸ O STF, por maioria de votos, julgou procedente a ADIN nº 5.938, para declarar a inconstitucionalidade da expressão "quando apresentar atestado de saúde, emitido por médico de confiança da mulher, que recomende o afastamento" (*DOU* de 4-6-2019).

III – atividades consideradas insalubres em qualquer grau, quando apresentar atestado de saúde, emitido por médico de confiança da mulher, que recomende o afastamento durante a lactação.

▸ Incisos I a III acrescidos pela Lei nº 13.467, de 13-7-2017.

▸ O STF, por maioria de votos, julgou procedente a ADIN nº 5.938, para declarar a inconstitucionalidade da expressão "quando apresentar atestado de saúde, emitido por médico de confiança da mulher, que recomende o afastamento" (*DOU* de 4-6-2019).

§ 1º VETADO. Lei nº 13.287, de 10-5-2016.

▸ Parágrafo único renumerado para § 1º pela Lei nº 13.467, de 13-7-2017.

§ 2º Cabe à empresa pagar o adicional de insalubridade à gestante ou à lactante, efetivando-se a compensação, observado o disposto no art. 248 da Constituição Federal, por ocasião do recolhimento das contribuições incidentes sobre a folha de salários e demais rendimentos pagos ou creditados, a qualquer título, à pessoa física que lhe preste serviço.

§ 3º Quando não for possível que a gestante ou a lactante afastada nos termos do *caput* deste artigo exerça suas atividades em local salubre na empresa, a hipótese será considerada como gravidez de risco e ensejará a percepção de salário-maternidade, nos termos da Lei nº 8.213, de 24 de julho de 1991, durante todo o período de afastamento.

► §§ 2º e 3º acrescidos pela Lei nº 13.467, de 13-7-2017.

Art. 395. Em caso de aborto não criminoso, comprovado por atestado médico oficial, a mulher terá um repouso remunerado de duas semanas, ficando-lhe assegurado o direito de retornar à função que ocupava antes de seu afastamento.

Art. 396. Para amamentar seu filho, inclusive se advindo de adoção, até que este complete 6 (seis) meses de idade, a mulher terá direito, durante a jornada de trabalho, a 2 (dois) descansos especiais de meia hora cada um.

► *Caput* com a redação dada pela Lei nº 13.509, de 22-11-2017.

§ 1º Quando o exigir a saúde do filho, o período de seis meses poderá ser dilatado, a critério da autoridade competente.

► Parágrafo único renumerado para § 1º pela Lei nº 13.467, de 13-7-2017.

§ 2º Os horários dos descansos previstos no *caput* deste artigo deverão ser definidos em acordo individual entre a mulher e o empregador.

► § 2º acrescido pela Lei nº 13.467, de 13-7-2017.

Art. 397. O SESI, o SESC, a LBA e outras entidades públicas destinadas à assistência à infância manterão ou subvencionarão, de acordo com suas possibilidades financeiras, escolas maternais e jardins de infância, distribuídos nas zonas de maior densidade de trabalhadores, destinados especialmente aos filhos das mulheres empregadas.

► Artigo com a redação dada pelo Dec.-lei nº 229, de 28-2-1967.

► Arts. 7º, XXV, e 206, IV, da CF.

Art. 398. *Revogado.* Dec.-lei nº 229, de 28-2-1967.

Art. 399. O Ministro do Trabalho, Indústria e Comércio conferirá diploma de benemerência aos empregadores que se distinguirem pela organização e manutenção de creches e de instituições de proteção aos menores em idade pré-escolar, desde que tais serviços se recomendem por sua generosidade e pela eficiência das respectivas instalações.

► Art. 7º, XXV, da CF.

► Dec. nº 10.088, de 5-11-2019, consolida atos normativos editados pelo Poder Executivo Federal que dispõem sobre a promulgação de convenções e recomendações da Organização Internacional do Trabalho – OIT ratificadas pela República Federativa do Brasil.

Art. 400. Os locais destinados à guarda dos filhos das operárias durante o período da amamentação deverão possuir, no mínimo, um berçário, uma saleta de amamentação, uma cozinha dietética e uma instalação sanitária.

► Art. 7º, XXV, da CF.

Seção VI

DAS PENALIDADES

Art. 401. Pela infração de qualquer dispositivo deste Capítulo, será imposta ao empregador a multa de dois a vinte valores de referência regionais, aplicada pelas Delegacias Regionais do Ministério do Trabalho, Indústria e Comércio ou por autoridades que exerçam funções delegadas.

► Lei nº 6.205, de 29-4-1975, c/c a Lei nº 6.986, de 13-4-1982, elevou as multas por infração aos preceitos da CLT em dez vezes o seu valor.

► Port. do MTPrev nº 667, de 8-11-2021, regulamenta a imposição de multas administrativas previstas na legislação trabalhista.

§ 1º A penalidade será sempre aplicada no grau máximo:

a) se ficar apurado o emprego de artifício ou simulação para fraudar a aplicação dos dispositivos deste Capítulo;

b) nos casos de reincidência.

§ 2º O processo na verificação das infrações, bem como na aplicação e cobrança das multas, será o previsto no título "Do Processo de Multas Administrativas", observadas as disposições deste artigo.

► Arts. 626 a 642 desta Consolidação.

► Lei nº 6.205, de 29-4-1975, c/c a Lei nº 6.986, de 13-4-1982, elevou as multas por infração aos preceitos da CLT em dez vezes o seu valor.

► Port. do MTPrev nº 667, de 8-11-2021, regulamenta a imposição de multas administrativas previstas na legislação trabalhista.

Arts. 401-A e 401-B. VETADOS. Lei nº 9.799, de 26-5-1999.

Capítulo IV

DA PROTEÇÃO DO TRABALHO DO MENOR

Seção I

DISPOSIÇÕES GERAIS

► Dec. nº 10.088, de 5-11-2019, consolida atos normativos editados pelo Poder Executivo Federal que dispõem sobre a promulgação de convenções e recomendações da Organização Internacional do Trabalho – OIT ratificadas pela República Federativa do Brasil.

- Res. do CONANDA nº 69, de 15-5-2001, dispõe sobre a idade mínima para admissão ao emprego e ao trabalho.
- OJ da SDC nº 25 do TST.

Art. 402. Considera-se menor para os efeitos desta Consolidação o trabalhador de quatorze até dezoito anos.

- *Caput* com a redação dada pela Lei nº 10.097, de 19-12-2000.
- Art. 7º, XXXIII, da CF.
- Dec. nº 10.088, de 5-11-2019, consolida atos normativos editados pelo Poder Executivo Federal que dispõem sobre a promulgação de convenções e recomendações da Organização Internacional do Trabalho – OIT ratificadas pela República Federativa do Brasil.

Parágrafo único. O trabalho do menor reger-se-á pelas disposições do presente Capítulo, exceto no serviço em oficinas em que trabalhem exclusivamente pessoas da família do menor e esteja sob a direção do pai, mãe ou tutor, observado, entretanto, o disposto nos artigos 404, 405 e na Seção II.

- Parágrafo único com a redação dada pelo Dec.-Lei nº 229, de 28-2-1967.
- Arts. 7º, XXXIII, e 227, § 3º, I e II, da CF.

Art. 403. É proibido qualquer trabalho a menores de dezesseis anos de idade, salvo na condição de aprendiz, a partir de quatorze anos.

- *Caput* com a redação dada pela Lei nº 10.097, de 19-12-2000.
- Art. 7º, XXXIII, da CF.
- Art. 60 do ECA.
- Dec. nº 10.088, de 5-11-2019, consolida atos normativos editados pelo Poder Executivo Federal que dispõem sobre a promulgação de convenções e recomendações da Organização Internacional do Trabalho – OIT ratificadas pela República Federativa do Brasil.

Parágrafo único. O trabalho do menor não poderá ser realizado em locais prejudiciais à sua formação, ao seu desenvolvimento físico, psíquico, moral e social e em horários e locais que não permitam a frequência à escola.

- Parágrafo único com a redação dada pela Lei nº 10.097, de 19-12-2000.

a e *b*) *Revogadas.* Lei nº 10.097, de 19-12-2000.

Art. 404. Ao menor de dezoito anos é vedado o trabalho noturno, considerado este o que for executado no período compreendido entre as vinte e duas e as cinco horas.

- Art. 7º, XXXIII, da CF.
- Art. 73 desta Consolidação.
- Dec. nº 10.088, de 5-11-2019, consolida atos normativos editados pelo Poder Executivo Federal que dispõem sobre a promulgação de convenções e recomendações da Organização Internacional do Trabalho – OIT ratificadas pela República Federativa do Brasil.

Art. 405. Ao menor não será permitido o trabalho:

- *Caput* com a redação dada pelo Dec.-lei nº 229, de 28-2-1967.
- Dec. nº 6.481, de 12-6-2008, com a lista das piores formas de trabalho infantil (Lista TIP – Trabalho Infantil Proibido).
- Dec. nº 10.088, de 5-11-2019, consolida atos normativos editados pelo Poder Executivo Federal que dispõem sobre a promulgação de convenções e recomendações da Organização Internacional do Trabalho – OIT ratificadas pela República Federativa do Brasil.

I – nos locais e serviços perigosos ou insalubres, constantes de quadro para esse fim aprovado pelo Diretor Geral do Departamento de Segurança e Higiene do Trabalho;

- Art. 7º, XXXIII, da CF.

II – em locais ou serviços prejudiciais à sua moralidade.

- Incisos I e II com a redação dada pelo Dec.-lei nº 229, de 28-2-1967.

§ 1º *Revogado.* Lei nº 10.097, de 19-12-2000.

§ 2º O trabalho exercido nas ruas, praças e outros logradouros dependerá de prévia autorização do Juiz de Menores, ao qual cabe verificar se a ocupação é indispensável à sua própria subsistência ou à de seus pais, avós ou irmãos e se dessa ocupação não poderá advir prejuízo à sua formação moral.

- Art. 146 do ECA.

§ 3º Considera-se prejudicial à moralidade do menor o trabalho:

a) prestado de qualquer modo em teatros de revista, cinemas, boates, cassinos, cabarés, *dancings* e estabelecimentos análogos;

b) em empresas circenses, em funções de acrobata, saltimbanco, ginasta e outras semelhantes;

c) de produção, composição, entrega ou venda de escritos, impressos, cartazes, desenhos, gravuras, pinturas, emblemas, imagens e quaisquer outros objetos que possam, a juízo da autoridade competente, prejudicar sua formação moral;

d) consistente na venda, a varejo, de bebidas alcoólicas.

§ 4º Nas localidades em que existirem, oficialmente reconhecidas, instituições destinadas ao amparo dos menores jornaleiros, só aos que se encontrem sob o patrocínio dessas entidades será outorgada a autorização do trabalho a que alude o § 2º.

§ 5º Aplica-se ao menor o disposto no artigo 390 e seu parágrafo único.

▸ §§ 2º a 5º com a redação dada pelo Dec.-lei nº 229, de 28-2-1967.

Art. 406. O Juiz de Menores poderá autorizar ao menor o trabalho a que se referem as letras *a* e *b* do § 3º do artigo 405:

▸ Dec. nº 10.088, de 5-11-2019, consolida atos normativos editados pelo Poder Executivo Federal que dispõem sobre a promulgação de convenções e recomendações da Organização Internacional do Trabalho – OIT ratificadas pela República Federativa do Brasil.

I – desde que a representação tenha fim educativo ou a peça de que participe não possa ser prejudicial à sua formação moral;

II – desde que se certifique ser a ocupação do menor indispensável à própria subsistência ou à de seus pais, avós ou irmãos e não advir nenhum prejuízo à sua formação moral.

Art. 407. Verificado pela autoridade competente que o trabalho executado pelo menor é prejudicial à sua saúde, ao seu desenvolvimento físico ou à sua moralidade, poderá ela obrigá-lo a abandonar o serviço, devendo a respectiva empresa, quando for o caso, proporcionar ao menor todas as facilidades para mudar de funções.

Parágrafo único. Quando a empresa não tomar as medidas possíveis e recomendadas pela autoridade competente para que o menor mude de função, configurar-se-á a rescisão do contrato de trabalho, na forma do artigo 483.

Art. 408. Ao responsável legal do menor é facultado pleitear a extinção do contrato de trabalho, desde que o serviço possa acarretar para ele prejuízos de ordem física ou moral.

▸ Arts. 406 a 408 com a redação dada pelo Dec.-lei nº 229, de 28-2-1967.

▸ Dec. nº 10.088, de 5-11-2019, consolida atos normativos editados pelo Poder Executivo Federal que dispõem sobre a promulgação de convenções e recomendações da Organização Internacional do Trabalho – OIT ratificadas pela República Federativa do Brasil.

Art. 409. Para maior segurança do trabalho e garantia da saúde dos menores, a autoridade fiscalizadora poderá proibir-lhes o gozo dos períodos de repouso nos locais de trabalho.

Art. 410. O Ministro do Trabalho, Indústria e Comércio poderá derrogar qualquer proibição decorrente do quadro a que se refere o inciso I do artigo 405 quando se certificar haver desaparecido, parcial ou totalmente, o caráter perigoso ou insalubre, que determinou a proibição.

Seção II

DA DURAÇÃO DO TRABALHO

Art. 411. A duração do trabalho do menor regular-se-á pelas disposições legais relativas à duração do trabalho em geral, com as restrições estabelecidas neste Capítulo.

▸ Arts. 57 a 75 desta Consolidação.

▸ Dec. nº 10.088, de 5-11-2019, consolida atos normativos editados pelo Poder Executivo Federal que dispõem sobre a promulgação de convenções e recomendações da Organização Internacional do Trabalho – OIT ratificadas pela República Federativa do Brasil.

Art. 412. Após cada período de trabalho efetivo, quer contínuo, quer dividido em dois turnos, haverá um intervalo de repouso, não inferior a onze horas.

▸ Art. 66 desta Consolidação.

Art. 413. É vedado prorrogar a duração normal diária do trabalho do menor, salvo:

I – até mais duas horas, independentemente de acréscimo salarial, mediante convenção ou acordo coletivo nos termos do Título VI desta Consolidação, desde que o excesso de horas em um dia seja compensado pela diminuição em outro, de modo a ser observado o limite máximo de quarenta e oito horas semanais ou outro inferior legalmente fixado;

▸ Art. 7º, XIII, da CF, que determina a duração do trabalho normal não superior a oito horas diárias e quarenta e quatro semanais, facultada a compensação de horários e a redução da jornada, mediante acordo ou convenção coletiva de trabalho.

II – excepcionalmente, por motivo de força maior, até o máximo de doze horas, com acréscimo salarial de pelo menos vinte e cinco por cento sobre a hora normal e desde que o trabalho do menor seja imprescindível ao funcionamento do estabelecimento.

► Este artigo não foi recepcionado pelo art. 7º, XVI, da CF, no que estabelece remuneração do serviço extraordinário superior, no mínimo, em cinquenta por cento à do normal.

► Arts. 501 a 504 desta Consolidação.

Parágrafo único. Aplica-se à prorrogação do trabalho do menor o disposto no artigo 375, no parágrafo único do artigo 376, no artigo 378 e no artigo 384 desta Consolidação.

► Art. 413 com a redação dada pelo Dec.-lei nº 229, de 28-2-1967.

► Os arts. 375 e 378 foram revogados pela Lei nº 7.855, de 24-10-1989, que atualiza os valores das multas trabalhistas, amplia sua aplicação e institui o Programa de Desenvolvimento do Sistema Federal de Inspeção do Trabalho.

► O art. 376 foi revogado pela Lei nº 10.244, de 27-6-2001, para permitir a realização de horas extras por mulheres.

► Art. 7º, XVI, da CF.

Art. 414. Quando o menor de dezoito anos for empregado em mais de um estabelecimento, as horas de trabalho em cada um serão totalizadas.

Seção III

DA ADMISSÃO EM EMPREGO E DA CARTEIRA DE TRABALHO E PREVIDÊNCIA SOCIAL

Art. 415. Haverá a Carteira de Trabalho e Previdência Social para todos os menores de 18 anos, sem distinção do sexo, empregados em empresas ou estabelecimentos de fins econômicos e daqueles que lhes forem equiparados.

Parágrafo único. *Revogado*. Lei nº 13.874, de 20-9-2019.

Art. 416. Os menores de 18 anos só poderão ser admitidos, como empregados, nas empresas ou estabelecimentos de fins econômicos e naqueles que lhes forem equiparados, quando possuidores da carteira a que se refere o artigo anterior, salvo a hipótese do art. 422.

Art. 417. *Revogado*. Lei nº 13.874, de 20-9-2019.

Art. 418. *Revogado*. Lei nº 7.855, de 24-10-1989.

Arts. 419 a 422. *Revogados*. Lei nº 13.874, de 20-9-2019.

Art. 423. O empregador não poderá fazer outras anotações na carteira de trabalho e previdência social além das referentes ao salário, data da admissão, férias e saída.

► Lei nº 5.686, de 3-8-1971, que dispõe sobre a CTPS.

Seção IV

DOS DEVERES DOS RESPONSÁVEIS LEGAIS DE MENORES E DOS EMPREGADORES. DA APRENDIZAGEM

Art. 424. É dever dos responsáveis legais de menores, pais, mães, ou tutores, afastá-los de empregos que diminuam consideravelmente o seu tempo de estudo, reduzam o tempo de repouso necessário à sua saúde e constituição física, ou prejudiquem a sua educação moral.

► Lei nº 8.069, de 13-7-1990 (Estatuto da Criança e do Adolescente).

Art. 425. Os empregadores de menores de dezoito anos são obrigados a velar pela observância, nos seus estabelecimentos ou empresas, dos bons costumes e da decência pública, bem como das regras de higiene e segurança do trabalho.

► Lei nº 6.514, de 22-12-1977, que altera a nomenclatura do Capítulo V do Título II ddesta Consolidação para segurança e medicina do trabalho.

Art. 426. É dever do empregador, na hipótese do artigo 407, proporcionar ao menor todas as facilidades para mudar de serviço.

Art. 427. O empregador, cuja empresa ou estabelecimento ocupar menores, será obrigado a conceder-lhes o tempo que for necessário para a frequência às aulas.

► Art. 227, § 3º, III, da CF.

Parágrafo único. Os estabelecimentos situados em lugar onde a escola estiver a maior distância que dois quilômetros, e que ocuparem, permanentemente, mais de trinta menores analfabetos, de quatorze a dezoito anos, serão obrigados a manter local apropriado em que lhes seja ministrada a instrução primária.

► Art. 16 da Lei nº 5.889, de 8-6-1973 (Lei do Trabalho Rural).

Art. 428. Contrato de aprendizagem é o contrato de trabalho especial, ajustado por escrito e por prazo determinado, em que o empregador se compromete a assegurar ao maior de quatorze e menor de vinte e quatro anos inscrito em programa de aprendizagem formação técnico-profissional metódica, compatível com o seu desenvolvimento físico, moral e psicológico, e o aprendiz, a executar com zelo e diligência as tarefas necessárias a essa formação.

► *Caput* com a redação dada pela Lei nº 11.180, de 23-9-2005.

§ 1º A validade do contrato de aprendizagem pressupõe anotação na Carteira de Trabalho e Previdência Social, matrícula e frequência do aprendiz na escola, caso não haja concluído o ensino médio, e inscrição em programa de aprendizagem desenvolvido sob orientação de entidade qualificada em formação técnico-profissional metódica.

► § 1º com a redação dada pela Lei nº 11.788, de 25-9-2008.

§ 2º Ao aprendiz, salvo condição mais favorável, será garantido o salário mínimo hora.

► § 2º com a redação dada pela Lei nº 13.420, de 13-3-2017.

§ 3º O contrato de aprendizagem não poderá ser estipulado por mais de 2 (dois) anos, exceto quando se tratar de aprendiz portador de deficiência.

► § 3º com a redação dada pela Lei nº 11.788, de 25-9-2008.

§ 4º A formação técnico-profissional a que se refere o *caput* deste artigo caracteriza-se por atividades teóricas e práticas, metodicamente organizadas em tarefas de complexidade progressiva desenvolvidas no ambiente de trabalho.

► § 4º acrescido pela Lei nº 10.097, de 19-12-2000.

§ 5º A idade máxima prevista no *caput* deste artigo não se aplica a aprendizes portadores de deficiência.

► § 5º acrescido pela Lei nº 11.180, de 23-9-2005.

§ 6º Para os fins do contrato de aprendizagem, a comprovação da escolaridade de aprendiz com deficiência deve considerar, sobretudo, as habilidades e competências relacionadas com a profissionalização.

► § 6º com a redação dada pela Lei nº 13.146, de 6-7-2015.

§ 7º Nas localidades onde não houver oferta de ensino médio para o cumprimento do disposto no § 1º deste artigo, a contratação do aprendiz poderá ocorrer sem a frequência à escola, desde que ele já tenha concluído o ensino fundamental.

► § 7º acrescido pela Lei nº 11.788, de 25-9-2008.

§ 8º Para o aprendiz com deficiência com 18 (dezoito) anos ou mais, a validade do contrato de aprendizagem pressupõe anotação na CTPS e matrícula e frequência em programa de aprendizagem desenvolvido sob orientação de entidade qualificada em formação técnico-profissional metódica.

► § 8º acrescido pela Lei nº 13.146, de 6-7-2015.

Art. 429. Os estabelecimentos de qualquer natureza são obrigados a empregar e matricular nos cursos dos Serviços Nacionais de Aprendizagem número de aprendizes equivalente a cinco por cento, no mínimo, e quinze por cento, no máximo, dos trabalhadores existentes em cada estabelecimento, cujas funções demandem formação profissional.

► *Caput* com a redação dada pela Lei nº 10.097, de 19-12-2000.

► IN da SIT nº 72, de 5-12-2007, orienta os Auditores-Fiscais do Trabalho quanto a procedimentos a serem adotados na fiscalização, para que seja dispensado às microempresas e empresas de pequeno porte o tratamento diferenciado de que trata a LC nº 123, de 14-12-2006.

a e *b*) *Revogadas*. Lei nº 10.097, de 19-12-2000.

§ 1º-A. O limite fixado neste artigo não se aplica quando o empregador for entidade sem fins lucrativos, que tenha por objetivo a educação profissional.

► § 1º-A acrescido pela Lei nº 10.097, de 19-12-2000.

§ 1º-B. Os estabelecimentos a que se refere o *caput* poderão destinar o equivalente a até 10% (dez por cento) de sua cota de aprendizes à formação técnico-profissional metódica em áreas relacionadas a práticas de atividades desportivas, à prestação de serviços relacionados à infraestrutura, incluindo as atividades de construção, ampliação, recuperação e manutenção de instalações esportivas e à organização e promoção de eventos esportivos.

► § 1º-B acrescido pela Lei nº 13.420, de 13-3-2017, promulgado nos termos do art. 66, § 5º, da CF (*DOU* de 1-9-2017).

§ 1º As frações de unidade, no cálculo da percentagem de que trata o *caput*, darão lugar à admissão de um aprendiz.

► Parágrafo único transformado em § 1º pela Lei nº 10.097, de 19-12-2000.

§ 2º Os estabelecimentos de que trata o *caput* ofertarão vagas de aprendizes a adolescentes usuários do Sistema Nacional de Atendimento Socioeducativo (SINASE) nas condições a serem dispostas em instrumentos de cooperação celebrados entre os estabelecimentos e os gestores dos Sistemas de Atendimento Socioeducativo locais.

► § 2º acrescido pela Lei nº 12.594, de 18-1-2012.

§ 3º Os estabelecimentos de que trata o *caput* poderão ofertar vagas de aprendizes a adolescentes usuários do Sistema Nacional de Políticas Públicas sobre Drogas – SISNAD nas condições a serem dispostas em instrumentos de cooperação celebrados entre os estabelecimentos e os gestores locais responsáveis pela prevenção do uso indevido, atenção e reinserção social de usuários e dependentes de drogas.

► § 3º acrescido pela Lei nº 13.840, de 5-6-2019.

Art. 430. Na hipótese de os Serviços Nacionais de Aprendizagem não oferecerem cursos ou vagas suficientes para atender à demanda dos estabelecimentos, esta poderá ser suprida por outras entidades qualificadas em formação técnico-profissional metódica, a saber:

► *Caput* com a redação dada pela Lei nº 10.097, de 19-12-2000.

I – Escolas Técnicas de Educação;

II – entidades sem fins lucrativos, que tenham por objetivo a assistência ao adolescente e à educação profissional, registradas no Conselho Municipal dos Direitos da Criança e do Adolescente;

► Incisos I e II acrescidos pela Lei nº 10.097, de 19-12-2000.

► Port. do MTE nº 723, de 23-4-2012, cria o Cadastro Nacional de Aprendizagem Profissional – CNAP, destinado ao cadastramento das entidades qualificadas em formação técnico-profissional.

III – entidades de prática desportiva das diversas modalidades filiadas ao Sistema Nacional do Desporto e aos Sistemas de Desporto dos Estados, do Distrito Federal e dos Municípios.

► Inciso III acrescido pela Lei nº 13.420, de 13-3-2017.

§ 1º As entidades mencionadas neste artigo deverão contar com estrutura adequada ao desenvolvimento dos programas de aprendizagem, de forma a manter a qualidade do processo de ensino, bem como acompanhar e avaliar os resultados.

§ 2º Aos aprendizes que concluírem os cursos de aprendizagem, com aproveitamento, será concedido certificado de qualificação profissional.

► §§ 1º e 2º acrescidos pela Lei nº 10.097, de 19-12-2000.

§ 3º O Ministério do Trabalho fixará normas para avaliação da competência das entidades mencionadas nos incisos II e III deste artigo.

► § 3º com a redação dada pela Lei nº 13.420, de 13-3-2017.

§ 4º As entidades mencionadas nos incisos II e III deste artigo deverão cadastrar seus cursos, turmas e aprendizes matriculados no Ministério do Trabalho.

§ 5º As entidades mencionadas neste artigo poderão firmar parcerias entre si para o desenvolvimento dos programas de aprendizagem, conforme regulamento.

► §§ 4º e 5º acrescidos pela Lei nº 13.420, de 13-3-2017.

Art. 431. A contratação do aprendiz poderá ser efetivada pela empresa onde se realizará a aprendizagem ou pelas entidades mencionadas nos incisos II e III do art. 430, caso em que não gera vínculo de emprego com a empresa tomadora dos serviços.

► *Caput* com a redação dada pela Lei nº 13.420, de 13-3-2017.

a a c) Revogadas. Lei nº 10.097, de 19-12-2000.

Parágrafo único. VETADO. Lei nº 10.097, de 19-12-2000.

Art. 432. A duração do trabalho do aprendiz não excederá de seis horas diárias, sendo vedadas a prorrogação e a compensação de jornada.

► *Caput* com a redação dada pela Lei nº 10.097, de 19-12-2000.

§ 1º O limite previsto neste artigo poderá ser de até oito horas diárias para os aprendizes que já tiverem completado o ensino fundamental, se nelas forem computadas as horas destinadas à aprendizagem teórica.

► § 1º com a redação dada pela Lei nº 10.097, de 19-12-2000.

§ 2º *Revogado*. Lei nº 10.097, de 19-12-2000.

Art. 433. O contrato de aprendizagem extinguir-se-á no seu termo ou quando o aprendiz completar 24 (vinte e quatro) anos, ressalvada a hipótese prevista no § 5º do art. 428 desta

Consolidação, ou ainda antecipadamente nas seguintes hipóteses:

► *Caput* com a redação dada pela Lei nº 11.180, de 23-9-2005.

a e *b*) *Revogadas*. Lei nº 10.097, de 19-12-2000.

I – desempenho insuficiente ou inadaptação do aprendiz, salvo para o aprendiz com deficiência quando desprovido de recursos de acessibilidade, de tecnologias assistivas e de apoio necessário ao desempenho de suas atividades;

► Inciso I com a redação dada pela Lei nº 13.146, de 6-7-2015.

II – falta disciplinar grave;

III – ausência injustificada à escola que implique perda do ano letivo; ou

IV – a pedido do aprendiz.

► Incisos II a IV acrescidos pela Lei nº 10.097, de 19-12-2000.

Parágrafo único. *Revogado*. Lei nº 10.097, de 19-12-2000.

§ 2º Não se aplica o disposto nos artigos 479 e 480 desta Consolidação às hipóteses de extinção do contrato mencionadas neste artigo.

► § 2º acrescido pela Lei nº 10.097, de 19-12-2000.

► § 2º conforme publicação oficial.

Seção V

DAS PENALIDADES

Art. 434. Os infratores das disposições deste Capítulo ficam sujeitos à multa de valor igual a 1 (um) salário mínimo regional, aplicada tantas vezes quantos forem os menores empregados em desacordo com a lei, não podendo, todavia, a soma das multas exceder a 5 (cinco) vezes o salário mínimo, salvo no caso de reincidência em que esse total poderá ser elevado ao dobro.

► Art. 7º, IV, da CF, que unificou o salário mínimo em todo o território nacional.

► Port. do MTPrev nº 667, de 8-11-2021, regulamenta a imposição de multas administrativas previstas na legislação trabalhista.

Art. 435. Fica sujeita à multa de valor igual a 1 (um) salário mínimo regional e ao pagamento da emissão de nova via a empresa que fizer na Carteira de Trabalho e Previdência Social anotação não prevista em lei.

► Arts. 434 e 435 com a redação dada pelo Dec.-lei nº 229, de 28-2-1967.

► Art. 7º, IV, da CF.

► Dec.-lei nº 229, de 28-2-1967, altera dispositivos da Consolidação das Leis do Trabalho, aprovada pelo Dec.-lei nº 5.452, de 1º-5-1943.

Arts. 436 e 437. *Revogados*. Lei nº 10.097, de 19-12-2000.

Art. 438. São competentes para impor as penalidades previstas neste Capítulo:

► Art. 35, IV, do Dec.-lei nº 229, de 28-2-1967, que altera dispositivos desta Consolidação.

a) no Distrito Federal, a autoridade de 1ª instância do Departamento Nacional do Trabalho;

b) nos Estados e Território do Acre, os delegados regionais do Ministério do Trabalho, Indústria e Comércio ou os funcionários por eles designados para tal fim.

► Lei nº 4.070, de 15-6-1962, eleva o território do Acre à categoria de Estado.

Parágrafo único. O processo, na verificação das infrações, bem como na aplicação e cobrança das multas, será o previsto no título "Do Processo de Multas Administrativas", observadas as disposições deste artigo.

► Arts. 626 a 642 desta Consolidação.

Seção VI

DISPOSIÇÕES FINAIS

Art. 439. É lícito ao menor firmar recibo pelo pagamento dos salários. Tratando-se, porém, de rescisão do contrato de trabalho, é vedado ao menor de dezoito anos dar, sem assistência dos seus responsáveis legais, quitação ao empregador pelo recebimento da indenização que lhe for devida.

► Art. 477, §§ 1º a 4º, desta Consolidação.

Art. 440. Contra os menores de dezoito anos não corre nenhum prazo de prescrição.

► Art. 7º, XXIX, da CF.

► Arts. 11 e 149 desta Consolidação.

Art. 441. O quadro a que se refere o item I do artigo 405 será revisto bienalmente.

► Artigo com a redação dada pelo Dec.-lei nº 229, de 28-2-1967.

► Port. da SIT/DSST nº 20, de 13-9-2001, especifica as atividades proibidas ao trabalho do menor de 18 (dezoito) anos.

TÍTULO IV – DO CONTRATO INDIVIDUAL DO TRABALHO

CAPÍTULO I

DISPOSIÇÕES GERAIS

Art. 442. Contrato individual de trabalho é o acordo tácito ou expresso, correspondente à relação de emprego.

- Dec. nº 10.088, de 5-11-2019, consolida atos normativos editados pelo Poder Executivo Federal que dispõem sobre a promulgação de convenções e recomendações da Organização Internacional do Trabalho – OIT ratificadas pela República Federativa do Brasil.
- Súmulas nºs 58, 129 e 301 do TST.

§ 1º Qualquer que seja o ramo de atividade da sociedade cooperativa, não existe vínculo empregatício entre ela e seus associados, nem entre estes e os tomadores de serviços daquela.

- Parágrafo único transformado em § 1º pela Lei nº 14.647, de 4-8-2023.
- Arts. 1.093 a 1.096 do CC.
- Lei nº 5.764, de 16-12-1971 (Lei das Cooperativas).

§ 2º Não existe vínculo empregatício entre entidades religiosas de qualquer denominação ou natureza ou instituições de ensino vocacional e ministros de confissão religiosa, membros de instituto de vida consagrada, de congregação ou de ordem religiosa, ou quaisquer outros que a eles se equiparem, ainda que se dediquem parcial ou integralmente a atividades ligadas à administração da entidade ou instituição a que estejam vinculados ou estejam em formação ou treinamento.

§ 3º O disposto no § 2º não se aplica em caso de desvirtuamento da finalidade religiosa e voluntária.

- §§ 2º e 3º acrescidos pela Lei nº 14.647, de 4-8-2023.

Art. 442-A. Para fins de contratação, o empregador não exigirá do candidato a emprego comprovação de experiência prévia por tempo superior a 6 (seis) meses no mesmo tipo de atividade.

- Artigo acrescido pela Lei nº 11.644, de 10-3-2008.

Art. 442-B. A contratação do autônomo, cumpridas por este todas as formalidades legais, com ou sem exclusividade, de forma contínua ou não, afasta a qualidade de empregado prevista no art. 3º desta Consolidação.

- Artigo acrescido pela Lei nº 13.467, de 13-7-2017.

Art. 443. O contrato individual de trabalho poderá ser acordado tácita ou expressamente, verbalmente ou por escrito, por prazo determinado ou indeterminado, ou para prestação de trabalho intermitente.

- *Caput* com a redação dada pela Lei nº 13.467, de 13-7-2017.

§ 1º Considera-se como de prazo determinado o contrato de trabalho cuja vigência dependa de termo prefixado ou da execução de serviços especificados ou ainda da realização de certo acontecimento suscetível de previsão aproximada.

- Parágrafo único transformado em § 1º pelo Dec.-lei nº 229, de 28-2-1967.

§ 2º O contrato por prazo determinado só será válido em se tratando:

- Súmulas nºs 188, 244 e 331 do TST.

a) de serviço cuja natureza ou transitoriedade justifique a predeterminação do prazo;

b) de atividades empresariais de caráter transitório;

c) de contrato de experiência.

- § 2º acrescido pelo Dec.-lei nº 229, de 28-2-1967.
- Súmulas nºs 188 e 331 do TST.

§ 3º Considera-se como intermitente o contrato de trabalho no qual a prestação de serviços, com subordinação, não é contínua, ocorrendo com alternância de períodos de prestação de serviços e de inatividade, determinados em horas, dias ou meses, independentemente do tipo de atividade do empregado e do empregador, exceto para os aeronautas, regidos por legislação própria.

- § 3º acrescido pela Lei nº 13.467, de 13-7-2017.
- Arts. 6º, § 3º, e 18 da Lei nº 14.020, de 6-7-2020 (Programa Emergencial de Manutenção do Emprego e da Renda).

Art. 444. As relações contratuais de trabalho podem ser objeto de livre estipulação das partes interessadas em tudo quanto não contravenha às disposições de proteção ao trabalho, aos contratos coletivos que lhes sejam aplicáveis e às decisões das autoridades competentes.

- O art. 20 do Dec.-lei nº 229, de 28-2-1967, substituiu a expressão "Contratos coletivos de trabalho" por "Convenções coletivas de trabalho".
- Art. 5º, XIII, da CF.
- Dec. nº 10.088, de 5-11-2019, consolida atos normativos editados pelo Poder Executivo Federal que dis-

põem sobre a promulgação de convenções e recomendações da Organização Internacional do Trabalho – OIT ratificadas pela República Federativa do Brasil.

▸ Súmulas nºs 51 e 81 do TST.

Parágrafo único. A livre estipulação a que se refere o *caput* deste artigo aplica-se às hipóteses previstas no art. 611-A desta Consolidação, com a mesma eficácia legal e preponderância sobre os instrumentos coletivos, no caso de empregado portador de diploma de nível superior e que perceba salário mensal igual ou superior a duas vezes o limite máximo dos benefícios do Regime Geral de Previdência Social.

▸ Parágrafo único acrescido pela Lei nº 13.467, de 13-7-2017.

Art. 445. O contrato de trabalho por prazo determinado não poderá ser estipulado por mais de dois anos, observada a regra do artigo 451.

Parágrafo único. O contrato de experiência não poderá exceder de noventa dias.

▸ Art. 445 com a redação dada pelo Dec.-lei nº 229, de 28-2-1967.

▸ Art. 30 da Lei nº 9.615, de 24-3-1998 (Lei Pelé).

▸ Súmulas nºs 163 e 188 do TST.

Art. 446. *Revogado.* Lei nº 7.855, de 24-10-1989.

Art. 447. Na falta de acordo ou prova sobre condição essencial ao contrato verbal, esta se presume existente, como se a tivessem estatuído os interessados, na conformidade dos preceitos jurídicos adequados à sua legitimidade.

▸ Súm. nº 12 do TST.

Art. 448. A mudança na propriedade ou na estrutura jurídica da empresa não afetará os contratos de trabalho dos respectivos empregados.

▸ Art. 10 desta Consolidação.

▸ Orientações Jurisprudenciais da SBDI-I nºs 143, 343, 408 e 411 do TST.

Art. 448-A. Caracterizada a sucessão empresarial ou de empregadores prevista nos arts. 10 e 448 desta Consolidação, as obrigações trabalhistas, inclusive as contraídas à época em que os empregados trabalhavam para a empresa sucedida, são de responsabilidade do sucessor.

Parágrafo único. A empresa sucedida responderá solidariamente com a sucessora quando ficar comprovada fraude na transferência.

▸ Art. 448-A acrescido pela Lei nº 13.467, de 13-7-2017.

Art. 449. Os direitos oriundos da existência do contrato de trabalho subsistirão em caso de falência, concordata ou dissolução da empresa.

§ 1º Na falência, constituirão créditos privilegiados a totalidade dos salários devidos ao empregado e a totalidade das indenizações a que tiver direito.

▸ § 1º com a redação dada pela Lei nº 6.449, de 14-10-1977.

§ 2º Havendo concordata na falência, será facultado aos contratantes tornar sem efeito a rescisão do contrato de trabalho e consequente indenização, desde que o empregador pague, no mínimo, a metade dos salários que seriam devidos ao empregado durante o interregno.

▸ Lei nº 11.101, de 9-2-2005 (Lei de Recuperação de Empresas e Falências).

▸ Súm. nº 227 do STF.

▸ Súmulas nºs 86 e 173 do TST.

Art. 450. Ao empregado chamado a ocupar, em comissão, interinamente, ou em substituição eventual ou temporária, cargo diverso do que exercer na empresa, serão garantidas a contagem do tempo naquele serviço, bem como a volta ao cargo anterior.

▸ Súm. nº 159 do TST.

Art. 451. O contrato de trabalho por prazo determinado que, tácita ou expressamente, for prorrogado mais de uma vez passará a vigorar sem determinação de prazo.

▸ Súm. nº 188 do TST.

Art. 452. Considera-se por prazo indeterminado todo contrato que suceder, dentro de seis meses, a outro contrato por prazo determinado, salvo se a expiração deste dependeu da execução de serviços especializados ou da realização de certos acontecimentos.

Art. 452-A. O contrato de trabalho intermitente deve ser celebrado por escrito e deve conter especificamente o valor da hora de trabalho, que não pode ser inferior ao valor horário do salário mínimo ou àquele devido aos demais empregados do estabelecimento que exerçam a mesma função em contrato intermitente ou não.

§ 1º O empregador convocará, por qualquer meio de comunicação eficaz, para a prestação de serviços, informando qual será a jornada, com, pelo menos, três dias corridos de antecedência.

§ 2º Recebida a convocação, o empregado terá o prazo de um dia útil para responder ao chamado, presumindo-se, no silêncio, a recusa.

§ 3º A recusa da oferta não descaracteriza a subordinação para fins do contrato de trabalho intermitente.

§ 4º Aceita a oferta para o comparecimento ao trabalho, a parte que descumprir, sem justo motivo, pagará à outra parte, no prazo de trinta dias, multa de 50% (cinquenta por cento) da remuneração que seria devida, permitida a compensação em igual prazo.

§ 5º O período de inatividade não será considerado tempo à disposição do empregador, podendo o trabalhador prestar serviços a outros contratantes.

§ 6º Ao final de cada período de prestação de serviço, o empregado receberá o pagamento imediato das seguintes parcelas:

I – remuneração;

II – férias proporcionais com acréscimo de um terço;

III – décimo terceiro salário proporcional;

IV – repouso semanal remunerado; e

V – adicionais legais.

§ 7º O recibo de pagamento deverá conter a discriminação dos valores pagos relativos a cada uma das parcelas referidas no § 6º deste artigo.

§ 8º O empregador efetuará o recolhimento da contribuição previdenciária e o depósito do Fundo de Garantia do Tempo de Serviço, na forma da lei, com base nos valores pagos no período mensal e fornecerá ao empregado comprovante do cumprimento dessas obrigações.

§ 9º A cada doze meses, o empregado adquire direito a usufruir, nos doze meses subsequentes, um mês de férias, período no qual não poderá ser convocado para prestar serviços pelo mesmo empregador.

- Art. 452-A acrescido pela Lei nº 13.467, de 13-7-2017.

Art. 453. No tempo de serviço do empregado, quando readmitido, serão computados os períodos, ainda que não contínuos, em que tiver trabalhado anteriormente na empresa, salvo se houver sido despedido por falta grave, recebido indenização legal ou se aposentado espontaneamente.

- *Caput* com a redação dada pela Lei nº 6.204, de 29-4-1975.
- Súm. nº 215 do STF.
- Súmulas nºs 138 e 156 do TST.

§ 1º Na aposentadoria espontânea de empregados das empresas públicas e sociedades de economia mista é permitida sua readmissão desde que atendidos aos requisitos constantes do artigo 37, inciso XVI, da Constituição, e condicionada à prestação de concurso público.

- O STF, por maioria de votos, julgou parcialmente procedente a ADIN nº 1.770-4, para declarar a inconstitucionalidade deste parágrafo (*DOU* e *DJU* de 20-10-2006).
- OJ da SBDI-I nº 361 do TST.

§ 2º O ato de concessão de benefício de aposentadoria a empregado que não tiver completado trinta e cinco anos de serviço, se homem, ou trinta, se mulher, importa em extinção de vínculo empregatício.

- §§ 1º e 2º acrescidos pela Lei nº 9.528, de 10-12-1997.
- O STF, por maioria de votos, julgou procedente a ADIN nº 1.721-3, para declarar a inconstitucionalidade deste parágrafo (*DOU* de 20-10-2006).

Art. 454. Na vigência do contrato de trabalho, as invenções do empregado, quando decorrentes de sua contribuição pessoal e da instalação ou equipamento fornecidos pelo empregador, serão de propriedade comum, em partes iguais, salvo se o contrato de trabalho tiver por objeto, implícita ou explicitamente, pesquisa científica.

- Art. 454 revogado tacitamente pela Lei nº 5.772, de 21-12-1971, posteriormente revogada pela Lei nº 9.279, de 14-5-1996 (Lei da Propriedade Industrial).
- Art. 5º, XXIX, da CF.
- Art. 91 da Lei nº 9.279, de 14-5-1996 (Lei da Propriedade Industrial).

Parágrafo único. Ao empregador caberá a exploração do invento, ficando obrigado a promovê-la no prazo de um ano da data da concessão da patente, sob pena de reverter em favor do empregado da plena propriedade desse invento.

Art. 455. Nos contratos de subempreitada responderá o subempreiteiro pelas obrigações derivadas do contrato de trabalho que celebrar, cabendo, todavia, aos empregados, o direito de reclamação contra o empreiteiro principal pelo inadimplemento daquelas obrigações por parte do primeiro.

- Súm. nº 225 do STF.
- OJ da SBDI-I nº 191 do TST.

Parágrafo único. Ao empreiteiro principal fica ressalvada, nos termos da lei civil, ação regressiva contra o subempreiteiro e a retenção de importâncias a este devidas, para a garantia das obrigações previstas neste artigo.

Art. 456. A prova do contrato individual do trabalho será feita pelas anotações constantes da carteira profissional ou por instrumento escrito e suprida por todos os meios permitidos em direito.

► Art. 1º do Dec.-lei nº 926, de 10-10-1969, que determinou a substituição do termo "carteira profissional" por "carteira de trabalho e previdência social".
► Súm. nº 225 do STF.

Parágrafo único. À falta de prova ou inexistindo cláusula expressa a tal respeito, entender-se-á que o empregado se obrigou a todo e qualquer serviço compatível com a sua condição pessoal.

► Arts. 212 e 227 do CC.
► Súmulas nºs 12 e 331 do TST.

Art. 456-A. Cabe ao empregador definir o padrão de vestimenta no meio ambiente laboral, sendo lícita a inclusão no uniforme de logomarcas da própria empresa ou de empresas parceiras e de outros itens de identificação relacionados à atividade desempenhada.

Parágrafo único. A higienização do uniforme é de responsabilidade do trabalhador, salvo nas hipóteses em que forem necessários procedimentos ou produtos diferentes dos utilizados para a higienização das vestimentas de uso comum.

► Art. 456-A acrescido pela Lei nº 13.467, de 13-7-2017.

Capítulo II

DA REMUNERAÇÃO

Art. 457. Compreendem-se na remuneração do empregado, para todos os efeitos legais, além do salário devido e pago diretamente pelo empregador, como contraprestação do serviço, as gorjetas que receber.

► *Caput* com a redação dada pela Lei nº 1.999, de 1º-10-1953.
► Arts. 7º, VII e VIII, X e XI, 201, § 6º, e 218, § 4º, da CF.
► Dec. nº 10.088, de 5-11-2019, consolida atos normativos editados pelo Poder Executivo Federal que dispõem sobre a promulgação de convenções e recomendações da Organização Internacional do Trabalho – OIT ratificadas pela República Federativa do Brasil.
► OJ da SBDI-I Transitória nº 60 do TST.
► Súmulas nºs 63, 148, 264 e 354 do TST.

§ 1º Integram o salário a importância fixa estipulada, as gratificações legais e as comissões pagas pelo empregador.

§ 2º As importâncias, ainda que habituais, pagas a título de ajuda de custo, auxílio-alimentação, vedado seu pagamento em dinheiro, diárias para viagem, prêmios e abonos não integram a remuneração do empregado, não se incorporam ao contrato de trabalho e não constituem base de incidência de qualquer encargo trabalhista e previdenciário.

► §§ 1º a 2º com a redação dada pela Lei nº 13.467, de 13-7-2017.

§ 3º Considera-se gorjeta não só a importância espontaneamente dada pelo cliente ao empregado, como também o valor cobrado pela empresa, como serviço ou adicional, a qualquer título, e destinado à distribuição aos empregados.

► § 3º com a redação dada pela Lei nº 13.419, de 13-3-2017.

§ 4º Consideram-se prêmios as liberalidades concedidas pelo empregador em forma de bens, serviços ou valor em dinheiro a empregado ou a grupo de empregados, em razão de desempenho superior ao ordinariamente esperado no exercício de suas atividades.

► § 4º com a redação dada pela Lei nº 13.467, de 13-7-2017.

§ 5º Inexistindo previsão em convenção ou acordo coletivo de trabalho, os critérios de rateio e distribuição da gorjeta e os percentuais de retenção previstos nos §§ 6º e 7º deste artigo serão definidos em assembleia geral dos trabalhadores, na forma do art. 612 desta Consolidação.

§ 6º As empresas que cobrarem a gorjeta de que trata o § 3º deverão:

I – para as empresas inscritas em regime de tributação federal diferenciado, lançá-la na respectiva nota de consumo, facultada a retenção de até 20% (vinte por cento) da arrecadação correspondente, mediante previsão em convenção ou acordo coletivo de trabalho, para custear os encargos sociais, previdenciários e trabalhistas derivados da sua integração à remuneração dos empregados, devendo o valor remanescente ser revertido integralmente em favor do trabalhador;

II – para as empresas não inscritas em regime de tributação federal diferenciado, lançá-la na respectiva nota de consumo, facultada a retenção de até 33% (trinta e três por cento) da arrecadação correspondente, mediante previsão em convenção ou acordo coletivo de trabalho, para custear os encargos sociais, previdenciários e trabalhistas derivados da sua integração à remuneração dos empregados, devendo o valor remanescente ser revertido integralmente em favor do trabalhador;

III – anotar na Carteira de Trabalho e Previdência Social e no contracheque de seus empregados o salário contratual fixo e o percentual percebido a título de gorjeta.

§ 7º A gorjeta, quando entregue pelo consumidor diretamente ao empregado, terá seus critérios definidos em convenção ou acordo coletivo de trabalho, facultada a retenção nos parâmetros do § 6º deste artigo.

§ 8º As empresas deverão anotar na Carteira de Trabalho e Previdência Social de seus empregados o salário fixo e a média dos valores das gorjetas referente aos últimos doze meses.

§ 9º Cessada pela empresa a cobrança da gorjeta de que trata o § 3º deste artigo, desde que cobrada por mais de doze meses, essa se incorporará ao salário do empregado, tendo como base a média dos últimos doze meses, salvo o estabelecido em convenção ou acordo coletivo de trabalho.

§ 10. Para empresas com mais de sessenta empregados, será constituída comissão de empregados, mediante previsão em convenção ou acordo coletivo de trabalho, para acompanhamento e fiscalização da regularidade da cobrança e distribuição da gorjeta de que trata o § 3º deste artigo, cujos representantes serão eleitos em assembleia geral convocada para esse fim pelo sindicato laboral e gozarão de garantia de emprego vinculada ao desempenho das funções para que foram eleitos, e, para as demais empresas, será constituída comissão intersindical para o referido fim.

§ 11. Comprovado o descumprimento do disposto nos §§ 4º, 6º, 7º e 9º deste artigo, o empregador pagará ao trabalhador prejudicado, a título de multa, o valor correspondente a 1/30 (um trinta avos) da média da gorjeta por dia de atraso, limitada ao piso da categoria, assegurados em qualquer hipótese o contraditório e a ampla defesa, observadas as seguintes regras:

I – a limitação prevista neste parágrafo será triplicada caso o empregador seja reincidente;

II – considera-se reincidente o empregador que, durante o período de doze meses, descumpre o disposto nos §§ 4º, 6º, 7º e 9º deste artigo por mais de sessenta dias.

► §§ 5º a 11 acrescidos pela Lei nº 13.419, de 13-3-2017.

Art. 458. Além do pagamento em dinheiro, compreende-se no salário, para todos os efeitos legais, a alimentação, habitação, vestuário ou outras prestações *in natura* que a empresa, por força do contrato ou do costume, fornecer habitualmente ao empregado. Em caso algum será permitido o pagamento com bebidas alcoólicas ou drogas nocivas.

► *Caput* com a redação dada pelo Dec.-lei nº 229, de 28-2-1967.

► Port. da SIT/DSST nº 66, de 19-12-2003, dispõe sobre o recadastramento das pessoas jurídicas beneficiárias, fornecedoras e prestadoras de serviços de alimentação coletiva do Programa de Alimentação do Trabalhador.

► IN da SIT nº 30, de 17-10-2002, dispõe sobre os procedimentos a serem adotados pelos Auditores Fiscais do Trabalho nas ações de divulgação e fiscalização do Programa de Alimentação do Trabalhador – PAT.

► Súm. nº 258 do TST.

► Orientações Jurisprudenciais da SBDI-I nºs 123, 133 e 413 do TST.

► OJ da SBDI-I Transitória nº 61 do TST.

§ 1º Os valores atribuídos às prestações *in natura* deverão ser justos e razoáveis, não podendo exceder, em cada caso, os dos percentuais das parcelas componentes do salário mínimo (artigos 81 e 82).

► § 1º com a redação dada pelo Dec.-lei nº 229, de 28-2-1967.

§ 2º Para os efeitos previstos neste artigo, não serão consideradas como salário as seguintes utilidades concedidas pelo empregador:

► *Caput* do § 2º com a redação dada pela Lei nº 10.243, de 19-6-2001.

I – vestuários, equipamentos e outros acessórios fornecidos aos empregados e utilizados no local de trabalho, para a prestação do serviço;

► Súm. nº 367 do TST.

II – educação, em estabelecimento de ensino próprio ou de terceiros, compreendendo os valores relativos a matrícula, mensalidade, anuidade, livros e material didático;

III – transporte destinado ao deslocamento para o trabalho e retorno, em percurso servido ou não por transporte público;

IV – assistência médica, hospitalar e odontológica, prestada diretamente ou mediante seguro-saúde;

V – seguros de vida e de acidentes pessoais;

VI – previdência privada;

► Incisos I a VI com a redação dada pela Lei nº 10.243, de 19-6-2001.

► Art. 202, § 2º, da CF.

► Art. 68 da LC nº 109, de 29-5-2001 (Lei do Regime de Previdência Complementar).

VII – VETADO; Lei nº 10.243, de 19-6-2001.

VIII – o valor correspondente ao vale-cultura.

► Inciso VIII acrescido pela Lei nº 12.761, de 27-12-2012.

§ 3º A habitação e a alimentação fornecidas como salário-utilidade deverão atender aos fins a que se destinam e não poderão exceder, respectivamente, a vinte e cinco por cento e vinte por cento do salário contratual.

§ 4º Tratando-se de habitação coletiva, o valor do salário-utilidade a ela correspondente será obtido mediante a divisão do justo valor da habitação pelo número de coocupantes, vedada, em qualquer hipótese, a utilização da mesma unidade residencial por mais de uma família.

► §§ 3º e 4º acrescidos pela Lei nº 8.860, de 24-3-1994.

► Art. 7º, IV e VII, da CF.

► Súmulas nºs 241 e 258 do TST.

§ 5º O valor relativo à assistência prestada por serviço médico ou odontológico, próprio ou não, inclusive o reembolso de despesas com medicamentos, óculos, aparelhos ortopédicos, próteses, órteses, despesas médico-hospitalares e outras similares, mesmo quando concedido em diferentes modalidades de planos e coberturas, não integram o salário do empregado para qualquer efeito nem o salário de contribuição, para efeitos do previsto na alínea *q* do § 9º do art. 28 da Lei nº 8.212, de 24 de julho de 1991.

► § 5º acrescido pela Lei nº 13.467, de 13-7-2017.

Art. 459. O pagamento do salário, qualquer que seja a modalidade do trabalho, não deve ser estipulado por período superior a um mês, salvo no que concerne a comissões, percentagens e gratificações.

► Art. 4º da Lei nº 3.207, de 18-7-1957 (Lei dos Vendedores, Viajantes e Pracistas).

► Lei nº 8.716, de 11-10-1993, dispõe sobre a garantia do salário mínimo e dá outras providências.

§ 1º Quando o pagamento houver sido estipulado por mês, deverá ser efetuado, o mais tardar, até o quinto dia útil do mês subsequente ao vencido.

► § 1º conforme determinou a Lei nº 7.855, de 24-10-1989.

► Art. 7º, X, da CF.

► Súm. nº 381 do TST.

► OJ da SBDI-I nº 159 do TST.

Art. 460. Na falta de estipulação do salário ou não havendo prova sobre a importância ajustada, o empregado terá direito a perceber salário igual ao daquele que, na mesma empresa, fizer serviço equivalente, ou do que for habitualmente pago para serviço semelhante.

► Art. 7º, IV e V, da CF.

Art. 461. Sendo idêntica a função, a todo trabalho de igual valor, prestado ao mesmo empregador, no mesmo estabelecimento empresarial, corresponderá igual salário, sem distinção de sexo, etnia, nacionalidade ou idade.

► *Caput* com a redação dada pela Lei nº 13.467, de 13-7-2017.

§ 1º Trabalho de igual valor, para os fins deste Capítulo, será o que for feito com igual produtividade e com a mesma perfeição técnica, entre pessoas cuja diferença de tempo de serviço para o mesmo empregador não seja superior a quatro anos e a diferença de tempo na função não seja superior a dois anos.

§ 2º Os dispositivos deste artigo não prevalecerão quando o empregador tiver pessoal organizado em quadro de carreira ou adotar, por meio de norma interna da empresa ou de negociação coletiva, plano de cargos e salários, dispensada qualquer forma de homologação ou registro em órgão público.

§ 3º No caso do § 2º deste artigo, as promoções poderão ser feitas por merecimento e por antiguidade, ou por apenas um destes critérios, dentro de cada categoria profissional.

► §§ 1º a 3º com a redação dada pela Lei nº 13.467, de 13-7-2017.

§ 4º O trabalhador readaptado em nova função por motivo de deficiência física ou mental atestada pelo órgão competente da Previdência Social não servirá de paradigma para fins de equiparação salarial.

- § 4º acrescido pela Lei nº 5.798, de 31-8-1972.
- Súm. nº 202 do STF.
- Súm. nº 275 do TST.

§ 5º A equiparação salarial só será possível entre empregados contemporâneos no cargo ou na função, ficando vedada a indicação de paradigmas remotos, ainda que o paradigma contemporâneo tenha obtido a vantagem em ação judicial própria.

- § 5º acrescido pela Lei nº 13.467, de 13-7-2017.

§ 6º Na hipótese de discriminação por motivo de sexo, raça, etnia, origem ou idade, o pagamento das diferenças salariais devidas ao empregado discriminado não afasta seu direito de ação de indenização por danos morais, consideradas as especificidades do caso concreto.

- § 6º com a redação dada pela Lei nº 14.611, de 3-7-2023.

§ 7º Sem prejuízo do disposto no § 6º, no caso de infração ao previsto neste artigo, a multa de que trata o art. 510 desta Consolidação corresponderá a 10 (dez) vezes o valor do novo salário devido pelo empregador ao empregado discriminado, elevada ao dobro, no caso de reincidência, sem prejuízo das demais cominações legais.

- § 7º acrescido pela Lei nº 14.611, de 3-7-2023.

Art. 462. Ao empregador é vedado efetuar qualquer desconto nos salários do empregado, salvo quando este resultar de adiantamentos, de dispositivos de lei ou de contrato coletivo.

- O art. 20 do Dec.-lei nº 229, de 28-2-1967, substituiu a expressão "Contratos coletivos de trabalho" por "Convenções coletivas de trabalho".
- Art. 7º, X, da CF.
- Lei nº 10.820, de 17-12-2003, dispõe sobre a autorização para desconto de prestações em folha de pagamento.
- Súmulas nºs 342, 368 e 401 do TST.
- OJ da SBDI-I nº 160 do TST.

§ 1º Em caso de dano causado pelo empregado, o desconto será lícito, desde que esta possibilidade tenha sido acordada ou na ocorrência de dolo do empregado.

- Parágrafo único transformado em § 1º pelo Dec.-lei nº 229, de 28-2-1967.
- Súm. nº 187 do TST.
- OJ da SBDI-I nº 251 do TST.

§ 2º É vedado à empresa que mantiver armazém para venda de mercadoria aos empregados ou serviços destinados a proporcionar-lhes prestações *in natura* exercer qualquer coação ou induzimento ao sentido de que os empregados se utilizem do armazém ou dos serviços.

§ 3º Sempre que não for possível o acesso dos empregados a armazéns ou serviços não mantidos pela empresa, é lícito à autoridade competente determinar a adoção de medidas adequadas, visando a que as mercadorias sejam vendidas e os serviços prestados a preços razoáveis, sem intuito de lucro e sempre em benefício dos empregados.

§ 4º Observado o disposto neste Capítulo, é vedado às empresas limitar, por qualquer forma, a liberdade dos empregados de dispor do seu salário.

- §§ 2º a 4º acrescidos pelo Dec.-lei nº 229, de 28-2-1967.

Art. 463. A prestação, em espécie, do salário será paga em moeda corrente do País.

Parágrafo único. O pagamento do salário realizado com inobservância deste artigo considera-se como não feito.

- Art. 315 do CC.

Art. 464. O pagamento do salário deverá ser efetuado contra recibo, assinado pelo empregado; em se tratando de analfabeto, mediante sua impressão digital, ou, não sendo esta possível, a seu rogo.

Parágrafo único. Terá força de recibo o comprovante de depósito em conta bancária, aberta para esse fim em nome de cada empregado, com o consentimento deste, em estabelecimento de crédito próximo ao local de trabalho.

- Parágrafo único acrescido pela Lei nº 9.528, de 10-12-1997.

Art. 465. O pagamento dos salários será efetuado em dia útil e no local do trabalho, dentro do horário do serviço ou imediatamente após o encerramento deste, salvo quando efetuado por depósito em conta bancária, observado o disposto no artigo anterior.

- Artigo com a redação dada pela Lei nº 9.528, de 10-12-1997.

Art. 466. O pagamento de comissões e percentagens só é exigível depois de ultimada a transação a que se referem.

▶ Orientações Jurisprudenciais da SBDI-I n°s 175 e 181 do TST.

§ 1º Nas transações realizadas por prestações sucessivas, é exigível o pagamento das percentagens e comissões que lhes disserem respeito proporcionalmente à respectiva liquidação.

§ 2º A cessação das relações de trabalho não prejudica a percepção das comissões e percentagens devidas na forma estabelecida por este artigo.

▶ Súm. nº 173 do TST.

Art. 467. Em caso de rescisão do contrato de trabalho, havendo controvérsia sobre o montante das verbas rescisórias, o empregador é obrigado a pagar ao trabalhador, à data do comparecimento à Justiça do Trabalho, a parte incontroversa dessas verbas, sob pena de pagá-las acrescidas de cinquenta por cento.

▶ *Caput* com a redação dada pela Lei nº 10.272, de 5-9-2001.

▶ Súmulas nºs 13, 69, 173 e 388 do TST.

Parágrafo único. O disposto no *caput* não se aplica à União, aos Estados, ao Distrito Federal, aos Municípios e as suas autarquias e fundações públicas.

▶ Parágrafo único acrescido pela MP nº 2.180-35, de 24-8-2001, que até o encerramento desta edição não havia sido convertida em Lei.

▶ A MP nº 2.180-35, de 24-8-2001, acrescentou o parágrafo único acima transcrito. No entanto, entendemos que a nova redação dada a este artigo pela Lei nº 10.272, de 5-9-2001, suprimiu seu parágrafo único.

▶ Súm. nº 173 do TST.

Capítulo III

DA ALTERAÇÃO

Art. 468. Nos contratos individuais de trabalho só é lícita a alteração das respectivas condições por mútuo consentimento, e ainda assim, desde que não resultem, direta ou indiretamente, prejuízos ao empregado, sob pena de nulidade da cláusula infringente desta garantia.

▶ Arts. 7º, VI, XXVII, 37, XV, da CF.

▶ Art. 17 do ADCT.

▶ Súmulas nºs 51, 265, 291, 294 e 372 do TST.

▶ Orientações Jurisprudenciais da SBDI-I nºs 76, 159 e 175 do TST.

▶ OJ da SBDI-I Transitória nº 72 do TST.

§ 1º Não se considera alteração unilateral a determinação do empregador para que o respectivo empregado reverta ao cargo efetivo, anteriormente ocupado, deixando o exercício de função de confiança.

▶ Parágrafo único renumerado para § 1º pela Lei nº 13.467, de 13-7-2017.

§ 2º A alteração de que trata o § 1º deste artigo, com ou sem justo motivo, não assegura ao empregado o direito à manutenção do pagamento da gratificação correspondente, que não será incorporada, independentemente do tempo de exercício da respectiva função.

▶ § 2º acrescido pela Lei nº 13.467, de 13-7-2017.

Art. 469. Ao empregador é vedado transferir o empregado, sem a sua anuência, para localidade diversa da que resultar do contrato, não se considerando transferência a que não acarretar necessariamente a mudança do seu domicílio.

▶ Súm. nº 29 do TST.

§ 1º Não estão compreendidos na proibição deste artigo os empregados que exerçam cargos de confiança e aqueles cujos contratos tenham como condição, implícita ou explícita, a transferência, quando esta decorra de real necessidade de serviço.

▶ § 1º com a redação dada pela Lei nº 6.203, de 17-4-1975.

▶ Súm. nº 43 do TST.

▶ OJ da SBDI-I nº 113 do TST.

§ 2º É lícita a transferência quando ocorrer extinção do estabelecimento em que trabalhar o empregado.

▶ Súm. nº 221 do STF.

§ 3º Em caso de necessidade de serviço o empregador poderá transferir o empregado para localidade diversa da que resultar do contrato, não obstante as restrições do artigo anterior, mas, nesse caso, ficará obrigado a um pagamento suplementar, nunca inferior a vinte e cinco por cento dos salários que o empregado percebia naquela localidade, enquanto durar essa situação.

▶ § 3º acrescido pela Lei nº 6.203, de 17-4-1975.

▶ Súm. nº 43 do TST.

Art. 470. As despesas resultantes da transferência correrão por conta do empregador.

- Artigo com a redação dada pela Lei nº 6.203, de 17-4-1975.

Capítulo IV

DA SUSPENSÃO E DA INTERRUPÇÃO

Art. 471. Ao empregado afastado do emprego, são asseguradas, por ocasião de sua volta, todas as vantagens que, em sua ausência, tenham sido atribuídas à categoria a que pertencia na empresa.

- Súm. nº 219 do STF.
- Súmulas nºs 186 e 269 do TST.

Art. 472. O afastamento do empregado em virtude das exigências do serviço militar, ou de outro encargo público, não constituirá motivo para alteração ou rescisão do contrato de trabalho por parte do empregador.

§ 1º Para que o empregado tenha direito a voltar a exercer o cargo do qual se afastou em virtude de exigências do serviço militar ou de encargo público, é indispensável que notifique o empregador dessa intenção, por telegrama ou carta registrada, dentro do prazo máximo de trinta dias, contados da data em que se verificar a respectiva baixa ou a terminação do encargo a que estava obrigado.

- Lei nº 4.375, de 17-8-1964 (Lei do Serviço Militar).

§ 2º Nos contratos por prazo determinado, o tempo de afastamento, se assim acordarem as partes interessadas, não será computado na contagem do prazo para a respectiva terminação.

§ 3º Ocorrendo motivo relevante de interesse para a segurança nacional, poderá a autoridade competente solicitar o afastamento do empregado do serviço ou do local de trabalho, sem que se configure a suspensão do contrato de trabalho.

§ 4º O afastamento a que se refere o parágrafo anterior será solicitado pela autoridade competente diretamente ao empregador, em representação fundamentada com audiência da Procuradoria Regional do Trabalho, que providenciará desde logo a instauração do competente inquérito administrativo.

§ 5º Durante os primeiros noventa dias desse afastamento, o empregado continuará percebendo sua remuneração.

- §§ 3º a 5º acrescidos pelo Dec.-lei nº 3, de 27-1-1966.
- Lei nº 12.815, de 5-6-2013 (Lei dos Portos).
- Art. 38 da CF.
- Súm. nº 269 do TST.

Art. 473. O empregado poderá deixar de comparecer ao serviço sem prejuízo do salário:

- *Caput* com a redação dada pelo Dec.-lei nº 229, de 28-2-1967.

I – até dois dias consecutivos, em caso de falecimento do cônjuge, ascendente, descendente, irmão ou pessoa que, declarada em sua Carteira de Trabalho e Previdência Social, viva sob sua dependência econômica;

- Dec.-lei nº 229, de 28-2-1967, altera dispositivos da Consolidação das Leis do Trabalho, aprovada pelo Decreto-lei nº 5.452, de 1º-5-1943.

II – até três dias consecutivos, em virtude de casamento;

- Incisos I e II acrescidos pelo Dec.-lei nº 229, de 28-2-1967.

III – por 5 (cinco) dias consecutivos, em caso de nascimento de filho, de adoção ou de guarda compartilhada;

- Inciso III com a redação dada pela Lei nº 14.457, de 21-9-2022.
- Art. 7º, XVIII e XIX, da CF.
- Art. 10, § 1º, do ADCT, que estabelece licença-paternidade de 5 dias.
- Art. 392 desta Consolidação.
- A Lei nº 13.257, de 8-3-2016, deu nova redação ao art. 1º da Lei nº 11.770, de 9-9-2008 (Programa Empresa Cidadã) para prever o acréscimo de 15 dias para a licença-paternidade dos empregados vinculados às empresas participantes.

IV – por um dia, em cada doze meses de trabalho, em caso de doação voluntária de sangue devidamente comprovada;

V – até dois dias consecutivos ou não, para o fim de se alistar eleitor, nos termos da lei respectiva;

- Incisos IV e V acrescidos pelo Dec.-lei nº 229, de 28-2-1967.

VI – no período de tempo em que tiver de cumprir as exigências do Serviço Militar referidas na letra c do artigo 65 da Lei nº 4.375, de 17 de agosto de 1964 (Lei do Serviço Militar);

- Inciso VI acrescido pelo Dec.-lei nº 757, de 12-8-1969.

VII – nos dias em que estiver comprovadamente realizando provas de exame vestibular para ingresso em estabelecimento de ensino superior;

- Inciso VII acrescido pela Lei nº 9.471, de 14-7-1997.

VIII – pelo tempo que se fizer necessário, quando tiver que comparecer a juízo;

► Inciso VIII acrescido pela Lei nº 9.853, de 27-10-1999.

► Súm. nº 155 do TST.

IX – pelo tempo que se fizer necessário, quando, na qualidade de representante de entidade sindical, estiver participando de reunião oficial de organismo internacional do qual o Brasil seja membro;

► Inciso IX acrescido pela Lei nº 11.304, de 11-5-2006.

X – pelo tempo necessário para acompanhar sua esposa ou companheira em até 6 (seis) consultas médicas, ou em exames complementares, durante o período de gravidez;

► Inciso X com a redação dada pela Lei nº 14.457, de 21-9-2022.

XI – por 1 (um) dia por ano para acompanhar filho de até 6 (seis) anos em consulta médica;

► Inciso XI acrescido pela Lei nº 13.257, de 8-3-2016.

XII – até 3 (três) dias, em cada 12 (doze) meses de trabalho, em caso de realização de exames preventivos de câncer devidamente comprovada.

► Inciso XII acrescido pela Lei nº 13.767, de 18-12-2018.

Parágrafo único. O prazo a que se refere o inciso III do *caput* deste artigo será contado a partir da data de nascimento do filho.

► Parágrafo único acrescido pela Lei nº 14.457, de 21-9-2022.

Art. 474. A suspensão do empregado por mais de trinta dias consecutivos importa na rescisão injusta do contrato de trabalho.

► Súm. nº 77 do TST.

Art. 475. O empregado que for aposentado por invalidez terá suspenso o seu contrato de trabalho durante o prazo fixado pelas leis de previdência social para a efetivação do benefício.

► Súm. nº 217 do STF.

► Súm. nº 440 do TST.

► OJ da SBDI-I nº 375 do TST.

§ 1º Recuperando o empregado a capacidade de trabalho e sendo a aposentadoria cancelada, ser-lhe-á assegurado o direito à função que ocupava ao tempo da aposentadoria, facultado, porém, ao empregador, o direito de indenizá-lo por rescisão do contrato de trabalho, nos termos dos artigos 477 e 478, salvo na hipótese de ser ele portador de estabilidade, quando a indenização deverá ser paga na forma do artigo 497.

► § 1º com a redação dada pela Lei nº 4.824, de 5-11-1965.

► Dec. nº 10.088, de 5-11-2019, consolida atos normativos editados pelo Poder Executivo Federal que dispõem sobre a promulgação de convenções e recomendações da Organização Internacional do Trabalho – OIT ratificadas pela República Federativa do Brasil.

► Súmulas nºs 72, 97 e 160 do TST.

§ 2º Se o empregador houver admitido substituto para o aposentado, poderá rescindir, com este, o respectivo contrato de trabalho sem indenização, desde que tenha havido ciência inequívoca da interinidade ao ser celebrado o contrato.

Art. 476. Em caso de seguro-doença ou auxílio-enfermidade, o empregado é considerado em licença não remunerada, durante o prazo desse benefício.

► OJ da SBDI-I nº 375 do TST.

► Súmulas nºs 15, 282, 371 e 378 do TST.

Art. 476-A. O contrato de trabalho poderá ser suspenso, por um período de dois a cinco meses, para participação do empregado em curso ou programa de qualificação profissional oferecido pelo empregador, com duração equivalente à suspensão contratual, mediante previsão em convenção ou acordo coletivo de trabalho e aquiescência formal do empregado, observado o disposto no artigo 471 desta Consolidação.

► Art. 17, I, da Lei nº 14.020, de 6-7-2020 (Programa Emergencial de Manutenção do Emprego e da Renda).

§ 1º Após a autorização concedida por intermédio de convenção ou acordo coletivo, o empregador deverá notificar o respectivo sindicato, com antecedência mínima de quinze dias da suspensão contratual.

§ 2º O contrato de trabalho não poderá ser suspenso em conformidade com o disposto no *caput* deste artigo mais de uma vez no período de dezesseis meses.

§ 3º O empregador poderá conceder ao empregado ajuda compensatória mensal, sem natureza salarial, durante o período de suspensão contratual nos termos do *caput* deste artigo, com valor a ser definido em convenção ou acordo coletivo.

§ 4º Durante o período de suspensão contratual para participação em curso ou programa de qualificação profissional, o empregado fará jus aos benefícios voluntariamente concedidos pelo empregador.

§ 5º Se ocorrer a dispensa do empregado no transcurso do período de suspensão contratual ou nos três meses subsequentes ao seu retorno ao trabalho, o empregador pagará ao empregado, além das parcelas indenizatórias previstas na legislação em vigor, multa a ser estabelecida em convenção ou acordo coletivo, sendo de, no mínimo, cem por cento sobre o valor da última remuneração mensal anterior à suspensão do contrato.

§ 6º Se durante a suspensão do contrato não for ministrado o curso ou programa de qualificação profissional, ou o empregado permanecer trabalhando para o empregador, ficará descaracterizada a suspensão, sujeitando o empregador ao pagamento imediato dos salários e dos encargos sociais referentes ao período, às penalidades cabíveis previstas na legislação em vigor, bem como às sanções previstas em convenção ou acordo coletivo.

§ 7º O prazo limite fixado no *caput* poderá ser prorrogado mediante convenção ou acordo coletivo de trabalho e aquiescência formal do empregado, desde que o empregador arque com o ônus correspondente ao valor da bolsa de qualificação profissional, no respectivo período.

- Art. 476-A acrescido pela MP nº 2.164-41, de 24-8-2001, que até o encerramento desta edição não havia sido convertida em Lei.
- Dec. nº 1.298, de 29-9-1994, promulga a Convenção nº 140 da OIT sobre licença remunerada para estudos.

Capítulo V

DA RESCISÃO

Art. 477. Na extinção do contrato de trabalho, o empregador deverá proceder à anotação na Carteira de Trabalho e Previdência Social, comunicar a dispensa aos órgãos competentes e realizar o pagamento das verbas rescisórias no prazo e na forma estabelecidos neste artigo.

- *Caput* com a redação dada pela Lei nº 13.467, de 13-7-2017.

§ 1º *Revogado*. Lei nº 13.467, de 13-7-2017.

§ 2º O instrumento de rescisão ou recibo de quitação, qualquer que seja a causa ou forma de dissolução do contrato, deve ter especificada a natureza de cada parcela paga ao empregado e discriminado o seu valor, sendo válida a quitação, apenas, relativamente às mesmas parcelas.

- § 2º com a redação dada pela Lei nº 5.584, de 26-6-1970.
- Súmulas nºs 54 e 330 do TST.
- Orientações Jurisprudenciais da SBDI-I nºs 207, 270 e 356 do TST.

§ 3º *Revogado*. Lei nº 13.467, de 13-7-2017.

§ 4º O pagamento a que fizer jus o empregado será efetuado:

I – em dinheiro, depósito bancário ou cheque visado, conforme acordem as partes; ou

II – em dinheiro ou depósito bancário quando o empregado for analfabeto.

- § 4º com a redação dada pela Lei nº 13.467, de 13-7-2017.

§ 5º Qualquer compensação no pagamento de que trata o parágrafo anterior não poderá exceder o equivalente a um mês de remuneração do empregado.

- § 5º com a redação dada pela Lei nº 5.584, de 26-6-1970.

§ 6º A entrega ao empregado de documentos que comprovem a comunicação da extinção contratual aos órgãos competentes bem como o pagamento dos valores constantes do instrumento de rescisão ou recibo de quitação deverão ser efetuados até dez dias contados a partir do término do contrato.

- *Caput* do § 6º com a redação dada pela Lei nº 13.467, de 13-7-2017.

a e *b*) *Revogadas*. Lei nº 13.467, de 13-7-2017.

§ 7º *Revogado*. Lei nº 13.467, de 13-7-2017.

§ 8º A inobservância do disposto no § 6º deste artigo sujeitará o infrator à multa de 160 BTN, por trabalhador, bem assim ao pagamento da multa a favor do empregado, em valor equivalente ao seu salário, devidamente corrigido pelo índice de variação do BTN, salvo quando, comprovadamente, o trabalhador der causa à mora.

- § 8º acrescido pela Lei nº 7.855, de 24-10-1989.
- A partir de 1º-2-1991, foi extinto o BTN pelo art. 3º da Lei nº 8.177, de 1º-3-1991, que fixa, no seu parágrafo único, a conversão do BTN em cruzeiros no valor de CR$ 126,8621. Tal valor foi mantido pelo art. 21, I, da Lei nº 8.178, de 4-3-1991, tendo sido elevado em 70% pelo art. 10 da Lei nº 8.218, de 29-8-1991. Desde 1º-8-1993, o cruzeiro passou para cruzeiro real na paridade de mil por um, em função da MP nº 336,

de 28-7-1993, convertida na Lei nº 8.697, de 27-8-1993. Desde 1º-7-1994, o cruzeiro real passou a real pela Lei nº 8.880, de 27-5-1994, fixada a paridade de R$ 1,00 para 2.750,00 URVs. Pelo art. 1º da Lei nº 8.383, de 30-12-1991, foi instituída a UFIR como medida de valor e parâmetro de atualização monetária de tributos e de multas e penalidades de qualquer natureza. O art. 29, § 3º, da Lei nº 10.522, de 19-7-2002, que dispõe sobre o Cadastro Informativo dos créditos não quitados de órgãos e entidades federais, extinguiu a UFIR.

► Port. do MTPrev nº 667, de 8-11-2021, regulamenta a imposição de multas administrativas previstas na legislação trabalhista.

► Ementa nº 7 aprovada pela Port. da SRT nº 1, de 25-5-2006.

► Súmulas nºs 388 a 462 do TST.

► OJ da SBDI-I nº 238 do TST.

§ 9º VETADO. Lei nº 7.855, de 24-10-1989.

§ 10. A anotação da extinção do contrato na Carteira de Trabalho e Previdência Social é documento hábil para requerer o benefício do seguro-desemprego e a movimentação da conta vinculada no Fundo de Garantia do Tempo de Serviço, nas hipóteses legais, desde que a comunicação prevista no *caput* deste artigo tenha sido realizada.

► § 10 acrescido pela Lei nº 13.467, de 13-7-2017.

Art. 477-A. As dispensas imotivadas individuais, plúrimas ou coletivas equiparam-se para todos os fins, não havendo necessidade de autorização prévia de entidade sindical ou de celebração de convenção coletiva ou acordo coletivo de trabalho para sua efetivação.

Art. 477-B. Plano de Demissão Voluntária ou Incentivada, para dispensa individual, plúrima ou coletiva, previsto em convenção coletiva ou acordo coletivo de trabalho, enseja quitação plena e irrevogável dos direitos decorrentes da relação empregatícia, salvo disposição em contrário estipulada entre as partes.

► Arts. 477-A e 477-B acrescidos pela Lei nº 13.467, de 13-7-2017.

Art. 478. A indenização devida pela rescisão de contrato por prazo indeterminado será de um mês de remuneração por ano de serviço efetivo, ou por ano e fração igual ou superior a seis meses.

► Súmulas nºs 44, 132 e 138 do TST.

► OJ da SBDI-I nº 364 do TST.

§ 1º O primeiro ano de duração do contrato por prazo indeterminado é considerado como período de experiência, e, antes que se complete, nenhuma indenização será devida.

► Este parágrafo foi derrogado pelo parágrafo único, do art. 18 da Lei nº 5.107, de 13-9-1966.

§ 2º Se o salário for pago por dia, o cálculo da indenização terá por base trinta dias.

§ 3º Se pago por hora, a indenização apurar-se-á na base de duzentas horas por mês.

► Art. 7º, XIII, da CF, induz que a indenização apurar-se-á na base de 220 (duzentas e vinte) horas.

► Súm. nº 459 do STF.

§ 4º Para os empregados que trabalhem à comissão ou que tenham direito a percentagens, a indenização será calculada pela média das comissões ou percentagens percebidas nos últimos doze meses de serviço.

► § 4º com a redação dada pelo Dec.-lei nº 229, de 28-2-1967.

§ 5º Para os empregados que trabalhem por tarefa ou serviço feito, a indenização será calculada na base média do tempo costumeiramente gasto pelo interessado para realização de seu serviço, calculando-se o valor do que seria feito durante trinta dias.

► Lei nº 8.036, de 11-5-1990 (Lei do FGTS).

► Súmulas nºs 148 e 152 do TST.

Art. 479. Nos contratos que tenham termo estipulado, o empregador que, sem justa causa, despedir o empregado será obrigado a pagar-lhe, a título de indenização, e por metade, a remuneração a que teria direito até o termo do contrato.

► Súm. nº 125 do TST.

Parágrafo único. Para a execução do que dispõe o presente artigo, o cálculo da parte variável ou incerta dos salários será feito de acordo com o prescrito para o cálculo da indenização referente à rescisão dos contratos por prazo indeterminado.

Art. 480. Havendo termo estipulado, o empregado não se poderá desligar do contrato, sem justa causa, sob pena de ser obrigado a indenizar o empregador dos prejuízos que desse fato lhe resultarem.

§ 1º A indenização, porém, não poderá exceder àquela a que teria direito o empregado em idênticas condições.

► Parágrafo único transformado em § 1º pelo Dec.-lei nº 6.353, de 20-3-1944.

► Súm. nº 125 do TST.

§ 2º *Revogado.* Lei nº 6.533, de 24-5-1978.

Art. 481. Aos contratos por prazo determinado, que contiverem cláusula assecuratória do direito recíproco de rescisão, antes de expirado o termo ajustado, aplicam-se, caso seja exercido tal direito por qualquer das partes, os princípios que regem a rescisão dos contratos por prazo indeterminado.

► Súm. nº 163 do TST.

Art. 482. Constituem justa causa para rescisão do contrato de trabalho pelo empregador:

a) ato de improbidade;

► Art. 37, §§ 4º e 5º, da CF.

b) incontinência de conduta ou mau procedimento;

c) negociação habitual por conta própria ou alheia sem permissão do empregador, e quando constituir ato de concorrência à empresa para a qual trabalha o empregado, ou for prejudicial ao serviço;

d) condenação criminal do empregado, passada em julgado, caso não tenha havido suspensão da execução da pena;

e) desídia no desempenho das respectivas funções;

f) embriaguez habitual ou em serviço;

g) violação de segredo da empresa;

h) ato de indisciplina ou de insubordinação;

i) abandono de emprego;

► Súmulas nºs 32, 62 e 73 do TST.

j) ato lesivo da honra ou da boa fama praticado no serviço contra qualquer pessoa, ou ofensas físicas, nas mesmas condições, salvo em caso de legítima defesa, própria ou de outrem;

k) ato lesivo da honra ou da boa fama ou ofensas físicas praticadas contra o empregador e superiores hierárquicos, salvo em caso de legítima defesa, própria ou de outrem;

l) prática constante de jogos de azar;

m) perda da habilitação ou dos requisitos estabelecidos em lei para o exercício da profissão, em decorrência de conduta dolosa do empregado.

► Alínea *m* acrescida pela Lei nº 13.467, de 13-7-2017.

Parágrafo único. Constitui igualmente justa causa para dispensa de empregado a prática, devidamente comprovada em inquérito administrativo, de atos atentatórios contra a segurança nacional.

► Parágrafo único acrescido pelo Dec.-lei nº 3, de 27-1-1966.

► Art. 109, VI, da CF.

► Lei nº 12.815, de 5-6-2013 (Lei dos Portos).

► Súmulas nºs 77 e 212 do TST.

Art. 483. O empregado poderá considerar rescindido o contrato e pleitear a devida indenização quando:

a) forem exigidos serviços superiores às suas forças, defesos por lei, contrários aos bons costumes, ou alheios ao contrato;

b) for tratado pelo empregador ou por seus superiores hierárquicos com rigor excessivo;

c) correr perigo manifesto de mal considerável;

d) não cumprir o empregador as obrigações do contrato;

e) praticar o empregador ou seus prepostos, contra ele ou pessoas de sua família, ato lesivo da honra e boa fama;

f) o empregador ou seus prepostos ofenderem-no fisicamente, salvo em caso de legítima defesa, própria ou de outrem;

g) o empregador reduzir o seu trabalho, sendo este por peça ou tarefa, de forma a afetar sensivelmente a importância dos salários.

► OJ da SBDI-I nº 244 do TST.

§ 1º O empregado poderá suspender a prestação dos serviços ou rescindir o contrato, quando tiver de desempenhar obrigações legais, incompatíveis com a continuação do serviço.

§ 2º No caso de morte do empregador constituído em empresa individual, é facultado ao empregado rescindir o contrato de trabalho.

§ 3º Nas hipóteses das letras *d* e *g*, poderá o empregado pleitear a rescisão de seu contrato de trabalho e o pagamento das respectivas indenizações, permanecendo ou não no serviço até final decisão do processo.

► § 3º acrescido pela Lei nº 4.825, de 5-11-1965.

► Súm. nº 13 do TST.

Art. 484. Havendo culpa recíproca no ato que determinou a rescisão do contrato de trabalho, o tribunal de trabalho reduzirá a indenização à que seria devida em caso de culpa exclusiva do empregador, por metade.

► Súm. nº 14 do TST.

Art. 484-A. O contrato de trabalho poderá ser extinto por acordo entre empregado e empregador, caso em que serão devidas as seguintes verbas trabalhistas:

I – por metade:

a) o aviso prévio, se indenizado; e

b) a indenização sobre o saldo do Fundo de Garantia do Tempo de Serviço, prevista no § 1º do art. 18 da Lei nº 8.036, de 11 de maio de 1990;

II – na integralidade, as demais verbas trabalhistas.

§ 1º A extinção do contrato prevista no *caput* deste artigo permite a movimentação da conta vinculada do trabalhador no Fundo de Garantia do Tempo de Serviço na forma do inciso I-A do art. 20 da Lei nº 8.036, de 11 de maio de 1990, limitada até 80% (oitenta por cento) do valor dos depósitos.

§ 2º A extinção do contrato por acordo prevista no *caput* deste artigo não autoriza o ingresso no Programa de Seguro-Desemprego.

► Art. 484-A acrescido pela Lei nº 13.467, de 13-7-2017.

Art. 485. Quando cessar a atividade da empresa, por morte do empregador, os empregados terão direito, conforme o caso, à indenização a que se referem os artigos 477 e 497.

► Súmulas nºs 44, 163, 173, 182, 230 e 276 do TST.

Art. 486. No caso de paralisação temporária ou definitiva do trabalho, motivada por ato de autoridade municipal, estadual ou federal, ou pela promulgação de lei ou resolução que impossibilite a continuação da atividade, prevalecerá o pagamento da indenização, que ficará a cargo do Governo responsável.

► *Caput* com a redação dada pela Lei nº 1.530, de 26-12-1951.

§ 1º Sempre que o empregador invocar em sua defesa o preceito do presente artigo, o tribunal do trabalho competente notificará a pessoa de direito público apontada como responsável pela paralisação do trabalho, para que, no prazo de trinta dias, alegue o que entender devido, passando a figurar no processo como chamada à autoria.

► § 1º com a redação dada pelo Dec.-lei nº 6.110, de 16-12-1943.

§ 2º Sempre que a parte interessada, firmada em documento hábil, invocar defesa baseada na disposição deste artigo e indicar qual o juiz competente, será ouvida a parte contrária, para, dentro de três dias, falar sobre essa alegação.

§ 3º Verificada qual a autoridade responsável, a Junta de Conciliação ou Juiz dar-se-á por incompetente, remetendo os autos ao Juiz Privativo da Fazenda, perante o qual correrá o feito nos termos previstos no processo comum.

► §§ 2º e 3º com a redação dada pela Lei nº 1.530, de 26-12-1951.

► EC nº 24, de 9-12-1999, alterou a denominação das Juntas de Conciliação e Julgamento para Varas do Trabalho e extinguiu a representação classista na Justiça do Trabalho.

Capítulo VI

DO AVISO PRÉVIO

► Art. 7º, XXI, da CF.

► Lei nº 12.506, de 11-10-2011 (Lei do Aviso Prévio).

Art. 487. Não havendo prazo estipulado, a parte que, sem justo motivo, quiser rescindir o contrato deverá avisar a outra da sua resolução com a antecedência mínima de:

I – oito dias, se o pagamento for efetuado por semana ou tempo inferior;

► Este inciso não foi recepcionado pelo art. 7º, XXI, da CF.

► Súm. nº 79 do extinto TFR.

► Súmulas nºs 10, 44, 73, 163, 182, 230, 276, 348, 363, 369, 371, 380 e 441 do TST.

► Orientações Jurisprudenciais da SBDI-I nºs 14, 42, 82, 83 e 268 do TST.

II – trinta dias aos que perceberem por quinzena ou mês, ou que tenham mais de doze meses de serviço na empresa.

► Incisos I e II com a redação dada pela Lei nº 1.530, de 26-12-1951.

§ 1º A falta do aviso prévio por parte do empregador dá ao empregado o direito aos salários correspondentes ao prazo do aviso, garantida sempre a integração desse período no seu tempo de serviço.

► Súmulas nºs 305 e 394 do TST.

► Orientações Jurisprudenciais da SBDI-I n°s 82, 83 e 268 e 367 do TST.

§ 2º A falta de aviso prévio por parte do empregado dá ao empregador o direito de descontar os salários correspondentes ao prazo respectivo.

§ 3º Em se tratando de salário pago na base de tarefa, o cálculo, para os efeitos dos parágrafos anteriores, será feito de acordo com a média dos últimos doze meses de serviço.

§ 4º É devido o aviso prévio na despedida indireta.

► § 4º acrescido pela Lei nº 7.108, de 5-7-1983.

► Súmulas n°s 44, 73 e 163 do TST.

§ 5º O valor das horas extraordinárias habituais integra o aviso prévio indenizado.

§ 6º O reajustamento salarial coletivo, determinado no curso do aviso prévio, beneficia o empregado pré-avisado da despedida, mesmo que tenha recebido antecipadamente os salários correspondentes ao período do aviso, que integra seu tempo de serviço para todos os efeitos legais.

► §§ 5º e 6º acrescidos pela Lei nº 10.218, de 11-4-2001.

► Súm. nº 230 do TST.

Art. 488. O horário normal de trabalho do empregado, durante o prazo do aviso, e se a rescisão tiver sido promovida pelo empregador, será reduzido de duas horas diárias, sem prejuízo do salário integral.

► Súm. nº 230 do TST.

Parágrafo único. É facultado ao empregado trabalhar sem a redução das duas horas diárias previstas neste artigo, caso em que poderá faltar ao serviço, sem prejuízo do salário integral, por um dia, na hipótese do inciso I, e por sete dias corridos, na hipótese do inciso II do artigo 487 desta Consolidação.

► Parágrafo único acrescido pela Lei nº 7.093, de 25-4-1983.

Art. 489. Dado o aviso prévio, a rescisão torna-se efetiva depois de expirado o respectivo prazo, mas, se a parte notificante reconsiderar o ato, antes de seu termo, à outra parte é facultado aceitar ou não a reconsideração.

Parágrafo único. Caso seja aceita a reconsideração ou continuando a prestação depois de expirado o prazo, o contrato continuará a vigorar, como se o aviso não tivesse sido dado.

Art. 490. O empregador que, durante o prazo do aviso prévio dado ao empregado, praticar ato que justifique a rescisão imediata do contrato, sujeita-se ao pagamento da remuneração correspondente ao prazo do referido aviso, sem prejuízo da indenização que for devida.

Art. 491. O empregado que, durante o prazo do aviso prévio, cometer qualquer das faltas consideradas pela lei como justas para a rescisão, perde o direito ao restante do respectivo prazo.

Capítulo VII

DA ESTABILIDADE

Art. 492. O empregado que contar mais de dez anos de serviço na mesma empresa não poderá ser despedido senão por motivo de falta grave ou circunstância de força maior, devidamente comprovadas.

► Art. 7º, I a III, da CF.

► Art. 10, I, do ADCT.

► Lei nº 8.036, de 11-5-1990 (Lei do FGTS).

► Súmulas n°s 379 e 390 do TST.

Parágrafo único. Considera-se como de serviço todo o tempo em que o empregado esteja à disposição do empregador.

► Art. 4º desta Consolidação.

Art. 493. Constitui falta grave a prática de qualquer dos fatos a que se refere o artigo 482, quando por sua repetição ou natureza representem séria violação dos deveres e obrigações do empregado.

Art. 494. O empregado acusado de falta grave poderá ser suspenso de suas funções, mas a sua despedida só se tornará efetiva após o inquérito em que se verifique a procedência da acusação.

Parágrafo único. A suspensão, no caso deste artigo, perdurará até a decisão final do processo.

► Súm. nº 403 do STF.

► Súm. nº 62 do TST.

► OJ da SBDI-II nº 137 do TST.

Art. 495. Reconhecida a inexistência de falta grave praticada pelo empregado, fica o empregador obrigado a readmiti-lo no serviço e a pagar-lhe os salários a que teria direito no período da suspensão.

Art. 496. Quando a reintegração do empregado estável for desaconselhável, dado o grau de incompatibilidade resultante do dissídio, especialmente quando for o empregador pessoa física, o tribunal do trabalho poderá converter aquela obrigação em indenização devida nos termos do artigo seguinte.

► Súmulas nºs 28 e 396 do TST.

Art. 497. Extinguindo-se a empresa, sem a ocorrência de motivo de força maior, ao empregado estável despedido é garantida a indenização por rescisão do contrato por prazo indeterminado, paga em dobro.

► Súm. nº 221 do STF.

Art. 498. Em caso de fechamento do estabelecimento, filial ou agência, ou supressão necessária de atividade, sem ocorrência de motivo de força maior, é assegurado aos empregados estáveis, que ali exerçam suas funções, direito à indenização, na forma do artigo anterior.

► Súm. nº 221 do STF.

► Súm. nº 173 do TST.

Art. 499. Não haverá estabilidade no exercício dos cargos de diretoria, gerência ou outros de confiança imediata do empregador, ressalvado o cômputo do tempo de serviço para todos os efeitos legais.

§ 1º Ao empregado garantido pela estabilidade que deixar de exercer cargo de confiança, é assegurada, salvo no caso de falta grave, a reversão ao cargo efetivo que haja anteriormente ocupado.

§ 2º Ao empregado despedido sem justa causa, que só tenha exercido cargo de confiança e que contar mais de dez anos de serviço na mesma empresa, é garantida a indenização proporcional ao tempo de serviço nos termos dos artigos 477 e 478.

§ 3º A despedida que se verificar com o fim de obstar ao empregado a aquisição de estabilidade sujeitará o empregador a pagamento em dobro da indenização prescrita nos artigos 477 e 478.

Art. 500. O pedido de demissão do empregado estável só será válido quando feito com a assistência do respectivo Sindicato e, se não o houver, perante autoridade local competente do Ministério do Trabalho e Previdência Social ou da Justiça do Trabalho.

► Artigo com a redação dada pela Lei nº 5.584, de 26-6-1970.

Capítulo VIII

DA FORÇA MAIOR

Art. 501. Entende-se como força maior todo acontecimento inevitável, em relação à vontade do empregador, e para a realização do qual este não concorreu, direta ou indiretamente.

§ 1º A imprevidência do empregador exclui a razão de força maior.

§ 2º À ocorrência do motivo de força maior que não afetar substancialmente, nem for suscetível de afetar, em tais condições, a situação econômica e financeira da empresa não se aplicam as restrições desta Lei referentes ao disposto neste Capítulo.

Art. 502. Ocorrendo motivo de força maior que determine a extinção da empresa, ou de um dos estabelecimentos em que trabalhe o empregado, é assegurada a este, quando despedido, uma indenização na forma seguinte:

I – sendo estável, nos termos dos artigos 477 e 478;

II – não tendo direito à estabilidade, metade da que seria devida em caso de rescisão sem justa causa;

III – havendo contrato por prazo determinado, aquela a que se refere o artigo 479 desta Lei, reduzida igualmente à metade.

Art. 503. É lícita, em caso de força maior ou prejuízos devidamente comprovados, a redução geral dos salários dos empregados da empresa, proporcionalmente aos salários de cada um, não podendo, entretanto, ser superior a vinte e cinco por cento, respeitado, em qualquer caso, o salário mínimo da região.

► Art. 7º, IV e VI, da CF, que unificou o salário mínimo em todo o território nacional e proíbe a redução salarial, salvo o disposto em convenção ou acordo coletivo, respectivamente.

Parágrafo único. Cessados os efeitos decorrentes do motivo de força maior, é garantido o restabelecimento dos salários reduzidos.

Art. 504. Comprovada a falsa alegação do motivo de força maior, é garantida a reintegração aos empregados estáveis, e aos não estáveis o complemento da indenização já percebida, assegurado a ambos o pagamento da remuneração atrasada.

Capítulo IX

DISPOSIÇÕES ESPECIAIS

Art. 505. São aplicáveis aos trabalhadores rurais os dispositivos constantes dos Capítulos I, II e VI do presente Título.

▸ Lei nº 5.889, de 8-6-1973 (Lei do Trabalho Rural).

Art. 506. No contrato de trabalho agrícola é lícito o acordo que estabelecer a remuneração *in natura,* contanto que seja de produtos obtidos pela exploração do negócio e não exceda de 1/3 (um terço) do salário total do empregado.

▸ Artigo revogado tacitamente pela Lei nº 5.889, de 8-6-1973 (Lei do Trabalho Rural).

Art. 507. As disposições do Capítulo VII do presente Título não serão aplicáveis aos empregados em consultórios ou escritórios de profissionais liberais.

Parágrafo único. *Revogado.* Lei nº 6.533, de 24-5-1978.

Art. 507-A. Nos contratos individuais de trabalho cuja remuneração seja superior a duas vezes o limite máximo estabelecido para os benefícios do Regime Geral de Previdência Social, poderá ser pactuada cláusula compromissória de arbitragem, desde que por iniciativa do empregado ou mediante a sua concordância expressa, nos termos previstos na Lei nº 9.307, de 23 de setembro de 1996.

Art. 507-B. É facultado a empregados e empregadores, na vigência ou não do contrato de emprego, firmar o termo de quitação anual de obrigações trabalhistas, perante o sindicato dos empregados da categoria.

Parágrafo único. O termo discriminará as obrigações de dar e fazer cumpridas mensalmente e dele constará a quitação anual dada pelo empregado, com eficácia liberatória das parcelas nele especificadas.

▸ Arts. 507-A e 507-B acrescidos pela Lei nº 13.467, de 13-7-2017.

Art. 508. *Revogado.* Lei nº 12.347, de 10-12-2010.

Art. 509. *Revogado.* Lei nº 6.533, de 24-5-1978.

Art. 510. Pela infração das proibições constantes deste Título, será imposta à empresa a multa de valor igual a 1 (um) salário mínimo regional, elevada ao dobro, no caso de reincidência, sem prejuízo das demais cominações legais.

▸ Artigo com a redação dada pela Lei nº 5.562, de 12-12-1968.

▸ Port. do MTPrev nº 667, de 8-11-2021, regulamenta a imposição de multas administrativas previstas na legislação trabalhista.

TÍTULO IV-A – DA REPRESENTAÇÃO DOS EMPREGADOS

▸ Título IV-A acrescido pela Lei nº 13.467, de 13-7-2017.

Art. 510-A. Nas empresas com mais de duzentos empregados, é assegurada a eleição de uma comissão para representá-los, com a finalidade de promover-lhes o entendimento direto com os empregadores.

§ 1º A comissão será composta:

I – nas empresas com mais de duzentos e até três mil empregados, por três membros;

II – nas empresas com mais de três mil e até cinco mil empregados, por cinco membros;

III – nas empresas com mais de cinco mil empregados, por sete membros.

§ 2º No caso de a empresa possuir empregados em vários Estados da Federação e no Distrito Federal, será assegurada a eleição de uma comissão de representantes dos empregados por Estado ou no Distrito Federal, na mesma forma estabelecida no § 1º deste artigo.

Art. 510-B. A comissão de representantes dos empregados terá as seguintes atribuições:

I – representar os empregados perante a administração da empresa;

II – aprimorar o relacionamento entre a empresa e seus empregados com base nos princípios da boa-fé e do respeito mútuo;

III – promover o diálogo e o entendimento no ambiente de trabalho com o fim de prevenir conflitos;

IV – buscar soluções para os conflitos decorrentes da relação de trabalho, de forma rápida e eficaz, visando à efetiva aplicação das normas legais e contratuais;

V – assegurar tratamento justo e imparcial aos empregados, impedindo qualquer forma de discriminação por motivo de sexo, idade, religião, opinião política ou atuação sindical;

VI – encaminhar reivindicações específicas dos empregados de seu âmbito de representação;

VII – acompanhar o cumprimento das leis trabalhistas, previdenciárias e das convenções coletivas e acordos coletivos de trabalho.

§ 1º As decisões da comissão de representantes dos empregados serão sempre colegiadas, observada a maioria simples.

§ 2º A comissão organizará sua atuação de forma independente.

Art. 510-C. A eleição será convocada, com antecedência mínima de trinta dias, contados do término do mandato anterior, por meio de edital que deverá ser fixado na empresa, com ampla publicidade, para inscrição de candidatura.

§ 1º Será formada comissão eleitoral, integrada por cinco empregados, não candidatos, para a organização e o acompanhamento do processo eleitoral, vedada a interferência da empresa e do sindicato da categoria.

§ 2º Os empregados da empresa poderão candidatar-se, exceto aqueles com contrato de trabalho por prazo determinado, com contrato suspenso ou que estejam em período de aviso prévio, ainda que indenizado.

§ 3º Serão eleitos membros da comissão de representantes dos empregados os candidatos mais votados, em votação secreta, vedado o voto por representação.

§ 4º A comissão tomará posse no primeiro dia útil seguinte à eleição ou ao término do mandato anterior.

§ 5º Se não houver candidatos suficientes, a comissão de representantes dos empregados poderá ser formada com número de membros inferior ao previsto no art. 510-A desta Consolidação.

§ 6º Se não houver registro de candidatura, será lavrada ata e convocada nova eleição no prazo de um ano.

Art. 510-D. O mandato dos membros da comissão de representantes dos empregados será de um ano.

§ 1º O membro que houver exercido a função de representante dos empregados na comissão não poderá ser candidato nos dois períodos subsequentes.

§ 2º O mandato de membro de comissão de representantes dos empregados não implica suspensão ou interrupção do contrato de trabalho, devendo o empregado permanecer no exercício de suas funções.

§ 3º Desde o registro da candidatura até um ano após o fim do mandato, o membro da comissão de representantes dos empregados não poderá sofrer despedida arbitrária, entendendo-se como tal a que não se fundar em motivo disciplinar, técnico, econômico ou financeiro.

§ 4º Os documentos referentes ao processo eleitoral devem ser emitidos em duas vias, as quais permanecerão sob a guarda dos empregados e da empresa pelo prazo de cinco anos, à disposição para consulta de qualquer trabalhador interessado, do Ministério Público do Trabalho e do Ministério do Trabalho.

► Arts. 510-A a 510-D acrescidos pela Lei nº 13.467, de 13-7-2017.

TÍTULO V – DA ORGANIZAÇÃO SINDICAL

► Port. do MTE nº 186, de 10-4-2008, dispõe sobre os pedidos de registro sindical no MTE.

Capítulo I

DA INSTITUIÇÃO SINDICAL

Seção I

DA ASSOCIAÇÃO EM SINDICATO

► Dec. nº 10.088, de 5-11-2019, consolida atos normativos editados pelo Poder Executivo Federal que dispõem sobre a promulgação de convenções e recomendações da Organização Internacional do Trabalho – OIT ratificadas pela República Federativa do Brasil.

► Dec. Legislativo nº 206, de 7-4-2010, do Congresso Nacional, aprovou a Convenção nº 151 da OIT.

Art. 511. É lícita a associação para fins de estudo, defesa e coordenação dos seus interesses econômicos ou profissionais de todos os que, como empregadores, empregados, agentes ou trabalhadores autônomos, ou profissionais liberais, exerçam, respectivamente, a mesma atividade ou profissão ou atividades ou profissões similares ou conexas.

► Arts. 5º, XVII e XVIII, e 8º, I e II, da CF.

► Súmulas nºs 629, 630 e 677 do STF.

► OJ da SDC nº 36 do TST.

§ 1º A solidariedade de interesses econômicos dos que empreendem atividades idênticas, similares ou conexas, constitui o vínculo social básico que se denomina categoria econômica.

§ 2º A similitude de condições de vida oriunda da profissão ou trabalho em comum, em situação de emprego na mesma atividade econômica ou em atividades econômicas similares ou conexas, compõe a expressão social elementar compreendida como categoria profissional.

§ 3º Categoria profissional diferenciada é a que se forma dos empregados que exerçam profissões ou funções diferenciadas por força de estatuto profissional especial ou em consequência de condições de vida singulares.

► Súmulas nºs 117 e 374 do TST.

§ 4º Os limites de identidade, similaridade ou conexidade fixam as dimensões dentro das quais a categoria econômica ou profissional é homogênea e a associação é natural.

► Orientações Jurisprudenciais da SDC nºs 9, 20 e 36 do TST.

Art. 512. Somente as associações profissionais constituídas para os fins e na forma do artigo anterior e registradas de acordo com o art. 558 poderão ser reconhecidas como sindicatos e investidas nas prerrogativas definidas nesta Lei.

► Art. 8º da CF.
► OJ da SDC nº 36 do TST.

Art. 513. São prerrogativas dos Sindicatos:

► Orientações Jurisprudenciais da SDC nºs 8 e 16 a 18 do TST.

a) representar, perante as autoridades administrativas e judiciárias, os interesses gerais da respectiva categoria ou profissão liberal ou os interesses individuais dos associados relativos à atividade ou profissão exercida;

► Arts. 5º, LXX, 8º, I, III e IV, 102, I, 103, IX, e 114, § 2º, da CF.
► Súm. nº 286 do TST.

b) celebrar contratos coletivos de trabalho;

► Art. 8º, VI, da CF.
► O art. 20 do Dec.-lei nº 229, de 28-2-1967, substituiu a expressão "Contratos coletivos de trabalho" por "Convenções coletivas de trabalho".

c) eleger ou designar os representantes da respectiva categoria ou profissão liberal;

d) colaborar com o Estado, como órgãos técnicos e consultivos, no estudo e solução dos problemas que se relacionam com a respectiva categoria ou profissão liberal;

► Art. 10 da CF.

e) impor contribuições a todos aqueles que participam das categorias econômicas ou profissionais ou das profissões liberais representadas.

► Súm. Vinc. nº 40 do STF.
► OJ da SBDC nº 17 do TST.
► PN nº 119 da SDC do TST.

Parágrafo único. Os Sindicatos de empregados terão, outrossim, a prerrogativa de fundar e manter agências de colocação.

► Arts. 8º, IV, e 150 da CF.
► Port. do MTE nº 160, de 13-4-2004, dispõe sobre o desconto em folha de pagamento de salário das contribuições instituídas pelos sindicatos.

Art. 514. São deveres dos Sindicatos:

► Art. 8º, I, da CF.

a) colaborar com os poderes públicos no desenvolvimento da solidariedade social;

b) manter serviços de assistência judiciária para os associados;

c) promover a conciliação nos dissídios de trabalho;

d) sempre que possível, e de acordo com as suas possibilidades, manter no seu Quadro de Pessoal, em convênio com entidades assistenciais ou por conta própria, um assistente social com as atribuições específicas de promover a cooperação operacional na empresa e a integração profissional na Classe.

► Alínea *d* acrescida pela Lei nº 6.200, de 16-4-1975.

Parágrafo único. Os Sindicatos de empregados terão, outrossim, o dever de:

a) promover a fundação de cooperativas de consumo e de crédito;

b) fundar e manter escolas de alfabetização e pré-vocacionais.

Seção II

DO RECONHECIMENTO E INVESTIDURA SINDICAL

Art. 515. As associações profissionais deverão satisfazer os seguintes requisitos para serem reconhecidas como sindicatos:

► Art. 8º, I, da CF.

a) reunião de um terço, no mínimo, de empresas legalmente constituídas, sob a forma individual ou de sociedade, se se tratar de associação de empregadores; ou de um terço dos que integrem a mesma categoria ou exerçam a mesma profissão liberal se se tratar de associação de empregados ou de trabalhadores ou agentes autônomos ou de profissão liberal;

b) duração de 3 (três) anos para o mandato da diretoria;

► Alínea *b* com a redação dada pelo Dec.-lei nº 771, de 19-8-1969.

c) exercício do cargo de presidente por brasileiro nato, e dos demais cargos de administração e representação por brasileiros.

► Esta alínea não foi recepcionada pelo art. 12, § 2º, da CF, que veda distinção entre brasileiros natos e naturalizados, salvo os casos previstos na Constituição.

Parágrafo único. O Ministro do Trabalho, Indústria e Comércio poderá, excepcionalmente, reconhecer como sindicato a associação cujo número de associados seja inferior ao terço a que se refere a alínea *a*.

Art. 516. Não será reconhecido mais de um Sindicato representativo da mesma categoria econômica ou profissional, ou profissão liberal, em uma dada base territorial.

► Art. 8º, I, da CF.

Art. 517. Os sindicatos poderão ser distritais, municipais, intermunicipais, estaduais e interestaduais. Excepcionalmente, e atendendo às peculiaridades de determinadas categorias ou profissões, o Ministro do Trabalho, Indústria e Comércio poderá autorizar o reconhecimento de sindicatos nacionais.

► Art. 8º, II, da CF.

§ 1º O Ministro do Trabalho, Indústria e Comércio outorgará e delimitará a base territorial do sindicato.

§ 2º Dentro da base territorial que lhe for determinada é facultado ao sindicato instituir delegacias ou seções para melhor proteção dos associados e da categoria econômica ou profissional ou profissão liberal representada.

Art. 518. O pedido de reconhecimento será dirigido ao Ministro do Trabalho, Indústria e Comércio instruído com exemplar ou cópia autenticada dos estatutos da associação.

► Art. 8º, I, da CF.

► Súm. nº 677 do STF.

§ 1º Os estatutos deverão conter:

a) a denominação e a sede da associação;

b) a categoria econômica ou profissional ou a profissão liberal cuja representação é requerida;

c) a afirmação de que a associação agirá como órgão de colaboração com os poderes públicos e as demais associações no sentido da solidariedade social e da subordinação dos interesses econômicos ou profissionais ao interesse nacional;

d) as atribuições, o processo eleitoral e das votações, os casos de perda de mandato e de substituição dos administradores;

e) o modo de constituição e administração do patrimônio social e o destino que lhe será dado no caso de dissolução;

f) as condições em que se dissolverá a associação.

§ 2º O processo de reconhecimento será regulado em instruções baixadas pelo Ministro do Trabalho, Indústria e Comércio.

Art. 519. A investidura sindical será conferida sempre à associação profissional mais representativa, a juízo do Ministro do Trabalho, constituindo elementos para essa apreciação, entre outros:

► Art. 8º, I, da CF.

a) o número de associados;

b) os serviços sociais fundados e mantidos;

c) o valor do patrimônio.

Art. 520. Reconhecida como sindicato a associação profissional, ser-lhe-á expedida carta de reconhecimento, assinada pelo Ministro do Trabalho, Indústria e Comércio, na qual será especificada a representação econômica ou profissional conferida e mencionada a base territorial outorgada.

► Art. 8º, I, da CF.

Parágrafo único. O reconhecimento investe a associação nas prerrogativas do art. 513 e a obriga aos deveres do art. 514, cujo inadimplemento a sujeitará às sanções desta Lei.

Art. 521. São condições para o funcionamento do Sindicato:

► Art. 8º, I, da CF.

a) proibição de qualquer propaganda de doutrinas incompatíveis com as instituições e os interesses da Nação, bem como de candidaturas a cargos eletivos estranhos ao sindicato;

► Alínea *a* com a redação dada pelo Dec.-lei nº 9.502, de 23-7-1946.

b) proibição de exercício de cargo eletivo cumulativamente com o de emprego remunerado pelo sindicato ou por entidade sindical de grau superior;

c) gratuidade do exercício dos cargos eletivos;

d) proibição de quaisquer atividades não compreendidas nas finalidades mencionadas no art. 511, inclusive as de caráter político-partidário;

e) proibição de cessão gratuita ou remunerada da respectiva sede a entidade de índole político-partidária.

► Alíneas *d* e *e* acrescidas pelo Dec.-lei nº 9.502, de 23-7-1946.

Parágrafo único. Quando, para o exercício de mandato, tiver o associado de sindicato de empregados, de trabalhadores autônomos ou de profissionais liberais de se afastar do seu trabalho, poderá ser-lhe arbitrada pela assembleia-geral uma gratificação nunca excedente da importância de sua remuneração na profissão respectiva.

Seção III

DA ADMINISTRAÇÃO DO SINDICATO

Art. 522. A administração do sindicato será exercida por uma diretoria constituída, no máximo, de sete e, no mínimo, de três membros e de um Conselho Fiscal composto de três membros, eleitos esses órgãos pela Assembleia-Geral.

► Art. 8º, I, da CF.

► Súm. nº 369 do TST.

§ 1º A diretoria elegerá, dentre os seus membros, o presidente do sindicato.

§ 2º A competência do Conselho Fiscal é limitada à fiscalização da gestão financeira do sindicato.

§ 3º Constituirá atribuição exclusiva da Diretoria do Sindicato e dos Delegados Sindicais, a que se refere o art. 523, a representação e a defesa dos interesses da entidade perante os poderes públicos e as empresas, salvo mandatário com poderes outorgados por procuração da Diretoria, ou associado investido em representação prevista em lei.

► § 3º acrescido pelo Dec.-lei nº 9.502, de 23-7-1946.

► Art. 8º, I, da CF.

► OJ da SBDI-I nº 365 do TST.

Art. 523. Os Delegados Sindicais destinados à direção das delegacias ou seções instituídas na forma estabelecida no § 2º do art. 517 serão designados pela diretoria dentre os associados radicados no território da correspondente delegacia.

► Art. 8º, I, da CF.

► OJ da SBDI-I nº 369 do TST.

Art. 524. Serão sempre tomadas por escrutínio secreto, na forma estatutária, as deliberações da assembleia-geral concernentes aos seguintes assuntos:

► *Caput* com a redação dada pela Lei nº 2.693, de 23-12-1955.

a) eleição de associado para representação da respectiva categoria prevista em lei;

b) tomada e aprovação de contas da diretoria;

c) aplicação do patrimônio;

d) julgamento dos atos da diretoria, relativos a penalidades impostas a associados;

► Alíneas *a* a *d* com a redação dada pelo Dec.-lei nº 9.502, de 23-7-1946.

e) pronunciamento sobre relações ou dissídios de trabalho. Neste caso, as deliberações da assembleia-geral só serão consideradas válidas quando ela tiver sido especialmente convocada para esse fim, de acordo com as disposições dos estatutos da entidade sindical. O *quorum* para validade da assembleia será de metade mais um dos associados quites; não obtido esse *quorum* em primeira convocação, reunir-se-á a assembleia em segunda convocação, com os presentes, considerando-se aprovadas as deliberações que obtiverem dois terços dos votos.

► Alínea *e* com a redação dada pela Lei nº 2.693, de 23-12-1955.

§ 1º A eleição para cargos de diretoria e conselho fiscal será realizada por escrutínio secreto, durante seis horas contínuas, pelo menos, na sede do sindicato, na de suas delegacias e seções e nos principais locais de trabalho, onde funcionarão as mesas coletoras designadas pelos Delegados Regionais do Trabalho.

§ 2º Concomitantemente ao término do prazo estipulado para a votação, instalar-se-á, em assembleia eleitoral pública e permanente, na sede do sindicato, a mesa apuradora para a qual serão enviadas, imediatamente, pelos presidentes das mesas coletoras, as urnas receptoras e as atas respectivas. Será facultada a designação de mesa apuradora supletiva sempre que as peculiaridades ou conveniências do pleito a exigirem.

§ 3º A mesa apuradora será presidida por membro do Ministério Público do Trabalho ou pessoa de notória idoneidade, designada pelo Procurador-Geral da Justiça do Trabalho ou procuradores regionais.

► §§ 1º a 3º com a redação dada pelo Dec.-lei nº 9.502, de 23-7-1946.

§ 4º O pleito só será válido na hipótese de participarem da votação mais de dois terços dos associados com capacidade para votar. Não obtido esse coeficiente, será realizada nova eleição dentro de quinze dias, a qual terá validade se nela tomarem parte mais de cinquenta por cento dos referidos associados. Na hipótese de não ter sido alcançado, na segunda votação, o coeficiente exigido, será realizado o terceiro e último pleito, cuja validade dependerá do voto de mais de quarenta por cento dos aludidos associados, proclamando o presidente da mesa apuradora em qualquer dessas hipóteses os eleitos, os quais serão empossados automaticamente na data do término do mandato expirante, não tendo efeito suspensivo os protestos ou recursos oferecidos na conformidade da lei.

► § 4º com a redação dada pela Lei nº 2.693, de 23-12-1955.

§ 5º Não sendo atingido o coeficiente legal para a eleição, o Ministério do Trabalho, Indústria e Comércio declarará a vacância da administração, a partir do término do mandato dos membros em exercício, e designará administrador para o sindicato, realizando-se novas eleições dentro de seis meses.

► § 5º com a redação dada pelo Dec.-lei nº 9.502, de 22-7-1946.

Art. 525. É vedada a pessoas físicas ou jurídicas, estranhas ao sindicato, qualquer interferência na sua administração ou nos seus serviços.

► *Caput* com a redação dada pelo Dec.-lei nº 9.502, de 23-7-1946.

Parágrafo único. Estão excluídos dessa proibição:

a) os Delegados do Ministério do Trabalho, Indústria e Comércio especialmente designados pelo Ministro ou por quem o represente;

► Art. 8º, I, da CF.

b) os que, como empregados, exerçam cargos no sindicato mediante autorização da assembleia-geral.

Art. 526. Os empregados do sindicato serão nomeados pela diretoria respectiva *ad referendum* da assembleia-geral, não podendo recair tal nomeação nos que estiverem nas condições previstas nos itens II, IV, V, VI, VII e VIII do artigo 530 e, na hipótese de o nomeado haver sido dirigente sindical, também nas do item I do mesmo artigo.

► *Caput* com a redação dada pelo Dec.-lei nº 925, de 10-10-1969.

Parágrafo único. *Revogado*. Lei nº 11.295, de 9-5-2006.

§ 2º Aplicam-se ao empregado de entidade sindical os preceitos das leis de proteção do trabalho e de previdência social, inclusive o direito de associação em sindicato.

► § 2º acrescido pela Lei nº 11.295, de 9-5-2006.

► Art. 8º, *caput*, da CF.

Art. 527. Na sede de cada sindicato haverá um livro de registro, autenticado pelo funcionário competente do Ministério do Trabalho, Indústria e Comércio, e do qual deverão constar:

► Art. 8º, I, da CF.

a) tratando-se de sindicato de empregadores, a firma, individual ou coletiva, ou a denominação das empresas e sua sede, o nome, idade, estado civil, nacionalidade e residência dos respectivos sócios, ou, em se tratando de sociedade por ações, dos diretores, bem como a indicação desses dados quanto ao sócio ou diretor que representar a empresa no sindicato;

b) tratando-se de sindicato de empregados, ou de agentes ou trabalhadores autônomos ou de profissionais liberais, além do nome, idade, estado civil, nacionalidade, profissão ou função e residência de cada associado, o estabelecimento ou lugar onde exerce a sua profissão ou função, o número e a série da respectiva carteira profissional e o número da inscrição na instituição de previdência a que pertencer.

► Art. 1º do Dec.-lei nº 926, de 10-10-1969, que determinou a substituição do termo "carteira profissional" por "carteira de trabalho e previdência social".

Art. 528. Ocorrendo dissídio ou circunstâncias que perturbem o funcionamento de entidade sindical ou motivos relevantes de segurança nacional, o Ministro do Trabalho e Previdência Social poderá nela intervir, por intermédio de Delegado ou de Junta Interventora, com atribuições para administrá-la e executar ou propor as medidas necessárias para normalizar-lhe o funcionamento.

► Artigo com a redação dada pelo Dec.-lei nº 3, de 27-1-1966.

► Artigo não recepcionado pela CF, diante do disposto em seu art. 8º, I.

Seção IV

DAS ELEIÇÕES SINDICAIS

Art. 529. São condições para o exercício do direito do voto como para a investidura em cargo de administração ou representação econômica ou profissional:

a) ter o associado mais de seis meses de inscrição no quadro social e mais de dois anos de exercício da atividade ou da profissão;

► Alínea *a* com a redação dada pelo Dec.-lei nº 8.080, de 11-10-1945.

b) ser maior de dezoito anos;

c) estar no gozo dos direitos sindicais.

Parágrafo único. É obrigatório aos associados o voto nas eleições sindicais.

► Parágrafo único acrescido pelo Dec.-lei nº 229, de 28-2-1967.

► Arts. 8º, VII, e 114, III, da CF.

► Súm. nº 4 do STJ.

Art. 530. Não podem ser eleitos para cargos administrativos ou de representação econômica ou profissional, nem permanecer no exercício desses cargos:

► *Caput* com a redação dada pelo Dec.-lei nº 229, de 28-2-1967.

I – os que não tiverem definitivamente aprovadas as suas contas de exercício em cargos de administração;

II – os que houverem lesado o patrimônio de qualquer entidade sindical;

III – os que não estiverem, desde dois anos antes, pelo menos, no exercício efetivo da atividade ou da profissão dentro da base territorial do Sindicato, ou no desempenho de representação econômica ou profissional;

IV – os que tiverem sido condenados por crime doloso enquanto persistirem os efeitos da pena;

V – os que não estiverem no gozo de seus direitos políticos;

► Incisos I a V com a redação dada pelo Dec.-lei nº 229, de 28-2-1967.

VI – *Revogado*. Lei nº 8.865, de 29-3-1994;

VII – má conduta, devidamente comprovada;

► Inciso VII acrescido pelo Dec.-lei nº 507, de 18-3-1969.

VIII – *Revogado*. Lei nº 8.865, de 29-3-1994.

Art. 531. Nas eleições para cargos de diretoria e do conselho fiscal serão considerados eleitos os candidatos que obtiverem maioria absoluta de votos em relação ao total dos associados eleitores.

§ 1º Não ocorrendo à primeira convocação maioria absoluta de eleitores, ou não obtendo nenhum dos candidatos essa maioria, proceder-se-á a nova convocação para dia posterior, sendo então considerados eleitos os candidatos que obtiverem maioria dos eleitores presentes.

§ 2º Havendo somente uma chapa registrada para as eleições, poderá a assembleia, em última convocação, ser realizada duas horas após a primeira convocação, desde que do edital respectivo conste essa advertência.

§ 3º Concorrendo mais de uma chapa, poderá o Ministro do Trabalho, Indústria e Comércio designar o presidente da sessão eleitoral, desde que o requeiram os associados que encabeçarem as respectivas chapas.

► § 3º com a redação dada pelo Dec.-lei nº 8.080, de 11-10-1945.

§ 4º O Ministro do Trabalho, Indústria e Comércio expedirá instruções regulando o processo das eleições.

► Art. 8º, I, da CF.

Art. 532. As eleições para a renovação da diretoria e do conselho fiscal deverão ser procedidas dentro do prazo máximo de sessenta dias e mínimo de trinta dias, antes do término do mandato dos dirigentes em exercício.

► *Caput* com a redação dada pelo Dec.-lei nº 8.080, de 11-10-1945.

§ 1º Não havendo protesto na ata da assembleia eleitoral ou recurso interposto por algum dos candidatos, dentro de quinze dias, a contar da data das eleições, a posse da diretoria eleita independerá da aprovação das eleições pelo Ministério do Trabalho, Indústria e Comércio.

§ 2º Competirá à diretoria em exercício, dentro de trinta dias da realização das eleições e não tendo havido recurso, dar publicidade ao resultado do pleito, fazendo comunicação ao órgão local do Ministério do Trabalho, Indústria e Comércio da relação dos eleitos, com os dados pessoais de cada um e a designação da função que vai exercer.

§ 3º Havendo protesto na ata da assembleia eleitoral ou recurso interposto dentro de quinze dias da realização das eleições, competirá à diretoria em exercício encaminhar, devidamente instruído, o processo eleitoral ao órgão local do Ministério do Trabalho, Indústria e Comércio, que o encaminhará para decisão do Ministro de Estado. Nesta hipótese, permanecerão na administração, até despacho final do processo, a diretoria e o conselho fiscal que se encontrarem em exercício.

► Art. 8º, I, da CF.

§ 4º Não se verificando as hipóteses previstas no parágrafo anterior, a posse da nova diretoria deverá se verificar dentro de trinta dias subsequentes ao término do mandato da anterior.

► §§ 1º a 4º com a redação dada pelo Dec.-lei nº 8.080, de 11-10-1945.

§ 5º Ao assumir o cargo, o eleito prestará, por escrito e solenemente, o compromisso de respeitar, no exercício do mandato, a Constituição, as leis vigentes e os estatutos da entidade.

► § 5º acrescido pelo Dec.-lei nº 229, de 28-2-1967.

► Súm. nº 255 do extinto TFR.

Seção V
DAS ASSOCIAÇÕES SINDICAIS DE GRAU SUPERIOR

Art. 533. Constituem associações sindicais de grau superior as federações e confederações organizadas nos termos desta Lei.

Art. 534. É facultado aos Sindicatos, quando em número não inferior a cinco, desde que representem a maioria absoluta de um grupo de atividades ou profissões idênticas, similares ou conexas, organizarem-se em federação.

► *Caput* com a redação dada pela Lei nº 3.265, de 22-9-1957.

► Súm. nº 156 do extinto TFR.

§ 1º Se já existir federação no grupo de atividades ou profissões em que deva ser constituída a nova entidade, a criação desta não poderá reduzir a menos de cinco o número de Sindicatos que àquela devam continuar filiados.

► § 1º acrescido pela Lei nº 3.265, de 22-9-1957.

§ 2º As federações serão constituídas por Estados, podendo o Ministro do Trabalho, Indústria e Comércio autorizar a constituição de federações interestaduais ou nacionais.

► § 1º transformado em § 2º pela Lei nº 3.265, de 22-9-1957.

► Art. 8º, I, da CF.

§ 3º É permitido a qualquer federação, para o fim de lhes coordenar os interesses, agrupar os Sindicatos de determinado município ou região a ela filiados, mas a União não terá direito de representação das atividades ou profissões agrupadas.

► § 2º transformado em § 3º pela Lei nº 3.265, de 22-9-1957.

Art. 535. As confederações organizar-se-ão com o mínimo de três federações e terão sede na Capital da República.

§ 1º As Confederações formadas por Federações de Sindicatos de empregadores denominar-se-ão: Confederação Nacional da Indústria, Confederação Nacional do Comércio, Confederação Nacional de Transportes Marítimos, Fluviais e Aéreos, Confederação Nacional de Transportes Terrestres, Confederação Nacional de Comunicações e Publicidade, Confederação Nacional das Empresas de Crédito e Confederação Nacional de Educação e Cultura.

§ 2º As Confederações formadas por Federações de Sindicatos de empregados terão a denominação de: Confederação Nacional dos Trabalhadores na Indústria, Confederação Nacional dos Trabalhadores no Comércio, Confederação Nacional dos Trabalhadores em Transportes Marítimos, Fluviais e Aéreos, Confederação Nacional dos Trabalhadores em Transportes Terrestres, Confederação Nacional dos Trabalhadores em Comunicações e Publicidade, Confederação Nacional dos Trabalhadores nas Empresas de Crédito e Confederação Nacional dos Trabalhadores em Estabelecimentos de Educação e Cultura.

§ 3º Denominar-se-á Confederação Nacional das Profissões Liberais a reunião das respectivas Federações.

§ 4º As associações sindicais de grau superior da Agricultura e Pecuária serão organizadas na conformidade do que dispuser a lei que regular a sindicalização dessas atividades ou profissões.

► Súm. nº 156 do extinto TFR.

Art. 536. *Revogado.* Dec.-lei nº 229, de 28-2-1967.

Art. 537. O pedido de reconhecimento de uma federação será dirigido ao Ministro do Trabalho, Indústria e Comércio acompanhado de um exemplar dos respectivos estatutos e das cópias autenticadas das atas da assembleia de cada sindicato ou federação que autorizar a filiação.

► Art. 8º, I, da CF.

► Súm. nº 677 do STF.

§ 1º A organização das federações e confederações obedecerá às exigências contidas nas alíneas *b* e *c* do artigo 515.

§ 2º A carta de reconhecimento das federações será expedida pelo Ministro do Trabalho, Indústria e Comércio, na qual será especificada a coordenação econômica ou profissional conferida e mencionada a base territorial outorgada.

► Art. 8º, I, da CF.

§ 3º O reconhecimento das confederações será feito por decreto do Presidente da República.

► Art. 8º, I, da CF.

Art. 538. A administração das federações e confederações será exercida pelos seguintes órgãos:

► *Caput* com a redação dada pela Lei nº 2.693, de 23-12-1955.

a) diretoria;

b) conselho de representantes;

c) conselho fiscal.

► Alíneas *a* a *c* com a redação dada pela Lei nº 2.693, de 23-12-1955.

§ 1º A diretoria será constituída no mínimo de três membros e de três membros se comporá o conselho fiscal, os quais serão eleitos pelo conselho de representantes com mandato por três anos.

► § 1º com a redação dada pelo Dec.-lei nº 771, de 19-8-1969.

§ 2º Só poderão ser eleitos os integrantes dos grupos das federações ou dos planos das confederações, respectivamente.

§ 3º O presidente da federação ou confederação será escolhido dentre os seus membros, pela diretoria.

► §§ 2º e 3º com a redação dada pela Lei nº 2.693, de 23-12-1955.

§ 4º O conselho de representantes será formado pelas delegações dos sindicatos ou das federações filiadas, constituída cada delegação de dois membros, com mandato por três anos, cabendo um voto a cada delegação.

► § 4º com a redação dada pelo Dec.-lei nº 771, de 19-8-1969.

§ 5º A competência do conselho fiscal é limitada à fiscalização da gestão financeira.

► § 5º com a redação dada pela Lei nº 2.693, de 23-12-1955.

► OJ da SBDI-I nº 365 do TST.

Art. 539. Para a constituição e administração das federações serão observadas, no que for aplicável, as disposições das Seções II e III do presente Capítulo.

Seção VI

DOS DIREITOS DOS EXERCENTES DE ATIVIDADES OU PROFISSÕES E DOS SINDICALIZADOS

Art. 540. A toda empresa ou indivíduo que exerçam, respectivamente, atividade ou profissão, desde que satisfaçam as exigências desta Lei, assiste o direito de ser admitido no Sindicato da respectiva categoria, salvo o caso de falta de idoneidade, devidamente comprovada, com recurso para o Ministério do Trabalho, Indústria e Comércio.

► Art. 8º, I, da CF.

► Súm. nº 114 do extinto TFR.

§ 1º Perderá os direitos de associado o sindicalizado que, por qualquer motivo, deixar o exercício de atividade ou de profissão.

§ 2º Os associados de Sindicatos de empregados, de agentes ou trabalhadores autônomos e de profissões liberais que forem aposentados, estiverem em desemprego ou falta de trabalho ou tiverem sido convocados para prestação de serviço militar não perderão os respectivos direitos sindicais e ficarão isentos de qualquer contribuição, não podendo, entretanto, exercer cargo de administração sindical ou de representação econômica ou profissional.

► Art. 8º, VII, da CF.

Art. 541. Os que exercerem determinada atividade ou profissão onde não haja Sindicato da respectiva categoria, ou de atividade ou profissão similar ou conexa, poderão filiar-se a Sindicato de profissão idêntica, similar ou conexa, existente na localidade mais próxima.

Parágrafo único. O disposto neste artigo se aplica aos Sindicatos em relação às respectivas Federações, na conformidade do Quadro de Atividades e Profissões a que se refere o artigo 577.

Art. 542. De todo ato lesivo de direitos ou contrário a esta Lei, emanado da Diretoria, do Conselho ou da Assembleia-Geral da entidade sindical, poderá qualquer exercente de atividade ou profissão recorrer, dentro de trinta dias, para a autoridade competente do Ministério do Trabalho, Indústria e Comércio.

Art. 543. O empregado eleito para cargo de administração sindical ou representação profissional, inclusive junto a órgão de deliberação coletiva, não poderá ser impedido do exercício de suas funções, nem transferido para lugar ou mister que lhe dificulte ou torne impossível o desempenho das suas atribuições sindicais.

► *Caput* com a redação dada pelo Dec.-lei nº 229, de 28-2-1967.

§ 1º O empregado perderá o mandato se a transferência for por ele solicitada ou voluntariamente aceita.

§ 2º Considera-se de licença não remunerada, salvo assentimento da empresa ou cláusula contratual, o tempo em que o empregado se ausentar do trabalho no desempenho das funções a que se refere este artigo.

► §§ 1º e 2º com a redação dada pelo Dec.-lei nº 229, de 28-2-1967.

§ 3º Fica vedada a dispensa do empregado sindicalizado ou associado, a partir do momento do registro de sua candidatura a cargo de direção ou representação de entidade sindical ou de associação profissional, até um ano após o final do seu mandato, caso seja eleito, inclusive como suplente, salvo se cometer falta grave devidamente apurada nos termos desta Consolidação.

► § 3º com a redação dada pela Lei nº 7.543, de 2-10-1986.

► Súm. nº 197 do STF.

► Súmulas nºs 369 e 379 do TST.

► OJ da SBDI-I nº 399 do TST.

► Orientações Jurisprudenciais da SBDI-II nºs 65, 137 e 142 do TST.

§ 4º Considera-se cargo de direção ou de representação sindical aquele cujo exercício ou indicação decorre de eleição prevista em lei.

► § 4º com a redação dada pela Lei nº 7.223, de 2-10-1984.

§ 5º Para os fins deste artigo, a entidade sindical comunicará por escrito à empresa, dentro de vinte e quatro horas, o dia e a hora do registro da candidatura do seu empregado e, em igual prazo, sua eleição e posse, fornecendo, outrossim, a este, comprovante no mesmo sentido. O Ministério do Trabalho e Previdência Social fará no mesmo prazo a comunicação no caso da designação referida no final do § 4º.

► Súm. nº 369, I, do TST.

§ 6º A empresa que, por qualquer modo, procurar impedir que o empregado se associe a Sindicato, organize associação profissional ou sindical ou exerça os direitos inerentes à condição de sindicalizado fica sujeita à penalidade prevista na letra *a* do art. 553, sem prejuízo da reparação a que tiver direito o empregado.

► §§ 5º e 6º acrescidos pelo Dec.-lei nº 229, de 28-2-1967.

Art. 544. É livre a associação profissional ou sindical, mas ao empregado sindicalizado é assegurada, em igualdade de condições, preferência:

► *Caput* com a redação dada pelo Dec.-lei nº 229, de 28-2-1967.

► Arts. 5º, XX, e 8º, I e V, da CF.

► OJ da SDC nº 20 do TST.

I – para a admissão nos trabalhos de empresa que explore serviços públicos ou mantenha contrato com os poderes públicos;

II – para ingresso em funções públicas ou assemelhadas, em caso de cessação coletiva de trabalho, por motivo de fechamento de estabelecimento;

III – nas concorrências para aquisição de casa própria, pelo Plano Nacional de Habitação ou por intermédio de quaisquer instituições públicas;

IV – nos loteamentos urbanos ou rurais, promovidos pela União, por seus órgãos de administração direta ou indireta ou sociedades de economia mista;

V – na locação ou compra de imóveis, de propriedade de pessoa de direito público ou sociedade de economia mista, quando sob ação de despejo em tramitação judicial;

VI – na concessão de empréstimos simples concedidos pelas agências financeiras do Governo ou a ele vinculadas;

VII – na aquisição de automóveis, outros veículos e instrumentos relativos ao exercício da profissão, quando financiados pelas autarquias, sociedades de economia mista ou agências financeiras do Governo;

▸ Incisos I a VII com a redação dada pelo Dec.-lei nº 229, de 28-2-1967.

VIII – *Revogado*. Lei nº 8.630, de 25-2-1993;

IX – na concessão de bolsas de estudo para si ou para seus filhos, obedecida a legislação que regule a matéria.

▸ Inciso IX com a redação dada pelo Dec.-lei nº 229, de 28-2-1967.

Art. 545. Os empregadores ficam obrigados a descontar da folha de pagamento dos seus empregados, desde que por eles devidamente autorizados, as contribuições devidas ao sindicato, quando por este notificados.

▸ *Caput* com a redação dada pela Lei nº 13.467, de 13-7-2017.

Parágrafo único. O recolhimento à entidade sindical beneficiária do importe descontado deverá ser feito até o décimo dia subsequente ao do desconto, sob pena de juros de mora no valor de 10% (dez por cento) sobre o montante retido, sem prejuízo da multa prevista no art. 553 e das cominações penais relativas à apropriação indébita.

▸ Parágrafo único acrescido pelo Dec.-lei nº 925, de 10-10-1969.

Art. 546. Às empresas sindicalizadas é assegurada preferência, em igualdade de condições, nas concorrências para exploração de serviços públicos, bem como nas concorrências para fornecimento às repartições federais, estaduais e municipais e às entidades paraestatais.

Art. 547. É exigida a qualidade de sindicalizado para o exercício de qualquer função representativa de categoria econômica ou profissional, em órgão oficial de deliberação coletiva, bem como para o gozo de favores ou isenções tributárias, salvo em se tratando de atividades não econômicas.

Parágrafo único. Antes da posse ou exercício das funções a que alude o artigo anterior ou de concessão dos favores será indispensável comprovar a sindicalização, ou oferecer prova, mediante certidão negativa no Departamento Nacional do Trabalho, no Distrito Federal, ou da autoridade regional do Ministério do Trabalho, Indústria e Comércio, nos Estados e no Território do Acre, de que não existe sindicato no local onde o interessado exerce a respectiva atividade ou profissão.

▸ Lei nº 4.070, de 15-6-1962, eleva o território do Acre à categoria de Estado.

Seção VII

DA GESTÃO FINANCEIRA DO SINDICATO E SUA FISCALIZAÇÃO

Art. 548. Constituem o patrimônio das associações sindicais:

a) as contribuições devidas aos Sindicatos pelos que participem das categorias econômicas ou profissionais ou das profissões liberais representadas pelas referidas entidades, sob a denominação de imposto sindical, pagas e arrecadadas na forma do Capítulo III deste Título;

▸ Art. 35, V, do Dec.-lei nº 229, de 28-2-1967, que determinou entender como "Contribuição Sindical" as referências a "Imposto Sindical" feitas nesta Consolidação.

b) as contribuições dos associados, na forma estabelecida nos estatutos ou pelas Assembleias-Gerais;

c) os bens e valores adquiridos e as rendas produzidas pelos mesmos;

d) as doações e legados;

e) as multas e outras rendas eventuais.

Art. 549. A receita dos Sindicatos, Federações e Confederações só poderá ter aplicação na forma prevista nos respectivos orçamentos anuais, obedecidas as disposições estabelecidas na lei e nos seus estatutos.

§ 1º Para alienação, locação ou aquisição de bens imóveis, ficam as entidades sindicais obrigadas a realizar avaliação prévia pela Caixa Econômica Federal ou pelo Banco Nacional da Habitação ou, ainda, por qualquer outra organização legalmente habilitada a tal fim.

§ 2º Os bens imóveis das entidades sindicais não serão alienados sem a prévia autorização das respectivas Assembleias-Gerais, reunidas com a presença da maioria absoluta dos associados com direito a voto ou dos Conselhos de Representantes com a maioria absoluta dos seus membros.

§ 3º Caso não seja obtido o *quorum* estabelecido no parágrafo anterior, a matéria poderá ser decidida em nova Assembleia-Geral, reunida com qualquer número de associados com direito a voto, após o transcurso de dez dias da primeira convocação.

§ 4º Nas hipóteses previstas nos §§ 2º e 3º a decisão somente terá validade se adotada pelo mínimo de dois terços dos presentes, em escrutínio secreto.

§ 5º Da deliberação da assembleia-geral, concernente à alienação de bens imóveis, caberá recurso voluntário, dentro do prazo de quinze dias, ao Ministro do Trabalho, com efeito suspensivo.

► Art. 8º, I, da CF.

§ 6º A venda do imóvel será efetuada pela diretoria da entidade, após a decisão da Assembleia-Geral ou do Conselho de Representantes, mediante concorrência pública, com edital publicado no *Diário Oficial da União* e na imprensa diária, com antecedência mínima de trinta dias da data de sua realização.

§ 7º Os recursos destinados ao pagamento total ou parcelado dos bens imóveis adquiridos serão consignados, obrigatoriamente, nos orçamentos anuais das entidades sindicais.

► Art. 549 com a redação dada pela Lei nº 6.386, de 9-12-1976.

Art. 550. Os orçamentos das entidades sindicais serão aprovados, em escrutínio secreto, pelas respectivas Assembleias-Gerais ou Conselho de Representantes, até trinta dias antes do início do exercício financeiro a que se referem, e conterão a discriminação da receita e da despesa, na forma das instruções e modelos expedidos pelo Ministério do Trabalho.

► Art. 8º, I, da CF.

§ 1º Os orçamentos, após a aprovação prevista no presente artigo, serão publicados, em resumo, no prazo de trinta dias, contados da data da realização da respectiva Assembleia-Geral ou da reunião do Conselho de Representantes, que os aprovou, observada a seguinte sistemática:

a) no *Diário Oficial da União* – Seção I – Parte II, os orçamentos das Confederações, Federações e Sindicatos de base interestadual ou nacional;

b) no órgão de Imprensa Oficial do Estado ou Território ou jornal de grande circulação local, os orçamentos das Federações estaduais e Sindicatos distritais municipais, intermunicipais e estaduais.

§ 2º As dotações orçamentárias que se apresentarem insuficientes para o atendimento das despesas, ou não incluídas nos orçamentos correntes, poderão ser ajustadas ao fluxo dos gastos, mediante a abertura de créditos adicionais solicitados pela diretoria da entidade às respectivas Assembleias-Gerais ou Conselhos de Representantes, cujos atos concessórios serão publicados até o último dia do exercício correspondente, obedecida a mesma sistemática prevista no parágrafo anterior.

§ 3º Os créditos adicionais classificam-se em:

a) suplementares, os destinados a reforçar dotações alocadas no orçamento; e

b) especiais, os destinados a incluir dotações no orçamento, a fim de fazer face às despesas para as quais não se tenha consignado crédito específico.

§ 4º A abertura dos créditos adicionais depende da existência de receita para sua compensação, considerando-se, para esse efeito, desde que não comprometidos:

a) o *superávit* financeiro apurado em balanço do exercício anterior;

b) o excesso de arrecadação, assim entendido o saldo positivo da diferença entre a renda prevista e a realizada, tendo-se em conta, ainda, a tendência do exercício; e

c) a resultante da anulação parcial ou total de dotações alocadas no orçamento ou de créditos adicionais abertos no exercício.

§ 5º Para efeito orçamentário e contábil sindical, o exercício financeiro coincidirá com o ano civil, a ele pertencendo todas as receitas arrecadadas e as despesas compromissadas.

► Art. 550 com a redação dada pela Lei nº 6.386, de 9-12-1976.

Art. 551. Todas as operações de ordem financeira e patrimonial serão evidenciadas pelos registros contábeis das entidades sindicais, executados sob a responsabilidade de contabilista legalmente habilitado, em conformidade com o plano de contas e as instruções baixadas pelo Ministério do Trabalho.

► Art. 8º, I, da CF.

§ 1º A escrituração contábil a que se refere este artigo será baseada em documentos de receita e despesa, que ficarão arquivados nos serviços de contabilidade, à disposição dos órgãos responsáveis pelo acompanhamento administrativo e da fiscalização financeira da própria entidade, ou do controle que poderá ser exercido pelos órgãos da União, em face da legislação específica.

§ 2º Os documentos comprobatórios dos atos de receita e despesa, a que se refere o parágrafo anterior, poderão ser incinerados, após decorridos cinco anos da data de quitação das contas, pelo órgão competente.

§ 3º É obrigatório o uso do livro Diário, encadernado, como folhas seguida e tipograficamente numeradas, para a escrituração, pelo método das partidas dobradas, diretamente ou por reprodução, dos atos ou operações que modifiquem ou venham a modificar a situação patrimonial da entidade, o qual conterá, respectivamente, na primeira e na última páginas, os termos de abertura e de encerramento.

§ 4º A entidade sindical que se utilizar de sistema mecânico ou eletrônico para sua escrituração contábil poderá substituir o Diário e os livros facultativos ou auxiliares por fichas ou formulários contínuos, cujos lançamentos deverão satisfazer a todos os requisitos e normas de escrituração exigidos com relação aos livros mercantis, inclusive no que respeita a termos de abertura e de encerramento e numeração sequencial e tipográfica.

§ 5º Na escrituração por processos de fichas ou formulários contínuos, a entidade adotará livro próprio para inscrição do balanço patrimonial e da demonstração do resultado do exercício, o qual conterá os mesmos requisitos exigidos para os livros de escrituração.

§ 6º Os livros e fichas ou formulários contínuos serão obrigatoriamente submetidos a registro e autenticação das Delegacias Regionais do Trabalho localizadas na base territorial da entidade.

§ 7º As entidades sindicais manterão registro específico dos bens de qualquer natureza, de sua propriedade, em livros ou fichas próprias, que atenderão às mesmas formalidades exigidas para o livro Diário, inclusive no que se refere ao registro e autenticação da Delegacia Regional do Trabalho local.

§ 8º As contas dos administradores das entidades sindicais serão aprovadas, em escrutínio secreto, pelas respectivas Assembleias-Gerais ou Conselhos de Representantes, com prévio parecer do Conselho Fiscal, cabendo ao Ministro do Trabalho estabelecer prazos e procedimentos para a sua elaboração e destinação.

▸ Art. 551 com a redação dada pela Lei nº 6.386, de 9-12-1976.

▸ Art. 8º, I, da CF.

Art. 552. Os atos que importem em malversação ou dilapidação do patrimônio das associações ou entidades sindicais ficam equiparados ao crime de peculato, julgado e punido na conformidade da legislação penal.

▸ Artigo com a redação dada pelo Dec.-lei nº 925, de 10-10-1969.

Seção VIII
DAS PENALIDADES

Art. 553. As infrações ao disposto neste Capítulo serão punidas, segundo o seu caráter e a sua gravidade, com as seguintes penalidades:

▸ Art. 8º, I, da CF.

a) multa de CR$ 100 (cem cruzeiros) e 5.000 (cinco mil cruzeiros), dobrada na reincidência;
b) suspensão de diretores por prazo não superior a 30 (trinta) dias;
c) destituição de diretores ou de membros de conselho;
d) fechamento de Sindicato, Federação ou Confederação por prazo nunca superior a 6 (seis) meses;
e) cassação da carta de reconhecimento;
f) multa de 1/30 (um trinta avos) do salário mínimo regional, aplicável ao associado que deixar de cumprir sem causa justificada, o disposto no parágrafo único do art. 529.

▸ Alínea *f* acrescida pelo Dec.-lei nº 229, de 28-2-1967.

▸ Art. 7º, IV, da CF.

▸ Port. do MTPrev nº 667, de 8-11-2021, regulamenta a imposição de multas administrativas previstas na legislação trabalhista.

§ 1º A imposição de penalidades aos administradores não exclui a aplicação das que este artigo prevê para a associação.

▸ Parágrafo único transformado em § 1º pelo Dec.-lei nº 925, de 10-10-1969.

§ 2º Poderá o Ministro do Trabalho e Previdência Social determinar o afastamento preventivo de cargo ou representação sindicais de seus exercentes, com fundamento em elementos constantes de denúncia formalizada que constituam indício veemente ou início de prova bastante do fato e da autoria denunciados.

► § 2º acrescido pelo Dec.-lei nº 925, de 10-10-1969.

Art. 554. Destituída a administração, na hipótese da alínea *c* do artigo anterior, o Ministro do Trabalho, Indústria e Comércio nomeará um delegado para dirigir a associação e proceder, dentro do prazo de 90 dias, em assembleia-geral por ele convocada e presidida, à eleição dos novos diretores e membros do Conselho Fiscal.

► Art. 5º, XXIX, da CF.

Art. 555. A pena de cassação da carta de reconhecimento será imposta à entidade sindical:

► Art. 8º, I, da CF.

a) que deixar de satisfazer as condições de constituição e funcionamento estabelecidas nesta Lei;

b) que se recusar ao cumprimento de ato do Presidente da República, no uso da faculdade conferida pelo art. 536;

c) que criar obstáculos à execução da política econômica adotada pelo Governo.

► Alínea *c* com a redação dada pelo Dec.-lei nº 8.080, de 11-10-1945.

Art. 556. A cassação da carta de reconhecimento da entidade sindical não importará no cancelamento de seu registro, nem, consequentemente, a sua dissolução, que se processará de acordo com as disposições da lei que regulam a dissolução das associações civis.

► Art. 8º, I, da CF.

Parágrafo único. No caso de dissolução, por se achar a associação incursa nas leis que definem crimes contra a personalidade internacional, a estrutura e a segurança do Estado e a ordem política e social, os seus bens, pagas as dívidas decorrentes das suas responsabilidades, serão incorporados ao patrimônio da União e aplicados em obras de assistência social.

► O processo de dissolução de sociedade com personalidade jurídica era regida pelo art. 670 do Código de Processo Civil de 1939 (Lei nº 1.608, de 18-9-1939), cuja vigência foi mantida pelo CPC de 1973 (Lei nº 5.869, de 11-1-1973), em seu art. 1.218, VII, em vigor até o fim da *vacatio legis* do Novo CPC (Lei nº 13.105, de 16-3-2015, publicada no *DOU* de 17-3-2015).

► Art. 670 do CPC/1939, cuja vigência foi mantida pelo art. 1.218, VII, do CPC/1973.

► Arts. 599 a 609 do CPC/2015.

Art. 557. As penalidades de que trata o art. 553 serão impostas:

► Art. 8º, I, da CF.

a) as das alíneas *a* e *b*, pelo diretor geral do Departamento Nacional do Trabalho, com recurso para o Ministro de Estado;

b) as demais, pelo Ministro de Estado.

§ 1º Quando se tratar de associações de grau superior, as penalidades serão impostas pelo Ministro de Estado, salvo se a pena for de cassação da carta de reconhecimento de confederação, caso em que a pena será imposta pelo Presidente da República.

§ 2º Nenhuma pena será imposta sem que seja assegurada defesa ao acusado.

Seção IX

DISPOSIÇÕES GERAIS

Art. 558. São obrigadas ao registro todas as associações profissionais constituídas por atividades ou profissões idênticas, similares ou conexas, de acordo com o art. 511 e na conformidade do Quadro de Atividades e Profissões a que alude o Capítulo II deste Título. As associações profissionais registradas nos termos deste artigo poderão representar, perante as autoridades administrativas e judiciárias, os interesses individuais dos associados relativos à sua atividade ou profissão, sendo-lhes também extensivas as prerrogativas contidas na alínea *d* e no parágrafo único do art. 513.

► Art. 8º, I, da CF.

§ 1º O registro a que se refere o presente artigo competirá às Delegacias Regionais do Ministério do Trabalho e Previdência Social ou às repartições autorizadas em virtude da lei.

► § 1º com a redação dada pelo Dec.-lei nº 925, de 10-10-1969.

§ 2º O registro das associações far-se-á mediante requerimento, acompanhado da cópia autêntica dos estatutos e da declaração do número de associados, do patrimônio e dos serviços sociais organizados.

§ 3º As alterações dos estatutos das associações profissionais não entrarão em vigor sem aprovação da autoridade que houver concedido o respectivo registro.

Art. 559. O Presidente da República, excepcionalmente e mediante proposta do Ministro do Trabalho, Indústria e Comércio, fundada em razões de utilidade pública, poderá conceder, por decreto, às associações civis constituídas para a defesa e coordenação de interesses econômicos e profissionais e não obrigadas ao registro previsto no artigo anterior, a prerrogativa da alínea *d* do art. 513 deste Capítulo.

- Art. 8º, I, da CF.
- Súm. nº 677 do STF.
- Orientações Jurisprudenciais da SDC nºs 15 e 23 do TST.

Art. 560. Não se reputará transmissão de bens, para efeitos fiscais, a incorporação do patrimônio de uma associação profissional ao da entidade sindical, ou das entidades aludidas entre si.

Art. 561. A denominação "*Sindicato*" é privativa das associações profissionais de primeiro grau, reconhecidas na forma desta Lei.

Art. 562. As expressões "*Federação*" e "*Confederação*", seguidas da designação de uma atividade econômica ou profissional, constituem denominações privativas das entidades sindicais de grau superior.

Art. 563. *Revogado.* Dec.-lei nº 925, de 10-10-1969.

Art. 564. Às entidades sindicais, sendo-lhes peculiar e essencial a atribuição representativa e coordenadora das correspondentes categorias ou profissões, é vedado, direta ou indiretamente, o exercício de atividade econômica.

Art. 565. As entidades sindicais reconhecidas nos termos desta Lei não poderão filiar-se a organizações internacionais, nem com elas manter relações, sem prévia licença concedida por decreto do Presidente da República.

- Artigo com a redação dada pela Lei nº 2.802, de 18-8-1956.
- Art. 565 não foi recepcionado pelo art. 8º, I, da CF que determina que a lei não poderá exigir autorização do Estado para a fundação de sindicato, ressalvado o registro no órgão competente, vedadas ao Poder Público a interferência e a intervenção na organização sindical.
- Dec.-lei nº 1.149, de 28-1-1971, estabelece condições para a filiação de entidades sindicais brasileiras a organizações internacionais.

Art. 566. Não podem sindicalizar-se os servidores do Estado e os das instituições paraestatais.

- Art. 8º, I, da CF.

Parágrafo único. Excluem-se da proibição constante deste artigo os empregados das sociedades de economia mista, da Caixa Econômica Federal e das fundações criadas ou mantidas pelo Poder Público da União, dos Estados e Municípios.

- Parágrafo único com a redação dada pela Lei nº 7.449, de 20-12-1985.

Arts. 567 a 569. *Revogados.* Dec.-lei nº 229, de 28-2-1967.

Capítulo II

DO ENQUADRAMENTO SINDICAL

Art. 570. Os Sindicatos constituir-se-ão, normalmente, por categorias econômicas ou profissionais específicas, na conformidade da discriminação do Quadro de Atividades e Profissões a que se refere o artigo 577, ou segundo as subdivisões que, sob proposta da Comissão do Enquadramento Sindical, de que trata o artigo 576, forem criadas pelo Ministro do Trabalho, Indústria e Comércio.

- Súm. nº 374 do TST.
- OJ da SDC nº 9 do TST.

Parágrafo único. Quando os exercentes de quaisquer atividades ou profissões se constituírem, seja pelo número reduzido, seja pela natureza mesma dessas atividades ou profissões, seja pelas afinidades existentes entre elas, em condições tais que não se possam sindicalizar eficientemente pelo critério de especificidade de categoria, é-lhes permitido sindicalizar-se pelo critério de categorias similares ou conexas, entendendo-se como tais as que se acham compreendidas nos limites de cada grupo constante do Quadro de Atividades e Profissões.

Art. 571. Qualquer das atividades ou profissões concentradas na forma do parágrafo único do artigo anterior poderá dissociar-se do Sindicato principal, formando um Sindicato específico, desde que o novo Sindicato, a juízo da Comissão do Enquadramento Sindical, ofereça possibilidade de vida associativa regular e de ação sindical eficiente.

- Art. 8º, I, da CF.

Art. 572. Os sindicatos que se constituírem por categorias similares ou conexas, nos termos do parágrafo único do artigo 570, adotarão denominação em que fiquem, tanto quanto possível, explicitamente mencionadas as atividades ou profissões concentradas, de conformidade com o Quadro de Atividades e Profissões, ou se se tratar de subdivisões, de acordo com o que determinar a Comissão do Enquadramento Sindical.

▸ Art. 8º, I, da CF.

Parágrafo único. Ocorrendo a hipótese do artigo anterior, o Sindicato principal terá a denominação alterada, eliminando-se-lhe a designação relativa à atividade ou profissão dissociada.

Art. 573. O agrupamento dos Sindicatos em Federações obedecerá às mesmas regras que as estabelecidas neste Capítulo para o agrupamento das atividades e profissões em Sindicatos.

Parágrafo único. As Federações de Sindicatos de profissões liberais poderão ser organizadas independentemente do grupo básico da Confederação, sempre que as respectivas profissões se acharem submetidas, por disposições de lei, a um único regulamento.

▸ § 1º transformado em parágrafo único pelo Dec.-lei nº 229, de 28-2-1967.

§ 2º *Revogado*. Dec.-lei nº 229, de 28-2-1967.

Art. 574. Dentro da mesma base territorial, as empresas industriais do tipo artesanal poderão constituir entidades sindicais, de primeiro e segundo graus, distintas das associações sindicais das empresas congêneres, de tipo diferente.

Parágrafo único. Compete à Comissão do Enquadramento Sindical definir, de modo genérico, com a aprovação do Ministro do Trabalho, Indústria e Comércio, a dimensão e os demais característicos das empresas industriais de tipo artesanal.

▸ Art. 8º, I, da CF.

Art. 575. O Quadro de Atividades e Profissões será revisto de dois em dois anos, por proposta da Comissão do Enquadramento Sindical, para o fim de ajustá-lo às condições da estrutura econômica e profissional do País.

▸ Art. 8º, I, da CF.

§ 1º Antes de proceder à revisão do Quadro, a Comissão deverá solicitar sugestões às entidades sindicais e às associações profissionais.

§ 2º A proposta de revisão será submetida à aprovação do Ministro do Trabalho, Indústria e Comércio.

Art. 576. A Comissão do Enquadramento Sindical será constituída pelo Diretor-Geral do Departamento Nacional do Trabalho, que a presidirá, e pelos seguintes membros:

▸ *Caput* com a redação dada pela Lei nº 5.819, de 6-11-1972.

▸ Art. 8º, I, da CF.

I – 2 (dois) representantes do Departamento Nacional do Trabalho;

II – 1 (um) representante do Departamento Nacional de Mão de Obra;

III – 1 (um) representante do Instituto Nacional de Tecnologia, do Ministério da Indústria e do Comércio;

IV – 1 (um) representante do Instituto Nacional de Colonização e Reforma Agrária, do Ministério da Agricultura;

V – 1 (um) representante do Ministério dos Transportes;

VI – 2 (dois) representantes das categorias econômicas; e

VII – 2 (dois) representantes das categorias profissionais.

▸ Incisos I a VII com a redação dada pela Lei nº 5.819, de 6-11-1972.

§ 1º Os membros da CES serão designados pelo Ministro do Trabalho do Trabalho e Previdência Social, mediante:

a) indicação dos titulares das Pastas, quanto aos representantes dos outros Ministérios;

b) indicação do respectivo Diretor-Geral, quanto ao do DNMO;

c) eleição pelas respectivas Confederações, em conjunto, quanto aos representantes das categorias econômicas e profissionais, de acordo com as instruções que forem expedidas pelo Ministro do Trabalho e Previdência Social.

§ 2º Cada Membro terá um suplente designado juntamente com o titular.

▸ §§ 1º e 2º com a redação dada pelo Dec.-lei nº 229, de 28-2-1967.

§ 3º Será de 3 (três) anos o mandato dos representantes das categorias econômica e profissional.

▸ § 3º com a redação dada pelo Dec.-lei nº 925, de 10-10-1969.

§ 4º Os integrantes da Comissão perceberão a gratificação de presença que for estabelecida por decreto executivo.

▸ § 4º com a redação dada pelo Dec.-lei nº 229, de 28-2-1967.

§ 5º Em suas faltas ou impedimentos o Diretor-Geral do DNT será substituído na presidência pelo Diretor substituto do Departamento ou pelo representante deste na Comissão, nesta ordem.

► § 5º com a redação dada pelo Dec.-lei 506, de 18-3-1969.

§ 6º Além das atribuições fixadas no presente Capítulo e concernentes ao enquadramento sindical, individual ou coletivo, e à classificação das atividades e profissões, competirá também à CES resolver, com recurso para o Ministro do Trabalho e Previdência Social, todas as dúvidas e controvérsias concernentes à organização sindical.

► § 6º com a redação dada pelo Dec.-lei nº 229, de 28-2-1967.

Art. 577. O Quadro de Atividades e Profissões em vigor fixará o plano básico do enquadramento sindical.

► Art. 8º, I, da CF.
► Súm. nº 196 do STF.
► OJ da SDC nº 9 do TST.

Capítulo III

DO IMPOSTO SINDICAL

► Art. 35, V, do Dec.-lei nº 229, de 28-2-1967, que determinou entender como "Contribuição Sindical" as referências a "Imposto Sindical" feitas nesta Consolidação.
► Art. 217 do CTN.
► Art. 7º da Lei nº 11.648, de 31-3-2008 (Lei das Centrais Sindicais).

Seção I

DA FIXAÇÃO E DO RECOLHIMENTO DO IMPOSTO SINDICAL

Art. 578. As contribuições devidas aos sindicatos pelos participantes das categorias econômicas ou profissionais ou das profissões liberais representadas pelas referidas entidades serão, sob a denominação de contribuição sindical, pagas, recolhidas e aplicadas na forma estabelecida neste Capítulo, desde que prévia e expressamente autorizadas.

Art. 579. O desconto da contribuição sindical está condicionado à autorização prévia e expressa dos que participarem de uma determinada categoria econômica ou profissional, ou de uma profissão liberal, em favor do sindicato representativo da mesma categoria ou profissão ou, inexistindo este, na conformidade do disposto no art. 591 desta Consolidação.

► Arts. 578 e 579 com a redação dada pela Lei nº 13.467, de 13-7-2017.

Art. 580. A contribuição sindical será recolhida, de uma só vez, anualmente, e consistirá:

► *Caput* com a redação dada pela Lei nº 6.386, de 9-12-1976.

I – na importância correspondente à remuneração de um dia de trabalho, para os empregados, qualquer que seja a forma da referida remuneração;

► Inciso I com a redação dada pela Lei nº 6.386, de 9-12-1976.

II – para os agentes ou trabalhadores autônomos e para os profissionais liberais, numa importância correspondente a trinta por cento do maior valor de referência fixado pelo Poder Executivo, vigente à época em que é devida a contribuição sindical, arredondada para Cr$ 1,00 (um cruzeiro) a fração porventura existente;

► Port. do MTPrev nº 667, de 8-11-2021, regulamenta a imposição de multas administrativas previstas na legislação trabalhista.

III – para os empregadores, numa importância proporcional ao capital social da firma ou empresa, registrado nas respectivas Juntas Comerciais ou órgãos equivalentes, mediante a aplicação de alíquotas, conforme a seguinte Tabela progressiva:

► Incisos II e III com a redação dada pela Lei nº 7.047, de 1º-12-1982.

CLASSES DE CAPITAL	ALÍQUOTA %
1 – Até 150 vezes o maior valor de referência	0,8
2 – Acima de 150 até 1.500 vezes o maior valor de referência	0,2
3 – Acima de 1.500 até 150.000 vezes o maior valor de referência	0,1
4 – Acima de 150.000 até 800.000 vezes o maior valor de referência	0,02

► Port. do MTPrev nº 667, de 8-11-2021, regulamenta a imposição de multas administrativas previstas na legislação trabalhista.

§ 1º A contribuição sindical prevista na Tabela constante do item III deste artigo corresponderá à soma da aplicação das alíquotas sobre a porção do capital distribuído em cada classe, observados os respectivos limites.

§ 2º Para efeito do cálculo de que trata a Tabela progressiva inserta no item III deste artigo, considerar-se-á o valor de referência fixado pelo Poder Executivo, vigente à data de competência da contribuição, arredondando-se para Cr$ 1,00 (um cruzeiro) a fração porventura existente.

▶ §§ 1º e 2º com a redação dada pela Lei nº 6.386, de 9-12-1976.

▶ Port. do MTPrev nº 667, de 8-11-2021, regulamenta a imposição de multas administrativas previstas na legislação trabalhista.

§ 3º É fixada em sessenta por cento do maior valor de referência, a que alude o parágrafo anterior, a contribuição mínima devida pelos empregadores, independentemente do capital social da firma ou empresa, ficando, do mesmo modo, estabelecido o capital equivalente a oitocentas mil vezes o maior valor de referência, para efeito do cálculo da contribuição máxima, respeitada a Tabela progressiva constante do item III.

▶ § 3º com a redação dada pela Lei nº 7.047, de 1º-12-1982.

▶ Port. do MTPrev nº 667, de 8-11-2021, regulamenta a imposição de multas administrativas previstas na legislação trabalhista.

§ 4º Os agentes ou trabalhadores autônomos e os profissionais liberais, organizados em firma ou empresa, com capital social registrado, recolherão a contribuição sindical de acordo com a Tabela progressiva a que se refere o item III.

§ 5º As entidades ou instituições que não estejam obrigadas ao registro de capital social considerarão, como capital, para efeito do cálculo de que trata a Tabela progressiva constante do item III deste artigo, o valor resultante da aplicação do percentual de quarenta por cento sobre o movimento econômico registrado no exercício imediatamente anterior, do que darão conhecimento à respectiva entidade sindical ou à Delegacia Regional do Trabalho, observados os limites estabelecidos no § 3º deste artigo.

§ 6º Excluem-se da regra do § 5º as entidades ou instituições que comprovarem, através de requerimento dirigido ao Ministério do Trabalho, que não exercem atividade econômica com fins lucrativos.

▶ §§ 4º a 6º com a redação dada pela Lei nº 6.386, de 9-12-1976.

▶ Art. 8º, I, da CF.

Art. 581. Para os fins do item III do artigo anterior, as empresas atribuirão parte do respectivo capital às suas sucursais, filiais ou agências, desde que localizadas fora da base territorial da entidade sindical representativa da atividade econômica do estabelecimento principal, na proporção das correspondentes operações econômicas, fazendo a devida comunicação às Delegacias Regionais do Trabalho, conforme a localidade da sede da empresa, sucursais, filiais ou agências.

§ 1º Quando a empresa realizar diversas atividades econômicas, sem que nenhuma delas seja preponderante, cada uma dessas atividades será incorporada à respectiva categoria econômica, sendo a contribuição sindical devida à entidade sindical representativa da mesma categoria, procedendo-se, em relação às correspondentes sucursais, agências ou filiais, na forma do presente artigo.

§ 2º Entende-se por atividade preponderante a que caracterizar a unidade de produto, operação ou objetivo final, para cuja obtenção todas as demais atividades convirjam, exclusivamente, em regime de conexão funcional.

▶ Art. 581 com a redação dada pela Lei nº 6.386, de 9-12-1976.

Art. 582. Os empregadores são obrigados a descontar da folha de pagamento de seus empregados relativa ao mês de março de cada ano a contribuição sindical dos empregados que autorizaram prévia e expressamente o seu recolhimento aos respectivos sindicatos.

▶ *Caput* com a redação dada pela Lei nº 13.467, de 13-7-2017.

§ 1º Considera-se um dia de trabalho para efeito de determinação da importância a que alude o item I do artigo 580, o equivalente:

a) a uma jornada normal de trabalho, se o pagamento ao empregado for feito por unidade de tempo;

b) a um trinta avos da quantia percebida no mês anterior, se a remuneração for paga por tarefa, empreitada ou comissão.

§ 2º Quando o salário for pago em utilidades, ou nos casos em que o empregado receba, habitualmente, gorjetas, a contribuição sindical corresponderá a um trinta avos da importância que tiver servido de base, no mês de janeiro, para a contribuição do empregado à Previdência Social.

► §§ 1º e 2º com a redação dada pela Lei nº 6.386, de 9-12-1976.

Art. 583. O recolhimento da contribuição sindical referente aos empregados e trabalhadores avulsos será efetuado no mês de abril de cada ano, e o relativo aos agentes ou trabalhadores autônomos e profissionais liberais realizar-se-á no mês de fevereiro, observada a exigência de autorização prévia e expressa prevista no art. 579 desta Consolidação.

► *Caput* com a redação dada pela Lei nº 13.467, de 13-7-2017.

§ 1º O recolhimento obedecerá ao sistema de guias, de acordo com as instruções expedidas pelo Ministro do Trabalho.

► Port. do MTE nº 488, de 23-11-2005, aprova o modelo da Guia de Recolhimento de Contribuição Sindical Urbana – GRCSU.

§ 2º O comprovante de depósito da contribuição sindical será remetido ao respectivo Sindicato; na falta deste, à correspondente entidade sindical de grau superior, e, se for o caso, ao Ministério do Trabalho.

► §§ 1º e 2º com a redação dada pela Lei nº 6.386, de 9-12-1976.

Art. 584. Servirá de base para o pagamento da contribuição sindical, pelos agentes ou trabalhadores autônomos e profissionais liberais, a lista de contribuintes organizada pelos respectivos Sindicatos e, na falta destes, pelas Federações ou Confederações coordenadoras da categoria.

► Precedente Normativo nº 111 da SDC do TST.

Art. 585. Os profissionais liberais poderão optar pelo pagamento da contribuição sindical unicamente à entidade sindical representativa da respectiva profissão, desde que a exerça, efetivamente, na firma ou empresa e como tal sejam nelas registrados.

Parágrafo único. Na hipótese referida neste artigo, à vista da manifestação do contribuinte e da exibição da prova de quitação da contribuição, dada por Sindicato de profissionais liberais, o empregador deixará de efetuar, no salário do contribuinte, o desconto a que se refere o artigo 582.

Art. 586. A contribuição sindical será recolhida, nos meses fixados no presente Capítulo, à Caixa Econômica Federal, ao Banco do Brasil S.A., ou aos estabelecimentos bancários nacionais integrantes do sistema de arrecadação dos tributos federais, os quais, de acordo com instruções expedidas pelo Conselho Monetário Nacional, repassarão à Caixa Econômica Federal as importâncias arrecadadas.

§ 1º Integrarão a rede arrecadadora as Caixas Econômicas Estaduais, nas localidades onde inexistam os estabelecimentos previstos no *caput* deste artigo.

§ 2º Tratando-se de empregador, agentes ou trabalhadores autônomos ou profissionais liberais, o recolhimento será efetuado pelos próprios, diretamente ao estabelecimento arrecadador.

§ 3º A contribuição sindical devida pelos empregados e trabalhadores avulsos será recolhida pelo empregador e pelo Sindicato, respectivamente.

► Arts. 584 a 586 com a redação dada pela Lei nº 6.386, de 9-12-1976.

Art. 587. Os empregadores que optarem pelo recolhimento da contribuição sindical deverão fazê-lo no mês de janeiro de cada ano, ou, para os que venham a se estabelecer após o referido mês, na ocasião em que requererem às repartições o registro ou a licença para o exercício da respectiva atividade.

► Artigo com a redação dada pela Lei nº 13.467, de 13-7-2017.

Art. 588. A Caixa Econômica Federal manterá conta corrente intitulada "Depósitos da Arrecadação da Contribuição Sindical", em nome de cada uma das entidades sindicais beneficiadas, cabendo ao Ministério do Trabalho cientificá-la das ocorrências pertinentes à vida administrativa dessas entidades.

§ 1º Os saques na conta corrente referida no *caput* deste artigo far-se-ão mediante ordem bancária ou cheque com as assinaturas conjuntas do presidente e do tesoureiro da entidade sindical.

§ 2º A Caixa Econômica Federal remeterá, mensalmente, a cada entidade sindical, um extrato da respectiva conta corrente, e, quando solicitado, aos órgãos do Ministério do Trabalho.

► Art. 588 com a redação dada pela Lei nº 6.386, de 9-12-1976.

Art. 589. Da importância da arrecadação da contribuição sindical serão feitos os seguintes créditos pela Caixa Econômica Federal, na forma das instruções que forem expedidas pelo Ministro do Trabalho:

I – para os empregadores:

a) 5% (cinco por cento) para a confederação correspondente;

b) 15% (quinze por cento) para a federação;

c) 60% (sessenta por cento) para o sindicato respectivo; e

d) 20% (vinte por cento) para a "Conta Especial Emprego e Salário";

► Inciso I com a redação dada pela Lei nº 11.648, de 31-3-2008.

II – para os trabalhadores:

a) 5% (cinco por cento) para a confederação correspondente;

b) 10% (dez por cento) para a central sindical;

c) 15% (quinze por cento) para a federação;

d) 60% (sessenta por cento) para o sindicato respectivo; e

e) 10% (dez por cento) para a "Conta Especial Emprego e Salário";

► Inciso II com a redação dada pela Lei nº 11.648, de 31-3-2008.

III e IV – *Revogados*. Lei nº 11.648, de 31-3-2008.

§ 1º O sindicato de trabalhadores indicará ao Ministério do Trabalho e Emprego a central sindical a que estiver filiado como beneficiária da respectiva contribuição sindical, para fins de destinação dos créditos previstos neste artigo.

§ 2º A central sindical a que se refere a alínea *b* do inciso II do *caput* deste artigo deverá atender aos requisitos de representatividade previstos na legislação específica sobre a matéria.

► §§ 1º e 2º acrescidos pela Lei nº 11.648, de 31-3-2008.

Art. 590. Inexistindo confederação, o percentual previsto no art. 589 desta Consolidação caberá à federação representativa do grupo.

► *Caput* com a redação dada pela Lei nº 11.648, de 31-3-2008.

§§ 1º e 2º *Revogados*. Lei nº 11.648, de 31-3-2008.

§ 3º Não havendo sindicato, nem entidade sindical de grau superior ou central sindical, a contribuição sindical será creditada, integralmente, à "Conta Especial Emprego e Salário".

► § 3º com a redação dada pela Lei nº 11.648, de 31-3-2008.

§ 4º Não havendo indicação de central sindical, na forma do § 1º do art. 589 desta Consolidação, os percentuais que lhe caberiam serão destinados à "Conta Especial Emprego e Salário".

► § 4º acrescido pela Lei nº 11.648, de 31-3-2008.

Art. 591. Inexistindo sindicato, os percentuais previstos na alínea *c* do inciso I e na alínea *d* do inciso II do *caput* do art. 589 desta Consolidação serão creditados à federação correspondente à mesma categoria econômica ou profissional.

Parágrafo único. Na hipótese do *caput* deste artigo, os percentuais previstos nas alíneas *a* e *b* do inciso I e nas alíneas *a* e *c* do inciso II do *caput* do art. 589 desta Consolidação caberão à confederação.

► Art. 591 com a redação dada pela Lei nº 11.648, de 31-3-2008.

Seção II

DA APLICAÇÃO DO IMPOSTO SINDICAL

► Art. 35, V, do Dec.-lei nº 229, de 28-2-1967, que determinou entender como "Contribuição Sindical" as referências a "Imposto Sindical" feitas nesta Consolidação.

Art. 592. A contribuição sindical, além das despesas vinculadas à sua arrecadação, recolhimento e controle, será aplicada pelos Sindicatos, na conformidade dos respectivos estatutos, visando aos seguintes objetivos:

► Art. 8º, I, da CF.

I – Sindicatos de Empregadores e de Agentes Autônomos:

a) assistência técnica e jurídica;

b) assistência médica, dentária, hospitalar e farmacêutica;

c) realização de estudos econômicos e financeiros;

d) agências de colocação;

e) cooperativas;

f) bibliotecas;

g) creches;

h) congressos e conferências;

i) medidas de divulgação comercial e industrial do País, e no estrangeiro, bem como em outras tendentes a incentivar e aperfeiçoar a produção nacional;

j) feiras e exposições;

l) prevenção de acidentes do trabalho;

m) finalidades desportivas.

II – Sindicatos de Empregados:

a) assistência jurídica;

b) assistência médica, dentária, hospitalar e farmacêutica;
c) assistência à maternidade;
d) agências de colocação;
e) cooperativas;
f) bibliotecas;
g) creches;
h) congressos e conferências;
i) auxílio-funeral;
j) colônias de férias e centros de recreação;
l) prevenção de acidentes do trabalho;
m) finalidades desportivas e sociais;
n) educação e formação profissional;
o) bolsas de estudo.

III – Sindicatos de Profissionais Liberais:
a) assistência jurídica;
b) assistência médica, dentária, hospitalar e farmacêutica;
c) assistência à maternidade;
d) bolsas de estudo;
e) cooperativas;
f) bibliotecas;
g) creches;
h) congressos e conferências;
i) auxílio-funeral;
j) colônias de férias e centros de recreação;
l) estudos técnicos e científicos;
m) finalidades desportivas e sociais;
n) educação e formação profissional;
o) prêmios por trabalhos técnicos e científicos.

IV – Sindicatos de Trabalhadores Autônomos:
a) assistência técnica e jurídica;
b) assistência médica, dentária, hospitalar e farmacêutica;
c) assistência à maternidade;
d) bolsas de estudo;
e) cooperativas;
f) bibliotecas;
g) creches;
h) congressos e conferências;
i) auxílio-funeral;
j) colônias de férias e centros de recreação;
l) educação e formação profissional;
m) finalidades desportivas e sociais.

§ 1º A aplicação prevista neste artigo ficará a critério de cada entidade, que, para tal fim, obedecerá, sempre, às peculiaridades do respectivo grupo ou categoria, facultado ao Ministro do Trabalho permitir a inclusão de novos programas, desde que assegurados os serviços assistenciais fundamentais da entidade.

► Art. 8º, I, da CF.

§ 2º Os Sindicatos poderão destacar, em seus orçamentos anuais, até vinte por cento dos recursos da contribuição sindical para o custeio das suas atividades administrativas, independentemente de autorização ministerial.

§ 3º O uso da contribuição sindical prevista no § 2º não poderá exceder do valor total das mensalidades sociais consignadas nos orçamentos dos Sindicatos, salvo autorização expressa do Ministro do Trabalho.

► Art. 592 com a redação dada pela Lei nº 6.386, de 9-12-1976.

► Art. 8º, I, da CF.

Art. 593. As percentagens atribuídas às entidades sindicais de grau superior e às centrais sindicais serão aplicadas de conformidade com o que dispuserem os respectivos conselhos de representantes ou estatutos.

► *Caput* com a redação dada pela Lei nº 11.648, de 31-3-2008.

Parágrafo único. Os recursos destinados às centrais sindicais deverão ser utilizados no custeio das atividades de representação geral dos trabalhadores decorrentes de suas atribuições legais.

► Parágrafo único acrescido pela Lei nº 11.648, de 31-3-2008.

Art. 594. O "Fundo Social Sindical" será gerido e aplicado pela Comissão do Imposto Sindical em objetivos que atendam aos interesses gerais da organização sindical nacional ou à assistência social aos trabalhadores.

► Artigo tacitamente revogado pela Lei nº 4.589, de 11-12-1964, que extingue a Comissão do Imposto Sindical e a Comissão Técnica de orientação Sindical.

Seção III

DA COMISSÃO DO IMPOSTO SINDICAL

Arts. 595 a 597. *Revogados.* Lei nº 4.589, de 11-12-1964.

Seção IV

DAS PENALIDADES

Art. 598. Sem prejuízo da ação criminal e das penalidades previstas no art. 553, serão aplicadas multas de CR$ 10,00 (dez cruzeiros) a CR$ 10.000,00 (dez mil cruzeiros) pelas infrações deste Capítulo impostas no Distrito Federal pela autoridade competente de 1ª instância do Departamento Nacional do Trabalho e nos Estados e no Território do Acre pelas autoridades regionais do Ministério do Trabalho, Indústria e Comércio.

► Art. 8º da CF.

► Port. do MTPrev nº 667, de 8-11-2021, regulamenta a imposição de multas administrativas previstas na legislação trabalhista.

Parágrafo único. A gradação da multa atenderá à natureza da infração e às condições sociais e econômicas do infrator.

Art. 599. Para os profissionais liberais, a penalidade consistirá na suspensão do exercício profissional, até a necessária quitação, e será aplicada pelos órgãos públicos ou autárquicos disciplinadores das respectivas profissões mediante comunicação das autoridades fiscalizadoras.

Art. 600. O recolhimento da contribuição sindical efetuado fora do prazo referido neste Capítulo, quando espontâneo, será acrescido da multa de dez por cento, nos trinta primeiros dias, com o adicional de dois por cento por mês subsequente de atraso, além de juros de mora de um por cento ao mês e correção monetária, ficando, nesse caso, o infrator, isento de outra penalidade.

► Súm. nº 432 do TST.

§ 1º O montante das cominações previstas neste artigo reverterá sucessivamente:

a) ao Sindicato respectivo;

b) à Federação respectiva, na ausência de Sindicato;

c) à Confederação respectiva, inexistindo Federação.

§ 2º Na falta de Sindicato ou entidade de grau superior, o montante a que alude o parágrafo precedente reverterá à conta *"Emprego e Salário"*.

► Art. 600 com a redação dada pela Lei nº 6.181, de 11-12-1974.

SEÇÃO V – DISPOSIÇÕES GERAIS

Art. 601. *Revogado*. Lei nº 13.467, de 13-7-2017.

Art. 602. Os empregados que não estiverem trabalhando no mês destinado ao desconto da contribuição sindical e que venham a autorizar prévia e expressamente o recolhimento serão descontados no primeiro mês subsequente ao do reinício do trabalho.

► *Caput* com a redação dada pela Lei nº 13.467, de 13-7-2017.

Parágrafo único. De igual forma se procederá com os empregados que forem admitidos depois daquela data e que não tenham trabalhado anteriormente nem apresentado a respectiva quitação.

Art. 603. Os empregadores são obrigados a prestar aos encarregados da fiscalização os esclarecimentos necessários ao desempenho de sua missão e a exibir-lhes, quando exigidos, na parte relativa ao pagamento de empregados, os seus livros, folhas de pagamento e outros documentos comprobatórios desses pagamentos, sob pena da multa cabível.

► Precedente Normativo da SDC nº 41 do TST.

Art. 604. *Revogado*. Lei nº 13.467, de 13-7-2017.

Art. 605. As entidades sindicais são obrigadas a promover a publicação de editais concernentes ao recolhimento do imposto sindical, durante três dias, nos jornais de maior circulação local e até dez dias da data fixada para depósito bancário.

► Art. 35, V, do Dec.-lei nº 229, de 28-2-1967, que determinou entender como "Contribuição Sindical" as referências a "Imposto Sindical" feitas nesta Consolidação.

Art. 606. Às entidades sindicais cabe, em caso de falta de pagamento da contribuição sindical, promover a respectiva cobrança judicial, mediante ação executiva, valendo como título de dívida a certidão expedida pelas autoridades regionais do Ministério do Trabalho e Previdência Social.

► *Caput* com a redação dada pelo Dec.-lei nº 925, de 10-10-1969.

§ 1º O Ministro do Trabalho, Indústria e Comércio baixará as instruções regulando a expedição das certidões a que se refere o presente artigo, das quais deverá constar a individualização do contribuinte, a indicação do débito e a designação da entidade a favor da qual é recolhida a importância de imposto, de acordo com o respectivo enquadramento sindical.

► Art. 35, V, do Dec.-lei nº 229, de 28-2-1967, que determinou entender como "Contribuição Sindical" as referências a "Imposto Sindical" feitas nesta Consolidação.

§ 2º Para os fins da cobrança judicial do imposto sindical, são extensivos às entidades sindicais, com exceção do foro especial, os privilégios da Fazenda Pública, para cobrança da dívida ativa.

▶ Art. 35, V, do Dec.-lei nº 229, de 28-2-1967, que determinou entender como "Contribuição Sindical" as referências a "Imposto Sindical" feitas nesta Consolidação.

▶ Súm. nº 87 do extinto TFR.

Art. 607. É considerado como documento essencial ao comparecimento às concorrências públicas ou administrativas e para o fornecimento às repartições paraestatais ou autárquicas a prova da quitação do respectivo imposto sindical e a de recolhimento do imposto sindical, descontado dos respectivos empregados.

▶ Art. 35, V, do Dec.-lei nº 229, de 28-2-1967, que determinou entender como "Contribuição Sindical" as referências a "Imposto Sindical" feitas nesta Consolidação.

Art. 608. As repartições federais, estaduais ou municipais não concederão registro ou licenças para funcionamento ou renovação de atividades aos estabelecimentos de empregadores e aos escritórios ou congêneres dos agentes ou trabalhadores autônomos e profissionais liberais, nem concederão alvarás de licença ou localização, sem que sejam exibidas as provas de quitação do imposto sindical, na forma do artigo anterior.

▶ Art. 35, V, do Dec.-lei nº 229, de 28-2-1967, que determinou entender como "Contribuição Sindical" as referências a "Imposto Sindical" feitas nesta Consolidação.

Parágrafo único. A não observância do disposto neste artigo acarretará, de pleno direito, a nulidade dos atos nele referidos, bem como dos mencionados no artigo 607.

▶ Parágrafo único acrescido pela Lei nº 6.386, de 9-12-1976.

Art. 609. O recolhimento da contribuição sindical e todos os lançamentos e movimentos nas contas respectivas são isentos de selos e taxas federais, estaduais ou municipais.

Art. 610. As dúvidas no cumprimento deste Capítulo serão resolvidas pelo Diretor-Geral do Departamento Nacional do Trabalho, que expedirá as instruções que se tornarem necessárias à sua execução.

▶ Artigo com a redação dada pela Lei nº 4.589, de 11-12-1964.

▶ Art. 8º, I, da CF.

TÍTULO VI – DAS CONVENÇÕES COLETIVAS DE TRABALHO

▶ Título com a redação dada pelo Dec.-lei nº 229, de 28-2-1967.

▶ Art. 7º, XXVI, da CF.

Art. 611. Convenção Coletiva de Trabalho é o acordo de caráter normativo, pelo qual dois ou mais Sindicatos representativos de categorias econômicas e profissionais estipulam condições de trabalho aplicáveis, no âmbito das respectivas representações, às relações individuais de trabalho.

▶ Súm. nº 349 do STF.

▶ Súmulas nºs 85, 277 e 444 do TST.

▶ OJ da SBDI-I nº 323 do TST.

▶ Orientações Jurisprudenciais da SDC nºs 22 e 23 do TST.

§ 1º É facultado aos Sindicatos representativos de categorias profissionais celebrar Acordos Coletivos com uma ou mais empresas da correspondente categoria econômica, que estipulem condições de trabalho, aplicáveis no âmbito da empresa ou das empresas acordantes às respectivas relações de trabalho.

§ 2º As Federações e, na falta destas, as Confederações representativas de categorias econômicas ou profissionais poderão celebrar Convenções Coletivas de Trabalho para reger as relações das categorias a elas vinculadas, inorganizadas em Sindicatos, no âmbito de suas representações.

▶ Art. 7º, XXVI, da CF.

▶ Súmulas nºs 286, 339 e 364 do TST.

▶ OJ da SBDI-I nº 323 do TST.

Art. 611-A. A convenção coletiva e o acordo coletivo de trabalho têm prevalência sobre a lei quando, entre outros, dispuserem sobre:

I – pacto quanto à jornada de trabalho, observados os limites constitucionais;

II – banco de horas anual;

III – intervalo intrajornada, respeitado o limite mínimo de trinta minutos para jornadas superiores a seis horas;

IV – adesão ao Programa Seguro-Emprego (PSE), de que trata a Lei nº 13.189, de 19 de novembro de 2015;

V – plano de cargos, salários e funções compatíveis com a condição pessoal do empregado, bem como identificação dos cargos que se enquadram como funções de confiança;

VI – regulamento empresarial;

VII – representante dos trabalhadores no local de trabalho;

VIII – teletrabalho, regime de sobreaviso, e trabalho intermitente;

IX – remuneração por produtividade, incluídas as gorjetas percebidas pelo empregado, e remuneração por desempenho individual;

X – modalidade de registro de jornada de trabalho;

XI – troca do dia de feriado;

XII – enquadramento do grau de insalubridade;

XIII – prorrogação de jornada em ambientes insalubres, sem licença prévia das autoridades competentes do Ministério do Trabalho;

XIV – prêmios de incentivo em bens ou serviços, eventualmente concedidos em programas de incentivo;

XV – participação nos lucros ou resultados da empresa.

§ 1º No exame da convenção coletiva ou do acordo coletivo de trabalho, a Justiça do Trabalho observará o disposto no § 3º do art. 8º desta Consolidação.

§ 2º A inexistência de expressa indicação de contrapartidas recíprocas em convenção coletiva ou acordo coletivo de trabalho não ensejará sua nulidade por não caracterizar um vício do negócio jurídico.

§ 3º Se for pactuada cláusula que reduza o salário ou a jornada, a convenção coletiva ou o acordo coletivo de trabalho deverão prever a proteção dos empregados contra dispensa imotivada durante o prazo de vigência do instrumento coletivo.

§ 4º Na hipótese de procedência de ação anulatória de cláusula de convenção coletiva ou de acordo coletivo de trabalho, quando houver a cláusula compensatória, esta deverá ser igualmente anulada, sem repetição do indébito.

§ 5º Os sindicatos subscritores de convenção coletiva ou de acordo coletivo de trabalho deverão participar, como litisconsortes necessários, em ação individual ou coletiva, que tenha como objeto a anulação de cláusulas desses instrumentos.

► Art. 3º da IN do TST nº 41, de 21-6-2018, que dispõe sobre a aplicação das normas processuais desta Consolidação alteradas pela Lei nº 13.467, de 13-7-2017.

Art. 611-B. Constituem objeto ilícito de convenção coletiva ou de acordo coletivo de trabalho, exclusivamente, a supressão ou a redução dos seguintes direitos:

I – normas de identificação profissional, inclusive as anotações na Carteira de Trabalho e Previdência Social;

II – seguro-desemprego, em caso de desemprego involuntário;

III – valor dos depósitos mensais e da indenização rescisória do Fundo de Garantia do Tempo de Serviço (FGTS);

IV – salário mínimo;

V – valor nominal do décimo terceiro salário;

VI – remuneração do trabalho noturno superior à do diurno;

VII – proteção do salário na forma da lei, constituindo crime sua retenção dolosa;

VIII – salário-família;

IX – repouso semanal remunerado;

X – remuneração do serviço extraordinário superior, no mínimo, em 50% (cinquenta por cento) à do normal;

XI – número de dias de férias devidas ao empregado;

XII – gozo de férias anuais remuneradas com, pelo menos, um terço a mais do que o salário normal;

XIII – licença-maternidade com a duração mínima de cento e vinte dias;

XIV – licença-paternidade nos termos fixados em lei;

XV – proteção do mercado de trabalho da mulher, mediante incentivos específicos, nos termos da lei;

XVI – aviso prévio proporcional ao tempo de serviço, sendo no mínimo de trinta dias, nos termos da lei;

XVII – normas de saúde, higiene e segurança do trabalho previstas em lei ou em normas regulamentadoras do Ministério do Trabalho;

XVIII – adicional de remuneração para as atividades penosas, insalubres ou perigosas;

XIX – aposentadoria;

XX – seguro contra acidentes de trabalho, a cargo do empregador;

XXI – ação, quanto aos créditos resultantes das relações de trabalho, com prazo prescricional de cinco anos para os trabalhadores urbanos e rurais, até o limite de dois anos após a extinção do contrato de trabalho;

XXII – proibição de qualquer discriminação no tocante a salário e critérios de admissão do trabalhador com deficiência;

XXIII – proibição de trabalho noturno, perigoso ou insalubre a menores de dezoito anos e de qualquer trabalho a menores de dezesseis anos, salvo na condição de aprendiz, a partir de quatorze anos;
XXIV – medidas de proteção legal de crianças e adolescentes;
XXV – igualdade de direitos entre o trabalhador com vínculo empregatício permanente e o trabalhador avulso;
XXVI – liberdade de associação profissional ou sindical do trabalhador, inclusive o direito de não sofrer, sem sua expressa e prévia anuência, qualquer cobrança ou desconto salarial estabelecidos em convenção coletiva ou acordo coletivo de trabalho;
XXVII – direito de greve, competindo aos trabalhadores decidir sobre a oportunidade de exercê-lo e sobre os interesses que devam por meio dele defender;
XXVIII – definição legal sobre os serviços ou atividades essenciais e disposições legais sobre o atendimento das necessidades inadiáveis da comunidade em caso de greve;
XXIX – tributos e outros créditos de terceiros;
XXX – as disposições previstas nos arts. 373-A, 390, 392, 392-A, 394, 394-A, 395, 396 e 400 desta Consolidação.

Parágrafo único. Regras sobre duração do trabalho e intervalos não são consideradas como normas de saúde, higiene e segurança do trabalho para os fins do disposto neste artigo.

► Arts. 611-A e 611-B acrescidos pela Lei nº 13.467, de 13-7-2017.

Art. 612. Os Sindicatos só poderão celebrar Convenções ou Acordos Coletivos de Trabalho, por deliberação de Assembleia-Geral especialmente convocada para esse fim, consoante o disposto nos respectivos Estatutos, dependendo a validade da mesma do comparecimento e votação, em primeira convocação, de 2/3 (dois terços) dos associados da entidade, se se tratar de Convenção, e dos interessados, no caso de Acordo e, em segunda, de 1/3 (um terço) dos mesmos.

► Orientações Jurisprudenciais da SDC nºs 8, 29 e 35 do TST.

Parágrafo único. O *quorum* de comparecimento e votação será de um oitavo dos associados em segunda convocação, nas entidades sindicais que tenham mais de cinco mil associados.

Art. 613. As Convenções e os Acordos deverão conter obrigatoriamente:

I – designação dos Sindicatos convenentes ou dos Sindicatos e empresas acordantes;

► Súm. nº 374 do TST.

II – prazo de vigência;

► Súm. nº 277 do TST.

III – categorias ou classes de trabalhadores abrangidas pelos respectivos dispositivos;
IV – condições ajustadas para reger as relações individuais de trabalho durante sua vigência;
V – normas para a conciliação das divergências surgidas entre os convenentes por motivos da aplicação de seus dispositivos;
VI – disposições sobre o processo de sua prorrogação e de revisão total ou parcial de seus dispositivos;
VII – direitos e deveres dos empregados e empresas;
VIII – penalidades para os Sindicatos convenentes, os empregados e as empresas em caso de violação de seus dispositivos.

► Súm. nº 384 do TST.

Parágrafo único. As Convenções e os Acordos serão celebrados por escrito, sem emendas nem rasuras, em tantas vias quantos forem os Sindicatos convenentes ou as empresas acordantes, além de uma destinada a registro.

Art. 614. Os Sindicatos convenentes ou as empresas acordantes promoverão, conjunta ou separadamente, dentro de oito dias da assinatura da Convenção ou Acordo, o depósito de uma via do mesmo, para fins de registro e arquivo, no Departamento Nacional do Trabalho, em se tratando de instrumento de caráter nacional ou interestadual, ou nos órgãos regionais do Ministério do Trabalho e Previdência Social, nos demais casos.

§ 1º As Convenções e os Acordos entrarão em vigor três dias após a data da entrega dos mesmos no órgão referido neste artigo.

§ 2º Cópias autênticas das Convenções e dos Acordos deverão ser afixadas de modo visível, pelos Sindicatos convenentes, nas respectivas sedes e nos estabelecimentos das empresas compreendidas no seu campo de aplicação, dentro de cinco dias da data do depósito previsto neste artigo.

§ 3º Não será permitido estipular duração de convenção coletiva ou acordo coletivo de trabalho superior a dois anos, sendo vedada a ultratividade.

► § 3º com a redação dada pela Lei nº 13.467, de 13-7-2017.

Art. 615. O processo de prorrogação, revisão, denúncia ou revogação total ou parcial de Convenção ou Acordo ficará subordinado, em qualquer caso, à aprovação de Assembleia-Geral dos Sindicatos convenentes ou partes acordantes, com observância do disposto no artigo 612.

§ 1º O instrumento de prorrogação, revisão, denúncia ou revogação de Convenção ou Acordo será depositado, para fins de registro e arquivamento, na repartição em que o mesmo originariamente foi depositado, observado o disposto no artigo 614.

§ 2º As modificações introduzidas em Convenção ou Acordo, por força de revisão ou de revogação parcial de suas cláusulas, passarão a vigorar três dias após a realização do depósito previsto no § 1º.

► Arts. 611 a 615 com a redação dada pelo Dec.-lei nº 229, de 28-2-1967.

Art. 616. Os Sindicatos representativos de categorias econômicas ou profissionais e as empresas, inclusive as que não tenham representação sindical, quando provocados, não podem recusar-se à negociação coletiva.

► *Caput* com a redação dada pelo Dec.-lei nº 229, de 28-2-1967.

§ 1º Verificando-se recusa à negociação coletiva, cabe aos Sindicatos ou empresas interessadas dar ciência do fato, conforme o caso, ao Departamento Nacional do Trabalho ou aos órgãos regionais do Ministério do Trabalho e Previdência Social para convocação compulsória dos Sindicatos ou empresas recalcitrantes.

§ 2º No caso de persistir a recusa à negociação coletiva, pelo desatendimento às convocações feitas pelo ao Departamento Nacional do Trabalho ou órgãos regionais do Ministério do Trabalho e Previdência Social, ou se malograr a negociação entabulada, é facultada aos Sindicatos ou empresas interessadas a instauração de dissídio coletivo.

► §§ 1º e 2º com a redação dada pelo Dec.-lei nº 229, de 28-2-1967.

► Art. 114 da CF.

§ 3º Havendo Convenção, Acordo ou sentença normativa em vigor, o dissídio coletivo deverá ser instaurado dentro dos sessenta dias anteriores ao respectivo termo final, para que o novo instrumento possa ter vigência no dia imediato a esse termo.

► § 3º com a redação dada pelo Dec.-lei nº 424, de 21-1-1969.

§ 4º Nenhum processo de dissídio coletivo de natureza econômica será admitido sem antes se esgotarem as medidas relativas à formalização da Convenção ou Acordo correspondente.

► § 4º com a redação dada pelo Dec.-lei nº 229, de 28-2-1967.

Art. 617. Os empregados de uma ou mais empresas que decidirem celebrar Acordo Coletivo de Trabalho com as respectivas empresas darão ciência de sua resolução, por escrito, ao Sindicato representativo da categoria profissional, que terá o prazo de oito dias para assumir a direção dos entendimentos entre os interessados, devendo igual procedimento ser observado pelas empresas interessadas com relação ao Sindicato da respectiva categoria econômica.

§ 1º Expirado o prazo de oito dias sem que o Sindicato tenha se desincumbido do encargo recebido, poderão os interessados dar conhecimento do fato à Federação a que estiver vinculado o Sindicato e, em falta dessa, à correspondente Confederação, para que, no mesmo prazo, assuma a direção dos entendimentos. Esgotado esse prazo, poderão os interessados prosseguir diretamente na negociação coletiva até final.

► Art. 8º, VI, da CF.

§ 2º Para o fim de deliberar sobre o Acordo, a entidade sindical convocará Assembleia-Geral dos diretamente interessados, sindicalizados ou não, nos termos do artigo 612.

Art. 618. As empresas e instituições que não estiverem incluídas no enquadramento sindical a que se refere o artigo 577 desta Consolidação poderão celebrar Acordos Coletivos de Trabalho com os Sindicatos representativos dos respectivos empregados, nos termos deste Título.

Art. 619. Nenhuma disposição de contrato individual de trabalho que contrarie normas de Convenção ou Acordo Coletivo de Trabalho poderá prevalecer na execução do mesmo, sendo considerada nula de pleno direito.

► Art. 444 desta Consolidação.

► Súm. nº 437 do TST.

Art. 620. As condições estabelecidas em acordo coletivo de trabalho sempre prevalecerão sobre as estipuladas em convenção coletiva de trabalho.

► Artigo com a redação dada pela Lei nº 13.467, de 13-7-2017.

Art. 621. As Convenções e os Acordos poderão incluir, entre suas cláusulas, disposição sobre a constituição e funcionamento de comissões mistas de consulta e colaboração, no plano da empresa e sobre participação nos lucros. Estas disposições mencionarão a forma de constituição, o modo de funcionamento e as atribuições das comissões, assim como o plano de participação, quando for o caso.

Art. 622. Os empregados e as empresas que celebrarem contratos individuais de trabalho, estabelecendo condições contrárias ao que tiver sido ajustado em Convenção ou Acordo que lhes for aplicável, serão passíveis da multa neles fixada.

Parágrafo único. A multa a ser imposta ao empregado não poderá exceder da metade daquela que, nas mesmas condições, seja estipulada para a empresa.

Art. 623. Será nula de pleno direito disposição de Convenção ou Acordo que, direta ou indiretamente, contrarie proibição ou norma disciplinadora da política econômico-financeira do Governo ou concernente à política salarial vigente, não produzindo quaisquer efeitos perante autoridades e repartições públicas, inclusive para fins de revisão de preços e tarifas de mercadorias e serviços.

► Súm. nº 375 do TST.

Parágrafo único. Na hipótese deste artigo, a nulidade será declarada, de ofício ou mediante representação, pelo Ministro do Trabalho e Previdência Social, ou pela Justiça do Trabalho, em processo submetido ao seu julgamento.

Art. 624. A vigência de cláusula de aumento ou reajuste salarial, que implique elevação de tarifas ou de preços sujeitos à fixação por autoridade pública ou repartição governamental, dependerá de prévia audiência dessa autoridade ou repartição e sua expressa declaração no tocante à possibilidade de elevação da tarifa ou do preço e quanto ao valor dessa elevação.

Art. 625. As controvérsias resultantes da aplicação de Convenção ou de Acordo celebrado nos termos deste Título serão dirimidas pela Justiça do Trabalho.

► Arts. 617 a 625 com a redação dada pelo Dec.-Lei nº 229, de 28-2-1967.

► Lei nº 8.984, de 7-2-1995, estende a competência da Justiça do Trabalho.

► Súm. nº 57 do STJ.

TÍTULO VI-A – DAS COMISSÕES DE CONCILIAÇÃO PRÉVIA

► Título VI-A acrescido pela Lei nº 9.958, de 12-1-2000.

Art. 625-A. As empresas e os sindicatos podem instituir Comissões de Conciliação Prévia, de composição paritária, com representantes dos empregados e dos empregadores, com a atribuição de tentar conciliar os conflitos individuais do trabalho.

► Port. do MTE nº 329, de 14-8-2002, estabelece procedimentos para a instalação e o funcionamento das Comissões de Conciliação Prévia e Núcleos Intersindicais de Conciliação Trabalhista.

► Port. da SRT nº 2, de 12-7-2002, dispõe sobre a forma de produção de dados estatísticos, levantamentos e identificação de irregularidades no funcionamento das Comissões de Conciliação Prévia.

Parágrafo único. As Comissões referidas no *caput* deste artigo poderão ser constituídas por grupos de empresas ou ter caráter intersindical.

Art. 625-B. A Comissão instituída no âmbito da empresa será composta de, no mínimo, dois e, no máximo, dez membros, e observará as seguintes normas:

I – a metade de seus membros será indicada pelo empregador e a outra metade eleita pelos empregados, em escrutínio secreto, fiscalizado pelo sindicato da categoria profissional;

II – haverá na Comissão tantos suplentes quantos forem os representantes titulares;

III – o mandato dos seus membros, titulares e suplentes, é de um ano, permitida uma recondução.

§ 1º É vedada a dispensa dos representantes dos empregados membros da Comissão de Conciliação Prévia, titulares e suplentes, até um ano após o final do mandato, salvo se cometerem falta grave, nos termos da lei.

§ 2º O representante dos empregados desenvolverá seu trabalho normal na empresa, afastando-se de suas atividades apenas quando convocado para atuar como conciliador, sendo computado como tempo de trabalho efetivo o despendido nessa atividade.

Art. 625-C. A Comissão instituída no âmbito do sindicato terá sua constituição e normas de funcionamento definidas em convenção ou acordo coletivo.

Art. 625-D. Qualquer demanda de natureza trabalhista será submetida à Comissão de Conciliação Prévia se, na localidade da prestação de serviços, houver sido instituída a Comissão no âmbito da empresa ou do sindicato da categoria.

- O STF, por unanimidade, julgou parcialmente procedentes as ADINs nºs 2.139, 2.237 e 2.160, para dar interpretação conforme a Constituição a este artigo, no sentido de "assentar que a Comissão de Conciliação Prévia constitui meio não obrigatório de solução de conflitos, permanecendo o acesso à Justiça resguardado para todos os que venham a ajuizar demanda diretamente ao órgão judiciário competente" (*DJe* de 18 e 19-2-2019).
- Port. da SRT nº 2, de 12-7-2002, dispõe sobre a forma de produção de dados estatísticos, levantamentos e identificação de irregularidades no funcionamento das Comissões de Conciliação Prévia.
- OJ da SBDI-I nº 391 do TST.

§ 1º A demanda será formulada por escrito ou reduzida a termo por qualquer dos membros da Comissão, sendo entregue cópia datada e assinada pelo membro aos interessados.

§ 2º Não prosperando a conciliação, será fornecida ao empregado e ao empregador declaração da tentativa conciliatória frustrada com a descrição de seu objeto, firmada pelos membros da Comissão, que deverá ser juntada à eventual reclamação trabalhista.

§ 3º Em caso de motivo relevante que impossibilite a observância do procedimento previsto no *caput* deste artigo, será a circunstância declarada na petição inicial da ação intentada perante a Justiça do Trabalho.

§ 4º Caso exista, na mesma localidade e para a mesma categoria, Comissão de empresa e Comissão sindical, o interessado optará por uma delas para submeter a sua demanda, sendo competente aquela que primeiro conhecer do pedido.

Art. 625-E. Aceita a conciliação, será lavrado termo assinado pelo empregado, pelo empregador ou seu preposto e pelos membros da Comissão, fornecendo-se cópia às partes.

Parágrafo único. O termo de conciliação é título executivo extrajudicial e terá eficácia liberatória geral, exceto quanto às parcelas expressamente ressalvadas.

- Art. 878 desta Consolidação.

Art. 625-F. As Comissões de Conciliação Prévia têm prazo de dez dias para a realização da sessão de tentativa de conciliação a partir da provocação do interessado.

Parágrafo único. Esgotado o prazo sem a realização da sessão, será fornecida, no último dia do prazo, a declaração a que se refere o § 2º do artigo 625-D.

Art. 625-G. O prazo prescricional será suspenso a partir da provocação da Comissão de Conciliação Prévia, recomeçando a fluir, pelo que lhe resta, a partir da tentativa frustrada de conciliação ou do esgotamento do prazo previsto no artigo 625-F.

- Art. 7º, XXIX, da CF.
- Art. 11 desta Consolidação.

Art. 625-H. Aplicam-se aos Núcleos Intersindicais de Conciliação Trabalhista em funcionamento ou que vierem a ser criados, no que couber, as disposições previstas neste Título, desde que observados os princípios da paridade e da negociação coletiva na sua constituição.

- Arts. 625-A a 625-H acrescidos pela Lei nº 9.958, de 12-1-2000.
- Port. do MTE nº 329, de 14-8-2002, estabelece procedimentos para a instalação e o funcionamento das Comissões de Conciliação Prévia e Núcleos Intersindicais de Conciliação Trabalhista.

TÍTULO VII – DO PROCESSO DE MULTAS ADMINISTRATIVAS

CAPÍTULO I

DA FISCALIZAÇÃO, DA AUTUAÇÃO E DA IMPOSIÇÃO DE MULTAS

- Arts. 21, XXIV, e 114, VII, da CF.
- Lei nº 9.784, de 29-1-1999 (Lei do Processo Administrativo Federal).
- Lei nº 10.593, de 6-12-2002, dispõe sobre a reestruturação da Carreira Auditoria do Tesouro Nacional, que passa a denominar-se Carreira Auditoria da Receita Federal – ARF, e sobre a organização da Carreira Auditoria-Fiscal da Previdência Social e da Carreira Auditoria-Fiscal do Trabalho.
- Dec. nº 10.088, de 5-11-2019, consolida atos normativos editados pelo Poder Executivo Federal que dispõem sobre a promulgação de convenções e reco-

mendações da Organização Internacional do Trabalho – OIT ratificadas pela República Federativa do Brasil.

▸ Port. do MTPrev nº 671, de 8-11-2021, regulamenta disposições relativas à legislação trabalhista, à inspeção do trabalho, às políticas públicas e às relações de trabalho.

Art. 626. Incumbe às autoridades competentes do Ministério do Trabalho, Indústria e Comércio, ou àquelas que exerçam funções delegadas, a fiscalização do fiel cumprimento das normas de proteção ao trabalho.

▸ Port. do MTPrev nº 667, de 8-11-2021, regulamenta a imposição de multas administrativas previstas na legislação trabalhista.

Parágrafo único. Os fiscais dos Institutos de Seguro Social e das entidades paraestatais em geral dependentes do Ministério do Trabalho, Indústria e Comércio serão competentes para a fiscalização a que se refere o presente artigo, na forma das instruções que forem expedidas pelo Ministro do Trabalho, Indústria e Comércio.

▸ Art. 21, XXIV, da CF.

Art. 627. A fim de promover a instrução dos responsáveis no cumprimento das leis de proteção do trabalho, a fiscalização deverá observar o critério de dupla visita nos seguintes casos:

▸ IN da SIT nº 84, de 13-7-2010, dispõe sobre a fiscalização do Fundo de Garantia do Tempo de Serviço – FGTS e das Contribuições Sociais instituídas pela LC nº 110, de 29-6-2001.

a) quando ocorrer promulgação ou expedição de novas leis, regulamentos ou instruções ministeriais, sendo que, com relação exclusivamente a esses atos, será feita apenas a instrução dos responsáveis;

b) em se realizando a primeira inspeção dos estabelecimentos ou dos locais de trabalho, recentemente inaugurados ou empreendidos.

Art. 627-A. Poderá ser instaurado procedimento especial para a ação fiscal, objetivando a orientação sobre o cumprimento das leis de proteção ao trabalho, bem como a prevenção e o saneamento de infrações à legislação mediante Termo de Compromisso, na forma a ser disciplinada no Regulamento da Inspeção do Trabalho.

▸ Artigo acrescido pela MP nº 2.164-41, de 24-8-2001, que até o encerramento desta edição não havia sido convertida em Lei.

Art. 628. Salvo o disposto nos arts. 627 e 627-A, a toda verificação em que o Auditor-Fiscal do Trabalho concluir pela existência de violação de preceito legal deve corresponder, sob pena de responsabilidade administrativa, a lavratura de auto de infração.

▸ *Caput* com a redação dada pela MP nº 2.164-41, de 24-8-2001, que até o encerramento desta edição não havia sido convertida em Lei.

§ 1º Ficam as empresas obrigadas a possuir o livro intitulado "Inspeção do Trabalho", cujo modelo será aprovado por Portaria Ministerial.

▸ IN da SIT nº 72, de 5-12-2007, orienta os Auditores-Fiscais do Trabalho quanto a procedimentos a serem adotados na fiscalização, para que seja dispensado às microempresas e empresas de pequeno porte o tratamento diferenciado de que trata a LC nº 123, de 14-12-2006.

§ 2º Nesse livro, registrará o agente da inspeção sua visita ao estabelecimento, declarando a data e a hora do início e término da mesma, bem como o resultado da inspeção, nele consignando, se for o caso, todas as irregularidades verificadas e as exigências feitas, com os respectivos prazos para seu atendimento, e, ainda, de modo legível, os elementos de sua identificação funcional.

§ 3º Comprovada má-fé do agente da inspeção, quanto à omissão ou lançamento de qualquer elemento no livro, responderá ele por falta grave no cumprimento do dever, ficando passível, desde logo, da pena de suspensão até 30 (trinta) dias, instaurando-se, obrigatoriamente, em caso de reincidência, inquérito administrativo.

§ 4º A lavratura de autos contra empresas fictícias e de endereços inexistentes, assim como a apresentação de falsos relatórios, constituem falta grave, punível na forma do § 3º.

▸ §§ 1º a 4º acrescidos pelo Dec.-lei nº 229, de 28-2-1967.

Art. 628-A. Fica instituído o Domicílio Eletrônico Trabalhista, regulamentado pelo Ministério do Trabalho e Previdência, destinado a:

I – cientificar o empregador de quaisquer atos administrativos, ações fiscais, intimações e avisos em geral; e

II – receber, por parte do empregador, documentação eletrônica exigida no curso das ações fiscais ou apresentação de defesa e recurso no âmbito de processos administrativos.

§ 1º As comunicações eletrônicas realizadas pelo Domicílio Eletrônico Trabalhista dispensam a sua publicação no *Diário Oficial da União* e o envio por via postal e são consideradas pessoais para todos os efeitos legais.

§ 2º A ciência por meio do sistema de comunicação eletrônica, com utilização de certificação digital ou de código de acesso, possuirá os requisitos de validade.

▸ Art. 628-A acrescido pela Lei nº 14.261, de 16-12-2021.

Art. 629. O auto de infração será lavrado em duplicata, nos termos dos modelos e instruções expedidos, sendo uma via entregue ao infrator, contra recibo, ou ao mesmo enviada, dentro de 10 (dez) dias da lavratura, sob pena de responsabilidade, em registro postal, com franquia e recibo de volta.

§ 1º O auto não terá o seu valor probante condicionado à assinatura do infrator ou de testemunhas, e será lavrado no local da inspeção, salvo havendo motivo justificado que será declarado no próprio auto, quando então deverá ser lavrado no prazo de 24 (vinte e quatro) horas, sob pena de responsabilidade.

§ 2º Lavrado o auto de infração, não poderá ele ser inutilizado, nem sustado o curso do respectivo processo, devendo o agente da inspeção apresentá-lo à autoridade competente, mesmo se incidir em erro.

§ 3º O infrator terá, para apresentar defesa, o prazo de 10 (dez) dias contados do recebimento do auto.

§ 4º O auto de infração será registrado com a indicação sumária de seus elementos característicos, em livro próprio que deverá existir em cada órgão fiscalizador, de modo a assegurar o controle do seu processamento.

Art. 630. Nenhum agente da inspeção poderá exercer as atribuições do seu cargo sem exibir a carteira de identidade fiscal, devidamente autenticada, fornecida pela autoridade competente.

§ 1º É proibida a outorga de identidade fiscal a quem não esteja autorizado, em razão do cargo ou função, a exercer ou praticar, no âmbito da legislação trabalhista, atos de fiscalização.

§ 2º A credencial a que se refere este artigo deverá ser devolvida para inutilização, sob as penas da lei, em casos de provimento em outro cargo público, exoneração ou demissão, bem como nos de licenciamento por prazo superior a sessenta dias e de suspensão do exercício do cargo.

§ 3º O agente da inspeção terá livre acesso a todas as dependências dos estabelecimentos sujeitos ao regime da legislação, sendo as empresas, por seus dirigentes ou prepostos, obrigados a prestar-lhes os esclarecimentos necessários ao desempenho de suas atribuições legais e a exibir-lhes, quando exigidos, quaisquer documentos que digam respeito ao fiel cumprimento das normas de proteção ao trabalho.

§ 4º Os documentos sujeitos à inspeção deverão permanecer, sob as penas da lei nos locais de trabalho, somente se admitindo, por exceção, a critério da autoridade competente, sejam os mesmos apresentados em dia hora previamente fixados pelo agente da inspeção.

§ 5º No território do exercício de sua função, o agente da inspeção gozará de passe livre nas empresas de transporte, públicas ou privadas, mediante a apresentação da carteira de identidade fiscal.

§ 6º A inobservância do disposto nos §§ 3º, 4º e 5º configurará resistência ou embaraço à fiscalização e justificará a lavratura do respectivo auto de infração, cominada a multa no valor igual a meio (1/2) salário mínimo regional até 5 (cinco) vezes esse salário, levando-se em conta, além das circunstâncias atenuantes ou agravantes, a situação econômico-financeira do infrator e os meios a seu alcance para cumprir a lei.

▸ Port. do MTPrev nº 667, de 8-11-2021, regulamenta a imposição de multas administrativas previstas na legislação trabalhista.

§ 7º Para o efeito do disposto no § 5º, a autoridade competente divulgará, em janeiro e julho de cada ano, a relação dos agentes da inspeção titulares da carteira de identidade fiscal.

§ 8º As autoridades policiais, quando solicitadas, deverão prestar aos agentes da inspeção a assistência de que necessitarem para o fiel cumprimento de suas atribuições legais.

▸ Arts. 629 e 630 com a redação dada pelo Dec.-lei nº 229, de 28-2-1967.

Art. 631. Qualquer funcionário público federal, estadual ou municipal, ou representante legal de associação sindical, poderá comunicar à autoridade competente do Ministério do Trabalho, Indústria e Comércio as infrações que verificar.

Parágrafo único. De posse dessa comunicação, a autoridade competente procederá desde logo às necessárias diligências, lavrando os autos de que haja mister.

Art. 632. Poderá o autuado requerer a audiência de testemunhas e as diligências que lhe parecerem necessárias à elucidação do processo, cabendo, porém, à autoridade, julgar da necessidade de tais provas.

Art. 633. *Revogado.* Lei nº 13.874, de 20-9-2019.

Art. 634. Na falta de disposição especial, a imposição das multas incumbe às autoridades regionais competentes em matéria de trabalho, na forma estabelecida por este Título.

§ 1º A aplicação da multa não eximirá o infrator da responsabilidade em que incorrer por infração das leis penais.

- ▶ Parágrafo único transformado em § 1º pela Lei nº 13.467, de 13-7-2017.

§ 2º Os valores das multas administrativas expressos em moeda corrente serão reajustados anualmente pela Taxa Referencial (TR), divulgada pelo Banco Central do Brasil, ou pelo índice que vier a substituí-lo.

- ▶ § 2º acrescido pela Lei nº 13.467, de 13-7-2017.

Capítulo II

DOS RECURSOS

Art. 635. De toda decisão que impuser multa por infração das leis e disposições reguladoras do trabalho, e não havendo forma especial de processo caberá recurso para o Diretor-Geral Departamento ou Serviço do Ministério do Trabalho e Previdência Social, que for competente na matéria.

Parágrafo único. As decisões serão sempre fundamentadas.

Art. 636. Os recursos devem ser interpostos no prazo de 10 (dez) dias, contados do recebimento da notificação, perante autoridade que houver imposto a multa, a qual, depois de os informar encaminhá-los-á à autoridade de instância superior.

§ 1º O recurso só terá seguimento se o interessado o instruir com a prova do depósito da multa.

- ▶ O STF, por unanimidade de votos, julgou procedente a ADPF nº 156, para declarar a não recepção deste parágrafo pela CF/1988 (*DOU* de 26-8-2011).
- ▶ Súm. Vinc. nº 21 do STF.
- ▶ Súm. nº 424 do TST.

§ 2º A notificação somente será realizada por meio de edital, publicada no órgão oficial, quando o infrator estiver em lugar incerto e não sabido.

§ 3º A notificação de que trata este artigo fixará igualmente o prazo de 10 (dez) dias para que o infrator recolha o valor da multa, sob pena de cobrança executiva.

§ 4º As guias de depósito eu recolhimento serão emitidas em 3 (três) vias e o recolhimento da multa deverá preceder-se dentro de 5 (cinco) dias às repartições federais competentes, que escriturarão a receita a crédito do Ministério da Trabalho e Previdência Social.

§ 5º A segunda via da guia do recolhimento será devolvida pelo infrator à repartição que a emitiu, até o sexto dia depois de sua expedição, para a averbação no processo.

§ 6º A multa será reduzida de 50% (cinquenta por cento) se o infrator, renunciando ao recurso a recolher ao Tesouro Nacional dentro do prazo de 10 (dez) dias contados do recebimento da notificação ou da publicação do edital.

§ 7º Para a expedição da guia, no caso do § 6º, deverá o infrator juntar a notificação com a prova da data do seu recebimento, ou a folha do órgão oficial que publicou o edital.

Art. 637. De todas as decisões que proferirem em processos de infração das leis de proteção ao trabalho e que impliquem arquivamento destes, observado o disposto no parágrafo único do artigo 635, deverão as autoridades prolatoras recorrer de ofício para a autoridade competente de instância superior.

- ▶ Arts. 635 a 637 com a redação dada pelo Dec.-lei nº 229, de 28-2-1967.

Art. 638. Ao Ministro do Trabalho, Indústria e Comércio é facultado avocar ao seu exame e decisão, dentro de 90 (noventa) dias do despacho final do assunto, ou no curso do processo, as questões referentes à fiscalização dos preceitos estabelecidos nesta Consolidação.

Capítulo III

DO DEPÓSITO, DA INSCRIÇÃO E DA COBRANÇA

Art. 639. Não sendo provido o recurso, o depósito se converterá em pagamento.

Art. 640. É facultado às Delegacias Regionais do Trabalho, na conformidade de instruções expedidas pelo Ministro de Estado, promover a cobrança amigável das multas antes encaminhamento dos processos à cobrança executiva.

► Artigo com a redação dada pelo Dec.-lei nº 229, de 28-2-1967.

Art. 641. Não comparecendo o infrator, ou não depositando a importância da multa ou penalidade, far-se-á a competente inscrição em livro especial, existente nas repartições das quais se tiver originado a multa ou penalidade, ou de onde tenha provindo a reclamação que a determinou, sendo extraída cópia autentica dessa inscrição e enviada às autoridades competentes para a respectiva cobrança judicial, valendo tal instrumento como título de dívida líquida e certa.

Art. 642. A cobrança judicial das multas impostas pelas autoridades administrativas do trabalho obedecerá ao disposto na legislação aplicável à cobrança da dívida ativa da União, sendo promovida, no Distrito Federal e nas capitais dos Estados em que funcionarem Tribunais Regionais do Trabalho, pela Procuradoria da Justiça do Trabalho, e nas demais localidades, pelo Ministério Público Estadual e do Território do Acre, nos termos do Dec.-lei nº 960, de 17 de dezembro de 1938.

► Art. 131 da CF.

► Art. 29, § 5º, do ADCT.

Parágrafo único. No Estado de São Paulo a cobrança continuará a cargo da Procuradoria do Departamento Estadual do Trabalho, na forma do convênio em vigor.

TÍTULO VII-A – DA PROVA DE INEXISTÊNCIA DE DÉBITOS TRABALHISTAS

► Título acrescido pela Lei nº 12.440, de 7-7-2011.

► Res. Adm. do TST nº 1.470, de 24-8-2011, regulamenta a expedição da Certidão Negativa de Débitos Trabalhistas – CNDT.

Art. 642-A. É instituída a Certidão Negativa de Débitos Trabalhistas (CNDT), expedida gratuita e eletronicamente, para comprovar a inexistência de débitos inadimplidos perante a Justiça do Trabalho.

§ 1º O interessado não obterá a certidão quando em seu nome constar:

I – o inadimplemento de obrigações estabelecidas em sentença condenatória transitada em julgado proferida pela Justiça do Trabalho ou em acordos judiciais trabalhistas, inclusive no concernente aos recolhimentos previdenciários, a honorários, a custas, a emolumentos ou a recolhimentos determinados em lei; ou

II – o inadimplemento de obrigações decorrentes de execução de acordos firmados perante o Ministério Público do Trabalho ou Comissão de Conciliação Prévia.

§ 2º Verificada a existência de débitos garantidos por penhora suficiente ou com exigibilidade suspensa, será expedida Certidão Positiva de Débitos Trabalhistas em nome do interessado com os mesmos efeitos da CNDT.

§ 3º A CNDT certificará a empresa em relação a todos os seus estabelecimentos, agências e filiais.

§ 4º O prazo de validade da CNDT é de 180 (cento e oitenta) dias, contado da data de sua emissão.

► Art. 642-A acrescido pela Lei nº 12.440, de 7-7-2011.

TÍTULO VIII – DA JUSTIÇA DO TRABALHO

CAPÍTULO I

INTRODUÇÃO

► Arts. 109, I, II, VI, e 114 da CF.

► Art. 46, I, II e IV, do ADCT.

Art. 643. Os dissídios, oriundos das relações entre empregados e empregadores, bem como de trabalhadores avulsos e seus tomadores de serviços, em atividades reguladas na legislação social, serão dirimidos pela Justiça do Trabalho, de acordo com o presente Título e na forma estabelecida pelo processo judiciário do trabalho.

► *Caput* com a redação dada pela Lei nº 7.494, de 17-6-1986.

► Arts. 7º, XXXIV, e 114 da CF.

► Lei nº 8.984, de 7-2-1995, estende a competência da Justiça do Trabalho.

► Súmulas Vinculantes nºs 22 e 23 do STF.

► Súm. nº 736 do STF.

► Súmulas nºs 61, 66, 67, 83, 87 a 89, 98, 114, 115, 150, 158 e 169 do extinto TFR.

► Súmulas nºs 300, 389 e 392 do TST.

► Orientações Jurisprudenciais da SDC nºs 5, 7 e 9 do TST.

§ 1º As questões concernentes à Previdência Social serão decididas pelos órgãos e autoridades previstas no Capítulo V deste Título e na legislação sobre seguro social.

► § 1º revogado tacitamente pela Lei nº 3.807, de 26-8-1960. Atualmente, tratam da matéria as Leis nºs 8.212, de 24-7-1991 (Lei Orgânica da Seguridade

Social), e 8.213, de 24-7-1991 (Lei dos Planos de Benefícios da Previdência Social).

§ 2º As questões referentes a acidentes do trabalho continuam sujeitas à justiça ordinária, na forma do Decreto nº 24.637, de 10 de julho de 1934, e legislação subsequente.

- Arts. 5º, LXX, *b*, 92, 96, 111, 114 e 133 da CF.
- Súm. Vinc. nº 22 do STF.
- Súmulas nºs 235 e 501 do STF.
- Súmulas nºs 66, 82, 88, 150 e 158 do extinto TFR.
- Súm. nº 15 do STJ.
- Súmulas nºs 19, 106, 189 e 300 do TST.

§ 3º A Justiça do Trabalho é competente, ainda, para processar e julgar as ações entre trabalhadores portuários e os operadores portuários ou o Órgão Gestor de Mão de Obra – OGMO decorrentes da relação de trabalho.

- § 3º acrescido pela MP nº 2.164-41, de 24-8-2001, que até o encerramento desta edição não havia sido convertida em Lei.
- Arts. 32 a 44 da Lei nº 12.815, de 5-6-2013 (Lei dos Portos).

Art. 644. São órgãos da Justiça do Trabalho:

a) o Tribunal Superior do Trabalho;
b) os Tribunais Regionais do Trabalho;
c) as Juntas de Conciliação e Julgamento ou os Juízos de Direito.

- Art. 644 com a redação dada pelo Dec.-lei nº 9.797, de 9-9-1946.
- EC nº 24, de 9-12-1999, alterou a denominação das Juntas de Conciliação e Julgamento para Varas do Trabalho e extinguiu a representação classista na Justiça do Trabalho.
- Arts. 95, 111, III, e 112 a 116 da CF.

Art. 645. O serviço da Justiça do Trabalho é relevante e obrigatório, ninguém dele podendo eximir-se, salvo motivo justificado.

- Art. 462 do CPC/2015.

Art. 646. Os órgãos da Justiça do Trabalho funcionarão perfeitamente coordenados, em regime de mútua colaboração, sob a orientação do Presidente do Tribunal Superior do Trabalho.

- Arts. 10, 111, 113 e 116 da CF.
- Arts. 67 a 69 do CPC/2015.

Capítulo II

DAS JUNTAS DE CONCILIAÇÃO E JULGAMENTO

- EC nº 24, de 9-12-1999, alterou a denominação das Juntas de Conciliação e Julgamento para Varas do Trabalho e extinguiu a representação classista na Justiça do Trabalho.

Seção I

DA COMPOSIÇÃO E FUNCIONAMENTO

Art. 647. Cada Junta de Conciliação e Julgamento terá a seguinte composição:

- EC nº 24, de 9-12-1999, alterou a denominação das Juntas de Conciliação e Julgamento para Varas do Trabalho e extinguiu a representação classista na Justiça do Trabalho.
- Lei nº 10.770, de 21-11-2003, criou 269 Varas do Trabalho em diversas regiões da Justiça do Trabalho.

a) um juiz do trabalho, que será seu Presidente;
b) dois vogais, sendo um representante dos empregadores e outro dos empregados.

Parágrafo único. Haverá um suplente para cada juiz classista.

- Artigo com a redação dada pelo Dec.-lei nº 9.797, de 9-9-1946.
- Art. 116 da CF.

Art. 648. São incompatíveis entre si, para os trabalhos da mesma Junta, os parentes consanguíneos e afins até o terceiro grau civil.

- EC nº 24, de 9-12-1999, alterou a denominação das Juntas de Conciliação e Julgamento para Varas do Trabalho e extinguiu a representação classista na Justiça do Trabalho.

Parágrafo único. A incompatibilidade resolve-se a favor do primeiro juiz classista designado ou empossado, ou por sorteio, se a designação ou posse for da mesma data.

Art. 649. As Juntas poderão conciliar, instruir ou julgar com qualquer número, sendo, porém, indispensável a presença do Presidente, cujo voto prevalecerá em caso de empate.

- EC nº 24, de 9-12-1999, alterou a denominação das Juntas de Conciliação e Julgamento para Varas do Trabalho e extinguiu a representação classista na Justiça do Trabalho.

§ 1º No julgamento de embargos deverão estar presentes todos os membros da Junta.

§ 2º Na execução e na liquidação das decisões funciona apenas o Presidente.

- Art. 649 com a redação dada pelo Dec.-lei nº 8.737, de 19-1-1946.
- Art. 116 da CF.
- Art. 787 desta Consolidação.

Seção II

DA JURISDIÇÃO E COMPETÊNCIA DAS JUNTAS

► EC nº 24, de 9-12-1999, alterou a denominação das Juntas de Conciliação e Julgamento para Varas do Trabalho e extinguiu a representação classista na Justiça do Trabalho.

Art. 650. A jurisdição de cada Junta de Conciliação e Julgamento abrange todo o território da Comarca em que tem sede, só podendo ser estendida ou restringida por lei federal.

► EC nº 24, de 9-12-1999, alterou a denominação das Juntas de Conciliação e Julgamento para Varas do Trabalho e extinguiu a representação classista na Justiça do Trabalho.

► Lei nº 10.770, de 21-9-2003, criou 269 Varas do Trabalho, fixou novas jurisdições e estabeleceu novos critérios de competência.

► Súm. nº 150 do extinto TFR.

Parágrafo único. As leis locais de Organização Judiciária não influirão sobre a competência de Juntas de Conciliação e Julgamento já criadas, até que lei federal assim determine.

► Art. 650 com a redação dada pela Lei nº 5.442, de 24-5-1968.

Art. 651. A competência das Juntas de Conciliação e Julgamento é determinada pela localidade onde o empregado, reclamante ou reclamado, prestar serviços ao empregador, ainda que tenha sido contratado noutro local ou no estrangeiro.

► EC nº 24, de 9-12-1999, alterou a denominação das Juntas de Conciliação e Julgamento para Varas do Trabalho e extinguiu a representação classista na Justiça do Trabalho.

► Súmulas nºs 214, 300, 368 e 389 do TST.

► Súm. nº 169 do extinto TFR.

► Orientações Jurisprudenciais da SBDI-I nºs 26 e 138 do TST.

► Orientações Jurisprudenciais da SBDI-II nºs 129, 130 e 149 do TST.

§ 1º Quando for parte no dissídio agente ou viajante comercial, a competência será da Junta da localidade em que a empresa tenha agência ou filial e a esta o empregado esteja subordinado e, na falta, será competente a Junta da localização em que o empregado tenha domicílio ou a localidade mais próxima.

► § 1º com a redação dada pela Lei nº 9.851, de 27-10-1999.

§ 2º A competência das Juntas de Conciliação e Julgamento, estabelecida neste artigo, estende-se aos dissídios ocorridos em agência ou filial no estrangeiro, desde que o empregado seja brasileiro e não haja convenção internacional dispondo em contrário.

► Lei nº 7.064, de 6-12-1982, dispõe sobre a situação de trabalhadores contratados ou transferidos para prestar serviços no exterior.

► Orientações Jurisprudenciais da SBDI-II nºs 130 e 232 do TST.

§ 3º Em se tratando de empregador que promova realização de atividades fora do lugar do contrato de trabalho, é assegurado ao empregado apresentar reclamação no foro da celebração do contrato ou no da prestação dos respectivos serviços.

► Súmulas nºs 18, 72 e 169 do extinto TFR.

Art. 652. Compete às Varas do Trabalho:

► *Caput* com a redação dada pela Lei nº 13.467, de 13-7-2017.

a) conciliar e julgar:

I – os dissídios em que se pretenda o reconhecimento da estabilidade de empregado;

II – os dissídios concernentes a remuneração, férias e indenizações por motivo de rescisão do contrato individual de trabalho;

III – os dissídios resultantes de contratos de empreitadas em que o empreiteiro seja operário ou artífice;

IV – os demais dissídios concernentes ao contrato individual de trabalho;

► Súm. nº 736 do STF.

► Súmulas nºs 300, 368, 389 e 392 do TST.

► Orientações Jurisprudenciais da SBDI-I nºs 26 e 138 do TST.

V – as ações entre trabalhadores portuários e os operadores portuários ou o Órgão Gestor de Mão de Obra – OGMO decorrentes da relação de trabalho.

► Inciso V acrescido pela MP nº 2.164-41, de 24-8-2001, que até o encerramento desta edição não havia sido convertida em Lei.

► Arts. 32 a 44 da Lei nº 12.815, de 5-6-2013 (Lei dos Portos).

► Orientações Jurisprudenciais da SBDI-I nºs 232 e 391 do TST.

b) processar e julgar os inquéritos para apuração de falta grave;

c) julgar os embargos opostos às suas próprias decisões;

d) impor multas e demais penalidades relativas aos atos de sua competência;

▶ Alínea *d* com a redação dada pelo Dec.-lei nº 6.353, de 20-3-1944.

e) *Suprimida*. Dec.-lei nº 6.353, de 20-3-1944;

f) decidir quanto à homologação de acordo extrajudicial em matéria de competência da Justiça do Trabalho.

▶ Alínea *f* acrescida pela Lei nº 13.467, de 13-7-2017.

Parágrafo único. Terão preferência para julgamento os dissídios sobre pagamento de salário e aqueles que derivarem da falência do empregador, podendo o Presidente da Junta, a pedido do interessado, constituir processo em separado, sempre que a reclamação também versar sobre outros assuntos.

Art. 653. Compete, ainda, às Juntas de Conciliação e Julgamento:

▶ EC nº 24, de 9-12-1999, alterou a denominação das Juntas de Conciliação e Julgamento para Varas do Trabalho e extinguiu a representação classista na Justiça do Trabalho.

a) requisitar às autoridades competentes a realização das diligências necessárias ao esclarecimento dos feitos sob sua apreciação, representando contra aquelas que não atenderem a tais requisições;

b) realizar as diligências e praticar os atos processuais ordenados pelos Tribunais Regionais do Trabalho ou pelo Tribunal Superior do Trabalho;

▶ Alínea *b* retificada pelo Dec.-lei nº 6.353, de 20-3-1944.

c) julgar as suspeições arguidas contra os seus membros;

d) julgar as exceções de incompetência que lhes forem opostas;

e) expedir precatórias e cumprir as que lhes forem deprecadas;

f) exercer, em geral, no interesse da Justiça do Trabalho, quaisquer outras atribuições que decorram da sua jurisdição.

Seção III

DOS PRESIDENTES DAS JUNTAS

▶ EC nº 24, de 9-12-1999, alterou a denominação das Juntas de Conciliação e Julgamento para Varas do Trabalho e extinguiu a representação classista na Justiça do Trabalho.

Art. 654. O ingresso na magistratura do trabalho far-se-á para o cargo de Juiz do Trabalho Substituto. As nomeações subsequentes por promoção, alternadamente, por antiguidade e merecimento.

▶ *Caput* com a redação dada pelo Dec.-lei nº 229, de 28-2-1967.

▶ EC nº 24, de 9-12-1999, alterou a denominação das Juntas de Conciliação e Julgamento para Varas do Trabalho e extinguiu a representação classista na Justiça do Trabalho.

▶ Res. do CSJT nº 104, de 25-5-2012, uniformiza os vocábulos de tratamento dispensados aos magistrados de 1ª e 2ª instância no âmbito da Justiça do Trabalho.

§ 1º Nas 7ª e 8ª Regiões da Justiça do Trabalho, nas localidades fora das respectivas sedes, haverá suplentes de juiz do trabalho presidente de Junta, sem direito a acesso, nomeados pelo Presidente da República, dentre brasileiros, bacharéis em direito, de reconhecida idoneidade moral, especializados em direito do trabalho, pelo período de 2 (dois) anos, podendo ser reconduzidos.

▶ § 1º com a redação dada pelo Dec.-lei nº 229, de 28-2-1967.

▶ EC nº 24, de 9-12-1999, alterou a denominação das Juntas de Conciliação e Julgamento para Varas do Trabalho e extinguiu a representação classista na Justiça do Trabalho.

§ 2º Os suplentes de juiz do trabalho receberão, quando em exercício, vencimentos iguais aos dos juízes que substituírem.

▶ § 2º com a redação dada pelo Dec.-lei nº 229, de 28-2-1967.

▶ EC nº 24, de 9-12-1999, alterou a denominação das Juntas de Conciliação e Julgamento para Varas do Trabalho e extinguiu a representação classista na Justiça do Trabalho.

▶ Lei nº 7.221, de 2-10-1984, dispõe sobre os cargos de Suplente de Juiz do Trabalho Presidente.

§ 3º Os Juízes Substitutos serão nomeados após aprovação em concurso público de provas e títulos realizado perante o Tribunal Regional do Trabalho da Região, válido por dois anos e prorrogável, a critério do mesmo órgão, por igual período, uma só vez, e organizado de acordo com as instruções expedidas pelo Tribunal Superior do Trabalho.

▶ § 3º com a redação dada pela Lei nº 6.087, de 16-7-1974.

▶ Arts. 93, I, e 96 da CF.

§ 4º Os candidatos inscritos só serão admitidos ao concurso após apreciação prévia, pelo Tribunal Regional do Trabalho da respectiva Região, dos seguintes requisitos:

a) idade maior de vinte e cinco anos e menor de quarenta e cinco anos;

b) idoneidade para o exercício das funções.

► § 4º com a redação dada pelo Dec.-lei nº 229, de 28-2-1967.

§ 5º O preenchimento dos cargos de Presidente de Junta, vagos ou criados por lei, será feito dentro de cada Região:

► *Caput* do § 5º com a redação dada pelo Dec.-lei nº 229, de 28-2-1967.

► EC nº 24, de 9-12-1999, alterou a denominação das Juntas de Conciliação e Julgamento para Varas do Trabalho e extinguiu a representação classista na Justiça do Trabalho.

a) pela remoção de outro Presidente, prevalecendo a antiguidade no cargo, caso haja mais de um pedido, desde que a remoção tenha sido requerida, dentro de quinze dias, contados da abertura da vaga, ao Presidente do Tribunal Regional, a quem caberá expedir o respectivo ato;

► Alínea *a* com a redação dada pela Lei nº 6.090, de 16-7-1974.

b) pela promoção do substituto, cuja aceitação será facultativa, obedecido o critério alternado de antiguidade e merecimento.

► Alínea *b* com a redação dada pelo Dec.-lei nº 229, de 28-2-1967.

► Art. 93, II, e VII, da CF.

§ 6º Os Juízes do Trabalho, Presidentes de Junta, Juízes Substitutos e suplentes de Juiz tomarão posse perante o Presidente do Tribunal da respectiva Região. Nos Estados que não forem sede de Tribunal Regional do Trabalho, a posse dar-se-á perante o Presidente do Tribunal de Justiça, que remeterá o termo ao Presidente do Tribunal Regional da jurisdição do empossado. Nos Territórios, a posse dar-se-á perante o Presidente do Tribunal Regional do Trabalho da respectiva Região.

► § 6º com a redação dada pelo Dec.-lei nº 229, de 28-2-1967.

► EC nº 24, de 9-12-1999, alterou a denominação das Juntas de Conciliação e Julgamento para Varas do Trabalho e extinguiu a representação classista na Justiça do Trabalho.

Art. 655. Os Presidentes e os Presidentes substitutos tomarão posse do cargo perante o presidente do Tribunal Regional da respectiva jurisdição.

§ 1º Nos Estados em que não houver sede de Tribunais a posse dar-se-á perante o presidente do Tribunal de Apelação, que remeterá o respectivo termo ao presidente do Tribunal Regional da Jurisdição do empossado.

§ 2º Nos Territórios a posse dar-se-á perante a Juiz de Direito da capital, que procederá na forma prevista no § 1º.

► Artigo prejudicado pela nova redação dada ao artigo anterior pelo Dec.-lei nº 229, de 28-2-1967.

Art. 656. O Juiz do Trabalho Substituto, sempre que não estiver substituindo o Juiz-Presidente de Junta, poderá ser designado para atuar nas Juntas de Conciliação e Julgamento.

► EC nº 24, de 9-12-1999, alterou a denominação das Juntas de Conciliação e Julgamento para Varas do Trabalho e extinguiu a representação classista na Justiça do Trabalho.

► Res. do CSJT nº 104, de 25-5-2012, uniformiza os vocábulos de tratamento dispensados aos magistrados de 1ª e 2ª instância no âmbito da Justiça do Trabalho.

§ 1º Para o fim mencionado no *caput* deste artigo, o território da Região poderá ser dividido em zonas, compreendendo a jurisdição de uma ou mais Juntas, a juízo do Tribunal Regional do Trabalho respectivo.

§ 2º A designação referida no *caput* deste artigo será de atribuição do Juiz-Presidente do Tribunal Regional do Trabalho ou, não havendo disposição regimental específica, de quem este indicar.

§ 3º Os Juízes do Trabalho Substitutos, quando designados ou estiverem substituindo os Juízes-Presidentes de Juntas, perceberão os vencimentos destes.

§ 4º O Juiz-Presidente do Tribunal Regional do Trabalho ou, não havendo disposição regimental específica, que este indicar, fará a lotação e a movimentação dos Juízes Substitutos entre as diferentes zonas da Região na hipótese de terem sido criadas na forma do § 1º deste artigo.

► Art.656 com a redação dada pela Lei nº 8.432, de 11-6-1992.

Art. 657. Os Presidentes de Juntas e os Presidentes Substitutos perceberão a remuneração ou os vencimentos fixados em lei.

► Artigo com a redação dada pelo Dec.-lei nº 8.737, de 19-1-1946.

► EC nº 24, de 9-12-1999, alterou a denominação das Juntas de Conciliação e Julgamento para Varas do Trabalho e extinguiu a representação classista na Justiça do Trabalho.

► Art. 93, V, da CF.

► Res. do CSJT nº 104, de 25-5-2012, uniformiza os vocábulos de tratamento dispensados aos magistrados de 1ª e 2ª instância no âmbito da Justiça do Trabalho.

Art. 658. São deveres precípuos dos Presidentes das Juntas, além dos que decorram do exercício de sua função:

► EC nº 24, de 9-12-1999, alterou a denominação das Juntas de Conciliação e Julgamento para Varas do Trabalho e extinguiu a representação classista na Justiça do Trabalho.

► Arts. 95 e 96 da CF.

► Res. do CSJT nº 104, de 25-5-2012, uniformiza os vocábulos de tratamento dispensados aos magistrados de 1ª e 2ª instância no âmbito da Justiça do Trabalho.

a) manter perfeita conduta pública e privada;

b) abster-se de atender a solicitações ou recomendações relativamente aos feitos que hajam sido ou tenham de ser submetidos à sua apreciação;

c) residir dentro dos limites de sua jurisdição, não podendo ausentar-se sem licença do Presidente do Tribunal Regional;

► O Dec.-lei nº 9.797, de 9-9-1946, determinou a substituição do termo "Conselho Regional" para "Tribunal Regional".

d) despachar e praticar todos os atos decorrentes de suas funções, dentro dos prazos estabelecidos, sujeitando-se ao desconto correspondente a um dia de vencimento para cada dia de retardamento.

► Art. 658 com a redação dada pelo Dec.-lei nº 8.737, de 19-1-1946.

Art. 659. Competem privativamente aos Presidentes das Juntas, além das que lhes forem conferidas neste Título e das decorrentes de seu cargo, as seguintes atribuições:

► EC nº 24, de 9-12-1999, alterou a denominação das Juntas de Conciliação e Julgamento para Varas do Trabalho e extinguiu a representação classista na Justiça do Trabalho.

► Súmulas nºs 262 e 263 do extinto TFR.

► Res. do CSJT nº 104, de 25-5-2012, uniformiza os vocábulos de tratamento dispensados aos magistrados de 1ª e 2ª instância no âmbito da Justiça do Trabalho.

I – presidir as audiências das Juntas;

II – executar as suas próprias decisões, as proferidas pela Junta e aquelas cuja execução lhes for deprecada;

► Súm. nº 89 do extinto TFR.

III – dar posse aos Juízes classistas nomeados para a Junta, ao chefe de Secretaria e aos demais funcionários da Secretaria;

IV – convocar os suplentes dos Juízes classistas, no impedimento destes;

V – representar ao Presidente do Tribunal Regional da respectiva jurisdição, no caso de falta de qualquer Juiz classista a três reuniões consecutivas, sem motivo justificado, para os fins do artigo 727;

► O Dec.-lei nº 9.797, de 9-9-1946, determinou a substituição do termo "Conselho Regional" para "Tribunal Regional".

VI – despachar os recursos interpostos pelas partes, fundamentando a decisão recorrida antes da remessa ao Tribunal Regional, ou submetendo-os à decisão da Junta, no caso do artigo 894;

► O Dec.-lei nº 9.797, de 9-9-1946, determinou a substituição do termo "Conselho Regional" para "Tribunal Regional".

VII – assinar as folhas de pagamento dos membros e funcionários da Junta;

VIII – apresentar ao Presidente do Tribunal Regional, até 15 de fevereiro de cada ano, o relatório dos trabalhos do ano anterior;

► O Dec.-lei nº 9.797, de 9-9-1946, determinou a substituição do termo "Conselho Regional" para "Tribunal Regional".

IX – conceder medida liminar, até decisão final do processo, em reclamações trabalhistas que visem a tornar sem efeito transferência disciplinada pelos parágrafos do artigo 469 desta Consolidação;

► Inciso IX com a redação dada pela Lei nº 6.203, de 17-4-1975.

► OJ da SBDI-II nº 68 do TST.

X – conceder medida liminar, até decisão final do processo, em reclamações trabalhistas que visem reintegrar no emprego dirigente sindical afastado, suspenso ou dispensado pelo empregador.

► Inciso X acrescido pela Lei nº 9.270, de 17-4-1996.

► Súm. nº 414 do TST.

► Orientações Jurisprudenciais da SBDI-II nºs 57, 63 a 65, 67, 68 e 142 do TST.

Seção IV

DOS JUÍZES CLASSISTAS DAS JUNTAS

Art. 660. Os juízes classistas das Juntas são designados pelo Presidente do Tribunal Regional da respectiva jurisdição.

► EC nº 24, de 9-12-1999, alterou a denominação das Juntas de Conciliação e Julgamento para Varas do Trabalho e extinguiu a representação classista na Justiça do Trabalho.

Art. 661. Para o exercício da função de juiz classista da Junta ou suplente deste são exigidos os seguintes requisitos:

► EC nº 24, de 9-12-1999, alterou a denominação das Juntas de Conciliação e Julgamento para Varas do Trabalho e extinguiu a representação classista na Justiça do Trabalho.

a) ser brasileiro;

► Alínea *a* com a redação dada pelo Dec.-lei nº 229, de 28-2-1967.

b) ter reconhecida idoneidade moral;

c) ser maior de 25 (vinte e cinco) anos e ter menos de 70 (setenta) anos;

► Alínea *c* com a redação dada pelo Dec.-lei nº 229, de 28-2-1967.

d) estar no gozo dos direitos civis e políticos;

e) estar quite com o serviço militar;

f) contar mais de 2 (dois) anos de efetivo exercício na profissão e ser sindicalizado.

Parágrafo único. A prova da qualidade profissional a que se refere a alínea *f* deste artigo é feita mediante declaração do respectivo Sindicato.

Art. 662. A escolha dos juízes classistas das Juntas e seus suplentes far-se-á dentre os nomes constantes das listas que, para esse efeito, forem encaminhadas pelas associações sindicais de primeiro grau ao presidente do Tribunal Regional.

► EC nº 24, de 9-12-1999, alterou a denominação das Juntas de Conciliação e Julgamento para Varas do Trabalho e extinguiu a representação classista na Justiça do Trabalho.

§ 1º Para esse fim, cada Sindicato de empregadores e de empregados, com base territorial extensiva à área de jurisdição da Junta, no todo ou em parte, procederá, na ocasião determinada pelo Presidente do Tribunal Regional, à escolha de 3 (três) nomes que comporão a lista, aplicando-se à eleição o disposto no art. 524 e seus §§ 1º a 3º.

► § 1º com a redação dada pela Lei nº 5.657, de 4-6-1971.

§ 2º Recebidas as listas pelo presidente do Tribunal Regional, designará este, dentro de cinco dias, os nomes dos juízes classistas e dos respectivos suplentes, expedindo para cada um deles um título, mediante a apresentação do qual será empossado.

§ 3º Dentro de quinze dias, contados da data da posse, pode ser contestada a investidura do juiz vogal ou do suplente, por qualquer interessado, sem efeito suspensivo, por meio de representação escrita, dirigida ao presidente do Tribunal Regional.

§ 4º Recebida a contestação, o Presidente do Tribunal designará imediatamente relator, o qual, se houver necessidade de ouvir testemunhas ou de proceder a quaisquer diligências, providenciará para que tudo se realize com a maior brevidade, submetendo, por fim, a contestação ao parecer do Tribunal, na primeira sessão.

► § 4º com a redação dada pela lei nº 2.244, de 23-6-1954.

§ 5º Se o Tribunal julgar procedente a contestação, o Presidente providenciará a designação de novo juiz vogal ou suplente.

► § 5º com a redação dada pelo Dec.-lei nº 229, de 28-2-1967.

§ 6º Em falta de indicação pelos Sindicatos, de nomes para representantes das respectivas categorias profissionais e econômicas nas Juntas de Conciliação e Julgamento, ou nas localidades onde não existirem Sindicatos, serão esses representantes livremente designados pelo Presidente do Tribunal Regional do Trabalho, observados os requisitos exigidos para o exercício da função.

► § 6º acrescido pelo Dec.-lei nº 229, de 28-2-1967.

Art. 663. A investidura dos vogais das Juntas e seus suplentes é de 3 (três) anos, podendo, entretanto, ser dispensado, a pedido, aquele que tiver servido, sem interrupção, durante metade desse período.

► *Caput* com a redação dada pela Lei nº 2.244, de 23-6-1954.

► EC nº 24, de 9-12-1999, alterou a denominação das Juntas de Conciliação e Julgamento para Varas do Trabalho e extinguiu a representação classista na Justiça do Trabalho.

§ 1º Na hipótese da dispensa do vogal a que alude este artigo, assim como nos casos de impedimento, morte ou renúncia, sua substituição far-se-á pelo suplente, mediante convocação do Presidente da Junta.

► § 1º com a redação dada pela Lei nº 2.244, de 23-6-1954.

§ 2º Na falta do suplente, por impedimento, morte ou renúncia serão designados novo vogal e o respectivo suplente, dentre os nomes constantes das listas a que se refere o art. 662, servindo os designados até o fim do período.

Art. 664. Os vogais das Juntas e seus suplentes tomam posse perante o Presidente da Junta em que têm de funcionar.

► EC nº 24, de 9-12-1999, alterou a denominação das Juntas de Conciliação e Julgamento para Varas do Trabalho e extinguiu a representação classista na Justiça do Trabalho.

Art. 665. Enquanto durar sua investidura, gozam os vogais das Juntas e seus suplentes das prerrogativas asseguradas aos jurados.

► EC nº 24, de 9-12-1999, alterou a denominação das Juntas de Conciliação e Julgamento para Varas do Trabalho e extinguiu a representação classista na Justiça do Trabalho.

Art. 666. Por audiência a que comparecerem, até o máximo de 20 (vinte) por mês, os vogais das Juntas e seus suplentes perceberão a gratificação fixada em lei.

► EC nº 24, de 9-12-1999, alterou a denominação das Juntas de Conciliação e Julgamento para Varas do Trabalho e extinguiu a representação classista na Justiça do Trabalho.

Art. 667. São prerrogativas dos vogais das Juntas, além das referidas no art. 665:

► EC nº 24, de 9-12-1999, alterou a denominação das Juntas de Conciliação e Julgamento para Varas do Trabalho e extinguiu a representação classista na Justiça do Trabalho.

a) tomar parte nas reuniões do Tribunal a que pertençam;

b) aconselhar às partes a conciliação;

c) votar no julgamento dos feitos e nas matérias de ordem interna do Tribunal, submetidas às suas deliberações;

d) pedir vista dos processos pelo prazo de 24 (vinte e quatro) horas;

e) formular, por intermédio do Presidente, aos litigantes, testemunhas e peritos, as perguntas que quiserem fazer, para esclarecimento do caso.

Capítulo III

DOS JUÍZOS DE DIREITO

Art. 668. Nas localidades não compreendidas na jurisdição das Juntas de Conciliação e Julgamento, os Juízos de Direito são os órgãos de administração da Justiça do Trabalho, com a jurisdição que lhes for determinada pela lei de organização judiciária local.

► Arts. 111, 112 e 114, V, da CF.

► EC nº 24, de 9-12-1999, alterou a denominação das Juntas de Conciliação e Julgamento para Varas do Trabalho e extinguiu a representação classista na Justiça do Trabalho.

► Súmulas nºs 10 e 180 do STJ.

Art. 669. A competência dos Juízos de Direito, quando investidos na administração da Justiça do Trabalho, é a mesma das Juntas de Conciliação e Julgamento, na forma da Seção II do Capítulo II.

► EC nº 24, de 9-12-1999, alterou a denominação das Juntas de Conciliação e Julgamento para Varas do Trabalho e extinguiu a representação classista na Justiça do Trabalho.

§ 1º Nas localidades onde houver mais de um Juízo de Direito a competência é determinada, entre os Juízes do Cível, por distribuição ou pela divisão judiciária local, na conformidade da lei de organização respectiva.

§ 2º Quando o critério de competência da lei de organização judiciária for diverso do previsto no parágrafo anterior, será competente o Juiz do Cível mais antigo.

► Art. 112 da CF.

Capítulo IV

DOS TRIBUNAIS REGIONAIS DO TRABALHO

► O Dec.-lei nº 9.797, de 9-9-1946, determinou a substituição do termo "Conselho Regional" para "Tribunal Regional".

Seção I

DA COMPOSIÇÃO E DO FUNCIONAMENTO

► EC nº 24, de 9-12-1999, alterou a denominação das Juntas de Conciliação e Julgamento para Varas do Trabalho e extinguiu a representação classista na Justiça do Trabalho.

► Res. Adm. do TST nº 757, de 12-12-2000, dispõe sobre a convocação de Juízes Titulares de Varas do Trabalho para atuarem nos Tribunais Regionais do Trabalho.

Art. 670. O Tribunal Regional da 1ª Região compor-se-á de cinquenta e quatro Juízes, sendo trinta e seis togados, vitalícios, e dezoito classistas, temporários; o da 2ª Região compor-se-á de sessenta e quatro Juízes, sendo quarenta e dois togados, vitalícios, e vinte e dois classistas, temporários; o Tribunal Regional da 3ª Região compor-se-á de trinta e seis Juízes, sendo vinte e quatro togados, vitalícios, e doze classistas, temporários; o Tribunal Regional da 4ª Região compor-se-á de trinta e seis Juízes, sendo vinte e quatro togados, vitalícios, e doze classistas, temporários; o Tribunal Regional da 5ª Região compor-se-á de vinte e nove Juízes, sendo dezenove togados, vitalícios, e dez classistas, temporários; o Tribunal Regional da 6ª Região compor-se-á de dezoito Juízes, sendo doze togados, vitalícios, e seis classistas, temporários; o Tribunal Regional da 7ª Região compor-se-á de oito Juízes, sendo seis togados, vitalícios, e dois classistas, temporários; o Tribunal Regional da 8ª Região compor-se-á de vinte e três Juízes, sendo quinze togados, vitalícios, e oito classistas, temporários; o Tribunal Regional da 9ª Região compor-se-á de vinte e oito Juízes, sendo dezoito togados, vitalícios, e dez classistas, temporários; o Tribunal Regional da 10ª Região compor-se-á de dezessete Juízes, sendo onze togados, vitalícios, e seis classistas, temporários; o Tribunal Regional da 11ª Região compor-se-á de oito Juízes, sendo seis togados, vitalícios, e dois classistas, temporários; o Tribunal Regional da 12ª Região compor-se-á de dezoito Juízes, sendo doze togados, vitalícios, e seis classistas, temporários; o Tribunal Regional da 13ª Região compor-se-á de oito Juízes, sendo seis togados, vitalícios, e dois classistas, temporários; o Tribunal Regional da 14ª Região compor-se-á de oito Juízes, sendo seis togados, de investidura vitalícia, e dois classistas, de investidura temporária; o Tribunal Regional da 15ª Região compor-se-á de trinta e seis Juízes, sendo vinte e quatro togados, vitalícios, e doze classistas, temporários; o Tribunal Regional da 16ª Região compor-se-á de oito Juízes, sendo seis togados, de investidura vitalícia, e dois classistas, de investidura temporária; o Tribunal Regional da 17ª Região compor-se-á de oito Juízes, sendo seis togados, de investidura vitalícia, e dois classistas, temporários; o Tribunal Regional da 18ª Região compor-se-á de oito Juízes, sendo seis togados, de investidura vitalícia, e dois classistas, de investidura temporária; o Tribunal Regional da 19ª Região compor-se-á de oito Juízes, sendo seis togados, de investidura vitalícia, e dois classistas, de investidura temporária; o Tribunal Regional da 20ª Região compor-se-á de oito Juízes, sendo seis togados, de investidura vitalícia, e dois classistas, de investidura temporária; o Tribunal Regional da 21ª Região compor-se-á de oito Juízes, sendo seis togados, de investidura vitalícia, e dois classistas, de investidura temporária; o Tribunal Regional da 22ª Região compor-se-á de oito Juízes, sendo seis togados, de investidura vitalícia, e dois classistas, de investidura temporária; o Tribunal Regional da 23ª Região compor-se-á de oito Juízes, sendo seis togados, de investidura vitalícia, e dois classistas, de investidura temporária; o Tribunal Regional da 24ª Região compor-se-á de oito Juízes, sendo seis togados, de investidura vitalícia e dois classistas, de investidura temporária; todos nomeados pelo Presidente da República.

► *Caput* com a redação dada pela Lei nº 5.442, de 24-5-1968, com as alterações das seguintes Leis nºs: 6.241, de 22-9-1975 (cria a 9ª Região); 6.915, de 1º-6-1981 (cria a 11ª Região); 6.927, de 7-7-1981 (cria a 10ª Região); 6.928, de 7-7-1981 (cria a 12ª Região); 7.119, de 30-8-1983 (altera a composição da 1ª, 2ª, 3ª e 6ª Regiões); 7.324, de 18-6-1985 (cria a 13ª Região); 7.325, de 18-6-1985 (altera a composição da 5ª, 6ª, 8ª, 9ª e 10ª Regiões); 7.520, de 15-7-1986 (cria a 15ª Região); 7.523, de 17-7-1986 (cria a 14ª Região); 7.617, de 8-9-1987 (altera a composição da 1ª Região); 7.671, de 21-9-1988 (cria a 16ª Região); 7.842, de 18-10-1989 (altera a composição da 12ª Região); 7.872, de 8-11-1989 (cria a 17ª Região); 7.873, de 9-11-1989 (cria a 18ª Região); 7.907, de 6-12-1989 (altera a composição da 9ª Região); 7.911, de 7-12-1989 (altera a composição da 4ª Região); 8.215, de 25-7-1991 (cria a 21ª Região); 8.190, de 7-6-1991 (altera a composição da 5ª Região); 8.217, de 27-8-1991 (altera a composição da 8ª Região); 8.219, de 29-8-1991 (cria a 19ª Região); 8.233, de 10-9-1991 (cria a 20ª Região); 8.221, de 5-9-1991 (cria a 22ª Região); 8.430, de 8-6-1992 (cria a 23ª Região); 8.431, de 9-6-1992 (cria a 24ª Região); 8.471, de 7-10-1992 (altera a composição da 6ª Região); 8.473, de 19-10-1992 (altera a composição da 15ª Região); 8.474, de 20-10-1992 (altera a composição da 10ª Região); 8.480, de 7-11-1992 (altera a composição da 2ª Região); 8.491, de 20-11-1992 (altera a composição da 4ª Região); 8.492, de 20-11-1992 (altera a composição da 9ª Região); 8.493, de 20-11-1992 (altera a composição da 5ª Região); 8.497, de 26-11-1992 (altera a composição da 3ª Região); 8.531, de 15-12-1992 (altera a composição da 1ª Região); 8.621, de 8-1-1993 (altera a composição da 12ª Região) e 8.947, de 8-12-1994 (altera a composição da 8ª Região); 11.964, de 3-7-2009 (altera a composição da 18ª Região); 11.986, de 27-7-2009 (altera a composição da 17ª Região); 11.987, de 27-7-2009 (altera a composição da 11ª Região); 11.999, de 29-7-2009 (altera a composição da 7ª Região); 12.001, de 29-7-2009 (altera a composição da 15ª Região); 12.098, de 24-11-2009 (altera a composição da 2ª Região); 12.421, de 16-6-2011 (altera a composição da 4ª Região); 12.422, de 16-6-2011 (altera a composição da 13ª Região); 12.476, de 2-9-2011 (altera a composição da 6ª Região); 12.481, de 2-9-2011 (altera a composição da 9ª Região); 12.478, de 2-9-2011 (altera a composição da 18ª Região); 12.482, de 2-9-2011 (altera a composição da 21ª Região); 12.616, de 30-4-2012 (altera a composição da 3ª Região).

- Res. do CSJT nº 104, de 25-5-2012, uniformiza os vocábulos de tratamento dispensados aos magistrados de 1ª e 2ª instância no âmbito da Justiça do Trabalho.
- EC nº 24, de 9-12-1999, alterou a denominação das Juntas de Conciliação e Julgamento para Varas do Trabalho e extinguiu a representação classista na Justiça do Trabalho.

§ 1º Haverá um suplente para cada juiz representante classista.

- § 1º com a redação dada pelo Dec.-lei nº 9.797, de 9-9-1946.
- A alteração que seria inserida neste § 1º pela Lei nº 5.442, de 24-5-1968 foi vetada, razão pela qual mantivemos a redação.

§ 2º Nos Tribunais Regionais constituídos por seis ou mais Juízes togados, e menos de onze, um deles será escolhido dentre advogados, um dentre membros do Ministério Público da União junto à Justiça do Trabalho e os demais dentre Juízes do Trabalho, Presidentes de Junta da respectiva Região, na forma prevista no parágrafo anterior.

- § 2º com a redação dada pela Lei nº 5.442, de 24-5-1968.
- Arts. 93, III, XI, 94 e 115 da CF.
- EC nº 24, de 9-12-1999, alterou a denominação das Juntas de Conciliação e Julgamento para Varas do Trabalho e extinguiu a representação classista na Justiça do Trabalho.
- Res. do CSJT nº 104, de 25-5-2012, (uniformiza os vocábulos de tratamento dispensados aos magistrados de 1ª e 2ª instância no âmbito da Justiça do Trabalho).

§ 3º Nos Tribunais do Trabalho das demais Regiões, terão assento três juízes alheios aos interesses profissionais.

- § 3º com a redação dada pelo Dec.-lei nº 9.797, de 9-9-1946.
- A alteração que seria inserida neste § 3º pela Lei nº 5.442, de 24-5-1968 foi vetada, razão pela qual mantivemos a redação.

§ 4º Os Juízes classistas referidos neste artigo representarão, paritariamente, empregadores e empregados.

- EC nº 24, de 9-12-1999, alterou a denominação das Juntas de Conciliação e Julgamento para Varas do Trabalho e extinguiu a representação classista na Justiça do Trabalho.
- Art. 116 da CF.

§ 5º Haverá um suplente para cada Juiz classista.

- EC nº 24, de 9-12-1999, alterou a denominação das Juntas de Conciliação e Julgamento para Varas do Trabalho e extinguiu a representação classista na Justiça do Trabalho.

§ 6º Os Tribunais Regionais, no respectivo regimento interno, disporão sobre a substituição de seus Juízes, observados, na convocação de Juízes inferiores, os critérios de livre escolha e antiguidade, alternadamente.

- Arts. 114 a 119 da LC nº 35, de 14-3-1979 (Lei Orgânica da Magistratura Nacional).

§ 7º Dentre os seus Juízes togados, os Tribunais Regionais elegerão os respectivos Presidente e Vice-Presidente, assim como os Presidentes de Turmas, onde as houver.

- Art. 96 da CF.

§ 8º Os Tribunais Regionais da 1ª e 2ª Regiões dividir-se-ão em Turmas, facultada essa divisão aos constituídos de, pelo menos, doze Juízes. Cada Turma se comporá de três Juízes togados e dois classistas, um representante dos empregados e outro dos empregadores.

- §§ 4º a 8º acrescidos pela Lei nº 5.442, de 24-5-1968.
- EC nº 24, de 9-12-1999, extinguiu a representação classista na Justiça do Trabalho.
- Arts. 112 a 115 da CF.

Art. 671. Para os trabalhos dos Tribunais Regionais existe a mesma incompatibilidade prevista no artigo 648, sendo idêntica a forma de sua resolução.

- Art. 128 da LC nº 35, de 14-3-1979 (Lei Orgânica da Magistratura Nacional).

► O Dec.-lei nº 9.797, de 9-9-1946, determinou a substituição do termo "Conselho Regional" para "Tribunal Regional".

Art. 672. Os Tribunais Regionais, em sua composição plena, deliberarão com a presença, além do Presidente, da metade e mais um do número de seus Juízes, dos quais, no mínimo, um representante dos empregados e outro dos empregadores.

► EC nº 24, de 9-12-1999, alterou a denominação das Juntas de Conciliação e Julgamento para Varas do Trabalho e extinguiu a representação classista na Justiça do Trabalho.

§ 1º As Turmas somente poderão deliberar presentes, pelo menos, três dos seus Juízes, entre eles os dois classistas. Para a integração desse *quorum*, poderá o Presidente de uma Turma convocar Juízes de outra, da classe a que pertencer o ausente ou impedido.

§ 2º Nos Tribunais Regionais, as decisões tomar-se-ão pelo voto da maioria dos Juízes presentes, ressalvada, no Tribunal Pleno, a hipótese de declaração de inconstitucionalidade de lei ou ato do poder público (artigo 111 da Constituição).

► Refere-se à CF/1967. Art. 97 da CF/1988.

§ 3º O Presidente do Tribunal Regional, excetuada a hipótese de declaração de inconstitucionalidade de lei ou ato do poder público, somente terá voto de desempate. Nas sessões administrativas, o Presidente votará como os demais Juízes, cabendo-lhe, ainda, o voto de qualidade.

§ 4º No julgamento de recursos contra decisão ou despacho do Presidente, do Vice-Presidente ou do Relator, ocorrendo empate, prevalecerá a decisão ou despacho recorrido.

► Art. 672 com a redação dada pela Lei nº 5.442, de 24-5-1968.

Art. 673. A ordem das sessões dos Tribunais Regionais será estabelecida no respectivo Regimento Interno.

► O Dec.-lei nº 9.797, de 9-9-1946, determinou a substituição do termo "Conselho Regional" para "Tribunal Regional".

Seção II

DA JURISDIÇÃO E COMPETÊNCIA

Art. 674. Para efeito da jurisdição dos Tribunais Regionais, o território nacional é dividido nas vinte e quatro Regiões seguintes:

1ª Região – Estado do Rio de Janeiro;

2ª Região – Estado de São Paulo;

► Art. 1º, § 1º, da Lei nº 7.520, de 15-7-1986, que cria a 15ª Região da Justiça do Trabalho e institui a correspondente Procuradoria Regional do Ministério Público da União junto à Justiça do Trabalho.

► Art. 12 da Lei 7.520, de 15-7-1986.

3ª Região – Estado de Minas Gerais;

4ª Região – Estado do Rio Grande do Sul;

5ª Região – Estado da Bahia;

6ª Região – Estado de Pernambuco;

7ª Região – Estado do Ceará;

8ª Região – Estados do Pará e do Amapá;

9ª Região – Estado do Paraná;

► Criada pela Lei nº 6.241, de 22-9-1975.

10ª Região – Distrito Federal e Tocantins;

► Criada pela Lei nº 6.927, de 7-7-1981.

11ª Região – Estados do Amazonas e de Roraima;

► Criada pela Lei nº 6.915, de 1º-6-1981.

12ª Região – Estado de Santa Catarina;

► Criada pela Lei nº 6.928, de 7-7-1981.

13ª Região – Estado da Paraíba;

► Criada pela Lei nº 7.324, de 18-6-1985.

14ª Região – Estados de Rondônia e Acre;

► Criada pela Lei nº 7.523, de 17-7-1986.

15ª Região – Estado de São Paulo (área não abrangida pela jurisdição estabelecida na 2ª Região);

► Arts. 1º, § 1º, e 12 da Lei nº 7.520, de 15-7-1986, que cria a 15ª Região da Justiça do Trabalho e institui a correspondente Procuradoria Regional do Ministério Público da União junto à Justiça do Trabalho.

16ª Região – Estado do Maranhão;

► Criada pela Lei nº 7.671, de 21-9-1988.

17ª Região – Estado do Espírito Santo;

► Criada pela Lei nº 7.872, de 8-11-1989.

18ª Região – Estado de Goiás;

► Criada pela Lei nº 7.873, de 9-9-1989.

19ª Região – Estado de Alagoas;

► Criada pela Lei nº 8.219, de 29-8-1991.

20ª Região – Estado de Sergipe;

► Criada pela Lei nº 8.233, de 10-9-1991.

21ª Região – Estado do Rio Grande do Norte;

► Criada pela Lei nº 8.215, de 25-6-1991.

22ª Região – Estado do Piauí;

▸ Criada pela Lei nº 8.221, de 5-9-1991.

23ª Região – Estado do Mato Grosso;

▸ Criada pela Lei nº 8.430, de 8-6-1992.

24ª Região – Estado do Mato Grosso do Sul.

▸ Criada pela Lei nº 8.431, de 9-6-1992.

Parágrafo único. Os Tribunais têm sede nas cidades: Rio de Janeiro (1ª Região), São Paulo (2ª Região), Belo Horizonte (3ª Região), Porto Alegre (4ª Região), Salvador (5ª Região), Recife (6ª Região), Fortaleza (7ª Região), Belém (8ª Região), Curitiba (9ª Região), Brasília (10ª Região), Manaus (11ª Região), Florianópolis (12ª Região), João Pessoa (13ª Região), Porto Velho (14ª Região), Campinas (15ª Região), São Luís (16ª Região), Vitória (17ª Região), Goiânia (18ª Região), Maceió (19ª Região), Aracaju (20ª Região), Natal (21ª Região), Teresina (22ª Região), Cuiabá (23ª Região) e Campo Grande (24ª Região).

Art. 675. *Revogado.* Lei nº 5.442, de 24-5-1968.

Art. 676. O número de regiões, a jurisdição e a categoria dos Tribunais Regionais, estabelecidos nos artigos anteriores, somente podem ser alterados pelo Presidente da República.

▸ Arts. 96, II, e 113 da CF.

▸ O Dec.-lei nº 9.797, de 9-9-1946, determinou a substituição do termo "Conselho Regional" para "Tribunal Regional".

Art. 677. A competência dos Tribunais Regionais determina-se pela forma indicada no artigo 651 e seus parágrafos e, nos casos de dissídio coletivo, pelo local onde este ocorrer.

▸ O Dec.-lei nº 9.797, de 9-9-1946, determinou a substituição do termo "Conselho Regional" para "Tribunal Regional".

▸ Súm. nº 236 do STJ.

▸ Súm. nº 420 do TST.

Art. 678. Aos Tribunais Regionais, quando divididos em Turmas, compete:

▸ O Dec.-lei nº 9.797, de 9-9-1946, determinou a substituição do termo "Conselho Regional" para "Tribunal Regional".

I – ao Tribunal Pleno, especialmente:

▸ Art. 97 da CF.

▸ Súm. Vinc. nº 10 do STF.

a) processar, conciliar e julgar originariamente os dissídios coletivos;

b) processar e julgar originariamente:

1) as revisões de sentenças normativas;

2) a extensão das decisões proferidas em dissídios coletivos;

3) os mandados de segurança;

▸ Súm. nº 433 do STF.

▸ Súmulas nºs 121 e 195 do extinto TFR.

▸ Súmulas nºs 397, 414 e 425 do TST.

▸ Orientações Jurisprudenciais da SBDI-II nºs 53, 54, 57, 63 e 64 do TST.

4) as impugnações à investidura de vogais e seus suplentes nas Juntas de Conciliação e Julgamento;

▸ EC nº 24, de 9-12-1999, alterou a denominação das Juntas de Conciliação e Julgamento para Varas do Trabalho e extinguiu a representação classista na Justiça do Trabalho.

c) processar e julgar em última instância:

1) os recursos das multas impostas pelas Turmas;

2) as ações rescisórias das decisões das Juntas de Conciliação e Julgamento, dos Juízes de Direito investidos na jurisdição trabalhista, das Turmas e de seus próprios acórdãos;

▸ EC nº 24, de 9-12-1999, alterou a denominação das Juntas de Conciliação e Julgamento para Varas do Trabalho e extinguiu a representação classista na Justiça do Trabalho.

3) os conflitos de jurisdição entre as suas Turmas, os Juízes de Direito investidos na jurisdição trabalhista, as Juntas de Conciliação e Julgamento, ou entre aqueles e estas;

▸ EC nº 24, de 9-12-1999, alterou a denominação das Juntas de Conciliação e Julgamento para Varas do Trabalho e extinguiu a representação classista na Justiça do Trabalho.

d) julgar em única ou última instância:

1) os processos e os recursos de natureza administrativa atinentes aos seus serviços auxiliares e respectivos servidores;

2) as reclamações contra atos administrativos de seu Presidente ou de qualquer de seus membros, assim como dos Juízes de primeira instância e de seus funcionários;

II – às Turmas:

a) julgar os recursos ordinários previstos no artigo 895, *a*;

b) julgar os agravos de petição e de instrumento, estes de decisões denegatórias de recursos de sua alçada;

c) impor multas e demais penalidades relativas a atos de sua competência jurisdicional, e julgar os recursos interpostos das decisões das Juntas e dos Juízes de Direito que as impuserem.

► EC nº 24, de 9-12-1999, alterou a denominação das Juntas de Conciliação e Julgamento para Varas do Trabalho e extinguiu a representação classista na Justiça do Trabalho.

Parágrafo único. Das decisões das Turmas não caberá recurso para o Tribunal Pleno, exceto no caso do item I, *c*, 1, deste artigo.

Art. 679. Aos Tribunais Regionais não divididos em Turmas compete o julgamento das matérias a que se refere o artigo anterior, exceto a de que trata o inciso 1 da alínea *c* do item I, como os conflitos de jurisdição entre Turmas.

► Arts. 678 e 679 com a redação dada pela Lei nº 5.442, de 24-5-1968.

Art. 680. Compete, ainda, aos Tribunais Regionais, ou suas Turmas:

a) determinar às Juntas e aos Juízes de Direito a realização dos atos processuais e diligências necessárias ao julgamento dos feitos sob sua apreciação;

► EC nº 24, de 9-12-1999, alterou a denominação das Juntas de Conciliação e Julgamento para Varas do Trabalho e extinguiu a representação classista na Justiça do Trabalho.

b) fiscalizar o cumprimento de suas próprias decisões;

c) declarar a nulidade dos atos praticados com infração de suas decisões;

d) julgar as suspeições arguidas contra seus membros;

e) julgar as exceções de incompetência que lhes forem opostas;

f) requisitar às autoridades competentes as diligências necessárias ao esclarecimento dos feitos sob apreciação, representando contra aquelas que não atenderem a tais requisições;

g) exercer, em geral, no interesse da Justiça do Trabalho, as demais atribuições que decorram de sua jurisdição.

► Art. 680 restabelecido e com a redação dada pela Lei nº 5.442, de 24-5-1968.

► Arts. 96 e 113 da CF.

Seção III

DOS PRESIDENTES DOS TRIBUNAIS REGIONAIS

► O Dec.-lei nº 9.797, de 9-9-1946, determinou a substituição do termo "Conselho Regional" para "Tribunal Regional".

Art. 681. Os Presidentes e Vice-Presidentes dos Tribunais Regionais do Trabalho tomarão posse perante os respectivos Tribunais.

► *Caput* com a redação dada pela Lei nº 6.320, de 5-4-1976.

Parágrafo único. *Revogado.* Lei nº 6.320, de 5-4-1976.

Art. 682. Competem privativamente aos Presidentes dos Tribunais Regionais, além das que forem conferidas neste e no título e das decorrentes do seu cargo, as seguintes atribuições:

► *Caput* com a redação dada pelo Dec.-lei nº 8.737, de 19-1-1946.

► O Dec.-lei nº 9.797, de 9-9-1946, determinou a substituição do termo "Conselho Regional" para "Tribunal Regional".

► OJ da SBDI-II nº 68 do TST.

I – *Revogado.* Lei nº 5.442, de 24-5-1968;

II – designar os Juízes classistas das Juntas e seus suplentes;

► EC nº 24, de 9-12-1999, alterou a denominação das Juntas de Conciliação e Julgamento para Varas do Trabalho e extinguiu a representação classista na Justiça do Trabalho.

III – dar posse aos Presidentes de Juntas e Presidentes Substitutos, aos Juízes classistas e suplentes e funcionários do próprio Tribunal e conceder férias e licenças aos mesmos e aos Juízes classistas e suplentes das Juntas;

► EC nº 24, de 9-12-1999, alterou a denominação das Juntas de Conciliação e Julgamento para Varas do Trabalho e extinguiu a representação classista na Justiça do Trabalho.

IV – presidir às sessões do Tribunal;

V – presidir às audiências de conciliação nos dissídios coletivos;

VI – executar suas próprias decisões e as proferidas pelo Tribunal;

VII – convocar suplentes dos Juízes do Tribunal, nos impedimentos destes;

► O Dec.-lei nº 9.797, de 9-9-1946, determinou a substituição do termo "dos vogais do Conselho" para "Juízes do Tribunal".

VIII – representar ao Presidente do Tribunal Superior do Trabalho contra os Presidentes, Juízes classistas e Juízes representantes classistas nos casos previstos no artigo 727 e seu parágrafo único;

- O Dec.-lei nº 9.797, de 9-9-1946, determinou a substituição do termo "Conselho Nacional" para "Tribunal Superior".
- EC nº 24, de 9-12-1999, alterou a denominação das Juntas de Conciliação e Julgamento para Varas do Trabalho e extinguiu a representação classista na Justiça do Trabalho.

IX – despachar os recursos interpostos pelas partes;

X – requisitar às autoridades competentes, nos casos de dissídio coletivo, a força necessária, sempre que houver ameaça de perturbação da ordem;

XI – exercer correição, pelo menos uma vez por ano, sobre as Juntas, ou parcialmente, sempre que se fizer necessário, e solicitá-la, quando julgar conveniente, ao Presidente do Tribunal de Justiça, relativamente aos Juízes de Direito investidos na administração da Justiça do Trabalho;

- EC nº 24, de 9-12-1999, alterou a denominação das Juntas de Conciliação e Julgamento para Varas do Trabalho e extinguiu a representação classista na Justiça do Trabalho.

XII – distribuir os feitos, designando os Juízes que os devem relatar;

XIII – designar, dentre os funcionários do Tribunal e das Juntas existentes em uma mesma localidade, o que deve exercer a função de distribuidor;

- EC nº 24, de 9-12-1999, alterou a denominação das Juntas de Conciliação e Julgamento para Varas do Trabalho e extinguiu a representação classista na Justiça do Trabalho.

XIV – assinar as folhas de pagamento dos Juízes e servidores do Tribunal.

- Incisos II a XIV com a redação dada pelo Dec.-lei nº 8.737, de 19-1-1946.
- EC nº 24, de 9-12-1999, alterou a denominação das Juntas de Conciliação e Julgamento para Varas do Trabalho e extinguiu a representação classista na Justiça do Trabalho.

§ 1º Na falta ou impedimento do Presidente da Junta e do substituto da mesma localidade, é facultado ao Presidente do Tribunal Regional designar substituto de outra localidade, observada a ordem de antiguidade entre os substitutos desimpedidos.

- O Dec.-lei nº 9.797, de 9-9-1946, determinou a substituição do termo "Conselho Regional" para "Tribunal Regional".
- EC nº 24, de 9-12-1999, alterou a denominação das Juntas de Conciliação e Julgamento para Varas do Trabalho e extinguiu a representação classista na Justiça do Trabalho.

§ 2º Na falta ou impedimento do Juiz classista da Junta e do respectivo suplente, é facultado ao Presidente do Tribunal Regional designar suplente de outra Junta, respeitada a categoria profissional ou econômica do representante e a ordem de antiguidade dos suplentes desimpedidos.

- §§ 1º e 2º com a redação dada pelo Dec.-lei nº 8.737, de 19-1-1946.
- O Dec.-lei nº 9.797, de 9-9-1946, determinou a substituição do termo "Conselho Regional" para "Tribunal Regional".
- EC nº 24, de 9-12-1999, alterou a denominação das Juntas de Conciliação e Julgamento para Varas do Trabalho e extinguiu a representação classista na Justiça do Trabalho.

§ 3º Na falta ou impedimento de qualquer Juiz representante classista e seu respectivo suplente, é facultado ao Presidente do Tribunal Regional designar um dos Juízes classistas de Junta de Conciliação e Julgamento para funcionar nas sessões do Tribunal, respeitada a categoria profissional ou econômica do representante.

- § 3º acrescido pela Lei nº 3.440, de 27-8-1958.
- EC nº 24, de 9-12-1999, alterou a denominação das Juntas de Conciliação e Julgamento para Varas do Trabalho e extinguiu a representação classista na Justiça do Trabalho.

Art. 683. Na falta ou impedimento dos Presidentes dos Tribunais Regionais, e como auxiliares destes, sempre que necessário, funcionarão seus substitutos.

- O Dec.-lei nº 9.797, de 9-9-1946, determinou a substituição do termo "Conselho Regional" para "Tribunal Regional".

§ 1º Nos casos de férias, por trinta dias, licença, morte ou renúncia, a convocação competirá diretamente ao Presidente do Tribunal Superior do Trabalho.

§ 2º Nos demais casos, mediante convocação do próprio Presidente do Tribunal ou comunicação do secretário deste, o Presidente Substituto assumirá imediatamente o exercício, ciente o Presidente do Tribunal Superior do Trabalho.

► Art. 683 com a redação dada pelo Dec.-lei nº 8.737, de 19-1-1946.

► Art. 116 da CF.

Seção IV

DOS JUÍZES REPRESENTANTES CLASSISTAS DOS TRIBUNAIS REGIONAIS

► O Dec.-lei nº 9.797, de 9-9-1946, determinou a substituição do termo "Conselho Regional" para "Tribunal Regional".

► EC nº 24, de 9-12-1999, alterou a denominação das Juntas de Conciliação e Julgamento para Varas do Trabalho e extinguiu a representação classista na Justiça do Trabalho.

Art. 684. Os Juízes representantes classistas dos Tribunais Regionais são designados pelo Presidente da República.

Parágrafo único. Aos Juízes representantes classistas dos empregados e dos empregadores, nos Tribunais Regionais, aplicam-se as disposições do art. 661.

► § 2º revogado e § 1º transformado em parágrafo único pela Lei nº 5.442, de 24-5-1968.

► EC nº 24, de 9-12-1999, alterou a denominação das Juntas de Conciliação e Julgamento para Varas do Trabalho e extinguiu a representação classista na Justiça do Trabalho.

Art. 685. A escolha dos juízes classistas e suplentes dos Tribunais Regionais, representantes dos empregadores e empregados, é feita dentre os nomes constantes das listas para esse fim encaminhadas ao Presidente do Tribunal Superior do Trabalho pelas associações sindicais de grau superior com sede nas respectivas Regiões.

► EC nº 24, de 9-12-1999, alterou a denominação das Juntas de Conciliação e Julgamento para Varas do Trabalho e extinguiu a representação classista na Justiça do Trabalho.

§ 1º Para o efeito deste artigo, o Conselho de Representantes de cada associação sindical de grau superior, na ocasião determinada pelo Presidente do Tribunal Superior do Trabalho, organizará, por maioria de votos, uma lista de 3 (três) nomes.

§ 2º O Presidente do Tribunal Superior do Trabalho submeterá os nomes constantes das listas ao Presidente da República, por intermédio do Ministro da Justiça e Negócios Interiores.

► § 2º com a redação dada pela Lei nº 2.244, de 23-6-1954.

Art. 686. *Suprimido.* Dec.-lei nº 9.797, de 9-9-1946.

Art. 687. Os juízes classistas dos Tribunais Regionais tomam posse perante o respectivo Presidente.

► EC nº 24, de 9-12-1999, alterou a denominação das Juntas de Conciliação e Julgamento para Varas do Trabalho e extinguiu a representação classista na Justiça do Trabalho.

Art. 688. Aos juízes representantes classistas dos Tribunais Regionais aplicam-se as disposições do art. 663, sendo a nova escolha feita dentre os nomes constantes das listas a que se refere o art. 685, ou na forma indicada no art. 686 e, bem assim, as dos arts. 665 e 667.

► EC nº 24, de 9-12-1999, alterou a denominação das Juntas de Conciliação e Julgamento para Varas do Trabalho e extinguiu a representação classista na Justiça do Trabalho.

Art. 689. Por sessão a que comparecerem, até o máximo de quinze por mês, perceberão os Juízes representantes classistas e suplentes dos Tribunais Regionais a gratificação fixada em lei.

► EC nº 24, de 9-12-1999, alterou a denominação das Juntas de Conciliação e Julgamento para Varas do Trabalho e extinguiu a representação classista na Justiça do Trabalho.

Parágrafo único. Os Juízes representantes classistas que retiverem processos além dos prazos estabelecidos no Regimento Interno dos Tribunais Regionais sofrerão automaticamente, na gratificação mensal a que teriam direito, desconto equivalente a 1/30 (um trinta avos) por processo retido.

► Art. 689 com a redação dada pelo Dec.-lei nº 8.737, de 19-1-1946.

Capítulo V

DO TRIBUNAL SUPERIOR DO TRABALHO

► O Dec.-lei nº 9.797, de 9-9-1946, determinou a substituição do termo "Conselho Nacional" para "Tribunal Superior".

Seção I

DISPOSIÇÕES PRELIMINARES

Art. 690. O Tribunal Superior do Trabalho, com sede na Capital da República e jurisdição em todo o Território Nacional, é a instância superior da Justiça do Trabalho.

- ▶ Res. Adm. do TST nº 908, de 21-11-2002, aprova o Regimento Interno do TST.

Parágrafo único. O Tribunal funciona na plenitude de sua composição ou dividido em Turmas, com observância da paridade de representação de empregados e empregadores.

- ▶ Art. 690 com a redação dada pela Lei nº 2.244, de 23-6-1954.
- ▶ Lei nº 7.701, de 21-12-1988, dispõe sobre a especialização de turmas dos Tribunais do Trabalho.

Arts. 691 e 692. *Suprimidos.* Dec.-lei nº 8.737, de 19-1-1946.

Seção II

DA COMPOSIÇÃO E FUNCIONAMENTO DO TRIBUNAL SUPERIOR DO TRABALHO

- ▶ O Dec.-lei nº 9.797, de 9-9-1946, determinou a substituição do termo "Conselho Nacional" para "Tribunal Superior".
- ▶ Art. 111-A da CF que dispõe sobre a composição do TST.

Art. 693. O Tribunal Superior do Trabalho compõe-se de dezessete juízes com a denominação de Ministros, sendo:

- ▶ *Caput* com a redação dada pela Lei nº 5.442, de 24-5-1968.
- ▶ Art. 111-A da CF que dispõe sobre a composição do TST.
- ▶ EC nº 45, de 30-12-2004, alterou composição do TST de dezessete para vinte e sete ministros.

a) onze togados e vitalícios, nomeados pelo Presidente da República, depois de aprovada a escolha pelo Senado Federal, dentre brasileiros natos, maiores de trinta e cinco anos, de notável saber jurídico e reputação ilibada;

b) seis classistas, com mandato de três anos, em representação paritária dos empregadores e dos empregados, nomeados pelo Presidente da República de conformidade com o disposto nos §§ 2º e 3º deste artigo.

- ▶ Alíneas *a* e *b* com a redação dada pela Lei nº 5.442, de 24-5-1968.
- ▶ Arts. 52, III, 84, XIV, 111 e 113 da CF.
- ▶ EC nº 24, de 9-12-1999, alterou a denominação das Juntas de Conciliação e Julgamento para Varas do Trabalho e extinguiu a representação classista na Justiça do Trabalho.

§ 1º Dentre os juízes togados do Tribunal Superior do Trabalho, alheios aos interesses profissionais, serão eleitos o presidente, o vice-presidente e o corregedor, além dos presidentes das turmas na forma estabelecida em seu regimento interno.

- ▶ Res. Adm. do TST nº 908, de 21-12-2002, aprova o Regimento Interno do TST.

§ 2º Para nomeação trienal dos juízes classistas, o Presidente do Tribunal Superior do Trabalho publicará edital, com antecedência mínima de 15 (quinze) dias, convocando as associações sindicais de grau superior, para que cada uma, mediante maioria de votos do respectivo Conselho de Representantes, organize uma lista de três nomes, que será encaminhada, por intermédio daquele Tribunal, ao Ministro da Justiça e Negócios Interiores dentro do prazo que for fixado no edital.

- ▶ §§ 1º e 2º com a redação dada pela Lei nº 2.244, de 23-6-1954.
- ▶ Art. 111-A, §§ 1º e 2º, da CF.
- ▶ EC nº 24, de 9-12-1999, alterou a denominação das Juntas de Conciliação e Julgamento para Varas do Trabalho e extinguiu a representação classista na Justiça do Trabalho.

§ 3º Na lista de que trata o parágrafo anterior figurarão somente brasileiros natos, de reconhecida idoneidade, maiores de 25 anos, quites com o serviço militar, que estejam no gozo de seus direitos civis e políticos e contem mais de dois anos de efetivo exercício da profissão ou se encontrem no desempenho de representação profissional prevista em lei.

- ▶ § 3º com a redação dada pelo Dec.-lei nº 9.797, de 9-9-1946.
- ▶ Art. 111-A, §§ 1º e 2º, da CF.

§ 4º VETADO.

Art. 694. Os juízes togados escolher-se-ão: sete, dentre magistrados da Justiça do Trabalho, dois, dentre advogados no efetivo exercício da profissão, e dois, dentre membros do Ministério Público da União junto à Justiça do Trabalho.

- ▶ Artigo com a redação dada pela Lei nº 5.442, de 24-5-1968.
- ▶ Art. 111-A, § 1º, da CF.

Art. 695. *Suprimido*. Dec.-lei nº 9.797, de 9-9-1946.

Art. 696. Importará em renúncia o não comparecimento do membro do Tribunal, sem motivo justificado, a mais de três sessões ordinárias consecutivas.

► *Caput* com a redação dada pelo Dec.-lei nº 8.737, de 19-1-1946.

► Artigo revogado tacitamente pela LC nº 35, de 14-3-1979 (Lei Orgânica da Magistratura).

§ 1º Ocorrendo a hipótese prevista neste artigo, o Presidente do Tribunal comunicará, imediatamente, o fato ao Ministro da Justiça, a fim de que seja feita a substituição do juiz renunciante, sem prejuízo das sanções cabíveis.

§ 2º Para os efeitos do parágrafo anterior, a designação do substituto será feita dentre os nomes constantes das listas de que trata o § 2º do artigo 693.

► §§ 1º e 2º com a redação dada pela Lei nº 2.244, de 23-6-1954.

Art. 697. Em caso de licença superior a trinta dias, ou de vacância, enquanto não for preenchido o cargo, os Ministros do Tribunal poderão ser substituídos mediante convocação de Juízes, de igual categoria, de qualquer dos Tribunais Regionais do Trabalho, na forma que dispuser o Regimento do Tribunal Superior do Trabalho.

► Artigo com a redação dada pela Lei nº 6.289, de 11-12-1975.

Art. 698. *Suprimido*. Dec.-lei nº 8.737, de 19-1-1946.

Art. 699. O Tribunal Superior do Trabalho não poderá deliberar, na plenitude de sua composição senão com a presença de pelo menos nove de seus juízes, além do Presidente.

► Dispositivo tornado sem efeito pela Lei nº 7.701, de 21-12-1988, dispõe sobre a especialização das Turmas do TST.

Parágrafo único. As turmas do Tribunal, compostas de 5 (cinco) juízes, só poderão deliberar com a presença de pelo menos, três de seus membros, além do respectivo presidente, cabendo também a este funcionar como relator ou revisor nos feitos que lhe forem distribuídos conforme estabelecer o regimento interno.

► Art. 699 com a redação dada pela Lei nº 2.244, de 23-6-1954.

Art. 700. O Tribunal reunir-se-á em dias previamente fixados pelo Presidente, o qual poderá, sempre que for necessário, convocar sessões extraordinárias.

► Artigo com a redação dada pelo Dec.-lei nº 8.737, de 19-1-1946.

Art. 701. As sessões do Tribunal serão públicas e começarão às quatorze horas, terminando às dezessete horas, mas poderão ser prorrogadas pelo Presidente em caso de manifesta necessidade.

§ 1º As sessões extraordinárias do Tribunal só se realizarão quando forem comunicadas aos seus membros com vinte e quatro horas, no mínimo, de antecedência.

§ 2º Nas sessões do Tribunal, os debates poderão tornar-se secretos, desde que, por motivo de interesse público, assim resolver a maioria de seus membros.

► Art. 701 com a redação dada pelo Dec.-lei nº 8.737, de 19-1-1946.

► Arts. 93, XI, 96, I, e 111 a 116 da CF.

Seção III
DA COMPETÊNCIA DO TRIBUNAL PLENO

Art. 702. Ao Tribunal Pleno compete:

► *Caput* com a redação dada pela Lei nº 2.244, de 23-6-1954.

► Dispositivo tornado sem efeito pela Lei nº 7.701, de 21-12-1988, que dispõe sobre a especialização das Turmas do TST.

I – em única instância:

► *Caput* do inciso I com a redação dada pela Lei nº 2.244, de 23-6-1954.

a) decidir sobre matéria constitucional, quando arguido, para invalidar lei ou ato do poder público;

b) conciliar e julgar os dissídios coletivos que excedam a jurisdição dos Tribunais Regionais do Trabalho, bem como estender ou rever suas próprias decisões normativas, nos casos previstos em lei;

c) homologar os acordos celebrados em dissídios de que trata a alínea anterior;

d) julgar os agravos dos despachos do presidente, nos casos previstos em lei;

e) julgar as suspeições arguidas contra o presidente e demais juízes do Tribunal, nos feitos pendentes de sua decisão;

► Alíneas *a* a *e* com a redação dada pela Lei nº 2.244, de 23-6-1954.

f) estabelecer ou alterar súmulas e outros enunciados de jurisprudência uniforme, pelo voto de pelo menos dois terços de seus membros, caso a mesma matéria já tenha sido decidida de forma idêntica por unanimidade em, no mínimo, dois terços das turmas em pelo menos dez sessões diferentes em cada uma delas, podendo, ainda, por maioria de dois terços de seus membros, restringir os efeitos daquela declaração ou decidir que ela só tenha eficácia a partir de sua publicação no *Diário Oficial*;

► Alínea *f* com a redação dada pela Lei nº 13.467, de 13-7-2017.

► O STF, por maioria, no julgamento da ADIN nº 6.188, declarou a inconstitucionalidade desta alínea (*DOU* de 6-11-2023).

g) aprovar tabelas de custas emolumentos, nos termos da lei;

h) elaborar o Regimento Interno do Tribunal e exercer as atribuições administrativas previstas em lei, ou decorrentes da Constituição Federal.

► Alíneas *g* a *h* com a redação dada pela Lei nº 2.244, de 23-6-1954.

II – em última instância:

► *Caput* do inciso II com a redação dada pela Lei nº 2.244, de 23-6-1954.

a) julgar os recursos ordinários das decisões proferidas pelos Tribunais Regionais em processos de sua competência originária;

b) julgar os embargos opostos às decisões de que tratam as alíneas *b* e *c* do inciso I deste artigo;

► Alíneas *a* e *b* com a redação dada pela Lei nº 2.244, de 23-6-1954.

c) julgar embargos das decisões das Turmas, quando esta divirjam entre si ou de decisão proferida pelo próprio Tribunal Pleno, ou que forem contrárias à letra de lei federal;

► Alínea *c* com a redação dada pelo Dec.-lei nº 229, de 28-2-1967.

d) julgar os agravos de despachos denegatórios dos presidentes de turmas, em matéria de embargos na forma estabelecida no regimento interno;

► Res. Adm. do TST nº 908, de 21-12-2002, aprova o Regimento Interno do TST.

e) julgar os embargos de declaração opostos aos seus acórdãos.

► Alíneas *d* e *e* com a redação dada pela Lei nº 2.244, de 23-6-1954.

§ 1º Quando adotada pela maioria de dois terços dos juízes do Tribunal Pleno, a decisão proferida nos embargos de que trata o inciso II, alínea *c*, deste artigo, terá força de prejulgado, nos termos dos §§ 2º e 3º do art. 902.

§ 2º É da competência de cada uma das turmas do Tribunal:

a) julgar, em única instância, os conflitos de jurisdição entre Tribunais Regionais do Trabalho e os que se suscitarem entre juízes de direito ou juntas de conciliação e julgamento de regiões diferentes;

► EC nº 24, de 9-12-1999, alterou a denominação das Juntas de Conciliação e Julgamento para Varas do Trabalho e extinguiu a representação classista na Justiça do Trabalho.

b) julgar, em última instância, os recursos de revista interpostos de decisões dos Tribunais Regionais e das Juntas de Conciliação e julgamento ou juízes de direito, nos casos previstos em lei;

► EC nº 24, de 9-12-1999, alterou a denominação das Juntas de Conciliação e Julgamento para Varas do Trabalho e extinguiu a representação classista na Justiça do Trabalho.

c) julgar os agravos de instrumento dos despachos que denegarem a interposição de recursos ordinários ou de revista;

d) julgar os embargos de declaração opostos aos seus acórdãos;

e) julgar as habilitações incidentes e arguições de falsidade, suspeição e outras nos casos pendentes de sua decisão.

► §§ 1º e 2º acrescidos pela Lei nº 2.244, de 23-6-1954.

§ 3º As sessões de julgamento sobre estabelecimento ou alteração de súmulas e outros enunciados de jurisprudência deverão ser públicas, divulgadas com, no mínimo, trinta dias de antecedência, e deverão possibilitar a sustentação oral pelo Procurador-Geral do Trabalho, pelo Conselho Federal da Ordem dos Advogados do Brasil, pelo Advogado-Geral da União e por confederações sindicais ou entidades de classe de âmbito nacional.

§ 4º O estabelecimento ou a alteração de súmulas e outros enunciados de jurisprudência pelos Tribunais Regionais do Trabalho deverão observar o disposto na alínea *f* do inciso I e no § 3º deste artigo, com rol equivalente de legitimados para sustentação oral, observada a abrangência de sua circunscrição judiciária.

- §§ 3º e 4º acrescidos pela Lei nº 13.467, de 13-7-2017.
- O STF, por maioria, no julgamento da ADIN nº 6.188, declarou a inconstitucionalidade dos §§ 3º e 4º (*DOU* de 6-11-2023).

Seção IV

DA COMPETÊNCIA DA CÂMARA DE JUSTIÇA DO TRABALHO

Arts. 703 a 705. *Suprimidos*. Dec.-lei nº 8.737, de 19-1-1946.

Seção V

DA COMPETÊNCIA DA CÂMARA DE PREVIDÊNCIA SOCIAL

Art. 706. *Suprimido*. Dec.-lei nº 8.737, de 19-1-1946.

Seção VI

DAS ATRIBUIÇÕES DO PRESIDENTE DO TRIBUNAL SUPERIOR DO TRABALHO

- O Dec.-lei nº 9.797, de 9-9-1946, determinou a substituição do termo "Conselho Nacional" para "Tribunal Superior".
- Arts. 96, I, *a*, 111, § 3º, e 113 da CF.

Art. 707. Compete ao Presidente do Tribunal:

a) presidir às sessões do Tribunal, fixando os dias para a realização das sessões ordinárias e convocando as extraordinárias;

b) superintender todos os serviços do Tribunal;

c) expedir instruções e adotar as providências necessárias para o bom funcionamento do Tribunal e dos demais órgãos da Justiça do Trabalho;

d) fazer cumprir as decisões originárias do Tribunal, determinando aos Tribunais Regionais e aos demais órgãos da Justiça do Trabalho a realização dos atos processuais e das diligências necessárias;

e) submeter ao Tribunal os processos em que tenha de deliberar e designar, na forma do Regimento Interno, os respectivos relatores;

f) despachar os recursos interpostos pelas partes e os demais papéis em que deva deliberar;

g) determinar as alterações que se fizerem necessárias na lotação do pessoal da Justiça do Trabalho, fazendo remoções *ex officio* de servidores entre os Tribunais Regionais, Juntas de Conciliação e Julgamento e outros órgãos, bem como conceder as requeridas que julgar convenientes ao serviço, respeitada a lotação de cada órgão;

- EC nº 24, de 9-12-1999, alterou a denominação das Juntas de Conciliação e Julgamento para Varas do Trabalho e extinguiu a representação classista na Justiça do Trabalho.

h) conceder licenças e férias aos servidores do Tribunal, bem como impor-lhes as penas disciplinares que excederem da alçada das demais autoridades;

i) dar posse e conceder licença aos membros do Tribunal, bem como conceder licenças e férias aos Presidentes dos Tribunais Regionais;

j) apresentar ao Ministro da Justiça, até 31 de março de cada ano, o relatório das atividades do Tribunal e dos demais órgãos da Justiça do Trabalho.

- Entendemos que esta alínea está prejudicada pela incorporação da Justiça do Trabalho ao Poder Judiciário.

Parágrafo único. O Presidente terá um Secretário por ele designado dentre os funcionários lotados no Tribunal, e será auxiliado por servidores designados nas mesmas condições.

- Art. 707 com a redação dada pelo Dec.-lei nº 8.737, de 19-1-1946.

Seção VII

DAS ATRIBUIÇÕES DO VICE-PRESIDENTE

Art. 708. Compete ao Vice-Presidente do Tribunal:

- *Caput* com a redação dada pela Lei nº 2.244, de 23-6-1954.
- Art. 36 do Regimento Interno do TST.

a) substituir o Presidente e o Corregedor em suas faltas e impedimentos;

- Alínea *a* com a redação dada pela Lei nº 2.244, de 23-6-1954.

b) *Suprimida*. Lei nº 2.244, de 23-6-1954.

Parágrafo único. Na ausência do Presidente e do Vice-Presidente, será o Tribunal presidido pelo Juiz togado mais antigo, ou pelo mais idoso quando igual a antiguidade.

- Art. 708 com a redação dada pela Lei nº 2.244, de 23-6-1954.

Seção VIII

DAS ATRIBUIÇÕES DO CORREGEDOR

Art. 709. Compete ao Corregedor, eleito dentre os Ministros togados do Tribunal Superior do Trabalho:

► *Caput* com a redação dada pelo Dec.-lei nº 229, de 28-2-1967.

► Art. 39 do Regimento Interno do TST.

I – exercer funções de inspeção e correição permanente com relação aos Tribunais Regionais e seus Presidentes;

II – decidir reclamações contra os atos atentatórios da boa ordem processual praticados pelos Tribunais Regionais e seus Presidentes, quando inexistir recurso específico;

► Incisos I e II com a redação dada pelo Dec.-lei nº 229, de 28-2-1967.

III – *Revogado.* Lei nº 5.442, de 24-5-1968.

§ 1º Das decisões proferidas pelo Corregedor, nos casos do artigo, caberá o agravo regimental, para o Tribunal Pleno.

► § 1º com a redação dada pelo Dec.-lei nº 229, de 28-2-1967.

§ 2º O Corregedor não integrará as Turmas do Tribunal, mas participará, com voto, das sessões do Tribunal Pleno, quando não se encontrar em correição ou em férias, embora não relate nem revise processos, cabendo-lhe, outrossim, votar em incidente de inconstitucionalidade, nos processos administrativos e nos feitos em que estiver vinculado por visto anterior à sua posse na Corregedoria.

► § 2º com a redação dada pela Lei nº 7.121, de 8-9-1983.

Capítulo VI

DOS SERVIÇOS AUXILIARES DA JUSTIÇA DO TRABALHO

Seção I

DA SECRETARIA DAS JUNTAS DE CONCILIAÇÃO E JULGAMENTO

► EC nº 24, de 9-12-1999, alterou a denominação das Juntas de Conciliação e Julgamento para Varas do Trabalho e extinguiu a representação classista na Justiça do Trabalho.

Art. 710. Cada junta terá uma secretaria, sob a direção de funcionário que o Presidente designar, para exercer a função de chefe de secretaria, e que receberá, além dos vencimentos correspondentes ao seu padrão, a gratificação de função fixada em lei.

► Artigo com a redação dada pelo Dec.-lei nº 8.737, de 19-1-1946.

► Art. 96, I, *b*, da CF.

► EC nº 24, de 9-12-1999, alterou a denominação das Juntas de Conciliação e Julgamento para Varas do Trabalho e extinguiu a representação classista na Justiça do Trabalho.

Art. 711. Compete à secretaria das Juntas:

► EC nº 24, de 9-12-1999, alterou a denominação das Juntas de Conciliação e Julgamento para Varas do Trabalho e extinguiu a representação classista na Justiça do Trabalho.

a) o recebimento, a autuação, o andamento, a guarda e a conservação dos processos e outros papéis que lhe forem encaminhados;

b) a manutenção do protocolo de entrada e saída dos processos e demais papéis;

c) o registro das decisões;

d) a informação, às partes interessadas e seus procuradores, do andamento dos respectivos processos, cuja consulta lhes facilitará;

e) a abertura de vista dos processos às partes, na própria secretaria;

f) a contagem das custas devidas pelas partes, nos respectivos processos;

g) o fornecimento de certidões sobre o que constar dos livros ou do arquivamento da secretaria;

h) a realização das penhoras e demais diligências processuais;

i) o desempenho dos demais trabalhos que lhe forem cometidos pelo Presidente da Junta, para melhor execução dos serviços que lhe estão afetos.

Art. 712. Compete especialmente aos chefes de secretaria das Juntas de Conciliação e Julgamento:

► EC nº 24, de 9-12-1999, alterou a denominação das Juntas de Conciliação e Julgamento para Varas do Trabalho e extinguiu a representação classista na Justiça do Trabalho.

a) superintender os trabalhos da Secretaria, velando pela boa ordem do serviço;

b) cumprir e fazer cumprir as ordens emanadas do Presidente e das autoridades superiores;

c) submeter a despacho e assinatura do Presidente o expediente e os papéis que devam ser por ele despachados e assinados;

d) abrir a correspondência oficial dirigida à Junta e ao seu Presidente, a cuja deliberação será submetida;

e) tomar por termo as reclamações verbais nos casos de dissídios individuais;

f) promover o rápido andamento dos processos, especialmente na fase de execução, e a pronta realização dos atos e diligências deprecadas pelas autoridades superiores;

g) secretariar as audiências da Junta, lavrando as respectivas atas;

h) subscrever as certidões e os termos processuais;

i) dar aos litigantes ciência das reclamações e demais atos processuais de que devam ter conhecimento, assinando as respectivas notificações;

j) executar os demais trabalhos que lhe forem atribuídos pelo Presidente da Junta.

Parágrafo único. Os serventuários que, sem motivo justificado, não realizarem os atos, dentro dos prazos fixados, serão descontados em seus vencimentos, em tantos dias quanto os do excesso.

- ▶ Art. 712 com a redação dada pelo Dec.-lei nº 8.737, de 19-1-1946.

Seção II

DOS DISTRIBUIDORES

Art. 713. Nas localidades em que existir mais de uma Junta de Conciliação e Julgamento haverá um distribuidor.

- ▶ EC nº 24, de 9-12-1999, alterou a denominação das Juntas de Conciliação e Julgamento para Varas do Trabalho e extinguiu a representação classista na Justiça do Trabalho.

Art. 714. Compete ao distribuidor:

a) a distribuição, pela ordem rigorosa de entrada, e sucessivamente a cada Junta, dos feitos que, para esse fim, lhe forem apresentados pelos interessados;

b) o fornecimento, aos interessados, do recibo correspondente a cada feito distribuído;

c) a manutenção de dois fichários dos feitos distribuídos, sendo um organizado pelos nomes dos reclamantes e o outro dos reclamados, ambos por ordem alfabética;

d) o fornecimento a qualquer pessoa que o solicite, verbalmente ou por certidão, de informações sobre os feitos distribuídos;

- ▶ Art. 781 desta Consolidação.

e) a baixa na distribuição dos feitos, quando isto lhe for determinado pelos Presidentes das Juntas, formando, com as fichas correspondentes, fichários à parte, cujos dados poderão ser consultados pelos interessados, mas não serão mencionados em certidões.

- ▶ EC nº 24, de 9-12-1999, alterou a denominação das Juntas de Conciliação e Julgamento para Varas do Trabalho e extinguiu a representação classista na Justiça do Trabalho.

Art. 715. Os distribuidores são designados pelo Presidente do Tribunal Regional, dentre os funcionários das Juntas e do Tribunal Regional, existentes na mesma localidade, e ao mesmo Presidente diretamente subordinados.

- ▶ EC nº 24, de 9-12-1999, alterou a denominação das Juntas de Conciliação e Julgamento para Varas do Trabalho e extinguiu a representação classista na Justiça do Trabalho.
- ▶ O Dec.-lei nº 9.797, de 9-9-1946, determinou a substituição do termo "Conselho Regional" para "Tribunal Regional".

Seção III

DO CARTÓRIO DOS JUÍZOS DE DIREITO

Art. 716. Os cartórios dos Juízos de Direito, investidos na administração da Justiça do Trabalho, têm, para esse fim, as mesmas atribuições e obrigações conferidas na Seção I às secretarias das Juntas de Conciliação e Julgamento.

- ▶ EC nº 24, de 9-12-1999, alterou a denominação das Juntas de Conciliação e Julgamento para Varas do Trabalho e extinguiu a representação classista na Justiça do Trabalho.

Parágrafo único. Nos Juízos em que houver mais de um cartório, far-se-á entre eles a distribuição alternada e sucessiva das reclamações.

Art. 717. Aos escrivães dos Juízos de Direito, investidos na administração da Justiça do Trabalho, competem especialmente as atribuições e obrigações chefes das Juntas; e aos demais funcionários dos cartórios, as que couberem nas respectivas funções, dentre as que competem às secretarias das Juntas, enumeradas no artigo 711.

- ▶ EC nº 24, de 9-12-1999, alterou a denominação das Juntas de Conciliação e Julgamento para Varas do Trabalho e extinguiu a representação classista na Justiça do Trabalho.

SEÇÃO IV

DAS SECRETARIAS DOS TRIBUNAIS REGIONAIS

► O Dec.-lei nº 9.797, de 9-9-1946, determinou a substituição do termo "Conselho Regional" para "Tribunal Regional".

Art. 718. Cada Tribunal Regional tem uma secretaria, sob a direção do funcionário designado para exercer a função de secretário, com a gratificação de função fixada em lei.

► Artigo com a redação dada pelo Dec.-lei nº 8.737, de 19-1-1946.

► O Dec.-lei nº 9.797, de 9-9-1946, determinou a substituição do termo "Conselho Regional" para "Tribunal Regional".

Art. 719. Competem à secretaria dos Tribunais, além das atribuições estabelecidas no artigo 711, para a secretaria das Juntas, mais as seguintes:

► O Dec.-lei nº 9.797, de 9-9-1946, determinou a substituição do termo "Conselho Regional" para "Tribunal Regional".

► EC nº 24, de 9-12-1999, alterou a denominação das Juntas de Conciliação e Julgamento para Varas do Trabalho e extinguiu a representação classista na Justiça do Trabalho.

a) a conclusão dos processos ao Presidente e sua remessa, depois de despachados, aos respectivos relatores;

b) a organização e a manutenção de um fichário de jurisprudência do Tribunal para consulta dos interessados.

Parágrafo único. No regimento interno dos Tribunais Regionais serão estabelecidas as demais atribuições, o funcionamento e a ordem dos trabalhos de suas secretarias.

► O Dec.-lei nº 9.797, de 9-9-1946, determinou a substituição do termo "Conselho Regional" para "Tribunal Regional".

► Art. 96, I, *a*, da CF.

Art. 720. Competem aos secretários dos Tribunais Regionais as mesmas atribuições conferidas no artigo 712 aos chefes de secretaria das Juntas, além das que lhes forem fixadas no regimento interno dos Tribunais.

► EC nº 24, de 9-12-1999, alterou a denominação das Juntas de Conciliação e Julgamento para Varas do Trabalho e extinguiu a representação classista na Justiça do Trabalho.

SEÇÃO V

DOS OFICIAIS DE JUSTIÇA E OFICIAIS DE JUSTIÇA AVALIADORES

Art. 721. Incumbe aos Oficiais de Justiça e Oficiais de Justiça Avaliadores da Justiça do Trabalho a realização dos atos decorrentes da execução dos julgados das Juntas de Conciliação e Julgamento e dos Tribunais Regionais do Trabalho, que lhes forem cometidos pelos respectivos Presidentes.

► EC nº 24, de 9-12-1999, alterou a denominação das Juntas de Conciliação e Julgamento para Varas do Trabalho e extinguiu a representação classista na Justiça do Trabalho.

§ 1º Para efeito de distribuição dos referidos atos, cada Oficial de Justiça ou Oficial de Justiça Avaliador funcionará perante uma Junta de Conciliação e Julgamento, salvo quando da existência, nos Tribunais Regionais do Trabalho, de órgão específico, destinado à distribuição de mandados judiciais.

§ 2º Nas localidades onde houver mais de uma Junta, respeitado o disposto no parágrafo anterior, a atribuição para o cumprimento do ato deprecado ao Oficial de Justiça ou Oficial de Justiça Avaliador será transferida a outro Oficial, sempre que, após o decurso de nove dias, sem razões que o justifiquem, não tiver sido cumprido o ato, sujeitando-se o serventuário às penalidades da lei.

§ 3º No caso de avaliação, terá o Oficial de Justiça Avaliador, para cumprimento do ato, o prazo previsto no artigo 888.

§ 4º É facultado aos Presidentes dos Tribunais Regionais do Trabalho cometer a qualquer Oficial de Justiça ou Oficial de Justiça Avaliador a realização dos atos de execução das decisões desses Tribunais.

§ 5º Na falta ou impedimento do Oficial de Justiça ou Oficial de Justiça Avaliador, o Presidente da Junta poderá atribuir a realização do ato a qualquer serventuário.

► Art. 721 com a redação dada pela Lei nº 5.442, de 24-5-1968.

CAPÍTULO VII

DAS PENALIDADES

SEÇÃO I

DO ***LOCKOUT*** *E DA GREVE*

► Lei nº 7.783, de 28-6-1989 (Lei de Greve).

Art. 722. Os empregadores que, individual ou coletivamente, suspenderem os trabalhos dos seus estabelecimentos, sem prévia autorização do Tribunal competente, ou que violarem, ou se recusarem a cumprir decisão proferida em dissídio coletivo, incorrerão nas seguintes penalidades:

► Orientações Jurisprudenciais da SDC n°s 10 a 12 e 38 do TST.

a) multa de cinco mil cruzeiros a cinquenta mil cruzeiros;

► Lei nº 6.205, de 29-4-1975, estabelece a descaracterização do salário mínimo como fator de correção monetária.

► Lei nº 6.986, de 13-4-1982, altera a denominação da categoria funcional de Inspetor do Trabalho, dispõe sobre o pagamento de Gratificação de Produtividade nos casos que menciona, eleva as multas previstas nesta Consolidação.

► Port. do MTPrev nº 667, de 8-11-2021, regulamenta a imposição de multas administrativas previstas na legislação trabalhista.

b) perda do cargo de representação profissional em cujo desempenho estiverem;

c) suspensão, pelo prazo de dois a cinco anos, do direito de serem eleitos para cargos de representação profissional.

§ 1º Se o empregador for pessoa jurídica, as penas previstas nas alíneas *b* e *c* incidirão sobre os administradores responsáveis.

§ 2º Se o empregador for concessionário de serviço público, as penas serão aplicadas em dobro. Nesse caso, se o concessionário for pessoa jurídica, o Presidente do Tribunal que houver proferido a decisão poderá, sem prejuízo do cumprimento desta e da aplicação das penalidades cabíveis, ordenar o afastamento dos administradores responsáveis, sob pena de ser cassada a concessão.

§ 3º Sem prejuízo das sanções cominadas neste artigo, os empregadores ficarão obrigados a pagar os salários devidos aos seus empregados, durante o tempo de suspensão do trabalho.

Arts. 723 a 725. *Revogados.* Lei nº 9.842, de 7-10-1999.

Seção II

DAS PENALIDADES CONTRA OS MEMBROS DA JUSTIÇA DO TRABALHO

Art. 726. Aquele que recusar o exercício da função de vogal de Junta de Conciliação e Julgamento ou de Tribunal Regional, sem motivo justificado, incorrerá nas seguintes penas:

► EC nº 24, de 9-12-1999, alterou a denominação das Juntas de Conciliação e Julgamento para Varas do Trabalho e extinguiu a representação classista na Justiça do Trabalho.

a) sendo representante de empregadores, multa de CR$ 100,00 (cem cruzeiros) a CR$ 1.000,00 (mil cruzeiros) e suspensão do direito de representação profissional por 2 (dois) a 5 (cinco) anos;

b) sendo representante de empregados, multa de CR$ 100,00 (cem cruzeiros) e suspensão do direito de representação profissional por 2 (dois) a 5 (cinco) anos.

Art. 727. Os vogais das Juntas de Conciliação e Julgamento, ou dos Tribunais Regionais, que faltarem a 3 (três) reuniões ou sessões consecutivas, sem motivo justificado, perderão o cargo, além de incorrerem nas penas do artigo anterior.

► EC nº 24, de 9-12-1999, alterou a denominação das Juntas de Conciliação e Julgamento para Varas do Trabalho e extinguiu a representação classista na Justiça do Trabalho.

Parágrafo único. Se a falta for de presidente, incorrerá ele na pena de perda do cargo, além da perda dos vencimentos correspondentes aos dias em que tiver faltado às audiências ou sessões consecutivas.

Art. 728. Aos presidentes, membros, Juízes, Juízes classistas e funcionários auxiliares da Justiça do Trabalho, aplica-se o disposto no Título XI do Código Penal.

► EC nº 24, de 9-12-1999, alterou a denominação das Juntas de Conciliação e Julgamento para Varas do Trabalho e extinguiu a representação classista na Justiça do Trabalho.

Seção III

DE OUTRAS PENALIDADES

Art. 729. O empregador que deixar de cumprir decisão passada em julgado sobre a readmissão ou reintegração de empregado, além do pagamento dos salários deste, incorrerá na multa de CR$ 10,00 (dez cruzeiros) a CR$ 50,00 (cinquenta cruzeiros) por dia, até que seja cumprida a decisão.

► Lei nº 6.205, de 29-4-1975, estabelece a descaracterização do salário mínimo como fator de correção monetária.

▶ Lei nº 6.986, de 13-4-1982, altera a denominação da categoria funcional de Inspetor do Trabalho, dispõe sobre o pagamento de Gratificação de Produtividade nos casos que menciona, eleva as multas previstas nesta Consolidação.

▶ Port. do MTPrev nº 667, de 8-11-2021, regulamenta a imposição de multas administrativas previstas na legislação trabalhista.

§ 1º O empregador que impedir ou tentar impedir que empregado seu sirva como vogal em Tribunal de Trabalho, ou que perante este preste depoimento, incorrerá na multa de CR$ 500,00 (quinhentos cruzeiros) a CR$ 5.000,00 (cinco mil cruzeiros).

▶ EC nº 24, de 9-12-1999, alterou a denominação das Juntas de Conciliação e Julgamento para Varas do Trabalho e extinguiu a representação classista na Justiça do Trabalho.

▶ Lei nº 6.205, de 29-4-1975, estabelece a descaracterização do salário mínimo como fator de correção monetária.

▶ Lei nº 6.986, de 13-4-1982, altera a denominação da categoria funcional de Inspetor do Trabalho, dispõe sobre o pagamento de Gratificação de Produtividade nos casos que menciona, eleva as multas previstas nesta Consolidação.

▶ Port. do MTPrev nº 667, de 8-11-2021, regulamenta a imposição de multas administrativas previstas na legislação trabalhista.

§ 2º Na mesma pena do parágrafo anterior incorrerá o empregador que dispensar seu empregado pelo fato de haver servido como vogal ou prestado depoimento como testemunha, sem prejuízo da indenização que a lei estabeleça.

▶ EC nº 24, de 9-12-1999, alterou a denominação das Juntas de Conciliação e Julgamento para Varas do Trabalho e extinguiu a representação classista na Justiça do Trabalho.

Art. 730. Aqueles que se recusarem a depor como testemunhas, sem motivo justificado, incorrerão na multa de CR$ 50,00 (cinquenta cruzeiros) a CR$ 500,00 (quinhentos cruzeiros).

▶ EC nº 24, de 9-12-1999, alterou a denominação das Juntas de Conciliação e Julgamento para Varas do Trabalho e extinguiu a representação classista na Justiça do Trabalho.

▶ Art. 455, § 5º, do CPC/2015.

▶ Port. do MTPrev nº 667, de 8-11-2021, regulamenta a imposição de multas administrativas previstas na legislação trabalhista.

Art. 731. Aquele que, tendo apresentado ao distribuidor reclamação verbal, não se apresentar, no prazo estabelecido no parágrafo único do artigo 786, à Junta ou Juízo para fazê-la tomar por termo, incorrerá na pena de perda, pelo prazo de seis meses, do direito de reclamar perante a Justiça do Trabalho.

▶ Art. 133 da CF.

▶ EC nº 24, de 9-12-1999, alterou a denominação das Juntas de Conciliação e Julgamento para Varas do Trabalho e extinguiu a representação classista na Justiça do Trabalho.

Art. 732. Na mesma pena do artigo anterior incorrerá o reclamante que, por duas vezes seguidas, der causa ao arquivamento de que trata o artigo 844.

Art. 733. As infrações de disposições deste Título, para as quais não haja penalidades cominadas, serão punidas com a multa de CR$ 50,00 (cinquenta cruzeiros) a CR$ 5.000,00 (cinco mil cruzeiros), elevada ao dobro na reincidência.

▶ Lei nº 6.205, de 29-4-1975, estabelece a descaracterização do salário mínimo como fator de correção monetária.

▶ Lei nº 6.986, de 13-4-1982, altera a denominação da categoria funcional de Inspetor do Trabalho, dispõe sobre o pagamento de Gratificação de Produtividade nos casos que menciona, eleva as multas previstas nesta Consolidação.

▶ Port. do MTPrev nº 667, de 8-11-2021, regulamenta a imposição de multas administrativas previstas na legislação trabalhista.

Capítulo VIII

DISPOSIÇÕES GERAIS

Art. 734. O Ministro do Trabalho, Indústria e Comércio, poderá rever, *ex officio*, dentro do prazo de 30 (trinta) dias, contados de sua publicação no órgão oficial, ou mediante representação apresentada dentro de igual prazo:

a) as decisões da Câmara da Previdência Social, quando proferidas pelo voto de desempate, ou que violarem disposições expressas de direito ou modificarem jurisprudência até então observada;

b) as decisões do presidente do Tribunal Nacional do Trabalho em matéria de previdência social.

Parágrafo único. O Ministro do Trabalho, Indústria e Comércio, poderá avocar ao seu conhecimento os assuntos de natureza administrativa referentes às instituições de previdência social, sempre que houver interesse público.

► Dispositivo prejudicado pelo Dec.-lei nº 72, de 21-11-1966, unifica os Institutos de Aposentadoria e Pensões e cria o Instituto Nacional de Previdência Social – INPS.

► Dec. nº 99.350, de 27-6-1990, criou o Instituto Nacional do Seguro Social – INSS.

Art. 735. As repartições públicas e as associações sindicais são obrigadas a fornecer aos Juízes e Tribunais do Trabalho e à Procuradoria da Justiça do Trabalho as informações e os dados necessários à instrução e ao julgamento dos feitos submetidos à sua apreciação.

Parágrafo único. A recusa de informações ou dados a que se refere este artigo, por parte de funcionários públicos, importa na aplicação das penalidades previstas pelo Estatuto dos Funcionários Públicos por desobediência.

► Arts. 127 a 130 da CF.

► Art. 29, § 4º, do ADCT.

TÍTULO IX – DO MINISTÉRIO PÚBLICO DO TRABALHO

CAPÍTULO I

DISPOSIÇÕES GERAIS

► LC nº 75, de 20-5-1993 (Lei Orgânica do Ministério Público da União).

► OJ da SBDI-I nº 130 do TST.

Art. 736. O Ministério Público do Trabalho é constituído por agentes diretos do Poder Executivo, tendo por função zelar pela exata observância da Constituição Federal, das leis e demais atos emanados dos poderes públicos, na esfera de suas atribuições.

► Art. 127, § 1º, da CF, que desvincula o Ministério Público do Poder Executivo.

► LC nº 75, de 20-5-1993 (Lei Orgânica do Ministério Público da União).

Parágrafo único. Para o exercício de suas funções, o Ministério Público do Trabalho reger-se-á pelo que estatui esta Consolidação e, na falta de disposição expressa, pelas normas que regem o Ministério Público Federal.

Art. 737. O Ministério Público do Trabalho compõe-se da Procuradoria da Justiça do Trabalho e da Procuradoria da Previdência Social, aquela funcionando como órgão de coordenação entre a Justiça do Trabalho e o Ministério do Trabalho, Indústria e Comércio, ambas diretamente subordinadas ao Ministro de Estado.

► Artigo com a redação dada pelo Dec.-lei nº 8.737, de 19-1-1946.

► Arts. 4º e 85 da LC nº 75, de 20-5-1993 (Lei Orgânica do Ministério Público da União).

Art. 738. Os procuradores além dos vencimentos fixados na tabela constante do decreto-lei nº 2.874, de 16 de dezembro de 1940, continuarão a perceber a percentagem de 8%, por motivo de cobrança da dívida ativa da União ou de multas impostas pelas autoridades administrativas e judiciárias do trabalho e da previdência social.

Parágrafo único. Essa percentagem será calculada sobre as somas efetivamente arrecadadas e rateada de acordo com as instruções expedidas pelos respectivos procuradores gerais.

► Dec.-Lei nº 8.024, de 1º-10-1945, torna sem efeito o Dec.-Lei nº 6.053, de 30-11-1943, que deu nova redação ao art. 738 da CLT.

Art. 739. Não estão sujeitos a ponto os procuradores-gerais e os procuradores.

► LC nº 75, de 20-5-1993 (Lei Orgânica do Ministério Público da União).

CAPÍTULO II

DA PROCURADORIA DA JUSTIÇA DO TRABALHO

SEÇÃO I

DA ORGANIZAÇÃO

► Art. 127, § 1º, da CF, que desvincula o Ministério Público do Poder Executivo.

► Arts. 176 a 181 do CPC/2015.

► LC nº 75, de 20-5-1993 (Lei Orgânica do Ministério Público da União).

► Súm. nº 407 do TST.

► Orientações Jurisprudenciais da SBDI-I nºs 130, 237, 338 e 350 do TST.

Art. 740. A Procuradoria da Justiça do Trabalho compreende:

a) uma Procuradoria-Geral, que funcionará junto ao Tribunal Superior do Trabalho;

b) vinte e quatro Procuradorias Regionais, que funcionarão junto aos Tribunais Regionais do Trabalho.

Art. 741. As Procuradorias Regionais são subordinadas diretamente ao procurador-geral.

Art. 742. A Procuradoria-Geral é constituída de um procurador-geral e de procuradores.

Parágrafo único. As Procuradorias Regionais compõem-se de um procurador regional, auxiliado, quando necessário, por procuradores adjuntos.

► Art. 127, § 2º, da CF.

Art. 743. Haverá, nas Procuradorias Regionais, substitutos de procurador adjunto ou, quando não houver este cargo, de procurador regional, designados previamente por decreto do Presidente da República, sem ônus para os cofres públicos.

§ 1º O substituto tomará posse perante o respectivo procurador regional, que será a autoridade competente para convocá-lo.

§ 2º O procurador regional será substituído em suas faltas e impedimentos pelo procurador adjunto, quando houver, e, havendo mais de um, pelo que for por ele designado.

§ 3º O procurador adjunto será substituído, em suas faltas e impedimentos, pelo respectivo procurador substituto.

§ 4º Será dispensado, automaticamente, o substituto que não atender à convocação, salvo motivo de doença, devidamente comprovada.

§ 5º Nenhum direito ou vantagem terá o substituto além do vencimento do cargo do substituído e somente durante o seu impedimento legal.

Art. 744. A nomeação do procurador-geral deverá recair em bacharel em ciências jurídicas e sociais, que tenha exercido, por cinco ou mais anos, cargo de magistratura ou de Ministério Público, ou a advocacia.

Art. 745. Para a nomeação dos demais procuradores, atender-se-á aos mesmos requisitos estabelecidos no artigo anterior, reduzido a dois anos, no mínimo, o tempo de exercício.

Seção II

DA COMPETÊNCIA DA PROCURADORIA-GERAL

Art. 746. Compete à Procuradoria-Geral da Justiça do Trabalho:

► Art. 91 da LC nº 75, de 20-5-1993 (Lei Orgânica do Ministério Público da União).

a) oficiar, por escrito, em todos os processos e questões de trabalho de competência do Tribunal Superior do Trabalho;

b) funcionar nas sessões do mesmo Tribunal, opinando verbalmente sobre a matéria em debate e solicitando as requisições e diligências que julgar convenientes, sendo-lhe assegurado o direito de vista do processo em julgamento sempre que for suscitada questão nova, não examinada no parecer exarado;

c) requerer prorrogação das sessões do Tribunal, quando essa medida for necessária para que se ultime o julgamento;

d) exarar, por intermédio do procurador-geral, o seu "ciente" nos acórdãos do Tribunal;

e) proceder às diligências e inquéritos solicitados pelo Tribunal;

f) recorrer das decisões do Tribunal, nos casos previstos em lei;

g) promover, perante o Juízo competente, a cobrança executiva das multas impostas pelas autoridades administrativas e judiciárias do trabalho;

h) representar às autoridades competentes contra os que não cumprirem as decisões do Tribunal;

i) prestar às autoridades do Ministério do Trabalho, Indústria e Comércio as informações que lhe forem solicitadas sobre os dissídios submetidos à apreciação do Tribunal e encaminhar aos órgãos competentes cópia autenticada das decisões que por eles devam ser atendidas ou cumpridas;

j) requisitar, de quaisquer autoridades, inquéritos, exames periciais, diligências, certidões e esclarecimentos que se tornem necessários no desempenho de suas atribuições;

l) defender a jurisdição dos órgãos da Justiça do Trabalho;

m) suscitar conflitos de jurisdição.

► Art. 746 com a redação dada pelo Dec.-lei nº 8.737, de 19-1-1946.

Seção III

DA COMPETÊNCIA DAS PROCURADORIAS REGIONAIS

Art. 747. Compete às Procuradorias Regionais exercer, dentro da jurisdição do Tribunal Regional respectivo, as atribuições indicadas na Seção anterior.

► Art. 127, § 1º, da CF.

► LC nº 75, de 20-5-1993 (Lei Orgânica do Ministério Público da União).

► O Dec.-lei nº 9.797, de 9-9-1946, determinou a substituição do termo "Conselho Regional" para "Tribunal Regional".

Seção IV

DAS ATRIBUIÇÕES DO PROCURADOR-GERAL

Art. 748. Como chefe da Procuradoria-Geral da Justiça do Trabalho, incumbe ao procurador-geral:

► Art. 127, 1º, da CF.

► LC nº 75, de 20-5-1993 (Lei Orgânica do Ministério Público da União).

a) dirigir os serviços da Procuradoria-Geral, orientar e fiscalizar as Procuradorias Regionais, expedindo as necessárias instruções;

b) funcionar nas sessões do Tribunal Superior do Trabalho, pessoalmente ou por intermédio do procurador que designar;

c) exarar o seu "ciente" nos acórdãos do Tribunal;

d) designar o procurador que o substitua nas faltas e impedimentos e o chefe da secretaria da Procuradoria;

e) apresentar até o dia 31 de março, ao Ministro do Trabalho, Indústria e Comércio, relatório dos trabalhos da Procuradoria-Geral no ano anterior, com as observações e sugestões que julgar convenientes;

f) conceder férias aos procuradores e demais funcionários que sirvam na Procuradoria e impor-lhes penas disciplinares, observada, quanto aos procuradores, a legislação em vigor para o Ministério Público Federal;

g) funcionar em juízo, em primeira instância, ou designar os procuradores que o devam fazer;

h) admitir e dispensar o pessoal extranumerário da secretaria e prorrogar o expediente remunerado dos funcionários e extranumerários.

► Art. 748 com a redação dada pelo Dec.-lei nº 8.737, de 19-1-1946.

Seção V

DAS ATRIBUIÇÕES DOS PROCURADORES

Art. 749. Incumbe aos procuradores com exercício na Procuradoria-Geral:

► Art. 127, § 1º, da CF.

► LC nº 75, de 20-5-1993 (Lei Orgânica do Ministério Público da União)

a) funcionar, por designação do procurador-geral, nas sessões do Tribunal Superior do Trabalho;

► O Dec.-lei nº 9.797, de 9-9-1946, determinou a substituição do termo "Conselho Nacional" para "Tribunal Superior".

b) desempenhar os demais encargos que lhes forem atribuídos pelo procurador-geral.

Parágrafo único. Aos procuradores é facultado, nos processos em que oficiarem, requerer ao procurador-geral as diligências e investigações necessárias.

► Art. 749 com a redação dada pelo Dec.-lei nº 8.737, de 19-1-1946.

Seção VI

DAS ATRIBUIÇÕES DOS PROCURADORES REGIONAIS

Art. 750. Incumbe aos procuradores regionais:

► Art. 127, § 1º, da CF.

► LC nº 75, de 20-5-1993 (Lei Orgânica do Ministério Público da União).

a) dirigir os serviços da respectiva Procuradoria;

b) funcionar nas sessões do Tribunal Regional, pessoalmente ou por intermédio do procurador adjunto que designar;

► O Dec.-lei nº 9.797, de 9-9-1946, determinou a substituição do termo "Conselho Regional" para "Tribunal Regional".

c) apresentar, semestralmente, ao procurador-geral, um relatório das atividades da respectiva Procuradoria, bem como dados e informações sobre a administração da Justiça do Trabalho na respectiva região;

d) requerer e acompanhar perante as autoridades administrativas ou judiciárias as diligências necessárias à execução das medidas e providências ordenadas pelo procurador-geral;

e) prestar ao procurador-geral as informações necessárias sobre os feitos em andamento e consultá-lo nos casos de dúvidas;

f) funcionar em juízo, na sede do respectivo Tribunal Regional;

► O Dec.-lei nº 9.797, de 9-9-1946, determinou a substituição do termo "Conselho Regional" para "Tribunal Regional".

g) exarar o seu "*ciente*" nos acórdãos do Tribunal;

h) designar o procurador que o substitua nas faltas e impedimentos e o secretário da Procuradoria.

► Art. 750 com a redação dada pelo Dec.-lei nº 8.737, de 19-1-1946.

Art. 751. Incumbe aos procuradores adjuntos das Procuradorias Regionais:

a) funcionar, por designação do procurador regional, nas sessões do Tribunal Regional;

► O Dec.-lei nº 9.797, de 9-9-1946, determinou a substituição do termo "Conselho Regional" para "Tribunal Regional".

b) desempenhar os demais encargos que lhes forem atribuídos pelo procurador regional.

► Art. 751 com a redação dada pelo Dec.-lei nº 8.737, de 19-1-1946.

Seção VII

DA SECRETARIA

Art. 752. A secretaria da Procuradoria-Geral funcionará sob a direção de um chefe designado pelo procurador-geral e terá o pessoal designado pelo Ministro do Trabalho, Indústria e Comércio.

► Art. 752 com a redação dada pelo Dec.-lei nº 8.737, de 19-1-1946.

Art. 753. Compete à secretaria:

a) receber, registrar e encaminhar os processos ou papéis entrados;

b) classificar e arquivar os pareceres e outros papéis;

c) prestar informações sobre os processos ou papéis sujeitos à apreciação da Procuradoria;

d) executar o expediente da Procuradoria;

e) providenciar sobre o suprimento do material necessário;

f) desempenhar os demais trabalhos que lhes forem cometidos pelo procurador-geral, para melhor execução dos serviços a seu cargo.

Art. 754. Nas Procuradorias Regionais, os trabalhos a que se refere o artigo anterior serão executados pelos funcionários para esse fim designados.

Capítulo III

DA PROCURADORIA DE PREVIDÊNCIA SOCIAL

Seção I

DA ORGANIZAÇÃO

Art. 755. A Procuradoria de Previdência Social compõe-se de um procurador-geral e de procuradores.

► Art. 755 prejudicado pelo Dec.-lei nº 72, de 21-9-1996, cujo art. 37 transformou o Conselho Superior de Previdência Social em Conselho de Recursos da Previdência Social.

Art. 756. Para a nomeação do procurador-geral e dos demais procuradores atender-se-á ao disposto nos arts. 744 e 745.

► Art. 756 prejudicado pelo Dec.-lei nº 72, de 21-9-1996, cujo art. 37 transformou o Conselho Superior de Previdência Social em Conselho de Recursos da Previdência Social.

Seção II

DA COMPETÊNCIA DA PROCURADORIA

Art. 757. Compete à Procuradoria da Previdência Social:

► Art. 757 prejudicado pelo Dec.-lei nº 72, de 21-9-1996, cujo art. 37 transformou o Conselho Superior de Previdência Social em Conselho de Recursos da Previdência Social.

a) oficiar, por escrito, nos processos que tenham de ser sujeitos à decisão do Conselho Superior de Previdência Social;

b) oficiar, por escrito, nos pedidos de revisão das decisões do mesmo Conselho;

c) funcionar nas sessões do mesmo Conselho, opinando verbalmente sobre a matéria em debate e solicitando as requisições e diligências que julgar convenientes, sendo-lhe assegurado o direito de vista do processo em julgamento, sempre que for suscitada questão nova, não examinada no parecer exarado;

d) opinar, quando solicitada, nos processos sujeitos à deliberação do Ministro de Estado, do Conselho Técnico do Departamento Nacional de Previdência Social ou do Diretor do mesmo Departamento, em que houver matéria jurídica a examinar;

e) funcionar, em primeira instância, nas ações propostas contra a União, no Distrito Federal, para anulação de atos e decisões do Conselho Superior de Previdência Social ou do Departamento Nacional de Previdência Social, bem como do Ministro do Trabalho, Indústria e Comercio, em matéria de previdência social;

f) fornecer ao Ministério Público as informações por este solicitadas em virtude de ações propostas nos Estados e Territórios para execução ou anulação de atos e decisões dos órgãos ou da autoridade a que se refere a alínea anterior;

g) promover em juízo, no Distrito Federal, qualquer procedimento necessário ao cumprimento das decisões do Conselho Superior de Previdência Social e do Departamento Nacional de Previdência Social, bem como do Ministro do Trabalho, Indústria e Comércio, em matéria de previdência social;

h) recorrer das decisões dos órgãos e autoridades competentes em matéria de previdência social e requerer revisão das decisões do Conselho Superior de Previdência Social, que lhe pareçam contrárias à lei.

► Art. 757 com a redação dada pela Lei nº 8.737, de 19-1-1946.

Seção III

DAS ATRIBUIÇÕES DO PROCURADOR-GERAL

Art. 758. Como chefe da Procuradoria da Previdência Social, incumbe ao Procurador-Geral:

► Art. 758 prejudicado pelo Dec.-lei nº 72, de 21-9-1996, cujo art. 37 transformou o Conselho Superior de Previdência Social em Conselho de Recursos da Previdência Social.

a) dirigir os serviços da Procuradoria, expedindo as necessárias instruções;

b) funcionar nas sessões do Conselho Superior de Previdência Social, pessoalmente ou por intermédio do procurador que designar;

c) designar o procurador que o substitua nas faltas e impedimentos e o chefe da Secretaria da Procuradoria;

d) conceder férias aos procuradores e demais funcionários lotados na Procuradoria e impor-lhes penas disciplinares, observada, quanto aos procuradores, a legislação em vigor para o Ministério Público Federal;

e) funcionar em juízo, em primeira instância, ou designar os procuradores que devam fazê-lo;

f) admitir e dispensar o pessoal extranumerário da Secretária e prorrogar o expediente renumerado dos funcionários e extranumerários;

g) apresentar, até 31 de março de cada ano, ao Ministro do Trabalho, Indústria e Comercio, o relatório dos trabalhos da Procuradoria no ano anterior, com as observações e sugestões que julgar convenientes.

► Art. 758 com a redação dada pela Lei nº 8.737, de 19-1-1946.

Seção IV

DAS ATRIBUIÇÕES DOS PROCURADORES

Art. 759. Aos procuradores e demais funcionários incumbe desempenhar os encargos que lhes forem cometidos pelo procurador-geral.

► Art. 759 prejudicado pelo Dec.-lei nº 72, de 21-9-1996, cujo art. 37 transformou o Conselho Superior de Previdência Social em Conselho de Recursos da Previdência Social.

Parágrafo único. Aos procuradores é facultado, nos processos em que oficiarem, requerer ao procurador-geral as diligências e investigações necessárias.

Seção V

DA SECRETARIA

Art. 760. A Procuradoria da Previdência Social terá uma Secretaria dirigida por um chefe designado pelo Procurador-Geral.

► Artigo com a redação dada pela Lei nº 8.737, de 19-1-1946.

► Artigo prejudicado pelo Dec.-lei nº 72, de 21-9-1996, cujo art. 37 transformou o Conselho Superior de Previdência Social em Conselho de Recursos da Previdência Social.

Art. 761. A Secretaria terá o pessoal designado pelo Ministro do Trabalho, Indústria e Comércio.

► Artigo com a redação dada pela Lei nº 8.737, de 19-1-1946.

► Art. 761 prejudicado pelo Dec.-lei nº 72, de 21-9-1996, cujo art. 37 transformou o Conselho Superior de Previdência Social em Conselho de Recursos da Previdência Social.

Art. 762. À Secretaria da Procuradoria de Previdência Social compete executar serviços idênticos aos referidos no art. 753.

► Art. 762 prejudicado pelo Dec.-lei nº 72, de 21-9-1996, cujo art. 37 transformou o Conselho Superior de Previdência Social em Conselho de Recursos da Previdência Social.

TÍTULO X – DO PROCESSO JUDICIÁRIO DO TRABALHO

► Lei nº 5.584, de 26-6-1970, dispõe sobre normas de Direito Processual do Trabalho.

► Lei nº 11.419, de 19-12-2006 (Lei da Informatização do Processo Judicial).

► Res. do CSJT nº 104, de 25-5-2012, (uniformiza os vocábulos de tratamento dispensados aos magistrados de 1ª e 2ª instância no âmbito da Justiça do Trabalho).

► Provimento CGJT nº 5, de 9-10-2003, recomenda a identificação precisa das partes a fim de facilitar a obtenção de dados necessários à execução mais célere no âmbito da Justiça do Trabalho.

Capítulo I

DISPOSIÇÕES PRELIMINARES

Art. 763. O processo da Justiça do Trabalho, no que concerne aos dissídios individuais e coletivos e à aplicação de penalidades, reger-se-á, em todo o território nacional, pelas normas estabelecidas neste Título.

► Arts. 5º, XXXV, XXXVI, 22, 24, XI, §§ 1º a 4º, e 114 da CF.

Art. 764. Os dissídios individuais ou coletivos submetidos à apreciação da Justiça do Trabalho serão sempre sujeitos à conciliação.

► Súmulas nºs 259 e 418 do TST.

§ 1º Para os efeitos deste artigo, os juízes e Tribunais do Trabalho empregarão sempre os seus bons ofícios e persuasão no sentido de uma solução conciliatória dos conflitos.

§ 2º Não havendo acordo, o juízo conciliatório converter-se-á obrigatoriamente em arbitral, proferindo decisão na forma prescrita neste Título.

§ 3º É lícito às partes celebrar acordo que ponha termo ao processo, ainda mesmo depois de encerrado o juízo conciliatório.

Art. 765. Os Juízos e Tribunais do Trabalho terão ampla liberdade na direção do processo e velarão pelo andamento rápido das causas, podendo determinar qualquer diligência necessária ao esclarecimento delas.

► Orientações Jurisprudenciais da SDC nºs 25 e 26 do TST.

Art. 766. Nos dissídios sobre estipulação de salários, serão estabelecidas condições que, assegurando justos salários aos trabalhadores, permitam também justa retribuição às empresas interessadas.

Art. 767. A compensação, ou retenção, só poderá ser arguida como matéria de defesa.

► Artigo com a redação retificada pelo Dec.-lei nº 6.353, de 20-3-1944.

► Súmulas nºs 18, 48 e 187 do TST.

► OJ da SBDI-I nº 356 do TST.

Art. 768. Terá preferência em todas as fases processuais o dissídio cuja decisão tiver de ser executada perante o Juízo da falência.

► Súm. nº 44 do extinto TFR.

Art. 769. Nos casos omissos, o direito processual comum será fonte subsidiária do direito processual do trabalho, exceto naquilo em que for incompatível com as normas deste Título.

► Arts. 5º, XXXV, XXXVII, 22 e 24 da CF.

► Art. 15 do CPC/2015.

► Súm. nº 195 do extinto TFR.

► OJ da SBDI-I nº 392 do TST.

Capítulo II

DO PROCESSO EM GERAL

Seção I

DOS ATOS, TERMOS E PRAZOS PROCESSUAIS

Art. 770. Os atos processuais serão públicos, salvo quando o contrário determinar o interesse social, e realizar-se-ão nos dias úteis, das seis às vinte horas.

► Art. 5º, LX, da CF.

► Art. 189 do CPC/2015.

► Lei nº 11.419, de 19-12-2006 (Lei da Informatização do Processo Judicial).

Parágrafo único. A penhora poderá realizar-se em domingo ou dia feriado, mediante autorização expressa do juiz ou presidente.

Art. 771. Os atos e termos processuais poderão ser escritos a tinta, datilografados ou a carimbo.

► Arts. 193 a 199 do CPC/2015.

Art. 772. Os atos e termos processuais, que devam ser assinados pelas partes interessadas, quando estas, por motivo justificado, não possam fazê-lo, serão firmados a rogo, na presença de duas testemunhas, sempre que não houver procurador legalmente constituído.

Art. 773. Os termos relativos ao movimento dos processos constarão de simples notas, datadas e rubricadas pelos chefes de secretaria ou escrivães.

► Artigo com a redação dada pela Lei nº 409, de 25-9-1948.

Art. 774. Salvo disposição em contrário, os prazos previstos neste Título contam-se, conforme o caso, a partir da data em que for feita pessoalmente, ou recebida a notificação, daquela em que for publicado o edital no jornal oficial ou no que publicar o expediente da Justiça do Trabalho, ou, ainda, daquela em que for afixado o edital na sede da Junta, Juízo ou Tribunal.

► *Caput* com a redação dada pela Lei nº 2.244, de 23-6-1954.

► EC nº 24, de 9-12-1999, alterou a denominação das Juntas de Conciliação e Julgamento para Varas do Trabalho e extinguiu a representação classista na Justiça do Trabalho.

► Súm. nº 105 do extinto TFR.

► Súm. nºs 1, 385 e 387 do TST.

► OJ da SBDI-II nº 146 do TST.

Parágrafo único. Tratando-se de notificação postal, no caso de não ser encontrado o destinatário ou no de recusa de recebimento, o Correio ficará obrigado, sob pena de responsabilidade do servidor, a devolvê-la, no prazo de quarenta e oito horas, ao Tribunal de origem.

► Parágrafo único com a redação dada pelo Dec.-lei nº 8.737, de 19-1-1946.

► Súm. nº 310 do STF.

► Súmulas nºs 1, 16, 30, 53, 62, 100, 197, 262, 385 e 387 do TST.

Art. 775. Os prazos estabelecidos neste Título serão contados em dias úteis, com exclusão do dia do começo e inclusão do dia do vencimento.

► *Caput* com a redação dada pela Lei nº 13.467, de 13-7-2017.

§ 1º Os prazos podem ser prorrogados, pelo tempo estritamente necessário, nas seguintes hipóteses:

I – quando o juízo entender necessário;

II – em virtude de força maior, devidamente comprovada.

► Parágrafo único transformado em § 1º e com a redação dada pela Lei nº 13.467, de 13-7-2017.

§ 2º Ao juízo incumbe dilatar os prazos processuais e alterar a ordem de produção dos meios de prova, adequando-os às necessidades do conflito de modo a conferir maior efetividade à tutela do direito.

► § 2º acrescido pela Lei nº 13.467, de 13-7-2017.

Art. 775-A. Suspende-se o curso do prazo processual nos dias compreendidos entre 20 de dezembro e 20 de janeiro, inclusive.

§ 1º Ressalvadas as férias individuais e os feriados instituídos por lei, os juízes, os membros do Ministério Público, da Defensoria Pública e da Advocacia Pública e os auxiliares da Justiça exercerão suas atribuições durante o período previsto no *caput* deste artigo.

§ 2º Durante a suspensão do prazo, não se realizarão audiências nem sessões de julgamento.

► Art. 775-A acrescido pela Lei nº 13.545, de 19-12-2017.

Art. 776. O vencimento dos prazos será certificado nos processos pelos escrivães ou chefes de secretaria.

► Artigo com a redação dada pela Lei nº 409, de 25-9-1948.

Art. 777. Os requerimentos e documentos apresentados, os atos e termos processuais, as petições ou razões de recursos e quaisquer outros papéis referentes aos feitos formarão os autos dos processos, os quais ficarão sob a responsabilidade dos escrivães ou chefes de secretaria.

► Artigo com a redação dada pela Lei nº 409, de 25-9-1948.

Art. 778. Os autos dos processos da Justiça do Trabalho não poderão sair dos cartórios ou secretarias, salvo se solicitados por advogado regularmente constituído por qualquer das partes, ou quando tiverem de ser remetidos aos órgãos competentes, em caso de recurso ou requisição.

► Artigo com a redação dada pela Lei nº 6.598, de 1º-12-1978.

► Lei nº 8.906, de 4-7-1994 (Estatuto da Advocacia e da OAB).

Art. 779. As partes, ou seus procuradores, poderão consultar, com ampla liberdade, os processos nos cartórios ou secretarias.

► Art. 5º, LX, da CF.

Art. 780. Os documentos juntos aos autos poderão ser desentranhados somente depois de findo o processo, ficando traslado.

► Lei nº 11.419, de 19-12-2006 (Lei da Informatização do Processo Judicial).

Art. 781. As partes poderão requerer certidões dos processos em curso ou arquivados, as quais serão lavradas pelos escrivães ou chefes de secretaria.

► Art. 714, *d*, desta Consolidação.

► Lei nº 409, de 25-9-1948, cria os quadros de pessoal da Justiça do Trabalho.

Parágrafo único. As certidões dos processos que correrem em segredo de justiça dependerão de despacho do juiz ou presidente.

► Súm. nº 1 do TST.

Art. 782. São isentos de selo as reclamações, representações, requerimentos, atos e processos relativos à Justiça do Trabalho.

Seção II

DA DISTRIBUIÇÃO

Art. 783. A distribuição das reclamações será feita entre as Juntas de Conciliação e Julgamento, ou os Juízes de Direito do Cível, nos casos previstos no artigo 669, § 1º, pela ordem rigorosa de sua apresentação ao distribuidor, quando o houver.

► EC nº 24, de 9-12-1999, alterou a denominação das Juntas de Conciliação e Julgamento para Varas do Trabalho e extinguiu a representação classista na Justiça do Trabalho.

► Art. 59 do CPC/2015.

Art. 784. As reclamações serão registradas em livro próprio, rubricado em todas as folhas pela autoridade a que estiver subordinado o distribuidor.

Art. 785. O distribuidor fornecerá ao interessado um recibo, do qual constarão, essencialmente, o nome do reclamante e do reclamado, a data da distribuição, o objeto da reclamação e a Junta ou o Juízo a que coube a distribuição.

► EC nº 24, de 9-12-1999, alterou a denominação das Juntas de Conciliação e Julgamento para Varas do Trabalho e extinguiu a representação classista na Justiça do Trabalho.

Art. 786. A reclamação verbal será distribuída antes de sua redução a termo.

Parágrafo único. Distribuída a reclamação verbal, o reclamante deverá, salvo motivo de força maior, apresentar-se no prazo de cinco dias, ao cartório ou à secretaria, para reduzi-la a termo, sob a pena estabelecida no artigo 731.

► Súmulas nºs 25 e 36 do TST.

Art. 787. A reclamação escrita deverá ser formulada em duas vias e desde logo acompanhada dos documentos em que se fundar.

► Súmulas nºs 8, 263 e 415 do TST.

Art. 788. Feita a distribuição, a reclamação será remetida pelo distribuidor à Junta ou Juízo competente, acompanhada do bilhete de distribuição.

► EC nº 24, de 9-12-1999, alterou a denominação das Juntas de Conciliação e Julgamento para Varas do Trabalho e extinguiu a representação classista na Justiça do Trabalho.

Seção III
Das Custas e Emolumentos

► Denominação da Seção III dada pela Lei nº 10.537, de 27-8-2002.

► Arts. 5º, XXXIV, XXXVI, 24, IV, e 95, parágrafo único, da CF.

Art. 789. Nos dissídios individuais e nos dissídios coletivos do trabalho, nas ações e procedimentos de competência da Justiça do Trabalho, bem como nas demandas propostas perante a Justiça Estadual, no exercício da jurisdição trabalhista, as custas relativas ao processo de conhecimento incidirão à base de 2% (dois por cento), observado o mínimo de R$ 10,64 (dez reais e sessenta e quatro centavos) e o máximo de quatro vezes o limite máximo dos benefícios do Regime Geral de Previdência Social, e serão calculadas:

► *Caput* com a redação dada pela Lei nº 13.467, de 13-7-2017.

► Art. 4º da IN do TST nº 41, de 21-6-2018, que dispõe sobre a aplicação das normas processuais desta Consolidação alteradas pela Lei nº 13.467, de 13-7-2017.

I – quando houver acordo ou condenação, sobre o respectivo valor;

II – quando houver extinção do processo, sem julgamento do mérito, ou julgado totalmente improcedente o pedido, sobre o valor da causa;

► Art. 485 do CPC/2015.

III – no caso de procedência do pedido formulado em ação declaratória e em ação constitutiva, sobre o valor da causa;

IV – quando o valor for indeterminado, sobre o que o juiz fixar.

► Incisos I a IV com a redação dada pela Lei nº 10.537, de 27-8-2002.

► IN do TST nº 20, de 24-9-2002, dispõe sobre os procedimentos para o recolhimento de custas e emolumentos devidos à União no âmbito da Justiça do Trabalho.

► Súmulas nºs 25, 36, 53, 86 e 170 do TST.

§ 1º As custas serão pagas pelo vencido, após o trânsito em julgado da decisão. No caso de recurso, as custas serão pagas e comprovado o recolhimento dentro do prazo recursal.

§ 2º Não sendo líquida a condenação, o juízo arbitrar-lhe-á o valor e fixará o montante das custas processuais.

§ 3º Sempre que houver acordo, se de outra forma não for convencionado, o pagamento das custas caberá em partes iguais aos litigantes.

§ 4º Nos dissídios coletivos, as partes vencidas responderão solidariamente pelo pagamento das custas, calculadas sobre o valor arbitrado na decisão, ou pelo Presidente do Tribunal.

► §§ 1º a 4º com a redação dada pela Lei nº 10.537, de 27-8-2002.

► OJ da SDC nº 27 do TST.

Art. 789-A. No processo de execução são devidas custas, sempre de responsabilidade do executado e pagas ao final, de conformidade com a seguinte tabela:

▸ IN do TST nº 20, de 24-9-2002, dispõe sobre os procedimentos para o recolhimento de custas e emolumentos devidos à União no âmbito da Justiça do Trabalho.

I – autos de arrematação, de adjudicação e de remição: 5% (cinco por cento) sobre o respectivo valor, até o máximo de R$ 1.915,38 (um mil, novecentos e quinze reais e trinta e oito centavos);

II – atos dos oficiais de justiça, por diligência certificada:

a) em zona urbana: R$ 11,06 (onze reais e seis centavos);

b) em zona rural: R$ 22,13 (vinte e dois reais e treze centavos);

III – agravo de instrumento: R$ 44,26 (quarenta e quatro reais e vinte e seis centavos);

IV – agravo de petição: R$ 44,26 (quarenta e quatro reais e vinte e seis centavos);

V – embargos à execução, embargos de terceiro e embargos à arrematação: R$ 44,26 (quarenta e quatro reais e vinte e seis centavos);

VI – recurso de revista: R$ 55,35 (cinquenta e cinco reais e trinta e cinco centavos);

VII – impugnação à sentença de liquidação: R$ 55,35 (cinquenta e cinco reais e trinta e cinco centavos);

VIII – despesa de armazenagem em depósito judicial – por dia: 0,1% (um décimo por cento) do valor da avaliação;

IX – cálculos de liquidação realizados pelo contador do juízo – sobre o valor liquidado: 0,5% (cinco décimos por cento) até o limite de R$ 638,46 (seiscentos e trinta e oito reais e quarenta e seis centavos).

Art. 789-B. Os emolumentos serão suportados pelo Requerente, nos valores fixados na seguinte tabela:

I – autenticação de traslado de peças mediante cópia reprográfica apresentada pelas partes – por folha: R$ 0,55 (cinquenta e cinco centavos de real);

▸ Ato do TST nº 27, de 2-2-2004, dispõe sobre autenticação de cópias de documentos no âmbito do TST.

II – fotocópia de peças – por folha: R$ 0,28 (vinte e oito centavos de real);

III – autenticação de peças – por folha: R$ 0,55 (cinquenta e cinco centavos de real);

IV – cartas de sentença, de adjudicação, de remição e de arrematação – por folha: R$ 0,55 (cinquenta e cinco centavos de real);

V – certidões – por folha: R$ 5,53 (cinco reais e cinquenta e três centavos).

▸ Arts. 789-A e 789-B acrescidos pela Lei nº 10.537, de 27-8-2002.

▸ Súm. nº 170 do TST.

Art. 790. Nas Varas do Trabalho, nos Juízos de Direito, nos Tribunais e no Tribunal Superior do Trabalho, a forma de pagamento das custas e emolumentos obedecerá às instruções que serão expedidas pelo Tribunal Superior do Trabalho.

▸ *Caput* com a redação dada pela Lei nº 10.537, de 27-8-2002.

▸ IN do TST nº 20, de 24-9-2002, dispõe sobre os procedimentos para o recolhimento de custas e emolumentos devidos à União no âmbito da Justiça do Trabalho.

§ 1º Tratando-se de empregado que não tenha obtido o benefício da justiça gratuita, ou isenção de custas, o sindicato que houver intervindo no processo responderá solidariamente pelo pagamento das custas devidas.

▸ Súm. nº 223 do STF.

§ 2º No caso de não pagamento das custas, far-se-á execução da respectiva importância, segundo o procedimento estabelecido no Capítulo V deste Título.

▸ §§ 1º e 2º acrescidos pela Lei nº 10.537, de 27-8-2002.

§ 3º É facultado aos juízes, órgãos julgadores e presidentes dos tribunais do trabalho de qualquer instância conceder, a requerimento ou de ofício, o benefício da justiça gratuita, inclusive quanto a traslados e instrumentos, àqueles que perceberem salário igual ou inferior a 40% (quarenta por cento) do limite máximo dos benefícios do Regime Geral de Previdência Social.

▸ § 3º com a redação dada pela Lei nº 13.467, de 13-7-2017.

§ 4º O benefício da justiça gratuita será concedido à parte que comprovar insuficiência de recursos para o pagamento das custas do processo.

▸ § 4º acrescido pela Lei nº 13.467, de 13-7-2017.

Art. 790-A. São isentos do pagamento de custas, além dos beneficiários de justiça gratuita:

▸ IN do TST nº 20, de 24-9-2002, dispõe sobre os procedimentos para o recolhimento de custas e emolumentos devidos à União no âmbito da Justiça do Trabalho.

I – a União, os Estados, o Distrito Federal, os Municípios e respectivas autarquias e fundações públicas federais, estaduais ou municipais que não explorem atividade econômica;

II – o Ministério Público do Trabalho.

Parágrafo único. A isenção prevista neste artigo não alcança as entidades fiscalizadoras do exercício profissional, nem exime as pessoas jurídicas referidas no inciso I da obrigação de reembolsar as despesas judiciais realizadas pela parte vencedora.

- Art. 790-A acrescido pela Lei nº 10.537, de 27-8-2002.

Art. 790-B. A responsabilidade pelo pagamento dos honorários periciais é da parte sucumbente na pretensão objeto da perícia, ainda que beneficiária da justiça gratuita.

- *Caput* com a redação dada pela Lei nº 13.467, de 13-7-2017.
- O STF, por maioria dos votos, julgou parcialmente procedente a ADIN nº 5.766 para declarar a inconstitucionalidade deste *caput* (*DOU* de 5-11-2021).
- Art. 5º da IN do TST nº 41, de 21-6-2018, que dispõe sobre a aplicação das normas processuais desta Consolidação alteradas pela Lei nº 13.467, de 13-7-2017.

§ 1º Ao fixar o valor dos honorários periciais, o juízo deverá respeitar o limite máximo estabelecido pelo Conselho Superior da Justiça do Trabalho.

§ 2º O juízo poderá deferir parcelamento dos honorários periciais.

§ 3º O juízo não poderá exigir adiantamento de valores para realização de perícias.

§ 4º Somente no caso em que o beneficiário da justiça gratuita não tenha obtido em juízo créditos capazes de suportar a despesa referida no *caput*, ainda que em outro processo, a União responderá pelo encargo.

- §§ 1º a 4º acrescidos pela Lei nº 13.467, de 13-7-2017.
- O STF, por maioria dos votos, julgou parcialmente procedente a ADIN nº 5.766 para declarar a inconstitucionalidade deste parágrafo (*DOU* de 5-11-2021).

Seção IV

DAS PARTES E DOS PROCURADORES

Art. 791. Os empregados e os empregadores poderão reclamar pessoalmente perante a Justiça do Trabalho e acompanhar as suas reclamações até o final.

- A alteração que seria inserida neste artigo pela Lei nº 10.288, de 20-9-2001 foi vetada, razão pela qual mantivemos a redação.
- Art. 133 da CF.

§ 1º Nos dissídios individuais os empregados e empregadores poderão fazer-se representar por intermédio do sindicato, advogado, solicitador, ou provisionado, inscrito na Ordem dos Advogados do Brasil.

- Súm. nº 425 do TST.
- OJ da SBDI-I nº 374 do TST.

§ 2º Nos dissídios coletivos é facultada aos interessados a assistência por advogado.

- A alteração que seria introduzida no art. 791 pela Lei nº 10.288, de 20-9-2001, foi vetada, razão pela qual mantivemos a sua redação.
- Art. 5º, LXX, da CF.
- Súmulas nºs 164, 219 e 329 do TST.

§ 3º A constituição de procurador com poderes para o foro em geral poderá ser efetivada, mediante simples registro em ata de audiência, a requerimento verbal do advogado interessado, com anuência da parte representada.

- § 3º acrescido pela Lei nº 12.437, de 6-7-2011.

Art. 791-A. Ao advogado, ainda que atue em causa própria, serão devidos honorários de sucumbência, fixados entre o mínimo de 5% (cinco por cento) e o máximo de 15% (quinze por cento) sobre o valor que resultar da liquidação da sentença, do proveito econômico obtido ou, não sendo possível mensurá-lo, sobre o valor atualizado da causa.

- Art. 6º da IN do TST nº 41, de 21-6-2018, que dispõe sobre a aplicação das normas processuais desta Consolidação alteradas pela Lei nº 13.467, de 13-7-2017.

§ 1º Os honorários são devidos também nas ações contra a Fazenda Pública e nas ações em que a parte estiver assistida ou substituída pelo sindicato de sua categoria.

§ 2º Ao fixar os honorários, o juízo observará:

I – o grau de zelo do profissional;

II – o lugar de prestação do serviço;

III – a natureza e a importância da causa;

IV – o trabalho realizado pelo advogado e o tempo exigido para o seu serviço.

§ 3º Na hipótese de procedência parcial, o juízo arbitrará honorários de sucumbência recíproca, vedada a compensação entre os honorários.

§ 4º Vencido o beneficiário da justiça gratuita, desde que não tenha obtido em juízo, ainda que em outro processo, créditos capazes de suportar a despesa, as obrigações decorrentes de sua sucumbência ficarão sob condição suspensiva de exigibilidade e somente poderão ser executadas se, nos dois anos subsequentes ao trânsito em julgado da decisão que as certificou, o credor demonstrar que deixou de existir a situação de insuficiência de recursos que justificou a concessão de gratuidade, extinguindo-se, passado esse prazo, tais obrigações do beneficiário.

▸ O STF, por maioria dos votos, julgou parcialmente procedente a ADIN nº 5.766 para declarar a inconstitucionalidade deste parágrafo (*DOU* de 5-11-2021).

§ 5º São devidos honorários de sucumbência na reconvenção.

▸ Art. 791-A acrescido pela Lei nº 13.467, de 13-7-2017.

Art. 792. *Revogado.* Lei nº 13.467, de 13-7-2017.

Art. 793. A reclamação trabalhista do menor de 18 anos será feita por seus representantes legais e, na falta destes, pela Procuradoria da Justiça do Trabalho, pelo sindicato, pelo Ministério Público estadual ou curador nomeado em juízo.

▸ Artigo com a redação dada pela Lei nº 10.288, de 20-9-2001.

▸ LC nº 75, de 20-5-1993 (Lei Orgânica do Ministério Público da União).

▸ Dec. nº 10.088, de 5-11-2019, consolida atos normativos editados pelo Poder Executivo Federal que dispõem sobre a promulgação de convenções e recomendações da Organização Internacional do Trabalho – OIT ratificadas pela República Federativa do Brasil.

Seção IV-A
DA RESPONSABILIDADE POR DANO PROCESSUAL

▸ Seção IV-A acrescida pela Lei nº 13.467, de 13-7-2017.

Art. 793-A. Responde por perdas e danos aquele que litigar de má-fé como reclamante, reclamado ou interveniente.

▸ Art. 7º da IN do TST nº 41, de 21-6-2018, que dispõe sobre a aplicação das normas processuais desta Consolidação alteradas pela Lei nº 13.467, de 13-7-2017.

Art. 793-B. Considera-se litigante de má-fé aquele que:

▸ Art. 7º da IN do TST nº 41, de 21-6-2018, que dispõe sobre a aplicação das normas processuais desta Consolidação alteradas pela Lei nº 13.467, de 13-7-2017.

I – deduzir pretensão ou defesa contra texto expresso de lei ou fato incontroverso;

II – alterar a verdade dos fatos;

III – usar do processo para conseguir objetivo ilegal;

IV – opuser resistência injustificada ao andamento do processo;

V – proceder de modo temerário em qualquer incidente ou ato do processo;

VI – provocar incidente manifestamente infundado;

VII – interpuser recurso com intuito manifestamente protelatório.

Art. 793-C. De ofício ou a requerimento, o juízo condenará o litigante de má-fé a pagar multa, que deverá ser superior a 1% (um por cento) e inferior a 10% (dez por cento) do valor corrigido da causa, a indenizar a parte contrária pelos prejuízos que esta sofreu e a arcar com os honorários advocatícios e com todas as despesas que efetuou.

▸ Art. 8º da IN do TST nº 41, de 21-6-2018, que dispõe sobre a aplicação das normas processuais desta Consolidação alteradas pela Lei nº 13.467, de 13-7-2017.

§ 1º Quando forem dois ou mais os litigantes de má-fé, o juízo condenará cada um na proporção de seu respectivo interesse na causa ou solidariamente aqueles que se coligaram para lesar a parte contrária.

▸ Art. 7º da IN do TST nº 41, de 21-6-2018, que dispõe sobre a aplicação das normas processuais desta Consolidação alteradas pela Lei nº 13.467, de 13-7-2017.

§ 2º Quando o valor da causa for irrisório ou inestimável, a multa poderá ser fixada em até duas vezes o limite máximo dos benefícios do Regime Geral de Previdência Social.

▸ Art. 9º da IN do TST nº 41, de 21-6-2018, que dispõe sobre a aplicação das normas processuais desta Consolidação alteradas pela Lei nº 13.467, de 13-7-2017.

§ 3º O valor da indenização será fixado pelo juízo ou, caso não seja possível mensurá-lo, liquidado por arbitramento ou pelo procedimento comum, nos próprios autos.

▸ Art. 9º da IN do TST nº 41, de 21-6-2018, que dispõe sobre a aplicação das normas processuais desta Consolidação alteradas pela Lei nº 13.467, de 13-7-2017.

Art. 793-D. Aplica-se a multa prevista no art. 793-C desta Consolidação à testemunha que intencionalmente alterar a verdade dos fatos ou omitir fatos essenciais ao julgamento da causa.

► Art. 10 da IN do TST nº 41, de 21-6-2018, que dispõe sobre a aplicação das normas processuais desta Consolidação alteradas pela Lei nº 13.467, de 13-7-2017.

Parágrafo único. A execução da multa prevista neste artigo dar-se-á nos mesmos autos.

► Arts. 793-A a 793-D acrescidos pela Lei nº 13.467, de 13-7-2017.

SEÇÃO V

DAS NULIDADES

Art. 794. Nos processos sujeitos à apreciação da Justiça do Trabalho só haverá nulidade quando resultar dos atos inquinados manifesto prejuízo às partes litigantes.

► Súm. nº 459 do TST.

► OJ da SBDI-I nº 142 do TST.

Art. 795. As nulidades não serão declaradas senão mediante provocação das partes, as quais deverão argui-las à primeira vez em que tiverem de falar em audiência ou nos autos.

§ 1º Deverá, entretanto, ser declarada *ex officio* a nulidade fundada em incompetência de foro. Nesse caso, serão considerados nulos os atos decisórios.

► Art. 277 do CPC/2015.

► OJ da SBDI-II nº 149 do TST.

§ 2º O juiz ou Tribunal que se julgar incompetente determinará, na mesma ocasião, que se faça remessa do processo, com urgência, à autoridade competente, fundamentando sua decisão.

► Súm. nº 214 do TST.

Art. 796. A nulidade não será pronunciada:

a) quando for possível suprir-se a falta ou repetir-se o ato;

b) quando arguida por quem lhe tiver dado causa.

Art. 797. O juiz ou Tribunal que pronunciar a nulidade declarará os atos a que ela se estende.

Art. 798. A nulidade do ato não prejudicará senão os posteriores que dele dependam ou sejam consequência.

SEÇÃO VI

DAS EXCEÇÕES

Art. 799. Nas causas da jurisdição da Justiça do Trabalho, somente podem ser opostas, com suspensão do feito, as exceções de suspeição ou incompetência.

► OJ da SBDI-II nº 70 do TST.

§ 1º As demais exceções serão alegadas como matéria de defesa.

§ 2º Das decisões sobre exceções de suspeição e incompetência, salvo, quanto a estas, se terminativas do feito, não caberá recurso, podendo, no entanto, as partes alegá-las novamente no recurso que couber da decisão final.

► Art. 799 com a redação dada pelo Dec.-lei nº 8.737, de 19-1-1946.

► Art. 5º, XXXVI, da CF.

► Súm. nº 214 do TST.

Art. 800. Apresentada exceção de incompetência territorial no prazo de cinco dias a contar da notificação, antes da audiência e em peça que sinalize a existência desta exceção, seguir-se-á o procedimento estabelecido neste artigo.

► *Caput* com a redação dada pela Lei nº 13.467, de 13-7-2017.

► Art. 11 da IN do TST nº 41, de 21-6-2018, que dispõe sobre a aplicação das normas processuais desta Consolidação alteradas pela Lei nº 13.467, de 13-7-2017.

§ 1º Protocolada a petição, será suspenso o processo e não se realizará a audiência a que se refere o art. 843 desta Consolidação até que se decida a exceção.

§ 2º Os autos serão imediatamente conclusos ao juiz, que intimará o reclamante e, se existentes, os litisconsortes, para manifestação no prazo comum de cinco dias.

§ 3º Se entender necessária a produção de prova oral, o juízo designará audiência, garantindo o direito de o excipiente e de suas testemunhas serem ouvidos, por carta precatória, no juízo que este houver indicado como competente.

§ 4º Decidida a exceção de incompetência territorial, o processo retomará seu curso, com a designação de audiência, a apresentação de defesa e a instrução processual perante o juízo competente.

► §§ 1º a 4º acrescidos pela Lei nº 13.467, de 13-7-2017.

Art. 801. O juiz, presidente ou Juiz classista, é obrigado a dar-se por suspeito, e pode ser recusado, por algum dos seguintes motivos, em relação à pessoa dos litigantes:

▶ EC nº 24, de 9-12-1999, alterou a denominação das Juntas de Conciliação e Julgamento para Varas do Trabalho e extinguiu a representação classista na Justiça do Trabalho.

▶ Arts. 144 e 145 do CPC/2015.

a) inimizade pessoal;

b) amizade íntima;

c) parentesco por consanguinidade ou afinidade até o terceiro grau civil;

d) interesse particular na causa.

Parágrafo único. Se o recusante houver praticado algum ato pelo qual haja consentido na pessoa do juiz, não mais poderá alegar exceção de suspeição, salvo sobrevindo novo motivo. A suspeição não será também admitida, se do processo constar que o recusante deixou de alegá-la anteriormente, quando já a conhecia, ou que, depois de conhecida, aceitou o juiz recusado ou, finalmente, se procurou de propósito o motivo de que ela se originou.

Art. 802. Apresentada a exceção de suspeição, o juiz ou Tribunal designará audiência dentro de quarenta e oito horas, para instrução e julgamento da exceção.

§ 1º Nas Juntas de Conciliação e Julgamento e nos Tribunais Regionais, julgada procedente a exceção de suspeição, será logo convocado para a mesma audiência ou sessão, ou para a seguinte, o suplente do membro suspeito, o qual continuará a funcionar no feito até decisão final. Proceder-se-á da mesma maneira quando algum dos membros se declarar suspeito.

▶ EC nº 24, de 9-12-1999, alterou a denominação das Juntas de Conciliação e Julgamento para Varas do Trabalho e extinguiu a representação classista na Justiça do Trabalho.

▶ O Dec.-lei nº 9.797, de 9-9-1946, determinou a substituição do termo "Conselho Regional" para "Tribunal Regional".

§ 2º Se se tratar de suspeição de Juiz de Direito, será este substituído na forma da organização judiciária local.

Seção VII

DOS CONFLITOS DE JURISDIÇÃO

Art. 803. Os conflitos de jurisdição podem ocorrer entre:

▶ Súm. nº 180 do STJ.

▶ Súm. nº 420 do TST.

a) Juntas de Conciliação e Julgamento e Juízes de Direito investidos na administração da Justiça do Trabalho;

▶ EC nº 24, de 9-12-1999, alterou a denominação das Juntas de Conciliação e Julgamento para Varas do Trabalho e extinguiu a representação classista na Justiça do Trabalho.

b) Tribunais Regionais do Trabalho;

▶ O Dec.-lei nº 9.797, de 9-9-1946, determinou a substituição do termo "Conselho Regional" para "Tribunal Regional".

c) Juízos e Tribunais do Trabalho e órgãos da Justiça Ordinária;

d) *Revogada*. Dec.-lei nº 8.737, de 19-1-1946.

Art. 804. Dar-se-á conflito de jurisdição:

a) quando ambas as autoridades se considerarem competentes;

b) quando ambas as autoridades se considerarem incompetentes.

▶ Arts. 102, I, 105, I, *d* e *g*, e 114, V, da CF.

▶ Art. 66 do CPC/2015.

▶ Súm. nº 180 do STJ.

Art. 805. Os conflitos de jurisdição podem ser suscitados:

a) pelos juízes e Tribunais do Trabalho;

b) pelo procurador-geral e pelos procuradores regionais da Justiça do Trabalho;

c) pela parte interessada, ou o seu representante.

Art. 806. É vedado à parte interessada suscitar conflitos de jurisdição quando já houver oposto na causa exceção de incompetência.

Art. 807. No ato de suscitar o conflito deverá a parte interessada produzir a prova de existência dele.

Art. 808. Os conflitos de jurisdição de que trata o artigo 803 serão resolvidos:

▶ *Caput* com a redação retificada pelo Dec.-lei nº 6.353, de 20-3-1944.

▶ Súm. nº 236 do STJ.

a) pelos Tribunais Regionais, os suscitados entre Juntas e entre Juízos de Direito, ou entre umas e outras, nas respectivas regiões;

▶ Art. 114, V, da CF.

▶ O Dec.-lei nº 9.797, de 9-9-1946, determinou a substituição do termo "Conselho Regional" para "Tribunal Regional".

▶ EC nº 24, de 9-12-1999, alterou a denominação das Juntas de Conciliação e Julgamento para Varas do Trabalho e extinguiu a representação classista na Justiça do Trabalho.

▸ Súm. nº 180 do STJ.

b) pelo Tribunal Superior do Trabalho, os suscitados entre Tribunais Regionais, ou entre Juntas e Juízos de Direito sujeitos à jurisdição de Tribunais Regionais diferentes;

▸ O Dec.-lei nº 9.797, de 9-9-1946, determinou a substituição do termo "Conselho Nacional" para "Tribunal Superior".

c) pelo Conselho Pleno, os suscitados entre as Câmaras de Justiça do Trabalho e de Previdência Social;

▸ Dec.-lei nº 9.797, de 9-9-1946, altera disposições desta Consolidação referentes à Justiça do Trabalho.

d) pelo Supremo Tribunal Federal, os suscitados entre as autoridades da Justiça do Trabalho e as da Justiça Ordinária.

▸ Arts. 102, I, *o*, 105, I, *d*, 108, I, e, e II, da CF.

Art. 809. Nos conflitos de jurisdição entre as Juntas e os Juízos de Direito observar-se-á o seguinte:

▸ EC nº 24, de 9-12-1999, alterou a denominação das Juntas de Conciliação e Julgamento para Varas do Trabalho e extinguiu a representação classista na Justiça do Trabalho.

▸ Arts. 102, I, *o*, 105, I, *d*, e 114, V, da CF.

I – o juiz ou presidente mandará extrair dos autos as provas do conflito e, com a sua informação, remeterá o processo assim formado, no mais breve prazo possível, ao Presidente do Tribunal Regional competente;

▸ O Dec.-lei nº 9.797, de 9-9-1946, determinou a substituição do termo "Conselho Regional" para "Tribunal Regional".

II – no Tribunal Regional, logo que der entrada o processo, o presidente determinará a distribuição do feito, podendo o relator ordenar imediatamente às Juntas e aos Juízos, nos casos de conflito positivo, que sobrestejam o andamento dos respectivos processos, e solicitar, ao mesmo tempo, quaisquer informações que julgue convenientes. Seguidamente, será ouvida a Procuradoria, após o que o relator submeterá o feito a julgamento na primeira sessão;

▸ O Dec.-lei nº 9.797, de 9-9-1946, determinou a substituição do termo "Conselho Regional" para "Tribunal Regional".

III – proferida a decisão, será a mesma comunicada, imediatamente, às autoridades em conflito, prosseguindo no foro julgado competente.

Art. 810. Aos conflitos de jurisdição entre os Tribunais Regionais aplicar-se-ão as normas estabelecidas no artigo anterior.

▸ O Dec.-lei nº 9.797, de 9-9-1946, determinou a substituição do termo "Conselho Regional" para "Tribunal Regional".

Art. 811. Nos conflitos suscitados na Justiça do Trabalho entre as autoridades desta e os órgãos da Justiça Ordinária, o processo do conflito, formado de acordo com o inciso I do artigo 809, será remetido diretamente ao presidente do Supremo Tribunal Federal.

▸ Arts. 102, I, *o*, 105, I, *d*, e 114 da CF.

Art. 812. *Revogado*. Dec.-lei nº 9.797, de 9-9-1946.

Seção VIII

Das Audiências

▸ Res. do CSJT nº 104, de 25-5-2012, uniformiza os vocábulos de tratamento dispensados aos magistrados de 1ª e 2ª instância no âmbito da Justiça do Trabalho.

Art. 813. As audiências dos órgãos da Justiça do Trabalho serão públicas e realizar-se-ão na sede do Juízo ou Tribunal em dias úteis previamente fixados, entre oito e dezoito horas, não podendo ultrapassar cinco horas seguidas, salvo quando houver matéria urgente.

§ 1º Em casos especiais, poderá ser designado outro local para a realização das audiências, mediante edital afixado na sede do Juízo ou Tribunal, com a antecedência mínima de vinte e quatro horas.

§ 2º Sempre que for necessário, poderão ser convocadas audiências extraordinárias, observado o prazo do parágrafo anterior.

Art. 814. Às audiências deverão estar presentes, comparecendo com a necessária antecedência, os escrivães ou chefes de secretaria.

▸ Art. 814 com a redação atualizada pela Lei nº 409, de 25-9-1948.

Art. 815. À hora marcada, o juiz ou presidente declarará aberta a audiência, sendo feita pelos chefes de secretaria ou escrivão a chamada das partes, testemunhas e demais pessoas que devam comparecer.

▸ Súmulas nºs 74, 122 e 197 do TST.

§ 1º Se, até quinze minutos após a hora marcada, o juiz ou presidente não houver comparecido, os presentes poderão retirar-se, devendo o ocorrido constar do livro de registro das audiências.

- ► Parágrafo único transformado em § 1º pela Lei nº 14.657, de 23-8-2023.
- ► OJ da SBDI-I nº 245 do TST.

§ 2º Se, até 30 (trinta) minutos após a hora marcada, a audiência, injustificadamente, não houver sido iniciada, as partes e os advogados poderão retirar-se, consignando seus nomes, devendo o ocorrido constar do livro de registro das audiências.

§ 3º Na hipótese do § 2º deste artigo, a audiência deverá ser remarcada pelo juiz ou presidente para a data mais próxima possível, vedada a aplicação de qualquer penalidade às partes.

- ► §§ 2º e 3º acrescidos pela Lei nº 14.657, de 23-8-2023.

Art. 816. O juiz ou presidente manterá a ordem nas audiências, podendo mandar retirar do recinto os assistentes que a perturbarem.

Art. 817. O registro das audiências será feito em livro próprio, constando de cada registro os processos apreciados e a respectiva solução, bem como as ocorrências eventuais.

Parágrafo único. Do registro das audiências poderão ser fornecidas certidões às pessoas que o requererem.

SEÇÃO IX

DAS PROVAS

- ► Res. do CSJT nº 104, de 25-5-2012, uniformiza os vocábulos de tratamento dispensados aos magistrados de 1ª e 2ª instância no âmbito da Justiça do Trabalho.

Art. 818. O ônus da prova incumbe:

- ► *Caput* com a redação dada pela Lei nº 13.467, de 13-7-2017.

I – ao reclamante, quanto ao fato constitutivo de seu direito;

II – ao reclamado, quanto à existência de fato impeditivo, modificativo ou extintivo do direito do reclamante.

- ► Incisos I e II acrescidos pela Lei nº 13.467, de 13-7-2017.

§ 1º Nos casos previstos em lei ou diante de peculiaridades da causa relacionadas à impossibilidade ou à excessiva dificuldade de cumprir o encargo nos termos deste artigo ou à maior facilidade de obtenção da prova do fato contrário, poderá o juízo atribuir o ônus da prova de modo diverso, desde que o faça por decisão fundamentada, caso em que deverá dar à parte a oportunidade de se desincumbir do ônus que lhe foi atribuído.

§ 2º A decisão referida no § 1º deste artigo deverá ser proferida antes da abertura da instrução e, a requerimento da parte, implicará o adiamento da audiência e possibilitará provar os fatos por qualquer meio em direito admitido.

§ 3º A decisão referida no § 1º deste artigo não pode gerar situação em que a desincumbência do encargo pela parte seja impossível ou excessivamente difícil.

- ► §§ 1º a 3º acrescidos pela Lei nº 13.467, de 13-7-2017.

Art. 819. O depoimento das partes e testemunhas que não souberem falar a língua nacional será feito por meio de intérprete nomeado pelo juiz ou presidente.

§ 1º Proceder-se-á da forma indicada neste artigo, quando se tratar de surdo-mudo, ou de mudo que não saiba escrever.

§ 2º As despesas decorrentes do disposto neste artigo correrão por conta da parte sucumbente, salvo se beneficiária de justiça gratuita.

- ► § 2º com a redação dada pela Lei nº 13.660, de 8-5-2018.

Art. 820. As partes e testemunhas serão inquiridas pelo juiz ou presidente, podendo ser reinquiridas, por seu intermédio, a requerimento dos Juízes classistas, das partes, seus representantes ou advogados.

- ► EC nº 24, de 9-12-1999, alterou a denominação das Juntas de Conciliação e Julgamento para Varas do Trabalho e extinguiu a representação classista na Justiça do Trabalho.

Art. 821. Cada uma das partes não poderá indicar mais de três testemunhas, salvo quando se tratar de inquérito, caso em que esse número poderá ser elevado a seis.

- ► Artigo com a redação dada pelo Dec.-lei nº 8.737, de 19-1-1946.

Art. 822. As testemunhas não poderão sofrer qualquer desconto pelas faltas ao serviço, ocasionadas pelo seu comparecimento para depor, quando devidamente arroladas ou convocadas.

- ► Art. 463 do CPC/2015.
- ► Súm. nº 155 do TST.

Art. 823. Se a testemunha for funcionário civil ou militar, e tiver de depor em hora de serviço, será requisitada ao chefe da repartição para comparecer à audiência marcada.

Art. 824. O juiz ou presidente providenciará para que o depoimento de uma testemunha não seja ouvido pelas demais que tenham de depor no processo.

Art. 825. As testemunhas comparecerão à audiência independentemente de notificação ou intimação.

Parágrafo único. As que não comparecerem serão intimadas, *ex officio* ou a requerimento da parte, ficando sujeitas a condução coercitiva, além das penalidades do artigo 730, caso, sem motivo justificado, não atendam à intimação.

Art. 826. É facultado a cada uma das partes apresentar um perito ou técnico.

- ▸ Art. 3º da Lei nº 5.584, de 26-6-1970, que dispõe sobre normas de direito processual do trabalho e disciplina a concessão e prestação de assistência judiciária na Justiça do Trabalho.

Art. 827. O juiz ou presidente poderá arguir os peritos compromissados ou os técnicos, e rubricará, para ser junto ao processo, o laudo que os primeiros tiverem apresentado.

- ▸ Arts. 156 a 158 do CPC/2015.

Art. 828. Toda testemunha, antes de prestar o compromisso legal, será qualificada, indicando o nome, nacionalidade, profissão, idade, residência e, quando empregada, o tempo de serviço prestado ao empregador, ficando sujeita, em caso de falsidade, às leis penais.

- ▸ Art. 228 da CF.

Parágrafo único. Os depoimentos das testemunhas serão resumidos, por ocasião da audiência, pelos chefes de secretaria da Junta ou funcionário para esse fim designado, devendo a súmula ser assinada pelo Presidente do Tribunal e pelos depoentes.

- ▸ Parágrafo único com a redação dada pela Lei nº 409, de 25-9-1948.
- ▸ EC nº 24, de 9-12-1999, alterou a denominação das Juntas de Conciliação e Julgamento para Varas do Trabalho e extinguiu a representação classista na Justiça do Trabalho.

Art. 829. A testemunha que for parente até o terceiro grau civil, amigo íntimo ou inimigo de qualquer das partes, não prestará compromisso, e seu depoimento valerá como simples informação.

- ▸ Art. 447 do CPC/2015.
- ▸ Súm. nº 357 do TST.

Art. 830. O documento em cópia oferecido para prova poderá ser declarado autêntico pelo próprio advogado, sob sua responsabilidade pessoal.

- ▸ *Caput* com a redação dada pela Lei nº 11.925, de 17-4-2009.
- ▸ Art. 845 desta Consolidação.
- ▸ Súm. nº 200 do extinto TFR.
- ▸ Súmulas nºs 8 e 337 do TST.

Parágrafo único. Impugnada a autenticidade da cópia, a parte que a produziu será intimada para apresentar cópias devidamente autenticadas ou o original, cabendo ao serventuário competente proceder à conferência e certificar a conformidade entre esses documentos.

- ▸ Parágrafo único acrescido pela Lei nº 11.925, de 17-4-2009.

SEÇÃO X
DA DECISÃO E SUA EFICÁCIA

Art. 831. A decisão será proferida depois de rejeitada pelas partes a proposta de conciliação.

Parágrafo único. No caso de conciliação, o termo que for lavrado valerá como decisão irrecorrível, salvo para a Previdência Social quanto às contribuições que lhe forem devidas.

- ▸ Parágrafo único com a redação dada pela Lei nº 10.035, de 25-10-2000.
- ▸ Art. 93, IX e X, da CF.
- ▸ Súm. nº 100, V, do TST.

Art. 832. Da decisão deverão constar o nome das partes, o resumo do pedido e da defesa, a apreciação das provas, os fundamentos da decisão e a respectiva conclusão.

- ▸ Art. 93, IX, da CF.
- ▸ Art. 489 do CPC/2015.

§ 1º Quando a decisão concluir pela procedência do pedido, determinará o prazo e as condições para o seu cumprimento.

- ▸ Súm. nº 246 do TST.

§ 2º A decisão mencionará sempre as custas que devam ser pagas pela parte vencida.

§ 3º As decisões cognitivas ou homologatórias deverão sempre indicar a natureza jurídica das parcelas constantes da condenação ou do acordo homologado, inclusive o limite de responsabilidade de cada parte pelo recolhimento da contribuição previdenciária, se for o caso.

- § 3º acrescido pela Lei nº 10.035, de 25-10-2000.
- Súm. Vinc. nº 8 do STF.
- Súm. nº 351 do STJ.
- Orientações Jurisprudenciais da SBDI-I nºs 363 e 376 do TST.

§ 3º-A. Para os fins do § 3º deste artigo, salvo na hipótese de o pedido da ação limitar-se expressamente ao reconhecimento de verbas de natureza exclusivamente indenizatória, a parcela referente às verbas de natureza remuneratória não poderá ter como base de cálculo valor inferior:

I – ao salário mínimo, para as competências que integram o vínculo empregatício reconhecido na decisão cognitiva ou homologatória; ou

II – à diferença entre a remuneração reconhecida como devida na decisão cognitiva ou homologatória e a efetivamente paga pelo empregador, cujo valor total referente a cada competência não será inferior ao salário-mínimo.

§ 3º-B. Caso haja piso salarial da categoria definido por acordo ou convenção coletiva de trabalho, o seu valor deverá ser utilizado como base de cálculo para os fins do § 3º-A deste artigo.

- §§ 3º-A e 3º-B acrescidos pela Lei nº 13.876, de 20-9-2019.

§ 4º A União será intimada das decisões homologatórias de acordos que contenham parcela indenizatória, na forma do art. 20 da Lei nº 11.033, de 21 de dezembro de 2004, facultada a interposição de recurso relativo aos tributos que lhe forem devidos.

- § 4º com a redação dada pela Lei nº 11.457, de 16-3-2007.
- Súm. nº 368 do TST.

§ 5º Intimada da sentença, a União poderá interpor recurso relativo à discriminação de que trata o § 3º deste artigo.

§ 6º O acordo celebrado após o trânsito em julgado da sentença ou após a elaboração dos cálculos de liquidação de sentença não prejudicará os créditos da União.

- OJ da SBDI-I nº 376 do TST.

§ 7º O Ministro de Estado da Fazenda poderá, mediante ato fundamentado, dispensar a manifestação da União nas decisões homologatórias de acordos em que o montante da parcela indenizatória envolvida ocasionar perda de escala decorrente da atuação do órgão jurídico.

- §§ 5º a 7º acrescidos pela Lei nº 11.457, de 16-3-2007.

Art. 833. Existindo na decisão evidentes erros ou enganos de escrita, de datilografia ou de cálculo, poderão os mesmos, antes da execução, ser corrigidos *ex officio*, ou a requerimento dos interessados ou da Procuradoria da Justiça do Trabalho.

- Art. 93, IX, da CF.

Art. 834. Salvo nos casos previstos nesta Consolidação, a publicação das decisões e sua notificação aos litigantes, ou seus patronos, consideram-se realizadas nas próprias audiências em que forem as mesmas proferidas.

- Súmulas nºs 30 e 197 do TST.

Art. 835. O cumprimento do acordo ou da decisão far-se-á no prazo e condições estabelecidas.

Art. 836. É vedado aos órgãos da Justiça do Trabalho conhecer de questões já decididas, excetuados os casos expressamente previstos neste Título e a ação rescisória, que será admitida na forma do disposto no Capítulo IV do Título IX da Lei nº 5.869, de 11 de janeiro de 1973 – Código de Processo Civil, sujeita ao depósito prévio de 20% (vinte por cento) do valor da causa, salvo prova de miserabilidade jurídica do autor.

- *Caput* com a redação dada pela Lei nº 11.495, de 22-6-2007.
- Arts. 966 a 975 do CPC/2015.
- IN do TST nº 31, de 27-9-2007, regulamenta a forma de realização do depósito prévio em ação rescisória de que trata este artigo.
- Súmulas nºs 338, 343 e 514 do STF.
- Súmulas nºs 129, 134 e 234 do extinto TFR.
- Súmulas nºs 33, 83, 99, 100, 158, 187, 192, 211, 259, 299, 399 e 411 a 413 do TST.
- Orientações Jurisprudenciais da SBDI-II nºs 2, 6, 10, 21, 24, 25, 30, 35, 41, 69, 70, 71, 76, 78, 80, 84, 94, 97, 101, 103, 107, 112, 123, 124, 128, 131, 132, 134, 135, 136, 146, 150, 151, 152, 154, 155, 157 e 158 do TST.

Parágrafo único. A execução da decisão proferida em ação rescisória far-se-á nos próprios autos da ação que lhe deu origem, e será instruída com o acórdão da rescisória e a respectiva certidão de trânsito em julgado.

- Parágrafo único acrescido pela MP nº 2.180-35, de 24-8-2001, que até o encerramento desta edição não havia sido convertida em Lei.

Capítulo III

DOS DISSÍDIOS INDIVIDUAIS

Seção I

DA FORMA DE RECLAMAÇÃO E DA NOTIFICAÇÃO

► EC nº 24, de 9-12-1999, alterou a denominação das Juntas de Conciliação e Julgamento para Varas do Trabalho e extinguiu a representação classista na Justiça do Trabalho.

Art. 837. Nas localidades em que houver apenas uma Junta de Conciliação e Julgamento, ou um escrivão do cível, a reclamação será apresentada diretamente à secretaria da Junta, ou ao cartório do Juízo.

► EC nº 24, de 9-12-1999, alterou a denominação das Juntas de Conciliação e Julgamento para Varas do Trabalho e extinguiu a representação classista na Justiça do Trabalho.

Art. 838. Nas localidades em que houver mais de uma Junta ou mais de um Juízo, ou escrivão do cível, a reclamação será, preliminarmente, sujeita a distribuição, na forma do disposto no Capítulo II, Seção II, deste Título.

► EC nº 24, de 9-12-1999, alterou a denominação das Juntas de Conciliação e Julgamento para Varas do Trabalho e extinguiu a representação classista na Justiça do Trabalho.

Art. 839. A reclamação poderá ser apresentada:

► Súm. nº 425 do TST.

a) pelos empregados e empregadores, pessoalmente, ou por seus representantes, e pelos sindicatos de classe;

b) por intermédio das Procuradorias Regionais da Justiça do Trabalho.

► Arts. 5º, XXI, LXXIV, 8º, III, 133 e 134 da CF.

Art. 840. A reclamação poderá ser escrita ou verbal.

► Art. 12 da IN do TST nº 41, de 21-6-2018, que dispõe sobre a aplicação das normas processuais desta Consolidação alteradas pela Lei nº 13.467, de 13-7-2017.

§ 1º Sendo escrita, a reclamação deverá conter a designação do juízo, a qualificação das partes, a breve exposição dos fatos de que resulte o dissídio, o pedido, que deverá ser certo, determinado e com indicação de seu valor, a data e a assinatura do reclamante ou de seu representante.

► § 1º com a redação dada pela Lei nº 13.467, de 13-7-2017.

► Art. 12, § 2º, da IN do TST nº 41, de 21-6-2018, que dispõe sobre a aplicação das normas processuais desta Consolidação alteradas pela Lei nº 13.467, de 13-7-2017.

§ 2º Se verbal, a reclamação será reduzida a termo, em duas vias datadas e assinadas pelo escrivão ou secretário, observado, no que couber, o disposto no § 1º deste artigo.

► § 2º com a redação dada pela Lei nº 13.467, de 13-7-2017.

► Art. 12, § 2º, da IN do TST nº 41, de 21-6-2018, que dispõe sobre a aplicação das normas processuais desta Consolidação alteradas pela Lei nº 13.467, de 13-7-2017.

§ 3º Os pedidos que não atendam ao disposto no § 1º deste artigo serão julgados extintos sem resolução do mérito.

► § 3º acrescido pela Lei nº 13.467, de 13-7-2017.

Art. 841. Recebida e protocolada a reclamação, o escrivão ou chefes de secretaria, dentro de quarenta e oito horas, remeterá a segunda via da petição, ou do termo, ao reclamado, notificando-o ao mesmo tempo, para comparecer à audiência de julgamento, que será a primeira desimpedida, depois de cinco dias.

► Lei nº 409, de 25-9-1948, cria os quadros de pessoal da Justiça do Trabalho.

► Súm. nº 78 do extinto TFR.

► OJ da SBDI-I nº 392 do TST.

§ 1º A notificação será feita em registro postal com franquia. Se o reclamado criar embaraços ao seu recebimento ou não for encontrado, far-se-á a notificação por edital, inserto no jornal oficial ou no que publicar o expediente forense, ou, na falta, afixado na sede da Junta ou Juízo.

► EC nº 24, de 9-12-1999, alterou a denominação das Juntas de Conciliação e Julgamento para Varas do Trabalho e extinguiu a representação classista na Justiça do Trabalho.

► Súm. nº 16 do TST.

§ 2º O reclamante será notificado no ato da apresentação da reclamação ou na forma do parágrafo anterior.

► Art. 5º, LV, da CF.

§ 3º Oferecida a contestação, ainda que eletronicamente, o reclamante não poderá, sem o consentimento do reclamado, desistir da ação.

► § 3º acrescido pela Lei nº 13.467, de 13-7-2017

Art. 842. Sendo várias as reclamações e havendo identidade de matéria, poderão ser acumuladas num só processo, se se tratar de empregados da mesma empresa ou estabelecimento.

► Súm. nº 261 do extinto TFR.

► Súm. nº 36 do TST.

Seção II

DA AUDIÊNCIA DE JULGAMENTO

Art. 843. Na audiência de julgamento deverão estar presentes o reclamante e o reclamado, independentemente do comparecimento de seus representantes, salvo nos casos de Reclamatórias Plúrimas ou Ações de Cumprimento, quando os empregados poderão fazer-se representar pelo Sindicato de sua categoria.

► *Caput* com a redação dada pela Lei nº 6.667, de 3-7-1979.

► Art. 113, § 1º, do CPC/2015.

► Súm. nº 456 do TST.

► Súmulas nºs 82, 83 e 87 do extinto TFR.

§ 1º É facultado ao empregador fazer-se substituir pelo gerente, ou qualquer outro preposto que tenha conhecimento do fato, e cujas declarações obrigarão o proponente.

► Súm. nº 377 do TST.

§ 2º Se por doença ou qualquer outro motivo poderoso, devidamente comprovado, não for possível ao empregado comparecer pessoalmente, poderá fazer-se representar por outro empregado que pertença à mesma profissão, ou pelo seu Sindicato.

► Mantivemos "poderoso" conforme publicação oficial, no entanto, entendemos ser correto "ponderoso".

§ 3º O preposto a que se refere o § 1º deste artigo não precisa ser empregado da parte reclamada.

► § 3º acrescido pela Lei nº 13.467, de 13-7-2017.

► Art. 12, §§ 1º e 3º, da IN do TST nº 41, de 21-6-2018, que dispõe sobre a aplicação das normas processuais desta Consolidação alteradas pela Lei nº 13.467, de 13-7-2017.

Art. 844. O não comparecimento do reclamante à audiência importa o arquivamento da reclamação, e o não comparecimento do reclamado importa revelia, além de confissão quanto à matéria de fato.

► OJ da SBDI-I nº 152 do TST.

► Súmulas nºs 9, 69, 74, 122, 211 e 268 do TST.

§ 1º Ocorrendo motivo relevante, poderá o juiz suspender o julgamento, designando nova audiência.

► Parágrafo único transformado em § 1º e com a redação dada pela Lei nº 13.467, de 13-7-2017.

§ 2º Na hipótese de ausência do reclamante, este será condenado ao pagamento das custas calculadas na forma do art. 789 desta Consolidação, ainda que beneficiário da justiça gratuita, salvo se comprovar, no prazo de quinze dias, que a ausência ocorreu por motivo legalmente justificável.

► O STF, por maioria dos votos, julgou improcedente a ADIN nº 5.766 para declarar a constitucionalidade deste parágrafo (*DOU* de 5-11-2021).

► Art. 12 da IN do TST nº 41, de 21-6-2018, que dispõe sobre a aplicação das normas processuais desta Consolidação alteradas pela Lei nº 13.467, de 13-7-2017.

§ 3º O pagamento das custas a que se refere o § 2º é condição para a propositura de nova demanda.

► Art. 12 da IN do TST nº 41, de 21-6-2018, que dispõe sobre a aplicação das normas processuais desta Consolidação alteradas pela Lei nº 13.467, de 13-7-2017.

§ 4º A revelia não produz o efeito mencionado no *caput* deste artigo se:

I – havendo pluralidade de reclamados, algum deles contestar a ação;

II – o litígio versar sobre direitos indisponíveis;

III – a petição inicial não estiver acompanhada de instrumento que a lei considere indispensável à prova do ato;

IV – as alegações de fato formuladas pelo reclamante forem inverossímeis ou estiverem em contradição com prova constante dos autos.

§ 5º Ainda que ausente o reclamado, presente o advogado na audiência, serão aceitos a contestação e os documentos eventualmente apresentados.

► §§ 2º a 5º acrescidos pela Lei nº 13.467, de 13-7-2017.

► Art. 12, *caput*, e § 3º, da IN do TST nº 41, de 21-6-2018, que dispõe sobre a aplicação das normas processuais desta Consolidação alteradas pela Lei nº 13.467, de 13-7-2017.

Art. 845. O reclamante e o reclamado comparecerão à audiência acompanhados das suas testemunhas, apresentando, nessa ocasião, as demais provas.

Art. 846. Aberta a audiência, o juiz ou presidente proporá a conciliação.

► Art. 10 da Lei nº 11.419, de 19-12-2006 (Lei da Informatização do Processo Judicial).

§ 1º Se houver acordo lavrar-se-á termo, assinado pelo presidente e pelos litigantes, consignando-se o prazo e demais condições para seu cumprimento.

§ 2º Entre as condições a que se refere o parágrafo anterior, poderá ser estabelecida a de ficar a parte que não cumprir o acordo obrigada a satisfazer integralmente o pedido ou pagar uma indenização convencionada, sem prejuízo do cumprimento do acordo.

► OJ da SBDI-I nº 54 do TST.

Art. 847. Não havendo acordo, o reclamado terá vinte minutos para aduzir sua defesa, após a leitura da reclamação, quando esta não for dispensada por ambas as partes.

► Arts. 846 e 847 com a redação dada pela Lei nº 9.022, de 5-4-1995.

► Art. 5º, LV, da CF.

► Arts. 336, 337 e 341 do CPC/2015.

Parágrafo único. A parte poderá apresentar defesa escrita pelo sistema de processo judicial eletrônico até a audiência.

► Parágrafo único acrescido pela Lei nº 13.467, de 13-7-2017.

Art. 848. Terminada a defesa, seguir-se-á a instrução do processo, podendo o presidente, *ex officio* ou a requerimento de qualquer juiz temporário, interrogar os litigantes.

► *Caput* com a redação dada pela Lei nº 9.022, de 5-4-1995.

► Súmulas nºs 262 e 263 do extinto TFR.

§ 1º Findo o interrogatório, poderá qualquer dos litigantes retirar-se, prosseguindo a instrução com o seu representante.

§ 2º Serão, a seguir, ouvidas as testemunhas, os peritos e os técnicos, se houver.

Art. 849. A audiência de julgamento será contínua; mas, se não for possível, por motivo de força maior, concluí-la no mesmo dia, o juiz ou presidente marcará a sua continuação para a primeira desimpedida, independentemente de nova notificação.

Art. 850. Terminada a instrução, poderão as partes aduzir razões finais, em prazo não excedente de dez minutos para cada uma. Em seguida, o juiz ou presidente renovará a proposta de conciliação, e não se realizando esta, será proferida a decisão.

► Art. 226, III, do CPC/2015.

Parágrafo único. O Presidente da Junta, após propor a solução do dissídio, tomará os votos dos Juízes classistas e, havendo divergência entre estes, poderá desempatar ou proferir decisão que melhor atenda ao cumprimento da lei e ao justo equilíbrio entre os votos divergentes e ao interesse social.

► EC nº 24, de 9-12-1999, alterou a denominação das Juntas de Conciliação e Julgamento para Varas do Trabalho e extinguiu a representação classista na Justiça do Trabalho.

► OJ da SBDI-II nº 41 do TST.

Art. 851. Os trâmites de instrução e julgamento da reclamação serão resumidos em ata, de que constará, na íntegra, a decisão.

► Súmulas nºs 30 e 197 do TST.

§ 1º Nos processos de exclusiva alçada das Juntas, será dispensável, a juízo do presidente, o resumo dos depoimentos, devendo constar da ata a conclusão do Tribunal quanto à matéria de fato.

► EC nº 24, de 9-12-1999, alterou a denominação das Juntas de Conciliação e Julgamento para Varas do Trabalho e extinguiu a representação classista na Justiça do Trabalho.

§ 2º A ata será, pelo presidente ou juiz, junta ao processo, devidamente assinada, no prazo improrrogável de quarenta e oito horas, contado da audiência de julgamento, e assinada pelos Juízes classistas presentes à mesma audiência.

► Art. 851 com a redação dada pelo Dec.-lei nº 8.737, de 19-1-1946.

► EC nº 24, de 9-12-1999, alterou a denominação das Juntas de Conciliação e Julgamento para Varas do Trabalho e extinguiu a representação classista na Justiça do Trabalho.

► Súmulas nºs 30 e 197 do TST.

Art. 852. Da decisão serão os litigantes notificados, pessoalmente, ou por seu representante, na própria audiência. No caso de revelia, a notificação far-se-á pela forma estabelecida no § 1º do artigo 841.

► Súm. nº 197 do TST.

Seção II-A

DO PROCEDIMENTO SUMARÍSSIMO

► Seção II-A acrescida pela Lei nº 9.957, de 12-1-2000.
► Súmulas nºs 71 e 442 do TST.
► OJ da SBDI-I nº 260 do TST.
► Ato do TST nº 174, de 9-5-2002, determina que os processos sujeitos ao procedimento sumaríssimo tenham identificação específica no TST.

Art. 852-A. Os dissídios individuais cujo valor não exceda a quarenta vezes o salário mínimo vigente na data do ajuizamento da reclamação ficam submetidos ao procedimento sumaríssimo.

Parágrafo único. Estão excluídas do procedimento sumaríssimo as demandas em que é parte a Administração Pública direta, autárquica e fundacional.

Art. 852-B. Nas reclamações enquadradas no procedimento sumaríssimo:

I – o pedido deverá ser certo ou determinado e indicará o valor correspondente;

II – não se fará citação por edital, incumbindo ao autor a correta indicação do nome e endereço do reclamado;

III – a apreciação da reclamação deverá ocorrer no prazo máximo de quinze dias do seu ajuizamento, podendo constar de pauta especial, se necessário, de acordo com o movimento judiciário da Junta de Conciliação e Julgamento.

► EC nº 24, de 9-12-1999, alterou a denominação das Juntas de Conciliação e Julgamento para Varas do Trabalho e extinguiu a representação classista na Justiça do Trabalho.

§ 1º O não atendimento, pelo reclamante, do disposto nos incisos I e II deste artigo importará no arquivamento da reclamação e condenação ao pagamento de custas sobre o valor da causa.

§ 2º As partes e advogados comunicarão ao juízo as mudanças de endereço ocorridas no curso do processo, reputando-se eficazes as intimações enviadas ao local anteriormente indicado, na ausência de comunicação.

Art. 852-C. As demandas sujeitas a rito sumaríssimo serão instruídas e julgadas em audiência única, sob a direção de juiz presidente ou substituto, que poderá ser convocado para atuar simultaneamente com o titular.

Art. 852-D. O juiz dirigirá o processo com liberdade para determinar as provas a serem produzidas, considerado o ônus probatório de cada litigante, podendo limitar ou excluir as que considerar excessivas, impertinentes ou protelatórias, bem como para apreciá-las e dar especial valor às regras de experiência comum ou técnica.

Art. 852-E. Aberta a sessão, o juiz esclarecerá as partes presentes sobre as vantagens da conciliação e usará os meios adequados de persuasão para a solução conciliatória do litígio, em qualquer fase da audiência.

Art. 852-F. Na ata de audiência serão registrados resumidamente os atos essenciais, as afirmações fundamentais das partes e as informações úteis à solução da causa trazidas pela prova testemunhal.

Art. 852-G. Serão decididos, de plano, todos os incidentes e exceções que possam interferir no prosseguimento da audiência e do processo. As demais questões serão decididas na sentença.

Art. 852-H. Todas as provas serão produzidas na audiência de instrução e julgamento, ainda que não requeridas previamente.

§ 1º Sobre os documentos apresentados por uma das partes manifestar-se-á imediatamente a parte contrária, sem interrupção da audiência, salvo absoluta impossibilidade, a critério do juiz.

§ 2º As testemunhas, até o máximo de duas para cada parte, comparecerão à audiência de instrução e julgamento independentemente de intimação.

§ 3º Só será deferida intimação de testemunha que, comprovadamente convidada, deixar de comparecer. Não comparecendo a testemunha intimada, o juiz poderá determinar sua imediata condução coercitiva.

§ 4º Somente quando a prova do fato o exigir, ou for legalmente imposta, será deferida prova técnica, incumbindo ao juiz, desde logo, fixar o prazo, o objeto da perícia e nomear perito.

§ 5º VETADO.

§ 6º As partes serão intimadas a manifestar-se sobre o laudo, no prazo comum de cinco dias.

§ 7º Interrompida a audiência, o seu prosseguimento e a solução do processo dar-se-ão no prazo máximo de trinta dias, salvo motivo relevante justificado nos autos pelo juiz da causa.

Art. 852-I. A sentença mencionará os elementos de convicção do juízo, com resumo dos fatos relevantes ocorridos em audiência, dispensado o relatório.

► Art. 93, IX, da CF.

§ 1º O juízo adotará em cada caso a decisão que reputar mais justa e equânime, atendendo aos fins sociais da lei e às exigências do bem comum.

§ 2º VETADO.

§ 3º As partes serão intimadas da sentença na própria audiência em que prolatada.

► Arts. 852-A a 852-I acrescidos pela Lei nº 9.957, de 12-1-2000.

► Súmulas nºs 30 e 197 do TST.

Seção III

DO INQUÉRITO PARA APURAÇÃO DE FALTA GRAVE

► EC nº 24, de 9-12-1999, alterou a denominação das Juntas de Conciliação e Julgamento para Varas do Trabalho e extinguiu a representação classista na Justiça do Trabalho.

Art. 853. Para a instauração do inquérito para apuração de falta grave contra empregado garantido com estabilidade, o empregador apresentará reclamação por escrito à Junta ou Juízo de Direito, dentro de trinta dias, contados da data da suspensão do empregado.

► EC nº 24, de 9-12-1999, alterou a denominação das Juntas de Conciliação e Julgamento para Varas do Trabalho e extinguiu a representação classista na Justiça do Trabalho.

► Súmulas nºs 197 e 403 do STF.

► Súm. nº 379 do TST.

► OJ da SBDI-II nº 137 do TST.

Art. 854. O processo do inquérito perante a Junta ou Juízo obedecerá às normas estabelecidas no presente Capítulo, observadas as disposições desta Seção.

► EC nº 24, de 9-12-1999, alterou a denominação das Juntas de Conciliação e Julgamento para Varas do Trabalho e extinguiu a representação classista na Justiça do Trabalho.

Art. 855. Se tiver havido prévio reconhecimento da estabilidade do empregado, o julgamento do inquérito pela Junta ou Juízo não prejudicará a execução para pagamento dos salários devidos ao empregado, até a data da instauração do mesmo inquérito.

► EC nº 24, de 9-12-1999, alterou a denominação das Juntas de Conciliação e Julgamento para Varas do Trabalho e extinguiu a representação classista na Justiça do Trabalho.

Seção IV

DO INCIDENTE DE DESCONSIDERAÇÃO DA PERSONALIDADE JURÍDICA

► Seção IV acrescida pela Lei nº 13.467, de 13-7-2017.

Art. 855-A. Aplica-se ao processo do trabalho o incidente de desconsideração da personalidade jurídica previsto nos arts. 133 a 137 da Lei nº 13.105, de 16 de março de 2015 – Código de Processo Civil.

§ 1º Da decisão interlocutória que acolher ou rejeitar o incidente:

I – na fase de cognição, não cabe recurso de imediato, na forma do § 1º do art. 893 desta Consolidação;

II – na fase de execução, cabe agravo de petição, independentemente de garantia do juízo;

III – cabe agravo interno se proferida pelo relator em incidente instaurado originariamente no tribunal.

§ 2º A instauração do incidente suspenderá o processo, sem prejuízo de concessão da tutela de urgência de natureza cautelar de que trata o art. 301 da Lei nº 13.105, de 16 de março de 2015 (Código de Processo Civil).

► Art. 855-A acrescido pela Lei nº 13.467, de 13-7-2017.

► Art. 13 da IN do TST nº 41, de 21-6-2018, que dispõe sobre a aplicação das normas processuais desta Consolidação alteradas pela Lei nº 13.467, de 13-7-2017.

Capítulo III-A

DO PROCESSO DE JURISDIÇÃO VOLUNTÁRIA PARA HOMOLOGAÇÃO DE ACORDO EXTRAJUDICIAL

► Capítulo III-A acrescido pela Lei nº 13.467, de 13-7-2017.

Art. 855-B. O processo de homologação de acordo extrajudicial terá início por petição conjunta, sendo obrigatória a representação das partes por advogado.

§ 1º As partes não poderão ser representadas por advogado comum.

§ 2º Faculta-se ao trabalhador ser assistido pelo advogado do sindicato de sua categoria.

Art. 855-C. O disposto neste Capítulo não prejudica o prazo estabelecido no § 6º do art. 477 desta Consolidação e não afasta a aplicação da multa prevista no § 8º art. 477 desta Consolidação.

Art. 855-D. No prazo de quinze dias a contar da distribuição da petição, o juiz analisará o acordo, designará audiência se entender necessário e proferirá sentença.

Art. 855-E. A petição de homologação de acordo extrajudicial suspende o prazo prescricional da ação quanto aos direitos nela especificados.

Parágrafo único. O prazo prescricional voltará a fluir no dia útil seguinte ao do trânsito em julgado da decisão que negar a homologação do acordo.

- Arts. 855-B a 855-E acrescidos pela Lei nº 13.467, de 13-7-2017.

CAPÍTULO IV

DOS DISSÍDIOS COLETIVOS

SEÇÃO I

DA INSTAURAÇÃO DA INSTÂNCIA

Art. 856. A instância será instaurada mediante representação escrita ao Presidente do Tribunal. Poderá ser também instaurada por iniciativa do Presidente, ou, ainda, a requerimento da Procuradoria da Justiça do Trabalho, sempre que ocorrer suspensão do trabalho.

- Arts. 5º, XXXV, e 114 da CF.
- LC nº 75, de 20-5-1993 (Lei Orgânica do Ministério Público da União).
- OJ da SDC nº 3 do TST.

Art. 857. A representação para instaurar a instância em dissídio coletivo constitui prerrogativa das associações sindicais, excluídas as hipóteses aludidas no artigo 856, quando ocorrer suspensão do trabalho.

- *Caput* com a redação dada pelo Dec.-lei nº 7.321, de 14-2-1945.

Parágrafo único. Quando não houver Sindicato representativo da categoria econômica ou profissional, poderá a representação ser instaurada pelas Federações correspondentes e, na falta destas, pelas Confederações respectivas, no âmbito de sua representação.

- Parágrafo único com a redação dada pela Lei nº 2.693, de 23-12-1955.

Art. 858. A representação será apresentada em tantas vias quantos forem os reclamados e deverá conter:

a) designação e qualificação dos reclamantes e dos reclamados e a natureza do estabelecimento ou do serviço;

b) os motivos do dissídio e as bases da conciliação.

- OJ da SDC nº 32 do TST.

Art. 859. A representação dos Sindicatos para instauração da instância fica subordinada à aprovação da assembleia, da qual participem os associados interessados na solução do dissídio coletivo, em primeira convocação, por maioria de dois terços dos mesmos, ou, em segunda convocação, por dois terços dos presentes.

Parágrafo único. *Revogado.* Dec.-lei nº 7.321, de 14-2-1945.

- Arts. 7º, XXVI, 8º, III, IV, e 114 da CF.
- Súm. nº 369 do TST.
- Orientações Jurisprudenciais da SDC nºs 8, 19, 22 e 28 do TST.
- OJ da SBDI-II nº 148 do TST.

SEÇÃO II

DA CONCILIAÇÃO E DO JULGAMENTO

Art. 860. Recebida e protocolada a representação, e estando na devida forma, o Presidente do Tribunal designará a audiência de conciliação, dentro do prazo de dez dias, determinando a notificação dos dissidentes, com observância do disposto no artigo 841.

- Art. 114, §§ 2º e 3º, da CF.

Parágrafo único. Quando a instância for instaurada *ex officio*, a audiência deverá ser realizada dentro do prazo mais breve possível, após o reconhecimento do dissídio.

Art. 861. É facultado ao empregador fazer-se representar na audiência pelo gerente, ou por qualquer outro preposto que tenha conhecimento do dissídio, e por cujas declarações será sempre responsável.

- Súm. nº 377 do TST.

Art. 862. Na audiência designada, comparecendo ambas as partes ou seus representantes, o Presidente do Tribunal as convidará para se pronunciarem sobre as bases da conciliação. Caso não sejam aceitas as bases propostas, o Presidente submeterá aos interessados a solução que lhe pareça capaz de resolver o dissídio.

Art. 863. Havendo acordo, o Presidente o submeterá à homologação do Tribunal na primeira sessão.

- OJ da SDC nº 34 do TST.

Art. 864. Não havendo acordo, ou não comparecendo ambas as partes ou uma delas, o Presidente submeterá o processo a julgamento, depois de realizadas as diligências que entender necessárias e ouvida a Procuradoria.

► Artigo com a redação dada pelo Dec.-lei nº 8.737, de 19-1-1946.

Art. 865. Sempre que, no decorrer do dissídio, houver ameaça de perturbação da ordem, o presidente requisitará à autoridade competente as providências que se tornarem necessárias.

Art. 866. Quando o dissídio ocorrer fora da sede do Tribunal, poderá o Presidente, se julgar conveniente, delegar à autoridade local as atribuições de que tratam os artigos 860 e 862. Nesse caso, não havendo conciliação, a autoridade delegada encaminhará o processo ao Tribunal, fazendo exposição circunstanciada dos fatos e indicando a solução que lhe parecer conveniente.

Art. 867. Da decisão do Tribunal serão notificadas as partes, ou seus representantes, em registro postal, com franquia, fazendo-se, outrossim, a sua publicação no jornal oficial, para ciência dos demais interessados.

Parágrafo único. A sentença normativa vigorará:

a) a partir da data de sua publicação, quando ajuizado o dissídio após o prazo do artigo 616, § 3º, ou, quando não existir acordo, convenção ou sentença normativa em vigor, da data do ajuizamento;

b) a partir do dia imediato ao termo final de vigência do acordo, convenção ou sentença normativa, quando ajuizado o dissídio no prazo do artigo 616, § 3º.

► Parágrafo único acrescido pelo Dec.-lei nº 424, de 21-1-1969.

Seção III

DA EXTENSÃO DAS DECISÕES

Art. 868. Em caso de dissídio coletivo que tenha por motivo novas condições de trabalho e no qual figure como parte apenas uma fração de empregados de uma empresa, poderá o Tribunal competente, na própria decisão, estender tais condições de trabalho, se julgar justo e conveniente, aos demais empregados da empresa que forem da mesma profissão dos dissidentes.

► OJ da SDC nº 2 do TST.

Parágrafo único. O Tribunal fixará a data em que a decisão deve entrar em execução, bem como o prazo de sua vigência, o qual não poderá ser superior a quatro anos.

► OJ da SBDI-I nº 322 do TST.

Art. 869. A decisão sobre novas condições de trabalho poderá também ser estendida a todos os empregados da mesma categoria profissional compreendida na jurisdição do Tribunal:

► LC nº 75, de 20-5-1993 (Lei Orgânica do Ministério Público da União).

a) por solicitação de um ou mais empregadores, ou de qualquer Sindicato destes;

b) por solicitação de um ou mais Sindicatos de empregados;

c) *ex officio*, pelo Tribunal que houver proferido a decisão;

d) por solicitação da Procuradoria da Justiça do Trabalho.

Art. 870. Para que a decisão possa ser estendida, na forma do artigo anterior, torna-se preciso que três quartos dos empregadores e três quartos dos empregados, ou os respectivos Sindicatos, concordem com a extensão da decisão.

► LC nº 75, de 20-5-1993 (Lei Orgânica do Ministério Público da União).

§ 1º O Tribunal competente marcará prazo, não inferior a trinta nem superior a sessenta dias, a fim de que se manifestem os interessados.

§ 2º Ouvidos os interessados e a Procuradoria da Justiça do Trabalho, será o processo submetido ao julgamento do Tribunal.

Art. 871. Sempre que o Tribunal estender a decisão, marcará a data em que a extensão deva entrar em vigor.

Seção IV

DO CUMPRIMENTO DAS DECISÕES

Art. 872. Celebrado o acordo, ou transitada em julgado a decisão, seguir-se-á o seu cumprimento, sob as penas estabelecidas neste Título.

Parágrafo único. Quando os empregadores deixarem de satisfazer o pagamento de salários, na conformidade da decisão proferida, poderão os empregados ou seus Sindicatos, independentes de outorga de poderes de seus associados, juntando certidão de tal decisão, apresentar reclamação à Junta ou Juízo competente, observado o processo previsto no Capítulo II deste Título, sendo vedado, porém, questionar sobre a matéria de fato e de direito já apreciada na decisão.

- ▶ Parágrafo único com a redação dada pelo Dec.-lei nº 2.275, de 30-7-1954.
- ▶ EC nº 24, de 9-12-1999, alterou a denominação das Juntas de Conciliação e Julgamento para Varas do Trabalho e extinguiu a representação classista na Justiça do Trabalho.
- ▶ Art. 8º, III, da CF.
- ▶ OJ da SBDI-I nº 359 do TST.
- ▶ Súmulas nºs 246, 286 e 397 do TST.

Seção V
Da Revisão

Art. 873. Decorrido mais de um ano de sua vigência, caberá revisão das decisões que fixarem condições de trabalho, quando se tiverem modificado as circunstâncias que as ditaram, de modo que tais condições se hajam tornado injustas ou inaplicáveis.

Art. 874. A revisão poderá ser promovida por iniciativa do Tribunal prolator, da Procuradoria da Justiça do Trabalho, das associações sindicais ou de empregador ou empregadores interessados no cumprimento da decisão.

- ▶ LC nº 75, de 20-5-1993 (Lei Orgânica do Ministério Público da União).

Parágrafo único. Quando a revisão for promovida por iniciativa do Tribunal prolator ou da Procuradoria, as associações sindicais e o empregador ou empregadores interessados serão ouvidos no prazo de trinta dias. Quando promovida por uma das partes interessadas, serão as outras ouvidas também por igual prazo.

Art. 875. A revisão será julgada pelo Tribunal que tiver proferido a decisão, depois de ouvida a Procuradoria da Justiça do Trabalho.

- ▶ LC nº 75, de 20-5-1993 (Lei Orgânica do Ministério Público da União).

Capítulo V
Da Execução

Seção I
Das Disposições Preliminares

Art. 876. As decisões passadas em julgado ou das quais não tenha havido recurso com efeito suspensivo; os acordos, quando não cumpridos; os termos de ajuste de conduta firmados perante o Ministério Público do Trabalho e os termos de conciliação firmados perante as Comissões de Conciliação Prévia serão executados pela forma estabelecida neste Capítulo.

- ▶ *Caput* com a redação dada pela Lei nº 9.958, de 12-1-2000.
- ▶ Art. 625-E desta Consolidação.
- ▶ Súm. nº 228 do STF.
- ▶ Súm. nº 10 do STJ.

Parágrafo único. A Justiça do Trabalho executará, de ofício, as contribuições sociais previstas na alínea a do inciso I e no inciso II do *caput* do art. 195 da Constituição Federal, e seus acréscimos legais, relativas ao objeto da condenação constante das sentenças que proferir e dos acordos que homologar.

- ▶ Parágrafo único com a redação dada pela Lei nº 13.467, de 13-7-2017.

Art. 877. É competente para a execução das decisões o Juiz ou Presidente do Tribunal que tiver conciliado ou julgado originariamente o dissídio.

- ▶ Súmulas nºs 10 e 46 do STJ.
- ▶ Súm. nº 419 do TST.

Art. 877-A. É competente para a execução de título executivo extrajudicial o juiz que teria competência para o processo de conhecimento relativo à matéria.

- ▶ Artigo acrescido pela Lei nº 9.958, de 12-1-2000.

Art. 878. A execução será promovida pelas partes, permitida a execução de ofício pelo juiz ou pelo Presidente do Tribunal apenas nos casos em que as partes não estiverem representadas por advogado.

- ▶ *Caput* com a redação dada pela Lei nº 13.467, de 13-7-2017.
- ▶ Art. 13 da IN do TST nº 41, de 21-6-2018, que dispõe sobre a aplicação das normas processuais desta Consolidação alteradas pela Lei nº 13.467, de 13-7-2017.

Parágrafo único. *Revogado*. Lei nº 13.467, de 13-7-2017.

Art. 878-A. Faculta-se ao devedor o pagamento imediato da parte que entender devida à Previdência Social, sem prejuízo da cobrança de eventuais diferenças encontradas na execução *ex officio*.

- ▶ Artigo acrescido pela Lei nº 10.035, de 25-10-2000.

Art. 879. Sendo ilíquida a sentença exequenda, ordenar-se-á, previamente, a sua liquidação, que poderá ser feita por cálculo, por arbitramento ou por artigos.

► *Caput* com a redação dada pela Lei nº 2.244, de 23-6-1954.

§ 1º Na liquidação, não se poderá modificar, ou inovar, a sentença liquidanda, nem discutir matéria pertinente à causa principal.

► § 1º com a redação dada pela Lei nº 8.432, de 11-6-1992.

§ 1º-A. A liquidação abrangerá, também, o cálculo das contribuições previdenciárias devidas.

► Súm. Vinc. nº 8 do STF.
► Súm. nº 351 do STJ.
► OJ da SBDI-I nº 363 do TST.

§ 1º-B. As partes deverão ser previamente intimadas para a apresentação do cálculo de liquidação, inclusive da contribuição previdenciária incidente.

► §§ 1º-A e 1º-B acrescidos pela Lei nº 10.035, de 25-10-2000.
► Súm. nº 368 do TST.

§ 2º Elaborada a conta e tornada líquida, o juízo deverá abrir às partes prazo comum de oito dias para impugnação fundamentada com a indicação dos itens e valores objeto da discordância, sob pena de preclusão.

► § 2º com a redação dada pela Lei nº 13.467, de 13-7-2017.
► Art. 14 da IN do TST nº 41, de 21-6-2018, que dispõe sobre a aplicação das normas processuais desta Consolidação alteradas pela Lei nº 13.467, de 13-7-2017.

§ 3º Elaborada a conta pela parte ou pelos órgãos auxiliares da Justiça do Trabalho, o juiz procederá à intimação da União para manifestação, no prazo de 10 (dez) dias, sob pena de preclusão.

► § 3º com a redação dada pela Lei nº 11.457, de 16-3-2007.

§ 4º A atualização do crédito devido à Previdência Social observará os critérios estabelecidos na legislação previdenciária.

► § 4º acrescido pela Lei nº 10.035, de 25-10-2000.

§ 5º O Ministro de Estado da Fazenda poderá, mediante ato fundamentado, dispensar a manifestação da União quando o valor total das verbas que integram o salário de contribuição, na forma do art. 28 da Lei nº 8.212, de 24 de julho de 1991, ocasionar perda de escala decorrente da atuação do órgão jurídico.

► § 5º acrescido pela Lei nº 11.457, de 16-3-2007.

§ 6º Tratando-se de cálculos de liquidação complexos, o juiz poderá nomear perito para a elaboração e fixará, depois da conclusão do trabalho, o valor dos respectivos honorários com observância, entre outros, dos critérios de razoabilidade e proporcionalidade.

► § 6º acrescido pela Lei nº 12.405, de 16-5-2011.

§ 7º A atualização dos créditos decorrentes de condenação judicial será feita pela Taxa Referencial (TR), divulgada pelo Banco Central do Brasil, conforme a Lei nº 8.177, de 1º de março de 1991.

► § 7º acrescido pela Lei nº 13.467, de 13-7-2017.

Seção II
DO MANDADO E DA PENHORA

Art. 880. Requerida a execução, o juiz ou presidente do tribunal mandará expedir mandado de citação do executado, a fim de que cumpra a decisão ou o acordo no prazo, pelo modo e sob as cominações estabelecidas ou, quando se tratar de pagamento em dinheiro, inclusive de contribuições sociais devidas à União, para que o faça em 48 (quarenta e oito) horas ou garanta a execução, sob pena de penhora.

► *Caput* com a redação dada pela Lei nº 11.457, de 16-3-2007.
► Arts. 882 e 889 desta Consolidação.
► Art. 835 do CPC/2015.
► Lei nº 6.830, de 22-9-1980 (Lei das Execuções Fiscais).
► Port. do MPAS nº 516, de 7-5-2003, dispõe sobre os aspectos administrativos da determinação constitucional de cobrança da contribuição previdenciária por meio de execução de ofício, cuja iniciativa compete à Justiça do Trabalho.
► Súm. Vinc. nº 25 do STF.
► Súm. nº 417 do TST.
► OJ da SDC nº 3 do TST.

§ 1º O mandado de citação deverá conter a decisão exequenda ou o termo de acordo não cumprido.

§ 2º A citação será feita pelos oficiais de justiça.

§ 3º Se o executado, procurado por duas vezes no espaço de quarenta e oito horas, não for encontrado, far-se-á citação por edital, publicado no jornal oficial ou, na falta deste, afixado na sede da Junta ou Juízo, durante cinco dias.

► EC nº 24, de 9-12-1999, alterou a denominação das Juntas de Conciliação e Julgamento para Varas do Trabalho e extinguiu a representação classista na Justiça do Trabalho.

Art. 881. No caso de pagamento da importância reclamada, será este feito perante o escrivão ou chefe de secretaria, lavrando-se termo de quitação, em duas vias, assinadas pelo exequente, pelo executado e pelo mesmo escrivão ou chefe de secretaria, entregando-se a segunda via ao executado e juntando-se a outra ao processo.

► *Caput* com a redação dada pela Lei nº 409, de 25-9-1948.

Parágrafo único. Não estando presente o exequente, será depositada a importância, mediante guia, em estabelecimento oficial de crédito ou, em falta deste, em estabelecimento bancário idôneo.

► Parágrafo único com a redação dada pela Lei nº 7.305, de 2-4-1985.

Art. 882. O executado que não pagar a importância reclamada poderá garantir a execução mediante depósito da quantia correspondente, atualizada e acrescida das despesas processuais, apresentação de seguro-garantia judicial ou nomeação de bens à penhora, observada a ordem preferencial estabelecida no art. 835 da Lei nº 13.105, de 16 de março de 2015 – Código de Processo Civil.

► Artigo com a redação dada pela Lei nº 13.467, de 13-7-2017.

Art. 883. Não pagando o executado, nem garantindo a execução, seguir-se-á penhora dos bens, tantos quantos bastem ao pagamento da importância da condenação, acrescida de custas e juros de mora, sendo estes, em qualquer caso, devidos a partir da data em que for ajuizada a reclamação inicial.

► Artigo com a redação dada pela Lei nº 2.244, de 23-6-1954.

► Súm. nº 224 do STF.

► Súm. nº 44 do extinto TFR.

► Súmulas nºs 200, 211, 397, 417 e 439 do TST.

Art. 883-A. A decisão judicial transitada em julgado somente poderá ser levada a protesto, gerar inscrição do nome do executado em órgãos de proteção ao crédito ou no Banco Nacional de Devedores Trabalhistas (BNDT), nos termos da lei, depois de transcorrido o prazo de quarenta e cinco dias a contar da citação do executado, se não houver garantia do juízo.

► Artigo acrescido pela Lei nº 13.467, de 13-7-2017.

► Art. 15 da IN do TST nº 41, de 21-6-2018, que dispõe sobre a aplicação das normas processuais desta Consolidação alteradas pela Lei nº 13.467, de 13-7-2017.

Seção III

DOS EMBARGOS À EXECUÇÃO E DA SUA IMPUGNAÇÃO

Art. 884. Garantida a execução ou penhorados os bens, terá o executado cinco dias para apresentar embargos, cabendo igual prazo ao exequente para a impugnação.

► O STF, por unanimidade de votos, deferiu a medida cautelar na ADECON nº 11, para suspender todos os processos em que se discuta a constitucionalidade do art. 1º-B da Lei nº 9.494, de 10-9-1997, acrescido pela MP nº 2.180-35, de 24-8-2001 (*DOU* de 10-4-2007).

► Nas execuções contra a Fazenda Pública o prazo deste artigo foi alterado para trinta dias pelo art. 1º-B da Lei nº 9.494, de 10-9-1997, acrescido pelo art. 4º da MP nº 2.180-35, de 24-8-2001, que até o encerramento desta edição não havia sido convertida em Lei.

► Súmulas nºs 32, 33 e 196 do extinto TFR.

► Súm. nº 134 do STJ.

§ 1º A matéria de defesa será restrita às alegações de cumprimento da decisão ou do acordo, quitação ou prescrição da dívida.

► Súm. nº 327 do STF.

► Súm. nº 114 do TST.

§ 2º Se na defesa tiverem sido arroladas testemunhas, poderá o Juiz ou o Presidente do Tribunal, caso julgue necessários seus depoimentos, marcar audiência para a produção das provas, a qual deverá realizar-se dentro de cinco dias.

§ 3º Somente nos embargos à penhora poderá o executado impugnar a sentença de liquidação, cabendo ao exequente igual direito e no mesmo prazo.

► § 3º com a redação dada pela Lei nº 2.244, de 23-6-1954.

§ 4º Julgar-se-ão na mesma sentença os embargos e as impugnações à liquidação apresentadas pelos credores trabalhista e previdenciário.

► § 4º com a redação dada pela Lei nº 10.035, de 25-10-2000.

► Súmulas nºs 126 e 368 do TST.

§ 5º Considera-se inexigível o título judicial fundado em lei ou ato normativo declarados inconstitucionais pelo Supremo Tribunal Federal ou em aplicação ou interpretação tidas por incompatíveis com a Constituição Federal.

► § 5º acrescido pela MP nº 2.180-35, de 24-8-2001, que até o encerramento desta edição não havia sido convertida em Lei.

► OJ do Tribunal Pleno nº 12 do TST.

§ 6º A exigência da garantia ou penhora não se aplica às entidades filantrópicas e/ou àqueles que compõem ou compuseram a diretoria dessas instituições.

► § 6º acrescido pela Lei nº 13.467, de 13-7-2017.

► Art. 16 da IN do TST nº 41, de 21-6-2018, que dispõe sobre a aplicação das normas processuais desta Consolidação alteradas pela Lei nº 13.467, de 13-7-2017.

Seção IV

DO JULGAMENTO E DOS TRÂMITES FINAIS DA EXECUÇÃO

Art. 885. Não tendo sido arroladas testemunhas na defesa, o Juiz ou Presidente, conclusos os autos, proferirá sua decisão, dentro de cinco dias, julgando subsistente ou insubsistente a penhora.

Art. 886. Se tiverem sido arroladas testemunhas, finda a sua inquirição em audiência, o escrivão ou secretário fará, dentro de quarenta e oito horas, conclusos os autos ao Juiz ou Presidente, que proferirá sua decisão, na forma prevista no artigo anterior.

§ 1º Proferida a decisão, serão da mesma notificadas as partes interessadas, em registrado postal, com franquia.

► Art. 841, § 1º, desta Consolidação.

§ 2º Julgada subsistente a penhora, o Juiz ou Presidente mandará proceder logo à avaliação dos bens penhorados.

Art. 887. A avaliação dos bens penhorados em virtude da execução de decisão condenatória será feita por avaliador escolhido de comum acordo pelas partes, que perceberá as custas arbitradas pelo juiz, ou presidente do tribunal trabalhista, de conformidade com a tabela a ser expedida pelo Tribunal Superior do Trabalho.

§ 1º Não acordando as partes quanto à designação de avaliador, dentro de cinco dias após o despacho que o determinou a avaliação, será o avaliador designado livremente pelo juiz ou presidente do tribunal.

§ 2º Os servidores da Justiça do Trabalho não poderão ser escolhidos ou designados para servir de avaliador.

► Art. 887 prejudicado pela Lei nº 5.442, de 24-5-1968, que dispõe sobre normas de Direito Processual do Trabalho, altera dispositivos da CLT, disciplina a concessão e prestação de assistência judiciária na Justiça do Trabalho.

Art. 888. Concluída a avaliação, dentro de dez dias, contados da data da nomeação do avaliador, seguir-se-á a arrematação, que será anunciada por edital afixado na sede do Juízo ou Tribunal e publicado no jornal local, se houver, com a antecedência de vinte dias.

► Súm. nº 458 do STF.

► Súm. nº 331 do STJ.

§ 1º A arrematação far-se-á em dia, hora e lugar anunciados e os bens serão vendidos pelo maior lance, tendo o exequente preferência para a adjudicação.

► OJ da SBDI-II nº 68 do TST.

§ 2º O arrematante deverá garantir o lance com o sinal correspondente a vinte por cento do seu valor.

§ 3º Não havendo licitante, e não requerendo o exequente a adjudicação dos bens penhorados, poderão os mesmos ser vendidos por leiloeiro nomeado pelo Juiz ou Presidente.

► Súm. nº 224 do extinto TFR.

§ 4º Se o arrematante, ou seu fiador, não pagar dentro de vinte e quatro horas o preço da arrematação, perderá, em benefício da execução, o sinal de que trata o § 2º deste artigo, voltando à praça os bens executados.

► Art. 888 com a redação dada pela Lei nº 5.584, de 26-6-1970.

► Súm. nº 399 do TST.

Art. 889. Aos trâmites e incidentes do processo da execução são aplicáveis, naquilo em que não contravierem ao presente Título, os preceitos que regem o processo dos executivos fiscais para a cobrança judicial da dívida ativa da Fazenda Pública Federal.

► Lei nº 6.830, de 22-9-1980 (Lei das Execuções Fiscais).

► Súm. nº 458 do STF.

► Súm. nº 44 do extinto TFR.

Art. 889-A. Os recolhimentos das importâncias devidas, referentes às contribuições sociais, serão efetuados nas agências locais da Caixa Econômica Federal ou do Banco do Brasil S.A., por intermédio de documento de arrecadação da Previdência Social, dele se fazendo constar o número do processo.

▶ *Caput* acrescido pela Lei nº 10.035, de 25-10-2000.

§ 1º Concedido parcelamento pela Secretaria da Receita Federal do Brasil, o devedor juntará aos autos a comprovação do ajuste, ficando a execução da contribuição social correspondente suspensa até a quitação de todas as parcelas.

§ 2º As Varas do Trabalho encaminharão mensalmente à Secretaria da Receita Federal do Brasil informações sobre os recolhimentos efetivados nos autos, salvo se outro prazo for estabelecido em regulamento.

▶ §§ 1º e 2º com a redação dada pela Lei nº 11.457, de 16-3-2007.

Seção V

DA EXECUÇÃO POR PRESTAÇÕES SUCESSIVAS

Art. 890. A execução para pagamento de prestações sucessivas far-se-á com observância das normas constantes desta Seção, sem prejuízo das demais estabelecidas neste Capítulo.

Art. 891. Nas prestações sucessivas por tempo determinado, a execução pelo não pagamento de uma prestação compreenderá as que lhe sucederem.

Art. 892. Tratando-se de prestações sucessivas por tempo indeterminado, a execução compreenderá inicialmente as prestações devidas até a data do ingresso na execução.

Capítulo VI

DOS RECURSOS

▶ Ato do TST nº 491, de 23-9-2014, fixa parâmetros procedimentais mínimos para dar efetividade à Lei nº 13.015, de 21-7-2014.

▶ OJ da SBDI-I nº 389 do TST.

Art. 893. Das decisões são admissíveis os seguintes recursos:

▶ *Caput* com a redação dada pela Lei nº 861, de 13-10-1949.

▶ Súmulas nºs 8, 197, 283, 297 e 435 do TST.

▶ Orientações Jurisprudenciais da SBDI-I nºs 120, 389 e 401 do TST.

I – embargos;

II – recurso ordinário;

III – recurso de revista;

▶ Res. do TST nº 118, de 5-8-2003, dispõe sobre petições de recurso de revista.

▶ Súm. nº 34 do extinto TFR.

▶ Súm. nº 333 do TST.

IV – agravo.

▶ A tais recursos acrescente-se o pedido de revisão do valor da causa, fixado pelo juiz, como prevê o art. 2º, *caput*, e §§ 1º e 2º, da Lei nº 5.584, de 26-6-1970, sobre normas de direito processual do trabalho.

▶ Ato do TST nº 491, de 18-7-2012, atualiza valores para depósito recursal na Justiça do Trabalho.

§ 1º Os incidentes do processo são resolvidos pelo próprio Juízo ou Tribunal, admitindo-se a apreciação do merecimento das decisões interlocutórias somente em recursos da decisão definitiva.

▶ Súm. nº 214 do TST.

§ 2º A interposição de recurso para o Supremo Tribunal Federal não prejudicará a execução do julgado.

▶ §§ 1º e 2º com a redação dada pelo Dec.-lei nº 8.737, de 19-1-1946.

▶ OJ da SBDI-II nº 56 do TST.

Art. 894. No Tribunal Superior do Trabalho cabem embargos, no prazo de 8 (oito) dias:

▶ *Caput* com a redação dada pela Lei nº 11.496, de 22-6-2007.

▶ Prazo de acordo com a Lei nº 5.584, de 26-6-1970.

▶ Súmulas nºs 126, 221, 333, 385 e 433 do TST.

▶ Orientações Jurisprudenciais da SBDI-I nºs 95, 219, 378 e 389 do TST.

▶ OJ da SBDI-I Transitória nºs 78 e 79 do TST.

I – de decisão não unânime de julgamento que:

▶ Inciso I acrescido pela Lei nº 11.496, de 22-6-2007.

a) conciliar, julgar ou homologar conciliação em dissídios coletivos que excedam a competência territorial dos Tribunais Regionais do Trabalho e estender ou rever as sentenças normativas do Tribunal Superior do Trabalho, nos casos previstos em lei; e

▶ Art. 4º da Lei nº 7.701, de 21-12-1988, que dispõe sobre a especialização de turmas dos Tribunais do Trabalho em processos coletivos.

▶ Art. 70 do Regimento Interno do TST, aprovado pela Res. Adm. do TST nº 908, de 21-12-2002.

b) VETADO.

II – das decisões das Turmas que divergirem entre si ou das decisões proferidas pela Seção de Dissídios Individuais, ou contrárias a súmula ou orientação jurisprudencial do Tribunal Superior do Trabalho ou súmula vinculante do Supremo Tribunal Federal.

► Inciso II com a redação dada pela Lei nº 13.015, de 21-7-2014.

► Súmulas nºs 433 e 458 do TST.

► OJ da SBDI-I nº 378 do TST.

Parágrafo único. *Revogado*. Lei nº 11.496, de 22-6-2007.

§ 2º A divergência apta a ensejar os embargos deve ser atual, não se considerando tal a ultrapassada por súmula do Tribunal Superior do Trabalho ou do Supremo Tribunal Federal, ou superada por iterativa e notória jurisprudência do Tribunal Superior do Trabalho.

► Mantivemos a numeração conforme publicação oficial.

§ 3º O Ministro Relator denegará seguimento aos embargos:

I – se a decisão recorrida estiver em consonância com súmula da jurisprudência do Tribunal Superior do Trabalho ou do Supremo Tribunal Federal, ou com iterativa, notória e atual jurisprudência do Tribunal Superior do Trabalho, cumprindo-lhe indicá-la;

II – nas hipóteses de intempestividade, deserção, irregularidade de representação ou de ausência de qualquer outro pressuposto extrínseco de admissibilidade.

§ 4º Da decisão denegatória dos embargos caberá agravo, no prazo de 8 (oito) dias.

► §§ 2º a 4º acrescidos pela Lei nº 13.015, de 21-7-2014.

Art. 895. Cabe recurso ordinário para a instância superior:

► Súm. nº 385 do TST.

► OJ da SBDI-I nº 389 do TST.

► OJ da SBDI-II nº 69 do TST.

I – das decisões definitivas ou terminativas das Varas e Juízos, no prazo de 8 (oito) dias; e

II – das decisões definitivas ou terminativas dos Tribunais Regionais, em processos de sua competência originária, no prazo de 8 (oito) dias, quer nos dissídios individuais, quer nos dissídios coletivos.

► Anteriores alíneas *a* e *b* renomeadas para incisos I e II e com a redação dada pela Lei nº 11.925, de 17-4-2009.

► Súmulas nºs 1, 23, 99, 100, 158, 192, 197, 201, 214, 296, 393, 411 e 414 do TST.

► Orientações Jurisprudenciais da SBDI-II nºs 43 e 156 do TST.

§ 1º Nas reclamações sujeitas ao procedimento sumaríssimo, o recurso ordinário:

I – VETADO;

II – será imediatamente distribuído, uma vez recebido no Tribunal, devendo o relator liberá-lo no prazo máximo de dez dias, e a Secretaria do Tribunal ou Turma colocá-lo imediatamente em pauta para julgamento, sem revisor;

III – terá parecer oral do representante do Ministério Público presente à sessão de julgamento, se este entender necessário o parecer, com registro na certidão;

IV – terá acórdão consistente unicamente na certidão de julgamento, com a indicação suficiente do processo e parte dispositiva, e das razões de decidir do voto prevalente. Se a sentença for confirmada pelos próprios fundamentos, a certidão de julgamento, registrando tal circunstância, servirá de acórdão.

§ 2º Os Tribunais Regionais, divididos em Turmas, poderão designar Turma para o julgamento dos recursos ordinários interpostos das sentenças prolatadas nas demandas sujeitas ao procedimento sumaríssimo.

► §§ 1º e 2º acrescidos pela Lei nº 9.957, de 12-1-2000.

► Arts. 96 e 102 da CF.

► Súm. nº 633 do STF.

► Súmulas nºs 114, 192, 201, 214, 217, 221, 245, 277 e 283 do TST.

Art. 896. Cabe Recurso de Revista para Turma do Tribunal Superior do Trabalho das decisões proferidas em grau de recurso ordinário, em dissídio individual, pelos Tribunais Regionais do Trabalho, quando:

► *Caput* com a redação dada pela Lei nº 9.756, de 17-12-1998.

► Súmulas nºs 385, 422 e 425 do TST.

► Orientações Jurisprudenciais da SBDI-I nºs 111, 118, 119, 147, 151, 219 e 257 do TST.

a) derem ao mesmo dispositivo de lei federal interpretação diversa da que lhe houver dado outro Tribunal Regional do Trabalho, no seu Pleno ou Turma, ou a Seção de Dissídios Individuais do Tribunal Superior do Trabalho, ou contrariarem súmula de jurisprudência uniforme dessa Corte ou súmula vinculante do Supremo Tribunal Federal;

► Alínea *a* com a redação dada pela Lei nº 13.015, de 21-7-2014.

► Súmulas nºs 296 e 333 do TST.

b) derem ao mesmo dispositivo de lei estadual, Convenção Coletiva de Trabalho, Acordo Coletivo, sentença normativa ou regulamento empresarial de observância obrigatória, em área territorial que exceda a jurisdição do Tribunal Regional prolator da decisão recorrida, interpretação divergente, na forma da alínea *a*;

c) proferidas com violação literal de disposição de lei federal ou afronta direta e literal à Constituição Federal.

► Alíneas *b* e *c* com a redação dada pela Lei nº 9.756, de 17-12-1998.

► IN do TST nº 23, de 5-8-2003, dispõe sobre petições de recurso de revista.

► Súmulas nºs 23, 126, 218, 266, 283, 285, 296, 297, 312, 333, 337, 353 e 442 do TST.

§ 1º O recurso de revista, dotado de efeito apenas devolutivo, será interposto perante o Presidente do Tribunal Regional do Trabalho, que, por decisão fundamentada, poderá recebê-lo ou denegá-lo.

► § 1º com a redação dada pela Lei nº 13.015, de 21-7-2014.

► OJ da SBDI-I nº 377 do TST.

§ 1º-A. Sob pena de não conhecimento, é ônus da parte:

► *Caput* do § 1º-A acrescido pela Lei nº 13.015, de 21-7-2014.

I – indicar o trecho da decisão recorrida que consubstancia o prequestionamento da controvérsia objeto do recurso de revista;

II – indicar, de forma explícita e fundamentada, contrariedade a dispositivo de lei, súmula ou orientação jurisprudencial do Tribunal Superior do Trabalho que conflite com a decisão regional;

III – expor as razões do pedido de reforma, impugnando todos os fundamentos jurídicos da decisão recorrida, inclusive mediante demonstração analítica de cada dispositivo de lei, da Constituição Federal, de súmula ou orientação jurisprudencial cuja contrariedade aponte;

► Incisos I a III acrescidos pela Lei nº 13.015, de 21-7-2014.

IV – transcrever na peça recursal, no caso de suscitar preliminar de nulidade de julgado por negativa de prestação jurisdicional, o trecho dos embargos declaratórios em que foi pedido o pronunciamento do tribunal sobre questão veiculada no recurso ordinário e o trecho da decisão regional que rejeitou os embargos quanto ao pedido, para cotejo e verificação, de plano, da ocorrência da omissão.

► Inciso IV acrescido pela Lei nº 13.467, de 13-7-2017.

§ 2º Das decisões proferidas pelos Tribunais Regionais do Trabalho ou por suas Turmas, em execução de sentença, inclusive em processo incidente de embargos de terceiro, não caberá Recurso de Revista, salvo na hipótese de ofensa direta e literal de norma de Constituição Federal.

► § 2º com a redação dada pela Lei nº 9.756, de 17-12-1998.

§§ 3º a 6º *Revogados*. Lei nº 13.467, de 13-7-2017.

► Art. 18, § 2º, da IN do TST nº 41, de 21-6-2018, que dispõe sobre a aplicação das normas processuais desta Consolidação alteradas pela Lei nº 13.467, de 13-7-2017.

§ 7º A divergência apta a ensejar o recurso de revista deve ser atual, não se considerando como tal a ultrapassada por súmula do Tribunal Superior do Trabalho ou do Supremo Tribunal Federal, ou superada por iterativa e notória jurisprudência do Tribunal Superior do Trabalho.

§ 8º Quando o recurso fundar-se em dissenso de julgados, incumbe ao recorrente o ônus de produzir prova da divergência jurisprudencial, mediante certidão, cópia ou citação do repositório de jurisprudência, oficial ou credenciado, inclusive em mídia eletrônica, em que houver sido publicada a decisão divergente, ou ainda pela reprodução de julgado disponível na internet, com indicação da respectiva fonte, mencionando, em qualquer caso, as circunstâncias que identifiquem ou assemelhem os casos confrontados.

§ 9º Nas causas sujeitas ao procedimento sumaríssimo, somente será admitido recurso de revista por contrariedade a súmula de jurisprudência uniforme do Tribunal Superior do Trabalho ou a súmula vinculante do Supremo Tribunal Federal e por violação direta da Constituição Federal.

► Súmulas nºs 442 e 458 do TST.

§ 10. Cabe recurso de revista por violação a lei federal, por divergência jurisprudencial e por ofensa à Constituição Federal nas execuções fiscais e nas controvérsias da fase de execução que envolvam a Certidão Negativa de Débitos Trabalhistas (CNDT), criada pela Lei nº 12.440, de 7 de julho de 2011.

§ 11. Quando o recurso tempestivo contiver defeito formal que não se repute grave, o Tribunal Superior do Trabalho poderá desconsiderar o vício ou mandar saná-lo, julgando o mérito.

§ 12. Da decisão denegatória caberá agravo, no prazo de 8 (oito) dias.

§ 13. Dada a relevância da matéria, por iniciativa de um dos membros da Seção Especializada em Dissídios Individuais do Tribunal Superior do Trabalho, aprovada pela maioria dos integrantes da Seção, o julgamento a que se refere o § 3º poderá ser afeto ao Tribunal Pleno.

► §§ 7º a 13 acrescidos pela Lei nº 13.015, de 21-7-2014.

§ 14. O relator do recurso de revista poderá denegar-lhe seguimento, em decisão monocrática, nas hipóteses de intempestividade, deserção, irregularidade de representação ou de ausência de qualquer outro pressuposto extrínseco ou intrínseco de admissibilidade.

► § 14 acrescido pela Lei nº 13.467, de 13-7-2017.

Art. 896-A. O Tribunal Superior do Trabalho, no recurso de revista, examinará previamente se a causa oferece transcendência com relação aos reflexos gerais de natureza econômica, política, social ou jurídica.

► *Caput* acrescido pela MP nº 2.226, de 4-9-2001, que até o encerramento desta edição não havia sido convertida em Lei.

§ 1º São indicadores de transcendência, entre outros:

I – econômica, o elevado valor da causa;

II – política, o desrespeito da instância recorrida à jurisprudência sumulada do Tribunal Superior do Trabalho ou do Supremo Tribunal Federal;

III – social, a postulação, por reclamante-recorrente, de direito social constitucionalmente assegurado;

IV – jurídica, a existência de questão nova em torno da interpretação da legislação trabalhista.

§ 2º Poderá o relator, monocraticamente, denegar seguimento ao recurso de revista que não demonstrar transcendência, cabendo agravo desta decisão para o colegiado.

§ 3º Em relação ao recurso que o relator considerou não ter transcendência, o recorrente poderá realizar sustentação oral sobre a questão da transcendência, durante cinco minutos em sessão.

§ 4º Mantido o voto do relator quanto à não transcendência do recurso, será lavrado acórdão com fundamentação sucinta, que constituirá decisão irrecorrível no âmbito do tribunal.

§ 5º É irrecorrível a decisão monocrática do relator que, em agravo de instrumento em recurso de revista, considerar ausente a transcendência da matéria.

§ 6º O juízo de admissibilidade do recurso de revista exercido pela Presidência dos Tribunais Regionais do Trabalho limita-se à análise dos pressupostos intrínsecos e extrínsecos do apelo, não abrangendo o critério da transcendência das questões nele veiculadas.

► §§ 1º a 6º acrescidos pela Lei nº 13.467, de 13-7-2017.

Art. 896-B. Aplicam-se ao recurso de revista, no que couber, as normas da Lei nº 5.869, de 11 de janeiro de 1973 (Código de Processo Civil), relativas ao julgamento dos recursos extraordinário e especial repetitivos.

► Arts. 1.036 a 1.041 do CPC/2015.

Art. 896-C. Quando houver multiplicidade de recursos de revista fundados em idêntica questão de direito, a questão poderá ser afetada à Seção Especializada em Dissídios Individuais ou ao Tribunal Pleno, por decisão da maioria simples de seus membros, mediante requerimento de um dos Ministros que compõem a Seção Especializada, considerando a relevância da matéria ou a existência de entendimentos divergentes entre os Ministros dessa Seção ou das Turmas do Tribunal.

§ 1º O Presidente da Turma ou da Seção Especializada, por indicação dos relatores, afetará um ou mais recursos representativos da controvérsia para julgamento pela Seção Especializada em Dissídios Individuais ou pelo Tribunal Pleno, sob o rito dos recursos repetitivos.

§ 2º O Presidente da Turma ou da Seção Especializada que afetar processo para julgamento sob o rito dos recursos repetitivos deverá expedir comunicação aos demais Presidentes de Turma ou de Seção Especializada, que poderão afetar outros processos sobre a questão para julgamento conjunto, a fim de conferir ao órgão julgador visão global da questão.

§ 3º O Presidente do Tribunal Superior do Trabalho oficiará os Presidentes dos Tribunais Regionais do Trabalho para que suspendam os recursos interpostos em casos idênticos aos afetados como recursos repetitivos, até o pronunciamento definitivo do Tribunal Superior do Trabalho.

§ 4º Caberá ao Presidente do Tribunal de origem admitir um ou mais recursos representativos da controvérsia, os quais serão encaminhados ao Tribunal Superior do Trabalho, ficando suspensos os demais recursos de revista até o pronunciamento definitivo do Tribunal Superior do Trabalho.

§ 5º O relator no Tribunal Superior do Trabalho poderá determinar a suspensão dos recursos de revista ou de embargos que tenham como objeto controvérsia idêntica à do recurso afetado como repetitivo.

§ 6º O recurso repetitivo será distribuído a um dos Ministros membros da Seção Especializada ou do Tribunal Pleno e a um Ministro revisor.

§ 7º O relator poderá solicitar, aos Tribunais Regionais do Trabalho, informações a respeito da controvérsia, a serem prestadas no prazo de 15 (quinze) dias.

§ 8º O relator poderá admitir manifestação de pessoa, órgão ou entidade com interesse na controvérsia, inclusive como assistente simples, na forma da Lei nº 5.869, de 11 de janeiro de 1973 (Código de Processo Civil).

► Arts. 119 a 124 e 138 do CPC/2015.

§ 9º Recebidas as informações e, se for o caso, após cumprido o disposto no § 7º deste artigo, terá vista o Ministério Público pelo prazo de 15 (quinze) dias.

§ 10. Transcorrido o prazo para o Ministério Público e remetida cópia do relatório aos demais Ministros, o processo será incluído em pauta na Seção Especializada ou no Tribunal Pleno, devendo ser julgado com preferência sobre os demais feitos.

§ 11. Publicado o acórdão do Tribunal Superior do Trabalho, os recursos de revista sobrestados na origem:

I – terão seguimento denegado na hipótese de o acórdão recorrido coincidir com a orientação a respeito da matéria no Tribunal Superior do Trabalho; ou

II – serão novamente examinados pelo Tribunal de origem na hipótese de o acórdão recorrido divergir da orientação do Tribunal Superior do Trabalho a respeito da matéria.

§ 12. Na hipótese prevista no inciso II do § 11 deste artigo, mantida a decisão divergente pelo Tribunal de origem, far-se-á o exame de admissibilidade do recurso de revista.

§ 13. Caso a questão afetada e julgada sob o rito dos recursos repetitivos também contenha questão constitucional, a decisão proferida pelo Tribunal Pleno não obstará o conhecimento de eventuais recursos extraordinários sobre a questão constitucional.

§ 14. Aos recursos extraordinários interpostos perante o Tribunal Superior do Trabalho será aplicado o procedimento previsto no art. 543-B da Lei nº 5.869, de 11 de janeiro de 1973 (Código de Processo Civil), cabendo ao Presidente do Tribunal Superior do Trabalho selecionar um ou mais recursos representativos da controvérsia e encaminhá-los ao Supremo Tribunal Federal, sobrestando os demais até o pronunciamento definitivo da Corte, na forma do § 1º do art. 543-B da Lei nº 5.869, de 11 de janeiro de 1973 (Código de Processo Civil).

► Arts. 1.035 e 1.036 do CPC/2015.

§ 15. O Presidente do Tribunal Superior do Trabalho poderá oficiar os Tribunais Regionais do Trabalho e os Presidentes das Turmas e da Seção Especializada do Tribunal para que suspendam os processos idênticos aos selecionados como recursos representativos da controvérsia e encaminhados ao Supremo Tribunal Federal, até o seu pronunciamento definitivo.

§ 16. A decisão firmada em recurso repetitivo não será aplicada aos casos em que se demonstrar que a situação de fato ou de direito é distinta das presentes no processo julgado sob o rito dos recursos repetitivos.

§ 17. Caberá revisão da decisão firmada em julgamento de recursos repetitivos quando se alterar a situação econômica, social ou jurídica, caso em que será respeitada a segurança jurídica das relações firmadas sob a égide da decisão anterior, podendo o Tribunal Superior do Trabalho modular os efeitos da decisão que a tenha alterado.

► Arts. 896-B e 896-C acrescidos pela Lei nº 13.015, de 21-7-2014.

Art. 897. Cabe agravo, no prazo de oito dias:

► *Caput* com a redação dada pela Lei nº 8.432, de 11-6-1992.

► Súmulas nºs 283 e 385 do TST.

► OJ da SBDI-I nº 374 do TST.

a) de petição, das decisões do Juiz ou Presidente, nas execuções;

► Súm. nº 196 do extinto TFR.

b) de instrumento, dos despachos que denegarem a interposição de recursos.

► Alíneas *a* e *b* com a redação dada pela Lei nº 8.432, de 11-6-1992.

► Súm. nº 259 do extinto TFR.

► Súm. nº 727 do STF.

► Súmulas nºs 218, 266 e 422 do TST.

► Orientações Jurisprudenciais da SBDI-I nºs 260, 282, 374 e 389 do TST.

► OJ da SBDI-II nº 56 do TST.

§ 1º O agravo de petição só será recebido quando o agravante delimitar, justificadamente, as matérias e os valores impugnados, permitida a execução imediata da parte remanescente até o final, nos próprios autos ou por carta de sentença.

► Súm. nº 416 do TST.

§ 2º O agravo de instrumento interposto contra o despacho que não receber agravo de petição não suspende a execução da sentença.

► §§ 1º e 2º com a redação dada pela Lei nº 8.432, de 11-6-1992.

§ 3º Na hipótese da alínea *a* deste artigo, o agravo será julgado pelo próprio tribunal, presidido pela autoridade recorrida, salvo se se tratar de decisão de Juiz do Trabalho de 1ª Instância ou de Juiz de Direito, quando o julgamento competirá a uma das Turmas do Tribunal Regional a que estiver subordinado o prolator da sentença, observado o disposto no artigo 679, a quem este remeterá as peças necessárias para o exame da matéria controvertida, em autos apartados, ou nos próprios autos, se tiver sido determinada a extração de carta de sentença.

► § 3º com a redação dada pela Lei nº 10.035, de 25-10-2000.

§ 4º Na hipótese da alínea *b* deste artigo, o agravo será julgado pelo Tribunal que seria competente para conhecer o recurso cuja interposição foi denegada.

► § 4º com a redação dada pela Lei nº 8.432, de 11-6-1992.

§ 5º Sob pena de não conhecimento, as partes promoverão a formação do instrumento do agravo de modo a possibilitar, caso provido, o imediato julgamento do recurso denegado, instruindo a petição de interposição:

► § 5º acrescido pela Lei nº 9.756, de 17-12-1998.

I – obrigatoriamente, com cópias da decisão agravada, da certidão da respectiva intimação, das procurações outorgadas aos advogados do agravante e do agravado, da petição inicial, da contestação, da decisão originária, do depósito recursal referente ao recurso que se pretende destrancar, da comprovação do recolhimento das custas e do depósito recursal a que se refere o § 7º do art. 899 desta Consolidação;

► Inciso I com a redação dada pela Lei nº 12.275, de 29-6-2010.

► Res. do TST nº 168, de 9-8-2010, atualiza a IN do TST nº 3, de 15-3-1993, que trata do depósito para recurso nas ações na Justiça do Trabalho.

II – facultativamente, com outras peças que o agravante reputar úteis ao deslinde da matéria de mérito controvertida.

► Inciso II acrescido pela Lei nº 9.756, de 17-12-1998.

§ 6º O agravado será intimado para oferecer resposta ao agravo e ao recurso principal, instruindo-a com as peças que considerar necessárias ao julgamento de ambos os recursos.

§ 7º Provido o agravo, a Turma deliberará sobre o julgamento do recurso principal, observando-se, se for o caso, daí em diante, o procedimento relativo a esse recurso.

► §§ 6º e 7º acrescidos pela Lei nº 9.756, de 17-12-1998.

► IN do TST nº 16, de 3-9-1999, uniformiza a interpretação da Lei nº 9.756, de 17-12-1998, com relação ao agravo de instrumento.

§ 8º Quando o agravo de petição versar apenas sobre as contribuições sociais, o juiz da execução determinará a extração de cópias das peças necessárias, que serão autuadas em apartado, conforme dispõe o § 3º, parte final, e remetidas à instância superior para apreciação, após contraminuta.

► § 8º acrescido pela Lei nº 10.035, de 25-10-2000.

Art. 897-A. Caberão embargos de declaração da sentença ou acórdão, no prazo de cinco dias, devendo seu julgamento ocorrer na primeira audiência ou sessão subsequente a sua apresentação, registrado na certidão, admitido efeito modificativo da decisão nos casos de omissão e contradição no julgado e manifesto equívoco no exame dos pressupostos extrínsecos do recurso.

► *Caput* acrescido pela Lei nº 9.957, de 12-1-2000.

- Arts. 1.022 a 1.026 do CPC/2015.
- Súmulas nos 184, 278 e 421 do TST.
- Súm. nº 297 do TST.
- Orientações Jurisprudenciais da SBDI-I nos 62, 142, 192, 256 e 377 do TST.

§ 1º Os erros materiais poderão ser corrigidos de ofício ou a requerimento de qualquer das partes.

- Parágrafo único transformado em § 1º pela Lei nº 13.015, de 21-7-2014.

§ 2º Eventual efeito modificativo dos embargos de declaração somente poderá ocorrer em virtude da correção de vício na decisão embargada e desde que ouvida a parte contrária, no prazo de 5 (cinco) dias.

§ 3º Os embargos de declaração interrompem o prazo para interposição de outros recursos, por qualquer das partes, salvo quando intempestivos, irregular a representação da parte ou ausente a sua assinatura.

- §§ 2º e 3º acrescidos pela Lei nº 13.015, de 21-7-2014.
- Súmulas nos 421 e 435 do TST.

Art. 898. Das decisões proferidas em dissídio coletivo, que afete empresa de serviço público, ou, em qualquer caso, das proferidas em revisão, poderão recorrer, além dos interessados, o Presidente do Tribunal e a Procuradoria da Justiça do Trabalho.

- LC nº 75, de 20-5-1993 (Lei Orgânica do Ministério Público da União).
- Súmulas nos 50, 90 e 303 do TST.

Art. 899. Os recursos serão interpostos por simples petição e terão efeito meramente devolutivo, salvo as exceções previstas neste Título, permitida a execução provisória até a penhora.

- *Caput* com a redação dada pela Lei nº 5.442, de 24-5-1968.
- Art. 13 da Lei nº 7.701, de 21-12-1988, que dispõe sobre a especialização de turmas dos tribunais do trabalho em processos coletivos e da outras providências.
- IN do TST nº 26, de 2-9-2004, dispõe sobre a guia de recolhimento do depósito recursal.
- Provimento CGJT nº 1, de 25.06.2003, determina instruções para utilização do Convênio com o Banco Central do Brasil – Sistema BACEN Jud.
- Súm. nº 261 do extinto TFR.
- Súmulas nos 86, 217, 393, 426 e 417 do TST.
- OJ da SBDI-II nº 56 do TST.

§ 1º Sendo a condenação de valor até dez vezes o valor de referência regional, nos dissídios individuais, só será admitido o recurso, inclusive o extraordinário, mediante prévio depósito da respectiva importância. Transitada em julgado a decisão recorrida, ordenar-se-á o levantamento imediato da importância do depósito, em favor da parte vencedora, por simples despacho do juiz.

- Port. do MTPrev nº 667, de 8-11-2021, regulamenta a imposição de multas administrativas previstas na legislação trabalhista.
- Súmulas nos 86, 128, 161, 217 e 245 do TST.
- Orientações Jurisprudenciais da SBDI-I nos 140 e 264 do TST.

§ 2º Tratando-se de condenação de valor indeterminado, o depósito corresponderá ao que for arbitrado para efeito de custas, pela Junta ou Juízo de Direito, até o limite de dez vezes o valor de referência regional.

- §§ 1º e 2º com a redação dada pela Lei nº 5.442, de 24-5-1968.
- EC nº 24, de 9-12-1999, alterou a denominação das Juntas de Conciliação e Julgamento para Varas do Trabalho e extinguiu a representação classista na Justiça do Trabalho.
- Port. do MTPrev nº 667, de 8-11-2021, regulamenta a imposição de multas administrativas previstas na legislação trabalhista.
- Súmulas nos 161 e 200 do TST.

§ 3º *Revogado*. Lei nº 7.033, de 5-10-1982.

§ 4º O depósito recursal será feito em conta vinculada ao juízo e corrigido com os mesmos índices da poupança.

- § 4º com a redação dada pela Lei nº 13.467, de 13-7-2017.
- Art. 20 da IN do TST nº 41, de 21-6-2018, que dispõe sobre a aplicação das normas processuais desta Consolidação alteradas pela Lei nº 13.467, de 13-7-2017.

§ 5º *Revogado*. Lei nº 13.467, de 13-7-2017.

§ 6º Quando o valor da condenação, ou o arbitrado para fins de custas, exceder o limite de dez vezes o valor de referência regional, o depósito para fins de recursos será limitado a este valor.

- §§ 4º a 6º com a redação dada pela Lei nº 5.442, de 24-5-1968.
- Lei nº 8.542, de 23-12-1992 (Lei da Política Nacional de Salários).
- Port. do MTPrev nº 667, de 8-11-2021, regulamenta a imposição de multas administrativas previstas na legislação trabalhista.

§ 7º No ato de interposição do agravo de instrumento, o depósito recursal corresponderá a 50% (cinquenta por cento) do valor do depósito do recurso ao qual se pretende destrancar.

- § 7º acrescido pela Lei nº 12.275, de 29-6-2010.
- Art. 897, § 5º, I, desta Consolidação.

§ 8º Quando o agravo de instrumento tem a finalidade de destrancar recurso de revista que se insurge contra decisão que contraria a jurisprudência uniforme do Tribunal Superior do Trabalho, consubstanciada nas suas súmulas ou em orientação jurisprudencial, não haverá obrigatoriedade de se efetuar o depósito referido no § 7º deste artigo.

- § 8º acrescido pela Lei nº 13.015, de 21-7-2014.

§ 9º O valor do depósito recursal será reduzido pela metade para entidades sem fins lucrativos, empregadores domésticos, microempreendedores individuais, microempresas e empresas de pequeno porte.

- Art. 20 da IN do TST nº 41, de 21-6-2018, que dispõe sobre a aplicação das normas processuais desta Consolidação alteradas pela Lei nº 13.467, de 13-7-2017.

§ 10. São isentos do depósito recursal os beneficiários da justiça gratuita, as entidades filantrópicas e as empresas em recuperação judicial.

- Art. 20 da IN do TST nº 41, de 21-6-2018, que dispõe sobre a aplicação das normas processuais desta Consolidação alteradas pela Lei nº 13.467, de 13-7-2017.

§ 11. O depósito recursal poderá ser substituído por fiança bancária ou seguro garantia judicial.

- §§ 9º a 11 acrescidos pela Lei nº 13.467, de 13-7-2017.
- Art. 20 da IN do TST nº 41, de 21-6-2018, que dispõe sobre a aplicação das normas processuais desta Consolidação alteradas pela Lei nº 13.467, de 13-7-2017.

Art. 900. Interposto o recurso, será notificado o recorrido para oferecer as suas razões, em prazo igual ao que tiver tido o recorrente.

- OJ da SBDI-I nº 142 do TST.

Art. 901. Sem prejuízo dos prazos previstos neste Capítulo, terão as partes vistas dos autos em cartório ou na secretaria.

Parágrafo único. Salvo quando estiver correndo prazo comum, aos procuradores das partes será permitido ter vista dos autos fora do cartório ou secretaria.

- Parágrafo único acrescido pela Lei nº 8.638, de 31-3-1993.

Art. 902. *Revogado.* Lei nº 7.033, de 5-10-1982.

CAPÍTULO VII

DA APLICAÇÃO DAS PENALIDADES

Art. 903. As penalidades estabelecidas no Título anterior serão aplicadas pelo Juiz, ou Tribunal, que tiver de conhecer da desobediência, violação, recusa, falta ou coação, *ex officio*, ou mediante representação de qualquer interessado ou da Procuradoria da Justiça do Trabalho.

- Artigo com a redação dada pela Lei nº 8.737, de 19-1-1946.
- Arts. 102, I, c, 105, I, a, e 108, I, a, da CF.
- LC nº 75, de 20-5-1993 (Lei Orgânica do Ministério Público da União).

Art. 904. As sanções em que incorrerem as autoridades da Justiça do Trabalho serão aplicadas pela autoridade ou Tribunal imediatamente superior, conforme o caso, *ex officio*, ou mediante representação de qualquer interessado ou da Procuradoria.

- *Caput* com a redação dada pela Lei nº 8.737, de 19-1-1946.
- LC nº 75, de 20-5-1993 (Lei Orgânica do Ministério Público da União).

Parágrafo único. Tratando-se de membro do Tribunal Superior do Trabalho será competente para a imposição de sanções o Senado Federal.

- § 2º revogado e § 1º transformado em parágrafo único pelo Dec.-lei nº 229, de 28-2-1967.
- Art. 105 da CF.

Art. 905. Tomando conhecimento do fato imputado, o Juiz, ou Tribunal competente, mandará notificar o acusado, para apresentar, no prazo de quinze dias, defesa por escrito.

- LC nº 35, de 14-3-1979 (Lei Orgânica da Magistratura Nacional).

§ 1º É facultado ao acusado, dentro do prazo estabelecido neste artigo, requerer a produção de testemunhas, até ao máximo de cinco. Nesse caso, será marcada audiência para a inquirição.

§ 2º Findo o prazo de defesa, o processo será imediatamente concluso para julgamento, que deverá ser proferido no prazo de dez dias.

Art. 906. Da imposição das penalidades a que se refere este Capítulo, caberá recurso ordinário para o Tribunal Superior, no prazo de dez dias, salvo se a imposição resultar de dissídio coletivo, caso em que o prazo será de vinte dias.

Art. 907. Sempre que o infrator incorrer em pena criminal, far-se-á remessa das peças necessárias à autoridade competente.

Art. 908. A cobrança das multas estabelecidas neste Título será feita mediante executivo fiscal, perante o Juiz competente para a cobrança de dívida ativa da Fazenda Pública Federal.

- ► O Dec.-lei nº 9.797, de 9-9-1946, determinou a substituição do termo "Conselho Regional" para "Tribunal Regional".
- ► Lei nº 6.830, de 22-9-1980 (Lei das Execuções Fiscais).
- ► Súm. nº 392 do STJ.

Parágrafo único. A cobrança das multas será promovida, no Distrito Federal e nos Estados em que funcionarem os Tribunais Regionais, pela Procuradoria da Justiça do Trabalho, e, nos demais Estados, de acordo com o disposto no Decreto-Lei nº 960, de 17 de dezembro de 1938.

- ► Lei nº 6.830, de 22-9-1982 (Lei de Execução Fiscal).

CAPÍTULO VIII

DISPOSIÇÕES FINAIS

Art. 909. A ordem dos processos no Tribunal Superior do Trabalho será regulada em seu regimento interno.

- ► O Dec.-lei nº 9.797, de 9-9-1946, determinou a substituição do termo "Conselho Nacional" para "Tribunal Superior".
- ► Lei nº 7.701, de 21-12-1988, dispõe sobre a especialização de turmas dos Tribunais do Trabalho.
- ► Res. Adm. do TST nº 908, de 21-12-2002, aprova o Regimento Interno do TST.

Art. 910. Para os efeitos deste Título, equiparam-se aos serviços públicos os de utilidade pública, bem como os que forem prestados em armazéns de gêneros alimentícios, açougues, padarias, leiterias, farmácias, hospitais, minas, empresas de transportes e comunicações, bancos e estabelecimentos que interessem à segurança nacional.

TÍTULO XI – DISPOSIÇÕES FINAIS E TRANSITÓRIAS

Art. 911. Esta Consolidação entrará em vigor em 10 de novembro de 1943.

Art. 912. Os dispositivos de caráter imperativo terão aplicação imediata às relações iniciadas, mas não consumadas, antes da vigência desta Consolidação.

- ► Súmulas nºs 288 e 328 do TST.

Art. 913. O Ministro do Trabalho, Indústria e Comércio expedirá instruções, quadros, tabelas e modelos que se tornarem necessários à execução desta Consolidação.

- ► Arts. 5º, § 1º, e 87, parágrafo único, II, da CF.

Parágrafo único. O Tribunal Superior do Trabalho adaptará o seu regimento interno e o dos Tribunais Regionais do Trabalho às normas contidas nesta Consolidação.

- ► O Dec.-lei nº 9.797, de 9-9-1946, determinou a substituição do termo "Conselho Nacional" para "Tribunal Superior".
- ► Art. 96, I, *a*, da CF.
- ► Res. Adm. do TST nº 908, de 21-12-2002, aprova o Regimento Interno do TST.

Art. 914. Continuarão em vigor os quadros, tabelas e modelos, aprovados em virtude de dispositivos não alterados pela presente Consolidação.

Art. 915. Não serão prejudicados os recursos interpostos com apoio em dispositivos alterados ou cujo prazo para interposição esteja em curso à data da vigência desta Consolidação.

Art. 916. Os prazos de prescrição fixados pela presente Consolidação começarão a correr da data da vigência desta, quando menores do que os previstos pela legislação anterior.

- ► Súm. nº 362 do TST.
- ► OJ da SBDI-I nº 417do TST.

Art. 917. O Ministro do Trabalho, Indústria e Comércio marcará prazo para adaptação dos atuais estabelecimentos às exigências contidas no Capítulo "Da Higiene e Segurança do Trabalho". Compete ainda àquela autoridade fixar os prazos dentro dos quais, em cada Estado, entrará em vigor a obrigatoriedade do uso da Carteira Profissional, para os atuais empregados.

- ► O Capítulo V do Título II desta Consolidação passou a ser denominado "Da Segurança e da Medicina do Trabalho" pela Lei nº 6.514, de 22-12-1977.
- ► Art. 1º do Decreto-lei nº 926, de 10-10-1969, que determinou a substituição do termo "carteira profissional" por "carteira de trabalho e previdência social".

Parágrafo único. O Ministro do Trabalho, Indústria e Comércio fixará, para cada Estado e quando julgar conveniente, o início da vigência de parte ou de todos os dispositivos contidos no Capítulo "*Da Higiene e Segurança do Trabalho*".

- ► O Capítulo V do Título II desta Consolidação passou a ser denominado "Da Segurança e da Medicina do Trabalho" pela Lei nº 6.514, de 22-12-1977.

Art. 918. Enquanto não for expedida a Lei Orgânica da Previdência Social, competirá ao presidente do Tribunal Superior do Trabalho julgar os recursos interpostos com apoio no art. 1º, alínea *c*, do Decreto-Lei nº 3.710, de 14 de outubro de 1941, cabendo recurso de suas decisões nos termos do disposto no art. 734, alínea *b*, desta Consolidação.

► Art. 918 prejudicado pelo Dec.-lei nº 72, de 21-9-1996, cujo art. 37 transformou o Conselho Superior de Previdência Social em Conselho de Recursos da Previdência Social.

Parágrafo único. Ao diretor do Departamento de Previdência Social incumbirá presidir as eleições para a constituição dos Conselhos Fiscais dos Institutos e Caixas de Aposentadoria e Pensões e julgar, com recurso para a instância superior, os recursos sobre matéria técnico-administrativa dessas instituições.

Art. 919. Ao empregado bancário, admitido até a data da vigência da presente Lei, fica assegurado o direito à aquisição da estabilidade nos termos do artigo 15 do Decreto nº 24.615, de 9 de julho de 1934.

Art. 920. Enquanto não forem constituídas as Confederações, ou, na falta destas, a representação de classes, econômicas ou profissionais, que derivar da indicação desses órgãos ou dos respectivos presidentes, será suprida por equivalente designação ou eleição realizada pelas correspondentes Federações.

Art. 921. As empresas que não estiverem incluídas no enquadramento sindical de que trata o artigo 577 poderão firmar contratos coletivos de trabalho com os Sindicatos representativos da respectiva categoria profissional.

Art. 922. O disposto no artigo 301 regerá somente as relações de emprego iniciadas depois da vigência desta Consolidação.

► Artigo acrescido pelo Dec.-lei nº 6.353, de 20-3-1944.

► Optamos por não publicar os anexos desta Consolidação.

Índice Alfabético-Remissivo da Consolidação das Leis do Trabalho

(Decreto-Lei nº 5.452, de 1º-5-1943)

Lei de Introdução às normas do Direito Brasileiro

LEI DE INTRODUÇÃO ÀS NORMAS DO DIREITO BRASILEIRO

DECRETO-LEI Nº 4.657, DE 4 DE SETEMBRO DE 1942

Lei de Introdução às normas do Direito Brasileiro.

► Antiga Lei de Introdução ao Código Civil (LICC), cuja ementa foi alterada pela Lei nº 12.376, de 30-12-2010.

► Publicado no *DOU* de 9-9-1942, retificado no *DOU* de 8-10-1942 e no *DOU* de 17-6-1943.

O Presidente da República, usando da atribuição que lhe confere o artigo 180 da Constituição, decreta:

Art. 1º Salvo disposição contrária, a lei começa a vigorar em todo o País quarenta e cinco dias depois de oficialmente publicada.

► Art. 8º da LC nº 95, de 26-2-1998, que dispõe sobre a elaboração, a redação, a alteração e a consolidação das leis.

§ 1º Nos Estados estrangeiros, a obrigatoriedade da lei brasileira, quando admitida, se inicia três meses depois de oficialmente publicada.

§ 2º *Revogado*. Lei nº 12.036, de 1º-10-2009.

§ 3º Se, antes de entrar a lei em vigor, ocorrer nova publicação de seu texto, destinada a correção, o prazo deste artigo e dos parágrafos anteriores começará a correr da nova publicação.

§ 4º As correções a texto de lei já em vigor consideram-se lei nova.

Art. 2º Não se destinando à vigência temporária, a lei terá vigor até que outra a modifique ou revogue.

§ 1º A lei posterior revoga a anterior quando expressamente o declare, quando seja com ela incompatível ou quando regule inteiramente a matéria de que tratava a lei anterior.

§ 2º A lei nova, que estabeleça disposições gerais ou especiais a par das já existentes, não revoga nem modifica a lei anterior.

§ 3º Salvo disposição em contrário, a lei revogada não se restaura por ter a lei revogadora perdido a vigência.

Art. 3º Ninguém se escusa de cumprir a lei, alegando que não a conhece.

Art. 4º Quando a lei for omissa, o juiz decidirá o caso de acordo com a analogia, os costumes e os princípios gerais de direito.

► Arts. 140 e 375 do CPC.

Art. 5º Na aplicação da lei, o juiz atenderá aos fins sociais a que ela se dirige e às exigências do bem comum.

Art. 6º A Lei em vigor terá efeito imediato e geral, respeitados o ato jurídico perfeito, o direito adquirido e a coisa julgada.

► Art. 5º, XXXVI, da CF.

► Súm. Vinc. nº 1 do STF.

§ 1º Reputa-se ato jurídico perfeito o já consumado segundo a lei vigente ao tempo em que se efetuou.

§ 2º Consideram-se adquiridos assim os direitos que o seu titular, ou alguém por ele, possa exercer, como aqueles cujo começo do exercício tenha termo prefixo, ou condição preestabelecida inalterável, a arbítrio de outrem.

► Arts. 131 e 135 do CC.

§ 3º Chama-se coisa julgada ou caso julgado a decisão judicial de que já não caiba recurso.

► Art. 6º com a redação dada pela Lei nº 3.238, de 1º-8-1957.

► Art. 502 do CPC.

Art. 7º A lei do país em que for domiciliada a pessoa determina as regras sobre o começo e o fim da personalidade, o nome, a capacidade e os direitos de família.

► Arts. 2º, 6º e 8º do CC.

► Lei nº 13.445, de 24-5-2017 (Lei de Migração).

► Dec. nº 66.605, de 20-5-1970, promulgou a Convenção sobre Consentimento para Casamento.

§ 1º Realizando-se o casamento no Brasil, será aplicada a lei brasileira quanto aos impedimentos dirimentes e às formalidades da celebração.

► Art. 1.511 e segs. do CC.

§ 2º O casamento de estrangeiros poderá celebrar-se perante autoridades diplomáticas ou consulares do país de ambos os nubentes.

► § 2º com a redação dada pela Lei nº 3.238, de 1º-8-1957.

§ 3º Tendo os nubentes domicílio diverso, regerá os casos de invalidade do matrimônio a lei do primeiro domicílio conjugal.

§ 4º O regime de bens, legal ou convencional, obedece à lei do país em que tiverem os nubentes domicílio, e, se este for diverso, à do primeiro domicílio conjugal.

▸ Arts. 1.658 a 1.666 do CC.

§ 5º O estrangeiro casado, que se naturalizar brasileiro, pode, mediante expressa anuência de seu cônjuge, requerer ao juiz, no ato de entrega do decreto de naturalização, se apostile ao mesmo a adoção do regime de comunhão parcial de bens, respeitados os direitos de terceiros e dada esta adoção ao competente registro.

▸ § 5º com a redação dada pela Lei nº 6.515, de 26-12-1977 (Lei do Divórcio).

▸ Arts. 1.658 a 1.666 do CC.

§ 6º O divórcio realizado no estrangeiro, se um ou ambos os cônjuges forem brasileiros, só será reconhecido no Brasil depois de 1 (um) ano da data da sentença, salvo se houver sido antecedida de separação judicial por igual prazo, caso em que a homologação produzirá efeito imediato, obedecidas as condições estabelecidas para a eficácia das sentenças estrangeiras no país. O Superior Tribunal de Justiça, na forma de seu regimento interno, poderá reexaminar, a requerimento do interessado, decisões já proferidas em pedidos de homologação de sentenças estrangeiras de divórcio de brasileiros, a fim de que passem a produzir todos os efeitos legais.

▸ § 6º com a redação dada pela Lei nº 12.036, de 1º-10-2009.

▸ Art. 226, § 6º, da CF.

§ 7º Salvo o caso de abandono, o domicílio do chefe da família estende-se ao outro cônjuge e aos filhos não emancipados, e o do tutor ou curador aos incapazes sob sua guarda.

§ 8º Quando a pessoa não tiver domicílio, considerar-se-á domiciliada no lugar de sua residência ou naquele em que se encontre.

Art. 8º Para qualificar os bens e regular as relações a eles concernentes, aplicar-se-á a lei do país em que estiverem situados.

§ 1º Aplicar-se-á a lei do país em que for domiciliado o proprietário, quanto aos bens móveis que ele trouxer ou se destinarem a transporte para outros lugares.

§ 2º O penhor regula-se pela lei do domicílio que tiver a pessoa, em cuja posse se encontre a coisa apenhada.

Art. 9º Para qualificar e reger as obrigações, aplicar-se-á a lei do país em que se constituírem.

§ 1º Destinando-se a obrigação a ser executada no Brasil e dependendo de forma essencial, será esta observada, admitidas as peculiaridades da lei estrangeira quanto aos requisitos extrínsecos do ato.

§ 2º A obrigação resultante do contrato reputa-se constituída no lugar em que residir o proponente.

Art. 10. A sucessão por morte ou por ausência obedece à lei do país em que era domiciliado o defunto ou o desaparecido, qualquer que seja a natureza e a situação dos bens.

▸ Arts. 26 a 39, 1.784 e segs. do CC.

§ 1º A sucessão de bens de estrangeiros, situados no País, será regulada pela lei brasileira em benefício do cônjuge ou dos filhos brasileiros, ou de quem os represente, sempre que não lhes seja mais favorável a lei pessoal do *de cujus*.

▸ § 1º com a redação dada pela Lei nº 9.047, de 18-5-1995.

▸ Art. 5º, XXXI, da CF.

§ 2º A lei do domicílio do herdeiro ou legatário regula a capacidade para suceder.

▸ Arts. 1.798 a 1.803 do CC.

▸ Arts. 23, II, 48 e 610 do CPC.

Art. 11. As organizações destinadas a fins de interesse coletivo, como as sociedades e as fundações, obedecem à lei do Estado em que se constituírem.

▸ Arts. 40 a 69, 981 e segs. do CC.

▸ Art. 75, § 3º, do CPC.

§ 1º Não poderão, entretanto, ter no Brasil filiais, agências ou estabelecimentos antes de serem os atos constitutivos aprovados pelo Governo brasileiro, ficando sujeitas à lei brasileira.

▸ Art. 21, parágrafo único, do CPC.

§ 2º Os Governos estrangeiros, bem como as organizações de qualquer natureza, que eles tenham constituído, dirijam ou hajam investido de funções públicas, não poderão adquirir no Brasil bens imóveis ou suscetíveis de desapropriação.

§ 3º Os Governos estrangeiros podem adquirir a propriedade dos prédios necessários à sede dos representantes diplomáticos ou dos agentes consulares.

Art. 12. É competente a autoridade judiciária brasileira, quando for o réu domiciliado no Brasil ou aqui tiver de ser cumprida a obrigação.

▸ Arts. 21, 23 e 24 do CPC.

§ 1º Só à autoridade judiciária brasileira compete conhecer das ações relativas a imóveis situados no Brasil.

§ 2º A autoridade judiciária brasileira cumprirá, concedido o *exequatur* e segundo a forma estabelecida pela lei brasileira, as diligências deprecadas por autoridade estrangeira competente, observando a lei desta, quanto ao objeto das diligências.

► A concessão de *exequatur* às cartas rogatórias passou a ser da competência do STJ, conforme art. 105, I, *i*, da CF, com a redação dada pela EC nº 45, de 8-12-2004.

► Arts. 961 a 965 do CPC.

Art. 13. A prova dos fatos ocorridos em país estrangeiro rege-se pela lei que nele vigorar, quanto ao ônus e aos meios de produzir-se, não admitindo os tribunais brasileiros provas que a lei brasileira desconheça.

► Arts. 373 e 374 do CPC.

Art. 14. Não conhecendo a lei estrangeira, poderá o juiz exigir de quem a invoca prova do texto e da vigência.

► Art. 376 do CPC.

Art. 15. Será executada no Brasil a sentença proferida no estrangeiro, que reúna os seguintes requisitos:

► Arts. 960 a 965 do CPC.

a) haver sido proferida por juiz competente;

b) terem sido as partes citadas ou haver-se legalmente verificado à revelia;

c) ter passado em julgado e estar revestida das formalidades necessárias para a execução no lugar em que foi proferida;

d) estar traduzida por intérprete autorizado;

e) ter sido homologada pelo Supremo Tribunal Federal.

► A concessão de *exequatur* às cartas rogatórias passou a ser da competência do STJ, conforme art. 105, I, *i*, da CF, com a redação dada pela EC nº 45, de 8-12-2004.

Parágrafo único. *Revogado*. Lei nº 12.036, de 1º-10-2009.

Art. 16. Quando, nos termos dos artigos precedentes, se houver de aplicar a lei estrangeira, ter-se-á em vista a disposição desta, sem considerar-se qualquer remissão por ela feita a outra lei.

Art. 17. As leis, atos e sentenças de outro país, bem como quaisquer declarações de vontade, não terão eficácia no Brasil, quando ofenderem a soberania nacional, a ordem pública e os bons costumes.

Art. 18. Tratando-se de brasileiros, são competentes as autoridades consulares brasileiras para lhes celebrar o casamento e os mais atos de registro civil e de tabelionato, inclusive o registro de nascimento e de óbito dos filhos de brasileiro ou brasileira nascidos no país da sede do consulado.

► *Caput* com a redação dada pela Lei nº 3.238, de 1º-8-1957.

§ 1º As autoridades consulares brasileiras também poderão celebrar a separação consensual e o divórcio consensual de brasileiros, não havendo filhos menores ou incapazes do casal e observados os requisitos legais quanto aos prazos, devendo constar da respectiva escritura pública as disposições relativas à descrição e à partilha dos bens comuns e à pensão alimentícia e, ainda, ao acordo quanto à retomada pelo cônjuge de seu nome de solteiro ou à manutenção do nome adotado quando se deu o casamento.

§ 2º É indispensável a assistência de advogado, devidamente constituído, que se dará mediante a subscrição de petição, juntamente com ambas as partes, ou com apenas uma delas, caso a outra constitua advogado próprio, não se fazendo necessário que a assinatura do advogado conste da escritura pública.

► §§ 1º e 2º acrescidos pela Lei nº 12.874, de 29-10-2013.

Art. 19. Reputam-se válidos todos os atos indicados no artigo anterior e celebrados pelos cônsules brasileiros na vigência do Decreto-Lei nº 4.657, de 4 de setembro de 1942, desde que satisfaçam todos os requisitos legais.

Parágrafo único. No caso em que a celebração desses atos tiver sido recusada pelas autoridades consulares, com fundamento no artigo 18 do mesmo Decreto-Lei, ao interessado é facultado renovar o pedido dentro de noventa dias contados da data da publicação desta Lei.

► Art. 19 acrescido pela Lei nº 3.238, de 1º-8-1957.

Art. 20. Nas esferas administrativa, controladora e judicial, não se decidirá com base em valores jurídicos abstratos sem que sejam consideradas as consequências práticas da decisão.

► Dec. nº 9.830, de 10-6-2019, regulamenta este artigo.

Parágrafo único. A motivação demonstrará a necessidade e a adequação da medida imposta ou da invalidação de ato, contrato, ajuste, processo ou norma administrativa, inclusive em face das possíveis alternativas.

Art. 21. A decisão que, nas esferas administrativa, controladora ou judicial, decretar a invalidação de ato, contrato, ajuste, processo ou norma administrativa deverá indicar de modo expresso suas consequências jurídicas e administrativas.

► Dec. nº 9.830, de 10-6-2019, regulamenta este artigo.

Parágrafo único. A decisão a que se refere o *caput* deste artigo deverá, quando for o caso, indicar as condições para que a regularização ocorra de modo proporcional e equânime e sem prejuízo aos interesses gerais, não se podendo impor aos sujeitos atingidos ônus ou perdas que, em função das peculiaridades do caso, sejam anormais ou excessivos.

Art. 22. Na interpretação de normas sobre gestão pública, serão considerados os obstáculos e as dificuldades reais do gestor e as exigências das políticas públicas a seu cargo, sem prejuízo dos direitos dos administrados.

► Dec. nº 9.830, de 10-6-2019, regulamenta este artigo.

§ 1º Em decisão sobre regularidade de conduta ou validade de ato, contrato, ajuste, processo ou norma administrativa, serão consideradas as circunstâncias práticas que houverem imposto, limitado ou condicionado a ação do agente.

§ 2º Na aplicação de sanções, serão consideradas a natureza e a gravidade da infração cometida, os danos que dela provierem para a administração pública, as circunstâncias agravantes ou atenuantes e os antecedentes do agente.

§ 3º As sanções aplicadas ao agente serão levadas em conta na dosimetria das demais sanções de mesma natureza e relativas ao mesmo fato.

► Arts. 20 a 22 acrescidos pela Lei nº 13.655, de 25-4-2018.

Art. 23. A decisão administrativa, controladora ou judicial que estabelecer interpretação ou orientação nova sobre norma de conteúdo indeterminado, impondo novo dever ou novo condicionamento de direito, deverá prever regime de transição quando indispensável para que o novo dever ou condicionamento de direito seja cumprido de modo proporcional, equânime e eficiente e sem prejuízo aos interesses gerais.

► *Caput* acrescido pela Lei nº 13.655, de 25-4-2018.

► Dec. nº 9.830, de 10-6-2019, regulamenta este artigo.

Parágrafo único. VETADO. Lei nº 13.655, de 25-4-2018.

Art. 24. A revisão, nas esferas administrativa, controladora ou judicial, quanto à validade de ato, contrato, ajuste, processo ou norma administrativa cuja produção já se houver completado levará em conta as orientações gerais da época, sendo vedado que, com base em mudança posterior de orientação geral, se declarem inválidas situações plenamente constituídas.

► Dec. nº 9.830, de 10-6-2019, regulamenta este artigo.

Parágrafo único. Consideram-se orientações gerais as interpretações e especificações contidas em atos públicos de caráter geral ou em jurisprudência judicial ou administrativa majoritária, e ainda as adotadas por prática administrativa reiterada e de amplo conhecimento público.

► Art. 24 acrescido pela Lei nº 13.655, de 25-4-2018.

Art. 25. VETADO. Lei nº 13.655, de 25-4-2018.

Art. 26. Para eliminar irregularidade, incerteza jurídica ou situação contenciosa na aplicação do direito público, inclusive no caso de expedição de licença, a autoridade administrativa poderá, após oitiva do órgão jurídico e, quando for o caso, após realização de consulta pública, e presentes razões de relevante interesse geral, celebrar compromisso com os interessados, observada a legislação aplicável, o qual só produzirá efeitos a partir de sua publicação oficial.

► *Caput* acrescido pela Lei nº 13.655, de 25-4-2018.

► Dec. nº 9.830, de 10-6-2019, regulamenta este artigo.

§ 1º O compromisso referido no *caput* deste artigo:

I – buscará solução jurídica proporcional, equânime, eficiente e compatível com os interesses gerais;

II – VETADO. Lei nº 13.655, de 25-4-2018;

III – não poderá conferir desoneração permanente de dever ou condicionamento de direito reconhecidos por orientação geral;

IV – deverá prever com clareza as obrigações das partes, o prazo para seu cumprimento e as sanções aplicáveis em caso de descumprimento.

► § 1º acrescido pela Lei nº 13.655, de 25-4-2018.

§ 2º VETADO. Lei nº 13.655, de 25-4-2018.

Art. 27. A decisão do processo, nas esferas administrativa, controladora ou judicial, poderá impor compensação por benefícios indevidos ou prejuízos anormais ou injustos resultantes do processo ou da conduta dos envolvidos.

▶ Dec. nº 9.830, de 10-6-2019, regulamenta este artigo.

§ 1º A decisão sobre a compensação será motivada, ouvidas previamente as partes sobre seu cabimento, sua forma e, se for o caso, seu valor.

§ 2º Para prevenir ou regular a compensação, poderá ser celebrado compromisso processual entre os envolvidos.

▶ Art. 27 acrescido pela Lei nº 13.655, de 25-4-2018.

Art. 28. O agente público responderá pessoalmente por suas decisões ou opiniões técnicas em caso de dolo ou erro grosseiro.

▶ *Caput* acrescido pela Lei nº 13.655, de 25-4-2018.

▶ Dec. nº 9.830, de 10-6-2019, regulamenta este artigo.

§§ 1º a 3º VETADOS. Lei nº 13.655, de 25-4-2018.

Art. 29. Em qualquer órgão ou Poder, a edição de atos normativos por autoridade administrativa, salvo os de mera organização interna, poderá ser precedida de consulta pública para manifestação de interessados, preferencialmente por meio eletrônico, a qual será considerada na decisão.

▶ *Caput* acrescido pela Lei nº 13.655, de 25-4-2018.

▶ Dec. nº 9.830, de 10-6-2019, regulamenta este artigo.

§ 1º A convocação conterá a minuta do ato normativo e fixará o prazo e demais condições da consulta pública, observadas as normas legais e regulamentares específicas, se houver.

▶ § 1º acrescido pela Lei nº 13.655, de 25-4-2018.

§ 2º VETADO. Lei nº 13.655, de 25-4-2018.

Art. 30. As autoridades públicas devem atuar para aumentar a segurança jurídica na aplicação das normas, inclusive por meio de regulamentos, súmulas administrativas e respostas a consultas.

▶ Dec. nº 9.830, de 10-6-2019, regulamenta este artigo.

Parágrafo único. Os instrumentos previstos no *caput* deste artigo terão caráter vinculante em relação ao órgão ou entidade a que se destinam, até ulterior revisão.

▶ Art. 30 acrescido pela Lei nº 13.655, de 25-4-2018.

Rio de Janeiro, 4 de setembro de 1942;
121º da Independência e
54º da República.

Getúlio Vargas

Legislação Complementar

DECRETO-LEI Nº 2.848, DE 7 DE DEZEMBRO DE 1940

Código Penal.

(EXCERTOS)

► Publicado no *DOU* de 31-12-1940 e retificado no *DOU* de 3-1-1941.

O Presidente da República, usando da atribuição que lhe confere o art. 180 da Constituição, decreta a seguinte Lei:

PARTE GERAL

► A Parte Geral, compreendendo os arts. 1º a 120, tem a redação determinada pela Lei nº 7.209, de 11-7-1984.

....

TÍTULO V – DAS PENAS

CAPÍTULO I

DAS ESPÉCIES DE PENA

....

Trabalho do preso

Art. 39. O trabalho do preso será sempre remunerado, sendo-lhe garantidos os benefícios da Previdência Social.

► Art. 40 deste Código.

► Arts. 28 a 37 da LEP.

....

PARTE ESPECIAL

....

CAPÍTULO VI

DOS CRIMES CONTRA A LIBERDADE INDIVIDUAL

SEÇÃO I

DOS CRIMES CONTRA A LIBERDADE PESSOAL

....

Redução a condição análoga à de escravo

Art. 149. Reduzir alguém a condição análoga à de escravo, quer submetendo-o a trabalhos forçados ou a jornada exaustiva, quer sujeitando-o a condições degradantes de trabalho, quer restringindo, por qualquer meio, sua locomoção em razão de dívida contraída com o empregador ou preposto:

Pena – reclusão, de dois a oito anos, e multa, além da pena correspondente à violência.

► *Caput* e pena com a redação dada pela Lei nº 10.803, de 11-12-2003.

► Art. 6º do Pacto de São José da Costa Rica.

§ 1º Nas mesmas penas incorre quem:

I – cerceia o uso de qualquer meio de transporte por parte do trabalhador, com o fim de retê-lo no local de trabalho;

II – mantém vigilância ostensiva no local de trabalho ou se apodera de documentos ou objetos pessoais do trabalhador, com o fim de retê-lo no local de trabalho.

§ 2º A pena é aumentada de metade, se o crime é cometido:

I – contra criança ou adolescente;

II – por motivo de preconceito de raça, cor, etnia, religião ou origem.

► §§ 1º e 2º acrescidos pela Lei nº 10.803, de 11-12-2003.

Tráfico de Pessoas

Art. 149-A. Agenciar, aliciar, recrutar, transportar, transferir, comprar, alojar ou acolher pessoa, mediante grave ameaça, violência, coação, fraude ou abuso, com a finalidade de:

I – remover-lhe órgãos, tecidos ou partes do corpo;

II – submetê-la a trabalho em condições análogas à de escravo;

III – submetê-la a qualquer tipo de servidão;

IV – adoção ilegal; ou

V – exploração sexual.

Pena – reclusão, de 4 (quatro) a 8 (oito) anos, e multa.

§ 1º A pena é aumentada de um terço até a metade se:

I – o crime for cometido por funcionário público no exercício de suas funções ou a pretexto de exercê-las;

II – o crime for cometido contra criança, adolescente ou pessoa idosa ou com deficiência;

III – o agente se prevalecer de relações de parentesco, domésticas, de coabitação, de hospitalidade, de dependência econômica, de autoridade ou de superioridade hierárquica inerente ao exercício de emprego, cargo ou função; ou

IV – a vítima do tráfico de pessoas for retirada do território nacional.

§ 2º A pena é reduzida de um a dois terços se o agente for primário e não integrar organização criminosa.

► Art. 149-A acrescido pela Lei nº 13.344, de 6-10-2016.

....

TÍTULO IV – DOS CRIMES CONTRA A ORGANIZAÇÃO DO TRABALHO

Atentado contra a liberdade de trabalho

Art. 197. Constranger alguém, mediante violência ou grave ameaça:

I – a exercer ou não exercer arte, ofício, profissão ou indústria, ou a trabalhar ou não trabalhar durante certo período ou em determinados dias:

Pena – detenção, de um mês a um ano, e multa, além da pena correspondente à violência;

II – a abrir ou fechar o seu estabelecimento de trabalho, ou a participar de parede ou paralisação de atividade econômica:

Pena – detenção, de três meses a um ano, e multa, além da pena correspondente à violência.

Atentado contra a liberdade de contrato de trabalho e boicotagem violenta

Art. 198. Constranger alguém, mediante violência ou grave ameaça, a celebrar contrato de trabalho, ou a não fornecer a outrem ou não adquirir de outrem matéria-prima ou produto industrial ou agrícola:

Pena – detenção, de um mês a um ano, e multa, além da pena correspondente à violência.

Atentado contra a liberdade de associação

Art. 199. Constranger alguém, mediante violência ou grave ameaça, a participar ou deixar de participar de determinado sindicato ou associação profissional:

Pena – detenção, de um mês a um ano, e multa, além da pena correspondente à violência.

► Lei nº 13.869, de 5-9-2019 (Lei do Abuso de Autoridade).

Paralisação de trabalho, seguida de violência ou perturbação da ordem

Art. 200. Participar de suspensão ou abandono coletivo de trabalho, praticando violência contra pessoa ou contra coisa:

Pena – detenção, de um mês a um ano, e multa, além da pena correspondente à violência.

Parágrafo único. Para que se considere coletivo o abandono de trabalho é indispensável o concurso de, pelo menos, três empregados.

Paralisação de trabalho de interesse coletivo

Art. 201. Participar de suspensão ou abandono coletivo de trabalho, provocando a interrupção de obra pública ou serviço de interesse coletivo:

Pena – detenção, de seis meses a dois anos, e multa.

Invasão de estabelecimento industrial, comercial ou agrícola. Sabotagem

Art. 202. Invadir ou ocupar estabelecimento industrial, comercial ou agrícola, com o intuito de impedir ou embaraçar o curso normal do trabalho, ou com o mesmo fim danificar o estabelecimento ou as coisas nele existentes ou delas dispor:

Pena – reclusão, de um a três anos, e multa.

Frustração de direito assegurado por lei trabalhista

Art. 203. Frustrar, mediante fraude ou violência, direito assegurado pela legislação do trabalho:

Pena – detenção, de um ano a dois anos, e multa, além da pena correspondente à violência.

► Pena com a redação dada pela Lei nº 9.777, de 29-12-1998.

§ 1º Na mesma pena incorre quem:

I – obriga ou coage alguém a usar mercadorias de determinado estabelecimento, para impossibilitar o desligamento do serviço em virtude de dívida:

II – impede alguém de se desligar de serviços de qualquer natureza, mediante coação ou por meio da retenção de seus documentos pessoais ou contratuais.

§ 2º A pena é aumentada de um sexto a um terço se a vítima é menor de dezoito anos, idosa, gestante, indígena ou portadora de deficiência física ou mental.

► §§ 1º e 2º acrescidos pela Lei nº 9.777, de 29-12-1998.

Frustração de lei sobre a nacionalização do trabalho

Art. 204. Frustrar, mediante fraude ou violência, obrigação legal relativa à nacionalização do trabalho:

Pena – detenção, de um mês a um ano, e multa, além da pena correspondente à violência.

Exercício de atividade com infração de decisão administrativa

Art. 205. Exercer atividade, de que está impedido por decisão administrativa:

Pena – detenção, de três meses a dois anos, ou multa.

Aliciamento para o fim de emigração

Art. 206. Recrutar trabalhadores, mediante fraude, com o fim de levá-los para território estrangeiro.

Pena – detenção, de um a três anos, e multa.

► Artigo com a redação dada pela Lei nº 8.683, de 15-7-1993.

Aliciamento de trabalhadores de um local para outro do território nacional

Art. 207. Aliciar trabalhadores, com o fim de levá-los de uma para outra localidade do território nacional:

Pena – detenção, de um a três anos, e multa.

► Pena com a redação dada pela Lei nº 9.777, de 29-12-1998.

§ 1º Incorre na mesma pena quem recrutar trabalhadores fora da localidade de execução do trabalho, dentro do território nacional, mediante fraude ou cobrança de qualquer quantia do trabalhador, ou, ainda, não assegurar condições do seu retorno ao local de origem.

§ 2º A pena é aumentada de um sexto a um terço se a vítima é menor de dezoito anos, idosa, gestante, indígena ou portadora de deficiência física ou mental.

► §§ 1º e 2º acrescidos pela Lei nº 9.777, de 29-12-1998.

TÍTULO VI – DOS CRIMES CONTRA A DIGNIDADE SEXUAL

► Título VI com a denominação dada pela Lei nº 12.015, de 7-8-2009.

Capítulo I

DOS CRIMES CONTRA A LIBERDADE SEXUAL

Assédio sexual

Art. 216-A. Constranger alguém com o intuito de obter vantagem ou favorecimento sexual, pevalecendo-se o agente de sua condição de superior hierárquico ou ascendência inerentes ao exercício de emprego, cargo ou função.

Pena – detenção, de um a dois anos.

Parágrafo único. VETADO.

► Artigo acrescido pela Lei nº 10.224, de 15-5-2001.

Capítulo I-A

DA EXPOSIÇÃO DA INTIMIDADE SEXUAL

► Capítulo I-A acrescido pela Lei nº 13.772, de 19-12-2018.

Registro não autorizado da intimidade sexual

Art. 216-B. Produzir, fotografar, filmar ou registrar, por qualquer meio, conteúdo com cena de nudez ou ato sexual ou libidinoso de caráter íntimo e privado sem autorização dos participantes:

Pena – detenção, de 6 (seis) meses a 1 (um) ano, e multa.

Parágrafo único. Na mesma pena incorre quem realiza montagem em fotografia, vídeo, áudio ou qualquer outro registro com o fim de incluir pessoa em cena de nudez ou ato sexual ou libidinoso de caráter íntimo.

► Art. 216-B acrescido pela Lei nº 13.772, de 19-12-2018.

Capítulo V

DO LENOCÍNIO E DO TRÁFICO DE PESSOA PARA FIM DE PROSTITUIÇÃO OU OUTRA FORMA DE EXPLORAÇÃO SEXUAL

► Capítulo V com a denominação dada pela Lei nº 12.015, de 7-8-2009.

Promoção de migração ilegal

Art. 232-A. Promover, por qualquer meio, com o fim de obter vantagem econômica, a entrada ilegal de estrangeiro em território nacional ou de brasileiro em país estrangeiro:

Pena – reclusão, de 2 (dois) a 5 (cinco) anos, e multa.

§ 1º Na mesma pena incorre quem promover, por qualquer meio, com o fim de obter vantagem econômica, a saída de estrangeiro do território nacional para ingressar ilegalmente em país estrangeiro.

§ 2º A pena é aumentada de 1/6 (um sexto) a 1/3 (um terço) se:

I – o crime é cometido com violência; ou

II – a vítima é submetida a condição desumana ou degradante.

§ 3º A pena prevista para o crime será aplicada sem prejuízo das correspondentes às infrações conexas.

► Art. 232-A acrescido pela Lei nº 13.445, de 24-5-2017.

....

Rio de Janeiro, 7 de dezembro de 1940;
119º da Independência e
52º da República.

Getúlio Vargas

LEI Nº 605, DE 5 DE JANEIRO DE 1949

Dispõe sobre o repouso semanal remunerado e o pagamento de salário nos dias feriados civis e religiosos.

▶ Publicada no *DOU* de 14-1-1949.

Art. 1º Todo empregado tem direito ao repouso semanal remunerado de vinte e quatro horas consecutivas, preferentemente aos domingos e, nos limites das exigências técnicas das empresas, nos feriados civis e religiosos, de acordo com a tradição local.

▶ Art. 7º, XV, da CF.

▶ Art. 6º da Lei nº 10.101, de 19-12-2000 (Lei da Participação nos Lucros e Resultados).

▶ Súm. nº 462 do STF.

▶ Súmulas nºs 15, 27, 110, 146, 155 e 225 do TST.

Art. 2º Entre os empregados a que se refere esta Lei, incluem-se os trabalhadores rurais, salvo os que operam em qualquer regime de parceria, meação, ou forma semelhante de participação na produção.

Art. 3º O regime desta Lei será extensivo àqueles que, sob forma autônoma, trabalhem agrupados, por intermédio de Sindicato, Caixa Portuária ou entidade congênere. A remuneração do repouso obrigatório, nesse caso, consistirá no acréscimo de um sexto calculado sobre os salários efetivamente percebidos pelo trabalhador e paga juntamente com os mesmos.

Art. 4º É devido o repouso semanal remunerado, nos termos desta Lei, aos trabalhadores das autarquias e de empresas industriais, ou sob administração da União, dos Estados e dos Municípios, ou incorporadas nos seus patrimônios, que não estejam subordinados ao regime do funcionalismo público.

Art. 5º Esta Lei não se aplica às seguintes pessoas:

a) *Revogada*. Lei nº 11.324, de 19-7-2006;

▶ Art. 30, § 6º, da Lei nº 8.212, de 24-7-1991 (Lei Orgânica da Seguridade Social).

b) aos funcionários públicos da União, dos Estados e dos Municípios, e aos respectivos extranumerários em serviço nas próprias repartições;

c) aos servidores de autarquias paraestatais, desde que sujeitos a regime próprio de proteção ao trabalho que lhes assegure situação análoga à dos funcionários públicos.

Parágrafo único. São exigências técnicas, para os efeitos desta Lei, as que, pelas condições peculiares às atividades da empresa, ou em razão do interesse público, tornem indispensável a continuidade do serviço.

Art. 6º Não será devida a remuneração quando, sem motivo justificado, o empregado não tiver trabalhado durante toda a semana anterior, cumprindo integralmente o seu horário de trabalho.

§ 1º São motivos justificados:

a) os previstos no artigo 473 e seu parágrafo único da Consolidação das Leis do Trabalho;

b) a ausência do empregado, devidamente justificada, a critério da administração do estabelecimento;

c) a paralisação do serviço nos dias em que, por conveniência do empregador, não tenha havido trabalho;

d) a ausência do empregado, até três dias consecutivos, em virtude de seu casamento;

e) a falta ao serviço com fundamento na lei sobre acidente do trabalho;

f) a doença do empregado, devidamente comprovada.

§ 2º A doença será comprovada mediante atestado de médico da instituição de Previdência Social a que estiver filiado o empregado, e, na falta deste e sucessivamente, de médico do Serviço Social do Comércio ou da Indústria; de médico da empresa ou por ela designado; de médico a serviço de repartição federal, estadual ou municipal, incumbido de assuntos de higiene ou de saúde pública; ou, não existindo estes, na localidade em que trabalhar, de médico de sua escolha.

▶ § 2º com a redação dada pela Lei nº 2.767, de 26-4-1956.

§ 3º Nas empresas em que vigorar regime de trabalho reduzido, a frequência exigida corresponderá ao número de dias em que o empregado tiver de trabalhar.

§ 4º Durante período de emergência em saúde pública decorrente da COVID-19, a imposição de isolamento dispensará o empregado da comprovação de doença por 7 (sete) dias.

§ 5º No caso de imposição de isolamento em razão da COVID-19, o trabalhador poderá apresentar como justificativa válida, no oitavo dia de afastamento, além do disposto neste artigo, documento de unidade de saúde do Sistema Único de Saúde (SUS) ou documento eletrônico regulamentado pelo Ministério da Saúde.

► §§ 4º e 5º acrescidos pela Lei nº 14.128, de 26-3-2021, promulgados nos termos do art. 66, § 5º, da CF (*DOU* de 26-3-2021 – edição extra D).

Art. 7º A remuneração do repouso semanal corresponderá:

a) para os que trabalham por dia, semana, quinzena ou mês, à de um dia de serviço, computadas as horas extraordinárias habitualmente prestadas;

► Súm. nº 354 do TST.

► OJ da SBDI-I nº 394 do TST.

b) para os que trabalham por hora, à de sua jornada normal de trabalho, computadas as horas extraordinárias habitualmente prestadas;

► Alíneas *a* e *b* com a redação dada pela Lei nº 7.415, de 9-12-1985.

► Súm. nº 351 do TST.

c) para os que trabalham por tarefa ou peça, o equivalente ao salário correspondente às tarefas ou peças feitas durante a semana, no horário normal de trabalho, dividido pelos dias de serviço efetivamente prestados ao empregador;

d) para o empregado em domicílio, o equivalente ao quociente da divisão por seis da importância total da sua produção na semana.

§ 1º Os empregados cujos salários não sofram descontos por motivos de feriados civis ou religiosos são considerados já remunerados nesses mesmos dias de repouso, conquanto tenham direito à remuneração dominical.

§ 2º Consideram-se já remunerados os dias de repouso semanal do empregado mensalista ou quinzenalista, cujo cálculo de salário mensal ou quinzenal, ou cujos descontos por falta sejam efetuados na base do número de dias do mês ou de trinta e quinze diárias, respectivamente.

► Súm. nº 225 do TST.

► OJ da SBDI-I nº 103 do TST.

Art. 8º Excetuados os casos em que a execução do serviço for imposta pelas exigências técnicas das empresas, é vedado o trabalho em dias feriados, civis e religiosos, garantida, entretanto, aos empregados a remuneração respectiva, observados os dispositivos dos arts. 6º e 7º desta lei.

Art. 9º Nas atividades em que não for possível, em virtude das exigências técnicas das empresas, a suspensão do trabalho, nos dias feriados civis e religiosos, a remuneração será paga em dobro, salvo se o empregador determinar outro dia de folga.

Art. 10. Na verificação das exigências técnicas a que se referem os artigos anteriores, ter-se-ão em vista as de ordem econômica, permanentes ou ocasionais, bem como as peculiaridades locais.

Parágrafo único. O Poder Executivo, em decreto especial ou no regulamento que expedir par fiel execução desta lei, definirá as mesmas exigências e especificará, tanto quanto possível, as empresas a elas sujeitas, ficando desde já incluídas entre elas as de serviços públicos e de transportes.

Art. 11. *Revogado*. Lei nº 9.093, de 12-9-1995.

Art. 12. As infrações ao disposto nesta Lei serão punidas, com multa de R$ 40,25 (quarenta reais e vinte e cinco centavos) a R$ 4.025,33 (quatro mil e vinte e cinco reais e trinta e três centavos), segundo a natureza da infração, sua extensão e a intenção de quem a praticou, aplicada em dobro no caso de reincidência e oposição à fiscalização ou desacato à autoridade.

► Artigo com a redação dada pela Lei nº 12.544, de 8-12-2011.

Art. 13. Serão originariamente competentes, para a imposição das multas de que trata a presente Lei, os delegados regionais do Ministério do Trabalho e, nos Estados, onde houver delegação de atribuições, a autoridade delegada.

Art. 14. A fiscalização da execução da presente Lei, o processo de autuação dos seus infratores, os recursos e a cobrança das multas reger-se-ão pelo disposto no Título VII da Consolidação das Leis do Trabalho.

Art. 15. A presente Lei entrará em vigor na data de sua publicação.

Art. 16. Revogam-se as disposições em contrário.

Rio de Janeiro, 5 de janeiro de 1949;
128º da Independência e
61º da República.

Eurico G. Dutra

LEI Nº 3.207, DE 18 DE JULHO DE 1957

Regulamenta as atividades dos empregados vendedores, viajantes ou pracistas.

► Publicada no *DOU* de 22-7-1957.

Art. 1º As atividades dos empregados vendedores, viajantes ou pracistas, serão reguladas pelos preceitos desta Lei, sem prejuízo das normas estabelecidas na Consolidação das Leis do Trabalho – Decreto-Lei nº 5.452, de 1º de maio de 1943 – no que lhes for aplicável.

Art. 2º O empregado vendedor terá direito à comissão avençada sobre as vendas que realizar. No caso de lhe ter sido reservada, expressamente, com exclusividade, uma zona de trabalho, terá esse direito sobre as vendas ali realizadas diretamente pela empresa ou por um preposto desta.

§ 1º A zona de trabalho do empregado vendedor poderá ser ampliada ou restringida de acordo com a necessidade da empresa, respeitados os dispositivos desta Lei quanto à irredutibilidade da remuneração.

§ 2º Sempre que, por conveniência da empresa empregadora, for o empregado viajante transferido da zona de trabalho, com redução de vantagens, ser-lhe-á assegurado, como mínimo de remuneração, um salário correspondente à média dos doze últimos meses anteriores à transferência.

Art. 3º A transação será considerada aceita se o empregador não a recusar por escrito, dentro de dez dias, contados da data da proposta. Tratando-se de transação a ser concluída com comerciante ou empresa estabelecida noutro estado ou no estrangeiro, o prazo para aceitação ou recusa da proposta de venda será de noventa dias podendo, ainda, ser prorrogado, por tempo determinado, mediante comunicação escrita feita ao empregado.

Art. 4º O pagamento de comissões e percentagens deverá ser feito mensalmente, expedindo a empresa, no fim de cada mês, a conta respectiva com as cópias das faturas correspondentes aos negócios concluídos.

► Súm. nº 27 do TST.

Parágrafo único. Ressalva-se às partes interessadas fixar outra época para o pagamento de comissões e percentagens, o que, no entanto, não poderá exceder a um trimestre, contado da aceitação do negócio, sendo sempre obrigatória a expedição, pela empresa, da conta referida neste artigo.

Art. 5º Nas transações em que a empresa se obrigar por prestações sucessivas, o pagamento das comissões e percentagens será exigível de acordo com a ordem de recebimento das mesmas.

Art. 6º A cessação das relações de trabalho, ou a inexecução voluntária do negócio pelo empregador, não prejudicará percepção das comissões e percentagens devidas.

Art. 7º Verificada a insolvência do comprador, cabe ao empregador o direito de estornar a comissão que houver pago.

Art. 8º Quando for prestado serviço de inspeção e fiscalização pelo empregado vendedor, ficará a empresa vendedora obrigada ao pagamento adicional de um décimo da remuneração atribuída ao mesmo.

Art. 9º O empregado vendedor viajante não poderá permanecer em viagem por tempo superior a seis meses consecutivos. Em seguida a cada viagem haverá um intervalo para descanso, calculado na base de três dias por mês da viagem realizada, não podendo, porém, ultrapassar o limite de quinze dias.

Art. 10. Caracterizada a relação de emprego, aplicam-se os preceitos desta Lei a quantos exercerem funções iguais, semelhantes ou equivalentes aos empregados viajantes, embora sob outras designações.

Art. 11. Esta Lei entrará em vigor na data de sua publicação, revogadas as disposições em contrário.

Rio de Janeiro, 18 de julho de 1957;
136º da Independência e
69º da República.

Juscelino Kubitschek

LEI Nº 4.090, DE 13 DE JULHO DE 1962

Institui a gratificação de Natal para os trabalhadores.

- Publicada no *DOU* de 26-7-1962.
- Art. 7º da CF.
- Lei nº 4.749, de 12-8-1965, dispõe sobre o pagamento da gratificação natalina.
- Arts. 76 a 82 do Dec. nº 10.854, de 10-11-2021, que regulamenta disposições relativas à legislação trabalhista.
- Súmulas nºs 14, 45, 46, 50, 148, 242 e 253 do TST.

Art. 1º No mês de dezembro de cada ano, a todo empregado será paga, pelo empregador, uma gratificação salarial, independente da remuneração a que fizer jus.

§ 1º A gratificação corresponderá a um doze avos da remuneração devida em dezembro, por mês de serviço, do ano correspondente.

- Súm. nº 45 do TST.

§ 2º A fração igual ou superior a quinze dias de trabalho será havida como mês integral para os efeitos do parágrafo anterior.

§ 3º A gratificação será proporcional:

I – na extinção dos contratos a prazo, entre estes incluídos os de safra, ainda que a relação de emprego haja findado antes de dezembro; e

II – na cessação da relação de emprego resultante da aposentadoria do trabalhador, ainda que verificada antes de dezembro.

- § 3º acrescido pela Lei nº 9.011, de 30-3-1995.

Art. 2º As faltas legais ou justificadas ao serviço não serão deduzidas para os fins previstos no § 1º do artigo 1º, desta Lei.

Art. 3º Ocorrendo rescisão, sem justa causa, do contrato de trabalho, o empregado receberá a gratificação devida nos termos dos §§ 1º e 2º, do artigo 1º, desta Lei, calculada sobre a remuneração do mês da rescisão.

- Súm. nº 157 do TST.

Art. 4º Esta Lei entrará em vigor na data de sua publicação, revogadas as disposições em contrário.

Brasília, 13 de julho de 1962;
141º da Independência e
74º da República.

João Goulart

LEI Nº 4.725, DE 13 DE JULHO DE 1965

Estabelece normas para o processo dos dissídios coletivos, e dá outras providências.

(EXCERTOS)

- Publicada no *DOU* de 13-7-1965.

Art. 1º A Justiça do Trabalho, no processo dos dissídios coletivos, entre categorias profissionais e econômicas, observará as normas previstas na CLT (artigos 856 a 874), com as alterações subsequentes e as constantes desta Lei.

....

Art. 6º Os recursos das decisões proferidas nos dissídios coletivos terão efeito meramente devolutivo.

§ 1º O Presidente do Tribunal Superior do Trabalho poderá dar efeito suspensivo ao recurso, a requerimento do recorrente em petição fundamentada. Do despacho caberá agravo para o Pleno, no prazo de cinco dias, de conformidade com o disposto no Regimento Interno do Tribunal.

- § 1º com a redação dada pela Lei nº 4.903, de 16-12-1965.

§ 2º O Tribunal *ad quem* deverá julgar o recurso no prazo de sessenta dias, improrrogavelmente.

§ 3º O provimento do recurso não importará restituição dos salários ou vantagens pagos, em execução do julgado.

....

Art. 10. Os ajustamentos de salários fixados em decisões da Justiça do Trabalho, aprovados em julgamento de dissídios coletivos ou em acordos homologados, serão aplicados, automaticamente, nas mesmas condições estabelecidas para os integrantes das categorias profissionais litigantes ou interessadas, aos empregados das próprias entidades suscitantes e suscitadas, observadas as peculiaridades que lhes sejam inerentes, ficando, desde logo, autorizado o reajustamento das respectivas verbas orçamentárias.

....

Brasília, 13 de julho de 1965;
144º da Independência e
77º da República.

H. Castello Branco

LEI Nº 4.749, DE 12 DE AGOSTO DE 1965

Dispõe sobre o pagamento da gratificação prevista na Lei nº 4.090, de 13 de julho de 1962.

▶ Publicada no *DOU* de 13-8-1965.

▶ Lei nº 4.090, de 13-7-1962 (Lei do 13º salário).

▶ Arts. 76 a 82 do Dec. nº 10.854, de 10-11-2021, que regulamenta disposições relativas à legislação trabalhista.

Art. 1º A gratificação salarial instituída pela Lei nº 4.090, de 13 de julho de 1962, será paga pelo empregador até o dia 20 de dezembro de cada ano, compensada a importância que, a título de adiantamento, o empregado houver recebido na forma do artigo seguinte.

▶ Súm. nº 50 do TST.

Parágrafo único. VETADO.

Art. 2º Entre os meses de fevereiro e novembro de cada ano, o empregador pagará, como adiantamento da gratificação referida no artigo precedente, de uma só vez, metade do salário recebido pelo respectivo empregado no mês anterior.

§ 1º O empregador não estará obrigado a pagar o adiantamento, no mesmo mês, a todos os seus empregados.

§ 2º O adiantamento será pago ao ensejo das férias do empregado, sempre que este o requerer no mês de janeiro do correspondente ano.

Art. 3º Ocorrendo a extinção do contrato de trabalho antes do pagamento de que trata o artigo 1º desta Lei, o empregador poderá compensar o adiantamento mencionado com a gratificação devida nos termos do artigo 3º da Lei nº 4.090, de 13 de julho de 1962, e, se não bastar, com outro crédito de natureza trabalhista que possua o respectivo empregado.

▶ Súm. nº 157 do TST.

Art. 4º As contribuições devidas ao Instituto Nacional de Previdência Social, que incidem sobre a gratificação salarial referida nesta Lei, ficam sujeitas ao limite estabelecido na legislação de Previdência Social.

Art. 5º Aplica-se, no corrente ano, a regra estatuída no artigo 2º desta Lei, podendo o empregado usar da faculdade estatuída no seu § 2º, no curso dos primeiros trinta dias de vigência desta Lei.

Art. 6º O Poder Executivo, no prazo de trinta dias, adaptará o Regulamento aprovado pelo Decreto nº 1.881, de 14 de dezembro de 1962, aos preceitos desta Lei.

Art. 7º Esta Lei entra em vigor na data de sua publicação.

Art. 8º Revogam-se as disposições em contrário.

Brasília, 12 de agosto de 1965;
144º da Independência e
77º da República.

H. Castello Branco

LEI Nº 4.886, DE 9 DE DEZEMBRO DE 1965

Regula as atividades dos representantes comerciais autônomos.

(EXCERTOS)

▶ Publicada no *DOU* de 10-12-1965.

Art. 1º Exerce a representação comercial autônoma a pessoa jurídica ou a pessoa física, sem relação de emprego, que desempenha, em caráter não eventual por conta de uma ou mais pessoas, a mediação para a realização de negócios mercantis, agenciando propostas ou pedidos, para transmiti-los aos representados, praticando ou não atos relacionados com a execução dos negócios.

Parágrafo único. Quando a representação comercial incluir poderes atinentes ao mandato mercantil, serão aplicáveis, quanto ao exercício deste, os preceitos próprios da legislação comercial.

Art. 2º É obrigatório o registro dos que exerçam a representação comercial autônoma nos Conselhos Regionais criados pelo artigo 6º desta Lei.

Parágrafo único. As pessoas que, na data da publicação da presente Lei, estiverem no exercício da atividade, deverão registrar-se nos Conselhos Regionais, no prazo de noventa dias a contar da data em que estes forem instalados.

Art. 3º O candidato a registro como representante comercial deverá apresentar:

a) prova de identidade;

b) prova de quitação com o serviço militar, quando a ele obrigado;

c) prova de estar em dia com as exigências da legislação eleitoral;

d) folha corrida de antecedentes, expedida pelos cartórios criminais das comarcas em que o registrado houver sido domiciliado nos últimos dez anos;

e) quitação com o imposto sindical.

§ 1º O estrangeiro é desobrigado da apresentação dos documentos constantes das alíneas *b* e *c* deste artigo.

§ 2º Nos casos de transferência ou de exercício simultâneo da profissão, em mais de uma região, serão feitas as devidas anotações na carteira profissional do interessado, pelos respectivos Conselhos Regionais.

§ 3º As pessoas jurídicas deverão fazer prova de sua existência legal.

Art. 4º Não pode ser representante comercial:

a) o que não pode ser comerciante;

b) o falido não reabilitado;

c) o que tenha sido condenado por infração penal de natureza infamante, tais como falsidade, estelionato, apropriação indébita, contrabando, roubo, furto, lenocínio ou crimes também punidos com a perda de cargo público;

d) que estiver com seu registro comercial cancelado como penalidade.

Art. 5º Somente será devida remuneração, como mediador de negócios comerciais, a representante comercial devidamente registrado.

....

Art. 27. Do contrato de representação comercial, além dos elementos comuns e outros a juízo dos interessados, constarão, obrigatoriamente:

► *Caput* com a redação dada pela Lei nº 8.420, de 8-5-1992.

a) condições e requisitos gerais da representação;

b) indicação genérica ou específica dos produtos ou artigos objeto da representação;

c) prazo certo ou indeterminado da representação;

d) indicação da zona ou zonas em que será exercida a representação;

► Alínea *d* com a redação dada pela Lei nº 8.420, de 8-5-1992.

e) garantia ou não, parcial ou total, ou por certo prazo, da exclusividade de zona ou setor de zona;

f) retribuição e época do pagamento, pelo exercício da representação, dependente da efetiva realização dos negócios, e recebimento, ou não, pelo representado, dos valores respectivos;

g) os casos em que se justifique a restrição de zona concedida com exclusividade;

h) obrigações e responsabilidades das partes contratantes;

i) exercício exclusivo ou não da representação a favor do representado;

j) indenização devida ao representante pela rescisão do contrato fora dos casos previstos no artigo 35, cujo montante não poderá ser inferior a um doze avos do total da retribuição auferida durante o tempo em que exerceu a representação.

► Alínea *j* com a redação dada pela Lei nº 8.420, de 8-5-1992.

§ 1º Na hipótese de contrato a prazo certo, a indenização corresponderá à importância equivalente à média mensal da retribuição auferida até a data da rescisão, multiplicada pela metade dos meses resultantes do prazo contratual.

§ 2º O contrato com prazo determinado, uma vez prorrogado o prazo inicial, tácita ou expressamente, torna-se a prazo indeterminado.

§ 3º Considera-se por prazo indeterminado todo contrato que suceder, dentro de seis meses, a outro contrato, com ou sem determinação de prazo.

► §§ 1º a 3º acrescidos pela Lei nº 8.420, de 8-5-1992.

Art. 28. O representante comercial fica obrigado a fornecer ao representado, segundo as disposições do contrato ou, sendo este omisso, quando lhe for solicitado, informações detalhadas sobre o andamento dos negócios a seu cargo, devendo dedicar-se à representação, de modo a expandir os negócios do representado e promover os seus produtos.

Art. 29. Salvo autorização expressa, não poderá o representante conceder abatimentos, descontos ou dilações, nem agir em desacordo com as instruções do representado.

Art. 30. Para que o representante possa exercer a representação em Juízo, em nome do representado, requer-se mandato expresso. Incumbir-lhe-á, porém, tomar conhecimento das reclamações atinentes aos negócios, transmitindo-as ao representado e sugerindo as providências acauteladoras do interesse deste.

Parágrafo único. O representante, quanto aos atos que praticar, responde segundo as normas do contrato e, sendo este omisso, na conformidade do direito comum.

Art. 31. Prevendo o contrato de representação a exclusividade de zona ou zonas, ou quando este for omisso, fará jus o representante à comissão pelos negócios aí realizados, ainda que diretamente pelo representado ou por intermédio de terceiros.

Parágrafo único. A exclusividade de representação não se presume na ausência de ajustes expressos.

- Art. 31 com a redação dada pela Lei nº 8.420, de 8-5-1992.
- Arts. 711 e 714 do CC.

Art. 32. O representante comercial adquire o direito às comissões quando do pagamento dos pedidos ou propostas.

- *Caput* com a redação dada pela Lei nº 8.420, de 8-5-1992.

§ 1º O pagamento das comissões deverá ser efetuado até o dia 15 do mês subsequente ao da liquidação da fatura, acompanhada das respectivas cópias das notas fiscais.

§ 2º As comissões pagas fora do prazo previsto no parágrafo anterior deverão ser corrigidas monetariamente.

§ 3º É facultado ao representante comercial emitir títulos de créditos para cobrança de comissões.

§ 4º As comissões deverão ser calculadas pelo valor total das mercadorias.

§ 5º Em caso de rescisão injusta do contrato por parte do representando, a eventual retribuição pendente, gerada por pedidos em carteira ou em fase de execução e recebimento, terá vencimento na data da rescisão.

§ 6º VETADO.

§ 7º São vedadas na representação comercial alterações que impliquem, direta ou indiretamente, a diminuição da média dos resultados auferidos pelo representante nos últimos seis meses de vigência.

- §§ 1º a 7º acrescidos pela Lei nº 8.420, de 8-5-1992.

Art. 33. Não sendo previstos, no contrato de representação, os prazos para recusa das propostas ou pedidos, que hajam sido entregues pelo representante, acompanhados dos requisitos exigíveis, ficará o representado obrigado a creditar-lhe a respectiva comissão, se não manifestar a recusa, por escrito, nos prazos de quinze, trinta, sessenta ou cento e vinte dias, conforme se trate de comprador domiciliado, respectivamente, na mesma praça, em outra do mesmo Estado, em outro Estado ou no estrangeiro.

- Art. 42, § 4º, desta Lei.

§ 1º Nenhuma retribuição será devida ao representante comercial, se a falta de pagamento resultar de insolvência do comprador, bem como se o negócio vier a ser por ele desfeito ou for sustada a entrega de mercadorias devido à situação comercial do comprador, capaz de comprometer ou tornar duvidosa a liquidação.

§ 2º Salvo ajuste em contrário, as comissões devidas serão pagas mensalmente, expedindo o representado a conta respectiva, conforme cópias das faturas remetidas aos compradores, no respectivo período.

§ 3º Os valores das comissões para efeito tanto do pré-aviso como da indenização, prevista nesta Lei, deverão ser corrigidos monetariamente.

- § 3º acrescido pela Lei nº 8.420, de 8-5-1992.

Art. 34. A denúncia, por qualquer das partes, sem causa justificada, do contrato de representação ajustado por tempo indeterminado e que haja vigorado por mais de seis meses, obriga o denunciante, salvo outra garantia prevista no contrato, à concessão de pré-aviso, com antecedência mínima de trinta dias, ou ao pagamento de importância igual a um terço das comissões auferidas pelo representante, nos três meses anteriores.

- Art. 720 do CC/2002.

Art. 35. Constituem motivos justos para rescisão do contrato de representação comercial, pelo representado:

a) a desídia do representante no cumprimento das obrigações decorrentes do contrato;

b) a prática de atos que importem em descrédito comercial do representado;

c) a falta de cumprimento de quaisquer obrigações inerentes ao contrato de representação comercial;

d) a condenação definitiva por crime considerado infamante;

e) força maior.

Art. 36. Constituem motivos justos para rescisão do contrato de representação comercial, pelo representante:

a) redução de esfera de atividade do representante em desacordo com as cláusulas do contrato;

b) a quebra, direta ou indireta, da exclusividade, se prevista no contrato;

c) a fixação abusiva de preços em relação à zona do representante, com o exclusivo escopo de impossibilitar-lhe ação regular;

d) o não pagamento de sua retribuição na época devida;

e) força maior.

Art. 37. Somente ocorrendo motivo justo para a rescisão do contrato, poderá o representado reter comissões devidas ao representante, com o fim de ressarcir-se de danos por este causados e, bem assim nas hipóteses previstas no artigo 35, a título de compensação.

Art. 38. Não serão prejudicados os direitos dos representantes comerciais quando, a título de cooperação, desempenhem, temporariamente, a pedido do representado, encargos ou atribuições diversos dos previstos no contrato de representação.

Art. 39. Para julgamento das controvérsias que surgirem entre representante e representado é competente a Justiça Comum e o Foro do domicílio do representante, aplicando-se o procedimento sumaríssimo previsto no artigo 275 do Código de Processo Civil, ressalvada a competência do Juizado de Pequenas Causas.

▸ Artigo com a redação dada pela Lei nº 8.420, de 8-5-1992.

Art. 40. Dentro de cento e oitenta dias da publicação da presente Lei serão formalizadas, entre representado e representante, em documento escrito, as condições das representações comerciais vigentes.

Parágrafo único. A indenização devida pela rescisão dos contratos de representação comercial vigentes na data desta Lei, fora dos casos previstos no artigo 35 e quando as partes não tenham usado da faculdade prevista neste artigo, será calculada sobre a retribuição percebida pelo representante nos últimos cinco anos anteriores à vigência desta Lei.

Art. 41. Ressalvada expressa vedação contratual, o representante comercial poderá exercer sua atividade para mais de uma empresa e empregá-la em outros misteres ou ramos de negócios.

Art. 42. Observadas as disposições constantes do artigo anterior, é facultado ao representante contratar com outros representantes comerciais a execução dos serviços relacionados com a representação.

§ 1º Na hipótese deste artigo, o pagamento das comissões a representante comercial contratado dependerá da liquidação da conta de comissão devida pelo representando ao representante contratante.

§ 2º Ao representante contratado, no caso de rescisão de representação, será devida pelo representante contratante a participação no que houver recebido da representada a título de indenização e aviso prévio, proporcionalmente às retribuições auferidas pelo representante contratado na vigência do contrato.

§ 3º Se o contrato referido no *caput* deste artigo for rescindido sem motivo justo pelo representante contratante, o representante contratado fará jus ao aviso prévio e indenização na forma da lei.

§ 4º Os prazos de que trata o artigo 33 desta Lei são aumentados em dez dias quando se tratar de contrato realizado entre representantes comerciais.

Art. 43. É vedada no contrato de representação comercial a inclusão de cláusulas *del credere*.

▸ Arts. 41 a 43 acrescidos pela Lei nº 8.420, de 8-5-1992.

Art. 44. No caso de falência ou de recuperação judicial do representado, as importâncias por ele devidas ao representante comercial, relacionadas com a representação, inclusive comissões vencidas e vincendas, indenização e aviso prévio, e qualquer outra verba devida ao representante oriunda da relação estabelecida com base nesta Lei, serão consideradas créditos da mesma natureza dos créditos trabalhistas para fins de inclusão no pedido de falência ou plano de recuperação judicial.

Parágrafo único. Os créditos devidos ao representante comercial reconhecidos em título executivo judicial transitado em julgado após o deferimento do processamento da recuperação judicial, e a sua respectiva execução, inclusive quanto aos honorários advocatícios, não se sujeitarão à recuperação judicial, aos seus efeitos e à competência do juízo da recuperação, ainda que existentes na data do pedido, e prescreverá em 5 (cinco) anos a ação do representante comercial para pleitear a retribuição que lhe é devida e os demais direitos garantidos por esta Lei.

▶ Art. 44 com a redação dada pela Lei nº 14.198, de 26-8-2021.

Art. 45. Não constitui motivo justo para rescisão do contrato de representação comercial o impedimento temporário do representante comercial que estiver em gozo do benefício de auxílio-doença concedido pela Previdência Social.

Art. 46. Os valores a que se referem a alínea *j* do artigo 27, o § 5º do artigo 32 e o artigo 34 desta Lei serão corrigidos monetariamente com base na variação dos BTNs ou por outro indexador que venha a substituí-los e legislação ulterior aplicável à matéria.

Art. 47. Compete ao Conselho Federal dos Representantes Comerciais fiscalizar a execução da presente Lei.

Parágrafo único. Em caso de inobservância das prescrições legais, caberá intervenção do Conselho Federal nos Conselhos Regionais, por decisão da Diretoria do primeiro, *ad referendum* da reunião plenária, assegurado, em qualquer caso, o direito de defesa. A intervenção cessará quando do cumprimento da lei.

▶ Arts. 45 a 47 acrescidos pela Lei nº 8.420, de 8-5-1992.

Art. 48. Esta Lei entra em vigor na data de sua publicação.

Art. 49. Revogam-se as disposições em contrário.

▶ Arts. 48 e 49 renumerados em virtude dos acréscimos promovidos pela Lei nº 8.420, de 8-5-1992.

Brasília, 9 de dezembro de 1965;
144º da Independência e
77º da República.

H. Castello Branco

LEI Nº 4.923, DE 23 DE DEZEMBRO DE 1965

Institui o cadastro permanente das admissões e dispensas de empregados, estabelece medidas contra o desemprego e de assistência aos desempregados, e dá outras providências.

(EXCERTOS)

▶ Publicada no *DOU* de 29-12-1965.

Art. 1º Fica instituído, em caráter permanente, no Ministério do Trabalho, o registro das admissões e dispensas de empregados nas empresas abrangidas pelo sistema da CLT.

§ 1º As empresas que dispensarem ou admitirem empregados ficam obrigadas a fazer a respectiva comunicação às Delegacias Regionais do Trabalho, mensalmente, até o dia sete do mês subsequente ou como estabelecido em regulamento, em relação nominal por estabelecimento, da qual constará também a indicação da Carteira de Trabalho e Previdência Social ou, para os que ainda não a possuírem, nos termos da lei, os dados indispensáveis à sua identificação pessoal.

▶ Parágrafo único transformado em § 1º pela MP nº 2.164-41, de 24-8-2001, que até o encerramento desta edição não havia sido convertida em Lei.

§ 2º O cumprimento do prazo fixado no § 1º será exigido a partir de 1º de janeiro de 2001.

▶ § 2º acrescido pela MP nº 2.164-41, de 24-8-2001, que até o encerramento desta edição não havia sido convertida em Lei.

Art. 2º A empresa que, em face de conjuntura econômica, devidamente comprovada, se encontrar em condições que recomendem, transitoriamente, a redução da jornada normal ou do número de dias do trabalho, poderá fazê-lo, mediante prévio acordo com a entidade sindical representativa dos seus empregados, homologado pela Delegacia Regional do Trabalho, por prazo certo, não excedente de três meses, prorrogável, nas mesmas condições, se ainda indispensável, e sempre de modo que a redução do salário mensal resultante não seja superior a vinte e cinco por cento do salário contratual, respeitado o salário mínimo regional e reduzidas proporcionalmente a remuneração e as gratificações de gerentes e diretores.

▶ Art. 7º, VI, da CF.

§ 1º Para o fim de deliberar sobre o acordo, a entidade sindical profissional convocará assembleia-geral dos empregados diretamente interessados, sindicalizados ou não, que decidirão por maioria de votos, obedecidas as normas estatutárias.

§ 2º Não havendo acordo, poderá a empresa submeter o caso à Justiça do Trabalho, por intermédio da Junta de Conciliação e Julgamento ou, em sua falta, do Juiz de Direito, com jurisdição na localidade. Da decisão de primeira instância caberá recurso ordinário, no prazo de dez dias, para o Tribunal Regional do Trabalho da correspondente Região, sem efeito suspensivo.

► Art. 6º da Lei nº 5.584, de 26-6-1970, que dispõe sobre as normas de Direito Processual do Trabalho, em seu art. 6º, modificou para oito dias o prazo recursal, acima transcrito.

§ 3º A redução de que trata o artigo não é considerada alteração unilateral do contrato individual de trabalho para os efeitos do disposto no artigo 468 da CLT.

Art. 3º As empresas que tiverem autorização para redução de tempo de trabalho, nos termos do artigo 2º e seus parágrafos, não poderão, até seis meses depois da cessação desse regime, admitir novos empregados, antes de readmitirem os que tenham sido dispensados pelos motivos que hajam justificado a citada redução ou comprovarem que não atenderam, no prazo de oito dias, ao chamado para a readmissão.

§ 1º O empregador notificará diretamente o empregado para reassumir o cargo, ou, por intermédio da sua entidade sindical, se desconhecida sua localização, correndo o prazo de oito dias a partir da data do recebimento da notificação pelo empregado ou pelo órgão de classe, conforme o caso.

§ 2º O disposto neste artigo não se aplica aos cargos de natureza técnica.

► Art. 7º, VI, da CF.

Art. 4º É igualmente vedado às empresas mencionadas no artigo 3º, nas condições e prazo nele contidos, trabalhar em regime de horas extraordinárias, ressalvadas estritamente as hipóteses previstas no artigo 61, e seus §§ 1º e 2º, da CLT.

....

Art. 10. A falta da comunicação a que se refere o parágrafo único do art. 1º desta Lei, no prazo ali estipulado, importará na aplicação automática de multa no valor de 1/3 (um terço) do salário mínimo regional, por empregado, de competência da Delegacia Regional do Trabalho.

Parágrafo único. A multa prevista no artigo ficará reduzida para 1/9 (um nono) e 1/6 (um sexto) do salário mínimo regional, por empregado, quando, antes de qualquer procedimento fiscal por parte do Ministério do Trabalho e Previdência Social, a comunicação for feita, respectivamente, dentro de 30 (trinta) ou 60 (sessenta) dias, após o término do prazo fixado.

Art. 11. A empresa que mantiver empregado não registrado, nos termos do artigo 41 e seu parágrafo único da CLT, incorrerá na multa de valor igual a um salário mínimo regional, por trabalhador não registrado, acrescido de igual valor em cada reincidência.

► Arts. 10 e 11 com a redação dada pelo Dec.-lei nº 193, de 24-2-1967.

....

Art. 14. Esta Lei entra em vigor na data de sua publicação.

Art. 15. Revogam-se as disposições em contrário.

Brasília, 23 de dezembro de 1965;
144º da Independência e
77º da República.

H. Castello Branco

LEI Nº 5.085, DE 27 DE AGOSTO DE 1966

Reconhece aos trabalhadores avulsos o direito a férias.

► Publicada no *DOU* de 31-8-1966.

Art. 1º É reconhecido aos trabalhadores avulsos, inclusive aos estivadores, conferentes e consertadores de carga e descarga, vigias portuários, arrumadores e ensacadores de café e de cacau, o direito a férias anuais remuneradas, aplicando-se aos mesmos, no que couber, as disposições constantes das Seções I a V, do Capítulo IV, do Título II, artigos 130 a 147, da Consolidação das Leis do Trabalho, aprovada pelo Decreto-Lei nº 5.452, de 1º de maio de 1943.

► Art. 7º, XVII, da CF.

Art. 2º As férias serão pagas pelos empregadores que adicionarão, ao salário normal do trabalhador avulso, uma importância destinada a esse fim.

Art. 3º Os sindicatos representativos das respectivas categorias profissionais agirão como intermediários, recebendo as importâncias correspondentes às férias, fiscalizando o preenchimento das condições, legais e regulamentares, aquisitivas do direito, e efetuando o pagamento das férias aos trabalhadores, sindicalizados ou não, que fizerem jus a elas.

Art. 4º O Poder Executivo, dentro de sessenta dias, regulamentará a presente Lei, fixando o *quantum* percentual a ser acrescido ao salário para o pagamento das férias, que deverá ter em vista a relação existente entre o número de dias e horas trabalhadas e os referentes às férias, e estabelecendo a importância a ser recebida pelos sindicatos para atender às necessárias despesas de administração.

Art. 5º Esta Lei entra em vigor na data de sua publicação.

Art. 6º Revogam-se as disposições em contrário.

Brasília, 27 de agosto de 1966;
145º da Independência e
78º da República.

H. Castello Branco

DECRETO-LEI Nº 368, DE 19 DE DEZEMBRO DE 1968

Dispõe sobre efeitos de débitos salariais e dá outras providências.

▸ Publicado no *DOU* de 20-12-1968.

Art. 1º A empresa em débito salarial com seus empregados não poderá:

I – pagar honorário, gratificação, *pro labore* ou qualquer outro tipo de retribuição ou retirada a seus diretores, sócios, gerentes ou titulares da firma individual;

II – distribuir quaisquer lucros, bonificações, dividendos ou interesses a seus sócios, titulares, acionistas, ou membros de órgãos dirigentes, fiscais ou consultivos;

III – ser dissolvida.

Parágrafo único. Considera-se em débito salarial a empresa que não paga, no prazo e nas condições da lei ou do contrato, o salário devido a seus empregados.

Art. 2º A empresa em mora contumaz relativamente a salários não poderá, além do disposto no artigo 1º, ser favorecida com qualquer benefício de natureza fiscal, tributária, ou financeira, por parte de órgãos da União, dos Estados ou dos Municípios, ou de que estes participem.

§ 1º Considera-se mora contumaz o atraso ou sonegação de salários devidos aos empregados, por período igual ou superior a três meses, sem motivo grave e relevante, excluídas as causas pertinentes ao risco do empreendimento.

§ 2º Não se incluem na proibição do artigo as operações de crédito destinadas à liquidação dos débitos salariais existentes, o que deverá ser expressamente referido em documento firmado pelo responsável legal da empresa, como justificação do crédito.

Art. 3º A mora contumaz e a infração ao artigo 1º serão apuradas mediante denúncia de empregado da empresa ou entidade sindical da respectiva categoria profissional, pela Delegacia Regional do Trabalho, em processo sumário, assegurada ampla defesa ao interessado.

§ 1º Encerrado o processo, o Delegado Regional do Trabalho submeterá ao Ministro do Trabalho e Previdência Social parecer conclusivo para decisão.

§ 2º A decisão que concluir pela mora contumaz será comunicada às autoridades fazendárias locais pelo Delegado Regional do Trabalho, sem prejuízo da comunicação que deverá ser feita ao Ministro da Fazenda.

Art. 4º Os diretores, sócios, gerentes, membros de órgãos fiscais ou consultivos, titulares de firma individual ou quaisquer outros dirigentes de empresa responsável por infração do disposto no artigo 1º, I e II, estarão sujeitos à pena de detenção de um mês a um ano.

Parágrafo único. Apurada a infração prevista neste artigo, o delegado regional do trabalho representará, sob pena de responsabilidade, ao Ministério Público, para a instauração da competente ação penal.

Art. 5º No caso do inciso III do artigo 1º, a empresa requererá a expedição de Certidão Negativa de Débito Salarial, a ser passada pela Delegacia Regional do Trabalho mediante prova bastante do cumprimento, pela empresa, das obrigações salariais respectivas.

Art. 6º Considera-se salário devido, para os efeitos deste Decreto-Lei, a retribuição de responsabilidade direta da empresa, inclusive comissões, percentagens, gratificações, diárias para viagens e abonos, quando a sua liquidez e certeza não sofram contestação nem estejam pendentes de decisão judicial.

Art. 7º As infrações descritas no artigo 1º, I e II, e seu parágrafo único, sujeitam a empresa infratora a multa variável de dez a cinquenta por cento do débito salarial, a ser aplicada pelo Delegado Regional do Trabalho, mediante o processo previsto nos artigos 626 e seguintes da Consolidação das Leis do Trabalho, sem prejuízo da responsabilidade criminal das pessoas implicadas.

Art. 8º O Ministério do Trabalho e Previdência Social expedirá as instruções necessárias à execução deste Decreto-Lei.

Art. 9º Este Decreto-Lei entrará em vigor na data de sua publicação, revogadas as disposições em contrário.

Brasília, 19 de dezembro de 1968;
147º da Independência e
80º da República.

A. Costa e Silva

DECRETO-LEI Nº 691, DE 18 DE JULHO DE 1969

Dispõe sobre a não aplicação, aos contratos de técnicos estrangeiros, com estipulação de pagamento de salários em moeda estrangeira, de diversas disposições da legislação trabalhista, e dá outras providências.

► Publicado no *DOU* de 21-7-1969 e retificado no *DOU* de 23-7-1969.

Art. 1º Os contratos de técnicos estrangeiros domiciliados ou residentes no exterior, para execução, no Brasil, de serviços especializados, em caráter provisório, com estipulação de salários em moeda estrangeira, serão, obrigatoriamente, celebrados por prazo determinado e prorrogáveis sempre a termo certo, ficando excluídos da aplicação do disposto nos artigos 451, 452, 453, no Capítulo VII do Título IV da Consolidação das Leis do Trabalho e na Lei nº 5.107, de 13 de setembro de 1966, com as alterações do Decreto-Lei nº 20, de 14 de setembro de 1966, e legislação subsequente.

Parágrafo único. A rescisão dos contratos de que trata este artigo reger-se-á pelas normas estabelecidas nos artigos 479, 480, e seu § 1º, e 481 da Consolidação das Leis do Trabalho.

Art. 2º Aos técnicos estrangeiros contratados nos termos deste Decreto-Lei serão assegurados, além das vantagens previstas no contrato, apenas as garantias relativas a salário mínimo, repouso semanal remunerado, férias anuais, duração, higiene e segurança do trabalho, seguro contra acidente do trabalho e previdência social deferidas ao trabalhador que perceba salário exclusivamente em moeda nacional.

Parágrafo único. É vedada a estipulação contratual de participação nos lucros da empresa.

Art. 3º A taxa de conversão da moeda estrangeira será, para todos os efeitos, a da data do vencimento da obrigação.

Art. 4º A competência para dirimir as controvérsias oriundas das relações estabelecidas sob o regime deste Decreto-Lei será da Justiça do Trabalho.

Art. 5º O presente Decreto-Lei entrará em vigor na data de sua publicação, aplicando-se às relações em curso.

Art. 6º Revogam-se as disposições em contrário.

Brasília, 18 de julho de 1969;
148º da Independência e
81º da República.

A. Costa e Silva

DECRETO-LEI Nº 779, DE 21 DE AGOSTO DE 1969

Dispõe sobre a aplicação de normas processuais trabalhistas à União Federal, aos Estados, Municípios, Distrito Federal e autarquias ou fundações de direito público que não explorem atividades econômicas.

► Publicado no *DOU* de 25-8-1969.

► Orientações Jurisprudenciais da SBDI-I nºs 13 e 130 do TST.

Art. 1º Nos processos perante a Justiça do Trabalho, constituem privilégio da União, dos Estados, do Distrito Federal, dos Municípios e das autarquias ou fundações de direito público federais, estaduais ou municipais que não explorem atividades econômicas:

I – a presunção relativa de validade dos recibos de quitação ou pedidos de demissão de seus empregados ainda que não homologados nem submetidos à assistência mencionada nos §§ 1º, 2º e 3º do artigo 477 da Consolidação das Leis do Trabalho;

II – o quádruplo do prazo fixado no artigo 841, *in fine*, da Consolidação das Leis do Trabalho;

III – o prazo em dobro para recurso;

IV – a dispensa de depósito para interposição de recurso;

V – o recurso ordinário *ex officio* das decisões que lhe sejam total ou parcialmente contrárias;

► Art. 496, § 3º do CPC/2015.

► Súm. nº 303 do TST.

Legislação Complementar

VI – o pagamento de custas a final, salvo quanto à União Federal, que não as pagará.

▸ Art. 790-A CLT.

Art. 2º O disposto no artigo anterior aplica-se aos processos em curso, mas não acarretará a restituição de depósitos ou custas pagas para efeito de recurso, até decisão passada em julgado.

Art. 3º Este Decreto-Lei entra em vigor na data de sua publicação, revogadas as disposições em contrário.

Brasília, 21 de agosto de 1969;
148º da Independência e
81º da República.

A. Costa e Silva

LEI Nº 5.584, DE 26 DE JUNHO DE 1970

Dispõe sobre normas de Direito Processual do Trabalho, altera dispositivos da Consolidação das Leis do Trabalho, disciplina a concessão e prestação de assistência judiciária na Justiça do Trabalho e dá outras providências.

(EXCERTOS)

▸ Publicada no *DOU* de 29-6-1970.

▸ EC nº 24, de 9-12-1999, alterou a denominação das Juntas de Conciliação e Julgamento para Varas do Trabalho ao extinguir a representação classista na Justiça do Trabalho.

Art. 1º Nos processos perante a Justiça do Trabalho, observar-se-ão os princípios estabelecidos nesta Lei.

Art. 2º Nos dissídios individuais, proposta a conciliação, e, não havendo acordo, o Presidente da Junta, ou o Juiz, antes de passar à instrução da causa, fixar-lhe-á o valor para a determinação da alçada, se este for indeterminado no pedido.

▸ EC nº 24, de 9-12-1999, alterou a denominação das Juntas de Conciliação e Julgamento para Varas do Trabalho ao extinguir a representação classista na Justiça do Trabalho.

§ 1º Em audiência, ao aduzir razões finais, poderá qualquer das partes, impugnar o valor fixado, e, se o Juiz o mantiver, pedir revisão da decisão, no prazo de quarenta e oito horas, ao Presidente do Tribunal Regional.

§ 2º O pedido de revisão, que não terá efeito suspensivo, deverá ser instruído com a petição inicial e a Ata da Audiência, em cópia autenticada pela Secretaria da Junta, e será julgado em quarenta e oito horas, a partir do seu recebimento pelo Presidente do Tribunal Regional.

§ 3º Quando o valor fixado para a causa, na forma deste artigo, não exceder de duas vezes o salário mínimo vigente na sede do Juízo, será dispensável o resumo dos depoimentos, devendo constar da Ata a conclusão da Junta quanto à matéria de fato.

§ 4º Salvo se versarem sobre matéria constitucional, nenhum recurso caberá das sentenças proferidas nos dissídios da alçada a que se refere o parágrafo anterior, considerado, para esse fim, o valor do salário mínimo à data do ajuizamento da ação.

▸ § 4º com a redação dada pela Lei nº 7.402, de 5-11-1985.

▸ EC nº 24, de 9-12-1999, alterou a denominação das Juntas de Conciliação e Julgamento para Varas do Trabalho ao extinguir a representação classista na Justiça do Trabalho.

▸ Súm. nº 259 do extinto TFR.

▸ Súmulas nºs 71 e 356 do TST.

Art. 3º Os exames periciais serão realizados por perito único designado pelo Juiz, que fixará o prazo para entrega do laudo.

Parágrafo único. Permitir-se-á a cada parte a indicação de um assistente, cujo laudo terá que ser apresentado no mesmo prazo assinado para o perito, sob pena de ser desentranhado dos autos.

Art. 4º Nos dissídios de alçada exclusiva das Juntas e naqueles em que os empregados ou empregadores reclamarem pessoalmente, o processo poderá ser impulsionado de ofício pelo Juiz.

▸ EC nº 24, de 9-12-1999, alterou a denominação das Juntas de Conciliação e Julgamento para Varas do Trabalho ao extinguir a representação classista na Justiça do Trabalho.

Art. 5º Para exarar parecer, terá o órgão do Ministério Público da União, junto à Justiça do Trabalho, o prazo de oito dias, contados da data em que lhe for distribuído o processo.

Art. 6º Será de oito dias o prazo para interpor e contra-arrazoar qualquer recurso (CLT, artigo 893).

Art. 7º A comprovação do depósito da condenação (CLT, artigo 899, §§ 1º a 5º) terá que ser feita dentro do prazo para a interposição do recurso, sob pena de ser este considerado deserto.

► Súmulas nºs 86, 128, 161, 217 e 245 do TST.

Art. 8º Das decisões proferidas nos dissídios coletivos poderá a União interpor recurso, o qual será sempre recebido no efeito suspensivo quanto à parte que exceder o índice fixado pela política salarial do Governo.

Art. 9º No Tribunal Superior do Trabalho, quando o pedido do recorrente contrariar súmula de jurisprudência uniforme deste Tribunal já compendiada, poderá o Relator negar prosseguimento ao recurso, indicando a correspondente súmula.

► *Caput* com a redação dada pela Lei nº 7.033, de 5-10-1982.

► Art. 896, § 5º, da CLT.

Parágrafo único. A parte prejudicada poderá interpor agravo desde que à espécie não se aplique o prejulgado ou a súmula citada pelo Relator.

► Súm. nº 401 do STF.

► Súmulas nºs 23, 218 e 296 do TST.

....

Art. 13. Em qualquer hipótese, a remição só será deferível ao executado se este oferecer preço igual ao valor da condenação.

► Súm. nº 458 do STF.

DA ASSISTÊNCIA JUDICIÁRIA

Art. 14. Na Justiça do Trabalho, a assistência judiciária a que se refere a Lei nº 1.060, de 5 de fevereiro de 1950, será prestada pelo Sindicato da categoria profissional a que pertencer o trabalhador.

► Art. 6º da IN do TST nº 41, de 21-6-2018, que dispõe sobre a aplicação das normas processuais da CLT alteradas pela Lei nº 13.467, de 13-7-2017.

► Art. 790, § 3º, da CLT.

► Súmulas nºs 82, 219 e 329 do TST.

§ 1º A assistência é devida a todo aquele que perceber salário igual ao inferior ao dobro do mínimo legal, ficando assegurado igual benefício ao trabalhador de maior salário, uma vez provado que sua situação econômica não lhe permite demandar, sem prejuízo do sustento próprio ou da família.

§ 2º A situação econômica do trabalhador será comprovada em atestado fornecido pela autoridade local do Ministério do Trabalho mediante diligência sumária, que não poderá exceder de quarenta e oito horas.

§ 3º Não havendo no local a autoridade referida no parágrafo anterior, o atestado deverá ser expedido pelo Delegado de Polícia de circunscrição onde resida o empregado.

Art. 15. Para auxiliar no patrocínio das causas, observados os artigos 50 e 72 da Lei nº 4.215, de 27 de abril de 1963, poderão ser designados pelas Diretorias dos Sindicatos Acadêmicos de Direito, a partir da 4ª Série, comprovadamente matriculados em estabelecimento de ensino oficial ou sob fiscalização do Governo Federal.

Art. 16. *Revogado*. Lei nº 13.725, de 4-10-2018.

Art. 17. Quando, nas respectivas Comarcas, não houver Juntas de Conciliação e Julgamento ou não existir Sindicato da categoria profissional do trabalhador, é atribuído aos Promotores Públicos ou Defensores Públicos o encargo de prestar a assistência judiciária prevista nesta Lei.

► EC nº 24, de 9-12-1999, alterou a denominação das Juntas de Conciliação e Julgamento para Varas do Trabalho ao extinguir a representação classista na Justiça do Trabalho.

Parágrafo único. Na hipótese prevista neste artigo, a importância proveniente da condenação nas despesas processuais será recolhida ao Tesouro do respectivo Estado.

Art. 18. A assistência judiciária, nos termos da presente Lei, será prestada ao trabalhador ainda que não seja associado do respectivo Sindicato.

Art. 19. Os diretores de Sindicatos que, sem comprovado motivo de ordem financeira, deixarem de dar cumprimento às disposições desta Lei ficarão sujeitos à penalidade prevista no artigo 553, *a*, da Consolidação das Leis do Trabalho.

Art. 20. Esta Lei entra em vigor na data de sua publicação, revogadas as disposições em contrário.

Brasília, 26 de junho de 1970;
149º da Independência e
82º da República.

Emílio G. Médici

LEI COMPLEMENTAR Nº 7, DE 7 DE SETEMBRO DE 1970

Institui o Programa de Integração Social, e dá outras providências.

► Publicada no *DOU* de 8-9-1970 e retificada no *DOU* de 10-9-1970.

► Dec. nº 4.524, de 17-12-2007, regulamenta a Contribuição para o PIS/PASEP e a COFINS devidas pelas pessoas jurídicas em geral.

Art. 1º É instituído, na forma prevista nesta Lei, o Programa de Integração Social, destinado a promover a integração do empregado na vida e no desenvolvimento das empresas.

§ 1º Para os fins desta Lei, entende-se por empresa a pessoa jurídica, nos termos da legislação do Imposto de Renda, e por empregado todo aquele assim definido pela Legislação Trabalhista.

§ 2º A participação dos trabalhadores avulsos, assim definidos os que prestam serviços a diversas empresas, sem relação empregatícia, no Programa de Integração Social, far-se-á nos termos do Regulamento a ser baixado, de acordo com o artigo 11 desta Lei.

Art. 2º O Programa de que trata o artigo anterior será executado mediante Fundo de Participação, constituído por depósitos efetuados pelas empresas na Caixa Econômica Federal.

Parágrafo único. A Caixa Econômica Federal poderá celebrar convênios com estabelecimentos da rede bancária nacional, para o fim de receber os depósitos a que se refere este artigo.

Art. 3º O Fundo de Participação será constituído por duas parcelas:

► Art. 18, VIII, da Lei nº 10.522, de 19-7-2002, que dispõe sobre o Cadastro Informativo dos créditos não quitados de órgãos e entidades federais.

a) a primeira, mediante dedução do Imposto de Renda devido, na forma estabelecida no § 1º deste artigo, processando-se o seu recolhimento ao Fundo juntamente com o pagamento do Imposto de Renda;

b) a segunda, com recursos próprios da empresa, calculados com base no faturamento, como segue:

1) no exercício de 1971 – 0,15%;
2) no exercício de 1972 – 0,25%;
3) no exercício de 1973 – 0,40%;
4) no exercício de 1974 e subsequentes – 0,50%.

► Art. 1º da LC nº 17, de 12-12-1973, que dispõe sobre o PIS previsto nesta Lei.

§ 1º A dedução a que se refere a alínea *a* deste artigo será feita sem prejuízo do direito de utilização dos incentivos fiscais previstos na legislação em vigor e calculada com base no valor do Imposto de Renda devido, nas seguintes proporções:

a) no exercício de 1971 – 2%;
b) no exercício de 1972 – 3%;
c) no exercício de 1973 e subsequentes – 5%.

§ 2º As instituições financeiras, sociedades seguradoras e outras empresas que não realizam operações de vendas de mercadorias participarão do Programa de Integração Social com uma contribuição ao Fundo de Participação de recursos próprios de valor idêntico do que for apurado na forma do parágrafo anterior.

§ 3º As empresas que a título de incentivos fiscais estejam isentas, ou venham a ser isentadas, do pagamento do Imposto de Renda, contribuirão para o Fundo de Participação, na base de cálculo como se aquele tributo fosse devido, obedecidas as percentagens previstas neste artigo.

§ 4º As entidades de fins não lucrativos, que tenham empregados assim definidos pela Legislação Trabalhista, contribuirão para o Fundo na forma da lei.

§ 5º A Caixa Econômica Federal resolverá os casos omissos de acordo com os critérios fixados pelo Conselho Monetário Nacional.

Art. 4º O Conselho Monetário Nacional poderá alterar, até cinquenta por cento, para mais ou para menos, os percentuais de contribuição de que trata o § 2º do artigo 3º, tendo em vista a proporcionalidade das contribuições.

Art. 5º A Caixa Econômica Federal emitirá, em nome de cada empregado, uma Caderneta de Participação – Programa de Integração Social – movimentável na forma dos artigos 8º e 9º desta Lei.

Art. 6º A efetivação dos depósitos no Fundo correspondente à contribuição referida na alínea *b* do artigo 3º será processada mensalmente a partir de 1º de julho de 1971.

Parágrafo único. A contribuição de julho será calculada com base no faturamento de janeiro;

a de agosto, com base no faturamento de fevereiro; e assim sucessivamente.

▸ Súm. nº 468 do STJ.

Art. 7º A participação do empregado no Fundo far-se-á mediante depósitos efetuados em contas individuais abertas em nome de cada empregado, obedecidos os seguintes critérios:

a) cinquenta por cento do valor destinado ao Fundo será dividido em partes proporcionais ao montante de salários recebidos no período;

b) os cinquenta por cento restantes serão divididos em partes proporcionais aos quinquênios de serviços prestados pelo empregado.

§ 1º Para os fins deste artigo, a Caixa Econômica Federal, com base nas informações fornecidas pelas empresas, no prazo de cento e oitenta dias, contados da publicação desta Lei, organizará um Cadastro-Geral dos participantes do Fundo, na forma que for estabelecida em regulamento.

§ 2º A omissão dolosa de nome de empregado entre os participantes do Fundo sujeitará a empresa a multa, em benefício do Fundo, no valor de dez meses de salários, devidos ao empregado cujo nome houver sido omitido.

§ 3º Igual penalidade será aplicada em caso de declaração falsa sobre o valor do salário e do tempo de serviço do empregado na empresa.

Arts. 8º e 9º *Revogados*. LC nº 26, de 11-9-1975.

Art. 10. As obrigações das empresas, decorrentes desta Lei, são de caráter exclusivamente fiscal, não gerando direitos de natureza trabalhista nem incidência de qualquer contribuição previdenciária em relação a quaisquer prestações devidas, por lei ou por sentença judicial, ao empregado.

Parágrafo único. As importâncias incorporadas ao Fundo não se classificam como rendimento do trabalho, para qualquer efeito da Legislação Trabalhista, de Previdência Social ou Fiscal e não se incorporam aos salários ou gratificações, nem estão sujeitas ao Imposto sobre a Renda e proventos de qualquer natureza.

Art. 11. Dentro de cento e vinte dias, a contar da vigência desta Lei, a Caixa Econômica Federal submeterá à aprovação do Conselho Monetário Nacional o regulamento do Fundo, fixando as normas para o recolhimento e a distribuição dos recursos, assim como as diretrizes e os critérios para a sua aplicação.

Parágrafo único. O Conselho Monetário Nacional pronunciar-se-á, no prazo de sessenta dias, a contar do seu recebimento, sobre o Projeto de regulamento do Fundo.

Art. 12. As disposições desta Lei não se aplicam a quaisquer entidades integrantes da administração pública federal, estadual ou municipal, dos Territórios e do Distrito Federal, direta ou indireta, adotando-se, em todos os níveis, para efeito de conceituação, como entidades da Administração Indireta, os critérios constantes dos Decretos-Leis nºs 200, de 25 de fevereiro de 1967, e 900, de 29 de setembro de 1969.

Art. 13. Esta Lei Complementar entrará em vigor na data de sua publicação.

Art. 14. Revogam-se as disposições em contrário.

Brasília, 7 de setembro de 1970;
149º da Independência e
82º da República.

Emílio G. Médici

LEI COMPLEMENTAR Nº 8, DE 3 DE DEZEMBRO DE 1970

Institui o Programa de Formação do Patrimônio do Servidor Público, e dá outras providências.

▸ Publicada no *DOU* de 4-12-1970.

▸ Dec. nº 4.524, de 17-12-2002, regulamenta esta Lei Complementar.

Art. 1º É instituído, na forma prevista nesta Lei Complementar, o Programa de Formação do Patrimônio do Servidor Público.

Art. 2º A União, os Estados, os Municípios, o Distrito Federal e os Territórios contribuirão para o Programa, mediante recolhimento mensal ao Banco do Brasil das seguintes parcelas:

I – União: um por cento das receitas correntes efetivamente arrecadadas, deduzidas as transferências feitas a outras entidades da Administração Pública, a partir de 1º de julho de 1971; um e meio por cento em 1972 e dois por cento no ano de 1973 e subsequentes;

II – Estados, Municípios, Distrito Federal e Territórios:

a) um por cento das receitas correntes próprias, deduzidas as transferências feitas a outras entidades da Administração Pública, a partir de 1º de julho de 1971; um e meio por cento em 1972 e dois por cento no ano de 1973 e subsequentes;

b) dois por cento das transferências recebidas do Governo da União e dos Estados através do Fundo de Participações dos Estados, Distrito Federal e Municípios, a partir de 1º de julho de 1971.

Parágrafo único. Não recairá, em nenhuma hipótese, sobre as transferências de que trata este artigo, mais de uma contribuição.

► Art. 3º da LC nº 17, de 12-12-1973, que dispõe sobre o PIS previsto na LC nº 7, de 7-9-1970.

Art. 3º As autarquias, empresas públicas, sociedades de economia mista e fundações, da União, dos Estados, dos Municípios, do Distrito Federal e dos Territórios contribuirão para o Programa com quatro décimos por cento da receita orçamentária, inclusive transferências e receita operacional, a partir de 1º de julho de 1971; seis décimos por cento em 1972 e oito décimos por cento no ano de 1973 e subsequentes.

► Art. 3º da LC nº 17, de 12-12-1973, que dispõe sobre o PIS previsto na LC nº 7, de 7-9-1970.

Art. 4º As contribuições recebidas pelo Banco do Brasil serão distribuídas entre todos os servidores em atividades, civis e militares, da União, dos Estados, Municípios, Distrito Federal e Territórios, bem como das suas entidades da administração indireta e fundações, observados os seguintes critérios:

a) cinquenta por cento proporcionais ao montante da remuneração percebida pelo servidor, no período;

b) cinquenta por cento em partes proporcionais aos quinquênios de serviços prestados pelo servidor.

Parágrafo único. A distribuição de que trata este artigo somente beneficiará os titulares, nas entidades mencionadas nesta Lei Complementar, de cargo ou função de provimento efetivo ou que possam adquirir estabilidade, ou de emprego de natureza não eventual, regido pela legislação trabalhista.

Art. 5º O Banco do Brasil S.A., ao qual competirá a administração do Programa, manterá contas individualizadas para cada servidor e cobrará uma comissão de serviço, tudo na forma que for estipulada pelo Conselho Monetário Nacional.

§ 1º Os depósitos a que se refere este artigo não estão sujeitos a Imposto de Renda ou contribuição previdenciária, nem se incorporam, para qualquer fim, à remuneração do cargo, função ou emprego.

§§ 2º a 5º *Revogados*. LC nº 26, de 11-9-1975.

§ 6º O Banco do Brasil S.A. organizará o cadastro geral dos beneficiários desta Lei Complementar.

Art. 6º *Revogado*. LC nº 19, de 25-6-1974.

Art. 7º As importâncias creditadas nas contas do Programa de Formação do Patrimônio do Servidor Público e do Programa de Integração Social são inalienáveis e impenhoráveis, e serão obrigatoriamente transferidas de um para outro, no caso de passar o servidor, pela alteração da relação de emprego, do setor público para o privado, e vice-versa.

Art. 8º A aplicação do disposto nesta Lei Complementar aos Estados e Municípios, às suas entidades da administração indireta e fundações, bem como aos seus servidores, dependerá de norma legislativa estadual ou municipal.

Art. 9º Esta Lei Complementar entrará em vigor na data de sua publicação, revogadas as disposições em contrário.

Brasília, 3 de dezembro de 1970;
149º da Independência e
82º da República.

Emílio G. Médici

LEI Nº 5.811, DE 11 DE OUTUBRO DE 1972

Dispõe sobre o regime de trabalho dos empregados nas atividades de exploração, perfuração, produção e refinação de petróleo, industrialização do xisto, indústria petroquímica e transporte de petróleo e seus derivados por meio de dutos.

► Publicada no *DOU* de 16-10-1972.

Art. 1º O regime de trabalho regulado nesta lei é aplicável aos empregados que prestam serviços em atividades de exploração, perfuração, produção e refinação de petróleo, bem como na industrialização do xisto, na indústria petroquímica e no transporte de petróleo e seus derivados por meio de dutos.

Art. 2º Sempre que for imprescindível à continuidade operacional, o empregado será mantido em seu posto de trabalho em regime de revezamento.

§ 1º O regime de revezamento em turno de oito horas será adotado nas atividades previstas no artigo 1º, ficando a utilização do turno de doze horas restrita às seguintes situações especiais:

a) atividades de exploração, perfuração, produção e transferência de petróleo do mar;
b) atividades de exploração, perfuração e produção de petróleo em áreas terrestres distantes ou de difícil acesso.

§ 2º Para garantir a normalidade das operações ou para atender a imperativos de segurança industrial, poderá ser exigida, mediante pagamento previsto no item II do artigo 3º, a disponibilidade do empregado no local de trabalho ou nas suas proximidades, durante o intervalo destinado a repouso e alimentação.

Art. 3º Durante o período em que o empregado permanecer no regime de revezamento em turno de oito horas, ser-lhe-ão assegurados os seguintes direitos:

▶ Súm. nº 112 do TST.

I – pagamento do adicional de trabalho noturno na forma do artigo 73 da Consolidação das Leis do Trabalho;
II – pagamento em dobro da hora de repouso e alimentação suprimida nos termos do § 2º do artigo 2º;
III – alimentação gratuita, no posto de trabalho, durante o turno em que estiver em serviço;
IV – transporte gratuito para o local de trabalho;
V – direito a um repouso de vinte e quatro horas consecutivas para cada três turnos trabalhados.

Parágrafo único. Para os empregados que já venham percebendo habitualmente da empresa pagamento à conta de horas de repouso e alimentação ou de trabalho noturno, os respectivos valores serão compensados nos direitos a que se referem os itens I e II deste artigo.

Art. 4º Ao empregado que trabalhe no regime de revezamento em turno de doze horas, ficam assegurados, além dos já previstos nos itens I, II, III e IV do artigo 3º, os seguintes direitos:

I – alojamento coletivo gratuito e adequado ao seu descanso e higiene;
II – repouso de vinte e quatro horas consecutivas para cada turno trabalhado.

Art. 5º Sempre que for imprescindível à continuidade operacional durante as vinte e quatro horas do dia, o empregado com responsabilidade de supervisão das operações previstas no artigo 1º, ou engajado em trabalhos de geologia de poço, ou, ainda, em trabalhos de apoio operacional às atividades enumeradas nas alíneas *a* e *b* do § 1º do artigo 2º, poderá ser mantido no regime de sobreaviso.

§ 1º Entende-se por regime de sobreaviso aquele em que o empregado permanecer à disposição do empregador por um período de vinte quatro horas para prestar assistência aos trabalhos normais ou atender as necessidades ocasionais de operação.

§ 2º Em cada jornada de sobreaviso, o trabalho efetivo não excederá de doze horas.

Art. 6º Durante o período em que permanecer no regime de sobreaviso, serão assegurados ao empregado, além dos já previstos nos itens III e IV do artigo 3º e I do artigo 4º, os seguintes direitos:

I – repouso de vinte quatro horas consecutivas para cada período de vinte quatro horas em que permanecer de sobreaviso;
II – remuneração adicional correspondente a, no mínimo, vinte por cento do respectivo salário básico, para compensar a eventualidade de trabalho noturno ou a variação de horário para repouso e alimentação.

Parágrafo único. Considera-se salário básico a importância fixa mensal correspondente à retribuição do trabalho prestado pelo empregado na jornada normal de trabalho, antes do acréscimo de vantagens, incentivos ou benefícios, a qualquer título.

Art. 7º A concessão de repouso na forma dos itens V do artigo 3º, II do artigo 4º e I do artigo 6º quita a obrigação patronal relativa ao repouso semanal rem unerado de que trata a Lei nº 605, de 5 de janeiro de 1949.

Art. 8º O empregado não poderá permanecer em serviço, no regime de revezamento previsto para as situações especiais de que tratam as alíneas *a* e *b* do § 1º do artigo 2º, nem no regime estabelecido no artigo 5º, por período superior a quinze dias consecutivos.

Art. 9º Sempre que, por iniciativa do empregador, for alterado o regime de trabalho do empregado, com redução ou supressão das vantagens inerentes aos regimes instituídos nesta lei, ser-lhe-á assegurado o direito à percepção de uma indenização.

Parágrafo único. A indenização de que trata o presente artigo corresponderá a um só pagamento, igual à média das vantagens previstas nesta lei, percebidas nos últimos doze meses anteriores à mudança, para cada ano ou fração igual ou superior a seis meses de permanência do regime de revezamento ou de sobreaviso.

Art. 10. A variação de horário, em escalas de revezamento diurno, noturno ou misto, será estabelecida pelo empregador com obediência aos preceitos desta lei.

Parágrafo único. Não constituirá alteração ilícita a exclusão do empregado do regime de revezamento, cabendo-lhe exclusivamente nesta hipótese o pagamento previsto no artigo 9º.

► Súm. nº 391 do TST.

Art. 11. Os atuais regimes de trabalho, nas atividades previstas no artigo 1º, bem como as vantagens a eles inerentes, serão ajustados às condições estabelecidas nesta lei, de forma que não ocorra redução de remuneração.

Parágrafo único. A aplicação do disposto neste artigo ao empregado que cumpra jornada inferior a oito horas dependerá de acordo individual ou coletivo, assegurados, em tal caso, exclusivamente, os direitos constantes desta lei.

Art. 12. As disposições desta lei aplicam-se a situações análogas, definidas em regulamento.

Art. 13. Esta Lei entrará em vigor na data de sua publicação, revogadas as disposições em contrário.

Brasília, 11 de outubro de 1972;
151º da Independência e
84º da República.

Emílio G. Médici

LEI Nº 5.889, DE 8 DE JUNHO DE 1973

Estatui normas reguladoras do trabalho rural e dá outras providências.

► Publicada no *DOU* de 11-6-1973.

Art. 1º As relações de trabalho rural serão reguladas por esta Lei e, no que com ela não colidirem, pelas normas da Consolidação das Leis do Trabalho, aprovada pelo Decreto-Lei nº 5.452, de 1º de maio de 1943.

► Art. 7º da CF.

► Arts. 83 a 105 do Dec. nº 10.854, de 10-11-2021, que regulamenta disposições relativas à legislação trabalhista.

► Súmulas nºs 104 e 344 do TST.

► OJ da SBDI-I nº 235 do TST.

Parágrafo único. Observadas as peculiaridades do trabalho rural, a ele também se aplicam as Leis nºs 605, de 5 de janeiro de 1949; 4.090, de 13 de julho de 1962; 4.725, de 13 de julho de 1965, com as alterações da Lei nº 4.903, de 16 de dezembro de 1965, e os Decretos-Leis nºs 15, de 29 de julho de 1966; 17, de 22 de agosto de 1966, e 368, de 19 de dezembro de 1968.

Art. 2º Empregado rural é toda pessoa física que em propriedade rural ou prédio rústico, presta serviços de natureza não eventual a empregador rural, sob a dependência deste e mediante salário.

► OJ da SBDI-I nº 38 do TST.

Art. 3º Considera-se empregador rural, para os efeitos desta Lei, a pessoa física ou jurídica, proprietária ou não, que explore atividade agroeconômica, em caráter permanente ou temporário, diretamente ou através de prepostos e com auxílio de empregados.

§ 1º Inclui-se na atividade econômica referida no *caput* deste artigo, além da exploração industrial em estabelecimento agrário não compreendido na Consolidação das Leis do Trabalho – CLT, aprovada pelo Decreto-Lei nº 5.452, de 1º de maio de 1943, a exploração do turismo rural ancilar à exploração agroeconômica.

► § 1º com a redação dada pela Lei nº 13.171, de 21-10-2015.

§ 2º Sempre que uma ou mais empresas, embora tendo cada uma delas personalidade jurídica própria, estiverem sob direção, controle ou administração de outra, ou ainda quando, mesmo guardando cada uma sua autonomia, integrem grupo econômico ou financeiro rural, serão responsáveis solidariamente nas obrigações decorrentes da relação de emprego.

► Súm. nº 129 do TST.

Art. 4º Equipara-se ao empregador rural a pessoa física ou jurídica que, habitualmente, em caráter profissional, e por conta de terceiros, execute serviços de natureza agrária mediante utilização do trabalho de outrem.

Art. 5º Em qualquer trabalho contínuo de duração superior a seis horas, será obrigatória a concessão de um intervalo para repouso ou alimentação, observados os usos e costumes da região, não se computando este intervalo na duração do trabalho. Entre duas jornadas de trabalho haverá um período mínimo de onze horas consecutivas para descanso.

► Art. 71 da CLT.

► Súmulas nºs 367 e 437, I, do TST.

Art. 6º Nos serviços caracteristicamente intermitentes, não serão computados como de efetivo exercício os intervalos entre uma e outra parte da execução da tarefa diária, desde que tal hipótese seja expressamente ressalvada na Carteira de Trabalho e Previdência Social.

Art. 7º Para os efeitos desta Lei, considera-se trabalho noturno o executado entre as vinte e uma horas de um dia e as cinco horas do dia seguinte, na lavoura, e entre as vinte horas de um dia e as quatro horas do dia seguinte, na atividade pecuária.

Parágrafo único. Todo trabalho noturno será acrescido de vinte e cinco por cento sobre a remuneração normal.

Art. 8º Ao menor de dezoito anos é vedado o trabalho noturno.

▶ Art. 7º, XXXIII, da CF.

Art. 9º Salvo as hipóteses de autorização legal ou decisão judiciária, só poderão ser descontadas do empregado rural as seguintes parcelas, calculadas sobre o salário mínimo:

a) até o limite de vinte por cento pela ocupação da morada;

b) até vinte e cinco por cento pelo fornecimento de alimentação sadia e farta, atendidos os preços vigentes na região;

c) adiantamentos em dinheiro.

§ 1º As deduções acima especificadas deverão ser previamente autorizadas, sem o que serão nulas de pleno direito.

§ 2º Sempre que mais de um empregado residir na mesma morada, o desconto previsto na letra *a* deste artigo, será dividido proporcionalmente ao número de empregados, vedada, em qualquer hipótese, a moradia coletiva de famílias.

§ 3º Rescindido ou findo o contrato de trabalho, o empregado será obrigado a desocupar a casa dentro de trinta dias.

§ 4º O Regulamento desta Lei especificará os tipos de morada para fins de dedução.

§ 5º A cessão pelo empregador, de moradia e de sua infraestrutura básica, assim como, bens destinados à produção para sua subsistência e de sua família, não integram o salário do trabalhador rural, desde que caracterizados como tais, em contrato escrito celebrado entre as partes, com testemunhas e notificação obrigatória ao respectivo sindicato de trabalhadores rurais.

▶ § 5º acrescido pela Lei nº 9.300, de 29-8-1996.

▶ Súm. nº 367 do TST.

Art. 10. A prescrição dos direitos assegurados por esta Lei aos trabalhadores rurais só ocorrerá após dois anos de cessação do contrato de trabalho.

▶ Art. 7º, XXIX, da CF.

▶ Orientações Jurisprudenciais da SBDI-I nºs 38, 271 e 417 do TST.

Parágrafo único. Contra o menor de dezoito anos não corre qualquer prescrição.

Art. 11. Ao empregado rural maior de dezesseis anos é assegurado salário mínimo igual ao do empregado adulto.

Parágrafo único. Ao empregado menor de dezesseis anos é assegurado salário mínimo fixado em valor correspondente à metade do salário mínimo estabelecido para o adulto.

▶ Art. 7º, IV e XXX, da CF.

Art. 12. Nas regiões em que adota a plantação subsidiária ou intercalar (cultura secundária), a cargo do empregado rural, quando autorizada ou permitida, será objeto de contrato em separado.

Parágrafo único. Embora devendo integrar o resultado anual a que tiver direito o empregado rural, a plantação subsidiária ou intercalar não poderá compor a parte correspondente ao salário mínimo na remuneração geral do empregado, durante o ano agrícola.

Art. 13. Nos locais de trabalho rural serão observadas as normas de segurança e higiene estabelecidas em portaria do Ministro do Trabalho.

▶ Portaria do GM nº 86, de 3-3-2005, que deu vigor à NR-31 do Ministério do Trabalho e Emprego, sobre Segurança e Saúde no Trabalho na Agricultura, Pecuária, Silvicultura, Exploração Florestal e Aquicultura.

Art. 14. Expirado normalmente o contrato, a empresa pagará ao safrista, a título de indenização do tempo de serviço, importância correspondente a um doze avos do salário mensal, por mês de serviço ou fração superior a quatorze dias.

Parágrafo único. Considera-se contrato de safra o que tenha sua duração dependente de variações estacionais da atividade agrária.

Art. 14-A. O produtor rural pessoa física poderá realizar contratação de trabalhador rural por pequeno prazo para o exercício de atividades de natureza temporária.

§ 1º A contratação de trabalhador rural por pequeno prazo que, dentro do período de 1 (um) ano, superar 2 (dois) meses fica convertida em contrato de trabalho por prazo indeterminado, observando- se os termos da legislação aplicável.

§ 2º A filiação e a inscrição do trabalhador de que trata este artigo na Previdência Social decorrem, automaticamente, da sua inclusão pelo empregador na Guia de Recolhimento do Fundo de Garantia do Tempo de Serviço e Informações à Previdência Social – GFIP, cabendo à Previdência Social instituir mecanismo que permita a sua identificação.

§ 3º O contrato de trabalho por pequeno prazo deverá ser formalizado mediante a inclusão do trabalhador na GFIP, na forma do disposto no § 2º deste artigo, e:

I – mediante a anotação na Carteira de Trabalho e Previdência Social e em Livro ou Ficha de Registro de Empregados; ou

II – mediante contrato escrito, em 2 (duas) vias, uma para cada parte, onde conste, no mínimo:

a) expressa autorização em acordo coletivo ou convenção coletiva;

b) identificação do produtor rural e do imóvel rural onde o trabalho será realizado e indicação da respectiva matrícula;

c) identificação do trabalhador, com indicação do respectivo Número de Inscrição do Trabalhador – NIT.

§ 4º A contratação de trabalhador rural por pequeno prazo só poderá ser realizada por produtor rural pessoa física, proprietário ou não, que explore diretamente atividade agroeconômica.

§ 5º A contribuição do segurado trabalhador rural contratado para prestar serviço na forma deste artigo é de 8% (oito por cento) sobre o respectivo salário de contribuição definido no inciso I do *caput* do art. 28 da Lei nº 8.212, de 24 de julho de 1991.

§ 6º A não inclusão do trabalhador na GFIP pressupõe a inexistência de contratação na forma deste artigo, sem prejuízo de comprovação, por qualquer meio admitido em direito, da existência de relação jurídica diversa.

§ 7º Compete ao empregador fazer o recolhimento das contribuições previdenciárias nos termos da legislação vigente, cabendo à Previdência Social e à Receita Federal do Brasil instituir mecanismos que facilitem o acesso do trabalhador e da entidade sindical que o representa às informações sobre as contribuições recolhidas.

§ 8º São assegurados ao trabalhador rural contratado por pequeno prazo, além de remuneração equivalente à do trabalhador rural permanente, os demais direitos de natureza trabalhista.

§ 9º Todas as parcelas devidas ao trabalhador de que trata este artigo serão calculadas dia a dia e pagas diretamente a ele mediante recibo.

§ 10. O Fundo de Garantia do Tempo de Serviço – FGTS deverá ser recolhido e poderá ser levantado nos termos da Lei nº 8.036, de 11 de maio de 1990.

► Art. 14-A com a redação dada pela Lei nº 11.718, de 20-6-2008.

Art. 15. Durante o prazo do aviso prévio, se a rescisão tiver sido promovida pelo empregador, o empregado rural terá direito a um dia por semana, sem prejuízo do salário integral, para procurar outro trabalho.

► Art. 7º, XXI, da CF.

Art. 16. Toda propriedade rural, que mantenha a seu serviço ou trabalhando em seus limites mais de cinquenta famílias de trabalhadores de qualquer natureza, é obrigada a possuir e conservar em funcionamento escola primária, inteiramente gratuita, para os filhos destes, com tantas classes quantos sejam os grupos de quarenta crianças em idade escolar.

Parágrafo único. A matrícula da população em idade escolar será obrigatória, sem qualquer outra exigência, além da certidão de nascimento, para cuja obtenção o empregador proporcionará todas as facilidades aos responsáveis pelas crianças.

Art. 17. As normas da presente Lei são aplicáveis no que couber aos trabalhadores rurais não compreendidos na definição do artigo 2º, que prestem serviços a empregador rural.

Art. 18. As infrações aos dispositivos desta Lei serão punidas com multa de R$ 380,00 (trezentos e oitenta reais) por empregado em situação irregular.

§ 1º As infrações aos dispositivos da Consolidação das Leis do Trabalho – CLT e legislação esparsa, cometidas contra o trabalhador rural, serão punidas com as multas nelas previstas.

§ 2º As penalidades serão aplicadas pela autoridade competente do Ministério do Trabalho e

Emprego, de acordo com o disposto no Título VII da CLT.

§ 3º A fiscalização do Ministério do Trabalho e Emprego exigirá dos empregadores rurais ou produtores equiparados a comprovação do recolhimento da Contribuição Sindical Rural das categorias econômica e profissional.

► Art. 18 com a redação dada pela MP nº 2.164-41, de 24-8-2001, que até o encerramento desta edição não havia sido convertida em Lei.

Art. 19. O enquadramento e a contribuição sindical rurais continuam regidos pela legislação ora em vigor; o seguro social e o seguro contra acidente do trabalho rurais serão regulados por lei especial.

► Súm. nº 432 do TST.

Art. 20. Lei especial disporá sobre a aplicação ao trabalhador rural, no que couber, no regime do Fundo de Garantia do Tempo de Serviço – FGTS.

► Art. 7º, III, da CF.

Art. 21. Esta Lei entra em vigor na data de sua publicação, revogadas as disposições em contrário, em especial a Lei nº 4.214, de 2 de março de 1963, e o Decreto-Lei nº 761, de 14 de agosto de 1969.

Brasília, 8 de junho de 1973;
152º da Independência e
85º da República.

Emílio G. Médici

LEI COMPLEMENTAR Nº 17, DE 12 DE DEZEMBRO DE 1973

Dispõe sobre o Programa de Integração Social de que trata a Lei Complementar nº 7, de 7 de setembro de 1970, e dá outras providências.

► Publicada no *DOU* de 14-12-1973.

Art. 1º A parcela destinada ao Fundo de Participação do Programa de Integração Social, relativa à contribuição com recursos próprios da empresa, de que trata o artigo 3º, *b*, da Lei Complementar nº 7, de 7 de setembro de 1970, é acrescida de um adicional a partir do exercício financeiro de 1975.

► Art. 5º da LC nº 26, de 11-9-1975 (Lei do PIS-PASEP).

Parágrafo único. O adicional de que trata este artigo será calculado com base no faturamento da empresa, como segue:

a) no exercício de 1975 – 0,125%;

b) no exercício de 1976 e subsequentes – 0,25%.

Art. 2º O adicional a que se refere o artigo anterior será incorporado ao Fundo de Participação, aplicando-se os recursos de sua arrecadação, preferencialmente, na concessão de financiamentos aos Estados, mediante garantia de obrigações do Tesouro Estadual, reajustáveis.

Art. 3º O Conselho Monetário Nacional poderá autorizar, para efeito dos reconhecimentos devidos, o ajustamento das alíquotas indicadas nos artigos 2º e 3º da Lei Complementar nº 8, de 3 de dezembro de 1970, para o fim de equiparar as contribuições das empresas públicas e sociedades de economia mista às das empresas privadas.

Art. 4º Esta Lei Complementar entrará em vigor na data de sua publicação, revogadas as disposições em contrário.

Brasília, 12 de dezembro de 1973;
152º da Independência e
85º da República.

Emílio G. Médici

LEI Nº 6.019, DE 3 DE JANEIRO DE 1974

Dispõe sobre o trabalho temporário nas empresas urbanas e dá outras providências.

► Publicada no *DOU* de 4-1-1974.

Art. 1º As relações de trabalho na empresa de trabalho temporário, na empresa de prestação de serviços e nas respectivas tomadoras de serviço e contratante regem-se por esta Lei.

Art. 2º Trabalho temporário é aquele prestado por pessoa física contratada por uma empresa de trabalho temporário que a coloca à disposição de uma empresa tomadora de serviços, para atender à necessidade de substituição transitória de pessoal permanente ou à demanda complementar de serviços.

§ 1º É proibida a contratação de trabalho temporário para a substituição de trabalhadores em greve, salvo nos casos previstos em lei.

§ 2º Considera-se complementar a demanda de serviços que seja oriunda de fatores imprevisíveis ou, quando decorrente de fatores previsíveis, tenha natureza intermitente, periódica ou sazonal.

► Arts. 1º e 2º com a redação dada pela Lei nº 13.429, de 31-3-2017.

Art. 3º É reconhecida a atividade da empresa de trabalho temporário que passa a integrar o plano básico do enquadramento sindical a que se refere o artigo 577, da Consolidação das Leis do Trabalho.

Art. 4º Empresa de trabalho temporário é a pessoa jurídica, devidamente registrada no Ministério do Trabalho, responsável pela colocação de trabalhadores à disposição de outras empresas temporariamente.

► Artigo com a redação dada pela Lei nº 13.429, de 31-3-2017.

Art. 4º-A. Considera-se prestação de serviços a terceiros a transferência feita pela contratante da execução de quaisquer de suas atividades, inclusive sua atividade principal, à pessoa jurídica de direito privado prestadora de serviços que possua capacidade econômica compatível com a sua execução.

► *Caput* com a redação dada pela Lei nº 13.467, de 13-7-2017.

§ 1º A empresa prestadora de serviços contrata, remunera e dirige o trabalho realizado por seus trabalhadores, ou subcontrata outras empresas para realização desses serviços.

§ 2º Não se configura vínculo empregatício entre os trabalhadores, ou sócios das empresas prestadoras de serviços, qualquer que seja o seu ramo, e a empresa contratante.

► §§ 1º e 2º acrescidos pela Lei nº 13.429, de 31-3-2017.

Art. 4º-B. São requisitos para o funcionamento da empresa de prestação de serviços a terceiros:

I – prova de inscrição no Cadastro Nacional da Pessoa Jurídica (CNPJ);

II – registro na Junta Comercial;

III – capital social compatível com o número de empregados, observando-se os seguintes parâmetros:

a) empresas com até dez empregados – capital mínimo de R$ 10.000,00 (dez mil reais);

b) empresas com mais de dez e até vinte empregados – capital mínimo de R$ 25.000,00 (vinte e cinco mil reais);

c) empresas com mais de vinte e até cinquenta empregados – capital mínimo de R$ 45.000,00 (quarenta e cinco mil reais);

d) empresas com mais de cinquenta e até cem empregados – capital mínimo de R$ 100.000,00 (cem mil reais); e

e) empresas com mais de cem empregados – capital mínimo de R$ 250.000,00 (duzentos e cinquenta mil reais).

► Art. 4º-B acrescido pela Lei nº 13.429, de 31-3-2017.

Art. 4º-C. São asseguradas aos empregados da empresa prestadora de serviços a que se refere o art. 4º-A desta Lei, quando e enquanto os serviços, que podem ser de qualquer uma das atividades da contratante, forem executados nas dependências da tomadora, as mesmas condições:

I – relativas a:

a) alimentação garantida aos empregados da contratante, quando oferecida em refeitórios;

b) direito de utilizar os serviços de transporte;

c) atendimento médico ou ambulatorial existente nas dependências da contratante ou local por ela designado;

d) treinamento adequado, fornecido pela contratada, quando a atividade o exigir.

II – sanitárias, de medidas de proteção à saúde e de segurança no trabalho e de instalações adequadas à prestação do serviço.

§ 1º Contratante e contratada poderão estabelecer, se assim entenderem, que os empregados da contratada farão jus a salário equivalente ao pago aos empregados da contratante, além de outros direitos não previstos neste artigo.

§ 2º Nos contratos que impliquem mobilização de empregados da contratada em número igual ou superior a 20% (vinte por cento) dos empregados da contratante, esta poderá disponibilizar aos empregados da contratada os serviços de alimentação e atendimento ambulatorial em outros locais apropriados e com igual padrão de atendimento, com vistas a manter o pleno funcionamento dos serviços existentes.

► Art. 4º-C acrescido pela Lei nº 13.467, de 13-7-2017.

Art. 5º Empresa tomadora de serviços é a pessoa jurídica ou entidade a ela equiparada que celebra contrato de prestação de trabalho temporário com a empresa definida no art. 4º desta Lei.

► Artigo com a redação dada pela Lei nº 13.429, de 31-3-2017.

Art. 5º-A Contratante é a pessoa física ou jurídica que celebra contrato com empresa de prestação de serviços relacionados a quaisquer de suas atividades, inclusive sua atividade principal.

▸ *Caput* com a redação dada pela Lei nº 13.467, de 13-7-2017.

§ 1º É vedada à contratante a utilização dos trabalhadores em atividades distintas daquelas que foram objeto do contrato com a empresa prestadora de serviços.

§ 2º Os serviços contratados poderão ser executados nas instalações físicas da empresa contratante ou em outro local, de comum acordo entre as partes.

§ 3º É responsabilidade da contratante garantir as condições de segurança, higiene e salubridade dos trabalhadores, quando o trabalho for realizado em suas dependências ou local previamente convencionado em contrato.

§ 4º A contratante poderá estender ao trabalhador da empresa de prestação de serviços o mesmo atendimento médico, ambulatorial e de refeição destinado aos seus empregados, existente nas dependências da contratante, ou local por ela designado.

§ 5º A empresa contratante é subsidiariamente responsável pelas obrigações trabalhistas referentes ao período em que ocorrer a prestação de serviços, e o recolhimento das contribuições previdenciárias observará o disposto no art. 31 da Lei nº 8.212, de 24 de julho de 1991.

▸ §§ 1º a 5º acrescidos pela Lei nº 13.429, de 31-3-2017.

Art. 5º-B. O contrato de prestação de serviços conterá:

I – qualificação das partes;

II – especificação do serviço a ser prestado;

III – prazo para realização do serviço, quando for o caso;

IV – valor.

▸ Art. 5º-B acrescido pela Lei nº 13.429, de 31-3-2017.

Art. 5º-C. Não pode figurar como contratada, nos termos do art. 4º-A desta Lei, a pessoa jurídica cujos titulares ou sócios tenham, nos últimos dezoito meses, prestado serviços à contratante na qualidade de empregado ou trabalhador sem vínculo empregatício, exceto se os referidos titulares ou sócios forem aposentados.

Art. 5º-D. O empregado que for demitido não poderá prestar serviços para esta mesma empresa na qualidade de empregado de empresa prestadora de serviços antes do decurso de prazo de dezoito meses, contados a partir da demissão do empregado.

▸ Arts. 5º-C e 5º-D acrescidos pela Lei nº 13.467, de 13-7-2017.

Art. 6º São requisitos para funcionamento e registro da empresa de trabalho temporário no Ministério do Trabalho:

▸ *Caput* com a redação dada pela Lei nº 13.429, de 31-3-2017.

a) a *f*) *Revogadas*. Lei nº 13.429, de 31-3-2017.

I – prova de inscrição no Cadastro Nacional da Pessoa Jurídica (CNPJ), do Ministério da Fazenda;

II – prova do competente registro na Junta Comercial da localidade em que tenha sede;

III – prova de possuir capital social de, no mínimo, R$ 100.000,00 (cem mil reais).

▸ Incisos I a III acrescidos pela Lei nº 13.429, de 31-3-2017.

Parágrafo único. *Revogado*. Lei nº 13.429, de 31-3-2017.

Art. 7º A empresa de trabalho temporário que estiver funcionando na data da vigência desta Lei terá o prazo de noventa dias para o atendimento das exigências contidas no artigo anterior.

Parágrafo único. A empresa infratora do presente artigo poderá ter o seu funcionamento suspenso, por ato do Diretor-Geral do Departamento Nacional de Mão de Obra, cabendo recurso ao Ministro de Estado, no prazo de dez dias, a contar da publicação do ato no *Diário Oficial da União*.

Art. 8º A empresa de trabalho temporário é obrigada a fornecer ao Departamento Nacional de Mão de Obra, quando solicitada, os elementos de informação julgados necessários ao estudo do mercado de trabalho.

Art. 9º O contrato celebrado pela empresa de trabalho temporário e a tomadora de serviços será por escrito, ficará à disposição da autoridade fiscalizadora no estabelecimento da tomadora de serviços e conterá:

I – qualificação das partes;

II – motivo justificador da demanda de trabalho temporário;

III – prazo da prestação de serviços;

IV – valor da prestação de serviços;

V – disposições sobre a segurança e a saúde do trabalhador, independentemente do local de realização do trabalho.

§ 1º É responsabilidade da empresa contratante garantir as condições de segurança, higiene e salubridade dos trabalhadores, quando o trabalho for realizado em suas dependências ou em local por ela designado.

§ 2º A contratante estenderá ao trabalhador da empresa de trabalho temporário o mesmo atendimento médico, ambulatorial e de refeição destinado aos seus empregados, existente nas dependências da contratante, ou local por ela designado.

§ 3º O contrato de trabalho temporário pode versar sobre o desenvolvimento de atividades-meio e atividades-fim a serem executadas na empresa tomadora de serviços.

Art. 10. Qualquer que seja o ramo da empresa tomadora de serviços, não existe vínculo de emprego entre ela e os trabalhadores contratados pelas empresas de trabalho temporário.

§ 1º O contrato de trabalho temporário, com relação ao mesmo empregador, não poderá exceder ao prazo de cento e oitenta dias, consecutivos ou não.

§ 2º O contrato poderá ser prorrogado por até noventa dias, consecutivos ou não, além do prazo estabelecido no § 1º deste artigo, quando comprovada a manutenção das condições que o ensejaram.

§ 3º VETADO. Lei nº 13.429, de 31-3-2017.

§ 4º Não se aplica ao trabalhador temporário, contratado pela tomadora de serviços, o contrato de experiência previsto no parágrafo único do art. 445 da Consolidação das Leis do Trabalho (CLT), aprovada pelo Decreto-Lei nº 5.452, de 1º de maio de 1943.

§ 5º O trabalhador temporário que cumprir o período estipulado nos §§ 1º e 2º deste artigo somente poderá ser colocado à disposição da mesma tomadora de serviços em novo contrato temporário, após noventa dias do término do contrato anterior.

§ 6º A contratação anterior ao prazo previsto no § 5º deste artigo caracteriza vínculo empregatício com a tomadora.

§ 7º A contratante é subsidiariamente responsável pelas obrigações trabalhistas referentes ao período em que ocorrer o trabalho temporário, e o recolhimento das contribuições previdenciárias observará o disposto no art. 31 da Lei nº 8.212, de 24 de julho de 1991.

► Arts. 9º e 10 com a redação dada pela Lei nº 13.429, de 31-3-2017.

Art. 11. O contrato de trabalho celebrado entre empresa de trabalho temporário e cada um dos assalariados colocados à disposição de uma empresa tomadora ou cliente será, obrigatoriamente, escrito e dele deverão constar, expressamente, os direitos conferidos aos trabalhadores por esta Lei.

► Súm. nº 331 do TST.

Parágrafo único. Será nula de pleno direito qualquer cláusula de reserva, proibindo a contratação do trabalhador pela empresa tomadora ou cliente ao fim do prazo em que tenha sido colocado à sua disposição pela empresa de trabalho temporário.

► A alteração que seria introduzida neste parágrafo único, pela Lei nº 13.429, de 31-3-2017, foi vetada, razão pela qual mantivemos a sua redação.

Art. 12. Ficam assegurados ao trabalhador temporário os seguintes direitos:

► A alteração que seria introduzida neste artigo, pela Lei nº 13.429, de 31-3-2017, foi vetada, razão pela qual mantivemos a sua redação.

a) remuneração equivalente à percebida pelos empregados de mesma categoria da empresa tomadora ou cliente calculados à base horária, garantida, em qualquer hipótese, a percepção do salário mínimo regional;

► OJ da SBDI-I nº 383 do TST.

b) jornada de oito horas, remuneradas as horas extraordinárias não excedentes de duas, com acréscimo de vinte por cento;

► Art. 7º, XVI, da CF, fixou o percentual em 50% no mínimo.

c) férias proporcionais, nos termos do artigo 25 da Lei nº 5.107, de 13 de setembro de 1966;

d) repouso semanal remunerado;

► Art. 7º, XV, da CF.

e) adicional por trabalho noturno;

► Art. 7º, IX, da CF.

f) indenização por dispensa sem justa causa ou término normal do contrato, correspondente a um doze avos do pagamento recebido;

g) seguro contra acidente do trabalho;

h) proteção previdenciária nos termos do disposto na Lei Orgânica da Previdência Social, com as alterações introduzidas pela Lei nº 5.890, de 8 de junho de 1973 (artigo 5º, III, *c*, do Decreto nº 72.771, de 6 de setembro de 1973).

§ 1º Registrar-se-á na Carteira de Trabalho e Previdência Social do trabalhador sua condição de temporário.

§ 2º A empresa tomadora ou cliente é obrigada a comunicar à empresa de trabalho temporário a ocorrência de todo acidente cuja vítima seja um assalariado posto à sua disposição, considerando-se local de trabalho, para efeito da legislação específica, tanto aquele onde se efetua a prestação do trabalho quanto a sede da empresa de trabalho temporário.

Art. 13. Constituem justa causa para rescisão do contrato do trabalhador temporário os atos e circunstâncias mencionados nos artigos 482 e 483, da Consolidação das Leis do Trabalho, ocorrentes entre o trabalhador e a empresa de trabalho temporário ou entre aquele e a empresa cliente onde estiver prestando serviço.

Art. 14. As empresas de trabalho temporário são obrigadas a fornecer às empresas tomadoras ou clientes, a seu pedido, comprovante da regularidade de sua situação com o Instituto Nacional de Seguro Social – INSS.

Art. 15. A fiscalização do trabalho poderá exigir da empresa tomadora ou cliente a apresentação do contrato firmado com a empresa de trabalho temporário, e, desta última, o contrato firmado com o trabalhador, bem como a comprovação do respectivo recolhimento das contribuições previdenciárias.

Art. 16. No caso de falência da empresa de trabalho temporário, a empresa tomadora ou cliente é solidariamente responsável pelo recolhimento das contribuições previdenciárias, no tocante ao tempo em que o trabalhador esteve sob suas ordens, assim como em referência ao mesmo período, pela remuneração e indenização previstas nesta Lei.

Art. 17. É defeso às empresas de prestação de serviço temporário a contratação de estrangeiros com visto provisório de permanência no País.

Art. 18. É vedado à empresa de trabalho temporário cobrar do trabalhador qualquer importância, mesmo a título de mediação, podendo apenas efetuar os descontos previstos em lei.

Parágrafo único. A infração deste artigo importa no cancelamento do registro para funcionamento da empresa de trabalho temporário, sem prejuízo das sanções administrativas e penais cabíveis.

Art. 19. Competirá à Justiça do Trabalho dirimir os litígios entre as empresas de serviço temporário e seus trabalhadores.

Art. 19-A. O descumprimento do disposto nesta Lei sujeita a empresa infratora ao pagamento de multa.

Parágrafo único. A fiscalização, a autuação e o processo de imposição das multas reger-se-ão pelo Título VII da Consolidação das Leis do Trabalho (CLT), aprovada pelo Decreto-Lei nº 5.452, de 1º de maio de 1943.

Art. 19-B. O disposto nesta Lei não se aplica às empresas de vigilância e transporte de valores, permanecendo as respectivas relações de trabalho reguladas por legislação especial, e subsidiariamente pela Consolidação das Leis do Trabalho (CLT), aprovada pelo Decreto-Lei nº 5.452, de 1º de maio de 1943.

Art. 19-C. Os contratos em vigência, se as partes assim acordarem, poderão ser adequados aos termos desta Lei.

▶ Arts. 19-A a 19-C acrescidos pela Lei nº 13.429, de 31-3-2017.

Art. 20. Esta Lei entrará em vigor sessenta dias após a sua publicação, revogadas as disposições em contrário.

Brasília, 3 de janeiro de 1974;
153º da Independência e
86º da República.

Emílio G. Médici

LEI COMPLEMENTAR Nº 26, DE 11 DE SETEMBRO DE 1975

Altera disposições da legislação que regula o Programa de Integração Social e o Programa de Formação do Patrimônio do Servidor Público.

▶ Publicada no *DOU* de 12-9-1975.

▶ Dec. nº 9.978, de 20-8-2019, dispõe sobre o Fundo PIS-PASEP e institui o Conselho Diretor do Fundo PIS-PASEP.

Art. 1º A partir do exercício financeiro a iniciar-se em 1º de julho de 1976, serão unificados, sob a denominação de PIS-PASEP, os fundos constituídos com os recursos do Programa de Integração Social – PIS e do Programa de Formação do Patrimônio do Servidor Público – PASEP, instituídos pelas Leis Complementares n°s 7 e 8, de 7 de setembro e de 3 de dezembro de 1970, respectivamente.

Parágrafo único. A unificação de que trata este artigo não afetará os saldos das contas individuais existentes em 30 de junho de 1976.

Art. 2º Ressalvado o disposto no parágrafo único deste artigo, são mantidos os critérios de participação dos empregados e servidores estabelecidos nos artigos 7º e 4º, respectivamente, das Leis Complementares nºs 7 e 8, referidas, passando a ser considerado, para efeito do cálculo dos depósitos efetuados nas contas individuais, o valor global dos recursos que passarem a integrar o PIS-PASEP.

Parágrafo único. *Revogado*. Lei nº 13.677, de 13-6-2018.

Art. 3º Após a unificação determinada no artigo 1º, as contas individuais dos participantes passarão a ser creditadas:

a) pela correção monetária anual do saldo credor, obedecidos os índices aplicáveis às Obrigações Reajustáveis do Tesouro Nacional (ORTN);

b) pelos juros mínimos de três por cento calculados anualmente sobre o saldo credor corrigido;

► Art. 12 da Lei nº 8.019, de 11-4-1990, que dispõe sobre o FAT.

c) pelo resultado líquido adicional das operações realizadas com recursos do PIS-PASEP, deduzidas as despesas administrativas e as provisões de reserva cuja constituição seja indispensável.

Art. 4º As importâncias creditadas nas contas individuais dos participantes do PIS-PASEP são inalienáveis, impenhoráveis e, ressalvado o disposto nos parágrafos deste artigo, indisponíveis por seus titulares.

§ 1º Fica disponível a qualquer titular da conta individual dos participantes do PIS-PASEP o saque integral do seu saldo a partir de 19 de agosto de 2019.

► *Caput* do § 1º com a redação dada pela Lei nº 13.932, de 11-12-2019.

I a VI – *Revogados*. Lei nº 13.932, de 11-12-2019.

§§ 2º e 3º *Revogados*. Lei nº 13.932, de 11-12-2019.

§ 4º Na hipótese de morte do titular da conta individual do PIS-PASEP, o saldo da conta será disponibilizado aos seus dependentes, de acordo com a legislação da Previdência Social e com a legislação específica relativa aos servidores civis e aos militares.

► § 4º com a redação dada pela Lei nº 13.932, de 11-12-2019.

§ 4º-A. Na hipótese prevista no § 4º deste artigo, quando o titular da conta individual do PIS-PASEP não possuir dependentes, o saldo da conta será disponibilizado aos seus sucessores, nos termos estabelecidos em lei.

► § 4º-A acrescido pela Lei nº 13.932, de 11-12-2019.

§ 5º Os saldos das contas individuais do PIS-PASEP ficarão disponíveis aos participantes de que tratam o *caput* e o § 1º deste artigo ou, na hipótese de morte do titular da conta individual, aos seus dependentes ou sucessores, observado o disposto nos §§ 4º e 4º-A deste artigo, independentemente de solicitação.

§ 6º A disponibilização dos saldos das contas individuais de que trata o § 1º deste artigo será efetuada conforme cronogramas de atendimento, critérios e forma estabelecidos pela Caixa Econômica Federal, quanto ao PIS, e pelo Banco do Brasil S.A., quanto ao PASEP.

► §§ 5º e 6º com a redação dada pela Lei nº 13.932, de 11-12-2019.

§ 7º *Revogado*. Lei nº 13.932, de 11-12-2019.

§ 8º Na hipótese de conta individual de titular já falecido, as pessoas referidas nos §§ 4º e 4º-A deste artigo poderão solicitar o saque do saldo existente na conta do titular independentemente de inventário, sobrepartilha ou autorização judicial, desde que haja consenso entre os dependentes ou sucessores e que estes atestem por escrito a autorização do saque e declarem não haver outros dependentes ou sucessores conhecidos.

► § 8º acrescido pela Lei nº 13.932, de 11-12-2019.

Art. 4º-A. A Caixa Econômica Federal e o Banco do Brasil S.A. ficam autorizados a disponibilizar o saldo da conta individual do participante do PIS/Pasep em folha de pagamento ou mediante crédito automático em conta de depósito, conta-poupança ou outro arranjo de pagamento de titularidade do participante, quando este estiver enquadrado nas hipóteses normativas para saque e não houver sua prévia manifestação contrária.

§ 1º Comprovada a morte do titular da conta individual do PIS/PASEP, aplica-se o disposto no *caput* deste artigo a seus dependentes, de acordo com a legislação da Previdência Social, quando não houver prévia manifestação contrária dos dependentes.

§ 2º Na hipótese do crédito automático de que tratam o *caput* e o § 1º deste artigo, o interessado poderá solicitar a transferência do valor para outra instituição financeira, em até 3 (três) meses após o depósito, sem pagamento de tarifa, conforme procedimento a ser definido pela Caixa Econômica Federal, quanto ao PIS, e pelo Banco do Brasil S.A., quanto ao PASEP.

§ 3º O valor a ser disponibilizado nos termos deste artigo poderá ser emitido em unidades inteiras de moeda corrente, com a suplementação das partes decimais até a unidade inteira imediatamente superior.

▸ Art. 4º-A acrescido pela Lei nº 13.677, de 13-6-2018.

Art. 5º É mantido, para os recursos do PIS-PASEP, inclusive aqueles a que se refere o artigo 1º da Lei Complementar nº 17, de 12 de dezembro de 1973, o sistema de aplicação unificada estabelecido na Lei Complementar nº 19, de 25 de junho de 1974.

Art. 6º O Poder Executivo regulamentará esta Lei Complementar dentro de cento e vinte dias, contados de sua publicação.

Art. 7º Esta Lei Complementar entrará em vigor em 1º de julho de 1976, revogados os artigos 8º e seu parágrafo, e 9º e seus §§ 1º e 2º da Lei Complementar nº 7, de 7 de setembro de 1970, e os §§ 2º, 3º, 4º e 5º do artigo 5º da Lei Complementar nº 8, de 3 de dezembro de 1970, e as demais disposições em contrário.

Brasília, 11 de setembro de 1975;
154º da Independência e
87º da República.

Ernesto Geisel

LEI Nº 6.321, DE 14 DE ABRIL DE 1976

Dispõe sobre a dedução, do lucro tributável para fins de imposto sobre a renda das pessoas jurídicas, do dobro das despesas realizadas em programas de alimentação do trabalhador.

▸ Publicada no *DOU* de 19-4-1976.

▸ Arts. 166 a 182 do Dec. nº 10.854, de 10-11-2021, que regulamenta disposições relativas à legislação trabalhista.

Art. 1º As pessoas jurídicas poderão deduzir do lucro tributável, para fins de apuração do imposto sobre a renda, o dobro das despesas comprovadamente realizadas no período-base em programas de alimentação do trabalhador previamente aprovados pelo Ministério do Trabalho e Previdência, na forma e de acordo com os limites dispostos no decreto que regulamenta esta Lei.

▸ *Caput* com a redação dada pela Lei nº 14.442, de 2-9-2022.

▸ Conforme art. 6º, I, da Lei nº 9.532, de 10-12-1997, o total das deduções de que trata este art. 1º não poderá exceder a 4% do IR devido.

§ 1º A dedução a que se refere o *caput* deste artigo não poderá exceder, em cada exercício financeiro, isoladamente, a 5% (cinco por cento) e cumulativamente com a dedução de que trata a Lei nº 6.297, de 15 de dezembro de 1975, a 10% (dez por cento) do lucro tributável.

§ 2º As despesas não deduzidas no exercício financeiro correspondente poderão ser transferidas para dedução nos dois exercícios financeiros subsequentes.

§ 3º As despesas destinadas aos programas de alimentação do trabalhador deverão abranger exclusivamente o pagamento de refeições em restaurantes e estabelecimentos similares e a aquisição de gêneros alimentícios em estabelecimentos comerciais.

§ 4º As pessoas jurídicas beneficiárias não poderão exigir ou receber:

I – qualquer tipo de deságio ou imposição de descontos sobre o valor contratado;

II – prazos de repasse ou pagamento que descaracterizem a natureza pré-paga dos valores a serem disponibilizados aos trabalhadores; ou

III – outras verbas e benefícios diretos ou indiretos de qualquer natureza não vinculados diretamente à promoção de saúde e segurança alimentar do trabalhador, no âmbito do contrato firmado com empresas emissoras de instrumentos de pagamento de auxílio-alimentação.

§ 5º A vedação de que trata o § 4º deste artigo terá vigência conforme definido em regulamento para os programas de alimentação do trabalhador.

▸ §§ 3º a 5º acrescidos pela Lei nº 14.442, de 2-9-2022.

Art. 1º-A. Os serviços de pagamentos de alimentação contratados para execução dos programas de alimentação de que trata esta Lei observarão o seguinte:

I – a operacionalização por meio de arranjo de pagamento fechado ou aberto, devendo as empresas organizadas na forma de arranjo de pagamento fechado permitir a interoperabilidade entre si e com arranjos abertos, indistintamente, com o objetivo de compartilhar a rede credenciada de estabelecimentos comerciais, a partir de 1º de maio de 2023;

II – a portabilidade gratuita do serviço, mediante solicitação expressa do trabalhador, além de outras normas fixadas em decreto do Poder Executivo, a partir de 1º de maio de 2023;

III – VETADO. Lei nº 14.442, de 2-9-2022.

▸ Art. 1º-A acrescido pela Lei nº 14.442, de 2-9-2022.

Art. 2º Os programas de alimentação a que se refere o artigo anterior deverão conferir prioridade ao atendimento dos trabalhadores de baixa renda e limitar-se-ão aos contratados pela pessoa jurídica beneficiária.

§ 1º O Ministério do Trabalho articular-se-á com o Instituto Nacional de Alimentação e Nutrição – INAN, para efeito do exame e aprovação dos programas a que se refere a presente Lei.

▸ Parágrafo único transformado em § 1º pela MP nº 2.164-41, de 24-8-2001, que até o encerramento desta edição não havia sido convertida em Lei.

§ 2º As pessoas jurídicas beneficiárias do Programa de Alimentação do Trabalhador – PAT poderão estender o benefício previsto nesse Programa aos trabalhadores por elas dispensados, no período de transição para um novo emprego, limitada a extensão ao período de seis meses.

§ 3º As pessoas jurídicas beneficiárias do PAT poderão estender o benefício previsto nesse Programa aos empregados que estejam com contrato suspenso para participação em curso ou programa de qualificação profissional, limitada essa extensão ao período de cinco meses.

▸ §§ 2º e 3º acrescidos pela MP nº 2.164-41, de 24-8-2001, que até o encerramento desta edição não havia sido convertida em Lei.

Art. 3º Não se inclui como salário de contribuição a parcela paga *in natura*, pela empresa, nos programas de alimentação aprovados pelo Ministério do Trabalho.

▸ Súm. nº 241 do TST.
▸ Orientações Jurisprudenciais da SBDI-I nºs 123, 133 e 413 do TST.
▸ Orientações Jurisprudenciais da SBDI-I Transitória nºs 51 e 61 do TST.

Art. 3º-A. A execução inadequada, o desvio ou o desvirtuamento das finalidades dos programas de alimentação do trabalhador pelas pessoas jurídicas beneficiárias ou pelas empresas registradas no Ministério do Trabalho e Previdência, sem prejuízo da aplicação de outras penalidades cabíveis pelos órgãos competentes, acarretarão:

I – a aplicação de multa no valor de R$ 5.000,00 (cinco mil reais) a R$ 50.000,00 (cinquenta mil reais), a qual será aplicada em dobro em caso de reincidência ou de embaraço à fiscalização;

II – o cancelamento da inscrição da pessoa jurídica beneficiária ou do registro das empresas vinculadas aos programas de alimentação do trabalhador cadastradas no Ministério do Trabalho e Previdência, desde a data da primeira irregularidade passível de cancelamento, conforme estabelecido em ato específico; e

III – a perda do incentivo fiscal da pessoa jurídica beneficiária, em consequência do cancelamento previsto no inciso II deste *caput*.

§ 1º Os critérios de cálculo e os parâmetros de gradação da multa prevista no inciso I do *caput* deste artigo serão estabelecidos em ato do Ministro de Estado do Trabalho e Previdência.

§ 2º O estabelecimento que comercializa produtos não relacionados à alimentação do trabalhador e a empresa que o credenciou sujeitam-se à aplicação da multa prevista no inciso I do *caput* deste artigo.

§ 3º Na hipótese do cancelamento previsto no inciso II do *caput* deste artigo, novo registro ou inscrição perante o Ministério do Trabalho e Previdência somente poderá ser pleiteado decorrido o prazo a ser definido em regulamento.

▸ Art. 3º-A acrescido pela Lei nº 14.442, de 2-9-2022.

Art. 4º O Poder Executivo regulamentará a presente Lei no prazo de 60 (sessenta) dias.

Art. 5º Esta Lei entrará em vigor na data de sua publicação, revogadas as disposições em contrário.

Brasília, 14 de abril de 1976;
155º da Independência e
88º da República.

Ernesto Geisel

LEI Nº 6.830, DE 22 DE SETEMBRO DE 1980

Dispõe sobre a cobrança judicial da Dívida Ativa da Fazenda Pública e dá outras providências.

► Publicada no *DOU* de 24-9-1980.

► Arts. 882 e 889 da CLT.

Art. 1º A execução judicial para cobrança da Dívida Ativa da União, dos Estados, do Distrito Federal, dos Municípios e respectivas autarquias será regida por esta Lei e, subsidiariamente, pelo Código de Processo Civil.

► Arts. 46, §5º e 782 do CPC/2015.

► Súmulas nºs 8, 40, 44, 48, 99, 112, 117, 154 e 168 do extinto TFR.

► Súmulas nºs 190 e 521 do STJ.

Art. 2º Constitui Dívida Ativa da Fazenda Pública aquela definida como tributária ou não tributária na Lei nº 4.320, de 17 de março de 1964, com as alterações posteriores, que estatui normas gerais de direito financeiro para elaboração e controle dos orçamentos e balanços da União, dos Estados, dos Municípios e do Distrito Federal.

► Art. 39 da Lei nº 4.320, de 17-3-1964, que estatui normas gerais de direito financeiro para elaboração e controle dos orçamentos e balanços da União, dos Estados, dos Municípios e do Distrito Federal.

§ 1º Qualquer valor, cuja cobrança seja atribuída por lei às entidades de que trata o artigo 1º, será considerado Dívida Ativa da Fazenda Pública.

§ 2º A Dívida Ativa da Fazenda Pública, compreendendo a tributária e a não tributária, abrange atualização monetária, juros e multa de mora e demais encargos previstos em lei ou contrato.

§ 3º A inscrição, que se constitui no ato de controle administrativo da legalidade, será feita pelo órgão competente para apurar a liquidez e certeza do crédito e suspenderá a prescrição, para todos os efeitos de direito, por cento e oitenta dias ou até a distribuição da execução fiscal, se esta ocorrer antes de findo aquele prazo.

► Art. 71 da CF.

► Arts. 174 e 201 do CTN.

► Art. 75, I, da Lei nº 4.320, de 17-3-1964, que estatui normas gerais de direito financeiro para elaboração e controle dos orçamentos e balanços da União, dos Estados, dos Municípios e do Distrito Federal.

► Súm. Vinc. nº 8 do STF.

§ 4º A Dívida Ativa da União será apurada e inscrita na Procuradoria da Fazenda Nacional.

► Art. 58 da Lei nº 11.941, de 27-5-2009, que altera a legislação tributária federal relativa ao parcelamento ordinário de débitos tributários.

§ 5º O Termo de Inscrição de Dívida Ativa deverá conter:

► Art. 202 do CTN.

I – o nome do devedor, dos corresponsáveis e, sempre que conhecido, o domicílio ou residência de um e de outros;

II – o valor originário da dívida, bem como o termo inicial e a forma de calcular os juros de mora e demais encargos previstos em lei ou contrato;

III – a origem, a natureza e o fundamento legal ou contratual da dívida;

IV – a indicação, se for o caso, de estar a dívida sujeita à atualização monetária, bem como o respectivo fundamento legal e o termo inicial para o cálculo;

V – a data e o número da inscrição, no Registro de Dívida Ativa; e

VI – o número do processo administrativo ou do auto de infração, se neles estiver apurado o valor da dívida.

§ 6º A Certidão de Dívida Ativa conterá os mesmos elementos do Termo de Inscrição e será autenticada pela autoridade competente.

§ 7º O Termo de Inscrição e a Certidão de Dívida Ativa poderão ser preparados e numerados por processo manual, mecânico ou eletrônico.

§ 8º Até a decisão de primeira instância, a Certidão de Dívida Ativa poderá ser emendada ou substituída, assegurada ao executado a devolução do prazo para embargos.

► Súm. nº 392 do STJ.

§ 9º O prazo para a cobrança das contribuições previdenciárias continua a ser o estabelecido no artigo 144 da Lei nº 3.807, de 26 de agosto de 1960.

► Arts. 173 e 174 do CTN.

► Arts. 45 e 46 da Lei nº 8.212, de 24-7-1991 (Lei Orgânica da Seguridade Social).

Art. 3º A Dívida Ativa regularmente inscrita goza da presunção de certeza e liquidez.

► Art. 204 do CTN.

Parágrafo único. A presunção a que se refere este artigo é relativa e pode ser ilidida por prova inequívoca, a cargo do executado ou de terceiro, a quem aproveite.

Art. 4º A execução fiscal poderá ser promovida contra:

I – o devedor;
II – o fiador;
III – o espólio;
IV – a massa;
V – o responsável, nos termos da lei, por dívidas, tributárias ou não, de pessoas físicas ou pessoas jurídicas de direito privado; e

► Súmulas nºs 430 e 435 do STJ.

VI – os sucessores a qualquer título.

§ 1º Ressalvado o disposto no artigo 31, o síndico, o comissário, o liquidante, o inventariante e o administrador, nos casos de falência, concordata, liquidação, inventário, insolvência ou concurso de credores, se, antes de garantidos os créditos da Fazenda Pública, alienarem ou derem em garantia quaisquer dos bens administrados, respondem, solidariamente, pelo valor desses bens.

► Arts. 21 a 25 da Lei nº 11.101, de 9-2-2005 (Lei de Recuperação de Empresas e Falências), que dispõem sobre o administrador judicial.

► Lei nº 11.101, de 9-2-2005 (Lei de Recuperação de Empresas e Falências).

§ 2º À Dívida Ativa da Fazenda Pública, de qualquer natureza, aplicam-se as normas relativas à responsabilidade prevista na legislação tributária, civil e comercial.

§ 3º Os responsáveis, inclusive as pessoas indicadas no § 1º deste artigo, poderão nomear bens livres e desembaraçados do devedor, tantos quantos bastem para pagar a dívida. Os bens dos responsáveis ficarão, porém, sujeitos à execução, se os do devedor forem insuficientes à satisfação da dívida.

§ 4º Aplica-se à Dívida Ativa da Fazenda Pública de natureza não tributária o disposto nos artigos 186 e 188 a 192 do Código Tributário Nacional.

Art. 5º A competência para processar e julgar a execução da Dívida Ativa da Fazenda Pública exclui a de qualquer outro juízo, inclusive o da falência, da concordata, da liquidação, da insolvência ou do inventário.

► Art. 114, VII e VIII, da CF.

► Art. 46, § 5º do CPC/2015.

Art. 6º A petição inicial indicará apenas:

► Súmulas nºs 558 e 559 do STJ.

I – o juiz a quem é dirigida;
II – o pedido; e
III – o requerimento para a citação.

§ 1º A petição inicial será instruída com a Certidão da Dívida Ativa, que dela fará parte integrante, como se estivesse transcrita.

► Art. 783 do CPC/2015.

► Art. 151 do CTN.

§ 2º A petição inicial e a Certidão de Dívida Ativa poderão constituir um único documento, preparado inclusive por processo eletrônico.

§ 3º A produção de provas pela Fazenda Pública independe de requerimento na petição inicial.

§ 4º O valor da causa será o da dívida constante da certidão, com os encargos legais.

Art. 7º O despacho do juiz que deferir a inicial importa em ordem para:

I – citação, pelas sucessivas modalidades previstas no artigo 8º;

II – penhora, se não for paga a dívida, nem garantida a execução, por meio de depósito, fiança ou seguro garantia;

► Inciso II com a redação dada pela Lei nº 13.043, de 13-11-2014.

III – arresto, se o executado não tiver domicílio ou dele se ocultar;

IV – registro da penhora ou do arresto, independentemente do pagamento de custas ou outras despesas, observado o disposto no artigo 14; e

V – avaliação dos bens penhorados ou arrestados.

Art. 8º O executado será citado para, no prazo de cinco dias, pagar a dívida com os juros e multa de mora e encargos indicados na Certidão de Dívida Ativa, ou garantir a execução, observadas as seguintes normas:

► Arts. 247 a 249 do CPC/2015.

▶ Art. 185-A do CTN.

▶ Súm. nº 393 do STJ.

I – a citação será feita pelo correio, com aviso de recepção, se a Fazenda Pública não a requerer por outra forma;

▶ Súm. nº 429 do STJ.

II – a citação pelo correio considera-se feita na data da entrega da carta no endereço do executado; ou, se a data for omitida, no aviso de recepção, dez dias após a entrega da carta à agência postal;

III – se o aviso de recepção não retornar no prazo de quinze dias da entrega da carta à agência postal, a citação será feita por oficial de justiça ou por edital;

IV – o edital de citação será afixado na sede do juízo, publicado uma só vez no órgão oficial, gratuitamente, como expediente judiciário, com o prazo de trinta dias, e conterá, apenas, a indicação da exequente, o nome do devedor e dos corresponsáveis, a quantia devida, a natureza da dívida, a data e o número da inscrição no Registro da Dívida Ativa, o prazo e o endereço da sede do juízo.

▶ Súm. nº 414 do STJ.

§ 1º O executado ausente do País será citado por edital, com o prazo de sessenta dias.

§ 2º O despacho do juiz, que ordenar a citação, interrompe a prescrição.

▶ Art. 174, parágrafo único, I, do CTN.

▶ Arts. 59 e 240 do CPC/2015.

Art. 9º Em garantia da execução, pelo valor da dívida, juros e multa de mora e encargos indicados na Certidão da Dívida Ativa, o executado poderá:

I – efetuar depósito em dinheiro, à ordem do juízo em estabelecimento oficial de crédito, que assegure atualização monetária;

II – oferecer fiança bancária ou seguro garantia;

▶ Inciso II com a redação dada pela Lei nº 13.043, de 13-11-2014.

III – nomear bens à penhora, observada a ordem do artigo 11; ou

IV – indicar à penhora bens oferecidos por terceiros e aceitos pela Fazenda Pública.

§ 1º O executado só poderá indicar e o terceiro oferecer bem imóvel à penhora com o consentimento expresso do respectivo cônjuge.

§ 2º Juntar-se-á aos autos a prova do depósito, da fiança bancária, do seguro garantia ou da penhora dos bens do executado ou de terceiros.

§ 3º A garantia da execução, por meio de depósito em dinheiro, fiança bancária ou seguro garantia, produz os mesmos efeitos da penhora.

▶ §§ 2º e 3º com a redação dada pela Lei nº 13.043, de 13-11-2014.

§ 4º Somente o depósito em dinheiro, na forma do artigo 32, faz cessar a responsabilidade pela atualização monetária e juros de mora.

§ 5º A fiança bancária prevista no inciso II obedecerá às condições preestabelecidas pelo Conselho Monetário Nacional.

§ 6º O executado poderá pagar parcela da dívida, que julgar incontroversa, e garantir a execução do saldo devedor.

§ 7º As garantias apresentadas na forma do inciso II do caput deste artigo somente serão liquidadas, no todo ou parcialmente, após o trânsito em julgado de decisão de mérito em desfavor do contribuinte, vedada a sua liquidação antecipada.

▶ § 7º acrescido pela Lei nº 14.689, de 20-9-2023, promulgado nos termos do art. 66, § 5º, da CF (*DOU* de 22-12-2023 – ed. extra C).

Art. 10. Não ocorrendo o pagamento, nem a garantia da execução de que trata o artigo 9º, a penhora poderá recair em qualquer bem do executado, exceto os que a lei declare absolutamente impenhoráveis.

▶ Art. 833 do CPC/2015.

▶ Lei nº 8.009, de 29-3-1990 (Lei da Impenhorabilidade do Bem de Família).

Art. 11. A penhora ou arresto de bens obedecerá à seguinte ordem:

▶ Art. 835 do CPC/2015.

I – dinheiro;

▶ Súm. nº 417 do STJ.

II – título da dívida pública, bem como título de crédito, que tenham cotação em Bolsa;

III – pedras e metais preciosos;

IV – imóveis;

V – navios e aeronaves;

VI – veículos;

VII – móveis ou semoventes; e

VIII – direito e ações.

§ 1º Excepcionalmente, a penhora poderá recair sobre estabelecimento comercial, industrial ou agrícola, bem como em plantações ou edifícios em construção.

▸ Arts. 862 a 865 do CPC/2015.

▸ Súm. nº 451 do STJ.

§ 2º A penhora efetuada em dinheiro será convertida no depósito de que trata o inciso I do artigo 9º.

§ 3º O juiz ordenará a remoção do bem penhorado para depósito judicial, particular ou da Fazenda Pública exequente, sempre que esta o requerer, em qualquer fase do processo.

Art. 12. Na execução fiscal, far-se-á a intimação da penhora ao executado, mediante publicação, no órgão oficial, do ato de juntada do termo ou do auto de penhora.

▸ Súm. nº 190 do extinto TFR.

§ 1º Nas comarcas do interior dos Estados, a intimação poderá ser feita pela remessa de cópia do termo ou do auto de penhora, pelo correio, na forma estabelecida no artigo 8º, I e II, para a citação.

§ 2º Se a penhora recair sobre o imóvel, far-se-á a intimação ao cônjuge, observadas as normas previstas para a citação.

§ 3º Far-se-á a intimação da penhora pessoalmente ao executado se, na citação feita pelo correio, o aviso de recepção não contiver a assinatura do próprio executado, ou de seu representante legal.

Art. 13. O termo ou auto de penhora conterá, também, a avaliação dos bens penhorados, efetuada por quem o lavrar.

§ 1º Impugnada a avaliação, pelo executado, ou pela Fazenda Pública, antes de publicado o edital de leilão, o juiz, ouvida a outra parte, nomeará avaliador oficial para proceder a nova avaliação dos bens penhorados.

§ 2º Se não houver, na comarca, avaliador oficial ou este não puder apresentar o laudo de avaliação no prazo de quinze dias, será nomeada pessoa ou entidade habilitada, a critério do juiz.

§ 3º Apresentado o laudo, o juiz decidirá de plano sobre a avaliação.

Art. 14. O oficial de justiça entregará contrafé e cópia do termo ou do auto de penhora ou arresto, com a ordem de registro de que trata o artigo 7º, IV:

▸ Art. 844 do CPC/2015.

I – no ofício próprio, se o bem for imóvel ou a ele equiparado;

II – na repartição competente para emissão de certificado de registro, se for veículo;

III – na Junta Comercial, na Bolsa de Valores, e na sociedade comercial, se forem ações, debênture, parte beneficiária, quota ou qualquer outro título, crédito ou direito societário nominativo.

Art. 15. Em qualquer fase do processo, será deferida pelo juiz:

I – ao executado, a substituição da penhora por depósito em dinheiro, fiança bancária ou seguro garantia; e

▸ Inciso I com a redação dada pela Lei nº 13.043, de 13-11-2014.

II – à Fazenda Pública, a substituição dos bens penhorados por outros, independentemente da ordem enumerada no artigo 11, bem como o reforço da penhora insuficiente.

▸ Súm. nº 406 do STJ.

Art. 16. O executado oferecerá embargos, no prazo de trinta dias, contados:

I – do depósito;

II – da juntada da prova da fiança bancária ou do seguro garantia;

▸ Inciso II com a redação dada pela Lei nº 13.043, de 13-11-2014.

III – da intimação da penhora.

§ 1º Não são admissíveis embargos do executado antes de garantida a execução.

▸ Súm. nº 393 do STJ.

§ 2º No prazo dos embargos, o executado deverá alegar toda matéria útil à defesa, requerer provas e juntar aos autos os documentos e rol de testemunhas, até três, ou, a critério do juiz, até o dobro desse limite.

§ 3º Não será admitida reconvenção, nem compensação, e as exceções, salvo as de suspeição, incompetência e impedimento, serão arguidas como matéria preliminar e serão processadas e julgadas com os embargos.

Art. 17. Recebidos os embargos, o juiz mandará intimar a Fazenda, para impugná-los no prazo de trinta dias, designando, em seguida, audiência de instrução e julgamento.

▸ Art. 920 do CPC/2015.

▸ Súm. nº 277 do STF.

Parágrafo único. Não se realizará audiência, se os embargos versarem sobre matéria de direito ou, sendo de direito e de fato, a prova for exclusivamente documental, caso em que o juiz proferirá a sentença no prazo de trinta dias.

► Art. 355 do CPC/2015.

Art. 18. Caso não sejam oferecidos os embargos, a Fazenda Pública manifestar-se-á sobre a garantia da execução.

► Art. 355 do CPC/2015.

Art. 19. Não sendo embargada a execução ou sendo rejeitados os embargos, no caso de garantia prestada por terceiro, será este intimado, sob pena de contra ele prosseguir a execução nos próprios autos, para, no prazo de quinze dias:

I – remir o bem, se a garantia for real; ou

II – pagar o valor da dívida, juros e multa de mora e demais encargos, indicados na Certidão de Dívida Ativa, pelos quais se obrigou, se a garantia for fidejussória.

Art. 20. Na execução por carta, os embargos do executado serão oferecidos no juízo deprecado, que os remeterá ao juízo deprecante, para instrução e julgamento.

► Súm. nº 46 do STJ.

Parágrafo único. Quando os embargos tiverem por objeto vícios ou irregularidades de atos do próprio juízo deprecado, caber-lhe-á unicamente o julgamento dessa matéria.

Art. 21. Na hipótese de alienação antecipada dos bens penhorados, o produto será depositado em garantia da execução, nos termos previstos no artigo 9º, I.

► Art. 730 do CPC/2015.

Art. 22. A arrematação será precedida de edital, afixado no local do costume, na sede do juízo, e publicado em resumo, uma só vez, gratuitamente, como expediente judiciário, no órgão oficial.

► Arts. 879 a 903 do CPC/2015.

§ 1º O prazo entre as datas de publicação do edital e do leilão não poderá ser superior a trinta, nem inferior a dez dias.

§ 2º O representante judicial da Fazenda Pública será intimado, pessoalmente, da realização do leilão, com a antecedência prevista no parágrafo anterior.

Art. 23. A alienação de quaisquer bens penhorados será feita em leilão público, no lugar designado pelo juiz.

► Arts. 883 a 903 do CPC/2015.

§ 1º A Fazenda Pública e o executado poderão requerer que os bens sejam leiloados englobadamente ou em lotes que indicarem.

§ 2º Cabe ao arrematante o pagamento da comissão do leiloeiro e demais despesas indicadas no edital.

Art. 24. A Fazenda Pública poderá adjudicar os bens penhorados:

I – antes do leilão, pelo preço da avaliação, se a execução não for embargada ou se rejeitados os embargos;

II – findo o leilão:

a) se não houver licitante, pelo preço da avaliação;

b) havendo licitantes, com preferência, em igualdade de condições com a melhor oferta, no prazo de trinta dias.

Parágrafo único. Se o preço da avaliação ou o valor da melhor oferta for superior ao dos créditos da Fazenda Pública, a adjudicação somente será deferida pelo juiz se a diferença for depositada, pela exequente, à ordem do juízo, no prazo de trinta dias.

► Art. 71 da Lei nº 11.941, de 27-5-2009, que altera a legislação tributária federal relativa ao parcelamento ordinário de débitos tributários.

Art. 25. Na execução fiscal, qualquer intimação ao representante judicial da Fazenda Pública será feita pessoalmente.

► Súmulas nºs 117 e 240 do extinto TFR.

Parágrafo único. A intimação de que trata este artigo poderá ser feita mediante vista dos autos, com imediata remessa ao representante judicial da Fazenda Pública, pelo cartório ou secretaria.

Art. 26. Se, antes da decisão de primeira instância, a inscrição de Dívida Ativa for, a qualquer título, cancelada, a execução fiscal será extinta, sem qualquer ônus para as partes.

► Art. 90 do CPC/2015.

Art. 27. As publicações de atos processuais poderão ser feitas resumidamente ou reunir num só texto os de diferentes processos.

Parágrafo único. As publicações farão sempre referência ao número do processo no respectivo juízo e ao número da correspondente inscrição de Dívida Ativa, bem como ao nome das partes e de seus advogados, suficientes para a sua identificação.

Art. 28. O juiz, a requerimento das partes, poderá, por conveniência da unidade da garantia da execução, ordenar a reunião de processos contra o mesmo devedor.

► Súm. nº 515 do STJ.

Parágrafo único. Na hipótese deste artigo, os processos serão redistribuídos ao juízo da primeira distribuição.

Art. 29. A cobrança judicial da Dívida Ativa da Fazenda Pública não é sujeita a concurso de credores ou habilitação em falência, concordata, liquidação, inventário ou arrolamento.

► Art. 187 do CTN.

► Lei nº 11.101, de 9-2-2005 (Lei de Recuperação de Empresas e Falências).

Parágrafo único. O concurso de preferência somente se verifica entre pessoas jurídicas de direito público, na seguinte ordem:

► O STF, por maioria dos votos, julgou procedente o pedido formulado da ADPF nº 357, para declarar a não recepção pela Constituição Federal da norma prevista neste parágrafo único (*DOU* de 6-7-2021).

► Art. 19, II, da CF.

► Súm. nº 563 do STF.

► Súm. nº 244 do extinto TFR.

► Súm. nº 497 do STJ.

I – União e suas autarquias;

II – Estados, Distrito Federal e Territórios e suas autarquias, conjuntamente e *pro rata*;

III – Municípios e suas autarquias, conjuntamente e *pro rata*.

Art. 30. Sem prejuízo dos privilégios especiais sobre determinados bens, que sejam previstos em lei, responde pelo pagamento da Dívida Ativa da Fazenda Pública a totalidade dos bens e das rendas, de qualquer origem ou natureza, do sujeito passivo, seu espólio ou sua massa, inclusive os gravados por ônus real ou cláusula de inalienabilidade ou impenhorabilidade, seja qual for a data da constituição do ônus ou da cláusula, excetuados unicamente os bens e rendas que a lei declara absolutamente impenhoráveis.

► Art. 833 do CPC/2015.

► Arts. 130 e 184 do CTN.

Art. 31. Nos processos de falência, concordata, liquidação, inventário, arrolamento ou concurso de credores, nenhuma alienação será judicialmente autorizada sem a prova de quitação da Dívida Ativa ou a concordância da Fazenda Pública.

► Art. 187 do CTN.

► Lei nº 11.101, de 9-2-2005 (Lei de Recuperação de Empresas e Falências).

Art. 32. Os depósitos judiciais em dinheiro serão obrigatoriamente feitos:

I – na Caixa Econômica Federal, de acordo com o Decreto-Lei nº 1.737, de 20 de dezembro de 1979, quando relacionados com a execução fiscal proposta pela União ou suas autarquias;

II – na Caixa Econômica ou no banco oficial da unidade federativa ou, à sua falta, na Caixa Econômica Federal, quando relacionados com execução fiscal proposta pelo Estado, Distrito Federal, Municípios e suas autarquias.

§ 1º Os depósitos de que trata este artigo estão sujeitos à atualização monetária, segundo os índices estabelecidos para os débitos tributários federais.

§ 2º Após o trânsito em julgado da decisão, o depósito, monetariamente atualizado, será devolvido ao depositante ou entregue à Fazenda Pública, mediante ordem do juízo competente.

Art. 33. O juízo, de ofício, comunicará à repartição competente da Fazenda Pública, para fins de averbação no Registro da Dívida Ativa, a decisão final, transitada em julgado, que der por improcedente a execução, total ou parcialmente.

Art. 34. Das sentenças de primeira instância proferidas em execuções de valor igual ou inferior a cinquenta Obrigações do Tesouro Nacional – OTN, só se admitirão embargos infringentes e de declaração.

► Arts. 5º, LV, e 108, II, da CF.

§ 1º Para os efeitos deste artigo, considerar-se-á o valor da dívida monetariamente atualizado e acrescido de multa e juros de mora e demais encargos legais, na data da distribuição.

§ 2º Os embargos infringentes, instruídos, ou não, com documentos novos, serão deduzidos, no prazo de dez dias perante o mesmo juízo, em petição fundamentada.

§ 3º Ouvido o embargado, no prazo de dez dias, serão os autos conclusos ao juiz, que, dentro de vinte dias, os rejeitará ou reformará a sentença.

Art. 35. Nos processos regulados por esta Lei, poderá ser dispensada a audiência de revisor, no julgamento das apelações.

► Arts. 102, III, e 105, III, da CF.

Art. 36. Compete à Fazenda Pública baixar normas sobre o recolhimento da Dívida Ativa respectiva, em juízo ou fora dele, e aprovar, inclusive, os modelos de documentos de arrecadação.

Art. 37. O auxiliar de justiça que, por ação ou omissão, culposa ou dolosa, prejudicar a execução, será responsabilizado, civil, penal e administrativamente.

► Art. 149 do CPC/2015.

Parágrafo único. O oficial de justiça deverá efetuar, em dez dias, as diligências que lhe forem ordenadas, salvo motivo de força maior devidamente justificado perante o juízo.

Art. 38. A discussão judicial da Dívida Ativa da Fazenda Pública só é admissível em execução, na forma desta Lei, salvo as hipóteses de mandado de segurança, ação de repetição do indébito ou ação anulatória do ato declarativo da dívida, esta precedida do depósito preparatório do valor do débito, monetariamente corrigido e acrescido dos juros e multa de mora e demais encargos.

► Art. 5º, XXXV, da CF.

► Súm. Vinc. nº 28 do STF.

► Súm. nº 247 do extinto TFR.

► Súm. nº 112 do STJ.

Parágrafo único. A propositura, pelo contribuinte, da ação prevista neste artigo importa em renúncia ao poder de recorrer na esfera administrativa e desistência do recurso acaso interposto.

Art. 39. A Fazenda Pública não está sujeita ao pagamento de custas e emolumentos. A prática dos atos judiciais de seu interesse independerá de preparo ou de prévio depósito.

► Art. 91 do CPC/2015.

► Súm. nº 154 do extinto TFR.

Parágrafo único. Se vencida, a Fazenda Pública ressarcirá o valor das despesas feitas pela parte contrária.

► Art. 85, § 3º, do CPC/2015.

Art. 40. O juiz suspenderá o curso da execução, enquanto não for localizado o devedor ou encontrados bens sobre os quais possa recair a penhora, e, nesses casos, não correrá o prazo de prescrição.

► Art. 921 do CPC/2015.

► Arts. 156, V, e 174 do CTN.

► Súm. nº 409 do STJ.

► Súm. nº 210 do extinto TFR.

§ 1º Suspenso o curso da execução, será aberta vista dos autos ao representante judicial da Fazenda Pública.

§ 2º Decorrido o prazo máximo de um ano, sem que seja localizado o devedor ou encontrados bens penhoráveis, o juiz ordenará o arquivamento dos autos.

§ 3º Encontrados que sejam, a qualquer tempo, o devedor ou os bens, serão desarquivados os autos para prosseguimento da execução.

§ 4º Se da decisão que ordenar o arquivamento tiver ocorrido o prazo prescricional, o juiz, depois de ouvida a Fazenda Pública, poderá, de ofício, reconhecer a prescrição intercorrente e decretá-la de imediato.

► § 4º acrescido pela Lei nº 11.051, de 29-12-2004.

► Súmulas nºs 314 e 409 do STJ.

§ 5º A manifestação prévia da Fazenda Pública prevista no § 4º deste artigo será dispensada no caso de cobranças judiciais cujo valor seja inferior ao mínimo fixado por ato do Ministro de Estado da Fazenda.

► § 5º acrescido pela Lei nº 11.960, de 29-6-2009.

Art. 41. O processo administrativo correspondente à inscrição de Dívida Ativa, à execução fiscal ou à ação proposta contra a Fazenda Pública será mantido na repartição competente, dele se extraindo as cópias autenticadas ou certidões, que forem requeridas pelas partes ou requisitadas pelo juiz ou pelo Ministério Público.

Parágrafo único. Mediante requisição do juiz à repartição competente, com dia e hora previamente marcados, poderá o processo administrativo ser exibido, na sede do juízo, pelo funcionário para esse fim designado, lavrando o serventuário termo da ocorrência, com indicação, se for o caso, das peças a serem trasladadas.

► Art. 438, II, do CPC/2015.

Art. 42. Revogadas as disposições em contrário, esta Lei entrará em vigor noventa dias após a data de sua publicação.

► Art. 1º desta Lei.

Brasília, 22 de setembro de 1980;
159º da Independência e
92º da República.

João Figueiredo

LEI Nº 6.858, DE 24 DE NOVEMBRO DE 1980

Dispõe sobre o pagamento, aos dependentes ou sucessores, de valores não recebidos em vida pelos respectivos titulares.

► Publicada no *DOU* de 25-11-1980.

► Dec. nº 85.845, de 26-3-1981, regulamenta esta Lei.

Art. 1º Os valores devidos pelos empregadores aos empregados e os montantes das contas individuais do Fundo de Garantia do Tempo de Serviço e do Fundo de Participação PIS-PASEP, não recebidos em vida pelos respectivos titulares, serão pagos, em quotas iguais, aos dependentes habilitados perante a Previdência Social ou na forma da legislação específica dos servidores civis e militares, e, na sua falta, aos sucessores previstos na lei civil, indicados em alvará judicial, independentemente de inventário ou arrolamento.

§ 1º As quotas atribuídas a menores ficarão depositadas em caderneta de poupança, rendendo juros e correção monetária, e só serão disponíveis após o menor completar dezoito anos, salvo autorização do Juiz para aquisição de imóvel destinado à residência do menor e de sua família ou para dispêndio necessário à subsistência e educação do menor.

§ 2º Inexistindo dependentes ou sucessores, os valores de que trata este artigo reverterão em favor, respectivamente, do Fundo de Previdência e Assistência Social, do Fundo de Garantia do Tempo de Serviço ou do Fundo de Participação PIS-PASEP, conforme se tratar de quantias devidas pelo empregador ou de contas de FGTS e do Fundo PIS-PASEP.

Art. 2º O disposto nesta Lei se aplica às restituições relativas ao Imposto de Renda e outros tributos, recolhidos por pessoa física, e, não existindo outros bens sujeitos a inventário, aos saldos bancários e de contas de cadernetas de poupança e fundos de investimento de valor até quinhentas Obrigações do Tesouro Nacional.

Parágrafo único. Na hipótese de inexistirem dependentes ou sucessores do titular, os valores referidos neste artigo reverterão em favor do Fundo de Previdência e Assistência Social.

Art. 3º Esta Lei entrará em vigor na data de sua publicação.

Art. 4º Revogam-se as disposições em contrário.

Brasília, 24 de novembro de 1980;
159º da Independência e
92º da República.

João Figueiredo

DECRETO Nº 87.043, DE 22 DE MARÇO DE 1982

Regulamenta o Decreto-Lei nº 1.422, de 23 de outubro de 1975, que dispõe sobre o cumprimento do artigo 178 da Constituição por empresas e empregadores de toda natureza, mediante a manutenção do ensino de 1º Grau gratuito ou recolhimento da contribuição do salário-educação.

(EXCERTOS)

► Publicado no *DOU* de 23-3-1982.

Art. 1º As empresas comerciais, industriais e agrícolas são obrigadas a manter o ensino de 1º Grau gratuito para seus empregados e para os filhos destes, entre os sete e quatorze anos, ou a concorrer para esse fim, mediante a contribuição do salário-educação.

Art. 2º O salário-educação, previsto no artigo 178 da Constituição, instituído pela Lei nº 4.440, de 27 de outubro de 1964, e reestruturado pelo Decreto-Lei nº 1.422, de 23 de outubro de 1975, é uma contribuição patronal devida pelas empresas comerciais, industriais e agrícolas e destinada ao financiamento do ensino de 1º Grau dos empregados de qualquer idade, e dos filhos destes, na faixa etária dos sete aos quatorze anos, suplementando os recursos públicos destinados à manutenção e ao desenvolvimento desse grau de ensino.

► Refere-se à CF/1967. Trata da matéria atualmente o art. 212, § 5º, da CF.

Parágrafo único. Consideram-se empresas, para os efeitos desta regulamentação, em relação à Previdência Social, Urbana e Rural, respectivamente:

I – o empregador, como tal definido no artigo 2º da Consolidação das Leis do Trabalho e no artigo 4º da Lei nº 3.807, de 26 de agosto de 1960, com redação dada pelo artigo 1º da Lei nº 5.890, de 8 de junho de 1973;

II – a empresa, o empregador e o produtor rurais, como tal definidos no Estatuto da Terra, item VI do artigo 4º da Lei nº 4.504, de 30 de novembro de 1964, no § 1º do artigo 1º da Lei nº 6.260, de 6 de novembro de 1975, e no item *b* do § 1º do artigo 3º da Lei Complementar nº 11, de 25 de maio de 1971, dos quais se origine o produto rural mencionado no § 1º do artigo 15 da Lei Complementar nº 11, de 25 de maio de 1971;

III – todas as demais empresas e entidades públicas, sociedades de economia mista e empresas privadas, vinculadas à Previdência Social.

Art. 3º O salário-educação é estipulado com base no custo de ensino de 1º Grau, cabendo a todas as empresas vinculadas à Previdência Social, Urbana e Rural, respectivamente, recolher:

I – dois e meio por cento sobre a folha de salário de contribuição, definido na legislação previdenciária, e sobre a soma dos salários-base dos titulares sócios e diretores, constantes dos carnês de contribuintes individuais;

II – oito décimos por cento sobre o valor comercial dos produtos rurais definidos no § 1º, do artigo 15, da Lei Complementar nº 11, de 25 de maio de 1971.

§ 1º A incidência do salário-educação sobre os valores dos salários-base de titulares, sócios e diretores somente ocorrerá quando houver contribuições para o Instituto de Administração Financeira da Previdência e Assistência Social, em virtude de pagamentos pelas empresas a empregados ou autônomos.

§ 2º O cálculo da contribuição mencionada no item I deste artigo incidirá sobre os valores da folha de salário de contribuição somados aos dos salários-base lançados nos carnês de contribuintes individuais, até o limite máximo de exigência das contribuições previdenciárias.

§ 3º A contribuição de oito décimos por cento mencionada no item II deste artigo será adicional à fixada no item I do artigo 15 da Lei Complementar nº 11, de 25 de maio de 1971, e deverá ser recolhida na mesma guia, nas mesmas condições e sob as mesmas sanções.

§ 4º As alíquotas da contribuição a que se refere este artigo poderão ser alteradas mediante demonstração pelo Fundo Nacional de Desenvolvimento da Educação, da variação do custo efetivo do ensino de 1º Grau.

§ 5º Integram a receita do salário-educação as multas, a correção monetária e os juros de mora a que estão sujeitos os contribuintes em atraso com o pagamento da contribuição.

....

Art. 8º Estão, respectivamente, excluídas ou isentas do recolhimento da contribuição do salário-educação:

I – a União, os Estados, o Distrito Federal, os Territórios e os Municípios, bem como suas respectivas autarquias;

II – as instituições oficiais de ensino de qualquer grau;

III – as instituições particulares de ensino de qualquer grau, devidamente autorizadas ou reconhecidas, mediante apresentação dos atos de registro nos órgãos próprios do sistema de ensino;

IV – as organizações hospitalares e de assistência social, desde que portadoras do Certificado de Fins Filantrópicos expedido pelo órgão competente, na forma do disposto no Decreto-Lei nº 1.572, de 1º de setembro de 1977;

V – as organizações de fins culturais que, através de portaria do Ministro da Educação e Cultura, venham a ser reconhecidas como de significação relevante para o desenvolvimento cultural do País.

Art. 9º As empresas poderão deixar de recolher a contribuição do salário-educação ao Instituto de Administração Financeira da Previdência e Assistência Social quando optarem pela manutenção do ensino de 1º Grau, quer regular, quer supletivo, através de:

a) escola própria gratuita para os seus empregados ou para os filhos destes, e, havendo vaga, para quaisquer crianças, adolescentes e adultos;

b) programa de bolsas tendo em vista a aquisição de vagas na rede de ensino particular de 1º Grau para seus empregados e os filhos destes, recolhendo, para esse efeito, no FNDE, a importância correspondente ao valor mensal devido a título de salário-educação;

c) indenização das despesas realizadas pelo próprio empregado com sua educação de 1º Grau, pela via supletiva, fixada nos limites estabelecidos no § 1º do artigo 10 deste Decreto, e comprovada por meio de apresentação do respectivo certificado;

d) identificação para os filhos de seus empregados, entre sete e quatorze anos, mediante comprovação da frequência em estabelecimentos pagos, fixada nos mesmos limites da alínea anterior;

e) esquema misto, usando combinações das alternativas anteriores.

Parágrafo único. As operações concernentes à receita e à despesa com o recolhimento do salário-educação e com a manutenção direta ou indireta do ensino, previstas no artigo 3º e neste artigo deverão ser lançadas sob o título "*Salário-Educação*", na escrituração tanto da empresa quanto da escola, ficando sujeitas à fiscalização, nos termos do artigo 3º deste Decreto e demais normas aplicáveis.

Art. 10. São condições para a opção a que se refere o artigo anterior:

I – responsabilidade integral, pela empresa, das despesas com a manutenção do ensino, direta ou indiretamente;

II – equivalência dessas despesas ao total da contribuição correspondente ao salário-educação respectivo;

III – prefixação de vagas em número equivalente ao quociente da divisão da importância correspondente a dois e meio por cento da folha mensal do salário de contribuição pelo preço da vaga de ensino de 1º Grau a ser fixado anualmente pelo Fundo Nacional de Desenvolvimento da Educação.

§ 1º O preço fixado passa a ser, para os beneficiários do sistema, o valor da anuidade, não sendo o aluno obrigado a efetivar qualquer complementação, cabendo ainda à empresa, à escola e à família zelar, solidariamente, por sua frequência e aproveitamento.

§ 2º As variações para menos, decorrentes da matrícula efetiva ou de alterações nas folhas do salário de contribuição serão compensadas, mediante o recolhimento da diferença no Banco do Brasil S/A, à conta do Fundo Nacional de Desenvolvimento da Educação, para distribuição na forma do artigo 5º deste Decreto.

Art. 11. A cobertura financeira necessária ao cumprimento do disposto no artigo 9º será efetuada:

I – no caso da alínea *a*, mensalmente, pela empresa, à sua escola;

II – no caso da alínea *b*, trimestralmente e diretamente à escola, pelo Fundo Nacional de Desenvolvimento da Educação;

III – no caso das alíneas *c* e *d*, semestralmente e diretamente aos beneficiários ou responsáveis pelos mesmos, pela empresa.

§ 1º As empresas optantes deverão efetuar, mensalmente, ao Fundo Nacional de Desenvolvimento da Educação, o recolhimento da diferença referida no § 2º do artigo 10, entre o valor gerado e o valor aplicado nas formas de opção previstas nas alíneas *a*, *c*, *d* e *e* do artigo 9º, para distribuição na forma do artigo 5º deste Decreto.

§ 2º *Revogado*. Dec. nº 994, de 25-11-1993.

Art. 12. A autorização para a forma alternativa de cumprimento da obrigação patronal, referida no artigo 9º deste Decreto, será o documento mediante o qual a empresa faz a opção prevista no artigo 178 da Constituição, devidamente protocolado no Ministério da Educação e Cultura, tudo de conformidade com as instruções que, para tal fim, forem baixadas pelo Fundo Nacional de Desenvolvimento da Educação.

§ 1º O documento a que se refere este artigo comprovará, perante os órgãos fiscalizadores, o cumprimento formal da obrigação fixada no artigo 1º deste Decreto.

§ 2º Compete ao Fundo Nacional de Desenvolvimento da Educação comunicar ao Instituto de Administração Financeira da Previdência e Assistência Social quais as empresas optantes pelo cumprimento da obrigação constitucional sob a forma de manutenção direta ou indireta de ensino.

Art. 13. Cabe ao Instituto Nacional do Seguro Social a arrecadação bem como a fiscalização do salário-educação e da manutenção direta ou indireta de ensino pelas empresas, obedecidos os mesmos prazos e mesmas sanções administrativas e penais, e as demais normas das contribuições destinadas ao custeio da Previdência Social.

Parágrafo único. A fiscalização a ser exercida pelo Fundo Nacional de Desenvolvimento da Educação, sem prejuízo das atribuições dos Tribunais de Contas da União, dos Estados e Distrito Federal, das Secretarias de Educação das Unidades da Federação e do Instituto de Administração Financeira da Previdência e Assistência Social, este na forma do *caput* deste artigo, incidirá sobre todas as fases de arrecadação, transferência e manutenção direta ou indireta de ensino, conforme disposto neste Decreto.

Art. 14. Fica suspensa, até ulterior deliberação, a cobrança da contribuição do salário-educação sobre a soma dos salários-base dos titulares, sócios e diretores e sobre o valor comercial dos produtos rurais, prevista nos itens I, *in fine*, e II do artigo 3º deste Decreto.

Art. 15. Este Decreto entra em vigor na data de sua publicação, revogados o Decreto nº 76.923, de 26 de dezembro de 1975, e demais disposições em contrário.

Brasília, 22 de março de 1982;
161º da Independência e
94º da República

João Figueiredo

LEI Nº 6.986, DE 13 DE ABRIL DE 1982

Altera a denominação da categoria funcional de Inspetor do Trabalho, dispõe sobre o pagamento de Gratificação de Produtividade nos casos que menciona, eleva as multas previstas na Consolidação das Leis do Trabalho e dá outras providências.

(EXCERTOS)

► Publicada no *DOU* de 14-4-1982.

....

Art. 7º As multas por infração aos preceitos da Consolidação das Leis do Trabalho ficam elevadas em dez vezes o seu valor.

....

Art. 9º Esta Lei entra em vigor na data de sua publicação, exceto o artigo 7º, que entrará em vigor no prazo de noventa dias, a contar do primeiro dia do mês seguinte ao da sua publicação.

Art. 10. Revogam-se as disposições em contrário.

Brasília, 13 de abril de 1982;
161º da Independência e
94º da República.

João Figueiredo

LEI Nº 7.064, DE 6 DE DEZEMBRO DE 1982

Dispõe sobre a situação dos trabalhadores contratados ou transferidos para prestar serviços no exterior.

► Publicada no *DOU* de 7-12-1982 e retificada no *DOU* de 13-12-1982.

CAPÍTULO I

INTRODUÇÃO

Art. 1º Esta Lei regula a situação de trabalhadores contratados no Brasil ou transferidos por seus empregadores para prestar serviço no exterior.

► *Caput* com a redação dada pela Lei nº 11.962, de 3-7-2009.

Parágrafo único. Fica excluído do regime desta Lei o empregado designado para prestar serviços de natureza transitória, por período não superior a noventa dias, desde que:

a) tenha ciência expressa dessa transitoriedade;

b) receba, além da passagem de ida e volta, diárias durante o período de trabalho no exterior, as quais, seja qual for o respectivo valor, não terão natureza salarial.

CAPÍTULO II

DA TRANSFERÊNCIA

Art. 2º Para os efeitos desta Lei, considera-se transferido:

I – o empregado removido para o exterior, cujo contrato estava sendo executado no território brasileiro;

II – o empregado cedido a empresa sediada no estrangeiro, para trabalhar no exterior, desde que mantido o vinculo trabalhista com o empregador brasileiro;

III – o empregado contratado por empresa sediada no Brasil para trabalhar a seu serviço no exterior.

Art. 3º A empresa responsável pelo contrato de trabalho do empregado transferido assegurar-lhe-á, independentemente da observância da legislação do local da execução dos serviços:

I – os direitos previstos nesta Lei;

II – a aplicação da legislação brasileira de proteção ao trabalho, naquilo que não for incompatível com o disposto nesta Lei, quando mais favorável do que a legislação territorial, no conjunto de normas e em relação a cada matéria.

Parágrafo único. Respeitadas as disposições especiais desta Lei, aplicar-se-á a legislação brasileira sobre Previdência Social, Fundo de Garantia do Tempo de Serviço (FGTS) e Programa de Integração Social (PIS/PASEP).

Art. 4º Mediante ajuste escrito, empregador e empregado fixarão os valores do salário-base e do adicional de transferência.

§ 1º O salário-base ajustado na forma deste artigo fica sujeito aos reajustes e aumentos compulsórios previstos na legislação brasileira.

§ 2º O valor do salário-base não poderá ser inferior ao mínimo estabelecido para a categoria profissional do empregado.

§ 3º Os reajustes e aumentos compulsórios previstos no § 1º incidirão exclusivamente sobre os valores ajustados em moeda nacional.

Art. 5º O salário-base do contrato será obrigatoriamente estipulado em moeda nacional, mas a remuneração devida durante a transferência do empregado, computado o adicional de que trata o artigo anterior, poderá, no todo ou em parte, ser paga no exterior, em moeda estrangeira.

§ 1º Por opção escrita do empregado, a parcela da remuneração a ser paga em moeda nacional poderá ser depositada em conta bancária.

§ 2º É assegurada ao empregado, enquanto estiver prestando serviços no exterior, a conversão e remessa dos correspondentes valores para o local de trabalho, observado o disposto em regulamento.

► Arts. 143 a 150 do Dec. nº 10.854, de 10-11-2021, que regulamenta disposições relativas à legislação trabalhista.

Art. 6º Após dois anos de permanência no exterior, será facultado ao empregado gozar anualmente férias no Brasil, correndo por conta da empresa empregadora, ou para a qual tenha sido cedido, o custeio da viagem.

§ 1º O custeio de que trata este artigo se estende ao cônjuge e aos demais dependentes do empregado com ele residentes.

§ 2º O disposto neste artigo não se aplicará ao caso de retorno definitivo do empregado antes da época do gozo das férias.

Art. 7º O retorno do empregado ao Brasil poderá ser determinado pela empresa quando:

I – não se tornar mais necessário ou conveniente o serviço do empregado no exterior;

II – der o empregado justa causa para a rescisão do contrato.

Parágrafo único. Fica assegurado ao empregado seu retorno ao Brasil, ao término do prazo da transferência ou, antes deste; na ocorrência das seguintes hipóteses:

a) após três anos de trabalho contínuo;

b) para atender à necessidade grave de natureza familiar, devidamente comprovada;

c) por motivo de saúde, conforme recomendação constante de laudo médico;

d) quando der o empregador justa causa para a rescisão do contrato;

e) na hipótese prevista no inciso I deste artigo.

Art. 8º Cabe à empresa o custeio do retorno do empregado.

Parágrafo único. Quando o retorno se verificar, por iniciativa do empregado, ou quando der justa causa para rescisão do contrato, ficará ele obrigado ao reembolso das respectivas despesas, ressalvados os casos previstos no parágrafo único do artigo anterior.

Art. 9º O período de duração da transferência será computado no tempo de serviço do empregado para todos os efeitos da legislação brasileira, ainda que a lei local de prestação do serviço considere essa prestação como resultante de um contrato autônomo e determine a liquidação dos direitos oriundos da respectiva cessação.

§ 1º Na hipótese de liquidação de direitos prevista neste artigo, a empresa empregadora fica autorizada a deduzir esse pagamento dos depósitos do FGTS em nome do empregado, existentes na conta vinculada de que trata o artigo 2º da Lei nº 5.107, de 13 de setembro de 1966.

§ 2º Se o saldo da conta a que se refere o parágrafo anterior não comportar a dedução ali mencionada, a diferença poderá ser novamente deduzida do saldo dessa conta quando da cessação, no Brasil, do respectivo contrato de trabalho.

§ 3º As deduções acima mencionadas, relativamente ao pagamento em moeda estrangeira, serão calculadas mediante conversão em cruzeiros ao câmbio do dia em que se operar o pagamento.

§ 4º O levantamento pelo empregador, decorrente da dedução acima prevista, dependerá de homologação judicial.

► Arts. 143 a 150 do Dec. nº 10.854, de 10-11-2021, que regulamenta disposições relativas à legislação trabalhista.

Art. 10. O adicional de transferência, as prestações *in natura*, bem como quaisquer outras vantagens a que fizer jus o empregado em função de sua permanência no exterior, não serão devidas após seu retorno ao Brasil.

Art. 11. Durante a prestação de serviços no exterior não serão devidas, em relação aos empregados transferidos, as contribuições referentes a: Salário-Educação, Serviço Social da Indústria, Serviço Social do Comércio, Serviço Nacional de Aprendizagem Comercial, Serviço Nacional de Aprendizagem Industrial e Instituto Nacional de Colonização e de Reforma Agrária.

▶ OJ da SBDI-I nº 232 do TST.

Capítulo III

DA CONTRATAÇÃO POR EMPRESA ESTRANGEIRA

Art. 12. A contratação de trabalhador, por empresa estrangeira, para trabalhar no exterior está condicionada à prévia autorização do Ministério do Trabalho.

▶ Arts. 143 a 150 do Dec. nº 10.854, de 10-11-2021, que regulamenta disposições relativas à legislação trabalhista.

Art. 13. A autorização a que se refere o artigo 12 somente poderá ser dada a empresa de cujo capital participe, em pelo menos cinco por cento, pessoa jurídica domiciliada no Brasil.

Art. 14. Sem prejuízo da aplicação das leis do país da prestação dos serviços, no que respeita a direitos, vantagens e garantias trabalhistas e previdenciárias, a empresa estrangeira assegurará ao trabalhador os direitos a ele conferidos neste Capítulo.

Art. 15. Correrão obrigatoriamente por conta da empresa estrangeira as despesas de viagem de ida e volta do trabalhador ao exterior, inclusive a dos dependentes com ele residentes.

Art. 16. A permanência do trabalhador no exterior não poderá ser ajustada por período superior a três anos, salvo quando for assegurado a ele e a seus dependentes o direito de gozar férias anuais no Brasil, com despesas de viagem pagas pela empresa estrangeira.

Art. 17. A empresa estrangeira assegurará o retorno definitivo do trabalhador ao Brasil quando:

I – houver terminado o prazo de duração do contrato, ou for o mesmo rescindido;

II – por motivo de saúde do trabalhador, devidamente comprovado por laudo médico oficial que o recomende.

Art. 18. A empresa estrangeira manterá no Brasil procurador bastante, com poderes especiais de representação, inclusive o de receber citação.

Art. 19. A pessoa jurídica domiciliada no Brasil a que alude o artigo 13 será solidariamente responsável com a empresa estrangeira por todas as obrigações decorrentes da contratação do trabalhador.

Art. 20. O aliciamento de trabalhador domiciliado no Brasil, para trabalhar no exterior, fora do regime desta Lei, configurará o crime previsto no artigo 206 do Código Penal Brasileiro.

Capítulo IV

DISPOSIÇÕES COMUNS E FINAIS

Art. 21. As empresas de que trata esta Lei farão, obrigatoriamente, seguro de vida e acidentes pessoais a favor do trabalhador, cobrindo o período a partir do embarque para o exterior, até o retorno ao Brasil.

Parágrafo único. O valor do seguro não poderá ser inferior a doze vezes o valor da remuneração mensal do trabalhador.

Art. 22. As empresas a que se refere esta Lei garantirão ao empregado, no local de trabalho no exterior ou próximo a ele, serviços gratuitos e adequados de assistência médica e social.

Art. 23. Serão regulamentadas no prazo de noventa dias as disposições dos artigos 5º, § 2º, 9º, §§ 1º a 4º, e 12.

Art. 24. Esta Lei entra em vigor na data de sua publicação, revogadas as disposições em contrário.

Brasília, 6 de dezembro de 1982;
161º da Independência e
94º da República

João Figueiredo

LEI Nº 7.195, DE 12 DE JUNHO DE 1984

Dispõe sobre a responsabilidade civil das agências de empregados domésticos.

▶ Publicada no *DOU* de 13-6-1984.

Art. 1º As agências especializadas na indicação de empregados domésticos são civilmente responsáveis pelos atos ilícitos cometidos por estes no desempenho de suas atividades.

Art. 2º No ato da contratação, a agência firmará compromisso com o empregador, obrigando-se a reparar qualquer dano que venha a ser praticado pelo empregado contratado, no período de um ano.

Art. 3º Esta Lei entra em vigor na data de sua publicação.

Art. 4º Revogam-se as disposições em contrário.

Brasília, 12 de junho de 1984;
163º da Independência e
96º da República.
João Figueiredo

DECRETO Nº 90.927, DE 7 DE FEVEREIRO DE 1985

Regulamenta a assiduidade profissional dos trabalhadores avulsos que menciona, e dá outras providências.

► Publicado no *DOU* de 8-2-1985.

Art. 1º Os trabalhadores avulsos nos serviços de estiva de bloco, conserto, conferência e vigilância portuária, que exercem atividades nos portos, ficam sujeitos ao regime de assiduidade previsto neste Decreto.

Art. 2º Entende-se como assiduidade a obrigação dos trabalhadores avulsos, especificados no artigo anterior, de atender à escalação para realizar os serviços que lhes forem atribuídos, de acordo com o rodízio numérico organizado pelos sindicatos.

Art. 3º A cada sindicato representativo de categoria profissional cabe escalar os trabalhadores requisitados, obedecido o rodízio numérico estabelecido, de modo que as oportunidades de trabalho sejam obrigatoriamente distribuídas entre todos.

Art. 4º O rodízio numérico referido no artigo anterior será organizado obrigatoriamente pelos sindicatos de cada categoria, no prazo máximo de cento e oitenta dias, contados a partir da vigência deste Decreto e necessariamente aprovado pelos Conselhos Regionais do Trabalho Marítimo.

§ 1º Caso os sindicatos não o submetam à aprovação em tempo hábil, o rodízio referido no *caput* deste artigo será organizado e aprovado pelos Conselhos Regionais do Trabalho Marítimo.

§ 2º O disposto neste artigo não prejudica a aplicação das normas rodiziárias existentes, até que entrem em vigor as expedidas na forma deste Decreto.

Art. 5º A média aritmética das horas trabalhadas em cada categoria, no bimestre, fornecerá a base de aferição da assiduidade referida no artigo 1º.

Parágrafo único. A média aritmética será calculada pelas respectivas Delegacias do Trabalho Marítimo a cada bimestre, na razão entre a soma das horas remuneradas constantes de folhas de pagamento e o número de trabalhadores sindicalizados do quadro fixado.

Art. 6º O trabalhador avulso, sujeito às normas deste Decreto, será considerado como assíduo se atingir no bimestre um número de horas de efetivo trabalho igual ou superior ao obtido pela aplicação de uma taxa percentual sobre a média aritmética referida no artigo 5º.

Parágrafo único. A taxa percentual a que alude o *caput* deste artigo será fixada pelo Conselho Superior do Trabalho Marítimo através de resolução normativa, atendidas as peculiaridades regionais.

Art. 7º O trabalhador que, sem justa causa, deixar de atingir o mínimo de assiduidade estabelecido neste Decreto, ficará sujeito às seguintes penalidades:

I – pela primeira falta de assiduidade, exclusão do rodízio, a que se refere o artigo 3º, por quatro dias consecutivos, quando lhe couber ser engajado, respeitada a ordem de formação;

II – pela primeira e subsequentes reincidências, em falta de assiduidade, exclusão do rodízio, a que se refere o artigo 3º, por um bimestre; e

III – cancelamento da matrícula, nos casos indicados e forma prevista no artigo 8º.

§ 1º As penalidades estabelecidas nos incisos I e II, do *caput*, deste artigo, serão aplicadas diretamente pelo Delegado do Trabalho Marítimo, mediante procedimento sumário, assegurando-se ao inassíduo amplo direito de defesa, conforme previsto no *caput* do artigo 12.

§ 2º O prazo para o cumprimento das penalidades referentes à exclusão de rodízio começará a contar setenta e duas horas após a data da publicação da decisão proferida, ocasião em que o sindicato da categoria recolherá à DTM o cartão de matrícula do associado punido.

Art. 8º A pena de cancelamento de matrícula a que se refere o inciso III do artigo 7º, será aplicada ao trabalhador que em três bimestres consecutivos ou alternados, em setecentos e trinta dias sucessivos não obtiver os índices de assiduidade mínima prescritos neste Decreto.

Parágrafo único. A penalidade de cancelamento de matrícula será aplicada pelo Conselho Regional do Trabalho Marítimo através de processo administrativo, em que seja assegurado ao inassíduo amplo direito de defesa.

Art. 9º Transcorridos setecentos e trinta dias sucessivos de exercício profissional, com assiduidade, as faltas anteriormente registradas para efeito dos incisos I e II do artigo 7º serão automaticamente canceladas, iniciando-se nova contagem.

Art. 10. Desde que devidamente comprovadas junto à DTM, serão computadas na avaliação de assiduidade mínima, prevista neste Decreto, as seguintes situações:

I – ausência decorrente de licença concedida por escrito pelo Delegado do Trabalho Marítimo;

II – ausência decorrente de cumprimento de penalidade imposta pelo Delegado do Trabalho Marítimo ou Conselho Regional do Trabalho Marítimo;

III – ausência decorrente de doença comprovada por atestado da autoridade competente da Previdência Social;

IV – ausência decorrente de acidente de trabalho comprovada por guia autenticada por Fiscal em exercício na Delegacia do Trabalho Marítimo do local de trabalho do avulso;

V – ausência decorrente do exercício de cargo de administração sindical ou exercício de mandato em órgão colegiado oficial; e

VI – outras ausências legalmente permitidas.

Parágrafo único. Cada dia de ausência justificada na forma deste artigo será considerada para fins de obtenção de assiduidade mínima, como sendo jornada de oito horas.

Art. 11. As entidades encarregadas do processamento das folhas de pagamento dos trabalhadores abrangidos por este Decreto, enviarão cópias ou resumo das mesmas, mensalmente, até o dia 10 do mês subsequente, às respectivas Delegacias do Trabalho Marítimo.

Art. 12. As justificativas previstas no artigo 10 deverão ser apresentadas pelos interessados, em sua defesa, ao sindicato da categoria.

§ 1º Após o recebimento da relação dos trabalhadores inassíduos no respectivo bimestre, o sindicato da categoria terá prazo de dez dias para enviar à Delegacia do Trabalho Marítimo as justificativas admitidas pelo artigo 10 e referentes aos trabalhadores constantes da relação.

§ 2º Será considerado em falta com seus deveres sindicais, sujeitando-se às penalidades previstas na legislação em vigor, o dirigente sindical que deixar de cumprir o disposto no § 1º deste artigo.

Art. 13. Incorrerá nas penalidades previstas no Decreto-Lei nº 3.346, de 12 de junho de 1941, o trabalhador que no exercício de função de direção ou chefia frustrar, impedir, ou por qualquer modo fraudar o regime de assiduidade estabelecido neste Decreto.

Art. 14. Todo trabalhador avulso que tiver sua matrícula cancelada, por infração às disposições deste Decreto, somente poderá ser readmitido após decorridos setecentos e trinta dias do cancelamento, desde que:

I – requeira seu retorno ao Delegado do Trabalho Marítimo do porto onde se processou o cancelamento;

II – comprove estar dentro da idade-limite, ter aptidão física e declare, de próprio punho, não estar condenado por sentença transitada em julgado à pena restritiva de liberdade; e

III – haja vaga no quadro fixado pela Delegacia do Trabalho Marítimo para a categoria.

Parágrafo único. O requerimento a que se refere este artigo será despachado pelo Delegado do Trabalho Marítimo, em ordem cronológica de entrada, uma vez preenchidos todos os requisitos legais para a readmissão.

Art. 15. O Conselho Superior do Trabalho Marítimo baixará as instruções complementares, que se fizerem necessárias para o adequado cumprimento deste Decreto.

Art. 16. O disposto neste Decreto não prejudicará a aplicação de outras sanções previstas em normas rodiziárias existentes ou que venham a ser estabelecidas em cada porto, em cumprimento ao artigo 4º.

Art. 17. O presente Decreto entrará em vigor trinta dias após sua publicação, revogadas as disposições em contrário.

Brasília, 7 de fevereiro de 1985;
164º da Independência e
97º da República

João Figueiredo

LEI Nº 7.347, DE 24 DE JULHO DE 1985

Disciplina a ação civil pública de responsabilidade por danos causados ao meio ambiente, ao consumidor, a bens e direitos de valor artístico, estético, histórico, turístico e paisagístico (VETADO) e dá outras providências.

- Publicada no *DOU* de 25-7-1985.
- Art. 129, III, da CF.
- Lei nº 4.717, de 29-6-1965 (Lei da Ação Popular).
- Lei nº 7.797, de 10-7-1989 (Lei do Fundo Nacional de Meio Ambiente).
- Lei nº 12.016, de 7-8-2009 (Lei do Mandado de Segurança Individual e Coletivo).
- Súm. nº 489 do STJ.

Art. 1º Regem-se pelas disposições desta Lei, sem prejuízo da ação popular, as ações de responsabilidade por danos morais e patrimoniais causados:

- *Caput* com a redação dada pela Lei nº 12.529, de 30-11-2011.
- Art. 5º, LXXIII, da CF.
- Lei nº 4.717, de 29-6-1965 (Lei da Ação Popular).
- Lei nº 7.853, de 24-10-1989 (Lei de Apoio às Pessoas Portadoras de Deficiência).
- Lei nº 7.913, de 7-12-1989, dispõe sobre a ação civil pública de responsabilidade por danos causados aos investidores no mercado de valores mobiliários.
- Súmulas nºs 37 e 329 do STJ.

I – ao meio ambiente;

- Arts. 200, VIII, e 225 da CF.
- Lei nº 9.605, de 12-2-1998 (Lei dos Crimes Ambientais).

II – ao consumidor;

- Arts. 81 e 90 do CDC.
- Súm. nº 643 do STF.

III – aos bens e direitos de valor artístico, estético, histórico, turístico e paisagístico;

IV – a qualquer outro interesse difuso ou coletivo;

- Inciso IV acrescido pela Lei nº 8.078, de 11-9-1990.
- Arts. 208 a 224 do ECA.
- Lei nº 7.853, de 24-10-1989 (Lei de Apoio às Pessoas Portadoras de Deficiência), regulamentada pelo Dec. nº 3.298, de 20-12-1999.

V – por infração da ordem econômica;

- Inciso V com a redação dada pela Lei nº 12.529, de 30-11-2011.
- Lei nº 7.913, de 7-12-1989, dispõe sobre ação civil de responsabilidade por danos causados aos investidores no mercado de valores imobiliários.

VI – à ordem urbanística;

- Incisos V e VI com a redação dada pela MP nº 2.180-35, de 24-8-2001, que até o encerramento desta edição não havia sido convertida em Lei.
- Lei nº 10.257, de 10-7-2001 (Estatuto da Cidade).
- Súm. nº 329 do STJ.

VII – à honra e à dignidade de grupos raciais, étnicos ou religiosos;

- Inciso VII acrescido pela Lei nº 12.966, de 24-4-2014.

VIII – ao patrimônio público e social.

- Inciso VIII acrescido pela Lei nº 13.004, de 24-6-2014.

Parágrafo único. Não será cabível ação civil pública para veicular pretensões que envolvam tributos, contribuições previdenciárias, o Fundo de Garantia do Tempo de Serviço – FGTS ou outros fundos de natureza institucional cujos beneficiários podem ser individualmente determinados.

- Parágrafo único acrescido pela MP nº 2.180-35, de 24-8-2001, que até o encerramento desta edição não havia sido convertida em Lei.

Art. 2º As ações previstas nesta Lei serão propostas no foro do local onde ocorrer o dano, cujo juízo terá competência funcional para processar e julgar a causa.

- Art. 109, § 3º, da CF.
- Art. 93 do CDC.
- Art. 53, IV, *a*, do CPC/2015.
- OJ da SBDI-II nº 130 do TST.

Parágrafo único. A propositura da ação prevenirá a jurisdição do juízo para todas as ações posteriormente intentadas que possuam a mesma causa de pedir ou o mesmo objeto.

- Parágrafo único acrescido pela MP nº 2.180-35, de 24-8-2001, que até o encerramento desta edição não havia sido convertida em Lei.

Art. 3º A ação civil poderá ter por objeto a condenação em dinheiro ou o cumprimento de obrigação de fazer ou não fazer.

- Art. 84 do CDC.

Art. 4º Poderá ser ajuizada ação cautelar para os fins desta Lei, objetivando, inclusive, evitar dano ao patrimônio público e social, ao meio ambiente, ao consumidor, à honra e à dignidade de grupos raciais, étnicos ou religiosos, à ordem urbanística ou aos bens e direitos de valor artístico, estético, histórico, turístico e paisagístico.

- Artigo com a redação dada pela Lei nº 13.004, de 24-6-2014.
- Art. 84, § 3º, do CDC.

► Arts. 300 a 310 e de 497 a 501 do CPC/2015.

Art. 5º Têm legitimidade para propor a ação principal e a ação cautelar:

► *Caput* com a redação dada pela Lei nº 11.448, de 15-1-2007.

I – o Ministério Público;

► Súm. nº 643 do STF.

► Súm. nº 329 do STJ.

II – a Defensoria Pública;

► Incisos I e II com a redação dada pela Lei nº 11.448, de 15-1-2007.

III – a União, os Estados, o Distrito Federal e os Municípios;

IV – a autarquia, empresa pública, fundação ou sociedade de economia mista;

► Incisos III e IV acrescidos pela Lei nº 11.488, de 15-1-2007.

V – a associação que, concomitantemente:

► *Caput* do inciso V acrescido pela Lei nº 11.488, de 15-1-2007.

a) esteja constituída há pelo menos 1 (um) ano nos termos da lei civil;

► Alínea *a* acrescida pela Lei nº 11.488, de 15-1-2007.

► Arts. 45 e 53 do CC.

b) inclua, entre suas finalidades institucionais, a proteção ao patrimônio público e social, ao meio ambiente, ao consumidor, à ordem econômica, à livre concorrência, aos direitos de grupos raciais, étnicos ou religiosos ou ao patrimônio artístico, estético, histórico, turístico e paisagístico.

► Alínea *b* com a redação dada pela Lei nº 13.004, de 24-6-2014.

► Art. 5º, XXI e LXX, da CF.

► Art. 82 do CDC.

§ 1º O Ministério Público, se não intervier no processo como parte, atuará obrigatoriamente como fiscal da lei.

► Arts. 176 a 181 do CPC/2015.

► Art. 92 do CDC.

§ 2º Fica facultado ao Poder Público e a outras associações legitimadas nos termos deste artigo habilitar-se como litisconsortes de qualquer das partes.

► Arts. 111 a 118 e 1.005 do CPC/2015.

§ 3º Em caso de desistência infundada ou abandono da ação por associação legitimada, o Ministério Público ou outro legitimado assumirá a titularidade ativa.

► § 3º com a redação dada pela Lei nº 8.078, de 11-9-1990.

§ 4º O requisito da pré-constituição poderá ser dispensado pelo juiz, quando haja manifesto interesse social evidenciado pela dimensão ou característica do dano, ou pela relevância do bem jurídico a ser protegido.

► Art. 82, § 1º, do CDC.

§ 5º Admitir-se-á o litisconsórcio facultativo entre os Ministérios Públicos da União, do Distrito Federal e dos Estados na defesa dos interesses e direitos de que cuida esta Lei.

§ 6º Os órgãos públicos legitimados poderão tomar dos interessados compromisso de ajustamento de sua conduta às exigências legais, mediante cominações, que terá eficácia de título executivo extrajudicial.

► §§ 4º a 6º acrescidos pela Lei nº 8.078, de 11-9-1990.

► Art. 784, IX do CPC/2015.

► Art. 6º do Dec. nº 2.181, de 20-3-1997, que dispõe sobre a organização do Sistema Nacional de Defesa do Consumidor – SNDC, e estabelece normas gerais de aplicação das sanções administrativas previstas no CDC.

Art. 6º Qualquer pessoa poderá e o servidor público deverá provocar a iniciativa do Ministério Público, ministrando-lhe informações sobre fatos que constituam objeto da ação civil e indicando-lhe os elementos de convicção.

► Art. 129, VI, da CF.

► Art. 26, I e IV, da Lei nº 8.625, de 12-2-1993 (Lei Orgânica Nacional do Ministério Público).

Art. 7º Se, no exercício de suas funções, os juízes e tribunais tiverem conhecimento de fatos que possam ensejar a propositura da ação civil, remeterão peças ao Ministério Público para as providências cabíveis.

Art. 8º Para instruir a inicial, o interessado poderá requerer às autoridades competentes as certidões e informações que julgar necessárias, a serem fornecidas no prazo de quinze dias.

► Arts. 319 e 320 do CPC/2015.

§ 1º O Ministério Público poderá instaurar, sob sua presidência, inquérito civil, ou requisitar, de qualquer organismo público ou particular, certidões, informações, exames ou perícias, no prazo que assinalar, o qual não poderá ser inferior a dez dias úteis.

Legislação Complementar

§ 2º Somente nos casos em que a lei impuser sigilo, poderá ser negada certidão ou informação, hipótese em que a ação poderá ser proposta desacompanhada daqueles documentos, cabendo ao juiz requisitá-los.

Art. 9º Se o órgão do Ministério Público, esgotadas todas as diligências, se convencer da inexistência de fundamento para a propositura da ação civil, promoverá o arquivamento dos autos do inquérito civil ou das peças informativas, fazendo-o fundamentadamente.

▶ Art. 223 do ECA.

§ 1º Os autos do inquérito civil ou das peças de informação arquivadas serão remetidos, sob pena de se incorrer em falta grave, no prazo de 3 (três) dias, ao Conselho Superior do Ministério Público.

§ 2º Até que, em sessão do Conselho Superior do Ministério Público, seja homologada ou rejeitada a promoção de arquivamento, poderão as associações legitimadas apresentar razões escritas ou documentos, que serão juntados aos autos do inquérito ou anexados às peças de informação.

§ 3º A promoção de arquivamento será submetida a exame e deliberação do Conselho Superior do Ministério Público, conforme dispuser o seu regimento.

§ 4º Deixando o Conselho Superior de homologar a promoção de arquivamento, designará, desde logo, outro órgão do Ministério Público para o ajuizamento da ação.

Art. 10. Constitui crime, punido com pena de reclusão de um a três anos, mais multa de dez a mil Obrigações Reajustáveis do Tesouro Nacional – ORTN, a recusa, o retardamento ou a omissão de dados técnicos indispensáveis à propositura da ação civil, quando requisitados pelo Ministério Público.

▶ Lei nº 7.730, de 31-1-1989, extinguiu a OTN.

Art. 11. Na ação que tenha por objeto o cumprimento de obrigação de fazer ou não fazer, o juiz determinará o cumprimento da prestação da atividade devida ou a cessação da atividade nociva, sob pena de execução específica, ou de cominação de multa diária, se esta for suficiente ou compatível, independentemente de requerimento do autor.

▶ Art. 497 do CPC/2015.

▶ Art. 84 do CDC.

▶ Art. 2º, I, do Dec. nº 1.306, de 9-11-1994, que regulamenta o Fundo de Defesa de Direitos Difusos.

Art. 12. Poderá o juiz conceder mandado liminar, com ou sem justificação prévia, em decisão sujeita a agravo.

▶ Art. 14 desta Lei.

▶ Arts. 300 a 310 e 1.015 a 1.020 do CPC/2015.

§ 1º A requerimento de pessoa jurídica de direito público interessada, e para evitar grave lesão à ordem, à saúde, à segurança e à economia pública, poderá o Presidente do Tribunal a que competir o conhecimento do respectivo recurso suspender a execução da liminar, em decisão fundamentada, da qual caberá agravo para uma das turmas julgadoras, no prazo de cinco dias a partir da publicação do ato.

▶ Arts. 1.019, I, e 1.012, § 4º do CPC/2015.

▶ Súm. nº 414 do TST.

§ 2º A multa cominada liminarmente só será exigível do réu após o trânsito em julgado da decisão favorável ao autor, mas será devida desde o dia em que se houver configurado o descumprimento.

Art. 13. Havendo condenação em dinheiro, a indenização pelo dano causado reverterá a um fundo gerido por um Conselho Federal ou por Conselhos Estaduais de que participarão necessariamente o Ministério Público e representantes da comunidade, sendo seus recursos destinados à reconstituição dos bens lesados.

§ 1º Enquanto o fundo não for regulamentado, o dinheiro ficará depositado em estabelecimento oficial de crédito, em conta com correção monetária.

▶ Antigo parágrafo único renumerado para § 1º pela Lei nº 12.288, de 20-7-2010.

▶ Lei nº 9.008, de 21-3-1995, cria, na estrutura organizacional do Ministério da Justiça, o Conselho Federal Gestor do Fundo de Defesa de Direitos Difusos.

▶ Dec. nº 1.306, de 9-11-1994, regulamenta o Fundo de Defesa de Direitos Difusos.

§ 2º Havendo acordo ou condenação com fundamento em dano causado por ato de discriminação étnica nos termos do disposto no art. 1º desta Lei, a prestação em dinheiro reverterá diretamente ao fundo de que trata o *caput* e será utilizada para ações de promoção da igualdade étnica, conforme definição do Conselho Nacional de Promoção da Igualdade Racial, na hipótese de extensão nacional, ou dos Conselhos de Promoção de Igualdade Racial estaduais ou locais, nas hipóteses de danos com extensão regional ou local, respectivamente.

► § 2º acrescido pela Lei nº 12.288, de 20-7-2010.

Art. 14. O juiz poderá conferir efeito suspensivo aos recursos, para evitar dano irreparável à parte.

► Arts. 1.019, I, e 1.012, § 4º do CPC/2015.

Art. 15. Decorridos sessenta dias do trânsito em julgado da sentença condenatória, sem que a associação autora lhe promova a execução, deverá fazê-lo o Ministério Público, facultada igual iniciativa aos demais legitimados.

► Artigo com a redação dada pela Lei nº 8.078, de 11-9-1990.

Art. 16. A sentença civil fará coisa julgada *erga omnes*, nos limites da competência territorial do órgão prolator, exceto se o pedido for julgado improcedente por insuficiência de provas, hipótese em que qualquer legitimado poderá intentar outra ação com idêntico fundamento, valendo-se de nova prova.

► Artigo com a redação dada pela Lei nº 9.494, de 19-9-1997.

► Art. 103 do CDC.

► Art. 2º-A da Lei nº 9.494, de 10-9-1997, que disciplina a aplicação da tutela antecipada contra a Fazenda Pública.

Art. 17. Em caso de litigância de má-fé, a associação autora e os diretores responsáveis pela propositura da ação serão solidariamente condenados em honorários advocatícios e ao décuplo das custas, sem prejuízo da responsabilidade por perdas e danos.

► Artigo com a redação dada pela Lei nº 8.078, de 11-9-1990, retificada no *DOU* de 10-1-2007.

► Art. 87, parágrafo único, do CDC.

Art. 18. Nas ações de que trata esta Lei, não haverá adiantamento de custas, emolumentos, honorários periciais e quaisquer outras despesas, nem condenação da associação autora, salvo comprovada má-fé, em honorários de advogado, custas e despesas processuais.

► Artigo com a redação dada pela Lei nº 8.078, de 11-9-1990.

► Art. 87 do CDC.

Art. 19. Aplica-se à ação civil pública, prevista nesta Lei, o Código de Processo Civil, aprovado pela Lei nº 5.869, de 11 de janeiro de 1973, naquilo em que não contrarie suas disposições.

► A Lei nº 13.105, de 16-3-2015 (CPC/2015) revogou a Lei nº 5.869, de 11-1-1973 (CPC/1973) a partir de 1 (um) ano da data de sua publicação, *DOU* 17-3-2015.

Art. 20. O fundo de que trata o artigo 13 desta Lei será regulamentado pelo Poder Executivo no prazo de noventa dias.

► Dec. nº 1.306, de 9-11-1994, regulamenta o Fundo de Defesa de Direitos Difusos.

Art. 21. Aplicam-se à defesa dos direitos e interesses difusos, coletivos e individuais, no que for cabível, os dispositivos do Título III da Lei que instituiu o Código de Defesa do Consumidor.

► Artigo acrescido pela Lei nº 8.078, de 11-9-1990.

► Arts. 81 a 104 do CDC.

Art. 22. Esta Lei entra em vigor na data de sua publicação.

► Art. 21 renumerado para art. 22 pela Lei nº 8.078, de 11-9-1990.

Art. 23. Revogam-se as disposições em contrário.

► Art. 22 renumerado para art. 23 pela Lei nº 8.078, de 11-9-1990.

Brasília, 24 de julho de 1985;
164º da Independência e
97º da República.

José Sarney

LEI Nº 7.418, DE 16 DE DEZEMBRO DE 1985

Institui o Vale-Transporte e dá outras providências.

► Publicada no *DOU* de 17-12-1985.

► Arts. 106 a 136 do Dec. nº 10.854, de 10-11-2021, que regulamenta disposições relativas à legislação trabalhista.

Art. 1º Fica instituído o Vale-Transporte (VETADO) que o empregador, pessoa física ou jurídica, antecipará ao empregado para utilização efetiva em despesas de deslocamento residência-trabalho e vice-versa, através do sistema de transporte coletivo público, urbano ou intermunicipal e/ou interestadual com características semelhantes aos urbanos, geridos diretamente ou mediante concessão ou permissão de linhas regulares e com tarifas fixadas pela autoridade competente, excluídos os serviços seletivos e os especiais.

► *Caput* com a redação dada pela Lei nº 7.619, de 30-11-1987.

► OJ da SBDI-I nº 216 do TST.

§ 1º *Revogado.* MP nº 2.165-36, de 23-8-2001, que institui o auxílio-transporte aos militares, servidores e empregados públicos da Administração Federal direta, autárquica e fundacional da União, e até o encerramento desta edição não havia sido convertida em Lei.

§ 2º *Revogado.* Lei nº 7.619, de 30-9-1987.

► O art. 2º original foi revogado pela Lei nº 7.619, de 30-9-1987, que também determinou a renumeração dos demais artigos, na ordem que se segue.

Art. 2º O Vale-Transporte, concedido nas condições e limites definidos nesta Lei, no que se refere à contribuição do empregador:

a) não tem natureza salarial, nem se incorpora à remuneração para quaisquer efeitos;

b) não constitui base de incidência de contribuição previdenciária ou de Fundo de Garantia por Tempo de Serviço;

c) não se configura como rendimento tributável do trabalhador.

Art. 3º *Revogado.* Lei nº 9.532, de 10-12-1997.

Art. 4º A concessão do benefício ora instituído implica a aquisição pelo empregador dos Vales-Transporte necessários aos deslocamentos do trabalhador no percurso residência-trabalho e vice-versa, no serviço de transporte que melhor se adequar.

Parágrafo único. O empregador participará dos gastos de deslocamento do trabalhador com a ajuda de custo equivalente à parcela que exceder a seis por cento de seu salário básico.

► Os efeitos deste artigo foram restabelecidos pelo parágrafo único do art. 10 da MP nº 2.189-49, de 23-8-2001, que até o encerramento desta edição não havia sido convertida em Lei.

Art. 5º A empresa operadora do sistema de transporte coletivo público fica obrigada a emitir e a comercializar o Vale-Transporte, ao preço da tarifa vigente, colocando-o à disposição dos empregadores em geral e assumindo os custos dessa obrigação, sem repassá-los para a tarifa dos serviços.

§ 1º Nas regiões metropolitanas, aglomerações urbanas e micro-regiões, será instalado, pelo menos, um posto de vendas para cada grupo de cem mil habitantes na localidade, que comercializarão todos os tipos de Vale-Transporte.

§ 2º Fica facultado à empresa operadora delegar a emissão e a comercialização do Vale-Transporte, bem como consorciar-se em central de vendas, para efeito de cumprimento do disposto nesta Lei.

§ 3º Para fins de cálculo do valor do Vale-Transporte, será adotada a tarifa integral do deslocamento do trabalhador, sem descontos, mesmo que previstos na legislação local.

Art. 6º O poder concedente fixará as sanções a serem aplicadas à empresa operadora que comercializar o vale diretamente ou através de delegação, no caso de falta ou insuficiência de estoque de Vales-Transporte necessários ao atendimento da demanda e ao funcionamento do sistema.

Art. 7º Ficam resguardados os direitos adquiridos do trabalhador, se superiores aos instituídos nesta Lei, vedada a cumulação de vantagens.

Art. 8º Asseguram-se os benefícios desta Lei ao empregador que proporcionar, por meios próprios ou contratados, em veículos adequados ao transporte coletivo, o deslocamento integral de seus trabalhadores.

Art. 9º Os Vales-Transporte anteriores perdem sua validade decorridos trinta dias da data de reajuste tarifário.

Art. 10. O Poder Executivo regulamentará a presente Lei no prazo de quarenta e cinco dias.

Art. 11. Esta Lei entra em vigor na data de sua publicação.

Art. 12. Revogam-se as disposições em contrário.

Brasília, 16 de dezembro de 1985;
164º da Independência e
97º da República.

José Sarney

LEI Nº 7.644, DE 18 DE DEZEMBRO DE 1987

Dispõe sobre a regulamentação da atividade de mãe social e dá outras providências.

► Publicada no *DOU* de 21-12-1987.

Art. 1º As instituições sem finalidade lucrativa, ou de utilidade pública de assistência ao menor abandonado, e que funcionem pelo sistema de casas-lares, utilizarão mães sociais visando a propiciar ao menor as condições familiares ideais ao seu desenvolvimento e reintegração social.

Art. 2º Considera-se mãe social, para efeito desta Lei, aquela que, dedicando-se à assistência ao menor abandonado, exerça o encargo em nível social, dentro do sistema de casas-lares.

Art. 3º Entende-se como casa-lar a unidade residencial sob responsabilidade de mãe social, que abrigue até dez menores.

§ 1º As casas-lares serão isoladas, formando, quando agrupadas, uma aldeia assistencial ou vila de menores.

§ 2º A instituição fixará os limites de idade em que os menores ficarão sujeitos às casas-lares.

§ 3º Para os efeitos dos benefícios previdenciários, os menores residentes nas casas-lares e nas Casas da Juventude são considerados dependentes da mãe social a que foram confiados pela instituição empregadora.

Art. 4º São atribuições da mãe social:

I – propiciar o surgimento de condições próprias de uma família, orientando e assistindo os menores colocados sob seus cuidados;

II – administrar o lar, realizando e organizando as tarefas a ele pertinentes;

III – dedicar-se, com exclusividade, aos menores e à casa-lar que lhes forem confiados.

Parágrafo único. A mãe social, enquanto no desempenho de suas atribuições, deverá residir, juntamente com os menores que lhe forem confiados, na casa-lar que lhe for destinada.

Art. 5º À mãe social ficam assegurados os seguintes direitos:

I – anotação na Carteira de Trabalho e Previdência Social;

II – remuneração, em valor não inferior ao salário mínimo;

III – repouso semanal remunerado de vinte e quatro horas consecutivas;

IV – apoio técnico, administrativo e financeiro no desempenho de suas funções;

V – trinta dias de férias anuais remuneradas nos termos do que dispõe o Capítulo IV, da Consolidação das Leis do Trabalho;

VI – benefícios e serviços previdenciários, inclusive, em caso de acidente do trabalho, na qualidade de segurada obrigatória;

VII – gratificação de Natal (13º salário);

VIII – Fundo de Garantia do Tempo de Serviço ou indenização, nos termos da legislação pertinente.

Art. 6º O trabalho desenvolvido pela mãe social é de caráter intermitente, realizando-se pelo tempo necessário ao desempenho de suas tarefas.

Art. 7º Os salários devidos à mãe social serão reajustados de acordo com as disposições legais aplicáveis, deduzido o percentual de alimentação fornecida pelo empregador.

Art. 8º A candidata ao exercício da profissão de mãe social deverá submeter-se a seleção e treinamento específicos, a cujo término será verificada sua habilitação.

§ 1º O treinamento será composto de um conteúdo teórico e de uma aplicação prática, esta sob forma de estágio.

§ 2º O treinamento e estágio a que se refere o parágrafo anterior não excederão de sessenta dias, nem criarão vínculo empregatício de qualquer natureza.

§ 3º A estagiária deverá estar segurada contra acidentes pessoais e receberá alimentação, habitação e bolsa de ajuda para vestuário e despesas pessoais.

§ 4º O Ministério da Previdência e Assistência Social assegurará assistência médica e hospitalar à estagiária.

Art. 9º São condições para admissão como mãe social:

a) idade mínima de vinte e cinco anos;

b) boa sanidade física e mental;

c) curso de primeiro grau, ou equivalente;

d) ter sido aprovada em treinamento e estágio exigidos por esta Lei;

e) boa conduta social;

f) aprovação em teste psicológico específico.

Art. 10. A instituição manterá mães sociais para substituir as efetivas durante seus períodos de afastamento do serviço.

§ 1º A mãe social substituta, quando não estiver em efetivo serviço de substituição, deverá residir na aldeia assistencial e cumprir tarefas determinadas pelo empregador.

§ 2º A mãe social, quando no exercício da substituição, terá direito à retribuição percebida pela titular e ficará sujeita ao mesmo horário de trabalho.

Art. 11. As instituições que funcionam pelo sistema de casas-lares manterão, além destas, Casas de Juventude, para jovens com mais de treze anos de idade, os quais encaminharão ao ensino profissionalizante.

Parágrafo único. O ensino a que se refere o *caput* deste artigo poderá ser ministrado em comum, em cada aldeia assistencial ou em várias dessas aldeias assistenciais reunidas, ou, ainda, em outros estabelecimentos de ensino, públicos ou privados, conforme julgar conveniente a instituição.

Art. 12. Caberá à administração de cada aldeia assistencial providenciar a colocação dos menores no mercado de trabalho, com estagiários, aprendizes ou como empregados, em estabelecimentos públicos ou privados.

Parágrafo único. As retribuições percebidas pelos menores nas condições mencionadas no *caput* deste artigo serão assim distribuídas e destinadas:

I – até quarenta por cento para a casa-lar a que estiverem vinculados, revertidos no custeio de despesas com manutenção do próprio menor;

II – quarenta por cento para o menor destinados a despesas pessoais;

III – até trinta por cento para depósito em caderneta de poupança ou equivalente, em nome do menor, com assistência da instituição mantenedora, e que poderá ser levantado pelo menor a partir dos dezoito anos de idade.

Art. 13. Extinto o contrato de trabalho, a mãe social deverá retirar-se da casa-lar que ocupava, cabendo à entidade empregadora providenciar a imediata substituição.

Art. 14. As mães sociais ficam sujeitas às seguintes penalidades aplicáveis pela entidade empregadora:

I – advertência;

II – suspensão;

III – demissão.

Parágrafo único. Em caso de demissão sem justa causa, a mãe social será indenizada, na forma da legislação vigente, ou levantará os depósitos do Fundo de Garantia do Tempo de Serviço, com os acréscimos previstos em lei.

Art. 15. As casas-lares e as aldeias assistenciais serão mantidas exclusivamente com rendas próprias, doações, legados, contribuições e subvenções de entidades públicas ou privadas, vedada a aplicação em outras atividades que não sejam de seus objetivos.

Art. 16. Fica facultado a qualquer entidade manter casas-lares, desde que cumprido o disposto nesta Lei.

Art. 17. Por menor abandonado entende-se, para os efeitos desta Lei, o *"menor em situação irregular"* pela morte ou abandono dos pais, ou, ainda, pela incapacidade destes.

Art. 18. As instituições que mantenham ou coordenem o sistema de casas-lares para o atendimento gratuito de menores abandonados, registradas como tais no Conselho Nacional do Serviço Social, ficam isentas do recolhimento dos encargos patronais à previdência social.

Art. 19. Às relações do trabalho previstas nesta Lei, no que couber, aplica-se o disposto nos Capítulos I e IV do Título II, Seções IV, V e VI do Capítulo IV do Título III e nos Títulos IV e VII, todos da Consolidação das Leis do Trabalho – CLT.

Art. 20. Incumbe às autoridades competentes do Ministério do Trabalho e do Ministério da Previdência e Assistência Social, observadas as áreas de atuação, a fiscalização do disposto nesta Lei, competindo à Justiça do Trabalho dirimir as controvérsias entre empregado e empregador.

Art. 21. Esta Lei entra em vigor na data de sua publicação.

Art. 22. Revogam-se as disposições em contrário.

Brasília, 18 de dezembro de 1987;
166º da Independência e
99º da República.

José Sarney

LEI Nº 7.701, DE 21 DE DEZEMBRO DE 1988

Dispõe sobre a especialização de Turmas dos Tribunais do Trabalho em processos coletivos e dá outras providências.

- Publicada no *DOU* de 22-12-1988.
- Art. 114 da CF.

Art. 1º O Tribunal Superior do Trabalho, nos processos de sua competência, será dividido em Turmas e seções especializadas para a conciliação e julgamento de dissídios coletivos de natureza econômica ou jurídica e de dissídios individuais, respeitada a paridade da representação classista.

Parágrafo único. O Regimento Interno do Tribunal disporá sobre a constituição e o funcionamento de cada uma das seções especializadas do Tribunal Superior do Trabalho, bem como sobre o número, composição e funcionamento das respectivas Turmas do Tribunal. Caberá ao Presidente do Tribunal Superior do Trabalho presidir os atos de julgamento das seções especializadas, delas participando o Vice-Presidente e o Corregedor-Geral, este quando não estiver ausente em função corregedora.

Art. 2º Compete à seção especializada em dissídios coletivos, ou seção normativa:

I – originariamente:

a) conciliar e julgar os dissídios coletivos que excedam a jurisdição dos Tribunais Regionais do Trabalho e estender ou rever suas próprias sentenças normativas, nos casos previstos em lei;

b) homologar as conciliações celebradas nos dissídios coletivos de que trata a alínea anterior;

c) julgar as ações rescisórias propostas contra suas sentenças normativas;

d) julgar os mandados de segurança contra os atos praticados pelo Presidente do Tribunal ou por qualquer dos Ministros integrantes da seção especializada em processo de dissídio coletivo; e

e) julgar os conflitos de competência entre Tribunais Regionais do Trabalho em processos de dissídio coletivo;

II – em última instância julgar:

a) os recursos ordinários interpostos contra as decisões proferidas pelos Tribunais Regionais do Trabalho em dissídios coletivos de natureza econômica ou jurídica;

b) os recursos ordinários interpostos contra as decisões proferidas pelos Tribunais Regionais do Trabalho em ações rescisórias e mandados de segurança pertinentes a dissídios coletivos;

c) os Embargos Infringentes interpostos contra decisão não unânime proferida em processo de dissídio coletivo de sua competência originária, salvo se a decisão atacada estiver em consonância com precedente jurisprudencial do Tribunal Superior do Trabalho ou da Súmula de sua jurisprudência predominante;

d) os Embargos de Declaração opostos aos seus acórdãos e os Agravos Regimentais pertinentes aos dissídios coletivos;

e) as suspeições arguidas contra o Presidente e demais Ministros que integram a seção, nos feitos pendentes de sua decisão; e

f) os Agravos de Instrumento interpostos contra despacho denegatório de recurso ordinário nos processos de sua competência.

Art. 3º Compete à Seção de Dissídios Individuais julgar:

I – originariamente:

a) as ações rescisórias propostas contra decisões das Turmas do Tribunal Superior do Trabalho e suas próprias, inclusive as anteriores à especialização em seções; e

b) os mandados de segurança de sua competência originária, na forma da lei;

II – em única instância:

a) os agravos regimentais interpostos em dissídios individuais; e

b) os conflitos de competência entre Tribunais Regionais e aqueles que envolvem Juízes de Direito investidos da jurisdição trabalhista e Juntas de Conciliação de Julgamento em processos de dissídio individual;

► EC nº 24, de 9-12-1999, extinguiu a representação pelos juízes classistas na Justiça do Trabalho e criou as Varas do Trabalho, em substituição às Juntas de Conciliação e Julgamento.

III – em última instância:

a) os recursos ordinários interpostos contra decisões dos Tribunais Regionais em processos de dissídio individual de sua competência originária;

b) os embargos das decisões das Turmas que divergirem entre si, ou das decisões proferidas pela Seção de Dissídios Individuais;

► Alínea *b* com a redação dada pela Lei nº 11.496, de 22-6-2007.

c) os agravos regimentais de despachos denegatórios dos Presidentes das Turmas, em matéria de embargos, na forma estabelecida no Regimento Interno;

d) os Embargos de Declaração opostos aos seus acórdãos;

e) as suspeições arguidas contra o Presidente e demais Ministros que integram a seção, nos feitos pendentes de julgamento; e

f) os Agravos de Instrumento interpostos contra despacho denegatório de recurso ordinário em processo de sua competência.

Art. 4º É da competência do Tribunal Pleno do Tribunal Superior do Trabalho:

a) a declaração de inconstitucionalidade ou não de lei ou de ato normativo do Poder Público;

b) aprovar os enunciados da Súmula da jurisprudência predominante em dissídios individuais;

c) julgar os incidentes de uniformização da jurisprudência em dissídios individuais;

d) aprovar os precedentes da jurisprudência predominante em dissídios coletivos;

e) aprovar as tabelas de custas e emolumentos, nos termos da lei; e

f) elaborar o Regimento Interno do Tribunal e exercer as atribuições administrativas previstas em lei ou na Constituição Federal.

Art. 5º As Turmas do Tribunal Superior do Trabalho terão, cada uma, a seguinte competência:

a) julgar os Recursos de Revista interpostos de decisões dos Tribunais Regionais do Trabalho, nos casos previstos em lei;

b) julgar, em última instância, os Agravos de Instrumento dos despachos de Presidente de Tribunal Regional que denegarem seguimento a Recurso de Revista, explicitando em que efeito a Revista deve ser processada, caso providos;

c) julgar, em última instância, os agravos regimentais; e

d) julgar os Embargos de Declaração opostos aos seus acórdãos.

Art. 6º Os Tribunais Regionais do Trabalho que funcionarem divididos em Grupos de Turmas promoverão a especialização de um deles com a competência exclusiva para a conciliação e julgamento de dissídios coletivos, na forma prevista no *caput* do artigo 1º desta Lei.

Parágrafo único. O Regimento Interno disporá sobre a constituição e funcionamento do Grupo Normativo, bem como dos demais Grupos de Turmas de Tribunal Regional do Trabalho.

Art. 7º Das decisões proferidas pelo Grupo Normativo dos Tribunais Regionais do Trabalho, caberá recurso ordinário para o Tribunal Superior do Trabalho.

§ 1º O Juiz Relator ou o Redator designado disporá de dez dias para redigir o acórdão.

§ 2º Não publicado o acórdão nos vinte dias subsequentes ao julgamento, poderá qualquer dos litigantes ou o Ministério Público do Trabalho interpor recurso ordinário, fundado, apenas, na certidão de julgamento, inclusive com pedido de efeito suspensivo, pagas as custas, se for o caso. Publicado o acórdão, reabrir-se-á o prazo para o aditamento do recurso interposto.

§ 3º Interposto o recurso na forma do parágrafo anterior, deverão os recorrentes comunicar o fato à Corregedoria-Geral, para as providências legais cabíveis.

§ 4º Publicado o acórdão, quando as partes serão consideradas intimadas, seguir-se-á o procedimento recursal como previsto em lei, com a intimação pessoal do Ministério Público, por qualquer dos seus procuradores.

§ 5º Formalizado o acordo pelas partes e homologado pelo Tribunal, não caberá qualquer recurso, salvo por parte do Ministério Público.

§ 6º A sentença normativa poderá ser objeto de ação de cumprimento a partir do vigésimo dia subsequente ao do julgamento, fundada no acórdão ou na certidão de julgamento, salvo se concedido efeito suspensivo pelo Presidente do Tribunal Superior do Trabalho.

Art. 8º O disposto no artigo 7º e respectivos parágrafos desta Lei aplica-se aos demais Tribunais Regionais do Trabalho não divididos em Grupos de Turmas.

Art. 9º O efeito suspensivo deferido pelo Presidente do Tribunal Superior do Trabalho terá eficácia pelo prazo improrrogável de cento e vinte dias contados da publicação, salvo se o recurso ordinário for julgado antes do término do prazo.

Art. 10. Nos dissídios coletivos de natureza econômica ou jurídica de competência originária ou recursal da seção normativa do Tribunal Superior do Trabalho, a sentença poderá ser objeto de ação de cumprimento com a publicação da certidão de julgamento.

Art. 11. Nos processos de dissídio coletivo, o Ministério Público emitirá parecer escrito, ou protestará pelo pronunciamento oral, na audiência ou sessão de julgamento.

Art. 12. O artigo 896 da Consolidação das Leis do Trabalho – CLT, aprovada pelo Decreto-Lei nº 5.452, de 1º de maio de 1943, passa a ter a seguinte redação:

► Alteração inserida no texto da CLT.

Art. 13. O depósito recursal de que trata o artigo 899 e seus parágrafos da Consolidação das Leis do Trabalho fica limitado, no recurso ordinário, a vinte vezes o valor de referência e, no de revista, a quarenta vezes o referido valor de referência. Será considerado valor de referência aquele vigente à data da interposição do recurso, devendo ser complementado o valor total de quarenta valores, no caso de revista.

Art. 14. O Regimento Interno dos Tribunais Regionais do Trabalho deverá dispor sobre a Súmula da respectiva jurisprudência predominante e sobre o incidente de uniformização, inclusive os pertinentes às leis estaduais e normas coletivas.

Art. 15. Esta Lei entra em vigor na data de sua publicação.

Art. 16. Revogam-se as disposições em contrário da Consolidação das Leis do Trabalho e da legislação especial.

Brasília, 21 de dezembro de 1988;
167º da Independência e
100º da República.

José Sarney

LEI Nº 7.783, DE 28 DE JUNHO DE 1989

Dispõe sobre o exercício do direito de greve, define as atividades essenciais, regula o atendimento das necessidades inadiáveis da comunidade, e dá outras providências.

► Publicada no *DOU* de 29-6-1989.

► Ao julgar o MI nº 708, o STF estabeleceu aplicação da Lei nº 7.783, de 28-6-1989 (Lei de Greve), aos servidores públicos, enquanto perdurar a omissão legislativa do Congresso Nacional em regulamentar o inciso VII do art. 37 da CF.

Art. 1º É assegurado o direito de greve, competindo aos trabalhadores decidir sobre a oportunidade de exercê-lo e sobre os interesses que devam por meio dele defender.

► Arts. 9º e 10 da CF.

Parágrafo único. O direito de greve será exercido na forma estabelecida nesta Lei.

Art. 2º Para os fins desta Lei, considera-se legítimo exercício do direito de greve a suspensão coletiva, temporária e pacífica, total ou parcial, de prestação pessoal de serviços a empregador.

Art. 3º Frustrada a negociação ou verificada a impossibilidade de recurso via arbitral, é facultada a cessação coletiva do trabalho.

► OJ da SDC nº 11 do TST.

Parágrafo único. A entidade patronal correspondente ou os empregadores diretamente interessados serão notificados, com antecedência mínima de quarenta e oito horas, da paralisação.

Art. 4º Caberá à entidade sindical correspondente convocar, na forma do seu estatuto, assembleia-geral que definirá as reivindicações da categoria e deliberará sobre a paralisação coletiva da prestação de serviços.

§ 1º O estatuto da entidade sindical deverá prever as formalidades de convocação e o *quorum* para a deliberação, tanto da deflagração quanto da cessação da greve.

§ 2º Na falta de entidade sindical, a assembleia-geral dos trabalhadores interessados deliberará para os fins previstos no *caput*, constituindo comissão de negociação.

Art. 5º A entidade sindical ou comissão especialmente eleita representará os interesses dos trabalhadores nas negociações ou na Justiça do Trabalho.

Art. 6º São assegurados aos grevistas, dentre outros direitos:

I – o emprego de meios pacíficos tendentes a persuadir ou aliciar os trabalhadores a aderirem à greve;

II – a arrecadação de fundos e a livre divulgação do movimento.

§ 1º Em nenhuma hipótese, os meios adotados por empregados e empregadores poderão violar ou constranger os direitos e garantias fundamentais de outrem.

§ 2º É vedado às empresas adotar meios para constranger o empregado ao comparecimento ao trabalho, bem como capazes de frustrar a divulgação do movimento.

§ 3º As manifestações e atos de persuasão utilizados pelos grevistas não poderão impedir o acesso ao trabalho nem causar ameaça ou dano à propriedade ou pessoa.

Art. 7º Observadas as condições previstas nesta Lei, a participação em greve suspende o contrato de trabalho, devendo as relações obrigacionais durante o período ser regidas pelo acordo, convenção, laudo arbitral ou decisão da Justiça do Trabalho.

Parágrafo único. É vedada a rescisão de contrato de trabalho durante a greve, bem como a contratação de trabalhadores substitutos, exceto na ocorrência das hipóteses previstas nos artigos 9º e 14.

Art. 8º A Justiça do Trabalho, por iniciativa de qualquer das partes ou do Ministério Público do Trabalho, decidirá sobre a procedência, total ou parcial, ou improcedência das reivindicações, cumprindo ao Tribunal publicar, de imediato, o competente acórdão.

▶ Art. 114, §§ 2º e 3º, da CF.

▶ Súm. nº 189 do TST.

▶ O STF, ao julgar o MI nº 712, estabeleceu que a Justiça do Trabalho não tem competência para julgar dissídio de greve de servidores públicos estatutários ou contratados em outra modalidade de natureza administrativa.

Art. 9º Durante a greve, o sindicato ou a comissão de negociação, mediante acordo com a entidade patronal ou diretamente com o empregador, manterá em atividade equipes de empregados com o propósito de assegurar os serviços cuja paralisação resulte em prejuízo irreparável, pela deterioração irreversível de bens, máquinas e equipamentos, bem como a manutenção daqueles essenciais à retomada das atividades da empresa quando da cessação do movimento.

Parágrafo único. Não havendo acordo, é assegurado ao empregador, enquanto perdurar a greve, o direito de contratar diretamente os serviços necessários a que se refere este artigo.

Art. 10. São considerados serviços ou atividades essenciais:

I – tratamento e abastecimento de água; produção e distribuição de energia elétrica, gás e combustíveis;
II – assistência médica e hospitalar;
III – distribuição e comercialização de medicamentos e alimentos;
IV – funerários;
V – transporte coletivo;
VI – captação e tratamento de esgoto e lixo;
VII – telecomunicações;
VIII – guarda, uso e controle de substâncias radioativas, equipamentos e materiais nucleares;
IX – processamento de dados ligados a serviços essenciais;
X – controle de tráfego aéreo e navegação aérea;

▶ Inciso X com a redação dada pela Lei nº 13.903, de 19-11-2019.

XI – compensação bancária;
XII – atividades médico-periciais relacionadas com o regime geral de previdência social e a assistência social;
XIII – atividades médico-periciais relacionadas com a caracterização do impedimento físico, mental, intelectual ou sensorial da pessoa com deficiência, por meio da integração de equipes multiprofissionais e interdisciplinares, para fins de reconhecimento de direitos previstos em lei, em especial na Lei nº 13.146, de 6 de julho de 2015 (Estatuto da Pessoa com Deficiência); e
XIV – outras prestações médico-periciais da carreira de Perito Médico Federal indispensáveis ao atendimento das necessidades inadiáveis da comunidade;

▶ Incisos XII a XIV acrescidos pela Lei nº 13.846, de 18-6-2019.

XV – atividades portuárias.

▶ Inciso XV acrescido pela Lei nº 14.047, de 24-8-2020.

Art. 11. Nos serviços ou atividades essenciais, os sindicatos, os empregadores e os trabalhadores ficam obrigados, de comum acordo, a garantir, durante a greve, a prestação dos serviços indispensáveis ao atendimento das necessidades inadiáveis da comunidade.

▶ OJ da SDC nº 38 do TST.

Parágrafo único. São necessidades inadiáveis da comunidade aquelas que, não atendidas, coloquem em perigo iminente a sobrevivência, a saúde ou a segurança da população.

Art. 12. No caso da inobservância do disposto no artigo anterior, o Poder Público assegurará a prestação dos serviços indispensáveis.

Art. 13. Na greve em serviços ou atividades essenciais, ficam as entidades sindicais ou os trabalhadores, conforme o caso, obrigados a comunicar a decisão aos empregadores e aos usuários com antecedência mínima de setenta e duas horas da paralisação.

Art. 14. Constitui abuso do direito de greve a inobservância das normas contidas na presente Lei, bem como a manutenção da paralisação após a celebração de acordo, convenção ou decisão da Justiça do Trabalho.

Parágrafo único. Na vigência de acordo, convenção ou sentença normativa não constitui abuso do exercício do direito de greve a paralisação que:

I – tenha por objetivo exigir o cumprimento de cláusula ou condição;
II – seja motivada pela superveniência de fato novo ou acontecimento imprevisto que modifique substancialmente a relação de trabalho.

Art. 15. A responsabilidade pelos atos praticados, ilícitos ou crimes cometidos, no curso da greve, será apurada, conforme o caso, segundo a legislação trabalhista, civil ou penal.

► OJ da SDC nº 10 do TST.

Parágrafo único. Deverá o Ministério Público, de ofício, requisitar a abertura do competente inquérito e oferecer denúncia quando houver indício da prática de delito.

Art. 16. Para os fins previstos no artigo 37, inciso VII, da Constituição, lei complementar definirá os termos e os limites em que o direito de greve poderá ser exercido.

Art. 17. Fica vedada a paralisação das atividades, por iniciativa do empregador, com o objetivo de frustrar negociação ou dificultar o atendimento de reivindicações dos respectivos empregados *lock-out*.

Parágrafo único. A prática referida no *caput* assegura aos trabalhadores o direito à percepção dos salários durante o período de paralisação.

Art. 18. Ficam revogados a Lei nº 4.330, de 1º de junho de 1964, o Decreto-Lei nº 1.632, de 4 de agosto de 1978, e demais disposições em contrário.

Art. 19. Esta Lei entra em vigor na data de sua publicação.

Brasília, 28 de junho de 1989;
168º da Independência e
101º da República.

José Sarney

LEI Nº 7.855, DE 24 DE OUTUBRO DE 1989

Altera a Consolidação das Leis do Trabalho, atualiza os valores das multas trabalhistas, amplia sua aplicação, institui o Programa de Desenvolvimento do Sistema Federal de Inspeção do Trabalho e dá outras providências.

► Publicada no *DOU* de 25-10-1989.

Art. 1º A Consolidação das Leis do Trabalho, aprovada pelo Decreto-Lei nº 5.452, de 1º de maio de 1943 (CLT), passa a vigorar com as seguintes alterações:

► Alterações inseridas no texto do referido Decreto-lei.

Art. 2º O valor das multas administrativas decorrentes da violação das normas trabalhistas, previstas na CLT e legislação extravagante, será, na data da publicação desta Lei, triplicado e, em seguida, expresso em quantidade de BTN.

Parágrafo único. O disposto neste artigo não se aplica às multas constantes do Capítulo V do Título II da CLT, que terão seus valores convertidos em quantidades de BTN, nem às previstas nos artigos 153 e 477, § 8º, com redação dada por esta Lei.

Art. 3º Acarretarão a aplicação de multa de 160 BTN, por trabalhador prejudicado, dobrada no caso de reincidência, as infrações ao disposto:

I – na Lei nº 4.090, de 13 de julho de 1962, que dispõe sobre a Gratificação de Natal;

II – na Lei nº 5.811, de 11 de outubro de 1972, que dispõe sobre o regime de trabalho nas atividades petrolíferas;

III – na Lei nº 6.019, de 3 de janeiro de 1974, que dispõe sobre o trabalho temporário nas empresas urbanas;

IV – na Lei nº 7.183, de 5 de abril de 1984; que regula o exercício da profissão de aeronauta;

V – na Lei nº 7.418, de 16 de dezembro de 1985, alterada pela Lei nº 7.619, de 30 de setembro de 1987, que instituiu o Vale-Transporte; e

VI – no Decreto-Lei nº 2.284, de 10 de março de 1986, que instituiu o Seguro-Desemprego.

Art. 4º O salário pago fora dos prazos previstos em lei, acordos ou convenções coletivas e sentenças normativas sujeitará o infrator a multa administrativa de 160 BTN por trabalhador prejudicado, salvo motivo de força maior (art. 501 da CLT).

Art. 5º As multas previstas na legislação trabalhista serão, quando for o caso, e sem prejuízo das demais cominações legais, agravadas até o grau máximo, nos casos de artifício, ardil, simulação, desacato, embaraço ou resistência a ação fiscal, levando-se em conta, além das circunstâncias atenuantes ou agravantes, a situação econômico-financeira do infrator e os meios a seu alcance para cumprir a lei.

Art. 6º O valor das multas não recolhidas no prazo previsto no § 3º do artigo 636 da CLT será atualizado monetariamente pelo BTN Fiscal, acrescido de juros de mora de um por cento ao mês calendário, na forma da legislação aplicada aos tributos federais, até a data do seu efetivo pagamento.

§ 1º Não será considerado reincidente o empregador que não for novamente autuado por infração ao mesmo dispositivo, decorridos dois anos da imposição da penalidade.

§ 2º A fiscalização, a autuação e o processo de imposição das multas reger-se-ão pelo Título VII da CLT.

§ 3º Será observado o critério de dupla visita nas empresas com até dez empregados, salvo quando for constatada infração por falta de registro de empregado, a notação da sua Carteira de Trabalho e Previdência Social e na ocorrência de fraude, resistência ou embaraço à fiscalização.

§ 4º Na empresa que for autuada, após obedecido o disposto no parágrafo anterior, não será mais observado o critério da dupla visita em relação ao dispositivo infringido.

Art. 7º Fica instituído o Programa de Desenvolvimento do Sistema Federal de Inspeção do Trabalho, destinado a promover e desenvolver as atividades de inspeção das normas de proteção, segurança e medicina do trabalho.

§ 1º O Ministro de Estado do Trabalho estabelecerá os princípios norteadores do Programa que terá como objetivo principal assegurar o reconhecimento do vínculo empregatício do trabalhador e os direitos dele decorrentes e, para maior eficiência em sua operacionalização, fará observar o critério de rodízios dos agentes de inspeção do Trabalho na forma prevista no Regulamento da Inspeção do Trabalho.

§ 2º O deferimento da gratificação a que se refere o Decreto-Lei nº 2.357, de 28 de agosto de 1987, com as alterações introduzidas pelos artigos 11 e 12 do Decreto-Lei nº 2.365, de 27 de outubro de 1987, é estendido aos servidores pertencentes às seguintes categorias funcionais integrantes do Grupo Outras Atividades de Nível Superior (NS-900), instituído na conformidade da Lei nº 5.645, de 10 de dezembro de 1970:

a) Fiscal do Trabalho – Códigos NS-933 e LT-NS-933;

b) Médico do Trabalho – Códigos NS-903 e LT-NS-903, quando no efetivo exercício de funções de inspeção de medicina do trabalho;

c) Engenheiro – Códigos NS-916 e LT-NS-916, quando no efetivo exercício de funções de inspeção da segurança do trabalho; e

d) Assistente Social – Códigos NS-930 e LT-NS-930, quando no efetivo exercício de funções de inspeção do trabalho das mulheres e menores.

§ 3º A gratificação de que trata o parágrafo anterior será atribuída até o máximo de dois mil e oitocentos pontos por servidor, correspondendo cada ponto a duzentos e oitenta e cinco milésimos por cento do respectivo vencimento básico, mediante ato do Ministro de Estado do Trabalho, que fixará a pontuação proporcionalmente à jornada legal de trabalho das referidas categorias.

Art. 8º O § 1º do artigo 5º da Lei nº 7.418, de 16 de dezembro de 1985, modificado pela Lei nº 7.619, de 30 de setembro de 1987, passa a ter a seguinte redação:

► Alterações inseridas no texto da referida Lei.

Art. 9º VETADO.

Art. 10. Os efeitos financeiros decorrentes da publicação desta Lei terão início em 1º de outubro de 1989.

Art. 11. As despesas com a execução do disposto nesta Lei correrão à conta das dotações próprias constantes do Orçamento Geral da União.

Art. 12. Esta Lei entra em vigor na data de sua publicação.

Art. 13. Revogam-se o parágrafo único do artigo 16, os artigos 18, 19, 27, 28, 43, 44, 324, 374, 375, 378, 379, 380, 387, 418 e 446 da CLT e demais disposições em contrário.

Brasília, 24 de outubro de 1989;
168º da Independência e
101º da República.

José Sarney

LEI Nº 7.998, DE 11 DE JANEIRO DE 1990

Regula o Programa do Seguro-Desemprego, o Abono Salarial, institui o Fundo de Amparo ao Trabalhador – FAT, e dá outras providências.

► Publicada no *DOU* de 12-1-1990.

Art. 1º Esta Lei regula o Programa do Seguro-Desemprego e o abono de que tratam o inciso II do artigo 7º, o inciso IV do artigo 201 e o artigo 239, da Constituição Federal, bem como institui o Fundo de Amparo ao Trabalhador – FAT.

DO PROGRAMA DE SEGURO-DESEMPREGO

Art. 2º O Programa do Seguro-Desemprego tem por finalidade:

► *Caput* com a redação dada pela Lei nº 8.900, de 30-6-1994.

I – prover assistência financeira temporária ao trabalhador desempregado em virtude de dispensa sem justa causa, inclusive a indireta, e ao trabalhador comprovadamente resgatado de regime de trabalho forçado ou da condição análoga à de escravo;

► Inciso I com a redação dada pela Lei nº 10.608, de 20-12-2002.

II – auxiliar os trabalhadores na busca ou preservação do emprego, promovendo, para tanto, ações integradas de orientação, recolocação e qualificação profissional.

► Inciso II com a redação dada pela MP nº 2.164-41, de 24-8-2001, que até o encerramento desta edição não havia sido convertida em Lei.

Art. 2º-A. Para efeito do disposto no inciso II do artigo 2º, fica instituída a bolsa de qualificação profissional, a ser custeada pelo Fundo de Amparo ao Trabalhador – FAT, à qual fará jus o trabalhador que estiver com o contrato de trabalho suspenso em virtude de participação em curso ou programa de qualificação profissional oferecido pelo empregador, em conformidade com o disposto em convenção ou acordo coletivo celebrado para esse fim.

► Art. 2º-A acrescido pela MP nº 2.164-41, de 24-8-2001, que até o encerramento desta edição não havia sido convertida em Lei.

Art. 2º-B *Revogado*. Lei nº 13.134, de 16-6-2015.

Art. 2º-C. O trabalhador que vier a ser identificado como submetido a regime de trabalho forçado ou reduzido a condição análoga à de escravo, em decorrência de ação de fiscalização do Ministério do Trabalho e Emprego, será dessa situação resgatado e terá direito à percepção de três parcelas de seguro-desemprego no valor de um salário mínimo cada, conforme o disposto no § 2º deste artigo.

§ 1º O trabalhador resgatado nos termos do *caput* deste artigo será encaminhado, pelo Ministério do Trabalho e Emprego, para qualificação profissional e recolocação no mercado de trabalho, por meio do Sistema Nacional de Emprego – SINE, na forma estabelecida pelo Conselho Deliberativo do Fundo de Amparo ao Trabalhador – CODEFAT.

§ 2º Caberá ao CODEFAT, por proposta do Ministro de Estado do Trabalho e Emprego, estabelecer os procedimentos necessários ao recebimento do benefício previsto no *caput* deste artigo, observados os respectivos limites de comprometimento dos recursos do FAT, ficando vedado ao mesmo trabalhador o recebimento do benefício, em circunstâncias similares, nos doze meses seguintes à percepção da última parcela.

► Art. 2º-C acrescido pela Lei nº 10.608, de 20-12-2002.

Art. 3º Terá direito à percepção do seguro-desemprego o trabalhador dispensado sem justa causa que comprove:

I – ter recebido salários de pessoa jurídica ou de pessoa física a ela equiparada, relativos a:

a) pelo menos 12 (doze) meses nos últimos 18 (dezoito) meses imediatamente anteriores à data de dispensa, quando da primeira solicitação;

b) pelo menos 9 (nove) meses nos últimos 12 (doze) meses imediatamente anteriores à data de dispensa, quando da segunda solicitação; e

c) cada um dos 6 (seis) meses imediatamente anteriores à data de dispensa, quando das demais solicitações;

► Inciso I com a redação dada pela Lei nº 13.134, de 16-6-2015.

II – *Revogado*. Lei nº 13.134, de 16-6-2015;

III – não estar em gozo de qualquer benefício previdenciário de prestação continuada, previsto no Regulamento dos Benefícios da Previdência Social, excetuado o auxílio-acidente e o auxílio suplementar previstos na Lei nº 6.367, de 19 de outubro de 1976, bem como o abono de permanência em serviço previsto na Lei nº 5.890, de 8 de junho de 1973;

IV – não estar em gozo do auxílio-desemprego; e

V – não possuir renda própria de qualquer natureza suficiente à sua manutenção e de sua família;

VI – matrícula e frequência, quando aplicável, nos termos do regulamento, em curso de formação inicial e continuada ou de qualificação profissional habilitado pelo Ministério da Educação, nos termos do art. 18 da Lei nº 12.513, de 26 de outubro de 2011, ofertado por meio da Bolsa-Formação Trabalhador concedida no âmbito do Programa Nacional de Acesso ao Ensino Técnico e Emprego (PRONATEC), instituído pela Lei nº 12.513, de 26 de outubro de 2011, ou de vagas gratuitas na rede de educação profissional e tecnológica.

► Inciso VI acrescido pela Lei nº 13.134, de 16-6-2015.

§ 1º A União poderá condicionar o recebimento da assistência financeira do Programa de Seguro-Desemprego à comprovação da matrícula e da frequência do trabalhador segurado em curso de formação inicial e continuada ou qualificação profissional, com carga horária mínima de 160 (cento e sessenta) horas.

§ 2º O Poder Executivo regulamentará os critérios e requisitos para a concessão da assistência financeira do Programa de Seguro-Desemprego nos casos previstos no § 1º, considerando a disponibilidade de bolsas-formação no âmbito do Pronatec ou de vagas gratuitas na rede de educação profissional e tecnológica para o cumprimento da condicionalidade pelos respectivos beneficiários.

§ 3º A oferta de bolsa para formação dos trabalhadores de que trata este artigo considerará, entre outros critérios, a capacidade de oferta, a reincidência no recebimento do benefício, o nível de escolaridade e a faixa etária do trabalhador.

► §§ 1º a 3º acrescidos pela Lei nº 12.513, de 26-10-2011.

§ 4º O registro como Microempreendedor Individual – MEI, de que trata o art. 18-A da Lei Complementar nº 123, de 14 de dezembro de 2006, não comprovará renda própria suficiente à manutenção da família, exceto se demonstrado na declaração anual simplificada da microempresa individual.

► § 4º acrescido pela LC nº 155, de 27-10-2016.

Art. 3º-A. A periodicidade, os valores, o cálculo do número de parcelas e os demais procedimentos operacionais de pagamento da bolsa de qualificação profissional, nos termos do artigo 2º-A desta Lei, bem como os pré-requisitos para habilitação serão os mesmos adotados em relação ao benefício do Seguro-Desemprego, exceto quanto à dispensa sem justa causa.

► Art. 3º-A acrescido pela MP nº 2.164-41, de 24-8-2001, que até o encerramento desta edição não havia sido convertida em Lei.

Art. 4º O benefício do seguro-desemprego será concedido ao trabalhador desempregado, por período máximo variável de 3 (três) a 5 (cinco) meses, de forma contínua ou alternada, a cada período aquisitivo, contados da data de dispensa que deu origem à última habilitação, cuja duração será definida pelo Conselho Deliberativo do Fundo de Amparo ao Trabalhador (CODEFAT).

§ 1º O benefício do seguro-desemprego poderá ser retomado a cada novo período aquisitivo, satisfeitas as condições arroladas nos incisos I, III, IV e V do *caput* do art. 3º.

§ 2º A determinação do período máximo mencionado no *caput* observará a seguinte relação entre o número de parcelas mensais do benefício do seguro-desemprego e o tempo de serviço do trabalhador nos 36 (trinta e seis) meses que antecederem a data de dispensa que originou o requerimento do seguro-desemprego, vedado o cômputo de vínculos empregatícios utilizados em períodos aquisitivos anteriores:

I – para a primeira solicitação:

a) 4 (quatro) parcelas, se o trabalhador comprovar vínculo empregatício com pessoa jurídica ou pessoa física a ela equiparada de, no mínimo, 12 (doze) meses e, no máximo, 23 (vinte e três) meses, no período de referência; ou

b) 5 (cinco) parcelas, se o trabalhador comprovar vínculo empregatício com pessoa jurídica ou pessoa física a ela equiparada de, no mínimo, 24 (vinte e quatro) meses, no período de referência;

II – para a segunda solicitação:

a) 3 (três) parcelas, se o trabalhador comprovar vínculo empregatício com pessoa jurídica ou pessoa física a ela equiparada de, no mínimo, 9 (nove) meses e, no máximo, 11 (onze) meses, no período de referência;

b) 4 (quatro) parcelas, se o trabalhador comprovar vínculo empregatício com pessoa jurídica ou pessoa física a ela equiparada de, no mínimo, 12 (doze) meses e, no máximo, 23 (vinte e três) meses, no período de referência; ou

c) 5 (cinco) parcelas, se o trabalhador comprovar vínculo empregatício com pessoa jurídica ou pessoa física a ela equiparada de, no mínimo, 24 (vinte e quatro) meses, no período de referência;

III – a partir da terceira solicitação:

a) 3 (três) parcelas, se o trabalhador comprovar vínculo empregatício com pessoa jurídica ou pessoa física a ela equiparada de, no mínimo, 6 (seis) meses e, no máximo, 11 (onze) meses, no período de referência;

b) 4 (quatro) parcelas, se o trabalhador comprovar vínculo empregatício com pessoa jurídica ou pessoa física a ela equiparada de, no mínimo, 12 (doze) meses e, no máximo, 23 (vinte e três) meses, no período de referência; ou

c) 5 (cinco) parcelas, se o trabalhador comprovar vínculo empregatício com pessoa jurídica ou pessoa física a ela equiparada de, no mínimo, 24 (vinte e quatro) meses, no período de referência.

§ 3º A fração igual ou superior a 15 (quinze) dias de trabalho será havida como mês integral para os efeitos do § 2º.

§ 4º Nos casos em que o cálculo da parcela do seguro-desemprego resultar em valores decimais, o valor a ser pago deverá ser arredondado para a unidade inteira imediatamente superior.

§ 5º O período máximo de que trata o *caput* poderá ser excepcionalmente prolongado por até 2 (dois) meses, para grupos específicos de segurados, a critério do CODEFAT, desde que o gasto adicional representado por esse prolongamento não ultrapasse, em cada semestre, 10% (dez por cento) do montante da reserva mínima de liquidez de que trata o § 2º do art. 9º da Lei nº 8.019, de 11 de abril de 1990.

§ 6º Na hipótese de prolongamento do período máximo de percepção do benefício do seguro desemprego, o CODEFAT observará, entre outras variáveis, a evolução geográfica e setorial das taxas de desemprego no País e o tempo médio de desemprego de grupos específicos de trabalhadores.

§ 7º O CODEFAT observará as estatísticas do mercado de trabalho, inclusive o tempo médio de permanência no emprego, por setor, e recomendará ao Ministro de Estado do Trabalho e Emprego a adoção de políticas públicas que julgar adequadas à mitigação da alta rotatividade no emprego.

► Art. 4º com a redação dada pela Lei nº 13.134, de 16-6-2015.

Art. 4º-A. VETADO. Lei nº 13.134, de 16-6-2015.

Art. 5º O valor do benefício será fixado em Bônus do Tesouro Nacional – BTN, devendo ser calculado segundo três faixas salariais, observados os seguintes critérios:

► Art. 6º da Lei nº 14.020, de 6-7-2020 (Programa Emergencial de Manutenção do Emprego e da Renda).

I – até trezentos BTN, multiplicar-se-á o salário médio dos últimos três meses pelo fator oito décimos;

II – de trezentos a quinhentos BTN aplicar-se-á, até o limite do inciso anterior, a regra nele contida e, no que exceder o fator cinco décimos;

III – acima de quinhentos BTN, o valor do benefício será igual a trezentos e quarenta BTN.

§ 1º Para fins de apuração do benefício, será considerada a média dos salários dos últimos três meses anteriores à dispensa, devidamente convertidos em BTN pelo valor vigente nos respectivos meses trabalhados.

§ 2º O valor do benefício não poderá ser inferior ao valor do salário mínimo.

§ 3º No pagamento dos benefícios, considerar-se-á:

I – o valor do BTN ou do salário mínimo do mês imediatamente anterior, para benefícios colocados à disposição do beneficiário até o dia dez do mês;

II – o valor do BTN ou do salário mínimo do próprio mês, para benefícios colocados à disposição do beneficiário após o dia dez do mês.

Art. 6º O seguro-desemprego é direito pessoal e intransferível do trabalhador, podendo ser requerido a partir do sétimo dia subsequente à rescisão do contrato de trabalho.

Art. 7º O pagamento do benefício do Seguro-Desemprego será suspenso nas seguintes situações:

I – admissão do trabalhador em novo emprego;

II – início de percepção de benefício de prestação continuada da Previdência Social, exceto o auxílio-acidente, o auxílio suplementar e o abono de permanência em serviço;

III – início de percepção de auxílio-desemprego;

IV – recusa injustificada por parte do trabalhador desempregado em participar de ações de recolocação de emprego, conforme regulamentação do CODEFAT.

► Inciso IV acrescido pela Lei nº 13.134, de 16-6-2015.

Art. 7º-A. O pagamento da bolsa de qualificação profissional será suspenso se ocorrer a rescisão do contrato de trabalho.

► Artigo acrescido pela MP nº 2.164-41, de 24-8-2001, que até o encerramento desta edição não havia sido convertida em Lei.

Art. 8º O benefício do seguro-desemprego será cancelado:

► *Caput* com a redação dada pela Lei nº 12.513, de 26-10-2011.

I – pela recusa por parte do trabalhador desempregado de outro emprego condizente com sua qualificação registrada ou declarada e com sua remuneração anterior;

Legislação Complementar

II – por comprovação de falsidade na prestação das informações necessárias à habilitação;

III – por comprovação de fraude visando à percepção indevida do benefício do seguro-desemprego; ou

IV – por morte do segurado.

► Incisos I a IV com a redação dada pela Lei nº 12.513, de 26-10-2011.

§ 1º Nos casos previstos nos incisos I a III deste artigo, será suspenso por um período de 2 (dois) anos, ressalvado o prazo de carência, o direito do trabalhador à percepção do seguro-desemprego, dobrando-se este período em caso de reincidência.

► Antigo parágrafo único transformado em § 1º pela Lei nº 12.513, de 26-10-2011.

§ 2º O benefício poderá ser cancelado na hipótese de o beneficiário deixar de cumprir a condicionalidade de que trata o § 1º do art. 3º desta Lei, na forma do regulamento.

► § 2º acrescido pela Lei nº 12.513, de 26-10-2011.

Art. 8º-A. O benefício da bolsa de qualificação profissional será cancelado nas seguintes situações:

I – fim da suspensão contratual e retorno ao trabalho;

II – por comprovação de falsidade na prestação das informações necessárias à habilitação;

III – por comprovação de fraude visando à percepção indevida da bolsa de qualificação profissional;

IV – por morte do beneficiário.

Art. 8º-B. Na hipótese prevista no § 5º do artigo 476-A da Consolidação das Leis do Trabalho – CLT, as parcelas da bolsa de qualificação profissional que o empregado tiver recebido serão descontadas das parcelas do benefício do Seguro-Desemprego a que fizer jus, sendo-lhe garantido, no mínimo, o recebimento de uma parcela do Seguro-Desemprego.

Art. 8º-C. Para efeito de habilitação ao Seguro-Desemprego, desconsiderar-se-á o período de suspensão contratual de que trata o artigo 476-A da CLT, para o cálculo dos períodos de que tratam os incisos I e II do artigo 3º desta Lei.

► Arts. 8º-A a 8º-C acrescidos pela MP nº 2.164-41, de 24-8-2001, que até o encerramento desta edição não havia sido convertida em Lei.

DO ABONO SALARIAL

Art. 9º É assegurado o recebimento de abono salarial anual, no valor máximo de 1 (um) salário-mínimo vigente na data do respectivo pagamento, aos empregados que:

► *Caput* com a redação dada pela Lei nº 13.134, de 16-6-2015 (*DOU* de 17-6-2015), produzindo efeitos financeiros a partir do exercício de 2016.

I – tenham percebido, de empregadores que contribuem para o Programa de Integração Social – PIS ou para o Programa de Formação do Patrimônio do Servidor Público – PASEP, até dois salários mínimos médios de remuneração mensal no período trabalhado e que tenham exercido atividade remunerada pelo menos durante trinta dias no ano-base;

II – estejam cadastrados há pelo menos cinco anos no Fundo de Participação PIS-PASEP ou no Cadastro Nacional do Trabalhador.

§ 1º No caso de beneficiários integrantes do Fundo de Participação PIS-PASEP, serão computados no valor do abono salarial os rendimentos proporcionados pelas respectivas contas individuais.

► Parágrafo único renumerado para § 1º pela Lei nº 13.134, de 16-6-2015.

§ 2º O valor do abono salarial anual de que trata o *caput* será calculado na proporção de 1/12 (um doze avos) do valor do salário-mínimo vigente na data do respectivo pagamento, multiplicado pelo número de meses trabalhados no ano correspondente.

► § 2º com a redação dada pela Lei nº 13.134, de 16-6-2015 (*DOU* de 17-6-2015), produzindo efeitos financeiros a partir do exercício de 2016.

§ 3º A fração igual ou superior a 15 (quinze) dias de trabalho será contada como mês integral para os efeitos do § 2º deste artigo.

§ 4º O valor do abono salarial será emitido em unidades inteiras de moeda corrente, com a suplementação das partes decimais até a unidade inteira imediatamente superior.

► §§ 3º e 4º acrescidos pela Lei nº 13.134, de 16-6-2015 (*DOU* de 17-6-2015), produzindo efeitos financeiros a partir do exercício de 2016.

Art. 9º-A. O abono será pago pelo Banco do Brasil S.A. e pela Caixa Econômica Federal mediante:

I – depósito em nome do trabalhador;

II – saque em espécie; ou

III – folha de salários.

§ 1º Ao Banco do Brasil S.A. caberá o pagamento aos servidores e empregados dos contribuintes mencionados no art. 14 do Decreto-Lei nº 2.052, de 3 de agosto de 1983, e à Caixa Econômica Federal, aos empregados dos contribuintes a que se refere o art. 15 desse Decreto-Lei.

§ 2º As instituições financeiras pagadoras manterão em seu poder, à disposição das autoridades fazendárias, por processo que possibilite sua imediata recuperação, os comprovantes de pagamentos efetuados.

▸ Art. 9º-A com a redação dada pela Lei nº 13.134, de 16-6-2015.

DO FUNDO DE AMPARO AO TRABALHADOR

Art. 10. É instituído o Fundo de Amparo ao Trabalhador (FAT), vinculado ao Ministério do Trabalho e Emprego, destinado ao custeio do Programa de Seguro-Desemprego, ao pagamento do abono salarial e ao financiamento de programas de educação profissional e tecnológica e de desenvolvimento econômico.

▸ *Caput* com a redação dada pela Lei nº 12.513, de 26-10-2011.

Parágrafo único. O FAT é um fundo contábil, de natureza financeira, subordinando-se, no que couber, à legislação vigente.

Art. 11. Constituem recursos do FAT:

I – o produto da arrecadação das contribuições devidas ao PIS e ao PASEP;

II – o produto dos encargos devidos pelos contribuintes, em decorrência da inobservância de suas obrigações;

III – a correção monetária e os juros devidos pelo agente aplicador dos recursos do Fundo, bem como pelos agentes pagadores, incidentes sobre o saldo dos repasses recebidos;

IV – o produto da arrecadação da contribuição adicional pelo índice de rotatividade, de que trata o § 4º do artigo 239 da Constituição Federal;

V – outros recursos que lhes sejam destinados.

Arts. 12 a 14. VETADOS.

Art. 15. Compete aos Bancos Oficiais Federais o pagamento das despesas relativas ao Programa do Seguro-Desemprego e ao abono salarial conforme normas a serem definidas pelos gestores do FAT.

Parágrafo único. Sobre o saldo de recursos não desembolsados, os agentes pagadores remunerarão o FAT, no mínimo com correção monetária.

Arts. 16 e 17. *Revogados.* Lei nº 8.019, de 11-4-1990.

GESTÃO

Art. 18. É instituído o Conselho Deliberativo do Fundo de Amparo ao Trabalhador – CODEFAT, composto por representação de trabalhadores, empregadores e órgãos e entidades governamentais, na forma estabelecida pelo Poder Executivo.

▸ *Caput* com a redação dada pela MP nº 2.216-37, de 31-8-2001, que até o encerramento desta edição não havia sido convertida em Lei.

§§ 1º e 2º *Revogados.* MP nº 2.216-37, de 31-8-2001, que até o encerramento desta edição não havia sido convertida em Lei.

§ 3º Os representantes dos trabalhadores serão indicados pelas centrais sindicais e confederações de trabalhadores; e os representantes dos empregadores, pelas respectivas confederações.

§ 4º Compete ao Ministério do Trabalho a nomeação dos membros do CODEFAT.

§ 5º *Revogado.* MP nº 2.216-37, de 31-8-2001, que até o encerramento desta edição não havia sido convertida em Lei.

§ 6º Pela atividade exercida no CODEFAT seus membros não serão remunerados.

Art. 19. Compete ao CODEFAT gerir o FAT e deliberar sobre as seguintes matérias:

▸ Art. 63 da LC nº 123, de 14-12-2006 (Estatuto Nacional da Microempresa e da Empresa de Pequeno Porte).

I – VETADO;

II – aprovar e acompanhar a execução do Plano de Trabalho Anual do Programa do Seguro-Desemprego e do Abono Salarial e os respectivos orçamentos;

III – deliberar sobre a prestação de contas e os relatórios de execução orçamentária e financeira do FAT;

IV – elaborar a proposta orçamentária do FAT, bem como suas alterações;

V – propor o aperfeiçoamento da legislação relativa ao seguro-desemprego e ao Abono Salarial e regulamentar os dispositivos desta Lei no âmbito de sua competência;

VI – decidir sobre sua própria organização, elaborando seu regimento interno;

VII – analisar relatórios do agente aplicador quanto à forma, prazo e natureza dos investimentos realizados;

VIII – fiscalizar a administração do Fundo, podendo solicitar informações sobre contratos celebrados ou em vias de celebração e quaisquer outros atos;

IX – definir indexadores sucedâneos no caso de extinção ou alteração daqueles referidos nesta Lei;

X – baixar instruções necessárias à devolução de parcelas do benefício do seguro-desemprego, indevidamente recebidas;

XI – propor alteração das alíquotas referentes às contribuições a que alude o artigo 239 da Constituição Federal, com vistas a assegurar a viabilidade econômico-financeira do FAT;

XII e XIII – VETADOS;

XIV – fixar prazos para processamento e envio ao trabalhador da requisição do benefício do seguro-desemprego, em função das possibilidades técnicas existentes, estabelecendo-se como objetivo o prazo de trinta dias;

XV e XVI – VETADOS;

XVII – deliberar sobre outros assuntos de interesse do FAT.

Art. 19-A. O CODEFAT poderá priorizar projetos das entidades integrantes do Sistema Nacional de Atendimento Socioeducativo (SINASE) desde que:

I – o ente federado de vinculação da entidade que solicita o recurso possua o respectivo Plano de Atendimento Socioeducativo aprovado;

II – as entidades governamentais e não governamentais integrantes do SINASE que solicitem recursos tenham se submetido à avaliação nacional do atendimento socioeducativo.

▸ Art. 19-A acrescido pela Lei nº 12.594, de 18-1-2012.

Art. 20. A Secretaria-Executiva do Conselho Deliberativo será exercida pelo Ministério do Trabalho, e a ela caberão as tarefas técnico-administrativas relativas ao seguro-desemprego e ao abono salarial.

Art. 21. As despesas com a implantação, administração e operação do Programa do Seguro-Desemprego e de Abono Salarial, exceto as de pessoal, correrão por conta do FAT.

Art. 22. Os recursos do FAT integrarão o orçamento da seguridade social na forma da legislação pertinente.

DA FISCALIZAÇÃO E PENALIDADES

Art. 23. Compete ao Ministério do Trabalho e Previdência a fiscalização do cumprimento do Programa de Seguro-Desemprego e do abono salarial, bem como do pagamento, pelas empresas, da bolsa de qualificação profissional de que trata o art. 2º-A desta Lei, ou de benefícios de programas instituídos para promover a manutenção de empregos ou a qualificação de trabalhadores, custeados com recursos do FAT.

Art. 24. Os trabalhadores, os empregadores e os serviços nacionais de aprendizagem ou entidades qualificadas em formação técnico-profissional, bem como os trabalhadores de programas instituídos para promover a manutenção de empregos ou a qualificação de trabalhadores, prestarão as informações necessárias, bem como atenderão às exigências para a concessão do seguro-desemprego e o pagamento do abono salarial e da bolsa de qualificação profissional de que trata o art. 2º-A desta Lei, ou de benefícios de programas instituídos para promover a manutenção de empregos ou a qualificação de trabalhadores, nos termos e nos prazos fixados pelo Ministério do Trabalho e Previdência.

▸ Arts. 23 e 24 com a redação dada pela Lei nº 14.261, de 16-12-2021.

Art. 25. O empregador que infringir os dispositivos desta Lei estará sujeito a multas de 400 (quatrocentos) a 40.000 (quarenta mil) BTN, segundo a natureza da infração, sua extensão e intenção do infrator, a serem aplicadas em dobro, no caso de reincidência, oposição à fiscalização ou desacato à autoridade.

▸ Art. 14 da Lei nº 14.020, de 6-7-2020 (Programa Emergencial de Manutenção do Emprego e da Renda).

§ 1º Serão competentes para impor as penalidades as Delegacias Regionais do Trabalho, nos termos do Título VII da Consolidação das Leis do Trabalho – CLT.

§ 2º Além das penalidades administrativas já referidas, os responsáveis por meios fraudulentos na habilitação ou na percepção do seguro-desemprego serão punidos civil e criminalmente, nos termos desta Lei.

Art. 25-A. O trabalhador que infringir o disposto nesta Lei e houver percebido indevidamente parcela de seguro-desemprego sujeitar-se-á à compensação automática do débito com o novo benefício, na forma e no percentual definidos por resolução do CODEFAT.

§ 1º O ato administrativo de compensação automática poderá ser objeto de impugnação, no prazo de 10 (dez) dias, pelo trabalhador, por meio de requerimento de revisão simples, o qual seguirá o rito prescrito pela Lei nº 9.784, de 29 de janeiro de 1999.

§ 2º A restituição de valor devido pelo trabalhador de que trata o *caput* deste artigo será realizada mediante compensação do saldo de valores nas datas de liberação de cada parcela ou pagamento com Guia de Recolhimento da União (GRU), conforme regulamentação do CODEFAT.

► Art. 25-A acrescido pela Lei nº 13.134, de 16-6-2015.

DAS DISPOSIÇÕES FINAIS E TRANSITÓRIAS

Art. 26. VETADO.

Art. 27. A primeira investidura do CODEFAT dar-se-á no prazo de trinta dias da publicação desta Lei.

Art. 28. No prazo de trinta dias, as contribuições ao PIS e ao PASEP, arrecadadas a partir de 5 de outubro de 1988 e não utilizadas nas finalidades previstas no artigo 239 da Constituição Federal serão recolhidas como receitas do FAT.

► *Caput* com a redação dada pela Lei nº 8.019, de 11-4-1990.

Parágrafo único. VETADO.

Art. 29. *Revogado.* Lei nº 8.019, de 11-4-1990.

Art. 30. O Poder Executivo regulamentará esta Lei no prazo de noventa dias e apresentará projeto de lei regulamentando a contribuição adicional pelo índice de rotatividade, de que trata o § 4º do artigo 239 da Constituição Federal, no prazo de cento e oitenta dias.

Art. 31. Esta Lei entra em vigor na data de sua publicação.

Art. 32. Revogam-se as disposições em contrário.

Brasília, 11 de janeiro de 1990;
169º da Independência e
102º da República.

José Sarney

LEI Nº 8.019, DE 11 DE ABRIL DE 1990

Altera a legislação do Fundo de Amparo ao Trabalhador – FAT e dá outras providências.

► Publicada no *DOU* de 12-4-1990.

Art. 1º A arrecadação decorrente das contribuições para o Programa de Integração Social – PIS, criado pela Lei Complementar nº 7, de 7 de setembro de 1970, e para o Programa de Formação do Patrimônio do Servidor Público – PASEP, criado pela Lei Complementar nº 8, de 3 de dezembro de 1970, será destinada, a cada ano, à cobertura integral das necessidades do Fundo de Amparo ao Trabalhador – FAT, de que trata o artigo 10 da Lei nº 7.998, de 11 de janeiro de 1990.

Art. 2º Conforme estabelece o § 1º do artigo 239 da Constituição Federal, pelo menos quarenta por cento da arrecadação mencionada no artigo anterior serão repassados ao Banco Nacional de Desenvolvimento Econômico e Social – BNDES, para aplicação em programas de desenvolvimento econômico.

§ 1º Os recursos repassados ao BNDES na forma do *caput* deste artigo serão corrigidos, mensalmente, pelo Índice de Preços ao Consumidor – IPC.

§§ 2º e 3º *Revogados.* Lei nº 9.365, de 16-12-1996.

§ 4º Correrá por conta do BNDES o risco das operações financeiras realizadas com os recursos mencionados no *caput* deste artigo.

Art. 3º *Revogado.* Lei nº 13.483, de 21-9-2017.

Parágrafo único. Ficam sujeitos à correção monetária, com base na variação do BTN Fiscal, os recursos não recolhidos nos prazos previstos neste artigo.

Art. 4º A arrecadação das contribuições ao PIS e ao PASEP será efetuada através de Documento de Arrecadação de Receitas Federais – DARF, nas condições estabelecidas pela legislação em vigor.

Art. 5º A alínea *b* do inciso IV do artigo 69 da Lei nº 7.799, de 10 de julho de 1989, passa a vigorar com a seguinte redação:

"Art. 69 ....

IV – ....

b) para o PIS e o PASEP, até o dia cinco do terceiro mês subsequente ao da ocorrência do fato gerador, exceção feita às modalidades especiais (Decreto-Lei nº 2.445, de 29-6-1988, artigos 7º e 8º), cujo prazo será o dia quinze do mês subsequente ao da ocorrência do fato gerador."

Art. 6º O Tesouro Nacional repassará mensalmente recursos ao FAT, de acordo com programação financeira para atender aos gastos efetivos daquele Fundo com seguro-desemprego, abono salarial e programas de desenvolvimento econômico do BNDES.

► Artigo com a redação dada pela Lei nº 10.199, de 14-2-2001.

Art. 7º O Conselho Deliberativo do Fundo de Amparo ao Trabalhador (CODEFAT) disciplinará os critérios e as condições para devolução ao FAT dos recursos aplicados nos depósitos especiais de que trata o *caput* do art. 9º desta Lei e daqueles repassados ao Banco Nacional de Desenvolvimento Econômico e Social (BNDES), para fins do disposto no § 1º do art. 239 da Constituição Federal.

► *Caput* com a redação dada pela Lei nº 13.932, de 11-12-2019.

I a III – *Revogados*. Lei nº 13.932, de 11-12-2019.

§§ 1º a 3º *Revogados*. Lei nº 13.932, de 11-12-2019.

§ 4º A devolução dos recursos de que trata o *caput* deste artigo estará limitada, em cada exercício, à diferença entre o produto da arrecadação das contribuições devidas ao PIS e ao PASEP, deduzidos os recursos de que trata o § 1º do art. 239 da Constituição Federal, e os recursos necessários para o custeio do Programa de Seguro-Desemprego, o pagamento do abono salarial e o financiamento de programas de educação profissional e tecnológica, conforme estimativa do CODEFAT para essas arrecadações e dispêndios durante o exercício.

► § 4º com a redação dada pela Lei nº 13.932, de 11-12-2019.

Art. 8º A remuneração mencionada no parágrafo único do artigo 15 da Lei nº 7.998, de 1990, constitui receita do FAT.

Parágrafo único. Compete ao CODEFAT estabelecer os prazos de recolhimento e o período-base de apuração da receita mencionada no *caput* deste artigo.

Art. 9º As disponibilidades financeiras do FAT poderão ser aplicadas em títulos do Tesouro Nacional, por intermédio do Banco Central do Brasil, e em depósitos especiais, remunerados e disponíveis para imediata movimentação, nas instituições financeiras oficiais federais de que trata o artigo 15 da Lei nº 7.998, de 11 de janeiro de 1990.

► *Caput* com a redação dada pela Lei nº 8.352, de 28-12-1991.

► Art. 4º, parágrafo único, da MP nº 2.162-72, de 23-8-2001, que dispõe sobre a emissão de Notas do Tesouro Nacional – NTN – destinadas ao aumento de capital do Banco do Brasil S.A., e até o encerramento desta edição não havia sido convertida em Lei.

§ 1º Parcela das disponibilidades financeiras do FAT constitui a Reserva Mínima de liquidez, destinada a garantir, em tempo hábil, os recursos necessários ao pagamento das despesas referentes ao Programa do Seguro-Desemprego e do Abono de que trata o artigo 239 da Constituição Federal.

► § 1º com a redação dada pela Lei nº 8.352, de 28-12-1991.

§ 2º A reserva estabelecida no § 1º deste artigo não poderá ser inferior ao montante equivalente a 3 (três) meses de pagamentos do benefício do seguro desemprego e do abono salarial de que trata o art. 9º da Lei nº 7.998, de 11 de janeiro de 1990, computados por meio da média móvel dos desembolsos efetuados nos 12 (doze) meses anteriores, atualizados mensalmente pela variação do Índice Nacional de Preços ao Consumidor Amplo (IPCA), calculado pela Fundação Instituto Brasileiro de Geografia e Estatística (IBGE), ou por outro índice que vier a substituí-lo.

► § 2º com a redação dada pela Lei nº 13.932, de 11-12-2019.

I e II – *Revogados*. Lei nº 13.932, de 11-12-2019.

§ 3º Os recursos da Reserva Mínima de Liquidez somente poderão ser aplicados em títulos do Tesouro Nacional, por intermédio do Banco Central do Brasil.

§ 4º No exercício de 1991, as aplicações da parcela das disponibilidades financeiras que excederem o valor da Reserva Mínima de Liquidez em depósitos especiais do Banco do Brasil S/A serão no montante mínimo de duzentos e vinte bilhões de cruzeiros.

► §§ 3º e 4º com a redação dada pela Lei nº 8.352, de 28-12-1991.

§ 5º *Revogado*. Lei nº 13.483, de 21-9-2017.

§ 6º O resultado da remuneração das disponibilidades financeiras de que trata este artigo constituirá receita do FAT.

► § 6º com a redação dada pela Lei nº 8.352, de 28-12-1991.

§ 7º *Revogado*. Lei nº 13.483, de 21-9-2017.

§ 8º As condições de utilização e de recomposição da reserva mínima de liquidez do FAT de que tratam os §§ 1º e 2º deste artigo serão disciplinadas em regulamento do CODEFAT.

► § 8º acrescido pela Lei nº 13.932, de 11-12-2019.

Art. 10. O artigo 28 da Lei nº 7.998, de 1990, passa a ter a seguinte redação:

► Alteração inserida no texto da referida Lei.

Art. 11. Os recursos do PIS e do PASEP repassados ao BNDES, ao amparo do § 1º do artigo 239 da Constituição Federal, antes da vigência da Lei nº 7.998, de 1990, acrescidos de correção monetária pela variação do IPC e de juros de cinco por cento ao ano, constituirão direitos do FAT e serão contabilizados na forma do disposto no artigo 2º desta Lei.

Art. 12. O valor do abono a ser pago pelo FAT, nos casos de empregados participantes do Fundo de Participação PIS/PASEP, corresponderá à diferença entre o salário mínimo vigente na data do respectivo pagamento e os rendimentos de suas contas individuais, apurados na forma das alíneas *b* e *c* do artigo 3º da Lei Complementar nº 26, de 11 de agosto de 1975.

Parágrafo único. O pagamento do rendimento das contas individuais mencionadas no *caput* deste artigo é de competência do Fundo de Participação PIS/PASEP.

Art. 13. A operacionalização do Programa Seguro-Desemprego, no que diz respeito às atividades de pré-triagem e habilitação de requerentes, auxílio aos requerentes e segurados na busca de novo emprego, bem assim às ações voltadas para reciclagem profissional, será executada prioritariamente em articulação com os Estados e Municípios, através do Sistema Nacional de Emprego – SINE, nos termos da lei.

Parágrafo único. O Ministério do Trabalho poderá requisitar servidores, técnicos e administrativos, da Administração Federal direta, das autarquias, das fundações públicas e do Governo do Distrito Federal, para o desempenho das tarefas previstas no *caput* deste artigo e no artigo 20 da Lei nº 7.998, de 1990, ouvida a Secretaria de Planejamento e Coordenação da Presidência da República.

Art. 14. VETADO.

Art. 15. Esta Lei entra em vigor na data de sua publicação.

Art. 16. Ficam revogados os artigos 16, 17 e 29 da Lei nº 7.998, de 1990, e demais disposições em contrário.

Brasília, 11 de abril de 1990;
169º da Independência e
102º da República.

Fernando Collor

LEI Nº 8.036, DE 11 DE MAIO DE 1990

Dispõe sobre o Fundo de Garantia do Tempo de Serviço e dá outras providências.

► Publicada no *DOU* de 14-5-1990.

► Dec. nº 99.684, de 8-11-1990, regulamenta esta Lei.

► LC nº 110, de 29-6-2001, institui contribuições sociais e autoriza créditos de complementos de atualização monetária em contas vinculadas do FGTS, regulamentada pelos Decretos nºs 3.913, de 11-9-2001, e 3.194, de 11-9-2001.

► IN da SIT nº 84, de 13-7-2010, dispõe sobre a fiscalização do Fundo de Garantia do Tempo de Serviço – FGTS e das Contribuições Sociais instituídas pela LC nº 110, de 29-6-2001.

► Súmulas nºs 249, 445 e 462 do STJ.

► Orientações Jurisprudenciais da SBDI-I nºs 341, 344 e 370 do TST.

Art. 1º O Fundo de Garantia do Tempo de Serviço – FGTS, instituído pela Lei nº 5.107, de 13 de setembro de 1966, passa a reger-se por esta Lei.

Art. 2º O FGTS é constituído pelos saldos das contas vinculadas a que se refere esta Lei e outros recursos a ele incorporados, devendo ser aplicados com atualização monetária e juros, de modo a assegurar a cobertura de suas obrigações.

§ 1º Constituem recursos incorporados ao FGTS, nos termos do *caput* deste artigo:

a) eventuais saldos apurados nos termos do artigo 12, § 4º;

b) dotações orçamentárias específicas;

c) resultados das aplicações dos recursos do FGTS;

d) multas, correção monetária e juros moratórios devidos;

Legislação Complementar

e) demais receitas patrimoniais e financeiras.

§ 2º As contas vinculadas em nome dos trabalhadores são absolutamente impenhoráveis.

Art. 3º O FGTS será regido por normas e diretrizes estabelecidas por um Conselho Curador, composto por representação de trabalhadores, empregadores e órgãos e entidades governamentais, na forma estabelecida pelo Poder Executivo.

▸ *Caput* com a redação dada pela MP nº 2.216-37, de 31-8-2001, que até o encerramento desta edição não havia sido convertida em Lei.

§ 1º A Presidência do Conselho Curador será exercida pelo Ministro de Estado do Trabalho e Previdência ou representante por ele indicado.

▸ § 1º com a redação dada pela Lei nº 14.261, de 16-12-2021.

§ 2º *Revogado.* MP nº 2.216-37, de 31-8-2001.

§ 3º Os representantes dos trabalhadores e dos empregadores e seus suplentes serão indicados pelas respectivas centrais sindicais e confederações nacionais, serão nomeados pelo Poder Executivo, terão mandato de 2 (dois) anos e poderão ser reconduzidos uma única vez, vedada a permanência de uma mesma pessoa como membro titular, como suplente ou, de forma alternada, como titular e suplente, por período consecutivo superior a 4 (quatro) anos no Conselho.

▸ § 3º com a redação dada pela Lei nº 13.932, de 11-12-2019.

§ 4º O Conselho Curador reunir-se-á ordinariamente, a cada bimestre, por convocação de seu Presidente. Esgotado esse período, não tendo ocorrido convocação, qualquer de seus membros poderá fazê-la, no prazo de quinze dias. Havendo necessidade, qualquer membro poderá convocar reunião extraordinária, na forma que vier a ser regulamentada pelo Conselho Curador.

§ 4º-A. As reuniões do Conselho Curador serão públicas, bem como gravadas e transmitidas ao vivo por meio do sítio do FGTS na internet, o qual também possibilitará acesso a todas as gravações que tiverem sido efetuadas dessas reuniões, resguardada a possibilidade de tratamento sigiloso de matérias assim classificadas na forma da lei.

▸ § 4º-A acrescido pela Lei nº 13.932, de 11-12-2019.

§ 5º As decisões do Conselho serão tomadas com a presença da maioria simples de seus membros, tendo o Presidente voto de qualidade.

▸ § 5º com a redação dada pela MP nº 2.216-37, de 31-8-2001, que até o encerramento desta edição não havia sido convertida em Lei.

§ 6º As despesas porventura exigidas para o comparecimento às reuniões do Conselho constituirão ônus das respectivas entidades representadas.

§ 7º As ausências ao trabalho dos representantes dos trabalhadores no Conselho Curador, decorrentes das atividades desse órgão, serão abonadas, computando-se como jornada efetivamente trabalhada para todos os fins e efeitos legais.

§ 8º O Poder Executivo designará, entre os órgãos governamentais com representação no Conselho Curador do FGTS, aquele que lhe proporcionará estrutura administrativa de suporte para o exercício de sua competência e que atuará na função de Secretaria Executiva do colegiado, não permitido ao Presidente do Conselho Curador acumular a titularidade dessa Secretaria Executiva.

▸ § 8º com a redação dada pela Lei nº 13.932, de 11-12-2019.

§ 9º Aos membros do Conselho Curador, enquanto representantes dos trabalhadores, efetivos e suplentes, é assegurada a estabilidade no emprego, da nomeação até um ano após o término do mandato de representação, somente podendo ser demitidos por motivo de falta grave, regularmente comprovada através de processo sindical.

§ 10. Os membros do Conselho Curador do FGTS serão escolhidos dentre cidadãos de reputação ilibada e de notório conhecimento, e deverão ser atendidos os seguintes requisitos:

I – ter formação acadêmica superior; e

II – não se enquadrar nas hipóteses de inelegibilidade previstas nas alíneas *a* a *q* do inciso I do *caput* do art. 1º da Lei Complementar nº 64, de 18 de maio de 1990.

▸ § 10 acrescido pela Lei nº 13.932, de 11-12-2019.

Art. 4º O gestor da aplicação dos recursos do FGTS será o órgão do Poder Executivo responsável pela política de habitação, e caberá à Caixa Econômica Federal (CEF) o papel de agente operador.

► Artigo com a redação dada pela Lei nº 13.932, de 11-12-2019.

Art. 5º Ao Conselho Curador do FGTS compete:

I – estabelecer as diretrizes e os programas de alocação dos recursos do FGTS, de acordo com os critérios definidos nesta Lei, em conformidade com a política nacional de desenvolvimento urbano e as políticas setoriais de habitação popular, saneamento básico, microcrédito e infraestrutura urbana estabelecidas pelo governo federal;

► Inciso I com a redação dada pela Lei nº 14.438, de 24-8-2022.

II – acompanhar e avaliar a gestão econômica e financeira dos recursos, bem como os ganhos sociais e o desempenho dos programas aprovados;

III – apreciar e aprovar os programas anuais e plurianuais do FGTS;

IV – aprovar as demonstrações financeiras do FGTS, com base em parecer de auditoria externa independente, antes de sua publicação e encaminhamento aos órgãos de controle, bem como da distribuição de resultados;

V – adotar as providências cabíveis para a correção de atos e fatos do gestor da aplicação e da CEF que prejudiquem o desempenho e o cumprimento das finalidades no que concerne aos recursos do FGTS;

► Incisos IV e V com redação dada pela Lei nº 13.932, de 11-12-2019.

VI – dirimir dúvidas quanto à aplicação das normas regulamentares, relativas ao FGTS, nas matérias de sua competência;

VII – aprovar seu regimento interno;

VIII – fixar as normas e valores de remuneração do Agente Operador e dos Agentes Financeiros;

IX – fixar critérios para parcelamento de recolhimentos em atraso;

X – fixar critério e valor de remuneração para o exercício da fiscalização;

XI – divulgar, no *Diário Oficial da União*, todas as decisões proferidas pelo Conselho, bem como as contas do FGTS e os respectivos pareceres emitidos;

XII – fixar critérios e condições para compensação entre créditos do empregador, decorrentes de depósitos relativos a trabalhadores não optantes, com contratos extintos, e débitos resultantes de competências em atraso, inclusive aqueles que forem objeto de composição de dívida com o FGTS;

► Inciso XII com a redação dada pela Lei nº 9.711, de 20-11-1998.

XIII – em relação ao Fundo de Investimento do Fundo de Garantia do Tempo de Serviço – FI-FGTS:

a) aprovar a política de investimento do FI-FGTS por proposta do Comitê de Investimento;

b) decidir sobre o reinvestimento ou distribuição dos resultados positivos aos cotistas do FI-FGTS, em cada exercício;

c) definir a forma de deliberação, de funcionamento e a composição do Comitê de Investimento;

d) estabelecer o valor da remuneração da Caixa Econômica Federal pela administração e gestão do FI-FGTS, inclusive a taxa de risco;

e) definir a exposição máxima de risco dos investimentos do FI-FGTS;

f) estabelecer o limite máximo de participação dos recursos do FI-FGTS por setor, por empreendimento e por classe de ativo, observados os requisitos técnicos aplicáveis;

g) estabelecer o prazo mínimo de resgate das cotas e de retorno dos recursos à conta vinculada, observado o disposto no § 19 do art. 20 desta Lei;

h) aprovar o regulamento do FI-FGTS, elaborado pela Caixa Econômica Federal; e

i) autorizar a integralização de cotas do FI-FGTS pelos trabalhadores, estabelecendo previamente os limites globais e individuais, parâmetros e condições de aplicação e resgate.

► Inciso XIII acrescido pela Lei nº 11.491, de 20-6-2007.

XIV – *Revogado*. Lei nº 13.932, de 11-12-2019;

XV – autorizar a aplicação de recursos do FGTS em outros fundos de investimento, no mercado de capitais e em títulos públicos e privados, com base em proposta elaborada pelo agente operador, devendo o Conselho Curador regulamentar as formas e condições do investimento, vedado o aporte em fundos nos quais o FGTS seja o único cotista;

XVI – estipular limites às tarifas cobradas pelo agente operador ou pelos agentes financeiros na intermediação da movimentação dos recursos da conta vinculada do FGTS, inclusive nas hipóteses de que tratam os incisos V, VI e VII do *caput* do art. 20 desta Lei;

▸ Incisos XV e XVI acrescidos pela Lei nº 13.932, de 11-12-2019.

XVII – estabelecer, em relação à autorização de aplicação de recursos do FGTS em fundos garantidores de crédito e sua regulamentação quanto às formas e condições:

a) o valor da aplicação com fundamento em proposta elaborada pelo gestor da aplicação; e

b) a cada 3 (três) anos, percentual mínimo do valor proposto para aplicação na política setorial do microcrédito, respeitado o piso de 30% (trinta por cento).

▸ Inciso XVII acrescido pela Lei nº 14.438, de 24-8-2022.

§ 1º O Conselho Curador será assistido por um Comitê de Auditoria e Riscos, constituído na forma do Regimento Interno, cujas atribuições e condições abrangerão, no mínimo, aquelas estipuladas nos arts. 24 e 25, §§ 1º a 3º, da Lei nº 13.303, de 30 de junho de 2016, ao Comitê de Auditoria Estatutário das empresas públicas e sociedades de economia mista que forem aplicáveis, ainda que por similaridade, ao FGTS, e cujas despesas serão custeadas pelo Fundo, por meio de sua Secretaria Executiva, observado o disposto no § 3º deste artigo.

§ 2º O Conselho Curador poderá ser assistido regularmente por pessoas naturais ou jurídicas especializadas em planejamento, em gestão de investimentos, em avaliação de programas e políticas, em tecnologia da informação ou em qualquer outra especialização julgada necessária para subsidiá-lo no exercício de suas atribuições, e as despesas decorrentes ficarão a cargo do FGTS, observado o disposto no § 3º deste artigo.

§ 3º Os custos e despesas incorridos pelo FGTS não poderão superar limite a ser estabelecido pelo Conselho Curador, o qual observará, no mínimo, os custos por atividades, os ganhos de escala e produtividade, os avanços tecnológicos e a remuneração praticada por outros fundos no mercado de capitais, excluídos da base de cálculo aqueles cuja administradora receba remuneração específica, e incluirão:

I – os serviços de fiscalização, as atividades de arrecadação, de cobrança administrativa e de emissão de certidões;

II – os serviços de cobrança judicial dos créditos inscritos em dívida ativa;

III – os serviços contratados pela Secretaria Executiva para suporte às ações e decisões do Conselho Curador e do Comitê de Auditoria e Riscos, bem como os valores despendidos com terceiros;

IV – a capacitação dos gestores.

§ 4º O Conselho Curador especificará os serviços de suporte à gestão e à operação que poderão ser contratados pela Secretaria Executiva com recursos do FGTS, cabendo-lhe aprovar o montante destinado a tal finalidade no orçamento anual.

§ 5º As auditorias externas contratadas pelo Comitê a que se refere o § 1º deste artigo não poderão prestar serviços ao agente operador durante a execução dos contratos de auditoria com o FGTS.

§ 6º O limite de custos e despesas a que se refere o § 3º deste artigo não inclui taxas de risco de crédito e demais custos e despesas devidos ao agente operador e aos agentes financeiros.

▸ §§ 1º a 6º acrescidos pela Lei nº 13.932, de 11-12-2019.

§ 7º O limite de que trata o § 3º deste artigo será, em cada exercício, de até 0,06% (seis centésimos por cento) do valor dos ativos do FGTS ao final do exercício anterior e, até a publicação das demonstrações financeiras, esse limite será calculado a partir de estimativas divulgadas pelo Conselho Curador para o valor dos ativos do FGTS ao final daquele exercício.

▸ § 7º com a redação dada pela Lei nº 14.438, de 24-8-2022.

§ 8º A taxa de administração do FGTS devida ao agente operador não será superior a 0,5% (cinco décimos por cento) ao ano do valor total dos ativos do Fundo.

§ 9º A taxa de administração de que trata a alínea *d* do inciso XIII do *caput* deste artigo não será superior a 0,5% (cinco décimos por cento) ao ano do valor total dos ativos do FI-FGTS.

▸ §§ 8º e 9º acrescidos pela Lei nº 13.932, de 11-12-2019.

§ 10. O piso de que trata a alínea *b* do inciso XVII do *caput* deste artigo poderá ser revisto pelo Conselho Curador a cada 3 (três) anos.

▸ § 10 acrescido pela Lei nº 14.438, de 24-8-2022.

Art. 6º Ao gestor da aplicação compete:

▸ *Caput* com a redação dada pela Lei nº 13.932, de 11-12-2019.

I – praticar todos os atos necessários à gestão da aplicação do Fundo, de acordo com as diretrizes e programas estabelecidos pelo Conselho Curador;

II – expedir atos normativos relativos à alocação dos recursos para implementação dos programas aprovados pelo Conselho Curador;

III – elaborar orçamentos anuais e planos plurianuais de aplicação dos recursos, discriminados por região geográfica, e submetê-los até 31 de julho ao Conselho Curador do FGTS;

▸ Inciso III com a redação dada pela Lei nº 14.118, de 12-1-2021.

IV – acompanhar a execução dos programas de habitação popular, saneamento básico e infraestrutura urbana previstos no orçamento do FGTS e implementados pela CEF, no papel de agente operador;

▸ Inciso IV com a redação dada pela Lei nº 13.932, de 11-12-2019.

V – submeter à apreciação do Conselho Curador as contas do FGTS;

VI – subsidiar o Conselho Curador com estudos técnicos necessários ao aprimoramento operacional dos programas de habitação popular, saneamento básico e infraestrutura urbana;

VII – definir as metas a serem alcançadas nos programas de habitação popular, saneamento básico e infraestrutura urbana.

Art. 6º-A. Caberá ao Ministério da Saúde regulamentar, acompanhar a execução, subsidiar o Conselho Curador com estudos técnicos necessários ao seu aprimoramento operacional e definir as metas a serem alcançadas nas operações de crédito destinadas às entidades hospitalares filantrópicas, bem como a instituições que atuem no campo para pessoas com deficiência, sem fins lucrativos, que participem de forma complementar do Sistema Único de Saúde (SUS).

▸ Art. 6º-A acrescido pela Lei nº 13.832, de 4-6-2019.

Art. 6º-B.* Revogado. *Lei nº 14.620, de 13-7-2023.

Art. 7º À Caixa Econômica Federal, na qualidade de Agente Operador, cabe:

I – centralizar os recursos do FGTS, manter e controlar as contas vinculadas, e emitir regularmente os extratos individuais correspondentes às contas vinculadas e participar da rede arrecadadora dos recursos do FGTS;

II – expedir atos normativos referentes aos procedimentos administrativo-operacionais dos bancos depositários, dos agentes financeiros, dos empregadores e dos trabalhadores, integrantes do sistema do FGTS;

III – definir procedimentos operacionais necessários à execução dos programas estabelecidos pelo Conselho Curador, com base nas normas e diretrizes de aplicação elaboradas pelo gestor da aplicação;

▸ Inciso III com a redação dada pela Lei nº 13.932, de 11-12-2019.

IV – elaborar as análises jurídica e econômico-financeira dos projetos de habitação popular, infraestrutura urbana e saneamento básico a serem financiados com recursos do FGTS;

V – emitir Certificado de Regularidade do FGTS;

VI – elaborar as demonstrações financeiras do FGTS, incluídos o Balanço Patrimonial, a Demonstração do Resultado do Exercício e a Demonstração de Fluxo de Caixa, em conformidade com as Normas Contábeis Brasileiras, e encaminhá-las, até 30 de junho do exercício subsequente, ao gestor de aplicação;

▸ Inciso VI com a redação dada pela Lei nº 14.438, de 24-8-2022.

VII – implementar atos emanados do gestor da aplicação relativos à alocação e à aplicação dos recursos do FGTS, de acordo com as diretrizes estabelecidas pelo Conselho Curador;

▸ Inciso VII com a redação dada pela Lei nº 13.932, de 11-12-2019.

VIII – VETADO. Lei nº 9.491, de 9-9-1997;

IX – garantir aos recursos alocados ao FI-FGTS, em cotas de titularidade do FGTS, a remuneração aplicável às cotas vinculadas, na forma do *caput* do art. 13 desta Lei;

▸ Inciso IX acrescido pela Lei nº 11.491, de 20-6-2007 e com a redação retificada no *DOU* de 16-8-2007.

X – realizar todas as aplicações com recursos do FGTS por meio de sistemas informatizados e auditáveis;

XI – colocar à disposição do Conselho Curador, em formato digital, as informações gerenciais que estejam sob gestão do agente operador e que sejam necessárias ao desempenho das atribuições daquele colegiado.

► Incisos X e XI acrescidos pela Lei nº 13.932, de 11-12-2019.

Parágrafo único. O gestor da aplicação e o agente operador deverão dar pleno cumprimento aos programas anuais em andamento, aprovados pelo Conselho Curador, e eventuais alterações somente poderão ser processadas mediante prévia anuência daquele colegiado.

► Parágrafo único acrescido pela Lei nº 13.932, de 11-12-2019.

Art. 8º O gestor da aplicação, o agente operador e o Conselho Curador do FGTS serão responsáveis pelo fiel cumprimento e observância dos critérios estabelecidos nesta Lei.

► Artigo com a redação dada pela Lei nº 13.932, de 11-12-2019.

Art. 9º As aplicações com recursos do FGTS serão realizadas exclusivamente segundo critérios fixados pelo Conselho Curador do FGTS e em operações que preencham os seguintes requisitos:

► *Caput* com a redação dada pela Lei nº 13.932, de 11-12-2019.

► Súm. nº 422 do STJ.

I – garantias:

► *Caput* do inciso I com a redação dada pela Lei nº 9.467, de 10-7-1997.

a) hipotecária;

b) caução de créditos hipotecários próprios, relativos a financiamentos concedidos com recursos do agente financeiro;

c) caução de créditos hipotecários vinculados aos imóveis objeto do financiamento;

d) hipoteca sobre outros imóveis de propriedade do agente financeiro, desde que livres e desembaraçados de quaisquer ônus;

e) cessão de créditos do agente financeiro, derivados de financiamentos concedidos com recursos próprios, garantidos por penhor ou hipoteca;

f) hipoteca sobre imóvel de propriedade de terceiros;

g) seguro de crédito;

h) garantia real ou vinculação de receitas, inclusive tarifárias, nas aplicações contratadas com pessoa jurídica de direito público ou de direito privado a ela vinculada;

i) aval em nota promissória;

j) fiança pessoal;

l) alienação fiduciária de bens móveis em garantia;

m) fiança bancária;

► Alíneas *a* a *m* com a redação dada pela Lei nº 9.467, de 10-7-1997.

n) consignação de recebíveis, exclusivamente para operações de crédito destinadas às entidades hospitalares filantrópicas, bem como a instituições que atuam no campo para pessoas com deficiência, e sem fins lucrativos que participem de forma complementar do Sistema Único de Saúde (SUS), em percentual máximo a ser definido pelo Ministério da Saúde; e

o) outras, a critério do Conselho Curador do FGTS;

► Alíneas *n* e *o* com a redação dada pela Lei nº 13.778, de 26-12-2018.

II – correção monetária igual à das contas vinculadas;

► Súmulas nºs 450 e 454 do STJ.

III – taxa de juros média mínima, por projeto, de três por cento ao ano;

IV – prazo máximo de 35 (trinta e cinco) anos.

► Inciso IV com a redação dada pela Lei nº 14.438, de 24-8-2022.

§ 1º A rentabilidade média das aplicações deverá ser suficiente à cobertura de todos os custos incorridos pelo Fundo e ainda à formação de reserva técnica para o atendimento de gastos eventuais não previstos, e caberá ao agente operador o risco de crédito.

► § 1º com a redação dada pela Lei nº 13.932, de 11-12-2019.

► Art. 4º, II, da Lei nº 10.188, de 12-2-2001, que cria o Programa de Arrendamento Residencial, institui o arrendamento residencial com opção de compra.

§ 2º Os recursos do FGTS deverão ser aplicados em habitação, saneamento básico, infraestrutura urbana, operações de microcrédito e operações de crédito destinadas às entidades hospitalares filantrópicas, às instituições que atuem com pessoas com deficiência e às entidades sem fins lucrativos que participem do SUS de forma complementar, desde que as disponibilidades financeiras sejam mantidas em volume que satisfaça as condições de liquidez e de remuneração mínima necessárias à preservação do poder aquisitivo da moeda.

► § 2º com a redação dada pela Lei nº 14.438, de 24-8-2022.

§ 3º O programa de aplicações deverá destinar:

► *Caput* do § 3º com a redação dada pela Lei nº 13.778, de 26-12-2018.

I – no mínimo, 60% (sessenta por cento) para investimentos em habitação popular; e

II – 5% (cinco por cento) para operações de crédito destinadas às entidades hospitalares filantrópicas, bem como a instituições que atuam no campo para pessoas com deficiência, e sem fins lucrativos que participem de forma complementar do SUS;

► Incisos I e II com a redação dada pela Lei nº 13.778, de 26-12-2018.

► Lei nº 10.188, de 12-2-2001, que cria o Programa de Arrendamento Residencial, institui o arrendamento residencial com opção de compra.

III* – Revogado. *Lei nº 14.620, de 13-7-2023.

§ 3º-A. Os recursos previstos no inciso II do § 3º deste artigo não utilizados pelas entidades hospitalares filantrópicas, bem como pelas instituições que atuam no campo para pessoas com deficiência, e sem fins lucrativos que participem de forma complementar do SUS poderão ser destinados a aplicações em habitação, em saneamento básico e em infraestrutura urbana.

► § 3º-A acrescido pela Lei nº 13.778, de 26-12-2018.

§§ 3º-B e 3º-C.* Revogados. *Lei nº 14.620, de 13-7-2023.

§ 4º Os projetos de saneamento básico e infraestrutura urbana financiados com recursos do FGTS serão, preferencialmente, complementares aos programas habitacionais.

► § 4º com a redação dada pela Lei nº 14.438, de 24-8-2022.

§ 5º As garantias, nas diversas modalidades discriminadas no inciso I, do *caput*, deste artigo, serão admitidas singular ou supletivamente, considerada a suficiência de cobertura para os empréstimos e financiamentos concedidos.

► § 5º com a redação dada pela Lei nº 9.467, de 10-7-1997.

§ 6º Mantida a rentabilidade média de que trata o § 1º, as aplicações em habitação popular poderão contemplar sistemática de desconto, direcionada em função da renda familiar do beneficiário, onde o valor do benefício seja concedido mediante redução no valor das prestações a serem pagas pelo mutuário ou pagamento de parte da aquisição ou construção de imóvel, dentre outras, a critério do Conselho Curador do FGTS.

► § 6º acrescido pela MP nº 2.197-43, de 24-8-2001, que até o encerramento desta edição não havia sido convertida em Lei.

§§ 6º-A e 6º-B. VETADOS. Lei nº 13.932, de 11-12-2019.

§ 7º Os recursos necessários para a consecução da sistemática de desconto serão destacados, anualmente, do orçamento de aplicação de recursos do FGTS, constituindo reserva específica, com contabilização própria.

► § 7º acrescido pela MP nº 2.197-43, de 24-8-2001, que até o encerramento desta edição não havia sido convertida em Lei.

§ 8º É da União o risco de crédito nas aplicações efetuadas até 1º de junho de 2001 pelos demais órgãos integrantes do Sistema Financeiro da Habitação (SFH) e pelas entidades credenciadas pelo Banco Central do Brasil como agentes financeiros, sub-rogando-se nas garantias prestadas à Caixa Econômica Federal.

► § 8º acrescido pela MP nº 2.196-3, de 24-8-2001, que até o encerramento desta edição não havia sido convertida em Lei.

§ 9º A Caixa Econômica Federal, o Banco do Brasil S.A. e o Banco Nacional de Desenvolvimento Econômico e Social (BNDES) poderão atuar como agentes financeiros autorizados para aplicação dos recursos do FGTS em operações de crédito destinadas às entidades hospitalares filantrópicas, bem como a instituições que atuam no campo para pessoas com deficiência, e sem fins lucrativos que participem de forma complementar do SUS.

§ 10. Nas operações de crédito destinadas às entidades hospitalares filantrópicas, bem como a instituições que atuam no campo para pessoas com deficiência, e sem fins lucrativos que participem de forma complementar do SUS, serão observadas as seguintes condições:

I – a taxa de juros efetiva não será superior àquela cobrada para o financiamento habitacional na modalidade pró-cotista ou a outra que venha a substituí-la;

II – a tarifa operacional única não será superior a 0,5% (cinco décimos por cento) do valor da operação; e

III – o risco das operações de crédito ficará a cargo dos agentes financeiros de que trata o § 9º deste artigo.

► §§ 9º e 10 com a redação dada pela Lei nº 13.778, de 26-12-2018.

§ 11. As entidades hospitalares filantrópicas, bem como a instituições que atuam no campo para pessoas com deficiência, e sem fins lucrativos que participem de forma complementar do SUS deverão, para contratar operações de crédito com recursos do FGTS, atender ao disposto nos incisos II e III do *caput* do art. 4º da Lei nº 12.101, de 27 de novembro de 2009.

► § 11 acrescido pela Lei nº 13.778, de 26-12-2018.

§ 12. Revogado. Lei nº 14.620, de 13-7-2023.

§ 13. Para garantir o risco em operações de microcrédito e em operações de crédito de habitação popular para famílias com renda mensal de até 2 (dois) salários mínimos, o FGTS poderá destinar, na forma estabelecida por seu Conselho Curador, observado o disposto no inciso XVII do *caput* do art. 5º desta Lei, parte dos recursos de que trata o § 7º deste artigo para a aquisição de cotas de fundos garantidores que observem o seguinte:

I – tenham natureza privada e patrimônio segregado do patrimônio dos cotistas e da própria administradora do fundo garantidor e estejam sujeitos a direitos e obrigações próprios;

II – respondam por suas obrigações até o limite dos bens e direitos que integram o seu patrimônio, vedado qualquer tipo de garantia ou aval por parte do FGTS; e

III – não paguem rendimentos a seus cotistas, assegurado o direito de resgate total ou parcial das cotas com base na situação patrimonial dos fundos em valor não superior ao montante de recursos financeiros ainda não vinculados às garantias contratadas.

§ 14. Aos recursos do FGTS destinados à aquisição de cota de fundos garantidores de que trata o § 13 deste artigo não se aplicam os requisitos de correção monetária, taxa de juros mínima e prazo máximo previstos nos incisos II, III e IV do *caput* deste artigo e de rentabilidade prevista no § 1º deste artigo.

► §§ 13 e 14 acrescidos pela Lei nº 14.438, de 24-8-2022.

§§ 15 a 17. Revogados. Lei nº 14.620, de 13-7-2023.

Art. 9º-A. O risco das operações de crédito de que trata o § 10 do art. 9º desta Lei ficará a cargo dos agentes financeiros referidos no § 9º do art. 9º desta Lei, hipótese em que o Conselho Curador poderá definir o percentual da taxa de risco, limitado a 3% (três por cento), a ser acrescido à taxa de juros de que trata o inciso I do § 10 do art. 9º desta Lei.

Art. 9º-B. As garantias de que trata o inciso I do *caput* do art. 9º desta Lei podem ser exigidas isolada ou cumulativamente.

Art. 9º-C. As aplicações do FGTS em operações de crédito destinadas às entidades hospitalares filantrópicas, bem como a instituições que atuem no campo para pessoas com deficiência, sem fins lucrativos e que participem de forma complementar do SUS, ocorrerão até o final do exercício de 2022.

► Arts. 9º-A a 9º-C acrescidos pela Lei nº 13.832, de 4-6-2019.

Art. 10. O Conselho Curador fixará diretrizes e estabelecerá critérios técnicos para as aplicações dos recursos do FGTS, visando a:

I – exigir a participação dos contratantes de financiamentos nos investimentos a serem realizados;

II – assegurar o cumprimento, por parte dos contratantes inadimplentes, das obrigações decorrentes dos financiamentos obtidos;

III – evitar distorções na aplicação entre as regiões do País, considerando para tanto a demanda habitacional, a população e outros indicadores sociais.

Art. 11. Os recolhimentos efetuados na rede arrecadadora relativos ao FGTS serão transferidos à Caixa Econômica Federal até o primeiro dia útil subsequente à data do recolhimento, observada a regra do meio de pagamento utilizado, data em que os respectivos valores serão incorporados ao FGTS.

► Artigo com a redação dada pela Lei nº 14.438, de 24-8-2022.

Art. 12. No prazo de um ano, a contar da promulgação desta Lei, a Caixa Econômica Federal assumirá o controle de todas as contas vinculadas, nos termos do item I do artigo 7º, passando os demais estabelecimentos bancários, findo esse prazo, à condição de agentes recebedores e pagadores do FGTS, mediante recebimento de tarifa, a ser fixada pelo Conselho Curador.

§ 1º Enquanto não ocorrer a centralização prevista no *caput* deste artigo, o depósito efetuado no decorrer do mês será contabilizado no saldo da conta vinculada do trabalhador, no primeiro dia útil do mês subsequente.

§ 2º Até que a Caixa Econômica Federal implemente as disposições do *caput* deste artigo, as contas vinculadas continuarão sendo abertas em estabelecimento bancário escolhido pelo empregador, dentre os para tanto autorizados pelo Banco Central do Brasil, em nome do trabalhador.

§ 3º Verificando-se mudança de emprego, até que venha a ser implementada a centralização prevista no *caput* deste artigo, a conta vinculada será transferida para o estabelecimento bancário da escolha do novo empregador.

§ 4º Os resultados financeiros auferidos pela Caixa Econômica Federal no período entre o repasse dos bancos e o depósito nas contas vinculadas dos trabalhadores destinar-se-ão à cobertura das despesas de Administração do FGTS e ao pagamento da tarifa aos bancos depositários, devendo os eventuais saldos ser incorporados ao patrimônio do Fundo nos termos do artigo 2º, § 1º.

§ 5º *Revogado*. Lei nº 14.438, de 24-8-2022.

Art. 13. Os depósitos efetuados nas contas vinculadas serão corrigidos monetariamente com base nos parâmetros fixados para atualização dos saldos dos depósitos de poupança, e capitalizarão juros de três por cento ao ano.

§ 1º A atualização monetária e a capitalização de juros nas contas vinculadas correrão à conta do FGTS, e a Caixa Econômica Federal efetuará o crédito respectivo no vigésimo primeiro dia de cada mês, com base no saldo existente no vigésimo primeiro dia do mês anterior, deduzidos os débitos ocorridos no período.

▸ § 1º com a redação dada pela Lei nº 14.438, de 24-8-2022.

§ 1º-A. Para fins do disposto no § 1º deste artigo, o depósito realizado no prazo legal será contabilizado no saldo da conta vinculada no vigésimo primeiro dia do mês de sua ocorrência.

§ 1º-B. Na hipótese de depósito realizado intempestivamente, a atualização monetária e a parcela de juros devida ao empregado comporão o saldo-base no vigésimo primeiro dia do mês imediatamente anterior, ou comporão o saldo no vigésimo primeiro dia do mês do depósito, se o depósito ocorrer nesta data.

▸ §§ 1º-A e 1º-B acrescidos pela Lei nº 14.438, de 24-8-2022.

§ 2º No primeiro mês em que for exigível o recolhimento do FGTS no vigésimo dia, na forma prevista no art. 15 desta Lei, a atualização monetária e os juros correspondentes da conta vinculada serão realizados:

▸ *Caput* do § 2º com a redação dada pela Lei nº 14.438, de 24-8-2022.

I – no décimo dia, com base no saldo existente no décimo dia do mês anterior, deduzidos os débitos ocorridos no período; e

II – no vigésimo primeiro dia, com base no saldo existente no décimo dia do mesmo mês, atualizado na forma prevista no inciso I deste parágrafo, deduzidos os débitos ocorridos no período, com a atualização monetária *pro rata die* e os juros correspondentes.

▸ Incisos I e II acrescidos pela Lei nº 14.438, de 24-8-2022.

§ 3º Para as contas vinculadas dos trabalhadores optantes existentes à data de 22 de setembro de 1971, a capitalização dos juros dos depósitos continuará a ser feita na seguinte progressão, salvo no caso de mudança de empresa, quando a capitalização do juros passará a ser feita à taxa de três por cento ao ano:

I – três por cento, durante os dois primeiros anos de permanência na mesma empresa;

II – quatro por cento, do terceiro ao quinto ano de permanência na mesma empresa;

III – cinco por cento, do sexto ao décimo ano de permanência na mesma empresa;

IV – seis por cento, a partir do décimo primeiro ano de permanência na mesma empresa.

§ 4º O saldo das contas vinculadas é garantido pelo Governo Federal, podendo ser instituído seguro especial para esse fim.

§ 5º O Conselho Curador autorizará a distribuição de parte do resultado positivo auferido pelo FGTS, mediante crédito nas contas vinculadas de titularidade dos trabalhadores, observadas as seguintes condições, entre outras a seu critério:

▸ *Caput* do § 5º acrescido pela Lei nº 13.446, de 25-5-2017.

I – a distribuição alcançará todas as contas vinculadas que apresentarem saldo positivo em 31 de dezembro do exercício base do resultado auferido, inclusive as contas vinculadas de que trata o art. 21 desta Lei;

II – a distribuição será proporcional ao saldo de cada conta vinculada em 31 de dezembro do exercício-base e deverá ocorrer até 31 de agosto do ano seguinte ao exercício de apuração do resultado; e

▶ Incisos I e II acrescidos pela Lei nº 13.446, de 25-5-2017.

III – *Revogado*. Lei nº 13.932, de 11-12-2019.

§ 6º O valor de distribuição do resultado auferido será calculado posteriormente ao valor desembolsado com o desconto realizado no âmbito do Programa Minha Casa, Minha Vida (PMCMV), de que trata a Lei nº 11.977, de 7 de julho de 2009.

§ 7º O valor creditado nas contas vinculadas a título de distribuição de resultado, acrescido de juros e atualização monetária, não integrará a base de cálculo do depósito da multa rescisória de que tratam os §§ 1º e 2º do art. 18 desta Lei.

▶ §§ 6º e 7º acrescidos pela Lei nº 13.446, de 25-5-2017.

Art. 14. Fica ressalvado o direito adquirido dos trabalhadores que, à data da promulgação da Constituição Federal de 1988, já tinham o direito à estabilidade no emprego nos termos do Capítulo V do Título IV da CLT.

§ 1º O tempo do trabalhador não optante do FGTS, anterior a 5 de outubro de 1988, em caso de rescisão sem justa causa pelo empregador, reger-se-á pelos dispositivos constantes dos artigos 477, 478 e 497 da CLT.

§ 2º O tempo de serviço anterior à atual Constituição poderá ser transacionado entre empregador e empregado, respeitado o limite mínimo de sessenta por cento da indenização prevista.

§ 3º É facultado ao empregador desobrigar-se da responsabilidade da indenização relativa ao tempo de serviço anterior à opção, depositando na conta vinculada do trabalhador, até o último dia útil do mês previsto em lei para o pagamento de salário, o valor correspondente à indenização, aplicando-se ao depósito, no que couber, todas as disposições desta Lei.

§ 4º Os trabalhadores poderão, a qualquer momento, optar pelo FGTS com efeito retroativo a 1º de janeiro de 1967 ou à data de sua admissão, quando posterior àquela.

Art. 15. Para os fins previstos nesta Lei, todos os empregadores ficam obrigados a depositar, até o vigésimo dia de cada mês, em conta vinculada, a importância correspondente a 8% (oito por cento) da remuneração paga ou devida, no mês anterior, a cada trabalhador, incluídas na remuneração as parcelas de que tratam os arts. 457 e 458 da Consolidação das Leis do Trabalho (CLT), aprovada pelo Decreto-Lei nº 5.452, de 1º de maio de 1943, e a Gratificação de Natal de que trata a Lei nº 4.090, de 13 de julho de 1962.

▶ *Caput* com a redação dada pela Lei nº 14.438, de 24-8-2022.

§ 1º Entende-se por empregador a pessoa física ou a pessoa jurídica de direito privado ou de direito público, da administração pública direta, indireta ou fundacional de qualquer dos Poderes, da União, dos Estados, do Distrito Federal e dos Municípios, que admitir trabalhadores a seu serviço, bem assim aquele que, regido por legislação especial, encontrar-se nessa condição ou figurar como fornecedor ou tomador de mão de obra, independente da responsabilidade solidária e/ou subsidiária a que eventualmente venha obrigar-se.

§ 2º Considera-se trabalhador toda pessoa física que prestar serviços a empregador, a locador ou tomador de mão de obra, excluídos os eventuais, os autônomos e os servidores públicos civis e militares sujeitos a regime jurídico próprio.

§ 3º Os trabalhadores domésticos poderão ter acesso ao regime do FGTS, na forma que vier a ser prevista em lei.

▶ Art. 7º, parágrafo único, da CF.

▶ LC nº 150, de 1º-6-2015, dispõe sobre o contrato de trabalho doméstico.

§ 4º Considera-se remuneração as retiradas de diretores não empregados, quando haja deliberação da empresa, garantindo-lhes os direitos decorrentes do contrato de trabalho de que trata o artigo 16.

§ 5º O depósito de que trata o *caput* deste artigo é obrigatório nos casos de afastamento para prestação do serviço militar obrigatório e licença por acidente do trabalho.

§ 6º Não se incluem na remuneração, para os fins desta Lei, as parcelas elencadas no § 9º do artigo 28 da Lei nº 8.212, de 24-7-1991.

▶ §§ 4º a 6º acrescidos pela Lei nº 9.711, de 20-11-1998.

§ 7º Os contratos de aprendizagem terão a alíquota a que se refere o *caput* deste artigo reduzida para dois por cento.

▸ § 7º acrescido pela Lei nº 10.097, de 19-12-2000.

Art. 16. Para efeito desta Lei, as empresas sujeitas ao regime da legislação trabalhista poderão equiparar seus diretores não empregados aos demais trabalhadores sujeitos ao regime do FGTS. Considera-se diretor aquele que exerça cargo de administração previsto em lei, estatuto ou contrato social, independente da denominação do cargo.

Art. 17. O Poder Executivo assegurará a prestação de serviços digitais:

I – aos trabalhadores, que incluam a prestação de informações sobre seus créditos perante o Fundo e o acionamento imediato da inspeção do trabalho em caso de inadimplemento do empregador, de forma que seja possível acompanhar a evolução de eventuais cobranças administrativas e judiciais dos valores não recolhidos;

II – aos empregadores, que facilitem e desburocratizem o cumprimento de suas obrigações perante o Fundo, incluídos a geração de guias, o parcelamento de débitos, a emissão sem ônus do Certificado de Regularidade do FGTS e a realização de procedimentos de restituição e compensação.

Parágrafo único. O desenvolvimento, a manutenção e a evolução dos sistemas e ferramentas necessários à prestação dos serviços a que se refere o *caput* deste artigo serão custeados com recursos do FGTS.

▸ Art. 17 com a redação dada pela Lei nº 13.932, de 11-12-2019.

Art. 17-A. O empregador ou o responsável fica obrigado a elaborar folha de pagamento e a declarar os dados relacionados aos valores do FGTS e outras informações de interesse do poder público por meio de sistema de escrituração digital, na forma, no prazo e nas condições estabelecidos em ato do Ministro de Estado do Trabalho e Previdência.

▸ *Caput* do art. 17-A com a redação dada pela Lei nº 14.438, de 24-8-2022.

§ 1º As informações prestadas na forma do *caput* deste artigo constituem declaração e reconhecimento dos créditos delas decorrentes, caracterizam confissão de débito e constituem instrumento hábil e suficiente para a cobrança do crédito de FGTS.

§ 2º O lançamento da obrigação principal e das obrigações acessórias relativas ao FGTS será efetuado de ofício pela autoridade competente, no caso de o empregador não apresentar a declaração na forma do *caput* deste artigo, e será revisto de ofício, nas hipóteses de omissão, erro, fraude ou sonegação.

▸ Art. 17-A acrescido pela Lei nº 13.932, de 11-12-2019.

Art. 18. Ocorrendo rescisão do contrato de trabalho, por parte do empregador, ficará este obrigado a depositar na conta vinculada do trabalhador no FGTS os valores relativos aos depósitos referentes ao mês da rescisão e ao imediatamente anterior, que ainda não houver sido recolhido, sem prejuízo das cominações legais.

▸ *Caput* com a redação dada pela Lei nº 9.491, de 9-9-1997.

§ 1º Na hipótese de despedida pelo empregador sem justa causa, depositará este, na conta vinculada do trabalhador do FGTS, importância igual a quarenta por cento do montante de todos os depósitos realizados na conta vinculada durante a vigência do contrato de trabalho, atualizados monetariamente e acrescidos dos respectivos juros.

▸ § 1º com a redação dada pela Lei nº 9.491, de 9-9-1997.

§ 2º Quando ocorrer despedida por culpa recíproca ou força maior, reconhecida pela Justiça do Trabalho, o percentual de que trata o § 1º será de vinte por cento.

§ 3º As importâncias de que trata este artigo deverão constar da documentação comprobatória do recolhimento dos valores devidos a título de rescisão do contrato de trabalho, observado o disposto no artigo 477 da CLT, eximindo o empregador, exclusivamente, quanto aos valores discriminados.

▸ § 3º com a redação dada pela Lei nº 9.491, de 9-9-1997.

Art. 19. No caso de extinção do contrato de trabalho prevista no artigo 14 desta Lei, serão observados os seguintes critérios:

I – havendo indenização a ser paga, o empregador, mediante comprovação do pagamento daquela, poderá sacar o saldo dos valores por ele depositados na conta individualizada do trabalhador;

II – não havendo indenização a ser paga, ou decorrido o prazo prescricional para a reclamação de direitos por parte do trabalhador, o empregador poderá levantar em seu favor o saldo da respectiva conta individualizada, mediante comprovação perante o órgão competente do Ministério do Trabalho e da Previdência Social.

Art. 19-A. É devido o depósito do FGTS na conta vinculada do trabalhador cujo contrato de trabalho seja declarado nulo nas hipóteses previstas no artigo 37, § 2º, da Constituição Federal, quando mantido o direito ao salário.

► Súm. nº 466 do STJ.

Parágrafo único. O saldo existente em conta vinculada, oriundo de contrato declarado nulo até 28 de julho de 2001, nas condições do *caput*, que não tenha sido levantado até essa data, será liberado ao trabalhador a partir do mês de agosto de 2002.

► Art. 19-A acrescido pela MP nº 2.164-41, de 24-8-2001, que até o encerramento desta edição não havia sido convertida em Lei.

Art. 20. A conta vinculada do trabalhador no FGTS poderá ser movimentada nas seguintes situações:

I – despedida sem justa causa, inclusive a indireta, de culpa recíproca e de força maior;

► Inciso I com a redação dada pela MP nº 2.197-43, de 24-8-2001, que até o encerramento desta edição não havia sido convertida em Lei.

I-A – extinção do contrato de trabalho prevista no art. 484-A da Consolidação das Leis do Trabalho (CLT), aprovada pelo Decreto-Lei nº 5.452, de 1º de maio de 1943;

► Inciso I-A acrescido pela Lei nº 13.467, de 13-7-2017.

II – extinção total da empresa, fechamento de quaisquer de seus estabelecimentos, filiais ou agências, supressão de parte de suas atividades, declaração de nulidade do contrato de trabalho nas condições do artigo 19-A, ou ainda falecimento do empregador individual sempre que qualquer dessas ocorrências implique rescisão de contrato de trabalho, comprovada por declaração escrita da empresa, suprida, quando for o caso, por decisão judicial transitada em julgado;

► Inciso II com a redação dada pela MP nº 2.164-41, de 24-8-2001, que até o encerramento desta edição não havia sido convertida em Lei.

III – aposentadoria concedida pela Previdência Social;

IV – falecimento do trabalhador, sendo o saldo pago a seus dependentes, para esse fim habilitados perante a Previdência Social, segundo o critério adotado para a concessão de pensões por morte. Na falta de dependentes, farão jus ao recebimento do saldo da conta vinculada os seus sucessores previstos na lei civil, indicados em alvará judicial, expedido a requerimento do interessado, independente de inventário ou arrolamento;

V – pagamento de parte das prestações decorrentes de financiamento habitacional concedido no âmbito do Sistema Financeiro da Habitação – SFH, desde que:

a) o mutuário conte com o mínimo de três anos de trabalho sob o regime do FGTS, na mesma empresa ou em empresas diferentes;

b) o valor bloqueado seja utilizado, no mínimo, durante o prazo de doze meses;

c) o valor do abatimento atinja, no máximo, oitenta por cento do montante da prestação;

VI – liquidação ou amortização extraordinária do saldo devedor de financiamento imobiliário, observadas as condições estabelecidas pelo Conselho Curador, dentre elas a de que o financiamento seja concedido no âmbito do SFH e haja interstício mínimo de dois anos para cada movimentação;

VII – pagamento total ou parcial do preço de aquisição de moradia própria, ou lote urbanizado de interesse social não construído, observadas as seguintes condições:

► *Caput* do inciso VII com a redação dada pela Lei nº 11.977, de 7-7-2009.

a) o mutuário deverá contar com o mínimo de três anos de trabalho sob o regime do FGTS, na mesma empresa ou empresas diferentes;

b) seja a operação financiável nas condições vigentes para o SFH;

VIII – quando o trabalhador permanecer três anos ininterruptos fora do regime do FGTS;

► Inciso VIII com a redação dada pela Lei nº 13.932, de 11-12-2019.

IX – extinção normal do contrato a termo, inclusive o dos trabalhadores temporários regidos pela Lei nº 6.019, de 3 de janeiro de 1974;

X – suspensão total do trabalho avulso por período igual ou superior a noventa dias, comprovada por declaração do sindicato representativo da categoria profissional;

XI – quando o trabalhador ou qualquer de seus dependentes for acometido de neoplasia maligna;

► Inciso XI acrescido pela Lei nº 8.922, de 25-7-1994.

XII – aplicação em quotas de Fundos Mútuos de Privatização, regidos pela Lei nº 6.385, de 7 de dezembro de 1976, permitida a utilização máxima de cinquenta por cento do saldo existente e disponível em sua conta vinculada do Fundo de Garantia do Tempo de Serviço, na data em que exercer a opção;

► Inciso XII acrescido pela Lei nº 9.491, de 9-9-1997.

XIII – quando o trabalhador ou qualquer de seus dependentes for portador do vírus HIV;

XIV – quando o trabalhador ou qualquer de seus dependentes estiver em estágio terminal, em razão de doença grave, nos termos do regulamento;

XV – quando o trabalhador tiver idade igual ou superior a setenta anos.

► Incisos XIII a XV acrescidos pela MP nº 2.164-41, de 24-8-2001, que até o encerramento desta edição não havia sido convertida em Lei.

XVI – necessidade pessoal, cuja urgência e gravidade decorra de desastre natural, conforme disposto em regulamento, observadas as seguintes condições:

a) o trabalhador deverá ser residente em áreas comprovadamente atingidas de Município ou do Distrito Federal em situação de emergência ou em estado de calamidade pública, formalmente reconhecidos pelo Governo Federal;

b) a solicitação de movimentação da conta vinculada será admitida até 90 (noventa) dias após a publicação do ato de reconhecimento, pelo Governo Federal, da situação de emergência ou de estado de calamidade pública; e

c) o valor máximo do saque da conta vinculada será definido na forma do regulamento;

► Inciso XVI acrescido pela Lei nº 10.878, de 8-6-2004.

► Dec. nº 5.113, de 22-6-2004, regulamenta este inciso.

XVII – integralização de cotas do FI-FGTS, respeitado o disposto na alínea *i* do inciso XIII do art. 5º desta Lei, permitida a utilização máxima de 30% (trinta por cento) do saldo existente e disponível na data em que exercer a opção;

► Inciso XVII com a redação dada pela Lei nº 12.087, de 11-11-2009.

XVIII – quando o trabalhador com deficiência, por prescrição, necessite adquirir órtese ou prótese para promoção de acessibilidade e de inclusão social;

► Inciso XVIII acrescido pela Lei nº 13.146, de 6-7-2015.

XIX – pagamento total ou parcial do preço de aquisição de imóveis da União inscritos em regime de ocupação ou aforamento, a que se referem o art. 4º da Lei nº 13.240, de 30 de dezembro de 2015, e o art. 16-A da Lei nº 9.636, de 15 de maio de 1998, respectivamente, observadas as seguintes condições:

a) o mutuário deverá contar com o mínimo de três anos de trabalho sob o regime do FGTS, na mesma empresa ou em empresas diferentes;

b) seja a operação financiável nas condições vigentes para o Sistema Financeiro da Habitação (SFH) ou ainda por intermédio de parcelamento efetuado pela Secretaria do Patrimônio da União (SPU), mediante a contratação da Caixa Econômica Federal como agente financeiro dos contratos de parcelamento;

c) sejam observadas as demais regras e condições estabelecidas para uso do FGTS.

► Inciso XIX acrescido pela Lei nº 13.465, de 11-7-2017.

XX – anualmente, no mês de aniversário do trabalhador, por meio da aplicação dos valores constantes do Anexo desta Lei, observado o disposto no art. 20-D desta Lei;

► Inciso XX acrescido pela Lei nº 13.932, de 11-12-2019.

XXI – a qualquer tempo, quando seu saldo for inferior a R$ 80,00 (oitenta reais) e não houver ocorrido depósitos ou saques por, no mínimo, 1 (um) ano, exceto na hipótese prevista no inciso I do § 5º do art. 13 desta Lei;

XXII – quando o trabalhador ou qualquer de seus dependentes for, nos termos do regulamento, pessoa com doença rara, consideradas doenças raras aquelas assim reconhecidas pelo Ministério da Saúde, que apresentará, em seu sítio na internet, a relação atualizada dessas doenças.

► Incisos XXI e XXII acrescidos pela Lei nº 13.932, de 11-12-2019, em vigor após decorridos 180 (cento e oitenta) dias de sua publicação (*DOU* 12-11-2019).

§ 1º A regulamentação das situações previstas nos incisos I e II assegurará que a retirada a que faz jus o trabalhador corresponda aos depósitos efetuados na conta vinculada durante o período de vigência do último contrato de trabalho, acrescida de juros e atualização monetária, deduzidos os saques.

§ 2º O Conselho Curador disciplinará o disposto no inciso V, visando a beneficiar os trabalhadores de baixa renda e a preservar o equilíbrio financeiro do FGTS.

§ 3º O direito de adquirir moradia com recursos do FGTS, pelo trabalhador, só poderá ser exercido para um único imóvel.

§ 4º O imóvel objeto de utilização do FGTS somente poderá ser objeto de outra transação com recursos do Fundo, na forma que vier a ser regulamentada pelo Conselho Curador.

§ 5º O pagamento da retirada após o período previsto em regulamento, implicará atualização monetária dos valores devidos.

§ 6º Os recursos aplicados em quotas de fundos Mútuos de Privatização, referidos no inciso XII, serão destinados, nas condições aprovadas pelo CND, a aquisições de valores mobiliários, no âmbito do Programa Nacional de Desestatização, de que trata a Lei nº 9.491, de 1997, e de programas estaduais de desestatização, desde que, em ambos os casos, tais destinações sejam aprovadas pelo CND.

► § 6º com a redação dada pela Lei nº 9.635, de 15-5-1998.

§ 7º Ressalvadas as alienações decorrentes das hipóteses de que trata o § 8º, os valores mobiliários a que se refere o parágrafo anterior só poderão ser integralmente vendidos, pelos respectivos Fundos, seis meses após a sua aquisição, podendo ser alienada em prazo inferior parcela equivalente a dez por cento do valor adquirido, autorizada a livre aplicação do produto dessa alienação, nos termos da Lei nº 6.385, de 7 de dezembro de 1976.

► § 7º com a redação dada pela Lei nº 9.635, de 15-5-1998.

§ 8º As aplicações em Fundos Mútuos de Privatização e no FI-FGTS são nominativas, impenhoráveis e, salvo as hipóteses previstas nos incisos I a XI e XIII a XVI do *caput* deste artigo, indisponíveis por seus titulares.

► § 8º com a redação dada pela Lei nº 11.491, de 20-6-2007.

§ 9º Decorrido o prazo mínimo de doze meses, contados da efetiva transferência das quotas para os Fundos de Privatização, os titulares poderão optar pelo retorno para sua conta vinculada no Fundo de Garantia do Tempo de Serviço.

§ 10. A cada período de seis meses, os titulares das aplicações em Fundos Mútuos de Privatização poderão transferi-las para outro fundo da mesma natureza.

§ 11. O montante das aplicações de que trata o § 6º deste artigo ficará limitado ao valor dos critérios contra o Tesouro Nacional de que seja titular o Fundo de Garantia do Tempo de Serviço.

§ 12. Desde que preservada a participação individual dos quotistas, será permitida a constituição de clubes de investimento, visando a aplicação em quotas de Fundos Mútuos de Privatização.

► §§ 9º a 12 acrescidos pela Lei nº 9.491, de 9-9-1997.

§ 13. A garantia a que alude o § 4º do art. 13 desta Lei não compreende as aplicações a que se referem os incisos XII e XVII do *caput* deste artigo.

§ 14. Ficam isentos do imposto de renda:

I – a parcela dos ganhos nos Fundos Mútuos de Privatização até o limite da remuneração das contas vinculadas de que trata o art. 13 desta Lei, no mesmo período; e

II – os ganhos do FI-FGTS e do Fundo de Investimento em Cotas – FIC, de que trata o § 19 deste artigo.

§ 15. A transferência de recursos da conta do titular no Fundo de Garantia do Tempo de Serviço em razão da aquisição de ações, nos termos do inciso XII do *caput* deste artigo, ou de cotas do FI-FGTS não afetará a base de cálculo da multa rescisória de que tratam os §§ 1º e 2º do art. 18 desta Lei.

► §§ 13 a 15 com a redação dada pela Lei nº 11.491, de 20-6-2007.

§ 16. Os clubes de investimentos a que se refere o § 12 poderão resgatar, durante os seis primeiros meses de sua constituição, parcela equivalente a cinco por cento das cotas adquiridas, para atendimento de seus desembolsos, autorizada a livre aplicação do produto dessa venda, nos termos da Lei nº 6.385, de 7 de dezembro de 1976.

► § 16 acrescido pela Lei nº 9.635, de 15-5-1998.

§ 17. Fica vedada a movimentação da conta vinculada do FGTS nas modalidades previstas nos incisos V, VI e VII deste artigo, nas operações firmadas, a partir de 25 de junho de 1998, no caso em que o adquirente já seja proprietário ou promitente comprador de imóvel localizado no Município onde resida, bem como no caso em que o adquirente já detenha, em qualquer parte do País, pelo menos um financiamento nas condições do SFH.

§ 18. É indispensável o comparecimento pessoal do titular da conta vinculada para o pagamento da retirada nas hipóteses previstas nos incisos I, II, III, VIII, IX e X deste artigo, salvo em caso de grave moléstia comprovada por perícia médica, quando será paga a procurador especialmente constituído para esse fim.

▶ §§ 17 e 18 acrescidos pela MP nº 2.197-43, de 24-8-2001, que até o encerramento desta edição não havia sido convertida em Lei.

§ 19. A integralização das cotas previstas no inciso XVII do *caput* deste artigo será realizada por meio de Fundo de Investimento em Cotas – FIC, constituído pela Caixa Econômica Federal especificamente para essa finalidade.

§ 20. A Comissão de Valores Mobiliários estabelecerá os requisitos para a integralização das cotas referidas no § 19 deste artigo, devendo condicioná-la pelo menos ao atendimento das seguintes exigências:

I – elaboração e entrega de prospecto ao trabalhador; e

II – declaração por escrito, individual e específica, pelo trabalhador de sua ciência quanto aos riscos do investimento que está realizando.

▶ §§ 19 e 20 acrescidos pela Lei nº 11.491, de 20-6-2007.

§ 21. As movimentações autorizadas nos incisos V e VI do *caput* serão estendidas aos contratos de participação de grupo de consórcio para aquisição de imóvel residencial, cujo bem já tenha sido adquirido pelo consorciado, na forma a ser regulamentada pelo Conselho Curador do FGTS.

▶ § 21 acrescido pela Lei nº 12.058, de 13-10-2009.

§ 22. Na movimentação das contas vinculadas a contrato de trabalho extinto até 31 de dezembro de 2015, ficam isentas as exigências de que trata o inciso VIII do *caput* deste artigo, podendo o saque, nesta hipótese, ser efetuado segundo cronograma de atendimento estabelecido pelo agente operador do FGTS.

▶ § 22 acrescido pela Lei nº 13.446, de 25-5-2017.

§ 23. As movimentações das contas vinculadas nas situações previstas nos incisos V, VI e VII do *caput* deste artigo poderão ser realizadas fora do âmbito do SFH, observados os mesmos limites financeiros das operações realizadas no âmbito desse sistema, no que se refere ao valor máximo de movimentação da conta vinculada, e os limites, critérios e condições estabelecidos pelo Conselho Curador.

§ 24. O trabalhador poderá sacar os valores decorrentes da situação de movimentação de que trata o inciso XX do *caput* deste artigo até o último dia útil do segundo mês subsequente ao da aquisição do direito de saque.

§ 25. O agente operador deverá oferecer, nos termos do regulamento do Conselho Curador, em plataformas de interação com o titular da conta, inclusive por meio de dispositivos móveis, opções para consulta e transferência, a critério do trabalhador, para conta de depósitos de sua titularidade em qualquer instituição financeira do Sistema Financeiro Nacional, dos recursos disponíveis para movimentação em decorrência das situações previstas neste artigo, cabendo ao agente operador estabelecer os procedimentos operacionais a serem observados.

§ 26. As transferências de que trata o § 25 deste artigo não acarretarão a cobrança de tarifas pelo agente operador ou pelas demais instituições financeiras.

▶ §§ 23 a 26 acrescidos pela Lei nº 13.932, de 11-12-2019.

§ 27. A critério do titular da conta vinculada do FGTS, em ato formalizado no momento da contratação do financiamento habitacional, os direitos aos saques de que trata o caput deste artigo poderão ser objeto de alienação ou cessão fiduciária para liquidação, amortização ou pagamento de parte das prestações decorrentes de financiamento habitacional concedido no âmbito do SFH, dispensados os prazos mencionados na alínea b do inciso V e o interstício mínimo de 2 (dois) anos do inciso VI, ambos deste artigo, observadas as condições estabelecidas pelo Conselho Curador, mediante caucionamento dos depósitos a serem realizados na conta vinculada do trabalhador, exceto os previstos nos § 1º e § 2º do art. 18 desta Lei.

▶ § 27 com a redação dada pela Lei nº 14.620, de 13-7-2023.

Legislação Complementar

§ 28. A vedação prevista no § 2º do art. 2º desta Lei não se aplica ao que dispõe o § 27.

► § 28 acrescido pela Lei nº 14.620, de 13-7-2023.

Art. 20-A. O titular de contas vinculadas do FGTS estará sujeito a somente uma das seguintes sistemáticas de saque:

I – saque-rescisão; ou

II – saque-aniversário.

§ 1º Todas as contas do mesmo titular estarão sujeitas à mesma sistemática de saque.

§ 2º São aplicáveis às sistemáticas de saque de que trata o *caput* deste artigo as seguintes situações de movimentação de conta:

I – para a sistemática de saque-rescisão, as previstas no art. 20 desta Lei, à exceção da estabelecida no inciso XX do *caput* do referido artigo; e

II – para a sistemática de saque-aniversário, as previstas no art. 20 desta Lei, à exceção das estabelecidas nos incisos I, I-A, II, IX e X do *caput* do referido artigo.

Art. 20-B. O titular de contas vinculadas do FGTS estará sujeito originalmente à sistemática de saque-rescisão e poderá optar por alterá-la, observado o disposto no art. 20-C desta Lei.

Art. 20-C. A primeira opção pela sistemática de saque-aniversário poderá ser feita a qualquer tempo e terá efeitos imediatos.

§ 1º Caso o titular solicite novas alterações de sistemática será observado o seguinte:

I – a alteração será efetivada no primeiro dia do vigésimo quinto mês subsequente ao da solicitação, desde que não haja cessão ou alienação de direitos futuros aos saques anuais de que trata o § 3º do art. 20-D desta Lei;

II – a solicitação poderá ser cancelada pelo titular antes da sua efetivação; e

III – na hipótese de cancelamento, a nova solicitação estará sujeita ao disposto no inciso I do *caput* deste artigo.

§ 2º Para fins do disposto no § 2º do art. 20-A desta Lei, as situações de movimentação obedecerão à sistemática a que o titular estiver sujeito no momento dos eventos que as ensejarem.

► Arts. 20-A a 20-C acrescidos pela Lei nº 13.932, de 11-12-2019.

Art. 20-D. Na situação de movimentação de que trata o inciso XX do *caput* do art. 20 desta Lei, o valor do saque será determinado:

► *Caput* do art. 20-D acrescido pela Lei nº 13.932, de 11-12-2019.

I – pela aplicação da alíquota correspondente, estabelecida no Anexo desta Lei, à soma de todos os saldos das contas vinculadas do titular, apurados na data do débito; e

II – pelo acréscimo da parcela adicional correspondente, estabelecida no Anexo desta Lei, ao valor apurado de acordo com o disposto no inciso I do *caput* deste artigo.

► Incisos I e II acrescidos pela Lei nº 13.932, de 11-12-2019.

§ 1º Na hipótese de o titular possuir mais de uma conta vinculada, o saque de que trata este artigo será feito na seguinte ordem:

I – contas vinculadas relativas a contratos de trabalho extintos, com início pela conta que tiver o menor saldo; e

II – demais contas vinculadas, com início pela conta que tiver o menor saldo.

§ 2º O Poder Executivo federal, respeitada a alíquota mínima de 5% (cinco por cento), poderá alterar, até o dia 30 de junho de cada ano, os valores das faixas, das alíquotas e das parcelas adicionais constantes do Anexo desta Lei para vigência no primeiro dia do ano subsequente.

§ 3º A critério do titular da conta vinculada do FGTS, os direitos aos saques anuais de que trata o *caput* deste artigo poderão ser objeto de alienação ou cessão fiduciária, nos termos do art. 66-B da Lei nº 4.728, de 14 de julho de 1965, em favor de qualquer instituição financeira do Sistema Financeiro Nacional, sujeitas as taxas de juros praticadas nessas operações aos limites estipulados pelo Conselho Curador, os quais serão inferiores aos limites de taxas de juros estipulados para os empréstimos consignados dos servidores públicos federais do Poder Executivo.

► §§ 1º a 3º acrescidos pela Lei nº 13.932, de 11-12-2019.

§ 3º-A. Revogado. Lei nº 14.620, de 13-7-2023.

§ 4º O Conselho Curador poderá regulamentar o disposto no § 3º deste artigo, com vistas ao cumprimento das obrigações financeiras de seu titular, inclusive quanto ao:

I – bloqueio de percentual do saldo total existente nas contas vinculadas;
II – impedimento da efetivação da opção pela sistemática de saque-rescisão prevista no inciso I do § 1º do art. 20-C desta Lei; e
III – saque em favor do credor.

§ 5º As situações de movimentação de que trata o § 2º do art. 20-A desta Lei serão efetuadas com observância ao limite decorrente do bloqueio referido no § 4º deste artigo.

§ 6º A vedação prevista no § 2º do art. 2º desta Lei não se aplica às disposições dos §§ 3º, 4º e 5º deste artigo.

§ 7º Na hipótese de despedida sem justa causa, o trabalhador que optar pela sistemática saque-aniversário também fará jus à movimentação da multa rescisória de que tratam os §§ 1º e 2º do art. 18 desta Lei.

► §§ 4º a 7º acrescidos pela Lei nº 13.932, de 11-12-2019.

Art. 21. Os saldos das contas não individualizadas e das contas vinculadas que se conservem ininterruptamente sem créditos de depósitos por mais de cinco anos, a partir de 1º de junho de 1990, em razão de o seu titular ter estado fora do regime do FGTS, serão incorporados ao patrimônio do Fundo, resguardado o direito do beneficiário reclamar, a qualquer tempo, a reposição do valor transferido.

Parágrafo único. O valor, quando reclamado, será pago ao trabalhador acrescido da remuneração prevista no § 2º do artigo 13 desta Lei.

► Art. 21 com a redação dada pela Lei nº 8.678, de 13-7-1993.

Art. 22. O empregador que não realizar os depósitos nos termos dos arts. 15 e 18 desta Lei responderá pela incidência da Taxa Referencial (TR) sobre a importância correspondente.

► *Caput* com a redação dada pela Lei nº 14.438, de 24-8-2022.

► Súm. nº 459 do STJ.

§ 1º Sobre o valor dos depósitos, acrescido da TR, incidirão, ainda, juros de mora de 0,5% a.m. (cinco décimos por cento ao mês) ou fração e multa, sujeitando-se, também, às obrigações e sanções previstas no Decreto-Lei nº 368, de 19 de dezembro de 1968.

§ 2º A incidência da TR de que trata o *caput* deste artigo será cobrada por dia de atraso, tomando-se por base o índice de atualização das contas vinculadas ao FGTS.

§ 2º-A. A multa referida no § 1º deste artigo será cobrada nas condições que se seguem:
I – cinco por cento, no mês de vencimento da obrigação;
II – dez por cento, a partir do mês seguinte ao do vencimento da obrigação.

§ 3º Para efeito de levantamento de débito para com o FGTS, o percentual de oito por cento incidirá sobre o valor acrescido da TR até a data da respectiva operação.

► §§ 1º a 3º com a redação dada pela Lei nº 9.964, de 10-4-2000.

► Dec. nº 3.431, de 24-4-2000, regulamenta a Lei nº 9.964, de 10-4-2000.

Art. 23. Compete ao Ministério do Trabalho e Previdência a verificação do cumprimento do disposto nesta Lei, especialmente quanto à apuração dos débitos e das infrações praticadas pelos empregadores ou tomadores de serviço, que serão notificados para efetuar e comprovar os depósitos correspondentes e cumprir as demais determinações legais.

► *Caput* com a redação dada pela Lei nº 14.438, de 24-8-2022.

§ 1º Constituem infrações para efeito desta Lei:
I – não depositar mesalmente o percentual referente ao FGTS, bem como os valores previstos no artigo 18 desta Lei, nos prazos de que trata o § 6º do artigo 477 da Consolidação das Leis do Trabalho – CLT;

► Inciso I com a redação dada pela MP nº 2.197-43, de 24-8-2001, que até o encerramento desta edição não havia sido convertida em Lei.

II e III – *Revogados*. Lei nº 14.438, de 24-8-2022;
IV – deixar de computar, para efeito de cálculo dos depósitos do FGTS, parcela componente da remuneração;
V – deixar de efetuar os depósitos e os acréscimos legais do FGTS constituído em notificação de débito, no prazo concedido pelo ato de notificação da decisão definitiva exarada no processo administrativo;
VI – deixar de apresentar, ou apresentar com erros ou omissões, as informações de que trata o art. 17-A desta Lei e as demais informações legalmente exigíveis; e

► Incisos V e VI com a redação dada pela Lei nº 14.438, de 24-8-2022.

VII – deixar de apresentar ou de promover a retificação das informações de que trata o art. 17-A desta Lei no prazo concedido na notificação da decisão definitiva exarada no processo administrativo que reconheceu a procedência da notificação de débito decorrente de omissão, de erro, de fraude ou de sonegação constatados.

► Inciso VII acrescido pela Lei nº 14.438, de 24-8-2022.

§ 1º-A. A formalização de parcelamento da integralidade do débito suspende a ação punitiva da infração prevista:

I – no inciso I do § 1º deste artigo, quando realizada anteriormente ao início de qualquer processo administrativo ou medida de fiscalização; e

II – no inciso V do § 1º deste artigo, quando realizada no prazo nele referido.

§ 1º-B. A suspensão da ação punitiva prevista no § 1º-A deste artigo será mantida durante a vigência do parcelamento, e a quitação integral dos valores parcelados extinguirá a infração.

► §§ 1º-A e 1º-B acrescidos pela Lei nº 14.438, de 24-8-2022.

§ 2º Pela infração ao disposto no § 1º deste artigo, o infrator estará sujeito às seguintes multas:

► *Caput* do § 2º com a redação dada pela Lei nº 14.438, de 24-8-2022.

a) *Revogada*. Lei nº 14.438, de 24-8-2022;
b) 30% (trinta por cento) sobre o débito atualizado apurado pela inspeção do trabalho, confessado pelo empregador ou lançado de ofício, nas hipóteses previstas nos incisos I, IV e V do § 1º deste artigo; e
c) de R$ 100,00 (cem reais) a R$ 300,00 (trezentos reais) por trabalhador prejudicado, nas hipóteses previstas nos incisos VI e VII do § 1º deste artigo.

► Alíneas *b* e *c* com a redação dada pela Lei nº 14.438, de 24-8-2022.

§ 3º Nos casos de fraude, simulação, artifício, ardil, resistência, embaraço ou desacato à fiscalização, assim como na reincidência, a multa especificada no parágrafo anterior será duplicada, sem prejuízo das demais cominações legais.

§ 3º-A. Estabelecidas a multa-base e a majoração na forma prevista nos §§ 2º e 3º deste artigo, o valor final será reduzido pela metade quando o infrator for empregador doméstico, microempresa ou empresa de pequeno porte.

► § 3º-A acrescido pela Lei nº 14.438, de 24-8-2022.

§ 4º Os valores das multas, quando não recolhidas no prazo legal, serão atualizados monetariamente até a data de seu efetivo pagamento, através de sua conversão pelo BTN Fiscal.

► A partir de 1º-2-1991, foi extinto o BTN pelo art. 3º da Lei nº 8.177, de 1º-3-1991, que fixa, no seu parágrafo único, a conversão do BTN em cruzeiros no valor de CR$ 126,8621. Tal valor foi mantido pelo art. 21, I, da Lei nº 8.178, de 4-3-1991, tendo sido elevado em 70% pelo art. 10, da Lei nº 8.218, de 29-8-1991. Desde 1º-8-1993, o cruzeiro passou para cruzeiro real na paridade de mil por um, em função da MP nº 336, de 28-7-1993, convertida na Lei nº 8.697, de 27-8-1993. Desde 1º-7-1994, o cruzeiro real passou a real pela Lei nº 8.880, de 27-5-1994, fixada a paridade de R$ 1,00 para 2.750,00 URVs. Pelo art. 1º da Lei nº 8.383, de 30-12-1991, foi instituída a UFIR como medida de valor e parâmetro de atualização monetária de tributos e de multas e penalidades de qualquer natureza. O art. 29, § 3º, da Lei nº 10.522, de 19-7-2002, que dispõe sobre o Cadastro Informativo dos créditos não quitados de órgãos e entidades federais, extinguiu a UFIR.

§ 5º O processo de fiscalização, de autuação e de imposição de multas reger-se-á pelo disposto no Título VII da CLT.

► § 5º com a redação dada pela Lei nº 13.932, de 11-12-2019.

► Art. 7º, XXIX, da CF.

► Lei nº 8.844, de 29-1-1994, dispõe sobre a fiscalização, apuração e cobrança judicial das contribuições e multas devidas ao FGTS.

► Súm. nº 362 do TST.

§ 6º Quando julgado procedente o recurso interposto na forma do Título VII da CLT, os depósitos efetuados para garantia da instância serão restituídos com os valores atualizados na forma da lei.

§ 7º A rede arrecadadora e a Caixa Econômica Federal deverão prestar ao Ministério do Trabalho e da Previdência Social as informações necessárias à fiscalização.

► A alteração que seria introduzida neste parágrafo pela Lei nº 13.932, de 11-12-2019, foi vetada, razão pela qual mantivemos a redação.

Art. 23-A. A notificação do empregador relativa aos débitos com o FGTS, o início de procedimento administrativo ou a medida de fiscalização interrompem o prazo prescricional.

§ 1º O contencioso administrativo é causa de suspensão do prazo prescricional.

§ 2º A data de publicação da liquidação do crédito será considerada como a data de sua constituição definitiva, a partir da qual será retomada a contagem do prazo prescricional.

§ 3º Todos os documentos relativos às obrigações perante o FGTS, referentes a todo o contrato de trabalho de cada trabalhador, devem ser mantidos à disposição da fiscalização por até 5 (cinco) anos após o fim de cada contrato.

▶ Art. 23-A acrescido pela Lei nº 13.932, de 11-12-2019.

Art. 24. Por descumprimento ou inobservância de quaisquer das obrigações que lhe compete como agente arrecadador, pagador e mantenedor do cadastro de contas vinculadas, na forma que vier a ser regulamentada pelo Conselho Curador, fica o banco depositário sujeito ao pagamento de multa equivalente a dez por cento do montante da conta do empregado, independentemente das demais cominações legais.

Art. 25. Poderá o próprio trabalhador, seus dependentes e sucessores, ou ainda o Sindicato a que estiver vinculado, acionar diretamente a empresa por intermédio da Justiça do Trabalho, para compeli-la a efetuar o depósito das importâncias devidas nos termos desta Lei.

Parágrafo único. A Caixa Econômica Federal e o Ministério do Trabalho e da Previdência Social deverão ser notificados da propositura da reclamação.

Art. 26. É competente a Justiça do Trabalho para julgar os dissídios entre os trabalhadores e os empregadores decorrentes da aplicação desta Lei, mesmo quando a Caixa Econômica Federal e o Ministério do Trabalho e da Previdência Social figurarem como litisconsortes.

Parágrafo único. Nas reclamatórias trabalhistas que objetivam o ressarcimento de parcelas relativas ao FGTS, ou que, direta ou indiretamente, impliquem essa obrigação de fazer, o juiz determinará que a empresa sucumbente proceda ao recolhimento imediato das importâncias devidas a tal título.

Art. 26-A. Para fins de apuração e lançamento, considera-se não quitado o valor relativo ao FGTS pago diretamente ao trabalhador, vedada a sua conversão em indenização compensatória.

§ 1º Os débitos reconhecidos e declarados por meio de sistema de escrituração digital serão recolhidos integralmente, acrescidos dos encargos devidos.

§ 2º Para a geração das guias de depósito, os valores devidos a título de FGTS e o período laboral a que se referem serão expressamente identificados.

▶ Art. 26-A acrescido pela Lei nº 13.932, de 11-12-2019.

Art. 27. A apresentação do Certificado de Regularidade do FGTS, fornecido na forma do regulamento, é obrigatória nas seguintes situações:

▶ *Caput* com a redação dada pela Lei nº 13.932, de 11-12-2019.

a) habilitação e licitação promovida por órgão da Administração Federal, Estadual e Municipal, Direta, Indireta ou Fundacional ou por entidade controlada direta ou indiretamente pela União, Estado e Município;

b) obtenção, por parte da União, dos Estados ou dos Municípios, ou por órgãos da Administração federal, estadual ou municipal, direta, indireta ou fundacional, ou indiretamente pela União, pelos Estados ou pelos Municípios, de empréstimos ou financiamentos realizados com lastro em recursos públicos ou oriundos do FGTS perante quaisquer instituições de crédito;

▶ Alínea *b* com a redação dada pela Lei nº 13.805, de 10-1-2019.

▶ Art. 5º da Lei nº 12.453, de 21-7-2011, que suspende, até 30-6-2012, as exigências de regularidade fiscal previstas nesta alínea.

▶ Art. 4º, III, da Lei nº 13.999, de 18-5-2020, que institui o Programa Nacional de Apoio às Microempresas e Empresas de Pequeno Porte (PRONAMPE), para o desenvolvimento e o fortalecimento dos pequenos negócios.

c) obtenção de favores creditícios, isenções, subsídios, auxílios, outorga ou concessão de serviços ou quaisquer outros benefícios concedidos por órgão da Administração Federal, Estadual e Municipal, salvo quando destinados a saldar débitos para com o FGTS;

▶ Art. 4º, III, da Lei nº 13.999, de 18-5-2020, que institui o Programa Nacional de Apoio às Microempresas e Empresas de Pequeno Porte (PRONAMPE), para o desenvolvimento e o fortalecimento dos pequenos negócios.

d) transferência de domicílio para o exterior;

e) registro ou arquivamento, nos órgãos competentes, de alteração ou distrato de contrato social, de estatuto, ou de qualquer documento que implique modificação na estrutura jurídica do empregador ou na sua extinção.

Art. 28. São isentos de tributos federais os atos e operações necessários à aplicação desta Lei, quando praticados pela Caixa Econômica Federal, pelos trabalhadores e seus dependentes ou sucessores, pelos empregadores e pelos estabelecimentos bancários.

Parágrafo único. Aplica-se o disposto neste artigo às importâncias devidas, nos termos desta Lei, aos trabalhadores e seus dependentes ou sucessores.

Art. 29. Os depósitos em conta vinculada, efetuados nos termos desta Lei, constituirão despesas dedutíveis do lucro operacional dos empregadores e as importâncias levantadas a seu favor implicarão receita tributável.

Art. 29-A. Quaisquer créditos relativos à correção dos saldos das contas vinculadas do FGTS serão liquidados mediante lançamento pelo agente operador na respectiva conta do trabalhador.

Art. 29-B. Não será cabível medida liminar em mandado de segurança, no procedimento cautelar ou em quaisquer outras ações de natureza cautelar ou preventiva, nem a tutela antecipada prevista nos artigos 273 e 461 do Código de Processo Civil que impliquem saque ou movimentação da conta vinculada do trabalhador no FGTS.

► Arts. 29-A e 29-B acrescidos pela MP nº 2.197-43, de 24-8-2001, que até o encerramento desta edição não havia sido convertida em Lei.

► Refere-se ao CPC/1973.

► Arts. 300 e 497 do CPC/2015.

Art. 29-C. Nas ações entre o FGTS e os titulares de contas vinculadas, bem como naquelas em que figurem os respectivos representantes ou substitutos processuais, não haverá condenação em honorários advocatícios.

► O STF, por unanimidade de votos, julgou procedente a ADIN nº 2.736, para declarar a inconstitucionalidade deste artigo (*DOU* de 17-9-2010).

Art. 29-D. A penhora em dinheiro, na execução fundada em título judicial em que se determine crédito complementar de saldo de conta vinculada do FGTS, será feita mediante depósito de recursos do Fundo em conta vinculada em nome do exequente, à disposição do juízo.

Parágrafo único. O valor do depósito só poderá ser movimentado, após liberação judicial, nas hipóteses previstas no artigo 20 ou para reversão ao Fundo.

► Arts. 29-C e 29-D acrescidos pela MP nº 2.164-41, de 24-8-2001, que até o encerramento desta edição não havia sido convertida em Lei.

Art. 30. Fica reduzida para um e meio por cento a contribuição devida pelas empresas ao Serviço Social do Comércio e ao Serviço Social da Indústria e dispensadas estas entidades da subscrição compulsória a que alude o artigo 21 da Lei nº 4.380, de 21 de agosto de 1964.

Art. 31. O Poder Executivo expedirá o Regulamento desta Lei no prazo de sessenta dias a contar da data de sua promulgação.

Art. 32. Esta Lei entra em vigor na data de sua publicação, revogada a Lei nº 7.839, de 12 de outubro de 1989, e as demais disposições em contrário.

Brasília, 11 de maio de 1990;
169º da Independência e
102º da República.

Fernando Collor

ANEXO
(ANEXO À LEI Nº 8.036, DE 11 DE MAIO DE 1990)

LIMITE DAS FAIXAS DE SALDO (EM R$)		ALÍQUOTA	PARCELA ADICIONAL (EM R$)
de 00,01	até 500,00	50%	–
de 500,01	até 1.000,00	40%	50,00
de 1.000,01	até 5.000,00	30%	150,00
de 5.000,01	até 10.000,00	20%	650,00
de 10.000,01	até 15.000,00	15%	1.150,00
de 15.000,01	até 20.000,00	10%	1.900,00
Acima de 20.000,00	–	5%	2.900,00

► Anexo acrescido pela Lei nº 13.932, de 11-12-2019.

LEI Nº 8.038, DE 28 DE MAIO DE 1990

Institui normas procedimentais para os processos que especifica, perante o Superior Tribunal de Justiça e o Supremo Tribunal Federal.

(EXCERTOS)

► Publicada no *DOU* de 29-5-1990.

► Lei nº 11.419, de 19-12-2006 (Lei da Informatização do Processo Judicial).

► Res. do STF nº 693, de 17-7-2020, regulamenta o processo eletrônico no âmbito do Supremo Tribunal Federal.

► Res. do STJ nº 1, de 10-2-2010, regulamenta o processo judicial eletrônico no âmbito do Superior Tribunal de Justiça.

TÍTULO I – PROCESSOS DE COMPETÊNCIA ORIGINÁRIA

....

CAPÍTULO II

RECLAMAÇÃO

Arts. 13 a 18. *Revogados*. Lei nº 13.105, de 16-3-2015.

....

CAPÍTULO V

OUTROS PROCEDIMENTOS

Art. 24. Na ação rescisória, nos conflitos de competência, de jurisdição e de atribuições, na revisão criminal e no mandado de segurança, será aplicada a legislação processual em vigor.

► Arts. 966 a 975 do CPC/2015.

Parágrafo único. No mandado de injunção e no *habeas data*, serão observadas, no que couber, as normas do mandado de segurança, enquanto não editada legislação específica.

► Art. 5º, LXXI e LXXII, da CF.

► Lei nº 9.507, de 12-11-1997 (Lei do *Habeas Data*).

► Lei nº 12.016, de 7-8-2009 (Lei do Mandado de Segurança Individual e Coletivo).

Art. 25. Salvo quando a causa tiver por fundamento matéria constitucional, compete ao Presidente do Superior Tribunal de Justiça, a requerimento do Procurador-Geral da República ou da pessoa jurídica de direito público interessada, e para evitar grave lesão à ordem, à saúde, à segurança e à economia pública, suspender, em despacho fundamentado, a execução de liminar ou de decisão concessiva de mandado de segurança, proferida, em única ou última instância, pelos Tribunais Regionais Federais ou pelos Tribunais dos Estados e do Distrito Federal.

§ 1º O Presidente pode ouvir o impetrante, em cinco dias, e o Procurador-Geral quando não for o requerente, em igual prazo.

§ 2º Do despacho que conceder a suspensão caberá agravo regimental.

§ 3º A suspensão de segurança vigorará enquanto pender o recurso, ficando sem efeito, se a decisão concessiva for mantida pelo Superior Tribunal de Justiça ou transitar em julgado.

► Súm. nº 626 do STF.

TÍTULO II – RECURSOS

CAPÍTULO I

RECURSO EXTRAORDINÁRIO E RECURSO ESPECIAL

► Arts. 102, III, e 105, III, da CF.

► Arts. 1.029 a 1.035 do CPC/2015.

► Res. do STJ nº 7, de 9-12-2010, institui o Agravo em Recurso Especial para o processamento de agravo interposto contra decisão que inadmite recurso especial.

► Súmulas nºs 5, 7, 83, 86, 126, 203, 207, 211 e 320 do STJ.

Arts. 26 a 29. *Revogados*. Lei nº 13.105, de 16-3-2015.

....

TÍTULO III – DISPOSIÇÕES GERAIS

Art. 38. *Revogado*. Lei nº 13.105, de 16-3-2015.

Art. 39. Da decisão do Presidente do Tribunal, de Seção, de Turma ou de Relator que causar gravame à parte, caberá agravo para o órgão especial, Seção ou Turma, conforme o caso, no prazo de cinco dias.

► Súm. nº 116 do STJ.

....

Brasília, 28 de maio de 1990;
169º da Independência e
102º da República.

Fernando Collor

LEI Nº 8.069, DE 13 DE JULHO DE 1990

Dispõe sobre o Estatuto da Criança e do Adolescente, e dá outras providências.

(EXCERTOS)

- Publicada no *DOU* de 16-7-1990 e retificada no *DOU* de 27-9-1990.
- Lei nº 12.010, de 3-8-2009 (Lei da Adoção).
- Lei nº 12.318, de 26-8-2010 (Lei da Alienação Parental).
- Lei nº 12.594, de 18-1-2012, institui o Sistema Nacional de Atendimento Socioeducativo (SINASE) e regulamenta a execução das medidas socioeducativas destinadas a adolescente que pratique ato infracional.
- Lei nº 12.852, de 5-8-2013 (Estatuto da Juventude).
- Dec. nº 9.579, de 22-11-2018, consolida atos normativos editados pelo Poder Executivo federal que dispõem sobre a temática do lactente, da criança e do adolescente e do aprendiz, e sobre o Conselho Nacional dos Direitos da Criança e do Adolescente, o Fundo Nacional para a Criança e o Adolescente e os programas federais da criança e do adolescente, e dá outras providências.
- Res. do CNJ nº 94, de 27-10-2009, determina a criação de Coordenadorias da Infância e da Juventude no âmbito dos Tribunais de Justiça dos Estados e do Distrito Federal.

....

LIVRO I

PARTE GERAL

....

TÍTULO II – DOS DIREITOS FUNDAMENTAIS

....

CAPÍTULO V

DO DIREITO À PROFISSIONALIZAÇÃO E À PROTEÇÃO NO TRABALHO

Art. 60. É proibido qualquer trabalho a menores de quatorze anos de idade, salvo na condição de aprendiz.

- Arts. 7º, XXXIII, e 227, § 3º, I, da CF.

Art. 61. A proteção ao trabalho dos adolescentes é regulada por legislação especial, sem prejuízo do disposto nesta Lei.

Art. 62. Considera-se aprendizagem a formação técnico-profissional ministrada segundo as diretrizes e bases da legislação de educação em vigor.

- Súm. nº 205 do STF.

Art. 63. A formação técnico-profissional obedecerá aos seguintes princípios:

I – garantia de acesso e frequência obrigatória ao ensino regular;

II – atividade compatível com o desenvolvimento do adolescente;

III – horário especial para o exercício das atividades.

Art. 64. Ao adolescente até quatorze anos de idade é assegurada bolsa de aprendizagem.

Art. 65. Ao adolescente aprendiz, maior de quatorze anos, são assegurados os direitos trabalhistas e previdenciários.

Art. 66. Ao adolescente portador de deficiência é assegurado trabalho protegido.

- Art. 227, § 1º, II, da CF.

Art. 67. Ao adolescente empregado, aprendiz, em regime familiar de trabalho, aluno de escola técnica, assistido em entidade governamental ou não governamental, é vedado trabalho:

I – noturno, realizado entre as vinte e duas horas de um dia e as cinco horas do dia seguinte;

II – perigoso, insalubre ou penoso;

III – realizado em locais prejudiciais à sua formação e ao seu desenvolvimento físico, psíquico, moral e social;

IV – realizado em horários e locais que não permitam a frequência à escola.

Art. 68. O programa social que tenha por base o trabalho educativo, sob responsabilidade de entidade governamental ou não governamental sem fins lucrativos, deverá assegurar ao adolescente que dele participe condições de capacitação para o exercício de atividade regular remunerada.

§ 1º Entende-se por trabalho educativo a atividade laboral em que as exigências pedagógicas relativas ao desenvolvimento pessoal e social do educando prevalecem sobre o aspecto produtivo.

- Art. 3º, § 5º, da Lei nº 11.180, de 23-9-2005, que institui o projeto escola de fábrica, autoriza a concessão de bolsas de permanência a estudantes beneficiários do programa Universidade Para Todos – PROUNI e institui o Programa de Educação Tutorial – PET.

§ 2º A remuneração que o adolescente recebe pelo trabalho efetuado ou a participação na venda dos produtos de seu trabalho não desfigura o caráter educativo.

Art. 69. O adolescente tem direito à profissionalização e à proteção no trabalho, observados os seguintes aspectos, entre outros:

I – respeito à condição peculiar de pessoa em desenvolvimento;

II – capacitação profissional adequada ao mercado de trabalho.

....

TÍTULO V – DO CONSELHO TUTELAR

► Res. do CONANDA nº 139, de 17-3-2010, dispõe sobre os parâmetros para a criação e o funcionamento dos Conselhos Tutelares no Brasil.

CAPÍTULO I

DISPOSIÇÕES GERAIS

Art. 131. O Conselho Tutelar é órgão permanente e autônomo, não jurisdicional, encarregado pela sociedade de zelar pelo cumprimento dos direitos da criança e do adolescente, definidos nesta Lei.

► Arts. 259 e 262 desta Lei.

Art. 132. Em cada Município e em cada Região Administrativa do Distrito Federal haverá, no mínimo, 1 (um) Conselho Tutelar como órgão integrante da administração pública local, composto de 5 (cinco) membros, escolhidos pela população local para mandato de 4 (quatro) anos, permitida recondução por novos processos de escolha.

► Artigo com a redação dada pela Lei nº 13.824, de 9-5-2019.

Art. 133. Para a candidatura a membro do Conselho Tutelar, serão exigidos os seguintes requisitos:

I – reconhecida idoneidade moral;

II – idade superior a vinte e um anos;

III – residir no município.

Art. 134. Lei municipal ou distrital disporá sobre o local, dia e horário de funcionamento do Conselho Tutelar, inclusive quanto à remuneração dos respectivos membros, aos quais é assegurado o direito a:

► *Caput* com a redação dada pela Lei nº 12.696, de 25-7-2012.

► Art. 30, I e II, da CF.

I – cobertura previdenciária;

II – gozo de férias anuais remuneradas, acrescidas de 1/3 (um terço) do valor da remuneração mensal;

III – licença-maternidade;

IV – licença-paternidade;

V – gratificação natalina.

► Incisos I a V acrescidos pela Lei nº 12.696, de 25-7-2012.

Parágrafo único. Constará da lei orçamentária municipal e da do Distrito Federal previsão dos recursos necessários ao funcionamento do Conselho Tutelar e à remuneração e formação continuada dos conselheiros tutelares.

► Parágrafo único acrescido pela Lei nº 12.696, de 25-7-2012.

Art. 135. O exercício efetivo da função de conselheiro constituirá serviço público relevante e estabelecerá presunção de idoneidade moral.

► Artigo com a redação dada pela Lei nº 12.696, de 25-7-2012.

....

CAPÍTULO IV

DA ESCOLHA DOS CONSELHEIROS

Art. 139. O processo para a escolha dos membros do Conselho Tutelar será estabelecido em lei municipal e realizado sob a responsabilidade do Conselho Municipal dos Direitos da Criança e do Adolescente, e a fiscalização do Ministério Público.

► Artigo com a redação dada pela Lei nº 8.242, de 12-10-1991.

► Art. 30, I e II, da CF.

§ 1º O processo de escolha dos membros do Conselho Tutelar ocorrerá em data unificada em todo o território nacional a cada 4 (quatro) anos, no primeiro domingo do mês de outubro do ano subsequente ao da eleição presidencial.

§ 2º A posse dos conselheiros tutelares ocorrerá no dia 10 de janeiro do ano subsequente ao processo de escolha.

§ 3º No processo de escolha dos membros do Conselho Tutelar, é vedado ao candidato doar, oferecer, prometer ou entregar ao eleitor bem ou vantagem pessoal de qualquer natureza, inclusive brindes de pequeno valor.

► §§ 1º a 3º acrescidos pela Lei nº 12.696, de 25-7-2012.

DISPOSIÇÕES FINAIS E TRANSITÓRIAS

Art. 266. Esta Lei entra em vigor noventa dias após sua publicação.

Art. 267. Revogam-se as Leis nºs 4.513, de 1964, e 6.697, de 10 de outubro de 1979 (Código de Menores), e as demais disposições em contrário.

Brasília, 13 de julho de 1990;
169º da Independência e
102º da República.

Fernando Collor

DECRETO Nº 99.684, DE 8 DE NOVEMBRO DE 1990

Consolida as normas regulamentares do Fundo de Garantia do Tempo de Serviço – FGTS.

▸ Publicado no *DOU* de 12-11-1990.

Art. 1º Fica aprovado o Regulamento Consolidado do Fundo de Garantia do Tempo de Serviço, que com este baixa.

Art. 2º Este Decreto entra em vigor na data de sua publicação.

Art. 3º Revogam-se as disposições em contrário, em especial os Decretos nºs:

I – 59.820, de 20 de dezembro de 1966;
II – 61.405, de 28 de setembro de 1967;
III – 66.619, de 21 de maio de 1970;
IV – 66.819, de 1º de julho de 1970;
V – 66.867, de 13 de julho de 1970;
VI – 66.939, de 22 de julho de 1970;
VII – 69.265, de 22 de setembro de 1971;
VIII – 71.636, de 29 de dezembro de 1972;
IX – 72.141, de 26 de abril de 1973;
X – 73.423, de 7 de janeiro de 1974;
XI – 76.218, de 9 de setembro de 1975;
XII – 76.750, de 5 de dezembro de 1975;
XIII – 77.357, de 1º de abril de 1976;
XIV – 79.891, de 29 de junho de 1977;
XV – 84.509, de 25 de fevereiro de 1980;
XVI – 87.567, de 16 de setembro de 1982;
XVII – 90.408, de 7 de novembro de 1984;
XVIII – 92.366, de 4 de fevereiro de 1986;
XIX – 97.848, de 20 de junho de 1989; e
XX – 98.813, de 10 de janeiro de 1990.

Brasília, 8 de novembro de 1990;
169º da Independência e
102º da República.

Fernando Collor

REGULAMENTO DO FUNDO DE GARANTIA DO TEMPO DE SERVIÇO – FGTS

Capítulo I

DAS DISPOSIÇÕES PRELIMINARES

Art. 1º Nas relações jurídicas pertinentes ao Fundo de Garantia do Tempo de Serviço – FGTS será observado o disposto neste Regulamento.

Art. 2º Para os efeitos deste Regulamento considera-se:

I – empregador, a pessoa natural ou jurídica de direito público ou privado, da Administração Pública direta, indireta ou fundacional de qualquer dos Poderes, da União, dos Estados, do Distrito Federal e dos Municípios, que admitir trabalhadores a seu serviço, bem assim aquele que, regido por legislação especial, encontrar-se nessa condição ou figurar como fornecedor ou tomador de mão de obra;

II – trabalhador, a pessoa natural que prestar serviços a empregador, excluídos os eventuais, os autônomos e os servidores públicos civis e militares sujeitos a regime jurídico próprio.

Capítulo II

DO DIREITO AO FGTS

Art. 3º A partir de 5 de outubro de 1988, o direito ao regime do FGTS é assegurado aos trabalhadores urbanos e rurais, exceto aos domésticos, independentemente de opção.

Parágrafo único. Os trabalhadores domésticos poderão ter acesso ao regime do FGTS, na forma que vier a ser prevista em lei.

▸ Art. 7º, parágrafo único, da CF.

Art. 4º A opção pelo regime de que trata este Regulamento somente é admitida para o tempo de serviço anterior a 5 de outubro de 1988, podendo os trabalhadores, a qualquer tempo, optar pelo FGTS com efeito retroativo a 1º de janeiro de 1967, ou à data de sua admissão, quando posterior.

Parágrafo único. O disposto neste artigo não se aplica ao trabalhador rural (Lei nº 5.889, de 8-6-1973), bem assim àquele:

a) que tenha transacionado com o empregador o direito à indenização, quanto ao período que foi objeto da transação; ou
b) cuja indenização pelo tempo anterior à opção já tenha sido depositada na sua conta vinculada.

Art. 5º A opção com efeito retroativo será feita mediante declaração escrita do trabalhador, com indicação do período de retroação.

§ 1º O empregador, no prazo de quarenta e oito horas, fará as devidas anotações na Carteira de Trabalho e Previdência Social e no registro do trabalhador, comunicando ao banco depositário.

§ 2º O valor da conta vinculada em nome do empregador e individualizada em relação ao trabalhador, relativo ao período abrangido pelo retroação, será transferido pelo banco depositário para conta vinculada em nome do trabalhador.

Art. 6º O tempo de serviço anterior à opção ou a 5 de outubro de 1988 poderá ser transacionado entre empregador e empregado, respeitado o limite mínimo de sessenta por cento da indenização simples ou em dobro, conforme o caso.

Parágrafo único. Na hipótese de que trata este artigo, a transação deverá ser homologada pelo sindicato da categoria profissional, mesmo quando não houver extinção do contrato de trabalho.

Art. 7º O direito ao FGTS se estende aos diretores não empregados de empresas públicas e sociedades controladas direta ou indiretamente pela União (Lei nº 6.919, de 2-6-1981).

Art. 8º As empresas sujeitas ao regime da legislação trabalhista poderão equiparar seus diretores não empregados aos demais trabalhadores sujeitos ao regime do FGTS.

Parágrafo único. Considera-se diretor aquele que exerça cargo de administração previsto em lei, estatuto ou contrato social, independentemente da denominação do cargo.

Capítulo III

DOS EFEITOS DA RESCISÃO OU EXTINÇÃO DO CONTRATO DE TRABALHO

Art. 9º Ocorrendo despedida sem justa causa, ainda que indireta, com culpa recíproca, por força maior ou extinção normal do contrato de trabalho a termo, inclusive a do trabalhador temporário, deverá o empregador depositar, na conta vinculada do trabalhador no FGTS, os valores relativos aos depósitos referentes ao mês da rescisão e ao imediatamente anterior, que ainda não houver sido recolhido, sem prejuízo das cominações legais cabíveis.

▸ *Caput* com a redação dada pelo art. 9º do Dec. nº 2.430, de 17-12-1997.

§ 1º No caso de despedida sem justa causa, ainda que indireta, o empregador depositará, na conta vinculada do trabalhador no FGTS, importância igual a quarenta por cento do montante de todos os depósitos realizados na conta vinculada durante a vigência do contrato de trabalho, atualizados monetariamente e acrescidos dos respectivos juros, não sendo permitida, para este fim, a dedução dos saques ocorridos.

▸ § 1º com a redação dada pelo art. 9º do Dec. nº 2.430, de 17-12-1997.

§ 2º Ocorrendo despedida por culpa recíproca ou força maior, reconhecida pela Justiça do Trabalho, o percentual de que trata o parágrafo precedente será de vinte por cento.

§ 3º Na determinação da base de cálculo para a aplicação dos percentuais de que tratam os parágrafos precedentes, serão computados os valores de depósitos relativos aos meses da rescisão e o imediatamente anterior, recolhidos na forma do *caput* deste artigo.

§ 4º O recolhimento das importâncias de que trata este artigo deverá ser comprovado quando da homologação das rescisões contratuais que exijam o pagamento da multa rescisória, bem como quando da habilitação ao saque, sempre que não for devida a homologação da rescisão, observado o disposto no artigo 477 da Consolidação das Leis do Trabalho – CLT, eximindo o empregador, exclusivamente, quanto aos valores discriminados.

▸ §§ 3º e 4º com a redação dada pelo Dec. nº 2.430, de 17-12-1997.

§ 5º Os depósitos de que tratam o *caput* e os §§ 1º e 2º deste artigo deverão ser efetuados nos seguintes prazos:

a) até o primeiro dia útil imediato ao término do contrato; ou
b) até o décimo dia, contado da data da notificação da demissão, quando da ausência do aviso prévio, indenização do mesmo ou dispensa de seu cumprimento.

▸ § 5º acrescido pelo Dec. nº 2.582, de 7-5-1998.

§ 6º O empregador que não realizar os depósitos previstos neste artigo, no prazo especificado no parágrafo anterior, sujeitar-se-á às cominações previstas no artigo 30.

§ 7º O depósito dos valores previstos neste artigo deverá ser efetuado, obrigatoriamente, na CEF ou nas localidades onde não existam unidades daquela empresa, nos bancos conveniados, aplicando-se a estes depósitos o disposto no artigo 32.

§ 8º A CEF terá prazo de dez dias úteis, após o recolhimento para atender às solicitações de saque destes valores.

§ 9º A CEF, para fins de remuneração como Agente Operador do FGTS, considerará o recolhimento desses depósitos, da multa rescisória e dos saques desses valores como movimentações distintas.

▶ §§ 6º a 9º acrescidos pelo Dec. nº 2.430, de 17-12-1997.

Art. 10. Caberá ao banco depositário e, após a centralização, à Caixa Econômica Federal – CEF, prestar ao empregador, no prazo máximo de cinco dias úteis da solicitação, as informações necessárias ao cumprimento do disposto nos §§ 1º e 2º do artigo precedente.

§ 1º As informações deverão discriminar os totais de depósitos efetuados pelo empregador, acrescidos dos respectivos juros e correção monetária.

§ 2º Caberá ao empregador comprovar o efetivo depósito dos valores devidos que não tenham ingressado na conta até a data da rescisão do contrato de trabalho.

Art. 11. Fica ressalvado o direito adquirido dos trabalhadores que, em 5 de outubro de 1988, já tinham o direito à estabilidade no emprego, nos termos do Capítulo V do Título IV da CLT.

Art. 12. Ocorrendo rescisão do contrato de trabalho, para a qual não tenha o trabalhador dado causa, fica assegurado, na forma do disposto nos artigos 477 a 486 e 497 da CLT, o direito à indenização relativa ao tempo de serviço anterior a 5 de outubro de 1988, que não tenha sido objeto de opção.

Art. 13. No caso de rescisão ou extinção do contrato de trabalho de empregado que conte tempo de serviço anterior a 5 de outubro de 1988 na qualidade de não optante, o empregador poderá levantar o saldo da respectiva conta individualizada, mediante:

I – comprovação do pagamento da indenização devida, quando for o caso; ou

II – autorização do Instituto Nacional de Seguro Social – INSS, quando não houver indenização a ser paga ou houver decorrido o prazo prescricional para reclamação de direitos por parte do trabalhador.

Parágrafo único. Nas hipóteses previstas neste artigo, os recursos serão liberados no prazo de cinco dias úteis, contado da apresentação do comprovante de pagamento da indenização ou da autorização conferida pelo INSS.

Art. 14. No caso de contrato a termo, a rescisão antecipada, sem justa causa ou com culpa recíproca, equipara-se às hipóteses previstas nos §§ 1º e 2º do artigo 9º, respectivamente, sem prejuízo do disposto no artigo 479 da CLT.

Art. 15. Ocorrendo rescisão do contrato de trabalho, pelo empregador por justa causa, o trabalhador demitido somente terá direito ao saque de sua conta vinculada nas hipóteses previstas nos incisos III a VIII do artigo 35.

Art. 16. Equipara-se a extinção normal do contrato a termo o término do mandato do diretor não empregado (artigos 7º e 8º) não reconduzido.

CAPÍTULO IV

DAS CONTAS

Art. 17. As importâncias creditadas nas contas vinculadas em nome dos trabalhadores são impenhoráveis.

Art. 18. O saldo das contas vinculadas é garantido pelo Governo Federal, podendo ser instituído seguro especial para esse fim.

Art. 19. Os depósitos efetuados nas contas vinculadas serão corrigidos monetariamente com base nos parâmetros fixados para atualização dos saldos dos depósitos de poupança e capitalizarão juros de três por cento ao ano.

§ 1º A correção monetária e os juros correrão à conta do FGTS.

§ 2º Para as contas vinculadas dos trabalhadores optantes, existentes em 22 de setembro de 1971, a capitalização dos juros dos depósitos continuará a ser feita levando-se em conta o período de permanência na mesma empresa, na seguinte progressão:

a) três por cento, durante os dois primeiros anos;

b) quatro por cento, do terceiro ao quinto ano;

c) cinco por cento, do sexto ao décimo ano;

d) seis por cento, a partir do décimo primeiro ano.

§ 3º O disposto no parágrafo precedente deixará de ser aplicado quando o trabalhador mudar de empresa, hipótese em que a capitalização dos juros passará a ser feita à taxa de três por cento ao ano.

Art. 20. O crédito da atualização monetária e dos juros será efetuado na conta do trabalhador:

I – no primeiro dia útil de cada mês, com base no saldo existente no primeiro dia útil do mês anterior, até que ocorra a centralização das contas na CEF; e

II – no dia 10 de cada mês, com base no saldo existente no dia 10 do mês anterior, após a centralização prevista neste artigo.

§ 1º O saldo existente no mês anterior será utilizado como base para o cálculo dos juros e da atualização monetária após a dedução dos saques ocorridos no período, exceto os efetuados no dia do crédito.

§ 2º Caso no dia 10 não haja expediente bancário, considerar-se-á o primeiro dia útil subsequente, tanto para a realização do crédito quanto para a definição do saldo-base.

Art. 21. Até o dia 14 de maio de 1991, a CEF assumirá o controle de todas as contas vinculadas, passando os demais estabelecimentos bancários, findo esse prazo, à condição de agentes recebedores e pagadores do FGTS, mediante recebimento de tarifa a ser fixada pelo Conselho Curador.

§ 1º Até que a CEF implemente as disposições deste artigo, a conta vinculada continuará sendo aberta em nome do trabalhador, em estabelecimento bancário escolhido pelo empregador.

§ 2º Verificando-se mudança de emprego, a conta vinculada será transferida para o estabelecimento bancário da escolha do novo empregador.

Art. 22. A partir do segundo mês após a centralização das contas na CEF, fica assegurado ao trabalhador o direito de receber, bimestralmente, extrato informativo da conta vinculada.

Parágrafo único. A qualquer tempo a CEF, mediante solicitação, fornecerá ao trabalhador informações sobre sua conta vinculada.

Art. 23. O banco depositário é responsável pelos lançamentos efetuados nas contas vinculadas durante o período em que estiverem sob sua administração.

Art. 24. Por ocasião da centralização na CEF, caberá ao banco depositário emitir o último extrato das contas vinculadas sob sua responsabilidade, que deverá conter, inclusive, o registro dos valores transferidos e a discriminação dos depósitos efetuados na vigência do último contrato de trabalho.

► Súm. nº 514 do STJ.

Art. 25. Após a centralização das contas na CEF o saldo de conta não individualizada e de conta vinculada sem depósito há mais de cinco anos será incorporado ao patrimônio do FGTS, resguardado o direito do beneficiário de reclamar, a qualquer tempo, a reposição da valor transferido, mediante comprovação de ter a conta existido.

Art. 26. A empresa anotará na Carteira de Trabalho e Previdência Social o nome e endereço da agência do banco depositário.

Parágrafo único. Após a centralização das contas na CEF, a empresa ficará desobrigada da anotação de que trata este artigo.

Capítulo V

DOS DEPÓSITOS

Art. 27. O empregador, ainda que entidade filantrópica, é obrigado a depositar, até o dia 7 de cada mês, em conta bancária vinculada, a importância correspondente a oito por cento da remuneração paga ou devida no mês anterior, a cada trabalhador, incluídas as parcelas de que tratam os artigos 457 e 458 da CLT, e gratificação de Natal a que se refere a Lei nº 4.090, de 13 de julho de 1962, com as modificações da Lei nº 4.749, de 12 de agosto de 1965.

Parágrafo único. Não integram a base de cálculo para incidência do percentual de que trata este artigo:

a) a contribuição do empregador para o Vale-Transporte (Decreto nº 95.247, de 17 de novembro de 1987); e

b) os gastos efetuados com bolsas de aprendizagem (Lei nº 8.069, de 13 de julho de 1990, artigo 64).

Art. 28. O depósito na conta vinculada do FGTS é obrigatório também nos casos de interrupção do contrato de trabalho prevista em lei, tais como:

I – prestação de serviço militar;

II – licença para tratamento de saúde de até quinze dias;
III – licença por acidente de trabalho;
IV – licença à gestante; e
V – licença-paternidade.

Parágrafo único. Na hipótese deste artigo, a base de cálculo será revista sempre que ocorrer aumento geral na empresa ou na categoria profissional a que pertencer o trabalhador.

Art. 29. O depósito a que se refere o artigo 27 é devido, ainda, quando o empregado passar a exercer cargo de diretoria, gerência ou outro de confiança imediata do empregador.

Art. 30. O empregador que não realizar os depósitos previstos no prazo fixado no artigo 27 sujeitar-se-á às obrigações e sanções previstas nos artigos 50 a 52 e responderá:

I – pela atualização monetária da importância correspondente; e
II – pelos juros de mora de um por cento ao mês e multa de vinte por cento, incidentes sobre o valor atualizado.

§ 1º A atualização monetária será cobrada por dia de atraso, tomando-se por base os índices de variação do Bônus do Tesouro Nacional Fiscal (BTN Fiscal) ou, na falta deste, do título que vier a sucedê-lo, ou, ainda, a critério do Conselho Curador, por outro indicador da inflação diária.

§ 2º Se o débito for pago até o último dia útil do mês e que o depósito deveria ter sido efetuado, a multa será reduzida para dez por cento.

§ 3º O disposto neste artigo se aplica aos depósitos decorrentes de determinação judicial.

Art. 31. Até a centralização das contas na CEF, a apropriação na conta vinculada, para fins de atualização monetária e capitalização de juros, será feita:

I – no primeiro dia útil do mês subsequente, quando o depósito ocorrer no próprio mês em que se tornou devido;
II – no primeiro dia útil do mês do depósito, quando este ocorrer no mês subsequente àquele em que se tornou devido; e
III – no primeiro dia útil do mês do depósito, quando este ocorrer a partir do segundo mês subsequente ao em que se tornou devido, atualizado monetariamente e acrescido de juros, contados da data em que a apropriação deveria ter sido feita.

Art. 32. Os depósitos relativos ao FGTS, efetuados na rede bancária, serão transferidos à CEF no segundo dia útil subsequente à data em que tenham sido efetuados.

Art. 33. Os empregadores deverão comunicar mensalmente aos trabalhadores os valores recolhidos ao FGTS e repassar-lhes todas as informações, recebidas da CEF ou dos bancos depositários, sobre as respectivas contas vinculadas.

Art. 34. Os depósitos em conta vinculada constituirão despesas dedutíveis do lucro operacional dos empregadores e as importâncias levantadas a seu favor, receita tributável (Lei nº 8.036, de 11 de maio de 1990).

Capítulo VI

DOS SAQUES

Art. 35. A conta vinculada do trabalhador no FGTS poderá ser movimentada nas seguintes situações:

I – despedida, sem justa causa, inclusive a indireta, de culpa recíproca e por força maior, comprovada com o depósito dos valores de que tratam os Parágrafos 1º e 2º do artigo 9º;

► Inciso I com a redação dada pelo Dec. nº 2.430, de 17-12-1997.

II – extinção da empresa, fechamento de quaisquer de seus estabelecimentos, filiais ou agências, supressão de parte de suas atividades, ou, ainda, falecimento do empregador individual, sempre que qualquer dessas ocorrências implique rescisão do contrato de trabalho, comprovada por declaração escrita da empresa, suprida, quando for o caso, por decisão judicial transitada em julgado;
III – aposentadoria concedida pela Previdência Social;
IV – falecimento do trabalhador;
V – pagamento de parte das prestações decorrentes de financiamento habitacional concedido no âmbito do Sistema Financeiro da Habitação – SFH, desde que:

a) o mutuário conte com o mínimo de três anos de trabalho sob o regime do FGTS, na mesma empresa ou em empresas diferentes;
b) o valor bloqueado seja utilizado, no mínimo, durante o prazo de doze meses; e
c) o valor de cada parcela a ser movimentada não exceda a oitenta por cento do montante da prestação;

VI – liquidação ou amortização extraordinária do saldo devedor de financiamento imobiliário concedido no âmbito do SHF, desde que haja interstício mínimo de dois anos para cada movimentação, sem prejuízo de outras condições estabelecidas pelo Conselho Curador;

VII – pagamento total ou parcial do preço de aquisição de moradia própria, observadas as seguintes condições:

a) conte o mutuário com o mínimo de três anos de trabalho sob o regime do FGTS, na mesma empresa ou empresas diferentes; e

b) seja a operação financiada pelo SFH ou, se realizada fora do Sistema, preencha os requisitos para ser por ele financiada;

VIII – quando permanecer três anos ininterruptos, a partir de 14 de maio de 1990, sem crédito de depósitos;

IX – extinção normal do contrato a termo, inclusive o dos trabalhadores temporários regidos pela Lei nº 6.019, de 1974;

X – suspensão do trabalho avulso por período igual ou superior a noventa dias;

XI – quando o trabalhador ou qualquer de seus dependentes for acometido de neoplasia maligna;

XII – aplicação, na forma individual ou por intermédio de Clubes de Investimento – CI-FGTS, em quotas de Fundos Mútuos de Privatização – FMP-FGTS, conforme disposto no inciso XII do art. 20 da Lei nº 8.036, de 11 de maio de 1990;

▸ Incisos IX a XII com a redação dada pelo Dec. nº 5.860, de 26-7-2006.

XIII – quando o trabalhador ou qualquer de seus dependentes for portador do vírus HIV;

XIV – quando o trabalhador ou qualquer de seus dependentes estiver em estágio terminal, em razão de doença grave; e

▸ Incisos XIII e XIV com a redação dada pelo Dec. nº 9.345, de 16-4-2018.

XV – para a aquisição de órtese ou prótese, mediante prescrição médica, com vista à promoção da acessibilidade e da inclusão social do trabalhador com deficiência, observadas as condições estabelecidas pelo Agente Operador do FGTS, inclusive o valor limite movimentado por operação e o interstício mínimo entre movimentações realizadas em decorrência da referida aquisição, que não poderá ser inferior a dois anos.

▸ Inciso XV acrescido pelo Dec. nº 9.345, de 16-4-2018.

§ 1º Os depósitos em conta vinculada em nome de aposentado, em razão de novo vínculo empregatício, poderão ser sacados também no caso de rescisão do contrato de trabalho a seu pedido.

§ 2º Nas hipóteses previstas nos incisos I e II, o trabalhador somente poderá sacar os valores relativos ao último contrato de trabalho.

§ 3º O Conselho Curador disciplinará o disposto no inciso V, visando a beneficiar os trabalhadores de baixa renda e a preservar o equilíbrio financeiro do FGTS.

§ 4º A garantia a que alude o artigo 18 deste Regulamento não compreende as aplicações a que se refere o inciso XII deste artigo.

§ 5º Os recursos automaticamente transferidos da conta do titular do FGTS em razão da aquisição de ações, bem como os ganhos ou perdas dela decorrentes, observado o disposto na parte final do § 1º do artigo 9º, não afetarão a base de cálculo de indenização de que tratam os §§ 1º e 2º do artigo 9º deste Regulamento.

▸ §§ 4º e 5º acrescidos pelo Dec. nº 2.430, de 17-12-1997.

§ 6º Os resgates de quotas dos FMP-FGTS e dos CI-FGTS, para os casos previstos nos incisos I a IV e VI a X deste artigo, somente poderão ocorrer com autorização prévia do Agente Operador do FGTS.

▸ § 6º com a redação dada pelo Dec. nº 5.860, de 26-7-2006.

§ 7º Nos casos previstos nos incisos IV, VI e VII, o resgate de quotas implicará retorno à conta vinculada do trabalhador do valor resultante da aplicação.

§ 8º O limite de cinquenta por cento a que se refere o inciso XII deste artigo será observado a cada aplicação e após deduzidas as utilizações anteriores que não tenham retornado ao FGTS, de modo que o somatório dos saques da espécie, atualizados, não poderá ser superior à metade do saldo atual da respectiva conta.

▸ §§ 7º e 8º acrescidos pelo Dec. nº 2.430, de 17-12-1997.

§ 9º Na movimentação das contas vinculadas a contrato de trabalho extinto até 31 de dezembro de 2015, de que trata o § 22 do art. 20 da Lei nº 8.036, de 11 de maio de 1990, o cronograma de atendimento, o critério, a forma e a data limite de pagamento serão estabelecidos pelo Agente Operador do FGTS, não podendo exceder 31 de julho de 2017, sendo permitido o crédito automático para a conta poupança de titularidade do trabalhador previamente aberta na Caixa Econômica Federal, desde que o trabalhador não se manifeste negativamente.

► § 9º acrescido pelo Dec. nº 8.989, de 14-2-2017.

§ 9º-A. Nos casos de comprovada impossibilidade de comparecimento pessoal do titular da conta vinculada do FGTS para solicitação de movimentação de valores, o cronograma de atendimento de que trata o § 9º não poderá exceder a data de 31 de dezembro de 2018, conforme estabelecido pelo Agente Operador do FGTS.

► § 9º-A acrescido pelo Dec. nº 9.108, de 26-7-2017.

§ 10. Na hipótese do crédito automático de que trata o § 9º, o trabalhador poderá, até 31 de agosto de 2017, solicitar o desfazimento do crédito ou a transferência do valor para outra instituição financeira, independentemente do pagamento de qualquer tarifa, conforme procedimento a ser definido pelo Agente Operador do FGTS.

► § 10 acrescido pelo Dec. nº 8.989, de 14-2-2017.

§ 11. Para efeito da movimentação da conta vinculada na forma do inciso XV do *caput*, considera-se:

a) trabalhador com deficiência – aquele que tem impedimento de longo prazo de natureza física ou sensorial; e

b) impedimento de longo prazo – aquele que produza efeitos pelo prazo mínimo de dois anos e que, em interação com uma ou mais barreiras, possa obstruir a participação plena e efetiva do trabalhador na sociedade em igualdade de condições com as demais pessoas.

► § 11 acrescido pelo Dec. nº 9.345, de 16-4-2018.

Art. 36. O saque poderá ser efetuado mediante:

I – apresentação do recibo de quitação das verbas rescisórias, nos casos dos incisos I e II do artigo precedente;

II – apresentação de documento expedido pelo Instituto Nacional do Seguro Social – INSS que:

a) declare a condição do inativo, no caso de aposentadoria; ou

b) contenha a identificação e a data de nascimento de cada dependente, no caso de falecimento do trabalhador;

III – requerimento dirigido ao agente financeiro, nas hipóteses dos incisos V e VI, ou ao banco arrecadador, nos casos dos incisos VII e VIII, todos do artigo anterior;

IV – apresentação de cópia do instrumento contratual, no caso do contrato a termo;

V – declaração do sindicato representativo da categoria profissional, no caso de suspensão do trabalho avulso por período igual ou superior a noventa dias;

VI – comprovação da rescisão e da sua condição de aposentado, no caso do § 1º do art. 35;

► Incisos V e VI com a redação dada pelo Dec. nº 5.860, de 26-7-2006.

VII – requerimento formal do trabalhador ao Administrador do FMP-FGTS, ou do CI-FGTS, ou por meio de outra forma estabelecida pelo Agente Operador do FGTS, no caso previsto no inciso XII do *caput* do art. 35, garantida, sempre, a aquiescência do titular da conta vinculada;

VIII – atestado de diagnóstico assinado por médico, devidamente identificado por seu registro profissional, emitido na conformidade das normas dos Conselhos Federal e Regional de Medicina, com identificação de patologia consignada no Código Internacional de Doenças – CID, e descritivo dos sintomas ou do histórico patológico pelo qual se identifique que o trabalhador ou dependente seu é portador de neoplasia maligna, do vírus HIV ou que caracterize estágio terminal de vida em razão de doença grave, nos casos dos incisos XI, XIII e XIV do *caput* do art. 35; e

► Incisos VII e VIII com a redação dada pelo Dec. nº 9.345, de 16-4-2018.

IX – laudo médico que ateste a condição de pessoa com deficiência, a espécie e o grau ou o nível da deficiência, com expressa menção correspondente à classificação de referência utilizada pela Organização Mundial da Saúde – OMS, e prescrição médica que indique a necessidade de órtese ou prótese para a promoção da acessibilidade e da inclusão social do trabalhador com deficiência, ambos documentos emitidos por médico devidamente identificado por seu registro profissional, em conformidade com as normas dos Conselhos Federal e Regional de Medicina, no caso do inciso XV do *caput* do art. 35.

► Inciso IX acrescido pelo Dec. nº 9.345, de 16-4-2018.

Parágrafo único. A apresentação dos documentos de que tratam os incisos I e IV do *caput* deste artigo poderá ser suprida pela comunicação para fins de autorização da movimentação da conta vinculada do trabalhador, realizada com uso de certificação digital e em conformidade com os critérios estabelecidos pelo Agente Operador do FGTS.

► Parágrafo único acrescido pelo Dec. nº 5.860, de 26-7-2006.

Art. 37. O saque de recursos na conta vinculada incluirá, obrigatoriamente, os valores nela depositados no mês do evento, mesmo que ainda não tenham sido creditados.

Art. 38. O saldo da conta vinculada do trabalhador que vier a falecer será pago a seu dependente, para esse fim habilitado perante a Previdência Social, independentemente da autorização judicial.

§ 1º Havendo mais de um dependente habilitado, o pagamento será feito de acordo com os critérios adotados pela Previdência Social para a concessão de pensão por morte.

§ 2º As quotas atribuídas a menores ficarão depositadas em caderneta de poupança e, salvo autorização judicial, só serão disponíveis após o menor completar dezoito anos.

§ 3º Na falta de dependentes, farão jus ao recebimento do saldo da conta vinculada os sucessores do trabalhador, na forma prevista no Código Civil, indicados em alvará judicial, expedido a requerimento do interessado, independentemente de inventário ou arrolamento.

Art. 39. O direito de utilizar os recursos creditados em conta vinculada em nome do trabalhador não poderá ser exercido simultaneamente para a aquisição de mais de um imóvel.

Art. 40. O imóvel, adquirido com a utilização do FGTS, somente poderá ser objeto de outra operação com recursos do Fundo na forma que vier a ser disciplinada pelo Conselho Curador.

Art. 41. A solicitação de saque da conta vinculada será atendida no prazo de cinco dias úteis, quando o documento for entregue na agência onde o empregador tenha efetuado o depósito do FGTS.

§ 1º Compete à CEF expedir instruções fixando prazo para os casos em que a entrega do documento não ocorra na agência mantenedora da conta ou quando o sacador solicitar que o saque seja liberado em outra agência, ou, ainda, quando o sacador optar pelo saque após o crédito de juros e atualização monetária relativos ao mês em que se verificar o pedido.

§ 2º Decorrido o prazo, sobre o valor do saque incidirá atualização monetária com base nos índices de variação do BTN Fiscal, ou outro que vier a sucedê-lo, ou, ainda, a critério do Conselho Curador, por outro indicador da inflação diária.

§ 3º No caso de valor aplicado em FMP-FGTS, e para os fins previstos nos incisos IV, VI e VII do artigo 35, o prazo de cinco dias contar-se-á a partir do retorno do valor resultante da aplicação à conta vinculada e não da data da solicitação.

► § 3º acrescido pelo Dec. nº 2.430, de 17-12-1997.

Art. 42. A movimentação da conta vinculada do FGTS por menor de dezoito anos dependerá da assistência do responsável legal.

Capítulo VII

DO CERTIFICADO DE REGULARIDADE

Art. 43. A regularidade da situação do empregador perante o FGTS será comprovada pelo Certificado de Regularidade do FGTS, com validade em todo o território nacional, a ser fornecido pela CEF, mediante solicitação.

Art. 44. A apresentação do Certificado de Regularidade do FGTS é obrigatória para:

I – habilitação em licitação promovida por órgãos da Administração Pública direta, indireta ou fundacional e por empresas controladas direta ou indiretamente pela União, pelos Estados, pelo Distrito Federal e pelos Municípios;

II – obtenção de empréstimos ou financiamentos junto a quaisquer instituições financeiras públicas, por parte de órgãos e entidades da Administração Pública direta, indireta ou fundacional, bem assim empresas controladas direta ou indiretamente pela União, pelo Distrito Federal e pelos Municípios;

III – obtenção de favores creditícios, isenções, subsídios, auxílios, outorga ou concessão de serviços ou quaisquer outros benefícios concedidos por órgão da Administração Pública Federal, dos Estados, do Distrito Federal e dos Municípios, salvo quando destinados a saldar débitos para com o FGTS;

IV – transferência de domicílio para o exterior; e

V – registro ou arquivamento, nos órgãos competentes, de alteração ou distrato de contrato social, de estatuto, ou de qualquer documento que implique modificação na estrutura jurídica do empregador ou na extinção da empresa.

Art. 45. Para obter o Certificado de Regularidade, o empregador deverá satisfazer as seguintes condições:

I – estar em dia com as obrigações para com o FGTS; e

II – estar em dia com o pagamento de prestação de empréstimos lastreados em recursos do FGTS.

Art. 46. O Certificado de Regularidade terá validade de até seis meses contados da data da sua emissão.

§ 1º No caso de parcelamento de débito, a validade será de trinta dias.

§ 2º Havendo antecipação no pagamento de parcelas, o Certificado terá validade igual ao período correspondente às prestações antecipadas, observado o prazo máximo de seis meses.

Capítulo VIII

DAS INFRAÇÕES E DAS PENALIDADES

Art. 47. Constituem infrações à Lei nº 8.036, de 1990:

I – não depositar mensalmente a parcela referente ao FGTS;

II – omitir informações sobre a conta vinculada do trabalhador;

III – apresentar informações ao Cadastro Nacional do Trabalhador, dos trabalhadores beneficiários, com erros ou omissões;

IV – deixar de computar, para efeito de cálculo dos depósitos do FGTS, parcela componente da remuneração;

V – deixar de efetuar os depósitos com os acréscimos legais, após notificado pela fiscalização.

Parágrafo único. Por trabalhador prejudicado o infrator estará sujeito às seguintes multas:

a) de dois a cinco BTN, nos casos dos incisos II e III; e

b) de dez a cem BTN, nos casos dos incisos I, IV e V.

► A partir de 1º-2-1991, foi extinto o BTN pelo art. 3º da Lei nº 8.177, de 1º-3-1991, que fixa, no seu parágrafo único, a conversão do BTN em cruzeiros no valor de CR$ 126,8621. Tal valor foi mantido pelo art. 21, I, da Lei nº 8.178, de 4-3-1991, tendo sido elevado em 70% pelo art. 10, da Lei nº 8.218, de 29-8-1991. Desde 1º-8-1993, o cruzeiro passou para cruzeiro real na paridade de mil por um, em função da MP nº 336, de 28-7-1993, convertida na Lei nº 8.697, de 27-8-1993. Desde 1º-7-1994, o cruzeiro real passou a real pela Lei nº 8.880, de 27-5-1994, fixada a paridade de R$ 1,00 para 2.750,00 URVs. Pelo art. 1º da Lei nº 8.383, de 30-12-1991, foi instituída a UFIR como medida de valor e parâmetro de atualização monetária de tributos e de multas e penalidades de qualquer natureza. O art. 29, § 3º, da Lei nº 10.522, de 19-7-2002, que dispõe sobre o Cadastro Informativo dos créditos não quitados de órgãos e entidades federais, extinguiu a UFIR.

Art. 48. Nos casos de fraude, simulação, artifício, ardil, resistência, embaraço ou desacato à fiscalização, assim como na reincidência, a multa especificada no artigo anterior será duplicada, sem prejuízo das demais cominações legais.

Art. 49. Os valores das multas, quando não recolhidas no prazo legal, serão atualizados monetariamente pelo BTN Fiscal até a data de seu efetivo pagamento.

► A partir de 1º-2-1991, foi extinto o BTN pelo art. 3º da Lei nº 8.177, de 1º-3-1991, que fixa, no seu parágrafo único, a conversão do BTN em cruzeiros no valor de CR$ 126,8621. Tal valor foi mantido pelo art. 21, I, da Lei nº 8.178, de 4-3-1991, tendo sido elevado em 70% pelo art. 10, da Lei nº 8.218, de 29-8-1991. Desde 1º-8-1993, o cruzeiro passou para cruzeiro real na paridade de mil por um, em função da MP nº 336, de 28-7-1993, convertida na Lei nº 8.697, de 27-8-1993. Desde 1º-7-1994, o cruzeiro real passou a real pela Lei nº 8.880, de 27-5-1994, fixada a paridade de R$ 1,00 para 2.750,00 URVs. Pelo art. 1º da Lei nº 8.383, de 30-12-1991, foi instituída a UFIR como medida de valor e parâmetro de atualização monetária de tributos e de multas e penalidades de qualquer natureza. O art. 29, § 3º, da Lei nº 10.522, de 19-7-2002, que dispõe sobre o Cadastro Informativo dos créditos não quitados de órgãos e entidades federais, extinguiu a UFIR.

Art. 50. O empregador em mora para com o FGTS não poderá, sem prejuízo de outras disposições legais (Decreto-Lei nº 368, de 19 de dezembro de 1968, artigo 1º):

I – pagar honorário, gratificação, *pro labore*, ou qualquer tipo de retribuição ou retirada a seus diretores, sócios, gerentes ou titulares de firma individual; e

II – distribuir quaisquer lucros, bonificações, dividendos ou interesses a seus sócios, titulares, acionistas, ou membros de órgãos dirigentes, fiscais ou consultivos.

Art. 51. O empregador em mora contumaz com o FGTS não poderá receber qualquer benefício de natureza fiscal, tributária ou financeira, por parte de órgão da União, dos Estados, do Distrito Federal ou dos Municípios, ou de que estes participem (Decreto-Lei nº 368, de 1968, artigo 2º).

§ 1º Considera-se mora contumaz o não pagamento de valores devidos ao FGTS por período igual ou superior a três meses, sem motivo grave ou relevante, excluídas as causas pertinentes ao risco do empreendimento.

§ 2º Não se incluem na proibição deste artigo as operações destinadas à liquidação dos débitos existentes para com o FGTS, o que deverá ser expressamente consignado em documento firmado pelo responsável legal da empresa, como justificação do crédito.

Art. 52. Pela infração ao disposto nos incisos I e II do artigo 50, os diretores, sócios, gerentes, membros de órgãos fiscais ou consultivos, titulares de firma individual ou quaisquer outros dirigentes de empresa estão sujeitos à pena de detenção de um mês a um ano (Decreto-Lei nº 368 de 1968, artigo 4º).

Parágrafo único. Apurada a infração prevista neste artigo, a autoridade competente do INSS representará, sob pena de responsabilidade, ao Ministério Público, para a instauração da competente ação penal.

Art. 53. Por descumprimento ou inobservância de quaisquer das obrigações que lhe compete como agente arrecadador, pagador ou mantenedor do cadastro de contas vinculadas, na forma que vier a ser disciplinada pelo Conselho Curador, fica o banco depositário sujeito ao pagamento de multa equivalente a dez por cento do montante da conta do empregado, independentemente das demais cominações legais.

Capítulo IX

DA FISCALIZAÇÃO

Art. 54. Compete ao Ministério do Trabalho e da Previdência Social – MTPS, por intermédio do INSS, exercer a fiscalização do cumprimento do disposto na Lei nº 8.036, de 1990, de acordo com este Regulamento e os artigos 626 a 642 da CLT, especialmente quanto à apuração dos débitos e das infrações praticadas pelos empregadores.

Art. 55. O processo de fiscalização, de autuação e de imposição de multas reger-se-á pelo disposto no Título VII da CLT, respeitado o privilégio do FGTS à prescrição trintenária.

Art. 56. A penalidade de multa será aplicada pelo Gerente de Atendimento de Relações de Emprego, do INSS, mediante decisão fundamentada, lançada em processo administrativo, assegurada ampla defesa ao autuado.

Parágrafo único. Na fixação da penalidade a autoridade administrativa levará em conta as circunstâncias e consequências da infração, bem como ser o infrator primário ou reincidente, a sua situação econômico-financeira e os meios ao seu alcance para cumprir a lei.

Art. 57. Quando julgado procedente o recurso interposto na forma do artigo 636 da CLT, os depósitos efetuados para garantia de instância serão restituídos com os valores atualizados na forma da lei.

Art. 58. A rede arrecadadora e a CEF deverão prestar ao MTPS as informações necessárias à fiscalização.

Capítulo X

DO FUNDO E DO SEU EXERCÍCIO FINANCEIRO

Art. 59. O FGTS é constituído pelos saldos das contas vinculadas e outros recursos a ele incorporados.

Parágrafo único. Constituem recursos incorporados ao FGTS:

a) eventuais saldos apurados nos termos do artigo 68;

b) dotações orçamentárias específicas;

c) resultados de aplicações;

d) multas, correção monetária e juros moratórios auferidos; e

e) outras receitas patrimoniais e financeiras.

Art. 60. O exercício financeiro do FGTS será de 1º de janeiro a 31 de dezembro.

§ 1º No final de cada exercício financeiro será realizado balanço anual do FGTS.

§ 2º As contas do FGTS serão escrituradas em registros contábeis próprios.

Capítulo XI

DA APLICAÇÃO DOS RECURSOS

Art. 61. As aplicações com recursos do FGTS poderão ser realizadas diretamente pela CEF, pelos demais órgãos integrantes do SFH e pelas entidades para esse fim credenciadas pelo Banco Central do Brasil como agentes financeiros, exclusivamente segundo critérios fixados pelo Conselho Curador, mediante operações em que sejam assegurados:

I – garantia real;

II – correção monetária igual à das contas vinculadas;

III – taxa de juros média mínima, por projeto, de três por cento ao ano; e

IV – prazo máximo de retorno de vinte e cinco anos.

§ 1º A rentabilidade média das aplicações deverá ser suficiente à cobertura de todos os custos incorridos pelo Fundo e ainda à formação de reserva técnica para o atendimento de gastos eventuais não previstos, sendo da CEF o risco de crédito.

§ 2º Os recursos do FGTS deverão ser aplicados em habitação, saneamento básico e infraestrutura urbana; sem prejuízo das disponibilidades financeiras que deverão ser mantidas em volume que satisfaça as condições de liquidez e à remuneração mínima necessária à prevenção do poder aquisitivo da moeda.

§ 3º O programa de aplicações deverá destinar, no mínimo, sessenta por cento para investimentos em habitação popular.

► Lei nº 10.188, de 12-2-2001, cria o Programa de Arrendamento Residencial e institui o arrendamento residencial com opção de compra.

§ 4º O Conselho Curador definirá o conceito de habitação popular considerando, em especial, a renda das famílias a serem atendidas.

§ 5º Os projetos de saneamento básico e infraestrutura urbana, financiados com recursos do FGTS, deverão ser complementares aos programas habitacionais.

§ 6º Nos financiamentos concedidos a pessoa jurídica de direito público será exigida garantia real ou vinculação de receitas.

Art. 62. O Conselho Curador fixará diretrizes e estabelecerá critérios técnicos para as aplicações dos recursos do FGTS, de forma que sejam:

I – exigida a participação dos contratantes de financiamentos nos investimentos a serem realizados;

II – assegurado o cumprimento, por parte dos contratantes, das obrigações decorrentes dos financiamentos obtidos; e

III – evitadas distorções na aplicação entre as regiões do País, considerando para tanto a demanda habitacional, a população e outros indicadores sociais.

Capítulo XII

DO CONSELHO CURADOR DO FGTS

Art. 63. O FGTS será regido segundo normas e diretrizes estabelecidas por um Conselho Curador.

Art. 64. Ao Conselho Curador compete:

I – estabelecer as diretrizes e os programas de alocação de todos os recursos do FGTS, de acordo com os critérios definidos na Lei nº 8.036, de 1990 em consonância com a política nacional de desenvolvimento urbano e as políticas setoriais de habitação popular, saneamento básico e infraestrutura urbana estabelecidas pelo Governo Federal;

II – apreciar e aprovar os programas anuais e plurianuais do FGTS;

III – acompanhar e avaliar a gestão econômica e financeira dos recursos, bem como os ganhos sociais e o desempenho dos programas aprovados;

IV – pronunciar-se sobre as contas do FGTS, antes de seu encaminhamento aos órgãos de controle interno;

V – adotar as providências cabíveis para a correção de atos do MAS e da CEF, que prejudiquem o desempenho e o cumprimento das finalidades a que se destinam os recursos do FGTS;

VI – dirimir dúvidas quanto à aplicação das normas regulamentares, relativas ao FGTS, nas matérias de sua competência;

VII – fixar as normas e valores de remuneração do Agente Operador e dos agentes financeiros;

VIII – fixar critérios para o parcelamento de recolhimentos em atraso;

IX – fixar critérios e valor de remuneração da entidade ou órgão encarregado da fiscalização;

X – divulgar, no *Diário Oficial* da União, todas as decisões proferidas pelo Conselho, bem como as contas do FGTS e os respectivos pareceres emitidos; e

XI – aprovar seu regimento interno.

Art. 65. *Revogado*. Dec. nº 9.737, de 26-3-2019.

Capítulo XIII

DO GESTOR DA APLICAÇÃO DO FGTS

Art. 66. Ao Ministério do Planejamento e Orçamento, na qualidade de Gestor da aplicação dos recursos do FGTS, compete:

► *Caput* com a redação dada pelo Dec. nº 1.522, de 13-6-1995.

I – praticar todos os atos necessários à gestão da aplicação do FGTS, de acordo com as diretrizes e programas estabelecidos pelo Conselho Curador;

II – expedir atos normativos relativos à alocação dos recursos para a implementação dos programas aprovados pelo Conselho Curador;

III – definir as metas a serem alcançadas pelos programas de habitação popular, saneamento básico e infraestrutura urbana;

IV – estabelecer os critérios, procedimentos e parâmetros básicos para a análise, seleção, contratação, acompanhamento e avaliação dos projetos a serem financiados com recursos do FGTS, com observância dos objetivos da política nacional de desenvolvimento urbano e das políticas setoriais de habitação popular, saneamento básico e infraestrutura urbana, estabelecidas pelo Governo Federal;

V – definir as prioridades, a metodologia e os parâmetros básicos que nortearão a elaboração dos orçamentos e planos plurianuais de aplicação dos recursos do FGTS;

VI – elaborar os orçamentos anuais e planos plurianuais de aplicação dos recursos, discriminando-os por Unidade da Federação e submetendo-os, até 31 de julho de cada ano, ao Conselho Curador;

VII – acompanhar a execução dos programas de habitação popular, saneamento básico e infraestrutura urbana, decorrentes da aplicação dos recursos do FGTS, implementadas pelo Agente Operador;

VIII – subsidiar o Conselho Curador com estudos técnicos necessários ao aprimoramento dos programas de habitação popular, saneamento e infraestrutura urbana;

IX – submeter ao Conselho Curador as contas do FGTS.

- ▸ Incisos I a IX com a redação dada pelo Dec. nº 1.522, de 13-6-1995.

Parágrafo único. O Gestor da aplicação poderá firmar convênios com os Governos dos Estados e do Distrito Federal para, por intermédio de instâncias colegiadas constituídas de representantes do governo estadual, dos governos municipais, quando houver, e da sociedade civil, em igual número, enquadrar, hierarquizar e selecionar os pleitos de operações de crédito com recursos do FGTS.

- ▸ Parágrafo único acrescido pelo Dec. nº 1.522, de 13-6-1995.

CAPÍTULO XIV

DO AGENTE OPERADOR DO FGTS

Art. 67. Cabe à CEF, na qualidade de Agente Operador do FGTS:

- ▸ *Caput* com a redação dada pelo Dec. nº 1.522, de 13-6-1995.

I – centralizar os recursos do FGTS, participar da rede incumbida de sua arrecadação, manter e controlar as contas vinculadas e emitir regularmente os extratos individuais correspondentes;

II – definir os procedimentos operacionais necessários à execução dos programas de habitação popular, saneamento básico e infraestrutura urbana e ao cumprimento das resoluções do Conselho Curador e dos atos normativos do Gestor da aplicação do FGTS;

III – expedir atos normativos referentes aos procedimentos administrativos e operacionais dos bancos depositários, dos agentes financeiros e promotores, dos tomadores dos recursos, dos empregadores e dos trabalhadores, integrantes do sistema do FGTS;

IV – analisar, sob os aspectos jurídico e de viabilidade técnica, econômica e financeira, os projetos de habitação popular, infraestrutura urbana e saneamento básico a serem financiados com recursos do FGTS;

V – avaliar o desempenho e a capacidade econômico-financeira dos agentes envolvidos nas operações de crédito com recursos do FGTS;

VI – conceder os créditos para as operações previamente selecionadas e hierarquizadas, desde que consideradas viáveis, de acordo com o disposto no inciso IV deste artigo, responsabilizando-se pelo acompanhamento de sua execução e zelando pela correta aplicação dos recursos;

VII – formalizar convênios com a rede bancária para recebimento de pagamento do FGTS, em conformidade com o disposto pelo Conselho Curador;

VIII – celebrar convênios e contratos, visando à aplicação dos recursos do FGTS, em conformidade com o disposto pelo Conselho Curador;

IX – elaborar as contas do FGTS, encaminhando-as ao Gestor da aplicação;

X – implementar os atos do Gestor relativos à alocação e à aplicação dos recursos do FGTS, de acordo com as diretrizes estabelecidas pelo Conselho Curador;

XI – emitir Certificado de Regularidade do FGTS;

XII – apresentar relatórios gerenciais periódicos e, sempre que solicitadas, outras informações, com a finalidade de proporcionar ao Gestor da aplicação e ao Conselho Curador meios para avaliar o desempenho dos programas, nos seus aspectos físico, econômico-financeiro, social e institucional, e sua conformidade com as diretrizes governamentais;

► Incisos I a XII com a redação dada pelo Dec. nº 1.522, de 13-6-1995.

XIII – expedir atos normativos referentes aos procedimentos administrativo-operacionais a serem observados pelos agentes administradores dos FMP-FGTS e dos CI-FGTS, no que se refere às questões relacionadas ao cadastramento, ao fluxo de informações das movimentações e a resgates de quotas;

XIV – determinar aos administradores dos FMP-FGTS e dos CI-FGTS o retorno das aplicações ao FGTS, nos casos de falecimento do titular, de aquisição de casa própria, de amortização ou liquidação de saldo devedor de financiamento do SFH e para o cumprimento de ordem judicial.

► Incisos XIII e XIV acrescidos pelo Dec. nº 2.430, de 17-12-1997.

Art. 68. Os resultados financeiros auferidos pela CEF, no período entre o repasse dos bancos e o depósito nas contas vinculadas dos trabalhadores, destinar-se-ão à cobertura das despesas de administração do FGTS e ao pagamento da tarifa aos bancos depositários, devendo os eventuais saldos ser incorporados ao patrimônio do Fundo, nos termos do artigo 59, parágrafo único, alínea a.

Capítulo XV

DAS DISPOSIÇÕES GERAIS

Art. 69. É competente a Justiça do Trabalho para julgar os dissídios entre os trabalhadores e empregadores decorrentes da aplicação da Lei nº 8.036, de 1990, mesmo quando a União e a CEF figurarem como litisconsortes.

Parágrafo único. Nas reclamatórias trabalhistas que objetivem o ressarcimento de parcelas relativas ao FGTS, ou que, direta ou indiretamente, impliquem essa obrigação, o juiz determinará que a empresa sucumbente proceda ao recolhimento imediato das importâncias devidas a tal título.

Art. 70. Poderá o próprio trabalhador, seus dependentes e sucessores, ou, ainda, o sindicato a que estiver vinculado, acionar diretamente a empresa para compeli-la a efetuar o depósito das importâncias devidas nos termos da Lei nº 8.036, de 1990.

Parágrafo único. A União e a CEF deverão ser notificadas da propositura da reclamação.

Art. 71. São isentos de tributos federais os atos e operações necessários à aplicação da Lei nº 8.036, de 1990, quando praticados pela CEF, pelos trabalhadores e seus dependentes ou sucessores, pelos empregadores e pelos estabelecimentos bancários.

Parágrafo único. Aplica-se o disposto neste artigo às importâncias devidas, nos termos da Lei nº 8.036, de 1990, aos trabalhadores, seus dependentes ou sucessores.

Art. 72. É facultado à entidade sindical representar os trabalhadores junto ao empregador, ao banco depositário ou à CEF, para a obtenção de informações relativas ao FGTS.

Art. 73. É facultado ao empregador desobrigar-se da responsabilidade da indenização relativa ao tempo de serviço anterior à opção, depositando na conta vinculada do trabalhador, até o último dia útil do mês previsto em lei para o pagamento de salário, o valor correspondente à indenização, aplicando-se ao depósito, no que couber, as disposições da Lei nº 8.036, de 1990, e deste Regulamento.

Capítulo XVI

DAS DISPOSIÇÕES FINAIS E TRANSITÓRIAS

Art. 74. O MAS, a CEF e o Conselho Curador serão responsáveis pelo fiel cumprimento e observância dos critérios estabelecidos na Lei nº 8.036, de 1990, e neste Regulamento.

Art. 75. O Conselho Curador expedirá os atos necessários para que seja resguardada a integridade dos direitos do trabalhador, notadamente no que se refere à atualização dos respectivos créditos e à exata informação, quando da centralização das contas do FGTS na CEF.

Art. 76. Os trabalhadores admitidos a termo e os temporários, cujos contratos se extinguiram durante a vigência da Lei nº 7.839, de 12 de outubro de 1989, poderão movimentar suas contas vinculadas relativas a esses contratos, cabendo aos então empregadores fornecer os documentos necessários para o levantamento dos respectivos valores.

Art. 77. O disposto no artigo 7º se aplica aos diretores não empregados das autarquias em regime especial e fundações sob supervisão ministerial (Lei nº 6.919, de 1981).

Art. 78. O MAS e a CEF deverão dar pleno cumprimento aos programas anuais em andamento, aprovados pelo Conselho Curador, sendo que eventuais alterações somente poderão ser processadas mediante prévia anuência daquele colegiado.

Art. 79. Até que se cumpra o disposto no artigo 29 do Ato das Disposições Constitucionais Transitórias, cabe à Procuradoria-Geral da Fazenda Nacional promover a execução judicial dos créditos da União decorrentes da aplicação de penalidades previstas na Lei nº 8.036, de 1990.

Lafaiete Coutinho Torres

LEI Nº 8.177, DE 1º DE MARÇO DE 1991

Estabelece regras para a desindexação da economia e dá outras providências.

(EXCERTOS)

- Publicada no *DOU* de 4-3-1991.
- Súmulas nºs 454 e 459 do STJ.

....

Art. 9º A partir de fevereiro de 1991, incidirão juros de mora equivalentes à TRD sobre os débitos de qualquer natureza para com a Fazenda Nacional, com a Seguridade Social, com o Fundo de Participação PIS-PASEP, com o Fundo de Garantia do Tempo de Serviço – FGTS e sobre os passivos de empresas concordatárias, em falência e de instituições em regime de liquidação extrajudicial, intervenção e administração especial temporária.

- *Caput* com a redação dada pela Lei nº 8.218, de 29-8-1991.

....

Art. 17. A partir de fevereiro de 1991, os saldos das contas do Fundo de Garantia do Tempo de Serviço (FGTS) passam a ser remunerados pela taxa aplicável à remuneração básica dos depósitos de poupança, com data de aniversário no dia 1º, observada a periodicidade mensal para remuneração.

Parágrafo único. As taxas de juros previstas na legislação em vigor do FGTS são mantidas e consideradas como adicionais à remuneração prevista neste artigo.

....

Art. 38. Os saldos das contas do Fundo de Participação PIS/PASEP e as obrigações emitidas pelo Fundo Nacional de Desenvolvimento – FND serão reajustados pela TR nas épocas estabelecidas na legislação pertinente.

Art. 39. Os débitos trabalhistas de qualquer natureza, quando não satisfeitos pelo empregador nas épocas próprias assim definidas em lei, acordo ou convenção coletiva, sentença normativa ou cláusula contratual sofrerão juros de mora equivalentes à TRD acumulada no período compreendido entre a data de vencimento da obrigação e o seu efetivo pagamento.

§ 1º Aos débitos trabalhistas constantes de condenação pela Justiça do Trabalho ou decorrentes dos acordos feitos em reclamatória trabalhista, quando não cumpridos nas condições homologadas ou constantes do termo de conciliação, serão acrescidos, nos juros de mora previstos no *caput*, juros de um por cento ao mês, contados do ajuizamento da reclamatória e aplicados *pro rata die*, ainda que não explicitados na sentença ou no termo de conciliação.

- Art. 27, § 6º, da Lei nº 9.069, de 29-6-1995, que dispõe sobre o Plano Real.

§ 2º Na hipótese de a data de vencimento das obrigações de que trata este artigo ser anterior a 1º de fevereiro de 1991, os juros de mora serão calculados pela composição entre a variação acumulada do BTN Fiscal no período compreendido entre a data de vencimento da obrigação e 31 de janeiro de 1991, e a TRD acumulada entre 1º de fevereiro de 1991 e seu efetivo pagamento.

- O STF, por maioria, julgou procedente a ADIN nº 1.220, para: "declarar a inconstitucionalidade material deste parágrafo, com modulação temporal dos efeitos da decisão, a fim de que somente se aplique aos pagamentos de cálculos a serem homologados a partir da data de publicação da ata de julgamento" (*DJe* de 20-2-2020).

Art. 40. O depósito recursal de que trata o artigo 899 da Consolidação das Leis do Trabalho fica limitado a Cr$ 20.000.000,00 (vinte milhões de cruzeiros), nos casos de interposição de recurso ordinário, e de Cr$ 40.000.000,00 (quarenta milhões de cruzeiros), em se tratando de recurso de revista, embargos infringentes e recursos extraordinários, sendo devido a cada novo recurso interposto no decorrer do processo.

▸ Res. do TST nº 168, de 9-8-2010, atualiza a IN do TST nº 3, de 15-3-1993, que trata do depósito para recurso nas ações na Justiça do Trabalho.

§ 1º Em se tratando de condenação imposta em ação rescisória, o depósito recursal terá, como limite máximo, qualquer que seja o recurso, o valor de Cr$ 40.000.000,00 (quarenta milhões de cruzeiros).

§ 2º A exigência de depósito aplica-se, igualmente, aos embargos, à execução e a qualquer recurso subsequente do devedor.

§ 3º O valor do recurso ordinário, quando interposto em dissídio coletivo, será equivalente ao quádruplo do previsto no *caput* deste artigo.

§ 4º Os valores previstos neste artigo serão reajustados bimestralmente pela variação acumulada do INPC do IBGE dos dois meses imediatamente anteriores.

▸ Art. 40 com a redação dada pela Lei nº 8.542, de 23-12-1992.

....

Art. 43. Esta Lei entra em vigor na data de sua publicação.

Art. 44. Revogam-se o Decreto-Lei nº 75, de 21 de novembro de 1966, e demais disposições em contrário.

Brasília, 1º de março de 1991;
170º da Independência e
103º da República.

Fernando Collor

LEI Nº 8.213, DE 24 DE JULHO DE 1991

Dispõe sobre os Planos de Benefícios da Previdência Social e dá outras providências.

▸ Publicada no *DOU* de 25-7-1991, republicada no *DOU* de 11-4-1996 e *DOU* de 14-8-1998.

▸ LC nº 142, de 8-5-2013, regulamenta o § 1º do art. 201 da CF, no tocante à aposentadoria da pessoa com deficiência.

▸ Dec. nº 3.048, de 6-5-1999 (Regulamento da Previdência Social).

▸ IN do INSS nº 45, de 6-8-2010, dispõe sobre a administração de informações dos segurados, o reconhecimento, a manutenção e a revisão de direitos dos beneficiários da Previdência Social e disciplina o processo administrativo previdenciário no âmbito do Instituto Nacional do Seguro Social – INSS.

▸ Súm. nº 518 do STJ.

TÍTULO I – DA FINALIDADE E DOS PRINCÍPIOS BÁSICOS DA PREVIDÊNCIA SOCIAL

Art. 1º A Previdência Social, mediante contribuição, tem por fim assegurar aos seus beneficiários meios indispensáveis de manutenção, por motivo de incapacidade, desemprego involuntário, idade avançada, tempo de serviço, encargos familiares e prisão ou morte daqueles de quem dependiam economicamente.

▸ Art. 201 da CF.

▸ Art. 9º, § 1º, desta Lei.

▸ Lei nº 7.998, de 11-1-1990 (Lei do Seguro-Desemprego).

Art. 2º A Previdência Social rege-se pelos seguintes princípios e objetivos:

I – universalidade de participação nos planos previdenciários;

▸ Arts. 39, § 12, e 194, I, da CF.

▸ Art. 39 desta Lei.

II – uniformidade e equivalência dos benefícios e serviços às populações urbanas e rurais;

▸ Art. 195, § 8º, da CF.

▸ Arts. 39, 48, § 1º, e 55, § 2º, desta Lei.

III – seletividade e distributividade na prestação dos benefícios;

IV – cálculo dos benefícios considerando-se os salários de contribuição corrigidos monetariamente;

V – irredutibilidade do valor dos benefícios de forma a preservar-lhes o poder aquisitivo;

▸ Art. 114 desta Lei.

VI – valor da renda mensal dos benefícios substitutos do salário de contribuição ou do rendimento do trabalho do segurado não inferior ao do salário mínimo;

▸ Art. 58 do ADCT.

VII – previdência complementar facultativa, custeada por contribuição adicional;

▸ LC nº 109, de 29-5-2001 (Lei do Regime de Previdência Complementar).

VIII – caráter democrático e descentralizado da gestão administrativa, com a participação do governo e da comunidade, em especial de trabalhadores em atividade, empregadores e aposentados.

► Arts. 10 e 194, parágrafo único, VII, da CF.

Parágrafo único. A participação referida no inciso VIII deste artigo será efetivada a nível federal, estadual e municipal.

► Art. 4º do Dec. nº 3.048, de 6-5-1999 (Regulamento da Previdência Social).

Art. 3º Fica instituído o Conselho Nacional de Previdência Social – CNPS, órgão superior de deliberação colegiada, que terá como membros:

► Art. 295 do Dec. nº 3.048, de 6-5-1999 (Regulamento da Previdência Social).

I – 6 (seis) representantes do Governo Federal;

II – 9 (nove) representantes da sociedade civil, sendo:

a) 3 (três) representantes dos aposentados e pensionistas;

b) 3 (três) representantes dos trabalhadores em atividade;

c) 3 (três) representantes dos empregadores.

► Incisos I e II com a redação dada pela Lei nº 8.619, de 5-1-1993.

► EC nº 20, de 15-12-1998.

§ 1º Os membros do CNPS e seus respectivos suplentes serão nomeados pelo Presidente da República, tendo os representantes titulares da sociedade civil mandato de 2 (dois) anos, podendo ser reconduzidos, de imediato, uma única vez.

§ 2º Os representantes dos trabalhadores em atividade, dos aposentados, dos empregadores e seus respectivos suplentes serão indicados pelas centrais sindicais e confederações nacionais.

§ 3º O CNPS reunir-se-á, ordinariamente, uma vez por mês, por convocação de seu Presidente, não podendo ser adiada a reunião por mais de 15 (quinze) dias se houver requerimento nesse sentido da maioria dos conselheiros.

§ 4º Poderá ser convocada reunião extraordinária por seu Presidente ou a requerimento de um terço de seus membros, conforme dispuser o regimento interno do CNPS.

§ 5º *Revogado*. Lei nº 9.528, de 10-12-1997.

§ 6º As ausências ao trabalho dos representantes dos trabalhadores em atividade, decorrentes das atividades do Conselho, serão abonadas, computando-se como jornada efetivamente trabalhada para todos os fins e efeitos legais.

§ 7º Aos membros do CNPS, enquanto representantes dos trabalhadores em atividade, titulares e suplentes, é assegurada a estabilidade no emprego, da nomeação até um ano após o término do mandato de representação, somente podendo ser demitidos por motivo de falta grave, regularmente comprovada através de processo judicial.

§ 8º Competirá ao Ministério do Trabalho e da Previdência Social proporcionar ao CNPS os meios necessários ao exercício de suas competências, para o que contará com uma Secretaria Executiva do Conselho Nacional de Previdência Social.

§ 9º O CNPS deverá se instalar no prazo de 30 (trinta) dias a contar da publicação desta Lei.

Art. 4º Compete ao Conselho Nacional de Previdência Social – CNPS:

► Art. 296 do Dec. nº 3.048, de 6-5-1999 (Regulamento da Previdência Social).

I – estabelecer diretrizes gerais e apreciar as decisões de políticas aplicáveis à Previdência Social;

II – participar, acompanhar e avaliar sistematicamente a gestão previdenciária;

III – apreciar e aprovar os planos e programas da Previdência Social;

IV – apreciar e aprovar as propostas orçamentárias da Previdência Social, antes de sua consolidação na proposta orçamentária da Seguridade Social;

V – acompanhar e apreciar, através de relatórios gerenciais por ele definidos, a execução dos planos, programas e orçamentos no âmbito da Previdência Social;

VI – acompanhar a aplicação da legislação pertinente à Previdência Social;

VII – apreciar a prestação de contas anual a ser remetida ao Tribunal de Contas da União, podendo, se for necessário, contratar auditoria externa;

VIII – estabelecer os valores mínimos em litígio, acima dos quais será exigida a anuência prévia do Procurador-Geral ou do Presidente do INSS para formalização de desistência ou transigência judiciais, conforme o disposto no artigo 132;

IX – elaborar e aprovar seu regimento interno.

Parágrafo único. As decisões proferidas pelo CNPS deverão ser publicadas no *Diário Oficial da União*.

Art. 5º Compete aos órgãos governamentais:

I – prestar toda e qualquer informação necessária ao adequado cumprimento das competências do CNPS, fornecendo inclusive estudos técnicos;

II – encaminhar ao CNPS, com antecedência mínima de 2 (dois) meses do seu envio ao Congresso Nacional, a proposta orçamentária da Previdência Social, devidamente detalhada.

Art. 6º Haverá, no âmbito da Previdência Social, uma Ouvidoria Geral, cujas atribuições serão definidas em regulamento.

- Artigo com a redação dada pela Lei nº 9.711, de 20-11-1998.

Arts. 7º e 8º *Revogados*. MP nº 2.216-37, de 31-8-2001.

TÍTULO II – DO PLANO DE BENEFÍCIOS DA PREVIDÊNCIA SOCIAL

CAPÍTULO ÚNICO

DOS REGIMES DE PREVIDÊNCIA SOCIAL

Art. 9º A Previdência Social compreende:

- Art. 11 desta Lei.
- Arts. 183 a 230 da Lei nº 8.112, de 11-12-1990 (Estatuto dos Servidores Públicos Civis da União, Autarquias e Fundações Públicas Federais).

I – o Regime Geral de Previdência Social;

II – o Regime Facultativo Complementar de Previdência Social.

§ 1º O Regime Geral de Previdência Social – RGPS garante a cobertura de todas as situações expressas no art. 1º desta Lei, exceto as de desemprego involuntário, objeto de lei específica, e de aposentadoria por tempo de contribuição para o trabalhador de que trata o § 2º do art. 21 da Lei nº 8.212, de 24 de julho de 1991.

- § 1º com a redação dada pela LC nº 123, de 14-12-2006.

§ 2º O Regime Facultativo Complementar de Previdência Social será objeto de lei específica.

- LC nº 108, de 29-5-2001, dispõe sobre a relação entre a União, os Estados, o Distrito Federal e os Municípios, suas Autarquias, Fundações, Sociedades de Economia Mista e outras Entidades Públicas e suas respectivas Entidades Fechadas de Previdência Complementar.
- LC nº 109, de 29-5-2001 (Lei do Regime de Previdência Complementar).
- Lei nº 8.112, de 11-12-1990 (Estatuto dos Servidores Públicos Civis da União, Autarquias e Fundações Públicas Federais).
- Lei nº 12.154, de 23-12-2009, cria a Superintendência Nacional de Previdência Complementar – PREVIC, autarquia de fiscalização e de supervisão das atividades das entidades fechadas de previdência complementar.
- Art. 6º do Dec. nº 3.048, de 6-5-1999 (Regulamento da Previdência Social).

TÍTULO III – DO REGIME GERAL DE PREVIDÊNCIA SOCIAL

CAPÍTULO I

DOS BENEFICIÁRIOS

Art. 10. Os beneficiários do Regime Geral de Previdência Social classificam-se como segurados e dependentes, nos termos das Seções I e II deste capítulo.

- Art. 102 desta Lei.
- Art. 8º do Dec. nº 3.048, de 6-5-1999 (Regulamento da Previdência Social).

SEÇÃO I

DOS SEGURADOS

Art. 11. São segurados obrigatórios da Previdência Social as seguintes pessoas físicas:

- Arts. 2º e 3º da CLT.
- Art. 9º do Dec. nº 3.048, de 6-5-1999 (Regulamento da Previdência Social).

I – como empregado:

a) aquele que presta serviço de natureza urbana ou rural à empresa, em caráter não eventual, sob sua subordinação e mediante remuneração, inclusive como diretor empregado;

b) aquele que, contratado por empresa de trabalho temporário, definida em legislação específica, presta serviço para atender a necessidade transitória de substituição de pessoal regular e permanente ou a acréscimo extraordinário de serviços de outras empresas;

c) o brasileiro ou o estrangeiro domiciliado e contratado no Brasil para trabalhar como empregado em sucursal ou agência de empresa nacional no exterior;

d) aquele que presta serviço no Brasil a missão diplomática ou a repartição consular de carreira estrangeira e a órgãos a elas subordinados, ou a membros dessas missões e repartições, excluídos o não brasileiro sem residência permanente no Brasil e o brasileiro amparado pela legislação previdenciária do país da respectiva missão diplomática ou repartição consular;

e) o brasileiro civil que trabalha para a União, no exterior, em organismos oficiais brasileiros ou internacionais dos quais o Brasil seja membro efetivo, ainda que lá domiciliado e contratado, salvo se segurado na forma da legislação vigente do país do domicílio;

f) o brasileiro ou estrangeiro domiciliado e contratado no Brasil para trabalhar como empregado em empresa domiciliada no exterior, cuja maioria do capital votante pertença a empresa brasileira de capital nacional;

g) o servidor público ocupante de cargo em comissão, sem vínculo efetivo com a União, Autarquias, inclusive em regime especial, e Fundações Públicas Federais.

► Alínea *g* acrescida pela Lei nº 8.647, de 13-4-1993.

► Art. 40, § 13, da CF.

h) o exercente de mandato eletivo federal, estadual ou municipal, desde que não vinculado a regime próprio de previdência social;

► Alínea *h* acrescida pela Lei nº 9.506, de 30-10-1997.

► A Res. do SF nº 26, de 21-6-2005, declarou suspensa a execução da alínea *h* do inciso I do art. 12 da Lei nº 8.212, de 24-7-1991, acrescida pelo § 1º do art. 13 da Lei nº 9.506, de 30-10-1997, em virtude de declaração de inconstitucionalidade em decisão definitiva do Supremo Tribunal Federal, nos autos do Recurso Extraordinário nº 351.717-1/PR, dispositivo que tinha a mesma redação da alínea.

i) o empregado de organismo oficial internacional ou estrangeiro em funcionamento no Brasil, salvo quando coberto por regime próprio de previdência social;

► Alínea *i* acrescida pela Lei nº 9.876, de 26-11-1999.

j) o exercente de mandato eletivo federal, estadual ou municipal, desde que não vinculado a regime próprio de previdência social;

► Alínea *j* acrescida pela Lei nº 10.887, de 18-6-2004.

► A mesma Lei ao determinar o acréscimo desta alínea, reproduziu o texto da alínea *h*.

II – como empregado doméstico: aquele que presta serviço de natureza contínua a pessoa ou família, no âmbito residencial desta, em atividades sem fins lucrativos;

III e IV – *Revogados*. Lei nº 9.876, de 26-11-1999;

V – como contribuinte individual:

► *Caput* do inciso V com a redação dada pela Lei nº 9.876, de 26-11-1999.

a) a pessoa física, proprietária ou não, que explora atividade agropecuária, a qualquer título, em caráter permanente ou temporário, em área superior a quatro módulos fiscais; ou, quando em área igual ou inferior a quatro módulos fiscais ou atividade pesqueira, com auxílio de empregados ou por intermédio de prepostos; ou ainda nas hipóteses dos §§ 9º e 10 deste artigo;

► Alínea *a* com a redação dada pela Lei nº 11.718, de 20-6-2008.

b) a pessoa física, proprietária ou não, que explora atividade de extração mineral – garimpo, em caráter permanente ou temporário, diretamente ou por intermédio de prepostos, com ou sem o auxílio de empregados, utilizados a qualquer título, ainda que de forma não contínua;

► Alínea *b* com a redação dada pela Lei nº 9.876, de 26-11-1999.

c) o ministro de confissão religiosa e o membro de instituto de vida consagrada, de congregação ou de ordem religiosa;

► Alínea *c* com a redação dada pela Lei nº 10.403, de 8-1-2002.

► Art. 5º, VI e VIII, da CF.

d) *Revogado*. Lei nº 9.876, de 26-11-1999;

e) o brasileiro civil que trabalha no exterior para organismo oficial internacional do qual o Brasil é membro efetivo, ainda que lá domiciliado e contratado, salvo quando coberto por regime próprio de previdência social;

► Alínea e com a redação dada pela Lei nº 9.876, de 26-11-1999.

f) o titular de firma individual urbana ou rural, o diretor não empregado e o membro de conselho de administração de sociedade anônima, o sócio solidário, o sócio de indústria, o sócio gerente e o sócio cotista que recebam remuneração decorrente de seu trabalho em empresa urbana ou rural, e o associado eleito para cargo de direção em cooperativa, associação ou entidade de qualquer natureza ou finalidade, bem como o síndico ou administrador eleito para exercer atividade de direção condominial, desde que recebam remuneração;

g) quem presta serviço de natureza urbana ou rural, em caráter eventual, a uma ou mais empresas, sem relação de emprego;

h) a pessoa física que exerce, por conta própria, atividade econômica de natureza urbana, com fins lucrativos ou não;

► Alíneas *f* a *h* acrescidas pela Lei nº 9.876, de 26-11-1999.

VI – como trabalhador avulso: quem presta, a diversas empresas, sem vínculo empregatício, serviço de natureza urbana ou rural definidos no Regulamento;

VII – como segurado especial: a pessoa física residente no imóvel rural ou em aglomerado urbano ou rural próximo a ele que, individualmente ou em regime de economia familiar, ainda que com o auxílio eventual de terceiros, na condição de:

► *Caput* do inciso VII com a redação dada pela Lei nº 11.718, de 20-6-2008.

► Súm. nº 41 da TNU-JEF.

a) produtor, seja proprietário, usufrutuário, possuidor, assentado, parceiro ou meeiro outorgados, comodatário ou arrendatário rurais, que explore atividade:

1. agropecuária em área de até quatro módulos fiscais;
2. de seringueiro ou extrativista vegetal que exerça suas atividades nos termos do inciso XII do *caput* do art. 2º da Lei nº 9.985, de 18 de julho de 2000, e faça dessas atividades o principal meio de vida;

b) pescador artesanal ou a este assemelhado que faça da pesca profissão habitual ou principal meio de vida; e

c) cônjuge ou companheiro, bem como filho maior de 16 (dezesseis) anos de idade ou a este equiparado, do segurado de que tratam as alíneas *a* e *b* deste inciso, que, comprovadamente, trabalhem com o grupo familiar respectivo.

► Alíneas *a* a *c* acrescidas pela Lei nº 11.718, de 20-6-2008.

► Art. 7º, XXXIII, CF.

§ 1º Entende-se como regime de economia familiar a atividade em que o trabalho dos membros da família é indispensável à própria subsistência e ao desenvolvimento socioeconômico do núcleo familiar e é exercido em condições de mútua dependência e colaboração, sem a utilização de empregados permanentes.

► § 1º com a redação dada pela Lei nº 11.718, de 20-6-2008.

§ 2º Todo aquele que exercer, concomitantemente, mais de uma atividade remunerada sujeita ao Regime Geral de Previdência Social é obrigatoriamente filiado em relação a cada uma delas.

§ 3º O aposentado pelo Regime Geral de Previdência Social – RGPS que estiver exercendo ou que voltar a exercer atividade abrangida por este Regime é segurado obrigatório em relação a essa atividade, ficando sujeito às contribuições de que trata a Lei nº 8.212, de 24 de julho de 1991, para fins de custeio da Seguridade Social.

► § 3º acrescido pela Lei nº 9.032, de 28-4-1995.

§ 4º O dirigente sindical mantém, durante o exercício do mandato eletivo, o mesmo enquadramento no Regime Geral de Previdência Social – RGPS de antes da investidura.

► § 4º acrescido pela Lei nº 9.528, de 10-12-1997.

§ 5º Aplica-se o disposto na alínea *g* do inciso I do *caput* ao ocupante de cargo de Ministro de Estado, de Secretário Estadual, Distrital ou Municipal, sem vínculo efetivo com a União, Estados, Distrito Federal e Municípios, suas autarquias, ainda que em regime especial, e fundações.

► § 5º acrescido pela Lei nº 9.876, de 26-11-1999.

§ 6º Para serem considerados segurados especiais, o cônjuge ou companheiro e os filhos maiores de 16 (dezesseis) anos ou os a estes equiparados deverão ter participação ativa nas atividades rurais do grupo familiar.

► § 6º acrescido pela Lei nº 11.718, de 20-6-2008.

§ 7º O grupo familiar poderá utilizar-se de empregados contratados por prazo determinado ou de trabalhador de que trata a alínea *g* do inciso V do *caput*, à razão de no máximo 120 (cento e vinte) pessoas por dia no ano civil, em períodos corridos ou intercalados ou, ainda, por tempo equivalente em horas de trabalho, não sendo computado nesse prazo o período de afastamento em decorrência da percepção de auxílio-doença.

► § 7º com a redação dada pela Lei nº 12.873, de 24-10-2013.

§ 8º Não descaracteriza a condição de segurado especial:

I – a outorga, por meio de contrato escrito de parceria, meação ou comodato, de até 50% (cinquenta por cento) de imóvel rural cuja área total não seja superior a 4 (quatro) módulos fiscais, desde que outorgante e outorgado continuem a exercer a respectiva atividade, individualmente ou em regime de economia familiar;

II – a exploração da atividade turística da propriedade rural, inclusive com hospedagem, por não mais de 120 (cento e vinte) dias ao ano;

III – a participação em plano de previdência complementar instituído por entidade classista a que seja associado em razão da condição de trabalhador rural ou de produtor rural em regime de economia familiar; e

IV – ser beneficiário ou fazer parte de grupo familiar que tem algum componente que seja beneficiário de programa assistencial oficial de governo;

V – a utilização pelo próprio grupo familiar, na exploração da atividade, de processo de beneficiamento ou industrialização artesanal, na forma do § 11 do art. 25 da Lei nº 8.212, de 24 de julho de 1991; e

VI – a associação em cooperativa agropecuária ou de crédito rural; e

▶ Inciso VI com a redação dada pela Lei nº 13.183, de 4-11-2015.

VII – a incidência do Imposto Sobre Produtos Industrializados – IPI sobre o produto das atividades desenvolvidas nos termos do § 12.

▶ Inciso VII com a redação dada pela Lei nº 12.873, de 24-10-2013.

§ 9º Não é segurado especial o membro de grupo familiar que possuir outra fonte de rendimento, exceto se decorrente de:

I – benefício de pensão por morte, auxílio-acidente ou auxílio- reclusão, cujo valor não supere o do menor benefício de prestação continuada da Previdência Social;

II – benefício previdenciário pela participação em plano de previdência complementar instituído nos termos do inciso IV do § 8º deste artigo;

III – exercício de atividade remunerada em período não superior a 120 (cento e vinte) dias, corridos ou intercalados, no ano civil, observado o disposto no § 13 do art. 12 da Lei nº 8.212, de 24 de julho de 1991;

▶ Inciso III com a redação dada pela Lei nº 12.873, de 24-10-2013.

IV – exercício de mandato eletivo de dirigente sindical de organização da categoria de trabalhadores rurais;

V – exercício de mandato de vereador do Município em que desenvolve a atividade rural ou de dirigente de cooperativa rural constituída, exclusivamente, por segurados especiais, observado o disposto no § 13 do art. 12 da Lei nº 8.212, de 24 de julho de 1991;

VI – parceria ou meação outorgada na forma e condições estabelecidas no inciso I do § 8º deste artigo;

VII – atividade artesanal desenvolvida com matéria-prima produzida pelo respectivo grupo familiar, podendo ser utilizada matéria-prima de outra origem, desde que a renda mensal obtida na atividade não exceda ao menor benefício de prestação continuada da Previdência Social; e

VIII – atividade artística, desde que em valor mensal inferior ao menor benefício de prestação continuada da Previdência Social.

§ 10. O segurado especial fica excluído dessa categoria:

I – a contar do primeiro dia do mês em que:

a) deixar de satisfazer as condições estabelecidas no inciso VII do *caput* deste artigo, sem prejuízo do disposto no art. 15 desta Lei, ou exceder qualquer dos limites estabelecidos no inciso I do § 8º deste artigo;

b) enquadrar-se em qualquer outra categoria de segurado obrigatório do Regime Geral de Previdência Social, ressalvado o disposto nos incisos III, V, VII e VIII do § 9º e no § 12, sem prejuízo do disposto no art. 15;

c) tornar-se segurado obrigatório de outro regime previdenciário; e

▶ Alíneas *b* e *c* com a redação dada pela Lei nº 12.873, de 24-10-2013.

d) participar de sociedade empresária, de sociedade simples, como empresário individual ou como titular de empresa individual de responsabilidade limitada em desacordo com as limitações impostas pelo § 12;

▶ Alínea *d* com a redação dada pela Lei nº 12.873, de 24-10-2013.

II – a contar do primeiro dia do mês subsequente ao da ocorrência, quando o grupo familiar a que pertence exceder o limite de:

a) utilização de terceiros na exploração da atividade a que se refere o § 7º deste artigo;

b) dias em atividade remunerada estabelecidos no inciso III do § 9º deste artigo; e

c) dias de hospedagem a que se refere o inciso II do § 8º deste artigo.

§ 11. Aplica-se o disposto na alínea *a* do inciso V do *caput* deste artigo ao cônjuge ou companheiro do produtor que participe da atividade rural por este explorada.

► §§ 8º a 11 acrescidos pela Lei nº 11.718, de 20-6-2008.

§ 12. A participação do segurado especial em sociedade empresária, em sociedade simples, como empresário individual ou como titular de empresa individual de responsabilidade limitada de objeto ou âmbito agrícola, agroindustrial ou agroturístico, considerada microempresa nos termos da Lei Complementar nº 123, de 14 de dezembro de 2006, não o exclui de tal categoria previdenciária, desde que, mantido o exercício da sua atividade rural na forma do inciso VII do *caput* e do § 1º, a pessoa jurídica componha-se apenas de segurados de igual natureza e sedie-se no mesmo Município ou em Município limítrofe àquele em que eles desenvolvam suas atividades.

► § 12 com a redação dada pela Lei nº 12.873, de 24-10-2013.

§ 13. VETADO. Lei nº 12.873, de 24-10-2013.

Art. 12. O servidor civil ocupante de cargo efetivo ou o militar da União, dos Estados, do Distrito Federal ou dos Municípios, bem como o das respectivas autarquias e fundações, são excluídos do Regime Geral de Previdência Social consubstanciado nesta Lei, desde que amparados por regime próprio de previdência social.

§ 1º Caso o servidor ou o militar venham a exercer, concomitantemente, uma ou mais atividades abrangidas pelo Regime Geral de Previdência Social, tornar-se-ão segurados obrigatórios em relação a essas atividades.

§ 2º Caso o servidor ou o militar, amparados por regime próprio de previdência social, sejam requisitados para outro órgão ou entidade cujo regime previdenciário não permita a filiação, nessa condição, permanecerão vinculados ao regime de origem, obedecidas as regras que cada ente estabeleça acerca de sua contribuição.

► Art. 12 com a redação dada pela Lei nº 9.876, de 26-11-1999.

► Art. 10 do Dec. nº 3.048, de 6-5-1999 (Regulamento da Previdência Social).

Art. 13. É segurado facultativo o maior de 14 (quatorze) anos que se filiar ao Regime Geral de Previdência Social, mediante contribuição, desde que não incluído nas disposições do artigo 11.

► Art. 7º, XXXIII, da CF.

► Art. 11 do Dec. nº 3.048, de 6-5-1999 (Regulamento da Previdência Social).

Art. 14. Consideram-se:

► Art. 33 da Lei nº 8.212, de 24-7-1991 (Lei Orgânica da Seguridade Social).

I – empresa – a firma individual ou sociedade que assume o risco de atividade econômica urbana ou rural, com fins lucrativos ou não, bem como os órgãos e entidades da administração pública direta, indireta ou fundacional;

II – empregador doméstico – a pessoa ou família que admite a seu serviço, sem finalidade lucrativa, empregado doméstico.

Parágrafo único. Equiparam-se a empresa, para os efeitos desta Lei, o contribuinte individual e a pessoa física na condição de proprietário ou dono de obra de construção civil, em relação a segurado que lhe presta serviço, bem como a cooperativa, a associação ou entidade de qualquer natureza ou finalidade, a missão diplomática e a repartição consular de carreira estrangeiras.

► Parágrafo único com a redação dada pela Lei nº 13.202, de 8-12-2015.

► Art. 12 do Dec. nº 3.048, de 6-5-1999 (Regulamento da Previdência Social).

Art. 15. Mantém a qualidade de segurado, independentemente de contribuições:

► Art. 24, parágrafo único, desta Lei.

► Lei nº 10.666, de 8-5-2003, dispõe sobre a Concessão da Aposentadoria Especial ao Cooperado de Cooperativa de Trabalho ou de Produção.

► Súm. nº 416 do STJ.

I – sem limite de prazo, quem está em gozo de benefício, exceto do auxílio-acidente;

► Inciso I com a redação dada pela Lei nº 13.846, de 18-6-2019.

► Art. 476 da CLT.

II – até 12 (doze) meses após a cessação das contribuições, o segurado que deixar de exercer atividade remunerada abrangida pela Previdência Social ou estiver suspenso ou licenciado sem remuneração;

III – até 12 (doze) meses após cessar a segregação, o segurado acometido de doença de segregação compulsória;

IV – até 12 (doze) meses após o livramento, o segurado retido ou recluso;

V – até 3 (três) meses após o licenciamento, o segurado incorporado às Forças Armadas para prestar serviço militar;

VI – até 6 (seis) meses após a cessação das contribuições, o segurado facultativo.

§ 1º O prazo do inciso II será prorrogado para até 24 (vinte e quatro) meses se o segurado já tiver pago mais de 120 (cento e vinte) contribuições mensais sem interrupção que acarrete a perda da qualidade de segurado.

§ 2º Os prazos do inciso II ou do § 1º serão acrescidos de doze meses para o segurado desempregado, desde que comprovada essa situação pelo registro no órgão próprio do Ministério do Trabalho e da Previdência Social.

§ 3º Durante os prazos deste artigo, o segurado conserva todos os seus direitos perante a Previdência Social.

§ 4º A perda da qualidade de segurado ocorrerá no dia seguinte ao do término do prazo fixado no Plano de Custeio da Seguridade Social para recolhimento da contribuição referente ao mês imediatamente posterior ao do final dos prazos fixados neste artigo e seus parágrafos.

▸ Art. 13 do Dec. nº 3.048, de 6-5-1999 (Regulamento da Previdência Social).

Seção II

DOS DEPENDENTES

Art. 16. São beneficiários do Regime Geral de Previdência Social, na condição de dependentes do segurado:

▸ Arts. 7º, XII e XXV, e 201, IV e V, da CF.

▸ Art. 16 do Dec. nº 3.048, de 6-5-1999 (Regulamento da Previdência Social).

I – o cônjuge, a companheira, o companheiro e o filho não emancipado, de qualquer condição, menor de 21 (vinte e um) anos ou inválido ou que tenha deficiência intelectual ou mental ou deficiência grave;

▸ Inciso I com a redação dada pela Lei nº 13.146, de 6-7-2015.

II – os pais;

III – o irmão não emancipado, de qualquer condição, menor de 21 (vinte e um) anos ou inválido ou que tenha deficiência intelectual ou mental ou deficiência grave;

▸ Inciso III com a redação dada pela Lei nº 13.146, de 6-7-2015.

IV – *Revogado.* Lei nº 9.032, de 28-4-1995.

§ 1º A existência de dependente de qualquer das classes deste artigo exclui do direito às prestações os das classes seguintes.

§ 2º O enteado e o menor tutelado equiparam-se a filho mediante declaração do segurado e desde que comprovada a dependência econômica na forma estabelecida no Regulamento.

▸ § 2º com a redação dada pela Lei nº 9.528, de 10-12-1997.

▸ O STF, por maioria dos votos, julgou procedente a ADIN nº 4.878, de modo a conferir interpretação conforme a este parágrafo, para contemplar, em seu âmbito de proteção, o "menor sob guarda" (*DOU* de 16-6-2021).

§ 3º Considera-se companheira ou companheiro a pessoa que, sem ser casada, mantém união estável com o segurado ou com a segurada, de acordo com o § 3º do artigo 226 da Constituição Federal.

§ 4º A dependência econômica das pessoas indicadas no inciso I é presumida e a das demais deve ser comprovada.

§ 5º As provas de união estável e de dependência econômica exigem início de prova material contemporânea dos fatos, produzido em período não superior a 24 (vinte e quatro) meses anterior à data do óbito ou do recolhimento à prisão do segurado, não admitida a prova exclusivamente testemunhal, exceto na ocorrência de motivo de força maior ou caso fortuito, conforme disposto no regulamento.

§ 6º Na hipótese da alínea *c* do inciso V do § 2º do art. 77 desta Lei, a par da exigência do § 5º deste artigo, deverá ser apresentado, ainda, início de prova material que comprove união estável por pelo menos 2 (dois) anos antes do óbito do segurado.

§ 7º Será excluído definitivamente da condição de dependente quem tiver sido condenado criminalmente por sentença com trânsito em julgado, como autor, coautor ou partícipe de homicídio doloso, ou de tentativa desse crime, cometido contra a pessoa do segurado, ressalvados os absolutamente incapazes e os inimputáveis.

► §§ 5º a 7º acrescidos pela Lei nº 13.846, de 18-6-2019.

Seção III

DAS INSCRIÇÕES

Art. 17. O Regulamento disciplinará a forma de inscrição do segurado e dos dependentes.

§ 1º Incumbe ao dependente promover a sua inscrição quando do requerimento do benefício a que estiver habilitado.

► § 1º com a redação dada pela Lei nº 10.403, de 8-1-2002.

§ 2º *Revogado*. Lei nº 13.135, de 17-6-2015.

§ 3º *Revogado*. Lei nº 11.718, de 20-6-2008.

§ 4º A inscrição do segurado especial será feita de forma a vinculá-lo ao respectivo grupo familiar e conterá, além das informações pessoais, a identificação da propriedade em que desenvolve a atividade e a que título, se nela reside ou o Município onde reside e, quando for o caso, a identificação e inscrição da pessoa responsável pelo grupo familiar.

► § 4º com a redação dada pela Lei nº 12.873, de 24-10-2013.

► Art. 38-A desta Lei.

§ 5º O segurado especial integrante de grupo familiar que não seja proprietário ou dono do imóvel rural em que desenvolve sua atividade deverá informar, no ato da inscrição, conforme o caso, o nome do parceiro ou meeiro outorgante, arrendador, comodante ou assemelhado.

► § 5º acrescido pela Lei nº 11.718, de 20-6-2008.

§ 6º *Revogado*. Lei nº 12.873, de 24-10-2013.

§ 7º Não será admitida a inscrição *post mortem* de segurado contribuinte individual e de segurado facultativo.

► § 7º acrescido pela Lei nº 13.846, de 18-6-2019.

Capítulo II

DAS PRESTAÇÕES EM GERAL

Seção I

DAS ESPÉCIES DE PRESTAÇÕES

Art. 18. O Regime Geral de Previdência Social compreende as seguintes prestações, devidas inclusive em razão de eventos decorrentes de acidente do trabalho, expressas em benefícios e serviços:

► Art. 25 do Dec. nº 3.048, de 6-5-1999 (Regulamento da Previdência Social).

I – quanto ao segurado:

a) aposentadoria por invalidez;

b) aposentadoria por idade;

c) aposentadoria por tempo de contribuição;

► Alínea *c* com a redação dada pela LC nº 123, de 14-12-2006.

d) aposentadoria especial;

► Súm. nº 726 do STF.

e) auxílio-doença;

f) salário-família;

g) salário-maternidade;

h) auxílio-acidente;

i) *Revogada*. Lei nº 8.870, de 15-4-1994.

II – quanto ao dependente:

a) pensão por morte;

b) auxílio-reclusão;

III – quanto ao segurado e dependente:

a) *Revogada*. Lei nº 9.032, de 28-4-1995.

b) serviço social;

c) reabilitação profissional.

§ 1º Somente poderão beneficiar-se do auxílio-acidente os segurados incluídos nos incisos I, II, VI e VII do art. 11 desta Lei.

► § 1º com a redação dada pela LC nº 150, de 1º-6-2015.

§ 2º O aposentado pelo Regime Geral de Previdência Social – RGPS que permanecer em atividade sujeita a este Regime, ou a ele retornar, não fará jus a prestação alguma da Previdência Social em decorrência do exercício dessa atividade, exceto ao salário-família e à reabilitação profissional, quando empregado.

► § 2º com a redação dada pela Lei nº 9.528, de 10-12-1997.

§ 3º O segurado contribuinte individual, que trabalhe por conta própria, sem relação de trabalho com empresa ou equiparado, e o segurado facultativo que contribuam na forma do § 2º do art. 21 da Lei nº 8.212, de 24 de julho de 1991, não farão jus à aposentadoria por tempo de contribuição.

► § 3º acrescido pela LC nº 123, de 14-12-2006.

§ 4º Os benefícios referidos no *caput* deste artigo poderão ser solicitados, pelos interessados, aos Oficiais de Registro Civil das Pessoas Naturais, que encaminharão, eletronicamente, requerimento e respectiva documentação comprobatória de seu direito para deliberação e análise do Instituto Nacional do Seguro Social (INSS), nos termos do regulamento.

► § 4º acrescido pela Lei nº 13.846, de 18-6-2019.

Art. 19. Acidente do trabalho é o que ocorre pelo exercício do trabalho a serviço de empresa ou de empregador doméstico ou pelo exercício do trabalho dos segurados referidos no inciso VII do art. 11 desta Lei, provocando lesão corporal ou perturbação funcional que cause a morte ou a perda ou redução, permanente ou temporária, da capacidade para o trabalho.

► *Caput* com a redação dada pela LC nº 150, de 1º-6-2015.

§ 1º A empresa é responsável pela adoção e uso das medidas coletivas e individuais de proteção e segurança da saúde do trabalhador.

§ 2º Constitui contravenção penal, punível com multa, deixar a empresa de cumprir as normas de segurança e higiene do trabalho.

§ 3º É dever da empresa prestar informações pormenorizadas sobre os riscos da operação a executar e do produto a manipular.

§ 4º O Ministério do Trabalho e da Previdência Social fiscalizará e os sindicatos e entidades representativas de classe acompanharão o fiel cumprimento do disposto nos parágrafos anteriores, conforme dispuser o Regulamento.

Art. 20. Consideram-se acidente do trabalho, nos termos do artigo anterior, as seguintes entidades mórbidas:

I – doença profissional, assim entendida a produzida ou desencadeada pelo exercício do trabalho peculiar a determinada atividade e constante da respectiva relação elaborada pelo Ministério do Trabalho e da Previdência Social;

II – doença do trabalho, assim entendida a adquirida ou desencadeada em função de condições especiais em que o trabalho é realizado e com ele se relacione diretamente, constante da relação mencionada no inciso I.

§ 1º Não são consideradas como doença do trabalho:

a) a doença degenerativa;

b) a inerente a grupo etário;

c) a que não produza incapacidade laborativa;

d) a doença endêmica adquirida por segurado habitante de região em que ela se desenvolva, salvo comprovação de que é resultante de exposição ou contato direto determinado pela natureza do trabalho.

§ 2º Em caso excepcional, constatando-se que a doença não incluída na relação prevista nos incisos I e II deste artigo resultou das condições especiais em que o trabalho é executado e com ele se relaciona diretamente, a Previdência Social deve considerá-la acidente do trabalho.

Art. 21. Equiparam-se também ao acidente do trabalho, para efeitos desta Lei:

I – o acidente ligado ao trabalho que, embora não tenha sido a causa única, haja contribuído diretamente para a morte do segurado, para redução ou perda da sua capacidade para o trabalho, ou produzido lesão que exija atenção médica para a sua recuperação;

II – o acidente sofrido pelo segurado no local e no horário do trabalho, em consequência de:

a) ato de agressão, sabotagem ou terrorismo praticado por terceiro ou companheiro de trabalho;

b) ofensa física intencional, inclusive de terceiro, por motivo de disputa relacionada ao trabalho;

c) ato de imprudência, de negligência ou de imperícia de terceiro ou de companheiro de trabalho;

d) ato de pessoa privada do uso da razão;

e) desabamento, inundação, incêndio e outros casos fortuitos ou decorrentes de força maior;

III – a doença proveniente de contaminação acidental do empregado no exercício de sua atividade;

IV – o acidente sofrido pelo segurado ainda que fora do local e horário de trabalho:

a) na execução de ordem ou na realização de serviço sob a autoridade da empresa;

b) na prestação espontânea de qualquer serviço à empresa para lhe evitar prejuízo ou proporcionar proveito;

c) em viagem a serviço da empresa, inclusive para estudo quando financiada por esta dentro de seus planos para melhor capacitação da mão de obra, independentemente do meio de locomoção utilizado, inclusive veículo de propriedade do segurado;

d) no percurso da residência para o local de trabalho ou deste para aquela, qualquer que seja o meio de locomoção, inclusive veículo de propriedade do segurado.

§ 1º Nos períodos destinados a refeição ou descanso, ou por ocasião da satisfação de outras necessidades fisiológicas, no local do trabalho ou durante este, o empregado é considerado no exercício do trabalho.

§ 2º Não é considerada agravação ou complicação de acidente do trabalho a lesão que, resultante de acidente de outra origem, se associe ou se superponha às consequências do anterior.

Art. 21-A. A perícia médica do Instituto Nacional do Seguro Social (INSS) considerará caracterizada a natureza acidentária da incapacidade quando constatar ocorrência de nexo técnico epidemiológico entre o trabalho e o agravo, decorrente da relação entre a atividade da empresa ou do empregado doméstico e a entidade mórbida motivadora da incapacidade elencada na Classificação Internacional de Doenças (CID), em conformidade com o que dispuser o regulamento.

▸ *Caput* com a redação dada pela LC nº 150, de 1º-6-2015.

▸ Art. 22, § 5º, desta Lei.

§ 1º A perícia médica do INSS deixará de aplicar o disposto neste artigo quando demonstrada a inexistência do nexo de que trata o *caput* deste artigo.

▸ § 1º acrescido pela Lei nº 11.430, de 26-12-2006.

§ 2º A empresa ou o empregador doméstico poderão requerer a não aplicação do nexo técnico epidemiológico, de cuja decisão caberá recurso, com efeito suspensivo, da empresa, do empregador doméstico ou do segurado ao Conselho de Recursos da Previdência Social.

▸ § 2º com a redação dada pela LC nº 150, de 1º-6-2015.

Art. 22. A empresa ou o empregador doméstico deverão comunicar o acidente do trabalho à Previdência Social até o primeiro dia útil seguinte ao da ocorrência e, em caso de morte, de imediato, à autoridade competente, sob pena de multa variável entre o limite mínimo e o limite máximo do salário de contribuição, sucessivamente aumentada nas reincidências, aplicada e cobrada pela Previdência Social.

▸ *Caput* com a redação dada pela LC nº 150, de 1º-6-2015.

§ 1º Da comunicação a que se refere este artigo receberão cópia fiel o acidentado ou seus dependentes, bem como o sindicato a que corresponda a sua categoria.

§ 2º Na falta de comunicação por parte da empresa, podem formalizá-la o próprio acidentado, seus dependentes, a entidade sindical competente, o médico que o assistiu ou qualquer autoridade pública, não prevalecendo nestes casos o prazo previsto neste artigo.

§ 3º A comunicação a que se refere o § 2º não exime a empresa de responsabilidade pela falta do cumprimento do disposto neste artigo.

§ 4º Os sindicatos e entidades representativas de classe poderão acompanhar a cobrança, pela Previdência Social, das multas previstas neste artigo.

§ 5º A multa de que trata este artigo não se aplica na hipótese do *caput* do art. 21-A.

▸ § 5º acrescido pela Lei nº 11.430, de 26-12-2006.

Art. 23. Considera-se como dia do acidente, no caso de doença profissional ou do trabalho, a data do início da incapacidade laborativa para o exercício da atividade habitual, ou o dia da segregação compulsória, ou o dia em que for realizado o diagnóstico, valendo para este efeito o que ocorrer primeiro.

▸ Súm. nº 507 do STJ.

Seção II

DOS PERÍODOS DE CARÊNCIA

Art. 24. Período de carência é o número mínimo de contribuições mensais indispensáveis para que o beneficiário faça jus ao benefício, consideradas a partir do transcurso do primeiro dia dos meses de suas competências.

▸ Art. 89, § 7º, da Lei nº 8.212, de 24-7-1991 (Lei Orgânica da Seguridade Social).

▸ Art. 26 do Dec. nº 3.048, de 6-5-1999 (Regulamento da Previdência Social).

Parágrafo único. *Revogado*. Lei nº 13.457, de 26-6-2017.

Art. 25. A concessão das prestações pecuniárias do Regime Geral de Previdência Social depende dos seguintes períodos de carência, ressalvado o disposto no artigo 26:

I – auxílio-doença e aposentadoria por invalidez: 12 (doze) contribuições mensais;

▸ Art. 151 desta Lei.

II – aposentadoria por idade, aposentadoria por tempo de serviço e aposentadoria especial: 180 (cento e oitenta) contribuições mensais.

▸ Inciso II com a redação dada pela Lei nº 8.870, de 15-4-1994.

► Art. 142 desta Lei.

► Súm. nº 726 do STF.

III – salário-maternidade para as seguradas de que tratam os incisos V e VII do *caput* do art. 11 e o art. 13 desta Lei: 10 (dez) contribuições mensais, respeitado o disposto no parágrafo único do art. 39 desta Lei; e

► Inciso III com a redação dada pela Lei nº 13.846, de 18-6-2019.

IV – auxílio-reclusão: 24 (vinte e quatro) contribuições mensais.

► Inciso IV acrescido pela Lei nº 13.846, de 18-6-2019.

Parágrafo único. Em caso de parto antecipado, o período de carência a que se refere o inciso III será reduzido em número de contribuições equivalente ao número de meses em que o parto foi antecipado.

► Parágrafo único acrescido pela Lei nº 9.876, de 26-11-1999.

► Art. 29 do Dec. nº 3.048, de 6-5-1999 (Regulamento da Previdência Social).

Art. 26. Independe de carência a concessão das seguintes prestações:

I – pensão por morte, salário-família e auxílio-acidente;

► Inciso I com a redação dada pela Lei nº 13.846, de 18-6-2019.

► Súm. nº 416 do STJ.

II – auxílio-doença e aposentadoria por invalidez nos casos de acidente de qualquer natureza ou causa e de doença profissional ou do trabalho, bem como nos casos de segurado que, após filiar-se ao RGPS, for acometido de alguma das doenças e afecções especificadas em lista elaborada pelos Ministérios da Saúde e da Previdência Social, atualizada a cada 3 (três) anos, de acordo com os critérios de estigma, deformação, mutilação, deficiência ou outro fator que lhe confira especificidade e gravidade que mereçam tratamento particularizado;

► Inciso II com a redação dada pela Lei nº 13.135, de 17-6-2015.

III – os benefícios concedidos na forma do inciso I do artigo 39, aos segurados especiais referidos no inciso VII do artigo 11 desta Lei;

IV – serviço social;

V – reabilitação profissional;

VI – salário-maternidade para as seguradas empregada, trabalhadora avulsa e empregada doméstica.

► Inciso VI acrescido pela Lei nº 9.876, de 26-11-1999.

► Art. 30 do Dec. nº 3.048, de 6-5-1999 (Regulamento da Previdência Social).

Art. 27. Para cômputo do período de carência, serão consideradas as contribuições:

I – referentes ao período a partir da data de filiação ao Regime Geral de Previdência Social (RGPS), no caso dos segurados empregados, inclusive os domésticos, e dos trabalhadores avulsos;

II – realizadas a contar da data de efetivo pagamento da primeira contribuição sem atraso, não sendo consideradas para este fim as contribuições recolhidas com atraso referentes a competências anteriores, no caso dos segurados contribuinte individual, especial e facultativo, referidos, respectivamente, nos incisos V e VII do art. 11 e no art. 13.

► Art. 27 com a redação dada pela LC nº 150, de 1º-6-2015.

► Art. 28 do Dec. nº 3.048, de 6-5-1999 (Regulamento da Previdência Social).

Art. 27-A. Na hipótese de perda da qualidade de segurado, para fins da concessão dos benefícios de auxílio-doença, de aposentadoria por invalidez, de salário-maternidade e de auxílio-reclusão, o segurado deverá contar, a partir da data da nova filiação à Previdência Social, com metade dos períodos previstos nos incisos I, III e IV do *caput* do art. 25 desta Lei.

► Art. 27-A com a redação dada pela Lei nº 13.846, de 18-6-2019.

Seção III – DO CÁLCULO DO VALOR DOS BENEFÍCIOS

Subseção I – DO SALÁRIO DE BENEFÍCIO

Art. 28. O valor do benefício de prestação continuada, inclusive o regido por norma especial e o decorrente de acidente do trabalho, exceto o salário-família e o salário-maternidade, será calculado com base no salário de benefício.

► *Caput* com a redação dada pela Lei nº 9.032, de 28-4-1995.

► Art. 31 do Dec. nº 3.048, de 6-5-1999 (Regulamento da Previdência Social).

§§ 1º a 4º *Revogados.* Lei nº 9.032, de 28-4-1995.

Art. 29. O salário de benefício consiste:

▶ *Caput* com a redação dada pela Lei nº 9.876, de 26-11-1999.

▶ Art. 32 do Dec. nº 3.048, de 6-5-1999 (Regulamento da Previdência Social).

I – para os benefícios de que tratam as alíneas *b* e *c* do inciso I do artigo 18, na média aritmética simples dos maiores salários de contribuição correspondentes a 80% (oitenta por cento) de todo o período contributivo, multiplicada pelo fator previdenciário;

II – para os benefícios de que tratam as alíneas *a*, *d*, *e* e *h* do inciso I do artigo 18, na média aritmética simples dos maiores salários de contribuição correspondentes a 80% (oitenta por cento) de todo o período contributivo.

▶ Incisos I e II com a redação dada pela Lei nº 9.876, de 26-11-1999.

§ 1º *Revogado.* Lei nº 9.876, de 26-11-1999.

§ 2º O valor do salário de benefício não será inferior ao de um salário mínimo, nem superior ao do limite máximo do salário de contribuição na data de início do benefício.

▶ Lei nº 10.999, de 15-12-2004, autoriza a revisão dos benefícios previdenciários concedidos, com data base posterior a fevereiro de 1994, e o pagamento dos valores atrasados nas condições que especifica.

▶ Art. 2º da Port. Interministerial do MTPrev e MF nº 26, de 10-1-2023 (*DOU* de 11-1-2023), que estabelece que o salário benefício e o salário de contribuição não poderão ser inferiores a 1.302,00 (mil trezentos e dois reais) nem superiores a R$ 7.507,49 (sete mil quinhentos e sete reais e quarenta e nove centavos), a partir de 1º-1-2023.

§ 3º Serão considerados para cálculo do salário de benefício os ganhos habituais do segurado empregado, a qualquer título, sob forma de moeda corrente ou de utilidades, sobre os quais tenha incidido contribuições previdenciárias, exceto o décimo-terceiro salário (gratificação natalina).

▶ § 3º com a redação dada pela Lei nº 8.870, de 15-4-1994.

§ 4º Não será considerado, para o cálculo do salário de benefício, o aumento dos salários de contribuição que exceder o limite legal, inclusive o voluntariamente concedido nos 36 (trinta e seis) meses imediatamente anteriores ao início do benefício, salvo se homologado pela Justiça do Trabalho, resultante de promoção regulada por normas gerais da empresa, admitida pela legislação do trabalho, de sentença normativa ou de reajustamento salarial obtido pela categoria respectiva.

§ 5º Se, no período básico de cálculo, o segurado tiver recebido benefícios por incapacidade, sua duração será contada, considerando-se como salário de contribuição, no período, o salário de benefício que serviu de base para o cálculo da renda mensal, reajustado nas mesmas épocas e bases dos benefícios em geral, não podendo ser inferior ao valor de 1 (um) salário mínimo.

▶ Súm. nº 557 do STJ.

§ 6º O salário de benefício do segurado especial consiste no valor equivalente ao salário mínimo, ressalvado o disposto no inciso II do art. 39 e nos §§ 3º e 4º do art. 48 desta Lei.

▶ § 6º com a redação dada pela Lei nº 11.718, de 20-6-2008.

I e II – *Revogados.* Lei nº 11.718, de 20-6-2008.

§ 7º O fator previdenciário será calculado considerando-se a idade, a expectativa de sobrevida e o tempo de contribuição do segurado ao se aposentar, segundo a fórmula constante do Anexo desta Lei.

▶ A referência feita a "Anexo desta Lei", conforme consta na publicação oficial, deve ser entendida como sendo "Anexo da Lei nº 9.876, de 26-11-1999".

§ 8º Para efeito do disposto no § 7º, a expectativa de sobrevida do segurado na idade da aposentadoria será obtida a partir da tábua completa de mortalidade construída pela Fundação Instituto Brasileiro de Geografia e Estatística – IBGE, considerando-se a média nacional única para ambos os sexos.

▶ Dec. nº 3.266, de 29-11-1999, atribui competência e fixa a periodicidade para a publicação da tábua completa de mortalidade de que trata este parágrafo.

§ 9º Para efeito da aplicação do fator previdenciário, ao tempo de contribuição do segurado serão adicionados:

I – 5 (cinco) anos, quando se tratar de mulher;

II – 5 (cinco) anos, quando se tratar de professor que comprove exclusivamente tempo de efetivo exercício das funções de magistério na educação infantil e no ensino fundamental e médio;

III – 10 (dez) anos, quando se tratar de professora que comprove exclusivamente tempo de efetivo exercício das funções de magistério na educação infantil e no ensino fundamental e médio.

► §§ 6º a 9º acrescidos pela Lei nº 9.876, de 26-11-1999.

§ 10. O auxílio-doença não poderá exceder a média aritmética simples dos últimos 12 (doze) salários de contribuição, inclusive em caso de remuneração variável, ou, se não alcançado o número de 12 (doze), a média aritmética simples dos salários de contribuição existentes.

► § 10 com a redação dada pela Lei nº 13.135, de 17-6-2015.

§§ 11 a 13. VETADOS. Lei nº 13.135, de 17-6-2015.

Art. 29-A. O INSS utilizará as informações constantes no Cadastro Nacional de Informações Sociais – CNIS sobre os vínculos e as remunerações dos segurados, para fins de cálculo do salário de benefício, comprovação de filiação ao Regime Geral de Previdência Social, tempo de contribuição e relação de emprego.

► *Caput* com a redação dada pela LC nº 128, de 19-12-2008.

§ 1º O INSS terá até 180 (cento e oitenta) dias, contados a partir da solicitação do pedido, para fornecer ao segurado as informações previstas no *caput* deste artigo.

§ 2º O segurado poderá solicitar, a qualquer momento, a inclusão, exclusão ou retificação de informações constantes do CNIS, com a apresentação de documentos comprobatórios dos dados divergentes, conforme critérios definidos pelo INSS.

► § 2º com a redação dada pela LC nº 128, de 19-12-2008.

§ 3º A aceitação de informações relativas a vínculos e remunerações inseridas extemporaneamente no CNIS, inclusive retificações de informações anteriormente inseridas, fica condicionada à comprovação dos dados ou das divergências apontadas, conforme critérios definidos em regulamento.

§ 4º Considera-se extemporânea a inserção de dados decorrentes de documento inicial ou de retificação de dados anteriormente informados, quando o documento ou a retificação, ou a informação retificadora, forem apresentados após os prazos estabelecidos em regulamento.

§ 5º Havendo dúvida sobre a regularidade do vínculo incluído no CNIS e inexistência de informações sobre remunerações e contribuições, o INSS exigirá a apresentação dos documentos que serviram de base à anotação, sob pena de exclusão do período.

► §§ 3º a 5º acrescidos pela LC nº 128, de 19-12-2008.

Art. 29-B. Os salários de contribuição considerados no cálculo do valor do benefício serão corrigidos mês a mês de acordo com a variação integral do Índice Nacional de Preços ao Consumidor – INPC, calculado pela Fundação Instituto Brasileiro de Geografia e Estatística – IBGE.

► Art. 29-B acrescido pela Lei nº 10.887, de 18-6-2004.

Art. 29-C. O segurado que preencher o requisito para a aposentadoria por tempo de contribuição poderá optar pela não incidência do fator previdenciário no cálculo de sua aposentadoria, quando o total resultante da soma de sua idade e de seu tempo de contribuição, incluídas as frações, na data de requerimento da aposentadoria, for:

I – igual ou superior a noventa e cinco pontos, se homem, observando o tempo mínimo de contribuição de trinta e cinco anos; ou

II – igual ou superior a oitenta e cinco pontos, se mulher, observado o tempo mínimo de contribuição de trinta anos.

§ 1º Para os fins do disposto no *caput*, serão somadas as frações em meses completos de tempo de contribuição e idade.

§ 2º As somas de idade e de tempo de contribuição previstas no *caput* serão majoradas em um ponto em:

I – 31 de dezembro de 2018;
II – 31 de dezembro de 2020;
III – 31 de dezembro de 2022;
IV – 31 de dezembro de 2024; e
V – 31 de dezembro de 2026.

§ 3º Para efeito de aplicação do disposto no *caput* e no § 2º, o tempo mínimo de contribuição do professor e da professora que comprovarem exclusivamente tempo de efetivo exercício de magistério na educação infantil e no ensino fundamental e médio será de, respectivamente, trinta e vinte e cinco anos, e serão acrescidos cinco pontos à soma da idade com o tempo de contribuição.

§ 4º Ao segurado que alcançar o requisito necessário ao exercício da opção de que trata o *caput* e deixar de requerer aposentadoria será assegurado o direito à opção com a aplicação da pontuação exigida na data do cumprimento do requisito nos termos deste artigo.

§ 5º VETADO. Lei nº 13.183, de 4-11-2015.

► Art. 29-C com a redação dada pela Lei nº 13.183, de 4-11-2015.

► Súm. nº 557 do STJ.

Art. 29-D. VETADO. Lei nº 13.183, de 4-11-2015.

Art. 30. *Revogado*. Lei nº 9.032, de 28-4-1995.

Art. 31. O valor mensal do auxílio-acidente integra o salário de contribuição, para fins de cálculo do salário de benefício de qualquer aposentadoria, observado, no que couber, o disposto no artigo 29 e no artigo 86, § 5º.

► Artigo restabelecido e com a redação dada pela Lei nº 9.528, de 10-12-1997.

Art. 32. O salário de benefício do segurado que contribuir em razão de atividades concomitantes será calculado com base na soma dos salários de contribuição das atividades exercidas na data do requerimento ou do óbito, ou no período básico de cálculo, observado o disposto no art. 29 desta Lei.

I a III – *Revogados*. Lei nº 13.846, de 18-6-2019.

§ 1º O disposto neste artigo não se aplica ao segurado que, em obediência ao limite máximo do salário de contribuição, contribuiu apenas por uma das atividades concomitantes.

§ 2º Não se aplica o disposto neste artigo ao segurado que tenha sofrido redução do salário de contribuição das atividades concomitantes em respeito ao limite máximo desse salário.

► Art. 32 com a redação dada pela Lei nº 13.846, de 18-6-2019.

Subseção II

DA RENDA MENSAL DO BENEFÍCIO

Art. 33. A renda mensal do benefício de prestação continuada que substituir o salário de contribuição ou o rendimento do trabalho do segurado não terá valor inferior ao do salário mínimo, nem superior ao do limite máximo do salário de contribuição, ressalvado o disposto no artigo 45 desta Lei.

► Art. 35 do Dec. nº 3.048, de 6-5-1999 (Regulamento da Previdência Social).

Art. 34. No cálculo do valor da renda mensal do benefício, inclusive o decorrente de acidente do trabalho, serão computados:

► *Caput* com a redação dada pela LC nº 150, de 1º-6-2015.

► Art. 36 do Dec. nº 3.048, de 6-5-1999 (Regulamento da Previdência Social).

I – para o segurado empregado, inclusive o doméstico, e o trabalhador avulso, os salários de contribuição referentes aos meses de contribuições devidas, ainda que não recolhidas pela empresa ou pelo empregador doméstico, sem prejuízo da respectiva cobrança e da aplicação das penalidades cabíveis, observado o disposto no § 5º do art. 29-A;

II – para o segurado empregado, inclusive o doméstico, o trabalhador avulso e o segurado especial, o valor mensal do auxílio-acidente, considerado como salário de contribuição para fins de concessão de qualquer aposentadoria, nos termos do art. 31;

► Incisos I e II com a redação dada pela LC nº 150, de 1º-6-2015.

III – para os demais segurados, os salários de contribuição referentes aos meses de contribuições efetivamente recolhidas.

► Inciso III acrescido pela Lei nº 9.528, de 10-12-1997.

Art. 35. Ao segurado empregado, inclusive o doméstico, e ao trabalhador avulso que tenham cumprido todas as condições para a concessão do benefício pleiteado, mas não possam comprovar o valor de seus salários de contribuição no período básico de cálculo, será concedido o benefício de valor mínimo, devendo esta renda ser recalculada quando da apresentação de prova dos salários de contribuição.

► Artigo com a redação dada pela LC nº 150, de 1º-6-2015.

► Art. 36, § 2º, do Dec. nº 3.048, de 6-5-1999 (Regulamento da Previdência Social).

Art. 36. Para o segurado empregado doméstico que, tendo satisfeito as condições exigidas para a concessão do benefício requerido, não comprovar o efetivo recolhimento das contribuições devidas, será concedido o benefício de valor mínimo, devendo sua renda ser recalculada quando da apresentação da prova do recolhimento das contribuições.

Art. 37. A renda mensal inicial, recalculada de acordo com o disposto no art. 35, deve ser reajustada como a dos benefícios correspondentes com igual data de início e substituirá, a partir da data do requerimento de revisão do valor do benefício, a renda mensal que prevalecia até então.

► Artigo com a redação dada pela LC nº 150, de 1º-6-2015.

► Art. 37 do Dec. nº 3.048, de 6-5-1999 (Regulamento da Previdência Social).

Art. 38. Sem prejuízo do disposto no art. 35, cabe à Previdência Social manter cadastro dos segurados com todos os informes necessários para o cálculo da renda mensal dos benefícios.

► Artigo com a redação dada pela LC nº 150, de 1º-6-2015.

Art. 38-A. O Ministério da Economia manterá sistema de cadastro dos segurados especiais no Cadastro Nacional de Informações Sociais (CNIS), observado o disposto nos §§ 4º e 5º do art. 17 desta Lei, e poderá firmar acordo de cooperação com o Ministério da Agricultura, Pecuária e Abastecimento e com outros órgãos da administração pública federal, estadual, distrital e municipal para a manutenção e a gestão do sistema de cadastro.

► *Caput* com a redação dada pela Lei nº 13.846, de 18-6-2019.

§ 1º O sistema de que trata o *caput* deste artigo preverá a manutenção e a atualização anual do cadastro e conterá as informações necessárias à caracterização da condição de segurado especial, nos termos do disposto no regulamento.

§ 2º Da aplicação do disposto neste artigo não poderá resultar nenhum ônus para os segurados, sem prejuízo do disposto no § 4º deste artigo.

► §§ 1º e 2º com a redação dada pela Lei nº 13.846, de 18-6-2019.

§ 3º O INSS, no ato de habilitação ou de concessão de benefício, deverá verificar a condição de segurado especial e, se for o caso, o pagamento da contribuição previdenciária, nos termos da Lei nº 8.212, de 24 de julho de 1991, considerando, dentre outros, o que consta do Cadastro Nacional de Informações Sociais (CNIS) de que trata o art. 29-A desta Lei.

► § 3º acrescido pela Lei nº 13.134, de 16-6-2015.

§ 4º A atualização anual de que trata o § 1º deste artigo será feita até 30 de junho do ano subsequente.

§ 5º É vedada a atualização de que trata o § 1º deste artigo após o prazo de 5 (cinco) anos, contado da data estabelecida no § 4º deste artigo.

§ 6º Decorrido o prazo de 5 (cinco) anos de que trata o § 5º deste artigo, o segurado especial só poderá computar o período de trabalho rural se efetuados em época própria a comercialização da produção e o recolhimento da contribuição prevista no art. 25 da Lei nº 8.212, de 24 de julho de 1991.

► §§ 4º a 6º acrescidos pela Lei nº 13.846, de 18-6-2019.

Art. 38-B. O INSS utilizará as informações constantes do cadastro de que trata o art. 38-A para fins de comprovação do exercício da atividade e da condição do segurado especial e do respectivo grupo familiar.

► *Caput* acrescido pela Lei nº 13.134, de 16-6-2015.

§ 1º A partir de 1º de janeiro de 2023, a comprovação da condição e do exercício da atividade rural do segurado especial ocorrerá, exclusivamente, pelas informações constantes do cadastro a que se refere o art. 38-A desta Lei.

§ 2º Para o período anterior a 1º de janeiro de 2023, o segurado especial comprovará o tempo de exercício da atividade rural por meio de autodeclaração ratificada por entidades públicas credenciadas, nos termos do art. 13 da Lei nº 12.188, de 11 de janeiro de 2010, e por outros órgãos públicos, na forma prevista no regulamento.

§ 3º Até 1º de janeiro de 2025, o cadastro de que trata o art. 38-A poderá ser realizado, atualizado e corrigido, sem prejuízo do prazo de que trata o § 1º deste artigo e da regra permanente prevista nos §§ 4º e 5º do art. 38-A desta Lei.

§ 4º Na hipótese de divergência de informações entre o cadastro e outras bases de dados, para fins de reconhecimento do direito ao benefício, o INSS poderá exigir a apresentação dos documentos referidos no art. 106 desta Lei.

§ 5º O cadastro e os prazos de que tratam este artigo e o art. 38-A desta Lei deverão ser amplamente divulgados por todos os meios de comunicação cabíveis para que todos os cidadãos tenham acesso à informação sobre a existência do referido cadastro e a obrigatoriedade de registro.

► §§ 1º a 5º acrescidos pela Lei nº 13.846, de 18-6-2019.

Art. 39. Para os segurados especiais, referidos no inciso VII do *caput* do art. 11 desta Lei, fica garantida a concessão:

► *Caput* com a redação dada pela Lei nº 13.846, de 18-6-2019.

I – de aposentadoria por idade ou por invalidez, de auxílio-doença, de auxílio-reclusão ou de pensão, no valor de 1 (um) salário mínimo, e de auxílio-acidente, conforme disposto no art. 86

Legislação Complementar

desta Lei, desde que comprovem o exercício de atividade rural, ainda que de forma descontínua, no período imediatamente anterior ao requerimento do benefício, igual ao número de meses correspondentes à carência do benefício requerido, observado o disposto nos arts. 38-A e 38-B desta Lei; ou

► Inciso I com a redação dada pela Lei nº 13.846, de 18-6-2019.

II – dos benefícios especificados nesta Lei, observados os critérios e a forma de cálculo estabelecidos, desde que contribuam facultativamente para a Previdência Social, na forma estipulada no Plano de Custeio da Seguridade Social.

Parágrafo único. Para a segurada especial fica garantida a concessão do salário-maternidade no valor de um salário mínimo, desde que comprove o exercício de atividade rural, ainda que de forma descontínua, nos doze meses imediatamente anteriores ao do início do benefício.

► Parágrafo único acrescido pela Lei nº 8.861, de 25-3-1994.

► Art. 39 do Dec. nº 3.048, de 6-5-1999 (Regulamento da Previdência Social).

Art. 40. É devido abono anual ao segurado e ao dependente da Previdência Social que, durante o ano, recebeu auxílio-doença, auxílio-acidente ou aposentadoria, pensão por morte ou auxílio-reclusão.

Parágrafo único. O abono anual será calculado, no que couber, da mesma forma que a Gratificação de Natal dos trabalhadores, tendo por base o valor da renda mensal do benefício do mês de dezembro de cada ano.

Seção IV – *DO REAJUSTAMENTO DO VALOR DOS BENEFÍCIOS*

► Lei nº 12.254, de 15-6-2010, dispõe sobre o reajuste dos benefícios mantidos pela Previdência Social em 2010 e 2011.

Art. 41. *Revogado.* Lei nº 11.430, de 26-12-2006.

Art. 41-A. O valor dos benefícios em manutenção será reajustado, anualmente, na mesma data do reajuste do salário mínimo, *pro rata*, de acordo com suas respectivas datas de início ou do último reajustamento, com base no Índice Nacional de Preços ao Consumidor – INPC, apurado pela Fundação Instituto Brasileiro de Geografia e Estatística – IBGE.

► *Caput* acrescido pela Lei nº 11.430 de 26-12-2006.

§ 1º Nenhum benefício reajustado poderá exceder o limite máximo do salário de benefício na data do reajustamento, respeitados os direitos adquiridos.

§ 2º Os benefícios com renda mensal superior a um salário mínimo serão pagos do primeiro ao quinto dia útil do mês subsequente ao de sua competência, observada a distribuição proporcional do número de beneficiários por dia de pagamento.

§ 3º Os benefícios com renda mensal no valor de até um salário mínimo serão pagos no período compreendido entre o quinto dia útil que anteceder o final do mês de sua competência e o quinto dia útil do mês subsequente, observada a distribuição proporcional dos beneficiários por dia de pagamento.

§ 4º Para os efeitos dos §§ 2º e 3º deste artigo, considera-se dia útil aquele de expediente bancário com horário normal de atendimento.

§ 5º O primeiro pagamento do benefício será efetuado até quarenta e cinco dias após a data da apresentação, pelo segurado, da documentação necessária a sua concessão.

§ 6º Para os benefícios que tenham sido majorados devido à elevação do salário mínimo, o referido aumento deverá ser compensado no momento da aplicação do disposto no *caput* deste artigo, de acordo com normas a serem baixadas pelo Ministério da Previdência Social.

► §§ 2º a 6º com a redação dada pela Lei nº 11.665, de 29-4-2008.

Seção V – *DOS BENEFÍCIOS*

Subseção I – *DA APOSENTADORIA POR INVALIDEZ*

Art. 42. A aposentadoria por invalidez, uma vez cumprida, quando for o caso, a carência exigida, será devida ao segurado que, estando ou não em gozo de auxílio-doença, for considerado incapaz e insusceptível de reabilitação para o exercício de atividade que lhe garanta a subsistência, e ser-lhe-á paga enquanto permanecer nesta condição.

§ 1º A concessão de aposentadoria por invalidez dependerá da verificação da condição de incapacidade mediante exame médico-pericial a cargo da Previdência Social, podendo o segurado, às suas expensas, fazer-se acompanhar de médico de sua confiança.

▸ Arts. 1.767 a 1.783 do CC.

§ 1º-A. O exame médico-pericial previsto no § 1º deste artigo poderá ser realizado com o uso de tecnologia de telemedicina ou por análise documental conforme situações e requisitos definidos em regulamento.

▸ § 1º-A acrescido pela Lei nº 14.724, de 14-11-2023.

§ 2º A doença ou lesão de que o segurado já era portador ao filiar-se ao Regime Geral de Previdência Social não lhe conferirá direito à aposentadoria por invalidez, salvo quando a incapacidade sobrevier por motivo de progressão ou agravamento dessa doença ou lesão.

▸ Art. 43 do Dec. nº 3.048, de 6-5-1999 (Regulamento da Previdência Social).

Art. 43. A aposentadoria por invalidez será devida a partir do dia imediato ao da cessação do auxílio-doença, ressalvado o disposto nos §§ 1º, 2º e 3º deste artigo.

▸ Súm. nº 576 do STJ.

§ 1º Concluindo a perícia médica inicial pela existência de incapacidade total e definitiva para o trabalho, a aposentadoria por invalidez será devida:

▸ § 1º com a redação dada pela Lei nº 9.032, de 28-4-1995.

a) ao segurado empregado, a contar do 16º (décimo sexto) dia do afastamento da atividade ou a partir da entrada do requerimento, se entre o afastamento e a entrada do requerimento decorrerem mais de 30 (trinta) dias;

b) ao segurado empregado doméstico, trabalhador avulso, contribuinte individual, especial e facultativo, a contar da data do início da incapacidade ou da data da entrada do requerimento, se entre essas datas decorrerem mais de 30 (trinta) dias.

▸ Alíneas *a* e *b* com a redação dada pela Lei nº 9.876, de 26-11-1999.

§ 2º Durante os primeiros 15 (quinze) dias de afastamento da atividade por motivo de invalidez, caberá à empresa pagar ao segurado empregado o salário.

▸ § 2º com a redação dada pela Lei nº 9.876, de 26-11-1999.

§ 3º *Revogado*. Lei nº 9.032, de 28-4-1995.

§ 4º O segurado aposentado por invalidez poderá ser convocado a qualquer momento para avaliação das condições que ensejaram o afastamento ou a aposentadoria, concedida judicial ou administrativamente, observado o disposto no art. 101 desta Lei.

▸ § 4º acrescido pela Lei nº 13.457, de 26-6-2017.

§ 5º A pessoa com HIV/AIDS é dispensada da avaliação referida no § 4º deste artigo.

▸ § 5º acrescido pela Lei nº 13.847, de 19-6-2019, promulgado nos termos do art. 66, § 5º, da CF (*DOU* de 21-6-2019).

▸ Art. 44 do Dec. nº 3.048, de 6-5-1999 (Regulamento da Previdência Social).

Art. 44. A aposentadoria por invalidez, inclusive a decorrente de acidente do trabalho, consistirá numa renda mensal correspondente a 100% (cem por cento) do salário de benefício, observado o disposto na Seção III, especialmente no artigo 33 desta Lei.

▸ *Caput* com a redação dada pela Lei nº 9.032, de 28-4-1995.

§ 1º *Revogado*. Lei nº 9.528, de 10-12-1997.

§ 2º Quando o acidentado do trabalho estiver em gozo de auxílio-doença, o valor da aposentadoria por invalidez será igual ao do auxílio-doença se este, por força de reajustamento, for superior ao previsto neste artigo.

Art. 45. O valor da aposentadoria por invalidez do segurado que necessitar da assistência permanente de outra pessoa será acrescido de 25% (vinte e cinco por cento).

Parágrafo único. O acréscimo de que trata este artigo:

a) será devido ainda que o valor da aposentadoria atinja o limite máximo legal;

b) será recalculado quando o benefício que lhe deu origem for reajustado;

c) cessará com a morte do aposentado, não sendo incorporável ao valor da pensão.

▸ Art. 45 e Anexo I, do Dec. nº 3.048, de 6-5-1999 (Regulamento da Previdência Social).

Art. 46. O aposentado por invalidez que retornar voluntariamente à atividade terá sua aposentadoria automaticamente cancelada, a partir da data do retorno.

▸ Art. 48 do Dec. nº 3.048, de 6-5-1999 (Regulamento da Previdência Social).

Art. 47. Verificada a recuperação da capacidade de trabalho do aposentado por invalidez, será observado o seguinte procedimento:

I – quando a recuperação ocorrer dentro de 5 (cinco anos), contados da data do início da aposentadoria por invalidez ou do auxílio-doença que a antecedeu sem interrupção, o benefício cessará:

a) de imediato, para o segurado empregado que tiver direito a retornar à função que desempenhava na empresa quando se aposentou, na forma da legislação trabalhista, valendo como documento, para tal fim, o certificado de capacidade fornecido pela Previdência Social; ou

b) após tantos meses quantos forem os anos de duração do auxílio-doença ou da aposentadoria por invalidez, para os demais segurados;

II – quando a recuperação for parcial, ou ocorrer após o período do inciso I, ou ainda quando o segurado for declarado apto para o exercício de trabalho diverso do qual habitualmente exercia, a aposentadoria será mantida, sem prejuízo da volta à atividade:

a) no seu valor integral, durante 6 (seis) meses contados da data em que for verificada a recuperação da capacidade;

b) com redução de 50% (cinquenta por cento), no período seguinte de (seis) meses;

c) com redução de 75% (setenta e cinco por cento), também por igual período de 6 (seis) meses, ao término do qual cessará definitivamente.

► Art. 49 do Dec. nº 3.048, de 6-5-1999 (Regulamento da Previdência Social).

Subseção II

DA APOSENTADORIA POR IDADE

Art. 48. A aposentadoria por idade será devida ao segurado que, cumprida a carência exigida nesta Lei, completar sessenta e cinco anos de idade, se homem, e 60 (sessenta), se mulher.

► *Caput* com a redação dada pela Lei nº 9.032, de 28-4-1995.

► Art. 201, I e § 7º, II, da CF.

§ 1º Os limites fixados no *caput* são reduzidos para 60 (sessenta) e 55 (cinquenta e cinco) anos no caso de trabalhadores rurais, respectivamente homens e mulheres, referidos na alínea *a* do inciso I, na alínea *g* do inciso V e nos incisos VI e VII do artigo 11.

► § 1º com a redação dada pela Lei nº 9.876, de 26-11-1999.

§ 2º Para os efeitos do disposto no § 1º deste artigo, o trabalhador rural deve comprovar o efetivo exercício de atividade rural, ainda que de forma descontínua, no período imediatamente anterior ao requerimento do benefício, por tempo igual ao número de meses de contribuição correspondente à carência do benefício pretendido, computado o período a que se referem os incisos III a VIII do § 9º do art. 11 desta Lei.

► § 2º com a redação dada pela Lei nº 11.718, de 20-6-2008.

§ 3º Os trabalhadores rurais de que trata o § 1º deste artigo que não atendam ao disposto no § 2º deste artigo, mas que satisfaçam essa condição, se forem considerados períodos de contribuição sob outras categorias do segurado, farão jus ao benefício ao completarem 65 (sessenta e cinco) anos de idade, se homem, e 60 (sessenta) anos, se mulher.

§ 4º Para efeito do § 3º deste artigo, o cálculo da renda mensal do benefício será apurado de acordo com o disposto no inciso II do *caput* do art. 29 desta Lei, considerando-se como salário de contribuição mensal do período como segurado especial o limite mínimo de salário de contribuição da Previdência Social.

► §§ 3º e 4º acrescidos pela Lei nº 11.718, de 20-6-2008.

► Art. 51 do Dec. nº 3.048, de 6-5-1999 (Regulamento da Previdência Social).

Art. 49. A aposentadoria por idade será devida:

I – ao segurado empregado, inclusive o doméstico, a partir:

a) da data do desligamento do emprego, quando requerida até essa data ou até 90 (noventa) dias depois dela; ou

b) da data do requerimento, quando não houver desligamento do emprego ou quando for requerida após o prazo previsto na alínea *a*;

II – para os demais segurados, da data da entrada do requerimento.

► Art. 52 do Dec. nº 3.048, de 6-5-1999 (Regulamento da Previdência Social).

Art. 50. A aposentadoria por idade, observado o disposto na Seção III deste Capítulo, especialmente no artigo 33, consistirá numa renda mensal de 70% (setenta por cento) do salário de benefício, mais 1% (um por cento) deste, por grupo de 12 (doze) contribuições, não podendo ultrapassar 100% (cem por cento) do salário de benefício.

Art. 51. A aposentadoria por idade pode ser requerida pela empresa, desde que o segurado empregado tenha cumprido o período de carência e completado 70 (setenta) anos de idade, se do sexo masculino, ou 65 (sessenta e cinco) anos, se do sexo feminino, sendo compulsória, caso em que será garantida ao empregado a indenização prevista na legislação trabalhista, considerada como data da rescisão do contrato de trabalho a imediatamente anterior à do início da aposentadoria.

Subseção III

DA APOSENTADORIA POR TEMPO DE SERVIÇO

Art. 52. A aposentadoria por tempo de serviço será devida, cumprida a carência exigida nesta Lei, ao segurado que completar 25 (vinte e cinco) anos de serviço, se do sexo feminino, ou 30 (trinta) anos, se do sexo masculino.

▶ Art. 201, § 7º, II, da CF.

▶ Súm. nº 272 do STJ.

Art. 53. A aposentadoria por tempo de serviço, observado o disposto na Seção III deste Capítulo, especialmente no artigo 33, consistirá numa renda mensal de:

I – para a mulher: 70% (setenta por cento) do salário de benefício aos 25 (vinte e cinco) anos de serviço, mais 6% (seis por cento) deste, para cada novo ano completo de atividade, até o máximo de 100% (cem por cento) do salário de benefício aos trinta anos de serviço;

II – para o homem: 70% (setenta por cento) do salário de benefício aos 30 (trinta) anos de serviço, mais 6% (seis por cento) deste, para cada novo ano completo de atividade, até o máximo de 100% (cem por cento) do salário de benefício aos 35 (trinta e cinco) anos de serviço.

Art. 54. A data do início da aposentadoria por tempo de serviço será fixada da mesma forma que a da aposentadoria por idade, conforme o disposto no artigo 49.

Art. 55. O tempo de serviço será comprovado na forma estabelecida no Regulamento, compreendendo, além do correspondente às atividades de qualquer das categorias de segurados de que trata o artigo 11 desta Lei, mesmo que anterior à perda da qualidade de segurado:

I – o tempo de serviço militar, inclusive o voluntário, e o previsto no § 1º do artigo 143 da Constituição Federal, ainda que anterior à filiação ao Regime Geral de Previdência Social, desde que não tenha sido contado para inatividade remunerada nas Forças Armadas ou aposentadoria no serviço público;

II – o tempo intercalado em que esteve em gozo de auxílio-doença ou aposentadoria por invalidez;

III – o tempo de contribuição efetuada como segurado facultativo;

▶ Inciso III com a redação dada pela Lei nº 9.032, de 28-4-1995.

IV – o tempo de serviço referente ao exercício de mandato eletivo federal, estadual ou municipal, desde que não tenha sido contado para efeito de aposentadoria por outro regime de previdência social;

▶ Inciso IV com a redação dada pela Lei nº 9.506, de 30-10-1997.

V – o tempo de contribuição efetuado por segurado depois de ter deixado de exercer atividade remunerada que o enquadrava no artigo 11 desta Lei;

VI – o tempo de contribuição efetuado com base nos artigos 8º e 9º da Lei nº 8.162, de 8 de janeiro de 1991, pelo segurado definido no artigo 11, inciso I, alínea *g*, desta Lei, sendo tais contribuições computadas para efeito de carência.

▶ Inciso VI acrescido pela Lei nº 8.647, de 13-4-1993.

§ 1º A averbação de tempo de serviço durante o qual o exercício da atividade não determinava filiação obrigatória ao anterior Regime de Previdência Social Urbana só será admitida mediante o recolhimento das contribuições correspondentes, conforme dispuser o Regulamento, observado o disposto no § 2º.

§ 2º O tempo de serviço do segurado trabalhador rural, anterior à data de início de vigência desta Lei, será computado independentemente do recolhimento das contribuições a ele correspondentes, exceto para efeito de carência, conforme dispuser o Regulamento.

§ 3º A comprovação do tempo de serviço para os fins desta Lei, inclusive mediante justificativa administrativa ou judicial, observado o disposto no art. 108 desta Lei, só produzirá efeito quando for baseada em início de prova material contemporânea dos fatos, não admitida a prova exclusivamente testemunhal, exceto na ocorrência de motivo de força maior ou caso fortuito, na forma prevista no regulamento.

► § 3º com a redação dada pela Lei nº 13.846, de 18-6-2019.

► Súmulas nºs 149 e 242 do STJ.

§ 4º Não será computado como tempo de contribuição, para efeito de concessão do benefício de que trata esta subseção, o período em que o segurado contribuinte individual ou facultativo tiver contribuído na forma do § 2º do art. 21 da Lei nº 8.212, de 24 de julho de 1991, salvo se tiver complementado as contribuições na forma do § 3º do mesmo artigo.

► § 4º acrescido pela LC nº 123, de 14-12-2006.

Art. 56. O professor, após 30 (trinta) anos, e a professora, após 25 (vinte e cinco) anos de efetivo exercício em funções de magistério poderão aposentar-se por tempo de serviço, com renda mensal correspondente a 100% (cem por cento) do salário de benefício, observado o disposto na Seção III deste Capítulo.

► Súm. nº 726 do STF.

SUBSEÇÃO IV – DA APOSENTADORIA ESPECIAL

► Súm. Vinc. nº 33 do STF.

Art. 57. A aposentadoria especial será devida, uma vez cumprida a carência exigida nesta Lei, ao segurado que tiver trabalhado sujeito a condições especiais que prejudiquem a saúde ou a integridade física, durante 15 (quinze), 20 (vinte) ou 25 (vinte e cinco) anos, conforme dispuser a lei.

► *Caput* com a redação dada pela Lei nº 9.032, de 28-4-1995.

§ 1º A aposentadoria especial, observado o disposto no artigo 33 desta Lei, consistirá numa renda mensal equivalente a 100% (cem por cento) do salário de benefício.

► § 1º com a redação dada pela Lei nº 9.032, de 28-4-1995.

§ 2º A data de início do benefício será fixada da mesma forma que a da aposentadoria por idade, conforme o disposto no artigo 49.

§ 3º A concessão da aposentadoria especial dependerá de comprovação pelo segurado, perante o Instituto Nacional do Seguro Social – INSS, do tempo de trabalho permanente, não ocasional nem intermitente, em condições especiais que prejudiquem a saúde ou a integridade física, durante o período mínimo fixado.

§ 4º O segurado deverá comprovar, além do tempo de trabalho, exposição aos agentes nocivos químicos, físicos, biológicos ou associação de agentes prejudiciais à saúde ou à integridade física, pelo período equivalente ao exigido para a concessão do benefício.

► §§ 3º e 4º com a redação dada pela Lei nº 9.032, de 28-4-1995.

§ 5º O tempo de trabalho exercido sob condições especiais que sejam ou venham a ser consideradas prejudiciais à saúde ou à integridade física será somado, após a respectiva conversão ao tempo de trabalho exercido em atividade comum, segundo critérios estabelecidos pelo Ministério da Previdência e Assistência Social, para efeito de concessão de qualquer benefício.

► § 5º acrescido pela Lei nº 9.032, de 28-4-1995.

► Art. 44 do Dec. nº 3.048, de 6-5-1999 (Regulamento da Previdência Social).

§ 6º O benefício previsto neste artigo será financiado com os recursos provenientes da contribuição de que trata o inciso II do artigo 22 da Lei nº 8.212, de 24 de julho de 1991, cujas alíquotas serão acrescidas de doze, nove ou seis pontos percentuais, conforme a atividade exercida pelo segurado a serviço da empresa permita a concessão de aposentadoria especial após quinze, vinte ou vinte e cinco anos de contribuição, respectivamente.

► § 6º com a redação dada pela Lei nº 9.732, de 11-12-1998.

§ 7º O acréscimo de que trata o parágrafo anterior incide exclusivamente sobre a remuneração do segurado sujeito às condições especiais referidas no *caput*.

§ 8º Aplica-se o disposto no artigo 46 ao segurado aposentado nos termos deste artigo que continuar no exercício de atividade ou operação que o sujeite aos agentes nocivos constantes da relação referida no artigo 58 desta Lei.

► §§ 7º e 8º acrescidos pela Lei nº 9.732, de 11-12-1998.

Art. 58. A relação dos agentes nocivos químicos, físicos e biológicos ou associação de agentes prejudiciais à saúde ou à integridade física considerados para fins de concessão da aposentadoria especial de que trata o artigo anterior será definida pelo Poder Executivo.

▸ *Caput* com a redação dada pela Lei nº 9.528, de 10-12-1997.

▸ Art. 201, § 1º, da CF.

▸ Art. 189 da CLT.

▸ Anexo IV do Dec. nº 3.048, de 6-5-1999 (Regulamento da Previdência Social).

§ 1º A comprovação da efetiva exposição do segurado aos agentes nocivos será feita mediante formulário, na forma estabelecida pelo Instituto Nacional do Seguro Social – INSS, emitido pela empresa ou seu preposto, com base em laudo técnico de condições ambientais do trabalho expedido por médico do trabalho ou engenheiro de segurança do trabalho nos termos da legislação trabalhista.

§ 2º Do laudo técnico referido no parágrafo anterior deverão constar informação sobre a existência de tecnologia de proteção coletiva ou individual que diminua a intensidade do agente agressivo a limites de tolerância e recomendação sobre a sua adoção pelo estabelecimento respectivo.

▸ §§ 1º e 2º com a redação dada pela Lei nº 9.732, de 11-12-1998.

§ 3º A empresa que não mantiver laudo técnico atualizado com referência aos agentes nocivos existentes no ambiente de trabalho de seus trabalhadores ou que emitir documento de comprovação de efetiva exposição em desacordo com o respectivo laudo estará sujeita à penalidade prevista no artigo 133 desta Lei.

§ 4º A empresa deverá elaborar e manter atualizado perfil profissiográfico abrangendo as atividades desenvolvidas pelo trabalhador e fornecer a este, quando da rescisão do contrato de trabalho, cópia autêntica desse documento.

▸ §§ 3º e 4º acrescidos pela Lei nº 9.528, de 10-12-1997.

SUBSEÇÃO V
DO AUXÍLIO-DOENÇA

Art. 59. O auxílio-doença será devido ao segurado que, havendo cumprido, quando for o caso, o período de carência exigido nesta Lei, ficar incapacitado para o seu trabalho ou para a sua atividade habitual por mais de 15 (quinze) dias consecutivos.

▸ Art. 71 do Dec. nº 3.048, de 6-5-1999 (Regulamento da Previdência Social).

§ 1º Não será devido o auxílio-doença ao segurado que se filiar ao Regime Geral de Previdência Social já portador da doença ou da lesão invocada como causa para o benefício, exceto quando a incapacidade sobrevier por motivo de progressão ou agravamento da doença ou da lesão.

▸ Parágrafo único transformado em § 1º pela Lei nº 13.846, de 18-6-2019.

§ 2º Não será devido o auxílio-doença para o segurado recluso em regime fechado.

§ 3º O segurado em gozo de auxílio-doença na data do recolhimento à prisão terá o benefício suspenso.

§ 4º A suspensão prevista no § 3º deste artigo será de até 60 (sessenta) dias, contados da data do recolhimento à prisão, cessado o benefício após o referido prazo.

§ 5º Na hipótese de o segurado ser colocado em liberdade antes do prazo previsto no § 4º deste artigo, o benefício será restabelecido a partir da data da soltura.

§ 6º Em caso de prisão declarada ilegal, o segurado terá direito à percepção do benefício por todo o período devido.

§ 7º O disposto nos §§ 2º, 3º, 4º, 5º e 6º deste artigo aplica-se somente aos benefícios dos segurados que forem recolhidos à prisão a partir da data de publicação desta Lei.

§ 8º O segurado recluso em cumprimento de pena em regime aberto ou semiaberto terá direito ao auxílio-doença.

▸ §§ 2º a 8º acrescidos pela Lei nº 13.846, de 18-6-2019.

Art. 60. O auxílio-doença será devido ao segurado empregado a contar do 16º (décimo sexto) dia do afastamento da atividade, e, no caso dos demais segurados, a contar da data do início da incapacidade e enquanto ele permanecer incapaz.

▸ *Caput* com a redação dada pela Lei nº 9.876, de 26-11-1999.

§ 1º Quando requerido por segurado afastado da atividade por mais de 30 (trinta) dias, o auxílio-doença será devido a contar da data da entrada do requerimento.

§ 2º *Revogado*. Lei nº 9.032, de 28-4-1995.

§ 3º Durante os primeiros quinze dias consecutivos ao do afastamento da atividade por motivo de doença, incumbirá à empresa pagar ao segurado empregado o seu salário integral.

► § 3º com a redação dada pela Lei nº 9.876, de 26-11-1999.

§ 4º A empresa que dispuser de serviço médico, próprio ou em convênio, terá a seu cargo o exame médico e o abono das faltas correpondentes ao período referido no § 3º, somente devendo encaminhar o segurado à perícia médica da Previdência Social quando a incapacidade ultrapassar 15 (quinze) dias.

► Art. 72 do Dec. nº 3.048, de 6-5-1999 (Regulamento da Previdência Social).

§ 5º *Revogado*. Lei nº 13.846, de 18-6-2019.

§ 6º O segurado que durante o gozo do auxílio-doença vier a exercer atividade que lhe garanta subsistência poderá ter o benefício cancelado a partir do retorno à atividade.

► §§ 5º e 6º com a redação dada pela Lei nº 13.135, de 17-6-2015.

§ 7º Na hipótese do § 6º, caso o segurado, durante o gozo do auxílio-doença, venha a exercer atividade diversa daquela que gerou o benefício, deverá ser verificada a incapacidade para cada uma das atividades exercidas.

► § 7º acrescido pela Lei nº 13.135, de 17-6-2015.

§ 8º Sempre que possível, o ato de concessão ou de reativação de auxílio-doença, judicial ou administrativo, deverá fixar o prazo estimado para a duração do benefício.

§ 9º Na ausência de fixação do prazo de que trata o § 8º deste artigo, o benefício cessará após o prazo de cento e vinte dias, contado da data de concessão ou de reativação do auxílio-doença, exceto se o segurado requerer a sua prorrogação perante o INSS, na forma do regulamento, observado o disposto no art. 62 desta Lei.

§ 10. O segurado em gozo de auxílio-doença, concedido judicial ou administrativamente, poderá ser convocado a qualquer momento para avaliação das condições que ensejaram sua concessão ou manutenção, observado o disposto no art. 101 desta Lei.

§ 11. O segurado que não concordar com o resultado da avaliação da qual dispõe o § 10 deste artigo poderá apresentar, no prazo máximo de trinta dias, recurso da decisão da administração perante o Conselho de Recursos do Seguro Social, cuja análise médica pericial, se necessária, será feita pelo assistente técnico médico da junta de recursos do seguro social, perito diverso daquele que indeferiu o benefício.

► §§ 8º a 11 acrescidos pela Lei nº 13.457, de 26-6-2017.

§ 11-A. O exame médico-pericial previsto nos §§ 4º e 10 deste artigo, a cargo da Previdência Social, poderá ser realizado com o uso de tecnologia de telemedicina ou por análise documental conforme situações e requisitos definidos em regulamento.

► § 11-A acrescido pela Lei nº 14.724, de 14-11-2023.

§ 14. Ato do Ministro de Estado do Trabalho e Previdência poderá estabelecer as condições de dispensa da emissão de parecer conclusivo da perícia médica federal quanto à incapacidade laboral, hipótese na qual a concessão do benefício de que trata este artigo será feita por meio de análise documental, incluídos atestados ou laudos médicos, realizada pelo INSS.

► § 14 acrescido pela Lei nº 14.441, de 2-9-2022.

► Mantivemos a numeração deste parágrafo conforme publicação oficial, porém, entendemos que o correto seria § 12.

Art. 61. O auxílio-doença, inclusive o decorrente de acidente do trabalho, consistirá numa renda mensal correspondente a 91% (noventa e um por cento) do salário de benefício, observado o disposto na Seção III, especialmente no artigo 33 desta Lei.

► Artigo com a redação dada pela Lei nº 9.032, de 28-4-1995.

Art. 62. O segurado em gozo de auxílio-doença, insuscetível de recuperação para sua atividade habitual, deverá submeter-se a processo de reabilitação profissional para o exercício de outra atividade.

► *Caput* com a redação dada Lei nº 13.457, de 26-6-2017.

§ 1º O benefício a que se refere o *caput* deste artigo será mantido até que o segurado seja considerado reabilitado para o desempenho de atividade que lhe garanta a subsistência ou, quando considerado não recuperável, seja aposentado por invalidez.

► Parágrafo único transformado em § 1º pela Lei nº 13.846, de 18-6-2019.

§ 2º A alteração das atribuições e responsabilidades do segurado compatíveis com a limitação que tenha sofrido em sua capacidade física ou mental não configura desvio de cargo ou função do segurado reabilitado ou que estiver em processo de reabilitação profissional a cargo do INSS.

▶ § 2º acrescido pela Lei nº 13.846, de 18-6-2019.

Art. 63. O segurado empregado, inclusive o doméstico, em gozo de auxílio-doença será considerado pela empresa e pelo empregador doméstico como licenciado.

▶ *Caput* com a redação dada pela LC nº 150, de 1º-6-2015.

Parágrafo único. A empresa que garantir ao segurado licença remunerada ficará obrigada a pagar-lhe durante o período de auxílio-doença a eventual diferença entre o valor deste e a importância garantida pela licença.

Art. 64. *Revogado.* Lei nº 9.032, de 28-4-1995.

Subseção VI

DO SALÁRIO-FAMÍLIA

▶ Art. 7º, XII, da CF.

Art. 65. O salário-família será devido, mensalmente, ao segurado empregado, inclusive o doméstico, e ao segurado trabalhador avulso, na proporção do respectivo número de filhos ou equiparados nos termos do § 2º do art. 16 desta Lei, observado o disposto no art. 66.

▶ *Caput* com a redação dada pela LC nº 150, de 1º-6-2015.

▶ Art. 81 do Dec. nº 3.048, de 6-5-1999 (Regulamento da Previdência Social).

Parágrafo único. O aposentado por invalidez ou por idade e os demais aposentados com 65 (sessenta e cinco) anos ou mais de idade, se do sexo masculino, ou 60 (sessenta) anos ou mais, se do feminino, terão direito ao salário-família, pago juntamente com a aposentadoria.

Art. 66. O valor da cota do salário-família por filho ou equiparado de qualquer condição, até 14 (quatorze) anos de idade ou inválido de qualquer idade é de:

I – CR$ 1.360,00 (um mil trezentos e sessenta cruzeiros) , para o segurado com remuneração mensal não superior a CR$ 51.000,00 (cinquenta e um mil cruzeiros);

▶ Art. 4º da Port. Interministerial do MTPrev e MF nº 26, de 10-1-2023 (*DOU* de 11-1-2023), que altera o valor da cota do salário-família.

II – CR$ 170,00 (cento e setenta cruzeiros), para o segurado com remuneração mensal superior a CR$ 51.000,00 (cinquenta e um mil cruzeiros).

▶ Art. 83 do Regulamento da Previdência Social, aprovado pelo Dec. nº 3.048, de 6-5-1999.

▶ Art. 4º da Port. Interministerial do MTPrev e MF nº 26, de 10-1-2023 (*DOU* de 11-1-2023), que altera o valor da cota do salário-família.

Art. 67. O pagamento do salário-família é condicionado à apresentação da certidão de nascimento do filho ou da documentação relativa ao equiparado ou ao inválido, e à apresentação anual de atestado de vacinação obrigatória e de comprovação de frequência à escola do filho ou equiparado, nos termos do regulamento.

▶ *Caput* com a redação dada pela Lei nº 9.876, de 26-11-1999.

Parágrafo único. O empregado doméstico deve apresentar apenas a certidão de nascimento referida no *caput*.

▶ Parágrafo único acrescido pela LC nº 150, de 1º-6-2015.

▶ Art. 84 do Dec. nº 3.048, de 6-5-1999 (Regulamento da Previdência Social).

Art. 68. As cotas do salário-família serão pagas pela empresa ou pelo empregador doméstico, mensalmente, junto com o salário, efetivando-se a compensação quando do recolhimento das contribuições, conforme dispuser o Regulamento.

▶ *Caput* com a redação dada pela LC nº 150, de 1º-6-2015.

§ 1º A empresa ou o empregador doméstico conservarão durante 10 (dez) anos os comprovantes de pagamento e as cópias das certidões correspondentes, para fiscalização da Previdência Social.

▶ § 1º com a redação dada pela LC nº 150, de 1º-6-2015.

§ 2º Quando o pagamento do salário não for mensal, o salário-família será pago juntamente com o último pagamento relativo ao mês.

Art. 69. O salário-família devido ao trabalhador avulso poderá ser recebido pelo sindicato de classe respectivo, que se incumbirá de elaborar as folhas correspondentes e de distribuí-lo.

Art. 70. A cota do salário-família não será incorporada, para qualquer efeito, ao salário ou ao benefício.

▶ Art. 92 do Dec. nº 3.048, de 6-5-1999 (Regulamento da Previdência Social).

Subseção VII

DO SALÁRIO-MATERNIDADE

Art. 71. O salário-maternidade é devido à segurada da Previdência Social, durante cento e vinte dias, com início no período entre 28 (vinte e oito) dias antes do parto e a data de ocorrência deste, observadas as situações e condições previstas na legislação no que concerne à proteção à maternidade.

- ► *Caput* com a redação dada pela Lei nº 10.710, de 5-8-2003.
- ► O STF, por unanimidade, conheceu a ADIN nº 6.327 como arguição de descumprimento de preceito fundamental e, ratificando a medida cautelar, julgou procedente o pedido formulado para conferir interpretação conforme à Constituição a este artigo, "de modo a se considerar como termo inicial da licença-maternidade e do respectivo salário-maternidade a alta hospitalar do recém-nascido e/ou de sua mãe, o que ocorrer por último, prorrogando-se em todo o período o benefício, quando o período de internação exceder as duas semanas previstas no art. 392, § 2º, da CLT, e no art. 93, § 3º, do Dec. nº 3.048/1999" (*DOU* de 26-10-2022).
- ► Lei nº 11.770, de 9-9-2008 (Lei do Programa Empresa Cidadã).
- ► Art. 18, § 3º da Lei nº 13.301, 27-6-2016, que estende o prazo da licença-maternidade previsto no art. 392 da CLT para 180 (cento e oitenta dias) no caso das mães de crianças acometidas por sequelas neurológicas decorrentes de doenças transmitidas pelo *Aedes aegypti*, assegurado, nesse período, o recebimento do salário-maternidade previsto neste artigo.
- ► Art. 22, § 1º, da Lei nº 14.020, de 6-7-2020 (Programa Emergencial de Manutenção do Emprego e da Renda).
- ► Art. 93 do Dec. nº 3.048, de 6-5-1999 (Regulamento da Previdência Social).
- ► Art. 2º, § 2º, do Dec. nº 6.690, de 11-12-2008, que institui o Programa de Prorrogação da Licença à Gestante e à Adotante e estabelece os critérios de adesão ao Programa.
- ► Arts. 137 a 142 do Dec. nº 10.854, de 10-11-2021, que regulamenta disposições relativas à legislação trabalhista.

Parágrafo único. *Revogado.* Lei nº 9.528, de 10-12-1997.

Art. 71-A. Ao segurado ou segurada da Previdência Social que adotar ou obtiver guarda judicial para fins de adoção de criança é devido salário-maternidade pelo período de 120 (cento e vinte) dias.

- ► *Caput* com a redação dada pela Lei nº 12.873, de 24-10-2013.
- ► Lei nº 11.770, de 9-9-2008 (Lei do Programa Empresa Cidadã).
- ► Art. 2º, § 3º, I, do Dec. nº 6.690, de 11-12-2008, que institui o Programa de Prorrogação da Licença à Gestante e à Adotante e estabelece os critérios de adesão ao Programa.
- ► Arts. 137 a 142 do Dec. nº 10.854, de 10-11-2021, que regulamenta disposições relativas à legislação trabalhista.

§ 1º O salário-maternidade de que trata este artigo será pago diretamente pela Previdência Social.

- ► Parágrafo único transformado em § 1º pela Lei nº 12.873, de 24-10-2013.
- ► Art. 93-A do Dec. nº 3.048, de 6-5-1999 (Regulamento da Previdência Social).

§ 2º Ressalvado o pagamento do salário-maternidade à mãe biológica e o disposto no art. 71-B, não poderá ser concedido o benefício a mais de um segurado, decorrente do mesmo processo de adoção ou guarda, ainda que os cônjuges ou companheiros estejam submetidos a Regime Próprio de Previdência Social.

- ► § 2º acrescido pela Lei nº 12.873, de 24-10-2013.

Art. 71-B. No caso de falecimento da segurada ou segurado que fizer jus ao recebimento do salário-maternidade, o benefício será pago, por todo o período ou pelo tempo restante a que teria direito, ao cônjuge ou companheiro sobrevivente que tenha a qualidade de segurado, exceto no caso do falecimento do filho ou de seu abandono, observadas as normas aplicáveis ao salário-maternidade.

§ 1º O pagamento do benefício de que trata o *caput* deverá ser requerido até o último dia do prazo previsto para o término do salário-maternidade originário.

§ 2º O benefício de que trata o *caput* será pago diretamente pela Previdência Social durante o período entre a data do óbito e o último dia do término do salário-maternidade originário e será calculado sobre:

I – a remuneração integral, para o empregado e trabalhador avulso;

II – o último salário de contribuição, para o empregado doméstico;

III – 1/12 (um doze avos) da soma dos 12 (doze) últimos salários de contribuição, apurados em um período não superior a 15 (quinze) meses, para o contribuinte individual, facultativo e desempregado; e

IV – o valor do salário mínimo, para o segurado especial.

§ 3º Aplica-se o disposto neste artigo ao segurado que adotar ou obtiver guarda judicial para fins de adoção.

Art. 71-C. A percepção do salário-maternidade, inclusive o previsto no art. 71-B, está condicionada ao afastamento do segurado do trabalho ou da atividade desempenhada, sob pena de suspensão do benefício.

▸ Arts. 71-B e 71-C acrescidos pela Lei nº 12.873, de 24-10-2013.

Art. 72. O salário-maternidade para a segurada empregada ou trabalhadora avulsa consistirá numa renda mensal igual a sua remuneração integral.

▸ *Caput* com a redação dada pela Lei nº 9.876, de 26-11-1999.

§ 1º Cabe à empresa pagar o salário-maternidade devido à respectiva empregada gestante, efetivando-se a compensação, observado o disposto no art. 248 da Constituição Federal, quando do recolhimento das contribuições incidentes sobre a folha de salários e demais rendimentos pagos ou creditados, a qualquer título, à pessoa física que lhe preste serviço.

▸ § 1º com a redação dada pela Lei nº 10.710, de 5-8-2003.

§ 2º A empresa deverá conservar durante 10 (dez) anos os comprovantes dos pagamentos e os atestados correspondentes para exame pela fiscalização da Previdência Social.

▸ § 2º acrescido pela Lei nº 10.710, de 5-8-2003.

§ 3º O salário-maternidade devido à trabalhadora avulsa e à empregada do microempreendedor individual de que trata o art. 18-A da Lei Complementar nº 123, de 14 de dezembro de 2006, será pago diretamente pela Previdência Social.

▸ § 3º com a redação dada pela Lei nº 12.470, de 31-8-2011.

Art. 73. Assegurado o valor de um salário mínimo, o salário-maternidade para as demais seguradas, pago diretamente pela Previdência Social, consistirá:

▸ *Caput* com a redação dada pela Lei nº 10.710, de 5-8-2003.

I – em um valor correspondente ao do seu último salário de contribuição, para a segurada empregada doméstica;

II – em 1/12 (um doze avos) do valor sobre o qual incidiu sua última contribuição anual, para a segurada especial;

III – em 1/12 (um doze avos) da soma dos doze últimos salários de contribuição, apurados em um período não superior a 15 (quinze) meses, para as demais seguradas.

▸ Incisos I a III acrescidos pela Lei nº 9.876, de 26-11-1999.

Parágrafo único. Aplica-se à segurada desempregada, desde que mantida a qualidade de segurada, na forma prevista no art. 15 desta Lei, o disposto no inciso III do *caput* deste artigo.

▸ Parágrafo único acrescido pela Lei nº 13.846, de 18-6-2019.

Subseção VIII
DA PENSÃO POR MORTE

Art. 74. A pensão por morte será devida ao conjunto dos dependentes do segurado que falecer, aposentado ou não, a contar da data:

▸ *Caput* com a redação dada pela Lei nº 9.528, de 10-12-1997.

▸ Súmulas nºs 340 e 416 do STJ.

I – do óbito, quando requerida em até 180 (cento e oitenta) dias após o óbito, para os filhos menores de 16 (dezesseis) anos, ou em até 90 (noventa) dias após o óbito, para os demais dependentes;

▸ Inciso I com a redação dada pela Lei nº 13.846, de 18-6-2019.

II – do requerimento, quando requerida após o prazo previsto no inciso anterior;

III – da decisão judicial, no caso de morte presumida.

▸ Incisos II e III acrescidos pela Lei nº 9.528, de 10-12-1997.

▸ Art. 105 do Dec. nº 3.048, de 6-5-1999 (Regulamento da Previdência Social).

§ 1º Perde o direito à pensão por morte o condenado criminalmente por sentença com trânsito em julgado, como autor, coautor ou partícipe de homicídio doloso, ou de tentativa desse crime, cometido contra a pessoa do segurado, ressalvados os absolutamente incapazes e os inimputáveis.

▶ § 1º com a redação dada pela Lei nº 13.846, de 18-6-2019.

§ 2º Perde o direito à pensão por morte o cônjuge, o companheiro ou a companheira se comprovada, a qualquer tempo, simulação ou fraude no casamento ou na união estável, ou a formalização desses com o fim exclusivo de constituir benefício previdenciário, apuradas em processo judicial no qual será assegurado o direito ao contraditório e à ampla defesa.

▶ §§ 1º e 2º com a redação dada pela Lei nº 13.135, de 17-6-2015.

§ 3º Ajuizada a ação judicial para reconhecimento da condição de dependente, este poderá requerer a sua habilitação provisória ao benefício de pensão por morte, exclusivamente para fins de rateio dos valores com outros dependentes, vedado o pagamento da respectiva cota até o trânsito em julgado da respectiva ação, ressalvada a existência de decisão judicial em contrário.

§ 4º Nas ações em que o INSS for parte, este poderá proceder de ofício à habilitação excepcional da referida pensão, apenas para efeitos de rateio, descontando-se os valores referentes a esta habilitação das demais cotas, vedado o pagamento da respectiva cota até o trânsito em julgado da respectiva ação, ressalvada a existência de decisão judicial em contrário.

§ 5º Julgada improcedente a ação prevista no § 3º ou § 4º deste artigo, o valor retido será corrigido pelos índices legais de reajustamento e será pago de forma proporcional aos demais dependentes, de acordo com as suas cotas e o tempo de duração de seus benefícios.

§ 6º Em qualquer caso, fica assegurada ao INSS a cobrança dos valores indevidamente pagos em função de nova habilitação.

▶ §§ 3º a 6º acrescidos pela Lei nº 13.846, de 18-6-2019.

Art. 75. O valor mensal da pensão por morte será de 100% (cem por cento) do valor da aposentadoria que o segurado recebia ou daquela a que teria direito se estivesse aposentado por invalidez na data de seu falecimento, observado o disposto no artigo 33 desta lei.

▶ Artigo com a redação dada pela Lei nº 9.528, de 10-12-1997.

Art. 76. A concessão da pensão por morte não será protelada pela falta de habilitação de outro possível dependente, e qualquer inscrição ou habilitação posterior que importe em exclusão ou inclusão de dependente só produzirá efeito a contar da data da inscrição ou habilitação.

§ 1º O cônjuge ausente não exclui do direito à pensão por morte o companheiro ou a companheira, que somente fará jus ao benefício a partir da data de sua habilitação e mediante prova de dependência econômica.

§ 2º O cônjuge divorciado ou separado judicialmente ou de fato que recebia pensão de alimentos concorrerá em igualdade de condições com os dependentes referidos no inciso I do artigo 16 desta Lei.

▶ Súm. nº 336 do STJ.

§ 3º Na hipótese de o segurado falecido estar, na data de seu falecimento, obrigado por determinação judicial a pagar alimentos temporários a ex-cônjuge, ex-companheiro ou ex-companheira, a pensão por morte será devida pelo prazo remanescente na data do óbito, caso não incida outra hipótese de cancelamento anterior do benefício.

▶ § 3º acrescido pela Lei nº 13.846, de 18-6-2019.

Art. 77. A pensão por morte, havendo mais de um pensionista, será rateada entre todos em parte iguais.

▶ *Caput* com a redação dada pela Lei nº 9.032, de 28-4-1995.

▶ Art. 113 do Dec. nº 3.048, de 6-5-1999 (Regulamento da Previdência Social).

§ 1º Reverterá em favor dos demais a parte daquele cujo direito à pensão cessar.

▶ § 1º com a redação dada pela Lei nº 9.032, de 28-4-1995.

§ 2º O direito à percepção da cota individual cessará:

▶ *Caput* do § 2º com a redação dada pela Lei nº 13.846, de 18-6-2019.

I – pela morte do pensionista;

▶ Inciso I com a redação dada pela Lei nº 9.032, de 28-4-1995.

II – para o filho, a pessoa a ele equiparada ou o irmão, de ambos os sexos, ao completar vinte e um anos de idade, salvo se for inválido ou tiver deficiência intelectual ou mental ou deficiência grave;

► Inciso II com a redação dada pela Lei nº 13.183, de 4-11-2015.

III – para filho ou irmão inválido, pela cessação da invalidez;

IV – para filho ou irmão que tenha deficiência intelectual ou mental ou deficiência grave, pelo afastamento da deficiência, nos termos do regulamento;

► Incisos III e IV com a redação dada pela Lei nº 13.135, de 17-6-2015.

V – para cônjuge ou companheiro:

a) se inválido ou com deficiência, pela cessação da invalidez ou pelo afastamento da deficiência, respeitados os períodos mínimos decorrentes da aplicação das alíneas *b* e *c*;

b) em 4 (quatro) meses, se o óbito ocorrer sem que o segurado tenha vertido 18 (dezoito) contribuições mensais ou se o casamento ou a união estável tiverem sido iniciados em menos de 2 (dois) anos antes do óbito do segurado;

c) transcorridos os seguintes períodos, estabelecidos de acordo com a idade do beneficiário na data de óbito do segurado, se o óbito ocorrer depois de vertidas 18 (dezoito) contribuições mensais e pelo menos 2 (dois) anos após o início do casamento ou da união estável:

1) 3 (três) anos, com menos de 21 (vinte e um) anos de idade;
2) 6 (seis) anos, entre 21 (vinte e um) e 26 (vinte e seis) anos de idade;
3) 10 (dez) anos, entre 27 (vinte e sete) e 29 (vinte e nove) anos de idade;
4) 15 (quinze) anos, entre 30 (trinta) e 40 (quarenta) anos de idade;
5) 20 (vinte) anos, entre 41 (quarenta e um) e 43 (quarenta e três) anos de idade;
6) vitalícia, com 44 (quarenta e quatro) ou mais anos de idade.

► Inciso V acrescido pela Lei nº 13.135, de 17-6-2015.

► Art. 1º da Port. do ME nº 424, de 29-12-2020, que fixa novas idades de que trata esta alínea, quais sejam: "I – três anos, com menos de vinte e dois anos de idade; II – seis anos, entre vinte e dois e vinte e sete anos de idade; III – dez anos, entre vinte e oito e trinta anos de idade; IV – quinze anos, entre trinta e um e quarenta e um anos de idade; V – vinte anos, entre quarenta e dois e quarenta e quatro anos de idade; VI – vitalícia, com quarenta e cinco ou mais anos de idade", para vigorar a partir de 1º-1-2021.

VI – pela perda do direito, na forma do § 1º do art. 74 desta Lei.

► Inciso VI acrescido pela Lei nº 13.846, de 18-6-2019.

§ 2º-A. Serão aplicados, conforme o caso, a regra contida na alínea *a* ou os prazos previstos na alínea *c*, ambas do inciso V do § 2º, se o óbito do segurado decorrer de acidente de qualquer natureza ou de doença profissional ou do trabalho, independentemente do recolhimento de 18 (dezoito) contribuições mensais ou da comprovação de 2 (dois) anos de casamento ou de união estável.

§ 2º-B. Após o transcurso de pelo menos 3 (três) anos e desde que nesse período se verifique o incremento mínimo de um ano inteiro na média nacional única, para ambos os sexos, correspondente à expectativa de sobrevida da população brasileira ao nascer, poderão ser fixadas, em números inteiros, novas idades para os fins previstos na alínea *c* do inciso V do § 2º, em ato do Ministro de Estado da Previdência Social, limitado o acréscimo na comparação com as idades anteriores ao referido incremento.

► §§ 2º-A e 2º-B acrescidos pela Lei nº 13.135, de 17-6-2015.

§ 3º Com a extinção da parte do último pensionista a pensão extinguir-se-á.

► § 3º com a redação dada pela Lei nº 9.032, de 28-4-1995.

► Art. 114 do Dec. nº 3.048, de 6-5-1999 (Regulamento da Previdência Social).

§ 4º *Revogado*. Lei nº 13.135, de 17-6-2015.

§ 5º O tempo de contribuição a Regime Próprio de Previdência Social (RPPS) será considerado na contagem das 18 (dezoito) contribuições mensais de que tratam as alíneas *b* e *c* do inciso V do § 2º.

► § 5º com a redação dada pela Lei nº 13.135, de 17-6-2015.

§ 6º O exercício de atividade remunerada, inclusive na condição de microempreendedor individual, não impede a concessão ou manutenção da parte individual da pensão do dependente com deficiência intelectual ou mental ou com deficiência grave.

► § 6º acrescido pela Lei nº 13.183, de 4-11-2015.

§ 7º Se houver fundados indícios de autoria, coautoria ou participação de dependente, ressalvados os absolutamente incapazes e os inimputáveis, em homicídio, ou em tentativa desse crime, cometido contra a pessoa do segurado, será possível a suspensão provisória de sua parte no benefício de pensão por morte, mediante processo administrativo próprio, respeitados a ampla defesa e o contraditório, e serão devidas, em caso de absolvição, todas as parcelas corrigidas desde a data da suspensão, bem como a reativação imediata do benefício.

► § 7º acrescido pela Lei nº 13.846, de 18-6-2019.

Art. 78. Por morte presumida do segurado, declarada pela autoridade judicial competente, depois de 6 (seis) meses de ausência, será concedida pensão provisória, na forma desta Subseção.

§ 1º Mediante prova do desaparecimento do segurado em consequência de acidente, desastre ou catástrofe, seus dependentes farão jus à pensão provisória independentemente da declaração e do prazo deste artigo.

§ 2º Verificado o reaparecimento do segurado, o pagamento da pensão cessará imediatamente, desobrigados os dependentes da reposição dos valores recebidos, salvo má-fé.

Art. 79. *Revogado*. Lei nº 13.846, de 18-6-2019.

Subseção IX

DO AUXÍLIO-RECLUSÃO

Art. 80. O auxílio-reclusão, cumprida a carência prevista no inciso IV do *caput* do art. 25 desta Lei, será devido, nas condições da pensão por morte, aos dependentes do segurado de baixa renda recolhido à prisão em regime fechado que não receber remuneração da empresa nem estiver em gozo de auxílio-doença, de pensão por morte, de salário-maternidade, de aposentadoria ou de abono de permanência em serviço.

§ 1º O requerimento do auxílio-reclusão será instruído com certidão judicial que ateste o recolhimento efetivo à prisão, e será obrigatória a apresentação de prova de permanência na condição de presidiário para a manutenção do benefício.

§ 2º O INSS celebrará convênios com os órgãos públicos responsáveis pelo cadastro dos presos para obter informações sobre o recolhimento à prisão.

§ 3º Para fins do disposto nesta Lei, considera-se segurado de baixa renda aquele que, no mês de competência de recolhimento à prisão, tenha renda, apurada nos termos do disposto no § 4º deste artigo, de valor igual ou inferior àquela prevista no art. 13 da Emenda Constitucional nº 20, de 15 de dezembro de 1998, corrigido pelos índices de reajuste aplicados aos benefícios do RGPS.

§ 4º A aferição da renda mensal bruta para enquadramento do segurado como de baixa renda ocorrerá pela média dos salários de contribuição apurados no período de 12 (doze) meses anteriores ao mês do recolhimento à prisão.

§ 5º A certidão judicial e a prova de permanência na condição de presidiário poderão ser substituídas pelo acesso à base de dados, por meio eletrônico, a ser disponibilizada pelo Conselho Nacional de Justiça, com dados cadastrais que assegurem a identificação plena do segurado e da sua condição de presidiário.

§ 6º Se o segurado tiver recebido benefícios por incapacidade no período previsto no § 4º deste artigo, sua duração será contada considerando-se como salário de contribuição no período o salário de benefício que serviu de base para o cálculo da renda mensal, reajustado na mesma época e com a mesma base dos benefícios em geral, não podendo ser inferior ao valor de 1 (um) salário mínimo.

§ 7º O exercício de atividade remunerada do segurado recluso, em cumprimento de pena em regime fechado, não acarreta a perda do direito ao recebimento do auxílio-reclusão para seus dependentes.

§ 8º Em caso de morte de segurado recluso que tenha contribuído para a previdência social durante o período de reclusão, o valor da pensão por morte será calculado levando-se em consideração o tempo de contribuição adicional e os correspondentes salários de contribuição, facultada a opção pelo valor do auxílio-reclusão.

► Art. 80 com a redação dada pela Lei nº 13.846, de 18-6-2019.

Subseção X

DOS PECÚLIOS

Art. 81. *Revogado.* Lei nº 9.129, de 20-11-1995.

Arts. 82 e 83. *Revogados.* Lei nº 9.032, de 28-4-1995.

Art. 84. *Revogado.* Lei nº 8.870, de 15-4-1994.

Art. 85. *Revogado.* Lei nº 9.032, de 28-4-1995.

SUBSEÇÃO XI

DO AUXÍLIO-ACIDENTE

Art. 86. O auxílio-acidente será concedido, como indenização, ao segurado quando, após consolidação das lesões decorrentes de acidente de qualquer natureza, resultarem sequelas que impliquem redução da capacidade para o trabalho que habitualmente exercia.

► *Caput* com a redação dada pela Lei nº 9.528, de 10-12-1997.

► Art. 104 do Dec. nº 3.048, de 6-5-1999 (Regulamento da Previdência Social).

§ 1º O auxílio-acidente mensal corresponderá a cinquenta por cento do salário de benefício e será devido, observado o disposto no § 5º, até a véspera do início de qualquer aposentadoria ou até a data do óbito do segurado.

§ 2º O auxílio-acidente será devido a partir do dia seguinte ao da cessação do auxílio-doença, independentemente de qualquer remuneração ou rendimento auferido pelo acidentado, vedada sua acumulação com qualquer aposentadoria.

► Súm. nº 507 do STJ.

§ 3º O recebimento de salário ou concessão de outro benefício, exceto de aposentadoria, observado o disposto no § 5º, não prejudicará a continuidade do recebimento do auxílio-acidente.

► Súm. nº 507 do STJ.

§ 4º A perda da audição, em qualquer grau, somente proporcionará a concessão do auxílio-acidente, quando, além do reconhecimento de causalidade entre o trabalho e a doença, resultar, comprovadamente, na redução ou perda da capacidade para o trabalho que habitualmente exercia.

► §§ 1º a 4º com a redação dada pela Lei nº 9.528, de 10-12-1997.

§ 5º *Revogado.* Lei nº 9.032, de 28-4-1995.

SUBSEÇÃO XII

DO ABONO DE PERMANÊNCIA EM SERVIÇO

Art. 87. *Revogado.* Lei nº 8.870, de 15-4-1994.

SEÇÃO VI

DOS SERVIÇOS

SUBSEÇÃO I

DO SERVIÇO SOCIAL

Art. 88. Compete ao Serviço Social esclarecer junto aos beneficiários seus direitos sociais e os meios de exercê-los e estabelecer conjuntamente com eles o processo de solução dos problemas que emergirem da sua relação com a Previdência Social, tanto no âmbito interno da instituição como na dinâmica da sociedade.

§ 1º Será dada prioridade aos segurados em benefício por incapacidade temporária e atenção especial aos aposentados e pensionistas.

§ 2º Para assegurar o efetivo atendimento dos usuários serão utilizadas intervenção técnica, assistência de natureza jurídica, ajuda material, recursos sociais, intercâmbio com empresas e pesquisa social, inclusive mediante celebração de convênios, acordos ou contratos.

§ 3º O Serviço Social terá como diretriz a participação do beneficiário na implementação e no fortalecimento da política previdenciária, em articulação com as associações e entidades de classe.

§ 4º O Serviço Social, considerando a universalização da Previdência Social, prestará assessoramento técnico aos Estados e Municípios na elaboração e implantação de suas propostas de trabalho.

SUBSEÇÃO II

DA HABILITAÇÃO E DA REABILITAÇÃO PROFISSIONAL

► Arts. 136 a 141 do Dec. nº 3.048, de 6-5-1999 (Regulamento da Previdência Social).

Art. 89. A habilitação e a reabilitação profissional e social deverão proporcionar ao beneficiário incapacitado parcial ou totalmente para o trabalho, e às pessoas portadoras de deficiência, os meios para a (re)educação e de (re)adaptação profissional e social indicados para participar do mercado de trabalho e do contexto em que vive.

Parágrafo único. A reabilitação profissional compreende:

a) o fornecimento de aparelho de prótese, órtese e instrumentos de auxílio para locomoção quando a perda ou redução da capacidade funcional puder ser atenuada por seu uso e dos equipamentos necessários à habilitação e reabilitação social e profissional;

b) a reparação ou a substituição dos aparelhos mencionados no inciso anterior, desgastados pelo uso normal ou por ocorrência estranha à vontade do beneficiário;

c) o transporte do acidentado do trabalho, quando necessário.

Art. 90. A prestação de que trata o artigo anterior é devida em caráter obrigatório aos segurados, inclusive aposentados e, na medida das possibilidades do órgão da Previdência Social, aos seus dependentes.

Art. 91. Será concedido, no caso de habilitação e reabilitação profissional, auxílio para tratamento ou exame fora do domicílio do beneficiário, conforme dispuser o Regulamento.

Art. 92. Concluído o processo de habilitação ou reabilitação social e profissional, a Previdência Social emitirá certificado individual, indicando as atividades que poderão ser exercidas pelo beneficiário, nada impedindo que este exerça outra atividade para a qual se capacitar.

Art. 93. A empresa com cem ou mais empregados está obrigada a preencher de dois por cento a cinco por cento dos seus cargos com beneficiários reabilitados ou pessoas portadoras de deficiência, habilitadas, na seguinte proporção:

I – até 200 empregados.......................... 2%;
II – de 201 a 500.................................... 3%;
III – de 501 a 1.000................................ 4%;
IV – de 1.001 em diante 5%.

§ 1º A dispensa de pessoa com deficiência ou de beneficiário reabilitado da Previdência Social ao final de contrato por prazo determinado de mais de 90 (noventa) dias e a dispensa imotivada em contrato por prazo indeterminado somente poderão ocorrer após a contratação de outro trabalhador com deficiência ou beneficiário reabilitado da Previdência Social.

§ 2º Ao Ministério do Trabalho e Emprego incumbe estabelecer a sistemática de fiscalização, bem como gerar dados e estatísticas sobre o total de empregados e as vagas preenchidas por pessoas com deficiência e por beneficiários reabilitados da Previdência Social, fornecendo-os, quando solicitados, aos sindicatos, às entidades representativas dos empregados ou aos cidadãos interessados.

► §§ 1º e 2º com a redação dada pela Lei nº 13.146, de 6-7-2015.

§ 3º Para a reserva de cargos será considerada somente a contratação direta de pessoa com deficiência, excluído o aprendiz com deficiência de que trata a Consolidação das Leis do Trabalho (CLT), aprovada pelo Decreto-Lei nº 5.452, de 1º de maio de 1943.

► § 3º acrescido pela Lei nº 13.146, de 6-7-2015.

§ 4º VETADO. Lei nº 13.146, de 6-7-2015.

SEÇÃO VII

DA CONTAGEM RECÍPROCA DE TEMPO DE SERVIÇO

Art. 94. Para efeito dos benefícios previstos no Regime Geral de Previdência Social ou no serviço público é assegurada a contagem recíproca do tempo de contribuição na atividade privada, rural e urbana, e do tempo de contribuição ou de serviço na administração pública, hipótese em que os diferentes sistemas de previdência social se compensarão financeiramente.

► Art. 125 do Dec. nº 3.048, de 6-5-1999 (Regulamento da Previdência Social).

§ 1º A compensação financeira será feita ao sistema a que o interessado estiver vinculado ao requerer o benefício pelos demais sistemas, em relação aos respectivos tempos de contribuição ou de serviço, conforme dispuser o Regulamento.

► Parágrafo único transformado em § 1º pela LC nº 123, de 14-12-2006.

► Lei nº 9.796, de 5-5-1999, dispõe sobre a compensação financeira entre os diversos regimes previdenciários, regulamentada pelo Dec. nº 10.188, de 20-12-2019.

§ 2º Não será computado como tempo de contribuição, para efeito dos benefícios previstos em regimes próprios de previdência social, o período em que o segurado contribuinte individual ou facultativo tiver contribuído na forma do § 2º do art. 21 da Lei nº 8.212, de 24 de julho de 1991, salvo se complementadas as contribuições na forma do § 3º do mesmo artigo.

► § 2º acrescido pela LC nº 123, de 14-12-2006.

Art. 95. *Revogado.* MP nº 2.187-13, de 24-8-2001.

Art. 96. O tempo de contribuição ou de serviço de que trata esta Seção será contado de acordo com a legislação pertinente, observadas as normas seguintes:

► Art. 127 do Dec. nº 3.048, de 6-5-1999 (Regulamento da Previdência Social).

I – não será admitida a contagem em dobro ou em outras condições especiais;
II – é vedada a contagem de tempo de serviço público com o de atividade privada, quando concomitantes;
III – não será contado por um sistema o tempo de serviço utilizado para concessão de aposentadoria pelo outro;

IV – o tempo de serviço anterior ou posterior à obrigatoriedade de filiação à Previdência Social só será contado mediante indenização da contribuição correspondente ao período respectivo, com acréscimo de juros moratórios de zero vírgula cinco por cento ao mês, capitalizados anualmente, e multa de dez por cento;

► Inciso IV com a redação dada pela MP nº 2.187-13, de 24-8-2001, que até o encerramento desta edição não havia sido convertida em Lei.

V – é vedada a emissão de Certidão de Tempo de Contribuição (CTC) com o registro exclusivo de tempo de serviço, sem a comprovação de contribuição efetiva, exceto para o segurado empregado, empregado doméstico, trabalhador avulso e, a partir de 1º de abril de 2003, para o contribuinte individual que presta serviço a empresa obrigada a arrecadar a contribuição a seu cargo, observado o disposto no § 5º do art. 4º da Lei nº 10.666, de 8 de maio de 2003;

VI – a CTC somente poderá ser emitida por regime próprio de previdência social para ex-servidor;

VII – é vedada a contagem recíproca de tempo de contribuição do RGPS por regime próprio de previdência social sem a emissão da CTC correspondente, ainda que o tempo de contribuição referente ao RGPS tenha sido prestado pelo servidor público ao próprio ente instituidor;

VIII – é vedada a desaverbação de tempo em regime próprio de previdência social quando o tempo averbado tiver gerado a concessão de vantagens remuneratórias ao servidor público em atividade; e

IX – para fins de elegibilidade às aposentadorias especiais referidas no § 4º do art. 40 e no § 1º do art. 201 da Constituição Federal, os períodos reconhecidos pelo regime previdenciário de origem como de tempo especial, sem conversão em tempo comum, deverão estar incluídos nos períodos de contribuição compreendidos na CTC e discriminados de data a data.

► Incisos V a IX acrescidos pela Lei nº 13.846, de 18-6-2019.

Parágrafo único. O disposto no inciso V do *caput* deste artigo não se aplica ao tempo de serviço anterior à edição da Emenda Constitucional nº 20, de 15 de dezembro de 1998, que tenha sido equiparado por lei a tempo de contribuição.

► Parágrafo único acrescido pela Lei nº 13.846, de 18-6-2019.

Art. 97. A aposentadoria por tempo de serviço, com contagem de tempo na forma desta Seção, será concedida ao segurado do sexo feminino a partir de vinte e cinco anos completos de serviço, e, ao segurado do sexo masculino, a partir de trinta anos completos de serviço, ressalvadas as hipóteses de redução previstas em lei.

Art. 98. Quando a soma dos tempos de serviço ultrapassar trinta anos, se do sexo feminino, e trinta e cinco anos, se do sexo masculino, o excesso não será considerado para qualquer efeito.

Art. 99. O benefício resultante de contagem de tempo de serviço na forma desta Seção será concedido e pago pelo sistema a que o interessado estiver vinculado ao requerê-lo, e calculado na forma da respectiva legislação.

Seção VIII

Das Disposições Diversas Relativas às Prestações

Art. 100. VETADO.

Art. 101. O segurado em gozo de auxílio por incapacidade temporária, auxílio-acidente ou aposentadoria por incapacidade permanente e o pensionista inválido, cujos benefícios tenham sido concedidos judicial ou administrativamente, estão obrigados, sob pena de suspensão do benefício, a submeter-se a:

► *Caput* com a redação dada pela Lei nº 14.441, de 2-9-2022.

I – exame médico a cargo da Previdência Social para avaliação das condições que ensejaram sua concessão ou manutenção;

II – processo de reabilitação profissional prescrito e custeado pela Previdência Social; e

III – tratamento oferecido gratuitamente, exceto o cirúrgico e a transfusão de sangue, que são facultativos.

► Incisos I a III acrescidos pela Lei nº 14.441, de 2-9-2022.

§ 1º O aposentado por invalidez e o pensionista inválido que não tenham retornado à atividade estarão isentos do exame de que trata o *caput* deste artigo:

I – após completarem cinquenta e cinco anos ou mais de idade e quando decorridos quinze anos da data da concessão da aposentadoria por invalidez ou do auxílio-doença que a precedeu; ou

II – após completarem sessenta anos de idade.

▶ § 1º com a redação dada pela Lei nº 13.457, de 26-6-2017.

§ 2º A isenção de que trata o § 1º não se aplica quando o exame tem as seguintes finalidades:

I – verificar a necessidade de assistência permanente de outra pessoa para a concessão do acréscimo de 25% (vinte e cinco por cento) sobre o valor do benefício, conforme dispõe o art. 45;

II – verificar a recuperação da capacidade de trabalho, mediante solicitação do aposentado ou pensionista que se julgar apto;

III – subsidiar autoridade judiciária na concessão de curatela, conforme dispõe o art. 110.

▶ § 2º acrescido pela Lei nº 13.063, de 30-12-2014.

§ 3º VETADO.

§ 4º A perícia de que trata este artigo terá acesso aos prontuários médicos do periciado no Sistema Único de Saúde (SUS), desde que haja a prévia anuência do periciado e seja garantido o sigilo sobre os dados dele.

§ 5º É assegurado o atendimento domiciliar e hospitalar pela perícia médica e social do INSS ao segurado com dificuldades de locomoção, quando seu deslocamento, em razão de sua limitação funcional e de condições de acessibilidade, imponha-lhe ônus desproporcional e indevido, nos termos do regulamento.

▶ §§ 4º e 5º acrescidos pela Lei nº 13.457, de 26-6-2017.

§ 6º As avaliações e os exames médico-periciais de que trata o inciso I do caput, inclusive na hipótese de que trata o § 5º deste artigo, poderão ser realizados com o uso de tecnologia de telemedicina ou por análise documental conforme situações e requisitos definidos em regulamento, observado o disposto nos §§ 11-A e 14 do art. 60 desta Lei e no § 12 do art. 30 da Lei nº 11.907, de 2 de fevereiro de 2009.

▶ § 6º com a redação dada pela Lei nº 14.724, de 14-11-2023.

§ 7º* Revogado. *Lei nº 14.724, de 14-11-2023.

§ 8º Em caso de cancelamento de agendamento para perícia presencial, o horário vago poderá ser preenchido por perícia com o uso de tecnologia de telemedicina, antecipando atendimento previsto para data futura, obedecida a ordem da fila.

§ 9º No caso da antecipação de atendimento prevista no § 8º deste artigo, observar-se-á a disponibilidade do periciando para se submeter à perícia remota no horário tornado disponível.

▶ §§ 8º e 9º acrescidos pela Lei nº 14.724, de 14-11-2023.

Art. 102. A perda da qualidade de segurado importa em caducidade dos direitos inerentes a essa qualidade.

▶ *Caput* com a redação dada pela Lei nº 9.528, de 10-12-1997.

▶ Art. 3º da Lei nº 10.666, de 8-5-2003, que dispõe sobre a concessão da aposentadoria especial ao cooperado de Cooperativa de Trabalho ou de Produção.

§ 1º A perda da qualidade de segurado não prejudica o direito à aposentadoria para cuja concessão tenham sido preenchidos todos os requisitos, segundo a legislação em vigor à época em que estes requisitos foram atendidos.

§ 2º Não será concedida pensão por morte aos dependentes do segurado que falecer após a perda desta qualidade, nos termos do artigo 15 desta Lei, salvo se preenchidos os requisitos para obtenção da aposentadoria na forma do parágrafo anterior.

▶ §§ 1º e 2º acrescidos pela Lei nº 9.528, de 10-12-1997.

▶ Súm. nº 416 do STJ.

Art. 103. O prazo de decadência do direito ou da ação do segurado ou beneficiário para a revisão do ato de concessão, indeferimento, cancelamento ou cessação de benefício e do ato de deferimento, indeferimento ou não concessão de revisão de benefício é de 10 (dez) anos, contado:

▶ *Caput* com a redação dada pela Lei nº 13.846, de 18-6-2019.

▶ O STF, por maioria dos votos, julgou parcialmente procedente o pedido na ADIN nº 6.096, declarando a inconstitucionalidade do art. 24 da Lei nº 13.846/2019 no que deu nova redação a este artigo (*DOU* de 26-10-2020).

I – do dia primeiro do mês subsequente ao do recebimento da primeira prestação ou da data em que a prestação deveria ter sido paga com o valor revisto; ou

II – do dia em que o segurado tomar conhecimento da decisão de indeferimento, cancelamento ou cessação do seu pedido de benefício ou da decisão de deferimento ou indeferimento de revisão de benefício, no âmbito administrativo.

▸ Incisos I e II acrescidos pela Lei nº 13.846, de 18-6-2019.

Parágrafo único. Prescreve em cinco anos, a contar da data em que deveriam ter sido pagas, toda e qualquer ação para haver prestações vencidas ou quaisquer restituições ou diferenças devidas pela Previdência Social, salvo o direito dos menores, incapazes e ausentes, na forma do Código Civil.

▸ Parágrafo único acrescido pela Lei nº 9.528, de 10-12-1997.

▸ Súmulas nºs 291 e 427 do STJ.

Art. 103-A. O direito da Previdência Social de anular os atos administrativos de que decorram efeitos favoráveis para os seus beneficiários decai em dez anos, contados da data em que foram praticados, salvo comprovada má-fé.

▸ Art. 60 da Port. do MPS nº 323, de 27-8-2007, que dispõe sobre a revisão de ofício pelo Conselho de Recursos da Previdência Social das suas próprias decisões.

§ 1º No caso de efeitos patrimoniais contínuos, o prazo decadencial contar-se-á da percepção do primeiro pagamento.

§ 2º Considera-se exercício do direito de anular qualquer medida de autoridade administrativa que importe impugnação à validade do ato.

▸ Art. 103-A acrescido pela Lei nº 10.839, de 5-2-2004.

Art. 104. As ações referentes à prestação por acidente do trabalho prescrevem em cinco anos, observado o disposto no artigo 103 desta Lei, contados da data:

I – do acidente, quando dele resultar a morte ou a incapacidade temporária, verificada esta em perícia médica a cargo da Previdência Social; ou

II – em que for reconhecida pela Previdência Social, a incapacidade permanente ou o agravamento das sequelas do acidente.

Art. 105. A apresentação de documentação incompleta não constitui motivo para recusa do requerimento de benefício.

Art. 106. A comprovação do exercício de atividade rural será feita, complementarmente à autodeclaração de que trata o § 2º e ao cadastro de que trata o § 1º, ambos do art. 38-B desta Lei, por meio de, entre outros:

▸ *Caput* com a redação dada pela Lei nº 13.846, de 18-6-2019.

▸ Súm. nº 577 do STJ.

I – contrato individual de trabalho ou Carteira de Trabalho e Previdência Social;

II – contrato de arrendamento, parceria ou comodato rural;

▸ Incisos I e II com a redação dada pela Lei nº 11.718, de 20-6-2008.

III – *Revogado*. Lei nº 13.846, de 18-6-2019;

IV – Declaração de Aptidão ao Programa Nacional de Fortalecimento da Agricultura Familiar, de que trata o inciso II do *caput* do art. 2º da Lei nº 12.188, de 11 de janeiro de 2010, ou por documento que a substitua;

▸ Inciso IV com a redação dada Lei nº 13.846, de 18-6-2019.

V – bloco de notas do produtor rural;

▸ Inciso V com a redação dada pela Lei nº 11.718, de 20-6-2008.

VI – notas fiscais de entrada de mercadorias, de que trata o § 7º do art. 30 da Lei nº 8.212, de 24 de julho de 1991, emitidas pela empresa adquirente da produção, com indicação do nome do segurado como vendedor;

VII – documentos fiscais relativos a entrega de produção rural à cooperativa agrícola, entreposto de pescado ou outros, com indicação do segurado como vendedor ou consignante;

VIII – comprovantes de recolhimento de contribuição à Previdência Social decorrentes da comercialização da produção;

IX – cópia da declaração de imposto de renda, com indicação de renda proveniente da comercialização de produção rural; ou

X – licença de ocupação ou permissão outorgada pelo INCRA.

▸ Incisos VI a X acrescidos pela Lei nº 11.718, de 20-6-2008.

Art. 107. O tempo de serviço de que trata o artigo 55 desta Lei será considerado para cálculo do valor da renda mensal de qualquer benefício.

Art. 108. Mediante justificação processada perante a Previdência Social, observado o disposto no § 3º do artigo 55 e na forma estabelecida no Regulamento, poderá ser suprida a falta de documento ou provado ato do interesse de beneficiário ou empresa, salvo no que se refere a registro público.

Art. 109. O benefício será pago diretamente ao beneficiário, salvo em caso de ausência, moléstia contagiosa ou impossibilidade de locomoção, quando será pago a procurador, cujo mandato não terá prazo superior a doze meses, podendo ser renovado.

▶ *Caput* com a redação dada pela Lei nº 8.870, de 15-4-1994.

Parágrafo único. A impressão digital do beneficiário incapaz de assinar, aposta na presença de servidor da Previdência Social, vale como assinatura para quitação de pagamento de benefício.

Art. 110. O benefício devido ao segurado ou dependente civilmente incapaz será feito ao cônjuge, pai, mãe, tutor ou curador, admitindo-se, na sua falta e por período não superior a 6 (seis) meses, o pagamento a herdeiro necessário, mediante termo de compromisso firmado no ato do recebimento.

§ 1º Para efeito de curatela, no caso de interdição do beneficiário, a autoridade judiciária pode louvar-se no laudo médico-pericial da Previdência Social.

▶ Parágrafo único transformado em § 1º pela Lei nº 13.846, de 18-6-2019.

§ 2º O dependente excluído, na forma do § 7º do art. 16 desta Lei, ou que tenha a parte provisoriamente suspensa, na forma do § 7º do art. 77 desta Lei, não poderá representar outro dependente para fins de recebimento e percepção do benefício.

§ 3º O dependente que perde o direito à pensão por morte, na forma do § 1º do art. 74 desta Lei, não poderá representar outro dependente para fins de recebimento e percepção do benefício.

▶ §§ 2º e 3º acrescidos pela Lei nº 13.846, de 18-6-2019.

Art. 110-A. No ato de requerimento de benefícios operacionalizados pelo INSS, não será exigida apresentação de termo de curatela de titular ou de beneficiário com deficiência, observados os procedimentos a serem estabelecidos em regulamento.

▶ Artigo acrescido pela Lei nº 13.146, de 6-7-2015.

Art. 111. O segurado menor poderá, conforme dispuser o Regulamento, firmar recibo de benefício, independentemente da presença dos pais ou do tutor.

Art. 112. O valor não recebido em vida pelo segurado só será pago aos seus dependentes habilitados à pensão por morte ou, na falta deles, aos seus sucessores na forma da lei civil, independentemente de inventário ou arrolamento.

Art. 113. O benefício poderá ser pago mediante depósito em conta-corrente ou por autorização de pagamento, conforme se dispuser em regulamento.

Parágrafo único. *Revogado*. Lei nº 9.876, de 26-11-1999.

Art. 114. Salvo quanto a valor devido à Previdência Social e a desconto autorizado por esta Lei, ou derivado da obrigação de prestar alimentos reconhecida em sentença judicial, o benefício não pode ser objeto de penhora, arresto ou sequestro, sendo nula de pleno direito a sua venda ou cessão, ou a constituição de qualquer ônus sobre ele, bem como a outorga de poderes irrevogáveis ou em causa própria para o seu recebimento.

Art. 115. Podem ser descontados dos benefícios:

I – contribuições devidas pelo segurado à Previdência Social;

II – pagamento administrativo ou judicial de benefício previdenciário ou assistencial indevido, ou além do devido, inclusive na hipótese de cessação do benefício pela revogação de decisão judicial, em valor que não exceda 30% (trinta por cento) da sua importância, nos termos do regulamento;

▶ Inciso II com a redação dada pela Lei nº 13.846, de 18-6-2019.

III – Imposto de Renda retido na fonte;

IV – pensão de alimentos decretada em sentença judicial;

V – mensalidades de associações e demais entidades de aposentados legalmente reconhecidas, desde que autorizadas por seus filiados;

VI – pagamento de empréstimos, financiamentos e operações de arrendamento mercantil concedidos por instituições financeiras e sociedades de arrendamento mercantil, ou por entidades fechadas ou abertas de previdência complementar, públicas e privadas, quando expressamente autorizado pelo beneficiário, até o limite de 45% (quarenta e cinco por cento) do valor do benefício, sendo 35% (trinta e cinco por cento) destinados exclusivamente a empréstimos, financiamentos e arrendamentos mercantis, 5% (cinco por cento) destinados exclusivamente à amortização de despesas contraídas por meio de cartão de crédito consignado ou à utilização com a finalidade de saque por meio de cartão de crédito consignado e 5% (cinco por cento) destinados exclusivamente à amortização de despesas contraídas por meio de cartão consignado de benefício ou à utilização com a finalidade de saque por meio de cartão consignado de benefício.

► *Caput* com a redação dada pela Lei nº 14.431, de 3-8-2022.

a e *b*) *Revogadas*. Lei nº 14.431, de 3-8-2022.

§ 1º Na hipótese do inciso II, o desconto será feito em parcelas, conforme dispuser o regulamento, salvo má-fé.

► Parágrafo único transformado em § 1º pela Lei nº 10.820, de 17-12-2003.

§ 2º Na hipótese dos incisos II e VI, haverá prevalência do desconto do inciso II.

► § 2º acrescido pela Lei nº 10.820, de 17-12-2003.

§ 3º Serão inscritos em dívida ativa pela Procuradoria-Geral Federal os créditos constituídos pelo INSS em decorrência de benefício previdenciário ou assistencial pago indevidamente ou além do devido, inclusive na hipótese de cessação do benefício pela revogação de decisão judicial, nos termos da Lei nº 6.830, de 22 de setembro de 1980, para a execução judicial.

► § 3º com a redação dada pela Lei nº 13.846, de 18-6-2019.

§ 4º Será objeto de inscrição em dívida ativa, para os fins do disposto no § 3º deste artigo, em conjunto ou separadamente, o terceiro beneficiado que sabia ou deveria saber da origem do benefício pago indevidamente em razão de fraude, de dolo ou de coação, desde que devidamente identificado em procedimento administrativo de responsabilização.

§ 5º O procedimento de que trata o § 4º deste artigo será disciplinado em regulamento, nos termos da Lei nº 9.784, de 29 de janeiro de 1999, e no art. 27 do Decreto-Lei nº 4.657, de 4 de setembro de 1942.

► §§ 4º e 5º acrescidos pela Lei nº 13.846, de 18-6-2019.

§ 6º *Revogado*. Lei nº 14.438, de 24-8-2022.

Art. 116. Será fornecido ao beneficiário demonstrativo minucioso das importâncias pagas, discriminando-se o valor da mensalidade, as diferenças eventualmente pagas com o período a que se referem e os descontos efetuados.

Art. 117. Empresas, sindicatos e entidades fechadas de previdência complementar poderão, mediante celebração de acordo de cooperação técnica com o INSS, encarregar-se, relativamente a seus empregados, associados ou beneficiários, de requerer benefícios previdenciários por meio eletrônico, preparando-os e instruindo-os nos termos do acordo.

► *Caput* com a redação dada pela Lei nº 14.020, de 6-7-2020.

I a III – *Revogados*. Lei nº 14.020, de 6-7-2020.

Parágrafo único. *Revogado*. Lei nº 14.020, de 6-7-2020.

Art. 117-A. Empresas, sindicatos e entidades fechadas de previdência complementar poderão realizar o pagamento integral dos benefícios previdenciários devidos a seus beneficiários, mediante celebração de contrato com o INSS, dispensada a licitação.

§ 1º Os contratos referidos no *caput* deste artigo deverão prever as mesmas obrigações, condições e valores devidos pelas instituições financeiras responsáveis pelo pagamento dos benefícios pelo INSS.

§ 2º As obrigações, condições e valores referidos no § 1º deste artigo serão definidos em ato próprio do INSS.

► Art. 117-A acrescido pela Lei nº 14.020, de 6-7-2020.

Art. 118. O segurado que sofreu acidente do trabalho tem garantida, pelo prazo mínimo de doze meses, a manutenção do seu contrato de trabalho na empresa, após a cessação do auxílio-doença acidentário, independentemente de percepção de auxílio-acidente.

► Súm. nº 378 do TST.

Parágrafo único. *Revogado*. Lei nº 9.032, de 28-4-1995.

Art. 119. Por intermédio dos estabelecimentos de ensino, sindicatos, associações de classe, Fundação Jorge Duprat Figueiredo de Segurança e Medicina do Trabalho – FUNDACENTRO, órgãos públicos e outros meios, serão promovidas regularmente instrução e formação com vistas a incrementar costumes e atitudes prevencionistas em matéria de acidente, especialmente do trabalho.

Art. 120. A Previdência Social ajuizará ação regressiva contra os responsáveis nos casos de:

I – negligência quanto às normas padrão de segurança e higiene do trabalho indicadas para a proteção individual e coletiva;

II – violência doméstica e familiar contra a mulher, nos termos da Lei nº 11.340, de 7 de agosto de 2006.

Art. 121. O pagamento de prestações pela Previdência Social em decorrência dos casos previstos nos incisos I e II do *caput* do art. 120 desta Lei não exclui a responsabilidade civil da empresa, no caso do inciso I, ou do responsável pela violência doméstica e familiar, no caso do inciso II.

► Arts. 120 e 121 com a redação dada pela Lei nº 13.846, de 18-6-2019.

Art. 122. Se mais vantajoso, fica assegurado o direito à aposentadoria, nas condições legalmente previstas na data do cumprimento de todos os requisitos necessários à obtenção do benefício, ao segurado que, tendo completado 35 anos de serviço, se homem, ou trinta anos, se mulher, optou por permanecer em atividade.

► Artigo restabelecido, com a redação dada pela Lei nº 9.528, de 10-12-1997.

Art. 123. *Revogado*. Lei nº 9.032, de 28-4-1995.

Art. 124. Salvo no caso de direito adquirido, não é permitido o recebimento conjunto dos seguintes benefícios da Previdência Social:

► Súm. nº 36 da TNU-JEF.

I – aposentadoria e auxílio-doença;
II – mais de uma aposentadoria;

► Inciso II com a redação dada pela Lei nº 9.032, de 28-4-1995.

III – aposentadoria e abono de permanência em serviço;
IV – salário-maternidade e auxílio-doença;
V – mais de um auxílio-acidente;
VI – mais de uma pensão deixada por cônjuge ou companheiro, ressalvado o direito de opção pela mais vantajosa.

► Incisos IV a VI acrescidos pela Lei nº 9.032, de 28-4-1995.

Parágrafo único. É vedado o recebimento conjunto do seguro-desemprego com qualquer benefício de prestação continuada da Previdência Social, exceto pensão por morte ou auxílio-acidente.

► Parágrafo único acrescido pela Lei nº 9.032, de 28-4-1995.

Art. 124-A. O INSS implementará e manterá processo administrativo eletrônico para requerimento de benefícios e serviços e disponibilizará canais eletrônicos de atendimento.

► *Caput* acrescido pela Lei nº 13.846, de 18-6-2019.

§ 1º O INSS facilitará o atendimento, o requerimento, a concessão, a manutenção e a revisão de benefícios por meio eletrônico e implementará procedimentos automatizados, de atendimento e prestação de serviços por meio de atendimento telefônico ou de canais remotos.

§ 2º Poderão ser celebrados acordos de cooperação, na modalidade de adesão, com órgãos e entidades da União, dos Estados, do Distrito Federal e dos Municípios, para a recepção de documentos e o apoio administrativo às atividades do INSS que demandem serviços presenciais.

§ 3º A implementação de serviços eletrônicos preverá mecanismos de controle preventivos de fraude e de identificação segura do cidadão.

► §§ 1º a 3º acrescidos pela Lei nº 13.846, de 18-6-2019.

§ 4º As ligações telefônicas realizadas de telefone fixo ou móvel que visem à solicitação dos serviços referidos no § 1º deste artigo deverão ser gratuitas e serão consideradas de utilidade pública.

► § 4º acrescido pela Lei nº 14.199, de 2-9-2021.

Art. 124-B. O INSS, para o exercício de suas competências, observado o disposto nos incisos XI e XII do art. 5º da Constituição Federal e na Lei nº 13.709, de 14 de agosto de 2018, terá acesso aos dados necessários para a análise, a concessão, a revisão e a manutenção de benefícios por ele administrados, em especial aos dados:

► *Caput* acrescido pela Lei nº 13.846, de 18-6-2019.

I – VETADO. Lei nº 13.846, de 18-6-2019;
II – dos registros e dos prontuários eletrônicos do Sistema Único de Saúde (SUS), administrados pelo Ministério da Saúde;
III – dos documentos médicos mantidos por entidades públicas e privadas, sendo necessária, no caso destas últimas, a celebração de convênio para garantir o acesso; e
IV – de movimentação das contas do Fundo de Garantia por Tempo de Serviço (FGTS), instituído pela Lei nº 5.107, de 13 de setembro de 1966, mantidas pela Caixa Econômica Federal.

► Incisos I a IV acrescidos pela Lei nº 13.846, de 18-6-2019.

§ 1º Para fins do cumprimento do disposto no *caput* deste artigo, serão preservados a integridade e o sigilo dos dados acessados pelo INSS, eventualmente existentes, e o acesso aos dados dos prontuários eletrônicos do Sistema Único de Saúde (SUS) e dos documentos médicos mantidos por entidades públicas e privadas será exclusivamente franqueado aos peritos médicos federais designados pelo INSS.

§ 2º O Ministério da Economia terá acesso às bases de dados geridas ou administradas pelo INSS, incluída a folha de pagamento de benefícios com o detalhamento dos pagamentos.

§ 3º As bases de dados e as informações de que tratam o *caput* e o § 1º deste artigo poderão ser compartilhadas com os regimes próprios de previdência social, para estrita utilização em suas atribuições relacionadas à recepção, à análise, à concessão, à revisão e à manutenção de benefícios por eles administrados, preservados a integridade dos dados e o sigilo eventualmente existente, na forma disciplinada conjuntamente pela Secretaria Especial de Previdência e Trabalho do Ministério da Economia e pelo gestor dos dados.

§ 4º Fica dispensada a celebração de convênio, de acordo de cooperação técnica ou de instrumentos congêneres para a efetivação do acesso aos dados de que trata o *caput* deste artigo, quando se tratar de dados hospedados por órgãos da administração pública federal, e caberá ao INSS a responsabilidade de arcar com os custos envolvidos, quando houver, no acesso ou na extração dos dados, exceto quando estabelecido de forma diversa entre os órgãos envolvidos.

§ 5º As solicitações de acesso a dados hospedados por entidades privadas possuem característica de requisição, dispensados a celebração de convênio, acordo de cooperação técnica ou instrumentos congêneres para a efetivação do acesso aos dados de que trata o *caput* deste artigo e o ressarcimento de eventuais custos, vedado o compartilhamento dos dados com demais entidades de direito privado.

► §§ 1º a 5º acrescidos pela Lei nº 13.846, de 18-6-2019.

§ 6º Excetua-se da vedação de que trata o § 5º deste artigo a autorização para compartilhamento com as entidades de previdência complementar das informações sobre o óbito de beneficiários dos planos de previdência por elas administrados.

► § 6º acrescido pela Lei nº 14.131, de 30-3-2021.

Art. 124-C. O servidor responsável pela análise dos pedidos dos benefícios previstos nesta Lei motivará suas decisões ou opiniões técnicas e responderá pessoalmente apenas na hipótese de dolo ou erro grosseiro.

Art. 124-D. A administração pública federal desenvolverá ações de segurança da informação e comunicações, incluídas as de segurança cibernética, de segurança das infraestruturas, de qualidade dos dados e de segurança de interoperabilidade de bases governamentais, e efetuará a sua integração, inclusive com as bases de dados e informações dos Estados, dos Municípios e do Distrito Federal, com o objetivo de atenuar riscos e inconformidades em pagamentos de benefícios sociais.

► Arts. 124-C e 124-D acrescidos pela Lei nº 13.846, de 18-6-2019.

Arts. 124-E e 124-F. VETADOS. Lei nº 13.846, de 18-6-2019.

TÍTULO IV – DAS DISPOSIÇÕES FINAIS E TRANSITÓRIAS

Art. 125. Nenhum benefício ou serviço da Previdência Social poderá ser criado, majorado ou estendido, sem a correspondente fonte de custeio total.

► Art. 152 do Dec. nº 3.048, de 6-5-1999 (Regulamento da Previdência Social).

► Lei nº 9.796, de 5-5-1999, dispõe sobre a compensação financeira entre os diversos regimes previdenciários, regulamentada pelo Dec. nº 10.188, de 20-12-2019.

Art. 125-A. Compete ao Instituto Nacional do Seguro Social – INSS realizar, por meio dos seus próprios agentes, quando designados, todos os atos e procedimentos necessários à verificação do atendimento das obrigações não tributárias impostas pela legislação previdenciária e à imposição da multa por seu eventual descumprimento.

§ 1º A empresa disponibilizará a servidor designado por dirigente do INSS os documentos necessários à comprovação de vínculo empregatício, de prestação de serviços e de remuneração relativos a trabalhador previamente identificado.

§ 2º Aplica-se ao disposto neste artigo, no que couber, o art. 126 desta Lei.

§ 3º O disposto neste artigo não abrange as competências atribuídas em caráter privativo aos ocupantes do cargo de Auditor Fiscal da Receita Federal do Brasil previstas no inciso I do *caput* do art. 6º da Lei nº 10.593, de 6 de dezembro de 2002.

- ▸ Art. 125-A com a redação dada pela Lei nº 11.941, de 27-5-2009.

Art. 126. Compete ao Conselho de Recursos da Previdência Social julgar, entre outras demandas, na forma do regulamento:

- ▸ *Caput* com a redação dada pela Lei nº 13.876, de 20-9-2019.
- ▸ Súm. nº 373 do STJ.

I – recursos das decisões do INSS nos processos de interesse dos beneficiários;

II – contestações e recursos relativos à atribuição, pelo Ministério da Economia, do Fator Acidentário de Prevenção aos estabelecimentos das empresas;

III – recursos das decisões do INSS relacionados à comprovação de atividade rural de segurado especial de que tratam os arts. 38-A e 38-B, ou demais informações relacionadas ao CNIS de que trata o art. 29-A desta Lei.

- ▸ Incisos I a III acrescidos pela Lei nº 13.846, de 18-6-2019.

IV – recursos de processos relacionados à compensação financeira de que trata a Lei nº 9.796, de 5 de maio de 1999, e à supervisão e à fiscalização dos regimes próprios de previdência social de que trata a Lei nº 9.717, de 27 de novembro de 1998.

- ▸ Inciso IV acrescido pela Lei nº 13.876, de 20-9-2019.

§§ 1º e 2º *Revogados*. Lei nº 11.727, de 23-6-2008.

§ 3º A propositura de ação que tenha por objeto idêntico pedido sobre o qual versa o processo administrativo importa renúncia ao direito de recorrer na esfera administrativa e desistência do recurso interposto.

- ▸ § 3º com a redação dada pela Lei nº 13.846, de 18-6-2019.

§ 4º Os recursos de que tratam os incisos I e III do *caput* deste artigo poderão ser interpostos diretamente ao Conselho de Recursos da Previdência Social, que emitirá notificação eletrônica automática para o INSS reanalisar, no prazo máximo de 30 (trinta) dias, a decisão administrativa, na forma disciplinada por ato conjunto do Ministério do Trabalho e Previdência, do Conselho de Recursos da Previdência Social e do INSS.

- ▸ § 4º acrescido pela Lei nº 14.441, de 2-9-2022.

Art. 127. *Revogado*. Lei nº 9.711, de 20-11-1998.

Art. 128. As demandas judiciais que tiverem por objeto o reajuste ou a concessão de benefícios regulados nesta Lei cujos valores de execução não forem superiores a R$ 5.180,25 (cinco mil, cento e oitenta reais e vinte e cinco centavos) por autor poderão, por opção de cada um dos exequentes, ser quitadas no prazo de até sessenta dias após a intimação do trânsito em julgado da decisão, sem necessidade da expedição de precatório.

- ▸ *Caput* com a redação dada pela Lei nº 10.099, de 19-12-2000.
- ▸ Art. 17 da Lei nº 10.259, de 12-7-2001 (Lei dos Juizados Especiais Federais).
- ▸ Art. 8º, parágrafo único, da Port. Interministerial do MTPrev e MF nº 26, de 10-1-2023 (*DOU* de 11-1-2023), que limita o valor das demandas judiciais previstas neste artigo em R$ 78.120,00 (setenta e oito mil cento e vinte reais), a partir de 1º-1-2023.

§ 1º É vedado o fracionamento, repartição ou quebra do valor da execução, de modo que o pagamento se faça, em parte, na forma estabelecida no *caput* e, em parte, mediante expedição do precatório.

§ 2º É vedada a expedição de precatório complementar ou suplementar do valor pago na forma do *caput*.

§ 3º Se o valor da execução ultrapassar o estabelecido no *caput*, o pagamento far-se-á sempre por meio de precatório.

§ 4º É facultada à parte exequente a renúncia ao crédito, no que exceder ao valor estabelecido no *caput*, para que possa optar pelo pagamento do saldo sem o precatório, na forma ali prevista.

§ 5º A opção exercida pela parte para receber os seus créditos na forma prevista no *caput* implica a renúncia do restante dos créditos porventura existentes e que sejam oriundos do mesmo processo.

§ 6º O pagamento sem precatório, na forma prevista neste artigo, implica quitação total do pedido constante da petição inicial e determina a extinção do processo.

§ 7º O disposto neste artigo não obsta a interposição de embargos à execução por parte do INSS.

- ▸ §§ 1º a 7º acrescidos pela Lei nº 10.099, de 19-12-2000.

Art. 129. Os litígios e medidas cautelares relativos a acidentes do trabalho serão apreciados:

I – na esfera administrativa, pelos órgãos da Previdência Social, segundo as regras e prazos aplicáveis às demais prestações, com prioridade para conclusão; e

II – na via judicial, pela Justiça dos Estados e do Distrito Federal, segundo o rito sumaríssimo, inclusive durante as férias forenses, mediante petição instruída pela prova de efetiva notificação do evento à Previdência Social, através de Comunicação de Acidente do Trabalho – CAT.

▸ A expressão "procedimento sumaríssimo" foi substituída por "procedimento sumário" conforme art. 3º da Lei nº 9.245, de 26-12-1995.

Parágrafo único. O procedimento judicial de que trata o inciso II deste artigo é isento do pagamento de quaisquer custas e de verbas relativas à sucumbência.

Art. 129-A. Os litígios e as medidas cautelares relativos aos benefícios por incapacidade de que trata esta Lei, inclusive os relativos a acidentes do trabalho, observarão o seguinte:

I – quando o fundamento da ação for a discussão de ato praticado pela perícia médica federal, a petição inicial deverá conter, em complemento aos requisitos previstos no art. 319 da Lei nº 13.105, de 16 de março de 2015 (Código de Processo Civil):

a) descrição clara da doença e das limitações que ela impõe;

b) indicação da atividade para a qual o autor alega estar incapacitado;

c) possíveis inconsistências da avaliação médico-pericial discutida; e

d) declaração quanto à existência de ação judicial anterior com o objeto de que trata este artigo, esclarecendo os motivos pelos quais se entende não haver litispendência ou coisa julgada, quando for o caso;

II – para atendimento do disposto no art. 320 da Lei nº 13.105, de 16 de março de 2015 (Código de Processo Civil), a petição inicial, qualquer que seja o rito ou procedimento adotado, deverá ser instruída pelo autor com os seguintes documentos:

a) comprovante de indeferimento do benefício ou de sua não prorrogação, quando for o caso, pela administração pública;

b) comprovante da ocorrência do acidente de qualquer natureza ou do acidente do trabalho, sempre que houver um acidente apontado como causa da incapacidade;

c) documentação médica de que dispuser relativa à doença alegada como a causa da incapacidade discutida na via administrativa.

§ 1º Determinada pelo juízo a realização de exame médico-pericial por perito do juízo, este deverá, no caso de divergência com as conclusões do laudo administrativo, indicar em seu laudo de forma fundamentada as razões técnicas e científicas que amparam o dissenso, especialmente no que se refere à comprovação da incapacidade, sua data de início e a sua correlação com a atividade laboral do periciando.

§ 2º Quando a conclusão do exame médico pericial realizado por perito designado pelo juízo mantiver o resultado da decisão proferida pela perícia realizada na via administrativa, poderá o juízo, após a oitiva da parte autora, julgar improcedente o pedido.

§ 3º Se a controvérsia versar sobre outros pontos além do que exige exame médico-pericial, observado o disposto no § 1º deste artigo, o juízo dará seguimento ao processo, com a citação do réu.

▸ Art. 129-A acrescido pela Lei nº 14.331, de 4-5-2022.

Art. 130. Na execução contra o Instituto Nacional do Seguro Social-INSS, o prazo a que se refere o artigo 730 do Código de Processo Civil é de 30 (trinta) dias.

▸ *Caput* com a redação dada pela Lei nº 9.528, de 10-12-1997.

▸ Refere-se ao CPC/1973.

▸ Art. 910 do CPC/2015.

Parágrafo único. *Revogado*. Lei nº 9.528, de 10-12-1997.

Art. 131. O Ministro da Previdência e Assistência Social poderá autorizar o INSS a formalizar a desistência ou abster-se de propor ações e recursos em processos judiciais sempre que a ação versar matéria sobre a qual haja declaração de inconstitucionalidade proferida pelo Supremo Tribunal Federal – STF, súmula ou jurisprudência consolidada do STF ou dos tribunais superiores.

▸ *Caput* com a redação dada pela Lei nº 9.528, de 10-12-1997.

Parágrafo único. O Ministro da Previdência e Assistência Social disciplinará as hipóteses em que a administração previdenciária federal, relativamente aos créditos previdenciários baseados em dispositivo declarado inconstitucional por decisão definitiva do Supremo Tribunal Federal, possa:

▸ Parágrafo único acrescido pela Lei nº 9.528, de 10-12-1997.

a) abster-se de constituí-los;
b) retificar o seu valor ou declará-los extintos, de ofício, quando houverem sido constituídos anteriormente, ainda que inscritos em dívida ativa;
c) formular desistência de ações de execução fiscal já ajuizadas, bem como deixar de interpor recursos de decisões judiciais.

▸ Art. 131 com a redação dada pela Lei nº 9.528, de 10-12-1997.

Art. 132. A formalização de desistência ou transigência judiciais, por parte de procurador da Previdência Social, será sempre precedida da anuência, por escrito, do Procurador-Geral do Instituto Nacional do Seguro Social INSS, ou do presidente desse órgão, quando os valores em litígio ultrapassarem os limites definidos pelo Conselho Nacional de Previdência Social – CNPS.

§ 1º Os valores, a partir dos quais se exigirá a anuência do Procurador-Geral ou do presidente do INSS, serão definidos periodicamente pelo CNPS, através de resolução própria.

§ 2º Até que o CNPS defina os valores mencionados neste artigo, deverão ser submetidos à anuência prévia do Procurador-Geral ou do presidente do INSS a formalização de desistência ou transigência judiciais, quando os valores, referentes a cada segurado considerado separadamente, superarem, respectivamente, 10 (dez) ou 30 (trinta) vezes o teto do salário de benefício.

Art. 133. A infração a qualquer dispositivo desta Lei, para a qual não haja penalidade expressamente cominada, sujeita o responsável, conforme a gravidade da infração, à multa variável de CR$ 100.000,00 (cem mil cruzeiros) a CR$ 10.000.000,00 (dez milhões de cruzeiros).

▸ Art. 8º, III, da Port. Interministerial do MTPrev e MF nº 26, de 10-1-2023 (*DOU* de 11-1-2023), que altera o valor previsto neste artigo de multa variável para R$ 3.100,06 (três mil e cem reais e seis centavos) a R$ 310.004,70 (trezentos e dez mil quatro reais e setenta centavos).

Parágrafo único. *Revogado*. Lei nº 11.941, de 27-5-2009.

Art. 134. Os valores expressos em moeda corrente nesta Lei serão reajustados nas mesmas épocas e com os mesmos índices utilizados para o reajustamento dos valores dos benefícios.

▸ Artigo com a redação dada pela MP nº 2.187-13, de 24-8-2001, que até o encerramento desta edição não havia sido convertida em Lei.

Art. 135. Os salários de contribuição utilizados no cálculo do valor de benefício serão considerados respeitando-se os limites mínimo e máximo vigentes nos meses a que se referirem.

Art. 135-A. Para o segurado filiado à Previdência Social até julho de 1994, no cálculo do salário de benefício das aposentadorias, exceto a aposentadoria por incapacidade permanente, o divisor considerado no cálculo da média dos salários de contribuição não poderá ser inferior a 108 (cento e oito) meses.

▸ Art. 135-A acrescido pela Lei nº 14.331, de 4-5-2022.

Art. 136. Ficam eliminados o menor e o maior valor-teto para cálculo do salário de benefício.

Art. 137. Fica extinto o Programa de Previdência Social aos Estudantes, instituído pela Lei nº 7.004, de 24 de junho de 1982, mantendo-se o pagamento dos benefícios de prestação continuada com data de início até a entrada em vigor desta Lei.

Art. 138. Ficam extintos os regimes de Previdência Social instituídos pela Lei Complementar nº 11, de 25 de maio de 1971, e pela Lei nº 6.260, de 6 de novembro de 1975, sendo mantidos, com valor não inferior ao do salário mínimo, os benefícios concedidos até a vigência desta Lei.

Parágrafo único. Para os que vinham contribuindo regularmente para os regimes a que se refere este artigo, será contado o tempo de contribuição para fins do Regime Geral de Previdência Social, conforme disposto no Regulamento.

Arts. 139 a 141. *Revogados.* Lei nº 9.528, de 10-12-1997.

Art. 142. Para o segurado inscrito na Previdência Social Urbana até 24 de julho de 1991, bem como para o trabalhador e o empregador rural cobertos pela Previdência Social Rural, a carência das aposentadorias por idade, por tempo de serviço e especial obedecerá à seguinte tabela, levando-se em conta o ano em que o segurado implementou todas as condições necessárias à obtenção do benefício:

► Artigo e tabela com a redação dada pela Lei nº 9.032, de 28-4-1995.

Ano de implementação das condições	Meses de contribuição
1991	60 meses
1992	60 meses
1993	66 meses
1994	72 meses
1995	78 meses
1996	90 meses
1997	96 meses
1998	102 meses
1999	108 meses
2000	114 meses
2001	120 meses
2002	126 meses
2003	132 meses
2004	138 meses
2005	144 meses
2006	150 meses
2007	156 meses
2008	162 meses
2009	168 meses
2010	174 meses
2011	180 meses

Art. 143. O trabalhador rural ora enquadrado como segurado obrigatório no Regime Geral de Previdência Social, na forma da alínea *a* do inciso I, ou do inciso IV ou VII do artigo 11 desta Lei, pode requerer aposentadoria por idade, no valor de um salário mínimo, durante quinze anos, contados a partir da data de vigência desta Lei, desde que comprove o exercício de atividade rural, ainda que descontínua, no período imediatamente anterior ao requerimento do benefício, em número de meses idêntico à carência do referido benefício.

► Artigo com a redação dada pela Lei nº 9.063, de 14-6-1995.

► O art. 2º da Lei nº 11.718, de 20-6-2008, prorroga o prazo previsto neste artigo até 31-12-2010, para o trabalhador empregado rural.

Arts. 144 a 147. *Revogados.* MP nº 2.187-13, de 24-8-2001.

Art. 148. *Revogado.* Lei nº 9.528, de 10-12-1997.

Art. 149. As prestações, e o seu financiamento, referentes aos benefícios de ex-combatente e de ferroviário servidor público ou autárquico federal ou em regime especial que não optou pelo regime da Consolidação das Leis do Trabalho, na forma da Lei nº 6.184, de 11 de dezembro de 1974, bem como seus dependentes, serão objeto de legislação específica.

Art. 150. *Revogado.* Lei nº 10.559, de 13-11-2002.

Art. 151. Até que seja elaborada a lista de doenças mencionada no inciso II do art. 26, independe de carência a concessão de auxílio-doença e de aposentadoria por invalidez ao segurado que, após filiar-se ao RGPS, for acometido das seguintes doenças: tuberculose ativa, hanseníase, alienação mental, esclerose múltipla, hepatopatia grave, neoplasia maligna, cegueira, paralisia irreversível e incapacitante, cardiopatia grave, doença de Parkinson, espondiloartrose anquilosante, nefropatia grave, estado avançado da doença de Paget (osteíte deformante), síndrome da deficiência imunológica adquirida (AIDS) ou contaminação por radiação, com base em conclusão da medicina especializada.

► Artigo com a redação dada pela Lei nº 13.135, de 17-6-2015.

Art. 152. *Revogado.* Lei nº 9.528, de 10-12-1997.

Art. 153. O Regime Facultativo Complementar de Previdência Social será objeto de lei especial, a ser submetida à apreciação do Congresso Nacional dentro do prazo de 180 (cento e oitenta) dias.

Art. 154. O Poder Executivo regulamentará esta Lei no prazo de 60 (sessenta) dias a partir da data da sua publicação.

Art. 155. Esta Lei entra em vigor na data de sua publicação.

Art. 156. Revogam-se as disposições em contrário.

Brasília, 24 de julho de 1991;
170º da Independência
e 103º da República.

Fernando Collor

LEI COMPLEMENTAR Nº 75, DE 20 DE MAIO DE 1993

Dispõe sobre a organização, as atribuições e o estatuto do Ministério Público da União.

(EXCERTOS)

- Publicada no *DOU* de 21-5-1993.
- Lei nº 8.625, de 12-2-1993 (Lei Orgânica Nacional do Ministério Público).

....

TÍTULO II – DOS RAMOS DO MINISTÉRIO PÚBLICO DA UNIÃO

....

CAPÍTULO II

DO MINISTÉRIO PÚBLICO DO TRABALHO

SEÇÃO I

DA COMPETÊNCIA, DOS ÓRGÃOS E DA CARREIRA

Art. 83. Compete ao Ministério Público do Trabalho o exercício das seguintes atribuições junto aos órgãos da Justiça do Trabalho:

I – promover as ações que lhe sejam atribuídas pela Constituição Federal e pelas leis trabalhistas;

II – manifestar-se em qualquer fase do processo trabalhista, acolhendo solicitação do juiz ou por sua iniciativa, quando entender existente interesse público que justifique a intervenção;

III – promover a ação civil pública no âmbito da Justiça do Trabalho, para defesa de interesses coletivos, quando desrespeitados os direitos sociais constitucionalmente garantidos;

IV – propor as ações cabíveis para declaração de nulidade de cláusula de contrato, acordo coletivo ou convenção coletiva que viole as liberdades individuais ou coletivas ou os direitos individuais indisponíveis dos trabalhadores;

V – propor as ações necessárias à defesa dos direitos e interesses dos menores, incapazes e índios, decorrentes das relações de trabalho;

VI – recorrer das decisões da Justiça do Trabalho, quando entender necessário, tanto nos processos em que for parte, como naqueles em que oficiar como fiscal da lei, bem como pedir revisão dos Enunciados da Súmula de Jurisprudência do Tribunal Superior do Trabalho;

VII – funcionar nas sessões dos Tribunais Trabalhistas, manifestando-se verbalmente sobre a matéria em debate, sempre que entender necessário, sendo-lhe assegurado o direito de vista dos processos em julgamento, podendo solicitar as requisições e diligências que julgar convenientes;

VIII – instaurar instância em caso de greve, quando a defesa da ordem jurídica ou o interesse público assim o exigir;

IX – promover ou participar da instrução e conciliação em dissídios decorrentes da paralisação de serviços de qualquer natureza, oficiando obrigatoriamente nos processos, manifestando sua concordância ou discordância, em eventuais acordos firmados antes da homologação, resguardado o direito de recorrer em caso de violação à lei e à Constituição Federal;

X – promover mandado de injunção, quando a competência for da Justiça do Trabalho;

XI – atuar como árbitro, se assim for solicitado pelas partes, nos dissídios de competência da Justiça do Trabalho;

XII – requerer as diligências que julgar convenientes para o correto andamento dos processos e para a melhor solução das lides trabalhistas;

XIII – intervir obrigatoriamente em todos os feitos nos segundo e terceiro graus de jurisdição da Justiça do Trabalho, quando a parte for pessoa jurídica de Direito Público, Estado estrangeiro ou organismo internacional.

Art. 84. Incumbe ao Ministério Público do Trabalho, no âmbito das suas atribuições, exercer as funções institucionais previstas nos Capítulos I, II, III e IV do Título I, especialmente:

I – integrar os órgãos colegiados previstos no § 1º do art. 6º, que lhes sejam pertinentes;

II – instaurar inquérito civil e outros procedimentos administrativos, sempre que cabíveis, para assegurar a observância dos direitos sociais dos trabalhadores;

III – requisitar à autoridade administrativa federal competente, dos órgãos de proteção ao trabalho, a instauração de procedimentos administrativos, podendo acompanhá-los e produzir provas;

IV – ser cientificado pessoalmente das decisões proferidas pela Justiça do Trabalho, nas causas em que o órgão tenha intervido ou emitido parecer escrito;

V – exercer outras atribuições que lhe forem conferidas por lei, desde que compatíveis com sua finalidade.

Art. 85. São órgãos do Ministério Público do Trabalho:

I – o Procurador-Geral do Trabalho;

II – o Colégio de Procuradores do Trabalho;

III – o Conselho Superior do Ministério Público do Trabalho;
IV – a Câmara de Coordenação e Revisão do Ministério Público do Trabalho;
V – a Corregedoria do Ministério Público do Trabalho;
VI – os Subprocuradores-Gerais do Trabalho;
VII – os Procuradores Regionais do Trabalho;
VIII – os Procuradores do Trabalho.

Art. 86. A carreira do Ministério Público do Trabalho será constituída pelos cargos de Subprocurador-Geral do Trabalho, Procurador Regional do Trabalho e Procurador do Trabalho.

Parágrafo único. O cargo inicial da carreira é o de Procurador do Trabalho e o do último nível o de Subprocurador-Geral do Trabalho.

Seção II

DO PROCURADOR-GERAL DO TRABALHO

Art. 87. O Procurador-Geral do Trabalho é o Chefe do Ministério Público do Trabalho.

Art. 88. O Procurador-Geral do Trabalho será nomeado pelo Procurador-Geral da República, dentre integrantes da instituição, com mais de trinta e cinco anos de idade e de cinco anos na carreira, integrante de lista tríplice escolhida mediante voto plurinominal, facultativo e secreto, pelo Colégio de Procuradores para um mandato de dois anos, permitida uma recondução, observado o mesmo processo. Caso não haja número suficiente de candidatos com mais de cinco anos na carreira, poderá concorrer à lista tríplice quem contar mais de dois anos na carreira.

Parágrafo único. A exoneração do Procurador-Geral do Trabalho, antes do término do mandato, será proposta ao Procurador-Geral da República pelo Conselho Superior, mediante deliberação obtida com base em voto secreto de dois terços de seus integrantes.

Art. 89. O Procurador-Geral do Trabalho designará, dentre os Subprocuradores-Gerais do Trabalho, o Vice-Procurador-Geral do Trabalho, que o substituirá em seus impedimentos. Em caso de vacância, exercerá o cargo o Vice-Presidente do Conselho Superior, até o seu provimento definitivo.

Art. 90. Compete ao Procurador-Geral do Trabalho exercer as funções atribuídas ao Ministério Público do Trabalho junto ao Plenário do Tribunal Superior do Trabalho, propondo as ações cabíveis e manifestando-se nos processos de sua competência.

Art. 91. São atribuições do Procurador-Geral do Trabalho:

I – representar o Ministério Público do Trabalho;
II – integrar, como membro nato, e presidir o Colégio de Procuradores do Trabalho, o Conselho Superior do Ministério Público do Trabalho e a Comissão de Concurso;
III – nomear o Corregedor Geral do Ministério Público do Trabalho, segundo lista tríplice formada pelo Conselho Superior;
IV – designar um dos membros e o Coordenador da Câmara de Coordenação e Revisão do Ministério Público do Trabalho;
V – designar, observados os critérios da lei e os estabelecidos pelo Conselho Superior, os ofícios em que exercerão suas funções os membros do Ministério Público do Trabalho;
VI – designar o Chefe da Procuradoria Regional do Trabalho dentre os Procuradores Regionais do Trabalho lotados na respectiva Procuradoria Regional;
VII – decidir, em grau de recurso, os conflitos de atribuição entre os órgãos do Ministério Público do Trabalho;
VIII – determinar a abertura de correição, sindicância ou inquérito administrativo;
IX – determinar a instauração de inquérito ou processo administrativo contra servidores dos serviços auxiliares;
X – decidir processo disciplinar contra membro da carreira ou servidor dos serviços auxiliares, aplicando as sanções que sejam de sua competência;
XI – decidir, atendendo a necessidade do serviço, sobre:
a) remoção a pedido ou por permuta;
b) alteração parcial da lista bienal de designações;
XII – autorizar o afastamento de membros do Ministério Público do Trabalho, ouvido o Conselho Superior, nos casos previstos em lei;
XIII – dar posse aos membros do Ministério Público do Trabalho;
XIV – designar membro do Ministério Público do Trabalho para:
a) funcionar nos órgãos em que a participação da Instituição seja legalmente prevista, ouvido o Conselho Superior;

b) integrar comissões técnicas ou científicas, relacionadas às funções da Instituição, ouvido o Conselho Superior;

c) assegurar a continuidade dos serviços, em caso de vacância, afastamento temporário, ausência, impedimento ou suspeição do titular, na inexistência ou falta do substituto designado;

XV – homologar, ouvido o Conselho Superior, o resultado do concurso para ingresso na carreira;

XVI – fazer publicar aviso de existência de vaga, na lotação e na relação bienal de designações;

XVII – propor ao Procurador-Geral da República, ouvido o Conselho Superior, a criação e extinção de cargos da carreira e dos ofícios em que devam ser exercidas suas funções;

XVIII – elaborar a proposta orçamentária do Ministério Público do Trabalho, submetendo-a, para aprovação, ao Conselho Superior;

XIX – encaminhar ao Procurador-Geral da República a proposta orçamentária do Ministério Público do Trabalho, após sua aprovação pelo Conselho Superior;

XX – organizar a prestação de contas do exercício anterior, encaminhando-a ao Procurador-Geral da República;

XXI – praticar atos de gestão administrativa, financeira e de pessoal;

XXII – elaborar o relatório de atividades do Ministério Público do Trabalho;

XXIII – coordenar as atividades do Ministério Público do Trabalho;

XXIV – exercer outras atribuições previstas em lei.

Art. 92. As atribuições do Procurador-Geral do Trabalho, previstas no artigo anterior, poderão ser delegadas:

I – ao Coordenador da Câmara de Coordenação e Revisão, as dos incisos XIV, alínea *c*, e XXIII;

II – aos Chefes das Procuradorias Regionais do Trabalho nos Estados e no Distrito Federal, as dos incisos I, XIV, alínea *c*, XXI e XXIII.

Seção III

DO COLÉGIO DE PROCURADORES DO TRABALHO

Art. 93. O Colégio de Procuradores do Trabalho, presidido pelo Procurador-Geral do Trabalho, é integrado por todos os membros da carreira em atividade no Ministério Público do Trabalho.

Art. 94. São atribuições do Colégio de Procuradores do Trabalho:

I – elaborar, mediante voto plurinominal, facultativo e secreto, a lista tríplice para a escolha do Procurador-Geral do Trabalho;

II – elaborar, mediante voto plurinominal, facultativo e secreto, a lista sêxtupla para a composição do Tribunal Superior do Trabalho, sendo elegíveis os membros do Ministério Público do Trabalho com mais de dez anos na carreira, tendo mais de trinta e cinco e menos de sessenta e cinco anos de idade;

III – elaborar, mediante voto plurinominal, facultativo e secreto, a lista sêxtupla para os Tribunais Regionais do Trabalho, dentre os Procuradores com mais de dez anos de carreira;

IV – eleger, dentre os Subprocuradores-Gerais do Trabalho e mediante voto plurinominal, facultativo e secreto, quatro membros do Conselho Superior do Ministério Público do Trabalho.

§ 1º Para os fins previstos nos incisos deste artigo, prescindir-se-á de reunião do Colégio de Procuradores, procedendo-se segundo dispuser o seu Regimento Interno, exigido o voto da maioria absoluta dos eleitores.

§ 2º Excepcionalmente, em caso de interesse relevante da Instituição, o Colégio de Procuradores reunir-se-á em local designado pelo Procurador-Geral do Trabalho, desde que convocado por ele ou pela maioria de seus membros.

§ 3º O Regimento Interno do Colégio de Procuradores do Trabalho disporá sobre seu funcionamento.

Seção IV

DO CONSELHO SUPERIOR DO MINISTÉRIO PÚBLICO DO TRABALHO

Art. 95. O Conselho Superior do Ministério Público do Trabalho, presidido pelo Procurador-Geral do Trabalho, tem a seguinte composição:

I – o Procurador-Geral do Trabalho e o Vice-Procurador-Geral do Trabalho, que o integram como membros natos;

II – quatro Subprocuradores-Gerais do Trabalho, eleitos para um mandato de dois anos, pelo Colégio de Procuradores do Trabalho, mediante voto plurinominal, facultativo e secreto, permitida uma reeleição;

III – quatro Subprocuradores-Gerais do Trabalho, eleitos para um mandato de dois anos, por seus pares, mediante voto plurinominal, facultativo e secreto, permitida uma reeleição.

§ 1º Serão suplentes dos membros de que tratam os incisos II e III os demais votados, em ordem decrescente, observados os critérios gerais de desempate.

§ 2º O Conselho Superior elegerá o seu Vice-Presidente, que substituirá o Presidente em seus impedimentos e em caso de vacância.

Art. 96. O Conselho Superior do Ministério Público do Trabalho reunir-se-á ordinariamente, uma vez por mês, em dia previamente fixado, e, extraordinariamente, quando convocado pelo Procurador-Geral do Trabalho ou por proposta da maioria absoluta de seus membros.

Art. 97. Salvo disposição em contrário, as deliberações do Conselho Superior serão tomadas por maioria de votos, presente a maioria absoluta de seus membros.

§ 1º Em caso de empate, prevalecerá o voto do Presidente, exceto em matéria de sanções, caso em que prevalecerá a solução mais favorável ao acusado.

§ 2º As deliberações do Conselho Superior serão publicadas no Diário da Justiça, exceto quando o Regimento Interno determinar sigilo.

Art. 98. Compete ao Conselho Superior do Ministério Público do Trabalho:

I – exercer o poder normativo no âmbito do Ministério Público do Trabalho, observados os princípios desta lei complementar, especialmente para elaborar e aprovar:

a) o seu Regimento Interno, o do Colégio de Procuradores do Trabalho e o da Câmara de Coordenação e Revisão do Ministério Público do Trabalho;

b) as normas e as instruções para o concurso de ingresso na carreira;

c) as normas sobre as designações para os diferentes ofícios do Ministério Público do Trabalho;

d) os critérios para distribuição de procedimentos administrativos e quaisquer outros feitos, no Ministério Público do Trabalho;

e) os critérios de promoção por merecimento na carreira;

f) o procedimento para avaliar o cumprimento das condições do estágio probatório;

II – indicar os integrantes da Câmara de Coordenação e Revisão do Ministério Público do Trabalho;

III – propor a exoneração do Procurador-Geral do Trabalho;

IV – destituir, por iniciativa do Procurador-Geral do Trabalho e pelo voto de dois terços de seus membros, antes do término do mandato, o Corregedor Geral;

V – elaborar a lista tríplice destinada à promoção por merecimento;

VI – elaborar a lista tríplice para Corregedor Geral do Ministério Público do Trabalho;

VII – aprovar a lista de antiguidade do Ministério Público do Trabalho e decidir sobre as reclamações a ela concernentes;

VIII – indicar o membro do Ministério Público do Trabalho para promoção por antiguidade, observado o disposto no art. 93, II, alínea *d*, da Constituição Federal;

IX – opinar sobre a designação de membro do Ministério Público do Trabalho para:

a) funcionar nos órgãos em que a participação da Instituição seja legalmente prevista;

b) integrar comissões técnicas ou científicas relacionadas às funções da Instituição;

X – opinar sobre o afastamento temporário de membro do Ministério Público do Trabalho;

XI – autorizar a designação, em caráter excepcional, de membros do Ministério Público do Trabalho, para exercício de atribuições processuais perante juízos, tribunais ou ofícios diferentes dos estabelecidos para cada categoria;

XII – determinar a realização de correições e sindicâncias e apreciar os relatórios correspondentes;

XIII – determinar a instauração de processos administrativos em que o acusado seja membro do Ministério Público do Trabalho, apreciar seus relatórios e propor as medidas cabíveis;

XIV – determinar o afastamento do exercício de suas funções, de membro do Ministério Público do Trabalho, indiciado ou acusado em processo disciplinar, e o seu retorno;

XV – designar a comissão de processo administrativo em que o acusado seja membro do Ministério Público do Trabalho;

XVI – decidir sobre o cumprimento do estágio probatório por membro do Ministério Público do Trabalho, encaminhando cópia da decisão ao Procurador-Geral da República, quando for o caso, para ser efetivada sua exoneração;

XVII – decidir sobre remoção e disponibilidade de membro do Ministério Público do Trabalho, por motivo de interesse público;

XVIII – autorizar, pela maioria absoluta de seus membros, que o Procurador-Geral da República ajuíze a ação de perda de cargo contra membro vitalício do Ministério Público do Trabalho, nos casos previstos em lei;

XIX – opinar sobre os pedidos de reversão de membro da carreira;

XX – aprovar a proposta de lei para o aumento do número de cargos da carreira e dos ofícios;

XXI – deliberar sobre a realização de concurso para o ingresso na carreira, designar os membros da Comissão de Concurso e opinar sobre a homologação dos resultados;

XXII – aprovar a proposta orçamentária que integrará o projeto de orçamento do Ministério Público da União;

XXIII – exercer outras funções atribuídas em lei.

§ 1º Aplicam-se ao Procurador-Geral e aos demais membros do Conselho Superior as normas processuais em geral, pertinentes aos impedimentos e suspeição dos membros do Ministério Público.

§ 2º As deliberações relativas aos incisos I, alíneas *a* e *e*, XI, XIII, XIV, XV e XVII somente poderão ser tomadas com o voto favorável de dois terços dos membros do Conselho Superior.

Seção V

DA CÂMARA DE COORDENAÇÃO E REVISÃO DO MINISTÉRIO PÚBLICO DO TRABALHO

Art. 99. A Câmara de Coordenação e Revisão do Ministério Público do Trabalho é um órgão de coordenação, de integração e de revisão do exercício funcional na Instituição.

Art. 100. A Câmara de Coordenação e Revisão do Ministério Público do Trabalho será organizada por ato normativo, e o Regimento Interno, que disporá sobre seu funcionamento, será elaborado pelo Conselho Superior.

Art. 101. A Câmara de Coordenação e Revisão do Ministério Público do Trabalho será composta por três membros do Ministério Público do Trabalho, sendo um indicado pelo Procurador-Geral do Trabalho e dois pelo Conselho Superior do Ministério Público do Trabalho, juntamente com seus suplentes, para um mandato de dois anos, sempre que possível, dentre integrantes do último grau da carreira.

Art. 102. Dentre os integrantes da Câmara de Coordenação e Revisão, um deles será designado pelo Procurador-Geral para a função executiva de Coordenador.

Art. 103. Compete à Câmara de Coordenação e Revisão do Ministério Público do Trabalho:

I – promover a integração e a coordenação dos órgãos institucionais do Ministério Público do Trabalho, observado o princípio da independência funcional;

II – manter intercâmbio com órgãos ou entidades que atuem em áreas afins;

III – encaminhar informações técnico-jurídicas aos órgãos institucionais do Ministério Público do Trabalho;

IV – resolver sobre a distribuição especial de feitos e procedimentos, quando a matéria, por sua natureza ou relevância, assim o exigir;

V – resolver sobre a distribuição especial de feitos, que por sua contínua reiteração, devam receber tratamento uniforme;

VI – decidir os conflitos de atribuição entre os órgãos do Ministério Público do Trabalho.

Parágrafo único. A competência fixada nos incisos IV e V será exercida segundo critérios objetivos previamente estabelecidos pelo Conselho Superior.

Seção VI

DA CORREGEDORIA DO MINISTÉRIO PÚBLICO DO TRABALHO

Art. 104. A Corregedoria do Ministério Público do Trabalho, dirigida pelo Corregedor Geral, é o órgão fiscalizador das atividades funcionais e da conduta dos membros do Ministério Público.

Art. 105. O Corregedor Geral será nomeado pelo Procurador-Geral do Trabalho dentre os Subprocuradores-Gerais do Trabalho, integrantes de lista tríplice elaborada pelo Conselho Superior, para mandato de dois anos, renovável uma vez.

§ 1º Não poderão integrar a lista tríplice os membros do Conselho Superior.

§ 2º Serão suplentes do Corregedor Geral os demais integrantes da lista tríplice, na ordem em que os designar o Procurador-Geral.

§ 3º O Corregedor Geral poderá ser destituído, por iniciativa do Procurador-Geral, antes do término do mandato, pelo voto de dois terços dos membros do Conselho Superior.

Art. 106. Incumbe ao Corregedor Geral do Ministério Público:

I – participar, sem direito a voto, das reuniões do Conselho Superior;

II – realizar, de ofício ou por determinação do Procurador-Geral ou do Conselho Superior, correições e sindicâncias, apresentando os respectivos relatórios;

III – instaurar inquérito contra integrante da carreira e propor ao Conselho Superior a instauração do processo administrativo consequente;
IV – acompanhar o estágio probatório dos membros do Ministério Público do Trabalho;
V – propor ao Conselho Superior a exoneração de membro do Ministério Público do Trabalho que não cumprir as condições do estágio probatório.

Seção VII

DOS SUBPROCURADORES-GERAIS DO TRABALHO

Art. 107. Os Subprocuradores-Gerais do Trabalho serão designados para oficiar junto ao Tribunal Superior do Trabalho e nos ofícios na Câmara de Coordenação e Revisão.

Parágrafo único. A designação de Subprocurador-Geral do Trabalho para oficiar em órgãos jurisdicionais diferentes do previsto para a categoria dependerá de autorização do Conselho Superior.

Art. 108. Cabe aos Subprocuradores-Gerais do Trabalho, privativamente, o exercício das funções de:

I – Corregedor Geral do Ministério Público do Trabalho;
II – Coordenador da Câmara de Coordenação e Revisão do Ministério Público do Trabalho.

Art. 109. Os Subprocuradores-Gerais do Trabalho serão lotados nos ofícios na Procuradoria-Geral do Trabalho.

Seção VIII

DOS PROCURADORES REGIONAIS DO TRABALHO

Art. 110. Os Procuradores Regionais do Trabalho serão designados para oficiar junto aos Tribunais Regionais do Trabalho.

Parágrafo único. Em caso de vaga ou de afastamento de Subprocurador-Geral do Trabalho por prazo superior a trinta dias, poderá ser convocado pelo Procurador-Geral, mediante aprovação do Conselho Superior, Procurador Regional do Trabalho para substituição.

Art. 111. Os Procuradores Regionais do Trabalho serão lotados nos ofícios nas Procuradorias Regionais do Trabalho nos Estados e no Distrito Federal.

Seção IX

DOS PROCURADORES DO TRABALHO

Art. 112. Os Procuradores do Trabalho serão designados para funcionar junto aos Tribunais Regionais do Trabalho e, na forma das leis processuais, nos litígios trabalhistas que envolvam, especialmente, interesses de menores e incapazes.

Parágrafo único. A designação de Procurador do Trabalho para oficiar em órgãos jurisdicionais diferentes dos previstos para a categoria dependerá de autorização do Conselho Superior.

Art. 113. Os Procuradores do Trabalho serão lotados nos ofícios nas Procuradorias Regionais do Trabalho nos Estados e no Distrito Federal.

Seção X

DAS UNIDADES DE LOTAÇÃO E DE ADMINISTRAÇÃO

Art. 114. Os ofícios na Procuradoria-Geral do Trabalho e nas Procuradorias Regionais do Trabalho nos Estados e no Distrito Federal são unidades de lotação e de administração do Ministério Público do Trabalho.

Art. 115. A estrutura básica das unidades de lotação e de administração será organizada por regulamento, nos termos da lei.

....

Brasília, 20 de maio de 1993;
172º da Independência e
105º da República.

Itamar Franco

LEI Nº 8.716, DE 11 DE OUTUBRO DE 1993

Dispõe sobre a garantia do salário mínimo e dá outras providências.

▸ Publicada no *DOU* de 13-10-1993.

Art. 1º Aos trabalhadores que perceberem remuneração variável, fixada por comissão, peça, tarefa ou outras modalidades, será garantido um salário mensal nunca inferior ao salário mínimo.

Art. 2º A garantia assegurada pelo artigo anterior estende-se também aos trabalhadores que perceberem salário misto, integrado por parte fixa e parte variável.

Art. 3º É vedado ao empregador fazer qualquer tipo de desconto em mês subsequente a título de compensação de eventuais complementações feitas em meses anteriores para cumprimento do disposto nos artigos 1º e 2º.

Art. 4º Esta Lei entra em vigor na data de sua publicação.

Art. 5º Revogam-se as disposições em contrário.

Brasília, 11 de outubro de 1993;
172º da Independência e
105º da República.

Itamar Franco

LEI Nº 8.844, DE 20 DE JANEIRO DE 1994

Dispõe sobre a fiscalização, apuração e cobrança judicial das contribuições e multas devidas ao Fundo de Garantia do Tempo de Serviço – FGTS.

▸ Publicada no *DOU* de 21-1-1994.

Art. 1º Compete ao Ministério do Trabalho a fiscalização e a apuração das contribuições ao Fundo de Garantia do Tempo de Serviço (FGTS), bem assim a aplicação das multas e demais encargos devidos.

Parágrafo único. A Caixa Econômica Federal (CEF) e a rede arrecadadora prestarão ao Ministério do Trabalho as informações necessárias ao desempenho dessas atribuições.

Art. 2º Compete à Procuradoria-Geral da Fazenda Nacional a inscrição em Dívida Ativa dos débitos para com o Fundo de Garantia do Tempo de Serviço - FGTS, bem como, diretamente ou por intermédio da Caixa Econômica Federal, mediante convênio, a representação Judicial e extrajudicial do FGTS, para a correspondente cobrança, relativamente à contribuição e às multas e demais encargos previstos na legislação respectiva.

▸ *Caput* com a redação dada pela Lei nº 9.467, de 10-7-1997.

▸ Súm. nº 349 do STJ.

§ 1º O Fundo de Garantia do Tempo de Serviço fica isento de custas nos processos judiciais de cobrança de seus créditos.

§ 2º As despesas, inclusive as de sucumbência, que vierem a ser incorridas pela Procuradoria-Geral da Fazenda Nacional e pela Caixa Econômica Federal, para a realização da inscrição em Dívida Ativa, do ajuizamento e do controle e acompanhamento dos processos judiciais, serão efetuadas a débito do Fundo de Garantia do Tempo de Serviço.

§ 3º Os créditos relativos ao FGTS gozam dos mesmos privilégios atribuídos aos créditos trabalhistas.

▸ §§ 1º a 3º acrescidos pela Lei nº 9.467, de 10-7-1997.

§ 4º Na cobrança judicial dos créditos do FGTS, incidirá encargo de 10% (dez por cento), que reverterá para o Fundo, para ressarcimento dos custos por ele incorridos, o qual será reduzido para 5% (cinco por cento), se o pagamento se der antes do ajuizamento da cobrança.

▸ § 4º com a redação dada pela Lei nº 9.964, de 10-4-2000.

Art. 3º Esta lei entra em vigor na data de sua publicação.

Senado Federal, 20 de janeiro de 1994;
173º da Independência e
106º da República.

Senador Humberto Lucena

LEI Nº 8.984, DE 7 DE FEVEREIRO DE 1995

Estende a competência da Justiça do Trabalho (artigo 114 da Constituição Federal).

▸ Publicada no *DOU* de 8-2-1995.

▸ Art. 114 da CF.

Art. 1º Compete à Justiça do Trabalho conciliar e julgar os dissídios que tenham origem no cumprimento de convenções coletivas de trabalho ou acordos coletivos de trabalho, mesmo quando ocorram entre sindicatos ou entre sindicato de trabalhadores e empregador.

Art. 2º Esta Lei entra em vigor na data de sua publicação.

Art. 3º Revogam-se as disposições em contrário.

Brasília, 7 de fevereiro de 1995;
174º da Independência e
107º da República.

Fernando Henrique Cardoso

LEI Nº 9.029, DE 13 DE ABRIL DE 1995

Proíbe a exigência de atestados de gravidez e esterilização, e outras práticas discriminatórias, para efeitos admissionais ou de permanência da relação jurídica de trabalho, e dá outras providências.

▸ Publicada no *DOU* de 17-4-1995.

▸ Dec. nº 62.150, de 19-1-1968, promulga a Convenção nº 111 da OIT sobre discriminação em matéria de emprego e profissão.

▸ Dec. nº 41.721, de 25-6-57, promulga a Convenção nº 100 da OIT concernente à igualdade de remuneração para a mão-de-obra masculina e a mão-de-obra feminina por um trabalho de igual valor.

- Port. do MTE nº 1.246, de 28-5-2010, orienta as empresas e os trabalhadores em relação à testagem relacionada ao vírus da imunodeficiência adquirida – HIV.

Art. 1º É proibida a adoção de qualquer prática discriminatória e limitativa para efeito de acesso à relação de trabalho, ou de sua manutenção, por motivo de sexo, origem, raça, cor, estado civil, situação familiar, deficiência, reabilitação profissional, idade, entre outros, ressalvadas, nesse caso, as hipóteses de proteção à criança e ao adolescente previstas no inciso XXXIII do art. 7º da Constituição Federal.

- Artigo com a redação dada pela Lei nº 13.146, de 6-7-2015.
- Art. 373-A da CLT.

Art. 2º Constituem crime as seguintes práticas discriminatórias:

I – a exigência de teste, exame, perícia, laudo, atestado, declaração ou qualquer outro procedimento relativo à esterilização ou a estado de gravidez;

II – a adoção de quaisquer medidas, de iniciativa do empregador, que configurem:

a) indução ou instigamento à esterilização genética;

b) promoção do controle de natalidade, assim não considerado o oferecimento de serviços e de aconselhamento ou planejamento familiar, realizados através de instituições públicas ou privadas, submetidas às normas do Sistema Único de Saúde – SUS.

Pena: detenção de um a dois anos e multa.

Parágrafo único. São sujeitos ativos dos crimes a que se refere este artigo:

I – a pessoa física empregadora;

II – o representante legal do empregador, como definido na legislação trabalhista;

III – o dirigente, direto ou por delegação, de órgãos públicos e entidades das administrações públicas direta, indireta e fundacional de qualquer dos Poderes da União, dos Estados, do Distrito Federal e dos Municípios.

Art. 3º Sem prejuízo do prescrito no art. 2º desta Lei e nos dispositivos legais que tipificam os crimes resultantes de preconceito de etnia, raça, cor ou deficiência, as infrações ao disposto nesta Lei são passíveis das seguintes cominações:

- *Caput* com a redação dada pela Lei nº 13.146, de 6-7-2015.

I – multa administrativa de dez vezes o valor do maior salário pago pelo empregador, elevado em cinquenta por cento em caso de reincidência;

II – proibição de obter empréstimo ou financiamento junto a instituições financeiras oficiais.

Art. 4º O rompimento da relação de trabalho por ato discriminatório, nos moldes desta Lei, além do direito à reparação pelo dano moral, faculta ao empregado optar entre:

- *Caput* com a redação dada pela Lei nº 12.288, de 20-7-2010.
- Súm. nº 443 do TST.

I – a reintegração com ressarcimento integral de todo o período de afastamento, mediante pagamento das remunerações devidas, corrigidas monetariamente e acrescidas de juros legais;

- Inciso I com a redação dada pela Lei nº 13.146, de 6-7-2015.

II – a percepção, em dobro, da remuneração do período de afastamento, corrigida monetariamente e acrescida dos juros legais.

Art. 5º Esta Lei entra em vigor na data de sua publicação.

Art. 6º Revogam-se as disposições em contrário.

Brasília, 13 de abril de 1995;
174º da Independência e
107º da República.

Fernando Henrique Cardoso

LEI Nº 9.279, DE 14 DE MAIO DE 1996

Regula direitos e obrigações relativos à propriedade industrial.

(EXCERTOS)

- Publicada no *DOU* de 15-5-1996.

....

TÍTULO I – DAS PATENTES

....

CAPÍTULO XIV

DA INVENÇÃO E DO MODELO DE UTILIDADE REALIZADO POR EMPREGADO OU PRESTADOR DE SERVIÇO

- Dec. nº 2.553, de 16-4-1998, regulamenta este capítulo.

Art. 88. A invenção e o modelo de utilidade pertencem exclusivamente ao empregador quando decorrerem de contrato de trabalho cuja execução ocorra no Brasil e que tenha por objeto a pesquisa ou a atividade inventiva, ou resulte esta da natureza dos serviços para os quais foi o empregado contratado.

§ 1º Salvo expressa disposição contratual em contrário, a retribuição pelo trabalho a que se refere este artigo limita-se ao salário ajustado.

§ 2º Salvo prova em contrário, consideram-se desenvolvidos na vigência do contrato a invenção ou o modelo de utilidade, cuja patente seja requerida pelo empregado até um ano após a extinção do vínculo empregatício.

Art. 89. O empregador, titular da patente, poderá conceder ao empregado, autor de invento ou aperfeiçoamento, participação nos ganhos econômicos resultantes da exploração da patente, mediante negociação com o interessado ou conforme disposto em norma da empresa.

Parágrafo único. A participação referida neste artigo não se incorpora, a qualquer título, ao salário do empregado.

Art. 90. Pertencerá exclusivamente ao empregado a invenção ou o modelo de utilidade por ele desenvolvido, desde que desvinculado do contrato de trabalho e não decorrente da utilização de recursos, meios, dados, materiais, instalações ou equipamentos do empregador.

Art. 91. A propriedade de invenção ou de modelo de utilidade será comum, em partes iguais, quando resultar da contribuição pessoal do empregado e de recursos, dados, meios, materiais, instalações ou equipamentos do empregador, ressalvada expressa disposição contratual em contrário.

§ 1º Sendo mais de um empregado, a parte que lhes couber será dividida igualmente entre todos, salvo ajuste em contrário.

§ 2º É garantido ao empregador o direito exclusivo de licença de exploração e assegurada ao empregado a justa remuneração.

§ 3º A exploração do objeto da patente, na falta de acordo, deverá ser iniciada pelo empregador dentro do prazo de um ano, contado da data de sua concessão, sob pena de passar à exclusiva propriedade do empregado a titularidade da patente, ressalvadas as hipóteses de falta de exploração por razões legítimas.

§ 4º No caso de cessão, qualquer dos co-titulares, em igualdade de condições, poderá exercer o direito de preferência.

Art. 92. O disposto nos artigos anteriores aplica-se, no que couber, às relações entre o trabalhador autônomo ou o estagiário e a empresa contratante e entre empresas contratantes e contratadas.

Art. 93. Aplica-se o disposto neste Capítulo, no que couber, às entidades da Administração Pública direta, indireta e fundacional, federal, estadual ou municipal.

Parágrafo único. Na hipótese do artigo 88, será assegurada ao inventor, na forma e condições previstas no estatuto ou regimento interno da entidade a que se refere este artigo, premiação de parcela no valor das vantagens auferidas com o pedido ou com a patente, a título de incentivo.

....

Art. 243. Esta Lei entra em vigor na data de sua publicação quanto às matérias disciplinadas nos artigos 230, 231, 232 e 239, e um ano após sua publicação quanto aos demais artigos.

Art. 244. Revogam-se a Lei nº 5.772, de 21 de dezembro de 1971, a Lei nº 6.348, de 7 de julho de 1976, os artigos 187 a 196 do Decreto-lei nº 2.848, de 7 de dezembro de 1940, os artigos 169 a 189 do Decreto-lei nº 7.903, de 27 de agosto de 1945, e as demais disposições em contrário.

Brasília, 14 de maio de 1996;
175º da Independência e
108º da República.

Fernando Henrique Cardoso

LEI Nº 9.601, DE 21 DE JANEIRO DE 1998

Dispõe sobre o contrato de trabalho por prazo determinado e dá outras providências.

- Publicada no *DOU* de 22-1-1998.
- Arts. 41 a 75 do Dec. nº 10.854, de 10-11-2021, que regulamenta disposições relativas à legislação trabalhista.

Art. 1º As convenções e os acordos coletivos de trabalho poderão instituir contrato de trabalho por prazo determinado, de que trata o artigo 443 da Consolidação das Leis do Trabalho-CLT, independentemente das condições estabelecidas em seu § 2º, em qualquer atividade desenvolvida pela empresa ou estabelecimento, para admissões que representem acréscimo no número de empregados.

§ 1º As partes estabelecerão, na convenção ou acordo coletivo referido neste artigo:

I – a indenização para as hipóteses de rescisão antecipada do contrato de que trata este artigo, por iniciativa do empregador ou do empregado, não se aplicando o disposto nos artigos 479 e 480 da CLT;

II – as multas pelo descumprimento de suas cláusulas.

§ 2º Não se aplica ao contrato de trabalho previsto neste artigo o disposto no artigo 451 da CLT.

§ 3º VETADO.

§ 4º São garantidas as estabilidades provisórias da gestante; do dirigente sindical. ainda que suplente; do empregado eleito para cargo de direção de comissões internas de prevenção de acidentes; do empregado acidentado, nos termos do artigo 118 da Lei nº 8.213, de 24 de julho de 1991, durante a vigência do contrato por prazo determinado, que não poderá ser rescindido antes do prazo estipulado pelas partes.

Art. 2º Para os contratos previstos no artigo 1º, são reduzidas, por sessenta meses, a contar da data de publicação desta Lei:

► *Caput* com a redação dada pela MP nº 2.164-41, de 24-8-2001, que até o encerramento desta edição não havia sido convertida em Lei.

I – a cinquenta por cento de seu valor vigente em 1º de janeiro de 1996. as alíquotas das contribuições sociais destinadas ao Serviço Social da Indústria – SESI, Serviço Social do Comércio – SESC, Serviço Social do Transporte – SEST, Serviço Nacional de Aprendizagem Industrial – SENAI, Serviço Nacional de Aprendizagem Comercial – SENAC, Serviço Nacional de Aprendizagem do Transporte – SENAT, Serviço Brasileiro de Apoio às Micro e Pequenas Empresas – SEBRAE e Instituto Nacional de Colonização e Reforma Agrária – INCRA, bem como ao salário-educação e para o financiamento do seguro de acidente do trabalho;

II – para dois por cento, a alíquota da contribuição para o Fundo de Garantia do Tempo de Serviço – FGTS, de que trata a Lei nº 8.036, de 11 de maio de 1990.

Parágrafo único. As partes estabelecerão, na convenção ou acordo coletivo, obrigação de o empregador efetuar, sem prejuízo do disposto no inciso II deste artigo, depósitos mensais vinculados, a favor do empregado, em estabelecimento bancário, com periodicidade determinada de saque.

Art. 3º O número de empregados contratados nos termos do artigo 1º desta Lei observará o limite estabelecido no instrumento decorrente da negociação coletiva, não podendo ultrapassar os seguintes percentuais, que serão aplicados cumulativamente:

I – cinquenta por cento do número de trabalhadores, para a parcela inferior a cinquenta empregados;

II – trinta e cinco por cento do número de trabalhadores, para a parcela entre cinquenta e cento e noventa e nove empregados; e

III – vinte por cento do número de trabalhadores, para a parcela acima de duzentos empregados.

Parágrafo único. As parcelas referidas nos incisos deste artigo serão calculadas sobre a média aritmética mensal do número de empregados contratados por prazo indeterminado do estabelecimento, nos seis meses imediatamente anteriores ao da data de publicação desta Lei.

Art. 4º As reduções previstas no artigo 2º serão asseguradas desde que, no momento da contratação:

I – o empregador esteja adimplente junto ao Instituto Nacional do Seguro Social – INSS e ao Fundo de Garantia do Tempo de Serviço – FGTS;

II – o contrato de trabalho por prazo determinado e a relação mencionada no § 3º deste artigo tenham sido depositados no Ministério do Trabalho.

§ 1º As reduções referidas neste artigo subsistirão enquanto:

I – o quadro de empregados e a respectiva folha salarial, da empresa ou estabelecimento, forem superiores às respectivas médias mensais dos seis meses imediatamente anteriores ao da data de publicação desta Lei; e

II – o número de empregados contratados por prazo indeterminado for, no mínimo, igual à média referida no parágrafo único do artigo 3º.

§ 2º O Ministério do Trabalho tornará disponíveis ao INSS e ao Agente Operador do FGTS as informações constantes da convenção ou acordo coletivo de que trata o artigo 1º e do contrato de trabalho depositado, necessárias ao controle do recolhimento das contribuições mencionadas, respectivamente, nos incisos I e II do artigo 2º desta Lei.

§ 3º O empregador deverá afixar, no quadro de avisos da empresa, cópias do instrumento normativo mencionado no artigo 1º e da relação dos contratados, que conterá, dentre outras informações, o nome do empregado, número da Carteira de Trabalho e Previdência Social, o número de inscrição do trabalhador no Programa de Integração Social – PIS e as datas de início e de término do contrato por prazo determinado.

§ 4º O Ministro do Trabalho disporá sobre as variáveis a serem consideradas e a metodologia de cálculo das médias aritméticas mensais de que trata o § 1º deste artigo.

Art. 5º As empresas que, a partir da data de publicação desta Lei, aumentarem seu quadro de pessoal em relação à média mensal do número de empregos no período de referência mencionado no artigo anterior terão preferencia na obtenção de recursos no âmbito dos programas executados pelos estabelecimentos federais de crédito, especialmente junto ao Banco Nacional de Desenvolvimento Econômico e Social – BNDES.

Art. 6º O artigo 59 da Consolidação das Leis do Trabalho – CLT, passa a vigorar com a seguinte redação:

▸ Alteração inserida no texto da CLT.

Art. 7º O descumprimento, pelo empregador, do disposto nos arts. 3º e 4º desta Lei sujeita-o a multa de quinhentas Unidades Fiscais de Referência – UFIR, por trabalhador contratado nos moldes do art. 1º, que se constituirá receita adicional do Fundo de Amparo ao Trabalhador – FAT, de que trata a Lei nº 7.998, de 11 de janeiro de 1990.

Art. 8º O Poder Executivo regulamentará esta Lei no prazo de trinta dias, contado a partir da data de sua publicação.

Art. 9º Esta Lei entra em vigor na data de sua publicação.

Art. 10. Revogam-se as disposições em contrário.

Brasília, 21 de janeiro de 1998;
177º da Independência e
110º da República.

Fernando Henrique Cardoso

LEI Nº 9.608, DE 18 DE FEVEREIRO DE 1998

Dispõe sobre o serviço voluntário e dá outras providências.

▸ Publicada no *DOU* de 19-2-1998.

Art. 1º Considera-se serviço voluntário, para os fins desta Lei, a atividade não remunerada prestada por pessoa física a entidade pública de qualquer natureza ou a instituição privada de fins não lucrativos que tenha objetivos cívicos, culturais, educacionais, científicos, recreativos ou de assistência à pessoa.

▸ *Caput* com a redação dada pela Lei nº 13.297, de 16-6-2016.

Parágrafo único. O serviço voluntário não gera vínculo empregatício, nem obrigação de natureza trabalhista, previdenciária ou afim.

Art. 2º O serviço voluntário será exercido mediante a celebração de termo de adesão entre a entidade, pública ou privada, e o prestador do serviço voluntário, dele devendo constar o objeto e as condições de seu exercício.

Art. 3º O prestador do serviço voluntário poderá ser ressarcido pelas despesas que comprovadamente realizar no desempenho das atividades voluntárias.

Parágrafo único. As despesas a serem ressarcidas deverão estar expressamente autorizadas pela entidade a que for prestado o serviço voluntário.

Art. 3º-A. *Revogado*. Lei nº 11.692, de 28-12-2008.

Art. 4º Esta Lei entra em vigor na data de sua publicação.

Art. 5º Revogam-se as disposições em contrário.

Brasília, 18 de fevereiro de 1998;
177º da Independência e
110º da República.

Fernando Henrique Cardoso

LEI Nº 9.719, DE 27 DE NOVEMBRO DE 1998

Dispõe sobre normas e condições gerais de proteção ao trabalho portuário, institui multas pela inobservância de seus preceitos, e dá outras providências.

▸ Publicada no *DOU* de 30-11-1998.

► Art. 11 da Lei nº 12.023, de 27-8-2009, que dispõe sobre as atividades de movimentação de mercadorias em geral e sobre o trabalho avulso.

Art. 1º Observado o disposto nos artigos 18 e seu parágrafo único, 19 e seus parágrafos, 20, 21, 22, 25 e 27 e seus parágrafos, 29, 47, 49 e 56 e seu parágrafo único, da Lei nº 8.630, de 25 de fevereiro de 1993, a mão de obra do trabalho portuário avulso deverá ser requisitada ao órgão gestor de mão de obra.

Art. 2º Para os fins previstos no artigo 1º desta Lei:

I – cabe ao operador portuário recolher ao órgão gestor de mão de obra os valores devidos pelos serviços executados, referentes à remuneração por navio, acrescidos dos percentuais relativos a décimo terceiro salário, férias, Fundo de Garantia do Tempo de Serviço – FGTS, encargos fiscais e previdenciários, no prazo de 24 horas da realização do serviço, para viabilizar o pagamento ao trabalhador portuário avulso;

II – cabe ao órgão gestor de mão de obra efetuar o pagamento da remuneração pelos serviços executados e das parcelas referentes a décimo terceiro salário e férias, diretamente ao trabalhador portuário avulso.

§ 1º O pagamento da remuneração pelos serviços executados será feito no prazo de 48 horas após o término do serviço.

§ 2º Para efeito do disposto no inciso II, o órgão gestor de mão de obra depositará as parcelas referentes às férias e ao décimo terceiro salário, separada e respectivamente, em contas individuais vinculadas, a serem abertas e movimentadas às suas expensas, especialmente para este fim, em instituição bancária de sua livre escolha, sobre as quais deverão incidir rendimentos mensais com base nos parâmetros fixados para atualização dos saldos dos depósitos de poupança.

§ 3º Os depósitos a que se refere o parágrafo anterior serão efetuados no dia 2 do mês seguinte ao da prestação do serviço, prorrogado o prazo para o primeiro dia útil subsequente se o vencimento cair em dia em que não haja expediente bancário.

§ 4º O operador portuário e o órgão gestor de mão de obra são solidariamente responsáveis pelo pagamento dos encargos trabalhistas, das contribuições previdenciárias e demais obrigações, inclusive acessórias, devidas à Seguridade Social, arrecadadas pelo Instituto Nacional do Seguro Social – INSS, vedada a invocação do benefício de ordem.

§ 5º Os prazos previstos neste artigo podem ser alterados mediante convenção coletiva firmada entre entidades sindicais representativas dos trabalhadores e operadores portuários, observado o prazo legal para recolhimento dos encargos fiscais, trabalhistas e previdenciários.

§ 6º A liberação das parcelas referentes à décimo terceiro salário e férias, depositadas nas contas individuais vinculadas, e o recolhimento do FGTS e dos seus encargos fiscais e previdenciários serão efetuados conforme regulamentação do Poder Executivo.

Art. 3º O órgão gestor de mão de obra manterá o registro do trabalhador portuário avulso que:

I – for cedido ao operador portuário para trabalhar em caráter permanente;

II – constituir ou se associar a cooperativa formada para se estabelecer como operador portuário, na forma do artigo 17 da Lei nº 8.630, de 1993.

§ 1º Enquanto durar a cessão ou a associação de que tratam os incisos I e II deste artigo, o trabalhador deixará de concorrer à escala como avulso.

§ 2º É vedado ao órgão gestor de mão de obra ceder trabalhador portuário avulso cadastrado a operador portuário, em caráter permanente.

Art. 4º É assegurado ao trabalhador portuário avulso cadastrado no órgão gestor de mão de obra o direito de concorrer à escala diária complementando a equipe de trabalho do quadro dos registrados.

Art. 5º A escalação do trabalhador portuário avulso, em sistema de rodízio, será feita pelo órgão gestor de mão de obra.

§ 1º O órgão gestor de mão de obra fará a escalação de trabalhadores portuários avulsos por meio eletrônico, de modo que o trabalhador possa habilitar-se sem comparecer ao posto de escalação.

§ 2º O meio eletrônico adotado para a escalação de trabalhadores portuários avulsos deverá ser inviolável e tecnicamente seguro.

§ 3º Fica vedada a escalação presencial de trabalhadores portuários.

► §§ 1º a 3º acrescidos pela Lei nº 14.047, de 24-8-2020.

Art. 6º Cabe ao operador portuário e ao órgão gestor de mão de obra verificar a presença, no local de trabalho, dos trabalhadores constantes da escala diária.

Parágrafo único. Somente fará jus à remuneração o trabalhador avulso que, constante da escala diária, estiver em efetivo serviço.

Art. 7º O órgão gestor de mão de obra deverá, quando exigido pela fiscalização do Ministério do Trabalho e do INSS, exibir as listas de escalação diária dos trabalhadores portuários avulsos, por operador portuário e por navio.

Parágrafo único. Caberá exclusivamente ao órgão gestor de mão de obra a responsabilidade pela exatidão dos dados lançados nas listas diárias referidas no *caput* deste artigo, assegurando que não haja preterição do trabalhador regularmente registrado e simultaneidade na escalação.

Art. 8º Na escalação diária do trabalhador portuário avulso deverá sempre ser observado um intervalo mínimo de onze horas consecutivas entre duas jornadas, salvo em situações excepcionais, constantes de acordo ou convenção coletiva de trabalho.

Art. 9º Compete ao órgão gestor de mão de obra, ao operador portuário e ao empregador, conforme o caso, cumprir e fazer cumprir as normas concernentes a saúde e segurança do trabalho portuário.

Parágrafo único. O Ministério do Trabalho estabelecerá as normas regulamentadoras de que trata o *caput* deste artigo.

Art. 10. O descumprimento do disposto nesta Lei sujeitará o infrator às seguintes multas:

I – de R$ 173,00 (cento e setenta e três reais) a R$ 1.730,00 (um mil, setecentos e trinta reais), por infração ao *caput* do art. 7º;

II – de R$ 575,00 (quinhentos e setenta e cinco reais) a R$ 5.750,00 (cinco mil, setecentos e cinquenta reais), por infração às normas de segurança do trabalho portuário, e de R$ 345,00 (trezentos e quarenta e cinco reais) a R$ 3.450,00 (três mil, quatrocentos e cinquenta reais), por infração às normas de saúde do trabalho, nos termos do art. 9º;

III – de R$ 345,00 (trezentos e quarenta e cinco reais) a R$ 3.450,00 (três mil, quatrocentos e cinquenta reais), por trabalhador em situação irregular, por infração ao parágrafo único do art. 7º e aos demais artigos.

Parágrafo único. As multas previstas neste artigo serão graduadas segundo a natureza da infração, sua extensão e a intenção de quem a praticou, e aplicadas em dobro em caso de reincidência, oposição à fiscalização e desacato à autoridade, sem prejuízo das penalidades previstas na legislação previdenciária.

Art. 10-A. É assegurado, na forma do regulamento, benefício assistencial mensal, de até 1 (um) salário mínimo, aos trabalhadores portuários avulsos, com mais de 60 (sessenta) anos, que não cumprirem os requisitos para a aquisição das modalidades de aposentadoria previstas nos arts. 42, 48, 52 e 57 da Lei nº 8.213, de 24 de julho de 1991, e que não possuam meios para prover a sua subsistência.

Parágrafo único. O benefício de que trata este artigo não pode ser acumulado pelo beneficiário com qualquer outro no âmbito da seguridade social ou de outro regime, salvo os da assistência médica e da pensão especial de natureza indenizatória.

▸ Art. 10-A acrescido pela Lei nº 12.815, de 5-6-2013.

Art. 11. *Revogado.* Lei nº 12.815, de 5-6-2013.

Art. 12. O processo de autuação e imposição das multas previstas nesta Lei obedecerá ao disposto no Título VII da Consolidação das Leis do Trabalho ou na legislação previdenciária, conforme o caso.

Art. 13. Esta Lei também se aplica aos requisitantes de mão de obra de trabalhador portuário avulso junto ao órgão gestor de mão de obra que não sejam operadores portuários.

Art. 14. Compete ao Ministério do Trabalho e ao INSS a fiscalização da observância das disposições contidas nesta Lei, devendo as autoridades de que trata o artigo 3º da Lei nº 8.630, de 1993, colaborar com os Agentes da Inspeção do Trabalho e Fiscais do INSS em sua ação fiscalizadora, nas instalações portuárias ou a bordo de navios.

Art. 15. Ficam convalidados os atos praticados com base na Medida Provisória nº 1.679-18, de 26 de outubro de 1998.

Art. 16. Esta Lei entra em vigor na data de sua publicação.

Art. 17. Revoga-se a Medida Provisória nº 1.679-18, de 26 de outubro de 1998.

Brasília, 27 de novembro de 1998;
177º da Independência e
110º da República.

Senador Antonio Carlos Magalhães

LEI Nº 9.766, DE 18 DE DEZEMBRO DE 1998

Altera a legislação que rege o Salário-Educação, e dá outras providências.

► Publicada no *DOU* de 19-12-1998, Edição Extra.

► Dec. nº 6.003, de 28-12-2006, regulamenta a arrecadação, a fiscalização e a cobrança da contribuição social do salário-educação.

Art. 1º A contribuição social do Salário-Educação, a que se refere o artigo 15 da Lei nº 9.424, de 24 de dezembro de 1996, obedecerá aos mesmos prazos e condições, e sujeitar-se-á às mesmas sanções administrativas ou penais e outras normas relativas às contribuições sociais e demais importâncias devidas à Seguridade Social, ressalvada a competência do Fundo Nacional de Desenvolvimento da Educação – FNDE, sobre a matéria.

§ 1º Estão isentas do recolhimento da contribuição social do Salário-Educação:

I – a União, os Estados, o Distrito Federal e os Municípios, bem como suas respectivas autarquias e fundações;

II – as instituições públicas de ensino de qualquer grau;

III – as escolas comunitárias, confessionais ou filantrópicas, devidamente registradas e reconhecidas pelo competente órgão de educação, e que atendam ao disposto no inciso II do artigo 55 da Lei nº 8.212, de 24 de julho de 1991;

IV – as organizações de fins culturais que, para este fim, vierem a ser definidas em regulamento;

V – as organizações hospitalares e de assistência social, desde que atendam, cumulativamente, aos requisitos estabelecidos nos incisos I a V do artigo 55 da Lei nº 8.212, de 1991.

§ 2º Integram a receita do Salário-Educação os acréscimos legais a que estão sujeitos os contribuintes em atraso.

§ 3º Entende-se por empresa, para fins de incidência da contribuição social do Salário-Educação, qualquer firma individual ou sociedade que assume o risco de atividade econômica, urbana ou rural, com fins lucrativos ou não, bem como as empresas e demais entidades públicas ou privadas, vinculadas à Seguridade Social.

Art. 2º A Quota Estadual e Municipal do Salário-Educação, de que trata o § 1º e seu inciso II do art. 15 da Lei nº 9.424, de 24 de dezembro de 1996, será integralmente redistribuída entre o Estado e seus Municípios de forma proporcional ao número de alunos matriculados no ensino fundamental nas respectivas redes de ensino, conforme apurado pelo censo educacional realizado pelo Ministério da Educação.

► *Caput* com a redação dada pela Lei nº 10.832, de 29-12-2003.

► O STF, por maioria dos votos, julgou procedente a ADPF nº 188, para dar a este artigo interpretação conforme a Constituição Federal (*DOU* de 3-10-2022).

Parágrafo único. As contas específicas dos Estados, do Distrito Federal e dos Municípios destinadas à movimentação das Quotas do Salário-Educação serão abertas pelo FNDE e mantidas, a critério do respectivo ente federado, em instituição financeira oficial.

► Parágrafo único acrescido pela Lei nº 13.530, de 7-12-2017.

Art. 3º O Salário-Educação não tem caráter remuneratório na relação de emprego e não se vincula, para nenhum efeito, ao salário ou à remuneração percebida pelos empregados das empresas contribuintes.

Art. 4º A contribuição do Salário-Educação será recolhida ao Instituto Nacional do Seguro Social – INSS ou ao FNDE.

Parágrafo único. O INSS reterá, do montante por ele arrecadado, a importância equivalente a 1% (um por cento), a título de taxa de administração, creditando o restante no Banco do Brasil S.A., em favor do FNDE, para os fins previstos no artigo 15, § 1º, da Lei nº 9.424, de 1996.

Art. 5º A fiscalização da arrecadação do Salário-Educação será realizada pelo INSS, ressalvada a competência do FNDE sobre a matéria.

Parágrafo único. Para efeito da fiscalização prevista neste artigo, seja por parte do INSS, seja por parte do FNDE, não se aplicam as disposições legais excludentes ou limitativas do direito de examinar livros, arquivos, documentos, papéis e efeitos comerciais ou fiscais, dos comerciantes, empresários, industriais ou produtores, ou da obrigação destes de exibi-los.

Art. 6º As disponibilidades financeiras dos recursos gerenciados pelo FNDE, inclusive os arrecadados à conta do Salário-Educação, poderão ser aplicadas por intermédio de instituição financeira pública federal, na forma que vier a ser estabelecida pelo seu Conselho Deliberativo.

Art. 7º O Ministério da Educação e do Desporto fiscalizará, por intermédio do FNDE, a aplicação dos recursos provenientes do Salário-Educação, na forma do regulamento e das instruções que para este fim forem baixadas por aquela Autarquia, vedada sua destinação ao pagamento de pessoal.

Art. 8º Os recursos do Salário-Educação podem ser aplicados na educação especial, desde que vinculada ao ensino fundamental público.

Art. 9º O Poder Executivo regulamentará esta Lei, no prazo de sessenta dias da data de sua publicação.

Art. 10. Ficam convalidados os atos praticados com base na Medida Provisória nº 1.607-24, de 19 de novembro de 1998.

Art. 11. Esta Lei entra em vigor na data de sua publicação.

Art. 12. Revoga-se a Lei nº 8.150, de 28 de dezembro de 1990.

Brasília, de 18 de dezembro 1998;
177º da Independência e
110º da República.

Fernando Henrique Cardoso

LEI Nº 9.962, DE 22 DE FEVEREIRO DE 2000

Disciplina o regime de emprego público do pessoal da Administração federal direta, autárquica e fundacional, e dá outras providências.

- Publicada no *DOU* de 23-2-2000.
- Lei nº 8.112, de 11-12-1990 (Estatuto dos Servidores Públicos Civis da União, Autarquias e Fundações Públicas Federais).

Art. 1º O pessoal admitido para emprego público na Administração federal direta, autárquica e fundacional terá sua relação de trabalho regida pela Consolidação das Leis do Trabalho, aprovada pelo Decreto-Lei nº 5.452, de 1º de maio de 1943, e legislação trabalhista correlata, naquilo que a lei não dispuser em contrário.

§ 1º Leis específicas disporão sobre a criação dos empregos de que trata esta Lei no âmbito da Administração direta, autárquica e fundacional do Poder Executivo, bem como sobre a transformação dos atuais cargos em empregos.

§ 2º É vedado:

I – submeter ao regime de que trata esta Lei:

a) VETADO;

b) cargos públicos de provimento em comissão;

II – alcançar, nas leis a que se refere o § 1º, servidores regidos pela Lei nº 8.112, de 11 de dezembro de 1990, às datas das respectivas publicações.

§ 3º Estende-se o disposto no § 2º à criação de empregos ou à transformação de cargos em empregos não abrangidas pelo § 1º.

§ 4º VETADO.

Art. 2º A contratação de pessoal para emprego público deverá ser precedida de concurso público de provas ou de provas e títulos, conforme a natureza e a complexidade do emprego.

Art. 3º O contrato de trabalho por prazo indeterminado somente será rescindido por ato unilateral da Administração pública nas seguintes hipóteses:

I – prática de falta grave, dentre as enumeradas no artigo 482 da Consolidação das Leis do Trabalho – CLT;

II – acumulação ilegal de cargos, empregos ou funções públicas;

III – necessidade de redução de quadro de pessoal, por excesso de despesa, nos termos da lei complementar a que se refere o artigo 169 da Constituição Federal;

IV – insuficiência de desempenho, apurada em procedimento no qual se assegurem pelo menos um recurso hierárquico dotado de efeito suspensivo, que será apreciado em trinta dias, e o prévio conhecimento dos padrões mínimos exigidos para continuidade da relação de emprego, obrigatoriamente estabelecidos de acordo com as peculiaridades das atividades exercidas.

Parágrafo único. Excluem-se da obrigatoriedade dos procedimentos previstos no *caput* as contratações de pessoal decorrentes da autonomia de gestão de que trata o § 8º do artigo 37 da Constituição Federal.

Art. 4º Aplica-se às leis a que se refere o § 1º do artigo 1º desta Lei o disposto no artigo 246 da Constituição Federal.

Art. 5º Esta Lei entra em vigor na data de sua publicação.

Brasília, 22 de fevereiro de 2000;
179º da Independência e
112º da República.

Fernando Henrique Cardoso

LEI Nº 10.101, DE 19 DE DEZEMBRO DE 2000

Dispõe sobre a participação dos trabalhadores nos lucros ou resultados da empresa e dá outras providências.

► Publicada no *DOU* de 20-12-2000.

Art. 1º Esta Lei regula a participação dos trabalhadores nos lucros ou resultados da empresa como instrumento de integração entre o capital e o trabalho e como incentivo à produtividade, nos termos do artigo 7º, inciso XI, da Constituição.

► Súm. nº 451 do TST.

Art. 2º A participação nos lucros ou resultados será objeto de negociação entre a empresa e seus empregados, mediante um dos procedimentos a seguir descritos, escolhidos pelas partes de comum acordo:

I – comissão paritária escolhida pelas partes, integrada, também, por um representante indicado pelo sindicato da respectiva categoria;

► Inciso I com a redação dada pela Lei nº 12.832, de 20-6-2013.

II – convenção ou acordo coletivo.

§ 1º Dos instrumentos decorrentes da negociação deverão constar regras claras e objetivas quanto à fixação dos direitos substantivos da participação e das regras adjetivas, inclusive mecanismos de aferição das informações pertinentes ao cumprimento do acordado, periodicidade da distribuição, período de vigência e prazos para revisão do acordo, podendo ser considerados, entre outros, os seguintes critérios e condições:

I – índices de produtividade, qualidade ou lucratividade da empresa;

II – programas de metas, resultados e prazos, pactuados previamente.

§ 2º O instrumento de acordo celebrado será arquivado na entidade sindical dos trabalhadores.

§ 3º Não se equipara a empresa, para os fins desta Lei:

I – a pessoa física;

II – a entidade sem fins lucrativos que, cumulativamente:

a) não distribua resultados, a qualquer título, ainda que indiretamente, a dirigentes, administradores ou empresas vinculadas;

b) aplique integralmente os seus recursos em sua atividade institucional e no País;

c) destine o seu patrimônio a entidade congênere ou ao poder público, em caso de encerramento de suas atividades;

d) mantenha escrituração contábil capaz de comprovar a observância dos demais requisitos deste inciso, e das normas fiscais, comerciais e de direito econômico que lhe sejam aplicáveis.

§ 3º-A. A não equiparação de que trata o inciso II do § 3º deste artigo não é aplicável às hipóteses em que tenham sido utilizados índices de produtividade ou qualidade ou programas de metas, resultados e prazos.

► § 3º-A acrescido pela Lei nº 14.020, de 6-7-2020, promulgado nos termos do art. 66, § 5º, da CF (*DOU* de 6-11-2020 – edição extra B).

§ 4º Quando forem considerados os critérios e condições definidos nos incisos I e II do § 1º deste artigo:

I – a empresa deverá prestar aos representantes dos trabalhadores na comissão paritária informações que colaborem para a negociação;

II – não se aplicam as metas referentes à saúde e segurança no trabalho.

► § 4º acrescido pela Lei nº 12.832, de 20-6-2013.

§ 5º As partes podem:

I – adotar os procedimentos de negociação estabelecidos nos incisos I e II do *caput* deste artigo, simultaneamente; e

II – estabelecer múltiplos programas de participação nos lucros ou nos resultados, observada a periodicidade estabelecida pelo § 2º do art. 3º desta Lei.

§ 6º Na fixação dos direitos substantivos e das regras adjetivas, inclusive no que se refere à fixação dos valores e à utilização exclusiva de metas individuais, a autonomia da vontade das partes contratantes será respeitada e prevalecerá em face do interesse de terceiros.

§ 7º Consideram-se previamente estabelecidas as regras fixadas em instrumento assinado:

I – anteriormente ao pagamento da antecipação, quando prevista; e

II – com antecedência de, no mínimo, 90 (noventa) dias da data do pagamento da parcela única ou da parcela final, caso haja pagamento de antecipação.

§ 8º A inobservância à periodicidade estabelecida no § 2º do art. 3º desta Lei invalida exclusivamente os pagamentos feitos em desacordo com a norma, assim entendidos:

I – os pagamentos excedentes ao segundo, feitos a um mesmo empregado, no mesmo ano civil; e

II – os pagamentos efetuados a um mesmo empregado, em periodicidade inferior a 1 (um) trimestre civil do pagamento anterior.

§ 9º Na hipótese do inciso II do § 8º deste artigo, mantém-se a validade dos demais pagamentos.

§ 10. Uma vez composta, a comissão paritária de que trata o inciso I do *caput* deste artigo dará ciência por escrito ao ente sindical para que indique seu representante no prazo máximo de 10 (dez) dias corridos, findo o qual a comissão poderá iniciar e concluir suas tratativas.

► §§ 5º a 10 acrescidos pela Lei nº 14.020, de 6-7-2020, promulgados nos termos do art. 66, § 5º, da CF (*DOU* de 6-11-2020 – edição extra B).

Art. 3º A participação de que trata o artigo 2º não substitui ou complementa a remuneração devida a qualquer empregado, nem constitui base de incidência de qualquer encargo trabalhista, não se lhe aplicando o princípio da habitualidade.

§ 1º Para efeito de apuração do lucro real, a pessoa jurídica poderá deduzir como despesa operacional as participações atribuídas aos empregados nos lucros ou resultados, nos termos da presente Lei, dentro do próprio exercício de sua constituição.

§ 2º É vedado o pagamento de qualquer antecipação ou distribuição de valores a título de participação nos lucros ou resultados da empresa em mais de 2 (duas) vezes no mesmo ano civil e em periodicidade inferior a 1 (um) trimestre civil.

► § 2º com a redação dada pela Lei nº 12.832, de 20-6-2013.

§ 3º Todos os pagamentos efetuados em decorrência de planos de participação nos lucros ou resultados, mantidos espontaneamente pela empresa, poderão ser compensados com as obrigações decorrentes de acordos ou convenções coletivas de trabalho atinentes à participação nos lucros ou resultados.

§ 4º A periodicidade semestral mínima referida no § 2º poderá ser alterada pelo Poder Executivo, até 31 de dezembro de 2000, em função de eventuais impactos nas receitas tributárias.

§ 5º A participação de que trata este artigo será tributada pelo imposto sobre a renda exclusivamente na fonte, em separado dos demais rendimentos recebidos, no ano do recebimento ou crédito, com base na tabela progressiva anual constante do Anexo e não integrará a base de cálculo do imposto devido pelo beneficiário na Declaração de Ajuste Anual.

§ 6º Para efeito da apuração do imposto sobre a renda, a participação dos trabalhadores nos lucros ou resultados da empresa será integralmente tributada com base na tabela progressiva constante do Anexo.

§ 7º Na hipótese de pagamento de mais de 1 (uma) parcela referente a um mesmo ano-calendário, o imposto deve ser recalculado, com base no total da participação nos lucros recebida no ano-calendário, mediante a utilização da tabela constante do Anexo, deduzindo-se do imposto assim apurado o valor retido anteriormente.

§ 8º Os rendimentos pagos acumuladamente a título de participação dos trabalhadores nos lucros ou resultados da empresa serão tributados exclusivamente na fonte, em separado dos demais rendimentos recebidos, sujeitando-se, também de forma acumulada, ao imposto sobre a renda com base na tabela progressiva constante do Anexo.

§ 9º Considera-se pagamento acumulado, para fins do § 8º, o pagamento da participação nos lucros relativa a mais de um ano-calendário.

§ 10. Na determinação da base de cálculo da participação dos trabalhadores nos lucros ou resultados, poderão ser deduzidas as importâncias pagas em dinheiro a título de pensão alimentícia em face das normas do Direito de Família, quando em cumprimento de decisão judicial, de acordo homologado judicialmente ou de separação ou divórcio consensual realizado por escritura pública, desde que correspondentes a esse rendimento, não podendo ser utilizada a mesma parcela para a determinação da base de cálculo dos demais rendimentos.

► §§ 5º a 10 com a redação dada pela Lei nº 12.832, de 20-6-2013.

§ 11. A partir do ano-calendário de 2014, inclusive, os valores da tabela progressiva anual constante do Anexo serão reajustados no mesmo percentual de reajuste da Tabela Progressiva

Mensal do imposto de renda incidente sobre os rendimentos das pessoas físicas.

► § 11 acrescido pela Lei nº 12.832, de 20-6-2013.

Art. 4º Caso a negociação visando à participação nos lucros ou resultados da empresa resulte em impasse, as partes poderão utilizar-se dos seguintes mecanismos de solução do litígio:

I – mediação;

II – arbitragem de ofertas finais, utilizando-se, no que couber, os termos da Lei nº 9.307, de 23 de setembro de 1996.

► Inciso II com a redação dada pela Lei nº 12.832, de 20-6-2013.

§ 1º Considera-se arbitragem de ofertas finais aquela em que o árbitro deve restringir-se a optar pela proposta apresentada, em caráter definitivo, por uma das partes.

§ 2º O mediador ou o árbitro será escolhido de comum acordo entre as partes.

§ 3º Firmado o compromisso arbitral, não será admitida a desistência unilateral de qualquer das partes.

§ 4º O laudo arbitral terá força normativa, independentemente de homologação judicial.

Art. 5º A participação de que trata o artigo 1º desta Lei, relativamente aos trabalhadores em empresas estatais, observará diretrizes específicas fixadas pelo Poder Executivo.

Parágrafo único. Consideram-se empresas estatais as empresas públicas, sociedades de economia mista, suas subsidiárias e controladas e demais empresas em que a União, direta ou indiretamente, detenha a maioria do capital social com direito a voto.

Art. 6º Fica autorizado o trabalho aos domingos nas atividades do comércio em geral, observada a legislação municipal, nos termos do art. 30, inciso I, da Constituição.

Parágrafo único. O repouso semanal remunerado deverá coincidir, pelo menos uma vez no período máximo de três semanas, com o domingo, respeitadas as demais normas de proteção ao trabalho e outras a serem estipuladas em negociação coletiva.

► Art. 6º com a redação dada pela Lei nº 11.603, de 5-12-2007.

Art. 6º-A. É permitido o trabalho em feriados nas atividades do comércio em geral, desde que autorizado em convenção coletiva de trabalho e observada a legislação municipal, nos termos do art. 30, inciso I, da Constituição.

Art. 6º-B. As infrações ao disposto nos arts. 6º e 6º-A desta Lei serão punidas com a multa prevista no art. 75 da Consolidação das Leis do Trabalho, aprovada pelo Dec.-lei nº 5.452, de 1º de maio de 1943.

Parágrafo único. O processo de fiscalização, de autuação e de imposição de multas reger-se-á pelo disposto no Título VII da Consolidação das Leis do Trabalho.

► Arts. 6º-A e 6º-B acrescidos pela Lei nº 11.603, de 5-12-2007.

Art. 7º Ficam convalidados os atos praticados com base na Medida Provisória nº 1.982-76, de 26 de outubro de 2000.

Art. 8º Esta Lei entra em vigor na data de sua publicação.

Congresso Nacional, 19 de dezembro de 2000;
179º da Independência e
112º da República.

Senador Antonio Carlos Magalhães

ANEXO
PARTICIPAÇÃO NOS LUCROS
TABELA DE TRIBUTAÇÃO EXCLUSIVA NA FONTE

► Anexo com a redação dada pela Lei nº 12.832, de 20-6-2013.

Valor do PLR anual (em R$)	Alíquota	Parcela a deduzir do IR (em R$)
de 0,00 a 6.000,00	0%	–
de 6.000,01 a 9.000,00	7,5%	450,00
de 9.000,01 a 12.000,00	15%	1.125,00
de 12.000,01 a 15.000,00	22,5%	2.025,00
acima de 15.000,00	27,5%	2.775,00

LEI Nº 10.192, DE 14 DE FEVEREIRO DE 2001

Dispõe sobre medidas complementares ao Plano Real e dá outras providências.

(EXCERTOS)

► Publicada no *DOU* de 16-2-2001.

► Lei nº 9.069, de 29-6-1995, dispõe sobre o Plano Real.

....

Art. 9º É assegurado aos trabalhadores, na primeira data-base da respectiva categoria após julho de 1995, o pagamento de reajuste relativo à variação acumulada do IPC-r entre a última data-base, anterior a julho de 1995, e junho de 1995, inclusive.

Art. 10. Os salários e as demais condições referentes ao trabalho continuam a ser fixados e revistos, na respectiva data-base anual, por intermédio da livre negociação coletiva.

Art. 11. Frustrada a negociação entre as partes, promovida diretamente ou através de mediador, poderá ser ajuizada a ação de dissídio coletivo.

§ 1º O mediador será designado de comum acordo pelas partes ou, a pedido destas, pelo Ministério do Trabalho e Emprego, na forma da regulamentação de que trata o § 5º deste artigo.

§ 2º A parte que se considerar sem as condições adequadas para, em situação de equilíbrio, participar da negociação direta, poderá, desde logo, solicitar ao Ministério do Trabalho e Emprego a designação de mediador, que convocará a outra parte.

§ 3º O mediador designado terá prazo de até trinta dias para a conclusão do processo de negociação, salvo acordo expresso com as partes interessadas.

§ 4º Não alcançado o entendimento entre as partes, ou recusando-se qualquer delas à mediação, lavrar-se-á ata contendo as causas motivadoras do conflito e as reivindicações de natureza econômica, documento que instruirá a representação para o ajuizamento do dissídio coletivo.

§ 5º O Poder Executivo regulamentará o disposto neste artigo.

Art. 12. No ajuizamento do dissídio coletivo, as partes deverão apresentar, fundamentadamente, suas propostas finais, que serão objeto de conciliação ou deliberação do Tribunal, na sentença normativa.

§ 1º A decisão que puser fim ao dissídio será fundamentada, sob pena de nulidade, deverá traduzir, em seu conjunto, a justa composição do conflito de interesse das partes, e guardar adequação com o interesse da coletividade.

§ 2º A sentença normativa deverá ser publicada no prazo de quinze dias da decisão do Tribunal.

Art. 13. No acordo ou convenção e no dissídio, coletivos, é vedada a estipulação ou fixação de cláusula de reajuste ou correção salarial automática vinculada a índice de preços.

§ 1º Nas revisões salariais na data-base anual, serão deduzidas as antecipações concedidas no período anterior à revisão.

§ 2º Qualquer concessão de aumento salarial a título de produtividade deverá estar amparada em indicadores objetivos.

Art. 14. O recurso interposto de decisão normativa da Justiça do Trabalho terá efeito suspensivo, na medida e extensão conferidas em despacho do Presidente do Tribunal Superior do Trabalho.

Art. 15. Permanecem em vigor as disposições legais relativas a correção monetária de débitos trabalhistas, de débitos resultantes de decisão judicial, de débitos relativos a ressarcimento em virtude de inadimplemento de obrigações contratuais e do passivo de empresas e instituições sob os regimes de concordata, falência, intervenção e liquidação extrajudicial.

Art. 16. Ficam convalidados os atos praticados com base na Medida Provisória nº 2.074-72, de 27 de dezembro de 2000.

Art. 17. Esta Lei entra em vigor na data de sua publicação.

Art. 18. Revogam-se os §§ 1º e 2º do artigo 947 do Código Civil, os §§ 1º e 2º do artigo 1º da Lei nº 8.542, de 23 de dezembro de 1992, e o artigo 14 da Lei nº 8.177, de 1º de março de 1991.

Congresso Nacional, 14 de fevereiro de 2001;
180º da Independência e
113º da República

Senador Antonio Carlos Magalhães

DECRETO Nº 4.552, DE 27 DE DEZEMBRO DE 2002

Aprova o Regulamento da Inspeção do Trabalho.

► Publicado no *DOU* de 30-12-2002.

Art. 1º Fica aprovado o Regulamento da Inspeção do Trabalho, que a este Decreto acompanha.

Art. 2º Este Decreto entra em vigor na data da sua publicação.

Art. 3º Revogam-se os Decretos nºs 55.841, de 15 de março de 1965, 57.819, de 15 de fevereiro de 1966, 65.557, de 21 de outubro de 1969, e 97.995, de 26 de julho de 1989.

Brasília, 27 de dezembro de 2002;
181º da Independência e
114º da República.

Fernando Henrique Cardoso

REGULAMENTO DA INSPEÇÃO DO TRABALHO

Capítulo I

DA FINALIDADE

Art. 1º O Sistema Federal de Inspeção do Trabalho, a cargo do Ministério do Trabalho e Emprego, tem por finalidade assegurar, em todo o território nacional, a aplicação das disposições legais, incluindo as convenções internacionais ratificadas, os atos e decisões das autoridades competentes e as convenções, acordos e contratos coletivos de trabalho, no que concerne à proteção dos trabalhadores no exercício da atividade laboral.

Capítulo II

DA ORGANIZAÇÃO

Art. 2º Compõem o Sistema Federal de Inspeção do Trabalho:

I – autoridades de direção nacional, regional ou local: aquelas indicadas em leis, regulamentos e demais atos atinentes à estrutura administrativa do Ministério do Trabalho e Emprego;

II – Auditores-Fiscais do Trabalho;

► Inciso II com a redação dada pelo Dec. nº 4.870, de 30-10-2003.

a) legislação do trabalho;
b) segurança do trabalho; e
c) saúde do trabalho;

III – Agentes de Higiene e Segurança do Trabalho, em funções auxiliares de inspeção do trabalho.

Art. 3º Os Auditores-Fiscais do Trabalho são subordinados tecnicamente à autoridade nacional competente em matéria de inspeção do trabalho.

Art. 4º Para fins de inspeção, o território de cada unidade federativa será dividido em circunscrições, e fixadas as correspondentes sedes.

Parágrafo único. As circunscrições que tiverem dois ou mais Auditores-Fiscais do Trabalho poderão ser divididas em áreas de inspeção delimitadas por critérios geográficos.

Art. 5º A distribuição dos Auditores-Fiscais do Trabalho pelas diferentes áreas de inspeção da mesma circunscrição obedecerá ao sistema de rodízio, efetuado em sorteio público, vedada a recondução para a mesma área no período seguinte.

§ 1º Os Auditores-Fiscais do Trabalho permanecerão nas diferentes áreas de inspeção pelo prazo máximo de doze meses.

§ 2º É facultado à autoridade de direção regional estabelecer programas especiais de fiscalização que contemplem critérios diversos dos estabelecidos neste artigo, desde que aprovados pela autoridade nacional competente em matéria de inspeção do trabalho.

Art. 6º Atendendo às peculiaridades ou circunstâncias locais ou, ainda, a programas especiais de fiscalização, poderá a autoridade nacional competente em matéria de inspeção do trabalho alterar os critérios fixados nos arts. 4º e 5º para estabelecer a fiscalização móvel, independentemente de circunscrição ou áreas de inspeção, definindo as normas para sua realização.

► Artigo com a redação dada pelo Dec. nº 4.870, de 30-10-2003.

Art. 7º Compete às autoridades de direção do Sistema Federal de Inspeção do Trabalho:

I – organizar, coordenar, avaliar e controlar as atividades de auditoria e as auxiliares da inspeção do trabalho;

II – elaborar planejamento estratégico das ações da inspeção do trabalho no âmbito de sua competência;

III – proferir decisões em processo administrativo resultante de ação de inspeção do trabalho; e

IV – receber denúncias e, quando for o caso, formulá-las e encaminhá-las aos demais órgãos do poder público.

§ 1º As autoridades de direção local e regional poderão empreender e supervisionar projetos consoante diretrizes emanadas da autoridade nacional competente em matéria de inspeção do trabalho.

§ 2º Cabe à autoridade nacional competente em matéria de inspeção do trabalho elaborar e divulgar os relatórios previstos em convenções internacionais.

Art. 8º O planejamento estratégico das ações de inspeção do trabalho será elaborado pelos órgãos competentes, considerando as propostas das respectivas unidades descentralizadas.

Legislação Complementar

§ 1º O planejamento de que trata este artigo consistirá na descrição das atividades a serem desenvolvidas nas unidades descentralizadas, de acordo com as diretrizes fixadas pela autoridade nacional competente em matéria de inspeção do trabalho.

§ 2º *Revogado.* Dec. nº 4.870, de 30-10-2003.

Capítulo III

DA INSPEÇÃO

Art. 9º A inspeção do trabalho será promovida em todas as empresas, estabelecimentos e locais de trabalho, públicos ou privados, estendendo-se aos profissionais liberais e instituições sem fins lucrativos, bem como às embarcações estrangeiras em águas territoriais brasileiras.

Art. 10. Ao Auditor-Fiscal do Trabalho será fornecida Carteira de Identidade Fiscal (CIF), que servirá como credencial privativa, com renovação quinquenal.

§ 1º Além da credencial aludida no *caput*, será fornecida credencial transcrita na língua inglesa ao Auditor-Fiscal do Trabalho, que tenha por atribuição inspecionar embarcações de bandeira estrangeira.

§ 2º A autoridade nacional competente em matéria de inspeção do trabalho fará publicar, no *Diário Oficial da União*, relação nominal dos portadores de Carteiras de Identidade Fiscal, com nome, número de matrícula e órgão de lotação.

§ 3º É proibida a outorga de identidade fiscal a quem não seja integrante da Carreira Auditoria-Fiscal do Trabalho.

Art. 11. A credencial a que se refere o art. 10 deverá ser devolvida para inutilização, sob pena de responsabilidade administrativa, nos seguintes casos:

I – posse em outro cargo público efetivo inacumulável;

II – posse em cargo comissionado de quadro diverso do Ministério do Trabalho e Emprego;

III – exoneração ou demissão do cargo de Auditor-Fiscal do Trabalho;

IV – aposentadoria; ou

V – afastamento ou licenciamento por prazo superior a seis meses.

Art. 12. A exibição da credencial é obrigatória no momento da inspeção, salvo quando o Auditor-Fiscal do Trabalho julgar que tal identificação prejudicará a eficácia da fiscalização, hipótese em que deverá fazê-lo após a verificação física.

Parágrafo único. O Auditor-Fiscal somente poderá exigir a exibição de documentos após a apresentação da credencial.

Art. 13. O Auditor-Fiscal do Trabalho, munido de credencial, tem o direito de ingressar, livremente, sem prévio aviso e em qualquer dia e horário, em todos os locais de trabalho mencionados no art. 9º.

Art. 14. Os empregadores, tomadores e intermediadores de serviços, empresas, instituições, associações, órgãos e entidades de qualquer natureza ou finalidade são sujeitos à inspeção do trabalho e ficam, pessoalmente ou por seus prepostos ou representantes legais, obrigados a franquear, aos Auditores-Fiscais do Trabalho, o acesso aos estabelecimentos, respectivas dependências e locais de trabalho, bem como exibir os documentos e materiais solicitados para fins de inspeção do trabalho.

Art. 15. As inspeções, sempre que necessário, serão efetuadas de forma imprevista, cercadas de todas as cautelas, na época e horários mais apropriados a sua eficácia.

Art. 16. As determinações para o cumprimento de ação fiscal deverão ser comunicadas por escrito, por meio de ordens de serviço.

Parágrafo único. As ordens de serviço poderão prever a realização de inspeções por grupos de Auditores-Fiscais do Trabalho.

Art. 17. Os órgãos da administração pública direta ou indireta e as empresas concessionárias ou permissionárias de serviços públicos ficam obrigadas a proporcionar efetiva cooperação aos Auditores-Fiscais do Trabalho.

Art. 18. Compete aos Auditores-Fiscais do Trabalho, em todo o território nacional:

I – verificar o cumprimento das disposições legais e regulamentares, inclusive as relacionadas à segurança e à saúde no trabalho, no âmbito das relações de trabalho e de emprego, em especial:

a) os registros em Carteira de Trabalho e Previdência Social (CTPS), visando à redução dos índices de informalidade;

b) o recolhimento do Fundo de Garantia do Tempo de Serviço (FGTS), objetivando maximizar os índices de arrecadação;

c) o cumprimento de acordos, convenções e contratos coletivos de trabalho celebrados entre empregados e empregadores; e

d) o cumprimento dos acordos, tratados e convenções internacionais ratificados pelo Brasil;

II – ministrar orientações e dar informações e conselhos técnicos aos trabalhadores e às pessoas sujeitas à inspeção do trabalho, atendidos os critérios administrativos de oportunidade e conveniência;

III – interrogar as pessoas sujeitas à inspeção do trabalho, seus prepostos ou representantes legais, bem como trabalhadores, sobre qualquer matéria relativa à aplicação das disposições legais e exigir-lhes documento de identificação;

IV – expedir notificação para apresentação de documentos;

V – examinar e extrair dados e cópias de livros, arquivos e outros documentos, que entenda necessários ao exercício de suas atribuições legais, inclusive quando mantidos em meio magnético ou eletrônico;

VI – proceder a levantamento e notificação de débitos;

VII – apreender, mediante termo, materiais, livros, papéis, arquivos e documentos, inclusive quando mantidos em meio magnético ou eletrônico, que constituam prova material de infração, ou, ainda, para exame ou instrução de processos;

VIII – inspecionar os locais de trabalho, o funcionamento de máquinas e a utilização de equipamentos e instalações;

IX – averiguar e analisar situações com risco potencial de gerar doenças ocupacionais e acidentes do trabalho, determinando as medidas preventivas necessárias;

X – notificar as pessoas sujeitas à inspeção do trabalho para o cumprimento de obrigações ou a correção de irregularidades e adoção de medidas que eliminem os riscos para a saúde e segurança dos trabalhadores, nas instalações ou métodos de trabalho;

XI – quando constatado grave e iminente risco para a saúde ou segurança dos trabalhadores, expedir a notificação a que se refere o inciso X deste artigo, determinando a adoção de medidas de imediata aplicação;

XII – coletar materiais e substâncias nos locais de trabalho para fins de análise, bem como apreender equipamentos e outros itens relacionados com a segurança e saúde no trabalho, lavrando o respectivo termo de apreensão;

XIII – propor a interdição de estabelecimento, setor de serviço, máquina ou equipamento, ou o embargo de obra, total ou parcial, quando constatar situação de grave e iminente risco à saúde ou à integridade física do trabalhador, por meio de emissão de laudo técnico que indique a situação de risco verificada e especifique as medidas corretivas que deverão ser adotadas pelas pessoas sujeitas à inspeção do trabalho, comunicando o fato de imediato à autoridade competente;

XIV – analisar e investigar as causas dos acidentes do trabalho e das doenças ocupacionais, bem como as situações com potencial para gerar tais eventos;

XV – realizar auditorias e perícias e emitir laudos, pareceres e relatórios;

► Inciso XV com a redação dada pelo Dec. nº 4.870, de 30-10-2003.

XVI – solicitar, quando necessário ao desempenho de suas funções, o auxílio da autoridade policial;

XVII – lavrar termo de compromisso decorrente de procedimento especial de inspeção;

XVIII – lavrar autos de infração por inobservância de disposições legais;

XIX – analisar processos administrativos de auto de infração, notificações de débitos ou outros que lhes forem distribuídos;

XX – devolver, devidamente informados os processos e demais documentos que lhes forem distribuídos, nos prazos e formas previstos em instruções expedidas pela autoridade nacional competente em matéria de inspeção do trabalho;

XXI – elaborar relatórios de suas atividades, nos prazos e formas previstos em instruções expedidas pela autoridade nacional competente em matéria de inspeção do trabalho;

XXII – levar ao conhecimento da autoridade competente, por escrito, as deficiências ou abusos que não estejam especificamente compreendidos nas disposições legais;

XXIII – atuar em conformidade com as prioridades estabelecidas pelos planejamentos nacional e regional.

► Inciso XXIII com a redação dada pelo Dec. nº 4.870, de 30-10-2003.

§ 1º *Revogado*. Dec. nº 4.870, de 30-10-2003.

§ 2º Aos Auditores-Fiscais do Trabalho serão ministrados regularmente cursos, visando a sua formação e aperfeiçoamento, observadas as peculiaridades regionais, conforme instruções expedidas pela autoridade nacional competente em matéria de inspeção do trabalho.

► § 2º com a redação dada pelo Dec. nº 4.870, de 30-10-2003.

Art. 19. É vedado às autoridades de direção do Ministério do Trabalho e Emprego:

I – conferir aos Auditores-Fiscais do Trabalho encargos ou funções diversas das que lhes são próprias, salvo se para o desempenho de cargos de direção, de funções de chefia ou de assessoramento;

II – interferir no exercício das funções de inspeção do trabalho ou prejudicar, de qualquer maneira, sua imparcialidade ou a autoridade do Auditor-Fiscal do Trabalho; e

III – conferir qualquer atribuição de inspeção do trabalho a servidor que não pertença ao Sistema Federal de Inspeção do Trabalho.

Art. 20. A obrigação do Auditor-Fiscal do Trabalho de inspecionar os estabelecimentos e locais de trabalho situados na área de inspeção que lhe compete, em virtude do rodízio de que trata o art. 6º, § 1º, não o exime do dever de, sempre que verificar, em qualquer estabelecimento, a existência de violação a disposições legais, comunicar o fato, imediatamente, à autoridade competente.

Parágrafo único. Nos casos de grave e iminente risco à saúde e segurança dos trabalhadores, o Auditor-Fiscal do Trabalho atuará independentemente de sua área de inspeção.

Art. 21. Caberá ao órgão regional do Ministério do Trabalho e Emprego promover a investigação das causas de acidentes ou doenças relacionadas ao trabalho, determinando as medidas de proteção necessárias.

Art. 22. O Auditor-Fiscal do Trabalho poderá solicitar o concurso de especialistas e técnicos devidamente qualificados, assim como recorrer a laboratórios técnico-científicos governamentais ou credenciados, a fim de assegurar a aplicação das disposições legais e regulamentares relativas à segurança e saúde no trabalho.

Art. 23. Os Auditores-Fiscais do Trabalho têm o dever de orientar e advertir as pessoas sujeitas à inspeção do trabalho e os trabalhadores quanto ao cumprimento da legislação trabalhista, e observarão o critério da dupla visita nos seguintes casos:

I – quando ocorrer promulgação ou expedição de novas leis, regulamentos ou instruções ministeriais, sendo que, com relação exclusivamente a esses atos, será feita apenas a instrução dos responsáveis;

II – quando se tratar de primeira inspeção nos estabelecimentos ou locais de trabalho recentemente inaugurados ou empreendidos;

III – quando se tratar de estabelecimento ou local de trabalho com até dez trabalhadores, salvo quando for constatada infração por falta de registro de empregado ou de anotação da CTPS, bem como na ocorrência de reincidência, fraude, resistência ou embaraço à fiscalização; e

IV – quando se tratar de microempresa e empresa de pequeno porte, na forma da lei específica.

§ 1º A autuação pelas infrações não dependerá da dupla visita após o decurso do prazo de noventa dias da vigência das disposições a que se refere o inciso I ou do efetivo funcionamento do novo estabelecimento ou local de trabalho a que se refere o inciso II.

§ 2º Após obedecido o disposto no inciso III, não será mais observado o critério de dupla visita em relação ao dispositivo infringido.

§ 3º A dupla visita será formalizada em notificação, que fixará prazo para a visita seguinte, na forma das instruções expedidas pela autoridade nacional competente em matéria de inspeção do trabalho.

Art. 24. A toda verificação em que o Auditor-Fiscal do Trabalho concluir pela existência de violação de preceito legal deve corresponder, sob pena de responsabilidade, a lavratura de auto de infração, ressalvado o disposto no art. 23 e na hipótese de instauração de procedimento especial de fiscalização.

Parágrafo único. O auto de infração não terá seu valor probante condicionado à assinatura do infrator ou de testemunhas e será lavrado no local da inspeção, salvo havendo motivo justificado que será declarado no próprio auto, quando então deverá ser lavrado no prazo de vinte e quatro horas, sob pena de responsabilidade.

Art. 25. As notificações de débitos e outras decorrentes da ação fiscal poderão ser lavradas, a critério do Auditor-Fiscal do Trabalho, no local que oferecer melhores condições.

Art. 26. Aqueles que violarem as disposições legais ou regulamentares, objeto da inspeção do trabalho, ou se mostrarem negligentes na sua aplicação, deixando de atender às advertências, notificações ou sanções da autoridade competente, poderão sofrer reiterada ação fiscal.

Parágrafo único. O reiterado descumprimento das disposições legais, comprovado mediante relatório emitido pelo Auditor-Fiscal do Trabalho, ensejará por parte da autoridade regional a denúncia do fato, de imediato, ao Ministério Público do Trabalho.

Capítulo IV

DO PROCEDIMENTO ESPECIAL PARA A AÇÃO FISCAL

Art. 27. Considera-se procedimento especial para a ação fiscal aquele que objetiva a orientação sobre o cumprimento das leis de proteção ao trabalho, bem como a prevenção e o saneamento de infrações à legislação.

Art. 28. O procedimento especial para a ação fiscal poderá ser instaurado pelo Auditor-Fiscal do Trabalho quando concluir pela ocorrência de motivo grave ou relevante que impossibilite ou dificulte o cumprimento da legislação trabalhista por pessoas ou setor econômico sujeito à inspeção do trabalho, com a anuência da chefia imediata.

§ 1º O procedimento especial para a ação fiscal iniciará com a notificação, pela chefia da fiscalização, para comparecimento das pessoas sujeitas à inspeção do trabalho, à sede da unidade descentralizada do Ministério do Trabalho e Emprego.

§ 2º A notificação deverá explicitar os motivos ensejadores da instauração do procedimento especial.

§ 3º O procedimento especial para a ação fiscal destinado à prevenção ou saneamento de infrações à legislação poderá resultar na lavratura de termo de compromisso que estipule as obrigações assumidas pelo compromissado e os prazos para seu cumprimento.

§ 4º Durante o prazo fixado no termo, o compromissado poderá ser fiscalizado para verificação de seu cumprimento, sem prejuízo da ação fiscal em atributos não contemplados no referido termo.

§ 5º Quando o procedimento especial para a ação fiscal for frustrado pelo não atendimento da convocação, pela recusa de firmar termo de compromisso ou pelo descumprimento de qualquer cláusula compromissada, serão lavrados, de imediato, os respectivos autos de infração, e poderá ser encaminhado relatório circunstanciado ao Ministério Público do Trabalho.

§ 6º Não se aplica o procedimento especial de saneamento às situações de grave e iminente risco à saúde ou à integridade física do trabalhador.

Art. 29. A chefia de fiscalização poderá, na forma de instruções expedidas pela autoridade nacional competente em matéria de inspeção do trabalho, instaurar o procedimento especial sempre que identificar a ocorrência de:

I – motivo grave ou relevante que impossibilite ou dificulte o cumprimento da legislação trabalhista pelo tomador ou intermediador de serviços;

II – situação reiteradamente irregular em setor econômico.

Parágrafo único. Quando houver ação fiscal em andamento, o procedimento especial de fiscalização deverá observar as instruções expedidas pela autoridade nacional competente em matéria de inspeção do trabalho.

Art. 30. Poderão ser estabelecidos procedimentos de fiscalização indireta, mista, ou outras que venham a ser definidas em instruções expedidas pela autoridade nacional competente em matéria de inspeção do trabalho.

§ 1º Considera-se fiscalização indireta aquela realizada por meio de sistema de notificações para apresentação de documentos nas unidades descentralizadas do Ministério do Trabalho e Emprego.

§ 2º Poderá ser adotada fiscalização indireta:

I – na execução de programa especial para a ação fiscal; ou

II – quando o objeto da fiscalização não importar necessariamente em inspeção no local de trabalho.

§ 3º Considera-se fiscalização mista aquela iniciada com a visita ao local de trabalho e desenvolvida mediante notificação para apresentação de documentos nas unidades descentralizadas do Ministério do Trabalho e Emprego.

Capítulo V

DAS ATIVIDADES AUXILIARES À INSPEÇÃO DO TRABALHO

Art. 31. São atividades auxiliares de apoio operacional à inspeção do trabalho, a cargo dos Agentes de Higiene e Segurança do Trabalho:

I – levantamento técnico das condições de segurança nos locais de trabalho, com vistas à investigação de acidentes do trabalho;

II – levantamento de dados para fins de cálculo dos coeficientes de frequência e gravidade dos acidentes;

III – avaliação qualitativa ou quantitativa de riscos ambientais;

IV – levantamento e análise das condições de risco nas pessoas sujeitas à inspeção do trabalho;

V – auxílio à realização de perícias técnicas para caracterização de insalubridade ou de periculosidade;

VI – comunicação, de imediato e por escrito, à autoridade competente de qualquer situação de risco grave e iminente à saúde ou à integridade física dos trabalhadores;

VII – participação em estudos e análises sobre as causas de acidentes do trabalho e de doenças profissionais;

VIII – colaboração na elaboração de recomendações sobre segurança e saúde no trabalho;

IX – acompanhamento das ações de prevenção desenvolvidas pela unidade descentralizada do Ministério do Trabalho e Emprego;

X – orientação às pessoas sujeitas à inspeção do trabalho sobre instalação e funcionamento das Comissões Internas de Prevenção de Acidentes (CIPA) e dimensionamento dos Serviços Especializados em Engenharia de Segurança e em Medicina do Trabalho (SESMT);

XI – prestação de assistência às CIPA;

XII – participação nas reuniões das CIPA das pessoas sujeitas à inspeção do trabalho, como representantes da unidade descentralizada do Ministério do Trabalho e Emprego;

XIII – devolução dos processos e demais documentos que lhes forem distribuídos, devidamente informados, nos prazos assinalados;

XIV – elaboração de relatório mensal de suas atividades, nas condições e nos prazos fixados pela autoridade nacional em matéria de inspeção do trabalho; e

XV – prestação de informações e orientações em plantões fiscais na área de sua competência.

§ 1º As atividades externas de que trata este artigo somente poderão ser exercidas mediante ordem de serviço expedida pela chefia de fiscalização.

§ 2º Para o desempenho das atribuições previstas neste artigo, será fornecida aos Agentes de Higiene e Segurança do Trabalho credencial específica que lhes possibilite o livre acesso aos estabelecimentos e locais de trabalho.

Art. 32. Aos Agentes de Higiene e Segurança do Trabalho poderão ser ministrados cursos necessários à sua formação, aperfeiçoamento e especialização, conforme instruções a serem expedidas pelo Ministério do Trabalho e Emprego, expedidas pela autoridade nacional competente em matéria de inspeção do trabalho.

Capítulo VI

DAS DISPOSIÇÕES GERAIS

Art. 33. Os Auditores-Fiscais do Trabalho poderão participar de atividades de coordenação, planejamento, análise de processos e de desenvolvimento de programas especiais e de outras atividades internas e externas relacionadas com a inspeção do trabalho, na forma das instruções expedidas pela autoridade nacional competente em matéria de inspeção do trabalho.

Art. 34. As empresas de transportes de qualquer natureza, inclusive as exploradas pela União, Distrito Federal, Estados e Municípios, bem como as concessionárias de rodovias que cobram pedágio para o trânsito concederão passe livre aos Auditores-Fiscais do Trabalho e aos Agentes de Higiene e Segurança do Trabalho, no território nacional em conformidade com o disposto no art. 630, § 5º, da Consolidação das Leis do Trabalho (CLT), mediante a apresentação da Carteira de Identidade Fiscal.

Parágrafo único. O passe livre a que se refere este artigo abrange a travessia realizada em veículos de transporte aquaviário.

Art. 35. É vedado aos Auditores-Fiscais do Trabalho e aos Agentes de Higiene e Segurança do Trabalho:

I – revelar, sob pena de responsabilidade, mesmo na hipótese de afastamento do cargo, os segredos de fabricação ou comércio, bem como os processos de exploração de que tenham tido conhecimento no exercício de suas funções;

II – revelar informações obtidas em decorrência do exercício das suas competências;
III – revelar as fontes de informações, reclamações ou denúncias; e
IV – inspecionar os locais em que tenham qualquer interesse direto ou indireto, caso em que deverão declarar o impedimento.

Parágrafo único. Os Auditores-Fiscais do Trabalho e os Agentes de Higiene e Segurança do Trabalho responderão civil, penal e administrativamente pela infração ao disposto neste artigo.

Art. 36. Configura falta grave o fornecimento ou a requisição de Carteira de Identidade Fiscal para qualquer pessoa não integrante do Sistema Federal de Inspeção do Trabalho.

Parágrafo único. É considerado iguamente falta grave o uso da Carteira de Identidade Fiscal para fins outros que não os da fiscalização.

Art. 37. Em toda unidade descentralizada do Ministério do Trabalho e Emprego em que houver Auditores-Fiscais do Trabalho deverá ser reservada uma sala para o uso exclusivo desses servidores.

Art. 38. A autoridade nacional competente em matéria de inspeção do trabalho expedirá as instruções necessárias à execução deste Regulamento.

LEI Nº 10.820, DE 17 DE DEZEMBRO DE 2003

Dispõe sobre a autorização para desconto de prestações em folha de pagamento, e dá outras providências.

▶ Publicada no *DOU* de 18-12-2003.

▶ Dec. nº 4.840, de 17-9-2003, regulamenta esta Lei.

Art. 1º Os empregados regidos pela Consolidação das Leis do Trabalho – CLT, aprovada pelo Decreto-Lei nº 5.452, de 1º de maio de 1943, poderão autorizar, de forma irrevogável e irretratável, o desconto em folha de pagamento ou na sua remuneração disponível dos valores referentes ao pagamento de empréstimos, financiamentos, cartões de crédito e operações de arrendamento mercantil concedidos por instituições financeiras e sociedades de arrendamento mercantil, quando previsto nos respectivos contratos.

▶ *Caput* com a redação dada pela Lei nº 13.172, de 21-10-2015.

§ 1º O desconto mencionado neste artigo também poderá incidir sobre verbas rescisórias devidas pelo empregador, se assim previsto no respectivo contrato de empréstimo, financiamento, cartão de crédito ou arrendamento mercantil, até o limite de 40% (quarenta por cento), sendo 35% (trinta e cinco por cento) destinados exclusivamente a empréstimos, financiamentos e arrendamentos mercantis e 5% (cinco por cento) destinados exclusivamente à amortização de despesas contraídas por meio de cartão de crédito consignado ou à utilização com a finalidade de saque por meio de cartão de crédito consignado.

▶ *Caput* do § 1º com a redação dada pela Lei nº 14.431, de 3-8-2022.

I e II – *Revogados*. Lei nº 14.431, de 3-8-2022.

§ 2º O regulamento disporá sobre os limites de valor do empréstimo, da prestação consignável para os fins do *caput* e do comprometimento das verbas rescisórias para os fins do § 1º deste artigo.

§ 3º Os empregados de que trata o *caput* poderão solicitar o bloqueio, a qualquer tempo, de novos descontos.

§ 4º O disposto no § 3º não se aplica aos descontos autorizados em data anterior à da solicitação do bloqueio.

▶ §§ 3º e 4º com a redação dada pela Lei nº 13.097, de 19-1-2015.

§ 5º Nas operações de crédito consignado de que trata este artigo, o empregado poderá oferecer em garantia, de forma irrevogável e irretratável:

I – até 10% (dez por cento) do saldo de sua conta vinculada no Fundo de Garantia do Tempo de Serviço – FGTS;

II – até 100% (cem por cento) do valor da multa paga pelo empregador, em caso de despedida sem justa causa ou de despedida por culpa recíproca ou força maior, nos termos dos §§ 1º e 2º do art. 18 da Lei nº 8.036, de 11 de maio de 1990.

§ 6º A garantia de que trata o § 5º só poderá ser acionada na ocorrência de despedida sem justa causa, inclusive a indireta, ou de despedida por culpa recíproca ou força maior, não se aplicando, em relação à referida garantia, o disposto no § 2º do art. 2º da Lei nº 8.036, de 11 de maio de 1990.

§ 7º O Conselho Curador do FGTS poderá definir o número máximo de parcelas e a taxa máxima mensal de juros a ser cobrada pelas instituições consignatárias nas operações de crédito consignado de que trata este artigo.

§ 8º Cabe ao agente operador do FGTS definir os procedimentos operacionais necessários à execução do disposto nos §§ 5º e 6º deste artigo, nos termos do inciso II do *caput* do art. 7º da Lei nº 8.036, de 11 de maio de 1990.

► §§ 5º a 8º acrescidos pela Lei nº 13.313, de 14-7-2016.

Art. 2º Para os fins desta Lei, considera-se:

I – empregador, a pessoa jurídica assim definida pela legislação trabalhista e o empresário a que se refere o Título I do Livro II da Parte Especial da Lei nº 10.406, de 10 de janeiro de 2002 – Código Civil;

► Inciso I com a redação dada pela Lei nº 13.097, de 19-1-2015.

II – empregado, aquele assim definido pela legislação trabalhista;

III – instituição consignatária, a instituição autorizada a conceder empréstimo ou financiamento ou realizar operação com cartão de crédito ou de arrendamento mercantil mencionada no *caput* do art. 1º;

IV – mutuário, empregado que firma com instituição consignatária contrato de empréstimo, financiamento, cartão de crédito ou arrendamento mercantil regulado por esta Lei;

► Incisos III e IV com a redação dada pela Lei nº 13.172, de 21-10-2015.

V – verbas rescisórias, as importâncias devidas em dinheiro pelo empregador ao empregado em razão de rescisão do seu contrato de trabalho;

VI – instituição financeira mantenedora, a instituição a que se refere o inciso III do *caput* e que mantém as contas para crédito da remuneração disponível dos empregados;

► Inciso VI com a redação dada pela Lei nº 13.097, de 19-1-2015.

VII – desconto, ato de descontar na folha de pagamento ou em momento anterior ao do crédito devido pelo empregador ao empregado como remuneração disponível ou verba rescisória o valor das prestações assumidas em operação de empréstimo, financiamento, cartão de crédito ou arrendamento mercantil; e

► Inciso VII com a redação dada pela Lei nº 13.172, de 21-10-2015.

VIII – remuneração disponível, os vencimentos, subsídios, soldos, salários ou remunerações, descontadas as consignações compulsórias.

► Inciso VIII com a redação dada pela Lei nº 13.097, de 19-1-2015.

§ 1º Para os fins desta Lei, são consideradas consignações voluntárias as autorizadas pelo empregado.

§ 2º No momento da contratação da operação, a autorização para a efetivação dos descontos permitidos nesta Lei observará, para cada mutuário, os seguintes limites:

I – a soma dos descontos referidos no art. 1º desta Lei não poderá exceder a 40% (quarenta por cento) da remuneração disponível, conforme definido em regulamento;

► *Caput* com a redação dada pela Lei nº 14.431, de 3-8-2022.

a e *b*) *Revogadas*. Lei nº 14.431, de 3-8-2022.

II – o total das consignações voluntárias, incluindo as referidas no art. 1º, não poderá exceder a quarenta por cento da remuneração disponível, conforme definida em regulamento.

Art. 3º Para os fins desta Lei, são obrigações do empregador:

I – prestar ao empregado e à instituição consignatária, mediante solicitação formal do primeiro, as informações necessárias para a contratação da operação de crédito ou arrendamento mercantil;

II – tornar disponíveis aos empregados, bem como às respectivas entidades sindicais que as solicitem, as informações referentes aos custos referidos no § 2º; e

III – efetuar os descontos autorizados pelo empregado, inclusive sobre as verbas rescisórias, e repassar o valor à instituição consignatária na forma e no prazo previstos em regulamento.

► Incisos II e III com a redação dada pela Lei nº 13.097, de 19-1-2015.

§ 1º É vedado ao empregador impor ao mutuário e à instituição consignatária escolhida pelo empregado qualquer condição que não esteja prevista nesta Lei ou em seu regulamento para a efetivação do contrato e a implementação dos descontos autorizados.

§ 2º Observado o disposto em regulamento e nos casos nele admitidos, é facultado ao empregador descontar na folha de pagamento do mutuário os custos operacionais decorrentes da realização da operação objeto desta Lei.

§ 3º Cabe ao empregador informar, no demonstrativo de rendimentos do empregado, de forma discriminada, o valor do desconto mensal decorrente de cada operação de empréstimo, financiamento, cartão de crédito ou arrendamento mercantil e os custos operacionais referidos no § 2º.

► § 3º com a redação dada pela Lei nº 13.172, de 21-10-2015.

§ 4º Os descontos autorizados na forma desta Lei e seu regulamento terão preferência sobre outros descontos da mesma natureza que venham a ser autorizados posteriormente.

Art. 4º A concessão de empréstimo, financiamento, cartão de crédito ou arrendamento mercantil será feita a critério da instituição consignatária, sendo os valores e as demais condições objeto de livre negociação entre ela e o mutuário, observadas as demais disposições desta Lei e seu regulamento.

► *Caput* com a redação dada pela Lei nº 13.172, de 21-10-2015.

§ 1º Poderá o empregador, com a anuência da entidade sindical representativa da maioria dos empregados, sem ônus para estes, firmar, com instituições consignatárias, acordo que defina condições gerais e demais critérios a serem observados nas operações de empréstimo, financiamento, cartão de crédito ou arrendamento mercantil que venham a ser realizadas com seus empregados.

§ 2º Poderão as entidades e centrais sindicais, sem ônus para os empregados, firmar, com instituições consignatárias, acordo que defina condições gerais e demais critérios a serem observados nas operações de empréstimo, financiamento, cartão de crédito ou arrendamento mercantil que venham a ser realizadas com seus representados.

§ 3º Na hipótese de ser firmado um dos acordos a que se referem os §§ 1º ou 2º e sendo observados e atendidos pelo empregado todos os requisitos e condições nele previstos, inclusive as regras de concessão de crédito, não poderá a instituição consignatária negar-se a celebrar a operação de empréstimo, financiamento, cartão de crédito ou arrendamento mercantil.

► §§ 1º a 3º com a redação dada pela Lei nº 13.172, de 21-10-2015.

§ 4º Para a realização das operações referidas nesta Lei, é assegurado ao empregado o direito de optar por instituição consignatária que tenha firmado acordo com o empregador, com sua entidade sindical, ou qualquer outra instituição consignatária de sua livre escolha, ficando o empregador obrigado a proceder aos descontos e repasses por ele contratados e autorizados.

§ 5º No caso dos acordos celebrados nos termos do § 2º deste artigo, os custos de que trata o § 2º do art. 3º deverão ser negociados entre o empregador e a entidade sindical, sendo vedada a fixação de custos superiores aos previstos pelo mesmo empregador nos acordos referidos no § 1º deste artigo.

§ 6º Poderá ser prevista nos acordos referidos nos §§ 1º e 2º deste artigo, ou em acordo específico entre a instituição consignatária e o empregador, a absorção dos custos referidos no § 2º do art. 3º pela instituição consignatária.

§ 7º É vedada aos empregadores, entidades e centrais sindicais a cobrança de qualquer taxa ou exigência de contrapartida pela celebração ou pela anuência nos acordos referidos nos §§ 1º e 2º, bem como a inclusão neles de cláusulas que impliquem pagamento em seu favor, a qualquer título, pela realização das operações de que trata esta Lei, ressalvado o disposto no § 2º do art. 3º.

§ 8º Fica o empregador ou a instituição consignatária obrigada a disponibilizar, inclusive em meio eletrônico, a opção de bloqueio de novos descontos.

► § 8º com a redação dada pela Lei nº 13.097, de 19-1-2015.

Art. 5º O empregador será o responsável pelas informações prestadas, pelo desconto dos valores devidos e pelo seu repasse às instituições consignatárias, que deverá ser realizado até o quinto dia útil após a data de pagamento ao mutuário de sua remuneração disponível.

► *Caput* com a redação dada pela Lei nº 13.097, de 19-1-2015.

§ 1º O empregador, salvo disposição contratual em contrário, não será corresponsável pelo pagamento dos empréstimos, financiamentos, cartões de crédito e arrendamentos mercantis concedidos aos seus empregados, mas responderá como devedor principal e solidário perante a instituição consignatária por valores a ela devidos em razão de contratações por ele confirmadas na forma desta Lei e de seu regulamento que deixarem, por sua falha ou culpa, de ser retidos ou repassados.

§ 2º Na hipótese de comprovação de que o pagamento mensal do empréstimo, financiamento, cartão de crédito ou arrendamento mercantil tenha sido descontado do mutuário e não tenha sido repassado pelo empregador, ou pela instituição financeira mantenedora, na forma do § 5º, à instituição consignatária, fica esta proibida de incluir o nome do mutuário em cadastro de inadimplentes.

► §§ 1º e 2º com a redação dada pela Lei nº 13.172, de 21-10-2015.

§ 3º Na hipótese de ocorrência da situação descrita no § 2º, é cabível o ajuizamento de ação de depósito, nos termos do Capítulo II do Título I do Livro IV da Lei nº 5.869, de 11 de janeiro de 1973 – Código de Processo Civil, em face do empregador, ou da instituição financeira mantenedora, se responsável pelo desconto, na forma do § 5º, e de seus representantes legais.

► § 3º com a redação dada pela Lei nº 13.097, de 19-1-2015.

§ 4º No caso de falência do empregador, antes do repasse das importâncias descontadas dos mutuários, fica assegurado à instituição consignatária o direito de pedir, na forma prevista em lei, a restituição das importâncias retidas.

§ 5º O acordo firmado entre o empregador e a instituição financeira mantenedora poderá prever que a responsabilidade pelo desconto de que trata o *caput* será da instituição financeira mantenedora.

► § 5º com a redação dada pela Lei nº 13.097, de 19-1-2015.

Art. 6º Os titulares de benefícios de aposentadoria e pensão do Regime Geral de Previdência Social e do benefício de prestação continuada de que trata o art. 20 da Lei nº 8.742, de 7 de dezembro de 1993, poderão autorizar que o Instituto Nacional do Seguro Social (INSS) proceda aos descontos referidos no art. 1º desta Lei e, de forma irrevogável e irretratável, que a instituição financeira na qual recebam os seus benefícios retenha, para fins de amortização, valores referentes ao pagamento mensal de empréstimos, financiamentos, cartões de crédito e operações de arrendamento mercantil por ela concedidos, quando previstos em contrato, na forma estabelecida em regulamento, observadas as normas editadas pelo INSS e ouvido o Conselho Nacional de Previdência Social.

► *Caput* com a redação dada pela Lei nº 14.431, de 3-8-2022.

§ 1º Para os fins do *caput*, fica o INSS autorizado a dispor, em ato próprio, sobre:

I – as formalidades para habilitação das instituições e sociedades referidas no art. 1º;

II – os benefícios elegíveis, em função de sua natureza e forma de pagamento;

III – as rotinas a serem observadas para a prestação aos titulares de benefícios em manutenção e às instituições consignatárias das informações necessárias à consecução do disposto nesta Lei;

IV – os prazos para o início dos descontos autorizados e para o repasse das prestações às instituições consignatárias;

V – o valor dos encargos a serem cobrados para ressarcimento dos custos operacionais a ele acarretados pelas operações; e

VI – as demais normas que se fizerem necessárias.

§ 2º Em qualquer circunstância, a responsabilidade do INSS em relação às operações referidas no *caput* deste artigo restringe-se à:

I – retenção dos valores autorizados pelo beneficiário e repasse à instituição consignatária nas operações de desconto, não cabendo à autarquia responsabilidade solidária pelos débitos contratados pelo segurado; e

II – manutenção dos pagamentos do titular do benefício na mesma instituição financeira enquanto houver saldo devedor nas operações em que for autorizada a retenção, não cabendo à autarquia responsabilidade solidária pelos débitos contratados pelo segurado.

§ 3º É vedado ao titular de benefício que realizar qualquer das operações referidas nesta Lei solicitar a alteração da instituição financeira pagadora, enquanto houver saldo devedor em amortização.

► §§ 2º e 3º com a redação dada pela Lei nº 10.953, de 27-9-2004.

§ 4º É facultada a transferência da consignação do empréstimo, financiamento ou arrendamento firmado pelo empregado na vigência do seu contrato de trabalho quando de sua aposentadoria, observadas as condições estabelecidas nesta Lei.

§ 5º Para os titulares de benefícios de aposentadoria e pensão do Regime Geral de Previdência Social, os descontos e as retenções referidos no caput deste artigo não poderão ultrapassar o limite de 45% (quarenta e cinco por cento) do valor dos benefícios, dos quais 35% (trinta e cinco por cento) destinados exclusivamente a empréstimos, a financiamentos e a arrendamentos mercantis, 5% (cinco por cento) destinados exclusivamente à amortização de despesas contraídas por meio de cartão de crédito consignado ou à utilização com a finalidade de saque por meio de cartão de crédito consignado e 5% (cinco por cento) destinados exclusivamente à amortização de despesas contraídas por meio de cartão consignado de benefício ou à utilização com a finalidade de saque por meio de cartão consignado de benefício.

▸ *Caput* do § 5º com a redação dada pela Lei nº 14.601, de 19-6-2023.

I – a amortização de despesas contraídas por meio de cartão de crédito; ou

II – a utilização com a finalidade de saque por meio do cartão de crédito.

▸ Incisos I e II acrescidos pela Lei nº 13.172, de 21-10-2015.

§ 5º-A. Para os titulares do benefício de prestação continuada de que trata o art. 20 da Lei nº 8.742, de 7 de dezembro de 1993 (Lei Orgânica da Assistência Social), os descontos e as retenções referidos no caput deste artigo não poderão ultrapassar o limite de 35% (trinta e cinco por cento) do valor dos benefícios, dos quais 30% (trinta por cento) destinados exclusivamente a empréstimos, a financiamentos e a arrendamentos mercantis e 5% (cinco por cento) destinados exclusivamente à amortização de despesas contraídas por meio de cartão de crédito consignado ou cartão consignado de benefício ou à utilização com a finalidade de saque por meio de cartão de crédito consignado ou cartão consignado de benefício.

▸ § 5º-A acrescido pela Lei nº 14.601, de 19-6-2023.

§ 6º A instituição financeira que proceder à retenção de valor superior ao limite estabelecido nos §§ 5º e 5º-A deste artigo perderá todas as garantias que lhe são conferidas nesta Lei.

§ 7º Aplica-se o previsto no caput e no § 5º deste artigo aos titulares da renda mensal vitalícia prevista na Lei nº 6.179, de 11 de dezembro de 1974.

▸ §§ 6º e 7º com a redação dada pela Lei nº 14.601, de 19-6-2023.

§ 8º Para os benefícios que tenham como requisito para sua concessão a preexistência do benefício de prestação continuada de que trata o art. 20 da Lei nº 8.742, de 7 de dezembro de 1993 (Lei Orgânica da Assistência Social), aplica-se o previsto no caput e no § 5º-A deste artigo.

§ 9º As operações de empréstimos, de financiamentos e de arrendamentos mercantis de que trata o § 5º-A deste artigo deverão ser realizadas em dois momentos, separados entre si pelo intervalo mínimo de 5 (cinco) dias úteis entre a proposta da instituição financeira e a celebração do contrato.

▸ §§ 8º e 9º acrescidos pela Lei nº 14.601, de 19-6-2023.

Art. 6º-A. Equiparam-se, para os fins do disposto nos arts. 1º e 6º, às operações neles referidas as que são realizadas com entidades abertas ou fechadas de previdência complementar pelos respectivos participantes ou assistidos.

▸ Artigo acrescido pela Lei nº 13.183, de 4-11-2015.

Art. 6º-B. Revogado. Lei nº 14.601, de 19-6-2023.

Art. 7º O art. 115 da Lei nº 8.213, de 24 de julho de 1991, passa a vigorar com as seguintes alterações:

"Art. 115. ....

....

VI – pagamento de empréstimos, financiamentos e operações de arrendamento mercantil concedidos por instituições financeiras e sociedades de arrendamento mercantil, públicas e privadas, quando expressamente autorizado pelo beneficiário, até o limite de trinta por cento do valor do benefício.

§ 1º Na hipótese do inciso II, o desconto será feito em parcelas, conforme dispuser o regulamento, salvo má-fé.

§ 2º Na hipótese dos incisos II e VI, haverá prevalência do desconto do inciso II."

Art. 8º O Poder Executivo regulamentará o disposto nesta Lei.

Art. 9º Esta Lei entra em vigor na data de sua publicação.

Brasília, 17 de dezembro de 2003;
182º da Independência e
115º da República.

Luiz Inácio Lula da Silva

LEI COMPLEMENTAR Nº 123, DE 14 DE DEZEMBRO DE 2006

Institui o Estatuto Nacional da Microempresa e da Empresa de Pequeno Porte; altera dispositivos das Leis nºs 8.212 e 8.213, ambas de 24 de julho de 1991, da Consolidação das Leis do Trabalho – CLT, aprovada pelo Decreto-Lei nº 5.452, de 1º de maio de 1943, da Lei nº 10.189, de 14 de fevereiro de 2001, da Lei Complementar nº 63, de 11 de janeiro de 1990; e revoga as Leis nºs 9.317, de 5 de dezembro de 1996, e 9.841, de 5 de outubro de 1999.

(EXCERTOS)

- Publicada no *DOU* de 15-12-2006 e republicada no *DOU* de 31-1-2009, Edição Extra. Houve nova republicação no *DOU* de 6-3-2012, em atendimento ao disposto no art. 5º da LC nº 139, de 10-11-2011.
- Arts. 146, parágrafo único, e 179 da CF.
- Arts. 47, I, e 94 do ADCT.
- Lei nº 11.488, de 15-6-2007, cria o Regime Especial de Incentivos para o Desenvolvimento da Infraestrutura – REIDI; reduz para 24 (vinte e quatro) meses o prazo mínimo para utilização dos créditos da Contribuição para o PIS/PASEP e da Contribuição para o Financiamento da Seguridade Social – COFINS decorrentes da aquisição de edificações; e amplia o prazo para pagamento de impostos e contribuições.
- Dec. nº 6.038, de 7-2-2007, institui o Comitê Gestor do Simples Nacional – CGSN.

CAPÍTULO I

DISPOSIÇÕES PRELIMINARES

Art. 1º Esta Lei Complementar estabelece normas gerais relativas ao tratamento diferenciado e favorecido a ser dispensado às microempresas e empresas de pequeno porte no âmbito dos Poderes da União, dos Estados, do Distrito Federal e dos Municípios, especialmente no que se refere:

I – à apuração e recolhimento dos impostos e contribuições da União, dos Estados, do Distrito Federal e dos Municípios, mediante regime único de arrecadação, inclusive obrigações acessórias;

II – ao cumprimento de obrigações trabalhistas e previdenciárias, inclusive obrigações acessórias;

III – ao acesso a crédito e ao mercado, inclusive quanto à preferência nas aquisições de bens e serviços pelos Poderes Públicos, à tecnologia, ao associativismo e às regras de inclusão;

IV – ao cadastro nacional único de contribuintes a que se refere o inciso IV do parágrafo único do art. 146, *in fine*, da Constituição Federal.

- Inciso IV acrescido pela LC nº 147, de 7-8-2014.

§ 1º Cabe ao Comitê Gestor do SIMPLES Nacional (CGSN) apreciar a necessidade de revisão, a partir de 1º de janeiro de 2015, dos valores expressos em moeda nesta Lei Complementar.

- § 1º com a redação dada pela LC nº 139, de 10-11-2011.

§ 2º VETADO.

§ 3º Ressalvado o disposto no Capítulo IV, toda nova obrigação que atinja as microempresas e empresas de pequeno porte deverá apresentar, no instrumento que a instituiu, especificação do tratamento diferenciado, simplificado e favorecido para cumprimento.

§ 4º Na especificação do tratamento diferenciado, simplificado e favorecido de que trata o § 3º, deverá constar prazo máximo, quando forem necessários procedimentos adicionais, para que os órgãos fiscalizadores cumpram as medidas necessárias à emissão de documentos, realização de vistorias e atendimento das demandas realizadas pelas microempresas e empresas de pequeno porte com o objetivo de cumprir a nova obrigação.

§ 5º Caso o órgão fiscalizador descumpra os prazos estabelecidos na especificação do tratamento diferenciado e favorecido, conforme o disposto no § 4º, a nova obrigação será inexigível até que seja realizada visita para fiscalização orientadora e seja reiniciado o prazo para regularização.

§ 6º A ausência de especificação do tratamento diferenciado, simplificado e favorecido ou da determinação de prazos máximos, de acordo com os §§ 3º e 4º, tornará a nova obrigação inexigível para as microempresas e empresas de pequeno porte.

§ 7º A inobservância do disposto nos §§ 3º a 6º resultará em atentado aos direitos e garantias legais assegurados ao exercício profissional da atividade empresarial.

► §§ 3º a 7º acrescidos pela LC nº 147, de 7-8-2014.

Art. 2º O tratamento diferenciado e favorecido a ser dispensado às microempresas e empresas de pequeno porte de que trata o art. 1º desta Lei Complementar será gerido pelas instâncias a seguir especificadas:

I – Comitê Gestor do SIMPLES Nacional, vinculado ao Ministério da Economia, composto de 4 (quatro) representantes da União, 2 (dois) dos Estados e do Distrito Federal, 2 (dois) dos Municípios, 1 (um) do Serviço Brasileiro de Apoio às Micro e Pequenas Empresas (SEBRAE) e 1 (um) das confederações nacionais de representação do segmento de microempresas e empresas de pequeno porte referidas no art. 11 da Lei Complementar nº 147, de 7 de agosto de 2014, para tratar dos aspectos tributários;

► Inciso I com a redação dada pela LC nº 188, de 31-12-2021.

II – Fórum Permanente das Microempresas e Empresas de Pequeno Porte, com a participação dos órgãos federais competentes e das entidades vinculadas ao setor, para tratar dos demais aspectos, ressalvado o disposto no inciso III do *caput* deste artigo;

► Inciso II com a redação dada pela LC nº 128, de 19-12-2008.

III – Comitê para Gestão da Rede Nacional para Simplificação do Registro e da Legalização de Empresas e Negócios – CGSIM, vinculado à Secretaria da Micro e Pequena Empresa da Presidência da República, composto por representantes da União, dos Estados e do Distrito Federal, dos Municípios e demais órgãos de apoio e de registro empresarial, na forma definida pelo Poder Executivo, para tratar do processo de registro e de legalização de empresários e de pessoas jurídicas.

► Inciso III com a redação dada pela LC nº 147, de 7-8-2014.

§ 1º Os Comitês de que tratam os incisos I e III do *caput* deste artigo serão presididos e coordenados por representantes da União.

§ 2º Os representantes dos Estados e do Distrito Federal nos Comitês referidos nos incisos I e III do *caput* deste artigo serão indicados pelo Conselho Nacional de Política Fazendária – CONFAZ e os dos Municípios serão indicados, um pela entidade representativa das Secretarias de Finanças das Capitais e outro pelas entidades de representação nacional dos Municípios brasileiros.

§ 3º As entidades de representação referidas no inciso III do *caput* e no § 2º deste artigo serão aquelas regularmente constituídas há pelo menos 1 (um) ano antes da publicação desta Lei Complementar.

► §§ 1º a 3º com a redação dada pela LC nº 128, de 19-12-2008.

§ 4º Os comitês de que tratam os incisos I e III do *caput* deste artigo elaborarão seus regimentos internos mediante resolução, observado, quanto ao CGSN, o disposto nos §§ 4º-A e 4º-B deste artigo.

► § 4º com a redação dada pela LC nº 188, de 31-12-2021.

§ 4º-A. O quórum mínimo para a realização das reuniões do CGSN será de 3/4 (três quartos) dos componentes, dos quais um deles será necessariamente o Presidente.

§ 4º-B. As deliberações do CGSN serão tomadas por 3/4 (três quartos) dos componentes presentes às reuniões, presenciais ou virtuais, ressalvadas as decisões que determinem a exclusão de ocupações autorizadas a atuar na qualidade de Microempreendedor Individual (MEI), quando a deliberação deverá ser unânime.

► §§ 4º-A e 4º-B acrescidos pela LC nº 188, de 31-12-2021.

§ 5º O Fórum referido no inciso II do *caput* deste artigo tem por finalidade orientar e assessorar a formulação e coordenação da política nacional de desenvolvimento das microempresas e empresas de pequeno porte, bem como acompanhar e avaliar a sua implantação, sendo presidido e coordenado pela Secretaria da Micro e Pequena Empresa da Presidência da República.

► § 5º com a redação dada pela Lei nº 12.792, de 28-3-2013.

§ 6º Ao Comitê de que trata o inciso I do *caput* deste artigo compete regulamentar a opção, exclusão, tributação, fiscalização, arrecadação, cobrança, dívida ativa, recolhimento e demais itens relativos ao regime de que trata o art. 12 desta Lei Complementar, observadas as demais disposições desta Lei Complementar.

§ 7º Ao Comitê de que trata o inciso III do *caput* deste artigo compete, na forma da lei, regulamentar a inscrição, cadastro, abertura, alvará, arquivamento, licenças, permissão, autorização, registros e demais itens relativos à abertura, legalização e funcionamento de empresários e de pessoas jurídicas de qualquer porte, atividade econômica ou composição societária.

§ 8º Os membros dos comitês de que tratam os incisos I e III do *caput* deste artigo serão designados pelo Ministro de Estado da Economia, mediante indicação dos órgãos e entidades vinculados.

► § 8º com a redação dada pela LC nº 188, de 31-12-2021.

§ 8º-A. Dos membros da União que compõem o comitê de que trata o inciso I do *caput* deste artigo, 3 (três) serão representantes da Secretaria Especial da Receita Federal do Brasil e 1 (um) da Subsecretaria de Desenvolvimento das Micro e Pequenas Empresas, Empreendedorismo e Artesanato da Secretaria Especial de Produtividade e Competitividade ou do órgão que vier a substituí-la.

§ 8º-B. A vaga das confederações nacionais de representação do segmento de microempresas e empresas de pequeno porte no comitê de que trata o inciso I do *caput* deste artigo será ocupada em regime de rodízio anual entre as confederações.

► §§ 8º-A e 8º-B acrescidos pela LC nº 188, de 31-12-2021.

§ 9º O CGSN poderá determinar, com relação à microempresa e à empresa de pequeno porte optante pelo Simples Nacional, a forma, a periodicidade e o prazo:

I – de entrega à Secretaria da Receita Federal do Brasil – RFB de uma única declaração com dados relacionados a fatos geradores, base de cálculo e valores da contribuição para a Seguridade Social devida sobre a remuneração do trabalho, inclusive a descontada dos trabalhadores a serviço da empresa, do Fundo de Garantia do Tempo de Serviço – FGTS e outras informações de interesse do Ministério do Trabalho e Emprego – MTE, do Instituto Nacional do Seguro Social – INSS e do Conselho Curador do FGTS, observado o disposto no § 7º deste artigo; e

II – do recolhimento das contribuições descritas no inciso I e do FGTS.

§ 10. O recolhimento de que trata o inciso II do § 9º deste artigo poderá se dar de forma unificada relativamente aos tributos apurados na forma do Simples Nacional.

§ 11. A entrega da declaração de que trata o inciso I do § 9º substituirá, na forma regulamentada pelo CGSN, a obrigatoriedade de entrega de todas as informações, formulários e declarações a que estão sujeitas as demais empresas ou equiparados que contratam trabalhadores, inclusive relativamente ao recolhimento do FGTS, à Relação Anual de Informações Sociais e ao Cadastro Geral de Empregados e Desempregados.

§ 12. Na hipótese de recolhimento do FGTS na forma do inciso II do § 9º deste artigo, deve-se assegurar a transferência dos recursos e dos elementos identificadores do recolhimento ao gestor desse fundo para crédito na conta vinculada do trabalhador.

§ 13. O documento de que trata o inciso I do § 9º tem caráter declaratório, constituindo instrumento hábil e suficiente para a exigência dos tributos, contribuições e dos débitos fundiários que não tenham sido recolhidos resultantes das informações nele prestadas.

► §§ 9º a 13 acrescidos pela LC nº 147, de 7-8-2014.

Capítulo II

DA DEFINIÇÃO DE MICROEMPRESA E DE EMPRESA DE PEQUENO PORTE

Art. 3º Para os efeitos desta Lei Complementar, consideram-se microempresas ou empresas de pequeno porte a sociedade empresária, a sociedade simples, a empresa individual de responsabilidade limitada e o empresário a que se refere o art. 966 da Lei nº 10.406, de 10 de janeiro de 2002 (Código Civil), devidamente registrados no Registro de Empresas Mercantis ou no Registro Civil de Pessoas Jurídicas, conforme o caso, desde que:

► *Caput* com a redação dada pela LC nº 139, de 10-11-2011.

► Art. 6º da Lei nº 13.988, de 14-4-2020 (Lei da Transação Tributária).

I – no caso da microempresa, aufira, em cada ano-calendário, receita bruta igual ou inferior a R$ 360.000,00 (trezentos e sessenta mil reais); e

► Inciso I com a redação dada pela LC nº 139, de 10-11-2011.

II – no caso de empresa de pequeno porte, aufira, em cada ano-calendário, receita bruta superior a R$ 360.000,00 (trezentos e sessenta mil reais) e igual ou inferior a R$ 4.800.000,00 (quatro milhões e oitocentos mil reais).

► Inciso II com a redação dada pela LC nº 155, de 27-10-2016.

► Art. 16, § 1º, desta Lei Complementar.

§ 1º Considera-se receita bruta, para fins do disposto no *caput* deste artigo, o produto da venda de bens e serviços nas operações de conta própria, o preço dos serviços prestados e o resultado nas operações em conta alheia, não incluídas as vendas canceladas e os descontos incondicionais concedidos.

§ 2º No caso de início de atividade no próprio ano-calendário, o limite a que se refere o *caput* deste artigo será proporcional ao número de meses em que a microempresa ou a empresa de pequeno porte houver exercido atividade, inclusive as frações de meses.

§ 3º O enquadramento do empresário ou da sociedade simples ou empresária como microempresa ou empresa de pequeno porte bem como o seu desenquadramento não implicarão alteração, denúncia ou qualquer restrição em relação a contratos por elas anteriormente firmados.

§ 4º Não poderá se beneficiar do tratamento jurídico diferenciado previsto nesta Lei Complementar, incluído o regime de que trata o art. 12 desta Lei Complementar, para nenhum efeito legal, a pessoa jurídica:

► *Caput* do § 4º com a redação dada pela LC nº 128, de 19-12-2008.

I – de cujo capital participe outra pessoa jurídica;

II – que seja filial, sucursal, agência ou representação, no País, de pessoa jurídica com sede no exterior;

III – de cujo capital participe pessoa física que seja inscrita como empresário ou seja sócia de outra empresa que receba tratamento jurídico diferenciado nos termos desta Lei Complementar, desde que a receita bruta global ultrapasse o limite de que trata o inciso II do *caput* deste artigo;

IV – cujo titular ou sócio participe com mais de 10% (dez por cento) do capital de outra empresa não beneficiada por esta Lei Complementar, desde que a receita bruta global ultrapasse o limite de que trata o inciso II do *caput* deste artigo;

V – cujo sócio ou titular seja administrador ou equiparado de outra pessoa jurídica com fins lucrativos, desde que a receita bruta global ultrapasse o limite de que trata o inciso II do *caput* deste artigo;

VI – constituída sob a forma de cooperativas, salvo as de consumo;

VII – que participe do capital de outra pessoa jurídica;

VIII – que exerça atividade de banco comercial, de investimentos e de desenvolvimento, de caixa econômica, de sociedade de crédito, financiamento e investimento ou de crédito imobiliário, de corretora ou de distribuidora de títulos, valores mobiliários e câmbio, de empresa de arrendamento mercantil, de seguros privados e de capitalização ou de previdência complementar;

IX – resultante ou remanescente de cisão ou qualquer outra forma de desmembramento de pessoa jurídica que tenha ocorrido em um dos 5 (cinco) anos-calendário anteriores;

X – constituída sob a forma de sociedade por ações;

XI – cujos titulares ou sócios guardem, cumulativamente, com o contratante do serviço, relação de pessoalidade, subordinação e habitualidade.

► Inciso XI acrescido pela LC nº 147, de 7-8-2014.

► Art. 3º da CLT.

§ 5º O disposto nos incisos IV e VII do § 4º deste artigo não se aplica à participação no capital de cooperativas de crédito, bem como em centrais de compras, bolsas de subcontratação, no consórcio referido no art. 50 desta Lei Complementar e na sociedade de propósito específico prevista no art. 56 desta Lei Complementar, e em associações assemelhadas, sociedades de interesse econômico, sociedades de garantia solidária e outros tipos de sociedade, que tenham como objetivo social a defesa exclusiva dos interesses econômicos das microempresas e empresas de pequeno porte.

► § 5º com a redação dada pela LC nº 128, de 19-12-2008.

§ 6º Na hipótese de a microempresa ou empresa de pequeno porte incorrer em alguma das situações previstas nos incisos do § 4º, será excluída do tratamento jurídico diferenciado previsto nesta Lei Complementar, bem como do regime de que trata o art. 12, com efeitos a partir do mês seguinte ao que incorrida a situação impeditiva.

► § 6º com a redação dada pela LC nº 139, de 10-11-2011.

§ 7º Observado o disposto no § 2º deste artigo, no caso de início de atividades, a microempresa que, no ano-calendário, exceder o limite de receita bruta anual previsto no inciso I do *caput* deste artigo passa, no ano-calendário seguinte, à condição de empresa de pequeno porte.

§ 8º Observado o disposto no § 2º deste artigo, no caso de início de atividades, a empresa de pequeno porte que, no ano-calendário, não ultrapassar o limite de receita bruta anual previsto no inciso I do *caput* deste artigo passa, no ano-calendário seguinte, à condição de microempresa.

§ 9º A empresa de pequeno porte que, no ano-calendário, exceder o limite de receita bruta anual previsto no inciso II do *caput* fica excluída, no mês subsequente à ocorrência do excesso, do tratamento jurídico diferenciado previsto nesta Lei Complementar, incluído o regime de que trata o art. 12, para todos os efeitos legais, ressalvado o disposto nos §§ 9º-A, 10 e 12.

► § 9º com a redação dada pela LC nº 139, de 10-11-2011.

§ 9º-A. Os efeitos da exclusão prevista no § 9º dar-se-ão no ano-calendário subsequente se o excesso verificado em relação à receita bruta não for superior a 20% (vinte por cento) do limite referido no inciso II do *caput*.

► § 9º-A acrescido pela LC nº 139, de 10-11-2011.

§ 10. A empresa de pequeno porte que no decurso do ano-calendário de início de atividade ultrapassar o limite proporcional de receita bruta de que trata o § 2º estará excluída do tratamento jurídico diferenciado previsto nesta Lei Complementar, bem como do regime de que trata o art. 12 desta Lei Complementar, com efeitos retroativos ao início de suas atividades.

► Art. 31, III, *b*, desta Lei Complementar.

§ 11. Na hipótese de o Distrito Federal, os Estados e os respectivos Municípios adotarem um dos limites previstos nos incisos I e II do *caput* do art. 19 e no art. 20, caso a receita bruta auferida pela empresa durante o ano-calendário de início de atividade ultrapasse 1/12 (um doze avos) do limite estabelecido multiplicado pelo número de meses de funcionamento nesse período, a empresa não poderá recolher o ICMS e o ISS na forma do SIMPLES Nacional, relativos ao estabelecimento localizado na unidade da federação que os houver adotado, com efeitos retroativos ao início de suas atividades.

§ 12. A exclusão de que trata o § 10 não retroagirá ao início das atividades se o excesso verificado em relação à receita bruta não for superior a 20% (vinte por cento) do respectivo limite referido naquele parágrafo, hipótese em que os efeitos da exclusão dar-se-ão no ano-calendário subsequente.

► §§ 10 a 12 com a redação dada pela LC nº 139, de 10-11-2011.

§ 13. O impedimento de que trata o § 11 não retroagirá ao início das atividades se o excesso verificado em relação à receita bruta não for superior a 20% (vinte por cento) dos respectivos limites referidos naquele parágrafo, hipótese em que os efeitos do impedimento ocorrerão no ano-calendário subsequente.

► § 13 acrescido pela LC nº 139, de 10-11-2011.

§ 14. Para fins de enquadramento como microempresa ou empresa de pequeno porte, poderão ser auferidas receitas no mercado interno até o limite previsto no inciso II do *caput* ou no § 2º, conforme o caso, e, adicionalmente, receitas decorrentes da exportação de mercadorias ou serviços, inclusive quando realizada por meio de comercial exportadora ou da sociedade de propósito específico prevista no art. 56 desta Lei Complementar, desde que as receitas de exportação também não excedam os referidos limites de receita bruta anual.

► § 14 com a redação dada pela LC nº 147, de 7-8-2014.

§ 15. Na hipótese do § 14, para fins de determinação da alíquota de que trata o § 1º do art. 18, da base de cálculo prevista em seu § 3º e das majorações de alíquotas previstas em seus §§ 16, 16-A, 17 e 17-A, serão consideradas separadamente as receitas brutas auferidas no mercado interno e aquelas decorrentes da exportação.

► § 15 com a redação dada pela LC nº 147, de 7-8-2014.

§ 16. O disposto neste artigo será regulamentado por resolução do CGSN.

► § 16 acrescido pela LC nº 147, de 7-8-2014.

§§ 17 e 18. VETADOS. LC nº 155, de 27-10-2016.

Art. 3º-A. Aplica-se ao produtor rural pessoa física e ao agricultor familiar conceituado na Lei nº 11.326, de 24 de julho de 2006, com situação regular na Previdência Social e no Município que tenham auferido receita bruta anual até o limite de que trata o inciso II do *caput* do art. 3º o disposto nos arts. 6º e 7º, nos Capítulos V a X, na Seção IV do Capítulo XI e no Capítulo XII desta Lei Complementar, ressalvadas as disposições da Lei nº 11.718, de 20 de junho de 2008.

Parágrafo único. A equiparação de que trata o *caput* não se aplica às disposições do Capítulo IV desta Lei Complementar.

Art. 3º-B. Os dispositivos desta Lei Complementar, com exceção dos dispostos no Capítulo IV, são aplicáveis a todas as microempresas e empresas de pequeno porte, assim definidas pelos incisos I e II do *caput* e § 4º do art. 3º, ainda que não enquadradas no regime tributário do Simples Nacional, por vedação ou por opção.

► Arts. 3º-A e 3º-B acrescidos pela LC nº 147, de 7-8-2014.

Capítulo III

DA INSCRIÇÃO E DA BAIXA

Art. 4º Na elaboração de normas de sua competência, os órgãos e entidades envolvidos na abertura e fechamento de empresas, dos 3 (três) âmbitos de governo, deverão considerar a unicidade do processo de registro e de legalização de empresários e de pessoas jurídicas, para tanto devendo articular as competências próprias com aquelas dos demais membros, e buscar, em conjunto, compatibilizar e integrar procedimentos, de modo a evitar a duplicidade de exigências e garantir a linearidade do processo, da perspectiva do usuário.

§ 1º O processo de abertura, registro, alteração e baixa da microempresa e empresa de pequeno porte, bem como qualquer exigência para o início de seu funcionamento, deverão ter trâmite especial e simplificado, preferencialmente eletrônico, opcional para o empreendedor, observado o seguinte:

► *Caput* do § 1º com a redação dada pela LC nº 147, de 7-8-2014.

I – poderão ser dispensados o uso da firma, com a respectiva assinatura autógrafa, o capital, requerimentos, demais assinaturas, informações relativas ao estado civil e regime de bens, bem como remessa de documentos, na forma estabelecida pelo CGSIM; e

► Inciso I acrescido pela LC nº 139 de 10-11-2011.

II – *Revogado*. LC nº 147, de 7-8-2014.

§ 2º *Revogado*. LC nº 139, de 10-11-2011.

§ 3º Ressalvado o disposto nesta Lei Complementar, ficam reduzidos a 0 (zero) todos os custos, inclusive prévios, relativos à abertura, à inscrição, ao registro, ao funcionamento, ao alvará, à licença, ao cadastro, às alterações e procedimentos de baixa e encerramento e aos demais itens relativos ao Microempreendedor Individual, incluindo os valores referentes a taxas, a emolumentos e a demais contribuições relativas aos órgãos de registro, de licenciamento, sindicais, de regulamentação, de anotação de responsabilidade técnica, de vistoria e de fiscalização do exercício de profissões regulamentadas.

► § 3º com a redação dada pela LC nº 147, de 7-8-2014.

§ 3º-A. O agricultor familiar, definido conforme a Lei nº 11.326, de 24 de julho de 2006, e identificado pela Declaração de Aptidão ao PRONAF – DAP física ou jurídica, bem como o MEI e o empreendedor de economia solidária ficam isentos de taxas e outros valores relativos à fiscalização da vigilância sanitária.

§ 4º No caso do MEI, de que trata o art. 18-A desta Lei Complementar, a cobrança associativa ou oferta de serviços privados relativos aos atos de que trata o § 3º deste artigo somente poderá ser efetuada a partir de demanda prévia do próprio MEI, firmado por meio de contrato com assinatura autógrafa, observando-se que:

I – para a emissão de boletos de cobrança, os bancos públicos e privados deverão exigir das instituições sindicais e associativas autorização prévia específica a ser emitida pelo CGSIM;

II – o desrespeito ao disposto neste parágrafo configurará vantagem ilícita pelo induzimento ao erro em prejuízo do MEI, aplicando-se as sanções previstas em lei.

► §§ 3º-A a 4º acrescidos pela LC nº 147, de 7-8-2014.

Legislação Complementar

§ 5º VETADO. LC nº 147, de 7-8-2014.

§ 6º Na ocorrência de fraude no registro do Microempreendedor Individual – MEI feito por terceiros, o pedido de baixa deve ser feito por meio exclusivamente eletrônico, com efeitos retroativos à data de registro, na forma a ser regulamentada pelo CGSIM, não sendo aplicáveis os efeitos do § 1º do art. 29 desta Lei Complementar.

► § 6º acrescido pela LC nº 155, de 27-10-2016.

Art. 5º Os órgãos e entidades envolvidos na abertura e fechamento de empresas, dos 3 (três) âmbitos de governo, no âmbito de suas atribuições, deverão manter à disposição dos usuários, de forma presencial e pela rede mundial de computadores, informações, orientações e instrumentos, de forma integrada e consolidada, que permitam pesquisas prévias às etapas de registro ou inscrição, alteração e baixa de empresários e pessoas jurídicas, de modo a prover ao usuário certeza quanto à documentação exigível e quanto à viabilidade do registro ou inscrição.

Parágrafo único. As pesquisas prévias à elaboração de ato constitutivo ou de sua alteração deverão bastar a que o usuário seja informado pelos órgãos e entidades competentes:

I – da descrição oficial do endereço de seu interesse e da possibilidade de exercício da atividade desejada no local escolhido;

II – de todos os requisitos a serem cumpridos para obtenção de licenças de autorização de funcionamento, segundo a atividade pretendida, o porte, o grau de risco e a localização; e

III – da possibilidade de uso do nome empresarial de seu interesse.

Art. 6º Os requisitos de segurança sanitária, metrologia, controle ambiental e prevenção contra incêndios, para os fins de registro e legalização de empresários e pessoas jurídicas, deverão ser simplificados, racionalizados e uniformizados pelos órgãos envolvidos na abertura e fechamento de empresas, no âmbito de suas competências.

§ 1º Os órgãos e entidades envolvidos na abertura e fechamento de empresas que sejam responsáveis pela emissão de licenças e autorizações de funcionamento somente realizarão vistorias após o início de operação do estabelecimento, quando a atividade, por sua natureza, comportar grau de risco compatível com esse procedimento.

§ 2º Os órgãos e entidades competentes definirão, em 6 (seis) meses, contados da publicação desta Lei Complementar, as atividades cujo grau de risco seja considerado alto e que exigirão vistoria prévia.

§ 3º Na falta de legislação estadual, distrital ou municipal específica relativa à definição do grau de risco da atividade aplicar-se-á resolução do CGSIM.

§ 4º A classificação de baixo grau de risco permite ao empresário ou à pessoa jurídica a obtenção do licenciamento de atividade mediante o simples fornecimento de dados e a substituição da comprovação prévia do cumprimento de exigências e restrições por declarações do titular ou responsável.

§ 5º O disposto neste artigo não é impeditivo da inscrição fiscal.

► §§ 3º a 5º acrescidos pela LC nº 147, de 7-8-2014.

Art. 7º Exceto nos casos em que o grau de risco da atividade seja considerado alto, os Municípios emitirão Alvará de Funcionamento Provisório, que permitirá o início de operação do estabelecimento imediatamente após o ato de registro.

Parágrafo único. Nos casos referidos no *caput* deste artigo, poderá o Município conceder Alvará de Funcionamento Provisório para o microempreendedor individual, para microempresas e para empresas de pequeno porte:

► *Caput* do parágrafo único acrescido pela LC nº 128, de 19-12-2008.

I – instaladas em área ou edificação desprovidas de regulação fundiária e imobiliária, inclusive habite-se; ou

► Inciso I com a redação dada pela LC nº 147, de 7-8-2014.

II – em residência do microempreendedor individual ou do titular ou sócio da microempresa ou empresa de pequeno porte, na hipótese em que a atividade não gere grande circulação de pessoas.

► Inciso II acrescido pela LC nº 128, de 19-12-2008.

Art. 8º Será assegurado aos empresários e pessoas jurídicas:

I – entrada única de dados e documentos;

II – processo de registro e legalização integrado entre os órgãos e entes envolvidos, por meio de sistema informatizado que garanta:

a) sequenciamento das seguintes etapas: consulta prévia de nome empresarial e de viabilidade de localização, registro empresarial, inscrições fiscais e licenciamento de atividade;

b) criação da base nacional cadastral única de empresas;

III – identificação nacional cadastral única que corresponderá ao número de inscrição no Cadastro Nacional de Pessoas Jurídicas – CNPJ.

§ 1º O sistema de que trata o inciso II do *caput* deve garantir aos órgãos e entidades integrados:

I – compartilhamento irrestrito dos dados da base nacional única de empresas;

II – autonomia na definição das regras para comprovação do cumprimento de exigências nas respectivas etapas do processo.

§ 2º A identificação nacional cadastral única substituirá para todos os efeitos as demais inscrições, sejam elas federais, estaduais ou municipais, após a implantação do sistema a que se refere o inciso II do *caput*, no prazo e na forma estabelecidos pelo CGSIM.

§ 3º É vedado aos órgãos e entidades integrados ao sistema informatizado de que trata o inciso II do *caput* o estabelecimento de exigências não previstas em lei.

§ 4º A coordenação do desenvolvimento e da implantação do sistema de que trata o inciso II do *caput* ficará a cargo do CGSIM.

► Art. 8º com a redação dada pela LC nº 147, de 7-8-2014.

Art. 9º O registro dos atos constitutivos, de suas alterações e extinções (baixas), referentes a empresários e pessoas jurídicas em qualquer órgão dos 3 (três) âmbitos de governo ocorrerá independentemente da regularidade de obrigações tributárias, previdenciárias ou trabalhistas, principais ou acessórias, do empresário, da sociedade, dos sócios, dos administradores ou de empresas de que participem, sem prejuízo das responsabilidades do empresário, dos titulares, dos sócios ou dos administradores por tais obrigações, apuradas antes ou após o ato de extinção.

► *Caput* com a redação dada pela LC nº 147, de 7-8-2014.

§ 1º O arquivamento, nos órgãos de registro, dos atos constitutivos de empresários, de sociedades empresárias e de demais equiparados que se enquadrarem como microempresa ou empresa de pequeno porte bem como o arquivamento de suas alterações são dispensados das seguintes exigências:

I – certidão de inexistência de condenação criminal, que será substituída por declaração do titular ou administrador, firmada sob as penas da lei, de não estar impedido de exercer atividade mercantil ou a administração de sociedade, em virtude de condenação criminal;

II – prova de quitação, regularidade ou inexistência de débito referente a tributo ou contribuição de qualquer natureza.

§ 2º Não se aplica às microempresas e às empresas de pequeno porte o disposto no § 2º do art. 1º da Lei nº 8.906, de 4 de julho de 1994.

§ 3º *Revogado*. LC nº 147, de 7-8-2014.

§ 4º A baixa do empresário ou da pessoa jurídica não impede que, posteriormente, sejam lançados ou cobrados tributos, contribuições e respectivas penalidades, decorrentes da falta do cumprimento de obrigações ou da prática comprovada e apurada em processo administrativo ou judicial de outras irregularidades praticadas pelos empresários, pelas pessoas jurídicas ou por seus titulares, sócios ou administradores.

§ 5º A solicitação de baixa do empresário ou da pessoa jurídica importa responsabilidade solidária dos empresários, dos titulares, dos sócios e dos administradores no período da ocorrência dos respectivos fatos geradores.

► §§ 4º e 5º com a redação dada pela LC nº 147, de 7-8-2014.

§ 6º Os órgãos referidos no *caput* deste artigo terão o prazo de 60 (sessenta) dias para efetivar a baixa nos respectivos cadastros.

§ 7º Ultrapassado o prazo previsto no § 6º deste artigo sem manifestação do órgão competente, presumir-se-á a baixa dos registros das microempresas e a das empresas de pequeno porte.

§§ 8º a 12. *Revogados*. LC nº 147, de 7-8-2014.

Art. 10. Não poderão ser exigidos pelos órgãos e entidades envolvidos na abertura e fechamento de empresas, dos 3 (três) âmbitos de governo:

I – excetuados os casos de autorização prévia, quaisquer documentos adicionais aos requeridos pelos órgãos executores do Registro Público de Empresas Mercantis e Atividades Afins e do Registro Civil de Pessoas Jurídicas;

II – documento de propriedade ou contrato de locação do imóvel onde será instalada a sede, filial ou outro estabelecimento, salvo para comprovação do endereço indicado;

III – comprovação de regularidade de prepostos dos empresários ou pessoas jurídicas com seus órgãos de classe, sob qualquer forma, como requisito para deferimento de ato de inscrição, alteração ou baixa de empresa, bem como para autenticação de instrumento de escrituração.

Art. 11. Fica vedada a instituição de qualquer tipo de exigência de natureza documental ou formal, restritiva ou condicionante, pelos órgãos envolvidos na abertura e fechamento de empresas, dos 3 (três) âmbitos de governo, que exceda o estrito limite dos requisitos pertinentes à essência do ato de registro, alteração ou baixa da empresa.

....

Capítulo VI

DA SIMPLIFICAÇÃO DAS RELAÇÕES DE TRABALHO

Seção I

DA SEGURANÇA E DA MEDICINA DO TRABALHO

Art. 50. As microempresas e as empresas de pequeno porte serão estimuladas pelo poder público e pelos Serviços Sociais Autônomos a formar consórcios para acesso a serviços especializados em segurança e medicina do trabalho.

► Artigo com a redação dada pela LC nº 127, de 14-8-2007.

Seção II

DAS OBRIGAÇÕES TRABALHISTAS

Art. 51. As microempresas e as empresas de pequeno porte são dispensadas:

► Arts. 52 e 53 desta Lei Complementar.

I – da afixação de Quadro de Trabalho em suas dependências;

II – da anotação das férias dos empregados nos respectivos livros ou fichas de registro;

III – de empregar e matricular seus aprendizes nos cursos dos Serviços Nacionais de Aprendizagem;

IV – da posse do livro intitulado "Inspeção do Trabalho"; e

V – de comunicar ao Ministério do Trabalho e Emprego a concessão de férias coletivas.

Art. 52. O disposto no art. 51 desta Lei Complementar não dispensa as microempresas e as empresas de pequeno porte dos seguintes procedimentos:

I – anotações na Carteira de Trabalho e Previdência Social – CTPS;

II – arquivamento dos documentos comprobatórios de cumprimento das obrigações trabalhistas e previdenciárias, enquanto não prescreverem essas obrigações;

III – apresentação da Guia de Recolhimento do Fundo de Garantia do Tempo de Serviço e Informações à Previdência Social – GFIP;

IV – apresentação das Relações Anuais de Empregados e da Relação Anual de Informações Sociais – RAIS e do Cadastro Geral de Empregados e Desempregados – CAGED.

Parágrafo único. (VETADO).

Art. 53. *Revogado*. LC nº 127, de 14-8-2007.

Seção III

DO ACESSO À JUSTIÇA DO TRABALHO

Art. 54. É facultado ao empregador de microempresa ou de empresa de pequeno porte fazer-se substituir ou representar perante a Justiça do Trabalho por terceiros que conheçam dos fatos, ainda que não possuam vínculo trabalhista ou societário.

► Art. 843, § 1º, da CLT.

Capítulo VII

DA FISCALIZAÇÃO ORIENTADORA

Art. 55. A fiscalização, no que se refere aos aspectos trabalhista, metrológico, sanitário, ambiental, de segurança, de relações de consumo e de uso e ocupação do solo das microempresas e das empresas de pequeno porte, deverá ser prioritariamente orientadora quando a atividade ou situação, por sua natureza, comportar grau de risco compatível com esse procedimento.

► *Caput* com a redação dada pela LC nº 155, de 27-10-2016.

► Art. 8º do Dec. nº 9.405, de 11-6-2018, que dispõe sobre o tratamento diferenciado, simplificado e favorecido às microempresas e às empresas de pequeno porte, previsto no art. 122 do Estatuto da Pessoa com Deficiência.

§ 1º Será observado o critério de dupla visita para lavratura de autos de infração, salvo quando for constatada infração por falta de registro de empregado ou anotação da Carteira de Trabalho e Previdência Social – CTPS, ou, ainda, na ocorrência de reincidência, fraude, resistência ou embaraço à fiscalização.

▶ IN da SIT nº 84, de 13-7-2010, dispõe sobre a fiscalização do Fundo de Garantia do Tempo de Serviço – FGTS e das Contribuições Sociais instituídas pela LC nº 110, de 29-6-2001.

§ 2º VETADO.

§ 3º Os órgãos e entidades competentes definirão, em 12 (doze) meses, as atividades e situações cujo grau de risco seja considerado alto, as quais não se sujeitarão ao disposto neste artigo.

§ 4º O disposto neste artigo não se aplica ao processo administrativo fiscal relativo a tributos, que se dará na forma dos arts. 39 e 40 desta Lei Complementar.

§ 5º O disposto no § 1º aplica-se à lavratura de multa pelo descumprimento de obrigações acessórias relativas às matérias do *caput*, inclusive quando previsto seu cumprimento de forma unificada com matéria de outra natureza, exceto a trabalhista.

§ 6º A inobservância do critério de dupla visita implica nulidade do auto de infração lavrado sem cumprimento ao disposto neste artigo, independentemente da natureza principal ou acessória da obrigação.

§ 7º Os órgãos e entidades da administração pública federal, estadual, distrital e municipal deverão observar o princípio do tratamento diferenciado, simplificado e favorecido por ocasião da fixação de valores decorrentes de multas e demais sanções administrativas.

§ 8º A inobservância do disposto no *caput* deste artigo implica atentado aos direitos e garantias legais assegurados ao exercício profissional da atividade empresarial.

§ 9º O disposto no *caput* deste artigo não se aplica a infrações relativas à ocupação irregular da reserva de faixa não edificável, de área destinada a equipamentos urbanos, de áreas de preservação permanente e nas faixas de domínio público das rodovias, ferrovias e dutovias ou de vias e logradouros públicos.

▶ §§ 5º a 9º acrescidos pela LC nº 147, de 7-8-2014.

....

CAPÍTULO XIV

DISPOSIÇÕES FINAIS E TRANSITÓRIAS

....

Art. 84. O art. 58 da Consolidação das Leis do Trabalho – CLT, aprovada pelo Decreto-Lei nº 5.452, de 1º de maio de 1943, passa a vigorar acrescido do seguinte § 3º:

▶ Alteração inserida no texto da referida Consolidação.

....

Art. 88. Esta Lei Complementar entra em vigor na data de sua publicação, ressalvado o regime de tributação das microempresas e empresas de pequeno porte, que entra em vigor em 1º de julho de 2007.

Art. 89. Ficam revogadas, a partir de 1º de julho de 2007, a Lei nº 9.317, de 5 de dezembro de 1996, e a Lei nº 9.841, de 5 de outubro de 1999.

Brasília, 14 de dezembro de 2006;
185º da Independência e
118º da República.

Luiz Inácio Lula da Silva

▶ Optamos por não publicar os anexos nesta edição.

LEI Nº 11.417, DE 19 DE DEZEMBRO DE 2006

Regulamenta o art. 103-A da Constituição Federal e altera a Lei nº 9.784, de 29 de janeiro de 1999, disciplinando a edição, a revisão e o cancelamento de enunciado de súmula vinculante pelo Supremo Tribunal Federal, e dá outras providências.

▶ Publicada no *DOU* de 20-12-2006.

Art. 1º Esta Lei disciplina a edição, a revisão e o cancelamento de enunciado de súmula vinculante pelo Supremo Tribunal Federal e dá outras providências.

Art. 2º O Supremo Tribunal Federal poderá, de ofício ou por provocação, após reiteradas decisões sobre matéria constitucional, editar enunciado de súmula que, a partir de sua publicação na imprensa oficial, terá efeito vinculante em relação aos demais órgãos do Poder Judiciário e à administração pública direta e indireta, nas esferas federal, estadual e municipal, bem como proceder à sua revisão ou cancelamento, na forma prevista nesta Lei.

§ 1º O enunciado da súmula terá por objeto a validade, a interpretação e a eficácia de normas determinadas, acerca das quais haja, entre órgãos judiciários ou entre esses e a administração pública, controvérsia atual que acarrete grave insegurança jurídica e relevante multiplicação de processos sobre idêntica questão.

§ 2º O Procurador-Geral da República, nas propostas que não houver formulado, manifestar-se-á previamente à edição, revisão ou cancelamento de enunciado de súmula vinculante.

§ 3º A edição, a revisão e o cancelamento de enunciado de súmula com efeito vinculante dependerão de decisão tomada por 2/3 (dois terços) dos membros do Supremo Tribunal Federal, em sessão plenária.

§ 4º No prazo de 10 (dez) dias após a sessão em que editar, rever ou cancelar enunciado de súmula com efeito vinculante, o Supremo Tribunal Federal fará publicar, em seção especial do *Diário da Justiça* e do *Diário Oficial da União*, o enunciado respectivo.

Art. 3º São legitimados a propor a edição, a revisão ou o cancelamento de enunciado de súmula vinculante:

I – o Presidente da República;
II – a Mesa do Senado Federal;
III – a Mesa da Câmara dos Deputados;
IV – o Procurador-Geral da República;
V – o Conselho Federal da Ordem dos Advogados do Brasil;
VI – o Defensor Público-Geral da União;
VII – partido político com representação no Congresso Nacional;
VIII – confederação sindical ou entidade de classe de âmbito nacional;
IX – a Mesa de Assembleia Legislativa ou da Câmara Legislativa do Distrito Federal;
X – o Governador de Estado ou do Distrito Federal;
XI – os Tribunais Superiores, os Tribunais de Justiça de Estados ou do Distrito Federal e Territórios, os Tribunais Regionais Federais, os Tribunais Regionais do Trabalho, os Tribunais Regionais Eleitorais e os Tribunais Militares.

§ 1º O Município poderá propor, incidentalmente ao curso de processo em que seja parte, a edição, a revisão ou o cancelamento de enunciado de súmula vinculante, o que não autoriza a suspensão do processo.

§ 2º No procedimento de edição, revisão ou cancelamento de enunciado da súmula vinculante, o relator poderá admitir, por decisão irrecorrível, a manifestação de terceiros na questão, nos termos do Regimento Interno do Supremo Tribunal Federal.

Art. 4º A súmula com efeito vinculante tem eficácia imediata, mas o Supremo Tribunal Federal, por decisão de 2/3 (dois terços) dos seus membros, poderá restringir os efeitos vinculantes ou decidir que só tenha eficácia a partir de outro momento, tendo em vista razões de segurança jurídica ou de excepcional interesse público.

Art. 5º Revogada ou modificada a lei em que se fundou a edição de enunciado de súmula vinculante, o Supremo Tribunal Federal, de ofício ou por provocação, procederá à sua revisão ou cancelamento, conforme o caso.

Art. 6º A proposta de edição, revisão ou cancelamento de enunciado de súmula vinculante não autoriza a suspensão dos processos em que se discuta a mesma questão.

Art. 7º Da decisão judicial ou do ato administrativo que contrariar enunciado de súmula vinculante, negar-lhe vigência ou aplicá-lo indevidamente caberá reclamação ao Supremo Tribunal Federal, sem prejuízo dos recursos ou outros meios admissíveis de impugnação.

§ 1º Contra omissão ou ato da administração pública, o uso da reclamação só será admitido após esgotamento das vias administrativas.

§ 2º Ao julgar procedente a reclamação, o Supremo Tribunal Federal anulará o ato administrativo ou cassará a decisão judicial impugnada, determinando que outra seja proferida com ou sem aplicação da súmula, conforme o caso.

Art. 8º O art. 56 da Lei nº 9.784, de 29 de janeiro de 1999, passa a vigorar acrescido do seguinte § 3º:

"Art. 56..

....

§ 3º Se o recorrente alegar que a decisão administrativa contraria enunciado da súmula vinculante, caberá à autoridade prolatora da decisão impugnada, se não a reconsiderar, explicitar, antes de encaminhar o recurso à autoridade superior, as razões da aplicabilidade ou inaplicabilidade da súmula, conforme o caso."

Art. 9º A Lei nº 9.784, de 29 de janeiro de 1999, passa a vigorar acrescida dos seguintes arts. 64-A e 64-B:

"Art. 64-A. Se o recorrente alegar violação de enunciado da súmula vinculante, o órgão competente para decidir o recurso explicitará as razões da aplicabilidade ou inaplicabilidade da súmula, conforme o caso."

"Art. 64-B. Acolhida pelo Supremo Tribunal Federal a reclamação fundada em violação de enunciado da súmula vinculante, dar-se-á ciência à autoridade prolatora e ao órgão competente para o julgamento do recurso, que deverão adequar as futuras decisões administrativas em casos semelhantes, sob pena de responsabilização pessoal nas esferas cível, administrativa e penal."

Art. 10. O procedimento de edição, revisão ou cancelamento de enunciado de súmula com efeito vinculante obedecerá, subsidiariamente, ao disposto no Regimento Interno do Supremo Tribunal Federal.

Art. 11. Esta Lei entra em vigor 3 (três) meses após a sua publicação.

Brasília, 19 de dezembro de 2006;
185º da Independência e
118º da República.

Luiz Inácio Lula da Silva

LEI Nº 11.419, DE 19 DE DEZEMBRO DE 2006

Dispõe sobre a informatização do processo judicial; altera a Lei nº 5.869, de 11 de janeiro de 1973 – Código de Processo Civil; e dá outras providências.

- ▶ Publicada no *DOU* de 20-12-2006.
- ▶ Lei nº 8.038, de 28-5-1990, institui normas procedimentais para os processos que especifica, perante o Superior Tribunal de Justiça e o Supremo Tribunal Federal.
- ▶ IN do TST nº 30, de 13-9-2007, regulamenta, no âmbito da Justiça do Trabalho, o disposto nesta Lei.
- ▶ Res. do CNJ nº 100, de 24-11-2009, dispõe sobre a comunicação oficial, por meio eletrônico, no âmbito do Poder Judiciário.
- ▶ Res. do STF nº 693, de 17-7-2020, regulamenta o processo eletrônico no âmbito do Supremo Tribunal Federal.
- ▶ Res. do STJ nº 1, de 10-2-2010, regulamenta o processo judicial eletrônico no âmbito do Superior Tribunal de Justiça.
- ▶ Res. do CSJT nº 94, de 23-3-2012, institui o Sistema Processo Judicial Eletrônico da Justiça do Trabalho – PJe-JT.

CAPÍTULO I

DA INFORMATIZAÇÃO DO PROCESSO JUDICIAL

Art. 1º O uso de meio eletrônico na tramitação de processos judiciais, comunicação de atos e transmissão de peças processuais será admitido nos termos desta Lei.

§ 1º Aplica-se o disposto nesta Lei, indistintamente, aos processos civil, penal e trabalhista, bem como aos juizados especiais, em qualquer grau de jurisdição.

§ 2º Para o disposto nesta Lei, considera-se:

I – meio eletrônico qualquer forma de armazenamento ou tráfego de documentos e arquivos digitais;

II – transmissão eletrônica toda forma de comunicação a distância com a utilização de redes de comunicação, preferencialmente a rede mundial de computadores;

III – assinatura eletrônica as seguintes formas de identificação inequívoca do signatário:

a) assinatura digital baseada em certificado digital emitido por Autoridade Certificadora credenciada, na forma de lei específica;
b) mediante cadastro de usuário no Poder Judiciário, conforme disciplinado pelos órgãos respectivos.

Art. 2º O envio de petições, de recursos e a prática de atos processuais em geral por meio eletrônico serão admitidos mediante uso de assinatura eletrônica, na forma do art. 1º desta Lei, sendo obrigatório o credenciamento prévio no Poder Judiciário, conforme disciplinado pelos órgãos respectivos.

§ 1º O credenciamento no Poder Judiciário será realizado mediante procedimento no qual esteja assegurada a adequada identificação presencial do interessado.

§ 2º Ao credenciado será atribuído registro e meio de acesso ao sistema, de modo a preservar o sigilo, a identificação e a autenticidade de suas comunicações.

§ 3º Os órgãos do Poder Judiciário poderão criar um cadastro único para o credenciamento previsto neste artigo.

Art. 3º Consideram-se realizados os atos processuais por meio eletrônico no dia e hora do seu envio ao sistema do Poder Judiciário, do que deverá ser fornecido protocolo eletrônico.

Parágrafo único. Quando a petição eletrônica for enviada para atender prazo processual, serão consideradas tempestivas as transmitidas até as 24 (vinte e quatro) horas do seu último dia.

Capítulo II

DA COMUNICAÇÃO ELETRÔNICA DOS ATOS PROCESSUAIS

Art. 4º Os tribunais poderão criar *Diário da Justiça eletrônico*, disponibilizado em sítio da rede mundial de computadores, para publicação de atos judiciais e administrativos próprios e dos órgãos a eles subordinados, bem como comunicações em geral.

§ 1º O sítio e o conteúdo das publicações de que trata este artigo deverão ser assinados digitalmente com base em certificado emitido por Autoridade Certificadora credenciada na forma da lei específica.

§ 2º A publicação eletrônica na forma deste artigo substitui qualquer outro meio e publicação oficial, para quaisquer efeitos legais, à exceção dos casos que, por lei, exigem intimação ou vista pessoal.

§ 3º Considera-se como data da publicação o primeiro dia útil seguinte ao da disponibilização da informação no *Diário da Justiça eletrônico*.

§ 4º Os prazos processuais terão início no primeiro dia útil que seguir ao considerado como data da publicação.

§ 5º A criação do *Diário da Justiça eletrônico* deverá ser acompanhada de ampla divulgação, e o ato administrativo correspondente será publicado durante 30 (trinta) dias no diário oficial em uso.

Art. 5º As intimações serão feitas por meio eletrônico em portal próprio aos que se cadastrarem na forma do art. 2º desta Lei, dispensando-se a publicação no órgão oficial, inclusive eletrônico.

§ 1º Considerar-se-á realizada a intimação no dia em que o intimando efetivar a consulta eletrônica ao teor da intimação, certificando-se nos autos a sua realização.

§ 2º Na hipótese do § 1º deste artigo, nos casos em que a consulta se dê em dia não útil, a intimação será considerada como realizada no primeiro dia útil seguinte.

§ 3º A consulta referida nos §§ 1º e 2º deste artigo deverá ser feita em até 10 (dez) dias corridos contados da data do envio da intimação, sob pena de considerar-se a intimação automaticamente realizada na data do término desse prazo.

§ 4º Em caráter informativo, poderá ser efetivada remessa de correspondência eletrônica, comunicando o envio da intimação e a abertura automática do prazo processual nos termos do § 3º deste artigo, aos que manifestarem interesse por esse serviço.

§ 5º Nos casos urgentes em que a intimação feita na forma deste artigo possa causar prejuízo a quaisquer das partes ou nos casos em que for evidenciada qualquer tentativa de burla ao sistema, o ato processual deverá ser realizado por outro meio que atinja a sua finalidade, conforme determinado pelo juiz.

§ 6º As intimações feitas na forma deste artigo, inclusive da Fazenda Pública, serão consideradas pessoais para todos os efeitos legais.

- Res. do STF nº 404, de 7-8-2009, dispõe sobre as intimações das decisões proferidas no âmbito do STF em processos físicos ou eletrônicos.

Art. 6º Observadas as formas e as cautelas do art. 5º desta Lei, as citações, inclusive da Fazenda Pública, excetuadas as dos Direitos Processuais Criminal e Infracional, poderão ser feitas por meio eletrônico, desde que a íntegra dos autos seja acessível ao citando.

Art. 7º As cartas precatórias, rogatórias, de ordem e, de um modo geral, todas as comunicações oficiais que transitem entre órgãos do Poder Judiciário, bem como entre os deste e os dos demais Poderes, serão feitas preferentemente por meio eletrônico.

- Res. do CNJ nº 100, de 24-11-2009, dispõe sobre a comunicação oficial, por meio eletrônico, no âmbito do Poder Judiciário.

Capítulo III

DO PROCESSO ELETRÔNICO

Art. 8º Os órgãos do Poder Judiciário poderão desenvolver sistemas eletrônicos de processamento de ações judiciais por meio de autos total ou parcialmente digitais, utilizando, preferencialmente, a rede mundial de computadores e acesso por meio de redes internas e externas.

Parágrafo único. Todos os atos processuais do processo eletrônico serão assinados eletronicamente na forma estabelecida nesta Lei.

Art. 9º No processo eletrônico, todas as citações, intimações e notificações, inclusive da Fazenda Pública, serão feitas por meio eletrônico, na forma desta Lei.

§ 1º As citações, intimações, notificações e remessas que viabilizem o acesso à íntegra do processo correspondente serão consideradas vista pessoal do interessado para todos os efeitos legais.

§ 2º Quando, por motivo técnico, for inviável o uso do meio eletrônico para a realização de citação, intimação ou notificação, esses atos processuais poderão ser praticados segundo as regras ordinárias, digitalizando-se o documento físico, que deverá ser posteriormente destruído.

Art. 10. A distribuição da petição inicial e a juntada da contestação, dos recursos e das petições em geral, todos em formato digital, nos autos de processo eletrônico, podem ser feitas diretamente pelos advogados públicos e privados, sem necessidade da intervenção do cartório ou secretaria judicial, situação em que a autuação deverá se dar de forma automática, fornecendo-se recibo eletrônico de protocolo.

§ 1º Quando o ato processual tiver que ser praticado em determinado prazo, por meio de petição eletrônica, serão considerados tempestivos os efetivados até as 24 (vinte e quatro) horas do último dia.

§ 2º No caso do § 1º deste artigo, se o Sistema do Poder Judiciário se tornar indisponível por motivo técnico, o prazo fica automaticamente prorrogado para o primeiro dia útil seguinte à resolução do problema.

§ 3º Os órgãos do Poder Judiciário deverão manter equipamentos de digitalização e de acesso à rede mundial de computadores à disposição dos interessados para distribuição de peças processuais.

Art. 11. Os documentos produzidos eletronicamente e juntados aos processos eletrônicos com garantia da origem e de seu signatário, na forma estabelecida nesta Lei, serão considerados originais para todos os efeitos legais.

§ 1º Os extratos digitais e os documentos digitalizados e juntados aos autos pelos órgãos da Justiça e seus auxiliares, pelo Ministério Público e seus auxiliares, pelas procuradorias, pelas autoridades policiais, pelas repartições públicas em geral e por advogados públicos e privados têm a mesma força probante dos originais, ressalvada a alegação motivada e fundamentada de adulteração antes ou durante o processo de digitalização.

§ 2º A arguição de falsidade do documento original será processada eletronicamente na forma da lei processual em vigor.

§ 3º Os originais dos documentos digitalizados, mencionados no § 2º deste artigo, deverão ser preservados pelo seu detentor até o trânsito em julgado da sentença ou, quando admitida, até o final do prazo para interposição de ação rescisória.

§ 4º VETADO.

§ 5º Os documentos cuja digitalização seja tecnicamente inviável devido ao grande volume ou por motivo de ilegibilidade deverão ser apresentados ao cartório ou secretaria no prazo de 10 (dez) dias contados do envio de petição eletrônica comunicando o fato, os quais serão devolvidos à parte após o trânsito em julgado.

★ **Nova redação do dispositivo alterado:** "§ 5º Os documentos cuja digitalização seja tecnicamente inviável devido ao grande volume ou por motivo de ilegibilidade deverão ser apresentados ao cartório ou secretaria ou encaminhados por meio de protocolo integrado judicial nacional no prazo de 10 (dez) dias contado do envio de petição eletrônica comunicando o fato, os quais serão devolvidos à parte após o trânsito em julgado."

► § 5º com a redação dada pela Lei nº 14.318, de 29-3-2022, para vigorar após 730 dias de sua publicação.

§ 6º Os documentos digitalizados juntados em processo eletrônico estarão disponíveis para acesso por meio da rede externa pelas respectivas partes processuais, pelos advogados, independentemente de procuração nos autos, pelos membros do Ministério Público e pelos magistrados, sem prejuízo da possibilidade de visualização nas secretarias dos órgãos julgadores, exceção daqueles que tramitarem em segredo de justiça.

► § 6º com a redação dada pela Lei nº 13.793, de 3-1-2019.

§ 7º Os sistemas de informações pertinentes a processos eletrônicos devem possibilitar que advogados, procuradores e membros do Ministério Público cadastrados, mas não vinculados a processo previamente identificado, acessem automaticamente todos os atos e documentos processuais armazenados em meio eletrônico, desde que demonstrado interesse para fins apenas de registro, salvo nos casos de processos em segredo de justiça.

► § 7º acrescido pela Lei nº 13.793, de 3-1-2019.

Art. 12. A conservação dos autos do processo poderá ser efetuada total ou parcialmente por meio eletrônico.

§ 1º Os autos dos processos eletrônicos deverão ser protegidos por meio de sistemas de segurança de acesso e armazenados em meio que garanta a preservação e integridade dos dados, sendo dispensada a formação de autos suplementares.

§ 2º Os autos de processos eletrônicos que tiverem de ser remetidos a outro juízo ou instância superior que não disponham de sistema compatível deverão ser impressos em papel, autuados na forma dos arts. 166 a 168 da Lei nº 5.869, de 11 de janeiro de 1973 – Código de Processo Civil, ainda que de natureza criminal ou trabalhista, ou pertinentes a juizado especial.

§ 3º No caso do § 2º deste artigo, o escrivão ou o chefe de secretaria certificará os autores ou a origem dos documentos produzidos nos autos, acrescentando, ressalvada a hipótese de existir segredo de justiça, a forma pela qual o banco de dados poderá ser acessado para aferir a autenticidade das peças e das respectivas assinaturas digitais.

§ 4º Feita a autuação na forma estabelecida no § 2º deste artigo, o processo seguirá a tramitação legalmente estabelecida para os processos físicos.

§ 5º A digitalização de autos em mídia não digital, em tramitação ou já arquivados, será precedida de publicação de editais de intimações ou da intimação pessoal das partes e de seus procuradores, para que, no prazo preclusivo de 30 (trinta) dias, se manifestem sobre o desejo de manterem pessoalmente a guarda de algum dos documentos originais.

Art. 13. O magistrado poderá determinar que sejam realizados por meio eletrônico a exibição e o envio de dados e de documentos necessários à instrução do processo.

§ 1º Consideram-se cadastros públicos, para os efeitos deste artigo, dentre outros existentes ou que venham a ser criados, ainda que mantidos por concessionárias de serviço público ou empresas privadas, os que contenham informações indispensáveis ao exercício da função judicante.

§ 2º O acesso de que trata este artigo dar-se-á por qualquer meio tecnológico disponível, preferentemente o de menor custo, considerada sua eficiência.

§ 3º VETADO.

CAPÍTULO IV

DISPOSIÇÕES GERAIS E FINAIS

Art. 14. Os sistemas a serem desenvolvidos pelos órgãos do Poder Judiciário deverão usar, preferencialmente, programas com código aberto, acessíveis ininterruptamente por meio da rede mundial de computadores, priorizando-se a sua padronização.

Parágrafo único. Os sistemas devem buscar identificar os casos de ocorrência de prevenção, litispendência e coisa julgada.

Art. 15. Salvo impossibilidade que comprometa o acesso à justiça, a parte deverá informar, ao distribuir a petição inicial de qualquer ação judicial, o número no cadastro de pessoas físicas ou jurídicas, conforme o caso, perante a Secretaria da Receita Federal.

► Súm. nº 558 do STJ.

Parágrafo único. Da mesma forma, as peças de acusação criminais deverão ser instruídas pelos membros do Ministério Público ou pelas autoridades policiais com os números de registros dos acusados no Instituto Nacional de Identificação do Ministério da Justiça, se houver.

Art. 16. Os livros cartorários e demais repositórios dos órgãos do Poder Judiciário poderão ser gerados e armazenados em meio totalmente eletrônico.

Art. 17. VETADO.

Art. 18. Os órgãos do Poder Judiciário regulamentarão esta Lei, no que couber, no âmbito de suas respectivas competências.

Art. 19. Ficam convalidados os atos processuais praticados por meio eletrônico até a data de publicação desta Lei, desde que tenham atingido sua finalidade e não tenha havido prejuízo para as partes.

Art. 20. A Lei nº 5.869, de 11 de janeiro de 1973 – Código de Processo Civil, passa a vigorar com as seguintes alterações:

"Art. 38. ....

Parágrafo único. A procuração pode ser assinada digitalmente com base em certificado emitido por Autoridade Certificadora credenciada, na forma da lei específica."

"Art. 154. ....

Parágrafo único. VETADO.

§ 2º Todos os atos e termos do processo podem ser produzidos, transmitidos, armazenados e assinados por meio eletrônico, na forma da lei."

"Art. 164. ....

Parágrafo único. A assinatura dos juízes, em todos os graus de jurisdição, pode ser feita eletronicamente, na forma da lei."

"Art. 169. ....

§ 1º É vedado usar abreviaturas.

§ 2º Quando se tratar de processo total ou parcialmente eletrônico, os atos processuais praticados na presença do juiz poderão ser produzidos e armazenados de modo integralmente digital em arquivo eletrônico inviolável, na forma da lei, mediante registro em termo que será assinado digitalmente pelo juiz e pelo escrivão ou chefe de secretaria, bem como pelos advogados das partes.

§ 3º No caso do § 2º deste artigo, eventuais contradições na transcrição deverão ser suscitadas oralmente no momento da realização do ato, sob pena de preclusão, devendo o juiz decidir de plano, registrando-se a alegação e a decisão no termo."

"Art. 202. ....

§ 3º A carta de ordem, carta precatória ou carta rogatória pode ser expedida por meio eletrônico, situação em que a assinatura do juiz deverá ser eletrônica, na forma da lei."

"Art. 221. ....

....

IV – por meio eletrônico, conforme regulado em lei própria."

"Art. 237. ....

Parágrafo único. As intimações podem ser feitas de forma eletrônica, conforme regulado em lei própria."

"Art. 365. ....

V – os extratos digitais de bancos de dados, públicos e privados, desde que atestado pelo seu emitente, sob as penas da lei, que as informações conferem com o que consta na origem;

VI – as reproduções digitalizadas de qualquer documento, público ou particular, quando juntados aos autos pelos órgãos da Justiça e seus auxiliares, pelo Ministério Público e seus auxiliares, pelas procuradorias, pelas repartições públicas em geral e por advogados públicos ou privados, ressalvada a alegação motivada e fundamentada de adulteração antes ou durante o processo de digitalização.

§ 1º Os originais dos documentos digitalizados, mencionados no inciso VI do caput deste artigo, deverão ser preservados pelo seu detentor até o final do prazo para interposição de ação rescisória.

§ 2º Tratando-se de cópia digital de título executivo extrajudicial ou outro documento relevante à instrução do processo, o juiz poderá determinar o seu depósito em cartório ou secretaria."

"Art. 399. ....

§ 1º Recebidos os autos, o juiz mandará extrair, no prazo máximo e improrrogável de 30 (trinta) dias, certidões ou reproduções fotográficas das peças indicadas pelas partes ou de ofício; findo o prazo, devolverá os autos à repartição de origem.

§ 2º As repartições públicas poderão fornecer todos os documentos em meio eletrônico conforme disposto em lei, certificando, pelo mesmo meio, que se trata de extrato fiel do que consta em seu banco de dados ou do documento digitalizado."

"Art. 417. ....

§ 1º O depoimento será passado para a versão datilográfica quando houver recurso da sentença ou noutros casos, quando o juiz o determinar, de ofício ou a requerimento da parte.

§ 2º Tratando-se de processo eletrônico, observar-se-á o disposto nos §§ 2º e 3º do art. 169 desta Lei."

"Art. 457. ....

....

§ 4º Tratando-se de processo eletrônico, observar-se-á o disposto nos §§ 2º e 3º do art. 169 desta Lei."

"Art. 556. ....

Parágrafo único. Os votos, acórdãos e demais atos processuais podem ser registrados em arquivo eletrônico inviolável e assinados eletronicamente, na forma da lei, devendo ser impressos para juntada aos autos do processo quando este não for eletrônico."

Art. 21. VETADO.

Art. 22. Esta Lei entra em vigor 90 (noventa) dias depois de sua publicação.

Brasília, 19 de dezembro de 2006;
185º da Independência e
118º da República.

Luiz Inácio Lula da Silva

INSTRUÇÃO NORMATIVA DO TST N Nº 30, DE 13 DE SETEMBRO DE 2007

Regulamenta, no âmbito da Justiça do Trabalho, a Lei nº 11.419, de 19 de dezembro de 2006, que dispõe sobre a informatização do processo judicial.

- Publicada no *DJU* de 18-9-2007 e republicada no *DJE* de 11-12-2013.
- IN editada pela Res. do TST nº 140, de 30-9-2007.

Capítulo I

INFORMATIZAÇÃO DO PROCESSO JUDICIAL NO ÂMBITO DA JUSTIÇA DO TRABALHO

Art. 1º O uso de meio eletrônico na tramitação de processos judiciais, comunicação de atos e transmissão de peças processuais, na Justiça do Trabalho, será disciplinado pela presente instrução normativa.

Art. 2º Os Tribunais Regionais do Trabalho disponibilizarão em suas dependências e nas Varas do Trabalho, para os usuários dos serviços de peticionamento eletrônico que necessitarem, equipamentos de acesso à rede mundial de computadores e de digitalização do processo, para a distribuição de peças processuais.

Parágrafo único. Os Tribunais Regionais do Trabalho terão o prazo de um ano da publicação da presente instrução normativa para atenderem ao disposto no presente artigo.

Capítulo II

ASSINATURA ELETRÔNICA

Art. 3º No âmbito da Justiça do Trabalho, o envio de petições, de recursos e a prática de atos processuais em geral por meio eletrônico serão admitidos mediante uso de assinatura eletrônica.

Art. 4º A assinatura eletrônica, no âmbito da Justiça do Trabalho, será admitida sob as seguintes modalidades:

I – assinatura digital, baseada em certificado digital emitido pelo ICP-Brasil, com uso de cartão e senha;

II – assinatura cadastrada, obtida perante o Tribunal Superior do Trabalho ou Tribunais Regionais do Trabalho, com fornecimentode *login* e senha.

§ 1º Para o uso de qualquer das duas modalidades de assinatura eletrônica, o usuário deverá se credenciar previamente perante o Tribunal Superior do Trabalho ou o Tribunal Regional do Trabalho com jurisdição sobre a cidade em que tenha domicílio, mediante o preenchimento de formulário eletrônico, disponibilizado no Portal da Justiça do Trabalho (Portal-JT).

§ 2º No caso de assinatura digital, em que a identificação presencial já se realizou perante a Autoridade Certificadora, o credenciamento se dará pela simples identificação do usuário por meio de seu certificado digital e remessa do formulário devidamente preenchido.

§ 3º No caso da assinatura cadastrada, o interessado deverá comparecer, pessoalmente, perante o órgão do Tribunal no qual deseje cadastrar sua assinatura eletrônica, munido do formulário devidamente preenchido, obtendo senhas e informações para a operacionalização de sua assinatura eletrônica.

§ 4º Ao credenciado será atribuído registro e meio de acesso ao sistema, de modo a preservar o sigilo (mediante criptografia de senha), a identificação e a autenticidade de suas comunicações.

§ 5º Alterações de dados cadastrais poderão ser feitas pelos usuários, a qualquer momento, na seção respectiva do Portal-JT.

§ 6º O credenciamento implica a aceitação das normas estabelecidas nesta Instrução Normativa e a responsabilidade do credenciado pelo uso indevido da assinatura eletrônica.

Capítulo III

SISTEMA DE PETICIONAMENTO ELETRÔNICO

Art. 5º A prática de atos processuais por meio eletrônico pelas partes, advogados e peritos será feita, na Justiça do Trabalho, através do Sistema Integrado de Protocolização e Fluxo de Documentos Eletrônicos (e-DOC).

§ 1º O e-DOC é um serviço de uso facultativo, disponibilizado no Portal-JT, na Internet.

§ 2º *Revogado*. Res. do TST nº 192, de 11-12-2013.

§ 3º O sistema do e-DOC deverá buscar identificar, dentro do possível, os casos de ocorrência de prevenção, litispendência e coisa julgada.

§ 4º A parte desassistida de advogado que desejar utilizar o sistema do e-DOC deverá se cadastrar, antes, nos termos desta Instrução Normativa.

Art. 6º As petições, acompanhadas ou não de anexos, apenas serão aceitas em formato PDF (*Portable Document Format*), no tamanho máximo, por operação, de 5 Megabytes.

► *Caput* com a redação dada pela Res. do TST nº 196, de 4-5-2015.

Parágrafo único. Não se admitirá o fracionamento de petição, tampouco dos documentos que a acompanham, para fins de transmissão.

Art. 7º O envio da petição por intermédio do e-DOC dispensa a apresentação posterior dos originais ou de fotocópias autenticadas, inclusive aqueles destinados à comprovação de pressupostos de admissibilidade do recurso.

Art. 8º O acesso ao e-DOC depende da utilização, pelo usuário, da sua assinatura eletrônica.

Parágrafo único. Salvo impossibilidade que comprometa o acesso à justiça, a parte deverá informar, ao distribuir a petição inicial de qualquer ação judicial em meio eletrônico, o número no cadastro de pessoas físicas ou jurídicas, conforme o caso, perante a Secretaria da Receita Federal.

Art. 9º O Sistema Integrado de Protocolização e Fluxo de Documentos Eletrônicos (e-DOC), no momento do recebimento da petição, expedirá recibo ao remetente, que servirá como comprovante de entrega da petição e dos documentos que a acompanharam.

§ 1º Constarão do recibo as seguintes informações:

I – o número de protocolo da petição gerado pelo Sistema;

II – o número do processo e o nome das partes, se houver, o assunto da petição e o órgão destinatário da petição, informados pelo remetente;

III – a data e o horário do recebimento da petição no Tribunal, conforme o horário oficial de Brasília;

► Inciso III com a redação dada pela Res. do TST nº 215, de 28-11-2016.

IV – as identificações do remetente da petição e do usuário que assinou eletronicamente o documento.

§ 2º O usuário poderá consultar no e-DOC as petições e documentos que tenham sido enviados há menos de dois anos, bem como os respectivos recibos.

► § 2º com a redação dada pela Res. do TST nº 196, de 4-5-2015.

Art. 9º-A O sistema armazenará em sua base de dados, por dois anos, cópias de segurança dos documentos transmitidos por intermédio do e-DOC, prazo após o qual serão excluídas.

► Artigo acrescido pela Res. do TST nº 196, de 4-5-2015.

Art. 10. Incumbe aos Tribunais, por intermédio das respectivas unidades administrativas responsáveis pela recepção das petições transmitidas pelo e-DOC:

I – imprimir as petições e seus documentos, caso existentes, anexando-lhes o comprovante de recepção gerado pelo Sistema, enquanto não generalizada a virtualização do processo, que dispensará os autos físicos;

II – verificar, diariamente, no sistema informatizado, a existência de petições eletrônicas pendentes de processamento.

Art. 11. São de exclusiva responsabilidade dos usuários:

I – o sigilo da assinatura digital, não sendo oponível, em qualquer hipótese, alegação de seu uso indevido;

II – a equivalência entre os dados informados para o envio (número do processo e unidade judiciária) e os constantes da petição remetida;

III – as condições das linhas de comunicação e acesso ao seu provedor da Internet;

IV – a edição da petição e anexos em conformidade com as restrições impostas pelo serviço, no que se refere à formatação e tamanho do arquivo enviado;

V – o acompanhamento da divulgação dos períodos em que o serviço não estiver disponível em decorrência de manutenção no sítio do Tribunal.

§ 1º A não obtenção, pelo usuário, de acesso ao Sistema, além de eventuais defeitos de transmissão ou recepção de dados, não serve de escusa para o descumprimento dos prazos legais.

§ 2º Deverão os Tribunais informar, nos respectivos sítios, os períodos em que, eventualmente, o sistema esteve indisponível.

Art. 12. Consideram-se realizados os atos processuais por meio eletrônico no dia e hora do seu recebimento pelo sistema do e-DOC.

§ 1º Quando a petição eletrônica for enviada para atender prazo processual, serão consideradas tempestivas as transmitidas até as 24 (vinte e quatro) horas do seu último dia.

§ 2º Incumbe ao usuário observar como referência o horário oficial de Brasília, atentando para os fusos horários existentes no país.

► § 2º com a redação dada pela Res. do TST nº 215, de 28-11-2016.

§ 3º Não serão considerados, para efeito de tempestividade, o horário da conexão do usuário à Internet, o horário do acesso ao sítio do Tribunal, tampouco os horários consignados nos equipamentos do remetente e da unidade destinatária, mas o de recebimento no órgão da Justiça do Trabalho.

Art. 13. O uso inadequado do e-DOC que venha a causar prejuízo às partes ou à atividade jurisdicional importa bloqueio do cadastramento do usuário, a ser determinado pela autoridade judiciária competente.

Capítulo IV

COMUNICAÇÃO E INFORMAÇÃO DOS ATOS PROCESSUAIS NO PORTAL DA JUSTIÇA DO TRABALHO

Art. 14. O Portal da Justiça do Trabalho (Portal-JT) é o sítio corporativo da instituição, abrangendo todos os Tribunais trabalhistas do país, gerenciado pelo Conselho Superior da Justiça do Trabalho e operado pelo Tribunal Superior do Trabalho e pelos Tribunais Regionais do Trabalho, incluindo, entre outras funcionalidades:

I – *o Diário da Justiça do Trabalho Eletrônico* (*DJT*), para publicação de atos judiciais e administrativos dos Tribunais e Varas do Trabalho;

II – Sistemas de Pesquisa de Jurisprudência, de Legislação Trabalhista e Atos Normativos da Justiça do Trabalho, de acompanhamento processual, de acervo bibliográfico, com Banco de Dados Geral integrado pelos julgados e atos administrativos de todos os Tribunais trabalhistas do país;

III – Informações gerais sobre os Tribunais e Varas do Trabalho, incluindo memória da Justiça do Trabalho, dados estatísticos, magistrados, concursos e licitações, entre outros;

IV – Informações sobre o Conselho Superior da Justiça do Trabalho (CSJT), incluindo seu Regimento Interno, suas resoluções e decisões, além de seus integrantes e estrutura do órgão;

V – Informações sobre a Escola Nacional de Formação e Aperfeiçoamento de Magistrados do Trabalho (ENAMAT), incluindo quadro diretivo, de professores, de alunos e de cursos, bem como disponibilizando ambiente para o ensino a distância;

VI – Sistemas de Assinatura Eletrônica, Peticionamento Eletrônico (e-DOC) e de Carta Eletrônica (CE);

VII – Informações sobre a Corregedoria-Geral da Justiça do Trabalho.

Parágrafo único. O conteúdo das publicações de que trata este artigo deverá ser assinado digitalmente, na forma desta Instrução Normativa.

Art. 15. A publicação eletrônica no *DJT* substitui qualquer outro meio e publicação oficial, para quaisquer efeitos legais, à exceção dos casos que, por lei, exigem intimação ou vista pessoal.

§ 1º Os atos processuais praticados pelos magistrados trabalhistas a serem publicados no *DJT* serão assinados digitalmente no momento de sua prolação.

§ 2º Considera-se como data da publicação o primeiro dia útil seguinte ao da disponibilização da informação no *DJT*.

§ 3º Os prazos processuais terão início no primeiro dia útil que seguir ao considerado como data da publicação.

Art. 16. As intimações serão feitas por meio eletrônico no Portal-JT aos que se credenciarem na forma desta Instrução Normativa, dispensando-se a publicação no órgão oficial, inclusive eletrônico.

§ 1º Considerar-se-á realizada a intimação no dia em que o intimando efetivar a consulta eletrônica ao teor da intimação, certificando-se nos autos a sua realização.

§ 2º Na hipótese do § 1º deste artigo, nos casos em que a consulta se dê em dia não útil, a intimação será considerada como realizada no primeiro dia útil seguinte.

§ 3º A consulta referida nos §§ 1º e 2º deste artigo deverá ser feita em até 10 (dez) dias corridos contados da data do envio da intimação, sob pena de considerar-se a intimação automaticamente realizada na data do término desse prazo.

§ 4º A intimação de que trata este artigo somente será realizada nos processos em que todas as partes estejam credenciadas na forma desta Instrução Normativa, de modo a uniformizar a contagem dos prazos processuais.

§ 5º Nos casos urgentes em que a intimação feita na forma deste artigo possa causar prejuízo a quaisquer das partes ou nos casos em que for evidenciada qualquer tentativa de burla ao sistema, o ato processual deverá ser realizado por outro meio que atinja a sua finalidade, conforme determinado pelo juiz.

§ 6º As intimações feitas na forma deste artigo, inclusive da Fazenda Pública, serão consideradas pessoais para todos os efeitos legais.

§ 7º Observadas as formas e as cautelas deste artigo, as citações, inclusive da Fazenda Pública, poderão ser feitas por meio eletrônico, desde que a íntegra dos autos seja acessível ao citando.

Art. 17. As cartas precatórias, rogatórias e de ordem, no âmbito da Justiça do Trabalho, serão transmitidas exclusivamente de forma eletrônica, através do Sistema de Carta Eletrônica (CE) já referido, com dispensa da remessa física de documentos.

§ 1º A utilização do Sistema de Carta Eletrônica fora do âmbito da Justiça do Trabalho dependerá da aceitação pelos demais órgãos do Poder Judiciário.

§ 2º Eventuais falhas na transmissão eletrônica dos dados não desobriga os magistrados e serventuários do cumprimento dos prazos legais, cabendo, nesses casos, a utilização de outros meios previstos em lei para a remessa das cartas.

Art. 18. As petições e demais documentos referentes às cartas precatórias, rogatórias e de ordem, não apresentados pelas partes em meio eletrônico, serão digitalizados e inseridos no Sistema de Carta Eletrônica.

Art. 19. Os documentos em meio físico, em poder do Juízo deprecado, deverão ser adequadamente organizados e arquivados, obedecidos os critérios estabelecidos na Lei nº 8.159, de 8 de janeiro de 1991, e no Decreto nº 4.073, de 3 de janeiro de 2002.

Parágrafo único. Poderá o Juízo deprecante, em casos excepcionais, solicitar o documento físico em poder do Juízo deprecado.

Art. 20. Serão certificados nos autos principais todos os fatos relevantes relativos ao andamento da carta, obtidos junto ao sistema Carta Eletrônica (CE), com impressão e juntada apenas dos documentos essenciais à instrução do feito, nos casos de autos em papel.

Art. 21. Os Tribunais Regionais do Trabalho ficarão obrigados a comunicar à Presidência do Conselho Superior da Justiça do Trabalho qualquer alteração na competência territorial de suas Varas do Trabalho.

Capítulo V

PROCESSO ELETRÔNICO

Art. 22. Na Justiça do Trabalho, os atos processuais do processo eletrônico serão assinados eletronicamente na forma estabelecida nesta Instrução Normativa.

Art. 23. No processo eletrônico, todas as citações, intimações e notificações, inclusive da Fazenda Pública, serão feitas por meio eletrônico.

§ 1º As citações, intimações, notificações e remessas que viabilizem o acesso à íntegra do processo correspondente serão consideradas vista pessoal do interessado para todos os efeitos legais.

§ 2º Quando, por motivo técnico, for inviável o uso do meio eletrônico para a realização de citação, intimação ou notificação, esses atos processuais poderão ser praticados segundo as regras ordinárias, digitalizando-se o documento físico, que deverá ser posteriormente destruído.

Art. 24. A distribuição da petição inicial e a juntada da contestação, dos recursos e das petições em geral, todos em formato digital, nos autos de processo eletrônico, podem ser feitas diretamente pelos advogados públicos e privados, sem necessidade da intervenção do cartório ou secretaria judicial, situação em que a autuação deverá se dar de forma automática, fornecendo-se o recibo eletrônico de protocolo.

§ 1º Quando o ato processual tiver que ser praticado em determinado prazo, por meio de petição eletrônica, serão considerados tempestivos os efetivados até as 24 (vinte e quatro) horas do último dia.

§ 2º No caso do § 1º deste artigo, se o serviço respectivo do Portal-JT se tornar indisponível por motivo técnico que impeça a prática do ato no termo final do prazo, este fica automaticamente prorrogado para o primeiro dia útil seguinte à resolução do problema.

Art. 25. Os documentos produzidos eletronicamente e juntados aos processos eletrônicos com garantia da origem e de seu signatário, na forma estabelecida nesta Instrução Normativa, serão considerados originais para todos os efeitos legais.

§ 1º Os extratos digitais e os documentos digitalizados e juntados aos autos pelos órgãos da Justiça do Trabalho e seus auxiliares, pelo Ministério Público e seus auxiliares, pelas procuradorias, pelas autoridades policiais, pelas repartições públicas em geral e por advogados públicos e privados têm a mesma força probante dos originais, ressalvada a alegação motivada e fundamentada de adulteração antes ou durante o processo de digitalização.

§ 2º A arguição de falsidade do documento original será processada eletronicamente na forma da lei processual em vigor.

§ 3º Os originais dos documentos digitalizados, mencionados no § 1º deste artigo, deverão ser preservados pelo seu detentor até o trânsito em julgado da sentença ou, quando admitida, até o final do prazo para interposição de ação rescisória.

§ 4º Os documentos cuja digitalização seja tecnicamente inviável devido ao grande volume ou por motivo de ilegibilidade deverão ser apresentados ao cartório ou secretaria no prazo de 10 (dez) dias contados do envio de petição eletrônica comunicando o fato, os quais serão devolvidos à parte após o trânsito em julgado.

§ 5º Os documentos digitalizados juntados em processo eletrônico somente estarão disponíveis para acesso por meio da rede externa para suas respectivas partes processuais e para o Ministério Público, respeitado o disposto em lei para as situações de sigilo e de segredo de justiça.

Art. 26. A conservação dos autos do processo poderá ser efetuada total ou parcialmente por meio eletrônico.

§ 1º Os autos dos processos eletrônicos serão protegidos por meio de sistemas de segurança de acesso e armazenados de forma a preservar a integridade dos dados, sendo dispensada a formação de autos suplementares.

§ 2º Os autos de processos eletrônicos que tiverem de ser remetidos a outro juízo ou instância superior que não disponham de sistema compatível deverão ser impressos em papel e autuados na forma dos arts. 166 a 168 do CPC.

► Arts. 206 a 208 do CPC/2015.

§ 3º No caso do § 2º deste artigo, o escrivão ou o chefe de secretaria certificará os autores ou a origem dos documentos produzidos nos autos, acrescentando, ressalvada a hipótese de existir segredo de justiça, a forma pela qual o banco de dados poderá ser acessado para aferir a autenticidade das peças e das respectivas assinaturas digitais.

§ 4º Feita a autuação na forma estabelecida no § 2º deste artigo, o processo seguirá a tramitação legalmente estabelecida para os processos físicos.

§ 5º A digitalização de autos em mídia não digital, em tramitação ou já arquivados, será precedida de publicação de editais de intimações ou da intimação pessoal das partes e de seus procuradores, para que, no prazo preclusivo de 30 (trinta) dias, se manifestem sobre o desejo de manterem pessoalmente a guarda de algum dos documentos originais.

Art. 27. O magistrado poderá determinar que sejam realizados por meio eletrônico a exibição e o envio de dados e de documentos necessários à instrução do processo.

§ 1º Consideram-se cadastros públicos, para os efeitos deste artigo, dentre outros existentes ou que venham a ser criados, ainda que mantidos por concessionárias de serviço público ou empresas privadas, os que contenham informações indispensáveis ao exercício da função judicante.

§ 2º O acesso de que trata este artigo dar-se-á por qualquer meio tecnológico disponível, preferentemente o de menor custo, considerada sua eficiência.

Capítulo VI

DISPOSIÇÕES GERAIS, FINAIS E TRANSITÓRIAS

Art. 28. Os credenciamentos de assinatura eletrônica já feitos pelos Tribunais Regionais do Trabalho antes da publicação desta Instrução Normativa e que estejam em desacordo com as regras nela estabelecidas terão validade por 180 (cento e oitenta) dias da última publicação desta Resolução, devendo os interessados promover o credenciamento adequado até essa data.

Art. 29. Os casos omissos desta Instrução Normativa serão resolvidos pelos Presidentes dos Tribunais, no âmbito de suas esferas de competência.

Art. 30. Para efeito do disposto no § 5º do art. 4º da Lei nº 11.419, de 19 de dezembro de 2006, a presente Instrução Normativa será publicada durante 30 (trinta) dias no *Diário Oficial* em uso, dando-lhe ampla divulgação.

Art. 31. A presente Instrução Normativa entra em vigor 90 (noventa) dias após a sua última publicação, revogada a Instrução Normativa nº 28 desta Corte.

Sala de sessões, 13 de setembro de 2007.

Ana Lúcia Rego Queiroz
Secretária

LEI Nº 11.634, DE 27 DE DEZEMBRO DE 2007

Dispõe sobre o direito da gestante ao conhecimento e a vinculação à maternidade onde receberá assistência no âmbito do Sistema Único de Saúde.

► Publicada no *DOU* de 28-12-2007.

Art. 1º Toda gestante assistida pelo Sistema Único de Saúde – SUS tem direito ao conhecimento e à vinculação prévia à:

I – maternidade na qual será realizado seu parto;

II – maternidade na qual ela será atendida nos casos de intercorrência pré-natal.

§ 1º A vinculação da gestante à maternidade em que se realizará o parto e na qual será atendida nos casos de intercorrência é de responsabilidade do Sistema Único de Saúde e dar-se-á no ato de sua inscrição no programa de assistência pré-natal.

§ 2º A maternidade à qual se vinculará a gestante deverá ser comprovadamente apta a prestar a assistência necessária conforme a situação de risco gestacional, inclusive em situação de puerpério.

Art. 2º O Sistema Único de Saúde analisará os requerimentos de transferência da gestante em caso de comprovada falta de aptidão técnica e pessoal da maternidade e cuidará da transferência segura da gestante.

Art. 3º A execução desta Lei correrá por conta de recursos do orçamento da Seguridade Social, da União, dos Estados, do Distrito Federal e dos Municípios, além de outras fontes suplementares.

Art. 4º Esta Lei entra em vigor na data de sua publicação.

Brasília, 27 de dezembro de 2007;
186º da Independência e
119º da República.

Luiz Inácio Lula da Silva

LEI Nº 11.648, DE 31 DE MARÇO DE 2008

Dispõe sobre o reconhecimento formal das centrais sindicais para os fins que especifica, altera a Consolidação das Leis do Trabalho – CLT, aprovada pelo Decreto-Lei nº 5.452, de 1º de maio de 1943, e dá outras providências.

► Publicada no *DOU* de 31-3-2008, Edição Extra.

► Port. do MTE nº 186, de 10-4-2008, dispõe sobre os pedidos de registro sindical no MTE.

► Port. do MTE nº 194, de 17-4-2008, aprova as instruções para a aferição dos requisitos de representatividade das centrais sindicais exigidas por esta lei.

Art. 1º A central sindical, entidade de representação geral dos trabalhadores, constituída em âmbito nacional, terá as seguintes atribuições e prerrogativas:

I – coordenar a representação dos trabalhadores por meio das organizações sindicais a ela filiadas; e

II – participar de negociações em fóruns, colegiados de órgãos públicos e demais espaços de diálogo social que possuam composição tripartite, nos quais estejam em discussão assuntos de interesse geral dos trabalhadores.

Parágrafo único. Considera-se central sindical, para os efeitos do disposto nesta Lei, a entidade associativa de direito privado composta por organizações sindicais de trabalhadores.

Art. 2º Para o exercício das atribuições e prerrogativas a que se refere o inciso II do *caput* do art. 1 desta Lei, a central sindical deverá cumprir os seguintes requisitos:

I – filiação de, no mínimo, 100 (cem) sindicatos distribuídos nas 5 (cinco) regiões do País;

II – filiação em pelo menos 3 (três) regiões do País de, no mínimo, 20 (vinte) sindicatos em cada uma;

III – filiação de sindicatos em, no mínimo, 5 (cinco) setores de atividade econômica; e

IV – filiação de sindicatos que representem, no mínimo, 7% (sete por cento) do total de empregados sindicalizados em âmbito nacional.

Parágrafo único. O índice previsto no inciso IV do *caput* deste artigo será de 5% (cinco por cento) do total de empregados sindicalizados em âmbito nacional no período de 24 (vinte e quatro) meses a contar da publicação desta Lei.

Art. 3º A indicação pela central sindical de representantes nos fóruns tripartites, conselhos e colegiados de órgãos públicos a que se refere o inciso II do *caput* do art. 1º desta Lei será em número proporcional ao índice de representatividade previsto no inciso IV do *caput* do art. 2º desta Lei, salvo acordo entre centrais sindicais.

§ 1º O critério de proporcionalidade, bem como a possibilidade de acordo entre as centrais, previsto no *caput* deste artigo não poderá prejudicar a participação de outras centrais sindicais que atenderem aos requisitos estabelecidos no art. 2º desta Lei.

§ 2º A aplicação do disposto no *caput* deste artigo deverá preservar a paridade de representação de trabalhadores e empregadores em qualquer organismo mediante o qual sejam levadas a cabo as consultas.

Art. 4º A aferição dos requisitos de representatividade de que trata o art. 2º desta Lei será realizada pelo Ministério do Trabalho e Emprego.

§ 1º O Ministro de Estado do Trabalho e Emprego, mediante consulta às centrais sindicais, poderá baixar instruções para disciplinar os procedimentos necessários à aferição dos requisitos de representatividade, bem como para alterá-los com base na análise dos índices de sindicalização dos sindicatos filiados às centrais sindicais.

§ 2º Ato do Ministro de Estado do Trabalho e Emprego divulgará, anualmente, relação das centrais sindicais que atendem aos requisitos de que trata o art. 2º desta Lei, indicando seus índices de representatividade.

Art. 5º Os arts. 589, 590, 591 e 593 da Consolidação das Leis do Trabalho – CLT, aprovada pelo Decreto-Lei nº 5.452, de 1º de maio de 1943, passam a vigorar com a seguinte redação:

▸ Alterações inseridas no texto da CLT.

Art. 6º VETADO.

Art. 7º Os arts. 578 a 610 da Consolidação das Leis do Trabalho – CLT, aprovada pelo Decreto-Lei nº 5.452, de 1º de maio de 1943, vigorarão até que a lei venha a disciplinar a contribuição negocial, vinculada ao exercício efetivo da negociação coletiva e à aprovação em assembleia-geral da categoria.

Art. 8º Esta Lei entra em vigor na data de sua publicação.

Brasília, 31 de março de 2008;
187º da Independência e
120º da República.

Luiz Inácio Lula da Silva

LEI Nº 11.770, DE 9 DE SETEMBRO DE 2008

Cria o Programa Empresa Cidadã, destinado à prorrogação da licença-maternidade mediante concessão de incentivo fiscal, e altera a Lei nº 8.212, de 24 de julho de 1991.

▸ Publicada no *DOU* de 10-9-2008.

▸ Art. 7º, XVIII, da CF.

▸ Arts. 392 e 392-A da CLT.

▸ Dec. nº 6.690, de 11-12-2008, institui o Programa de Prorrogação da Licença à Gestante e à Adotante e estabelece os critérios de adesão ao Programa.

▸ Arts. 137 a 142 do Dec. nº 10.854, de 10-11-2021, que regulamenta disposições relativas à legislação trabalhista

Art. 1º É instituído o Programa Empresa Cidadã, destinado a prorrogar:

▸ *Caput* do art. 1º com a redação dada pela Lei nº 13.257, de 8-3-2016, produzindo efeitos a partir do primeiro dia do exercício subsequente àquele em que for implementado o disposto no art. 39 da referida lei.

I – por 60 (sessenta) dias a duração da licença-maternidade prevista no inciso XVIII do *caput* do art. 7º da Constituição Federal;

II – por 15 (quinze) dias a duração da licença-paternidade, nos termos desta Lei, além dos 5 (cinco) dias estabelecidos no § 1º do art. 10 do Ato das Disposições Constitucionais Transitórias.

▸ Incisos I e II com a redação dada pela Lei nº 13.257, de 8-3-2016, produzindo efeitos a partir do primeiro dia do exercício subsequente àquele em que for implementado o disposto no art. 39 da referida lei.

§ 1º A prorrogação de que trata este artigo:

I – será garantida à empregada da pessoa jurídica que aderir ao Programa, desde que a empregada a requeira até o final do primeiro mês após o parto, e será concedida imediatamente após a fruição da licença-maternidade de que trata o inciso XVIII do *caput* do art. 7º da Constituição Federal;

II – será garantida ao empregado da pessoa jurídica que aderir ao Programa, desde que o empregado a requeira no prazo de 2 (dois) dias úteis após o parto e comprove participação em programa ou atividade de orientação sobre paternidade responsável.

§ 2º A prorrogação será garantida, na mesma proporção, à empregada e ao empregado que adotar ou obtiver guarda judicial para fins de adoção de criança.

▸ §§ 1º e 2º com a redação dada pela Lei nº 13.257, de 8-3-2016, produzindo efeitos a partir do primeiro dia do exercício subsequente àquele em que for implementado o disposto no art. 39 da referida lei.

§ 3º A prorrogação de que trata o inciso I do *caput* deste artigo poderá ser compartilhada entre a empregada e o empregado requerente, desde que ambos sejam empregados de pessoa jurídica aderente ao Programa e que a decisão seja adotada conjuntamente, na forma estabelecida em regulamento.

§ 4º Na hipótese prevista no § 3º deste artigo, a prorrogação poderá ser usufruída pelo empregado da pessoa jurídica que aderir ao Programa somente após o término da licença-maternidade, desde que seja requerida com 30 (trinta) dias de antecedência.

► §§ 3º e 4º acrescidos pela Lei nº 14.457, de 21-9-2022.

Art. 1º-A. Fica a empresa participante do Programa Empresa Cidadã autorizada a substituir o período de prorrogação da licença-maternidade de que trata o inciso I do *caput* do art. 1º desta Lei pela redução de jornada de trabalho em 50% (cinquenta por cento) pelo período de 120 (cento e vinte) dias.

§ 1º São requisitos para efetuar a substituição de que trata o *caput* deste artigo:

I – pagamento integral do salário à empregada ou ao empregado pelo período de 120 (cento e vinte) dias; e

II – acordo individual firmado entre o empregador e a empregada ou o empregado interessados em adotar a medida.

§ 2º A substituição de que trata o *caput* deste artigo poderá ser concedida na forma prevista no § 3º do art. 1º desta Lei.

► Art. 1º-A acrescido pela Lei nº 14.457, de 21-9-2022.

Art. 2º É a administração pública, direta, indireta e fundacional, autorizada a instituir programa que garanta prorrogação da licença-maternidade para suas servidoras, nos termos do que prevê o art. 1º desta Lei.

Art. 3º Durante o período de prorrogação da licença-maternidade e da licença-paternidade:

I – a empregada terá direito à remuneração integral, nos mesmos moldes devidos no período de percepção do salário-maternidade pago pelo Regime Geral de Previdência Social (RGPS);

II – o empregado terá direito à remuneração integral.

Art. 4º No período de prorrogação da licença-maternidade e da licença-paternidade de que trata esta Lei, a empregada e o empregado não poderão exercer nenhuma atividade remunerada, e a criança deverá ser mantida sob seus cuidados.

Parágrafo único. Em caso de descumprimento do disposto no *caput* deste artigo, a empregada e o empregado perderão o direito à prorrogação.

Art. 5º A pessoa jurídica tributada com base no lucro real poderá deduzir do imposto devido, em cada período de apuração, o total da remuneração integral da empregada e do empregado pago nos dias de prorrogação de sua licença-maternidade e de sua licença-paternidade, vedada a dedução como despesa operacional.

► Arts. 3º a 5º com a redação dada pela Lei nº 13.257, de 8-3-2016, produzindo efeitos a partir do primeiro dia do exercício subsequente àquele em que for implementado o disposto no art. 39 da referida lei.

Art. 6º VETADO.

Art. 7º O Poder Executivo, com vistas no cumprimento do disposto no inciso II do *caput* do art. 5º e nos arts. 12 e 14 da Lei Complementar nº 101, de 4 de maio de 2000, estimará o montante da renúncia fiscal decorrente do disposto nesta Lei e o incluirá no demonstrativo a que se refere o § 6º do art. 165 da Constituição Federal, que acompanhará o projeto de lei orçamentária cuja apresentação se der após decorridos 60 (sessenta) dias da publicação desta Lei.

Art. 8º Esta Lei entra em vigor na data de sua publicação, produzindo efeitos a partir do primeiro dia do exercício subsequente àquele em que for implementado o disposto no seu art. 7º.

Brasília, 9 de setembro de 2008;
187º da Independência e
120º da República.

Luiz Inácio Lula da Silva

LEI Nº 11.788, DE 25 DE SETEMBRO DE 2008

Dispõe sobre o estágio de estudantes; altera a redação do art. 428 da Consolidação das Leis do Trabalho – CLT, aprovada pelo Decreto-Lei nº 5.452, de 1º de maio de 1943, e a Lei nº 9.394, de 20 de dezembro de 1996; revoga as Leis nºs 6.494, de 7 de dezembro de 1977, e 8.859, de 23 de março de 1994, o parágrafo único do art. 82 da Lei nº 9.394, de 20 de dezembro de 1996, e o art. 6º da

Medida Provisória nº 2.164-41, de 24 de agosto de 2001; e dá outras providências.

► Publicada no *DOU* de 26-9-2008.

CAPÍTULO I

DA DEFINIÇÃO, CLASSIFICAÇÃO E RELAÇÕES DE ESTÁGIO

Art. 1º Estágio é ato educativo escolar supervisionado, desenvolvido no ambiente de trabalho, que visa à preparação para o trabalho produtivo de educandos que estejam frequentando o ensino regular em instituições de educação superior, de educação profissional, de ensino médio, da educação especial e dos anos finais do ensino fundamental, na modalidade profissional da educação de jovens e adultos.

§ 1º O estágio faz parte do projeto pedagógico do curso, além de integrar o itinerário formativo do educando.

§ 2º O estágio visa ao aprendizado de competências próprias da atividade profissional e à contextualização curricular, objetivando o desenvolvimento do educando para a vida cidadã e para o trabalho.

Art. 2º O estágio poderá ser obrigatório ou não obrigatório, conforme determinação das diretrizes curriculares da etapa, modalidade e área de ensino e do projeto pedagógico do curso.

§ 1º Estágio obrigatório é aquele definido como tal no projeto do curso, cuja carga horária é requisito para aprovação e obtenção de diploma.

§ 2º Estágio não obrigatório é aquele desenvolvido como atividade opcional, acrescida à carga horária regular e obrigatória.

§ 3º As atividades de extensão, de monitorias e de iniciação científica na educação superior, desenvolvidas pelo estudante, somente poderão ser equiparadas ao estágio em caso de previsão no projeto pedagógico do curso.

Art. 3º O estágio, tanto na hipótese do § 1º do art. 2º desta Lei quanto na prevista no § 2º do mesmo dispositivo, não cria vínculo empregatício de qualquer natureza, observados os seguintes requisitos:

I – matrícula e frequência regular do educando em curso de educação superior, de educação profissional, de ensino médio, da educação especial e nos anos finais do ensino fundamental, na modalidade profissional da educação de jovens e adultos e atestados pela instituição de ensino;

II – celebração de termo de compromisso entre o educando, a parte concedente do estágio e a instituição de ensino;

III – compatibilidade entre as atividades desenvolvidas no estágio e aquelas previstas no termo de compromisso.

§ 1º O estágio, como ato educativo escolar supervisionado, deverá ter acompanhamento efetivo pelo professor orientador da instituição de ensino e por supervisor da parte concedente, comprovado por vistos nos relatórios referidos no inciso IV do *caput* do art. 7º desta Lei e por menção de aprovação final.

§ 2º O descumprimento de qualquer dos incisos deste artigo ou de qualquer obrigação contida no termo de compromisso caracteriza vínculo de emprego do educando com a parte concedente do estágio para todos os fins da legislação trabalhista e previdenciária.

Art. 4º A realização de estágios, nos termos desta Lei, aplica-se aos estudantes estrangeiros regularmente matriculados em cursos superiores no País, autorizados ou reconhecidos, observado o prazo do visto temporário de estudante, na forma da legislação aplicável.

► Res. Norm. do CNI nº 87, de 15-9-2010, disciplina a concessão de visto a estrangeiro, vinculado a empresa estrangeira, para treinamento profissional junto à filial, subsidiária ou matriz brasileira de mesmo grupo econômico.

Art. 5º As instituições de ensino e as partes cedentes de estágio podem, a seu critério, recorrer a serviços de agentes de integração públicos e privados, mediante condições acordadas em instrumento jurídico apropriado, devendo ser observada, no caso de contratação com recursos públicos, a legislação que estabelece as normas gerais de licitação.

§ 1º Cabe aos agentes de integração, como auxiliares no processo de aperfeiçoamento do instituto do estágio:

I – identificar oportunidades de estágio;
II – ajustar suas condições de realização;
III – fazer o acompanhamento administrativo;
IV – encaminhar negociação de seguros contra acidentes pessoais;
V – cadastrar os estudantes.

§ 2º É vedada a cobrança de qualquer valor dos estudantes, a título de remuneração pelos serviços referidos nos incisos deste artigo.

§ 3º Os agentes de integração serão responsabilizados civilmente se indicarem estagiários para a realização de atividades não compatíveis com a programação curricular estabelecida para cada curso, assim como estagiários matriculados em cursos ou instituições para as quais não há previsão de estágio curricular.

Art. 6º O local de estágio pode ser selecionado a partir de cadastro de partes cedentes, organizado pelas instituições de ensino ou pelos agentes de integração.

Capítulo II

DA INSTITUIÇÃO DE ENSINO

Art. 7º São obrigações das instituições de ensino, em relação aos estágios de seus educandos:

I – celebrar termo de compromisso com o educando ou com seu representante ou assistente legal, quando ele for absoluta ou relativamente incapaz, e com a parte concedente, indicando as condições de adequação do estágio à proposta pedagógica do curso, à etapa e modalidade da formação escolar do estudante e ao horário e calendário escolar;

II – avaliar as instalações da parte concedente do estágio e sua adequação à formação cultural e profissional do educando;

III – indicar professor orientador, da área a ser desenvolvida no estágio, como responsável pelo acompanhamento e avaliação das atividades do estagiário;

IV – exigir do educando a apresentação periódica, em prazo não superior a 6 (seis) meses, de relatório das atividades;

V – zelar pelo cumprimento do termo de compromisso, reorientando o estagiário para outro local em caso de descumprimento de suas normas;

VI – elaborar normas complementares e instrumentos de avaliação dos estágios de seus educandos;

VII – comunicar à parte concedente do estágio, no início do período letivo, as datas de realização de avaliações escolares ou acadêmicas.

Parágrafo único. O plano de atividades do estagiário, elaborado em acordo das 3 (três) partes a que se refere o inciso II do *caput* do art. 3º desta Lei, será incorporado ao termo de compromisso por meio de aditivos à medida que for avaliado, progressivamente, o desempenho do estudante.

Art. 8º É facultado às instituições de ensino celebrar com entes públicos e privados convênio de concessão de estágio, nos quais se explicitem o processo educativo compreendido nas atividades programadas para seus educandos e as condições de que tratam os arts. 6º a 14 desta Lei.

Parágrafo único. A celebração de convênio de concessão de estágio entre a instituição de ensino e a parte concedente não dispensa a celebração do termo de compromisso de que trata o inciso II do *caput* do art. 3º desta Lei.

Capítulo III

DA PARTE CONCEDENTE

Art. 9º As pessoas jurídicas de direito privado e os órgãos da administração pública direta, autárquica e fundacional de qualquer dos Poderes da União, dos Estados, do Distrito Federal e dos Municípios, bem como profissionais liberais de nível superior devidamente registrados em seus respectivos conselhos de fiscalização profissional, podem oferecer estágio, observadas as seguintes obrigações:

I – celebrar termo de compromisso com a instituição de ensino e o educando, zelando por seu cumprimento;

II – ofertar instalações que tenham condições de proporcionar ao educando atividades de aprendizagem social, profissional e cultural;

III – indicar funcionário de seu quadro de pessoal, com formação ou experiência profissional na área de conhecimento desenvolvida no curso do estagiário, para orientar e supervisionar até 10 (dez) estagiários simultaneamente;

IV – contratar em favor do estagiário seguro contra acidentes pessoais, cuja apólice seja compatível com valores de mercado, conforme fique estabelecido no termo de compromisso;

V – por ocasião do desligamento do estagiário, entregar termo de realização do estágio com indicação resumida das atividades desenvolvidas, dos períodos e da avaliação de desempenho;

VI – manter à disposição da fiscalização documentos que comprovem a relação de estágio;

VII – enviar à instituição de ensino, com periodicidade mínima de 6 (seis) meses, relatório de atividades, com vista obrigatória ao estagiário.

Parágrafo único. No caso de estágio obrigatório, a responsabilidade pela contratação do seguro de que trata o inciso IV do *caput* deste artigo poderá, alternativamente, ser assumida pela instituição de ensino.

Capítulo IV

DO ESTAGIÁRIO

Art. 10. A jornada de atividade em estágio será definida de comum acordo entre a instituição de ensino, a parte concedente e o aluno estagiário ou seu representante legal, devendo constar do termo de compromisso ser compatível com as atividades escolares e não ultrapassar:

I – 4 (quatro) horas diárias e 20 (vinte) horas semanais, no caso de estudantes de educação especial e dos anos finais do ensino fundamental, na modalidade profissional de educação de jovens e adultos;

II – 6 (seis) horas diárias e 30 (trinta) horas semanais, no caso de estudantes do ensino superior, da educação profissional de nível médio e do ensino médio regular.

§ 1º O estágio relativo a cursos que alternam teoria e prática, nos períodos em que não estão programadas aulas presenciais, poderá ter jornada de até 40 (quarenta) horas semanais, desde que isso esteja previsto no projeto pedagógico do curso e da instituição de ensino.

§ 2º Se a instituição de ensino adotar verificações de aprendizagem periódicas ou finais, nos períodos de avaliação, a carga horária do estágio será reduzida pelo menos à metade, segundo estipulado no termo de compromisso, para garantir o bom desempenho do estudante.

Art. 11. A duração do estágio, na mesma parte concedente, não poderá exceder 2 (dois) anos, exceto quando se tratar de estagiário portador de deficiência.

Art. 12. O estagiário poderá receber bolsa ou outra forma de contraprestação que venha a ser acordada, sendo compulsória a sua concessão, bem como a do auxílio-transporte, na hipótese de estágio não obrigatório.

§ 1º A eventual concessão de benefícios relacionados a transporte, alimentação e saúde, entre outros, não caracteriza vínculo empregatício.

§ 2º Poderá o educando inscrever-se e contribuir como segurado facultativo do Regime Geral de Previdência Social.

Art. 13. É assegurado ao estagiário, sempre que o estágio tenha duração igual ou superior a 1 (um) ano, período de recesso de 30 (trinta) dias, a ser gozado preferencialmente durante suas férias escolares.

§ 1º O recesso de que trata este artigo deverá ser remunerado quando o estagiário receber bolsa ou outra forma de contraprestação.

§ 2º Os dias de recesso previstos neste artigo serão concedidos de maneira proporcional, nos casos de o estágio ter duração inferior a 1 (um) ano.

Art. 14. Aplica-se ao estagiário a legislação relacionada à saúde e segurança no trabalho, sendo sua implementação de responsabilidade da parte concedente do estágio.

Capítulo V

DA FISCALIZAÇÃO

Art. 15. A manutenção de estagiários em desconformidade com esta Lei caracteriza vínculo de emprego do educando com a parte concedente do estágio para todos os fins da legislação trabalhista e previdenciária.

§ 1º A instituição privada ou pública que reincidir na irregularidade de que trata este artigo ficará impedida de receber estagiários por 2 (dois) anos, contados da data da decisão definitiva do processo administrativo correspondente.

§ 2º A penalidade de que trata o § 1º deste artigo limita-se à filial ou agência em que for cometida a irregularidade.

Capítulo VI

DAS DISPOSIÇÕES GERAIS

Art. 16. O termo de compromisso deverá ser firmado pelo estagiário ou com seu representante ou assistente legal e pelos representantes legais da parte concedente e da instituição de ensino, vedada a atuação dos agentes de integração a que se refere o art. 5º desta Lei como representante de qualquer das partes.

Art. 17. O número máximo de estagiários em relação ao quadro de pessoal das entidades concedentes de estágio deverá atender às seguintes proporções:

I – de 1 (um) a 5 (cinco) empregados: 1 (um) estagiário;

II – de 6 (seis) a 10 (dez) empregados: até 2 (dois) estagiários;

III – de 11 (onze) a 25 (vinte e cinco) empregados: até 5 (cinco) estagiários;

IV – acima de 25 (vinte e cinco) empregados: até 20% (vinte por cento) de estagiários.

§ 1º Para efeito desta Lei, considera-se quadro de pessoal o conjunto de trabalhadores empregados existentes no estabelecimento do estágio.

§ 2º Na hipótese de a parte concedente contar com várias filiais ou estabelecimentos, os quantitativos previstos nos incisos deste artigo serão aplicados a cada um deles.

§ 3º Quando o cálculo do percentual disposto no inciso IV do *caput* deste artigo resultar em fração, poderá ser arredondado para o número inteiro imediatamente superior.

§ 4º Não se aplica o disposto no *caput* deste artigo aos estágios de nível superior e de nível médio profissional.

§ 5º Fica assegurado às pessoas portadoras de deficiência o percentual de 10% (dez por cento) das vagas oferecidas pela parte concedente do estágio.

Art. 18. A prorrogação dos estágios contratados antes do início da vigência desta Lei apenas poderá ocorrer se ajustada às suas disposições.

Art. 19. O art. 428 da Consolidação das Leis do Trabalho – CLT, aprovada pelo Decreto-lei nº 5.452, de 1º de maio de 1943, passa a vigorar com as seguintes alterações:

► Alteração inserida no texto da referida Consolidação.

Art. 20. O art. 82 da Lei nº 9.394, de 20 de dezembro de 1996, passa a vigorar com a seguinte redação:

"Art. 82. Os sistemas de ensino estabelecerão as normas de realização de estágio em sua jurisdição, observada a lei federal sobre a matéria.
Parágrafo único. *Revogado*."

Art. 21. Esta Lei entra em vigor na data de sua publicação.

Art. 22. Revogam-se as Leis nºs 6.494, de 7 de dezembro de 1977, e 8.859, de 23 de março de 1994, o parágrafo único do art. 82 da Lei nº 9.394, de 20 de dezembro de 1996, e o art. 6º da Medida Provisória nº 2.164-41, de 24 de agosto de 2001.

Brasília, 25 de setembro de 2008;
187º da Independência e
120º da República.

Luiz Inácio Lula da Silva

LEI Nº 12.016, DE 7 DE AGOSTO DE 2009

Disciplina o mandado de segurança individual e coletivo e dá outras providências.

► Publicada no *DOU* de 10-8-2009.

► Arts. 5º, LXIX e LXX, 102, I, *d*, e II, *a*, 105, I, *b*, e II, *b*, 108, I, *c*, 109, VIII, e 121, § 4º, V, da CF.

► Lei nº 8.437, de 30-6-1992 (Lei de Medidas Cautelares).

► Lei nº 9.494, de 10-9-1997, dispõe sobre a aplicação da tutela antecipada contra a Fazenda Pública.

► Lei nº 13.300, de 24-6-2016 (Lei do Mandado de Injunção).

► Súmulas nºs 622 a 632 do STF.

► Súmulas nºs 41 e 460 do STJ.

Art. 1º Conceder-se-á mandado de segurança para proteger direito líquido e certo, não amparado por *habeas corpus* ou *habeas data*, sempre que, ilegalmente ou com abuso de poder, qualquer pessoa física ou jurídica sofrer violação ou houver justo receio de sofrê-la por parte de autoridade, seja de que categoria for e sejam quais forem as funções que exerça.

► Art. 5º, LXIX, da CF.

► Súm. nº 625 do STF.

§ 1º Equiparam-se às autoridades, para os efeitos desta Lei, os representantes ou órgãos de partidos políticos e os administradores de entidades autárquicas, bem como os dirigentes de pessoas jurídicas ou as pessoas naturais no exercício de atribuições do poder público, somente no que disser respeito a essas atribuições.

§ 2º Não cabe mandado de segurança contra os atos de gestão comercial praticados pelos administradores de empresas públicas, de sociedade de economia mista e de concessionárias de serviço público.

§ 3º Quando o direito ameaçado ou violado couber a várias pessoas, qualquer delas poderá requerer o mandado de segurança.

Art. 2º Considerar-se-á federal a autoridade coatora se as consequências de ordem patrimonial do ato contra o qual se requer o mandado houverem de ser suportadas pela União ou entidade por ela controlada.

Art. 3º O titular de direito líquido e certo decorrente de direito, em condições idênticas, de terceiro poderá impetrar mandado de segurança a favor do direito originário, se o seu titular não o fizer, no prazo de 30 (trinta) dias, quando notificado judicialmente.

Parágrafo único. O exercício do direito previsto no *caput* deste artigo submete-se ao prazo fixado no art. 23 desta Lei, contado da notificação.

Art. 4º Em caso de urgência, é permitido, observados os requisitos legais, impetrar mandado de segurança por telegrama, radiograma, fax ou outro meio eletrônico de autenticidade comprovada.

§ 1º Poderá o juiz, em caso de urgência, notificar a autoridade por telegrama, radiograma ou outro meio que assegure a autenticidade do documento e a imediata ciência pela autoridade.

▶ Art. 11 desta Lei.

§ 2º O texto original da petição deverá ser apresentado nos 5 (cinco) dias úteis seguintes.

§ 3º Para os fins deste artigo, em se tratando de documento eletrônico, serão observadas as regras da Infraestrutura de Chaves Públicas Brasileira – ICP-Brasil.

Art. 5º Não se concederá mandado de segurança quando se tratar:

I – de ato do qual caiba recurso administrativo com efeito suspensivo, independentemente de caução;

▶ Art. 5º, XXXV, da CF.

▶ Súm. nº 429 do STF.

II – de decisão judicial da qual caiba recurso com efeito suspensivo;

▶ Súm. nº 267 do STF.

▶ Súm. nº 202 do STJ.

III – de decisão judicial transitada em julgado.

▶ Súm. nº 268 do STF.

Parágrafo único. VETADO.

Art. 6º A petição inicial, que deverá preencher os requisitos estabelecidos pela lei processual, será apresentada em 2 (duas) vias com os documentos que instruírem a primeira reproduzidos na segunda e indicará, além da autoridade coatora, a pessoa jurídica que esta integra, à qual se acha vinculada ou da qual exerce atribuições.

§ 1º No caso em que o documento necessário à prova do alegado se ache em repartição ou estabelecimento público ou em poder de autoridade que se recuse a fornecê-lo por certidão ou de terceiro, o juiz ordenará, preliminarmente, por ofício, a exibição desse documento em original ou em cópia autêntica e marcará, para o cumprimento da ordem, o prazo de 10 (dez) dias. O escrivão extrairá cópias do documento para juntá-las à segunda via da petição.

▶ Art. 438 do CPC/2015.

§ 2º Se a autoridade que tiver procedido dessa maneira for a própria coatora, a ordem far-se-á no próprio instrumento da notificação.

§ 3º Considera-se autoridade coatora aquela que tenha praticado o ato impugnado ou da qual emane a ordem para a sua prática.

▶ Súm. nº 627 do STF.

§ 4º VETADO.

§ 5º Denega-se o mandado de segurança nos casos previstos pelo art. 267 da Lei nº 5.869, de 11 de janeiro de 1973 – Código de Processo Civil.

§ 6º O pedido de mandado de segurança poderá ser renovado dentro do prazo decadencial, se a decisão denegatória não lhe houver apreciado o mérito.

▶ Art. 23 desta Lei.

Art. 7º Ao despachar a inicial, o juiz ordenará:

I – que se notifique o coator do conteúdo da petição inicial, enviando-lhe a segunda via apresentada com as cópias dos documentos, a fim de que, no prazo de 10 (dez) dias, preste as informações;

▶ Art. 12 desta Lei.

II – que se dê ciência do feito ao órgão de representação judicial da pessoa jurídica interessada, enviando-lhe cópia da inicial sem documentos, para que, querendo, ingresse no feito;

III – que se suspenda o ato que deu motivo ao pedido, quando houver fundamento relevante e do ato impugnado puder resultar a ineficácia da medida, caso seja finalmente deferida, sendo facultado exigir do impetrante caução, fiança ou depósito, com o objetivo de assegurar o ressarcimento à pessoa jurídica.

▶ Art. 151, IV, do CTN.

▶ Súm. nº 405 do STF.

§ 1º Da decisão do juiz de primeiro grau que conceder ou denegar a liminar caberá agravo de instrumento, observado o disposto na Lei nº 5.869, de 11 de janeiro de 1973 – Código de Processo Civil.

§ 2º Não será concedida medida liminar que tenha por objeto a compensação de créditos tributários, a entrega de mercadorias e bens provenientes do exterior, a reclassificação ou equiparação de servidores públicos e a concessão de aumento ou a extensão de vantagens ou pagamento de qualquer natureza.

- ► O STF, por maioria dos votos, julgou parcialmente procedente o pedido formulado na ADIN nº 4.296, para declarar a inconstitucionalidade deste parágrafo (*DOU* de 28-6-2021).
- ► Art. 170-A do CTN.
- ► Lei nº 2.770, de 4-5-1956, suprime a concessão de medidas liminares nas ações e procedimentos judiciais de qualquer natureza que visem à liberação de bens, mercadorias ou coisas de procedência estrangeira.
- ► Art. 1º, § 4º, da Lei nº 8.437, de 30-6-1992 (Lei de Medidas Cautelares).
- ► Art. 2º-B da Lei nº 9.494, de 10-9-1997, que disciplina a aplicação da tutela antecipada contra a Fazenda Pública.
- ► Súmulas nºs 212 e 213 do STJ.

§ 3º Os efeitos da medida liminar, salvo se revogada ou cassada, persistirão até a prolação da sentença.

§ 4º Deferida a medida liminar, o processo terá prioridade para julgamento.

§ 5º As vedações relacionadas com a concessão de liminares previstas neste artigo se estendem à tutela antecipada a que se referem os arts. 273 e 461 da Lei nº 5.869, de 11 de janeiro de 1973 – Código de Processo Civil.

Art. 8º Será decretada a perempção ou caducidade da medida liminar *ex officio* ou a requerimento do Ministério Público quando, concedida a medida, o impetrante criar obstáculo ao normal andamento do processo ou deixar de promover, por mais de 3 (três) dias úteis, os atos e as diligências que lhe cumprirem.

- ► Súm. nº 631 do STF.

Art. 9º As autoridades administrativas, no prazo de 48 (quarenta e oito) horas da notificação da medida liminar, remeterão ao Ministério ou órgão a que se acham subordinadas e ao Advogado-Geral da União ou a quem tiver a representação judicial da União, do Estado, do Município ou da entidade apontada como coatora cópia autenticada do mandado notificatório, assim como indicações e elementos outros necessários às providências a serem tomadas para a eventual suspensão da medida e defesa do ato apontado como ilegal ou abusivo de poder.

Art. 10. A inicial será desde logo indeferida, por decisão motivada, quando não for o caso de mandado de segurança ou lhe faltar algum dos requisitos legais ou quando decorrido o prazo legal para a impetração.

§ 1º Do indeferimento da inicial pelo juiz de primeiro grau caberá apelação e, quando a competência para o julgamento do mandado de segurança couber originariamente a um dos tribunais, do ato do relator caberá agravo para o órgão competente do tribunal que integre.

- ► Arts. 1.009 a 1.014 do CPC/2015.
- ► Súm. nº 41 do STJ.

§ 2º O ingresso de litisconsorte ativo não será admitido após o despacho da petição inicial.

Art. 11. Feitas as notificações, o serventuário em cujo cartório corra o feito juntará aos autos cópia autêntica dos ofícios endereçados ao coator e ao órgão de representação judicial da pessoa jurídica interessada, bem como a prova da entrega a estes ou da sua recusa em aceitá-los ou dar recibo e, no caso do art. 4º desta Lei, a comprovação da remessa.

Art. 12. Findo o prazo a que se refere o inciso I do *caput* do art. 7º desta Lei, o juiz ouvirá o representante do Ministério Público, que opinará, dentro do prazo improrrogável de 10 (dez) dias.

Parágrafo único. Com ou sem o parecer do Ministério Público, os autos serão conclusos ao juiz, para a decisão, a qual deverá ser necessariamente proferida em 30 (trinta) dias.

Art. 13. Concedido o mandado, o juiz transmitirá em ofício, por intermédio do oficial do juízo, ou pelo correio, mediante correspondência com aviso de recebimento, o inteiro teor da sentença à autoridade coatora e à pessoa jurídica interessada.

Parágrafo único. Em caso de urgência, poderá o juiz observar o disposto no art. 4º desta Lei.

Art. 14. Da sentença, denegando ou concedendo o mandado, cabe apelação.

- ► Arts. 1.009 a 1.014 do CPC/2015.
- ► Súm. nº 405 do STF.
- ► Súmulas nºs 169 e 177 do STJ.

§ 1º Concedida a segurança, a sentença estará sujeita obrigatoriamente ao duplo grau de jurisdição.

- ► Art. 496 do CPC/2015.

§ 2º Estende-se à autoridade coatora o direito de recorrer.

§ 3º A sentença que conceder o mandado de segurança pode ser executada provisoriamente, salvo nos casos em que for vedada a concessão da medida liminar.

► Art. 7, § 2º, desta Lei.

► Art. 520 do CPC/2015.

§ 4º O pagamento de vencimentos e vantagens pecuniárias assegurados em sentença concessiva de mandado de segurança a servidor público da administração direta ou autárquica federal, estadual e municipal somente será efetuado relativamente às prestações que se vencerem a contar da data do ajuizamento da inicial.

Art. 15. Quando, a requerimento de pessoa jurídica de direito público interessada ou do Ministério Público e para evitar grave lesão à ordem, à saúde, à segurança e à economia públicas, o presidente do tribunal ao qual couber o conhecimento do respectivo recurso suspender, em decisão fundamentada, a execução da liminar e da sentença, dessa decisão caberá agravo, sem efeito suspensivo, no prazo de 5 (cinco) dias, que será levado a julgamento na sessão seguinte à sua interposição.

► Art. 4º da Lei nº 8.437, de 30-6-1992 (Lei de Medidas Cautelares).

► Súm. nº 626 do STF.

§ 1º Indeferido o pedido de suspensão ou provido o agravo a que se refere o *caput* deste artigo, caberá novo pedido de suspensão ao presidente do tribunal competente para conhecer de eventual recurso especial ou extraordinário.

§ 2º É cabível também o pedido de suspensão a que se refere o § 1º deste artigo, quando negado provimento a agravo de instrumento interposto contra a liminar a que se refere este artigo.

§ 3º A interposição de agravo de instrumento contra liminar concedida nas ações movidas contra o poder público e seus agentes não prejudica nem condiciona o julgamento do pedido de suspensão a que se refere este artigo.

§ 4º O presidente do tribunal poderá conferir ao pedido efeito suspensivo liminar se constatar, em juízo prévio, a plausibilidade do direito invocado e a urgência na concessão da medida.

§ 5º As liminares cujo objeto seja idêntico poderão ser suspensas em uma única decisão, podendo o presidente do tribunal estender os efeitos da suspensão a liminares supervenientes, mediante simples aditamento do pedido original.

Art. 16. Nos casos de competência originária dos tribunais, caberá ao relator a instrução do processo, sendo assegurada a defesa oral na sessão do julgamento do mérito ou do pedido liminar.

► *Caput* com a redação dada pela Lei nº 13.676, de 11-6-2018.

► Súm. nº 624 do STF.

Parágrafo único. Da decisão do relator que conceder ou denegar a medida liminar caberá agravo ao órgão competente do tribunal que integre.

Art. 17. Nas decisões proferidas em mandado de segurança e nos respectivos recursos, quando não publicado, no prazo de 30 (trinta) dias, contado da data do julgamento, o acórdão será substituído pelas respectivas notas taquigráficas, independentemente de revisão.

Art. 18. Das decisões em mandado de segurança proferidas em única instância pelos tribunais cabe recurso especial e extraordinário, nos casos legalmente previstos, e recurso ordinário, quando a ordem for denegada.

► Arts. 102, III, e 105, III, da CF.

► Arts. 1.027 e 1.028 do CPC/2015.

► Arts. 33 a 35 da Lei nº 8.038, de 28-5-1990, que institui normas procedimentais para os processos que especifica, perante o STJ e o STF.

Art. 19. A sentença ou o acórdão que denegar mandado de segurança, sem decidir o mérito, não impedirá que o requerente, por ação própria, pleiteie os seus direitos e os respectivos efeitos patrimoniais.

► Súmulas nºs 271 e 304 do STF.

Art. 20. Os processos de mandado de segurança e os respectivos recursos terão prioridade sobre todos os atos judiciais, salvo *habeas corpus*.

§ 1º Na instância superior, deverão ser levados a julgamento na primeira sessão que se seguir à data em que forem conclusos ao relator.

§ 2º O prazo para a conclusão dos autos não poderá exceder de 5 (cinco) dias.

Art. 21. O mandado de segurança coletivo pode ser impetrado por partido político com representação no Congresso Nacional, na defesa de seus interesses legítimos relativos a seus integrantes ou à finalidade partidária, ou por organização sindical, entidade de classe ou associação legalmente constituída e em funcionamento há, pelo menos, 1 (um) ano, em defesa de direitos líquidos e certos da totalidade, ou de parte, dos seus membros ou associados, na forma dos seus estatutos e desde que pertinentes às suas finalidades, dispensada, para tanto, autorização especial.

▶ Art. 5º, LXX, da CF.

▶ Súmulas nºs 629 e 630 do STF.

Parágrafo único. Os direitos protegidos pelo mandado de segurança coletivo podem ser:

I – coletivos, assim entendidos, para efeito desta Lei, os transindividuais, de natureza indivisível, de que seja titular grupo ou categoria de pessoas ligadas entre si ou com a parte contrária por uma relação jurídica básica;

II – individuais homogêneos, assim entendidos, para efeito desta Lei, os decorrentes de origem comum e da atividade ou situação específica da totalidade ou de parte dos associados ou membros do impetrante.

▶ Art. 2º-A da Lei nº 9.494, de 10-9-1997, que dispõe sobre a aplicação da tutela antecipada contra a Fazenda Pública.

▶ Súm. nº 630 do STF.

Art. 22. No mandado de segurança coletivo, a sentença fará coisa julgada limitadamente aos membros do grupo ou categoria substituídos pelo impetrante.

▶ Art. 2º-A da Lei nº 9.494, de 10-9-1997, que disciplina a aplicação da tutela antecipada contra a Fazenda Pública.

§ 1º O mandado de segurança coletivo não induz litispendência para as ações individuais, mas os efeitos da coisa julgada não beneficiarão o impetrante a título individual se não requerer a desistência de seu mandado de segurança no prazo de 30 (trinta) dias a contar da ciência comprovada da impetração da segurança coletiva.

§ 2º No mandado de segurança coletivo, a liminar só poderá ser concedida após a audiência do representante judicial da pessoa jurídica de direito público, que deverá se pronunciar no prazo de 72 (setenta e duas) horas.

▶ O STF, por maioria dos votos, julgou parcialmente procedente o pedido formulado na ADIN nº 4.296, para declarar a inconstitucionalidade deste parágrafo (*DOU* de 28-6-2021).

▶ Art. 2º da Lei nº 8.437, de 30-6-1992 (Lei de Medidas Cautelares).

Art. 23. O direito de requerer mandado de segurança extinguir-se-á decorridos 120 (cento e vinte) dias, contados da ciência, pelo interessado, do ato impugnado.

▶ Art. 6º, § 6º, desta Lei.

▶ Súm. nº 632 do STF.

Art. 24. Aplicam-se ao mandado de segurança os arts. 46 a 49 da Lei nº 5.869, de 11 de janeiro de 1973 – Código de Processo Civil.

▶ Súm. nº 631 do STF.

Art. 25. Não cabem, no processo de mandado de segurança, a interposição de embargos infringentes e a condenação ao pagamento dos honorários advocatícios, sem prejuízo da aplicação de sanções no caso de litigância de má-fé.

▶ Súmulas nºs 294, 512 e 597 do STF.

▶ Súmulas nºs 105 e 169 do STJ.

Art. 26. Constitui crime de desobediência, nos termos do art. 330 do Decreto-Lei nº 2.848, de 7 de dezembro de 1940, o não cumprimento das decisões proferidas em mandado de segurança, sem prejuízo das sanções administrativas e da aplicação da Lei nº 1.079, de 10 de abril de 1950, quando cabíveis.

Art. 27. Os regimentos dos tribunais e, no que couber, as leis de organização judiciária deverão ser adaptados às disposições desta Lei no prazo de 180 (cento e oitenta) dias, contado da sua publicação.

Art. 28. Esta Lei entra em vigor na data de sua publicação.

Art. 29. Revogam-se as Leis nºs 1.533, de 31 de dezembro de 1951, 4.166, de 4 de dezembro de 1962, 4.348, de 26 de junho de 1964, 5.021, de 9 de junho de 1966; o art. 3º da Lei nº 6.014, de 27 de dezembro de 1973, o art. 1º da Lei nº 6.071, de 3 de julho de 1974, o art. 12 da Lei nº 6.978, de 19 de janeiro de 1982, e o art. 2º da Lei nº 9.259, de 9 de janeiro de 1996.

Brasília, 7 de agosto de 2009;
188º da Independência e
121º da República.

Luiz Inácio Lula da Silva

DECRETO Nº 6.949, DE 25 DE AGOSTO DE 2009

Promulga a Convenção Internacional sobre os Direitos das Pessoas com Deficiência e seu Protocolo Facultativo, assinados em Nova York, em 30 de março de 2007.

- ▶ Publicado no *DOU* de 26-8-2009.
- ▶ Lei nº 13.146, de 6-7-2015 (Estatuto da Pessoa com Deficiência).

Art. 1º A Convenção sobre os Direitos das Pessoas com Deficiência e seu Protocolo Facultativo, apensos por cópia ao presente Decreto, serão executados e cumpridos tão inteiramente como neles se contém.

Art. 2º São sujeitos à aprovação do Congresso Nacional quaisquer atos que possam resultar em revisão dos referidos diplomas internacionais ou que acarretem encargos ou compromissos gravosos ao patrimônio nacional, nos termos do art. 49, inciso I, da Constituição.

Art. 3º Este Decreto entra em vigor na data de sua publicação.

Brasília, 25 de agosto de 2009;
188º da Independência e
121º da República.

Luiz Inácio Lula da Silva

CONVENÇÃO SOBRE OS DIREITOS DAS PESSOAS COM DEFICIÊNCIA

- ▶ No Brasil, foi aprovada pelo Dec. Legislativo nº 186, de 9-7-2008, e promulgada pelo Dec. nº 6.949, de 25-8-2009.
- ▶ Arts. 24, XIV, 37, VIII, 203, IV, 208, III, 227, § 1º, II, e 244 da CF.

PREÂMBULO

Os Estados-Partes da presente Convenção,

a) Relembrando os princípios consagrados na Carta das Nações Unidas, que reconhecem a dignidade e o valor inerentes e os direitos iguais e inalienáveis de todos os membros da família humana como o fundamento da liberdade, da justiça e da paz no mundo,

b) Reconhecendo que as Nações Unidas, na Declaração Universal dos Direitos Humanos e nos Pactos Internacionais sobre Direitos Humanos, proclamaram e concordaram que toda pessoa faz jus a todos os direitos e liberdades ali estabelecidos, sem distinção de qualquer espécie,

c) Reafirmando a universalidade, a indivisibilidade, a interdependência e a inter-relação de todos os direitos humanos e liberdades fundamentais, bem como a necessidade de garantir que todas as pessoas com deficiência os exerçam plenamente, sem discriminação,

d) Relembrando o Pacto Internacional dos Direitos Econômicos, Sociais e Culturais, o Pacto Internacional dos Direitos Civis e Políticos, a Convenção Internacional sobre a Eliminação de Todas as Formas de Discriminação Racial, a Convenção sobre a Eliminação de todas as Formas de Discriminação contra a Mulher, a Convenção contra a Tortura e Outros Tratamentos ou Penas Cruéis, Desumanos ou Degradantes, a Convenção sobre os Direitos da Criança e a Convenção Internacional sobre a Proteção dos Direitos de Todos os Trabalhadores Migrantes e Membros de suas Famílias,

e) Reconhecendo que a deficiência é um conceito em evolução e que a deficiência resulta da interação entre pessoas com deficiência e as barreiras devidas às atitudes e ao ambiente que impedem a plena e efetiva participação dessas pessoas na sociedade em igualdade de oportunidades com as demais pessoas,

f) Reconhecendo a importância dos princípios e das diretrizes de política, contidos no Programa de Ação Mundial para as Pessoas Deficientes e nas Normas sobre a Equiparação de Oportunidades para Pessoas com Deficiência, para influenciar a promoção, a formulação e a avaliação de políticas, planos, programas e ações em níveis nacional, regional e internacional para possibilitar maior igualdade de oportunidades para pessoas com deficiência,

g) Ressaltando a importância de trazer questões relativas à deficiência ao centro das preocupações da sociedade como parte integrante das estratégias relevantes de desenvolvimento sustentável,

h) Reconhecendo também que a discriminação contra qualquer pessoa, por motivo de deficiência, configura violação da dignidade e do valor inerentes ao ser humano,

i) Reconhecendo ainda a diversidade das pessoas com deficiência,

j) Reconhecendo a necessidade de promover e proteger os direitos humanos de todas as pessoas com deficiência, inclusive daquelas que requerem maior apoio,

k) Preocupados com o fato de que, não obstante esses diversos instrumentos e compromissos, as pessoas com deficiência continuam a enfrentar barreiras contra sua participação como membros iguais da sociedade e violações de seus direitos humanos em todas as partes do mundo,

l) Reconhecendo a importância da cooperação internacional para melhorar as condições de vida das pessoas com deficiência em todos os países, particularmente naqueles em desenvolvimento,

m) Reconhecendo as valiosas contribuições existentes e potenciais das pessoas com deficiência ao bem-estar comum e à diversidade de suas comunidades, e que a promoção do pleno exercício, pelas pessoas com deficiência, de seus direitos humanos e liberdades fundamentais e de sua plena participação na sociedade resultará no fortalecimento de seu senso de pertencimento à sociedade e no significativo avanço do desenvolvimento humano, social e econômico da sociedade, bem como na erradicação da pobreza,

n) Reconhecendo a importância, para as pessoas com deficiência, de sua autonomia e independência individuais, inclusive da liberdade para fazer as próprias escolhas,

o) Considerando que as pessoas com deficiência devem ter a oportunidade de participar ativamente das decisões relativas a programas e políticas, inclusive aos que lhes dizem respeito diretamente,

p) Preocupados com as difíceis situações enfrentadas por pessoas com deficiência que estão sujeitas a formas múltiplas ou agravadas de discriminação por causa de raça, cor, sexo, idioma, religião, opiniões políticas ou de outra natureza, origem nacional, étnica, nativa ou social, propriedade, nascimento, idade ou outra condição,

q) Reconhecendo que mulheres e meninas com deficiência estão frequentemente expostas a maiores riscos, tanto no lar como fora dele, de sofrer violência, lesões ou abuso, descaso ou tratamento negligente, maus-tratos ou exploração,

r) Reconhecendo que as crianças com deficiência devem gozar plenamente de todos os direitos humanos e liberdades fundamentais em igualdade de oportunidades com as outras crianças e relembrando as obrigações assumidas com esse fim pelos Estados-Partes na Convenção sobre os Direitos da Criança,

s) Ressaltando a necessidade de incorporar a perspectiva de gênero aos esforços para promover o pleno exercício dos direitos humanos e liberdades fundamentais por parte das pessoas com deficiência,

t) Salientando o fato de que a maioria das pessoas com deficiência vive em condições de pobreza e, nesse sentido, reconhecendo a necessidade crítica de lidar com o impacto negativo da pobreza sobre pessoas com deficiência,

u) Tendo em mente que as condições de paz e segurança baseadas no pleno respeito aos propósitos e princípios consagrados na Carta das Nações Unidas e a observância dos instrumentos de direitos humanos são indispensáveis para a total proteção das pessoas com deficiência, particularmente durante conflitos armados e ocupação estrangeira,

v) Reconhecendo a importância da acessibilidade aos meios físico, social, econômico e cultural, à saúde, à educação e à informação e comunicação, para possibilitar às pessoas com deficiência o pleno gozo de todos os direitos humanos e liberdades fundamentais,

w) Conscientes de que a pessoa tem deveres para com outras pessoas e para com a comunidade a que pertence e que, portanto, tem a responsabilidade de esforçar-se para a promoção e a observância dos direitos reconhecidos na Carta Internacional dos Direitos Humanos,

x) Convencidos de que a família é o núcleo natural e fundamental da sociedade e tem o direito de receber a proteção da sociedade e do Estado e de que as pessoas com deficiência e seus familiares devem receber a proteção e a assistência necessárias para tornar as famílias capazes de contribuir para o exercício pleno e equitativo dos direitos das pessoas com deficiência,

y) Convencidos de que uma convenção internacional geral e integral para promover e proteger os direitos e a dignidade das pessoas com deficiência prestará significativa contribuição para corrigir as profundas desvantagens sociais das pessoas com deficiência e para promover sua participação na vida econômica, social e cultural, em igualdade de oportunidades, tanto nos países em desenvolvimento como nos desenvolvidos,

Acordaram o seguinte:

Artigo 1º
Propósito

O propósito da presente Convenção é promover, proteger e assegurar o exercício pleno e equitativo de todos os direitos humanos e liberdades fundamentais por todas as pessoas com deficiência e promover o respeito pela sua dignidade inerente.

Pessoas com deficiência são aquelas que têm impedimentos de longo prazo de natureza física, mental, intelectual ou sensorial, os quais, em interação com diversas barreiras, podem obstruir sua participação plena e efetiva na sociedade em igualdades de condições com as demais pessoas.

Artigo 2º
Definições

Para os propósitos da presente Convenção:

"Comunicação" abrange as línguas, a visualização de textos, o *braille*, a comunicação tátil, os caracteres ampliados, os dispositivos de multimídia acessível, assim como a linguagem simples, escrita e oral, os sistemas auditivos e os meios de voz digitalizada e os modos, meios e formatos aumentativos e alternativos de comunicação, inclusive a tecnologia da informação e comunicação acessíveis;

"Língua" abrange as línguas faladas e de sinais e outras formas de comunicação não falada;

"Discriminação por motivo de deficiência" significa qualquer diferenciação, exclusão ou restrição baseada em deficiência, com o propósito ou efeito de impedir ou impossibilitar o reconhecimento, o desfrute ou o exercício, em igualdade de oportunidades com as demais pessoas, de todos os direitos humanos e liberdades fundamentais nos âmbitos político, econômico, social, cultural, civil ou qualquer outro. Abrange todas as formas de discriminação, inclusive a recusa de adaptação razoável;

"Adaptação razoável" significa as modificações e os ajustes necessários e adequados que não acarretem ônus desproporcional ou indevido, quando requeridos em cada caso, a fim de assegurar que as pessoas com deficiência possam gozar ou exercer, em igualdade de oportunidades com as demais pessoas, todos os direitos humanos e liberdades fundamentais;

"Desenho universal" significa a concepção de produtos, ambientes, programas e serviços a serem usados, na maior medida possível, por todas as pessoas, sem necessidade de adaptação ou projeto específico. O "desenho universal" não excluirá as ajudas técnicas para grupos específicos de pessoas com deficiência, quando necessárias.

Artigo 3º
Princípios gerais

Os princípios da presente Convenção são:

a) O respeito pela dignidade inerente, a autonomia individual, inclusive a liberdade de fazer as próprias escolhas, e a independência das pessoas;

b) A não discriminação;

c) A plena e efetiva participação e inclusão na sociedade;

d) O respeito pela diferença e pela aceitação das pessoas com deficiência como parte da diversidade humana e da humanidade;

e) A igualdade de oportunidades;

f) A acessibilidade;

g) A igualdade entre o homem e a mulher;

h) O respeito pelo desenvolvimento das capacidades das crianças com deficiência e pelo direito das crianças com deficiência de preservar sua identidade.

Artigo 4º
Obrigações gerais

1. Os Estados-Partes se comprometem a assegurar e promover o pleno exercício de todos os direitos humanos e liberdades fundamentais por todas as pessoas com deficiência, sem qualquer tipo de discriminação por causa de sua deficiência. Para tanto, os Estados-Partes se comprometem a:

a) Adotar todas as medidas legislativas, administrativas e de qualquer outra natureza, necessárias para a realização dos direitos reconhecidos na presente Convenção;

b) Adotar todas as medidas necessárias, inclusive legislativas, para modificar ou revogar leis, regulamentos, costumes e práticas vigentes, que constituírem discriminação contra pessoas com deficiência;

c) Levar em conta, em todos os programas e políticas, a proteção e a promoção dos direitos humanos das pessoas com deficiência;

d) Abster-se de participar em qualquer ato ou prática incompatível com a presente Convenção e assegurar que as autoridades públicas e instituições atuem em conformidade com a presente Convenção;

e) Tomar todas as medidas apropriadas para eliminar a discriminação baseada em deficiência, por parte de qualquer pessoa, organização ou empresa privada;

f) Realizar ou promover a pesquisa e o desenvolvimento de produtos, serviços, equipamentos e instalações com desenho universal, conforme definidos no artigo 2 da presente Convenção, que exijam o mínimo possível de adaptação e cujo custo seja o mínimo possível, destinados a atender às necessidades específicas de pessoas com deficiência, a promover sua disponibilidade e seu uso e a promover o desenho universal quando da elaboração de normas e diretrizes;

g) Realizar ou promover a pesquisa e o desenvolvimento, bem como a disponibilidade e o emprego de novas tecnologias, inclusive as tecnologias da informação e comunicação, ajudas técnicas para locomoção, dispositivos e tecnologias assistivas, adequados a pessoas com deficiência, dando prioridade a tecnologias de custo acessível;

h) Propiciar informação acessível para as pessoas com deficiência a respeito de ajudas técnicas para locomoção, dispositivos e tecnologias assistivas, incluindo novas tecnologias bem como outras formas de assistência, serviços de apoio e instalações;

i) Promover a capacitação em relação aos direitos reconhecidos pela presente Convenção dos profissionais e equipes que trabalham com pessoas com deficiência, de forma a melhorar a prestação de assistência e serviços garantidos por esses direitos.

2. Em relação aos direitos econômicos, sociais e culturais, cada Estado-Parte se compromete a tomar medidas, tanto quanto permitirem os recursos disponíveis e, quando necessário, no âmbito da cooperação internacional, a fim de assegurar progressivamente o pleno exercício desses direitos, sem prejuízo das obrigações contidas na presente Convenção que forem imediatamente aplicáveis de acordo com o direito internacional.

3. Na elaboração e implementação de legislação e políticas para aplicar a presente Convenção e em outros processos de tomada de decisão relativos às pessoas com deficiência, os Estados-Partes realizarão consultas estreitas e envolverão ativamente pessoas com deficiência, inclusive crianças com deficiência, por intermédio de suas organizações representativas.

4. Nenhum dispositivo da presente Convenção afetará quaisquer disposições mais propícias à realização dos direitos das pessoas com deficiência, as quais possam estar contidas na legislação do Estado-Parte ou no direito internacional em vigor para esse Estado.

Não haverá nenhuma restrição ou derrogação de qualquer dos direitos humanos e liberdades fundamentais reconhecidos ou vigentes em qualquer Estado-Parte da presente Convenção, em conformidade com leis, convenções, regulamentos ou costumes, sob a alegação de que a presente Convenção não reconhece tais direitos e liberdades ou que os reconhece em menor grau.

5. As disposições da presente Convenção se aplicam, sem limitação ou exceção, a todas as unidades constitutivas dos Estados federativos.

Artigo 5º

Igualdade e não discriminação

1. Os Estados-Partes reconhecem que todas as pessoas são iguais perante e sob a lei e que fazem jus, sem qualquer discriminação, a igual proteção e igual benefício da lei.

2. Os Estados-Partes proibirão qualquer discriminação baseada na deficiência e garantirão às pessoas com deficiência igual e efetiva proteção legal contra a discriminação por qualquer motivo.

3. A fim de promover a igualdade e eliminar a discriminação, os Estados-Partes adotarão todas as medidas apropriadas para garantir que a adaptação razoável seja oferecida.

4. Nos termos da presente Convenção, as medidas específicas que forem necessárias para acelerar ou alcançar a efetiva igualdade das pessoas com deficiência não serão consideradas discriminatórias.

Artigo 6º

Mulheres com deficiência

1. Os Estados-Partes reconhecem que as mulheres e meninas com deficiência estão sujeitas a múltiplas formas de discriminação e, portanto, tomarão medidas para assegurar às mulheres e meninas com deficiência o pleno e igual exercício de todos os direitos humanos e liberdades fundamentais.

2. Os Estados-Partes tomarão todas as medidas apropriadas para assegurar o pleno desenvolvimento, o avanço e o empoderamento das

mulheres, a fim de garantir-lhes o exercício e o gozo dos direitos humanos e liberdades fundamentais estabelecidos na presente Convenção.

Artigo 7º
Crianças com deficiência

1. Os Estados-Partes tomarão todas as medidas necessárias para assegurar às crianças com deficiência o pleno exercício de todos os direitos humanos e liberdades fundamentais, em igualdade de oportunidades com as demais crianças.

2. Em todas as ações relativas às crianças com deficiência, o superior interesse da criança receberá consideração primordial.

3. Os Estados-Partes assegurarão que as crianças com deficiência tenham o direito de expressar livremente sua opinião sobre todos os assuntos que lhes disserem respeito, tenham a sua opinião devidamente valorizada de acordo com sua idade e maturidade, em igualdade de oportunidades com as demais crianças, e recebam atendimento adequado à sua deficiência e idade, para que possam exercer tal direito.

Artigo 8º
Conscientização

1. Os Estados-Partes se comprometem a adotar medidas imediatas, efetivas e apropriadas para:

a) Conscientizar toda a sociedade, inclusive as famílias, sobre as condições das pessoas com deficiência e fomentar o respeito pelos direitos e pela dignidade das pessoas com deficiência;

b) Combater estereótipos, preconceitos e práticas nocivas em relação a pessoas com deficiência, inclusive aqueles relacionados a sexo e idade, em todas as áreas da vida;

c) Promover a conscientização sobre as capacidades e contribuições das pessoas com deficiência.

2. As medidas para esse fim incluem:

a) Lançar e dar continuidade a efetivas campanhas de conscientização públicas, destinadas a:

i) Favorecer atitude receptiva em relação aos direitos das pessoas com deficiência;

ii) Promover percepção positiva e maior consciência social em relação às pessoas com deficiência;

iii) Promover o reconhecimento das habilidades, dos méritos e das capacidades das pessoas com deficiência e de sua contribuição ao local de trabalho e ao mercado laboral;

b) Fomentar em todos os níveis do sistema educacional, incluindo neles todas as crianças desde tenra idade, uma atitude de respeito para com os direitos das pessoas com deficiência;

c) Incentivar todos os órgãos da mídia a retratar as pessoas com deficiência de maneira compatível com o propósito da presente Convenção;

d) Promover programas de formação sobre sensibilização a respeito das pessoas com deficiência e sobre os direitos das pessoas com deficiência.

Artigo 9º
Acessibilidade

1. A fim de possibilitar às pessoas com deficiência viver de forma independente e participar plenamente de todos os aspectos da vida, os Estados-Partes tomarão as medidas apropriadas para assegurar às pessoas com deficiência o acesso, em igualdade de oportunidades com as demais pessoas, ao meio físico, ao transporte, à informação e comunicação, inclusive aos sistemas e tecnologias da informação e comunicação, bem como a outros serviços e instalações abertos ao público ou de uso público, tanto na zona urbana como na rural. Essas medidas, que incluirão a identificação e a eliminação de obstáculos e barreiras à acessibilidade, serão aplicadas, entre outros, a:

a) Edifícios, rodovias, meios de transporte e outras instalações internas e externas, inclusive escolas, residências, instalações médicas e local de trabalho;

b) Informações, comunicações e outros serviços, inclusive serviços eletrônicos e serviços de emergência.

2. Os Estados-Partes também tomarão medidas apropriadas para:

a) Desenvolver, promulgar e monitorar a implementação de normas e diretrizes mínimas para a acessibilidade das instalações e dos serviços abertos ao público ou de uso público;

b) Assegurar que as entidades privadas que oferecem instalações e serviços abertos ao público ou de uso público levem em consideração todos os aspectos relativos à acessibilidade para pessoas com deficiência;

c) Proporcionar, a todos os atores envolvidos, formação em relação às questões de acessibilidade com as quais as pessoas com deficiência se confrontam;

d) Dotar os edifícios e outras instalações abertas ao público ou de uso público de sinalização em *braille* e em formatos de fácil leitura e compreensão;

e) Oferecer formas de assistência humana ou animal e serviços de mediadores, incluindo guias, ledores e intérpretes profissionais da língua de sinais, para facilitar o acesso aos edifícios e outras instalações abertas ao público ou de uso público;

f) Promover outras formas apropriadas de assistência e apoio a pessoas com deficiência, a fim de assegurar a essas pessoas o acesso a informações;

g) Promover o acesso de pessoas com deficiência a novos sistemas e tecnologias da informação e comunicação, inclusive à Internet;

h) Promover, desde a fase inicial, a concepção, o desenvolvimento, a produção e a disseminação de sistemas e tecnologias de informação e comunicação, a fim de que esses sistemas e tecnologias se tornem acessíveis a custo mínimo.

Artigo 10

Direito à vida

Os Estados-Partes reafirmam que todo ser humano tem o inerente direito à vida e tomarão todas as medidas necessárias para assegurar o efetivo exercício desse direito pelas pessoas com deficiência, em igualdade de oportunidades com as demais pessoas.

Artigo 11

Situações de risco e emergências humanitárias

Em conformidade com suas obrigações decorrentes do direito internacional, inclusive do direito humanitário internacional e do direito internacional dos direitos humanos, os Estados-Partes tomarão todas as medidas necessárias para assegurar a proteção e a segurança das pessoas com deficiência que se encontrarem em situações de risco, inclusive situações de conflito armado, emergências humanitárias e ocorrência de desastres naturais.

Artigo 12

Reconhecimento igual perante a lei

1. Os Estados-Partes reafirmam que as pessoas com deficiência têm o direito de ser reconhecidas em qualquer lugar como pessoas perante a lei.

2. Os Estados-Partes reconhecerão que as pessoas com deficiência gozam de capacidade legal em igualdade de condições com as demais pessoas em todos os aspectos da vida.

3. Os Estados-Partes tomarão medidas apropriadas para prover o acesso de pessoas com deficiência ao apoio que necessitarem no exercício de sua capacidade legal.

4. Os Estados-Partes assegurarão que todas as medidas relativas ao exercício da capacidade legal incluam salvaguardas apropriadas e efetivas para prevenir abusos, em conformidade com o direito internacional dos direitos humanos. Essas salvaguardas assegurarão que as medidas relativas ao exercício da capacidade legal respeitem os direitos, a vontade e as preferências da pessoa, sejam isentas de conflito de interesses e de influência indevida, sejam proporcionais e apropriadas às circunstâncias da pessoa, se apliquem pelo período mais curto possível e sejam submetidas à revisão regular por uma autoridade ou órgão judiciário competente, independente e imparcial. As salvaguardas serão proporcionais ao grau em que tais medidas afetarem os direitos e interesses da pessoa.

5. Os Estados-Partes, sujeitos ao disposto neste artigo, tomarão todas as medidas apropriadas e efetivas para assegurar às pessoas com deficiência o igual direito de possuir ou herdar bens, de controlar as próprias finanças e de ter igual acesso a empréstimos bancários, hipotecas e outras formas de crédito financeiro, e assegurarão que as pessoas com deficiência não sejam arbitrariamente destituídas de seus bens.

Artigo 13

Acesso à justiça

1. Os Estados-Partes assegurarão o efetivo acesso das pessoas com deficiência à justiça, em igualdade de condições com as demais pessoas, inclusive mediante a provisão de adaptações processuais adequadas à idade, a fim de facilitar o efetivo papel das pessoas com deficiência como participantes diretos ou indiretos, inclusive como testemunhas, em todos os pro-

cedimentos jurídicos, tais como investigações e outras etapas preliminares.

2. A fim de assegurar às pessoas com deficiência o efetivo acesso à justiça, os Estados-Partes promoverão a capacitação apropriada daqueles que trabalham na área de administração da justiça, inclusive a polícia e os funcionários do sistema penitenciário.

Artigo 14
Liberdade e segurança da pessoa

1. Os Estados-Partes assegurarão que as pessoas com deficiência, em igualdade de oportunidades com as demais pessoas:

a) Gozem do direito à liberdade e à segurança da pessoa; e

b) Não sejam privadas ilegal ou arbitrariamente de sua liberdade e que toda privação de liberdade esteja em conformidade com a lei, e que a existência de deficiência não justifique a privação de liberdade.

2. Os Estados-Partes assegurarão que, se pessoas com deficiência forem privadas de liberdade mediante algum processo, elas, em igualdade de oportunidades com as demais pessoas, façam jus a garantias de acordo com o direito internacional dos direitos humanos e sejam tratadas em conformidade com os objetivos e princípios da presente Convenção, inclusive mediante a provisão de adaptação razoável.

Artigo 15
Prevenção contra tortura ou tratamentos ou penas cruéis, desumanos ou degradantes

1. Nenhuma pessoa será submetida à tortura ou a tratamentos ou penas cruéis, desumanos ou degradantes. Em especial, nenhuma pessoa deverá ser sujeita a experimentos médicos ou científicos sem seu livre consentimento.

2. Os Estados-Partes tomarão todas as medidas efetivas de natureza legislativa, administrativa, judicial ou outra para evitar que pessoas com deficiência, do mesmo modo que as demais pessoas, sejam submetidas à tortura ou a tratamentos ou penas cruéis, desumanos ou degradantes.

Artigo 16
Prevenção contra a exploração, a violência e o abuso

1. Os Estados-Partes tomarão todas as medidas apropriadas de natureza legislativa, administrativa, social, educacional e outras para proteger as pessoas com deficiência, tanto dentro como fora do lar, contra todas as formas de exploração, violência e abuso, incluindo aspectos relacionados a gênero.

2. Os Estados-Partes também tomarão todas as medidas apropriadas para prevenir todas as formas de exploração, violência e abuso, assegurando, entre outras coisas, formas apropriadas de atendimento e apoio que levem em conta o gênero e a idade das pessoas com deficiência e de seus familiares e atendentes, inclusive mediante a provisão de informação e educação sobre a maneira de evitar, reconhecer e denunciar casos de exploração, violência e abuso. Os Estados-Partes assegurarão que os serviços de proteção levem em conta a idade, o gênero e a deficiência das pessoas.

3. A fim de prevenir a ocorrência de quaisquer formas de exploração, violência e abuso, os Estados-Partes assegurarão que todos os programas e instalações destinados a atender pessoas com deficiência sejam efetivamente monitorados por autoridades independentes.

4. Os Estados-Partes tomarão todas as medidas apropriadas para promover a recuperação física, cognitiva e psicológica, inclusive mediante a provisão de serviços de proteção, a reabilitação e a reinserção social de pessoas com deficiência que forem vítimas de qualquer forma de exploração, violência ou abuso. Tais recuperação e reinserção ocorrerão em ambientes que promovam a saúde, o bem-estar, o autorrespeito, a dignidade e a autonomia da pessoa e levem em consideração as necessidades de gênero e idade.

5. Os Estados-Partes adotarão leis e políticas efetivas, inclusive legislação e políticas voltadas para mulheres e crianças, a fim de assegurar que os casos de exploração, violência e abuso contra pessoas com deficiência sejam identificados, investigados e, caso necessário, julgados.

Artigo 17
Proteção da integridade da pessoa

Toda pessoa com deficiência tem o direito a que sua integridade física e mental seja respeitada, em igualdade de condições com as demais pessoas.

Artigo 18
Liberdade de movimentação e nacionalidade

1. Os Estados-Partes reconhecerão os direitos das pessoas com deficiência à liberdade de movimentação, à liberdade de escolher sua residência e à nacionalidade, em igualdade de oportunidades com as demais pessoas, inclusive assegurando que as pessoas com deficiência:

a) Tenham o direito de adquirir nacionalidade e mudar de nacionalidade e não sejam privadas arbitrariamente de sua nacionalidade em razão de sua deficiência.

b) Não sejam privadas, por causa de sua deficiência, da competência de obter, possuir e utilizar documento comprovante de sua nacionalidade ou outro documento de identidade, ou de recorrer a processos relevantes, tais como procedimentos relativos à imigração, que forem necessários para facilitar o exercício de seu direito à liberdade de movimentação.

c) Tenham liberdade de sair de qualquer país, inclusive do seu; e

d) Não sejam privadas, arbitrariamente ou por causa de sua deficiência, do direito de entrar no próprio país.

2. As crianças com deficiência serão registradas imediatamente após o nascimento e terão, desde o nascimento, o direito a um nome, o direito de adquirir nacionalidade e, tanto quanto possível, o direito de conhecer seus pais e de ser cuidadas por eles.

Artigo 19
Vida independente e inclusão na comunidade

Os Estados-Partes desta Convenção reconhecem o igual direito de todas as pessoas com deficiência de viver na comunidade, com a mesma liberdade de escolha que as demais pessoas, e tomarão medidas efetivas e apropriadas para facilitar às pessoas com deficiência o pleno gozo desse direito e sua plena inclusão e participação na comunidade, inclusive assegurando que:

a) As pessoas com deficiência possam escolher seu local de residência e onde e com quem morar, em igualdade de oportunidades com as demais pessoas, e que não sejam obrigadas a viver em determinado tipo de moradia;

b) As pessoas com deficiência tenham acesso a uma variedade de serviços de apoio em domicílio ou em instituições residenciais ou a outros serviços comunitários de apoio, inclusive os serviços de atendentes pessoais que forem necessários como apoio para que as pessoas com deficiência vivam e sejam incluídas na comunidade e para evitar que fiquem isoladas ou segregadas da comunidade;

c) Os serviços e instalações da comunidade para a população em geral estejam disponíveis às pessoas com deficiência, em igualdade de oportunidades, e atendam às suas necessidades.

Artigo 20
Mobilidade pessoal

Os Estados-Partes tomarão medidas efetivas para assegurar às pessoas com deficiência sua mobilidade pessoal com a máxima independência possível:

a) Facilitando a mobilidade pessoal das pessoas com deficiência, na forma e no momento em que elas quiserem, e a custo acessível;

b) Facilitando às pessoas com deficiência o acesso a tecnologias assistivas, dispositivos e ajudas técnicas de qualidade, e formas de assistência humana ou animal e de mediadores, inclusive tornando-os disponíveis a custo acessível;

c) Propiciando às pessoas com deficiência e ao pessoal especializado uma capacitação em técnicas de mobilidade;

d) Incentivando entidades que produzem ajudas técnicas de mobilidade, dispositivos e tecnologias assistivas a levarem em conta todos os aspectos relativos à mobilidade de pessoas com deficiência.

Artigo 21
Liberdade de expressão e de opinião e acesso à informação

Os Estados-Partes tomarão todas as medidas apropriadas para assegurar que as pessoas com deficiência possam exercer seu direito à liberdade de expressão e opinião, inclusive à liberdade de buscar, receber e compartilhar informações e ideias, em igualdade de oportunidades com as demais pessoas e por intermédio de todas as formas de comunicação de sua escolha, conforme o disposto no artigo 2º da presente Convenção, entre as quais:

a) Fornecer, prontamente e sem custo adicional, às pessoas com deficiência, todas as informações destinadas ao público em geral, em formatos acessíveis e tecnologias apropriadas aos diferentes tipos de deficiência;

b) Aceitar e facilitar, em trâmites oficiais, o uso de línguas de sinais, *braille*, comunicação aumentativa e alternativa, e de todos os demais meios, modos e formatos acessíveis de comunicação, à escolha das pessoas com deficiência;

c) Urgir as entidades privadas que oferecem serviços ao público em geral, inclusive por meio da Internet, a fornecer informações e serviços em formatos acessíveis, que possam ser usados por pessoas com deficiência;

d) Incentivar a mídia, inclusive os provedores de informação pela Internet, a tornar seus serviços acessíveis a pessoas com deficiência;

e) Reconhecer e promover o uso de línguas de sinais.

Artigo 22
Respeito à privacidade

1. Nenhuma pessoa com deficiência, qualquer que seja seu local de residência ou tipo de moradia, estará sujeita a interferência arbitrária ou ilegal em sua privacidade, família, lar, correspondência ou outros tipos de comunicação, nem a ataques ilícitos à sua honra e reputação. As pessoas com deficiência têm o direito à proteção da lei contra tais interferências ou ataques.

2. Os Estados-Partes protegerão a privacidade dos dados pessoais e dados relativos à saúde e à reabilitação de pessoas com deficiência, em igualdade de condições com as demais pessoas.

Artigo 23
Respeito pelo lar e pela família

1. Os Estados-Partes tomarão medidas efetivas e apropriadas para eliminar a discriminação contra pessoas com deficiência, em todos os aspectos relativos a casamento, família, paternidade e relacionamentos, em igualdade de condições com as demais pessoas, de modo a assegurar que:

a) Seja reconhecido o direito das pessoas com deficiência, em idade de contrair matrimônio, de casar-se e estabelecer família, com base no livre e pleno consentimento dos pretendentes;

b) Sejam reconhecidos os direitos das pessoas com deficiência de decidir livre e responsavelmente sobre o número de filhos e o espaçamento entre esses filhos e de ter acesso a informações adequadas à idade e à educação em matéria de reprodução e de planejamento familiar, bem como os meios necessários para exercer esses direitos.

c) As pessoas com deficiência, inclusive crianças, conservem sua fertilidade, em igualdade de condições com as demais pessoas.

2. Os Estados-Partes assegurarão os direitos e responsabilidades das pessoas com deficiência, relativos à guarda, custódia, curatela e adoção de crianças ou instituições semelhantes, caso esses conceitos constem na legislação nacional. Em todos os casos, prevalecerá o superior interesse da criança. Os Estados-Partes prestarão a devida assistência às pessoas com deficiência para que essas pessoas possam exercer suas responsabilidades na criação dos filhos.

3. Os Estados-Partes assegurarão que as crianças com deficiência terão iguais direitos em relação à vida familiar. Para a realização desses direitos e para evitar ocultação, abandono, negligência e segregação de crianças com deficiência, os Estados-Partes fornecerão prontamente informações abrangentes sobre serviços e apoios a crianças com deficiência e suas famílias.

4. Os Estados-Partes assegurarão que uma criança não será separada de seus pais contra a vontade destes, exceto quando autoridades competentes, sujeitas a controle jurisdicional, determinarem, em conformidade com as leis e procedimentos aplicáveis, que a separação é necessária, no superior interesse da criança. Em nenhum caso, uma criança será separada dos pais sob alegação de deficiência da criança ou de um ou ambos os pais.

5. Os Estados-Partes, no caso em que a família imediata de uma criança com deficiência não tenha condições de cuidar da criança, farão todo esforço para que cuidados alternativos sejam oferecidos por outros parentes e, se isso não for possível, dentro de ambiente familiar, na comunidade.

Artigo 24
Educação

1. Os Estados-Partes reconhecem o direito das pessoas com deficiência à educação. Para efetivar esse direito sem discriminação e com base na igualdade de oportunidades, os Estados-Partes assegurarão sistema educacional inclusivo em todos os níveis, bem como o aprendizado ao longo de toda a vida, com os seguintes objetivos:

a) O pleno desenvolvimento do potencial humano e do senso de dignidade e autoestima, além do fortalecimento do respeito pelos direitos humanos, pelas liberdades fundamentais e pela diversidade humana;

b) O máximo desenvolvimento possível da personalidade e dos talentos e da criatividade das pessoas com deficiência, assim como de suas habilidades físicas e intelectuais;

c) A participação efetiva das pessoas com deficiência em uma sociedade livre.

2. Para a realização desse direito, os Estados-Partes assegurarão que:

a) As pessoas com deficiência não sejam excluídas do sistema educacional geral sob alegação de deficiência e que as crianças com deficiência não sejam excluídas do ensino primário gratuito e compulsório ou do ensino secundário, sob alegação de deficiência;

b) As pessoas com deficiência possam ter acesso ao ensino primário inclusivo, de qualidade e gratuito, e ao ensino secundário, em igualdade de condições com as demais pessoas na comunidade em que vivem;

c) Adaptações razoáveis de acordo com as necessidades individuais sejam providenciadas;

d) As pessoas com deficiência recebam o apoio necessário, no âmbito do sistema educacional geral, com vistas a facilitar sua efetiva educação;

e) Medidas de apoio individualizadas e efetivas sejam adotadas em ambientes que maximizem o desenvolvimento acadêmico e social, de acordo com a meta de inclusão plena.

3. Os Estados-Partes assegurarão às pessoas com deficiência a possibilidade de adquirir as competências práticas e sociais necessárias de modo a facilitar às pessoas com deficiência sua plena e igual participação no sistema de ensino e na vida em comunidade. Para tanto, os Estados-Partes tomarão medidas apropriadas, incluindo:

a) Facilitação do aprendizado do *braille*, escrita alternativa, modos, meios e formatos de comunicação aumentativa e alternativa, e habilidades de orientação e mobilidade, além de facilitação do apoio e aconselhamento de pares;

b) Facilitação do aprendizado da língua de sinais e promoção da identidade linguística da comunidade surda;

c) Garantia de que a educação de pessoas, em particular crianças cegas, surdo-cegas e surdas, seja ministrada nas línguas e nos modos e meios de comunicação mais adequados ao indivíduo e em ambientes que favoreçam ao máximo seu desenvolvimento acadêmico e social.

4. A fim de contribuir para o exercício desse direito, os Estados-Partes tomarão medidas apropriadas para empregar professores, inclusive professores com deficiência, habilitados para o ensino da língua de sinais e/ou do *braille*, e para capacitar profissionais e equipes atuantes em todos os níveis de ensino. Essa capacitação incorporará a conscientização da deficiência e a utilização de modos, meios e formatos apropriados de comunicação aumentativa e alternativa, e técnicas e materiais pedagógicos, como apoios para pessoas com deficiência.

5. Os Estados-Partes assegurarão que as pessoas com deficiência possam ter acesso ao ensino superior em geral, treinamento profissional de acordo com sua vocação, educação para adultos e formação continuada, sem discriminação e em igualdade de condições.

Para tanto, os Estados-Partes assegurarão a provisão de adaptações razoáveis para pessoas com deficiência.

Artigo 25
Saúde

Os Estados-Partes reconhecem que as pessoas com deficiência têm o direito de gozar do estado de saúde mais elevado possível, sem discriminação baseada na deficiência. Os Estados-Partes tomarão todas as medidas apropriadas para assegurar às pessoas com deficiência o acesso a serviços de saúde, incluindo os serviços de reabilitação, que levarão em conta as especificidades de gênero. Em especial, os Estados-Partes:

a) Oferecerão às pessoas com deficiência programas e atenção à saúde gratuitos ou a custos acessíveis da mesma variedade, qualidade e padrão que são oferecidos às demais pessoas, inclusive na área de saúde sexual e reprodutiva e de programas de saúde pública destinados à população em geral;

b) Propiciarão serviços de saúde que as pessoas com deficiência necessitam especificamente por causa de sua deficiência, inclusive diagnóstico e intervenção precoces, bem como serviços projetados para reduzir ao máximo e prevenir deficiências adicionais, inclusive entre crianças e idosos;

c) Propiciarão esses serviços de saúde às pessoas com deficiência, o mais próximo possível de suas comunidades, inclusive na zona rural;

d) Exigirão dos profissionais de saúde que dispensem às pessoas com deficiência a mesma qualidade de serviços dispensada às demais pessoas e, principalmente, que obtenham o consentimento livre e esclarecido das pessoas com deficiência concernentes. Para esse fim, os Estados-Partes realizarão atividades de formação e definirão regras éticas para os setores de saúde público e privado, de modo a conscientizar os profissionais de saúde acerca dos direitos humanos, da dignidade, autonomia e das necessidades das pessoas com deficiência;

e) Proibirão a discriminação contra pessoas com deficiência na provisão de seguro de saúde e seguro de vida, caso tais seguros sejam permitidos pela legislação nacional, os quais deverão ser providos de maneira razoável e justa;

f) Prevenirão que se neguem, de maneira discriminatória, os serviços de saúde ou de atenção à saúde ou a administração de alimentos sólidos ou líquidos por motivo de deficiência.

Artigo 26
Habilitação e reabilitação

1. Os Estados-Partes tomarão medidas efetivas e apropriadas, inclusive mediante apoio dos pares, para possibilitar que as pessoas com deficiência conquistem e conservem o máximo de autonomia e plena capacidade física, mental, social e profissional, bem como plena inclusão e participação em todos os aspectos da vida. Para tanto, os Estados-Partes organizarão, fortalecerão e ampliarão serviços e programas completos de habilitação e reabilitação, particularmente nas áreas de saúde, emprego, educação e serviços sociais, de modo que esses serviços e programas:

a) Comecem no estágio mais precoce possível e sejam baseados em avaliação multidisciplinar das necessidades e pontos fortes de cada pessoa;

b) Apoiem a participação e a inclusão na comunidade e em todos os aspectos da vida social, sejam oferecidos voluntariamente e estejam disponíveis às pessoas com deficiência o mais próximo possível de suas comunidades, inclusive na zona rural.

2. Os Estados-Partes promoverão o desenvolvimento da capacitação inicial e continuada de profissionais e de equipes que atuam nos serviços de habilitação e reabilitação.

3. Os Estados-Partes promoverão a disponibilidade, o conhecimento e o uso de dispositivos e tecnologias assistivas, projetados para pessoas com deficiência e relacionados com a habilitação e a reabilitação.

Artigo 27
Trabalho e emprego

1. Os Estados-Partes reconhecem o direito das pessoas com deficiência ao trabalho, em igualdade de oportunidades com as demais pessoas. Esse direito abrange o direito à oportunidade de se manter com um trabalho de sua livre escolha ou aceitação no mercado laboral, em ambiente de trabalho que seja aberto, inclusivo e acessível a pessoas com deficiência. Os Estados-Partes salvaguardarão e promoverão a realização do direito ao trabalho, inclusive daqueles que tiverem adquirido uma deficiência no emprego, adotando medidas apropriadas, incluídas na legislação, com o fim de, entre outros:

a) Proibir a discriminação baseada na deficiência com respeito a todas as questões relacionadas com as formas de emprego, inclusive condições de recrutamento, contratação e admissão, permanência no emprego, ascensão profissional e condições seguras e salubres de trabalho;

b) Proteger os direitos das pessoas com deficiência, em condições de igualdade com as demais pessoas, às condições justas e favoráveis de trabalho, incluindo iguais oportunidades e igual remuneração por trabalho de igual valor, condições seguras e salubres de trabalho, além de reparação de injustiças e proteção contra o assédio no trabalho;

c) Assegurar que as pessoas com deficiência possam exercer seus direitos trabalhistas e sindicais, em condições de igualdade com as demais pessoas;

d) Possibilitar às pessoas com deficiência o acesso efetivo a programas de orientação técnica e profissional e a serviços de colocação no trabalho e de treinamento profissional e continuado;

e) Promover oportunidades de emprego e ascensão profissional para pessoas com deficiência no mercado de trabalho, bem como assistência na procura, obtenção e manutenção do emprego e no retorno ao emprego;

f) Promover oportunidades de trabalho autônomo, empreendedorismo, desenvolvimento de cooperativas e estabelecimento de negócio próprio;

g) Empregar pessoas com deficiência no setor público;

h) Promover o emprego de pessoas com deficiência no setor privado, mediante políticas e medidas apropriadas, que poderão incluir programas de ação afirmativa, incentivos e outras medidas;

i) Assegurar que adaptações razoáveis sejam feitas para pessoas com deficiência no local de trabalho;

j) Promover a aquisição de experiência de trabalho por pessoas com deficiência no mercado aberto de trabalho;

k) Promover reabilitação profissional, manutenção do emprego e programas de retorno ao trabalho para pessoas com deficiência.

2. Os Estados-Partes assegurarão que as pessoas com deficiência não serão mantidas em escravidão ou servidão e que serão protegidas, em igualdade de condições com as demais pessoas, contra o trabalho forçado ou compulsório.

Artigo 28
Padrão de vida e proteção social adequados

1. Os Estados-Partes reconhecem o direito das pessoas com deficiência a um padrão adequado de vida para si e para suas famílias, inclusive alimentação, vestuário e moradia adequados, bem como à melhoria contínua de suas condições de vida, e tomarão as providências necessárias para salvaguardar e promover a realização desse direito sem discriminação baseada na deficiência.

2. Os Estados-Partes reconhecem o direito das pessoas com deficiência à proteção social e ao exercício desse direito sem discriminação baseada na deficiência, e tomarão as medidas apropriadas para salvaguardar e promover a realização desse direito, tais como:

a) Assegurar igual acesso de pessoas com deficiência a serviços de saneamento básico e assegurar o acesso aos serviços, dispositivos e outros atendimentos apropriados para as necessidades relacionadas com a deficiência;

b) Assegurar o acesso de pessoas com deficiência, particularmente mulheres, crianças e idosos com deficiência, a programas de proteção social e de redução da pobreza;

c) Assegurar o acesso de pessoas com deficiência e suas famílias em situação de pobreza à assistência do Estado em relação a seus gastos ocasionados pela deficiência, inclusive treinamento adequado, aconselhamento, ajuda financeira e cuidados de repouso;

d) Assegurar o acesso de pessoas com deficiência a programas habitacionais públicos;

e) Assegurar igual acesso de pessoas com deficiência a programas e benefícios de aposentadoria.

Artigo 29
Participação na vida política e pública

Os Estados-Partes garantirão às pessoas com deficiência direitos políticos e oportunidade de exercê-los em condições de igualdade com as demais pessoas, e deverão:

a) Assegurar que as pessoas com deficiência possam participar efetiva e plenamente na vida política e pública, em igualdade de oportunidades com as demais pessoas, diretamente ou por meio de representantes livremente escolhidos, incluindo o direito e a oportunidade de votarem e serem votadas, mediante, entre outros:

i) Garantia de que os procedimentos, instalações e materiais e equipamentos para votação serão apropriados, acessíveis e de fácil compreensão e uso;

ii) Proteção do direito das pessoas com deficiência ao voto secreto em eleições e plebiscitos, sem intimidação, e a candidatar-se nas eleições, efetivamente ocupar cargos eletivos e desempenhar quaisquer funções públicas em todos os níveis de governo, usando novas tecnologias assistivas, quando apropriado;

iii) Garantia da livre expressão de vontade das pessoas com deficiência como eleitores e, para tanto, sempre que necessário e a seu pedido, permissão para que elas sejam auxiliadas na votação por uma pessoa de sua escolha;

b) Promover ativamente um ambiente em que as pessoas com deficiência possam participar efetiva e plenamente na condução das questões públicas, sem discriminação e em igualdade de oportunidades com as demais pessoas, e encorajar sua participação nas questões públicas, mediante:

i) Participação em organizações não governamentais relacionadas com a vida pública e política do país, bem como em atividades e administração de partidos políticos;

ii) Formação de organizações para representar pessoas com deficiência em níveis internacional, regional, nacional e local, bem como a filiação de pessoas com deficiência a tais organizações.

Artigo 30
Participação na vida cultural e em recreação, lazer e esporte

1. Os Estados-Partes reconhecem o direito das pessoas com deficiência de participar na vida cultural, em igualdade de oportunidades com as demais pessoas, e tomarão todas as medidas apropriadas para que as pessoas com deficiência possam:

a) Ter acesso a bens culturais em formatos acessíveis;

b) Ter acesso a programas de televisão, cinema, teatro e outras atividades culturais, em formatos acessíveis; e

c) Ter acesso a locais que ofereçam serviços ou eventos culturais, tais como teatros, museus, cinemas, bibliotecas e serviços turísticos, bem como, tanto quanto possível, ter acesso a monumentos e locais de importância cultural nacional.

2. Os Estados-Partes tomarão medidas apropriadas para que as pessoas com deficiência tenham a oportunidade de desenvolver e utilizar seu potencial criativo, artístico e intelectual, não somente em benefício próprio, mas também para o enriquecimento da sociedade.

3. Os Estados-Partes deverão tomar todas as providências, em conformidade com o direito internacional, para assegurar que a legislação de proteção dos direitos de propriedade intelectual não constitua barreira excessiva ou discriminatória ao acesso de pessoas com deficiência a bens culturais.

4. As pessoas com deficiência farão jus, em igualdade de oportunidades com as demais pessoas, a que sua identidade cultural e linguística específica seja reconhecida e apoiada, incluindo as línguas de sinais e a cultura surda.

5. Para que as pessoas com deficiência participem, em igualdade de oportunidades com as demais pessoas, de atividades recreativas, esportivas e de lazer, os Estados-Partes tomarão medidas apropriadas para:

a) Incentivar e promover a maior participação possível das pessoas com deficiência nas atividades esportivas comuns em todos os níveis;

b) Assegurar que as pessoas com deficiência tenham a oportunidade de organizar, desenvolver e participar em atividades esportivas e recreativas específicas às deficiências e, para tanto, incentivar a provisão de instrução, treinamento e recursos adequados, em igualdade de oportunidades com as demais pessoas;

c) Assegurar que as pessoas com deficiência tenham acesso a locais de eventos esportivos, recreativos e turísticos;

d) Assegurar que as crianças com deficiência possam, em igualdade de condições com as demais crianças, participar de jogos e atividades recreativas, esportivas e de lazer, inclusive no sistema escolar;

e) Assegurar que as pessoas com deficiência tenham acesso aos serviços prestados por pessoas ou entidades envolvidas na organização de atividades recreativas, turísticas, esportivas e de lazer.

Artigo 31
Estatísticas e coleta de dados

1. Os Estados-Partes coletarão dados apropriados, inclusive estatísticos e de pesquisas, para que possam formular e implementar políticas destinadas a pôr em prática a presente Convenção. O processo de coleta e manutenção de tais dados deverá:

a) Observar as salvaguardas estabelecidas por lei, inclusive pelas leis relativas à proteção de dados, a fim de assegurar a confidencialidade e o respeito pela privacidade das pessoas com deficiência;

b) Observar as normas internacionalmente aceitas para proteger os direitos humanos, as liberdades fundamentais e os princípios éticos na coleta de dados e utilização de estatísticas.

2. As informações coletadas de acordo com o disposto neste artigo serão desagregadas, de maneira apropriada, e utilizadas para avaliar o cumprimento, por parte dos Estados-Partes, de suas obrigações na presente Convenção e para identificar e enfrentar as barreiras com as quais

as pessoas com deficiência se deparam no exercício de seus direitos.

3. Os Estados-Partes assumirão responsabilidade pela disseminação das referidas estatísticas e assegurarão que elas sejam acessíveis às pessoas com deficiência e a outros.

Artigo 32

Cooperação internacional

1. Os Estados-Partes reconhecem a importância da cooperação internacional e de sua promoção, em apoio aos esforços nacionais para a consecução do propósito e dos objetivos da presente Convenção e, sob este aspecto, adotarão medidas apropriadas e efetivas entre os Estados e, de maneira adequada, em parceria com organizações internacionais e regionais relevantes e com a sociedade civil e, em particular, com organizações de pessoas com deficiência. Estas medidas poderão incluir, entre outras:

a) Assegurar que a cooperação internacional, incluindo os programas internacionais de desenvolvimento, sejam inclusivos e acessíveis para pessoas com deficiência;

b) Facilitar e apoiar a capacitação, inclusive por meio do intercâmbio e compartilhamento de informações, experiências, programas de treinamento e melhores práticas;

c) Facilitar a cooperação em pesquisa e o acesso a conhecimentos científicos e técnicos;

d) Propiciar, de maneira apropriada, assistência técnica e financeira, inclusive mediante facilitação do acesso a tecnologias assistivas e acessíveis e seu compartilhamento, bem como por meio de transferência de tecnologias.

2. O disposto neste artigo se aplica sem prejuízo das obrigações que cabem a cada Estado-Parte em decorrência da presente Convenção.

Artigo 33

Implementação e monitoramento nacionais

1. Os Estados-Partes, de acordo com seu sistema organizacional, designarão um ou mais de um ponto focal no âmbito do Governo para assuntos relacionados com a implementação da presente Convenção e darão a devida consideração ao estabelecimento ou designação de um mecanismo de coordenação no âmbito do Governo, a fim de facilitar ações correlatas nos diferentes setores e níveis.

2. Os Estados-Partes, em conformidade com seus sistemas jurídico e administrativo, manterão, fortalecerão, designarão ou estabelecerão estrutura, incluindo um ou mais de um mecanismo independente, de maneira apropriada, para promover, proteger e monitorar a implementação da presente Convenção. Ao designar ou estabelecer tal mecanismo, os Estados-Partes levarão em conta os princípios relativos ao *status* e funcionamento das instituições nacionais de proteção e promoção dos direitos humanos.

3. A sociedade civil e, particularmente, as pessoas com deficiência e suas organizações representativas serão envolvidas e participarão plenamente no processo de monitoramento.

Artigo 34

Comitê sobre os Direitos das Pessoas com Deficiência

1. Um Comitê sobre os Direitos das Pessoas com Deficiência (doravante denominado "Comitê") será estabelecido, para desempenhar as funções aqui definidas.

2. O Comitê será constituído, quando da entrada em vigor da presente Convenção, de doze peritos. Quando a presente Convenção alcançar sessenta ratificações ou adesões, o Comitê será acrescido em seis membros, perfazendo o total de 18 membros.

3. Os membros do Comitê atuarão a título pessoal e apresentarão elevada postura moral, competência e experiência reconhecidas no campo abrangido pela presente Convenção. Ao designar seus candidatos, os Estados-Partes são instados a dar a devida consideração ao disposto no artigo 4.3 da presente Convenção.

4. Os membros do Comitê serão eleitos pelos Estados-Partes, observando-se uma distribuição geográfica equitativa, representação de diferentes formas de civilização e dos principais sistemas jurídicos, representação equilibrada de gênero e participação de peritos com deficiência.

5. Os membros do Comitê serão eleitos por votação secreta em sessões da Conferência dos Estados-Partes, a partir de uma lista de pessoas designadas pelos Estados-Partes entre seus nacionais. Nessas sessões, cujo *quorum* será de dois terços dos Estados-Partes, os candidatos eleitos para o Comitê serão aqueles que obtiverem o maior número de votos e a maioria absoluta dos votos dos representantes dos Estados-Partes presentes e votantes.

6. A primeira eleição será realizada, o mais tardar, até seis meses após a data de entrada em vi-

gor da presente Convenção. Pelo menos quatro meses antes de cada eleição, o Secretário-Geral das Nações Unidas dirigirá carta aos Estados-Partes, convidando-os a submeter os nomes de seus candidatos no prazo de dois meses. O Secretário-Geral, subsequentemente, preparará lista em ordem alfabética de todos os candidatos apresentados, indicando que foram designados pelos Estados-Partes, e submeterá essa lista aos Estados-Partes da presente Convenção.

7. Os membros do Comitê serão eleitos para mandato de quatro anos, podendo ser candidatos à reeleição uma única vez. Contudo, o mandato de seis dos membros eleitos na primeira eleição expirará ao fim de dois anos; imediatamente após a primeira eleição, os nomes desses seis membros serão selecionados por sorteio pelo presidente da sessão a que se refere o parágrafo 5 deste artigo.

8. A eleição dos seis membros adicionais do Comitê será realizada por ocasião das eleições regulares, de acordo com as disposições pertinentes deste artigo.

9. Em caso de morte, demissão ou declaração de um membro de que, por algum motivo, não poderá continuar a exercer suas funções, o Estado-Parte que o tiver indicado designará um outro perito que tenha as qualificações e satisfaça aos requisitos estabelecidos pelos dispositivos pertinentes deste artigo, para concluir o mandato em questão.

10. O Comitê estabelecerá suas próprias normas de procedimento.

11. O Secretário-Geral das Nações Unidas proverá o pessoal e as instalações necessários para o efetivo desempenho das funções do Comitê segundo a presente Convenção e convocará sua primeira reunião.

12. Com a aprovação da Assembleia-Geral, os membros do Comitê estabelecido sob a presente Convenção receberão emolumentos dos recursos das Nações Unidas, sob termos e condições que a Assembleia possa decidir, tendo em vista a importância das responsabilidades do Comitê.

13. Os membros do Comitê terão direito aos privilégios, facilidades e imunidades dos peritos em missões das Nações Unidas, em conformidade com as disposições pertinentes da Convenção sobre Privilégios e Imunidades das Nações Unidas.

Artigo 35
Relatórios dos Estados-Partes

1. Cada Estado-Parte, por intermédio do Secretário-Geral das Nações Unidas, submeterá relatório abrangente sobre as medidas adotadas em cumprimento de suas obrigações estabelecidas pela presente Convenção e sobre o progresso alcançado nesse aspecto, dentro do período de dois anos após a entrada em vigor da presente Convenção para o Estado-Parte concernente.

2. Depois disso, os Estados-Partes submeterão relatórios subsequentes, ao menos a cada quatro anos, ou quando o Comitê o solicitar.

3. O Comitê determinará as diretrizes aplicáveis ao teor dos relatórios.

4. Um Estado-Parte que tiver submetido ao Comitê um relatório inicial abrangente não precisará, em relatórios subsequentes, repetir informações já apresentadas. Ao elaborar os relatórios ao Comitê, os Estados-Partes são instados a fazê-lo de maneira franca e transparente e a levar em consideração o disposto no artigo 4.3 da presente Convenção.

5. Os relatórios poderão apontar os fatores e as dificuldades que tiverem afetado o cumprimento das obrigações decorrentes da presente Convenção.

Artigo 36
Consideração dos relatórios

1. Os relatórios serão considerados pelo Comitê, que fará as sugestões e recomendações gerais que julgar pertinentes e as transmitirá aos respectivos Estados-Partes. O Estado-Parte poderá responder ao Comitê com as informações que julgar pertinentes. O Comitê poderá pedir informações adicionais ao Estados-Partes, referentes à implementação da presente Convenção.

2. Se um Estado-Parte atrasar consideravelmente a entrega de seu relatório, o Comitê poderá notificar esse Estado de que examinará a aplicação da presente Convenção com base em informações confiáveis de que disponha, a menos que o relatório devido seja apresentado pelo Estado dentro do período de três meses após a notificação.

O Comitê convidará o Estado-Parte interessado a participar desse exame. Se o Estado-Parte responder entregando seu relatório, aplicar-se-á o disposto no parágrafo 1 do presente artigo.

3. O Secretário-Geral das Nações Unidas colocará os relatórios à disposição de todos os Estados-Partes.

4. Os Estados-Partes tornarão seus relatórios amplamente disponíveis ao público em seus países e facilitarão o acesso à possibilidade de sugestões e de recomendações gerais a respeito desses relatórios.

5. O Comitê transmitirá às agências, fundos e programas especializados das Nações Unidas e a outras organizações competentes, da maneira que julgar apropriada, os relatórios dos Estados-Partes que contenham demandas ou indicações de necessidade de consultoria ou de assistência técnica, acompanhados de eventuais observações e sugestões do Comitê em relação às referidas demandas ou indicações, a fim de que possam ser consideradas.

Artigo 37
Cooperação entre os Estados-Partes e o Comitê

1. Cada Estado-Parte cooperará com o Comitê e auxiliará seus membros no desempenho de seu mandato.

2. Em suas relações com os Estados-Partes, o Comitê dará a devida consideração aos meios e modos de aprimorar a capacidade de cada Estado-Parte para a implementação da presente Convenção, inclusive mediante cooperação internacional.

Artigo 38
Relações do Comitê com outros órgãos

A fim de promover a efetiva implementação da presente Convenção e de incentivar a cooperação internacional na esfera abrangida pela presente Convenção:

a) As agências especializadas e outros órgãos das Nações Unidas terão o direito de se fazer representar quando da consideração da implementação de disposições da presente Convenção que disserem respeito aos seus respectivos mandatos. O Comitê poderá convidar as agências especializadas e outros órgãos competentes, segundo julgar apropriado, a oferecer consultoria de peritos sobre a implementação da Convenção em áreas pertinentes a seus respectivos mandatos. O Comitê poderá convidar agências especializadas e outros órgãos das Nações Unidas a apresentar relatórios sobre a implementação da Convenção em áreas pertinentes às suas respectivas atividades;

b) No desempenho de seu mandato, o Comitê consultará, de maneira apropriada, outros órgãos pertinentes instituídos ao amparo de tratados internacionais de direitos humanos, a fim de assegurar a consistência de suas respectivas diretrizes para a elaboração de relatórios, sugestões e recomendações gerais e de evitar duplicação e superposição no desempenho de suas funções.

Artigo 39
Relatório do Comitê

A cada dois anos, o Comitê submeterá à Assembleia-Geral e ao Conselho Econômico e Social um relatório de suas atividades e poderá fazer sugestões e recomendações gerais baseadas no exame dos relatórios e nas informações recebidas dos Estados-Partes. Estas sugestões e recomendações gerais serão incluídas no relatório do Comitê, acompanhadas, se houver, de comentários dos Estados-Partes.

Artigo 40
Conferência dos Estados-Partes

1. Os Estados-Partes reunir-se-ão regularmente em Conferência dos Estados-Partes a fim de considerar matérias relativas à implementação da presente Convenção.

2. O Secretário-Geral das Nações Unidas convocará, dentro do período de seis meses após a entrada em vigor da presente Convenção, a Conferência dos Estados-Partes. As reuniões subsequentes serão convocadas pelo Secretário-Geral das Nações Unidas a cada dois anos ou conforme a decisão da Conferência dos Estados-Partes.

Artigo 41
Depositário

O Secretário-Geral das Nações Unidas será o depositário da presente Convenção.

Artigo 42
Assinatura

A presente Convenção será aberta à assinatura de todos os Estados e organizações de integração regional na sede das Nações Unidas em Nova York, a partir de 30 de março de 2007.

Artigo 43
Consentimento em comprometer-se

A presente Convenção será submetida à ratificação pelos Estados signatários e à confirmação formal por organizações de integração regional signatárias. Ela estará aberta à adesão de qualquer Estado ou organização de integração regional que não a houver assinado.

Artigo 44
Organizações de integração regional

1. "Organização de integração regional" será entendida como organização constituída por Estados soberanos de determinada região, à qual seus Estados membros tenham delegado competência sobre matéria abrangida pela presente Convenção. Essas organizações declararão, em seus documentos de confirmação formal ou adesão, o alcance de sua competência em relação à matéria abrangida pela presente Convenção. Subsequentemente, as organizações informarão ao depositário qualquer alteração substancial no âmbito de sua competência.

2. As referências a "Estados-Partes" na presente Convenção serão aplicáveis a essas organizações, nos limites da competência destas.

3. Para os fins do parágrafo 1 do artigo 45 e dos parágrafos 2 e 3 do artigo 47, nenhum instrumento depositado por organização de integração regional será computado.

4. As organizações de integração regional, em matérias de sua competência, poderão exercer o direito de voto na Conferência dos Estados-Partes, tendo direito ao mesmo número de votos quanto for o número de seus Estados membros que forem Partes da presente Convenção. Essas organizações não exercerão seu direito de voto, se qualquer de seus Estados membros exercer seu direito de voto, e vice-versa.

Artigo 45
Entrada em vigor

1. A presente Convenção entrará em vigor no trigésimo dia após o depósito do vigésimo instrumento de ratificação ou adesão.

2. Para cada Estado ou organização de integração regional que ratificar ou formalmente confirmar a presente Convenção ou a ela aderir após o depósito do referido vigésimo instrumento, a Convenção entrará em vigor no trigésimo dia a partir da data em que esse Estado ou organização tenha depositado seu instrumento de ratificação, confirmação formal ou adesão.

Artigo 46
Reservas

1. Não serão permitidas reservas incompatíveis com o objeto e o propósito da presente Convenção.

2. As reservas poderão ser retiradas a qualquer momento.

Artigo 47
Emendas

1. Qualquer Estado-Parte poderá propor emendas à presente Convenção e submetê-las ao Secretário-Geral das Nações Unidas. O Secretário-Geral comunicará aos Estados-Partes quaisquer emendas propostas, solicitando-lhes que o notifiquem se são favoráveis a uma Conferência dos Estados-Partes para considerar as propostas e tomar decisão a respeito delas. Se, até quatro meses após a data da referida comunicação, pelo menos um terço dos Estados-Partes se manifestar favorável a essa Conferência, o Secretário-Geral das Nações Unidas convocará a Conferência, sob os auspícios das Nações Unidas. Qualquer emenda adotada por maioria de dois terços dos Estados-Partes presentes e votantes será submetida pelo Secretário-Geral à aprovação da Assembleia-Geral das Nações Unidas e, posteriormente, à aceitação de todos os Estados-Partes.

2. Qualquer emenda adotada e aprovada conforme o disposto no parágrafo 1 do presente artigo entrará em vigor no trigésimo dia após a data na qual o número de instrumentos de aceitação tenha atingido dois terços do número de Estados-Partes na data de adoção da emenda. Posteriormente, a emenda entrará em vigor para todo Estado-Parte no trigésimo dia após o depósito por esse Estado do seu instrumento de aceitação. A emenda será vinculante somente para os Estados-Partes que a tiverem aceitado.

3. Se a Conferência dos Estados-Partes assim o decidir por consenso, qualquer emenda adotada e aprovada em conformidade com o disposto no parágrafo 1 deste artigo, relacionada exclusivamente com os artigos 34, 38, 39 e 40, entrará em vigor para todos os Estados-Partes no trigésimo dia a partir da data em que o número de instrumentos de aceitação depositados tiver atingido dois terços do número de Estados-Partes na data de adoção da emenda.

Artigo 48
Denúncia

Qualquer Estado-Parte poderá denunciar a presente Convenção mediante notificação por escrito ao Secretário-Geral das Nações Unidas. A denúncia tornar-se-á efetiva um ano após a data de recebimento da notificação pelo Secretário-Geral.

Artigo 49
Formatos acessíveis

O texto da presente Convenção será colocado à disposição em formatos acessíveis.

Artigo 50
Textos autênticos

Os textos em árabe, chinês, espanhol, francês, inglês e russo da presente Convenção serão igualmente autênticos.

Em fé do que os plenipotenciários abaixo assinados, devidamente autorizados para tanto por seus respectivos Governos, firmaram a presente Convenção.

PROTOCOLO FACULTATIVO À CONVENÇÃO SOBRE OS DIREITOS DAS PESSOAS COM DEFICIÊNCIA

Os Estados-Partes do presente Protocolo acordaram o seguinte:

Artigo 1

1. Qualquer Estado-Parte do presente Protocolo ("Estado-Parte") reconhece a competência do Comitê sobre os Direitos das Pessoas com Deficiência ("Comitê") para receber e considerar comunicações submetidas por pessoas ou grupos de pessoas, ou em nome deles, sujeitos à sua jurisdição, alegando serem vítimas de violação das disposições da Convenção pelo referido Estado-Parte.

2. O Comitê não receberá comunicação referente a qualquer Estado-Parte que não seja signatário do presente Protocolo.

Artigo 2

O Comitê considerará inadmissível a comunicação quando:

a) A comunicação for anônima;

b) A comunicação constituir abuso do direito de submeter tais comunicações ou for incompatível com as disposições da Convenção;

c) A mesma matéria já tenha sido examinada pelo Comitê ou tenha sido ou estiver sendo examinada sob outro procedimento de investigação ou resolução internacional;

d) Não tenham sido esgotados todos os recursos internos disponíveis, salvo no caso em que a tramitação desses recursos se prolongue injustificadamente, ou seja improvável que se obtenha com eles solução efetiva;

e) A comunicação estiver precariamente fundamentada ou não for suficientemente substanciada; ou

f) Os fatos que motivaram a comunicação tenham ocorrido antes da entrada em vigor do presente Protocolo para o Estado-Parte em apreço, salvo se os fatos continuaram ocorrendo após aquela data.

Artigo 3

Sujeito ao disposto no artigo 2 do presente Protocolo, o Comitê levará confidencialmente ao conhecimento do Estado-Parte concernente qualquer comunicação submetida ao Comitê. Dentro do período de seis meses, o Estado concernente submeterá ao Comitê explicações ou declarações por escrito, esclarecendo a matéria e a eventual solução adotada pelo referido Estado.

Artigo 4

1. A qualquer momento após receber uma comunicação e antes de decidir o mérito dessa comunicação, o Comitê poderá transmitir ao Estado-Parte concernente, para sua urgente consideração, um pedido para que o Estado-Parte tome as medidas de natureza cautelar que forem necessárias para evitar possíveis danos irreparáveis à vítima ou às vítimas da violação alegada.

2. O exercício pelo Comitê de suas faculdades discricionárias em virtude do parágrafo 1 do presente artigo não implicará prejuízo algum sobre a admissibilidade ou sobre o mérito da comunicação.

Artigo 5

O Comitê realizará sessões fechadas para examinar comunicações a ele submetidas em conformidade com o presente Protocolo.

Depois de examinar uma comunicação, o Comitê enviará suas sugestões e recomendações, se houver, ao Estado-Parte concernente e ao requerente.

Artigo 6

1. Se receber informação confiável indicando que um Estado-Parte está cometendo violação

grave ou sistemática de direitos estabelecidos na Convenção, o Comitê convidará o referido Estado-Parte a colaborar com a verificação da informação e, para tanto, a submeter suas observações a respeito da informação em pauta.

2. Levando em conta quaisquer observações que tenham sido submetidas pelo Estado-Parte concernente, bem como quaisquer outras informações confiáveis em poder do Comitê, este poderá designar um ou mais de seus membros para realizar investigação e apresentar, em caráter de urgência, relatório ao Comitê. Caso se justifique e o Estado-Parte o consinta, a investigação poderá incluir uma visita ao território desse Estado.

3. Após examinar os resultados da investigação, o Comitê os comunicará ao Estado-Parte concernente, acompanhados de eventuais comentários e recomendações.

4. Dentro do período de seis meses após o recebimento dos resultados, comentários e recomendações transmitidos pelo Comitê, o Estado-Parte concernente submeterá suas observações ao Comitê.

5. A referida investigação será realizada confidencialmente e a cooperação do Estado-Parte será solicitada em todas as fases do processo.

Artigo 7

1. O Comitê poderá convidar o Estado-Parte concernente a incluir em seu relatório, submetido em conformidade com o disposto no artigo 35 da Convenção, pormenores a respeito das medidas tomadas em consequência da investigação realizada em conformidade com o artigo 6 do presente Protocolo.

2. Caso necessário, o Comitê poderá, encerrado o período de seis meses a que se refere o parágrafo 4 do artigo 6, convidar o Estado-Parte concernente a informar o Comitê a respeito das medidas tomadas em consequência da referida investigação.

Artigo 8

Qualquer Estado-Parte poderá, quando da assinatura ou ratificação do presente Protocolo ou de sua adesão a ele, declarar que não reconhece a competência do Comitê, a que se referem os artigos 6 e 7.

Artigo 9

O Secretário-Geral das Nações Unidas será o depositário do presente Protocolo.

Artigo 10

O presente Protocolo será aberto à assinatura dos Estados e organizações de integração regional signatários da Convenção, na sede das Nações Unidas em Nova York, a partir de 30 de março de 2007.

Artigo 11

O presente Protocolo estará sujeito à ratificação pelos Estados signatários do presente Protocolo que tiverem ratificado a Convenção ou aderido a ela. Ele estará sujeito à confirmação formal por organizações de integração regional signatárias do presente Protocolo que tiverem formalmente confirmado a Convenção ou a ela aderido.

O Protocolo ficará aberto à adesão de qualquer Estado ou organização de integração regional que tiver ratificado ou formalmente confirmado a Convenção ou a ela aderido e que não tiver assinado o Protocolo.

Artigo 12

1. "Organização de integração regional" será entendida como organização constituída por Estados soberanos de determinada região, à qual seus Estados membros tenham delegado competência sobre matéria abrangida pela Convenção e pelo presente Protocolo. Essas organizações declararão, em seus documentos de confirmação formal ou adesão, o alcance de sua competência em relação à matéria abrangida pela Convenção e pelo presente Protocolo. Subsequentemente, as organizações informarão ao depositário qualquer alteração substancial no alcance de sua competência.

2. As referências a "Estados-Partes" no presente Protocolo serão aplicáveis a essas organizações, nos limites da competência de tais organizações.

3. Para os fins do parágrafo 1 do artigo 13 e do parágrafo 2 do artigo 15, nenhum instrumento depositado por organização de integração regional será computado.

4. As organizações de integração regional, em matérias de sua competência, poderão exercer o direito de voto na Conferência dos Estados-Partes, tendo direito ao mesmo número de votos que seus Estados membros que forem Partes do presente Protocolo. Essas organizações não exercerão seu direito de voto se qualquer de seus Estados membros exercer seu direito de voto, e vice-versa.

Artigo 13

1. Sujeito à entrada em vigor da Convenção, o presente Protocolo entrará em vigor no trigésimo dia após o depósito do décimo instrumento de ratificação ou adesão.

2. Para cada Estado ou organização de integração regional que ratificar ou formalmente confirmar o presente Protocolo ou a ele aderir depois do depósito do décimo instrumento dessa natureza, o Protocolo entrará em vigor no trigésimo dia a partir da data em que esse Estado ou organização tenha depositado seu instrumento de ratificação, confirmação formal ou adesão.

Artigo 14

1. Não serão permitidas reservas incompatíveis com o objeto e o propósito do presente Protocolo.

2. As reservas poderão ser retiradas a qualquer momento.

Artigo 15

1. Qualquer Estado-Parte poderá propor emendas ao presente Protocolo e submetê-las ao Secretário-Geral das Nações Unidas. O Secretário-Geral comunicará aos Estados-Partes quaisquer emendas propostas, solicitando-lhes que o notifiquem se são favoráveis a uma Conferência dos Estados-Partes para considerar as propostas e tomar decisão a respeito delas. Se, até quatro meses após a data da referida comunicação, pelo menos um terço dos Estados-Partes se manifestar favorável a essa Conferência, o Secretário-Geral das Nações Unidas convocará a Conferência, sob os auspícios das Nações Unidas. Qualquer emenda adotada por maioria de dois terços dos Estados-Partes presentes e votantes será submetida pelo Secretário-Geral à aprovação da Assembleia-Geral das Nações Unidas e, posteriormente, à aceitação de todos os Estados-Partes.

2. Qualquer emenda adotada e aprovada conforme o disposto no parágrafo 1 do presente artigo entrará em vigor no trigésimo dia após a data na qual o número de instrumentos de aceitação tenha atingido dois terços do número de Estados-Partes na data de adoção da emenda. Posteriormente, a emenda entrará em vigor para todo Estado-Parte no trigésimo dia após o depósito por esse Estado do seu instrumento de aceitação. A emenda será vinculante somente para os Estados-Partes que a tiverem aceitado.

Artigo 16

Qualquer Estado-Parte poderá denunciar o presente Protocolo mediante notificação por escrito ao Secretário-Geral das Nações Unidas.

A denúncia tornar-se-á efetiva um ano após a data de recebimento da notificação pelo Secretário-Geral.

Artigo 17

O texto do presente Protocolo será colocado à disposição em formatos acessíveis.

Artigo 18

Os textos em árabe, chinês, espanhol, francês, inglês e russo e do presente Protocolo serão igualmente autênticos.

Em fé do que os plenipotenciários abaixo assinados, devidamente autorizados para tanto por seus respectivos governos, firmaram o presente Protocolo.

LEI Nº 12.023, DE 27 DE AGOSTO DE 2009

Dispõe sobre as atividades de movimentação de mercadorias em geral e sobre o trabalho avulso.

► Publicada no *DOU* de 28-8-2009.

Art. 1º As atividades de movimentação de mercadorias em geral exercidas por trabalhadores avulsos, para os fins desta Lei, são aquelas desenvolvidas em áreas urbanas ou rurais sem vínculo empregatício, mediante intermediação obrigatória do sindicato da categoria, por meio de Acordo ou Convenção Coletiva de Trabalho para execução das atividades.

Parágrafo único. A remuneração, a definição das funções, a composição de equipes e as demais condições de trabalho serão objeto de negociação entre as entidades representativas dos trabalhadores avulsos e dos tomadores de serviços.

Art. 2º São atividades da movimentação de mercadorias em geral:

I – cargas e descargas de mercadorias a granel e ensacados, costura, pesagem, embalagem, enlonamento, ensaque, arrasto, posicionamento, acomodação, reordenamento, reparação da carga, amostragem, arrumação, remoção, classificação, empilhamento, transporte com empilhadeiras, paletização, ova e desova de vagões, carga e descarga em feiras livres e abastecimento de lenha em secadores e caldeiras;

II – operações de equipamentos de carga e descarga;

III – pré-limpeza e limpeza em locais necessários à viabilidade das operações ou à sua continuidade.

Parágrafo único. VETADO.

Art. 3º As atividades de que trata esta Lei serão exercidas por trabalhadores com vínculo empregatício ou em regime de trabalho avulso nas empresas tomadoras do serviço.

Art. 4º O sindicato elaborará a escala de trabalho e as folhas de pagamento dos trabalhadores avulsos, com a indicação do tomador do serviço e dos trabalhadores que participaram da operação, devendo prestar, com relação a estes, as seguintes informações:

I – os respectivos números de registros ou cadastro no sindicato;

II – o serviço prestado e os turnos trabalhados;

III – as remunerações pagas, devidas ou creditadas a cada um dos trabalhadores, registrando-se as parcelas referentes a:

a) repouso remunerado;

b) Fundo de Garantia por Tempo de Serviço;

c) 13º salário;

d) férias remuneradas mais 1/3 (um terço) constitucional;

e) adicional de trabalho noturno;

f) adicional de trabalho extraordinário.

Art. 5º São deveres do sindicato intermediador:

I – divulgar amplamente as escalas de trabalho dos avulsos, com a observância do rodízio entre os trabalhadores;

II – proporcionar equilíbrio na distribuição das equipes e funções, visando à remuneração em igualdade de condições de trabalho para todos e a efetiva participação dos trabalhadores não sindicalizados;

III – repassar aos respectivos beneficiários, no prazo máximo de 72 (setenta e duas) horas úteis, contadas a partir do seu arrecadamento, os valores devidos e pagos pelos tomadores do serviço, relativos à remuneração do trabalhador avulso;

IV – exibir para os tomadores da mão de obra avulsa e para as fiscalizações competentes os documentos que comprovem o efetivo pagamento das remunerações devidas aos trabalhadores avulsos;

V – zelar pela observância das normas de segurança, higiene e saúde no trabalho;

VI – firmar Acordo ou Convenção Coletiva de Trabalho para normatização das condições de trabalho.

§ 1º Em caso de descumprimento do disposto no inciso III deste artigo, serão responsáveis, pessoal e solidariamente, os dirigentes da entidade sindical.

§ 2º A identidade de cadastro para a escalação não será a carteira do sindicato e não assumirá nenhuma outra forma que possa dar ensejo à distinção entre trabalhadores sindicalizados e não sindicalizados para efeito de acesso ao trabalho.

Art. 6º São deveres do tomador de serviços:

I – pagar ao sindicato os valores devidos pelos serviços prestados ou dias trabalhados, acrescidos dos percentuais relativos a repouso remunerado, 13º salário e férias acrescidas de 1/3 (um terço), para viabilizar o pagamento do trabalhador avulso, bem como os percentuais referentes aos adicionais extraordinários e noturnos;

II – efetuar o pagamento a que se refere o inciso I, no prazo máximo de 72 (setenta e duas) horas úteis, contadas a partir do encerramento do trabalho requisitado;

III – recolher os valores devidos ao Fundo de Garantia por Tempo de Serviço, acrescido dos percentuais relativos ao 13º salário, férias, encargos fiscais, sociais e previdenciários, observando o prazo legal.

Art. 7º A liberação das parcelas referentes ao 13º salário e às férias, depositadas nas contas individuais vinculadas e o recolhimento do FGTS e dos encargos fiscais e previdenciários serão efetuados conforme regulamentação do Poder Executivo.

Art. 8º As empresas tomadoras do trabalho avulso respondem solidariamente pela efetiva remuneração do trabalho contratado e são responsáveis pelo recolhimento dos encargos fiscais e sociais, bem como das contribuições ou de outras importâncias devidas à Seguridade Social, no limite do uso que fizerem do trabalho avulso intermediado pelo sindicato.

Art. 9º As empresas tomadoras do trabalho avulso são responsáveis pelo fornecimento dos Equipamentos de Proteção Individual e por zelar pelo cumprimento das normas de segurança no trabalho.

Art. 10. A inobservância dos deveres estipulados nos arts. 5º e 6º sujeita os respectivos infratores à multa administrativa no valor de R$ 500,00 (quinhentos reais) por trabalhador avulso prejudicado.

Parágrafo único. O processo de fiscalização, notificação, autuação e imposição de multas reger-se-á pelo disposto no Título VII da Consolidação das Leis do Trabalho – CLT, aprovada pelo Decreto-Lei nº 5.452, de 1º de maio de 1943.

Art. 11. Esta Lei não se aplica às relações de trabalho regidas pela Lei nº 8.630, de 25 de fevereiro de 1993, e pela Lei nº 9.719, de 27 de novembro de 1998.

Art. 12. Esta Lei entra em vigor 30 (trinta) dias após sua publicação.

Brasília, 27 de agosto de 2009;
188º da Independência e
121º da República.

Luiz Inácio Lula da Silva

PORTARIA DO MTE Nº 1.246, DE 28 DE MAIO DE 2010

*Orienta as empresas e os trabalhadores em relação à testagem relacionada ao vírus da imunodeficiência adquirida – HIV.**

- Publicada no *DOU* de 31-5-2010.
- Lei nº 9.029, de 13 de abril de 1995, proíbe a exigência de atestados de gravidez e esterilização, e outras práticas discriminatórias, para efeitos admissionais ou de permanência da relação jurídica de trabalho.

O Ministro do Trabalho e Emprego, no uso das atribuições que lhe confere o inciso II do parágrafo único do art. 87 da Constituição Federal;

Considerando que a Convenção da Organização Internacional do Trabalho – OIT nº 111, promulgada pelo Decreto nº 62.150, de 19 de janeiro de 1968, proíbe todo tipo de discriminação no emprego ou profissão;

Considerando que a Lei nº 9.029, de 13 de abril de 1995, proíbe a adoção de qualquer prática discriminatória e limitativa para efeito de acesso à relação de emprego ou a sua manutenção;

Considerando o previsto na ação programática constante do item *j* do Objetivo Estratégico VI do Eixo Orientador III do Programa Nacional de Direitos Humanos, aprovado pelo Decreto nº 7.037, de 22 de dezembro de 2009;

Considerando que a Portaria Interministerial nº 869, de 12 de agosto de 1992, proíbe, no âmbito do Serviço Público Federal, a exigência de teste para detecção do vírus de imunodeficiência adquirida – HIV, tanto nos exames pré-admissionais quanto nos exames periódicos de saúde; e

Considerando que a Resolução nº 1.665 do Conselho Federal de Medicina, de 7 de maio de 2003, veda a realização compulsória de sorologia para o – HIV, resolve:

Art. 1º Orientar as empresas e os trabalhadores em relação à testagem relacionada ao vírus da imunodeficiência adquirida – HIV.

Art. 2º Não será permitida, de forma direta ou indireta, nos exames médicos por ocasião da admissão, mudança de função, avaliação periódica, retorno, demissão ou outros ligados à relação de emprego, a testagem do trabalhador quanto ao HIV.

Parágrafo único. O disposto no *caput* deste artigo não obsta que campanhas ou programas de prevenção da saúde estimulem os trabalhadores a conhecer seu estado sorológico quanto ao HIV por meio de orientações e exames comprovadamente voluntários, sem vínculo com a relação de trabalho e sempre resguardada a privacidade quanto ao conhecimento dos resultados.

Art. 3º Esta Portaria entra em vigor na data de sua publicação.

Carlos Roberto Lupi

LEI Nº 12.288, DE 20 DE JULHO DE 2010

Institui o Estatuto da Igualdade Racial; altera as Leis nºs 7.716, de 5 de janeiro de 1989, 9.029, de 13 de abril de 1995, 7.347, de 24 de julho de 1985, e 10.778, de 24 de novembro de 2003.

(EXCERTOS)

- Publicada no *DOU* de 21-7-2010.
- Arts. 3º, IV, e 4º, VIII, da CF.
- Lei nº 7.716, de 5-1-1989 (Lei do Racismo).
- Declaração Universal dos Direitos Humanos (Res. da AGNU nº 217, adotada em 10-12-1948).
- Dec. nº 65.810, de 8-12-1969, promulga a Convenção Internacional sobre a Eliminação de todas as Formas de Discriminação Racial.
- Dec. nº 678, de 6-11-1992, promulga a Convenção Americana sobre Direitos Humanos – Pacto de São José da Costa Rica.

* Ementa Rideel – texto não oficial.

TÍTULO I – DISPOSIÇÕES PRELIMINARES

Art. 1º Esta Lei institui o Estatuto da Igualdade Racial, destinado a garantir à população negra a efetivação da igualdade de oportunidades, a defesa dos direitos étnicos individuais, coletivos e difusos e o combate à discriminação e às demais formas de intolerância étnica.

Parágrafo único. Para efeito deste Estatuto, considera-se:

I – discriminação racial ou étnico-racial: toda distinção, exclusão, restrição ou preferência baseada em raça, cor, descendência ou origem nacional ou étnica que tenha por objeto anular ou restringir o reconhecimento, gozo ou exercício, em igualdade de condições, de direitos humanos e liberdades fundamentais nos campos político, econômico, social, cultural ou em qualquer outro campo da vida pública ou privada;

II – desigualdade racial: toda situação injustificada de diferenciação de acesso e fruição de bens, serviços e oportunidades, nas esferas pública e privada, em virtude de raça, cor, descendência ou origem nacional ou étnica;

III – desigualdade de gênero e raça: assimetria existente no âmbito da sociedade que acentua a distância social entre mulheres negras e os demais segmentos sociais;

IV – população negra: o conjunto de pessoas que se autodeclaram pretas e pardas, conforme o quesito cor ou raça usado pela Fundação Instituto Brasileiro de Geografia e Estatística (IBGE), ou que adotam autodefinição análoga;

V – políticas públicas: as ações, iniciativas e programas adotados pelo Estado no cumprimento de suas atribuições institucionais;

VI – ações afirmativas: os programas e medidas especiais adotados pelo Estado e pela iniciativa privada para a correção das desigualdades raciais e para a promoção da igualdade de oportunidades.

Art. 2º É dever do Estado e da sociedade garantir a igualdade de oportunidades, reconhecendo a todo cidadão brasileiro, independentemente da etnia ou da cor da pele, o direito à participação na comunidade, especialmente nas atividades políticas, econômicas, empresariais, educacionais, culturais e esportivas, defendendo sua dignidade e seus valores religiosos e culturais.

- ▶ Arts. 3º e 4º, VIII, da CF.
- ▶ Dec. nº 591, de 6-7-1992, promulga o Pacto Internacional sobre Direitos Econômicos, Sociais e Culturais.
- ▶ Dec. nº 592, de 6-7-1992, promulga o Pacto Internacional sobre Direitos Civis e Políticos.

Art. 3º Além das normas constitucionais relativas aos princípios fundamentais, aos direitos e garantias fundamentais e aos direitos sociais, econômicos e culturais, o Estatuto da Igualdade Racial adota como diretriz político-jurídica a inclusão das vítimas de desigualdade étnico-racial, a valorização da igualdade étnica e o fortalecimento da identidade nacional brasileira.

Art. 4º A participação da população negra, em condição de igualdade de oportunidade, na vida econômica, social, política e cultural do País será promovida, prioritariamente, por meio de:

I – inclusão nas políticas públicas de desenvolvimento econômico e social;

II – adoção de medidas, programas e políticas de ação afirmativa;

III – modificação das estruturas institucionais do Estado para o adequado enfrentamento e a superação das desigualdades étnicas decorrentes do preconceito e da discriminação étnica;

IV – promoção de ajustes normativos para aperfeiçoar o combate à discriminação étnica e às desigualdades étnicas em todas as suas manifestações individuais, institucionais e estruturais;

V – eliminação dos obstáculos históricos, socioculturais e institucionais que impedem a representação da diversidade étnica nas esferas pública e privada;

VI – estímulo, apoio e fortalecimento de iniciativas oriundas da sociedade civil direcionadas à promoção da igualdade de oportunidades e ao combate às desigualdades étnicas, inclusive mediante a implementação de incentivos e critérios de condicionamento e prioridade no acesso aos recursos públicos;

VII – implementação de programas de ação afirmativa destinados ao enfrentamento das desigualdades étnicas no tocante à educação, cultura, esporte e lazer, saúde, segurança, trabalho, moradia, meios de comunicação de massa, financiamentos públicos, acesso à terra, à Justiça, e outros.

Parágrafo único. Os programas de ação afirmativa constituir-se-ão em políticas públicas destinadas a reparar as distorções e desigualdades sociais e demais práticas discriminatórias adotadas, nas esferas pública e privada, durante o processo de formação social do País.

....

Capítulo V

DO TRABALHO

▶ Art. 7º da CF.

Art. 38. A implementação de políticas voltadas para a inclusão da população negra no mercado de trabalho será de responsabilidade do poder público, observando-se:

I – o instituído neste Estatuto;

II – os compromissos assumidos pelo Brasil ao ratificar a Convenção Internacional sobre a Eliminação de Todas as Formas de Discriminação Racial, de 1965;

▶ Dec. nº 65.810, de 8-12-1969, promulga a Convenção Internacional sobre a Eliminação de todas as Formas de Discriminação Racial.

III – os compromissos assumidos pelo Brasil ao ratificar a Convenção nº 111, de 1958, da Organização Internacional do Trabalho (OIT), que trata da discriminação no emprego e na profissão;

IV – os demais compromissos formalmente assumidos pelo Brasil perante a comunidade internacional.

Art. 39. O poder público promoverá ações que assegurem a igualdade de oportunidades no mercado de trabalho para a população negra, inclusive mediante a implementação de medidas visando à promoção da igualdade nas contratações do setor público e o incentivo à adoção de medidas similares nas empresas e organizações privadas.

§ 1º A igualdade de oportunidades será lograda mediante a adoção de políticas e programas de formação profissional, de emprego e de geração de renda voltados para a população negra.

§ 2º As ações visando a promover a igualdade de oportunidades na esfera da administração pública far-se-ão por meio de normas estabelecidas ou a serem estabelecidas em legislação específica e em seus regulamentos.

§ 3º O poder público estimulará, por meio de incentivos, a adoção de iguais medidas pelo setor privado.

§ 4º As ações de que trata o *caput* deste artigo assegurarão o princípio da proporcionalidade de gênero entre os beneficiários.

§ 5º Será assegurado o acesso ao crédito para a pequena produção, nos meios rural e urbano, com ações afirmativas para mulheres negras.

§ 6º O poder público promoverá campanhas de sensibilização contra a marginalização da mulher negra no trabalho artístico e cultural.

§ 7º O poder público promoverá ações com o objetivo de elevar a escolaridade e a qualificação profissional nos setores da economia que contem com alto índice de ocupação por trabalhadores negros de baixa escolarização.

§ 8º Os registros administrativos direcionados a órgãos e entidades da Administração Pública, a empregadores privados e a trabalhadores que lhes sejam subordinados conterão campos destinados a identificar o segmento étnico e racial a que pertence o trabalhador retratado no respectivo documento, com utilização do critério da autoclassificação em grupos previamente delimitados.

§ 9º Sem prejuízo de extensão obrigatória a outros documentos ou registros de mesma natureza identificados em regulamento, aplica-se o disposto no § 8º deste artigo a:

I – formulários de admissão e demissão no emprego;

II – formulários de acidente de trabalho;

III – instrumentos de registro do Sistema Nacional de Emprego (SINE), ou de estrutura que venha a suceder-lhe em suas finalidades;

IV – Relação Anual de Informações Sociais (RAIS), ou outro documento criado posteriormente com conteúdo e propósitos a ela assemelhados;

V – documentos, inclusive os disponibilizados em meio eletrônico, destinados à inscrição de segurados e dependentes no Regime Geral de Previdência Social;

VI – questionários de pesquisas levadas a termo pela Fundação Instituto Brasileiro de Geografia e Estatística (IBGE), ou por órgão ou entidade posteriormente incumbida das atribuições imputadas a essa autarquia.

▶ §§ 8º e 9º acrescidos pela Lei nº 14.553, de 20-4-2023.

Art. 40. O Conselho Deliberativo do Fundo de Amparo ao Trabalhador (CODEFAT) formulará políticas, programas e projetos voltados para a inclusão da população negra no mercado de trabalho e orientará a destinação de recursos para seu financiamento.

Art. 41. As ações de emprego e renda, promovidas por meio de financiamento para constituição e ampliação de pequenas e médias empresas e de programas de geração de renda, contemplarão o estímulo à promoção de empresários negros.

Parágrafo único. O poder público estimulará as atividades voltadas ao turismo étnico com enfoque nos locais, monumentos e cidades que retratem a cultura, os usos e os costumes da população negra.

Art. 42. O Poder Executivo federal poderá implementar critérios para provimento de cargos em comissão e funções de confiança destinados a ampliar a participação de negros, buscando reproduzir a estrutura da distribuição étnica nacional ou, quando for o caso, estadual, observados os dados demográficos oficiais.

....

Art. 65. Esta Lei entra em vigor 90 (noventa) dias após a data de sua publicação.

Brasília, 20 de julho de 2010;
189º da Independência e
122º da República.

Luiz Inácio Lula da Silva

LEI Nº 12.436, DE 6 DE JULHO DE 2011

Veda o emprego de práticas que estimulem o aumento de velocidade por motociclistas profissionais.

- Publicada no *DOU* de 7-7-2011.
- Lei nº 12.009, de 29-7-2009, regulamenta o exercício das atividades dos profissionais em transporte de passageiros, "mototaxista", em entrega de mercadorias e em serviço comunitário de rua, e "motoboy", com o uso de motocicleta.

Art. 1º É vedado às empresas e pessoas físicas empregadoras ou tomadoras de serviços prestados por motociclistas estabelecer práticas que estimulem o aumento de velocidade, tais como:

I – oferecer prêmios por cumprimento de metas por números de entregas ou prestação de serviço;

II – prometer dispensa de pagamento ao consumidor, no caso de fornecimento de produto ou prestação de serviço fora do prazo ofertado para a sua entrega ou realização;

III – estabelecer competição entre motociclistas, com o objetivo de elevar o número de entregas ou de prestação de serviço.

Art. 2º Pela infração de qualquer dispositivo desta Lei, ao empregador ou ao tomador de serviço será imposta a multa de R$ 300,00 (trezentos reais) a R$ 3.000,00 (três mil reais).

- Portaria do MTPS nº 472, de 28-4-2016, dispõe sobre os critérios a serem aplicados na gradação da multa de valor variável prevista neste artigo.

Parágrafo único. A penalidade será sempre aplicada no grau máximo:

I – se ficar apurado o emprego de artifício ou simulação para fraudar a aplicação dos dispositivos desta Lei;

II – nos casos de reincidência.

Art. 3º Esta Lei entra em vigor na data de sua publicação.

Brasília, 6 de julho de 2011;
190º da Independência e
123º da República.

Dilma Rousseff

LEI Nº 12.506, DE 11 DE OUTUBRO DE 2011

Dispõe sobre o aviso prévio e dá outras providências.

- Publicada no *DOU* de 13-10-2011.
- Art. 7º, XXI, da CF.
- Arts. 487 a 491 da CLT.
- Súm. nº 380 do TST.

Art. 1º O aviso prévio, de que trata o Capítulo VI do Título IV da Consolidação das Leis do Trabalho – CLT, aprovada pelo Decreto-Lei nº 5.452, de 1º de maio de 1943, será concedido na proporção de 30 (trinta) dias aos empregados que contem até 1 (um) ano de serviço na mesma empresa.

Parágrafo único. Ao aviso prévio previsto neste artigo serão acrescidos 3 (três) dias por ano de serviço prestado na mesma empresa, até o máximo de 60 (sessenta) dias, perfazendo um total de até 90 (noventa) dias.

Art. 2º Esta Lei entra em vigor na data de sua publicação.

Brasília, 11 de outubro de 2011;
190º da Independência e
123º da República.

Dilma Rousseff

LEI Nº 12.690, DE 19 DE JULHO DE 2012

Dispõe sobre a organização e o funcionamento das Cooperativas de Trabalho; institui o Programa Nacional de Fomento às Cooperativas de Trabalho – PRONACOOP; e revoga o parágrafo único do art. 442 da Consolidação das Leis do Trabalho – CLT, aprovada pelo Decreto-Lei nº 5.452, de 1º de maio de 1943.

- Publicada no *DOU* de 20-7-2012.
- Arts. 1.093 a 1.096 do CC.
- Lei nº 5.764, de 16-12-1971 (Lei das Cooperativas).

Capítulo I
DAS COOPERATIVAS DE TRABALHO

Art. 1º A Cooperativa de Trabalho é regulada por esta Lei e, no que com ela não colidir, pelas Leis nºs 5.764, de 16 de dezembro de 1971, e 10.406, de 10 de janeiro de 2002 – Código Civil.

Parágrafo único. Estão excluídas do âmbito desta Lei:

I – as cooperativas de assistência à saúde na forma da legislação de saúde suplementar;

II – as cooperativas que atuam no setor de transporte regulamentado pelo poder público e que detenham, por si ou por seus sócios, a qualquer título, os meios de trabalho;

III – as cooperativas de profissionais liberais cujos sócios exerçam as atividades em seus próprios estabelecimentos; e

IV – as cooperativas de médicos cujos honorários sejam pagos por procedimento.

Art. 2º Considera-se Cooperativa de Trabalho a sociedade constituída por trabalhadores para o exercício de suas atividades laborativas ou profissionais com proveito comum, autonomia e autogestão para obterem melhor qualificação, renda, situação socioeconômica e condições gerais de trabalho.

§ 1º A autonomia de que trata o *caput* deste artigo deve ser exercida de forma coletiva e coordenada, mediante a fixação, em Assembleia-Geral, das regras de funcionamento da cooperativa e da forma de execução dos trabalhos, nos termos desta Lei.

§ 2º Considera-se autogestão o processo democrático no qual a Assembleia-Geral define as diretrizes para o funcionamento e as operações da cooperativa, e os sócios decidem sobre a forma de execução dos trabalhos, nos termos da lei.

Art. 3º A Cooperativa de Trabalho rege-se pelos seguintes princípios e valores:

I – adesão voluntária e livre;

II – gestão democrática;

III – participação econômica dos membros;

IV – autonomia e independência;

V – educação, formação e informação;

VI – intercooperação;

VII – interesse pela comunidade;

VIII – preservação dos direitos sociais, do valor social do trabalho e da livre-iniciativa;

IX – não precarização do trabalho;

X – respeito às decisões de assembleia, observado o disposto nesta Lei;

XI – participação na gestão em todos os níveis de decisão de acordo com o previsto em lei e no Estatuto Social.

Art. 4º A Cooperativa de Trabalho pode ser:

I – de produção, quando constituída por sócios que contribuem com trabalho para a produção em comum de bens e a cooperativa detém, a qualquer título, os meios de produção; e

II – de serviço, quando constituída por sócios para a prestação de serviços especializados a terceiros, sem a presença dos pressupostos da relação de emprego.

Parágrafo único. VETADO.

Art. 5º A Cooperativa de Trabalho não pode ser utilizada para intermediação de mão de obra subordinada.

Parágrafo único. VETADO.

Art. 6º A Cooperativa de Trabalho poderá ser constituída com número mínimo de 7 (sete) sócios.

Art. 7º A Cooperativa de Trabalho deve garantir aos sócios os seguintes direitos, além de outros que a Assembleia-Geral venha a instituir:

I – retiradas não inferiores ao piso da categoria profissional e, na ausência deste, não inferiores ao salário mínimo, calculadas de forma proporcional às horas trabalhadas ou às atividades desenvolvidas;

II – duração do trabalho normal não superior a 8 (oito) horas diárias e 44 (quarenta e quatro) horas semanais, exceto quando a atividade, por sua natureza, demandar a prestação de trabalho por meio de plantões ou escalas, facultada a compensação de horários;

III – repouso semanal remunerado, preferencialmente aos domingos;

IV – repouso anual remunerado;

V – retirada para o trabalho noturno superior à do diurno;

VI – adicional sobre a retirada para as atividades insalubres ou perigosas;

VII – seguro de acidente de trabalho.

§ 1º Não se aplica o disposto nos incisos III e IV do *caput* deste artigo nos casos em que as operações entre o sócio e a cooperativa sejam eventuais, salvo decisão assemblear em contrário.

§ 2º A Cooperativa de Trabalho buscará meios, inclusive mediante provisionamento de recursos, com base em critérios que devem ser aprovados em Assembleia-Geral, para assegurar os direitos previstos nos incisos I, III, IV, V, VI e VII do *caput* deste artigo e outros que a Assembleia-Geral venha a instituir.

§ 3º A Cooperativa de Trabalho, além dos fundos obrigatórios previstos em lei, poderá criar, em Assembleia-Geral, outros fundos, inclusive rotativos, com recursos destinados a fins específicos, fixando o modo de formação, custeio, aplicação e liquidação.

§ 4º VETADO.

§ 5º A Cooperativa de Trabalho constituída nos termos do inciso I do *caput* do art. 4º desta Lei poderá, em Assembleia-Geral Extraordinária, estabelecer carência na fruição dos direitos previstos nos incisos I e VII do *caput* deste artigo.

§ 6º As atividades identificadas com o objeto social da Cooperativa de Trabalho prevista no inciso II do *caput* do art. 4º desta Lei, quando prestadas fora do estabelecimento da cooperativa, deverão ser submetidas a uma coordenação com mandato nunca superior a 1 (um) ano ou ao prazo estipulado para a realização dessas atividades, eleita em reunião específica pelos sócios que se disponham a realizá-las, em que serão expostos os requisitos para sua consecução, os valores contratados e a retribuição pecuniária de cada sócio partícipe.

Art. 8º As Cooperativas de Trabalho devem observar as normas de saúde e segurança do trabalho previstas na legislação em vigor e em atos normativos expedidos pelas autoridades competentes.

Art. 9º O contratante da Cooperativa de Trabalho prevista no inciso II do *caput* do art. 4º desta Lei responde solidariamente pelo cumprimento das normas de saúde e segurança do trabalho quando os serviços forem prestados no seu estabelecimento ou em local por ele determinado.

Capítulo II

DO FUNCIONAMENTO DAS COOPERATIVAS DE TRABALHO

Art. 10. A Cooperativa de Trabalho poderá adotar por objeto social qualquer gênero de serviço, operação ou atividade, desde que previsto no seu Estatuto Social.

§ 1º É obrigatório o uso da expressão "Cooperativa de Trabalho" na denominação social da cooperativa.

▶ Art. 1.159 do CC.

§ 2º A Cooperativa de Trabalho não poderá ser impedida de participar de procedimentos de licitação pública que tenham por escopo os mesmos serviços, operações e atividades previstas em seu objeto social.

§ 3º A admissão de sócios na cooperativa estará limitada consoante as possibilidades de reunião, abrangência das operações, controle e prestação de serviços e congruente com o objeto estatuído.

§ 4º Para o cumprimento dos seus objetivos sociais, o sócio poderá exercer qualquer atividade da cooperativa, conforme deliberado em Assembleia-Geral.

Art. 11. Além da realização da Assembleia-Geral Ordinária e Extraordinária para deliberar nos termos dos e sobre os assuntos previstos na Lei nº 5.764, de 16 de dezembro de 1971, e no Estatuto Social, a Cooperativa de Trabalho deverá realizar anualmente, no mínimo, mais uma Assembleia-Geral Especial para deliberar, entre outros assuntos especificados no edital de convocação, sobre gestão da cooperativa, disciplina, direitos e deveres dos sócios, planejamento e resultado econômico dos projetos e contratos firmados e organização do trabalho.

§ 1º O destino das sobras líquidas ou o rateio dos prejuízos será decidido em Assembleia-Geral Ordinária.

§ 2º As Cooperativas de Trabalho deverão estabelecer, em Estatuto Social ou Regimento Interno, incentivos à participação efetiva dos sócios na Assembleia-Geral e eventuais sanções em caso de ausências injustificadas.

§ 3º O *quorum* mínimo de instalação das Assembleias-Gerais será de:

I – 2/3 (dois terços) do número de sócios, em primeira convocação;

II – metade mais 1 (um) dos sócios, em segunda convocação;

III – 50 (cinquenta) sócios ou, no mínimo, 20% (vinte por cento) do total de sócios, prevalecendo o menor número, em terceira convocação, exigida a presença de, no mínimo, 4 (quatro) sócios para as cooperativas que possuam até 19 (dezenove) sócios matriculados.

§ 4º As decisões das assembleias serão consideradas válidas quando contarem com a aprovação da maioria absoluta dos sócios presentes.

§ 5º Comprovada fraude ou vício nas decisões das assembleias, serão elas nulas de pleno direito, aplicando-se, conforme o caso, a legislação civil e penal.

§ 6º A Assembleia-Geral Especial de que trata este artigo deverá ser realizada no segundo semestre do ano.

Art. 12. A notificação dos sócios para participação das assembleias será pessoal e ocorrerá com antecedência mínima de 10 (dez) dias de sua realização.

§ 1º Na impossibilidade de notificação pessoal, a notificação dar-se-á por via postal, respeitada a antecedência prevista no *caput* deste artigo.

§ 2º Na impossibilidade de realização das notificações pessoal e postal, os sócios serão notificados mediante edital afixado na sede e em outros locais previstos nos estatutos e publicado em jornal de grande circulação na região da sede da cooperativa ou na região onde ela exerça suas atividades, respeitada a antecedência prevista no *caput* deste artigo.

Art. 13. É vedado à Cooperativa de Trabalho distribuir verbas de qualquer natureza entre os sócios, exceto a retirada devida em razão do exercício de sua atividade como sócio ou retribuição por conta de reembolso de despesas comprovadamente realizadas em proveito da Cooperativa.

Art. 14. A Cooperativa de Trabalho deverá deliberar, anualmente, na Assembleia-Geral Ordinária, sobre a adoção ou não de diferentes faixas de retirada dos sócios.

Parágrafo único. No caso de fixação de faixas de retirada, a diferença entre as de maior e as de menor valor deverá ser fixada na Assembleia.

Art. 15. O Conselho de Administração será composto por, no mínimo, 3 (três) sócios, eleitos pela Assembleia-Geral, para um prazo de gestão não superior a 4 (quatro) anos, sendo obrigatória a renovação de, no mínimo, 1/3 (um terço) do colegiado, ressalvada a hipótese do art. 16 desta Lei.

Art. 16. A Cooperativa de Trabalho constituída por até 19 (dezenove) sócios poderá estabelecer, em Estatuto Social, composição para o Conselho de Administração e para o Conselho Fiscal distinta da prevista nesta Lei e no art. 56 da Lei nº 5.764, de 16 de dezembro de 1971, assegurados, no mínimo, 3 (três) conselheiros fiscais.

Capítulo III

DA FISCALIZAÇÃO E DAS PENALIDADES

Art. 17. Cabe ao Ministério do Trabalho e Emprego, no âmbito de sua competência, a fiscalização do cumprimento do disposto nesta Lei.

§ 1º A Cooperativa de Trabalho que intermediar mão de obra subordinada e os contratantes de seus serviços estarão sujeitos à multa de R$ 500,00 (quinhentos reais) por trabalhador prejudicado, dobrada na reincidência, a ser revertida em favor do Fundo de Amparo ao Trabalhador – FAT.

§ 2º Presumir-se-á intermediação de mão de obra subordinada a relação contratual estabelecida entre a empresa contratante e as Cooperativas de Trabalho que não cumprirem o disposto no § 6º do art. 7º desta Lei.

§ 3º As penalidades serão aplicadas pela autoridade competente do Ministério do Trabalho e Emprego, de acordo com o estabelecido no Título VII da Consolidação das Leis do Trabalho – CLT, aprovada pelo Decreto-Lei nº 5.452, de 1º de maio de 1943.

► Arts. 626 a 642 da CLT.

Art. 18. A constituição ou utilização de Cooperativa de Trabalho para fraudar deliberadamente a legislação trabalhista, previdenciária e o disposto nesta Lei acarretará aos responsáveis as sanções penais, cíveis e administrativas cabíveis, sem prejuízo da ação judicial visando à dissolução da Cooperativa.

§ 1º VETADO.

§ 2º Fica inelegível para qualquer cargo em Cooperativa de Trabalho, pelo período de até 5 (cinco) anos, contado a partir da sentença transitada em julgado, o sócio, dirigente ou o administrador condenado pela prática das fraudes elencadas no *caput* deste artigo.

Capítulo IV

DO PROGRAMA NACIONAL DE FOMENTO ÀS COOPERATIVAS DE TRABALHO – PRONACOOP

Art. 19. É instituído, no âmbito do Ministério do Trabalho e Emprego, o Programa Nacional de Fomento às Cooperativas de Trabalho – PRONACOOP, com a finalidade de promover o desenvolvimento e a melhoria do desempenho econômico e social da Cooperativa de Trabalho.

Parágrafo único. O PRONACOOP tem como finalidade apoiar:

I – a produção de diagnóstico e plano de desenvolvimento institucional para as Cooperativas de Trabalho dele participantes;

II – a realização de acompanhamento técnico visando ao fortalecimento financeiro, de gestão, de organização do processo produtivo ou de trabalho, bem como à qualificação dos recursos humanos;

III – a viabilização de linhas de crédito;

IV – o acesso a mercados e à comercialização da produção;

V – o fortalecimento institucional, a educação cooperativista e a constituição de cooperativas centrais, federações e confederações de cooperativas;

VI – outras ações que venham a ser definidas por seu Comitê Gestor no cumprimento da finalidade estabelecida no *caput* deste artigo.

Art. 20. É criado o Comitê Gestor do PRONACOOP, com as seguintes atribuições:

I – acompanhar a implementação das ações previstas nesta Lei;

II – estabelecer as diretrizes e metas para o PRONACOOP;

III – definir as normas operacionais para o PRONACOOP;

IV – propor o orçamento anual do PRONACOOP;

V e VI – VETADOS.

§ 1º O Comitê Gestor terá composição paritária entre o governo e entidades representativas do cooperativismo de trabalho.

§ 2º O número de membros, a organização e o funcionamento do Comitê Gestor serão estabelecidos em regulamento.

Art. 21. O Ministério do Trabalho e Emprego poderá celebrar convênios, acordos, ajustes e outros instrumentos que objetivem a cooperação técnico-científica com órgãos do setor público e entidades privadas sem fins lucrativos, no âmbito do PRONACOOP.

Art. 22. As despesas decorrentes da implementação do PRONACOOP correrão à conta das dotações orçamentárias consignadas anualmente ao Ministério do Trabalho e Emprego.

Art. 23. Os recursos destinados às linhas de crédito do PRONACOOP serão provenientes:

I – do Fundo de Amparo ao Trabalhador – FAT;

II – de recursos orçamentários da União; e

III – de outros recursos que venham a ser alocados pelo poder público.

Parágrafo único. O Conselho Deliberativo do Fundo de Amparo ao Trabalhador – CODEFAT definirá as diretrizes para a aplicação, no âmbito do PRONACOOP, dos recursos oriundos do Fundo de Amparo ao Trabalhador – FAT.

Art. 24. As instituições financeiras autorizadas a operar com os recursos do PRONACOOP poderão realizar operações de crédito destinadas a empreendimentos inscritos no Programa sem a exigência de garantias reais, que poderão ser substituídas por garantias alternativas, observadas as condições estabelecidas em regulamento.

Parágrafo único. VETADO.

Art. 25. VETADO.

Capítulo V

DISPOSIÇÕES FINAIS

Art. 26. É instituída a Relação Anual de Informações das Cooperativas de Trabalho – RAICT, a ser preenchida pelas Cooperativas de Trabalho, anualmente, com informações relativas ao ano-base anterior.

Parágrafo único. O Poder Executivo regulamentará o modelo de formulário da RAICT, os critérios para entrega das informações e as responsabilidades institucionais sobre a coleta, processamento, acesso e divulgação das informações.

Art. 27. A Cooperativa de Trabalho constituída antes da vigência desta Lei terá prazo de 12 (doze) meses, contado de sua publicação, para adequar seus estatutos às disposições nela previstas.

Art. 28. A Cooperativa de Trabalho prevista no inciso II do *caput* do art. 4º desta Lei constituída antes da vigência desta Lei terá prazo de 12 (doze) meses, contado de sua publicação, para assegurar aos sócios as garantias previstas nos incisos I, IV, V, VI e VII do *caput* do art. 7º desta Lei, conforme deliberado em Assembleia-Geral.

Art. 29. Esta Lei entra em vigor na data de sua publicação.

Art. 30. VETADO.

Brasília, 19 de julho de 2012;
191º da Independência e
124º da República.
Dilma Rousseff

LEI Nº 12.761, DE 27 DE DEZEMBRO DE 2012

Institui o Programa de Cultura do Trabalhador; cria o vale-cultura; altera as Leis nºs 8.212, de 24 de julho de 1991, e 7.713, de 22 de dezembro de 1988, e a Consolidação das Leis do Trabalho – CLT, aprovada pelo Decreto-Lei nº 5.452, de 1º de maio de 1943; e dá outras providências.

► Publicada no *DOU* de 27-12-2012, Edição Extra.

Art. 1º Fica instituído, sob a gestão do Ministério da Cultura, o Programa de Cultura do Trabalhador, destinado a fornecer aos trabalhadores meios para o exercício dos direitos culturais e acesso às fontes da cultura.

Art. 2º O Programa de Cultura do Trabalhador tem os seguintes objetivos:

I – possibilitar o acesso e a fruição dos produtos e serviços culturais;

II – estimular a visitação a estabelecimentos culturais e artísticos; e

III – incentivar o acesso a eventos e espetáculos culturais e artísticos.

§ 1º Para os fins deste Programa, são definidos os serviços e produtos culturais da seguinte forma:

I – serviços culturais: atividades de cunho artístico e cultural fornecidas por pessoas jurídicas, cujas características se enquadrem nas áreas culturais previstas no § 2º; e

II – produtos culturais: materiais de cunho artístico, cultural e informativo, produzidos em qualquer formato ou mídia por pessoas físicas ou jurídicas, cujas características se enquadrem nas áreas culturais previstas no § 2º.

§ 2º Consideram-se áreas culturais para fins do disposto nos incisos I e II do § 1º:

I – artes visuais;

II – artes cênicas;

III – audiovisual;

IV – literatura, humanidades e informação;

V – música; e

VI – patrimônio cultural.

§ 3º O Poder Executivo poderá ampliar as áreas culturais previstas no § 2º.

Art. 3º Fica criado o vale-cultura, de caráter pessoal e intransferível, válido em todo o território nacional, para acesso e fruição de produtos e serviços culturais, no âmbito do Programa de Cultura do Trabalhador.

Art. 4º O vale-cultura será confeccionado e comercializado por empresas operadoras e disponibilizado aos usuários pelas empresas beneficiárias para ser utilizado nas empresas recebedoras.

Art. 5º Para os efeitos desta Lei, entende-se por:

I – empresa operadora: pessoa jurídica cadastrada no Ministério da Cultura, possuidora do Certificado de Inscrição no Programa de Cultura do Trabalhador e autorizada a produzir e comercializar o vale-cultura;

II – empresa beneficiária: pessoa jurídica optante pelo Programa de Cultura do Trabalhador e autorizada a distribuir o vale-cultura a seus trabalhadores com vínculo empregatício;

► Inciso II com a redação dada pela Lei nº 12.868, de 15-10-2013.

III – usuário: trabalhador com vínculo empregatício com a empresa beneficiária;

IV – empresa recebedora: pessoa jurídica habilitada pela empresa operadora para receber o vale-cultura como forma de pagamento de serviço ou produto cultural.

Art. 6º O vale-cultura será fornecido aos usuários pelas empresas beneficiárias e disponibilizado preferencialmente por meio magnético, com o seu valor expresso em moeda corrente, na forma do regulamento.

Parágrafo único. Somente será admitido o fornecimento do vale-cultura impresso quando comprovadamente inviável a adoção do meio magnético.

Art. 7º O vale-cultura deverá ser fornecido ao trabalhador que perceba até 5 (cinco) salários mínimos mensais.

Parágrafo único. Os trabalhadores com renda superior a 5 (cinco) salários mínimos poderão receber o vale-cultura, desde que garantido o atendimento à totalidade dos empregados com a remuneração prevista no *caput*, na forma que dispuser o regulamento.

Art. 8º O valor mensal do vale-cultura, por usuário, será de R$ 50,00 (cinquenta reais).

§ 1º O trabalhador de que trata o *caput* do art. 7º poderá ter descontado de sua remuneração o percentual máximo de 10% (dez por cento) do valor do vale-cultura, na forma definida em regulamento.

§ 2º Os trabalhadores que percebem mais de 5 (cinco) salários mínimos poderão ter descontados de sua remuneração, em percentuais entre 20% (vinte por cento) e 90% (noventa por cento) do valor do vale-cultura, de acordo com a respectiva faixa salarial, obedecido o disposto no parágrafo único do art. 7º e na forma que dispuser o regulamento.

§ 3º É vedada, em qualquer hipótese, a reversão do valor do vale-cultura em pecúnia.

§ 4º O trabalhador de que trata o art. 7º poderá optar pelo não recebimento do vale-cultura, mediante procedimento a ser definido em regulamento.

Art. 9º Os prazos de validade e condições de utilização do vale-cultura serão definidos em regulamento.

Art. 10. Até o exercício de 2017, ano-calendário de 2016, o valor despendido a título de aquisição do vale-cultura poderá ser deduzido do imposto sobre a renda devido pela pessoa jurídica beneficiária tributada com base no lucro real.

§ 1º A dedução de que trata o *caput* fica limitada a 1% (um por cento) do imposto sobre a renda devido, observado o disposto no § 4º do art. 3º da Lei nº 9.249, de 26 de dezembro de 1995.

§ 2º A pessoa jurídica inscrita no Programa de Cultura do Trabalhador como beneficiária, de que trata o inciso II do art. 5º, poderá deduzir o valor despendido a título de aquisição do vale-cultura como despesa operacional para fins de apuração do imposto sobre a renda, desde que tributada com base no lucro real.

§ 3º A pessoa jurídica deverá adicionar o valor deduzido como despesa operacional, de que trata o § 2º, para fins de apuração da base de cálculo da Contribuição Social sobre o Lucro Líquido – CSLL.

§ 4º As deduções de que tratam os §§ 1º e 2º somente se aplicam em relação ao valor do vale-cultura distribuído ao usuário.

§ 5º *Revogado*. Lei nº 12.872, de 24-10-2013.

Art. 11. A parcela do valor do vale-cultura cujo ônus seja da empresa beneficiária:

I – não tem natureza salarial nem se incorpora à remuneração para quaisquer efeitos;

II – não constitui base de incidência de contribuição previdenciária ou do Fundo de Garantia do Tempo de Serviço – FGTS; e

III – não se configura como rendimento tributável do trabalhador.

Art. 12. A execução inadequada do Programa de Cultura do Trabalhador ou qualquer ação que acarrete desvio de suas finalidades pela empresa operadora ou pela empresa beneficiária acarretará cumulativamente:

I – cancelamento do Certificado de Inscrição no Programa de Cultura do Trabalhador;

II – pagamento do valor que deixou de ser recolhido relativo ao imposto sobre a renda, à contribuição previdenciária e ao depósito para o FGTS;

III – aplicação de multa correspondente a 2 (duas) vezes o valor da vantagem recebida indevidamente no caso de dolo, fraude ou simulação;

IV – perda ou suspensão de participação em linhas de financiamento em estabelecimentos oficiais de crédito pelo período de 2 (dois) anos;

V – proibição de contratar com a administração pública pelo período de até 2 (dois) anos; e

VI – suspensão ou proibição de usufruir de benefícios fiscais pelo período de até 2 (dois) anos.

Art. 13. O § 9º do art. 28 da Lei nº 8.212, de 24 de julho de 1991, passa a vigorar acrescido da seguinte alínea *y*:

"Art. 28. ....

....

§ 9º ....

....

y) o valor correspondente ao vale-cultura.

...."

Art. 14. O § 2º do art. 458 da Consolidação das Leis do Trabalho – CLT, aprovada pelo Decreto-Lei nº 5.452, de 1º de maio de 1943, passa a vigorar acrescido do seguinte inciso VIII:

► Alteração inserida no texto da referida Consolidação.

Art. 15. O art. 6º da Lei nº 7.713, de 22 de dezembro de 1988, passa a vigorar acrescido do seguinte inciso XXIII:

"Art. 6º ....

....

XXIII – o valor recebido a título de vale-cultura.

...."

Art. 16. O Poder Executivo regulamentará esta Lei no prazo de 60 (sessenta) dias, contados da data de sua publicação.

Art. 17. Esta Lei entra em vigor na data de sua publicação.

Brasília, 27 de dezembro de 2012;
191º da Independência e
124º da República.

Dilma Rousseff

LEI Nº 12.790, DE 14 DE MARÇO DE 2013

Dispõe sobre a regulamentação do exercício da profissão de comerciário.

► Publicada no *DOU* de 15-3-2013.

Art. 1º Aos comerciários, integrantes da categoria profissional de empregados no comércio, conforme o quadro de atividades e profissões do art. 577, combinado com o art. 511, ambos da Consolidação das Leis do Trabalho (CLT), aprovada pelo Decreto-Lei nº 5.452, de 1º de maio de 1943, aplicam-se os dispositivos da presente Lei, sem prejuízo das demais normas trabalhistas que lhes sejam aplicáveis.

Art. 2º Na Carteira de Trabalho e Previdência Social (CTPS), a atividade ou função desempenhada pelos empregados do comércio deverá ser especificada, desde que inexista a possibilidade de classificação por similaridade.

Art. 3º A jornada normal de trabalho dos empregados no comércio é de 8 (oito) horas diárias e 44 (quarenta e quatro) semanais.

§ 1º Somente mediante convenção coletiva ou acordo coletivo de trabalho poderá ser alterada a jornada normal de trabalho estabelecida no *caput* deste artigo.

§ 2º É admitida jornada de 6 (seis) horas para o trabalho realizado em turnos de revezamento, sendo vedada a utilização do mesmo empregado em mais de 1 (um) turno de trabalho, salvo negociação coletiva de trabalho.

Art. 4º O piso salarial será fixado em convenção ou acordo coletivo de trabalho, nos termos do inciso V do art. 7º da Constituição Federal.

Art. 5º VETADO.

Art. 6º As entidades representativas das categorias econômica e profissional poderão, no âmbito da negociação coletiva, negociar a inclusão, no instrumento normativo, de cláusulas que instituam programas e ações de educação, formação e qualificação profissional.

Art. 7º É instituído o Dia do Comerciário, a ser comemorado no dia 30 de outubro de cada ano.

Art. 8º Esta Lei entra em vigor na data de sua publicação.

Brasília, 14 de março de 2013;
192º da Independência e
125º da República.

Dilma Rousseff

LEI Nº 12.815, DE 5 DE JUNHO DE 2013

Dispõe sobre a exploração direta e indireta pela União de portos e instalações portuárias e sobre as atividades desempenhadas pelos operadores portuários; altera as Leis nºs 5.025, de 10 de junho de 1966, 10.233, de 5 de junho de 2001, 10.683, de 28 de maio de 2003, 9.719, de 27 de novembro de 1998, e 8.213, de 24 de julho de 1991; revoga as Leis nºs 8.630, de 25 de fevereiro de 1993, e 11.610, de 12 de dezembro de 2007, e dispositivos das Leis nºs 11.314, de 3 de julho de 2006, e 11.518, de 5 de setembro de 2007; e dá outras providências.

► Publicada no *DOU* de 5-6-2013, edição extra.

► Dec. nº 8.033, de 27-6-2013, regulamenta esta Lei.

CAPÍTULO I

DEFINIÇÕES E OBJETIVOS

Art. 1º Esta Lei regula a exploração pela União, direta ou indiretamente, dos portos e instalações portuárias e as atividades desempenhadas pelos operadores portuários.

§ 1º A exploração indireta do porto organizado e das instalações portuárias nele localizadas ocorrerá mediante concessão e arrendamento de bem público.

§ 2º A exploração indireta das instalações portuárias localizadas fora da área do porto organizado ocorrerá mediante autorização, nos termos desta Lei.

§ 3º As concessões, os arrendamentos e as autorizações de que trata esta Lei serão outorgados a pessoa jurídica que demonstre capacidade para seu desempenho, por sua conta e risco.

Art. 2º Para os fins desta Lei, consideram-se:

I – porto organizado: bem público construído e aparelhado para atender a necessidades de navegação, de movimentação de passageiros ou de movimentação e armazenagem de mercadorias, e cujo tráfego e operações portuárias estejam sob jurisdição de autoridade portuária;

II – área do porto organizado: área delimitada por ato do Poder Executivo que compreende as instalações portuárias e a infraestrutura de proteção e de acesso ao porto organizado;

III – instalação portuária: instalação localizada dentro ou fora da área do porto organizado e utilizada em movimentação de passageiros, em movimentação ou armazenagem de mercadorias, destinadas ou provenientes de transporte aquaviário;

IV – terminal de uso privado: instalação portuária explorada mediante autorização e localizada fora da área do porto organizado;

V – estação de transbordo de cargas: instalação portuária explorada mediante autorização, localizada fora da área do porto organizado e utilizada exclusivamente para operação de transbordo de mercadorias em embarcações de navegação interior ou cabotagem;

VI – instalação portuária pública de pequeno porte: instalação portuária explorada mediante autorização, localizada fora do porto organizado e utilizada em movimentação de passageiros ou mercadorias em embarcações de navegação interior;

VII – instalação portuária de turismo: instalação portuária explorada mediante arrendamento ou autorização e utilizada em embarque, desembarque e trânsito de passageiros, tripulantes e bagagens, e de insumos para o provimento e abastecimento de embarcações de turismo;

VIII – VETADO:

a a *c*) VETADAS;

IX – concessão: cessão onerosa do porto organizado, com vistas à administração e à exploração de sua infraestrutura por prazo determinado;

X – delegação: transferência, mediante convênio, da administração e da exploração do porto organizado para Municípios ou Estados, ou a consórcio público, nos termos da Lei nº 9.277, de 10 de maio de 1996;

XI – arrendamento: cessão onerosa de área e infraestrutura públicas localizadas dentro do porto organizado, para exploração por prazo determinado;

XII – autorização: outorga de direito à exploração de instalação portuária localizada fora da área do porto organizado e formalizada mediante contrato de adesão; e

XIII – operador portuário: pessoa jurídica pré-qualificada para exercer as atividades de movimentação de passageiros ou movimentação e armazenagem de mercadorias, destinadas ou provenientes de transporte aquaviário, dentro da área do porto organizado.

Art. 3º A exploração dos portos organizados e instalações portuárias, com o objetivo de aumentar a competitividade e o desenvolvimento do País, deve seguir as seguintes diretrizes:

I – expansão, modernização e otimização da infraestrutura e da superestrutura que integram os portos organizados e instalações portuárias;

II – garantia da modicidade e da publicidade das tarifas e preços praticados no setor, da qualidade da atividade prestada e da efetividade dos direitos dos usuários;

► A alteração que seria inserida neste inciso pela Lei nº 14.047, de 24-8-2020, foi vetada, razão pela qual mantivemos a redação.

III – estímulo à modernização e ao aprimoramento da gestão dos portos organizados e instalações portuárias, à valorização e à qualificação da mão de obra portuária e à eficiência das atividades prestadas;

IV – promoção da segurança da navegação na entrada e na saída das embarcações dos portos;

V – estímulo à concorrência, por meio do incentivo à participação do setor privado e da garantia de amplo acesso aos portos organizados, às instalações e às atividades portuárias; e

► Incisos IV e V com a redação dada pela Lei nº 14.047, de 24-8-2020.

VI – liberdade de preços nas operações portuárias, reprimidos qualquer prática prejudicial à competição e o abuso do poder econômico.

► Inciso VI acrescido pela Lei nº 14.047, de 24-8-2020.

CAPÍTULO II

DA CONCESSÃO DE PORTO ORGANIZADO, DO ARRENDAMENTO E DO USO TEMPORÁRIO DE INSTALAÇÃO PORTUÁRIA

► Denominação do Capítulo com a redação dada pela Lei nº 14.047, de 24-8-2020.

SEÇÃO I

DA CONCESSÃO DE PORTO ORGANIZADO E DO ARRENDAMENTO DE INSTALAÇÃO PORTUÁRIA

SUBSEÇÃO I

DA CONCESSÃO DE PORTO ORGANIZADO

► Subseção I acrescida pela Lei nº 14.047, de 24-8-2020.

Art. 4º A concessão de bem público destinado à exploração do porto organizado será realizada mediante a celebração de contrato, sempre precedida de licitação, em conformidade com o disposto nesta Lei e no seu regulamento.

► Artigo com a redação dada pela Lei nº 14.047, de 24-8-2020.

Art. 5º São essenciais aos contratos de concessão as cláusulas relativas:

► *Caput* com a redação dada pela Lei nº 14.047, de 24-8-2020.

I – ao objeto, à área e ao prazo;
II – ao modo, forma e condições da exploração do porto organizado ou instalação portuária;
III – aos critérios, indicadores, fórmulas e parâmetros definidores da qualidade da atividade prestada, assim como às metas e prazos para o alcance de determinados níveis de serviço;
IV – ao valor do contrato, às tarifas praticadas e aos critérios e procedimentos de revisão e reajuste;
V – aos investimentos de responsabilidade do contratado;
VI – aos direitos e deveres dos usuários, com as obrigações correlatas do contratado e as sanções respectivas;
VII – às responsabilidades das partes;
VIII – à reversão de bens;
IX – aos direitos, garantias e obrigações do contratante e do contratado, inclusive os relacionados a necessidades futuras de suplementação, alteração e expansão da atividade e consequente modernização, aperfeiçoamento e ampliação das instalações;
X – à forma de fiscalização das instalações, dos equipamentos e dos métodos e práticas de execução das atividades, bem como à indicação dos órgãos ou entidades competentes para exercê-las;
XI – às garantias para adequada execução do contrato;
XII – à responsabilidade do titular da instalação portuária pela inexecução ou deficiente execução das atividades;
XIII – às hipóteses de extinção do contrato;
XIV – à obrigatoriedade da prestação de informações de interesse do poder concedente, da Agência Nacional de Transportes Aquaviários – ANTAQ e das demais autoridades que atuam no setor portuário, inclusive as de interesse específico da Defesa Nacional, para efeitos de mobilização;
XV – à adoção e ao cumprimento das medidas de fiscalização aduaneira de mercadorias, veículos e pessoas;
XVI – ao acesso ao porto organizado ou à instalação portuária pelo poder concedente, pela ANTAQ e pelas demais autoridades que atuam no setor portuário;
XVII – às penalidades e sua forma de aplicação; e
XVIII – ao foro.

§ 1º VETADO.

§ 2º Findo o prazo dos contratos, os bens vinculados à concessão ou ao arrendamento reverterão ao patrimônio da União, na forma prevista no contrato.

Art. 5º-A. Os contratos celebrados entre a concessionária e terceiros, inclusive os que tenham por objeto a exploração das instalações portuárias, serão regidos pelas normas de direito privado, não se estabelecendo qualquer relação jurídica entre os terceiros e o poder concedente, sem prejuízo das atividades regulatória e fiscalizatória da ANTAQ.

► Art. 5º-A acrescido pela Lei nº 14.047, de 24-8-2020.

SUBSEÇÃO II

DO ARRENDAMENTO DE INSTALAÇÃO PORTUÁRIA

► Subseção II acrescida pela Lei nº 14.047, de 24-8-2020.

Art. 5º-B. O arrendamento de bem público destinado à atividade portuária será realizado mediante a celebração de contrato, precedida de licitação, em conformidade com o disposto nesta Lei e no seu regulamento.

Parágrafo único. Poderá ser dispensada a realização da licitação de área no porto organizado, nos termos do regulamento, quando for comprovada a existência de um único interessado em sua exploração e estiverem presentes os seguintes requisitos:

I – realização de chamamento público pela autoridade portuária com vistas a identificar interessados na exploração econômica da área; e

II – conformidade com o plano de desenvolvimento e zoneamento do porto.

Art. 5º-C. São essenciais aos contratos de arrendamento as cláusulas relativas:

I – ao objeto, à área e ao prazo;

II – ao modo, à forma e às condições da exploração da instalação portuária;

III – ao valor do contrato e aos critérios e procedimentos de revisão e reajuste;

IV – aos investimentos de responsabilidade do contratado;

V – às responsabilidades das partes;

VI – aos direitos, às garantias e às obrigações do contratante e do contratado;

VII – à responsabilidade do titular da instalação portuária pela inexecução ou deficiente execução das atividades;

VIII – às hipóteses de extinção do contrato;

IX – à obrigatoriedade da prestação de informações de interesse do poder concedente, da ANTAQ e das demais autoridades que atuam no setor portuário, inclusive as de interesse específico da defesa nacional, para efeitos de mobilização;

X – ao acesso à instalação portuária pelo poder concedente, pela ANTAQ e pelas demais autoridades que atuam no setor portuário;

XI – às penalidades e sua forma de aplicação; e

XII – ao foro.

▸ Arts. 5º-B e 5º-C acrescidos pela Lei nº 14.047, de 24-8-2020.

Subseção III

DO USO TEMPORÁRIO E DAS LICITAÇÕES

▸ Subseção III acrescida pela Lei nº 14.047, de 24-8-2020.

Art. 5º-D. A administração do porto organizado poderá pactuar com o interessado na movimentação de cargas com mercado não consolidado o uso temporário de áreas e instalações portuárias localizadas na poligonal do porto organizado, dispensada a realização de licitação.

§ 1º O contrato de uso temporário terá o prazo improrrogável de até 48 (quarenta e oito) meses.

§ 2º Na hipótese de haver mais de um interessado na utilização de áreas e instalações portuárias e inexistir disponibilidade física para alocar todos os interessados concomitantemente, a administração do porto organizado promoverá processo seletivo simplificado para a escolha do projeto que melhor atenda ao interesse público e do porto, assegurados os princípios da isonomia e da impessoalidade na realização do certame.

§ 3º Os investimentos vinculados ao contrato de uso temporário ocorrerão exclusivamente a expensas do interessado, sem direito a indenização de qualquer natureza.

§ 4º Após 24 (vinte e quatro) meses de eficácia do uso temporário da área e da instalação portuária, ou, em prazo inferior, por solicitação do contratado, e verificada a viabilidade do uso da área e da instalação, a administração do porto organizado adotará as medidas necessárias ao encaminhamento de proposta de licitação da área e das instalações existentes.

§ 5º Decreto regulamentador disporá sobre os termos, os procedimentos e as condições para o uso temporário de áreas e instalações portuárias localizadas na poligonal do porto organizado.

▸ Art. 5º-D acrescido pela Lei nº 14.047, de 24-8-2020.

Art. 6º Nas licitações dos contratos de concessão e arrendamento, serão considerados como critérios para julgamento, de forma isolada ou combinada, a maior capacidade de movimentação, a menor tarifa ou o menor tempo de movimentação de carga, e outros estabelecidos no edital, na forma do regulamento.

§ 1º As licitações de que trata este artigo poderão ser realizadas na modalidade leilão, conforme regulamento.

§ 2º Compete à ANTAQ, com base nas diretrizes do poder concedente, realizar os procedimentos licitatórios de que trata este artigo.

§ 3º Os editais das licitações de que trata este artigo serão elaborados pela ANTAQ, observadas as diretrizes do poder concedente.

§ 4º VETADO.

§ 5º Sem prejuízo das diretrizes previstas no art. 3º, o poder concedente poderá determinar a transferência das competências de elaboração do edital e a realização dos procedimentos licitatórios de que trata este artigo à Administração do Porto, delegado ou não.

§ 6º O poder concedente poderá autorizar, mediante requerimento do arrendatário, na forma do regulamento, expansão da área arrendada para área contígua dentro da poligonal do porto organizado, sempre que a medida trouxer comprovadamente eficiência na operação portuária.

Art. 7º A ANTAQ poderá disciplinar a utilização em caráter excepcional, por qualquer interessado, de instalações portuárias arrendadas ou exploradas pela concessionária, assegurada a remuneração adequada ao titular do contrato.

SEÇÃO II

DA AUTORIZAÇÃO DE INSTALAÇÕES PORTUÁRIAS

Art. 8º Serão exploradas mediante autorização, precedida de chamada ou anúncio públicos e, quando for o caso, processo seletivo público, as instalações portuárias localizadas fora da área do porto organizado, compreendendo as seguintes modalidades:

I – terminal de uso privado;

II – estação de transbordo de carga;

III – instalação portuária pública de pequeno porte;

IV – instalação portuária de turismo;

V – VETADO.

§ 1º A autorização será formalizada por meio de contrato de adesão, que conterá as cláusulas essenciais previstas no *caput* do art. 5º-C desta Lei, com exceção da cláusula prevista em seu inciso III.

► § 1º com a redação dada pela Lei nº 14.047, de 24-8-2020.

§ 2º A autorização de instalação portuária terá prazo de até 25 (vinte e cinco) anos, prorrogável por períodos sucessivos, desde que:

I – a atividade portuária seja mantida; e

II – o autorizatário promova os investimentos necessários para a expansão e modernização das instalações portuárias, na forma do regulamento.

§ 3º A ANTAQ adotará as medidas para assegurar o cumprimento dos cronogramas de investimento previstos nas autorizações e poderá exigir garantias ou aplicar sanções, inclusive a cassação da autorização.

§ 4º VETADO.

Art. 9º Os interessados em obter a autorização de instalação portuária poderão requerê-la à ANTAQ a qualquer tempo, na forma do regulamento.

§ 1º Recebido o requerimento de autorização de instalação portuária, a ANTAQ deverá:

I – publicar o extrato do requerimento, inclusive na internet; e

II – promover a abertura de processo de anúncio público, com prazo de 30 (trinta) dias, para identificar a existência de outros interessados na obtenção de autorização de instalação portuária na mesma região e com características semelhantes.

§§ 2º e 3º VETADOS.

Art. 10. O poder concedente poderá determinar à ANTAQ, a qualquer momento e em consonância com as diretrizes do planejamento e das políticas do setor portuário, a abertura de processo de chamada pública para identificar a existência de interessados na obtenção de autorização de instalação portuária, na forma do regulamento e observado o prazo previsto no inciso II do § 1º do art. 9º.

Art. 11. O instrumento da abertura de chamada ou anúncio público indicará obrigatoriamente os seguintes parâmetros:

I – a região geográfica na qual será implantada a instalação portuária;

II – o perfil das cargas a serem movimentadas; e

III – a estimativa do volume de cargas ou de passageiros a ser movimentado nas instalações portuárias.

Parágrafo único. O interessado em autorização de instalação portuária deverá apresentar título de propriedade, inscrição de ocupação, certidão de aforamento, cessão de direito real ou outro instrumento jurídico que assegure o direito de uso e fruição do respectivo terreno, além de outros documentos previstos no instrumento de abertura.

Art. 12. Encerrado o processo de chamada ou anúncio público, o poder concedente deverá analisar a viabilidade locacional das propostas e sua adequação às diretrizes do planejamento e das políticas do setor portuário.

§ 1º Observado o disposto no regulamento, poderão ser expedidas diretamente as autorizações de instalação portuária quando:

I – o processo de chamada ou anúncio público seja concluído com a participação de um único interessado; ou

II – havendo mais de uma proposta, não haja impedimento locacional à implantação de todas elas de maneira concomitante.

§ 2º Havendo mais de uma proposta e impedimento locacional que inviabilize sua implantação de maneira concomitante, a ANTAQ deverá promover processo seletivo público, observados os princípios da legalidade, impessoalidade, moralidade, publicidade e eficiência.

§ 3º O processo seletivo público de que trata o § 2º atenderá ao disposto no regulamento e considerará como critério de julgamento, de forma isolada ou combinada, a maior capacidade de movimentação, a menor tarifa ou o menor tempo de movimentação de carga, e outros estabelecidos no edital.

§ 4º Em qualquer caso, somente poderão ser autorizadas as instalações portuárias compatíveis com as diretrizes do planejamento e das políticas do setor portuário, na forma do *caput*.

Art. 13. A ANTAQ poderá disciplinar as condições de acesso, por qualquer interessado, em caráter excepcional, às instalações portuárias autorizadas, assegurada remuneração adequada ao titular da autorização.

Seção III

DOS REQUISITOS PARA A INSTALAÇÃO DOS PORTOS E INSTALAÇÕES PORTUÁRIAS

Art. 14. A celebração do contrato de concessão ou arrendamento e a expedição de autorização serão precedidas de:

I – consulta à autoridade aduaneira;

II – consulta ao respectivo poder público municipal; e

III – emissão, pelo órgão licenciador, do termo de referência para os estudos ambientais com vistas ao licenciamento.

Seção IV

DA DEFINIÇÃO DA ÁREA DE PORTO ORGANIZADO

Art. 15. Ato do Presidente da República disporá sobre a definição da área dos portos organizados, a partir de proposta da Secretaria de Portos da Presidência da República.

Parágrafo único. A delimitação da área deverá considerar a adequação dos acessos marítimos e terrestres, os ganhos de eficiência e competitividade decorrente da escala das operações e as instalações portuárias já existentes.

Capítulo III

DO PODER CONCEDENTE

Art. 16. Ao poder concedente compete:

I – elaborar o planejamento setorial em conformidade com as políticas e diretrizes de logística integrada;

II – definir as diretrizes para a realização dos procedimentos licitatórios, das chamadas públicas e dos processos seletivos de que trata esta Lei, inclusive para os respectivos editais e instrumentos convocatórios;

III – celebrar os contratos de concessão e arrendamento e expedir as autorizações de instalação portuária, devendo a ANTAQ fiscalizá-los em conformidade com o disposto na Lei nº 10.233, de 5 de junho de 2001; e

IV – estabelecer as normas, os critérios e os procedimentos para a pré-qualificação dos operadores portuários.

§ 1º Para os fins do disposto nesta Lei, o poder concedente poderá celebrar convênios ou instrumentos congêneres de cooperação técnica e administrativa com órgãos e entidades da administração pública federal, dos Estados, do Distrito Federal e dos Municípios, inclusive com repasse de recursos.

§ 2º No exercício da competência prevista no inciso II do *caput*, o poder concedente deverá ouvir previamente a Agência Nacional do Petróleo, Gás Natural e Biocombustíveis sempre que a licitação, a chamada pública ou o processo seletivo envolver instalações portuárias voltadas à movimentação de petróleo, gás natural, seus derivados e biocombustíveis.

Capítulo IV

DA ADMINISTRAÇÃO DO PORTO ORGANIZADO

Seção I

DAS COMPETÊNCIAS

Art. 17. A administração do porto é exercida diretamente pela União, pela delegatária ou pela entidade concessionária do porto organizado.

§ 1º Compete à administração do porto organizado, denominada autoridade portuária:

I – cumprir e fazer cumprir as leis, os regulamentos e os contratos de concessão;

II – assegurar o gozo das vantagens decorrentes do melhoramento e aparelhamento do porto ao comércio e à navegação;

III – pré-qualificar os operadores portuários, de acordo com as normas estabelecidas pelo poder concedente;

IV – arrecadar os valores das tarifas relativas às suas atividades;

V – fiscalizar ou executar as obras de construção, reforma, ampliação, melhoramento e conservação das instalações portuárias;

VI – fiscalizar a operação portuária, zelando pela realização das atividades com regularidade, eficiência, segurança e respeito ao meio ambiente;

VII – promover a remoção de embarcações ou cascos de embarcações que possam prejudicar o acesso ao porto;

VIII – autorizar a entrada e saída, inclusive atracação e desatracação, o fundeio e o tráfego de embarcação na área do porto, ouvidas as demais autoridades do porto;

IX – autorizar a movimentação de carga das embarcações, ressalvada a competência da autoridade marítima em situações de assistência e salvamento de embarcação, ouvidas as demais autoridades do porto;

X – suspender operações portuárias que prejudiquem o funcionamento do porto, ressalvados os aspectos de interesse da autoridade marítima responsável pela segurança do tráfego aquaviário;

XI – reportar infrações e representar perante a ANTAQ, visando à instauração de processo administrativo e aplicação das penalidades previstas em lei, em regulamento e nos contratos;

XII – adotar as medidas solicitadas pelas demais autoridades no porto;

XIII – prestar apoio técnico e administrativo ao conselho de autoridade portuária e ao órgão de gestão de mão de obra;

XIV – estabelecer o horário de funcionamento do porto, observadas as diretrizes da Secretaria de Portos da Presidência da República, e as jornadas de trabalho no cais de uso público; e

XV – organizar a guarda portuária, em conformidade com a regulamentação expedida pelo poder concedente.

§ 2º A autoridade portuária elaborará e submeterá à aprovação da Secretaria de Portos da Presidência da República o respectivo Plano de Desenvolvimento e Zoneamento do Porto.

§ 3º O disposto nos incisos IX e X do § 1º não se aplica à embarcação militar que não esteja praticando comércio.

§ 4º A autoridade marítima responsável pela segurança do tráfego pode intervir para assegurar aos navios da Marinha do Brasil a prioridade para atracação no porto.

§ 5º VETADO.

Art. 18. Dentro dos limites da área do porto organizado, compete à administração do porto:

I – sob coordenação da autoridade marítima:

a) estabelecer, manter e operar o balizamento do canal de acesso e da bacia de evolução do porto;

b) delimitar as áreas de fundeadouro, de fundeio para carga e descarga, de inspeção sanitária e de polícia marítima;

c) delimitar as áreas destinadas a navios de guerra e submarinos, plataformas e demais embarcações especiais, navios em reparo ou aguardando atracação e navios com cargas inflamáveis ou explosivas;

d) estabelecer e divulgar o calado máximo de operação dos navios, em função dos levantamentos batimétricos efetuados sob sua responsabilidade; e

e) estabelecer e divulgar o porte bruto máximo e as dimensões máximas dos navios que trafegarão, em função das limitações e características físicas do cais do porto;

II – sob coordenação da autoridade aduaneira:

a) delimitar a área de alfandegamento; e

b) organizar e sinalizar os fluxos de mercadorias, veículos, unidades de cargas e de pessoas.

Art. 19. A administração do porto poderá, a critério do poder concedente, explorar direta ou indiretamente áreas não afetas às operações portuárias, observado o disposto no respectivo Plano de Desenvolvimento e Zoneamento do Porto.

Parágrafo único. O disposto no *caput* não afasta a aplicação das normas de licitação e contratação pública quando a administração do porto for exercida por órgão ou entidade sob controle estatal.

Art. 20. Será instituído em cada porto organizado um conselho de autoridade portuária, órgão consultivo da administração do porto.

§ 1º O regulamento disporá sobre as atribuições, o funcionamento e a composição dos conselhos de autoridade portuária, assegurada a participação de representantes da classe empresarial, dos trabalhadores portuários e do poder público.

§ 2º A representação da classe empresarial e dos trabalhadores no conselho a que alude o *caput* será paritária.

§ 3º A distribuição das vagas no conselho a que alude o *caput* observará a seguinte proporção:

I – 50% (cinquenta por cento) de representantes do poder público;

II – 25% (vinte e cinco por cento) de representantes da classe empresarial; e

III – 25% (vinte e cinco por cento) de representantes da classe trabalhadora.

Art. 21. Fica assegurada a participação de um representante da classe empresarial e outro da classe trabalhadora no conselho de administração ou órgão equivalente da administração do porto, quando se tratar de entidade sob controle estatal, na forma do regulamento.

Parágrafo único. A indicação dos representantes das classes empresarial e trabalhadora a que alude o *caput* será feita pelos respectivos representantes no conselho de autoridade portuária.

Art. 22. A Secretaria de Portos da Presidência da República coordenará a atuação integrada dos órgãos e entidades públicos nos portos organizados e instalações portuárias, com a finalidade de garantir a eficiência e a qualidade de suas atividades, nos termos do regulamento.

Seção II

DA ADMINISTRAÇÃO ADUANEIRA NOS PORTOS ORGANIZADOS E NAS INSTALAÇÕES PORTUÁRIAS ALFANDEGADAS

Art. 23. A entrada ou a saída de mercadorias procedentes do exterior ou a ele destinadas somente poderá efetuar-se em portos ou instalações portuárias alfandegados.

Parágrafo único. O alfandegamento de portos organizados e instalações portuárias destinados à movimentação e armazenagem de mercadorias importadas ou à exportação será efetuado após cumpridos os requisitos previstos na legislação específica.

Art. 24. Compete ao Ministério da Fazenda, por intermédio das repartições aduaneiras:

I – cumprir e fazer cumprir a legislação que regula a entrada, a permanência e a saída de quaisquer bens ou mercadorias do País;

II – fiscalizar a entrada, a permanência, a movimentação e a saída de pessoas, veículos, unidades de carga e mercadorias, sem prejuízo das atribuições das outras autoridades no porto;

III – exercer a vigilância aduaneira e reprimir o contrabando e o descaminho, sem prejuízo das atribuições de outros órgãos;

IV – arrecadar os tributos incidentes sobre o comércio exterior;

V – proceder ao despacho aduaneiro na importação e na exportação;

VI – proceder à apreensão de mercadoria em situação irregular, nos termos da legislação fiscal;

VII – autorizar a remoção de mercadorias da área portuária para outros locais, alfandegados ou não, nos casos e na forma prevista na legislação aduaneira;

VIII – administrar a aplicação de regimes suspensivos, exonerativos ou devolutivos de tributos às mercadorias importadas ou a exportar;

IX – assegurar o cumprimento de tratados, acordos ou convenções internacionais no plano aduaneiro; e

X – zelar pela observância da legislação aduaneira e pela defesa dos interesses fazendários nacionais.

§ 1º No exercício de suas atribuições, a autoridade aduaneira terá livre acesso a quaisquer dependências do porto ou instalação portuária, às embarcações atracadas ou não e aos locais onde se encontrem mercadorias procedentes do exterior ou a ele destinadas.

§ 2º No exercício de suas atribuições, a autoridade aduaneira poderá, sempre que julgar necessário, requisitar documentos e informações e o apoio de força pública federal, estadual ou municipal.

CAPÍTULO V

DA OPERAÇÃO PORTUÁRIA

Art. 25. A pré-qualificação do operador portuário será efetuada perante a administração do porto, conforme normas estabelecidas pelo poder concedente.

§ 1º As normas de pré-qualificação devem obedecer aos princípios da legalidade, impessoalidade, moralidade, publicidade e eficiência.

§ 2º A administração do porto terá prazo de 30 (trinta) dias, contado do pedido do interessado, para decidir sobre a pré-qualificação.

§ 3º Em caso de indeferimento do pedido mencionado no § 2º, caberá recurso, no prazo de 15 (quinze) dias, dirigido à Secretaria de Portos da Presidência da República, que deverá apreciá-lo no prazo de 30 (trinta) dias, nos termos do regulamento.

§ 4º Considera-se pré-qualificada como operador portuário a administração do porto.

Art. 26. O operador portuário responderá perante:

I – a administração do porto pelos danos culposamente causados à infraestrutura, às instalações e ao equipamento de que a administração do porto seja titular, que se encontre a seu serviço ou sob sua guarda;

II – o proprietário ou consignatário da mercadoria pelas perdas e danos que ocorrerem durante as operações que realizar ou em decorrência delas;

III – o armador pelas avarias ocorridas na embarcação ou na mercadoria dada a transporte;

IV – o trabalhador portuário pela remuneração dos serviços prestados e respectivos encargos;

V – o órgão local de gestão de mão de obra do trabalho avulso pelas contribuições não recolhidas;

VI – os órgãos competentes pelo recolhimento dos tributos incidentes sobre o trabalho portuário avulso; e

VII – a autoridade aduaneira pelas mercadorias sujeitas a controle aduaneiro, no período em que lhe estejam confiadas ou quando tenha controle ou uso exclusivo de área onde se encontrem depositadas ou devam transitar.

Parágrafo único. Compete à administração do porto responder pelas mercadorias a que se referem os incisos II e VII do *caput* quando estiverem em área por ela controlada e após o seu recebimento, conforme definido pelo regulamento de exploração do porto.

Art. 27. As atividades do operador portuário estão sujeitas às normas estabelecidas pela ANTAQ.

§ 1º O operador portuário é titular e responsável pela coordenação das operações portuárias que efetuar.

§ 2º A atividade de movimentação de carga a bordo da embarcação deve ser executada de acordo com a instrução de seu comandante ou de seus prepostos, responsáveis pela segurança da embarcação nas atividades de arrumação ou retirada da carga, quanto à segurança da embarcação.

Art. 28. É dispensável a intervenção de operadores portuários em operações:

I – que, por seus métodos de manipulação, suas características de automação ou mecanização, não requeiram a utilização de mão de obra ou possam ser executadas exclusivamente pela tripulação das embarcações;

II – de embarcações empregadas:

a) em obras de serviços públicos nas vias aquáticas do País, executadas direta ou indiretamente pelo poder público;

b) no transporte de gêneros de pequena lavoura e da pesca, para abastecer mercados de âmbito municipal;

c) na navegação interior e auxiliar;

d) no transporte de mercadorias líquidas a granel; e

e) no transporte de mercadorias sólidas a granel, quando a carga ou descarga for feita por aparelhos mecânicos automáticos, salvo quanto às atividades de rechego;

III – relativas à movimentação de:

a) cargas em área sob controle militar, quando realizadas por pessoal militar ou vinculado a organização militar;

b) materiais por estaleiros de construção e reparação naval; e

c) peças sobressalentes, material de bordo, mantimentos e abastecimento de embarcações; e

IV – relativas ao abastecimento de aguada, combustíveis e lubrificantes para a navegação.

Parágrafo único. VETADO.

Art. 29. As cooperativas formadas por trabalhadores portuários avulsos, registrados de acordo com esta Lei, poderão estabelecer-se como operadores portuários.

Art. 30. A operação portuária em instalações localizadas fora da área do porto organizado será disciplinada pelo titular da respectiva autorização, observadas as normas estabelecidas pelas autoridades marítima, aduaneira, sanitária, de saúde e de polícia marítima.

Art. 31. O disposto nesta Lei não prejudica a aplicação das demais normas referentes ao transporte marítimo, inclusive as decorrentes de convenções internacionais ratificadas, enquanto vincularem internacionalmente o País.

Capítulo VI

DO TRABALHO PORTUÁRIO

► Lei nº 9.719, de 27-11-1998, dispõe sobre normas e condições gerais de proteção ao trabalho portuário.

Art. 32. Os operadores portuários devem constituir em cada porto organizado um órgão de gestão de mão de obra do trabalho portuário, destinado a:

I – administrar o fornecimento da mão de obra do trabalhador portuário e do trabalhador portuário avulso;

II – manter, com exclusividade, o cadastro do trabalhador portuário e o registro do trabalhador portuário avulso;

III – treinar e habilitar profissionalmente o trabalhador portuário, inscrevendo-o no cadastro;

IV – selecionar e registrar o trabalhador portuário avulso;

V – estabelecer o número de vagas, a forma e a periodicidade para acesso ao registro do trabalhador portuário avulso;

VI – expedir os documentos de identificação do trabalhador portuário; e

VII – arrecadar e repassar aos beneficiários os valores devidos pelos operadores portuários relativos à remuneração do trabalhador portuário avulso e aos correspondentes encargos fiscais, sociais e previdenciários.

Parágrafo único. Caso celebrado contrato, acordo ou convenção coletiva de trabalho entre trabalhadores e tomadores de serviços, o disposto no instrumento precederá o órgão gestor e dispensará sua intervenção nas relações entre capital e trabalho no porto.

Art. 33. Compete ao órgão de gestão de mão de obra do trabalho portuário avulso:

I – aplicar, quando couber, normas disciplinares previstas em lei, contrato, convenção ou acordo coletivo de trabalho, no caso de transgressão disciplinar, as seguintes penalidades:

a) repreensão verbal ou por escrito;

b) suspensão do registro pelo período de 10 (dez) a 30 (trinta) dias; ou

c) cancelamento do registro;

II – promover:

a) a formação profissional do trabalhador portuário e do trabalhador portuário avulso, adequando-a aos modernos processos de movimentação de carga e de operação de aparelhos e equipamentos portuários;

b) o treinamento multifuncional do trabalhador portuário e do trabalhador portuário avulso; e

c) a criação de programas de realocação e de cancelamento do registro, sem ônus para o trabalhador;

III – arrecadar e repassar aos beneficiários contribuições destinadas a incentivar o cancelamento do registro e a aposentadoria voluntária;

IV – arrecadar as contribuições destinadas ao custeio do órgão;

V – zelar pelas normas de saúde, higiene e segurança no trabalho portuário avulso; e

VI – submeter à administração do porto propostas para aprimoramento da operação portuária e valorização econômica do porto.

§ 1º O órgão não responde por prejuízos causados pelos trabalhadores portuários avulsos aos tomadores dos seus serviços ou a terceiros.

§ 2º O órgão responde, solidariamente com os operadores portuários, pela remuneração devida ao trabalhador portuário avulso e pelas indenizações decorrentes de acidente de trabalho.

§ 3º O órgão pode exigir dos operadores portuários garantia prévia dos respectivos pagamentos, para atender a requisição de trabalhadores portuários avulsos.

§ 4º As matérias constantes nas alíneas *a* e *b* do inciso II deste artigo serão discutidas em fórum permanente, composto, em caráter paritário, por representantes do governo e da sociedade civil.

§ 5º A representação da sociedade civil no fórum previsto no § 4º será paritária entre trabalhadores e empresários.

Art. 34. O exercício das atribuições previstas nos arts. 32 e 33 pelo órgão de gestão de mão de obra do trabalho portuário avulso não implica vínculo empregatício com trabalhador portuário avulso.

Art. 35. O órgão de gestão de mão de obra pode ceder trabalhador portuário avulso, em caráter permanente, ao operador portuário.

Art. 36. A gestão da mão de obra do trabalho portuário avulso deve observar as normas do contrato, convenção ou acordo coletivo de trabalho.

Art. 37. Deve ser constituída, no âmbito do órgão de gestão de mão de obra, comissão paritária para solucionar litígios decorrentes da aplicação do disposto nos arts. 32, 33 e 35.

§ 1º Em caso de impasse, as partes devem recorrer à arbitragem de ofertas finais.

§ 2º Firmado o compromisso arbitral, não será admitida a desistência de qualquer das partes.

§ 3º Os árbitros devem ser escolhidos de comum acordo entre as partes, e o laudo arbitral proferido para solução da pendência constitui título executivo extrajudicial.

§ 4º As ações relativas aos créditos decorrentes da relação de trabalho avulso prescrevem em 5 (cinco) anos até o limite de 2 (dois) anos após o cancelamento do registro ou do cadastro no órgão gestor de mão de obra.

Art. 38. O órgão de gestão de mão de obra terá obrigatoriamente 1 (um) conselho de supervisão e 1 (uma) diretoria executiva.

§ 1º O conselho de supervisão será composto por 3 (três) membros titulares e seus suplentes, indicados na forma do regulamento, e terá como competência:

I – deliberar sobre a matéria contida no inciso V do *caput* do art. 32;

II – editar as normas a que se refere o art. 42; e

III – fiscalizar a gestão dos diretores, examinar, a qualquer tempo, os livros e papéis do órgão e solicitar informações sobre quaisquer atos praticados pelos diretores ou seus prepostos.

§ 2º A diretoria executiva será composta por 1 (um) ou mais diretores, designados e destituíveis na forma do regulamento, cujo prazo de gestão será de 3 (três) anos, permitida a redesignação.

§ 3º Até 1/3 (um terço) dos membros do conselho de supervisão poderá ser designado para cargos de diretores.

§ 4º No silêncio do estatuto ou contrato social, competirá a qualquer diretor a representação do órgão e a prática dos atos necessários ao seu funcionamento regular.

Art. 39. O órgão de gestão de mão de obra é reputado de utilidade pública, sendo-lhe vedado ter fins lucrativos, prestar serviços a terceiros ou exercer qualquer atividade não vinculada à gestão de mão de obra.

Art. 40. O trabalho portuário de capatazia, estiva, conferência de carga, conserto de carga, bloco e vigilância de embarcações, nos portos organizados, será realizado por trabalhadores portuários com vínculo empregatício por prazo indeterminado e por trabalhadores portuários avulsos.

§ 1º Para os fins desta Lei, consideram-se:

I – capatazia: atividade de movimentação de mercadorias nas instalações dentro do porto, compreendendo o recebimento, conferência, transporte interno, abertura de volumes para a conferência aduaneira, manipulação, arrumação e entrega, bem como o carregamento e descarga de embarcações, quando efetuados por aparelhamento portuário;

II – estiva: atividade de movimentação de mercadorias nos conveses ou nos porões das embarcações principais ou auxiliares, incluindo o transbordo, arrumação, peação e despeação, bem como o carregamento e a descarga, quando realizados com equipamentos de bordo;

III – conferência de carga: contagem de volumes, anotação de suas características, procedência ou destino, verificação do estado das mercadorias, assistência à pesagem, conferência do manifesto e demais serviços correlatos, nas operações de carregamento e descarga de embarcações;

IV – conserto de carga: reparo e restauração das embalagens de mercadorias, nas operações de carregamento e descarga de embarcações, reembalagem, marcação, remarcação, carimbagem, etiquetagem, abertura de volumes para vistoria e posterior recomposição;

V – vigilância de embarcações: atividade de fiscalização da entrada e saída de pessoas a bordo das embarcações atracadas ou fundeadas ao largo, bem como da movimentação de mercadorias nos portalós, rampas, porões, conveses, plataformas e em outros locais da embarcação; e

VI – bloco: atividade de limpeza e conservação de embarcações mercantes e de seus tanques, incluindo batimento de ferrugem, pintura, reparos de pequena monta e serviços correlatos.

§ 2º A contratação de trabalhadores portuários de capatazia, bloco, estiva, conferência de carga, conserto de carga e vigilância de embarcações com vínculo empregatício por prazo indeterminado será feita exclusivamente dentre trabalhadores portuários avulsos registrados.

§ 3º O operador portuário, nas atividades a que alude o *caput*, não poderá locar ou tomar mão de obra sob o regime de trabalho temporário de que trata a Lei nº 6.019, de 3 de janeiro de 1974.

§ 4º As categorias previstas no *caput* constituem categorias profissionais diferenciadas.

§ 5º Desde que possuam a qualificação necessária, os trabalhadores portuários avulsos registrados e cadastrados poderão desempenhar quaisquer das atividades de que trata o § 1º deste artigo, vedada a exigência de novo registro ou cadastro específico, independentemente de acordo ou convenção coletiva.

► § 5º acrescido pela Lei nº 14.047, de 24-8-2020.

Art. 41. O órgão de gestão de mão de obra:

I – organizará e manterá cadastro de trabalhadores portuários habilitados ao desempenho das atividades referidas no § 1º do art. 40; e

II – organizará e manterá o registro dos trabalhadores portuários avulsos.

§ 1º A inscrição no cadastro do trabalhador portuário dependerá exclusivamente de prévia habilitação profissional do trabalhador interessado, mediante treinamento realizado em entidade indicada pelo órgão de gestão de mão de obra.

§ 2º O ingresso no registro do trabalhador portuário avulso depende de prévia seleção e inscrição no cadastro de que trata o inciso I do *caput*, obedecidas a disponibilidade de vagas e a ordem cronológica de inscrição no cadastro.

§ 3º A inscrição no cadastro e o registro do trabalhador portuário extinguem-se por morte ou cancelamento.

Art. 42. A seleção e o registro do trabalhador portuário avulso serão feitos pelo órgão de gestão de mão de obra avulsa, de acordo com as normas estabelecidas em contrato, convenção ou acordo coletivo de trabalho.

Art. 43. A remuneração, a definição das funções, a composição dos ternos, a multifuncionalidade e as demais condições do trabalho avulso serão objeto de negociação entre as entidades representativas dos trabalhadores portuários avulsos e dos operadores portuários.

Parágrafo único. A negociação prevista no *caput* contemplará a garantia de renda mínima inserida no item 2 do artigo 2 da Convenção nº 137 da Organização Internacional do Trabalho – OIT.

Art. 44. É facultada aos titulares de instalações portuárias sujeitas a regime de autorização a contratação de trabalhadores a prazo indeterminado, observado o disposto no contrato, convenção ou acordo coletivo de trabalho.

Art. 45. VETADO.

Capítulo VII

DAS INFRAÇÕES E PENALIDADES

Art. 46. Constitui infração toda ação ou omissão, voluntária ou involuntária, que importe em:

I – realização de operações portuárias com infringência ao disposto nesta Lei ou com inobservância dos regulamentos do porto;

II – recusa injustificada, por parte do órgão de gestão de mão de obra, da distribuição de trabalhadores a qualquer operador portuário; ou

III – utilização de terrenos, área, equipamentos e instalações portuárias, dentro ou fora do porto organizado, com desvio de finalidade ou com desrespeito à lei ou aos regulamentos.

Parágrafo único. Responde pela infração, conjunta ou isoladamente, qualquer pessoa física ou jurídica que, intervindo na operação portuária, concorra para sua prática ou dela se beneficie.

Art. 47. As infrações estão sujeitas às seguintes penas, aplicáveis separada ou cumulativamente, de acordo com a gravidade da falta:

I – advertência;

II – multa;

III – proibição de ingresso na área do porto por período de 30 (trinta) a 180 (cento e oitenta) dias;

IV – suspensão da atividade de operador portuário, pelo período de 30 (trinta) a 180 (cento e oitenta) dias; ou

V – cancelamento do credenciamento do operador portuário.

Parágrafo único. Sem prejuízo do disposto nesta Lei, aplicam-se subsidiariamente às infrações previstas no art. 46 as penalidades estabelecidas na Lei nº 10.233, de 5 de junho de 2001, separada ou cumulativamente, de acordo com a gravidade da falta.

Art. 48. Apurada, no mesmo processo, a prática de 2 (duas) ou mais infrações pela mesma pessoa física ou jurídica, aplicam-se cumulativamente as penas a elas cominadas, se as infrações não forem idênticas.

§ 1º Serão reunidos em um único processo os diversos autos ou representações de infração continuada, para aplicação da pena.

§ 2º Serão consideradas continuadas as infrações quando se tratar de repetição de falta ainda não apurada ou objeto do processo, de cuja instauração o infrator não tenha conhecimento, por meio de intimação.

Art. 49. Na falta de pagamento de multa no prazo de 30 (trinta) dias, contado da ciência pelo infrator da decisão final que impuser a penalidade, será realizado processo de execução.

Art. 50. As importâncias pecuniárias resultantes da aplicação das multas previstas nesta Lei reverterão para a ANTAQ, na forma do inciso V do *caput* do art. 77 da Lei nº 10.233, de 5 de junho de 2001.

Art. 51. O descumprimento do disposto nos arts. 36, 39 e 42 desta Lei sujeitará o infrator à multa prevista no inciso I do art. 10 da Lei nº 9.719, de 27 de novembro de 1998, sem prejuízo das demais sanções cabíveis.

Art. 52. O descumprimento do disposto no *caput* e no § 3º do art. 40 desta Lei sujeitará o infrator à multa prevista no inciso III do art. 10 da Lei nº 9.719, de 27 de novembro de 1998, sem prejuízo das demais sanções cabíveis.

Capítulo VIII

DO PROGRAMA NACIONAL DE DRAGAGEM PORTUÁRIA E HIDROVIÁRIA II

Art. 53. Fica instituído o Programa Nacional de Dragagem Portuária e Hidroviária II, a ser implantado pela Secretaria de Portos da Presidência da República e pelo Ministério dos Transportes, nas respectivas áreas de atuação.

§ 1º O Programa de que trata o *caput* abrange, dentre outras atividades:

I – as obras e serviços de engenharia de dragagem para manutenção ou ampliação de áreas portuárias e de hidrovias, inclusive canais de navegação, bacias de evolução e de fundeio, e berços de atracação, compreendendo a remoção do material submerso e a escavação ou derrocamento do leito;

II – o serviço de sinalização e balizamento, incluindo a aquisição, instalação, reposição, manutenção e modernização de sinais náuticos e equipamentos necessários às hidrovias e ao acesso aos portos e terminais portuários;

III – o monitoramento ambiental; e

IV – o gerenciamento da execução dos serviços e obras.

§ 2º Para fins do Programa de que trata o *caput*, consideram-se:

I – dragagem: obra ou serviço de engenharia que consiste na limpeza, desobstrução, remoção, derrocamento ou escavação de material do fundo de rios, lagos, mares, baías e canais;

II – draga: equipamento especializado acoplado à embarcação ou à plataforma fixa, móvel ou flutuante, utilizado para execução de obras ou serviços de dragagem;

III – material dragado: material retirado ou deslocado do leito dos corpos d'água decorrente da atividade de dragagem e transferido para local de despejo autorizado pelo órgão competente;

IV – empresa de dragagem: pessoa jurídica que tenha por objeto a realização de obra ou serviço de dragagem com a utilização ou não de embarcação; e

V – sinalização e balizamento: sinais náuticos para o auxílio à navegação e à transmissão de informações ao navegante, de forma a possibilitar posicionamento seguro de acesso e tráfego.

Art. 54. A dragagem por resultado compreende a contratação de obras de engenharia destinadas ao aprofundamento, alargamento ou expansão de áreas portuárias e de hidrovias, inclusive canais de navegação, bacias de evolução e de fundeio e berços de atracação, bem como os serviços de sinalização, balizamento, monitoramento ambiental e outros com o objetivo de manter as condições de profundidade e segurança estabelecidas no projeto implantado.

§ 1º As obras ou serviços de dragagem por resultado poderão contemplar mais de um porto, num mesmo contrato, quando essa medida for mais vantajosa para a administração pública.

§ 2º Na contratação de dragagem por resultado, é obrigatória a prestação de garantia pelo contratado.

§ 3º A duração dos contratos de que trata este artigo será de até 10 (dez) anos, improrrogável.

§ 4º As contratações das obras e serviços no âmbito do Programa Nacional de Dragagem Portuária e Hidroviária II poderão ser feitas por meio de licitações internacionais e utilizar o Regime Diferenciado de Contratações Públicas, de que trata a Lei nº 12.462, de 4 de agosto de 2011.

§ 5º A administração pública poderá contratar empresa para gerenciar e auditar os serviços e obras contratados na forma do *caput*.

Art. 55. As embarcações destinadas à dragagem sujeitam-se às normas específicas de segurança da navegação estabelecidas pela autoridade marítima e não se submetem ao disposto na Lei nº 9.432, de 8 de janeiro de 1997.

Capítulo IX

DISPOSIÇÕES FINAIS E TRANSITÓRIAS

Art. 56. VETADO.

Parágrafo único. VETADO.

Art. 56-A. As infraestruturas ferroviárias no interior do perímetro dos portos e instalações portuárias não se constituem em ferrovias autônomas e são administradas pela respectiva autoridade portuária ou autorizatário, dispensada a realização de outorga específica para sua exploração.

Parágrafo único. As infraestruturas ferroviárias de que dispõe o *caput* deste artigo observarão as normas nacionais para a segurança do trânsito e do transporte ferroviários, e caberá ao regulador ferroviário federal fiscalizar sua aplicação.

► Art. 56-A acrescido pela Lei nº 14.273, de 23-12-2021.

Art. 57. Os contratos de arrendamento em vigor firmados sob a Lei nº 8.630, de 25 de fevereiro de 1993, que possuam previsão expressa de prorrogação ainda não realizada, poderão ter sua prorrogação antecipada, a critério do poder concedente.

§ 1º A prorrogação antecipada de que trata o *caput* dependerá da aceitação expressa de obrigação de realizar investimentos, segundo plano elaborado pelo arrendatário e aprovado pelo poder concedente em até 60 (sessenta) dias.

§ 2º VETADO.

§ 3º Caso, a critério do poder concedente, a antecipação das prorrogações de que trata o *caput* não seja efetivada, tal decisão não implica obrigatoriamente na recusa da prorrogação contratual prevista originalmente.

§ 4º VETADO.

§ 5º O Poder Executivo deverá encaminhar ao Congresso Nacional, até o último dia útil do mês de março de cada ano, relatório detalhado sobre a implementação das iniciativas tomadas com base nesta Lei, incluindo, pelo menos, as seguintes informações:

I – relação dos contratos de arrendamento e concessão em vigor até 31 de dezembro do ano anterior, por porto organizado, indicando data dos contratos, empresa detentora, objeto detalhado, área, prazo de vigência e situação de adimplemento com relação às cláusulas contratuais;

II – relação das instalações portuárias exploradas mediante autorizações em vigor até 31 de dezembro do ano anterior, segundo a localização, se dentro ou fora do porto organizado, indicando data da autorização, empresa detentora, objeto detalhado, área, prazo de vigência e situação de adimplemento com relação às cláusulas dos termos de adesão e autorização;

III – relação dos contratos licitados no ano anterior com base no disposto no art. 56 desta Lei, por porto organizado, indicando data do contrato, modalidade da licitação, empresa detentora, objeto, área, prazo de vigência e valor dos investimentos realizados e previstos nos contratos de concessão ou arrendamento;

IV – relação dos termos de autorização e os contratos de adesão adaptados no ano anterior, com base no disposto nos arts. 58 e 59 desta Lei, indicando data do contrato de autorização, empresa detentora, objeto, área, prazo de vigência e valor dos investimentos realizados e previstos nos termos de adesão e autorização;

V – relação das instalações portuárias operadas no ano anterior com base no previsto no art. 7º desta Lei, indicando empresa concessionária, empresa que utiliza efetivamente a instalação portuária, motivo e justificativa da utilização por interessado não detentor do arrendamento ou concessão e prazo de utilização.

Art. 58. Os termos de autorização e os contratos de adesão em vigor deverão ser adaptados ao disposto nesta Lei, em especial ao previsto nos §§ 1º a 4º do art. 8º, independentemente de chamada pública ou processo seletivo.

Parágrafo único. A ANTAQ deverá promover a adaptação de que trata o *caput* no prazo de 1 (um) ano, contado da data de publicação desta Lei.

Art. 59. As instalações portuárias enumeradas nos incisos I a IV do *caput* do art. 8º, localizadas dentro da área do porto organizado, terão assegurada a continuidade das suas atividades, desde que realizada a adaptação nos termos do art. 58.

Parágrafo único. Os pedidos de autorização para exploração de instalações portuárias enumeradas nos incisos I a IV do art. 8º, localizadas dentro da área do porto organizado, protocolados na ANTAQ até dezembro de 2012, poderão ser deferidos pelo poder concedente, desde que tenha sido comprovado até a referida data o domínio útil da área.

Art. 60. Os procedimentos licitatórios para contratação de dragagem homologados e os contratos de dragagem em vigor na data da publicação desta Lei permanecem regidos pelo disposto na Lei nº 11.610, de 12 de dezembro de 2007.

Art. 61. Até a publicação do regulamento previsto nesta Lei, ficam mantidas as regras para composição dos conselhos da autoridade portuária e dos conselhos de supervisão e diretorias executivas dos órgãos de gestão de mão de obra.

Art. 62. O inadimplemento, pelas concessionárias, arrendatárias, autorizatárias e operadoras portuárias no recolhimento de tarifas portuárias e outras obrigações financeiras perante a administração do porto e a ANTAQ, assim declarado em decisão final, impossibilita a inadimplente de celebrar ou prorrogar contratos de concessão e arrendamento, bem como obter novas autorizações.

§ 1º Para dirimir litígios relativos aos débitos a que se refere o *caput*, poderá ser utilizada a arbitragem, nos termos da Lei nº 9.307, de 23 de setembro de 1996.

▸ Dec. nº 10.025, de 20-9-2019, regulamenta este parágrafo.

§ 2º O impedimento previsto no *caput* também se aplica às pessoas jurídicas, direta ou indiretamente, controladoras, controladas, coligadas, ou de controlador comum com a inadimplente.

Art. 63. As Companhias Docas observarão regulamento simplificado para contratação de serviços e aquisição de bens, observados os princípios constitucionais da publicidade, impessoalidade, moralidade, economicidade e eficiência.

Art. 64. As Companhias Docas firmarão com a Secretaria de Portos da Presidência da República compromissos de metas e desempenho empresarial que estabelecerão, nos termos do regulamento:

I – objetivos, metas e resultados a serem atingidos, e prazos para sua consecução;

II – indicadores e critérios de avaliação de desempenho;

III – retribuição adicional em virtude do seu cumprimento; e

IV – critérios para a profissionalização da gestão das Docas.

Art. 65. Ficam transferidas à Secretaria de Portos da Presidência da República as competências atribuídas ao Ministério dos Transportes e ao Departamento Nacional de Infraestrutura de Transportes – DNIT em leis gerais e específicas relativas a portos fluviais e lacustres, exceto as competências relativas a instalações portuárias públicas de pequeno porte.

Art. 66. Aplica-se subsidiariamente às licitações de concessão de porto organizado e de arrendamento de instalação portuária o disposto nas Leis nºs 12.462, de 4 de agosto de 2011, 8.987, de 13 de fevereiro de 1995, e 8.666, de 21 de junho de 1993.

▸ A Lei nº 8.666, de 21-6-1993, foi revogada pela Lei nº 14.133, de 1º-4-2021.

▸ Lei nº 14.133, de 1º-4-2021 (Nova Lei de Licitações e Contratos Administrativos).

Art. 67. Aplica-se subsidiariamente a esta Lei o disposto na Lei nº 10.233, de 5 de junho de 2001, em especial no que se refere às competências e atribuições da ANTAQ.

Art. 68. As poligonais de áreas de portos organizados que não atendam ao disposto no art. 15 deverão ser adaptadas no prazo de 1 (um) ano.

Art. 69. VETADO.

Art. 70. O art. 29 da Lei nº 5.025, de 10 de junho de 1966, passa a vigorar com a seguinte redação:

"Art. 29. Os serviços públicos necessários à importação e exportação deverão ser centralizados pela administração pública em todos os portos organizados.

§ 1º Os serviços de que trata o *caput* serão prestados em horário corrido e coincidente com a operação de cada porto, em turnos, inclusive aos domingos e feriados.

§ 2º O horário previsto no § 1º poderá ser reduzido por ato do Poder Executivo, desde que não haja prejuízo à segurança nacional e à operação portuária.

...."

Art. 71. A Lei nº 10.233, de 5 de junho de 2001, passa a vigorar com as seguintes alterações:

"Art. 13. Ressalvado o disposto em legislação específica, as outorgas a que se refere o inciso I do *caput* do art. 12 serão realizadas sob a forma de:"

....

"Art. 14. Ressalvado o disposto em legislação específica, o disposto no art. 13 aplica-se conforme as seguintes diretrizes:

....

III – depende de autorização:

....

c) a construção e a exploração das instalações portuárias de que trata o art. 8º da Lei na qual foi convertida a Medida Provisória nº 595, de 6 de dezembro de 2012;

....

g) (Revogada);

h) (Revogada);

...."

"Art. 20. ....

I – implementar, nas respectivas esferas de atuação, as políticas formuladas pelo Conselho Nacional de Integração de Políticas de Transporte, pelo Ministério dos Transportes e pela Secretaria de Portos da Presidência da República, nas respectivas áreas de competência, segundo os princípios e diretrizes estabelecidos nesta Lei;

...."

"Art. 21. Ficam instituídas a Agência Nacional de Transportes Terrestres – ANTT e a Agência Nacional de Transportes Aquaviários – ANTAQ, entidades integrantes da administração federal indireta, submetidas ao regime autárquico especial e vinculadas, respectivamente, ao Ministério dos Transportes e à Secretaria de Portos da Presidência da República, nos termos desta Lei.

...."

"Art. 23. Constituem a esfera de atuação da ANTAQ:

....

II – os portos organizados e as instalações portuárias neles localizadas;

III – as instalações portuárias de que trata o art. 8º da Lei na qual foi convertida a Medida Provisória nº 595, de 6 de dezembro de 2012;

....

§ 1º A ANTAQ articular-se-á com órgãos e entidades da administração, para resolução das interfaces do transporte aquaviário com as outras modalidades de transporte, com a finalidade de promover a movimentação intermodal mais econômica e segura de pessoas e bens.

...."

"Art. 27. ....

I – promover estudos específicos de demanda de transporte aquaviário e de atividades portuárias;

....

III – propor ao Ministério dos Transportes o plano geral de outorgas de exploração da infraestrutura aquaviária e de prestação de serviços de transporte aquaviário;

a) (revogada);

b) (revogada);

....

VII – promover as revisões e os reajustes das tarifas portuárias, assegurada a comunicação prévia, com antecedência mínima de 15 (quinze) dias úteis, ao poder concedente e ao Ministério da Fazenda;

....

XIV – estabelecer normas e padrões a serem observados pelas administrações portuárias, concessionários, arrendatários, autorizatários e operadores portuários, nos termos da Lei na qual foi convertida a Medida Provisória nº 595, de 6 de dezembro de 2012;

XV – elaborar editais e instrumentos de convocação e promover os procedimentos de licitação e seleção para concessão, arrendamento ou autorização da exploração de portos organizados ou instalações portuárias, de acordo com as diretrizes do poder concedente, em obediência ao disposto na Lei na qual foi convertida a Medida Provisória nº 595, de 6 de dezembro de 2012;

XVI – cumprir e fazer cumprir as cláusulas e condições dos contratos de concessão de porto organizado ou dos contratos de arrendamento de instalações portuárias quanto à manutenção e reposição dos bens e equipamentos reversíveis à União de que trata o inciso VIII do *caput* do art. 5º da Lei na qual foi convertida a Medida Provisória nº 595, de 6 de dezembro de 2012;

....

XXII – fiscalizar a execução dos contratos de adesão das autorizações de instalação portuária de que trata o art. 8º da Lei na qual foi convertida a Medida Provisória nº 595, de 6 de dezembro de 2012;

....

XXV – celebrar atos de outorga de concessão para a exploração da infraestrutura aquaviária, gerindo e fiscalizando os respectivos contratos e demais instrumentos administrativos;

XXVI – fiscalizar a execução dos contratos de concessão de porto organizado e de arrendamento de instalação portuária, em conformidade com o disposto na Lei na qual foi convertida a Medida Provisória nº 595, de 6 de dezembro de 2012;

XXVII – (revogado).

§ 1º ....

II – participar de foros internacionais, sob a coordenação do Poder Executivo; e

....

§ 3º (Revogado).

§ 4º (Revogado)."

"Art. 33. Ressalvado o disposto em legislação específica, os atos de outorga de autorização, concessão ou permissão editados e celebrados pela ANTT e pela ANTAQ obedecerão ao disposto na Lei nº 8.987, de

13 de fevereiro de 1995, nas Subseções II, III, IV e V desta Seção e nas regulamentações complementares editadas pelas Agências."

"Art. 34-A. ....

§ 2º O edital de licitação indicará obrigatoriamente, ressalvado o disposto em legislação específica:

...."

"Art. 35. O contrato de concessão deverá refletir fielmente as condições do edital e da proposta vencedora e terá como cláusulas essenciais, ressalvado o disposto em legislação específica, as relativas a:

...."

"Art. 43. A autorização, ressalvado o disposto em legislação específica, será outorgada segundo as diretrizes estabelecidas nos arts. 13 e 14 e apresenta as seguintes características:

...."

"Art. 44. A autorização, ressalvado o disposto em legislação específica, será disciplinada em regulamento próprio e será outorgada mediante termo que indicará:

...."

"Art. 51-A. Fica atribuída à ANTAQ a competência de fiscalização das atividades desenvolvidas pelas administrações de portos organizados, pelos operadores portuários e pelas arrendatárias ou autorizatárias de instalações portuárias, observado o disposto na Lei na qual foi convertida a Medida Provisória nº 595, de 6 de dezembro de 2012.

§ 1º Na atribuição citada no *caput* incluem-se as administrações dos portos objeto de convênios de delegação celebrados nos termos da Lei nº 9.277, de 10 de maio de 1996.

§ 2º A ANTAQ prestará ao Ministério dos Transportes ou à Secretaria de Portos da Presidência da República todo apoio necessário à celebração dos convênios de delegação.

...."

"Art. 56. ....

Parágrafo único. Cabe ao Ministro de Estado dos Transportes ou ao Ministro de Estado Chefe da Secretaria de Portos da Presidência da República, conforme o caso, instaurar o processo administrativo disciplinar, competindo ao Presidente da República determinar o afastamento preventivo, quando for o caso, e proferir o julgamento.

...."

"Art. 67. *Revogado*. Lei nº 14.301, de 7-1-2022.

...."

"Art. 78. *Revogado*. Lei nº 14.301, de 7-1-2022.

...."

"Art. 78-A. ....

§ 1º Na aplicação das sanções referidas no *caput*, a ANTAQ observará o disposto na Lei na qual foi convertida a Medida Provisória nº 595, de 6 de dezembro de 2012.

§ 2º A aplicação da sanção prevista no inciso IV do *caput*, quando se tratar de concessão de porto organizado ou arrendamento e autorização de instalação portuária, caberá ao poder concedente, mediante proposta da ANTAQ.

...."

"Art. 81 ....

III – *Revogado*. Lei nº 14.301, de 7-1-2022;

IV – (revogado).

...."

"Art. 82 ....

§ 2º No exercício das atribuições previstas neste artigo e relativas a vias navegáveis, o DNIT observará as prerrogativas específicas da autoridade marítima.

...."

Art. 72. *Revogado*. Lei nº 14.301, de 7-1-2022.

Art. 73. A Lei nº 9.719, de 27 de novembro de 1998, passa a vigorar acrescida do seguinte art. 10-A:

▸ Aleração inserida no texto da referida Lei.

Art. 74. VETADO.

Art. 75. Esta Lei entra em vigor na data de sua publicação.

Art. 76. Ficam revogados:

I – a Lei nº 8.630, de 25 de fevereiro de 1993;

II – a Lei nº 11.610, de 12 de dezembro de 2007;

III – o art. 21 da Lei nº 11.314, de 3 de julho de 2006;

IV – o art. 14 da Lei nº 11.518, de 5 de setembro de 2007;

V – os seguintes dispositivos da Lei nº 10.233, de 5 de junho de 2001:

a) as alíneas *g* e *h* do inciso III do *caput* do art. 14;

b) as alíneas *a* e *b* do inciso III do *caput* do art. 27;

c) o inciso XXVII do *caput* do art. 27;

d) os §§ 3º e 4º do art. 27; e

e) o inciso IV do *caput* do art. 81; e

VI – o art. 11 da Lei nº 9.719, de 27 de novembro de 1998.

Brasília, 5 de junho de 2013;
192º da Independência e
125º da República.

Dilma Rousseff

LEI Nº 12.842, DE 10 DE JULHO DE 2013

Dispõe sobre o exercício da Medicina.

► Publicada no *DOU* de 11-8-2013.

Art. 1º O exercício da Medicina é regido pelas disposições desta Lei.

Art. 2º O objeto da atuação do médico é a saúde do ser humano e das coletividades humanas, em benefício da qual deverá agir com o máximo de zelo, com o melhor de sua capacidade profissional e sem discriminação de qualquer natureza.

Parágrafo único. O médico desenvolverá suas ações profissionais no campo da atenção à saúde para:

I – a promoção, a proteção e a recuperação da saúde;

II – a prevenção, o diagnóstico e o tratamento das doenças;

III – a reabilitação dos enfermos e portadores de deficiências.

Art. 3º O médico integrante da equipe de saúde que assiste o indivíduo ou a coletividade atuará em mútua colaboração com os demais profissionais de saúde que a compõem.

Art. 4º São atividades privativas do médico:

I – VETADO;

II – indicação e execução da intervenção cirúrgica e prescrição dos cuidados médicos pré e pós-operatórios;

III – indicação da execução e execução de procedimentos invasivos, sejam diagnósticos, terapêuticos ou estéticos, incluindo os acessos vasculares profundos, as biópsias e as endoscopias;

IV – intubação traqueal;

V – coordenação da estratégia ventilatória inicial para a ventilação mecânica invasiva, bem como das mudanças necessárias diante das intercorrências clínicas, e do programa de interrupção da ventilação mecânica invasiva, incluindo a desintubação traqueal;

VI – execução de sedação profunda, bloqueios anestésicos e anestesia geral;

VII – emissão de laudo dos exames endoscópicos e de imagem, dos procedimentos diagnósticos invasivos e dos exames anatomopatológicos;

VIII e IX – VETADOS;

X – determinação do prognóstico relativo ao diagnóstico nosológico;

XI – indicação de internação e alta médica nos serviços de atenção à saúde;

XII – realização de perícia médica e exames médico-legais, excetuados os exames laboratoriais de análises clínicas, toxicológicas, genéticas e de biologia molecular;

XIII – atestação médica de condições de saúde, doenças e possíveis sequelas;

XIV – atestação do óbito, exceto em casos de morte natural em localidade em que não haja médico.

§ 1º Diagnóstico nosológico é a determinação da doença que acomete o ser humano, aqui definida como interrupção, cessação ou distúrbio da função do corpo, sistema ou órgão, caracterizada por, no mínimo, dois dos seguintes critérios:

I – agente etiológico reconhecido;

II – grupo identificável de sinais ou sintomas;

III – alterações anatômicas ou psicopatológicas.

§ 2º VETADO.

§ 3º As doenças, para os efeitos desta Lei, encontram-se referenciadas na versão atualizada da Classificação Estatística Internacional de Doenças e Problemas Relacionados à Saúde.

§ 4º Procedimentos invasivos, para os efeitos desta Lei, são os caracterizados por quaisquer das seguintes situações:

I e II– VETADOS;

III – invasão dos orifícios naturais do corpo, atingindo órgãos internos.

§ 5º Excetuam-se do rol de atividades privativas do médico:

I e II–VETADOS;

III – aspiração nasofaringeana ou orotraqueal;

IV – VETADO;

V – realização de curativo com desbridamento até o limite do tecido subcutâneo, sem a necessidade de tratamento cirúrgico;

VI – atendimento à pessoa sob risco de morte iminente;

VII – realização de exames citopatológicos e seus respectivos laudos;

VIII – coleta de material biológico para realização de análises clínico-laboratoriais;

IX – procedimentos realizados através de orifícios naturais em estruturas anatômicas visando à recuperação físico-funcional e não comprometendo a estrutura celular e tecidual.

§ 6º O disposto neste artigo não se aplica ao exercício da Odontologia, no âmbito de sua área de atuação.

§ 7º O disposto neste artigo será aplicado de forma que sejam resguardadas as competências próprias das profissões de assistente social, biólogo, biomédico, enfermeiro, farmacêutico, fisioterapeuta, fonoaudiólogo, nutricionista, profissional de educação física, psicólogo, terapeuta ocupacional e técnico e tecnólogo de radiologia.

Art. 5º São privativos de médico:

I – VETADO;

II – perícia e auditoria médicas; coordenação e supervisão vinculadas, de forma imediata e direta, às atividades privativas de médico;

III – ensino de disciplinas especificamente médicas;

IV – coordenação dos cursos de graduação em Medicina, dos programas de residência médica e dos cursos de pós-graduação específicos para médicos.

Parágrafo único. A direção administrativa de serviços de saúde não constitui função privativa de médico.

Art. 6º A denominação "médico" é privativa do graduado em curso superior de Medicina reconhecido e deverá constar obrigatoriamente dos diplomas emitidos por instituições de educação superior credenciadas na forma do art. 46 da Lei nº 9.394, de 20 de dezembro de 1996 (Lei de Diretrizes e Bases da Educação Nacional), vedada a denominação "bacharel em Medicina".

▸ Artigo com a redação dada pela Lei nº 13.270, de 13-4-2016.

Art. 7º Compreende-se entre as competências do Conselho Federal de Medicina editar normas para definir o caráter experimental de procedimentos em Medicina, autorizando ou vedando a sua prática pelos médicos.

Parágrafo único. A competência fiscalizadora dos Conselhos Regionais de Medicina abrange a fiscalização e o controle dos procedimentos especificados no *caput*, bem como a aplicação das sanções pertinentes em caso de inobservância das normas determinadas pelo Conselho Federal.

Art. 8º Esta Lei entra em vigor 60 (sessenta) dias após a data de sua publicação.

Brasília, 10 de julho de 2013;
192º da Independência e
125º da República.

Dilma Rousseff

PORTARIA DO MTE Nº 1.885, DE 2 DE DEZEMBRO DE 2013

Aprova o Anexo 3 – Atividades e operações perigosas com exposição a roubos ou outras espécies de violência física nas atividades profissionais de segurança pessoal ou patrimonial – da Norma Regulamentadora nº 16 – Atividades e operações perigosas.

▸ Publicada no *DOU* de 3-12-2013.

O Ministro de Estado do Trabalho e Emprego, no uso das atribuições que lhe conferem o inciso II do parágrafo único do art. 87 da Constituição Federal e os arts. 155 e 200 da Consolidação das Leis do Trabalho – CLT, aprovada pelo Decreto-Lei nº 5.452, de 1º de maio de 1943, resolve:

Art. 1º Aprovar o Anexo 3 – Atividades e operações perigosas com exposição a roubos ou outras espécies de violência física nas atividades profissionais de segurança pessoal ou patrimonial – da Norma Regulamentadora nº 16 – Atividades e operações perigosas, com a redação constante no Anexo desta Portaria.

Art. 2º Serão descontados ou compensados do adicional outros da mesma natureza eventualmente já concedidos ao vigilante por meio de acordo coletivo, nos termos do § 3º do art. 193 da CLT.

Art. 3º Os efeitos pecuniários decorrentes do trabalho em condições de periculosidade serão devidos a contar da data da publicação desta Portaria, nos termos do art. 196 da CLT.

Art. 4º Esta Portaria entra em vigor na data de sua publicação.

Manoel Dias

ANEXO

ANEXO 3 DA NR-16

ATIVIDADES E OPERAÇÕES PERIGOSAS COM EXPOSIÇÃO A ROUBOS OU OUTRAS ESPÉCIES DE VIOLÊNCIA FÍSICA NAS ATIVIDADES PROFISSIONAIS DE SEGURANÇA PESSOAL OU PATRIMONIAL

1. As atividades ou operações que impliquem em exposição dos profissionais de segurança pessoal ou patrimonial a roubos ou outras espécies de violência física são consideradas perigosas.

2. São considerados profissionais de segurança pessoal ou patrimonial os trabalhadores que atendam a uma das seguintes condições:

a) empregados das empresas prestadoras de serviço nas atividades de segurança privada ou que integrem serviço orgânico de segurança privada, devidamente registradas e autorizadas pelo Ministério da Justiça, conforme Lei nº 7.102/1983 e suas alterações posteriores.

b) empregados que exercem a atividade de segurança patrimonial ou pessoal em instalações metroviárias, ferroviárias, portuárias, rodoviárias, aeroportuárias e de bens públicos, contratados diretamente pela administração pública direta ou indireta.

3. As atividades ou operações que expõem os empregados a roubos ou outras espécies de violência física, desde que atendida uma das condições do item 2, são as constantes do quadro abaixo:

ATIVIDADES OU OPERAÇÕES	DESCRIÇÃO
Vigilância patrimonial	Segurança patrimonial e/ou pessoal na preservação do patrimônio em estabelecimentos públicos ou privados e da incolumidade física de pessoas.
Segurança de eventos	Segurança patrimonial e/ou pessoal em espaços públicos ou privados, de uso comum do povo.
Segurança nos transportes coletivos	Segurança patrimonial e/ou pessoal nos transportes coletivos e em suas respectivas instalações.
Segurança ambiental e florestal	Segurança patrimonial e/ou pessoal em áreas de conservação de fauna, flora natural e de reflorestamento.
Transporte de valores	Segurança na execução do serviço de transporte de valores.
Escolta armada	Segurança no acompanhamento de qualquer tipo de carga ou de valores.
Segurança pessoal	Acompanhamento e proteção da integridade física de pessoa ou de grupos.
Supervisão / fiscalização Operacional	Supervisão e/ou fiscalização direta dos locais de trabalho para acompanhamento e orientação dos vigilantes.
Telemonitoramento / telecontrole	Execução de controle e/ou monitoramento de locais, através de sistemas eletrônicos de segurança.

LEI Nº 12.984, DE 2 DE JUNHO DE 2014

Define o crime de discriminação dos portadores do vírus da imunodeficiência humana (HIV) e doentes de AIDS.

► Publicada no *DOU* de 3-6-2014.

Art. 1º Constitui crime punível com reclusão, de 1 (um) a 4 (quatro) anos, e multa, as seguintes condutas discriminatórias contra o portador do HIV e o doente de AIDS, em razão da sua condição de portador ou de doente:

I – recusar, procrastinar, cancelar ou segregar a inscrição ou impedir que permaneça como aluno em creche ou estabelecimento de ensino de qualquer curso ou grau, público ou privado;

II – negar emprego ou trabalho;

III – exonerar ou demitir de seu cargo ou emprego;

IV – segregar no ambiente de trabalho ou escolar;

V – divulgar a condição do portador do HIV ou de doente de AIDS, com intuito de ofender-lhe a dignidade;

VI – recusar ou retardar atendimento de saúde.

Art. 2º Esta Lei entra em vigor na data de sua publicação.

Brasília, 2 de junho de 2014;
193º da Independência e
126º da República.

Dilma Rousseff

LEI COMPLEMENTAR Nº 146, DE 25 DE JUNHO DE 2014

Estende a estabilidade provisória prevista na alínea b do inciso II do art. 10 do Ato das Disposições Constitucionais Transitórias à trabalhadora gestante, nos casos de morte desta, a quem detiver a guarda de seu filho.

► Publicada no *DOU* de 26-6-2014.

Art. 1º O direito prescrito na alínea *b* do inciso II do art. 10 do Ato das Disposições Constitucionais Transitórias, nos casos em que ocorrer o falecimento da genitora, será assegurado a quem detiver a guarda do seu filho.

Art. 2º Esta Lei Complementar entra em vigor na data de sua publicação.

Brasília, 25 de junho de 2014;
193º da Independência e
126º da República.
Dilma Rousseff

LEI Nº 13.021, DE 8 DE AGOSTO DE 2014

Dispõe sobre o exercício e a fiscalização das atividades farmacêuticas.

▸ Publicada no *DOU* de 11-8-2014, edição extra.

Capítulo I

DISPOSIÇÕES PRELIMINARES

Art. 1º As disposições desta Lei regem as ações e serviços de assistência farmacêutica executados, isolada ou conjuntamente, em caráter permanente ou eventual, por pessoas físicas ou jurídicas de direito público ou privado.

Art. 2º Entende-se por assistência farmacêutica o conjunto de ações e de serviços que visem a assegurar a assistência terapêutica integral e a promoção, a proteção e a recuperação da saúde nos estabelecimentos públicos e privados que desempenhem atividades farmacêuticas, tendo o medicamento como insumo essencial e visando ao seu acesso e ao seu uso racional.

Art. 3º Farmácia é uma unidade de prestação de serviços destinada a prestar assistência farmacêutica, assistência à saúde e orientação sanitária individual e coletiva, na qual se processe a manipulação e/ou dispensação de medicamentos magistrais, oficinais, farmacopeicos ou industrializados, cosméticos, insumos farmacêuticos, produtos farmacêuticos e correlatos.

Parágrafo único. As farmácias serão classificadas segundo sua natureza como:

I – farmácia sem manipulação ou drogaria: estabelecimento de dispensação e comércio de drogas, medicamentos, insumos farmacêuticos e correlatos em suas embalagens originais;

II – farmácia com manipulação: estabelecimento de manipulação de fórmulas magistrais e oficinais, de comércio de drogas, medicamentos, insumos farmacêuticos e correlatos, compreendendo o de dispensação e o de atendimento privativo de unidade hospitalar ou de qualquer outra equivalente de assistência médica.

Art. 4º É responsabilidade do poder público assegurar a assistência farmacêutica, segundo os princípios e diretrizes do Sistema Único de Saúde, de universalidade, equidade e integralidade.

Capítulo II

DAS ATIVIDADES FARMACÊUTICAS

Art. 5º No âmbito da assistência farmacêutica, as farmácias de qualquer natureza requerem, obrigatoriamente, para seu funcionamento, a responsabilidade e a assistência técnica de farmacêutico habilitado na forma da lei.

Capítulo III

DOS ESTABELECIMENTOS FARMACÊUTICOS

Seção I

DAS FARMÁCIAS

Art. 6º Para o funcionamento das farmácias de qualquer natureza, exigem-se a autorização e o licenciamento da autoridade competente, além das seguintes condições:

I – ter a presença de farmacêutico durante todo o horário de funcionamento;

II – ter localização conveniente, sob o aspecto sanitário;

III – dispor de equipamentos necessários à conservação adequada de imunobiológicos;

IV – contar com equipamentos e acessórios que satisfaçam aos requisitos técnicos estabelecidos pela vigilância sanitária.

Art. 7º Poderão as farmácias de qualquer natureza dispor, para atendimento imediato à população, de medicamentos, vacinas e soros que atendam o perfil epidemiológico de sua região demográfica.

Art. 8º A farmácia privativa de unidade hospitalar ou similar destina-se exclusivamente ao atendimento de seus usuários.

Parágrafo único. Aplicam-se às farmácias a que se refere o *caput* as mesmas exigências legais previstas para as farmácias não privativas no que concerne a instalações, equipamentos, direção e desempenho técnico de farmacêuticos, assim como ao registro em Conselho Regional de Farmácia.

Art. 9º VETADO.

Seção II

DAS RESPONSABILIDADES

Art. 10. O farmacêutico e o proprietário dos estabelecimentos farmacêuticos agirão sempre solidariamente, realizando todos os esforços para promover o uso racional de medicamentos.

Art. 11. O proprietário da farmácia não poderá desautorizar ou desconsiderar as orientações técnicas emitidas pelo farmacêutico.

Parágrafo único. É responsabilidade do estabelecimento farmacêutico fornecer condições adequadas ao perfeito desenvolvimento das atividades profissionais do farmacêutico.

Art. 12. Ocorrendo a baixa do profissional farmacêutico, obrigam-se os estabelecimentos à contratação de novo farmacêutico, no prazo máximo de 30 (trinta) dias, atendido o disposto nas Leis nº 5.991, de 17 de dezembro de 1973, e 6.437, de 20 de agosto de 1977.

Art. 13. Obriga-se o farmacêutico, no exercício de suas atividades, a:

I – notificar os profissionais de saúde e os órgãos sanitários competentes, bem como o laboratório industrial, dos efeitos colaterais, das reações adversas, das intoxicações, voluntárias ou não, e da farmacodependência observados e registrados na prática da farmacovigilância;

II – organizar e manter cadastro atualizado com dados técnico-científicos das drogas, fármacos e medicamentos disponíveis na farmácia;

III – proceder ao acompanhamento farmacoterapêutico de pacientes, internados ou não, em estabelecimentos hospitalares ou ambulatoriais, de natureza pública ou privada;

IV – estabelecer protocolos de vigilância farmacológica de medicamentos, produtos farmacêuticos e correlatos, visando a assegurar o seu uso racionalizado, a sua segurança e a sua eficácia terapêutica;

V – estabelecer o perfil farmacoterapêutico no acompanhamento sistemático do paciente, mediante elaboração, preenchimento e interpretação de fichas farmacoterapêuticas;

VI – prestar orientação farmacêutica, com vistas a esclarecer ao paciente a relação benefício e risco, a conservação e a utilização de fármacos e medicamentos inerentes à terapia, bem como as suas interações medicamentosas e a importância do seu correto manuseio.

Art. 14. Cabe ao farmacêutico, na dispensação de medicamentos, visando a garantir a eficácia e a segurança da terapêutica prescrita, observar os aspectos técnicos e legais do receituário.

Capítulo IV

DA FISCALIZAÇÃO

Art. 15. VETADO.

Art. 16. É vedado ao fiscal farmacêutico exercer outras atividades profissionais de farmacêutico, ser responsável técnico ou proprietário ou participar da sociedade em estabelecimentos farmacêuticos.

Capítulo V

DISPOSIÇÕES GERAIS E TRANSITÓRIAS

Arts. 17 e 18. VETADOS.

Brasília, 8 de agosto de 2014;
193º da Independência e
126º da República.

Dilma Rousseff

ATO DO TST Nº 491, DE 23 DE SETEMBRO DE 2014

*Fixa parâmetros procedimentais mínimos para dar efetividade à Lei nº 13.015, de 21 de julho de 2014.**

- Publicado no *DJE* de 23-9-2014 (republicado no *DJE* de 14-11-2014).
- Referendado pela Res. Administrativa do TST nº 1.699, de 6-10-2014.

O Presidente do Tribunal Superior do Trabalho, no uso das atribuições legais e regimentais, ad referendum do Órgão Especial,

Considerando a edição da Lei nº 13.015, de 21 de julho de 2014, que instituiu novos requisitos para a admissibilidade de recursos no âmbito da Justiça do Trabalho e introduz a sistemática do recurso repetitivo;

Considerando a necessidade de fixação de parâmetros procedimentais mínimos para dar efetividade à referida lei, resolve:

Art. 1º A Lei nº 13.015, de 21 de julho de 2014, aplica-se aos recursos interpostos das decisões publicadas a partir da data de sua vigência.

Parágrafo único. As normas procedimentais da Lei nº 13.015/2014 e as que não afetarem o direito processual adquirido de qualquer das partes aplicam-se aos recursos interpostos anterior-

* Ementa Rideel – texto não oficial.

mente à data de sua vigência, em especial as que regem o sistema de julgamento de recursos de revista repetitivos, o efeito interruptivo dos embargos de declaração e a afetação do recurso de embargos ao Tribunal Pleno do TST, dada a relevância da matéria (art. 7º).

Art. 2º Sem prejuízo da competência do Ministro Relator do recurso de embargos prevista no § 3º do artigo 894 da CLT, o Presidente de Turma, na forma do Regimento Interno do Tribunal Superior do Trabalho, denegar-lhe-á seguimento nas hipóteses ali previstas e quando a divergência apresentada não se revelar atual, nos termos do § 2º do mesmo dispositivo legal.

Art. 3º Para efeito de aplicação dos §§ 4º e 5º do artigo 896 da CLT, persistindo decisão conflitante com a jurisprudência já uniformizada do Tribunal Regional do Trabalho de origem, deverão os autos retornar à instância a quo para sua adequação à súmula regional ou à tese jurídica prevalecente no Tribunal Regional do Trabalho, desde que não conflitante com súmula ou orientação jurisprudencial do Tribunal Superior do Trabalho.

Art. 4º A comprovação da existência da súmula regional ou da tese jurídica prevalecente no Tribunal Regional do Trabalho e não conflitante com súmula ou orientação jurisprudencial do Tribunal Superior do Trabalho servirá para os efeitos do artigo 896, *a*, da CLT, desde que regularmente demonstrada sua fonte de publicação.

Art. 5º No caso de decisão regional em consonância com súmula ou orientação jurisprudencial do Tribunal Superior do Trabalho, o Relator denegará seguimento ao recurso.

Art. 6º Os Tribunais Regionais do Trabalho deverão manter e dar publicidade a suas súmulas e teses jurídicas prevalecentes mediante banco de dados, organizando-as por questão jurídica decidida e divulgando-as, preferencialmente, na rede mundial de computadores.

Arts. 7º a 22. *Revogados.* IN do TST nº 38, de 10-11-2015.

Art. 23. A dispensa de depósito recursal a que se refere o § 8º do artigo 899 da CLT não será aplicável aos casos em que o agravo de instrumento se refira a uma parcela de condenação, pelo menos, que não seja objeto de arguição de contrariedade a súmula ou a orientação jurisprudencial do Tribunal Superior do Trabalho.

Parágrafo único. Quando a arguição a que se refere o *caput* deste artigo revelar-se manifestamente infundada, temerária ou artificiosa, o agravo de instrumento será considerado deserto.

Publique-se.

Antonio José de Barros Levenhagen

INSTRUÇÃO NORMATIVA DO TST Nº 37, DE 25 DE MARÇO DE 2015

*Regulamenta os procedimentos em caso de Incidente de Uniformização de Jurisprudência no âmbito dos TRTs, suscitado na forma do art. 896, § 4º, da CLT.**

▶ Publicada no *DJE* de 4-3-2015.

▶ Referendada pela Res. do TST nº 195, de 2-3-2015.

Art. 1º Para efeito do Incidente de Uniformização de Jurisprudência (IUJ) previsto nos §§ 4º e 5º do art. 896 da CLT, com a redação da Lei nº 13.015/2014, considerar-se-á dissenso jurisprudencial sobre idêntica questão jurídica no âmbito do mesmo Tribunal Regional do Trabalho:

I – a discrepância subsistente de julgados entre órgãos fracionários da Corte, ainda que não uniformizada a matéria;

II – a divergência subsistente de julgados entre órgão fracionário e o Tribunal Pleno ou o Órgão Especial em decisão uniformizadora, sumulada ou não, ainda que anterior à Lei nº 13.015/2014.

Art. 2º O Ministro Relator no Tribunal Superior Trabalho, ao decidir, monocraticamente, de ofício ou mediante provocação, pela suscitação de Incidente de Uniformização de Jurisprudência (IUJ) no âmbito de Tribunal Regional do Trabalho, no caso do art. 896, § 4º, da CLT, além do sobrestamento do julgamento do recurso do caso concreto:

I – determinará a devolução dos autos à Corte de origem, ainda que já suscitado IUJ sobre a mesma matéria no mesmo Tribunal em outro processo;

II – expedirá imediatamente ofício ao Presidente do Tribunal Superior do Trabalho para que este dê ciência ao Presidente do Tribunal Regional do Trabalho, para os efeitos do art. 6º, bem assim aos demais Ministros da Corte;

* Ementa Rideel – texto não oficial.

III – expedirá ofício ao Ministro Presidente da Comissão de Jurisprudência e de Precedentes Normativos do TST em que lhe dará ciência da decisão e informará: o Tribunal Regional do Trabalho, o número do processo, a classe e o tema objeto de IUJ;

IV – determinará a publicação da decisão no *DEJT*.

§ 1º Os Ministros da Corte, cientes do ofício expedido pelo Ministro Presidente Tribunal Superior do Trabalho comunicando a suscitação de IUJ, suspenderão o julgamento de outros recursos de revista de sua relatoria, oriundos do mesmo Tribunal Regional do Trabalho, que versem sobre idêntica questão jurídica, e determinarão a devolução dos autos ao respectivo TRT, mediante decisão fundamentada, desde que tempestivo o recurso de revista, observadas as formalidades dos incisos II e III.

§ 2º O IUJ somente será suscitado nos recursos de revista, inclusive aqueles oriundos dos agravos de instrumento providos.

Art. 3º Até a implantação do banco de dados a que se refere o art. 7º, a Comissão de Jurisprudência e de Precedentes Normativos do TST organizará, manterá e atualizará, disponibilizado na intranet, registro dos Incidentes de Uniformização de Jurisprudência (IUJ) concernentes a cada Tribunal Regional do Trabalho, de que constarão os seguintes dados:

I – classe e número do processo em que acolhida a suscitação de IUJ;

II – Tribunal Regional do Trabalho de origem;

III – tema(s) objeto de IUJ;

IV – Ministro Relator;

V – data da suspensão do julgamento do processo.

Art. 4º A Secretaria-Geral-Judiciária do TST providenciará códigos de movimentação específicos para os processos remetidos e recebidos dos Tribunais Regionais do Trabalho em decorrência da decisão que deferiu a suscitação de Incidente de Uniformização de Jurisprudência (IUJ).

Art. 5º O Presidente ou o Vice-Presidente do Tribunal Regional do Trabalho, ciente do ofício da Presidência do Tribunal Superior do Trabalho aludido no art. 2º, inciso II, antes de emitir juízo de admissibilidade em recurso de revista, deverá suscitar Incidente de Uniformização de Jurisprudência em todos os outros processos que tratam da mesma matéria, enquanto não uniformizada a jurisprudência interna, e sobrestar a remessa ao TST dos respectivos autos até o julgamento do IUJ referente ao caso concreto e a reapreciação da questão no órgão fracionário prolator do acórdão originário recorrido.

Art. 6º Julgado o Incidente de Uniformização de Jurisprudência, o Presidente do Tribunal Regional do Trabalho comunicará imediatamente a decisão ao Presidente do Tribunal Superior do Trabalho para ulterior ciência e providências de registro da Comissão de Jurisprudência e de Precedentes Normativos.

Art. 7º O Tribunal Superior do Trabalho, para efeito do disposto no art. 896, § 4º, da CLT, instituirá o Banco Nacional de Jurisprudência Uniformizada – BANJUR, vinculado à Comissão de Jurisprudência e de Precedentes Normativos do TST, contendo, pelo menos, os registros referidos no art. 3º, as súmulas, orientações jurisprudenciais e teses jurídicas prevalecentes nos Tribunais Regionais do Trabalho.

Parágrafo único. As informações contidas no BANJUR serão públicas, podendo o interessado acessá-las no sítio do Tribunal Superior do Trabalho na internet.

Art. 8º No prazo de cinco dias, da publicação da presente Resolução, os Ministros que já acolheram Incidente de Uniformização de Jurisprudência (IUJ) expedirão os ofícios a que alude o art. 2º, incisos II e III.

Publique-se.

Ministro Antônio José de Barros Levenhagen

LEI COMPLEMENTAR Nº 150, DE 1º DE JUNHO DE 2015

Dispõe sobre o contrato de trabalho doméstico; altera as Leis nº 8.212, de 24 de julho de 1991, nº 8.213, de 24 de julho de 1991, e nº 11.196, de 21 de novembro de 2005; revoga o inciso I do art. 3º da Lei nº 8.009, de 29 de março de 1990, o art. 36 da Lei nº 8.213, de 24 de julho de 1991, a Lei nº 5.859, de 11 de dezembro de 1972, e o inciso VII do art. 12 da Lei nº 9.250, de 26 de dezembro 1995; e dá outras providências.

► Publicada no *DOU* de 2-6-2015.

CAPÍTULO I

DO CONTRATO DE TRABALHO DOMÉSTICO

Art. 1º Ao empregado doméstico, assim considerado aquele que presta serviços de forma contínua, subordinada, onerosa e pessoal e de finalidade não lucrativa à pessoa ou à família, no âmbito residencial destas, por mais de 2 (dois) dias por semana, aplica-se o disposto nesta Lei.

Parágrafo único. É vedada a contratação de menor de 18 (dezoito) anos para desempenho de trabalho doméstico, de acordo com a Convenção nº 182, de 1999, da Organização Internacional do Trabalho (OIT) e com o Decreto nº 6.481, de 12 de junho de 2008.

Art. 2º A duração normal do trabalho doméstico não excederá 8 (oito) horas diárias e 44 (quarenta e quatro) semanais, observado o disposto nesta Lei.

§ 1º A remuneração da hora extraordinária será, no mínimo, 50% (cinquenta por cento) superior ao valor da hora normal.

§ 2º O salário-hora normal, em caso de empregado mensalista, será obtido dividindo-se o salário mensal por 220 (duzentas e vinte) horas, salvo se o contrato estipular jornada mensal inferior que resulte em divisor diverso.

§ 3º O salário-dia normal, em caso de empregado mensalista, será obtido dividindo-se o salário mensal por 30 (trinta) e servirá de base para pagamento do repouso remunerado e dos feriados trabalhados.

§ 4º Poderá ser dispensado o acréscimo de salário e instituído regime de compensação de horas, mediante acordo escrito entre empregador e empregado, se o excesso de horas de um dia for compensado em outro dia.

§ 5º No regime de compensação previsto no § 4º:

I – será devido o pagamento, como horas extraordinárias, na forma do § 1º, das primeiras 40 (quarenta) horas mensais excedentes ao horário normal de trabalho;

II – das 40 (quarenta) horas referidas no inciso I, poderão ser deduzidas, sem o correspondente pagamento, as horas não trabalhadas, em função de redução do horário normal de trabalho ou de dia útil não trabalhado, durante o mês;

III – o saldo de horas que excederem as 40 (quarenta) primeiras horas mensais de que trata o inciso I, com a dedução prevista no inciso II, quando for o caso, será compensado no período máximo de 1 (um) ano.

§ 6º Na hipótese de rescisão do contrato de trabalho sem que tenha havido a compensação integral da jornada extraordinária, na forma do § 5º, o empregado fará jus ao pagamento das horas extras não compensadas, calculadas sobre o valor da remuneração na data de rescisão.

§ 7º Os intervalos previstos nesta Lei, o tempo de repouso, as horas não trabalhadas, os feriados e os domingos livres em que o empregado que mora no local de trabalho nele permaneça não serão computados como horário de trabalho.

§ 8º O trabalho não compensado prestado em domingos e feriados deve ser pago em dobro, sem prejuízo da remuneração relativa ao repouso semanal.

Art. 3º Considera-se trabalho em regime de tempo parcial aquele cuja duração não exceda 25 (vinte e cinco) horas semanais.

§ 1º O salário a ser pago ao empregado sob regime de tempo parcial será proporcional a sua jornada, em relação ao empregado que cumpre, nas mesmas funções, tempo integral.

§ 2º A duração normal do trabalho do empregado em regime de tempo parcial poderá ser acrescida de horas suplementares, em número não excedente a 1 (uma) hora diária, mediante acordo escrito entre empregador e empregado, aplicando-se-lhe, ainda, o disposto nos §§ 2º e 3º do art. 2º, com o limite máximo de 6 (seis) horas diárias.

§ 3º Na modalidade do regime de tempo parcial, após cada período de 12 (doze) meses de vigência do contrato de trabalho, o empregado terá direito a férias, na seguinte proporção:

I – 18 (dezoito) dias, para a duração do trabalho semanal superior a 22 (vinte e duas) horas, até 25 (vinte e cinco) horas;

II – 16 (dezesseis) dias, para a duração do trabalho semanal superior a 20 (vinte) horas, até 22 (vinte e duas) horas;

III – 14 (quatorze) dias, para a duração do trabalho semanal superior a 15 (quinze) horas, até 20 (vinte) horas;

IV – 12 (doze) dias, para a duração do trabalho semanal superior a 10 (dez) horas, até 15 (quinze) horas;

V – 10 (dez) dias, para a duração do trabalho semanal superior a 5 (cinco) horas, até 10 (dez) horas;

VI – 8 (oito) dias, para a duração do trabalho semanal igual ou inferior a 5 (cinco) horas.

Art. 4º É facultada a contratação, por prazo determinado, do empregado doméstico:

I – mediante contrato de experiência;

II – para atender necessidades familiares de natureza transitória e para substituição temporária de empregado doméstico com contrato de trabalho interrompido ou suspenso.

Parágrafo único. No caso do inciso II deste artigo, a duração do contrato de trabalho é limitada ao término do evento que motivou a contratação, obedecido o limite máximo de 2 (dois) anos.

Art. 5º O contrato de experiência não poderá exceder 90 (noventa) dias.

§ 1º O contrato de experiência poderá ser prorrogado 1 (uma) vez, desde que a soma dos 2 (dois) períodos não ultrapasse 90 (noventa) dias.

§ 2º O contrato de experiência que, havendo continuidade do serviço, não for prorrogado após o decurso de seu prazo previamente estabelecido ou que ultrapassar o período de 90 (noventa) dias passará a vigorar como contrato de trabalho por prazo indeterminado.

Art. 6º Durante a vigência dos contratos previstos nos incisos I e II do art. 4º, o empregador que, sem justa causa, despedir o empregado é obrigado a pagar-lhe, a título de indenização, metade da remuneração a que teria direito até o termo do contrato.

Art. 7º Durante a vigência dos contratos previstos nos incisos I e II do art. 4º, o empregado não poderá se desligar do contrato sem justa causa, sob pena de ser obrigado a indenizar o empregador dos prejuízos que desse fato lhe resultarem.

Parágrafo único. A indenização não poderá exceder aquela a que teria direito o empregado em idênticas condições.

Art. 8º Durante a vigência dos contratos previstos nos incisos I e II do art. 4º, não será exigido aviso prévio.

Art. 9º A Carteira de Trabalho e Previdência Social será obrigatoriamente apresentada, contra recibo, pelo empregado ao empregador que o admitir, o qual terá o prazo de 48 (quarenta e oito) horas para nela anotar, especificamente, a data de admissão, a remuneração e, quando for o caso, os contratos previstos nos incisos I e II do art. 4º.

Art. 10. É facultado às partes, mediante acordo escrito entre essas, estabelecer horário de trabalho de 12 (doze) horas seguidas por 36 (trinta e seis) horas ininterruptas de descanso, observados ou indenizados os intervalos para repouso e alimentação.

§ 1º A remuneração mensal pactuada pelo horário previsto no *caput* deste artigo abrange os pagamentos devidos pelo descanso semanal remunerado e pelo descanso em feriados, e serão considerados compensados os feriados e as prorrogações de trabalho noturno, quando houver, de que tratam o art. 70 e o § 5º do art. 73 da Consolidação das Leis do Trabalho (CLT), aprovada pelo Decreto-lei nº 5.452, de 1º de maio de 1943, e o art. 9º da Lei nº 605, de 5 de janeiro de 1949.

§ 2º VETADO.

Art. 11. Em relação ao empregado responsável por acompanhar o empregador prestando serviços em viagem, serão consideradas apenas as horas efetivamente trabalhadas no período, podendo ser compensadas as horas extraordinárias em outro dia, observado o art. 2º.

§ 1º O acompanhamento do empregador pelo empregado em viagem será condicionado à prévia existência de acordo escrito entre as partes.

§ 2º A remuneração-hora do serviço em viagem será, no mínimo, 25% (vinte e cinco por cento) superior ao valor do salário hora normal.

§ 3º O disposto no § 2º deste artigo poderá ser, mediante acordo, convertido em acréscimo no banco de horas, a ser utilizado a critério do empregado.

Art. 12. É obrigatório o registro do horário de trabalho do empregado doméstico por qualquer meio manual, mecânico ou eletrônico, desde que idôneo.

Art. 13. É obrigatória a concessão de intervalo para repouso ou alimentação pelo período de, no mínimo, 1 (uma) hora e, no máximo, 2 (duas) horas, admitindo-se, mediante prévio acordo escrito entre empregador e empregado, sua redução a 30 (trinta) minutos.

§ 1º Caso o empregado resida no local de trabalho, o período de intervalo poderá ser desmembrado em 2 (dois) períodos, desde que cada um deles tenha, no mínimo, 1 (uma) hora, até o limite de 4 (quatro) horas ao dia.

§ 2º Em caso de modificação do intervalo, na forma do § 1º, é obrigatória a sua anotação no registro diário de horário, vedada sua prenotação.

Art. 14. Considera-se noturno, para os efeitos desta Lei, o trabalho executado entre as 22 horas de um dia e as 5 horas do dia seguinte.

§ 1º A hora de trabalho noturno terá duração de 52 (cinquenta e dois) minutos e 30 (trinta) segundos.

§ 2º A remuneração do trabalho noturno deve ter acréscimo de, no mínimo, 20% (vinte por cento) sobre o valor da hora diurna.

§ 3º Em caso de contratação, pelo empregador, de empregado exclusivamente para desempenhar trabalho noturno, o acréscimo será calculado sobre o salário anotado na Carteira de Trabalho e Previdência Social.

§ 4º Nos horários mistos, assim entendidos os que abrangem períodos diurnos e noturnos, aplica-se às horas de trabalho noturno o disposto neste artigo e seus parágrafos.

Art. 15. Entre 2 (duas) jornadas de trabalho deve haver período mínimo de 11 (onze) horas consecutivas para descanso.

Art. 16. É devido ao empregado doméstico descanso semanal remunerado de, no mínimo, 24 (vinte e quatro) horas consecutivas, preferencialmente aos domingos, além de descanso remunerado em feriados.

Art. 17. O empregado doméstico terá direito a férias anuais remuneradas de 30 (trinta) dias, salvo o disposto no § 3º do art. 3º, com acréscimo de, pelo menos, um terço do salário normal, após cada período de 12 (doze) meses de trabalho prestado à mesma pessoa ou família.

§ 1º Na cessação do contrato de trabalho, o empregado, desde que não tenha sido demitido por justa causa, terá direito à remuneração relativa ao período incompleto de férias, na proporção de um doze avos por mês de serviço ou fração superior a 14 (quatorze) dias.

§ 2º O período de férias poderá, a critério do empregador, ser fracionado em até 2 (dois) períodos, sendo 1 (um) deles de, no mínimo, 14 (quatorze) dias corridos.

§ 3º É facultado ao empregado doméstico converter um terço do período de férias a que tiver direito em abono pecuniário, no valor da remuneração que lhe seria devida nos dias correspondentes.

§ 4º O abono de férias deverá ser requerido até 30 (trinta) dias antes do término do período aquisitivo.

§ 5º É lícito ao empregado que reside no local de trabalho nele permanecer durante as férias.

§ 6º As férias serão concedidas pelo empregador nos 12 (doze) meses subsequentes à data em que o empregado tiver adquirido o direito.

Art. 18. É vedado ao empregador doméstico efetuar descontos no salário do empregado por fornecimento de alimentação, vestuário, higiene ou moradia, bem como por despesas com transporte, hospedagem e alimentação em caso de acompanhamento em viagem.

§ 1º É facultado ao empregador efetuar descontos no salário do empregado em caso de adiantamento salarial e, mediante acordo escrito entre as partes, para a inclusão do empregado em planos de assistência médico-hospitalar e odontológica, de seguro e de previdência privada, não podendo a dedução ultrapassar 20% (vinte por cento) do salário.

§ 2º Poderão ser descontadas as despesas com moradia de que trata o *caput* deste artigo quando essa se referir a local diverso da residência em que ocorrer a prestação de serviço, desde que essa possibilidade tenha sido expressamente acordada entre as partes.

§ 3º As despesas referidas no *caput* deste artigo não têm natureza salarial nem se incorporam à remuneração para quaisquer efeitos.

§ 4º O fornecimento de moradia ao empregado doméstico na própria residência ou em morada anexa, de qualquer natureza, não gera ao empregado qualquer direito de posse ou de propriedade sobre a referida moradia.

Art. 19. Observadas as peculiaridades do trabalho doméstico, a ele também se aplicam as Leis nº 605, de 5 de janeiro de 1949, nº 4.090, de 13 de julho de 1962, nº 4.749, de 12 de agosto de 1965, e nº 7.418, de 16 de dezembro de 1985, e, subsidiariamente, a Consolidação das Leis do Trabalho (CLT), aprovada pelo Decreto-lei nº 5.452, de 1º de maio de 1943.

Parágrafo único. A obrigação prevista no art. 4º da Lei nº 7.418, de 16 de dezembro de 1985, poderá ser substituída, a critério do empregador, pela concessão, mediante recibo, dos valores para a aquisição das passagens necessárias ao custeio das despesas decorrentes do deslocamento residência-trabalho e vice-versa.

Art. 20. O empregado doméstico é segurado obrigatório da Previdência Social, sendo-lhe devidas, na forma da Lei nº 8.213, de 24 de julho de 1991, as prestações nela arroladas, atendido o disposto nesta Lei e observadas as características especiais do trabalho doméstico.

Art. 21. É devida a inclusão do empregado doméstico no Fundo de Garantia do Tempo de Serviço (FGTS), na forma do regulamento a ser editado pelo Conselho Curador e pelo agente operador do FGTS, no âmbito de suas competências, conforme disposto nos arts. 5º e 7º da Lei nº 8.036, de 11 de maio de 1990, inclusive no que tange aos aspectos técnicos de depósitos, saques, devolução de valores e emissão de extratos, entre outros determinados na forma da lei.

Parágrafo único. O empregador doméstico somente passará a ter obrigação de promover a inscrição e de efetuar os recolhimentos referentes a seu empregado após a entrada em vigor do regulamento referido no *caput*.

Art. 22. O empregador doméstico depositará a importância de 3,2% (três inteiros e dois décimos por cento) sobre a remuneração devida, no mês anterior, a cada empregado, destinada ao pagamento da indenização compensatória da perda do emprego, sem justa causa ou por culpa do empregador, não se aplicando ao empregado doméstico o disposto nos §§ 1º a 3º do art. 18 da Lei nº 8.036, de 11 de maio de 1990.

§ 1º Nas hipóteses de dispensa por justa causa ou a pedido, de término do contrato de trabalho por prazo determinado, de aposentadoria e de falecimento do empregado doméstico, os valores previstos no *caput* serão movimentados pelo empregador.

§ 2º Na hipótese de culpa recíproca, metade dos valores previstos no *caput* será movimentada pelo empregado, enquanto a outra metade será movimentada pelo empregador.

§ 3º Os valores previstos no *caput* serão depositados na conta vinculada do empregado, em variação distinta daquela em que se encontrarem os valores oriundos dos depósitos de que trata o inciso IV do art. 34 desta Lei, e somente poderão ser movimentados por ocasião da rescisão contratual.

§ 4º À importância monetária de que trata o *caput*, aplicam-se as disposições da Lei nº 8.036, de 11 de maio de 1990, e da Lei nº 8.844, de 20 de janeiro de 1994, inclusive quanto a sujeição passiva e equiparações, prazo de recolhimento, administração, fiscalização, lançamento, consulta, cobrança, garantias, processo administrativo de determinação e exigência de créditos tributários federais.

Art. 23. Não havendo prazo estipulado no contrato, a parte que, sem justo motivo, quiser rescindi-lo deverá avisar a outra de sua intenção.

§ 1º O aviso prévio será concedido na proporção de 30 (trinta) dias ao empregado que conte com até 1 (um) ano de serviço para o mesmo empregador.

§ 2º Ao aviso prévio previsto neste artigo, devido ao empregado, serão acrescidos 3 (três) dias por ano de serviço prestado para o mesmo empregador, até o máximo de 60 (sessenta) dias, perfazendo um total de até 90 (noventa) dias.

§ 3º A falta de aviso prévio por parte do empregador dá ao empregado o direito aos salários correspondentes ao prazo do aviso, garantida sempre a integração desse período ao seu tempo de serviço.

§ 4º A falta de aviso prévio por parte do empregado dá ao empregador o direito de descontar os salários correspondentes ao prazo respectivo.

§ 5º O valor das horas extraordinárias habituais integra o aviso prévio indenizado.

Art. 24. O horário normal de trabalho do empregado durante o aviso prévio, quando a rescisão tiver sido promovida pelo empregador, será reduzido de 2 (duas) horas diárias, sem prejuízo do salário integral.

Parágrafo único. É facultado ao empregado trabalhar sem a redução das 2 (duas) horas diárias previstas no *caput* deste artigo, caso em que poderá faltar ao serviço, sem prejuízo do salário integral, por 7 (sete) dias corridos, na hipótese dos §§ 1º e 2º do art. 23.

Art. 25. A empregada doméstica gestante tem direito a licença-maternidade de 120 (cento e vinte) dias, sem prejuízo do emprego e do salário, nos termos da Seção V do Capítulo III do Título III da Consolidação das Leis do Trabalho (CLT), aprovada pelo Decreto-lei nº 5.452, de 1º de maio de 1943.

Parágrafo único. A confirmação do estado de gravidez durante o curso do contrato de trabalho, ainda que durante o prazo do aviso prévio trabalhado ou indenizado, garante à empregada gestante a estabilidade provisória prevista na alínea *b* do inciso II do art. 10 do Ato das Disposições Constitucionais Transitórias.

Art. 26. O empregado doméstico que for dispensado sem justa causa fará jus ao benefício do seguro-desemprego, na forma da Lei nº 7.998, de 11 de janeiro de 1990, no valor de 1 (um) salário mínimo, por período máximo de 3 (três) meses, de forma contínua ou alternada.

§ 1º O benefício de que trata o *caput* será concedido ao empregado nos termos do regulamento do Conselho Deliberativo do Fundo de Amparo ao Trabalhador (CODEFAT).

§ 2º O benefício do seguro-desemprego será cancelado, sem prejuízo das demais sanções cíveis e penais cabíveis:

I – pela recusa, por parte do trabalhador desempregado, de outro emprego condizente com sua qualificação registrada ou declarada e com sua remuneração anterior;

II – por comprovação de falsidade na prestação das informações necessárias à habilitação;

III – por comprovação de fraude visando à percepção indevida do benefício do seguro-desemprego; ou

IV – por morte do segurado.

Art. 27. Considera-se justa causa para os efeitos desta Lei:

I – submissão a maus tratos de idoso, de enfermo, de pessoa com deficiência ou de criança sob cuidado direto ou indireto do empregado;

II – prática de ato de improbidade;

III – incontinência de conduta ou mau procedimento;

IV – condenação criminal do empregado transitada em julgado, caso não tenha havido suspensão da execução da pena;

V – desídia no desempenho das respectivas funções;

VI – embriaguez habitual ou em serviço;

VII – VETADO;

VIII – ato de indisciplina ou de insubordinação;

IX – abandono de emprego, assim considerada a ausência injustificada ao serviço por, pelo menos, 30 (trinta) dias corridos;

X – ato lesivo à honra ou à boa fama ou ofensas físicas praticadas em serviço contra qualquer pessoa, salvo em caso de legítima defesa, própria ou de outrem;

XI – ato lesivo à honra ou à boa fama ou ofensas físicas praticadas contra o empregador doméstico ou sua família, salvo em caso de legítima defesa, própria ou de outrem;

XII – prática constante de jogos de azar.

Parágrafo único. O contrato de trabalho poderá ser rescindido por culpa do empregador quando:

I – o empregador exigir serviços superiores às forças do empregado doméstico, defesos por lei, contrários aos bons costumes ou alheios ao contrato;

II – o empregado doméstico for tratado pelo empregador ou por sua família com rigor excessivo ou de forma degradante;

III – o empregado doméstico correr perigo manifesto de mal considerável;

IV – o empregador não cumprir as obrigações do contrato;

V – o empregador ou sua família praticar, contra o empregado doméstico ou pessoas de sua família, ato lesivo à honra e à boa fama;

VI – o empregador ou sua família ofender o empregado doméstico ou sua família fisicamente, salvo em caso de legítima defesa, própria ou de outrem;

VII – o empregador praticar qualquer das formas de violência doméstica ou familiar contra mulheres de que trata o art. 5º da Lei nº 11.340, de 7 de agosto de 2006.

Art. 28. Para se habilitar ao benefício do seguro-desemprego, o trabalhador doméstico deverá apresentar ao órgão competente do Ministério do Trabalho e Emprego:

I – Carteira de Trabalho e Previdência Social, na qual deverão constar a anotação do contrato de trabalho doméstico e a data de dispensa, de modo a comprovar o vínculo empregatício, como empregado doméstico, durante pelo menos 15 (quinze) meses nos últimos 24 (vinte e quatro) meses;

II – termo de rescisão do contrato de trabalho;

III – declaração de que não está em gozo de benefício de prestação continuada da Previdência Social, exceto auxílio-acidente e pensão por morte; e

IV – declaração de que não possui renda própria de qualquer natureza suficiente à sua manutenção e de sua família.

Art. 29. O seguro-desemprego deverá ser requerido de 7 (sete) a 90 (noventa) dias contados da data de dispensa.

Art. 30. Novo seguro-desemprego só poderá ser requerido após o cumprimento de novo período aquisitivo, cuja duração será definida pelo CODEFAT.

Legislação Complementar

CAPÍTULO II

DO SIMPLES DOMÉSTICO

Art. 31. É instituído o regime unificado de pagamento de tributos, de contribuições e dos demais encargos do empregador doméstico (Simples Doméstico), que deverá ser regulamentado no prazo de 120 (cento e vinte) dias a contar da data de entrada em vigor desta Lei.

Art. 32. A inscrição do empregador e a entrada única de dados cadastrais e de informações trabalhistas, previdenciárias e fiscais no âmbito do Simples Doméstico dar-se-ão mediante registro em sistema eletrônico a ser disponibilizado em portal na internet, conforme regulamento.

Parágrafo único. A impossibilidade de utilização do sistema eletrônico será objeto de regulamento, a ser editado pelo Ministério da Fazenda e pelo agente operador do FGTS.

Art. 33. O Simples Doméstico será disciplinado por ato conjunto dos Ministros de Estado da Fazenda, da Previdência Social e do Trabalho e Emprego que disporá sobre a apuração, o recolhimento e a distribuição dos recursos recolhidos por meio do Simples Doméstico, observadas as disposições do art. 21 desta Lei.

§ 1º O ato conjunto a que se refere o *caput* deverá dispor também sobre o sistema eletrônico de registro das obrigações trabalhistas, previdenciárias e fiscais e sobre o cálculo e o recolhimento dos tributos e encargos trabalhistas vinculados ao Simples Doméstico.

§ 2º As informações prestadas no sistema eletrônico de que trata o § 1º:

I – têm caráter declaratório, constituindo instrumento hábil e suficiente para a exigência dos tributos e encargos trabalhistas delas resultantes e que não tenham sido recolhidos no prazo consignado para pagamento; e

II – deverão ser fornecidas até o vencimento do prazo para pagamento dos tributos e encargos trabalhistas devidos no Simples Doméstico em cada mês, relativamente aos fatos geradores ocorridos no mês anterior.

§ 3º O sistema eletrônico de que trata o § 1º deste artigo e o sistema de que trata o *caput* do art. 32 substituirão, na forma regulamentada pelo ato conjunto previsto no *caput*, a obrigatoriedade de entrega de todas as informações, formulários e declarações a que estão sujeitos os empregadores domésticos, inclusive os relativos ao recolhimento do FGTS.

Art. 34. O Simples Doméstico assegurará o recolhimento mensal, mediante documento único de arrecadação, dos seguintes valores:

I – 8% (oito por cento) a 11% (onze por cento) de contribuição previdenciária, a cargo do segurado empregado doméstico, nos termos do art. 20 da Lei nº 8.212, de 24 de julho de 1991;

II – 8% (oito por cento) de contribuição patronal previdenciária para a seguridade social, a cargo do empregador doméstico, nos termos do art. 24 da Lei nº 8.212, de 24 de julho de 1991;

III – 0,8% (oito décimos por cento) de contribuição social para financiamento do seguro contra acidentes do trabalho;

IV – 8% (oito por cento) de recolhimento para o FGTS;

V – 3,2% (três inteiros e dois décimos por cento), na forma do art. 22 desta Lei; e

VI – imposto sobre a renda retido na fonte de que trata o inciso I do art. 7º da Lei nº 7.713, de 22 de dezembro de 1988, se incidente.

§ 1º As contribuições, os depósitos e o imposto arrolados nos incisos I a VI incidem sobre a remuneração paga ou devida no mês anterior, a cada empregado, incluída na remuneração a gratificação de Natal a que se refere a Lei nº 4.090, de 13 de julho de 1962, e a Lei nº 4.749, de 12 de agosto de 1965.

§ 2º A contribuição e o imposto previstos nos incisos I e VI do *caput* deste artigo serão descontados da remuneração do empregado pelo empregador, que é responsável por seu recolhimento.

§ 3º O produto da arrecadação das contribuições, dos depósitos e do imposto de que trata o *caput* será centralizado na Caixa Econômica Federal.

§ 4º A Caixa Econômica Federal, com base nos elementos identificadores do recolhimento, disponíveis no sistema de que trata o § 1º do art. 33, transferirá para a Conta Única do Tesouro Nacional o valor arrecadado das contribuições e do imposto previstos nos incisos I, II, III e VI do *caput*.

§ 5º O recolhimento de que trata o *caput* será efetuado em instituições financeiras integrantes da rede arrecadadora de receitas federais.

§ 6º O empregador fornecerá, mensalmente, ao empregado doméstico cópia do documento previsto no *caput*.

§ 7º O recolhimento mensal, mediante documento único de arrecadação, e a exigência das contribuições, dos depósitos e do imposto, nos valores definidos nos incisos I a VI do *caput*, somente serão devidos após 120 (cento e vinte) dias da data de publicação desta Lei.

Art. 35. O empregador doméstico é obrigado a pagar a remuneração devida ao empregado doméstico e a arrecadar e a recolher a contribuição prevista no inciso I do art. 34, assim como a arrecadar e a recolher as contribuições, os depósitos e o imposto a seu cargo discriminados nos incisos II, III, IV, V e VI do *caput* do art. 34, até o dia 7 do mês seguinte ao da competência.

§ 1º Os valores previstos nos incisos I, II, III e VI do *caput* do art. 34 não recolhidos até a data de vencimento sujeitar-se-ão à incidência de encargos legais na forma prevista na legislação do imposto sobre a renda.

§ 2º Os valores previstos nos incisos IV e V, referentes ao FGTS, não recolhidos até a data de vencimento serão corrigidos e terão a incidência da respectiva multa, conforme a Lei nº 8.036, de 11 de maio de 1990.

Capítulo III

DA LEGISLAÇÃO PREVIDENCIÁRIA E TRIBUTÁRIA

Art. 36. O inciso V do art. 30 da Lei nº 8.212, de 24 de julho de 1991, passa a vigorar com a seguinte redação:

"Art. 30. ....

....

V – o empregador doméstico é obrigado a arrecadar e a recolher a contribuição do segurado empregado a seu serviço, assim como a parcela a seu cargo, até o dia 7 do mês seguinte ao da competência;

...."

Art. 37. A Lei nº 8.213, de 24 de julho de 1991, passa a vigorar com as seguintes alterações:

"Art. 18. ....

....

§ 1º Somente poderão beneficiar-se do auxílio-acidente os segurados incluídos nos incisos I, II, VI e VII do art. 11 desta Lei.

...."

"Art. 19. Acidente do trabalho é o que ocorre pelo exercício do trabalho a serviço de empresa ou de empregador doméstico ou pelo exercício do trabalho dos segurados referidos no inciso VII do art. 11 desta Lei, provocando lesão corporal ou perturbação funcional que cause a morte ou a perda ou redução, permanente ou temporária, da capacidade para o trabalho.

...."

"Art. 21-A. A perícia médica do Instituto Nacional do Seguro Social (INSS) considerará caracterizada a natureza acidentária da incapacidade quando constatar ocorrência de nexo técnico epidemiológico entre o trabalho e o agravo, decorrente da relação entre a atividade da empresa ou do empregado doméstico e a entidade mórbida motivadora da incapacidade elencada na Classificação Internacional de Doenças (CID), em conformidade com o que dispuser o regulamento.

....

§ 2º A empresa ou o empregador doméstico poderão requerer a não aplicação do nexo técnico epidemiológico, de cuja decisão caberá recurso, com efeito suspensivo, da empresa, do empregador doméstico ou do segurado ao Conselho de Recursos da Previdência Social."

"Art. 22. A empresa ou o empregador doméstico deverão comunicar o acidente do trabalho à Previdência Social até o primeiro dia útil seguinte ao da ocorrência e, em caso de morte, de imediato, à autoridade competente, sob pena de multa variável entre o limite mínimo e o limite máximo do salário de contribuição, sucessivamente aumentada nas reincidências, aplicada e cobrada pela Previdência Social.

...."

"Art. 27. Para cômputo do período de carência, serão consideradas as contribuições:

I – referentes ao período a partir da data de filiação ao Regime Geral de Previdência Social (RGPS), no caso dos segurados empregados, inclusive os domésticos, e dos trabalhadores avulsos;

II – realizadas a contar da data de efetivo pagamento da primeira contribuição sem atraso, não sendo consideradas para este fim as contribuições recolhidas com atraso referentes a competências anteriores, no caso dos segurados contribuinte individual, especial e facultativo, referidos, respectivamente, nos incisos V e VII do art. 11 e no art. 13."

"Art. 34. No cálculo do valor da renda mensal do benefício, inclusive o decorrente de acidente do trabalho, serão computados:

I – para o segurado empregado, inclusive o doméstico, e o trabalhador avulso, os salários de contribuição referentes aos meses de contribuições devidas, ainda que não recolhidas pela empresa ou pelo empregador doméstico, sem prejuízo da respectiva cobrança e da aplicação das penalidades cabíveis, observado o disposto no § 5º do art. 29-A;

II – para o segurado empregado, inclusive o doméstico, o trabalhador avulso e o segurado especial, o valor mensal do auxílio-acidente, considerado como salário de contribuição para fins de concessão de qualquer aposentadoria, nos termos do art. 31;

...."

"Art. 35. Ao segurado empregado, inclusive o doméstico, e ao trabalhador avulso que tenham cumprido todas as condições para a concessão do benefício pleiteado, mas não possam comprovar o valor de seus salários de contribuição no período básico de cálculo, será concedido o benefício de valor mínimo, devendo esta renda ser recalculada quando da apresentação de prova dos salários de contribuição."

"Art. 37. A renda mensal inicial, recalculada de acordo com o disposto no art. 35, deve ser reajustada como a dos benefícios correspondentes com igual data de início e substituirá, a partir da data do requerimento de revisão do valor do benefício, a renda mensal que prevalecia até então."

"Art. 38. Sem prejuízo do disposto no art. 35, cabe à Previdência Social manter cadastro dos segurados com todos os informes necessários para o cálculo da renda mensal dos benefícios."

"Art. 63. O segurado empregado, inclusive o doméstico, em gozo de auxílio-doença será considerado pela empresa e pelo empregador doméstico como licenciado.

.... "

"Art. 65. O salário-família será devido, mensalmente, ao segurado empregado, inclusive o doméstico, e ao segurado trabalhador avulso, na proporção do respectivo número de filhos ou equiparados nos termos do § 2º do art. 16 desta Lei, observado o disposto no art. 66.

.... "

"Art. 67. ....

Parágrafo único. O empregado doméstico deve apresentar apenas a certidão de nascimento referida no *caput*."

"Art. 68. As cotas do salário-família serão pagas pela empresa ou pelo empregador doméstico, mensalmente, junto com o salário, efetivando-se a compensação quando do recolhimento das contribuições, conforme dispuser o Regulamento.

§ 1º A empresa ou o empregador doméstico conservarão durante 10 (dez) anos os comprovantes de pagamento e as cópias das certidões correspondentes, para fiscalização da Previdência Social.

.... "

Art. 38. O art. 70 da Lei nº 11.196, de 21 de novembro de 2005, passa a vigorar com a seguinte redação:

"Art. 70..

I – ....

....

d) até o dia 7 do mês subsequente ao mês de ocorrência dos fatos geradores, no caso de pagamento de rendimentos provenientes do trabalho assalariado a empregado doméstico; e

e) até o último dia útil do segundo decêndio do mês subsequente ao mês de ocorrência dos fatos geradores, nos demais casos;

.... "

Capítulo IV

DO PROGRAMA DE RECUPERAÇÃO PREVIDENCIÁRIA DOS EMPREGADORES DOMÉSTICOS (REDOM)

Art. 39. É instituído o Programa de Recuperação Previdenciária dos Empregadores Domésticos (REDOM), nos termos desta Lei.

Art. 40. Será concedido ao empregador doméstico o parcelamento dos débitos com o Instituto Nacional do Seguro Social (INSS) relativos à contribuição de que tratam os arts. 20 e 24 da Lei nº 8.212, de 24 de julho de 1991, com vencimento até 30 de abril de 2013.

§ 1º O parcelamento abrangerá todos os débitos existentes em nome do empregado e do empregador, na condição de contribuinte, inclusive débitos inscritos em dívida ativa, que poderão ser:

I – pagos com redução de 100% (cem por cento) das multas aplicáveis, de 60% (sessenta por cento) dos juros de mora e de 100% (cem por cento) sobre os valores dos encargos legais e advocatícios;

II – parcelados em até 120 (cento e vinte) vezes, com prestação mínima no valor de R$ 100,00 (cem reais).

§ 2º O parcelamento deverá ser requerido no prazo de 120 (cento e vinte) dias após a entrada em vigor desta Lei.

§ 3º A manutenção injustificada em aberto de 3 (três) parcelas implicará, após comunicação ao sujeito passivo, a imediata rescisão do parcelamento e, conforme o caso, o prosseguimento da cobrança.

§ 4º Na hipótese de rescisão do parcelamento com o cancelamento dos benefícios concedidos:

I – será efetuada a apuração do valor original do débito, com a incidência dos acréscimos legais, até a data de rescisão;

II – serão deduzidas do valor referido no inciso I deste parágrafo as parcelas pagas, com a incidência dos acréscimos legais, até a data de rescisão.

Art. 41. A opção pelo REDOM sujeita o contribuinte a:

I – confissão irrevogável e irretratável dos débitos referidos no art. 40;

II – aceitação plena e irretratável de todas as condições estabelecidas;

III – pagamento regular das parcelas do débito consolidado, assim como das contribuições com vencimento posterior a 30 de abril de 2013.

Capítulo V

DISPOSIÇÕES GERAIS

Art. 42. É de responsabilidade do empregador o arquivamento de documentos comprobatórios do cumprimento das obrigações fiscais, trabalhistas e previdenciárias, enquanto essas não prescreverem.

Art. 43. O direito de ação quanto a créditos resultantes das relações de trabalho prescreve em 5 (cinco) anos até o limite de 2 (dois) anos após a extinção do contrato de trabalho.

Art. 44. A Lei nº 10.593, de 6 de dezembro de 2002, passa a vigorar acrescida do seguinte art. 11-A:

> "Art. 11-A. A verificação, pelo Auditor-Fiscal do Trabalho, do cumprimento das normas que regem o trabalho do empregado doméstico, no âmbito do domicílio do empregador, dependerá de agendamento e de entendimento prévios entre a fiscalização e o empregador.
>
> § 1º A fiscalização deverá ter natureza prioritariamente orientadora.
>
> § 2º Será observado o critério de dupla visita para lavratura de auto de infração, salvo quando for constatada infração por falta de anotação na Carteira de Trabalho e Previdência Social ou, ainda, na ocorrência de reincidência, fraude, resistência ou embaraço à fiscalização.
>
> § 3º Durante a inspeção do trabalho referida no *caput*, o Auditor-Fiscal do Trabalho far-se-á acompanhar pelo empregador ou por alguém de sua família por este designado."

Art. 45. As matérias tratadas nesta Lei Complementar que não sejam reservadas constitucionalmente a lei complementar poderão ser objeto de alteração por lei ordinária.

Art. 46. Revogam-se o inciso I do art. 3º da Lei nº 8.009, de 29 de março de 1990, e a Lei nº 5.859, de 11 de dezembro de 1972.

Art. 47. Esta Lei entra em vigor na data de sua publicação.

Brasília, 1º de junho de 2015;
194º da Independência e
127º da República.

Dilma Rousseff

LEI Nº 13.146, DE 6 DE JULHO DE 2015

Institui a Lei Brasileira de Inclusão da Pessoa com Deficiência (Estatuto da Pessoa com Deficiência).

(EXCERTOS)

- ▶ Publicada no *DOU* de 7-7-2015.
- ▶ Art. 127 desta Lei.

Livro I – Parte geral

TÍTULO I – DISPOSIÇÕES PRELIMINARES

Capítulo I

DISPOSIÇÕES GERAIS

Art. 1º É instituída a Lei Brasileira de Inclusão da Pessoa com Deficiência (Estatuto da Pessoa com Deficiência), destinada a assegurar e a promover, em condições de igualdade, o exercício dos direitos e das liberdades fundamentais por pessoa com deficiência, visando à sua inclusão social e cidadania.

Parágrafo único. Esta Lei tem como base a Convenção sobre os Direitos das Pessoas com Deficiência e seu Protocolo Facultativo, ratificados pelo Congresso Nacional por meio do Decreto Legislativo nº 186, de 9 de julho de 2008, em conformidade com o procedimento previsto no § 3º do art. 5º da Constituição da República Federativa do Brasil, em vigor para o Brasil, no plano jurídico externo, desde 31 de agosto de 2008, e promulgados pelo Decreto nº 6.949, de 25 de agosto de 2009, data de início de sua vigência no plano interno.

....

Capítulo II

DA IGUALDADE E DA NÃO DISCRIMINAÇÃO

....

Seção Única

DO ATENDIMENTO PRIORITÁRIO

Art. 9º A pessoa com deficiência tem direito a receber atendimento prioritário, sobretudo com a finalidade de:

I – proteção e socorro em quaisquer circunstâncias;

II – atendimento em todas as instituições e serviços de atendimento ao público;

III – disponibilização de recursos, tanto humanos quanto tecnológicos, que garantam atendimento em igualdade de condições com as demais pessoas;

IV – disponibilização de pontos de parada, estações e terminais acessíveis de transporte coletivo de passageiros e garantia de segurança no embarque e no desembarque;

V – acesso a informações e disponibilização de recursos de comunicação acessíveis;

VI – recebimento de restituição de imposto de renda;

VII – tramitação processual e procedimentos judiciais e administrativos em que for parte ou interessada, em todos os atos e diligências.

§ 1º Os direitos previstos neste artigo são extensivos ao acompanhante da pessoa com deficiência ou ao seu atendente pessoal, exceto quanto ao disposto nos incisos VI e VII deste artigo.

§ 2º Nos serviços de emergência públicos e privados, a prioridade conferida por esta Lei é condicionada aos protocolos de atendimento médico.

TÍTULO II – DOS DIREITOS FUNDAMENTAIS

....

CAPÍTULO VI

DO DIREITO AO TRABALHO

SEÇÃO I

DISPOSIÇÕES GERAIS

Art. 34. A pessoa com deficiência tem direito ao trabalho de sua livre escolha e aceitação, em ambiente acessível e inclusivo, em igualdade de oportunidades com as demais pessoas.

§ 1º As pessoas jurídicas de direito público, privado ou de qualquer natureza são obrigadas a garantir ambientes de trabalho acessíveis e inclusivos.

§ 2º A pessoa com deficiência tem direito, em igualdade de oportunidades com as demais pessoas, a condições justas e favoráveis de trabalho, incluindo igual remuneração por trabalho de igual valor.

§ 3º É vedada restrição ao trabalho da pessoa com deficiência e qualquer discriminação em razão de sua condição, inclusive nas etapas de recrutamento, seleção, contratação, admissão, exames admissional e periódico, permanência no emprego, ascensão profissional e reabilitação profissional, bem como exigência de aptidão plena.

§ 4º A pessoa com deficiência tem direito à participação e ao acesso a cursos, treinamentos, educação continuada, planos de carreira, promoções, bonificações e incentivos profissionais oferecidos pelo empregador, em igualdade de oportunidades com os demais empregados.

§ 5º É garantida aos trabalhadores com deficiência acessibilidade em cursos de formação e de capacitação.

Art. 35. É finalidade primordial das políticas públicas de trabalho e emprego promover e garantir condições de acesso e de permanência da pessoa com deficiência no campo de trabalho.

Parágrafo único. Os programas de estímulo ao empreendedorismo e ao trabalho autônomo, incluídos o cooperativismo e o associativismo, devem prever a participação da pessoa com deficiência e a disponibilização de linhas de crédito, quando necessárias.

SEÇÃO II

DA HABILITAÇÃO PROFISSIONAL E REABILITAÇÃO PROFISSIONAL

Art. 36. O poder público deve implementar serviços e programas completos de habilitação profissional e de reabilitação profissional para que a pessoa com deficiência possa ingressar, continuar ou retornar ao campo do trabalho, respeitados sua livre escolha, sua vocação e seu interesse.

§ 1º Equipe multidisciplinar indicará, com base em critérios previstos no § 1º do art. 2º desta Lei, programa de habilitação ou de reabilitação que possibilite à pessoa com deficiência restaurar sua capacidade e habilidade profissional ou adquirir novas capacidades e habilidades de trabalho.

§ 2º A habilitação profissional corresponde ao processo destinado a propiciar à pessoa com deficiência aquisição de conhecimentos, habilidades e aptidões para exercício de profissão ou de ocupação, permitindo nível suficiente de desenvolvimento profissional para ingresso no campo de trabalho.

§ 3º Os serviços de habilitação profissional, de reabilitação profissional e de educação profissional devem ser dotados de recursos necessários para atender a toda pessoa com deficiência, independentemente de sua característica específica, a fim de que ela possa ser capacitada para trabalho que lhe seja adequado e ter perspectivas de obtê-lo, de conservá-lo e de nele progredir.

§ 4º Os serviços de habilitação profissional, de reabilitação profissional e de educação profissional deverão ser oferecidos em ambientes acessíveis e inclusivos.

§ 5º A habilitação profissional e a reabilitação profissional devem ocorrer articuladas com as redes públicas e privadas, especialmente de saúde, de ensino e de assistência social, em todos os níveis e modalidades, em entidades de formação profissional ou diretamente com o empregador.

§ 6º A habilitação profissional pode ocorrer em empresas por meio de prévia formalização do contrato de emprego da pessoa com deficiência, que será considerada para o cumprimento da reserva de vagas prevista em lei, desde que por tempo determinado e concomitante com a inclusão profissional na empresa, observado o disposto em regulamento.

§ 7º A habilitação profissional e a reabilitação profissional atenderão à pessoa com deficiência.

Seção III

DA INCLUSÃO DA PESSOA COM DEFICIÊNCIA NO TRABALHO

Art. 37. Constitui modo de inclusão da pessoa com deficiência no trabalho a colocação competitiva, em igualdade de oportunidades com as demais pessoas, nos termos da legislação trabalhista e previdenciária, na qual devem ser atendidas as regras de acessibilidade, o fornecimento de recursos de tecnologia assistiva e a adaptação razoável no ambiente de trabalho.

Parágrafo único. A colocação competitiva da pessoa com deficiência pode ocorrer por meio de trabalho com apoio, observadas as seguintes diretrizes:

I – prioridade no atendimento à pessoa com deficiência com maior dificuldade de inserção no campo de trabalho;

II – provisão de suportes individualizados que atendam a necessidades específicas da pessoa com deficiência, inclusive a disponibilização de recursos de tecnologia assistiva, de agente facilitador e de apoio no ambiente de trabalho;

III – respeito ao perfil vocacional e ao interesse da pessoa com deficiência apoiada;

IV – oferta de aconselhamento e de apoio aos empregadores, com vistas à definição de estratégias de inclusão e de superação de barreiras, inclusive atitudinais;

V – realização de avaliações periódicas;

VI – articulação intersetorial das políticas públicas;

VII – possibilidade de participação de organizações da sociedade civil.

Art. 38. A entidade contratada para a realização de processo seletivo público ou privado para cargo, função ou emprego está obrigada à observância do disposto nesta Lei e em outras normas de acessibilidade vigentes.

Capítulo VII

DO DIREITO À ASSISTÊNCIA SOCIAL

Art. 39. Os serviços, os programas, os projetos e os benefícios no âmbito da política pública de assistência social à pessoa com deficiência e sua família têm como objetivo a garantia da segurança de renda, da acolhida, da habilitação e da reabilitação, do desenvolvimento da autonomia e da convivência familiar e comunitária, para a promoção do acesso a direitos e da plena participação social.

§ 1º A assistência social à pessoa com deficiência, nos termos do *caput* deste artigo, deve envolver conjunto articulado de serviços do âmbito da Proteção Social Básica e da Proteção Social Especial, ofertados pelo SUAS, para a garantia de seguranças fundamentais no enfrentamento de situações de vulnerabilidade e de risco, por fragilização de vínculos e ameaça ou violação de direitos.

§ 2º Os serviços socioassistenciais destinados à pessoa com deficiência em situação de dependência deverão contar com cuidadores sociais para prestar-lhe cuidados básicos e instrumentais.

Art. 40. É assegurado à pessoa com deficiência que não possua meios para prover sua subsistência nem de tê-la provida por sua família o benefício mensal de 1 (um) salário mínimo, nos termos da Lei nº 8.742, de 7 de dezembro de 1993.

Capítulo VIII

DO DIREITO À PREVIDÊNCIA SOCIAL

Art. 41. A pessoa com deficiência segurada do Regime Geral de Previdência Social (RGPS) tem direito à aposentadoria nos termos da Lei Complementar nº 142, de 8 de maio de 2013.

....

Livro II – PARTE ESPECIAL

TÍTULO I – DO ACESSO À JUSTIÇA

Capítulo I

DISPOSIÇÕES GERAIS

Art. 79. O poder público deve assegurar o acesso da pessoa com deficiência à justiça, em igualdade de oportunidades com as demais pessoas, garantindo, sempre que requeridos, adaptações e recursos de tecnologia assistiva.

§ 1º A fim de garantir a atuação da pessoa com deficiência em todo o processo judicial, o poder público deve capacitar os membros e os servidores que atuam no Poder Judiciário, no Ministério Público, na Defensoria Pública, nos órgãos de segurança pública e no sistema penitenciário quanto aos direitos da pessoa com deficiência.

§ 2º Devem ser assegurados à pessoa com deficiência submetida a medida restritiva de liberdade todos os direitos e garantias a que fazem jus os apenados sem deficiência, garantida a acessibilidade.

§ 3º A Defensoria Pública e o Ministério Público tomarão as medidas necessárias à garantia dos direitos previstos nesta Lei.

Art. 80. Devem ser oferecidos todos os recursos de tecnologia assistiva disponíveis para que a pessoa com deficiência tenha garantido o acesso à justiça, sempre que figure em um dos polos da ação ou atue como testemunha, partícipe da lide posta em juízo, advogado, defensor público, magistrado ou membro do Ministério Público.

Parágrafo único. A pessoa com deficiência tem garantido o acesso ao conteúdo de todos os atos processuais de seu interesse, inclusive no exercício da advocacia.

Art. 81. Os direitos da pessoa com deficiência serão garantidos por ocasião da aplicação de sanções penais.

Art. 82. VETADO.

Art. 83. Os serviços notariais e de registro não podem negar ou criar óbices ou condições diferenciadas à prestação de seus serviços em razão de deficiência do solicitante, devendo reconhecer sua capacidade legal plena, garantida a acessibilidade.

Parágrafo único. O descumprimento do disposto no *caput* deste artigo constitui discriminação em razão de deficiência.

....

TÍTULO III – DISPOSIÇÕES FINAIS E TRANSITÓRIAS

....

Art. 127. Esta Lei entra em vigor após decorridos 180 (cento e oitenta) dias de sua publicação oficial.

Brasília, 6 de julho de 2015;
194º da Independência e
127º da República.

Dilma Rousseff

PORTARIA DO MTE Nº 1.288, DE 1º DE OUTUBRO DE 2015

Dispõe sobre a contratação de aprendizes no âmbito das empresas cujas atividades demandem mão de obra com habilitação técnica específica que impossibilita a Aprendizagem e/ou as que exerçam atividades insalubres e perigosas.

▸ Publicada no *DOU* de 2-10-2015.

O Ministro de Estado do Trabalho e Emprego, no uso das atribuições que lhe confere o inciso II, do parágrafo único, do art. 87, da Constituição, resolve:

Considerando que, no que concernem os conceitos de trabalho digno e decente, a condição de empregado é indiscutivelmente melhor que a condição de aprendiz, especialmente para jovens acima de 18 anos, em relação à remuneração, aos benefícios decorrentes da relação de emprego e o tempo a permanecer no mesmo;

Considerando necessidade de criação e sustentação do emprego juvenil para jovens de 15 a 29 anos, conforme previsto na Lei nº 12.852, de 5 de agosto de 2013 que instituiu o estatuto da Juventude.

Considerando que, no que concerne o art. 429 da CLT, "cujas funções demandem formação profissional", sendo que há funções que demandam apenas habilitação técnica especifica, sem que haja possibilidade de aprendizagem.

Art. 1º Estabelece instruções para o cumprimento da cota de aprendizagem (Lei nº 10.097/2000) e cumprimento alternativo nas empresas cujas atividades demandem mão de obra com habilitação técnica específica que impossibilitam a Aprendizagem e/ou que prestem serviços de forma preponderante em ambientes insalubres e/ou perigosos, que venham a gerar insegurança jurídica no cumprimento da cota.

I – as empresas e/ou suas respectivas entidades de classe de caráter nacional, poderão requerer formalmente ao Ministério do Trabalho e Emprego através do Secretário de Políticas Publicas de Emprego declaração de cumprimento alternativo das cotas, com base nesta portaria.

II – no que estabelece o art. 2º, inciso I desta Portaria, será verificado o caráter objetivo que uma vez atendido, será considerado cumprido sem a necessidade do referido requerimento.

III – habilitação técnica específica são aquelas que dependem de legislação em vigor ou pré-requisitos que impossibilitem o cumprimento da Lei do Aprendiz.

Art. 2º Serão considerados como aprendizes para os efeitos de cumprimento da cota prevista na Lei nº 10.097/2000:

I – Empregados contratados com idade entre 16 e 29 anos, e/ou;

II – Aprendizes nos arcos da prática esportiva e cultural para exercerem as funções em entidades que fomentem o esporte e a cultura, e/ou;

III – Jovens após o término do contrato de aprendizagem, sendo cumprida a cota até os 29 anos de idade do menor aprendiz admitido.

Parágrafo único. Excluem-se da regra acima, as funções do setor administrativo das empresas cujas cotas de aprendiz deverão ser cumpridas no que concerne a Lei nº 10.097 de 2000.

Art. 3º Para a definição da base de cálculo da quota legal de aprendizes por empresa, serão excluídos do cálculo as funções que não demandam formação técnico-profissional metódica, ou seja:

a) escolaridade inferior ao ensino fundamental completo;

b) experiência profissional inferior a um ano;

c) curso de qualificação profissional inferior a 400 horas;

d) o desempenho da função que não requeira supervisão ou supervisão ocasional.

Art. 4º Esta Portaria entra em vigor na data de sua publicação oficial.

Manoel Dias

INSTRUÇÃO NORMATIVA DO TST Nº 38, DE 10 DE NOVEMBRO DE 2015

*Regulamenta o procedimento do Incidente de Julgamento dos Recursos de Revista e de Embargos à SBDI-1 repetitivos.**

► Publicada no *DJE* de 17-11-2015.

► Referendada pela Res. do TST nº 201, de 10-11-2015.

Art. 1º As normas do Código de Processo Civil relativas ao julgamento dos recursos extraordinário e especial repetitivos aplicam-se, no que couber, ao recurso de revista e ao recurso de embargos repetitivos (CLT, artigos 894, II e 896 da CLT).

Art. 2º Havendo multiplicidade de recursos de revista ou de embargos para a Subseção de Dissídios Individuais I (SBDI-1) fundados em idêntica questão de direito, a questão poderá ser afetada a essa Subseção ou ao Tribunal Pleno, por decisão da maioria simples de seus membros, mediante requerimento de um dos Ministros que a compõem, considerando a relevância da matéria ou a existência de entendimentos divergentes entre os Ministros dessa Subseção ou das Turmas do Tribunal.

§ 1º O requerimento fundamentado de um dos Ministros da Subseção de Dissídios Individuais I de afetação da questão a ser julgada em incidente de recursos repetitivos deverá indicar um ou mais recursos de revista ou de embargos representativos da controvérsia e ser formulado por escrito diretamente ao Presidente da SBDI-1 ou, oralmente, em questão preliminar suscitada quando do julgamento de processo incluído na pauta de julgamentos da Subseção.

§ 2º De forma concorrente, quando a Turma do Tribunal Superior do Trabalho entender necessária a adoção do procedimento de julgamento de recursos de revista repetitivos, seu Presidente deverá submeter ao Presidente da Subseção de Dissídios Individuais I a proposta de afetação do recurso de revista, para os efeitos dos artigos 896-B e 896-C da CLT.

* Ementa Rideel – texto não oficial.

§ 3º O Presidente da Subseção submeterá a proposta de afetação ao colegiado, se formulada por escrito, no prazo máximo de 30 dias de seu recebimento, ou de imediato, se suscitada em questão preliminar, quando do julgamento de determinado processo pela SBDI-1, após o que:

I – acolhida a proposta, por maioria simples, o colegiado também decidirá se a questão será analisada pela própria SBDI-1 ou pelo Tribunal Pleno;

II – acolhida a proposta, a desistência da ação ou do recurso não impede a análise da questão objeto de julgamento de recursos repetitivos;

III – na hipótese do inciso I, o processo será distribuído a um relator e a um revisor do órgão jurisdicional correspondente, para sua tramitação nos termos do artigo 896-C da CLT;

IV – rejeitada a proposta, se for o caso, os autos serão devolvidos ao órgão julgador respectivo, para que o julgamento do recurso prossiga regularmente.

§ 4º Não será admitida sustentação oral versando, de forma específica, sobre a proposta de afetação.

§ 5º A critério do Presidente da Subseção, as propostas de afetação formuladas por escrito por um dos Ministros da Subseção de Dissídios Individuais I ou pelo Presidente de Turma do Tribunal Superior do Trabalho poderão ser apreciadas pela SBDI-1 por meio eletrônico, nos termos e para os efeitos do § 3º, I, deste artigo, do que serão as partes cientificadas pelo Diário da Justiça.

§ 6º Caso surja alguma divergência entre os integrantes do colegiado durante o julgamento eletrônico, este ficará imediatamente suspenso, devendo a proposta de afetação ser apreciada em sessão presencial.

Art. 3º O Presidente da Subseção de Dissídios Individuais I que afetar processo para julgamento sob o rito dos recursos repetitivos deverá expedir comunicação aos demais Presidentes de Turma, que poderão afetar outros processos sobre a questão para julgamento conjunto, a fim de conferir ao órgão julgador visão global da questão.

Art. 4º Somente poderão ser afetados recursos representativos da controvérsia que sejam admissíveis e que, a critério do relator do incidente de julgamento dos recursos repetitivos, contenham abrangente argumentação e discussão a respeito da questão a ser decidida.

Parágrafo único. O relator desse incidente não fica vinculado às propostas de afetação de que trata o artigo anterior, podendo recusá-las por desatenderem aos requisitos previstos no *caput* deste artigo e, ainda, selecionar outros recursos representativos da controvérsia.

Art. 5º Selecionados os recursos, o relator, na Subseção Especializada em Dissídios Individuais ou no Tribunal Pleno, constatada a presença do pressuposto do *caput* do art. 896-C da CLT, proferirá decisão de afetação, sempre fundamentada, na qual:

I – identificará com precisão a questão a ser submetida a julgamento;

II – poderá determinar a suspensão dos recursos de revista ou de embargos de que trata o § 5º do artigo 896-C da CLT;

III – poderá solicitar aos Tribunais Regionais do Trabalho informações a respeito da controvérsia, a serem prestadas no prazo de 15 (quinze) dias, e requisitar aos Presidentes ou Vice-Presidentes dos Tribunais Regionais do Trabalho a remessa de até dois recursos de revista representativos da controvérsia;

IV – concederá o prazo de 15 (quinze) dias para a manifestação escrita das pessoas, órgãos ou entidades interessados na controvérsia, que poderão ser admitidos como *amici curiae*.

V – informará aos demais Ministros sobre a decisão de afetação;

VI – poderá conceder vista ao Ministério Público e às partes, nos termos e para os efeitos do § 9º do artigo 896-C da CLT.

Art. 6º O Presidente do Tribunal Superior do Trabalho oficiará os Presidentes dos Tribunais Regionais do Trabalho, com cópia da decisão de afetação, para que suspendam os recursos de revista interpostos em casos idênticos aos afetados como recursos repetitivos e ainda não encaminhados a este Tribunal, bem como os recursos ordinários interpostos contra as sentenças proferidas em casos idênticos aos afetados como recursos repetitivos, até o pronunciamento definitivo do Tribunal Superior do Trabalho.

Art. 7º Caberá ainda ao Presidente do Tribunal de origem, caso receba a requisição de que trata o inciso III do artigo 5º desta Instrução Normativa, admitir até dois recursos representativos da controvérsia, os quais serão encaminhados ao Tribunal Superior do Trabalho.

Art. 8º Se, após receber os recursos de revista selecionados pelo Presidente ou Vice-Presidente do Tribunal Regional do Trabalho, não se proceder à sua afetação, o relator, no Tribunal Superior do Trabalho, comunicará o fato ao Presidente ou Vice-Presidente que os houver enviado, para que seja revogada a decisão de suspensão referida no artigo 896-C, § 4º, da CLT.

Art. 9º As partes deverão ser intimadas da decisão de suspensão de seu processo, a ser proferida pelo respectivo relator.

§ 1º A parte poderá requerer o prosseguimento de seu processo se demonstrar a intempestividade do recurso nele interposto ou a existência de distinção entre a questão de direito a ser decidida no seu processo e aquela a ser julgada sob o rito dos recursos repetitivos.

§ 2º O requerimento a que se refere o § 1º será dirigido:

I – ao juiz, se o processo sobrestado estiver em primeiro grau;

II – ao relator, se o processo sobrestado estiver no tribunal de origem;

III – ao relator do acórdão recorrido, se for sobrestado recurso de revista no tribunal de origem;

IV – ao relator, no Tribunal Superior do Trabalho, do recurso de revista ou de embargos cujo processamento houver sido sobrestado.

§ 3º A outra parte deverá ser ouvida sobre o requerimento, no prazo de cinco dias.

§ 4º Reconhecida a distinção no caso:

I – dos incisos I, II e IV do § 2º, o próprio juiz ou relator dará prosseguimento ao processo;

II – do inciso III do § 2º, o relator comunicará a decisão ao presidente ou ao vice-presidente que houver determinado o sobrestamento, para que este dê normal prosseguimento ao processo.

§ 5º A decisão que resolver o requerimento a que se refere o § 1º é irrecorrível de imediato, nos termos do artigo 893, § 1º, da CLT.

Art. 10. Para instruir o procedimento, pode o relator fixar data para, em audiência pública, ouvir depoimentos de pessoas com experiência e conhecimento na matéria, sempre que entender necessário o esclarecimento de questões ou circunstâncias de fato subjacentes à controvérsia objeto do incidente de recursos repetitivos.

§ 1º O relator poderá também admitir, tanto na audiência pública quanto no curso do procedimento, a manifestação, como *amici curiae*, de pessoas, órgãos ou entidades com interesse na controvérsia, considerando a relevância da matéria e assegurando o contraditório e a isonomia de tratamento.

§ 2º A manifestação de que trata o § 1º somente será admitida até a inclusão do processo em pauta.

Art. 11. Os recursos afetados deverão ser julgados no prazo de um ano e terão preferência sobre os demais feitos.

§ 1º Na hipótese de não ocorrer o julgamento no prazo de um ano a contar da publicação da decisão de que trata o artigo 5º desta Instrução Normativa, cessam automaticamente, em todo o território nacional, a afetação e a suspensão dos processos, que retomarão seu curso normal.

§ 2º Ocorrendo a hipótese do § 1º, é permitida, nos termos e para os efeitos do artigo 2º desta Instrução Normativa e do artigo 896-C da CLT, a formulação de outra proposta de afetação de processos representativos da controvérsia para instauração e julgamento de recursos repetitivos para ser apreciada e decidida pela SBDI-1 deste Tribunal.

Art. 12. O conteúdo do acórdão paradigma abrangerá a análise de todos os fundamentos da tese jurídica discutida, favoráveis ou contrários.

Parágrafo único. É vedado ao órgão colegiado decidir, para os fins do artigo 896-C da CLT, questão não delimitada na decisão de afetação.

Art. 13. Decidido o recurso representativo da controvérsia, os órgãos jurisdicionais respectivos declararão prejudicados os demais recursos versando sobre idêntica controvérsia ou os decidirão, aplicando a tese firmada.

Parágrafo único. Quando os recursos requisitados do Tribunal Regional do Trabalho contiverem outras questões além daquela que é objeto da afetação, caberá ao órgão jurisdicional competente, em acórdão específico para cada processo, decidir esta em primeiro lugar e depois as demais.

Art. 14. Publicado o acórdão paradigma:

I – o Presidente ou Vice-Presidente do Tribunal de origem negará seguimento aos recursos de revista sobrestados na origem, se o acórdão recorrido coincidir com a orientação do Tribunal Superior do Trabalho;

II – o órgão que proferiu o acórdão recorrido, na origem, reexaminará o processo de competência originária ou o recurso anteriormente julgado, na hipótese de o acórdão recorrido contrariar a orientação do Tribunal Superior do Trabalho;

III – os processos porventura suspensos em primeiro e segundo graus de jurisdição retomarão o curso para julgamento e aplicação da tese firmada pelo Tribunal Superior do Trabalho.

Art. 15. Para fundamentar a decisão de manutenção do entendimento, o órgão que proferiu o acórdão recorrido deverá demonstrar a existência de distinção, por se tratar de caso particularizado por hipótese fática distinta ou questão jurídica não examinada, a impor solução diversa.

§ 1º Na hipótese de que trata o *caput* deste artigo, o recurso de revista será submetido a novo exame de sua admissibilidade pelo Presidente ou Vice-Presidente do Tribunal Regional, retomando o processo o seu curso normal.

§ 2º Realizado o juízo de retratação, com alteração do acórdão divergente, o Tribunal de origem, se for o caso, decidirá as demais questões ainda não decididas, cujo enfrentamento se tornou necessário em decorrência da alteração.

§ 3º Quando for alterado o acórdão divergente na forma do § 1º e o recurso anteriormente interposto versar sobre outras questões, o Presidente ou Vice-Presidente do Tribunal Regional, independentemente de ratificação do recurso, procederá a novo juízo de admissibilidade, retomando o processo o seu curso normal.

Art. 16. A parte poderá desistir da ação em curso no primeiro grau de jurisdição, antes de proferida a sentença, se a questão nela discutida for idêntica à resolvida pelo recurso representativo da controvérsia.

§ 1º Se a desistência ocorrer antes de oferecida a defesa, a parte, se for o caso, ficará dispensada do pagamento de custas e de honorários de advogado.

§ 2º A desistência apresentada nos termos do *caput* deste artigo independe de consentimento do reclamado, ainda que apresentada contestação.

Art. 17. Caberá revisão da decisão firmada em julgamento de recursos repetitivos quando se alterar a situação econômica, social ou jurídica, caso em que será respeitada a segurança jurídica das relações firmadas sob a égide da decisão anterior, podendo o Tribunal Superior do Trabalho modular os efeitos da decisão que a tenha alterado.

Art. 18. Caso a questão afetada e julgada sob o rito dos recursos repetitivos também contenha questão constitucional, a decisão proferida pelo Tribunal Pleno não obstará o conhecimento de eventuais recursos extraordinários sobre a questão constitucional.

Art. 19. Aos recursos extraordinários interpostos perante o Tribunal Superior do Trabalho será aplicado o procedimento previsto no Código de Processo Civil para o julgamento dos recursos extraordinários repetitivos, cabendo ao Presidente do Tribunal Superior do Trabalho selecionar um ou mais recursos representativos da controvérsia e encaminhá-los ao Supremo Tribunal Federal, sobrestando os demais até o pronunciamento definitivo da Corte, na forma ali prevista.

Art. 20. Quando o julgamento dos embargos à SBDI-1 envolver relevante questão de direito, com grande repercussão social, sem repetição em múltiplos processos mas a respeito da qual seja conveniente a prevenção ou a composição de divergência entre as turmas ou os demais órgãos fracionários do Tribunal Superior do Trabalho, poderá a SBDI-1, por iniciativa de um de seus membros e após a aprovação da maioria de seus integrantes, afetar o seu julgamento ao Tribunal Pleno.

Parágrafo único. Aplica-se a este incidente, no que couber, o que esta Instrução Normativa dispõe sobre o incidente de julgamento de recursos repetitivos.

Art. 21. O Tribunal Superior do Trabalho deverá manter e dar publicidade às questões de direito objeto dos recursos repetitivos já julgados, pendentes de julgamento ou já reputadas sem relevância, bem como daquelas objeto das decisões proferidas por sua composição plenária, nos termos do § 13 do artigo 896 da CLT e do artigo 20 desta Instrução Normativa.

Parágrafo único. As decisões, organizadas por questão jurídica julgada, serão divulgadas, preferencialmente, na rede mundial de computadores e constarão do Banco Nacional de Jurisprudência Uniformizadora – BANJUR, instituído pelo artigo 7º da Instrução Normativa nº 37/2015, aprovada pela Resolução nº 195, de 2-3-2015, do Tribunal Superior do Trabalho.

Art. 22. Após a publicação da presente Instrução Normativa, ficam expressamente revogados os artigos 7º a 22 do Ato nº 491/SEGJUD.GP, de 23 de setembro de 2014.

Ministro Antonio José de Barros Levenhagen

LEI Nº 13.189, DE 19 DE NOVEMBRO DE 2015

Institui o Programa Seguro-Emprego (PSE).

► Publicada no *DOU* de 20-11-2015.

► Ementa com a redação dada pela Lei nº 13.456, de 26-6-2017.

Art. 1º Fica instituído o Programa Seguro-Emprego (PSE), com os seguintes objetivos:

► *Caput* com a redação dada pela Lei nº 13.456, de 26-6-2017.

I – possibilitar a preservação dos empregos em momentos de retração da atividade econômica;
II – favorecer a recuperação econômico-financeira das empresas;
III – sustentar a demanda agregada durante momentos de adversidade, para facilitar a recuperação da economia;
IV – estimular a produtividade do trabalho por meio do aumento da duração do vínculo empregatício; e
V – fomentar a negociação coletiva e aperfeiçoar as relações de emprego.

Parágrafo único. O PSE consiste em ação para auxiliar os trabalhadores na preservação do emprego, nos termos do inciso II do *caput* do art. 2º da Lei nº 7.998, de 11 de janeiro de 1990.

► Parágrafo único com a redação dada pela Lei nº 13.456, de 26-6-2017.

Art. 2º Podem aderir ao PSE as empresas de todos os setores em situação de dificuldade econômico-financeira que celebrarem acordo coletivo de trabalho específico de redução de jornada e de salário.

§ 1º A adesão ao PSE pode ser feita perante o Ministério do Trabalho até o dia 31 de dezembro de 2017, observado o prazo máximo de permanência de vinte e quatro meses, na forma definida em regulamento, respeitada a data de extinção do programa.

§ 2º Têm prioridade de adesão ao PSE, observados os critérios definidos pelo Poder Executivo federal:

I – a empresa que demonstre observar a cota de pessoas com deficiência;
II – as microempresas e empresas de pequeno porte; e
III – a empresa que possua em seus quadros programa de reinserção profissional de egressos do sistema penitenciário.

§ 3º As microempresas e as empresas de pequeno porte poderão contar com o apoio técnico do Serviço Brasileiro de Apoio às Micro e Pequenas Empresas (SEBRAE), conforme disposto em regulamento.

► Art. 2º com a redação dada pela Lei nº 13.456, de 26-6-2017.

Art. 3º Poderão aderir ao PSE as empresas que se enquadrem nas condições estabelecidas pelo Comitê do Programa de Proteção ao Emprego, criado pelo Decreto nº 8.479, de 6 de julho de 2015, independentemente do setor econômico, e que cumprirem os seguintes requisitos:

► *Caput* com a redação dada pela Lei nº 13.456, de 26-6-2017.

I – celebrar e apresentar acordo coletivo de trabalho específico, nos termos do art. 5º;
II – apresentar ao Ministério do Trabalho solicitação de adesão ao PSE;

► Inciso II com a redação dada pela Lei nº 13.456, de 26-6-2017.

III – apresentar a relação dos empregados abrangidos, especificando o salário individual;
IV – ter registro no Cadastro Nacional da Pessoa Jurídica – CNPJ há, no mínimo, dois anos;
V – comprovar a regularidade fiscal, previdenciária e relativa ao Fundo de Garantia do Tempo de Serviço – FGTS; e
VI – comprovar a situação de dificuldade econômico-financeira, fundamentada no Indicador Líquido de Empregos (ILE), considerando-se nesta situação a empresa cujo ILE seja igual ou inferior ao percentual a ser definido em ato do Poder Executivo federal, apurado com base nas informações disponíveis no Cadastro Geral de Empregados e Desempregados (CAGED), consistindo o ILE no percentual representado pela diferença entre admissões e demissões acumulada nos doze meses anteriores ao da solicitação de adesão ao PSE dividida pelo número de empregados no mês anterior ao início desse período.

► Inciso VI com a redação dada pela Lei nº 13.456, de 26-6-2017.

§ 1º Para fins do disposto no inciso IV do *caput*, em caso de solicitação de adesão por filial de empresa, pode ser considerado o tempo de registro no CNPJ da matriz.

§ 2º A regularidade de que trata o inciso V do *caput* deste artigo deverá ser observada durante o período de adesão do PSE, como condição para permanência no Programa.

► § 2º com a redação dada pela Lei nº 13.456, de 26-6-2017.

§ 3º No cálculo do indicador de que trata o inciso VI do *caput* deste artigo, não serão computados os eventos de transferência por entrada, de transferência por saída e de admissão ou desligamento de aprendizes.

► § 3º acrescido pela Lei nº 13.456, de 26-6-2017.

Art. 4º Os empregados de empresas que aderirem ao PSE e que tiverem o seu salário reduzido, nos termos do art. 5º desta Lei, fazem jus à compensação pecuniária equivalente a 50% (cinquenta por cento) do valor da redução salarial e limitada a 65% (sessenta e cinco por cento) do valor máximo da parcela do seguro-desemprego, enquanto perdurar o período de redução temporária da jornada de trabalho.

► *Caput* com a redação dada pela Lei nº 13.456, de 26-6-2017.

§ 1º Ato do Poder Executivo federal deve dispor sobre a forma de pagamento da compensação pecuniária de que trata o *caput*, custeada pelo Fundo de Amparo ao Trabalhador – FAT.

§ 2º O valor do salário pago pelo empregador, após a redução de que trata o *caput* do art. 5º, não pode ser inferior ao valor do salário mínimo.

Art. 5º O acordo coletivo de trabalho específico para adesão ao PSE, celebrado entre a empresa e o sindicato de trabalhadores representativo da categoria da atividade econômica preponderante da empresa, pode reduzir em até 30% (trinta por cento) a jornada e o salário.

► *Caput* com a redação dada pela Lei nº 13.456, de 26-6-2017.

§ 1º O acordo deve ser aprovado em assembleia dos trabalhadores abrangidos pelo programa e deve dispor sobre:

I – número total de empregados abrangidos pela redução e sua identificação;

II – estabelecimentos ou setores específicos da empresa abrangidos;

III – percentual de redução da jornada e redução proporcional ou menor do salário;

IV – período pretendido de adesão ao PSE e de redução temporária da jornada de trabalho, que deve ter duração de até seis meses, podendo ser prorrogado por períodos de seis meses, desde que o período total não ultrapasse vinte e quatro meses;

► Inciso IV com a redação dada pela Lei nº 13.456, de 26-6-2017.

V – período de garantia no emprego, que deve ser equivalente, no mínimo, ao período de redução de jornada acrescido de um terço;

VI – constituição de comissão paritária, composta por representantes do empregador e dos empregados abrangidos pelo PSE, para acompanhar e fiscalizar o cumprimento do acordo e do Programa, exceto nas microempresas e empresas de pequeno porte.

► Inciso VI com a redação dada pela Lei nº 13.456, de 26-6-2017.

§ 2º O acordo coletivo de trabalho específico de que trata este artigo não disporá sobre outras condições de trabalho que não aquelas decorrentes da adesão ao PSE.

► § 2º com a redação dada pela Lei nº 13.456, de 26-6-2017.

§ 3º A empresa deve demonstrar ao sindicato que foram esgotados os bancos de horas, além de fornecer as informações econômico-financeiras.

§ 4º É facultada a celebração de acordo coletivo múltiplo de trabalho específico a grupo de microempresas e empresas de pequeno porte, do mesmo setor econômico, com o sindicato de trabalhadores representativo da categoria da atividade econômica preponderante.

§ 5º Na hipótese do § 4º, a comissão paritária de que trata o inciso VI do § 1º será composta por representantes do empregador e do sindicato de trabalhadores que celebrar o acordo coletivo múltiplo de trabalho específico.

§ 6º Para fins dos incisos I e II do § 1º, o acordo deve abranger todos os empregados da empresa ou, no mínimo, os empregados de setor ou estabelecimento específico.

§ 7º Para fins do disposto no § 4º deste artigo, cada microempresa ou empresa de pequeno porte deverá demonstrar individualmente o cumprimento dos requisitos exigidos para adesão ao PSE, com o apoio técnico do Serviço Brasileiro de Apoio às Micro e Pequenas Empresas (SEBRAE).

► § 7º com a redação dada pela Lei nº 13.456, de 26-6-2017.

§ 8º A redução de que trata o *caput* está condicionada à celebração de acordo coletivo de trabalho específico com o sindicato de trabalhadores representativo da categoria, observado o disposto no art. 511 da Consolidação das Leis do Trabalho – CLT, aprovada pelo Decreto-Lei nº 5.452, de 1º de maio de 1943.

§ 9º O número total de trabalhadores e de setores abrangidos pelo Programa de que tratam os incisos I e II do § 1º deste artigo e a redução do percentual de que trata o inciso III do § 1º deste artigo poderão ser alterados durante o período de adesão ao Programa, desde que aprovados em assembleia dos trabalhadores abrangidos pelo Programa, dispensada a formalização de termo aditivo ao acordo, observados os critérios a serem estabelecidos em ato do Poder Executivo federal.

▶ § 9º acrescido pela Lei nº 13.456, de 26-6-2017.

Art. 6º A empresa que aderir ao PSE fica proibida de:

▶ *Caput* com a redação dada pela Lei nº 13.456, de 26-6-2017.

I – dispensar arbitrariamente ou sem justa causa os empregados que tiverem sua jornada de trabalho temporariamente reduzida enquanto vigorar a adesão ao PSE e, após o seu término, durante o prazo equivalente a um terço do período de adesão; e

▶ Inciso I com a redação dada pela Lei nº 13.456, de 26-6-2017.

II – contratar empregado para executar, total ou parcialmente, as mesmas atividades exercidas por empregado abrangido pelo programa, exceto nas hipóteses de:

a) reposição;

b) aproveitamento de concluinte de curso de aprendizagem na empresa, nos termos do art. 429 da Consolidação das Leis do Trabalho – CLT, aprovada pelo Decreto-Lei nº 5.452, de 1º de maio de 1943;

c) efetivação de estagiário;

d) contratação de pessoas com deficiência ou idosas; e

e) contratação de egresso dos sistemas prisional e de medidas socioeducativas.

▶ Alíneas c a e acrescidas pela Lei nº 13.456, de 26-6-2017.

§ 1º Nas hipóteses de contratação previstas no inciso II do *caput* deste artigo, o empregado deve ser abrangido pelo acordo coletivo de trabalho específico.

▶ § 1º com a redação dada pela Lei nº 13.456, de 26-6-2017.

§ 2º Durante o período de adesão, é proibida a realização de horas extraordinárias pelos empregados abrangidos pelo programa.

Art. 7º A empresa pode denunciar o PSE a qualquer momento, desde que comunique o ato ao sindicato que celebrou o acordo coletivo de trabalho específico, aos seus trabalhadores e ao Poder Executivo federal, com antecedência mínima de trinta dias, demonstrando as razões e a superação da situação de dificuldade econômico-financeira.

▶ *Caput* com a redação dada pela Lei nº 13.456, de 26-6-2017.

§ 1º Somente após o prazo de trinta dias, pode a empresa exigir o cumprimento da jornada integral de trabalho.

§ 2º Deve ser mantida a garantia de emprego, nos termos da adesão original ao PSE e aos seus acréscimos.

§ 3º Somente após seis meses da denúncia, pode a empresa aderir novamente ao PSE, caso demonstre que enfrenta nova situação de dificuldade econômico-financeira.

▶ §§ 2º e 3º com a redação dada pela Lei nº 13.456, de 26-6-2017.

Art. 8º Fica excluída do PSE e impedida de aderir ao Programa novamente a empresa que:

▶ *Caput* com a redação dada pela Lei nº 13.456, de 26-6-2017.

I – descumprir os termos do acordo coletivo de trabalho específico relativo à redução temporária da jornada de trabalho ou qualquer outro dispositivo desta Lei ou de sua regulamentação;

II – cometer fraude no âmbito do PSE, assim entendida como a situação em que empresa obtiver, para si ou para outrem, vantagem ilícita, em prejuízo alheio, induzindo ou mantendo alguém em erro, mediante artifício, ardil ou qualquer outro meio fraudulento, relativamente ao Programa, como atos praticados quanto à burla das condições e dos critérios para adesão e permanência no Programa, fornecimento de informações não verídicas, apresentação de documentos falsos ou desvio dos recursos da compensação financeira do Programa destinada aos empregados abrangidos; ou

► Inciso II com a redação dada pela Lei nº 13.456, de 26-6-2017.

III – for condenada por decisão judicial transitada em julgado ou autuada administrativamente após decisão final no processo administrativo por prática de trabalho análogo ao de escravo, trabalho infantil ou degradante.

§ 1º A empresa que descumprir o acordo coletivo ou as normas relativas ao PSE fica obrigada a restituir ao FAT os recursos recebidos, devidamente corrigidos, e a pagar multa administrativa correspondente a 100% (cem por cento) desse valor, calculada em dobro no caso de fraude, a ser aplicada conforme o Título VII da Consolidação das Leis do Trabalho (CLT), aprovada pelo Decreto-Lei nº 5.452, de 1º de maio de 1943, e revertida ao FAT.

► § 1º com a redação dada pela Lei nº 13.456, de 26-6-2017.

§ 2º Para fins do disposto no inciso I do *caput*, a denúncia de que trata o art. 7º não é considerada descumprimento dos termos do acordo coletivo de trabalho específico.

§ 3º Para fins da correção dos recursos de que trata o § 1º deste artigo, o valor a ser restituído ao FAT, por ocasião do pagamento, será acrescido de juros equivalentes à taxa referencial do Sistema Especial de Liquidação e de Custódia (SELIC) para títulos federais, calculada na forma de capitalização simples, ou seja, pela soma aritmética dos valores mensais da taxa SELIC, adicionando-se 1% (um por cento) no último mês de atualização e utilizando-se para o cálculo do débito o Sistema Débito Web disponibilizado no sítio eletrônico do Tribunal de Contas da União.

► § 3º com a redação dada pela Lei nº 13.456, de 26-6-2017.

Art. 9º A compensação pecuniária integra as parcelas remuneratórias para efeito do disposto no inciso I do art. 22 e no § 8º do art. 28 da Lei nº 8.212, de 24 de julho de 1991, e do disposto no art. 15 da Lei nº 8.036, de 11 de maio de 1990.

Art. 10. Permanecem regidas pela Medida Provisória nº 680, de 6 de julho de 2015, as adesões ao PPE já aprovadas, aplicando-se esta Lei às solicitações de adesão ou de prorrogação em tramitação na data de sua publicação ou protocoladas a partir dessa data, sendo facultadas às empresas a prorrogação dos prazos e a adoção das demais condições previstas nesta Lei mediante aditivo ao acordo coletivo de trabalho específico.

Art. 11. O PSE extingue-se em 31 de dezembro de 2018.

► Artigo com a redação dada pela Lei nº 13.456, de 26-6-2017.

Art. 11-A. Até o final do mês de fevereiro de cada exercício, o Poder Executivo federal estabelecerá o limite máximo anual para as despesas totais do PSE, observados os parâmetros econômicos oficiais utilizados na gestão fiscal.

§ 1º Para fins de estimativa do cálculo das despesas totais referidas no *caput* deste artigo, será considerado o somatório do estoque de benefícios concedidos com os novos benefícios a serem desembolsados no exercício.

§ 2º A gestão fiscal de que trata o *caput* deste artigo compreende a elaboração dos orçamentos anuais e as avaliações de receitas e despesas para cumprimento do disposto no art. 9º da Lei Complementar nº 101, de 4 de maio de 2000.

§ 3º O Poder Executivo federal, por meio de regulamento, poderá fixar orçamento do PSE dedicado exclusivamente a microempresas e empresas de pequeno porte.

Art. 11-B. O Ministério do Trabalho enviará semestralmente, pelo período de duração do PSE, aos Ministérios da Fazenda e do Planejamento, Desenvolvimento e Gestão e à Casa Civil da Presidência da República, informações que permitam avaliar a efetividade do PSE como política pública em relação aos objetivos pretendidos.

► Arts. 11-A a 11-B acrescidos pela Lei nº 13.456, de 26-6-2017.

Art. 12. Esta Lei entra em vigor na data de sua publicação, com exceção do disposto no art. 9º, quanto à Lei nº 8.212, de 24 de julho de 1991, que entra em vigor no dia 1º de novembro de 2015.

Brasília, 19 de novembro de 2015;
194º da Independência e
127º da República.

Dilma Rousseff

LEI Nº 13.257, DE 8 DE MARÇO DE 2016

Dispõe sobre as políticas públicas para a primeira infância e altera a Lei nº 8.069, de 13 de julho de 1990 (Estatuto da Criança e do Adolescente), o Decreto-Lei nº 3.689, de 3 de outubro de 1941 (Código de Processo Penal), a Consolidação das Leis do Trabalho (CLT), aprovada pelo Decreto-Lei nº 5.452, de 1º de maio de 1943, a Lei nº 11.770, de 9 de setembro de 2008, e a Lei nº 12.662, de 5 de junho de 2012.

▸ Publicada no *DOU* de 9-3-2016.

Art. 1º Esta Lei estabelece princípios e diretrizes para a formulação e a implementação de políticas públicas para a primeira infância em atenção à especificidade e à relevância dos primeiros anos de vida no desenvolvimento infantil e no desenvolvimento do ser humano, em consonância com os princípios e diretrizes da Lei nº 8.069, de 13 de julho de 1990 (Estatuto da Criança e do Adolescente); altera a Lei nº 8.069, de 13 de julho de 1990 (Estatuto da Criança e do Adolescente); altera os arts. 6º, 185, 304 e 318 do Decreto-Lei nº 3.689, de 3 de outubro de 1941 (Código de Processo Penal); acrescenta incisos ao art. 473 da Consolidação das Leis do Trabalho (CLT), aprovada pelo Decreto-Lei nº 5.452, de 1º de maio de 1943; altera os arts. 1º, 3º, 4º e 5º da Lei nº 11.770, de 9 de setembro de 2008; e acrescenta parágrafos ao art. 5º da Lei nº 12.662, de 5 de junho de 2012.

Art. 2º Para os efeitos desta Lei, considera-se primeira infância o período que abrange os primeiros 6 (seis) anos completos ou 72 (setenta e dois) meses de vida da criança.

Art. 3º A prioridade absoluta em assegurar os direitos da criança, do adolescente e do jovem, nos termos do art. 227 da Constituição Federal e do art. 4º da Lei nº 8.069, de 13 de julho de 1990, implica o dever do Estado de estabelecer políticas, planos, programas e serviços para a primeira infância que atendam às especificidades dessa faixa etária, visando a garantir seu desenvolvimento integral.

Art. 4º As políticas públicas voltadas ao atendimento dos direitos da criança na primeira infância serão elaboradas e executadas de forma a:

I – atender ao interesse superior da criança e à sua condição de sujeito de direitos e de cidadã;

II – incluir a participação da criança na definição das ações que lhe digam respeito, em conformidade com suas características etárias e de desenvolvimento;

III – respeitar a individualidade e os ritmos de desenvolvimento das crianças e valorizar a diversidade da infância brasileira, assim como as diferenças entre as crianças em seus contextos sociais e culturais;

IV – reduzir as desigualdades no acesso aos bens e serviços que atendam aos direitos da criança na primeira infância, priorizando o investimento público na promoção da justiça social, da equidade e da inclusão sem discriminação da criança;

V – articular as dimensões ética, humanista e política da criança cidadã com as evidências científicas e a prática profissional no atendimento da primeira infância;

VI – adotar abordagem participativa, envolvendo a sociedade, por meio de suas organizações representativas, os profissionais, os pais e as crianças, no aprimoramento da qualidade das ações e na garantia da oferta dos serviços;

VII – articular as ações setoriais com vistas ao atendimento integral e integrado;

VIII – descentralizar as ações entre os entes da Federação;

IX – promover a formação da cultura de proteção e promoção da criança, com apoio dos meios de comunicação social.

Parágrafo único. A participação da criança na formulação das políticas e das ações que lhe dizem respeito tem o objetivo de promover sua inclusão social como cidadã e dar-se-á de acordo com a especificidade de sua idade, devendo ser realizada por profissionais qualificados em processos de escuta adequados às diferentes formas de expressão infantil.

Art. 5º Constituem áreas prioritárias para as políticas públicas para a primeira infância a saúde, a alimentação e a nutrição, a educação infantil, a convivência familiar e comunitária, a assistência social à família da criança, a cultura, o brincar e o lazer, o espaço e o meio ambiente, bem como a proteção contra toda forma de violência e de pressão consumista, a prevenção de acidentes e a adoção de medidas que evitem a exposição precoce à comunicação mercadológica.

Art. 6º A Política Nacional Integrada para a primeira infância será formulada e implementada mediante abordagem e coordenação intersetorial que articule as diversas políticas setoriais a partir de uma visão abrangente de todos os direitos da criança na primeira infância.

Art. 7º A União, os Estados, o Distrito Federal e os Municípios poderão instituir, nos respectivos âmbitos, comitê intersetorial de políticas públicas para a primeira infância com a finalidade de assegurar a articulação das ações voltadas à proteção e à promoção dos direitos da criança, garantida a participação social por meio dos conselhos de direitos.

§ 1º Caberá ao Poder Executivo no âmbito da União, dos Estados, do Distrito Federal e dos Municípios indicar o órgão responsável pela coordenação do comitê intersetorial previsto no *caput* deste artigo.

§ 2º O órgão indicado pela União nos termos do § 1º deste artigo manterá permanente articulação com as instâncias de coordenação das ações estaduais, distrital e municipais de atenção à criança na primeira infância, visando à complementaridade das ações e ao cumprimento do dever do Estado na garantia dos direitos da criança.

Art. 8º O pleno atendimento dos direitos da criança na primeira infância constitui objetivo comum de todos os entes da Federação, segundo as respectivas competências constitucionais e legais, a ser alcançado em regime de colaboração entre a União, os Estados, o Distrito Federal e os Municípios.

Parágrafo único. A União buscará a adesão dos Estados, do Distrito Federal e dos Municípios à abordagem multi e intersetorial no atendimento dos direitos da criança na primeira infância e oferecerá assistência técnica na elaboração de planos estaduais, distrital e municipais para a primeira infância que articulem os diferentes setores.

Art. 9º As políticas para a primeira infância serão articuladas com as instituições de formação profissional, visando à adequação dos cursos às características e necessidades das crianças e à formação de profissionais qualificados, para possibilitar a expansão com qualidade dos diversos serviços.

Art. 10. Os profissionais que atuam nos diferentes ambientes de execução das políticas e programas destinados à criança na primeira infância terão acesso garantido e prioritário à qualificação, sob a forma de especialização e atualização, em programas que contemplem, entre outros temas, a especificidade da primeira infância, a estratégia da intersetorialidade na promoção do desenvolvimento integral e a prevenção e a proteção contra toda forma de violência contra a criança.

Art. 11. As políticas públicas terão, necessariamente, componentes de monitoramento e coleta sistemática de dados, avaliação periódica dos elementos que constituem a oferta dos serviços à criança e divulgação dos seus resultados.

§ 1º A União manterá instrumento individual de registro unificado de dados do crescimento e desenvolvimento da criança, assim como sistema informatizado, que inclua as redes pública e privada de saúde, para atendimento ao disposto neste artigo.

§ 2º A União informará à sociedade a soma dos recursos aplicados anualmente no conjunto dos programas e serviços para a primeira infância e o percentual que os valores representam em relação ao respectivo orçamento realizado, bem como colherá informações sobre os valores aplicados pelos demais entes da Federação.

Art. 12. A sociedade participa solidariamente com a família e o Estado da proteção e da promoção da criança na primeira infância, nos termos do *caput* e do § 7º do art. 227, combinado com o inciso II do art. 204 da Constituição Federal, entre outras formas:

I – formulando políticas e controlando ações, por meio de organizações representativas;

II – integrando conselhos, de forma paritária com representantes governamentais, com funções de planejamento, acompanhamento, controle social e avaliação;

III – executando ações diretamente ou em parceria com o poder público;

IV – desenvolvendo programas, projetos e ações compreendidos no conceito de responsabilidade social e de investimento social privado;

V – criando, apoiando e participando de redes de proteção e cuidado à criança nas comunidades;

VI – promovendo ou participando de campanhas e ações que visem a aprofundar a consciência social sobre o significado da primeira infância no desenvolvimento do ser humano.

Art. 13. A União, os Estados, o Distrito Federal e os Municípios apoiarão a participação das famílias em redes de proteção e cuidado da criança em seus contextos sociofamiliar e comunitário visando, entre outros objetivos, à formação e ao fortalecimento dos vínculos familiares e comunitários, com prioridade aos contextos que apresentem riscos ao desenvolvimento da criança.

Art. 14. As políticas e programas governamentais de apoio às famílias, incluindo as visitas domiciliares e os programas de promoção da paternidade e maternidade responsáveis, buscarão a articulação das áreas de saúde, nutrição, educação, assistência social, cultura, trabalho, habitação, meio ambiente e direitos humanos, entre outras, com vistas ao desenvolvimento integral da criança.

§ 1º Os programas que se destinam ao fortalecimento da família no exercício de sua função de cuidado e educação de seus filhos na primeira infância promoverão atividades centradas na criança, focadas na família e baseadas na comunidade.

§ 2º As famílias identificadas nas redes de saúde, educação e assistência social e nos órgãos do Sistema de Garantia dos Direitos da Criança e do Adolescente que se encontrem em situação de vulnerabilidade e de risco ou com direitos violados para exercer seu papel protetivo de cuidado e educação da criança na primeira infância, bem como as que têm crianças com indicadores de risco ou deficiência, terão prioridade nas políticas sociais públicas.

§ 3º As gestantes e as famílias com crianças na primeira infância deverão receber orientação e formação sobre maternidade e paternidade responsáveis, aleitamento materno, alimentação complementar saudável, crescimento e desenvolvimento infantil integral, prevenção de acidentes e educação sem uso de castigos físicos, nos termos da Lei nº 13.010, de 26 de junho de 2014, com o intuito de favorecer a formação e a consolidação de vínculos afetivos e estimular o desenvolvimento integral na primeira infância.

§ 4º A oferta de programas e de ações de visita domiciliar e de outras modalidades que estimulem o desenvolvimento integral na primeira infância será considerada estratégia de atuação sempre que respaldada pelas políticas públicas sociais e avaliada pela equipe profissional responsável.

§ 5º Os programas de visita domiciliar voltados ao cuidado e educação na primeira infância deverão contar com profissionais qualificados, apoiados por medidas que assegurem sua permanência e formação continuada.

Art. 15. As políticas públicas criarão condições e meios para que, desde a primeira infância, a criança tenha acesso à produção cultural e seja reconhecida como produtora de cultura.

Art. 16. A expansão da educação infantil deverá ser feita de maneira a assegurar a qualidade da oferta, com instalações e equipamentos que obedeçam a padrões de infraestrutura estabelecidos pelo Ministério da Educação, com profissionais qualificados conforme dispõe a Lei nº 9.394, de 20 de dezembro de 1996 (Lei de Diretrizes e Bases da Educação Nacional), e com currículo e materiais pedagógicos adequados à proposta pedagógica.

Parágrafo único. A expansão da educação infantil das crianças de 0 (zero) a 3 (três) anos de idade, no cumprimento da meta do Plano Nacional de Educação, atenderá aos critérios definidos no território nacional pelo competente sistema de ensino, em articulação com as demais políticas sociais.

Art. 17. A União, os Estados, o Distrito Federal e os Municípios deverão organizar e estimular a criação de espaços lúdicos que propiciem o bem-estar, o brincar e o exercício da criatividade em locais públicos e privados onde haja circulação de crianças, bem como a fruição de ambientes livres e seguros em suas comunidades.

Art. 18. O art. 3º da Lei nº 8.069, de 13 de julho de 1990 (Estatuto da Criança e do Adolescente), passa a vigorar acrescido do seguinte parágrafo único:

"Art. 3º ....

Parágrafo único. Os direitos enunciados nesta Lei aplicam-se a todas as crianças e adolescentes, sem discriminação de nascimento, situação familiar, idade, sexo, raça, etnia ou cor, religião ou crença, deficiência, condição pessoal de desenvolvimento e aprendizagem, condição econômica, ambiente social, região e local de moradia ou outra condição que diferencie as pessoas, as famílias ou a comunidade em que vivem."

Art. 19. O art. 8º da Lei nº 8.069, de 13 de julho de 1990, passa a vigorar com a seguinte redação:

"Art. 8º É assegurado a todas as mulheres o acesso aos programas e às políticas de saúde da mulher e de planejamento reprodutivo e, às gestantes, nutrição adequada, atenção humanizada à gravidez, ao parto e ao puerpério e atendimento pré-natal, perinatal e pós-natal integral no âmbito do Sistema Único de Saúde.

§ 1º O atendimento pré-natal será realizado por profissionais da atenção primária.

§ 2º Os profissionais de saúde de referência da gestante garantirão sua vinculação, no último trimestre da gestação, ao estabelecimento em que será realizado o parto, garantido o direito de opção da mulher.

§ 3º Os serviços de saúde onde o parto for realizado assegurarão às mulheres e aos seus filhos recém-nascidos alta hospitalar responsável e contrarreferência na atenção primária, bem como o acesso a outros serviços e a grupos de apoio à amamentação.

....

§ 5º A assistência referida no § 4º deste artigo deverá ser prestada também a gestantes e mães que manifestem interesse em entregar seus filhos para adoção, bem como a gestantes e mães que se encontrem em situação de privação de liberdade.

§ 6º A gestante e a parturiente têm direito a 1 (um) acompanhante de sua preferência durante o período do pré-natal, do trabalho de parto e do pós-parto imediato.

§ 7º A gestante deverá receber orientação sobre aleitamento materno, alimentação complementar saudável e crescimento e desenvolvimento infantil, bem como sobre formas de favorecer a criação de vínculos afetivos e de estimular o desenvolvimento integral da criança.

§ 8º A gestante tem direito a acompanhamento saudável durante toda a gestação e a parto natural cuidadoso, estabelecendo-se a aplicação de cesariana e outras intervenções cirúrgicas por motivos médicos.

§ 9º A atenção primária à saúde fará a busca ativa da gestante que não iniciar ou que abandonar as consultas de pré-natal, bem como da puérpera que não comparecer às consultas pós-parto.

§ 10. Incumbe ao poder público garantir, à gestante e à mulher com filho na primeira infância que se encontrem sob custódia em unidade de privação de liberdade, ambiência que atenda às normas sanitárias e assistenciais do Sistema Único de Saúde para o acolhimento do filho, em articulação com o sistema de ensino competente, visando ao desenvolvimento integral da criança."

Art. 20. O art. 9º da Lei nº 8.069, de 13 de julho de 1990, passa a vigorar acrescido dos seguintes §§ 1º e 2º:

"Art. 9º ....

§ 1º Os profissionais das unidades primárias de saúde desenvolverão ações sistemáticas, individuais ou coletivas, visando ao planejamento, à implementação e à avaliação de ações de promoção, proteção e apoio ao aleitamento materno e à alimentação complementar saudável, de forma contínua.

§ 2º Os serviços de unidades de terapia intensiva neonatal deverão dispor de banco de leite humano ou unidade de coleta de leite humano."

Art. 21. O art. 11 da Lei nº 8.069, de 13 de julho de 1990, passa a vigorar com a seguinte redação:

"Art. 11. É assegurado acesso integral às linhas de cuidado voltadas à saúde da criança e do adolescente, por intermédio do Sistema Único de Saúde, observado o princípio da equidade no acesso a ações e serviços para promoção, proteção e recuperação da saúde.

§ 1º A criança e o adolescente com deficiência serão atendidos, sem discriminação ou segregação, em suas necessidades gerais de saúde e específicas de habilitação e reabilitação.

§ 2º Incumbe ao poder público fornecer gratuitamente, àqueles que necessitarem, medicamentos, órteses, próteses e outras tecnologias assistivas relativas ao tratamento, habilitação ou reabilitação para crianças e adolescentes, de acordo com as linhas de cuidado voltadas às suas necessidades específicas.

§ 3º Os profissionais que atuam no cuidado diário ou frequente de crianças na primeira infância receberão formação específica e permanente para a detecção de sinais de risco para o desenvolvimento psíquico, bem como para o acompanhamento que se fizer necessário."

Art. 22. O art. 12 da Lei nº 8.069, de 13 de julho de 1990, passa a vigorar com a seguinte redação:

"Art. 12. Os estabelecimentos de atendimento à saúde, inclusive as unidades neonatais, de terapia intensiva e de cuidados intermediários, deverão proporcionar condições para a permanência em tempo integral de um dos pais ou responsável, nos casos de internação de criança ou adolescente."

Art. 23. O art. 13 da Lei nº 8.069, de 13 de julho de 1990, passa a vigorar acrescido do seguinte § 2º, numerando-se o atual parágrafo único como § 1º:

"Art. 13. ....

§ 1º As gestantes ou mães que manifestem interesse em entregar seus filhos para adoção serão obrigatoriamente encaminhadas, sem constrangimento, à Justiça da Infância e da Juventude.

§ 2º Os serviços de saúde em suas diferentes portas de entrada, os serviços de assistência social em seu componente especializado, o Centro de Referência Especializado de Assistência Social (CREAS) e os demais órgãos do Sistema de Garantia de Direitos da Criança e do Adolescente deverão conferir máxima prioridade ao atendimento das crianças na faixa etária da primeira infância com suspeita ou confirmação de violência de qualquer natureza, formulando projeto terapêutico singular que inclua intervenção em rede e, se necessário, acompanhamento domiciliar."

Art. 24. O art. 14 da Lei nº 8.069, de 13 de julho de 1990, passa a vigorar acrescido dos seguintes §§ 2º, 3º e 4º, numerando-se o atual parágrafo único como § 1º:

"Art. 14. ....

§ 1º ....

§ 2º O Sistema Único de Saúde promoverá a atenção à saúde bucal das crianças e das gestantes, de forma transversal, integral e intersetorial com as demais linhas de cuidado direcionadas à mulher e à criança.

§ 3º A atenção odontológica à criança terá função educativa protetiva e será prestada, inicialmente, antes de o bebê nascer, por meio de aconselhamento pré-natal, e, posteriormente, no sexto e no décimo segundo anos de vida, com orientações sobre saúde bucal.

§ 4º A criança com necessidade de cuidados odontológicos especiais será atendida pelo Sistema Único de Saúde."

Art. 25. O art. 19 da Lei nº 8.069, de 13 de julho de 1990, passa a vigorar com a seguinte redação:

"Art. 19. É direito da criança e do adolescente ser criado e educado no seio de sua família e, excepcionalmente, em família substituta, assegurada a convivência familiar e comunitária, em ambiente que garanta seu desenvolvimento integral.

....

§ 3º A manutenção ou a reintegração de criança ou adolescente à sua família terá preferência em relação a qualquer outra providência, caso em que será esta incluída em serviços e programas de proteção, apoio e promoção, nos termos do § 1º do art. 23, dos incisos I e IV do *caput* do art. 101 e dos incisos I a IV do *caput* do art. 129 desta Lei.

...."

Art. 26. O art. 22 da Lei nº 8.069, de 13 de julho de 1990, passa a vigorar acrescido do seguinte parágrafo único:

"Art. 22. ....

Parágrafo único. A mãe e o pai, ou os responsáveis, têm direitos iguais e deveres e responsabilidades compartilhados no cuidado e na educação da criança, devendo ser resguardado o direito de transmissão familiar de suas crenças e culturas, assegurados os direitos da criança estabelecidos nesta Lei."

Art. 27. O § 1º do art. 23 da Lei nº 8.069, de 13 de julho de 1990, passa a vigorar com a seguinte redação:

"Art. 23. ....

§ 1º Não existindo outro motivo que por si só autorize a decretação da medida, a criança ou o adolescente será mantido em sua família de origem, a qual deverá obrigatoriamente ser incluída em serviços e programas oficiais de proteção, apoio e promoção.

...."

Art. 28. O art. 34 da Lei nº 8.069, de 13 de julho de 1990, passa a vigorar acrescido dos seguintes §§ 3º e 4º:

"Art. 34. ....

....

§ 3º A União apoiará a implementação de serviços de acolhimento em família acolhedora como política pública, os quais deverão dispor de equipe que organize o acolhimento temporário de crianças e de adolescentes em residências de famílias selecionadas, capacitadas e acompanhadas que não estejam no cadastro de adoção.

§ 4º Poderão ser utilizados recursos federais, estaduais, distritais e municipais para a manutenção dos serviços de acolhimento em família acolhedora, facultando-se o repasse de recursos para a própria família acolhedora."

Art. 29. O inciso II do art. 87 da Lei nº 8.069, de 13 de julho de 1990, passa a vigorar com a seguinte redação:

"Art. 87. ....

....

II – serviços, programas, projetos e benefícios de assistência social de garantia de proteção social e de prevenção e redução de violações de direitos, seus agravamentos ou reincidências;

...."

Art. 30. O art. 88 da Lei nº 8.069, de 13 de julho de 1990, passa a vigorar acrescido dos seguintes incisos VIII, IX e X:

"Art. 88. ....

....

VIII – especialização e formação continuada dos profissionais que trabalham nas diferentes áreas da atenção à primeira infância, incluindo os conhecimentos sobre direitos da criança e sobre desenvolvimento infantil;

IX – formação profissional com abrangência dos diversos direitos da criança e do adolescente que favoreça a intersetorialidade no atendimento da criança e do adolescente e seu desenvolvimento integral;

X – realização e divulgação de pesquisas sobre desenvolvimento infantil e sobre prevenção da violência."

Art. 31. O art. 92 da Lei nº 8.069, de 13 de julho de 1990, passa a vigorar acrescido do seguinte § 7º:

"Art. 92. ....

....

§ 7º Quando se tratar de criança de 0 (zero) a 3 (três) anos em acolhimento institucional, dar-se-á especial atenção à atuação de educadores de referência estáveis e qualitativamente significativos, às rotinas específicas e ao atendimento das necessidades básicas, incluindo as de afeto como prioritárias."

Art. 32. O inciso IV do *caput* do art. 101 da Lei nº 8.069, de 13 de julho de 1990, passa a vigorar com a seguinte redação:

"Art. 101. ....

....

IV – inclusão em serviços e programas oficiais ou comunitários de proteção, apoio e promoção da família, da criança e do adolescente;

...."

Art. 33. O art. 102 da Lei nº 8.069, de 13 de julho de 1990, passa a vigorar acrescido dos seguintes §§ 5º e 6º:

"Art. 102. ....

....

§ 5º Os registros e certidões necessários à inclusão, a qualquer tempo, do nome do pai no assento de nascimento são isentos de multas, custas e emolumentos, gozando de absoluta prioridade.

§ 6º São gratuitas, a qualquer tempo, a averbação requerida do reconhecimento de paternidade no assento de nascimento e a certidão correspondente."

Art. 34. O inciso I do art. 129 da Lei nº 8.069, de 13 de julho de 1990, passa a vigorar com a seguinte redação:

"Art. 129. ....

I – encaminhamento a serviços e programas oficiais ou comunitários de proteção, apoio e promoção da família;

...."

Art. 35. Os §§ 1º-A e 2º do art. 260 da Lei nº 8.069, de 13 de julho de 1990, passam a vigorar com a seguinte redação:

"Art. 260. ....

....

§ 1º-A. Na definição das prioridades a serem atendidas com os recursos captados pelos fundos nacional, estaduais e municipais dos direitos da criança e do adolescente, serão consideradas as disposições do Plano Nacional de Promoção, Proteção e Defesa do Direito de Crianças e Adolescentes à Convivência Familiar e Comunitária e as do Plano Nacional pela Primeira Infância.

§ 2º Os conselhos nacional, estaduais e municipais dos direitos da criança e do adolescente fixarão critérios de utilização, por meio de planos de aplicação, das dotações subsidiadas e demais receitas, aplicando necessariamente percentual para incentivo ao acolhimento, sob a forma de guarda, de crianças e adolescentes e para programas de atenção integral à primeira infância em áreas de maior carência socioeconômica e em situações de calamidade.

...."

Art. 36. A Lei nº 8.069, de 13 de julho de 1990, passa a vigorar acrescida do seguinte art. 265-A:

"Art. 265-A. O poder público fará periodicamente ampla divulgação dos direitos da criança e do adolescente nos meios de comunicação social.

Parágrafo único. A divulgação a que se refere o *caput* será veiculada em linguagem clara, compreensível e adequada a crianças e adolescentes, especialmente às crianças com idade inferior a 6 (seis) anos."

Art. 37. O art. 473 da Consolidação das Leis do Trabalho (CLT), aprovada pelo Decreto-Lei nº 5.452, de 1º de maio de 1943, passa a vigorar acrescido dos seguintes incisos X e XI:

"Art. 473. ....

....

X – até 2 (dois) dias para acompanhar consultas médicas e exames complementares durante o período de gravidez de sua esposa ou companheira;

XI – por 1 (um) dia por ano para acompanhar filho de até 6 (seis) anos em consulta médica."

Art. 38. Os arts. 1º, 3º, 4º e 5º da Lei nº 11.770, de 9 de setembro de 2008, passam a vigorar com as seguintes alterações:

"Art. 1º É instituído o Programa Empresa Cidadã, destinado a prorrogar:

I – por 60 (sessenta) dias a duração da licença-maternidade prevista no inciso XVIII do *caput* do art. 7º da Constituição Federal;

II – por 15 (quinze) dias a duração da licença-paternidade, nos termos desta Lei, além dos 5 (cinco) dias estabelecidos no § 1º do art. 10 do Ato das Disposições Constitucionais Transitórias.

§ 1º A prorrogação de que trata este artigo:

I – será garantida à empregada da pessoa jurídica que aderir ao Programa, desde que a empregada a requeira até o final do primeiro mês após o parto, e será concedida imediatamente após a fruição da licença-maternidade de que trata o inciso XVIII do *caput* do art. 7º da Constituição Federal;

II – será garantida ao empregado da pessoa jurídica que aderir ao Programa, desde que o empregado a requeira no prazo de 2 (dois) dias úteis após o parto e comprove participação em programa ou atividade de orientação sobre paternidade responsável.

§ 2º A prorrogação será garantida, na mesma proporção, à empregada e ao empregado que adotar ou obtiver guarda judicial para fins de adoção de criança."

"Art. 3º Durante o período de prorrogação da licença-maternidade e da licença-paternidade:

I – a empregada terá direito à remuneração integral, nos mesmos moldes devidos no período de percepção do salário-maternidade pago pelo Regime Geral de Previdência Social (RGPS);

II – o empregado terá direito à remuneração integral."

"Art. 4º No período de prorrogação da licença-maternidade e da licença-paternidade de que trata esta Lei, a empregada e o empregado não poderão exercer nenhuma atividade remunerada, e a criança deverá ser mantida sob seus cuidados.

Parágrafo único. Em caso de descumprimento do disposto no *caput* deste artigo, a empregada e o empregado perderão o direito à prorrogação."

"Art. 5º A pessoa jurídica tributada com base no lucro real poderá deduzir do imposto devido, em cada período de apuração, o total da remuneração integral da empregada e do empregado pago nos dias de prorrogação de sua licença-maternidade e de sua licença-paternidade, vedada a dedução como despesa operacional.

...."

Art. 39. O Poder Executivo, com vistas ao cumprimento do disposto no inciso II do *caput* do art. 5º e nos arts. 12 e 14 da Lei Complementar nº 101, de 4 de maio de 2000, estimará o montante da renúncia fiscal decorrente do disposto no art. 38 desta Lei e o incluirá no demonstrativo a que se refere o § 6º do art. 165 da Constituição Federal, que acompanhará o projeto de lei orçamentária cuja apresentação se der após decorridos 60 (sessenta) dias da publicação desta Lei.

Art. 40. Os arts. 38 e 39 desta Lei produzem efeitos a partir do primeiro dia do exercício subsequente àquele em que for implementado o disposto no art. 39.

Art. 41. Os arts. 6º, 185, 304 e 318 do Decreto-Lei nº 3.689, de 3 de outubro de 1941 (Código de Processo Penal), passam a vigorar com as seguintes alterações:

"Art. 6º ....

....

X – colher informações sobre a existência de filhos, respectivas idades e se possuem alguma deficiência e o nome e o contato de eventual responsável pelos cuidados dos filhos, indicado pela pessoa presa."

"Art. 185. ....

....

§ 10. Do interrogatório deverá constar a informação sobre a existência de filhos, respectivas idades e se possuem alguma deficiência e o nome e o contato de eventual responsável pelos cuidados dos filhos, indicado pela pessoa presa."

"Art. 304. ....

....

§ 4º Da lavratura do auto de prisão em flagrante deverá constar a informação sobre a existência de filhos, respectivas idades e se possuem alguma deficiência e o nome e o contato de eventual responsável pelos cuidados dos filhos, indicado pela pessoa presa."

"Art. 318. ....

....

IV – gestante;

V – mulher com filho de até 12 (doze) anos de idade incompletos;

VI – homem, caso seja o único responsável pelos cuidados do filho de até 12 (doze) anos de idade incompletos.

...."

Art. 42. O art. 5º da Lei nº 12.662, de 5 de junho de 2012, passa a vigorar acrescido dos seguintes §§ 3º e 4º:

"Art. 5º ....

....

§ 3º O sistema previsto no *caput* deverá assegurar a interoperabilidade com o Sistema Nacional de Informações de Registro Civil (Sirc).

§ 4º Os estabelecimentos de saúde públicos e privados que realizam partos terão prazo de 1 (um) ano para se interligarem, mediante sistema informatizado, às serventias de registro civil existentes nas unidades federativas que aderirem ao sistema interligado previsto em regramento do Conselho Nacional de Justiça (CNJ)."

Legislação Complementar

Art. 43. Esta Lei entra em vigor na data de sua publicação.

Brasília, 8 de março de 2016;
195º da Independência e
128º da República.
Dilma Rousseff

INSTRUÇÃO NORMATIVA DO TST Nº 39, DE 15 DE MARÇO DE 2016

Dispõe sobre as normas do Código de Processo Civil de 2015 aplicáveis e inaplicáveis ao Processo do Trabalho, de forma não exaustiva.

▶ Publicada no *DJe* de 16-3-2016.

▶ IN editada pela Res. do TST nº 203, de 15-3-2016.

Art. 1º Aplica-se o Código de Processo Civil, subsidiária e supletivamente, ao Processo do Trabalho, em caso de omissão e desde que haja compatibilidade com as normas e princípios do Direito Processual do Trabalho, na forma dos arts. 769 e 889 da CLT e do art. 15 da Lei nº 13.105, de 17-3-2015.

§ 1º Observar-se-á, em todo caso, o princípio da irrecorribilidade em separado das decisões interlocutórias, de conformidade com o art. 893, § 1º da CLT e Súmula nº 214 do TST.

§ 2º O prazo para interpor e contra-arrazoar todos os recursos trabalhistas, inclusive agravo interno e agravo regimental, é de oito dias (art. 6º da Lei nº 5.584/1970 e art. 893 da CLT), exceto embargos de declaração (CLT, art. 897-A).

Art. 2º Sem prejuízo de outros, não se aplicam ao Processo do Trabalho, em razão de inexistência de omissão ou por incompatibilidade, os seguintes preceitos do Código de Processo Civil:

I – art. 63 (modificação da competência territorial e eleição de foro);

II – art. 190 e parágrafo único (negociação processual);

III – art. 219 (contagem de prazos em dias úteis);

IV – art. 334 (audiência de conciliação ou de mediação);

V – art. 335 (prazo para contestação);

VI – art. 362, III (adiamento da audiência em razão de atraso injustificado superior a 30 minutos);

VII – art. 373, §§ 3º e 4º (distribuição diversa do ônus da prova por convenção das partes);

VIII – *Revogado*. IN do TST nº 41, de 21-6-2018.

IX – art. 942 e parágrafos (prosseguimento de julgamento não unânime de apelação);

X – art. 944 (notas taquigráficas para substituir acórdão);

XI – art. 1010, § 3º (desnecessidade de o juízo a quo exercer controle de admissibilidade na apelação);

XII – arts. 1.043 e 1.044 (embargos de divergência);

XIII – art. 1.070 (prazo para interposição de agravo).

Art. 3º Sem prejuízo de outros, aplicam-se ao Processo do Trabalho, em face de omissão e compatibilidade, os preceitos do Código de Processo Civil que regulam os seguintes temas:

I – art. 76, §§ 1º e 2º (saneamento de incapacidade processual ou de irregularidade de representação);

II – art. 138 e parágrafos (*amicus curiae*);

III – art. 139, exceto a parte final do inciso V (poderes, deveres e responsabilidades do juiz);

IV – art. 292, V (valor pretendido na ação indenizatória, inclusive a fundada em dano moral);

V – art. 292, § 3º (correção de ofício do valor da causa);

VI – arts. 294 a 311 (tutela provisória);

VII – art. 373, §§ 1º e 2º (distribuição dinâmica do ônus da prova);

VIII – art. 485, § 7º (juízo de retratação no recurso ordinário);

IX – art. 489 (fundamentação da sentença);

X – art. 496 e parágrafos (remessa necessária);

XI – arts. 497 a 501 (tutela específica);

XII – arts. 536 a 538 (cumprimento de sentença que reconheça a exigibilidade de obrigação de fazer, de não fazer ou de entregar coisa);

XIII – arts. 789 a 796 (responsabilidade patrimonial);

XIV – art. 805 e parágrafo único (obrigação de o executado indicar outros meios mais eficazes e menos onerosos para promover a execução);

XV – art. 833, incisos e parágrafos (bens impenhoráveis);

XVI – art. 835, incisos e §§ 1º e 2º (ordem preferencial de penhora);

XVII – art. 836, §§ 1º e 2º (procedimento quando não encontrados bens penhoráveis);

XVIII – art. 841, §§ 1º e 2º (intimação da penhora);

XIX – art. 854 e parágrafos (BacenJUD);

XX – art. 895 (pagamento parcelado do lanço);

XXI – art. 916 e parágrafos (parcelamento do crédito exequendo);

XXII – art. 918 e parágrafo único (rejeição liminar dos embargos à execução);

XXIII – arts. 926 a 928 (jurisprudência dos tribunais);
XXIV – art. 940 (vista regimental);
XXV – art. 947 e parágrafos (incidente de assunção de competência);
XXVI – arts. 966 a 975 (ação rescisória);
XXVII – arts. 988 a 993 (reclamação);
XXVIII – arts. 1.013 a 1.014 (efeito devolutivo do recurso ordinário – força maior);
XXIX – art. 1.021 (salvo quanto ao prazo do agravo interno).

Art. 4º Aplicam-se ao Processo do Trabalho as normas do CPC que regulam o princípio do contraditório, em especial os artigos 9º e 10, no que vedam a decisão surpresa.

§ 1º Entende-se por "decisão surpresa" a que, no julgamento final do mérito da causa, em qualquer grau de jurisdição, aplicar fundamento jurídico ou embasar-se em fato não submetido à audiência prévia de uma ou de ambas as partes.

§ 2º Não se considera "decisão surpresa" a que, à luz do ordenamento jurídico nacional e dos princípios que informam o Direito Processual do Trabalho, as partes tinham obrigação de prever, concernente às condições da ação, aos pressupostos de admissibilidade de recurso e aos pressupostos processuais, salvo disposição legal expressa em contrário.

Art. 5º Aplicam-se ao Processo do Trabalho as normas do art. 356, §§ 1º a 4º, do CPC que regem o julgamento antecipado parcial do mérito, cabendo recurso ordinário de imediato da sentença.

Art. 6º *Revogado*. IN do TST nº 41, de 21-6-2018.

Art. 7º Aplicam-se ao Processo do Trabalho as normas do art. 332 do CPC, com as necessárias adaptações à legislação processual trabalhista, cumprindo ao juiz do trabalho julgar liminarmente improcedente o pedido que contrariar:

I – enunciado de súmula do Supremo Tribunal Federal ou do Tribunal Superior do Trabalho (CPC, art. 927, inciso V);

II – acórdão proferido pelo Supremo Tribunal Federal ou pelo Tribunal Superior do Trabalho em julgamento de recursos repetitivos (CLT, art. 896-B; CPC, art. 1046, § 4º);

III – entendimento firmado em incidente de resolução de demandas repetitivas ou de assunção de competência;

IV – enunciado de súmula de Tribunal Regional do Trabalho sobre direito local, convenção coletiva de trabalho, acordo coletivo de trabalho, sentença normativa ou regulamento empresarial de observância obrigatória em área territorial que não exceda à jurisdição do respectivo Tribunal (CLT, art. 896, "b", a *contrario sensu*).

Parágrafo único. O juiz também poderá julgar liminarmente improcedente o pedido se verificar, desde logo, a ocorrência de decadência.

Art. 8º Aplicam-se ao Processo do Trabalho as normas dos arts. 976 a 986 do CPC que regem o incidente de resolução de demandas repetitivas (IRDR).

§ 1º Admitido o incidente, o relator suspenderá o julgamento dos processos pendentes, individuais ou coletivos, que tramitam na Região, no tocante ao tema objeto de IRDR, sem prejuízo da instrução integral das causas e do julgamento dos eventuais pedidos distintos e cumulativos igualmente deduzidos em tais processos, inclusive, se for o caso, do julgamento antecipado parcial do mérito.

§ 2º Do julgamento do mérito do incidente caberá recurso de revista para o Tribunal Superior do Trabalho, dotado de efeito meramente devolutivo, nos termos dos arts. 896 e 899 da CLT.

§ 3º Apreciado o mérito do recurso, a tese jurídica adotada pelo Tribunal Superior do Trabalho será aplicada no território nacional a todos os processos, individuais ou coletivos, que versem sobre idêntica questão de direito.

Art. 9º O cabimento dos embargos de declaração no Processo do Trabalho, para impugnar qualquer decisão judicial, rege-se pelo art. 897-A da CLT e, supletivamente, pelo Código de Processo Civil (arts. 1.022 a 1.025; §§ 2º, 3º e 4º do art. 1026), excetuada a garantia de prazo em dobro para litisconsortes (§ 1º do art. 1023).

Parágrafo único. A omissão para fins do prequestionamento ficto a que alude o art. 1025 do CPC dá-se no caso de o Tribunal Regional do Trabalho, mesmo instado mediante embargos de declaração, recusar-se a emitir tese sobre questão jurídica pertinente, na forma da Súmula nº 297, item III, do Tribunal Superior do Trabalho.

Art. 10. Aplicam-se ao Processo do Trabalho as normas do parágrafo único do art. 932 do CPC, §§ 1º a 4º do art. 938 e §§ 2º e 7º do art. 1007.

Parágrafo único. *Revogado*. Res. do TST nº 218, de 17-4-2017 (*DJe* de 20-4-2017).

Art. 11. Não se aplica ao Processo do Trabalho a norma do art. 459 do CPC no que permite a inquirição direta das testemunhas pela parte (CLT, art. 820).

Art. 12. Aplica-se ao Processo do Trabalho o parágrafo único do art. 1.034 do CPC. Assim, admitido o recurso de revista por um fundamento, devolve-se ao Tribunal Superior do Trabalho o conhecimento dos demais fundamentos para a solução apenas do capítulo impugnado.

Art. 13. Por aplicação supletiva do art. 784, I (art. 15 do CPC), o cheque e a nota promissória emitidos em reconhecimento de dívida inequivocamente de natureza trabalhista também são títulos extrajudiciais para efeito de execução perante a Justiça do Trabalho, na forma do art. 876 e segs. da CLT.

Art. 14. Não se aplica ao Processo do Trabalho o art. 165 do CPC salvo nos conflitos coletivos de natureza econômica (Constituição Federal, art. 114, §§ 1º e 2º).

Art. 15. O atendimento à exigência legal de fundamentação das decisões judiciais (CPC, art. 489, § 1º) no Processo do Trabalho observará o seguinte:

I – por força dos arts. 332 e 927 do CPC, adaptados ao Processo do Trabalho, para efeito dos incisos V e VI do § 1º do art. 489 considera-se "precedente" apenas:

a) acórdão proferido pelo Supremo Tribunal Federal ou pelo Tribunal Superior do Trabalho em julgamento de recursos repetitivos (CLT, art. 896-B; CPC, art. 1046, § 4º);

b) entendimento firmado em incidente de resolução de demandas repetitivas ou de assunção de competência;

c) decisão do Supremo Tribunal Federal em controle concentrado de constitucionalidade;

d) tese jurídica prevalecente em Tribunal Regional do Trabalho e não conflitante com súmula ou orientação jurisprudencial do Tribunal Superior do Trabalho (CLT, art. 896, § 6º);

e) decisão do plenário, do órgão especial ou de seção especializada competente para uniformizar a jurisprudência do tribunal a que o juiz estiver vinculado ou do Tribunal Superior do Trabalho.

II – para os fins do art. 489, § 1º, incisos V e VI do CPC, considerar-se-ão unicamente os precedentes referidos no item anterior, súmulas do Supremo Tribunal Federal, orientação jurisprudencial e súmula do Tribunal Superior do Trabalho, súmula de Tribunal Regional do Trabalho não conflitante com súmula ou orientação jurisprudencial do TST, que contenham explícita referência aos fundamentos determinantes da decisão (*ratio decidendi*).

III – não ofende o art. 489, § 1º, inciso IV do CPC a decisão que deixar de apreciar questões cujo exame haja ficado prejudicado em razão da análise anterior de questão subordinante.

IV – o art. 489, § 1º, IV, do CPC não obriga o juiz ou o Tribunal a enfrentar os fundamentos jurídicos invocados pela parte, quando já tenham sido examinados na formação dos precedentes obrigatórios ou nos fundamentos determinantes de enunciado de súmula.

V – decisão que aplica a tese jurídica firmada em precedente, nos termos do item I, não precisa enfrentar os fundamentos já analisados na decisão paradigma, sendo suficiente, para fins de atendimento das exigências constantes no art. 489, § 1º, do CPC, a correlação fática e jurídica entre o caso concreto e aquele apreciado no incidente de solução concentrada.

VI – é ônus da parte, para os fins do disposto no art. 489, § 1º, V e VI, do CPC, identificar os fundamentos determinantes ou demonstrar a existência de distinção no caso em julgamento ou a superação do entendimento, sempre que invocar precedente ou enunciado de súmula.

Art. 16. Para efeito de aplicação do § 5º do art. 272 do CPC, não é causa de nulidade processual a intimação realizada na pessoa de advogado regularmente habilitado nos autos, ainda que conste pedido expresso para que as comunicações dos atos processuais sejam feitas em nome de outro advogado, se o profissional indicado não se encontra previamente cadastrado no Sistema de Processo Judicial Eletrônico, impedindo a serventia judicial de atender ao requerimento de envio da intimação direcionada. A decretação de nulidade não pode ser acolhida em favor da parte que lhe deu causa (CPC, art. 276).

Art. 17. Sem prejuízo da inclusão do devedor no Banco Nacional de Devedores Trabalhistas (CLT, art. 642-A), aplicam-se à execução trabalhista as normas dos artigos 495, 517 e 782, §§ 3º, 4º e 5º do CPC, que tratam respectivamente da hipoteca judiciária, do protesto de decisão judicial e da inclusão do nome do executado em cadastros de inadimplentes.

Art. 18. Esta Instrução Normativa entrará em vigor na data da sua publicação.

Ministro Ives Gandra da Silva Martins Filho
Presidente do Tribunal Superior do Trabalho

LEI Nº 13.271, DE 15 DE ABRIL DE 2016

Dispõe sobre a proibição de revista íntima de funcionárias nos locais de trabalho e trata da revista íntima em ambientes prisionais.

► Publicada no *DOU* de 18-4-2016.

Art. 1º As empresas privadas, os órgãos e entidades da administração pública, direta e indireta, ficam proibidos de adotar qualquer prática de revista íntima de suas funcionárias e de clientes do sexo feminino.

Art. 2º Pelo não cumprimento do art. 1º, ficam os infratores sujeitos a:

I – multa de R$ 20.000,00 (vinte mil reais) ao empregador, revertidos aos órgãos de proteção dos direitos da mulher;

II – multa em dobro do valor estipulado no inciso I, em caso de reincidência, independentemente da indenização por danos morais e materiais e sanções de ordem penal.

Art. 3º VETADO.

Art. 4º Esta Lei entra em vigor na data de sua publicação.

Brasília, 15 de abril de 2016;
195º da Independência e
128º da República.

Dilma Rousseff

DECRETO Nº 8.737, DE 3 DE MAIO DE 2016

Institui o Programa de Prorrogação da Licença-Paternidade para os servidores regidos pela Lei nº 8.112, de 11 de dezembro de 1990.

► Publicado no *DOU* de 4-5-2016.

Art. 1º Fica instituído o Programa de Prorrogação da Licença Paternidade para os servidores regidos pela Lei nº 8.112, de 11 de dezembro de 1990.

Art. 2º A prorrogação da licença-paternidade será concedida ao servidor público que requeira o benefício no prazo de dois dias úteis após o nascimento ou a adoção e terá duração de quinze dias, além dos cinco dias concedidos pelo art. 208 da Lei nº 8.112, de 1990.

§ 1º A prorrogação se iniciará no dia subsequente ao término da licença de que trata o art. 208 da Lei nº 8.112, de 1990.

§ 2º O disposto neste Decreto é aplicável a quem adotar ou obtiver guarda judicial para fins de adoção de criança.

§ 3º Para os fins do disposto no § 2º, considera-se criança a pessoa de até doze anos de idade incompletos.

Art. 3º O beneficiado pela prorrogação da licença-paternidade não poderá exercer qualquer atividade remunerada durante a prorrogação da licença-paternidade.

Parágrafo único. O descumprimento do disposto neste artigo implicará o cancelamento da prorrogação da licença e o registro da ausência como falta ao serviço.

Art. 4º O servidor em gozo de licença-paternidade na data de entrada em vigor deste Decreto poderá solicitar a prorrogação da licença, desde que requerida até o último dia da licença ordinária de cinco dias.

Art. 5º O Ministério do Planejamento, Orçamento e Gestão poderá expedir normas complementares para execução deste Decreto.

Art. 6º Este Decreto entra em vigor na data de sua publicação.

Brasília, 3 de maio de 2016;
195º da Independência e
128º da República.

Dilma Rousseff

LEI Nº 13.300, DE 23 DE JUNHO DE 2016

Disciplina o processo e o julgamento dos mandados de injunção individual e coletivo e dá outras providências.

► Publicada no *DOU* de 24-6-2016.

Art. 1º Esta Lei disciplina o processo e o julgamento dos mandados de injunção individual e coletivo, nos termos do inciso LXXI do art. 5º da Constituição Federal.

Art. 2º Conceder-se-á mandado de injunção sempre que a falta total ou parcial de norma regulamentadora torne inviável o exercício dos direitos e liberdades constitucionais e das prerrogativas inerentes à nacionalidade, à soberania e à cidadania.

Parágrafo único. Considera-se parcial a regulamentação quando forem insuficientes as normas editadas pelo órgão legislador competente.

Art. 3º São legitimados para o mandado de injunção, como impetrantes, as pessoas naturais ou jurídicas que se afirmam titulares dos direitos, das liberdades ou das prerrogativas referidos no art. 2º e, como impetrado, o Poder, o órgão ou a autoridade com atribuição para editar a norma regulamentadora.

Art. 4º A petição inicial deverá preencher os requisitos estabelecidos pela lei processual e indicará, além do órgão impetrado, a pessoa jurídica que ele integra ou aquela a que está vinculado.

§ 1º Quando não for transmitida por meio eletrônico, a petição inicial e os documentos que a instruem serão acompanhados de tantas vias quantos forem os impetrados.

§ 2º Quando o documento necessário à prova do alegado encontrar-se em repartição ou estabelecimento público, em poder de autoridade ou de terceiro, havendo recusa em fornecê-lo por certidão, no original, ou em cópia autêntica, será ordenada, a pedido do impetrante, a exibição do documento no prazo de 10 (dez) dias, devendo, nesse caso, ser juntada cópia à segunda via da petição.

§ 3º Se a recusa em fornecer o documento for do impetrado, a ordem será feita no próprio instrumento da notificação.

Art. 5º Recebida a petição inicial, será ordenada:

I – a notificação do impetrado sobre o conteúdo da petição inicial, devendo-lhe ser enviada a segunda via apresentada com as cópias dos documentos, a fim de que, no prazo de 10 (dez) dias, preste informações;

II – a ciência do ajuizamento da ação ao órgão de representação judicial da pessoa jurídica interessada, devendo-lhe ser enviada cópia da petição inicial, para que, querendo, ingresse no feito.

Art. 6º A petição inicial será desde logo indeferida quando a impetração for manifestamente incabível ou manifestamente improcedente.

Parágrafo único. Da decisão de relator que indeferir a petição inicial, caberá agravo, em 5 (cinco) dias, para o órgão colegiado competente para o julgamento da impetração.

Art. 7º Findo o prazo para apresentação das informações, será ouvido o Ministério Público, que opinará em 10 (dez) dias, após o que, com ou sem parecer, os autos serão conclusos para decisão.

Art. 8º Reconhecido o estado de mora legislativa, será deferida a injunção para:

I – determinar prazo razoável para que o impetrado promova a edição da norma regulamentadora;

II – estabelecer as condições em que se dará o exercício dos direitos, das liberdades ou das prerrogativas reclamados ou, se for o caso, as condições em que poderá o interessado promover ação própria visando a exercê-los, caso não seja suprida a mora legislativa no prazo determinado.

Parágrafo único. Será dispensada a determinação a que se refere o inciso I do *caput* quando comprovado que o impetrado deixou de atender, em mandado de injunção anterior, ao prazo estabelecido para a edição da norma.

Art. 9º A decisão terá eficácia subjetiva limitada às partes e produzirá efeitos até o advento da norma regulamentadora.

§ 1º Poderá ser conferida eficácia *ultra partes* ou *erga omnes* à decisão, quando isso for inerente ou indispensável ao exercício do direito, da liberdade ou da prerrogativa objeto da impetração.

§ 2º Transitada em julgado a decisão, seus efeitos poderão ser estendidos aos casos análogos por decisão monocrática do relator.

§ 3º O indeferimento do pedido por insuficiência de prova não impede a renovação da impetração fundada em outros elementos probatórios.

Art. 10. Sem prejuízo dos efeitos já produzidos, a decisão poderá ser revista, a pedido de qualquer interessado, quando sobrevierem relevantes modificações das circunstâncias de fato ou de direito.

Parágrafo único. A ação de revisão observará, no que couber, o procedimento estabelecido nesta Lei.

Art. 11. A norma regulamentadora superveniente produzirá efeitos *ex nunc* em relação aos beneficiados por decisão transitada em julgado, salvo se a aplicação da norma editada lhes for mais favorável.

Parágrafo único. Estará prejudicada a impetração se a norma regulamentadora for editada antes da decisão, caso em que o processo será extinto sem resolução de mérito.

Art. 12. O mandado de injunção coletivo pode ser promovido:

I – pelo Ministério Público, quando a tutela requerida for especialmente relevante para a defesa da ordem jurídica, do regime democrático ou dos interesses sociais ou individuais indisponíveis;

II – por partido político com representação no Congresso Nacional, para assegurar o exercício de direitos, liberdades e prerrogativas de seus integrantes ou relacionados com a finalidade partidária;

III – por organização sindical, entidade de classe ou associação legalmente constituída e em funcionamento há pelo menos 1 (um) ano, para assegurar o exercício de direitos, liberdades e prerrogativas em favor da totalidade ou de parte de seus membros ou associados, na forma de seus estatutos e desde que pertinentes a suas finalidades, dispensada, para tanto, autorização especial;

IV – pela Defensoria Pública, quando a tutela requerida for especialmente relevante para a promoção dos direitos humanos e a defesa dos direitos individuais e coletivos dos necessitados, na forma do inciso LXXIV do art. 5º da Constituição Federal.

Parágrafo único. Os direitos, as liberdades e as prerrogativas protegidos por mandado de injunção coletivo são os pertencentes, indistintamente, a uma coletividade indeterminada de pessoas ou determinada por grupo, classe ou categoria.

Art. 13. No mandado de injunção coletivo, a sentença fará coisa julgada limitadamente às pessoas integrantes da coletividade, do grupo, da classe ou da categoria substituídos pelo impetrante, sem prejuízo do disposto nos §§ 1º e 2º do art. 9º.

Parágrafo único. O mandado de injunção coletivo não induz litispendência em relação aos individuais, mas os efeitos da coisa julgada não beneficiarão o impetrante que não requerer a desistência da demanda individual no prazo de 30 (trinta) dias a contar da ciência comprovada da impetração coletiva.

Art. 14. Aplicam-se subsidiariamente ao mandado de injunção as normas do mandado de segurança, disciplinado pela Lei nº 12.016, de 7 de agosto de 2009, e do Código de Processo Civil, instituído pela Lei nº 5.869, de 11 de janeiro de 1973, e pela Lei nº 13.105, de 16 de março de 2015, observado o disposto em seus arts. 1.045 e 1.046.

Art. 15. Esta Lei entra em vigor na data de sua publicação.

Brasília, 23 de junho de 2016;
195º da Independência e
128º da República.

Michel Temer

LEI Nº 13.475, DE 28 DE AGOSTO DE 2017

Dispõe sobre o exercício da profissão de tripulante de aeronave, denominado aeronauta; e revoga a Lei nº 7.183, de 5 de abril de 1984.

▸ Publicada no *DOU* de 29-8-2017.

CAPÍTULO I
DISPOSIÇÕES PRELIMINARES

SEÇÃO I
DOS TRIPULANTES DE AERONAVES E DA SUA CLASSIFICAÇÃO

Art. 1º Esta Lei regula o exercício das profissões de piloto de aeronave, comissário de voo e mecânico de voo, denominados aeronautas.

§ 1º Para o desempenho das profissões descritas no *caput*, o profissional deve obrigatoriamente ser detentor de licença e certificados emitidos pela autoridade de aviação civil brasileira.

§ 2º Esta Lei aplica-se também aos pilotos de aeronave, comissários de voo e mecânicos de voos brasileiros que exerçam suas funções a bordo de aeronave estrangeira em virtude de contrato de trabalho regido pela legislação brasileira.

Art. 2º O piloto de aeronave e o mecânico de voo, no exercício de função específica a bordo de aeronave, de acordo com as prerrogativas da licença de que são titulares, têm a designação de tripulante de voo.

Art. 3º O comissário de voo, no exercício de função específica a bordo de aeronave, de acordo com as prerrogativas da licença de que é titular, tem a designação de tripulante de cabine.

Art. 4º O tripulante de voo ou de cabine que se deslocar a serviço do empregador, em aeronave própria ou não, sem exercer função a bordo de aeronave, tem a designação de tripulante extra a serviço.

§ 1º O tripulante extra a serviço será considerado tripulante a serviço no que diz respeito aos limites da jornada de trabalho, ao repouso e à remuneração.

§ 2º Ao tripulante extra a serviço será disponibilizado assento na cabine de passageiros, salvo em aeronaves no transporte exclusivo de cargas.

Art. 5º Os tripulantes de voo e de cabine exercem suas funções profissionais nos seguintes serviços aéreos:

I – serviço de transporte aéreo público regular e não regular, exceto na modalidade de táxi aéreo;
II – serviço de transporte aéreo público não regular na modalidade de táxi aéreo;
III – serviço aéreo especializado (SAE), prestado por organização de ensino, na modalidade de instrução de voo;
IV – demais serviços aéreos especializados, abrangendo as atividades definidas pela Lei nº 7.565, de 19 de dezembro de 1986 (Código Brasileiro de Aeronáutica) e pela autoridade de aviação civil brasileira;
V – serviço aéreo privado, entendido como aquele realizado, sem fins lucrativos, a serviço do operador da aeronave.

§ 1º É denominado instrutor de voo o piloto de aeronave contratado para ministrar treinamento em voo em aeronave empregada no serviço aéreo especializado referido no inciso III do *caput* deste artigo.

§ 2º Para os efeitos do disposto em convenção ou acordo coletivo de trabalho:

I – os tripulantes empregados nos serviços aéreos definidos nos incisos III e V do *caput* deste artigo são equiparados aos tripulantes que exercem suas funções nos serviços de transporte aéreo público não regular na modalidade de táxi aéreo;
II – os tripulantes empregados no serviço aéreo definido no inciso V do *caput* deste artigo, quando em atividade de fomento ou proteção à agricultura, são equiparados aos tripulantes de voo que operam os serviços aéreos especializados na modalidade de atividade de fomento ou proteção à agricultura.

Art. 6º O exercício das profissões de piloto de aeronave, mecânico de voo e comissário de voo, previstas nesta Lei, é privativo de brasileiros natos ou naturalizados.

§ 1º As empresas brasileiras, quando estiverem prestando serviço aéreo internacional, poderão utilizar comissários de voo estrangeiros, desde que o número destes não exceda a 1/3 (um terço) dos comissários de voo a bordo da mesma aeronave.

§ 2º Todas as empresas de transporte aéreo público, salvo empresas estrangeiras de transporte aéreo público não regular na modalidade de táxi aéreo, quando estiverem operando voos domésticos em território brasileiro, terão obrigatoriamente seu quadro de tripulantes composto por brasileiros natos ou naturalizados, com contrato de trabalho regido pela legislação brasileira.

§ 3º Na falta de tripulantes de voo brasileiros, instrutores estrangeiros poderão ser admitidos em caráter provisório, por período restrito ao da instrução, de acordo com regulamento exarado pela autoridade de aviação civil brasileira.

Art. 7º Os tripulantes de voo exercem as seguintes funções a bordo da aeronave:

I – comandante: piloto responsável pela operação e pela segurança da aeronave, exercendo a autoridade que a legislação lhe atribui;
II – copiloto: piloto que auxilia o comandante na operação da aeronave; e
III – mecânico de voo: auxiliar do comandante, encarregado da operação e do controle de sistemas diversos, conforme especificação dos manuais técnicos da aeronave.

§ 1º Sem prejuízo das atribuições originalmente designadas, o comandante e o mecânico de voo poderão exercer cumulativamente outras prerrogativas decorrentes de qualificação ou credenciamento, previstas nos regulamentos aeronáuticos, desde que autorizados pela autoridade de aviação civil brasileira.

§ 2º O comandante será designado pelo operador da aeronave e será seu preposto durante toda a viagem.

§ 3º O copiloto é o substituto eventual do comandante nas tripulações simples, não o sendo nos casos de tripulação composta ou de revezamento.

Art. 8º Os tripulantes de cabine, na função de comissários de voo, são auxiliares do comandante encarregados do cumprimento das normas relativas à segurança e ao atendimento dos passageiros a bordo, da guarda de bagagens, documentos, valores e malas postais e de outras tarefas que lhes tenham sido delegadas pelo comandante.

§ 1º Sem prejuízo das atribuições originalmente designadas, os comissários de voo poderão exercer cumulativamente outras prerrogativas decorrentes de qualificação ou credenciamento, previstas nos regulamentos aeronáuticos, desde que autorizados pela autoridade de aviação civil brasileira.

§ 2º A guarda de valores é condicionada à existência de local apropriado e seguro na aeronave, sendo responsabilidade do empregador atestar a segurança do local.

§ 3º A guarda de cargas e malas postais em terra somente será confiada aos comissários de voo quando no local inexistir serviço próprio para essa finalidade.

Seção II

DAS TRIPULAÇÕES

Art. 9º Tripulação é o conjunto de tripulantes de voo e de cabine que exercem função a bordo de aeronave.

Art. 10. O tripulante, sem prejuízo das atribuições originalmente designadas, não poderá exercer, simultaneamente, mais de uma função a bordo de aeronave, mesmo que seja titular de licenças correspondentes.

Art. 11. Os membros de uma tripulação são subordinados técnica e disciplinarmente ao comandante, durante todo o tempo em que transcorrer a viagem.

Art. 12. O comandante exerce a autoridade inerente à função desde o momento em que se apresenta para o voo até o momento em que, concluída a viagem, entrega a aeronave.

Art. 13. Uma tripulação pode ser classificada como mínima, simples, composta ou de revezamento.

Parágrafo único. A autoridade de aviação civil brasileira, considerando o interesse da segurança operacional, as características da rota e do voo e a programação a ser cumprida, poderá determinar a composição da tripulação ou as modificações necessárias para a realização do voo.

Art. 14. Tripulação mínima é a determinada na forma da certificação de tipo da aeronave, homologada pela autoridade de aviação civil brasileira, sendo permitida sua utilização em voos locais de instrução, de experiência, de vistoria e de traslado.

Art. 15. Tripulação simples é a constituída de uma tripulação mínima acrescida, quando for o caso, dos tripulantes necessários à realização do voo.

Art. 16. Tripulação composta é a constituída de uma tripulação simples acrescida de um comandante, de um mecânico de voo, quando o equipamento assim o exigir, e de, no mínimo, 25% (vinte e cinco por cento) do número de comissários de voo.

Parágrafo único. A tripulação composta somente poderá ser utilizada em voos internacionais, exceto nas seguintes situações, quando poderá ser utilizada em voos domésticos:

I – para atender a atrasos ocasionados por condições meteorológicas desfavoráveis ou por trabalhos de manutenção não programados;

II – quando os critérios de utilização dos tripulantes de voo e de cabine empregados no serviço aéreo definido no inciso I do *caput* do art. 5º estiverem definidos em convenção ou acordo coletivo de trabalho;

III – para atendimento de missão humanitária, transportando ou destinada ao transporte de enfermos ou órgãos para transplante, no caso de tripulantes de voo e de cabine empregados nos serviços aéreos definidos no inciso II do *caput* do art. 5º desta Lei.

Art. 17. Tripulação de revezamento é a constituída de uma tripulação simples acrescida de um comandante, de um piloto, de um mecânico de voo, quando o equipamento assim o exigir, e de 50% (cinquenta por cento) do número de comissários de voo.

Parágrafo único. A tripulação de revezamento só poderá ser empregada em voos internacionais.

Art. 18. Um tipo de tripulação só poderá ser transformado na origem do voo e até o limite de 3 (três) horas, contadas a partir da apresentação da tripulação previamente escalada.

Parágrafo único. A contagem de tempo para limite da jornada será a partir da hora de apresentação da tripulação original ou do tripulante de reforço, considerando o que ocorrer primeiro.

SEÇÃO III

DO SISTEMA DE GERENCIAMENTO DE RISCO DE FADIGA HUMANA

Art. 19. As limitações operacionais estabelecidas nesta Lei poderão ser alteradas pela autoridade de aviação civil brasileira com base nos preceitos do Sistema de Gerenciamento de Risco de Fadiga Humana.

§ 1º As limitações operacionais referidas no *caput* deste artigo compreendem quaisquer prescrições temporais relativas aos tripulantes de voo e de cabine no que tange a limites de voo, de pouso, de jornada de trabalho, de sobreaviso, de reserva e de períodos de repouso, bem como a outros fatores que possam reduzir o estado de alerta da tripulação ou comprometer o seu desempenho operacional.

§ 2º O Sistema de Gerenciamento de Risco de Fadiga Humana será regulamentado pela autoridade de aviação civil brasileira com base nas normas e recomendações internacionais de aviação civil.

§ 3º A implantação e a atualização do Sistema de Gerenciamento de Risco de Fadiga Humana serão acompanhadas pelo sindicato da categoria profissional.

§ 4º Nos casos em que o Sistema de Gerenciamento de Risco de Fadiga Humana autorizar a superação das 12 (doze) horas de jornada de trabalho e a diminuição do período de 12 (doze) horas de repouso, em tripulação simples, tais alterações deverão ser implementadas por meio de convenção ou acordo coletivo de trabalho entre o operador da aeronave e o sindicato da categoria profissional.

CAPÍTULO II

DO REGIME DE TRABALHO

SEÇÃO I

DO CONTRATO DE TRABALHO

Art. 20. A função remunerada dos tripulantes a bordo de aeronave deverá, obrigatoriamente, ser formalizada por meio de contrato de trabalho firmado diretamente com o operador da aeronave.

§ 1º O tripulante de voo ou de cabine só poderá exercer função remunerada a bordo de aeronave de um operador ao qual não esteja diretamente vinculado por contrato de trabalho quando o serviço aéreo não constituir atividade fim, e desde que por prazo não superior a 30 (trinta) dias consecutivos, contado da data de início da prestação dos serviços.

§ 2º A prestação de serviço remunerado conforme prevê o § 1º deste artigo não poderá ocorrer por mais de uma vez ao ano e deverá ser formalizada por contrato escrito, sob pena de presunção de vínculo empregatício do tripulante diretamente com o operador da aeronave.

§ 3º O disposto neste artigo não se aplica quando o operador da aeronave for órgão ou entidade da administração pública, no exercício de missões institucionais ou de poder de polícia.

▸ § 3º acrescido pela Lei nº 14.163, de 9-6-2021.

Art. 21. O operador da aeronave poderá utilizar-se de tripulantes instrutores que não estejam a ele vinculados por contrato de trabalho quando em seu quadro de tripulantes não existirem instrutores habilitados no equipamento em que se pretende operar, desde que por período restrito ao da instrução e mediante autorização da autoridade de aviação civil brasileira.

Art. 22. O operador de aeronaves poderá, por meio de contrato de prestação de serviços, autorizar que seus instrutores ministrem instrução para tripulantes que não estejam a ele vinculados por contrato de trabalho quando os empregadores dos respectivos tripulantes não possuírem equipamento ou instrutores próprios para a específica instrução, desde que por período restrito ao da instrução e mediante autorização da autoridade de aviação civil brasileira.

Parágrafo único. Este artigo só é aplicável aos operadores de aeronaves que realizam os serviços aéreos referidos nos incisos I e II do *caput* do art. 5º.

SEÇÃO II

DA BASE CONTRATUAL

Art. 23. Entende-se por base contratual a matriz ou filial onde o contrato de trabalho do tripulante estiver registrado.

Art. 24. Resguardados os direitos e as condições previstos nesta Lei, os demais direitos, condições de trabalho e obrigações do empregado estarão definidos no contrato de trabalho e poderão ser devidamente regulados em convenção ou acordo coletivo de trabalho, desde que não ultrapassem os parâmetros estabelecidos na regulamentação da autoridade de aviação civil brasileira.

Art. 25. Será fornecido pelo empregador transporte gratuito aos tripulantes de voo e de cabine sempre que se iniciar ou finalizar uma programação de voo em aeroporto situado a mais de 50 (cinquenta) quilômetros de distância do aeroporto definido como base contratual.

§ 1º O tempo de deslocamento entre o aeroporto definido como base contratual e o aeroporto designado para o início do voo será computado na jornada de trabalho e não será remunerado.

§ 2º No caso de viagem que termine em aeroporto diferente do definido como base contratual e situado a mais de 50 (cinquenta) quilômetros de distância, a jornada de trabalho será encerrada conforme o disposto no art. 35, e o repouso mínimo regulamentar será acrescido de, no mínimo, 2 (duas) horas.

Seção III

DA ESCALA DE SERVIÇO

Art. 26. A prestação de serviço do tripulante empregado no serviço aéreo definido no inciso I do *caput* do art. 5º, respeitados os períodos de folgas e repousos regulamentares, será determinada por meio de:

I – escala, no mínimo mensal, divulgada com antecedência mínima de 5 (cinco) dias, determinando os horários de início e término de voos, serviços de reserva, sobreavisos e folgas, sendo vedada a consignação de situações de trabalho e horários não definidos;

II – escala ou convocação, para realização de cursos, reuniões, exames relacionados a treinamento e verificação de proficiência técnica.

§ 1º Em 4 (quatro) meses do ano, as empresas estão autorizadas, caso julguem necessário, a divulgar escala semanal para voos de horário, serviços de reserva, sobreavisos e folgas com antecedência mínima de 2 (dois) dias, para a primeira semana de cada mês, e de 7 (sete) dias, para as semanas subsequentes.

§ 2º Para voos exclusivamente cargueiros, é autorizada a divulgação de escala semanal para voos de horário, serviços de reserva, sobreavisos e folgas com antecedência mínima de 2 (dois) dias, para a primeira semana de cada mês, e 7 (sete) dias, para as semanas subsequentes.

§ 3º Os limites previstos no inciso I do *caput* deste artigo poderão ser alterados mediante convenção ou acordo coletivo de trabalho, desde que não ultrapassem os parâmetros estabelecidos na regulamentação da autoridade de aviação civil brasileira.

Art. 27. A determinação para a prestação de serviço do tripulante empregado nos serviços aéreos definidos nos incisos II, III, IV e V do *caput* do art. 5º, respeitados os períodos de folgas e repousos regulamentares, será feita por meio de:

I – escala, no mínimo semanal, divulgada com antecedência mínima de 2 (dois) dias, determinando os horários de início e término de voos, serviços de reserva, sobreavisos e folgas, sendo vedada a consignação de situações de trabalho e horários não definidos;

II – escala ou convocação, para realização de cursos, reuniões, exames relacionados a treinamento e verificação de proficiência técnica.

Parágrafo único. Outros critérios para a determinação da prestação de serviço dos tripulantes poderão ser estabelecidos em convenção ou acordo coletivo de trabalho, desde que não ultrapassem os parâmetros estabelecidos na regulamentação da autoridade de aviação civil brasileira.

Art. 28. Na escala de serviço, deverão ser observados regime de rodízio de tripulantes e turnos compatíveis com a saúde, a higiene e a segurança do trabalho.

Parágrafo único. A programação de rodízios e turnos obedecerá ao princípio da equidade na distribuição entre as diversas situações de trabalho para que não haja discriminação entre os tripulantes com qualificações idênticas, salvo em empresas que adotem critérios específicos estabelecidos em acordo coletivo de trabalho, desde que não ultrapassem os parâmetros estabelecidos na regulamentação da autoridade de aviação civil brasileira.

Seção IV

DAS ACOMODAÇÕES PARA DESCANSO A BORDO DE AERONAVE

Art. 29. Será assegurado aos tripulantes de voo e de cabine, quando estiverem em voo com tripulação composta ou de revezamento, descanso a bordo da aeronave, em acomodação adequada, de acordo com as especificações definidas em norma estabelecida pela autoridade de aviação civil brasileira.

§ 1º Aos tripulantes de voo e de cabine realizando voos em tripulação composta será assegurado número de acomodações para descanso a bordo igual ao número de tripulantes somados à tripulação simples.

§ 2º Aos tripulantes de voo e de cabine realizando voos em tripulação de revezamento será assegurado número de acomodações para descanso a bordo igual à metade do total de tripulantes.

Seção V

DOS LIMITES DE VOOS E DE POUSOS

Art. 30. Denomina-se hora de voo ou tempo de voo o período compreendido desde o início do deslocamento, quando se tratar de aeronave de asa fixa, ou desde a partida dos motores, quando se tratar de aeronave de asa rotativa, até o momento em que, respectivamente, se imobiliza a aeronave ou se efetua o corte dos motores, ao término do voo ("calço a calço").

Art. 31. Aos tripulantes de voo ou de cabine empregados no serviço aéreo definido no inciso I do *caput* do art. 5º serão assegurados os seguintes limites de horas de voo e de pousos em uma mesma jornada de trabalho:

I – 8 (oito) horas de voo e 4 (quatro) pousos, na hipótese de integrante de tripulação mínima ou simples;

II – 11 (onze) horas de voo e 5 (cinco) pousos, na hipótese de integrante de tripulação composta;

III – 14 (catorze) horas de voo e 4 (quatro) pousos, na hipótese de integrante de tripulação de revezamento; e

IV – 7 (sete) horas sem limite de pousos, na hipótese de integrante de tripulação de helicópteros.

§ 1º O número de pousos na hipótese do inciso I deste artigo poderá ser aumentado em mais 1 (um), a critério do empregador, acrescendo-se, nesse caso, 2 (duas) horas ao repouso que precede a jornada.

§ 2º Não obstante o previsto no § 1º deste artigo, em caso de desvio para aeroporto de alternativa, será permitido o acréscimo de mais 1 (um) pouso aos limites estabelecidos nos incisos I, II e III deste artigo.

§ 3º Os tripulantes que operam aeronaves convencionais e turbo-hélice poderão ter o limite de pousos estabelecido no inciso I deste artigo aumentado em mais 2 (dois) pousos.

► Art. 82 desta lei que determina a entrada em vigor deste artigo após decorridos 30 (trinta) meses de sua publicação (*DOU* de 29-8-2017).

Art. 32. Aos tripulantes empregados nos serviços aéreos definidos nos incisos II, III, IV e V do *caput* do art. 5º são assegurados os seguintes limites de horas de voo em uma mesma jornada de trabalho:

I – 9 (nove) horas e 30 (trinta) minutos de voo, na hipótese de integrante de tripulação mínima ou simples;

II – 12 (doze) horas de voo, na hipótese de integrante de tripulação composta;

III – 16 (dezesseis) horas de voo, na hipótese de integrante de tripulação de revezamento;

IV – 8 (oito) horas de voo, na hipótese de integrante de tripulação de helicópteros.

§ 1º Aos tripulantes referidos neste artigo não serão assegurados limites de pousos em uma mesma jornada de trabalho.

§ 2º Os tripulantes empregados nos serviços aéreos definidos no inciso IV do *caput* do art. 5º, quando em atividade de fomento ou proteção à agricultura, poderão ter os limites previstos neste artigo estabelecidos em convenção ou acordo coletivo de trabalho, desde que não ultrapassem os parâmetros de segurança de voo determinados na regulamentação da autoridade de aviação civil brasileira.

► Art. 82 desta lei que determina a entrada em vigor deste artigo após decorridos 30 (trinta) meses de sua publicação (*DOU* de 29-8-2017).

Art. 33. Aos tripulantes são assegurados os seguintes limites mensais e anuais de horas de voo:

I – 80 (oitenta) horas de voo por mês e 800 (oitocentas) horas por ano, em aviões a jato;

II – 85 (oitenta e cinco) horas de voo por mês e 850 (oitocentas e cinquenta) horas por ano, em aviões turbo-hélice;

III – 100 (cem) horas de voo por mês e 960 (novecentas e sessenta) horas por ano, em aviões convencionais;

IV – 90 (noventa) horas de voo por mês e 930 (novecentas e trinta) horas por ano, em helicópteros.

§ 1º Quando os tripulantes operarem diferentes tipos de aeronaves, o limite inferior será respeitado.

§ 2º Os tripulantes de voo empregados nos serviços aéreos especializados definidos no inciso IV do *caput* do art. 5º, quando em atividade de fomento ou proteção à agricultura, poderão ter os limites previstos neste artigo estabelecidos em convenção ou acordo coletivo de trabalho, desde que não ultrapassem os parâmetros de segurança de voo determinados na regulamentação da autoridade de aviação civil brasileira.

► Art. 82 desta lei que determina a entrada em vigor deste artigo após decorridos 30 (trinta) meses de sua publicação (*DOU* de 29-8-2017).

Art. 34. O trabalho realizado como tripulante extra a serviço será computado para os limites da jornada de trabalho diária, semanal e mensal, não sendo considerado para o cômputo dos limites de horas de voo diários, mensais e anuais, previstos nos arts. 31, 32 e 33.

Seção VI
DOS LIMITES DA JORNADA DE TRABALHO

Art. 35. Jornada é a duração do trabalho do tripulante de voo ou de cabine, contada entre a hora da apresentação no local de trabalho e a hora em que ele é encerrado.

§ 1º A jornada na base contratual será contada a partir da hora de apresentação do tripulante no local de trabalho.

§ 2º Fora da base contratual, a jornada será contada a partir da hora de apresentação do tripulante no local estabelecido pelo empregador.

§ 3º Nas hipóteses previstas nos §§ 1º e 2º deste artigo, a apresentação no aeroporto ou em outro local estabelecido pelo empregador deverá ocorrer com antecedência mínima de 30 (trinta) minutos da hora prevista para o início do voo.

§ 4º A jornada será considerada encerrada 30 (trinta) minutos após a parada final dos motores, no caso de voos domésticos, e 45 (quarenta e cinco) minutos após a parada final dos motores, no caso de voos internacionais.

§ 5º Para atividades em terra, não se aplicam as disposições dos §§ 3º e 4º deste artigo.

§ 6º Os limites previstos no § 4º deste artigo podem ser alterados pelos operadores de aeronaves que possuírem Sistema de Gerenciamento de Risco de Fadiga Humana no planejamento e na execução das escalas de serviço de seus tripulantes, sendo o limite mínimo de 30 (trinta) minutos.

► Art. 82 desta lei que determina a entrada em vigor deste artigo após decorridos 30 (trinta) meses de sua publicação (*DOU* de 29-8-2017).

Art. 36. Aos tripulantes de voo ou de cabine empregados no serviço aéreo definido no inciso I do *caput* do art. 5º são assegurados os seguintes limites de jornada de trabalho:

I – 9 (nove) horas, se integrantes de uma tripulação mínima ou simples;

II – 12 (doze) horas, se integrantes de uma tripulação composta;

III – 16 (dezesseis) horas, se integrantes de uma tripulação de revezamento.

► Art. 82 desta lei que determina a entrada em vigor deste artigo após decorridos 30 (trinta) meses de sua publicação (*DOU* de 29-8-2017).

Art. 37. Aos tripulantes de voo ou de cabine empregados nos serviços aéreos definidos nos incisos II, III, IV e V do *caput* do art. 5º são assegurados os seguintes limites de jornada de trabalho:

I – 11 (onze) horas, se integrantes de uma tripulação mínima ou simples;

II – 14 (catorze) horas, se integrantes de uma tripulação composta;

III – 18 (dezoito) horas, se integrantes de uma tripulação de revezamento.

Parágrafo único. Os tripulantes de voo empregados nos serviços aéreos especializados definidos no inciso IV do *caput* do art. 5º, quando em atividade de fomento à agricultura, poderão ter os limites previstos neste artigo estabelecidos em convenção ou acordo coletivo de trabalho, desde que não ultrapassem os parâmetros de segurança de voo determinados na regulamentação da autoridade de aviação civil brasileira.

► Art. 82 desta lei que determina a entrada em vigor deste artigo após decorridos 30 (trinta) meses de sua publicação (*DOU* de 29-8-2017).

Art. 38. Em caso de interrupção de jornada, os tripulantes de voo ou de cabine empregados nos serviços aéreos definidos nos incisos II, IV e V do *caput* do art. 5º, quando compondo tripulação mínima ou simples, poderão ter suas jornadas de trabalho acrescidas de até a metade do tempo da interrupção, nos seguintes casos:

I – quando houver interrupção da jornada fora da base contratual, superior a 3 (três) horas e inferior a 6 (seis) horas consecutivas, e for proporcionado pelo empregador local para descanso separado do público e com controle de temperatura e luminosidade;

II – quando houver interrupção da jornada fora da base contratual, superior a 6 (seis) horas e inferior a 10 (dez) horas consecutivas, e forem proporcionados pelo empregador quartos individuais com banheiro privativo, condições adequadas de higiene e segurança, mínimo ruído e controle de temperatura e luminosidade.

Parágrafo único. A condição prevista neste artigo deverá ser consignada no diário de bordo da aeronave, com assinatura do comandante.

Art. 39. A hora de trabalho noturno, para efeito de jornada, será computada como de 52 (cinquenta e dois) minutos e 30 (trinta) segundos.

Parágrafo único. Para efeitos desta Lei, considera-se noturno:

I – o trabalho executado em terra entre as 22 (vinte e duas) horas de um dia e as 5 (cinco) horas do dia seguinte, considerado o horário local;

II – o período de tempo de voo realizado entre as 18 (dezoito) horas de um dia e as 6 (seis) horas do dia seguinte, considerado o fuso horário oficial da base contratual do tripulante.

Art. 40. Os limites da jornada de trabalho poderão ser ampliados em 60 (sessenta) minutos, a critério exclusivo do comandante da aeronave, nos seguintes casos:

I – inexistência, em local de escala regular, de acomodações apropriadas para o repouso da tripulação e dos passageiros;

II – espera demasiadamente longa, fora da base contratual, em local de espera regular intermediária, ocasionada por condições meteorológicas desfavoráveis e trabalho de manutenção não programada;

III – por imperiosa necessidade, entendida como a decorrente de catástrofe ou problema de infraestrutura que não configure caso de falha ou falta administrativa da empresa.

Parágrafo único. Qualquer ampliação dos limites das horas de trabalho deverá ser comunicada, em no máximo 24 (vinte e quatro) horas após a viagem, pelo comandante ao empregador, que, no prazo de 15 (quinze) dias, comunicará a autoridade de aviação civil brasileira.

Art. 41. A duração do trabalho dos tripulantes de voo ou de cabine não excederá a 44 (quarenta e quatro) horas semanais e 176 (cento e setenta e seis) horas mensais, computados os tempos de:

I – jornada e serviço em terra durante a viagem;

II – reserva e 1/3 (um terço) do sobreaviso;

III – deslocamento como tripulante extra a serviço;

IV – adestramento em simulador, cursos presenciais ou a distância, treinamentos e reuniões;

V – realização de outros serviços em terra, quando escalados pela empresa.

§ 1º O limite semanal de trabalho previsto neste artigo poderá ser alterado mediante convenção ou acordo coletivo de trabalho, desde que não ultrapasse os parâmetros estabelecidos na regulamentação da autoridade de aviação civil brasileira, sendo vedada, sob qualquer hipótese, a extrapolação do limite mensal de 176 (cento e setenta e seis) horas.

§ 2º Os tripulantes de voo ou de cabine empregados nos serviços aéreos definidos nos incisos II, III, IV e V do *caput* do art. 5º terão como período máximo de trabalho consecutivo 21 (vinte e um) dias, contados do dia de saída do tripulante de sua base contratual até o dia do regresso a ela.

§ 3º Para os tripulantes de voo ou de cabine empregados nos serviços aéreos definidos nos incisos II, III, IV e V do *caput* do art. 5º, o período consecutivo de trabalho, no local de operação, não poderá exceder a 17 (dezessete) dias.

§ 4º Quando prestarem serviço fora da base contratual por período superior a 6 (seis) dias, os tripulantes referidos no § 3º deste artigo terão, no retorno, folgas correspondentes a, no mínimo, o número de dias fora da base contratual menos 2 (dois) dias.

§ 5º Os tripulantes empregados no serviço aéreo definido no inciso I do *caput* do art. 5º que também exerçam atividades administrativas terão os limites de sua jornada de trabalho definidos em convenção ou acordo coletivo de trabalho, desde que não ultrapassem os parâmetros estabelecidos na regulamentação da autoridade de aviação civil brasileira.

§ 6º As disposições do *caput* e dos §§ 1º, 2º, 3º e 4º deste artigo não se aplicam aos tripulantes empregados nos serviços aéreos definidos no inciso IV do *caput* do art. 5º em atividade de fomento ou proteção à agricultura, que poderão ter os referidos limites reduzidos ou ampliados por convenção ou acordo coletivo de trabalho, desde que não ultrapassem os parâmetros de segurança de voo determinados na regulamentação da autoridade de aviação civil brasileira.

Art. 42. Será observado o limite máximo de 2 (duas) madrugadas consecutivas de trabalho, e o de 4 (quatro) madrugadas totais no período de 168 (cento e sessenta e oito) horas consecutivas, contadas desde a apresentação do tripulante.

§ 1º O tripulante de voo ou de cabine poderá ser escalado para jornada de trabalho na terceira madrugada consecutiva desde que como tripulante extra, em voo de retorno à base contratual e encerrando sua jornada de trabalho, vedada, nessa hipótese, a escalação do tripulante para compor tripulação no período que antecede a terceira madrugada consecutiva na mesma jornada de trabalho.

§ 2º Sempre que for disponibilizado ao tripulante período mínimo de 48 (quarenta e oito) horas livre de qualquer atividade, poderá ser iniciada a contagem de novo período de 168 (cento e sessenta e oito) horas consecutivas referido no *caput* deste artigo.

§ 3º Os limites previstos neste artigo poderão ser reduzidos ou ampliados mediante convenção ou acordo coletivo de trabalho, desde que não ultrapassem os parâmetros estabelecidos na regulamentação da autoridade de aviação civil brasileira.

§ 4º Entende-se como madrugada o período transcorrido, total ou parcialmente, entre 0 (zero) hora e 6 (seis) horas, considerado o fuso horário oficial da base contratual do tripulante.

Seção VII
DO SOBREAVISO E DA RESERVA

Art. 43. Sobreaviso é o período não inferior a 3 (três) horas e não excedente a 12 (doze) horas em que o tripulante permanece em local de sua escolha à disposição do empregador, devendo apresentar-se no aeroporto ou em outro local determinado, no prazo de até 90 (noventa) minutos, após receber comunicação para o início de nova tarefa.

§ 1º Em Município ou conurbação com 2 (dois) ou mais aeroportos, o tripulante designado para aeroporto diferente da base contratual terá prazo de 150 (cento e cinquenta) minutos para a apresentação, após receber comunicação para o início de nova tarefa.

§ 2º As horas de sobreaviso serão pagas à base de 1/3 (um terço) do valor da hora de voo.

§ 3º Caso o tripulante seja convocado para uma nova tarefa, o tempo remunerado será contabilizado entre o início do sobreaviso e o início do deslocamento.

§ 4º Caso o tripulante de voo ou de cabine não seja convocado para uma tarefa durante o período de sobreaviso, o tempo de repouso mínimo de 8 (oito) horas deverá ser respeitado antes do início de nova tarefa.

§ 5º O período de sobreaviso, contabilizado desde seu início até o início do deslocamento caso o tripulante seja acionado para nova tarefa, não poderá ser superior a 12 (doze) horas.

§ 6º No período de 12 (doze) horas previsto no § 5º, não serão computados os períodos de deslocamento de 90 (noventa) e 150 (cento e cinquenta) minutos previstos no *caput* e no § 1º deste artigo.

§ 7º O tripulante de voo ou de cabine empregado no serviço aéreo previsto no inciso I do *caput* do art. 5º terá a quantidade de sobreavisos limitada a 8 (oito) mensais, podendo ser reduzida ou ampliada por convenção ou acordo coletivo de trabalho, observados os limites estabelecidos na regulamentação da autoridade de aviação civil brasileira.

Art. 44. Reserva é o período em que o tripulante de voo ou de cabine permanece à disposição, por determinação do empregador, no local de trabalho.

§ 1º A hora de reserva será paga na mesma base da hora de voo.

§ 2º A reserva do tripulante empregado no serviço aéreo previsto no inciso I do *caput* do art. 5º terá duração mínima de 3 (três) horas e máxima de 6 (seis) horas.

§ 3º A reserva do tripulante empregado nos serviços aéreos previstos nos incisos II, III, IV e V do *caput* do art. 5º terá duração mínima de 3 (três) horas e máxima de 10 (dez) horas.

§ 4º Prevista a reserva por prazo superior a 3 (três) horas, o empregador deverá assegurar ao tripulante acomodação adequada para descanso.

§ 5º Entende-se por acomodação adequada para fins deste artigo poltronas em sala específica com controle de temperatura, em local diferente do destinado ao público e à apresentação das tripulações.

§ 6º Para efeito de remuneração, caso o tripulante seja acionado em reserva para assumir programação de voo, será considerado tempo de reserva o período compreendido entre o início da reserva e o início do voo.

§ 7º Os limites previstos neste artigo poderão ser reduzidos ou ampliados por convenção ou acordo coletivo de trabalho, observados os parâmetros estabelecidos na regulamentação da autoridade de aviação civil brasileira.

Seção VIII

DAS VIAGENS

Art. 45. Viagem é o trabalho realizado pelo tripulante de voo ou de cabine, contado desde a saída de sua base até o seu regresso.

§ 1º Uma viagem pode compreender uma ou mais jornadas.

§ 2º O tripulante de voo ou de cabine poderá cumprir uma combinação de voos, passando por sua base contratual sem ser dispensado do serviço, desde que a programação obedeça à escala previamente publicada.

§ 3º O empregador poderá exigir do tripulante de voo ou de cabine complementação de voo, quando fora da base contratual, para atender à realização de serviços inadiáveis.

§ 4º O empregador não poderá exigir do tripulante de voo ou de cabine complementação de voo ou qualquer outra atividade ao final da viagem, por ocasião do retorno à base contratual, sendo facultada ao tripulante a aceitação, não cabendo qualquer tipo de penalidade em caso de recusa.

Seção IX

DOS PERÍODOS DE REPOUSO

Art. 46. Repouso é o período ininterrupto, após uma jornada, em que o tripulante fica desobrigado da prestação de qualquer serviço.

Art. 47. É assegurada ao tripulante, fora de sua base contratual, acomodação adequada para repouso e transporte entre o aeroporto e o local de repouso, e vice-versa.

§ 1º O previsto neste artigo não será aplicado ao tripulante empregado nos serviços aéreos previstos nos incisos II, III, IV e V do *caput* do art. 5º quando o custeio do transporte e da hospedagem for ressarcido pelo empregador.

§ 2º O ressarcimento de que trata o § 1º deste artigo deverá ocorrer no máximo até 30 (trinta) dias após o pagamento.

§ 3º Entende-se por acomodação adequada para repouso do tripulante quarto individual com banheiro privativo e condições adequadas de higiene, segurança, ruído, controle de temperatura e luminosidade.

§ 4º Quando não houver disponibilidade de transporte ao término da jornada, o período de repouso será computado a partir da colocação de transporte à disposição da tripulação.

Art. 48. O tempo mínimo de repouso terá duração relacionada ao tempo da jornada anterior, observando-se os seguintes limites:

I – 12 (doze) horas de repouso, após jornada de até 12 (doze) horas;

II – 16 (dezesseis) horas de repouso, após jornada de mais de 12 (doze) horas e até 15 (quinze) horas;

III – 24 (vinte e quatro) horas de repouso, após jornada de mais de 15 (quinze) horas.

Parágrafo único. Os limites previstos neste artigo poderão ser alterados por convenção ou acordo coletivo de trabalho, observados os parâmetros de segurança de voo estabelecidos na regulamentação da autoridade de aviação civil brasileira.

Art. 49. Quando ocorrer o cruzamento de 3 (três) ou mais fusos horários em um dos sentidos da viagem, o tripulante terá, na base contratual, o repouso acrescido de 2 (duas) horas por cada fuso cruzado.

Seção X

DA FOLGA PERIÓDICA

Art. 50. Folga é o período não inferior a 24 (vinte e quatro) horas consecutivas em que o tripulante, em sua base contratual, sem prejuízo da remuneração, está desobrigado de qualquer atividade relacionada com seu trabalho.

§ 1º Salvo o previsto nos §§ 2º e 3º do art. 41, a folga deverá ter início, no máximo, após o 6º (sexto) período consecutivo de até 24 (vinte e quatro) horas, contada a partir da apresentação do tripulante, observados os limites da duração da jornada de trabalho e do repouso.

§ 2º Os períodos de repouso mínimo regulamentar deverão estar contidos nos 6 (seis) períodos consecutivos de até 24 (vinte e quatro) horas previstos no § 1º deste artigo.

§ 3º No caso de voos internacionais de longo curso, o limite previsto no § 1º deste artigo poderá ser ampliado em 36 (trinta e seis) horas, ficando o empregador obrigado a conceder ao tripulante mais 2 (dois) períodos de folga no mesmo mês em que o voo for realizado, além das folgas previstas neste artigo e no art. 51.

§ 4º Os limites previstos nos §§ 1º e 2º deste artigo poderão ser alterados por convenção ou acordo coletivo de trabalho, observados os parâmetros determinados na regulamentação da autoridade de aviação civil brasileira.

Art. 51. O tripulante empregado no serviço aéreo previsto no inciso I do *caput* do art. 5º terá número mensal de folgas não inferior a 10 (dez), das quais pelo menos 2 (duas) deverão compreender um sábado e um domingo consecutivos, devendo a primeira destas ter início até as 12 (doze) horas do sábado, no horário de Brasília.

§ 1º O número mensal de folgas previsto neste artigo poderá ser reduzido até 9 (nove), conforme critérios estabelecidos em convenção ou acordo coletivo de trabalho.

§ 2º Quando o tripulante concorrer parcialmente à escala de serviço do mês, por motivo de férias ou afastamento, aplicar-se-á a proporcionalidade do número de dias trabalhados ao número de folgas a serem concedidas, com aproximação para o inteiro superior.

Art. 52. O tripulante de voo ou de cabine empregado nos serviços aéreos previstos nos incisos II, III, IV e V do *caput* do art. 5º terá número de folgas mensal não inferior a 8 (oito), das quais pelo menos 2 (duas) deverão compreender um sábado e um domingo consecutivos.

Parágrafo único. O tripulante empregado nos serviços aéreos previstos no inciso IV do *caput* do art. 5º, quando em atividade de fomento ou proteção à agricultura, poderá ter os limites previstos neste artigo modificados por convenção ou acordo coletivo de trabalho, observados os parâmetros estabelecidos na regulamentação da autoridade de aviação civil brasileira.

Art. 53. A folga só terá início após a conclusão do repouso da jornada, e seus horários de início e término serão definidos em escala previamente publicada.

Art. 54. Quando o tripulante for designado para curso fora da base contratual, sua folga poderá ser gozada nesse local, devendo a empresa assegurar, no regresso, uma licença remunerada de 1 (um) dia para cada 15 (quinze) dias fora da base contratual.

Parágrafo único. A licença remunerada não deverá coincidir com sábado, domingo ou feriado se a permanência do tripulante fora da base for superior a 30 (trinta) dias.

CAPÍTULO III

DA REMUNERAÇÃO E DAS CONCESSÕES

SEÇÃO I

DA REMUNERAÇÃO

Art. 55. Sem prejuízo da liberdade contratual, a remuneração do tripulante corresponderá à soma das quantias por ele percebidas da empresa.

Parágrafo único. Não integram a remuneração as importâncias pagas pela empresa a título de ajuda de custo, assim como as diárias de hospedagem, alimentação e transporte.

Art. 56. A remuneração dos tripulantes poderá ser fixa ou ser constituída por parcela fixa e parcela variável.

Parágrafo único. A parcela variável da remuneração será obrigatoriamente calculada com base nas horas de voo, salvo no caso:

I – do tripulante empregado no serviço de transporte aéreo público não regular na modalidade de táxi aéreo, previsto no inciso II do *caput* do art. 5º, que poderá ter a parcela variável de seu salário calculada com base na quilometragem entre a origem e o destino do voo, desde que estabelecido em convenção ou acordo coletivo de trabalho;

II – do tripulante empregado nos serviços aéreos previstos no inciso IV do *caput* do art. 5º em atividade de fomento ou proteção à agricultura, que poderá ter a parcela variável de seu salário calculada com base na área produzida ou aplicada ou conforme outros critérios estabelecidos em convenção ou acordo coletivo de trabalho.

Art. 57. O período de tempo em solo entre etapas de voo em uma mesma jornada será remunerado.

Parágrafo único. Os valores e critérios para remuneração do período de que trata o *caput* deste artigo serão estabelecidos no contrato de trabalho e em convenção ou acordo coletivo de trabalho.

Art. 58. A empresa pagará a remuneração do trabalho não realizado por motivo alheio à vontade do tripulante, se outra atividade equivalente não lhe for atribuída.

Art. 59. A remuneração da hora de voo noturno e das horas de voo como tripulante extra será calculada na forma da legislação em vigor, observadas as condições estabelecidas no contrato de trabalho e em convenção ou acordo coletivo de trabalho.

§ 1º Considera-se voo noturno, para efeitos deste artigo, o voo executado entre as 21 (vinte e uma) horas, Tempo Universal Coordenado, de um dia e as 9 (nove) horas, Tempo Universal Coordenado, do dia seguinte.

§ 2º A hora de voo noturno, para efeito de remuneração, é contada à razão de 52 (cinquenta e dois) minutos e 30 (trinta) segundos.

Art. 60. As frações de hora serão computadas para efeito de remuneração.

Seção II

DA ALIMENTAÇÃO

Art. 61. Durante a viagem, o tripulante terá direito a alimentação, em terra ou em voo, de acordo com as instruções técnicas do Ministério do Trabalho e das autoridades competentes.

§ 1º O tripulante extra a serviço terá direito à alimentação.

§ 2º Quando em terra, o intervalo para a alimentação do tripulante deverá ter duração mínima de 45 (quarenta e cinco) minutos e máxima de 60 (sessenta) minutos.

§ 3º Quando em voo, a alimentação deverá ser servida em intervalos máximos de 4 (quatro) horas.

Art. 62. Para tripulante de helicópteros, a alimentação será servida em terra ou a bordo de unidades marítimas, com duração de 60 (sessenta) minutos, período este que não será computado na jornada de trabalho.

Art. 63. Nos voos realizados no período entre as 22 (vinte e duas) horas de um dia e as 6 (seis) horas do dia seguinte, deverá ser servida uma refeição se a duração do voo for igual ou superior a 3 (três) horas.

Art. 64. É assegurada alimentação ao tripulante que esteja em situação de reserva ou em cumprimento de uma programação de treinamento entre as 12 (doze) e as 14 (catorze) horas e entre as 19 (dezenove) e as 21 (vinte e uma) horas, em intervalo com duração de 60 (sessenta) minutos.

Parágrafo único. O intervalo para alimentação de que trata este artigo:

I – não será computado na duração da jornada de trabalho;

II – não será observado na hipótese de programação de treinamento em simulador.

Seção III

DA ASSISTÊNCIA MÉDICA

Art. 65. Ao tripulante em serviço fora da base contratual o empregador deverá assegurar e custear, em casos de urgência, assistência médica e remoção, por via aérea, para retorno à base ou ao local de tratamento.

Seção IV

DO UNIFORME

Art. 66. O tripulante receberá gratuitamente da empresa, quando não forem de uso comum, as peças de uniforme e os equipamentos exigidos, por ato da autoridade competente, para o exercício de sua atividade profissional.

Parágrafo único. Não serão considerados como salário, para os efeitos previstos neste artigo, os vestuários, equipamentos e outros acessórios fornecidos ao tripulante para a realização dos respectivos serviços.

Seção V

DAS FÉRIAS

Art. 67. As férias anuais do tripulante serão de 30 (trinta) dias consecutivos.

§ 1º Mediante acordo coletivo, as férias poderão ser fracionadas.

§ 2º A concessão de férias será comunicada ao tripulante, por escrito, com antecedência mínima de 30 (trinta) dias.

Art. 68. A empresa manterá quadro atualizado de concessão de férias, devendo existir rodízio entre os tripulantes do mesmo equipamento quando houver concessão nos meses de janeiro, fevereiro, julho e dezembro.

Art. 69. Ressalvados os casos de rescisão de contrato, as férias não serão convertidas em abono pecuniário.

Art. 70. Ressalvadas condições mais favoráveis, a remuneração das férias e o décimo terceiro salário do aeronauta serão calculados pela média das parcelas fixas e variáveis da remuneração no período aquisitivo.

Art. 71. O pagamento da remuneração das férias será realizado até 2 (dois) dias antes de seu início.

Seção VI

DOS CERTIFICADOS E DAS HABILITAÇÕES

Art. 72. É de responsabilidade do empregador o custeio do certificado médico e de habilitação técnica de seus tripulantes, sendo responsabilidade do tripulante manter em dia seu certificado médico, como estabelecido na legislação em vigor.

§ 1º Cabe ao empregador o controle de validade do certificado médico e da habilitação técnica para que sejam programadas, na escala de serviço do tripulante, as datas e, quando necessárias, as dispensas para realização dos exames necessários para a revalidação.

§ 2º É dever do empregador o pagamento ou o reembolso dos valores pagos pelo tripulante para a revalidação do certificado médico e de habilitação técnica, tendo como limite os valores definidos pelos órgãos públicos, bem como dos valores referentes a exames de proficiência linguística e a eventuais taxas relativas a documentos necessários ao exercício de suas funções contratuais.

§ 3º No caso dos tripulantes empregados nos serviços aéreos previstos no inciso IV do *caput* do art. 5º em atividade de fomento ou proteção à agricultura, o pagamento e o reembolso previstos neste artigo poderão observar valores e critérios estabelecidos em convenção ou acordo coletivo de trabalho.

Capítulo IV

DAS TRANSFERÊNCIAS

Art. 73. Para efeito de transferência, provisória ou permanente, considera-se base do tripulante a localidade onde ele está obrigado a prestar serviço.

§ 1º Entende-se como:

I – transferência provisória: o deslocamento do tripulante de sua base, por período mínimo de 30 (trinta) dias e não superior a 120 (cento e vinte) dias, para prestação de serviços temporários, sem mudança de domicílio, seguido de retorno à base tão logo cesse a incumbência que lhe foi atribuída; e

II – transferência permanente: o deslocamento do tripulante de sua base, por período superior a 120 (cento e vinte) dias, com mudança de domicílio.

§ 2º Após cada transferência provisória, o tripulante deverá permanecer na sua base por, pelo menos, 180 (cento e oitenta) dias.

§ 3º O interstício entre transferências permanentes será de 2 (dois) anos.

§ 4º Na transferência provisória, serão assegurados aos tripulantes acomodação, alimentação, transporte a serviço, transporte aéreo de ida e volta e, no regresso, licença remunerada de, considerada a duração da transferência, 2 (dois) dias para o primeiro mês mais 1 (um) dia para cada mês ou fração subsequente, sendo que, no mínimo, 2 (dois) dias não deverão coincidir com sábado, domingo ou feriado.

§ 5º Na transferência permanente, serão assegurados ao tripulante pelo empregador:

I – ajuda de custo, para fazer face às despesas de instalação na nova base, não inferior a 4 (quatro) vezes o valor do salário mensal, calculado o salário variável por sua taxa atual, multiplicada pela média do correspondente trabalho nos últimos 12 (doze) meses;

II – transporte aéreo para si e seus dependentes;

III – translação da respectiva bagagem; e

IV – dispensa de qualquer atividade relacionada com o trabalho pelo período de 8 (oito) dias, a ser fixado por sua opção, com aviso prévio de 8 (oito) dias ao empregador, dentro dos 60 (sessenta) dias seguintes à sua chegada à nova base.

§ 6º A transferência provisória poderá ser transformada em transferência permanente.

Art. 74. O tripulante deverá ser notificado pelo empregador com antecedência mínima de 60 (sessenta) dias na transferência permanente e de 15 (quinze) dias na provisória.

Capítulo V

DISPOSIÇÕES FINAIS E TRANSITÓRIAS

Art. 75. Aos tripulantes de voo empregados nos serviços aéreos definidos no inciso IV do *caput* do art. 5º, quando em atividade de fomento ou proteção à agricultura, não se aplicam as seguintes disposições desta Lei:

I – a Seção II do Capítulo II;

II – os arts. 27, 28, 43, 44 e 45;

III – o Capítulo IV;

IV – o regime de transição estabelecido no art. 80.

Art. 76. Além dos casos previstos nesta Lei, as responsabilidades dos tripulantes são definidas na Lei nº 7.565, de 19 de dezembro de 1986

(Código Brasileiro de Aeronáutica), nas leis e nos regulamentos em vigor e, no que decorrer do contrato de trabalho, em convenções e acordos coletivos.

Art. 77. Sem prejuízo do disposto no Capítulo III do Título IX da Lei nº 7.565, de 19 de dezembro de 1986 (Código Brasileiro de Aeronáutica), os infratores das disposições constantes nesta Lei ficam sujeitos às penalidades previstas no art. 351 da Consolidação das Leis do Trabalho (CLT), aprovada pelo Dec.-lei nº 5.452, de 1º de maio de 1943.

Parágrafo único. O processo de multas administrativas será regido pelo disposto no Título VII da Consolidação das Leis do Trabalho (CLT), aprovada pelo Decreto-Lei nº 5.452, de 1º de maio de 1943.

Art. 78. Caberá à autoridade de aviação civil brasileira expedir as normas necessárias para a implantação do Sistema de Gerenciamento de Risco de Fadiga Humana de que trata a Seção III do Capítulo I.

Art. 79. O art. 30 da Lei nº 7.183, de 5 de abril de 1984, passa a vigorar com a seguinte redação:

"Art. 30. Os limites de tempo de voo do tripulante não poderão exceder em cada mês ou ano, respectivamente:

I – em aviões convencionais, 100 (cem) e 1.000 (mil) horas;

II – em aviões turbo-hélice, 100 (cem) e 935 (novecentas e trinta e cinco) horas;

III – em aviões a jato, 85 (oitenta e cinco) e 850 (oitocentas e cinquenta) horas;

IV – em helicópteros, 90 (noventa) e 960 (novecentas e sessenta) horas.

§ 1º Quando o aeronauta tripular diferentes tipos de aeronave, será observado o menor limite.

§ 2º Os limites de tempo de voo para aeronautas de empresas de transporte aéreo regular, em intervalo inferior a 30 (trinta) dias, serão proporcionais ao limite mensal mais 10 (dez) horas."

Art. 80. Aplicam-se aos tripulantes, desde a entrada em vigor desta Lei até que tenham decorrido 30 (trinta) meses de sua publicação, como regime de transição, os seguintes dispositivos da Lei nº 7.183, de 5 de abril de 1984:

I – os arts. 12, 13 e 20;

II – o *caput*, incluídas suas alíneas, e o § 1º, todos do art. 21;

III – os arts. 29 e 30.

Art. 81. Revogam-se:

I – após decorridos 90 (noventa) dias da publicação oficial desta Lei, a Lei nº 7.183, de 5 de abril de 1984, com exceção dos dispositivos referidos no art. 80;

II – após decorridos 30 (trinta) meses da publicação oficial desta Lei, os dispositivos da Lei nº 7.183, de 5 de abril de 1984, referidos no art. 80.

Art. 82. Esta Lei entra em vigor após decorridos 90 (noventa) dias de sua publicação oficial, exceto os arts. 31, 32, 33, 35, 36 e 37, que entram em vigor após decorridos 30 (trinta) meses da publicação oficial desta Lei.

Brasília, 28 de agosto de 2017;
196º da Independência e
129º da República.

Michel Temer

LEI Nº 13.601, DE 9 DE JANEIRO DE 2018

Regulamenta o exercício da profissão de Técnico em Biblioteconomia.

► Publicada no *DOU* de 10-1-2018.

Art. 1º O exercício da profissão de Técnico em Biblioteconomia é regulamentado na forma desta Lei.

Art. 2º Considera-se Técnico em Biblioteconomia o profissional legalmente habilitado em curso de formação específica.

Art. 3º São requisitos para o exercício da atividade profissional de Técnico em biblioteconomia:

I – possuir diploma de formação de nível médio de Técnico em Biblioteconomia, expedido no Brasil, por escolas oficiais ou reconhecidas na forma da lei;

II – possuir diploma de formação de nível médio de Técnico em Biblioteconomia, expedido por escola estrangeira, revalidado no Brasil de acordo com a legislação em vigor;

III – VETADO;

IV – exercer suas atividades sob a supervisão de Bibliotecário com registro em CRB.

Art. 4º Compete aos Técnicos em Biblioteconomia, observando-se os limites de sua formação e sob a supervisão do Bibliotecário:

I – auxiliar nas atividades e serviços concernentes ao funcionamento de bibliotecas e outros serviços de documentação e informação;

II – auxiliar no planejamento e desenvolvimento de projetos que ampliem as atividades de atuação sociocultural das instituições em que atuam.

Art. 5º VETADO.

Art. 6º Esta Lei entra em vigor na data de sua publicação.

Brasília, 9 de janeiro de 2018;
197º da Independência e
130º da República.

Michel Temer

LEI Nº 13.643, DE 3 DE ABRIL DE 2018

Regulamenta as profissões de Esteticista, que compreende o Esteticista e Cosmetólogo, e de Técnico em Estética.

▶ Publicada no *DOU* de 4-4-2018.

Art. 1º Esta Lei regulamenta o exercício das profissões de Esteticista, que compreende o Esteticista e Cosmetólogo, e de Técnico em Estética.

Parágrafo único. Esta Lei não compreende atividades em estética médica, nos termos definidos no art. 4º da Lei nº 12.842, de 10 de julho de 2013.

Art. 2º O exercício da profissão de Esteticista é livre em todo o território nacional, observadas as disposições desta Lei.

Art. 3º Considera-se Técnico em Estética o profissional habilitado em:

I – curso técnico com concentração em Estética oferecido por instituição regular de ensino no Brasil;

II – curso técnico com concentração em Estética oferecido por escola estrangeira, com revalidação de certificado ou diploma pelo Brasil, em instituição devidamente reconhecida pelo Ministério da Educação.

Parágrafo único. O profissional que possua prévia formação técnica em estética, ou que comprove o exercício da profissão há pelo menos três anos, contados da data de entrada em vigor desta Lei, terá assegurado o direito ao exercício da profissão, na forma estabelecida em regulamento.

Art. 4º Considera-se Esteticista e Cosmetólogo o profissional:

I – graduado em curso de nível superior com concentração em Estética e Cosmética, ou equivalente, oferecido por instituição regular de ensino no Brasil, devidamente reconhecida pelo Ministério da Educação;

II – graduado em curso de nível superior com concentração em Estética e Cosmética, ou equivalente, oferecido por escola estrangeira, com diploma revalidado no Brasil, por instituição de ensino devidamente reconhecida pelo Ministério da Educação.

Art. 5º Compete ao Técnico em Estética:

I – executar procedimentos estéticos faciais, corporais e capilares, utilizando como recursos de trabalho produtos cosméticos, técnicas e equipamentos com registro na Agência Nacional de Vigilância Sanitária (Anvisa);

II – solicitar, quando julgar necessário, parecer de outro profissional que complemente a avaliação estética;

III – observar a prescrição médica ou fisioterápica apresentada pelo cliente, ou solicitar, após exame da situação, avaliação médica ou fisioterápica.

Art. 6º Compete ao Esteticista e Cosmetólogo, além das atividades descritas no art. 5º desta Lei:

I – a responsabilidade técnica pelos centros de estética que executam e aplicam recursos estéticos, observado o disposto nesta Lei;

II – a direção, a coordenação, a supervisão e o ensino de disciplinas relativas a cursos que compreendam estudos com concentração em Estética ou Cosmetologia, desde que observadas as leis e as normas regulamentadoras da atividade docente;

III – a auditoria, a consultoria e a assessoria sobre cosméticos e equipamentos específicos de estética com registro na Anvisa;

IV – a elaboração de informes, pareceres técnico-científicos, estudos, trabalhos e pesquisas mercadológicas ou experimentais relativos à Estética e à Cosmetologia, em sua área de atuação;

V – a elaboração do programa de atendimento, com base no quadro do cliente, estabelecendo as técnicas a serem empregadas e a quantidade de aplicações necessárias;

VI – observar a prescrição médica apresentada pelo cliente, ou solicitar, após avaliação da situação, prévia prescrição médica ou fisioterápica.

Art. 7º O Esteticista, no exercício das suas atividades e atribuições, deve zelar:

I – pela observância a princípios éticos;

II – pela relação de transparência com o cliente, prestando-lhe o atendimento adequado e informando-o sobre técnicas, produtos utilizados e orçamento dos serviços;

III – pela segurança dos clientes e das demais pessoas envolvidas no atendimento, evitando exposição a riscos e potenciais danos.

Art. 8º O Esteticista deve cumprir e fazer cumprir as normas relativas à biossegurança e à legislação sanitária.

Art. 9º Regulamento disporá sobre a fiscalização do exercício da profissão de Esteticista e sobre as adequações necessárias à observância do disposto nesta Lei.

Art. 10. Esta Lei entra em vigor na data de sua publicação.

Brasília, 3 de abril de 2018;
197º da Independência e
130º da República.
Michel Temer

INSTRUÇÃO NORMATIVA DO TST Nº 41, DE 21 DE JUNHO DE 2018

Dispõe sobre a aplicação das normas processuais da Consolidação das Leis do Trabalho alteradas pela Lei nº 13.467, de 13 de julho de 2017

▸ Publicada no *DJe* de 21-6-2018.

Art. 1º A aplicação das normas processuais previstas na Consolidação das Leis do Trabalho, alteradas pela Lei nº 13.467, de 13 de julho de 2017, com eficácia a partir de 11 de novembro de 2017, é imediata, sem atingir, no entanto, situações pretéritas iniciadas ou consolidadas sob a égide da lei revogada.

Art. 2º O fluxo da prescrição intercorrente conta-se a partir do descumprimento da determinação judicial a que alude o § 1º do art. 11-A da CLT, desde que feita após 11 de novembro de 2017 (Lei nº 13.467/2017).

Art. 3º A obrigação de formar o litisconsórcio necessário a que se refere o art. 611-A, § 5º, da CLT dar-se-á nos processos iniciados a partir de 11 de novembro de 2017 (Lei nº 13.467/2017).

Art. 4º O art. 789, *caput*, da CLT aplica-se nas decisões que fixem custas, proferidas a partir da entrada em vigor da Lei nº 13.467/2017.

Art. 5º O art. 790-B, *caput* e §§ 1º a 4º, da CLT, não se aplica aos processos iniciados antes de 11 de novembro de 2017 (Lei nº 13.467/2017).

Art. 6º Na Justiça do Trabalho, a condenação em honorários advocatícios sucumbenciais, prevista no art. 791-A, e parágrafos, da CLT, será aplicável apenas às ações propostas após 11 de novembro de 2017 (Lei nº 13.467/2017). Nas ações propostas anteriormente, subsistem as diretrizes do art. 14 da Lei nº 5.584/1970 e das Súmulas nºs 219 e 329 do TST.

Art. 7º Os arts. 793-A, 793-B e 793-C, § 1º, da CLT têm aplicação autônoma e imediata.

Art. 8º A condenação de que trata o art. 793-C, *caput*, da CLT, aplica-se apenas às ações ajuizadas a partir de 11 de novembro de 2017 (Lei nº 13.467/2017).

Art. 9º O art. 793-C, §§ 2º e 3º, da CLT tem aplicação apenas nas ações ajuizadas a partir de 11 de novembro de 2017 (Lei nº 13.467/2017).

Art. 10. O disposto no *caput* do art. 793-D será aplicável às ações ajuizadas a partir de 11 de novembro de 2017 (Lei nº 13.467/2017).

Parágrafo único. Após a colheita da prova oral, a aplicação de multa à testemunha dar-se-á na sentença e será precedida de instauração de incidente mediante o qual o juiz indicará o ponto ou os pontos controvertidos no depoimento, assegurados o contraditório, a defesa, com os meios a ela inerentes, além de possibilitar a retratação.

Art. 11. A exceção de incompetência territorial, disciplinada no art. 800 da CLT, é imediatamente aplicável aos processos trabalhistas em curso, desde que o recebimento da notificação seja posterior a 11 de novembro de 2017 (Lei nº 13.467/2017).

Art. 12. Os arts. 840 e 844, §§ 2º, 3º e 5º, da CLT, com as redações dadas pela Lei nº 13.467, de 13 de julho de 2017, não retroagirão, aplicando-se, exclusivamente, às ações ajuizadas a partir de 11 de novembro de 2017.

§ 1º Aplica-se o disposto no art. 843, § 3º, da CLT somente às audiências trabalhistas realizadas após 11 de novembro de 2017.

§ 2º Para fim do que dispõe o art. 840, §§ 1º e 2º, da CLT, o valor da causa será estimado, observando-se, no que couber, o disposto nos arts. 291 a 293 do Código de Processo Civil.

§ 3º Nos termos do art. 843, § 3º, e do art. 844, § 5º, da CLT, não se admite a cumulação das condições de advogado e preposto.

Art. 13. A partir da vigência da Lei nº 13.467/2017, a iniciativa do juiz na execução de que trata o art. 878 da CLT e no incidente de desconsideração da personalidade jurídica a que alude o art. 855-A da CLT ficará limitada aos casos em que as partes não estiverem representadas por advogado.

Art. 14. A regra inscrita no art. 879, § 2º, da CLT, quanto ao dever de o juiz conceder prazo comum de oito dias para impugnação fundamentada da conta de liquidação, não se aplica à liquidação de julgado iniciada antes de 11 de novembro de 2017.

Art. 15. O prazo previsto no art. 883-A da CLT, para as medidas de execução indireta nele especificadas, aplica-se somente às execuções iniciadas a partir de 11 de novembro de 2017.

Art. 16. O art. 884, § 6º, da CLT aplica-se às entidades filantrópicas e seus diretores, em processos com execuções iniciadas após 11 de novembro de 2017.

Art. 17. O incidente de desconsideração da personalidade jurídica, regulado pelo CPC (artigos 133 a 137), aplica-se ao processo do trabalho, com as inovações trazidas pela Lei nº 13.467/2017.

Art. 18. O dever de os Tribunais Regionais do Trabalho uniformizarem a sua jurisprudência faz incidir, subsidiariamente ao processo do trabalho, o art. 926 do CPC, por meio do qual os Tribunais deverão manter sua jurisprudência íntegra, estável e coerente.

§ 1º Os incidentes de uniformização de jurisprudência suscitados ou iniciados antes da vigência da Lei nº 13.467/2017, no âmbito dos Tribunais Regionais do Trabalho ou por iniciativa de decisão do Tribunal Superior do Trabalho, deverão observar e serão concluídos sob a égide da legislação vigente ao tempo da interposição do recurso, segundo o disposto nos respectivos Regimentos Internos.

§ 2º Aos recursos de revista e de agravo de instrumento no âmbito do Tribunal Superior do Trabalho, conclusos aos relatores e ainda não julgados até a edição da Lei nº 13.467/2017, não se aplicam as disposições contidas nos §§ 3º a 6º do artigo 896 da Consolidação das Leis do Trabalho.

§ 3º As teses jurídicas prevalecentes e os enunciados de Súmulas decorrentes do julgamento dos incidentes de uniformização de jurisprudência suscitados ou iniciados anteriormente à edição da Lei nº 13.467/2017, no âmbito dos Tribunais Regionais do Trabalho, conservam sua natureza vinculante à luz dos arts. 926, §§ 1º e 2º, e 927, III e V, do CPC.

Art. 19. O exame da transcendência seguirá a regra estabelecida no art. 246 do Regimento Interno do Tribunal Superior do Trabalho, incidindo apenas sobre os acórdãos proferidos pelos Tribunais Regionais do Trabalho publicados a partir de 11 de novembro de 2017, excluídas as decisões em embargos de declaração.

Art. 20. As disposições contidas nos §§ 4º, 9º, 10 e 11 do artigo 899 da CLT, com a redação dada pela Lei nº 13.467/2017, serão observadas para os recursos interpostos contra as decisões proferidas a partir de 11 de novembro de 2017.

Art. 21. Esta Instrução Normativa entrará em vigor na data da sua publicação. Ficam revogados os art. 2º, VIII, e 6º da Instrução Normativa nº 39/2016 do TST.

João Batista Brito Pereira
Ministro Presidente do TST

RESOLUÇÃO MPT Nº 157, DE 28 DE AGOSTO DE 2018

Institui o Núcleo Permanente de Incentivo à Autocomposição – NUPIA e define diretrizes para a implementação da Política Nacional de Autocomposição no âmbito do Ministério Público do Trabalho.

▶ Publicada no *DOU* de 11-09-2018.

CAPÍTULO I

DISPOSIÇÕES GERAIS

Art. 1º Fica instituído o Núcleo Permanente de Incentivo à Autocomposição – NUPIA do Ministério Público do Trabalho, vinculado à Procuradoria Geral do Trabalho.

Art. 2º O NUPIA tem por finalidade atuar na implementação e adoção de mecanismos de autocomposição, como a negociação, a mediação e a conciliação, no âmbito do Ministério Público do Trabalho.

Art. 3º Para cumprir sua finalidade, o NUPIA atuará, em conjunto ou separadamente, com os demais órgãos de execução do MPT, competindo-lhe:

I – propor à Administração Superior, aos Órgãos Superiores do Ministério Público do Trabalho, e às Coordenadorias Nacionais, ações concretas voltadas ao cumprimento da Política Nacional de Incentivo à Autocomposição no âmbito do MP, conforme diretrizes estabelecidas na Resolução CNMP nº 118/2014;

II – atuar na interlocução com membros da Instituição, com outros Ministérios Públicos, bem ainda com os poderes constituídos, órgãos, instituições públicas ou privadas, entidades sindicais, centrais, associações de trabalhadores ou empregadores, parceiros institucionais e sociedade civil, para atender aos fins desta Resolução;

III – propor à Administração Superior a realização de parcerias para atender aos fins da política nacional de autocomposição;

IV – estimular programas e práticas de negociação e mediação no âmbito institucional;

V – elaborar programa mínimo de capacitação de membros em técnicas autocompositivas, a ser ministrado àqueles que forem atuar em mediações no âmbito dos Núcleos de Mediação;

VI – manter cadastro dos membros capacitados no programa de formação mínimo elaborado para a composição dos núcleos de mediação;

VII – elaborar roteiros procedimentais específicos relativos aos procedimentos autocompositivos, notadamente ao procedimento de mediação e conciliação, divulgar as boas práticas, metodologias aplicadas ou desenvolvidas na solução extrajudicial de conflitos.

Art. 4º O NUPIA será composto:

I – pelo seu Coordenador Nacional e Vice-Coordenador Nacional, indicados pelo Procurador Geral do Trabalho, preferencialmente, com atuação na área;

II – por um membro titular e suplente indicados pelo Procurador Geral do Trabalho;

► Inciso II com a redação dada pela Res. do MPT nº 161, de 28-2-2019.

III – por um membro titular e suplente indicados pela Câmara de Coordenação e Revisão do Ministério Público do Trabalho, preferencialmente, com atuação na área.

§ 1º A cada ano, o Coordenador do NUPIA deverá elaborar relatório com as conclusões, as observações, os dados e as sugestões a serem encaminhados ao Procurador-Geral do Trabalho, à Câmara de Coordenação e Revisão do Ministério Público do Trabalho e à Corregedoria-Geral do Ministério Público do Trabalho.

§ 2º Cabe à Procuradoria Geral do Trabalho adotar as medidas administrativas para o suporte e apoio técnico necessários para o desempenho das atividades do Núcleo de que trata esta Resolução.

§ 3º As atividades do Núcleo ocorrerão sem prejuízo das atribuições originárias dos membros, observadas as regras de compensação.

§ 4º O NUPIA se reunirá periodicamente, conforme calendário anual estabelecido pelo Núcleo.

Art. 5º A Procuradoria Geral do Trabalho e cada unidade regional do Ministério Público do Trabalho organizarão internamente o núcleo especializado de mediadores e conciliadores.

§ 1º O Núcleo de Mediação da Procuradoria Geral do Trabalho e os Núcleos Regionais de Mediação serão integrados por membros lotados na unidade respectiva, mediante opção, devendo ser observado para escolha dos integrantes os seguintes critérios:

I – capacitação em curso específico reconhecido pelo NUPIA-MPT;

II – antiguidade.

§ 2º Em caso de não haver membros interessados em integrar o Núcleo de Mediação da Procuradoria Geral do Trabalho e os Núcleos Regionais de Mediação, caberá a respectiva Chefia da Unidade do Ministério Público do Trabalho designar membro(s) para compor o núcleo.

§ 3º A vinculação do mediador ou conciliador ao procedimento estará condicionada às regras de distribuição de cada núcleo.

§ 4º Os conciliadores e mediadores prestarão atendimento e orientação ao cidadão sobre os mecanismos de autocomposição.

Capítulo II

DAS PRÁTICAS AUTOCOMPOSITIVAS

Art. 6º *Revogado*. Res. MPT nº 166, de 10-5-2019.

Capítulo III

DOS PROCEDIMENTOS DE MEDIAÇÃO E CONCILIAÇÃO

Arts. 7º a 9º *Revogados*. Res. MPT nº 166, de 10-5-2019.

Art. 10. Esta Resolução entra em vigor após decorridos 180 (cento e oitenta) dias da sua publicação.

Ronaldo Curado Fleury
Presidente do CSMPT
JEFERSON LUIZ PEREIRA COELHO
Conselheiro Vice-Presidente
IVANA AUXILIADORA MENDONÇA SANTOS
Conselheira relatora e Secretária
SANDRA LIA SIMÓN
Conselheira
JÚNIA SOARES NADER
Conselheira
MANOEL JORGE E SILVA NETO
Conselheiro
CRISTINA SOARES DE OLIVEIRA E ALMEIDA NOBRE
Conselheira ANDRÉ LUÍS SPIES
Conselheiro revisor
LUIZ EDUARDO GUIMARÃES BOJART
Conselheiro

DECRETO Nº 9.579, DE 22 DE NOVEMBRO DE 2018

Consolida atos normativos editados pelo Poder Executivo federal que dispõem sobre a temática do lactente, da criança e do adolescente e do aprendiz, e sobre o Conselho Nacional dos Direitos da Criança e do Adolescente, o Fundo Nacional para a Criança e o Adolescente e os programas federais da criança e do adolescente, e dá outras providências.

(EXCERTOS)

▶ Publicado no *DOU* de 23-11-2018.

TÍTULO II – DOS DIREITOS FUNDAMENTAIS DA CRIANÇA E DO ADOLESCENTE

CAPÍTULO V

DO DIREITO À PROFISSIONALIZAÇÃO

SEÇÃO I

DAS ATIVIDADES VOLUNTÁRIAS

Art. 42. Crianças e Adolescentes poderão participar de atividades voluntárias, desde que acompanhados ou expressamente autorizados pelos pais ou responsáveis, observado o disposto na legislação específica de proteção à criança e ao adolescente, conforme o disposto no art. 15 do Decreto nº 9.149, de 28 de agosto de 2017.

SEÇÃO II

DO APRENDIZ

Art. 43. Nas relações jurídicas pertinentes à contratação de aprendizes, será observado o disposto neste Capítulo.

Art. 44. Para fins do disposto neste Capítulo, considera-se aprendiz a pessoa maior de quatorze anos e menor de vinte e quatro anos, inscrita em programa de aprendizagem, que celebra contrato de aprendizagem, nos termos do disposto no art. 428 da Consolidação das Leis do Trabalho, aprovada pelo Decreto-Lei nº 5.452, de 1º de maio de 1943.

▶ *Caput* com a redação dada pelo Dec. nº 11.479, de 6-4-2023.

§§ 1º e 2º* Revogados. *Dec. nº 11.479, de 6-4-2023.

Parágrafo único. A idade máxima prevista no caput não se aplica a aprendizes com deficiência.

▶ Parágrafo único acrescido pelo Dec. nº 11.479, de 6-4-2023.

SEÇÃO III

DO CONTRATO DE APRENDIZAGEM

Art. 45. Considera-se contrato de aprendizagem o contrato de trabalho especial, ajustado por escrito e por prazo determinado não superior a dois anos, em que o empregador se compromete a assegurar ao aprendiz formação técnico-profissional metódica compatível com o seu desenvolvimento físico, moral e psicológico e o aprendiz se compromete a executar, com zelo e diligência, as tarefas necessárias a sua formação.

▶ *Caput* com a redação dada pelo Dec. nº 11.479, de 6-4-2023.

I e II* – Revogados. *Dec. nº 11.479, de 6-4-2023.

§§ 1º a 5º* Revogados. *Dec. nº 11.479, de 6-4-2023.

Art. 46. A validade do contrato de aprendizagem profissional pressupõe:

▶ *Caput* com a redação dada pelo Dec. nº 11.061, de 4-5-2022.

I – a anotação na Carteira de Trabalho e Previdência Social;

II – a matrícula e a frequência do aprendiz à escola, na hipótese de este não ter concluído o ensino médio; e

II – a inscrição em programa de aprendizagem profissional desenvolvido sob a orientação de entidade qualificada em formação técnico-profissional metódica.

▸ Incisos I a II com a redação dada pelo Dec. nº 11.061, de 4-5-2022.

▸ Mantivemos a numeração deste inciso conforme publicação oficial, porém, entendemos que o correto seria inciso III.

Parágrafo único. A comprovação da escolaridade de aprendiz com deficiência psicossocial considerará, sobretudo, as habilidades e as competências relacionadas com a profissionalização.

▸ Parágrafo único acrescido pelo Dec. nº 11.061, de 4-5-2022.

Art. 47. O descumprimento das disposições legais e regulamentares importará a nulidade do contrato de aprendizagem, nos termos do disposto no art. 9º da CLT, aprovada pelo Decreto-Lei nº 5.452, de 1943, situação em que fica estabelecido o vínculo empregatício diretamente com o empregador responsável pelo cumprimento da cota de aprendizagem.

Parágrafo único. O disposto no *caput* não se aplica, quanto ao vínculo, a pessoa jurídica de direito público.

Seção IV

DA FORMAÇÃO TÉCNICO-PROFISSIONAL E DAS ENTIDADES QUALIFICADAS EM FORMAÇÃO TÉCNICO-PROFISSIONAL METÓDICA

Subseção I

DA FORMAÇÃO TÉCNICO-PROFISSIONAL

Art. 48. A formação técnico-profissional metódica será realizada por meio de programas de aprendizagem profissional organizados e desenvolvidos sob a orientação e a responsabilidade das entidades a que se refere o art. 50.

▸ *Caput* com a redação dada pelo Dec. nº 11.061, de 4-5-2022.

Parágrafo único. *Revogado.* Dec. nº 11.061, de 4-5-2022.

Art. 49. A formação técnico-profissional do aprendiz obedecerá aos seguintes princípios:

I – garantia de acesso e frequência obrigatória no ensino básico;

▸ Inciso I com a redação dada pelo Dec. nº 11.061, de 4-5-2022.

II – horário especial para o exercício das atividades; e

III – qualificação profissional adequada ao mercado de trabalho.

▸ Inciso III com a redação dada pelo Dec. nº 11.061, de 4-5-2022.

Parágrafo único. Ao aprendiz com idade inferior a dezoito anos é assegurado o respeito à sua condição peculiar de pessoa em desenvolvimento.

Art. 49-A. O Ministério do Trabalho e Previdência divulgará mapeamento regionalizado e por setor econômico da demanda por formação profissional para auxiliar as entidades qualificadas em formação técnico-profissional metódica a que se refere o art. 50 no desenvolvimento pedagógico dos programas de aprendizagem profissional.

Art. 49-B. Os serviços nacionais de aprendizagem divulgarão os perfis profissionais utilizados para desenvolvimento dos programas de aprendizagem profissional.

Art. 49-C. O Ministério do Trabalho e Previdência criará repositório de programas de aprendizagem profissional, por meio da disponibilização voluntária de experiências pedagógicas exitosas, conforme disposto em ato próprio.

▸ Arts. 49-A a 49-C acrescidos pelo Dec. nº 11.061, de 4-5-2022.

Subseção II

DAS ENTIDADES QUALIFICADAS EM FORMAÇÃO TÉCNICO-PROFISSIONAL METÓDICA

Art. 50. Consideram-se entidades qualificadas em formação técnico-profissional metódica:

I – os serviços nacionais de aprendizagem, assim identificados:

a) Serviço Nacional de Aprendizagem Industrial – SENAI;

b) Serviço Nacional de Aprendizagem Comercial – SENAC;

c) Serviço Nacional de Aprendizagem Rural – SENAR;

d) Serviço Nacional de Aprendizagem do Transporte – SENAT; e

e) Serviço Nacional de Aprendizagem do Cooperativismo – SESCOOP;

II – as escolas técnicas de educação;

► Inciso II com a redação dada pelo Dec. nº 11.479, de 6-4-2023.

III – as entidades sem fins lucrativos que tenham por objetivos a assistência ao adolescente e à educação profissional, registradas no conselho municipal dos direitos da criança e do adolescente; e

IV – as entidades de prática desportiva das diversas modalidades filiadas ao Sistema Nacional do Desporto e aos sistemas de desporto estaduais, distrital e municipais.

► Incisos III e IV com a redação dada pelo Dec. nº 11.061, de 4-5-2022.

§ 1º As entidades de que trata o caput disporão de estrutura adequada ao desenvolvimento dos programas de aprendizagem profissional, de forma a manter a qualidade do processo de ensino e a acompanhar e avaliar os resultados.

► *Caput* do § 1º com a redação dada pelo Dec. nº 11.479, de 6-4-2023.

I a IV* – Revogados. *Dec. nº 11.479, de 6-4-2023.

§ 2º As entidades de que trata o *caput* disporão de estrutura adequada ao desenvolvimento dos programas de aprendizagem profissional, de forma a manter a qualidade do processo de ensino e a acompanhar e avaliar os resultados.

► § 2º com a redação dada pelo Dec. nº 11.061, de 4-5-2022.

§ 3º O Ministro de Estado do Trabalho e Previdência editará, ouvido o Ministério da Educação, normas complementares para dispor sobre a avaliação da competência das entidades a que se referem os incisos III e IV do *caput*.

► §§ 2º e 3º com a redação dada pelo Dec. nº 11.061, de 4-5-2022.

§ 4º Compete ao Ministério do Trabalho e Previdência:

I – instituir e manter cadastro nacional das entidades qualificadas em formação técnico-profissional metódica; e

II – disciplinar a compatibilidade entre o conteúdo e a duração do programa de aprendizagem profissional, com vistas a garantir a qualidade técnico-profissional.

§ 5º As entidades de que trata o *caput* manterão o cadastro atualizado dos aprendizes matriculados em seus cursos em plataforma eletrônica gerida pelo Ministério do Trabalho e Previdência.

► §§ 4º e 5º acrescidos pelo Dec. nº 11.061, de 4-5-2022.

SEÇÃO V

DA CONTRATAÇÃO DE APRENDIZ

SUBSEÇÃO I

DA OBRIGATORIEDADE DA CONTRATAÇÃO DE APRENDIZ

Art. 51. Estabelecimentos de qualquer natureza são obrigados a empregar e matricular nos cursos oferecidos pelos serviços nacionais de aprendizagem o número de aprendizes equivalente a cinco por cento, no mínimo, e quinze por cento, no máximo, dos trabalhadores existentes em cada estabelecimento cujas funções demandem formação profissional.

§ 1º Para o cálculo da porcentagem a que se refere o *caput*, as frações de unidade serão arredondadas para o número inteiro subsequente, hipótese que permite a admissão de aprendiz.

§ 2º Para fins do disposto neste Capítulo, considera-se estabelecimento todo complexo de bens organizado para o exercício de atividade econômica ou social do empregador, que se submeta ao regime da CLT, aprovada pelo Decreto-Lei nº 5.452, de 1943.

§ 3º O Ministério do Trabalho e Emprego disponibilizará sistema eletrônico que permita aos estabelecimentos a emissão de certidão de cumprimento de cota de aprendiz para a comprovação do atendimento às exigências estabelecidas na Lei nº 14.133, de 1º de abril de 2021.

► § 3º acrescido pelo Dec. nº 11.479, de 6-4-2023.

Arts. 51-A a 51-C.* Revogados. *Dec. nº 11.479, de 6-4-2023.

Art. 52. Deverão ser incluídas no cálculo da porcentagem do número de aprendizes a que se refere o caput do art. 51 todas as funções que demandem formação profissional, independentemente de serem proibidas para menores de dezoito anos, considerada a Classificação Brasileira de Ocupações do Ministério do Trabalho e Emprego.

► *Caput* com a redação dada pelo Dec. nº 11.479, de 6-4-2023.

§§ 1º e 2º* Revogados. *Dec. nº 11.479, de 6-4-2023.

Legislação Complementar

Parágrafo único. ***Ficam excluídas do cálculo as funções que:***

I – demandem, para o seu exercício, habilitação profissional de nível técnico ou superior;

II – estejam caracterizadas como cargos de direção, de gerência ou de confiança, nos termos do disposto no inciso II do caput e no parágrafo único do art. 62 e no § 2º do art. 224 da Consolidação das Leis do Trabalho, aprovada pelo Decreto-Lei nº 5.452, de 1943.

▸ Parágrafo único acrescido pelo Dec. nº 11.479, de 6-4-2023.

Art. 53. ***A contratação de aprendizes deverá atender, prioritariamente, aos adolescentes com idade entre quatorze e dezoito anos, exceto quando:***

▸ *Caput* com a redação dada pelo Dec. nº 11.479, de 6-4-2023.

I – as atividades ocorrerem no interior do estabelecimento e sujeitarem os aprendizes à insalubridade ou à periculosidade sem que se possa elidir o risco ou realizá-las integralmente em ambiente simulado;

II – a lei exigir, para o desempenho das atividades práticas, licença ou autorização vedada para pessoa com idade inferior a dezoito anos; e

III – a natureza das atividades práticas for incompatível com o desenvolvimento físico, psicológico ou moral dos adolescentes aprendizes.

▸ Incisos I a III com a redação dada pelo Dec. nº 11.479, de 6-4-2023.

§ 1º As atividades práticas da aprendizagem a que se refere o caput poderão ser atribuídas, quando for o caso, a jovens aprendizes com idade entre dezoito e vinte e quatro anos.

§ 2º A seleção de aprendizes deverá priorizar a inclusão de jovens e adolescentes em situação de vulnerabilidade ou risco social, tais como:

I – adolescentes egressos do sistema socioeducativo ou em cumprimento de medidas socioeducativas;

II – jovens em cumprimento de pena no sistema prisional;

III – jovens e adolescentes cujas famílias sejam beneficiárias de programas de transferência de renda;

IV – jovens e adolescentes em situação de acolhimento institucional;

V – jovens e adolescentes egressos do trabalho infantil;

VI – jovens e adolescentes com deficiência;

VII – jovens e adolescentes matriculados em instituição de ensino da rede pública, em nível fundamental, médio regular ou médio técnico, incluída a modalidade de educação de jovens e adultos; e

VIII – jovens desempregados e com ensino fundamental ou médio concluído em instituição de ensino da rede pública.

▸ §§ 1º e 2º acrescidos pelo Dec. nº 11.479, de 6-4-2023.

Arts. 53-A e 53-B. **Revogados.** ***Dec. nº 11.479, de 6-4-2023.***

Art. 54. ***Ficam excluídos do cálculo da porcentagem do número de aprendizes a que se refere o caput do art. 51:***

▸ *Caput* com a redação dada pelo Dec. nº 11.479, de 6-4-2023.

I – os empregados que executem os serviços prestados sob o regime de trabalho temporário instituído pela Lei nº 6.019, de 3 de janeiro de 1974; e

II – os aprendizes já contratados.

▸ Incisos I e II com a redação dada pelo Dec. nº 11.479, de 6-4-2023.

III e IV – **Revogados.** ***Dec. nº 11.479, de 6-4-2023.***

§§ 1º e 2º **Revogados.** ***Dec. nº 11.479, de 6-4-2023.***

Parágrafo único. ***Na hipótese de empresas que prestem serviços especializados para terceiros, independentemente do local onde sejam executados, os empregados serão considerados exclusivamente para o cálculo da porcentagem da empresa prestadora.***

▸ Parágrafo único acrescido pelo Dec. nº 11.479, de 6-4-2023.

Art. 54-A. **Revogado.** ***Dec. nº 11.479, de 6-4-2023.***

Art. 55. ***As entidades qualificadas em formação técnico-profissional metódica, nos termos do disposto no art. 50, poderão suprir a demanda dos estabelecimentos na hipótese***

de os serviços nacionais de aprendizagem não oferecerem cursos ou vagas suficientes.

Parágrafo único. A insuficiência de cursos ou vagas a que se refere o caput será verificada pela inspeção do trabalho.

▶ Art. 55 com a redação dada pelo Dec. nº 11.479, de 6-4-2023.

Art. 56. Ficam dispensadas da contratação de aprendizes:

I – as microempresas e as empresas de pequeno porte, nos termos do disposto no inciso III do *caput* do art. 51 da Lei Complementar nº 123, de 14 de dezembro de 2006; e

II – as entidades sem fins lucrativos que tenham por objetivo a educação profissional, nos termos do disposto no § 1º-A do art. 429 da Consolidação das Leis do Trabalho, aprovada pelo Decreto-Lei nº 5.452, de 1943.

▶ Incisos I e II com a redação dada pelo Dec. nº 11.061, de 4-5-2022.

Subseção II

DAS ESPÉCIES DE CONTRATAÇÃO DO APRENDIZ

Art. 57. A contratação do aprendiz deverá ser efetivada diretamente pelo estabelecimento a que se refere o caput do art. 51, que assumirá a condição de empregador e deverá inscrever o aprendiz em programa de aprendizagem a ser ministrado pelas entidades de que trata o art. 50.

▶ *Caput* com a redação dada pelo Dec. nº 11.479, de 6-4-2023.

I e II* – Revogados. *Dec. nº 11.479, de 6-4-2023.

§ 1º Na hipótese de impossibilidade de contratação direta pelo estabelecimento, para fins do cumprimento da cota referente ao número de aprendizes prevista no caput do art. 51, a contratação poderá ser feita, supletivamente, pelas entidades sem fins lucrativos a que se refere o inciso III do caput do art. 50, desde que haja prévia celebração de contrato com o estabelecimento.

§ 2º O contrato de que trata o § 1º deverá conter, entre outras, as seguintes obrigações:

I – a entidade sem fins lucrativos, simultaneamente ao desenvolvimento do programa de aprendizagem:

a) assumirá a condição de empregador, com os ônus dela decorrentes; e

b) assinará a Carteira de Trabalho e Previdência Social do aprendiz, na qual anotará, no espaço destinado às anotações gerais, a informação de que o contrato de trabalho decorre de contrato firmado com determinado estabelecimento para fins do cumprimento de sua cota de aprendizagem; e

II – o estabelecimento assumirá a obrigação de proporcionar ao aprendiz a experiência prática da formação técnico-profissional metódica a que este será submetido.

▶ §§ 1º e 2º acrescidos pelo Dec. nº 11.479, de 6-4-2023.

Arts. 57-A e 57-B.* Revogados. *Dec. nº 11.479, de 6-4-2023.

Art. 58. A contratação do aprendiz por empresas públicas e sociedades de economia mista ocorrerá:

▶ *Caput* com a redação dada pelo Dec. nº 11.061, de 4-5-2022.

I – de forma direta, nos termos do disposto no caput do art. 57, por meio da realização de processo seletivo, divulgado pela publicação de edital; ou

II – nos termos do disposto no § 1º do art. 57.

▶ Incisos I e II com a redação dada pelo Dec. nº 11.479, de 6-4-2023.

Parágrafo único. Não se aplica o disposto neste Capítulo à contratação do aprendiz por órgãos e entidades da administração pública direta, autárquica e fundacional, que observará regulamento específico.

▶ Parágrafo único com a redação dada pelo Dec. nº 11.479, de 6-4-2023.

Seção VI

DOS DIREITOS TRABALHISTAS E DAS OBRIGAÇÕES ACESSÓRIAS

Subseção I

DA REMUNERAÇÃO

Art. 59. Ao aprendiz, exceto se houver condição mais favorável, será garantido o salário mínimo-hora.

Parágrafo único. Para fins do disposto neste Capítulo, entende-se por condição mais favorável aquela estabelecida no contrato de aprendizagem ou prevista em convenção ou acordo coletivo de trabalho, em que se especifique o salário mais favorável ao aprendiz e o piso regional de que trata a Lei Complementar nº 103, de 14 de julho de 2000.

Subseção II

DA JORNADA

Art. 60. A jornada de trabalho do aprendiz não excederá seis horas diárias.

§ 1º Para os aprendizes que já tenham concluído o ensino fundamental, a jornada de trabalho poderá ser de até oito horas diárias, desde que nessa carga horária sejam computadas as horas destinadas à aprendizagem teórica.

§ 2º A jornada semanal do aprendiz inferior a vinte e cinco horas não caracterizará trabalho em regime de tempo parcial, de que trata o art. 58-A da CLT, aprovada pelo Decreto-Lei nº 5.452, de 1943.

§§ 3º e 4º Revogados. Dec. nº 11.479, de 6-4-2023.

Art. 61. São vedadas a prorrogação e a compensação de jornada de trabalho.

Art. 62. A jornada de trabalho do aprendiz compreenderá as horas destinadas às atividades teóricas e práticas, simultâneas ou não, estabelecidas no plano do curso pela entidade qualificada em formação técnico-profissional metódica.

► Artigo com a redação dada pelo Dec. nº 11.479, de 6-4-2023.

Art. 63. Na hipótese de o aprendiz menor de dezoito anos ser empregado em mais de um estabelecimento, as horas da jornada de trabalho em cada um dos estabelecimentos serão totalizadas.

Parágrafo único. Para estabelecer a jornada de trabalho do aprendiz menor de dezoito anos, a entidade qualificada em formação técnico-profissional metódica considerará os direitos assegurados pela Lei nº 8.069, de 1990 – Estatuto da Criança e do Adolescente.

Subseção III

DAS ATIVIDADES TEÓRICAS E PRÁTICAS

Art. 64. As aulas teóricas do programa de aprendizagem deverão ocorrer em ambiente físico adequado ao ensino e com meios didáticos apropriados.

§ 1º As atividades teóricas poderão ocorrer sob a forma de aulas demonstrativas na entidade qualificada em formação técnico-profissional metódica ou no ambiente de trabalho, hipótese em que será vedada qualquer atividade laboral do aprendiz, ressalvado o manuseio de materiais, ferramentas, instrumentos e assemelhados.

► § 1º com a redação dada pelo Dec. nº 11.061, de 4-5-2022.

§ 2º É vedado ao responsável pelo cumprimento da cota de aprendizagem cometer ao aprendiz atividades diversas daquelas previstas no programa de aprendizagem.

Art. 64-A. Revogado. Dec. nº 11.479, de 6-4-2023.

Art. 65. As aulas práticas deverão ser desenvolvidas de acordo com as disposições do programa de aprendizagem e poderão ocorrer:

► *Caput* com a redação dada pelo Dec. nº 11.479, de 6-4-2023.

I – na entidade qualificada em formação técnico-profissional metódica; ou

II – no estabelecimento contratante ou concedente da experiência prática do aprendiz.

► Incisos I e II com a redação dada pelo Dec. nº 11.479, de 6-4-2023.

III a VI – Revogados. Dec. nº 11.479, de 6-4-2023.

§ 1º A entidade responsável pelo programa de aprendizagem fornecerá aos empregadores e ao Ministério do Trabalho e Emprego, quando solicitado, cópia do projeto pedagógico do programa.

§ 2º Na hipótese do inciso II do caput, o estabelecimento, ouvida a entidade qualificada em formação técnico-profissional metódica, designará um empregado monitor responsável:

I – pela coordenação de exercícios práticos; e

II – pelo acompanhamento das atividades do aprendiz no estabelecimento, em conformidade com o disposto no programa de aprendizagem.

§ 3º Para fins da experiência prática de acordo com a organização curricular do programa de aprendizagem, o empregador que mantenha mais de um estabelecimento no mesmo Município poderá centralizar as ati-

vidades práticas correspondentes em um de seus estabelecimentos.

► §§ 1º a 3º com a redação dada pelo Dec. nº 11.479, de 6-4-2023.

§ 4º* Revogado. *Dec. nº 11.479, de 6-4-2023.

Arts. 65-A a 65-C.* Revogados. *Dec. nº 11.479, de 6-4-2023.

Art. 66. O estabelecimento contratante cujas peculiaridades da atividade ou dos locais de trabalho constituam embaraço à realização das aulas práticas poderá:

► *Caput* com a redação dada pelo Dec. nº 11.479, de 6-4-2023.

I – ministrar as aulas práticas exclusivamente nas entidades qualificadas em formação técnico-profissional, às quais caberá o acompanhamento pedagógico das aulas; ou

II – requerer junto à unidade descentralizada do Ministério do Trabalho e Emprego a assinatura de termo de compromisso para o cumprimento da cota de aprendizagem em entidade concedente da experiência prática do aprendiz.

► Incisos I e II acrescidos pelo Dec. nº 11.479, de 6-4-2023.

§ 1º Compete ao Ministério do Trabalho e Emprego definir:

I – os setores da economia em que a aula prática poderá ser ministrada nas entidades concedentes; e

II – o processamento do pedido de assinatura de termo de compromisso.

► § 1º com a redação dada pelo Dec. nº 11.479, de 6-4-2023.

§ 2º Para fins do disposto neste Capítulo, consideram-se entidades concedentes da experiência prática do aprendiz:

I – órgãos públicos;

II – organizações da sociedade civil, nos termos do disposto no art. 2º da Lei nº 13.019, de 31 de julho de 2014; e

III – unidades do sistema nacional de atendimento socioeducativo.

§ 3º No caso do inciso II do caput, o estabelecimento contratante e a entidade qualificada por ele já contratada deverão firmar, conjuntamente, parceria com uma das entidades concedentes referidas no § 2º para a realização das aulas práticas.

§ 4º Para fins do adimplemento integral da cota de aprendizagem, os percentuais a serem cumpridos, em qualquer das modalidades previstas nos incisos I e II do caput, deverão constar do termo de compromisso firmado com o Ministério do Trabalho e Emprego, observados:

I – os limites previstos na Seção IV do Capítulo IV do Título III da Consolidação das Leis do Trabalho, aprovada pelo Decreto-Lei nº 5.452, de 1943; e

II – a contratação do percentual mínimo de que trata o caput do art. 51.

► §§ 3º e 4º com a redação dada pelo Dec. nº 11.479, de 6-4-2023.

§ 5º* Revogado. *Dec. nº 11.479, de 6-4-2023.

§ 6º *Revogado*. Dec. nº 11.061, de 4-5-2022.

Art. 66-A. O Ministério do Trabalho e Emprego poderá autorizar a execução de programas de aprendizagem profissional experimentais.

§ 1º Entende-se por programas de aprendizagem profissional experimentais os programas demandados pelo mercado de trabalho que possuam características inovadoras em relação à formação técnico-profissional metódica dos programas de aprendizagem regulares, desde que estejam de acordo com as normas previstas na Consolidação das Leis do Trabalho, aprovada pelo Decreto-Lei nº 5.452, de 1943.

§ 2º A entidade qualificada em formação técnico-profissional metódica deverá encaminhar ao Ministério do Trabalho e Emprego o projeto pedagógico do programa de aprendizagem profissional experimental, acompanhado do plano de avaliação de impacto da metodologia, que deverá considerar os indicadores de empregabilidade.

§ 3º Para o desenvolvimento dos programas de aprendizagem profissional experimentais poderão ser firmadas parcerias com:

I – outras entidades qualificadas em formação técnico-profissional metódica;

II – entidades que tenham por objetivo a qualificação profissional; ou

III – entidades que sejam reconhecidas pelo desenvolvimento de competências profissionais em sua área de atuação.

§ 4º As entidades qualificadas em formação técnico-profissional metódica que

comprovarem a inserção no mercado de trabalho de, no mínimo, oitenta por cento dos aprendizes concluintes do programa de aprendizagem experimental terão autorização especial concedida anualmente pelo Ministério do Trabalho e Emprego para continuar a ofertar o programa, desde que comprovem a manutenção dos índices de empregabilidade dos aprendizes egressos em percentual superior ao estabelecido neste parágrafo.

§ 5º Ato do Ministro de Estado do Trabalho e Emprego regulamentará o disposto neste artigo.

► Art. 66-A acrescido pelo Dec. nº 11.479, de 6-4-2023.

Subseção IV

DO FUNDO DE GARANTIA DO TEMPO DE SERVIÇO

Art. 67. A alíquota da contribuição ao Fundo de Garantia do Tempo de Serviço corresponderá a dois por cento da remuneração paga ou devida, no mês anterior, ao aprendiz, nos termos do disposto no § 7º do art. 15 da Lei nº 8.036, de 11 de maio de 1990.

► *Caput* com a redação dada pelo Dec. nº 11.061, de 4-5-2022.

Parágrafo único. *Revogado*. Dec. nº 11.061, de 4-5-2022.

Subseção V

DAS FÉRIAS

Art. 68. As férias do aprendiz coincidirão, preferencialmente, com as férias escolares, vedado ao empregador estabelecer período diverso daquele definido no programa de aprendizagem.

Subseção VI

DOS EFEITOS DOS INSTRUMENTOS COLETIVOS DE TRABALHO

Art. 69. As convenções e os acordos coletivos apenas estenderão suas cláusulas sociais ao aprendiz quando expressamente previsto e desde que não excluam ou reduzam o alcance dos dispositivos tutelares que lhes são aplicáveis.

Subseção VII

DO VALE-TRANSPORTE

Art. 70. É assegurado ao aprendiz o direito ao benefício previsto na Lei nº 7.418, de 16 de dezembro de 1985, que institui o vale-transporte.

Subseção VIII

DAS HIPÓTESES DE EXTINÇÃO E RESCISÃO DE CONTRATO DE APRENDIZAGEM

Art. 71. O contrato de aprendizagem será extinto:

► *Caput* com a redação dada pelo Dec. nº 11.479, de 6-4-2023.

I – no seu termo;

II – quando o aprendiz completar vinte e quatro anos, exceto se for aprendiz com deficiência; ou

III – antecipadamente, nas seguintes hipóteses:

a) desempenho insuficiente ou inadaptação do aprendiz;

b) falta disciplinar grave;

c) ausência injustificada à escola que implique perda do ano letivo; e

d) a pedido do aprendiz.

► Incisos I a III com a redação dada pelo Dec. nº 11.479, de 6-4-2023.

IV e V – Revogados. Dec. nº 11.479, de 6-4-2023.

§ 1º Nas hipóteses de extinção e rescisão do contrato de aprendizagem, o empregador deverá contratar novo aprendiz, nos termos do disposto neste Decreto, sob pena de infração ao disposto no art. 429 da Consolidação das Leis do Trabalho, aprovada pelo Decreto-Lei nº 5.452, de 1943.

§ 2º O desempenho insuficiente ou a inadaptação do aprendiz referente às atividades do programa de aprendizagem de que trata a alínea a do inciso III do caput será caracterizado por meio de laudo de avaliação elaborado pela entidade qualificada em formação técnico-profissional metódica.

► §§ 1º e 2º com a redação dada pelo Dec. nº 11.479, de 6-4-2023.

§ 3º A falta disciplinar grave de que trata a alínea b do inciso III do caput será caracterizada por quaisquer das hipóteses previstas no art. 482 da Consolidação das Leis do Trabalho, aprovada pelo Decreto-Lei nº 5.452, de 1943.

§ 4º A ausência injustificada às aulas que implique perda do ano letivo, de que trata a alínea c do inciso III do caput, será caracte-

rizada por meio de declaração da instituição de ensino.

► §§ 3º e 4º acrescidos pelo Dec. nº 11.479, de 6-4-2023.

Art. 72. *Revogado*. Dec. nº 11.061, de 4-5-2022.

Art. 73. O disposto nos art. 479 e art. 480 da CLT, aprovada pelo Decreto-Lei nº 5.452, de 1943, não se aplica às hipóteses de extinção do contrato a que se refere o art. 71.

Seção IV

DO CERTIFICADO DE QUALIFICAÇÃO PROFISSIONAL DE APRENDIZAGEM

Art. 74. Aos aprendizes que concluírem os programas de aprendizagem com aproveitamento será concedido pela entidade qualificada em formação técnico-profissional metódica o certificado de qualificação profissional.

Art. 75. O certificado de qualificação profissional a que se refere o art. 74 deverá enunciar o título e o perfil profissional para a ocupação em que o aprendiz tenha sido qualificado.

Seção V

DO PROGRAMA DE RECONHECIMENTO DE BOAS PRÁTICAS NA APRENDIZAGEM PROFISSIONAL, DO PROGRAMA EMBAIXADORES DA APRENDIZAGEM PROFISSIONAL E DO CENSO DA APRENDIZAGEM PROFISSIONAL

► Seção V acrescida pelo Dec. nº 11.061, de 4-5-2022.

Art. 75-A. Fica instituído o Programa de Reconhecimento de Boas Práticas na Aprendizagem Profissional com os objetivos de:

I – reconhecer as boas práticas das entidades qualificadas em formação técnico-profissional metódica, observados:

a) os índices de empregabilidade dos aprendizes egressos;

b) o atendimento de jovens em situação de vulnerabilidade social; e

c) o alinhamento dos programas de aprendizagem profissional à demanda do mercado de trabalho;

II – reconhecer as boas práticas dos estabelecimentos cumpridores da cota de aprendizagem profissional, observados:

a) os índices de empregabilidade dos aprendizes egressos; e

b) o atendimento de jovens em situação de vulnerabilidade social; e

III – reconhecer aprendizes que se destaquem no exercício das atividades teóricas e práticas do programa de aprendizagem profissional.

§ 1º O reconhecimento dos objetivos previstos no caput ocorrerá por meio de:

I – concessão do Prêmio Parceiros da Aprendizagem Profissional; e

II – divulgação, pelo Ministério do Trabalho e Emprego, da classificação das entidades qualificadas em formação técnico-profissional metódica e dos estabelecimentos cumpridores da cota de aprendizagem profissional.

► Parágrafo único transformado em § 1º e com a redação dada pelo Dec. nº 11.479, de 6-4-2023.

§ 2º O Ministério do Trabalho e Emprego regulamentará o Programa de Reconhecimento de Boas Práticas na Aprendizagem Profissional.

► § 2º acrescido pelo Dec. nº 11.479, de 6-4-2023.

Art. 75-B. O Ministério do Trabalho e Emprego regulamentará o Programa Embaixadores da Aprendizagem Profissional, com a finalidade de ampliar o engajamento da sociedade no aumento de vagas e na boa execução da aprendizagem profissional.

► *Caput* com a redação dada pelo Dec. nº 11.479, de 6-4-2023.

I a III – Revogados. Dec. nº 11.479, de 6-4-2023.

§ 1º Poderão ser designados como embaixadores da aprendizagem cidadãos, nacionais ou estrangeiros, que tenham praticado ações relevantes nessa área, para auxiliar o Ministério do Trabalho e Emprego na divulgação e na articulação da aprendizagem profissional no âmbito local.

► Parágrafo único transformado em § 1º e com a redação dada pelo Dec. nº 11.479, de 6-4-2023.

§ 2º A designação de que trata o § 1º será feita por ato do Ministro de Estado do Trabalho e Emprego e poderá ocorrer por unidade federativa ou nacionalmente.

§ 3º O exercício da função de embaixador da aprendizagem é considerado prestação de serviço público relevante, não remunerada.

► §§ 2º e 3º acrescidos pelo Dec. nº 11.479, de 6-4-2023.

Arts. 75-C e 75-D.* Revogados. *Dec. nº 11.479, de 6-4-2023.

....

TÍTULO VII – DISPOSIÇÕES FINAIS

Art. 126. Ficam revogados:

I – o Decreto nº 794, de 5 de abril de 1993;

II – o Decreto nº 1.196, de 14 de julho de 1994;

III – o inciso XVII do *caput* do art. 29 do Decreto nº 2.521, de 20 de março de 1998;

IV – o Decreto nº 5.089, de 20 de maio de 2004;

V – o Decreto nº 5.598, de 1º de dezembro de 2005;

VI – o Decreto nº 6.230, de 11 de outubro de 2007;

VII – o Decreto nº 6.231, de 11 de outubro de 2007;

VIII – o Decreto nº 8.552, de 3 de novembro de 2015;

IX – o Decreto nº 8.619, de 29 de dezembro de 2015;

X – o Decreto nº 8.869, de 5 de outubro de 2016; e

XI – o Decreto nº 9.371, de 11 de maio de 2018.

Art. 127. Este Decreto entra em vigor na data de sua publicação.

Brasília, 22 de novembro de 2018;
197º da Independência e
130º da República.

Michel Temer

DECRETO Nº 9.921, DE 18 DE JULHO DE 2019

Consolida atos normativos editados pelo Poder Executivo federal que dispõem sobre a temática da pessoa idosa.

▸ Publicado no *DOU* de 19-7-2019.

TÍTULO I – DISPOSIÇÕES PRELIMINARES

Art. 1º Este Decreto consolida os atos normativos editados pelo Poder Executivo federal, que dispõem sobre a temática da pessoa idosa, em observância ao disposto na Lei Complementar nº 95, de 26 de fevereiro de 1998, e no Decreto nº 9.191, de 1º de novembro de 2017.

§ 1º Para fins do disposto neste Decreto, considera-se consolidação a reunião de atos normativos pertinentes a determinada matéria em um único diploma legal, com a revogação formal daqueles atos normativos incorporados à consolidação e sem a modificação do alcance nem da interrupção da força normativa dos dispositivos consolidados, nos termos do disposto no art. 13, § 1º, da Lei Complementar nº 95, de 1998, e no art. 45 do Decreto nº 9.191, de 2017.

§ 2º A consolidação de atos normativos tem por objetivo eliminar do ordenamento jurídico brasileiro normas de conteúdo idêntico ou divergente, observado o disposto no art. 46 do Decreto nº 9.191, de 2017.

Art. 2º Para fins do disposto neste Decreto, considera-se pessoa idosa aquela com idade igual ou superior a sessenta anos, em observância ao disposto na Lei nº 10.741, de 1º de outubro de 2003 – Estatuto do Idoso.

TÍTULO II – DOS DIREITOS FUNDAMENTAIS DA PESSOA IDOSA

CAPÍTULO I

DA POLÍTICA NACIONAL DO IDOSO

▸ Capítulo I renomeado pelo Dec. nº 10.604, de 20-1-2021.

Art. 3º As competências dos órgãos e das entidades da administração pública federal, na implementação da Política Nacional do Idoso, são as estabelecidas neste Capítulo.

▸ Artigo com a redação dada pelo Dec. nº 10.604, de 20-1-2021.

SEÇÃO I

DAS COMPETÊNCIAS E DA IMPLEMENTAÇÃO DA POLÍTICA NACIONAL DO IDOSO

▸ Seção I renomeada pelo Dec. nº 10.604, de 20-1-2021.

Art. 4º Compete ao Ministério da Mulher, da Família e dos Direitos Humanos:

I – coordenar a Política Nacional do Idoso;

▸ Inciso I com a redação dada pelo Dec. nº 10.604, de 20-1-2021.

II – articular e apoiar a estruturação de rede nacional de proteção e defesa dos direitos da pessoa idosa;

III – apoiar a capacitação de recursos humanos para atendimento da pessoa idosa junto aos órgãos e às entidades da administração pública;

IV – participar, em conjunto com os demais órgãos e entidades da administração pública referidos neste Decreto, da formulação, do acompanhamento e da avaliação da Política Nacional do Idoso;

► Inciso IV com a redação dada pelo Dec. nº 10.604, de 20-1-2021.

V – promover eventos específicos para a discussão de questões relativas ao envelhecimento e à velhice;

VI – coordenar, financiar e apoiar estudos, levantamentos, pesquisas e publicações sobre a situação da pessoa idosa, de forma direta ou em parceria com outros órgãos ou entidades da administração pública;

VII – encaminhar as denúncias relacionadas com a violação dos direitos da pessoa idosa aos órgãos públicos competentes; e

VIII – zelar, em conjunto com o Conselho Nacional dos Direitos da Pessoa Idosa, pela aplicação das normas que dispõem sobre a proteção da pessoa idosa.

Art. 5º Compete ao Instituto Nacional do Seguro Social – INSS:

I – prestar atendimento preferencial à pessoa idosa:

a) nas áreas do seguro social, com vistas a garantir a habilitação e a manutenção dos benefícios; e

b) nas áreas de exame médico pericial, de inscrição de beneficiários, de serviço social e nos setores de informações;

II – prestar atendimento, preferencialmente, nas áreas da arrecadação e fiscalização, com vistas à prestação de informações e ao cálculo de contribuições individuais; e

III – estabelecer critérios para viabilizar o atendimento preferencial à pessoa idosa.

Art. 6º Compete ao INSS esclarecer a pessoa idosa sobre os seus direitos previdenciários e os meios de exercê-los.

§ 1º Nos postos do seguro social, o atendimento às pessoas idosas beneficiárias, que estejam em via de aposentadoria, será prioritário.

§ 2º O serviço social, em parceria com os órgãos governamentais e não governamentais, estimulará a criação e a manutenção de programas de preparação para aposentadorias, por meio do assessoramento às entidades de classes, às instituições de natureza social, às empresas e aos órgãos e às entidades da administração pública, por meio de suas unidades de gestão de pessoas.

Art. 7º A pessoa idosa aposentada, exceto por invalidez, que retornar ao trabalho nas atividades abrangidas pelo Regime Geral de Previdência Social, quando acidentada no trabalho, será encaminhada ao programa de reabilitação do INSS e não fará jus a outras prestações de serviço, exceto aquelas decorrentes de sua condição de aposentada.

Art. 8º Compete ao Ministério do Desenvolvimento Regional, por meio da Secretaria Nacional de Desenvolvimento Regional e Urbano:

I – observar, nos programas habitacionais com recursos da União ou por ela geridos, os seguintes critérios:

a) identificação da população idosa e das suas necessidades habitacionais, dentro da população-alvo dos programas;

b) alternativas habitacionais adequadas para a população idosa identificada;

c) previsão de equipamentos urbanos de uso público que atendam às necessidades da população idosa; e

d) estabelecimento de diretrizes para que os projetos eliminem barreiras arquitetônicas e urbanas, que não utilizam tipologias habitacionais adequadas para a população idosa identificada;

II – promover a viabilização da concessão de linhas de crédito com vistas ao acesso à moradia para a pessoa idosa, junto:

a) às entidades de crédito habitacional;

b) aos governos dos Estados e do Distrito Federal; e

c) a entidades, públicas ou privadas, relacionadas com os investimentos habitacionais;

III – incentivar e promover, em articulação com os Ministérios da Educação, da Saúde, da Ciência, Tecnologia e Inovações e da Cidadania e, ainda, junto às instituições de ensino e de pesquisa, a elaboração de estudos para aprimorar as condições de habitabilidade para as pessoas idosas, além de sua divulgação e de sua aplicação aos padrões habitacionais vigentes; e

► Inciso III com a redação dada pelo Dec. nº 10.604, de 20-1-2021.

IV – estimular a inclusão no ordenamento jurídico brasileiro de:

a) mecanismos que induzam a eliminação de barreiras arquitetônicas para a pessoa idosa em equipamentos urbanos de uso público; e *b*) adaptação, em programas habitacionais, dos critérios estabelecidos no inciso I do *caput*.

Art. 9º Compete ao Ministério da Saúde, por meio da Secretaria de Atenção Primária à Saúde, em articulação com as secretarias de saúde dos Estados, do Distrito Federal e dos Municípios:

I – garantir à pessoa idosa a assistência integral à saúde, entendida como o conjunto articulado e contínuo das ações e dos serviços preventivos e curativos, nos diversos níveis de atendimento do Sistema Único de Saúde – SUS;

II – hierarquizar o atendimento à pessoa idosa a partir das unidades básicas e da implantação da unidade de referência, com equipe multiprofissional e interdisciplinar, de acordo com as normas específicas do Ministério da Saúde;

III – estruturar centros de referência de acordo com as normas específicas do Ministério da Saúde, com características de assistência à saúde, de pesquisa, de avaliação e de treinamento;

IV – garantir à pessoa idosa o acesso à assistência hospitalar;

V – fornecer medicamentos, órteses e próteses necessários à recuperação e à reabilitação da saúde da pessoa idosa;

VI – estimular a participação da pessoa idosa nas instâncias de controle social do SUS;

VII – desenvolver política de prevenção para que a população envelheça de forma a manter bom estado de saúde;

VIII – desenvolver e apoiar programas de prevenção, de educação e de promoção à saúde da pessoa idosa, de forma a:

a) estimular a permanência da pessoa idosa na comunidade, junto à família, e o desempenho de papel social ativo, com a autonomia e a independência que lhe for própria;

b) estimular o autocuidado e o cuidado informal;

c) envolver a população nas ações de promoção da saúde da pessoa idosa;

d) estimular a formação de grupos de autoajuda e de grupos de convivência, em integração com instituições que atuam no campo social; e

e) produzir e difundir material educativo sobre a saúde da pessoa idosa;

IX – adotar e aplicar normas de funcionamento às instituições geriátricas e similares, com fiscalização pelos gestores do SUS;

X – elaborar normas de serviços geriátricos hospitalares e acompanhar a sua implementação;

XI – desenvolver formas de cooperação entre as secretarias de saúde dos Estados, do Distrito Federal, dos Municípios, as organizações não governamentais e entre os centros de referência em geriatria e gerontologia, para treinamento dos profissionais de saúde;

XII – incluir a geriatria como especialidade clínica, para efeito de concursos públicos federais;

XIII – elaborar e apoiar estudos e pesquisas de caráter epidemiológico com vistas à ampliação do conhecimento sobre a pessoa idosa e subsidiar as ações de prevenção, de tratamento e de reabilitação; e

XIV – estimular a criação, na rede de serviços do SUS, de centros de cuidados diurno, a saber hospital-dia e centro-dia, de unidades de atendimento domiciliar e de outros serviços alternativos para a pessoa idosa.

Art. 10. Compete ao Ministério da Educação, em articulação com órgãos e entidades da administração pública federal, estadual, distrital e municipal de educação:

▸ *Caput* com a redação dada pelo Dec. nº 10.604, de 20-1-2021.

I – viabilizar a implementação de programa educacional destinado à pessoa idosa, de modo a atender ao disposto no inciso III do *caput* do art. 10 da Lei nº 8.842, de 4 de janeiro de 1994;

II – incentivar a inclusão da pessoa idosa nos programas educacionais de conteúdos sobre o processo de envelhecimento;

III – estimular e apoiar a admissão da pessoa idosa na universidade, de forma a propiciar a integração intergeracional;

IV – incentivar o desenvolvimento de programas educativos destinados à comunidade, à pessoa idosa e à sua família, por meio dos meios de comunicação de massa; e

V – incentivar a inclusão de disciplinas de Gerontologia e Geriatria nos currículos dos cursos superiores.

Art. 11. Compete ao Ministério da Economia, por meio dos seus órgãos e de suas entidades vinculadas, garantir a implementação de mecanismos que impeçam a discriminação da pessoa idosa quanto à sua participação no mercado de trabalho.

Art. 12. Compete ao Ministério do Turismo, por meio dos seus órgãos e de suas entidades vinculadas, criar programa de âmbito nacional, com vistas a:

▸ *Caput* com a redação dada pelo Dec. nº 10.604, de 20-1-2021.

I – garantir à pessoa idosa a participação no processo de produção, de reelaboração e de fruição dos bens culturais;

II – garantir à pessoa idosa o acesso aos locais e aos eventos culturais, com preços reduzidos;

III – valorizar o registro da memória e a transmissão de informações e habilidades da pessoa idosa aos mais jovens, como meio de garantir a continuidade e a identidade cultural; e

IV – incentivar os movimentos sociais que promovem os direitos das pessoas idosas a desenvolver atividades culturais.

Parágrafo único. Compete às entidades vinculadas ao Ministério do Turismo, no âmbito de suas competências, a implementação de atividades específicas, conjugadas à Política Nacional do Idoso.

▸ Parágrafo único com a redação dada pelo Dec. nº 10.604, de 20-1-2021.

Art. 13. Os Ministérios que atuam nas áreas de habitação e urbanismo, de saúde, de educação e desporto, de trabalho, de previdência e assistência social, de cultura e de justiça elaborarão proposta orçamentária, no âmbito de suas competências, que contemple o financiamento de programas compatíveis com a Política Nacional do Idoso.

▸ Artigo com a redação dada pelo Dec. nº 10.604, de 20-1-2021.

Art. 14. Compete aos Ministérios envolvidos na Política Nacional do Idoso, no âmbito de suas competências, promover a capacitação de recursos humanos destinados ao atendimento da pessoa idosa.

▸ *Caput* com a redação dada pelo Dec. nº 10.604, de 20-1-2021.

Parágrafo único. Para viabilizar a capacitação de recursos humanos a que se refere o *caput*, os Ministérios poderão firmar convênios com instituições governamentais e não governamentais, nacionais, estrangeiras ou internacionais.

Art. 15. Compete aos conselhos setoriais, no âmbito da seguridade social, a formulação, a coordenação, a supervisão e a avaliação da Política Nacional do Idoso, respeitadas as suas esferas de atribuições administrativas.

▸ Artigo com a redação dada pelo Dec. nº 10.604, de 20-1-2021.

SEÇÃO II
DAS MODALIDADES DE ATENDIMENTO

Art. 16. Para fins do disposto neste Capítulo, entende-se por modalidade asilar o atendimento, em regime de internato, à pessoa idosa sem vínculo familiar ou sem condições de prover a própria subsistência, de modo a satisfazer as suas necessidades de moradia, de alimentação, de saúde e de convivência social.

Parágrafo único. A assistência na modalidade asilar de atendimento ocorre na hipótese de inexistência de grupo familiar, de abandono, ou de carência de recursos financeiros próprios ou da própria família.

Art. 17. Para fins do disposto neste Capítulo, entende-se por modalidade não asilar de atendimento:

I – centro de convivência – local destinado à permanência diurna da pessoa idosa, onde são desenvolvidas atividades físicas, laborativas, recreativas, culturais, associativas e de educação para a cidadania;

II – centro de cuidados diurno: hospital-dia e centro-dia – local destinado à permanência diurna da pessoa idosa dependente ou que possua deficiência temporária e necessite de assistência médica ou de assistência multiprofissional;

III – casa-lar – residência, em sistema participativo, cedida por órgãos ou entidades da administração pública, ou por entidades privadas, destinada às pessoas idosas detentoras de renda insuficiente para a sua manutenção e sem família;

IV – oficina abrigada de trabalho – local destinado ao desenvolvimento, pela pessoa idosa, de atividades produtivas, que lhe proporcione a oportunidade de elevar sua renda, regido por normas específicas;

V – atendimento domiciliar – serviço prestado no lar da pessoa idosa dependente e que vive sozinha, por profissionais da área da saúde ou pessoas da própria comunidade, com a finalidade de suprir as suas necessidades da vida diária; e

VI – outras formas de atendimento – iniciativas desenvolvidas na própria comunidade, com vistas à promoção e à integração da pessoa idosa na família e na sociedade.

Seção III

DO ATENDIMENTO PREFERENCIAL E DA ASSISTÊNCIA ASILAR

Art. 18. A pessoa idosa terá atendimento preferencial nos órgãos e nas entidades da administração pública e nas instituições privadas prestadores de serviços à população.

Parágrafo único. A pessoa idosa que não tenha meios de prover a sua própria subsistência, que não tenha família ou cuja família não tenha condições de prover a sua manutenção, terá assegurada a assistência asilar, pela União, pelos Estados, pelo Distrito Federal e pelos Municípios, na forma prevista em lei.

Art. 19. Fica proibida a permanência em instituições asilares, de caráter social, de pessoas idosas que tenham doenças que exijam assistência médica permanente ou assistência de enfermagem intensiva, cuja falta possa agravar ou pôr em risco a sua vida ou a vida de terceiros.

Parágrafo único. A permanência ou não da pessoa idosa doente em instituições asilares, de caráter social, dependerá de avaliação médica prestada pelo serviço de saúde local.

Art. 20. Para implementar as condições estabelecidas no art. 19, as instituições asilares poderão firmar contratos ou convênios com o sistema de saúde local.

Capítulo II

DO DIREITO AO ENVELHECIMENTO ATIVO E SAUDÁVEL

Seção I

DA ESTRATÉGIA BRASIL AMIGO DA PESSOA IDOSA

Art. 21. Este Capítulo regulamenta a Estratégia Brasil Amigo da Pessoa Idosa para incentivar as comunidades e as cidades a promoverem ações destinadas ao envelhecimento ativo, saudável, sustentável e cidadão da população, principalmente das pessoas mais vulneráveis.

Parágrafo único. O Ministério da Mulher, da Família e dos Direitos Humanos, por meio da Secretaria Nacional de Promoção e Defesa dos Direitos da Pessoa Idosa, operacionalizará a Estratégia Brasil Amigo da Pessoa Idosa.

▸ Parágrafo único acrescido pelo Dec. nº 10.604, de 20-1-2021.

Art. 22. A Estratégia Brasil Amigo da Pessoa Idosa tem como diretrizes:

I – o protagonismo da pessoa idosa;

II – *Revogado.* Dec. nº 10.604, de 20-1-2021;

III – a orientação por políticas públicas destinadas ao envelhecimento populacional e à efetivação da Política Nacional do Idoso, de que trata a Lei nº 8.842, de 1994, e do Estatuto do Idoso, instituído pela Lei nº 10.741, de 2003;

▸ Inciso III com a redação dada pelo Dec. nº 10.604, de 20-1-2021.

IV – o fortalecimento dos serviços públicos destinados à pessoa idosa, no âmbito das políticas de assistência social, de saúde, de desenvolvimento urbano, de direitos humanos, de educação e de comunicação; e

V – a intersetorialidade e a interinstitucionalidade, por meio da atuação conjunta de órgãos e entidades públicas e privadas, conselhos nacional, estaduais, distrital e municipais de direitos da pessoa idosa e organismos internacionais na abordagem do envelhecimento e da pessoa idosa.

Art. 23. Para fins do disposto neste Capítulo, considera-se:

I – envelhecimento ativo – o processo de melhoria das condições de saúde, da participação e da segurança, de modo a melhorar a qualidade de vida durante o envelhecimento;

II – envelhecimento saudável – o processo de desenvolvimento e manutenção da capacidade funcional que permita o bem-estar da pessoa idosa;

III – envelhecimento cidadão – aquele em que há o exercício de direitos civis, políticos e sociais;

IV – envelhecimento sustentável – aquele que garante o bem-estar da pessoa idosa em relação a direitos, renda, saúde, atividades, respeito, e em relação à sociedade, nos aspectos de produção, de convivência intergeracional e de harmonia, com o amplo conceito de desenvolvimento econômico; e

V – comunidade e cidade amiga das pessoas idosas – aquela que estimula o envelhecimento ativo ao propiciar oportunidades para a melhoria da saúde, da participação e da segurança, de forma a melhorar a qualidade de vida da pessoa idosa durante o processo de envelhecimento.

Seção II

DOS OBJETIVOS DA ESTRATÉGIA BRASIL AMIGO DA PESSOA IDOSA

Art. 24. São objetivos da Estratégia Brasil Amigo da Pessoa Idosa:

I – fomentar programas, ações, serviços e benefícios que promovam o envelhecimento ativo, saudável, cidadão e sustentável por meio de comunidades e de cidades amigas das pessoas idosas;

II – contribuir para a efetivação de políticas públicas, programas, ações, benefícios e serviços destinados à população idosa, principalmente a mais vulnerável;

III – fortalecer os conselhos de direitos das pessoas idosas e a rede nacional de proteção e defesa dos direitos da pessoa idosa;

IV – promover a articulação governamental com vistas à integração das políticas setoriais;

V – planejar e implementar estudos, pesquisas e publicações sobre a situação social das pessoas idosas; e

VI – fortalecer o ordenamento jurídico para o favorecimento da qualidade de vida da pessoa idosa.

Art. 25. A Estratégia Brasil Amigo da Pessoa Idosa tem como principais atividades:

I – o apoio técnico aos entes federativos que aderirem à Estratégia, com vistas à promoção das comunidades e das cidades amigas das pessoas idosas;

II – a realização de diagnóstico que contemple o protagonismo e a participação da população idosa, além de informações sobre a gestão das ações, dos programas, dos benefícios e dos serviços ofertados à população idosa;

III – a elaboração de plano que contemple as ações a serem executadas pelos Municípios para a população idosa;

IV – *Revogado*. Dec. nº 10.604, de 20-1-2021;

V – o reconhecimento pelo Governo federal de políticas públicas, programas, ações, serviços ou benefícios, implementados pelos Municípios, que promovam o envelhecimento ativo, saudável, cidadão e sustentável da população idosa.

Parágrafo único. O reconhecimento de que trata o inciso V do *caput* ocorrerá por meio da concessão de certificados, selos ou instrumentos congêneres.

Art. 26. A participação dos entes federativos na Estratégia Brasil Amigo da Pessoa Idosa ocorrerá por meio da assinatura de termo de adesão, hipótese em que caberá:

I – aos Estados:

a) indicar o órgão responsável pela Estratégia;

b) indicar os servidores que participarão das capacitações, presenciais ou a distância, oferecidas;

c) auxiliar o Governo federal na sensibilização, na mobilização e na capacitação dos Municípios para a adesão e a implementação da Estratégia;

d) fornecer apoio logístico para a realização de capacitações presenciais de servidores e de lideranças comunitárias nos Municípios;

e) apoiar tecnicamente os Municípios na elaboração do diagnóstico e do plano de que tratam os incisos II e III do *caput* do art. 25 e na execução das suas ações, em conjunto com os demais parceiros;

► Alínea e com a redação dada pelo Dec. nº 10.604, de 20-1-2021.

f) monitorar, em sistema próprio da Estratégia, a sua implementação, inclusive a partir da verificação das políticas públicas, dos programas, das ações, dos serviços ou dos benefícios implementados pelos Municípios; e

g) identificar os Municípios que atendam aos critérios estabelecidos pelo Ministério da Mulher, da Família e dos Direitos Humanos, com vistas a habilitá-los ao reconhecimento de que trata o inciso V do *caput* do art. 25; e

► Alínea *g* com a redação dada pelo Dec. nº 10.604, de 20-1-2021.

II – aos Municípios:

a) indicar o órgão responsável pela Estratégia;

b) indicar os servidores que participarão das capacitações, presenciais ou a distância, oferecidas;

c) divulgar as capacitações oferecidas, presenciais ou a distância, para as lideranças comunitárias;

d) instituir o Conselho Municipal de Direitos da Pessoa Idosa, como condição imprescindível para a adesão à Estratégia ou, quando já instituído, mantê-lo ativo, de forma a garantir as condições para o exercício de suas competências legais;

e) elaborar o diagnóstico e o plano de que tratam, respectivamente, os incisos II e III do *caput* do art. 25;

f) executar as ações do plano de que trata o inciso III do *caput* do art. 25; e

g) inserir informações em sistema próprio da Estratégia.

Parágrafo único. Ao Distrito Federal caberá exercer, no que couber, as atribuições de que tratam os incisos I e II do *caput*.

Art. 27. Poderão ser firmadas parcerias com órgãos e entidades da administração pública ou privadas para a implementação da Estratégia Brasil Amigo da Pessoa Idosa.

Art. 28. As ações da Estratégia Brasil Amigo da Pessoa Idosa serão executadas de forma descentralizada e integrada, por meio da conjugação de esforços entre a União, os Estados, o Distrito Federal e os Municípios, observados a intersetorialidade, as especificidades das políticas públicas setoriais, a participação da sociedade civil e o controle social.

Parágrafo único. A Estratégia Brasil Amigo da Pessoa Idosa será implementada a partir da articulação entre as políticas de assistência social, de saúde, de direitos humanos, de educação, de trabalho, de cultura e de esporte, entre outras.

Seção III

DO COMITÊ GESTOR DA ESTRATÉGIA BRASIL AMIGO DA PESSOA IDOSA

Art. 29. *Revogado.* Dec. nº 10.604, de 20-1-2021.

Seção IV

DAS COMPETÊNCIAS DO COMITÊ GESTOR DA ESTRATÉGIA BRASIL AMIGO DA PESSOA IDOSA

Arts. 30 a 33. *Revogados.* Dec. nº 10.604, de 20-1-2021.

Capítulo III

DO ACESSO PREFERENCIAL AO TRANSPORTE COLETIVO PELA PESSOA IDOSA

Art. 34. Este Capítulo dispõe sobre o acesso preferencial ao transporte coletivo pela pessoa idosa, no sistema de transporte coletivo interestadual nos modais rodoviário, ferroviário e aquaviário.

Parágrafo único. Para fins do disposto neste Capítulo, compete à Agência Nacional de Transportes Terrestres e à Agência Nacional de Transportes Aquaviários, no âmbito de suas competências, editar as normas complementares para dispor sobre o detalhamento das medidas necessárias para conceder o acesso preferencial ao transporte coletivo pela pessoa idosa.

Art. 35. No sistema de transporte coletivo interestadual serão observados, em conformidade com o disposto neste Capítulo e no art. 40 da Lei nº 10.741, de 2003 – Estatuto do Idoso:

I – a reserva de duas vagas gratuitas por veículo para pessoa idosa com renda igual ou inferior a dois salários mínimos; e

II – o desconto de cinquenta por cento, no mínimo, no valor das passagens, para a pessoa idosa que exceder as vagas gratuitas, com renda igual ou inferior a dois salários mínimos.

Parágrafo único. Caberá aos órgãos competentes definir os mecanismos e os critérios para o exercício dos direitos previstos nos incisos I e II do *caput*.

Art. 36. Observado o disposto na legislação local, deverá ser assegurada a reserva de cinco por cento das vagas nos estacionamentos públicos e privados para a pessoa idosa, as quais deverão ser posicionadas de forma a garantir a sua comodidade.

Art. 37. Serão asseguradas a prioridade e a segurança da pessoa idosa nos procedimentos de embarque e de desembarque nos veículos do sistema de transporte coletivo.

Art. 38. Para fins do disposto neste Capítulo, considera-se:

I – serviço de transporte interestadual de passageiros – serviço que transpõe o limite do Estado, do Distrito Federal ou do Território;

II – linha – serviço de transporte coletivo de passageiros executado em uma ligação de dois pontos terminais, nela incluídos os seccionamentos e as alterações operacionais efetivadas, aberto ao público em geral, de natureza regular e permanente, com itinerário definido no ato de sua delegação ou outorga;

III – seção – serviço realizado em trecho do itinerário de linha do serviço de transporte, com fracionamento do preço de passagem; e

IV – bilhete de viagem da pessoa idosa – documento que comprove a concessão do transporte gratuito da pessoa idosa, fornecido pela empresa prestadora do serviço de transporte, para possibilitar o ingresso da pessoa idosa no veículo.

Art. 39. Serão reservadas duas vagas gratuitas em cada veículo, comboio ferroviário ou embarcação do serviço convencional de transporte interestadual de passageiros, à pessoa idosa com renda igual ou inferior a dois salários mínimos, observado o disposto no inciso I do *caput* do art. 35.

§ 1º Para fins do disposto no *caput*, estão incluídos na condição de serviço convencional:

I – os serviços de transporte rodoviário interestadual convencional de passageiros, prestado com veículo de características básicas, com ou sem sanitários, em linhas regulares;

II – os serviços de transporte ferroviário interestadual de passageiros, em linhas regulares; e

III – os serviços de transporte aquaviário interestadual, abertos ao público, realizados em rios, lagos, lagoas e baías, que operam linhas regulares, inclusive travessias.

§ 2º A pessoa idosa, para fazer uso da reserva de que trata o *caput*:

I – solicitará um único Bilhete de Viagem da Pessoa Idosa, nos pontos de venda próprios da transportadora, com antecedência de, no mínimo, três horas em relação ao horário de partida do ponto inicial da linha do serviço de transporte; e

II – poderá solicitar a emissão do bilhete de viagem de retorno, respeitados os procedimentos da venda de bilhete de passagem.

§ 3º Na existência de seções, nos pontos de seção devidamente autorizados para embarque de passageiros, a reserva de assentos também estará disponível até o horário definido para o ponto inicial da linha, observado o disposto no § 2º.

§ 4º Transcorrido o prazo a que se refere o § 2º, na hipótese de os bilhetes das vagas reservadas de que trata o *caput* não terem sido concedidos à pessoa idosa com renda igual ou inferior a dois salários mínimos, as empresas prestadoras dos serviços de transporte poderão comercializá-los.

§ 5º Na hipótese prevista no § 4º, as vagas reservadas de que trata o *caput* continuarão disponíveis para a concessão da gratuidade à pessoa idosa com renda igual ou inferior a dois salários mínimos enquanto os seus bilhetes não forem vendidos.

§ 6º Na data da viagem, a pessoa idosa comparecerá ao terminal de embarque com, no mínimo, trinta minutos de antecedência em relação ao horário previsto para o início da viagem, sob pena da perda do benefício.

§ 7º O Bilhete de Viagem da Pessoa Idosa e o bilhete com desconto do valor da passagem são intransferíveis.

Art. 40. Observado o disposto no inciso II do *caput* do art. 35, além das vagas previstas no art. 39, a pessoa idosa com renda igual ou inferior a dois salários mínimos terá direito ao desconto mínimo de cinquenta por cento do valor da passagem para os demais assentos do veículo, do comboio ferroviário ou da embarcação do serviço convencional de transporte interestadual de passageiros.

Parágrafo único. Para ter direito ao desconto previsto no *caput*, a pessoa idosa deverá adquirir o bilhete de passagem, de maneira a obedecer os seguintes prazos:

I – para viagens com distância de até quinhentos quilômetros, adquiri-lo com, no máximo, seis horas de antecedência; e

II – para viagens com distância acima de quinhentos quilômetros, adquiri-lo com, no máximo, doze horas de antecedência.

Art. 41. O Bilhete de Viagem da Pessoa Idosa será emitido pela empresa prestadora do serviço, em, no mínimo, duas vias.

§ 1º Uma via do bilhete de viagem da pessoa idosa será destinada ao passageiro e não poderá ser recolhida pela empresa prestadora do serviço de transporte.

§ 2º A segunda via do Bilhete de Viagem da Pessoa Idosa será arquivada e mantida pela empresa prestadora do serviço de transporte, pelo prazo de um ano, contado da data do término da viagem.

§ 3º As empresas prestadoras dos serviços de transporte informarão à ANTT e à ANTAQ, na periodicidade definida em seus regulamentos, a movimentação de usuários titulares do benefício, por seção e por situação.

Art. 42. No ato de solicitação do bilhete de viagem de pessoa idosa ou do desconto no valor da passagem, o interessado apresentará documento pessoal que comprove a sua idade e a renda igual ou inferior a dois salários mínimos.

§ 1º A comprovação de idade da pessoa idosa será feita por meio da apresentação de documento pessoal de identidade original, com fé pública, que contenha foto.

§ 2º A comprovação de renda igual ou inferior a dois salários mínimos será feita por meio da apresentação de um dos seguintes documentos:

I – Carteira de Trabalho e Previdência Social com anotações atualizadas;

II – contracheque de pagamento ou documento expedido pelo empregador;

III – carnê de contribuição para o INSS;

IV – extrato de pagamento de benefício ou declaração fornecida pelo INSS ou por outro regime de previdência social público ou privado; e

V – documento ou carteira emitida pelas secretarias estaduais, distrital ou municipais de assistência social ou congêneres.

Art. 43. A pessoa idosa ficará sujeita aos procedimentos de identificação de passageiros ao se apresentar para o embarque, de acordo com as normas estabelecidas pela ANTT e pela ANTAQ, no âmbito de suas competências.

Art. 44. O benefício concedido à pessoa idosa assegura os mesmos direitos garantidos aos demais passageiros.

Parágrafo único. As tarifas de pedágio e de utilização dos terminais e as despesas com alimentação não estão incluídas no benefício tarifário.

Art. 45. A ANTT, a ANTAQ e a concessionária ou a permissionária, quando disponibilizado o benefício tarifário, adotarão as providências necessárias ao atendimento ao disposto no *caput* do art. 35 da Lei nº 9.074, de 7 de julho de 1995.

Parágrafo único. A concessionária ou a permissionária apresentará a documentação necessária para a comprovação do impacto do benefício no equilíbrio econômico-financeiro do contrato, observados os termos estabelecidos na legislação aplicável.

Art. 46. Aos infratores ao disposto neste Capítulo serão aplicadas as sanções previstas no art. 78-A e a 78-K da Lei nº 10.233, de 5 de junho de 2001.

TÍTULO III – D ISPOSIÇÕES FINAIS

Art. 47. Ficam revogados:

I – o Decreto nº 1.948, de 3 de julho de 1996;

II – o Decreto nº 5.934, de 18 de outubro de 2006;

III – o Decreto nº 6.800, de 18 de março de 2009;

IV – o Decreto nº 8.114, de 30 de setembro de 2013; e

V – o Decreto nº 9.328, de 3 de abril de 2018.

Art. 48. Este Decreto entra em vigor cento e vinte dias após a data de sua publicação.

Brasília, 18 de julho de 2019;
198º da Independência e
131º da República.

Jair Messias Bolsonaro

DECRETO Nº 9.978, DE 20 DE AGOSTO DE 2019

Dispõe sobre o Fundo PIS-PASEP e institui o Conselho Diretor do Fundo PIS-PASEP.

► Publicado no *DOU* de 21-8-2019.

Art. 1º O Fundo PIS-PASEP, criado pela Lei Complementar nº 26, de 11 de setembro de 1975, sob a denominação de PIS-PASEP, é um fundo contábil de natureza financeira, e é regido pelas disposições do art. 69 da Lei nº 4.728, de 14 de julho de 1965, no que couber.

Art. 2º O exercício financeiro do Fundo PIS-PASEP corresponde ao período de 1º de julho de cada ano a 30 de junho do ano subsequente.

Art. 3º Fica instituído o Conselho Diretor do Fundo PIS-PASEP, órgão colegiado responsável por gerir o Fundo.

Art. 4º Compete ao Conselho Diretor do Fundo PIS-PASEP:

I – aprovar o plano de contas do Fundo;

II – ao término de cada exercício financeiro:

a) constituir as provisões e as reservas indispensáveis e distribuir excedentes de reserva aos cotistas, se houver;

b) calcular a atualização monetária do saldo credor das contas individuais dos participantes;

c) calcular a incidência de juros sobre o saldo credor atualizado das contas individuais dos participantes; e

d) levantar o montante das despesas de administração, apurar e atribuir aos participantes o resultado líquido adicional das operações realizadas;

III – autorizar, nos períodos estabelecidos, os créditos de que trata o inciso II do *caput* nas contas individuais dos participantes;

IV – aprovar anualmente:

a) o orçamento do Fundo PIS-PASEP e sua reformulação; e

b) o balanço do Fundo PIS-PASEP, com os demonstrativos e o relatório;

V – promover o levantamento de balancetes mensais;

VI – requisitar ao Banco do Brasil S.A., à Caixa Econômica Federal e ao Banco Nacional de Desenvolvimento Econômico e Social as informações sobre as aplicações realizadas, os recursos repassados e outras que julgar necessárias ao exercício da sua gestão;

VII – fornecer informações, dados e documentação e emitir parecer relacionados com o Fundo PIS-PASEP, o PIS e o PASEP, por solicitação do Conselho Monetário Nacional e do Ministro de Estado da Economia;

VIII – autorizar e fixar, nos períodos estabelecidos, o processamento das solicitações de saque e de retirada e seus pagamentos;

IX – editar normas operacionais necessárias à estruturação, à organização e ao funcionamento do Fundo PIS-PASEP e compatíveis com a execução do PIS e do PASEP;

X – aprovar os balancetes mensais, balanços anuais e demais demonstrações contábeis e financeiras do Fundo PIS-PASEP;

XI – consolidar o relatório de gestão anual, com base nos relatórios da Caixa Econômica Federal, do Banco do Brasil S.A. e do Banco Nacional de Desenvolvimento Econômico e Social, e emitir parecer sobre a prestação de contas anual do Fundo PIS-PASEP;

XII – definir as tarifas de remuneração da Caixa Econômica Federal e do Banco do Brasil S.A., na qualidade de administradores do PIS e do PASEP, respectivamente; e

XIII – resolver os casos omissos, inclusive quanto aos pedidos de saques de cotas do Fundo PIS-PASEP.

Art. 5º O Conselho Diretor do Fundo PIS-PASEP é composto pelos seguintes representantes:

I – cinco do Ministério da Economia, um dos quais representante da Secretaria do Tesouro Nacional da Secretaria Especial de Fazenda, que o coordenará;

II – um dos participantes do PIS; e

III – um dos participantes do PASEP.

§ 1º Cada membro do Conselho Diretor do Fundo PIS-PASEP terá um suplente, que o substituirá em suas ausências e impedimentos.

§ 2º Os representantes de que trata o inciso I do *caput* serão indicados pelo Secretário-Executivo do Ministério da Economia, sendo que um titular e seu respectivo suplente serão representantes da Secretaria do Tesouro Nacional da Secretaria Especial de Fazenda, e designados pelo Ministro de Estado da Economia.

§ 3º Os representantes de que tratam os incisos II e III do *caput* serão indicados pelo Secretário Especial de Previdência e Trabalho do Ministério da Economia e designados pelo Ministro de Estado da Economia.

§ 4º As indicações de que tratam os § 2º e § 3º serão realizadas no prazo de trinta dias, contado da data de publicação deste Decreto.

Art. 6º O Conselho Diretor do Fundo PIS-PASEP se reunirá em caráter ordinário quatro vezes por ano e em caráter extraordinário sempre que convocado pelo seu Coordenador.

§ 1º A convocação para as reuniões ordinárias do Conselho Diretor do Fundo PIS-PASEP ocorrerá com antecedência de, no mínimo, dez dias e para as reuniões extraordinárias com antecedência de, no mínimo, cinco dias.

§ 2º O quórum de reunião do Conselho Diretor do Fundo PIS-PASEP é de quatro membros e o quórum de aprovação é de maioria simples.

§ 3º Além do voto ordinário, o Coordenador do Conselho Diretor do Fundo PIS-PASEP terá o voto de qualidade em caso de empate.

Art. 7º O regimento interno do Conselho Diretor do Fundo PIS-PASEP será aprovado em sua reunião inaugural, por, no mínimo, quatro membros.

Art. 8º A Secretaria-Executiva do Conselho Diretor do Fundo PIS-PASEP será exercida por um Secretário-Executivo, que não tem direito a voto e será indicado e designado pelo Coordenador, por meio de Resolução.

Art. 9º As reuniões poderão ser realizadas por videoconferência ou por outros meios telemáticos.

Art. 10. A participação no Conselho Diretor do Fundo PIS-PASEP será considerada prestação de serviço público relevante, não remunerada, e o exercício das funções dos seus membros não acarretará quaisquer ônus ou despesas ao Fundo PIS-PASEP.

Art. 11. Cabe à Caixa Econômica Federal, em relação ao PIS, as seguintes atribuições:

I – manter, em nome dos empregados e trabalhadores avulsos, as correspondentes contas individuais de que trata o art. 5º da Lei Complementar nº 7, de 7 de setembro de 1970, e normas complementares;

II – creditar nas contas individuais, quando autorizada pelo Conselho Diretor do Fundo PIS-PASEP, as parcelas e os benefícios de que trata o inciso II do *caput* do art. 4º;

III – processar as solicitações de saque e de retirada e efetuar os correspondentes pagamentos, nos períodos estabelecidos, quando autorizados pelo Conselho Diretor do Fundo PIS-PASEP, nos termos do disposto na Lei Complementar nº 26, de 1975, e neste Decreto;

IV – fornecer, nos períodos estabelecidos e sempre que solicitado, ao Conselho Diretor do Fundo PIS-PASEP, as informações, os dados e a documentação relativos ao repasses de recursos, ao cadastro de empregados vinculados ao PIS, às contas individuais de participantes e às solicitações de saque e de retirada e seus correspondentes pagamentos; e

V – cumprir e fazer cumprir as normas operacionais editadas pelo Conselho Diretor do Fundo PIS-PASEP.

Parágrafo único. A Caixa Econômica Federal exercerá as atribuições previstas no *caput* de acordo com as normas, as diretrizes e os critérios estabelecidos pelo Conselho Diretor do Fundo PIS-PASEP e nos termos do disposto na Lei Complementar nº 26, de 1975, e neste Decreto.

Art. 12. Cabe ao Banco do Brasil S.A., em relação ao PASEP, as seguintes atribuições:

I – manter, em nome dos servidores e empregados, as contas individuais a que se refere o art. 5º da Lei Complementar nº 8, de 3 de dezembro de 1970;

II – creditar nas contas individuais, quando autorizado pelo Conselho Diretor do Fundo PIS-PASEP, as parcelas e os benefícios de que trata o inciso II do *caput* do art. 4º;

III – processar as solicitações de saque e de retirada e efetuar os correspondentes pagamentos, nos períodos estabelecidos, quando autorizados pelo Conselho Diretor do Fundo PIS-PASEP, nos termos do disposto na Lei Complementar nº 26, de 1975, e neste Decreto;

IV – fornecer, nos períodos estabelecidos e sempre que solicitado, ao gestor do Fundo PIS-PASEP, as informações, os dados e a documentação relativos aos repasses de recursos, ao cadastro de servidores e empregados vinculados ao PASEP, às contas individuais de participantes e às solicitações de saque e de retirada e seus correspondentes pagamentos; e

V – cumprir e fazer cumprir as normas operacionais editadas pelo Conselho Diretor do Fundo PIS-PASEP.

Parágrafo único. O Banco do Brasil S.A. exercerá as atribuições previstas no *caput* de acordo com as normas, as diretrizes e os critérios estabelecidos pelo Conselho Diretor do Fundo PIS-PASEP e nos termos do disposto na Lei Complementar nº 26, de 1975, e neste Decreto.

Art. 13. A Caixa Econômica Federal, o Banco do Brasil S.A. e o Banco Nacional de Desenvolvimento Econômico e Social prestarão ao Conselho Diretor do Fundo PIS-PASEP o apoio e o suporte necessários à administração do Fundo PIS-PASEP, na forma definida pelo Conselho Diretor do Fundo PIS-PASEP.

Art. 14. Fica revogado o Decreto nº 4.751, de 17 de junho de 2003.

Art. 15. Este Decreto entra em vigor na data de sua publicação.

Brasília, 20 de agosto de 2019;
198º da Independência e
131º da República.

Jair Messias Bolsonaro

LEI Nº 13.874, DE 20 DE SETEMBRO DE 2019

Institui a Declaração de Direitos de Liberdade Econômica; estabelece garantias de livre mercado; altera as Leis nºs 10.406, de 10 de janeiro de 2002 (Código Civil), 6.404, de 15 de dezembro de 1976, 11.598, de 3 de dezembro de 2007, 12.682, de 9 de julho de 2012, 6.015, de 31 de dezembro de 1973, 10.522, de 19 de julho de 2002, 8.934, de 18 de novembro 1994, o Decreto-Lei nº 9.760, de 5 de setembro de 1946 e a Consolidação das Leis do Trabalho, aprovada pelo Decreto-Lei nº 5.452, de 1º de maio de 1943; revoga a Lei Delegada nº 4, de 26 de setembro de 1962, a Lei nº 11.887, de 24 de dezembro de 2008, e dispositivos do Decreto-Lei nº 73, de 21 de novembro de 1966; e dá outras providências.

- Publicada no *DOU* de 20-9-2019, edição extra – B.
- Dec. nº 10.178, de 18-12-2019, regulamenta dispositivos desta Lei.

CAPÍTULO I

DISPOSIÇÕES GERAIS

Art. 1º Fica instituída a Declaração de Direitos de Liberdade Econômica, que estabelece normas de proteção à livre iniciativa e ao livre exercício de atividade econômica e disposições sobre a atuação do Estado como agente normativo e regulador, nos termos do inciso IV do *caput* do art. 1º, do parágrafo único do art. 170 e do *caput* do art. 174 da Constituição Federal.

§ 1º O disposto nesta Lei será observado na aplicação e na interpretação do direito civil, empresarial, econômico, urbanístico e do trabalho nas relações jurídicas que se encontrem no seu âmbito de aplicação e na ordenação pública, inclusive sobre exercício das profissões, comércio, juntas comerciais, registros públicos, trânsito, transporte e proteção ao meio ambiente.

§ 2º Interpretam-se em favor da liberdade econômica, da boa-fé e do respeito aos contratos, aos investimentos e à propriedade todas as normas de ordenação pública sobre atividades econômicas privadas.

§ 3º O disposto neste Capítulo e nos Capítulos II e III desta Lei não se aplica ao direito tributário e ao direito financeiro, ressalvado o disposto no inciso X do *caput* do art. 3º desta Lei.

▶ § 3º com a redação dada pela Lei nº 14.195, de 26-8-2021.

§ 4º O disposto nos arts. 1º, 2º, 3º e 4º desta Lei constitui norma geral de direito econômico, conforme o disposto no inciso I do *caput* e nos §§ 1º, 2º, 3º e 4º do art. 24 da Constituição Federal, e será observado para todos os atos públicos de liberação da atividade econômica executados pelos Estados, pelo Distrito Federal e pelos Municípios, nos termos do § 2º deste artigo.

§ 5º O disposto no inciso IX do *caput* do art. 3º desta Lei não se aplica aos Estados, ao Distrito Federal e aos Municípios, exceto se:

I – o ato público de liberação da atividade econômica for derivado ou delegado por legislação ordinária federal; ou

II – o ente federativo ou o órgão responsável pelo ato decidir vincular-se ao disposto no inciso IX do *caput* do art. 3º desta Lei por meio de instrumento válido e próprio.

§ 6º Para fins do disposto nesta Lei, consideram-se atos públicos de liberação a licença, a autorização, a concessão, a inscrição, a permissão, o alvará, o cadastro, o credenciamento, o estudo, o plano, o registro e os demais atos exigidos, sob qualquer denominação, por órgão ou entidade da administração pública na aplicação de legislação, como condição para o exercício de atividade econômica, inclusive o início, a continuação e o fim para a instalação, a construção, a operação, a produção, o funcionamento, o uso, o exercício ou a realização, no âmbito público ou privado, de atividade, serviço, estabelecimento, profissão, instalação, operação, produto, equipamento, veículo, edificação e outros.

Art. 2º São princípios que norteiam o disposto nesta Lei:

I – a liberdade como uma garantia no exercício de atividades econômicas;

II – a boa-fé do particular perante o poder público;

III – a intervenção subsidiária e excepcional do Estado sobre o exercício de atividades econômicas; e

IV – o reconhecimento da vulnerabilidade do particular perante o Estado.

Parágrafo único. Regulamento disporá sobre os critérios de aferição para afastamento do inciso IV do *caput* deste artigo, limitados a questões de má-fé, hipersuficiência ou reincidência.

Capítulo II

DA DECLARAÇÃO DE DIREITOS DE LIBERDADE ECONÔMICA

Art. 3º São direitos de toda pessoa, natural ou jurídica, essenciais para o desenvolvimento e o crescimento econômicos do País, observado o disposto no parágrafo único do art. 170 da Constituição Federal:

I – desenvolver atividade econômica de baixo risco, para a qual se valha exclusivamente de propriedade privada própria ou de terceiros consensuais, sem a necessidade de quaisquer atos públicos de liberação da atividade econômica;

II – desenvolver atividade econômica em qualquer horário ou dia da semana, inclusive feriados, sem que para isso esteja sujeita a cobranças ou encargos adicionais, observadas:

a) as normas de proteção ao meio ambiente, incluídas as de repressão à poluição sonora e à perturbação do sossego público;

b) as restrições advindas de contrato, de regulamento condominial ou de outro negócio jurídico, bem como as decorrentes das normas de direito real, incluídas as de direito de vizinhança; e

c) a legislação trabalhista;

III – definir livremente, em mercados não regulados, o preço de produtos e de serviços como consequência de alterações da oferta e da demanda;

IV – receber tratamento isonômico de órgãos e de entidades da administração pública quanto ao exercício de atos de liberação da atividade econômica, hipótese em que o ato de liberação estará vinculado aos mesmos critérios de interpretação adotados em decisões administrativas análogas anteriores, observado o disposto em regulamento;

V – gozar de presunção de boa-fé nos atos praticados no exercício da atividade econômica, para os quais as dúvidas de interpretação do direito civil, empresarial, econômico e urbanístico serão resolvidas de forma a preservar a autonomia privada, exceto se houver expressa disposição legal em contrário;

VI – desenvolver, executar, operar ou comercializar novas modalidades de produtos e de serviços quando as normas infralegais se tornarem desatualizadas por força de desenvolvimento tecnológico consolidado internacionalmente, nos termos estabelecidos em regulamento, que disciplinará os requisitos para aferição da situação concreta, os procedimentos, o momento e as condições dos efeitos;

- Dec. nº 10.229, de 5-2-2020, regulamenta o direito de desenvolver, executar, operar ou comercializar produto ou serviço em desacordo com a norma técnica desatualizada de que trata este inciso.

VII – VETADO;

VIII – ter a garantia de que os negócios jurídicos empresariais paritários serão objeto de livre estipulação das partes pactuantes, de forma a aplicar todas as regras de direito empresarial apenas de maneira subsidiária ao avençado, exceto normas de ordem pública;

IX – ter a garantia de que, nas solicitações de atos públicos de liberação da atividade econômica que se sujeitam ao disposto nesta Lei, apresentados todos os elementos necessários à instrução do processo, o particular será cientificado expressa e imediatamente do prazo máximo estipulado para a análise de seu pedido e de que, transcorrido o prazo fixado, o silêncio da autoridade competente importará aprovação tácita para todos os efeitos, ressalvadas as hipóteses expressamente vedadas em lei;

X – arquivar qualquer documento por meio de microfilme ou por meio digital, conforme técnica e requisitos estabelecidos em regulamento, hipótese em que se equiparará a documento físico para todos os efeitos legais e para a comprovação de qualquer ato de direito público;

- Dec. nº 10.278, de 18-3-2020, regulamenta este inciso.

XI – não ser exigida medida ou prestação compensatória ou mitigatória abusiva, em sede de estudos de impacto ou outras liberações de atividade econômica no direito urbanístico, entendida como aquela que:

a) VETADO;

b) requeira medida que já era planejada para execução antes da solicitação pelo particular, sem que a atividade econômica altere a demanda para execução da referida medida;

c) utilize-se do particular para realizar execuções que compensem impactos que existiriam independentemente do empreendimento ou da atividade econômica solicitada;

d) requeira a execução ou prestação de qualquer tipo para áreas ou situação além daquelas diretamente impactadas pela atividade econômica; ou

e) mostre-se sem razoabilidade ou desproporcional, inclusive utilizada como meio de coação ou intimidação; e

XII – não ser exigida pela administração pública direta ou indireta certidão sem previsão expressa em lei.

§ 1º Para fins do disposto no inciso I do *caput* deste artigo:

I – ato do Poder Executivo federal disporá sobre a classificação de atividades de baixo risco a ser observada na ausência de legislação estadual, distrital ou municipal específica;

II – na hipótese de ausência de ato do Poder Executivo federal de que trata o inciso I deste parágrafo, será aplicada resolução do Comitê para Gestão da Rede Nacional para a Simplificação do Registro e da Legalização de Empresas e Negócios (CGSIM), independentemente da aderência do ente federativo à Rede Nacional para a Simplificação do Registro e da Legalização de Empresas e Negócios (REDESIM); e

III – na hipótese de existência de legislação estadual, distrital ou municipal sobre a classificação de atividades de baixo risco, o ente federativo que editar ou tiver editado norma específica encaminhará notificação ao Ministério da Economia sobre a edição de sua norma.

§ 2º A fiscalização do exercício do direito de que trata o inciso I do *caput* deste artigo será realizada posteriormente, de ofício ou como consequência de denúncia encaminhada à autoridade competente.

§ 3º O disposto no inciso III do *caput* deste artigo não se aplica:

I – às situações em que o preço de produtos e de serviços seja utilizado com a finalidade de reduzir o valor do tributo, de postergar a sua arrecadação ou de remeter lucros em forma de custos ao exterior; e

II – à legislação de defesa da concorrência, aos direitos do consumidor e às demais disposições protegidas por lei federal.

§ 4º *Revogado*. Lei nº 14.011, de 10-6-2020.

§ 5º O disposto no inciso VIII do *caput* deste artigo não se aplica à empresa pública e à sociedade de economia mista definidas nos arts. 3º e 4º da Lei nº 13.303, de 30 de junho de 2016.

§ 6º O disposto no inciso IX do *caput* deste artigo não se aplica quando:

I – versar sobre questões tributárias de qualquer espécie ou de concessão de registro de marcas;

II – a decisão importar em compromisso financeiro da administração pública; e

III – houver objeção expressa em tratado em vigor no País.

§ 7º A aprovação tácita prevista no inciso IX do *caput* deste artigo não se aplica quando a titularidade da solicitação for de agente público ou de seu cônjuge, companheiro ou parente em linha reta ou colateral, por consanguinidade ou afinidade, até o 3º (terceiro) grau, dirigida a autoridade administrativa ou política do próprio órgão ou entidade da administração pública em que desenvolva suas atividades funcionais.

§ 8º O prazo a que se refere o inciso IX do *caput* deste artigo será definido pelo órgão ou pela entidade da administração pública solicitada, observados os princípios da impessoalidade e da eficiência e os limites máximos estabelecidos em regulamento.

§ 9º VETADO.

§ 10. O disposto no inciso XI do *caput* deste artigo não se aplica às situações de acordo resultantes de ilicitude.

§ 11. Para os fins do inciso XII do *caput* deste artigo, é ilegal delimitar prazo de validade de certidão emitida sobre fato imutável, inclusive sobre óbito.

Capítulo III

DAS GARANTIAS DE LIVRE INICIATIVA

Art. 4º É dever da administração pública e das demais entidades que se vinculam a esta Lei, no exercício de regulamentação de norma pública pertencente à legislação sobre a qual esta Lei versa, exceto se em estrito cumprimento a previsão explícita em lei, evitar o abuso do poder regulatório de maneira a, indevidamente:

I – criar reserva de mercado ao favorecer, na regulação, grupo econômico, ou profissional, em prejuízo dos demais concorrentes;

II – redigir enunciados que impeçam a entrada de novos competidores nacionais ou estrangeiros no mercado;

III – exigir especificação técnica que não seja necessária para atingir o fim desejado;

IV – redigir enunciados que impeçam ou retardem a inovação e a adoção de novas tecnologias, processos ou modelos de negócios, ressalvadas as situações consideradas em regulamento como de alto risco;

V – aumentar os custos de transação sem demonstração de benefícios;

VI – criar demanda artificial ou compulsória de produto, serviço ou atividade profissional, inclusive de uso de cartórios, registros ou cadastros;

VII – introduzir limites à livre formação de sociedades empresariais ou de atividades econômicas;

VIII – restringir o uso e o exercício da publicidade e propaganda sobre um setor econômico, ressalvadas as hipóteses expressamente vedadas em lei federal; e

IX – exigir, sob o pretexto de inscrição tributária, requerimentos de outra natureza de maneira a mitigar os efeitos do inciso I do *caput* do art. 3º desta Lei;

Art. 4º-A. É dever da administração pública e das demais entidades que se sujeitam a esta Lei, na aplicação da ordenação pública sobre atividades econômicas privadas:

I – dispensar tratamento justo, previsível e isonômico entre os agentes econômicos;

II – proceder à lavratura de autos de infração ou aplicar sanções com base em termos subjetivos ou abstratos somente quando estes forem propriamente regulamentados por meio de critérios claros, objetivos e previsíveis; e

III – observar o critério de dupla visita para lavratura de autos de infração decorrentes do exercício de atividade considerada de baixo ou médio risco.

§ 1º Os órgãos e as entidades competentes, na forma do inciso II do *caput* deste artigo, editarão atos normativos para definir a aplicação e a incidência de conceitos subjetivos ou abstratos por meio de critérios claros, objetivos e previsíveis, observado que:

I – nos casos de imprescindibilidade de juízo subjetivo para a aplicação da sanção, o ato normativo determinará o procedimento para sua aferição, de forma a garantir a maior previsibilidade e impessoalidade possível;

II – a competência da edição dos atos normativos infralegais equivalentes a que se refere este parágrafo poderá ser delegada pelo Poder competente conforme sua autonomia, bem como pelo órgão ou pela entidade responsável pela lavratura do auto de infração.

§ 2º Para os fins administrativos, controladores e judiciais, consideram-se plenamente atendidos pela administração pública os requisitos previstos no inciso II do *caput* deste artigo, quando a advocacia pública, no âmbito da União, dos Estados, do Distrito Federal e dos Municípios, nos limites da respectiva competência, tiver previamente analisado o ato de que trata o § 1º deste artigo.

§ 3º Os órgãos e as entidades deverão editar os atos normativos previstos no § 1º deste artigo no prazo de 4 (quatro) anos, podendo o Poder Executivo estabelecer prazo inferior em regulamento.

§ 4º O disposto no inciso II do *caput* deste artigo aplica-se exclusivamente ao ato de lavratura decorrente de infrações referentes a matérias nas quais a atividade foi considerada de baixo ou médio risco, não se aplicando a órgãos e a entidades da administração pública que não a tenham assim classificado, de forma direta ou indireta, de acordo com os seguintes critérios:

I – direta, quando realizada pelo próprio órgão ou entidade da administração pública que procede à lavratura; e

II – indireta, quando o nível de risco aplicável decorre de norma hierarquicamente superior ou subsidiária, por força de lei, desde que a classificação refira-se explicitamente à matéria sobre a qual se procederá a lavratura.

► Art. 4º-A acrescido pela Lei nº 14.195, de 26-8-2021.

Capítulo IV

DA ANÁLISE DE IMPACTO REGULATÓRIO

Art. 5º As propostas de edição e de alteração de atos normativos de interesse geral de agentes econômicos ou de usuários dos serviços prestados, editadas por órgão ou entidade da administração pública federal, incluídas as autarquias e as fundações públicas, serão precedidas da realização de análise de impacto regulatório, que conterá informações e dados sobre os possíveis efeitos do ato normativo para verificar a razoabilidade do seu impacto econômico.

Parágrafo único. Regulamento disporá sobre a data de início da exigência de que trata o *caput* deste artigo e sobre o conteúdo, a metodologia da análise de impacto regulatório, os quesitos mínimos a serem objeto de exame, as hipóteses em que será obrigatória sua realização e as hipóteses em que poderá ser dispensada.

► Dec. nº 10.411, de 30-6-2020, regulamenta este artigo.

Capítulo V

DAS ALTERAÇÕES LEGISLATIVAS E DISPOSIÇÕES FINAIS

Art. 6º Fica extinto o Fundo Soberano do Brasil (FSB), fundo especial de natureza contábil e financeira, vinculado ao Ministério da Economia, criado pela Lei nº 11.887, de 24 de dezembro de 2008.

Art. 7º A Lei nº 10.406, de 10 de janeiro de 2002 (Código Civil), passa a vigorar com as seguintes alterações:

"Art. 49-A. A pessoa jurídica não se confunde com os seus sócios, associados, instituidores ou administradores.

Parágrafo único. A autonomia patrimonial das pessoas jurídicas é um instrumento lícito de alocação e segregação de riscos, estabelecido pela lei com a finalidade de estimular empreendimentos, para a geração de empregos, tributo, renda e inovação em benefício de todos."

"Art. 50. Em caso de abuso da personalidade jurídica, caracterizado pelo desvio de finalidade ou pela confusão patrimonial, pode o juiz, a requerimento da parte, ou do Ministério Público quando lhe couber intervir no processo, desconsiderá-la para que os efeitos de certas e determinadas relações de obrigações sejam estendidos aos bens particulares de administradores ou de sócios da pessoa jurídica beneficiados direta ou indiretamente pelo abuso.

§ 1º Para os fins do disposto neste artigo, desvio de finalidade é a utilização da pessoa jurídica com o propósito de lesar credores e para a prática de atos ilícitos de qualquer natureza.

§ 2º Entende-se por confusão patrimonial a ausência de separação de fato entre os patrimônios, caracterizada por:

I – cumprimento repetitivo pela sociedade de obrigações do sócio ou do administrador ou vice-versa;

II – transferência de ativos ou de passivos sem efetivas contraprestações, exceto os de valor proporcionalmente insignificante; e

III – outros atos de descumprimento da autonomia patrimonial.

§ 3º O disposto no *caput* e nos §§ 1º e 2º deste artigo também se aplica à extensão das obrigações de sócios ou de administradores à pessoa jurídica.

§ 4º A mera existência de grupo econômico sem a presença dos requisitos de que trata o *caput* deste artigo não autoriza a desconsideração da personalidade da pessoa jurídica.

§ 5º Não constitui desvio de finalidade a mera expansão ou a alteração da finalidade original da atividade econômica específica da pessoa jurídica."

"Art. 113. ....

§ 1º A interpretação do negócio jurídico deve lhe atribuir o sentido que:

I – for confirmado pelo comportamento das partes posterior à celebração do negócio;

II – corresponder aos usos, costumes e práticas do mercado relativas ao tipo de negócio;

III – corresponder à boa-fé;

IV – for mais benéfico à parte que não redigiu o dispositivo, se identificável; e

V – corresponder a qual seria a razoável negociação das partes sobre a questão discutida, inferida das demais disposições do negócio e da racionalidade econômica das partes, consideradas as informações disponíveis no momento de sua celebração.

§ 2º As partes poderão livremente pactuar regras de interpretação, de preenchimento de lacunas e de integração dos negócios jurídicos diversas daquelas previstas em lei."

"Art. 421. A liberdade contratual será exercida nos limites da função social do contrato.

Parágrafo único. Nas relações contratuais privadas, prevalecerão o princípio da intervenção mínima e a excepcionalidade da revisão contratual."

"Art. 421-A. Os contratos civis e empresariais presumem-se paritários e simétricos até a presença de elementos concretos que justifiquem o afastamento dessa presunção, ressalvados os regimes jurídicos previstos em leis especiais, garantido também que:

I – as partes negociantes poderão estabelecer parâmetros objetivos para a interpretação das cláusulas negociais e de seus pressupostos de revisão ou de resolução;

II – a alocação de riscos definida pelas partes deve ser respeitada e observada; e

III – a revisão contratual somente ocorrerá de maneira excepcional e limitada."

"Art. 980-A. ....

....

§ 7º Somente o patrimônio social da empresa responderá pelas dívidas da empresa individual de responsabilidade limitada, hipótese em que não se confundirá, em qualquer situação, com o patrimônio do titular que a constitui, ressalvados os casos de fraude."

"Art. 1.052. ....

§ 1º A sociedade limitada pode ser constituída por 1 (uma) ou mais pessoas.

§ 2º Se for unipessoal, aplicar-se-ão ao documento de constituição do sócio único, no que couber, as disposições sobre o contrato social."

"CAPÍTULO X – DO FUNDO DE INVESTIMENTO

'Art. 1.368-C. O fundo de investimento é uma comunhão de recursos, constituído sob a forma de condomínio de natureza especial, destinado à aplicação em ativos financeiros, bens e direitos de qualquer natureza.

§ 1º Não se aplicam ao fundo de investimento as disposições constantes dos arts. 1.314 ao 1.358-A deste Código.

§ 2º Competirá à Comissão de Valores Mobiliários disciplinar o disposto no *caput* deste artigo.

§ 3º O registro dos regulamentos dos fundos de investimentos na Comissão de Valores Mobiliários é condição suficiente para garantir a sua publicidade e a oponibilidade de efeitos em relação a terceiros.'

'Art. 1.368-D. O regulamento do fundo de investimento poderá, observado o disposto na regulamentação a que se refere o § 2º do art. 1.368-C desta Lei, estabelecer:

I – a limitação da responsabilidade de cada investidor ao valor de suas cotas;

II – a limitação da responsabilidade, bem como parâmetros de sua aferição, dos prestadores de serviços do fundo de investimento, perante o condomínio e entre si, ao cumprimento dos deveres particulares de cada um, sem solidariedade; e

III – classes de cotas com direitos e obrigações distintos, com possibilidade de constituir patrimônio segregado para cada classe.

§ 1º A adoção da responsabilidade limitada por fundo de investimento constituído sem a limitação de responsabilidade somente abrangerá fatos ocorridos após a respectiva mudança em seu regulamento.

§ 2º A avaliação de responsabilidade dos prestadores de serviço deverá levar sempre em consideração os riscos inerentes às aplicações nos mercados de atuação do fundo de investimento e a natureza de obrigação de meio de seus serviços.

§ 3º O patrimônio segregado referido no inciso III do *caput* deste artigo só responderá por obrigações vinculadas à classe respectiva, nos termos do regulamento.'

'Art. 1.368-E. Os fundos de investimento respondem diretamente pelas obrigações legais e contratuais por eles assumidas, e os prestadores de serviço não respondem por essas obrigações, mas respondem pelos prejuízos que causarem quando procederem com dolo ou má-fé.

§ 1º Se o fundo de investimento com limitação de responsabilidade não possuir patrimônio suficiente para responder por suas dívidas, aplicam-se as regras de insolvência previstas nos arts. 955 a 965 deste Código.

§ 2º A insolvência pode ser requerida judicialmente por credores, por deliberação própria dos cotistas do fundo de investimento, nos termos de seu regulamento, ou pela Comissão de Valores Mobiliários.'

'Art. 1.368-F. O fundo de investimento constituído por lei específica e regulamentado pela Comissão de Valores Mobiliários deverá, no que couber, seguir as disposições deste Capítulo.'"

Art. 8º O art. 85 da Lei nº 6.404, de 15 de dezembro de 1976, passa a vigorar com as seguintes alterações:

"Art. 85. ....

§ 1º A subscrição poderá ser feita, nas condições previstas no prospecto, por carta à instituição, acompanhada das declarações a que se refere este artigo e do pagamento da entrada.

§ 2º Será dispensada a assinatura de lista ou de boletim a que se refere o *caput* deste artigo na hipótese de oferta pública cuja liquidação ocorra por meio de sistema administrado por entidade administradora de mercados organizados de valores mobiliários."

Art. 9º O art. 4º da Lei nº 11.598, de 3 de dezembro de 2007, passa a vigorar acrescido do seguinte § 5º:

"Art. 4º ....

....

§ 5º Ato do Poder Executivo federal disporá sobre a classificação mínima de atividades de baixo risco, válida para todos os integrantes da REDESIM, observada a Classificação Nacional de Atividades Econômicas, hipótese em que a autodeclaração de enquadramento será requerimento suficiente, até que seja apresentada prova em contrário."

Art. 10. A Lei nº 12.682, de 9 de julho de 2012, passa a vigorar acrescida do seguinte art. 2º-A:

"Art. 2º-A. Fica autorizado o armazenamento, em meio eletrônico, óptico ou equivalente, de documentos públicos ou privados, compostos por dados ou por imagens, observado o disposto nesta Lei, nas legislações específicas e no regulamento.

§ 1º Após a digitalização, constatada a integridade do documento digital nos termos estabelecidos no regulamento, o original poderá ser destruído, ressalvados os documentos de valor histórico, cuja preservação observará o disposto na legislação específica.

§ 2º O documento digital e a sua reprodução, em qualquer meio, realizada de acordo com o disposto nesta Lei e na legislação específica, terão o mesmo valor probatório do documento original, para todos os fins de direito, inclusive para atender ao poder fiscalizatório do Estado.

§ 3º Decorridos os respectivos prazos de decadência ou de prescrição, os documentos armazenados em meio eletrônico, óptico ou equivalente poderão ser eliminados.

§ 4º Os documentos digitalizados conforme o disposto neste artigo terão o mesmo efeito jurídico conferido aos documentos microfilmados, nos termos da Lei nº 5.433, de 8 de maio de 1968, e de regulamentação posterior.

§ 5º Ato do Secretário de Governo Digital da Secretaria Especial de Desburocratização, Gestão e Governo Digital do Ministério da Economia estabelecerá os documentos cuja reprodução conterá código de autenticação verificável.

§ 6º Ato do Conselho Monetário Nacional disporá sobre o cumprimento do disposto no § 1º deste artigo, relativamente aos documentos referentes a operações e transações realizadas no sistema financeiro nacional.

§ 7º É lícita a reprodução de documento digital, em papel ou em qualquer outro meio físico, que contiver mecanismo de verificação de integridade e autenticidade, na maneira e com a técnica definidas pelo mercado, e cabe ao particular o ônus de demonstrar integralmente a presença de tais requisitos.

§ 8º Para a garantia de preservação da integridade, da autenticidade e da confidencialidade de documentos públicos será usada certificação digital no padrão da Infraestrutura de Chaves Públicas Brasileira (ICP-Brasil)."

Art. 11. O Decreto-Lei nº 9.760, de 5 de setembro de 1946, passa a vigorar com as seguintes alterações:

"Art. 14. Da decisão proferida pelo Secretário de Coordenação e Governança do Patrimônio da União da Secretaria Especial de Desestatização, Desinvestimento e Mercados do Ministério da Economia será dado conhecimento aos recorrentes que, no prazo de 20 (vinte) dias, contado da data de sua ciência, poderão interpor recurso, sem efeito suspensivo, dirigido ao superior hierárquico, em última instância."

"Art. 100. ....

....

§ 5º Considerada improcedente a impugnação, a autoridade submeterá o recurso à autoridade superior, nos termos estabelecidos em regulamento.

...."

"Art. 216. O Ministro de Estado da Economia, diretamente ou por ato do Secretário Especial de Desestatização, Desinvestimento e Mercados do Ministério da Economia, ouvido previamente o Secretário de Coordenação e Governança do Patrimônio da União, editará os atos necessários à execução do disposto neste Decreto-Lei."

Art. 12. O art. 1º da Lei nº 6.015, de 31 de dezembro de 1973, passa a vigorar acrescido do seguinte § 3º:

"Art. 1º ....

....

§ 3º Os registros poderão ser escriturados, publicitados e conservados em meio eletrônico, obedecidos os padrões tecnológicos estabelecidos em regulamento."

Art. 13. A Lei nº 10.522, de 19 de julho de 2002, passa a vigorar com as seguintes alterações:

"Art. 18-A. Comitê formado de integrantes do Conselho Administrativo de Recursos Fiscais, da Secretaria Especial da Receita Federal do Brasil do Ministério da Economia e da Procuradoria-Geral da Fazenda Nacional editará enunciados de súmula da administração tributária federal, conforme o disposto em ato do Ministro de Estado da Economia, que deverão ser observados nos atos administrativos, normativos e decisórios praticados pelos referidos órgãos."

"Art. 19. Fica a Procuradoria-Geral da Fazenda Nacional dispensada de contestar, de oferecer contrarrazões e de interpor recursos, e fica autorizada a desistir de recursos já interpostos, desde que inexista outro fundamento relevante, na hipótese em que a ação ou a decisão judicial ou administrativa versar sobre:

....

II – tema que seja objeto de parecer, vigente e aprovado, pelo Procurador-Geral da Fazenda Nacional, que conclua no mesmo sentido do pleito do particular;

....

IV – tema sobre o qual exista súmula ou parecer do Advogado-Geral da União que conclua no mesmo sentido do pleito do particular;

V – tema fundado em dispositivo legal que tenha sido declarado inconstitucional pelo Supremo Tribunal Federal em sede de controle difuso e tenha tido sua execução suspensa por resolução do Senado Federal, ou tema sobre o qual exista enunciado de súmula vinculante ou que tenha sido definido pelo Supremo Tribunal Federal em sentido desfavorável à Fazenda Nacional em sede de controle concentrado de constitucionalidade;

VI – tema decidido pelo Supremo Tribunal Federal, em matéria constitucional, ou pelo Superior Tribunal de Justiça, pelo Tribunal Superior do Trabalho, pelo Tribunal Superior Eleitoral ou pela Turma Nacional de Uniformização de Jurisprudência, no âmbito de suas competências, quando:

a) for definido em sede de repercussão geral ou recurso repetitivo; ou

b) não houver viabilidade de reversão da tese firmada em sentido desfavorável à Fazenda Nacional, conforme critérios definidos em ato do Procurador-Geral da Fazenda Nacional; e

VII – tema que seja objeto de súmula da administração tributária federal de que trata o art. 18-A desta Lei.

....

§ 3º *Revogado;*

§ 4º *Revogado;*

§ 5º *Revogado;*

....

§ 7º *Revogado.*

§ 8º O parecer da Procuradoria-Geral da Fazenda Nacional que examina a juridicidade de proposições normativas não se enquadra no disposto no inciso II do *caput* deste artigo.

§ 9º A dispensa de que tratam os incisos V e VI do *caput* deste artigo poderá ser estendida a tema não abrangido pelo julgado, quando a ele forem aplicáveis os fundamentos determinantes extraídos do julgamento paradigma ou da jurisprudência consolidada, desde que inexista outro fundamento relevante que justifique a impugnação em juízo.

§ 10. O disposto neste artigo estende-se, no que couber, aos demais meios de impugnação às decisões judiciais.

§ 11. O disposto neste artigo aplica-se a todas as causas em que as unidades da Procuradoria-Geral da Fazenda Nacional devam atuar na qualidade de representante judicial ou de autoridade coatora.

§ 12. Os órgãos do Poder Judiciário e as unidades da Procuradoria-Geral da Fazenda Nacional poderão, de comum acordo, realizar mutirões para análise do enquadramento de processos ou de recursos nas hipóteses previstas neste artigo e celebrar negócios processuais com fundamento no disposto no art. 190 da Lei nº 13.105, de 16 de março de 2015 (Código de Processo Civil).

§ 13. Sem prejuízo do disposto no § 12 deste artigo, a Procuradoria-Geral da Fazenda Nacional regulamentará a celebração de negócios jurídicos processuais em seu âmbito de atuação, inclusive na cobrança administrativa ou judicial da dívida ativa da União."

"Art. 19-A. Os Auditores-Fiscais da Secretaria Especial da Receita Federal do Brasil não constituirão os créditos tributários relativos aos temas de que trata o art. 19 desta Lei, observado:

I – o disposto no parecer a que se refere o inciso II do *caput* do art. 19 desta Lei, que será aprovado na forma do art. 42 da Lei Complementar nº 73, de 10 de fevereiro de 1993, ou que terá concordância com a sua aplicação pela Secretaria Especial da Receita Federal do Brasil do Ministério da Economia;

II – o parecer a que se refere o inciso IV do *caput* do art. 19 desta Lei, que será aprovado na forma do disposto no art. 40 da Lei Complementar nº 73, de 10 de fevereiro de 1993, ou que, quando não aprovado por despacho do Presidente da República, terá concordância com a sua aplicação pelo Ministro de Estado da Economia; ou

III – nas hipóteses de que tratam o inciso VI do *caput* e o § 9º do art. 19 desta Lei, a Procuradoria-Geral da Fazenda Nacional deverá manifestar-se sobre as matérias abrangidas por esses dispositivos.

§ 1º Os Auditores-Fiscais da Secretaria Especial da Receita Federal do Brasil do Ministério da Economia adotarão, em suas decisões, o entendimento a que estiverem vinculados, inclusive para fins de revisão de ofício do lançamento e de repetição de indébito administrativa.

§ 2º O disposto neste artigo aplica-se, no que couber, aos responsáveis pela retenção de tributos e, ao emitirem laudos periciais para atestar a existência de condições que gerem isenção de tributos, aos serviços médicos oficiais."

"Art. 19-B. Os demais órgãos da administração pública que administrem créditos tributários e não tributários passíveis de inscrição e de cobrança pela Procuradoria-Geral da Fazenda Nacional encontram-se dispensados de constituir e de promover a cobrança com fundamento nas hipóteses de dispensa de que trata o art. 19 desta Lei.

Parágrafo único. A aplicação do disposto no *caput* deste artigo observará, no que couber, as disposições do art. 19-A desta Lei."

"Art. 19-C. A Procuradoria-Geral da Fazenda Nacional poderá dispensar a prática de atos processuais, inclusive a desistência de recursos interpostos, quando o benefício patrimonial almejado com o ato não atender aos critérios de racionalidade, de economicidade e de eficiência.

§ 1º O disposto no *caput* deste artigo inclui o estabelecimento de parâmetros de valor para a dispensa da prática de atos processuais.

§ 2º A aplicação do disposto neste artigo não implicará o reconhecimento da procedência do pedido formulado pelo autor.

§ 3º O disposto neste artigo aplica-se, inclusive, à atuação da Procuradoria-Geral da Fazenda Nacional no âmbito do contencioso administrativo fiscal."

Revogado. Lei nº 14.375, de 21-6-2022.

§ 1º Aos órgãos da administração pública federal direta, representados pela Procuradoria-Geral da União, e às autarquias e fundações públicas, representadas pela Procuradoria-Geral Federal ou pela Procuradoria-Geral do Banco Central do Brasil, aplica-se, no que couber, o disposto no art. 19-B desta Lei.

§ 2º Ato do Advogado-Geral da União disciplinará o disposto neste artigo."

"Art. 20. Serão arquivados, sem baixa na distribuição, por meio de requerimento do Procurador da Fazenda Nacional, os autos das execuções fiscais de débitos inscritos em dívida ativa da União pela Procuradoria-Geral da Fazenda Nacional ou por ela cobrados, de valor consolidado igual ou inferior àquele estabelecido em ato do Procurador-Geral da Fazenda Nacional.

...."

Art. 14. A Lei nº 8.934, de 18 de novembro de 1994, passa a vigorar com as seguintes alterações:

"Art. 4º O Departamento Nacional de Registro Empresarial e Integração (DREI) da Secretaria de Governo Digital da Secretaria Especial de Desburocratização, Gestão e Governo Digital do Ministério da Economia tem por finalidade:

....

Parágrafo único. O cadastro nacional a que se refere o inciso IX do *caput* deste artigo será mantido com as informações originárias do cadastro estadual de empresas, vedados a exigência de preenchimento de formulário pelo empresário ou o fornecimento de novos dados ou informações, bem como a cobrança de preço pela inclusão das informações no cadastro nacional."

"Art. 31. Os atos decisórios serão publicados em sítio da rede mundial de computadores da junta comercial do respectivo ente federativo."

"Art. 32. ....

§ 1º Os atos, os documentos e as declarações que contenham informações meramente cadastrais serão levados automaticamente a registro se puderem ser obtidos de outras bases de dados disponíveis em órgãos públicos.

§ 2º Ato do Departamento Nacional de Registro Empresarial e Integração definirá os atos, os documentos e as declarações que contenham informações meramente cadastrais."

"Art. 35. ....

....

VIII – *Revogado*.

Parágrafo único. O registro dos atos constitutivos e de suas alterações e extinções ocorrerá independentemente de autorização governamental prévia, e os órgãos públicos deverão ser informados pela Rede Nacional para a Simplificação do Registro e da Legalização de Empresas e Negócios (REDESIM) a respeito dos registros sobre os quais manifestarem interesse."

"Art. 41. ....

I – ....

a) dos atos de constituição de sociedades anônimas;

....

....

Parágrafo único. Os pedidos de arquivamento de que trata o inciso I do *caput* deste artigo serão decididos no prazo de 5 (cinco) dias úteis, contado da data de seu recebimento, sob pena de os atos serem considerados arquivados, mediante provocação dos interessados, sem prejuízo do exame das formalidades legais pela procuradoria."

"Art. 42. ....

§ 1º ....

§ 2º Os pedidos de arquivamento não previstos no inciso I do *caput* do art. 41 desta Lei serão decididos no prazo de 2 (dois) dias úteis, contado da data de seu recebimento, sob pena de os atos serem considerados arquivados, mediante provocação dos interessados, sem prejuízo do exame das formalidades legais pela procuradoria.

§ 3º O arquivamento dos atos constitutivos e de alterações não previstos no inciso I do *caput* do art. 41 desta Lei terá o registro deferido automaticamente caso cumpridos os requisitos de:

I – aprovação da consulta prévia da viabilidade do nome empresarial e da viabilidade de localização, quando o ato exigir; e

II – utilização pelo requerente do instrumento padrão estabelecido pelo Departamento Nacional de Registro Empresarial e Integração (DREI) da Secretaria de Governo Digital da Secretaria Especial de Desburocratização, Gestão e Governo Digital do Ministério da Economia.

§ 4º O arquivamento dos atos de extinção não previstos no inciso I do *caput* do art. 41 desta Lei terá o registro deferido automaticamente no caso de utilização pelo requerente do instrumento padrão estabelecido pelo DREI.

§ 5º Nas hipóteses de que tratam os §§ 3º e 4º do *caput* deste artigo, a análise do cumprimento das formalidades legais será feita posteriormente, no prazo de 2 (dois) dias úteis, contado da data do deferimento automático do registro.

§ 6º Após a análise de que trata o § 5º deste artigo, a identificação da existência de vício acarretará:

I – o cancelamento do arquivamento, se o vício for insanável; ou

II – a observação do procedimento estabelecido pelo DREI, se o vício for sanável."

"Art. 44. ....

....

III – Recurso ao Departamento Nacional de Registro Empresarial e Integração."

"Art. 47. Das decisões do plenário cabe recurso ao Departamento Nacional de Registro Empresarial e Integração como última instância administrativa.

Parágrafo único. *Revogado*."

"Art. 54. A prova da publicidade de atos societários, quando exigida em lei, será feita mediante anotação nos registros da junta comercial à vista da apresentação da folha do Diário Oficial, em sua versão eletrônica, dispensada a juntada da mencionada folha."

"Art. 55. Compete ao Departamento Nacional de Registro Empresarial e Integração propor a elaboração da tabela de preços dos serviços pertinentes ao Registro Público de Empresas Mercantis, na parte relativa aos atos de natureza federal, bem como especificar os atos a serem observados pelas juntas comerciais na elaboração de suas tabelas locais.

§ 1º ....

§ 2º É vedada a cobrança de preço pelo serviço de arquivamento dos documentos relativos à extinção do registro do empresário individual, da empresa individual de responsabilidade limitada (EIRELI) e da sociedade limitada."

"Art. 63. ....

§ 1º A cópia de documento, autenticada na forma prevista em lei, dispensará nova conferência com o documento original.

§ 2º A autenticação do documento poderá ser realizada por meio de comparação entre o documento original e a sua cópia pelo servidor a quem o documento seja apresentado.

§ 3º Fica dispensada a autenticação a que se refere o § 1º do *caput* deste artigo quando o advogado ou o contador da parte interessada declarar, sob sua responsabilidade pessoal, a autenticidade da cópia do documento."

"Art. 65-A. Os atos de constituição, alteração, transformação, incorporação, fusão, cisão, dissolução e extinção de registro de empresários e de pessoas jurídicas poderão ser realizados também por meio de sistema eletrônico criado e mantido pela administração pública federal."

Art. 15. A Consolidação das Leis do Trabalho, aprovada pelo Decreto-Lei nº 5.452, de 1º de maio de 1943, passa a vigorar com as seguintes alterações:

▸ Alterações inseridas no texto da referida Consolidação.

Art. 16. O Sistema de Escrituração Digital das Obrigações Fiscais, Previdenciárias e Trabalhistas (eSocial) será substituído, em nível federal, por sistema simplificado de escrituração digital de obrigações previdenciárias, trabalhistas e fiscais.

Parágrafo único. Aplica-se o disposto no *caput* deste artigo às obrigações acessórias à versão digital gerenciadas pela Receita Federal do Brasil do Livro de Controle de Produção e Estoque da Secretaria Especial da Receita Federal do Brasil (Bloco K).

Art. 17. Ficam resguardados a vigência e a eficácia ou os efeitos dos atos declaratórios do Procurador-Geral da Fazenda Nacional, aprovados pelo Ministro de Estado respectivo e editados até a data de publicação desta Lei, nos termos do inciso II do *caput* do art. 19 da Lei nº 10.522, de 19 de julho de 2002.

Art. 18. A eficácia do disposto no inciso X do *caput* do art. 3º desta Lei fica condicionada à regulamentação em ato do Poder Executivo federal, observado que:

I – para documentos particulares, qualquer meio de comprovação da autoria, integridade e, se necessário, confidencialidade de documentos em forma eletrônica é válido, desde que escolhido de comum acordo pelas partes ou aceito pela pessoa a quem for oposto o documento; e

II – independentemente de aceitação, o processo de digitalização que empregar o uso da certificação no padrão da Infraestrutura de Chaves Públicas Brasileira (ICP-Brasil) terá garantia de integralidade, autenticidade e confidencialidade para documentos públicos e privados.

Art. 19. Ficam revogados:

I – a Lei Delegada nº 4, de 26 de setembro de 1962;

II – os seguintes dispositivos do Decreto-Lei nº 73, de 21 de novembro de 1966:

a) inciso III do *caput* do art. 5º; e
b) inciso X do *caput* do art. 32;

III – a Lei nº 11.887, de 24 de dezembro de 2008;

IV – VETADO;

V – os seguintes dispositivos da Consolidação das Leis do Trabalho, aprovada pelo Decreto-Lei nº 5.452, de 1º de maio de 1943:

a) art. 17;
b) art. 20;
c) art. 21;
d) art. 25;
e) art. 26;
f) art. 30;
g) art. 31;
h) art. 32;
i) art. 33;
j) art. 34;
k) inciso II do art. 40;
l) art. 53;
m) art. 54;
n) art. 56;
o) art. 141;
p) parágrafo único do art. 415;
q) art. 417;
r) art. 419;
s) art. 420;
t) art. 421;
u) art. 422; e
v) art. 633;

VI – os seguintes dispositivos da Lei nº 8.934, de 18 de novembro de 1994:

a) parágrafo único do art. 2º;
b) inciso VIII do *caput* do art. 35;
c) art. 43; e
d) parágrafo único do art. 47.

Art. 20. Esta Lei entra em vigor:

I – VETADO;

II – na data de sua publicação, para os demais artigos.

Brasília, 20 de setembro de 2019;
198º da Independência e
131º da República.

Jair Messias Bolsonaro

DECRETO Nº 10.088, DE 5 DE NOVEMBRO DE 2019

Consolida atos normativos editados pelo Poder Executivo Federal que dispõem sobre a promulgação de convenções e recomendações da Organização Internacional do Trabalho – OIT ratificadas pela República Federativa do Brasil.

▸ Publicado no *DOU* de 6-11-2019 e retificado no *DOU* de 4-12-2019, edição extra – A.

Capítulo I

DISPOSIÇÕES PRELIMINARES

Art. 1º Este Decreto consolida, na forma de seus anexos, os atos normativos editados pelo Poder Executivo federal que dispõem sobre a promulgação de convenções e recomendações da Organização Internacional do Trabalho – OIT ratificadas pela República Federativa do Brasil e em vigor, em observância ao disposto na Lei Complementar nº 95, de 26 de fevereiro de 1998, e no Decreto nº 9.191, de 1º de novembro de 2017.

Capítulo II

DAS CONVENÇÕES E DAS RECOMENDAÇÕES

Art. 2º As convenções e recomendações da OIT, aprovadas pelo Congresso Nacional, promulgadas por ato do Poder Executivo federal e consolidadas por este Decreto estão reproduzidas integralmente nos Anexos, em ordem cronológica de promulgação, da seguinte forma:

I – Anexo I – Convenção nº 6 da OIT relativa ao trabalho noturno das crianças na indústria (adotada por ocasião da Conferência de Washington, convocada pelo Governo dos Estados Unidos da América, em 29 de outubro de 1919; aprovada por Ato do Chefe do Governo Provisório, de 27 de março de 1934; ratificado em 27 de março de 1934; instrumento de ratificação depositado nos arquivos do Secretariado Geral da Liga das Nações, em 26 de abril do mesmo ano; e promulgada em 12 de novembro de 1935);

II – Anexo II – Convenção nº 42 da OIT concernente à indenização das moléstias profissionais (revista em 1934; firmada em Genebra, em 4 de junho de 1934, na 18ª sessão da Conferência Geral da Organização Internacional do Trabalho; aprovada pelo Decreto Legislativo nº 9, de 22 de dezembro de 1935; instrumento de ratificação depositado no Secretariado da Liga das Nações, em 8 de junho de 1936; e promulgada em 12 de janeiro de 1937);

III – Anexo III – Convenção nº 16 da OIT relativa ao exame médico obrigatório das crianças e menores empregados a bordo dos vapores (firmada por ocasião da 3ª sessão da Conferência Geral da Organização Internacional do Trabalho, reunida em Genebra, em 25 de outubro de 1921; aprovada pelo Decreto Legislativo nº 9, de 22 de dezembro de 1935; instrumento de ratificação depositado no Secretariado da Liga das Nações, em 8 de junho de 1936; e promulgada em 19 de janeiro de 1937);

IV – Anexo IV – Convenção nº 45 da OIT relativa ao emprego das mulheres nos trabalhos subterrâneos nas minas de qualquer categoria (firmada em Genebra em 18 de julho de 1935, por ocasião da 19ª sessão da Conferência Internacional do Trabalho, que se reuniu na mesma cidade, de 4 a 25 de junho de 1935; aprovada pelo Decreto-Lei nº 482, de 8 de junho de 1938; ratificado em 21 de julho de 1938; instrumento de ratificação depositado no Secretariado da Liga das Nações em 22 de setembro de 1938; e promulgada em 3 de novembro de 1938);

V – Anexo V – Convenção nº 53 da OIT relativa ao mínimo de capacidade profissional dos capitães e oficiais da marinha mercante (firmada em Genebra, em 24 de outubro de 1936, por ocasião da 21ª sessão da Conferência Internacional do Trabalho, reunida na mesma cidade de 6 a 24 de outubro de 1936; aprovada pelo Decreto-Lei nº 477, de 8 de junho de 1938; ratificada em 16 de agosto de 1938; instrumento de ratificação depositado no Secretariado da Liga das Nações, em 12 de outubro de 1938; e promulgada em 30 de novembro de 1938);

VI – Anexo VI – Emenda da Constituição da Organização Internacional do Trabalho, 1946 e a Convenção nº 80 da OIT, sobre a Revisão dos Artigos Finais, 1946 (firmadas pelo Brasil e diversos países, em Montreal, em 9 de outubro de 1946, por ocasião da 29ª sessão da Conferência Geral da Organização Internacional do Trabalho; aprovadas pelo Decreto Legislativo nº 5, de 26 de agosto de 1947; instrumento de ratificação depositado junto à Organização Internacional do Trabalho, em 13 de abril de 1948; e promulgadas em 20 de outubro de 1948);

VII – Anexo VII – Convenção nº 98 da OIT, relativa à Aplicação dos Princípios do Direito de Organização e de Negociação Coletiva (adotada em Genebra, em 1º de julho de 1949, por ocasião da XXXII Sessão da Conferência Internacional do Trabalho; aprovada pelo Decreto Legislativo nº 49, de 27 de agosto de 1952; instrumento de ratificação depositado na sede da Organização Internacional do Trabalho, em 18 de novembro de 1952; e promulgada em 29 de junho de 1953);

VIII – Anexo VIII – Convenção nº 92 da OIT, relativa ao alojamento da tripulação a bordo (adotada em Genebra, em 18 de junho de 1949, por ocasião da XXXII Sessão da Conferência Internacional do Trabalho; aprovada pelo Decreto Legislativo nº 71, de 1º de outubro de 1953; ratificada pelo Brasil, por Carta de 3 de maio de 1954; depositado o instrumento brasileiro de ratificação junto ao Bureau Internacional do Trabalho em 8 de junho de 1954; e promulgada em 22 de outubro de 1954);

IX – Anexo IX – Convenção nº 11 da OIT concernente aos Direitos de Associação e de União dos Trabalhadores Agrícolas (adotada na Terceira Conferência de Genebra, a 12 de novembro de 1921 e modificada pela Convenção de Revisão dos artigos finais, de 1946; aprovada pelo Decreto Legislativo nº 24, de 29 de maio de 1956; e promulgada em 25 de junho de 1957);

X – Anexo X – Convenção nº 12 da OIT concernente à Indenização por Acidentes no Trabalho na Agricultura (adotada pela Conferência na sua Terceira Sessão – Genebra, novembro de 1921, com as modificações da Convenção de Revisão dos artigos finais, de 1946; aprovada pelo Decreto Legislativo nº 24, de 29 de maio de 1956; e promulgada em 25 de junho de 1957);

XI – Anexo XI – Convenção nº 14 da OIT concernente à Concessão do Repouso Semanal nos Estabelecimentos Industriais (adotada na Terceira Sessão da Conferência de Genebra, em 17 de novembro de 1921, com as modificações finais, de 1946; aprovada pelo Decreto Legislativo nº 24, de 29 de maio de 1956; e promulgada em 25 de junho de 1957);

XII – Anexo XII – Convenção nº 19 da OIT concernente à Igualdade de Tratamento dos Trabalhadores Estrangeiros e Nacionais em Matéria de Indenização por Acidentes no Trabalho (adotada pela Conferência em sua Sétima Sessão, Genebra, 5 de junho de 1925, com as modificações da Convenção de Revisão dos artigos finais, de 1946; aprovada pelo Decreto Legislativo nº 24, de 29 de maio de 1956; e promulgada em 25 de junho de 1957);

XIII – Anexo XIII – Convenção nº 26 da OIT concernente à Instituição de Métodos de Fixação de Salários Mínimos (adotada pela Conferência em sua Décima Primeira Sessão, Genebra, 16 de junho de 1928; aprovada pelo Decreto Legislativo nº 24, de 29 de maio de 1956; e promulgada em 25 de junho de 1957);

XIV – Anexo XIV – Convenção nº 29 da OIT concernente a Trabalho Forçado ou Obrigatório (adotada pela Conferência em sua Décima Quarta Sessão, Genebra, 28 de junho de 1930, com as modificações da Convenção de Revisão dos artigos finais, de 1946; aprovada pelo Decreto Legislativo nº 24, de 29 de maio de 1956; e promulgada em 25 de junho de 1957);

XV – Anexo XV – Convenção nº 81 da OIT concernente à Inspeção do Trabalho na Indústria e no Comércio (adotada pela Conferência em sua Trigésima Sessão, Genebra, de 19 de junho de 1947; aprovada pelo Decreto Legislativo nº 24, de 29 de maio de 1956; e promulgada em 25 de junho de 1957);

XVI – Anexo XVI – Convenção nº 88 da OIT concernente à Organização do Serviço de Emprego (adotada pela Conferência em sua Trigésima Primeira Sessão – São Francisco, 17 de junho de 1948; aprovada pelo Decreto Legislativo nº 24, de 29 de maio de 1956; e promulgada em 25 de junho de 1957);

XVII – Anexo XVII – Convenção nº 89 da OIT relativa ao Trabalho Noturno das Mulheres Ocupadas na Indústria (revista em 1948; adotada pela Conferência em sua Trigésima Sessão – São Francisco, 17 de junho de 1948; aprovada pelo Decreto Legislativo nº 24, de 29 de maio de 1956; e promulgada em 25 de junho de 1957);

XVIII – Anexo XVIII – Convenção nº 95 da OIT concernente à Proteção do Salário (adotada pela Conferência em sua Trigésima Segunda Sessão, Genebra, 1º de junho de 1940; aprovada pelo Decreto Legislativo nº 24, de 29 de maio de 1956; e promulgada em 25 de junho de 1957);

XIX – Anexo XIX – Convenção nº 99 da OIT concernente aos Métodos de Fixação de Salário Mínimo na agricultura (adotada pela Conferência em sua Trigésima Quarta Sessão, em Genebra, 28 de junho de 1951; aprovada pelo Decreto Legislativo nº 24, de 29 de maio de 1956; e promulgada em 25 de junho de 1957);

XX – Anexo XX – Convenção nº 100 da OIT concernente à Igualdade de Remuneração para a Mão de Obra Masculina e a Mão de Obra Feminina por um Trabalho de Igual Valor (adotada pela Conferência em sua Trigésima Quarta Sessão, em Genebra, 29 de junho 1951; aprovada pelo Decreto Legislativo nº 24, de 29 de maio de 1956; e promulgada em 25 de junho de 1957);

XXI – Anexo XXI – Convenção nº 22 da OIT concernente ao contrato de engajamento de marinheiros (adotada em Genebra, em 24 de junho de 1926, por ocasião da nona sessão da Conferência Geral da Organização Internacional do Trabalho e modificada pela Convenção sobre a revisão dos artigos finais, de 1946; aprovada pelo Decreto Legislativo nº 20, de 1965; entrada em vigor, para o Brasil, de conformidade com seu artigo 17, § 3º, em 18 de junho de 1965, data em que foi registrada a ratificação brasileira na Repartição Internacional do Trabalho; e promulgada em 14 de julho de 1966);

XXII – Anexo XXII – Convenção nº 94 da OIT sobre as cláusulas de trabalho nos contratos firmados por autoridade pública (adotada em Genebra, em 29 de junho de 1949, por ocasião da trigésima segunda sessão da Conferência Geral da Organização Internacional do Trabalho; aprovada pelo Decreto Legislativo nº 20, de 30 de abril de 1965; entrada em vigor, para o Brasil, de conformidade com seu Artigo 11, parágrafo 3º, em 18 de junho de 1966, isto é, doze meses após a data em que foi registrada a ratificação brasileira na Repartição Internacional do Trabalho, o que se efetuou em 18 de junho de 1965; e promulgada em 14 de julho de 1966);

XXIII – Anexo XXIII – Convenção nº 97 da OIT sobre os trabalhadores migrantes (revista; adotada em Genebra, em 1º de julho de 1949, por ocasião da trigésima segunda sessão da Conferência Geral da Organização Internacional do Trabalho; aprovada pelo Decreto Legislativo nº 20, de 30 de abril de 1965; entrada em vigor, para o Brasil, de conformidade com o seu Artigo 13, parágrafo 3º, em 18 de junho de 1966, isto é, doze meses após a data do registro da ratificação brasileira na Repartição Internacional do Trabalho, o que se efetuou em 18 de junho de 1965; e promulgada em 14 de julho de 1966);

XXIV – Anexo XXIV – Convenção nº 103 da OIT relativa ao amparo à maternidade (revista em 1952; adotada em Genebra em 28 de junho de 1952, por ocasião da Trigésima Quinta Sessão da Conferência Geral da Organização Internacional do Trabalho; com reservas dos incisos b e c do parágrafo 1º do Artigo VII; aprovada pelo Decreto Legislativo nº 20, de 30 de abril de 1965; entrada em vigor, para o Brasil, de conformidade com seu Artigo 9º, parágrafo 3º, em 18 de junho de 1966, isto é, doze meses após a data do registro da ratificação brasileira na Repartição Internacional de Trabalho, o que se efetuou em 18 de junho de 1965; e promulgada em 14 de julho de 1966);

XXV – Anexo XXV – Convenção nº 105 da OIT concernente à abolição do trabalho forçado (adotada em Genebra, em 25 de junho de 1957, por ocasião da quadragésima sessão da Conferência Internacional do Trabalho; aprovada pelo Decreto Legislativo nº 20, de 30 de abril de 1965; entrada em vigor para o Brasil, de conformidade com seu Artigo 4º, § 3º em 18 de junho de 1966, isto é, doze meses após a data do registro da ratificação brasileira na Repartição Internacional do Trabalho, o que se efetuou em 18 de junho de 1965; e promulgada em 14 de julho de 1966);

XXVI – Anexo XXVI – Convenção nº 106 da OIT, relativa ao repouso semanal no comércio e nos escritórios (adotada em Genebra, em 26 de junho de 1957, por ocasião da quadragésima sessão da Conferência Geral da Organização Internacional do Trabalho; com reserva ao inciso b do parágrafo 1º do Artigo 3º; aprovada pelo Decreto Legislativo nº 20, de 30 de abril de 1965; entrada em vigor, para o Brasil, de conformidade com seu artigo 15, parágrafo 3º em 18 de junho de 1966, isto é, doze meses após a data do registro da ratificação brasileira na Repartição Internacional do Trabalho, o que se efetuou em 18 de junho de 1965; e promulgada em 14 de julho de 1966);

XXVII – Anexo XXVII – Convenção nº 113 da OIT relativa ao exame médico dos pescadores (adotada em Genebra em 19 de junho de 1959, por ocasião da quadragésima terceira sessão da Conferência Geral da Organização Internacional do Trabalho; aprovada pelo Decreto Legislativo nº 27, de 5 de agosto de 1964; entrada em vigor, para o Brasil, de conformidade com seu Artigo 7º, parágrafo 3º, em 1º de março de 1966, isto é, doze meses após o registro da ratificação brasileira na Repartição Internacional do Trabalho, o que se efetuou em 1º de março de 1965; e promulgada em 14 de julho de 1966);

XXVIII – Anexo XXVIII – Convenção nº 111 da OIT sobre Discriminação em Matéria de Emprego e Profissão (adotada pela Conferência Internacional do Trabalho em sua quadragésima segunda sessão, em 25 de junho de 1958; aprovada pelo Decreto Legislativo nº 104, de 24 de novembro de 1964; entrada em vigor, em relação ao Brasil, de conformidade com o artigo 8, parágrafo 3º, em 26 de novembro de 1966, isto é, doze meses após o registro do instrumento brasileiro de ratificação efetuado pela Repartição Internacional do Trabalho em 26 de novembro de 1965; e promulgada em 19 de janeiro de 1968);

XXIX – Anexo XXIX – Convenção nº 115 da OIT relativa à Proteção dos Trabalhadores contra as Radiações Ionizantes (adotada pela Conferência Internacional do Trabalho, em 22 de junho de

1960, por ocasião da sua quadragésima quarta sessão; aprovada pelo Decreto Legislativo nº 2, de 7 de abril de 1964; entrada em vigor, em relação ao Brasil, em 5 de setembro de 1967, isto é, doze meses após o instrumento brasileiro de ratificação haver sido registrado pela Repartição Internacional do Trabalho, em 5 de setembro de 1966; e promulgada em 19 de janeiro de 1968);

XXX – Anexo XXX – Convenção nº 116 da OIT sobre revisão dos artigos finais (adotada pela Conferência Internacional do Trabalho, em 26 de junho de 1961, por ocasião da sua Quadragésima Quinta Sessão; aprovada pelo Decreto Legislativo nº 2, de 7 de abril de 1964; registrado o instrumento brasileiro de ratificação pela Repartição Internacional do Trabalho em 5 de setembro de 1965; e promulgada em 19 de janeiro de 1968);

XXXI – Anexo XXXI – Convenção nº 117 da OIT sobre objetivos e normas básicas da política social (adotada pela Conferência Geral da Organização Internacional do Trabalho, em sua quadragésima sessão, em 22 de junho de 1962; aprovada pelo Decreto Legislativo nº 65, de 30 de novembro de 1969; entrada em vigor, para o Brasil, de conformidade com seu artigo 18, parágrafo 3º, em 24 de março de 1970, doze meses após o registro da ratificação brasileira na Repartição Internacional do Trabalho, realizado a 24 de março de 1969; e promulgada em 27 de abril de 1970);

XXXII – Anexo XXXII – Convenção nº 118 da OIT sobre Igualdade de Tratamento dos Nacionais e Não Nacionais em matéria de Previdência Social (adotada pela Conferência da Organização Internacional do Trabalho, em sua quadragésima sexta sessão, em 30 de junho de 1962; aprovada pelo Decreto Legislativo nº 31, de 20 de agosto de 1968; entrada em vigor, para o Brasil, de conformidade com seu artigo 15, parágrafo 3º, em 24 de março de 1970, doze meses após o registro da ratificação brasileira na Repartição Internacional do Trabalho, realizado em 24 de março de 1969; e promulgada em 27 de abril de 1970);

XXXIII – Anexo XXXIII – Convenção nº 120 da OIT sobre a Higiene no Comércio e nos Escritórios (adotada pela Conferência Geral da Organização Internacional do Trabalho, em sua quadragésima oitava sessão, em 8 de julho de 1964; aprovada pelo Decreto Legislativo nº 30, de 20 de agosto de 1968; entrada em vigor, para o Brasil, de conformidade com o artigo 21, parágrafo 3º, em 24 de março de 1970, doze meses após o registro da ratificação brasileira pela Repartição Internacional do Trabalho, realizado em 24 de março de 1969; e promulgada em 27 de abril de 1970);

XXXIV – Anexo XXXIV – Convenção nº 122 da OIT sobre Política de Emprego (adotada pela Conferência Geral da Organização Internacional do Trabalho, em sua quadragésima oitava sessão, em 9 de julho de 1964; aprovada pelo Decreto Legislativo nº 61, de 30 de novembro de 1966; entrada em vigor, para o Brasil, de conformidade com seu Artigo 5º, parágrafo 3º, em 24 de março de 1970, doze meses após o registro da ratificação brasileira pela Repartição Internacional do Trabalho, realizado em 24 de março de 1969; e promulgada em 27 de abril de 1970);

XXXV – Anexo XXXV – Convenção nº 127 da OIT relativa ao peso máximo das cargas que podem ser transportadas por um só trabalhador (adotada em 30 de junho de 1967, por ocasião da quinquagésima primeira Organização Internacional do Trabalho; aprovada pelo Decreto-lei nº 662, de 30 de junho de 1969; registrado o instrumento brasileiro de ratificação na Repartição Internacional do Trabalho em 21 de agosto de 1970; entrada em vigor, para o Brasil, a partir de 21 de agosto de 1971, de conformidade com o disposto no seu artigo X, parágrafo 3; e promulgada em 5 de outubro de 1970);

XXXVI – Anexo XXXVI – Convenção nº 125 da OIT sobre certificados de capacidade dos pescadores (adotada em 24 de junho de 1966, por ocasião da quinquagésima sessão da Conferência Geral da Organização Internacional do Trabalho; aprovada pelo Decreto-lei 663, de 30 de junho de 1969; registrado o instrumento brasileiro de ratificação na Repartição Internacional do Trabalho em 21 de agosto de 1970; entrada em vigor, para o Brasil, a partir de 21 de agosto de 1971, de conformidade com o disposto no seu artigo 17, § 3º; e promulgada em 5 de outubro de 1970);

XXXVII – Anexo XXXVII – Convenção nº 124 da OIT concernente ao exame médico para determinação da aptidão dos adolescentes a emprego em trabalhos subterrâneos nas minas (adotada em 24 de junho de 1965, por ocasião da quadragésima nona sessão da Conferência Geral da Organização Internacional do Trabalho; aprovada pelo Decreto-lei nº 664, de 30 de junho de 1969; registrado o instrumento brasileiro de ratificação na Repartição Internacional do Trabalho em 21 de agosto de 1970; entrada em vigor, para o Brasil, a partir de 21 de agosto de 1971, de conformidade com o disposto no seu Artigo VII, parágrafo 3; e promulgada em 5 de outubro de 1970);

XXXVIII – Anexo XXXVIII – Convenção nº 131 da OIT sobre a Fixação de Salários Mínimos, com Referência Especial aos Países em Desenvolvimento (adotada em Genebra, em 22 de junho de 1970, durante a quinquagésima quarta sessão da Conferência Geral Organização Internacional do Trabalho; aprovada pelo Decreto Legislativo nº 110, de 30 de novembro de 1982; depositado o instrumento de ratificação à referida Convenção pela República Federativa do Brasil em Genebra, em 4 de maio de 1983; entrada em vigor em 4 de maio de 1984, na forma de seu Artigo 8º, item3; e promulgada em 22 de maio de 1984);

XXXIX – Anexo XXXIX – Convenção nº 148 da OIT sobre a Proteção dos Trabalhadores Contra os Riscos Profissionais devidos à contaminação do ar, ao ruído e às vibrações no local de trabalho (assinada em Genebra, em 1º de junho de 1977; aprovada pelo Decreto Legislativo nº 56, de 9 de outubro de 1981; depositados os instrumentos de ratificação pelo Brasil em 14 de janeiro de 1982; entrada em vigor, para o Brasil, em 14 de janeiro de 1983; e promulgada em 15 de outubro de 1986);

XL – Anexo XL – Convenção nº 142 da OIT relativa à Orientação Profissional e a Formação Profissional no Desenvolvimento de Recursos Humanos (adotada em Genebra, aos 23 de junho de 1975; aprovada pelo Decreto Legislativo nº 46, de 23 de setembro de 1981; entrada em vigor, no Brasil, em 24 de novembro de 1982, na forma de seu art. 7º, alínea 3; e promulgada em 21 de dezembro de 1989);

XLI – Anexo XLI – Convenção nº 152 da OIT relativa à Segurança e Higiene nos Trabalhos Portuários (assinada em Genebra, em 25 de junho de 1979; aprovada pelo Decreto Legislativo nº 84, de 11 de dezembro de 1989; ratificada pelo Brasil em 17 de maio de 1990; tendo entrado em vigor na forma de seu art. 45 e seus parágrafos; e promulgada em 19 de setembro de 1990);

XLII – Anexo XLII – Convenção nº 162 da OIT sobre a Utilização do Asbesto com Segurança (concluída em Genebra, em 4 de junho de 1986; aprovada pelo Decreto Legislativo nº 51, de 25 de agosto de 1989; depositada a Carta de Ratificação da Convenção em 18 de maio de 1990; entrada em vigor, para o Brasil, em 18 de maio de 1991, na forma de seu artigo 24, § 3; e promulgada em 22 de maio de 1991);

XLIII – Anexo XLIII – Convenção nº 161 da OIT relativa aos Serviços de Saúde do Trabalho (concluída em Genebra, em 7 de junho de 1985; aprovada pelo Decreto Legislativo nº 86, de 14 de dezembro de 1989; depositada a Carta de Ratificação da Convenção em 18 de maio de 1990; entrada em vigor, para o Brasil, em 18 de maio de 1991, na forma de seu artigo 18, item 3; e promulgada em 22 de maio de 1991);

XLIV – Anexo XLIV – Convenção nº 145 da OIT sobre a Continuidade do Emprego da Gente do Mar (concluída em Genebra, em 28 de outubro de 1976; aprovada pelo Decreto Legislativo nº 66, de 31 de outubro de 1989; depositada a Carta de Ratificação da Convenção em 18 de maio de 1990; entrada em vigor, para o Brasil, em 18 de maio de 1991, na forma de seu Artigo 9º, parágrafo 3; e promulgada em 22 de maio de 1991);

XLV – Anexo XLV – Convenção nº 159 da OIT sobre Reabilitação Profissional e Emprego de Pessoas Deficientes (concluída em Genebra, em 1º de junho de 1983; aprovada pelo Decreto Legislativo nº 51, de 25 de agosto de 1989; depositada a Carta de Ratificação da Convenção em 18 de maio de 1990; entrada em vigor, para o Brasil, em 18 de maio de 1991, na forma se seu Artigo 11, parágrafo 3; e promulgada em 22 de maio de 1991);

XLVI – Anexo XLVI – Convenção nº 135 da OIT sobre a Proteção de Representantes de Trabalhadores (concluída em Genebra, em 23 de junho de 1971; aprovada pelo Decreto Legislativo nº 86, de 14 de dezembro de 1989; depositada a Carta de Ratificação da Convenção em 18 de maio de 1990; entrada em vigor, para o Brasil, em 18 de maio de 1991, na forma de seu Artigo 8º, parágrafo 3; e promulgada em 22 de maio de 1991);

XLVII – Anexo XLVII – Convenção nº 139 da OIT sobre a Prevenção e o Controle de Riscos Profissionais causados pelas Substâncias ou Agentes Cancerígenos (concluída em Genebra, em 24 de junho de 1974; aprovada pelo Decreto Legislativo nº 3, de 7 de maio de 1990; depositada a Carta de Ratificação da Convenção em 27 de junho de 1990; entrada em vigor, para o Brasil, em 27 de junho de 1991, na forma de seu Artigo 8º, parágrafo 3; e promulgada em 2 de julho de 1991);

XLVIII – Anexo XLVIII – Convenção nº 160 da OIT sobre Estatísticas do Trabalho (concluída em Genebra, em 7 de junho de 1985; aprovada parcialmente, abrangendo apenas as obrigações derivadas dos artigos 7, 8, 9, 10, 12, 13 e 15 da Parte II, por meio do Decreto Legislativo nº 51, de 25 de agosto de 1989; depositada a Carta de Ratificação da Convenção em 2 de julho de 1990; entrada em vigor, para o Brasil, em 2 de julho de 1991, na forma de seu artigo 20, parágrafo 3; e promulgada em 2 de julho de 1991);

XLIX – Anexo XLIX – Convenção nº 147 da OIT sobre Normas Mínimas da Marinha Mercante (adotada em Genebra, em 1976, durante a 62ª Sessão da Conferência Internacional do Trabalho; aprovada pelo Decreto Legislativo nº 33, de 25 de outubro de 1990; depositada a Carta de Ratificação da Convenção em 17 de janeiro de 1991; entrada em vigor, para o Brasil, em 17 de janeiro de 1992, na forma de seu Artigo 6º, parágrafo 3; e promulgada em 7 de fevereiro de 1992);

L – Anexo L – Convenção nº 136 da OIT sobre a Proteção contra os Riscos de Intoxicação Provocados pelo Benzeno (assinada em Genebra, em 30 de junho de 1971; aprovada pelo Decreto Legislativo nº 76, de 19 de novembro de 1992; depositada a Carta de Ratificação do instrumento em 24 de março de 1993; entrada em vigor internacional em 27 de julho de 1973 e, para o Brasil, em 24 de março de 1994, na forma do seu art. 16; e promulgada em 27 de setembro de 1994);

LI – Anexo LI – Convenção nº 155 da OIT sobre Segurança e Saúde dos Trabalhadores e o Meio Ambiente de Trabalho (concluída em Genebra, em 22 de junho de 1981; aprovada pelo Decreto Legislativo nº 2, de 17 de março de 1992; depositada a Carta de Ratificação em 18 de maio de 1992; entrada em vigor internacional em 11 de agosto de 1983 e, para o Brasil, em 18 de maio de 1993, na forma de seu artigo 24; e promulgada em 29 de setembro de 1994);

LII – Anexo LII – Convenção nº 119 da OIT sobre Proteção das Máquinas (concluída em Genebra, em 25 de junho de 1963; aprovada pelo Decreto Legislativo nº 232, de 16 de dezembro de 1991; depositada a Carta de Ratificação em 16 de abril de 1992; entrada em vigor internacional em 21 de abril de 1965 e, para o Brasil, em 16 de abril de 1993, na forma do seu art. 19; e promulgada em 29 de setembro de 1994);

LIII – Anexo LIII – Convenção nº 154 da OIT sobre o Incentivo à Negociação Coletiva (concluída em Genebra, em 19 de junho de 1981; aprovada pelo Decreto Legislativo nº 22, de 12 de maio de 1992; depositada a Carta de Ratificação em 10 de julho de 1992; entrada em vigor internacional em 11 de agosto de 1983 e, para o Brasil, em 10 de julho de 1993, na forma do seu Artigo 11; e promulgada em 29 de setembro de 1994);

LIV – Anexo LIV – Convenção nº 133 da OIT sobre Alojamento a Bordo de Navios (concluída em Genebra, em 30 de outubro de 1970; aprovada pelo Decreto Legislativo nº 222, de 12 de dezembro de 1991; depositada a Carta da Ratificação em 16 de abril de 1992; entrada em vigor internacional em 27 de agosto de 1991 e, para o Brasil, em 16 de outubro de 1992, na forma do seu artigo 15; e promulgada em 29 de setembro de 1994);

LV – Anexo LV – Convenção nº 140 da OIT sobre Licença Remunerada para Estudos (concluída em Genebra, em 24 de junho de 1974; aprovada pelo Decreto Legislativo nº 234, de 16 de dezembro de 1991; depositada a Carta de Ratificação em 16 de abril de 1992, entrada em vigor internacional em 23 de setembro de 1976, para o Brasil, em 16 de abril de 1993, na forma do seu Artigo 13; e promulgada em 29 de setembro de 1994);

LVI – Anexo LVI – Convenção nº 137 da OIT sobre as Repercussões Sociais dos Novos Métodos de Processamento de Carga nos Portos (assinada em Genebra, em 27 de junho de 1973; aprovada pelo Decreto Legislativo nº 29, de 22 de dezembro de 1993; depositada a Carta de Ratificação em 12 de agosto de 1994; entrada em vigor internacional em 24 de julho de 1975 e, para o Brasil, em 12 de agosto de 1995, na forma de seu Artigo 9º; e promulgada em 31 de julho de 1995);

LVII – Anexo LVII – Convenção nº 141 da OIT relativa às Organizações de Trabalhadores Rurais e sua Função no Desenvolvimento Econômico e Social (adotada em Genebra, em 23 de junho de 1975; aprovada pelo Decreto Legislativo nº 5, de 1º de abril de 1993; depositada a Carta de Ratificação em 27 de setembro de 1994; entrada em vigor internacional em 24 de novembro de 1977 e, para o Brasil, em 27 de setembro de 1995, na forma de seu Artigo 8º; e promulgada em 17 de novembro de 1995);

LVIII – Anexo LVIII – Convenção nº 126 da OIT sobre Alojamento a Bordo dos Navios de Pesca (concluída em Genebra, em 21 de junho de 1966; aprovada pelo Decreto Legislativo nº 10, de 9 de fevereiro de 1994; depositada a Carta de Ratificação em 12 de abril de 1994; entrada em vigor internacional em 6 de novembro de 1968 e, para o Brasil, em 12 de abril de 1995, na forma de seu artigo 20; e promulgada em 16 de dezembro de 1997);

LIX – Anexo LIX – Convenção nº 144 da OIT sobre Consultas Tripartites para Promover a Aplicação das Normas Internacionais do Trabalho (adotada em Genebra, em 21 de junho de 1976; aprovada pelo Decreto Legislativo nº 6, de 1º de junho de 1989; depositado o instrumento de ratificação em 27 de setembro de 1994; entrada em vigor, para o Brasil, em 27 de setembro de 1995; na forma de seu Artigo 8º; e promulgada em 12 de março de 1998);

LX – Anexo LX – Convenção nº 170 da OIT relativa à Segurança na Utilização de Produtos Químicos no Trabalho (assinada em Genebra, em 25 de junho de 1990; aprovada pelo Decreto Legislativo nº 67, de 4 de maio de 1995; depositado o instrumento de ratificação da Emenda em 23 de dezembro de 1996; entrada em vigor internacional em 4 de novembro de 1993 e, para o Brasil, em 22 de dezembro de 1997; e promulgada em 3 de julho de 1998);

LXI – Anexo LXI – Convenção nº 163 da OIT sobre o Bem-Estar dos Trabalhadores Marítimos no Mar e no Porto (assinada em Genebra, em 8 de outubro de 1987; aprovada pelo Decreto Legislativo nº 74, de 16 de agosto de 1996; depositado o instrumento de ratificação em 4 de março de 1997; entrada em vigor internacional em 3 de outubro de 1990 e, para o Brasil, em 3 de março de 1998; e promulgada em 15 de julho de 1998);

LXII – Anexo LXII – Convenção nº 166 da OIT sobre a Repatriação dos Trabalhadores Marítimos (revisada; assinada em Genebra, em 9 de outubro de 1987; aprovada pelo Decreto Legislativo nº 74, de 16 de agosto de 1996; depositado o instrumento de ratificação em 4 de março de 1997; entrada em vigor internacional em 3 de julho de 1991 e, para o Brasil, em 3 de março de 1998; e promulgada em 15 de julho de 1998);

LXIII – Anexo LXIII – Convenção nº 164 da OIT sobre a Proteção da Saúde e a Assistência Médica aos Trabalhadores Marítimos (assinada em Genebra, em 8 de outubro de 1987; aprovada pelo Decreto Legislativo nº 74, de 16 de agosto de 1996; depositado o instrumento de ratificação em 4 de março de 1997; entrada em vigor internacional em 11 de janeiro de 1991 e, para o Brasil, em 3 de março de 1998; e promulgada em 15 de julho de 1998);

LXIV – Anexo LXIV – Convenção nº 168 da OIT relativa à Promoção do Emprego e a Proteção contra o Desemprego (assinada em Genebra, em 1º de junho de 1988; aprovada pelo Decreto Legislativo nº 89, de 10 de dezembro de 1992; depositado o instrumento de ratificação em 24 de março de 1993; entrada em vigor internacional em 17 de outubro de 1991 e, para o Brasil, em 23 de março de 1994; e promulgada em 21 de julho de 1998);

LXV – Anexo LXV – Convenção nº 146 da OIT sobre Férias Remuneradas Anuais da Gente do Mar (concluída em Genebra, em 29 de outubro de 1976; aprovada pelo Decreto Legislativo nº 48, de 27 de novembro de 1990; depositado o Instrumento de Ratificação em 24 de setembro de 1998; entrada em vigor internacional em 13 de junho de 1979 e, para o Brasil, em 24 de setembro de 1999; e promulgada em 14 de setembro de 1999);

LXVI – Anexo LXVI – Convenção nº 132 da OIT sobre Férias Anuais Remuneradas (revista em 1970; concluída em Genebra, em 24 de junho de 1970; aprovada pelo Decreto Legislativo nº 47, de 23 de setembro de 1981; depositado o Instrumento de Ratificação em 23 de setembro de 1998; entrada em vigor internacional em 30 de junho de 1973 e, para o Brasil, em 23 de setembro de 1999; e promulgada em 5 de outubro de 1999);

LXVII – Anexo LXVII – Convenção nº 134 da OIT sobre Prevenção de Acidentes de Trabalho dos Marítimos (concluída em Genebra, em 30 de outubro de 1970; aprovada pelo Decreto Legislativo nº 43, de 10 de abril de 1995; depositado o Instrumento de Ratificação em 25 de julho de 1996; entrada em vigor internacional em 17 de fevereiro de 1973 e, para o Brasil, em 25 de julho de 1997, nos termos do § 3º de seu art. 12; e promulgada em 17 de novembro de 1999);

LXVIII – Anexo LXVIII – Convenção nº 182 e a Recomendação nº 190 da OIT sobre a Proibição das Piores formas de trabalho infantil e a ação imediata para sua eliminação (concluídas em Genebra, em 17 de junho de 1999; aprovadas pelo Decreto Legislativo nº 178, de 14 de dezembro de 1999; depositado o Instrumento de

Ratificação em 2 de fevereiro de 2000; entrada em vigor, para o Brasil, em 2 de fevereiro de 2001, nos termos do parágrafo 3º de seu Artigo 10; e promulgada em 12 de setembro de 2000);

LXIX – Anexo LXIX – Convenção nº 174 e, seu complemento, a Recomendação nº 181 da OIT sobre a Prevenção de Acidentes Industriais Maiores (concluídas em Genebra, em 2 de junho de 1993; aprovadas pelo Decreto Legislativo nº 246, de 28 de junho de 2001; entrada em vigor, para o Brasil, em 2 de agosto de 2002, nos termos do parágrafo 3º de seu artigo 24; e promulgadas em 15 de janeiro de 2002);

LXX – Anexo LXX – Convenção nº 138 da OIT sobre Idade Mínima de Admissão ao Emprego, complementada pela Recomendação nº 146 (adotadas em Genebra, em 26 de junho de 1973; aprovadas pelo Decreto Legislativo nº 179, de 14 de dezembro de 1999; entrada em vigor, para o Brasil, em 28 de junho de 2002, nos termos do parágrafo 3, de seu art. 12; e promulgadas em 15 de fevereiro de 2002);

LXXI – Anexo LXXI – Convenção nº 171 da OIT relativa ao Trabalho Noturno (adotada em Genebra, em 26 de junho de 1990; aprovada pelo Decreto Legislativo nº 270, de 13 de novembro de 2002; depositado o instrumento de ratificação junto à Diretoria-Geral da Repartição Internacional do Trabalho, em 18 de dezembro de 2002; entrada em vigor internacional em 4 de janeiro de 1995 e, para o Brasil em 18 de dezembro de 2003; e promulgada em 8 de março de 2004);

LXXII – Anexo LXXII – Convenção nº 169 da OIT sobre Povos Indígenas e Tribais (adotada em Genebra, em 27 de junho de 1989; aprovada pelo Decreto Legislativo nº 143, de 20 de junho de 2002; depositado o instrumento de ratificação junto ao Diretor Executivo da OIT em 25 de julho de 2002; entrada em vigor internacional em 5 de setembro de 1991, e, para o Brasil, em 25 de julho de 2003, nos termos de seu art. 38; e promulgada em 19 de abril de 2004);

LXXIII – Anexo LXXIII – Convenção nº 176 e Recomendação nº 183 da OIT sobre Segurança e Saúde nas Minas (adotada em Genebra, em 22 de junho de 1995; aprovadas pelo Decreto Legislativo nº 62, de 18 de abril de 2006; ratificada pelo Governo brasileiro em 18 de maio de 2006; entrada em vigor internacional em 5 de junho de 1998, para o Brasil, em 18 de maio de 2007; e promulgada em 22 de novembro de 2007);

LXXIV – Anexo LXXIV – Convenção nº 167 e a Recomendação nº 175 da OIT sobre a Segurança e Saúde na Construção (adotadas em Genebra, em 20 de junho de 1988, pela 75ª Sessão da Conferência Internacional do Trabalho; aprovadas pelo Decreto Legislativo nº 61, de 18 de abril de 2006; ratificada pelo Governo brasileiro em 19 de maio de 2006; entrada em vigor internacional em 11 de janeiro de 1991 e, para o Brasil, em 19 de maio de 2007; e promulgada em 22 de novembro de 2007);

LXXV – Anexo LXXV – Convenção nº 178 da OIT relativa à Inspeção das Condições de Vida e de Trabalho dos Trabalhadores Marítimos (assinada em Genebra, em 22 de outubro de 1996; aprovada pelo Decreto Legislativo nº 267, de 4 de outubro de 2007; depositado pelo Governo brasileiro o instrumento de ratificação junto ao Diretor-Geral da OIT, na qualidade de depositário do ato, em 21 de dezembro de 2007; entrada em vigor para o Brasil, no plano jurídico externo, em 21 de dezembro de 2008, e promulgada em 10 de fevereiro de 2009);

LXXVI – Anexo LXXVI – Convenção nº 151 e a Recomendação nº 159 da OIT sobre as Relações de Trabalho na Administração Pública (firmadas em 1978; aprovadas pelo Decreto Legislativo nº 206, de 7 de abril de 2010; depositado pelo Governo brasileiro o instrumento de ratificação junto ao Diretor-Geral da OIT, na qualidade de depositário do ato, em 15 de junho de 2010, tendo, na ocasião, apresentado declaração interpretativa das expressões "pessoas empregadas pelas autoridades públicas" e "organizações de trabalhadores" abrangidas pela Convenção; entrada em vigor para a República Federativa do Brasil, no plano jurídico externo em 15 de junho de 2011, nos termos do item 3 do Artigo 11 da Convenção nº 151; e promulgada em 6 de março de 2013); e

LXXVII – Anexo LXXVII – Convenção nº 185 da OIT (revisada) e anexos que trata do novo Documento de Identidade do Trabalhador Marítimo (adotada durante a 91ª Conferência Internacional do Trabalho, realizada em 2003; aprovada pelo Decreto Legislativo nº 892, de 20 de novembro de 2009; depositado o instrumento de ratificação da Convenção junto ao Diretor-Geral da OIT, na qualidade de depositário do ato, em 21 de janeiro de 2010; ratificação em 21 de janeiro de 2010 que implicou a denúncia da Convenção nº 108 da OIT, de 13 de maio de 1958; entrada em vigor internacional em 9 de fevereiro de 2005 e, para a República Federativa do Brasil, no plano jurídico externo, em 21 de julho de 2010; e promulgada em 18 de dezembro de 2015).

▸ Incisos I a LXXVII com a redação retificada no *DOU* de 4-12-2019, edição extra – A.

Capítulo III

DISPOSIÇÕES FINAIS

Art. 3º As Convenções anexas a este Decreto serão executadas e cumpridas integralmente em seus termos.

§ 1º Considera-se, para todos os efeitos, que as Convenções objeto desta consolidação permanecem vigentes, em âmbito interno, desde a data em que a República Federativa do Brasil tenha se obrigado, conforme decretos de promulgação originais, sem modificação do alcance nem interrupção da força normativa dos dispositivos consolidados.

§ 2º O Governo brasileiro, no momento da ratificação, aceitou as obrigações da Convenção nº 118 da OIT sobre Igualdade de Tratamento dos Nacionais e Não-Nacionais em Matéria de Previdência Social, constante do Anexo XXXII, no que diz respeito aos ramos da previdência social previstos nas alíneas *a*, *b*, *c*, *d*, *e*, *f* e *g* do item 1 do Artigo 2.

§ 3º A Convenção nº 138 da OIT sobre Idade Mínima de Admissão ao Emprego, constante no Anexo LXX a este Decreto, foi promulgada com as seguintes declarações interpretativas:

I – para os efeitos do item 1 do art. 2º da Convenção, fica estabelecido que a idade mínima para admissão a emprego ou trabalho é de dezesseis anos; e

II – em virtude do permissivo contido nos itens 1 e 3 do Artigo 5º, o âmbito de aplicação da Convenção restringe-se inicialmente a minas e pedreiras, a indústrias manufatureiras, a construção, a serviços de eletricidade, de gás e de água, a saneamento, a transporte e armazenamento, a comunicações, a plantações e a outros empreendimentos agrícolas que produzam principalmente para o comércio, excluídas as empresas familiares ou de pequeno porte que trabalhem para o mercado local e que não empreguem regularmente trabalhadores assalariados.

§ 4º A Convenção nº 151 e a Recomendação nº 159 da OIT sobre as Relações de Trabalho na Administração Pública, constantes do Anexo LXXVI, foram promulgadas com as seguintes declarações interpretativas:

I – a expressão "pessoas empregadas pelas autoridades públicas", constante do item 1 do Artigo 1 da Convenção nº 151, abrange tanto os empregados públicos, ingressos na administração pública mediante concurso público, regidos pela Consolidação das Leis do Trabalho – CLT, aprovada pelo Decreto-Lei nº 5.452, de 1º de maio de 1943, quanto os servidores públicos federais, regidos pela Lei nº 8.112, de 11 de dezembro de 1990, e os servidores públicos estaduais e municipais, regidos pela legislação dos respectivos entes federativos; e

II – consideram-se "organizações de trabalhadores" abrangidas pela Convenção apenas as organizações constituídas nos termos do art. 8º da Constituição.

▸ Art. 3º com a redação retificada no *DOU* de 4-12-2019, edição extra – A.

Art. 4º São sujeitos à aprovação do Congresso Nacional atos que possam resultar em revisão das Convenções anexas a este Decreto e ajustes complementares que acarretem encargos ou compromissos gravosos ao patrimônio nacional, nos termos do inciso I do *caput* do art. 49 da Constituição.

Art. 5º Ficam revogados:

I – o Decreto nº 423, de 12 de novembro de 1935;

II – o Decreto nº 1.361, de 12 de janeiro de 1937;

III – o Decreto nº 1.396, de 19 de janeiro de 1937;

IV – o Decreto nº 1.397, de 19 de janeiro de 1937;

V – o Decreto nº 1.398, de 19 de janeiro de 1937;

VI – o Decreto nº 3.232, de 3 de novembro de 1938;

VII – o Decreto nº 3.233, de 3 de novembro de 1938;

VIII – o Decreto nº 3.342, de 30 de novembro de 1938;

IX – o Decreto nº 3.343, de 30 de novembro de 1938;

X – o Decreto nº 25.696, de 20 de outubro de 1948;

XI – o Decreto nº 33.196, de 29 de junho de 1953;

XII – o Decreto nº 36.378, de 22 de outubro de 1954;

XIII – o Decreto nº 41.721, de 25 de junho de 1957;

XIV – o Decreto nº 58.816, de 14 de julho de 1966;

XV – o Decreto nº 58.817, de 14 de julho de 1966;

XVI – o Decreto nº 58.818, de 14 de julho de 1966;

XVII – o Decreto nº 58.819, de 14 de julho de 1966;

XVIII – o Decreto nº 58.820, de 14 de julho de 1966;

XIX – o Decreto nº 58.821, de 14 de julho de 1966;

XX – o Decreto nº 58.822, de 14 de julho de 1966;

XXI – o Decreto nº 58.823, de 14 de julho de 1966;

XXII – o Decreto nº 58.824, de 14 de julho de 1966;

XXIII – o Decreto nº 58.826, de 14 de julho de 1966;

XXIV – o Decreto nº 58.827, de 14 de julho de 1966;

XXV – o Decreto nº 62.150, de 19 de janeiro de 1968;

XXVI – o Decreto nº 62.151, de 19 de janeiro de 1968;

XXVII – o Decreto nº 62.152, de 19 de janeiro de 1968;

XXVIII – o Decreto nº 62.859, de 17 de junho de 1968;

XXIX – o Decreto nº 63.161, de 23 de agosto de 1968;

XXX – o Decreto nº 66.496, de 27 de abril de 1970;

XXXI – o Decreto nº 66.497, de 27 de abril de 1970;

XXXII – o Decreto nº 66.498, de 27 de abril de 1970;

XXXIII – o Decreto nº 66.499, de 27 de abril de 1970;

XXXIV – o Decreto nº 66.875, de 16 de julho de 1970;

XXXV – o Decreto nº 67.339, de 5 de outubro de 1970;

XXXVI – o Decreto nº 67.341, de 5 de outubro de 1970;

XXXVII – o Decreto nº 67.342, de 5 de outubro de 1970;

XXXVIII – o Decreto nº 74.688, de 14 de outubro de 1974;

XXXIX – o Decreto nº 89.686, de 22 de maio de 1984;

XL – o Decreto nº 93.413, de 15 de outubro de 1986;

XLI – o Decreto nº 95.461, de 11 de dezembro de 1987;

XLII – o Decreto nº 98.656, de 21 de dezembro de 1989;

XLIII – o Decreto nº 99.534, de 19 de setembro de 1990;

XLIV – o Decreto nº 126, de 22 de maio de 1991;

XLV – o Decreto nº 127, de 22 de maio de 1991;

XLVI – o Decreto nº 128, de 22 de maio de 1991;

XLVII – o Decreto nº 129, de 22 de maio de 1991;

XLVIII – o Decreto nº 131, de 22 de maio de 1991;

XLIX – o Decreto nº 157, de 2 de julho de 1991;

L – o Decreto nº 158, de 2 de julho de 1991;

LI – o Decreto nº 447, de 7 de fevereiro de 1992;

LII – o Decreto nº 1.253, de 27 de setembro de 1994;

LIII – o Decreto nº 1.254, de 29 de setembro de 1994;

LIV – o Decreto nº 1.255, de 29 de setembro de 1994;

LV – o Decreto nº 1.256, de 29 de setembro de 1994;

LVI – o Decreto nº 1.257, de 29 de setembro de 1994;

LVII – o Decreto nº 1.258, de 29 de setembro de 1994;

LVIII – o Decreto nº 1.574, de 31 de julho de 1995;

LIX – o Decreto nº 1.703, de 17 de novembro de 1995;

► Inciso LIX com a redação retificada no *DOU* de 4-12-2019, edição extra – A.

LX – o Decreto nº 1.855, de 10 de abril de 1996;

LXI – o Decreto nº 2.420, de 16 de dezembro de 1997;

LXII – o Decreto nº 2.518, de 12 de março de 1998;

LXIII – o Decreto nº 2.657, de 3 de julho de 1998;

LXIV – o Decreto nº 2.669, de 15 de julho de 1998;

LXV – o Decreto nº 2.670, de 15 de julho de 1998;

LXVI – o Decreto nº 2.671, de 15 de julho de 1998;

LXVII – o Decreto nº 2.682, de 21 de julho de 1998;

LXVIII – o Decreto nº 3.168, de 14 de setembro de 1999;

LXIX – o Decreto nº 3.197, de 5 de outubro de 1999;

LXX – o Decreto nº 3.251, de 17 de novembro de 1999;

LXXI – o Decreto nº 3.597, de 12 de setembro de 2000;

LXXII – o Decreto nº 4.085, de 15 de janeiro de 2002;

LXXIII – o Decreto nº 4.134, de 15 de fevereiro de 2002;

LXXIV – o Decreto nº 5.005, de 8 de março de 2004;

LXXV – o Decreto nº 5.051, de 19 de abril de 2004;

LXXVI – o Decreto nº 6.270, de 22 de novembro de 2007;

LXXVII – o Decreto nº 6.271, de 22 de novembro de 2007;

LXXVIII – o Decreto nº 6.766, de 10 de fevereiro de 2009;

LXXIX – o Decreto nº 7.944, de 6 de março de 2013; e

LXXX – o Decreto nº 8.605, de 18 de dezembro de 2015.

Art. 6º Este Decreto entra em vigor em 6 de maio de 2020.

► Artigo com a redação retificada no *DOU* de 4-12-2019, edição extra – A.

Brasília, 5 de novembro de 2019;
198º da Independência e
131º da República.

Jair Messias Bolsonaro

► Optamos por não publicar os anexos deste Decreto nesta edição.

DECRETO Nº 10.178, DE 18 DE DEZEMBRO DE 2019

Regulamenta dispositivos da Lei nº 13.874, de 20 de setembro de 2019, para dispor sobre os critérios e os procedimentos para a classificação de risco de atividade econômica e para fixar o prazo para aprovação tácita e altera o Decreto nº 9.094, de 17 de julho de 2017, para incluir elementos na Carta de Serviços ao Usuário.

► Publicado no *DOU* de 19-12-2019.

CAPÍTULO I

DO OBJETO E DO ÂMBITO DE APLICAÇÃO

Art. 1º Este Decreto dispõe sobre os critérios e os procedimentos a serem observados pelos órgãos e pelas entidades da administração pública federal direta, autárquica e fundacional para a classificação do nível de risco de atividade econômica e para fixar o prazo para aprovação tácita do ato público de liberação.

§ 1º O disposto neste Decreto aplica-se aos Estados, ao Distrito Federal e aos Municípios nas seguintes condições:

I – o Capítulo II, como norma subsidiária na ausência de legislação estadual, distrital ou municipal específica para definição de risco das atividades econômicas para a aprovação de ato público de liberação; e

II – o Capítulo III, nas seguintes hipóteses:

a) o ato público de liberação da atividade econômica ter sido derivado ou delegado por legislação ordinária federal; ou

b) o ente federativo ou o órgão responsável pelo ato decidir vincular-se ao disposto no inciso IX do *caput* do art. 3º da Lei nº 13.874, de 20 de setembro de 2019, por meio de instrumento válido e próprio.

► Parágrafo único transformado em § 1º pelo Dec. nº 10.219, de 30-1-2020.

§ 2º As disposições deste Decreto aplicam-se ao trâmite do processo administrativo dentro de um mesmo órgão ou entidade, ainda que o pleno exercício da atividade econômica requeira ato administrativo adicional ou complementar cuja responsabilidade seja de outro órgão ou entidade da administração pública de qualquer ente federativo.

§ 3º A aplicação deste Decreto independe de o ato público de liberação de atividade econômica:

I – estar previsto em lei ou em ato normativo infralegal; ou

II – referir-se a:

a) início, continuidade ou finalização de atividade econômica;

b) liberação de atividade, de serviço, de estabelecimento, de profissão, de instalação, de operação, de produto, de equipamento, de veículo e de edificação, dentre outros; ou

c) atuação de ente público ou privado.

► §§ 2º e 3º acrescidos pelo Dec. nº 10.219, de 30-1-2020.

Art. 2º O disposto neste Decreto não se aplica ao ato ou ao procedimento administrativo de natureza fiscalizatória decorrente do exercício de poder de polícia pelo órgão ou pela entidade após o ato público de liberação.

Capítulo II

DOS NÍVEIS DE RISCO DA ATIVIDADE ECONÔMICA E SEUS EFEITOS

Classificação de riscos da atividade econômica

Art. 3º O órgão ou a entidade responsável pela decisão administrativa acerca do ato público de liberação classificará o risco da atividade econômica em:

I – nível de risco I – para os casos de risco leve, irrelevante ou inexistente;

II – nível de risco II – para os casos de risco moderado; ou

III – nível de risco III – para os casos de risco alto.

§ 1º Ato normativo da autoridade máxima do órgão ou da entidade especificará, de modo exaustivo, as hipóteses de classificação na forma do disposto no *caput*.

§ 2º O órgão ou a entidade poderão enquadrar a atividade econômica em níveis distintos de risco:

I – em razão da complexidade, da dimensão ou de outras características e se houver possibilidade de aumento do risco envolvido; ou

II – quando a atividade constituir objeto de dois ou mais atos públicos de liberação, hipótese em que o enquadramento do risco da atividade será realizado por ato público de liberação.

▸ § 2º com a redação dada pelo Dec. nº 10.219, de 30-1-2020.

Art. 4º O órgão ou a entidade, para aferir o nível de risco da atividade econômica, considerará, no mínimo:

I – a probabilidade de ocorrência de eventos danosos; e

II – a extensão, a gravidade ou o grau de irreparabilidade do impacto causado à sociedade na hipótese de ocorrência de evento danoso.

Parágrafo único. A classificação do risco será aferida preferencialmente por meio de análise quantitativa e estatística.

Art. 5º A classificação de risco de que trata o art. 3º assegurará que:

I – todas as hipóteses de atos públicos de liberação estejam classificadas em, no mínimo, um dos níveis de risco; e

II – pelo menos uma hipótese esteja classificada no nível de risco I.

Parágrafo único. A condição prevista no inciso II do *caput* poderá ser afastada mediante justificativa da autoridade máxima do órgão ou da entidade.

Art. 6º O ato normativo de que trata o § 1º do art. 3º poderá estabelecer critérios para alteração do enquadramento do nível de risco da atividade econômica, mediante a demonstração pelo requerente da existência de instrumentos que, a critério do órgão ou da entidade, reduzam ou anulem o risco inerente à atividade econômica, tais como:

I – declaração própria ou de terceiros como substitutivo de documentos ou de comprovantes;

II – ato ou contrato que preveja instrumentos de responsabilização própria ou de terceiros em relação aos riscos inerentes à atividade econômica;

III – contrato de seguro;

IV – prestação de caução; ou

V – laudos de profissionais privados habilitados acerca do cumprimento dos requisitos técnicos ou legais.

Parágrafo único. Ato normativo da autoridade máxima do órgão ou da entidade disciplinará as hipóteses, as modalidades e o procedimento para a aceitação ou para a prestação das garantias, nos termos do disposto no *caput*.

Art. 7º O órgão ou a entidade dará publicidade em seu sítio eletrônico às manifestações técnicas que subsidiarem a edição do ato normativo de que trata o § 1º do art. 3º.

Efeitos da classificação de risco

Art. 8º O exercício de atividades econômicas enquadradas no nível de risco I dispensa a solicitação de qualquer ato público de liberação.

Art. 9º Os órgãos e as entidades adotarão procedimentos administrativos simplificados para as solicitações de atos públicos de liberação de atividades econômicas enquadradas no nível de risco II.

§ 1º Se estiverem presentes os elementos necessários à instrução do processo, a decisão administrativa acerca do ato público de liberação de que trata o *caput* será proferida no momento da solicitação.

§ 2º A presença de todos os elementos necessários à instrução do processo, inclusive dos instrumentos de que trata o art. 6º, poderá ser verificada por meio de mecanismos tecnológicos automatizados.

CAPÍTULO III

DA APROVAÇÃO TÁCITA

Consequências do transcurso do prazo

Art. 10. A autoridade máxima do órgão ou da entidade responsável pelo ato público de liberação fixará o prazo para resposta aos atos requeridos junto à unidade.

§ 1º Decorrido o prazo previsto no *caput*, a ausência de manifestação conclusiva do órgão ou da entidade acerca do deferimento do ato público de liberação requerido implicará sua aprovação tácita.

§ 2º A liberação concedida na forma de aprovação tácita não:

I – exime o requerente de cumprir as normas aplicáveis à exploração da atividade econômica que realizar; ou

II – afasta a sujeição à realização das adequações identificadas pelo Poder Público em fiscalizações posteriores.

§ 3º O disposto no *caput* não se aplica:

I – a ato público de liberação relativo a questões tributárias de qualquer espécie ou de concessão de registro de direitos de propriedade intelectual;

II – quando a decisão importar em compromisso financeiro da administração pública;

III – quando se tratar de decisão sobre recurso interposto contra decisão denegatória de ato público de liberação;

► Incisos II e III com a redação dada pelo Dec. nº 10.219, de 30-1-2020.

IV – aos processos administrativos de licenciamento ambiental, na hipótese de exercício de competência supletiva nos termos do disposto no § 3º do art. 14 da Lei Complementar nº 140, de 8 de dezembro de 2011; ou

V – aos demais atos públicos de liberação de atividades com impacto significativo ao meio ambiente, conforme estabelecido pelo órgão ambiental competente no ato normativo a que se refere o *caput*.

► Incisos IV e V acrescidos pelo Dec. nº 10.219, de 30-1-2020.

§ 4º O órgão ou a entidade poderá estabelecer prazos diferentes para fases do processo administrativo de liberação da atividade econômica cujo transcurso importará em aprovação tácita, desde que respeitado o prazo total máximo previsto no art. 11.

§ 5º O ato normativo de que trata o *caput* conterá anexo com a indicação de todos os atos públicos de liberação de competência do órgão ou da entidade não sujeitos a aprovação tácita por decurso de prazo.

► § 5º acrescido pelo Dec. nº 10.219, de 30-1-2020.

Prazos máximos

Art. 11. Para fins do disposto no § 8º do art. 3º da Lei nº 13.874, de 2019, o órgão ou a entidade não poderá estabelecer prazo superior a sessenta dias para a decisão administrativa acerca do ato público de liberação.

§ 1º O ato normativo de que trata o art. 10 poderá estabelecer prazos superiores ao previsto no *caput*, em razão da natureza dos interesses públicos envolvidos e da complexidade da atividade econômica a ser desenvolvida pelo requerente, mediante fundamentação da autoridade máxima do órgão ou da entidade.

§ 2º O órgão ou a entidade considerará os padrões internacionais para o estabelecimento de prazo nos termos do disposto no § 1º.

Protocolo e contagem do prazo

► Título com a redação dada pelo Dec. nº 10.219, de 30-1-2020.

Art. 12. O prazo para decisão administrativa acerca do ato público de liberação para fins de aprovação tácita inicia-se na data da apresentação de todos os elementos necessários à instrução do processo.

§ 1º O particular será cientificado, expressa e imediatamente, sobre o prazo para a análise de seu requerimento, presumida a boa-fé das informações prestadas.

§ 2º Os órgãos ou as entidades buscarão adotar mecanismos automatizados para recebimento das solicitações de ato público de liberação.

§ 3º A redução ou a ampliação do prazo de que trata o art. 10 em ato da autoridade máxima do órgão ou da entidade não modificará o prazo cientificado ao particular para análise do seu requerimento nos termos do disposto no § 1º.

► § 3º acrescido pelo Dec. nº 10.219, de 30-1-2020.

Suspensão do prazo

Art. 13. O prazo para a decisão administrativa acerca do ato público de liberação para fins de aprovação tácita poderá ser suspenso uma vez, se houver necessidade de complementação da instrução processual.

Legislação Complementar

§ 1º O requerente será informado, de maneira clara e exaustiva, acerca de todos os documentos e condições necessárias para complementação da instrução processual.

§ 2º Poderá ser admitida nova suspensão do prazo na hipótese da ocorrência de fato novo durante a instrução do processo.

Efeitos do decurso do prazo

Art. 14. O requerente poderá solicitar documento comprobatório da liberação da atividade econômica a partir do primeiro dia útil subsequente ao término do prazo, nos termos do disposto no art. 10.

§ 1º O órgão ou a entidade buscará automatizar a emissão do documento comprobatório de liberação da atividade econômica, especialmente nos casos de aprovação tácita.

§ 2º O documento comprobatório do deferimento do ato público de liberação não conterá elemento que indique a natureza tácita da decisão administrativa.

Do não exercício do direito à aprovação tácita

Art. 15. O requerente poderá renunciar ao direito de aprovação tácita a qualquer momento.

§ 1º A renúncia ao direito de aprovação tácita não exime o órgão ou a entidade de cumprir os prazos estabelecidos.

§ 2º Na hipótese de a decisão administrativa acerca do ato público de liberação não ser proferida no prazo estabelecido, o processo administrativo será encaminhado à chefia imediata do servidor responsável pela análise do requerimento, que poderá:

I – proferir de imediato a decisão; ou

II – designar outro servidor para acompanhar o processo.

Capítulo IV

DISPOSIÇÕES FINAIS E TRANSITÓRIAS

Falta de definição do prazo de decisão

Art. 16. Enquanto o órgão ou a entidade não editar o ato normativo a que se refere o art. 10, o prazo para análise do requerimento de liberação da atividade econômica, para fins de aprovação tácita, será de trinta dias, contado da data de apresentação de todos os elementos necessários à instrução do processo.

Alteração do Decreto nº 9.094, de 2017

Art. 17. O Decreto nº 9.094, de 17 de julho de 2017, passa a vigorar com as seguintes alterações:

"Art. 11. ....

....

§ 4º Na hipótese de o serviço se tratar de ato público de liberação, nos termos definidos no § 6º do art. 1º da Lei nº 13.874, de 20 de setembro de 2019, a Carta de Serviços ao Usuário incluirá também:

I – a listagem:

a) de todos os documentos, taxas, tarifas, comprovantes, pareceres e demais exigências necessárias à instrução do ato público de liberação;

b) dos atos normativos que tratem do ato público de liberação, inclusive aqueles não cogentes; e

c) dos códigos do Cadastro Nacional de Atividades Econômicas – CNAE referentes a atividades aptas a requererem a emissão de ato público de liberação, exceto se a informação for desnecessária;

II – a descrição resumida do fluxo de tramitação do processo administrativo aplicável ao ato, incluídas as fases, os prazos, as autoridades competentes para a decisão e o sistema recursal disponível;

III – a descrição da aplicabilidade dos efeitos dos níveis de risco;

IV – o prazo e as regras para efeitos da aprovação tácita; e

V – o tempo médio de tramitação de pedidos análogos até a decisão e as demais estatísticas relacionadas ao ato público de liberação, conforme os critérios de mensuração definidos pelo órgão ou pela entidade do Poder Executivo federal."

Disposições transitórias

Art. 18. O prazo a que se refere o art. 11 será:

I – de cento e vinte dias, para os requerimentos apresentados até 1º de fevereiro de 2021; e

II – de noventa dias, para os requerimentos apresentados até 1º de fevereiro de 2022.

Art. 18-A. A previsão de prazos para análise e deliberação sobre atos públicos de liberação em normativos internos do órgão ou da entidade não dispensa a publicação do ato de que trata o art. 10.

▸ Art. 18-A acrescido pelo Dec. nº 10.219, de 30-1-2020.

Art. 19. Na hipótese de o ato normativo de que trata o art. 3º não entrar em vigor até 1º de junho de 2020, a atividade econômica sujeita a ato público de liberação será enquadrada, sucessivamente, em nível de risco definido:

I – por resolução do Comitê para Gestão da Rede Nacional para a Simplificação do Registro e da Legalização de Empresas e Negócios, independentemente da adesão do ente federativo à Rede Nacional para a Simplificação do Registro e da Legalização de Empresas e Negócios;
II – em ato normativo de classificação de risco, nos termos do disposto neste Decreto, editado por órgão ou entidade dotado de poder regulador estabelecido em lei; ou
III – no nível de risco II.

Art. 20. O disposto no Capítulo III se aplica somente aos requerimentos apresentados após a data de entrada em vigor deste Decreto.

Vigência

Art. 21. Este Decreto entra em vigor em 6 de abril de 2020.

▸ Artigo com a redação dada pelo Dec. nº 10.219, de 30-1-2020.

Brasília, 18 de dezembro de 2019;
198º da Independência e
131º da República.

Jair Messias Bolsonaro

LEI Nº 13.979, DE 6 DE FEVEREIRO DE 2020

Dispõe sobre as medidas para enfrentamento da emergência de saúde pública de importância internacional decorrente do coronavírus responsável pelo surto de 2019.

▸ Publicada no *DOU* de 7-2-2020.

Art. 1º Esta Lei dispõe sobre as medidas que poderão ser adotadas para enfrentamento da emergência de saúde pública de importância internacional decorrente do coronavírus responsável pelo surto de 2019.

§ 1º As medidas estabelecidas nesta Lei objetivam a proteção da coletividade.

§ 2º Ato do Ministro de Estado da Saúde disporá sobre a duração da situação de emergência de saúde pública de que trata esta Lei.

§ 3º O prazo de que trata o § 2º deste artigo não poderá ser superior ao declarado pela Organização Mundial de Saúde.

Art. 2º Para fins do disposto nesta Lei, considera-se:

I – isolamento: separação de pessoas doentes ou contaminadas, ou de bagagens, meios de transporte, mercadorias ou encomendas postais afetadas, de outros, de maneira a evitar a contaminação ou a propagação do coronavírus; e
II – quarentena: restrição de atividades ou separação de pessoas suspeitas de contaminação das pessoas que não estejam doentes, ou de bagagens, contêineres, animais, meios de transporte ou mercadorias suspeitos de contaminação, de maneira a evitar a possível contaminação ou a propagação do coronavírus.

Parágrafo único. As definições estabelecidas pelo art. 1º do Regulamento Sanitário Internacional, constante do Anexo ao Decreto nº 10.212, de 30 de janeiro de 2020, aplicam-se ao disposto nesta Lei, no que couber.

Art. 3º Para enfrentamento da emergência de saúde pública de importância internacional de que trata esta Lei, as autoridades poderão adotar, no âmbito de suas competências, entre outras, as seguintes medidas:

▸ *Caput* com a redação dada pela Lei nº 14.035, de 11-8-2020.

I – isolamento;
II – quarentena;
III – determinação de realização compulsória de:
a) exames médicos;
b) testes laboratoriais;
c) coleta de amostras clínicas;
d) vacinação e outras medidas profiláticas; ou
e) tratamentos médicos específicos;
III-A – uso obrigatório de máscaras de proteção individual;

▸ Inciso III-A acrescido pela Lei nº 14.019, de 2-7-2020.

IV – estudo ou investigação epidemiológica;
V – exumação, necropsia, cremação e manejo de cadáver;
VI – restrição excepcional e temporária, por rodovias, portos ou aeroportos, de:
a) entrada e saída do País; e
b) locomoção interestadual e intermunicipal;

▸ Inciso VI com a redação dada pela Lei nº 14.035, de 11-8-2020.

VII – requisição de bens e serviços de pessoas naturais e jurídicas, hipótese em que será garantido o pagamento posterior de indenização justa; e
VIII – autorização excepcional e temporária para a importação e distribuição de quaisquer materiais, medicamentos, equipamentos e insumos da área de saúde sujeitos à vigilância sanitária sem registro na ANVISA considerados essenciais

para auxiliar no combate à pandemia do coronavírus, desde que:

► *Caput* do inciso VIII com a redação dada pela Lei nº 14.006, de 28-5-2020.

a) registrados por pelo menos 1 (uma) das seguintes autoridades sanitárias estrangeiras e autorizados à distribuição comercial em seus respectivos países:

1. Food and Drug Administration (FDA);
2. European Medicines Agency (EMA);
3. Pharmaceuticals and Medical Devices Agency (PMDA);
4. National Medical Products Administration (NMPA).

► Alínea *a* com a redação dada pela Lei nº 14.006, de 28-5-2020.

b) *Revogada*. Lei nº 14.006, de 28-5-2020.

§ 1º As medidas previstas neste artigo somente poderão ser determinadas com base em evidências científicas e em análises sobre as informações estratégicas em saúde e deverão ser limitadas no tempo e no espaço ao mínimo indispensável à promoção e à preservação da saúde pública.

§ 2º Ficam assegurados às pessoas afetadas pelas medidas previstas neste artigo:

I – o direito de serem informadas permanentemente sobre o seu estado de saúde e a assistência à família conforme regulamento;

II – o direito de receberem tratamento gratuito;

III – o pleno respeito à dignidade, aos direitos humanos e às liberdades fundamentais das pessoas, conforme preconiza o art. 3º do Regulamento Sanitário Internacional, constante do Anexo ao Decreto nº 10.212, de 30 de janeiro de 2020.

§ 3º Será considerado falta justificada ao serviço público ou à atividade laboral privada o período de ausência decorrente das medidas previstas neste artigo.

§ 4º As pessoas deverão sujeitar-se ao cumprimento das medidas previstas neste artigo, e o descumprimento delas acarretará responsabilização, nos termos previstos em lei.

§ 5º Ato do Ministro de Estado da Saúde:

I – disporá sobre as condições e os prazos aplicáveis às medidas previstas nos incisos I e II do *caput* deste artigo; e

II – *Revogado*. Lei nº 14.006, de 28-5-2020.

§ 6º Ato conjunto dos Ministros de Estado da Saúde, da Justiça e Segurança Pública e da Infraestrutura disporá sobre as medidas previstas no inciso VI do *caput* deste artigo, observado o disposto no inciso I do § 6º-B deste artigo.

► § 6º com a redação dada pela Lei nº 14.035, de 11-8-2020.

§ 6º-B. As medidas previstas no inciso VI do *caput* deste artigo deverão ser precedidas de recomendação técnica e fundamentada:

I – da Agência Nacional de Vigilância Sanitária (ANVISA), em relação à entrada e saída do País e à locomoção interestadual; ou

II – do respectivo órgão estadual de vigilância sanitária, em relação à locomoção intermunicipal.

► § 6º-B acrescido pela Lei nº 14.035, de 11-8-2020.

► Mantivemos § 6º-B conforme publicação oficial, porém entendemos que o correto seria § 6º-A.

§§ 6º-C e 6º-D. VETADOS. Lei nº 14.035, de 11-8-2020.

§ 7º As medidas previstas neste artigo poderão ser adotadas:

I – pelo Ministério da Saúde, exceto a constante do inciso VIII do *caput* deste artigo;

► Inciso I com a redação dada pela Lei nº 14.006, de 28-5-2020.

II – pelos gestores locais de saúde, desde que autorizados pelo Ministério da Saúde, nas hipóteses dos incisos I, II, III-A, V e VI do *caput* deste artigo;

► Inciso II com a redação dada pela Lei nº 14.035, de 11-8-2020.

III – pelos gestores locais de saúde, nas hipóteses dos incisos III, IV e VII do *caput* deste artigo;

IV – pela ANVISA, na hipótese do inciso VIII do *caput* deste artigo.

► Inciso IV acrescido pela Lei nº 14.006, de 28-5-2020.

§ 7º-A. A autorização de que trata o inciso VIII do *caput* deste artigo deverá ser concedida pela ANVISA em até 72 (setenta e duas) horas após a submissão do pedido à Agência, dispensada a autorização de qualquer outro órgão da administração pública direta ou indireta para os produtos que especifica, sendo concedida automaticamente caso esgotado o prazo sem manifestação.

► § 7º-A acrescido pela Lei nº 14.006, de 28-5-2020, promulgado nos termos do art. 66, § 5º, da CF (*DOU* de 27-8-2020, edição extra).

§ 7º-B. O médico que prescrever ou ministrar medicamento cuja importação ou distribuição tenha sido autorizada na forma do inciso VIII do *caput* deste artigo deverá informar ao paciente ou ao seu representante legal que o produto ainda não tem registro na ANVISA e foi liberado por ter sido registrado por autoridade sanitária estrangeira.

► § 7º-B acrescido pela Lei nº 14.006, de 28-5-2020.

§ 7º-C. Os serviços públicos e atividades essenciais, cujo funcionamento deverá ser resguardado quando adotadas as medidas previstas neste artigo, incluem os relacionados ao atendimento a mulheres em situação de violência doméstica e familiar, nos termos da Lei nº 11.340, de 7 de agosto de 2006, a crianças, a adolescentes, a pessoas idosas e a pessoas com deficiência vítimas de crimes tipificados na Lei nº 8.069, de 13 de julho de 1990 (Estatuto da Criança e do Adolescente), na Lei nº 10.741, de 1º de outubro de 2003 (Estatuto do Idoso), na Lei nº 13.146, de 6 de julho de 2015 (Estatuto da Pessoa com Deficiência), e no Decreto-Lei nº 2.848, de 7 de dezembro de 1940 (Código Penal).

► § 7º-C acrescido pela Lei nº 14.022, de 7-7-2020.

§ 8º Na ausência da adoção de medidas de que trata o inciso II do § 7º deste artigo, ou até sua superveniência, prevalecerão as determinações:

I – do Ministério da Saúde em relação aos incisos I, II, III, IV, V e VII do *caput* deste artigo; e

II – do ato conjunto de que trata o § 6º em relação às medidas previstas no inciso VI do *caput* deste artigo.

§ 9º A adoção das medidas previstas neste artigo deverá resguardar o abastecimento de produtos e o exercício e o funcionamento de serviços públicos e de atividades essenciais, assim definidos em decreto da respectiva autoridade federativa.

§ 10. As medidas a que se referem os incisos I, II e VI do *caput*, observado o disposto nos incisos I e II do § 6º-B deste artigo, quando afetarem a execução de serviços públicos e de atividades essenciais, inclusive os regulados, concedidos ou autorizados, somente poderão ser adotadas em ato específico e desde que haja articulação prévia com o órgão regulador ou o poder concedente ou autorizador.

§ 11. É vedada a restrição à ação de trabalhadores que possa afetar o funcionamento de serviços públicos e de atividades essenciais, definidos conforme previsto no § 9º deste artigo, e as cargas de qualquer espécie que possam acarretar desabastecimento de gêneros necessários à população.

► §§ 8º a 11 acrescidos pela Lei nº 14.035, de 11-8-2020.

Art. 3º-A. É obrigatório manter boca e nariz cobertos por máscara de proteção individual, conforme a legislação sanitária e na forma de regulamentação estabelecida pelo Poder Executivo federal, para circulação em espaços públicos e privados acessíveis ao público, em vias públicas e em transportes públicos coletivos, bem como em:

► *Caput* do art. 3º-A acrescido pela Lei nº 14.019, de 2-7-2020.

I – veículos de transporte remunerado privado individual de passageiros por aplicativo ou por meio de táxis;

II – ônibus, aeronaves ou embarcações de uso coletivo fretados;

► Incisos I e II acrescidos pela Lei nº 14.019, de 2-7-2020.

III – estabelecimentos comerciais e industriais, templos religiosos, estabelecimentos de ensino e demais locais fechados em que haja reunião de pessoas.

► Inciso III acrescido pela Lei nº 14.019, de 2-7-2020, promulgado nos termos do art. 66, § 7º, da CF (*DOU* de 8-9-2020 – edição extra).

§ 1º O descumprimento da obrigação prevista no *caput* deste artigo acarretará a imposição de multa definida e regulamentada pelo ente federado competente, devendo ser consideradas como circunstâncias agravantes na gradação da penalidade:

I – ser o infrator reincidente;

II – ter a infração ocorrido em ambiente fechado.

§ 2º A definição e a regulamentação referidas no § 1º deste artigo serão efetuadas por decreto ou por ato administrativo do respectivo Poder Executivo, que estabelecerá as autoridades responsáveis pela fiscalização da obrigação prevista no *caput* e pelo recolhimento da multa prevista no § 1º deste artigo.

► §§ 1º e 2º acrescidos pela Lei nº 14.019, de 2-7-2020, promulgados nos termos do art. 66, § 7º, da CF (*DOU* de 8-9-2020 – edição extra).

§§ 3º a 5º VETADOS.

§ 6º Em nenhuma hipótese será exigível a cobrança da multa pelo descumprimento da obrigação prevista no *caput* deste artigo às populações vulneráveis economicamente.

► § 6º acrescido pela Lei nº 14.019, de 2-7-2020, promulgado nos termos do art. 66, § 7º, da CF (*DOU* de 8-9-2020 – edição extra).

§ 7º A obrigação prevista no *caput* deste artigo será dispensada no caso de pessoas com transtorno do espectro autista, com deficiência intelectual, com deficiências sensoriais ou com quaisquer outras deficiências que as impeçam de fazer o uso adequado de máscara de proteção facial, conforme declaração médica, que poderá ser obtida por meio digital, bem como no caso de crianças com menos de 3 (três) anos de idade.

§ 8º As máscaras a que se refere o *caput* deste artigo podem ser artesanais ou industriais.

► §§ 7º e 8º acrescidos pela Lei nº 14.019, de 2-7-2020.

Art. 3º-B. Os estabelecimentos em funcionamento durante a pandemia da Covid-19 são obrigados a fornecer gratuitamente a seus funcionários e colaboradores máscaras de proteção individual, ainda que de fabricação artesanal, sem prejuízo de outros equipamentos de proteção individual estabelecidos pelas normas de segurança e saúde do trabalho.

► *Caput* do art. 3º-B acrescido pela Lei nº 14.019, de 2-7-2020, promulgado nos termos do art. 66, § 7º, da CF (*DOU* de 8-9-2020 – edição extra).

§ 1º O descumprimento da obrigação prevista no *caput* deste artigo acarretará a imposição de multa definida e regulamentada pelos entes federados, observadas na gradação da penalidade:

I – a reincidência do infrator;

II – a ocorrência da infração em ambiente fechado, hipótese que será considerada como circunstância agravante;

III – a capacidade econômica do infrator.

§ 2º O disposto no § 1º deste artigo será regulamentado por decreto ou por ato administrativo do respectivo Poder Executivo, que estabelecerá as autoridades responsáveis pela fiscalização da obrigação prevista no *caput* e pelo recolhimento da multa prevista no § 1º deste artigo.

► §§ 1º e 2º acrescidos pela Lei nº 14.019, de 2-7-2020, promulgados nos termos do art. 66, § 7º, da CF (*DOU* de 8-9-2020 – edição extra).

§§ 3º e 4º VETADOS.

§ 5º Os órgãos, entidades e estabelecimentos a que se refere este artigo deverão afixar cartazes informativos sobre a forma de uso correto de máscaras e o número máximo de pessoas permitidas ao mesmo tempo dentro do estabelecimento, nos termos de regulamento.

► § 5º acrescido pela Lei nº 14.019, de 2-7-2020, conforme Ações de Descumprimento de Preceitos Fundamentais nºs 714 e 715 (*DOU* de 9-3-2021), que suspenderam o veto deste parágrafo, a fim de estabelecer sua plena vigência normativa.

§ 6º VETADO.

Art. 3º-C. As multas previstas no § 1º do art. 3º-A e no § 1º do art. 3º-B desta Lei somente serão aplicadas na ausência de normas estaduais ou municipais que estabeleçam multa com hipótese de incidência igual ou semelhante.

Art. 3º-D. Os valores recolhidos das multas previstas no § 1º do art. 3º-A e no § 1º do art. 3º-B desta Lei deverão ser utilizados obrigatoriamente em ações e serviços de saúde.

Parágrafo único. Os valores recolhidos deverão ser informados em portais de transparência ou, na falta destes, em outro meio de publicidade, para fins de prestação de contas.

► Arts. 3º-C e 3º-D acrescidos pela Lei nº 14.019, de 2-7-2020, promulgados nos termos do art. 66, § 7º, da CF (*DOU* de 8-9-2020 – edição extra).

Art. 3º-E. É garantido o atendimento preferencial em estabelecimentos de saúde aos profissionais de saúde e aos profissionais da segurança pública, integrantes dos órgãos previstos no art. 144 da Constituição Federal, diagnosticados com a Covid-19, respeitados os protocolos nacionais de atendimento médico.

► Art. 3º-E acrescido pela Lei nº 14.019, de 2-7-2020.

Art. 3º-F. É obrigatório o uso de máscaras de proteção individual nos estabelecimentos prisionais e nos estabelecimentos de cumprimento de medidas socioeducativas, observado o disposto no *caput* do art. 3º-B desta Lei.

► Art. 3º-F acrescido pela Lei nº 14.019, de 2-7-2020, conforme Ações de Descumprimento de Preceitos Fundamentais nºs 714 e 715 (*DOU* de 9-3-2021), que suspenderam o veto deste artigo, a fim de estabelecer sua plena vigência normativa.

Art. 3º-G. As concessionárias e empresas de transporte público deverão atuar em colaboração com o poder público na fiscalização do cumprimento das normas de utilização obrigatória de máscaras de proteção individual, podendo inclusive vedar, nos terminais e meios de transporte por elas operados, a entrada de passageiros em desacordo com as normas estabelecidas pelo respectivo poder concedente.

Parágrafo único. O poder público concedente regulamentará o disposto neste artigo, inclusive em relação ao estabelecimento de multas pelo seu descumprimento.

▸ Art. 3º-G acrescido pela Lei nº 14.019, de 2-7-2020.

Art. 3º-H. Os órgãos e entidades públicos, por si, por suas empresas, concessionárias ou permissionárias ou por qualquer outra forma de empreendimento, bem como o setor privado de bens e serviços, deverão adotar medidas de prevenção à proliferação de doenças, como a assepsia de locais de circulação de pessoas e do interior de veículos de toda natureza usados em serviço e a disponibilização aos usuários de produtos higienizantes e saneantes.

▸ *Caput* do art. 3º-H acrescido pela Lei nº 14.019, de 2-7-2020.

Parágrafo único. Incorrerá em multa, a ser definida e regulamentada pelo Poder Executivo do ente federado competente, o estabelecimento autorizado a funcionar durante a pandemia da Covid-19 que deixar de disponibilizar álcool em gel a 70% (setenta por cento) em locais próximos a suas entradas, elevadores e escadas rolantes.

▸ Parágrafo único acrescido pela Lei nº 14.019, de 2-7-2020, promulgado nos termos do art. 66, § 7º, da CF (*DOU* de 8-9-2020 – edição extra).

Art. 3º-I. VETADO.

Art. 3º-J. Durante a emergência de saúde pública decorrente do coronavírus responsável pelo surto de 2019, o poder público e os empregadores ou contratantes adotarão, imediatamente, medidas para preservar a saúde e a vida de todos os profissionais considerados essenciais ao controle de doenças e à manutenção da ordem pública.

§ 1º Para efeitos do disposto no *caput* deste artigo, são considerados profissionais essenciais ao controle de doenças e à manutenção da ordem pública:

I – médicos;

II – enfermeiros;

III – fisioterapeutas, terapeutas ocupacionais, fonoaudiólogos e profissionais envolvidos nos processos de habilitação e reabilitação;

IV – psicólogos;

V – assistentes sociais;

VI – policiais federais, civis, militares, penais, rodoviários e ferroviários e membros das Forças Armadas;

VII – agentes socioeducativos, agentes de segurança de trânsito e agentes de segurança privada;

VIII – brigadistas e bombeiros civis e militares;

IX – vigilantes que trabalham em unidades públicas e privadas de saúde;

X – assistentes administrativos que atuam no cadastro de pacientes em unidades de saúde;

XI – agentes de fiscalização;

XII – agentes comunitários de saúde;

XIII – agentes de combate às endemias;

XIV – técnicos e auxiliares de enfermagem;

XV – técnicos, tecnólogos e auxiliares em radiologia e operadores de aparelhos de tomografia computadorizada e de ressonância nuclear magnética;

XVI – maqueiros, maqueiros de ambulância e padioleiros;

XVII – cuidadores e atendentes de pessoas com deficiência, de pessoas idosas ou de pessoas com doenças raras;

XVIII – biólogos, biomédicos e técnicos em análises clínicas;

XIX – médicos-veterinários;

XX – coveiros, atendentes funerários, motoristas funerários, auxiliares funerários e demais trabalhadores de serviços funerários e de autópsias;

XXI – profissionais de limpeza;

XXII – profissionais que trabalham na cadeia de produção de alimentos e bebidas, incluídos os insumos;

XXIII – farmacêuticos, bioquímicos e técnicos em farmácia;

XXIV – cirurgiões-dentistas, técnicos em saúde bucal e auxiliares em saúde bucal;

XXV – aeronautas, aeroviários e controladores de voo;

XXVI – motoristas de ambulância;

XXVII – guardas municipais;

XXVIII – profissionais dos Centros de Referência de Assistência Social (CRAS) e dos Centros de Referência Especializados de Assistência Social (CREAS);

XXIX – servidores públicos que trabalham na área da saúde, inclusive em funções administrativas;

XXX – outros profissionais que trabalhem ou sejam convocados a trabalhar nas unidades de saúde durante o período de isolamento social ou que tenham contato com pessoas ou com materiais que ofereçam risco de contaminação pelo novo coronavírus.

§ 2º O poder público e os empregadores ou contratantes fornecerão, gratuitamente, os equipamentos de proteção individual (EPIs) recomendados pela ANVISA aos profissionais relacionados no § 1º deste artigo que estiverem em atividade e em contato direto com portadores ou possíveis portadores do novo coronavírus, considerados os protocolos indicados para cada situação.

§ 3º Os profissionais essenciais ao controle de doenças e à manutenção da ordem pública que estiverem em contato direto com portadores ou possíveis portadores do novo coronavírus terão prioridade para fazer testes de diagnóstico da Covid-19 e serão tempestivamente tratados e orientados sobre sua condição de saúde e sobre sua aptidão para retornar ao trabalho.

▸ Art. 3º-J acrescido pela Lei nº 14.023, de 8-7-2020.

Art. 4º É dispensável a licitação para aquisição ou contratação de bens, serviços, inclusive de engenharia, e insumos destinados ao enfrentamento da emergência de saúde pública de importância internacional de que trata esta Lei.

▸ *Caput* com a redação dada pela Lei nº 14.035, de 11-8-2020.

§ 1º A dispensa de licitação a que se refere o *caput* deste artigo é temporária e aplica-se apenas enquanto perdurar a emergência de saúde pública de importância internacional decorrente do coronavírus.

§ 2º Todas as aquisições ou contratações realizadas com base nesta Lei serão disponibilizadas, no prazo máximo de 5 (cinco) dias úteis, contado da realização do ato, em *site* oficial específico na internet, observados, no que couber, os requisitos previstos no § 3º do art. 8º da Lei nº 12.527, de 18 de novembro de 2011, com o nome do contratado, o número de sua inscrição na Secretaria da Receita Federal do Brasil, o prazo contratual, o valor e o respectivo processo de aquisição ou contratação, além das seguintes informações:

▸ *Caput* do § 2º com a redação dada pela Lei nº 14.035, de 11-8-2020.

I – o ato que autoriza a contratação direta ou o extrato decorrente do contrato;

II – a discriminação do bem adquirido ou do serviço contratado e o local de entrega ou de prestação;

III – o valor global do contrato, as parcelas do objeto, os montantes pagos e o saldo disponível ou bloqueado, caso exista;

IV – as informações sobre eventuais aditivos contratuais;

V – a quantidade entregue em cada unidade da Federação durante a execução do contrato, nas contratações de bens e serviços;

▸ Incisos I a V com a redação dada pela Lei nº 14.035, de 11-8-2020.

VI – as atas de registros de preços das quais a contratação se origine.

▸ Inciso VI acrescido pela Lei nº 14.065, de 30-9-2020.

§ 3º Na situação excepcional de, comprovadamente, haver uma única fornecedora do bem ou prestadora do serviço, será possível a sua contratação, independentemente da existência de sanção de impedimento ou de suspensão de contratar com o poder público.

§ 3º-A. No caso de que trata o § 3º deste artigo, é obrigatória a prestação de garantia nas modalidades previstas no art. 56 da Lei nº 8.666, de 21 de junho de 1993, que não poderá exceder a 10% (dez por cento) do valor do contrato.

▸ §§ 3º e 3º-A acrescidos pela Lei nº 14.035, de 11-8-2020.

▸ A Lei nº 8.666, de 21-6-1993, foi revogada pela Lei nº 14.133, de 1º-4-2021.

▸ Art. 96 da Lei nº 14.133, de 1º-4-2021 (Nova Lei de Licitações e Contratos Administrativos).

§ 4º Na hipótese de dispensa de licitação a que se refere o *caput* deste artigo, quando se tratar de compra ou de contratação por mais de um órgão ou entidade, poderá ser utilizado o sistema de registro de preços, previsto no inciso II do *caput* do art. 15 da Lei nº 8.666, de 21 de junho de 1993.

▸ A Lei nº 8.666, de 21-6-1993, foi revogada pela Lei nº 14.133, de 1º-4-2021.

▸ Art. 40, II, da Lei nº 14.133, de 1º-4-2021 (Nova Lei de Licitações e Contratos Administrativos).

§ 5º Nas situações abrangidas pelo § 4º deste artigo, o ente federativo poderá aplicar o regulamento federal sobre registro de preços se não houver regulamento que lhe seja especificamente aplicável.

§ 6º O órgão ou entidade gerenciador da compra estabelecerá prazo entre 2 (dois) e 8 (oito) dias úteis, contado da data de divulgação da intenção de registro de preço, para que outros órgãos e entidades manifestem interesse em participar do sistema de registro de preços realizado nos termos dos §§ 4º e 5º deste artigo.

§ 7º O disposto nos §§ 2º e 3º do art. 4º-E desta Lei não se aplica a sistema de registro de preços fundamentado nesta Lei.

§ 8º Nas contratações celebradas após 30 (trinta) dias da assinatura da ata de registro de preços, a estimativa de preços será refeita, com o intuito de verificar se os preços registrados permanecem compatíveis com os praticados no âmbito dos órgãos e entidades da administração pública, nos termos do inciso VI do § 1º do art. 4º-E desta Lei.

► §§ 4º a 8º acrescidos pela Lei nº 14.065, de 30-9-2020.

Art. 4º-A. A aquisição ou contratação de bens e serviços, inclusive de engenharia, a que se refere o *caput* do art. 4º desta Lei, não se restringe a equipamentos novos, desde que o fornecedor se responsabilize pelas plenas condições de uso e de funcionamento do objeto contratado.

Art. 4º-B. Nas dispensas de licitação decorrentes do disposto nesta Lei, presumem-se comprovadas as condições de:

I – ocorrência de situação de emergência;

II – necessidade de pronto atendimento da situação de emergência;

III – existência de risco à segurança de pessoas, de obras, de prestação de serviços, de equipamentos e de outros bens, públicos ou particulares; e

IV – limitação da contratação à parcela necessária ao atendimento da situação de emergência.

Art. 4º-C. Para a aquisição ou contratação de bens, serviços, inclusive de engenharia, e insumos necessários ao enfrentamento da emergência de saúde pública de que trata esta Lei, não será exigida a elaboração de estudos preliminares quando se tratar de bens e de serviços comuns.

Art. 4º-D. O gerenciamento de riscos da contratação somente será exigível durante a gestão do contrato.

Art. 4º-E. Nas aquisições ou contratações de bens, serviços e insumos necessários ao enfrentamento da emergência de saúde pública de importância internacional de que trata esta Lei, será admitida a apresentação de termo de referência simplificado ou de projeto básico simplificado.

§ 1º O termo de referência simplificado ou o projeto básico simplificado referidos no *caput* deste artigo conterá:

I – declaração do objeto;

II – fundamentação simplificada da contratação;

III – descrição resumida da solução apresentada;

IV – requisitos da contratação;

V – critérios de medição e de pagamento;

VI – estimativa de preços obtida por meio de, no mínimo, 1 (um) dos seguintes parâmetros:

a) Portal de Compras do Governo Federal;

b) pesquisa publicada em mídia especializada;

c) *sites* especializados ou de domínio amplo;

d) contratações similares de outros entes públicos; ou

e) pesquisa realizada com os potenciais fornecedores;

VII – adequação orçamentária.

§ 2º Excepcionalmente, mediante justificativa da autoridade competente, será dispensada a estimativa de preços de que trata o inciso VI do § 1º deste artigo.

§ 3º Os preços obtidos a partir da estimativa de que trata o inciso VI do § 1º deste artigo não impedem a contratação pelo poder público por valores superiores decorrentes de oscilações ocasionadas pela variação de preços, desde que observadas as seguintes condições:

I – negociação prévia com os demais fornecedores, segundo a ordem de classificação, para obtenção de condições mais vantajosas; e

II – efetiva fundamentação, nos autos da contratação correspondente, da variação de preços praticados no mercado por motivo superveniente.

Art. 4º-F. Na hipótese de haver restrição de fornecedores ou de prestadores de serviço, a autoridade competente, excepcionalmente e mediante justificativa, poderá dispensar a apresentação de documentação relativa à regularidade fiscal ou, ainda, o cumprimento de um ou mais requisitos de habilitação, ressalvados a exigência de apresentação de prova de regularidade trabalhista e o cumprimento do disposto no inciso XXXIII do *caput* do art. 7º da Constituição Federal.

► Arts. 4º-A a 4º-F acrescidos pela Lei nº 14.035, de 11-8-2020.

Art. 4º-G. Nos casos de licitação na modalidade pregão, eletrônico ou presencial, cujo objeto seja a aquisição ou contratação de bens, serviços e insumos necessários ao enfrentamento da emergência de saúde pública de importância internacional de que trata esta Lei, os prazos dos procedimentos licitatórios serão reduzidos pela metade.

▸ *Caput* acrescido pela Lei nº 14.035, de 11-8-2020.

§ 1º Quando o prazo original de que trata o *caput* deste artigo for número ímpar, este será arredondado para o número inteiro antecedente.

§ 2º Os recursos dos procedimentos licitatórios somente terão efeito devolutivo.

§ 3º Fica dispensada a realização de audiência pública a que se refere o art. 39 da Lei nº 8.666, de 21 de junho de 1993, para as licitações de que trata o *caput* deste artigo.

▸ §§ 1º a 3º acrescidos pela Lei nº 14.035, de 11-8-2020.

▸ A Lei nº 8.666, de 21-6-1993, foi revogada pela Lei nº 14.133, de 1º-4-2021.

§ 4º As licitações de que trata o *caput* deste artigo realizadas por meio de sistema de registro de preços serão consideradas compras nacionais e observarão o disposto em regulamento editado pelo Poder Executivo federal, observado o prazo estabelecido no § 6º do art. 4º desta Lei.

▸ § 4º acrescido pela Lei nº 14.065, de 30-9-2020.

Art. 4º-H. Os contratos regidos por esta Lei terão prazo de duração de até 6 (seis) meses e poderão ser prorrogados por períodos sucessivos, enquanto vigorar o Decreto Legislativo nº 6, de 20 de março de 2020, respeitados os prazos pactuados.

Art. 4º-I. Para os contratos decorrentes dos procedimentos previstos nesta Lei, a administração pública poderá prever que os contratados fiquem obrigados a aceitar, nas mesmas condições contratuais, acréscimos ou supressões ao objeto contratado de até 50% (cinquenta por cento) do valor inicial atualizado do contrato.

▸ Arts. 4º-H e 4º-I acrescidos pela Lei nº 14.035, de 11-8-2020.

Art. 4º-J. Os órgãos e entidades da administração pública federal poderão aderir a ata de registro de preços gerenciada por órgão ou entidade estadual, distrital ou municipal em procedimentos realizados nos termos desta Lei, até o limite, por órgão ou entidade, de 50% (cinquenta por cento) dos quantitativos dos itens do instrumento convocatório e registrados na ata de registro de preços para o órgão gerenciador e para os órgãos participantes.

Parágrafo único. As contratações decorrentes das adesões à ata de registro de preços de que trata o *caput* deste artigo não poderão exceder, na totalidade, ao dobro do quantitativo de cada item registrado na ata de registro de preços para o órgão gerenciador e para os órgãos participantes, independentemente do número de órgãos não participantes que aderirem.

Art. 4º-K. Os órgãos de controle interno e externo priorizarão a análise e a manifestação quanto à legalidade, à legitimidade e à economicidade das despesas decorrentes dos contratos ou das aquisições realizadas com fundamento nesta Lei.

Parágrafo único. Os tribunais de contas devem atuar para aumentar a segurança jurídica na aplicação das normas desta Lei, inclusive por meio de respostas a consultas.

▸ Arts. 4º-J e 4º-K acrescidos pela Lei nº 14.065, de 30-9-2020.

Art. 5º Toda pessoa colaborará com as autoridades sanitárias na comunicação imediata de:

I – possíveis contatos com agentes infecciosos do coronavírus;

II – circulação em áreas consideradas como regiões de contaminação pelo coronavírus.

Art. 5º-A. Enquanto perdurar o estado de emergência de saúde internacional decorrente do coronavírus responsável pelo surto de 2019:

I – os prazos processuais, a apreciação de matérias, o atendimento às partes e a concessão de medidas protetivas que tenham relação com atos de violência doméstica e familiar cometidos contra mulheres, crianças, adolescentes, pessoas idosas e pessoas com deficiência serão mantidos, sem suspensão;

II – o registro da ocorrência de violência doméstica e familiar contra a mulher e de crimes cometidos contra criança, adolescente, pessoa idosa ou pessoa com deficiência poderá ser realizado por meio eletrônico ou por meio de número de telefone de emergência designado para tal fim pelos órgãos de segurança pública;

Parágrafo único. Os processos de que trata o inciso I do *caput* deste artigo serão considerados de natureza urgente.

▸ Art. 5º-A acrescido pela Lei nº 14.022, de 7-7-2020.

Art. 5º-B. O receituário médico ou odontológico de medicamentos sujeitos a prescrição e de uso contínuo será válido pelo menos enquanto perdurarem as medidas de isolamento para contenção do surto da Covid-19.

§ 1º O disposto no *caput* não se aplica ao receituário de medicamentos sujeitos ao controle sanitário especial, que seguirá a regulamentação da ANVISA.

§ 2º VETADO.

▶ Art. 5º-B acrescido dada pela Lei nº 14.028, de 27-7-2020.

Art. 6º É obrigatório o compartilhamento entre órgãos e entidades da administração pública federal, estadual, distrital e municipal de dados essenciais à identificação de pessoas infectadas ou com suspeita de infecção pelo coronavírus, com a finalidade exclusiva de evitar a sua propagação.

§ 1º A obrigação a que se refere o *caput* deste artigo estende-se às pessoas jurídicas de direito privado quando os dados forem solicitados por autoridade sanitária.

§ 2º O Ministério da Saúde manterá dados públicos e atualizados sobre os casos confirmados, suspeitos e em investigação, relativos à situação de emergência pública sanitária, resguardando o direito ao sigilo das informações pessoais.

Art. 6º-A. Para a concessão de suprimento de fundos e por item de despesa, e para as aquisições e as contratações a que se refere o *caput* do art. 4º desta Lei, quando a movimentação for realizada por meio de Cartão de Pagamento do Governo, ficam estabelecidos os seguintes limites:

I – na execução de serviços de engenharia, o valor estabelecido na alínea *a* do inciso I do *caput* do art. 23 da Lei nº 8.666, de 21 de junho de 1993; e

▶ A Lei nº 8.666, de 21-6-1993, foi revogada pela Lei nº 14.133, de 1º-4-2021.

II – nas compras em geral e em outros serviços, o valor estabelecido na alínea *a* do inciso II do *caput* do art. 23 da Lei nº 8.666, de 21 de junho de 1993.

▶ Art. 6º-A acrescido pela Lei nº 14.035, de 11-8-2020.

▶ A Lei nº 8.666, de 21-6-1993, foi revogada pela Lei nº 14.133, de 1º-4-2021.

Art. 7º O Ministério da Saúde editará os atos necessários à regulamentação e operacionalização do disposto nesta Lei.

Art. 8º Esta Lei vigorará enquanto estiver vigente o Decreto Legislativo nº 6, de 20 de março de 2020, observado o disposto no art. 4º-H desta Lei.

▶ Artigo com a redação dada pela Lei nº 14.035, de 11-8-2020.

▶ O STF, por maioria dos votos, referendou a concessão parcial da medida cautelar pleiteada na ADIN nº 6.625, para conferir interpretação conforme à Constituição a este artigo, a fim de excluir de seu âmbito de aplicação as medidas extraordinárias previstas nos arts. 3º, 3º-A, 3º-B, 3º-C, 3º-D, 3º-E, 3º-F, 3º-G, 3º-H e 3º-J, inclusive dos respectivos parágrafos, incisos e alíneas, desta lei.

Art. 9º Esta Lei entra em vigor na data de sua publicação.

Brasília, 6 de fevereiro de 2020;
199º da Independência e
132º da República.

Jair Messias Bolsonaro

LEI Nº 13.982, DE 2 DE ABRIL DE 2020

Altera a Lei nº 8.742, de 7 de dezembro de 1993, para dispor sobre parâmetros adicionais de caracterização da situação de vulnerabilidade social para fins de elegibilidade ao benefício de prestação continuada (BPC), e estabelece medidas excepcionais de proteção social a serem adotadas durante o período de enfrentamento da emergência de saúde pública de importância internacional decorrente do coronavírus (Covid-19) responsável pelo surto de 2019, a que se refere a Lei nº 13.979, de 6 de fevereiro de 2020.

▶ Publicada no *DOU* de 2-4-2020, edição extra – A.

▶ Dec. nº 10.316, de 7-4-2020, regulamenta esta Lei.

Art. 1º A Lei nº 8.742, de 7 de dezembro de 1993, passa a vigorar com as seguintes alterações:

"Art. 20. ....

§ 3º Considera-se incapaz de prover a manutenção da pessoa com deficiência ou idosa a família cuja renda mensal *per capita* seja:

I – igual ou inferior a 1/4 (um quarto) do salário mínimo, até 31 de dezembro de 2020;

II – VETADO.

....

§ 14. O benefício de prestação continuada ou o benefício previdenciário no valor de até 1 (um) salário mínimo concedido a idoso acima de 65 (sessenta e cinco) anos de idade ou pessoa com deficiência não será computado, para fins de concessão do benefício de prestação continuada a outro idoso ou pessoa com deficiência da mesma família, no cálculo da renda a que se refere o § 3º deste artigo.

§ 15. O benefício de prestação continuada será devido a mais de um membro da mesma família enquanto atendidos os requisitos exigidos nesta Lei."

"Art. 20-A. Em razão do estado de calamidade pública reconhecido pelo Dec. Leg. nº 6, de 20 de março de 2020, e da emergência de saúde pública de importância internacional decorrente do coronavírus (*Covid-19*), o critério de aferição da renda familiar mensal *per capita* previsto no inciso I do § 3º do art. 20 poderá ser ampliado para até 1/2 (meio) salário mínimo.

I – igual ou inferior a 1/4 (um quarto) do salário mínimo, até 31 de dezembro de 2020;

§ 1º A ampliação de que trata o *caput* ocorrerá na forma de escalas graduais, definidas em regulamento, de acordo com os seguintes fatores, combinados entre si ou isoladamente:

I – o grau da deficiência;

II – a dependência de terceiros para o desempenho de atividades básicas da vida diária;

III – as circunstâncias pessoais e ambientais e os fatores socioeconômicos e familiares que podem reduzir a funcionalidade e a plena participação social da pessoa com deficiência candidata ou do idoso;

IV – o comprometimento do orçamento do núcleo familiar de que trata o § 3º do art. 20 exclusivamente com gastos com tratamentos de saúde, médicos, fraldas, alimentos especiais e medicamentos do idoso ou da pessoa com deficiência não disponibilizados gratuitamente pelo Sistema Único de Saúde (SUS), ou com serviços não prestados pelo Serviço Único de Assistência Social (SUAS), desde que comprovadamente necessários à preservação da saúde e da vida.

§ 2º O grau da deficiência e o nível de perda de autonomia, representado pela dependência de terceiros para o desempenho de atividades básicas da vida diária, de que tratam, respectivamente, os incisos I e II do § 1º deste artigo, serão aferidos, para a pessoa com deficiência, por meio de índices e instrumentos de avaliação funcional a serem desenvolvidos e adaptados para a realidade brasileira, observados os termos dos §§ 1º e 2º do art. 2º da Lei nº 13.146, de 6 de julho de 2015.

§ 3º As circunstâncias pessoais e ambientais e os fatores socioeconômicos de que trata o inciso III do § 1º deste artigo levarão em consideração, observado o disposto nos §§ 1º e 2º do art. 2º da Lei nº 13.146, de 2015, entre outros aspectos:

I – o grau de instrução e o nível educacional e cultural do candidato ao benefício;

II – a acessibilidade e a adequação do local de residência à limitação funcional, as condições de moradia e habitabilidade, o saneamento básico e o entorno familiar e domiciliar;

III – a existência e a disponibilidade de transporte público e de serviços públicos de saúde e de assistência social no local de residência do candidato ao benefício;

IV – a dependência do candidato ao benefício em relação ao uso de tecnologias assistivas; e

V – o número de pessoas que convivem com o candidato ao benefício e a coabitação com outro idoso ou pessoa com deficiência dependente de terceiros para o desempenho de atividades básicas da vida diária.

§ 4º O valor referente ao comprometimento do orçamento do núcleo familiar com gastos com tratamentos de saúde, médicos, fraldas, alimentos especiais e medicamentos do idoso ou da pessoa com deficiência, de que trata o inciso IV do § 1º deste artigo, será definido pelo Instituto Nacional do Seguro Social, a partir de valores médios dos gastos realizados pelas famílias exclusivamente com essas finalidades, conforme critérios definidos em regulamento, facultada ao interessado a possibilidade de comprovação, nos termos do referido regulamento, de que os gastos efetivos ultrapassam os valores médios."

► A alteração que seria inserida neste artigo pela Lei nº 13.998, de 14-5-2020, foi vetada, razão pela qual mantivemos a redação.

Art. 2º Durante o período de 3 (três) meses, a contar da publicação desta Lei, será concedido auxílio emergencial no valor de R$ 600,00 (seiscentos reais) mensais ao trabalhador que cumpra cumulativamente os seguintes requisitos:

I – seja maior de 18 (dezoito) anos de idade, salvo no caso de mães adolescentes;

► Inciso I com a redação dada pela Lei nº 13.998, de 14-5-2020.

II – não tenha emprego formal ativo;

III – não seja titular de benefício previdenciário ou assistencial ou beneficiário do seguro-desemprego ou de programa de transferência de renda federal, ressalvado, nos termos dos §§ 1º e 2º, o Bolsa-Família;

IV – cuja renda familiar mensal *per capita* seja de até 1/2 (meio) salário mínimo ou a renda familiar mensal total seja de até 3 (três) salários mínimos;

V – que, no ano de 2018, não tenha recebido rendimentos tributáveis acima de R$ 28.559,70 (vinte e oito mil, quinhentos e cinquenta e nove reais e setenta centavos); e

► A alteração que seria inserida neste inciso pela Lei nº 13.998, de 14-5-2020, foi vetada, razão pela qual mantivemos a redação.

VI – que exerça atividade na condição de:

a) microempreendedor individual (MEI);

b) contribuinte individual do Regime Geral de Previdência Social que contribua na forma do *caput* ou do inciso I do § 2º do art. 21 da Lei nº 8.212, de 24 de julho de 1991; ou

c) trabalhador informal, seja empregado, autônomo ou desempregado, de qualquer natureza, inclusive o intermitente inativo, inscrito no Cadastro Único para Programas Sociais do Governo Federal (CadÚnico) até 20 de março de 2020, ou que, nos termos de autodeclaração, cumpra o requisito do inciso IV.

§ 1º O recebimento do auxílio emergencial está limitado a 2 (dois) membros da mesma família.

► A alteração que seria inserida neste inciso pela Lei nº 13.998, de 14-5-2020, foi vetada, razão pela qual mantivemos a redação.

§§ 1º-A e 1º-B. VETADOS. Lei nº 13.998, de 14-5-2020.

§ 2º Nas situações em que for mais vantajoso, o auxílio emergencial substituirá, temporariamente e de ofício, o benefício do Programa Bolsa-Família, ainda que haja um único beneficiário no grupo familiar.

► § 2º com a redação dada pela Lei nº 13.998, de 14-5-2020.

§ 2º-A. VETADO. Lei nº 13.998, de 14-5-2020.

§ 2º-B. O beneficiário do auxílio emergencial que receba, no ano-calendário de 2020, outros rendimentos tributáveis em valor superior ao valor da primeira faixa da tabela progressiva anual do Imposto de Renda Pessoa Física fica obrigado a apresentar a Declaração de Ajuste Anual relativa ao exercício de 2021 e deverá acrescentar ao imposto devido o valor do referido auxílio recebido por ele ou por seus dependentes.

► § 2º-B acrescido pela Lei nº 13.998, de 14-5-2020.

§ 3º A pessoa provedora de família monoparental receberá 2 (duas) cotas do auxílio emergencial, independentemente do sexo, observado o disposto nos §§ 3º-A, 3º-B e 3º-C deste artigo.

► § 3º com a redação dada pela Lei nº 14.171, de 10-6-2021.

§ 3º-A. Quando o genitor e a genitora não formarem uma única família e houver duplicidade na indicação de dependente nos cadastros do genitor e da genitora realizados em autodeclaração na plataforma digital de que trata o § 4º deste artigo, será considerado o cadastro de dependente feito pela mulher, ainda que posterior àquele efetuado pelo homem.

§ 3º-B. No caso de cadastro superveniente feito pela mulher na forma prevista no § 3º-A deste artigo, o homem que detiver a guarda unilateral dos filhos menores ou que, de fato, for responsável por sua criação poderá manifestar discordância por meio da plataforma digital de que trata o § 4º deste artigo, devendo ser advertido das penas legais em caso de falsidade na prestação de informações sobre a composição do seu núcleo familiar.

§ 3º-C. Na hipótese de manifestação de que trata o § 3º-B deste artigo, o trabalhador terá a renda familiar mensal per capita de que trata o inciso IV do *caput* deste artigo calculada provisoriamente, considerados os dependentes cadastrados para aferir o direito a uma cota mensal do auxílio emergencial de que trata o *caput* deste artigo, e receberá essa cota mensal, desde que cumpridos os demais requisitos previstos neste artigo, até que a situação seja devidamente elucidada pelo órgão competente.

► §§ 3º-A a 3º-C acrescidos pela Lei nº 14.171, de 10-6-2021.

§ 4º As condições de renda familiar mensal *per capita* e total de que trata o *caput* serão verificadas por meio do CadÚnico, para os trabalhadores inscritos, e por meio de autodeclaração, para os não inscritos, por meio de plataforma digital.

§ 5º São considerados empregados formais, para efeitos deste artigo, os empregados com contrato de trabalho formalizado nos termos da Consolidação das Leis do Trabalho (CLT) e todos os agentes públicos, independentemente da relação jurídica, inclusive os ocupantes de cargo ou função temporários ou de cargo em comissão de livre nomeação e exoneração e os titulares de mandato eletivo.

§ 5º-A. VETADO. Lei nº 13.998, de 14-5-2020.

§ 6º A renda familiar é a soma dos rendimentos brutos auferidos por todos os membros da unidade nuclear composta por um ou mais indivíduos, eventualmente ampliada por outros indivíduos que contribuam para o rendimento ou que tenham suas despesas atendidas por aquela unidade familiar, todos moradores em um mesmo domicílio.

§ 7º Não serão incluídos no cálculo da renda familiar mensal, para efeitos deste artigo, os rendimentos percebidos de programas de transferência de renda federal previstos na Lei nº 10.836, de 9 de janeiro de 2004, e em seu regulamento.

§ 8º A renda familiar *per capita* é a razão entre a renda familiar mensal e o total de indivíduos na família.

§ 9º O auxílio emergencial será operacionalizado e pago, em 3 (três) prestações mensais, por instituições financeiras públicas federais, que ficam autorizadas a realizar o seu pagamento por meio de conta do tipo poupança social digital, de abertura automática em nome dos beneficiários, a qual possuirá as seguintes características:

I – dispensa da apresentação de documentos;

II – isenção de cobrança de tarifas de manutenção, observada a regulamentação específica estabelecida pelo Conselho Monetário Nacional;

III – ao menos, 3 (três) transferências eletrônicas de valores ao mês, sem custos, para conta mantida em instituição autorizada a operar pelo Banco Central do Brasil;

▶ Inciso III com a redação dada pela Lei nº 14.045, de 22-10-2020.

IV – VETADO; e

V – não passível de emissão de cheques ou de ordens de pagamento para a sua movimentação.

▶ Inciso V com a redação dada pela Lei nº 14.045, de 22-10-2020.

§ 9º-A. VETADO. Lei nº 13.998, de 14-5-2020.

§ 10. VETADO.

§ 11. Os órgãos federais disponibilizarão as informações necessárias à verificação dos requisitos para concessão do auxílio emergencial, constantes das bases de dados de que sejam detentores.

§ 12. O Poder Executivo regulamentará o auxílio emergencial de que trata este artigo.

§ 13. Fica vedado às instituições financeiras efetuar descontos ou compensações que impliquem a redução do valor do auxílio emergencial, a pretexto de recompor saldos negativos ou de saldar dívidas preexistentes do beneficiário, sendo válido o mesmo critério para qualquer tipo de conta bancária em que houver opção de transferência pelo beneficiário.

▶ § 13 acrescido pela Lei nº 13.998, de 14-5-2020.

Art. 3º Fica o INSS autorizado a antecipar o valor mencionado no art. 2º desta Lei para os requerentes do benefício de prestação continuada para as pessoas de que trata o art. 20 da Lei nº 8.742, de 7 de dezembro de 1993, durante o período de 3 (três) meses, a contar da publicação desta Lei, ou até a aplicação pelo INSS do instrumento de avaliação da pessoa com deficiência, o que ocorrer primeiro.

Parágrafo único. Reconhecido o direito da pessoa com deficiência ou idoso ao benefício de prestação continuada, seu valor será devido a partir da data do requerimento, deduzindo-se os pagamentos efetuados na forma do *caput*.

Art. 4º Fica o INSS autorizado a antecipar 1 (um) salário mínimo mensal para os requerentes do benefício de auxílio-doença de que trata o art. 59 da Lei nº 8.213, de 24 de julho de 1991, durante o período de 3 (três) meses, a contar da publicação desta Lei, ou até a realização de perícia pela Perícia Médica Federal, o que ocorrer primeiro.

Parágrafo único. A antecipação de que trata o *caput* estará condicionada:

I – ao cumprimento da carência exigida para a concessão do benefício de auxílio-doença;

II – à apresentação de atestado médico, cujos requisitos e forma de análise serão estabelecidos em ato conjunto da Secretaria Especial de Previdência e Trabalho do Ministério da Economia e do INSS.

Art. 5º A empresa poderá deduzir do repasse das contribuições à previdência social, observado o limite máximo do salário de contribuição ao RGPS, o valor devido, nos termos do § 3º do art. 60 da Lei nº 8.213, de 24 de julho de 1991, ao segurado empregado cuja incapacidade temporária para o trabalho seja comprovadamente decorrente de sua contaminação pelo coronavírus (*Covid-19*).

Art. 6º O período de 3 (três) meses de que trata o *caput* dos arts. 2º, 3º, 4º e 5º poderá ser prorrogado por ato do Poder Executivo durante o período de enfrentamento da emergência de saúde pública de importância internacional da *Covid-19*, definida pela Lei nº 13.979, de 6 de fevereiro de 2020.

Art. 7º Esta Lei entra em vigor na data de sua publicação.

Brasília, 2 de abril de 2020;
199º da Independência e
132º da República.

Jair Messias Bolsonaro

DECRETO Nº 10.316, DE 7 DE ABRIL DE 2020

Regulamenta a Lei nº 13.982, de 2 de abril de 2020, que estabelece medidas excepcionais de proteção social a serem adotadas durante o período de enfrentamento da emergência de saúde pública de importância internacional decorrente do coronavírus (Covid-19).

▸ Publicado no *DOU* de 7-4-2020, edição extra – B.

Disposições gerais

Art. 1º Este Decreto regulamenta o auxílio emergencial de que trata o art. 2º da Lei nº 13.982, de 2 de abril de 2020.

Art. 2º Para fins do disposto neste Decreto, considera-se:

I – trabalhador formal ativo – o empregado com contrato de trabalho formalizado nos termos do disposto na CLT, aprovada pelo Dec.-lei nº 5.452, de 1º de maio de 1943, e o agente público, independentemente da relação jurídica, inclusive o ocupante de cargo temporário ou função temporária ou de cargo em comissão de livre nomeação e exoneração e o titular de mandato eletivo;

II – trabalhador informal – pessoa com idade igual ou superior a dezoito anos que não seja beneficiário do seguro desemprego e que:

a) preste serviços na condição de empregado, nos termos do disposto no art. 3º da CLT, aprovada pelo Dec.-lei nº 5.452, de 1943, sem a formalização do contrato de trabalho;

b) preste serviços na condição de empregado intermitente, nos termos do disposto no § 3º do art. 443 da CLT, aprovada pelo Dec.-Lei nº 5.452, de 1943, sem a formalização do contrato de trabalho;

c) exerça atividade profissional na condição de trabalhador autônomo; ou

d) esteja desempregado;

III – trabalhador intermitente ativo – empregado com contrato de trabalho intermitente formalizado até a data de publicação da MP nº 936, de 2020, ainda que não perceba remuneração;

IV – família monoparental com mulher provedora – grupo familiar chefiado por mulher sem cônjuge ou companheiro, com pelo menos uma pessoa menor de dezoito anos de idade;

V – benefício temporário – assistência financeira temporária concedida a trabalhador desempregado, nos termos do disposto na Lei nº 7.998, de 11 de janeiro de 1990, inclusive o benefício concedido durante o período de defeso, nos termos do disposto na Lei nº 10.779, de 25 de novembro de 2003; e

▸ Incisos IV e V com a redação dada pelo Dec. nº 10.398, de 16-6-2020.

VI – mãe adolescente – mulher com idade de 12 a 17 anos que tenha, no mínimo, um filho.

▸ Inciso VI acrescido pelo Dec. nº 10.398, de 16-6-2020.

Art. 3º O auxílio emergencial, no valor de R$ 600,00 (seiscentos reais), será concedido pelo período de três meses, contado da data de publicação da Lei nº 13.982, de 2020, ao trabalhador que, cumulativamente:

I – tenha mais de dezoito anos de idade, salvo no caso de mães adolescentes;

▸ Inciso I com a redação dada pelo Dec. nº 10.398, de 16-6-2020.

II – não tenha emprego formal ativo;

III – não seja titular de benefício previdenciário ou assistencial, beneficiário do seguro-desemprego ou de programa de transferência de renda federal, ressalvado o Programa Bolsa Família;

IV – tenha renda familiar mensal *per capita* de até meio salário mínimo ou renda familiar mensal total de até três salários mínimos;

V – no ano de 2018, não tenha recebido rendimentos tributáveis acima de R$ 28.559,70 (vinte e oito mil quinhentos e cinquenta e nove reais e setenta centavos); e

VI – exerça atividade na condição de:

a) Microempreendedor Individual – MEI, na forma do disposto no art. 18-A da LC nº 123, de 14 de dezembro de 2006; ou

b) contribuinte individual do Regime Geral de Previdência Social e que contribua na forma do disposto no *caput* ou do inciso I do § 2º do art. 21 da Lei nº 8.212, de 24 de julho de 1991; ou

c) trabalhador informal, seja empregado, autônomo ou desempregado, de qualquer natureza, inclusive o intermitente inativo, inscrito no Cadastro Único para Programas Sociais do Governo Federal – Cadastro Único ou que cumpra o requisito a que se refere o inciso IV do *caput*.

§ 1º Serão pagas ao trabalhador três parcelas do auxílio emergencial, independentemente da data de sua concessão.

§ 2º A mulher provedora de família monoparental fará *jus* a duas cotas do auxílio, mesmo que haja outro trabalhador elegível na família.

§ 3º O trabalhador intermitente:

I – com contrato de trabalho formalizado até a data de publicação da MP nº 936, de 1º de abril de 2020, identificado no Cadastro Nacional de Informações Sociais – CNIS, ainda que sem remuneração, fará *jus* ao benefício emergencial mensal de que trata o art. 18 da referida Medida Provisória e não poderá acumulá-lo com o auxílio emergencial de que trata este Decreto; e

II – de que trata a alínea *b* do inciso II do *caput* do art. 2º fará *jus* ao auxílio emergencial, desde que não enquadrado no inciso I deste parágrafo e observados os requisitos previstos neste Decreto.

Competências

Art. 4º Para a execução do disposto neste Decreto, compete:

I – ao Ministério da Cidadania:

a) gerir o auxílio emergencial para todos os beneficiários;

b) ordenar as despesas para a implementação do auxílio emergencial;

c) compartilhar a base de dados de famílias beneficiárias do Programa Bolsa Família, de que trata a Lei nº 10.836, de 9 de janeiro de 2004, a partir de abril de 2020, com a empresa pública federal de processamento de dados;

d) compartilhar a base de dados do Cadastro Único com a empresa pública federal de processamento de dados; e

e) suspender, com fundamento no critério estabelecido no § 2º do art. 2º da Lei nº 13.982, de 2020, os benefícios financeiros do Programa Bolsa Família, com fundamento nas informações obtidas do banco de dados recebido da empresa pública federal de processamento de dados; e

II – ao Ministério da Economia:

a) atuar, de forma conjunta com o Ministério da Cidadania, na definição dos critérios para a identificação dos beneficiários do auxílio emergencial; e

b) autorizar empresa pública federal de processamento de dados a utilizar as bases de dados previstas neste Decreto necessárias para a verificação dos critérios de elegibilidade dos beneficiários, e a repassar o resultado dos cruzamentos realizados à instituição financeira pública federal responsável.

Acesso do trabalhador ao auxílio emergencial

Art. 5º Para ter acesso ao auxílio emergencial, o trabalhador deverá:

I – estar inscrito no Cadastro Único até 20 de março de 2020; ou

II – preencher o formulário disponibilizado na plataforma digital, com autodeclaração que contenha as informações necessárias.

§ 1º A plataforma digital poderá ser utilizada para o acompanhamento da elegibilidade ao auxílio emergencial por todos os trabalhadores.

§ 2º A inscrição no Cadastro Único ou preenchimento da autodeclaração não garante ao trabalhador o direito ao auxílio emergencial até que sejam verificados os critérios estabelecidos na Lei nº 13.982, de 2020.

§ 3º Não será possível para os trabalhadores integrantes de famílias beneficiárias do Programa Bolsa Família e de famílias já inscritas no Cadastro Único se inscreverem na plataforma digital para requerer o auxílio emergencial.

Processamento do requerimento

Art. 6º Os dados extraídos pelo Ministério da Cidadania do Cadastro Único e os dados inseridos na plataforma digital, nos termos do disposto no inciso II do *caput* do art. 5º, poderão ser submetidos a cruzamentos com as bases de dados do Governo federal, incluídas as bases de dados referentes à renda auferida pelos integrantes do grupo familiar, e, após a verificação do cumprimento dos critérios estabelecidos na Lei nº 13.982, de 2020, os beneficiários serão incluídos na folha de pagamento do auxílio emergencial.

▸ *Caput* com a redação dada pelo Dec. nº 10.412, de 30-6-2020.

§ 1º As informações relativas à verificação de que trata o *caput* serão disponibilizadas pelos órgãos detentores das respectivas bases de dados com respostas binárias, quando se tratar de informação protegida por sigilo.

▶ § 1º com a redação dada pelo Dec. nº 10.398, de 16-6-2020.

§ 2º Na hipótese de não atendimento aos critérios estabelecidos na Lei nº 13.982, de 2020, o trabalhador será considerado inelegível ao auxílio emergencial.

Critérios de elegibilidade

Art. 7º Para verificar a elegibilidade ao recebimento do auxílio emergencial ao trabalhador de qualquer natureza, será avaliado o atendimento aos requisitos previstos no art. 3º.

§ 1º É elegível para o recebimento do auxílio emergencial o trabalhador:

I – maior de dezoito anos;

II – inscrito no Cadastro Único, independentemente da atualização do cadastro;

III – que não tenha renda individual identificada no CNIS, nem seja beneficiário do seguro desemprego ou de programa de transferência de renda, com exceção do Programa Bolsa Família;

IV – cadastrado como Microempreendedor Individual – MEI, na forma do disposto no art. 18-A da LC nº 123, de 14 de dezembro de 2006;

V – que seja contribuinte individual do Regime Geral de Previdência Social e contribua na forma do disposto no *caput* ou no inciso I do § 2º do art. 21 da Lei nº 8.212, de 24 de julho de 1991; e

VI – que não esteja na condição de agente público, a ser verificada por meio da autodeclaração, na forma do disposto no inciso II do *caput* do art. 5º, sem prejuízo da verificação em bases oficiais eventualmente disponibilizadas para a empresa pública federal de processamento de dados responsável.

§ 2º A ausência de titularidade de benefícios previdenciários ou assistenciais ou, ainda, a não percepção de benefícios do seguro desemprego ou de programa de transferência de renda, com exceção do Programa Bolsa Família, serão verificadas por meio do cruzamento de dados com as bases de dados dos órgãos responsáveis pelos benefícios.

§ 3º Para fins de verificação do critério de idade dos trabalhadores inscritos no Cadastro Único, prevalecerá a data de nascimento registrada nessa base de dados.

§ 4º Para o recebimento do auxílio emergencial, a inscrição do trabalhador no Cadastro de Pessoas Físicas – CPF é obrigatória e a situação do CPF deverá estar regular junto à Secretaria Especial da Receita Federal do Brasil do Ministério da Economia, exceto no caso de trabalhadores incluídos em famílias beneficiárias do Programa Bolsa Família.

§ 5º É ainda obrigatória a inscrição no CPF dos membros da família dos demais trabalhadores não inscritos no Cadastro Único e não beneficiários do Programa Bolsa Família.

§ 6º Serão considerados inelegíveis os trabalhadores com indicativo de óbito no Sistema de Controle de Óbitos e no Sistema Nacional de Informações de Registro Civil.

§ 7º Para fins de verificação da composição familiar para análise da elegibilidade ao recebimento do auxílio emergencial, será utilizada a base do Cadastro Único em 2 de abril de 2020.

§ 8º Eventuais atualizações de dados governamentais que impliquem a melhoria do processo de elegibilidade serão disciplinadas em ato do Ministro de Estado da Cidadania.

▶ §§ 7º e 8º acrescidos pelo Dec. nº 10.398, de 16-6-2020.

Preferência de pagamento

Art. 8º Para a verificação da limitação de pagamento do auxílio emergencial a até dois membros da mesma família, terão preferência os trabalhadores:

I – do sexo feminino;

II – com data de nascimento mais antiga;

III – com menor renda individual; e

IV – pela ordem alfabética do primeiro nome, se necessário, para fins de desempate.

Pagamento do auxílio emergencial

Art. 9º Serão pagas ao trabalhador três parcelas do auxílio emergencial, independentemente da data de sua concessão, exceto em caso de verificação posterior, por meio de bases de dados oficiais, do não cumprimento dos critérios previstos na Lei nº 13.982, de 2020, à época da concessão.

§ 1º Nos casos em que o recebimento do auxílio emergencial for mais vantajoso do que o do benefício financeiro do Programa Bolsa Família, este será suspenso pelo período de recebimento do auxílio emergencial e restabelecido, ao final deste período, pelo Ministério da Cidadania.

§ 2º Para fins de pagamento das três parcelas do auxílio emergencial para pessoas incluídas no Cadastro Único, será utilizada a base de dados do Cadastro Único em 2 de abril de 2020, inclusive para as famílias beneficiárias do Programa Bolsa Família, desconsideradas eventuais atualizações cadastrais realizadas após esta data.

§ 3º Os recebedores de benefícios temporários não poderão acumular o pagamento do auxílio emergencial com o benefício temporário.

▶ Art. 9º com a redação dada pelo Dec. nº 10.398, de 16-6-2020.

Art. 9º-A. Fica prorrogado o auxílio emergencial, previsto no art. 2º da Lei nº 13.982, de 2020, pelo período complementar de dois meses, na hipótese de requerimento realizado até 2 de julho de 2020, desde que o requerente seja considerado elegível nos termos do disposto na referida Lei.

▶ Art. 9º-A acrescido pelo Dec. nº 10.412, de 30-6-2020.

Art. 10. Para o pagamento do auxílio emergencial devido aos beneficiários do Programa Bolsa Família, serão observadas as seguintes regras:

▶ *Caput* com a redação dada pelo Dec. nº 10.398, de 16-6-2020.

I – a concessão do auxílio emergencial será feita por meio do CPF ou Número de Identificação Social – NIS, alternativamente;

II – o pagamento será feito em favor do responsável pela unidade familiar, conforme a inscrição no Cadastro Único, inclusive na hipótese de o benefício gerado ser proveniente da situação de outro integrante da família;

III – o saque do auxílio emergencial poderá ser feito por meio das modalidades conta contábil, prevista no inciso III do § 12 do art. 2º da Lei nº 10.836, de 2004 (plataforma social), ou por meio de conta de depósito nas modalidades autorizadas pelo Ministério da Cidadania;

IV – o período de validade da parcela do auxílio emergencial será de duzentos e setenta dias, contado da data da disponibilidade da parcela do auxílio, de acordo com o calendário de pagamentos;

▶ Inciso IV com a redação dada pelo Dec. nº 10.398, de 16-6-2020.

V – serão mantidas as ações de transferência direta de renda pelos Governos estaduais, municipais ou do Distrito Federal, integradas ao Programa Bolsa Família, para as famílias beneficiárias pactuadas; e

VI – o calendário de pagamentos do auxílio emergencial será idêntico ao calendário de pagamentos vigente, para as famílias beneficiárias do Programa Bolsa Família.

§ 1º Para fins de pagamento do auxílio emergencial de que trata o *caput*, será utilizada a base de dados do Cadastro Único:

I – em 2 de abril de 2020, como referência para o processamento da primeira folha de pagamento do auxílio emergencial devida às famílias beneficiárias do Programa Bolsa Família; e

II – em 11 de abril de 2020, para verificação do responsável familiar das famílias que tiveram membros elegíveis como referência para as demais folhas de pagamento do auxílio emergencial.

§ 2º O prazo de que trata o inciso IV do *caput* poderá ser alterado em ato do Ministro de Estado da Cidadania.

▶ §§ 1º e 2º acrescidos pelo Dec. nº 10.398, de 16-6-2020.

Art. 11. O pagamento aos trabalhadores elegíveis ao auxílio emergencial, com exceção dos beneficiários do Programa Bolsa Família, será feito da seguinte forma:

I – preferencialmente por meio de conta depósito ou poupança de titularidade do trabalhador; ou

II – por meio de conta poupança social digital, aberta automaticamente pela instituição financeira pública federal responsável, de titularidade do trabalhador.

§ 1º A conta do tipo poupança social digital a que se refere o inciso II do *caput* terá as seguintes características:

I – dispensa da apresentação de documentos;

II – isenção de cobrança de tarifas de manutenção, observada a regulamentação específica estabelecida pelo Conselho Monetário Nacional; e

III – no mínimo uma transferência eletrônica de valores ao mês sem custos para conta bancária mantida em qualquer instituição financeira habilitada a operar pelo Banco Central do Brasil.

§ 2º A conta do tipo poupança social digital a que se refere o inciso II do *caput* não poderá ser movimentada por meio de cartão eletrônicos, cheque ou ordem de pagamento.

§ 3º A instituição financeira pública federal responsável abrirá somente uma conta por CPF para pagamento do auxílio emergencial, quando necessário.

§ 4º Fica a instituição financeira pública federal responsável autorizada a enviar o número da conta bancária, o CPF e o NIS para outros órgãos e entidades federais, da administração direta e indireta, desde que necessários para viabilizar os procedimentos de operação e o pagamento do auxílio emergencial, vedado tal envio para outros fins.

§ 5º Na hipótese de o trabalhador indicar conta existente na plataforma digital e a conta não ser validada pela instituição financeira pública federal responsável, esta fica autorizada a abrir automaticamente conta do tipo poupança social digital.

§ 6º Os recursos não sacados das poupanças sociais digitais abertas e não movimentadas no prazo de noventa dias retornarão para a União, conforme regulamentação do Ministério da Cidadania.

Contestação da inelegibilidade ao recebimento do auxílio emergencial

▸ Epígrafe acrescida pelo Dec. nº 10.398, de 16-6-2020.

Art. 11-A. Eventuais contestações decorrentes de inelegibilidade ao auxílio emergencial poderão ser efetuadas na forma a ser estabelecida em ato do Ministro de Estado da Cidadania.

▸ Art. 11-A acrescido pelo Dec. nº 10.398, de 16-6-2020.

Art. 11-B. As decisões judiciais referentes a pagamento de despesas relativas ao auxílio emergencial serão encaminhadas diretamente ao Ministério da Cidadania pelos órgãos de contencioso da Advocacia-Geral da União, acompanhadas de manifestação jurídica ou de parecer de força executória para cumprimento.

Parágrafo único. Na hipótese de pedido dos órgãos de contencioso da Advocacia-Geral da União ou de questionamento jurídico do Ministério da Cidadania, a Consultoria Jurídica deverá se manifestar acerca do cumprimento da decisão de que trata o *caput*.

▸ Art. 11-B acrescido pelo Dec. nº 10.412, de 30-6-2020.

Disposições finais

Art. 12. O Ministério da Cidadania poderá editar atos complementares necessários à implementação do auxílio emergencial de que trata este Decreto.

Art. 13. Este Decreto entra em vigor na data de sua publicação.

Brasília, 7 de abril de 2020;
199º da Independência e
132º da República.

Jair Messias Bolsonaro

LEI Nº 13.999, DE 18 DE MAIO DE 2020

Institui o Programa Nacional de Apoio às Microempresas e Empresas de Pequeno Porte (PRONAMPE), para o desenvolvimento e o fortalecimento dos pequenos negócios; e altera as Leis nºs 13.636, de 20 de março de 2018, 10.735, de 11 de setembro de 2003, e 9.790, de 23 de março de 1999.

▸ Publicada no *DOU* de 19-5-2020.

Capítulo I

DISPOSIÇÃO PRELIMINAR

Art. 1º Fica instituído o Programa Nacional de Apoio às Microempresas e Empresas de Pequeno Porte (PRONAMPE), vinculado à Secretaria Especial de Produtividade, Emprego e Competitividade (SEPEC) do Ministério da Economia, cujo objeto é o desenvolvimento e o fortalecimento dos pequenos negócios.

Capítulo II

DO PROGRAMA NACIONAL DE APOIO ÀS MICROEMPRESAS E EMPRESAS DE PEQUENO PORTE (PRONAMPE)

Art. 2º O PRONAMPE é destinado às pessoas a que se referem os incisos I e II do *caput* do art. 3º da Lei Complementar nº 123, de 14 de dezembro de 2006, considerada a receita bruta auferida no exercício imediatamente anterior ao da contratação.

▸ *Caput* com a redação dada pela Lei nº 14.161, de 2-6-2021.

§ 1º A linha de crédito concedida no âmbito do PRONAMPE corresponderá a até 30% (trinta por cento) da receita bruta anual calculada com base no exercício anterior ao da contratação, salvo no caso das empresas que tenham menos de 1 (um) ano de funcionamento, hipótese em que o limite do empréstimo corresponderá a até 50% (cinquenta por cento) do seu capital social ou a até 30% (trinta por cento) de 12 (doze) vezes a média da sua receita bruta mensal apurada no período, desde o início de suas atividades, o que for mais vantajoso.

▶ § 1º com a redação dada pela Lei nº 14.161, de 2-6-2021.

▶ Art. 8º da Lei nº 14.161, de 2-6-2021, que estabelece que, para as operações contratadas no ano de 2021 no âmbito do PRONAMPE, o limite de que trata este § 1º será calculado com base na receita bruta auferida no exercício de 2019 ou de 2020, o que for maior.

§ 1º-A. Para concessão de crédito no âmbito do PRONAMPE durante o período de janeiro a abril, quando o cronograma de entrega do Imposto sobre a Renda das Pessoas Jurídicas (IRPJ) nos sistemas da Secretaria Especial da Receita Federal do Brasil ainda está em aberto, será permitido às instituições financeiras aceitar a declaração de faturamento dos contratantes do Programa relativa ao ano-calendário imediatamente anterior ao que está sendo entregue à Secretaria Especial da Receita Federal do Brasil no referido período.

▶ § 1º-A acrescido pela Lei nº 14.554, de 20-4-2023.

§ 2º Poderão aderir ao PRONAMPE e, assim, requerer a garantia do Fundo Garantidor de Operações (FGO), de que trata a Lei nº 12.087, de 11 de novembro de 2009, o Banco do Brasil S.A., a Caixa Econômica Federal, o Banco do Nordeste do Brasil S.A., o Banco da Amazônia S.A., os bancos estaduais, as agências de fomento estaduais, as cooperativas de crédito, os bancos cooperados, as instituições integrantes do sistema de pagamentos brasileiro, as plataformas tecnológicas de serviços financeiros (*fintechs*), as organizações da sociedade civil de interesse público de crédito, e as demais instituições financeiras públicas e privadas autorizadas a funcionar pelo Banco Central do Brasil, atendida a disciplina do Conselho Monetário Nacional e do Banco Central do Brasil a elas aplicável.

§ 3º As pessoas a que se refere o caput deste artigo que contratarem ou prorrogarem as linhas de crédito no âmbito do PRONAMPE assumirão contratualmente a obrigação de fornecer informações verídicas e de preservar o quantitativo de empregados em número igual ou superior ao verificado no último dia do ano anterior ao da contratação da linha de crédito ou, quando houver, da prorrogação dessa linha, no período compreendido entre a data da contratação e o sexagésimo dia após o recebimento da última parcela da linha de crédito.

▶ § 3º com a redação dada pela Lei nº 14.554, de 20-4-2023.

§ 3º-A. Quando se tratar de empresa criada após o marco de que trata o § 3º deste artigo, será observado o quantitativo de empregados do dia ou mês anterior à contratação do empréstimo, o que for maior.

▶ § 3º-A acrescido pela Lei nº 14.257, de 1º-12-2021.

§ 4º O não atendimento a qualquer das obrigações de que trata o § 3º deste artigo implicará o vencimento antecipado da dívida pela instituição financeira.

§ 4º-A. O disposto no § 3º relativamente à obrigação de preservação de níveis e quantitativos de empregos para fins de aplicação do disposto no § 4º deste artigo não será exigível para as operações contratadas até 31 de dezembro de 2021.

▶ § 4º-A acrescido pela Lei nº 14.348, de 25-5-2022.

§ 5º Fica vedada a celebração do contrato de empréstimo de que trata esta Lei com empresas que possuam condenação relacionada a trabalho em condições análogas às de escravo ou a trabalho infantil.

§§ 6º e 7º VETADOS.

§ 8º Caso haja autorização por parte das pessoas que contratarem as linhas de crédito no âmbito do PRONAMPE, o Serviço Brasileiro de Apoio às Micro e Pequenas Empresas (Sebrae) receberá os dados cadastrais relativos às operações concedidas, para ofertar a provisão de assistência e ferramentas de gestão às microempresas destinatárias da linha de crédito.

§ 9º VETADO.

§ 10. Os créditos concedidos no âmbito do PRONAMPE servirão ao financiamento das atividades econômicas do empresário, da empresa ou do profissional liberal nas suas diversas dimensões e poderão ser utilizados para investimentos e para capital de giro isolado e associado, vedada a sua destinação para distribuição de lucros e dividendos entre os sócios.

▶ § 10 com a redação dada pela Lei nº 14.045, de 20-8-2020.

§ 11. As instituições financeiras que utilizem recursos do Fundo Geral de Turismo (FUNGETUR), de que trata o art. 11 do Decreto-Lei nº 1.191, de 27 de outubro de 1971, poderão aderir ao PRONAMPE e requerer garantia do FGO para essas operações, as quais, para fins do disposto nos §§ 4º e 4º-A do art. 6º desta Lei, deverão ser agrupadas como carteira específica no âmbito de cada instituição.

► § 11 acrescido pela Lei nº 14.043, de 19-8-2020.

§ 12. Se houver disponibilidade de recursos, poderão também ser contratantes das operações de crédito do PRONAMPE as associações, as fundações de direito privado e as sociedades cooperativas, excluídas as cooperativas de crédito, e, nessa hipótese, os recursos recebidos deverão ser destinados ao financiamento das atividades dos contratantes.

► § 12 acrescido pela Lei nº 14.042, de 19-8-2020.

Art. 3º As instituições financeiras participantes do PRONAMPE poderão formalizar e prorrogar operações de crédito em seu âmbito nos períodos e nas condições estabelecidos em ato do Secretário da Micro e Pequena Empresa e Empreendedorismo do Ministério do Desenvolvimento, Indústria, Comércio e Serviços, observados o prazo total máximo de 72 (setenta e dois) meses para pagamento das operações e os seguintes parâmetros:

► *Caput* com a redação dada pela Lei nº 14.554, de 20-4-2023.

I – taxa de juros anual máxima igual à taxa do Sistema Especial de Liquidação e de Custódia (SELIC), acrescida de:

► *Caput* com a redação dada pela Lei nº 14.161, de 2-6-2021.

a) 1,25% (um inteiro e vinte e cinco centésimos por cento) sobre o valor concedido, para as operações concedidas até 31 de dezembro de 2020;

b) 6% (seis por cento), no máximo, sobre o valor concedido, para as operações concedidas a partir de 1º de janeiro de 2021;

► Alíneas *a* e *b* acrescidas pela Lei nº 14.161, de 2-6-2021.

II* – Revogado. *Lei nº 14.554, de 20-4-2023;

III – VETADO;

IV – carência mínima de até 12 (doze) meses para o início do pagamento das parcelas do financiamento.

► Inciso IV acrescido pela Lei nº 14.554, de 20-4-2023.

§ 1º Para efeito de controle dos limites a que se refere o § 1º do art. 2º desta Lei, o Banco do Brasil S.A. disponibilizará consulta das pessoas inscritas no Cadastro Nacional da Pessoa Jurídica (CNPJ) que se beneficiaram do PRONAMPE, com a discriminação dos montantes já contratados.

► Parágrafo único transformado em § 1º pela Lei nº 14.115, de 29-12-2020.

§ 2º* Revogado. *Lei nº 14.554, de 20-4-2023.

§ 3º As instituições participantes do PRONAMPE operarão com recursos próprios e poderão contar com garantia a ser prestada pelo FGO PRONAMPE, de até 100% (cem por cento) do valor de cada operação garantida, com cobertura pelo Fundo da inadimplência limitada ao valor máximo segregado pelo administrador do FGO para a garantia da carteira da instituição participante do PRONAMPE, não podendo ultrapassar 85% (oitenta e cinco por cento) da carteira à qual esteja vinculada.

► § 3º acrescido pela Lei nº 14.161, de 2-6-2021.

§ 4º O ato do Secretário da Micro e Pequena Empresa e Empreendedorismo do Ministério do Desenvolvimento, Indústria, Comércio e Serviços de que trata o caput deste artigo definirá também a taxa de juros aplicável à linha de crédito concedida no âmbito do PRONAMPE, observado o máximo previsto no inciso I do caput deste artigo.

► § 4º com a redação dada pela Lei nº 14.554, de 20-4-2023.

§ 5º Nos casos em que a empresa contratante tenha sido reconhecida pelo Poder Executivo federal com o Selo Emprega + Mulher, aplicam-se os seguintes parâmetros:

► *Caput* do § 5º acrescido pela Lei nº 14.457 de 21-9-2022.

I – o limite do empréstimo referido no § 1º do art. 2º desta Lei corresponderá a até 50% (cinquenta por cento) da receita bruta anual calculada com base no exercício anterior ao da contratação, salvo o caso das empresas que tenham menos de 1 (um) ano de funcionamento, hipótese em que corresponderá a até 50% (cinquenta por cento) do seu capital social ou a até 50% (cinquenta por cento) de 12 (doze) vezes a média da sua receita bruta mensal apurada no período, desde o início de suas atividades, o que for mais vantajoso; e

► Inciso I acrescido pela Lei nº 14.457 de 21-9-2022.

II – prazo de 72 (setenta e dois) meses para o pagamento.

► Inciso II com a redação dada pela Lei nº 14.554, de 20-4-2023.

§ 6º No prazo total máximo de 72 (setenta e dois) meses para o pagamento das operações, nos termos do caput deste artigo, não será considerada a cobrança dos créditos inadimplidos e já honrados pelo FGO no âmbito do PRONAMPE.

► § 6º acrescido dada pela Lei nº 14.554, de 20-4-2023.

Capítulo II-A

DOS PROFISSIONAIS LIBERAIS

► Capítulo II-A acrescido pela Lei nº 14.045, de 20-8-2020.

Art. 3º-A. Os profissionais liberais, assim entendidos, para fins desta Lei, as pessoas físicas que exercem, por conta própria, atividade econômica com fins lucrativos, tanto de nível técnico quanto de nível superior, poderão contratar operações de crédito garantidas pelo PRONAMPE nas seguintes condições:

► *Caput* do art. 3º-A acrescido pela Lei nº 14.045, de 20-8-2020.

I – taxa de juros anual máxima igual à taxa do Sistema Especial de Liquidação e de Custódia (SELIC), acrescida de 5% (cinco por cento);

II – prazo de até 36 (trinta e seis) meses para o pagamento, dos quais até 8 (oito) meses poderão ser de carência com capitalização de juros; e

► Inciso I e II acrescidos pela Lei nº 14.045, de 20-8-2020.

III – valor da operação limitado a 50% (cinquenta por cento) do total anual do rendimento do trabalho sem vínculo empregatício informado na Declaração de Ajuste Anual referente ao ano-calendário anterior ao da contratação da linha de crédito, no limite máximo de R$ 100.000,00 (cem mil reais).

► Inciso III com a redação dada pela Lei nº 14.257, de 1º-12-2021.

§ 1º Ficam excluídos das operações de crédito garantidas pelo PRONAMPE os profissionais liberais que tenham participação societária em pessoa jurídica ou que possuam vínculo empregatício de qualquer natureza.

► Parágrafo único renumerado para § 1º pela Lei nº 14.161, de 2-6-2021.

§ 2º Para efeito de controle do limite a que se refere o inciso III do *caput* deste artigo, o Banco do Brasil S.A. disponibilizará consulta das pessoas inscritas no Cadastro de Pessoas Físicas (CPF) que se beneficiaram do PRONAMPE, com a discriminação dos montantes já contratados.

§ 3º As operações de que trata o *caput* deste artigo deverão ser formalizadas nos mesmos prazos, inclusive prorrogações, estabelecidos no art. 3º desta Lei.

► §§ 2º e 3º acrescidos pela Lei nº 14.161, de 2-6-2021.

Capítulo II-B

DA DISPENSA DE CERTIDÕES E DA RECUPERAÇÃO DE INADIMPLÊNCIA

► Capítulo II-B acrescido pela Lei nº 14.045, de 20-8-2020.

Art. 4º Para fins de concessão de crédito no âmbito do PRONAMPE, as instituições financeiras participantes ficam dispensadas de observar as seguintes disposições:

I – o § 1º do art. 362 da Consolidação das Leis do Trabalho (CLT), aprovada pelo Decreto-Lei nº 5.452, de 1º de maio de 1943;

II – o inciso IV do § 1º do art. 7º da Lei nº 4.737, de 15 de julho de 1965;

III – as alíneas *b* e *c* do *caput* do art. 27 da Lei nº 8.036, de 11 de maio de 1990;

IV – a alínea *a* do inciso I do *caput* do art. 47 da Lei nº 8.212, de 24 de julho de 1991;

V – o art. 10 da Lei nº 8.870, de 15 de abril de 1994;

VI – o art. 1º da Lei nº 9.012, de 30 de março de 1995;

VII – o art. 20 da Lei nº 9.393, de 19 de dezembro de 1996; e

VIII – o art. 6º da Lei nº 10.522, de 19 de julho de 2002.

§ 1º Aplica-se às instituições financeiras públicas federais a dispensa prevista no *caput* deste artigo, observado o disposto na Lei nº 13.898, de 11 de novembro de 2019.

§ 2º Na concessão de crédito ao amparo do PRONAMPE, somente poderá ser exigida a garantia pessoal do proponente em montante igual ao empréstimo contratado, acrescido dos encargos, salvo nos casos de empresas constituídas e em funcionamento há menos de 1 (um) ano, cuja garantia pessoal poderá alcançar até 150%

(cento e cinquenta por cento) do valor contratado, mais acréscimos.

► § 2º com a redação dada pela Lei nº 14.042, de 19-8-2020.

Art. 5º Na hipótese de inadimplemento do contratante, as instituições financeiras participantes do PRONAMPE farão a cobrança da dívida em nome próprio, em conformidade com as suas políticas de crédito, e recolherão os valores recuperados ao FGO, relativos a cada operação, na proporção do saldo devedor honrado pelo Fundo.

§ 1º Na cobrança do crédito inadimplido garantido por recursos públicos, não se admitirá, por parte das instituições financeiras participantes do PRONAMPE, a adoção de procedimentos para recuperação de crédito menos rigorosos do que aqueles usualmente empregados em suas próprias operações de crédito.

§ 2º As despesas necessárias para a recuperação dos créditos inadimplidos correrão por conta das instituições financeiras participantes do PRONAMPE.

§ 3º As instituições financeiras participantes do PRONAMPE, em conformidade com as suas políticas de crédito, deverão empregar os melhores esforços e adotar os procedimentos necessários para a recuperação dos créditos no âmbito do Programa e não poderão interromper ou negligenciar o acompanhamento.

§ 4º As instituições financeiras participantes do PRONAMPE serão responsáveis pela veracidade das informações fornecidas e pela exatidão dos valores a serem eventualmente reembolsados.

§ 5º Os créditos honrados eventualmente não recuperados serão leiloados pelos agentes financeiros no prazo de 18 (dezoito) meses, contado da data da amortização da última parcela passível de vencimento, observadas as condições estabelecidas no estatuto do Fundo.

► A alteração que seria inserida neste parágrafo pela Lei nº 14.045, de 20-8-2020, foi vetada, razão pela qual mantivemos a redação.

§ 6º Os créditos não arrematados serão oferecidos novamente em leilão, no prazo estabelecido no § 5º deste artigo, e poderão ser alienados àquele que oferecer o maior lance, independentemente do valor de avaliação.

► A alteração que seria inserida neste parágrafo pela Lei nº 14.045, de 20-8-2020, foi vetada, razão pela qual mantivemos a redação.

§ 7º Após o decurso do prazo previsto no § 5º deste artigo, o patrimônio segregado no Fundo para o PRONAMPE será liquidado no prazo de 12 (doze) meses.

► A alteração que seria inserida neste parágrafo pela Lei nº 14.045, de 20-8-2020, foi vetada, razão pela qual mantivemos a redação.

§ 8º Após a realização do último leilão de que trata o § 6º deste artigo pelos agentes financeiros, a parcela do crédito sub-rogada pelo FGO eventualmente não alienada será considerada extinta de pleno direito.

► §§ 5º a 8º acrescidos pela Lei nº 14.042, de 19-8-2020.

Capítulo III

DO MODELO FINANCEIRO-OPERACIONAL

Art. 6º A União aumentará sua participação no FGO em R$ 15.900.000.000,00 (quinze bilhões e novecentos milhões de reais), independentemente do limite estabelecido nos arts. 7º e 8º da Lei nº 12.087, de 11 de novembro de 2009, exclusivamente para cobertura das operações contratadas no âmbito do PRONAMPE.

§ 1º A integralização adicional de cotas pela União de que trata este artigo será realizada por ato da SEPEC do Ministério da Economia.

§ 2º O valor não utilizado para garantia das operações contratadas nos períodos a que se refere o *caput* do art. 3º desta Lei, assim como os valores recuperados, inclusive no caso de inadimplência, deverão ser devolvidos à União, a partir de 2025, nos termos em que dispuser o Poder Executivo, e serão integralmente utilizados para pagamento da dívida pública de responsabilidade do Tesouro Nacional.

► § 2º com a redação dada pela Lei nº 14.348, de 25-5-2022.

§ 3º O FGO responderá por suas obrigações com os bens e direitos alocados para a finalidade do PRONAMPE, e o cotista ou seus agentes públicos não responderão por qualquer obrigação ou eventual prejuízo do Fundo, salvo o cotista pela integralização das cotas que subscrever.

§ 4º As instituições financeiras participantes do PRONAMPE operarão com recursos próprios e poderão contar com garantia a ser prestada pelo FGO de até 100% (cem por cento) do valor de cada operação garantida.

► § 4º com a redação dada pela Lei nº 14.042, de 19-8-2020.

► A alteração que seria inserida neste parágrafo pela Lei nº 14.045, de 20-8-2020, foi vetada, razão pela qual mantivemos a redação.

§ 4º-A. A garantia de que trata o § 4º deste artigo será limitada a 85% (oitenta e cinco por cento) da carteira de cada agente financeiro nos termos do estatuto do Fundo, observado o disposto no § 3º do art. 3º desta Lei.

► § 4º-A com a redação dada pela Lei nº 14.161, de 2-6-2021.

§ 4º-B. Os agentes financeiros que aderirem ao PRONAMPE poderão optar por limite individual de cobertura de carteira inferior ao estabelecido no § 4º-A deste artigo, nos termos em que dispuser o estatuto do FGO.

► § 4º-B acrescido pela Lei nº 14.161, de 2-6-2021.

§ 5º Nas operações de que trata o § 4º deste artigo, o limite global a ser ressarcido às instituições financeiras em razão da garantia prestada pelo FGO no âmbito do PRONAMPE fica limitado ao montante aportado pela União no FGO para o atendimento do Programa.

► § 5º com a redação dada pela Lei nº 14.161, de 2-6-2021.

§ 6º Fica autorizada a utilização do Fundo de Aval às Micro e Pequenas Empresas (FAMPE) do Sebrae como instrumento complementar ao FGO na estruturação das garantias relativas às operações no âmbito do PRONAMPE.

§ 7º As instituições financeiras públicas federais deverão priorizar em suas políticas operacionais as contratações de empréstimo no âmbito do PRONAMPE, inclusive com a utilização, quando cabível, de recursos dos fundos constitucionais de financiamento.

§ 8º O FGO não contará com qualquer tipo de garantia ou aval por parte da União e responderá por suas obrigações contraídas no âmbito do PRONAMPE até o limite do valor dos bens e direitos integrantes do seu patrimônio alocados para o Programa.

► § 8º acrescido pela Lei nº 14.045, de 20-8-2020.

Art. 6º-A. Para as contratações realizadas no âmbito do PRONAMPE, não se aplica ao FGO o disposto nos §§ 3º e 6º do art. 9º da Lei nº 12.087, de 11 de novembro de 2009.

► Art. 6º-A acrescido pela Lei nº 14.042, de 19-8-2020.

► A alteração que seria inserida neste artigo pela Lei nº 14.045, de 20-8-2020, foi vetada, razão pela qual mantivemos a redação.

Art. 6º-B Fica a União autorizada a aumentar em até R$ 100.000.000,00 (cem milhões de reais) a sua participação no FGO, por meio da subscrição adicional de cotas para constituição de patrimônio segregado no FGO, com direitos e obrigações próprios, exclusivamente para a cobertura das operações contratadas até 31 de dezembro de 2023, no âmbito do PRONAMPE, com beneficiários que tiveram perdas materiais decorrentes dos eventos climáticos extremos ocorridos em setembro de 2023, que estejam situados em Municípios do Estado do Rio Grande do Sul que tiveram estado de calamidade pública reconhecido pelo Poder Executivo federal.

§ 1º O aumento de participação de que trata o caput está autorizado independentemente do limite estabelecido no caput do art. 7º da Lei nº 12.087, de 2009, por meio de ato do Ministério do Desenvolvimento, Indústria, Comércio e Serviços, e o respectivo aporte deverá ser concluído até 31 de dezembro de 2023.

§ 2º Os valores de que trata o caput não utilizados até 31 de dezembro de 2023 para garantia das operações ativas serão devolvidos à União por meio de resgate de cotas até o sexagésimo dia seguinte à data de emissão do parecer da auditoria independente do FGO referente ao ano de 2023, nos termos do disposto no estatuto do Fundo.

§ 3º A partir de 1º de janeiro de 2025, os valores de que trata o caput não comprometidos com garantias concedidas serão devolvidos anualmente à União por meio de resgate de cotas até o sexagésimo dia seguinte à data de emissão do parecer da auditoria independente do FGO referente ao exercício anterior à devolução, nos termos do disposto no estatuto do Fundo.

§ 4º As operações a que se refere o caput, contratadas até 31 de dezembro de 2023 no âmbito do PRONAMPE terão prazo de carência de até 24 (vinte e quatro) meses para o início do pagamento das parcelas do financiamento.

► Art. 6º-B acrescido pela MP nº 1.189, de 27-9-2023, que até o encerramento desta edição não havia sido convertida em lei.

CAPÍTULO IV

VETADO.

CAPÍTULO V

DA REGULAÇÃO E DA SUPERVISÃO DAS OPERAÇÕES DE CRÉDITO REALIZADAS NO ÂMBITO DO PRONAMPE

Art. 8º Compete ao Banco Central do Brasil fiscalizar o cumprimento, pelas instituições participantes do PRONAMPE, das condições estabelecidas para as operações de crédito realizadas no âmbito do Programa.

Art. 9º O Conselho Monetário Nacional e o Banco Central do Brasil, no âmbito de suas competências, poderão disciplinar os aspectos necessários para operacionalizar e fiscalizar as instituições participantes do PRONAMPE quanto ao disposto nesta Lei, observados os preceitos da Lei nº 13.506, de 13 de novembro de 2017.

CAPÍTULO VI

DO ESTÍMULO AO MICROCRÉDITO

Art. 10. A Lei nº 13.636, de 20 de março de 2018, passa a vigorar com as seguintes alterações:

"Art. 1º Fica instituído, no âmbito do Ministério da Economia, o Programa Nacional de Microcrédito Produtivo Orientado (PNMPO), com objetivo de apoiar e financiar atividades produtivas de empreendedores, principalmente por meio da disponibilização de recursos para o microcrédito produtivo orientado.

....

§ 2º A renda ou a receita bruta anual para enquadramento dos beneficiários do PNMPO, definidos no § 1º deste artigo, fica limitada ao valor máximo de receita bruta estabelecido para a microempresa, nos termos da Lei Complementar nº 123, de 14 de dezembro de 2006.

§ 3º Para os efeitos do disposto nesta Lei, considera-se microcrédito produtivo orientado o crédito concedido para fomento e financiamento das atividades produtivas, cuja metodologia será estabelecida em ato do Conselho Monetário Nacional, admitida a possibilidade de relacionamento direto com os empreendedores ou o uso de tecnologias digitais e eletrônicas que possam substituir o contato presencial, para fins de orientação e obtenção de crédito.

§ 4º *Revogado*."

"Art. 3º ....

....

XI – agentes de crédito;

XII – instituições financeiras que realizem, nos termos da regulamentação do Conselho Monetário Nacional, operações exclusivamente por meio de sítio eletrônico ou de aplicativo;

XIII – pessoas jurídicas especializadas no apoio, no fomento ou na orientação às atividades produtivas mencionadas no art. 1º desta Lei;

XIV – correspondentes no País;

XV – Empresas Simples de Crédito (ESCs), de que trata a Lei Complementar nº 167, de 24 de abril de 2019.

§ 1º As instituições de que tratam os incisos I a XV do *caput* deste artigo deverão estimular e promover a participação dos seus correspondentes no PNMPO, aplicando-se-lhes o seguinte:

I – as atividades de que trata o § 3º do art. 1º desta Lei poderão ser executadas, mediante contrato de prestação de serviço, por meio de pessoas jurídicas que demonstrem possuir qualificação técnica para atuação no segmento de microcrédito, conforme critérios estabelecidos pelo Conselho Monetário Nacional; e

II – a pessoa jurídica contratada, na hipótese de que trata o inciso I deste parágrafo, atuará por conta e sob diretrizes da entidade contratante, que assume inteira responsabilidade pelo cumprimento da legislação e da regulamentação relativa a essas atividades.

§ 2º As instituições financeiras públicas que se enquadrem nas disposições do *caput* deste artigo poderão atuar no PNMPO por intermédio de sociedade da qual participem direta ou indiretamente, ou por meio de convênio ou contrato com quaisquer das instituições referidas nos incisos V a XV do *caput* deste artigo, desde que tais entidades tenham por objeto prestar serviços necessários à contratação e ao acompanhamento de operações de microcrédito produtivo orientado e desde que esses serviços não representem atividades privativas de instituições financeiras.

....

§ 4º As organizações da sociedade civil de interesse público, os agentes de crédito constituídos como pessoas jurídicas e as pessoas jurídicas especializadas de que tratam os incisos X, XI, XIII, XIV e XV do *caput* deste artigo deverão observar as diretrizes estabelecidas pelo Ministério da Economia para realizar operações no âmbito do PNMPO, nos termos estabelecidos no inciso II do*caput*do art. 6º desta Lei.

§ 5º As entidades a que se referem os incisos V a XV do *caput* deste artigo poderão prestar os seguintes serviços, sob responsabilidade das demais entidades referidas no*caput*deste artigo:

I – a recepção e o encaminhamento de propostas de abertura de contas de depósitos à vista e de conta de poupança, de microsseguros e de serviços de adquirência;

....

§ 6º ....

....

Legislação Complementar

III – outros serviços e produtos desenvolvidos e precificados para o desenvolvimento da atividade produtiva dos microempreendedores, conforme o art. 1º desta Lei.

...."

"Art. 6º Ao Ministério da Economia compete:

....

II – estabelecer requisitos para cadastro das entidades de que tratam os incisos X, XI, XIII, XIV e XV do *caput* do art. 3º desta Lei, entre os quais a exigência de inscrição dos agentes de crédito citados no inciso XI do*caput*do referido artigo como contribuintes individuais do Regime Geral de Previdência Social, nos termos das alíneas *g* e *h* do inciso V do *caput* do art. 11 da Lei nº 8.213, de 24 de julho de 1991.

...."

Art. 11. A Lei nº 10.735, de 11 de setembro de 2003, passa a vigorar com as seguintes alterações:

"Art. 2º ....

....

VIII – os critérios para o repasse dos recursos da exigibilidade de que trata o art. 1º desta Lei para aplicação por parte de entidades autorizadas a operar ou participar do Programa Nacional de Microcrédito Produtivo Orientado (PNMPO), respeitadas as operações a elas permitidas, nos termos da legislação e da regulamentação em vigor;

IX – os critérios para aquisição de créditos de outras instituições financeiras ou de outras entidades autorizadas a operar ou a participar do PNMPO, respeitadas as operações a elas permitidas, nos termos da legislação e da regulamentação em vigor; e

....

§ 1º O Conselho Monetário Nacional poderá, com base em critérios de proporcionalidade e de eficiência e observada a isonomia de tratamento para efeito de manutenção de livre e justa concorrência, isentar parte das instituições referidas no art. 1º desta Lei do cumprimento do direcionamento dos depósitos à vista de que trata esta Lei, com o objetivo de assegurar o funcionamento regular das instituições desobrigadas e a aplicação efetiva dos recursos em operações de crédito de que trata esta Lei.

§ 2º Na hipótese de repasse para instituição não autorizada a funcionar pelo Banco Central do Brasil, a responsabilidade pelo correto direcionamento dos recursos, nos termos da regulamentação em vigor, permanece com a instituição financeira repassadora."

"Art. 3º ....

Parágrafo único. Alternativamente ao disposto no *caput* deste artigo, o Conselho Monetário Nacional poderá estabelecer custo financeiro às instituições referidas no art. 1º desta Lei que apresentarem insuficiência na aplicação de recursos, nos termos previstos nesta Lei."

Art. 12. O art. 2º da Lei nº 9.790, de 23 de março de 1999, passa a vigorar acrescido do seguinte parágrafo único:

"Art. 2º ....

....

Parágrafo único. Não constituem impedimento à qualificação como Organização da Sociedade Civil de Interesse Público as operações destinadas a microcrédito realizadas com instituições financeiras na forma de recebimento de repasses, venda de operações realizadas ou atuação como mandatárias."

CAPÍTULO VII

DISPOSIÇÕES FINAIS

Art. 13. Expirado o prazo para contratações previsto nesta Lei, fica o Poder Executivo autorizado a adotar o PRONAMPE como política oficial de crédito de caráter permanente com tratamento diferenciado e favorecido, nas mesmas condições estabelecidas nesta Lei, com o objetivo de consolidar os pequenos negócios como agentes de sustentação, transformação e desenvolvimento da economia nacional.

Art. 14. Revoga-se o § 4º do art. 1º da Lei nº 13.636, de 20 de março de 2018.

Art. 15. Esta Lei entra em vigor na data de sua publicação.

Brasília, 18 de maio de 2020;
199º da Independência e
132º da República.

Jair Messias Bolsonaro

LEI Nº 14.020, DE 6 DE JULHO DE 2020

Institui o Programa Emergencial de Manutenção do Emprego e da Renda; dispõe sobre medidas complementares para enfrentamento do estado de calamidade pública reconhecido pelo Decreto Legislativo nº 6, de 20 de março de 2020, e da emergência de saúde pública de importância internacional decorrente do coronavírus, de que trata a Lei nº 13.979, de 6 de fevereiro de 2020; altera as Leis nºs 8.213, de 24 de julho de 1991, 10.101, de 19 de dezembro de 2000, 12.546, de 14 de dezembro de 2011,

10.865, de 30 de abril de 2004, e 8.177, de 1º de março de 1991; e dá outras providências.

► Publicada no *DOU* de 7-7-2020.

Capítulo I

DISPOSIÇÕES PRELIMINARES

Art. 1º Esta Lei institui o Programa Emergencial de Manutenção do Emprego e da Renda e dispõe sobre medidas complementares para enfrentamento do estado de calamidade pública reconhecido pelo Decreto Legislativo nº 6, de 20 de março de 2020, e da emergência de saúde pública de importância internacional decorrente do coronavírus, de que trata a Lei nº 13.979, de 6 de fevereiro de 2020.

Capítulo II

DO PROGRAMA EMERGENCIAL DE MANUTENÇÃO DO EMPREGO E DA RENDA

Seção I

DA INSTITUIÇÃO, DOS OBJETIVOS E DAS MEDIDAS DO PROGRAMA EMERGENCIAL DE MANUTENÇÃO DO EMPREGO E DA RENDA

Art. 2º Fica instituído o Programa Emergencial de Manutenção do Emprego e da Renda, com aplicação durante o estado de calamidade pública a que se refere o art. 1º desta Lei e com os seguintes objetivos:

I – preservar o emprego e a renda;

II – garantir a continuidade das atividades laborais e empresariais; e

III – reduzir o impacto social decorrente das consequências do estado de calamidade pública e da emergência de saúde pública.

Art. 3º São medidas do Programa Emergencial de Manutenção do Emprego e da Renda:

I – o pagamento do Benefício Emergencial de Preservação do Emprego e da Renda;

II – a redução proporcional de jornada de trabalho e de salário; e

III – a suspensão temporária do contrato de trabalho.

Parágrafo único. O disposto no *caput* deste artigo não se aplica, no âmbito da União, dos Estados, do Distrito Federal e dos Municípios, aos órgãos da administração pública direta e indireta, às empresas públicas e às sociedades de economia mista, inclusive às suas subsidiárias, e aos organismos internacionais.

Art. 4º Compete ao Ministério da Economia coordenar, executar, monitorar e avaliar o Programa Emergencial de Manutenção do Emprego e da Renda e editar normas complementares necessárias à sua execução.

Parágrafo único. O Ministério da Economia divulgará semanalmente, por meio eletrônico, as informações detalhadas sobre os acordos firmados, com o número de empregados e empregadores beneficiados, bem como divulgará o quantitativo de demissões e admissões mensais realizados no País.

Seção II

DO BENEFÍCIO EMERGENCIAL DE PRESERVAÇÃO DO EMPREGO E DA RENDA

Art. 5º Fica criado o Benefício Emergencial de Preservação do Emprego e da Renda, a ser pago nas seguintes hipóteses:

I – redução proporcional de jornada de trabalho e de salário; e

II – suspensão temporária do contrato de trabalho.

§ 1º O Benefício Emergencial de Preservação do Emprego e da Renda será custeado com recursos da União.

§ 2º O Benefício Emergencial de Preservação do Emprego e da Renda será de prestação mensal e devido a partir da data do início da redução da jornada de trabalho e do salário ou da suspensão temporária do contrato de trabalho, observadas as seguintes disposições:

I – o empregador informará ao Ministério da Economia a redução da jornada de trabalho e do salário ou a suspensão temporária do contrato de trabalho, no prazo de 10 (dez) dias, contado da data da celebração do acordo;

II – a primeira parcela será paga no prazo de 30 (trinta) dias, contado da data da celebração do acordo, desde que a celebração do acordo seja informada no prazo a que se refere o inciso I deste parágrafo; e

III – o Benefício Emergencial de Preservação do Emprego e da Renda será pago exclusivamente enquanto durar a redução da jornada de trabalho e do salário ou a suspensão temporária do contrato de trabalho.

§ 3º Caso a informação de que trata o inciso I do § 2º deste artigo não seja prestada no prazo previsto no referido dispositivo:

I – o empregador ficará responsável pelo pagamento da remuneração no valor anterior à redução da jornada de trabalho e do salário ou à suspensão temporária do contrato de trabalho do empregado, inclusive dos respectivos encargos sociais e trabalhistas, até que a informação seja prestada;
II – a data de início do Benefício Emergencial de Preservação do Emprego e da Renda será fixada na data em que a informação tenha sido efetivamente prestada, e o benefício será devido pelo restante do período pactuado; e
III – a primeira parcela, observado o disposto no inciso II deste parágrafo, será paga no prazo de 30 (trinta) dias, contado da data em que a informação tiver sido efetivamente prestada.

§ 4º Ato do Ministério da Economia disciplinará a forma de:

I – transmissão das informações e das comunicações pelo empregador; e
II – concessão e pagamento do Benefício Emergencial de Preservação do Emprego e da Renda.

§ 5º O recebimento do Benefício Emergencial de Preservação do Emprego e da Renda não impedirá a concessão e não alterará o valor do seguro-desemprego a que o empregado vier a ter direito, desde que cumpridos os requisitos previstos na Lei nº 7.998, de 11 de janeiro de 1990, no momento de eventual dispensa.

§ 6º O Benefício Emergencial de Preservação do Emprego e da Renda será operacionalizado e pago pelo Ministério da Economia.

§ 7º Serão inscritos em dívida ativa da União os créditos constituídos em decorrência de Benefício Emergencial de Preservação do Emprego e da Renda pago indevidamente ou além do devido, hipótese em que se aplicará o disposto na Lei nº 6.830, de 22 de setembro de 1980, para a execução judicial.

Art. 6º O valor do Benefício Emergencial de Preservação do Emprego e da Renda terá como base de cálculo o valor mensal do seguro-desemprego a que o empregado teria direito, nos termos do art. 5º da Lei nº 7.998, de 11 de janeiro de 1990, observadas as seguintes disposições:

I – na hipótese de redução de jornada de trabalho e de salário, será calculado aplicando-se sobre a base de cálculo o percentual da redução; e
II – na hipótese de suspensão temporária do contrato de trabalho, terá valor mensal:

a) equivalente a 100% (cem por cento) do valor do seguro-desemprego a que o empregado teria direito, na hipótese prevista no *caput* do art. 8º desta Lei; ou
b) equivalente a 70% (setenta por cento) do valor do seguro-desemprego a que o empregado teria direito, na hipótese prevista no § 5º do art. 8º desta Lei.

§ 1º O Benefício Emergencial de Preservação do Emprego e da Renda será pago ao empregado independentemente do:

I – cumprimento de qualquer período aquisitivo;
II – tempo de vínculo empregatício; e
III – número de salários recebidos.

§ 2º O Benefício Emergencial de Preservação do Emprego e da Renda não será devido ao empregado que esteja:

I – ocupando cargo ou emprego público ou cargo em comissão de livre nomeação e exoneração ou seja titular de mandato eletivo; ou
II – em gozo:

a) de benefício de prestação continuada do Regime Geral de Previdência Social ou dos regimes próprios de previdência social, ressalvado o disposto no parágrafo único do art. 124 da Lei nº 8.213, de 24 de julho de 1991;
b) do seguro-desemprego, em qualquer de suas modalidades; e
c) da bolsa de qualificação profissional de que trata o art. 2º-A da Lei nº 7.998, de 11 de janeiro de 1990.

§ 3º O empregado com mais de um vínculo formal de emprego poderá receber cumulativamente um Benefício Emergencial de Preservação do Emprego e da Renda para cada vínculo com redução proporcional de jornada de trabalho e de salário ou com suspensão temporária do contrato de trabalho, observado o valor previsto no *caput* do art. 18 e o disposto no § 3º do art. 18, se houver vínculo na modalidade de contrato intermitente, nos termos do § 3º do art. 443 da CLT, aprovada pelo Decreto-Lei nº 5.452, de 1º de maio de 1943.

§ 4º Nos casos em que o cálculo do benefício emergencial resultar em valores decimais, o valor a ser pago deverá ser arredondado para a unidade inteira imediatamente superior.

Seção III

DA REDUÇÃO PROPORCIONAL DE JORNADA DE TRABALHO E DE SALÁRIO

Art. 7º Durante o estado de calamidade pública a que se refere o art. 1º desta Lei, o empregador poderá acordar a redução proporcional de jornada de trabalho e de salário de seus empregados, de forma setorial, departamental, parcial ou na totalidade dos postos de trabalho, por até 90 (noventa) dias, prorrogáveis por prazo determinado em ato do Poder Executivo, observados os seguintes requisitos:

I – preservação do valor do salário-hora de trabalho;

II – pactuação, conforme o disposto nos arts. 11 e 12 desta Lei, por convenção coletiva de trabalho, acordo coletivo de trabalho ou acordo individual escrito entre empregador e empregado; e

III – na hipótese de pactuação por acordo individual escrito, encaminhamento da proposta de acordo ao empregado com antecedência de, no mínimo, 2 (dois) dias corridos, e redução da jornada de trabalho e do salário exclusivamente nos seguintes percentuais:

a) 25% (vinte e cinco por cento);

b) 50% (cinquenta por cento);

c) 70% (setenta por cento).

§ 1º A jornada de trabalho e o salário pago anteriormente serão restabelecidos no prazo de 2 (dois) dias corridos, contado da:

I – cessação do estado de calamidade pública;

II – data estabelecida como termo de encerramento do período de redução pactuado; ou

III – data de comunicação do empregador que informe ao empregado sua decisão de antecipar o fim do período de redução pactuado.

§ 2º Durante o período de redução proporcional de jornada de trabalho e de salário, a contribuição de que tratam o art. 20 da Lei nº 8.212, de 24 de julho de 1991, e o art. 28 da Emenda Constitucional nº 103, de 12 de novembro de 2019, poderá ser complementada na forma do art. 20 desta Lei.

§ 3º Respeitado o limite temporal do estado de calamidade pública a que se refere o art. 1º desta Lei, o Poder Executivo poderá prorrogar o prazo máximo de redução proporcional de jornada de trabalho e de salário previsto no *caput* deste artigo, na forma do regulamento.

Seção IV

DA SUSPENSÃO TEMPORÁRIA DO CONTRATO DE TRABALHO

Art. 8º Durante o estado de calamidade pública a que se refere o art. 1º desta Lei, o empregador poderá acordar a suspensão temporária do contrato de trabalho de seus empregados, de forma setorial, departamental, parcial ou na totalidade dos postos de trabalho, pelo prazo máximo de 60 (sessenta) dias, fracionável em 2 (dois) períodos de até 30 (trinta) dias, podendo ser prorrogado por prazo determinado em ato do Poder Executivo.

§ 1º A suspensão temporária do contrato de trabalho será pactuada, conforme o disposto nos arts. 11 e 12 desta Lei, por convenção coletiva de trabalho, acordo coletivo de trabalho ou acordo individual escrito entre empregador e empregado, devendo a proposta de acordo, nesta última hipótese, ser encaminhada ao empregado com antecedência de, no mínimo, 2 (dois) dias corridos.

§ 2º Durante o período de suspensão temporária do contrato de trabalho, o empregado:

I – fará *jus* a todos os benefícios concedidos pelo empregador aos seus empregados; e

II – ficará autorizado a contribuir para o Regime Geral de Previdência Social na qualidade de segurado facultativo, na forma do art. 20 desta Lei.

§ 3º O contrato de trabalho será restabelecido no prazo de 2 (dois) dias corridos, contado da:

I – cessação do estado de calamidade pública;

II – data estabelecida como termo de encerramento do período de suspensão pactuado; ou

III – data de comunicação do empregador que informe ao empregado sua decisão de antecipar o fim do período de suspensão pactuado.

§ 4º Se, durante o período de suspensão temporária do contrato de trabalho, o empregado mantiver as atividades de trabalho, ainda que parcialmente, por meio de teletrabalho, trabalho remoto ou trabalho a distância, ficará descaracterizada a suspensão temporária do contrato de trabalho, e o empregador estará sujeito:

I – ao pagamento imediato da remuneração e dos encargos sociais e trabalhistas referentes a todo o período;

II – às penalidades previstas na legislação em vigor; e

III – às sanções previstas em convenção coletiva ou acordo coletivo de trabalho.

§ 5º A empresa que tiver auferido, no ano-calendário de 2019, receita bruta superior a R$ 4.800.000,00 (quatro milhões e oitocentos mil reais) somente poderá suspender o contrato de trabalho de seus empregados mediante o pagamento de ajuda compensatória mensal no valor de 30% (trinta por cento) do valor do salário do empregado, durante o período de suspensão temporária do contrato de trabalho pactuado, observado o disposto neste artigo e no art. 9º desta Lei.

§ 6º Respeitado o limite temporal do estado de calamidade pública a que se refere o art. 1º desta Lei, o Poder Executivo poderá prorrogar o prazo máximo de suspensão temporária do contrato de trabalho previsto no *caput* deste artigo, na forma do regulamento.

Seção V

DAS DISPOSIÇÕES COMUNS ÀS MEDIDAS DO PROGRAMA EMERGENCIAL DE MANUTENÇÃO DO EMPREGO E DA RENDA

Art. 9º O Benefício Emergencial de Preservação do Emprego e da Renda poderá ser acumulado com o pagamento, pelo empregador, de ajuda compensatória mensal, em decorrência da redução proporcional de jornada de trabalho e de salário ou da suspensão temporária de contrato de trabalho de que trata esta Lei.

§ 1º A ajuda compensatória mensal de que trata o *caput* deste artigo:

I – deverá ter o valor definido em negociação coletiva ou no acordo individual escrito pactuado;

II – terá natureza indenizatória;

III – não integrará a base de cálculo do imposto sobre a renda retido na fonte ou da declaração de ajuste anual do imposto sobre a renda da pessoa física do empregado;

IV – não integrará a base de cálculo da contribuição previdenciária e dos demais tributos incidentes sobre a folha de salários;

V – não integrará a base de cálculo do valor dos depósitos no Fundo de Garantia do Tempo de Serviço (FGTS), instituído pela Lei nº 8.036, de 11 de maio de 1990, e pela Lei Complementar nº 150, de 1º de junho de 2015; e

VI – poderá ser:

a) considerada despesa operacional dedutível na determinação do lucro real e da base de cálculo da Contribuição Social sobre o Lucro Líquido (CSLL) das pessoas jurídicas tributadas pelo lucro real;

b a *d*) VETADAS.

§ 2º Na hipótese de redução proporcional de jornada de trabalho e de salário, a ajuda compensatória prevista no *caput* deste artigo não integrará o salário devido pelo empregador e observará o disposto no § 1º deste artigo.

§ 3º O disposto no inciso VI do § 1º deste artigo aplica-se às ajudas compensatórias mensais pagas a partir do mês de abril de 2020.

Art. 10. Fica reconhecida a garantia provisória no emprego ao empregado que receber o Benefício Emergencial de Preservação do Emprego e da Renda, previsto no art. 5º desta Lei, em decorrência da redução da jornada de trabalho e do salário ou da suspensão temporária do contrato de trabalho de que trata esta Lei, nos seguintes termos:

I – durante o período acordado de redução da jornada de trabalho e do salário ou de suspensão temporária do contrato de trabalho;

II – após o restabelecimento da jornada de trabalho e do salário ou do encerramento da suspensão temporária do contrato de trabalho, por período equivalente ao acordado para a redução ou a suspensão; e

III – no caso da empregada gestante, por período equivalente ao acordado para a redução da jornada de trabalho e do salário ou para a suspensão temporária do contrato de trabalho, contado a partir do término do período da garantia estabelecida na alínea *b* do inciso II do *caput* do art. 10 do Ato das Disposições Constitucionais Transitórias.

§ 1º A dispensa sem justa causa que ocorrer durante o período de garantia provisória no emprego previsto no *caput* deste artigo sujeitará o empregador ao pagamento, além das parcelas rescisórias previstas na legislação em vigor, de indenização no valor de:

I – 50% (cinquenta por cento) do salário a que o empregado teria direito no período de garantia provisória no emprego, na hipótese de redução de jornada de trabalho e de salário igual ou superior a 25% (vinte e cinco por cento) e inferior a 50% (cinquenta por cento);

II – 75% (setenta e cinco por cento) do salário a que o empregado teria direito no período de garantia provisória no emprego, na hipótese de redução de jornada de trabalho e de salário igual ou superior a 50% (cinquenta por cento) e inferior a 70% (setenta por cento); ou

III – 100% (cem por cento) do salário a que o empregado teria direito no período de garantia provisória no emprego, nas hipóteses de redução de jornada de trabalho e de salário em percentual igual ou superior a 70% (setenta por cento) ou de suspensão temporária do contrato de trabalho.

§ 2º O disposto neste artigo não se aplica às hipóteses de pedido de demissão ou dispensa por justa causa do empregado.

Art. 11. As medidas de redução proporcional de jornada de trabalho e de salário ou de suspensão temporária do contrato de trabalho de que trata esta Lei poderão ser celebradas por meio de negociação coletiva, observado o disposto nos arts. 7º e 8º desta Lei e no § 1º deste artigo.

§ 1º A convenção coletiva ou o acordo coletivo de trabalho poderão estabelecer redução de jornada de trabalho e de salário em percentuais diversos dos previstos no inciso III do *caput* do art. 7º desta Lei.

§ 2º Na hipótese prevista no § 1º deste artigo, o Benefício Emergencial de Preservação do Emprego e da Renda, de que tratam os arts. 5º e 6º desta Lei, será devido nos seguintes termos:

I – sem percepção do Benefício Emergencial de Preservação do Emprego e da Renda para a redução de jornada e de salário inferior a 25% (vinte e cinco por cento);

II – no valor de 25% (vinte e cinco por cento) sobre a base de cálculo prevista no art. 6º desta Lei para a redução de jornada e de salário igual ou superior a 25% (vinte e cinco por cento) e inferior a 50% (cinquenta por cento);

III – no valor de 50% (cinquenta por cento) sobre a base de cálculo prevista no art. 6º desta Lei para a redução de jornada e de salário igual ou superior a 50% (cinquenta por cento) e inferior a 70% (setenta por cento); e

IV – no valor de 70% (setenta por cento) sobre a base de cálculo prevista no art. 6º desta Lei para a redução de jornada e de salário igual ou superior a 70% (setenta por cento).

§ 3º As convenções coletivas ou os acordos coletivos de trabalho celebrados anteriormente poderão ser renegociados para adequação de seus termos, no prazo de 10 (dez) dias corridos, contado da data de publicação desta Lei.

Art. 12. As medidas de que trata o art. 3º desta Lei serão implementadas por meio de acordo individual escrito ou de negociação coletiva aos empregados:

I – com salário igual ou inferior a R$ 2.090,00 (dois mil e noventa reais), na hipótese de o empregador ter auferido, no ano-calendário de 2019, receita bruta superior a R$ 4.800.000,00 (quatro milhões e oitocentos mil reais);

II – com salário igual ou inferior a R$ 3.135,00 (três mil, cento e trinta e cinco reais), na hipótese de o empregador ter auferido, no ano-calendário de 2019, receita bruta igual ou inferior a R$ 4.800.000,00 (quatro milhões e oitocentos mil reais); ou

III – portadores de diploma de nível superior e que percebam salário mensal igual ou superior a 2 (duas) vezes o limite máximo dos benefícios do Regime Geral de Previdência Social.

§ 1º Para os empregados não enquadrados no *caput* deste artigo, as medidas de que trata o art. 3º desta Lei somente poderão ser estabelecidas por convenção coletiva ou acordo coletivo de trabalho, salvo nas seguintes hipóteses, nas quais se admite a pactuação por acordo individual escrito:

I – redução proporcional de jornada de trabalho e de salário de 25% (vinte e cinco por cento), prevista na alínea *a* do inciso III do *caput* do art. 7º desta Lei;

II – redução proporcional de jornada de trabalho e de salário ou suspensão temporária do contrato de trabalho quando do acordo não resultar diminuição do valor total recebido mensalmente pelo empregado, incluídos neste valor o Benefício Emergencial de Preservação do Emprego e da Renda, a ajuda compensatória mensal e, em caso de redução da jornada, o salário pago pelo empregador em razão das horas de trabalho.

§ 2º Para os empregados que se encontrem em gozo do benefício de aposentadoria, a implementação das medidas de redução proporcional de jornada de trabalho e de salário ou suspensão temporária do contrato de trabalho por acordo individual escrito somente será admitida quando, além do enquadramento em alguma das hipóteses de autorização do acordo individual de trabalho previstas no *caput* ou no § 1º deste artigo, houver o pagamento, pelo empregador, de ajuda compensatória mensal, observado o disposto no art. 9º desta Lei e as seguintes condições:

I – o valor da ajuda compensatória mensal a que se refere este parágrafo deverá ser, no mínimo, equivalente ao do benefício que o empregado receberia se não houvesse a vedação prevista na alínea *a* do inciso II do § 2º do art. 6º desta Lei;

II – na hipótese de empresa que se enquadre no § 5º do art. 8º desta Lei, o total pago a título de ajuda compensatória mensal deverá ser, no mínimo, igual à soma do valor previsto naquele dispositivo com o valor mínimo previsto no inciso I deste parágrafo.

§ 3º Os atos necessários à pactuação dos acordos individuais escritos de que trata este artigo poderão ser realizados por quaisquer meios físicos ou eletrônicos eficazes.

§ 4º Os acordos individuais de redução de jornada de trabalho e de salário ou de suspensão temporária do contrato de trabalho, pactuados nos termos desta Lei, deverão ser comunicados pelos empregadores ao respectivo sindicato da categoria profissional, no prazo de até 10 (dez) dias corridos, contado da data de sua celebração.

§ 5º Se, após a pactuação de acordo individual na forma deste artigo, houver a celebração de convenção coletiva ou acordo coletivo de trabalho com cláusulas conflitantes com as do acordo individual, deverão ser observadas as seguintes regras:

I – a aplicação das condições estabelecidas no acordo individual em relação ao período anterior ao da negociação coletiva;

II – a partir da entrada em vigor da convenção coletiva ou do acordo coletivo de trabalho, a prevalência das condições estipuladas na negociação coletiva, naquilo em que conflitarem com as condições estipuladas no acordo individual.

§ 6º Quando as condições do acordo individual forem mais favoráveis ao trabalhador, prevalecerão sobre a negociação coletiva.

Art. 13. A redução proporcional de jornada de trabalho e de salário ou a suspensão temporária do contrato de trabalho, quando adotadas, deverão resguardar o exercício e o funcionamento dos serviços públicos e das atividades essenciais de que tratam a Lei nº 7.783, de 28 de junho de 1989, e a Lei nº 13.979, de 6 de fevereiro de 2020.

Art. 14. As irregularidades constatadas pela Auditoria-Fiscal do Trabalho quanto aos acordos de redução proporcional de jornada de trabalho e de salário ou de suspensão temporária do contrato de trabalho de que trata esta Lei sujeitam os infratores à multa prevista no art. 25 da Lei nº 7.998, de 11 de janeiro de 1990.

Parágrafo único. O processo de fiscalização, de notificação, de autuação e de imposição de multas decorrente desta Lei observará o disposto no Título VII da CLT, aprovada pelo Decreto-Lei nº 5.452, de 1º de maio de 1943, não se aplicando o critério da dupla visita.

Art. 15. O disposto nesta Lei aplica-se aos contratos de trabalho de aprendizagem e aos de jornada parcial.

Art. 16. O tempo máximo de redução proporcional de jornada e de salário e de suspensão temporária do contrato de trabalho, ainda que sucessivos, não poderá ser superior a 90 (noventa) dias, respeitado o prazo máximo de que trata o art. 8º desta Lei, salvo se, por ato do Poder Executivo, for estabelecida prorrogação do tempo máximo dessas medidas ou dos prazos determinados para cada uma delas.

Parágrafo único. Respeitado o limite temporal do estado de calamidade pública de que trata o art. 1º desta Lei, o Poder Executivo poderá prorrogar o prazo máximo das medidas previstas no *caput* deste artigo, na forma do regulamento.

CAPÍTULO III

DISPOSIÇÕES FINAIS

Art. 17. Durante o estado de calamidade pública de que trata o art. 1º desta Lei:

I – o curso ou o programa de qualificação profissional de que trata o art. 476-A da CLT, aprovada pelo Decreto-Lei nº 5.452, de 1º de maio de 1943, poderá ser oferecido pelo empregador exclusivamente na modalidade não presencial, e terá duração não inferior a 1 (um) mês e não superior a 3 (três) meses;

II – poderão ser utilizados meios eletrônicos para atendimento aos requisitos formais previstos no Título VI da CLT, aprovada pelo Decreto-Lei nº 5.452, de 1º de maio de 1943, inclusive para convocação, deliberação, decisão, formalização e publicidade de convenção coletiva ou acordo coletivo de trabalho;

III – os prazos previstos no Título VI da CLT, aprovada pelo Decreto-Lei nº 5.452, de 1º de maio de 1943, ficarão reduzidos pela metade;

IV – VETADO; e

V – a dispensa sem justa causa do empregado pessoa com deficiência será vedada.

Art. 18. O empregado com contrato de trabalho intermitente, nos termos do § 3º do art. 443 da CLT, aprovada pelo Decreto-Lei nº 5.452, de 1º de maio de 1943, formalizado até a data de publicação da Medida Provisória nº 936, de 1º de abril de 2020, faz *jus* ao benefício emergencial mensal no valor de R$ 600,00 (seiscentos reais), pelo período de 3 (três) meses.

§ 1º O benefício emergencial mensal de que trata este artigo é devido a partir da data de publicação da Medida Provisória nº 936, de 1º de abril de 2020, e deve ser pago em até 30 (trinta) dias a contar da referida data.

§ 2º Aplica-se ao benefício emergencial mensal previsto neste artigo o disposto nos §§ 1º, 6º e 7º do art. 5º e nos §§ 1º e 2º do art. 6º desta Lei.

§ 3º A existência de mais de um contrato de trabalho intermitente, nos termos do § 3º do art. 443 da CLT, aprovada pelo Decreto-Lei nº 5.452, de 1º de maio de 1943, não gera direito à concessão de mais de um benefício emergencial mensal.

§ 4º Ato do Ministério da Economia disciplinará a concessão e o pagamento do benefício emergencial mensal de que trata este artigo, e o Poder Executivo fica autorizado a prorrogar o período de concessão desse benefício, na forma do regulamento, respeitado o limite temporal do estado de calamidade pública a que se refere o art. 1º desta Lei.

§ 5º O benefício emergencial mensal de que trata este artigo não pode ser acumulado com o pagamento de outro auxílio emergencial, devendo ser garantido o direito ao melhor benefício.

§ 6º Durante o período de recebimento do benefício emergencial mensal de que trata este artigo, o empregado com contrato de trabalho intermitente fica autorizado a contribuir facultativamente para o Regime Geral de Previdência Social, na forma do art. 20 desta Lei.

Art. 19. O disposto no Capítulo VII da Medida Provisória nº 927, de 22 de março de 2020, não autoriza o descumprimento das normas regulamentadoras de segurança e saúde no trabalho pelo empregador, aplicadas as ressalvas ali previstas apenas nas hipóteses excepcionadas.

Art. 20. Ressalvado o disposto na alínea *b* do inciso II do § 2º do art. 21 da Lei nº 8.212, de 24 de julho de 1991, as alíquotas das contribuições facultativas de que tratam o § 2º do art. 7º, o inciso II do § 2º do art. 8º e o § 6º do art. 18 desta Lei, serão de:

I – 7,5% (sete inteiros e cinco décimos por cento), para valores de até 1 (um) salário mínimo;

II – 9% (nove por cento), para valores acima de 1 (um) salário mínimo até R$ 2.089,60 (dois mil e oitenta e nove reais e sessenta centavos);

III – 12% (doze por cento), para valores de R$ 2.089,61 (dois mil e oitenta e nove reais e sessenta e um centavos) até R$ 3.134,40 (três mil, cento e trinta e quatro reais e quarenta centavos); e

IV – 14% (quatorze por cento), para valores de R$ 3.134,41 (três mil, cento e trinta e quatro reais e quarenta e um centavos) até o limite de R$ 6.101,06 (seis mil, cento e um reais e seis centavos).

§ 1º As contribuições de que trata o *caput* deste artigo devem ser recolhidas por iniciativa própria do segurado até o dia 15 do mês seguinte ao da competência.

§ 2º Na hipótese de suspensão temporária do contrato de trabalho, as alíquotas previstas nos incisos I, II, III e IV do *caput* deste artigo serão aplicadas de forma progressiva sobre o valor declarado pelo segurado, observados os limites mínimo e máximo a que se referem os §§ 3º e 5º do art. 28 da Lei nº 8.212, de 24 de julho de 1991, incidindo cada alíquota sobre a faixa de valores compreendida nos respectivos limites.

§ 3º Na hipótese de redução proporcional de jornada de trabalho e de salário e na hipótese de que trata o art. 18 desta Lei, as alíquotas previstas nos incisos I, II, III e IV do *caput* deste artigo serão aplicadas de forma progressiva sobre a faixa de valores compreendida nos respectivos limites, incidindo sobre o somatório da remuneração declarada na forma do inciso IV do *caput* do art. 32 da Lei nº 8.212, de 24 de julho de 1991, e do valor declarado pelo segurado, observados:

I – os limites previstos nos §§ 3º e 5º do art. 28 da Lei nº 8.212, de 24 de julho de 1991;

II – a incidência das alíquotas dos incisos I, II, III e IV do *caput* deste artigo primeiramente sobre a remuneração e, em seguida, sobre o valor declarado;

III – o recolhimento apenas das alíquotas incidentes sobre o valor declarado pelo segurado, sem prejuízo da contribuição de que tratam o art. 20 da Lei nº 8.212, de 24 de julho de 1991, e o art. 28 da Emenda Constitucional nº 103, de 12 de novembro de 2019.

§ 4º Não recebida a informação de que trata o inciso IV do *caput* do art. 32 da Lei nº 8.212, de 24 de julho de 1991, a tempo de ser calculada e paga a contribuição no prazo de que trata o § 1º deste artigo, será considerado provisoriamente como remuneração, para fins do disposto no § 3º deste artigo, o valor da remuneração anterior à redução proporcional de jornada de trabalho menos o valor da redução remuneratória pactuada ou, no caso do empregado com contrato de trabalho intermitente, será considerado que não houve remuneração.

§ 5º Recebida a informação de remuneração de que trata o inciso IV do *caput* do art. 32 da Lei nº 8.212, de 24 de julho de 1991, após recolhimento de contribuição facultativa na forma do § 4º deste artigo, a contribuição incidente sobre o valor declarado será recalculada, considerados o critério disposto no § 3º deste artigo e os limites de que tratam os §§ 3º e 5º do art. 28 da Lei nº 8.212, de 24 de julho de 1991, e eventual excedente deverá ser devolvido ao segurado atualizado pela variação do Índice Nacional de Preços ao Consumidor (INPC) ou, em caso de insuficiência do valor recolhido para o salário de contribuição reconhecido, o segurado deve ser notificado para complementação facultativa, na forma do regulamento.

§ 6º Os valores previstos nos incisos I, II, III e IV do *caput* deste artigo serão reajustados, a partir da data de entrada em vigor desta Lei, na mesma data e com o mesmo índice em que se der o reajuste dos benefícios do Regime Geral de Previdência Social, ressalvados aqueles vinculados ao salário mínimo, aos quais se aplica a legislação específica.

§ 7º Será devolvido ao segurado, no prazo de até 60 (sessenta) dias contado da data de publicação desta Lei, o valor correspondente à diferença entre as contribuições eventualmente recolhidas com fundamento no inciso II do § 2º do art. 8º da Medida Provisória nº 936, de 1º de abril de 2020, e no *caput* ou inciso I do § 2º do art. 21 da Lei nº 8.212, de 24 de julho de 1991, e as contribuições devidas com fundamento neste artigo, atualizado pela variação do INPC.

Art. 21. Considera-se salário de contribuição, além das parcelas de que tratam os incisos I, II e IV do *caput* do art. 28 da Lei nº 8.212, de 24 de julho de 1991, o valor declarado e objeto de recolhimento pelo segurado na forma do art. 20 desta Lei, observado o limite máximo a que se refere o § 5º do art. 28 da Lei nº 8.212, de 24 de julho de 1991.

Art. 22. A empregada gestante, inclusive a doméstica, poderá participar do Programa Emergencial de Manutenção do Emprego e da Renda, observadas as condições estabelecidas nesta Lei.

§ 1º Ocorrido o evento caracterizador do início do benefício de salário-maternidade, nos termos do art. 71 da Lei nº 8.213, de 24 de julho de 1991:

I – o empregador deverá efetuar a imediata comunicação ao Ministério da Economia, nos termos estabelecidos no ato de que trata o § 4º do art. 5º desta Lei;

II – a aplicação das medidas de que trata o art. 3º desta Lei será interrompida; e

III – o salário-maternidade será pago à empregada nos termos do art. 72 da Lei nº 8.213, de 24 de julho de 1991, e à empregada doméstica nos termos do inciso I do *caput* do art. 73 da referida Lei, considerando-se como remuneração integral ou último salário de contribuição os valores a que teriam direito sem a aplicação das medidas previstas nos incisos II e III do *caput* do art. 3º desta Lei.

§ 2º Aplica-se o disposto neste artigo ao segurado ou segurada da Previdência Social que adotar ou obtiver guarda judicial para fins de adoção, observado o art. 71-A da Lei nº 8.213, de 24 de julho de 1991, devendo o salário-maternidade ser pago diretamente pela Previdência Social.

Art. 23. Empregador e empregado podem, em comum acordo, optar pelo cancelamento de aviso prévio em curso.

Parágrafo único. Em caso de cancelamento do aviso prévio nos termos deste artigo, as partes podem, na forma desta Lei, adotar as medidas do Programa Emergencial de Manutenção do Emprego e da Renda.

Art. 24. Os acordos de redução proporcional de jornada de trabalho e de salário e de suspensão temporária do contrato de trabalho celebrados entre empregadores e empregados, em negociação coletiva ou individual, com base na Medida Provisória nº 936, de 1º de abril de 2020, regem-se pelas disposições da referida Medida Provisória.

Parágrafo único. A norma interpretativa expressa no § 5º do art. 12 desta Lei aplica-se, inclusive, aos acordos firmados na vigência da Medida Provisória nº 936, de 1º de abril de 2020.

Art. 25. Durante a vigência do estado de calamidade pública a que se refere o art. 1º desta Lei, será garantida a opção pela repactuação das operações de empréstimos, de financiamentos, de cartões de crédito e de arrendamento mercantil concedidas por instituições financeiras e sociedades de arrendamento mercantil e contraídas com o desconto em folha de pagamento ou na remuneração disponível de que trata a Lei nº 10.820, de 17 de dezembro de 2003, nos termos e condições deste artigo, aos seguintes mutuários:

I – o empregado que sofrer redução proporcional de jornada de trabalho e de salário;

II – o empregado que tiver a suspensão temporária do contrato de trabalho;

III – o empregado que, por meio de laudo médico acompanhado de exame de testagem, comprovar a contaminação pelo novo coronavírus.

§ 1º Na hipótese de repactuação, será garantido o direito à redução das prestações referidas no art. 1º da Lei nº 10.820, de 17 de dezembro de 2003, na mesma proporção de sua redução salarial, para os mutuários de que trata o inciso I do *caput* deste artigo.

§ 2º Será garantido prazo de carência de até 90 (noventa) dias, à escolha do mutuário.

§ 3º As condições financeiras de juros, encargos remuneratórios e garantias serão mantidas, salvo no caso em que a instituição consignatária entenda pertinente a diminuição de tais juros e demais encargos remuneratórios.

Art. 26. Os empregados que forem dispensados até 31 de dezembro de 2020 e que tenham contratado operações de empréstimos, de financiamentos, de cartões de crédito e de arrendamento mercantil concedidas por instituições financeiras e sociedades de arrendamento mercantil e contraídas com o desconto em folha de pagamento ou na remuneração disponível de que trata a Lei nº 10.820, de 17 de dezembro de 2003, terão direito à novação dessas operações para um contrato de empréstimo pessoal, com o mesmo saldo devedor anterior e as mesmas condições de taxa de juros, encargos remuneratórios e garantias originalmente pactuadas, acrescida de carência de até 120 (cento e vinte) dias.

Arts. 27 e 28. VETADOS.

Art. 29. Não se aplica o disposto no art. 486 da CLT, aprovada pelo Decreto-Lei nº 5.452, de 1º de maio de 1943, na hipótese de paralisação ou suspensão de atividades empresariais determinada por ato de autoridade municipal, estadual ou federal para o enfrentamento do estado de calamidade pública reconhecido pelo Decreto Legislativo nº 6, de 20 de março de 2020, e da emergência de saúde pública de importância internacional decorrente do coronavírus, de que trata a Lei nº 13.979, de 6 de fevereiro de 2020.

Art. 30. VETADO.

Art. 31. A Lei nº 8.213, de 24 de julho de 1991, passa a vigorar com as seguintes alterações:

► Alterações inseridas no texto da referida Lei.

Art. 32. O art. 2º da Lei nº 10.101, de 19 de dezembro de 2000, passa a vigorar com a seguinte redação:

► Alterações inseridas no texto da referida Lei.

Art. 33. A Lei nº 12.546, de 14 de dezembro de 2011, passa a vigorar com as seguintes alterações:

"Art. 7º Até 31 de dezembro de 2021, poderão contribuir sobre o valor da receita bruta, excluídos as vendas canceladas e os descontos incondicionais concedidos, em substituição às contribuições previstas nos incisos I e III do *caput* do art. 22 da Lei nº 8.212, de 24 de julho de 1991:

...."

"Art. 8º Até 31 de dezembro de 2021, poderão contribuir sobre o valor da receita bruta, excluídos as vendas canceladas e os descontos incondicionais concedidos, em substituição às contribuições previstas nos incisos I e III do *caput* do art. 22 da Lei nº 8.212, de 24 de julho de 1991:

...."

► Arts. 32 e 33 promulgados nos termos do art. 66, § 5º, da CF (*DOU* de 6-11-2020, edição extra – B).

Arts. 34 a 37. VETADOS.

Art. 38. Revogam-se os incisos I, II e III do *caput* e o parágrafo único do art. 117 da Lei nº 8.213, de 24 de julho de 1991.

Art. 39. Esta Lei entra em vigor na data de sua publicação.

Brasília, 6 de julho de 2020;
199º da Independência e
132º da República.

Jair Messias Bolsonaro

LEI Nº 14.043, DE 19 DE AGOSTO DE 2020

Institui o Programa Emergencial de Suporte a Empregos; altera as Leis nºs 9.430, de 27 de dezembro de 1996, e 13.999, de 18 de maio de 2020; e dá outras providências.

► Publicada no *DOU* de 20-8-2020.

Capítulo I

DISPOSIÇÕES PRELIMINARES

Art. 1º Fica instituído o Programa Emergencial de Suporte a Empregos, destinado à realização de operações de crédito com os seguintes agentes econômicos, com a finalidade de pagamento de folha salarial de seus empregados ou de verbas trabalhistas, na forma desta Lei:

I – empresários;

II – sociedades simples;

III – sociedades empresárias e sociedades cooperativas, exceto as sociedades de crédito;

IV – organizações da sociedade civil, definidas no inciso I do *caput* do art. 2º da Lei nº 13.019, de 31 de julho de 2014, e no inciso IV do *caput* do art. 44 da Lei nº 10.406, de 10 de janeiro de 2002 (Código Civil); e

V – empregadores rurais, definidos no art. 3º da Lei nº 5.889, de 8 de junho de 1973.

Capítulo II

DO PROGRAMA EMERGENCIAL DE SUPORTE A EMPREGOS

Art. 2º O Programa Emergencial de Suporte a Empregos é destinado aos agentes econômicos a que se refere o art. 1º desta Lei com receita bruta anual superior a R$ 360.000,00 (trezentos e sessenta mil reais) e igual ou inferior a R$ 50.000.000,00 (cinquenta milhões de reais), calculada com base no exercício de 2019.

§ 1º As linhas de crédito concedidas no âmbito do Programa:

I – abrangerão até 100% (cem por cento) da folha de pagamento do contratante, pelo período de 4 (quatro) meses, limitadas ao valor equivalente a até 2 (duas) vezes o salário mínimo por empregado; e

II – serão destinadas exclusivamente às finalidades previstas no art. 1º desta Lei.

§ 2º Poderão participar do Programa todas as instituições financeiras sujeitas à supervisão do Banco Central do Brasil.

§ 3º As pessoas a que se refere o art. 1º desta Lei que contratarem as linhas de crédito no âmbito do Programa assumirão contratualmente as seguintes obrigações:

I – fornecer informações verídicas;

II – não utilizar os recursos para finalidade distinta do pagamento de seus empregados;

III – efetuar o pagamento de seus empregados com os recursos do Programa, por meio de transferência para a conta de depósito, para a conta-salário ou para a conta de pagamento pré-paga de titularidade de cada um deles, mantida em instituição autorizada a funcionar pelo Banco Central do Brasil; e

IV – não rescindir sem justa causa o contrato de trabalho de seus empregados, no período compreendido entre a data da contratação da linha de crédito e o sexagésimo dia após a liberação dos valores referentes à última parcela da linha de crédito pela instituição financeira.

§ 4º Caso a folha de pagamento seja processada por instituição financeira participante do Programa, o pagamento de que trata o inciso III do § 3º deste artigo dar-se-á mediante depósito direto feito pela instituição financeira nas contas dos empregados.

§ 5º A vedação a que se refere o inciso IV do § 3º deste artigo incidirá na mesma proporção do total da folha de pagamento que, por opção do contratante, tiver sido paga com recursos do Programa.

§ 6º O não atendimento a qualquer das obrigações de que tratam os §§ 3º, 4º e 5º deste artigo implica o vencimento antecipado da dívida.

Art. 3º O Programa Emergencial de Suporte a Empregos poderá ser utilizado para financiar a quitação das seguintes verbas trabalhistas devidas pelos contratantes:

I e II – VETADOS; e

III – verbas rescisórias pagas ou pendentes de adimplemento decorrentes de demissões sem justa causa ocorridas entre a data de publicação da Lei nº 13.979, de 6 de fevereiro de 2020, e a data de publicação desta Lei, incluídos os eventuais débitos relativos ao Fundo de Garantia do Tempo de Serviço (FGTS) correspondentes, para fins de recontratação do empregado demitido.

§ 1º Os contratantes que optarem pela modalidade de financiamento de que trata este artigo não poderão estar com suas atividades encerradas, com falência decretada ou em estado de insolvência civil.

§ 2º Não estão sujeitas ao financiamento de que trata este artigo as verbas trabalhistas de natureza exclusivamente indenizatória ou que tenham como fato gerador o trabalho escravo ou infantil.

§§ 3º a 6º VETADOS.

§ 7º A contratação das linhas de crédito previstas neste artigo, observado o disposto no § 6º deste artigo, constitui confissão de dívida irrevogável e irretratável e implica a renúncia tácita a qualquer impugnação ou recurso em relação ao montante principal devido, às verbas sucumbenciais e às respectivas contribuições previdenciárias decorrentes da condenação ou do acordo homologado.

§§ 8º e 9º VETADOS.

§ 10. Os agentes econômicos a que se refere o art. 1º desta Lei que contratarem o financiamento para os fins de que trata este artigo assumirão contratualmente as seguintes obrigações:

I – fornecer informações atualizadas e verídicas;

II – não utilizar os recursos para finalidade distinta da quitação dos débitos referidos no *caput* deste artigo; e

III – manter, na hipótese prevista no inciso III do *caput* deste artigo, o vínculo empregatício do trabalhador readmitido pelo período de, no mínimo, 60 (sessenta) dias.

§ 11. O não atendimento a qualquer das obrigações de que trata o § 10 deste artigo implica o vencimento antecipado da dívida.

Art. 4º As instituições financeiras participantes do Programa Emergencial de Suporte a Empregos deverão assegurar que os recursos sejam utilizados exclusivamente para os fins previstos nos arts. 2º e 3º desta Lei.

Parágrafo único. A obrigação de que trata o *caput* deste artigo será cumprida pelas instituições financeiras participantes do Programa por meio da inclusão das obrigações de que tratam o § 3º do art. 2º e o § 10 do art. 3º desta Lei no instrumento que formalizar a contratação da operação de crédito.

Art. 5º Nas operações de crédito contratadas no âmbito do Programa Emergencial de Suporte a Empregos:

I – 15% (quinze por cento) do valor de cada financiamento serão custeados com recursos próprios das instituições financeiras participantes; e

II – 85% (oitenta e cinco por cento) do valor de cada financiamento serão custeados com recursos da União alocados ao Programa.

Parágrafo único. O risco de inadimplemento das operações de crédito e as eventuais perdas financeiras decorrentes serão suportados na mesma proporção da participação estabelecida no *caput* deste artigo.

Art. 6º As instituições financeiras participantes do Programa Emergencial de Suporte a Empregos poderão formalizar operações de crédito no âmbito do Programa até 31 de outubro de 2020, observados os seguintes requisitos:

I – taxa de juros de 3,75% (três inteiros e setenta e cinco centésimos por cento) ao ano sobre o valor concedido;

II – carência de 6 (seis) meses para início do pagamento, com capitalização de juros durante esse período; e

III – prazo de 36 (trinta e seis) meses para o pagamento, já incluído o prazo de carência de que trata o inciso II do *caput* deste artigo.

Parágrafo único. É vedada às instituições financeiras participantes do Programa a cobrança de tarifas por saques, totais ou parciais, ou pela transferência a outras contas dos valores creditados nas contas dos empregados com recursos do Programa.

Art. 7º Para fins de concessão de crédito no âmbito do Programa Emergencial de Suporte a Empregos, as instituições financeiras dele participantes observarão políticas próprias de crédito e poderão considerar eventuais restrições em sistemas de proteção ao crédito na data da contratação e registros de inadimplência no sistema de informações de crédito mantido pelo Banco Central do Brasil nos 6 (seis) meses anteriores à contratação, sem prejuízo do disposto na legislação vigente.

§ 1º Para fins de contratação das operações de crédito no âmbito do Programa, as instituições financeiras privadas e públicas estaduais dele participantes ficam dispensadas de observar as seguintes disposições:

I – § 1º do art. 362 da CLT, aprovada pelo Decreto-Lei nº 5.452, de 1º de maio de 1943;

II – inciso IV do § 1º do art. 7º da Lei nº 4.737, de 15 de julho de 1965;

III – alíneas *b* e c do *caput* do art. 27 da Lei nº 8.036, de 11 de maio de 1990;

IV – alínea *a* do inciso I do *caput* do art. 47 da Lei nº 8.212, de 24 de julho de 1991;

V – art. 10 da Lei nº 8.870, de 15 de abril de 1994;

VI – art. 1º da Lei nº 9.012, de 30 de março de 1995;

VII – art. 20 da Lei nº 9.393, de 19 de dezembro de 1996; e

VIII – art. 6º da Lei nº 10.522, de 19 de julho de 2002.

§ 2º Aplica-se às instituições financeiras públicas federais a dispensa prevista no § 1º deste artigo, observado o disposto na Lei nº 13.898, de 11 de novembro de 2019.

Art. 8º Na hipótese de inadimplemento do contratante, as instituições financeiras participantes do Programa Emergencial de Suporte a Empregos farão a cobrança da dívida em nome próprio, em conformidade com as suas políticas de crédito, e recolherão os valores recuperados ao Banco Nacional de Desenvolvimento Econômico e Social (BNDES), que os restituirá à União, observados os mesmos critérios de atualização previstos no § 1º do art. 9º desta Lei.

§ 1º Na cobrança do crédito inadimplido, lastreado em recursos públicos, não se admitirá, por parte das instituições financeiras participantes do Programa, a adoção de procedimento para recuperação de crédito menos rigoroso do que aqueles usualmente empregados nas próprias operações de crédito.

§ 2º As instituições financeiras participantes do Programa arcarão com todas as despesas necessárias para a recuperação dos créditos inadimplidos.

§ 3º As instituições financeiras participantes do Programa, em conformidade com as suas políticas de crédito, deverão empregar os melhores esforços e adotar os procedimentos necessários à recuperação dos créditos no âmbito do Programa e não poderão interromper ou negligenciar o acompanhamento.

§ 4º As instituições financeiras participantes do Programa serão responsáveis pela veracidade das informações fornecidas e pela exatidão dos valores a serem reembolsados à União, por intermédio do BNDES.

§ 5º A repartição dos recursos recuperados observará a proporção de participação estabelecida no art. 5º desta Lei.

§ 6º As instituições financeiras participantes do Programa deverão leiloar, após o período de amortização da última parcela passível de vencimento no âmbito do Programa, observados os limites, as condições e os prazos estabelecidos no ato de que trata o § 8º deste artigo, todos os créditos eventualmente remanescentes a título de recuperação e recolher o saldo final à União por intermédio do BNDES.

§ 7º Após a realização do último leilão de que trata o § 6º deste artigo pelas instituições financeiras participantes do Programa, a parcela do crédito lastreado em recursos públicos eventualmente não alienada será considerada extinta de pleno direito.

§ 8º Ato do Conselho Monetário Nacional estabelecerá mecanismos de controle e de aferição de resultados quanto ao cumprimento do disposto nos §§ 4º, 5º, 6º e 7º deste artigo e os limites, as condições e os prazos para a realização de leilão dos créditos de que tratam os §§ 6º e 7º deste artigo.

CAPÍTULO III

DA TRANSFERÊNCIA DE RECURSOS DA UNIÃO PARA O BANCO NACIONAL DE DESENVOLVIMENTO ECONÔMICO E SOCIAL (BNDES) E DA ATUAÇÃO DO BNDES COMO AGENTE FINANCEIRO DA UNIÃO

Art. 9º Fica o Poder Executivo autorizado a transferir até R$ 17.000.000.000,00 (dezessete bilhões de reais) da União para o BNDES, destinados à execução do Programa Emergencial de Suporte a Empregos.

§ 1º Os recursos transferidos ao BNDES são de titularidade da União e serão remunerados, *pro rata die*, pela:

I – taxa média referencial do Sistema Especial de Liquidação e de Custódia (SELIC), enquanto mantidos nas disponibilidades do BNDES; e

II – taxa de juros de 3,75% (três inteiros e setenta e cinco centésimos por cento) ao ano, enquanto aplicados nas operações de crédito contratadas no âmbito do Programa.

§ 2º O aporte de que trata o *caput* deste artigo não transferirá a propriedade dos recursos ao BNDES, que permanecerão de titularidade da União, de acordo com instrumento firmado entre as partes.

Art. 10. O BNDES atuará como agente financeiro da União no Programa Emergencial de Suporte a Empregos.

§ 1º A atuação do BNDES será a título gratuito.

§ 2º Caberá ao BNDES, na condição de agente financeiro da União:

I – realizar os repasses dos recursos da União às instituições financeiras que protocolarem no BNDES operações de crédito a serem contratadas no âmbito do Programa;

II – receber os reembolsos de recursos das instituições financeiras participantes do Programa decorrentes dos repasses;

III – repassar à União, no prazo de 30 (trinta) dias, contado da data do recebimento, os reembolsos de recursos recebidos; e

IV – prestar as informações solicitadas pela Secretaria do Tesouro Nacional da Secretaria Especial de Fazenda do Ministério da Economia e pelo Banco Central do Brasil.

§ 3º Ato do BNDES regulamentará os aspectos operacionais referentes ao protocolo das operações de crédito.

§ 4º Os eventuais recursos aportados ao BNDES pela União e não repassados às instituições financeiras participantes para o Programa até o término do prazo para formalização dos contratos serão devolvidos à União no prazo de 30 (trinta) dias, observado o disposto no inciso I do § 1º do art. 9º desta Lei.

§ 5º A partir de 30 de setembro de 2020, a União poderá demandar a devolução de até 50% (cinquenta por cento) dos recursos não repassados às instituições financeiras, os quais deverão ser devolvidos em até 30 (trinta) dias após a solicitação.

Art. 11. Na hipótese de a operação de crédito protocolada no BNDES atender aos requisitos formais do Programa Emergencial de Suporte a Empregos, não haverá cláusula *del credere* nem remuneração às instituições financeiras participantes do Programa, e o risco de crédito da parcela das operações de crédito lastreadas em recursos públicos ficará a cargo da União.

Art. 12. O BNDES não se responsabilizará pela solvabilidade das instituições financeiras participantes do Programa Emergencial de Suporte a Empregos nem pela sua atuação na realização das operações de crédito, especialmente quanto ao cumprimento da finalidade dessas operações, dos requisitos exigidos para a sua realização e das condições de recuperação dos créditos lastreados em recursos públicos.

Art. 13. Nas hipóteses de falência, de liquidação extrajudicial ou de intervenção em instituição financeira participante do Programa Emergencial de Suporte a Empregos, a União ficará sub-rogada automaticamente, de pleno direito, na proporção estabelecida no inciso II do *caput* do art. 5º desta Lei, nos créditos e garantias constituídos em favor da instituição financeira, decorrentes das respectivas operações de crédito lastreadas em recursos públicos realizadas no âmbito do Programa.

Parágrafo único. Caberá ao BNDES informar à União os dados relativos às operações de crédito lastreadas em recursos públicos realizadas no âmbito do Programa, com vistas ao seu encaminhamento ao liquidante, ao interventor ou ao juízo responsável ou, ainda, à cobrança judicial dos valores envolvidos.

Art. 14. As receitas provenientes do retorno dos empréstimos à União, nos termos desta Lei, serão integralmente utilizadas para pagamento da dívida pública de responsabilidade do Tesouro Nacional.

CAPÍTULO IV

DA REGULAÇÃO E DA SUPERVISÃO DAS OPERAÇÕES DE CRÉDITO REALIZADAS NO ÂMBITO DO PROGRAMA EMERGENCIAL DE SUPORTE A EMPREGOS

Art. 15. Compete ao Banco Central do Brasil fiscalizar o cumprimento, pelas instituições financeiras participantes do Programa Emergencial de Suporte a Empregos, das condições estabelecidas para as operações de crédito realizadas no âmbito do Programa.

Art. 16. O Conselho Monetário Nacional e o Banco Central do Brasil, no âmbito de suas competências, poderão regulamentar os aspectos necessários para operacionalizar e para fiscalizar as instituições financeiras participantes do Programa Emergencial de Suporte a Empregos quanto ao disposto nesta Lei, observado o disposto na Lei nº 13.506, de 13 de novembro de 2017.

Parágrafo único. A regulamentação prevista no *caput* deste artigo deverá prever um sistema de garantia mínima e suficiente para as operações, de forma simplificada e sem entraves burocráticos, de modo a facilitar o acesso ao crédito.

Capítulo V

DISPOSIÇÕES FINAIS

Art. 17. VETADO.

Art. 18. A Lei nº 9.430, de 27 de dezembro de 1996, passa a vigorar acrescida do seguinte art. 9º-A:

"Art. 9º-A. Na hipótese de inadimplência do débito, as exigências de judicialização de que tratam a alínea *c* do inciso II e a alínea *b* do inciso III do § 7º do art. 9º e o art. 11 desta Lei poderão ser substituídas pelo instrumento de que trata a Lei nº 9.492, de 10 de setembro de 1997, e os credores deverão arcar, nesse caso, com o pagamento antecipado de taxas, de emolumentos, de acréscimos legais e de demais despesas por ocasião da protocolização e dos demais atos."

Art. 19. O art. 2º da Lei nº 13.999, de 18 de maio de 2020, passa a vigorar acrescido do seguinte § 11:

▸ Alteração inserida no texto da referida Lei.

Art. 20. A União poderá aumentar sua participação no Fundo Garantidor de Operações (FGO), adicionalmente aos recursos previstos no art. 6º da Lei nº 13.999, de 18 de maio de 2020, em R$ 12.000.000.000,00 (doze bilhões de reais), para a concessão de garantias no âmbito do Programa Nacional de Apoio às Microempresas e Empresas de Pequeno Porte (PRONAMPE).

Art. 21. Esta Lei entra em vigor na data de sua publicação.

Brasília, 19 de agosto de 2020;
199º da Independência e
132º da República.

Jair Messias Bolsonaro

LEI Nº 14.047, DE 24 DE AGOSTO DE 2020

Dispõe sobre medidas temporárias para enfrentamento da pandemia da COVID-19 no âmbito do setor portuário, sobre a cessão de pátios da administração pública e sobre o custeio das despesas com serviços de estacionamento para a permanência de aeronaves de empresas nacionais de transporte aéreo regular de passageiros em pátios da Empresa Brasileira de Infraestrutura Aeroportuária (INFRAERO); e altera as Leis nºs 9.719, de 27 de novembro de 1998, 7.783, de 28 de junho de 1989, 12.815, de 5 de junho de 2013, 7.565, de 19 de dezembro de 1986, e 10.233, de 5 de junho de 2001.

▸ Publicada no *DOU* de 25-8-2020.

Art. 1º Esta Lei dispõe sobre:

I – medidas especiais para enfrentamento da pandemia da COVID-19 com o objetivo de garantir a preservação das atividades portuárias, consideradas essenciais;

II – cessão de uso especial de pátios sob administração militar; e

III – custeio das despesas com serviços de estacionamento para a permanência de aeronaves de empresas nacionais de transporte aéreo regular de passageiros em pátios da Empresa Brasileira de Infraestrutura Aeroportuária (INFRAERO).

Art. 2º Para fins do disposto nesta Lei, o órgão gestor de mão de obra não poderá escalar trabalhador portuário avulso nas seguintes hipóteses:

I – quando o trabalhador apresentar os seguintes sintomas, acompanhados ou não de febre, ou outros estabelecidos em ato do Poder Executivo federal, compatíveis com a COVID-19:

a) tosse seca;
b) perda do olfato;
c) dor de garganta; ou
d) dificuldade respiratória;

II – quando o trabalhador for diagnosticado com a COVID-19 ou submetido a medidas de isolamento domiciliar por coabitação com pessoa diagnosticada com a COVID-19;

III – quando a trabalhadora estiver gestante ou lactante;

IV – quando o trabalhador tiver idade igual ou superior a 65 (sessenta e cinco) anos e não comprovar estar apto ao exercício de suas atividades; ou

V – quando o trabalhador tiver sido diagnosticado com:

a) imunodeficiência;
b) doença respiratória; ou
c) doença preexistente crônica ou grave, como doença cardiovascular, respiratória ou metabólica.

§ 1º O órgão gestor de mão de obra deverá encaminhar à autoridade portuária semanalmente lista atualizada de trabalhadores portuários avulsos que estejam impedidos de ser escalados, acompanhada de documentação que comprove o enquadramento dos trabalhadores em alguma das hipóteses previstas neste artigo.

§ 2º A comprovação dos sintomas de que trata o inciso I do *caput* deste artigo poderá ser realizada por meio de atestado médico ou por outra forma estabelecida em ato do Poder Executivo federal.

§ 3º Os trabalhadores que se enquadrarem em alguma das hipóteses previstas nos incisos I, II, III, IV e V do *caput* deste artigo poderão enviar a documentação comprobatória de sua situação ao órgão gestor de mão de obra por meio eletrônico.

§ 4º Nas hipóteses previstas nos incisos I, II e III do *caput* deste artigo, os trabalhadores ficarão obrigados a informar imediatamente ao órgão gestor de mão de obra qualquer alteração em sua situação.

§ 5º O trabalhador com idade igual ou superior a 65 (sessenta e cinco) anos que não esteja enquadrado em qualquer das situações previstas nos incisos I, II, III e V do *caput* deste artigo poderá ser escalado pelo órgão gestor de mão de obra, condicionada a escalação à livre iniciativa do trabalhador e à comprovação médica de que possui condições de saúde para exercer suas atividades laborais.

Art. 3º Enquanto persistir o impedimento de escalação com fundamento em qualquer das hipóteses previstas no art. 2º desta Lei, o trabalhador portuário avulso terá direito ao recebimento de indenização compensatória mensal no valor correspondente a 70% (setenta por cento) sobre a média mensal recebida por ele, por intermédio do órgão gestor de mão de obra, entre 1º de abril de 2019 e 31 de março de 2020, a qual não poderá ser inferior ao salário mínimo para os que possuem vínculo apenas com o referido órgão.

§ 1º O pagamento da indenização de que trata o *caput* deste artigo será custeado pelo operador portuário ou por qualquer tomador de serviço que requisitar trabalhador portuário avulso ao órgão gestor de mão de obra.

§ 2º O valor pago por cada operador portuário ou tomador de serviço, para fins de repasse aos beneficiários da indenização, será proporcional à quantidade de serviço demandado ao órgão gestor de mão de obra.

§ 3º O órgão gestor de mão de obra deverá calcular, arrecadar e repassar aos beneficiários o valor de suas indenizações.

§ 4º Na hipótese de o aumento de custos com o trabalho portuário avulso decorrente da indenização de que trata este artigo ter impacto sobre os contratos de arrendamento já firmados, estes deverão ser alterados de maneira a promover o reequilíbrio econômico-financeiro.

§ 5º A administração do porto concederá desconto tarifário aos operadores portuários pré-qualificados que não sejam arrendatários de instalação portuária em valor equivalente ao acréscimo de custo decorrente do pagamento da indenização de que trata este artigo.

§ 6º O benefício a ser pago aos trabalhadores portuários avulsos de que trata o *caput* deste artigo:

I – terá natureza indenizatória;

II – não integrará a base de cálculo do imposto sobre a renda retido na fonte ou da declaração de ajuste anual do imposto sobre a renda da pessoa física do empregado;

III – não integrará a base de cálculo da contribuição previdenciária e dos demais tributos incidentes sobre a folha de salários;

IV – não integrará a base de cálculo do valor devido ao Fundo de Garantia do Tempo de Serviço (FGTS), disciplinado na Lei nº 8.036, de 11 de maio de 1990, e na Lei Complementar nº 150, de 1º de junho de 2015; e

V – poderá ser excluído do lucro líquido para fins de determinação do imposto sobre a renda da pessoa jurídica e da Contribuição Social sobre o Lucro Líquido (CSLL) das pessoas jurídicas tributadas pelo lucro real.

§ 7º Não terão direito à indenização de que trata este artigo, ainda que estejam impedidos de concorrer à escala, os trabalhadores portuários avulsos que:

I – estiverem em gozo de qualquer benefício do Regime Geral de Previdência Social (RGPS) ou de regime próprio de previdência social, observado o disposto no parágrafo único do art. 124 da Lei nº 8.213, de 24 de julho de 1991; ou

II – perceberem o benefício assistencial de que trata o art. 10-A da Lei nº 9.719, de 27 de novembro de 1998.

§ 8º Para os trabalhadores portuários avulsos que estiveram afastados e em gozo de benefício pelo INSS no período de apuração da média a que se refere o *caput* deste artigo, considerar-se-á o valor dele para o referido cálculo no período de afastamento.

Art. 4º Na hipótese de indisponibilidade de trabalhadores portuários avulsos para atendimento das requisições ao órgão gestor de mão de obra, os operadores portuários que não forem atendidos poderão contratar livremente trabalhadores com vínculo empregatício por tempo determinado para a realização de serviços de capatazia, de bloco, de estiva, de conferência de carga, de conserto de carga e de vigilância de embarcações.

§ 1º Para fins do disposto neste artigo, considera-se indisponibilidade de trabalhadores portuários qualquer causa que resulte no não atendimento imediato às requisições apresentadas pelos operadores portuários ao órgão gestor de mão de obra, tal como greve, movimento de paralisação e operação-padrão.

§ 2º A contratação de trabalhadores portuários com vínculo empregatício com fundamento no disposto no *caput* deste artigo não poderá exceder o prazo de 12 (doze) meses.

Art. 5º O art. 5º da Lei nº 9.719, de 27 de novembro de 1998, passa a vigorar acrescido dos seguintes §§ 1º, 2º e 3º:

▶ Alterações inseridas no texto da referida Lei.

Art. 6º O *caput* do art. 10 da Lei nº 7.783, de 28 de junho de 1989, passa a vigorar acrescido do seguinte inciso XV:

▶ Alteração inserida no texto da referida Lei.

Art. 7º O art. 40 da Lei nº 12.815, de 5 de junho de 2013, passa a vigorar acrescido do seguinte § 5º:

▶ Alteração inserida no texto da referida Lei.

Art. 8º O art. 95 da Lei nº 7.565, de 19 de dezembro de 1986, passa a vigorar com as seguintes alterações:

"Art. 95. O Poder Executivo deverá instituir e regular comissão que tenha os seguintes objetivos:

I – assessorar os órgãos governamentais, relativamente à política e aos critérios de segurança; e

II – promover a coordenação entre:

a) os serviços de controle de passageiros;

b) a administração aeroportuária;

c) o policiamento;

d) as empresas de transporte aéreo; e

e) as empresas de serviços auxiliares.

§ 1º (Revogado).

§ 2º Compete, ainda, à comissão de que trata o *caput* deste artigo propor diretrizes destinadas a prevenir e a enfrentar ameaças e atos contra a aviação civil e as instalações correlatas."

Art. 9º Fica autorizada a cessão de uso especial de pátios sob administração militar, a título gratuito, às pessoas jurídicas prestadoras de serviço de transporte aéreo público, nacionais, a título precário, durante o período do estado de calamidade pública decorrente da pandemia da COVID-19.

§ 1º A cessão de que trata o *caput* deste artigo comportará apenas o uso de células de espaço físico, a serem determinadas pelo Comando da Aeronáutica.

§ 2º A cessão de que trata o *caput* deste artigo será formalizada por meio de termo, que conterá as condições estabelecidas e a finalidade de sua realização e que será subscrito pela cessionária, hipótese que implicará sua anuência.

§ 3º Na hipótese de aplicação do imóvel, parcial ou integral, em finalidade diversa da prevista nesta Lei e no termo de que trata o § 2º deste artigo, a cessão tornar-se-á nula, independentemente de ato especial.

§ 4º A cessão de que trata o *caput* deste artigo não acarretará ônus para a União, e as atividades necessárias à movimentação de pátio, à manutenção e à utilização das aeronaves correrão à custa da cessionária.

§ 5º A cessionária ficará sujeita às condições existentes e às condições estabelecidas pelo Comando da Aeronáutica para acesso às áreas cedidas, com vistas à segurança das instalações militares.

§ 6º A União não se responsabilizará por danos eventuais causados a aeronaves ou a terceiros em decorrência da cessão de uso especial prevista no *caput* deste artigo.

§ 7º A cessionária será obrigada a zelar pela conservação do imóvel e será responsável pelos danos ou prejuízos a que tenha dado causa.

Art. 10. Fica a União autorizada a custear as despesas com serviços de estacionamento para a permanência de aeronaves de empresas nacionais de transporte aéreo regular de passageiros em pátios da Infraero, no período de 1º de abril a 30 de setembro de 2020, em razão dos efeitos da pandemia da COVID-19 no transporte aéreo.

Parágrafo único. As despesas decorrentes do *caput* deste artigo serão realizadas com recursos do Fundo Nacional de Aviação Civil (FNAC), limitadas ao montante de R$ 9.048.912,40 (nove milhões, quarenta e oito mil, novecentos e doze reais e quarenta centavos), e o seu pagamento será realizado diretamente à Infraero, condicionado à efetiva comprovação da utilização do serviço, nos limites e nas condições estabelecidos por portaria do Ministério da Infraestrutura.

Art. 11. VETADO.

Art. 12. A Lei nº 12.815, de 5 de junho de 2013, passa a vigorar com as seguintes alterações:

► Alterações inseridas no texto da referida Lei.

Art. 13. O art. 27 da Lei nº 10.233, de 5 de junho de 2001, passa a vigorar acrescido do seguinte inciso XXIX:

"Art. 27. ....

....

XXIX – regulamentar outras formas de ocupação e exploração de áreas e instalações portuárias não previstas na legislação específica.

...."

Art. 14. Revoga-se o § 1º do art. 95 da Lei nº 7.565, de 19 de dezembro de 1986.

Art. 15. As disposições constantes dos arts. 2º, 3º e 4º desta Lei produzirão efeitos pelo prazo de 120 (cento e vinte) dias, contado da data de publicação desta Lei.

Parágrafo único. Considerar-se-á prorrogado o prazo estabelecido no *caput* deste artigo caso o estado de calamidade pública reconhecido pelo Decreto Legislativo nº 6, de 20 de março de 2020, perdure por prazo superior a 120 (cento e vinte) dias, contado da data de publicação desta Lei.

Art. 16. Esta Lei entra em vigor na data de sua publicação.

Brasília, 24 de agosto de 2020;
99º da Independência e
132º da República.

Jair Messias Bolsonaro

LEI Nº 14.058, DE 17 DE SETEMBRO DE 2020

Estabelece a operacionalização do pagamento do Benefício Emergencial de Preservação do Emprego e da Renda e do benefício emergencial mensal de que trata a Lei nº 14.020, de 6 de julho de 2020.

► Publicada no *DOU* de 18-9-2020.

Art. 1º Fica dispensada a licitação para contratação da Caixa Econômica Federal e do Banco do Brasil S.A. para a operacionalização do pagamento do Benefício Emergencial de Preservação do Emprego e da Renda e do benefício emergencial mensal de que tratam os arts. 5º e 18 da Lei nº 14.020, de 6 de julho de 2020.

Parágrafo único. As instituições financeiras operacionalizadoras deverão realizar o pagamento dos benefícios referidos no *caput* deste artigo no prazo de 10 (dez) dias, contado da data do envio das informações necessárias ao pagamento pelo Ministério da Economia.

Art. 2º O beneficiário poderá receber os benefícios de que trata o *caput* do art. 1º desta Lei na instituição financeira em que possuir conta de poupança ou conta de depósito à vista, exceto conta-salário, desde que autorize o empregador a informar os seus dados bancários quando prestadas as informações de que trata o inciso I do § 2º do art. 5º da Lei nº 14.020, de 6 de julho de 2020.

§ 1º Na hipótese de não validação ou de rejeição do crédito na conta indicada, inclusive pelas instituições financeiras destinatárias das transferências, ou na ausência da indicação de que trata o *caput* deste artigo, a Caixa Econômica Federal e o Banco do Brasil S.A. poderão utilizar outra conta de poupança de titularidade do beneficiário, identificada por meio de processo de levantamento e conferência da coincidência de dados cadastrais para o pagamento do benefício emergencial.

§ 2º Não localizada conta do tipo poupança de titularidade do beneficiário nos termos do § 1º, a Caixa Econômica Federal e o Banco do Brasil S.A. poderão realizar o pagamento do benefício emergencial por meio de conta digital, de abertura automática, em nome do beneficiário, com as seguintes características:

I – dispensa de apresentação de documentos pelo beneficiário;

II – isenção de cobrança de tarifas de manutenção;

III – direito a, no mínimo, 3 (três) transferências eletrônicas de valores e a 1 (um) saque ao mês, sem custos, para conta mantida em instituição autorizada a operar pelo Banco Central do Brasil; e

IV – vedação de emissão de cheque.

► Incisos III e IV com a redação dada pela Lei nº 14.075, de 22-10-2020.

§ 3º Independentemente da modalidade de conta utilizada para pagamento dos benefícios de que trata o *caput* do art. 1º desta Lei, é vedado às instituições financeiras efetuar descontos, compensações ou pagamentos de débitos de qualquer natureza, mesmo a pretexto de recompor saldo negativo ou de saldar dívidas preexistentes, que impliquem a redução do valor do benefício.

§ 4º Os recursos relativos aos benefícios referidos no *caput* do art. 1º desta Lei não movimentados no prazo de 180 (cento e oitenta) dias nas contas digitais retornarão para a União.

Art. 3º O Secretário Especial de Previdência e Trabalho do Ministério da Economia editará atos complementares para a execução do disposto nos arts. 1º e 2º desta Lei.

Art. 4º Esta Lei entra em vigor na data de sua publicação.

Brasília, 17 de setembro de 2020;
199º da Independência e
132º da República.

Jair Messias Bolsonaro

LEI Nº 14.128, DE 26 DE MARÇO DE 2021

Dispõe sobre compensação financeira a ser paga pela União aos profissionais e trabalhadores de saúde que, durante o período de emergência de saúde pública de importância nacional decorrente da disseminação do novo coronavírus (SARS-CoV- 2), por terem trabalhado no atendimento direto a pacientes acometidos pela COVID-19, ou realizado visitas domiciliares em determinado período de tempo, no caso de agentes comunitários de saúde ou de combate a endemias, tornarem-se permanentemente incapacitados para o trabalho, ou ao seu cônjuge ou companheiro, aos seus dependentes e aos seus herdeiros necessários, em caso de óbito; e altera a Lei nº 605, de 5 de janeiro de 1949.

- ▸ Publicada no *DOU* de 26-3-2021 – edição extra D, nos termos do art. 66, § 5º, da CF.
- ▸ O STF, por unanimidade, julgou improcedente o pedido formulado na ADIN nº 6.970, para declarar constitucional o disposto nesta lei (*DOU* de 22-9-2022).

Art. 1º Esta Lei dispõe sobre compensação financeira a ser paga pela União aos profissionais e trabalhadores de saúde que, durante o período de emergência de saúde pública de importância nacional decorrente da disseminação do novo coronavírus (SARS-CoV-2), por terem trabalhado no atendimento direto a pacientes acometidos pela Covid-19, ou realizado visitas domiciliares em determinado período de tempo, no caso de agentes comunitários de saúde ou de combate a endemias, tornarem-se permanentemente incapacitados para o trabalho, ou ao seu cônjuge ou companheiro, aos seus dependentes e aos seus herdeiros necessários, em caso de óbito.

Parágrafo único. Para os fins desta Lei, considera-se:

I – profissional ou trabalhador de saúde:

a) aqueles cujas profissões, de nível superior, são reconhecidas pelo Conselho Nacional de Saúde, além de fisioterapeutas, nutricionistas, assistentes sociais e profissionais que trabalham com testagem nos laboratórios de análises clínicas;

b) aqueles cujas profissões, de nível técnico ou auxiliar, são vinculadas às áreas de saúde, incluindo os profissionais que trabalham com testagem nos laboratórios de análises clínicas;

c) os agentes comunitários de saúde e de combate a endemias;

d) aqueles que, mesmo não exercendo atividades-fim nas áreas de saúde, auxiliam ou prestam serviço de apoio presencialmente nos estabelecimentos de saúde para a consecução daquelas atividades, no desempenho de atribuições em serviços administrativos, de copa, de lavanderia, de limpeza, de segurança e de condução de ambulâncias, entre outros, além dos trabalhadores dos necrotérios e dos coveiros; e

e) aqueles cujas profissões, de nível superior, médio e fundamental, são reconhecidas pelo Conselho Nacional de Assistência Social, que atuam no Sistema Único de Assistência Social;

II – dependentes: aqueles assim definidos pelo art. 16 da Lei nº 8.213, de 24 de julho de 1991;

III – ESPIN-COVID-19: estado de emergência de saúde pública de importância nacional, declarado pela Portaria do Ministério da Saúde nº 188, de 3 de fevereiro de 2020, em decorrência da infecção humana pelo novo coronavírus (SARS-CoV-2), que se encerrará com a publicação de ato do Ministro de Estado da Saúde, na forma dos §§ 2º e 3º do *caput* do art. 1º da Lei nº 13.979, de 6 de fevereiro de 2020.

Art. 2º A compensação financeira de que trata esta Lei será concedida:

I – ao profissional ou trabalhador de saúde referido no inciso I do parágrafo único do art. 1º desta Lei que ficar incapacitado permanentemente para o trabalho em decorrência da COVID-19;

II – ao agente comunitário de saúde e de combate a endemias que ficar incapacitado permanentemente para o trabalho em decorrência da COVID-19, por ter realizado visitas domiciliares em razão de suas atribuições durante o ESPIN-COVID-19;

III – ao cônjuge ou companheiro, aos dependentes e aos herdeiros necessários do profissional ou trabalhador de saúde que, falecido em decorrência da COVID-19, tenha trabalhado no atendimento direto aos pacientes acometidos por essa doença, ou realizado visitas domiciliares em razão de suas atribuições, no caso de agentes comunitários de saúde ou de combate a endemias, durante o ESPIN-COVID-19.

§ 1º Presume-se a COVID-19 como causa da incapacidade permanente para o trabalho ou óbito, mesmo que não tenha sido a causa única, principal ou imediata, desde que mantido o nexo temporal entre a data de início da doença e a ocorrência da incapacidade permanente para o trabalho ou óbito, se houver:

I – diagnóstico de COVID-19 comprovado mediante laudos de exames laboratoriais; ou

II – laudo médico que ateste quadro clínico compatível com a COVID-19.

§ 2º A presença de comorbidades não afasta o direito ao recebimento da compensação financeira de que trata esta Lei.

§ 3º A concessão da compensação financeira nas hipóteses de que tratam os incisos I e II do *caput* deste artigo estará sujeita à avaliação de perícia médica realizada por servidores integrantes da carreira de Perito Médico Federal.

§ 4º A compensação financeira de que trata esta Lei será devida inclusive nas hipóteses de óbito ou incapacidade permanente para o trabalho superveniente à declaração do fim do ESPIN-COVID-19 ou anterior à data de publicação desta Lei, desde que a infecção pelo novo coronavírus (Sars-CoV-2) tenha ocorrido durante o ESPIN-COVID-19, na forma do § 1º do *caput* deste artigo.

Art. 3º A compensação financeira de que trata esta Lei será composta de:

I – 1 (uma) única prestação em valor fixo de R$ 50.000,00 (cinquenta mil reais), devida ao profissional ou trabalhador de saúde incapacitado permanentemente para o trabalho ou, em caso de óbito deste, ao seu cônjuge ou companheiro, aos seus dependentes e aos seus herdeiros necessários, sujeita, nesta hipótese, a rateio entre os beneficiários;

II – 1 (uma) única prestação de valor variável devida a cada um dos dependentes menores de 21 (vinte e um) anos, ou 24 (vinte e quatro) anos se cursando curso superior, do profissional ou trabalhador de saúde falecido, cujo valor será calculado mediante a multiplicação da quantia de R$ 10.000,00 (dez mil reais) pelo número de anos inteiros e incompletos que faltarem, para cada um deles, na data do óbito do profissional ou trabalhador de saúde, para atingir a idade de 21 (vinte e um) anos completos, ou 24 (vinte e quatro) anos se cursando curso superior.

§ 1º A prestação variável de que trata o inciso II do *caput* deste artigo será devida aos dependentes com deficiência do profissional ou trabalhador de saúde falecido, independentemente da idade, no valor resultante da multiplicação da quantia de R$ 10.000,00 (dez mil reais) pelo número mínimo de 5 (cinco) anos.

§ 2º No caso de óbito do profissional ou trabalhador de saúde, se houver mais de uma pessoa a ser beneficiada, a compensação financeira de que trata o inciso I do *caput* deste artigo será destinada, mediante o respectivo rateio em partes iguais, ao cônjuge ou companheiro e a cada um dos dependentes e herdeiros necessários.

§ 3º A integralidade da compensação financeira, considerada a soma das parcelas devidas, quando for o caso, será dividida, para o fim de pagamento, em 3 (três) parcelas mensais e sucessivas de igual valor.

§ 4º No caso de óbito do profissional ou trabalhador de saúde, será agregado o valor relativo às despesas de funeral à compensação financeira de que trata o inciso I do *caput* deste artigo, na forma disposta em regulamento.

Art. 4º A compensação financeira de que trata esta Lei será concedida após a análise e o deferimento de requerimento com esse objetivo dirigido ao órgão competente, na forma de regulamento.

Art. 5º A compensação financeira de que trata esta Lei possui natureza indenizatória e não poderá constituir base de cálculo para a incidência de imposto de renda ou de contribuição previdenciária.

Parágrafo único. O recebimento da compensação financeira de que trata esta Lei não prejudica o direito ao recebimento de benefícios previdenciários ou assistenciais previstos em lei.

Art. 6º A compensação financeira de que trata esta Lei será paga pelo órgão competente para sua administração e concessão com recursos do Tesouro Nacional.

Parágrafo único. O Tesouro Nacional colocará à disposição do órgão a que se refere o *caput* deste artigo, à conta de dotações próprias consignadas no orçamento da União, os recursos necessários ao pagamento das compensações financeiras de acordo com a programação financeira da União.

Art. 7º O art. 6º da Lei nº 605, de 5 de janeiro de 1949, passa a vigorar acrescido dos seguintes §§ 4º e 5º:

▸ Alterações inseridas no texto da referida lei.

Art. 8º Esta Lei entra em vigor na data de sua publicação.

Brasília, 26 de março de 2020;
200º da Independência e
133º da República.

Jair Messias Bolsonaro

LEI Nº 14.131, DE 30 DE MARÇO DE 2021

Dispõe sobre o acréscimo de 5% (cinco por cento) ao percentual máximo para a contratação de operações de crédito com desconto automático em folha de pagamento até 31 de dezembro de 2021; e altera a Lei nº 8.213, de 24 de julho de 1991.

▸ Publicada no *DOU* de 31-3-2021.

Art. 1º Até 31 de dezembro de 2021, o percentual máximo de consignação nas hipóteses previstas no inciso VI do *caput* do art. 115 da Lei nº 8.213, de 24 de julho de 1991, no § 1º do art. 1º e no § 5º do art. 6º da Lei nº 10.820, de 17 de dezembro de 2003, e no § 2º do art. 45 da Lei nº 8.112, de 11 de dezembro de 1990, bem como em outras leis que vierem a sucedê-las no tratamento da matéria, será de 40% (quarenta por cento), dos quais 5% (cinco por cento) serão destinados exclusivamente para:

I – amortização de despesas contraídas por meio de cartão de crédito; ou

II – utilização com finalidade de saque por meio do cartão de crédito.

Parágrafo único. Quando leis ou regulamentos locais não definirem percentuais maiores do que os previstos no *caput* deste artigo, o aumento, na forma prevista nesta Lei, do percentual máximo de remuneração, de soldo ou de benefício previdenciário que pode ser descontado automaticamente para fins de pagamento de operações de crédito aplica-se também a:

I – militares das Forças Armadas;

II – militares dos Estados e do Distrito Federal;

III – militares da inatividade remunerada;

IV – servidores públicos de qualquer ente da Federação;

V – servidores públicos inativos;

VI – empregados públicos da administração direta, autárquica e fundacional de qualquer ente da Federação; e

VII – pensionistas de servidores e de militares.

Art. 2º Após 31 de dezembro de 2021, na hipótese de as consignações contratadas nos termos e no prazo previstos no art. 1º desta Lei ultrapassarem, isoladamente ou combinadas com outras consignações anteriores, o limite de 35% (trinta e cinco por cento) previsto no inciso VI do *caput* do art. 115 da Lei nº 8.213, de 24 de julho de 1991, no § 1º do art. 1º e no § 5º do art. 6º da Lei nº 10.820, de 17 de dezembro de 2003, e no § 2º do art. 45 da Lei nº 8.112, de 11 de dezembro de 1990, será observado o seguinte:

I – ficarão mantidos os percentuais de desconto previstos no art. 1º desta Lei para as operações já contratadas;

II – ficará vedada a contratação de novas obrigações.

Art. 3º A contratação de nova operação de crédito com desconto automático em folha de pagamento deve ser precedida do esclarecimento ao tomador de crédito:

I – do custo efetivo total e do prazo para quitação integral das obrigações assumidas;

II – de outras informações exigidas em lei e em regulamentos.

Art. 4º Fica facultada a concessão de carência, por até 120 (cento e vinte) dias, para novas operações de crédito consignado, bem como para as que tenham sido firmadas antes da entrada em vigor desta Lei, mantida, em qualquer dos casos, a incidência, durante o período de carência, de juros e demais encargos contratados.

Art. 5º A Lei nº 8.213, de 24 de julho de 1991, passa a vigorar com as seguintes alterações:

▶ Alterações inseridas no texto da referida Lei.

Art. 6º Fica o Instituto Nacional do Seguro Social (INSS) autorizado, até 31 de dezembro de 2021, a conceder o benefício de auxílio por incapacidade temporária de que trata o art. 59 da Lei nº 8.213, de 24 de julho de 1991, mediante apresentação pelo requerente de atestado médico e de documentos complementares que comprovem a doença informada no atestado como causa da incapacidade.

§ 1º Os requisitos para a apresentação e a forma de análise do atestado médico e dos documentos complementares referidos no *caput* deste artigo serão estabelecidos em ato conjunto da Secretaria Especial de Previdência e Trabalho do Ministério da Economia e do INSS.

§ 2º O procedimento estabelecido no *caput* deste artigo será adotado em caráter excepcional e a duração do benefício por incapacidade temporária dele resultante não terá duração superior a 90 (noventa) dias.

§ 3º O INSS cientificará o requerente, no momento do requerimento, de que o benefício concedido com base neste artigo não está sujeito a pedido de prorrogação e de que eventual necessidade de acréscimo ao período inicialmente concedido, ainda que inferior a 90 (noventa) dias, estará sujeita a novo requerimento.

Art. 7º Esta Lei entra em vigor na data de sua publicação.

Brasília, 30 de março de 2021;
200º da Independência e
133º da República.

Jair Messias Bolsonaro

DECRETO Nº 10.671, DE 9 DE ABRIL DE 2021

Promulga o texto da Convenção sobre Trabalho Marítimo – CTM, 2006, firmado em Genebra, em 7 de fevereiro de 2006.

▶ Publicado no *DOU* de 12-4-2021 e retificado no *DOU* de 29-4-2021.

Art. 1º Fica promulgado o texto da Convenção sobre Trabalho Marítimo – CTM, 2006, anexo a este Decreto, firmado em Genebra, em 7 de fevereiro de 2006, de acordo com as Emendas aprovadas na centésima terceira Conferência Internacional do Trabalho.

Art. 2º São sujeitos à aprovação do Congresso Nacional atos que possam resultar em revisão da Convenção com as emendas de que trata o art. 1º e ajustes complementares que acarretem encargos ou compromissos gravosos ao patrimônio nacional, nos termos do disposto no inciso I do *caput* do art. 49 da Constituição.

Art. 3º Este Decreto entra em vigor na data de sua publicação.

Brasília, 9 de abril de 2021;
200º da Independência e
133º da República.

Jair Messias Bolsonaro

CONVENÇÃO SOBRE TRABALHO MARÍTIMO – CTM, 2006, COM EMENDAS

OBRIGAÇÕES GERAIS

ARTIGO I

1. Todo Membro que ratificar esta Convenção se compromete a conferir pleno efeito a suas disposições na forma estipulada no Artigo VI, a fim de assegurar o direito de toda a gente do mar a um emprego decente.

2. Os Membros cooperarão entre si com vistas a assegurar a efetiva implementação e controle da aplicação desta Convenção.

DEFINIÇÕES E ÁREA DE APLICAÇÃO

ARTIGO II

1. Para os fins desta Convenção, salvo disposição específica em contrário, a expressão:

a) autoridade competente – significa o ministro, repartição governamental ou outra autoridade com competência para emitir e controlar a aplicação de regulamentos, ordens ou outras instruções de atendimento obrigatório a respeito da matéria da disposição que se trate;

b) declaração de conformidade do trabalho marítimo – significa a declaração a que se refere a Regra 5.1.3;

c) arqueação bruta – significa a capacidade do volume de carga a ser transportado pelo navio, calculada de acordo com os regulamentos a respeito de mensuração de tonelagem, constantes no Anexo I à Convenção Internacional sobre Mensuração de Tonelagem de Navios, 1969, ou de qualquer Convenção subsequente; no caso de navios cobertos pelo esquema provisório de mensuração de tonelagem adotado pela Organização Marítima Internacional, arqueação bruta é a que consta na coluna de OBSERVAÇÕES do Certificado Internacional de Tonelagem (1969);

d) certificado de trabalho marítimo – significa o certificado a que se refere a Regra 5.1.3;

e) requisitos desta Convenção – se referem aos requisitos estipulados nos Artigos e nas Regras e na Parte A do Código desta Convenção;

f) gente do mar – significa qualquer pessoa empregada ou contratada ou que trabalha a bordo de um navio ao qual esta Convenção se aplica;

g) contrato de emprego da gente do mar – inclui tanto o contrato de trabalho como artigos do acordo coletivo de trabalho ou do contrato de engajamento de marítimo;

h) serviço de contratação e colocação de gente do mar – significa qualquer pessoa, empresa, instituição, agência ou outro tipo de organização do setor público ou privado que se dedica a recrutar gente do mar em nome de armadores ou à colocação de gente do mar junto a armadores;

i) navio – significa embarcação outra que não navegue exclusivamente em águas interiores ou em águas dentro de ou adjacentes a águas abrigadas ou áreas onde se aplicam os regulamentos portuários; e

j) armador – significa o proprietário do navio ou outra organização ou pessoa, como o gerente, agente ou afretador a casco nu, que houver assumido a responsabilidade pela operação do navio em lugar do proprietário e que, ao assumir tal responsabilidade, se comprometeu a arcar com os deveres e responsabilidades cabíveis a armadores em virtude da presente Convenção, independentemente do fato de outra organização ou pessoa cumprir certos deveres ou responsabilidades em nome do armador.

2. Salvo expressa disposição em contrário, esta Convenção se aplica a toda gente do mar.

3. Caso haja dúvida se alguma categoria de pessoas pode ou não ser considerada como gente do mar para os fins desta Convenção, a questão será dirimida pela autoridade competente em cada Estado Membro, após consulta com as organizações representativas de armadores e de gente do mar interessados na matéria.

4. Salvo expressa disposição em contrário, esta Convenção se aplica a todos os navios de propriedade pública ou privada, normalmente ocupados em atividades comerciais, exceto navios dedicados à pesca ou a atividade semelhante e navios de construção tradicional, como dhows e juncos. Esta Convenção não se aplica a vasos de guerra nem a unidades navais auxiliares.

5. Caso haja dúvida se esta Convenção se aplica a algum navio ou a alguma determinada categoria de navios, a questão será dirimida pela autoridade competente em cada Estado Membro, após consulta com as organizações representativas de armadores e de gente do mar interessados na matéria.

6. Se a autoridade competente determinar que não seria razoável ou viável no momento a aplicação de certos elementos específicos do Código, a que se refere o Artigo VI, parágrafo 1º, a um navio ou a certas categorias de navios que arvoram a bandeira do Membro, as disposições pertinentes do Código não se aplicarão na medida em que a matéria for tratada de maneira diferente pelas leis e regulamentos nacionais ou por acordos de negociação coletiva ou outras medidas. Tal determinação só poderá ser feita mediante consulta com as organizações representativas de armadores e de gente do mar interessadas e somente em relação a navios com arqueação bruta inferior a 200 e que não realizam viagens internacionais.

7. Toda determinação feita por um Membro ao amparo dos parágrafos 3, 5 ou 6 deste Artigo deverá ser comunicada ao Diretor-Geral da Repartição Internacional do Trabalho, que notificará aos Membros da Organização.

8. Salvo expressa disposição em contrário, referência a esta Convenção constituirá ao mesmo tempo referência às Regras e ao Código.

DIREITOS E PRINCÍPIOS FUNDAMENTAIS

Artigo III

Todo Membro certificar-se-á que os dispositivos de sua legislação respeitam, no contexto desta Convenção, os direitos fundamentais referentes à:

a) liberdade de associação e liberdade sindical e o reconhecimento efetivo do direito de negociação coletiva;

b) eliminação de todas as formas de trabalho forçado;

c) efetiva abolição do trabalho infantil; e

d) eliminação de discriminação em matéria de emprego e profissão.

DIREITOS NO EMPREGO E DIREITOS SOCIAIS DA GENTE DO MAR

ARTIGO IV

1. Toda gente do mar tem direito a um local de trabalho seguro e protegido no qual se cumpram as normas de segurança.

2. Toda gente do mar tem direito a condições justas de emprego.

3. Toda gente do mar tem direito a condições decentes de trabalho e de vida a bordo.

4. Toda gente do mar tem direito a proteção da saúde, assistência médica, medidas de bem-estar e outras formas de proteção social.

5. Todo Membro assegurará, nos limites de sua jurisdição, que os direitos de emprego e direitos sociais da gente do mar, a que se referem os parágrafos precedentes deste Artigo serão plenamente implementados conforme requer esta Convenção. Salvo disposição em contrário nesta Convenção, essa implementação poderá ser assegurada por meio de leis ou regulamentos nacionais, acordos e convenções coletivas, pela prática ou outras medidas aplicáveis.

RESPONSABILIDADE DE IMPLEMENTAÇÃO E CONTROLE DA APLICAÇÃO

ARTIGO V

1. Todo Membro deverá implementar e controlar a aplicação da legislação ou outras medidas que adotar para cumprir seus compromissos ao amparo desta Convenção com respeito a navios e gente do mar sob sua jurisdição.

2. Todo Membro exercerá efetivamente sua jurisdição e controle sobre os navios que arvorarem sua bandeira, estabelecendo um sistema destinado a assegurar o cumprimento dos requisitos desta Convenção, inclusive inspeções periódicas, relatórios, monitoramento e o recurso a processos judiciais em conformidade com a legislação aplicável.

3. Todo Membro assegurará que os navios que arvorarem sua bandeira tenham a bordo um certificado de trabalho marítimo e uma declaração de conformidade do trabalho marítimo, como determinado nesta Convenção.

4. Todo navio ao qual esta Convenção se aplicar, poderá, em conformidade com a legislação internacional, ser inspecionado por um Membro que não o país da bandeira, quando o navio se encontrar em um de seus portos, a fim de verificar se o navio está em conformidade com os dispositivos desta Convenção.

5. Todo Membro exercerá efetivamente sua jurisdição e controle sobre os serviços de contratação e colocação de gente do mar que estiverem sediados em seu território.

6. Todo membro proibirá a violação dos dispositivos desta Convenção e, em conformidade com a legislação internacional, estabelecerá sanções ou exigirá a adoção de medidas corretivas de acordo com sua legislação, que forem apropriadas para desestimular tal violação.

7. Todo Membro deverá cumprir suas responsabilidades em virtude desta Convenção, de forma a assegurar que os navios que arvorarem a bandeira de qualquer Estado que não tenha ratificado esta Convenção não recebam tratamento mais favorável do que os navios que arvoram a bandeira de qualquer Estado que a tenha ratificado.

REGRAS E PARTES A E B DO CÓDIGO

ARTIGO VI

1. As Regras e as disposições da Parte A do Código são obrigatórias. As disposições da Parte B do Código não são obrigatórias.

2. Todo Membro se compromete a respeitar os direitos e princípios estabelecidos nas Regras e a implementar cada item das Regras na forma estipulada nas disposições correspondentes da Parte A do Código. Ademais, o Membro considerará devidamente o atendimento de suas responsabilidades na forma prevista na Parte B do Código.

3. O Membro que não estiver em condições de implementar os direitos e princípios na forma prescrita na Parte A do Código poderá, salvo disposição expressa em contrário nesta Convenção, implementar a Parte A por meio de dispositivos legais, regulamentos, ou outras medidas de implementação que forem substancialmente equivalentes aos dispositivos da Parte A.

4. Para os fins do parágrafo 3º deste Artigo, qualquer lei, regulamento, acordo de negociação coletiva ou outra medida de implementação será considerada substancialmente equivalente, no contexto desta Convenção, desde que o Membro verifique que:

a) ela é apropriada para a plena consecução do objetivo e propósito geral da disposição ou das disposições correspondentes da Parte A do Código; e

b) ela efetiva a disposição ou as disposições correspondentes da Parte A do Código.

CONSULTA A ORGANIZAÇÕES REPRESENTATIVAS DE ARMADORES E GENTE DO MAR

Artigo VII

Caso não existam no Membro organizações representativas de armadores e gente do mar, toda exceção, isenção ou outra aplicação flexível desta Convenção, para a qual a Convenção exige consulta a organizações representativas de armadores e de gente do mar, somente poderá ser decidida pelo Membro mediante consulta ao Comitê a que se refere o Artigo XIII.

ENTRADA EM VIGOR

Artigo VIII

1. A ratificação formal desta Convenção será comunicada ao Diretor-Geral da Repartição Internacional do Trabalho para fins de registro.

2. Esta Convenção será vinculante apenas para o Membro da Organização Internacional do Trabalho cuja ratificação tiver sido registrada pelo Diretor-Geral.

3. Esta Convenção entrará em vigor 12 meses a contar da data em que houver sido registrada a ratificação por pelo menos 30 Membros, que em conjunto possuam no mínimo 33% da arqueação bruta da frota mundial.

4. Subsequentemente, esta Convenção entrará em vigor para qualquer Membro 12 meses após o registro de sua ratificação.

DENÚNCIA

Artigo IX

1. O Membro que houver ratificado esta Convenção poderá denunciá-la depois de expirados dez anos a contar da data de entrada em vigor da Convenção, mediante notificação ao Diretor-Geral da Repartição Internacional do Trabalho. A denúncia produzirá efeito somente um ano após a data em que tiver sido registrada.

2. O Membro que, no prazo de um ano após o término do período de dez anos mencionado no parágrafo 1º deste Artigo, não tenha feito uso do direito de denúncia previsto neste Artigo, ficará obrigado durante um novo período de dez anos, depois do qual poderá denunciar a presente Convenção no término de cada novo período de dez anos, nas condições previstas neste Artigo.

EFEITO DA ENTRADA EM VIGOR

Artigo X

Esta Convenção revisa as seguintes Convenções:

Convenção sobre Idade Mínima (Trabalho Marítimo), 1920 (Nº 7);

Convenção sobre Indenização de Desemprego (Naufrágio), 1920, (Nº 8);

Convenção sobre Colocação de Marítimos, 1920 (Nº 9);

Convenção sobre Exame Médico de Menores (Trabalho Marítimo), 1921 (Nº 16);

Convenção sobre Contrato de Engajamento de Marítimos, 1926 (Nº 22);

Convenção sobre Repatriação de Marítimos, 1926 (Nº 23);

Convenção sobre Certificados de Capacidade dos Oficiais, 1936 (Nº 53);

Convenção sobre Férias Remuneradas (Trabalho Marítimo), 1936 (Nº 54);

Convenção sobre Obrigações do Armador (Doença e Acidente de Gente do Mar), 1936 (Nº 55);

Convenção sobre Seguro Doença (Trabalho Marítimo), 1936 (Nº 56);

Convenção sobre Horas de Trabalho e Tripulação (Trabalho Marítimo), 1936 (Nº 57);

Convenção sobre Idade Mínima (Trabalho Marítimo), 1936, (Nº 58);

Convenção sobre Alimentação e Serviço de Mesa (Tripulação de Navios), 1946 (Nº 68);

Convenção sobre Certificado de Aptidão de Cozinheiros de Navio, 1946 (Nº 69);

Convenção sobre Seguridade Social (Gente do Mar), 1946 (Nº 70);

Convenção sobre Férias Remuneradas (Gente do Mar), 1946 (Nº 72);

Convenção sobre Exame Médico (Gente do Mar), 1946 (Nº 73);

Convenção sobre Certificado de Aptidão de Marítimo Qualificado, 1946 (Nº 74);

Convenção sobre Alojamento da Tripulação, 1946 (Nº 75);

Convenção sobre Salário, Horas de Trabalho e Tripulação, 1946 (Nº 76);

Convenção sobre Férias Remuneradas (Gente do Mar) (Revista), 1949 (Nº 91);

Convenção sobre Alojamento da Tripulação a Bordo (Revista), 1949 (Nº 92);

Convenção sobre Salário, Horas de Trabalho e Tripulação (Revista), 1949 (Nº 93);

Convenção sobre Salário, Horas de Trabalho e Tripulação (Revista) 1958 (Nº 109);

Convenção sobre Alojamento da Tripulação (Disposições Suplementares), 1970 (Nº 133);

Convenção sobre Prevenção de Acidentes do Trabalho (Marítimos), 1970 (Nº 134);

Convenção sobre Continuidade de Emprego da Gente do Mar, 1976 (Nº 145);

Convenção sobre Férias Anuais Remuneradas da Gente do Mar, 1976 (Nº 146);

Convenção sobre Normas Mínimas na Marinha Mercante, 1976 (Nº 147);

Protocolo de 1996 à Convenção sobre Normas Mínimas na Marinha Mercante, 1976 (Nº 147);

Convenção sobre o Bem-Estar dos Trabalhadores Marítimos no Mar e no Porto, 1987 (Nº 163);

Convenção sobre a Proteção da Saúde e a Assistência Médica aos Trabalhadores Marítimos, 1987 (Nº 164);

Convenção sobre Seguridade Social da Gente do Mar, 1987 (Nº 165);

Convenção sobre Repatriação dos Trabalhadores Marítimos (Revista), 1987 (Nº 166);

Convenção sobre a Inspeção do Trabalho Marítimo, 1996 (Nº 178);

Convenção sobre Contratação e Colocação de Gente do Mar, 1996 (Nº 179); e

Convenção sobre a Duração dos Trabalhos a Bordo e Tripulação, 1996 (Nº 180).

FUNÇÕES DE DEPOSITÁRIO

Artigo XI

1. O Diretor-Geral da Repartição Internacional do Trabalho notificará a todos os Membros da Organização Internacional do Trabalho o registro de todas as ratificações, declarações e denúncias ao amparo desta Convenção.

2. Quando estiverem atingidas as condições previstas no Artigo VIII, parágrafo 3º, o Diretor-Geral chamará a atenção dos Membros da Organização para a data em que a Convenção entrará em vigor.

Artigo XII

O Diretor-Geral da Repartição Internacional do Trabalho comunicará ao Secretário-Geral das Nações Unidas, para os fins de registro de acordo com o Artigo 102 da Carta das Nações Unidas, uma informação completa sobre todas as ratificações, declarações e denúncias que tiver registrado de acordo com esta Convenção.

COMITÊ TRIPARTITE ESPECIAL

Artigo XIII

1. O Conselho de Administração da Repartição Internacional do Trabalho examinará continuamente a aplicação desta Convenção, por intermédio de um comitê instituído com competências específicas na área de normas do trabalho marítimo.

2. A fim de tratar de assuntos em conformidade com esta Convenção, o Comitê consistirá em dois representantes designados pelo Governo de cada Membro que houver ratificado esta Convenção e representantes de Armadores e Gente do Mar designados pelo Conselho de Administração, após consulta à Comissão Paritária Marítima.

3. Os representantes governamentais de Membros que ainda não tiverem ratificado esta Convenção poderão participar do Comitê, porém sem direito a voto a respeito de qualquer matéria tratada em virtude desta Convenção. O Conselho de Administração poderá convidar outras organizações ou entidades a se fazer representar no Comitê por observadores.

4. Os votos de cada representante de Armador e de Gente do Mar no Comitê serão ponderados, a fim de assegurar que o grupo de Armadores e o grupo de Gente do Mar detenham, cada um, metade do poder de voto do total de governos representados na reunião em apreço e com direito a voto.

EMENDAS A ESTA CONVENÇÃO

Artigo XIV

1. Emendas a qualquer disposição desta Convenção poderão ser adotadas pela Conferência Geral da Organização Internacional do Trabalho em conformidade com o Artigo 19 da Constituição da Organização Internacional do Trabalho e das regras e procedimentos da Organização para a adoção de Convenções. Emendas ao Código também poderão ser adotadas de acordo com os procedimentos previstos no Artigo XV.

2. No caso de Membros cuja ratificação desta Convenção tiver sido registrada antes da adoção de uma emenda, o texto da emenda lhes será comunicado para ratificação.

3. No caso de outros Membros da Organização, o texto emendado da Convenção lhes será comunicado para ratificação, de acordo com o Artigo 19 da Constituição.

4. Uma emenda será considerada aceita na data em que forem registradas ratificações da emenda ou da Convenção emendada, segundo for o caso, por pelo menos 30 Membros detentores de no mínimo 33% da arqueação bruta da frota mercante mundial.

5. Uma emenda adotada ao amparo do Artigo 19 da Constituição será obrigatória somente para os Membros da Organização cuja ratificação tiver sido registrada pelo Diretor-Geral da Repartição Internacional do Trabalho.

6. Para os Membros a que se refere o parágrafo 2º deste Artigo, uma emenda entrará em vigor 12 meses após a data de aceitação a que se refere o parágrafo 4º deste Artigo ou 12 meses após a data em que a ratificação da emenda tiver sido registrada, se essa data ocorrer por último.

7. Em conformidade com o parágrafo 9º deste Artigo, para os Membros a que se refere o parágrafo 3º deste Artigo, a Convenção emendada entrará em vigor 12 meses após a data de aceitação a que se refere o parágrafo 4º deste Artigo ou 12 meses após a data em que sua ratificação tiver sido registrada, se essa data ocorrer por último.

8. Para os Membros cuja ratificação desta Convenção tiver sido registrada antes da adoção de uma emenda e que ainda não a ratificaram, a Convenção continuará em vigor sem a referida emenda.

9. Um Membro cuja ratificação desta Convenção tiver sido registrada após a adoção da emenda, porém antes da data a que se refere o parágrafo 4º deste Artigo, poderá, mediante uma declaração anexada ao instrumento de ratificação, especificar que a ratificação se refere à Convenção sem a emenda em apreço. No caso dessa ratificação acompanhada da referida declaração, a Convenção entrará em vigor para o referido Membro 12 meses após a data em que a ratificação for registrada. Se o instrumento de ratificação não for acompanhado da referida declaração, ou se a ratificação for registrada na data ou após a data a que se refere o parágrafo 4º, a Convenção entrará em vigor para o referido Membro 12 meses após a data em que a ratificação tiver sido registrada e, quando entrar em vigor em conformidade com o parágrafo 7º deste Artigo, a emenda passará a ser obrigatória para o referido Membro, salvo se a emenda dispuser em contrário.

EMENDAS AO CÓDIGO

Artigo XV

1. O Código poderá ser emendado mediante o procedimento estabelecido no Artigo XIV ou, salvo expressa disposição em contrário, em conformidade com o procedimento estabelecido neste Artigo.

2. Uma emenda ao Código poderá ser proposta ao Diretor-Geral da Repartição Internacional do Trabalho pelo governo de qualquer Membro da Organização ou pelo grupo de representantes de Armadores ou pelo grupo de representantes de Gente do Mar que tiverem sido designados para o Comitê a que se refere o Artigo XIII. Uma emenda proposta por um governo terá de ser proposta ou apoiada no mínimo por cinco governos de Membros que tiverem ratificado a Convenção ou pelo grupo de representantes de Armadores e de Gente do Mar a que se refere este parágrafo.

3. Após verificar se uma emenda proposta atende às exigências do parágrafo 2º deste Artigo, o Diretor-Geral a comunicará prontamente, acompanhada de comentários e sugestões que julgar apropriados, a todos os Membros da Organização, convidando-os a enviar suas observações ou sugestões a respeito da proposta num prazo de seis meses ou outro prazo, que não deverá ser inferior a três meses nem superior a nove meses, prescrito pelo Conselho de Administração.

4. Ao expirar o prazo referido no parágrafo 3º acima, a proposta, acompanhada de um resumo das eventuais observações ou sugestões submetidas em conformidade com o mesmo parágrafo, será transmitida ao Comitê para consideração em reunião. A emenda será considerada adotada pelo Comitê se:

a) pelo menos a metade dos governos dos Membros que tiverem ratificado a Convenção estiverem presentes à reunião em que a proposta for considerada;

b) uma maioria de pelo menos dois terços do Comitê votar a favor da emenda; e *c*) essa maioria consistir em votos a favor lançados por pelo menos a metade do poder de voto dos governos, a metade dos votos dos Armadores e a metade dos votos da Gente do Mar dos membros do Comitê presentes quando a proposta for colocada em votação.

5. A emenda aprovada em conformidade com o parágrafo 4º acima será submetida à aprovação da Conferência em sua próxima sessão. Essa aprovação exigirá uma maioria de dois terços dos votos lançados pelos delegados presentes. Caso não se obtenha essa maioria, a emenda proposta será enviada novamente ao Comitê, que a reexaminará, se assim entender conveniente.

6. Emendas aprovadas pela Conferência serão notificadas pelo Diretor-Geral a todos os Membros cuja ratificação desta Convenção tiver sido registrada antes da data em que a Conferência as tiver aprovado. Esses membros serão referidos doravante como "membros ratificantes". A notificação fará referência a este Artigo e especificará o prazo para a comunicação de eventual discordância formal. Tal prazo será de dois anos a contar da data da notificação, salvo se, na ocasião da aprovação, a Conferência tiver estabelecido outro prazo, que será de pelo menos um ano. Uma cópia da notificação será transmitida aos demais Membros da Organização para sua informação.

7. Uma emenda aprovada pela Conferência será considerada aceita, salvo se, ao expirar o prazo prescrito, o Diretor Geral tiver recebido manifestação formal de discordância de mais de 40% dos Membros que tiverem ratificado a Convenção e que representarem pelo menos 40% da arqueação bruta dos navios dos Membros que tiverem ratificado a Convenção.

8. Uma emenda considerada aceita entrará em vigor seis meses após a expiração do prazo estipulado para todos os membros ratificantes, exceto para aqueles que manifestaram formalmente sua discordância em conformidade com o parágrafo 7º acima e que não tiverem retirado sua discordância em conformidade com o parágrafo 11. Contudo:

a) antes de terminar o prazo estipulado, qualquer membro ratificante poderá notificar ao Diretor-Geral que se sujeitará à emenda somente após notificação posterior de sua aceitação; e

b) antes da data de entrada em vigor da emenda, qualquer membro ratificante poderá notificar ao Diretor-Geral que não dará efeito à referida emenda por um determinado período.

9. Uma emenda que tiver sido objeto da notificação a que se refere o parágrafo 8º, alínea *a*, acima, entrará em vigor, para o Membro que fizer tal notificação, seis meses depois de ter notificado ao Diretor-Geral sua aceitação da emenda ou na data em que a emenda entrar em vigor, se essa data ocorrer por último.

10. O prazo a que se refere o parágrafo 8º, alínea *b*, deste artigo, não poderá exceder um ano a contar da data da entrada em vigor da emenda ou outro prazo estipulado pela Conferência quando da aprovação da emenda.

11. O Membro que tiver manifestado formalmente sua discordância de uma emenda poderá retirar sua discordância a qualquer momento. Se o Diretor-Geral receber notificação dessa retirada depois de a emenda ter entrado em vigor, a emenda entrará em vigor para esse Membro seis meses a contar da data em que a notificação for registrada.

12. Após a entrada em vigor de uma emenda, a Convenção só poderá ser ratificada em sua versão emendada.

13. Na medida em que um certificado de trabalho marítimo se referir a questões abrangidas por uma emenda à Convenção que tiver entrado em vigor:

a) o Membro que tiver aceitado a emenda não será obrigado a estender o benefício da Convenção relativo a certificados de trabalho marítimo emitidos a favor de navios que arvoram a bandeira de outro Membro que:

i – tiver, em conformidade com o parágrafo 7º deste Artigo, manifestado sua discordância com a emenda e não tiver retirado sua discordância; ou

ii – tiver emitido notificação, em conformidade com o parágrafo 8º, alínea *a*, deste Artigo, de que sua aceitação estaria sujeita a uma notificação expressa subsequente e não tiver aceitado a emenda; e

b) O Membro que tiver aceitado a emenda estenderá o benefício da Convenção relativo a certificados de trabalho marítimo emitidos a favor de navios que ostentam a bandeira de outro Membro que tiver emitido notificação, em conformidade com o parágrafo 8º, alínea *b*, deste Artigo, de que não daria efeito à emenda por um prazo especificado, em conformidade com o parágrafo 10 deste Artigo.

LÍNGUAS AUTÊNTICAS

Artigo XVI

As versões em inglês e francês do texto desta Convenção são igualmente autênticas.

NOTA EXPLANATÓRIA SOBRE AS REGRAS E O CÓDIGO DA CONVENÇÃO SOBRE TRABALHO MARÍTIMO

1. O propósito desta nota explanatória, que não faz parte da Convenção sobre Trabalho Marítimo, é propiciar uma orientação geral sobre a Convenção.

2. A Convenção consiste em três partes diferentes, porém inter-relacionadas: os Artigos, as Regras e o Código.

3. Os Artigos e as Regras estabelecem os direitos e princípios fundamentais e as obrigações básicas dos membros ratificantes da Convenção. Os Artigos e as Regras só poderão ser modificados pela Conferência ao amparo do Art. 19 da Constituição da Organização Internacional do Trabalho (ver Art. XIV da Convenção).

4. O Código contém os pormenores da implementação das Regras. Consiste numa Parte A (normas obrigatórias) e numa Parte B (diretrizes não obrigatórias). O Código pode ser emendado pelo procedimento simplificado a que se refere o Art. XV da Convenção. Visto que o Código se atém aos pormenores da implementação, as emendas a ele devem restringir-se ao alcance geral dos Artigos e das Regras.

5. As Regras e o Código estão estruturados em áreas gerais sob cinco Títulos:

Título 1: Requisitos mínimos para trabalhar a bordo de navios;

Título 2: Condições de emprego;

Título 3: Alojamento, instalações de lazer, alimentação e serviço de mesa a bordo;

Título 4: Proteção da saúde, assistência médica, bem-estar e proteção social; e

Título 5: Cumprimento e controle da aplicação.

6. Cada Título contém grupos de dispositivos relacionados com um determinado direito ou princípio (ou medida de controle de aplicação, no caso do Título 5), com a respectiva numeração. O primeiro grupo do Título 1, por exemplo, consiste na Regra 1.1, Norma A1.1 e Diretriz B1.1, relativas à idade mínima.

7. A Convenção tem três finalidades principais:

a) estabelecer, nos Artigos e nas Regras, um conjunto sólido de direitos e princípios;

b) permitir, mediante o Código, um grau considerável de flexibilidade na forma como os Membros implementam esses direitos e princípios; e

c) assegurar, em conformidade com o Título 5, que o cumprimento e o controle da aplicação dos direitos e princípios ocorram de maneira devidamente apropriada.

8. Dois meios principais permitem uma implementação flexível: uma é a possibilidade de o Membro, caso necessário (ver Artigo VI, parágrafo 3º), dar efeito às exigências da Parte A do Código por meio de uma equivalência substancial (segundo a definição do Artigo VI, parágrafo 4º).

9. A segunda possibilidade de flexibilidade na implementação é assegurada pela formulação mais geral dos requisitos obrigatórios de muitas disposições na Parte A, deixando maior margem para discricionariedade quanto à ação específica a ser empreendida em nível nacional. Em tais casos, diretrizes para a implementação são dadas na Parte B do Código, de caráter não obrigatório. Dessa forma, os Membros que tiverem ratificado esta Convenção poderão verificar o tipo de ação deles esperada em relação à obrigação correspondente na Parte A, bem como o tipo de ação que não seria necessariamente implementada. Por exemplo, a Norma A4.1 requer que todos os navios propiciem acesso imediato a remédios para assistência médica a bordo (parágrafo 1º, alínea *b*) e a ter um armário para remédios (parágrafo 4º, alínea *a*). O cumprimento em boa-fé dessa última obrigação significa mais do que simplesmente ter um armário de remédios a bordo. Uma indicação mais precisa daquilo de que se trata é dada na correspondente Diretriz B41.1 (parágrafo 4º), de modo a assegurar que o conteúdo do armário seja armazenado, utilizado e mantido de forma apropriada.

10. Os Membros que tiverem ratificado esta Convenção não são obrigados a cumprir a Diretriz em apreço e, como se indicou nos dispositivos do Título 5 a respeito do controle do porto pelo Estado, as inspeções tratariam apenas dos requisitos relevantes desta Convenção (Artigos, Regras e Normas da Parte A). Contudo,

os Membros são obrigados, em conformidade com o parágrafo 2º do Artigo VI, a considerar devidamente o cumprimento de suas responsabilidades decorrentes da Parte A do Código, na maneira exposta na Parte B. Se, depois de ter considerado as diretrizes relevantes, o Membro decidir adotar uma forma diferente de armazenar, utilizar e manter o conteúdo do armário de remédios, para seguirmos com o exemplo acima, em conformidade com a Norma da Parte A, isso seria aceitável. Por outro lado, ao seguir a Diretriz indicada na Parte B, o Membro, bem como os órgãos da OIT responsáveis por zelar pela implementação das convenções internacionais sobre o trabalho, poderão estar seguros, sem maiores considerações, de que a forma adotada pelo Membro é adequada para o cumprimento das responsabilidades decorrentes da Parte A, à qual a Diretriz se refere.

REGRAS E CÓDIGO

TÍTULO I – REQUISITOS MÍNIMOS PARA TRABALHAR A BORDO DE NAVIOS

Regra

Regra 1.1 – Idade mínima

Finalidade: Assegurar que nenhuma pessoa abaixo de determinada idade mínima trabalhe em navios.

1. Nenhuma pessoa abaixo da idade mínima será empregada ou contratada para trabalhar a bordo de navios.

2. A idade mínima estabelecida quando da entrada em vigor desta Convenção é de 16 anos.

3. Uma idade mínima superior será exigida para trabalhar nas circunstâncias especificadas no Código.

Norma

Norma A1.1 – Idade mínima

1. Será proibido o emprego, engajamento ou trabalho de pessoas abaixo de 16 anos a bordo de navios.

2. O trabalho noturno de gente do mar menor de 18 anos será proibido. Para os fins desta Norma, "noite" será definida em conformidade com a lei e a prática nacional. Abrangerá um período de pelo menos nove horas, que começará no mais tardar à meia-noite e não poderá terminar antes das 5 horas.

3. Uma exceção à estrita observação dessa restrição referente a trabalho noturno poderá ser feita pela autoridade competente, quando:

a) o treinamento efetivo da gente do mar em apreço, em conformidade com os programas e horários estabelecidos, for prejudicado; ou

b) a natureza específica da tarefa ou um programa de treinamento reconhecido exigir que a gente do mar a que se refere a exceção desempenhe tarefas à noite e a autoridade determinar, após consulta às organizações representativas de armadores e de gente do mar pertinentes, que o trabalho não será prejudicial à sua saúde ou bem-estar.

4. O emprego, engajamento ou trabalho de gente do mar menor de 18 anos será proibido se o trabalho for suscetível de colocar em perigo sua saúde ou segurança. Os tipos de trabalho dessa natureza serão determinados por legislação ou regulamentos nacionais ou pela autoridade competente, após consulta às organizações representativas de armadores e de gente do mar interessadas, em conformidade com normas internacionais relevantes.

Diretriz

Diretriz B1.1 – Idade mínima

1. Ao regulamentar as condições de trabalho e de vida, os Membros deverão dar especial atenção às necessidades dos jovens menores de 18 anos.

Regra

Regra 1.2 – Atestado médico

Finalidade: Assegurar que toda a gente do mar esteja apta do ponto de vista médico para executar suas tarefas a bordo de embarcação.

1. A gente do mar não trabalhará a bordo de navio se não tiver um atestado médico que a declare apta para desempenhar suas tarefas.

2. Exceções só serão permitidas em conformidade com o Código.

Norma

Norma A1.2 – Atestado Médico

1. A autoridade competente exigirá que a gente do mar, antes de começar a trabalhar a bordo de embarcação, tenha um atestado médico válido declarando que está apta do ponto de vista médico para desempenhar as tarefas que lhe couberem a bordo.

2. A fim de assegurar que o atestado médico reflita genuinamente o estado de saúde da gen-

te do mar, tendo em vista as tarefas a serem desempenhadas, a autoridade competente, após consulta às organizações representativas de armadores e de gente do mar pertinentes e depois de devida consideração das diretrizes internacionais pertinentes, a que se refere à Parte B deste Código, deverá prescrever a natureza do exame médico e do respectivo atestado.

3. Esta Norma não prejudica a Convenção Internacional sobre Normas de Treinamento, Certificação e Serviço de Quarto para Marítimos, 1978, revisada (STCW). Um atestado médico emitido em conformidade com os requisitos da STCW será aceito pela autoridade competente para os fins da Regra 1.2. Um atestado médico que atenda a substância de tais requisitos, no caso de gente do mar não abrangida pela STCW, será igualmente aceito.

4. Os atestados médicos deverão ser emitidos por um profissional médico qualificado ou, no caso de um atestado referente simplesmente ao exame de vista, por uma pessoa reconhecida pela autoridade competente como sendo qualificada para emitir tal atestado. Os profissionais devem usufruir de completa independência profissional no exercício de seu juízo médico ao realizar exames médicos.

5. Gente do mar a quem for negado um atestado ou que for sujeita a alguma limitação de sua capacidade de trabalhar, especialmente no que respeita a horário, campo de trabalho ou esfera de atividade, terá oportunidade de se submeter a novo exame por outro profissional médico independente ou por um árbitro médico independente.

6. No atestado médico deverá constar particularmente o seguinte:

a) a audição e a vista do interessado e a visão de cores do interessado a ser destacado para funções em que a aptidão para o trabalho a ser realizado pode ser afetada por defeito da visão de cores, são todas satisfatórias; e

b) o interessado não padece de nenhuma condição médica suscetível de se agravar com o serviço a bordo ou de tornar o candidato inapto para tal serviço ou ainda de colocar em perigo a saúde de outras pessoas a bordo.

7. A não ser por um período mais curto exigido pelas tarefas específicas a serem desempenhadas pelo interessado ou por exigência ao amparo da STCW:

a) um atestado médico será válido pelo prazo máximo de dois anos, salvo se o interessado for menor de 18 anos, em cujo caso o período máximo de validade será de um ano; e

b) um atestado de visão de cores será válido pelo prazo máximo de seis anos.

8. Em casos urgentes, a autoridade competente poderá permitir que o interessado trabalhe sem um atestado médico válido até a data de chegada da próxima escala, onde ele poderá obter um atestado médico de um profissional médico qualificado, desde que:

a) o período para tal permissão não ultrapasse três meses; e

b) o interessado possua um atestado médico vencido em data recente.

9. Se o prazo de validade do atestado vencer durante a viagem, o certificado continuará válido até a próxima escala, onde o interessado poderá obter um atestado de um profissional médico qualificado, desde que esse período de prolongamento da validade não ultrapasse três meses.

10. Os atestados médicos para gente do mar que trabalha a bordo e que está normalmente engajada em viagens internacionais devem ser expedidos, como condição mínima, em inglês.

Diretriz

Diretriz B1. 2 – Atestado Médico

Diretriz B1.2.1 – Diretrizes internacionais

1. A autoridade competente, os profissionais médicos, examinadores, armadores, representantes de gente do mar e todas as demais pessoas envolvidas na realização de exames de aptidão médica de candidatos a gente do mar e de gente do mar na ativa devem seguir as diretrizes da OIT/OMS para a Realização de Exames Pré-Embarque e Periódicos de Aptidão Médica de Gente do Mar, inclusive eventuais versões subsequentes, bem como quaisquer outras diretrizes internacionais aplicáveis, publicadas pela Organização Internacional do Trabalho, pela Organização Marítima Internacional, ou pela Organização Mundial da Saúde.

Regra

Regra 1.3 – Formação e qualificações

Finalidade: Assegurar que a gente do mar esteja formada e qualificada para desempenhar suas tarefas a bordo de navio.

1. A gente do mar não trabalhará a bordo de navio, a não ser que esteja formada ou que tenha

sido certificada como competente ou qualificada para desempenhar suas tarefas.

2. Não será permitido à gente do mar trabalhar a bordo de navio, a não ser que tenha concluído com êxito o treinamento sobre segurança pessoal a bordo.

3. Formação e certificação conforme os instrumentos obrigatórios adotados pela Organização Marítima Internacional serão considerados em conformidade com os dispositivos dos parágrafos 1º e 2º desta Regra.

4. O Membro que, quando de sua ratificação da Convenção, estiver sujeito à Convenção sobre Certificado de Aptidão de Marítimo Qualificado, 1946 (Nº 74), continuará a cumprir suas obrigações ao amparo da referida Convenção até que as disposições obrigatórias referentes a sua matéria tenham sido adotadas pela Organização Marítima Internacional e entrado em vigor, ou até o lapso de cinco anos a contar da entrada em vigor desta Convenção, de conformidade com o Artigo VIII, parágrafo 3º, se esta data ocorrer primeiro.

Regra

Regra 1.4 – Contratação e colocação

Finalidade: Assegurar que a gente do mar tenha acesso a um sistema eficiente e bem regulamentado de contratação e colocação de gente do mar.

1. Toda a gente do mar terá acesso a um sistema eficiente, adequado e idôneo para encontrar emprego a bordo de navio, sem ônus para o interessado.

2. Os serviços de contratação e colocação que operarem no território de um Membro terão de coadunar-se com as normas estipuladas neste Código.

3. Todo membro exigirá, em relação a gente do mar para trabalhar em navios que arvoram sua bandeira, que os armadores que utilizarem serviços de contratação e colocação de gente do mar sediados em países ou territórios aos quais esta Convenção não se aplica, terão de assegurar que os serviços atendam aos requisitos estipulados no Código.

Norma

Norma A1.4 – Contratação e colocação

1. O Membro que operar um serviço público de contratação e colocação de gente do mar assegurará que o serviço funcione de maneira ordenada, de forma a proteger e a promover os direitos de emprego da gente do mar, como dispõe esta Convenção.

2. Se, no território de um Membro, houver em operação serviços privados de contratação e colocação de gente do mar ou serviços que realizem a contratação e a colocação de um grande número de candidatos, esses serviços somente poderão operar se estiverem em conformidade com um sistema padronizado de licenciamento ou certificação ou com outra forma de regulamentação. Esse sistema será estabelecido, modificado ou alterado somente após consulta às organizações representativas de armadores e de gente do mar. Caso haja dúvida se esta Convenção se aplica a serviços privados de contratação e colocação, a questão será dirimida pela autoridade competente em cada Membro, após consulta às organizações representativas de armadores e de gente do mar pertinentes. A proliferação indevida de serviços privados de contratação e colocação não será incentivada.

3. As disposições do parágrafo 2º desta Norma se aplicarão também – na medida em que a autoridade competente, em consulta com as organizações de armadores e de gente do mar pertinentes, determinar que isso é apropriado – a serviços de contratação e colocação operados por organizações representativas de armadores e de gente do mar no território do Membro, a fim de fornecer gente do mar, constituída de cidadãos do referido Membro, a navios que arvoram sua bandeira. Os serviços a que se refere este parágrafo devem satisfazer as seguintes condições:

a) o serviço de contratação e colocação é operado ao amparo de um acordo ou convenção coletiva entre a dita organização e um armador;

b) tanto a organização de gente do mar e o armador estejam ambos sediados no território do Membro;

c) o Membro possua legislação ou regulamentos nacionais ou algum procedimento para autorizar ou registrar o acordo ou convenção de negociação coletiva que permite a operação do serviço de contratação e colocação; e

d) o serviço de contratação e colocação seja operado de forma ordenada e existam medidas para proteger e promover direitos de emprego comparáveis àqueles a que ser refere o parágrafo 5º desta Norma.

4. Nada nesta Norma ou na Regra 1.4 será interpretado de modo a:

a) impedir um Membro de manter um serviço público gratuito de contratação e colocação de gente do mar ao amparo de uma política que atenda às necessidades dos armadores e da gente do mar, faça ou não esse serviço parte de um serviço público de emprego para todos os trabalhadores e empregadores, e seja ou não coordenado por tal serviço; ou

b) impor a um Membro a obrigação de estabelecer um sistema para a operação de serviços privados de contratação e colocação de gente do mar em seu território.

5. O Membro que adotar um sistema a que se refere o parágrafo 2º desta Norma, deverá, no mínimo, por meio de legislação e regulamentos ou outras medidas, fazer o seguinte:

a) proibir os serviços de contratação e colocação de gente do mar de utilizar meios, mecanismos ou listas cuja finalidade seja impedir ou dissuadir gente do mar de conseguir emprego para o qual os candidatos estiverem qualificados;

b) exigir que nenhuma taxa ou outros encargos pela contratação e colocação de gente do mar ou pelo fornecimento de emprego a gente do mar sejam pagos direta ou indiretamente, em parte ou no todo, pelos candidatos, a não ser pela obtenção do atestado médico nacionalmente obrigatório, pela caderneta de trabalho e passaporte, ou por outros documentos pessoais de viagem, sem incluir os gastos com vistos, que caberão ao armador; e

c) assegurar que os serviços de contratação e colocação que operam em seu território:

i – mantenham um registro atualizado de toda a gente do mar por eles contratada ou colocada e que esse registro esteja disponível para inspeção pela autoridade competente;

ii – certifiquem-se de que a gente do mar seja informada de seus direitos e deveres previstos no acordo e contrato de trabalho antes ou no decorrer do processo de engajamento, e de que providências sejam tomadas para que a gente do mar possa examinar seus contratos de trabalho antes e depois de assinados e receba uma cópia dos referidos contratos;

iii – verifiquem se a gente do mar por eles contratada ou colocada é qualificada e está de posse dos documentos necessários para o trabalho em vista e que os acordos e contratos de trabalho estejam em conformidade com a legislação e regulamentos aplicáveis e com os acordos ou convenções de negociação coletiva que fizerem parte do acordo de trabalho;

iv – verifiquem, até onde for viável, que o armador dispõe dos meios para evitar que gente do mar fique abandonada num porto estrangeiro;

v – examinem e respondam a eventuais queixas sobre suas atividades e informem a autoridade competente a respeito de alguma queixa não resolvida; e

vi – estabeleçam um sistema de proteção, por meio de seguro ou outra medida equivalente apropriada, a fim de compensar a gente do mar de perdas financeiras que porventura incorrerem devido à falha do serviço de contratação e colocação ou ao descumprimento do acordo de trabalho por parte do armador pertinente.

6. A autoridade competente supervisionará meticulosamente e controlará os serviços de contratação e colocação que operam no território do Membro. As licenças e certificados ou autorizações semelhantes serão expedidas ou renovadas somente após verificação de que o serviço de contratação e colocação em apreço cumpre os requisitos da legislação e regulamentos nacionais.

7. A autoridade competente assegurará que existem equipamentos e procedimentos adequados para a investigação, caso seja necessário, de reclamações a respeito das atividades dos serviços de contratação e colocação, da qual participem, segundo couber, representantes de armadores e de gente do mar.

8. Todo Membro que tiver ratificado a presente Convenção informará seus nacionais, até onde for possível, dos problemas que podem resultar de uma contratação em navio matriculado em um Estado que não tenha ratificado a referida Convenção, até que tenha adquirido a convicção de que normas equivalentes àquelas fixadas por esta Convenção estão sendo aplicadas. As medidas tomadas para esse fim pelo Estado que tenha ratificado esta Convenção não deverão estar em contradição com o princípio da livre circulação dos trabalhadores, estipulado nos tratados de que os dois Estados em questão forem signatários.

9. O Membro que tiver ratificado esta Convenção exigirá que os armadores de navios que arvoram sua bandeira e que utilizam serviços

de contratação e colocação sediados em países ou territórios aos quais esta Convenção não se aplica, assegurem, até onde for viável, que tais serviços satisfaçam os requisitos desta Norma.

10. Nada nesta Norma deverá ser interpretado de modo a diminuir as obrigações e responsabilidades dos armadores ou de um Membro em relação a navios que ostentam sua bandeira.

Diretriz

Diretriz B1.4 – Contratação e colocação

Diretriz B1. 4.1 – Diretrizes sobre organização e operação

1. No cumprimento de suas obrigações decorrentes da Norma A1.4, parágrafo 1º, a autoridade competente deveria considerar as possibilidades de:

a) tomar as medidas necessárias para promover efetiva cooperação entre os serviços de contratação e colocação de gente do mar, privados ou públicos;

b) considerar as necessidades do setor marítimo, tanto na esfera nacional como na internacional, ao elaborar programas de treinamento de gente do mar que faz parte da tripulação do navio e que é responsável pelas operações de navegação segura e prevenção de contaminação, com a participação de armadores, gente do mar e as instituições de treinamento pertinentes;

c) tomar providências adequadas para a cooperação das organizações representativas de armadores e de gente do mar na organização e operação dos serviços de contratação e colocação, onde esses existirem;

d) determinar, com a devida atenção ao direito à privacidade e à necessidade de preservar o sigilo, as condições em que os dados pessoais da gente do mar poderão ser processados pelos serviços de contratação e colocação, inclusive a coleta, armazenamento, combinação e comunicação de tais dados a terceiros;

e) manter um sistema de coleta e análise de dados relevantes sobre o mercado de trabalho marítimo, inclusive atual e futura oferta de gente do mar que trabalha como parte da tripulação, classificada por idade, sexo, categoria e qualificações, bem como sobre as necessidades do setor, a coleta de dados sobre idade e sexo sendo permitida somente para fins estatísticos ou para fins de um programa destinado a prevenir a discriminação baseada em idade ou sexo;

f) assegurar que os funcionários responsáveis pelos serviços públicos e privados de contratação e colocação de tripulantes responsáveis pelas operações de segurança do navio e prevenção de poluição tenham recebido treinamento adequado, inclusive experiência aprovada de serviço a bordo, e tenham conhecimento relevante do setor marítimo, inclusive dos instrumentos marítimos internacionais pertinentes a respeito de treinamento, certificação e normas de trabalho;

g) prescrever normas operacionais e adotar códigos de conduta e práticas éticas para os serviços de contratação e colocação de gente do mar; e

h) exercer a supervisão do sistema de concessão de licença ou de certificação, com base num sistema de normas de qualidade.

2. Ao estabelecer o sistema a que se refere a Norma A1.4, parágrafo 2º, todo Membro deverá considerar exigir que os serviços de contratação e colocação de gente do mar sediados em seu território desenvolvam e mantenham práticas operacionais passíveis de verificação. Essas práticas operacionais de serviços privados de contratação e colocação de gente do mar e, até onde couber, dos serviços públicos de contratação e colocação de gente do mar devem abranger o seguinte:

a) exames médicos, documentos de identidade e outros itens necessários para que a gente do mar possa conseguir emprego;

b) manutenção, com a devida atenção ao direito à privacidade e à necessidade de guardar sigilo, um registro completo da gente do mar abrangida pelo seu sistema de contratação e colocação, que deve incluir, sem a isso se limitar, o seguinte:

i – qualificações da gente do mar;

ii – empregos anteriores;

iii – dados pessoais pertinentes ao emprego; e

iv – dados médicos relevantes para o emprego;

c) manutenção de listas atualizadas dos navios para os quais os serviços de contratação e colocação fornecem gente do mar, assegurando que existe meio de contatar os serviços numa emergência, 24 horas por dia;

d) procedimentos para assegurar que a gente do mar não esteja sujeita à exploração pelos serviços de contratação e colocação ou de seu pessoal com respeito a oferta de engajamento em determinados navios ou por determinadas companhias;

e) procedimentos para evitar oportunidades de exploração de gente do mar, relacionada com antecipação de salários ou outras transações financeiras entre o armador e a gente do mar, intermediadas pelos serviços de contratação e colocação de gente do mar;

f) publicação transparente dos custos que a gente do mar poderá incorrer no processo de contratação e colocação;

g) certeza de que a gente do mar está informada de eventuais condições particulares relativas ao trabalho para o qual está sendo engajada e da política particular do armador em relação ao seu engajamento;

h) procedimentos em conformidade com os princípios da equidade no tratamento de casos de incompetência ou indisciplina, consistente com a legislação e prática nacional e, se for o caso, com os acordos e convenções coletivos;

i) procedimentos para assegurar, até onde for viável, que todos os certificados e documentos obrigatórios apresentados para o emprego estão atualizados e que não foram obtidos de maneira fraudulenta, e que as referências de emprego foram verificadas;

j) procedimentos para assegurar que os pedidos de informação ou orientação por parte de familiares da gente do mar em alto-mar sejam prontamente atendidos, com empatia e gratuitamente; e

k) verificação de que as condições de trabalho a bordo de navios nos quais a gente do mar foi colocada estão consistentes com os acordos e convenções de negociação coletiva aplicáveis que tiverem sido concluídos entre um armador e uma organização representativa de gente do mar e, como elemento de política, fornecimento de gente do mar somente a armadores que oferecem termos e condições de emprego que estão em conformidade com a legislação e os regulamentos nacionais ou acordos e convenções de negociação coletiva aplicáveis.

3. Deve-se considerar o incentivo à cooperação internacional entre os Membros e organizações relevantes, como os seguintes exemplos:

a) intercâmbio sistemático de informações, em base bilateral, regional e multilateral, sobre o setor e o mercado de trabalho marítimo;

b) intercâmbio de informações da legislação sobre o trabalho marítimo;

c) harmonização de políticas, métodos de trabalho e legislação relativos à contratação e colocação de gente do mar;

d) melhoria dos procedimentos e condições de contratação e colocação da gente do mar no plano internacional; e

e) planejamento da força de trabalho, levando em conta a oferta e a procura de gente do mar e as necessidades do setor marítimo.

TÍTULO II – CONDIÇÕES DE EMPREGO

Regra

Regra 2.1 – Acordos de emprego de gente do mar

Finalidade: Assegurar que a gente do mar tenha um acordo justo de emprego.

1. Os termos e condições de emprego de gente do mar deverão ser estipulados ou expressos em contrato escrito claramente, legalmente aplicável e consistente com as normas estabelecidas no Código.

2. O contrato de emprego de gente do mar deverá ser aceito pela gente do mar em condições que lhes assegure a possibilidade de examinar os termos e condições constantes no acordo e de procurar orientação sobre eles, bem como de aceitá-los livremente antes de assiná-lo.

3. Desde que isso se coadune com a legislação e a prática nacional, será entendido que os contratos de emprego de gente do mar incorporam os acordos e convenções coletivos aplicáveis.

Norma

Norma A2.1 – Acordos de emprego de gente do mar

1. Todo Membro adotará leis ou regulamentos para assegurar que os navios que arvoram sua bandeira preencham os seguintes requisitos:

a) a gente do mar que trabalha em navios que arvoram sua bandeira tenha um acordo de contratação e colocação de gente do mar assinado pelo candidato e pelo armador ou seu representante ou, caso não se trate de empregado, prova de acerto contratual ou de natureza semelhante, que lhe garanta condições dignas de trabalho e de vida a bordo do navio, como determina esta Convenção;

b) a gente do mar que assinar um contrato de emprego como gente do mar terá possibilidade de examinar o acordo e obter orientação sobre ele antes de assiná-lo, além de outras facilidades necessárias para lhe assegurar que assinou livremente um acordo com suficiente compreensão de seus direitos e responsabilidades;

c) o armador e a gente do mar interessada terão ambos um original assinado do contrato de emprego de gente do mar;

d) medidas deverão ser tomadas para assegurar que a gente do mar, inclusive o capitão do navio, tenha fácil acesso à informação precisa a bordo sobre as condições de seu emprego, e que essa informação e uma cópia do acordo ou contrato de emprego de gente do mar esteja acessível para ser examinada por funcionários de uma autoridade competente, inclusive nos portos de escala; e

e) a gente do mar deverá receber um documento no qual conste o registro referente a seu emprego a bordo do navio.

2. Se um acordo ou convenção coletiva fizer parte do contrato de emprego de gente do mar, uma cópia do referido acordo deverá estar disponível a bordo. Se o contrato de emprego de gente do mar e o acordo de negociação coletiva pertinente não forem em inglês, os seguintes documentos deverão estar disponíveis também em inglês, salvo no caso de navios engajados somente em viagens domésticas:

a) cópia do formulário-padrão de acordo ou contrato de emprego; e

b) trechos do acordo de negociação coletiva que forem sujeitos a inspeção do Estado controlador do porto, conforme a Regra 5.2.

3. O documento a que se refere o parágrafo 1º, alínea e desta Norma não deverá conter nenhuma observação a respeito da qualidade do trabalho do interessado a bordo, nem de seu salário. O formato do documento, os pormenores a serem registrados e a forma de seu registro serão determinados pela legislação nacional.

4. Todo Membro adotará leis e regulamentos especificando os itens a serem incluídos nos acordos ou contratos de emprego de gente do mar, conforme a legislação nacional. Em todos os acordos ou contratos de emprego de gente do mar deverão constar os seguintes dados:

a) nome completo do interessado, data de nascimento ou idade e local de nascimento;

b) nome e endereço do armador;

c) local e data em que o acordo de emprego de gente do mar foi assinado;

d) posição para a qual o interessado foi contratado;

e) montante do salário do interessado ou, se for o caso, fórmula usada para o seu cálculo;

f) montante de férias anuais remuneradas ou, se for o caso, fórmula usada para o seu cálculo;

g) término do contrato e condições de término, inclusive:

i – se o acordo tiver sido feito por um período indeterminado, condições em que qualquer das partes poderá terminá-lo, bem como o prazo de aviso prévio, que não poderá ser menor para o armador do que para a gente do mar;

ii – se o acordo tiver sido feito por um período fixo, a data estabelecida para o seu término; e

iii – se o acordo tiver sido feito para uma viagem, o porto de destino e o período de tempo após a chegada até a baixa do serviço;

h) benefícios de saúde e previdenciários a serem assegurados pelo armador à gente do mar;

i) direito da gente do mar a repatriação;

j) referência a um acordo de negociação coletiva, se couber; e

k) outros dados que a lei nacional exigir.

5. Todo Membro adotará legislação ou regulamentos estabelecendo os períodos mínimos de aviso prévio a ser dado pela gente do mar e pelos armadores no caso de término antecipado do contrato de emprego. A duração desses períodos mínimos deverá ser determinada mediante consulta às organizações representativas de armadores e de gente do mar interessadas, mas não poderá ser inferior a sete dias.

6. Um período mais curto de aviso prévio poderá ser admitido em circunstâncias reconhecidas por legislação ou regulamentos nacionais ou pelos acordos de negociação coletiva pertinentes como justificativa para o término do acordo de emprego mediante aviso prévio de menor duração ou sem aviso prévio. Ao determinar tais circunstâncias, o Membro deverá assegurar que será levada em consideração a necessidade que tem a gente do mar de terminar sem penalidade o emprego mediante aviso prévio de menor prazo, por razões de solidariedade ou outros motivos prementes.

Diretriz

Diretriz B2.1 – Acordos de emprego da gente do mar

Diretriz B2.1.1 – Registro de empregos

1. Ao determinar os dados a serem consignados no registro de empregos a que se refere a Norma A2.1, parágrafo 1º, alínea *e*, o Membro assegurará que esse documento contenha suficiente informação, traduzida em inglês, para facilitar a obtenção de novo emprego ou para atender os requisitos do serviço marítimo para melhor classificação ou promoção. A Caderneta de Inscrição e Registro – CIR poderá satisfazer aos requisitos do parágrafo 1º, alínea *e*, da referida Norma.

Regra

Regra 2.2 – Salário

Finalidade: Assegurar que a gente do mar seja remunerada pelos seus serviços.

1. Toda gente do mar deverá receber uma remuneração periódica e integral pelo seu trabalho, em conformidade com os acordos ou contratos de emprego respectivos.

Norma

Norma A2.2 – Salário

1. Todo Membro exigirá que a remuneração devida à gente do mar que trabalha em navios que arvoram sua bandeira seja feito a intervalos que não excedam um mês e em conformidade com o acordo ou convenção coletiva aplicável.

2. A gente do mar deverá receber um relatório mensal dos pagamentos devidos e dos montantes pagos, inclusive salários, pagamentos adicionais e taxa de câmbio utilizada, caso o pagamento tenha sido feito em moeda ou a uma taxa diferente da acordada.

3. Todo Membro exigirá que os armadores tomem medidas, a exemplo das estabelecidas no parágrafo 4º desta Norma, para possibilitar à gente do mar o envio total ou parcial de sua renda às suas famílias, dependentes ou beneficiários legais.

4. Dentre as medidas destinadas a assegurar que a gente do mar possa enviar a totalidade ou parte de sua remuneração às pessoas mencionadas acima incluem-se:

a) um sistema que permita a gente do mar, quando assumir o emprego ou no seu decorrer, de destinar, caso o deseje, uma parcela de seu salário para ser remetida a intervalos regulares para suas famílias por meio de transferências bancárias ou meios semelhantes; e

b) a exigência de que as parcelas sejam remetidas a tempo e diretamente para a pessoa ou pessoas designadas pela gente do mar.

5. Uma eventual taxa pelo serviço a que se referem os parágrafos 3º e 4º desta Norma deverá ser razoável e a taxa de câmbio, salvo disposição em contrário, deverá estar de acordo com a legislação e os regulamentos nacionais, ser igual à prevalecente no mercado ou à taxa oficial publicada, e que não deverá ser desfavorável à gente do mar.

6. Todo Membro que adotar legislação ou regulamentos nacionais referentes ao salário da gente do mar levará em devida conta a orientação dada na Parte B do Código.

Diretriz

Diretriz B2.2 – Salários

Diretriz B2.2.1 – Definições específicas

1. Para os fins desta Diretriz:

a) gente do mar apta – significa gente do mar considerada competente para desempenhar qualquer tarefa suscetível de ser exigida de um marítimo no convés, que não seja tarefa de um supervisor ou especialista, ou de alguém assim definido por legislação, regulamentos ou prática nacionais ou por acordo coletivo.

b) remuneração ou salário básicos – significa pagamento, qualquer que seja sua composição, por horas normais de trabalho; não inclui pagamento por horas extras, bônus, dotações, férias remuneradas ou qualquer outra remuneração adicional;

c) salário consolidado – significa salário que inclui a remuneração básica e outros benefícios vinculados ao salário; o salário consolidado pode incluir compensação por horas extras trabalhadas e todos os demais benefícios vinculados a remuneração, ou pode incluir apenas certos benefícios, numa consolidação parcial;

d) horas de trabalho – significa o tempo durante o qual a gente do mar tem de trabalhar por conta do navio; e

e) horas extras – significa horas trabalhadas além das horas normais de trabalho.

Diretriz B2.2.2 – Cálculo e remuneração

1. No caso de gente do mar cuja remuneração inclui compensação separada por horas extras trabalhadas:

a) para os fins de cálculo salarial, as horas normais de trabalho em alto-mar e no porto não podem passar de oito horas por dia;

b) para fins de cálculo das horas extras, o número normal de horas semanais abrangidas pela remuneração ou salário básico deve ser estabelecido por legislação ou regulamentos nacionais, caso não seja estipulado em acordo ou convenção coletivos, mas não pode exceder 48 horas por semana; os acordos de negociação coletiva podem conceder um tratamento diferente, porém não menos favorável;

c) o adicional de remuneração por horas extras, que não pode ser inferior a 25 por cento a mais que a remuneração ou salário básico por hora, deverá ser prescrita na legislação ou regulamentos nacionais, ou por acordo de negociação coletiva, caso se aplique; e

d) um registro de todas as horas extras trabalhadas deve ser mantido pelo capitão ou por uma pessoa por ele designada e ser rubricado pela gente do mar a intervalos que não sejam superiores a um mês.

2. No caso de gente do mar cujo salário é total ou parcialmente consolidado:

a) o acordo de emprego da gente do mar deve especificar claramente, se couber, o número esperado de horas de trabalho em troca dessa remuneração e quaisquer adicionais devidos além do salário consolidado, e em quais circunstâncias será devido;

b) caso as horas extras sejam pagas por horas trabalhadas além daquelas incluídas no salário consolidado, o adicional não poderá ser menor que 25 por cento do valor básico correspondente às horas normais de trabalho, segundo o parágrafo 1º desta Diretriz; o mesmo princípio deve ser aplicado às horas extras incluídas no salário consolidado.

c) a remuneração pela parcela de salário total ou parcialmente consolidado, correspondente a horas normais de trabalho segundo o parágrafo 1º, alínea *a*, desta Diretriz, não deve ser menor do que o salário mínimo aplicável; e

d) para gente do mar cujo salário é parcialmente consolidado, deve ser mantido e rubricado pelo trabalhador um registro das horas extras trabalhadas, em conformidade com o parágrafo 1º, alínea *d*, desta Diretriz.

3. A legislação nacional ou os acordos e convenções coletivos poderão compensar horas extras ou trabalho realizado no dia de descanso semanal e em feriados públicos, com tempo livre equivalente e fora do navio ou com férias adicionais, em vez de remuneração ou outra compensação prevista.

4. A legislação nacional adotada após consulta a organizações representativas de armadores e de gente do mar ou, segundo for o caso, os acordos ou convenções coletivos, deverão levar em conta os seguintes princípios:

a) igual remuneração por trabalho de igual valor deve aplicar-se a toda a gente do mar empregada no mesmo navio, sem discriminação baseada em raça, cor, sexo, religião, opinião política, nacionalidade ou origem social;

b) os acordos de emprego ou contratos de trabalho de gente do mar devem especificar os salários ou as taxas salariais e devem ser levados a bordo do navio; informações sobre o montante ou as taxas salariais devem estar disponíveis à gente do mar, seja mediante o fornecimento de uma cópia assinada da informação relevante para a gente do mar, em linguagem compreensível para ela, seja mediante uma cópia do acordo afixada em local acessível à gente do mar, seja mediante outros meios apropriados;

c) os salários deverão ser pagos em moeda legal; se for apropriado, poderão ser pagos por meio de transferência bancária, cheque visado, ou ordem de pagamento;

d) ao término do contrato ou engajamento, toda a remuneração devida deverá ser paga sem demora indevida;

e) penalidades adequadas ou outras medidas apropriadas deverão ser impostas pela autoridade competente em caso de atraso indevido por parte dos armadores ou por falta de pagamento de toda a remuneração devida;

f) os salários deverão ser pagos diretamente na conta bancária designada pela gente do mar, salvo seu pedido por escrito em contrário;

g) ressalvados os dispositivos da alínea *h* deste parágrafo, o armador não poderá impor limites à liberdade da gente do mar de dispor de sua remuneração;

h) deduções da remuneração somente serão permitidas se:

i – a legislação nacional ou um acordo de negociação coletiva aplicável assim dispuserem expressamente e se a gente do mar tiver sido devidamente informada, na maneira considerada mais apropriada pela autoridade competente, das condições das referidas deduções; e

ii – o total das deduções não ultrapassar o limite estabelecido por legislação nacional ou acordos e convenções coletivos, ou por decisões judiciárias relativas a tais deduções;

i) nenhuma dedução poderá ser feita da remuneração de gente do mar com o objetivo de obtenção ou preservação do emprego;

j) deverão ser proibidas multas monetárias contra a gente do mar que não sejam as autorizadas por legislação nacional, acordos ou convenções coletivos ou outras disposições;

k) a autoridade competente terá o poder de inspecionar armazéns e serviços disponíveis a bordo do navio, a fim de assegurar que preços justos e razoáveis são cobrados, para o benefício da gente do mar interessada; e

l) se as reivindicações de salário e de outras importâncias devidas à gente do mar pelo seu emprego não forem objeto de seguro em conformidade com as disposições da Convenção Internacional sobre Penhoras e Hipotecas de Navios, de 1993, essas reivindicações deverão ser protegidas ao amparo da Convenção dos Créditos Trabalhistas na Insolvência do Empregador, 1992 (Nº 173).

5. Todo Membro, após consulta às organizações representativas de armadores e de gente do mar, deverá dispor de procedimentos para investigar reivindicações relativas a qualquer matéria abrangida por esta Diretriz.

Diretriz B2.2.3 – Salário mínimo

1. Sem prejuízo do princípio de livre negociação coletiva, todo Membro, após consulta às organizações representativas de armadores e de gente do mar, deveria estabelecer procedimentos para determinar o salário mínimo de gente do mar. As organizações representativas de armadores e de gente do mar deverão participar na operação de tais procedimentos.

2. Ao estabelecer tais procedimentos e fixar o salário mínimo, devida atenção deve ser dada às normas trabalhistas internacionais sobre fixação de salário mínimo, bem como os seguintes princípios:

a) o piso salarial deve levar em conta a natureza do emprego marítimo, o efetivo de tripulação a bordo, e as horas normais de trabalho da gente do mar; e

b) o piso salarial deve ser ajustado de modo a levar em conta as variações do custo de vida e as necessidades da gente do mar.

3. A autoridade competente deve assegurar:

a) mediante um sistema de supervisão e sanções, que os salários não sejam pagos a uma taxa menor do que a taxa ou taxas fixadas; e

b) que a gente do mar que tiver sido paga a uma taxa abaixo do piso salarial seja capaz de recuperar, por meio de procedimentos judiciais ou outros procedimentos acessíveis e rápidos, o montante da diferença de pagamento.

Diretriz B2.2.4 – Salário básico ou remuneração mínima mensal da gente do mar apta

1. A remuneração ou salário básico de um mês civil de serviço por gente do mar apta não deverá ser menor do que o montante periodicamente estabelecido pela Comissão Paritária Marítima ou outro órgão autorizado pelo Conselho de Administração da Repartição Internacional do Trabalho. Por decisão do Conselho de Administração, o Diretor-Geral notificará aos Membros da Organização o montante revisto.

2. Nenhum dispositivo desta Diretriz deverá ser interpretado de modo a prejudicar acordos assinados entre armadores ou suas organizações e as organizações representativas de gente do mar a respeito da regulamentação dos termos e condições mínimas de emprego, desde que esses termos e condições sejam reconhecidos pela autoridade competente.

Regra

Regra 2.3 – Horas de trabalho e horas de descanso

Finalidade: Assegurar que a gente do mar tenha horas de trabalho e de descanso regulamentadas.

1. Todo Membro assegurará que as horas de trabalho e as horas de descanso da gente do mar sejam regulamentadas.

2. Todo Membro estabelecerá o número máximo de horas de trabalho e o número mínimo de horas de descanso em determinados períodos, que estejam em conformidade com as disposições do Código.

Norma

Norma 2.3 – Horas de trabalho e horas de descanso

1. Para os fins desta Norma:

a) horas de trabalho – significa o tempo durante o qual se exige que a gente do mar trabalhe para o navio;

b) horas de descanso – significa o tempo fora das horas de trabalho; essa expressão não inclui as pausas curtas.

2. Todo Membro fixará, dentro dos limites estipulados nos parágrafos 5º a 8º desta Norma, o número máximo de horas de trabalho, que não deverá ser ultrapassado num determinado período, ou um número mínimo de horas de descanso, que será assegurado num determinado período.

3. Todo Membro reconhece que o padrão normal de horas de trabalho da gente do mar, como o de outros trabalhadores, deve basear-se num dia de oito horas, com um dia de descanso por semana e descanso em feriados oficiais. Isso, porém, não impede que o Membro adote procedimentos para autorizar ou registrar acordos de negociação coletiva que determinem as horas de trabalho da gente do mar em base não menos favorável do que essa norma.

4. Ao determinar as normas nacionais, todo Membro levará em conta o perigo decorrente da fatiga da gente do mar, especialmente das pessoas cujas tarefas têm a ver com a segurança da navegação e a operação segura do navio.

5. Os limites de horas de trabalho ou de descanso deverão ser os seguintes:

a) o número máximo de horas não deverá ultrapassar:

i – 14 horas por cada período de 24 horas; e

ii – 72 horas por cada período de sete dias; ou

b) o número mínimo de horas de descanso não deverá ser menor que:

i – 10 horas por cada período de 24 horas; e

ii – 77 horas por cada período de sete dias.

6. As horas de descanso não poderão ser divididas em mais de dois períodos, um dos quais será de pelo menos seis horas ininterruptas, e o intervalo entre dois períodos consecutivos de descanso não poderá ultrapassar 14 horas.

7. As revistas, os exercícios de combate de incêndio e de salvamento, bem como os exercícios prescritos por legislação nacional e por instrumentos internacionais, serão conduzidos de modo a minimizar a interferência com os períodos de descanso e a não produzir fadiga.

8. Se um marítimo tiver de ficar em disponibilidade, por exemplo, quando haja uma sala de máquinas sem tripulação permanente, ele terá direito a um período de descanso compensatório adequado, caso o período normal de descanso seja interrompido por chamadas ao trabalho.

9. Se não houver acordo ou convenção coletiva ou decisão arbitral ou se a autoridade competente determinar que os dispositivos do acordo ou da decisão a respeito dos requisitos dos parágrafos 7º e 8º desta Norma são inadequados, a autoridade competente determinará disposições que assegurem que a gente do mar em apreço tenha descanso suficiente.

10. Todo Membro exigirá a colocação, em local de fácil acesso, de um quadro da escala de trabalho a bordo, na qual conste pelo menos o seguinte para cada posto:

a) escala de serviço a bordo e de serviço no porto; e

b) o número máximo de horas de trabalho ou o número mínimo de horas de descanso exigido por lei e regulamentos nacionais ou acordos de negociação coletiva aplicáveis.

11. A escala a que se refere o parágrafo 10º desta Norma será feita num formato padronizado, no idioma ou idiomas de trabalho do navio e em inglês.

12. Todo membro exigirá a manutenção de um registro das horas diárias de trabalho ou das horas diárias de descanso da gente do mar, que permita a monitoração de conformidade com os parágrafos 5º a 11, inclusive, desta Norma. O registro deverá ser num formato padronizado, estabelecido pela autoridade competente, levando em conta diretrizes da Organização Internacional do Trabalho, ou num formato padronizado definido pela Organização. O registro será nas línguas exigidas pelo parágrafo 11 desta Norma. A gente do mar deverá receber uma cópia do respectivo registro, que deverá ser rubricada pelo capitão ou por pessoa por ele autorizada e pela gente do mar.

13. Nada nos parágrafos 5º e 6º impedirá um Membro de adotar legislação ou regulamentos ou algum procedimento para que a autoridade competente possa autorizar ou registrar acordos e convenções coletivos que permitam exceções aos limites estabelecidos. Tanto quanto

possível, essas exceções deverão ajustar-se com as disposições desta Norma, porém poderão levar em conta períodos mais frequentes ou mais prolongados de férias ou a concessão de férias compensatórias a gente do mar de quarto ou a gente do mar que trabalhe a bordo de navios em viagens de curta duração.

14. Nada nesta Norma deverá ser interpretado de modo a tolher o direito do capitão de um navio de exigir que a gente do mar trabalhe o número de horas necessárias à segurança imediata do navio, de pessoas a bordo ou de carga, ou para fins de prestar assistência a outros navios ou pessoas em perigo em alto-mar. Assim sendo, o capitão poderá suspender a escala de horas de trabalho ou de horas de descanso e exigir que a gente do mar cumpra qualquer número de horas de trabalho necessárias, até que a situação normal seja restabelecida. Tão logo seja viável, depois da restauração da situação normal, o capitão deverá assegurar a concessão de um período adequado de descanso à gente do mar que tiver trabalhado em seu período estabelecido de descanso.

Diretriz

Diretriz B2.3 – Horas de trabalho e horas de descanso

Diretriz B2.3.1 – Gente do mar jovem

1. Em alto-mar e no porto, as seguintes disposições serão aplicadas a toda gente do mar menor de 18 anos:

a) as horas de trabalho não deverão ultrapassar oito horas por dia e 40 horas por semana e só serão permitidas horas extras se isso for inevitável por motivos de segurança;

b) tempo suficiente deverá ser concedido para todas as refeições, devendo-se assegurar um intervalo de pelo menos uma hora para a principal refeição do dia; e

c) uma pausa de 15 minutos para descanso deverá ser concedida assim que possível a cada duas horas de trabalho contínuo.

2. Excepcionalmente, a aplicação das disposições do parágrafo 1º desta Diretriz será dispensável:

a) se não for viável para marítimos jovens do convés, da praça das máquinas e do serviço de mesa a bordo que estiverem destacados para tarefas de quarto ou que trabalharem num sistema de turnos pré-estabelecidos; ou

b) se o treinamento efetivo de jovens marítimos, de acordo com programas e horários estabelecidos, for prejudicado.

3. Essas situações excepcionais deverão ser registradas, bem como os motivos, e o registro deve ser assinado pelo capitão.

4. O parágrafo 1º desta Diretriz não isenta os jovens marítimos da obrigação geral de toda a gente do mar de trabalhar durante emergências, segundo o disposto na Norma A2.3, parágrafo 14.

Regra

Regra 2.4 – Direito a férias

Finalidade: Assegurar que a gente do mar tenha férias adequadas.

1. Todo Membro exigirá que a gente do mar empregada em navios que arvoram sua bandeira tenha férias anuais remuneradas, em condições apropriadas, em conformidade com o disposto no Código.

2. A gente do mar terá direito a permissão para ir a terra em benefício de sua saúde e bem-estar e segundo as exigências operacionais de suas funções.

Norma

Norma A2.4 – Direito a férias

1. Todo Membro adotará legislação e regulamentos que determinem normas mínimas para férias anuais de gente do mar que trabalha em navios que arvoram sua bandeira, levando em devida conta as necessidades especiais da gente do mar em matéria de férias.

2. Sujeito a eventuais acordos de negociação coletiva ou legislação que estabeleça um método apropriado de cálculo que leve em conta as necessidades especiais da gente do mar em matéria de férias, o direito a férias anuais remuneradas será calculado com base num mínimo de 2,5 dias civis por mês de emprego. A forma de cálculo do tempo de serviço será determinada pela autoridade competente ou por mecanismo apropriado em cada país. Faltas justificadas ao trabalho não serão consideradas como parte das férias anuais.

3. Será proibido qualquer acordo para dispensar o mínimo de férias anuais prescrito nesta Norma, exceto em casos previstos pela autoridade competente.

Diretriz

Diretriz B2.4 – Direito a férias

Diretriz B2.4.1 – Cálculo das férias

1. Em condições estipuladas pela autoridade competente ou por um mecanismo apropriado em cada país, os serviços não previstos no contrato de emprego serão computados como parte do período de serviço.

2. Em condições estipuladas pela autoridade competente ou por um acordo de negociação coletiva, as faltas ao trabalho para participar de cursos autorizados de formação profissional marítima ou por motivos como doença, lesão ou maternidade, deverão ser computadas como parte do período de serviço.

3. O nível de pagamento durante as férias anuais deverá ser o mesmo da remuneração normal da gente do mar estabelecido por legislação ou regulamentos nacionais ou nos respectivos acordos de emprego. No caso de gente do mar contratada para período inferior a um ano ou no caso de término da relação empregatícia, o direito a férias deverá ser calculado proporcionalmente.

4. O seguinte não será considerado como parte das férias anuais remuneradas:

a) feriados oficiais, reconhecidos pelo Estado da bandeira, coincidam ou não com o período de férias remuneradas;

b) períodos de incapacidade para o trabalho em consequência de doença, lesão ou maternidade, em condições estipuladas pela autoridade competente ou por mecanismo apropriado em cada país;

c) permissão temporária para gente do mar ir a terra enquanto estiver em vigor o contrato de emprego; e

d) as licenças de qualquer tipo, em condições determinadas pela autoridade competente ou por mecanismo apropriado em cada país.

Diretriz B2.4.2 – Gozo de férias anuais

1. Caso não seja estabelecido por regulamento, acordo de negociação coletiva, decisão arbitral ou outro meio consistente com a prática nacional, o período em que as férias anuais poderão ser tiradas deverá ser determinado pelo armador, mediante consulta e, até onde for possível, de acordo com a gente do mar interessada ou com seus representantes.

2. Em princípio, a gente do mar deverá ter o direito de tirar suas férias anuais no lugar com o qual tiverem uma conexão substancial, que, normalmente, será o mesmo lugar para onde terá o direito de ser repatriada. A gente do mar não deverá, sem seu consentimento, ter de tirar as férias anuais a que faz jus em outro lugar, salvo disposição em contrário do contrato de trabalho, acordo de negociação coletiva, ou legislação nacional.

3. Se for obrigada a tirar suas férias anuais a partir de um lugar diferente daquele que é permitido pelo disposto no parágrafo 2º desta Diretriz, a gente do mar deverá ter direito a transporte gratuito para o local onde foi contratada ou o lugar de recrutamento que ficar mais próximo de seu domicílio; as despesas de subsistência e outros gastos incorridos deverão ser arcados pelo armador; e o tempo gasto na viagem correspondente não deverá ser deduzido das férias anuais remuneradas que lhe forem devidas.

4. Gente do mar que estiver em gozo de férias anuais deverá ser chamada de volta unicamente em casos de extrema emergência e somente com o seu consentimento.

Diretriz B2.4.3 – Fracionamento e acúmulo de férias

1. O fracionamento de férias anuais ou o acúmulo de férias referentes a um ano com o período subsequente de férias poderá ser autorizado em cada país pela autoridade competente ou por mecanismo apropriado.

2. Sujeito ao disposto no parágrafo 1º desta Diretriz e salvo disposição em contrário em acordo aplicável ao armador e ao marítimo interessado, as férias anuais remuneradas recomendadas nesta Diretriz deverão consistir num único período ininterrupto.

Diretriz B2.4.4 – Gente do Mar Jovem

1. Medidas especiais deverão ser consideradas em relação a gente do mar menor de 18 anos que tenham servido, sem férias, por seis meses ou por um período mais curto ao amparo de um acordo de negociação coletiva ou de um acordo de emprego de gente do mar, num navio com destino ao estrangeiro, que não tenha voltado ao país de residência nesse período e que não voltará nos próximos três meses de viagem. Essas medidas poderão consistir na sua repatriação, livre de despesa, para o local original em que foram contratados no seu país de residência, para que possam tirar as férias acumuladas durante a viagem.

Regra

Regra 2.5 – Repatriação

Finalidade: Assegurar que a gente do mar possa voltar para seu domicílio.

1. A gente do mar tem o direito de ser repatriada, livre de despesas, nas circunstâncias e condições especificadas no Código.

2. Todo Membro exigirá que os navios que arvoram sua bandeira aportem garantias financeiras para assegurar que a gente do mar seja devidamente repatriada em conformidade com o Código.

Norma

Norma A2.5.1 – Repatriação

1. Todo Membro assegurará que a gente do mar nos navios que arvoram sua bandeira tenha direito a repatriação, nas seguintes circunstâncias:

a) o contrato de emprego da gente do mar expira enquanto se encontre no estrangeiro;

b) o contrato de emprego é terminado:

i – pelo armador; ou

ii – pela gente do mar, por motivos justificados; e

c) a gente do mar não está mais em condições de desempenhar as tarefas a que se refere o contrato de emprego ou não é de se esperar que possa desempenhá-las em determinadas circunstâncias.

2. Todo Membro assegurará que sua legislação, seus regulamentos ou outras medidas ou ainda os acordos de negociação coletiva disponham apropriadamente sobre:

a) as circunstâncias nas quais a gente do mar terá direito a repatriação em conformidade com o parágrafo 1º, alíneas *b* e *c*, desta Norma;

b) a duração máxima dos períodos de serviço a bordo após os quais a gente do mar terá direito a repatriação, devendo esse período ser inferior a 12 meses; e

c) os direitos precisos a serem concedidos pelos armadores para repatriação, inclusive direitos relativos ao destino da repatriação, meio de transporte, despesas a serem cobertas e outras providências a serem tomadas pelos armadores.

3. Todo membro proibirá os armadores de exigir que a gente do mar faça algum pagamento antecipado no início do emprego, para fins de repatriação, e de ressarcir-se dos custos de repatriação mediante desconto salarial ou restrição de outros direitos, exceto se o marítimo envolvido for culpado, segundo a legislação nacional, com outras medidas ou acordos de negociação coletiva aplicáveis, de sério descumprimento de suas obrigações contratuais.

4. A legislação e os regulamentos nacionais não deverão prejudicar qualquer direito do armador de ser ressarcido dos gastos de repatriação ao amparo de disposições contratuais com terceiros.

5. Se um armador deixar de tomar providências e não arcar com as despesas relativas a repatriação de gente do mar que tem direito de ser repatriada:

a) a autoridade competente do Membro cuja bandeira o navio arvora providenciará a repatriação da gente do mar interessada; caso não o faça, o Estado para o qual o marítimo deva ser repatriado ou o Estado do que é cidadão providenciará sua repatriação e será ressarcido pelo Estado cuja bandeira o navio arvora;

b) custos incorridos na repatriação da gente do mar serão passíveis de ressarcimento pelo armador ao Membro cuja bandeira o navio arvora; e

c) as despesas com a repatriação não poderão em caso algum ficarem a cargo da gente do mar, salvo nas condições previstas no parágrafo 3º desta Norma.

6. Tendo em vista os instrumentos internacionais, inclusive a Convenção Internacional sobre Arresto de Navios, 1999, um Membro que tiver pagado o custo de repatriação em conformidade com este Código, poderá deter ou solicitar a detenção dos navios do armador envolvido até que seja feito o ressarcimento em conformidade com o parágrafo 5º desta Norma.

7. Todo Membro facilitará a repatriação de gente do mar que estiver servindo em navios que fizerem escala em seus portos ou que passarem pelo seu território em hidrovias internas, bem como sua substituição a bordo.

8. Em particular, um Membro não recusará o direito de repatriação a nenhuma gente do mar por causa das circunstâncias financeiras do armador ou por causa da inabilidade ou má vontade do armador para substituir gente do mar.

9. Todo Membro exigirá que os navios que arvoram sua bandeira tenham a bordo uma cópia das disposições nacionais a respeito de repa-

triação, num idioma apropriado, e a coloque à disposição da gente do mar.

Norma A2.5.2 – Garantia financeira

1. Na implementação da Regra 2.5, parágrafo 2, essa Norma estabelece requisitos para assegurar as disposições de um expedito e efetivo sistema de garantia financeira para assistir a gente do mar na eventualidade de seu abandono.

2. Para os propósitos dessa Norma, uma gente do mar será considerada como abandonada quando, em violação aos requisitos dessa Convenção ou às condições do acordo de emprego da gente do mar, o armador:

a) falhar em cobrir os custos da repatriação da gente do mar;

b) deixar a gente do mar sem a necessária manutenção e apoio; ou

c) tenha por outro lado rompido unilateralmente os vínculos com a gente do mar, incluindo falha em pagar os salários contratuais por um período de pelo menos dois meses.

3. Cada Membro deve assegurar que um sistema de garantia financeira, de acordo com os requisitos dessa Norma, esteja disponível para os navios arvorando sua bandeira. O sistema de garantia financeira pode ser na forma de um programa de segurança social ou seguro ou um fundo nacional ou outros arranjos similares. Sua forma deverá ser determinada pelos Membros após consulta com organizações dos armadores e da gente do mar interessados.

4. O sistema de garantia financeira deverá prover acesso direto, cobertura suficiente e assistência financeira rápida, de acordo com essa Norma, para qualquer gente do mar abandonada de um navio arvorando a bandeira do Membro.

5. Para o propósito do parágrafo 2, alínea *b* dessa Norma, manutenção e apoio necessários da gente do mar deverá incluir alimentação adequada, acomodação, água, combustível essencial para a sobrevivência a bordo do navio e a necessária assistência médica.

6. Cada Membro deverá requerer que os navios que arvorem sua bandeira, e para os quais o parágrafo 1 ou 2 da Regra 5.1.3 se aplicam, levem a bordo um certificado ou outra evidência documental de garantia financeira emitido pelo provedor financeiro. Uma cópia deve ser afixada em lugar de evidência a bordo que esteja disponível para a gente do mar. Quando mais de um provedor de garantia financeira fornecer cobertura, o documento fornecido por cada provedor deverá ser levado a bordo.

7. O certificado ou outra evidência documental da garantia financeira deverá conter a informação requerida no Apêndice A2-I. Ele deverá ser em inglês ou acompanhado de uma tradução para o inglês.

8. A assistência fornecida pelo sistema de garantia financeira deverá ser concedida quando da solicitação pela gente do mar ou pelo representante nomeado pela gente do mar e suportado pela necessária justificação de titularidade de acordo com o parágrafo 2 acima.

9. Tendo observado a Regra 2.2 e 2.5, a assistência fornecida pelo sistema de garantia financeira deverá ser suficiente para cobrir o seguinte:

a) salários pendentes e outros haveres devidos pelo armador à gente do mar sob o acordo de emprego, o acordo relevante ou a lei nacional da bandeira do Estado, limitado a quatro meses dos salários pendentes e quatro meses dos haveres pendentes;

b) todas as despesas razoáveis incorridas pela gente do mar, incluindo os custos de repatriação referidos no parágrafo 10; e

c) as necessidades essenciais da gente do mar incluindo itens como alimentação adequada, vestimenta onde necessária, acomodação, água, combustível essencial para sobrevivência a bordo do navio, assistência médica necessária e quaisquer outros custos razoáveis ou despesas pelo ato ou omissão relativo ao abandono até que a gente do mar chegue em casa.

10. O custo de repatriação deverá cobrir viagem por meios apropriados e expeditos, normalmente por ar, e inclui o fornecimento de alimentação e acomodação da gente do mar, do momento que deixar o navio até a sua casa, assistência médica necessária, transporte de seus objetos pessoais e quaisquer outros custos razoáveis ou despesas advindas do abandono.

11. A garantia financeira não deverá cessar antes do fim do período de validade da garantia financeira, a não ser que o provedor da garantia financeira tenha dado uma notificação prévia de pelo menos 30 dias à autoridade competente da bandeira do Estado.

12. Se o provedor do seguro ou outra garantia financeira tiver feito qualquer pagamento para qualquer gente do mar de acordo com essa Nor-

ma, tal provedor deverá, até o montante que tenha pago e de acordo com a lei aplicável, adquirir por sub-rogação, nomeação ou outro meio, os direitos que a gente do mar tenha usufruído.

13. Nada nessa Norma deverá prejudicar qualquer direito de recurso do segurador ou provedor da garantia financeira contra terceiros.

14. As disposições dessa Norma não têm a intenção de ser exclusiva ou prejudicar quaisquer outros direitos ou reclamações que estejam disponíveis para compensar a gente do mar abandonada. Leis e regulamentos nacionais podem dispor que qualquer montante a pagar sob essa Norma pode ser liquidado contra montantes recebidos de outras origens surgidas de quaisquer direitos ou reclamações que possam ser objeto de compensação sob a presente Norma.

Diretriz B2.5 – Repatriação

Diretriz B2.5.1 – Direito a repatriação

1. A gente do mar deveria ter direito a repatriação:

a) nos casos contemplados pela Norma A2.5, parágrafo 1º, alínea *a*, quando expirar o aviso prévio dado na forma estabelecida pelo respectivo acordo ou contrato de emprego; e

b) nos casos contemplados pela Norma A2.5, parágrafo 1, alíneas *b* e *c*:

i – em caso de doença, lesão ou outra condição médica que exija a repatriação do marítimo, caso se verifique que ele está em condições médicas de viajar;

ii – em caso de naufrágio;

iii – caso o amador não seja capaz de continuar a cumprir com suas obrigações legais ou contratuais como empregador de gente do mar, devido à insolvência, venda do navio, mudança de matrícula do navio ou outro motivo semelhante;

iv – no caso de o navio ter de se dirigir a uma zona de guerra, definida como tal na legislação nacionais ou em acordos de negociação coletiva, à qual a gente do mar não aceite ir; e

v – em caso de término ou interrupção do emprego em virtude de laudo arbitral ou de convenção coletiva, ou do término do emprego por qualquer outro motivo similar.

2. Ao determinar o período máximo de duração de serviço a bordo para o marítimo adquirir o direito a repatriação, em conformidade com este Código, devem ser levados em conta os fatores que afetam o seu ambiente de trabalho. Todo Membro procurará, sempre que possível, reduzir esses períodos à luz de mudanças e desdobramentos tecnológicos, podendo orientar-se por recomendações da Comissão Paritária Marítima a respeito da matéria.

3. As despesas a serem arcadas pelo armador com a repatriação em conformidade com a Norma A2.5 deverão incluir pelo menos as seguintes:

a) passagem até o destino selecionado para repatriação em conformidade com o parágrafo 6º desta Diretriz;

b) alojamento e alimentação desde o momento em que o marítimo deixar o navio até chegar ao seu destino de repatriação;

c) remuneração e compensações desde o momento em que o marítimo deixar o navio até chegar ao seu destino de repatriação, se previsto na legislação nacional ou em acordos de negociação coletiva;

d) transporte de 30 kg de bagagem pessoal do marítimo até o seu destino de repatriação; e

e) tratamento médico, caso necessário, até que o marítimo esteja apto para viajar até seu destino de repatriação.

4. Nem o tempo gasto à espera de repatriação nem o tempo de viagem de repatriação deverá ser deduzido das férias remuneradas acumuladas pela gente do mar.

5. Os armadores deveriam ser obrigados a continuar a arcar com as despesas de repatriação até que a gente do mar interessada desembarque no destino estabelecido em conformidade com este Código ou obtenha emprego adequado a bordo de um navio a caminho de um desses destinos.

6. Todo Membro deveria exigir que os amadores assumam a responsabilidade pelas providências de repatriação da maneira mais apropriada e rápida. O modo normal de transporte deve ser aéreo. O Membro prescreverá os destinos para os quais a gente do mar poderá ser repatriada. Esses destinos deverão incluir os países com os quais a gente do mar parece ter uma ligação substancial, inclusive:

a) o lugar no qual a gente do mar aceitou a contratação;

b) o lugar estipulado por acordos de negociação coletiva;

c) o país de residência do interessado; ou

d) outros lugares que forem mutuamente acordados no momento da contratação.

7. A gente do mar deveria ter o direito de escolher, entre os destinos prescritos, aquele para o qual deseja ser repatriada.

8. O direito à repatriação poderá expirar se a gente do mar interessada não o reivindicar num prazo razoável, a ser definido por legislação nacional ou por acordos de negociação coletiva.

Diretriz B2.5.2 – Implementação pelos Membros

1. Toda ajuda prática possível deverá ser prestada a gente do mar retida num porto estrangeiro à espera de repatriação. Em caso de atraso da repatriação, a autoridade competente no porto estrangeiro deverá assegurar que o representante consular ou local do Estado da bandeira e do Estado de nacionalidade ou residência da gente do mar, segundo couber, seja imediatamente informado.

2. Todo Membro zelará para que as devidas providências sejam tomadas:

a) para o regresso da gente do mar empregada num navio que arvora a bandeira de um país estrangeiro, desembarcada num porto estrangeiro por motivos pelos quais ela não é responsável:

i – para o porto em que a gente do mar em apreço tiver sido engajada;

ii – para um porto no Estado da sua nacionalidade ou da sua residência, segundo couber; ou

iii – para um porto acordado entre a gente do mar e o capitão ou o armador, com a aprovação da autoridade competente ou ao abrigo de salvaguardas apropriadas; e

b) para tratamento médico e manutenção de gente do mar empregada em navio que ostenta a bandeira de um país estrangeiro, desembarcada num porto estrangeiro por causa de doença ou lesão incorrida no serviço a bordo do navio e que não tiver sido causada pela sua própria conduta intencional.

3. Se jovens marítimos menores de 18 anos, depois de servirem num navio por pelo menos quatro meses em sua primeira viagem com destino ao estrangeiro, demonstrarem que não são aptos para a vida em alto-mar, eles deverão ter a oportunidade de ser repatriados gratuitamente, a partir da primeira escala em que houver serviços consulares do Estado da bandeira, ou do seu Estado de nacionalidade ou de residência. Notificação dessa repatriação, com as devidas justificativas, deverá ser enviada à autoridade emissora dos documentos que permitiram aos jovens marítimos assumir emprego em navegação marítima.

Diretriz B2.5.3 – Garantia financeira

1. Em implementação do parágrafo 8 da Norma A2.5.2, se for necessário tempo para conferir a validade de certos aspectos da solicitação da gente do mar ou do representante nomeado pela gente do mar, isso não deveria impedir a gente do mar de receber imediatamente tal parte da assistência solicitada que seja reconhecida como justificada.

Regra

Regra 2.6 – Indenização de gente do mar pela perda do navio ou naufrágio

Finalidade: Assegurar que a gente do mar seja indenizada no caso de perda do navio ou naufrágio.

1. A gente do mar tem direito a indenização adequada em caso de lesão, perdas ou desemprego em decorrência de perda do navio ou naufrágio.

Norma

Norma A2.6 – Indenização de gente do mar pela perda do navio ou naufrágio

1. Todo Membro estabelecerá regras para assegurar que, em caso de perda do navio ou naufrágio, o armador pague a cada um da gente do mar a bordo uma indenização por desemprego resultante da perda do navio ou naufrágio.

2. As regras a que se refere o parágrafo 1º desta Norma não serão aplicadas em prejuízo de quaisquer outros direitos que a gente do mar possa ter ao amparo da legislação nacional do Membro em apreço por perdas ou lesões resultantes da perda do navio ou naufrágio.

Diretriz

Diretriz B2.6 – Indenização de gente do mar pela perda do navio ou naufrágio

Diretriz B2.6.1 – Cálculo da indenização por desemprego

1. A indenização por desemprego, resultante de perda do navio ou naufrágio, deverá ser paga pelos dias durantes os quais a gente do mar ficar de fato desempregada, com o mesmo salário devido no curso do contrato de emprego. O montante total a ser pago a cada marítimo, porém, poderá ser limitado a dois meses de salário.

2. Todo Membro assegurará que a gente do mar tenha, para receber a indenização, os mesmos

recursos legais que tem para receber salários atrasados devidos por serviço a bordo.

Regra

Regra 2.7 – Níveis de guarnição

Finalidade: Assegurar que a gente do mar trabalhe a bordo de navios com pessoal suficiente para a operação do navio em condições de segurança, eficiência e proteção.

1. Todo Membro exigirá que os navios que arvoram sua bandeira tenham um contingente suficiente de marítimos empregados a bordo, a fim de assegurar que o navio seja operado com segurança e eficiência e com a devida atenção à proteção em todas as condições, levando em conta o elemento de fadiga da gente do mar e a natureza e condições particulares da viagem.

Norma

Norma A2.7 – Níveis de tripulação

1. Todo Membro exigirá que os navios que arvoram sua bandeira tenham um contingente suficiente de marítimos, a fim de assegurar que o navio seja operado com segurança e eficiência e com a devida atenção à proteção. Todo navio será guarnecido de uma tripulação adequada do ponto de vista de tamanho e qualificações, capaz de assegurar a segurança e a proteção do navio e de seu pessoal em todas as condições de operação, em conformidade com o documento relativo à tripulação mínima de segurança ou documento equivalente emitido pela autoridade competente, bem como o cumprimento das normas desta Convenção.

2. Ao determinar, aprovar ou revisar os níveis de tripulação, a autoridade competente deverá levar em conta a necessidade de evitar ou minimizar um número excessivo de horas de trabalho, a fim de assegurar descanso suficiente e conter a fadiga, e deverá considerar também os princípios de instrumentos internacionais pertinentes, particularmente os da Organização Internacional do Trabalho, relativos aos níveis de tripulação.

3. Ao determinar os níveis de tripulação, a autoridade competente deverá levar em conta todos os requisitos indicados na Regra 3.2 e na Norma A3.2 em relação a alimentação e serviço de mesa de bordo.

Diretriz

Diretriz B2.7 – Níveis de tripulação

Diretriz B2.7.1 – Solução de conflitos

1. Todo Membro manterá ou assegurará a manutenção de mecanismos eficientes para a investigação e solução de queixas e conflitos relativos aos níveis de tripulação a bordo de um navio.

2. Representantes das organizações de armadores e de gente do mar deveriam participar, com ou sem outras pessoas ou autoridades, na operação desses mecanismos.

Regra

Regra 2.8 – Carreira e desenvolvimento de habilidades e oportunidades de emprego de gente do mar

Finalidade: Promover a carreira e o desenvolvimento de habilidades e oportunidades de emprego de gente do mar.

1. Todo Membro adotará políticas nacionais destinadas a promover o emprego no setor marítimo e a incentivar a carreira e o desenvolvimento de habilidades, bem como maiores oportunidades de emprego para gente do mar domiciliada em seu território.

Norma

Norma A2.8 – Carreira e desenvolvimento de habilidades e oportunidades de emprego de gente do mar

1. Todo Membro adotará políticas nacionais destinadas a incentivar a carreira e o desenvolvimento de habilidades e oportunidades de emprego de gente do mar no setor marítimo, a fim de suprir o setor de uma força de trabalho estável e competente.

2. O objetivo das políticas a que se refere o parágrafo 1º desta Norma deverá ser ajudar a gente do mar a reforçar sua competência, qualificações e oportunidades de emprego.

3. Todo Membro, após consulta às organizações representativas de armadores e de gente do mar pertinentes, estabelecerá objetivos claros para a orientação profissional, a educação e a formação de gente do mar, cujas tarefas a bordo de um navio terão a ver primariamente com a operação segura e a navegação do navio, inclusive da formação permanente.

Diretriz

Diretriz B2.8 – Carreira e desenvolvimento de habilidades e oportunidades de emprego de gente do mar

Diretriz B2.8.1 – Medidas destinadas a promover a carreira e o desenvolvimento de habilidades e oportunidades de emprego de gente do mar

1. As medidas para atingir os objetivos especificados na Norma A2.8 poderão incluir as seguintes:

a) acordos para o desenvolvimento de carreira e habilidades junto a um armador ou organização de armadores; ou

b) providências para promover o emprego, mediante o estabelecimento e manutenção de registros ou listas, por categorias, de gente do mar qualificada; ou

c) promoção de oportunidades, tanto a bordo como em terra, para aperfeiçoar a formação e educação de gente do mar, a fim de desenvolver suas habilidades e competências transferíveis, para assegurar e conservar o trabalho decente, melhorar as perspectivas individuais de emprego, e satisfazer as condições cambiantes da tecnologia e do mercado de trabalho no setor marítimo.

Diretriz B2.8.2 – Registro de gente do mar

1. Onde o emprego de gente do mar se baseia em registros ou listas, esses registros ou listas devem incluir todas as categorias ocupacionais de gente do mar, numa forma determinada por legislação ou prática nacional ou por acordos de negociação coletiva.

2. A gente do mar incluída nesses registros ou listas deve ter prioridade no engajamento para navegação marítima.

3. A gente do mar incluída num desses registros ou listas deverá estar disponível para o trabalho, de maneira a ser determinada por legislação ou prática nacional ou por acordos de negociação coletiva.

4. Até onde permitirem a legislação e regulamentos nacionais, o número de gente do mar nesses registros ou listas deve ser revisto periodicamente, com vistas a manter níveis compatíveis com as necessidades do setor marítimo.

5. Se for necessária uma redução no número de gente do mar nesses registros ou listas, todas as medidas apropriadas deverão ser tomadas para evitar ou minimizar os efeitos negativos sobre a gente do mar, levando-se em conta a situação econômica e social do país.

TÍTULO III – ALOJAMENTO, INSTALAÇÕES DE LAZER, ALIMENTAÇÃO E SERVIÇO DE MESA A BORDO

Regra

Regra 3.1 – Alojamento e instalações de lazer

Finalidade: Assegurar que a gente do mar tenha alojamento e instalações de lazer decentes a bordo.

1. Todo Membro assegurará que os navios que arvoram sua bandeira propiciem e mantenham alojamento e instalações de lazer decentes para a gente do mar que trabalha ou vive a bordo, ou ambas as coisas, suscetíveis de promover a saúde e o bem-estar dos marítimos.

2. Os requisitos do Código que implementa esta Regra relacionada com a construção e equipamento do navio se aplicam somente a navios construídos a partir da data da entrada em vigor desta Convenção para o Membro em apreço. No caso de navios construídos antes dessa data, os requisitos relativos à construção e equipamento de navios são estabelecidos na Convenção sobre o Alojamento da Tripulação a Bordo (revisada), 1949 (Nº 92) e na Convenção sobre o Alojamento da Tripulação a Bordo de Navios (Disposições Complementares), 1970 (Nº 133) continuarão a vigorar, na medida em que forem aplicáveis, em conformidade com a legislação ou prática do Membro interessado. Um navio será considerado como construído na referida data se nela for assentada a quilha ou o navio se encontrar numa fase semelhante de construção.

3. Salvo disposição expressa em contrário, os requisitos dispostos em emenda ao Código, no que respeita à provisão de alojamento e instalações de lazer para a tripulação, se aplicarão apenas a navios construídos a partir da data em que a emenda entrar em vigor para o Membro em apreço.

Norma

Norma A3.1 – Alojamento e instalações de lazer

1. Todo Membro adotará leis e regulamentos destinados a exigir que os navios que arvoram sua bandeira:

a) satisfaçam padrões mínimos que assegurem que o alojamento da gente do mar que trabalha ou vive a bordo seja seguro, decente e consistente com as disposições pertinentes desta Norma; e *b*) se submetam a inspeção, a fim de assegurar a conformidade inicial e contínua com tais padrões.

2. Ao elaborar e aplicar as leis e os regulamentos destinados à implementação desta Norma, a autoridade competente, após consulta às organizações representativas de armadores e de gente do mar deverá:

a) levar em conta a Regra 4.3 e as disposições conexas do Código sobre a proteção à saúde e à segurança, bem como sobre a prevenção de acidentes, à luz das necessidades específicas da gente do mar que vive e trabalha a bordo do navio; e

b) levar em devida conta as orientações constantes na Parte B deste Código.

3. As inspeções exigidas na Regra 5.1.4 serão realizadas quando:

a) da matrícula ou renovação da matrícula do navio; e

b) da modificação substancial do alojamento da gente do mar no navio.

4. A autoridade competente deverá dar especial atenção a assegurar a implementação dos requisitos desta Convenção relativos a:

a) dimensões dos camarotes e outros espaços do alojamento;

b) calefação e ventilação;

c) barulho e vibração e outros fatores ambientais;

d) instalações sanitárias;

e) iluminação; e

f) enfermaria.

5. A autoridade competente de cada Membro deverá exigir que os navios que arvoram sua bandeira satisfaçam as normas mínimas de alojamento e instalações de lazer a bordo, enunciadas nos parágrafos 6º a 17 desta Norma.

6. Com respeito aos requisitos gerais relativos a alojamento:

a) deverá haver altura livre adequada em todo o alojamento da gente do mar; a mínima altura livre permitida em todo o alojamento da gente do mar onde for necessária a plena e livre movimentação não deverá ser inferior a 203 centímetros; a autoridade competente poderá permitir uma redução limitada da altura livre em qualquer desses espaços ou parte dos mesmos, desde que esteja convencida de que essa redução é:

i – razoável e

ii – não acarretará desconforto para a gente do mar;

b) o alojamento deverá ser adequadamente isolado;

c) em navios que não sejam navios de passageiros, na definição da Regra 2, alíneas *e* e *f*, da Convenção Internacional para Salvaguarda da Vida Humana no Mar, 1974, emendada (Convenção SOLAS), os camarotes deverão estar situados acima da linha de carga no centro ou na popa do navio, exceto que, em casos excepcionais, quando o tamanho, o tipo ou serviço próprio do navio tornarem inviável outra localização dos dormitórios, eles poderão ser localizados na proa do navio, mas nunca em frente da antepara de colisão;

d) em navios de passageiros e particularmente em navios especiais construídos em conformidade com o Código de Segurança de Navios para Fins Especiais, 1983, da OMI, e suas subsequentes versões, doravante denominados navios para fins especiais, a autoridade competente poderá, desde que providências satisfatórias sejam tomadas em matéria de iluminação e ventilação, permitir a localização de dormitórios abaixo da linha de carga, porém de modo algum imediatamente abaixo dos passadiços de trabalho;

e) não poderá haver quaisquer aberturas diretas entre os dormitórios e a praça de máquinas, compartimento de carga, cozinha, paiol, secadouros ou áreas sanitárias comuns; parte da antepara que separa essas áreas dos camarotes e as anteparas externas deverão ser eficientemente construídas de aço ou outro material aprovado, impermeável à água e gás;

f) os materiais utilizados na construção de anteparas internas, revestimento e forro, pisos e juntas deverão ser apropriados ao seu propósito e propícios a um ambiente saudável;

g) iluminação adequada e suficiente drenagem deverão ser asseguradas; e

h) o alojamento e as instalações de lazer e de serviço de mesa a bordo deverão satisfazer os requisitos da Regra 4.3 e as disposições correlatas do Código referentes à proteção à saúde e à segurança e à prevenção de acidentes, inclusive prevenção do risco de exposição a níveis nocivos de ruído e vibração e a outros fatores ambientais e elementos químicos a bordo de navios, além de propiciar condições de trabalho e vida a bordo aceitáveis para a gente do mar.

7. No que diz respeito aos requisitos de ventilação e calefação:

a) os camarotes e refeitórios deverão ser devidamente ventilados;

b) os navios, com exceção daqueles regularmente engajados em comércio onde as condições de clima temperado não o exijam, deverão ser providos de ar condicionado no alojamento da gente do mar e em todas as salas de rádio e de controle central de máquinas;

c) todas as instalações sanitárias deverão ter ventilação em comunicação com o exterior, separada de qualquer outra parte do alojamento; e

d) calefação adequada deverá ser propiciada por meio de um sistema apropriado de calefação, exceto em navios que navegam exclusivamente em climas tropicais.

8. No que diz respeito aos requisitos de iluminação, sujeitos aos arranjos porventura permitidos em navios de passageiros, os dormitórios e refeitórios deverão ser iluminados por luz natural e supridos de iluminação artificial adequada.

9. Caso sejam necessários dormitórios a bordo de navios, os seguintes requisitos se aplicam:

a) em navios outros que não navios de passageiros, deverá haver um camarote individual para cada marítimo; no caso de navios de arqueação bruta inferior a 3.000 ou de navios para fins especiais, a autoridade competente poderá eximi-los deste requisito, após consulta às organizações representativas de armadores e de gente do mar pertinentes;

b) deverá haver camarotes separados para homens e para mulheres;

c) os camarotes deverão ter as dimensões adequadas e ser devidamente equipados, de modo a propiciar um conforto razoável e a facilitar sua limpeza e ordem;

d) em todas as circunstâncias, deverá haver um leito camarote para cada marítimo;

e) as dimensões interiores mínimas de todos os leitos deverão ser no mínimo de 198 por 80 centímetros;

f) nos camarotes individuais, a superfície disponível para cada marítimo não poderá ser inferior a:

i – 4,5 m^2 em navios de arqueação bruta inferior a 3.000;

ii – 5,5 m^2 em navios de arqueação bruta igual ou superior a 3.000, porém inferior a 10.000; e

iii – 7 m^2 em navios de arqueação bruta igual ou superior a 10.000;

g) contudo, a fim de propiciar camarotes individuais em navios de arqueação bruta inferior a 3.000, em navios de passageiros e navios para fins especiais, a autoridade competente poderá permitir uma redução na área disponível;

h) em navios de arqueação bruta inferior a 3000, que não sejam navios de passageiros e navios para fins especiais, os camarotes poderão ser ocupados por dois marítimos, no máximo; nesse caso, a superfície disponível não poderá ser inferior a 7 m^2;

i) em navios de passageiros e navios para fins especiais, a superfície disponível dos camarotes para marítimos que não desempenharem tarefas de oficial não poderá ser inferior a:

i – 7,5 m^2 em camarotes para duas pessoas;

ii – 11,5 m^2 em camarotes para três pessoas;

iii – 14,5 m^2 em camarotes para quatro pessoas;

j) em navios para fins especiais, os camarotes poderão ser para mais de quatro pessoas. Nesse caso, a superfície disponível desses camarotes não poderá ser inferior a 3,6 m^2 por pessoa;

k) em navios outros que não navios de passageiros e navios para fins especiais, nos camarotes para marítimos que desempenham funções de oficiais do navio, caso não haja sala de estar ou salão privados, a superfície por pessoa não poderá ser inferior a;

i – 7,5 m^2 em navios de arqueação bruta inferior a 3.000;

ii – 8,5 m^2 em navios de arqueação bruta igual ou superior a 3.000, porém inferior a 10.000; e

iii – 10 m^2 em navios de arqueação bruta igual ou superior a 10.000;

l) em navios de passageiros e navios para fins especiais, a superfície disponível por marítimos que desempenham funções de oficiais, caso não haja sala de estar ou salão privados, não poderá ser inferior a 7,5 m^2 para oficiais subalternos e a 8,5 m^2 para oficiais superiores, entendendo-se por oficiais subalternos os que atuam no nível operacional e por oficiais superiores os que prestam serviço no nível de comando;

m) o capitão, o chefe de máquinas e o imediato, terão, além de seus camarotes, uma sala ou salão contíguos ou espaço equivalente adjacente; navios de arqueação bruta inferior a 3.000 poderão ser eximidos desse requisito pela autoridade competente, após consulta às organizações representativas de armadores e de gente do mar pertinentes;

n) para cada ocupante, o mobiliário deverá incluir um guarda-roupa espaçoso, com capacidade mínima de 475 litros, e uma cômoda ou espaço equivalente, cuja capacidade não seja inferior a 56 litros; se a cômoda fizer parte do guarda-roupa, o volume combinado do guarda-roupa e da cômoda deverá ser de 500 litros; este deverá ter uma prateleira e ser passível de ser trancado pelo ocupante, a fim de assegurar sua privacidade; e

o) cada camarote deverá contar com uma mesa ou escrivaninha, que poderá ser do tipo fixo, de aba dobrável ou corrediça, e provido do número de assentos cômodos que seja necessário.

10. No que respeita aos requisitos relativos a refeitórios, estes deverão:

a) estar localizados separados dos dormitórios e tão próximos quanto possível da cozinha; navios de arqueação bruta inferior a 3.000 poderão ser isentados desse requisito pela autoridade competente, após consulta às organizações de armadores e de gente do mar pertinentes; e

b) ter tamanho e conforto adequados e devidamente mobiliados e equipados, inclusive com máquinas de vender refrigerante e alimentos, levando em conta o número de marítimos que os usarão simultaneamente; e deverão ser propiciados refeitórios separados ou comuns, caso apropriado.

11. No que tange aos requisitos sobre instalações sanitárias:

a) toda a gente do mar a bordo deverá ter acesso adequado a instalações sanitárias que satisfaçam padrões mínimos de saúde e higiene e níveis razoáveis de comodidade, devendo haver instalações sanitárias separadas para homens e para mulheres;

b) deverá haver instalações sanitárias de fácil acesso para a ponte de comando e para a praça das máquinas ou perto do centro de controle da sala de máquinas; navios de arqueação bruta inferior a 3.000 poderão ser eximidos desse requisito pela autoridade competente, após consulta às organizações representativas de armadores e de gente do mar pertinentes;

c) todos os navios deverão dispor, em local adequado, de pelo menos um vaso sanitário, um lavabo e uma banheira ou um chuveiro, ou ambos, para cada grupo de seis pessoas ou um número menor de pessoas que não tiverem instalações pessoais;

d) com exceção dos navios de passageiros, todo dormitório deverá ter um lavabo com água corrente doce, quente e fria, salvo se houver um lavabo no banheiro privado adjacente;

e) no caso de navios de passageiros normalmente engajados em viagens de até quatro horas de duração, a autoridade competente poderá considerar arranjos especiais ou a redução do número de instalações exigido; e

f) água doce corrente quente e fria deverá estar disponível em todas as instalações para asseio pessoal.

12. Com respeito aos requisitos relativos à enfermaria, navios com 15 ou mais gentes do mar que efetuem viagens de mais de três dias, deverão ter enfermaria independente que será utilizada exclusivamente para fins médicos; a autoridade competente poderá flexibilizar esse requisito nos navios de cabotagem; ao aprovar uma enfermaria, a autoridade competente deverá assegurar que, em todas as condições meteorológicas, ela seja de fácil acesso, propicie acomodação confortável aos ocupantes, e seja apropriada para pronto e adequado atendimento.

13. As instalações de lavanderia deverão ser apropriadamente localizadas e equipadas.

14. Todos os navios deverão ter um ou mais de um espaço no convés aberto, ao qual a gente do mar possa ter acesso quando estiver de folga, com uma área adequada, tendo em conta as dimensões do navio e o número de marítimos a bordo.

15. Todos os navios deverão ter escritórios separados ou um escritório comum para o uso do pessoal de convés e de máquinas; navios de arqueação bruta inferior a 3.000 poderão ser eximidos desse requisito pela autoridade competente, após consulta às organizações de armadores e de gente do mar pertinentes.

16. Navios que viajam regularmente para portos infestados de mosquitos deverão ser equipados

com dispositivos apropriados, como requer a autoridade competente.

17. Instalações de lazer, comodidades e serviços para a gente do mar, adaptadas para atender a necessidades especiais de marítimos que têm de viver e trabalhar a bordo dos navios, serão propiciadas para o usufruto de toda a gente do mar, em conformidade com a Regra 4.3 e as disposições correlatas do Código, relativas à proteção da saúde e da segurança e à prevenção de acidentes.

18. A autoridade competente deverá exigir a realização de inspeções frequentes a bordo dos navios, pelo capitão ou a mando seu, a fim de assegurar que o alojamento da gente do mar seja limpo, decentemente habitável e mantido em boas condições. As conclusões dessas inspeções serão registradas e franqueadas para exame.

19. No caso de navios em que é necessário levar em conta, sem discriminação, os interesses de gente do mar cujas práticas religiosas e sociais são diferentes e distintas, a autoridade competente poderá permitir variações justas na aplicação desta Norma, desde que essas variações não resultem em condições gerais menos favoráveis do que as que resultariam da aplicação regular desta Norma.

20. Todo Membro poderá, após consulta com as organizações representativas de armadores e de gente do mar, eximir navios de arqueação bruta inferior a 200, caso seja razoável, levando em consideração o tamanho do navio e o número de pessoas a bordo, no que tange às seguintes disposições desta Norma:

a) os parágrafos 7, alínea *b*, 11, alínea *d* e 13; e

b) o parágrafo 9, alíneas *f* e *h* a *l*, unicamente no que tange à superfície disponível.

21. Isenções dos requisitos desta Norma só serão admitidas se forem por ela expressamente permitidas e somente para circunstâncias particulares, em que tais isenções forem claramente justificáveis, com base em sólidos fundamentos, e suscetíveis de proteger a saúde e segurança da gente do mar.

Diretriz

Diretriz B3.1 – Alojamento e instalações de lazer

Diretriz B3.1.1 – Desenho e construção

1. As anteparas externas dos camarotes e refeitórios deverão ser isoladas adequadamente. As caixas de proteção das máquinas e as anteparas de contorno da cozinha e de outros espaços onde se produz calor deverão ser devidamente isoladas se houver possibilidade de efeitos térmicos em alojamento ou passadiços adjacentes. Deverão também ser tomadas medidas para assegurar a proteção contra os efeitos térmicos da tubulação de vapor ou de água quente.

2. Os dormitórios, refeitórios, áreas de lazer e passadiços na área de alojamento deverão ser devidamente isolados, a fim de evitar a condensação ou o superaquecimento.

3. As superfícies das anteparas e os tetos dos dormitórios deverão ser de material cuja superfície seja de fácil limpeza. Nenhuma forma de construção suscetível de abrigar pragas deverá ser utilizada.

4. As superfícies das anteparas e dos tetos nos camarotes e refeitórios devem ser de fácil limpeza e de cor clara, com acabamento durável e atóxico.

5. Os tetos de todo alojamento da gente do mar deverão ser de material e construção aprovados e ter superfície antiderrapante, impermeável à umidade e de fácil limpeza.

6. Se o piso for de material composto, as junções com as paredes deverão ser perfiladas, a fim de evitar fendas.

Diretriz B3.1.2 – Ventilação

1. O sistema de ventilação dos camarotes e refeitórios deverá ser controlado, de modo a conservar o ar em condição satisfatória e assegurar circulação suficiente do ar sob todas as condições meteorológicas e climáticas.

2. Os sistemas de ar-condicionado, centrais ou individuais, devem ser concebidos de modo a:

a) conservar o ar numa temperatura satisfatória e umidade relativa comparável à do ar exterior, assegurar a troca suficiente de ar em todos os espaços com ar-condicionado, levar em conta as características particulares das operações marítimas e não produzir ruídos ou vibrações excessivos; e

b) facilitar a limpeza e desinfecção, a fim de prevenir ou controlar a propagação de doenças.

3. A energia para a operação do sistema de ar condicionado e outros dispositivos de ventilação conforme os parágrafos anteriores desta Diretriz deverá estar disponível a todo o momento, quando houver gente do mar vivendo ou trabalhando a bordo e as circunstâncias assim o

exigirem. Contudo, não é necessário que essa energia seja fornecida por fonte de emergência.

Diretriz B3.1.3 – Calefação

1. O sistema de calefação do alojamento da gente do mar deverá estar em operação a todo o momento quando houver gente do mar vivendo ou trabalhando a bordo e as circunstâncias assim o exigirem.

2. Em todos os navios em que se fizer necessário, o sistema de calefação deverá ser alimentado por água quente, ar quente, eletricidade, vapor ou outro meio equivalente. Contudo, dentro do alojamento, o vapor não deverá ser utilizado como meio de transmissão de calor. O sistema de calefação deverá ser capaz de manter a temperatura no alojamento da gente do mar em nível satisfatório em condições normais do tempo e do clima suscetíveis de serem encontrados na rota do navio. A autoridade competente deverá estabelecer o padrão a ser observado.

3. Os radiadores e outros dispositivos de calefação deverão ser localizados e, caso necessário, revestidos, de modo a evitar o risco de incêndio ou perigo e incômodo para os ocupantes.

Diretriz B3.1.4 – Iluminação

1. Em todos os navios, deverá haver eletricidade para iluminação no alojamento da gente do mar. Se não houver a bordo duas fontes independentes de produção de eletricidade, um sistema suplementar de iluminação de emergência será previsto por meio de lâmpadas ou aparelhos de iluminação de modelo adequado.

2. Nos camarotes, uma lâmpada elétrica para leitura deverá ser instalada na cabeceira de cada cama.

3. Padrões adequados de iluminação natural e artificial deverão ser estabelecidos pela autoridade competente.

Diretriz B3.1.5 – Camarotes

1. Deverá haver uma provisão adequada de leitos a bordo, para assegurar tanto quanto possível o conforto do marítimo e de quem o acompanhar.

2. Se for razoável e viável, em virtude do tamanho do navio, da atividade prevista e de sua configuração, os camarotes deverão ser planejados e providos de um banheiro privado, inclusive vaso sanitário, de modo a proporcionar conforto razoável aos ocupantes e a facilitar a ordem e a limpeza.

3. Tanto quanto possível, os camarotes da gente do mar deverão ser dispostos de modo que os marítimos em regime de quarto sejam separados e que nenhum marítimo que trabalhe durante o dia tenha de compartir um camarote com um marítimo de em regime de quarto.

4. No caso de marítimos que desempenhem funções de oficiais subalternos, não deverá haver mais do que duas pessoas por camarote.

5. Consideração deverá ser dada à extensão da vantagem a que se refere o parágrafo 9º, alínea *m*, da Norma A3.1, ao segundo oficial de máquinas.

6. O espaço destinado a leitos, armários, cômodas e cadeiras deverá ser incluído na medida da superfície do piso. Deverão ser excluídos os espaços pequenos ou de formato irregular, que, de fato, não aumentam o espaço para a livre circulação e não possam ser usados para colocação de mobiliário.

7. Mais de dois leitos não deverão ser superpostos; no caso de estarem colocados ao longo da antepara do costado da embarcação, não deverão estar sobrepostos quando colocados debaixo de uma vigia.

8. O beliche de baixo não deverá estar instalado a menos de 30 cm do piso; o beliche de cima deverá ser disposto aproximadamente a meia altura entre o fundo do beliche de baixo e a parte inferior das vigas do teto.

9. A armação de um beliche e a tabua de balanço, se houver, deverão ser de material aprovado, rijo, liso e não suscetível à corrosão e a abrigar parasitas.

10. Se armações tubulares forem utilizadas na construção dos leitos, os tubos deverão estar hermeticamente fechados e sem perfurações que poderiam dar acesso à parasitas.

11. Todo leito será provido de estrado elástico ou de fundo elástico e de colchão estofado. Para enchimento de colchão, não poderá ser utilizado material suscetível de abrigar parasitas.

12. Quando beliches forem superpostos, um fundo impermeável ao pó deverá ser fixado abaixo do colchão inferior ou do estrado elástico do leito superior.

13. O mobiliário deverá ser de material liso, duro, que não seja suscetível à deformação ou à corrosão.

14. Os camarotes deverão ser providos de cortinas ou equivalente para as vigias.

15. Os camarotes deverão ser providos de um espelho, de pequenos armários para os apetrechos de higiene, de uma estante para livros e de um número suficiente de ganchos para roupa.

Diretriz B3.1.6 – Refeitórios

1. Os refeitórios poderão ser comuns ou separados. A decisão a esse respeito deverá ser tomada após consulta aos representantes dos armadores e da gente do mar, sujeito à aprovação da autoridade competente. Deverão ser levados em conta fatores como o tamanho do navio e as diferentes necessidades culturais, religiosas e sociais da gente do mar.

2. Se houver separação de refeitórios, deverá haver refeitórios:

a) para o capitão e os oficiais; e

b) para subalternos e demais gente do mar.

3. Em navios outros que não os de passageiros, a área dos refeitórios para a gente do mar não deverá ter menos de 1,5 m^2 por pessoa.

4. Em todos os navios, os refeitórios deverão ser equipados com mesas e assentos apropriados, fixos ou móveis, suficientes para acomodar o maior número possível de gente do mar que deles farão uso ao mesmo tempo.

5. Sempre que houver gente do mar a bordo, os seguintes itens deverão estar disponíveis a todo o momento:

a) um refrigerador, situado em local conveniente e com capacidade suficiente para o número de pessoas que usarão o refeitório ou os refeitórios;

b) dispositivos para bebidas quentes; e

c) dispositivos para água refrigerada.

6. Uma instalação para a lavagem de utensílios de mesa, bem como armários suficientes para a arrumação desses utensílios, serão previstos quando as copas não forem diretamente acessíveis pelos refeitórios.

7. O tampo das mesas e dos assentos deverá ser de material resistente à umidade.

Diretriz B3.1.7 – Instalações sanitárias

1. Lavabos e banheiras deverão ser de tamanho adequado e construídos de material aprovado, com superfície lisa, não suscetível de rachar, descascar ou corroer-se.

2. Todos os vasos sanitários deverão obedecer a um padrão aprovado e ser providos de uma descarga possante ou outros meios adequados de descarga, como o ar, em estado de funcionamento a qualquer momento e que possa ser acionada individualmente.

3. As instalações sanitárias destinadas a serem utilizadas por mais de uma pessoa obedecerão às seguintes prescrições:

a) o piso deverá ser de material durável aprovado, impermeável à umidade, e devidamente drenado;

b) as anteparas deverão ser de aço ou outro material aprovado, estanques até a altura de pelo menos 23 cm a contar do convés;

c) os locais deverão ser suficientemente iluminados, aquecidos e ventilados;

d) os sanitários deverão ser situados em lugar acessível, porém separados dos camarotes e instalações de asseio pessoal, sem acesso direto aos camarotes ou a uma passagem entre os camarotes e as toaletes às quais não houver outro acesso; essa última disposição não se aplica aos sanitários situados num compartimento entre dois camarotes, cujo número total de ocupantes não ultrapassar quatro; e

e) se vários sanitários forem instalados num mesmo compartimento, eles deverão estar separados por tabiques para garantir um isolamento suficiente.

4. As instalações de lavanderia previstas para o uso da gente do mar, deverão incluir o seguinte:

a) máquinas de lavar roupa;

b) secadoras ou áreas adequadamente aquecidas e ventiladas para secar roupa; e

c) ferros e tábuas de passar ou seu equivalente.

Diretriz B3.1.8 – Enfermaria

1. A enfermaria deverá ser planejada de modo a facilitar consultas e a prestação de primeiros socorros médicos e a ajudar a impedir a propagação de doenças infecciosas.

2. A disposição da entrada, leitos, iluminação, ventilação, calefação e fornecimento de água deve ser planejada de modo a assegurar o conforto e facilitar o tratamento dos ocupantes.

3. O total de leitos necessários deverá ser prescrito pela autoridade competente.

4. Deverá haver instalações sanitárias para o uso exclusivo dos ocupantes da enfermaria, como parte da enfermaria ou nas suas proximidades. As instalações sanitárias deverão consistir em

pelo menos um vaso sanitário, um lavabo e uma banheira ou ducha.

Diretriz B3.1.9 – Outras instalações

1. Onde houver instalações separadas para o pessoal de máquinas trocar de roupa, elas deverão ser:

a) localizadas fora da sala de máquinas, porém de fácil acesso; e

b) equipadas com armários individuais para roupa e com banheiras ou chuveiros ou ambos, além de lavabos com água doce corrente, quente e fria.

Diretriz B3.1.10 – Roupa de cama, utensílios e itens diversos

1. Todo Membro considerará a aplicação dos seguintes princípios:

a) roupa limpa de cama e utensílios de refeitório deverão ser fornecidos pelo armador para toda a gente do mar, que será responsável pela sua devolução no momento especificado pelo capitão e ao término do serviço a bordo;

b) a roupa de cama deverá ser de boa qualidade e os pratos, xícaras e outros utensílios de refeitório devem ser de material aprovado, de fácil limpeza; e

c) toalhas, sabão e papel higiênico para toda a gente do mar deverão ser fornecidos pelo armador.

Diretriz B3.1.11 – Instalações de lazer, correio e visitas aos navios

1. As instalações e os serviços de lazer deverão ser revistos com frequência, a fim de assegurar que sejam apropriados, tendo em vista as mudanças nas necessidades da gente do mar, em virtude de fatores técnicos e operacionais e de outra natureza verificados no setor marítimo.

2. O mobiliário das instalações de lazer deverá incluir, no mínimo, uma estante para livros e condições de leitura, escrita e, caso seja viável, mobiliário para jogos.

3. Quanto ao planejamento das instalações de lazer, a autoridade competente deverá pensar em incluir uma cantina.

4. Consideração deve ser dada também às seguintes instalações, quando possível, sem ônus para a gente do mar:

a) uma sala de fumar;

b) lugar para assistir televisão e escutar rádio;

c) exibição de filmes, cujo estoque deverá ser apropriado para a duração da viagem e, se necessário, renovado a intervalos razoáveis;

d) equipamento esportivo, inclusive equipamento de musculação, e para jogos de mesa e de convés;

e) se possível, instalações para natação;

f) biblioteca, com livros de conteúdo profissional e outros livros, cujo estoque deverá ser apropriado para a duração da viagem e renovado a intervalos razoáveis;

g) condições para a realizar trabalhos manuais recreativos;

h) equipamento eletrônico, como rádio, televisão, gravadores de vídeo, aparelhos de DVD/CD, microcomputadores e software, bem como gravador/tocador de cassetes;

i) se for apropriado, instalação de bares a bordo para a gente do mar, salvo se isso contrariar costumes nacionais, religiosos ou sociais; e

j) acesso razoável a ligações telefônicas de bordo para a terra, a correio eletrônico e à internet, caso seja possível, devendo as taxas cobradas por esse serviço ser razoáveis.

5. Todo esforço deverá ser feito para assegurar que a expedição de correspondência da gente do mar seja tão confiável e rápida quanto possível. Consideração deverá ser dada a evitar que a gente do mar tenha de pagar postagem adicional quando sua correspondência for recambiada devido a circunstâncias alheias à sua vontade.

6. Deverão ser consideradas medidas para assegurar, sujeito a legislação e regulamentos nacionais ou internacionais aplicáveis, que à gente do mar do mar, sempre que isso for possível e razoável, seja prontamente concedida permissão para receber a visita de companheiros, familiares e amigos a bordo quando seu navio estiver no porto. Essas medidas deverão satisfazer os requisitos de segurança.

7. Deverá ser considerada a possibilidade de permitir que a gente do mar do mar seja acompanhada de seus parceiros em viagens ocasionais, caso exequível e razoável. Os parceiros deverão ter seguro contra acidente e doença; os armadores deverão prestar toda assistência aos marítimos com relação a tal seguro.

Diretriz B3.1.12 – Prevenção de ruído e vibração

1. O alojamento e as instalações de lazer e de serviço de mesa a bordo deverão ser localizadas tão longe quanto for possível da sala de má-

quinas e do aparelho de leme, dos guinchos de convés, equipamentos de ventilação, calefação e ar condicionado e de outras máquinas e aparelhos ruidosos.

2. Isolamento acústico e outros materiais apropriados para a absorção de som deverão ser utilizados na construção e acabamento das anteparas, tetos e cobertas nos espaços produtores de ruído, bem como portas automáticas que isolem o som nas praças de máquinas.

3. A sala de máquinas e outros locais de maquinaria deverão ser providos, sempre que exequível, de salas de controle centralizado à prova de som para o pessoal que ali trabalha. Os locais de trabalho, como a oficina mecânica, devem ser isolados, tanto quanto possível, do ruído da sala de máquinas geral e medidas deverão ser tomadas para reduzir o ruído na operação de maquinaria.

4. Os limites dos níveis de ruído nos locais de trabalho e no alojamento deverão estar em conformidade com as diretrizes internacionais da OIT a respeito de níveis de exposição, inclusive o código da OIT sobre Fatores ambientais no lugar de trabalho, 2001, e, caso aplicável, a proteção específica recomendada pela Organização Marítima Internacional e subsequentes emendas e instrumentos suplementares relativos a níveis aceitáveis de ruído a bordo de navios. Uma cópia dos instrumentos aplicáveis, em inglês, deverá estar disponível a bordo e acessível à gente do mar.

5. O alojamento e as instalações de lazer e de serviço de mesa a bordo não deverão ser expostos à vibração excessiva.

Regra

Regra 3.2 – Alimentação e serviço de mesa a bordo

Finalidade: Assegurar que a gente do mar disponha de alimentação e água potável de boa qualidade fornecida em condições higiênicas controladas.

1. Todo Membro assegurará que os navios que arvoram sua bandeira levem a bordo e sirvam água potável e alimentos de qualidade e valor nutricional apropriados e em quantidade adequada para satisfazer os requisitos do navio, levando em conta os diferentes antecedentes culturais e religiosos.

2. A gente do mar a bordo do navio deverá receber alimento gratuitamente durante o período de contratação.

3. Marítimos empregados como cozinheiros em navio, responsáveis pelo preparo da alimentação, deverão ter a formação e qualificações para exercer suas funções a bordo.

Norma

Norma A3.2 – Alimentação e serviço de mesa

1. Todo Membro adotará legislação e regulamentos ou outras medidas para assegurar padrões mínimos de quantidade e qualidade de alimentação e água potável, bem como de serviço de mesa, aplicáveis às refeições servidas à gente do mar a bordo de navios que arvoram sua bandeira, e empreenderá atividades educativas para promover a consciência e a implementação dos padrões a que se refere este parágrafo.

2. Todo Membro assegurará que os navios que arvoram sua bandeira satisfaçam os seguintes padrões mínimos:

a) o abastecimento de alimentos e água potável, tendo em vista o número de marítimos a bordo, seus requisitos e práticas culturais em relação a alimentos, bem como a duração e natureza da viagem, deverá ser adequado do ponto de visto de quantidade, valor nutricional, qualidade e variedade;

b) a organização e o equipamento do serviço de mesa deverá garantir o suprimento de refeições adequadas, variadas e nutritivas à gente do mar, preparadas e servidas em condições higiênicas; e

c) o pessoal do serviço de mesa deverá ser devidamente treinado ou instruído para suas funções.

3. Os armadores deverão assegurar que os marítimos engajados como cozinheiros tenham a formação necessária, e sejam qualificados e competentes para sua função, em conformidade com os requisitos prescritos na legislação do Membro em apreço.

4. Os requisitos a que se refere o parágrafo 3º desta Norma incluirão a conclusão de um curso de formação aprovado e reconhecido pela autoridade competente, que abranja culinária prática, higiene alimentar e pessoal, armazenamento de alimentos, controle de estoque, bem como proteção ambiental e saúde e segurança no serviço de mesa.

5. Nos navios que operam com uma tripulação prescrita de menos de dez pessoas e que, dado o tamanho da tripulação e a natureza das viagens, talvez não sejam obrigados pela autoridade competente a ter um cozinheiro plenamente qualificado, a pessoa encarregada do preparo de alimentos na cozinha deverá ser treinada ou instruída em áreas que incluam higiene alimentar e pessoal, bem como manuseio e armazenamento de alimentos a bordo.

6. Em casos de excepcional necessidade, a autoridade competente poderá conceder uma dispensa, permitindo que um cozinheiro que não seja plenamente qualificado possa servir num determinado navio por um determinado período, até o próximo porto de escala conveniente ou por um período que não ultrapasse um mês, desde que o detentor da licença seja treinado ou instruído em áreas que incluam higiene alimentar e pessoal, bem como o manuseio e armazenamento de alimentos a bordo.

7. Em conformidade com os procedimentos previstos pelo Título 5, a autoridade competente deverá exigir inspeções frequentes e documentadas a bordo dos navios, realizadas pelo capitão ou sob suas ordens, a respeito do seguinte:

a) suprimento de alimentos e água potável;

b) todos os locais e equipamentos utilizados para armazenagem e manuseio de alimentos e água potável; e

c) equipamentos de cozinha e outros equipamentos para preparar e servir refeições.

8. Nenhum marítimo menor de 18 anos deverá ser empregado ou contratado para trabalhar como cozinheiro de um navio.

Diretriz

Diretriz B3.2 – Alimentação e serviço de mesa

Diretriz B3.2.1 – Inspeção, educação, pesquisa e publicação

1. A autoridade competente deverá, em cooperação com outros órgãos e organizações pertinentes, compilar informação atualizada sobre nutrição e métodos para comprar, armazenar, conservar, preparar e servir alimentos, com especial referência aos requisitos do serviço de mesa a bordo de navios. Essa informação deverá ser transmitida gratuitamente, ou a custo razoável, a fabricantes e comerciantes fornecedores de alimentos e equipamentos, capitães, despenseiros e cozinheiros, bem como às organizações representativas de armadores e de gente do mar. Formas apropriadas de divulgação, como manuais, folhetos, cartazes, mapas ou anúncios em jornais do ramo deveriam ser utilizadas para esse fim.

2. A autoridade competente deverá fazer recomendações para evitar o desperdício de alimentos, facilitar a manutenção de um padrão apropriado de higiene e assegurar a máxima comodidade possível no local de trabalho.

3. A autoridade competente deverá trabalhar em cooperação com os órgãos e organizações pertinentes para elaborar materiais educativos e informações a bordo a respeito dos métodos para assegurar o suprimento adequado de alimentos e de serviço de mesa.

4. A autoridade competente deverá trabalhar em estreita colaboração com as organizações representativas de armadores e de gente do mar pertinentes, bem como com as autoridades locais responsáveis por questões de alimentação e saúde e, caso necessário, poderão utilizar os serviços das referidas autoridades.

Diretriz B3.2.2 – Cozinheiros de navio

1. Marítimos só deverão ser qualificados como cozinheiros de navio se:

a) tiverem servido no mar por um período mínimo prescrito pela autoridade competente, período esse que poderá variar em função de qualificações ou experiência relevantes; e

b) tiverem passado num exame prescrito pela autoridade competente ou num exame equivalente num curso aprovado de treinamento para cozinheiros.

2. O exame prescrito poderá ser realizado e o certificado correspondente poderá ser emitido diretamente pela autoridade competente ou, sujeito a seu controle, por uma escola aprovada de preparação de cozinheiros.

3. A autoridade competente deverá tomar providências, caso apropriado, para o reconhecimento dos certificados de qualificação de cozinheiros de navio, emitidos por outros Membros que tiverem ratificado esta Convenção ou a Convenção sobre Certificado de Aptidão Profissional de Cozinheiros de Bordo, 1946 (Nº 69) ou outro órgão aprovado.

TÍTULO IV – PROTEÇÃO DA SAÚDE, ATENDIMENTO MÉDICO, BEM-ESTAR E PROTEÇÃO SOCIAL

Regra

Regra 4.1 – Assistência médica a bordo e em terra

Finalidade: Proteger a saúde da gente do mar e assegurar-lhe pronto acesso a assistência médica a bordo e em terra.

1. Todo Membro assegurará que a gente do mar de navios que arvoram sua bandeira seja coberta por medidas adequadas de proteção à sua saúde e tenha pronto acesso a assistência médica adequada enquanto estiver trabalhando a bordo.

2. A proteção e assistência a que se refere o parágrafo 1º desta Regra deverão, em princípio, ser propiciadas gratuitamente à gente do mar.

3. Todo Membro assegurará à gente do mar a bordo de navios que se encontrem em seu território, e necessitar de assistência médica imediata, que tenha acesso aos serviços médicos do Membro em terra.

4. Os requisitos relativos à proteção da saúde e assistência médica a bordo estão prescritos no Código e incluem normas para medidas destinadas a propiciar à gente do mar proteção da saúde e assistência médica comparável, até onde possível, ao que está geralmente disponível para trabalhadores em terra.

Norma

Norma A4.1 – Assistência médica a bordo e em terra

1. Todo Membro assegurará a adoção de medidas de proteção à saúde e assistência médica, inclusive tratamento odontológico essencial, visando à gente do mar a bordo de navios que arvoram sua bandeira, medidas essas que:

a) assegurem a aplicação à gente do mar de disposições gerais a respeito de proteção à saúde ocupacional e assistência médica pertinentes às suas funções, bem como disposições específicas para o trabalho a bordo de navio;

b) assegurem que a gente do mar goze de proteção à saúde e assistência médica comparável ao que está disponível aos trabalhadores em terra, inclusive pronto acesso aos medicamentos necessários, equipamentos médicos e instalações para diagnóstico e tratamento, bem como a informação e perícia médica;

c) assegurem à gente do mar o direito de consultar sem demora um médico ou dentista qualificado nos portos de escala, caso isso seja viável;

d) assegurem, até onde permitir a legislação e a prática nacional, que os serviços de assistência médica e proteção à saúde enquanto os marítimos estiverem a bordo de navio ou desembarcada em porto estrangeiro sejam fornecidos gratuitamente; e

e) não se restrinjam ao tratamento de marítimos enfermos ou lesionados, mas incluam medidas de natureza preventiva, tais como programas educativos sobre saúde e proteção da saúde.

2. A autoridade competente deverá adotar um formulário padronizado de laudo médico a ser utilizado pelos capitães de navio e pelo pessoal médico pertinente em terra e a bordo de navio. Depois de preenchidos, esses formulários serão mantidos em caráter confidencial e serão utilizados somente para facilitar o tratamento dos marítimos.

3. Todo Membro adotará legislação e regulamentos que estabeleçam requisitos para hospitais e enfermarias a bordo, bem como para equipamentos e treinamento a bordo de navios que arvoram sua bandeira.

4. A legislação nacional deverá dispor, no mínimo, sobre os seguintes requisitos:

a) todos os navios deverão ter uma farmácia de bordo, equipamentos médicos e um guia médico, cujas características específicas deverão ser prescritas e sujeitas a inspeção regular pela autoridade competente; os requisitos nacionais deverão levar em conta o tipo de navio, o número de pessoas a bordo e a natureza, destino e duração das viagens, bem como os padrões médicos nacionais e internacionais recomendados;

b) os navios que transportarem 100 ou mais pessoas a bordo e que normalmente fizerem viagens internacionais de mais de três dias de duração, deverão ter a bordo um médico qualificado que seja responsável pela prestação de assistência médica; as leis ou os regulamentos nacionais deverão especificar também os demais navios que deverão ter um médico a bordo, levando em conta, entre outros fatores, a duração, a natureza e as condições da viagem e o número de gente do mar a bordo;

c) os navios que não tiverem um médico a bordo deverão ter pelo menos um tripulante a bordo que se encarregue de assistência médica e provisão de remédios como parte de suas funções normais ou pelo menos que seja competente para prestar primeiros socorros; as pessoas encarregadas de prestar assistência médica a bordo e que não forem médicos, deverão ter concluído satisfatoriamente um curso de treinamento em assistência médica, que satisfaça os requisitos da Convenção Internacional sobre Normas de Treinamento, Certificação e Serviço de Quarto e Certificação para Marítimos, 1978, emendada (STCW); tripulantes designados para prestar primeiros socorros, que tenham concluído satisfatoriamente o treinamento em primeiros socorros, consistente com a STCW; leis ou regulamentos nacionais deverão especificar o necessário nível de treinamento aprovado, levando em conta, entre outras coisas, a duração, a natureza e as condições da viagem e o número de tripulantes a bordo; e

d) a autoridade competente deverá assegurar que um sistema pré-estabelecido de orientação médica por comunicação via rádio ou satélite com navios em alto-mar, inclusive orientação especializada, esteja disponível 24 horas por dia; orientação médica, inclusive transmissão de mensagens médicas por rádio ou satélite entre um navio e pessoas em terra que estiverem fornecendo orientação, deverá estar disponível gratuitamente a todos os navios, independentemente da bandeira que arvorarem.

Diretriz

Diretriz B4.1 – Assistência médica a bordo de navio e em terra

Diretriz B4.1.1 – Prestação de assistência médica

1. Ao determinar o nível de treinamento médico a ser assegurado a bordo de navios que não sejam obrigados a ter um médico a bordo, a autoridade competente deverá exigir o seguinte:

a) os navios que normalmente podem conseguir assistência e instalações médicas de qualidade dentro de oito horas deverão ter um marítimo designado, que possua treinamento aprovado em primeiros socorros, em conformidade com a Convenção STCW, que seja capaz de agir imediata e eficazmente em caso de acidentes ou enfermidades suscetíveis de ocorrer a bordo de um navio, e de seguir orientação médica por rádio ou satélite; e

b) todos os demais navios deverão ter pelo menos um marítimo que possua treinamento aprovado em assistência médica, em conformidade com a Convenção STCW, inclusive treinamento prático e treinamento em técnicas de salva-vidas, tais como terapia intravenosa, que seja capaz de participar eficazmente nos planos coordenados de assistência médica em navios em alto-mar, bem como de prestar aos enfermos ou lesionados uma assistência médica normal e satisfatória durante o período em que eles tiverem de permanecer a bordo.

2. Os cursos aos quais o presente Artigo faz referência deverão basear-se no conteúdo das edições mais recentes do Guia Médico Internacional de Bordo, do Guia de primeiros socorros para uso em caso de acidentes relacionados com mercadorias perigosas, do Documento que deve servir de guia – Guia internacional para a formação dos trabalhadores marítimos, e da seção médica do Código Internacional de Sinais, bem como de guias nacionais análogos.

3. As pessoas às quais o parágrafo 1º deste Artigo faz referência e os demais trabalhadores marítimos que a autoridade competente vier a designar deverão seguir, de cinco em cinco anos aproximadamente, cursos de aperfeiçoamento que lhes permitam conservar e atualizar seus conhecimentos e competências, bem como manter a par dos novos progressos.

4. A farmácia de bordo e seu conteúdo, bem como os equipamentos médicos e o guia médico levados a bordo devem ser devidamente mantidos e inspecionados a intervalos regulares, inferiores a 12 meses, por pessoas designadas pela autoridade competente, as quais deverão assegurar que as etiquetas, as datas de vencimento e as condições de armazenagem de todos os remédios e instruções para seu uso sejam verificados e que todos os equipamentos estejam funcionando como devem. Ao adotar ou revisar o guia médico nacionalmente utilizado e ao estipular o conteúdo da farmácia de bordo e os equipamentos médicos, a autoridade competente deverá levar em consideração as recomendações internacionais sobre a matéria, inclusive a última edição do Guia Médico Internacional de Bordo e os outros guias mencionados no parágrafo 2º desta Diretriz.

5. Caso alguma carga classificada como perigosa não tenha sido incluída na edição mais recente do Guia de primeiros socorros para uso em caso de acidentes relacionados com merca-

dorias perigosas, a informação necessária sobre a natureza da substância, os riscos envolvidos, os dispositivos de proteção pessoal necessários, os procedimentos médicos relevantes e os antídotos específicos deverá estar disponível para a gente do mar. Tais antídotos específicos e dispositivos de proteção pessoal deverão estar disponíveis a bordo sempre que mercadorias perigosas forem transportadas. Essa informação deverá ser incorporada às políticas e programas do navio a respeito de segurança ocupacional e saúde, a que se referem a Regra 4.3 e os dispositivos correlatos do Código.

6. Todos os navios deverão ter a bordo uma lista completa e atualizada de estações de rádio através das quais seria possível obter orientação médica; e, caso sejam equipados com um sistema de comunicação por satélite, deverão ter também uma lista completa e atualizada de estações costeiras terrestres, através das quais seria possível igualmente obter orientação médica. Os marítimos responsáveis pela prestação de assistência médica ou de primeiros socorros a bordo deverão ser instruídos no uso do guia médico do navio e da seção médica da edição mais recente do Código Internacional de Sinais, de modo a serem capazes de entender o tipo de informação de que os médicos necessitariam e a orientação deles recebida.

Diretriz B4.1.2 – Formulário de laudo médico

1. O formulário padronizado de laudo médico sobre gente do mar, prescrito na Parte A deste Código, deve ser concebido de modo a facilitar a troca de informação médica e outras informações correlatas entre o navio e a costa a respeito de cada marítimos, em caso de enfermidade ou lesão.

Diretriz B4.1.3 – Assistência médica em terra

1. As instalações médicas terrestres para tratamento de gente do mar devem ser adequadas aos seus fins e contar com médicos, dentistas e outros profissionais médicos devidamente qualificados.

2. Medidas deverão ser tomadas para assegurar que, quando estiver num porto, a gente do mar tenha acesso a:

a) tratamento ambulatorial de doenças e lesões;
b) hospitalização, caso necessário; e
c) condições de tratamento odontológico, especialmente em casos de emergência.

3. Medidas apropriadas deverão ser adotadas para facilitar o tratamento de gente do mar doente, e em particular, a gente do mar deverá ser prontamente internada em clínicas e hospitais em terra, sem dificuldade e independentemente de sua nacionalidade ou credo religioso e também, sempre que possível, providências deverão ser tomadas para assegurar, caso necessário, a continuação do tratamento de modo a suplementar os cuidados médicos recebidos.

Diretriz B4.1.4 – Assistência médica a outros navios e cooperação internacional

1. Todo Membro considerará devidamente sua participação em cooperação internacional em matéria de assistência, programas e pesquisa de proteção à saúde e assistência médica. Essa cooperação poderá abranger:

a) desenvolvimento e coordenação de esforços de busca e salvamento e provisão de assistência médica imediata e evacuação em alto-mar para pessoas gravemente doentes ou lesionadas a bordo de navio, por meios como sistemas de informação periódica da posição do navio, centros de coordenação de salvamento e serviços emergenciais de helicóptero, em conformidade com a Convenção Internacional sobre Busca e Salvamento Marítimos, 1979, emendada, e o Manual Internacional de Busca e Salvamento Aeronáuticos e Marítimos – IAMSAR;
b) aproveitar ao máximo todos os navios que levarem um médico a bordo e de navios posicionados em alto-mar que possam propiciar instalações hospitalares e de salvamento;
c) compilação e manutenção de uma lista internacional de médicos e instalações de assistência médica disponíveis ao redor do mundo para prestação emergencial de assistência médica à gente do mar;
d) desembarque de gente do mar para tratamento de emergência em terra;
e) repatriação, tão pronto quanto possível, de gente do mar hospitalizada no estrangeiro, de acordo com o conselho dos médicos responsáveis pelo caso, levando em conta os desejos e as necessidades dos pacientes;
f) provisão de assistência pessoal à gente do mar durante o processo de repatriação, de acordo com o conselho dos médicos responsáveis pelo caso, levando em conta os desejos e necessidades dos pacientes;

g) esforço no sentido de estabelecer centros de saúde para a gente do mar, com:

i – realização de pesquisa sobre o estado de saúde, o tratamento médico e o atendimento preventivo da saúde da gente do mar; e

ii – treinamento de pessoal da área médica e de saúde em medicina marítima;

h) compilação e avaliação de dados estatísticos a respeito de acidentes, doenças e fatalidades no trabalho da gente do mar e integração e harmonização de estatísticas com o sistema nacional de estatísticas sobre acidentes e doenças ocupacionais em relação a outras categorias de trabalhadores;

i) organização de intercâmbio internacional de informações técnicas, material de treinamento e pessoal, além de cursos, seminários e grupos de trabalho internacionais;

j) provisão, para toda a gente do mar, de serviços especiais, curativos e de proteção da saúde, bem como serviços médicos no porto, ou disponibilidade de serviços gerais de saúde, médicos e de reabilitação; e

k) providências para repatriação de corpos ou cinzas de gente do mar falecida, de acordo com os desejos dos parentes próximos, o mais prontamente possível.

2. A cooperação internacional na esfera de proteção da saúde e assistência médica a gente do mar deverá basear-se em acordos bilaterais ou multilaterais e em consultas entre os Membros.

Diretriz B4.1.5 – Dependentes de gente do mar

1. Todo Membro adotará medidas para assegurar assistência médica adequada e suficiente para os dependentes de gente do mar domiciliada em seu território, enquanto não houver um serviço de assistência médica que abranja os trabalhadores em geral e seus dependentes onde tais serviços não existirem, e deverão informar a Repartição Internacional do Trabalho a respeito das medidas tomadas com essa finalidade.

Regra

Regra 4.2 – Responsabilidade dos armadores

Finalidade: Assegurar que a gente do mar seja protegida contra as consequências de doenças, lesão, ou morte relacionadas com seu emprego.

1. Todo Membro assegurará que medidas sejam tomadas, de acordo com o Código, nos navios que arvoram sua bandeira, para conferir à gente do mar neles empregada, o direito a assistência e apoio material por parte do armador, em relação às consequências financeiras de doença, lesão ou morte ocorrida quando a gente do mar trabalhava ao amparo de um acordo de emprego de marítimos ou resultante do emprego em virtude de tal acordo.

2. Esta Regra não afeta quaisquer outros recursos legais de que um marítimo possa lançar mão.

Norma

Norma A4.2.1 – Responsabilidade do armador

1. Todo Membro adotará legislação e regulamentos determinando que os armadores de navios que arvoram sua bandeira sejam responsáveis pela proteção da saúde e pela assistência médica de toda a gente do mar que trabalha a bordo dos navios, em conformidade com as seguintes normas mínimas:

a) os armadores deverão arcar com as despesas da gente do mar que trabalhar em seus navios, ocorridas por doença ou lesão ocorridas entre a data de início do trabalho e a data em que forem devidamente repatriados, ou resultantes do emprego entre as referidas datas;

b) os armadores deverão constituir uma garantia financeira, a fim de assegurar o pagamento de uma indenização em caso de morte ou de incapacidade prolongada de gente do mar, decorrente de lesão, doença ou acidente de trabalho, na forma estabelecida na legislação nacional, no acordo de emprego da gente do mar ou em acordo de negociação coletiva;

c) os armadores serão responsáveis pelas despesas de assistência médica, inclusive tratamento médico e provisão dos remédios necessários, bem como de aparelhos terapêuticos, além de hospedagem e alimentação fora de casa, até que o marítimo doente ou lesionado se recupere ou até que a doença ou incapacidade seja declarada de natureza permanente; e

d) os armadores serão responsáveis pelas despesas de funeral em caso de morte a bordo ou em terra durante o período de contratação.

2. A legislação nacional poderá limitar a responsabilidade do armador pelas despesas de assistência médica e de hospedagem e alimentação a um período de no mínimo 16 semanas a partir da data da lesão ou do início da doença.

3. Caso a doença ou lesão resulte em incapacidade para o trabalho, o armador será responsável:

a) pelo pagamento do salário integral enquanto o marítimo doente ou lesionado permanecer a bordo ou até sua repatriação em conformidade com esta Convenção; e

b) pelo pagamento integral ou parcial do salário segundo prescrever a legislação nacional ou estabelecerem os acordos de negociação coletiva, a partir da repatriação ou do desembarque do marítimo até sua recuperação ou até que ele tenha direito a benefícios pecuniários de acordo com a legislação do Membro competente, se isto acontecer antes.

4. A legislação nacional poderá limitar a responsabilidade do armador pelo pagamento integral ou parcial do salário de um marítimo desembarcado a um período mínimo de 16 semanas, a partir da data da lesão ou do início da doença.

5. A legislação ou os regulamentos nacionais poderão eximir o armador de responsabilidade nos casos de:

a) lesão que não ocorreu a serviço do navio;

b) lesão ou doença incorrida devido a conduta indevida deliberada da gente do mar doente, lesionada ou morta; e

c) doença ou enfermidade intencionalmente ocultada no momento da contratação.

6. A legislação nacional poderá eximir o armador de responsabilidade pelas despesas de assistência médica e de hospedagem e alimentação, bem como de funeral, quando essas despesas forem assumidas pelos poderes públicos.

7. Os armadores ou seus representantes deverão tomar providências para salvaguardar os pertences deixados a bordo pela gente do mar doente, lesionada ou falecida e para devolvê-los à primeira ou a seus familiares.

8. Regulamentos e leis nacionais deverão estabelecer que o sistema de garantia financeira para assegurar compensação, como previsto no parágrafo 1, alínea *b* dessa Norma para reclamações contratuais, como definido na Norma A4.2.2, reúna os seguintes requisitos mínimos:

a) a compensação contratual, quando estabelecida no acordo da gente do mar e sem prejuízo do subparágrafo "c" desse parágrafo, deverá ser pago no total e sem demora;

b) não deverá haver nenhuma pressão para aceitar um pagamento menor que o montante contratual;

c) quando a natureza de uma incapacidade de longo prazo da gente do mar tornar difícil estabelecer a compensação total a qual ela pode ter direito, um pagamento provisório ou pagamentos deverão ser feitos à gente do mar para assim evitar dificuldades;

d) de acordo com a Regra 4.2, parágrafo 2, a gente do mar deverá receber o pagamento sem prejuízo de outros direitos legais, mas tal pagamento pode ser compensado pelo armador contra quaisquer danos resultantes de qualquer reclamação feita pela gente do mar contra o armador e surgido do mesmo incidente; e

e) a reclamação para compensação contratual pode ser trazida diretamente pela gente do mar interessada, ou seu parente mais próximo, ou um representante da gente do mar ou beneficiário nomeado.

9. Regulamentos e leis nacionais devem garantir que a gente do mar receba notificação prévia se a garantia financeira de um armador esteja para ser cancelada ou terminada.

10. Regulamentos e leis nacionais devem garantir que a autoridade competente do Estado da bandeira seja notificada pelo provedor da garantia financeira se a garantia financeira do armador for cancelada ou terminada.

11. Cada Membro deverá solicitar que navios que arvorem sua bandeira levem a bordo um certificado ou outra evidência documental de garantia financeira emitida pelo provedor da garantia financeira. Uma cópia deverá ser afixada a bordo em local em evidência disponível para a gente do mar. Onde mais de um provedor de garantia financeira fornecer cobertura, o documento fornecido por cada provedor deverá ser levado a bordo.

12. A garantia financeira não deverá cessar antes do fim do período de validade da garantia financeira a não ser que o provedor da garantia financeira tenha dado notificação prévia de pelo menos 30 dias para a competente autoridade do Estado da bandeira.

13. A garantia financeira deverá prover o pagamento de todas as reclamações contratuais coberta por ela que tenha sido levantada durante o período para o qual o documento é valido.

14. O certificado ou outra evidência documental de garantia financeira deverá conter a informação solicitada no Apêndice A4-I. Ele deverá ser

em inglês ou acompanhado de tradução para o inglês.

Norma A4.2.2 – Tratamento de reclamações contratuais

1. Para os propósitos da Norma A4.2.1, parágrafo 8, e a presente Norma, o termo "reclamação contratual" significa qualquer reclamação relativa à morte ou incapacidade de longo prazo da gente do mar devido a um ferimento ocupacional, doença ou risco conforme estabelecido na lei nacional, no acordo de emprego da gente do mar ou acordo coletivo.

2. O sistema de garantia financeira, conforme previsto na Norma A4.2.1, parágrafo 1, alínea *b*, pode ser na forma de sistema de previdência social ou seguro ou fundo ou arranjos similares. Sua forma deverá ser determinada pelo Membro após consulta com as organizações dos armadores e gente do mar interessados.

3. Regulamentos e leis nacionais deverão assegurar que providências efetivas estão em posição de receber, tratar e imparcialmente liquidar reclamações contratuais relativas a compensações referidas à Norma A4.2.1, parágrafo 8, através de procedimentos expeditos e razoáveis.

Diretriz

Diretriz B4.2.1 – Responsabilidade do armador

1. O pagamento integral prescrito pela Norma A4.2.1, parágrafo 3º, alínea *a*, poderá ser excluído das bonificações.

2. A legislação nacional poderá determinar que o armador deixe de ser responsável pelas despesas da gente do mar doente ou lesionada a partir do momento em que a gente do mar possa reivindicar benefícios médicos com base em seguro obrigatório contra doença ou contra acidente, ou indenização por acidente de trabalho.

3. A legislação nacional poderá determinar que o armador seja ressarcido por uma companhia de seguros das despesas de funeral por ele pagas, caso um benefício de funeral da gente do mar falecida seja paga ao amparo da legislação nacional relativa a seguro social ou a indenização dos trabalhadores.

Diretriz B4.2.2 – Tratamento de reclamações contratuais

1. Leis e regulamentos nacionais devem dispor que as partes para o pagamento de uma reclamação contratual podem usar o Recibo Modelo e o Formulário de Liberação estabelecido no Apêndice B4.I.

Regra

Regra 4.3 – Proteção da segurança e da saúde e prevenção de acidentes

Finalidade: Assegurar que o ambiente de trabalho da gente do mar a bordo de navios promova a segurança e a saúde no trabalho.

1. Todo Membro assegurará que a gente do mar em navios que arvoram sua bandeira conte com proteção da saúde no trabalho e viva, trabalhe e receba formação a bordo do navio em um ambiente seguro e higiênico.

2. Todo Membro elaborará e promulgará diretrizes nacionais relativas à segurança e saúde no trabalho a bordo de navios que arvoram sua bandeira, após consulta às organizações representativas de armadores e de gente do mar, levando em conta os códigos, diretrizes e normas aplicáveis, recomendadas por organizações internacionais, órgãos nacionais e organizações do setor marítimo.

3. Todo Membro adotará legislação e outras medidas pertinentes a matérias especificadas neste Código, levando em conta instrumentos internacionais relevantes, e estabelecer normas de segurança e saúde e sobre a prevenção de acidentes a bordo de navios que arvoram sua bandeira.

Norma

Norma A4.3 – Proteção da segurança e da saúde e prevenção de acidentes

1. A legislação nacional e outras medidas a serem adotadas em consonância com a Regra 4.3, parágrafo 3º, deverão incluir o seguinte:

a) adoção e efetiva implementação e promoção de políticas e programas que visem à segurança e à saúde ocupacionais em navios que arvoram a bandeira do Membro, inclusive avaliação de risco, assim como a formação e instrução da gente do mar;

b) precauções razoáveis para prevenir os acidentes de trabalho, lesões e doenças ocupacionais a bordo de navios, com inclusão de medidas para reduzir e prevenir o risco de exposição a níveis nocivos de fatores ambientais e químicos, além do risco de lesão ou doença suscetível de ocorrer com o uso de equipamentos e máquinas a bordo de navios;

c) programas a bordo para a prevenção de acidentes de trabalho, lesões e doenças ocupacionais e para o constante aprimoramento da proteção à segurança e à saúde no trabalho, com participação de representantes da gente do mar e todos os demais interessados na sua implementação, levando em conta medidas de prevenção, inclusive o controle de engenharia e desenho, substituição de processos e procedimentos para tarefas coletivas e individuais e o uso de equipamento de proteção pessoal; e

d) requisitos relativos à inspeção, notificação e correção de condições inseguras e a investigação e notificação de acidentes de trabalho a bordo.

2. As disposições mencionadas no parágrafo 1º desta Norma deverão:

a) levar em conta instrumentos internacionais relevantes que tratam de proteção à segurança e à saúde no trabalho em geral e de riscos específicos, e que abordem todas as matérias relevantes para a prevenção de acidentes de trabalho, lesões e doenças ocupacionais, suscetíveis de aplicação ao trabalho da gente do mar, especialmente aqueles que focalizem especificamente o trabalho marítimo;

b) especificar claramente a obrigação dos armadores, marítimos e outros interessados de observar as normas aplicáveis e as políticas e programas do navio que visem à segurança e à saúde ocupacionais, dando especial atenção à segurança e à saúde de gente do mar menor de 18 anos;

c) especificar o dever do capitão ou de pessoa por ele designada, ou de ambos, de assumir responsabilidade específica pela implementação e observação das políticas e programas do navio em relação à segurança e à saúde no trabalho a bordo; e

d) definir as atribuições dos membros da tripulação do navio designados ou eleitos como representantes em matéria de segurança para participar das reuniões do comitê de segurança do navio. Esse comitê será estabelecido a bordo de navios que tiverem cinco ou mais marítimos.

3. A legislação nacional e outras medidas a que se refere o parágrafo 3º da Regra 4.3 serão examinadas periodicamente em consulta com representantes das organizações de armadores e de gente do mar e, caso necessário, revistos de modo a levar em conta mudanças tecnológicas e de pesquisa, a fim de facilitar o constante aprimoramento das políticas e programas de segurança e saúde no trabalho e de garantir um ambiente ocupacional seguro para a gente do mar em navios que arvoram a bandeira do Membro.

4. A observação dos dispositivos dos instrumentos internacionais aplicáveis em relação aos níveis aceitáveis de exposição aos riscos do local de trabalho a bordo de navios e a elaboração e implementação de políticas e programas do navio em matéria de segurança e saúde no trabalho serão consideradas como cumprimento dos dispositivos desta Convenção.

5. A autoridade competente deverá assegurar:

a) que os acidentes de trabalho, lesões e doenças ocupacionais sejam notificados de maneira adequada, levando em conta a orientação fornecida pela Organização Internacional do Trabalho a respeito da notificação e registro de acidentes de trabalho e doenças ocupacionais;

b) que estatísticas abrangentes desses acidentes e doenças sejam mantidas, analisadas e publicadas e, se for apropriado, seguidas de pesquisa sobre as tendências gerais e os perigos identificados; e

c) que os acidentes de trabalho sejam investigados.

6. A notificação e a investigação de questões de segurança e saúde no trabalho terão a finalidade de assegurar a proteção dos dados pessoais da gente do mar e deverão levar em conta a orientação fornecida pela Organização Internacional do Trabalho sobre essa matéria.

7. A autoridade competente deverá cooperar com as organizações representativas dos armadores e da gente do mar, no sentido de chamar a atenção de toda a gente do mar para as informações a respeito dos perigos particulares a bordo dos navios, mediante, por exemplo, a afixação de notas oficiais com instruções relevantes.

8. A autoridade competente deverá exigir que os armadores, ao fazer a avaliação de riscos em relação à gestão da segurança e da saúde no trabalho, se refiram aos dados estatísticos apropriados de seus navios e às estatísticas gerais fornecidas pela autoridade competente.

Diretriz

Diretriz B4.3 – Proteção da saúde e da segurança e prevenção de acidentes

Diretriz B4.3.1 – Disposições sobre acidentes, lesões e doenças ocupacionais

1. As disposições exigidas pela Norma A4.3 deverão levar em conta o código da OIT sobre prática, intitulado Prevenção de acidentes a bordo de navios em alto-mar e em porto, de 1996, e versões subsequentes, bem como outras normas, diretrizes, e códigos de prática correlatos, a respeito de proteção da segurança e da saúde ocupacionais, inclusive proteção contra os níveis de exposição identificados.

2. A autoridade competente deverá assegurar que as orientações nacionais para a gestão da segurança e da saúde no trabalho focalizem particularmente os seguintes aspectos:

a) disposições gerais e disposições básicas;
b) características estruturais do navio, inclusive meios de acesso e riscos relacionados com asbestos;
c) máquinas;
d) efeitos de temperaturas excessivamente baixas ou altas de quaisquer superfícies com as quais a gente do mar possa ter contato;
e) efeitos de ruído no local de trabalho e no alojamento a bordo do navio;
f) efeitos de vibração no local de trabalho e no alojamento a bordo do navio;
g) efeitos de fatores ambientais, além dos mencionados nas alíneas *e* e *f* no local de trabalho e nos alojamento a bordo do navio, inclusive fumaça de tabaco;
h) medidas especiais de segurança no convés e na coberta;
i) equipamento de carregamento e descarga;
j) prevenção e combate de incêndio;
k) âncoras, correntes e cabos;
l) carga perigosa e lastro;
m) equipamento de proteção pessoal para a gente do mar;
n) trabalho em recintos confinados;
o) efeitos mentais e físicos da fadiga;
p) efeitos da dependência de drogas e de álcool;
q) proteção e prevenção de HIV/AIDS; e
r) resposta a emergências e acidentes.

3. A avaliação de riscos e a redução de exposição a que se refere o parágrafo 2º desta Diretriz deverão levar em conta os efeitos físicos sobre a saúde no trabalho, com inclusão da manipulação manual de cargas, o ruído e as vibrações, os efeitos dos fatores químicos e biológicos na saúde no trabalho, os efeitos dos fatores mentais na saúde no trabalho, assim como os efeitos na saúde física e mental da fadiga e os acidentes de trabalho. As medidas necessárias deverão levar em devida conta os princípios da prevenção, segundo os quais, entre outras coisas, deve-se dar precedência a combater o risco em sua origem, adaptar o trabalho ao indivíduo, especialmente no que tange ao planejamento dos locais de trabalho, e a substituição de elementos perigosos por outro que não oferece perigo ou é menos perigoso, colocando em segundo lugar o equipamento de proteção pessoal para a gente do mar.

4. Além disso, a autoridade competente deverá assegurar que as implicações para a segurança e a saúde sejam levadas em conta, particularmente nas seguintes áreas:

a) resposta a emergências e acidentes;
b) efeitos da dependência de drogas e álcool; e
c) proteção e prevenção contra HIV/AIDS.

Diretriz B4.3.2 – Exposição a ruído

1. A autoridade competente, em conjunção com os órgãos internacionais competentes e representantes das organizações de armadores e de gente do mar pertinentes, deverá examinar continuamente o problema de ruído a bordo dos navios, a fim de melhorar, tanto quanto possível, a proteção da gente do mar contra os efeitos da exposição ao ruído.

2. O exame a que se refere o parágrafo 1º desta Diretriz deverá levar em conta os efeitos nocivos da exposição a ruído excessivo sobre a audição, a saúde e o conforto da gente do mar, bem como as medidas a serem prescritas ou recomendadas para reduzir o ruído a bordo dos navios, a fim de proteger a gente do mar. As medidas a serem consideradas deverão incluir as seguintes:

a) instrução da gente do mar sobre os perigos para a audição e a saúde da exposição prolongada a níveis elevados de ruído e sobre o uso correto de dispositivos e equipamentos de proteção contra o ruído;
b) fornecimento de equipamento aprovado de proteção da audição à gente do mar quando for necessário; e
c) avaliação do risco e redução dos níveis de exposição ao ruído nos alojamento e em todas as instalações de lazer e de serviço de mesa, bem como na sala de máquinas e outros locais de maquinaria.

Diretriz B4.3.3 – Exposição a vibração

1. A autoridade competente, junto com os órgãos internacionais pertinentes e representan-

tes das organizações de armadores e de gente do mar pertinentes, e levando em conta, segundo for apropriado, as normas internacionais relevantes, deverá examinar continuamente o problema de vibração a bordo dos navios, com vistas a melhorar, tanto quanto possível, a proteção da gente do mar contra os efeitos da vibração.

2. O exame a que se refere o parágrafo 1º desta Diretriz deve abranger o efeito da exposição à vibração excessiva sobre a saúde e o conforto da gente do mar, bem como medidas a serem prescritas ou recomendadas para reduzir a vibração a bordo dos navios, a fim de proteger a gente do mar. As medidas a serem consideradas deverão incluir as seguintes:

a) dar instrução à gente do mar sobre os perigos da exposição prolongada à vibração para a sua saúde;

b) fornecer equipamento aprovado de proteção individual para a gente do mar quando for necessário; e

c) avaliar o risco e reduzir os níveis de exposição à vibração dos alojamentos e em todas as instalações de lazer e de serviço de mesa, mediante a adoção de medidas consoantes com a orientação fornecida pelo código de prática da OIT sobre Fatores ambientais no local de trabalho, de 2001, e subsequentes versões, levando em conta a diferença de exposição entre os espaços de alojamento e os espaços de trabalho.

Diretriz B4.3.4 – Obrigações dos armadores

1. A obrigação do armador de prover equipamento de proteção ou outras salvaguardas para prevenção de acidentes deverá, em geral, ser acompanhada de normas de utilização que faça obrigatório o seu uso pela gente do mar, assim como da obrigação que a gente do mar acate as medidas pertinentes de prevenção de acidentes e proteção da saúde.

2. Os artigos 7 e 11 da Convenção da OIT sobre Proteção das Máquinas, 1963 (Nº 119) e as provisões correspondentes da Recomendação sobre Proteção das Máquinas, 1963 (Nº 118), impõem ao empregador a obrigação de assegurar conformidade com a exigência de que as máquinas em uso sejam devidamente protegidas e de que seja evitado seu uso sem os dispositivos de proteção, ficando o trabalhador obrigado a não usar as máquinas sem que os dispositivos de proteção estejam em seu lugar e a não inutilizar tais dispositivos.

Diretriz B4.3.5 – Notificação e compilação de estatísticas

1. Todos os acidentes de trabalho, lesões e doenças ocupacionais devem ser notificados, a fim de possibilitar sua investigação e a compilação, análise e publicação de estatísticas abrangentes, levando em conta a confidencialidade dos dados pessoais da gente do mar em apreço. As notificações não devem restringir-se a mortes ou acidentes que envolvam o navio.

2. As estatísticas a que se refere o parágrafo 1º desta Diretriz deverão registrar o número, a natureza, as causas e os efeitos dos acidentes de trabalho, lesões e doenças ocupacionais, e indicar claramente, em qual setor do navio ocorreu, o tipo de cada acidente e se a ocorrência ocorreu no mar ou em porto.

3. Todo Membro levará em devida conta sistemas ou formulários internacionais para o registro de acidentes com gente do mar, estabelecidos pela Organização Internacional do Trabalho.

Diretriz B4.3.6 – Investigações

1. A autoridade competente deverá investigar as causas e circunstâncias de todos os acidentes de trabalho, lesões e doenças ocupacionais que resultarem na perda de vida ou em grave lesão corporal, bem como outras causas especificadas na legislação nacional.

2. Uma investigação deverá considerar a inclusão dos seguintes itens:

a) ambiente de trabalho, inclusive superfícies de trabalho, disposição de máquinas, meios de acesso, iluminação e métodos de trabalho;

b) incidência de acidentes de trabalho, lesões e doenças ocupacionais em diferentes faixas etárias;

c) problemas fisiológicos e psicológicos causados pelo ambiente a bordo;

d) problemas causados por estresse físico a bordo de navios, particularmente em decorrência do aumento da carga de trabalho;

e) problemas causados pelos efeitos de inovações técnicas e sua influência sobre a composição da tripulação; e

f) problemas causados por falha humana.

Diretriz B4.3.7 – Programas nacionais de proteção e prevenção

1. A fim de dispor de bases sólidas para adotar medidas que promovam a proteção da se-

gurança e da saúde no trabalho e a prevenção dos acidentes de trabalho, lesões e doenças igualmente ocupacionais, decorrentes de riscos peculiares ao emprego marítimo, pesquisas deveriam ser empreendidas sobre as tendências gerais e esses perigos, tais como os revelam as estatísticas.

2. A implementação de programas de proteção e prevenção destinados a promover a segurança e a saúde no trabalho e a prevenção de acidentes de trabalho e lesões e doenças profissionais, deverá ser organizada de tal modo que a autoridade competente, os armadores e gente do mar ou seus representantes e outros órgãos apropriados possam desempenhar um papel ativo, inclusive por meio de sessões informativas, diretrizes a bordo sobre os máximos níveis de exposição a fatores ambientais do local de trabalho potencialmente nocivos e a outros riscos, bem como sobre os resultados de um processo sistemático de avaliação de riscos. Em particular, deveriam ser estabelecidas comissões paritárias nacionais ou locais sobre proteção da segurança e da saúde ocupacionais e prevenção de acidentes, ou grupos de trabalho específicos e comissões a bordo, nos quais as organizações de armadores e gente do mar estejam representadas.

3. Caso tais atividades ocorram no âmbito das empresas, deverá ser considerada a possibilidade de que a gente do mar esteja representada em toda comissão de segurança a bordo dos navios desse armador.

Diretriz B4.3.8 – Conteúdo dos programas de proteção e prevenção

1. A atribuição das seguintes funções às comissões e outros órgãos a que se refere o parágrafo 2º da Diretriz B4.3.7 deverá ser considerada:

a) elaboração de diretrizes e políticas nacionais sobre sistemas de gestão da segurança e da saúde no trabalho e de disposições, normas e manuais sobre prevenção de acidentes;

b) organização de cursos e programas de formação relativos à proteção da segurança e da saúde no trabalho e à prevenção de acidentes;

c) organização de divulgação sobre proteção da segurança e da saúde no trabalho e prevenção de acidentes, inclusive por meio de filmes, cartazes, anúncios e folhetos; e

d) distribuição de material e informações sobre proteção da segurança e da saúde no trabalho e prevenção de acidentes, que cheguem à gente do mar a bordo dos navios.

2. As disposições ou recomendações relevantes adotadas pelas autoridades ou organizações nacionais ou internacionais pertinentes deverão ser levadas em conta pelos encarregados de elaborar material escrito a respeito de medidas ou recomendações práticas para a proteção da segurança e da saúde no trabalho e a prevenção de acidentes.

3. Ao formular programas de proteção da segurança e da saúde no trabalho e prevenção de acidentes, todo Membro dará a devida atenção aos códigos de prática relacionados com a segurança e a saúde da gente do mar, publicados pela Organização Internacional do Trabalho.

Diretriz B4.3.9 – Instrução em proteção da segurança e da saúde no trabalho e em prevenção de acidentes de trabalho

1. O programa de formação a que se refere o parágrafo 1º, alínea *a*, da Norma A4.3 deverá ser revisto periodicamente e atualizado à luz das inovações nos tipos e tamanhos de navios e em seus equipamentos, bem como das mudanças nas práticas referentes a tripulação, nacionalidade, idioma e organização do trabalho a bordo.

2. A divulgação sobre proteção da segurança e da saúde no trabalho e a prevenção de acidentes deve ser contínua. Essa divulgação poderá assumir as seguintes formas:

a) material audiovisual educativo, tais como filmes, para uso nos centros de formação profissional para gente do mar e, se possível, a bordo dos navios;

b) afixação de cartazes a bordo dos navios;

c) inclusão, nos jornais e revistas lidos pela gente do mar, de artigos sobre os riscos do trabalho marítimo e sobre medidas de proteção da segurança e da saúde no trabalho e de prevenção de acidentes; e

d) campanhas especiais, utilizando diversos meios de publicidade, para orientar a gente do mar, inclusive campanha a respeito de práticas de trabalho seguras.

3. A divulgação a que se refere o parágrafo 2º desta Diretriz deverá levar em conta as diferentes nacionalidades, idiomas e culturas da gente do mar a bordo dos navios.

Diretriz B4.3.10 – Educação de gente do mar jovem sobre segurança e saúde

1. Os regulamentos de segurança e de saúde deverão referir-se às disposições gerais sobre exames médicos antes e durante o emprego e sobre a prevenção de acidentes e a proteção da saúde no trabalho, aplicáveis ao trabalho marítimo. Esses regulamentos deverão especificar as medidas para minimizar os perigos ocupacionais para a gente do mar jovem no desempenho de suas tarefas.

2. A não ser que um jovem seja considerado plenamente qualificado pela autoridade competente para levar a cabo uma tarefa, os regulamentos deverão estipular restrições à realização, por gente do mar jovem, sem a devida supervisão e instrução, de certos tipos de trabalho que oferecem riscos especiais de acidente ou são suscetíveis de prejudicar sua saúde ou desenvolvimento físico, ou que exigem um certo grau de maturidade, experiência, ou habilidade. Ao determinar os tipos de trabalho a serem restringidos pelos regulamentos, a autoridade competente deverá pensar particularmente em trabalho que envolva o seguinte:

a) levantar, mover, ou carregar cargas ou objetos pesados;
b) entrar nas caldeiras, tanques e compartimentos estanques;
c) ser exposto a níveis nocivos de vibração e ruído;
d) operar máquinas de içar ou outras máquinas e ferramentas elétricas ou servir de sinaleiros para operadores desse tipo de equipamento;
e) manipular cabos de amarração ou de reboque ou equipamento de ancoragem;
f) mastreação e aparelhamento;
g) trabalho de borda acima ou no convés em tempo carregado;
h) serviço noturno de quarto;
i) manutenção de equipamento elétrico;
j) exposição a materiais potencialmente nocivos ou a agentes físicos nocivos, tais como substâncias perigosas ou tóxicas e radiação ionizante;
k) limpeza de equipamentos de cozinha e de serviço de mesa de bordo; e
l) manejar os botes do navio ou assumir responsabilidade por eles.

3. Medidas práticas deverão ser tomadas pela autoridade competente ou pelas entidades apropriadas, para chamar a atenção da gente do mar jovem para informações a respeito de prevenção de acidentes e proteção da sua saúde a bordo dos navios. Essas medidas poderão incluir instrução adequada, por meio de cursos, publicidade oficial sobre prevenção de acidentes destinada a pessoas jovens, e instrução e supervisão profissional de jovens.

4. A formação e treinamento de jovens em terra e a bordo dos navios deverá incluir orientação sobre os efeitos prejudiciais exercidos sobre sua saúde e bem-estar pelo abuso de álcool, drogas e outras substâncias potencialmente nocivas e sobre os riscos e preocupações relacionados com HIV/AIDS e outras atividades que impliquem em riscos para a saúde.

Diretriz B4.3.11 – Cooperação internacional

1. Os Membros, com a assistência, caso apropriado, de organizações intergovernamentais e outras organizações internacionais, deverão esforçar-se para, em mútua cooperação, alcançar a maior uniformidade possível de ação para a promoção da segurança e da saúde ocupacional e da prevenção de acidentes.

2. Ao formular programas para promover a segurança e a saúde ocupacionais e a prevenção de acidentes em conformidade com a Norma A4.3, todo Membro dará a devida atenção aos códigos relevantes de prática publicados pela Organização Internacional do Trabalho e às normas apropriadas de outras organizações internacionais.

3. Os membros deverão dar atenção à necessidade de cooperação internacional para a promoção contínua de iniciativas relacionadas com a proteção da segurança e da saúde no trabalho e a prevenção de acidentes de trabalho. Essa cooperação poderá assumir a forma de:

a) acordos bilaterais e multilaterais para promover uniformidade das normas e salvaguardas para a proteção da segurança e da saúde no trabalho e a prevenção de acidentes de trabalho;
b) intercâmbio de informações sobre perigos particulares a que está exposta a gente do mar e meios de promover a proteção da segurança e da saúde e a prevenção de acidentes;
c) assistência para testes de equipamento e inspeção em consonância com os regulamentos nacionais do Estado da bandeira;
d) colaboração na elaboração e divulgação de disposições, regras e manuais sobre proteção da segurança e da saúde ocupacionais e prevenção de acidentes;

e) colaboração para a produção e utilização de material didático; e

f) instalações conjuntas ou assistência mútua para o treinamento de gente do mar em proteção da segurança e da saúde ocupacionais, prevenção de acidentes e práticas seguras de trabalho.

Regra

Regra 4.4 – Acesso a instalações terrestres de bem-estar

Finalidade: Assegurar que a gente do mar que estiver trabalhando a bordo tenha acesso a instalações e serviços em terra para proteger sua saúde e seu bem-estar.

1. Os Membros deverão cuidar para que as instalações de bem-estar em terra, se existentes, sejam de fácil acesso. Os Membros também deverão promover a construção em determinados portos de instalações de bem-estar como as citadas no Código, para que a gente do mar a bordo dos navios que se encontrem em seus portos tenham acesso a instalações e serviços de bem-estar apropriados.

2. As responsabilidades de todo Membro com relação a instalações em terra, inclusive instalações e serviços de bem-estar, cultura, lazer e informações, são estipuladas no Código.

Norma

Norma A4.4 – Acesso a instalações terrestres de bem-estar

1. Todo Membro exigirá que, quando existirem instalações de bem-estar em seu território, que sejam franqueadas a toda a gente do mar, independentemente de nacionalidade, raça, cor, sexo, religião, opinião política ou origem social e independentemente do Estado da bandeira do navio em que estiver empregada, engajada, ou trabalhando.

2. Todo Membro deve incentivar o desenvolvimento de instalações de bem-estar nos portos apropriados do país e determinar, após consulta às organizações de armadores e de gente do mar interessadas, quais portos deverão ser considerados apropriados.

3. Todo Membro incentivará o estabelecimento de comissões de bem-estar encarregadas de examinar periodicamente as instalações e serviços de bem-estar, a fim de assegurar que são apropriados, tendo em vista as necessidades da gente do mar em função das inovações técnicas e operacionais e de outras mudanças no setor marítimo.

Diretriz

Diretriz B4.4 – Acesso a instalações terrestres de bem-estar

Diretriz B4.4.1 – Responsabilidades dos Membros

1. Todo Membro deverá:

a) adotar medidas para assegurar que haja instalações e serviços adequados de bem-estar para a gente do mar nos portos de escala designados e que haja proteção adequada da gente do mar no exercício de sua profissão; e

b) levar em conta, na implementação dessas medidas, as necessidades da gente do mar, especialmente em países estrangeiros e ao entrar em zonas de guerra, no que tange a sua segurança, saúde e atividades nas horas de folga.

2. As providências para a supervisão das instalações e serviços de bem-estar deverão ter a participação dos representantes das organizações de armadores e de gente do mar interessadas.

3. Todo Membro adotará medidas destinadas a agilizar a circulação entre os navios, agências centrais de suprimentos e estabelecimentos de materiais de bem-estar, tais como filmes, livros, jornais e equipamento esportivo que a gente do mar possa utilizar a bordo de seus navios e nos centros de bem-estar em terra.

4. Os Membros deverão cooperar uns com os outros para a promoção do bem-estar da gente do mar em alto-mar e nos portos. Essa cooperação deverá incluir o seguinte:

a) consultas entre as autoridades competentes, com vistas à provisão e aprimoramento das instalações e serviços destinados ao bem-estar da gente do mar, tanto nos portos como a bordo dos navios;

b) acordos para a combinação dos recursos e a provisão de instalações de bem-estar nos portos mais importantes, de modo a evitar uma duplicação desnecessária;

c) organização de competições esportivas internacionais e incentivo à participação da gente do mar em atividades esportivas; e

d) organização de seminários internacionais sobre o bem-estar dos marítimos no mar e nos portos.

Diretriz B4.4.2 – Instalações e serviços de bem-estar nos portos

1. Todo Membro propiciará ou assegurará a provisão das instalações e serviços de bem-estar que forem necessários, em portos apropriados do país.

2. Instalações e serviços de bem-estar deverão ser propiciados, de acordo com as condições e práticas nacionais, por uma ou mais de uma das seguintes instituições:

a) autoridades públicas;

b) organizações de armadores e de gente do mar interessadas, ao amparo de acordos de negociação coletiva ou de outros esquemas acordados; e

c) organizações beneficentes.

3. Instalações de bem-estar e recreativas necessárias deverão ser estabelecidas ou desenvolvidas nos portos, inclusive as seguintes:

a) salões de reunião e recreação, segundo a necessidade;

b) instalações esportivas e atividades ao ar livre, inclusive competições;

c) instalações de ensino; e

d) se for apropriado, instalações para atos religiosos e aconselhamento individual

4. Essas instalações poderão ser asseguradas, e instalações projetadas pra uso mais geral poderão ser colocadas à disposição de acordo com suas necessidades.

5. Onde um grande número de marítimos de diferentes nacionalidades necessitarem de instalações como hotéis, clubes e instalações esportivas num determinado porto, as autoridades competentes ou órgãos dos países de origem dos marítimos e os Estados da bandeira, bem como as associações internacionais interessadas, deverão consultar e cooperar com as autoridades competentes e os órgãos do país em que o porto estiver situado e entre si, com vistas a unir os recursos e evitar duplicação desnecessária.

6. Deverá haver disponibilidade de hotéis e albergues adequados para a gente do mar onde houver necessidade. Suas instalações deverão ser iguais às encontradas em um hotel de boa classe e, sempre que possível, situadas numa boa localização, afastada das imediações do cais. Esses hotéis ou albergues deverão ser devidamente supervisionados, ter preços razoáveis e, caso necessário, deverão poder acomodar familiares dos marítimos.

7. Essas acomodações deverão ser franqueadas a todos os marítimos, independentemente de nacionalidade, raça, cor, sexo, religião, opinião política ou origem social e do Estado da bandeira do navio em que estiverem empregados, engajados ou trabalhando. Sem prejuízo desse princípio, é possível que, em certos portos, seja necessário propiciar tipos diversos de instalações, de padrão comparável, porém adaptadas aos costumes e necessidades de diferentes grupos de marítimos.

8. Deverão ser tomadas medidas para assegurar, segundo for necessário, que, além de eventuais voluntários, pessoas com competência técnica sejam empregadas em regime de tempo integral na operação das instalações e serviços de bem-estar destinados à gente do mar.

Diretriz B4.4.3 – Comissões de bem-estar

1. Comissões de bem-estar deverão ser estabelecidas em âmbito portuário, regional e nacional, segundo for apropriado. Suas funções deverão incluir as seguintes:

a) verificar continuamente a adequação das instalações de bem-estar e monitorar a necessidade de novas instalações ou de desativação daquelas que são subutilizadas; e

b) dar assistência e orientação aos responsáveis pela oferta de instalações de bem-estar e assegurar a coordenação entre eles.

2. Os membros das comissões de bem-estar deverão incluir representantes de organizações de armadores e de gente do mar, as autoridades competentes e, se for apropriado, organizações beneficentes e entidades sociais.

3. Se for apropriado, os cônsules de Estados marítimos e representantes locais de organizações estrangeiras de bem-estar deverão, em conformidade com a legislação e os regulamentos nacionais, associar-se ao trabalho portuário, regional e nacional das comissões de bem-estar.

Diretriz B4.4.4 – Financiamento de instalações de bem-estar

1. De acordo com as condições e práticas nacionais, o apoio financeiro das instalações de bem-estar nos portos deverá provir de uma ou mais de uma das seguintes fontes:

a) verbas públicas;

b) impostos ou outros encargos especiais de fontes do setor de navegação;

c) contribuições voluntárias de armadores e de marítimos ou de suas organizações; e *d*) contribuições voluntárias de outras fontes.

2. Onde impostos, taxas e encargos especiais forem cobrados, eles deverão ser usados unicamente para os seus fins declarados.

Diretriz B4.4.5 – Divulgação de informações e facilitação de medidas

1. Deverão ser divulgadas informações entre a gente do mar acerca das instalações e dos serviços franqueados ao público em geral nos portos de escala, especialmente em relação a transporte, bem-estar, recreação e educação, bem como a locais de culto, além das instalações e serviços destinados especificamente à gente do mar.

2. Meios de transporte adequados a preços moderados deverão se propiciados a qualquer momento razoável, a fim de permitir que a gente do mar possa chegar às áreas urbanas a partir de locais convenientes no porto.

3. Todas as medidas apropriadas deverão ser tomadas pelas autoridades competentes para manter os armadores e a gente do mar informados, ao entrarem num porto, a respeito de eventuais leis e costumes especiais, cuja infração poderá colocar sua liberdade em risco.

4. As zonas portuárias e as estradas de acesso deverão ser providas pelas autoridades competentes de iluminação e sinalização adequadas e de patrulhamento regular para a proteção da gente do mar.

Diretriz B4.4.6 – Gente do mar em porto estrangeiro

1. Para a proteção da gente do mar em portos estrangeiros, medidas deverão ser tomadas a fim de facilitar:

a) o acesso a cônsules do Estado de sua nacionalidade ou residência; e

b) a efetiva cooperação entre os cônsules e as autoridades locais ou nacionais.

2. Gente do mar detida em porto estrangeiro deverá ser prontamente tratada de acordo com o devido processo legal, com proteção consular apropriada.

3. Quando gente do mar for detida por qualquer motivo no território estrangeiro de um Membro, a autoridade competente deverá, caso o trabalhador assim o solicite, informar imediatamente o Estado da bandeira e o Estado de nacionalidade da gente do mar. A autoridade competente deverá informar prontamente o marítimo do seu direito de fazer tal solicitação. O Estado de nacionalidade do marítimo deverá prontamente notificar a família do marítimo. A autoridade competente deverá permitir o acesso imediato dos funcionários consulares desses Estados ao trabalhador, e subsequentes visitas regulares enquanto permanecer detido.

4. Todo Membro adotará medidas, sempre que for necessário, para assegurar a segurança da gente do mar contra agressão e outros atos ilícitos enquanto os navios estiverem em suas águas territoriais e especialmente ao se aproximarem dos portos.

5. Todo esforço deverá ser feito pelos responsáveis no porto e a bordo do navio para facilitar a permissão de gente do mar ir à terra tão logo seja possível depois que o navio entrar no porto.

Regra

Regra 4.5 – Seguridade social

Finalidade: Assegurar que sejam tomadas medidas no sentido de franquear o acesso da gente do mar à proteção da seguridade social.

1. Todo Membro assegurará que toda a gente do mar e, até onde sua lei nacional o permitir, seus dependentes tenham acesso à proteção da seguridade social, em conformidade com o Código, sem prejuízo de quaisquer outras condições mais favoráveis, a que se refere o parágrafo 8º do artigo 19 da Constituição.

2. Todo Membro se compromete a adotar medidas, de acordo com suas circunstâncias nacionais, individualmente e mediante cooperação internacional, para alcançar progressivamente a proteção abrangente da seguridade social para a gente do mar.

3. Todo Membro garantirá que gente do mar sujeita a sua legislação de seguridade social e, até onde estabelecer a sua lei nacional, seus dependentes tenham o direito de se beneficiar da proteção da seguridade social, num modo que não seja menos favorável do que o usufruído pelos trabalhadores em terra.

Norma

Norma A4.5 – Seguridade social

1. As áreas a serem consideradas com vistas a alcançar progressivamente a proteção abrangente da seguridade social, em conformidade com a Regra 4.5, são as seguintes assistência médica e benefícios por doença, por desemprego, por acidentes de trabalho e por idade, benefícios familiares, licença-maternidade, por invalidez,

e pensões por morte, em complementação da proteção assegurada pela Regra 4.1, a respeito de assistência médica, e a Regra 4.2, a respeito da responsabilidade dos armadores, bem como por outros títulos desta Convenção.

2. Quando da ratificação, a proteção a ser assegurada por todo membro, em conformidade com o parágrafo 1º da Regra 4.5, deverá incluir pelo menos três dos benefícios relacionados no parágrafo 1º desta Norma.

3. Todo Membro adotará medidas consoantes com suas circunstâncias nacionais, destinadas a assegurar para toda gente do mar que resida habitualmente em seu território a proteção suplementar de seguridade social, a que se refere o parágrafo 1º desta Norma. Essa responsabilidade poderá ser cumprida, por exemplo, mediante acordos bilaterais ou multilaterais apropriados ou sistemas baseados em contribuições. A proteção resultante não deverá ser menos favorável do que a usufruída pelos trabalhadores em terra, residentes no seu território.

4. Não obstante a atribuição de responsabilidades conforme o parágrafo 3º desta Norma, os Membros poderão determinar, mediante acordos bilaterais e multilaterais e disposições adotadas no contexto de organizações de integração econômica, outras regras relativas à legislação de seguridade social a que a gente do mar estará sujeita.

5. As responsabilidades de todo Membro com respeito à gente do mar a bordo de navios que arvoram sua bandeira incluem as relacionadas nas Regras 4.1 e 4.2 e nas disposições correlatas do Código, bem como as que são inerentes às obrigações gerais decorrentes do direito internacional.

6. Todo Membro dará a devida consideração às várias maneiras pelas quais benefícios comparáveis serão concedidos à gente do mar, em conformidade com a lei e prática nacionais, na falta de cobertura adequada nas áreas relacionadas no parágrafo 1º desta Norma.

7. A proteção mencionada no parágrafo 1º da Regra 4.5 poderá, se for apropriado, ser incorporada em leis e regulamentos, em planos privados ou acordos de negociação coletiva ou numa combinação de todos esses.

8. Até onde for consistente com sua legislação e prática nacional, os Membros deverão cooperar uns com os outros, mediante acordos bilaterais ou multilaterais ou outros esquemas, para assegurar a preservação dos direitos de seguridade social, baseados em esquemas contributivos ou não contributivos, adquiridos ou em fase de aquisição por toda a gente do mar, independentemente de sua residência.

9. Todo Membro estabelecerá procedimentos justos e eficazes para a solução de conflitos.

10. Todo Membro especificará, no momento da ratificação, os tipos de benefícios concedidos em conformidade com o parágrafo 2º desta Norma. Subsequentemente, o Membro comunicará ao Diretor-Geral da Repartição Internacional do Trabalho quando ele conceder proteção de seguridade social relativa a um ou mais dos benefícios enumerados no parágrafo 1º desta Norma. O Diretor-Geral deverá manter um registro dessa informação e colocá-la à disposição de todas as partes interessadas.

11. Os relatórios submetidos à Repartição Internacional do Trabalho em conformidade com o artigo 22 da Constituição também incluirão informações a respeito das medidas tomadas de acordo com o parágrafo 2º da Regra 4.5, para incluir outros benefícios na proteção.

Diretriz

Diretriz B4.5 – Seguridade social

1. A proteção a ser concedida quando da ratificação, em conformidade com o parágrafo 2º da Regra A4.5, deverá incluir pelo menos os benefícios de assistência médica e os benefícios por doença e lesão profissional.

2. Nas circunstâncias a que se refere o parágrafo 6º da Norma A4.5, benefícios comparáveis poderão ser garantidos por meio de seguro, acordos bilaterais e multilaterais ou outros meios eficazes, levando em conta as disposições pertinentes de acordos de negociação coletiva. Onde essas medidas forem adotadas, a gente do mar coberta deverá ser informada das maneiras pelas quais os vários benefícios da seguridade social serão concedidos.

3. Onde a gente do mar for sujeita a mais de uma legislação referente à seguridade social, os Membros envolvidos deverão cooperar entre si, com vistas a determinar por acordo mútuo qual legislação deverá ser aplicada, levando em conta fatores como qual o tipo e nível de proteção concedida ao amparo das respectivas legislações será mais favorável ao interessado, bem como sua preferência.

4. Os procedimentos a serem estabelecidos em conformidade com o parágrafo 9º da Norma A4.5 deverão ser concebidos de modo a abranger todas as controvérsias relevantes em torno das reivindicações da gente do mar interessada, independentemente da maneira em que a cobertura for concedida.

5.Todo Membro que tiver nacionais e não nacionais servindo em navios que arvoram sua bandeira assegurará proteção ao amparo da seguridade social, na forma prescrita na Convenção, segundo for aplicável, e reverá periodicamente os benefícios relacionados no parágrafo 1º da Norma A4.5, a fim de identificar outros benefícios favoráveis à gente do mar interessada.

6. Os acordos de emprego e contratos de trabalho da gente do mar deverão identificar os meios pelos quais os diversos benefícios da seguridade social serão assegurados à gente do mar pelo armador, bem como quaisquer outras informações relevantes disponíveis ao armador, tais como as possíveis deduções estatutárias dos salários da gente do mar e as contribuições do armador, em conformidade com as exigências dos órgãos pertinentes e de acordo com os sistemas nacionais relevantes de seguridade social.

7. Ao exercer efetivamente sua jurisdição sobre as questões sociais, o Membro cuja bandeira o navio arvora deverá comprovar que se cumprem as responsabilidades dos armadores no que se refere à proteção em matéria de seguridade social, incluindo os recolhimentos das contribuições aos regimes de seguridade social.

TÍTULO V – CUMPRIMENTO E CONTROLE DA APLICAÇÃO

1. As Regras constantes nesse Título especificam a responsabilidade dos Membros de implementar e aplicar integralmente e controlar a aplicação dos princípios e direitos estabelecidos nos Artigos da Convenção e as obrigações particulares definidas nos Títulos 1, 2, 3 e 4.

2. Os parágrafos 3º e 4º do Artigo 4, que permitem a implementação da Parte A do código por meio de disposições substancialmente equivalentes, não se aplicam à Parte A do Código neste Título.

3. De acordo com o parágrafo 2º do Artigo VI, todo Membro se desincumbirá de suas responsabilidades estipuladas nas regras, na maneira estabelecida nas Normas correspondentes da Parte A do Código, dando a devida consideração às Diretrizes correspondentes na Parte B do Código.

4. As disposições deste Título deverão ser implementadas com a consciência de que a gente do mar e os armadores, como todas as demais pessoas, são iguais perante a lei e têm igual direito à proteção da lei, não podendo sofrer discriminação quanto ao seu acesso às cortes, tribunais ou outros mecanismos de solução de litígios. As disposições deste Título não especificam jurisdição legal nem competência territorial alguma.

Regra

Regra 5.1 – Responsabilidades do Estado da bandeira

Finalidade: Assegurar que todo Membro implementará suas responsabilidades decorrentes desta Convenção no que diz respeito aos navios que arvoram sua bandeira.

Regra 5.1.1 – Princípios gerais

1. Todo Membro será responsável por assegurar o cumprimento de suas obrigações decorrentes desta Convenção nos navios que arvoram sua bandeira.

2. Todo Membro estabelecerá um sistema eficaz de inspeção e certificação das condições de trabalho marítimo, em conformidade com as Regras 5.1.3 e 5.1.4, de modo a assegurar que as condições de trabalho e de vida da gente do mar nos navios que arvoram sua bandeira cumprem, e que continuarão a cumprir, as normas estabelecidas nesta Convenção.

3. Ao estabelecer sistemas eficazes de inspeção e certificação das condições de trabalho marítimo, o Membro poderá, caso seja apropriado, autorizar instituições públicas ou outras organizações, inclusive de outro Membro, se esse concordar, por ele reconhecidas como competentes e independentes para fazer as inspeções ou emitir os certificados, ou ambas as coisas. Em todos os casos, o Membro será inteiramente responsável pela inspeção e certificação das condições de trabalho e de vida da gente do mar em apreço nos navios que ostentam sua bandeira.

4. Um certificado de trabalho marítimo, complementado por uma declaração de conformidade do trabalho marítimo, constituirá prova *prima facie*, salvo prova em contrário, de que o navio foi devidamente inspecionado pelo Membro cuja bandeira ele ostenta e que os dispositivos desta Convenção, relativos às condições de tra-

balho e de vida da gente do mar, foram satisfeitos, tal como atesta o certificado.

5. As informações acerca do sistema, a que se refere o parágrafo 2º desta Regra, inclusive o método utilizado para avaliar sua eficácia, constarão nos relatórios do Membro à Repartição Internacional do Trabalho, em conformidade com o Artigo 22 da Constituição.

Norma

Norma A5.1.1 – Princípios gerais

1. Todo Membro estabelecerá objetivos e normas claras para a administração de seus sistemas de inspeção e certificação, bem como procedimentos gerais adequados para avaliar até que ponto esses objetivos e normas estão sendo atingidos.

2. Todo Membro exigirá que todos os navios que arvoram sua bandeira tenham uma cópia disponível desta Convenção a bordo.

Diretriz

Diretriz B5.1.1 – Princípios gerais

1. A autoridade competente deverá tomar providências apropriadas para promover a efetiva cooperação entre instituições públicas e outras organizações, a que se referem as Regras 5.1.1 e 5.1.2, em relação às condições de trabalho e de vida da gente do mar a bordo de navios.

2. A fim de assegurar melhor cooperação entre inspetores e armadores, gente do mar e suas respectivas organizações e de manter ou melhorar as condições de trabalho e de vida da gente do mar, a autoridade competente deverá consultar os representantes dessas organizações, a intervalos regulares, sobre a melhor maneira de atingir esses objetivos. A forma de consulta deverá ser determinada pela autoridade competente, após consulta às organizações de armadores e de gente do mar.

Regra

Regra 5.1.2 – Autorização de organizações reconhecidas

1. As instituições públicas ou outras organizações a que se refere o parágrafo 3º da Regra 5.1.1, designadas como organizações reconhecidas, deverão ser reconhecidas pela autoridade competente como estando em conformidade com os requisitos do Código a respeito de competência e independência. As funções de inspeção ou certificação que as organizações reconhecidas poderão ser autorizadas a desempenhar deverão enquadrar-se no âmbito das atividades expressamente mencionadas no Código, a serem realizadas pela autoridade competente ou por uma organização competente.

2. Os relatórios a que se refere o parágrafo 5º da Regra 5.1.1 incluirão informações acerca da eventual organização reconhecida, atestando que as autorizações concedidas e as providências tomadas pelo Membro para assegurar que as atividades autorizadas foram integral e eficazmente satisfeitas.

Norma

Norma A5.1.2 – Autorização das organizações reconhecidas

1. Para efeitos de reconhecimento conforme o parágrafo 1º da Regra 5.1.2, a autoridade competente deverá examinar a competência e independência da organização interessada e determinar se essa organização demonstrou, no grau necessário para levar a cabo as atividades compreendidas nas faculdades conferidas a ela, que:

a) possui as competências técnicas necessárias nos aspectos relevantes da presente Convenção e os conhecimentos adequados sobre o funcionamento do navio, incluídos os requisitos mínimos para trabalhar a bordo de navios, as condições de trabalho, o alojamento, as instalações de lazer, a alimentação e o serviço de mesa, e a prevenção de acidentes, a proteção da saúde, a assistência médica, o bem-estar e a proteção da seguridade social;

b) tem capacidade para manter e atualizar as competências profissionais de seu pessoal;

c) possui os conhecimentos necessários sobre as disposições da Convenção assim como da legislação nacional aplicável e dos instrumentos internacionais existentes, e

d) seu tamanho, estrutura, experiência e capacidade estão em consonância com o tipo e grau de autorização.

2. Qualquer autorização que se conceda em relação com as inspeções, deve, no mínimo, permitir que a organização possa exigir que se corrijam as deficiências que verificarem nas condições de vida e trabalho a bordo da gente do mar e que realizem inspeções nesse sentido quando solicitado por um Estado do porto.

3. Todo Membro estabelecerá:

a) um sistema para garanta a idoneidade do trabalho realizado por organizações reconhecidas, que inclua informações a respeito da legislação nacional e dos instrumentos internacionais aplicáveis; e

b) procedimentos para comunicação com essas organizações e para controle das mesmas.

4. Todo Membro fornecerá à Repartição Internacional do Trabalho uma lista de organizações reconhecidas, autorizadas a atuar em seu nome, e manterá essa lista atualizada. A lista especificará as funções das organizações reconhecidas que tiverem sido autorizadas para tanto. A Repartição tornará pública essa lista.

Diretriz

Diretriz B5.1.3 – Autorização de organizações reconhecidas

1. Uma organização interessada em receber autorização deverá demonstrar competência técnica, administrativa e gerencial, bem como capacidade para assegurar a realização tempestiva de serviços de qualidade satisfatória.

2. Ao avaliar a capacidade de uma organização, a autoridade competente deverá determinar se essa organização:

a) tem um quadro adequado de pessoal técnico, gerencial e de apoio;

b) tem um quadro suficiente de pessoal qualificado para propiciar os serviços necessários com cobertura geográfica adequada;

c) tem capacidade comprovada de realizar os serviços tempestivamente e de qualidade satisfatória; e

d) é independente e responsável em suas operações.

3. A autoridade competente deverá firmar um acordo por escrito com a organização que ela reconhecer para os fins da autorização. O acordo deverá abranger os seguintes elementos:

a) âmbito de aplicação;

b) propósito;

c) condições gerais;

d) execução das funções estipuladas pela autorização;

e) fundamento legal das funções estipuladas pela autorização;

f) apresentação de relatórios à autoridade competente;

g) especificação da autorização conferida pela autoridade competente à organização reconhecida; e

h) supervisão pela autoridade competente das atividades delegadas à organização reconhecida.

4. Todo Membro exigirá que as organizações reconhecidas desenvolvam um sistema para qualificação das pessoas por elas empregadas como inspetores, a fim de assegurar a atualização oportuna dos seus conhecimentos teóricos e práticos.

5. Todo Membro deverá exigirá que as organizações reconhecidas mantenham registros dos serviços por ela prestados, para que demonstrem que cumprem com as normas exigidas pelos serviços que desempenham.

6. Ao estabelecer os procedimentos de controle a que se refere o parágrafo 3º, alínea *b* da Norma A5.1.2, todo Membro levará em conta as Diretrizes sobre autorização para que uma organização atue em nome da administração, adotadas no contexto da Organização Marítima Internacional.

Regra

Regra 5.1.3 – Certificação de trabalho marítimo e declaração de conformidade do trabalho marítimo

1. Esta Regra se aplica a navios:

a) de arqueação bruta igual ou superior a 500 que realizam viagens internacionais; e

b) de arqueação bruta igual ou superior a 500 que arvoram a bandeira de um Membro e que operam a partir de um porto, ou entre portos, de outro país.

Para os fins desta Regra, "viagem internacional" significa viagem desde um país até um porto fora desse país.

2. Esta Regra também se aplica a navios que arvoram a bandeira de um Membro e que não é abrangido pelo parágrafo 1º desta Regra, a pedido do armador ao país em apreço.

3. Todo membro exigirá que os navios que arvoram sua bandeira levem a bordo e mantenham atualizado um certificado de trabalho marítimo, atestando que as condições de trabalho e de vida da gente do mar no navio, inclusive medidas destinadas a assegurar o cumprimento contínuo das disposições adotadas, a serem incluídas na declaração de conformidade com o trabalho marítimo, a que se refere o parágrafo 4º desta Regra, foram inspecionadas e satisfazem as exigências da legislação nacional ou em outras medidas de implementação desta Convenção.

4. Todo Membro exigirá que os navios que arvoram sua bandeira levem a bordo e mantenham

atualizada uma declaração de conformidade do trabalho marítimo, especificando os requisitos nacionais para a implementação desta Convenção, no que tange às condições de trabalho e de vida da gente do mar, e estipulando as medidas adotadas pelo armador para assegurar a conformidade com tais requisitos no navio ou navios de que se trate.

5. O certificado de trabalho marítimo e a declaração de conformidade do trabalho marítimo deverão obedecer ao modelo prescrito pelo Código.

6. Quando a autoridade competente do Membro ou uma organização reconhecida, devidamente autorizada para esse fim, verificar mediante inspeção que um navio que arvora a bandeira do Membro satisfaz e continua a satisfazer as normas desta Convenção, ela emitirá ou renovará o certificado de trabalho marítimo correspondente e manterá um registro desse certificado acessível ao público.

7. Requisitos pormenorizados relativos ao certificado de trabalho marítimo e à declaração de conformidade do trabalho marítimo, inclusive uma lista de itens que precisam ser inspecionados e aprovados, constam na Parte A do Código.

Norma

Norma A5.1.3 – Certificado de trabalho marítimo e declaração de conformidade do trabalho marítimo

1. O certificado de trabalho marítimo emitido a um navio pela autoridade competente ou por uma organização reconhecida e devidamente autorizada para tanto terá validade de, no máximo, cinco anos. No Apêndice A5-I, consta uma lista dos itens que precisam ser inspecionados e satisfazer a legislação nacional ou outras medidas para a implementação dos dispositivos desta Convenção, relativos às condições de trabalho e de vida da gente do mar nos navios, para que um certificado de trabalho marítimo possa ser emitido.

2. A validade do certificado de trabalho marítimo estará sujeita a uma inspeção intermediária pela autoridade competente ou por uma organização reconhecida, autorizada para esse fim, destinada a assegurar que o navio mantém a conformidade com os requisitos nacionais para a implementação desta Convenção. Se apenas uma inspeção intermediária for realizada e o período de validade for de cinco anos, essa inspeção ocorrerá entre a segunda e a terceira data de vencimento anual do certificado. A data de vencimento anual significa o dia, o mês e o ano, que corresponderá, a cada ano, à data de expiração do certificado de trabalho marítimo. O alcance e extensão da inspeção intermediária serão idênticos ao da inspeção para renovação do certificado. O certificado será endossado após uma inspeção intermediária satisfatória.

3. Não obstante o disposto no parágrafo 1º desta Norma, se a inspeção for concluída dentro de três meses antes da expiração de um certificado de trabalho marítimo, o novo certificado de trabalho será válido a partir da data de conclusão da inspeção para renovação, por um período de, no máximo, cinco anos a partir da data de expiração do certificado existente.

4. Se a inspeção para renovação for concluída mais de três meses antes da data de expiração do certificado de trabalho marítimo, o novo certificado de trabalho marítimo será válido por um período de, no máximo, cinco anos, a partir da data de conclusão da inspeção para renovação.

5. Um certificado de trabalho marítimo poderá ser emitido provisoriamente:

a) a navios novos quando de sua entrega;

b) a um navio que troca de bandeira; ou

c) quando um armador assume responsabilidade pela operação de um navio que é novo para ele.

6. Este certificado provisório de trabalho marítimo poderá ser emitido por um período máximo de seis meses pela autoridade competente ou por uma organização reconhecida, devidamente autorizada para esse fim.

7. Um certificado provisório de trabalho marítimo poderá ser emitido somente após se verificar que:

a) o navio foi inspecionado, na medida razoável e exequível, em relação aos itens estipulados no Apêndice A5-I, levando em conta a verificação dos itens relacionados nas alíneas *b*, *c* e *d* deste parágrafo;

b) o armador demonstrou à autoridade competente ou à organização reconhecida que o navio dispõe de procedimentos adequados para cumprir esta Convenção;

c) o capitão está familiarizado com os dispositivos desta Convenção e com a responsabilidade pela sua implementação; e

Legislação Complementar

d) informações relevantes foram fornecidas à autoridade competente ou à organização reconhecida para a elaboração de uma declaração de conformidade de trabalho marítimo.

8. Uma inspeção rigorosa, em conformidade com o parágrafo 1º desta Norma, será realizada antes da expiração do certificado provisório, com vistas à emissão de um certificado de trabalho marítimo de validade normal. Nenhum certificado provisório poderá ser emitido após os seis meses iniciais a que se refere o parágrafo 6º desta Norma. A emissão de uma declaração de conformidade do trabalho marítimo não será necessária para o período de validade do certificado provisório.

9. O certificado de trabalho marítimo, o certificado provisório de trabalho marítimo e a declaração de conformidade do trabalho marítimo serão emitidos num formato correspondente aos modelos constantes no Apêndice A5-II.

10. A declaração de conformidade com o trabalho marítimo será anexada ao certificado de trabalho marítimo e terá duas partes:

a) A Parte I será emitida pela autoridade competente, que:

i – identificará a lista de itens a serem inspecionados, de acordo com o parágrafo 1º desta Norma;

ii – identificará os requisitos nacionais que incorporam as disposições relevantes desta Convenção, fazendo referência às disposições legais nacionais pertinentes, e, até onde for necessário, fornecerá informação concisa sobre o conteúdo principal dos requisitos nacionais;

iii – fará referência a requisitos específicos para o navio, conforme a legislação nacional;

iv – registrará eventuais disposições substancialmente equivalentes, adotadas de acordo com o parágrafo 3º do Artigo VI; e

v – indicará claramente eventuais isenções concedidas pela autoridade competente, de acordo com o disposto no Título 3; e

b) a Parte II será elaborada pelo armador e identificará as medidas tomadas para assegurar a conformidade contínua com os requisitos nacionais entre as inspeções e as medidas propostas para assegurar o aprimoramento contínuo.

A autoridade competente ou a organização reconhecida e devidamente autorizada para esse fim, certificará a Parte II e emitirá a declaração de conformidade do trabalho marítimo.

11. Os resultados de todas as inspeções subsequentes ou de outras verificações realizadas em relação ao navio em apreço e quaisquer deficiências detectadas durante alguma verificação serão registrados, juntamente com a data em que as deficiências detectadas foram sanadas. Esse registro, acompanhado de uma tradução em inglês, caso o original não seja nessa língua, será incluído na declaração de conformidade do trabalho marítimo ou a ela anexado, ou disponibilizado de alguma outra maneira à gente do mar, aos inspetores do Estado da bandeira, aos funcionários habilitados em Estados dos portos e a representantes de armadores e de gente do mar.

12. Um certificado de trabalho marítimo de validade atual e a declaração de conformidade do trabalho marítimo, acompanhados de uma versão em inglês, se os originais não forem nessa língua, serão levados a bordo do navio e afixados num local visível a bordo, para conhecimento da gente do mar. Uma cópia será fornecida, a pedido, em conformidade com a legislação nacional, a marítimos, inspetores do Estado da bandeira, funcionários habilitados dos Estados dos portos e a representantes dos armadores e da gente do mar.

13. A exigência de uma versão em inglês, conforme os parágrafos 11 e 12 desta Norma, não se aplica a navios que não realizam viagens internacionais.

14. Um certificado emitido em conformidade com os parágrafos 1º e 5º desta Norma perderá sua validade nas seguintes circunstâncias:

a) se as inspeções pertinentes não forem concluídas nos prazos especificados no parágrafo 2º desta Norma;

b) se o certificado não for endossado em conformidade com o disposto no parágrafo 2º desta Norma;

c) se o navio trocar de bandeira;

d) se um amador deixar de assumir a responsabilidade pela operação de um navio; e

e) se mudanças substanciais forem feitas na estrutura ou nos equipamentos a que se refere o Título 3.

15. No caso a que se refere o parágrafo 14, alíneas *c*, *d* ou *e* desta Norma, um novo certificado será emitido somente se a autoridade competente ou a organização reconhecida que emitir

o certificado estiver plenamente convencida de que o navio está em conformidade com os requisitos desta Norma.

16. Um certificado de trabalho marítimo será anulado pela autoridade competente ou pela organização reconhecida, devidamente autorizada para esse fim pelo Estado da bandeira, se houver prova de que o navio envolvido deixou de cumprir com os dispositivos desta Convenção e de tomar qualquer medida corretiva.

17. Ao decidir se um certificado de trabalho marítimo deve ser anulado, em conformidade com o parágrafo 16 desta Norma, a autoridade competente ou a organização reconhecida levará em conta a gravidade ou a frequência das ocorrências.

Diretriz

Diretriz B5.1.3 – Certificado de trabalho marítimo e declaração de conformidade do trabalho marítimo

1. O enunciado dos requisitos nacionais na Parte I da declaração de conformidade do trabalho marítimo deverá incluir ou fazer-se acompanhar de referências aos dispositivos legais relativos às condições de trabalho e de vida da gente do mar, pertinentes a cada item constante no Apêndice A5-I. Caso a legislação nacional siga precisamente os dispositivos desta Convenção, uma referência bastará. Se uma disposição da Convenção for implementada mediante uma equivalência substancial, em conformidade com o parágrafo 3º do Artigo VI, essa disposição deverá ser identificada e acompanhada de uma sucinta explicação. Caso uma isenção seja concedida pela autoridade competente, conforme o disposto no Título 3, deverá haver clara indicação da disposição ou das disposições em apreço.

2. As medidas a que se refere a Parte II da declaração de conformidade do trabalho marítimo, elaborada pelo armador, deverá, em particular, indicar as ocasiões em que a conformidade contínua com determinados requisitos nacionais será verificada, as pessoas responsáveis pela verificação, os registros a serem feitos, e os procedimentos a serem seguidos se for detectada alguma inconformidade. A Parte II poderá assumir várias formas. Ela poderá fazer referência a outros documentos mais abrangentes que abordem políticas e procedimentos relativos a outros aspectos do setor marítimo, tais como os documentos exigidos pelo Código Internacional de Gerenciamento da Segurança – ISM ou a informação exigida pela Regra 5 da Convenção SOLAS, Capítulo XI-1, relativa ao Registro de Sinopse Contínua do navio.

3. As medidas para assegurar a conformidade contínua deverão incluir os requisitos gerais internacionais para que o armador e o capitão se mantenham informados dos últimos avanços nas conclusões tecnológicas e científicas a respeito do planejamento do local de trabalho, levando em conta os perigos inerentes ao trabalho da gente do mar, e para que eles compartilhem as informações com os representantes da gente do mar, assegurando, assim, um nível melhor de proteção das condições de trabalho e de vida da gente do mar a bordo.

4. A declaração de conformidade do trabalho marítimo deverá, acima de tudo, ser elaborada em linguagem clara, destinada a ajudar as pessoas interessadas, tais como inspetores do Estado da bandeira, os funcionários autorizados dos Estados dos portos e gente do mar, para verificar se os requisitos estão sendo devidamente implementados.

5. Um exemplo do tipo de informação que poderia constar na declaração de conformidade do trabalho marítimo é dado no Apêndice B5-I.

6. Se um navio trocar de bandeira, como menciona o parágrafo 14 c da Norma A5.1.3, e se ambos os Estados interessados tiverem ratificado esta Convenção, o Membro cuja bandeira o navio arvorava anteriormente deverá, o mais prontamente possível, transmitir à autoridade competente do outro Membro cópias do certificado de trabalho marítimo e da declaração de conformidade do trabalho marítimo que estavam a bordo do navio antes da troca de bandeira e, se for aplicável, cópias dos relatórios relevantes de inspeção, caso a autoridade competente o solicite até três meses após a troca de bandeira.

Regra

Regra 5.1.4 – Inspeção e controle da aplicação

1. Todo Membro se assegurará, por meio de um sistema efetivo e coordenado de inspeções regulares, monitoramento e outras medidas de controle, de que os navios que ostentam sua bandeira cumprem com os dispositivos desta Convenção, da forma implementada na legislação e nos regulamentos nacionais.

2. Requisitos pormenorizados relativos a um sistema de inspeção e controle da aplicação, a que

se refere o parágrafo 1º desta Regra, constam na Parte A do Código.

Norma

Norma A5.1.4 – Inspeção e controle da aplicação

1. Todo Membro manterá um sistema de inspeção das condições propiciadas à gente do mar nos navios que arvoram sua bandeira, que incluirá a garantia de que as medidas pertinentes às condições de trabalho e de vida especificadas na declaração de conformidade do trabalho marítimo, segundo couber, estão sendo seguidas e que os dispositivos desta Convenção estão sendo observados.

2. A autoridade competente designará um número suficiente de inspetores qualificados para desempenhar as funções previstas no parágrafo 1º desta Norma. Se organizações reconhecidas tiverem sido autorizadas a realizar as inspeções, o Membro exigirá que as pessoas encarregadas de efetuar as inspeções sejam qualificadas para desempenhar essas funções e lhes conferirá a devida autoridade legal para desempenhar suas funções.

3. Providências apropriadas serão tomadas para assegurar que os inspetores tenham formação, competência, mandato, atribuições, condição jurídica e independência necessários ou convenientes que os capacite para realizar a inspeção e assegurar o cumprimento a que se refere o parágrafo 1º desta Norma.

4. As inspeções serão feitas nos intervalos prescritos pela Norma A5.1.3, se couber. O intervalo nunca será de mais de três anos.

5. Se um Membro receber uma queixa que não considera manifestamente infundada ou se obtiver prova de que um determinado navio que arvora sua bandeira não está em conformidade com os dispositivos desta Convenção ou que há sérias deficiências na implementação das medidas relacionadas na declaração de conformidade do trabalho marítimo, o Membro tomará as providências necessárias para investigar a questão e assegurará que providências serão tomadas para sanar quaisquer deficiências detectadas.

6. Regras apropriadas serão adotadas e efetivamente aplicadas por todo Membro, a fim de garantir que os inspetores gozem de condição jurídica e condições de serviço que garantam sua independência a respeito de mudanças de governo e de qualquer influência externa indevida.

7. Os inspetores, que disporão de diretrizes claras sobre as tarefas a serem realizadas e com devidas credenciais, terão autoridade para:

a) subir a bordo de navios que arvoram a bandeira do Membro;

b) realizar qualquer inspeção, teste ou investigação que julgarem necessário para terem certeza de que as normas estão sendo estritamente observadas; e

c) exigir que qualquer deficiência seja sanada e, se houver motivo para achar que as deficiências constituem uma grave infração dos dispositivos desta Convenção, inclusive dos direitos da gente do mar, ou um perigo significativo para a segurança, saúde ou proteção da gente do mar, proibir o navio de deixar o porto até que as providências necessárias sejam tomadas.

8. Toda ação empreendida em conformidade com o parágrafo 7º, alínea *c* desta Norma estará sujeita ao direito de recurso a uma autoridade judicial ou administrativa.

9. Os inspetores poderão orientar e aconselhar em vez de iniciar ou recomendar procedimentos administrativos, caso não haja uma nítida infração dos dispositivos desta Convenção que constitua perigo para a segurança, saúde ou proteção da gente do mar em foco e se não houver precedentes de infrações semelhantes.

10. Os inspetores manterão em sigilo a fonte de qualquer queixa ou reclamação sobre um suposto perigo ou uma deficiência em relação às condições de trabalho e de vida da gente do mar ou de alguma violação da legislação nacional e não darão a entender ao representante do armador ou do operador do navio que a inspeção foi feita por causa de uma queixa ou reclamação.

11. Os inspetores não serão encarregados de tarefas que, devido ao seu número ou natureza, possam interferir numa inspeção efetiva ou prejudicar de alguma forma sua autoridade ou imparcialidade nas relações com os armadores, marítimos ou terceiros interessados. Em particular, os inspetores serão:

a) proibidos de ter qualquer interesse direto ou indireto nas atividades que devem inspecionar; e

b) proibidos, sob pena de sanções ou medidas disciplinares, de divulgar, mesmo depois de deixar o serviço, quaisquer segredos comerciais ou processos confidenciais de trabalho ou informações de natureza pessoal das quais venham a tomar conhecimento no desempenho de suas funções.

12. Os inspetores submeterão um relatório de cada inspeção à autoridade competente. Uma cópia do relatório em inglês ou na língua de trabalho do navio será fornecida ao capitão do navio e outra cópia será afixada no quadro de avisos do navio, para conhecimento da gente do mar, e outra será enviada a seus representantes, caso isso seja solicitado.

13. A autoridade competente de cada membro manterá registros das inspeções das condições dos marítimos em navios que ostentam sua bandeira. Publicará também um relatório anual sobre as atividades de inspeção num prazo razoável, de seis meses no máximo, depois do fim do ano.

14. No caso de investigação de um incidente de maior monta, o relatório será submetido à autoridade competente o mais prontamente possível, no máximo um mês após a conclusão da investigação.

15. Quando uma inspeção for realizada ou medidas prescritas por esta Norma forem tomadas, todo esforço razoável será feito para evitar que o navio fique detido ou retido por um tempo injustificado.

16. Caberá indenização, em conformidade com a legislação nacional, por perdas ou danos incorridos por causa do exercício errôneo da autoridade dos inspetores. De qualquer modo, o ônus da prova recairá sobre o querelante.

17. Todo membro adotará e aplicará efetivamente penalidades apropriadas e outras medidas corretivas pela infração dos dispositivos desta Convenção, inclusive dos direitos da gente do mar, e pela obstrução das funções desempenhadas pelos inspetores.

Diretriz

Diretriz B5.1.4 – Inspeção e controle da aplicação

1. A autoridade competente e qualquer outro serviço ou autoridade total ou parcialmente envolvida na inspeção das condições de trabalho e de vida da gente do mar deverão dispor dos recursos necessários para desempenhar suas funções. Em particular:

a) todo Membro disporá das medidas necessárias para que se possa recorrer a peritos técnicos e especialistas, se necessário, para prestar ajuda ao trabalho dos inspetores no desempenho de seu trabalho; e

b) os inspetores deverão dispor de instalações convenientemente localizadas e de equipamentos e meios de transporte adequados para o desempenho eficiente de suas funções.

2. A autoridade competente deverá formular uma política de conformidade e controle da aplicação para assegurar a consistência e orientar as atividades de inspeção e de controle da aplicação em relação a esta Convenção. Cópias desta política deverão ser disponibilizadas a todos os inspetores e funcionários relacionados ao público, aos armadores e aos marítimos.

3. A autoridade competente deverá estabelecer procedimentos simples para que ela possa receber informações confidenciais a respeito de possíveis infrações dos dispositivos desta Convenção, inclusive de direitos da gente do mar, fornecidas diretamente pela gente do mar ou por seus representantes, e para que os inspetores possam investigar tais questões prontamente, bem como:

a) permitir que os capitães do navio, a gente do mar ou os representantes da gente do mar solicitem uma inspeção, caso a julguem necessária; e

b) fornecer informações técnicas e orientação aos armadores, marítimos e organizações interessadas a respeito dos meios mais eficazes de dar cumprimento aos dispositivos desta Convenção e de efetuar o aprimoramento contínuo das condições da gente do mar a bordo.

4. Os inspetores deverão ser plenamente treinados e em número suficiente para assegurar o desempenho eficaz de suas funções, com devida atenção ao seguinte:

a) a importância das funções a serem desempenhadas pelos inspetores, e, em particular, do número, natureza e tamanho dos navios submetidos à inspeção e do número e complexidade dos dispositivos legais a serem observados;

b) os recursos colocados à disposição dos inspetores; e

c) as condições práticas em que as inspeções terão de ser feitas para que sejam eficazes.

5. Sujeito às condições de recrutamento para o serviço público prescritas pela legislação e pelos regulamentos nacionais, os inspetores deverão possuir as qualificações e a formação adequada para desempenhar suas funções e, se possível,

um mínimo de conhecimentos ou de experiência como marítimos. Deverão também ter um conhecimento adequado das condições de trabalho e de vida da gente do mar e da língua inglesa.

6. Medidas deverão ser tomadas para propiciar treinamento adicional aos inspetores no decurso de seu emprego.

7. Todos os inspetores deverão ter uma compreensão clara das circunstâncias em que a inspeção será realizada, do alcance da inspeção nas diferentes circunstâncias mencionadas e do método geral de inspeção.

8. Os inspetores munidos das devidas credenciais exigidas pela legislação nacional deverão ter autoridade para, no mínimo, o seguinte:

a) subir a bordo de navios livremente e sem aviso prévio; contudo, ao iniciar a inspeção de um navio, os inspetores deverão anunciar sua presença ao capitão ou à pessoa encarregada, e, se for apropriado, à gente do mar ou a seus representantes;

b) fazer perguntas ao capitão, aos marítimos e a qualquer outra pessoa, inclusive ao armador ou ao seu representante, sobre qualquer matéria relacionada com a aplicação dos dispositivos da legislação e dos regulamentos nacionais, na presença de quaisquer testemunhas que o entrevistado quiser;

c) exigir a apresentação de quaisquer livros, diários de bordo, registros, certificados ou quaisquer outros documentos ou informações diretamente relacionados com o objeto da inspeção, a fim de verificar a conformidade com a legislação nacional que implementa esta Convenção;

d) exigir a afixação de avisos, como requer a legislação nacional que implementa esta Convenção;

e) extrair ou retirar, para fins de análise, amostras de produtos, carga, água potável, suprimentos, materiais e substâncias utilizadas ou manuseadas;

f) chamar a atenção do armador, operador do navio ou capitão, imediatamente após a inspeção, para deficiências suscetíveis de afetarem a saúde e a segurança das pessoas a bordo do navio;

g) alertar a autoridade competente e, se couber, à organização reconhecida, para deficiência ou abuso não previstos na legislação nem nos regulamentos nacionais e apresentar propostas para o aprimoramento da legislação nacional; e

h) notificar a autoridade competente a respeito de qualquer acidente de trabalho ou lesões e doenças ocupacionais que afete os marítimos, nos casos e maneiras previstas pela legislação nacional.

9. Quando a amostra a que se refere o parágrafo 8º, alínea e, desta Diretriz for extraída ou retirada, o armador ou seu representante e, se couber, um marítimo deverá ser notificado ou deverá estar presente ao ato. A quantidade da amostra deverá ser devidamente anotada pelo inspetor.

10. No relatório anual publicado pela autoridade competente de cada Membro a respeito dos navios que arvoram sua bandeira, deverá constar o seguinte:

a) uma relação da legislação nacional pertinente às condições de trabalho e de vida da gente do mar e emendas que tiverem entrado em vigor no ano;

b) pormenores da organização do sistema de inspeção;

c) estatísticas dos navios e de outros locais sujeitos a inspeção e de navios e locais efetivamente inspecionados;

d) dados estatísticos sobre todos os marítimos sujeitos a legislação nacional;

e) dados estatísticos e informações a respeito de violações da legislação nacional, penalidades impostas e casos de detenção de navios; e

f) dados estatísticos sobre acidentes de trabalho, lesões e doenças ocupacionais notificadas que afetem a gente do mar.

Regra

Regra 5.1.5 – Procedimentos de tramitação de queixas a bordo

1. Todo Membro exigirá que os navios que arvoram sua bandeira tenham procedimentos de bordo para uma tramitação justa, eficaz e ágil de queixas de gente do mar que alegarem infrações das disposições desta Convenção, inclusive de direitos da gente do mar.

2. Todo Membro proibirá e penalizará toda forma de vitimização da gente do mar por ter apresentado uma queixa.

3. O disposto nesta Regra e nas seções correlatas do Código não prejudica o direito da gen-

te do mar de buscar reparação por quaisquer meios legais que julgar apropriado.

Norma

Norma A5.1.5 – Procedimentos de tramitação de queixas a bordo

1. Sem prejuízo de um maior alcance que se possa dar à legislação nacional ou aos acordos de negociação coletiva, procedimentos de bordo poderão ser utilizados pela gente do mar para apresentar queixas relativas a qualquer matéria que supostamente constitui uma infração dos dispositivos desta Convenção, inclusive de direitos da gente do mar.

2. Todo Membro assegurará que a legislação nacional prescreverá procedimentos apropriados de bordo para tratar de queixas, a fim de atender aos dispositivos da Regra 5.1.5. Esses procedimentos visarão a resolver queixas na mais baixa instância possível. Em todos os casos, porém, a gente do mar terá o direito de queixar-se diretamente ao capitão e, se julgar necessário, às autoridades externas pertinentes.

3. Os procedimentos de bordo para tratar de queixas incluirão o direito da gente do mar de ser acompanhado ou representado durante a tramitação da queixa, bem como a salvaguardas contra a possibilidade de ser vitimizado por apresentar uma queixa. A expressão "vitimização" abrange qualquer ação adversa realizada por qualquer pessoa contra gente do mar, por haver apresentado uma queixa que não seja obviamente vexatória ou mal-intencionada.

4. Além de uma cópia do contrato de trabalho ou acordo de emprego, toda a gente do mar receberá uma cópia dos procedimentos de bordo para o tratamento de queixas aplicáveis ao navio. O documento trará informação para contato com a autoridade competente no Estado da bandeira do país ou no Estado de residência do marítimo, se for esse o caso, e o nome da pessoa ou pessoas a bordo do navio que poderão, em caráter confidencial, dar conselho imparcial à gente do mar a respeito de suas queixas e ajudá-la a observar os procedimentos de bordo para tratar de queixas no navio.

Diretriz

Diretriz B5.1.5 – Procedimentos de tramitação de queixas a bordo

1. Sujeito às disposições relevantes de acordos de negociação coletiva, a autoridade competente deverá, em consulta com as organizações representativas de armadores e de gente do mar, elaborar um modelo de procedimentos de tramitação de queixas a bordo, que seja justo, ágil e bem fundamentado, para todos os navios que arvoram a bandeira do Membro. Na elaboração desses procedimentos, os seguintes aspectos deverão ser considerados:

a) muitas queixas poderão relacionar-se especificamente com os indivíduos a quem a queixa terá de ser feita ou mesmo com o capitão do navio. Em todos os casos, a gente do mar deverá poder queixar-se diretamente ao capitão e apresentar a queixa externamente também; e

b) a fim de contribuir para evitar a vitimização da gente do mar por apresentar queixa a respeito de matérias previstas nesta Convenção, os procedimentos devem incentivar a designação de uma pessoa a bordo que possa aconselhar a gente do mar sobre os procedimentos a que poderá recorrer e, caso seja solicitado pelo autor da queixa, estar presente a reuniões ou audiências sobre o objeto da queixa.

2. Os procedimentos ventilados durante o processo de consulta a que se refere o parágrafo 1º desta Diretriz deverão abordar, no mínimo, o seguinte:

a) as queixas deverão ser dirigidas ao chefe do serviço da pessoa que apresentar a queixa ou ao seu oficial superior;

b) o chefe do serviço ou o oficial superior deverá tentar resolver a questão no prazo prescrito, conforme a gravidade dos aspectos envolvidos;

c) se o chefe do serviço ou o oficial superior não puderem solucionar a contento a queixa, a gente do mar poderá referi-la ao capitão, que tratará do assunto pessoalmente;

d) a gente do mar deverá a qualquer momento ter o direito de ser acompanhada e representada por outro trabalhador de sua escolha a bordo do navio em questão;

e) todas as queixas e as respectivas decisões deverão ser registradas e uma cópia deverá ser fornecida à gente do mar interessada;

f) caso uma queixa não possa ser resolvida a bordo, a matéria deverá ser referida ao armador em terra, a quem deverá ser concedido um prazo apropriado para resolver a questão, se for apropriado, em consulta com a gente do mar interessada ou com qualquer outra pessoa que ela designar como seu representante; e

g) em todos os casos, a gente do mar deverá ter o direito de submeter suas queixas diretamente ao capitão, ao armador e às autoridades competentes.

Regra

Regra 5.1.6 – Sinistros marítimos

1. Todo Membro realizará uma investigação oficial de todo sinistro marítimo que ocasione lesão ou perda de vida, que envolva um navio que arvora sua bandeira. O relatório final da investigação será normalmente dado a conhecer ao público.

2. Os membros cooperarão entre si para facilitar a investigação de sinistros marítimos graves a que se refere o parágrafo 1º desta Regra.

Norma

Norma A5.1.6 – Sinistros marítimos

(Nenhum dispositivo)

Diretriz

Diretriz B5.1.6 – Sinistros marítimos

(Nenhum dispositivo)

Regra

Regra 5.2 – Responsabilidades do Estado controlador do porto

Finalidade: Permitir que todo Membro cumpra suas responsabilidades conforme esta Convenção, no que tange à cooperação internacional necessária para assegurar a implementação e controle da aplicação das normas desta Convenção a navios estrangeiros.

Regra 5.2.1 – Inspeção no porto

1. Todo navio estrangeiro que, no desenrolar normal de sua atividade ou por motivos operacionais, fizer escala no porto de um Membro poderá estar sujeito à inspeção, de acordo com o parágrafo 4º do Artigo V, a fim de verificar sua conformidade com os dispositivos desta Convenção, inclusive com os direitos da gente do mar, no que tange às condições de trabalho e de vida da gente do mar no navio.

2. Todo Membro aceitará o certificado de trabalho marítimo e a declaração de conformidade do trabalho marítimo exigidos pela Regra 5.1.3 como presunção, salvo prova em contrário, de conformidade com os dispositivos desta Convenção, inclusive com os direitos da gente do mar. Portanto, a inspeção em seus portos se restringirá, salvo nas circunstâncias especificadas no Código, a um exame do certificado e da declaração.

3. As inspeções num porto serão realizadas por funcionários habilitados, conforme o disposto no Código e em outros acordos internacionais aplicáveis que regem o controle de inspeções pelo Estado do porto em território do Membro. Essas inspeções serão limitadas à verificação de que a matéria examinada está em conformidade com os dispositivos relevantes dos artigos e regras desta Convenção e da Parte A do Código.

4. As inspeções passíveis de serem realizadas de acordo com esta Regra serão baseadas num sistema eficaz de inspeção e controle pelo Estado que governa o porto, que contribua para assegurar que as condições de trabalho e de vida da gente do mar em navios que entram num porto do membro em apreço estejam em conformidade com os dispositivos desta Convenção, inclusive com o que se refere aos direitos da gente do mar.

5. Informações a respeito do sistema a que se refere o parágrafo 4º desta Regra, inclusive sobre o método usado para avaliar sua eficácia, serão incluídas nos relatórios do Membro, a que se refere o artigo 22 da Constituição.

Norma

1. Se um funcionário habilitado, que tiver subido a bordo para realizar uma inspeção e tiver solicitado, se for o caso, o certificado de trabalho marítimo e a declaração de conformidade do trabalho marítimo constatar:

a) que os documentos exigidos não são apresentados ou mantidos ou que seu conteúdo é falso, ou que os documentos apresentados não contêm a informação exigida por esta Convenção ou são inválidos por outros motivos;

b) que há motivos claros para crer que as condições de trabalho e de vida a bordo do navio não estão em conformidade com os dispositivos desta Convenção;

c) que existem motivos razoáveis para crer que o navio trocou de bandeira a fim de se eximir da conformidade com esta Convenção; ou

d) que há uma queixa que alega que certas condições de trabalho e de vida a bordo do navio não estão em conformidade com os dispositivos desta Convenção, uma inspeção mais minuciosa será realizada para averiguar as condições de trabalho e de vida a bordo do navio. Essa inspeção será realizada quando se crê que as condições de trabalho e de vida supostamente deficientes poderiam constituir um nítido perigo para a segurança, saúde ou proteção da gente do mar ou quando o funcionário habilitado encontrar motivos para crer que as deficiências constituem uma grave infração dos dispositivos desta Convenção, inclusive dos direitos da gente do mar.

2. Se uma inspeção mais rigorosa for realizada num navio estrangeiro em um porto de um Membro por funcionários autorizados, nas circunstâncias especificadas nas alíneas *a*, *b* ou *c* do parágrafo 1º desta Norma, ela deverá, em princípio, abranger os itens relacionados no Apêndice A5-III.

3. No caso de uma queixa a que se refere à alínea *d* do parágrafo 1º desta Norma, a inspeção geralmente será limitada ao teor da queixa, embora uma queixa ou sua investigação possa propiciar motivos claros para uma investigação rigorosa, de acordo com a alínea *b* do parágrafo 1º desta Norma. Para os fins da alínea *d* do parágrafo 1º desta Norma, queixa significa informação fornecida por gente do mar, entidade profissional, associação, sindicato ou, em geral, qualquer pessoa preocupada com a segurança do navio e com os perigos para a segurança e a saúde da gente do mar a bordo.

4. Se, após uma inspeção mais pormenorizada, ficar constatado que as condições de trabalho e de vida no navio não estão em conformidade com os dispositivos desta Convenção, o funcionário habilitado imediatamente levará as deficiências ao conhecimento do capitão do navio, determinando o prazo para sua correção. Se o funcionário habilitado julgar que essas deficiências são significativas ou se elas estiverem relacionadas com a queixa feita de acordo com o parágrafo 3º desta Norma, o referido funcionário levará essas deficiências ao conhecimento das organizações de armadores e de gente do mar pertinentes no Membro em que a inspeção tiver sido realizada e poderá ainda:

a) notificar um representante do Estado da bandeira; e

b) transmitir as informações relevantes às autoridades do próximo porto de escala.

5. O Membro no qual a inspeção for realizada terá o direito de transmitir uma cópia do relatório do funcionário, que deverá ser acompanhada pela eventual resposta recebida das autoridades competentes do Estado da bandeira dentro do prazo prescrito, ao Diretor-Geral da Repartição Internacional do Trabalho, com vistas à tomada de uma providência que se julgar apropriada e oportuna para assegurar que a informação seja registrada e levada ao conhecimento das partes suscetíveis de se interessarem em valer-se também dos procedimentos relevantes de recurso.

6. Se, após uma inspeção mais pormenorizada pelo funcionário autorizado, constatar-se que o navio não está em conformidade com os dispositivos desta Convenção e:

a) que as condições a bordo são nitidamente perigosas para a segurança, a saúde ou a proteção da gente do mar; ou

b) que a falta de conformidade constitui uma grave ou reiterada infração dos dispositivos desta Convenção, inclusive dos direitos da gente do mar, o funcionário habilitado adotará medidas para assegurar que o navio não prossiga a viagem enquanto não for sanada a falta de conformidade no âmbito da alínea *a* ou *b* deste parágrafo, ou enquanto o funcionário habilitado não tiver concordado com um plano de ação para retificar essa falta de conformidade e estiver convencido de que o plano será executado prontamente. Se o navio for impedido de zarpar, o funcionário autorizado notificará imediatamente esse fato ao Estado da bandeira e convidará um representante do Estado da bandeira a comparecer, se possível, solicitando ao Estado da bandeira que responda dentro de um prazo determinado. O funcionário habilitado informará também as organizações de armadores e de gente do mar pertinentes no Estado que controla o porto no qual a inspeção tiver sido realizada.

7. Todo membro assegurará que seus funcionários autorizados receberão orientação, do tipo indicado na Parte B do Código, quanto às circunstâncias que justificariam a detenção de um navio, de acordo com o parágrafo 6º desta Norma.

8. Ao desincumbir-se de suas responsabilidades de acordo com esta Norma, o Membro envidará todos os esforços possíveis para evitar que um navio seja indevidamente detido ou retido. Se ficar constatado que um navio está sendo indevidamente detido ou retido, será paga uma in-

denização por eventuais perdas ou danos incorridos e o ônus da prova caberá ao querelante.

Diretriz

Diretriz B5.2.1 – Inspeção nos portos

1. A autoridade competente deverá formular uma política de inspeção para os funcionários autorizados a realizar inspeções conforme a Regra 5.2.1. O objetivo dessa política deverá ser assegurar consistência e orientar as atividades de inspeção e controle da aplicação, relacionadas com os dispositivos desta Convenção, inclusive com os direitos da gente do mar. Cópias dessa política deverão ser franqueadas ao público, aos armadores e à gente do mar.

2. Ao formular uma política relativa às circunstâncias que justificariam a detenção do navio de acordo com o parágrafo 6º da Norma A5.2.1, a autoridade competente deverá considerar que, no que tange às infrações a que se refere o parágrafo 6º, alínea *b*, a gravidade poderia ser devida à natureza da deficiência constatada. Isso seria particularmente relevante no caso de violação de direitos e princípios fundamentais ou dos direitos de emprego e sociais a que se referem os Artigos III e IV. Por exemplo, o emprego de um menor de idade deverá ser considerado como uma infração séria, mesmo que haja somente uma pessoa nessa situação a bordo. Em outros casos, a quantidade de diferentes defeitos constatados numa determinada inspeção deverá ser levada em conta. Por exemplo, talvez fossem necessárias várias ocorrências de defeitos relativos a alojamento, alimentação ou serviço de mesa que não ameaçam a segurança ou a saúde para que fossem consideradas uma infração séria.

3. Os Membros deverão cooperar uns com os outros tanto quanto possível na adoção de diretrizes internacionalmente acordadas sobre políticas de inspeção, especialmente em se tratando de circunstâncias que justificariam a detenção de um navio.

Regra

Regra 5.2.2 – Procedimentos de tramitação de queixas em terra

1. Todo Membro assegurará que a gente do mar de navios que fizerem escala num porto no território do Membro, que alegar uma infração dos dispositivos desta Convenção, inclusive de direitos da gente do mar, terá o direito de notificar tal infração, a fim de facilitar um meio imediato e prático de correção.

Norma

Norma A5.2.2 – Procedimentos de tramitação de queixas em terra

1. A queixa de um marítimo que alegar uma infração dos dispositivos desta Convenção, inclusive dos direitos da gente do mar, poderá ser notificada a um funcionário habilitado no porto em que o navio do marítimo fizer escala. Nesses casos, o funcionário habilitado empreenderá uma investigação inicial.

2. Caso seja apropriado, em vista da natureza da queixa, a investigação inicial verificará se os procedimentos de bordo para tratamento de queixas, a que se refere à Regra 5.1.5, foram utilizados. O funcionário habilitado poderá também realizar uma inspeção rigorosa, de acordo com a Norma A5.2.1.

3. O funcionário habilitado, caso seja apropriado, tentará promover uma solução para a queixa a bordo do próprio navio.

4. Caso a investigação ou a inspeção realizada de acordo com esta Norma constate uma falta de conformidade, segundo os termos do parágrafo 6º da Norma A5.2.1, os dispositivos do referido parágrafo se aplicarão.

5. Se os dispositivos do parágrafo 4º festa Norma não se aplicarem e se a queixa não for resolvida a bordo do próprio navio, o funcionário habilitado notificará imediatamente o fato ao Estado da bandeira, solicitando orientação e um plano corretivo dentro de um determinado prazo.

6. Se a queixa não for resolvida depois da ação empreendida nos termos do parágrafo 5º desta Norma, o Estado controlador do porto transmitirá uma cópia do relatório do funcionário habilitado ao Diretor-Geral. O relatório terá de ser acompanhado da eventual resposta recebida, no prazo prescrito, da autoridade competente do Estado da bandeira. As organizações pertinentes de armadores e de gente do mar também serão informadas. Além disso, dados estatísticos e informações a respeito das queixas resolvidas serão submetidos regularmente pelo Estado controlador do porto ao Diretor-Geral. Essas transmissões serão feitas para que, com base na ação que tiver sido considerada apropriada e oportuna, um registro dessa informação seja mantido e levado ao conhecimento das partes,

inclusive das organizações de armadores e de gente do mar, suscetíveis de se interessar em valer-se também dos procedimentos relevantes.

7. Medidas apropriadas serão tomadas para salvaguardar a confidencialidade das queixas feitas pela gente do mar.

Diretriz

Diretriz B5.2.2 – Procedimentos de tramitação de queixas em terra

1. Quando uma queixa a que se refere à Norma A5.2.2 for tratada por um funcionário habilitado, esse funcionário verificará primeiramente se a queixa é de caráter geral, que interessa a toda a gente do mar a bordo do navio ou a uma certa categoria de gente do mar, ou se ela se refere apenas ao caso individual da gente do mar interessada.

2. Se a queixa for de caráter geral, deverá pensar-se numa inspeção pormenorizada, conforme a Norma A5.2.1.

3. Se a queixa se referir a um caso individual, deverá ser feita uma análise dos resultados dos procedimentos de bordo para resolução da queixa apresentada. Se esses procedimentos não tiverem sido utilizados, o funcionário habilitado deverá sugerir que o querelante faça uso desses procedimentos. Deverá haver sólidos motivos para considerar uma queixa antes que ela tenha sido submetida aos procedimentos de bordo. Tais motivos incluem a inadequação ou demora indevida dos procedimentos internos ou o receio do querelante de retaliação por fazer a queixa.

4. Na investigação de uma queixa, o funcionário habilitado deverá dar ao capitão, ao armador e a qualquer outra pessoa envolvida na queixa uma oportunidade adequada de expressar seus pontos de vista.

5. Caso o Estado da bandeira demonstre, em resposta à notificação recebida do Estado controlador do porto, em consonância com o parágrafo 5º da Norma A5.2.2, que ele tratará do assunto e que dispõe de procedimentos eficazes para esse fim, e submeta um plano aceitável de ação, o funcionário autorizado poderá eximir-se de qualquer outro envolvimento com a queixa.

Regra

Regra 5.3 – Responsabilidade pelo fornecimento de mão de obra

Finalidade: Assegurar que todo membro cumpra com suas responsabilidades ao amparo desta Convenção, no que tange ao recrutamento e colocação de gente do mar e a sua proteção.

1. Sem prejuízo do princípio da responsabilidade de todo Membro pelas condições de trabalho e de vida da gente do mar nos navios que arvoram sua bandeira, o Membro será também responsável por assegurar o recrutamento e colocação de gente do mar, bem como a proteção de sua seguridade social dos que são seus nacionais ou residentes ou domiciliados em seu território, na medida em que essa responsabilidade é determinada por esta Convenção.

2. Os dispositivos pormenorizados para a implementação do parágrafo 1º desta Regra constam no Código.

3. Todo Membro estabelecerá um sistema eficaz de inspeção e monitoramento para desincumbir-se de suas responsabilidades ao amparo desta Convenção.

4. Informações acerca do sistema a que se refere o parágrafo 3º desta Regra, inclusive sobre o método usado para avaliar sua eficácia, serão incluídas nos relatórios do Membro, em consonância com o Artigo 22 da Constituição da OIT.

Norma

Norma A5.3 – Responsabilidade pelo fornecimento de mão de obra

1. Todo Membro controlará a aplicação dos dispositivos desta Convenção referentes à operação e prática dos serviços de recrutamento e colocação estabelecidos em seu território, mediante um sistema de inspeção e monitoramento e de procedimentos jurídicos relativos à infração de licença e de outros requisitos operacionais constantes na Norma A1.4.

Diretriz

Diretriz B5.3 – Responsabilidade pelo fornecimento de mão de obra

1. Os serviços privados de recrutamento e colocação de gente do mar estabelecidos no território do Membro e que contratem os serviços de gente do mar para um armador, onde quer que esteja localizado, terão de assumir a obrigação de garantir o devido cumprimento, pelo armador, dos termos de seus acordos de emprego firmados com gente do mar.

ANEXO A2-I
EVIDÊNCIA DE GARANTIA FINANCEIRA SOB A REGRA 2.5 PARÁGRAFO 2

O certificado ou outra evidência documental referida na Norma A2.5.2, parágrafo 7, deverá incluir a seguinte informação:

a) nome do navio;
b) porto de registro do navio;
c) código de chamada do navio;
d) número IMO do navio;
e) nome e endereço do provedor ou provedores da garantia financeira;
f) detalhes do contato das pessoas ou entidade responsável por lidar com a solicitação de assistência da gente do mar;
g) nome do armador;
h) período de validade da garantia financeira; e
i) um atestado do provedor da garantia financeira de que a garantia financeira atende os requisitos do Norma A2.5.2.

ANEXO A4-I
EVIDÊNCIA DE GARANTIA FINANCEIRA SOB A REGRA 4.2

O certificado ou outra evidência documental de garantia financeira necessária sob a Norma A4.2.1, parágrafo 14, deverá incluir a seguinte informação:

a) nome do navio;
b) porto de registro do navio;
c) código de chamada do navio;
d) número IMO do navio;
e) nome e endereço do provedor ou provedores da garantia financeira;
f) detalhes do contato de pessoas ou entidade responsável para tratar das reclamações contratuais da gente do mar;
g) nome do armador;
h) período de validade da garantia financeira; e
i) um atestado do provedor da garantia financeira de que a garantia financeira atende os requisitos da Norma A4.2.1.

ANEXO B4-I
MODELO DE RECIBO E FORMULÁRIO DE LIBERAÇÃO

Referido na Diretriz B4.2.2

Navio (nome, porto de registro e número IMO):

Incidente (Data e local): ____________________

Gente do mar/herdeiro legal e/ou dependente:

Armador: ____________________

Eu, [Gente do mar] [herdeiro legal da gente do mar e/ou dependente] acuso o recebimento do valor de [moeda e montante] como satisfação da obrigação do Armador de pagar a compensação contratual por ferimento pessoal e/ou morte sob os termos e condições do [meu] [a gente do mar]* emprego e pelo presente libero o Armador de suas obrigações sob os termos e condições referidos.

O pagamento é feito sem admissão de responsabilidade de qualquer reclamação e é aceito sem prejuízo do [meu] [herdeiro legal da gente do mar e/ou dependente] direito de reclamar em juízo em relação de negligência, quebra de obrigação estatutária ou outra reparação legal disponível e surgida do incidente acima.

Data: ____________________

Gente do mar/herdeiro legal e/ou dependente:

Assinado: ____________________

Para reconhecimento:

Armador/representante do armador:________

Assinado: ____________________

Provedor da garantia financeira:

Assinado: ____________________

*Apagar como apropriado.

ANEXO A5-I

As condições de trabalho e vida a bordo da gente do mar que devem ser inspecionadas e aprovadas pelo Estado da bandeira antes de expedir um certificado, conforme o parágrafo 1º da Norma A5.1.3, são as seguintes:

Idade mínima;

Atestados médicos;

Qualificações da gente do mar;

Acordos de emprego ou contratos de trabalho da gente do mar;

Utilização de serviço privado de contratação e colocação autorizado, certificado ou regulamentado;

Horas de trabalho e de descanso;

Níveis de tripulação do navio;

Alojamento;

Serviços de lazer a bordo;

Alimentação e serviço de mesa a bordo;

Saúde e segurança e prevenção de acidentes;

Assistência médica a bordo;

Procedimentos de tramitação de queixas a bordo;

Pagamento dos salários;

Garantia financeira para repatriação; e

Garantia financeira relativa à responsabilidade do armador.

ANEXO A5-II
CERTIFICADO DE TRABALHO MARÍTIMO

(Ao presente Certificado deverá juntar-se uma Declaração de Conformidade do Trabalho Marítimo)

Expedido conforme as disposições do artigo V e do Título 5 da Convenção sobre Trabalho Marítimo, 2006

(a seguir, "a Convenção")

em virtude da autoridade do Governo de:

____

(designação completa do Estado cuja bandeira o navio está autorizado a arvorar)

Por: ______________________________

(designação completa e endereço da autoridade competente ou organização reconhecida devidamente autorizada em virtude das disposições da Convenção)

Dados do navio

Nome do navio: ____________________

Letras ou números distintivos: __________

Porto de registro: ____________________

Data em que se registrou o navio: _______

Arqueação bruta[1]: ____________________

Número OMI: ____________________

Tipo de navio: ____________________

Nome e endereço do armador[2]: __________

Certifica-se que:

1. Este navio foi inspecionado e teve verificada sua conformidade com os requisitos da Convenção e com as disposições da Declaração de Conformidade do Trabalho Marítimo em anexo.

2. As condições de trabalho e vida a bordo da gente do mar especificadas no anexo A5-I da Convenção foram consideradas correspondentes às disposições nacionais do país acima indicado, pelo meio das quais se aplica a Convenção. Na Declaração de Conformidade do Trabalho Marítimo, parte I, consta um resumo destas disposições nacionais.

O presente Certificado é válido até ________ ____________________, salvo inspeções que se efetuem conforme as Normas A5.1.3 e A5.1.4 da Convenção.

Este Certificado só é válido quando em anexo com a Declaração de Conformidade do Trabalho Marítimo expedida em __________ ____________________ na data de ____________________

Data de finalização da inspeção em que se baseia o presente Certificado: __________

Expedido em ____________________ ____________________ na data de ____________________

____

(Assinatura do funcionário devidamente habilitado que expede o Certificado)

(Selo ou carimbo da autoridade expedidora, conforme o caso)

Endossos do certificado da inspeção intermediária obrigatória e, se for o caso, de outras inspeções adicionais

Certifica-se que o navio foi inspecionado conforme as Normas A5.1.3 e A5.1.4 da Convenção e que verificou-se que as condições de trabalho e vida da gente do mar que se especificam no anexo A5.I da Convenção se ajustam às disposições nacionais do país acima indicado e pelas quais se aplica a Convenção.

Inspeção intermediária: se efetuará entre o segundo e o terceiro ano a partir da data de expedição do certificado

____

(Assinatura do funcionário habilitado)

Local ____________________

Data ____________________

(Selo ou carimbo da autoridade expedidora, conforme o caso)

Endossos adicionais (caso necessário)

Certifica-se que o navio foi objeto de uma inspeção adicional com a finalidade de verificar se o navio continua cumprindo com as disposições nacionais pelas quais se aplica a Convenção, conforme previsto no parágrafo 3 da Norma A3.1 da Convenção (nova matrícula do navio ou modificação importante de alojamento) ou por outros motivos.

Inspeção adicional: caso necessária

____

(Assinatura do funcionário habilitado)

Local ______________________________

Data ________________

(Selo ou carimbo da autoridade expedidora, conforme o caso)

Inspeção adicional: caso necessária

____

(Assinatura do funcionário habilitado)

Local ______________________________

Data ________________

(Selo ou carimbo da autoridade expedidora, conforme o caso)

Inspeção adicional: caso necessária

____

(Assinatura do funcionário habilitado)

Local ______________________________

Data ________________

(Selo ou carimbo da autoridade expedidora, conforme o caso)

Convenção sobre Trabalho Marítimo, 2006

Declaração de Conformidade do Trabalho Marítimo – Parte I

(A presente Declaração deverá estar anexa ao Certificado de Trabalho Marítimo do navio)

Expedida sob a autoridade de: ______________________________ (inserir o nome da autoridade competente definida no parágrafo 1º, alínea *a*, do artigo II da Convenção)

A respeito das disposições da Convenção sobre Trabalho Marítimo, 2006, o navio abaixo indicado, se mantém em conformidade com a Norma A5.1.3 da Convenção:

Nome do navio	Número OMI	Arqueação bruta

O abaixo assinado declara, em nome da autoridade competente antes mencionada, que:

a) as disposições da Convenção sobre o Trabalho Marítimo estão plenamente incorporadas nos requisitos nacionais listados abaixo;

b) estes requisitos nacionais estão contidos na legislação nacional a que se faz referência abaixo; explicações sobre o conteúdo desses requisitos foram fornecidas, quando necessário;

c) os detalhes de toda disposição de equivalência substancial adotada em virtude dos parágrafos 3º e 4º do artigo VI se indicam [depois dos dispositivos nacionais correspondentes listados a seguir] [mais adiante, no parágrafo previsto para tal efeito] (riscar a descrição que não corresponde);

d) toda isenção concedida pela autoridade competente conforme o Título 3 será indicada com clareza na seção que aparece mais abaixo para esse efeito; e

e) também se faz referência a todo requisito previsto na legislação nacional para uma categoria específica de navios.

1. Idade mínima (Regra 1.1): ______________

2. Atestados médicos (Regra 1.2): ___________

3. Qualificações da gente do mar (Regra 1.3): _

4. Acordos de emprego da gente do mar (Regra 2.1): ______________________________

5. Utilização de serviço privado de contratação e colocação autorizado, certificado ou regulamentado (Regra 1.4): ________________

6. Horas de trabalho e de descanso (Regra 2.3): ______________________________

7. Níveis de tripulação do navio (Regra 2.7):___

8. Alojamento (Regra 3.1): ______________

9. Serviços de lazer a bordo (Regra 3.1): _____

10. Alimentação e serviço de mesa (Regra 3.2):

11. Saúde e segurança e prevenção de acidentes (Regra 4.3): ______________________________

12. Assistência médica a bordo (Regra 4.1): ___

13. Procedimentos de tramitação de queixas a bordo (Regra 5.1.5): ________________

14. Pagamento dos salários (Regra2.2): _____

15. Garantia financeira para casos de repatriação (Regra 2.5): ____________________

16. Garantia financeira relativa à responsabilidade do armador (Regra 4.2): ____________

Nome: ______________________________

Cargo: ______________________________

Assinatura: __________________________

Local ______________________________

Data ________________

(Selo ou carimbo da autoridade expedidora, conforme o caso)

Equivalências substanciais

(riscar o parágrafo não aplicável)

Conforme o previsto nos parágrafos 3º e 4º do artigo VI da Convenção, são indicadas as seguintes disposições de equivalência substancial, com exceção das que foram descritas na lista acima (incluir uma descrição, caso aplicável): ...

Não se aplica nenhuma disposição de equivalência substancial.

Nome: ______________________________

Cargo: ______________________________

Assinatura: __________________________

Local ______________________________

Data ________________

(Selo ou carimbo da autoridade expedidora, conforme o caso)

Exceções conforme o Título 3

(riscar o parágrafo não aplicável)

Conforme o previsto no Título 3 da Convenção, são indicadas as seguintes exceções permitidas pela autoridade competente: ______________

____

Não foi permitida nenhuma exceção.

Nome: ______________________________

Cargo: ______________________________

Assinatura: __________________________

Local ______________________________

Data ________________

(Selo ou carimbo da autoridade expedidora, conforme o caso)

Declaração de Conformidade do Trabalho Marítimo – Parte II

Medidas adotadas para assegurar o cumprimento contínuo entre as inspeções

O armador, cujo nome figura no Certificado de trabalho Marítimo ao qual se anexa a presente Declaração, adotou as seguintes medidas para assegurar o cumprimento contínuo das disposições da Convenção entre as inspeções:

(Indique a continuação das medidas adotadas para assegurar o cumprimento de cada um dos pontos que figuram na parte I)

1. Idade mínima (Regra 1.1)
2. Atestados médicos (Regra 1.2)
3. Qualificações da gente do mar (Regra 1.3)
4. Acordos de emprego da gente do mar (Regra 2.1)
5. Utilização de serviço privado de contratação e colocação autorizado, certificado ou regulamentado (Regra 1.4)
6. Horas de trabalho e horas de descanso (Regra 2.3)
7. Níveis de tripulação do navio (Regra 2.7)
8. Alojamento (Regra 3.1)
9. Serviços de lazer a bordo (Regra 3.1)
10. Alimentação e serviço de mesa (Regra 3.2)
11. Saúde e segurança e prevenção de acidentes (Regra 4.3)
12. Assistência médica a bordo (Regra 4.1)
13. Procedimentos de tramitação de queixas a bordo (Regra 5.1.5)
14. Pagamento dos salários (Regra 2.2)
15. Garantia financeira para casos de repatriação (Regra 2.5)
16. Garantia financeira relativa à responsabilidade do armador (Regra 4.2)

Pela presente certifico que as medidas acima mencionadas foram formuladas para garantir o cumprimento contínuo entre as inspeções, dos requisitos listados na parte I.

Nome do armador:[3] ______________________

Endereço da empresa: ____________________

Nome do signatário autorizado: ____________

Cargo: ______________________________

Assinatura: ___________________________

Local ________________________________

Data ________________

(Selo ou carimbo da autoridade expedidora, conforme o caso)

As medidas antes mencionadas foram revisadas por (inserir o nome da autoridade competente ou organização devidamente reconhecida) e, depois de haver inspecionado o navio, foi considerado que satisfazem os objetivos estabelecidos na alínea *b* do parágrafo 10 da Norma A5.1.3, em relação às medidas destinadas a assegurar o cumprimento inicial e contínuo dos requisitos estipulados na parte I da presente Declaração.

Certificado Provisório de Trabalho Marítimo

Expedido conforme as disposições do artigo V e do Título 5 da Convenção sobre Trabalho Marítimo, 2006

(a seguir, "a Convenção")

em virtude da autoridade do Governo de:

____

(designação completa do Estado cuja bandeira o navio está autorizado a arvorar)

Por: ______________________________

(designação completa e endereço da autoridade competente ou organização reconhecida devidamente autorizada em virtude das disposições da Convenção)

Dados do navio

Nome do navio: ______________________

Letras ou números distintivos: __________

Porto de registro: ____________________

Data em que se registrou o navio: ________

Arqueação bruta[4]: ___________________

Número OMI: _________________________

Tipo de navio:_________________________

Nome e endereço do armador[5]: ___________

Certifica-se que, para efeitos do parágrafo 7 da Norma A5.1.3 da Convenção:

a) este navio foi inspecionado, na medida do factível e razoável, a respeito das matérias que figuram no anexo A5.I da Convenção, tendo em conta a verificação dos aspectos assinalados nas alíneas *b*, *c* e *d*;

b) o armador demonstrou para a autoridade competente ou uma organização reconhecida que o navio conta com procedimentos adequados para cumprir o disposto na Convenção;

c) o capitão conhece as disposições da Convenção e as responsabilidades da sua aplicação, e

d) foram apresentadas informações pertinentes à autoridade competente ou a uma organização reconhecida para a expedição de uma Declaração de Conformidade do Trabalho Marítimo.

O presente Certificado é válido até ____________________, salvo inspeções que se efetuem conforme as Normas A5.1.3 e A5.1.4 da Convenção.

Data de finalização da inspeção mencionada na alínea *a* acima: ________________________

Expedido em __________________________

_________ na data de ___________________

____

(Assinatura do funcionário habilitado que expede o Certificado)

(Selo ou carimbo da autoridade expedidora, conforme o caso)

ANEXO A5-III

Áreas gerais sujeitas a inspeção detalhada por funcionário autorizado em um porto de Membro executando inspeção de portos em conformidade com a Regra A5.2.1:

Idade Mínima;

Qualificações da gente do mar;

Acordos trabalhistas de gente do mar;

Utilização de recrutamento privado licenciado, certificado ou regulado e colocação no serviço;

Horas de trabalho ou repouso;

Níveis de tripulação do navio;

Acomodação;

Instalações de lazer a bordo;

Alimentação e serviço de bordo;

Saúde e segurança e prevenção de acidentes;

Assistência médica a bordo;

Procedimentos de reclamação a bordo;

Pagamento de remuneração;

Garantia financeira para casos de repatriação; e

Garantia financeira relativa à responsabilidade do armador.

ANEXO B5-I
EXEMPLO DE DECLARAÇÃO NACIONAL

Vide Norma B5.1.3, parágrafo 5

Convenção sobre Trabalho Marítimo, 2006

Declaração de Conformidade do Trabalho Marítimo – Parte I

(A presente Declaração deverá estar anexa ao Certificado de Trabalho Marítimo do navio)

Expedida sob a autoridade do MINISTÉRIO DO TRANSPORTE MARÍTIMO DE _______________ _______________ (inserir o nome da autoridade competente definida no parágrafo 1º, alínea *a*, do artigo II da Convenção)

A respeito das disposições da Convenção sobre Trabalho Marítimo, 2006, o navio abaixo indicado, se mantém em conformidade com a Norma A5.1.3 da Convenção:

Nome do navio	Número OMI	Arqueação bruta
M.S. EXEMPLO	12345	1.000

O abaixo assinado declara, em nome da autoridade competente antes mencionada, que:

a) as disposições da Convenção sobre o Trabalho Marítimo estão plenamente incorporadas nos requisitos nacionais listados abaixo;

b) estes requisitos nacionais estão contidos na legislação nacional a que se faz referência abaixo; explicações sobre o conteúdo desses requisitos foram fornecidas, quando necessário;

c) os detalhes de toda disposição de equivalência substancial adotada em virtude dos parágrafos 3º e 4º do artigo VI se indicam [depois dos dispositivos nacionais correspondentes listados a seguir] [mais adiante, no parágrafo previsto para tal efeito] (riscar a descrição que não corresponde);

d) toda isenção concedida pela autoridade competente conforme o Título 3 será indicada com clareza na seção que aparece mais abaixo para esse efeito; e

e) também se faz referência a todo requisito previsto na legislação nacional para uma categoria específica de navios.

1. Idade mínima (Regra 1.1)

Direito do mar, Nº 123 de 1905, conforme emendas (Direito), capítulo X; Regulamentos do mar (Regulamentos), 2006, Regras 1111-1222.

Idades mínimas são aquelas referidas na Convenção.

"Noite" significa das 21h às 6h, a menos que o Ministério de Transporte Marítimo "Ministério" aprove um período diferente.

Exemplos de atividades de risco restritas a pessoas com 18 anos de idade ou mais estão listadas na Lista A. No caso de navios cargueiros, nenhuma pessoa menor de 18 anos poderá trabalhar em áreas identificadas no mapa do navio, a ser anexado a esta Declaração, como "áreas de risco".

2. Atestados médicos (Regra 1.2)

Legislação; Capítulo XI, Regulamentação, Regras 1223-1233.

Certificados médicos devem estar em conformidade com os requerimentos SCTW, quando aplicável; em outros casos, os requerimentos SCTW serão aplicados com os ajustes necessários.

Optometristas qualificados em lista aprovada pelo Ministério podem emitir certificados que digam respeito à visão.

Exames médicos seguirão as normas OIT/OMS referidas na Diretriz B1.2.1

Declaração de Conformidade do Trabalho Marítimo – Parte II

Medidas adotadas para assegurar o cumprimento contínuo entre as inspeções

O armador, cujo nome figura no Certificado de trabalho Marítimo ao qual se anexa a presente Declaração, adotou as seguintes medidas para assegurar o cumprimento contínuo das disposições da Convenção entre as inspeções:

(Indique a continuação das medidas adotadas para assegurar o cumprimento de cada um dos pontos que figuram na parte I)

1. Idade mínima (Regra 1.1)

Data de nascimento de cada trabalhador marítimo a ser anotada ao lado do seu nome na lista de tripulação.

A lista é checada no início de cada viagem pelo mestre ou oficial atuando em seu nome (oficial competente), que toma nota da data de cada verificação.

Cada trabalhador marítimo menor de 18 anos recebe, no momento da contratação, uma comunicação escrita que proíbe sua atuação em trabalho noturno ou trabalho especificamente listado como de risco (vide Parte 1, seção 1, acima) e qualquer outro trabalho de risco, e requisitando consulta ao oficial competente em caso de dúvida. Uma cópia da comunicação, contendo a assinatura do trabalhador marítimo abaixo de "recebido e lido", e a data da assinatura, será guardada pelo oficial competente.

2. Atestado médico (Regra 1.2)

Os atestados médicos são guardados de forma estritamente confidencial pelo oficial competente, junto com uma lista, preparada sob a responsabilidade do oficial competente que contenha: as funções do trabalhador marítimo, a data do(s) atestado(s) médico(s) atual(ais) e o estado de saúde estabelecido no atestado em questão.

Em qualquer possível caso de dúvida sobre se o trabalhador marítimo está medicamente apto para uma função específica ou funções, o oficial competente consultará o médico do trabalhador marítimo ou outro profissional qualificado e guardará notas com resumo das conclusões médicas, assim como o nome e número de telefone do médico e a data da consulta.

1. A arqueação bruta para os navios aos quais se aplica o sistema provisório de medição de arqueação bruta adotado pela OMI será a que figura na coluna "OBSERVAÇÕES" do Certificado Internacional de Arqueação (1969). Ver artigo II, parágrafo 1, alínea *c*, da Convenção.

2. O termo armador designa o proprietário de um navio ou outra entidade ou pessoa, como pode ser o administrador, o agente ou o afretador a casco nu, que assumiu a responsabilidade de exploração do navio por conta do proprietário e que, ao fazê-lo, aceitou cumprir todos os deveres e responsabilidades que incumbem aos armadores em virtude da presente Convenção, independentemente de que outra entidade ou pessoa desempenhe alguns dos deveres ou responsabilidades em nome do armador. Ver artigo II, parágrafo 1º, alínea *j*, da Convenção.

3. O termo armador designa o proprietário de um navio ou outra entidade ou pessoa, como pode ser o administrador, o agente ou o afretador a casco nu, que assumiu a responsabilidade da exploração do navio por conta do proprietário e que, ao fazê-lo, aceitou cumprir todos os deveres e responsabilidades que incumbem aos armadores em virtude da presente Convenção, independentemente que outra entidade ou pessoa desempenhe alguns dos deveres ou responsabilidades em nome do armador. Ver artigo II, parágrafo 1, alínea *j*, da Convenção.

4. A arqueação bruta para os navios aos quais se aplica o sistema provisório de medição de arqueação bruta adotado pela OMI será a que figura na coluna "OBSERVAÇÕES" do Certificado Internacional de Arqueação (1969). Ver artigo II, parágrafo 1, alínea *c*, da Convenção.

5. O termo armador designa o proprietário de um navio ou outra entidade ou pessoa, como pode ser o administrador, o agente ou o afretador a casco nu, que assumiu a responsabilidade de exploração do navio por conta do proprietário e que, ao fazê-lo, aceitou cumprir todos os deveres e responsabilidades que incumbem aos armadores em virtude da presente Convenção, independentemente de que outra entidade ou pessoa desempenhe alguns dos deveres ou responsabilidades em nome do armador. Ver artigo II, parágrafo 1º, alínea *j*, da Convenção.

LEI Nº 14.151, DE 12 DE MAIO DE 2021

Dispõe sobre o afastamento da empregada gestante das atividades de trabalho presencial durante a emergência de saúde pública de importância nacional decorrente do novo coronavírus.

► Publicada no *DOU* de 13-5-2021.

Art. 1º Durante a emergência de saúde pública de importância nacional decorrente do coronavírus SARS-CoV-2, a empregada gestante que ainda não tenha sido totalmente imunizada contra o referido agente infeccioso, de acordo com os critérios definidos pelo Ministério da Saúde e pelo Plano Nacional de Imunizações (PNI), deverá permanecer afastada das atividades de trabalho presencial.

► *Caput* com a redação dada pela Lei nº 14.311, de 9-3-2022.

§ 1º A empregada gestante afastada nos termos do *caput* deste artigo ficará à disposição do empregador para exercer as atividades em seu domicílio, por meio de teletrabalho, trabalho remoto ou outra forma de trabalho a distância, sem prejuízo de sua remuneração.

► Parágrafo único transformado em § 1º e com a redação dada pela Lei nº 14.311, de 9-3-2022.

§ 2º Para o fim de compatibilizar as atividades desenvolvidas pela empregada gestante na forma do § 1º deste artigo, o empregador poderá, respeitadas as competências para o desempenho do trabalho e as condições pessoais da gestante para o seu exercício, alterar as funções por ela exercidas, sem prejuízo de sua remuneração integral e assegurada a retomada da função anteriormente exercida, quando retornar ao trabalho presencial.

§ 3º Salvo se o empregador optar por manter o exercício das suas atividades nos termos do § 1º deste artigo, a empregada gestante deverá retornar à atividade presencial nas seguintes hipóteses:

I – após o encerramento do estado de emergência de saúde pública de importância nacional decorrente do coronavírus SARS-CoV-2;

II – após sua vacinação contra o coronavírus SARS-CoV-2, a partir do dia em que o Ministério da Saúde considerar completa a imunização;

III – mediante o exercício de legítima opção individual pela não vacinação contra o coronavírus

SARS-CoV-2 que lhe tiver sido disponibilizada, conforme o calendário divulgado pela autoridade de saúde e mediante o termo de responsabilidade de que trata o § 6º deste artigo;

IV – VETADO. Lei nº 14.311, de 9-3-2022.

§§ 4º e 5º VETADOS. Lei nº 14.311, de 9-3-2022.

§ 6º Na hipótese de que trata o inciso III do § 3º deste artigo, a empregada gestante deverá assinar termo de responsabilidade e de livre consentimento para exercício do trabalho presencial, comprometendo-se a cumprir todas as medidas preventivas adotadas pelo empregador.

§ 7º O exercício da opção a que se refere o inciso III do § 3º deste artigo é uma expressão do direito fundamental da liberdade de autodeterminação individual, e não poderá ser imposta à gestante que fizer a escolha pela não vacinação qualquer restrição de direitos em razão dela.

► §§ 1º a 7º acrescidos pela Lei nº 14.311, de 9-3-2022.

Art. 2º Esta Lei entra em vigor na data de sua publicação.

Brasília, 12 de maio de 2021;
200º da Independência e
133º da República.

Jair Messias Bolsonaro

PORTARIA DO MTPREV Nº 667, DE 8 DE NOVEMBRO DE 2021

Dispõe sobre organização e a tramitação dos processos administrativos de auto de infração e de notificação de débito do Fundo de Garantia do Tempo de Serviço – FGTS e da Contribuição Social.

► Publicada no *DOU* de 11-11-2021.

Art. 1º São regidos por esta Portaria:

I – a organização e a tramitação dos processos administrativos de auto de infração e de notificação de débito do Fundo de Garantia do Tempo de Serviço – FGTS e da Contribuição Social, na forma estabelecida pelo Título VII da Consolidação das Leis do Trabalho – CLT, aprovada pelo Decreto-Lei nº 5.452, de 1º de maio de 1943;

II – o Sistema Eletrônico de Processo Administrativo Trabalhista para o trâmite de autos de infração e de notificações de débito do FGTS e da Contribuição Social e a prática de atos processuais eletrônicos;

III – a imposição de multas administrativas previstas na legislação trabalhista;

IV – a emissão da Certidão de Débitos Trabalhistas;

V – o procedimento para autorização do saque de FGTS pelo empregador, quando recolhido a empregados não optantes; e

VI – os procedimentos administrativos de oferta de vista e cópia e de verificação anual dos processos físicos.

Art. 2º Para fins de aplicação desta Portaria, considera-se:

I – Coordenação-Geral de Recursos: o órgão responsável, em segunda e última instância administrativa, pela organização e tramitação dos processos e demais procedimentos previstos nesta Portaria, no âmbito da Secretaria de Trabalho do Ministério do Trabalho e Previdência; e

II – unidades regionais de multas e recursos: as seções e setores responsáveis, em primeira instância administrativa, pela organização e tramitação dos processos e demais procedimentos previstos nesta Portaria, no âmbito das unidades regionais descentralizadas de trabalho, vinculadas ao Ministério do Trabalho e Previdência.

TÍTULO I – DO PROCESSO ADMINISTRATIVO DE AUTO DE INFRAÇÃO E DE NOTIFICAÇÃO DE DÉBITO DO FGTS E DA CONTRIBUIÇÃO SOCIAL

CAPÍTULO I

DO AUTO DE INFRAÇÃO E DA NOTIFICAÇÃO DE DÉBITO DO FGTS E DA CONTRIBUIÇÃO SOCIAL

SEÇÃO I

DAS DISPOSIÇÕES GERAIS

Art. 3º O auto de infração e a notificação de débito serão lavrados eletronicamente, por meio de sistema próprio da Auditoria Fiscal do Trabalho, conforme modelos e instruções oficiais.

Parágrafo único. Os autos de infração e as notificações de débito que tenham sido lavrados em meio físico, conforme normativos anteriores, permanecem válidos e têm sua tramitação assegurada até a extinção do processo.

Art. 4º O auto de infração e a notificação de débito não terão seu valor probante condicionado à assinatura do infrator e de testemunhas e serão lavrados no local da inspeção, salvo motivo justificado.

Parágrafo único. Considera-se local da inspeção:

I – o local de trabalho fiscalizado;

II – as unidades integrantes do Ministério do Trabalho e Previdência;

III – qualquer outro local previamente designado pelo Auditor-Fiscal do Trabalho para a exibição de documentos por parte do empregador; e

IV – qualquer outro local onde os Auditores Fiscais do Trabalho executem atos de inspeção e verifiquem atributos trabalhistas por meio de análise de documentos ou sistemas informatizados, inclusive em trabalho remoto, conforme procedimento de fiscalização previsto em normas expedidas em matéria de inspeção do trabalho.

Art. 5º Quaisquer papéis e documentos que constituam prova material da infração poderão ser apreendidos pelo Auditor Fiscal do Trabalho, nos termos de regulamentação específica.

Seção II

DO AUTO DE INFRAÇÃO

Art. 6º O auto de infração conterá os seguintes elementos:

I – nome, inscrição, endereço e CEP do autuado, constantes dos cadastros de pessoa física ou jurídica da Secretaria Especial da Receita Federal do Brasil do Ministério da Economia;

II – código de atividade segundo a Classificação Nacional de Atividades Econômicas – CNAE e número total de empregados de todos os estabelecimentos do autuado;

III – ementa da autuação e seu código;

IV – narrativa clara e precisa do fato caracterizado como infração, com referência às circunstâncias pertinentes, relacionando, quando necessário à caracterização da infração, pelo menos um empregado em situação ou atividade irregular, exceto quando a lei cominar multa *per capita*, hipótese em que deverão ser relacionados todos os empregados em situação ou atividade irregular e o local onde ocorreu o fato, se diverso do citado no inciso I;

V – capitulação do fato, mediante citação expressa do dispositivo legal infringido;

VI – elementos de convicção;

VII – ciência do prazo para apresentação de defesa e indicação do local para sua entrega;

VIII – local e data;

IX – assinatura e identificação do Auditor Fiscal do Trabalho autuante, contendo nome e número de sua Carteira de Identidade Fiscal – CIF; e

X – assinatura e identificação do autuado, seu representante ou preposto, quando o recebimento do auto de infração ocorrer de forma pessoal.

Parágrafo único. O auto de infração capitulado no art. 444 da Consolidação das Leis do Trabalho – CLT, aprovada pelo Decreto-Lei nº 5.452, de 1943, e lavrado em decorrência da constatação de trabalho em condições análogas às de escravo, deverá conter a seguinte informação: "Diante da decisão administrativa final de procedência do auto de infração que caracterize submissão de trabalhadores à condição análoga à de escravo, estará o autuado sujeito a ter seu nome incluído em listas ou cadastros de empresas, conforme preceitos estabelecidos na Lei nº 12.527, de 18 de novembro de 2011."

Art. 7º O Auditor Fiscal do Trabalho poderá anexar ao auto de infração elementos probatórios da situação identificada, tais como cópias de documentos, fotografias e vídeos.

§ 1º Quando se tratar de matéria verificada exclusivamente de forma documental, o Auditor Fiscal do Trabalho deverá, sempre que possível, anexar ao auto de infração os elementos probatórios da situação identificada ou visar os documentos que serviram de base para a autuação, consignando tal informação no auto de infração.

§ 2º Dispensa-se o procedimento previsto no § 1º nos casos em que for possível a consulta das informações por meio de sistemas oficiais.

Art. 8º Após a lavratura, é vedado alterar o sujeito, a motivação de fato e os elementos de convicção do auto de infração.

Parágrafo único. Quando se tratar de omissão ou erro na capitulação da infração, caberá ao chefe da unidade regional de multas e recursos, mediante despacho saneador e antes do julgamento, corrigir a irregularidade, concedendo novo prazo para apresentação de defesa.

Art. 9º A constatação de mais de um tipo de irregularidade no curso da ação fiscal acarretará a lavratura de autos de infração distintos.

§ 1º É vedada a lavratura de mais de um auto de infração na mesma ação fiscal, quando se tratar de infração continuada ou permanente ao mesmo tipo legal, salvo em caso de interrupção da continuidade infracional.

§ 2º A continuidade infracional será interrompida por meio da formalização de qualquer documento fiscal que demonstre a constatação da infração no curso da ação fiscal.

§ 3º A vedação prevista no § 1º não se aplica às infrações continuadas quando, no curso do período fiscalizado, tenha ocorrido alteração da base legal para imposição da multa que institua metodologia de cálculo incompatível com a anterior.

§ 4º Configurada a hipótese do § 3º, serão lavrados autos de infração distintos somente em função das bases legais aplicáveis, desde que seja possível a individualização dos parâmetros de cálculo em cada período.

Seção III

DA NOTIFICAÇÃO DE DÉBITO DO FGTS E DA CONTRIBUIÇÃO SOCIAL

Art. 10. Será expedida contra o infrator a notificação de débito do FGTS e da Contribuição Social, sem prejuízo da lavratura dos autos de infração que couberem, quando constatado que o depósito devido ao FGTS ou Contribuição Social não foi efetuado ou foi efetuado a menor.

Art. 11. A notificação de débito do FGTS e da Contribuição Social será emitida conforme modelos e instruções oficiais, devendo conter os seguintes elementos:

I – nome, inscrição, endereço e CEP do autuado, constantes dos cadastros de pessoa física ou jurídica da Secretaria Especial da Receita Federal do Brasil do Ministério da Economia;

II – prazo de dez dias para recolhimento do débito;

► Inciso II com a redação dada pela Port. do MTPrev nº 4.098, de 15-12-2022.

III – relatórios de detalhamento do débito, individualizados por trabalhador e por competência, devidamente circunstanciados, conforme regulamentação específica;

IV – ciência do prazo para apresentação de defesa e indicação do local para sua entrega;

V – local e data da lavratura;

VI – assinatura e identificação do notificado, seu representante ou preposto, quando o recebimento da notificação ocorrer de forma pessoal; e

VII – assinatura e identificação do Auditor Fiscal do Trabalho notificante, contendo nome e número da CIF.

Capítulo II

DA ORGANIZAÇÃO DO PROCESSO

Seção I

DAS DISPOSIÇÕES GERAIS

Art. 12. Na organização e instrução do processo administrativo serão observados os seguintes procedimentos:

I – os autos de infração e as notificações de débito serão protocolizados automaticamente pelo sistema, no momento de sua lavratura;

II – cada auto de infração ou notificação de débito originará um processo administrativo;

III – o número do processo administrativo, atribuído no momento do protocolo, será sempre o mesmo, ainda que remetido a outro órgão ou instância superior;

IV – as informações, despachos, termos, pareceres, documentos e demais peças do processo serão dispostos em ordem cronológica da entrada nos autos;

V – a remissão a qualquer documento constante de outro processo em tramitação no âmbito do Ministério do Trabalho e Previdência será feita mediante a indicação do número do processo, do número do documento e da folha em que se encontra, além da transcrição do teor ou juntada da cópia da peça;

VI – nas informações e despachos, deve-se cuidar para que a redação seja clara, concisa, precisa, em vernáculo e isenta de agressão e parcialidade;

VII – a conclusão das informações ou despachos conterá data e assinatura ou chancela eletrônica com o nome do servidor, cargo e função;

VIII – será disponibilizado para consulta eletrônica, em página oficial, o trâmite processual dos autos de infração e notificações de débito; e

IX – os recursos impróprios e outras petições não previstas no rito administrativo, e que visem discutir o mérito da infração após a decisão administrativa definitiva, serão tramitados e arquivados em processos apartados do auto de infração e da notificação de débito.

Parágrafo único. Os atos e termos procedimentais, quando a lei não prescrever forma determinada, conterão somente o indispensável para sua finalidade.

Art. 13. A autoria, autenticidade e integridade dos autos de infração, notificações de débito, pareceres, despachos e decisões poderão ser atestadas pela utilização de sistema eletrônico, com inserção de usuário e senha ou, ainda, por meio de certificado digital emitido no âmbito da Infraestrutura de Chaves Públicas Brasileira – ICP Brasil.

Seção II

DA ORGANIZAÇÃO DOS PROCESSOS FÍSICOS

Art. 14. O auto de infração e a notificação de débito, nos casos de processos cuja tramitação esteja ocorrendo em meio físico, serão lavrados em três vias, as quais terão a seguinte destinação:

I – uma via será entregue no protocolo da unidade de exercício do Auditor Fiscal do Trabalho para instauração do processo administrativo, em até dois dias úteis contados de sua lavratura;

II – uma via será entregue ao empregador ou seu preposto; e

III – uma via será destinada ao Auditor-Fiscal do Trabalho emitente.

§ 1º Para atendimento às peculiaridades ou circunstâncias locais, ou ainda a programas especiais de fiscalização, a via prevista no inciso I deverá ser entregue na sede onde se encontra circunscrito o empregador ou na Subsecretaria de Inspeção do Trabalho da Secretaria de Trabalho do Ministério do Trabalho e Previdência.

§ 2º A entrega no protocolo ocorrerá em até dois dias úteis após o retorno do Auditor Fiscal do Trabalho que estiver deslocado para fora de seu município de exercício.

§ 3º Os documentos fiscais citados no *caput* serão, preferencialmente, entregues pelo Auditor Fiscal do Trabalho ao empregador ou seu representante ou preposto, podendo ser enviados por via postal, com comprovante de recebimento, ou via sistema eletrônico de comunicação, a ser implementado pelo Ministério do Trabalho e Previdência.

§ 4º A recusa no recebimento do documento fiscal, seja pessoalmente ou por via postal, deverá ser certificada no processo, a fim de que o empregador seja notificado por meio de edital, a ser publicado no *Diário Oficial da União – DOU*.

Art. 15. A organização e instrução do processo administrativo em meio físico se faz de modo residual, até findo o estoque existente ou atingido o prazo de dois anos, conforme previsto no art. 73, observadas as disposições dos incisos II, III, V, VI, VII, VIII e IX do art. 12, bem como as seguintes especificidades:

I – os autos de infração e as notificações de débito lavrados fora do sistema eletrônico serão protocolizados no setor competente; e

II – as informações, despachos, termos, pareceres, documentos e demais peças do processo devem ser dispostos em ordem cronológica da juntada nos autos, devendo ter suas páginas numeradas sequencialmente e rubricadas.

Art. 16. Os atos processuais, observadas as normas de segurança e controle de uso dispostos neste Capítulo, poderão ser subscritos por chancela eletrônica, a critério do chefe da unidade regional de multas e recursos e do Coordenador-Geral de Recursos.

§ 1º A chancela eletrônica deverá ser a reprodução exata de assinatura de próprio punho e descrição do nome e cargo do agente competente, com o emprego de recursos informáticos.

§ 2º Compete ao chefe da unidade regional de multas e recursos solicitar a prévia habilitação e o cadastramento da chancela eletrônica junto à Coordenação-Geral de Recursos, e requerer o imediato cancelamento, desativação ou substituição, na hipótese de afastamento ou impedimento do titular da chancela.

§ 3º Para implantação da chancela eletrônica, as imagens colhidas para os fins do § 1º serão repassadas pela Coordenação-Geral de Recursos ao serviço de informática, ao qual compete a adoção de medidas de segurança que confiram o restrito e o seguro manuseio dos autógrafos, estando expressamente vedado o uso destes para fins diversos daqueles previstos nesta Portaria.

§ 4º Compete ao titular da chancela zelar pela sua correta utilização, devendo comunicar imediatamente à chefia imediata, por escrito, quaisquer irregularidades identificadas.

§ 5º A indevida utilização da chancela caracterizará infração funcional, a ser apurada em processo administrativo disciplinar, sem prejuízo de responsabilidade penal e civil, conforme o caso.

Capítulo III

DA COMPETÊNCIA

Art. 17. O julgamento do processo compete:

I – em primeira instância, ao chefe da unidade regional de multas e recursos; e

II – em segunda instância, ao Coordenador-Geral de Recursos.

§ 1º O chefe da unidade regional de multas e recursos é a autoridade competente para a imposição da multa.

§ 2º O chefe da unidade regional de multas e recursos poderá delegar matérias e poderes referentes a esta Portaria às chefias de fiscalização ou de inspeção do trabalho das unidades regionais descentralizadas da inspeção do trabalho, na forma estabelecida pelo art. 14 da Lei nº 9.784, de 29 de janeiro de 1999.

§ 3º É vedada delegação de competência nas hipóteses do art. 13 da Lei nº 9.784, de 1999.

Art. 18. Compete exclusivamente aos Auditores Fiscais do Trabalho a emissão de pareceres para a motivação de decisão de auto de infração e de notificação de débito do FGTS e da Contribuição Social.

§ 1º É vedada a emissão de pareceres, ainda que em análise apenas dos requisitos formais, e a decisão de autos de infração e de notificações de débito do FGTS e da Contribuição Social por Auditor Fiscal do Trabalho que tenha participado da ação fiscal objeto dos autos.

§ 2º Os Auditores Fiscais ocupantes dos cargos de que trata o *caput* deverão ser designados por processo seletivo específico, em conformidade com as diretrizes expedidas pela Coordenação-Geral de Recursos.

CAPÍTULO IV

DA NOTIFICAÇÃO DOS ATOS PROCESSUAIS

Art. 19. O interessado será notificado:

I – da lavratura do auto de infração ou da notificação de débito do FGTS;

II – das decisões do processo que resultem em imposição de deveres, ônus, sanções ou restrição ao exercício de direitos; e

▶ Incisos I e II com a redação dada pela Port. do MTPrev nº 4.098, de 15-12-2022.

III – dos despachos de saneamento ou diligência, quando forem acrescentadas informações que possam influir no seu direito de defesa, sendo-lhe reaberto o prazo de defesa.

▶ Inciso III acrescido pela Port. do MTPrev nº 4.098, de 15-12-2022.

Art. 20. A notificação será feita por escrito, mantendo-se via no processo, nas seguintes modalidades:

I – pessoal, por meio de termo de ciência em que conste a assinatura e identificação do autuado ou notificado, seu representante ou preposto;

▶ Inciso I com a redação dada pela Port. do MTPrev nº 4.098, de 15-12-2022.

II – por meio postal, com aviso de recebimento ou outra forma que assegure a ciência do interessado; e

III – por meio de publicação oficial, quando o interessado estiver em local incerto e não sabido, não for encontrado ou recusar-se a receber o documento.

§ 1º A notificação poderá ser feita ao representante ou preposto do interessado.

§ 2º Considera-se representante ou preposto do interessado aquele que receber a notificação enviada por via postal, no endereço informado pela empresa ao banco de dados da Secretaria Especial da Receita Federal do Brasil do Ministério da Economia ou outro que o substitua.

§ 3º A notificação de que trata o *caput* poderá ser realizada via sistema eletrônico de comunicação, a ser implementado pelo Ministério do Trabalho e Previdência.

§ 4º O termo de ciência pessoal ou a notificação postal sobre a lavratura do auto de infração ou da notificação de débito do FGTS indicarão o prazo e a forma de apresentação da defesa.

▶ § 4º acrescido pela Port. do MTPrev nº 4.098, de 15-12-2022.

Art. 21. Considera-se feita a notificação:

I – pessoal, na data aposta junto à assinatura do interessado;

II – por via postal, com aviso de recebimento ou outro meio que assegure a ciência do interessado, na data do seu recebimento; e

III – por publicação oficial, dez dias após sua publicação.

§ 1º No caso de envio postal em que o destinatário não houver preenchido a data de entrega no Aviso de Recebimento – AR, será utilizada, para caracterizar a data de ciência da decisão, a data informada pela Empresa de Correios e Telégrafos.

§ 2º A notificação do auto de infração capitulado no art. 444 da Consolidação das Leis do Trabalho – CLT, aprovada pelo Decreto-Lei nº 5.452, de 1943, e lavrado em decorrência da constatação de trabalho em condições análogas às de escravo, deverá conter a seguinte informação: "Diante da decisão administrativa final de procedência do auto de infração que caracterize submissão de trabalhadores à condição análoga à de escravo, estará o autuado sujeito a ter seu nome incluído em listas ou cadastros de empresas, conforme preceitos estabelecidos na Lei nº 12.527, de 18 de novembro de 2011."

Capítulo V

DOS PRAZOS

Art. 22. Os prazos começarão a correr a partir da data da cientificação oficial, excluindo-se da contagem o dia do começo e incluindo-se o do vencimento.

§ 1º Será prorrogado para o primeiro dia útil seguinte o prazo iniciado ou findo em dia em que não houver expediente ou de expediente reduzido.

§ 2º Os prazos expressos em dias contam-se de modo contínuo.

§ 3º Aplicam-se aos entes da Administração Pública direta e indireta os mesmos prazos previstos nesta Portaria para os demais administrados.

► § 3º acrescido pela Port. do MTPrev nº 4.098, de 15-12-2022.

Art. 23. Salvo motivo de força maior devidamente comprovado, os prazos processuais não se suspendem.

Capítulo VI

DO PROCESSO EM PRIMEIRA INSTÂNCIA

Seção I

DO INÍCIO DO PROCESSO

Art. 24. O processo administrativo trabalhista terá início com o protocolo do auto de infração ou da notificação de débito.

Parágrafo único. Os processos decorrentes de fiscalização de trabalho em condições análogas às de escravo serão identificados como de tramitação prioritária, com andamento imediato, independente da ordem cronológica de entrada.

Seção II

DA REINCIDÊNCIA

Art. 25. Será considerado reincidente aquele que for autuado por infração ao mesmo dispositivo legal, antes de decorridos dois anos da decisão definitiva de imposição da penalidade.

Seção III

DA DEFESA

Art. 26. A defesa, formalizada por escrito e instruída com documentos que a fundamentarem, será apresentada no endereço eletrônico indicado no auto de infração ou notificação de débito, no prazo de dez dias, contados do recebimento do auto de infração ou da notificação de débito.

§ 1º Cada auto de infração ou notificação de débito ensejará a apresentação de uma defesa.

§ 2º Nos casos de processos que tramitam em meio físico, a defesa poderá ser remetida, via postal, para o endereço indicado no auto de infração ou notificação de débito, no mesmo prazo do *caput*, sendo considerada a data de postagem como a de sua apresentação.

Art. 27. A defesa observará os requisitos formais de tempestividade, legitimidade e representação, e mencionará:

I – a autoridade a quem é dirigida;
II – a qualificação do interessado;
III – o número do auto de infração ou notificação de débito a que se refere;
IV – os motivos de fato e de direito em que se fundamenta;
V – as provas específicas que o interessado pretende que sejam produzidas, não sendo cabível o protesto genérico de provas, sob pena de preclusão; e
VI – se há ação judicial discutindo o mérito da autuação.

Art. 28. O pedido de produção de provas, e a apresentação de prova documental deverão ser realizados no prazo para apresentação de defesa.

§ 1º Exceto se existir dúvida fundada quanto à autenticidade ou previsão legal, fica dispensado o reconhecimento de firma e a autenticação de cópia dos documentos expedidos no País, destinados a fazerem prova no processo administrativo de multas trabalhistas.

§ 2º Nos casos de processos que tramitam em meio físico, os documentos apresentados em papel junto com a defesa poderão, a critério da chefia da unidade regional de multas e recursos, ser digitalizados e gravados em meio eletrônico, que será replicado em duas vias, sendo uma anexada ao processo e outra mantida como cópia de segurança na repartição, com devolução dos papéis apresentados pelo defendente.

Art. 29. A revelia na fase de defesa não tem como consequência a confissão ficta em relação à matéria de fato, podendo o autuado interpor recurso em face da decisão de primeira instância, inclusive com a apresentação de provas documentais.

Art. 30. Caso já tenha sido proferida a decisão, a prova documental apresentada fora do prazo permanecerá nos autos para, no caso de ser interposto recurso, ser apreciada pela autoridade julgadora de segunda instância.

Art. 31. Serão indeferidas, mediante decisão fundamentada, as provas propostas pelos interessados quando sejam ilícitas, impertinentes, desnecessárias ou protelatórias.

Seção IV

DO JUÍZO DE ADMISSIBILIDADE FORMAL

Art. 32. A defesa conterá a identificação e assinatura do subscritor e será instruída com os documentos aptos a comprovar a legitimidade e representação, assim considerados:

I – os atos constitutivos, acompanhados da última alteração registrada referente à composição do quadro societário ou da representação da pessoa jurídica de direito privado;

II – documento oficial de identificação, para pessoas físicas;

III – ato de posse ou equivalente para os representantes das pessoas jurídicas de direito público;

IV – documentos específicos para os demais entes previstos em lei; e

V – procuração firmada por instrumento particular, caso a defesa seja subscrita por procurador.

§ 1º A apresentação de procuração pública dispensa a apresentação dos documentos previstos nos itens I a V do *caput*.

§ 2º Os documentos assinados eletronicamente nos termos do art. 66 ficam dispensados de assinatura manuscrita e apresentação de documento de identificação.

§ 3º Não será negado conhecimento à defesa em razão da inobservância das formalidades previstas no *caput* e no § 1º, sem que antes o interessado seja notificado a promover o saneamento, no prazo de cinco dias.

§ 4º A critério da autoridade competente, a notificação de que trata o § 3º poderá ser dispensada, hipótese em que a defesa será conhecida com a ressalva de que eventual recurso deverá observar os requisitos deste artigo.

§ 5º Na decisão regional constará a transcrição dos dispositivos deste Título que tratam dos requisitos formais de admissibilidade recursal.

§ 6º A ausência da transcrição mencionada no § 5º acarretará a aplicação do disposto no § 3º, caso o recurso seja interposto em desacordo com os requisitos deste artigo.

§ 7º O cumprimento das disposições constantes dos § 4º e § 5º ensejará o não conhecimento do recurso interposto em desacordo com os requisitos deste artigo.

§ 8º Os documentos apresentados com a defesa aproveitam-se, no todo ou em parte, para o juízo formal de admissibilidade do recurso.

§ 9º Quando a qualidade de sócio do subscritor da petição ou da procuração restar comprovada por meio de consulta aos sistemas informatizados disponíveis, poderá a autoridade competente conhecer a defesa e o recurso, dispensando os documentos previstos no inciso I, em atendimento ao critério estabelecido pelo inciso II do art. 9º da Lei nº 9.784, de 1999.

§ 10. A defesa intempestiva não será conhecida.

Seção V

DAS DILIGÊNCIAS E SANEAMENTO

Art. 33. A autoridade competente poderá determinar, de ofício ou a requerimento do interessado, a realização de diligências necessárias à apuração dos fatos.

Art. 34. Determinada a realização de diligência em fase processual, o chefe da unidade regional de multas e recursos deverá encaminhar o processo ao chefe da unidade descentralizada da inspeção do trabalho responsável pela ação fiscal.

§ 1º No prazo de trinta dias contados do recebimento, o chefe da unidade descentralizada da inspeção do trabalho encaminhará o processo ao Auditor Fiscal do Trabalho que emitiu o auto de infração ou a notificação de débito ou designará outro, nos casos de impossibilidade ou impedimento, para a realização das diligências determinadas.

§ 2º O cumprimento das diligências não poderá ultrapassar o prazo de sessenta dias, contados da data de recebimento do processo pelo Auditor Fiscal do Trabalho, e será realizado mediante a emissão de turnos de Ordem de Serviço Administrativa em quantidade compatível com a complexidade da tarefa.

Seção VI

DAS NULIDADES

Art. 35. São nulos:

I – os atos praticados por pessoa incompetente; e

II – as decisões proferidas sem observância do direito de defesa.

§ 1º A nulidade poderá ser declarada pela autoridade competente para praticar o ato ou julgá-lo em grau de recurso.

§ 2º A nulidade de qualquer ato só prejudica os atos posteriores que dele diretamente dependam ou sejam consequência.

§ 3º Na declaração de nulidade a autoridade citará os atos alcançados e determinará as providências necessárias ao prosseguimento do processo.

§ 4º As inexatidões materiais, devidas a lapso manifesto, a erros de escrita ou de cálculos, existentes na decisão, poderão ser corrigidas de ofício ou a requerimento do interessado, por mera declaração.

§ 5º A omissão ou incorreção no auto de infração não acarretará sua nulidade, quando do processo constarem elementos suficientes para a caracterização da falta.

Seção VII

DA DECISÃO

Art. 36. A decisão será fundamentada, clara, precisa e objetiva.

Parágrafo único. Não será considerada fundamentada a decisão cujo parecer em que estiver baseada possuir motivação genérica e não enfrentar todos os argumentos trazidos pelo administrado, pertinentes à matéria discutida.

Art. 37. A decisão poderá ser:

I – pela procedência total;

II – pela procedência parcial;

III – pela improcedência; e

IV – pela extinção do processo administrativo, sem análise de mérito, em razão de:

a) prescrição, nos termos do § 1º do art. 1º e do art. 1º-A da Lei nº 9.873, de 23 de novembro de 1999;

b) anistia;

c) remissão; ou

d) decisão judicial transitada em julgado.

§ 1º A procedência parcial será declarada quando:

I – houver redução do valor da multa em decorrência da alteração dos parâmetros de cálculo do auto de infração; ou

► *Caput* do inciso I com a redação dada pela Port. do MTPrev nº 4.098, de 15-12-2022.

a) a *c*) *Revogadas*. Port. do MTPrev nº 4.098, de 15-12-2022, a partir de 1º-1-2023.

II – for lavrado Termo de Alteração do Débito em processo administrativo de Notificação de Débito do FGTS e da Contribuição Social.

► Inciso II com a redação dada pela Port. do MTPrev nº 4.098, de 15-12-2022.

§ 2º Será declarada a procedência total dos autos de infração de FGTS e Contribuição Social, quando houver alteração dos parâmetros de cálculo da multa em decorrência da lavratura de Termo de Retificação de Débito em processo correlato de Notificação de Débito do FGTS e da Contribuição Social.

► § 2º com a redação dada pela Port. do MTPrev nº 4.098, de 15-12-2022.

Art. 38. São definitivas as decisões:

I – de primeira instância, esgotado o prazo para recurso voluntário sem que este tenha sido interposto; e

II – de segunda instância, na data da decisão.

Parágrafo único. Aplica-se o critério previsto no inciso I do *caput* aos casos em que o recurso voluntário não for conhecido pela autoridade regional competente.

Seção VIII

DO CUMPRIMENTO DAS DECISÕES

Art. 39. A autoridade competente dará ciência da decisão ao autuado ou notificado para recolher o valor da multa administrativa ou do débito para com o FGTS e Contribuição Social, no prazo de dez dias.

§ 1º Em se tratando de decisão proferida pela Coordenação-Geral de Recursos, quando o interessado estiver em local incerto e não sabido, não for encontrado ou recusar-se a receber o documento, frustrando a notificação postal prévia, será considerada como data de ciência a publicação da decisão no *Diário Oficial da União*.

§ 2º A guia de recolhimento de multa obedecerá ao modelo e instruções próprias do Documento de Arrecadação de Receitas Federais devendo, obrigatoriamente, conter o número do processo no campo denominado número de referência e o número de cadastro do autuado perante a Secretaria Especial da Receita Federal do Brasil do Ministério da Economia, sendo utilizados os seguintes códigos:

I – 0289 – Multas da Legislação Trabalhista;
II – 2877 – Relação Anual de Informações Sociais – RAIS, Seguro-Desemprego e Cadastro Permanente de Admissão e Dispensa – CAGED; e
III – 9207 – Contribuição Social Rescisória.

§ 3º A multa administrativa será reduzida de cinquenta por cento se o infrator a recolher no prazo de dez dias contados do recebimento da notificação da decisão ou da publicação do edital, observando a contagem de prazo estabelecida no art. 22.

§ 4º O pagamento previsto no § 3º importa em renúncia ou desistência do recurso, acarretando o encerramento e arquivamento do processo administrativo.

§ 5º As guias de recolhimento do FGTS obedecerão aos modelos e instruções expedidas pelo órgão competente.

§ 6º A existência de confissão de dívida em conformidade com as formalidades previstas, que abranja integralmente o débito notificado, caracteriza a procedência da notificação de débito ou do termo de retificação, encerrando o contencioso administrativo, com o respectivo envio do processo ao órgão competente para atestar o efetivo recolhimento.

Capítulo VII

DOS RECURSOS

Seção I

DO RECURSO VOLUNTÁRIO

Art. 40. Da decisão que julgar procedente, total ou parcialmente, o auto de infração ou a notificação de débito, caberá recurso ao Coordenador-Geral de Recursos, no prazo de dez dias, contados da notificação da decisão.

Art. 41. O recurso será interposto perante a autoridade que julgou o auto de infração ou a notificação de débito, e conterá os mesmos requisitos da defesa, no que couber.

Parágrafo único. Não será conhecido pela autoridade de primeira instância o recurso que não atenda aos requisitos de tempestividade, legitimidade e representação, na forma estabelecida pelo art. 32.

Art. 42. O recurso conhecido será remetido à Coordenação-Geral de Recursos para a análise de mérito e julgamento.

Seção II

DO RECURSO DE OFÍCIO

Art. 43. De toda decisão de improcedência, parcial procedência e extinção do processo administrativo em razão de prescrição, anistia e remissão, a autoridade regional prolatora recorrerá de ofício à autoridade competente de instância superior.

Parágrafo único. O disposto no *caput* não se aplica ao Termo de Alteração de Débito e aos autos de infração de FGTS e de Contribuição Social a ele correlatos julgados parcialmente procedentes, quando a convalidação se der exclusivamente em razão da supressão de valores atingidos pela prescrição ou decadência.

► Parágrafo único acrescido pela Port. do MTPrev nº 4.098, de 15-12-2022.

Capítulo VIII

DO PROCESSO EM SEGUNDA INSTÂNCIA

Art. 44. Aplica-se às decisões de segunda instância o estabelecido nos art. 36 a art. 38.

Art. 45. Proferida a decisão de segunda instância, os autos serão devolvidos à unidade regional de multas e recursos para ciência do interessado, quando couber, e para o seu cumprimento.

Capítulo IX

DOS PROCESSOS ADMINISTRATIVOS DISCUTIDOS NA ESFERA JUDICIAL

Art. 46. A propositura, pelo administrado, de qualquer ação judicial que discuta o mérito do auto de infração ou notificação de débito, importa em renúncia ao direito de se manifestar na esfera administrativa, com desistência do recurso ou defesa eventualmente interpostos.

§ 1º Na hipótese descrita no *caput*, a autoridade competente certificará a situação nos autos, encerrará o contencioso administrativo com decisão de procedência do auto de infração ou da notificação de débito e encaminhará o processo para cobrança.

§ 2º Nas hipóteses de aplicação do art. 53 da Lei nº 9.784, de 1999, e de recurso de ofício pendente de apreciação em segunda instância administrativa, o encerramento do contencioso administrativo de que trata o § 1º poderá ocorrer com decisão de improcedência ou parcial procedência do auto de infração ou da notificação de débito.

§ 3º Caso haja decisão judicial determinando a suspensão do feito, não será aplicado o disposto no *caput*, devendo tal situação ser certificada no processo.

Capítulo X

DA COBRANÇA DAS MULTAS ADMINISTRATIVAS E DA DÍVIDA PARA COM O FGTS E CONTRIBUIÇÃO SOCIAL

Art. 47. O processo de auto de infração ou de notificação de débito julgado procedente ou parcialmente procedente, cujo valor não tenha sido recolhido administrativamente após decisão definitiva, atendidas as formalidades legais, será encaminhado à Procuradoria-Geral da Fazenda Nacional ou a outro órgão conveniado, responsável pela cobrança e inscrição em dívida ativa, em até noventa dias contados do prazo final concedido ao infrator para efetuar o respectivo pagamento.

Parágrafo único. Para aplicação do disposto no *caput*, será considerado como prazo final concedido para pagamento, a data prevista na notificação encaminhada ao autuado para ciência da decisão definitiva proferida no processo.

TÍTULO II – DO SISTEMA ELETRÔNICO DE PROCESSO ADMINISTRATIVO TRABALHISTA

Capítulo I

DAS DISPOSIÇÕES GERAIS

Art. 48. O Sistema Eletrônico de Processo Administrativo Trabalhista, a ser implementado pela Coordenação-Geral de Recursos, terá por finalidade a tramitação informatizada dos processos de auto de infração e notificação de débito do FGTS e da Contribuição Social.

Parágrafo único. O sistema previsto no *caput* poderá ser acessado por meio do portal gov.br.

Art. 49. A prática dos atos processuais eletrônicos será regida por este Título, aplicando-se ao processo eletrônico a forma prevista pelo Título VII da Consolidação das Leis do Trabalho – CLT, aprovada pelo Decreto-Lei nº 5.452, de 1943, e as demais disposições desta Portaria, naquilo que for compatível.

Art. 50. Para os fins deste Título, considera-se:

I – chave de acesso: código exclusivo gerado pelo sistema e fornecido ao autuado ou notificado na ciência da autuação, para possibilitar o acesso ao processo e o envio de documentos; e

II – assinatura digital: meio de identificação eletrônica do usuário, criptografado e que assegure, de modo exclusivo e indubitável, a autoria e a validade do documento emitido pelo assinante.

Capítulo II

DO ACESSO AO SISTEMA ELETRÔNICO DE PROCESSO ADMINISTRATIVO TRABALHISTA

Art. 51. O acesso ao sistema eletrônico será feito por meio de certificado digital emitido no âmbito da Infraestrutura de Chaves Públicas Brasileira – ICP-Brasil ou cadastramento de usuário e senha, nos limites do perfil atribuído ao usuário.

§ 1º Os usuários externos poderão ser dispensados do cadastramento e do uso de certificado digital, na hipótese de utilização de chave de acesso gerada automaticamente pelo sistema.

§ 2º O acesso realizado na forma prevista no *caput* e no § 1º não dispensa a juntada de documentos que comprovem a legitimidade e representação do autuado ou notificado, para efeitos de conhecimento da defesa e do recurso apresentados.

Art. 52. Aos usuários do sistema serão atribuídos os seguintes perfis de acesso, de acordo com suas faculdades processuais e as prerrogativas do cargo ou função exercida:

I – perfil gerencial;
II – perfil de consulta;
III – perfil de participante;
IV – perfil administrativo;
V – perfil de assessoria;
VI – perfil de análise; e
VII – perfil decisório.

Art. 53. O perfil gerencial será concedido pelo Coordenador-Geral de Recursos aos Auditores Fiscais do Trabalho à disposição da Coordenação-Geral de Recursos, na qualidade de administradores permanentes do sistema, para:

I – monitoramento de instabilidade do sistema;

II – registro dos perfis de usuário;

III – manutenção de tabelas auxiliares e lançamento de informações necessárias para o funcionamento regular do sistema; e

IV – acesso a consultas gerenciais do sistema, tais como relatórios de uso, informações estatísticas e controle da segurança de acesso.

Parágrafo único. Os Auditores Fiscais do Trabalho a que se refere o *caput* serão designados por meio de ato formal da autoridade competente, para atividade com dedicação exclusiva e vinculação administrativa à Coordenação-Geral de Recursos, sem alteração do local de lotação.

Art. 54. O perfil de consulta será atribuído para a consulta geral de processos do sistema:

I – aos Auditores Fiscais do Trabalho em exercício nas unidades integrantes do Sistema Federal de Inspeção do Trabalho, de forma automática, conforme cadastro de usuário e senha utilizado para o acesso à rede interna; e

II – aos demais servidores do Ministério do Trabalho e Previdência, mediante requerimento na forma do § 1º do art. 60.

Art. 55. O perfil de participante será atribuído para a consulta e manifestação nos processos específicos em que o usuário figure como:

I – Auditor Fiscal do Trabalho autuante ou notificante, para a comunicação de erro que, a seu juízo, justifique a improcedência ou procedência parcial do auto de infração ou notificação de débito;

II – chefe de unidade descentralizada da inspeção do trabalho, para a designação de Auditor Fiscal do Trabalho para o cumprimento de diligências solicitadas no curso do processo;

III – Auditor Fiscal do Trabalho designado para o cumprimento de diligências, nos casos previstos em regulamento; e

IV – usuário externo, na qualidade de autuado ou notificado, e seus procuradores habilitados, desde que não se configure a hipótese prevista no § 1º do art. 51.

§ 1º O perfil de que trata o *caput* poderá ser concedido cumulativamente, quando atendidos os requisitos dispostos nos art. 53, art. 54, art. 56, art. 57, art. 58 e art. 59.

§ 2º A atribuição do perfil, na forma do inciso III do *caput*, será formalizada pela chefia imediata das unidades descentralizadas da inspeção do trabalho, no momento da designação, em campo próprio do sistema.

Art. 56. O perfil administrativo será concedido pelo Coordenador-Geral de Recursos e pelas chefias das unidades regionais de multas e recursos, aos servidores em atividade nas respectivas unidades, para:

I – consulta geral de processos;

II – tramitação de processos no âmbito das respectivas unidades;

III – juntada de documentos;

IV – expedição de notificações ao interessado e certificação de seu recebimento; e

V – publicação de atos processuais.

Parágrafo único. O perfil de que trata o *caput* poderá ser concedido aos estagiários e demais prestadores de serviços em atividade nas unidades regionais de multas e recursos e na Coordenação-Geral de Recursos, qualquer que seja a modalidade de contratação, hipótese na qual caberá à chefia de cada unidade definir os trâmites permitidos ao usuário.

Art. 57. O perfil de assessoria será concedido pelo Coordenador-Geral de Recursos e pelos chefes das unidades regionais de multas e recursos aos Auditores Fiscais do Trabalho em atividade de assessoria nas respectivas unidades, independentemente de investidura em cargo ou função, para:

I – consulta geral de processos;

II – tramitação de processos no âmbito das respectivas unidades;

III – juntada de documentos;

IV – expedição de notificações ao interessado e certificação de seu recebimento;

V – publicação de atos processuais;

VI – sobrestamento de processos em cumprimento a decisão judicial;

VII – extração de dados e auditoria do sistema, conforme as atribuições de cada unidade;

VIII – emissão de parecer destinado a subsidiar as decisões das autoridades competentes; e

IX – emissão de despachos de mero expediente.

Art. 58. O perfil de análise será concedido pelo Coordenador-Geral de Recursos e pelos chefes das unidades regionais de multas e recursos, no âmbito de sua competência, aos Auditores Fiscais do Trabalho em atividade de análise de processos, para consulta geral de processos e emissão de parecer destinado a subsidiar as decisões nos processos administrativos distribuídos para tal finalidade.

Art. 59. O perfil decisório será atribuído às autoridades competentes, conforme definido em regulamento, para:

I – consulta geral de processos;

II – tramitação de processos no âmbito das respectivas unidades;

III – juntada de documentos;

IV – expedição de notificações ao interessado e certificação de seu recebimento;
V – publicação de atos processuais;
VI – sobrestamento de processos em cumprimento a decisão judicial;
VII – extração de dados e auditoria do sistema, conforme as atribuições de cada unidade;
VIII – emissão de parecer;
IX – emissão de despachos de mero expediente;
X – encaminhamento de processos a outros órgãos;
XI – arquivamento de processos; e
XII – proferimento de decisões administrativas no âmbito de sua competência.

Art. 60. O registro, a alteração e o cancelamento dos perfis atribuídos na forma dos art. 56, art. 57 e art. 58 serão feitos mediante requerimento encaminhado pela chefia imediata aos administradores do sistema, exclusivamente via Sistema Eletrônico de Informações.

§ 1º O registro, a alteração e o cancelamento dos perfis na forma dos art. 54, art. 55, e art. 59 serão feitos mediante requerimento encaminhado pelo próprio interessado aos administradores do sistema, exclusivamente via Sistema Eletrônico de Informações.

§ 2º O cancelamento dos perfis de que trata o § 1º poderá ser feito de ofício pelos administradores do sistema, se constatado que o usuário deixou de atender aos requisitos necessários para sua concessão.

Art. 61. A concessão de chave de acesso ao usuário externo, na qualidade de autuado ou notificado, garante o acesso à íntegra do auto de infração, notificação de débito, despachos, decisões e quaisquer documentos constantes do processo administrativo, além de viabilizar o peticionamento eletrônico, na forma do art. 65.

§ 1º A consulta processual e o protocolo de petições poderão ser realizados por terceiros a quem o autuado ou notificado tenha fornecido a chave de acesso, sob sua responsabilidade exclusiva e observado o disposto no § 2º do art. 51.

§ 2º A chave de acesso será gerada automaticamente e fornecida ao usuário por escrito, acompanhada do endereço do sítio eletrônico para acesso ao sistema, no momento da ciência da lavratura do auto de infração, da notificação de débito e das decisões proferidas no processo administrativo.

§ 3º Caso a ciência seja feita por edital, a chave de acesso será fornecida presencialmente pela unidade regional de multas e recursos, mediante a identificação do representante legal do autuado/notificado, devendo a documentação comprobatória ser digitalizada e juntada ao processo.

§ 4º Em caso de perda ou inutilização do documento que contenha a chave de acesso, deverá ser observado o procedimento previsto no § 3º deste artigo.

Art. 62. Aos demais usuários externos, será concedida a vista de processos e dados, conforme as disposições da Lei nº 12.527, de 2011, e regulamentação própria, mediante pedido específico e fornecimento de chave de acesso temporária, para consulta no prazo de trinta dias.

Capítulo III

DOS ATOS PROCESSUAIS ELETRÔNICOS

Art. 63. Todos os atos processuais serão realizados exclusivamente por meio do Sistema Eletrônico de Processo Administrativo Trabalhista.

Parágrafo único. Os atos praticados na forma do *caput* serão registrados no sistema com identificação do usuário, da data e do horário em que foram praticados.

Art. 64. Os atos processuais em meio eletrônico consideram-se realizados no dia e na hora do recebimento pelo sistema, o qual deverá fornecer recibo eletrônico de protocolo que os identifique.

Art. 65. O peticionamento eletrônico será realizado por meio de funcionalidade específica, disponibilizada pelo sistema, ou mediante juntada de arquivo eletrônico *portable document format* (.pdf), padrão ISO-19005 (PDF/A).

§ 1º O Coordenador-Geral de Recursos definirá o tamanho máximo dos arquivos suportados pelo processo eletrônico, e outros formatos de arquivo admitidos como meio de prova e disponibilizará a informação na tela inicial do sistema.

§ 2º A funcionalidade para apresentação de defesa e recurso estará disponível ao autuado ou notificado somente pelo prazo legal previsto para a prática de tais atos.

§ 3º As demais manifestações, inclusive as intempestivas, serão inseridas no sistema por meio de funcionalidade destinada à apresentação de outros documentos, que estará disponível ao autuado ou notificado até o arquivamento do processo eletrônico, ou encaminhamento aos órgãos responsáveis pela fase de cobrança.

§ 4º Caso os arquivos a serem utilizados como meio de prova excedam o tamanho máximo admitido pelo processo eletrônico, deverá o autuado ou notificado apresentar requerimento fundamentado, endereçado à autoridade regional competente, nos termos do § 3º.

§ 5º O procedimento previsto no § 4º não dispensa o protocolo da peça de defesa e recurso e não implicará na prorrogação do prazo legal, sendo de exclusiva responsabilidade do autuado ou notificado sua execução de modo tempestivo.

§ 6º Após o arquivamento do processo eletrônico ou o encaminhamento aos órgãos responsáveis pela fase de cobrança, eventuais manifestações do autuado ou notificado dirigidas às autoridades julgadoras deverão ser protocoladas e tramitadas via Sistema Eletrônico de Informações.

Art. 66. Todas as petições, despachos, decisões e demais documentos do processo eletrônico serão assinados no momento de sua inclusão, sob pena de não efetivação do procedimento.

§ 1º A autoria, a autenticidade e a integridade dos documentos e da assinatura, nos processos administrativos eletrônicos, poderão ser atestadas por meio de certificado digital emitido no âmbito da Infraestrutura de Chaves Públicas Brasileira – ICP-Brasil, validação de dados mediante verificação de informações pessoais ou identificação por meio de nome de usuário e senha.

§ 2º A assinatura eletrônica realizada nos moldes do § 1º dispensa a apresentação do documento de identificação do subscritor.

§ 3º Os documentos digitalizados pela administração ou enviados eletronicamente pelo interessado terão o mesmo valor probante dos originais correspondentes e, exceto se existir dúvida fundada quanto à autenticidade ou previsão legal, ficam dispensados o reconhecimento de firma e a autenticação.

§ 4º Nos termos da exceção prevista no § 3º, a administração poderá exigir a exibição da via original de documento até que decaia o seu direito de rever os atos praticados no processo.

§ 5º O teor, a integridade e a legibilidade ou visualização dos documentos apresentados eletronicamente ou em mídia digital são de responsabilidade do autuado ou notificado.

§ 6º Os arquivos eletrônicos que contenham artefatos maliciosos poderão ser rejeitados automaticamente pelo sistema, com informação ao usuário das razões para a rejeição.

§ 7º A cópia de documento extraída dos autos eletrônicos deverá conter elementos que permitam verificar a sua autenticidade no endereço referente à consulta pública na rede mundial de computadores.

Art. 67. Fica autorizada a instituição de funcionalidades que permitam a realização de rotinas automatizadas no sistema, tais como a emissão de documentos, tramitação à fase processual seguinte, inclusive no caso de arquivamento, com registro automático do ato processual eletrônico, dispensando-se a assinatura de usuário.

Capítulo IV

DA DISPONIBILIDADE DO SISTEMA ELETRÔNICO DE PROCESSO ADMINISTRATIVO TRABALHISTA

Art. 68. A disponibilidade do processo eletrônico será garantida apenas aos acessos *de internet protocol* (IP) nacionais.

Art. 69. A ferramenta de protocolo de petições estará disponível aos usuários externos de segunda-feira a sexta-feira, diariamente, das oito às dezoito horas, no horário oficial de Brasília.

§ 1º Serão considerados tempestivos os atos praticados até o último dia do prazo.

§ 2º O disposto no § 1º do art. 22 aplica-se ao processo eletrônico tão somente quando se tratar de feriado nacional.

§ 3º Não serão considerados, para fins de tempestividade, o horário inicial de conexão do usuário à internet, o horário de acesso do usuário ao sistema eletrônico, tampouco os horários registrados pelos equipamentos do remetente.

§ 4º Considera-se indisponibilidade do sistema a falta de oferta, ao público externo, dos serviços de consulta aos autos digitais ou de transmissão eletrônica de atos processuais no período a que se refere o *caput*.

§ 5º No caso de indisponibilidade do sistema por motivo técnico que ocorra entre dezessete e dezoito horas do último dia do prazo, esse será prorrogado automaticamente para o dia útil subsequente.

§ 6º No caso de indisponibilidade do sistema por motivo técnico que seja igual ou superior a um dia, os prazos ficarão automaticamente suspensos pelo tempo em que durar a indisponibilidade.

§ 7º Não caracterizam indisponibilidade as falhas de transmissão de dados entre as estações de trabalho do público externo e a rede de comunicação pública, assim como a impossibilidade técnica que decorra de falhas nos equipamentos ou programas dos usuários.

§ 8º A indisponibilidade a que se refere o § 4º será registrada em relatório de interrupção de funcionamento, acessível ao público por meio do sítio eletrônico do sistema.

Art. 70. O controle dos feriados nacionais ficará a cargo da Coordenação-Geral de Recursos, por intermédio dos administradores do sistema.

Capítulo V

DAS DISPOSIÇÕES FINAIS E TRANSITÓRIAS RELATIVAS AO SISTEMA ELETRÔNICO DE PROCESSO ADMINISTRATIVO TRABALHISTA

Art. 71. É de responsabilidade do usuário:

I – o acesso ao seu provedor da internet e a configuração do computador utilizado nas transmissões eletrônicas;

II – o acompanhamento do regular recebimento das petições e documentos transmitidos eletronicamente; e

III – a aquisição do certificado digital, padrão ICP-Brasil, emitido por autoridade certificadora credenciada, e respectivo dispositivo criptográfico portável, caso opte por sua utilização.

Art. 72. É vedada a criação de novas soluções de informática para o processo administrativo trabalhista sem autorização da Secretaria de Trabalho do Ministério do Trabalho e Previdência, que deverá ser precedida pela manifestação técnica da Coordenação-Geral de Recursos.

Art. 73. Os processos atualmente em trâmite em meio físico terão os respectivos atos praticados na forma que lhes é própria, até o prazo máximo de dois anos, contados da data de vigência desta Portaria.

Parágrafo único. Findo o prazo previsto no *caput*, os processos em meio físico ainda em curso serão digitalizados e inseridos no sistema, seguindo o trâmite eletrônico a partir da fase em que se encontrarem.

TÍTULO III – DA IMPOSIÇÃO DE MULTAS ADMINISTRATIVAS PREVISTAS NA LEGISLAÇÃO TRABALHISTA

Capítulo I

DA GRADAÇÃO DAS MULTAS

Art. 74. As multas administrativas previstas na legislação trabalhista serão aplicadas conforme os critérios e valores constantes dos Anexos I, II, III e IV desta Portaria, expressos em moeda corrente nacional.

Parágrafo único. A aplicação de multa por infração às normas sujeitas à fiscalização trabalhista será, obrigatoriamente, precedida da lavratura de auto de infração, nos termos das orientações expedidas pela Subsecretaria de Inspeção do Trabalho da Secretaria de Trabalho do Ministério do Trabalho e Previdência.

Art. 75. As multas administrativas calculadas conforme critérios variáveis, quando a lei não determinar sua imposição pelo valor máximo, serão graduadas, observando-se os seguintes parâmetros, conforme previsto nas respectivas bases legais:

I – natureza da infração;

II – intenção do infrator;

III – meios ao alcance do infrator para cumprir a lei;

IV – extensão da infração; e

V – situação econômico-financeira do infrator.

Parágrafo único. O valor final da multa administrativa variável será calculado aplicando-se o percentual fixo de vinte por cento do valor máximo previsto na lei, acrescidos os seguintes percentuais:

a) de oito a quarenta por cento, conforme o porte econômico do infrator, conforme item II da Tabela "A" do Anexo III;

b) de quarenta por cento, conforme a extensão a infração, às infrações relacionadas na alínea *a* do item III da Tabela "A" do Anexo III; e

c) de oito a quarenta por cento, conforme a extensão da infração, às demais infrações, conforme alínea *b* do item III da Tabela "A" do Anexo III.

CAPÍTULO II

DAS MULTAS COM CRITÉRIOS VARIÁVEIS DE CÁLCULO E PARÂMETROS DE GRADAÇÃO ESPECÍFICOS

SEÇÃO I

DAS DISPOSIÇÕES PRELIMINARES

Art. 76. As multas com critérios variáveis de cálculo e parâmetros de gradação específicos encontram-se elencadas no Anexo IV desta Portaria.

Parágrafo único. Às multas de segurança e medicina do trabalho, previstas no art. 201 da Consolidação das Leis do Trabalho – CLT, aprovada pelo Decreto-Lei nº 5.452, de 1943, e às multas de segurança e medicina do trabalho portuário, previstas na Lei nº 9.719, de 1998, aplicam-se os critérios de gradação previstos na Norma Regulamentadora nº 28 – NR 28.

SEÇÃO II

DA PENALIDADE PELO DESCUMPRIMENTO DA OBRIGAÇÃO DE DECLARAÇÃO DA RELAÇÃO ANUAL DE INFORMAÇÕES SOCIAIS – RAIS

SUBSEÇÃO I

DAS OBRIGAÇÕES CUMPRIDAS POR MEIO DO ENVIO DE INFORMAÇÕES PELO GDRAIS OU GDRAIS GENÉRICO

Art. 77. O empregador que não entregar a Relação Anual de Informações Sociais – RAIS no prazo legal ficará sujeito à multa prevista no art. 25 da Lei nº 7.998, de 1990, a ser cobrada em valores monetários a partir de R$ 431,69 (quatrocentos e trinta e um reais e sessenta e nove centavos), acrescidos de R$ 107,91 (cento e sete reais e noventa e um centavos) por bimestre de atraso, contados até a data de entrega da RAIS respectiva ou da lavratura do auto de infração, se esse ocorrer primeiro.

▸ *Caput* com a redação dada pela Port. do MTPrev nº 4.098, de 15-12-2022.

Parágrafo único. O valor da multa resultante da aplicação do previsto no *caput*, quando decorrente da lavratura de auto de infração, deverá ser acrescido de percentuais, em relação ao valor máximo da multa prevista no art. 25 da Lei nº 7.998, de 1990, a critério da autoridade julgadora, na seguinte proporção:

I – de zero a quatro por cento: para empresas com zero a vinte e cinco empregados;

II – de cinco a oito por cento: para empresas com vinte e seis a cinquenta empregados;

III – de nove a doze por cento: para empresas com cinquenta e um a cem empregados;

IV – de treze a dezesseis por cento: para empresas com cento e um a quinhentos empregados; e

V – de dezessete a vinte por cento: para empresas com mais de quinhentos empregados.

Art. 78. O empregador que omitir informações ou prestar declaração falsa ou inexata ficará sujeito à multa prevista no art. 25 da Lei nº 7.998, de 1990, a ser cobrada em valores monetários a partir de R$ 431,69 (quatrocentos e trinta e um reais e sessenta e nove centavos), acrescidos de R$ 26,98 (vinte e seis reais e noventa e oito centavos) por empregado omitido ou declarado falsa ou inexatamente.

▸ Artigo com a redação dada pela Port. do MTPrev nº 4.098, de 15-12-2022.

Art. 79. O valor resultante da aplicação do disposto nos art. 77 e art. 78 será dobrado se o atraso na entrega ou correção do erro ou omissão ultrapassar o último dia do ano de exercício para entrega da RAIS em referência.

Art. 80. As multas previstas nesta Subseção serão aplicadas em dobro no caso de reincidência, oposição à fiscalização ou desacato à autoridade.

SUBSEÇÃO II

DAS OBRIGAÇÕES CUMPRIDAS POR MEIO DO ENVIO DE INFORMAÇÕES PELO ESOCIAL, NO QUE CONCERNE À RAIS

Art. 81. O empregador obrigado ao Sistema Simplificado de Escrituração Digital das Obrigações Previdenciárias, Trabalhistas e Fiscais – eSocial que não prestar as informações na forma e prazo estabelecidos em normatização específica, ou apresentá-las com incorreções ou omissões, ficará sujeito à multa prevista no art. 25 da Lei nº 7.998, de 1990, a ser cobrada em valores monetários a partir de R$ 431,69 (quatrocentos e trinta e um reais e sessenta e nove centavos), acrescidos de:

▸ *Caput* com a redação dada pela Port. do MTPrev nº 4.098, de 15-12-2022.

I – R$ 431,69 (quatrocentos e trinta e um reais e sessenta e nove centavos) por trabalhador prejudicado em relação às informações previstas nos seguintes dispositivos do art. 145 da Portaria MTP nº 671, de 8 de novembro de 2021:

a) alíneas *a*, *b* e *d* do inciso I;
b) alíneas *a* e *c* dos incisos II e III;
c) alínea *a* dos incisos IV, VII, IX, X e XI; e
d) alíneas *a* e *b* dos incisos V e VI e VIII;

II – R$ 143,90 (cento e quarenta e três reais e noventa centavos) por trabalhador prejudicado em relação às informações previstas nos seguintes dispositivos do art. 145 da Portaria MTP nº 671, de 2021:

a) alínea *c* dos incisos I, V, VI e VIII;
b) alínea *b* dos incisos II, III, IX e X; e
c) alíneas *b* e *c* dos incisos IV e VII; e

III – R$ 101,42 (cento e um reais e quarenta e dois centavos) por trabalhador prejudicado em relação às informações previstas nos seguintes dispositivos do art. 145 da Portaria MTP nº 671, de 2021:

a) alínea *e* do inciso I;
b) alínea *d* dos incisos II, III, IV, V, VI, VII e VIII;
c) alínea *c* dos incisos IX e X; e
d) alínea *b* do inciso XI.

► Incisos I a III com a redação dada pela Port. do MTPrev nº 4.098, de 15-12-2022.

§ 1º O valor máximo das multas previstas neste artigo é de R$ 43.168,67 (quarenta e três mil cento e sessenta e oito reais e sessenta e sete centavos), aplicadas em dobro em caso de reincidência, oposição à fiscalização ou desacato à autoridade.

§ 2º O valor da multa de que trata este artigo será reduzido em quarenta por cento, respeitado o limite mínimo legal, nos casos em que as informações forem prestadas ou corrigidas espontaneamente após o prazo assinalado para cumprimento da obrigação e antes de qualquer procedimento de ofício instaurado pela Auditoria-Fiscal do Trabalho.

§ 3º O valor da multa de que trata este artigo será reduzido em vinte por cento, respeitado o limite mínimo legal, nos casos em que as informações forem prestadas ou corrigidas após a instauração de qualquer procedimento de ofício, observado o prazo fixado pelo Auditor-Fiscal do Trabalho.

► §§ 1º a 3º com a redação dada pela Port. do MTPrev nº 4.098, de 15-12-2022.

§ 4º O cálculo da multa de que trata este artigo deve considerar a seguinte ordem:

I – cômputo dos valores mencionados nos incisos I a III do *caput*;

II – cômputo das agravantes mencionadas no § 1º, quando cabível, observando-se a regra do art. 87; e

III – cômputo de desconto, com os percentuais indicados nos § 2º e no § 3º, quando cabível.

§ 5º A concessão de qualquer desconto previsto neste artigo está condicionada à correção de todos os itens irregulares.

► §§ 4º e 5º acrescidos pela Port. do MTPrev nº 4.098, de 15-12-2022.

Seção III

DA PENALIDADE PELO DESCUMPRIMENTO DAS OBRIGAÇÕES RELATIVAS AO PROGRAMA DO SEGURO-DESEMPREGO

Art. 82. As multas variáveis a que se refere o art. 25 da Lei nº 7.998, de 1990, especificamente quanto à infração de fraude ao seguro-desemprego, serão calculadas em conformidade com os critérios previstos no Capítulo I deste Título.

Art. 83. O empregador que, no ato da dispensa, deixar de fornecer ao empregado, devidamente preenchidos, o requerimento do seguro-desemprego e a Comunicação de Dispensa, ficará sujeito à multa prevista no art. 25 da Lei nº 7.998, de 1990, a ser cobrada em valores monetários a partir de R$ 431,69 (quatrocentos e trinta e um reais e sessenta e nove centavos), por empregado prejudicado.

► *Caput* com a redação dada pela Port. do MTPrev nº 4.098, de 15-12-2022.

§ 1º O valor monetário previsto no *caput* deverá ser acrescido de percentuais, a critério da autoridade julgadora, na seguinte proporção:

I – até vinte por cento: para empresas com até vinte e cinco empregados;

II – de vinte e um a quarenta por cento: para empresas com vinte e cinco a cinquenta empregados;

III – de quarenta e um a sessenta por cento: para empresas com cinquenta e um a cem empregados;

IV – de sessenta e um a oitenta por cento: para empresas com cento e um a quinhentos empregados; e

V – de oitenta e um a cem por cento – para empresas com mais de quinhentos empregados.

§ 2º A aplicação das penalidades a que se refere este artigo fica sujeita às agravantes previstas no art. 25 da Lei nº 7.998, de 1990.

Seção IV

DA PENALIDADE POR INFRAÇÃO AO DISPOSTO NO ART. 93 DA LEI Nº 8.213, DE 24 JULHO DE 1991

Art. 84. A multa por infração ao disposto no art. 93 da Lei nº 8.213, de 1991, será calculada na seguinte proporção:

I – para empresas com até duzentos empregados, multiplicar o número de trabalhadores portadores de deficiência ou beneficiários reabilitados que deixaram de ser contratados pelo valor mínimo legal, acrescido de zero a vinte por cento;

II – para empresas com duzentos e um a quinhentos empregados, multiplicar o número de trabalhadores portadores de deficiência ou beneficiários reabilitados que deixaram de ser contratados pelo valor mínimo legal, acrescido de vinte a trinta por cento;

III – para empresas com quinhentos e um a mil empregados, multiplicar o número de trabalhadores portadores de deficiência ou beneficiários reabilitados que deixaram de ser contratados pelo valor mínimo legal, acrescido de trinta a quarenta por cento; e

IV – para empresas com mais de mil empregados, multiplicar o número de trabalhadores portadores de deficiência ou beneficiários reabilitados que deixaram de ser contratados pelo valor mínimo legal, acrescido de quarenta a cinquenta por cento.

§ 1º O valor mínimo legal a que se referem os incisos I a IV está previsto no art. 133 da Lei nº 8.213, de 1991.

§ 2º O valor resultante da aplicação dos parâmetros previstos neste artigo não poderá ultrapassar o máximo estabelecido no art. 133 da Lei nº 8.213, de 1991.

Capítulo III

DA CONVERSÃO EM ADVERTÊNCIA DAS PENALIDADES POR INFRAÇÃO AO DISPOSTO NA LEI Nº 12.619, DE 30 DE ABRIL DE 2012

Art. 85. Ficam convertidas em sanção de advertência as penalidades decorrentes de infrações ao disposto na Seção IV-A no Capítulo I da Consolidação das Leis do Trabalho – CLT, aprovada pelo Decreto-Lei nº 5.452, de 1943, ocorridas até a data de publicação da Lei nº 13.103, de 2 de março de 2015, conforme determinação de seu art. 22.

§ 1º Os processos em trâmite que se enquadrarem na hipótese do *caput* receberão análise sumária.

§ 2º Após o cumprimento do § 1º, se os autos forem considerados procedentes, as multas serão convertidas em sanção de advertência e a unidade regional de multas e recursos na qual tramita o processo notificará o empregador da decisão, por meio de publicação no *Diário Oficial da União*.

§ 3º As multas quitadas que se referem às infrações descritas no *caput* poderão ser restituídas mediante solicitação do administrado, a ser protocolada na unidade regional de multas e recursos em que o processo tramitou, para verificação dos requisitos legais e encaminhamento de ofício à Secretaria Especial da Receita Federal do Brasil do Ministério da Economia.

Capítulo IV

DAS DISPOSIÇÕES GERAIS SOBRE MULTAS

Art. 86. Às multas com critério de cálculo variável, para as quais não haja parâmetro de gradação específico, aplica-se o disposto no Capítulo I do Título III.

Art. 87. Quando cabível o agravamento da multa, este ocorrerá uma única vez, ainda que concorra mais de uma agravante.

Parágrafo único. Quando a lei contiver previsão expressa de aplicação da multa em dobro, esta poderá exceder o seu valor máximo, salvo disposição em contrário.

Art. 88. As infrações à Lei nº 6.224, de 14 de julho de 1975, para as quais não esteja prevista penalidade específica, serão punidas de acordo com os critérios fixados para casos semelhantes na Consolidação das Leis do Trabalho – CLT, aprovada pelo Decreto-Lei nº 5.452, de 1943.

TÍTULO IV – DOS DEMAIS PROCEDIMENTOS ADMINISTRATIVOS

Capítulo I

DA OFERTA DE VISTA E EXTRAÇÃO DE CÓPIA DE PROCESSOS ADMINISTRATIVOS FISCAIS QUE TRAMITAM EM MEIO FÍSICO

Art. 89. O sujeito passivo ou seu representante legal, devidamente constituído e identificado, tem direito à vista do processo administrativo fiscal e a obter cópia reprográfica dos dados e documentos que o integram, nos casos de processos cuja tramitação esteja ocorrendo em meio físico.

§ 1º Os pedidos de vista ou de cópia de processos não suspendem nem interrompem os prazos processuais.

§ 2º É vedada a vista e o fornecimento de cópia de documento classificado como sigiloso ou restrito a terceiros.

§ 3º Não será fornecida cópia de documento protegido por direito autoral ou daqueles cujo estado de conservação não se recomende a reprodução, salvo, neste último caso, se o meio utilizado para a extração da cópia, às expensas do interessado, não implicar em dano ao respectivo documento.

§ 4º O indeferimento de acesso a documento constante de processo administrativo fiscal ou a cópia de documento, nas hipóteses dos § 2º e § 3º, deverá ser fundamentado pela autoridade competente.

§ 5º Nenhuma cópia de documento sem assinatura ou despacho não publicado, quando for o caso, poderá ser fornecida, salvo por autorização expressa da autoridade competente.

Art. 90. O interessado ou seu representante legal deverão preencher e assinar requerimento que contenha o nome, número do CPF, dados de contato, e a identificação dos documentos ou processos que pretende ter vista ou extrair cópia.

§ 1º No caso de requerimento de vista, as unidades responsáveis atenderão ao interessado ou ao seu representante legal no prazo de três dias úteis após o seu recebimento.

§ 2º Quando for requerida cópia de documentos ou de processos, as unidades responsáveis têm prazo de três dias úteis após seu recebimento para comunicar ao interessado ou ao seu representante legal a quantidade de folhas do processo ou do documento e informar-lhe o custo total da reprodução.

§ 3º As unidades responsáveis terão prazo de três dias para providenciar a cópia requerida após a comprovação, pelo interessado, do pagamento.

§ 4º Nas hipóteses de que tratam os §§ 1º a 3º, o interessado será comunicado imediatamente, mediante contato telefônico ou outro meio hábil apontado no ato do preenchimento do requerimento, para que ele ou pessoa devidamente habilitada e identificada possa providenciar o que lhe compete.

§ 5º Quando se tratar de documento essencial ao não perecimento de direitos, assim declarado pelo interessado ou seu representante legal, a chefia do órgão administrativo determinará que as cópias solicitadas sejam fornecidas imediatamente.

§ 6º Não sendo possível fornecer, imediatamente, as cópias solicitadas, na forma disposta no § 5º, o órgão ou entidade deverá providenciá-las em prazo não superior a um dia útil.

Art. 91. É assegurado ao advogado identificado, conforme prescreve os incisos XII e XV do art. 7º da Lei nº 8.906, de 4 de julho de 1994, o acesso às informações, mesmo sem procuração, exceto quando se tratar de documento sujeito a sigilo ou restrito.

Parágrafo único. A retirada de autos de processos findos deverá obedecer ao prazo de dez dias, previsto no inciso XVI do art. 7º da Lei nº 8.906, de 2014, a contar da data da sua retirada.

Art. 92. O acesso a processos que se encontrem distribuídos ao Auditor Fiscal do Trabalho para análise ou saneamento, e conclusos para despacho ou decisão da autoridade competente será facultado após a conclusão do ato pelo agente competente ou após o esgotamento do prazo fixado para a sua prática.

Parágrafo único. A chefia do órgão deverá, para evitar perecimento de direito, em despacho fundamentado, fornecer o acesso e possibilitar a extração de cópia de processos e documentos que se encontrem em qualquer fase.

Art. 93. O interessado ou seu representante legal deverão declarar, na última folha do processo ou documento correspondente, o atendimento a seu requerimento assim que lhe for concedida a vista ou a cópia requerida.

Parágrafo único. Caso não seja feita, por qualquer motivo, a declaração a que se refere o *caput*, o servidor responsável pelo atendimento ao interessado certificará nos autos o ocorrido.

Art. 94. O pagamento do custo da reprodução será efetuado por Guia de Recolhimento da União – GRU, disponível no endereço eletrônico http://consulta.tesouro.fazenda.gov.br/gru_novosite/gru_simples.asp, e deverá ser preenchida e recolhido o seu valor pelo interessado em favor da unidade correspondente, por meio dos seguintes códigos, vedada a servidor a execução desse encargo:

I – campo UG: código da unidade gestora, conforme Anexo V desta Portaria;
II – campo gestão: 00001;
III – campo código: 18855-7 e
IV – campo número de referência: xxxxxx000010279, onde os primeiros seis dígitos correspondem ao código da unidade gestora, específico para cada unidade descentralizada, conforme Anexo II desta Portaria.

Art. 95. Caso a unidade responsável não disponha de serviço reprográfico, fica autorizada a extração das cópias no estabelecimento mais próximo, hipótese em que o interessado será acompanhado por um servidor e custeará integral e diretamente o valor devido ao prestador do serviço.

Art. 96. Todos os requerimentos, comprovantes de recolhimento de GRU e certificação deverão ser juntados aos processos correspondentes.

Art. 97. O valor unitário da cópia reprográfica em preto e branco será de R$ 0,20 (vinte centavos) e poderá ser atualizado sempre que houver alteração dos custos administrativos envolvidos na prestação do serviço.

Parágrafo único. Estará isento de ressarcir os custos previstos no *caput* todo aquele cuja situação econômica não lhe permita fazê-lo sem prejuízo do sustento próprio ou da família, declarada nos termos da Lei nº 7.115, de 29 de agosto de 1983.

Art. 98. O acesso e a obtenção de cópia dos processos eletrônicos são regulados pelo Capítulo II do Título II desta Portaria, que trata "Do acesso ao sistema eletrônico de processo administrativo trabalhista".

Capítulo II

DA CERTIDÃO DE DÉBITOS TRABALHISTAS

Art. 99. A Certidão de Débitos Trabalhistas, a ser emitida pela Coordenação-Geral de Recursos, constituirá prova de regularidade em relação ao cumprimento da legislação trabalhista, tendo como base as informações da situação do empregador quanto a infrações e débitos decorrentes de ações da fiscalização do trabalho registradas em sistema informatizado oficial de multas e recursos trabalhistas.

§ 1º A certidão será solicitada e emitida eletronicamente.

§ 2º No caso de empregadores inscritos no CNPJ, a certidão abrangerá todos os estabelecimentos do empregador.

§ 3º A certidão emitida em decorrência de determinação judicial produzirá os mesmos efeitos da certidão eletrônica prevista neste artigo.

Art. 100. A Certidão de Débitos Trabalhistas não substitui o cadastro dos empregadores que tenham submetido trabalhadores a condições análogas às de escravo.

Art. 101. A Certidão de Débitos Trabalhistas será emitida nas seguintes modalidades:

I – Certidão Negativa;
II – Certidão Positiva; e
III – Certidão Positiva com Efeito de Negativa.

Art. 102. A Certidão Negativa será emitida quando inexistir processo administrativo decorrente da lavratura de auto de infração ou se houver apenas processos em andamento ou arquivados por improcedência ou por pagamento da multa.

Art. 103. A Certidão Positiva será emitida quando existir processo administrativo com débito de multa definitivamente constituído, inclusive quando houver encaminhamento à Procuradoria-Geral da Fazenda Nacional, e conterá informações sobre os processos para os quais existam débitos ativos e exigíveis.

§ 1º As informações relativas aos processos encaminhados para inscrição em dívida ativa serão obtidas mediante integração entre os sistemas da Coordenação-Geral de Recursos e da Procuradoria-Geral da Fazenda Nacional, que disponibilizará a situação atualizada dos créditos inscritos.

§ 2º Até que a integração mencionada no § 1º esteja disponível, a certidão expedida pela Coordenação-Geral de Recursos refletirá sempre a última situação ocorrida em cadastros administrados pelo emitente, de modo que a situação atualizada dos processos após o envio à Procuradoria-Geral da Fazenda Nacional poderá ser obtida junto ao respectivo órgão.

Art. 104. A Certidão Positiva com Efeito de Negativa será emitida quando houver decisão judicial que discuta o mérito da autuação e sua cobrança esteja suspensa.

Art. 105. A certidão conterá, obrigatoriamente, a hora e a data de emissão e o respectivo código de controle, podendo sua autenticidade ser confirmada no endereço eletrônico nela informado.

Capítulo III

DA VERIFICAÇÃO ANUAL DE PROCESSOS

Art. 106. Cabe à Coordenação-Geral de Recursos e às unidades regionais de multas e recursos realizar a verificação anual dos processos administrativos de auto de infração e notificação de débito cuja tramitação em meio físico ainda não tenha sido encerrada.

Parágrafo único. Para fins de verificação anual, consideram-se encerrados os processos arquivados ou enviados para inscrição do débito em dívida ativa e cobrança executiva.

Art. 107. Os chefes das unidades regionais de multas e recursos e o Coordenador-Geral de Recursos, nos seus âmbitos de atuação:

I – fixarão o período de sua realização, que deverá ser, obrigatoriamente, entre os meses de abril e agosto de cada ano;

II – designarão servidores para os trabalhos; e

III – avaliarão a conveniência, ou não, da suspensão do atendimento ao público durante a verificação.

§ 1º Na hipótese de suspensão do atendimento ao público, deverão ser afixados avisos a respeito da suspensão, também, dos prazos processuais, e informado o respectivo período no campo próprio do sistema informatizado.

§ 2º Em casos excepcionais, mudança de sede ou mutirão, poderá ser requerida pela unidade regional de multas e recursos a realização da verificação em período diferente do definido no inciso I.

Art. 108. Os chefes das unidades regionais de multas e recursos encaminharão à Coordenação-Geral de Recursos, até o mês de fevereiro de cada ano, ofício contendo as especificações constantes dos incisos I e II do art. 107.

§ 1º Caso não seja recebida proposta até a data prevista no *caput*, o Coordenador-Geral de Recursos definirá o prazo para implementação da verificação anual na unidade regional de multas e recursos, priorizando sua realização durante o primeiro semestre do ano.

§ 2º O número de dias de verificação anual será fixado com base na quantidade de processos em tramitação, admitindo-se a prorrogação, mediante prévia autorização do Coordenador-Geral de Recursos.

Art. 109. Será obrigatória a utilização de sistema próprio da Coordenação-Geral de Recursos, disponível eletronicamente, para a realização da verificação anual.

Parágrafo único. Deverá ser solicitada à Coordenação-Geral de Recursos, com antecedência de dez dias do início dos trabalhos, a habilitação dos servidores com perfil de chefia no programa de verificação anual, aos quais caberá cadastrar os demais servidores designados.

Art. 110. Os chefes das unidades regionais de multas e recursos convocarão os servidores necessários para a execução dos serviços da verificação anual, que deverá ser realizada durante a jornada de trabalho.

§ 1º Não deverá ser autorizada a fruição de férias aos servidores lotados no setor responsável durante o período estabelecido para realização da verificação anual.

§ 2º A Coordenação-Geral de Recursos poderá enviar representantes para supervisionar os trabalhos e, em casos excepcionais, para executar a verificação anual.

Art. 111. Os processos administrativos não poderão ser retirados do setor responsável a partir do quinto dia útil anterior aos trabalhos, devendo ser providenciado, até o mesmo prazo, o retorno daqueles que se encontram fora do setor.

Art. 112. Após o término dos trabalhos, deverá ser enviado à Coordenação-Geral de Recursos, exclusivamente via Sistema Eletrônico de Informações, em até trinta dias, um relatório com fatos de interesse da unidade regional de multas e recursos, contendo, obrigatoriamente, os seguintes pontos:

I – dificuldades estruturais e pessoais da seção de multas;

II – quantidade de processos com mais de um ano e menos de dois anos sem tramitação e providências adotadas pela chefia regional;

III – quantidade de processos com mais de dois anos sem tramitação e providências adotadas pela chefia regional;

IV – quantidade de processos com tramitação diferente da registrada no sistema informatizado oficial de multas e recursos trabalhistas e providências adotadas pela chefia regional;

V – listagem de processos que se encontram cadastrados no sistema informatizado oficial de multas e recursos trabalhistas e não foram verificados e providências adotadas pela chefia regional;

VI – listagem de processos com tramitação prioritária e providências adotadas pela chefia regional; e

VII – planejamento para o exercício seguinte.

Parágrafo único. O relatório geral com a listagem e quantidade de processos verificados será gerado automaticamente, dispensando-se seu envio à Coordenação-Geral de Recursos.

Capítulo IV

DO PROCEDIMENTO PARA AUTORIZAÇÃO DO SAQUE DE FGTS PELO EMPREGADOR, QUANDO RECOLHIDO A TRABALHADORES NÃO OPTANTES

Seção I

DAS DISPOSIÇÕES INICIAIS

Art. 113. Será regido por este Capítulo o procedimento de que trata o inciso II do art. 19 da Lei nº 8.036, de 11 de maio de 1990, que dispõe sobre a autorização de saque, pelo empregador, de valores de FGTS recolhidos a trabalhadores não optantes.

Art. 114. Para efeitos do disposto neste Capítulo, considera-se:

I – trabalhador não optante:

a) trabalhador que no período entre a promulgação da Lei nº 5.107, de 13 de setembro de 1966, que criou o FGTS, e a promulgação da Constituição, que tornou o FGTS obrigatório, optou por não aderir ao regime de FGTS, mantendo seus contratos laborais sob a égide do regime de estabilidade decenal, previsto no art. 492 da Consolidação das Leis do Trabalho – CLT, aprovada pelo Decreto-Lei nº 5.452, de 1943; ou

b) trabalhador que, após a promulgação da Constituição, não optou pelo regime de FGTS com efeitos retroativos, nos termos do §4º do art. 14 da Lei nº 8.036, de 1990.

II – indenização rescisória de trabalhador não optante do Fundo:

a) no caso de dispensa imotivada, a indenização prevista no art. 477 da Consolidação das Leis do Trabalho – CLT, aprovada pelo Decreto-Lei nº 5.452, de 1943, com redação dada pela Lei nº 5.584, de 26 de junho de 1970, e no art. 478 da CLT; e

b) no caso de término do contrato de trabalho por extinção da empresa, a indenização prevista no art. 497 da Consolidação das Leis do Trabalho – CLT, aprovada pelo Decreto-Lei nº 5.452, de 1943.

III – prazo prescricional para reclamação de direitos trabalhistas: prescrição bienal de que trata o art. 11 da Consolidação das Leis do Trabalho – CLT, aprovada pelo Decreto-Lei nº 5.452, de 1943.

Art. 115. A autorização de saque de que trata este Capítulo será concedida ao empregador quando:

I – decorrido o prazo da prescrição bienal para a reclamação de direitos por parte do trabalhador; ou

II – não houver indenização a ser paga, o que ocorre nas seguintes hipóteses de extinção do contrato de trabalho:

a) pedido de demissão;

b) aposentadoria, ressalvados os casos em que o empregado permanece prestando serviços ao empregador, e as hipóteses de aposentadoria por invalidez e aposentadoria compulsória;

c) falecimento do trabalhador;

d) término e rescisão antecipada de contrato de trabalho com prazo determinado;

e) dispensa por justa causa;

f) dispensa sem justa causa, em que não há direito à indenização por tempo de serviço;

g) acordo judicial sem pagamento de indenização; ou

h) mudança do regime de trabalho, de celetista para estatutário.

Seção II

DO PROCESSO

Art. 116. O requerimento para autorização de saque do FGTS recolhido a não optantes será endereçado à unidade regional de multas e recursos, exclusivamente, via Sistema Eletrônico de Informações, e conterá os seguintes elementos:

I – identificação do requerente, contendo nome ou razão social, CNPJ, Cadastro Específico do INSS – CEI, Cadastro Nacional de Obras – CNO ou Cadastro de Atividade Econômica da Pessoa Física – CAEPF;

II – endereço completo, telefone e correio eletrônico do requerente;

III – nome e número do Banco/Agência e número/DV da conta corrente;

IV – formulação do pedido, com exposição dos fatos e fundamentos que justifiquem de forma clara e precisa o direito ao saque; e

V – relação individualizada dos trabalhadores não optantes do FGTS, de cujas contas o empregador busca realizar o saque, contendo:

a) nome do trabalhador não optante;

b) número da conta vinculada do FGTS cujo saque esteja sendo pleiteado;

c) número e série da Carteira de Trabalho e Previdência Social – CTPS do trabalhador, quando houver;

d) número de inscrição do trabalhador no Cadastro de Pessoas Físicas – CPF e no Programa de Integração Social – PIS ou no Programa de Formação do Patrimônio do Servidor Público – PASEP, quando houver;

e) data de nascimento;

f) data de admissão e afastamento; e

g) data da opção e da retroação, quando houver.

VI – data e assinatura do requerente ou de seu representante legal, com identificação do signatário.

Art. 117. O requerimento a que se refere o art. 116 deve ser acompanhado dos seguintes documentos:

I – estatuto ou contrato social e alterações, acompanhado de certidão atualizada expedida pela Junta Comercial ou Cartório de Registro de Documentos, listando a última alteração estatutária ou contratual e assembleia registrada;

II – ato de nomeação e posse do representante legal de órgão ou entidade pública;

III – procuração conferida pelo requerente ou por seu representante legal, constando a identificação completa do mandatário e os poderes para requerer a liberação do FGTS, se for o caso;

IV – ato de delegação de competência do representante de órgão ou entidade da administração pública, para requerer a liberação do FGTS, se for o caso;

V – declaração de responsabilidade pela veracidade das informações e documentos fornecidos, firmado pelo representante legal do requerente;

VI – termo de assunção de responsabilidade por eventual demanda, administrativa ou judicial, de iniciativa do empregado ou sucessor acerca do FGTS objeto da liberação, firmado pelo requerente;

VII – Termo de Rescisão do Contrato de Trabalho – TRCT ou outro documento vigente à época do desligamento do empregado, devidamente homologado, conforme previsto no § 1º do art. 477 da Consolidação das Leis do Trabalho – CLT, aprovada pelo Decreto-Lei nº 5.452, de 1943, caso a demissão tenha se dado até a entrada em vigência da Lei nº 13.467, de 13 de julho de 2017;

VIII – Termo de Declaração de opção pelo FGTS, se for o caso;

IX – certidão, emitida há menos de sete dias da data do requerimento, que comprove a inexistência de reclamação trabalhista proposta por empregado cujo nome esteja relacionado no pedido de liberação, emitida pela Justiça do Trabalho na jurisdição onde o empregado exerceu suas atividades, quando for invocada a prescrição;

X – comprovação de existência da conta vinculada em nome do empregador, individualizada em nome do empregado não optante, mediante extrato ou relação atualizada fornecida pela Caixa Econômica Federal;

XI – no caso de aposentadoria do empregado, documento emitido por órgão oficial de previdência, que comprove a espécie e a data de concessão do benefício;

XII – certidão de óbito, no caso de falecimento do empregado;

XIII – no caso de rescisão havida em demanda judicial, cópia da decisão transitada em julgado ou do Termo de Conciliação devidamente homologado pelo juízo;

XIV – no caso de mudança do regime de trabalho, de celetista para estatutário, documento legal que comprove a mudança; e

XV – Certificado de Regularidade de Recolhimento do FGTS – CRF, emitido pela Caixa Econômica Federal.

§ 1º Na impossibilidade de apresentação de documentos particulares, o empregador deve justificá-la, mediante declaração, prestando as informações necessárias e, se possível, produzindo documentos supletivos, cabendo à autoridade competente opinar pelo seu acolhimento.

§ 2º No caso do § 1º, em se tratando de Termo de Rescisão do Contrato de Trabalho – TRCT ou documento similar vigente à época, o documento substituto deve conter elementos que comprovem o motivo do afastamento e a extinção do contrato de trabalho há mais de dois anos.

§ 3º Os dados cadastrais relativos às contas vinculadas do tipo não optante devem ser conferidos e, se for o caso, corrigidos junto à Caixa Econômica Federal, por iniciativa do requerente, antes da protocolização do requerimento na unidade regional de multas e recursos.

Art. 118. Os requerimentos deverão ser limitados a dez trabalhadores não optantes do Fundo de cujas contas o empregador busca realizar o saque.

Art. 119. A unidade regional de multas e recursos somente analisará pedidos de empregadores cujos estabelecimentos e respectivos trabalhadores estejam vinculados à sua área de atuação.

Art. 120. Após protocolizado o requerimento, a unidade regional de multas e recursos tramitará o processo para realização de análise por Auditor Fiscal do Trabalho.

§ 1º Os sistemas informatizados disponíveis à inspeção do trabalho poderão ser consultados, a fim de confirmar as informações e as declarações prestadas pelo requerente.

§ 2º Ausentes as informações necessárias, o Auditor Fiscal do Trabalho poderá apresentar proposta de saneamento, conferindo ao requerente o prazo máximo de trinta dias, a contar do recebimento da notificação expedida pela unidade regional de multas e recursos.

§ 3º A análise a que se refere o *caput* deverá conter:

I – resumo do pedido;

II – a apreciação dos documentos e demais provas apresentadas pelo requerente;

III – proposta, devidamente fundamentada, pelo direito, ou não, ao saque do FGTS; e

IV – relação de trabalhadores não optantes do Fundo alcançados pela conclusão de que trata o inciso III.

Art. 121. Concluída a análise de que trata o art. 120, o processo será encaminhado à unidade regional de multas e recursos para decisão em primeira instância.

Art. 122. O chefe da unidade regional de multas e recursos, antes de proferir sua decisão, poderá determinar diligências complementares.

Art. 123. A decisão acerca do requerimento poderá:

I – deferir o pedido e autorizar o saque, quando concluir que houve a comprovação de que trata o inciso II do art. 19 da Lei nº 8.036, de 1990;

II – deferir parcialmente o pedido e autorizar parte dos saques, quando:

a) concluir que houve a comprovação de que trata o inciso II do art. 19 da Lei nº 8.036, de 1990, somente em relação à parte dos trabalhadores não optantes do FGTS; ou

b) concluir que parte dos trabalhadores referidos no pedido era optante do Fundo;

III – indeferir o pedido e não autorizar o saque, quando:

a) concluir que não houve a comprovação de que trata o inciso II do art. 19 da Lei nº 8.036, de 1990; ou

b) concluir que os trabalhadores referidos no pedido eram optantes do FGTS.

§ 1º A motivação da decisão deve ser explícita, clara e congruente, podendo consistir em declaração de concordância com os fundamentos da análise de que trata o art. 120.

§ 2º A decisão de deferimento ou de deferimento parcial deverá conter uma relação com os dados dos trabalhadores não optantes do FGTS, de cujas contas o empregador estará autorizado a realizar o saque.

Art. 124. A decisão será definitiva e produzirá efeitos:

I – caso não haja interposição de recurso, no dia útil seguinte ao término do prazo para sua apresentação, face à decisão de primeira instância;

II – caso haja interposição de recurso, na data da decisão de segunda instância.

Art. 125. Observado o disposto no art. 124, a decisão de indeferimento ou de deferimento parcial do pedido do requerente produzirá os seguintes efeitos:

I – se a decisão estiver fundamentada na ausência de comprovação de incidência ao inciso II do art. 19 da Lei nº 8.036, de 1990, o empregador poderá formular novo requerimento, desde que motivado por novos documentos comprobatórios do direito ao saque; ou

II – quando constatado que o trabalhador era optante do FGTS, a conta "não optante" deverá ser convertida em "optante", mediante ofício a ser encaminhado à Caixa Econômica Federal, pela unidade regional de multas e recursos.

Art. 126. É obrigatória a publicação oficial da decisão de primeira instância que deferir, total ou parcialmente, o pedido do requerente, devendo conter as seguintes informações:

I – identificação da autoridade prolatora;

II – número do processo e identificação do requerente;

III – a autorização total ou parcial de saque, pelo empregador, de saldo de FGTS depositado em

Legislação Complementar

conta vinculada de trabalhador não optante do Fundo;

IV – nome dos trabalhadores não optantes do FGTS abrangidos pela decisão; e

V – prazo de trinta dias para interposição de recurso de terceiro que comprove seu interesse jurídico.

Parágrafo único. Considera-se feita a notificação de terceiros trinta dias após a publicação da decisão.

Art. 127. O requerente será cientificado, por escrito, do inteiro teor da decisão, observando-se os art. 21 e art. 22.

Art. 128. Da decisão em primeira instância caberá recurso ao Coordenador-Geral de Recursos:

I – formulado pelo requerente, no prazo de trinta dias contados da notificação de que trata o art. 127, quando a decisão de primeiro grau indeferir ou deferir parcialmente o seu pedido;

II – formulado por terceiro interessado, no prazo de trinta dias contados da publicação oficial prevista no art. 126, quando a decisão deferir total ou parcialmente o pedido do requerente.

§ 1º Cumpre ao terceiro demonstrar seu interesse jurídico quando da interposição do recurso.

§ 2º Os recursos serão dirigidos à unidade regional de multas e recursos, que decidirá sobre seus pressupostos de admissibilidade e encaminhará aqueles que forem conhecidos à Coordenação-Geral de Recursos, para análise de mérito e decisão definitiva.

§ 3º O requerente será notificado, na forma prevista no art. 127, para se manifestar no prazo de trinta dias acerca de recurso interposto por terceiros.

§ 4º A notificação de que trata o parágrafo § 3º somente será realizada quando findo o prazo previsto no inciso V do art. 126.

§ 5º O requerente deverá apresentar manifestação única, independentemente do número de terceiros interessados admitidos, sendo vedado o recurso adesivo.

§ 6º Aplica-se ao processo em segunda instância, no que couber, o disposto nos art. 120, art. 122, art. 123 e art. 126.

Art. 129. A autorização de saque será válida apenas para as contas vinculadas cujos dados cadastrais estejam devidamente conferidos e corrigidos junto à Caixa Econômica Federal.

Art. 130. Uma cópia integral do processo administrativo no qual houver decisão definitiva de deferimento ou de deferimento parcial será encaminhada à Caixa Econômica Federal.

Art. 131. Para os procedimentos previstos neste Capítulo serão aplicadas, subsidiariamente, as demais normas para a organização e tramitação dos processos de multas administrativas e de notificação de débito do FGTS e da Contribuição Social, constantes desta Portaria.

TÍTULO V – DAS DISPOSIÇÕES FINAIS

Art. 132. Revogam-se as seguintes Portarias:

I – Portaria MTE nº 290, de 11 de abril de 1997;

II – Portaria MTE nº 1.161, de 22 de novembro de 2001;

III – Portaria MTE nº 366, de 16 de setembro de 2002;

IV – Portaria MTE nº 1.086, de 8 de setembro de 2003;

V – Portaria MTE nº 1.199, de 28 de outubro de 2003;

VI – Portaria MTE nº 2, de 10 de janeiro de 2006;

VII – Portaria MTE nº 14, de 10 de fevereiro de 2006;

VIII – Portaria MTE nº 193, de 23 de novembro de 2006;

IX – Portaria MTE nº 688, de 24 de abril de 2009;

X – Portaria MTE nº 112, de 20 de janeiro de 2012;

XI – Portaria MTE nº 565 DE 23 de abril de 2014;

XII – Portaria MTE nº 1.308, de 20 de agosto de 2014;

XIII – Portaria MTE nº 1.421, de 12 de setembro de 2014;

XIV – Portaria MTE nº 1.544, de 5 de outubro de 2014;

XV – Portaria SIT nº 459, de 11 de dezembro de 2014;

XVI – Portaria MTE nº 706, de 28 de maio de 2015;

XVII – Portaria MTE nº 854, de 25 de junho de 2015; e

XVIII – Portaria MTE nº 472, de 28 de abril de 2016.

Art. 133. Esta Portaria entra em vigor em 10 de dezembro de 2021.

Onyx Dornelles Lorenzoni

ANEXO I

► Anexo I com a redação dada pela Port. do MTPrev nº 4.098, de 15-12-2022.

TABELA DE MULTAS ADMINISTRATIVAS COM CRITÉRIOS FIXOS DE CÁLCULO (VALORES EM REAIS – R$)

Natureza	Capitulação da infração	Base legal	Critério	Observações
Obrigatoriedade da CTPS	CLT, art.13	CLT, art. 55	R$ 408,25	
Anotação de CTPS – Demais empregadores	CLT, art. 29	CLT, art. 29-A	R$ 3.000,00	Por empregado que não teve sua CTPS anotada no prazo, acrescido de igual valor em cada reincidência
Anotação de CTPS – ME ou EPP	CLT, art. 29	CLT, art. 29-A, § 1º	R$ 800,00	Por empregado que não teve sua CTPS anotada no prazo, acrescido de igual valor em cada reincidência
Anotações de CPTS previstas no § 2º do art. 29	CLT, art. 29, § 2º	CLT, art. 29-B	R$ 600,00	Por empregado que não teve sua CTPS anotada no prazo
Anotação desabonadora na CTPS	CLT, art. 29, § 4º	CLT, art. 29, § 5º, c/c art. 52	R$ 204,13	
Registro de empregado – Lei nº 13.467, de 2017	CLT, art. 41	CLT, art. 47	R$ 3.042,62	Por empregado não registrado, acrescido de igual valor em cada reincidência
Registro de empregado – Lei nº 13.467, de 2017 – ME/EPP	CLT, art. 41	CLT, art. 47, § 1º	R$ 811,37	Por empregado não registrado, acrescido de igual valor em cada reincidência
Falta de atualização ou preenchimento incompleto LRE/FRE – Lei nº 13.467, de 2017	CLT, art. 41, parágrafo único	CLT, art. 47-A	R$ 608,52	Por empregado prejudicado
Venda CTPS (igual ou semelhante)	CLT, art. 51	CLT, art. 51	R$ 1.224,76	
Extravios ou inutilização CTPS	CLT, art. 52	CLT, art. 52	R$ 204,13	
Férias	CLT, art. 129 ao art. 152	CLT, art. 153	R$ 172,68	Por empregado em situação irregular, dobrado em caso de reincidência, embaraço ou resistência à fiscalização, emprego de artifício ou simulação com o objetivo de fraudar a lei
Trabalho do menor (criança, adolescente e aprendiz)	CLT, art. 402 ao art. 441	CLT, art. 434	R$ 408,25	Por menor irregular até o máximo de R$ 2.041,25, salvo no caso de reincidência, em que esse total poderá ser elevado ao dobro
Anotação indevida na CTPS do menor	CLT, art. 435	CLT, art. 435	R$ 408,25	
Contrato individual de trabalho	CLT, art. 442 ao art. 508	CLT, art. 510	R$ 408,25	Dobrado na reincidência
Atraso pagamento de salário	CLT, art. 459, § 1º	art. 4º, Lei nº 7.855/1989	R$ 172,68	Por trabalhador prejudicado
Não pagamento verbas rescisórias prazo previsto	CLT, art. 477, § 6º	CLT, art. 477, § 8º	R$ 172,68	Por empregado prejudicado
13º salário	Lei nº 4.090/1962, c/c Lei nº 4.749/1965	Lei nº 7.855/1989, art. 3º	R$ 172,68	Por trabalhador prejudicado, dobrado na reincidência
Entrega de CAGED com atraso até 30 dias	Lei nº 4.923/1965	Lei nº 4.923/1965, art. 10	R$ 4,53	Por empregado
Entrega de CAGED com atraso de 31 até 60 dias	Lei nº 4.923/1965	Lei nº 4.923/1965, art. 10	R$ 6,81	Por empregado
Entrega de CAGED com atraso acima de 60 dias	Lei nº 4.923/1965	Lei nº 4.923/1965, art. 10	R$ 13,61	Por empregado
Atividade petrolífera	Lei nº 5.811/1972	Lei nº 7.855/1989, art. 3º	R$ 172,68	Por trabalhador prejudicado, dobrado na reincidência
Trabalhador rural	Lei nº 5.889/1973	Lei nº 5.889/1989, art. 18 com redação dada pela MP nº 2164-41/2001	R$ 385,40	Por empregado em situação irregular
Trabalhador temporário	Lei nº 6.019/1974	Lei nº 7.855/1989, art. 3º	R$ 172,68	Por trabalhador prejudicado, dobrado na reincidência

Natureza	Capitulação da infração	Base legal	Critério	Observações
Propagandista e vendedor de produtos farmacêuticos	Lei nº 6.224/1975, art. 3º	Lei nº 6.224/1975, art. 4º, c/c CLT, art. 434	R$ 408,25	Por menor irregular até o máximo de R$ 2.041,25, salvo no caso de reincidência, em que esse total poderá ser elevado ao dobro
Propagandista e vendedor de produtos farmacêuticos	Lei nº 6.224/1975, art. 2º, *caput*	Lei nº 6.224/1975, art. 4º, c/c CLT, art. 510	R$ 408,25	Dobrado na reincidência
Vale-transporte	Lei nº 7.418/1985	Lei nº 7.855/1989, art. 3º	R$ 172,68	Por trabalhador prejudicado, dobrado na reincidência
Contrato de trabalho por prazo determinado	Lei nº 9.601/1998, art. 3º e art. 4º	Lei nº 9.601/1998, art. 7º	R$ 539,61	
Trabalhador avulso	Lei nº 12.023/2009	Lei nº 12.023/2009, art. 10	R$ 507,10	Por trabalhador avulso prejudicado
Cooperativa de trabalho	Lei nº 12.690/2012	Lei nº 12.690/2012, art. 17, § 1º	R$ 507,10	Por trabalhador prejudicado, dobrada na reincidência
Programa Seguro-Emprego	Lei nº 13.189/2015	Lei nº 13.189/2015, art. 8º, §1º	100%	Percentual incidente sobre os recursos recebidos do FAT. Aplicada em dobro no caso de fraude
Prática discriminatória	Lei nº 9.029/1995	Lei nº 9.029/1995, art. 3º, inciso I		10 (dez) vezes o maior salário pago pelo empregador
FGTS – falta de depósito referente a competências posteriores à implantação do FGTS Digital	Lei nº 8.036, de 1990, art. 23, § 1º, inciso I	Lei nº 8.036, de 1990, art. 23, § 2º, *b*, com redação dada pela Lei nº 14.438, de 2022	30%	Percentual incidente sobre o débito do FGTS referente à competência posterior à implantação do FGTS Digital. O valor será dobrado na reincidência, fraude, simulação, artifício, ardil, resistência, embaraço ou desacato
FGTS – deixar de computar parcela de remuneração referentes às competências posteriores à implantação do FGTS Digital	Lei nº 8.036, de 1990, art. 23, § 1º, inciso IV	Lei nº 8.036, de 1990, art.23, § 2º, *b*, com redação dada pela Lei nº 14.438, de 2022	30%	Percentual incidente sobre o débito do FGTS referente à competência posterior à implantação do FGTS Digital. O valor será dobrado na reincidência, fraude, simulação, artifício, ardil, resistência, embaraço ou desacato
FGTS – deixar de efetuar depósito referente a débito constituído em notificação de débito referente a competências posteriores à implantação do FGTS Digital	Lei nº 8.036, de 1990, art. 23, § 1º, inciso V, com redação dada pela Lei nº 14.438, de 2022	Lei nº 8.036, de 1990, art. 23, § 2º, *b*, com redação dada pela Lei nº 14.438, de 2022	30%	Percentual incidente sobre o débito do FGTS referente à competência posterior à implantação do FGTS Digital. O valor será dobrado na reincidência, fraude, simulação, artifício, ardil, resistência, embaraço ou desacato

ANEXO II

► Anexo II com a redação dada pela Port. do MTPrev nº 4.098, de 15-12-2022.

TABELA DAS MULTAS ADMINISTRATIVAS COM CRITÉRIOS VARIÁVEIS DE CÁLCULO (VALORES EM REAIS – R$)

Natureza	Capitulação da infração	Base legal	Valor Mínimo	Valor Máximo	Observações
Duração do trabalho	CLT, art. 57 ao art. 74	CLT, art. 75	R$ 40,82	R$ 4.082,52	Dobrado na reincidência, oposição ou desacato
Salário mínimo	CLT, art. 76 ao art. 126	CLT, art. 120	R$ 40,82	R$ 1.633,00	Dobrado na reincidência
Durações e condições especiais do trabalho	CLT, art. 224 ao art. 350	CLT, art. 351	R$ 40,82	R$ 4.082,52	Dobrado na reincidência, oposição ou desacato
Nacionalização do trabalho	CLT, art. 352 ao art. 371	CLT, art. 364	R$ 81,65	R$ 8.165,02	
Trabalho da mulher	CLT, art. 372 ao art. 400	CLT, art. 401	R$ 81,65	R$ 816,51	Aplicada no grau máximo se ficar apurado o emprego de artifício ou simulação para fraudar a aplicação dos dispositivos e nos casos de reincidência
Organização sindical	CLT art. 511 ao art. 552	CLT art. 553, alínea *a*	R$ 81,65	R$ 4.082,52	Dobrado na reincidência

Natureza	Capitulação da infração	Base legal	Valor Mínimo	Valor Máximo	Observações
Contribuição sindical	CLT, art. 578 ao art. 610	CLT, art. 598	R$ 8,16	R$ 8.165,02	
Fiscalização	CLT, art. 626 ao art. 642	CLT, art. 630, § 6º	R$ 204,13	R$ 2.041,25	
Lock-out e greve	CLT, art. 722, *caput*	CLT, art. 722, alínea *a*	R$ 4.082,52	R$ 40.825,12	Aplicação em dobro para concessionário de serviço público
Repouso semanal remunerado e em feriados	Lei nº 605/1949	Lei nº 605/1949, art. 12, com redação dada pela Lei nº 12.544/2011	R$ 40,82	R$ 4.082,52	Aplicada em dobro no caso de reincidência e oposição à fiscalização ou desacato à autoridade
Músicos	Lei nº 3.857/1960	Lei nº 3.857/1960, art. 56	R$ 81,65	R$ 816,51	Aplicada em dobro na reincidência
Publicitário	Lei nº 4.680/1965, artigos 8º, 9º e 12 e Decreto nº 57.690/1966, art. 13, parágrafo único	Lei nº 4.680/1965, art. 16, alínea *a*	R$ 4,09	R$ 408,25	
Atuário	Decreto-Lei nº 806/1969	Decreto-Lei nº 806/1969, art. 10	R$ 28,92	R$ 289,16	Dobrada em cada reincidência, oposição à fiscalização ou desacato a autoridade
Jornalista	Decreto-Lei nº 972/1969	Decreto-Lei nº 972/1969, art. 13	R$ 57,83	R$ 578,32	
Abono salarial e seguro-desemprego	Lei nº 7.998/1990, art. 24	Lei nº 7.998/1990, art. 25	R$ 431,69	R$ 43.168,67	Dobrado em caso de caso de reincidência, oposição à fiscalização ou desacato à autoridade
FGTS – falta de depósito referente a competências anteriores à implantação do FGTS Digital	Lei nº 8.036/1990, art. 23, § 1º, inciso I	Lei nº 8.036/1990, art.23, § 2º, *b*	R$ 10,79	R$ 107,92	Por empregado dobrado na reincidência, fraude, simulação, artifício, ardil, resistência, embaraço ou desacato
FGTS – omitir informações sobre a conta vinculada do trabalhador referentes às competências anteriores à implantação do FGTS	Lei nº 8.036/1990, art. 23, § 1º, inciso II	Lei nº 8.036/1990, art. 23, § 2º, *a*	R$ 2,16	R$ 5,40	Por empregado dobrado na reincidência, fraude, simulação, artifício, ardil, resistência, embaraço ou desacato
FGTS – apresentar informações ao Cadastro Nacional do Trabalhador com erros e omissões – referentes às competências anteriores à implantação do FGTS	Lei nº 8.036/1990, art. 23, § 1º, inciso III	Lei nº 8.036/1990, art.23, § 2º, *a*	R$ 2,16	R$ 5,40	Por empregado dobrado na reincidência, fraude, simulação, artifício, ardil, resistência, embaraço ou desacato
FGTS – deixar de computar parcela de remuneração referentes às competências anteriores à implantação do FGTS	Lei nº 8.036/1990, art. 23, § 1º, inciso IV	Lei nº 8.036/1990, art.23, § 2º, *b*	R$ 10,79	R$ 107,92	Por empregado dobrado na reincidência, fraude, simulação, artifício, ardil, resistência, embaraço ou desacato
FGTS - deixar de efetuar depósito referente a débito constituído em notificação de débito referente a competências anteriores à implantação do FGTS Digital	Lei nº 8.036/1990, art. 23, § 1º, inciso V	Lei nº 8.036/1990, art.23, § 2º, *b*	R$ 10,79	R$ 107,92	Por empregado dobrado na reincidência, fraude, simulação, artifício, ardil, resistência, embaraço ou desacato
FGTS – deixar de apresentar ou apresentar com erros ou omissões as informações de que trata do art. 17-A	Lei nº 8.036, de 1990, art. 23, § 1º, inciso VI, com redação dada pela Lei nº 14.438, de 2022	Lei nº 8.036, de 1990, art. 23, § 2º, c, com redação dada pela Lei nº 14.438, de 2022	R$ 101,42	R$ 304,26	Por empregado dobrado na reincidência, fraude, simulação, artifício, ardil, resistência, embaraço ou desacato

Natureza	Capitulação da infração	Base legal	Valor Mínimo	Valor Máximo	Observações
FGTS – deixar de apresentar ou promover a retificação das informações de que trata o art. 17-A no prazo concedido em notificação	Lei nº 8.036, de 1990, art. 23, § 1º, inciso VII, com redação dada pela Lei nº 14.438, de 2022	Lei nº 8.036, de 1990, art. 23, § 2º, *c*, com redação dada pela Lei nº 14.438, de 2022	R$ 101,42	R$ 304,26	Por empregado dobrado na reincidência, fraude, simulação, artifício, ardil, resistência, embaraço ou desacato
Transporte aquaviário	Lei nº 9.432/1997	Lei nº 9.432/1997, art. 15, I		R$ 10,14	Por tonelada de arqueação bruta da embarcação
Trabalho portuário	Lei nº 9.719/1998, art. 7º, *caput*	Lei nº 9.719/1998, art. 10, inciso I	R$ 175,46	R$ 1.754,58	Dobrada em caso de reincidência, oposição à fiscalização e desacato à autoridade
Trabalho portuário	Lei nº 9.719/1998, art. 7º, parágrafo único e demais artigos, exceto art. 7º, *caput* e artigo 9º	Lei nº 9.719/1998, art. 10, inciso III	R$ 349,90	R$ 3.499,01	Por trabalhador mantido em situação irregular, dobrada em caso de reincidência, oposição à fiscalização e desacato à autoridade
Motociclistas profissionais	Lei nº 12.436/2011	Lei nº 12.436/2011, art. 2º	R$ 304,26	R$ 3.042,62	Aplicada no grau máximo se ficar apurado o emprego de artifício ou simulação para fraudar a aplicação dos dispositivos e nos casos de reincidência
Trabalho portuário	Lei nº 12.815/2013, art. 36, art. 39 e art. 42	Lei nº 12.815/2013, art. 51 c/c Lei nº 9.719/1998, art. 10, I	R$ 175,46	R$ 1.754,58	Dobrada em caso de reincidência, oposição à fiscalização e desacato à autoridade
Trabalho portuário	Lei nº 12.815/2013, art. 40, *caput* e § 3º	Lei nº 12.815/2013, art. 52 c/c Lei nº 9.719/1998, art. 10, III	R$ 349,90	R$ 3.499,01	Por trabalhador mantido em situação irregular, dobrada em caso de reincidência, oposição à fiscalização e desacato à autoridade
Aeronauta	Lei nº 13.475/2017	Lei nº 13.475/2017, art. 77 c/c CLT, art. 351	R$ 40,82	R$ 4.082,52	Dobrado na reincidência, oposição ou desacato
Programa de alimentação do trabalhador	Lei nº 6.321/76, art. 3º-A, *caput* e § 2º, com redação dada pela Lei nº 14.442/2022	Lei nº 6.321/76, art. 3º-A, inciso I, com redação dada pela Lei nº 14.442/2022	R$ 5.000,00	R$ 50.000,00	Dobrado em caso de reincidência ou de embaraço à fiscalização
Publicitário	Lei nº 4.680/1965, art. 11, parágrafo único	Lei nº 4.680/1965, art. 16, alínea *b*	10% sobre o valor do negócio publicitário realizado	50% sobre o valor do negócio publicitário realizado	
Mora salarial contumaz	Decreto-Lei nº 368/1968, art. 1º, I e II	Decreto-Lei nº 368/1968, art. 7º	10% do valor do débito salarial	50% do valor do débito salarial	
Mora contumaz de FGTS	Lei nº 8.036/1990, art. 22, § 1º, c/c Decreto-Lei nº 368/1968, art. 1º, I e II	Decreto-Lei nº 368/1968, art. 7º	10% do valor do débito para com o FGTS	50% do valor do débito para com o FGTS	

ANEXO III

► Anexo III com a redação dada pela Port. do MTPrev nº 4.098, de 15-12-2022.

A) Tabela de gradação das Multas com Critérios Variáveis de Cálculo

Critérios	Valor a ser atribuído
I – Natureza da infração Intenção do infrator de praticar a infração Meios ao alcance do infrator para cumprir a lei	20% do valor máximo previsto para a multa, equivalente ao conjunto dos três critérios. Obs.: Percentual fixo aplicável a todas as infrações, conforme tabela "B" deste Anexo.
II – Porte Econômico do Infrator	De 8% a 40% do valor máximo previsto para a multa, conforme tabela "C" deste Anexo.

Critérios	Valor a ser atribuído
III – Extensão da Infração	De 8% a 40% do valor máximo previsto para a multa, conforme critérios abaixo: a) 40% do valor máximo previsto para a multa, quando se tratar de infração a: i) Capítulos II e III do Título II da CLT (Duração do Trabalho e Salário Mínimo); ii) Capítulos I e III do Título III da CLT (Disposições especiais sobre duração e condições de trabalho e Proteção do Trabalho da Mulher); iii) Capítulo I do Título VII da CLT (Fiscalização, Autuação e Imposição de Multas); e iv) Art. 23 da Lei nº 8.036, de 1990 (FGTS). b) de 8% a 40% do valor máximo previsto para a multa aplicável às demais infrações, conforme tabela "C" deste Anexo.
Obs.: O valor da multa corresponderá à soma dos valores resultantes da aplicação dos percentuais relativos aos três níveis de critérios acima (I, II e III).	

B) Tabela do Percentual Fixo (20%) Aplicável a Todas as Infrações

Base Legal					
Art. 75, art. 351 e art. 553 da CLT e art. 12 da Lei nº 605/1949.	Art. 120 da CLT.	Art. 364 e art. 598 da CLT.	Art. 401 da CLT.	Art. 630, § 6º, da CLT.	Art. 722, alínea *a*, da CLT.
R$ 816,50	R$ 326,60	R$ 1.633,00	R$ 163,30	R$ 408,25	R$ 8.165,02

Base Legal					
Art. 56 da Lei nº 3.857/1960.	Art. 16, alínea *a*, da Lei nº 4.680/1965.	Art. 10 do Decreto-Lei nº 806/1969.	Art. 13 do Decreto-Lei nº 972/1969.	Art. 3º-A, I, da Lei nº 6.321/1976.	Art. 25 da Lei nº 7.998/1990.
R$ 163,30	R$ 81,65	R$ 57,83	R$ 115,66	R$ 10.000,00	R$ 8.633,73

Base Legal					
Art. 23, § 2º, *a*, da Lei nº 8.036/1990.	Art. 23, § 2º, *b*, da Lei nº 8.036/1990.	Art. 23, § 2º, *c*, da Lei nº 8.036/1990.	Art. 15, I, da Lei nº 9.432/1997.	Art. 10, I, da Lei nº 9.719/1998.	Art. 10, III, da Lei nº 9.719/1998.
R$ 1,08	R$ 21,58	R$ 60,85	R$ 2,03	R$ 350,92	R$ 699,80

Base Legal
Art. 2º da Lei nº 12.436/2011.
R$ 608,52

C) Tabela em R$ de Gradação de Multas de Valor Variável Aplicável aos Critérios II e III

Quantidade de Empregados	%	Base Legal					
.		Art. 75, art. 351 e art. 553 da CLT e art. 12 da Lei nº 605/1949.	Art. 120 da CLT.	Art. 364 e art. 598 da CLT.	Art. 401 da CLT.	Art. 630, § 6º, da CLT.	Art. 722, alínea a, da CLT.
de 01 a 10	8	R$ 326,60	R$ 130,64	R$ 653,20	R$ 65,32	R$ 163,30	R$ 3.266,01
de 11 a 30	16	R$ 653,20	R$ 261,28	R$ 1.306,40	R$ 130,64	R$ 326,60	R$ 6.532,02
de 31 a 60	24	R$ 979,80	R$ 391,92	R$ 1.959,60	R$ 195,96	R$ 489,90	R$ 9.798,03
de 61 a 100	32	R$ 1.306,40	R$ 522,56	R$ 2.612,81	R$ 261,28	R$ 653,20	R$ 13.064,04
acima de 100	40	R$ 1.633,01	R$ 653,20	R$ 3.266,01	R$ 326,60	R$ 816,50	R$ 16.330,05

Quantidade de Empregados	%	Base Legal					
		Art. 56 da Lei nº 3.857/1960.	Art. 16, alínea a, da Lei nº 4.680/1965.	Art. 10 do Decreto-Lei nº 806/1969.	Art. 13 do Decreto- Lei nº 972/1969.	Art. 3º-A, I, da Lei nº 6.321/1976.	Art. 25 da Lei nº 7.998/1990.
de 01 a 10	8	R$ 65,32	R$ 32,66	R$ 23,13	R$ 46,27	R$ 4.000,00	R$ 3.453,49
de 11 a 30	16	R$ 130,64	R$ 65,32	R$ 46,27	R$ 92,53	R$ 8.000,00	R$ 6.906,99
de 31 a 60	24	R$ 195,96	R$ 97,98	R$ 69,40	R$ 138,80	R$ 12.000,00	R$ 10.360,48
de 61 a 100	32	R$ 261,28	R$ 130,64	R$ 92,53	R$ 185,06	R$ 16.000,00	R$ 13.813,97
acima de 100	40	R$ 326,60	R$ 163,30	R$ 115,66	R$ 231,33	R$ 20.000,00	R$ 17.267,47

Quantidade de Empregados	%	Base Legal					
.		Art. 23, § 2º, *a*, da Lei nº 8.036/1990.	Art. 23, § 2º, *b*, da Lei nº 8.036/1990.	Art. 23, § 2º, *c*, da Lei nº 8.036/1990.	Art. 15, I, da Lei nº 9.432/1997.	Art. 10, I, da Lei nº 9.719/1998.	Art. 10, III, da Lei nº 9.719/1998.
de 01 a 10	8	R$ 0,43	R$ 8,63	R$ 24,34	R$ 0,81	R$ 140,37	R$ 279,92
de 11 a 30	16	R$ 0,86	R$ 17,27	R$ 48,68	R$ 1,62	R$ 280,73	R$ 559,84
de 31 a 60	24	R$ 1,29	R$ 25,90	R$ 73,02	R$ 2,43	R$ 421,10	R$ 839,76
de 61 a 100	32	R$ 1,73	R$ 34,53	R$ 97,36	R$ 3,25	R$ 561,46	R$ 1.119,68
acima de 100	40	R$ 2,16	R$ 43,17	R$ 121,70	R$ 4,06	R$ 701,83	R$ 1.399,60

Quantidade de Empregados	%	Base Legal
.		Art. 2º da Lei nº 12.436/2011.
de 01 a 10	8	R$ 243,41
de 11 a 30	16	R$ 486,82
de 31 a 60	24	R$ 730,23
de 61 a 100	32	R$ 973,64
acima de 100	40	R$ 1.217,05

ANEXO IV

▶ Anexo IV com a redação dada pela Port. do MTPrev nº 4.098, de 15-12-2022.

TABELA DAS MULTAS ADMINISTRATIVAS COM CRITÉRIOS VARIÁVEIS DE CÁLCULO PARÂMETROS ESPECIAIS DE GRADAÇÃO (VALORES EM REAIS – R$)

Natureza	Capitulação da infração	Base legal	Valor Mínimo	Valor Máximo	Observações
Segurança do Trabalho	CLT, art. 154 ao art. 200	CLT, art. 201	R$ 679,90	R$ 6.803,39	Valor máximo em caso de reincidência, embaraço ou resistência à fiscalização, emprego de artifício ou simulação com o objetivo de fraudar a lei
Medicina do Trabalho	CLT, art. 154 ao art. 200	CLT, art. 201	R$ 407,94	R$ 4.081,60	Valor máximo em caso de reincidência, embaraço ou resistência à fiscalização, emprego de artifício ou simulação com o objetivo de fraudar a lei
Radialista	Lei nº 6.615/1978	Lei nº 6.615/1978, art. 27	R$ 115,66	R$ 1.156,64	R$ 57,83 por empregado. Valor máximo na reincidência, embaraço ou resistência, artifício ou simulação com objetivo de fraudar a lei
Artista	Lei nº 6.533/1978	Lei nº 6.533/1978, art. 33	R$ 115,66	R$ 1.156,64	R$ 57,83 por empregado. Valor máximo na reincidência, embaraço ou resistência, artifício ou simulação com objetivo de fraudar a lei
RAIS: não entregar a declaração no prazo legal pelo GDRAIS ou GDRAIS Genérico	Lei nº 7.998/1990, art. 24	Lei nº 7.998/1990, art. 25	R$ 431,69	R$ 43.168,67	Dobrado em caso de caso de reincidência, oposição à fiscalização ou desacato à autoridade.
RAIS: omitir informação, ou prestar declaração falsa ou inexata pelo GDRAIS ou GDRAIS Genérico	Lei nº 7.998/1990, art. 24	Lei nº 7.998/1990, art. 25	R$ 431,69	R$ 43.168,67	Dobrado em caso de caso de reincidência, oposição à fiscalização ou desacato à autoridade.
RAIS: deixar de prestar informações ao eSocial na forma e prazo estabelecidos em normatização específica.	Lei nº 7.998, de 1990, art. 24	Lei nº 7.998, de 1990, art. 25	R$ 431,69	R$ 43.168,67	Dobrado em caso de caso de reincidência, oposição à fiscalização ou desacato à autoridade. Redução de 40% ou 20%, respeitado o mínimo legal, caso as informações sejam prestadas ou corrigidas antes de procedimento fiscal ou após determinação do Auditor- Fiscal do Trabalho, respectivamente.
Seguro-desemprego: não entregar as guias em caso de demissão sem justa causa.	Lei nº 7.998/1990, art. 24	Lei nº 7.998/1990, art. 25	R$ 431,69	R$ 43.168,67	Dobrado em caso de caso de reincidência, oposição à fiscalização ou desacato à autoridade
Segurança do Trabalho Portuário	Lei nº 9.719/1998, art. 9º	Lei nº 9.719/1998, art. 10, II	R$ 583,17	R$ 5.831,69	Dobrada em caso de reincidência, oposição à fiscalização e desacato à autoridade

Natureza	Capitulação da infração	Base legal	Valor Mínimo	Valor Máximo	Observações
Medicina do Trabalho Portuário	Lei nº 9.719/1998, art. 9º	Lei nº 9.719/1998, art. 10, II	R$ 349,90	R$ 3.499,01	Dobrada em caso de reincidência, oposição à fiscalização e desacato à autoridade
Pessoa com Deficiência – PCD	Lei nº 8.213/1991, art. 93	Lei nº 8.213/1991, art. 133			Os valores mínimo e máximo previstos no art. 133 da Lei nº 8.213/1991 são atualizados por ato do Ministério da Economia.

ANEXO V
TABELA – CÓDIGO UNIDADE GESTORA

UNIDADE DESCENTRALIZADA	CÓDIGO UNIDADE GESTORA
ACRE	380930
ALAGOAS	380931
AMAZONAS	380932
BAHIA	380933
CEARÁ	380934
DISTRITO FEDERAL	380935
ESPÍRITO SANTO	380936
GOIÁS	390937
MATO GROSSO	390938
MARANHÃO	380939
MATO GROSSO DO SUL	380940
MINAS GERAIS	380941
PERNAMBUCO	380942
PARÁ	380943
PARANÁ	380944
PARAÍBA	380945
RIO DE JANEIRO	380947
RIO GRANDE DO NORTE	380948
RIO GRANDE DO SUL	380949
RONDÔNIA	380950
SANTA CATARINA	380951
SÃO PAULO	380952
SERGIPE	380953
TOCANTINS	380954
PIAUÍ	380955
AMAPÁ	380956
RORAÍMA	380957
COORDENAÇÃO-GERAL DE RECURSOS	380918

PORTARIA DO MTPrev Nº 671, DE 8 DE NOVEMBRO DE 2021

Regulamenta disposições relativas à legislação trabalhista, à inspeção do trabalho, às políticas públicas e às relações de trabalho.

► Publicada no *DOU* de 11-11-2021.

Art. 1º A presente Portaria visa disciplinar matérias referentes à legislação trabalhista, à inspeção do trabalho, às políticas públicas e às relações de trabalho no que se refere a:

I – Carteira de Trabalho e Previdência Social – CTPS;

II – contrato de trabalho, em especial:

a) registro de empregados e anotações na CTPS;

b) trabalho autônomo;

c) trabalho intermitente;

d) consórcio de empregadores rurais; e
e) contrato e nota contratual de músicos profissionais, artistas e técnicos de espetáculos de diversões;

III – contrato de parceria entre os salões de beleza e os profissionais;

IV – autorização de contratação de trabalhador por empresa estrangeira para trabalhar no exterior;

V – jornada de trabalho, em especial:

a) autorização transitória para trabalho aos domingos e feriados;
b) autorização permanente para trabalho aos domingos e feriados; e
c) prorrogação de jornada em atividades insalubres;
d) anotação da hora de entrada e de saída em registro manual, mecânico ou eletrônico;

VI – apuração de parcelas variáveis de remuneração;

VII – efeitos de débitos salariais, de mora de Fundo de Garantia do Tempo de Serviço – FGTS, de mora contumaz salarial e de mora contumaz de FGTS;

VIII – local para guarda e assistência dos filhos no período da amamentação;

IX – reembolso-creche;

X – registro profissional;

XI – registro de empresa de trabalho temporário;

XII – sistemas e cadastros, em especial:

a) Domicílio Eletrônico Trabalhista – DET e Livro de Inspeção do Trabalho Eletrônico – eLIT;

▸ Alínea *a* acrescida pela Port. do MTE nº 3.869, de 21-12-2023.

b) substituição de informações nos sistemas do Cadastro Geral de Empregados e Desempregados – CAGED e da Relação Anual de Informações Sociais – RAIS;
c) RAIS;
d) CAGED;
e) disponibilização e utilização de informações contidas nas bases de dados do CAGED, da RAIS, do Seguro-Desemprego, do Benefício Emergencial de Preservação do Emprego e da Renda – BEM e do Novo Benefício Emergencial de Preservação do Emprego e da Renda – Novo Bem;
f) cadastro de empregados por meio da Caixa Econômica Federal; e
g) Classificação Brasileira de Ocupações – CBO;

XIII – medidas contra a discriminação no trabalho;

XIV – trabalho em condições análogas às de escravo;

XV – atividades de direção, assessoramento e apoio político-partidário;

XVI – entidades sindicais e instrumentos coletivos de trabalho, em especial:

a) registro no Cadastro Nacional de Entidades Sindicais – CNES e certidão sindical;
b) recolhimento e distribuição da contribuição sindical urbana;
c) registro de instrumentos coletivos de trabalho; e
d) mediação na negociação coletiva de natureza trabalhista;

XVII – fiscalização orientadora em microempresas e empresas de pequeno porte;

XVIII – simulação de rescisão contratual e levantamento do FGTS em fraude à lei;

▸ Incisos VI a XVIII com a redação dada pela Port. do MTPrev nº 4.198, de 19-12-2022.

XIX – procedimentos e requisitos para o cadastro das entidades autorizadas a operar ou participar do Programa Nacional de Microcrédito Produtivo Orientado – PNMPO;

XX – diretrizes para execução da aprendizagem profissional e o Cadastro Nacional de Aprendizagem Profissional – CNAP; e

XXI – diretrizes para execução da modalidade qualificação presencial no âmbito do Programa Brasileiro de Qualificação Social e Profissional – QUALIFICAÇÃO BRASIL.

▸ Incisos XIX a XXI acrescidos pela Port. do MTPrev nº 4.198, de 19-12-2022.

Capítulo I

DA CARTEIRA DE TRABALHO E PREVIDÊNCIA SOCIAL

Art. 2º A CTPS é o documento onde estão registrados os dados relativos ao contrato de trabalho de um trabalhador.

Parágrafo único. A CTPS tem como identificação única do trabalhador o número de inscrição no Cadastro de Pessoas Físicas – CPF.

Art. 3º A CTPS emitida em meio eletrônico, de que trata o art. 14 da Consolidação das Leis do Trabalho, aprovada pelo Decreto-Lei nº 5.452, de 1º de maio de 1943 – CLT, é denominada Carteira de Trabalho Digital.

§ 1º Para fins do disposto no Decreto-Lei nº 5.452, de 1943 – CLT, a Carteira de Trabalho Digital é equivalente à CTPS emitida em meio físico.

§ 2º A Carteira de Trabalho Digital é previamente emitida a todos os inscritos no CPF, sendo necessária sua habilitação.

§ 3º A Carteira de Trabalho Digital não se equipara aos documentos de identificação civis de que trata o art. 2º da Lei nº 12.037, de 1º de outubro 2009.

Art. 4º A habilitação da Carteira de Trabalho Digital é realizada por meio de:

I – aplicativo eletrônico específico, denominado Carteira de Trabalho Digital, disponibilizado gratuitamente para dispositivos móveis; ou

II – serviço específico da Carteira de Trabalho Digital diretamente no portal gov.br.

Art. 5º A CTPS em meio físico é emitida por meio do sistema informatizado de emissão de Carteira de Trabalho e Previdência Social.

§ 1º A CTPS não será emitida para menor de quatorze anos ou para falecido, exceto quando houver ordem ou autorização judicial, e será obrigatório o lançamento no sistema informatizado e a anotação do número do mandado judicial no campo de anotações gerais da CTPS.

§ 2º Excepcionalmente, quando o trabalhador indocumentado tenha sido vítima de tráfico de pessoas, de trabalho escravo ou de violação de direitos agravada por sua condição migratória e que tenha sido resgatado em ação fiscal conduzida por Auditor Fiscal do Trabalho, poderá ser emitida CTPS provisória, em meio físico, fora do sistema informatizado de que trata o *caput*, com validade máxima e improrrogável de três meses, com base em declarações verbais do interessado, firmadas por duas testemunhas.

§ 3º No período de validade da CTPS provisória, de que trata o § 2º, deverão ser tomadas providências para a identificação completa do trabalhador resgatado e o encaminhamento às unidades responsáveis para emissão de documento definitivo.

Art. 6º Para os empregadores que têm a obrigação de uso do Sistema Simplificado de Escrituração Digital das Obrigações Previdenciárias, Trabalhistas e Fiscais – eSocial, a comunicação pelo empregado do número de inscrição no CPF equivale à apresentação da Carteira de Trabalho Digital e dispensa a emissão de recibo pelo empregador.

§ 1º O trabalhador deverá ter acesso às informações de seu contrato de trabalho na Carteira de Trabalho Digital após o processamento das respectivas anotações.

§ 2º A CTPS deverá ser utilizada, em caráter excepcional, pelos empregados das pessoas jurídicas de direito público da administração direta, autárquica e fundacional, que adotem o regime jurídico previsto no Decreto-Lei nº 5.452, de 1943 – CLT, bem como das organizações internacionais, das fundações públicas de direito privado, dos consórcios públicos, dos fundos públicos e das comissões polinacionais enquanto estes entes não forem obrigadas ao envio de eventos periódicos ao eSocial.

► § 2º com a redação dada pela Port. do MTP nº 895, de 7-12-2021.

Art. 7º Compete ao Ministério do Trabalho e Previdência, por meio da Secretaria de Trabalho, definir os modelos de CTPS para brasileiros e estrangeiros.

Art. 8º A emissão da CTPS será realizada nas unidades descentralizadas do Ministério do Trabalho e Previdência.

§ 1º Poderão, ainda, emitir a CTPS, mediante convênio, os órgãos federais, estaduais e municipais da administração direta ou indireta.

§ 2º A CTPS será entregue pessoalmente ao interessado, mediante identificação digital, no prazo máximo de até quinze dias úteis, contados a partir da data constante no protocolo de atendimento.

§ 3º Excepcionalmente, a CTPS poderá ser entregue a terceiro, mediante apresentação de procuração particular, com reconhecimento de firma, específica para retirada da CTPS.

Art. 9º Para emissão da CTPS, o interessado deverá apresentar, pessoalmente, os seguintes documentos:

I – brasileiros:

a) documento oficial de identificação civil que contenha:

1. nome do interessado;
2. Município e Estado de nascimento;
3. filiação; e
4. nome e número do documento com órgão emissor e data de emissão; e

► Itens 1 a 4 retificados no *DOU* de 8-12-2021.

Legislação Complementar

5. nome e número do documento com órgão emissor e data de emissão; e

b) CPF;

II – estrangeiros:

a) CPF; e

b) Carteira de Registro Nacional Migratório, Documento Provisório de Registro Nacional Migratório ou Protocolo expedido pela Polícia Federal.

Parágrafo único. Todos os documentos apresentados pelo interessado deverão ser originais e legíveis.

Art. 10. A fotografia, a assinatura e a identificação digital do requerente serão capturadas pelo próprio sistema no momento do procedimento de identificação, obedecidos os padrões de qualidade.

Parágrafo único. Em casos de localidades que não dispõem de sistema informatizado de emissão da CTPS, o requerente apresentará uma fotografia 3 cm x 4 cm recente.

Art. 11. A personalização e a emissão da CTPS para imigrantes será feita, exclusivamente, pelas unidades descentralizadas do Ministério do Trabalho e Previdência.

Art. 12. Os acordos de cooperação técnica de emissão de CTPS, celebrados com base na Portaria MTE nº 369, de 13 de março de 2013, que ainda estejam vigentes, poderão ser renovados até a implementação definitiva do eSocial.

CAPÍTULO II

DO CONTRATO DE TRABALHO

SEÇÃO I

DO REGISTRO DE EMPREGADOS E DAS ANOTAÇÕES NA CARTEIRA DE TRABALHO E PREVIDÊNCIA SOCIAL

Art. 13. O registro de empregados de que trata o art. 41 do Decreto-Lei nº 5.452, de 1943 – CLT, ressalvado o disposto no art. 17, e as anotações na Carteira de Trabalho Digital de que trata o art. 29 do Decreto-Lei nº 5.452, de 1943 – CLT, deverão ser realizados pelo empregador por meio do eSocial.

Parágrafo único. Na hipótese do § 2º do art. 6º, as anotações de que tratam o *caput* serão feitas pelo empregador na CTPS.

▶ Parágrafo único retificado no *DOU* de 8-12-2021.

Art. 14. O registro de empregados é composto por dados relativos à admissão no emprego, duração e efetividade do trabalho, férias, acidentes e demais circunstâncias que interessem à proteção do trabalhador e deverão ser informados nos seguintes prazos:

I – até o dia anterior ao início das atividades do trabalhador:

a) número do CPF;

b) data de nascimento;

c) data de admissão;

d) matrícula do empregado;

e) categoria do trabalhador, conforme classificação adotada pelo eSocial;

f) natureza da atividade (urbano ou rural);

g) código da CBO;

h) valor do salário contratual; e

i) tipo de contrato de trabalho em relação ao seu prazo, com a indicação do término quando se tratar de contrato por prazo determinado;

II – até o dia quinze do mês subsequente ao mês em que o empregado foi admitido:

***a*) nome completo, sexo, grau de instrução, endereço, nacionalidade, etnia, raça, e, desde que requerido pelo empregado, o nome social;**

▶ Alínea *a* com a redação dada pela Port. do MTE nº 3.784, de 7-12-2023.

b) descrição do cargo e, quando for o caso, da função;

c) descrição do salário variável, quando for o caso;

d) nome e dados cadastrais dos dependentes;

e) horário de trabalho ou informação de enquadramento conforme disposto no art. 62 do Decreto-Lei nº 5.452, de 1943 – CLT;

f) identificação do estabelecimento ao qual o empregado está vinculado ou, no caso do empregado doméstico, identificação do endereço onde o trabalhador exerce suas atividades;

g) informação de empregado com deficiência ou reabilitado, constatado em laudo caracterizador de deficiência ou em certificado de reabilitação, bem como se a contratação está sendo computada na cota de pessoa com deficiência;

h) indicação do empregador para o qual a contratação de aprendiz está sendo computada no cumprimento da cota, nos casos em que a contratação é feita por entidade sem fins lucrativos;

i) identificação do alvará judicial em caso de contratação de trabalhadores com idade inferior à legalmente permitida;

j) data de inclusão do empregado doméstico no FGTS, nos casos de admissão anterior a 1º de outubro de 2015, ou data de opção pelo FGTS, nos casos de admissão anterior a 5 de outubro de 1988, para os demais empregados;

▶ Alínea *j* com a redação dada pela Port. do MTE nº 3.784, de 7-12-2023.

k) informação relativa a registro sob ação fiscal ou por força de decisão judicial, quando for o caso;

l) número do Cadastro Nacional de Pessoas Jurídicas – CNPJ do sindicato representativo da categoria preponderante da empresa ou da categoria diferenciada e, se houver, a sua data-base;

m) condição de ingresso no Brasil do trabalhador de nacionalidade estrangeira e indicação se sua permanência no País é por prazo determinado ou indeterminado;

n) indicação da existência de cláusula assecuratória do direito recíproco de rescisão e a descrição do fato ao qual se vincula o término do contrato por prazo determinado, se for o caso;

o) tipo de admissão, conforme classificação adotada pelo eSocial; e

p) data do ingresso na sucessora, CNPJ da sucedida e matrícula do trabalhador na sucedida em caso de transferência;

III – até o dia quinze do mês seguinte ao da ocorrência:

a) alterações cadastrais e contratuais de que tratam as alíneas **e** ***a*** **h** ***do inciso I e as alíneas*** **a** ***a*** **i** ***e*** **l** ***a*** **n** ***do inciso II;***

▶ Alínea *a* com a redação dada pela Port. do MTE nº 3.784, de 7-12-2023.

b) alteração contratual de que trata a alínea *i* do inciso I quando houver indeterminação do prazo do contrato de trabalho originalmente firmado por prazo determinado cujo termo estava vinculado à ocorrência de um fato;

c e d) Revogadas. ***Port. do MTE nº 3.784, de 7-12-2023.***

e) afastamentos temporários descritos no Anexo I;

f) informações relativas ao monitoramento da saúde do trabalhador, observado o disposto no § 9º;

▶ Alínea *f* com a redação dada pela Port. do MTPrev nº 4.198, de 19-12-2022.

g) informações relativas às condições ambientais de trabalho;

h) transferência de empregados para empresas do mesmo grupo econômico, consórcio, ou por motivo de sucessão, fusão, incorporação ou cisão de empresas;

i) cessão de empregado, com indicação da data da cessão, CNPJ do cessionário e existência de ônus para o cedente;

j) reintegração ao emprego; e

k) treinamentos, capacitações, exercícios simulados e outras anotações que obrigatoriamente devam constar no registro do empregado por força das normas regulamentadoras;

IV – no décimo sexto dia do afastamento:

a) por acidente ou doença relacionados ou não ao trabalho, com duração superior a quinze dias; e

b) por acidente ou doença relacionados ou não ao trabalho, com qualquer duração, que ocorrerem dentro do prazo de sessenta dias pelo mesmo motivo que gerou a incapacidade, e tiverem em sua totalidade duração superior a quinze dias;

V – de imediato:

a) o acidente de trabalho ou doença profissional que resulte morte; e

b) afastamento por acidente ou doença relacionados ou não ao trabalho, com qualquer duração, quando ocorrer dentro do prazo de sessenta dias do retorno de afastamento anterior pelo mesmo motivo que tenha gerado a incapacidade, gerador do recebimento de auxílio-doença;

VI – até o primeiro dia útil seguinte ao da ocorrência:

a) o acidente de trabalho e a doença profissional que não resulte morte; e

b) a prorrogação do contrato por prazo determinado, com indicação da data de término; e

VII – até o décimo dia seguinte ao da ocorrência, os dados de desligamento quando acarretar extinção do vínculo empregatício, observado o disposto no § 6º do caput, com a indicação da data e do motivo do desliga-

mento, da data do aviso prévio e, se indenizado, da data projetada para término do contrato de trabalho, bem como se o empregado participou de programa de demissão voluntária ou incentivada.

▶ Inciso VII com a redação dada pela Port. do MTE nº 3.784, de 7-12-2023.

§ 1º O registro do empregado será feito pelo empregador pessoa jurídica identificado pelo número de inscrição no CNPJ raiz e pelo empregador pessoa física identificado pelo número de inscrição no CPF.

§ 2º O número do recibo eletrônico emitido pelo eSocial quando da recepção e validação dos eventos correspondentes comprova o cumprimento das obrigações previstas neste artigo, quando houver a opção pelo registro eletrônico de empregados de que trata o art. 16.

▶ § 2º com a redação dada pela Port. do MTPrev nº 4.198, de 19-12-2022.

§ 3º O registro do empregado deverá ser mantido com as informações corretas e atualizadas, hipótese em que a omissão ou a prestação de declaração falsa ou inexata será considerada infração, nos termos do art. 47-A do Decreto-Lei nº 5.452, de 1943 – CLT.

▶ § 3º com a redação dada pela Port. do MTE nº 3.784, de 7-12-2023.

§ 4º A matrícula de que trata a alínea *d* do inciso I do *caput* refere-se a cada um dos contratos de trabalho do empregado e será única por empregador, vedada a reutilização.

§ 5º Na hipótese da alínea *b* do inciso IV do *caput*, todos os afastamentos ainda não informados que forem utilizados no cômputo dos quinze dias de afastamento, deverão ser informados no prazo estipulado no dispositivo.

§ 6º A contagem do prazo de que trata o inciso VII do *caput* exclui o dia do desligamento e inclui o do vencimento.

§ 7º A prestação das informações previstas na alínea *a* dos incisos V e VI do *caput*, somente será exigível a partir do início da obrigatoriedade do envio dos eventos de segurança e saúde do trabalho ao eSocial.

▶ § 7º com a redação dada pela Port. do MTP nº 895, de 7-12-2021.

§ 8º A prestação das informações previstas nas alíneas *f* e *g* do inciso III do *caput* somente será exigível a partir da data de substituição do Perfil Profissiográfico Previdenciário – PPP, de que trata o § 4º do art. 58 da Lei 8.213, de 24 de julho de 1991, em meio físico pelo PPP em meio eletrônico.

▶ § 8º acrescido pela Port. do MTP nº 895, de 7-12-2021.

§ 9º Com relação às informações previstas na alínea *f* do inciso III do *caput*, considera-se como data da ocorrência a da realização do correspondente exame médico, exceto em relação ao exame admissional, caso em que a data da ocorrência deve ser considerada como sendo a data da admissão do empregado.

▶ § 9º acrescido pela Port. do MTP nº 4.198, de 19-12-2022.

§ 10. O descumprimento do disposto no inciso I do *caput*, constatado em ação fiscal, enseja a abertura do procedimento administrativo previsto no § 8º do art. 15.

▶ § 10 acrescido pela Port. do MTP nº 4.370, de 28-12-2022.

Art. 15. O empregador anotará na CTPS do empregado os seguintes dados:

I – até cinco dias úteis contados da data de admissão:

a) data de admissão;
b) código da CBO;
c) valor do salário contratual;
d) tipo de contrato de trabalho em relação ao seu prazo, com a indicação do término, na hipótese de contrato por prazo determinado; e
e) categoria do trabalhador, conforme classificação adotada pelo eSocial.

II – até o dia quinze do mês subsequente ao que o empregado foi admitido:

a) descrição do cargo ou função;
b) descrição do salário variável, quando for o caso;
c) identificação do estabelecimento ao qual o empregado está vinculado ou, no caso do empregado doméstico, identificação do endereço onde o trabalhador exerce suas atividades;
d) a estimativa de gorjeta, quando for o caso;
e) em se tratando de aprendiz, o arco ocupacional ou itinerário formativo utilizado com seus respectivos códigos CBO, quando for o caso;
f) descrição do fato ao qual se vincula o término do contrato por prazo determinado, se for o caso;

g) tipo de admissão, conforme classificação adotada pelo eSocial; e

h) data do ingresso na sucessora e CNPJ da sucedida em caso de transferência; e

III – até o dia quinze do mês seguinte ao da ocorrência:

a) alterações contratuais de que tratam as alíneas *b*, *c* e *e* do inciso I e o inciso II do *caput*;

b) alteração contratual de que trata a alínea *d* do inciso I do *caput* quando houver indeterminação do prazo do contrato de trabalho originalmente firmado por prazo determinado cujo termo estava vinculado à ocorrência de um fato;

c) gozo de férias;

d) transferência de empregados para empresas do mesmo grupo econômico, consórcio, ou por motivo de sucessão, fusão, incorporação ou cisão de empresas;

e) cessão de empregado, com indicação da data da cessão e CNPJ do cessionário;

f) reintegração ao emprego; e

g) anotações previstas nas normas regulamentadoras;

IV – até o primeiro dia útil seguinte ao da ocorrência da prorrogação do contrato por prazo determinado, com indicação da data do término; e

V – até o décimo dia seguinte ao da ocorrência, os dados de desligamento, quando acarretar extinção do vínculo empregatício, observado o disposto no § 6º do art. 14, com a indicação da respectiva data, e se houver aviso prévio indenizado, da data projetada para término do contrato de trabalho.

► Inciso V com a redação dada pela Port. do MTPrev nº 1.486, de 3-6-2022.

§ 1º O envio das informações previstas e prazos estabelecidos no art. 14 dispensa o reenvio para fins de anotação na CTPS.

§ 2º As anotações previstas neste artigo serão disponibilizadas ao trabalhador por meio do aplicativo Carteira de Trabalho Digital ou de página eletrônica específica, após o processamento dos respectivos registros, e constituem prova do vínculo de emprego para o trabalhador, inclusive perante a Previdência Social.

§ 3º Não poderão compor a Carteira de Trabalho Digital informações que contrariem o disposto no § 4º do art. 29 do Decreto-Lei nº 5.452, de 1943 – CLT.

§ 4º A anotação da condição de trabalhador temporário na CTPS, em atendimento ao disposto no § 1º do art. 12 da Lei nº 6.019, de 3 de janeiro 1974, será efetivada pela empresa de trabalho temporário com as informações e nos prazos previstos neste artigo.

► § 4º com a redação dada pela Port. do MTPrev nº 4.198, de 19-12-2022.

§ 5º Na hipótese de trabalhador temporário, as informações previstas na alínea *c* do inciso II do *caput* correspondem à identificação do estabelecimento da empresa de trabalho temporário, bem como do estabelecimento da empresa tomadora de serviços aos quais o trabalhador está vinculado.

§ 6º O descumprimento do disposto no inciso I do *caput*, constatado em ação fiscal, enseja a abertura do procedimento administrativo de anotação da CTPS, previsto no § 3º do art. 29 do Decreto-Lei nº 5.452, de 1º de maio de 1943 – CLT, que será instaurado por meio da lavratura do correspondente auto de infração.

► § 6º com a redação dada pela Port. do MTPrev nº 4.370, de 28-12-2022.

§ 7º O número do recibo eletrônico emitido pelo eSocial quando da recepção e validação dos eventos correspondentes comprova o cumprimento das obrigações previstas neste artigo.

► § 7º acrescido pela Port. do MTPrev nº 4.198, de 19-12-2022.

§ 8º O descumprimento do disposto no inciso I do *caput*, constatado em ação fiscal, enseja a abertura do procedimento administrativo de anotação da CTPS, previsto no § 3º do art. 29 do Decreto-Lei nº 5.452, de 1º de maio de 1943 – CLT, que será instaurado por meio da lavratura do correspondente auto de infração.

► § 8º acrescido pela Port. MTP nº 4.370, de 28-12-2022.

§ 9º A CTPS do empregado deverá ser mantida com as informações corretas e atualizadas, hipótese em que a omissão ou a prestação de declaração falsa ou inexata será considerada infração, nos termos do art. 29-B do Decreto-Lei nº 5.452, de 1943 – CLT.

► § 9º acrescido pela Port. do MTE nº 3.784, de 7-12-2023.

Art. 15-A. O produtor rural pessoa física, proprietário ou não, que explore diretamente atividade agroeconômica que contrate trabalhador rural por pequeno prazo na forma

prevista no inciso II do § 3º do art. 14-A da Lei nº 5.889, de 1973 fica dispensado, em relação a esse trabalhador, de cumprir as disposições contidas nesta Seção.

▸ Art. 15-A acrescido pela Port. do MTE nº 3.784, de 7-12-2023.

Art. 16. Para a utilização de sistema de registro eletrônico de empregados previsto no art. 41 do Decreto-Lei nº 5.452, de 1943 – CLT é obrigatório o uso do eSocial, vedados outros meios de registro.

Parágrafo único. O disposto no *caput* não se aplica aos empregadores ainda não obrigados ao eSocial.

Art. 17. O empregador já obrigado ao eSocial que optar por não realizar o registro dos empregados por meio eletrônico anotará, nos mesmos prazos, as informações previstas no art. 14 em livro ou ficha de registro, que permanecerá no estabelecimento ao qual o trabalhador estiver vinculado.

§ 1º As anotações serão feitas sem abreviaturas, e serão ressalvadas, ao final de cada assentamento, as emendas, entrelinhas, rasuras ou qualquer circunstância que possa gerar dúvida.

§ 2º O empregador fornecerá cartão de identificação que contenha nome completo, número do CPF, cargo e matrícula aos empregados registrados em livro ou ficha e que trabalhem em local diverso do estabelecimento ao qual estão vinculados.

Art. 18. As informações relativas às admissões, necessárias ao Programa do Seguro-Desemprego, nos termos do inciso I do art. 7º e do art. 24 da Lei nº 7.998, de 11 de janeiro de 1990, previstas no inciso I do art. 14 desta Portaria, deverão ser prestadas pelo empregador:

▸ *Caput* com a redação dada pela Port. do MTPrev nº 4.370, de 28-12-2022.

I – até o dia anterior ao início das atividades do trabalhador; ou

II – no prazo estipulado em notificação para comprovação do registro do empregado, lavrada em ação fiscal conduzida por Auditor-Fiscal do Trabalho, no caso de descumprimento da obrigação prevista no inciso I, e sem prejuízo da lavratura dos autos de infração previstos no art. 29 e art. 41 do Decreto-Lei nº 5.452, de 1º de maio de 1943 – CLT.

▸ Incisos I e II com a redação dada pela Port. do MTPrev nº 4.370, de 28-12-2022.

Parágrafo único. Confirmada a existência do vínculo de emprego, em decisão administrativa irrecorrível do auto de infração, previsto no art. 29 ou no art. 41 da do Decreto-Lei nº 5.452, de 1º de maio de 1943 – CLT, as informações relativas ao vínculo serão lançadas de ofício no eSocial pela Subsecretaria de Inspeção do Trabalho da Secretaria de Trabalho, caso não tenham sido prestadas pelo empregador, e passarão a integrar as anotações da CTPS Digital e as demais bases de dados do Ministério do Trabalho e Previdência, nos termos do § 3º do art. 29 do Decreto-Lei nº 5.452, de 1º de maio de 1943 – CLT.

▸ Parágrafo único acrescido pela Port. do MTPrev nº 4.370, de 28-12-2022.

Art. 19. As pessoas jurídicas de direito público da administração direta, autárquica e fundacional, que adotem o regime jurídico previsto no Decreto-Lei nº 5.452, de 1943 – CLT, bem como as organizações internacionais, as fundações públicas de direito privado, os consórcios públicos, os fundos públicos e as comissões polinacionais terão prazo até a data de início do envio dos eventos periódicos ao eSocial para enviar ao referido sistema as informações relativas:

▸ *Caput* com a redação dada pela Port. do MTP nº 895, de 7-12-2021.

I – aos contratos de trabalho em vigor na data de 22 de novembro de 2021, inclusive os suspensos ou interrompidos;

II – aos eventos de desligamentos ocorridos entre a data de 22 de novembro de 2021 e a data de início da obrigatoriedade do envio dos eventos periódicos ao eSocial; e

III – à situação cadastral e contratual do vínculo na data do início da obrigatoriedade do envio dos eventos periódicos ao eSocial.

▸ Incisos I a III acrescidos pela Port. do MTP nº 895, de 7-12-2021.

§ 1º As pessoas e entes descritos no *caput* estão dispensados de enviar ao eSocial as atualizações cadastrais e contratuais do vínculo ocorridas entre a data de 22 de novembro de 2021 e a data do início da obrigatoriedade do envio dos eventos periódicos ao eSocial, ressalvado o disposto nos incisos II e III do *caput*.

§ 2º As pessoas e entes descritos no *caput* poderão optar pelo registro eletrônico de empregados por meio do eSocial a partir do início da obrigatoriedade do envio de eventos periódicos ao eSocial.

► §§ 1º e 2º acrescidos pela Port. do MTP nº 895, de 7-12-2021.

Art. 20. Até que seja obrigatória a utilização do sistema de escrituração digital previsto no art. 16 da Lei nº 13.874, de 20 de setembro de 2019, e obedecido o cronograma de faseamento dos grupos de eventos, ficam as obrigações constantes dos art. 14 e art. 15 condicionadas às seguintes disposições:

I – para fins de cumprimento da obrigação relacionada ao registro de empregado:

a) as informações previstas nas alíneas *d* a *i* do inciso I do *caput* do art. 14 podem ser prestadas até o dia 15 do mês subsequente ao que o empregado foi admitido; e

b) as informações constantes na alínea *k* do inciso III do *caput* do art. 14 não precisam ser prestadas;

II – para fins de cumprimento da obrigação relacionada à anotação da CTPS:

a) as informações previstas nas alíneas *b* a *e* do inciso I do *caput* do art. 15 podem ser prestadas até o dia 15 do mês subsequente ao que o empregado foi admitido; e

b) as informações constantes na alínea *g* do inciso III do *caput* do art. 15 não precisam ser prestadas.

Art. 21. Aos empregadores ainda não obrigados a utilizar o eSocial, o registro de empregados de que trata o art. 41 do Decreto-Lei nº 5.452, de 1943 – CLT, será realizado com as seguintes informações:

I – nome do empregado, data de nascimento, filiação, nacionalidade e naturalidade;

II – número e série da CTPS;

III – número de identificação do cadastro no Programa de Integração Social – PIS ou no Programa de Formação do Patrimônio do Serviço Público – PASEP;

IV – data de admissão;

V – cargo e função;

VI – remuneração;

VII – jornada de trabalho;

VIII – férias;

IX – acidente do trabalho e doenças profissionais, quando houver; e

X – condição de pessoa reabilitada ou com deficiência e respectivo tipo de deficiência, quando for o caso.

Parágrafo único. O registro de empregado deverá estar atualizado e obedecerá à numeração sequencial por estabelecimento.

Art. 22. O empregador não obrigado ao eSocial poderá efetuar o registro de empregados em sistema informatizado que garanta a segurança, a inviolabilidade, a manutenção e a conservação das informações e que:

I – mantenha registro individual em relação a cada empregado;

II – mantenha registro original, individualizado por empregado, acrescido das retificações ou das averbações, quando for o caso; e

III – assegure, a qualquer tempo, o acesso da fiscalização trabalhista às informações, por meio de tela, impressão de relatório e meio magnético.

§ 1º O sistema conterá rotinas autoexplicativas, para facilitar o acesso e o conhecimento dos dados registrados.

§ 2º As informações e relatórios deverão conter data e hora do lançamento, atestada a sua veracidade por meio de rubrica e identificação do empregador ou de seu representante legal nos documentos impressos.

§ 3º O sistema possibilitará à fiscalização o acesso às informações e dados dos últimos doze meses.

§ 4º As informações anteriores a doze meses poderão ser apresentadas no prazo de dois a oito dias via terminal de vídeo ou relatório ou por meio magnético, a critério do Auditor-Fiscal do Trabalho.

Art. 23. O empregador não obrigado ao eSocial poderá adotar ficha de anotações, exceto quanto às datas de admissão e de extinção do contrato de trabalho, que deverão ser anotadas na própria CTPS.

Parágrafo único. O empregado poderá, a qualquer tempo, solicitar a atualização e o fornecimento, impresso ou digital, de dados constantes na sua ficha de anotações.

Seção II

DO TRABALHADOR AUTÔNOMO

Art. 24. Esta Seção estabelece regras relativas à contratação do trabalhador autônomo, conforme disposto no art. 442-B do Decreto-Lei nº 5.452, de 1943 – CLT.

Art. 25. A contratação do autônomo, cumpridas todas as formalidades legais, com ou sem exclusividade, de forma contínua ou não, afasta a qualidade de empregado prevista no art. 3º do Decreto-Lei nº 5.452, de 1943 – CLT.

Parágrafo único. Não caracteriza a qualidade de empregado o fato de o autônomo prestar serviços a apenas um tomador de serviços.

Art. 26. O autônomo poderá prestar serviços de qualquer natureza a outros tomadores de serviços que exerçam ou não a mesma atividade econômica, sob qualquer modalidade de contrato de trabalho, inclusive como autônomo.

Art. 27. Fica garantida ao autônomo a possibilidade de recusa de realizar atividade demandada pelo contratante, ressalvada a possibilidade de aplicação de cláusula de penalidade, pela recusa, caso prevista em contrato.

Art. 28. Presente a subordinação jurídica, será reconhecido o vínculo empregatício, ainda que o trabalhador preste serviços por meio de pessoa jurídica.

Parágrafo único. A caracterização da subordinação jurídica deverá ser demonstrada no caso concreto, comprovada a submissão direta, habitual e reiterada do trabalhador aos poderes diretivo, regulamentar e disciplinar da empresa contratante, entre outros.

Seção III

DO TRABALHADOR INTERMITENTE

Art. 29. Esta Seção estabelece regras relativas ao contrato de trabalho para prestação de trabalho intermitente, nos termos do § 3º do art. 443 do Decreto-Lei nº 5.452, de 1943 – CLT.

Art. 30. O contrato de trabalho intermitente, de que trata o art. 452-A do Decreto-Lei nº 5.452, de 1943 – CLT, será celebrado por escrito, ainda que previsto em acordo coletivo de trabalho ou convenção coletiva, e conterá:

I – identificação, assinatura e domicílio ou sede das partes;

II – valor da hora ou do dia de trabalho, que não será inferior ao valor horário ou diário do salário mínimo, nem inferior àquele devido aos demais empregados do estabelecimento que exerçam a mesma função, assegurada a remuneração do trabalho noturno superior à do diurno; e

III – o local e o prazo para o pagamento da remuneração.

Art. 31. O empregado, mediante prévio acordo com o empregador, poderá usufruir suas férias em até três períodos, nos termos do § 1º e do § 3º do art. 134 do Decreto-Lei nº 5.452, de 1943 – CLT.

Art. 32. Na hipótese de o período de convocação exceder um mês, o pagamento das parcelas a que se referem o § 6º do art. 452-A do Decreto-Lei nº 5.452, de 1943 – CLT, não poderá ser estipulado por período superior a um mês, e deverão ser pagas até o quinto dia útil do mês seguinte ao trabalhado, de acordo com o previsto no § 1º do art. 459 da referida lei.

Art. 33. A remuneração horária ou diária do trabalhador intermitente pode ser superior à paga aos demais trabalhadores da empresa contratados a prazo indeterminado, dadas as características especiais do contrato de trabalho intermitente.

Art. 34. Serão considerados cumpridos os prazos de convocação ao trabalho e resposta ao chamado, previstos no § 1º e § 2º do art. 452-A do Decreto-Lei nº 5.452, de 1943 – CLT, quando constatada a prestação dos serviços pelo trabalhador intermitente.

Art. 35. É facultado às partes convencionar por meio do contrato de trabalho intermitente:

I – locais de prestação de serviços;

II – turnos para os quais o empregado será convocado para prestar serviços; e

III – formas e instrumentos de convocação e de resposta para a prestação de serviços.

Art. 36. Para fins do disposto no § 3º do art. 443 do Decreto-Lei nº 5.452, de 1943 – CLT, considera-se período de inatividade o intervalo temporal distinto daquele para o qual o empregado intermitente haja sido convocado e tenha prestado serviços nos termos do § 1º do art. 452-A da referida lei.

§ 1º Durante o período de inatividade, o empregado poderá prestar serviços de qualquer natureza a outros tomadores de serviço, que exerçam ou não a mesma atividade econômica, utilizando contrato de trabalho intermitente ou outra modalidade de contrato de trabalho.

§ 2º No contrato de trabalho intermitente, o período de inatividade não será considerado tempo à disposição do empregador e não será remunerado, hipótese em que ficará descaracterizado o contrato de trabalho intermitente se houver remuneração por tempo à disposição no período de inatividade.

Art. 37. As verbas rescisórias e o aviso-prévio serão calculados com base na média dos valores recebidos pelo empregado no curso do contrato de trabalho intermitente.

Art. 38. No contrato de trabalho intermitente, o empregador efetuará o recolhimento das contribuições previdenciárias próprias e do empregado e o depósito do FGTS com base nos valores pagos no período mensal e fornecerá ao empregado comprovante do cumprimento dessas obrigações.

Art. 39. A comissão de representantes dos empregados a que se refere o Título IV-A do Decreto-Lei nº 5.452, de 1943 – CLT, não substituirá a função do sindicato de defender os direitos e os interesses coletivos ou individuais da categoria, inclusive em questões judiciais ou administrativas, hipótese em que será obrigatória a participação dos sindicatos em negociações coletivas de trabalho, nos termos dos incisos III e VI do *caput* do art. 8º da Constituição.

Seção IV

DO CONSÓRCIO DE EMPREGADORES RURAIS

Art. 40. Considera-se consórcio de empregadores rurais a união de produtores rurais, pessoas físicas, com a finalidade única de contratar, gerir e demitir trabalhadores para prestação de serviços, exclusivamente, aos seus integrantes.

Art. 41. O Auditor Fiscal do Trabalho, quando da fiscalização em propriedade rural em que haja prestação de trabalho a produtores rurais consorciados, procederá ao levantamento físico, com o objetivo de identificar os trabalhadores encontrados em atividade e distinguir os empregados diretos do produtor e aqueles comuns ao grupo consorciado.

Art. 42. Feito o levantamento físico e tendo o Auditor Fiscal do Trabalho identificado trabalhadores contratados por consórcio de empregadores rurais, solicitará os seguintes documentos, que estarão centralizados no local de administração do consórcio:

I – matrícula do Cadastro de Atividade Econômica da Pessoa Física – CAEPF;

II – pacto de solidariedade, conforme disposto no art. 265 da Lei nº 10.406, de 10 de janeiro de 2002 – Código Civil, registrado em cartório de títulos e documentos;

III – documentos relativos à administração do consórcio, inclusive de outorga de poderes pelos produtores a um deles para contratar e gerir a mão de obra a ser utilizada nas propriedades integrantes do grupo;

IV – livro, ficha ou sistema de registro de empregados, na hipótese de não utilização de sistema eletrônico; e

V – demais documentos necessários à autuação fiscal.

§ 1º O nome especificado na matrícula referida no inciso I do *caput* deverá constar como empregador no registro do empregado e em todos os documentos decorrentes do contrato único de prestação de trabalho entre cada trabalhador e os produtores rurais consorciados.

§ 2º No pacto de solidariedade, em que os produtores rurais se responsabilizarão solidariamente pelas obrigações trabalhistas e previdenciárias decorrentes da contratação dos trabalhadores comuns, constará a identificação de todos os consorciados com:

I – nome completo;

II – CPF;

III – documento de identidade;

IV – matrícula CAEPF;

V – endereço e domicílio; e

VI – endereço das propriedades rurais onde os trabalhadores exercerão atividades.

Art. 43. Constatada a violação de preceito legal pelo consórcio de empregadores rurais, o Auditor Fiscal do Trabalho deverá lavrar o competente auto de infração em nome contido no CPF do produtor que encabeça a matrícula, e no histórico do auto de infração, o CPF dos demais produtores que constam no pacto de solidariedade e do CAEPF, e demais informações necessárias à caracterização da prestação de trabalho a produtores consorciados.

§ 1º O Auditor Fiscal do Trabalho, sempre que possível, deverá juntar ao auto de infração a cópia do CAEPF e do pacto de solidariedade, a fim de garantir a identificação de todos os produtores rurais.

§ 2º A infração do disposto ao *caput* do art. 41 do Decreto-Lei nº 5.452, de 1943 – CLT, ensejará a lavratura do competente auto de infração em nome do proprietário ou possuidor da propriedade em que o empregado sem registro for encontrado em atividade.

Seção V

DO CONTRATO E DA NOTA CONTRATUAL DE MÚSICOS PROFISSIONAIS, ARTISTAS E TÉCNICOS DE ESPETÁCULOS DE DIVERSÕES

Art. 44. Conforme disposições da Lei nº 3.857, de 22 de dezembro de 1960, e da Lei nº 6.533, de 24 de maio de 1978, ficam aprovados os modelos de instrumentos contratuais para contratação de músicos profissionais, artistas e técnicos de espetáculos de diversões, denominados:

I – contrato de trabalho por prazo determinado ou indeterminado, conforme modelo disponível no portal gov.br; e

II – nota contratual para substituição ou para prestação de serviço caracteristicamente eventual de músicos, artistas e técnicos de espetáculos de diversões, conforme modelo disponível no portal gov.br.

▸ Incisos I e II com a redação dada pela Port. do MTPrev nº 1.486, de 3-6-2022.

Parágrafo único. Os modelos citados nos incisos I e II do *caput* serão obrigatórios na contratação desses profissionais.

Art. 45. O contrato de trabalho e a nota contratual deverão ser devidamente preenchidos na forma dos incisos I e II do art. 44, conforme o caso, e constituirão documento comprobatório de rendimentos do músico, artista ou técnico em espetáculos de diversões contratado.

▸ *Caput* com a redação dada pela Port. do MTPrev nº 1.486, de 3-6-2022.

Art. 46. A nota contratual constituirá o instrumento de contrato a ser utilizado em casos de substituição ou para prestação de serviço caracteristicamente eventual de músico, artista ou de técnico em espetáculos de diversões, por prazo não superior a sete dias consecutivos, vedada a utilização desse mesmo profissional, nos sessenta dias subsequentes, por essa forma, pelo mesmo empregador.

Art. 47. Os instrumentos contratuais, conforme modelo aprovado por esta Seção, poderão ser disponibilizados aos trabalhadores por suas entidades sindicais representativas e deverão ser gerados:

I – para contratação de músicos, em quatro vias, constituído da:

a) primeira, que ficará em poder do contratante, a ser disponibilizado à Inspeção do Trabalho;

b) segunda, para entrega ao contratado;

c) terceira, para envio à Ordem dos Músicos do Brasil; e

d) quarta, para envio à entidade sindical representativa da categoria;

II – para contração de artistas e técnicos em espetáculos de diversões, em três vias, constituído da:

a) primeira, que ficará em poder do contratante, a ser disponibilizado à Inspeção do Trabalho;

b) segunda, para entrega ao contratado; e

c) terceira, para envio à entidade sindical representativa da categoria.

Art. 48. O não cumprimento dos dispositivos da presente Seção sujeitará os infratores às sanções previstas em lei.

Capítulo III

DO CONTRATO DE PARCERIA ENTRE SALÕES DE BELEZA E OS PROFISSIONAIS

Art. 49. Este Capítulo dispõe sobre a homologação de contratos de parceria entre salões de beleza e profissionais que desempenham as atividades de cabeleireiro, de barbeiro, de esteticista, de manicure, de pedicure, de depilador e de maquiador pelo Ministério do Trabalho e Previdência, conforme o disposto no § 8º do art. 1-A da Lei nº 12.592, de 18 de janeiro de 2012.

Art. 50. A homologação dos contratos de parceria de que trata o art. 49 compete aos Superintendentes Regionais das unidades descentralizadas do Ministério do Trabalho e Previdência, na ausência de sindicato da categoria profissional e laboral.

§ 1º A homologação deve ser feita, perante duas testemunhas, pelo Superintendente Regional do Trabalho da unidade da Federação na qual se dará a execução do contrato de parceria, após a verificação do cumprimento dos requisitos estabelecidos no art. 51.

§ 2º A análise e homologação dos contratos de parceria de que trata o *caput* poderá ser objeto de delegação, observado o disposto no § 1º do *caput*.

Art. 51. Para fins de homologação, os contratos de parceria deverão conter as seguintes cláusulas:

I – percentual das retenções pelo salão-parceiro dos valores recebidos por cada serviço prestado pelo profissional-parceiro;
II – obrigação, por parte do salão-parceiro, de retenção e de recolhimento dos tributos e contribuições sociais e previdenciárias devidos pelo profissional-parceiro em decorrência da atividade deste na parceria;
III – condições e periodicidade do pagamento do profissional-parceiro, por tipo de serviço oferecido;
IV – direitos do profissional-parceiro quanto ao uso de bens materiais necessários ao desempenho das atividades profissionais e sobre o acesso e circulação nas dependências do estabelecimento;
V – possibilidade de rescisão unilateral do contrato, no caso de não subsistir interesse na sua continuidade, mediante aviso prévio de, no mínimo, trinta dias;
VI – responsabilidades de ambas as partes com a manutenção e higiene de materiais e equipamentos, das condições de funcionamento do negócio e do bom atendimento aos clientes; e
VII – obrigação, por parte do profissional-parceiro, de manutenção da regularidade de sua inscrição perante as autoridades fazendárias.

Art. 52. O Superintendente Regional do Trabalho, em caso de ausência de sindicato da categoria profissional, prestará assistência ao profissional-parceiro, com auxílio da Seção de Relações do Trabalho, localizados no âmbito da Superintendência Regional do Trabalho.

Capítulo IV

DA AUTORIZAÇÃO DE CONTRATAÇÃO DE TRABALHADOR POR EMPRESA ESTRANGEIRA PARA TRABALHAR NO EXTERIOR

Art. 53. Este Capítulo trata da autorização de contratação de trabalhador por empresa estrangeira para trabalhar no exterior, conforme o disposto no art. 12 da Lei nº 7.064, de 6 de dezembro de 1982.

Art. 54. O pedido de autorização deverá ser formulado pela empresa interessada, em língua portuguesa, e remetido à Subsecretaria de Relações de Trabalho da Secretaria de Trabalho do Ministério do Trabalho e Previdência, por meio do portal gov.br, instruído com os seguintes documentos:
I – comprovação de sua existência jurídica, segundo as leis do país no qual é sediada, consularizada e traduzida para a língua portuguesa, por tradutor oficial juramentado;
II – comprovação de que pessoa jurídica domiciliada no Brasil detenha pelo menos cinco por cento de participação em seu capital social;
III – constituição de procurador no Brasil, com poderes especiais de representação, inclusive o de receber citação; e
IV – contrato individual de trabalho, em língua portuguesa, contemplando os preceitos da Lei nº 7.064, de 1982.

Parágrafo único. A empresa brasileira de que trata o inciso II do *caput* responderá solidariamente com a empresa estrangeira pelos encargos e obrigações decorrentes da contratação do trabalhador.

Art. 55. A autorização para contratação de trabalhador, por empresa estrangeira, de que trata este Capítulo terá validade de até três anos.

Parágrafo único. Nos casos em que for ajustada permanência do trabalhador no exterior por período superior a três anos ou nos casos de renovação do contrato de trabalho, a empresa estrangeira requererá a prorrogação da autorização, junto com:
I – os documentos elencados no art. 54 devidamente atualizados;
II – a comprovação da concessão dos benefícios de que tratam os art. 21 e art. 22 da Lei nº 7.064, de 1982; e
III – a comprovação do gozo de férias anuais, no Brasil, do empregado e de seus dependentes, com despesas de viagens pagas pela empresa estrangeira, na forma do art. 6º da Lei nº 7.064, de 1982.

Capítulo V

DA JORNADA DE TRABALHO

Seção I

DA AUTORIZAÇÃO TRANSITÓRIA PARA TRABALHO AOS DOMINGOS E FERIADOS

Art. 56. A autorização transitória para trabalho aos domingos e feriados civis e religiosos a que se refere o parágrafo único do art. 68 do Decreto-Lei nº 5.452, de 1943 – CLT, será regida de acordo com os procedimentos previstos nesta Seção.

Parágrafo único. A autorização a que se refere o *caput* poderá ser concedida nas seguintes hipóteses:

I – para atender à realização ou conclusão de serviços inadiáveis ou necessidade imperiosa de serviço; e

II – quando a inexecução das atividades puder acarretar prejuízo manifesto.

Art. 57. A autorização de que trata o art. 56 será concedida pelo chefe da unidade descentralizada da Inspeção do Trabalho, com circunscrição no local da prestação de serviço, mediante fundamentação técnica que leve à conclusão pela realização ou conclusão de serviços inadiáveis ou cuja inexecução possa acarretar prejuízo manifesto à requerente.

Parágrafo único. A autorização transitória poderá ser concedida pelo prazo de até sessenta dias.

Art. 58. O requerimento para solicitar a autorização transitória deverá ser instruído por laudo técnico fundamentado, com indicação da necessidade de ordem técnica e os setores que exigem a continuidade do trabalho.

§ 1º Nos serviços que exijam trabalho aos domingos, com exceção quanto aos elencos teatrais, será estabelecida escala de revezamento, mensalmente organizada e sujeito à fiscalização.

§ 2º O repouso semanal remunerado deverá coincidir, pelo menos uma vez no período máximo de sete semanas, com o domingo, respeitadas as demais normas de proteção ao trabalho.

§ 3º Nas atividades do comércio em geral, o repouso semanal remunerado deverá coincidir, pelo menos uma vez no período máximo de três semanas, com o domingo, respeitadas as demais normas de proteção ao trabalho e outras a serem estipuladas em negociação coletiva, nos termos da Lei nº 10.101, de 19 de dezembro de 2000.

Art. 59. A autorização transitória poderá ser cancelada a qualquer momento pelo chefe da unidade descentralizada da Inspeção do Trabalho, após oitiva da empresa, mediante despacho fundamentado e baseado em relatório da Inspeção do Trabalho, desde que observada a ocorrência de uma das seguintes hipóteses no curso da referida autorização:

I – descumprimento das exigências constantes desta Seção;

II – infração nos atributos de jornada e descanso, constatada pela Inspeção do Trabalho; ou

III – situação de grave e iminente risco à segurança e saúde do trabalhador constatada pela Inspeção do Trabalho.

Art. 60. Deferida a autorização transitória para trabalho aos domingos e feriados, o início das atividades das empresas nestes dias independe de inspeção prévia.

Art. 61. A escala de revezamento será efetuada por livre escolha do empregador.

Seção II

DA AUTORIZAÇÃO PERMANENTE PARA TRABALHO AOS DOMINGOS E FERIADOS

Art. 62. É concedida, em caráter permanente, autorização para o trabalho aos domingos e feriados, de que tratam os art. 68 e art. 70 do Decreto-Lei nº 5.452, de 1943 – CLT, às atividades constantes do Anexo IV desta Portaria.

Art. 63. Os § 1º, § 2º e § 3º do art. 58 também se aplicam à autorização permanente para trabalho aos domingos e feriados.

Seção III

DA PRORROGAÇÃO DE JORNADA EM ATIVIDADE INSALUBRE

Art. 64. Nas atividades insalubres, quaisquer prorrogações de jornada só poderão ser praticadas mediante autorização da chefia da unidade de segurança e saúde no trabalho da unidade descentralizada da Inspeção do Trabalho correspondente, salvo nas hipóteses de:

I – jornada de doze horas de trabalho por trinta e seis horas ininterruptas de descanso; ou

II – haver acordo ou convenção coletiva de trabalho autorizando expressamente a prorrogação.

Art. 65. O pedido de autorização para a prorrogação de jornada em atividade insalubre será apresentado, por meio do portal gov.br, com as seguintes informações:

I – identificação do empregador e do estabelecimento, que contenha:

a) razão social;

b) CNPJ;

c) endereço;

d) CNAE; e

e) número de empregados;

II – indicação das funções, setores e turnos cuja jornada será prorrogada, com o número de empregados alcançados pela prorrogação;

III – descrição da jornada de trabalho ordinária e a indicação do tempo de prorrogação pretendido; e

IV – relação dos agentes insalubres, com identificação da fonte, nível ou concentração e descrição das medidas de controle adotadas.

Art. 66. A análise do pedido deve considerar o possível impacto da prorrogação na saúde dos trabalhadores alcançados.

Art. 67. O deferimento do pedido está condicionado ao atendimento dos seguintes requisitos:

I – inexistência de autos de infração às normas regulamentadoras, de graduação I3 e I4 nos termos da NR-28, no setor da empresa abrangido pelo pedido de autorização, no período de dois anos;

II – inexistência de acidente de trabalho no setor da empresa abrangido pelo pedido de autorização, no período de dois anos, com consequências:

a) significativa – lesão à integridade física ou à saúde, que implique em incapacidade temporária por prazo superior a quinze dias;

b) severa – que prejudique a integridade física ou a saúde, que provoque lesão ou sequela permanentes; ou

c) fatal;

III – adoção de sistema de pausas durante o trabalho, quando previstas em norma regulamentadora, e cumprimento das condições para concessão dessas pausas; e

IV – cumprimento dos intervalos previstos na legislação.

Art. 68. Não será admitida prorrogação de jornada em atividades com exposição a agentes cuja caracterização da insalubridade ocorra por meio de avaliação quantitativa, salvo em situações transitórias e desde que sejam implementadas medidas adicionais de proteção do trabalhador contra a exposição ao agente nocivo.

Art. 69. A análise do pedido será feita por meio de análise documental e consulta aos sistemas de informação da Inspeção do Trabalho, referentes a ações fiscais anteriormente realizadas e, caso seja necessário, complementada por inspeção no estabelecimento do empregador.

Art. 70. A validade da autorização será determinada pela autoridade que a conceder, nunca superior a cinco anos.

Art. 71. A autorização deve ser cancelada sempre que for verificado o não atendimento às condições estabelecidas no art. 67.

Seção IV

DA ANOTAÇÃO DA HORA DE ENTRADA E DE SAÍDA EM REGISTRO MANUAL, MECÂNICO OU ELETRÔNICO

Art. 72. A anotação da hora de entrada e de saída em registro manual, mecânico ou eletrônico, de que trata o art. 74 Decreto-Lei nº 5.452, de 1943 – CLT, é regida por esta Seção.

Subseção I

DO CONTROLE DE JORNADA ELETRÔNICO

Art. 73. Sistema de registro eletrônico de ponto é o conjunto de equipamentos e programas informatizados destinados à anotação da hora de entrada e de saída dos trabalhadores em registro eletrônico, de que trata o § 2º do art. 74 do Decreto-Lei nº 5.452, de 1943 – CLT.

Art. 74. O sistema de registro eletrônico de ponto deve registrar fielmente as marcações efetuadas, não sendo permitida qualquer ação que desvirtue os fins legais a que se destina, tais como:

► *Caput* com a redação dada pela Port. do MTPrev nº 1.486, de 3-6-2022.

I – restrições de horário à marcação do ponto;

II – marcação automática do ponto, utilizando-se horários predeterminados ou o horário contratual, não se confundindo com o registro por exceção previsto no art. 74, § 4º, do Decreto-Lei nº 5.452, de 1943 – CLT;

III – exigência, por parte do sistema, de autorização prévia para marcação de sobrejornada; e

IV – existência de qualquer dispositivo que permita a alteração dos dados registrados pelo empregado.

Art. 75. No caso de opção de anotação do horário de trabalho em registro eletrônico, é obrigatório o uso de um dos seguintes tipos de sistema de registro eletrônico de ponto:

I – sistema de registro eletrônico de ponto convencional: composto pelo registrador eletrônico de ponto convencional – REP-C e pelo Programa de Tratamento de Registro de Ponto;

II – sistema de registro eletrônico de ponto alternativo: composto pelo registrador eletrônico de ponto alternativo – REP-A e pelo Programa de Tratamento de Registro de Ponto;

III – sistema de registro eletrônico de ponto via programa: composto pelo registrador eletrônico de ponto via programa – REP-P, pelos coletores de marcações, pelo armazenamento de registro de ponto e pelo Programa de Tratamento de Registro de Ponto.

Parágrafo único. Coletores de marcações são equipamentos, dispositivos físicos ou programas (*softwares*) capazes de receber e transmitir para o REP-P as informações referentes às marcações de ponto.

Art. 76. O REP-C é o equipamento de automação monolítico, identificado pelo seu número de fabricação e cujo modelo possui certificado de conformidade especificado no art. 90, utilizado exclusivamente para o registro de jornada de trabalho e com capacidade para emitir documentos decorrentes da relação do trabalho e realizar controles de natureza fiscal trabalhista, referentes à entrada e à saída de empregados nos locais de trabalho.

§ 1º O REP-C deve estar sempre no local da prestação do serviço e disponível para pronta extração e impressão de dados pelo Auditor-Fiscal do Trabalho.

§ 2º O empregador que adquirir o REP-C não poderá aliená-lo para empresa que não pertença ao seu grupo econômico.

§ 3º O REP-C somente poderá conter empregados do mesmo empregador, excetuados os seguintes casos:

I – registro de jornada do trabalhador temporário regido pela Lei nº 6.019, de 3 de janeiro de 1974 no REP-C do tomador de serviços; e

II – empresas de um mesmo grupo econômico, nos termos do § 2º do art. 2º do Decreto-Lei nº 5.452, de 1943 – CLT, que podem determinar a consignação das marcações de ponto no mesmo REP-C dos seus empregados que compartilhem o mesmo local de trabalho ou que estejam trabalhando em outra empresa do mesmo grupo econômico.

§ 4º Ocorrendo alguma das situações mencionadas nos incisos I e II do § 3º, o Programa de Tratamento de Registro de Ponto deverá identificar o empregado e considerar as respectivas marcações para o controle de ponto da empresa empregadora.

Art. 77. O REP-A é o conjunto de equipamentos e programas de computador que tem sua utilização destinada ao registro da jornada de trabalho, autorizado por convenção ou acordo coletivo de trabalho.

§ 1º Para fins de fiscalização, o sistema de registro eletrônico de ponto que utilize REP-A deverá:

I – permitir a identificação de empregador e empregado; e

II – disponibilizar, no local da fiscalização ou de forma remota, a extração eletrônica ou impressão do registro fiel das marcações realizadas pelo empregado.

§ 2º O REP-A somente poderá ser utilizado durante a vigência da convenção ou acordo coletivo de trabalho autorizador, sendo vedada a ultratividade conforme o § 3º do art. 614 do Decreto-Lei nº 5.452, de 1943 – CLT.

Art. 78. O REP-P é o programa (software) executado em servidor dedicado ou em ambiente de nuvem com certificado de registro nos termos do art. 91, utilizado exclusivamente para o registro de jornada e com capacidade para emitir documentos decorrentes da relação do trabalho e realizar controles de natureza fiscal trabalhista, referentes à entrada e à saída de empregados nos locais de trabalho.

Art. 79. O REP-C e o REP-P, definidos no art. 76 e no art. 78, devem emitir ou disponibilizar acesso ao comprovante de registro de ponto do trabalhador, que tem como objetivo comprovar o registro de marcação realizada pelo empregado, contendo no mínimo as seguintes informações:

I – cabeçalho contendo o título "Comprovante de Registro de Ponto do Trabalhador";

II – Número Sequencial de Registro – NSR;

III – identificação do empregador contendo nome, CNPJ/CPF e CEI/CAEPF/CNO, caso exista;

IV – local da prestação do serviço ou endereço do estabelecimento ao qual o empregado esteja vinculado, quando exercer atividade externa ou em instalações de terceiros;

V – identificação do trabalhador contendo nome e CPF;

VI – data e horário do respectivo registro;

VII – modelo e número de fabricação, no caso de REP-C, ou número de registro no Instituto Nacional da Propriedade Industrial, no caso de REP-P;

VIII – código *hash* (SHA-256) da marcação, exclusivamente para o REP-P; e

IX – assinatura eletrônica contemplando todos os dados descritos nos incisos I a VIII, no caso de comprovante impresso.

Art. 80. O comprovante de registro de ponto do trabalhador pode ter o formato impresso ou de arquivo eletrônico.

Parágrafo único. Caso o comprovante de registro de ponto do trabalhador tenha o formato eletrônico:

I – o arquivo deve ter o formato *Portable Document Format* – PDF e ser assinado eletronicamente conforme art. 87 e art. 88;

II – ao trabalhador deve ser disponibilizado, por meio de sistema eletrônico, acesso ao comprovante após cada marcação, independentemente de prévia solicitação e autorização; e

III – o empregador deve possibilitar a extração, pelo empregado, dos comprovantes de registro de ponto das marcações realizadas, no mínimo, nas últimas quarenta e oito horas.

Art. 81. Todos os tipos de sistema de registro eletrônico de ponto devem gerar o Arquivo Fonte de Dados, conforme especificações disponíveis no portal gov.br.

► *Caput* com a redação dada pela Port. do MTPrev nº 1.486, de 3-6-2022.

§ 1º No caso de REP-C, o Arquivo Fonte de Dados deve ser gravado em dispositivo externo de memória, por meio de porta de saída padrão USB externa, denominada Porta Fiscal, de uso exclusivo pelo Auditor-Fiscal do Trabalho.

§ 2º No caso de REP-A e REP-P, o Arquivo Fonte de Dados deve ser prontamente gerado e entregue, quando solicitado pelo Auditor-Fiscal do Trabalho.

Art. 82. O programa de tratamento de registro de ponto é o conjunto de rotinas informatizadas que tem por função tratar os dados relativos à marcação dos horários de entrada e saída contidas no Arquivo Fonte de Dados, gerando o relatório Espelho de Ponto Eletrônico e o Arquivo Eletrônico de Jornada.

Parágrafo único. A função de tratamento dos dados se limitará a acrescentar informações para complementar eventuais omissões no registro de ponto, inclusive ausências e movimentações do banco de horas, ou indicar marcações indevidas.

Art. 83. O programa de tratamento de registro de ponto, independentemente do sistema de registro eletrônico de ponto utilizado, deve gerar:

► *Caput* com a redação dada pela Port. do MTPrev nº 1.486, de 3-6-2022.

I – o Arquivo Eletrônico de Jornada, conforme especificações disponíveis no portal gov.br; e

II – o relatório Espelho de Ponto Eletrônico, conforme art. 84.

► Incisos I e II acrescidos pela Port. do MTPrev nº 1.486, de 3-6-2022.

Parágrafo único. *Revogado*. Port. do MTPrev nº 1.486, de 3-6-2022.

Art. 84. O relatório Espelho de Ponto Eletrônico gerado pelo programa de tratamento de registro de ponto deve conter, no mínimo, as seguintes informações:

I – identificação do empregador contendo nome, CNPJ/CPF e CEI/CAEPF/CNO, caso exista;

II – identificação do trabalhador contendo nome, CPF, data de admissão e cargo/função;

III – data de emissão e período do relatório Espelho de Ponto Eletrônico;

IV – horário e jornada contratual do empregado;

V – marcações efetuadas no REP e marcações tratadas (incluídas, desconsideradas e pré-assinaladas) no Programa de Tratamento de Registro de Ponto; e

VI – duração das jornadas realizadas (considerando o horário noturno reduzido, se for o caso).

Parágrafo único. O trabalhador deverá ter acesso às informações constantes do relatório Espelho de Ponto Eletrônico por meio de sistema informatizado, mensalmente de forma eletrônica ou impressa ou em prazo inferior, a critério da empresa.

Art. 85. O empregador deverá disponibilizar os arquivos eletrônicos gerados e relatórios emitidos pelo programa de tratamento de registro de ponto ao Auditor Fiscal do Trabalho, quando solicitados, no prazo mínimo de dois dias, a critério deste.

Art. 86. A assinatura eletrônica será utilizada como meio de comprovação da autoria e integridade de documentos eletrônicos gerados pelo sistema de registro eletrônico de ponto e pelo programa de tratamento de registro de ponto, nos termos do art. 10 da Medida Provisória nº 2.200-2, de 24 de agosto de 2001.

§ 1º A assinatura eletrônica, do fabricante ou do desenvolvedor, deve ser atribuída às saídas geradas pelo REP: Arquivo Fonte de Dados, Comprovante de Registro de Ponto do Trabalhador e, no caso do REP-C, Relação Instantânea de Marcações.

► Parágrafo único transformado em § 1º e com a redação dada pela Port. do MTPrev nº 4.198, de 19-12-2022.

§ 2º A assinatura eletrônica, do desenvolvedor ou do empregador, deve ser atribuída à saída gerada pelo Programa de Tratamento de Registro de Ponto: Arquivo Eletrônico de Jornada.

► § 2º acrescido pela Port. do MTPrev nº 4.198, de 19-12-2022.

Art. 87. As assinaturas eletrônicas geradas pelo REP-C devem seguir as disposições dos Requisitos de Avaliação da Conformidade para registrador eletrônico de ponto publicados pelo Instituto Nacional de Metrologia, Qualidade e Tecnologia – INMETRO.

Art. 88. As assinaturas eletrônicas geradas pelo REP-A, REP-P e programa de tratamento de registro de ponto devem utilizar certificados digitais válidos e emitidos por autoridade certificadora integrante da Infraestrutura de Chaves Públicas Brasileira – ICP-Brasil, constituindo-se em assinaturas eletrônicas qualificadas, nos termos da Lei nº 14.063, de 23 de setembro de 2020.

§ 1º As assinaturas eletrônicas geradas pelo REP-P para o Comprovante de Registro de Ponto do Trabalhador emitido em arquivo eletrônico devem ser no padrão PAdES (PDF *Advanced Electronic Signature*).

§ 2º As assinaturas eletrônicas geradas pelo REP-A, REP-P e programa de tratamento de registro de ponto para o Arquivo Fonte de Dados e o Arquivo Eletrônico de Jornada devem ser no padrão CAdES (CMS *Advanced Electronic Signature*) e devem ser armazenadas em um arquivo no formato p7s destacado (*detached*).

► §§ 1º e 2º acrescidos pela Port. do MTPrev nº 1.486, de 3-6-2022.

Art. 89. Os fabricantes ou desenvolvedores de sistema de registro de ponto e de programa de tratamento de registro de ponto deverão fornecer à empresa usuária do seu equipamento ou programa o documento denominado Atestado Técnico e Termo de Responsabilidade, assinado pelo responsável técnico pelo equipamento ou programa e pelo responsável legal da empresa fabricante ou desenvolvedora, afirmando expressamente que seu equipamento ou programa atende às determinações desta Seção.

§ 1º O Atestado Técnico e Termo de Responsabilidade deve ser emitido conforme modelo e especificações disponíveis no portal gov.br.

► § 1º com a redação dada pela Port. do MTPrev nº 1.486, de 3-6-2022.

§ 2º O Atestado Técnico e Termo de Responsabilidade deve ser emitido na forma de documento eletrônico, nos termos do art. 10 da Medida Provisória nº 2.200-2, de 2001, e possuir assinatura eletrônica qualificada, nos termos do inciso III do art. 4º da Lei nº 14.063, de 2020, pertencente exclusivamente à pessoa física.

§ 3º O arquivo eletrônico que contém o Atestado Técnico e Termo de Responsabilidade deve ter o formato *Portable Document Format* – PDF, com assinatura no padrão PAdES (PDF *Advanced Electronic Signature*), e o empregador deverá mantê-lo para apresentação à Inspeção do Trabalho.

► § 3º com a redação dada pela Port. do MTPrev nº 1.486, de 3-6-2022.

§ 4º O empregador somente poderá utilizar o sistema de registro de ponto e de programa de tratamento de registro de ponto se possuir o Atestado Técnico e Termo de Responsabilidade emitido pelos fabricantes ou desenvolvedores dos equipamentos ou programas.

§ 5º O Atestado Técnico e Termo de Responsabilidade referente ao REP-C deve conter o nome do algoritmo de *hash*, a chave pública e o nome do algoritmo de criptografia assimétrica utilizados na assinatura eletrônica definida no art. 87.

Art. 90. O REP-C deve ser submetido à análise de conformidade, seguindo os Requisitos de Avaliação da Conformidade para registrador eletrônico de ponto publicados pelo INMETRO, com emissão de certificado de conformidade atestando o atendimento ao art. 76 e aos requisitos elencados no Anexo VIII.

Parágrafo único. Qualquer alteração no REP-C certificado, inclusive nos programas residentes, ensejará novo processo de certificação e registro.

Art. 91. O REP-P deve possuir certificado de registro de programa de computador no Instituto Nacional da Propriedade Industrial, atender ao art. 78 e aos requisitos elencados no Anexo IX.

Art. 92. Os fabricantes de REP-C deverão se cadastrar junto ao Ministério do Trabalho e Previdência e solicitar o registro de cada um dos modelos que produzirem.

Parágrafo único. Para o registro de modelo de REP-C, o fabricante deverá apresentar o certificado de conformidade previsto no art. 90 e o Atestado Técnico e Termo de Responsabilidade previsto no art. 89.

Art. 92-A. Fica delegada ao INMETRO atribuição para:

I – coordenar a elaboração dos Requisitos de Avaliação da Conformidade para o REP-C, mediante assessoria do Ministério do Trabalho e Previdência;

II – fiscalizar, em todo território nacional, diretamente e por meio das entidades de direito público, com ele conveniadas, com base na Lei nº 9.933, de 20 de dezembro de 1999, o cumprimento das disposições formais contidas no Capítulo VII do Título II do Decreto nº 10.854, de 10 de novembro de 2021, das disposições relativas ao REP-C contidas neste Capítulo e das demais disposições relativas à avaliação da conformidade para REP-C; e

III – planejar, desenvolver e implementar os programas de avaliação da conformidade para o REP-C no âmbito do Sistema Brasileiro de Normalização, Metrologia e Qualidade Industrial – SINMETRO.

► Art. 92-A acrescido pela Port. do MTPrev nº 4.198, de 19-12-2022.

Subseção II

DO CONTROLE DE JORNADA MANUAL OU MECÂNICO

Art. 93. O registro manual deve espelhar a real jornada praticada pelo trabalhador, vedada a mera assinalação do horário contratual, salvo a possibilidade de pré-assinalação do período de repouso, autorizada pelo art. 74, § 2º, do Decreto-Lei nº 5.452, de 1943 – CLT.

Parágrafo único. É permitida a utilização de registro de ponto manual por exceção à jornada regular de trabalho, mediante acordo individual escrito, convenção coletiva ou acordo coletivo de trabalho.

Art. 94. O registro mecânico deve espelhar a real jornada praticada pelo trabalhador, registrada por processo mecânico que consigne as marcações de ponto de forma impressa e indelével, em cartão individual, sendo permitida a pré-assinalação do período de repouso.

Parágrafo único. É permitida a utilização de registro de ponto mecânico por exceção à jornada regular de trabalho, mediante acordo individual escrito, convenção coletiva ou acordo coletivo de trabalho.

Art. 95. Quando a empresa adotar registro de ponto manual ou mecânico e a jornada de trabalho for executada integralmente fora do estabelecimento do empregador, o horário de trabalho constará de ficha ou papeleta, que ficará em poder do empregado, devendo ser restituída ao empregador após o término do período de apuração do ponto.

Subseção III

DAS DISPOSIÇÕES TRANSITÓRIAS

Art. 96. Os modelos de registradores eletrônicos de ponto já certificados na vigência da Portaria MTE nº 1.510, de 21 de agosto de 2009, poderão continuar a ser fabricados, bem como utilizados pelos empregadores.

§ 1º Os registradores eletrônicos de ponto especificados no *caput* podem continuar a gerar o Arquivo Fonte de Dados em conformidade com o leiaute especificado à época de sua certificação.

§ 2º Com relação à geração do arquivo mencionado no § 1º, o preenchimento do campo de doze caracteres reservado ao Programa de Integração Social – PIS para inclusão de empregados nos registradores eletrônicos de ponto certificados nos termos da Portaria MTE nº 1.510, de 2009, deve ser preenchido da seguinte forma:

I – empregados que possuem PIS: colocar "0" na primeira posição do campo e o PIS completo nas próximas onze posições ou informar o PIS completo nas onze primeiras posições e preencher com espaço na última posição;

► Inciso I com a redação dada pela Port. do MTPrev nº 1.486, de 3-6-2022.

II – empregados que não possuem PIS e o REP não faz validação do PIS: colocar "9" na primeira posição e o CPF completo nas próximas onze posições; e

III – empregados que não possuem PIS e o REP faz validação do PIS: colocar "8" na primeira posição, os dez primeiros dígitos do CPF nas posições seguintes e na última posição, o dígito verificador do PIS considerando os dez primeiros dígitos do CPF.

Art. 97. Os desenvolvedores de programa de tratamento de registro de ponto e usuários terão até 11 de janeiro de 2023 para se adequarem às exigências do art. 83.

► *Caput* com a redação dada pela Port. do MTPrev nº 3.717, de 9-11-2022.

Parágrafo único. No caso de sistema alternativo eletrônico de controle de jornada autorizado por acordo ou convenção coletiva de trabalho, firmado sob a vigência da Portaria MTE nº 373, de 25 de fevereiro de 2011, não serão exigidos o arquivo eletrônico e o relatório especificados no art. 83.

► Parágrafo único acrescido pela Port. do MTPrev nº 1.486, de 3-6-2022.

Art. 97-A. O prazo definido no art. 97 também se aplica aos fabricantes ou desenvolvedores de REP-A, especificamente para a geração do Arquivo Fonte de Dados.

► Art. 97-A acrescido pela Port. do MTPrev nº 1.486, de 3-6-2022.

Subseção IV

DAS DISPOSIÇÕES FINAIS

Art. 98. Comprovada a adulteração de horários marcados pelo trabalhador ou a existência de dispositivos, programas ou sub-rotinas que permitam a adulteração dos reais dados do controle de jornada ou parametrizações e bloqueios na marcação, o Auditor Fiscal do Trabalho deverá apreender documentos e equipamentos, copiar programas e dados que julgar necessários para comprovação do ilícito.

Art. 99. Equipara-se ao fabricante ou desenvolvedor nacional, para efeitos desta Seção, o importador que legalmente introduzir no Brasil qualquer um dos tipos de sistema de registro eletrônico de ponto definidos nesta Seção.

Parágrafo único. O manual do usuário, o Atestado Técnico e Termo de Responsabilidade, a documentação técnica e as informações constantes no sistema de registro eletrônico de ponto importado devem ser redigidos em língua portuguesa.

Art. 100. O empregador deve fornecer os dados constantes em sistemas eletrônicos admitidos pela legislação que possibilitem a aferição da jornada de trabalho dos empregados, a exemplo dos sistemas de rastreamento via satélite, quando solicitados pelo Auditor-Fiscal do Trabalho.

Art. 101. O empregador e as empresas envolvidas no tratamento dos dados devem observar as disposições da Lei nº 13.709, de 14 agosto de 2018 – Lei Geral de Proteção de Dados Pessoais.

Capítulo V-A

DA APURAÇÃO DE PARCELAS VARIÁVEIS DA REMUNERAÇÃO

► Capítulo V-A acrescido pela Port. do MTPrev nº 4.198, de 19-12-2022.

Art. 101-A. Este Capítulo dispõe sobre a forma de apuração e o prazo de pagamento das parcelas variáveis que compõem a remuneração do trabalhador, em especial aquelas relativas ao trabalho realizado após o dia vinte de cada mês.

Art. 101-B. Não constitui infração ao disposto no § 1º do art. 459 do Decreto-Lei nº 5.452, de 1943 – CLT, o pagamento, no prazo para quitação do salário do mês subsequente, das seguintes verbas:

I – parcelas variáveis da remuneração do empregado relativas ao trabalho realizado após o dia vinte de cada mês; e

II – devoluções de descontos decorrentes de faltas, atrasos e de saídas antecipadas, quando justificados após o dia vinte de cada mês.

§ 1º Para fins do disposto neste artigo, entende-se por parcela variável aquela cuja aferição dependa de parâmetros quantitativos relacionados à jornada ou à produtividade do empregado, tais como horas extraordinárias, comissões, gorjetas e produção.

§ 2º Para os empregados remunerados exclusivamente por comissão ou produção, cuja admissão ou retorno ao trabalho ocorrer após o dia vinte do mês, fica garantido o salário mínimo ou piso da categoria, proporcionais aos dias trabalhados, a ser pago até o quinto dia útil do mês subsequente ao da admissão ou retorno.

§ 3º Não se consideram parcelas variáveis da remuneração, para fins do disposto neste artigo, o salário decorrente da jornada regular do empregado, ainda que horista, diarista ou semanalista.

► Arts. 101-A e 101-B acrescidos pela Port. do MTPrev nº 4.198, de 19-12-2022.

Capítulo VI

DOS EFEITOS DE DÉBITOS SALARIAIS, DE MORA DE FGTS, DE MORA CONTUMAZ SALARIAL E DE MORA CONTUMAZ DE FGTS

Art. 102. Para os efeitos do Decreto-Lei nº 368, de 19 de dezembro de 1968, do § 1º do art. 22 da Lei nº 8.036, de 11 de maio de 1990, e do art. 50 ao art. 52 do Decreto nº 99.684, de 8 de novembro de 1990, considera-se:

I – em débito salarial o empregador que se mantém inadimplente na obrigação de pagar salário a seus empregados:

a) após vencido o prazo estipulado em lei, contrato, convenção ou acordo coletivo de trabalho para seu pagamento; ou

b) em desacordo com as condições previstas em lei, contrato, convenção ou acordo coletivo de trabalho para seu pagamento;

II – em mora do FGTS o empregador que se mantém inadimplente na obrigação de depositar o FGTS aos trabalhadores após vencido o prazo legal de recolhimento das parcelas devidas, no todo ou em parte;

III – em mora contumaz salarial o empregador que estiver em débito salarial, por período igual ou superior a três meses, sem motivo grave ou relevante, excluídas as causas pertinentes ao risco da atividade econômica; e

IV – em mora contumaz de FGTS o empregador que estiver em mora do FGTS, por período igual ou superior a três meses, sem motivo grave ou relevante, excluídas as causas pertinentes ao risco da atividade econômica.

Parágrafo único. Para fins do disposto neste Capítulo, considera-se:

I – salário – quaisquer parcelas devidas ou pagas diretamente pelo empregador como contraprestação do serviço do empregado, observados os art. 457 e art. 458 do Decreto-Lei nº 5.452, de 1943 – CLT, cuja natureza salarial é reconhecida pelo empregador e cuja liquidez e certeza é incontroversa;

II – parcela de FGTS – a importância mensal ou rescisória de FGTS, total ou parcial, devida ao trabalhador, conforme percentuais e bases de cálculo estabelecidas em lei, incidente sobre verbas cuja liquidez e certeza são incontroversas; e

III – motivo grave ou relevante – situação ou ocorrência de força maior, nos termos do art. 501 do Decreto-Lei nº 5.452, de 1943 – CLT.

Art. 103. O empregador em débito salarial ou em mora de FGTS não poderá, sem prejuízo de outras disposições legais:

I – pagar honorário, gratificação, pro labore ou qualquer outro tipo de retribuição ou retirada a seus diretores, sócios, gerentes ou titulares da firma individual; e

II – distribuir quaisquer lucros, bonificações, dividendos ou interesses a seus sócios, titulares, acionistas, ou membros de órgãos dirigentes, fiscais ou consultivos.

Art. 104. O empregador em mora contumaz salarial ou mora contumaz de FGTS não poderá, além do disposto no art. 103, ser favorecido com qualquer benefício de natureza fiscal, tributária, ou financeira, por parte de órgãos da união, dos estados ou dos municípios, ou de que estes participem.

Parágrafo único. Não se incluem na proibição de que trata o *caput* as operações de crédito destinadas à liquidação dos débitos salariais ou de FGTS existentes, o que deverá ser expressamente consignado em documento firmado pelo responsável legal do empregador, como justificação do crédito.

Art. 105. Em toda fiscalização que tiver por objeto a verificação de débito salarial ou de FGTS, o Auditor-Fiscal do Trabalho, mediante ordem de serviço específica, poderá averiguar a ocorrência de:

I – infrações ao disposto no art. 103; e

II – situação de mora contumaz salarial ou de mora contumaz de FGTS.

Art. 106. O Auditor Fiscal do Trabalho poderá, no decorrer de fiscalização, averiguar de ofício as infrações ao art. 103 e a ocorrência de situação de mora contumaz salarial ou de mora contumaz de FGTS, ainda que a fiscalização não tenha sido realizada mediante ordem de serviço específica.

Art. 107. A constatação de infrações ao disposto no art. 103 ensejará a lavratura dos correspondentes autos de infração pelo Auditor Fiscal do Trabalho.

§ 1º Quando constatar situação de débito salarial, o Auditor Fiscal do Trabalho fará constar no histórico do auto de infração:

I – indicação de pelo menos um empregado prejudicado pela infração;

II – o valor total do débito salarial do empregador à época da infração;

III – descrição da incidência da situação fática às disposições do inciso I ou do inciso III do *caput* do art. 102;

IV – caráter não controvertido das parcelas de natureza salarial, nos termos do inciso I do parágrafo único do art. 102; e

V – comprovantes, conforme o caso, de:

a) pagamento de honorário, gratificação, pró-labore ou qualquer outro tipo de retribuição ou retirada a seus diretores, sócios, gerentes ou titulares da firma individual à época da infração; ou

b) distribuição de lucros, bonificações, dividendos ou interesses a seus sócios, titulares, acionistas, ou membros de órgãos dirigentes, fiscais ou consultivos à época da infração.

§ 2º Quando constatar situação de mora de FGTS, o Auditor Fiscal do Trabalho fará constar no histórico do auto de infração:

I – indicação de pelo menos um empregado prejudicado pela infração;

II – o valor total do débito do FGTS do empregador à época da infração, hipótese em que poderá, anexar ao auto de infração cópia da primeira página da Notificação de Débito de FGTS e Contribuição Social – NDFC e do respectivo relatório de débitos por competência;

III – descrição da incidência da situação fática às disposições do inciso II ou do inciso IV do art. 102;

IV – caráter não controvertido das verbas sobre as quais incidem o FGTS, nos termos do inciso II do parágrafo único do art. 102; e

V – comprovantes, conforme o caso, de:

a) pagamento de honorário, gratificação, pró-labore, ou qualquer tipo de retribuição ou retirada a seus diretores, sócios, gerentes ou titulares de firma individual à época da infração; ou

b) distribuir quaisquer lucros, bonificações, dividendos ou interesses a seus sócios, titulares, acionistas, ou membros de órgãos dirigentes, fiscais ou consultivos à época da infração.

Art. 108. Quando o Auditor Fiscal do Trabalho constatar situação de mora salarial contumaz ou de mora contumaz de FGTS, será emitido, se essa situação não for regularizada no curso da ação fiscal, termo de notificação de mora contumaz.

Parágrafo único. O termo de notificação de mora contumaz será emitido sem prejuízo à lavratura de NDFC e de autos de infração pertinentes, inclusive os previstos no art. 107.

Art. 109. O termo de notificação de mora contumaz será emitido em duas vias, e conterá os seguintes elementos:

I – nome, inscrição, endereço e CEP do empregador ou responsável, constantes dos cadastros de pessoa física ou jurídica da Receita Federal do Brasil;

II – relação de empregados prejudicados e respectivos valores em débito pelo empregador, por competência;

III – descrição da incidência da situação fática às disposições do inciso III ou do inciso IV do art. 102, conforme o caso;

IV – caráter não controvertido das parcelas de natureza salarial, nos termos do inciso I ou do inciso II do parágrafo único do art. 102, conforme o caso;

► Inciso IV retificado no *DOU* de 8-12-2021.

V – indicação da ausência de motivo grave ou relevante para justificar a mora contumaz, nos termos do inciso III e do inciso IV do *caput* e do inciso III do parágrafo único do art. 102;

VI – relação dos documentos examinados e dos obtidos por meio magnético ou digital, além das fontes de consulta a sistemas informatizados;

VII – ciência do prazo para apresentação de defesa e indicação do local para sua entrega;

VIII – local e data;

IX – assinatura e identificação do Auditor Fiscal do Trabalho, com nome e número da Carteira de Identidade Fiscal; e

X – assinatura e identificação do empregador ou responsável, seu representante ou preposto.

§ 1º O termo de notificação de mora contumaz será instruído, quando possível, com cópia integral dos autos de infração pertinentes, inclusive os previstos no art. 107 e com cópia integral de NDFC correlata, no caso de mora contumaz de FGTS.

§ 2º Quando o termo de notificação de mora contumaz estiver instruído com cópia dos autos de infração pertinentes e com cópia da NDFC correlata, no caso de mora contumaz de FGTS, é dispensável ao Auditor Fiscal do Trabalho apresentar os elementos constantes do inciso IV e do inciso VI do *caput*.

Art. 110. Uma via do termo de notificação de mora contumaz será entregue no protocolo da unidade de exercício do Auditor Fiscal do Trabalho para instauração de processo administrativo, em até dois dias úteis, contados de sua lavratura.

Parágrafo único. Serão instaurados processos administrativos distintos decorrentes de termos de notificação de mora contumaz emitidos em decorrência de situações de mora contumaz salarial e de mora contumaz de FGTS, ainda que emitidos em face do mesmo empregador na mesma ação fiscal.

Art. 111. Aos processos administrativos originados pelo termo de notificação de mora contumaz será aplicado, naquilo em que for compatível, a organização, tramitação e procedimentos dos processos administrativos de autos de infração, previstos na legislação específica.

Parágrafo único. O julgamento do processo compete:

I – em primeira instância, ao chefe da unidade regional de multas e recursos das unidades descentralizadas do Ministério do Trabalho e Previdência; e

II – em segunda instância, ao Coordenador-Geral de Recursos da Secretaria de Trabalho.

Art. 112. Os processos administrativos de auto de infração ou de NDFC a que se refere o § 1º do art. 109 serão reunidos e distribuídos por dependência, em regime de prioridade.

§ 1º Na hipótese de haver decisão em algum dos processos reunidos na forma do *caput* que lhe dê destinação processual diferente dos demais, este processo seguirá sua destinação específica, e essa situação deverá ser certificada no processo originado pelo termo de notificação de mora contumaz.

§ 2º A pendência de decisão definitiva nos processos administrativos de auto de infração pertinente ou de NDFC obsta a prolação da decisão acerca da mora contumaz.

Art. 113. A comprovação inequívoca de quitação integral dos débitos salariais ou do FGTS indicados no termo de notificação de mora contumaz, inclusive mediante termo de parcelamento, no caso do FGTS, operam o encerramento do processo, sem prejuízo aos processos administrativos de autos de infração e de NDFC.

Art. 114. A decisão que julgar o termo de notificação de mora contumaz poderá ser:

I – pela procedência, ainda que a irregularidade fique demonstrada apenas quanto a uma parte dos empregados e de seus respectivos salários ou FGTS, conforme o caso, ou do período descrito no termo de notificação de mora contumaz, desde que este seja igual ou superior a três meses;

II – pela improcedência, quando a situação narrada não se enquadrar nas hipóteses previstas no inciso III e no inciso IV do *caput* do art. 102; ou

▸ Inciso II retificado no *DOU* de 8-12-2021.

III – pelo arquivamento, quando constatada a hipótese do art. 113.

Parágrafo único. Não caberá recurso de ofício das decisões de improcedência ou arquivamento do Termo de Mora Contumaz.

Art. 115. Para fins das restrições previstas no art. 2º do Decreto-Lei nº 368, de 1968, e no art. 51 do Decreto nº 99.684, de 1990, o chefe da unidade regional de multas e recursos expedirá comunicação da decisão definitiva que concluir pela mora contumaz ao Secretário Especial de Fazenda do Ministério da Economia e às autoridades fazendárias estadual e municipal do local de origem do processo.

Art. 116. Após a decisão definitiva pela procedência das infrações ao art. 103, o chefe da unidade regional de multas e recursos representará ao Ministério Público Federal para instauração da ação penal competente, sob pena de responsabilidade.

▸ *Caput* retificado no *DOU* de 8-12-2021.

Parágrafo único. A representação referida no *caput* deve ser instruída com cópia integral dos processos de autos de infração pertinentes e de NDFC correlata, conforme o caso, e do processo originado pelo termo de notificação de mora contumaz, quando instaurado.

Art. 117. Deixa de ser exigível a certidão prevista no art. 5º do Decreto-Lei nº 368, de 1968, para os fins ali previstos, consoante o disposto no art. 7º-A da Lei nº 11.598, de 3 de dezembro de 2007.

CAPÍTULO VII

DO LOCAL PARA GUARDA E ASSISTÊNCIA DOS FILHOS NO PERÍODO DA AMAMENTAÇÃO

Art. 118. As exigências de instalação de local apropriado para guarda sob vigilância e assistência de filhos no período da amamentação, de que trata o § 1º do art. 389 do Decreto-Lei nº 5.452, de 1943 – CLT, constam deste Capítulo.

Art. 119. Os estabelecimentos em que trabalharem pelo menos trinta mulheres, com mais de dezesseis anos de idade, deverão ter local apropriado onde seja permitido às empregadas guardar sob vigilância e assistência os seus filhos no período de amamentação.

§ 1º O local a que se refere o *caput* obedecerá aos seguintes requisitos:

I – berçário com área mínima de três metros quadrados por criança, devendo haver, entre os berços e entre estes e as paredes, a distância mínima de cinquenta centímetros;

II – saleta de amamentação provida de cadeiras ou bancos-encosto para que as mulheres possam amamentar seus filhos em adequadas condições de higiene e conforto;

III – cozinha dietética para o preparo de mamadeiras ou suplementos dietéticos para a criança ou para as mães;

IV – o piso e as paredes deverão ser revestidos de material impermeável e lavável; e

V – instalações sanitárias para uso das mães e do pessoal do berçário.

§ 2º O número de leitos no berçário obedecerá à proporção de um leito para cada grupo de trinta empregadas.

Art. 120. A exigência de que trata o *caput* do art. 119 poderá ser suprida se o estabelecimento mantiver creche diretamente ou mediante convênios com outras entidades públicas ou privadas.

Parágrafo único. A creche deverá estar situada, de preferência, nas proximidades da residência das empregadas ou dos estabelecimentos.

Capítulo VIII

DO REEMBOLSO-CRECHE

Art. 121. Ficam as empresas e empregadores autorizados a adotar o sistema de reembolso-creche, em substituição à exigência contida no § 1º do art. 389 do Decreto-Lei nº 5.452, de 1943 – CLT, desde que obedeçam às seguintes exigências:

I – o reembolso-creche deverá cobrir, integralmente, as despesas efetuadas com o pagamento da creche de livre escolha da empregada-mãe, ou outra modalidade de prestação de serviços desta natureza, pelo menos até os seis meses de idade da criança, nas condições, prazos e valor estipulados em acordo ou convenção coletiva, sem prejuízo do cumprimento dos demais preceitos de prestação à maternidade;

II – o benefício deverá ser concedido a toda empregada-mãe, independentemente do número de mulheres do estabelecimento, e sem prejuízo do cumprimento dos demais preceitos de proteção à maternidade;

III – as empresas e empregadores deverão dar ciência às empregadas da existência do sistema e dos procedimentos necessários para a utilização do benefício, com a afixação de avisos em locais visíveis e de fácil acesso para os empregados, ou por meio de comunicação escrita ou por meio eletrônico; e

IV – o reembolso-creche deverá ser efetuado até o terceiro dia útil da entrega do comprovante das despesas efetuadas, pela empregada-mãe, com a mensalidade da creche.

Art. 122. A implantação do sistema de reembolso-creche dependerá de prévia estipulação em acordo ou convenção coletiva.

Capítulo IX

DO REGISTRO PROFISSIONAL

Art. 123. A solicitação de registros profissionais à Secretaria de Trabalho do Ministério do Trabalho e Previdência deverá ser realizada por meio de sistema eletrônico disponível no endereço https://www.gov.br/pt-br/servicos/registrar-se-como-profissional-para-atividades-exigidas-em-lei.

Parágrafo único. Para os efeitos da emissão do registro profissional, será considerado crime de falsidade, com as penalidades previstas na Lei nº 2.848, de 7 de dezembro de 1940 – Código Penal, prestar informações falsas ou apresentar documentos por qualquer forma falsificados.

Art. 124. O processamento das atividades de concessão dos registros profissionais será realizado por meio do Sistema Informatizado de Registro Profissional – Sirpweb e aprovados os modelos de documentos emitidos pelo sistema.

Art. 124-A. A concessão dos registros profissionais será realizada pelas Superintendências Regionais do Trabalho.

Parágrafo único. A concessão dos registros profissionais poderá ser desempenhada pelas Gerências Regionais do Trabalho e pelas Agências Regionais do Trabalho, de acordo com suas capacidades operacionais, conforme determinação do Superintendente Regional do Trabalho.

▸ Art. 124-A acrescido pela Port. do MTPrev nº 4.198, de 19-12-2022.

Art. 125. Da decisão de indeferimento de pedido de registro profissional caberá recurso, no prazo de dez dias, dirigido ao Superintendente Regional do Trabalho, o qual, caso não reconsidere a decisão no prazo de cinco dias, o encaminhará ao Coordenador-Geral de Políticas de Trabalho e Renda para decisão final.

▶ Artigo com a redação dada pela Port. do MTPrev nº 4.198, de 19-12-2022.

Art. 125-A. À Coordenação de Canais Digitais da Coordenação-Geral de Políticas de Trabalho e Renda da Subsecretaria de Políticas Públicas de Trabalho caberá:

I – coordenar e orientar as atividades relacionadas à concessão de registro profissional;

II – orientar e acompanhar a concessão de registro profissional, de competência das unidades descentralizadas do Ministério do Trabalho e Previdência, padronizando os procedimentos de acordo com a legislação em vigor; e

III – analisar e informar, quando em grau de recurso, os processos de registro profissional.

Art. 125-B. As Superintendências Regionais do Trabalho deverão:

I – coordenar, supervisionar, acompanhar e avaliar a execução das atividades relacionadas à concessão de registro profissional;

II – processar o cadastramento, controle e emissão de registro profissional, conforme legislação em vigor;

III – receber e encaminhar à Coordenação de Canais Digitais da Coordenação-Geral de Políticas de Trabalho e Renda da Subsecretaria de Políticas Públicas de Trabalho os recursos contra indeferimento de pedidos de registro profissional; e

IV – emitir certidões de registro profissional.

▶ Arts. 125-A e 125-B acrescidos pela Port. do MTPrev nº 4.198, de 19-12-2022.

Seção I

DOS ARTISTAS E TÉCNICOS EM ESPETÁCULOS DE DIVERSÕES E DOS MÚSICOS

Art. 126. A inscrição dos contratantes de artistas e técnicos em espetáculos de diversões e dos músicos, de que trata o art. 4º da Lei nº 6.533, de 1978, será efetuado por meio do portal gov.br.

Art. 127. O exercício da profissão de artista ou de técnico em espetáculos de diversões depende de prévio registro na Secretaria de Trabalho do Ministério do Trabalho e Previdência, na forma do art. 123.

Parágrafo único. O registro de crianças e adolescentes com idade inferior a dezesseis anos ficará condicionado à juntada do alvará judicial de autorização para o trabalho do Juizado da Infância e Juventude.

Art. 128. As instruções contidas nesta Seção não se aplicam às realizações artísticas que se constituírem em espetáculos amadoristas, sem fins lucrativos.

Seção II

DO TÉCNICO DE SEGURANÇA DO TRABALHO

Art. 129. O exercício da profissão de técnico de segurança do trabalho depende de prévio registro na Secretaria de Trabalho do Ministério do Trabalho e Previdência, na forma do art. 123.

▶ Artigo retificado no *DOU* de 8-12-2021.

Art. 130. As atividades do técnico de segurança do trabalho são:

I – informar ao empregador, através de parecer técnico, sobre os riscos existentes nos ambientes de trabalho e orientá-lo sobre as medidas de eliminação e neutralização;

II – informar aos trabalhadores sobre os riscos da sua atividade e das medidas de eliminação e neutralização;

III – analisar os métodos e os processos de trabalho e identificar os fatores de risco de acidentes do trabalho, doenças profissionais e do trabalho e a presença de agentes ambientais agressivos ao trabalhador e propor a eliminação ou o controle;

IV – executar os procedimentos de segurança e higiene do trabalho e avaliar os resultados alcançados, a fim de adequar as estratégias utilizadas de maneira a integrar o processo prevencionista em uma planificação e beneficiar o trabalhador;

V – executar programas de prevenção de acidentes do trabalho, doenças profissionais e do trabalho nos ambientes de trabalho com a participação dos trabalhadores, com o objetivo de acompanhar e avaliar seus resultados, sugerir constante atualização dos mesmos e estabelecer procedimentos a serem seguidos;

VI – promover debates, encontros, campanhas, seminários, palestras, reuniões, treinamentos e utilizar outros recursos de ordem didática e pedagógica com o objetivo de divulgar as normas de segurança e higiene do trabalho, assuntos técnicos, administrativos e prevencionistas, com vistas a evitar acidentes do trabalho, doenças profissionais e do trabalho;

VII – executar as normas de segurança referentes a projetos de construção, ampliação, reforma, arranjos físicos e de fluxos, com vistas à observância das medidas de segurança e higiene do trabalho, inclusive por terceiros;
VIII – encaminhar aos setores e áreas competentes normas, regulamentos, documentação, dados estatísticos, resultados de análises e avaliações, materiais de apoio técnico, educacional e outros de divulgação para conhecimento e autodesenvolvimento do trabalhador;
IX – indicar, solicitar e inspecionar equipamentos de proteção contra incêndio, recursos audiovisuais e didáticos e outros materiais considerados indispensáveis, de acordo com a legislação vigente, dentro das qualidades e especificações técnicas recomendadas, e avaliar seu desempenho;
X – cooperar com as atividades do meio ambiente, orientar quanto ao tratamento e destinação dos resíduos industriais, incentivar e conscientizar o trabalhador da sua importância para a vida;
XI – orientar as atividades desenvolvidas por empresas contratadas, quanto aos procedimentos de segurança e higiene do trabalho, previstos na legislação ou constantes em contratos de prestação de serviço;
XII – executar as atividades ligadas à segurança e higiene do trabalho com o uso de métodos e de técnicas científicas, com observação de dispositivos legais e institucionais que objetivem a eliminação, controle ou redução permanente dos riscos de acidentes do trabalho e a melhoria das condições do ambiente, para preservar a integridade física e mental dos trabalhadores;
XIII – levantar e estudar os dados estatísticos de acidentes do trabalho, doenças profissionais e do trabalho, calcular a frequência e a gravidade destes para ajustes das ações prevencionistas, normas, regulamentos e outros dispositivos de ordem técnica, que permitam a proteção coletiva e individual;
XIV – articular-se e colaborar com os setores responsáveis pelos recursos humanos, a fim de fornecer-lhes resultados de levantamentos técnicos de riscos das áreas e atividades para subsidiar a adoção de medidas de prevenção a nível de pessoal;
XV – informar aos trabalhadores e ao empregador sobre as atividades insalubres, perigosas e penosas existentes na empresa, seus riscos específicos, e as medidas e alternativas de eliminação ou neutralização dos mesmos;
XVI – avaliar as condições ambientais de trabalho e emitir parecer técnico que subsidie o planejamento e a organização do trabalho de forma segura para o trabalhador;
XVII – articular-se e colaborar com os órgãos e entidades ligados à prevenção de acidentes do trabalho, doenças profissionais e do trabalho; e
XVIII – participar de seminários, treinamentos, congressos e cursos, com vistas ao intercâmbio e ao aperfeiçoamento profissional.

Seção III

DO HISTORIADOR

Art. 131. O registro do profissional historiador, conforme previsto no art. 7º da Lei nº 14.038, de 17 de agosto de 2020, será efetuado por meio do portal gov.br.

Art. 132. O exercício da profissão de historiador, em todo o território nacional, é assegurado aos:
I – portadores de diploma de curso superior em História, expedido por instituição regular de ensino;
II – portadores de diploma de curso superior em História, expedido por instituição estrangeira e revalidado no Brasil, de acordo com a legislação;
III – portadores de diploma de mestrado ou doutorado em História, expedido por instituição regular de ensino ou por instituição estrangeira e revalidado no Brasil, de acordo com a legislação;
IV – portadores de diploma de mestrado ou doutorado obtido em programa de pós-graduação reconhecido pela Coordenação de Aperfeiçoamento de Pessoal de Nível Superior – CAPES que tenha linha de pesquisa dedicada à História; e
V – profissionais diplomados em outras áreas que tenham exercido, comprovadamente, há mais de cinco anos, a profissão de Historiador, até a data da promulgação da Lei nº 14.038, de 2020.

§ 1º Na hipótese do inciso V do *caput*, será comprovado o exercício regular das atribuições mencionadas no art. 4º da Lei nº 14.038, de 2020, em empresas ou instituições públicas ou privadas compatíveis com as atividades de pesquisa, ensino ou similares na área de história.

§ 2º A comprovação de que trata o § 1º pode ser por meio de registro na carteira de trabalho ou documento oficial emitido por empregador, original ou em cópia autenticada, que ateste o trabalho regular como historiador, na forma da lei.

Capítulo X

DO REGISTRO E DAS ATIVIDADES DE EMPRESAS DE TRABALHO TEMPORÁRIO

Art. 133. A solicitação de registro de empresa de trabalho temporário, de que trata o art. 4º da Lei nº 6.019, de 1974, deverá ser realizada por meio do portal gov.br.

Art. 134. A solicitação deve ser instruída com os seguintes documentos:

► *Caput* com a redação dada pela Port. do MTPrev nº 4.198, de 19-12-2022.

I – prova de inscrição no CNPJ;

II – prova do competente registro na Junta Comercial da localidade em que a empresa tenha sede; e

III – prova de possuir capital social de, no mínimo, R$ 100.000,00 (cem mil reais).

Art. 135. A Coordenação-Geral de Relações do Trabalho da Subsecretaria de Relações do Trabalho da Secretaria de Trabalho do Ministério do Trabalho e Previdência é a unidade competente para analisar as solicitações de registro de empresa de trabalho temporário.

§ 1º Compete ao Coordenador-Geral de Relações do Trabalho decidir sobre a solicitação de registro de empresa de trabalho temporário.

§ 2º Na falta ou constatada irregularidade nos documentos previstos no art. 134, a empresa será notificada para saneamento no prazo de trinta dias.

► § 2º retificado no *DOU* de 8-12-2021.

§ 3º As irregularidades não sanadas ensejarão o arquivamento do processo.

§ 4º Da decisão de indeferimento a que se refere o § 3º caberá recurso, no prazo de dez dias, dirigido ao Coordenador-Geral de Relações do Trabalho, o qual, caso não reconsidere sua decisão no prazo de cinco dias, o encaminhará ao Subsecretário de Relações do Trabalho, para decisão final.

► § 4º retificado no *DOU* de 8-12-2021.

Art. 136. Deferido o pedido, será encaminhado o número de registro à empresa por meio de correio eletrônico.

§ 1º As empresas de trabalho temporário deverão manter seus dados atualizados junto ao Ministério do Trabalho e Previdência.

§ 2º O registro de empresa de trabalho temporário será cancelado, a pedido da própria empresa ou de ofício, quando houver o descumprimento de quaisquer dos requisitos constantes no art. 134.

► §§ 1º e 2º acrescidos pela Port. do MTPrev nº 4.198, de 19-12-2022.

Art. 136-A. O registro da empresa de trabalho temporário será cancelado de ofício quando:

I – for comprovada cobrança de qualquer importância ao trabalhador, conforme parágrafo único do art. 18 da Lei nº 6.019, de 1974; ou

II – a empresa deixar de cumprir quaisquer dos requisitos previstos no art. 6º da Lei nº 6.019, de 1974.

§ 1º O cancelamento de ofício será realizado pelo Coordenador-Geral de Relações do Trabalho.

§ 2º Da decisão de cancelamento de ofício caberá recurso, no prazo de dez dias, dirigido ao Coordenador-Geral de Relações do Trabalho, o qual, caso não reconsidere sua decisão no prazo de dez dias, o encaminhará ao Subsecretário de Relações do Trabalho, para decisão final.

► Art. 136-A acrescido pela Port. do MTPrev nº 4.198, de 19-12-2022.

Art. 137. As empresas de trabalho temporário deverão prestar informações relativas à celebração de contratos de trabalho temporário por meio do eSocial.

Art. 138. O contrato de trabalho temporário firmado com empresa de trabalho temporário sem registro na Secretaria de Trabalho do Ministério do Trabalho e Previdência será considerado nulo de pleno direito, nos termos do art. 9º do Decreto-Lei nº 5.452, de 1943 – CLT.

Art. 139. O recrutamento e a seleção de trabalhadores temporários são atividades exclusivas da empresa de trabalho temporário, ainda que em local onde não tenha filial, agência ou escritório.

Capítulo XI

DOS SISTEMAS E CADASTROS

Seção I

DO DOMICÍLIO ELETRÔNICO TRABALHISTA – DET E DO LIVRO DE INSPEÇÃO DO TRABALHO ELETRÔNICO – ELIT

▶ Seção I renomeada pela Port. do MTE nº 3.869, de 21-12-2023.

***Art. 140.** O Domicílio Eletrônico Trabalhista – DET, instituído pelo art. 628-A da Consolidação das Leis do Trabalho, do Decreto-Lei nº 5.452, de 1943 – CLT, é instrumento oficial de comunicação e de prestação de serviços digitais entre a Inspeção do Trabalho e o empregador, e será disponibilizado pelo Ministério do Trabalho e Emprego através de acesso digital.*

▶ *Caput* com a redação dada pela Port. do MTE nº 3.869, de 21-12-2023.

***§§ 1º a 5º** Revogados. Port. do TEM nº 3.869, de 21-12-2023.*

***Parágrafo único.** O DET aplica-se a todos aqueles que estiverem sujeitos à Inspeção do Trabalho, tenham ou não empregados.*

▶ Parágrafo único acrescido pela Port. do MTE nº 3.869, de 21-12-2023.

***Art. 140-A.** O eLIT, nos termos do disposto no § 1º do art. 628 do Decreto-Lei nº 5.452, de 1943 – CLT, será adotado na forma eletrônica como uma das funcionalidades do DET, em substituição ao livro impresso, e passará a ser denominado Livro de Inspeção do Trabalho Eletrônico – eLIT.*

***Art. 140-B.** O DET destina-se, entre outras finalidades, a:*

***I** – cientificar o empregador de quaisquer atos administrativos, procedimentos fiscais, intimações, notificações, decisões proferidas no contencioso administrativo e avisos em geral;*

***II** – permitir o envio, pelo empregador, de documentação eletrônica e em formato digital exigida em razão da instauração de procedimento administrativo ou de medida de fiscalização, bem como, em integração com os sistemas de processo eletrônico, permitir a apresentação de defesa e recursos no âmbito desses processos;*

***III** – assinalar prazos para o atendimento de exigências realizadas em procedimentos administrativos ou em medidas de fiscalização;*

***IV** – viabilizar, sem ônus, a emissão de certidões, inclusive relacionadas a infrações administrativas trabalhistas, a débitos de FGTS, e ao cumprimento de obrigações relacionadas à legislação trabalhista;*

***V** – disponibilizar ferramentas gratuitas e interativas para elaboração de autodiagnóstico trabalhista e para avaliação de riscos em matéria de segurança e saúde no trabalho;*

***VI** – disponibilizar consulta à legislação trabalhista;*

***VII** – simplificar os procedimentos de pagamento de multas administrativas e obrigações trabalhistas;*

***VIII** – registrar os atos de fiscalização e o lançamento de seus resultados;*

***IX** – possibilitar a consulta, pelos empregadores, de informações relativas às fiscalizações registradas no âmbito do Sistema Federal de Inspeção do Trabalho, bem como dos trâmites de processos administrativos trabalhistas em que figurem como parte interessada; e*

***X** – ministrar orientações, informações e conselhos técnicos para o cumprimento da legislação trabalhista, atendidos os critérios administrativos de oportunidade e conveniência.*

***Art. 140-C.** O acesso ao DET será realizado mediante autenticação por meio da conta gov.br, com o nível de segurança prata ou ouro, para os serviços previstos no artigo 628-A do Decreto-Lei nº 5.452, de 1943 – CLT.*

***§ 1º** O empregador poderá outorgar poderes a outra pessoa, por meio do Sistema de Procuração Eletrônica, para acesso ao DET.*

***§ 2º** Os atos praticados por meio do DET serão registrados no sistema com identificação do empregador, da data e do horário em que foram praticados.*

▶ Arts. 140-A a 140-C acrescidos pela Port. do MTE nº 3.869, de 21-12-2023.

***Art. 141.** É de responsabilidade do empregador:*

▶ *Caput* com a redação dada pela Port. do MTE nº 3.869, de 21-12-2023.

I – manter o acesso ao seu provedor de internet e a configuração do computador utilizado nas transmissões eletrônicas;

II – consultar o DET para fins de ciência das comunicações realizadas em sua caixa postal;

III – verificar a regular transmissão e assegurar-se do efetivo recebimento das petições e documentos pelo sistema do DET; e

IV – informar e manter atualizado pelo menos um endereço postal eletrônico (e-mail), a fim de possibilitar o envio automático de mensagens com alertas, informando a existência de comunicações a serem recebidas por meio da caixa postal do DET.

► Incisos I a IV acrescidos pela Port. do MTE nº 3.869, de 21-12-2023.

Parágrafo único. As mensagens de alertas descritas no inciso IV poderão ser disponibilizadas aos empregadores, adicionalmente, por meio de outros sistemas oficiais de prestação ou consultas de informações.

► Parágrafo único com a redação dada pela Port. do MTE nº 3.869, de 21-12-2023.

Art. 142. O empregador será considerado ciente da comunicação entregue na Caixa Postal do DET:

► *Caput* com a redação dada pela Port. do MTE nº 3.869, de 21-12-2023.

I – no dia em que for realizada a consulta eletrônica de seu teor; ou

II – automaticamente, no primeiro dia útil após o período de quinze dias corridos, contados da data de publicação da comunicação na caixa postal do DET, quando não houver sido realizada a consulta de seu teor.

► Incisos I e II acrescidos pela Port. do MTE nº 3.869, de 21-12-2023.

§ 1º A ciência automática tratada no inciso II do caput restará caracterizada ainda que o usuário não mantenha o cadastro atualizado ou não consulte o DET para fins de ciência das comunicações realizadas em sua caixa postal.

§ 2º As comunicações eletrônicas realizadas por meio da caixa postal do DET, são consideradas pessoais para todos os efeitos legais e dispensam a sua publicação no Diário Oficial da União e o envio por via postal.

§ 3º São de inteira responsabilidade do empregador a observância dos prazos, o teor e a integridade dos arquivos enviados ao DET.

► §§ 1º a 3º com a redação dada pela Port. do MTE nº 3.869, de 21-12-2023

§ 4º A existência da caixa postal do DET não afasta a possibilidade de a Inspeção do Trabalho, a seu critério, utilizar outros meios legais de comunicação e interação com o usuário, inclusive para apresentação de documentos.

► *Caput* do § 4º com a redação dada pela Port. do MTE nº 3.869, de 21-12-2023.

I – no dia em que for realizada a consulta eletrônica de seu teor;

II – no primeiro dia útil seguinte, nos casos em que houver contagem de prazo para realização de ato e a consulta eletrônica de seu teor ocorrer em dias de sábado, domingo, feriados nacionais e pontos facultativos, observados pelos órgãos da administração pública federal; e

III – automaticamente, no primeiro dia útil após transcorridos quinze dias, contados da data do envio da comunicação, quando não houver sido realizada a consulta de seu teor.

§§ 5º e 6º Revogados. Port. do MTE nº 3.869, de 21-12-2023.

Art. 142-A. Os documentos digitais enviados ou recebidos com a utilização do DET deverão ser produzidos ou reproduzidos nos formatos eletrônicos exigidos pela Inspeção do Trabalho.

§ 1º As normas dispostas nesta Seção não afastam a aplicação e observância das regras específicas estabelecidas pela Portaria MTP nº 667, de 2021.

§ 2º Caso o arquivo a ser transmitido pelo DET ultrapasse o tamanho máximo suportado e não seja possível o seu fracionamento, deverá o usuário apresentar requerimento eletrônico fundamentado, via SEI, endereçado à autoridade regional competente, no mesmo prazo assinalado para apresentação do documento.

§ 3º Os documentos digitais enviados pelo empregador serão considerados recebidos pelo DET no dia e na hora do recebimento pelo sistema, de acordo com o horário oficial de Brasília, mediante fornecimento

de recibo eletrônico de protocolo que os identifique.

§ 4º O recibo eletrônico de protocolo de envio dos documentos pelo empregador por meio do DET não atesta o fiel cumprimento da exigência fiscal, fato que será posteriormente avaliado pela autoridade competente.

§ 5º O empregador é responsável, nos termos da legislação civil, penal e administrativa, pelo conteúdo, integridade e autenticidade do documento digital enviado por meio do DET e por sua fiel correspondência ao documento original.

§ 6º Incumbirá ao empregador que produzir documento digital ou digitalizado e realizar sua remessa pelo DET zelar pela qualidade deste, especialmente quanto à sua legibilidade.

§ 7º O documento digitalizado enviado pelo usuário terá valor de cópia simples.

§ 8º A autoridade competente poderá exigir, a seu critério, a exibição do original de documento digitalizado pelo tempo que perdurar o seu direito de rever os atos praticados.

§ 9º Os arquivos eletrônicos que contenham artefatos maliciosos poderão ser rejeitados automaticamente pelo sistema, com informação ao usuário das razões para a rejeição, sem prejuízo de apuração de responsabilidade por eventuais prejuízos causados à Administração Pública.

Art. 142-B. A disponibilidade do DET será garantida apenas aos acessos de internet protocol (IP) nacionais, diariamente, das seis às vinte horas, no horário oficial de Brasília.

§ 1º Os atos a serem praticados por meio do DET com assinalação de prazo deverão ser cumpridos até as vinte horas do último dia, salvo se a autoridade competente indicar horário anterior a este.

§ 2º Quando ocorrer indisponibilidade do sistema para transmissão eletrônica de documentos por motivo técnico entre as dezenove e vinte horas do último dia do prazo, esse será prorrogado automaticamente para o dia útil seguinte.

§ 3º Não caracterizam indisponibilidade as falhas de transmissão de dados entre as estações de trabalho do público externo e a rede de comunicação pública, assim como a impossibilidade técnica que decorra de falhas nos equipamentos ou programas dos usuários.

§ 4º A indisponibilidade a que se refere o § 2º será registrada em relatório de interrupção de funcionamento, acessível ao público por meio do sítio eletrônico do sistema.

§ 5º Este artigo não se aplica aos atos processuais inerentes ao processo administrativo eletrônico trabalhista de autos de infração e de notificações de débito de FGTS e de contribuição social, regidos pela Portaria MTP nº 667, de 2021.

Art. 142-C. As funcionalidades do DET serão implantadas de forma gradual e não geram para o usuário o direito de exigir a utilização de ferramentas que ainda não estiverem disponíveis.

Parágrafo único. A Secretaria de Inspeção do Trabalho publicará o cronograma e a forma de implantação do DET, que poderá ser escalonado por unidades da federação, setores econômicos, entre outros critérios.

▸ Arts. 142-A a 142-C acrescidos pela Port. do MTE nº 3.869, de 21-12-2023.

Art. 143. O não cumprimento dos dispositivos da presente Seção configurará infração ao § 1º do art. 628 e o § 4º do art. 630 do Decreto-Lei nº 5.452, de 1943 – CLT, e sujeitará os infratores às respectivas penalidades previstas no § 6º do art. 630 do referido diploma legal.

Seção II

DA SUBSTITUIÇÃO DE PRESTAÇÃO DE INFORMAÇÕES NOS SISTEMAS CAGED E RAIS

Art. 144. A obrigação da comunicação de admissões e dispensas instituída pela Lei nº 4.923, de 23 de novembro de 1965, CAGED, passa a ser cumprida por meio do eSocial a partir da competência de janeiro 2020 para as empresas ou pessoas físicas equiparadas a empresas, mediante o envio das seguintes informações:

I – data da admissão, número de inscrição do trabalhador no CPF e salário contratual, que deverão ser prestadas até o dia imediatamente anterior ao do início das atividades do trabalhador;

▸ Inciso I com a redação dada pela Port. do MTE nº 3.784, de 7-12-2023.

II* – Revogado. *Port. do MTE nº 3.784, de 7-12-2023;

III – data da extinção do vínculo empregatício e motivo da rescisão do contrato de trabalho, que deverão ser prestadas até o décimo dia seguinte ao da sua ocorrência, observado o disposto no § 6º do art. 14;

IV* – Revogado. *Port. do MTE nº 3.784, de 7-12-2023;

V – último salário do empregado, que deverá ser prestada até o dia quinze do mês seguinte em que ocorrer a alteração salarial;

VI – transferência de entrada e transferência de saída entre empregadores, com a identificação do sucessor, do sucedido e da data da transferência, que deverão ser prestadas até o dia quinze do mês seguinte a ocorrência;

▶ Inciso VI com a redação dada pela Port. do MTE nº 3.784, de 7-12-2023.

VII – reintegração, que deverá ser prestada até o dia quinze do mês seguinte a ocorrência; e

VIII – local de trabalho, horário contratual, informação de deficiência, quando houver, até o dia quinze do mês subsequente à admissão.

§ 1º A substituição da obrigação contida no *caput* para as pessoas jurídicas de direito público da administração direta, autárquica e fundacional, que adotem o regime jurídico previsto no Decreto-Lei nº 5.452, de 1943 – CLT, bem como as organizações internacionais, as fundações públicas de direito privado, os consórcios públicos, os fundos públicos e as comissões polinacionais, ocorrerá na data de início da obrigatoriedade de envio dos eventos periódicos ao eSocial.

▶ Parágrafo único transformado em § 1º e com a redação dada pela Port. do MTP nº 895, de 7-12-2021.

§ 2º As pessoas e entidades descritas no § 1º, até que estejam obrigadas a prestar as informações previstas no *caput* ao eSocial, deverão prestar as informações por meio do sistema CAGED, conforme Manual de Orientação do CAGED publicado no portal gov.br.

▶ § 2º acrescido pela Port. do MTP nº 895, de 7-12-2021.

Art. 145. A obrigação contida no art. 24 da Lei nº 7.998, de 1990, combinada com o Capítulo XVII do Título II do Decreto nº 10.854, de 10 de novembro de 2021, que institui a RAIS, passa a ser cumprida por meio do eSocial, a partir do ano-base 2019, pelos obrigados à transmissão das seguintes informações de seus trabalhadores ao eSocial, referentes a todo o ano-base:

▶ *Caput* com a redação dada pela Port. do MTPrev nº 4.198, de 19-12-2022.

I – em relação aos empregados:

▶ *Caput* do inciso I com a redação dada pela Port. do MTPrev nº 4.198, de 19-12-2022.

a) até o dia imediatamente anterior ao do início das atividades do empregado, observado o disposto no § 9º:

▶ *Caput* da alínea *a* com a redação dada pela Port. do MTE nº 3.784, de 7-12-2023.

1. número do CPF;
2. datas de nascimento e de admissão;
3. categoria do empregado, conforme classificação adotada pelo eSocial;
4. natureza da atividade e código da CBO;
5. valor do salário contratual; e
6. tipo de contrato em relação ao seu prazo;

▶ Itens 1 a 6 acrescidos pela Port. do MTPrev nº 4.198, de 19-12-2022.

b) até o dia quinze do mês subsequente ao do início das atividades do empregado:

▶ Alínea *b* acrescida pela Port. do MTPrev nº 4.198, de 19-12-2022.

1. local de trabalho;

▶ Item 1 acrescido pela Port. do MTPrev nº 4.198, de 19-12-2022

2. horário contratual;
3. condição de pessoa com deficiência, quando aplicável; e
4. etnia e raça;

▶ Itens 2 a 4 com a redação dada pela Port. do MTE nº 3.784, de 7-12-2023.

c) até o décimo dia subsequente ao desligamento, observado o disposto no § 6º do art. 14:

▶ Alínea c acrescida pela Port. do MTPrev nº 4.198, de 19-12-2022.

1. data e motivo do desligamento, incluídas a data do aviso prévio e da projeção em caso de aviso prévio indenizado;
2. os valores das verbas rescisórias devidas; e

▶ Itens 1 e 2 com a redação dada pela Port. do MTE nº 3.784, de 7-12-2023.

3. participação do empregado em programa de demissão voluntária ou incentivada;

► Item 3 acrescido pela Port. do MTE nº 3.784, de 7-12-2023.

d) até o dia quinze do mês subsequente ao da ocorrência:

► Alínea *d* acrescida pela Port. do MTPrev nº 4.198, de 19-12-2022.

1. transferência de entrada e transferência de saída entre empregadores, com a identificação do sucessor, do sucedido e da data da transferência;
2. data de reintegração ao emprego;
3. as alterações contratuais relativas aos itens 3, 4, 5 e 6 da alínea a e 1 e 2 da alínea b, todos do inciso I;

► Itens 1 a 3 com a redação dada pela Port. do MTE nº 3.784, de 7-12-2023.

4. as alterações cadastrais relativas aos itens 3 e 4 da alínea b, do inciso I; e
5. afastamentos temporários descritos no Anexo I;

► Itens 4 e 5 acrescidos pela Port. do MTE nº 3.784, de 7-12-2023.

e) até o dia quinze do mês subsequente ao vencido, observado o disposto no § 1º, os valores de parcelas integrantes e não integrantes das remunerações mensais, com a correspondente discriminação e individualização das parcelas e descontos;

► Alínea e acrescida pela Port. do MTPrev nº 4.198, de 19-12-2022.

f) no décimo sexto dia do afastamento por acidente ou doença relacionados ou não ao trabalho, com duração superior a quinze dias ou por acidente ou doença relacionados ou não ao trabalho, com qualquer duração, que ocorrerem dentro do prazo de sessenta dias pelo mesmo motivo que gerou a incapacidade, e tiverem em sua totalidade duração superior a quinze dias; e

g) no dia do início de afastamento por acidente ou doença relacionados ou não ao trabalho, com qualquer duração, quando ocorrer dentro do prazo de sessenta dias do retorno de afastamento anterior pelo mesmo motivo que tenha gerado a incapacidade, gerador do recebimento de auxílio-doença;

► Alíneas *f* e *g* acrescidas pela Port. do MTE nº 3.784, de 7-12-2023.

II – em relação aos servidores da administração pública direta, indireta ou fundacional, das esferas federal, estadual, municipal ou do Distrito Federal, não regidos pelo Decreto-Lei nº 5.452, de 1943 – CLT, e aos militares das Forças Armadas, dos Estados e do Distrito Federal:

► *Caput* do inciso II com a redação dada pela Port. do MTPrev nº 4.198, de 19-12-2022.

a) até o dia quinze do mês subsequente à data do ingresso no serviço público:

► Alínea *a* acrescida pela Port. do MTPrev nº 4.198, de 19-12-2022.

1. número do CPF;
2. datas de nascimento e data de ingresso no serviço público;
3. categoria do servidor público ou militar, conforme classificação adotada pelo eSocial;
4. código da CBO;

► Itens 1 a 4 acrescidos pela Port. do MTPrev nº 4.198, de 19-12-2022.

5. local de trabalho;
6. condição da pessoa com deficiência, quando aplicável; e

► Itens 5 e 6 com a redação dada pela Port. do MTE nº 3.784, de 7-12-2023.

7. etnia e raça;

► Item 7 acrescido pela Port. do MTE nº 3.784, de 7-12-2023.

b) dados do desligamento, com data e motivo, que deverão ser declarados até o dia quinze do mês subsequente ao desligamento;

► Alínea *b* acrescida pela Port. do MTPrev nº 4.198, de 19-12-2022.

c) até o dia quinze do mês subsequente ao da ocorrência:

► *Caput* da alínea c acrescido pela Port. do MTPrev nº 4.198, de 19-12-2022.

1. transferência de entrada e transferência de saída, com a identificação do sucessor, do sucedido e da data da transferência;
2. data de reintegração ao serviço público;

3. as alterações contratuais relativas aos itens 3, 4 e 5 da alínea* b *do inciso II;

▶ Itens 1 a 3 com a redação dada pela Port. do MTE nº 3.784, de 7-12-2023.

4. as alterações cadastrais relativas aos itens 6 e 7 da alínea a, do inciso II;

5. afastamento de servidor vinculado ao RGPS por acidente ou doença relacionada ao trabalho, com duração não superior a quinze dias; e

6. afastamentos temporários descritos no Anexo I-A;

▶ Itens 4 a 6 acrescidos pela Port. do MTE nº 3.784, de 7-12-2023.

d) valores de parcelas integrantes e não integrantes das remunerações mensais, com a correspondente discriminação e individualização das parcelas e descontos, que deverão ser declarados até o dia quinze do mês subsequente ao vencido;

▶ Alínea *d* acrescida pela Port. do MTPrev nº 4.198, de 19-12-2022.

e) no décimo sexto dia do afastamento de servidor vinculado ao RGPS por acidente ou doença relacionados ou não ao trabalho, com duração superior a quinze dias ou por acidente ou doença relacionados ou não ao trabalho, com qualquer duração, que ocorrerem dentro do prazo de sessenta dias pelo mesmo motivo que gerou a incapacidade, e tiverem em sua totalidade duração superior a quinze dias;

f) no dia do início de afastamento de servidor vinculado ao RGPS por acidente ou doença relacionados ou não ao trabalho, com qualquer duração, quando ocorrer dentro do prazo de sessenta dias do retorno de afastamento anterior pelo mesmo motivo que tenha gerado a incapacidade, gerador do recebimento de auxílio-doença;

▶ Alíneas *e* e *f* acrescidas pela Port. do MTE nº 3.784, de 7-12-2023.

III – em relação aos trabalhadores temporários regidos pela Lei nº 6.019, de 1974:

▶ *Caput* do inciso III com a redação dada pela Port. do MTPrev nº 4.198, de 19-12-2022.

a) até o dia quinze do mês subsequente à referida data de início:

▶ *Caput* da alínea *a* acrescido pela Port. do MTPrev nº 4.198, de 19-12-2022.

1. número do CPF;
2. datas de nascimento e de início das atividades;
3. categoria do trabalhador temporário, conforme classificação adotada pelo eSocial;
4. código da CBO;
5. identificação do estabelecimento da tomadora de serviços ao qual o trabalhador está vinculado;

▶ Itens 1 a 5 acrescidos pela Port. do MTPrev nº 4.198, de 19-12-2022.

6. local da prestação de serviço;

7. hipótese legal e descrição do fato que justifica a contratação do trabalho temporário e, quando for o caso, número do CPF do trabalhador substituído; e

▶ Itens 6 e 7 com a redação dada pela Port. do MTE nº 3.784, de 7-12-2023.

8. etnia e raça;

▶ Item 8 acrescido pela Port. do MTE nº 3.784, de 7-12-2023.

b) até o décimo dia seguinte ao da sua ocorrência, observado o disposto no § 6º do art. 14:

1. data e motivo do desligamento; e
2. os valores das verbas rescisórias devidas;

▶ Alínea *b* acrescida pela Port. do MTPrev nº 4.198, de 19-12-2022.

c) até o dia quinze do mês subsequente ao da ocorrência:

▶ *Caput* da alínea *c* acrescido pela Port. do MTPrev nº 4.198, de 19-12-2022.

1. transferência de entrada e transferência de saída entre empresas de trabalho temporário, com a identificação do sucessor, do sucedido e da data da transferência;

2. data de reintegração ao emprego;

▶ Itens 1 e 2 com a redação dada pela Port. do MTE nº 3.784, de 7-12-2023.

3. as alterações contratuais relativas aos itens 3, 4, 5, 6 e 7 da alínea *a* do inciso III;

▶ Item 3 acrescido pela Port. do MTPrev nº 4.198, de 19-12-2022.

4. as alterações cadastrais relativas ao item 8 da alínea a, do inciso III; e

5. ***afastamentos temporários descritos no Anexo I;***

► Itens 4 e 5 acrescidos pela Port. do MTE nº 3.784, de 7-12-2023.

d) valores de parcelas integrantes e não integrantes das remunerações mensais, com a correspondente discriminação e individualização das parcelas e descontos, que deverão ser declarados até o dia quinze do mês subsequente ao vencido, observado o disposto no § 1º.

► Alínea *d* acrescida pela Port. do MTPrev nº 4.198, de 19-12-2022.

e) no décimo sexto dia do afastamento por acidente ou doença relacionados ou não ao trabalho, com duração superior a quinze dias ou por acidente ou doença relacionados ou não ao trabalho, com qualquer duração, que ocorrerem dentro do prazo de sessenta dias pelo mesmo motivo que gerou a incapacidade, e tiverem em sua totalidade duração superior a quinze dias; e

f) no dia do início de afastamento por acidente ou doença relacionados ou não ao trabalho, com qualquer duração, quando ocorrer dentro do prazo de sessenta dias do retorno de afastamento anterior pelo mesmo motivo que tenha gerado a incapacidade, gerador do recebimento de auxílio-doença.

► Alíneas *e* e *f* acrescidas pela Port. do MTE nº 3.784, de 7-12-2023.

IV – em relação aos diretores não empregados:

► *Caput* do inciso IV com a redação dada pela Port. do MTPrev nº 4.198, de 19-12-2022.

a) até o dia quinze do mês subsequente à da posse no cargo:

► *Caput* da alínea *a* acrescido pela Port. do MTPrev nº 4.198, de 19-12-2022.

1. número do CPF;
2. datas de nascimento e de posse no cargo;
3. categoria do diretor não empregado, conforme classificação adotada pelo eSocial;

► Itens 1 a 3 acrescidos pela Port. do MTPrev nº 4.198, de 19-12-2022.

4. ***código da CBO;***
5. ***data de opção pelo FGTS, se for o caso; e***

► Itens 4 e 5 com a redação dada pela Port. do MTE nº 3.784, de 7-12-2023.

6. ***etnia e raça;***

► Item 6 acrescido pela Port. do MTE nº 3.784, de 7-12-2023.

b) até o décimo dia seguinte ao da sua ocorrência, observado o disposto no § 6º do art. 14, quando houver opção pelo FGTS:

1. data e motivo do desligamento; e
2. os valores das verbas rescisórias;

c) a data do desligamento, que deverá ser declarada até o dia quinze do mês subsequente ao vencido, observado o disposto no § 6º do art. 14, quando não houver opção pelo FGTS; e

d) valores de parcelas integrantes e não integrantes das remunerações mensais, com a correspondente discriminação e individualização das parcelas e descontos, que deverão ser declarados até o dia quinze do mês subsequente ao vencido, observado o disposto no § 1º;

► Alíneas *b* a *d* acrescidas pela Port. do MTPrev nº 4.198, de 19-12-2022.

e) até o dia quinze do mês subsequente ao da ocorrência:

1. ***as alterações cadastrais relativas ao item 6 da alínea a, do inciso IV; e***
2. ***afastamento para exercício de mandado sindical;***

► Alínea e acrescida pela Port. do MTE nº 3.784, de 7-12-2023.

V – em relação aos dirigentes sindicais que recebem remuneração de entidade sindical:

► *Caput* do inciso V com a redação dada pela Port. do MTPrev nº 4.198, de 19-12-2022.

a) até o dia quinze do mês subsequente ao do início do mandato:

► *Caput* da alínea *a* acrescido pela Port. do MTPrev nº 4.198, de 19-12-2022.

1. número do CPF;
2. datas de nascimento e de início do mandato sindical;

► Itens 1 e 2 acrescidos pela Port. do MTPrev nº 4.198, de 19-12-2022.

3. ***categoria do dirigente sindical, conforme classificação adotada pelo Social;***

4. código da CBO; e

► Itens 3 e 4 com a redação dada pela Port. do MTE nº 3.784, de 7-12-2023.

5. etnia e raça;

► Item 5 acrescido pela Port. do MTE nº 3.784, de 7-12-2023.

b) até o dia quinze do mês subsequente ao do início do mandato:

1. identificação do cedente;
2. categoria do trabalhador;
3. data de admissão ou ingresso;
4. matrícula; e
5. regimes trabalhista e previdenciário;

c) dados do desligamento, com data e motivo, que deverão ser declarados até o dia quinze do mês subsequente ao desligamento; e

d) valores de parcelas integrantes e não integrantes das remunerações mensais, com a correspondente discriminação e individualização das parcelas e descontos, que deverão ser declarados até o dia quinze do mês subsequente ao vencido;

► Alíneas *b* a *d* acrescidas pela Port. do MTPrev nº 4.198, de 19-12-2022.

e) até o dia quinze do mês subsequente ao da ocorrência, as alterações cadastrais relativas ao item 5 da alínea a do inciso V do caput;

► Alínea e acrescida pela Port. do MTE nº 3.784, de 7-12-2023.

VI – em relação aos trabalhadores cedidos:

► *Caput* do inciso VI com a redação dada pela Port. do MTPrev nº 4.198, de 19-12-2022.

a) até o dia quinze do mês subsequente ao do início das atividades no cessionário:

► *Caput* da alínea *a* acrescido pela Port. do MTPrev nº 4.198, de 19-12-2022.

1. número do CPF;
2. datas de nascimento e de início das atividades no cessionário;

► Itens 1 e 2 acrescidos pela Port. do MTPrev nº 4.198, de 19-12-2022.

3. categoria do trabalhador cedido, conforme classificação adotada pelo eSocial;

4. código da CBO; e

► Itens 3 e 4 com a redação dada pela Port. do MTE nº 3.784, de 7-12-2023.

5. etnia e raça;

► Item 5 acrescido pela Port. do MTE nº 3.784, de 7-12-2023.

b) até o dia quinze do mês subsequente ao do início das atividades no cessionário:

1. identificação do cedente;
2. categoria do trabalhador;
3. data de admissão ou ingresso;
4. matrícula; e
5. regimes trabalhista e previdenciário;

c) data do desligamento que deverá ser declarada até o dia quinze do mês subsequente ao desligamento; e

d) valores de parcelas integrantes e não integrantes das remunerações mensais, com a correspondente discriminação e individualização das parcelas e descontos, que deverão ser declarados até o dia quinze do mês subsequente ao vencido;

► Alíneas *b* a *d* acrescidas pela Port. do MTPrev nº 4.198, de 19-12-2022.

e) até o dia quinze do mês subsequente ao da ocorrência:

1. as alterações cadastrais relativas ao item 5 da alínea a do inciso VI;

2. afastamento ou licença sem remuneração quando ocorrer durante todo o mês calendário; e

3. afastamento ou licença com remuneração, quando sua duração for superior a 30 (trinta) dias;

► Alínea e acrescida pela Port. do MTE nº 3.784, de 7-12-2023.

VII – em relação aos trabalhadores avulsos portuários e não portuários:

► *Caput* do inciso VI com a redação dada pela Port. do MTPrev nº 4.198, de 19-12-2022.

a) até o dia quinze do mês subsequente ao do ingresso no OGMO ou no sindicato:

► *Caput* da alínea *a* acrescido pela Port. do MTPrev no 4.198, de 19-12-2022.

1. número do CPF;
2. datas de nascimento e de ingresso no OGMO – Órgão Gestor de Mão de Obra ou no sindicato;

► Itens 1 e 2 acrescidos pela Port. do MTPrev nº 4.198, de 19-12-2022.

3. categoria do trabalhador avulso portuário ou não portuário, conforme classificação adotada pelo eSocial;

4. código da CBO; e

▸ Itens 3 e 4 com a redação dada pela Port. do MTE nº 3.784, de 7-12-2023.

5. etnia e raça;

▸ Item 5 acrescido pela Port. do MTE nº 3.784, de 7-12-2023.

b) data de início da inatividade, quando superior a noventa dias, que deve ser declarada no nonagésimo primeiro dia do início da inatividade;

c) data de término da inatividade de que trata a alínea *b* deste inciso, que deverá ser declarada até o dia quinze do mês subsequente ao da sua ocorrência; e

d) valores de parcelas integrantes e não integrantes das remunerações mensais, com a correspondente discriminação e individualização das parcelas e descontos, que deverão ser declarados até o dia quinze do mês subsequente ao vencido;

▸ Alíneas *b* a *d* acrescidas pela Port. do MTPrev nº 4.198, de 19-12-2022.

e) até o dia quinze do mês subsequente ao da ocorrência:

1. as alterações cadastrais relativas ao item 5 da alínea a do inciso VII; e

2. afastamentos temporários descritos no Anexo I-B;

f) no décimo sexto dia do afastamento por acidente ou doença relacionados ou não ao trabalho, com duração superior a quinze dias ou por acidente ou doença relacionados ou não ao trabalho, com qualquer duração, que ocorrerem dentro do prazo de sessenta dias pelo mesmo motivo que gerou a incapacidade, e tiverem em sua totalidade duração superior a quinze dias.

g) no dia do início de afastamento por acidente ou doença relacionados ou não ao trabalho, com qualquer duração, quando ocorrer dentro do prazo de sessenta dias do retorno de afastamento anterior pelo mesmo motivo que tenha gerado a incapacidade, gerador do recebimento de auxílio-doença;

▸ Alíneas e a *g* acrescidas pela Port. do MTE nº 3.784, de 7-12-2023.

VIII – em relação aos estagiários:

▸ *Caput* do inciso VIII com a redação dada pela Port. do MTPrev nº 4.198, de 19-12-2022.

a) até o dia quinze do mês subsequente ao do início do estágio:

▸ *Caput* da alínea *a* acrescido pela Port. do MTPrev nº 4.198, de 19-12-2022.

1. número do CPF;
2. data de nascimento;
3. data de início do estágio;
4. data prevista para o término do estágio;

▸ Itens 1 a 4 acrescidos pela Port. do MTPrev nº 4.198, de 19-12-2022.

5. categoria do estagiário, conforme classificação adotada pelo eSocial;

6. nível e natureza do estágio; e

▸ Itens 5 e 6 com a redação dada pela Port. do MTE nº 3.784, de 7-12-2023.

7. etnia e raça;

▸ Item 7 acrescido pela Port. do MTE nº 3.784, de 7-12-2023.

b) identificação da instituição de ensino e quando for o caso, CNPJ do agente de integração e CPF do supervisor do estágio, que deverão ser declarados até o dia quinze do mês subsequente ao do início do estágio;

c) data do término do estágio que deverá ser declarada até o dia quinze do mês subsequente ao referido término; e

▸ Alíneas *b* e *c* acrescidas pela Port. do MTPrev nº 4.198, de 19-12-2022.

d) valores de parcelas integrantes e não integrantes das remunerações mensais, com a correspondente discriminação e individualização das parcelas e descontos, que deverão ser declarados até o dia quinze do mês subsequente ao vencido;

▸ Alínea *d* com a redação dada pela Port. do MTE nº 3.784, de 7-12-2023.

e) até o dia quinze do mês subsequente ao da ocorrência:

1. alterações cadastrais relativas ao item 7 da alínea a do inciso VIII; e

2. gozo de recesso;

▸ Alínea e acrescida pela Port. do MTE nº 3.784, de 7-12-2023.

IX – em relação aos médicos residentes:

▸ *Caput* do inciso IX com a redação dada pela Port. do MTPrev nº 4.198, de 19-12-2022.

a) até o dia quinze do mês subsequente ao do início da residência:

▸ *Caput* da alínea *a* acrescido pela Port. do MTPrev nº 4.198, de 19-12-2022.

1. número do CPF;
2. data de nascimento;

▸ Itens 1 e 2 acrescidos pela Port. do MTPrev nº 4.198, de 19-12-2022.

3. data de início da residência;
4. categoria do médico residente, conforme classificação adotada pelo eSocial; e

▸ Itens 3 e 4 com a redação dada pela Port. do MTE nº 3.784, de 7-12-2023.

5. etnia e raça;

▸ Item 5 acrescido pela Port. do MTE nº 3.784, de 7-12-2023.

b) data do término da residência que deverá ser declarada até o dia quinze do mês subsequente ao referido término; e

▸ Alínea *b* acrescida pela Port. do MTPrev nº 4.198, de 19-12-2022.

c) valores de parcelas integrantes e não integrantes das remunerações mensais, com a correspondente discriminação e individualização das parcelas e descontos, que deverão ser declarados até o dia quinze do mês subsequente ao vencido;

▸ Alínea *c* com a redação dada pela Port. do MTE nº 3.784, de 7-12-2023.

d) até o dia quinze do mês subsequente ao da ocorrência:

1. alterações cadastrais relativas ao item 5 da alínea a do inciso IX; e
2. gozo de recesso;

▸ Alínea *d* acrescida pela Port. do MTE nº 3.784, de 7-12-2023.

X – em relação aos cooperados de cooperativas de trabalho e de cooperativas de produção:

▸ *Caput* do inciso X com a redação dada pela Port. do MTPrev nº 4.198, de 19-12-2022.

a) até o dia quinze do mês subsequente ao do início da prestação do serviço:

▸ *Caput* da alínea *a* acrescido pela Port. do MTPrev nº 4.198, de 19-12-2022.

1. número do CPF;
2. data de nascimento;

▸ Itens 1 e 2 acrescidos pela Port. do MTPrev nº 4.198, de 19-12-2022.

3. data de início da prestação de serviço;
4. categoria do cooperado, conforme classificação adotada pelo eSocial; e

▸ Itens 3 e 4 com a redação dada pela Port. do MTE nº 3.784, de 7-12-2023.

5. etnia e raça;

▸ Item 5 acrescido pela Port. do MTE nº 3.784, de 7-12-2023.

b) data do término da prestação do serviço que deverá ser declarada até o dia quinze do mês subsequente ao referido término; e

▸ Alínea *b* acrescida pela Port. do MTPrev nº 4.198, de 19-12-2022.

c) valores de parcelas integrantes e não integrantes das remunerações mensais, com a correspondente discriminação e individualização das parcelas e descontos, que deverão ser declarados até o dia quinze do mês subsequente ao vencido;

▸ Alínea *c* com a redação dada pela Port. do MTE nº 3.784, de 7-12-2023.

d) até o dia quinze do mês subsequente ao da ocorrência, as alterações cadastrais relativas ao item 5 da alínea a do inciso X do caput;

▸ Alínea *d* acrescida pela Port. do MTE nº 3.784, de 7-12-2023.

XI – em relação aos trabalhadores autônomos, incluídos os transportadores autônomos:

a) até o dia quinze do mês subsequente ao da prestação do serviço:

1. número do CPF;
2. datas de nascimento;
3. categoria do trabalhador autônomo, conforme classificação adotada pelo eSocial;
4. código da CBO; e
5. natureza da atividade, se urbano ou rural;

▸ Alínea *a* acrescida pela Port. do MTPrev nº 4.198, de 19-12-2022.

b) valores de parcelas integrantes e não integrantes das remunerações mensais, com a correspondente discriminação e individualização das parcelas e descontos, que deverão ser declarados até o dia quinze do mês subsequente ao vencido;

▸ Alínea *b* com a redação dada pela Port. do MTE nº 3.784, de 7-12-2023.

§ 1º Ocorrendo rescisão de contrato de trabalho do primeiro ao quarto dia de cada mês, o en-

Legislação Complementar

vio das informações constantes nas alíneas e do inciso I, *d* do inciso III e *c* do inciso IV, relativas ao mês anterior à rescisão, deverá ocorrer até o décimo dia seguinte ao do desligamento.

▸ Parágrafo único transformado em § 1º e com a redação dada pela Port. do MTPrev nº 4.198, de 19-12-2022.

§ 2º Até a data da implantação do FGTS Digital, a prestação das informações de que trata a alínea *e* do inciso I, pelo MEI – Microempreendedor Individual e pelo segurado especial deverão ser prestadas até o dia sete do mês seguinte ao vencido.

§ 3º Os obrigados cuja declaração da RAIS foi substituída pelo envio das informações ao eSocial e que se enquadrarem na situação "sem movimento", assim definida no Manual de Orientação do eSocial, devem declarar esse fato até o dia quinze do mês subsequente:

I – ao do início da situação, quando ocorrer após início da obrigatoriedade do envio dos eventos periódicos ao eSocial;

II – ao da constituição do obrigado, quando a referida situação ocorrer após início da obrigatoriedade do envio dos eventos periódicos ao eSocial; ou

III – ao do início obrigatoriedade do envio dos eventos periódicos ao eSocial, quando a referida situação for preexistente.

§ 4º O recibo da RAIS poderá ser emitido mediante solicitação do declarante desde que atendidas as seguintes condições no ano-base, relativas aos trabalhadores mencionados nos incisos do *caput*:

I – existência de trabalhador ativo no eSocial em pelo menos um dia do ano-base, ainda que afastado;

II – envio de evento de fechamento de folha referente a pelo menos uma competência com trabalhador ativo no ano-base; e

III – inexistência de evento de registro preliminar de trabalhador sem o correspondente evento complementar, quando houver informação de remuneração para esse trabalhador no ano-base.

§ 5º O recibo da RAIS negativa poderá ser emitido mediante solicitação do declarante desde que atendidas as seguintes condições relativas aos trabalhadores mencionados nos incisos do *caput*:

I – inexistência de trabalhador ativo e de evento remuneratório no ano-base; e

II – último evento periódico enviado pelo declarante tenha sido um evento de fechamento de folha indicando a inexistência de informações relativas à remuneração de trabalhador, ainda que este evento tenha sido enviado em ano-base anterior.

§ 6º Os recibos de que tratam os §§ 4º e 5º serão emitidos por CNPJ básico ou CPF e não comprovam a regularidade das informações prestadas.

§ 7º Enquanto não forem atendidos os requisitos estabelecidos no *caput* deste artigo, a obrigação contida no art. 24 da Lei nº 7.998, de 1990, combinada com o Capítulo XVII do Título II do Decreto nº 10.854, de 2021, deve ser cumprida por meio do GDRAIS, observado o disposto no Manual de Orientação do correspondente ano-base, publicado no portal gov.br.

▸ §§ 2º a 7º acrescidos pela Port. do MTPrev nº 4.198, de 19-12-2022.

§ 8º As informações relativas à etnia e raça devem ser obrigatoriamente prestadas nas inclusões, alterações ou retificações cadastrais dos trabalhadores ocorridas a partir de 1º de janeiro de 2024, respeitando o critério de autodeclaração do trabalhador, em conformidade com a classificação utilizada pelo Instituto Brasileiro de Geografia e Estatística – IBGE.

§ 9º O produtor rural pessoa física pode enviar as informações de que trata a alínea a do inciso I deste artigo até o dia 15 do mês seguinte ao do início das atividades, caso a admissão se refira a trabalhador rural por pequeno prazo contratado na forma prevista no inciso II do § 3º do art. 14-A da Lei nº 5.889, de 1973.

▸ §§ 8º e 9º acrescidos pela Port. do MTE nº 3.784, de 7-12-2023.

Art. 146. O empregador obrigado ao eSocial que não prestar as informações na forma e prazo estabelecidos no art. 145 ou apresentá-las com incorreções ou omissões ficará sujeito à multa prevista no art. 25 da Lei nº 7.998, de 1990.

Seção III

DA RELAÇÃO ANUAL DE INFORMAÇÕES SOCIAIS – RAIS

Art. 147. A declaração da RAIS pelas empresas e empregadores que não se enquadrem no art. 145, deverá observar os procedimentos estabelecidos nesta Seção.

§ 1º Orientações adicionais quanto à declaração da RAIS de cada ano-base constarão de *Manual de Orientação*, que será publicado no mês de janeiro de cada ano, no portal www.rais.gov.br.

§ 2º A declaração deverá ser fornecida por meio eletrônico, mediante utilização do programa gerador de arquivos da RAIS – GDRAIS, que poderá ser obtido no endereço eletrônico de que trata o § 1º.

§ 3º Os estabelecimentos ou entidades que não tiveram vínculos laborais no ano-base poderão fazer a declaração acessando a opção – RAIS NEGATIVA – *on-line* – disponível no endereço eletrônico de que trata o § 1º.

§ 4º A entrega da RAIS é isenta de tarifa.

Art. 148. Estão obrigados a declarar a RAIS, por meio do GDRAIS:

I – empregadores urbanos e rurais, conforme definido no art. 2º do Decreto-Lei nº 5.452, de 1943 – CLT, e no art. 3º da Lei nº 5.889, de 8 de junho de 1973, respectivamente;

II – filiais, agências, sucursais, representações ou quaisquer outras formas de entidades vinculadas à pessoa jurídica domiciliada no exterior;

III – autônomos ou profissionais liberais que tenham mantido empregados no ano-base;

IV – órgãos e entidades da administração direta, autárquica e fundacional dos governos federal, estadual, do Distrito Federal e municipal;

V – conselhos profissionais, criados por lei, com atribuições de fiscalização do exercício profissional, e as entidades paraestatais;

VI – condomínios e sociedades civis; e

VII – cartórios extrajudiciais e consórcios de empresas.

§ 1º O estabelecimento inscrito no CNPJ que não manteve empregados ou que permaneceu inativo no ano-base está obrigado a entregar a RAIS – RAIS NEGATIVA – e preencher apenas os dados a ele pertinentes.

§ 2º A exigência de apresentação da RAIS NEGATIVA a que se refere o § 1º do *caput* não se aplica ao microempreendedor individual de que trata o § 1º do art. 18-A da Lei Complementar nº 123, de 14 de dezembro de 2006.

§ 3º Para as empresas e empregadores já obrigados à prestação de informações ao eSocial, nos termos do art. 145, o cumprimento da obrigação contida no art. 24 da Lei nº 7.998, de 1990, será feito exclusivamente pelo eSocial.

Art. 149. O empregador, ou aquele legalmente responsável pela prestação das informações, relacionará na RAIS de cada estabelecimento os vínculos laborais havidos ou em curso no ano-base, e não apenas os existentes em 31 de dezembro, que abranjam:

I – empregados urbanos e rurais, contratados por prazo indeterminado ou determinado, ou para prestação de trabalho intermitente;

II – trabalhadores temporários, regidos pela Lei nº 6.019, de 1974;

III – diretores sem vínculo empregatício para os quais o estabelecimento tenha optado pelo recolhimento do FGTS;

IV – servidores da administração pública direta ou indireta federal, estadual, do Distrito Federal ou municipal e das fundações supervisionadas;

V – servidores públicos não efetivos, demissíveis *ad nutum* ou admitidos por meio de legislação especial, não regidos pelo Decreto-Lei nº 5.452, de 1943 – CLT;

VI – empregados dos cartórios extrajudiciais;

VII – trabalhadores avulsos, aqueles que prestam serviços de natureza urbana ou rural a diversas empresas, sem vínculo empregatício, com a intermediação obrigatória do sindicato da categoria, nos termos da Lei nº 12.023, de 27 de agosto de 2009, ou do órgão gestor de mão de obra, nos termos da Lei nº 12.815, de 5 de junho de 2013;

VIII – trabalhadores com contrato de trabalho por prazo determinado, regidos pela Lei nº 9.601, de 21 de janeiro de 1998;

IX – aprendiz contratado nos termos do art. 428 do Decreto-Lei nº 5.452, de 1943 – CLT, regulamentado pelo Decreto nº 9.579, de 22 de novembro de 2018;

X – trabalhadores com contrato de trabalho por tempo determinado, regidos pela Lei nº 8.745, de 9 de dezembro de 1993;

XI – trabalhadores rurais, regidos pela Lei nº 5.889, de 1973;

XII – trabalhadores com contrato de trabalho por prazo determinado, regidos por lei estadual;

XIII – trabalhadores com contrato de trabalho por prazo determinado, regidos por lei municipal;

XIV – servidores e trabalhadores licenciados;

XV – servidores públicos cedidos e requisitados; e

XVI – dirigentes sindicais.

Art. 150. É obrigatória a utilização de certificado digital válido, padrão ICP Brasil, para a transmissão da declaração da RAIS por todos os estabelecimentos que possuem a partir de dez vínculos, e para o envio de arquivos que contenham dez vínculos ou mais.

Parágrafo único. As declarações poderão ser transmitidas com o certificado digital:

I – de pessoa jurídica, emitido em nome do estabelecimento, tipo eCNPJ; ou

II – do responsável pela entrega da declaração, do tipo eCPF ou eCNPJ.

Art. 151. O recibo de entrega será gerado em cinco dias úteis após a entrega da declaração, por meio do endereço eletrônico http://www.rais.gov.br – opção "declaração Já Entregue"/"Impressão de Recibo de Entrega".

Art. 152. A empresa deverá manter em sua guarda, e poderá utilizar de armazenamento em meio eletrônico, óptico ou equivalente, no prazo de cinco anos a contar da data de envio, cópia do arquivo e do recibo de entrega da RAIS, para fins de comprovação perante a fiscalização do trabalho.

Parágrafo único. O Auditor -Fiscal do Trabalho somente poderá exigir a apresentação dos documentos previstos no *caput* se as informações não estiverem disponíveis nos sistemas internos do Ministério do Trabalho e Previdência.

Art. 153. A RAIS de exercícios anteriores deverá ser declarada com a utilização do aplicativo GDRAIS Genérico e os valores das remunerações deverão ser apresentados na moeda vigente no respectivo ano-base.

Parágrafo único. É obrigatória a utilização de certificado digital válido padrão ICP Brasil para a transmissão da declaração da RAIS de exercícios anteriores, exceto para a transmissão da RAIS NEGATIVA.

Art. 154. A cópia da declaração da RAIS, de qualquer ano-base, poderá ser solicitada pelo estabelecimento declarante por meio do portal de serviços do governo federal no endereço www.gov.br.

Art. 155. O empregador que não entregar a RAIS, omitir informação ou prestar declaração falsa ou inexata fica sujeito às penalidades previstas em legislação específica.

Seção IV

DO CADASTRO GERAL DE EMPREGADOS E DESEMPREGADOS – CAGED

Art. 156. Os empregadores, que não se enquadrem no art. 144, deverão seguir as instruções para prestação de informações previstas nesta Seção para fins do:

I – CAGED, instituído pela Lei nº 4.923, de 1965; e

II – Seguro-Desemprego, nos termos do inciso I do art. 7º e do art. 24 da Lei nº 7.998, de 1990.

Art. 157. O Aplicativo do CAGED Informatizado – ACI será utilizado para gerar e analisar o arquivo do CAGED, pelas empresas nas quais tenha ocorrido movimentação de empregados regidos pelo Decreto-Lei nº 5.452, de 1943 – CLT.

§ 1º O arquivo gerado será enviado ao Ministério do Trabalho e Previdência por meio do portal gov.br.

§ 2º A empresa deverá manter em sua guarda e poderá utilizar de armazenamento em meio eletrônico, óptico ou equivalente, no prazo de cinco anos a contar da data de envio, cópia do arquivo, do recibo de entrega e do extrato da movimentação processada, para fins de comprovação perante a fiscalização do trabalho.

§ 3º O Auditor Fiscal do Trabalho somente poderá exigir a apresentação dos documentos previstos no § 2º se as informações não estiverem disponíveis nos sistemas internos do Ministério do Trabalho e Previdência.

§ 4º As empresas que possuem mais de um estabelecimento devem remeter ao Ministério do Trabalho e Previdência arquivos específicos a cada estabelecimento.

Art. 158. É obrigatória a utilização de certificado digital válido, padrão ICP Brasil, para a transmissão da declaração do CAGED por todos os estabelecimentos que possuem dez ou mais trabalhadores no 1º dia do mês de movimentação.

Parágrafo único. As declarações poderão ser transmitidas com o certificado digital:

I – de pessoa jurídica, emitido em nome do estabelecimento, tipo e CNPJ; ou

II – do responsável pela entrega da declaração, do tipo eCPF ou eCNPJ.

Art. 159. As informações prestadas fora do prazo deverão ser declaradas obrigatoriamente com a utilização de certificado digital válido padrão ICP Brasil.

Art. 160. As informações de que trata o inciso I do *caput* do art. 156 deverão ser prestadas à Secretaria de Trabalho do Ministério do Trabalho e Previdência até o dia sete do mês subsequente àquele em que ocorreu a movimentação de empregados.

Art. 161. Para os fins a que se refere o inciso II do *caput* do art. 156, as informações relativas a admissões deverão ser prestadas:

I – na data de início das atividades do empregado, quando este estiver em percepção do Seguro-Desemprego ou cujo requerimento esteja em tramitação; e

II – no prazo estipulado em notificação para comprovação do registro do empregado, lavrada em ação fiscal conduzida por Auditor Fiscal do Trabalho.

Parágrafo único. As informações a que se refere este artigo suprirão os fins referidos no inciso I do art. 156, o que dispensará a obrigação a que se refere o art. 136, relativamente às admissões informadas.

Art. 162. O empregador que não prestar as informações no prazo previsto nos art. 160 e art. 161, omitir informações ou prestar declaração falsa ou inexata, ficará sujeito às penalidades previstas em legislação específica.

Parágrafo único. Além das penalidades administrativas, os responsáveis por meios fraudulentos na habilitação ou na percepção do Seguro-Desemprego serão punidos civil e criminalmente, nos termos da lei.

Seção V
DA DISPONIBILIZAÇÃO E UTILIZAÇÃO DE INFORMAÇÕES – CAGED, RAIS, SEGURO-DESEMPREGO E BENEFÍCIO EMERGENCIAL DE PRESERVAÇÃO DO EMPREGO E DA RENDA

Art. 163. Essa Seção disciplina os procedimentos para a disponibilização e a utilização de dados constantes nas bases de dados:

I – do CAGED, instituído pela Lei nº 4.923, de 1965;

II – da RAIS, instituída pelo Decreto nº 76.900, de 1975;

III – do Seguro-Desemprego, instituído pela Lei nº 7.998, de 1990;

IV – do Benefício Emergencial de Preservação do Emprego e da Renda – BEm, instituído pela Lei nº 14.020, de 6 de julho de 2020; e

V – do Novo Benefício Emergencial de Preservação do Emprego e da Renda – Novo BEm, instituído pela Medida Provisória nº 1.045, de 27 de abril de 2021.

Art. 164. Para fins desta Seção considera-se:

I – dado pessoal – informação relacionada a pessoa natural identificada ou identificável;

II – dado anonimizado – dado relativo a titular que não possa ser identificado, considerando a utilização de meios técnicos razoáveis e disponíveis na ocasião de seu tratamento;

III – gestor de dados – órgão ou entidade responsável pela governança de determinado conjunto de dados;

IV – solicitante de dados – órgão ou entidade que solicita ao gestor de dados a permissão de acesso aos dados;

V – usuário de dados – órgão ou entidade que utiliza dados após ser concedida permissão de acesso pelo gestor dos dados; e

VI – instrumento de cooperação para disponibilização de dados – ajuste realizado por meio de acordo de cooperação técnica ou acordo de cooperação a ser celebrado entre solicitante de dados e Ministério do Trabalho e Previdência, no uso de suas atribuições, com vias de formalizar o acesso aos dados pessoais, conforme modelos disponíveis no portal gov.br.

► Inciso VI com a redação dada pela Port. do MTPrev nº 1.486, de 3-6-2022.

Parágrafo único. A Secretaria de Trabalho do Ministério do Trabalho e Previdência é, para os efeitos desta Seção, a gestora de dados.

Art. 165. Os dados pessoais registrados nas bases de dados de que tratam o art. 163 têm acesso restrito e somente poderão ser utilizados em conformidade com a Lei nº 12.527, de 18 de novembro de 2011, e a Lei nº 13.709, de 14 de agosto de 2018, para as finalidades previstas no instrumento de cooperação acordado entre as partes de que trata o inciso VI do art. 164.

Parágrafo único. Os instrumentos de cooperação para disponibilização de dados deverão ser comunicados à Autoridade Nacional de Proteção de Dados – ANPD, nos termos do § 2° do art. 26 da Lei nº 13.709, de 2018.

Art. 166. As informações constantes das bases de dados de que tratam o art. 163 que não permitam a identificação de pessoas e sem nenhuma restrição de acesso serão disponibilizadas por meio do portal gov.br, em divulgação pública e garantida a qualquer interessado, na forma da legislação específica.

Art. 167. A solicitação de acesso a dados pessoais constantes nas bases de dados de que tratam o art. 163 será realizada por meio de formulário específico, disponível no portal gov.br, deverá ser acompanhado pelos seguintes documentos:

I – número de CPF ou cópia do documento de identificação internacional do solicitante;

II – CNPJ, contrato social ou documento correspondente do órgão ou entidade;

III – ofício ou carta contendo solicitação do órgão ou entidade interessada; e

IV – plano de trabalho, conforme modelos disponíveis no portal gov.br, que abranja os elementos a seguir:

► Inciso IV com a redação dada pela Port. do MTPrev nº 1.486, de 3-6-2022.

a) as justificativas para a disponibilização dos dados pessoais, conforme missão institucional;

b) o objetivo da utilização dos dados pessoais; e

c) o objeto da solicitação.

V – na hipótese de o solicitante ser organização da sociedade civil, regida pela Lei nº 13.019, de 31 de julho de 2014, a solicitação também deverá ser acompanhada:

a) dos documentos previstos no art. 34 da Lei nº 13.019, de 2014; e

b) da declaração que ateste que:

1. a entidade se enquadra na definição de organização da sociedade civil, nos termos do disposto no art. 2º da Lei nº 13.019, de 2014;
2. a entidade é regida por normas de organização interna cujos objetivos são voltados à promoção de atividades e finalidades de relevância pública e social, nos termos do disposto no inciso I do art. 33 da Lei nº 13.019, de 2014; e
3. a solicitação não se enquadra nos impedimentos previstos nos art. 39 e art. 40 da Lei nº 13.019, de 2014.

► Inciso V acrescido pela Port. do MTPrev nº 1.486, de 3-6-2022.

§ 1º Após o recebimento da documentação, o gestor de dados se manifestará a respeito da completude dos documentos.

§ 2º Na hipótese de conformidade da solicitação, o gestor de dados formalizará processo administrativo junto ao Sistema Eletrônico de Informações – SEI.

§ 3º A solicitação dos dados pessoais será submetida a:

I – análise de mérito quanto aos seus objetivos, pertinência, conveniência e necessidade da utilização de dados pessoais para a realização do projeto proposto; e

II – análise quanto à materialidade do instrumento de cooperação e quanto à sua conformidade com esta Portaria.

► Inciso II com a redação dada pela Port. do MTPrev nº 1.486, de 3-6-2022.

§ 4º Para efeitos da alínea *a* do inciso V do *caput*, o solicitante apresentará cópia do estatuto social e de eventuais alterações estatutárias, devidamente registrados, não substituíveis por certidão de existência jurídica expedida pelo cartório de registro civil.

► § 4º acrescido pela Port. do MTPrev nº 1.486, de 3-6-2022.

Art. 168. Após deferimento da solicitação pelo gestor de dados, nos termos do § 3º do art. 167, o solicitante terá o prazo de trinta dias para manifestar anuência no instrumento de cooperação.

Parágrafo único. Caso o prazo do *caput* seja exaurido sem manifestação, o processo será arquivado.

Art. 169. Para formalização de instrumento de cooperação de que trata o inciso VI do art. 164, o representante legal da instituição deverá assinar Termo de Compromisso e Manutenção de Sigilo, conforme modelo disponível no portal gov.br.

► *Caput* com a redação dada pela Port. do MTPrev nº 1.486, de 3-6-2022.

Art. 170. O solicitante de dados deverá providenciar tradução juramentada do instrumento de cooperação, caso seja necessária sua reprodução em língua estrangeira.

Art. 171. O instrumento de cooperação para disponibilização dos dados pessoais deverá ser assinado pelo representante legal da instituição partícipe e pelo representante do Ministério do

Trabalho e Previdência com competência para celebrar acordo de cooperação técnica ou acordo de cooperação.

Art. 172. O instrumento de cooperação será publicado pelo gestor de dados, na forma de extrato, até o quinto dia útil do mês subsequente ao da sua assinatura, no *Diário Oficial da União*, conforme disposto no parágrafo único do art. 61 da Lei nº 8.666, de 21 de junho de 1993.

Parágrafo único. Os dados pessoais serão disponibilizados, preferencialmente, de forma anonimizada, nos termos do inciso II do art. 164, respeitados os limites estabelecidos pela Lei nº 13.709, de 2018.

Art. 173. O gestor de dados disponibilizará ao usuário de dados o arquivo contendo as informações solicitadas, de acordo com o formato e o leiaute acordado entre os partícipes, mediante entrega de Termo de Compromisso e Manutenção de Sigilo assinado pelo usuário de dados, conforme modelo disponível em portal gov.br.

► *Caput* com a redação dada pela Port. do MTPrev nº 1.486, de 3-6-2022.

I e II – *Revogados*. Port. do MTPrev nº 1.486, de 3-6-2022.

Art. 174. O instrumento de cooperação para disponibilização dos dados pessoais terá vigência máxima de trinta e seis meses, podendo ser prorrogado por igual período, por meio de Termo Aditivo, desde que haja interesse dos partícipes.

Art. 175. Os usuários de dados deverão informar ao gestor de dados sobre a substituição dos signatários dos Termos de Compromisso e Manutenção de Sigilo, tal como dos responsáveis pelo acompanhamento dos respectivos planos de trabalho relacionados ao instrumento de cooperação para disponibilização de dados pessoais.

Art. 176. Cópia do produto técnico, como relatório, estudo ou pesquisa, elaborado no âmbito do instrumento de cooperação, deverá ser entregue ao gestor de dados em meio eletrônico.

Art. 177. A utilização indevida dos dados pessoais disponibilizados na forma desta Seção e do instrumento de cooperação acarretará a aplicação das sanções previstas no art. 52 da Lei nº 13.709, de 2018, além de outras previstas em lei, respeitados os princípios do contraditório, da ampla defesa e do devido processo legal.

§ 1º Sempre que ocorrer a utilização indevida dos dados pessoais, a Autoridade Nacional de Proteção de Dados será comunicada para a aplicação das sanções de que tratam o *caput*.

§ 2º Entende-se como utilização indevida toda e qualquer exposição de dados que represente violação à privacidade das pessoas naturais que constam nas bases de dados de que tratam o art. 133, estando vedado o repasse de dados pessoais para pessoas físicas, jurídicas ou para a sociedade em geral, sem motivações fundamentadas na legislação ou em decisão judicial.

§ 3º A suspeita da utilização indevida dos dados pessoais poderá acarretar, temporariamente, a suspensão do instrumento de cooperação que disponibiliza o acesso aos dados, enquanto o processo administrativo ou judicial de investigação perdurar, conforme decisão fundamentada do Secretário de Trabalho.

§ 4º Sem prejuízo das sanções de que tratam o *caput*, a comprovação de utilização indevida dos dados pessoais poderá ocasionar a rescisão do instrumento de cooperação.

§ 5º Nos casos em que a utilização indevida dos dados resultar em rescisão do instrumento de cooperação, o gestor de dados, observando os critérios de oportunidade e conveniência, se reservará ao direito de não firmar novo instrumento de cooperação com o solicitante de dados por até cinco anos.

§ 6º Da decisão administrativa pela suspensão de acesso aos dados ou rescisão do instrumento de cooperação caberá recurso dirigido à autoridade que proferiu a decisão, a qual, se não a reconsiderar no prazo de cinco dias, o encaminhará à autoridade superior, nos prazos e termos previstos na Lei nº 9.784, de 29 de janeiro de 1999.

Art. 178. A disponibilização de dados pessoais para utilização por parte de órgãos e entidades da administração pública federal observará o Decreto nº 10.046, de 9 de outubro de 2019, dispensada a necessidade de estabelecer instrumento de cooperação.

Art. 178-A. O disposto neste Capítulo se aplica, no que couber, à disponibilização e à utilização de dados pessoais por organizações internacionais que tenham memorando de entendimento ou instrumento congênere vigente que objetive a cooperação entre o Ministério do Trabalho e Previdência e o organismo internacional.

Parágrafo único. Serão indeferidas solicitações de dados formuladas por entidades ou organizações internacionais que não tenham em vigência memorando de entendimento ou instrumento congênere, nos termos do *caput*.

Art. 178-B. A disponibilização e a utilização dos dados pessoais de que tratam este Capítulo por universidades ou institutos de pesquisas internacionais deverá ser precedida de parceria ou de instrumento congênere, celebrada com universidade ou instituição de pesquisa nacional que assuma as responsabilidades e obrigações previstas neste Capítulo.

▸ Arts. 178-A e 178-B acrescidos pela Port. do MTPrev nº 1.486, de 3-6-2022.

Seção VI

DO CADASTRO DE EMPREGADOS NA CAIXA ECONÔMICA FEDERAL

Art. 179. As pessoas jurídicas ou a ela equiparadas deverão cadastrar os empregados admitidos, mediante documento próprio, na Caixa Econômica Federal que tomará as medidas necessárias para a efetivação do cadastramento.

Seção VII

DA CLASSIFICAÇÃO BRASILEIRA DE OCUPAÇÕES

Art. 180. Fica aprovada a Classificação Brasileira de Ocupações – CBO – para uso em todo o território nacional.

§ 1º A CBO é um sistema de classificação de ocupações que tem o objetivo de retratar as diversas atividades laborais existentes no País, de forma padronizada, para fins de levantamentos estatísticos e usos nos registros administrativos.

§ 2º A CBO é utilizada nos registros administrativos, para fins classificatórios, sem efeitos de regulamentação profissional.

§ 3º A inclusão de uma ocupação na CBO não implica em regulamentação da referida profissão.

§ 4º A inclusão de uma ocupação na CBO independe e não se confunde com a regulamentação da referida profissão.

§ 5º A CBO não tipifica nem caracteriza vínculos trabalhistas de qualquer natureza e não implica obrigações decorrentes da mudança da nomenclatura do cargo exercido pelo trabalhador.

Art. 181. Na inclusão de ocupações na CBO deverão ser definidos:

I – código – código numérico de identificação;

II – título – nomenclatura pela qual a ocupação é conhecida;

III – descrição – descrição textual das principais atividades desenvolvidas na ocupação, agregadas algumas características do trabalho usualmente necessárias para desenvolvê-las.

§ 1º O título de que trata o inciso II do *caput* admite a definição de múltiplos nomes para a mesma ocupação, considerados os diferentes nomes tratados como sinônimos.

§ 2º A identificação de níveis de qualificação e educação formal entre as características do trabalho, na descrição de que trata o inciso III do *caput* não implica que estas sejam obrigatórias para o exercício da ocupação.

Art. 182. Políticas públicas, registros administrativos e sistemas governamentais poderão utilizar os códigos, títulos e descrições definidos na CBO para consecução de seus objetivos.

Parágrafo único. A CBO não incorporará na definição das ocupações marcadores ou descrições específicas definidas por políticas públicas, registros administrativos ou sistemas governamentais.

Art. 183. A atualização da CBO será feita anualmente de acordo com metodologia a ser definida pela Secretaria de Trabalho do Ministério do Trabalho e Previdência.

Art. 184. A CBO e suas atualizações serão disponibilizadas no portal gov.br.

Seção IX

DO QUADRO BRASILEIRO DE QUALIFICAÇÕES

▸ Seção IX acrescida pela Port. do MTPrev nº 4.198, de 19-12-2022.

Art. 184-A. Fica aprovado o Quadro Brasileiro de Qualificações – QBQ, conjunto de informações que descreve o preparo necessário ao trabalhador para o desempenho de cada ocupação descrita na Classificação Brasileira de Ocupações.

§ 1º São objetivos do Quadro Brasileiro de Qualificações:

I – definir o nível de qualificação compatível com cada ocupação da Classificação Brasileira de Ocupações;

II – garantir a transparência da associação entre qualificações e ocupações, a fim de possibilitar a identificação e a comparabilidade das diferentes formas de educação e formação e de sua adequação ao mercado de trabalho;

III – possibilitar aos trabalhadores a identificação de diferentes ocupações adequadas às suas qualificações;

IV – possibilitar aos empregadores a identificação da qualificação necessária aos trabalhadores para preenchimento das vagas de trabalho abertas;
V – definir referenciais para os resultados de aprendizagem associados aos diferentes níveis de qualificação;
VI – subsidiar a análise de programas de aprendizagem profissional a serem incluídos no Catálogo Nacional de Programas de Aprendizagem Profissional – CONAP;
VII – subsidiar a análise de programas de qualificação profissional a serem ofertados por instituições de educação profissional; e
VIII – viabilizar o intercâmbio de informações e de experiências entre sistemas de qualificação profissional do Brasil e de outros países.

§ 2º O Quadro Brasileiro de Qualificações serve de referência para as políticas públicas e as demais ações do Ministério do Trabalho e Previdência, e deve ser observado para:
I – priorização das ocupações a serem atualizadas na CBO a cada ano;
II – identificação da compatibilidade entre vagas e trabalhadores na política de intermediação de mão de obra; e
III – adequação das políticas de qualificação profissional, inclusive aprendizagem profissional.

Art. 184-B. Para fins do disposto nesta Seção, considera-se:
I – conhecimento – conjunto de informações, fatos, teorias, práticas e princípios necessários para o exercício de uma ocupação;
II – habilidade – capacidade de aplicar conhecimentos e utilizar os recursos adquiridos para concluir tarefas e solucionar problemas, podendo ser cognitiva, prática, física, psicomotora e sensorial;
III – atitude – capacidade para realizar tarefas e resolver problemas de diferentes níveis de complexidade, com diferentes graus de autonomia e responsabilidade;
IV – competência – caracterização de uma ocupação a partir da necessidade de conhecimentos, habilidades, e atitudes necessárias à sua execução; e
V – qualificação – resultado esperado da aprendizagem em termos de conhecimentos, habilidades e atitudes, para o desempenho de atividades ou funções típicas de uma ocupação.

Parágrafo único. A competência reflete os conhecimentos, habilidades e atitudes demandadas ao exercício de determinada ocupação, enquanto a qualificação se refere aos conhecimentos, habilidades e atitudes adquiridos pelo trabalhador nos diferentes processos de aprendizagem e qualificação profissional.

Art. 184-C. O Quadro Brasileiro de Qualificações é organizado em oito níveis de qualificação, caracterizados pela descrição das competências correspondentes a cada nível, e estruturado em ordem crescente de complexidade e profundidade das competências necessárias ao desempenho das ocupações contidas em cada nível.

§ 1º A caracterização de cada nível do Quadro Brasileiro de Qualificações é dada por:
I – nível 1 – capacidade de aplicar conhecimentos gerais e conceitos associados a tarefas simples, que requerem habilidades básicas e que são executadas sob supervisão direta;
II – nível 2 – capacidade de aplicar conhecimentos gerais, conceitos tecnológicos básicos e habilidades de profundidade restrita, para executar tarefas e resolver problemas simples e correntes, sob supervisão de rotina, com autonomia e responsabilidade limitadas;
III – nível 3 – capacidade de aplicar conhecimentos especializados, fundamentos tecnológicos e habilidades para executar tarefas e resolver problemas de complexidade intermediária, sob supervisão geral;
IV – nível 4 – capacidade de aplicar conhecimentos, conceitos e procedimentos técnicos, habilidades e princípios de gestão para resolver problemas específicos, gerenciar atividades e supervisionar o trabalho de rotina de terceiros;
V – nível 5 – capacidade de aplicar conhecimentos gerais abrangentes, especializados e teóricos além de habilidades para conceber soluções criativas aos problemas específicos, gerenciar ações e avaliar resultados do desempenho de terceiros;
VI – nível 6 – capacidade de aplicar conhecimentos aprofundados de uma área, com compreensão crítica de teorias e princípios, além de habilidades para conceber soluções criativas e inovadoras na resolução de problemas complexos, gerenciar ações ou projetos, avaliar e propor desenvolvimento profissional de terceiros;
VII – nível 7 – capacidade de aplicar conhecimentos altamente especializados e de vanguarda, além de habilidades para desenvolver novos conhecimentos na resolução de problemas complexos e imprevisíveis ligados à investigação e à

inovação, assim como gerenciar e transformar contextos de trabalhos complexos, com novas abordagens estratégicas; e

VIII – nível 8 – capacidade de aplicar conhecimentos de ponta na vanguarda de uma área e na interligação entre áreas, além de habilidades complexas e altamente especializadas, para alargar fronteiras do conhecimento, assim como investigar e inovar na resolução de problemas críticos e soluções práticas.

§ 2º Toda ocupação descrita na CBO é associada a apenas um nível do Quadro Brasileiro de Qualificações.

§ 3º A associação das ocupações aos níveis do Quadro Brasileiro de Qualificações é estabelecida a partir da análise das competências efetivamente relacionadas ao exercício daquelas ocupações, e é independente de currículos, cursos ou regulações específicas.

Art. 184-D. A atualização do Quadro Brasileiro de Qualificações será feita anualmente, de acordo com a disponibilidade orçamentária, e seguirá metodologia a ser definida pela Subsecretaria de Estudos e Estatísticas do Trabalho da Secretaria de Trabalho do Ministério do Trabalho e Previdência.

Art. 184-E. O Quadro Brasileiro de Qualificações será disponibilizado no portal gov.br.

▸ Arts. 184-A a 184-E acrescidos pela Port. do MTPrev nº 4.198, de 19-12-2022.

Seção VIII

DO PROGRAMA DE DISSEMINAÇÃO DAS ESTATÍSTICAS DO TRABALHO

▸ Seção VIII acrescida pela Port. do MTE nº 2.420, de 10-7-2023.

Art. 184-F. Cabe à Subsecretaria de Estatísticas e Estudos de Trabalho da Secretaria Executiva do Ministério do Trabalho e Emprego, no âmbito do Programa de Disseminação das Estatísticas do Trabalho – PDET, a publicação mensal de estatísticas consolidadas contendo informações sobre as movimentações ocorridas no mercado de trabalho formal, declaradas pelos empregadores no eSocial.

§ 1º A publicação mensal de trata o caput ocorrerá no sítio eletrônico do PDET, disponível no portal gov.br.

§ 2º A divulgação de informações estatísticas considerará, além das declarações mensais tempestivas, no âmbito do eSocial, as declarações realizadas fora do prazo legal por um período máximo de até doze meses após o vencimento do prazo previsto para a declaração.

§ 3º Na ocorrência de exclusão, pelos declarantes, de movimentações previamente contabilizadas nas estatísticas, estas serão excluídas da contagem e do saldo do CAGED do mês no qual o evento havia sido previamente informado.

§ 4º À Subsecretaria de Estatísticas e Estudos de Trabalho caberá, após análise técnica, estabelecer prazo para que as exclusões a que se refere o § 3º ocasionem impacto na base estatística.

§ 5º A divulgação de estatísticas consolidadas anteriormente, captadas unicamente pelo sistema CAGED, passará a se denominar Novo CAGED, mantendo-se a referência à Lei nº 4.923, de 23 de dezembro de 1965, que institui a obrigação.

§ 6º A consolidação das estatísticas mensais do mercado de trabalho deve levar em conta o calendário de transição das obrigações dos estabelecimentos declarantes, de forma a garantir a menor quebra possível em relação à série histórica e à captação das informações mais representativas do mercado de trabalho.

§ 7º Considerando-se o período de transição para a entrada de todos os estabelecimentos no eSocial, o Novo CAGED passará a ser composto também por declarações de movimentações realizadas no antigo sistema do CAGED, nos termos do disposto no art. 156, e no sistema de envio de requerimento do seguro-desemprego (Empregador Web).

§ 8º As declarações realizadas nos sistemas de que trata o § 7º passam a ser consideradas para as estatísticas do Novo CAGED, até o fim do período estabelecido para sua substituição pelo eSocial.

§ 9º O procedimento adotado para consolidação de dados do eSocial e do antigo sistema do CAGED, nos termos do disposto no art. 156, é o cruzamento movimentação a movimentação, no qual:

I – se busca identificar as movimentações existentes no sistema do CAGED que não estejam declaradas no sistema do eSocial; e

II – a chave para a realização do cruzamento são as variáveis: identificador do empregador, CPF, competência de movimentação e tipo da movimentação.

§ 10. O procedimento adotado para imputação de dados do Empregador Web é a verificação da existência de empresas que tenham declarado admissões e nenhum desligamento no eSocial ou no CAGED, mas que tenham declarado desligamentos no Empregador Web, situação na qual as demissões declaradas serão imputadas na estatística final do Novo CAGED.

§ 11. A metodologia de apuração do estoque mensal de trabalhadores no emprego formal considerará os dados disponíveis na última consolidação da RAIS e as possibilidades de sua atualização, a partir das declarações do Novo CAGED e da informação de baixa de empresas na Receita Federal.

§ 12. O detalhamento metodológico dos procedimentos adotados neste artigo está disponível no Anexo XV.

► Art. 184-F acrescido pela Port. do MTE nº 2.420, de 10-7-2023.

CAPÍTULO XII

DAS MEDIDAS CONTRA A DISCRIMINAÇÃO NO TRABALHO

Art. 185. Este capítulo trata da proibição de práticas discriminatórias no âmbito das relações de trabalho, previstas na Lei nº 7.716, de 5 de janeiro de 1989, na Lei nº 9.029, de 13 de abril de 1995, na Lei nº 12.984, de 2 de junho de 2014, na Lei nº 13.146, de 6 de julho de 2015 e no art. 373-A do Decreto-Lei nº 5.452, de 1943 – CLT.

Art. 186. O disposto neste capítulo abrange todos os trabalhadores que atuem sob todas as formas ou modalidades, e em todos os locais de trabalho, inclusive:

I – as pessoas que exercem qualquer emprego ou ocupação;

II – as pessoas em formação, incluídos os estagiários e aprendizes;

III – os voluntários;

IV – as pessoas que estão à procura de um emprego e os candidatos a um emprego; e

V – os trabalhadores desligados ou suspensos do trabalho.

SEÇÃO I
DA VEDAÇÃO DE PRÁTICAS DISCRIMINATÓRIAS

Art. 187. As seguintes práticas discriminatórias são vedadas ao empregador para fins de seleção, contratação, remuneração, promoção, formação profissional e manutenção do emprego, além de outras previstas em legislações específicas:

I – considerar como variável determinante idade, raça, cor, etnia, sexo, situação familiar, religião, procedência nacional, condição de portador do vírus da imunodeficiência adquirida – HIV, condição de pessoa com deficiência ou reabilitado, entre outras previstas na legislação; e

II – fazer exigência de quaisquer documentos com fins discriminatórios ou obstativos, como certidão negativa de reclamatória trabalhista, teste, exame, perícia, laudo, atestado ou declaração relativos à esterilização ou a estado de gravidez;

Art. 188. As políticas, programas e projetos desenvolvidos no âmbito da Secretaria de Trabalho deverão contemplar ações de estímulo a inclusão da população negra do mercado de trabalho na forma prevista no Capítulo V da Lei nº 12.288, de 20 de julho de 2010.

Art. 189. As práticas discriminatórias referidas nesta norma são passíveis das sanções previstas nas respectivas legislações específicas.

SEÇÃO II
DAS ORIENTAÇÕES SOBRE O COMBATE À DISCRIMINAÇÃO RELACIONADA AO HIV E A AIDS NOS LOCAIS DE TRABALHO

Art. 190. Os seguintes princípios gerais aplicam-se a todas as ações relativas ao HIV e à Aids no mundo do trabalho:

I – a resposta ao HIV e à Aids será reconhecida como uma contribuição para a concretização dos direitos humanos, das liberdades fundamentais e da igualdade de gênero para todos, incluídos os trabalhadores, suas famílias e dependentes;

II – o HIV e a Aids devem ser reconhecidos e tratados como uma questão que afeta o local de trabalho, a ser incluída entre os elementos essenciais da resposta nacional para a pandemia, com plena participação das organizações de empregadores e de trabalhadores;

III – não pode haver discriminação ou estigmatização dos trabalhadores, em particular as pessoas que buscam e as que se candidatam a um emprego, em razão do seu estado sorológico relativo ao HIV, real ou suposto, ou do fato de pertencerem a regiões do mundo ou a segmentos da população considerados sob maior risco ou maior vulnerabilidade à infecção pelo HIV;
IV – a prevenção de todos os meios de transmissão do HIV deve ser uma prioridade fundamental;
V – os trabalhadores, suas famílias e seus dependentes necessitam ter acesso a serviços de prevenção, tratamento, atenção e apoio em relação a HIV e Aids, e o local de trabalho deve desempenhar papel relevante na facilitação do acesso a esses serviços;
VI – a participação dos trabalhadores e o seu envolvimento na concepção, implementação e avaliação dos programas nacionais sobre o local de trabalho devem ser reconhecidos e reforçados;
VII – os trabalhadores devem beneficiar-se de programas de prevenção do risco específico de transmissão pelo HIV no trabalho e de outras doenças transmissíveis associadas, como a tuberculose;
VIII – os trabalhadores, suas famílias e seus dependentes devem gozar de proteção da sua privacidade, incluída a confidencialidade relacionada ao HIV e à Aids, em particular no que diz respeito ao seu próprio estado sorológico para o HIV;
IX – nenhum trabalhador pode ser obrigado a realizar o teste de HIV ou revelar seu estado sorológico para o HIV;
X – as medidas relativas ao HIV e à Aids no mundo do trabalho integram todas as políticas relacionadas ao trabalho; e
XI – proteção dos trabalhadores em ocupações particularmente expostas ao risco de transmissão do HIV.

Art. 191. Na elaboração de suas normas, políticas e programas, o Ministério do Trabalho e Previdência deverá considerar o Repertório de Recomendações Práticas da OIT sobre o HIV/Aids e o Mundo do Trabalho, de 2001 e suas revisões posteriores, os outros instrumentos pertinentes da Organização Internacional do Trabalho e demais diretrizes internacionais adotadas sobre o assunto.

Art. 192. O estado sorológico de HIV, real ou suposto, não pode ser motivo de qualquer discriminação para a contratação ou manutenção do emprego, ou para a busca da igualdade de oportunidades compatíveis com as disposições da Convenção sobre a Discriminação em Emprego e Profissão, de 1958, da Organização Internacional do Trabalho.

Art. 193. O estado sorológico de HIV, real ou suposto, não pode ser causa de rompimento da relação de trabalho.

Parágrafo único. As ausências temporárias do trabalho por motivo de doença ou para prestar cuidados relacionadas ao HIV e à Aids devem ser tratadas da mesma maneira que as ausências por outros motivos de saúde.

Art. 194. Às pessoas com doenças relacionadas ao HIV não deve ser negada a possibilidade de continuar a realizar seu trabalho enquanto são clinicamente aptas a fazê-lo, mediante acomodações razoáveis sempre que necessário.

Parágrafo único. Devem ser estimuladas medidas para realocar essas pessoas em atividades adaptadas às suas capacidades, apoiada sua requalificação profissional para o caso de procurarem outro trabalho ou facilitar o seu retorno ao trabalho.

Art. 195. Deverão ser tomadas medidas no local de trabalho, ou por meio dele, para reduzir a transmissão do HIV e atenuar o seu impacto, como:

I – garantir o respeito aos direitos humanos e às liberdades fundamentais;
II – assegurar a igualdade de gênero;
III – garantir ações para prevenir e proibir a violência e o assédio no local de trabalho;
IV – promover a participação ativa de mulheres e homens na resposta ao HIV e à Aids;
V – promover o envolvimento de todos os trabalhadores, independentemente da orientação sexual ou porque façam ou não parte de grupos vulneráveis; e
VI – garantir a efetiva confidencialidade dos dados pessoais, inclusive dos dados médicos.

Art. 196. As estratégias de prevenção devem ser adaptadas aos ambientes e processos de trabalho, além de levar em consideração aspectos econômicos, sociais, culturais e de gênero.

Art. 197. Os programas de prevenção devem garantir:

I – informações relevantes, oportunas e atualizadas a todos, em um formato e linguagem cul-

turalmente adequados, mediante os diferentes canais de comunicação disponíveis;
II – programas de educação abrangente, de modo a ajudar homens e mulheres a compreender e reduzir o risco de todas as formas de infecção pelo HIV, inclusive a transmissão de mãe para filho, e entender a importância da mudança de comportamentos de risco associados à infecção;
III – medidas efetivas de segurança e saúde no trabalho;
IV – medidas para incentivar os trabalhadores a conhecer o seu próprio estado sorológico, mediante aconselhamento e teste voluntário; particular, preservativos masculinos e femininos e, quando adequado, informações sobre seu uso correto, além do acesso a medidas de profilaxia pós-exposição; e
V – orientação quanto a medidas para reduzir comportamentos de alto risco, inclusive dos grupos mais expostos a risco, com vistas a diminuir a incidência do HIV.

Art. 198. Os testes diagnósticos devem ser voluntários e livres de qualquer coerção, respeitadas as diretrizes internacionais em matéria de confidencialidade, aconselhamento e consentimento.

Art. 199. Caracteriza-se como prática discriminatória exigir aos trabalhadores, incluídos os migrantes, às pessoas que procuram emprego e aos candidatos a trabalho, testes para HIV ou quaisquer outras formas de diagnóstico de HIV.
§ 1º Não será permitida, direta ou indiretamente, nos exames médicos por ocasião da admissão, mudança de função, avaliação periódica, retorno, demissão ou outros ligados à relação de emprego, a testagem do trabalhador quanto ao HIV.
§ 2º O disposto no § 1º não obsta que campanhas ou programas de prevenção da saúde estimulem os trabalhadores a conhecer seu estado sorológico quanto ao HIV por meio de orientações e exames voluntários, sem vínculo com a relação de trabalho e sempre resguardada a privacidade quanto ao conhecimento dos resultados.

Art. 200. Os resultados dos testes de HIV devem ser confidenciais e não devem comprometer o acesso ao emprego, à estabilidade, à segurança no emprego ou a oportunidades para o avanço profissional.

Art. 201. Os trabalhadores, incluídos os migrantes, os desempregados e os candidatos a emprego, não devem ser coagidos a fornecer informações relacionadas ao HIV sobre si mesmos ou outros.

Art. 202. O trânsito dos trabalhadores migrantes ou daqueles que pretendem migrar em função do emprego não deve ser impedido com base no seu *status* sorológico para o HIV, real ou suposto.

Art. 203. O ambiente de trabalho deve ser seguro e saudável, a fim de prevenir a transmissão do HIV no local de trabalho.

Art. 204. As ações de segurança e saúde destinadas a prevenir a exposição dos trabalhadores ao HIV no trabalho devem incluir precauções universais, como:
I – medidas de prevenção de riscos e acidentes, como as relacionadas à organização do trabalho e ao controle de técnicas e práticas de trabalho;
II – equipamentos de proteção individual, quando apropriado;
III – medidas de controle ambiental e profilaxia pós-exposição; e
IV – outras medidas de segurança para minimizar o risco de infecção pelo HIV e pela tuberculose, especialmente em profissões de maior risco, como as do setor da saúde.

Art. 205. Quando existir a possibilidade de exposição ao HIV no local de trabalho, os trabalhadores devem receber informação e orientação sobre os modos de transmissão e os procedimentos para evitar a exposição e a infecção, resguardado o sigilo médico e a intimidade do trabalhador.

Art. 206. As medidas de sensibilização devem enfatizar que o HIV não é transmitido por simples contato físico e que a presença de uma pessoa vivendo com HIV não deve ser considerada como uma ameaça no local de trabalho.

CAPÍTULO XIII

DO TRABALHO ESCRAVO

SEÇÃO I

DAS CONDIÇÕES ANÁLOGAS À ESCRAVIDÃO

Art. 207. Considera-se em condição análoga à de escravo o trabalhador submetido, de forma isolada ou conjuntamente, a:
I – trabalho forçado;
II – jornada exaustiva;

III – condição degradante de trabalho;
IV – restrição, por qualquer meio, de locomoção em razão de dívida contraída com empregador ou preposto, no momento da contratação ou no curso do contrato de trabalho; ou
V – retenção no local de trabalho em razão de:
a) cerceamento do uso de qualquer meio de transporte;
b) manutenção de vigilância ostensiva; ou
c) apoderamento de documentos ou objetos pessoais.

Parágrafo único. O trabalho realizado em condição análoga à de escravo, sob todas as formas, constitui atentado aos direitos humanos fundamentais e à dignidade do trabalhador e é dever do Auditor Fiscal do Trabalho combater a sua prática.

Art. 208. Para os fins previstos neste Capítulo:

I – trabalho forçado – é o exigido sob ameaça de sanção física ou psicológica e para o qual o trabalhador não tenha se oferecido ou no qual não deseje permanecer espontaneamente;
II – jornada exaustiva – toda forma de trabalho, de natureza física ou mental, que, por sua extensão ou intensidade, acarrete violação de direito fundamental do trabalhador, notadamente os relacionados à segurança, à saúde, ao descanso e ao convívio familiar e social;
III – condição degradante de trabalho – qualquer forma de negação da dignidade humana pela violação de direito fundamental do trabalhador, notadamente os dispostos nas normas de proteção do trabalho e de segurança, higiene e saúde no trabalho;
IV – restrição, por qualquer meio, da locomoção do trabalhador em razão de dívida – limitação ao direito fundamental de ir e vir ou de encerrar a prestação do trabalho, em razão de débito imputado pelo empregador ou preposto ou da indução ao endividamento com terceiros;
V – cerceamento do uso de qualquer meio de transporte – toda forma de limitação ao uso de meio de transporte existente, particular ou público, possível de ser utilizado pelo trabalhador para deixar local de trabalho ou de alojamento;
VI – vigilância ostensiva no local de trabalho é qualquer forma de controle ou fiscalização, direta ou indireta, por parte do empregador ou preposto, sobre a pessoa do trabalhador que o impeça de deixar local de trabalho ou alojamento; e
VII – apoderamento de documentos ou objetos pessoais é qualquer forma de posse ilícita do empregador ou preposto sobre documentos ou objetos pessoais do trabalhador.

§ 1º Os conceitos estabelecidos neste artigo serão observados para fins de concessão de seguro-desemprego, conforme o disposto na Lei nº 10.608, de 20 de dezembro de 2002 e nas Resoluções do Conselho Deliberativo do Fundo de Amparo ao Trabalhador – CODEFAT, bem como para inclusão de pessoas físicas ou jurídicas no cadastro de empregadores que tenham submetido trabalhadores à condição análoga à de escravo.

§ 2º Os conceitos estabelecidos neste artigo deverão ser observados pelo Auditor Fiscal do Trabalho em qualquer ação fiscal direcionada para erradicação do trabalho em condição análoga à de escravo ou em ações fiscais em que for identificada condição análoga à de escravo, independentemente da atividade laboral, seja o trabalhador nacional ou estrangeiro, inclusive quando envolver a exploração de trabalho doméstico ou de trabalho sexual.

Art. 209. Aplica-se o disposto neste Capítulo aos casos em que o Auditor Fiscal do Trabalho identifique tráfico de pessoas para fins de exploração de trabalho em condição análoga à de escravo, desde que presente qualquer das hipóteses previstas no art. 208.

Art. 210. Considera-se tráfico de pessoas para fins de exploração de trabalho em condição análoga à de escravo o recrutamento, o transporte, a transferência, o alojamento ou o acolhimento de pessoas, mediante ameaça ou uso da força ou outras formas de coação, rapto, fraude, engano, abuso de autoridade ou situação de vulnerabilidade ou entrega ou aceitação de pagamentos ou benefícios para obter o consentimento de uma pessoa que tenha autoridade sobre outra.

Seção II — *DA FISCALIZAÇÃO*

Art. 211. O Ministério do Trabalho e Previdência e suas unidades descentralizadas, deverão prover a Inspeção do Trabalho de todos os recursos necessários para a fiscalização e combate ao trabalho em condições análogas às de escravo, cujo combate será prioritário em seus planejamentos e ações.

Art. 212. As ações fiscais para erradicação do trabalho em condição análoga à de escravo serão planejadas e coordenadas pela Subsecretaria de Inspeção do Trabalho da Secretaria de Trabalho, que as realizará diretamente, por intermédio das equipes do Grupo Especial de Fiscalização Móvel de combate ao trabalho escravo, e pelas unidades descentralizadas da Inspeção do Trabalho, por meio de grupos ou equipes de fiscalização.

§ 1º A Subsecretaria de Inspeção do Trabalho e as suas unidades descentralizadas priorizarão em seus planejamentos a realização de ações fiscais para a identificação e resgate de trabalhadores submetidos a condições análogas à de escravo.

§ 2º As ações fiscais previstas no *caput* deverão prever a participação de representantes da Polícia Federal, Polícia Rodoviária Federal, Polícia Militar Ambiental, Polícia Militar, Polícia Civil, ou outra autoridade policial que garanta a segurança da fiscalização.

Art. 213. Com vistas a proporcionar o acolhimento de trabalhador submetido a condição análoga à de escravo, seu acompanhamento psicossocial e o acesso a políticas públicas, o Auditor Fiscal do Trabalho deverá, no curso da ação fiscal:

I – orientar os trabalhadores a realizar sua inscrição no Cadastro Único da Assistência Social e encaminhá-los para o órgão local responsável pelo cadastramento, sempre que possível;

II – comunicar a situação de trabalhadores submetidos a condição análoga à de escravo ao órgão gestor responsável pela política de assistência social local, a fim de que os trabalhadores e suas famílias sejam encaminhadas ao Centro de Referência Especializado de Assistência Social para realizar o atendimento socioassistencial; e

III – comunicar os demais órgãos ou entidades da sociedade civil eventualmente existentes na região voltados para o atendimento de vítimas de trabalho análogo ao de escravo.

§ 1º Os procedimentos previstos nos incisos I a III do *caput* não serão adotados quando implicarem risco ao trabalhador.

§ 2º Caso se verifique que os procedimentos previstos nos incisos I a III do *caput* implicam risco de prejuízo ao sigilo da fiscalização, o Auditor Fiscal do Trabalho poderá adotá-los ao final da ação.

Art. 214. A identificação de trabalho em condição análoga à de escravo em qualquer ação fiscal ensejará a adoção dos procedimentos previstos nos § 1º e § 2º do art. 2º-C da Lei nº 7.998, de 1990, e o Auditor Fiscal do Trabalho deverá resgatar o trabalhador que estiver submetido a essa condição e emitir o Requerimento do Seguro-Desemprego do Trabalhador Resgatado.

Art. 215. Nos termos da legislação vigente, o trabalhador resgatado terá direito à percepção de três parcelas de seguro-desemprego, mediante comprovação da condição análoga à de escravo por ação fiscal dos Auditores Fiscais do Trabalho.

Art. 216. O Auditor Fiscal do Trabalho habilitado no sistema de concessão de seguro-desemprego cadastrará os dados do trabalhador resgatado para fins de concessão do benefício, conforme instruções do Ministério do Trabalho e Previdência.

Art. 217. Os dados de trabalhadores imigrantes vítimas de tráfico de pessoas ou de trabalho análogo ao de escravo deverão ser encaminhados para concessão de autorização de residência, prevista no art. 30 da Lei nº 13.445, de 24 de maio de 2017, observados os procedimentos estipulados pelo Ministério da Justiça e Segurança Pública.

§ 1º O Auditor Fiscal do Trabalho responsável pelo resgate deverá solicitar à Chefia de Fiscalização o encaminhamento desses casos à Divisão de Fiscalização para Erradicação do Trabalho em Condições Análogas à de Escravo da Subsecretaria de Inspeção do Trabalho, para que o Ministério da Justiça e Segurança Pública seja oficiado para providenciar a concessão da residência permanente de que trata o *caput*.

§ 2º A solicitação de que trata o § 1º será devidamente instruída com pedido de autorização imediata de residência permanente formulado pelo Auditor Fiscal do Trabalho responsável pelo resgate.

Art. 218. Quando o Auditor Fiscal do Trabalho identificar a ocorrência de uma ou mais hipóteses previstas no art. 208, deverá lavrar auto de infração conclusivo a respeito da constatação de trabalho em condição análoga à de escravo, descrevendo de forma circunstanciada e pormenorizada os fatos que fundamentaram a caracterização.

Parágrafo único. A Subsecretaria de Inspeção do Trabalho e a Coordenação-Geral de Recursos da Secretaria de Trabalho adotarão as providências necessárias para a identificação dos autos de infração e demais documentos fiscais lavrados na mesma ação fiscal, de forma a propiciar a tramitação conjunta e prioritária do processo.

Art. 219. Da lavratura do auto de infração pelo Auditor Fiscal do Trabalho com base na Portaria Interministerial MTPS/MMIRDH nº 4, de 11 de maio de 2016, será assegurado ao administrado o exercício do contraditório e da ampla defesa, na forma do que determinam os incisos LIV e LV do art. 5º da Constituição e a Lei nº 9.784, de 1999.

Art. 220. Verificado pelo Auditor Fiscal do Trabalho o não recolhimento do FGTS ou Contribuição Social de que trata a Lei Complementar nº 110, de 29 de junho de 2001, deverá ser emitida NDFC.

Art. 221. Os procedimentos de fiscalização de que trata este Capítulo serão disciplinados pelo Ministério do Trabalho e Previdência, com subsídios da Subsecretaria de Inspeção do Trabalho, por meio de Instrução Normativa.

Seção III

DO RELATÓRIO DE FISCALIZAÇÃO

Art. 222. O Auditor Fiscal do Trabalho deverá obrigatoriamente providenciar a elaboração de relatório de fiscalização nas situações em que for identificada a prática de quaisquer dos tipos infracionais previstos no art. 207 e nas ações fiscais que tenham sido motivadas por denúncia ou investigação deste ilícito, ainda que não se confirme a submissão de trabalhadores a condições análogas às de escravo.

§ 1º O relatório de fiscalização conterá, entre outras informações:

I – identificação do empregador (nome ou razão social, CPF ou CNPJ);

II – endereço do estabelecimento;

III – atividade econômica conforme a Classificação Nacional de Atividades Econômicas – CNAE;

IV – número de trabalhadores alcançados pela ação fiscal;

V – número de trabalhadores registrados na ação fiscal;

VI – número de trabalhadores em condição análoga à de escravo;

VII – número de trabalhadores resgatados;

VIII – número de trabalhadores menores de dezesseis anos encontrados;

IX – número de trabalhadores menores de dezoito e maiores de dezesseis anos encontrados;

X – número de trabalhadores menores de dezesseis anos em condição análoga à de escravo;

XI – número de trabalhadores menores de dezoito e maiores de dezesseis anos em condição análoga à de escravo;

XII – número de crianças e adolescentes submetidos a piores formas de trabalho infantil;

XIII – valor bruto das verbas rescisórias;

XIV – valor líquido de rescisões recebido pelos trabalhadores;

XV – número de mulheres em condição análoga à de escravo;

XVI – número de estrangeiros em condição análoga à de escravo;

XVII – número de estrangeiros resgatados;

XVIII – número de indígenas em condição análoga à de escravo;

XIX – número de indígenas resgatados;

XX – indicação da constatação de trabalho análogo ao de escravo urbano ou rural;

XXI – indicação da existência de indícios de tráfico de pessoas para exploração de trabalho em condições análogas à de escravo;

XXII – indicação das modalidades de trabalho análogo ao de escravo encontradas, conforme previsto nos incisos I a VII do art. 208;

XXIII – indicação do número do auto de infração conclusivo a respeito da constatação de trabalho em condição análoga à de escravo, previsto no art. 219;

XXIV – cópias dos autos de infração lavrados;

XXV – cópias dos termos de apreensão de documentos emitidos; e

XXVI – indicação da existência de indícios de exploração sexual.

Art. 223. O relatório de fiscalização deverá ser elaborado em até cinco dias úteis, a contar do término da ação fiscal, e será encaminhado ao chefe da fiscalização para imediata remessa à Subsecretaria de Inspeção do Trabalho.

Art. 224. O relatório de fiscalização em que houver a caracterização do trabalho em condições análogas às de escravo será disponibilizado ao autuado após solicitação endereçada ao chefe de fiscalização da Superintendência Regional do Trabalho responsável pela circunscrição em que foi constatado o ilícito.

Parágrafo único. A Subsecretaria de Inspeção do Trabalho encaminhará os relatórios de fiscalização em que houver a caracterização do trabalho em condições análogas às de escravo ao Ministério Público Federal para as providências cabíveis.

Seção IV

DA DIVULGAÇÃO DO CADASTRO DE EMPREGADORES QUE TENHAM SUBMETIDO TRABALHADORES A CONDIÇÕES ANÁLOGAS À DE ESCRAVO

Art. 225. O cadastro de empregadores previsto na Portaria Interministerial MTPS/MMIRDH nº 4, de 2016, será divulgado no endereço eletrônico do Ministério do Trabalho e Previdência e conterá a relação de pessoas físicas e jurídicas autuadas em ação fiscal que tenha sido identificado trabalhadores submetidos a condições análogas à de escravo.

§ 1º A inclusão do empregador somente ocorrerá após a prolação de decisão administrativa irrecorrível de procedência do auto de infração lavrado na ação fiscal em razão da constatação de submissão de trabalhadores a condições análogas à de escravo.

§ 2º A organização e divulgação do cadastro ficará a cargo da Divisão de Fiscalização para Erradicação do Trabalho Escravo da Subsecretaria de Inspeção do Trabalho, cuja divulgação será realizada na forma do *caput*.

§ 3º A Assessoria de Comunicação e demais órgãos do Ministério do Trabalho e Previdência deverão garantir todos os meios necessários para que a Subsecretaria de Inspeção do Trabalho possa realizar a divulgação do Cadastro prevista no *caput* e no art. 2º da Portaria Interministerial MTPS/MMIRDH nº 4, de 2016.

Capítulo XIV

DAS ATIVIDADES DE DIREÇÃO, ASSESSORAMENTO E DE APOIO POLÍTICO-PARTIDÁRIO

Art. 226. Este capítulo estabelece regras voltadas à execução do art. 44-A da Lei nº 9.096, de 19 de setembro de 1995, no âmbito das competências normativas do Ministério do Trabalho e Previdência.

Art. 227. Às atividades de direção, de assessoramento e de apoio político-partidário, assim definidas em normas internas de organização, exercidas nos órgãos, institutos e fundações dos partidos políticos não se aplica o regime jurídico previsto no Decreto-Lei nº 5.452, de 1943 – CLT.

Parágrafo único. As atividades descritas no *caput* não geram vínculo empregatício quando remuneradas com valor mensal igual ou superior a duas vezes o limite máximo do benefício do regime geral de previdência social.

Art. 228. Normas internas dos partidos políticos disciplinarão, entre outros, os seguintes aspectos:

I – as atividades de direção, assessoramento e apoio político-partidário a serem desempenhadas com base nessa modalidade de contratação;

II – a quantidade ou os critérios para as contratações a serem realizadas por diretório ou unidade partidária;

III – as hipóteses de alteração, suspensão, interrupção e extinção do contrato;

IV – as vantagens, os direitos, os deveres, as proibições e as responsabilidades dos contratados;

V – as obrigações do contratante para com os contratados; e

VI – os prazos de vigência das contratações e a possibilidade ou não de prorrogação.

Art. 229. É permitida a contratação, na modalidade tratada por este Capítulo, de pessoas que foram empregadas em órgãos, institutos e fundações dos partidos políticos, sem exigência de prazo mínimo entre a extinção do contrato de trabalho e a nova contratação.

Art. 230. As obrigações previdenciárias para essa modalidade de contratação obedecerão ao disposto na alínea *f* do inciso V do art. 11 da Lei nº 8.213, de 24 de julho de 1991, para aqueles que exercem atividades de direção, e ao disposto na alínea *g* do mesmo inciso, para as atividades de assessoramento e apoio político-partidário.

Art. 231. Aplicam-se subsidiariamente às atividades descritas no art. 227, as disposições dos arts. 593 e seguintes da Lei nº 10.406, de 2002 – Código Civil, que tratam da prestação de serviço.

Capítulo XV

DAS ENTIDADES SINDICAIS E DOS INSTRUMENTOS COLETIVOS DE TRABALHO

Seção I

DOS PROCEDIMENTOS ADMINISTRATIVOS PARA O REGISTRO DE ENTIDADES SINDICAIS

Arts. 232 a 285. Revogados. Port. do MTE nº 3.472, de 4-10-2023.

Subseção I

DO CADASTRO DE ENTIDADES SINDICAIS ESPECIAIS

▸ Subseção I acrescida pela Port. do MTPrev nº 4.198, de 19-12-2022.

Art. 285-A. Esta Subseção estabelece os procedimentos administrativos para o Cadastro de Entidades Sindicais Especiais – CESE no Ministério do Trabalho e Previdência.

Art. 285-B. O Cadastro de Entidades Sindicais Especiais trata de inscrição das entidades sindicais que não representam categorias profissionais ou econômicas, mas que representam os grupos mencionados no inciso VII do *caput* e no parágrafo único, ambos do art. 8º da Constituição Federal.

Parágrafo único. A inscrição no Cadastro de Entidades Sindicais Especiais possui efeito meramente cadastral, sem gerar os efeitos previstos nos incisos II, IV, VI e VIII do art. 8º da Constituição Federal e nos Títulos V, VI e VI-A do Decreto-Lei nº 5.452, de 1943 – CLT.

Art. 285-C. O procedimento de cadastro disposto no art. 285-B deverá ser realizado por meio do portal gov.br.

Art. 285-D. A solicitação de Cadastro de Entidades Sindicais Especiais deverá ser instruída com os seguintes documentos:

I – requerimento assinado pelo representante legal da entidade;

II – edital de convocação dos membros da representação pleiteada para a assembleia-geral de fundação ou ratificação da fundação da entidade, do qual constem a área de abrangência e representação pretendidas, publicado no *Diário Oficial da União* com antecedência mínima de cinco dias da realização da assembleia;

III – ata da assembleia-geral de fundação ou de ratificação de fundação com a descrição da área de abrangência e representação aprovada, que deverá apresentar:

a) registro em cartório;

b) lista de presença;

c) finalidade da assembleia;

d) a data, o horário e o local de realização; e

e) os nomes completos, os números de registro no CPF e as respectivas assinaturas dos participantes;

IV – declaração da entidade de que os dirigentes foram regularmente eleitos nos termos do estatuto, que deverá constar:

a) indicação da data de início e término do mandato;

b) nome completo do dirigente eleito, com o respectivo número de inscrição no CPF;

c) função dos dirigentes da entidade requerente;

d) indicação do número de filiados na data da eleição; e

e) indicação da entidade à qual pretende se filiar;

V – estatuto social, aprovado em assembleia-geral e registrado em cartório, que deverá conter os elementos identificadores da representação pretendida, em especial o grupo representado e a área de abrangência;

VI – certidão de inscrição do solicitante no Cadastro Nacional de Pessoa Jurídica – CNPJ, com natureza jurídica específica; e

VII – comprovante de endereço em nome da entidade.

Art. 285-E. A Coordenação-Geral de Registro Sindical da Subsecretaria de Relações de Trabalho da Secretaria de Trabalho do Ministério do Trabalho e Previdência efetuará a conferência e análise dos documentos que instruem o pedido de inscrição de entidades sindicais especiais.

§ 1º O deferimento das solicitações ficará condicionado ao cumprimento do art. 285-D.

§ 2º A insuficiência ou irregularidade de documentação prevista no art. 285-D ensejará o indeferimento da solicitação.

Art. 285-F. Deferida a inscrição, a Coordenação-Geral de Registro Sindical da Subsecretaria de Relações de Trabalho da Secretaria de Trabalho do Ministério do Trabalho e Previdência expedirá Certidão de Inscrição no Cadastro de Entidades Sindicais Especiais, em que serão anotados os dados da entidade.

Art. 285-G. O teor e a integridade dos documentos digitalizados são de responsabilidade do interessado, que responderá nos termos da legislação civil, penal e administrativa por eventuais fraudes.

Art. 285-H. As entidades sindicais especiais deverão manter seu cadastro no Cadastro de Entidades Sindicais Especiais atualizado no que se refere a dados cadastrais, diretoria e filiação a Centrais Sindicais.

Parágrafo único. A solicitação de atualização deverá ser acompanhada dos seguintes documentos:

I – declaração da entidade, nos termos do inciso IV do art. 285-D, quando a atualização se referir a dados de diretoria ou de filiação ou desfiliação; e

II – comprovante de endereço em nome da entidade, nos termos do inciso VII do art. 285-D, quando a atualização se referir a dados de localização.

Art. 285-I. Caso haja decisão judicial relativa a assuntos de inscrição de entidades sindicais especiais, caberá aos interessados promover as diligências necessárias junto ao Poder Judiciário, a fim de que o Ministério do Trabalho seja devidamente notificado.

▶ Arts. 285-A a 285-I acrescidos pela Port. do MTPrev nº 4.198, de 19-12-2022.

Seção II

DO RECOLHIMENTO E DA DISTRIBUIÇÃO DA CONTRIBUIÇÃO SINDICAL URBANA

Art. 286. A Contribuição Sindical Urbana – CSU, quando devida por trabalhadores e empregadores, deverá ser recolhida por meio da rede bancária, nos termos do disposto nos art. 589 a art. 591 do Decreto-Lei nº 5.452, de 1943 – CLT.

Art. 287. A Guia de Recolhimento da Contribuição Sindical Urbana – GRCSU disponível para preenchimento no endereço eletrônico gov.br/trabalho e no https://caixa.gov.br é o documento hábil para a quitação dos valores devidos a título de CSU.

Art. 288. Na hipótese de haver empresas que possuam estabelecimentos localizados em base territorial sindical distinta da matriz, o recolhimento da CSU será efetuado por estabelecimento.

Art. 289. A distribuição, pela Caixa Econômica Federal, dos valores da CSU para as entidades sindicais e para a Conta Especial Emprego e Salário – CEES observará o disposto nos art. 589 a art. 591 do Decreto-Lei nº 5.452, de 1943 – CLT, e será efetuada de acordo com as filiações da entidade sindical constantes no CNES, no dia do efetivo pagamento da CSU pelo contribuinte.

Art. 290. A Caixa Econômica Federal deverá disponibilizar mensalmente ao Ministério do Trabalho e Previdência, por meio de arquivo eletrônico, as informações constantes nas GRCSU e as relativas aos valores distribuídos e respectivos destinatários, bem como relatório anual consolidado.

Seção III

DO REGISTRO DE INSTRUMENTOS COLETIVOS DE TRABALHO

Art. 291. Considera-se instrumento coletivo de trabalho a convenção coletiva, os acordos coletivos e respectivos termos aditivos, nos termos do Título VI do Decreto-Lei nº 5.452, de 1943 – CLT.

Art. 292. O registro dos instrumentos coletivos de trabalho deverá ser efetuado por meio do portal gov.br, observados os requisitos formais e de legitimidade previstos no Título VI do Decreto-Lei nº 5.452, de 1943 – CLT.

Art. 293. As Federações ou, na falta destas, as Confederações representativas de categorias econômicas ou profissionais são legítimas para celebrar instrumento coletivo de trabalho para reger as relações das categorias a elas vinculadas ou filiadas, quando:

I – inorganizadas em sindicatos, no âmbito de suas representações, conforme disposto no § 2º do art. 611 do Decreto-Lei nº 5.452, de 1943 – CLT; ou

II – comprovadamente autorizadas pelas respectivas entidades sindicais representadas para pactuar em seu nome.

Parágrafo único. Para a solicitação de registro de instrumento coletivo de trabalho, a entidade sindical signatária deverá estar com o cadastro ativo e o mandato da diretoria atualizado no CNES.

▶ Parágrafo único com a redação dada pela Port. do MTPrev nº 4.198, de 19-12-2022.

Art. 294. As cláusulas do instrumento coletivo de trabalho deverão ser inseridas sem numeração, sendo necessário informar para cada uma o grupo, subgrupo e o título específico a que pertence.

Art. 295. O conteúdo das cláusulas do instrumento coletivo de trabalho não poderá divergir das informações inseridas nas abas específicas de representação, categoria, abrangência, data-base e assembleia.

Art. 296. Para o deferimento do registro, a solicitação deverá estar acompanhada da cópia da ata da assembleia que aprovou o respectivo instrumento.

Art. 297. As notificações relacionadas à solicitação de registro do instrumento coletivo de trabalho serão feitas eletronicamente, e serão de responsabilidade das partes o acompanhamento por meio do portal gov.br.

Art. 298. O requerimento de registro do instrumento coletivo de trabalho será analisado:

I – pela Coordenação-Geral de Relação do Trabalho, quando se tratar de instrumento coletivo de trabalho com abrangência nacional ou interestadual; ou

II – pela unidade de relações do trabalho da unidade descentralizada de trabalho do Estado abrangido pelo instrumento coletivo de trabalho, nos demais casos.

Art. 299. Após o protocolo, as solicitações de registro de instrumento coletivo de trabalho serão passíveis de retificação nas seguintes situações:

I – quando não cumpridas as formalidades dos art. 292, art. 294, art. 295 e art. 296;

II – ausência de assinatura no requerimento de registro;

III – ausência de comprovação, por Federação ou Confederação, de outorga para negociar em nome da entidade sindical que lhe é vinculada;

IV – ausência de comprovação de representação válida;

V – indicação de categoria não representada pelos signatários; e

VI – ausência ou inconsistências nos anexos exigidos.

§ 1º A outorga de que trata o inciso III do *caput* poderá ser comprovada mediante previsão de delegação da entidade representada constante de seu estatuto, por procuração, ou de ata de assembleia da categoria que aprove a referida representação.

§ 2º As partes signatárias serão notificadas para, no prazo de trinta dias, prorrogáveis por igual período, a contar do recebimento da respectiva notificação, sanar as irregularidades identificadas.

► § 2º com a redação dada pela Port. do MTPrev nº 4.198, de 19-12-2022.

Art. 300. As solicitações serão indeferidas e arquivadas sem o devido registro do instrumento coletivo de trabalho quando não atendido o disposto no § 2º do art. 299.

Art. 301. Das decisões administrativas denegatórias de registro, caberá recurso administrativo, no prazo de dez dias, a contar da notificação da referida decisão.

Art. 302. O recurso administrativo será dirigido à autoridade que proferiu a decisão, que, se não a reconsiderar no prazo de cinco dias, o encaminhará ao:

I – Subsecretário de Relações de Trabalho, quando se tratar de instrumento coletivo de trabalho com abrangência nacional ou interestadual; e

II – Coordenador-Geral de Relações do trabalho nos demais casos.

Art. 303. Os instrumentos coletivos registrados ficarão disponíveis para consulta de qualquer interessado no portal gov.br.

Seção IV

DA MEDIAÇÃO DE CONFLITOS DE NATUREZA TRABALHISTA

Art. 304. Os trabalhadores, por intermédio das respectivas entidades sindicais representantes, e empregadores, por si ou por intermédio das respectivas entidades sindicais representantes, poderão solicitar à Secretaria de Trabalho do Ministério do Trabalho e Previdência a realização de mediação, com vistas à composição de conflito.

Parágrafo único. A unidade de relações de trabalho da unidade descentralizada, diante de relevante interesse público da atividade, poderá convidar as partes para reunião de mediação.

► Parágrafo único acrescido pela Port. do MTPrev nº 4.198, de 19-12-2022.

Art. 305. A solicitação de mediação deverá ser efetuada por meio do portal de serviços do governo federal no portal gov.br e após a transmissão será dirigida:

I – ao chefe da unidade de relações de trabalho da unidade descentralizada de trabalho local, quando se tratar de mediação em conflito de âmbito municipal, intermunicipal ou estadual; ou

II – à Subsecretaria de Relações do Trabalho do Ministério do Trabalho e Previdência, na hipótese de mediação em conflito de âmbito nacional ou interestadual.

Parágrafo único. Para a solicitação de mediação, a entidade sindical deverá estar com o cadastro ativo e o mandato da diretoria atualizado no CNES.

► Parágrafo único com a redação dada pela Port. do MTPrev nº 4.198, de 19-12-2022.

Art. 306. A mediação, gratuita para as partes, será realizada:

I – por servidor lotado na unidade competente em matéria de relações do trabalho;

II – pelo titular da unidade descentralizada de trabalho correspondente;

III – por Auditor Fiscal do Trabalho, sob concordância da chefia a que estiver vinculado; ou

IV – pelo Subsecretário de Relações de Trabalho.

Parágrafo único. A competência contida no inciso II do *caput* poderá ser delegada, pelo titular da unidade, a servidor com comprovada experiência em mediação.

► Parágrafo único acrescido pela Port. do MTPrev nº 4.198, de 19-12-2022.

Art. 307. As solicitações serão analisadas no prazo de até trinta dias, a contar do recebimento.

§ 1º As notificações relacionadas ao pedido de mediação serão feitas eletronicamente e serão de responsabilidade das partes o seu acompanhamento por meio do portal gov.br.

§ 2º É permitida a realização de mediação não presencial conduzida pelo mediador através do emprego de recursos tecnológicos de transmissão de sons e imagens em tempo real, com o resultado reduzido a termo.

Art. 308. A ausência injustificada da parte solicitante à mediação ensejará o arquivamento do processo, exceto se a outra parte solicitar a sua continuidade.

Capítulo XVI

DA FISCALIZAÇÃO ORIENTADORA EM MICROEMPRESAS E EMPRESAS DE PEQUENO PORTE

Art. 309. Este Capítulo estabelece as situações que, por sua natureza, não sujeitam as microempresas e empresas de pequeno porte à fiscalização prioritariamente orientadora, prevista no art. 55 da Lei Complementar nº 123, de 2006.

Art. 310. O benefício da dupla visita não será aplicado quando constatado trabalho em condições análogas às de escravo ou trabalho infantil, bem como para as infrações relacionadas a:

I – atraso no pagamento de salário; e

II – acidente de trabalho, no que tange aos fatores diretamente relacionados ao evento, com consequência:

a) significativa – lesão à integridade física ou à saúde, que implique em incapacidade temporária por prazo superior a quinze dias;

b) severa – que prejudique a integridade física ou a saúde, que provoque lesão ou sequela permanentes; ou

c) fatal;

III – risco grave e iminente à segurança e saúde do trabalhador, conforme irregularidades indicadas em relatório técnico, nos termos da Norma Regulamentadora – NR 3, aprovada pela Portaria SEPRT nº 1.068, de 23 de setembro de 2019; e

IV – descumprimento de embargo ou interdição.

Capítulo XVII

DA SIMULAÇÃO DE RESCISÃO CONTRATUAL E LEVANTAMENTO DO FGTS EM FRAUDE À LEI

Art. 311. A Inspeção do Trabalho dará tratamento prioritário, entre os atributos de rotina, à constatação de casos simulados de rescisão do contrato de trabalho sem justa causa, seguida de recontratação do mesmo trabalhador ou de sua permanência na empresa sem a formalização do vínculo, presumida, em tais casos, como conduta fraudulenta do empregador para fins de aplicação dos § 2º e § 3º do art. 23 da Lei nº 8.036, de 1990.

Art. 312. Considera-se fraudulenta a rescisão seguida de recontratação ou de permanência do trabalhador em serviço quando ocorrida dentro dos noventa dias subsequentes à data em que formalmente a rescisão se operou.

Art. 313. Constatada a prática da rescisão fraudulenta, o Auditor Fiscal do Trabalho levantará todos os casos de rescisão ocorridos nos últimos vinte e quatro meses para verificar se a hipótese pode ser apenada em conformidade com o art. 312.

Parágrafo único. O levantamento a que se refere o *caput* envolverá também a possibilidade de ocorrência de fraude ao seguro-desemprego, hipótese em que será concomitantemente aplicada a sanção prevista no art. 25 da Lei nº 7.998, de 1990.

Capítulo XVII-A

DOS PROCEDIMENTOS E REQUISITOS PARA O CADASTRO DAS ENTIDADES AUTORIZADAS A OPERAR OU PARTICIPAR DO PROGRAMA NACIONAL DE MICROCRÉDITO PRODUTIVO ORIENTADO – PNMPO

► Capítulo XVII-A acrescido pela Port. do MTPrev nº 4.198, de 19-12-2022.

Art. 313-A. Este Capítulo estabelece os procedimentos e requisitos a serem observados para o cadastro das entidades autorizadas a operar ou participar do Programa Nacional de Microcrédito Produtivo Orientado – PNMPO, especificadas no art. 3º da Lei nº 13.636, de 20 de março de 2018.

Art. 313-B. São requisitos para o cadastro de entidade autorizada a operar ou participar do PNMPO:

I – requerimento assinado, conforme modelo disponível no portal gov.br;
II – Termo de Compromisso assinado, conforme modelo disponível no portal gov.br; e
III – estatuto social, contrato social ou outro instrumento congênere que comprove que a entidade tem por finalidade a concessão de crédito ou a prestação de serviços de apoio ao fomento ou de orientação de atividades produtivas de empreendedores.

§ 1º No caso das pessoas jurídicas especializadas no apoio, no fomento ou na orientação às atividades produtivas e dos agentes de crédito, a comprovação de que trata o inciso III do *caput* poderá ser realizada mediante apresentação de documento que comprove vínculo com instituição financeira autorizada a funcionar no País pelo Banco Central do Brasil, no qual seja especificada a contratação para atuação nessa finalidade.

§ 2º Será necessário, além da comprovação de que trata o inciso III do *caput*, que:

I – as Organizações da Sociedade Civil de Interesse Público – OSCIP apresentem Certidão de Qualificação, emitida pelo Ministério da Justiça e Segurança Pública; e
II – as Empresas Simples de Crédito – ESC apresentem o registro na Junta Comercial do Estado ou do Distrito Federal.

Art. 313-C. São requisitos para a renovação de cadastro de entidade autorizada a operar ou participar do PNMPO:

I – requerimento assinado, conforme modelo disponível no portal gov.br; e
II – Termo de Compromisso assinado, conforme modelo disponível no portal gov.br.

§ 1º Será necessário, além dos documentos de que tratam os incisos I e II do *caput*, que:

I – as pessoas jurídicas especializadas no apoio, no fomento ou na orientação às atividades produtivas e os agentes de crédito apresentem estatuto social, contrato social ou outro instrumento congênere que comprove que a entidade tem por finalidade a concessão de crédito ou a prestação de serviços de apoio ao fomento ou de orientação de atividades produtivas de empreendedores ou documento que comprove vínculo com instituição financeira autorizada a funcionar no País pelo Banco Central do Brasil, no qual seja especificada a contratação para atuação nessa finalidade;
II – as Organizações da Sociedade Civil de Interesse Público apresentem Certidão de Qualificação, emitida pelo Ministério da Justiça e Segurança Pública; e
III – as Empresas Simples de Crédito apresentem o registro na Junta Comercial do Estado ou do Distrito Federal.

Art. 313-D. A instrução processual dos pedidos de cadastro no PNMPO será realizada por meio da autuação de processo administrativo específico, devendo ser juntada aos autos documentação que comprove o atendimento de todos os requisitos estabelecidos nos art. 313-B ou 313-C, conforme o tipo de requerimento.

§ 1º Os documentos de que tratam os incisos I e II do *caput* dos art. 313-B ou 313-C, serão assinados por meio de certificado digital ou assinatura eletrônica do gov.br.

§ 2º A instrução processual dos pedidos de cadastro ou de renovação de cadastro no PNMPO será realizada pela Coordenação-Geral de Políticas de Trabalho e Renda da Subsecretaria de Políticas de Trabalho da Secretaria de Trabalho.

§ 3º Em caso de documentação incompleta, a entidade será notificada, por via eletrônica, a apresentar documentação complementar no prazo de até trinta dias, contado da data da notificação.

§ 4º Não havendo manifestação dentro do prazo de que trata o § 3º, o processo será encerrado e a instituição será notificada, por via eletrônica.

§ 5º A instituição poderá formalizar um novo processo, mediante apresentação da documentação que atenda aos requisitos estabelecidos nos art. 313-B ou 313-C, conforme o tipo de requerimento.

Art. 313-E. O cadastro de entidade autorizada a operar ou participar do PNMPO será publicado no *Diário Oficial da União*, por meio de despacho da Subsecretaria de Políticas Públicas de Trabalho da Secretaria de Trabalho.

§ 1º Após a publicação do despacho de cadastro será disponibilizada a Certidão de Cadastro pela Coordenação-Geral de Políticas de Trabalho e Renda da Subsecretaria de Políticas Públicas de Trabalho da Secretaria de Trabalho.

§ 2º A Certidão de Cadastro terá validade de trezentos e sessenta dias, e poderá ser renovada mediante atualização da documentação que atenda aos requisitos constantes do art. 313-C.

Art. 313-F. O descadastramento de entidade autorizada a operar ou participar do PNMPO poderá ser realizado:

I – a pedido, mediante manifestação expressa, não sendo necessário apresentar justificação ou prévio aviso; ou

II – de ofício, a qualquer tempo, em virtude de procedimento administrativo que constate que a entidade deixou de atender aos requisitos estabelecidos neste Capítulo, em decorrência de decisão judicial ou apuração de denúncia.

Parágrafo único. O ato administrativo de descadastramento será publicado no *Diário Oficial da União* por meio de despacho da Subsecretaria de Políticas Públicas de Trabalho da Secretaria de Trabalho.

Art. 313-G. Ficam convalidados os cadastros realizados pelas unidades competentes durante a vigência da Portaria ME nº 5.823, de 18 de maio de 2021.

▶ Arts. 313-A a 313-G acrescidos pela Port. do MTPrev nº 4.198, de 19-12-2022.

CAPÍTULO XVIII
DA APRENDIZAGEM PROFISSIONAL E DO CADASTRO NACIONAL DE APRENDIZAGEM PROFISSIONAL

SEÇÃO I – *DAS DISPOSIÇÕES PRELIMINARES*

Arts. 314 e 315.* Revogados. *Port. do MTE nº 3.872, de 21-12-2023.

SEÇÃO II – *DO CADASTRO NACIONAL DE APRENDIZAGEM PROFISSIONAL – CNAP*

Arts. 316 a 320.* Revogados. *Port. do MTE nº 3.872, de 21-12-2023.

SEÇÃO III – *DAS ENTIDADES QUALIFICADORAS*

Arts. 321 a 323.* Revogados. *Port. do MTE nº 3.872, de 21-12-2023.

SUBSEÇÃO I – *DA HABILITAÇÃO DAS ENTIDADES QUALIFICADORAS*

Arts. 324 a 328.* Revogados. *Port. do MTE nº 3.872, de 21-12-2023.

SUBSEÇÃO II – *DAS FILIAIS E DAS UNIDADES VINCULADAS ÀS ESCOLAS TÉCNICAS DE EDUCAÇÃO PÚBLICAS.*

Arts. 329 e 330.* Revogados. *Port. do MTE nº 3.872, de 21-12-2023.

SEÇÃO IV – *DOS PROGRAMAS DE APRENDIZAGEM PROFISSIONAL*

Arts. 331 a 335.* Revogados. *Port. do MTE nº 3.872, de 21-12-2023.

SEÇÃO V – *DOS CURSOS DE APRENDIZAGEM PROFISSIONAL*

SUBSEÇÃO I – *DAS DIRETRIZES*

Arts. 336 e 337.* Revogados. *Port. do MTE nº 3.872, de 21-12-2023.

SUBSEÇÃO II – *DAS ATIVIDADES TEÓRICAS E PRÁTICAS*

Arts. 338 a 348.* Revogados. *Port. do MTE nº 3.872, de 21-12-2023.

SUBSEÇÃO III – *DO CADASTRAMENTO DOS CURSOS NO CNAP*

Arts. 349 a 353.* Revogados. *Port. do MTE nº 3.872, de 21-12-2023.

SUBSEÇÃO IV – *DOS CURSOS DE APRENDIZAGEM PROFISSIONAL NA MODALIDADE À DISTÂNCIA*

Arts. 354 a 363.* Revogados. *Port. do MTE nº 3.872, de 21-12-2023.

SUBSEÇÃO V – *DOS CURSOS DE APRENDIZAGEM PROFISSIONAL EM PARCERIA*

Art. 364.* Revogado. *Port. do MTE nº 3.872, de 21-12-2023.

Seção VI

DO CADASTRO DOS APRENDIZES

Art. 365. **Revogado.** ***Port. do MTE nº 3.872, de 21-12-2023.***

Seção VII

DA SUSPENSÃO

Arts. 366 a 373. **Revogados.** ***Port. do MTE nº 3.872, de 21-12-2023.***

Seção VIII

DA MODALIDADE ALTERNATIVA DE CUMPRIMENTO DE COTA

Art. 374. **Revogado.** ***Port. do MTE nº 3.872, de 21-12-2023.***

Seção IX

DO CÁLCULO DA COTA DE APRENDIZAGEM PROFISSIONAL

Arts. 375 e 376. **Revogados.** ***Port. do MTE nº 3.872, de 21-12-2023.***

Seção X

DO CONTRATO DE APRENDIZAGEM PROFISSIONAL

Arts. 377 a 382. **Revogados.** ***Port. do MTE nº 3.872, de 21-12-2023.***

Seção XI

DAS FÉRIAS

Arts. 383 e 384. **Revogados.** ***Port. do MTE nº 3.872, de 21-12-2023.***

Seção XII

DISPOSIÇÕES GERAIS

Arts. 385 a 397. **Revogados.** ***Port. do MTE nº 3.872, de 21-12-2023.***

Capítulo XVIII-A

DA EXECUÇÃO DO PROGRAMA DE QUALIFICAÇÃO SOCIAL E PROFISSIONAL – QUALIFICA BRASIL

▸ Capítulo XVIII-A acrescido pela Port. do MTPrev nº 4.198, de 19-12-2022.

Art. 397-A. Este Capítulo dispõe sobre a execução de modalidade denominada qualificação presencial no âmbito do Programa Brasileiro de Qualificação Social e Profissional – QUALIFICA BRASIL, de que trata a Resolução do CODEFAT nº 907, de 26 de maio de 2021.

Seção I

DA QUALIFICAÇÃO PRESENCIAL

Art. 397-B. Para fins deste Capítulo, a qualificação presencial consiste na execução de cursos de qualificação social e profissional dos trabalhadores, de forma a assegurar progressivo alinhamento e articulação entre a demanda do mercado de trabalho e oferta de cursos, em observância aos princípios e objetivos do QUALIFICA BRASIL.

Seção II

DOS ENTES PARTICIPANTES

Art. 397-C. As parcerias para execução da modalidade serão formalizadas mediante a celebração de contratos, convênios, termos de colaboração, termos de fomento, termos de execução descentralizada, contratos de impacto social, transferência automáticas entre os fundos do trabalho e outros instrumentos pertinentes, à luz da legislação vigente, da Resolução do CODEFAT nº 907, de 2021, das demais decisões emanadas do Conselho Deliberativo do Fundo de Amparo ao Trabalhador e de normas operacionais ou de execução aplicáveis à matéria.

§ 1º Poderão atuar na execução do programa os estados, o Distrito Federal, os municípios, os consórcios de municípios, as organizações governamentais e intergovernamentais, e as pessoas jurídicas, com ou sem fins lucrativos.

§ 2º A qualificação presencial poderá ser executada:

I – diretamente pelo Ministério do Trabalho e Previdência, por meio de contratos com instituições privadas que desenvolvam atividades afins com o objeto do programa, independentemente de terem finalidade lucrativa;

II – diretamente, por meio de termos de colaboração e termos de fomento com instituições privadas sem fins lucrativos que desenvolvam atividades afins com o objeto do programa;

III – indiretamente, por meio de transferências automáticas entre os fundos do trabalho com as secretarias estaduais, do Distrito Federal e municipais de trabalho, ou equivalentes, e com os consórcios de municípios, observadas as disposições da Resolução do CODEFAT nº 905, de 26 de maio de 2021; e

IV – indiretamente, por meio de termos de execução descentralizada com órgãos da União.

§ 3º A celebração de instrumentos para a promoção da qualificação presencial com estados, Distrito Federal ou municípios ficará condicionada à utilização, pelos entes, do Portal Emprega Brasil, do aplicativo "Sine Fácil" e de demais soluções disponibilizadas pelo Ministério do Trabalho e Previdência.

§ 4º Para executar ações de qualificação no âmbito do QUALIFICA BRASIL, os entes parceiros poderão implementar ou integrar instrumentos jurídicos com vistas à consecução de contrato de impacto social e deverão, no caso de execução direta, possuir como atividade principal o desenvolvimento de ações de qualificação ou educação e dispor de estrutura física, estrutura pedagógica e corpo técnico adequados aos objetivos do programa.

§ 5º Nos termos da Resolução do CODEFAT nº 907, de 2021, contrato de impacto social é todo acordo de vontades formalizado por instrumento jurídico específico, por meio do qual uma ou mais entidades públicas ou privadas, com ou sem fins lucrativos, se comprometem a atingir determinadas metas de interesse público, mediante o pagamento de contraprestação do poder público, condicionada à verificação, por agente independente, do atingimento dos objetivos.

Seção III

DOS PÚBLICOS PRIORITÁRIOS

Art. 397-D. A qualificação presencial deverá ser direcionada prioritariamente para os seguintes públicos:

I – beneficiários do seguro-desemprego;
II – trabalhadores desempregados cadastrados no banco de dados do Sistema Nacional de Emprego – SINE;
III – trabalhadores empregados e desempregados afetados por processo de modernização tecnológica, choques comerciais ou outras formas de reestruturação econômica produtiva;
IV – beneficiários de políticas de inclusão social e de políticas de integração e desenvolvimento regional e local;
V – internos e egressos do sistema prisional e de medidas socioeducativas;
VI – trabalhadores resgatados de regime de trabalho forçado ou reduzido à condição análoga à de escravo;
VII – familiares de egressos do trabalho infantil;
VIII – trabalhadores de setores considerados estratégicos da economia, na perspectiva do desenvolvimento sustentável e da geração de trabalho, emprego e renda;
IX – trabalhadores cooperativados, em condição associativa ou autogestionada, e empreendedores individuais;
X – trabalhadores rurais;
XI – pescadores artesanais;
XII – aprendizes;
XIII – estagiários;
XIV – pessoas com deficiências; e
XV – idosos.

Parágrafo único. Somente poderão ser beneficiários das ações de qualificação social e profissional do QUALIFICA BRASIL aqueles inscritos no Cadastro de Pessoas Físicas – CPF.

Art. 397-E. No âmbito das ações na modalidade de qualificação presencial será obrigatória a destinação de dez por cento das vagas para atendimento a pessoas com deficiências e, cumulativamente, para atendimento a idosos.

§ 1º O tipo de deficiência do trabalhador beneficiário deverá ser indicado no sistema de gestão disponibilizado pelo Ministério do Trabalho e Previdência.

§ 2º Verificada adesão de beneficiários dos públicos de que trata o *caput* abaixo do percentual estabelecido e comprovado o emprego de meios razoáveis para sua mobilização, é autorizado o preenchimento das vagas remanescentes por beneficiários dos demais públicos previstos no projeto.

§ 3º Os segurados da Previdência Social em processo de reabilitação profissional poderão ser incluídos nas vagas de que trata o *caput*, cumpridas as disposições do Decreto nº 3.298, de 20 de dezembro de 1999 – Política Nacional para a Integração da Pessoa Portadora de Deficiência e suas regulamentações.

Art. 397-F. No atendimento à pessoa com deficiência, deverão ser observados:

I – as disposições do Decreto nº 3.298, de 1999, e suas regulamentações;
II – as normas da Associação Brasileira de Normas Técnicas – ABNT, que tratem da acessibilidade de pessoas portadoras de deficiências e edificações, espaço, mobiliário e equipamentos urbanos; e
III – as disposições da legislação brasileira relativas à inclusão da pessoa com deficiência.

Seção IV

DOS CONTEÚDOS PROGRAMÁTICOS E DA CARGA HORÁRIA

Art. 397-G. A carga horária das ações será baseada nas referências contidas neste Capítulo e observará os seguintes parâmetros:

I – hora/aula de sessenta minutos;

II – mínimo de vinte horas/aula de conteúdos básicos; e

III – mínimo de trinta por cento da carga horária de formação profissional voltada para a prática profissional.

Parágrafo único. A prática profissional compreende diferentes situações de vivência, aprendizagem e trabalho, como experimentos e atividades específicas em ambientes especiais, tais como laboratórios, oficinas, empresas pedagógicas, ateliês e outros, bem como investigação sobre atividades profissionais, projetos de pesquisa ou intervenção, visitas técnicas, simulações, observações, entre outras.

Art. 397-H. A definição quanto aos conteúdos deverá basear-se na CBO ou nas competências e habilidades requeridas pelo mundo do trabalho.

§ 1º Os conteúdos de formação profissional deverão tratar dos processos, métodos, técnicas, normas, regulamentações, materiais e equipamentos relacionados ao desenvolvimento da profissão.

§ 2º Complementarmente, poderão ser ministrados conteúdos relacionados ao empreendedorismo, gestão, autogestão, associativismo, cooperativismo, melhoria da produtividade.

Art. 397-I. A organização dos cursos tomará como base, preferencialmente:

I – eixos tecnológicos, tendo como referência as atividades humanas e o desenvolvimento científico e tecnológico;

II – itinerários formativos, entendidos como possibilidades de percurso que compõem a formação em educação profissional e tecnológica, de maneira a que se possibilite o aproveitamento contínuo e articulado dos estudos; ou

III – arcos ocupacionais, entendidos como conjuntos de ocupações relacionadas, dotadas de base sociotécnica comum, com vistas a garantir uma formação mais ampla e aumentando as possibilidades de inserção ocupacional.

Art. 397-J. Os cursos ministrados no âmbito da qualificação presencial deverão contemplar carga horária mínima de vinte horas para conteúdos básicos compreendendo, pelo menos, os seguintes temas:

I – comunicação oral e escrita, leitura e compreensão de textos;

II – raciocínio lógico-matemático;

III – saúde e segurança no trabalho;

IV – direitos humanos, sociais e trabalhistas;

V – relações interpessoais no trabalho;

VI – orientação profissional; e

VII – responsabilidade socioambiental.

Seção V

DOS ELEMENTOS DOS PROJETOS E DOS ITENS DE DESPESA

Art. 397-K. Sem prejuízo das exigências e informações requeridas nos respectivos instrumentos de celebração, deverá a proposta técnica de execução de ações no âmbito da qualificação presencial conter, no mínimo, os seguintes elementos:

I – descrição completa do objeto a ser executado;

II – estimativa de recursos financeiros;

III – previsão de prazo para execução;

IV – cronograma de execução, detalhando etapas e prazos;

V – cronograma de desembolso/pagamento;

VI – meta total de público a ser qualificado;

VII – matriz de demanda informando, por município, a meta para cada curso, com o código da CBO correspondente, quando aplicável;

VIII – distribuição da meta por público, quando aplicável;

IX – distribuição da meta por município, quando aplicável; e

X – matriz de custos detalhados.

Parágrafo único. A proposta técnica deverá ser elaborada com base no Mapeamento das Demandas de Qualificação Social e Profissional – MDQSP, de que trata o art. 21 da Resolução do CODEFAT nº 907, de 2021.

Seção VI

DO MATERIAL DIDÁTICO E DEMAIS ITENS DE APOIO

Art. 397-L. Será obrigatório o provimento aos educandos de material didático e auxílio-transporte, e, quando aplicável, alimentação e equipamentos de proteção individual – EPI.

Art. 397-M. O material didático, constituído de livros ou apostilas, impressos ou eletrônicos, deverá ser entregue ou enviado aos educandos no primeiro dia de curso.

Parágrafo único. O material didático deverá será identificado com a logomarca do Ministério do Trabalho e Previdência.

Art. 397-N. Deverão ser disponibilizados, aos educandos e aos instrutores, equipamentos de proteção individual nos cursos que exijam sua utilização, nos termos da legislação vigente, os quais deverão ser adequados ao risco da ocupação e em perfeito estado de conservação e funcionamento, sempre que as medidas de ordem geral não ofereçam completa proteção contra os riscos de acidentes e danos à saúde dos envolvidos.

Art. 397-O. Todo o material didático deverá ser doado aos educandos.

Seção VII

DOS BENEFÍCIOS AOS EDUCANDOS

Art. 397-P. Nos cursos com carga horária diária de até quatro horas, será facultado o fornecimento de lanche ou refeição aos educandos.

§ 1º Nos cursos com carga horária diária entre quatro e seis horas, inclusive, será obrigatório o fornecimento de lanche ou refeição.

§ 2º Nos cursos com carga horária diária maior que seis horas, será obrigatório o fornecimento de lanche e refeição.

Art. 397-Q. Será obrigatório o provimento de auxílio-transporte aos educandos até o local dos cursos.

§ 1º Serão considerados como auxílio-transporte:

I – o vale-transporte;

II – a contratação de empresa de transporte, desde que os valores sejam compatíveis com o valor orçado para o provimento do vale-transporte; e

III – convênios ou acordos com órgãos municipais ou estaduais para o deslocamento dos alunos, desde que, não haja ônus para o instrumento celebrado com a União.

§ 2º No caso em que o educando não necessite do auxílio-transporte, será facultado ao educando dispensar o benefício, mediante assinatura de declaração de dispensa.

Art. 397-R. Será obrigatória a disponibilização aos educandos de certificado de conclusão do curso, conforme modelo no sistema de gestão e informação disponibilizado pelo Ministério do Trabalho e Previdência.

§ 1º O não fornecimento do certificado ao educando implicará a glosa ou a restituição, conforme o caso, de dez por cento dos recursos equivalentes ao custo-aluno dos educandos que não receberem os certificados.

§ 2º O certificado também ficará disponível no cadastro do trabalhador nos postos de atendimento do SINE.

Art. 397-S. O descumprimento de qualquer das obrigações relacionadas nos arts. 397-L a 397-R sujeitará a entidade executora à glosa ou restituição de recursos repassados, conforme o caso, equivalentes ao descumprimento apurado, sem prejuízo da aplicação de outros dispositivos cabíveis.

Art. 397-T. Em todos os casos é vedado o pagamento aos educandos em pecúnia.

Seção VIII

DO CRONOGRAMA DE EXECUÇÃO

Art. 397-U. Quando da celebração do instrumento de que trata o art. 397-C, os entes executores deverão apresentar cronograma de execução observando a adequação ao cronograma de pagamento e o prazo final de execução da parceria.

Parágrafo único. O cronograma de execução deverá discriminar as etapas, com o detalhamento das atividades com os respectivos prazos de execução.

Art. 397-V. Os entes executores informarão em sistema de gestão e informação disponibilizado pelo Ministério do Trabalho e Previdência os dados relativos às turmas, com, no mínimo, quinze dias corridos de antecedência em relação à data fixada para o início dos cursos.

§ 1º Qualquer alteração na programação das turmas deverá ser comunicada ao Ministério do Trabalho e Previdência com antecedência mínima de cinco dias corridos da data de início anteriormente informada.

§ 2º A inobservância injustificada dos prazos que tratam este artigo poderá acarretar a suspensão das ações e a obrigatoriedade de reprogramação do início das turmas.

Seção IX

DOS REGISTROS EM SISTEMA DE GESTÃO E INFORMAÇÃO

Art. 397-W. As ações de qualificação deverão ser registradas no sistema de gestão e informação disponibilizado pelo Ministério do Trabalho e Previdência, visando ao controle e à gestão da execução.

§ 1º Será obrigatório aos entes parceiros inserir as informações e registros no sistema de gestão e informação disponibilizado pelo Ministério do Trabalho e Previdência concomitantemente à realização das atividades previstas.

§ 2º Os eventos relativos à execução, quais sejam, entrega de material didático e controle de frequência dos educandos, deverão ser devidamente alimentados no sistema de gestão e informação disponibilizado pelo Ministério do Trabalho e Previdência em até quinze dias corridos, contados de sua ocorrência, ou quando for solicitado pela área técnica de supervisão.

§ 3º Os educandos deverão validar, ao final do curso, a alimentação do sistema de gestão e informação disponibilizado pelo Ministério do Trabalho e Previdência mediante assinatura de relatório físico comprobatório, que deverá ser mantido pelo ente executor para fins de fiscalização.

§ 4º Caso encontre alguma inconsistência no relatório comprobatório, o educando deverá informá-la de próprio punho, em campo destinado para essa finalidade, para a devida correção da informação no sistema de gestão e informação disponibilizado pelo Ministério do Trabalho e Previdência, a qual deverá ser imediatamente efetuada pelo responsável.

§ 5º Em caso de indisponibilidade de sistema de gestão e informação, o Ministério do Trabalho e Previdência proverá meios alternativos suficientes ao controle e à gestão da execução das ações pactuadas.

§ 6º A inobservância das obrigações quanto ao registro de que trata este artigo implicará sanções e poderá acarretar a invalidação da execução caso reste inviabilizado o regular acompanhamento das ações de qualificação pelo Ministério do Trabalho e Previdência.

Art. 397-W. Eventuais problemas no sistema de gestão e informação disponibilizado pelo Ministério do Trabalho e Previdência, que impeçam o cumprimento das obrigações a ele relativas, deverão ser comunicados de imediato ao Ministério do Trabalho e Previdência para orientação quanto às providências cabíveis.

► Mantivemos a numeração do artigo conforme publicação oficial, porém entendemos que o correto seria art. 397-X, renumerando, assim, os artigos subsequentes.

Art. 397-X. O material didático deverá ser disponibilizado aos educandos no primeiro dia de curso e os equipamentos de proteção individual, quando houver, deverão ser entregues no dia em que se iniciarem as práticas profissionais.

Art. 397-Y. Os controles relativos à disponibilização de alimentação, à concessão de auxílio-transporte e à frequência dos educandos serão feitos diariamente, pelo professor ou por profissional de apoio, nos dois primeiros casos, e exclusivamente pelo professor, no último caso.

Art. 397-Z. As listas comprobatórias assinadas pelos educandos e os registros no sistema de gestão e informação ou em meio alternativo, se for o caso, disponibilizados pelo Ministério do Trabalho e Previdência, serão utilizados para comprovação da execução das ações pactuadas.

Seção X

DO CONTROLE DE QUALIDADE

Art. 397-AA. Como forma de fomentar o controle de qualidade das ações por seus próprios beneficiários, os entes executores disponibilizarão aos educandos, no primeiro dia de aula, ou em seu ingresso no curso, informativo contendo todas as obrigações, bem como todos os benefícios e materiais a que ele faz jus.

Seção XI

DA EVASÃO

Art. 397-AB. Ao término da execução do objeto da parceria, será efetuado o cálculo da taxa de evasão.

§ 1º A taxa de evasão será obtida aplicando-se a seguinte equação: [Total de educandos inscritos (até o limite da meta) – Total de educandos concluintes (até o limite da meta)] X 100/Total de educandos inscritos (até o limite da meta).

§ 2º A taxa de evasão até o limite de vinte por cento será considerada franqueada e não ensejará glosa ou restituição de recursos.

§ 3º A taxa de evasão superior a vinte por cento ensejará a glosa ou a restituição de recursos correspondentes a cinquenta por cento do custo aluno pactuado relativo a cada educando evadido acima do limite definido no § 2º.

§ 4º Somente serão admitidas, como justificativa para evasão acima de vinte por cento, as seguintes situações, desde que ocorridas no período de duração do curso e devidamente comprovadas:

I – admissão do educando como empregado no mercado de trabalho formal;

II – óbito do educando; e

III – situação de calamidade ou emergência na localidade.

§ 5º Para caracterizar a situação de calamidade ou emergência, o ente parceiro deverá encaminhar o Decreto Municipal de Emergência e demais comprovações pertinentes.

§ 6º Para comprovação de óbito deverá o cadastro do trabalhador ser desativado no sistema com esta justificativa.

§ 7º Será admitido o abono de faltas dos educandos até o limite de dez por cento da carga horária total do curso, nos seguintes casos:

I – doença, devidamente comprovada por atestado médico; e

II – participação em entrevista de emprego, comprovada por declaração da empresa promotora.

Art. 397-AC. Será considerado como concluinte o educando que atingir setenta e cinco por cento de frequência em relação à carga horária total do curso.

Seção XII

DA GLOSA E DA RESTITUIÇÃO DE RECURSOS

Art. 397-AD. A entidade executora ficará sujeita à glosa ou à restituição de recursos, com os devidos acréscimos legais, nas situações previstas nos respectivos normativos aplicados aos instrumentos pactuados, e ainda nas seguintes situações:

I – inexecução total ou parcial das ações pactuadas;

II – descumprimento da meta total pactuada;

III – descumprimento da meta pactuada por público, quando aplicável, caso em que a execução acima da meta para um público não será aceita como justificativa para o descumprimento da meta de outro público;

IV – não atingimento da meta pactuada por município, quando aplicável, caso em que a execução acima da meta para um município não será aceita como justificativa para o descumprimento da meta de outro município;

V – não saneamento de irregularidades na execução das ações dentro do prazo concedido, conforme os normativos aplicáveis à matéria;

VI – não comprovação da execução nos termos aprovados;

VII – realização de despesas não previstas ou não autorizadas, quando aplicável;

VIII – não comprovação da aplicação dos recursos da contrapartida, quando for o caso;

IX – evasão de educandos, nos termos do art. 397-AB;

X – descumprimento da meta mínima para atendimento a pessoas com deficiência, salvo no caso disposto § 2º do art. 397-E;

XI – não comprovação da execução por meio do sistema de gestão e informação disponibilizado pelo Ministério do Trabalho e Previdência;

XII – descumprimento de carga horária prevista em cada curso;

XIII – descumprimento da carga horária de conteúdos básicos;

XIV – descumprimento da carga horária de conteúdos específicos, quando aplicável;

XV – descumprimento da carga horária mínima destinada à prática profissional;

XVI – cursos executados sem considerar o Mapeamento de Demandas de Qualificação Social e Profissional, de que trata o art. 21 da Resolução do CODEFAT nº
907, de 2021;

XVII – não disponibilização de material didático, auxílio-transporte, e, quando aplicável, auxílio-alimentação e equipamentos de proteção individual; e

XVIII – outras impropriedades que venham a ser apuradas na execução das ações.

§ 1º O montante a ser devolvido em cada caso será calculado com base no detalhamento de despesas por aluno pactuado em cada instrumento.

§ 2º Para efeitos de glosa e restituição de recursos, o custo aluno de referência será o pactuado em cada instrumento.

§ 3º As disposições deste artigo não se aplicam às ações de qualificação social e profissional realizadas por meio de transferências automáticas entre fundos, de que trata a Lei nº 13.667, de 17 de maio de 2018.

► Arts. 397-A a 397-AD acrescidos pela Port. do MTPrev nº 4.198, de 19-12-2022.

Capítulo XIX

DISPOSIÇÕES FINAIS

Art. 398. O empregador poderá utilizar controle único e centralizado dos documentos sujeitos à inspeção do trabalho, à exceção do registro de empregados, do registro de horário de trabalho e de outros documentos estabelecidos em normas específicas, que deverão permanecer em cada estabelecimento.

Parágrafo único. A exibição dos documentos passíveis de centralização deverá ser feita no prazo de dois a oito dias, a critério do Auditor Fiscal do Trabalho.

Art. 399. Ficam anuladas as seguintes portarias:

I – Portaria MTE nº 329, de 14 de agosto de 2002;

II – Portaria MTE nº 230, de 21 de maio de 2004; e

III – Portaria MTb nº 937, de 7 de novembro de 2018.

Art. 400. Ficam revogados os seguintes atos normativos:

I – Portaria MTPS nº 417, de 10 de junho de 1966;

II – Portaria DNSHT nº 1, de 15 de janeiro de 1969;

III – Portaria MTb nº 3.158, de 18 de maio de 1971;

IV – Portaria MTb nº 3.405, de 25 de outubro de 1978;

V – Portaria MTb nº 3.406, de 25 de outubro de 1978;

VI – Portaria MTb nº 3.006, de 7 de janeiro de 1982;

VII – Portaria MTB nº 3.296, de 3 de novembro de 1986;

VIII – Portaria SES nº 2, de 3 de abril de 1987;

IX – Portaria MTb nº 3.097, de 17 de maio de 1988;

X – Portaria MTb nº 3.122, de 5 de julho de 1988;

XI – Portaria Interministerial MTb/MS nº 3.257, de 22 de setembro de 1988;

XII – Portaria MTE nº 3.302, DE 11 de novembro de 1988;

XIII – Portaria MTb nº 3.275, de 21 de setembro de 1989;

XIV – Portaria MTPS nº 3.626, de 13 de novembro de 1991;

XV – Portaria MTB nº 384, de 19 de junho de 1992;

XVI – Portaria MTb nº 402, de 28 de abril de 1995;

XVII – Portaria MTb nº 817, de 30 de agosto de 1995;

XVIII – Portaria MTb nº 1.061, de 1º de novembro de 1996;

XIX – Portaria MTb nº 44, de 16 de janeiro de 1997;

XX – Portaria MTb nº 670, de 20 de agosto de 1997;

XXI – Portaria MTE nº 1.964, de 1º de dezembro de 1999;

XXII – Portaria Interministerial MTE/MJ nº 12, de 21 de fevereiro de 2001;

XXIII – Portaria MTE nº 397, de 9 de outubro de 2002;

XXIV – Portaria MTE nº 451, de 8 de novembro de 2002;

XXV – Portaria MTE nº 1.153, de 13 de outubro de 2003;

XXVI – Portaria MTE nº 105, de 18 de março de 2004;

XXVII – Portaria MTE nº 243, de 25 de maio de 2004;

XXVIII – Instrução Normativa SRT nº 1, de 18 de janeiro de 2005;

XXIX – Portaria MTE nº 393, de 15 de agosto de 2005;

XXX – Portaria MTE nº 486, de 18 de novembro de 2005;

XXXI – Portaria MTE nº 488, de 23 de novembro de 2005;

XXXII – Instrução Normativa SRT nº 2, de 1º de dezembro de 2005;

XXXIII – Portaria MTE nº 21, de 9 de março de 2006;

XXXIV – Instrução Normativa SRT nº 3, de 3 de abril de 2006;

XXXV – Instrução Normativa SRT nº 4, de 12 de dezembro de 2006;

XXXVI – Portaria MTE nº 41, de 28 de março de 2007;

XXXVII – Instrução Normativa SRT nº 5, de 18 de julho de 2007;

XXXVIII – Portaria MTE nº 412, de 20 de setembro de 2007;

XXXIX – Portaria MTE nº 616, de 13 de dezembro de 2007;

XL – Portaria MTE nº 210, de 29 de abril de 2008;

XLI – Portaria MTE nº 262, de 29 de maio de 2008;

XLII – Instrução Normativa SRT nº 8, de 22 de julho de 2008;

XLIII – Instrução Normativa SRT nº 9, de 9 de agosto de 2008;

XLIV – Instrução Normativa SRT nº 10, de 27 de fevereiro de 2009;
XLV – Portaria MTE nº 1.232, de 22 de julho de 2009;
XLVI – Instrução Normativa nº 12, de 5 de agosto de 2009;
XLVII – Portaria MTE nº 1.510, de 21 de agosto de 2009;
XLVIII – Portaria MTE nº 1.535, de 21 de agosto de 2009;
XLIX – Portaria MTE nº 1.715, de 21 de setembro de 2009;
L – Portaria MTE nº 2.233, de 17 de novembro de 2009;
LI – Instrução Normativa SRT nº 13, de 17 de novembro de 2009;
LII – Portaria SRT nº 6, de 26 de janeiro de 2010;
LIII – Portaria MTE nº 351, de 2 de março de 2010;
LIV – Portaria MTE nº 982, de 5 de maio de 2010;
LV – Portaria MTE nº 1.001, de 6 de maio de 2010;
LVI – Portaria MTE nº 1.095, de 19 de maio de 2010;
LVII – Portaria MTE nº 1.246, de 28 de maio de 2010;
LVIII – Portaria MTE nº 1.554, de 30 de junho de 2010;
LIX – Portaria MTE nº 1.474, de 29 de junho 2010;
LX – Portaria MTE nº 1.621, de 14 de julho de 2010;
LXI – Instrução Normativa SRT nº 15, de 14 de julho de 2010;
LXII – Portaria MTE nº 1.987, de 18 de agosto de 2010;
LXIII – Portaria MTE nº 373, de 25 de fevereiro de 2011;
LXIV – Portaria MTE nº 239, de 09 de fevereiro de 2011;
LXV – Portaria MTE nº 420, de 10 de março de 2011;
LXVI – Portaria MTE nº 793, de 27 de abril de 2011;
LXVII – Portaria MTE nº 1.469, de 21 de julho de 2011;
LXVIII – Portaria MTE nº 1.752, de 31 de agosto de 2011;
LXIX – Portaria MTE nº 1.959, de 29 de setembro de 2011;
LXX – Portaria MTE nº 1.979, de 30 de setembro de 2011;
LXXI – Portaria MTE nº 2.685, de 26 de dezembro de 2011;
LXXII – Portaria MTE nº 2.686, de 27 de dezembro de 2011;
LXXIII – Portaria MTE nº 594, de 5 de abril de 2012;
LXXIV – Portaria MTE nº 723, de 23 de abril de 2012;
LXXV – Portaria MTE nº 832, de 6 de junho de 2012;
LXXVI – Portaria MTE nº 1.057, de 6 de julho de 2012;
LXXVII – Portaria MTE nº 1.339, de 15 de agosto de 2012;
LXXVIII – Portaria MTE nº 1.343, de 22 de agosto de 2012;
LXXIX – Portaria MTE nº 1.641, de 10 de outubro de 2012;
LXXX – Portaria MTE nº 1.815, de 31 de outubro de 2012;
LXXXI – Portaria MTE nº 1.967, de 30 de novembro de 2012;
LXXXII – Portaria MTE nº 369, de 13 de março de 2013;
LXXXIII – Portaria Interministerial SG/MTE nº 2, de 9 de maio de 2013;
LXXXIV – Portaria MTE nº 651, de 14 de maio de 2013;
LXXXV – Portaria MTE nº 762, de 4 de junho de 2013;
LXXXVI – Portaria MTE nº 763, de 4 de junho de 2013;
LXXXVII – Portaria MTE nº 764, de 4 de junho de 2013;
LXXXVIII – Portaria MTE nº 855, de 14 de junho de 2013;
LXXXIX – Portaria MTE nº 857, de 17 de junho de 2013;
XC – Portaria MTE nº 1.005, de 1 de julho de 2013;
XCI – Instrução Normativa SRT nº 16, de 15 de outubro de 2013;
XCII – Instrução Normativa SRT nº 17, de 13 de novembro de 2013;
XCIII – Portaria MTE nº 1.884, de 28 de novembro de 2013;
XCIV – Portaria MTE nº 1.964, de 11 de dezembro de 2013;
XCV – Portaria Interministerial MTE/MEC nº 17, de 17 de dezembro de 2013;
XCVI – Portaria MTE nº 186, de 29 de janeiro de 2014;

XCVII – Portaria MTE nº 234, de 17 de fevereiro de 2014;
XCVIII – Portaria MTE nº 272, de 20 de fevereiro de 2014;
XCIX – Portaria Interministerial MTE/SG/PR nº 2, de 2 de abril de 2014;
C – Portaria MTE nº 768, de 28 de maio de 2014;
CI – Portaria MTE nº 789, de 2 de junho de 2014;
CII – Portaria MTE nº 796, de 4 de junho de 2014;
CIII – Portaria MTE nº 1.129, de 23 de julho de 2014;
CIV – Instrução Normativa SRT nº 18, de 7 de novembro de 2014;
CV – Portaria MTE nº 1.927, de 10 de dezembro de 2014;
CVI – Portaria SPPE nº 3, de 26 de janeiro de 2015;
CVII – Portaria MTE nº 509, de 17 de abril de 2015;
CVIII – Portaria MTE nº 702, de 28 de maio de 2015;
CIX – Portaria MTE nº 709, de 28 de maio de 2015;
CX – Portaria MTE nº 751, de 10 de junho de 2015;
CXI – Portaria MTE nº 752, de 10 de junho de 2015;
CXII – Portaria MTE nº 945, de 8 de julho de 2015;
CXIII – Portaria MTE nº 1.006, de 16 de julho de 2015;
CXIV – Portaria MTE nº 1.013, de 21 de julho de 2015;
CXV – Instrução Normativa SRT nº 20, de 24 de julho de 2015;
CXVI – Portaria MTE nº 1.166, de 18 de agosto de 2015;
CXVII – Portaria MTb 1.237, de 10 de setembro de 2015;
CXVIII – Portaria MTPS nº 21, 19 de outubro de 2015;
CXIX – Portaria Conjunta MTPS/MF nº 866, de 4 de novembro de 2015;
CXX – Portaria MTPS nº 89, de 22 de janeiro de 2016;
CXXI – Portaria MTE nº 242, de 8 de março de 2016;
CXXII – Portaria Conjunta SPPE/SRT nº 1, de 2 de maio de 2016;
CXXIII – Portaria MTPS nº 521, de 4 de maio de 2016;
CXXIV – Portaria SRT nº 22, de 9 de maio de 2016;
CXXV – Portaria MTPS nº 599, de 10 de maio de 2016;
CXXVI – Portaria Interministerial MF/MTE nº 417, de 7 de novembro de 2016;
CXXVII – Portaria MTb nº 693, de 23 de maio de 2017;
CXXVIII – Portaria SPPE nº 153, de 20 de novembro de 2017;
CXXIX – Portaria SRT nº 28, de 27 de novembro de 2017;
CXXX – Portaria MTb nº 1.293, de 28 de dezembro de 2017;
CXXXI – Portaria MTb nº 33, de 17 de janeiro de 2018;
CXXXII – Portaria MTb nº 79, de 31 de janeiro de 2018;
CXXXIII – Portaria MTb nº 139, de 28 de fevereiro de 2018;
CXXXIV – Portaria MTb nº 272, de 19 de abril de 2018;
CXXXV – Portaria MTb nº 273, de 20 de abril de 2018;
CXXXVI – Portaria MTb nº 335, de 15 de maio de 2018;
CXXXVII – Portaria MTb nº 349, de 23 de maio de 2018;
CXXXVIII – Portaria SPPE nº 85, de 18 de junho de 2018;
CXXXIX – Portaria MTB nº 496, de 4 de julho de 2018;
CXL – Portaria MTb nº 621, de 6 de agosto de 2018;
CXLI – Portaria MTb nº 634, de 9 de agosto de 2018;
CXLII – Portaria MTb nº 656, de 22 de agosto de 2018;
CXLIII – Portaria MTb nº 713, de 4 de setembro de 2018;
CXLIV – Portaria SPPE nº 193, de 24 de setembro de 2018;
CXLV – Portaria Interministerial MTb/MF/MS/MP nº 1, de 7 de dezembro de 2018;
CXLVI – Portaria SEPRT nº 211, de 11 de abril de 2019;
CXLVII – Portaria SEPRT nº 604, de 18 de junho de 2019;
CXLVIII – Portaria SEPRT nº 917, de 30 de julho de 2019;
CXLIX – Portaria SEPRT nº 1.001, de 4 de setembro de 2019;

CL – Portaria SEPRT nº 1.065, de 23 de setembro de 2019;
CLI – Portaria SEPRT Nº 1.127, de 14 de outubro de 2019;
CLII – Portaria nº 1.195, de 30 de outubro de 2019;
CLIII – Portaria SEPRT nº 1.344, de 2 de dezembro de 2019;
CLIV – Portaria SEPRT nº 1.409, de 16 de dezembro de 2019;
CLV – Portaria SEPRT nº 6.136, de 3 de março de 2020;
CLVI – Portaria SEPRT nº 6.137, de 3 de março de 2020;
CLVII – Portaria SEPRT nº 11.503, de 7 de maio de 2020;
CLVIII – Portaria SEPRT nº 11.538, de 7 de maio de 2020;
CLIX – Portaria SEPRT nº 16.655, de 14 de julho de 2020;
CLX – Portaria SEPRT nº 17.593, de 24 de julho de 2020;
CLXI – Portaria SEPRT nº 19.809, de 24 de agosto de 2020;
CLXII – Portaria SEPRT nº 24.445, de 1º de dezembro de 2020;
CLXIII – Portaria SEPRT nº 396, de 11 de janeiro de 2021; e
CLXIV – Portaria SEPRT nº 1.809, de 12 de fevereiro de 2021.

▶ Incisos I a CLXIV retificados no *DOU* de 8-12-2021.

Art. 401. Esta Portaria entra em vigor:

I – em 10 de fevereiro de 2022, quanto:

a) à Seção IV do Capítulo V;
b) ao Capítulo XVIII; e
c) aos incisos XLVI, XLIX, LIV, LXII, LXXIV, XC, CXXVII e CXLI do art. 400;

▶ Inciso I retificado no *DOU* de 8-12-2021.

II – quanto aos demais dispositivos, em 10 de dezembro de 2021.

Onyx Dornelles Lorenzoni

ANEXO I
MOTIVOS DE AFASTAMENTOS TEMPORÁRIOS DE EMPREGADOS E DE TRABALHADORES TEMPORÁRIOS

▶ Anexo I com a redação dada pela Port. do MTE nº 3.784, de 7-12-2023.

Acidente ou doença relacionada ao trabalho, com duração não superior a 15 (quinze) dias
Aposentadoria por invalidez
Cárcere
Cargo Eletivo - Candidato a cargo eletivo
Cumprimento de serviço militar obrigatório
Exercício de mandato eleitoral, com ou sem remuneração, de empregado público
Exercício de mandato sindical
Gozo de férias
Licença não remunerada ou sem vencimento que abrangeu todo o mês calendário
Licença-maternidade inclusive suas antecipações e prorrogações
Participação no Conselho Nacional de Previdência Social – CNPS
Suspensão do contrato para qualificação, nos termos do art. 476-A da CLT
Violência doméstica e familiar – Lei nº 11.340, de 2006 – art. 9º, § 2º, inciso II da Lei Maria da Penha

ANEXO I-A
MOTIVOS DE AFASTAMENTOS TEMPORÁRIOS DE SERVIDORES DA ADMINISTRAÇÃO PÚBLICA DIRETA, INDIRETA OU FUNDACIONAL, DAS ESFERAS FEDERAL, ESTADUAL, MUNICIPAL OU DO DISTRITO FEDERAL, NÃO REGIDOS PELO DECRETO-LEI Nº 5.452, DE 1943 – CLT, E DE MILITARES DAS FORÇAS ARMADAS, DOS ESTADOS E DO DISTRITO FEDERAL

▶ Anexo I-A acrescido pela Port. do MTE nº 3.784, de 7-12-2023.

Acidente ou doença relacionada ao trabalho, com duração não superior a 15 (quinze) dias de servidor vinculado ao RGPS
Afastamento de mandato eletivo para exercer cargo em comissão
Cargo Eletivo – Candidato a cargo eletivo
Cumprimento de serviço militar obrigatório
Disponibilidade
Exercício de mandato eleitoral com ou sem remuneração
Exercício de mandato sindical
Licença com remuneração, quando sua duração for superior a 30 (trinta) dias
Licença sem remuneração, quando ocorrer durante todo o mês calendário
Licença-maternidade, inclusive suas antecipações e prorrogações
Violência doméstica e familiar – Lei nº 11.340, de 2006 - art. 9º, § 2º, inciso II da Lei Maria da Penha

ANEXO I-B
MOTIVOS DE AFASTAMENTOS TEMPORÁRIOS DE TRABALHADORES AVULSOS PORTUÁRIOS E NÃO PORTUÁRIOS

► Anexo I-B acrescido pela Port. do MTE nº 3.784, de 7-12-2023.

Acidente ou doença relacionada ao trabalho, com duração não superior a 15 (quinze) dias
Cumprimento de serviço militar obrigatório
Exercício de mandato sindical
Gozo de férias
Impedimento de concorrência à escala para trabalho avulso
Inatividade por período superior a 90 (noventa) dias
Licença não remunerada ou sem vencimento que abrangeu todo o mês calendário
Licença-maternidade inclusive suas antecipações e prorrogações
Violência doméstica e familiar – Lei nº 11.340, de 2006 – art. 9º, § 2º, inciso II da Lei Maria da Penha

ANEXOS II E III

Revogados. Port. do MTPrev nº 1.486, de 3-6-2022.

ANEXO IV
AUTORIZAÇÃO PERMANENTE PARA O TRABALHO AOS DOMINGOS E FERIADOS

I – INDÚSTRIA

1) laticínios, excluídos os serviços de escritório;

2) frio industrial, fabricação e distribuição de gelo, excluídos os serviços de escritório;

3) purificação e distribuição de água (usinas e filtros), excluídos os serviços de escritório;

4) produção, transmissão e distribuição de energia elétrica, excluídos os serviços de escritório, mas incluídos:

a) o fornecimento de suprimentos para o funcionamento e a manutenção das centrais geradoras e dos sistemas de transmissão e distribuição de energia; e

b) as respectivas obras de engenharia.

5) produção e distribuição de gás; excluídos os serviços de escritório;

6) serviços de esgotos, excluídos os serviços de escritórios;

7) confecção de coroas de flores naturais;

8) pastelaria, confeitaria e panificação em geral;

9) indústria do malte, excluídos os serviços de escritório;

10) indústria do cobre eletrolítico, de ferro (metalúrgica), de alumínio e do vidro, excluídos os serviços de escritório;

11) turmas de emergência nas empresas industriais, instaladoras e conservadoras de elevadores e cabos aéreos;

12) trabalhos em curtumes, excluídos os serviços de escritório;

13) alimentação de animais destinados à realização de pesquisas para preparo de soro e outros produtos farmacêuticos;

14) siderurgia, fundição, forjaria, usinagem (fornos acesos permanentemente), excluídos os serviços de escritório;

15) lubrificação e reparos do aparelhamento industrial (turma de emergência);

16) indústria moageira, excluídos os serviços escritório;

17) usinas de açúcar e de álcool, incluídas oficinas, excluídos serviços de escritório;

18) indústria do papel de imprensa, excluídos os serviços de escritório;

19) indústria de cimento em geral, excluídos os serviços de escritório;

20) indústria de acumuladores elétricos, porém unicamente nos setores referentes a carga de baterias, moinho e cabine elétrica, excluídos todos os demais serviços;

21) indústria da cerveja, excluídos os serviços de escritório;

22) indústria do refino do petróleo, excluídos os serviços de escritório;

23) indústria Petroquímica, excluídos os serviços de escritório;

24) indústria de extração de óleos vegetais comestíveis, excluídos os serviços de escritório;

25) processamento de hortaliças, legumes e frutas;

26) indústria de extração de óleos vegetais e indústria de biodiesel, excluídos os serviços de escritório;

27) indústria do vinho, do mosto de uva, dos vinagres e bebidas derivados da uva e do vinho, excluídos os serviços de escritório;

28) indústria aeroespacial;

29) indústria de beneficiamento de grãos e cereais;

30) indústria de artigos e equipamentos médicos, odontológicos, hospitalares, de laboratórios, de higiene, de medicamentos e de insumos farmacêuticos e vacinas;

31) indústria de carnes e seus derivados (abate, processamento, armazenamento, manutenção, higienização, carga, descarga, transporte e conservação frigorífica), excluídos os serviços de escritório;

32) indústria da cerâmica em geral, excluídos os serviços de escritório;

33) indústria do chá, incluídos os serviços de escritório;

34) indústria têxtil em geral, excluídos os serviços de escritório;

35) indústria do tabaco, excluídos os serviços de escritório;

36) indústria do papel e papelão, no setor de purificação e alvejamento, incluídas as operações químicas propriamente ditas e as de supervisão e manutenção;

37) indústria química;

38) indústria da borracha, excluídos os serviços de escritório;

39) indústria de fabricação de chapas de fibra e madeira, excluídos os serviços de escritório;

40) indústria de gases industriais e medicinais, excluídos os serviços de escritório;

41) indústria de extração de carvão, excluídos os serviços de escritório;

42) indústria de alimentos e de bebidas;

43) atividades de produção, distribuição, comercialização, manutenção, reposição, assistência técnica, monitoramento e inspeção de equipamentos de infraestrutura, instalações, máquinas e equipamentos em geral, incluídos elevadores, escadas rolantes e equipamentos de refrigeração e climatização; e

44) indústria de peças e acessórios para veículos automotores e sistemas motores de veículos.

II – COMÉRCIO

1) varejistas de peixe;

2) varejistas de carnes frescas e caça;

3) venda de pão e biscoitos;

4) varejistas de frutas e verduras;

5) varejistas de aves e ovos;

6) varejistas de produtos farmacêuticos (farmácias, inclusive manipulação de receituário);

7) flores e coroas;

8) barbearias e salões de beleza;

9) entrepostos de combustíveis, lubrificantes e acessórios para automóveis (postos de gasolina);

10) locadores de bicicletas e similares;

11) hotéis e similares (restaurantes, pensões, bares, cafés, confeitarias, leiterias, sorveterias e bombonerias);

12) casas de diversões; inclusive estabelecimentos esportivos em que o ingresso seja pago;

13) limpeza e alimentação de animais em estabelecimentos de avicultura;

14) feiras-livres e mercados, comércio varejista de supermercados e de hipermercados, cuja atividade preponderante seja a venda de alimentos, inclusive os transportes a eles inerentes;

15) porteiros e cabineiros de edifícios residenciais;

16) serviços de propaganda dominical;

17) comércio de artigos regionais nas estâncias hidrominerais;

18) comércio em portos, aeroportos, estradas, estações rodoviárias e ferroviárias;

19) comércio em hotéis;

20) agências de turismo, locadoras de veículos e embarcações;

21) comércio em postos de combustíveis;

22) comércio em feiras e exposições;

23) comércio em geral;

24) estabelecimentos destinados ao turismo em geral;

25) atacadistas e distribuidores de produtos industrializados;

26) lavanderias e lavanderias hospitalares;

27) revendedores de tratores, caminhões, automóveis e veículos similares; e

28) comércio varejista em geral.

III – TRANSPORTES

1) serviços portuários;

2) navegação, inclusive escritório, unicamente para atender a serviço de navios;

3) trânsito marítimo de passageiros; excluídos os serviços de escritório;

Legislação Complementar

4) serviços de transporte, armazenamento, entrega e logística de cargas em geral;

5) serviço de transportes aéreos; excluídos os departamentos não ligados diretamente ao tráfego aéreo;

6) transporte interestadual rodoviário, inclusive limpeza e lubrificação dos veículos;

7) transporte de passageiros por elevadores e cabos aéreos;

8) serviços de manutenção aeroespacial;

9) transporte público coletivo urbano e de caráter urbano de passageiros e suas atividades de apoio à operação; e

10) controle de tráfego aéreo, aquático ou terrestre.

IV – COMUNICAÇÕES E PUBLICIDADE

1) empresa de comunicação telegráficas, radiotelegráficas e telefônicas; excluídos os serviços de escritório e oficinas, salvos as de emergência;

2) empresas de radiodifusão, televisão, de jornais e revistas; excluídos os serviços de escritório;

3) distribuidores e vendedores de jornais e revistas (bancas e ambulantes);

4) anúncios em bondes e outros veículos (turma de emergência); e

5) telecomunicações e internet.

V – EDUCAÇÃO E CULTURA

1) estabelecimentos de ensino (internatos); excluídos os serviços de escritório e magistério;

2) empresas teatrais; excluídos os serviços de escritório;

3) biblioteca; excluídos os serviços de escritório;

4) museu; excluídos de serviços de escritório;

5) empresas exibidoras cinematográficas; excluídos de serviços de escritório;

6) empresa de orquestras;

7) cultura física; excluídos de serviços de escritório; e

8) instituições de culto religioso.

VI – SERVIÇOS FUNERÁRIOS

1) estabelecimentos e entidades que executem serviços funerários.

VII – AGRICULTURA, PECUÁRIA E MINERAÇÃO

1) limpeza, alimentação, manejo zootécnico e manejo sanitário para animais em propriedades agropecuárias;

2) produção, colheita, beneficiamento, lavagem e transporte de hortaliças, legumes, frutas, flores, grãos, cereais, sementes e outros produtos de origem agrícola;

3) plantio, tratos culturais, corte, carregamento, transbordo e transporte de cana-de-açúcar;

4) agroindústria;

5) prevenção, controle e erradicação de pragas dos vegetais e de doença dos animais; e

6) atividades de lavra, beneficiamento, produção, comercialização, escoamento e suprimento de bens minerais.

VIII – SAÚDE E SERVIÇOS SOCIAIS

1) hospitais, clínicas, casas de saúde e ambulatórios;

2) hotelaria hospitalar, incluídos os serviços de lavanderias, camareira, limpeza e higienização, alimentação, gerenciamento de resíduos, central telefônica;

3) assistência social e atendimento à população em estado de vulnerabilidade; e

4) academias de esporte de todas as modalidades.

IX – ATIVIDADES FINANCEIRAS E SERVIÇOS RELACIONADOS

1) atividades envolvidas no processo de automação bancária;

2) teleatendimento e telemarketing;

3) serviço de Atendimento ao Consumidor (SAC) e ouvidoria;

4) serviços por canais digitais, incluídos serviços de suporte a esses canais;

5) áreas de tecnologia, de segurança e de administração patrimonial;

6) atividades bancárias de caráter excepcional ou eventual;

7) atividades bancárias em áreas de funcionamento diferenciado, como feiras, exposições, *shopping centers*, aeroportos e terminais de ônibus, de trem e de metrô; e

8) produção e distribuição de numerário à população e manutenção da infraestrutura tecnológica do Sistema Financeiro Nacional e do Sistema de Pagamentos Brasileiro.

X – SERVIÇOS

1) guarda, uso e controle de substâncias, materiais e equipamentos com elementos tóxicos, inflamáveis, radioativos ou de alto risco, defi-

nidos pelo ordenamento jurídico brasileiro, em atendimento aos requisitos de segurança sanitária, metrologia, controle ambiental e prevenção contra incêndios;

2) serviço de *call center*;

3) serviço relacionado à tecnologia da informação e de processamento de dados (*data center*) para suporte de outras atividades previstas nesta Portaria;

4) levantamento e análise de dados geológicos com vistas à garantia da segurança coletiva, notadamente por meio de alerta de riscos naturais e de cheias e inundações;

5) mercado de capitais e seguros;

6) unidades lotéricas;

7) serviços de comercialização, reparo e manutenção de partes e peças novas e usadas e de pneumáticos novos e remoldados; e

8) atividades de construção civil.

ANEXOS V A VII

Revogados. Port. do MTPrev nº 1.486, de 3-6-2022.

ANEXO VIII
REQUISITOS DO REGISTRADOR ELETRÔNICO DE PONTO CONVENCIONAL – REP-C

► Anexo VIII com a redação dada pela Port. do MTPrev nº 1.486, de 3-6-2022.

O REP-C deve apresentar os seguintes requisitos:

1. Relógio interno de tempo real (*Real Time Clock* – RTC) com precisão mínima de 5 (cinco) partes por milhão (ppm) e que permita operações de ajuste, com capacidade de funcionamento ininterrupto por um período mínimo de 1.440 (mil quatrocentos e quarenta) horas na ausência de energia elétrica de alimentação.

2. Mostrador não analógico do RTC, contendo hora, minutos e segundos, com as seguintes características:

2.1 densidade horizontal máxima deve ser de 2 (dois) caracteres por centímetro; e

2.2 o caractere não pode ter altura inferior a 8 (oito) mm.

3. Dispor de mecanismo impressor em bobina de papel, integrado e de uso exclusivo do equipamento, que permita impressões com durabilidade mínima de 5 (cinco) anos.

4. Meio de armazenamento permanente, denominado Memória de Registro de Ponto – MRP, com capacidade de retenção dos dados gravados por, no mínimo, 10 (dez) anos, onde os dados armazenados não possam ser apagados ou alterados, direta ou indiretamente. As seguintes operações devem ser gravadas de forma permanente na MRP:

4.1 marcação de ponto, armazenando número do CPF, data e hora da marcação;

4.2 inclusão ou alteração das informações do empregador, armazenando os dados de data, hora e responsável pela inclusão ou alteração; tipo de identificador do empregador (CNPJ ou CPF); identificação do empregador; CEI/CAEPF/CNO, caso exista; razão social ou nome; e local da prestação do serviço;

4.3 ajuste do RTC, armazenando os dados de data antes do ajuste, hora antes do ajuste, data ajustada e hora ajustada, além de identificação do responsável pelo ajuste do RTC;

4.4 inserção, alteração e exclusão de dados de empregado, armazenando os dados de data e hora da operação, tipo de operação, número do CPF, nome do empregado e demais dados necessários à identificação do trabalhador pelo REP, além de identificação do responsável pela operação; e

4.5 eventos sensíveis do REP, considerando seus respectivos códigos.

OBS.: Cada registro gravado na MRP deve conter Número Sequencial de Registro – NSR, consistindo em numeração sequencial em incrementos unitários, iniciando-se em 1 na primeira operação do REP.

5. Meio de armazenamento, denominado Memória de Trabalho – MT, onde ficarão armazenados os dados necessários à operação do REP. Os seguintes dados devem ser gravados na MT:

5.1 do empregador: tipo de identificador do empregador (CNPJ ou CPF); identificador do empregador; CEI/CAEPF/CNO, caso exista; razão social ou nome; e local da prestação do serviço; e

5.2 dos empregados que utilizam o REP: nome, CPF e demais dados necessários à identificação do empregado pelo equipamento.

6. Gerar o Arquivo Fonte de Dados – AFD, a partir dos dados armazenados na MRP, em conformidade com o art. 81 desta Portaria.

7. Emitir a Relação Instantânea de Marcações – RIM, contendo a relação de todas as marcações efetuadas pelos trabalhadores na últimas 24 (vinte e quatro) horas, disponível no local da

prestação do serviço para pronta extração na forma impressa ao Auditor-Fiscal do Trabalho.

8. A impressão da RIM deve ter prioridade frente à atividade de marcação de ponto, com velocidade mínima de 480 (quatrocentas e oitenta) marcações de ponto em um tempo de 10 (dez) minutos, contendo as seguintes informações:

8.1 cabeçalho com identificador (CNPJ/CPF); CEI/CAEPF/CNO, caso exista; razão social ou nome do empregador; local da prestação do serviço; número de fabricação do REP; hora, dia, mês e ano da emissão da RIM;

8.2 NSR;

8.3 número do CPF e nome do empregado;

8.4 horário da marcação de ponto; e

8.5 quadrado, de 10 (dez) mm de lado, em cor preta, sólida, impresso ao final da RIM, no centro do papel.

9. Realizar marcação de ponto, composta dos seguintes passos:

9.1 receber diretamente a identificação do trabalhador, sem interposição de outro equipamento;

9.2 obter a hora do RTC;

9.3 registrar a marcação de ponto na MRP; e

9.4 gerar o Comprovante de Registro de Ponto do Trabalhador, conforme arts. 79 e 80.

10. A impressão do Comprovante de Registro de Ponto do Trabalhador deverá ser feita em cor contrastante com o papel, em caracteres legíveis com a densidade horizontal máxima de oito caracteres por centímetro e o caractere não poderá ter altura inferior a três milímetros.

11. O registro da marcação de ponto gravada na MRP consistirá dos seguintes campos:

11.1 NSR;

11.2 CPF do trabalhador;

11.3 data da marcação; e

11.4 horário de marcação, composta de hora, minutos e fuso horário.

12. Possuir identificação do REP gravada de forma indelével na sua estrutura externa, contendo CNPJ e nome do fabricante, marca, modelo e número de fabricação do REP, o qual deve ser composto por 17 (dezessete) dígitos (FFFFFMMMMMVSSSSSS), sendo:

12.1 FFFFF: número de cadastro do fabricante;

12.2 MMMMM: número de registro do modelo;

12.3 V: versão da MRP, com até 1 (um) dígito, podendo variar de 0 (zero) a 9 (nove); e

12.4 SSSSSS: número série único do equipamento.

OBS.: A marcação indelével do REP assume sempre V igual a 0 (zero). Somente a numeração que é impressa nos documentos fiscais é que terá o dígito V atualizado, conforme forem introduzidas novas versões de MRP.

13. Dispor de porta de saída padrão USB externa, de uso exclusivo pelo Auditor-Fiscal do Trabalho, compatível com dispositivo USB de armazenamento de massa com conector macho tipo A, formatado no padrão FAT32, denominada Porta Fiscal.

14. Gravar o AFD em dispositivo externo de memória, por meio da Porta Fiscal, para a pronta captura de todos dados armazenados na MRP pelo Auditor-fiscal do trabalho, com mensagens de evolução do processo de transmissão de informações, bem como mensagem de conclusão ou erro, até que o dispositivo seja extraído do REP.

15. A gravação do AFD em dispositivo externo de memória, por meio da Porta Fiscal, deve ocorrer em qualquer situação crítica, como equipamento aberto, sem papel ou com MRP esgotada, com prioridade no caso de uso simultâneo de outras portas de saída, quando existirem.

16. O tempo de gravação da AFD na Porta Fiscal deve respeitar as seguintes condições:

16.1 a taxa de transferência real mínima de transmissão dos dados da MRP para o dispositivo externo de memória, por meio da Porta Fiscal, deve ser 219,73 kbit/s;

16.2 o tempo máximo de captura da MRP esgotada deve ser 40 (quarenta) minutos; e

16.3 a contagem de tempo de captura do AFD deve ser suspendida quando ocorrer marcação de ponto simultaneamente à referida captura.

17. Demais itens especificados no Regulamento Técnico da Qualidade para Registrador Eletrônico de Ponto publicado pelo INMETRO, em virtude da delegação atribuída pela Portaria MTE nº 101, de 13 de janeiro de 2012.

ANEXO IX
REQUISITOS DO REGISTRADOR ELETRÔNICO DE PONTO VIA PROGRAMA – REP-P

► Anexo IX com a redação dada pela Port. do MTPrev nº 1.486, de 3-6-2022.

O REP-P deve apresentar os seguintes requisitos:

1. Permitir a identificação da organização e do trabalhador.

2. Possuir ou acessar relógio que mantenha sincronismo com a Hora Legal Brasileira (HLB) disseminada pelo Observatório Nacional (ON), com uma variação de no máximo 30 (trinta) segundos.

3. Todo coletor de marcação de registro de ponto conectado ao REP-P deve exibir relógio não-analógico contendo horas, minutos e segundos no momento da marcação.

4. As marcações registradas realizadas no REP-P devem ser oriundas de coletor *on-line* (conectado ao REP-P), podendo excepcionalmente estar *off-line* (não conectado ao REP-P).

5. No caso de registro *off-line*, as marcações devem ser enviadas posteriormente no primeiro momento em que o coletor entrar em modo on-line (conectado ao REP-P), garantidas as normas de segurança da informação contidas nesta Portaria.

6. Acesso a meio de armazenamento com redundância, alta disponibilidade e confiabilidade, denominado Armazenamento de Registro de Ponto – ARP. As seguintes operações devem ser gravadas na ARP:

6.1 inclusão ou alteração das informações do empregador, armazenando os dados de data, hora e responsável pela inclusão ou alteração; tipo de identificador do empregador (CNPJ ou CPF); identificação do empregador; CEI/CAEPF/CNO, caso exista; razão social ou nome; e local da prestação do serviço ou endereço do estabelecimento ao qual o empregado esteja vinculado, quando exercer atividade externa ou em instalações de terceiros;

6.2 ajuste do relógio, armazenando os dados de data antes do ajuste, hora antes do ajuste, data ajustada e hora ajustada, além de identificação do responsável pelo ajuste do relógio;

6.3 inserção, alteração e exclusão de dados de empregado, armazenando os dados de data e hora da operação, tipo de operação, número do CPF, nome do empregado e demais dados necessários à identificação do trabalhador pelo REP, além de identificação do responsável pela operação;

6.4 eventos sensíveis do REP, considerando seus respectivos códigos; e

6.5 marcação de ponto, armazenando número do CPF, data e hora da marcação, fuso horário da marcação, data e hora da gravação do registro, fuso horário da gravação do registro, identificador do coletor e código *hash* (SHA-256).

OBS.: Cada estabelecimento terá sua própria sequência de NSR, consistindo em numeração sequencial em incrementos unitários, iniciando-se em 1 na primeira operação do REP em relação ao estabelecimento.

7. Os dados armazenados na ARP não devem ser apagados ou alterados, direta ou indiretamente, pelo prazo mínimo legal.

8. Realizar marcação de ponto, composta dos seguintes passos:

8.1 receber de forma inequívoca a identificação do trabalhador, valendo-se de serviços informáticos que garantam a disponibilidade permanente desta funcionalidade;

8.2 obter a data e a hora de registro do ponto de forma confiável;

8.3 registrar a marcação de ponto na ARP; e

8.4 disponibilizar Comprovante de Registro de Ponto do Trabalhador, conforme arts. 79 e 80.

9. Caso seja adotado o formato impresso para o Comprovante de Registro de Ponto do Trabalhador, a impressão deverá ser feita em cor contrastante com o papel, em caracteres legíveis com a densidade horizontal máxima de oito caracteres por centímetro e o caractere não poderá ter altura inferior a três milímetros.

10. O registro da marcação de ponto gravada na ARP consistirá dos seguintes campos:

10.1 NSR;

10.2CPF do Trabalhador;

10.3. data da marcação;

10.4. horário de marcação, composto de hora, minutos e fuso horário;

10.5 data da gravação do registro;

10.6 horário da gravação do registro, composto de hora, minutos e fuso horário;

10.7 identificação do coletor; e

10.8 código *hash* (SHA-256).

11. Gerar o Arquivo Fonte de Dados – AFD, a partir dos dados armazenados na ARP, em conformidade com o art. 81 desta Portaria.

12. Possibilitar a geração do AFD para um determinado intervalo temporal.

13. Todos os equipamentos e programas informatizados que integram o REPP devem apre-

sentar alta disponibilidade, de modo a não comprometer o serviço de registro de ponto em qualquer uma de suas etapas.

ANEXOS X A XIV

Revogados. Port. do MTPrev nº 1.486, de 3-6-2022.

ANEXO XV
DETALHAMENTO METODOLÓGICO DO PROGRAMA DE DISSEMINAÇÃO DAS ESTATÍSTICAS DO TRABALHO (ART. 184-F)

▸ Anexo XV acrescido pela Port. do MTE nº 2.420, de 10-7-2023.

1 – Da criação do CAGED ao NOVO CAGED a partir do eSocial

A captação de informações sobre o mercado de trabalho formal no Brasil, mediante registros administrativos, iniciou-se com o estabelecimento do Cadastro Geral de Empregados e Desempregados – CAGED, por meio da Lei nº 4.923, de 23 de dezembro de 1965, que o instituiu como instrumento de acompanhamento e de fiscalização do processo de admissão e de dispensa de trabalhadores regidos pela Consolidação das Leis Trabalhistas, viabilizando o apoio aos desempregados e a instauração de medidas contra o desemprego.

A divulgação de estatísticas a partir deste registro administrativo se iniciou com a divulgação mensal de dados agregados em 1983, posteriormente consolidada na construção do Programa de Disseminação de Estatísticas de Trabalho PDET. Desde então, o CAGED vem se consolidando como referência para avaliação, no curto prazo, do comportamento do emprego formal e da conjuntura econômica brasileira.

Os dados também passaram a integrar o processo de planejamento das políticas públicas de trabalho, constituindo metas e indicadores de monitoramento das políticas públicas, permitindo aferir, por exemplo, o sucesso das ações de intermediação de mão de obra e de qualificação na colocação de trabalhadores no mercado formal, a cobertura do seguro-desemprego em relação ao universo de trabalhadores desligados, a geração e manutenção de postos de trabalho por empresas tomadoras de crédito com recursos do Fundo de Amparo aos Trabalhadores, entre outras possibilidades.

Acompanhando a evolução da legislação e das políticas públicas de trabalho, o CAGED teve sua metodologia de captação de informações atualizada ao longo dos anos. Por exemplo, a Portaria do Ministério do Trabalho nº 1.022, de 27 de novembro de 1992, facultou o envio das informações em meio magnético, sendo que o envio em formulário em papel foi possível até 2001, quando a Portaria do Ministério do Trabalho e Emprego nº 561, de 5 de setembro de 2001, extinguiu tais formulários. Já em 2011, a Nota Técnica MTE nº 82, de 2011, estabeleceu a divulgação de informações mensais sobre os vínculos empregatícios declarados fora do prazo legal.

Por fim, a última dessas atualizações na captação de informações no CAGED foi instituída pelo Decreto nº 8.373, de 11 de dezembro de 2014, que criou o eSocial como instrumento de unificação da prestação das informações referentes à escrituração das obrigações fiscais, previdenciárias e trabalhistas, reservando aos órgãos partícipes a responsabilidade pelo disciplinamento do processo de substituição da declaração de informações em outros formulários e declarações tornados redundantes.

Para o caso do CAGED, a implementação desse processo se iniciou em 2020, e foi disciplinada através de portarias que hoje estão consolidadas na Portaria nº 671, de 8 de novembro de 2021, dispondo sobre o processo de substituição das obrigações dispostas no art. 144. Cabe destacar que não houve alteração na Lei nº 4.923, de 1965, que instituiu o CAGED, apenas na normatização da forma do envio das obrigações, que deixam de ser declaradas pelo programa gerador do CAGED (GIS), para passarem a ser declaradas através do eSocial (ainda como forma de cumprimento de obrigação prevista em lei).

É natural que a mudança na forma de envio das informações para o cumprimento da obrigação traga impactos para a série estatística histórica. Houve um período de transição no qual as estatísticas foram especialmente impactadas, gerando inclusive adoção de um recurso a outras fontes de

dados com a constituição de uma estatística híbrida. Outrossim, faz-se necessário uma avaliação de mais longo prazo das consequências para as estatísticas da substituição de um sistema de declaração específico do Ministério do Trabalho e Emprego para um sistema de declaração integrado com repercussões trabalhistas, fiscais e previdenciárias.

O objetivo do restante deste Anexo é esclarecer tecnicamente quais procedimentos e variáveis foram adotados para reduzir este impacto e construir a base de dados estatística que passou a ser denominada de Novo CAGED, refletindo a nova forma de captação das informações. Para tanto, o primeiro passo necessário foi a harmonização da realidade das distintas fontes de informação.

2 – A leitura de informações do eSocial utilizada para computar movimentações (admissões e desligamentos) no Novo CAGED.

De acordo com o disposto no art. 144 da Portaria MTP nº 671, de 2021, a obrigação do CAGED, disposta na Lei nº 4.923, de 1965, passa a ser cumprida por meio do eSocial, mediante o envio das informações elencadas em seus incisos.

Tais informações são prestadas pelos declarantes do eSocial por meio dos eventos S-2200 (Cadastramento Inicial do Vínculo e Admissão/Ingresso de Trabalhador), para o caso das admissões, e S-2299 (Desligamento), para o caso dos desligamentos.

Ademais, campos específicos podem ser alterados por meio dos eventos S-2205 (Alteração de Dados Cadastrais do Trabalhador) e S-2206 (Alteração de Contrato de Trabalho/Relação Estatutária). A lista a seguir apresenta os campos hoje utilizados para a computação das movimentações do eSocial no Novo CAGED.

Evento	Campo	Descrição Resumida
S-2200	tpInsc	Tipo de inscrição do empregador
S-2200	nrInsc	Número de inscrição do empregador
S-2200	cpfTrab	CPF do trabalhador
S-2200	nmTrab	Nome do trabalhador
S-2200	sexo	Sexo do trabalhador
S-2200	racaCor	Raça e cor do trabalhador
S-2200	grauInstr	Grau de instrução do trabalhador
S-2200	dtNascto	Data de nascimento do trabalhador
S-2200	paisNascto	País de nascimento do trabalhador
S-2200	paisNac	País de nacionalidade do trabalhador
S-2200	defFisica	Deficiência física
S-2200	defVisual	Deficiência visual
S-2200	defAuditiva	Deficiência auditiva
S-2200	defMental	Deficiência mental
S-2200	defIntelectual	Deficiência intelectual
S-2200	reabReadap	Trabalhador reabilitado
S-2200	matricula	Matrícula atribuída ao trabalhador
S-2200	dtAdm	Data de admissão do trabalhador
S-2200	tpAdmissao	Tipo de admissão do trabalhador
S-2200	CBOCargo	Código CBO do cargo do trabalhador
S-2200	codCateg	Código da categoria do trabalhador
S-2200	vrSalFx	Salário base do trabalhador
S-2200	undSalFixo	Unidade de pagamento do salário base
S-2200	tpInsc	Tipo de inscrição do local de trabalho
S-2200	nrInsc	Número de inscrição do local de trabalho
S-2200	qtdHrsSem	Quantidade de horas de trabalho semanal
S-2200	tmpParc	Tipo de contrato em tempo parcial
S-2205	tpInsc	Tipo de inscrição do empregador
S-2205	nrInsc	Número de inscrição do empregador
S-2205	cpfTrab	CPF do trabalhador
S-2205	nmTrab	Nome do trabalhador
S-2205	sexo	Sexo do trabalhador
S-2205	racaCor	Raça e cor do trabalhador
S-2205	grauInstr	Grau de instrução do trabalhador
S-2205	paisNac	País de nacionalidade do trabalhador
S-2205	defFisica	Deficiência física
S-2205	defVisual	Deficiência visual
S-2205	defAuditiva	Deficiência auditiva
S-2205	defMental	Deficiência mental
S-2205	defIntelectual	Deficiência intelectual
S-2205	reabReadap	Trabalhador reabilitado
S-2206	tpInsc	Tipo de inscrição do empregador
S-2206	nrInsc	Número de inscrição do empregador
S-2206	cpfTrab	CPF do trabalhador
S-2206	matricula	Matrícula atribuída ao trabalhador
S-2206	CBOCargo	Código CBO do cargo do trabalhador
S-2206	codCateg	Código da categoria do trabalhador
S-2206	vrSalFx	Salário-base do trabalhador
S-2206	undSalFixo	Unidade de pagamento do salário base
S-2206	tpInsc	Tipo de inscrição do local de trabalho
S-2206	qtdHrsSem	Quantidade de horas de trabalho semanal
S-2206	tmpParc	Tipo de contrato em tempo parcial
S-2299	tpInsc	Tipo de inscrição do empregador
S-2299	nrInsc	Número de inscrição do empregador
S-2299	cpfTrab	CPF do trabalhador
S-2299	matricula	Matrícula atribuída ao trabalhador
S-2299	mtvDeslig	Motivo de desligamento do trabalhador
S-2299	dtDeslig	Data de desligamento do trabalhador

Cabe ressaltar que é aplicado um filtro de categoria para restringir o universo de movimentações captadas do eSocial a àquele comparável ao antigo CAGED. Desta for-

Legislação Complementar

ma são consideradas apenas as seguintes categorias:

- *101 – Geral, inclusive o empregado público da administração direta ou indireta contratado pela CLT;*
- *102 – Trabalhador rural por pequeno prazo da Lei nº 11.718/2008;*
- *103 – Aprendiz;*
- *105 – Contrato a termo firmado nos termos da Lei nº 9.601/1998;*
- *106 – Trabalhador temporário – Contrato nos termos da Lei nº 6.019/1974;*
- *107 – Contrato de trabalho Verde e Amarelo – sem acordo para antecipação mensal da multa rescisória do FGTS (no período em que esteve vigente);*
- *108 – Contrato de trabalho Verde e Amarelo – com acordo para antecipação mensal da multa rescisória do FGTS (no período em que esteve vigente); e*
- *111 – Contrato de trabalho intermitente.*

Já no que diz respeito aos declarantes, considera-se o conjunto completo das informações prestadas pelos estabelecimentos contribuintes da Receita Federal do Brasil que atuam como empregadores. Nesse caso é importante esclarecer a existência de mudança normativa da Receita Federal concomitante ao processo de implementação do eSocial. Em 2018, foram publicadas as Instruções Normativas RFB nº 1.828 e RFB nº 1.845, que estabeleceram a obrigatoriedade, a partir de 2019, da substituição do Cadastro Especifico do INSS (CEI) pelo Cadastro de Atividade Econômica de Pessoa Física (CAEPF) e pelo Cadastro Nacional de Obras (CNO) respectivamente.

Dessa forma, enquanto a base do CAGED distinguia apenas entre empregadores com CNPJ e com CEI, a base do Novo CAGED traz as informações distintas entre CNPJ, CNO e CAEPF, sendo possível também verificar um aumento da cobertura das informações declaradas por empregadores sem CNPJ.

O processo de criação do Novo CAGED inicia-se com a seleção do conjunto de campos mencionados de quatro diferentes eventos do eSocial, aplicando-se o filtro para que sejam selecionadas informações apenas das oito categorias de trabalhadores listadas acima. Estas informações são então lidas e transformadas em uma base de dados de "movimentações" de admissões ou desligamentos, organizadas em linhas e colunas dispostas de acordo com o layout da base de dados do novo CAGED (ftp://ftp.mtps.gov.br/pdet/microdados/NOVO CAGED/Layout Não-identificado Novo Caged Movimentação.xlsx).

A consolidação dessas informações é feita de forma mensal, obedecendo calendário que combina a competência de ocorrência do evento (admissão ou desligamento) com a data de envio das informações ao eSocial.

3 – Cronologia do cumprimento das obrigações pelas empresas à divulgação dos dados:

Considerando o conjunto de informações necessárias para o registro completo de uma movimentação no sistema do Novo CAGED, o Ministério do Trabalho e Emprego passou a adotar a seguinte cronologia para o reconhecimento das informações:

1. *São contabilizadas para a construção do índice de emprego de um determinado mês as informações sobre desligamentos e admissões encaminhadas pelas empresas contratantes por meio do evento S-2200 do eSocial (no caso de admissão) ou S-2299 (no caso de desligamento) até o décimo quinto dia do mês subsequente a ocorrência do evento.*
2. *São incluídas as informações pessoais do trabalhador (evento S-2205) e as informações do contrato de trabalho (evento S-2206). Estas são reorganizadas de forma a compor a base de dados de movimentações do Novo CAGED, organizada em linhas compostas por movimentações de admissão ou desligamento agregadas a informações pessoais e contratuais.*
3. *A essas movimentações são acrescidas as declarações oriundas do Sistema GIS (antigo sistema do CAGED) e as imputações de informações provenientes do Empregador Web (sistema de comunicação de desligamentos para o Seguro-Desemprego).*
4. *Destaca-se que vencidos os prazos estabelecidos na Portaria nº 671, de 2021,*

as empresas declarantes seguem, por prazo indeterminado, podendo encaminhar ao eSocial eventos relacionados a qualquer mês de referência, estando sujeitas a multas pelo descumprimento das obrigações trabalhistas no prazo devido. Estes eventos podem ser de três características: registros de admissões e desligamentos feitos depois do prazo legal; retificação de informações que haviam sido enviadas dentro do prazo legal; ou ainda exclusão de informações enviadas dentro do prazo legal.

5. *Conforme Nota Técnica MTE nº 82/2011, os registros de movimentações (admissão ou desligamento) enviados fora do prazo legal são considerados para as estatísticas até o período de 12 meses após o vencimento do prazo legal. Essas declarações são consideradas fora do prazo e incluídas nos índices do CAGED desde 2011.*
6. *A informação de exclusão de movimentações previamente enviadas pelas empresas não existia antes da implementação do eSocial. Com o aumento desse tipo de ocorrência no eSocial, optou-se por implementar a sua contabilidade nas estatísticas a partir da competência de divulgação de novembro de 2021, realizando-se uma atualização completa da série do Novo CAGED. A partir dessa data, passou-se a divulgar mensalmente um arquivo de exclusões no qual são informados os vínculos excluídos com as informações referentes a data da ocorrência da exclusão. Nesse primeiro momento, não foi definida uma data limite para a contabilidade de exclusões, o que tem ocasionado atualização da base inteira do Novo CAGED (desde janeiro de 2020) a cada nova competência incorporada. A definição de uma data limite para consideração das exclusões deverá ser realizada após a constatação de que este processo esteja consolidado com uma redução da quantidade de exclusões acima de 12 meses no eSocial.*
7. *Por volta do dia 25 do mês subsequente às movimentações, conclui-se o processamento e o processo da geração da base de dados, considerando as informações declaradas dentro do prazo da competência de referência e aquelas referentes às competências anteriores. Essa base de dados consolidada é utilizada como insumo para a preparação do material de divulgação do Novo CAGED, que é normalmente apresentado pelo Ministro do Trabalho e Emprego em coletiva de imprensa e disponibilizado em pdet.mte.gov.br nos últimos dias do mês.*

4 – Metodologia de consolidação e imputação das informações de outras fontes

Cabe uma explicação adicional sobre a evolução da metodologia adotada na etapa 3 do cronograma descrito acima. A necessidade de adoção de um sistema de híbrido de informações e as mudanças implementadas ao longo do tempo foram explicadas em notas técnicas disponíveis, respectivamente, nos endereços eletrônicos http://pdet.mte.gov.br/images/Novo_CAGED/Nota%20t%C3%A9cnica%20substitui%C3%A7%C3%A3o%20CAGED_26_05.pdf e http://pdet.mte.gov.br/images/Novo_CAGED/Out2021/Nota_T%C3%A9cnica_Novo_Caged _11-2021.pdf. Estes procedimentos de consolidação e imputação são norteados pela necessidade de garantir a contabilização de informações não captadas pelo sistema do eSocial ao passo em que se evita a contabilização duplicada de registros que possam estar em mais de um sistema com pequenas diferenças nas informações declaradas.

No que se refere à consolidação de dados do CAGED, o sistema híbrido foi implementado para contemplar a continuidade de captação de informações de empresas que ainda não haviam entrado no calendário de substituição da obrigação do CAGED ou que atrasaram seu processo de entrada no eSocial mas seguiram fazendo as declarações no sistema do CAGED. Em um primeiro momento, adotou-se um procedimento conservador de consolidação, no qual a consolidação foi feita a nível de empresa, determinando-se que, uma vez que a empresa declare admissões e demissões no eSocial, a fonte CAGED só foi consultada nas competências em que a empresa de-

Legislação Complementar

clare no eSocial apenas admissões, mas nenhuma demissão. Posteriormente esse procedimento foi aperfeiçoado com a aplicação de uma técnica que permitiu o cruzamento entre todas as informações declaradas nos dois sistemas (CAGED e eSocial) com segurança suficiente para evitar sobreposições.

Para diferenciação das movimentações, as chaves utilizadas foram CNPJ RAIZ (Identificador da Empresa), CPF (Identificador do Trabalhador), Competência da Movimentação e Tipo da Movimentação (Admissão ou Desligamento) para movimentações de estabelecimentos que possuem empregador com inscrição no Cadastro Nacional de Pessoa Jurídica – CNPJ. Já para movimentações realizadas por estabelecimentos do tipo CNO e CAEPF foi utilizada a chave Identificador do Estabelecimento, CPF (Identificador do Trabalhador), Competência da Movimentação e Tipo da Movimentação (Admissão ou Desligamento).

Cabe destacar que a manutenção do sistema de declaração via CAGED teve como fundamento o calendário de cumprimento de desobrigações do eSocial (por meio da Portaria Conjunta MTP/RFB nº 2, de 19 de abril de 2022), que dispôs que o último grupo de declarantes (grupo 4 do eSocial) teve até a data de 22-8-2022 para fazer a migração dos eventos periódicos para o eSocial. A partir desta data o sistema de declaração via CAGED vem sendo gradualmente desativado, respeitando-se a existência da possibilidade de declarações fora do prazo que possam impactar nesse período, motivo pelo qual a estatística ainda considerará possíveis declarações realizadas até agosto de 2023.

Outra fonte de informações que passou a ser incorporada no Novo CAGED como forma de ampliar a cobertura de desligamentos captada foi o Empregador Web, que consiste no sistema de uso obrigatório para o preenchimento de Requerimento de Seguro-Desemprego/Comunicação de Dispensa de trabalhadores demitidos involuntariamente de pessoa jurídica ou pessoa física a ela equiparada. A imputação de dados do Empregador Web também é definida no nível de empresa, as demissões no empregador web são consultadas sempre que as empresas tenham declarado admissão e não tenham declarado demissão em nenhum dos sistemas anteriores. Como ainda não está prevista a descontinuidade do Empregador Web e substituição pelo eSocial, os dados seguem sendo imputados, ainda que também para esta fonte a quantidade de imputações esteja se reduzindo uma vez que a maioria das empresas completa sua transição para o eSocial (estima-se uma parte significativa desse número de demissões constantes no Empregador Web se refira a desligamentos que no eSocial tem um prazo maior para serem notificados e, portanto, não tenham chegado a entrar para as estatísticas).

5 – O cálculo do estoque recuperado do CAGED

Vale destacar que historicamente o CAGED teve como sua principal característica a possibilidade tempestiva de uma análise conjuntural da realidade do emprego formal, com informações desagregadas sobre trabalhadores admitidos e desligados, publicizadas em um curto período de tempo.

Ocorre que a RAIS, outro registro administrativo, criado para outras finalidades no ano de 1975, vem cumprindo para os analistas do mercado de trabalho um papel complementar ao do CAGED. Trata-se de uma base de dados cuja versão estatística tem divulgação anual com cerca de 9 a 11 meses de defasagem, mas que se caracteriza pela riqueza de informações a respeito do conjunto de trabalhadores assalariados, considerando-se a declaração das remunerações mensais, afastamentos, entre outras informações de interesse para as políticas públicas e para o conhecimento da realidade do mercado de trabalho formal.

Neste formato, torna-se nítido que a RAIS traz informações de estoque de trabalhadores, enquanto o CAGED traz informações de movimentação com periodicidade mensal. Para que se tornasse possível avaliar a variação relativa das movimentações mensais em relação ao estoque inicial foi implementado no ano de 2003 o cálculo do estoque de referência do CAGED. Desde esse período vem se debatendo e explanando o motivo das diferenças entre o estoque encontrado na RAIS e o estoque recuperado no CAGED, conforme a Nota Técnica MTE nº 59/2003 (disponível em http://pdet.mte.gov.br/notas-tecnicas-e-comunicados/1343-17-06-2003-notatecnica-mte-059-03-o-calculo-doestoque-a-partir-da-rais-e-do-caged-reconstituicao-de-estoques) e a Nota Técnica nº MTE 63/04 (disponível em http://pdet.mte.gov.br/notas-tecnicas-e-comunicados/1357-15-03-2004-nota-tecnica-mte063-04-cagedatualizacao-da-base-de-referencia-de-estoques-para-calculo-do-indice-de-emprego-de-2004).

Os procedimentos adotados para esse cálculo de estoque referencial podem ser assim resumidos:

- *Atualização anual da Base de Referência de estoques do Índice de Emprego do Cadastro Geral de Empregados e Desempregados (CAGED), baseada nos estoques dos estabelecimentos que declararam à RAIS ano-base t-2, acrescidos dos saldos das admissões menos os desligamentos – inclusive transferências de entrada/saída – e dos acertos (atrasos e retificações) declarados ao CAGED durante o ano t-1.*
- *Limpeza do estoque de estabelecimentos considerados mortos: aqueles que não declararam RAIS em t-2 nem CAGED em t-1 ou ainda cujo CNPJ se encontre baixado na Receita Federal.*
- *O valor encontrado após esses procedimentos compõe o estoque de referência do ano t. As planilhas do PDET mostram sempre o estoque de referência do ano corrente atualizados com os saldos das competências posteriores e anteriores à data de referência. Esse estoque além de ser diferente da RAIS, pode ainda ser diferente de estatísticas construídas utilizando o estoque de referência de anos anteriores ao corrente.*

6 – Perspectivas de nova metodologia para cálculo de estoque – estudos a serem realizados

Conforme relatado, o processo de cálculo de estoque recuperado foi historicamente pensado como uma combinação de, além de checagem na Receita Federal do Brasil, duas fontes de dados distintas, oriundas de declarações realizadas em momentos diferentes pelo mesmo estabelecimento. Por outro lado, está se concluindo no ano de 2023, por meio das quais as duas obrigações distintas da RAIS e do CAGED passarão a ser prestadas unicamente por intermédio do sistema eSocial.

Para o caso da RAIS essa transição está sendo disciplinada pelo art. 145 da Portaria nº 671, de 2021, sendo o ano de 2023 o último em que ainda há grupo de estabelecimentos que estão declarando os dados da RAIS, por meio do aplicativo próprio do Gerador de Declarações. Trata-se apenas dos declarantes do Grupo 4 do eSocial, composto por órgãos públicos e organizações internacionais. Concluída esta etapa, o Ministério do Trabalho e Emprego passa a ter a sua disposição, até o dia 15 do mês subsequente, grande parte das informações que constituem a RAIS, inclusive a informação de remuneração.

Desta forma, a evolução do cálculo de estoque atualizado do emprego formal deve partir desta capacidade de aferição mensal do quantitativo de vínculos, não sendo mais necessária a composição de séries atualizadas com fontes de informação distintas. Trata-se de mudança paradigmática nas estatísticas de mercado de trabalho, construídas a partir de registros administrativos, garantindo-se uma integração das duas séries históricas até então existentes.

Para viabilizar este novo processo de construção do estoque, é necessário um trabalho cuidadoso de apuração da caracterização de quais vínculos identificados a partir do eSocial encontram-se realmente ativos. Além do processo de verificação de CNPJ na Receita Federal, estuda-se também a realização de outras análises como a demonstração de atividade, mediante registro do pagamento das remunerações mensais, e consulta a bases que registrem óbito de CPF.

O lançamento desta nova base de dados integrada pressupõe também a revisão do conjunto dos procedimentos adotados no período de transição descritos neste anexo

e a consequente atualização do art. 184-F da Portaria nº 671, de 2021.

DECRETO Nº 10.854, DE 10 DE NOVEMBRO DE 2021

Regulamenta disposições relativas à legislação trabalhista e institui o Programa Permanente de Consolidação, Simplificação e Desburocratização de Normas Trabalhistas Infralegais e o Prêmio Nacional Trabalhista, e altera o Decreto nº 9.580, de 22 de novembro de 2018.

► Publicado no *DOU* de 11-11-2021.

TÍTULO I – DISPOSIÇÕES PRELIMINARES

Art. 1º Este Decreto regulamenta disposições relativas à legislação trabalhista sobre os seguintes temas:

I – Programa Permanente de Consolidação, Simplificação e Desburocratização de Normas Trabalhistas Infralegais;

II – Prêmio Nacional Trabalhista;

III – Livro de Inspeção do Trabalho Eletrônico – eLIT;

IV – fiscalização das normas de proteção ao trabalho e de segurança e saúde no trabalho;

V – diretrizes para elaboração e revisão das normas regulamentadoras de segurança e saúde no trabalho;

VI – certificado de aprovação do equipamento de proteção individual, nos termos do disposto no art. 167 da Consolidação das Leis do Trabalho, aprovada pelo Decreto-Lei nº 5.452, de 1º de maio de 1943;

VII – registro eletrônico de controle de jornada, nos termos do disposto no art. 74 da Consolidação das Leis do Trabalho, aprovada pelo Decreto-Lei nº 5.452, de 1943;

VIII – mediação de conflitos coletivos de trabalho;

IX – empresas prestadoras de serviços a terceiros, nos termos do disposto na Lei nº 6.019, de 3 de janeiro de 1974;

X – trabalho temporário, nos termos do disposto na Lei nº 6.019, de 3 de janeiro de 1974;

XI – gratificação de Natal, nos termos do disposto na Lei n º 4.090, de 13 de julho de 1962, e na Lei nº 4.749, de 12 de agosto de 1965;

XII – relações individuais e coletivas de trabalho rural, nos termos do disposto na Lei nº 5.889, de 8 de junho de 1973;

XIII – vale-transporte, nos termos do disposto na Lei nº 7.418, de 16 de dezembro de 1985;

XIV – Programa Empresa Cidadã, destinado à prorrogação da licença-maternidade e da licença-paternidade, nos termos do disposto na Lei nº 11.770, de 9 de setembro de 2008;

XV – situação de trabalhadores contratados ou transferidos para prestar serviços no exterior, nos termos do disposto no § 2º do art. 5º, nos § 1º a § 4º do art. 9º e no art. 12 da Lei nº 7.064, de 6 de dezembro de 1982;

XVI – repouso semanal remunerado e pagamento de salário nos feriados civis e religiosos, nos termos do disposto na Lei nº 605, de 5 de janeiro de 1949;

XVII – Relação Anual de Informações Sociais – RAIS; e

XVIII – Programa de Alimentação do Trabalhador – PAT.

TÍTULO II – DISPOSIÇÕES GERAIS

CAPÍTULO I

DO PROGRAMA PERMANENTE DE CONSOLIDAÇÃO, SIMPLIFICAÇÃO E DESBUROCRATIZAÇÃO DE NORMAS TRABALHISTAS INFRALEGAIS

Art. 2º Fica instituído o Programa Permanente de Consolidação, Simplificação e Desburocratização de Normas Trabalhistas Infralegais no âmbito do Ministério do Trabalho e Previdência.

Art. 3º O Programa Permanente de Consolidação, Simplificação e Desburocratização de Normas Trabalhistas Infralegais abrangerá iniciativas de revisão, compilação e consolidação de normas trabalhistas infralegais.

Parágrafo único. A revisão da legislação trabalhista infralegal consiste no exame dos atos normativos pertinentes a serem integrados, quanto ao mérito, à oportunidade, à conveniência e à compatibilização da matéria neles tratada com as políticas e as diretrizes do Governo federal e com o marco regulatório vigente.

Art. 4º A compilação e a consolidação dos atos normativos em vigor vinculados à área trabalhista obedecerão ao disposto no Decreto nº 9.191, de 1º de novembro de 2017, e no Decreto nº 10.139, de 28 de novembro de 2019.

Art. 5º São objetivos gerais do Programa Permanente de Consolidação, Simplificação e Desburocratização de Normas Trabalhistas Infralegais:

I – promover a conformidade às normas trabalhistas infralegais e o direito ao trabalho digno;

II – buscar a simplificação e a desburocratização do marco regulatório trabalhista, de modo a observar o respeito aos direitos trabalhistas e a redução dos custos de conformidade das empresas;

III – promover a segurança jurídica;

IV – alcançar marco regulatório trabalhista infralegal harmônico, moderno e dotado de conceitos claros, simples e concisos;

V – aprimorar a interação do Ministério do Trabalho e Previdência com os administrados;

VI – ampliar a transparência do arcabouço normativo aos trabalhadores, aos empregadores, às entidades sindicais e aos operadores do direito por meio do acesso simplificado ao marco regulatório trabalhista infralegal;

VII – promover a integração das políticas de trabalho e de previdência; e

VIII – melhorar o ambiente de negócios, o aumento da competitividade e a eficiência do setor público, para a geração e a manutenção de empregos.

Art. 6º São objetivos específicos do Programa Permanente de Consolidação, Simplificação e Desburocratização de Normas Trabalhistas Infralegais:

I – triar e catalogar a legislação trabalhista infralegal com matérias conexas ou afins;

II – garantir, por meio da articulação entre as áreas, que o repositório de normas trabalhistas infralegais seja disponibilizado em ambiente único e digital, constantemente atualizado;

III – promover a participação social, inclusive por meio de consultas públicas;

IV – buscar a harmonização das normas trabalhistas e previdenciárias infralegais; e

V – revogar atos normativos exauridos ou tacitamente revogados.

Art. 7º As normas trabalhistas infralegais analisadas no âmbito do Programa Permanente de Consolidação, Simplificação e Desburocratização de Normas Trabalhistas Infralegais serão organizadas e compiladas em coletâneas, de acordo com os seguintes temas:

I – legislação trabalhista, relações de trabalho e políticas públicas de trabalho;

II – segurança e saúde no trabalho;

III – inspeção do trabalho;

IV – procedimentos de multas e recursos de processos administrativos trabalhistas;

V – convenções e recomendações da Organização Internacional do Trabalho – OIT;

VI – profissões regulamentadas; e

VII – normas administrativas.

Parágrafo único. O Ministério do Trabalho e Previdência poderá incluir outros temas para a organização de normas infralegais relacionados à sua área de atuação.

Art. 8º Os atos normativos infralegais de natureza trabalhista editados pelo Ministério do Trabalho e Previdência deverão ser incorporados aos atos normativos consolidados ou revistos de acordo com os temas de que trata o art. 7º.

§ 1º É vedada a edição de atos normativos autônomos quando houver ato normativo consolidado ou compilado que trate do mesmo tema.

§ 2º Os atos normativos infralegais de matéria trabalhista a serem editados pelo Ministério do Trabalho e Previdência, incluídos aqueles relativos à inspeção do trabalho, deverão ser redigidos com clareza, precisão e ordem lógica, e apresentarão conceitos técnicos e objetivos, em observância ao disposto no Decreto nº 9.191, de 2017, e no Decreto nº 10.139, de 2019.

§ 3º Apenas serão admitidos os atos normativos inferiores a decreto editados nos termos do disposto no art. 2º do Decreto nº 10.139, de 2019.

§ 4º Quaisquer outros documentos existentes, no âmbito da Secretaria de Trabalho do Ministério do Trabalho e Previdência, que não tenham adotado a denominação prevista no art. 2º do Decreto nº 10.139, de 2019, tais como manuais, recomendações, ofícios circulares, diretrizes e congêneres, perderão validade a partir da data de publicação deste Decreto.

Art. 9º O Ministério do Trabalho e Previdência avaliará e monitorará, a cada biênio, os resultados obtidos quanto à aderência aos objetivos específicos do Programa Permanente de Consolidação, Simplificação e Desburocratização de Normas Trabalhistas Infralegais previstos no art. 6º.

Capítulo II

DO PRÊMIO NACIONAL TRABALHISTA

Art. 10. Fica instituído o Prêmio Nacional Trabalhista, com a finalidade de estimular a pesquisa nas áreas de direito do trabalho, segurança e saúde no trabalho, economia do trabalho, auditoria-fiscal do trabalho, além de temas correlatos a serem estabelecidos pelo Ministério do Trabalho e Previdência.

§ 1º O regulamento do Prêmio Nacional Trabalhista será editado pelo Ministério do Trabalho e Previdência, do qual deverá constar, no mínimo:

I – os critérios de avaliação;
II – as categorias; e
III – as ações laureadas.

§ 2º O Ministério do Trabalho e Previdência coordenará a implementação do Prêmio Nacional Trabalhista.

§ 3º A Secretaria de Trabalho do Ministério do Trabalho e Previdência será responsável pelo apoio técnico e administrativo necessário à implementação do Prêmio Nacional Trabalhista.

§ 4º As despesas decorrentes da execução do Prêmio Nacional Trabalhista serão custeadas por meio de recursos oriundos de parcerias estabelecidas com entidades públicas ou privadas.

Capítulo III

DO LIVRO DE INSPEÇÃO DO TRABALHO ELETRÔNICO

Art. 11. O Livro de Inspeção do Trabalho, nos termos do disposto no § 1º do art. 628 da Consolidação das Leis do Trabalho, aprovada pelo Decreto-Lei nº 5.452, de 1943, será disponibilizado em meio eletrônico pelo Ministério do Trabalho e Previdência, a todas as empresas que tenham ou não empregados, sem ônus, e será denominado eLIT.

§ 1º O eLIT aplica-se, também, aos profissionais liberais, às instituições beneficentes, às associações recreativas ou a outras instituições sem fins lucrativos que admitirem trabalhadores como empregados.

§ 2º As microempresas e as empresas de pequeno porte, nos termos do disposto na Lei Complementar nº 123, de 14 de dezembro de 2006, poderão aderir ao eLIT por meio de cadastro, hipótese em que obedecerão ao disposto neste Capítulo.

Art. 12. O eLIT é instrumento oficial de comunicação entre a empresa e a inspeção do trabalho, em substituição ao Livro impresso.

Parágrafo único. Ato do Ministro de Estado do Trabalho e Previdência estabelecerá a data a partir da qual o uso do eLIT se tornará obrigatório.

Art. 13. São princípios do eLIT:

I – presunção de boa-fé;
II – racionalização e simplificação do cumprimento das obrigações trabalhistas e das obrigações não tributárias impostas pela legislação previdenciária;
III – eliminação de formalidades e exigências desnecessárias ou superpostas;
IV – padronização de procedimentos e transparência; e
V – conformidade com a legislação trabalhista e previdenciária, inclusive quanto às normas de segurança e saúde do trabalhador.

Art. 14. O eLIT destina-se, dentre outros, a:

I – disponibilizar consulta à legislação trabalhista;
II – disponibilizar às empresas ferramentas gratuitas e interativas de avaliação de riscos em matéria de segurança e saúde no trabalho;
III – simplificar os procedimentos de pagamento de multas administrativas e obrigações trabalhistas;
IV – possibilitar a consulta de informações relativas às fiscalizações registradas no eLIT e ao trâmite de processo administrativo trabalhista em que o consulente figure como parte interessada;
V – registrar os atos de fiscalização e o lançamento de seus resultados;
VI – cientificar a empresa quanto à prática de atos administrativos, medidas de fiscalização e avisos em geral;
VII – assinalar prazos para o atendimento de exigências realizadas em procedimentos administrativos ou em medidas de fiscalização;
VIII – viabilizar o envio de documentação eletrônica e em formato digital exigida em razão da instauração de procedimento administrativo ou de medida de fiscalização;
IX – cientificar a empresa quanto a atos praticados e decisões proferidas no contencioso administrativo trabalhista e permitir, em integração com os sistemas de processo eletrônico, a apresentação de defesa e recurso no âmbito desses processos; e
X – viabilizar, sem ônus, o uso de ferramentas destinadas ao cumprimento de obrigações trabalhistas e à emissão de certidões relacionadas à legislação do trabalho.

Art. 15. As comunicações eletrônicas realizadas por meio do eLIT, com prova de recebimento, são consideradas pessoais para todos os efeitos legais.

Capítulo IV

DA FISCALIZAÇÃO DAS NORMAS DE PROTEÇÃO AO TRABALHO E DE SAÚDE E SEGURANÇA NO TRABALHO

Art. 16. Compete exclusivamente aos Auditores Fiscais do Trabalho do Ministério do Trabalho e Previdência, autoridades trabalhistas no exercício de suas atribuições legais, nos termos do disposto na Lei nº 10.593, de 6 de dezembro de 2002, a fiscalização do cumprimento das normas de proteção ao trabalho e de saúde e segurança no trabalho.

Art. 17. A autoridade nacional, as autoridades máximas regionais e as autoridades regionais em matéria de inspeção do trabalho serão Auditores Fiscais do Trabalho.

Parágrafo único. Ato do Ministro de Estado do Trabalho e Previdência disporá sobre as autoridades a que se refere o *caput*.

Seção I

DAS DENÚNCIAS SOBRE IRREGULARIDADES E DOS PEDIDOS DE FISCALIZAÇÃO TRABALHISTA

Art. 18. A Subsecretaria de Inspeção de Trabalho da Secretaria de Trabalho do Ministério do Trabalho e Previdência receberá denúncias sobre irregularidades trabalhistas e pedidos de fiscalização por meio de canais eletrônicos.

§ 1º Os canais eletrônicos poderão ser utilizados por:

I – trabalhadores;
II – órgãos e entidades públicas;
III – entidades sindicais;
IV – entidades privadas; e
V – outros interessados.

§ 2º As denúncias sobre irregularidades trabalhistas e pedidos de fiscalização serão recebidas e tratadas pela inspeção do trabalho, e poderão:

I – ser utilizadas como fonte de informações nas fases de elaboração e execução do planejamento da inspeção do trabalho; e

II – ter prioridade em situações específicas, na forma estabelecida em ato do Ministro de Estado do Trabalho e Previdência, especialmente quando envolverem indícios de:

a) risco grave e iminente à segurança e à saúde de trabalhadores;
b) ausência de pagamento de salário;
c) trabalho infantil; ou
d) trabalho análogo ao de escravo.

§ 3º As denúncias que envolvam apenas o não pagamento de rubrica específica do salário ou de diferenças rescisórias e aquelas que envolvam o atraso de salários quitados no momento de análise da denúncia não se incluem nas hipóteses previstas na alínea *b* do inciso II do § 2º.

§ 4º Compete às chefias em matéria de inspeção do trabalho a designação de Auditor Fiscal do Trabalho para o atendimento das demandas externas recebidas pelos canais eletrônicos a que se refere o *caput*.

§ 5º A execução das atividades e dos projetos previstos no planejamento da inspeção do trabalho terão prioridade em relação àquelas provenientes de denúncias, requisições ou pedidos de fiscalização, exceto quanto ao disposto no inciso II do § 2º e nas determinações judiciais.

§ 6º Em observância ao disposto no § 3º do art. 8º da Lei Complementar nº 75, de 20 de maio de 1993, a chefia em matéria de inspeção do trabalho deverá justificar e comunicar a justificativa quando da falta do atendimento de requisições do Ministério Público.

§ 7º A Subsecretaria de Inspeção de Trabalho da Secretaria de Trabalho do Ministério do Trabalho e Previdência poderá celebrar termo de entendimento com órgãos interessados com vistas à melhor articulação entre o planejamento e a execução das ações fiscais e o atendimento a requisições ou pedidos de fiscalização.

§ 8º Será garantida a confidencialidade da identidade dos usuários dos canais eletrônicos de que trata o *caput*, hipótese em que será vedado a qualquer pessoa que obtiver acesso à referida informação revelar a sua origem ou a fonte da fiscalização, que ficará sujeita a penalidade prevista em legislação específica.

§ 9º Na impossibilidade de uso ou acesso aos canais eletrônicos de que trata o *caput*, poderão ser admitidos outros meios para recebimento de denúncias sobre irregularidades trabalhistas.

Seção II

DA ATUAÇÃO ESTRATÉGICA E PREVENTIVA DA INSPEÇÃO DO TRABALHO

Art. 19. O planejamento da inspeção do trabalho contemplará atuação estratégica por meio de ações especiais setoriais para a prevenção de acidentes de trabalho, de doenças relacionadas ao trabalho e de irregularidades trabalhistas, a partir da análise dos dados de acidentalidade e adoecimento ocupacionais e do mercado de trabalho, na forma estabelecida em ato do Ministro de Estado do Trabalho e Previdência.

§ 1º A atuação estratégica por meio das ações especiais setoriais incluirá a realização de ações coletivas para prevenção e saneamento das irregularidades.

§ 2º As ações coletivas para prevenção e saneamento de irregularidades são iniciativas fora do âmbito das ações de fiscalização, que permitem o diálogo setorial e interinstitucional, e a construção coletiva de soluções.

§ 3º São ações coletivas para prevenção, dentre outras:

I – o estabelecimento de parcerias com entidades representativas de trabalhadores e empregadores;

II – o compartilhamento de diagnóstico setorial sobre os índices de informalidade, acidentalidade e adoecimento ocupacionais;

III – a realização de eventos de orientação às representações das partes interessadas;

IV – a elaboração de cartilhas e manuais;

V – a promoção do diálogo social por meio da realização de encontros periódicos para construção coletiva de soluções para a superação dos problemas identificados;

VI – a realização de visita técnica de instrução, no âmbito das competências previstas no inciso II do *caput* do art. 18 do Regulamento da Inspeção do Trabalho, aprovado pelo Decreto nº 4.552, de 27 de dezembro de 2002, e da Convenção nº 81 da OIT, nos termos do disposto no Decreto nº 10.088, de 5 de novembro de 2019; e

VII – a atuação integrada com outros órgãos da administração pública federal, estadual, distrital e municipal, com vistas ao compartilhamento de informações e à atuação conjunta na construção coletiva de soluções para os problemas concernentes a cada área de atuação.

§ 4º O monitoramento das ações coletivas para prevenção a que se refere o § 3º será realizado na forma estabelecida pelo responsável de cada projeto.

§ 5º A visita técnica de instrução a que se refere o inciso VI do § 3º consiste em atividade excepcional coletiva relacionada ao objeto do projeto ou da ação especial setorial, agendada previamente pela autoridade nacional ou máxima regional em matéria de inspeção do trabalho.

§ 6º Não caberá lavratura de auto de infração no âmbito das ações coletivas de prevenção previstas neste artigo.

Seção III

DA ATUAÇÃO PELA INSPEÇÃO DO TRABALHO

Art. 20. Incumbe exclusivamente à autoridade máxima regional em matéria de inspeção do trabalho a aplicação de multas, na forma prevista no art. 634 da Consolidação das Leis do Trabalho, aprovada pelo Decreto-Lei nº 5.452, de 1943, e em ato do Ministro de Estado do Trabalho e Previdência.

§ 1º A análise de defesa administrativa, sempre que os meios técnicos permitirem, será feita em unidade federativa diferente daquela onde tiver sido lavrado o auto de infração.

§ 2º O sistema de distribuição aleatória de processos para análise, decisão e aplicação de multas será disciplinado na forma estabelecida em ato do Ministro de Estado do Trabalho e Previdência de que trata o *caput*.

Art. 21. O auto de infração lavrado pelo Auditor Fiscal do Trabalho deverá indicar expressamente os dispositivos legais e infralegais ou as cláusulas de instrumentos coletivos que houverem sido infringidos.

Parágrafo único. Serão nulos os autos de infração ou as decisões de autoridades que não observarem o disposto neste artigo, independentemente da natureza principal ou acessória da obrigação.

Art. 22. É vedado ao Auditor Fiscal do Trabalho determinar o cumprimento de exigências que constem apenas de manuais, notas técnicas, ofícios circulares ou atos congêneres.

Art. 23. A não observância ao disposto no art. 22 poderá ensejar a apuração de responsabilidade administrativa do Auditor-Fiscal do Trabalho, nos termos do disposto no art. 121 e no art. 143 da Lei nº 8.112, de 11 de dezembro de 1990.

CAPÍTULO V

DAS DIRETRIZES PARA ELABORAÇÃO E REVISÃO DAS NORMAS REGULAMENTADORAS DE SEGURANÇA E SAÚDE NO TRABALHO

Art. 24. São diretrizes para elaboração e revisão das normas regulamentadoras de segurança e saúde no trabalho, nos termos do disposto no art. 200 da Consolidação das Leis do Trabalho, aprovada pelo Decreto-Lei nº 5.452, de 1943, no art. 13 da Lei nº 5.889, de 1973, e no art. 9º da Lei nº 9.719, de 27 de novembro de 1998:

I – redução dos riscos inerentes ao trabalho, prevenção de acidentes de trabalho e doenças ocupacionais e promoção da segurança e saúde do trabalhador;

II – a dignidade da pessoa humana, o valor social do trabalho, a valorização do trabalho humano, o livre exercício da atividade econômica e a busca do pleno emprego, nos termos do disposto nos incisos III e IV do *caput* do art. 1º e nos incisos IV e VIII do *caput* do art. 170 da Constituição;

III – o embasamento técnico ou científico, a atualidade das normas com o estágio corrente de desenvolvimento tecnológico e a compatibilidade dos marcos regulatórios brasileiro e internacionais;

IV – a harmonização, a consistência, a praticidade, a coerência e a uniformização das normas;

V – a transparência, a razoabilidade e a proporcionalidade no exercício da competência normativa;

VI – a simplificação e a desburocratização do conteúdo das normas regulamentadoras; e

VII – a intervenção subsidiária e excepcional do Estado sobre o exercício de atividades econômicas, nos termos do disposto no inciso III do *caput* do art. 2º da Lei nº 13.874, de 2019, incluído o tratamento diferenciado à atividade econômica de baixo risco à saúde e à segurança no ambiente de trabalho.

Parágrafo único. Poderá ser previsto tratamento diferenciado e favorecido para as microempresas e empresas de pequeno porte, nos termos do disposto no inciso IX do *caput* do art. 170 da Constituição, e na Lei Complementar nº 123, de 2006, quando o nível de risco ocupacional assim permitir.

Art. 25. São vedadas as seguintes condutas na elaboração e na revisão de normas regulamentadoras, exceto se em estrito cumprimento a previsão legal:

I – criar reserva de mercado ao favorecer segmento econômico em detrimento de concorrentes;

II – exigir especificação técnica que não seja necessária para atingir o fim pretendido; e

III – redigir enunciados que impeçam ou retardem a inovação e a adoção de novas tecnologias, processos ou modelos de negócios, observado o disposto no inciso I do *caput* do art. 24.

Art. 26. A atuação normativa relacionada à segurança e à saúde no trabalho deverá compreender todas as atividades e situações de trabalho e priorizará as situações de alto risco ocupacional e aquelas com maior propensão a gerar adoecimentos e acidentes de trabalho graves, em especial aqueles que gerem incapacidades permanentes para o trabalho ou que sejam fatais.

Art. 27. As normas regulamentadoras serão redigidas com clareza, precisão e ordem lógica, e apresentarão conceitos técnicos e objetivos, em observância ao disposto no Decreto nº 9.191, de 2017, e no Decreto nº 10.139, de 2019.

Art. 28. A elaboração e a revisão das normas regulamentadoras de segurança e saúde no trabalho incluirão mecanismos de consulta à sociedade em geral e às organizações sindicais mais representativas de trabalhadores e empregadores, seja por meio de procedimentos de audiência e consulta pública, seja por consulta à Comissão Tripartite Paritária Permanente, instituída pelo Decreto nº 9.944, de 30 de julho de 2019.

Art. 29. A Secretaria de Trabalho do Ministério do Trabalho e Previdência poderá solicitar à Fundação Jorge Duprat Figueiredo – FUNDACENTRO, a elaboração de parecer com a indicação de parâmetros técnicos, estudos e pesquisas nacionais e internacionais atualizados sobre a área a ser regulada para instruir o processo de elaboração ou revisão de normas regulamentadoras.

Capítulo VI

DO CERTIFICADO DE APROVAÇÃO DO EQUIPAMENTO DE PROTEÇÃO INDIVIDUAL

Art. 30. O equipamento de proteção individual somente poderá ser comercializado com a obtenção do certificado de aprovação, nos termos do disposto no art. 167 da Consolidação das Leis do Trabalho, aprovada pelo Decreto-Lei nº 5.452, de 1943, emitido pela Secretaria de Trabalho do Ministério do Trabalho e Previdência.

§ 1º Ato do Ministro de Estado do Trabalho e Previdência disporá sobre os procedimentos e os requisitos técnicos para emissão, renovação ou alteração do certificado de aprovação de que trata o *caput*.

§ 2º O certificado de aprovação de equipamento de proteção individual será emitido por meio de sistema eletrônico simplificado.

§ 3º As informações prestadas e as documentações e os relatórios apresentados serão de responsabilidade do requerente e serão considerados para fins de emissão do certificado.

§ 4º Os autores de declarações ou informações falsas ou que apresentarem documentos falsificados ficam sujeitos às penas previstas nos art. 297 a art. 299 do Decreto-Lei nº 2.848, de 7 de dezembro de 1940 – Código Penal.

Capítulo VII

DO REGISTRO ELETRÔNICO DE CONTROLE DE JORNADA

Art. 31. O registro eletrônico de controle de jornada, nos termos do disposto no art. 74 da Consolidação das Leis do Trabalho, aprovada pelo Decreto-Lei nº 5.452, de 1943, será realizado por meio de sistemas e de equipamentos que atendam aos requisitos técnicos, na forma estabelecida em ato do Ministro de Estado do Trabalho e Previdência, de modo a coibir fraudes, a permitir o desenvolvimento de soluções inovadoras e a garantir a concorrência entre os ofertantes desses sistemas.

§ 1º Os procedimentos de análise de conformidade dos equipamentos e sistemas de que trata o *caput* considerarão os princípios da temporalidade, da integridade, da autenticidade, da irrefutabilidade, da pessoalidade e da auditabilidade, na forma estabelecida em ato do Ministro de Estado do Trabalho e Previdência.

§ 2º Os equipamentos e os sistemas de registro eletrônico de jornada, sem prejuízo do disposto no *caput*, registrarão fielmente as marcações efetuadas e atenderão aos seguintes critérios:

I – não permitir:

a) alteração ou eliminação dos dados registrados pelo empregado;

b) restrições de horário às marcações de ponto; e

c) marcações automáticas de ponto, tais como horário predeterminado ou horário contratual;

II – não exigir autorização prévia para marcação de sobrejornada; e

III – permitir:

a) pré-assinalação do período de repouso; e

b) assinalação de ponto por exceção à jornada regular de trabalho.

Art. 32. Para fins de fiscalização, os sistemas de registro eletrônico de jornada de que trata o art. 31 deverão:

I – permitir a identificação de empregador e empregado; e

II – possibilitar a extração do registro fiel das marcações realizadas pelo empregado.

Capítulo VIII

DA MEDIAÇÃO DE CONFLITOS COLETIVOS DE TRABALHO

Art. 33. A mediação de conflitos coletivos de natureza trabalhista, quando exercida no âmbito do Ministério do Trabalho e Previdência, observará o disposto neste Capítulo.

Art. 34. Os trabalhadores, por intermédio de entidades sindicais representantes, e os empregadores, por si ou por intermédio de entidades sindicais representantes, poderão solicitar à Secretaria de Trabalho do Ministério do Trabalho e Previdência a realização de mediação, com vistas à composição de conflito coletivo.

Art. 35. A designação de mediador de que trata o art. 34 será sem ônus para as partes e recairá sobre servidor público em exercício no Ministério do Trabalho e Previdência, inclusive integrantes da carreira de Auditor-Fiscal do Trabalho.

Art. 36. Na hipótese de haver consenso entre as partes, o mediador deverá lavrar a ata de mediação, que tem natureza de título executivo extrajudicial, nos termos do disposto no inciso II, *in fine*, do *caput* do art. 784 da Lei nº 13.105, de 16 de março de 2015 – Código de Processo Civil.

Parágrafo único. Na hipótese de não entendimento entre as partes, o mediador deverá:

I – encerrar o processo administrativo de mediação; e

II – lavrar a ata de mediação.

Art. 37. O Ministério do Trabalho e Previdência disporá sobre ferramentas eletrônicas ou digitais e programas de fomento à composição individual e coletiva em conflitos trabalhistas que visem à redução da judicialização trabalhista.

Art. 38. Ato do Ministro de Estado do Trabalho e Previdência disporá sobre os procedimentos necessários ao cumprimento do disposto neste Capítulo.

Capítulo IX

DAS EMPRESAS PRESTADORAS DE SERVIÇOS A TERCEIROS

Art. 39. Considera-se prestação de serviços a terceiros a transferência feita pela contratante da execução de quaisquer de suas atividades, inclusive de sua atividade principal, à pessoa jurídica de direito privado prestadora de serviços que possua capacidade econômica compatível com a sua execução.

§ 1º A empresa prestadora de serviços contrata, remunera e dirige o trabalho realizado por seus trabalhadores ou subcontrata outras empresas para realização desses serviços.

§ 2º Não configura vínculo empregatício a relação trabalhista entre os trabalhadores ou sócios das empresas prestadoras de serviços, independentemente do ramo de suas atividades, e a empresa contratante.

§ 3º A verificação de vínculo empregatício e de infrações trabalhistas, quando se tratar de trabalhador terceirizado, será realizada contra a empresa prestadora dos serviços e não em relação à empresa contratante, exceto nas hipóteses de infração previstas nos § 7º e § 8º e quando for comprovada fraude na contratação da prestadora, situação em que deverá ser indicado o dispositivo da Lei nº 6.019, de 1974, que houver sido infringido.

§ 4º Na hipótese de configuração de vínculo empregatício com a empresa contratante, o reconhecimento do vínculo deverá ser precedido da caracterização individualizada dos seguintes elementos da relação de emprego:

I – não eventualidade;
II – subordinação jurídica;
III – onerosidade; e
IV – pessoalidade.

§ 5º A mera identificação do trabalhador na cadeia produtiva da contratante ou o uso de ferramentas de trabalho ou de métodos organizacionais e operacionais estabelecidos pela contratante não implicará a existência de vínculo empregatício.

§ 6º A caracterização da subordinação jurídica deverá ser demonstrada no caso concreto e incorporará a submissão direta, habitual e reiterada do trabalhador aos poderes diretivo, regulamentar e disciplinar da empresa contratante, dentre outros.

§ 7º A empresa contratante é subsidiariamente responsável pelas obrigações trabalhistas referentes ao período em que ocorrer a prestação de serviços, e o recolhimento das contribuições previdenciárias observará o disposto no art. 31 da Lei nº 8.212, de 24 de julho de 1991.

§ 8º A empresa contratante será responsável pelas infrações relacionadas às condições de segurança, higiene e salubridade dos trabalhadores quando o trabalho for realizado nas suas dependências ou em local previamente convencionado em contrato, observado o disposto no § 3º do art. 5º-A da Lei nº 6.019, de 1974.

Art. 40. A responsabilidade subsidiária pelas obrigações trabalhistas referentes ao período em que ocorrer a prestação de serviços não implicará qualquer tipo de desconsideração da cadeia produtiva quanto ao vínculo empregatício entre o empregado da empresa prestadora de serviços e a empresa contratante.

Parágrafo único. É vedada a caracterização de grupo econômico pela mera identidade de sócios, hipótese em que será necessária, para a sua configuração, conforme o disposto no § 3º do art. 2º da Consolidação das Leis do Trabalho, aprovada pelo Decreto-Lei nº 5.452, de 1943, a demonstração:

I – do interesse integrado;
II – da efetiva comunhão de interesses; e
III – da atuação conjunta das empresas que o integrem.

Capítulo X

DO TRABALHO TEMPORÁRIO

Art. 41. Considera-se trabalho temporário, nos termos do disposto na Lei nº 6.019, de 1974, aquele prestado por pessoa natural contratada por empresa de trabalho temporário que a coloca à disposição de empresa tomadora de serviços ou cliente para atender à necessidade de substituição transitória de pessoal permanente ou à demanda complementar de serviços.

Art. 42. O trabalho temporário não se confunde com a prestação de serviços a terceiros de que trata o art. 4º-A da Lei nº 6.019, de 1974.

Art. 43. Para fins do disposto neste Capítulo, considera-se:

I – empresa de trabalho temporário – pessoa jurídica, devidamente registrada no Ministério do Trabalho e Previdência, responsável pela colocação de trabalhadores temporários à disposição de outras empresas, tomadoras de serviços ou clientes que deles necessite temporariamente;

II – empresa tomadora de serviços ou cliente – pessoa jurídica ou entidade a ela equiparada que, em decorrência de necessidade de substituição transitória de pessoal permanente ou de demanda complementar de serviços, celebre contrato de prestação de serviços de colocação à disposição de trabalhadores temporários com empresa de trabalho temporário;

III – trabalhador temporário – pessoa natural contratada por empresa de trabalho temporário colocada à disposição de empresa tomadora de serviços ou cliente, destinada a atender à necessidade de substituição transitória de pessoal permanente ou à demanda complementar de serviços;

IV – demanda complementar de serviços – demanda proveniente de fatores imprevisíveis ou, quando decorrente de fatores previsíveis, que tenha natureza intermitente, periódica ou sazonal;

V – substituição transitória de pessoal permanente – substituição de trabalhador permanente da empresa tomadora de serviços ou cliente afastado por motivo de suspensão ou interrupção do contrato de trabalho, tais como férias, licenças e outros afastamentos previstos em lei;

VI – contrato individual de trabalho temporário – contrato de trabalho individual escrito celebrado entre o trabalhador e a empresa de trabalho temporário; e

VII – contrato de prestação de serviços de colocação à disposição de trabalhador temporário – contrato escrito celebrado entre empresa de trabalho temporário e empresa tomadora de serviços ou cliente para a prestação de serviços de colocação de trabalhadores temporários de que trata o art. 9º da Lei nº 6.019, de 1974.

Parágrafo único. Não se considera demanda complementar de serviços as demandas:

I – contínuas ou permanentes; e

II – decorrentes da abertura de filiais.

Art. 44. A empresa de trabalho temporário tem por finalidade a colocação de trabalhadores temporários à disposição de empresa tomadora de serviços ou cliente que deles necessite temporariamente.

Art. 45. O pedido de registro da empresa de trabalho temporário, observadas as normas complementares estabelecidas em ato do Ministro de Estado do Trabalho e Previdência, deverá ser instruído com os seguintes documentos:

I – prova de constituição da pessoa jurídica e registro na junta comercial da localidade em que a empresa tiver sede; e

II – prova de possuir capital social de, no mínimo, R$ 100.000,00 (cem mil reais).

Art. 46. A empresa de trabalho temporário deverá, quando solicitado pelo Ministério do Trabalho e Previdência, fornecer as informações consideradas necessárias para subsidiar a análise do mercado de trabalho.

Parágrafo único. O fornecimento das informações a que se refere o *caput* poderá ser substituído pelo uso do Sistema de Escrituração Digital das Obrigações Fiscais, Previdenciárias e Trabalhistas – eSocial, na forma estabelecida em ato do Ministro de Estado do Trabalho e Previdência.

Art. 47. O cadastramento dos trabalhadores temporários será feito junto ao Ministério do Trabalho e Previdência.

Art. 48. Compete à empresa de trabalho temporário remunerar e assistir os trabalhadores temporários quanto aos seus direitos assegurados, observado o disposto nos art. 60 a art. 63.

Art. 49. A empresa de trabalho temporário fica obrigada a anotar, em relação ao trabalhador temporário, nas anotações gerais da Carteira de Trabalho e Previdência Social, ou em meio eletrônico que vier a substituí-la, a sua condição de temporário, na forma estabelecida em ato do Ministro de Estado do Trabalho e Previdência.

Art. 50. A empresa de trabalho temporário fica obrigada a apresentar à inspeção do trabalho, quando solicitado, o contrato celebrado com o trabalhador temporário, a comprovação do recolhimento das contribuições previdenciárias e os demais documentos comprobatórios do cumprimento das obrigações estabelecidas neste Capítulo.

Art. 51. A empresa de trabalho temporário fica obrigada a discriminar, separadamente, em nota fiscal, os valores pagos a título de obrigações trabalhistas e fiscais e a taxa de agenciamento de colocação à disposição dos trabalhadores temporários.

Art. 52. É vedado à empresa de trabalho temporário ter ou utilizar, em seus serviços, trabalhador temporário, exceto quando:

I – o trabalhador for contratado por outra empresa de trabalho temporário; e

II – for comprovada a necessidade de substituição transitória de pessoal permanente ou demanda complementar de serviços.

Art. 53. É vedado à empresa de trabalho temporário cobrar do trabalhador qualquer valor, inclusive a título de mediação de mão de obra.

§ 1º A empresa de trabalho temporário poderá apenas efetuar os descontos previstos em lei.

§ 2º A infração ao disposto neste artigo acarretará o cancelamento do registro para funcionamento da empresa de trabalho temporário, sem prejuízo das sanções administrativas e penais cabíveis.

Art. 54. A empresa tomadora de serviços ou cliente manterá, em seu estabelecimento, e apresentará à inspeção do trabalho, quando solicitado, o contrato de prestação de serviços de colocação à disposição de trabalhadores temporários celebrado com a empresa de trabalho temporário.

Art. 55. É responsabilidade da empresa tomadora de serviços ou cliente garantir as condições de segurança, higiene e salubridade dos trabalhadores quando o trabalho for realizado em suas dependências ou em local por ela designado.

Art. 56. A empresa tomadora de serviços ou cliente estenderá ao trabalhador temporário, colocado à sua disposição, os mesmos atendimentos médico, ambulatorial e de refeição destinados aos seus empregados existentes em suas dependências ou em local por ela designado.

Art. 57. Não existe vínculo empregatício, independentemente do ramo da empresa tomadora de serviços ou cliente, entre esta e os trabalhadores contratados pelas empresas de trabalho temporário.

Art. 58. A empresa tomadora de serviços ou cliente exercerá o poder técnico, disciplinar e diretivo sobre os trabalhadores temporários colocados à sua disposição.

Art. 59. O contrato de trabalho temporário poderá dispor sobre o desenvolvimento de atividades-meio e atividades-fim a serem executadas na empresa tomadora de serviços ou cliente.

Art. 60. Ao trabalhador temporário serão assegurados os seguintes direitos:

I – remuneração equivalente àquela percebida pelos empregados da mesma categoria da empresa tomadora de serviços ou cliente, calculada à base horária, de modo a garantir, em qualquer hipótese, o salário mínimo regional;

II – pagamento de férias proporcionais, calculado na base de um doze avos do último salário percebido, por mês trabalhado, nas hipóteses de:

a) dispensa sem justa causa;

b) pedido de demissão; ou

c) término normal do contrato individual de trabalho temporário;

III – Fundo de Garantia do Tempo de Serviço – FGTS, na forma prevista em lei;

IV – benefícios e serviços da Previdência Social;

V – seguro de acidente do trabalho; e

VI – anotação da sua condição de trabalhador temporário em sua Carteira de Trabalho e Previdência Social, em anotações gerais.

Parágrafo único. Para fins do disposto no inciso II do *caput*, será considerada como mês completo a fração igual ou superior a quinze dias.

Art. 61. A jornada de trabalho para os trabalhadores temporários será de, no máximo, oito horas diárias.

§ 1º A jornada de trabalho poderá ter duração superior a oito horas diárias na hipótese de a empresa tomadora de serviços ou cliente utilizar jornada de trabalho específica.

§ 2º As horas que excederem à jornada de trabalho serão remuneradas com acréscimo de, no mínimo, cinquenta por cento.

Art. 62. Será assegurado ao trabalhador temporário o acréscimo de, no mínimo, vinte por cento de sua remuneração quando trabalhar no período noturno.

Art. 63. Será assegurado ao trabalhador temporário o descanso semanal remunerado, nos termos do disposto na Lei nº 605, de 1949.

Art. 64. Não se aplica ao trabalhador temporário:

I – o contrato de experiência previsto no parágrafo único do art. 445 da Consolidação das Leis do Trabalho, aprovada pelo Decreto-Lei nº 5.452, de 1943; e

II – a indenização prevista no art. 479 da Consolidação das Leis do Trabalho, aprovada pelo Decreto-Lei nº 5.452, de 1943.

Art. 65. A empresa de trabalho temporário celebrará contrato individual de trabalho temporário por escrito com o trabalhador colocado à disposição da empresa tomadora ou cliente, do qual constarão expressamente:

I – os direitos conferidos ao trabalhador temporário decorrentes da sua condição; e

II – a indicação da empresa tomadora de serviços ou cliente.

Art. 66. O prazo de duração do contrato individual de trabalho temporário não será superior a cento e oitenta dias corridos, independentemente de a prestação de serviço ocorrer em dias consecutivos ou não.

Parágrafo único. O contrato, comprovada a manutenção das condições que ensejaram a contratação temporária, poderá ser prorrogado apenas uma vez, além do prazo previsto no *caput*, por até noventa dias corridos, independentemente de a prestação de trabalho ocorrer em dias consecutivos ou não.

Art. 67. O trabalhador temporário que cumprir os períodos estabelecidos no art. 66 somente poderá ser colocado à disposição da mesma empresa tomadora de serviços ou cliente em novo contrato temporário após o período de noventa dias, contado da data do término do contrato anterior.

Parágrafo único. A contratação anterior ao prazo previsto no *caput* caracterizará vínculo empregatício entre o trabalhador e a empresa tomadora de serviços ou cliente.

Art. 68. É nula de pleno direito qualquer cláusula proibitiva da contratação do trabalhador temporário pela empresa tomadora de serviço ou cliente.

Art. 69. Constituem justa causa para rescisão do contrato do trabalhador temporário os atos e as circunstâncias de que tratam os art. 482 e art. 483 da Consolidação das Leis do Trabalho, aprovada pelo Decreto-Lei nº 5.452, de 1943, que ocorram entre o trabalhador e a empresa de trabalho temporário ou entre o trabalhador e a empresa tomadora de serviços ou cliente.

Art. 70. O contrato individual de trabalho temporário não se confunde com o contrato por prazo determinado previsto no art. 443 da Consolidação das Leis do Trabalho, aprovada pelo Decreto-Lei nº 5.452, de 1943, e na Lei nº 9.601, de 21 de janeiro de 1998.

Art. 71. Para a prestação de serviços de colocação de trabalhadores temporários à disposição de outras empresas, é obrigatória a celebração de contrato por escrito entre a empresa de trabalho temporário e a empresa tomadora de serviços ou cliente, do qual constarão expressamente:

I – a qualificação das partes;

II – a justificativa da demanda de trabalho temporário;

III – o prazo estabelecido para a prestação de serviços;

IV – o valor estabelecido para a prestação de serviços; e

V – as disposições sobre a segurança e a saúde do trabalhador, independentemente do local em que seja prestado o serviço.

§ 1º O valor da prestação de serviços de que trata o inciso IV do *caput* consiste na taxa de agenciamento da prestação de serviço de colocação à disposição de trabalhadores temporários.

§ 2º A justificativa da demanda de trabalho temporário de que trata o inciso II do *caput* consiste na descrição do fato ensejador da contratação de trabalho temporário.

Art. 72. A descrição da justificativa da demanda de trabalho temporário e a quantidade necessária de trabalhadores serão demonstradas pela empresa de trabalho temporário ou pela empresa tomadora de serviços ou cliente, observado o disposto nos art. 65 e art. 66 e nas normas complementares editadas em ato do Ministro de Estado do Trabalho e Previdência.

Art. 73. Compete à Justiça do Trabalho dirimir os litígios que envolvam a relação de trabalho entre empresa de trabalho temporário, empresa tomadora de serviços ou cliente e trabalhador temporário.

Art. 74. A empresa tomadora de serviços ou cliente responderá subsidiariamente pelas obrigações trabalhistas referentes ao período em que for realizado o trabalho temporário.

Parágrafo único. Na hipótese de falência da empresa de trabalho temporário, a empresa tomadora de serviços ou cliente responderá solidariamente pelas verbas relativas ao período para o qual o trabalhador tiver sido contratado.

Art. 75. A empresa tomadora de serviços ou cliente fica obrigada a comunicar à empresa de trabalho temporário a ocorrência de acidente cuja vítima seja trabalhador temporário colocado à sua disposição, nos termos do disposto no § 2º do art. 12 da Lei nº 6.019, de 1974.

Capítulo XI

DA GRATIFICAÇÃO DE NATAL

Art. 76. O pagamento da gratificação de Natal, nos termos do disposto na Lei nº 4.090, de 1962, e na Lei nº 4.749, de 1965, será efetuado pelo empregador até o dia vinte de dezembro de cada ano, e terá como base a remuneração devida nesse mês, de acordo com o tempo de serviço do empregado no ano em curso.

§ 1º A gratificação corresponderá a um doze avos da remuneração devida em dezembro, por mês de serviço, do ano correspondente.

§ 2º Para fins do disposto no § 1º, será considerada como mês completo a fração igual ou superior a quinze dias.

Art. 77. A gratificação de Natal para os empregados que recebem salário variável, a qualquer título, será calculada na base de um onze avos da soma dos valores variáveis devidos nos meses trabalhados até novembro de cada ano e será adicionada àquela que corresponder à parte do salário contratual fixo, quando houver.

Parágrafo único. Até o dia dez de janeiro de cada ano, computada a parcela do mês de dezembro, o cálculo da gratificação de Natal será revisto para um doze avos do total devido no ano anterior, de forma a se processar a correção do valor da respectiva gratificação com o pagamento ou a compensação das possíveis diferenças.

Art. 78. O empregador pagará, entre os meses de fevereiro e novembro de cada ano, como adiantamento da gratificação de Natal, em parcela única, metade do salário recebido pelo empregado no mês anterior ao do pagamento.

§ 1º Para os empregados que recebem salário variável, a qualquer título, o adiantamento da gratificação de Natal será calculado na base da soma dos valores variáveis devidos nos meses trabalhados até o mês anterior ao do pagamento e será adicionada àquela que corresponder à parte do salário contratual fixo, quando houver.

§ 2º O empregador não fica obrigado a pagar o adiantamento da gratificação de Natal a todos os seus empregados no mesmo mês.

§ 3º O valor que o empregado houver recebido a título de adiantamento da gratificação de Natal será deduzido do valor da gratificação devida.

§ 4º Nas hipóteses em que o empregado for admitido no curso do ano ou, durante este, não permanecer à disposição do empregador durante todos os meses, o adiantamento corresponderá à metade de um doze avos da remuneração, por mês de serviço ou fração superior a quinze dias.

Art. 79. O adiantamento da gratificação de Natal será pago por ocasião das férias do empregado, sempre que esse o requerer no mês de janeiro do ano correspondente.

Art. 80. Quando parte da remuneração for paga em utilidades, o valor da quantia efetivamente descontada e correspondente a essas, será computado para fixação da respectiva gratificação.

Art. 81. As faltas legais e as faltas justificadas ao serviço, na forma prevista nos art. 76 e art. 77, não serão deduzidas.

Art. 82. Caso o contrato de trabalho seja extinto, exceto na hipótese de rescisão com justa causa, o empregado receberá a gratificação devida, na forma prevista no art. 76, calculada sobre a remuneração do respectivo mês.

Parágrafo único. Caso a extinção do contrato de trabalho ocorra antes do pagamento de que trata o art. 76, o empregador poderá compensar o adiantamento a que se refere o art. 78 com o valor da gratificação devida na hipótese de rescisão e, se não bastar, com outro crédito de natureza trabalhista que o empregado possua.

CAPÍTULO XII

DAS RELAÇÕES INDIVIDUAIS E COLETIVAS DE TRABALHO RURAL

Art. 83. Este Capítulo disciplina a aplicação das normas reguladoras do trabalho rural, nos termos do disposto na Lei nº 5.889, de 1973.

Art. 84. Para fins do disposto neste Capítulo, considera-se empregador rural a pessoa natural ou jurídica, proprietária ou não, que explore atividade agroeconômica, em caráter permanente ou temporário, diretamente ou por meio de prepostos e com auxílio de empregados.

§ 1º Equipara-se ao empregador rural:

I – a pessoa natural ou jurídica que, habitualmente, em caráter profissional, e por conta de terceiros, execute serviços de natureza agrária, mediante a utilização do trabalho de outrem; e

II – o consórcio simplificado de produtores rurais de que trata o art. 25-A da Lei nº 8.212, de 1991.

§ 2º Sempre que uma ou mais empresas, embora cada uma delas tenha personalidade jurídica própria, estiverem sob direção, controle ou administração de outra, ou ainda quando, mesmo guardando cada uma sua autonomia, integrem grupo econômico ou financeiro rural, serão responsáveis solidariamente nas obrigações decorrentes da relação de emprego.

§ 3º Considera-se como atividade agroeconômica, além da exploração industrial em estabelecimento agrário não compreendido na Consolidação das Leis do Trabalho, aprovada pelo Decreto-Lei nº 5.452, de 1943, a exploração do turismo rural ancilar à exploração agroeconômica.

§ 4º Para fins do disposto no § 3º, consideram-se como exploração industrial em estabelecimento agrário as atividades que compreendem o primeiro tratamento dos produtos agrários *in natura* sem transformá-los em sua natureza, tais como:

I – o beneficiamento, a primeira modificação e o preparo dos produtos agropecuários e hortigranjeiros e das matérias-primas de origem animal ou vegetal para posterior venda ou industrialização; e

II – o aproveitamento dos subprodutos provenientes das operações de preparo e modificação dos produtos *in natura* de que trata o inciso I.

§ 5º Para fins do disposto no § 3º, não se considera indústria rural aquela que, ao operar a primeira modificação do produto agrário, transforme a sua natureza a ponto de perder a condição de matéria-prima.

Art. 85. Para fins do disposto neste Capítulo, empregado rural é toda pessoa natural que, em propriedade rural ou prédio rústico, preste serviços de natureza não eventual a empregador rural, sob a dependência deste e mediante o pagamento de salário.

Art. 86. As relações de trabalho rural serão reguladas pela Lei nº 5.889, de 1973, e, naquilo que não dispuser em contrário, pela Consolidação das Leis do Trabalho, aprovada pelo Decreto-Lei nº 5.452, de 1943, e pela legislação especial.

Art. 87. Os contratos de trabalho rural, individuais ou coletivos, estabelecerão, conforme os usos, as praxes e os costumes de cada região, o início e o término normal da jornada de trabalho, cuja duração não poderá exceder a oito horas diárias.

§ 1º Será obrigatória, em qualquer trabalho contínuo de duração superior a seis horas, a concessão de intervalo mínimo de uma hora para repouso ou alimentação, observados os usos e os costumes da região.

§ 2º Os intervalos para repouso ou alimentação não serão computados na duração da jornada de trabalho.

Art. 88. Haverá período mínimo de onze horas consecutivas para descanso entre duas jornadas de trabalho.

Art. 89. A duração diária da jornada de trabalho poderá ser acrescida de horas extras, em número não excedente a duas horas, por acordo individual, convenção coletiva ou acordo coletivo de trabalho.

§ 1º Deverá constar, obrigatoriamente, de acordo individual, convenção coletiva ou acordo coletivo de trabalho a importância da remuneração da hora suplementar que será, no mínimo, cinquenta por cento superior à da hora normal.

§ 2º Poderá ser dispensado o acréscimo de salário se, por força de acordo ou convenção coletiva de trabalho, o excesso de horas em um dia for compensado pela diminuição correspondente em outro dia, de maneira que não exceda, no período máximo de um ano, à soma das jornadas semanais de trabalho previstas, nem seja ultrapassado o limite máximo de dez horas diárias.

§ 3º É lícito o regime de compensação de jornada estabelecido por acordo individual, tácito ou escrito, para a compensação no mesmo mês.

Art. 90. A duração da jornada de trabalho poderá, caso ocorra necessidade imperiosa, exceder ao limite legal ou convencionado, seja por motivo de força maior, seja para atender à realização ou à conclusão de serviços inadiáveis ou cuja inexecução possa acarretar prejuízo manifesto.

§ 1º Nas hipóteses previstas no *caput*, o excesso poderá ser exigido independentemente de convenção coletiva ou acordo coletivo de trabalho.

§ 2º Nas hipóteses de excesso de horário por motivo de força maior, a remuneração da hora excedente será de, no mínimo, cinquenta por cento superior à hora normal.

§ 3º Nas demais hipóteses de excesso previstas no *caput*, as horas que excederem à jornada de trabalho serão remuneradas com acréscimo de, no mínimo, cinquenta por cento, e o trabalho não poderá exceder a doze horas, desde que a lei não estabeleça expressamente outro limite.

§ 4º A duração da jornada de trabalho, sempre que ocorrer interrupção resultante de causas acidentais ou de força maior que determinem a impossibilidade de sua realização, poderá ser prorrogada pelo tempo necessário até o máximo de duas horas, durante o número de dias indispensáveis à recuperação do tempo perdido, desde que não exceda a dez horas diárias, em período não superior a quarenta e cinco dias por ano, sujeita essa recuperação à autorização prévia da autoridade competente.

Art. 91. Nos serviços intermitentes, não serão computados como de exercício efetivo os intervalos entre uma e outra parte da execução da tarefa diária, o que deverá ser expressamente ressalvado nos registros referentes à Carteira de Trabalho e Previdência Social.

Parágrafo único. Considera-se serviço intermitente aquele que, por sua natureza, seja normalmente executado em duas ou mais etapas diárias distintas, desde que haja interrupção da jornada de trabalho de, no mínimo, cinco horas, entre uma e outra parte da execução da tarefa.

Art. 92. O trabalho noturno acarretará acréscimo de vinte e cinco por cento sobre a remuneração normal da hora diurna.

Parágrafo único. Para fins do disposto no *caput*, considera-se trabalho noturno aquele executado entre:

I – as vinte horas de um dia e as quatro horas do dia seguinte, na atividade pecuária; e

II – as vinte e uma horas de um dia e as cinco horas do dia seguinte, na lavoura.

Art. 93. Fica proibido o trabalho noturno, perigoso ou insalubre a menores de dezoito anos de idade, além daqueles proibidos pela Lei nº 8.069, de 13 de julho de 1990 – Estatuto da Criança e do Adolescente, e pelo Decreto nº 6.481, de 12 de junho de 2008.

Parágrafo único. Fica proibida qualquer espécie de trabalho a menores de dezesseis anos de idade, exceto quanto à contratação de jovem a partir de quatorze anos de idade na condição de aprendiz.

Art. 94. Aplicam-se aos trabalhadores rurais sem vínculo empregatício que prestem serviços a empregadores rurais, dentre outras, as normas referentes:

I – à segurança e à saúde no trabalho;

II – à jornada de trabalho;

III – ao trabalho noturno; e

IV – ao trabalho do menor de idade.

Art. 95. No salário do empregado, além das hipóteses de determinação legal ou decisão judicial, somente poderão ser efetuados os seguintes descontos, calculados sobre o salário-mínimo:

I – até o limite de vinte por cento, pela ocupação da morada;

II – até o limite de vinte e cinco por cento, pelo fornecimento de alimentação; e

III – valores de adiantamentos em dinheiro.

§ 1º As deduções de que trata o *caput* deverão ser previamente autorizadas pelo empregado, sem o que serão nulas de pleno direito.

§ 2º Para fins do disposto no inciso I do *caput*, considera-se morada a habitação fornecida pelo empregador, a qual, atendidas as condições peculiares de cada região, satisfaça os requisitos de salubridade e higiene estabelecidos em normas editadas em ato do Ministro de Estado do Trabalho e Previdência.

§ 3º O desconto previsto no inciso I do *caput*, sempre que mais de um empregado residir na mesma morada, deverá ser dividido proporcionalmente pelo número total de empregados, vedada, em qualquer hipótese, a moradia coletiva de famílias.

§ 4º O empregado, rescindido ou extinto o contrato de trabalho, será obrigado a desocupar a morada fornecida pelo empregador no prazo de trinta dias, contado da data do término da relação laboral.

Art. 96. Considera-se safreiro ou safrista o trabalhador que se obriga à prestação de serviços por meio de contrato de safra.

Parágrafo único. Considera-se contrato de safra aquele que tenha a sua duração dependente de variações estacionais das atividades agrárias, assim entendidas as tarefas normalmente executadas no período compreendido entre o preparo do solo para o cultivo e a colheita.

Art. 97. O empregador, expirado normalmente o contrato de safra, deverá pagar ao safreiro, a título de indenização do tempo de serviço, o valor correspondente a um doze avos do salário mensal por mês de serviço.

Parágrafo único. Será considerada como mês completo a fração superior a quatorze dias.

Art. 98. O aviso prévio, nos termos do disposto no Capítulo VI do Título IV da Consolidação das Leis do Trabalho, aprovada pelo Decreto-Lei nº 5.452, de 1943, será concedido na proporção de trinta dias aos empregados que contem com até um ano de serviço ao mesmo empregador.

Parágrafo único. Ao aviso prévio de que trata o *caput* serão acrescidos três dias por ano de serviço prestado na mesma empresa, até o máximo de sessenta dias, com o total de até noventa dias.

Art. 99. O empregado rural terá direito a um dia por semana, sem prejuízo do recebimento de seu salário integral, para procurar outro trabalho durante o prazo do aviso prévio na hipótese de a rescisão ter sido formalizada pelo empregador.

Art. 100. A aposentadoria por idade concedida ao empregado rural, na forma prevista na legislação, não acarretará rescisão de contrato de trabalho, nem constituirá justa causa para a sua dispensa.

Art. 101. A plantação subsidiária ou intercalar a cargo do empregado, quando de interesse também do empregador, será objeto de contrato em separado.

§ 1º Se houver necessidade de contratação de safreiros nas hipóteses previstas no *caput*, os encargos dela decorrentes serão de responsabilidade do empregador.

§ 2º O resultado anual a que tiver direito o empregado rural, em dinheiro ou em produto *in natura*, não poderá ser computado como parte correspondente ao salário mínimo na remuneração geral do empregado durante o ano agrícola.

Art. 102. O empregador rural que tiver a seu serviço, nos limites de sua propriedade, mais de cinquenta trabalhadores de qualquer natureza, com família, fica obrigado a possuir e conservar em funcionamento escola primária, inteiramente gratuita, para os menores dependentes, com tantas classes quantos sejam os grupos de quarenta crianças em idade escolar.

Art. 103. A pretensão quanto a créditos resultantes das relações de trabalho prescreverá em cinco anos, até o limite de dois anos após a extinção do contrato de trabalho.

Parágrafo único. O disposto no *caput* não se aplica ao menor de dezoito anos de idade.

Art. 104. Ato do Ministro de Estado do Trabalho e Previdência estabelecerá as normas de segurança e saúde no trabalho a serem observadas nos locais de trabalho rural.

Art. 105. As infrações ao disposto neste Capítulo acarretarão a aplicação da multa prevista no art. 18 da Lei nº 5.889, de 1973.

§ 1º As infrações ao disposto na Consolidação das Leis do Trabalho, aprovada pelo Decreto-Lei nº 5.452, de 1943, e à legislação esparsa cometidas contra o trabalhador rural acarretarão a aplicação das multas nelas previstas.

§ 2º As penalidades serão aplicadas pela autoridade competente do Ministério do Trabalho e Previdência, observado o disposto no Título VII da Consolidação das Leis do Trabalho, aprovada pelo Decreto-Lei nº 5.452, de 1943.

Capítulo XIII

DO VALE-TRANSPORTE

Art. 106. São beneficiários do vale-transporte, nos termos do disposto na Lei nº 7.418, de 1985, os trabalhadores em geral, tais como:

I – os empregados, assim definidos no art. 3º da Consolidação das Leis do Trabalho, aprovada pelo Decreto-Lei nº 5.452, de 1943;

II – os empregados do subempreiteiro, o subempreiteiro e o empreiteiro principal, nos termos do disposto no art. 455 da Consolidação das Leis do Trabalho, aprovada pelo Decreto-Lei nº 5.452, de 1943;

III – os trabalhadores temporários, assim definidos no art. 2º da Lei nº 6.019, de 1974;

IV – os atletas profissionais, de que trata a Lei nº 9.615, de 24 de março de 1998;

V – os empregados domésticos, assim definidos no art. 1º da Lei Complementar nº 150, de 1º de junho de 2015; e

VI – os empregados a domicílio, para os deslocamentos indispensáveis à prestação do trabalho e à percepção de salários e os necessários ao desenvolvimento das relações com o empregador.

Art. 107. O vale-transporte constitui benefício que o empregador antecipará ao trabalhador para a utilização efetiva em despesas de deslocamento residência-trabalho e vice-versa.

Parágrafo único. Entende-se como deslocamento a soma dos segmentos componentes da viagem do beneficiário, por um ou mais meios de transporte, entre a sua residência e o local de trabalho.

Art. 108. O vale-transporte é utilizável em todas as formas de transporte público coletivo urbano ou, ainda, intermunicipal e interestadual de caráter urbano, estabelecidas na forma prevista na Lei nº 12.587, de 3 de janeiro de 2012, operado diretamente pelo Poder Público ou por empresa por ele delegada, em linhas regulares e com tarifas estabelecidas pela autoridade competente.

Parágrafo único. O disposto no *caput* não se aplica aos serviços de transporte privado coletivo e transporte público individual.

Art. 109. O empregador que proporcionar, por meios próprios ou contratados, em veículos adequados ao transporte coletivo, o deslocamento residência-trabalho e vice-versa de seus trabalhadores fica desobrigado de fornecer-lhes vale-transporte.

Parágrafo único. Caso o empregador forneça ao trabalhador transporte próprio ou fretado que não cubra integralmente os seus deslocamentos, o vale-transporte deverá ser fornecido para os segmentos da viagem não abrangidos pelo referido transporte.

Art. 110. É vedado ao empregador substituir o vale-transporte por antecipação em dinheiro ou qualquer outra forma de pagamento, exceto quanto ao empregador doméstico, ressalvado o disposto no parágrafo único.

Parágrafo único. Nas hipóteses de indisponibilidade operacional da empresa operadora e de falta ou insuficiência de estoque de vale-transporte necessário ao atendimento da demanda e ao funcionamento do sistema, o beneficiário será ressarcido pelo empregador na folha de pagamento imediata quanto à parcela correspondente, quando tiver efetuado a despesa para o seu deslocamento por conta própria.

Art. 111. Quanto à contribuição do empregador, o vale-transporte:

I – não tem natureza salarial, nem se incorpora à remuneração do beneficiário para quaisquer efeitos;
II – não constitui base de incidência de contribuição previdenciária ou do FGTS;
III – não é considerado para fins de pagamento da gratificação de Natal a que se refere o Capítulo XI; e
IV – não configura rendimento tributável do beneficiário.

Art. 112. O empregado, para exercer o direito de receber o vale-transporte, informará ao empregador, por escrito ou por meio eletrônico:

I – o seu endereço residencial; e
II – os serviços e os meios de transporte mais adequados ao seu deslocamento residência-trabalho e vice-versa.

§ 1º A informação de que trata o *caput* deverá ser atualizada sempre que ocorrer alteração, sob pena de suspensão do benefício até o cumprimento dessa exigência.

§ 2º O beneficiário firmará termo de compromisso de utilizar o vale-transporte exclusivamente para o deslocamento efetivo residência-trabalho e vice-versa.

§ 3º A declaração falsa e o uso indevido do vale-transporte constituem falta grave.

Art. 113. É vedada a acumulação do benefício do vale-transporte com outras vantagens relativas ao transporte do beneficiário, ressalvado o disposto no parágrafo único do art. 109.

Art. 114. O vale-transporte será custeado:

I – pelo beneficiário, na parcela equivalente a seis por cento de seu salário básico ou vencimento, excluídos quaisquer adicionais ou vantagens; e
II – pelo empregador, no que exceder à parcela de que trata o inciso I.

Parágrafo único. O empregador fica autorizado a descontar mensalmente o valor da parcela de que trata o inciso I do *caput* do salário básico ou vencimento do empregado que utilizar o vale-transporte.

Art. 115. O valor da parcela a ser suportada pelo beneficiário será descontado proporcionalmente à quantidade de vale-transporte concedida para o período a que se refere o salário básico ou vencimento e por ocasião de seu pagamento, exceto se houver disposição em contrário em convenção ou acordo coletivo.

Art. 116. O empregado poderá, na hipótese de a despesa com o seu deslocamento ser inferior a seis por cento do salário básico ou vencimento, optar pelo recebimento antecipado do vale-transporte, cujo valor será integralmente descontado por ocasião do pagamento do salário básico ou vencimento.

Art. 117. A base de cálculo para determinação da parcela custeada pelo beneficiário será:

I – o salário básico ou vencimento, excluídos quaisquer adicionais ou vantagens; e
II – o montante percebido no período, nas seguintes hipóteses:

a) quando se tratar de trabalhador remunerado por tarefa ou serviço feito; ou
b) quando se tratar de remuneração constituída exclusivamente de comissões, percentagens, gratificações, gorjetas ou equivalentes.

Art. 118. O poder concedente ou o órgão de gerência com jurisdição sobre os serviços de transporte público coletivo urbano, intermunicipal ou interestadual de caráter urbano, respeitado o disposto na legislação federal, editará normas complementares para operacionalização do sistema do vale-transporte.

Parágrafo único. Os órgãos a que se refere o *caput* ficam responsáveis pelo controle do sistema do vale-transporte.

Art. 119. Fica a empresa operadora do sistema de transporte coletivo público coletivo obrigada a:

I – emitir e comercializar o vale-transporte ao preço da tarifa pública vigente;

II – disponibilizar o vale-transporte aos empregadores; e

III – assumir os custos das obrigações a que se referem os incisos I e II, sem repassá-los para a tarifa pública dos serviços.

§ 1º A emissão e a comercialização do vale-transporte poderão também ser efetuadas pelo órgão de gerência ou pelo poder concedente, quando este tiver a competência legal para emissão de passes.

§ 2º Na hipótese prevista no § 1º, é vedada a emissão e a comercialização de vale-transporte simultaneamente pelo poder concedente e pelo órgão de gerência.

§ 3º A delegação ou a transferência da atribuição de emitir e comercializar o vale-transporte não afasta a proibição de repassar os custos para a tarifa pública dos serviços.

Art. 120. As empresas operadoras, nas hipóteses de delegação previstas no § 1º do art. 119 ou de constituição de consórcio, deverão submeter os instrumentos de delegação ao poder concedente ou ao órgão de gerência para que procedam à emissão e à comercialização de vale-transporte.

Art. 121. Nas hipóteses previstas no art. 120, as empresas operadoras responderão solidariamente pela pessoa jurídica delegada ou pelos atos do consórcio em razão de faltas ou falhas no serviço.

Art. 122. O responsável por emitir e comercializar o vale-transporte garantirá a segurança e a eficácia dos meios eletrônicos disponibilizados aos usuários e fornecerá informações para conferência das viagens e dos valores repassados pelo empregador.

Art. 123. A comercialização do vale-transporte ocorrerá em centrais ou postos de venda estrategicamente distribuídos na cidade onde será utilizado.

Parágrafo único. Nas hipóteses em que o sistema local de transporte público for operado por diversas empresas ou por meios diferentes, com ou sem integração, os postos de vendas comercializarão todos os tipos de vale-transporte.

Art. 124. A concessão do benefício obriga o empregador a adquirir vale-transporte em quantidade e tipo de serviço que melhor se adequar ao deslocamento do beneficiário.

Parágrafo único. A aquisição do vale-transporte será feita antecipadamente e à vista, proibidos quaisquer descontos, e limitada à quantidade estritamente necessária ao atendimento dos beneficiários.

Art. 125. O cálculo do valor do vale-transporte considerará o valor da tarifa integral, relativa ao deslocamento do beneficiário, por um ou mais meios de transporte, mesmo que a legislação local preveja descontos de tarifa.

Parágrafo único. Para fins do disposto no *caput*, não são considerados descontos as reduções tarifárias decorrentes de integração de serviços.

Art. 126. A venda do vale-transporte será comprovada por meio de recibo emitido pela vendedora, o qual conterá:

I – o período a que se refere;

II – a quantidade de vale-transporte vendida e de beneficiários a quem se destina; e

III – o nome, o endereço e o número de inscrição da empresa compradora no Cadastro Nacional de Pessoas Jurídicas – CNPJ.

Art. 127. O vale-transporte poderá ser emitido conforme as peculiaridades e as conveniências locais, para utilização por linha, empresa, sistema ou outros aspectos recomendados pela experiência local.

Art. 128. O responsável por emitir e comercializar o vale-transporte poderá adotar a forma que melhor lhe convier à segurança e à facilidade de distribuição.

Parágrafo único. O vale-transporte poderá ser emitido na forma de bilhetes simples ou múltiplos, talões, cartelas, fichas, cartão digital ou quaisquer processos similares, eletrônicos ou digitais.

Art. 129. Quando o vale-transporte for emitido para utilização em sistema determinado de transporte ou para valer entre duas ou mais operadoras, será de aceitação compulsória, nos termos previstos em acordo previamente firmado.

§ 1º O responsável por emitir e comercializar o vale-transporte pagará às empresas operadoras os créditos no prazo de vinte e quatro horas, facultado às partes pactuar prazo maior.

§ 2º O responsável por emitir e comercializar o vale-transporte deverá apresentar, mensalmente, demonstrativos financeiros dessa atividade ao órgão de gerência, que observará o disposto no art. 132.

Art. 130. As empresas operadoras ficam obrigadas a manter permanentemente sistema de registro e controle do número de vale-transporte emitido, comercializado e utilizado, ainda que a atividade seja exercida por delegação ou por meio de consórcio.

Art. 131. O vale-transporte, na hipótese de alteração do valor da tarifa de serviços, poderá:

I – ser utilizado pelo beneficiário, no prazo estabelecido pelo poder concedente; ou

II – ser trocado, sem ônus, pelo empregador, no prazo de trinta dias, contado da data de alteração do valor da tarifa.

Art. 132. O poder concedente ou o órgão de gerência informará mensalmente ao órgão da administração pública federal responsável pela gestão do Sistema Nacional de Informações da Mobilidade Urbana, estatísticas que permitam avaliação em âmbito nacional, em caráter permanente, da utilização do vale-transporte.

Art. 133. As operadoras informarão, mensalmente, nos termos exigidos pelas normas locais, o volume de vale-transporte emitido, comercializado e utilizado, a fim de permitir a avaliação local do sistema, além de outros dados que venham a ser julgados convenientes à consecução desse objetivo.

Art. 134. Nos atos de concessão, permissão ou autorização de emissão e comercialização de vale-transporte, serão previstas sanções às empresas operadoras que emitirem ou comercializarem o vale-transporte diretamente, por meio de delegação ou consórcio, em quantidade insuficiente ao atendimento da demanda.

Art. 135. As sanções de que trata o art. 134 serão estabelecidas em valor proporcional às quantidades solicitadas e não fornecidas, e serão agravadas em caso de reincidência.

Art. 136. O valor efetivamente pago e comprovado pelo empregador, pessoa jurídica, na aquisição de vale-transporte, poderá ser deduzido como despesa operacional, nos termos do disposto no art. 384 do Decreto nº 9.580, de 22 de novembro de 2018.

Capítulo XIV

DO PROGRAMA EMPRESA CIDADÃ

Art. 137. O Programa Empresa Cidadã, instituído pela Lei nº 11.770, de 2008, é destinado a prorrogar:

I – por sessenta dias, a duração da licença-maternidade, prevista no inciso XVIII do *caput* do art. 7º da Constituição; e

II – por quinze dias, a duração da licença-paternidade, prevista na Lei nº 11.770, de 2008, além dos cinco dias estabelecidos no § 1º do art. 10 do Ato das Disposições Constitucionais Transitórias.

§ 1º A prorrogação de que trata o *caput*:

I – será garantida à empregada da pessoa jurídica que aderir ao Programa Empresa Cidadã, desde que a empregada a requeira até o fim do primeiro mês após o parto, e será concedida no dia subsequente à fruição da licença-maternidade de que trata o inciso XVIII do *caput* do art. 7º da Constituição; e

II – será garantida ao empregado da pessoa jurídica que aderir ao Programa Empresa Cidadã, desde que o empregado a requeira no prazo de dois dias úteis após o parto e comprove a participação em programa ou atividade de orientação sobre paternidade responsável.

§ 2º O disposto neste artigo aplica-se à empregada ou ao empregado de pessoa jurídica que adotar ou obtiver guarda judicial para fins de adoção de criança.

§ 3º A prorrogação de que trata este artigo será devida, inclusive, no caso de parto antecipado.

Art. 138. As pessoas jurídicas poderão aderir ao Programa Empresa Cidadã por meio de requerimento dirigido à Secretaria Especial da Receita Federal do Brasil do Ministério da Economia.

Art. 139. A pessoa jurídica participante do Programa Empresa Cidadã observará as regras de dedução de imposto sobre a renda previstas no art. 648 do Decreto nº 9.580, de 2018.

Art. 140. A empregada e o empregado, no período de prorrogação da licença-maternidade, da licença-paternidade e da licença à adotante de que tratam este Capítulo, não poderão exercer qualquer atividade remunerada, exceto na hipótese de contrato de trabalho simultâneo firmado previamente.

Parágrafo único. O descumprimento do disposto no *caput* ensejará a perda do direito à prorrogação de licença-maternidade, da licença-paternidade e da licença à adotante de que tratam este Capítulo.

Art. 141. Durante o período de prorrogação da licença-maternidade, da licença-paternidade e da licença à adotante:

I – a empregada terá direito à remuneração integral, nos mesmos moldes devidos no período de percepção do salário-maternidade pago pelo Regime Geral de Previdência Social; e

II – o empregado terá direito à remuneração integral.

Art. 142. A Secretaria Especial da Receita Federal do Brasil do Ministério da Economia e o Instituto Nacional do Seguro Social – INSS poderão editar, no âmbito de suas competências, normas complementares necessárias ao cumprimento do disposto neste Capítulo.

Capítulo XV

DA SITUAÇÃO DE TRABALHADORES CONTRATADOS OU TRANSFERIDOS PARA PRESTAR SERVIÇOS NO EXTERIOR

Art. 143. Este Capítulo regulamenta a situação de trabalhadores contratados ou transferidos para prestar serviços no exterior, nos termos do disposto no § 2º do art. 5º, no art. 9º e no art. 12 da Lei nº 7.064, de 1982.

Art. 144. O empregado contratado no País ou transferido por seus empregadores para prestar serviços no exterior, enquanto estiver a prestar serviços no estrangeiro, poderá converter e remeter para o local de trabalho, no todo ou em parte, os valores correspondentes à remuneração paga em moeda nacional.

Art. 145. As remessas de que trata o art. 144 serão feitas por meio de instituição financeira autorizada a funcionar pelo Banco Central do Brasil que opere em câmbio, por meio de requerimento escrito do empregado ou de seu procurador, instruído com declaração da empresa empregadora, da qual deverão constar:

I – o valor da remuneração paga ao empregado;

II – o local da prestação de serviços no exterior;

III – o número da Carteira de Trabalho e Previdência Social para empregadores não declarantes do eSocial; e

IV – o número de inscrição do empregado no cadastro de contribuintes.

Parágrafo único. As remessas de que trata o *caput* ficarão sujeitas à fiscalização do Banco Central do Brasil.

Art. 146. Os valores pagos pela empresa empregadora a que se refere o art. 144, na liquidação de direitos estabelecidos pela lei do local da prestação de serviços no exterior, poderão ser deduzidos dos depósitos do FGTS em nome do empregado existentes na conta vinculada, nos termos do disposto na Lei nº 8.036, de 11 de maio de 1990.

§ 1º O levantamento, pela empresa empregadora, dos valores correspondentes à liquidação de direitos, efetuada em conformidade com o disposto na lei do local da prestação de serviços no exterior, será efetivada à vista do alvará expedido em decorrência da homologação judicial.

§ 2º A homologação dos valores a serem deduzidos ocorrerá por meio da apresentação, pela empresa empregadora, de cópia autenticada da documentação comprobatória da liquidação dos direitos do empregado no exterior, traduzida por tradutor juramentado.

§ 3º O juiz, requerida a homologação, determinará à instituição financeira depositária da conta vinculada que informe, no prazo de três dias úteis, contado da data da notificação, o valor existente na conta vinculada do empregado na data do pedido de homologação.

Art. 147. A homologação deverá consignar o valor, em moeda estrangeira, a ser deduzido e o alvará autorizará o levantamento do seu valor correspondente em moeda nacional, junto à instituição financeira depositária, que efetuará a conversão ao câmbio do dia em que efetivar o pagamento.

§ 1º Na hipótese em que a liquidação de direitos do empregado tiver sido efetuada em moeda que não tenha paridade direta com a moeda nacional, o dólar comercial dos Estados Unidos da América será utilizado como moeda de conversão.

§ 2º A empresa empregadora deverá apresentar o alvará a que se refere o *caput* no prazo de dois dias úteis, contado da data da sua expedição, sob pena de correrem à sua conta as variações cambiais posteriores à data de expedição do alvará.

Art. 148. Caso o saldo existente na conta vinculada do FGTS em nome do empregado não seja suficiente para a dedução integral dos valores correspondentes aos direitos liquidados pela empresa no exterior, a diferença poderá ser recolhida por meio de nova dedução dessa conta, quando da cessação, no País, do contrato de trabalho, por meio da expedição de novo alvará, independentemente de nova homologação.

Art. 149. A contratação de trabalhador por empresa estrangeira para trabalhar no exterior fica condicionada à autorização do Ministério do Trabalho e Previdência.

Parágrafo único. Ato do Ministro de Estado Ministério do Trabalho e Previdência disporá sobre a concessão da autorização de que trata o *caput*, observado o disposto no art. 150.

Art. 150. A empresa que requerer a autorização a que se refere o art. 149 deverá comprovar:

I – a sua existência jurídica, em conformidade com as leis do país onde estiver sediada;

II – a participação de pessoa jurídica domiciliada no País em, no mínimo, cinco por cento do seu capital social;

III – a existência de procurador legalmente constituído no País, com poderes especiais de representação, inclusive de receber citação; e

IV – a solidariedade da pessoa jurídica a que se refere o inciso II, no cumprimento das obrigações da empresa estrangeira decorrentes da contratação do empregado.

Capítulo XVI

DO REPOUSO SEMANAL REMUNERADO E DO PAGAMENTO DE SALÁRIO NOS FERIADOS CIVIS E RELIGIOSOS

Art. 151. Este Capítulo dispõe sobre o repouso semanal remunerado e o pagamento de salário nos feriados civis e religiosos, nos termos do disposto na Lei nº 605, de 1949.

Art. 152. Todo empregado tem direito a um descanso semanal remunerado de vinte e quatro horas consecutivas, preferencialmente aos domingos e, nos limites das exigências técnicas das empresas, nos feriados civis e religiosos, de acordo com a tradição local.

Art. 153. São feriados e, como tais, obrigam ao repouso remunerado em todo o território nacional, aqueles que a lei determinar.

Parágrafo único. Será também obrigatório o repouso remunerado nos dias de feriados locais, até o máximo de quatro, desde que declarados como tais por lei municipal.

Art. 154. Comprovado o cumprimento das exigências técnicas, nos termos do disposto no art. 1º da Lei nº 605, de 1949, será admitido o trabalho nos dias de repouso, garantida a remuneração correspondente.

§ 1º Para fins do disposto neste Capítulo, constituem exigências técnicas aquelas que, em razão do interesse público ou das condições peculiares às atividades da empresa ou ao local onde estas atuem, tornem indispensável a continuidade do trabalho, em todos ou alguns de seus serviços.

§ 2º Nos serviços que exijam trabalho aos domingos, com exceção dos elencos teatrais e congêneres, será estabelecida escala de revezamento, mensalmente organizada, que constará de quadro sujeito à fiscalização.

§ 3º Nos serviços em que for permitido o trabalho nos dias de repouso, a remuneração dos empregados que trabalharem nesses dias será paga em dobro, exceto se a empresa determinar outro dia de folga.

§ 4º Ato do Ministro de Estado do Trabalho e Previdência concederá, em caráter permanente, permissão para o trabalho nos dias de repouso às atividades que se enquadrarem nas exigências técnicas de que trata o *caput*.

Art. 155. Será admitido, excepcionalmente, o trabalho em dia de repouso quando:

I – ocorrer motivo de força maior; ou

II – para atender à realização ou à conclusão de serviços inadiáveis ou cuja inexecução possa acarretar prejuízo manifesto, a empresa obtiver autorização prévia da autoridade competente em matéria de trabalho, com discriminação do período autorizado, o qual, de cada vez, não excederá a sessenta dias.

Art. 156. Nos dias de repouso em que for permitido o trabalho, é vedada às empresas a execução de serviços que não se enquadrem nos motivos determinantes da permissão.

Art. 157. A remuneração do repouso semanal corresponderá:

I – para os que trabalham por dia, semana, quinzena ou mês, à de um dia de trabalho, computadas as horas extras habitualmente prestadas;

II – para os que trabalham por hora, à sua jornada de trabalho, computadas as horas extras habitualmente prestadas;

III – para os que trabalham por tarefa ou peça, ao salário correspondente às tarefas ou peças feitas durante a semana, no horário normal de trabalho, dividido pelos dias de serviço efetivamente prestados ao empregador; e

IV – para os empregados em domicílio, ao quociente da divisão por seis do valor total da sua produção na semana.

§ 1º Os empregados cujos salários não sofram descontos por motivo de feriados civis ou religiosos são considerados já remunerados nesses mesmos dias de repouso, conquanto tenham direito à remuneração dominical.

§ 2º Consideram-se já remunerados os dias de repouso semanal do empregado mensalista ou quinzenalista cujo cálculo de salário mensal ou quinzenal ou cujos descontos por falta sejam efetuados com base no número de dias do mês ou de trinta e quinze diárias respectivamente.

Art. 158. O trabalhador que, sem motivo justificado ou em razão de punição disciplinar, não tiver trabalhado durante toda a semana e cumprido integralmente o seu horário de trabalho perderá a remuneração do dia de repouso.

§ 1º Nas empresas em que vigorar regime de trabalho reduzido, a frequência exigida corresponderá ao número de dias em que houver trabalho.

§ 2º As ausências decorrentes de férias não prejudicarão a frequência exigida.

§ 3º Não serão acumuladas a remuneração do repouso semanal e a do feriado civil ou religioso que recaírem no mesmo dia.

§ 4º Considera-se semana, para fins de pagamento de remuneração, o período de segunda-feira a domingo que antecede o dia determinado como repouso semanal remunerado.

Art. 159. Para fins do disposto no art. 158, consideram-se motivos justificados:

I – os motivos previstos no art. 473 da Consolidação das Leis do Trabalho, aprovada pelo Decreto-Lei nº 5.452, de 1943;

II – a ausência justificada do empregado, a critério da administração do estabelecimento, por meio da apresentação de documento por ela fornecido;

III – a paralisação do serviço nos dias em que, por conveniência do empregador, não tenha havido expediente de trabalho;

IV – a falta ao serviço, com fundamento na legislação sobre acidente do trabalho; e

V – a ausência do empregado durante os primeiros quinze dias consecutivos ao de afastamento da atividade por motivo de doença, observado o disposto no art. 60 da Lei nº 8.213, de 24 de julho de 1991.

Parágrafo único. A ausência do empregado por motivo de doença deverá ser comprovada por meio da apresentação de atestado médico, nos termos do disposto na Lei nº 605, de 1949.

Art. 160. As infrações ao disposto neste Capítulo acarretarão a aplicação da multa prevista no art. 12 da Lei nº 605, de 1949.

Art. 161. As autoridades regionais em matéria de inspeção do trabalho são originariamente competentes para a aplicação das multas de que trata este Capítulo.

Art. 162. A fiscalização do cumprimento do disposto neste Capítulo e o processo de autuação de seus infratores observarão o disposto no Título VII da Consolidação das Leis do Trabalho, aprovada pelo Decreto-Lei nº 5.452, de 1943.

Capítulo XVII

DA RELAÇÃO ANUAL DE INFORMAÇÕES SOCIAIS

Art. 163. A RAIS conterá elementos destinados a suprir as necessidades de controle, de estatística e de informações das entidades governamentais da área social, e subsidiar o pagamento do abono salarial, nos termos do disposto na Lei nº 7.998, de 11 de janeiro de 1990.

§ 1º As informações relativas à RAIS serão declaradas:

I – pelas pessoas jurídicas inscritas no CNPJ da Secretaria Especial da Receita Federal do Brasil do Ministério da Economia; e

II – pelas pessoas naturais que tenham mantido empregados contratados no período referente às informações, exceto empregado doméstico.

§ 2º Ato do Ministro de Estado do Trabalho e Previdência disporá sobre a forma de captação e processamento da RAIS.

Art. 164. A RAIS conterá as informações periodicamente solicitadas pelas instituições vinculadas ao Ministério do Trabalho e Previdência, especialmente em relação:

I – ao cumprimento da legislação relativa ao Programa de Integração Social e para o Programa de Formação do Patrimônio do Servidor Público – PIS/PASEP;

II – às exigências da legislação de nacionalização do trabalho;

III – ao fornecimento de subsídios para controle dos registros relativos ao FGTS;

IV – à viabilização da concessão do pagamento do abono salarial; e

V – à coleta de dados indispensáveis à elaboração dos estudos técnicos, de natureza estatística e atuarial, dos serviços especializados do Ministério do Trabalho e Previdência.

Art. 165. A RAIS identificará:

I – o empregador, pelo número de inscrição:

a) no CNPJ;

b) no Cadastro Nacional de Obras; e

c) no Cadastro de Atividade Econômica da Pessoa Física;

II – a pessoa jurídica de direito público e o órgão público, pelo número de inscrição no CNPJ; e

III – o empregado, pelo número de inscrição no Cadastro de Pessoas Físicas – CPF.

Capítulo XVIII

DO PROGRAMA DE ALIMENTAÇÃO DO TRABALHADOR

Art. 166. Este Capítulo dispõe sobre a regulamentação do PAT, de que trata a Lei nº 6.321, de 14 de abril de 1976.

Art. 167. A gestão compartilhada do PAT caberá ao Ministério do Trabalho e Previdência, à Secretaria Especial da Receita Federal do Brasil do Ministério da Economia e ao Ministério da Saúde.

§ 1º Compete ao Ministério do Trabalho e Previdência regulamentar a adesão e fiscalizar os aspectos trabalhistas relacionados ao PAT.

§ 2º Compete à Secretaria Especial da Receita Federal do Brasil do Ministério da Economia regulamentar e fiscalizar os aspectos tributários relacionados ao PAT.

§ 3º Compete ao Ministério da Saúde e ao Ministério do Trabalho e Previdência regulamentar conjuntamente os aspectos relacionados à promoção da saúde e à segurança alimentar e nutricional do PAT.

§ 4º Compete ao Ministério do Trabalho e Previdência, à Secretaria Especial da Receita Federal do Brasil do Ministério da Economia e ao Ministério da Saúde, no âmbito de suas competências, editar normas complementares para disciplinar a aplicação do disposto neste Capítulo.

Art. 168. Para usufruir dos correspondentes benefícios fiscais relacionados ao PAT, a pessoa jurídica beneficiária deverá requerer a sua inscrição no Ministério do Trabalho e Previdência.

Art. 169. Para fins de execução do PAT, a pessoa jurídica beneficiária poderá:

I – manter serviço próprio de refeições;

II – distribuir alimentos; ou

III – firmar contrato com entidades de alimentação coletiva.

Art. 170. As entidades de alimentação coletiva a que se refere o inciso III do *caput* do art. 169 serão registradas no PAT nas seguintes categorias:

I – fornecedora de alimentação coletiva:

a) operadora de cozinha industrial e fornecedora de refeições preparadas transportadas;

b) administradora de cozinha da contratante; e

c) fornecedora de cestas de alimento e similares para transporte individual; e

II – facilitadora de aquisição de refeições ou gêneros alimentícios:

a) emissora PAT – facilitadora que exerça a atividade de emissão de moeda eletrônica para atendimento dos pagamentos no âmbito do PAT; ou

b) credenciadora PAT – facilitadora que exerça a atividade de credenciamento para aceitação da moeda eletrônica emitida para atendimento dos pagamentos no âmbito do PAT.

§ 1º As facilitadoras de aquisição de refeições ou gêneros alimentícios podem emitir ou credenciar a aceitação dos seguintes produtos:

I – instrumentos de pagamento para aquisição de refeições em restaurantes e estabelecimentos similares (refeição convênio); e

II – instrumentos de pagamento para aquisição de gêneros alimentícios em estabelecimentos comerciais (alimentação convênio).

§ 2º Para o credenciamento de estabelecimentos comerciais, as empresas de que trata a alínea *b* do inciso II do *caput* deverão verificar:

I – a documentação referente ao cumprimento das normas de vigilância sanitária;

II – se o estabelecimento está enquadrado e desenvolve atividade classificada na Classificação Nacional de Atividades Econômicas referente à comercialização de refeição ou de gêneros alimentícios; e

III – a regularidade da inscrição e da situação cadastral de pessoa jurídica.

§ 3º A não observância ao disposto no § 2º ensejará a aplicação de penalidades para a empresa credenciadora PAT, na forma estabelecida em ato do Ministro de Estado do Trabalho e Previdência.

Art. 171. A pessoa jurídica beneficiária do PAT poderá abranger todos os trabalhadores de sua empresa e atender prioritariamente aqueles de baixa renda.

Art. 172. A pessoa jurídica beneficiária do PAT observará as regras de dedução de imposto sobre a renda previstas nos art. 383, art. 641 e art. 642 do Decreto nº 9.580, de 2018.

Parágrafo único. O benefício concedido pela empresa beneficiária do PAT deverá possuir o mesmo valor para todos os seus trabalhadores.

Art. 173. As pessoas jurídicas beneficiárias do PAT deverão dispor de programas destinados a promover e monitorar a saúde e a aprimorar a segurança alimentar e nutricional de seus trabalhadores, como direito humano à alimentação adequada, na forma estabelecida em ato conjunto do Ministro de Estado da Saúde e do Ministro de Estado do Trabalho e Emprego.

▸ *Caput* com a redação dada pelo Dec. nº 11.678, de 30-8-2023.

Parágrafo único. Os programas de que trata o caput, destinados a monitorar a saúde e aprimorar a segurança alimentar e nutricional dos trabalhadores, deverão promover ações relativas à alimentação adequada e saudável, com diretrizes e metas sob responsabilidade das pessoas jurídicas beneficiárias.

▸ Parágrafo único acrescido pelo Dec. nº 11.678, de 30-8-2023.

Art. 174. O serviço de pagamento de alimentação deverá ser operacionalizado por meio de arranjo de pagamento, estabelecido nos termos do disposto no inciso I do *caput* do art. 6º da Lei nº 12.865, de 9 de outubro de 2013, o qual observará, no mínimo, as seguintes regras:

I – os recursos a serem repassados ao trabalhador pela pessoa jurídica beneficiária para utilização no âmbito do PAT:

a) deverão ser mantidos em conta de pagamentos, de titularidade do trabalhador, na forma de moeda eletrônica, e serão escriturados separadamente de quaisquer outros recursos do trabalhador eventualmente mantidos na mesma instituição de pagamento; e

b) deverão ser utilizados exclusivamente para o pagamento de refeição em restaurantes e estabelecimentos similares ou para a aquisição de gêneros alimentícios em estabelecimentos comerciais, conforme a modalidade do produto, e deverão ser escriturados separadamente;

II – são vedadas as seguintes transações na conta de pagamentos de que trata a alínea *a* do inciso I:

a) saque de recursos; e

b) execução de ordens de transferência do saldo escriturado separadamente para fins de execução do PAT; e

III – o valor do benefício concedido ao trabalhador, na forma de recursos aportados em conta de pagamento de que trata a alínea *a* do inciso I, independentemente de ter havido o desconto de sua participação, poderá ser integralmente utilizado pelo trabalhador após a rescisão do seu contrato com a pessoa jurídica beneficiária do programa.

§ 1º O arranjo de pagamento de que trata o *caput* poderá ser aberto ou fechado.

▸ Art. 188, I, *a*, deste Decreto.

§ 2º Caberá à pessoa jurídica beneficiária orientar devidamente os seus trabalhadores sobre a utilização correta dos instrumentos de pagamento referidos no *caput*.

§ 3º A pessoa jurídica beneficiária será responsável pelas irregularidades a que der causa na execução do PAT na forma prevista neste Capítulo.

Art. 175. As pessoas jurídicas beneficiárias, no âmbito do contrato firmado com fornecedoras de alimentação ou facilitadora de aquisição de refeições ou gêneros alimentícios, não poderão exigir ou receber qualquer tipo de deságio ou imposição de descontos sobre o valor contratado, prazos de repasse que descaracterizem a natureza pré-paga dos valores a serem disponibilizados aos trabalhadores, ou outras verbas e benefícios diretos ou indiretos de qualquer natureza não vinculados diretamente à promoção de saúde e segurança alimentar do trabalhador.

§ 1º O disposto no *caput* não se aplica aos contratos vigentes até que tenha sido encerrado o contrato ou até que tenha decorrido o prazo de dezoito meses, contado da data de publicação deste Decreto, o que ocorrer primeiro.

§ 2º O descumprimento da vedação prevista no *caput* implicará no cancelamento da inscrição da pessoa jurídica beneficiária do PAT.

§ 3º É vedada a prorrogação de contrato em desconformidade com o disposto neste artigo.

§ 4º As verbas e os benefícios diretos e indiretos de que trata o caput:

I – não poderão incluir o pagamento de notas fiscais, faturas ou boletos pelas facilitadoras, inclusive por meio de programas de pontuação ou similares; e

II – deverão estar associados aos programas de que trata o art. 173.

▸ § 4º acrescido pelo Dec. nº 11.678, de 30-8-2023.

Art. 175-A. Na execução do serviço de pagamento de alimentação de que trata o art. 174, são vedados quaisquer programas de recompensa que envolvam operações de cashback.

Parágrafo único. Para fins do disposto neste Decreto, consideram-se operações de cashback aquelas que envolvam programa de recompensas em que o consumidor receba de volta, em dinheiro, parte do valor pago ao adquirir produto ou contratar serviço, após o pagamento integral à empresa fornecedora ou prestadora.

▸ Art. 175-A acrescido pelo Dec. nº 11.678, de 30-8-2023.

Art. 176. As facilitadoras de aquisição de refeições ou gêneros alimentícios são responsáveis, no âmbito de sua atuação, pelo monitoramento do cumprimento das regras do PAT.

Art. 177. As empresas facilitadoras de aquisição de refeições ou gêneros alimentícios organizadas na forma de arranjo de pagamento fechado deverão permitir a interoperabilidade entre si e com arranjos abertos, indistintamente, com o objetivo de compartilhar a rede credenciada de estabelecimentos comerciais.

▸ Art. 188, I, *b*, deste Decreto.

Art. 178. A parcela paga *in natura* pela pessoa jurídica beneficiária, no âmbito do PAT, ou disponibilizada na forma de instrumentos de pagamento, vedado o seu pagamento em dinheiro:

I – não tem natureza salarial;

II – não se incorpora à remuneração para quaisquer efeitos; e

III – não constitui base de incidência do FGTS.

Art. 179. A execução inadequada, o desvio ou o desvirtuamento das finalidades do PAT pelas pessoas jurídicas beneficiárias ou pelas empresas registradas no Ministério do Trabalho e Previdência, sem prejuízo da aplicação de outras penalidades cabíveis pelos órgãos competentes, acarretará:

I – o cancelamento da inscrição da pessoa jurídica ou do registro da empresa fornecedora ou facilitadora de aquisição de refeições ou gêneros alimentícios no PAT, desde a data da primeira irregularidade passível de cancelamento, conforme estabelecido em ato específico; e

II – a perda do incentivo fiscal da pessoa jurídica beneficiária pela Secretaria Especial da Receita Federal do Brasil do Ministério da Economia, em consequência do cancelamento de que trata o inciso I.

Art. 180. O Ministério do Trabalho e Previdência e o Ministério da Economia deverão elaborar periodicamente estudos de avaliação do PAT, com análise dos custos, efetividade, alcance e aceitação dos instrumentos de pagamento.

Art. 181. As denúncias sobre irregularidades na execução do PAT deverão ser registradas por meio dos canais de denúncias disponibilizados pelo Ministério do Trabalho e Emprego.

▸ *Caput* com a redação dada pelo Dec. nº 11.678, de 30-8-2023.

§§ 1º e 2º **Revogados.** ***Dec. nº 11.678, de 30-8-2023.***

Parágrafo único. A relação dos estabelecimentos comerciais credenciados pelas credenciadoras PAT, além de outras informações necessárias à fiscalização do trabalho, será disponibilizada em meio eletrônico, na forma estabelecida em ato do Ministro de Estado do Trabalho e Emprego.

▸ Parágrafo único acrescido pelo Dec. nº 11.678, de 30-8-2023.

Art. 182. As instituições que mantiverem as contas de pagamento de que trata a alínea a do inciso I caput do art. 174 assegurarão a portabilidade dos valores creditados nas referidas contas.

▸ *Caput* com a redação dada pelo Dec. nº 11.678, de 30-8-2023.

§ 1º A portabilidade de que trata o caput consiste na transferência dos valores creditados em conta de pagamento relativos aos arranjos de pagamento de que trata o art. 174 para conta de pagamento de titularidade do mesmo trabalhador que:

I – seja mantida por instituição diversa;

II – possua a mesma natureza; e

III – refira-se ao mesmo produto.

§ 2º A portabilidade de que trata o caput abrangerá o saldo e todos os valores que venham a ser creditados na conta de pagamento.

§ 3º A portabilidade de que trata o caput ocorrerá por solicitação expressa do trabalhador e será gratuita, vedada qualquer cobrança pela execução do serviço.

§ 4º Para fins de execução da portabilidade de que trata o caput, o trabalhador informará, por impresso ou eletrônico, os dados da conta de pagamento para a qual os recursos serão transferidos à instituição em que o seu benefício houver sido creditado pela empresa beneficiária.

§ 5º As informações relativas aos dados da conta de pagamento de que trata o § 4º poderão ser fornecidas, por solicitação do trabalhador, pela instituição destinatária dos recursos.

§ 6º A portabilidade de que trata o caput poderá ser cancelada, a qualquer tempo, por solicitação do trabalhador.

§ 7º O cancelamento da portabilidade de que trata o § 6º será efetivado:

I – no mês imediatamente posterior à solicitação, na hipótese de esta ter sido realizada com antecedência mínima de cinco dias úteis da data do crédito dos valores; e

II – no segundo mês após a solicitação, nas demais hipóteses.

§ 8º A portabilidade de que trata o caput poderá ser objeto de acordo ou convenção coletiva.

§ 9º O não cumprimento das condições para a portabilidade de que trata o caput ensejará a aplicação das sanções de que trata a Lei nº 6.321, de 14 de abril de 1976, às instituições que mantiverem as contas de pagamento.

§ 10. Ato do Ministro de Estado do Trabalho e Emprego poderá dispor sobre as condições de operacionalização da portabilidade de que trata o caput, observadas as disposições deste Decreto.

▸ §§ 1º a 10 acrescidos pelo Dec. nº 11.678, de 30-8-2023.

Art. 182-A. Os arranjos de pagamento referidos neste Capítulo observarão normas previstas na regulamentação específica, conforme diretrizes estabelecidas pelo Conselho Monetário Nacional – CMN, nos termos do § 4º do art. 6º da Lei nº 12.865, de 9 de outubro de 2013.

▸ Art. 182-A acrescido pelo Dec. nº 11.678, de 30-8-2023.

TÍTULO III – DISPOSIÇÕES FINAIS

Art. 183. O Ministério do Trabalho e Previdência deverá ser consultado previamente quando da revisão periódica da lista oficial de doenças relacionadas ao trabalho, nos termos do disposto no inciso VII do § 3º do art. 6º da Lei nº 8.080, de 19 de setembro de 1990, para manifestação técnica quanto aos aspectos trabalhistas e previdenciários correlatos.

Parágrafo único. A atualização da lista oficial de doenças relacionadas ao trabalho será efetuada com base em critério epidemiológico ou técnico-científico consolidado.

Art. 184. Fica autorizado o armazenamento, em meio eletrônico, óptico ou equivalente, de documentos relativos a deveres e obrigações trabalhistas, incluídos aqueles relativos a normas regulamentadoras de saúde e segurança no trabalho, compostos por dados ou por imagens, nos termos do disposto no art. 2º-A da Lei nº 12.682, de 9 de julho de 2012, no Decreto nº 10.278, de 18 de março de 2020, no inciso X do *caput* do art. 3º da Lei nº 13.874, de 2019, e na Lei nº 13.709, de 14 de agosto de 2018.

Art. 185. O Ministério do Trabalho e Previdência definirá os critérios para criação e manutenção de Gerências Regionais do Trabalho e Agências Regionais do Trabalho das Superintendências Regionais do Trabalho, observado o quantitativo de unidades previsto na estrutura organizacional, de modo a considerar:

I – a disponibilidade de recursos financeiros, de pessoal e de estrutura física;

II – a disponibilidade de oferta de serviços da Secretaria de Trabalho do Ministério do Trabalho e Previdência em meio eletrônico;

III – a existência de agências do Sistema Nacional de Emprego – SINE; e

IV – as seguintes características do Município:

a) o tamanho da população;

b) o quantitativo de vínculos empregatícios ativos;

c) o quantitativo de estabelecimentos comerciais;

d) o recebimento de investimentos que possam gerar considerável expansão do mercado de trabalho local;

e) a classificação do Município como polo de região de influência, em conformidade com a classificação estabelecida pelo Instituto Brasileiro de Geografia e Estatística – IBGE;

f) a localização do Município em região de fronteira; e

g) a existência de instrumento de cooperação com órgãos da administração pública municipal, distrital ou estadual para oferta dos serviços da Secretaria de Trabalho do Ministério do Trabalho e Previdência.

§ 1º Serão considerados os dados da região administrativa ou da área de abrangência, quando se tratar de alocação de Gerência Regional do Trabalho ou Agência Regional do Trabalho nas capitais dos Estados ou no Distrito Federal.

§ 2º Deverá ser privilegiada, previamente à alocação de novas Gerências e Agências Regionais do Trabalho, a formalização de parcerias com agências do SINE ou com órgãos da administração pública municipal, distrital ou estadual.

§ 3º Os serviços de emissão de Carteira de Trabalho e Previdência Social e de concessão de seguro-desemprego serão oferecidos prioritariamente em meio eletrônico.

§ 4º Os serviços de que trata o § 3º poderão ser oferecidos, excepcionalmente, por meio de unidades descentralizadas do trabalho, quando houver indisponibilidade de cobertura de rede de dados, elevado grau de analfabetismo ou baixa taxa de inclusão digital, na forma estabelecida em ato do Ministro de Estado do Trabalho e Previdência.

Art. 186. O Decreto nº 9.580, de 2018, passa a vigorar com as seguintes alterações:

"Art. 645. ....

§ 1º A dedução de que trata o art. 641:

I – será aplicável em relação aos valores despendidos para os trabalhadores que recebam até cinco salários mínimos e poderá englobar todos os trabalhadores da empresa beneficiária, nas hipóteses de serviço próprio de refeições ou de distribuição de alimentos por meio de entidades fornecedoras de alimentação coletiva; e

II – deverá abranger apenas a parcela do benefício que corresponder ao valor de, no máximo, um salário mínimo.

...."

Art. 187. Ficam revogados:

I – o Decreto nº 27.048, de 12 de agosto de 1949;

II – o Decreto nº 1.881, de 14 de dezembro de 1962;

III – o Decreto nº 57.155, de 3 de novembro de 1965;

IV – o Decreto nº 62.530, de 16 de abril de 1968;

V – o Decreto nº 62.568, de 19 de abril de 1968;

VI – o Decreto nº 63.912, de 26 de dezembro de 1968;

VII – o Decreto nº 65.166, de 16 de setembro de 1969;

VIII – o Decreto nº 66.075, de 15 de janeiro de 1970;

IX – o Decreto nº 73.626, de 12 de fevereiro de 1974;

X – o Decreto nº 76.403, de 8 de outubro de 1975;

XI – o Decreto nº 76.900, de 23 de dezembro de 1975;

XII – o Decreto nº 83.842, de 14 de agosto de 1979;

XIII – o Decreto nº 89.339, de 31 de janeiro de 1984;

XIV – o Decreto nº 94.591, de 10 de julho de 1987;

XV – o Decreto nº 95.247, de 17 de novembro de 1987;

XVI – o Decreto nº 99.378, de 11 de julho de 1990;

XVII – o Decreto nº 5, de 14 de janeiro de 1991;

XVIII – o Decreto de 25 de junho de 1991, que altera o Decreto nº 97.936, de 10 de julho de 1989, que instituiu o Cadastro Nacional do Trabalhador, modificado pelo Decreto nº 99.378, de 11 de julho de 1990;

XIX – o Decreto de 14 de agosto de 1991, que inclui a Indústria Têxtil em geral entre as atividades com funcionamento permanente aos domingos e feriados civis e religiosos;

XX – o Decreto nº 349, de 21 de novembro de 1991;

XXI – o Decreto nº 1.338, de 14 de dezembro de 1994;

XXII – o Decreto nº 1.572, de 28 de julho de 1995;

XXIII – o Decreto nº 2.101, de 23 de dezembro de 1996;

XXIV – o Decreto nº 2.490, de 4 de fevereiro de 1998;

XXV – o art. 9º do Decreto nº 2.880, de 15 de dezembro de 1998;

XXVI – o Decreto nº 7.052, de 23 de dezembro de 2009;

XXVII – o Decreto nº 7.421, de 31 de dezembro de 2010;

XXVIII – o Decreto nº 7.721, de 16 de abril de 2012;

XXIX – os art. 6º a art. 10 do Decreto nº 7.943, de 5 de março de 2013;

XXX – o Decreto nº 8.479, de 6 de julho de 2015;

XXXI – o Decreto nº 9.127, de 16 de agosto de 2017;

XXXII – o Decreto nº 9.513, de 27 de setembro de 2018;

XXXIII – o parágrafo único do art. 644 do Decreto nº 9.580, de 2018; e

XXXIV – o Decreto nº 10.060, de 14 de outubro de 2019.

Art. 188. Este Decreto entra em vigor:

I – dezoito meses após a data de sua publicação, quanto:

a) ao § 1º do art. 174;

b) ao art. 177; e

c) ao art. 182; e

II – trinta dias após a data de sua publicação, quanto aos demais dispositivos.

Brasília, 10 de novembro de 2021;
200º da Independência e
133º da República.

Jair Messias Bolsonaro

LEI Nº 14.297, DE 5 DE JANEIRO DE 2022

Dispõe sobre medidas de proteção asseguradas ao entregador que presta serviço por intermédio de empresa de aplicativo de entrega durante a vigência da emergência em saúde pública decorrente do coronavírus responsável pela COVID-19.

▸ Publicada no *DOU* de 6-1-2022.

Art. 1º Esta Lei dispõe sobre medidas de proteção asseguradas ao entregador que presta serviço por intermédio de empresa de aplicativo de entrega durante a vigência, no território nacional, da emergência de saúde pública decorrente do coronavírus responsável pela COVID-19.

Parágrafo único. As medidas previstas nesta Lei devem ser asseguradas até que seja declarado o término da Emergência em Saúde Pública de Importância Nacional (ESPIN) em decorrência da infecção humana pelo coronavírus Sars-CoV-2.

Art. 2º Para os fins desta Lei, considera-se:

I – empresa de aplicativo de entrega: empresa que possui como principal atividade a intermediação, por meio de plataforma eletrônica, entre o fornecedor de produtos e serviços de entrega e o seu consumidor;

II – entregador: trabalhador que presta serviço de retirada e entrega de produtos e serviços contratados por meio da plataforma eletrônica de aplicativo de entrega.

Art. 3º A empresa de aplicativo de entrega deve contratar seguro contra acidentes, sem franquia, em benefício do entregador nela cadastrado, exclusivamente para acidentes ocorridos durante o período de retirada e entrega de produtos e serviços, devendo cobrir, obrigatoriamente, acidentes pessoais, invalidez permanente ou temporária e morte.

Parágrafo único. Na hipótese de o entregador prestar serviços para mais de uma empresa de aplicativo de entrega, a indenização, no caso de acidente, será paga pelo seguro contratado pela empresa para a qual o entregador prestava o serviço no momento do acidente.

Art. 4º A empresa de aplicativo de entrega deve assegurar ao entregador afastado em razão de infecção pelo coronavírus responsável pela COVID-19 assistência financeira pelo período de 15 (quinze) dias, o qual pode ser prorrogado por mais 2 (dois) períodos de 15 (quinze) dias, mediante apresentação do comprovante ou do laudo médico a que se refere o § 2º deste artigo.

§ 1º A assistência financeira prevista no *caput* deste artigo deve ser calculada de acordo com a média dos 3 (três) últimos pagamentos mensais recebidos pelo entregador.

§ 2º A concessão da assistência financeira prevista no *caput* deste artigo está condicionada à apresentação de comprovante de resultado positivo para COVID-19 – obtido por meio de exame RT-PCR – ou de laudo médico que ateste condição decorrente da COVID-19 que justifique o afastamento.

Art. 5º A empresa de aplicativo de entrega deve fornecer ao entregador informações sobre os riscos do coronavírus responsável pela COVID-19 e os cuidados necessários para se prevenir do contágio e evitar a disseminação da doença.

§ 1º Caberá à empresa de aplicativo de entrega disponibilizar máscaras e álcool em gel ou outro material higienizante aos entregadores, para proteção pessoal durante as entregas.

§ 2º O cumprimento do disposto no § 1º deste artigo pela empresa de aplicativo de entrega poderá ser feito por meio de repasse ou reembolso das despesas efetuadas pelo entregador.

§ 3º VETADO.

Art. 6º A empresa fornecedora do produto ou do serviço deverá:

I – VETADO;

II – permitir que o entregador utilize as instalações sanitárias de seu estabelecimento; e

III – garantir o acesso do entregador a água potável.

Art. 7º A empresa de aplicativo de entrega e a empresa fornecedora do produto ou do serviço deverão adotar prioritariamente forma de pagamento por meio da internet.

Parágrafo único. VETADO.

Art. 8º Do contrato ou do termo de registro celebrado entre a empresa de aplicativo de entrega e o entregador deverão constar expressamente as hipóteses de bloqueio, de suspensão ou de exclusão da conta do entregador da plataforma eletrônica.

§ 1º A aplicação da exclusão de conta prevista no *caput* deste artigo será precedida de comunicação prévia, com antecedência mínima de 3 (três) dias úteis, e será acompanhada das razões que a motivaram, que deverão ser devidamente fundamentadas, preservadas a segurança e a privacidade do usuário da plataforma eletrônica.

§ 2º O prazo previsto no § 1º deste artigo não se aplica aos casos de ameaça à segurança e à integridade da plataforma eletrônica, dos fornecedores e dos consumidores, em razão de suspeita de prática de infração penal prevista na legislação vigente.

Art. 9º O descumprimento desta Lei pela empresa de aplicativo de entrega ou pela empresa que utiliza serviços de entrega implica, nos termos definidos em regulamento:

I – a aplicação de advertência; e

II – o pagamento de multa administrativa no valor de R$ 5.000,00 (cinco mil reais) por infração cometida, em caso de reincidência.

Art. 10. Os benefícios e as conceituações previstos nesta Lei não servirão de base para caracterização da natureza jurídica da relação entre os entregadores e as empresas de aplicativo de entrega.

Art. 11. Esta Lei entra em vigor na data de sua publicação.

Brasília, 5 de janeiro de 2022;
201º da Independência e
134º da República.

Jair Messias Bolsonaro

LEI Nº 14.437, DE 15 DE AGOSTO DE 2022

Autoriza o Poder Executivo federal a dispor sobre a adoção, por empregados e empregadores, de medidas trabalhistas alternativas e sobre o Programa Emergencial de Manutenção do Emprego e da Renda, para enfrentamento das consequências sociais e econômicas de estado de calamidade pública em âmbito nacional ou em âmbito estadual, distrital ou municipal reconhecido pelo Poder Executivo federal.

► Publicada no *DOU* de 16-8-2022.

Capítulo I

DISPOSIÇÕES PRELIMINARES

Art. 1º Esta Lei autoriza o Poder Executivo federal a dispor sobre a adoção, por empregados e empregadores, de medidas trabalhistas alternativas e sobre o Programa Emergencial de Manutenção do Emprego e da Renda, para enfrentamento das consequências sociais e econômicas de estado de calamidade pública em âmbito nacional ou em âmbito estadual, distrital ou municipal reconhecido pelo Poder Executivo federal.

§ 1º São objetivos desta Lei:

I – preservar o emprego e a renda;

II – garantir a continuidade das atividades laborais, empresariais e das organizações da sociedade civil sem fins lucrativos; e

III – reduzir o impacto social decorrente das consequências de estado de calamidade pública em âmbito nacional ou em âmbito estadual, distrital ou municipal reconhecido pelo Poder Executivo federal.

§ 2º As medidas previstas no *caput* deste artigo poderão ser adotadas exclusivamente:

I – para trabalhadores em grupos de risco; e

II – para trabalhadores de áreas específicas dos entes federativos atingidos por estado de calamidade pública.

Capítulo II

DAS MEDIDAS TRABALHISTAS ALTERNATIVAS PARA ENFRENTAMENTO DE ESTADO DE CALAMIDADE PÚBLICA

Seção I

DISPOSIÇÕES GERAIS

Art. 2º Poderão ser adotadas, por empregados e empregadores, para a preservação do emprego, a sustentabilidade do mercado de trabalho e o enfrentamento das consequências de estado de calamidade pública em âmbito nacional ou em âmbito estadual, distrital ou municipal reconhecido pelo Poder Executivo federal, as seguintes medidas trabalhistas alternativas:

I – o teletrabalho;
II – a antecipação de férias individuais;
III – a concessão de férias coletivas;
IV – o aproveitamento e a antecipação de feriados;
V – o banco de horas; e
VI – a suspensão da exigibilidade dos recolhimentos do Fundo de Garantia do Tempo de Serviço (FGTS).

§ 1º A adoção das medidas previstas no *caput* deste artigo observará o disposto em ato do Ministério do Trabalho e Previdência, que estabelecerá, entre outros parâmetros, o prazo em que as medidas trabalhistas alternativas poderão ser adotadas.

§ 2º O prazo a que se refere o § 1º deste artigo será de até 90 (noventa) dias, prorrogável enquanto durar o estado de calamidade pública em âmbito nacional ou em âmbito estadual, distrital ou municipal reconhecido pelo Poder Executivo federal.

Seção II

DO TELETRABALHO

Art. 3º O empregador poderá, a seu critério, durante o prazo previsto no ato do Ministério do Trabalho e Previdência de que trata o art. 2º desta Lei, alterar o regime de trabalho presencial para teletrabalho ou trabalho remoto, além de determinar o retorno ao regime de trabalho presencial, independentemente da existência de acordos individuais ou coletivos, dispensado o registro prévio da alteração no contrato individual de trabalho.

§ 1º Para fins do disposto nesta Lei, considera-se teletrabalho ou trabalho remoto a definição constante do art. 75-B da Consolidação das Leis do Trabalho, aprovada pelo Decreto-Lei nº 5.452, de 1º de maio de 1943.

§ 2º A alteração de que trata o *caput* deste artigo será notificada ao empregado com antecedência de, no mínimo, 48 (quarenta e oito) horas, por escrito ou por meio eletrônico.

§ 3º As disposições relativas à responsabilidade pela aquisição, pela manutenção ou pelo fornecimento dos equipamentos tecnológicos e da infraestrutura necessária e adequada à prestação de teletrabalho ou de trabalho remoto e as disposições relativas ao reembolso de despesas efetuadas pelo empregado serão previstas em contrato escrito, firmado previamente ou no prazo de 30 (trinta) dias, contado da data da mudança do regime de trabalho.

§ 4º Na hipótese de o empregado não possuir os equipamentos tecnológicos ou a infraestrutura necessária e adequada à prestação de teletrabalho ou de trabalho remoto:

I – o empregador poderá fornecer os equipamentos em regime de comodato e custear os serviços de infraestrutura, que não caracterizarão verba de natureza salarial; ou
II – o período da jornada normal de trabalho será computado como tempo de trabalho à disposição do empregador, na impossibilidade do oferecimento do regime de comodato de que trata o inciso I deste parágrafo.

§ 5º O tempo de uso de equipamentos tecnológicos e de infraestrutura necessária, bem como de *softwares*, de ferramentas digitais ou de aplicações de internet utilizados para o teletrabalho ou o trabalho remoto, fora da jornada de trabalho normal do empregado não constitui tempo à disposição ou regime de prontidão ou de sobreaviso, exceto se houver previsão em acordo individual ou em acordo ou convenção coletiva de trabalho.

§ 6º Aplica-se ao teletrabalho e ao trabalho remoto de que trata este artigo o disposto no inciso III do *caput* do art. 62 da Consolidação das Leis do Trabalho, aprovada pelo Decreto-Lei nº 5.452, de 1º de maio de 1943.

Art. 4º Fica permitida a adoção do regime de teletrabalho ou de trabalho remoto para estagiários e aprendizes, nos termos desta Seção.

Art. 5º O regime de teletrabalho ou de trabalho remoto não se confunde nem se equipara à ocupação de operador de telemarketing ou de teleatendimento.

Seção III

DA ANTECIPAÇÃO DE FÉRIAS INDIVIDUAIS

Art. 6º O empregador informará ao empregado, durante o prazo previsto no ato do Ministério do Trabalho e Previdência de que trata o art. 2º desta Lei, sobre a antecipação de suas férias com antecedência de, no mínimo, 48 (quarenta e oito) horas, por escrito ou por meio eletrônico, com a indicação do período a ser gozado pelo empregado.

§ 1º As férias antecipadas nos termos do *caput* deste artigo:

I – não poderão ser gozadas em períodos inferiores a 5 (cinco) dias corridos; e

II – poderão ser concedidas por ato do empregador, ainda que o período aquisitivo a que se referem não tenha transcorrido.

§ 2º O empregado e o empregador poderão, adicionalmente, negociar a antecipação de períodos futuros de férias, por meio de acordo individual escrito.

Art. 7º O empregador poderá, durante o prazo previsto no ato do Ministério do Trabalho e Previdência de que trata o art. 2º desta Lei, suspender as férias e as licenças não remuneradas dos profissionais da área de saúde ou daqueles que desempenham funções essenciais, por meio de comunicação formal da decisão ao trabalhador por escrito ou, preferencialmente, por meio eletrônico, com antecedência de 48 (quarenta e oito) horas.

Art. 8º O adicional de 1/3 (um terço) relativo às férias concedidas durante o prazo previsto no ato do Ministério do Trabalho e Previdência de que trata o art. 2º desta Lei poderá ser pago após a sua concessão, a critério do empregador, até a data em que é devida a gratificação natalina prevista no art. 1º da Lei nº 4.749, de 12 de agosto de 1965.

Art. 9º A conversão de 1/3 (um terço) do período das férias em abono pecuniário dependerá da anuência do empregador, hipótese em que o pagamento poderá ser efetuado até a data de que trata o art. 8º desta Lei.

Art. 10. O pagamento da remuneração das férias concedidas durante o prazo previsto no ato do Ministério do Trabalho e Previdência de que trata o art. 2º desta Lei poderá ser efetuado até o quinto dia útil do mês subsequente ao do início do gozo das férias, hipótese em que não se aplica o disposto no art. 145 da Consolidação das Leis do Trabalho, aprovada pelo Decreto-Lei nº 5.452, de 1º de maio de 1943.

Art. 11. Na hipótese de rescisão do contrato de trabalho, os valores das férias, individuais ou coletivas, ainda não adimplidos serão pagos juntamente com as verbas rescisórias devidas.

Parágrafo único. No caso de pedido de demissão, as férias antecipadas gozadas cujo período não tenha sido adquirido serão descontadas das verbas rescisórias devidas ao empregado.

Seção IV

DA CONCESSÃO DE FÉRIAS COLETIVAS

Art. 12. O empregador poderá, a seu critério, durante o prazo previsto no ato do Ministério do Trabalho e Previdência de que trata o art. 2º desta Lei, conceder férias coletivas a todos os empregados ou a setores da empresa e deverá notificar o conjunto de empregados afetados, por escrito ou por meio eletrônico, com antecedência de, no mínimo, 48 (quarenta e oito) horas, hipótese em que não se aplicam o limite máximo de períodos anuais e o limite mínimo de dias corridos previstos na Consolidação das Leis do Trabalho, aprovada pelo Decreto-Lei nº 5.452, de 1º de maio de 1943, permitida a concessão por prazo superior a 30 (trinta) dias.

Art. 13. Aplica-se às férias coletivas o disposto no § 1º do art. 6º, nos arts. 8º, 9º e 10 e no parágrafo único do art. 11 desta Lei.

Art. 14. Na hipótese de que trata esta Seção, ficam dispensadas a comunicação prévia ao órgão local do Ministério do Trabalho e Previdência e a comunicação aos sindicatos representativos da categoria profissional de que trata o art. 139 da Consolidação das Leis do Trabalho, aprovada pelo Decreto-Lei nº 5.452, de 1º de maio de 1943.

Seção V

DO APROVEITAMENTO E DA ANTECIPAÇÃO DE FERIADOS

Art. 15. Os empregadores poderão, durante o prazo previsto no ato do Ministério do Trabalho e Previdência de que trata o art. 2º desta Lei, antecipar o gozo de feriados federais, estaduais, distritais e municipais, incluídos os religiosos, e deverão notificar, por escrito ou por meio eletrônico, o conjunto de empregados beneficiados, com antecedência de, no mínimo, 48 (quarenta e oito) horas, com a indicação expressa dos feriados aproveitados.

Parágrafo único. Os feriados a que se refere o *caput* deste artigo poderão ser utilizados para compensação do saldo em banco de horas.

Seção VI

DO BANCO DE HORAS

Art. 16. Ficam autorizadas, durante o prazo previsto no ato do Ministério do Trabalho e Previdência de que trata o art. 2º desta Lei, a interrupção das atividades pelo empregador e a constituição de regime especial de compensação de jornada, por meio de banco de horas, em favor do empregador ou do empregado, estabelecido por meio de acordo individual ou coletivo escrito, para a compensação no prazo de até 18 (dezoito) meses, contado da data de encerramento do período estabelecido no ato do Ministério do Trabalho e Previdência.

§ 1º A compensação de tempo para recuperação do período interrompido poderá ser feita por meio da prorrogação de jornada em até 2 (duas) horas, a qual não poderá exceder 10 (dez) horas diárias e poderá ser realizada aos finais de semana, observado o disposto no art. 68 da Consolidação das Leis do Trabalho, aprovada pelo Decreto-Lei nº 5.452, de 1º de maio de 1943.

§ 2º A compensação do saldo de horas poderá ser determinada pelo empregador independentemente de convenção coletiva ou de acordo individual ou coletivo.

§ 3º As empresas que desempenham atividades essenciais poderão, durante o prazo previsto no ato do Ministério do Trabalho e Previdência de que trata o art. 2º desta Lei, constituir regime especial de compensação de jornada por meio de banco de horas independentemente da interrupção de suas atividades.

Seção VII

DA SUSPENSÃO DA EXIGIBILIDADE DOS RECOLHIMENTOS DO FUNDO DE GARANTIA DO TEMPO DE SERVIÇO

Art. 17. O ato do Ministério do Trabalho e Previdência de que trata o art. 2º desta Lei poderá suspender a exigibilidade dos recolhimentos do FGTS de até 4 (quatro) competências, relativos aos estabelecimentos dos empregadores situados em Municípios alcançados por estado de calamidade pública reconhecido pelo Poder Executivo federal.

Parágrafo único. Os empregadores poderão fazer uso da prerrogativa prevista no *caput* deste artigo independentemente:

I – do número de empregados;

II – do regime de tributação;

III – da natureza jurídica;

IV – do ramo de atividade econômica; e

V – da adesão prévia.

Art. 18. O depósito das competências suspensas poderá ser realizado de forma parcelada, sem a incidência da atualização, da multa e dos encargos previstos no art. 22 da Lei nº 8.036, de 11 de maio de 1990.

§ 1º Os depósitos referentes às competências suspensas serão realizados em até 6 (seis) parcelas, nos prazos e nas condições estabelecidos no ato do Ministério do Trabalho e Previdência, na data prevista para o recolhimento mensal devido, conforme disposto no *caput* do art. 15 da Lei nº 8.036, de 11 de maio de 1990.

§ 2º Até que o disposto no art. 17-A da Lei nº 8.036, de 11 de maio de 1990, seja regulamentado e produza efeitos, para usufruir da prerrogativa prevista no *caput* deste artigo, o empregador fica obrigado a declarar as informações na data prevista em ato do Ministério do Trabalho e Previdência, nos termos do inciso IV do *caput* do art. 32 da Lei nº 8.212, de 24 de julho de 1991, observado que:

I – as informações prestadas constituirão declaração e reconhecimento dos créditos delas decorrentes, caracterizarão confissão de débito e constituirão instrumento hábil e suficiente para a cobrança do crédito de FGTS; e

II – os valores não declarados nos termos deste parágrafo não terão sua exigibilidade suspensa e obrigarão o pagamento integral da multa e dos encargos devidos nos termos do art. 22 da Lei nº 8.036, de 11 de maio de 1990, sem possibilidade de realização do parcelamento de que trata o *caput* deste artigo.

§ 3º Para os depósitos de FGTS realizados nos termos do *caput* deste artigo, a atualização monetária e a capitalização dos juros de que trata o art. 13 da Lei nº 8.036, de 11 de maio de 1990, incidentes sobre os valores devidos na competência originária, correrão à conta do FGTS.

Art. 19. Na hipótese de rescisão do contrato de trabalho que autorize o saque do FGTS, a suspensão prevista no art. 17 desta Lei resolver-se-á em relação ao respectivo empregado, e ficará o empregador obrigado:

I – ao recolhimento dos valores de FGTS cuja exigibilidade tenha sido suspensa nos termos desta Lei, sem incidência da multa e dos encargos devidos na forma do art. 22 da Lei nº 8.036, de 11 de maio de 1990, desde que seja efetuado no prazo legal; e

II – ao depósito dos valores previstos no art. 18 da Lei nº 8.036, de 11 de maio de 1990.

Parágrafo único. Na hipótese prevista no *caput* deste artigo, as eventuais parcelas vincendas terão a sua data de vencimento antecipada para o prazo aplicável ao recolhimento previsto no art. 18 da Lei nº 8.036, de 11 de maio de 1990.

Art. 20. Os valores de FGTS cuja exigibilidade tenha sido suspensa nos termos do art. 17 desta Lei, caso inadimplidos nos prazos fixados na forma desta Lei, estarão sujeitos à multa e aos encargos devidos nos termos do art. 22 da Lei nº 8.036, de 11 de maio de 1990, desde a data originária de vencimento fixada no *caput* do art. 15 da Lei nº 8.036, de 11 de maio de 1990.

Art. 21. Na hipótese de suspensão da exigibilidade de que trata o art. 17 desta Lei, o prazo prescricional dos débitos relativos aos depósitos do FGTS vencidos até a data de publicação do ato do Ministério do Trabalho e Previdência de que trata o art. 2º desta Lei ficará suspenso por 120 (cento e vinte) dias.

Art. 22. O inadimplemento das parcelas previstas no § 1º do art. 18 e a não quitação do FGTS nos termos do art. 19 desta Lei ensejarão o bloqueio da emissão do certificado de regularidade do FGTS.

Art. 23. Na hipótese de suspensão da exigibilidade de que trata o art. 17 desta Lei, os prazos dos certificados de regularidade do FGTS emitidos até a data de publicação do ato do Ministério do Trabalho e Previdência de que trata o art. 2º desta Lei ficarão prorrogados por 90 (noventa) dias.

Capítulo III

DO PROGRAMA EMERGENCIAL DE MANUTENÇÃO DO EMPREGO E DA RENDA EM ESTADO DE CALAMIDADE PUBLICA

Seção I

DA INSTITUIÇÃO, DOS OBJETIVOS E DAS MEDIDAS DO PROGRAMA EMERGENCIAL DE MANUTENÇÃO DO EMPREGO E DA RENDA

Art. 24. O Poder Executivo federal poderá instituir o Programa Emergencial de Manutenção do Emprego e da Renda, para o enfrentamento das consequências sociais e econômicas de estado de calamidade pública em âmbito nacional ou em âmbito estadual, distrital ou municipal reconhecido pelo Poder Executivo federal.

§ 1º A adoção do Programa Emergencial de Manutenção do Emprego e da Renda observará o disposto no regulamento, que estabelecerá a forma e o prazo durante o qual o Programa poderá ser adotado, observadas as disponibilidades financeiras e orçamentárias.

§ 2º O prazo a que se refere o § 1º deste artigo será de até 90 (noventa) dias, prorrogável enquanto durar o estado de calamidade pública em âmbito nacional ou em âmbito estadual, distrital ou municipal reconhecido pelo Poder Executivo federal.

Art. 25. São medidas do Programa Emergencial de Manutenção do Emprego e da Renda:

I – o pagamento do Benefício Emergencial de Manutenção do Emprego e da Renda (BEm);

II – a redução proporcional da jornada de trabalho e do salário; e

III – a suspensão temporária do contrato de trabalho.

Parágrafo único. O disposto no *caput* deste artigo não se aplica:

I – no âmbito da União, dos Estados, do Distrito Federal e dos Municípios:

a) aos órgãos da administração pública direta e indireta; e

b) às empresas públicas e às sociedades de economia mista, inclusive às suas subsidiárias; e

II – aos organismos internacionais.

Art. 26. Compete ao Ministério do Trabalho e Previdência coordenar, executar, monitorar e fiscalizar o Programa Emergencial de Manutenção do Emprego e da Renda e editar as normas complementares necessárias à sua execução.

Parágrafo único. O Ministério do Trabalho e Previdência divulgará, por meio eletrônico, informações detalhadas sobre os acordos firmados, com o número de empregados e empregadores beneficiados.

Seção II

DO BENEFÍCIO EMERGENCIAL DE MANUTENÇÃO DO EMPREGO E DA RENDA

Art. 27. O BEm será pago nas hipóteses de:

I – redução proporcional da jornada de trabalho e do salário; e

II – suspensão temporária do contrato de trabalho.

§ 1º O BEm será custeado com recursos da União, mediante disponibilidade orçamentária.

§ 2º O BEm será de prestação mensal e devido a partir da data do início da redução da jornada de trabalho e do salário ou da suspensão temporária do contrato de trabalho, observadas as seguintes disposições:

I – o empregador informará ao Ministério do Trabalho e Previdência a redução da jornada de trabalho e do salário ou a suspensão temporária do contrato de trabalho, no prazo de 10 (dez) dias, contado da data da celebração do acordo;

II – a primeira parcela será paga no prazo de 30 (trinta) dias, contado da data da celebração do acordo, desde que a celebração do acordo seja informada no prazo a que se refere o inciso I deste parágrafo; e

III – o benefício será pago exclusivamente enquanto durar a redução da jornada de trabalho e do salário ou a suspensão temporária do contrato de trabalho.

§ 3º Caso a informação de que trata o inciso I do § 2º deste artigo não seja prestada no prazo previsto no referido inciso:

I – o empregador ficará responsável pelo pagamento da remuneração no valor anterior à redução da jornada de trabalho e do salário ou à suspensão temporária do contrato de trabalho do empregado, inclusive dos respectivos encargos sociais e trabalhistas, até que a informação seja prestada;

II – a data de início do BEm será estabelecida na data em que a informação tenha sido efetivamente prestada, e o benefício será devido pelo restante do período pactuado; e

III – a primeira parcela, observado o disposto no inciso II deste parágrafo, será paga no prazo de 30 (trinta) dias, contado da data em que a informação tiver sido efetivamente prestada.

§ 4º Ato do Ministério do Trabalho e Previdência disciplinará a forma de:

I – transmissão das informações e das comunicações pelo empregador;

II – concessão e pagamento do BEm; e

III – interposição de recurso contra as decisões proferidas em relação ao BEm.

§ 5º As notificações e as comunicações referentes ao BEm poderão ser realizadas exclusivamente por meio digital, mediante a ciência do interessado, o cadastramento em sistema próprio e a utilização de certificado digital da Infraestrutura de Chaves Públicas Brasileira (ICP-Brasil) ou o uso de *login* e senha, conforme estabelecido em ato do Ministério do Trabalho e Previdência.

§ 6º O devido recebimento do BEm não impedirá a concessão nem alterará o valor do seguro-desemprego a que o empregado vier a ter direito, desde que cumpridos os requisitos previstos na Lei nº 7.998, de 11 de janeiro de 1990, no momento de eventual dispensa.

§ 7º O BEm será operacionalizado e pago pelo Ministério do Trabalho e Previdência.

Art. 28. O valor do BEm terá como base de cálculo o valor da parcela do seguro-desemprego a que o empregado teria direito, nos termos do art. 5º da Lei nº 7.998, de 11 de janeiro de 1990, observadas as seguintes disposições:

I – na hipótese de redução da jornada de trabalho e do salário, será calculado com a aplicação do percentual da redução sobre a base de cálculo; e

II – na hipótese de suspensão temporária do contrato de trabalho, terá valor mensal:

a) equivalente a 100% (cem por cento) do valor do seguro-desemprego a que o empregado teria direito, na hipótese prevista no *caput* do art. 30 desta Lei; ou

b) equivalente a 70% (setenta por cento) do valor do seguro-desemprego a que o empregado teria direito, na hipótese prevista no § 6º do art. 30 desta Lei.

§ 1º O BEm será pago ao empregado independentemente do:

I – cumprimento de qualquer período aquisitivo;

II – tempo de vínculo empregatício; e

III – número de salários recebidos.

§ 2º O BEm não será devido ao empregado que:

I – seja ocupante de cargo ou emprego público ou cargo em comissão de livre nomeação e exoneração, ou seja titular de mandato eletivo; ou

II – esteja em gozo:

a) de benefício de prestação continuada do Regime Geral de Previdência Social ou dos regimes próprios de previdência social, ressalvados os benefícios de pensão por morte e de auxílio-acidente;

b) do seguro-desemprego, em quaisquer de suas modalidades; ou

c) da bolsa de qualificação profissional de que trata o art. 2º-A da Lei nº 7.998, de 11 de janeiro de 1990.

§ 3º O empregado com mais de um vínculo formal de emprego poderá receber cumulativamente 1 (um) BEm para cada vínculo com redução proporcional da jornada de trabalho e do salário ou com suspensão temporária do contrato de trabalho.

§ 4º Nos casos em que o cálculo do BEm resultar em valores decimais, o valor a ser pago deverá ser arredondado para a unidade inteira imediatamente superior.

§ 5º O empregado com contrato de trabalho intermitente a que se refere o § 3º do art. 443 da Consolidação das Leis do Trabalho, aprovada pelo Decreto-Lei nº 5.452, de 1º de maio de 1943, não faz jus ao BEm.

§ 6º O BEm do aprendiz:

I – poderá ser acumulado com o benefício de prestação continuada de que trata o art. 20 da Lei nº 8.742, de 7 de dezembro de 1993; e

II – não será computado para fins de cálculo da renda familiar *per capita* para a concessão ou a manutenção do benefício de prestação continuada de que trata o art. 20 da Lei nº 8.742, de 7 de dezembro de 1993.

§ 7º Fica suspenso o prazo a que se refere o § 2º do art. 21-A da Lei nº 8.742, de 7 de dezembro de 1993, durante o recebimento do BEm pelo aprendiz.

Seção III

DA REDUÇÃO PROPORCIONAL DA JORNADA DE TRABALHO E DO SALÁRIO

Art. 29. O empregador, na forma e no prazo previstos no regulamento de que trata o art. 24 desta Lei, poderá acordar a redução proporcional da jornada de trabalho e do salário de seus empregados, de forma setorial, departamental, parcial ou na totalidade dos postos de trabalho, observados os seguintes requisitos:

I – preservação do valor do salário-hora de trabalho;

II – pactuação, conforme o disposto nos arts. 33 e 34 desta Lei, por convenção coletiva de trabalho, por acordo coletivo de trabalho ou por acordo individual escrito entre empregador e empregado; e

III – na hipótese de pactuação por acordo individual escrito, encaminhamento da proposta de acordo ao empregado com antecedência de, no mínimo, 2 (dois) dias corridos e redução da jornada de trabalho e do salário somente nos seguintes percentuais:

a) 25% (vinte e cinco por cento);

b) 50% (cinquenta por cento); ou

c) 70% (setenta por cento).

Parágrafo único. A jornada de trabalho e o salário pago anteriormente serão restabelecidos no prazo de 2 (dois) dias corridos, contado da:

I – cessação do estado de calamidade pública;

II – data estabelecida como termo de encerramento do período de redução pactuado; ou

III – data de comunicação do empregador que informe ao empregado a sua decisão de antecipar o fim do período de redução pactuado.

Seção IV

DA SUSPENSÃO TEMPORÁRIA DO CONTRATO DE TRABALHO

Art. 30. O empregador, na forma e no prazo previstos no regulamento de que trata o art. 24 desta Lei, poderá acordar a suspensão temporária do contrato de trabalho de seus empregados, de forma setorial, departamental, parcial ou na totalidade dos postos de trabalho.

§ 1º A suspensão temporária do contrato de trabalho será pactuada, conforme o disposto nos arts. 33 e 34 desta Lei, por convenção coletiva de trabalho, por acordo coletivo de trabalho ou por acordo individual escrito entre empregador e empregado.

§ 2º Na hipótese de acordo individual escrito entre empregador e empregado, a proposta deverá ser encaminhada ao empregado com antecedência de, no mínimo, 2 (dois) dias corridos.

§ 3º O empregado, durante o período de suspensão temporária do contrato de trabalho:

I – fará jus a todos os benefícios concedidos pelo empregador aos seus empregados; e

II – ficará autorizado a recolher para o Regime Geral de Previdência Social na qualidade de segurado facultativo.

§ 4º O contrato de trabalho será restabelecido no prazo de 2 (dois) dias corridos, contado da:

I – cessação do estado de calamidade pública;

II – data estabelecida como termo de encerramento do período de suspensão pactuado; ou

III – data de comunicação do empregador que informe ao empregado a sua decisão de antecipar o fim do período de suspensão pactuado.

§ 5º Se durante o período de suspensão temporária do contrato de trabalho o empregado mantiver as atividades de trabalho, ainda que parcialmente, por meio de teletrabalho, trabalho remoto ou trabalho a distância, ficará descaracterizada a suspensão temporária do contrato de trabalho, e o empregador estará sujeito:

I – ao pagamento imediato da remuneração e dos encargos sociais referentes a todo o período;

II – às penalidades previstas na legislação; e

III – às sanções previstas em convenção coletiva ou em acordo coletivo de trabalho.

§ 6º A empresa que tiver auferido, no ano-calendário anterior ao estado de calamidade pública de que trata o art. 1º desta Lei, receita bruta superior ao limite máximo previsto no inciso II do *caput* do art. 3º da Lei Complementar nº 123, de 14 de dezembro de 2006, somente poderá suspender o contrato de trabalho de seus empregados mediante o pagamento de ajuda compensatória mensal no valor de 30% (trinta por cento) do valor do salário do empregado, durante o período de suspensão temporária do contrato de trabalho pactuado, observado o disposto neste artigo e no art. 31 desta Lei.

Seção V

DAS DISPOSIÇÕES COMUNS ÀS MEDIDAS DO PROGRAMA EMERGENCIAL DE MANUTENÇÃO DO EMPREGO E DA RENDA

Art. 31. O BEm poderá ser acumulado com o pagamento, pelo empregador, de ajuda compensatória mensal, em decorrência da redução proporcional da jornada de trabalho e do salário ou da suspensão temporária do contrato de trabalho de que trata esta Lei.

§ 1º A ajuda compensatória mensal de que trata o *caput* deste artigo:

I – deverá ter o valor definido em negociação coletiva ou no acordo individual escrito pactuado; e

II – não integrará a base de cálculo do valor dos depósitos do FGTS, instituído pela Lei nº 8.036, de 11 de maio de 1990, e de que trata a Lei Complementar nº 150, de 1º de junho de 2015.

§ 2º Na hipótese de redução proporcional da jornada de trabalho e do salário, a ajuda compensatória prevista no *caput* não integrará o salário devido pelo empregador e observará o disposto no § 1º deste artigo.

Art. 32. Fica reconhecida a garantia provisória no emprego ao empregado que receber o BEm em decorrência da redução da jornada de trabalho e do salário ou da suspensão temporária do contrato de trabalho de que trata esta Lei, nos seguintes termos:

I – durante o período acordado de redução da jornada de trabalho e do salário ou de suspensão temporária do contrato de trabalho;

II – após o restabelecimento da jornada de trabalho e do salário ou do encerramento da suspensão temporária do contrato de trabalho, por período equivalente ao acordado para a redução ou a suspensão; e

III – no caso da empregada gestante, por período equivalente ao acordado para a suspensão temporária do contrato de trabalho, contado da data do término do período da garantia estabelecida na alínea *b* do inciso II do *caput* do art. 10 do Ato das Disposições Constitucionais Transitórias.

§ 1º A dispensa sem justa causa que ocorrer durante o período de garantia provisória no emprego de que trata o *caput* deste artigo sujeitará o empregador ao pagamento, além das parcelas rescisórias previstas na legislação, de indenização no valor de:

I – 50% (cinquenta por cento) do salário a que o empregado teria direito no período de garantia provisória no emprego, na hipótese de redução da jornada de trabalho e do salário igual ou superior a 25% (vinte e cinco por cento) e inferior a 50% (cinquenta por cento);

II – 75% (setenta e cinco por cento) do salário a que o empregado teria direito no período de garantia provisória no emprego, na hipótese de redução da jornada de trabalho e do salário igual ou superior a 50% (cinquenta por cento) e inferior a 70% (setenta por cento); e

III – 100% (cem por cento) do salário a que o empregado teria direito no período de garantia provisória no emprego, nas hipóteses de redução da jornada de trabalho e do salário em percentual igual ou superior a 70% (setenta por cento) ou de suspensão temporária do contrato de trabalho.

§ 2º Os prazos da garantia provisória no emprego decorrente dos acordos de redução proporcional da jornada de trabalho e do salário ou de suspensão do contrato de trabalho com base em regulamento editado na forma do art. 24 desta Lei ficarão suspensos na hipótese de recebimento do benefício com fundamento em um regulamento posterior, também expedido na forma do art. 24 desta Lei, durante o recebimento do BEm de que trata esse regulamento posterior, e somente retomarão a sua contagem após o encerramento do período da garantia de emprego de que trata o regulamento posterior.

§ 3º O disposto neste artigo não se aplica às hipóteses de pedido de demissão, de extinção do contrato de trabalho por acordo nos termos do art. 484-A da Consolidação das Leis do Trabalho, aprovada pelo Decreto-Lei nº 5.452, de 1º de maio de 1943, ou de dispensa por justa causa do empregado.

Art. 33. As medidas de redução proporcional da jornada de trabalho e do salário ou de suspensão temporária do contrato de trabalho de que trata esta Lei poderão ser celebradas por meio de negociação coletiva, observado o disposto no § 1º deste artigo e nos arts. 29 e 30 desta Lei.

§ 1º A convenção coletiva ou o acordo coletivo de trabalho poderão estabelecer redução da jornada de trabalho e do salário em percentuais diversos daqueles previstos no inciso III do *caput* do art. 29 desta Lei.

§ 2º Na hipótese prevista no § 1º deste artigo, o BEm será devido nos seguintes termos:

I – sem percepção do benefício, para a redução da jornada de trabalho e do salário inferior a 25% (vinte e cinco por cento);

II – no valor de 25% (vinte e cinco por cento) sobre a base de cálculo prevista no art. 28 desta Lei, para a redução da jornada de trabalho e do salário igual ou superior a 25% (vinte e cinco por cento) e inferior a 50% (cinquenta por cento);

III – no valor de 50% (cinquenta por cento) sobre a base de cálculo prevista no art. 28 desta Lei, para a redução da jornada de trabalho e do salário igual ou superior a 50% (cinquenta por cento) e inferior a 70% (setenta por cento); e

IV – no valor de 70% (setenta por cento) sobre a base de cálculo prevista no art. 28 desta Lei, para a redução da jornada de trabalho e do salário igual ou superior a 70% (setenta por cento).

§ 3º As convenções coletivas ou os acordos coletivos de trabalho celebrados anteriormente à publicação do regulamento de que trata o art. 24 desta Lei poderão ser renegociados para adequação de seus termos no prazo de 10 (dez) dias corridos, contado da data de publicação do regulamento.

Art. 34. As medidas de que trata o art. 25 desta Lei serão implementadas por meio de acordo individual escrito ou de negociação coletiva aos empregados:

I – com salário igual ou inferior a metade do limite máximo dos benefícios do Regime Geral de Previdência Social; ou

II – com diploma de nível superior que percebam salário mensal igual ou superior a 2 (duas) vezes o limite máximo dos benefícios do Regime Geral de Previdência Social.

§ 1º Para os empregados que não se enquadrem no disposto no *caput* deste artigo, as medidas de que trata o art. 25 desta Lei somente poderão ser estabelecidas por convenção coletiva ou por acordo coletivo de trabalho, exceto nas seguintes hipóteses, nas quais se admite a pactuação por acordo individual escrito:

I – redução proporcional da jornada de trabalho e do salário de 25% (vinte e cinco por cento), de que trata a alínea *a* do inciso III do *caput* do art. 29 desta Lei; ou

II – redução proporcional da jornada de trabalho e do salário ou suspensão temporária do contrato de trabalho, quando do acordo não resultar diminuição do valor total recebido mensalmente pelo empregado, incluídos o valor do BEm, a ajuda compensatória mensal e, em caso de redução da jornada de trabalho, o salário pago pelo empregador em razão das horas trabalhadas pelo empregado.

§ 2º Para os empregados que se encontrem em gozo do benefício de aposentadoria, a implementação das medidas de redução proporcional da jornada de trabalho e do salário ou de suspensão temporária do contrato de trabalho por acordo individual escrito somente será admitida quando, além do enquadramento em alguma das hipóteses de autorização do acordo individual de trabalho previstas no *caput* ou no § 1º deste artigo, houver o pagamento, pelo empregador, de ajuda compensatória mensal, observados o disposto no art. 31 desta Lei e as seguintes condições:

I – o valor da ajuda compensatória mensal a que se refere este parágrafo deverá ser, no mínimo, equivalente ao valor do BEm que o empregado receberia se não houvesse a vedação prevista na alínea *a* do inciso II do § 2º do art. 28 desta Lei; e

II – o valor total pago a título de ajuda compensatória mensal deverá ser, no mínimo, igual à soma do valor previsto no § 6º do art. 30 desta Lei com o valor mínimo previsto no inciso I deste parágrafo, na hipótese de empresa que se enquadre no disposto naquele dispositivo.

§ 3º Os atos necessários à pactuação dos acordos individuais escritos de que trata este artigo poderão ser realizados por meios físicos ou eletrônicos.

§ 4º Os acordos individuais de redução da jornada de trabalho e do salário ou de suspensão temporária do contrato de trabalho, pactuados nos termos desta Lei, deverão ser comunicados pelos empregadores ao sindicato da categoria profissional, no prazo de 10 (dez) dias corridos, contado da data de sua celebração.

§ 5º Se, após a pactuação de acordo individual na forma prevista neste artigo, houver a celebração de convenção coletiva ou de acordo coletivo de trabalho com cláusulas conflitantes com as cláusulas do acordo individual, deverão ser observadas as seguintes regras:

I – a aplicação das condições estabelecidas no acordo individual em relação ao período anterior ao período da negociação coletiva; e

II – a prevalência das condições estipuladas na negociação coletiva, naquilo em que conflitarem com as condições estabelecidas no acordo individual, a partir da data de entrada em vigor da convenção coletiva ou do acordo coletivo de trabalho.

§ 6º As condições do acordo individual prevalecerão sobre a negociação coletiva se forem mais favoráveis ao trabalhador.

Art. 35. A redução proporcional da jornada de trabalho e do salário ou a suspensão temporária do contrato de trabalho, quando adotada, deverá resguardar o exercício e o funcionamento dos serviços públicos e das atividades essenciais de que trata a Lei nº 7.783, de 28 de junho de 1989.

Art. 36. As irregularidades constatadas pela Auditoria Fiscal do Trabalho do Ministério do Trabalho e Previdência quanto aos acordos de redução proporcional da jornada de trabalho e do salário ou de suspensão temporária do contrato de trabalho de que trata esta Lei sujeitam os infratores à multa prevista no art. 25 da Lei nº 7.998, de 11 de janeiro de 1990.

Parágrafo único. O processo de fiscalização, de notificação, de autuação e de imposição de multas decorrente das disposições desta Lei observará o disposto no Título VII da Consolidação das Leis do Trabalho, aprovada pelo Decreto-Lei nº 5.452, de 1º de maio de 1943, hipótese em que não se aplica o critério da dupla visita.

Art. 37. O disposto neste Capítulo aplica-se aos contratos de trabalho celebrados até a data de publicação do regulamento de que trata o art. 24 desta Lei.

Parágrafo único. O disposto no *caput* deste artigo aplica-se aos contratos de trabalho de aprendizagem e de jornada parcial.

Art. 38. O trabalhador que receber indevidamente parcela do BEm estará sujeito à compensação automática com eventuais parcelas devidas do referido benefício relativas ao mesmo acordo ou a acordos diversos ou com futuras parcelas de abono salarial de que trata a Lei nº 7.998, de 11 de janeiro de 1990, ou de seguro-desemprego a que tiver direito, na forma prevista no art. 25-A da referida Lei, conforme estabelecido em ato do Ministério do Trabalho e Previdência, garantido ao trabalhador o direito de ciência prévia sobre a referida compensação.

Art. 39. O empregador e o empregado poderão, em comum acordo, optar pelo cancelamento de aviso prévio em curso.

Parágrafo único. Na hipótese de cancelamento do aviso prévio na forma prevista no *caput* deste artigo, as partes poderão adotar as medidas do Programa Emergencial de Manutenção do Emprego e da Renda.

Seção VI

DA OPERACIONALIZAÇÃO DO PAGAMENTO DO BENEFÍCIO EMERGENCIAL DE MANUTENÇÃO DO EMPREGO E DA RENDA

Art. 40. Fica dispensada a licitação para contratação da Caixa Econômica Federal e do Banco do Brasil S.A. para a operacionalização do pagamento do BEm.

Art. 41. O beneficiário poderá receber o BEm na instituição financeira em que possuir conta-poupança ou conta de depósito à vista, exceto conta-salário, desde que autorize o empregador a informar os seus dados bancários quando prestadas as informações de que trata o inciso I do § 2º do art. 27 desta Lei.

§ 1º Na hipótese de não validação ou de rejeição do crédito na conta indicada, inclusive pelas instituições financeiras destinatárias das transferências, ou na ausência da indicação de que trata o *caput* deste artigo, a Caixa Econômica Federal e o Banco do Brasil S.A. poderão utilizar outra conta-poupança de titularidade do beneficiário, identificada por meio de processo de levantamento e conferência da coincidência de dados cadastrais para o pagamento do BEm.

§ 2º Na hipótese de não ser localizada conta-poupança de titularidade do beneficiário na forma prevista no § 1º deste artigo, a Caixa Econômica Federal e o Banco do Brasil S.A. poderão realizar o pagamento do BEm por meio de conta digital, de abertura automática, em nome do beneficiário, com as seguintes características:

I – dispensa de apresentação de documentos pelo beneficiário;

II – isenção de cobrança de tarifas de manutenção;

III – direito a, no mínimo, 3 (três) transferências eletrônicas de valores e a 1 (um) saque ao mês, sem custos, para conta mantida em instituição autorizada a operar pelo Banco Central do Brasil; e

IV – vedação à emissão de cheque.

§ 3º É vedado às instituições financeiras, independentemente da modalidade de conta utilizada para pagamento do BEm, efetuar descontos, compensações ou pagamentos de débitos de qualquer natureza, mesmo a pretexto de recompor saldo negativo ou de saldar dívidas preexistentes, que impliquem a redução do valor do benefício.

§ 4º Os recursos relativos ao BEm creditados nos termos do § 2º deste artigo e não movimentados no prazo de 1 (um) ano, contado da data do depósito, retornarão para a União.

Art. 42. O Ministério do Trabalho e Previdência editará os atos complementares necessários à execução do disposto nos arts. 40 e 41 desta Lei.

Capítulo IV

DISPOSIÇÕES FINAIS

Art. 43. Durante o prazo previsto no ato do Ministério do Trabalho e Previdência de que trata o art. 2º desta Lei, o curso ou o programa de qualificação profissional de que trata o art. 476-A da Consolidação das Leis do Trabalho, aprovada pelo Decreto-Lei nº 5.452, de 1º de maio de 1943, poderá ser oferecido pelo empregador exclusivamente na modalidade não presencial e terá duração de, no mínimo, 1 (um) mês e, no máximo, 3 (três) meses.

§ 1º A suspensão do contrato de trabalho para a realização do curso de qualificação de que trata o *caput* deste artigo poderá ser realizada por acordo individual escrito, quando houver o pagamento pelo empregador de ajuda compensatória mensal em valor equivalente à diferença entre a remuneração do empregado e a bolsa de qualificação.

§ 2º O pagamento da ajuda compensatória de que trata o § 1º deste artigo observará o disposto no § 1º do art. 31 desta Lei.

§ 3º Se, após a pactuação de acordo individual na forma prevista no § 1º deste artigo, houver a celebração de convenção coletiva ou de acordo coletivo de trabalho com cláusulas conflitantes com as cláusulas do acordo individual, deverão ser observadas as seguintes regras:

I – a aplicação das condições estabelecidas no acordo individual em relação ao período anterior ao período da negociação coletiva; e

II – a prevalência das condições estipuladas na negociação coletiva, naquilo em que conflitarem com as condições estabelecidas no acordo individual, a partir da data de entrada em vigor da convenção coletiva ou do acordo coletivo de trabalho.

§ 4º As condições do acordo individual prevalecerão sobre a negociação coletiva se forem mais favoráveis ao trabalhador.

Art. 44. Durante o prazo previsto no regulamento de que trata o art. 2º desta Lei, fica permitida a utilização de meios eletrônicos para cumprimento dos requisitos formais previstos no Título VI da Consolidação das Leis do Trabalho, aprovada pelo Decreto-Lei nº 5.452, de 1º de maio de 1943, inclusive para convocação, deliberação, decisão, formalização e publicidade de convenção ou de acordo coletivo de trabalho.

Art. 45. Durante o prazo previsto no ato do Ministério do Trabalho e Previdência de que trata o art. 2º desta Lei, os prazos previstos no Título VI da Consolidação das Leis do Trabalho, aprovada pelo Decreto-Lei nº 5.452, de 1º de maio de 1943, ficam reduzidos pela metade.

Art. 46. O disposto nesta Lei aplica-se também:

I – às relações de trabalho regidas:

a) pela Lei nº 6.019, de 3 de janeiro de 1974; e

b) pela Lei nº 5.889, de 8 de junho de 1973; e

II – no que couber, às relações regidas pela Lei Complementar nº 150, de 1º de junho de 2015, tais como as disposições referentes ao Programa Emergencial de Manutenção do Emprego e da Renda, à redução de jornada, ao banco de horas e às férias.

Art. 47. Esta Lei entra em vigor na data de sua publicação.

Congresso Nacional, em 15 de agosto de 2022;

201º da Independência e
134º da República.

Senador Rodrigo Pacheco

LEI Nº 14.442, DE 2 DE SETEMBRO DE 2022

Dispõe sobre o pagamento de auxílio-alimentação ao empregado e altera a Lei nº 6.321, de 14 de abril de 1976, e a Consolidação das Leis do Trabalho, aprovada pelo Decreto-Lei nº 5.452, de 1º de maio de 1943.

► Publicada no *DOU* de 5-9-2022.

Art. 1º Esta Lei dispõe sobre o pagamento de auxílio-alimentação ao empregado, bem como altera a Lei nº 6.321, de 14 de abril de 1976, e a Consolidação das Leis do Trabalho, aprovada pelo Decreto-Lei nº 5.452, de 1º de maio de 1943.

Art. 2º As importâncias pagas pelo empregador a título de auxílio-alimentação de que trata o § 2º do art. 457 da Consolidação das Leis do Trabalho, aprovada pelo Decreto-Lei nº 5.452, de 1º de maio de 1943, deverão ser utilizadas para o pagamento de refeições em restaurantes e estabelecimentos similares ou para a aquisição de gêneros alimentícios em estabelecimentos comerciais.

Art. 3º O empregador, ao contratar pessoa jurídica para o fornecimento do auxílio-alimentação de que trata o art. 2º desta Lei, não poderá exigir ou receber:

I – qualquer tipo de deságio ou imposição de descontos sobre o valor contratado;

II – prazos de repasse ou pagamento que descaracterizem a natureza pré-paga dos valores a serem disponibilizados aos empregados; ou

III – outras verbas e benefícios diretos ou indiretos de qualquer natureza não vinculados diretamente à promoção de saúde e segurança alimentar do empregado, no âmbito de contratos firmados com empresas emissoras de instrumentos de pagamento de auxílio-alimentação.

§ 1º A vedação de que trata o *caput* deste artigo não se aplica aos contratos de fornecimento de auxílio-alimentação vigentes, até seu encerramento ou até que tenha decorrido o prazo de 14 (quatorze) meses, contado da data de publicação desta Lei, o que ocorrer primeiro.

§ 2º É vedada a prorrogação de contrato de fornecimento de auxílio-alimentação em desconformidade com o disposto no *caput* deste artigo.

Art. 4º A execução inadequada, o desvio ou o desvirtuamento das finalidades do auxílio-alimentação de que trata o § 2º do art. 457 da Consolidação das Leis do Trabalho, aprovada pelo Decreto-Lei nº 5.452, de 1º de maio de 1943, pelos empregadores ou pelas empresas emissoras de instrumentos de pagamento de auxílio-alimentação, sem prejuízo da aplicação de outras penalidades cabíveis pelos órgãos competentes, acarretará a aplicação de multa no valor de R$ 5.000,00 (cinco mil reais) a R$ 50.000,00 (cinquenta mil reais), a qual será aplicada em dobro em caso de reincidência ou de embaraço à fiscalização.

§ 1º Os critérios de cálculo e os parâmetros de gradação da multa prevista no *caput* deste artigo serão estabelecidos em ato do Ministro de Estado do Trabalho e Previdência.

§ 2º O estabelecimento que comercializa produtos não relacionados à alimentação do empregado e a empresa que o credenciou sujeitam-se à aplicação da multa prevista no *caput* deste artigo.

Art. 5º A Lei nº 6.321, de 14 de abril de 1976, passa a vigorar com as seguintes alterações:

► Alterações inseridas no texto da referida Lei.

Art. 6º A Consolidação das Leis do Trabalho, aprovada pelo Decreto-Lei nº 5.452, de 1º de maio de 1943, passa a vigorar com as seguintes alterações:

► Alterações inseridas no texto da referida Consolidação.

Art. 7º VETADO.

Art. 8º Esta Lei entra em vigor na data de sua publicação.

Brasília, 2 de setembro de 2022;
201º da Independência e
134º da República.
Jair Messias Bolsonaro

LEI Nº 14.457, DE 21 DE SETEMBRO DE 2022

Institui o Programa Emprega + Mulheres; e altera a Consolidação das Leis do Trabalho, aprovada pelo Decreto-Lei nº 5.452, de 1º de maio de 1943, e as Leis nºs 11.770, de 9 de setembro de 2008, 13.999, de 18 de maio de 2020, e 12.513, de 26 de outubro de 2011.

► Publicada no *DOU* de 22-9-2022.

CAPÍTULO I
DO PROGRAMA EMPREGA + MULHERES

Art. 1º Fica instituído o Programa Emprega + Mulheres, destinado à inserção e à manutenção de mulheres no mercado de trabalho por meio da implementação das seguintes medidas:

I – para apoio à parentalidade na primeira infância:

a) pagamento de reembolso-creche; e
b) manutenção ou subvenção de instituições de educação infantil pelos serviços sociais autônomos;

II – para apoio à parentalidade por meio da flexibilização do regime de trabalho:

a) teletrabalho;
b) regime de tempo parcial;
c) regime especial de compensação de jornada de trabalho por meio de banco de horas;
d) jornada de 12 (doze) horas trabalhadas por 36 (trinta e seis) horas ininterruptas de descanso, quando a atividade permitir;
e) antecipação de férias individuais; e
f) horários de entrada e de saída flexíveis;

III – para qualificação de mulheres, em áreas estratégicas para a ascensão profissional:

a) suspensão do contrato de trabalho para fins de qualificação profissional; e
b) estímulo à ocupação das vagas em cursos de qualificação dos serviços nacionais de aprendizagem por mulheres e priorização de mulheres hipossuficientes vítimas de violência doméstica e familiar;

IV – para apoio ao retorno ao trabalho das mulheres após o término da licença-maternidade:

a) suspensão do contrato de trabalho de pais empregados para acompanhamento do desenvolvimento dos filhos; e
b) flexibilização do usufruto da prorrogação da licença-maternidade, conforme prevista na Lei nº 11.770, de 9 de setembro de 2008;

V – reconhecimento de boas práticas na promoção da empregabilidade das mulheres, por meio da instituição do Selo Emprega + Mulher;

VI – prevenção e combate ao assédio sexual e a outras formas de violência no âmbito do trabalho; e

VII – estímulo ao microcrédito para mulheres.

Parágrafo único. Para os efeitos desta Lei, parentalidade é o vínculo socioafetivo maternal, paternal ou qualquer outro que resulte na assunção legal do papel de realizar as atividades parentais, de forma compartilhada entre os responsáveis pelo cuidado e pela educação das crianças e dos adolescentes, nos termos do parágrafo único do art. 22 da Lei nº 8.069, de 13 de julho de 1990 (Estatuto da Criança e do Adolescente).

CAPÍTULO II
DO APOIO À PARENTALIDADE NA PRIMEIRA INFÂNCIA

SEÇÃO I
DO REEMBOLSO-CRECHE

Art. 2º Ficam os empregadores autorizados a adotar o benefício de reembolso-creche, de que trata a alínea *s* do § 9º do art. 28 da Lei nº 8.212, de 24 de julho de 1991, desde que cumpridos os seguintes requisitos:

I – ser o benefício destinado ao pagamento de creche ou de pré-escola de livre escolha da empregada ou do empregado, bem como ao ressarcimento de gastos com outra modalidade de prestação de serviços de mesma natureza, comprovadas as despesas realizadas;

II – ser o benefício concedido à empregada ou ao empregado que possua filhos com até 5 (cinco) anos e 11 (onze) meses de idade, sem prejuízo dos demais preceitos de proteção à maternidade;

III – ser dada ciência pelos empregadores às empregadas e aos empregados da existência do benefício e dos procedimentos necessários à sua utilização; e

IV – ser o benefício oferecido de forma não discriminatória e sem a sua concessão configurar premiação.

Parágrafo único. Ato do Poder Executivo federal disporá sobre os limites de valores para a concessão do reembolso-creche e as modalidades de prestação de serviços aceitas, incluído o pagamento de pessoa física.

Art. 3º A implementação do reembolso-creche ficará condicionada à formalização de acordo individual, de acordo coletivo ou de convenção coletiva de trabalho.

Parágrafo único. O acordo ou a convenção a que se refere o *caput* deste artigo estabelecerá condições, prazos e valores, sem prejuízo do cumprimento dos demais preceitos de proteção à maternidade.

Art. 4º Os valores pagos a título de reembolso-creche:

I – não possuem natureza salarial;

II – não se incorporam à remuneração para quaisquer efeitos;

III – não constituem base de incidência de contribuição previdenciária ou do Fundo de Garantia do Tempo de Serviço (FGTS); e

IV – não configuram rendimento tributável da empregada ou do empregado.

Art. 5º Os estabelecimentos em que trabalharem pelo menos 30 (trinta) mulheres com mais de 16 (dezesseis) anos de idade terão local apropriado onde seja permitido às empregadas guardar sob vigilância e assistência os seus filhos no período da amamentação.

Parágrafo único. Os empregadores que adotarem o benefício do reembolso-creche previsto nos arts. 2º, 3º e 4º desta Lei para todos os empregados e empregadas que possuam filhos com até 5 (cinco) anos e 11 (onze) meses de idade ficam desobrigados da instalação de local apropriado para a guarda e a assistência de filhos de empregadas no período da amamentação, nos termos do *caput* deste artigo.

Seção II

DA MANUTENÇÃO OU SUBVENÇÃO DE INSTITUIÇÕES DE EDUCAÇÃO INFANTIL PELOS SERVIÇOS SOCIAIS AUTÔNOMOS

Art. 6º Os seguintes serviços sociais autônomos poderão, observado o disposto em suas leis de regência e regulamentos, manter instituições de educação infantil destinadas aos dependentes dos empregados e das empregadas vinculados à atividade econômica a eles correspondente:

I – Serviço Social da Indústria (SESI), de que trata o Decreto-Lei nº 9.403, de 25 de junho de 1946;

II – Serviço Social do Comércio (SESC), de que trata o Decreto-Lei nº 9.853, de 13 de setembro de 1946; e

III – Serviço Social do Transporte (SEST), de que trata a Lei nº 8.706, de 14 de setembro de 1993.

Capítulo III

DO APOIO À PARENTALIDADE POR MEIO DA FLEXIBILIZAÇÃO DO REGIME DE TRABALHO

Seção I

DO TELETRABALHO

Art. 7º Na alocação de vagas para as atividades que possam ser efetuadas por meio de teletrabalho, trabalho remoto ou trabalho a distância, nos termos do Capítulo II-A do Título II da Consolidação das Leis do Trabalho, aprovada pelo Decreto-Lei nº 5.452, de 1º de maio de 1943, os empregadores deverão conferir prioridade:

I – às empregadas e aos empregados com filho, enteado ou criança sob guarda judicial com até 6 (seis) anos de idade; e

II – às empregadas e aos empregados com filho, enteado ou pessoa sob guarda judicial com deficiência, sem limite de idade.

Seção II

DA FLEXIBILIZAÇÃO DO REGIME DE TRABALHO E DAS FÉRIAS

Art. 8º No âmbito dos poderes diretivo e gerencial dos empregadores, e considerada a vontade expressa dos empregados e das empregadas, haverá priorização na concessão de uma ou mais das seguintes medidas de flexibilização da jornada de trabalho aos empregados e às empregadas que tenham filho, enteado ou pessoa sob sua guarda com até 6 (seis) anos de idade ou com deficiência, com vistas a promover a conciliação entre o trabalho e a parentalidade:

I – regime de tempo parcial, nos termos do art. 58-A da Consolidação das Leis do Trabalho, aprovada pelo Decreto-Lei nº 5.452, de 1º de maio de 1943;

II – regime especial de compensação de jornada de trabalho por meio de banco de horas, nos termos do art. 59 da Consolidação das Leis do Trabalho, aprovada pelo Decreto-Lei nº 5.452, de 1º de maio de 1943;

III – jornada de 12 (doze) horas trabalhadas por 36 (trinta e seis) horas ininterruptas de descanso, nos termos do art. 59-A da Consolidação das Leis do Trabalho, aprovada pelo Decreto-Lei nº 5.452, de 1º de maio de 1943;

IV – antecipação de férias individuais; e

V – horários de entrada e de saída flexíveis.

§ 1º As medidas de que tratam os incisos I e IV do *caput* deste artigo somente poderão ser adotadas até o segundo ano:

I – do nascimento do filho ou enteado;

II – da adoção; ou

III – da guarda judicial.

§ 2º As medidas de que trata este artigo deverão ser formalizadas por meio de acordo individual, de acordo coletivo ou de convenção coletiva de trabalho.

§ 3º O prazo fixado no § 1º deste artigo aplica-se inclusive para o empregado ou a empregada que tiver filho, enteado ou pessoa sob guarda judicial com deficiência.

Seção III

DO REGIME ESPECIAL DE COMPENSAÇÃO DE JORNADA DE TRABALHO POR MEIO DE BANCO DE HORAS

Art. 9º Na hipótese de rescisão do contrato de trabalho de empregado ou empregada em regime de compensação de jornada por meio de banco de horas, as horas acumuladas ainda não compensadas serão:

I – descontadas das verbas rescisórias devidas ao empregado ou à empregada, na hipótese de banco de horas em favor do empregador, quando a demissão for a pedido e o empregado ou empregada não tiver interesse ou não puder compensar a jornada devida durante o prazo do aviso prévio; ou

II – pagas juntamente com as verbas rescisórias, na hipótese de banco de horas em favor do empregado ou da empregada.

Seção IV

DA ANTECIPAÇÃO DE FÉRIAS INDIVIDUAIS

Art. 10. A antecipação de férias individuais poderá ser concedida ao empregado ou à empregada que se enquadre nos critérios estabelecidos no § 1º do art. 8º desta Lei, ainda que não tenha transcorrido o seu período aquisitivo.

Parágrafo único. As férias antecipadas não poderão ser usufruídas em período inferior a 5 (cinco) dias corridos.

Art. 11. Para as férias concedidas na forma prevista no art. 10 desta Lei, o empregador poderá optar por efetuar o pagamento do adicional de 1/3 (um terço) de férias após a sua concessão, até a data em que for devida a gratificação natalina prevista no art. 1º da Lei nº 4.749, de 12 de agosto de 1965.

Art. 12. O pagamento da remuneração da antecipação das férias na forma do art. 10 desta Lei poderá ser efetuado até o quinto dia útil do mês subsequente ao início do gozo das férias, hipótese em que não se aplicará o disposto no art. 145 da Consolidação das Leis do Trabalho, aprovada pelo Decreto-Lei nº 5.452, de 1º de maio de 1943.

Art. 13. Na hipótese de rescisão do contrato de trabalho, os valores das férias ainda não usufruídas serão pagos juntamente com as verbas rescisórias devidas.

Parágrafo único. Na hipótese de período aquisitivo não cumprido, as férias antecipadas e usufruídas serão descontadas das verbas rescisórias devidas ao empregado no caso de pedido de demissão.

Seção V

DOS HORÁRIOS DE ENTRADA E SAÍDA FLEXÍVEIS

Art. 14. Quando a atividade permitir, os horários fixos da jornada de trabalho poderão ser flexibilizados ao empregado ou à empregada que se enquadre nos critérios estabelecidos no *caput* do art. 8º desta Lei.

Parágrafo único. A flexibilização de que trata o *caput* deste artigo ocorrerá em intervalo de horário previamente estabelecido, considerados os limites inicial e final de horário de trabalho diário.

Capítulo IV

DAS MEDIDAS PARA QUALIFICAÇÃO DE MULHERES

Seção I

DA SUSPENSÃO DO CONTRATO DE TRABALHO PARA QUALIFICAÇÃO PROFISSIONAL

Art. 15. Mediante requisição formal da empregada interessada, para estimular a qualificação de mulheres e o desenvolvimento de habilidades e de competências em áreas estratégicas ou com menor participação feminina, o empregador poderá suspender o contrato de trabalho para participação em curso ou em programa de qualificação profissional oferecido pelo empregador.

§ 1º Na hipótese prevista no *caput* deste artigo, a suspensão do contrato de trabalho será formalizada por meio de acordo individual, de acordo coletivo ou de convenção coletiva de trabalho, nos termos do art. 476-A da Consolidação das Leis do Trabalho, aprovada pelo Decreto-Lei nº 5.452, de 1º de maio de 1943.

§ 2º O curso ou o programa de qualificação profissional oferecido pelo empregador priorizará áreas que promovam a ascensão profissional da empregada ou áreas com baixa participação feminina, tais como ciência, tecnologia, desenvolvimento e inovação.

§ 3º Durante o período de suspensão do contrato de trabalho, a empregada fará jus à bolsa de qualificação profissional de que trata o art. 2º-A da Lei nº 7.998, de 11 de janeiro de 1990.

§ 4º Além da bolsa de qualificação profissional, durante o período de suspensão do contrato de trabalho, o empregador poderá conceder à empregada ajuda compensatória mensal, sem natureza salarial.

§ 5º Para fins de pagamento da bolsa de qualificação profissional, o empregador encaminhará ao Ministério do Trabalho e Previdência os dados referentes às empregadas que terão o contrato de trabalho suspenso.

§ 6º Se ocorrer a dispensa da empregada no transcurso do período de suspensão ou nos 6 (seis) meses subsequentes ao seu retorno ao trabalho, o empregador pagará à empregada, além das parcelas indenizatórias previstas na legislação, multa a ser estabelecida em convenção ou em acordo coletivo, que será de, no mínimo, 100% (cem por cento) sobre o valor da última remuneração mensal anterior à suspensão do contrato de trabalho.

Seção II

DO ESTÍMULO À OCUPAÇÃO DAS VAGAS DE GRATUIDADE DOS SERVIÇOS SOCIAIS AUTÔNOMOS

Art. 16. As entidades dos serviços nacionais de aprendizagem, observadas suas leis de regência e regulamentos, mediante a celebração de ajustes e de parcerias com a União, poderão implementar medidas que estimulem a matrícula de mulheres em cursos de qualificação, em todos os níveis e áreas de conhecimento.

§ 1º Se ocorrer a celebração dos termos de ajustes ou de parcerias a que se refere o *caput* deste artigo, os serviços nacionais de aprendizagem desenvolverão ferramentas de monitoramento e estratégias para a inscrição e a conclusão dos cursos por mulheres, especialmente nas áreas de ciência, de tecnologia, de desenvolvimento e de inovação.

§ 2º Para fins do disposto no *caput* deste artigo, serão priorizadas as mulheres hipossuficientes vítimas de violência doméstica e familiar com registro de ocorrência policial.

Capítulo V

DO APOIO AO RETORNO AO TRABALHO APÓS O TÉRMINO DA LICENÇA-MATERNIDADE

Seção I

DA SUSPENSÃO DO CONTRATO DE TRABALHO DE PAIS EMPREGADOS

Art. 17. Mediante requisição formal do empregado interessado, o empregador poderá suspender o contrato de trabalho do empregado com filho cuja mãe tenha encerrado o período da licença-maternidade para:

I – prestar cuidados e estabelecer vínculos com os filhos;

II – acompanhar o desenvolvimento dos filhos; e

III – apoiar o retorno ao trabalho de sua esposa ou companheira.

§ 1º A suspensão do contrato de trabalho ocorrerá nos termos do art. 476-A da Consolidação das Leis do Trabalho, aprovada pelo Decreto-Lei nº 5.452, de 1º de maio de 1943, para participação em curso ou em programa de qualificação profissional oferecido pelo empregador, formalizada por meio de acordo individual, de acordo coletivo ou de convenção coletiva de trabalho.

§ 2º A suspensão do contrato de trabalho será efetuada após o término da licença-maternidade da esposa ou companheira do empregado.

§ 3º O curso ou o programa de qualificação profissional deverá ser oferecido pelo empregador, terá carga horária máxima de 20 (vinte) horas semanais e será realizado exclusivamente na modalidade não presencial, preferencialmente, de forma assíncrona.

§ 4º A limitação prevista no § 2º do art. 476-A da Consolidação das Leis do Trabalho, aprovada pelo Decreto-Lei nº 5.452, de 1º de maio de 1943, não se aplica à suspensão do contrato de trabalho de que trata este artigo.

§ 5º O empregado fará jus à bolsa de qualificação profissional de que trata o art. 2º-A da Lei nº 7.998, de 11 de janeiro de 1990.

§ 6º Além da bolsa de qualificação profissional, durante o período de suspensão do contrato de trabalho, o empregador poderá conceder ao empregado ajuda compensatória mensal, sem natureza salarial.

§ 7º Se ocorrer a dispensa do empregado no transcurso do período de suspensão ou nos 6 (seis) meses subsequentes ao seu retorno ao trabalho, o empregador pagará ao empregado, além das parcelas indenizatórias previstas na legislação em vigor, multa a ser estabelecida em convenção ou em acordo coletivo, que será de, no mínimo, 100% (cem por cento) sobre o valor da última remuneração mensal anterior à suspensão do contrato.

Art. 18. São deveres do empregador:

I – dar ampla divulgação aos seus empregados sobre a possibilidade de apoiar o retorno ao trabalho de suas esposas ou companheiras após o término do período da licença-maternidade;

II – orientar sobre os procedimentos necessários para firmar acordo individual para suspensão do contrato de trabalho com qualificação; e

III – promover ações periódicas de conscientização sobre parentalidade responsiva e igualitária para impulsionar a adoção da medida pelos seus empregados.

Art. 19. Para fins de pagamento da bolsa de qualificação profissional, o empregador encaminhará ao Ministério do Trabalho e Previdência os dados referentes aos empregados que terão o contrato de trabalho suspenso para apoiar o retorno ao trabalho de suas esposas ou companheiras.

Seção II

DAS ALTERAÇÕES NO PROGRAMA EMPRESA CIDADÃ

Art. 20. A Lei nº 11.770, de 9 de setembro de 2008, passa a vigorar com as seguintes alterações:

► Alterações inseridas no texto da referida Lei.

Capítulo VI

DAS REGRAS PARA FORMALIZAÇÃO DE ACORDOS INDIVIDUAIS

Art. 21. A opção por acordo individual para formalizar as medidas previstas no art. 3º, no § 2º do art. 8º, no § 1º do art. 15 e no § 1º do art. 17 desta Lei somente poderá ser realizada:

I – nos casos de empresas ou de categorias de trabalhadores para as quais não haja acordo coletivo ou convenção coletiva de trabalho celebrados; ou

II – se houver acordo coletivo ou convenção coletiva de trabalho celebrados, se o acordo individual a ser celebrado contiver medidas mais vantajosas à empregada ou ao empregado que o instrumento coletivo vigente.

► Art. 21 promulgado nos termos do art. 66, § 5º, da CF (*DOU* de 22-12-2022).

Art. 22. Tanto na priorização para vagas em regime de teletrabalho, trabalho remoto ou trabalho a distância quanto na adoção das medidas de flexibilização e de suspensão do contrato de trabalho previstas nos Capítulos III, IV e V desta Lei, deverá sempre ser levada em conta a vontade expressa da empregada ou do empregado beneficiado pelas medidas de apoio ao exercício da parentalidade.

Capítulo VII

DAS MEDIDAS DE PREVENÇÃO E DE COMBATE AO ASSÉDIO SEXUAL E A OUTRAS FORMAS DE VIOLÊNCIA NO ÂMBITO DO TRABALHO

Art. 23. Para a promoção de um ambiente laboral sadio, seguro e que favoreça a inserção e a manutenção de mulheres no mercado de trabalho, as empresas com Comissão Interna de Prevenção de Acidentes e de Assédio (CIPA) deverão adotar as seguintes medidas, além de outras que entenderem necessárias, com vistas à prevenção e ao combate ao assédio sexual e às demais formas de violência no âmbito do trabalho:

I – inclusão de regras de conduta a respeito do assédio sexual e de outras formas de violência nas normas internas da empresa, com ampla divulgação do seu conteúdo aos empregados e às empregadas;

II – fixação de procedimentos para recebimento e acompanhamento de denúncias, para apuração dos fatos e, quando for o caso, para aplicação de sanções administrativas aos responsáveis diretos e indiretos pelos atos de assédio sexual e de violência, garantido o anonimato da pessoa denunciante, sem prejuízo dos procedimentos jurídicos cabíveis;

III – inclusão de temas referentes à prevenção e ao combate ao assédio sexual e a outras formas de violência nas atividades e nas práticas da CIPA; e

IV – realização, no mínimo a cada 12 (doze) meses, de ações de capacitação, de orientação e de sensibilização dos empregados e das empregadas de todos os níveis hierárquicos da empresa sobre temas relacionados à violência, ao assédio, à igualdade e à diversidade no âmbito do trabalho, em formatos acessíveis, apropriados e que apresentem máxima efetividade de tais ações.

§ 1º O recebimento de denúncias a que se refere o inciso II do *caput* deste artigo não substitui o procedimento penal correspondente, caso a conduta denunciada pela vítima se encaixe na tipificação de assédio sexual contida no art. 216-A do Decreto-Lei nº 2.848, de 7 de dezembro de 1940 (Código Penal), ou em outros crimes de violência tipificados na legislação brasileira.

§ 2º O prazo para adoção das medidas previstas nos incisos I, II, III e IV do *caput* deste artigo é de 180 (cento e oitenta) dias após a entrada em vigor desta Lei.

Capítulo VIII

DO SELO EMPREGA + MULHER

Art. 24. Fica instituído o Selo Emprega + Mulher.

§ 1º São objetivos do Selo Emprega + Mulher:

I – reconhecer as empresas que se destaquem pela organização, pela manutenção e pelo provimento de creches e pré-escolas para atender às necessidades de suas empregadas e de seus empregados; e

II – reconhecer as boas práticas de empregadores que visem, entre outros objetivos:

a) ao estímulo à contratação, à ocupação de postos de liderança e à ascensão profissional de mulheres, especialmente em áreas com baixa participação feminina, tais como ciência, tecnologia, desenvolvimento e inovação;

b) à divisão igualitária das responsabilidades parentais;

c) à promoção da cultura de igualdade entre mulheres e homens;

d) à oferta de acordos flexíveis de trabalho;

e) à concessão de licenças para mulheres e homens que permitam o cuidado e a criação de vínculos com seus filhos;

f) ao efetivo apoio às empregadas de seu quadro de pessoal e das que prestem serviços no seu estabelecimento em caso de assédio, violência física ou psicológica ou qualquer violação de seus direitos no local de trabalho; e

g) à implementação de programas de contratação de mulheres desempregadas em situação de violência doméstica e familiar e de acolhimento e de proteção às suas empregadas em situação de violência doméstica e familiar.

§ 2º Para fins do disposto neste artigo, consideram-se violência doméstica e familiar contra a mulher as ações ou as omissões previstas no art. 5º da Lei nº 11.340, de 7 de agosto de 2006 (Lei Maria da Penha).

Art. 25. As microempresas e as empresas de pequeno porte que receberem o Selo Emprega + Mulher serão beneficiadas com estímulos creditícios adicionais, nos termos dos incisos I e II do § 5º do art. 3º da Lei nº 13.999, de 18 de maio de 2020.

Art. 26. As empresas que se habilitarem para o recebimento do Selo Emprega + Mulher deverão prestar contas anualmente quanto ao atendimento dos requisitos previstos nesta Lei.

Art. 27. A pessoa jurídica detentora do Selo Emprega + Mulher poderá utilizá-lo para os fins de divulgação de sua marca, produtos e serviços, vedada a extensão do uso para grupo econômico ou em associação com outras empresas que não detenham o selo.

Art. 28. Ato do Ministro de Estado do Trabalho e Previdência disporá sobre o regulamento completo do Selo Emprega + Mulher.

Capítulo IX

DO ESTÍMULO AO MICROCRÉDITO PARA MULHERES

Art. 29. Nas operações de crédito do Programa de Simplificação do Microcrédito Digital para Empreendedores (SIM Digital), de que trata a Lei nº 14.438, de 24 de agosto de 2022, serão aplicadas condições diferenciadas, exclusivamente quando os beneficiários forem:

I – mulheres que exerçam alguma atividade produtiva ou de prestação de serviços, urbana ou rural, de forma individual ou coletiva, na condição de pessoas naturais;

II – mulheres, na condição de pessoas naturais e de microempreendedoras individuais no âmbito do Programa Nacional de Microcrédito Produtivo Orientado (PNMPO).

§ 1º A primeira linha de crédito a ser concedida à beneficiária pessoa natural corresponderá ao valor máximo de R$ 2.000,00 (dois mil reais) e, às microempreendedoras individuais, de R$ 5.000,00 (cinco mil reais), considerada a soma de todos os contratos de operação, ativos e inativos, efetuados no âmbito do SIM Digital.

§ 2º A taxa de juros máxima será correspondente a 85% (oitenta e cinco por cento) da taxa máxima permitida pelo Conselho Monetário Nacional para operações de microcrédito, e o prazo será de até 30 (trinta) meses para o pagamento.

§ 3º A cobertura da garantia a ser prestada pelos fundos garantidores, observado o disposto na Lei nº 14.438, de 24 de agosto de 2022, será de até 85% (oitenta e cinco por cento) do valor desembolsado em cada operação incluída nas carteiras garantidas, e o limite de cobertura será de 80% (oitenta por cento) do total de desembolsos efetuados nas operações das carteiras, sempre que forem formadas exclusivamente por mulheres, nas condições dos incisos I e II do *caput* deste artigo, observados as atenuantes de risco aplicáveis e o disposto nos regulamentos dos fundos.

Capítulo X

DISPOSIÇÕES FINAIS

Art. 30. Às mulheres empregadas é garantido igual salário em relação aos empregados que exerçam idêntica função prestada ao mesmo empregador, nos termos dos arts. 373-A e 461 da Consolidação das Leis do Trabalho, aprovada pelo Decreto-Lei nº 5.452, de 1º de maio de 1943.

Art. 31. O Sistema Nacional de Emprego (SINE) implementará iniciativas com vistas à melhoria da empregabilidade de mulheres, especialmente daquelas:

I – que tenham filho, enteado ou guarda judicial de crianças de até 5 (cinco) anos de idade;

II – que sejam chefe de família monoparental; ou

III – com deficiência ou com filho com deficiência.

Art. 32. A Consolidação das Leis do Trabalho, aprovada pelo Decreto-Lei nº 5.452, de 1º de maio de 1943, passa a vigorar com as seguintes alterações:

▶ Alterações inseridas no texto da referida Consolidação.

Art. 33. O art. 3º da Lei nº 13.999, de 18 de maio de 2020, passa a vigorar acrescido do seguinte § 5º:

▶ Alterações inseridas no texto da referida Lei.

Art. 34. O *caput* do art. 2º da Lei nº 12.513, de 26 de outubro de 2011, passa a vigorar acrescido do seguinte inciso V:

"Art. 2º ....

....

V – mulheres vítimas de violência doméstica e familiar com registro de ocorrência policial.

...."

Art. 35. Esta Lei entra em vigor na data de sua publicação.

Brasília, 21 de setembro de 2022;
201º da Independência e
134º da República.

Jair Messias Bolsonaro

NOVA

LEI Nº 14.611, DE 3 DE JULHO DE 2023

Dispõe sobre a igualdade salarial e de critérios remuneratórios entre mulheres e homens; e altera a Consolidação das Leis do Trabalho, aprovada pelo Decreto-Lei nº 5.452, de 1º de maio de 1943.

▶ Publicada no *DOU* de 3-7-2023.

▶ Dec. nº 11.795, de 23-11-2023, regulamenta esta lei.

Art. 1º Esta Lei dispõe sobre a igualdade salarial e de critérios remuneratórios, nos termos da regulamentação, entre mulheres e homens para a realização de trabalho de igual valor ou no exercício da mesma função e altera a Consolidação das Leis do Trabalho, aprovada pelo Decreto-Lei nº 5.452, de 1º de maio de 1943.

Art. 2º A igualdade salarial e de critérios remuneratórios entre mulheres e homens para a realização de trabalho de igual valor ou no exercício da mesma função é obrigatória e será garantida nos termos desta Lei.

Art. 3º O art. 461 da Consolidação das Leis do Trabalho, aprovada pelo Decreto-Lei nº 5.452, de 1º de maio de 1943, passa a vigorar com a seguinte redação:

► Alterações inseridas no texto da referida Consolidação.

Art. 4º A igualdade salarial e de critérios remuneratórios entre mulheres e homens será garantida por meio das seguintes medidas:

I – estabelecimento de mecanismos de transparência salarial e de critérios remuneratórios;

II – incremento da fiscalização contra a discriminação salarial e de critérios remuneratórios entre mulheres e homens;

III – disponibilização de canais específicos para denúncias de discriminação salarial;

IV – promoção e implementação de programas de diversidade e inclusão no ambiente de trabalho que abranjam a capacitação de gestores, de lideranças e de empregados a respeito do tema da equidade entre homens e mulheres no mercado de trabalho, com aferição de resultados; e

V – fomento à capacitação e à formação de mulheres para o ingresso, a permanência e a ascensão no mercado de trabalho em igualdade de condições com os homens.

Art. 5º Fica determinada a publicação semestral de relatórios de transparência salarial e de critérios remuneratórios pelas pessoas jurídicas de direito privado com 100 (cem) ou mais empregados, observada a proteção de dados pessoais de que trata a Lei nº 13.709, de 14 de agosto de 2018 (Lei Geral de Proteção de Dados Pessoais).

§ 1º Os relatórios de transparência salarial e de critérios remuneratórios conterão dados anonimizados e informações que permitam a comparação objetiva entre salários, remunerações e a proporção de ocupação de cargos de direção, gerência e chefia preenchidos por mulheres e homens, acompanhados de informações que possam fornecer dados estatísticos sobre outras possíveis desigualdades decorrentes de raça, etnia, nacionalidade e idade, observada a legislação de proteção de dados pessoais e regulamento específico.

§ 2º Nas hipóteses em que for identificada desigualdade salarial ou de critérios remuneratórios, independentemente do descumprimento do disposto no art. 461 da Consolidação das Leis do Trabalho, aprovada pelo Decreto-Lei nº 5.452, de 1º de maio de 1943, a pessoa jurídica de direito privado apresentará e implementará plano de ação para mitigar a desigualdade, com metas e prazos, garantida a participação de representantes das entidades sindicais e de representantes dos empregados nos locais de trabalho.

§ 3º Na hipótese de descumprimento do disposto no *caput* deste artigo, será aplicada multa administrativa cujo valor corresponderá a até 3% (três por cento) da folha de salários do empregador, limitado a 100 (cem) salários mínimos, sem prejuízo das sanções aplicáveis aos casos de discriminação salarial e de critérios remuneratórios entre mulheres e homens.

§ 4º O Poder Executivo federal disponibilizará de forma unificada, em plataforma digital de acesso público, observada a proteção de dados pessoais de que trata a Lei nº 13.709, de 14 de agosto de 2018 (Lei Geral de Proteção de Dados Pessoais), além das informações previstas no § 1º deste artigo, indicadores atualizados periodicamente sobre mercado de trabalho e renda desagregados por sexo, inclusive indicadores de violência contra a mulher, de vagas em creches públicas, de acesso à formação técnica e superior e de serviços de saúde, bem como demais dados públicos que impactem o acesso ao emprego e à renda pelas mulheres e que possam orientar a elaboração de políticas públicas.

Art. 6º Ato do Poder Executivo instituirá protocolo de fiscalização contra a discriminação salarial e de critérios remuneratórios entre mulheres e homens.

Art. 7º Esta Lei entra em vigor na data de sua publicação.

Brasília, 3 de julho de 2023;
202º da Independência e
135º da República.

Luiz Inácio Lula da Silva

Súmulas

SÚMULAS VINCULANTES DO SUPREMO TRIBUNAL FEDERAL

1. Ofende a garantia constitucional do ato jurídico perfeito a decisão que, sem ponderar as circunstâncias do caso concreto, desconsidera a validez e a eficácia de acordo constante de termo de adesão instituído pela Lei Complementar nº 110/2001.

- ▶ Publicada no *DOU* de 6-6-2007.
- ▶ Art. 5º, XXXVI, da CF.
- ▶ LC nº 110, de 29-6-2001, institui contribuições sociais, autoriza créditos de complementos de atualização monetária em contas vinculadas do FGTS.

2. É inconstitucional a lei ou ato normativo estadual ou distrital que disponha sobre sistemas de consórcios e sorteios, inclusive bingos e loterias.

- ▶ Publicada no *DOU* de 6-6-2007.
- ▶ Art. 22, XX, da CF.

3. Nos processos perante o Tribunal de Contas da União asseguram-se o contraditório e a ampla defesa quando da decisão puder resultar anulação ou revogação de ato administrativo que beneficie o interessado, excetuada a apreciação da legalidade do ato de concessão inicial de aposentadoria, reforma e pensão.

- ▶ Publicada no *DOU* de 6-6-2007.
- ▶ Arts. 5º, LIV, LV, e 71, III, da CF.
- ▶ Art. 2º da Lei nº 9.784, de 29-1-1999 (Lei do Processo Administrativo Federal).

4. Salvo nos casos previstos na Constituição, o salário mínimo não pode ser usado como indexador de base de cálculo de vantagem de servidor público ou de empregado, nem ser substituído por decisão judicial.

- ▶ Publicada no *DOU* de 9-5-2008.
- ▶ Arts. 7º, XXIII, 39, *caput*, § 1º, 42, § 1º, e 142, X, da CF.

5. A falta de defesa técnica por advogado no processo administrativo disciplinar não ofende a Constituição.

- ▶ Publicada no *DOU* de 16-5-2008.
- ▶ Art. 5º, LV, da CF.

6. Não viola a Constituição o estabelecimento de remuneração inferior ao salário mínimo para as praças prestadoras de serviço militar inicial.

- ▶ Publicada no *DOU* de 16-5-2008.
- ▶ Arts. 1º, III, 7º, IV, e 142, § 3º, VIII, da CF.

7. A norma do § 3º do artigo 192 da Constituição, revogada pela Emenda Constitucional nº 40/2003, que limitava a taxa de juros reais a 12% ao ano, tinha sua aplicação condicionada à edição de lei complementar.

- ▶ Publicada no *DOU* de 20-6-2008.
- ▶ Art. 591 do CC.
- ▶ MP nº 2.172-32, de 23-8-2001, que até o encerramento desta edição não havia sido convertida em lei, estabelece a nulidade das disposições contratuais que menciona e inverte, nas hipóteses que prevê, o ônus da prova nas ações intentadas para sua declaração.

8. São inconstitucionais o parágrafo único do artigo 5º do Decreto-Lei nº 1.569/1977 e os artigos 45 e 46 da Lei nº 8.212/1991, que tratam de prescrição e decadência de crédito tributário.

- ▶ Publicada no *DOU* de 20-6-2008.
- ▶ Art. 146, III, *b*, da CF.
- ▶ Arts. 173 e 174 do CTN.
- ▶ Art. 2º, § 3º, da Lei nº 6.830, de 22-9-1980 (Lei das Execuções Fiscais).
- ▶ Art. 348 do Dec. nº 3.048, de 6-5-1999 (Regulamento da Previdência Social).

9. O disposto no artigo 127 da Lei nº 7.210/1984 (Lei de Execução Penal) foi recebido pela ordem constitucional vigente, e não se lhe aplica o limite temporal previsto no *caput* do artigo 58.

- ▶ Publicada no *DOU* de 20-6-2008 e republicada no *DOU* de 27-6-2008.
- ▶ Art. 5º, XXXVI, da CF.

10. Viola a cláusula de reserva de plenário (CF, artigo 97) a decisão de órgão fracionário de Tribunal que, embora não declare expressamente a inconstitucionalidade de lei ou ato normativo do poder público, afasta sua incidência, no todo ou em parte.

- ▶ Publicada no *DOU* de 27-6-2008.
- ▶ Art. 97 da CF.

11. Só é lícito o uso de algemas em casos de resistência e de fundado receio de fuga ou de perigo à integridade física própria ou alheia, por parte do preso ou de terceiros, justificada a excepcionalidade por escrito, sob pena de responsabilidade disciplinar, civil e penal do agente ou da autoridade e de nulidade da prisão ou do ato processual a que se refere, sem prejuízo da responsabilidade civil do Estado.

- ▶ Publicada no *DOU* de 22-8-2008.
- ▶ Art. 5º, XLIX, da CF.
- ▶ Arts. 23, III, 329 a 331 e 352 do CP.
- ▶ Arts. 284 e 292 do CPP.
- ▶ Arts. 42, 177, 180, 298 a 301 do CPM.
- ▶ Arts. 234 e 242 do CPPM.

▶ Lei nº 13.869, de 5-9-2019 (Lei do Abuso de Autoridade).

▶ Art. 40 da LEP.

12. A cobrança de taxa de matrícula nas universidades públicas viola o disposto no art. 206, IV, da Constituição Federal.

▶ Publicada no *DOU* de 22-8-2008.

13. A nomeação de cônjuge, companheiro ou parente em linha reta, colateral ou por afinidade, até o terceiro grau, inclusive, da autoridade nomeante ou de servidor da mesma pessoa jurídica investido em cargo de direção, chefia ou assessoramento, para o exercício de cargo em comissão ou de confiança ou, ainda, de função gratificada na administração pública direta e indireta em qualquer dos Poderes da União, dos Estados, do Distrito Federal e dos Municípios, compreendido o ajuste mediante designações recíprocas, viola a Constituição Federal.

▶ Publicada no *DOU* de 29-8-2008.

▶ Art. 37, *caput*, da CF.

▶ Dec. nº 7.203, de 4-6-2010, dispõe sobre a vedação do nepotismo no âmbito da administração pública federal.

14. É direito do defensor, no interesse do representado, ter acesso amplo aos elementos de prova que, já documentados em procedimento investigatório realizado por órgão com competência de polícia judiciária, digam respeito ao exercício do direito de defesa.

▶ Publicada no *DOU* de 9-2-2009.

▶ Art. 5º, XXXIII, LIV e LV, da CF.

▶ Art. 9º do CPP.

▶ Arts. 6º, parágrafo único, e 7º, XIII e XIV, da Lei nº 8.906, de 4-7-1994 (Estatuto da Advocacia e da OAB).

15. O cálculo de gratificações e outras vantagens do servidor público não incide sobre o abono utilizado para se atingir o salário mínimo.

▶ Publicada no *DOU* de 1º-7-2009.

▶ Art. 7º, IV, da CF.

16. Os artigos 7º, IV, e 39, § 3º (redação da EC nº 19/1998), da Constituição, referem-se ao total da remuneração percebida pelo servidor público.

▶ Publicada no *DOU* de 1º-7-2009.

17. Durante o período previsto no § 1º do artigo 100 da Constituição, não incidem juros de mora sobre os precatórios que nele sejam pagos.

▶ Publicada no *DOU* de 10-11-2009.

▶ Refere-se ao art. 100, § 5º, com a redação dada pela EC nº 62, de 9-12-2009.

18. A dissolução da sociedade ou do vínculo conjugal, no curso do mandato, não afasta a inelegibilidade prevista no § 7º do artigo 14 da Constituição Federal.

▶ Publicada no *DOU* de 10-11-2009.

19. A taxa cobrada exclusivamente em razão dos serviços públicos de coleta, remoção e tratamento ou destinação de lixo ou resíduos provenientes de imóveis, não viola o artigo 145, II, da Constituição Federal.

▶ Publicada no *DOU* de 10-11-2009.

20. A Gratificação de Desempenho de Atividade Técnico-Administrativa – GDATA, instituída pela Lei nº 10.404/2002, deve ser deferida aos inativos nos valores correspondentes a 37,5 (trinta e sete vírgula cinco) pontos no período de fevereiro a maio de 2002 e, nos termos do artigo 5º, parágrafo único, da Lei nº 10.404/2002, no período de junho de 2002 até a conclusão dos efeitos do último ciclo de avaliação a que se refere o artigo 1º da Medida Provisória nº 198/2004, a partir da qual passa a ser de 60 (sessenta) pontos.

▶ Publicada no *DOU* de 10-11-2009.

▶ Art. 40, § 8º, da CF.

21. É inconstitucional a exigência de depósito ou arrolamento prévios de dinheiro ou bens para admissibilidade de recurso administrativo.

▶ Publicada no *DOU* de 10-11-2009.

▶ Art. 5º, XXXIV, *a*, e LV, da CF.

▶ Art. 33, § 2º, do Dec. nº 70.235, de 6-3-1972 (Lei do Processo Administrativo Fiscal).

22. A Justiça do Trabalho é competente para processar e julgar as ações de indenização por danos morais e patrimoniais decorrentes de acidente de trabalho propostas por empregado contra empregador, inclusive aquelas que ainda não possuíam sentença de mérito em primeiro grau quando da promulgação da Emenda Constitucional nº 45/2004.

▶ Publicada no *DOU* de 11-12-2009.

▶ Arts. 7º, XXVIII, 109, I, e 114 da CF.

▶ Súm. nº 235 do STF.

23. A Justiça do Trabalho é competente para processar e julgar ação possessória ajuizada em decorrência do exercício do direito de greve pelos trabalhadores da iniciativa privada.

► Publicada no *DOU* de 11-12-2009.

► Art. 114, II, da CF.

24. Não se tipifica crime material contra a ordem tributária, previsto no art. 1º, incisos I a IV, da Lei nº 8.137/1990, antes do lançamento definitivo do tributo.

► Publicada no *DOU* de 11-12-2009.

► Art. 5º, LV, da CF.

► Art. 142, *caput*, do CTN.

► Lei nº 8.137, de 27-12-1990 (Lei dos Crimes Contra a Ordem Tributária, Econômica e Contra as Relações de Consumo).

► Art. 83 da Lei nº 9.430, de 27-12-1996, que dispõe sobre a legislação tributária federal, as contribuições para a seguridade social e o processo administrativo de consulta.

► Art. 9º, § 2º, da Lei nº 10.684, de 30-5-2003, que dispõe sobre parcelamento de débitos junto à Secretaria da Receita Federal, à Procuradoria-Geral da Fazenda Nacional e ao Instituto Nacional do Seguro Social.

25. É ilícita a prisão civil de depositário infiel, qualquer que seja a modalidade do depósito.

► Publicada no *DOU* de 23-12-2009.

► Art. 5º, § 2º, da CF.

► Art. 7º, 7, do Pacto de São José da Costa Rica.

► Súmulas nºs 304, 305 e 419 do STJ.

26. Para efeito de progressão de regime no cumprimento de pena por crime hediondo, ou equiparado, o juízo da execução observará a inconstitucionalidade do art. 2º da Lei nº 8.072, de 25 de julho de 1990, sem prejuízo de avaliar se o condenado preenche, ou não, os requisitos objetivos e subjetivos do benefício, podendo determinar, para tal fim, de modo fundamentado, a realização de exame criminológico.

► Publicada no *DOU* de 23-12-2009.

► Art. 5º, XLVI e XLVII, da CF.

► Arts. 33, § 3º, e 59 do CP.

► Art. 66, III, *b*, da LEP.

► Lei nº 8.072, de 25-7-1990 (Lei dos Crimes Hediondos).

► Súmulas nºs 439 e 471 do STJ.

27. Compete à Justiça estadual julgar causas entre consumidor e concessionária de serviço público de telefonia, quando a ANATEL não seja litisconsorte passiva necessária, assistente, nem opoente.

► Publicada no *DOU* de 23-12-2009.

► Arts. 98, I, e 109, I, da CF.

28. É inconstitucional a exigência de depósito prévio como requisito de admissibilidade de ação judicial na qual se pretenda discutir a exigibilidade de crédito tributário.

► Publicada no *DOU* de 17-2-2010.

► Art. 5º, XXXV, da CF.

► Súm. nº 112 do STJ.

29. É constitucional a adoção, no cálculo do valor de taxa, de um ou mais elementos da base de cálculo própria de determinado imposto, desde que não haja integral identidade entre uma base e outra.

► Publicada no *DOU* de 17-2-2010.

► Art. 145, § 2º, da CF.

30. ....

► O STF decidiu suspender a publicação da Súmula Vinculante nº 30, em razão de questão de ordem levantada pelo Ministro José Antonio Dias Toffoli, em 4-2-2010.

31. É inconstitucional a incidência do Imposto sobre Serviços de Qualquer Natureza – ISS sobre operações de locação de bens móveis.

► Publicada no *DOU* de 17-2-2010.

► Art. 156, III, da CF.

► LC nº 116, de 31-4-2003 (Lei do ISS).

32. O ICMS não incide sobre alienação de salvados de sinistro pelas seguradoras.

► Publicada no *DOU* de 24-2-2011.

► Art. 153, V, da CF.

► Art. 3º, IX, da LC nº 87, de 13-9-1996 (Lei Kandir – ICMS).

► Art. 73 do Dec.-lei nº 73, de 21-11-1966, que dispõe sobre o Sistema Nacional de Seguros Privados, e regula as operações de seguros e resseguros.

33. Aplicam-se ao servidor público, no que couber, as regras do regime geral da previdência social sobre aposentadoria especial de que trata o artigo 40, § 4º, inciso III da Constituição Federal, até a edição de lei complementar específica.

► Publicada no *DOU* de 24-4-2014.

► Arts. 57 e 58 da Lei nº 8.213, de 24-7-1991 (Lei dos Planos de Benefícios da Previdência Social).

34. A Gratificação de Desempenho de Atividade de Seguridade Social e do Trabalho – GDASST, instituída pela Lei nº 10.483/2002, deve ser estendida aos inativos no valor correspondente a 60 (sessenta) pontos, desde o advento da Medida Provisória nº 198/2004, convertida na Lei nº 10.971/2004, quando tais inativos façam jus à paridade constitucional.

▶ Publicada no *DOU* de 24-10-2014.

▶ Arts. 5º, *caput*, e 40, § 8º, da CF.

35. A homologação da transação penal prevista no artigo 76 da Lei nº 9.099/1995 não faz coisa julgada material e, descumpridas suas cláusulas, retoma-se a situação anterior, possibilitando-se ao Ministério Público a continuidade da persecução penal mediante oferecimento de denúncia ou requisição de inquérito policial.

▶ Publicada no *DOU* de 24-10-2014.

▶ Arts. 5º, XXXVI, LIV, e 98, I, da CF.

36. Compete à Justiça Federal comum processar e julgar civil denunciado pelos crimes de falsificação e de uso de documento falso quando se tratar de falsificação da Caderneta de Inscrição e Registro (CIR) ou de Carteira de Habilitação de Amador (CHA), ainda que expedidas pela Marinha do Brasil.

▶ Publicada no *DOU* de 24-10-2014.

▶ Arts. 21, XXII, 109, IV, e 144, § 1º, III, da CF.

▶ Arts. 311 e 315 do CPM.

37. Não cabe ao Poder Judiciário, que não tem função legislativa, aumentar vencimentos de servidores públicos sob o fundamento de isonomia.

▶ Publicada no *DOU* de 24-10-2014.

▶ Arts. 2º, 5º, *caput*, II, e 37, X, da CF.

▶ Súm. nº 339 do STF.

38. É competente o Município para fixar o horário de funcionamento de estabelecimento comercial.

▶ Publicada no *DOU* de 20-3-2015.

▶ Art. 30, I, da CF.

▶ Súm. nº 645 do STF.

39. Compete privativamente à União legislar sobre vencimentos dos membros das polícias civil e militar e do corpo de bombeiros militar do Distrito Federal.

▶ Publicada no *DOU* de 20-3-2015.

▶ Art. 21, XIV, da CF.

▶ Súm. nº 647 do STF.

40. A contribuição confederativa de que trata o art. 8º, IV, da Constituição Federal, só é exigível dos filiados ao sindicato respectivo.

▶ Publicada no *DOU* de 20-3-2015.

▶ Art. 8º, IV, da CF.

▶ Súm. nº 666 do STF.

41. O serviço de iluminação pública não pode ser remunerado mediante taxa.

▶ Publicada no *DOU* de 20-3-2015.

▶ Art. 145, II, da CF.

▶ Súm. nº 670 do STF.

42. É inconstitucional a vinculação do reajuste de vencimentos de servidores estaduais ou municipais a índices federais de correção monetária.

▶ Publicada no *DOU* de 20-3-2015.

▶ Art. 37, XIII, da CF.

▶ Súm. nº 681 do STF.

43. É inconstitucional toda modalidade de provimento que propicie ao servidor investir-se, sem prévia aprovação em concurso público destinado ao seu provimento, em cargo que não integra a carreira na qual anteriormente investido.

▶ Publicada no *DOU* de 17-4-2015.

▶ Art. 37, II, da CF

▶ Súm. nº 685 do STF.

44. Só por lei se pode sujeitar a exame psicotécnico a habilitação de candidato a cargo público.

▶ Publicada no *DOU* de 17-4-2015.

▶ Art. 37, I, da CF

▶ Súm. nº 686 do STF.

45. A competência constitucional do Tribunal do Júri prevalece sobre o foro por prerrogativa de função estabelecido exclusivamente pela constituição estadual.

▶ Publicada no *DOU* de 17-4-2015.

▶ Arts. 5º, XVIII, *d*, e 125, § 1º, da CF.

▶ Art. 74, § 1º, do CPP.

▶ Súm. nº 721 do STF.

46. A definição dos crimes de responsabilidade e o estabelecimento das respectivas normas de processo e julgamento são da competência legislativa privativa da União.

▶ Publicada no *DOU* de 17-4-2015.

▶ Art. 22, I, da CF.

▶ Art. 513 do CPP.

▶ Art. 690 do CPPM.

▶ Súm. nº 722 do STF.

47. Os honorários advocatícios incluídos na condenação ou destacados do montante principal devido ao credor consubstanciam verba de natureza alimentar cuja satisfação ocorrerá com a expedição de precatório ou requisição de pequeno valor, observada ordem especial restrita aos créditos dessa natureza.

► Publicada no *DOU* de 2-6-2015.

► Art. 100, § 1º, da CF.

► Arts. 22, § 3º, e 23 da Lei nº 8.906, de 4-7-1994 (EOAB).

48. Na entrada de mercadoria importada do exterior, é legítima a cobrança do ICMS por ocasião do desembaraço aduaneiro.

► Publicada no *DOU* de 2-6-2015.

► Art. 155, § 2º, IX, *a*, da CF.

49. Ofende o princípio da livre concorrência lei municipal que impede a instalação de estabelecimentos comerciais do mesmo ramo em determinada área.

► Publicada no *DOU* de 23-6-2015.

► Arts. 170, IV, V, parágrafo único e 173, § 4º, da CF.

50. Norma legal que altera o prazo de recolhimento de obrigação tributária não se sujeita ao princípio da anterioridade.

► Publicada no *DOU* de 23-6-2015.

► Art. 195, § 6º, da CF.

51. O reajuste de 28,86%, concedido aos servidores militares pelas Leis nº 8.622/1993 e 8.627/1993, estende-se aos servidores civis do poder executivo, observadas as eventuais compensações decorrentes dos reajustes diferenciados concedidos pelos mesmos diplomas legais.

► Publicada no *DOU* de 23-6-2015.

52. Ainda quando alugado a terceiros, permanece imune ao IPTU o imóvel pertencente a qualquer das entidades referidas pelo art. 150, VI, *c*, da Constituição Federal, desde que o valor dos aluguéis seja aplicado nas atividades para as quais tais entidades foram constituídas.

► Publicada no *DOU* de 23-6-2015.

53. A competência da Justiça do Trabalho prevista no art. 114, VIII, da Constituição Federal alcança a execução de ofício das contribuições previdenciárias relativas ao objeto da condenação constante das sentenças que proferir e acordos por ela homologados.

► Publicada no *DOU* de 23-6-2015.

54. A medida provisória não apreciada pelo congresso nacional podia, até a Emenda Constitucional 32/2001, ser reeditada dentro do seu prazo de eficácia de trinta dias, mantidos os efeitos de lei desde a primeira edição.

► Publicada no *DJe* de 22-3-2016.

55. O direito ao auxílio-alimentação não se estende aos servidores inativos.

► Publicada no *DJe* de 22-3-2016.

56. A falta de estabelecimento penal adequado não autoriza a manutenção do condenado em regime prisional mais gravoso, devendo-se observar, nessa hipótese, os parâmetros fixados no RE 641.320/RS.

► Publicada no *DOU* de 8-8-2016.

57. A imunidade tributária constante do art. 150, VI, *d*, da CF aplica-se à importação e comercialização, no mercado interno, do livro eletrônico (*e-book*) e dos suportes exclusivamente utilizados para fixá-lo, como os leitores de livros eletrônicos (*e-readers*), ainda que possuam funcionalidades acessórias.

► Publicada no *DOU* de 24-4-2020.

58. Inexiste direito a crédito presumido de IPI relativamente à entrada de insumos isentos, sujeitos à alíquota zero ou não tributáveis, o que não contraria o princípio da não cumulatividade.

► Publicada no *DOU* de 8-5-2020.

59. É impositiva a fixação do regime aberto e a substituição da pena privativa de liberdade por restritiva de direitos quando reconhecida a figura do tráfico privilegiado (art. 33, § 4º, da Lei nº 11.343/2006) e ausentes vetores negativos na primeira fase da dosimetria (art. 59 do CP), observados os requisitos do art. 33, § 2º, alínea c, e do art. 44, ambos do Código Penal.

► Publicada no *DOU* de 27-10-2023.

SÚMULAS DO SUPREMO TRIBUNAL FEDERAL

35. Em caso de acidente do trabalho ou de transporte, a concubina tem direito de ser indenizada pela morte do amásio, se entre eles não havia impedimento para o matrimônio.

37. Não tem direito de se aposentar pelo Tesouro Nacional o servidor que não satisfizer as condições estabelecidas na legislação do Serviço

Público Federal, ainda que aposentado pela respectiva instituição previdenciária, com direito, em tese, a duas aposentadorias.

128. É indevida a taxa de assistência médica e hospitalar das Instituições de Previdência Social.

194. É competente o Ministro do Trabalho para a especificação das atividades insalubres.

195. Contrato de trabalho para obra certa, ou de prazo determinado, transforma-se em contrato de prazo indeterminado, quando prorrogado por mais de quatro anos.

196. Ainda que exerça atividade rural, o empregado de empresa industrial ou comercial é classificado de acordo com a categoria do empregador.

197. O empregado com representação sindical só pode ser despedido mediante inquérito em que se apure falta grave.

198. As ausências motivadas por acidente do trabalho não são descontáveis do período aquisitivo das férias.

199. O salário das férias do empregado horista corresponde à média do período aquisitivo, não podendo ser inferior ao mínimo.

200. Não é inconstitucional a Lei nº 1.530, de 26 de dezembro de 1951, que manda incluir na indenização por despedida injusta parcela correspondente a férias proporcionais.

201. O vendedor-pracista, remunerado mediante comissão, não tem direito ao repouso semanal remunerado.

202. Na equiparação de salário, em caso de trabalho igual, toma-se em conta o tempo de serviço na função, e não no emprego.

203. Não está sujeita à vacância de sessenta dias a vigência de novos níveis de salário mínimo.

204. Tem direito o trabalhador substituído, ou de reserva, ao salário mínimo no dia em que fica à disposição do empregador sem ser aproveitado na função específica; se aproveitado, recebe o salário contratual.

205. Tem direito a salário integral o menor não sujeito à aprendizagem metódica.

207. As gratificações habituais, inclusive a de Natal, consideram-se tacitamente convencionadas, integrando o salário.

209. O salário-produção, como outras modalidades de salário-prêmio, é devido, desde que verificada a condição a que estiver subordinado e não pode ser suprimido, unilateralmente, pelo empregador, quando pago com habitualidade.

212. Tem direito ao adicional de serviço perigoso o empregado de posto de revenda de combustível líquido.

213. É devido o adicional de serviço noturno, ainda que sujeito o empregado a regime de revezamento.

214. A duração legal da hora de serviço noturno cinquenta e dois minutos e trinta segundos constitui vantagem suplementar, que não dispensa o salário adicional.

215. Conta-se a favor do empregado readmitido o tempo de serviço anterior, salvo se houver sido despedido por falta grave ou tiver recebido a indenização legal.

217. Tem direito a retornar ao emprego ou ser indenizado em caso de recusa do empregador o aposentado que recupera a capacidade de trabalho dentro de cinco anos, a contar da aposentadoria, que se torna definitiva após esse prazo.

219. Para a indenização devida ao empregado que tinha direito a ser readmitido, e não o foi, levam-se em conta as vantagens advindas à sua categoria no período do afastamento.

220. A indenização devida a empregado estável, que não é readmitido, ao cessar sua aposentadoria, deve ser paga em dobro.

221. A transferência de estabelecimento, ou a sua extinção parcial, por motivo que não seja de força maior, não justifica a transferência de empregado estável.

222. O princípio da identidade física do juiz não é aplicável às Juntas de Conciliação e Julgamento, da Justiça do Trabalho.

► EC nº 24, de 9-12-1999, extinguiu a representação pelos juízes classistas na Justiça do Trabalho e substituiu as Juntas de Conciliação e Julgamento por Varas do Trabalho.

223. Concedida isenção de custas ao empregado, por elas não responde o sindicato que o representa em juízo.

224. Os juros de mora, nas reclamações trabalhistas, são contados desde a notificação inicial.

225. Não é absoluto o valor probatório das anotações da Carteira Profissional.

227. A concordata do empregador não impede a execução de crédito nem a reclamação de empregado na Justiça do Trabalho.

▶ Lei nº 11.101, de 9-2-2005 (Lei de Recuperação de Empresas e Falências).

228. *Sem eficácia*. RE nº 84.334/SP.

229. A indenização acidentária não exclui a do direito comum, em caso de dolo ou culpa grave do empregador.

230. A prescrição da ação de acidente do trabalho conta-se do exame pericial que comprovar a enfermidade ou verificar a natureza da incapacidade.

232. Em caso de acidente do trabalho são devidas diárias até doze meses, as quais não se confundem com a indenização acidentária, nem com o auxílio-enfermidade.

234. São devidos honorários de advogado em ação de acidente do trabalho julgada procedente.

235. É competente para a ação de acidente do trabalho a Justiça Cível comum, inclusive em segunda instância, ainda que seja parte autarquia seguradora.

▶ O STF, no julgamento do Conflito de Competência nº 7.204, definiu a competência da justiça trabalhista, a partir da EC nº 45/2004, para julgamento das ações de indenização por danos morais e patrimoniais decorrentes de acidente do trabalho.

▶ Art. 114, VI, da CF.

▶ Súm. Vinc. nº 22 do STF.

▶ Súm. nº 501 do STF.

▶ Súm. nº 15 do STJ.

236. Em ação de acidente do trabalho, a autarquia seguradora não tem isenção de custas.

▶ Súm. nº 445 do STF.

238. Em caso de acidente do trabalho, a multa pelo retardamento da liquidação é exigível do segurador sub-rogado, ainda que autarquia.

240. O depósito para recorrer, em ação de acidente do trabalho, é exigível do segurador sub-rogado, ainda que autarquia.

241. A contribuição previdenciária incide sobre o abono incorporado ao salário.

266. Não cabe mandado de segurança contra lei em tese.

267. Não cabe mandado de segurança contra ato judicial passível de recurso ou correição.

▶ Art. 5º, II, da Lei nº 12.016, de 7-8-2009 (Lei do Mandado de Segurança Individual e Coletivo).

268. Não cabe mandado de segurança contra decisão judicial com trânsito em julgado.

▶ Art. 5º, III, da Lei nº 12.016, de 7-8-2009 (Lei do Mandado de Segurança Individual e Coletivo).

287. Nega-se provimento ao agravo, quando a deficiência na sua fundamentação, ou na do recurso extraordinário, não permitir a exata compreensão da controvérsia.

288. Nega-se provimento ao agravo para subida de recurso extraordinário, quando faltar no traslado o despacho agravado, a decisão recorrida, a petição de recurso extraordinário, ou qualquer peça essencial à compreensão da controvérsia.

▶ Súm. nº 639 do STF.

307. É devido o adicional de serviço insalubre, calculado à base do salário mínimo da região, ainda que a remuneração contratual seja superior ao salário mínimo acrescido da taxa de insalubridade.

310. Quando a intimação tiver lugar na sexta-feira, ou a publicação com efeito de intimação for feita nesse dia, o prazo judicial terá início na segunda-feira imediata, salvo se não houver expediente, caso em que começará no primeiro dia útil que se seguir.

311. No típico acidente do trabalho, a existência de ação judicial não exclui a multa pelo retardamento da liquidação.

312. Músico integrante de orquestra da empresa, com atuação permanente e vínculo de subordinação, está sujeito à legislação geral do trabalho, e não à especial dos artistas.

313. Provada a identidade entre o trabalho diurno e o noturno, é devido o adicional, quanto a este, sem a limitação do artigo 73, § 3º, da Consolidação das Leis do Trabalho, independentemente da natureza da atividade do empregador.

314. Na composição do dano por acidente do trabalho, ou de transporte, não é contrário a lei tomar para base da indenização o salário do tempo da perícia ou da sentença.

315. Indispensável o traslado das razões da revista, para julgamento, pelo Tribunal Superior do Trabalho, do agravo para a sua admissão.

316. A simples adesão à greve não constitui falta grave.

317. São improcedentes os embargos declaratórios, quando não pedida a declaração do julgado anterior, em que se verificou a omissão.

327. O direito trabalhista admite a prescrição intercorrente.

337. A controvérsia entre o empregador e o segurador não suspende o pagamento devido ao empregado por acidente do trabalho.

338. Não cabe ação rescisória no âmbito da Justiça do Trabalho.

339. Não cabe ao Poder Judiciário, que não tem função legislativa, aumentar vencimentos de servidores públicos sob fundamento de isonomia.

► Súm. Vinc. nº 37 do STF.

341. É presumida a culpa do patrão ou comitente pelo ato culposo do empregado ou preposto.

343. Não cabe ação rescisória por ofensa a literal disposição de lei, quando a decisão rescindenda se tiver baseado em texto legal de interpretação controvertida nos tribunais.

349. A prescrição atinge somente as prestações de mais de dois anos, reclamadas com fundamento em decisão normativa da Justiça do Trabalho, ou em convenção coletiva de trabalho, quando não estiver em causa a própria validade de tais atos.

401. Não se conhece do recurso de revista, nem dos embargos de divergência, do processo trabalhista, quando houver jurisprudência firme do Tribunal Superior do Trabalho no mesmo sentido da decisão impugnada, salvo se houver colisão com a jurisprudência do Supremo Tribunal Federal.

402. Vigia noturno tem direito a salário adicional.

403. É de decadência o prazo de trinta dias para a instauração do inquérito judicial, a contar da suspensão, por falta grave, de empregado estável.

432. Não cabe recurso extraordinário com fundamento no artigo 101, III, *d*, da Constituição Federal, quando a divergência alegada for entre decisões da Justiça do Trabalho.

433. É competente o Tribunal Regional do Trabalho para julgar mandado de segurança contra o ato de seu presidente em execução de sentença trabalhista.

434. A controvérsia entre seguradores indicados pelo empregador na ação de acidente do trabalho não suspende o pagamento devido ao acidentado.

450. São devidos honorários de advogado sempre que vencedor o beneficiário de Justiça Gratuita.

454. Simples interpretação de cláusulas contratuais não dá lugar a recurso extraordinário.

457. O Tribunal Superior do Trabalho, conhecendo a revista, julgará a causa, aplicando o direito à espécie.

458. O processo de execução trabalhista não exclui a remição pelo executado.

459. No cálculo da indenização por despedida injusta incluem-se os adicionais, ou gratificações que, pela habitualidade, se tenham incorporado ao salário.

460. Para efeito do adicional de insalubridade, a perícia judicial, em reclamação trabalhista, não dispensa o enquadramento da atividade entre as insalubres, que é ato da competência do Ministério do Trabalho e Previdência Social.

461. É duplo, e não triplo, o pagamento de salário nos dias destinados a descanso.

462. No cálculo da indenização por despedida injusta, inclui-se, quando devido, o repouso semanal remunerado.

463. Para efeito de indenização e estabilidade, conta-se o tempo em que o empregado esteve afastado, em serviço militar obrigatório, mesmo anteriormente à Lei nº 4.072, de 16 de junho 1962.

464. No cálculo da indenização por acidente do trabalho, inclui-se, quando devido, o repouso semanal remunerado.

466. Não é inconstitucional a inclusão de sócios e administradores de sociedades e titulares de firmas individuais como contribuintes obrigatórios da Previdência Social.

478. O provimento em cargo de Juízes Substitutos do Trabalho deve ser feito independentemente da lista tríplice, na ordem de classificação dos candidatos.

501. Compete à Justiça Ordinária Estadual o processo e o julgamento, em ambas as instâncias, das causas de acidente do trabalho ainda que promovidas contra a União, suas Autarquias, Empresas Públicas ou Sociedades de Economia Mista.

505. Salvo quando contrariarem a Constituição, não cabe recurso para o STF de quaisquer decisões da Justiça do Trabalho, inclusive dos presidentes de seus tribunais.

514. Admite-se ação rescisória contra sentença transitada em julgado, ainda que contra ela não se tenha esgotado todos os recursos.

528. Se a decisão contiver partes autônomas, a admissão parcial, pelo Presidente do Tribunal *a quo* de recurso extraordinário que sobre qualquer delas se manifestar, não limitará a apreciação de todas pelo Supremo Tribunal Federal, independentemente de interposição de agravo de instrumento.

529. Subsiste a responsabilidade do empregador pela indenização decorrente de acidente de trabalho, quando o segurador, por haver entrado em liquidação, ou por outro motivo, não se encontrar em condições financeiras de efetuar, na forma da lei, o pagamento que o seguro obrigatório visava garantir.

530. Na legislação anterior ao artigo 4º da Lei nº 4.749, de 12 de agosto de 1965, a contribuição para a Previdência Social não estava sujeita ao limite estabelecido no artigo 69 da Lei nº 3.807, de 26 de agosto de 1960, sobre o 13º salário a que se refere o artigo 3º da Lei nº 4.281, de 8 de novembro de 1963.

531. É inconstitucional o Decreto nº 51.668, de 17 de janeiro de 1963, que estabeleceu salário profissional para trabalhadores de transportes marítimos, fluviais e lacustres.

556. É competente a Justiça Comum para julgar as causas em que é parte sociedade de economia mista.

557. É competente a Justiça Federal para julgar as causas em que são partes a COBAL e a CIBRAZEM.

593. Incide o percentual do Fundo de Garantia do Tempo de Serviço (FGTS) sobre a parcela da remuneração correspondente a horas extraordinárias de trabalho.

612. Ao trabalhador rural não se aplicam, por analogia, os benefícios previstos na Lei nº 6.367, de 19 de outubro de 1976.

613. Os dependentes de trabalhador rural não têm direito à pensão previdenciária, se o óbito ocorreu anteriormente à vigência da Lei Complementar nº 11/1971.

622. Não cabe agravo regimental contra decisão do relator que concede ou indefere liminar em mandado de segurança.

- Art. 16 da Lei nº 12.016, de 7-8-2009 (Lei do Mandado de Segurança Individual e Coletivo).

623. Não gera por si só a competência originária do Supremo Tribunal Federal para conhecer do mandado de segurança com base no art. 102, I, *n*, da Constituição, dirigir-se o pedido contra deliberação administrativa do tribunal de origem, da qual haja participado a maioria ou a totalidade de seus membros.

624. Não compete ao Supremo Tribunal Federal conhecer originariamente de mandado de segurança contra atos de outros tribunais.

- Súm. nº 330 do STF.

625. Controvérsia sobre matéria de direito não impede concessão de mandado de segurança.

626. A suspensão da liminar em mandado de segurança, salvo determinação em contrário da decisão que a deferir, vigorará até o trânsito em julgado da decisão definitiva de concessão da segurança ou, havendo recurso, até a sua manutenção pelo Supremo Tribunal Federal, desde que o objeto da liminar deferida coincida, total ou parcialmente, com o da impetração.

- Art. 15 da Lei nº 12.016, de 7-8-2009 (Lei do Mandado de Segurança Individual e Coletivo).

629. A impetração de mandado de segurança coletivo por entidade de classe em favor dos associados independe da autorização destes.

- Art. 21 da Lei nº 12.016, de 7-8-2009 (Lei do Mandado de Segurança Individual e Coletivo).

630. A entidade de classe tem legitimação para o mandado de segurança ainda quando a pretensão veiculada interesse apenas a uma parte da respectiva categoria.

- Art. 21 da Lei nº 12.016, de 7-8-2009 (Lei do Mandado de Segurança Individual e Coletivo).

631. Extingue-se o processo de mandado de segurança se o impetrante não promove, no prazo assinado, a citação do litisconsorte passivo necessário.

- Arts. 114 e 115 do CPC/2015.

632. É constitucional lei que fixa o prazo de decadência para a impetração de mandado de segurança.

- Art. 23 da Lei nº 12.016, de 7-8-2009 (Lei do Mandado de Segurança Individual e Coletivo).

633. É incabível a condenação em verba honorária nos recursos extraordinários interpostos em processo trabalhista, exceto nas hipóteses previstas na Lei nº 5.584/1970.

634. Não compete ao Supremo Tribunal Federal conceder medida cautelar para dar efeito suspensivo a recurso extraordinário que ainda não foi objeto de juízo de admissibilidade na origem.

635. Cabe ao Presidente do Tribunal de origem decidir o pedido de medida cautelar em recurso extraordinário ainda pendente do seu juízo de admissibilidade.

636. Não cabe recurso extraordinário por contrariedade ao princípio constitucional da legalidade, quando a sua verificação pressuponha rever a interpretação dada a normas infraconstitucionais pela decisão recorrida.

639. Aplica-se a Súmula 288 quando não constarem do traslado do agravo de instrumento as cópias das peças necessárias à verificação da tempestividade do recurso extraordinário não admitido pela decisão agravada.

644. Ao titular do cargo de procurador de autarquia não se exige a apresentação de instrumento de mandato para representá-la em juízo.

▶ Súmula retificada. *DJU* de 9-12-2003.

651. A medida provisória não apreciada pelo Congresso Nacional podia, até a EC nº 32/2001, ser reeditada dentro do seu prazo de eficácia de trinta dias, mantidos os efeitos de lei desde a primeira edição.

▶ Súmula retificada. *DJU* de 1º-7-2004.

▶ Convertida na Súm. Vinc. nº 54 do STF.

655. A exceção prevista no art. 100, *caput*, da Constituição, em favor dos créditos de natureza alimentícia, não dispensa a expedição de precatório, limitando-se a isentá-los da observância da ordem cronológica dos precatórios decorrentes de condenações de outra natureza.

▶ Res. do CNJ nº 92, de 13-10-2009, dispõe sobre a Gestão de Precatórios no âmbito do Poder Judiciário.

666. A contribuição confederativa de que trata o art. 8º, IV, da Constituição, só é exigível dos filiados ao sindicato respectivo.

667. Viola a garantia constitucional de acesso à jurisdição a taxa judiciária calculada sem limite sobre o valor da causa.

671. Os servidores públicos e os trabalhadores em geral têm direito, no que concerne à URP de abril/maio de 1988, apenas ao valor correspondente a 7/30 de 16,19% sobre os vencimentos e salários pertinentes aos meses de abril e maio de 1988, não cumulativamente, devidamente corrigido até o efetivo pagamento.

675. Os intervalos fixados para descanso e alimentação durante a jornada de seis horas não descaracterizam o sistema de turnos ininterruptos de revezamento para o efeito do art. 7º, XIV, da Constituição.

676. A garantia da estabilidade provisória prevista no art. 10, II, *a*, do ADCT, também se aplica ao suplente do cargo de direção de comissões internas de prevenção de acidentes (CIPA).

677. Até que lei venha a dispor a respeito, incumbe ao Ministério do Trabalho proceder ao registro das entidades sindicais e zelar pela observância do princípio da unicidade.

678. São inconstitucionais os incisos I e III do art. 7º da Lei nº 8.162/1991, que afastam, para efeito de anuênio e de licença-prêmio, a contagem do tempo de serviço regido pela CLT dos servidores que passaram a submeter-se ao Regime Jurídico Único.

679. A fixação de vencimentos dos servidores públicos não pode ser objeto de convenção coletiva.

687. A revisão de que trata o art. 58 do ADCT não se aplica aos benefícios previdenciários concedidos após a promulgação da Constituição de 1988.

688. É legítima a incidência da contribuição previdenciária sobre o 13º salário.

689. O segurado pode ajuizar ação contra a instituição previdenciária perante o juízo federal do seu domicílio ou nas varas federais da Capital do Estado-Membro.

726. Para efeito de aposentadoria especial de professores, não se computa o tempo de serviço prestado fora da sala de aula.

▶ Art. 40, § 5º, da CF.

729. A decisão na ADC-4 não se aplica à antecipação de tutela em causa de natureza previdenciária.

730. A imunidade tributária conferida a instituições de assistência social sem fins lucrativos pelo art. 150, VI, *c*, da Constituição, somente alcança as entidades fechadas de previdência social privada se não houver contribuição dos beneficiários.

732. É constitucional a cobrança da contribuição do salário-educação, seja sob a Carta de 1969, seja sob a Constituição Federal de 1988, e no regime da Lei nº 9.424/1996.

736. Compete à Justiça do Trabalho julgar as ações que tenham como causa de pedir o descumprimento de normas trabalhistas relativas à segurança, higiene e saúde dos trabalhadores.

- ▶ Art. 114 da CF.
- ▶ Art. 643 da CLT.

SÚMULAS DO TRIBUNAL FEDERAL DE RECURSOS

▶ As Súmulas abaixo foram publicadas antes da CF/1988, que extinguiu o TFR. Foram mantidas nesta edição por sua importância histórica.

1. Ao servidor que se integrar, pelas chamadas clientelas originária ou secundária, no Plano de Classificação de Cargos, é vedado concorrer, pela denominação clientela geral, à inclusão em outra Categoria Funcional.

3. Não se aplica à admissão de pessoal pelo Banco Central do Brasil a norma do artigo 1º da Lei nº 6.334, de 1976, que fixa em cinquenta anos o limite de idade para inscrição em concursos.

8. Não constitui obstáculo à concessão da dupla aposentadoria de que trata a Lei nº 2.752, de 1958, artigo 1º e parágrafo único, em favor do ferroviário da Estrada de Ferro Central do Brasil, o fato de deter a condição de extranumerário da União Federal à data da autarquização da referida Estrada, e nessa situação ter sido posto à sua disposição, nela obtendo modificações e melhorias funcionais.

9. O aumento de trinta por cento do Decreto-Lei nº 1.348, de 1974, no que respeita aos funcionários aposentados anteriormente à implantação do Plano de Classificação de Cargos, incide sobre a totalidade dos respectivos proventos.

11. Nas readaptações de que tratam as Leis nºs 3.780, de 1960, e 4.242, de 1963, não é exigível a prova de suficiência do artigo 5º do Decreto-Lei nº 625, de 1969.

17. A competência para homologar opção de servidor da União, autarquias e empresas públicas federais, pelo FGTS, é do Juiz Federal.

18. O processo e julgamento das reclamações trabalhistas de que trata o artigo 110 da Constituição competem ao Juiz Federal da Seção Judiciária onde o empregado prestar serviços (CLT, artigo 651), embora o empregador tenha sede e foro noutra unidade da federação.

29. Os Certificados de Quitação e de Regularidade não podem ser negados, enquanto pendente de decisão, na via administrativa, o débito levantado.

32. Na execução por carta (Código de Processo Civil, artigo 747 c/c o artigo 658), os embargos do devedor serão decididos no juízo deprecante, salvo se versarem unicamente vícios ou defeitos da penhora, avaliação ou alienação dos bens.

33. O juízo deprecado, na execução por carta, é o competente para julgar os embargos de terceiro, salvo se o bem apreendido foi indicado pelo juízo deprecante.

35. Aos militares citados no artigo 2º da Lei nº 3.067, de 1956 (Polícia Militar e Corpo de Bombeiros), aplicam-se os critérios de promoção previstos no artigo 33, § 2º, da Lei nº 2.370, de 1954.

36. A promoção prevista no artigo 33 da Lei nº 2.370, de 1954, não se acumula com a do artigo 1º da Lei nº 3.067, de 1956.

38. Os Certificados de Quitação e de Regularidade de Situação não podem ser negados, se o débito estiver garantido por penhora regular (Código Tributário Nacional, artigo 206).

41. O direito do servidor inativo à revisão de proventos prevista no artigo 10 e seus parágrafos do Decreto-Lei nº 1.256, de 1973, só se integrou com a publicação do decreto de implantação do Plano de Classificação de Cargos instituído pela Lei nº 5.645, de 1970, no órgão respectivo, e desde que tenha sido efetivada essa condicionante antes da revogação daqueles dispositivos pelo Decreto-Lei nº 1.325, de 1974.

44. Ajuizada a execução fiscal anteriormente à falência, com penhora realizada antes desta, não ficam os bens penhorados sujeitos à arrecadação no juízo falimentar; proposta a execução fiscal contra a massa falida, a penhora far-se-á no rosto dos autos do processo da quebra, citando-se o síndico.

50. Tem direito, em tese, à aposentadoria do Tesouro Nacional o ferroviário da antiga "The Great Western of Brazil Railway Company Limited" que tenha nela ingressado antes da encampação, passando para Rede Ferroviária Federal na condição de servidor cedido.

53. Compete à Justiça Estadual processar e julgar questões pertinentes ao direito de família, ainda que estas objetivem reivindicação de benefícios previdenciários.

56. Faz jus à aposentadoria estatutária o ferroviário servidor da administração direta que haja optado pelo regime da CLT após implementar trinta e cinco anos de serviço efetivo.

57. É cabível a reversão da pensão previdenciária e daquela decorrente de ato ilícito aos demais beneficiários, em caso de morte do respectivo titular ou a sua perda por força de impedimento legal.

61. Para configurar a competência da Justiça Federal, é necessário que a União, entidade autárquica ou empresa pública federal, ao intervir como assistente, demonstre legítimo interesse jurídico no deslinde da demanda, não bastando a simples alegação de interesse na causa.

63. A pensão de que trata o artigo 242 da Lei nº 1.711, de 1952, não se confunde com a que decorre de filiação do falecido funcionário ao regime da previdência social (LOPS). É cabível sua cumulação, preenchidos os requisitos legais exigidos.

64. A mulher que dispensou, no acordo de desquite, a prestação de alimentos, conserva, não obstante, o direito à pensão decorrente do óbito do marido, desde que comprovada a necessidade do benefício.

66. Compete à Justiça do Trabalho processar e julgar os litígios decorrentes das relações de trabalho entre os Municípios de Território Federal e seus empregados.

67. Compete à Justiça Federal processar e julgar os litígios decorrentes das relações de trabalho entre os Territórios Federais e seus empregados.

69. Incumbe ao expropriante pagar o salário do assistente técnico do expropriado.

71. A correção monetária incide sobre as prestações de benefícios previdenciários em atraso, observado o critério do salário mínimo vigente à época da liquidação da obrigação.

78. Proposta a ação no prazo fixado para o seu exercício, a demora na citação, por motivos inerentes ao mecanismo da Justiça, não justifica o acolhimento da arguição de prescrição.

79. Não incide a contribuição previdenciária sobre a quantia paga a título de indenização de aviso prévio.

82. Compete à Justiça do Trabalho processar e julgar as reclamações pertinentes ao cadastramento no Plano de Integração Social (PIS) ou indenização compensatória pela falta deste, desde que não envolvam relações de trabalho dos servidores da União, suas autarquias e empresas públicas.

83. Compete à Justiça Federal processar e julgar reclamação trabalhista movida contra representação diplomática de país estrangeiro, inclusive para decidir sobre a preliminar de imunidade de jurisdição.

84. A aposentadoria assegurada no artigo 197, letra c, da Constituição Federal, aos ex-combatentes, submete-se, quanto ao cálculo dos proventos, aos critérios da legislação previdenciária, ressalvada a situação daqueles que, na vigência da Lei nº 4.297, de 1963, preencheram as condições nela previstas.

85. A contribuição previdenciária da empresa, por serviços prestados pelo trabalhador autônomo, passou a ser devida a partir da vigência do Decreto-Lei nº 959, de 13 de outubro de 1969.

87. Compete à Justiça Comum Estadual o processo e julgamento da ação de cobrança de contribuições sindicais.

88. Compete à Justiça do Trabalho o processo e julgamento de reclamação ajuizada contra a Rede Ferroviária Federal S/A por servidor cedido pela União Federal.

89. Compete à Junta de Conciliação e Julgamento, sediada em Comarca do interior, cumprir carta precatória expedida por Juiz Federal, em matéria trabalhista.

91. O reajuste do abono de permanência, a partir da vigência do Decreto-Lei nº 795, de 1969, obedece ao critério das variações do salário mínimo.

93. A multa decorrente do atraso no pagamento das contribuições previdenciárias não é aplicável às pessoas de direito público.

94. Provadas as despesas com assistência médico-hospitalar prestada a segurado, vítima de acidente de trânsito, tem o INPS direito à sub-rogação perante a seguradora responsável pelo seguro obrigatório.

98. Compete à Justiça Federal processar e julgar os crimes praticados contra servidor público federal, no exercício de suas funções com estas relacionados.

104. A Lei nº 2.579, de 1955, somente ampara o ex-combatente que tenha servido no teatro de operações bélicas da Itália.

105. Aos prazos em curso no período compreendido entre 20 de dezembro e 6 de janeiro, na Justiça Federal, aplica-se a regra do artigo 179 do Código de Processo Civil.

107. A ação de cobrança do crédito previdenciário contra a Fazenda Pública está sujeita a prescrição quinquenal estabelecida no Decreto nº 20.910, de 1932.

108. A constituição do crédito previdenciário está sujeita ao prazo de decadência de cinco anos.

114. Compete à Justiça Comum Estadual processar e julgar as causas entre os sindicatos e seus associados.

115. Compete à Justiça Federal processar e julgar os crimes contra a organização do trabalho, quando tenham por objeto a organização geral do trabalho ou direitos dos trabalhadores considerados coletivamente.

116. O militar reformado ou transferido para a reserva a partir da vigência da Lei nº 4.902, de 1965, não faz jus à promoção ao posto ou graduação imediatos.

121. Não cabe mandado de segurança contra ato ou decisão, de natureza jurisdicional, emanado de relator ou presidente de turma.

122. A companheira, atendidos os requisitos legais, faz jus à pensão do segurado falecido, quer em concorrência com os filhos do casal, quer em sucessão a estes, não constituindo obstáculo a ocorrência do óbito antes da vigência do Decreto-Lei nº 66, de 1966.

126. Na cobrança de crédito previdenciário, proveniente da execução de contrato de construção de obra, o proprietário, dono da obra ou condômino de unidade imobiliária, somente será acionado quando não for possível lograr do construtor, através de execução contra ele intentada, a respectiva liquidação.

134. Não cabe ação rescisória por violação de literal disposição de lei, se, ao tempo em que for prolatada a sentença rescindenda, a interpretação era controvertida nos Tribunais, embora posteriormente se tenha fixado favoravelmente à pretensão do autor.

144. Para que faça jus à isenção da quota patronal relativa às contribuições previdenciárias, é indispensável comprove a entidade filantrópica ter sido declarada de utilidade pública por decreto federal.

150. Compete à Justiça do Trabalho processar e julgar os litígios entre a administração direta ou indireta do Distrito Federal e os seus servidores, regidos pela legislação trabalhista.

151. É vedado, ao oficial médico da ativa, o exercício acumulado de cargo ou emprego público de médico civil.

155. O *"primeiro provimento"* a que se refere o artigo 3º da Lei nº 6.732, de 1979, para efeito de incorporação dos quintos, há de ser entendido como a primeira investidura em cargo ou função de confiança, ainda que anterior ao Plano de Classificação de Cargos, instituído pela Lei nº 5.645, de 1970.

156. Sindicatos representativos de atividades econômicas ou profissionais idênticas, ou categoria econômica específica, podem organizar-se em federações.

157. A perda definitiva do vínculo com a administração pública federal ou a passagem do servidor para a inatividade, faz cessar o direito à ocupação de imóvel funcional, em Brasília.

158. Compete à Justiça do Trabalho processar e julgar reclamação contra empresa privada contratada para a prestação de serviços à administração pública.

159. É legítima a divisão da pensão previdenciária entre a esposa e a companheira, atendidos os requisitos exigidos.

160. A suspeita de fraude na concessão de benefício previdenciário, não enseja, de plano, a sua suspensão ou cancelamento, mas dependerá de apuração em procedimento administrativo.

161. Não se inclui na base de cálculo do PIS a parcela relativa ao IPI.

167. A contribuição previdenciária não incide sobre o valor da habitação fornecida por empresa agroindustrial, a título de liberalidade, a seus empregados, em observância a acordo coletivo de trabalho.

169. Na comarca em que não foi criada Junta de Conciliação e Julgamento, é competente o Juiz de Direito para processar e julgar litígios de natureza trabalhista.

170. Não se extingue a pensão previdenciária, se do novo casamento não resulta melhoria na situação econômico-financeira da viúva, de modo a tornar dispensável o benefício.

171. No cálculo da renda mensal do benefício de aposentadoria-invalidez é considerado como de atividade o período em que o segurado tenha percebido auxílio-doença ou outra aposentadoria-invalidez.

178. Resolvido o contrato de trabalho com a transferência do servidor do regime da CLT para o estatutário, em decorrência de lei, assiste-lhe o direito de movimentar a conta vinculada do FGTS.

180. Compete à Justiça Federal processar e julgar pedidos de complementação de proventos da aposentadoria dos ferroviários cedidos à Rede Ferroviária Federal S/A. Imprópria a reclamação trabalhista para a espécie.

181. Cabe ao empregador, e não ao BNH ou IAPAS, o encargo de individualizar as contas vinculadas dos empregados, referentes ao FGTS.

183. Compete ao Juiz Federal do Distrito Federal processar e julgar mandado de segurança contra ato do Presidente do BNH.

185. Filhos solteiros maiores e inválidos, presumida a dependência econômica, têm direito a pensão previdenciária por morte do pai.

187. O adicional de insalubridade incide sobre o salário mínimo regional.

► Súm. nº 307 do STF.

► Súm. nº 228 do TST.

194. Os servidores previdenciários inscritos no Plano de Pecúlio Facultativo – PPF antes das alterações unilateralmente editadas pela Portaria MPAS nº 1.160, de 1978, têm direito, na aposentadoria, ao levantamento de vinte por cento do pecúlio, independentemente de opção por acréscimo da contribuição.

195. O mandado de segurança não é meio processual idôneo para dirimir litígios trabalhistas.

196. Cabem embargos, e não agravo de petição, da sentença de liquidação no processo de execução trabalhista.

197. A pensão por morte de trabalhador rural, ocorrida após a entrada em vigor da Lei Complementar nº 11, de 1971, não requerida na via administrativa, é devida a partir da citação.

198. Atendidos os demais requisitos, é devida a aposentadoria especial, se perícia judicial constata que a atividade exercida pelo segurado é perigosa, insalubre ou penosa, mesmo não inscrita em regulamento.

200. Compete à Justiça Federal processar e julgar o crime de falsificação ou de uso de documento falso perante a Justiça do Trabalho.

201. Não constitui obstáculo à conversão da aposentadoria comum, por tempo de serviço, em especial, o fato de o segurado haver se aposentado antes da vigência da Lei nº 6.887, de 1980.

205. O reajuste semestral de salário não se aplica ao servidor público regido pela Consolidação das Leis do Trabalho.

212. A partir da vigência do Decreto-Lei nº 1.820, de 1980, o servidor público celetista não tem direito à percepção de salário mínimo profissional.

213. O exaurimento da via administrativa não é condição para a propositura de ação de natureza previdenciária.

214. A prestação de serviços de caráter continuado, em atividades de natureza permanente, com subordinação, observância de horário e normas de repartição, mesmo em Grupo-Tarefa, configura relação empregatícia.

215. Servidor contratado a título precário não pode concorrer a processo seletivo para ascensão funcional.

216. Compete à Justiça Federal processar e julgar mandado de segurança impetrado contra ato de autoridade previdenciária, ainda que localizada em comarca do interior.

217. No âmbito da Justiça Federal, aplica-se aos feitos trabalhistas o princípio da identidade física do juiz.

222. A prorrogação da jornada diária de trabalho não constitui alteração unilateral do contrato, desde que mantido o limite do horário semanal avençado.

223. O empregado, durante o desvio funcional, tem direito à diferença salarial, ainda que o empregador possua quadro de pessoal organizado em carreira.

224. O fato de não serem adjudicados bens que, levados a leilão, deixaram de ser arrematados, não acarreta a extinção do processo de execução.

226. Na prorrogação da jornada de trabalho da mulher-bancária, até oito horas diárias, não excedentes de quarenta horas semanais (Consolidação das Leis do Trabalho, artigo 225), com observância do disposto no artigo 59 e seu § 1º da Consolidação das Leis do Trabalho, é inaplicável a regra do artigo 374 desse diploma legal.

229. A mãe do segurado tem direito à pensão previdenciária, em caso de morte do filho, se provada a dependência econômica, mesmo não exclusiva.

230. No processo seletivo de ascensão funcional das entidades componentes do SINPAS, o servidor somente pode concorrer no âmbito da autarquia a que pertence.

231. O aeronauta em atividade profissional, após reunir as condições para aposentadoria especial por tempo de serviço, tem direito ao abono de permanência.

232. A pensão do artigo 5º, parágrafo único, da Lei nº 3.373, de 1958, ampara com exclusividade as filhas de funcionário público federal.

234. Não cabe medida cautelar em ação rescisória para obstar os efeitos da coisa julgada.

251. Os ferroviários provenientes da "The Leopoldina Railway Company Limited" são regidos pela CLT, pelo que não têm direito à dupla aposentadoria.

255. Compete à Justiça Federal processar e julgar causa cujo objeto diga respeito a eleições sindicais.

258. Inclui-se na base de cálculo do PIS a parcela relativa ao ICM.

259. Não cabe agravo de instrumento em causa sujeita à alçada de que trata a Lei nº 6.825/1980, salvo se versar sobre valor da causa ou admissibilidade de recurso.

260. No primeiro reajuste do benefício previdenciário, deve-se aplicar o índice integral do aumento verificado, independentemente do mês da concessão, considerado, nos reajustes subsequentes, o salário mínimo então atualizado.

261. No litisconsórcio ativo voluntário, determina-se o valor da causa, para efeito de alçada recursal, dividindo-se o valor global pelo número de litisconsortes.

262. Não se vincula ao processo o Juiz que não colheu prova em audiência.

263. A produção antecipada de provas, por si só, não previne a competência para a ação principal.

SÚMULAS DO SUPERIOR TRIBUNAL DE JUSTIÇA

3. Compete ao Tribunal Regional Federal dirimir conflito de competência verificado, na respectiva Região, entre Juiz Federal e Juiz Estadual investido de jurisdição federal.

▸ Art. 108, I, e, da CF.

4. Compete à Justiça Estadual julgar causa decorrente do processo eleitoral sindical.

▸ Art. 8º da CF.

10. Instalada a Junta de Conciliação e Julgamento, cessa a competência do Juiz de Direito em matéria trabalhista, inclusive para a execução das sentenças por ele proferidas.

▸ EC nº 24, de 9-12-1999, extinguiu a representação pelos juízes classistas na Justiça do Trabalho e substituiu as Juntas de Conciliação e Julgamento por Varas do Trabalho.

15. Compete à Justiça Estadual processar e julgar os litígios decorrentes de acidente do trabalho.

41. O Superior Tribunal de Justiça não tem competência para processar e julgar, originariamente, mandado de segurança contra ato de outros tribunais ou dos respectivos órgãos.

▸ Art. 105, I, *b*, da CF.

▸ Lei nº 12.016, de 7-8-2009 (Lei do Mandado de Segurança Individual e Coletivo).

44. A definição, em ato regulamentar, de grau mínimo de disacusia, não exclui, por si só, a concessão do benefício previdenciário.

45. No reexame necessário, é defeso, ao Tribunal, agravar a condenação imposta à Fazenda Pública.

46. Na execução por carta, os embargos do devedor serão decididos no juízo deprecante, salvo se versarem unicamente vícios ou defeitos da penhora, avaliação ou alienação dos bens.

▸ Arts. 845, § 2º e 914, § 2º do CPC/2015.

▸ Art. 20 da Lei nº 6.830, de 22-9-1980 (Lei das Execuções Fiscais).

57. Compete à Justiça Comum Estadual processar e julgar ação de cumprimento fundada em acordo ou convenção coletiva não homologados pela Justiça do Trabalho.

▸ Art. 114 da CF.

62. Compete à Justiça Estadual processar e julgar o crime de falsa anotação na Carteira de

Trabalho e Previdência Social, atribuído à empresa privada.

65. O cancelamento, previsto no artigo 29 do Decreto-Lei nº 2.303, de 21 de novembro de 1986, não alcança os débitos previdenciários.

77. A Caixa Econômica Federal é parte ilegítima para figurar no polo passivo das ações relativas às contribuições para o fundo PIS/PASEP.

82. Compete à Justiça Federal, excluídas as reclamações trabalhistas, processar e julgar os feitos relativos à movimentação do FGTS.

89. A ação acidentária prescinde do exaurimento da via administrativa.

97. Compete à Justiça do Trabalho processar e julgar reclamação de servidor público relativamente a vantagens trabalhistas anteriores à instituição do regime jurídico único.

- ► Art. 114 da CF.

98. Embargos de declaração manifestados com notório propósito de prequestionamento não têm caráter protelatório.

105. Na ação de mandado de segurança não se admite condenação em honorários advocatícios.

- ► Art. 25 da Lei nº 12.016, de 7-8-2009 (Lei do Mandado de Segurança Individual e Coletivo).
- ► Súm. nº 512 do STF.

106. Proposta a ação no prazo fixado para o seu exercício, a demora na citação, por motivos inerentes ao mecanismo da Justiça, não justifica o acolhimento da arguição de prescrição ou decadência.

115. Na instância especial é inexistente recurso interposto por advogado sem procuração nos autos.

125. O pagamento de férias não gozadas por necessidade do serviço não está sujeito à incidência do Imposto de Renda.

- ► Art. 153, III, da CF.

136. O pagamento de licença-prêmio não gozada por necessidade do serviço não está sujeito ao imposto de renda.

137. Compete à Justiça Comum Estadual processar e julgar ação de servidor público municipal, pleiteando direitos relativos ao vínculo estatutário.

140. Compete à Justiça Comum Estadual processar e julgar crime em que o indígena figure como autor ou vítima.

141. Os honorários de advogado em desapropriação direta são calculados sobre a diferença entre a indenização e a oferta, corrigidos monetariamente.

144. Os créditos de natureza alimentícia gozam de preferência, desvinculados os precatórios da ordem cronológica dos créditos de natureza diversa.

- ► Art. 100 da CF.
- ► Art. 33, parágrafo único, do ADCT.
- ► Arts. 535, §3º, I e 910, §1º do CPC/2015.
- ► Res. do CNJ nº 92, de 13-10-2009, dispõe sobre a Gestão de Precatórios no âmbito do Poder Judiciário.

148. Os débitos relativos a benefício previdenciário vencidos e cobrados em juízo após a vigência da Lei nº 6.899/81, devem ser corrigidos monetariamente na forma prevista nesse diploma legal.

149. A prova exclusivamente testemunhal não basta à comprovação da atividade rurícola, para efeito da obtenção de benefício previdenciário.

154. Os optantes pelo FGTS, nos termos da Lei nº 5.958/73, têm direito à taxa progressiva de juros, na forma do artigo 4º da Lei nº 5.107/1966.

- ► Lei nº 8.036, de 11-5-1990 (Lei do FGTS).
- ► Súmulas nºs 210 e 398 do STJ.

159. O benefício acidentário, no caso de contribuinte que perceba remuneração variável, deve ser calculado com base na média aritmética dos últimos doze meses de contribuição.

161. É da competência da Justiça Estadual autorizar o levantamento dos valores relativos ao PIS/PASEP e FGTS, em decorrência do falecimento do titular da conta.

165. Compete à Justiça Federal processar e julgar crime de falso testemunho cometido no processo trabalhista.

170. Compete ao juízo onde primeiro for intentada a ação envolvendo acumulação de pedidos trabalhista e estatutário, decidi-la nos limites de sua jurisdição, sem prejuízo do ajuizamento de nova causa, com o pedido remanescente, no juízo próprio.

178. O INSS não goza de isenção do pagamento de custas e emolumentos, nas ações acidentárias e de benefícios, propostas na Justiça Estadual.

- ► Art. 24, IV, da CF.

180. Na lide trabalhista, compete ao Tribunal Regional do Trabalho dirimir conflito de competência verificado, na respectiva região, entre Juiz Estadual e Junta de Conciliação e Julgamento.

▸ A EC nº 24, de 9-12-1999, extinguiu a representação pelos juízes classistas na Justiça do Trabalho e substituiu as Juntas de Conciliação e Julgamento por Varas do Trabalho.

▸ Arts. 668, 803 e 808 da CLT.

204. Os juros de mora nas ações relativas a benefícios previdenciários incidem a partir da citação válida.

210. A ação de cobrança das contribuições para o FGTS prescreve em trinta anos.

▸ Art. 7º, XXIX, da CF.

▸ Súmulas nºs 154 e 398 do STJ.

▸ Súm. nº 362 do TST.

215. A indenização recebida pela adesão a programa de incentivo à demissão voluntária não está sujeita à incidência do imposto de renda.

219. Os créditos decorrentes de serviços prestados à massa falida, inclusive a remuneração do síndico, gozam dos privilégios próprios dos trabalhistas.

222. Compete à Justiça Comum processar e julgar as ações relativas à contribuição sindical prevista no art. 578 da CLT.

225. Compete ao Tribunal Regional do Trabalho apreciar recurso contra sentença proferida por órgão de primeiro grau da Justiça Trabalhista, ainda que para declarar-lhe a nulidade em virtude de incompetência.

226. O Ministério Público tem legitimidade para recorrer na ação de acidente do trabalho, ainda que o segurado esteja assistido por advogado.

▸ Arts. 178 e 996 do CPC/2015.

236. Não compete ao Superior Tribunal de Justiça dirimir conflitos de competência entre juízos trabalhistas vinculados a Tribunais Regionais do Trabalho diversos.

242. Cabe ação declaratória para reconhecimento de tempo de serviço para fins previdenciários.

249. A Caixa Econômica Federal tem legitimidade passiva para integrar processo em que se discute correção monetária do FGTS.

▸ Súm. nº 445 do STJ.

252. Os saldos das contas do FGTS, pela legislação infraconstitucional, são corrigidos em 42,72% (IPC) quanto às perdas de janeiro de 1989 e 44,80% (IPC) quanto às de abril de 1990, acolhidos pelo STJ os índices de 18,02% (LBC) quanto às perdas de junho de 1987, de 5,38% (BTN) para maio de 1990 e 7,00% (TR) para fevereiro de 1991, de acordo com o entendimento do STF (RE nº 226.855-7-RS).

272. O trabalhador rural, na condição de segurado especial, sujeito à contribuição obrigatória sobre a produção rural comercializada, somente faz jus à aposentadoria por tempo de serviço se recolher contribuições facultativas.

▸ Art. 195, § 8º, da CF.

▸ Arts. 11, VII, 39 e 52 da Lei nº 8.213, de 24-7-1991 (Lei dos Planos de Benefícios da Previdência Social).

278. O termo inicial do prazo prescricional, na ação de indenização, é a data em que o segurado teve ciência inequívoca da incapacidade laboral.

281. A indenização por dano moral não está sujeita à tarifação prevista na Lei de Imprensa.

282. Cabe a citação por edital em ação monitória.

▸ Arts. 700 a 702 do CPC/2015.

292. A reconvenção é cabível na ação monitória, após a conversão do procedimento em ordinário.

310. O auxílio-creche não integra o salário de contribuição.

▸ Art. 28 da Lei nº 8.212, de 24-7-1991 (Lei Orgânica da Seguridade Social).

326. Na ação de indenização por dano moral, a condenação em montante inferior ao postulado na inicial não implica sucumbência recíproca.

328. Na execução contra instituição financeira, é penhorável o numerário disponível, excluídas as reservas bancárias mantidas no Banco Central.

▸ Art. 835, I do CPC/2015.

331. A apelação interposta contra sentença que julga embargos à arrematação tem efeito meramente devolutivo.

344. A liquidação por forma diversa estabelecida na sentença não ofende a coisa julgada.

345. São devidos honorários advocatícios pela Fazenda Pública nas execuções individuais de sentença proferida em ações coletivas, ainda que não embargadas.

▸ Art. 85, §§ 3º e 8º do CPC/2015.

► Art. 1º-D da Lei nº 9.494, de 10-9-1997, que disciplina a aplicação da tutela antecipada contra a Fazenda Pública.

346. É vedada aos militares temporários, para aquisição de estabilidade, a contagem em dobro de férias e licenças não gozadas.

349. Compete à Justiça Federal ou aos juízes com competência delegada o julgamento das execuções fiscais de contribuições devidas pelo empregador ao FGTS.

► Art. 2º da Lei nº 8.844, de 20-1-1994, que dispõe sobre a fiscalização, apuração e cobrança judicial as contribuições e multas devidas ao Fundo de Garantia do Tempo de Serviço (FGTS).

351. A alíquota de contribuição para o Seguro de Acidente do Trabalho (SAT) é aferida pelo grau de risco desenvolvido em cada empresa, individualizada pelo seu CNPJ, ou pelo grau de risco da atividade preponderante quando houver apenas um registro.

► Art. 22, II, da Lei nº 8.212, de 24-7-1991 (Lei Orgânica da Seguridade Social).

353. As disposições do Código Tributário Nacional não se aplicam às contribuições para o FGTS.

362. A correção monetária do valor da indenização do dano moral incide desde a data do arbitramento.

363. Compete à Justiça estadual processar e julgar a ação de cobrança ajuizada por profissional liberal contra cliente.

364. O conceito de impenhorabilidade de bem de família abrange também o imóvel pertencente a pessoas solteiras, separadas e viúvas.

► Art. 1º da Lei nº 8.009, de 29-3-1990 (Lei da Impenhorabilidade do Bem de Família).

372. Na ação de exibição de documentos, não cabe a aplicação de multa cominatória.

373. É ilegítima a exigência de depósito prévio para admissibilidade de recurso administrativo.

► Art. 5º, XXXIV, *a*, e LV, da CF.

► Art. 151, III, do CTN.

375. O reconhecimento da fraude à execução depende do registro da penhora do bem alienado ou da prova de má-fé do terceiro adquirente.

► Arts. 792, IV e 844 do CPC/2015.

386. São isentas de imposto de renda as indenizações de férias proporcionais e o respectivo adicional.

► Art. 6º, V, da Lei nº 7.713, de 22-12-1988, que altera a legislação do imposto de renda.

► Súmulas nºs 125 e 136 do STJ.

387. É lícita a cumulação das indenizações de dano estético e dano moral.

► Art. 5º, X, da CF.

392. A Fazenda Pública pode substituir a certidão de dívida ativa (CDA) até a prolação da sentença de embargos, quando se tratar de correção de erro material ou formal, vedada a modificação do sujeito passivo da execução.

► Art. 201 do CTN.

► Art. 2º, § 8º, da Lei nº 6.830, de 22-9-1980 (Lei das Execuções Fiscais).

393. A exceção de pré-executividade é admissível na execução fiscal relativamente às matérias conhecíveis de ofício que não demandem dilação probatória.

396. A Confederação Nacional da Agricultura tem legitimidade ativa para a cobrança da contribuição sindical rural.

► Art. 8º, IV, da CF.

► Art. 578 da CLT.

398. A prescrição da ação para pleitear os juros progressivos sobre os saldos de conta vinculada do FGTS não atinge o fundo de direito, limitando-se às parcelas vencidas.

► Súmulas nºs 154 e 210 do STJ.

401. O prazo decadencial da ação rescisória só se inicia quando não for cabível qualquer recurso do último pronunciamento judicial.

► Art. 975 do CPC/2015.

403. Independe de prova do prejuízo a indenização pela publicação não autorizada de imagem de pessoa com fins econômicos ou comerciais.

► Art. 5º, X, da CF.

► Arts. 186 e 927 do CC.

406. A Fazenda Pública pode recusar a substituição do bem penhorado por precatório.

► Arts. 835, XIII, e 848 do CPC/2015.

► Art. 15 da Lei nº 6.830, de 22-9-1980 (Lei das Execuções Fiscais).

409. Em execução fiscal, a prescrição ocorrida antes da propositura da ação pode ser decretada de ofício (art. 219, § 5º, do CPC).

410. A prévia intimação pessoal do devedor constitui condição necessária para a cobrança de multa pelo descumprimento de obrigação de fazer ou não fazer.

► Art. 815 do CPC/2015.

413. O farmacêutico pode acumular a responsabilidade técnica por uma farmácia e uma drogaria ou por duas drogarias.

414. A citação por edital na execução fiscal é cabível quando frustradas as demais modalidades.

► Art. 8º, IV, da Lei nº 6.830, de 22-9-1980 (Lei das Execuções Fiscais).

417. Na execução civil, a penhora de dinheiro na ordem de nomeação de bens não tem caráter absoluto.

► Arts. 805 e 835, I do CPC/2015.

► Art. 11, I, da Lei nº 6.830, de 22-9-1980 (Lei das Execuções Fiscais).

419. Descabe a prisão civil do depositário judicial infiel.

► Art. 5º, LXVII, da CF.

► Art. 652 do CC.

► Art. 4º, §§ 1º e 2º, da Lei nº 8.866, de 11-4-1994 (Lei do Depositário Infiel).

► Art. 4º do Dec.-lei nº 911, de 1º-10-1969 (Lei das Alienações Fiduciárias).

► Art. 11 do Dec. nº 592, de 6-7-1992, que promulga o Pacto Internacional sobre Direitos Civis e Políticos.

► Art. 7º, 7, do anexo ao Dec. nº 678, de 6-11-1992, que promulga a Convenção Americana sobre Direitos Humanos – Pacto de São José da Costa Rica.

► Súm. Vinc. nº 25 do STF.

► Súmulas nºs 304 e 305 do STJ.

420. Incabível, em embargos de divergência, discutir o valor de indenização por danos morais.

► Art. 5º, X, da CF.

► Arts. 994, IX, 1.043 e 1.044 do CPC/2015.

429. A citação postal, quando autorizada por lei, exige o aviso de recebimento.

► Arts. 231, I, e 248 do CPC/2015.

► Art. 8º, I a III, da Lei nº 6.830, de 22-9-1980 (Lei das Execuções Fiscais).

► Art. 39, parágrafo único, da Lei nº 9.307, de 23-9-1996 (Lei da Arbitragem).

435. Presume-se dissolvida irregularmente a empresa que deixar de funcionar no seu domicílio fiscal, sem comunicação aos órgãos competentes, legitimando o redirecionamento da execução fiscal para o sócio-gerente.

► Art. 127 do CTN.

► Art. 206 da Lei nº 6.404, de 15-12-1976 (Lei das Sociedades por Ações).

► Art. 4º, V, da Lei nº 6.830, de 22-9-1980 (Lei das Execuções Fiscais).

451. É legítima a penhora da sede do estabelecimento comercial.

► Art. 1.142 do CC.

► Art. 833, V, do CPC/2015.

► Art. 11, § 1º, da Lei nº 6.830, de 22-9-1980 (Lei das Execuções Fiscais).

453. Os honorários sucumbenciais, quando omitidos em decisão transitada em julgado, não podem ser cobrados em execução ou em ação própria.

► Arts. 85, 494 e 1.022 do CPC/2015.

456. É incabível a correção monetária dos salários de contribuição considerados no cálculo do salário de benefício de auxílio-doença, aposentadoria por invalidez, pensão ou auxílio-reclusão concedidos antes da vigência da CF/1988.

► Art. 201, § 3º, da CF.

458. A contribuição previdenciária incide sobre a comissão paga ao corretor de seguros.

► Art. 11, parágrafo único, *a*, da Lei nº 8.212, de 24-7-1991 (Lei Orgânica da Seguridade Social).

459. A Taxa Referencial (TR) é o índice aplicável, a título de correção monetária, aos débitos com o FGTS recolhidos pelo empregador mas não repassados ao fundo.

► Art. 22 da Lei nº 8.036, de 11-5-1990 (Lei do FGTS).

► Lei nº 8.177, de 1º-3-1991, estabelece regras para a desindexação da economia.

462. Nas ações em que representa o FGTS, a CEF, quando sucumbente, não está isenta de reembolsar as custas antecipadas pela parte vencedora.

► Lei nº 8.036, de 11-5-1990 (Lei do FGTS).

► Art. 24-A, parágrafo único, da Lei nº 9.028, de 12-4-1995, que dispõe sobre o exercício das atribuições institucionais da Advocacia-Geral da União, em caráter emergencial e provisório.

463. Incide imposto de renda sobre os valores percebidos a título de indenização por horas extraordinárias trabalhadas, ainda que decorrentes de acordo coletivo.

► Art. 43, I, do CTN.

466. O titular da conta vinculada ao FGTS tem o direito de sacar o saldo respectivo quando declarado nulo seu contrato de trabalho por ausência de prévia aprovação em concurso público.

► Art. 37, § 2º, da CF.

► Art. 19-A da Lei nº 8.036, de 11-5-1990 (Lei do FGTS).

468. A base de cálculo do PIS, até a edição da MP nº 1.212/1995, era o faturamento ocorrido no sexto mês anterior ao do fato gerador.

► Art. 6º, parágrafo único, da LC nº 7, de 7-9-1970, que institui o Programa de Integração Social.

► Lei nº 9.715, de 25-11-1998, dispõe sobre as contribuições para os Programas de Integração Social e de Formação do Patrimônio do Servidor Público – PIS/PASEP.

► Lei nº 9.718, de 27-11-1998, altera a Legislação Tributária Federal.

► Dec. nº 9.978, de 20-8-2019, dispõe sobre o Fundo PIS-PASEP e institui o Conselho Diretor do Fundo PIS-PASEP.

479. As instituições financeiras respondem objetivamente pelos danos gerados por fortuito interno relativo a fraudes e delitos praticados por terceiros no âmbito de operações bancárias.

► Art. 927, parágrafo único, do CC.

► Arts. 14, § 3º, II, e 17 do CDC.

480. O juízo da recuperação judicial não é competente para decidir sobre a constrição de bens não abrangidos pelo plano de recuperação da empresa.

► Lei nº 11.101, de 9-2-2005 (Lei de Recuperação de Empresas e Falências).

481. Faz jus ao benefício da justiça gratuita a pessoa jurídica com ou sem fins lucrativos que demonstrar sua impossibilidade de arcar com os encargos processuais.

► Lei nº 1.060, de 5-2-1950 (Lei de Assistência Judiciária).

482. A falta de ajuizamento da ação principal no prazo do art. 806 do CPC acarreta a perda da eficácia da liminar deferida e a extinção do processo cautelar.

► Arts. 300 a 310 do CPC/2015.

483. O INSS não está obrigado a efetuar depósito prévio do preparo por gozar das prerrogativas e privilégios da Fazenda Pública.

► Art. 91 do CPC/2015.

► Art. 8º da Lei nº 8.620, de 5-1-1993.

► Súm. nº 178 do STJ.

484. Admite-se que o preparo seja efetuado no primeiro dia útil subsequente, quando a interposição do recurso ocorrer após o encerramento do expediente bancário.

► Art. 1.007 do CPC/2015.

486. É impenhorável o único imóvel residencial do devedor que esteja locado a terceiros, desde que a renda obtida com a locação seja revertida para a subsistência ou a moradia da sua família.

► Arts. 1.711 a 1.722 do CC.

► Arts. 832 e 833 do CPC/2015.

► Arts. 1º e 5º da Lei nº 8.009, de 29-3-1990 (Lei da Impenhorabilidade do Bem de Família).

487. O parágrafo único do art. 741 do CPC não se aplica às sentenças transitadas em julgado em data anterior à da sua vigência.

► Art. 5º, XXXVI, da CF.

► Lei nº 11.232, de 22-12-2005.

488. O § 2º do art. 6º da Lei nº 9.469/1997, que obriga à repartição dos honorários advocatícios, é inaplicável a acordos ou transações celebrados em data anterior à sua vigência.

► O referido art. 6º, § 2º, foi revogado pela Lei nº 13.140, de 26-6-2015.

489. Reconhecida a continência, devem ser reunidas na Justiça Federal as ações civis públicas propostas nesta e na Justiça estadual.

► Art. 109, I, da CF.

► Arts. 56 a 58 do CPC/2015.

► Lei nº 7.347, de 24-7-1985 (Lei da Ação Civil Pública).

490. A dispensa de reexame necessário, quando o valor da condenação ou do direito controvertido for inferior a sessenta salários mínimos, não se aplica a sentenças ilíquidas.

► Art. 496, §3º do CPC/2015.

498. Não incide imposto de renda sobre a indenização por danos morais.

► Art. 43 do CTN.

499. As empresas prestadoras de serviços estão sujeitas às contribuições ao Sesc e Senac, salvo se integradas noutro serviço social.

► Art. 240 da CF.

► Art. 966 do CC.

► Arts. 570 e 577 da CLT.

507. A acumulação de auxílio-acidente com aposentadoria pressupõe que a lesão incapacitante e a aposentadoria sejam anteriores a 11-11-1997, observado o critério do art. 23 da Lei nº 8.213/1991 para definição do momento da lesão nos casos de doença profissional ou do trabalho.

514. A CEF é responsável pelo fornecimento dos extratos das contas individualizadas vinculadas ao FGTS dos trabalhadores participantes do Fundo de Garantia do Tempo de Serviço, inclusive para fins de exibição em juízo, independentemente do período em discussão.

▶ Art. 24 do Dec. nº 99.684, de 8-11-1990, que dispõe sobre o regulamento do Fundo de Garantia do Tempo de Serviço – FGTS.

515. A reunião de execuções fiscais contra o mesmo devedor constitui faculdade do Juiz.

▶ Art. 28 da Lei nº 6.830, de 22-9-1980 (Lei das Execuções Fiscais).

516. A contribuição de intervenção no domínio econômico para o INCRA (Decreto-Lei nº 1.110/1970), devida por empregadores rurais e urbanos, não foi extinta pelas Leis nºs 7.787/1989, 8.212/1991 e 8.213/1991, não podendo ser compensada com a contribuição ao INSS.

524. No tocante à base de cálculo, o ISSQN incide apenas sobre a taxa de agenciamento quando o serviço prestado por sociedade empresária de trabalho temporário for de intermediação, devendo, entretanto, englobar também os valores dos salários e encargos sociais dos trabalhadores por ela contratados nas hipóteses de fornecimento de mão de obra.

▶ Item 10, Lista de Serviços Anexa da LC nº 116, de 31-7-2003 (Dispõe sobre o Imposto Sobre Serviços de Qualquer Natureza – ISSQN).

▶ Art. 9º do Dec.-lei nº 406, de 31-12-1968.

557. A renda mensal inicial (RMI) alusiva ao benefício de aposentadoria por invalidez precedido de auxílio-doença será apurada na forma do art. 36, § 7º, do Decreto nº 3.048/1999, observando-se, porém, os critérios previstos no art. 29, § 5º, da Lei nº 8.213/1991, quando intercalados períodos de afastamento e de atividade laboral.

561. Os Conselhos Regionais de Farmácia possuem atribuição para fiscalizar e autuar as farmácias e drogarias quanto ao cumprimento da exigência de manter profissional legalmente habilitado (farmacêutico) durante todo o período de funcionamento dos respectivos estabelecimentos.

562. É possível a remição de parte do tempo de execução da pena quando o condenado, em regime fechado ou semiaberto, desempenha atividade laborativa, ainda que extramuros.

563. O Código de Defesa do Consumidor é aplicável às entidades abertas de previdência complementar, não incidindo nos contratos previdenciários celebrados com entidades fechadas.

568. O relator, monocraticamente e no Superior Tribunal de Justiça, poderá dar ou negar provimento ao recurso quando houver entendimento dominante acerca do tema.

576. Ausente requerimento administrativo no INSS, o termo inicial para a implantação da aposentadoria por invalidez concedida judicialmente será a data da citação válida.

577. É possível reconhecer o tempo de serviço rural anterior ao documento mais antigo apresentado, desde que amparado em convincente prova testemunhal colhida sob o contraditório.

578. Os empregados que laboram no cultivo da cana-de-açúcar para empresa agroindustrial ligada ao setor sucroalcooleiro detêm a qualidade de rurícola, ensejando a isenção do FGTS desde a edição da Lei Complementar nº 11/1971 até a promulgação da Constituição Federal de 1988.

579. Não é necessário ratificar o recurso especial interposto na pendência do julgamento dos embargos de declaração, quando inalterado o resultado anterior.

581. A recuperação judicial do devedor principal não impede o prosseguimento das ações e execuções ajuizadas contra terceiros devedores solidários ou coobrigados em geral, por garantia cambial, real ou fidejussória.

584. As sociedades corretoras de seguros, que não se confundem com as sociedades de valores mobiliários ou com os agentes autônomos de seguro privado, estão fora do rol de entidades constantes do art. 22, § 1º, da Lei nº 8.212/1991, não se sujeitando à majoração da alíquota da COFINS prevista no art. 18 da Lei nº 10.684/2003.

591. É permitida a "prova emprestada" no processo administrativo disciplinar, desde que devidamente autorizada pelo juízo competente e respeitados o contraditório e a ampla defesa.

592. O excesso de prazo para a conclusão do processo administrativo disciplinar só causa nulidade se houver demonstração de prejuízo à defesa.

609. A recusa de cobertura securitária, sob a alegação de doença preexistente, é ilícita se não houve a exigência de exames médicos prévios à contratação ou a demonstração de má-fé do segurado.

620. A embriaguez do segurado não exime a seguradora do pagamento da indenização prevista em contrato de seguro de vida.

627. O contribuinte faz jus à concessão ou à manutenção da isenção do imposto de renda, não se lhe exigindo a demonstração da contemporaneidade dos sintomas da doença nem da recidiva da enfermidade.

628. A teoria da encampação é aplicada no mandado de segurança quando presentes, cumulativamente, os seguintes requisitos:

a) existência de vínculo hierárquico entre a autoridade que prestou informações e a que ordenou a prática do ato impugnado;

b) manifestação a respeito do mérito nas informações prestadas; e

c) ausência de modificação de competência estabelecida na Constituição Federal.

636. A folha de antecedentes criminais é documento suficiente a comprovar os maus antecedentes e a reincidência.

642. O direito à indenização por danos morais transmite-se com o falecimento do titular, possuindo os herdeiros da vítima legitimidade ativa para ajuizar ou prosseguir a ação indenizatória.

646. É irrelevante a natureza da verba trabalhista para fins de incidência da contribuição ao FGTS, visto que apenas as verbas elencadas em lei (art. 28, § 9º, da Lei nº 8.212/1991), em rol taxativo, estão excluídas da sua base de cálculo, por força do disposto no art. 15, § 6º, da Lei nº 8.036/1990.

650. A autoridade administrativa não dispõe de discricionariedade para aplicar ao servidor pena diversa de demissão quando caraterizadas as hipóteses previstas no art. 132 da Lei nº 8.112/1990.

657. Atendidos os requisitos de segurada especial no RGPS e do período de carência, a indígena menor de 16 anos faz jus ao salário-maternidade.

SÚMULAS DO TRIBUNAL SUPERIOR DO TRABALHO

► Res. do TST nº 129, de 5-4-2005, altera a denominação dos verbetes da jurisprudência predominante do Tribunal Superior do Trabalho de "Enunciado" para "Súmula" e outras providências.

1. Prazo judicial. Quando a intimação tiver lugar na sexta-feira, ou a publicação com efeito de intimação for feita nesse dia, o prazo judicial será contado da segunda-feira imediata, inclusive, salvo se não houver expediente, caso em que fluirá no dia útil que se seguir.

2 a 5. *Canceladas*. Res. do TST nº 121, de 28-10-2003 (*DJU* de 21-11-2003).

6. Equiparação salarial. Art. 461 da CLT.

I – Para os fins previstos no § 2º do art. 461 da CLT, só é válido o quadro de pessoal organizado em carreira quando homologado pelo Ministério do Trabalho, excluindo-se, apenas, dessa exigência o quadro de carreira das entidades de direito público da administração direta, autárquica e fundacional aprovado por ato administrativo da autoridade competente. (ex-Súm. nº 6 – alterada pela Res. nº 104/2000, *DJ* 20-12-2000)

II – Para efeito de equiparação de salários em caso de trabalho igual, conta-se o tempo de serviço na função e não no emprego. (ex-Súm. nº 135 – RA 102/1982, *DJ* de 11-10-1982 e *DJ* 15-10-1982)

III – A equiparação salarial só é possível se o empregado e o paradigma exercerem a mesma função, desempenhando as mesmas tarefas, não importando se os cargos têm, ou não, a mesma denominação. (ex-OJ da SBDI-I nº 328 – *DJ* de 9-12-2003)

IV – É desnecessário que, ao tempo da reclamação sobre equiparação salarial, reclamante e paradigma estejam a serviço do estabelecimento, desde que o pedido se relacione com situação pretérita. (ex-Súm. nº 22 – RA 57/1970, *DO-GB* 27-11-1970)

V – A cessão de empregados não exclui a equiparação salarial, embora exercida a função em órgão governamental estranho à cedente, se esta responde pelos salários do paradigma e do reclamante. (ex-Súm. nº 111 – RA 102/1980, *DJ* de 25-9-1980)

VI – Presentes os pressupostos do art. 461 da CLT, é irrelevante a circunstância de que o desnível salarial tenha origem em decisão judicial que beneficiou o paradigma, exceto:

a) se decorrente de vantagem pessoal ou de tese jurídica superada pela jurisprudência de Corte Superior;

b) na hipótese de equiparação salarial em cadeia, suscitada em defesa, se o empregador produzir prova do alegado fato modificativo, impeditivo ou extintivo do direito à equiparação salarial em relação ao paradigma remoto, considerada irrelevante, para esse efeito, a existência de diferença de tempo de serviço na função superior a dois anos entre o reclamante e os empregados paradigmas componentes da cadeia equiparatória, à exceção do paradigma imediato.

► Item VI com a redação dada pela Res. do TST nº 198, de 9-6-2015 (*DJE* de 11-6-2015).

VII – Desde que atendidos os requisitos do art. 461 da CLT, é possível a equiparação salarial de trabalho intelectual, que pode ser avaliado por sua perfeição técnica, cuja aferição terá critérios objetivos. (ex-OJ da SBDI-I nº 298 – *DJ* de 11-8-2003)

VIII – É do empregador o ônus da prova do fato impeditivo, modificativo ou extintivo da equiparação salarial. (ex-Súm. nº 68 – RA 9/1977, *DJ* de 11-2-1977)

IX – Na ação de equiparação salarial, a prescrição é parcial e só alcança as diferenças salariais vencidas no período de 5 (cinco) anos que precedeu o ajuizamento. (ex-Súm. nº 274 – alterada pela Res. nº 121/2003, *DJ* de 21-11-2003)

X – O conceito de "mesma localidade" de que trata o art. 461 da CLT refere-se, em princípio, ao mesmo município, ou a municípios distintos que, comprovadamente, pertençam à mesma região metropolitana. (ex-OJ da SBDI-I nº 252 – inserida em 13-3-2002)

► Redação dada pela Res. do TST nº 185, de 14-9-2012.

7. Férias. A indenização pelo não deferimento das férias no tempo oportuno será calculada com base na remuneração devida ao empregado na época da reclamação ou, se for o caso, na da extinção do contrato.

8. Juntada de documento. A juntada de documentos na fase recursal só se justifica quando provado o justo impedimento para sua oportuna apresentação ou se referir a fato posterior à sentença.

9. Ausência do reclamante. A ausência do reclamante, quando adiada a instrução após contestada a ação em audiência, não importa arquivamento do processo.

10. Professor. Dispensa sem justa causa. Término do ano letivo ou no curso de férias escolares. Aviso prévio. O direito aos salários do período de férias escolares assegurado aos professores (art. 322, *caput*, e § 3º, da CLT) não exclui o direito ao aviso prévio, na hipótese de dispensa sem justa causa ao término do ano letivo ou no curso das férias escolares.

► Redação dada pela Res. do TST nº 185, de 14-9-2012.

11. *Cancelada*. Res. do TST nº 121, de 28-10-2003 (*DJU* de 21-11-2003).

12. Carteira profissional. As anotações apostas pelo empregador na Carteira Profissional do empregado não geram presunção *juris et de jure*, mas apenas *juris tantum*.

13. Mora. O só pagamento dos salários atrasados em audiência não ilide a mora capaz de determinar a rescisão do contrato de trabalho.

14. Culpa recíproca. Reconhecida a culpa recíproca na rescisão do contrato de trabalho (art. 484 da CLT), o empregado tem direito a 50% (cinquenta por cento) do valor do aviso prévio, do décimo terceiro salário e das férias proporcionais.

► Redação dada pela Res. do TST nº 121, de 28-10-2003 (*DJU* de 21-11-2003).

15. Atestado médico. A justificação da ausência do empregado motivada por doença, para a percepção do salário-enfermidade e da remuneração do repouso semanal, deve observar a ordem preferencial dos atestados médicos estabelecida em lei.

16. Notificação. Presume-se recebida a notificação 48 (quarenta e oito) horas depois de sua postagem. O seu não recebimento ou a entrega após o decurso desse prazo constitui ônus de prova do destinatário.

► Redação dada pela Res. do TST nº 121, de 28-10-2003 (*DJU* de 21-11-2003).

17. *Cancelada*. Res. do TST nº 148, de 26-6-2008 (*DJU* de 4-7-2008 e republicada no *DJU* de 8-7-2008).

18. Compensação. A compensação, na Justiça do Trabalho, está restrita a dívidas de natureza trabalhista.

19. Quadro de carreira. A Justiça do Trabalho é competente para apreciar reclamação de empregado que tenha por objeto direito fundado em quadro de carreira.

20. *Cancelada*. Res. do TST nº 106, de 15-3-2001 (*DJU* de 21-3-2001).

21. *Cancelada*. Res. do TST nº 30, de 27-4-1994 (*DJU* de 12-5-1994).

22. Incorporada à Súmula nº 6 do TST.

23. Recurso. Não se conhece de recurso de revista ou de embargos, se a decisão recorrida resolver determinado item do pedido por diversos fundamentos e a jurisprudência transcrita não abranger a todos.

24. Serviço extraordinário. Insere-se no cálculo da indenização por antiguidade o salário relativo a serviço extraordinário, desde que habitualmente prestado.

25. Custas processuais. Inversão do ônus da sucumbência.

I – A parte vencedora na primeira instância, se vencida na segunda, está obrigada, independentemente de intimação, a pagar as custas fixadas na sentença originária, das quais ficara isenta a parte então vencida.

II – No caso de inversão do ônus da sucumbência em segundo grau, sem acréscimo ou atualização do valor das custas e se estas já foram devidamente recolhidas, descabe um novo pagamento pela parte vencida, ao recorrer. Deverá ao final, se sucumbente, reembolsar a quantia.

III – Não caracteriza deserção a hipótese em que, acrescido o valor da condenação, não houve fixação ou cálculo do valor devido a título de custas e tampouco intimação da parte para o preparo do recurso, devendo ser as custas pagas ao final.

IV – O reembolso das custas à parte vencedora faz-se necessário mesmo na hipótese em que a parte vencida for pessoa isenta do seu pagamento, nos termos do art. 790-A, parágrafo único, da CLT.

► Redação dada pela Res. do TST nº 197, de 12-5-2015.

26. *Cancelada*. Res. do TST nº 121, de 28-10-2003 (*DJU* de 21-11-2003).

27. Comissionista. É devida a remuneração do repouso semanal e dos dias feriados ao empregado comissionista, ainda que pracista.

28. Indenização. No caso de se converter a reintegração em indenização dobrada, o direito aos salários é assegurado até a data da primeira decisão que determinou essa conversão.

► Redação dada pela Res. do TST nº 121, de 28-10-2003 (*DJU* de 21-11-2003).

29. Transferência. Empregado transferido, por ato unilateral do empregador, para local mais distante de sua residência, tem direito a suplemento salarial correspondente ao acréscimo da despesa de transporte.

30. Intimação da sentença. Quando não juntada a ata ao processo em quarenta e oito horas, contadas da audiência de julgamento (artigo 851, § 2º, da CLT), o prazo para recurso será contado da data em que a parte receber a intimação da sentença.

31. *Cancelada*. Res. do TST nº 31, de 27-4-1994 (*DJU* de 12-5-1994).

32. Abandono de emprego. Presume-se o abandono de emprego se o trabalhador não retornar ao serviço no prazo de 30 (trinta) dias após a cessação do benefício previdenciário nem justificar o motivo de não o fazer.

► Redação dada pela Res. do TST nº 121, de 28-10-2003 (*DJU* de 21-11-2003).

33. Mandado de segurança. Decisão judicial transitada em julgado. Não cabe mandado de segurança de decisão judicial transitada em julgado.

34 e 35. *Canceladas*. Res. do TST nº 121, de 28-10-2003 (*DJU* de 21-11-2003).

36. Nas ações plúrimas, as custas incidem sobre o respectivo valor global.

37. *Cancelada*. Res. do TST nº 32, de 27-4-1994 (*DJU* de 12-5-1994).

38. *Cancelada*. Res. do TST nº 121, de 28-10-2003 (*DJU* de 21-11-2003).

39. Periculosidade. Os empregados que operam em bomba de gasolina têm direito ao adicional de periculosidade (Lei nº 2.573, de 15 de agosto de 1955).

40 a 42. *Canceladas*. Res. do TST nº 121, de 28-10-2003 (*DJU* de 21-11-2003).

43. Transferência. Presume-se abusiva a transferência de que trata o § 1º do artigo 469 da CLT, sem comprovação da necessidade do serviço.

44. Aviso prévio. A cessação da atividade da empresa, com o pagamento da indenização, simples ou em dobro, não exclui, por si só, o direito do empregado ao aviso prévio.

45. Serviço suplementar. A remuneração do serviço suplementar, habitualmente prestado, integra o cálculo da gratificação natalina prevista na Lei nº 4.090, de 13-7-1962.

46. Acidente de trabalho. As faltas ou ausências decorrentes de acidente do trabalho não são consideradas para os efeitos de duração de férias e cálculo da gratificação natalina.

47. Insalubridade. O trabalho executado em condições insalubres, em caráter intermitente não afasta, só por essa circunstância, o direito à percepção do respectivo adicional.

48. Compensação. A compensação só poderá ser arguida com a contestação.

49. *Cancelada*. Res. do TST nº 121, de 28-10-2003 (*DJU* de 21-11-2003).

50. Gratificação natalina. A gratificação natalina, instituída pela Lei nº 4.090, de 13-7-1962, é devida pela empresa cessionária ao servidor público cedido enquanto durar a cessão.

51. Norma regulamentar. Vantagens e opção pelo novo regulamento. Art. 468 da CLT.

I – As cláusulas regulamentares, que revoguem ou alterem vantagens deferidas anteriormente, só atingirão os trabalhadores admitidos após a revogação ou alteração do regulamento.

II – Havendo a coexistência de dois regulamentos da empresa, a opção do empregado por um deles tem efeito jurídico de renúncia às regras do sistema do outro.

► Redação dada pela Res. do TST nº 129, de 5-4-2005 (*DJU* de 20-4-2005).

52. Tempo de serviço. O adicional de tempo de serviço (quinquênio) é devido, nas condições estabelecidas no art. 19 da Lei nº 4.345, de 26-6-1964, aos contratados sob o regime da CLT, pela empresa a que se refere a mencionada Lei, inclusive para o fim de complementação de aposentadoria.

53. Custas. O prazo para pagamento das custas, no caso de recurso, é contado da intimação do cálculo.

54. Optante. Rescindindo por acordo seu contrato de trabalho, o empregado estável optante tem direito ao mínimo de 60% (sessenta por cento) do total da indenização em dobro, calculada sobre o maior salário percebido no emprego. Se houver recebido menos do que esse total, qualquer que tenha sido a forma de transação, assegura-se-lhe a complementação até aquele limite.

55. Financeiras. As empresas de crédito, financiamento ou investimento, também denominadas financeiras, equiparam-se aos estabelecimentos bancários para os efeitos do artigo 224 da CLT.

56. *Cancelada*. Res. do TST nº 121, de 28-10-2003 (*DJU* de 21-11-2003).

57. *Cancelada*. Res. do TST nº 3, de 28-4-1993 (*DJU* de 6-5-1993).

58. Pessoal de obras. Ao empregado admitido como "pessoal de obras", em caráter permanente e não amparado pelo regime estatutário, aplica-se a legislação trabalhista.

59. *Cancelada*. Res. do TST nº 121, de 28-10-2003 (*DJU* de 21-11-2003).

60. Adicional noturno. Integração no salário e prorrogação em horário diurno.

I – O adicional noturno, pago com habitualidade, integra o salário do empregado para todos os efeitos.

II – Cumprida integralmente a jornada no período noturno e prorrogada esta, devido é também o adicional quanto às horas prorrogadas. Exegese do art. 73, § 5º, da CLT.

► Redação dada pela Res. do TST nº 129, de 5-4-2005 (*DJU* de 20-4-2005).

61. Ferroviário. Aos ferroviários que trabalham em estação do interior, assim classificada por autoridade competente, não são devidas horas extras (art. 243 da CLT).

62. Abandono de emprego. O prazo de decadência do direito do empregador de ajuizar inquérito em face do empregado que incorre em abandono de emprego é contado a partir do momento em que o empregado pretendeu seu retorno ao serviço.

63. Fundo de garantia. A contribuição para o Fundo de Garantia do Tempo de Serviço incide sobre a remuneração mensal devida ao empregado, inclusive horas extras e adicionais eventuais.

64. *Cancelada*. Res. do TST nº 121, de 28-10-2003 (*DJU* de 21-11-2003).

65. Vigia. O direito à hora reduzida para cinquenta e dois minutos e trinta segundos aplica-se ao vigia noturno.

66. *Cancelada*. Res. do TST nº 121, de 28-10-2003 (*DJU* de 21-11-2003).

67. Gratificação. Ferroviário. Chefe de trem, regido pelo estatuto dos ferroviários (Decreto nº 35.530, de 19-9-1959), não tem direito à gratificação prevista no respectivo artigo 110.

68. Incorporada à Súmula nº 6 do TST.

69. Rescisão do contrato. A partir da Lei nº 10.272, de 5-9-2001, havendo rescisão do contrato de trabalho e sendo revel e confesso quanto à matéria de fato, deve ser o empregador condenado ao pagamento das verbas rescisórias, não quitadas na primeira audiência, com acréscimo de 50% (cinquenta por cento).

► Redação dada pela Res. do TST nº 121, de 28-10-2003 (*DJU* de 21-11-2003).

70. Adicional de periculosidade. O adicional de periculosidade não incide sobre os triênios pagos pela PETROBRAS.

71. Alçada. A alçada é fixada pelo valor dado à causa na data de seu ajuizamento, desde que não impugnado, sendo inalterável no curso do processo.

72. Aposentadoria. O prêmio aposentadoria instituído por norma regulamentar da empresa não está condicionado ao disposto no § 2º do art. 14 da Lei nº 8.036, de 11-5-1990.

► Redação dada pela Res. do TST nº 121, de 28-10-2003 (*DJU* de 21-11-2003).

73. Despedida. Justa causa. A ocorrência de justa causa, salvo a de abandono de emprego, no decurso do prazo do aviso prévio dado pelo empregador, retira do empregado qualquer direito às verbas rescisórias de natureza indenizatória.

► Redação dada pela Res. do TST nº 121, de 28-10-2003 (*DJU* de 21-11-2003).

74. Confissão.

I – Aplica-se a confissão à parte que, expressamente intimada com aquela cominação, não comparecer à audiência em prosseguimento, na qual deveria depor. (ex-Súmula nº 74 – RA 69/1978, *DJ* 26-9-1978)

II – A prova pré-constituída nos autos pode ser levada em conta para confronto com a confissão ficta (arts. 442 e 443, do CPC de 2015 – art. 400, I, do CPC de 1973), não implicando cerceamento de defesa o indeferimento de provas posteriores. (ex-OJ nº 184 da SBDI-1 – inserida em 8-11-2000)

► Itens I e II com a redação dada pela Res. do TST nº 208, de 19-4-2016 (*DJe* de 22-4-2016).

III – A vedação à produção de prova posterior pela parte confessa somente a ela se aplica, não afetando o exercício, pelo magistrado, do poder/dever de conduzir o processo.

► Redação dada pela Res. do TST nº 174, de 24-5-2011 (*DJE* de 27-5-2011).

► Art. 443, I, do CPC/2015.

75 e 76. *Canceladas*. Res. do TST nº 121, de 28-10-2003 (*DJU* de 21-11-2003).

77. Punição. Nula é a punição de empregado se não precedida de inquérito ou sindicância internos a que se obrigou a empresa por norma regulamentar.

78 e 79. *Canceladas*. Res. do TST nº 121, de 28-10-2003 (*DJU* de 21-11-2003).

80. Insalubridade. A eliminação da insalubridade mediante fornecimento de aparelhos protetores aprovados pelo órgão competente do Poder Executivo exclui a percepção do respectivo adicional.

81. Férias. Os dias de férias gozados após o período legal de concessão deverão ser remunerados em dobro.

82. Assistência. A intervenção assistencial, simples ou adesiva, só é admissível se demonstrado o interesse jurídico e não o meramente econômico.

► Redação dada pela Res. do TST nº 121, de 28-10-2003 (*DJU* de 21-11-2003).

83. Ação rescisória. Matéria controvertida.

I – Não procede pedido formulado na ação rescisória por violação literal de lei se a decisão rescindenda estiver baseada em texto legal infraconstitucional de interpretação controvertida nos Tribunais.

II – O marco divisor quanto a ser, ou não, controvertida, nos Tribunais, a interpretação dos dispositivos legais citados na ação rescisória é a data da inclusão, na Orientação Jurisprudencial do TST, da matéria discutida.

► Redação dada pela Res. do TST nº 137, de 4-8-2005 (*DJU* de 22-8-2005).

84. Adicional regional. O adicional regional, instituído pela PETROBRAS, não contraria o art. 7º, XXXII, da CF/1988.

► Redação dada pela Res. do TST nº 121, de 28-10-2003 (*DJU* de 21-11-2003).

85. Compensação de jornada.

I – A compensação de jornada de trabalho deve ser ajustada por acordo individual escrito, acordo coletivo ou convenção coletiva. (ex-Súmula nº 85 – primeira parte – alterada pela Res. 121/2003, *DJ* 21-11-2003)

II – O acordo individual para compensação de horas é válido, salvo se houver norma coletiva em sentido contrário. (ex-OJ nº 182 da SBDI-1- inserida em 8-11-2000)

III – O mero não atendimento das exigências legais para a compensação de jornada, inclusive quando encetada mediante acordo tácito, não implica a repetição do pagamento das horas excedentes à jornada normal diária, se não dilatada a jornada máxima semanal, sendo devido apenas o respectivo adicional. (ex- Súmula nº 85 – segunda parte – alterada pela Res. 121/2003, *DJ* 21-11-2003)

IV – A prestação de horas extras habituais descaracteriza o acordo de compensação de jornada. Nesta hipótese, as horas que ultrapassarem a jornada semanal normal deverão ser pagas como horas extraordinárias e, quanto àquelas destinadas à compensação, deverá ser pago a mais apenas o adicional por trabalho extraordinário. (ex-OJ nº 220 da SBDI-1 – inserida em 20-6-2001)

V – As disposições contidas nesta súmula não se aplicam ao regime compensatório na modalidade "banco de horas", que somente pode ser instituído por negociação coletiva.

VI – Não é válido acordo de compensação de jornada em atividade insalubre, ainda que estipulado em norma coletiva, sem a necessária inspeção prévia e permissão da autoridade competente, na forma do art. 60 da CLT.

► Redação dada pela Res. do TST nº 209, de 1º-6-2016 (*DJe* de 1º-6-2016).

86. Deserção. Massa falida. Empresa em liquidação extrajudicial. Não ocorre deserção de recurso da massa falida por falta de pagamento de custas ou de depósito do valor da condenação. Esse privilégio, todavia, não se aplica à empresa em liquidação extrajudicial.

► Redação dada pela Res. do TST nº 129, de 5-4-2005 (*DJU* de 20-4-2005).

87. Previdência privada. Se o empregado, ou seu beneficiário, já recebeu da instituição previdenciária privada, criada pela empresa, vantagem equivalente, é cabível a dedução de seu valor do benefício a que faz jus por norma regulamentar anterior.

88. *Cancelada*. Res. do TST nº 42, de 8-2-1995 (*DJU* de 17-2-1995).

89. Falta ao serviço. Se as faltas já são justificadas pela lei, consideram-se como ausências legais e não serão descontadas para o cálculo do período de férias.

90. Horas *in itinere*. Tempo de serviço.

I – O tempo despendido pelo empregado, em condução fornecida pelo empregador, até o local de trabalho de difícil acesso, ou não servido por transporte público regular, e para o seu retorno é computável na jornada de trabalho.

II – A incompatibilidade entre os horários de início e término da jornada do empregado e os do transporte público regular é circunstância que também gera o direito às horas *in itinere*.

III – A mera insuficiência de transporte público não enseja o pagamento de horas *in itinere*.

IV – Se houver transporte público regular em parte do trajeto percorrido em condução da empresa, as horas *in itinere* remuneradas limitam-se ao trecho não alcançado pelo transporte público.

V – Considerando que as horas *in itinere* são computáveis na jornada de trabalho, o tempo que extrapola a jornada legal é considerado como extraordinário e sobre ele deve incidir o adicional respectivo.

► Redação dada pela Res. do TST nº 129, de 5-4-2005 (*DJU* de 20-4-2005).

91. Salário complessivo. Nula é a cláusula contratual que fixa determinada importância ou percentagem para atender englobadamente vários direitos legais ou contratuais do trabalhador.

92. Aposentadoria. O direito à complementação de aposentadoria, criado pela empresa, com requisitos próprios, não se altera pela instituição de benefício previdenciário por órgão oficial.

► OJ da SBDI-I Transitória nº 69 do TST.

93. Bancário. Integra a remuneração do bancário a vantagem pecuniária por ele auferida na colocação ou na venda de papéis ou valores mobiliários de empresas pertencentes ao mesmo grupo econômico, se exercida essa atividade no horário e local de trabalho e com o consentimento, tácito ou expresso, do banco empregador.

94 e 95. *Canceladas*. Res. do TST nº 121, de 28-10-2003 (*DJU* de 21-11-2003).

96. Marítimo. A permanência do tripulante a bordo do navio, no período de repouso, além da jornada, não importa presunção de que esteja à disposição do empregador ou em regime de prorrogação de horário, circunstâncias que devem resultar provadas, dada a natureza do serviço.

97. Aposentadoria. Complementação. Instituída complementação de aposentadoria, por ato da empresa, expressamente dependente de regulamentação, as condições desta devem ser observadas como parte integrante da norma.

▸ OJ da SBDI-I Transitória nº 69 do TST.

98. FGTS. Indenização. Equivalência. Compatibilidade.

I – A equivalência entre os regimes do Fundo de Garantia do Tempo de Serviço e da estabilidade prevista na CLT é meramente jurídica e não econômica, sendo indevidos valores a título de reposição de diferenças.

II – A estabilidade contratual ou a derivada de regulamento de empresa são compatíveis com o regime do FGTS. Diversamente ocorre com a estabilidade legal (decenal, art. 492 da CLT), que é renunciada com a opção pelo FGTS.

▸ Redação dada pela Res. do TST nº 129, de 5-4-2005 (*DJU* de 20-4-2005).

99. Ação rescisória. Deserção. Prazo. Havendo recurso ordinário em sede de rescisória, o depósito recursal só é exigível quando for julgado procedente o pedido e imposta condenação em pecúnia, devendo este ser efetuado no prazo recursal, no limite e nos termos da legislação vigente, sob pena de deserção.

▸ Redação dada pela Res. do TST nº 137, de 4-8-2005 (*DJU* de 22-8-2005).

100. Ação rescisória. Decadência.

I – O prazo de decadência, na ação rescisória, conta-se do dia imediatamente subsequente ao trânsito em julgado da última decisão proferida na causa, seja de mérito ou não.

II – Havendo recurso parcial no processo principal, o trânsito em julgado dá-se em momentos e em tribunais diferentes, contando-se o prazo decadencial para a ação rescisória do trânsito em julgado de cada decisão, salvo se o recurso tratar de preliminar ou prejudicial que possa tornar insubsistente a decisão recorrida, hipótese em que flui a decadência a partir do trânsito em julgado da decisão que julgar o recurso parcial.

III – Salvo se houver dúvida razoável, a interposição de recurso intempestivo ou a interposição de recurso incabível não protrai o termo inicial do prazo decadencial.

IV – O juízo rescindente não está adstrito à certidão de trânsito em julgado juntada com a ação rescisória, podendo formar sua convicção através de outros elementos dos autos quanto à antecipação ou postergação do *dies a quo* do prazo decadencial.

V – O acordo homologado judicialmente tem força de decisão irrecorrível, na forma do art. 831 da CLT. Assim sendo, o termo conciliatório transita em julgado na data da sua homologação judicial.

VI – Na hipótese de colusão das partes, o prazo decadencial da ação rescisória somente começa a fluir para o Ministério Público, que não interveio no processo principal, a partir do momento em que tem ciência da fraude.

VII – Não ofende o princípio do duplo grau de jurisdição a decisão do TST que, após afastar a decadência em sede de recurso ordinário, aprecia desde logo a lide, se a causa versar questão exclusivamente de direito e estiver em condições de imediato julgamento.

VIII – A exceção de incompetência, ainda que oposta no prazo recursal, sem ter sido aviado o recurso próprio, não tem o condão de afastar a consumação da coisa julgada e, assim, postergar o termo inicial do prazo decadencial para a ação rescisória.

IX – Prorroga-se até o primeiro dia útil, imediatamente subsequente, o prazo decadencial para ajuizamento de ação rescisória quando expira em férias forenses, feriados, finais de semana ou em dia em que não houver expediente forense. Aplicação do art. 775 da CLT.

X – Conta-se o prazo decadencial da ação rescisória, após o decurso do prazo legal previsto para a interposição do recurso extraordinário, apenas quando esgotadas todas as vias recursais ordinárias.

▸ Redação dada pela Res. do TST nº 137, de 4-8-2005 (*DJU* de 22-8-2005).

101. Diárias de viagem. Salário. Integram o salário, pelo seu valor total e para efeitos indenizatórios, as diárias de viagem que excedam a 50% (cinquenta por cento) do salário do empregado, enquanto perdurarem as viagens.

▸ Redação dada pela Res. do TST nº 129, de 5-4-2005 (*DJU* de 20-4-2005).

102. Bancário. Cargo de confiança.

I – A configuração, ou não, do exercício da função de confiança a que se refere o art. 224, § 2º, da CLT, dependente da prova das reais atribuições do empregado, é insuscetível de exame mediante recurso de revista ou de embargos.

II – O bancário que exerce a função a que se refere o § 2º do art. 224 da CLT e recebe gratificação não inferior a um terço de seu salário já tem remuneradas as duas horas extraordinárias excedentes de seis.

III – Ao bancário exercente de cargo de confiança previsto no artigo 224, § 2º, da CLT são devidas as 7ª e 8ª horas, como extras, no período em que se verificar o pagamento a menor da gratificação de 1/3.

IV – O bancário sujeito à regra do art. 224, § 2º, da CLT cumpre jornada de trabalho de 8 (oito) horas, sendo extraordinárias as trabalhadas além da oitava.

V – O advogado empregado de banco, pelo simples exercício da advocacia, não exerce cargo de confiança, não se enquadrando, portanto, na hipótese do § 2º do art. 224 da CLT.

VI – O caixa bancário, ainda que caixa executivo, não exerce cargo de confiança. Se perceber gratificação igual ou superior a um terço do salário do posto efetivo, essa remunera apenas a maior responsabilidade do cargo e não as duas horas extraordinárias além da sexta.

VII – O bancário exercente de função de confiança, que percebe a gratificação não inferior ao terço legal, ainda que norma coletiva contemple percentual superior, não tem direito às sétima e oitava horas como extras, mas tão somente às diferenças de gratificação de função, se postuladas.

► Redação dada pela Res. do TST nº 129, de 5-4-2005 (*DJU* de 20-4-2005).

► OJ da SBDI-I Transitória nº 70 do TST.

103 a 105. *Canceladas*. Res. do TST nº 121, de 28-10-2003 (*DJU* de 21-11-2003).

106. *Cancelada*. Res. nº 157 do TST, de 31-8-2009 (*DJU* de 4-9-2009).

107. *Cancelada*. Res. do TST nº 9 (*DJU* de 14-4-1989).

► Súm. nº 299 do TST.

108. *Cancelada*. Res. do TST nº 85, de 13-8-1998 (*DJU* de 20-8-1998).

109. Gratificação de função. O bancário não enquadrado no § 2º do art. 224 da CLT, que receba gratificação de função, não pode ter o salário relativo a horas extraordinárias compensado com o valor daquela vantagem.

► Redação dada pela Res. Adm. do TST nº 97, de 10-9-1980 (*DJU* de 19-9-1980).

110. Jornada de trabalho. Intervalo. No regime de revezamento, as horas trabalhadas em seguida ao repouso semanal de vinte e quatro horas, com prejuízo do intervalo mínimo de onze horas consecutivas para descanso entre jornadas, devem ser remuneradas como extraordinárias, inclusive com o respectivo adicional.

111. Incorporada à Súmula nº 6 do TST.

112. Trabalho noturno. Petróleo. O trabalho noturno dos empregados nas atividades de exploração, perfuração, produção e refinação do petróleo, industrialização do xisto, indústria petroquímica e transporte de petróleo e seus derivados, por meio de dutos, é regulado pela Lei nº 5.811, de 11-10-1972, não se lhe aplicando a hora reduzida de cinquenta e dois minutos e trinta segundos prevista no art. 73, § 2º, da CLT.

113. Bancário. Sábado. Dia útil. O sábado do bancário é dia útil não trabalhado, não dia de repouso remunerado. Não cabe a repercussão do pagamento de horas extras habituais em sua remuneração.

114. Prescrição intercorrente. É inaplicável na Justiça do Trabalho a prescrição intercorrente.

115. Horas extras. Gratificações semestrais. O valor das horas extras habituais integra a remuneração do trabalhador para o cálculo das gratificações semestrais.

► Redação dada pela Res. do TST nº 121, de 28-10-2003 (*DJU* de 21-11-2003).

116. *Cancelada*. Res. do TST nº 121, de 28-10-2003 (*DJU* de 21-11-2003).

117. Bancário. Categoria diferenciada. Não se beneficiam do regime legal relativo aos bancários os empregados de estabelecimento de crédito pertencentes a categorias profissionais diferenciadas.

118. Jornada de trabalho. Horas extras. Os intervalos concedidos pelo empregador na jornada de trabalho, não previstos em lei, representam tempo à disposição da empresa, remunerados como serviço extraordinário, se acrescidos ao final da jornada.

119. Jornada de trabalho. Os empregados de empresas distribuidoras e corretoras de títulos e valores mobiliários não têm direito à jornada especial dos bancários.

120. Incorporada à Súm. nº 6 do TST.

121. *Cancelada*. Res. do TST nº 121, de 28-10-2003 (*DJU* de 21-11-2003).

122. Revelia. Atestado médico. A reclamada, ausente à audiência em que deveria apresentar defesa, é revel, ainda que presente seu advogado munido de procuração, podendo ser ilidida a revelia mediante a apresentação de atestado médico, que deverá declarar, expressamente, a impossibilidade de locomoção do empregador ou do seu preposto no dia da audiência.

▸ Redação dada pela Res. do TST nº 129, de 5-4-2005 (*DJU* de 20-4-2005).

123. *Cancelada*. Res. do TST nº 121, de 28-10-2003 (*DJU* de 21-11-2003).

124. Bancário. Salário-hora. Divisor.

I – o divisor aplicável para o cálculo das horas extras do bancário será:

a) 180, para os empregados submetidos à jornada de seis horas prevista no *caput* do art. 224 da CLT;

b) 220, para os empregados submetidos à jornada de oito horas nos termos do § 2º do art. 224 da CLT.

II – Ressalvam-se da aplicação do item anterior as decisões de mérito sobre o tema, qualquer que seja o seu teor, emanadas de Turma do TST ou da SBDI-I, no período de 27-9-2012 até 21-11-2016, conforme a modulação aprovada no precedente obrigatório firmado no Incidente de Recursos de Revista Repetitivos nº TST-IRR-849-83.2013.5.03.0138, *DEJT* 19-12-2016.

▸ Redação dada pela Res. do TST nº 219, de 26-6-2017 (*DJe* de 28-6-2017).

125. Contrato de trabalho. Art. 479 da CLT. O art. 479 da CLT aplica-se ao trabalhador optante pelo FGTS admitido mediante contrato por prazo determinado, nos termos do artigo 30, § 3º, do Decreto nº 59.820, de 20-12-1966.

126. Recurso. Cabimento. Incabível o recurso de revista ou de embargos (arts. 896 e 894, *b*, da CLT) para reexame de fatos e provas.

127. Quadro de carreira. Quadro de pessoal organizado em carreira, aprovado pelo órgão competente, excluída a hipótese de equiparação salarial, não obsta reclamação fundada em preterição, enquadramento ou reclassificação.

128. Depósito recursal.

I – É ônus da parte recorrente efetuar o depósito legal, integralmente, em relação a cada novo recurso interposto, sob pena de deserção. Atingido o valor da condenação, nenhum depósito mais é exigido para qualquer recurso.

II – Garantido o juízo, na fase executória, a exigência de depósito para recorrer de qualquer decisão viola os incisos II e LV do art. 5º da CF/1988. Havendo, porém, elevação do valor do débito, exige-se a complementação da garantia do juízo.

III – Havendo condenação solidária de duas ou mais empresas, o depósito recursal efetuado por uma delas aproveita as demais, quando a empresa que efetuou o depósito não pleiteia sua exclusão da lide.

▸ Redação dada pela Res. do TST nº 129, de 5-4-2005 (*DJU* de 20-4-2005).

129. Contrato de trabalho. Grupo econômico. A prestação de serviços a mais de uma empresa do mesmo grupo econômico, durante a mesma jornada de trabalho, não caracteriza a coexistência de mais de um contrato de trabalho, salvo ajuste em contrário.

130 e 131. *Canceladas*. Res. do TST nº 121, de 28-10-2003 (*DJU* de 21-11-2003).

132. Adicional de periculosidade. Integração.

I – O adicional de periculosidade, pago em caráter permanente, integra o cálculo de indenização e de horas extras.

II – Durante as horas de sobreaviso, o empregado não se encontra em condições de risco, razão pela qual é incabível a integração do adicional de periculosidade sobre as mencionadas horas.

▸ Redação dada pela Res. do TST nº 129, de 5-4-2005 (*DJU* de 20-4-2005).

133 e 134. *Canceladas*. Res. do TST nº 121, de 28-10-2003 (*DJU* de 21-11-2003).

135. Incorporada à Súm. nº 6 do TST.

136. *Cancelada*. Res. do TST nº 185, de 14-9-2012.

137. *Cancelada*. Res. do TST nº 121, de 28-10-2003 (*DJU* de 21-11-2003).

138. Readmissão. Em caso de readmissão, conta-se a favor do empregado o período de serviço anterior, encerrado com a saída espontânea.

139. Adicional de Insalubridade. Enquanto percebido, o adicional de insalubridade integra a remuneração para todos os efeitos legais.

► Redação dada pela Res. do TST nº 129, de 5-4-2005 (*DJU* de 20-4-2005).

140. Vigia. É assegurado ao vigia sujeito ao trabalho noturno o direito ao respectivo adicional.

141 e 142. *Canceladas*. Res. do TST nº 121, de 28-10-2003 (*DJU* de 21-11-2003).

143. Salário profissional. O salário profissional dos médicos e dentistas guarda proporcionalidade com as horas efetivamente trabalhadas, respeitado o mínimo de cinquenta horas mensais.

144 e 145. *Canceladas*. Res. do TST nº 121, de 28-10-2003 (*DJU* de 21-11-2003).

146. Trabalho em domingos e feriados, não compensado. O trabalho prestado em domingos e feriados, não compensado, deve ser pago em dobro, sem prejuízo da remuneração relativa ao repouso semanal.

► Redação dada pela Res. do TST nº 121, de 28-10-2003 (*DJU* de 21-11-2003).

147. *Cancelada*. Res. do TST nº 121, de 28-10-2003 (*DJU* de 21-11-2003).

148. Gratificação natalina. É computável a gratificação de Natal para efeito de cálculo da indenização.

149. Tarefeiro. Férias. A remuneração das férias do tarefeiro deve ser calculada com base na média da produção do período aquisitivo, aplicando-se-lhe a tarifa da data da concessão.

150 e 151. *Canceladas*. Res. do TST nº 121, de 28-10-2003 (*DJU* de 21-11-2003).

152. Gratificação. Ajuste tácito. O fato de constar do recibo de pagamento de gratificação o caráter de liberalidade não basta, por si só, para excluir a existência de um ajuste tácito.

153. Prescrição. Não se conhece de prescrição não arguida na instância ordinária.

154. *Cancelada*. Res. do TST nº 121, de 28-10-2003 (*DJU* de 21-11-2003).

155. Ausência ao serviço. As horas em que o empregado falta ao serviço para comparecimento necessário, como parte, à Justiça do Trabalho não serão descontadas de seus salários.

156. Prescrição. Prazo. Da extinção do último contrato começa a fluir o prazo prescricional do direito de ação em que se objetiva a soma de períodos descontínuos de trabalho.

157. Gratificação. A gratificação instituída pela Lei nº 4.090, de 13-7-1962 é devida na resilição contratual de iniciativa do empregado.

158. Ação rescisória. Da decisão de Tribunal Regional do Trabalho, em ação rescisória, é cabível recurso ordinário para o Tribunal Superior do Trabalho, em face da organização judiciária trabalhista.

159. Substituição de caráter não eventual e vacância do cargo.

I – Enquanto perdurar a substituição que não tenha caráter meramente eventual, inclusive nas férias, o empregado substituto fará jus ao salário-contratual do substituído.

II – Vago o cargo em definitivo, o empregado que passa a ocupá-lo não tem direito a salário igual ao do antecessor.

► Redação dada pela Res. do TST nº 129, de 5-4-2005 (*DJU* de 20-4-2005).

► Súm. nº 204 do STF.

160. Aposentadoria por invalidez. Cancelada a aposentadoria por invalidez, mesmo após cinco anos, o trabalhador terá direito de retornar ao emprego, facultado, porém, ao empregador, indenizá-lo na forma da lei.

161. Depósito. Condenação a pagamento em pecúnia. Se não há condenação a pagamento em pecúnia, descabe o depósito de que tratam os §§ 1º e 2º do art. 899 da CLT.

162. *Cancelada*. Res. nº 59, de 20-6-1996 (*DJU* de 28-6-1996).

163. Aviso prévio. Contrato de experiência. Cabe aviso prévio nas rescisões antecipadas dos contratos de experiência, na forma do art. 481 da CLT.

164. *Cancelada*. Res. do TST nº 210, 27-6-2016 (*DJe* 30-6-2016).

165. *Cancelada*. Res. do TST nº 87, de 8-10-1998 (*DJU* de 15-10-1998).

166. Incorporada à Súm. nº 102 do TST.

167. *Cancelada*. Res. do TST nº 121, de 28-10-2003 (*DJU* de 21-11-2003).

168. *Cancelada*. Res. do TST nº 4, de 10-4-1989 (*DJU* de 14-4-1989).

► Súm. nº 294 do TST.

169. *Cancelada*. Res. do TST nº 121, de 28-10-2003 (*DJU* de 21-11-2003).

170. Sociedade de economia mista. Custas. Os privilégios e isenções no foro da Justiça do

Trabalho não abrangem as sociedades de economia mista, ainda que gozassem desses benefícios anteriormente ao Decreto-Lei nº 779, de 21-8-1969.

171. Férias proporcionais. Contrato de trabalho. Extinção. Salvo na hipótese de dispensa do empregado por justa causa, a extinção do contrato de trabalho sujeita o empregador ao pagamento da remuneração das férias proporcionais, ainda que incompleto o período aquisitivo de 12 (doze) meses (art. 147 da CLT).

▶ Redação dada pela Res. do TST nº 121, de 28-10-2003 (*DJU* de 21-11-2003), republicada no *DOU* de 5-5-2004.

172. Repouso remunerado. Horas extras. Cálculo. Computam-se no cálculo do repouso remunerado as horas extras habitualmente prestadas.

173. Salário. Empresa. Cessação de atividades. Extinto, automaticamente, o vínculo empregatício com a cessação das atividades da empresa, os salários só são devidos até a data da extinção.

174 e 175. *Canceladas*. Res. do TST nº 121, de 28-10-2003 (*DJU* de 21-11-2003).

176. *Cancelada*. Res. do TST nº 130, de 5-5-2005 (*DJU* de 13-5-2005).

177. *Cancelada*. Res. do TST nº 121, de 28-10-2003 (*DJU* de 21-11-2003).

178. Telefonista. Art. 227 e parágrafos da CLT. Aplicabilidade. É aplicável à telefonista de mesa de empresa que não explora o serviço de telefonia o disposto no artigo 227, e seus parágrafos, da CLT.

179 a 181. *Canceladas*. Res. do TST nº 121, de 28-10-2003 (*DJU* de 21-11-2003).

182. Aviso prévio. Indenização compensatória. Lei nº 6.708, de 30-10-1979. O tempo do aviso prévio, mesmo indenizado, conta-se para efeito da indenização adicional do artigo 9º da Lei nº 6.708, de 30-10-1979.

183. *Cancelada*. Res. do TST nº 121, de 28-10-2003 (*DJU* de 21-11-2003).

184. Embargos declaratórios. Omissão em recurso de revista. Preclusão. Ocorre preclusão se não forem opostos embargos declaratórios para suprir omissão apontada em recurso de revista ou de embargos.

185. *Cancelada*. Res. do TST nº 121, de 28-10-2003 (*DJU* de 21-11-2003).

186. Licença-prêmio. Conversão em pecúnia. Regulamento da empresa. A licença-prêmio, na vigência do contrato de trabalho, não pode ser convertida em pecúnia, salvo se expressamente admitida a conversão no regulamento da empresa.

▶ Redação dada pela Res. do TST nº 121, de 28-10-2003 (*DJU* de 21-11-2003).

187. Correção monetária. Incidência. A correção monetária não incide sobre o débito do trabalhador reclamante.

188. Contrato de trabalho. Experiência. Prorrogação. O contrato de experiência pode ser prorrogado, respeitado o limite máximo de noventa dias.

189. Greve. Competência da Justiça do Trabalho. Abusividade. A Justiça do Trabalho é competente para declarar a abusividade, ou não, da greve.

▶ Redação dada pela Res. do TST nº 121, de 28-10-2003 (*DJU* de 21-11-2003).

190. Poder normativo do TST. Condições de trabalho. Inconstitucionalidade. Decisões contrárias ao STF. Ao julgar ou homologar ação coletiva ou acordo nela havido, o Tribunal Superior do Trabalho exerce o poder normativo constitucional, não podendo criar ou homologar condições de trabalho que o Supremo Tribunal Federal julgue iterativamente inconstitucionais.

191. Adicional de periculosidade. Incidência. Base de cálculo.

I – O adicional de periculosidade incide apenas sobre o salário básico e não sobre este acrescido de outros adicionais.

II – O adicional de periculosidade do empregado eletricitário, contratado sob a égide da Lei nº 7.369/1985, deve ser calculado sobre a totalidade das parcelas de natureza salarial. Não é válida norma coletiva mediante a qual se determina a incidência do referido adicional sobre o salário básico.

III – A alteração da base de cálculo do adicional de periculosidade do eletricitário promovida pela Lei nº 12.740/2012 atinge somente contrato de trabalho firmado a partir de sua vigência, de modo que, nesse caso, o cálculo será realizado exclusivamente sobre o salário básico, conforme determina o § 1º do art. 193 da CLT.

▶ Redação dada pela Res. do TST nº 214, de 28-11-2016.

192. Ação rescisória. Competência.

I – Se não houver o conhecimento de recurso de revista ou de embargos, a competência para julgar ação que vise a rescindir a decisão de mérito é do Tribunal Regional do Trabalho, ressalvado o disposto no item II.

II – Acórdão rescindendo do Tribunal Superior do Trabalho que não conhece de recurso de embargos ou de revista, analisando arguição de violação de dispositivo de lei material ou decidindo em consonância com súmula de direito material ou com iterativa, notória e atual jurisprudência de direito material da Seção de Dissídios Individuais (Súmula nº 333), examina o mérito da causa, cabendo ação rescisória da competência do Tribunal Superior do Trabalho. (ex-Súmula nº 192 – alterada pela Res. 121/2003, *DJ* 21-11-2003).

III – Sob a égide do art. 512 do CPC de 1973, é juridicamente impossível o pedido explícito de desconstituição de sentença quando substituída por acórdão do Tribunal Regional ou superveniente sentença homologatória de acordo que puser fim ao litígio.

IV – Na vigência do CPC de 1973, é manifesta a impossibilidade jurídica do pedido de rescisão de julgado proferido em agravo de instrumento que, limitando-se a aferir o eventual desacerto do juízo negativo de admissibilidade do recurso de revista, não substitui o acórdão regional, na forma do art. 512 do CPC. (ex-OJ nº 105 da SBDI-2 – *DJ* 29-4-2003).

V – A decisão proferida pela SBDI, em agravo regimental, calcada na Súmula nº 333, substitui acórdão de Turma do TST, porque emite juízo de mérito, comportando, em tese, o corte rescisório. (ex- OJ nº 133 da SBDI-2 – *DJ* 4-5-2004).

▶ Redação dada pela Res. do TST nº 212, de 19-9-2016 (*DJe* de 20-9-2016).

193. *Cancelada*. Res. do TST nº 105, de 7-12-2000 (*DJU* de 18-12-2000).

194. *Cancelada*. Res. do TST nº 142, de 27-10-2007 (*DJU* de 10-10-2007).

195 e 196. *Canceladas*. Res. do TST nº 121, de 28-10-2003 (*DJU* de 21-11-2003).

197. Prazo. O prazo para recurso da parte que, intimada, não comparecer à audiência em prosseguimento para a prolação da sentença conta-se de sua publicação.

198. *Cancelada*. Res. do TST nº 4, de 10-4-1989 (*DJU* de 14-4-1989).

▶ Súm. nº 294 do TST.

199. Bancário. Pré-contratação de horas extras.

I – A contratação do serviço suplementar, quando da admissão do trabalhador bancário, é nula. Os valores assim ajustados apenas remuneram a jornada normal, sendo devidas as horas extras com o adicional de, no mínimo, 50% (cinquenta por cento), as quais não configuram pré-contratação, se pactuadas após a admissão do bancário.

II – Em se tratando de horas extras pré-contratadas, opera-se a prescrição total se a ação não for ajuizada no prazo de cinco anos, a partir da data em que foram suprimidas.

▶ Redação dada pela Res. do TST nº 129, de 5-4-2005 (*DJU* de 20-4-2005).

200. Juros de mora. Incidência. Os juros de mora incidem sobre a importância da condenação já corrigida monetariamente.

201. Recurso ordinário em mandado de segurança. Da decisão do Tribunal Regional do Trabalho em mandado de segurança cabe recurso ordinário, no prazo de oito dias, para o Tribunal Superior do Trabalho, e igual dilação para o recorrido e interessados apresentarem razões de contrariedade.

202. Gratificação por tempo de serviço. Compensação. Existindo, ao mesmo tempo, gratificação por tempo de serviço outorgada pelo empregador e outra da mesma natureza prevista em acordo coletivo, convenção coletiva ou sentença normativa, o empregado tem direito a receber, exclusivamente, a que lhe seja mais benéfica.

203. Gratificação por tempo de serviço. Natureza salarial. A gratificação por tempo de serviço integra o salário para todos os efeitos legais.

204. Incorporada à Súmula nº 102 do TST.

205. *Cancelada*. Res. do TST nº 121, de 28-10-2003 (*DJU* de 21-11-2003).

206. FGTS. Incidência de parcelas prescritas. A prescrição da pretensão relativa às parcelas remuneratórias alcança o respectivo recolhimento da contribuição para o FGTS.

▶ Redação dada pela Res. do TST nº 121, de 28-10-2003 (*DJU* de 21-11-2003).

▶ Súm. nº 362 do TST.

207. *Cancelada*. Redação dada pela Res. do TST nº 181, de 16-4-2012 (*DJE* de 19-4-2012).

208. *Cancelada*. Res. do TST nº 59, de 20-6-1996 (*DJU* de 28-6-1996).

209. *Cancelada*. Res. Administrativa do TST nº 81, de 25-11-1985 (*DJU* de 3-12-1985).

210. *Cancelada*. Res. do TST nº 121, de 28-10-2003 (*DJU* de 21-11-2003).

211. Juros de mora e correção monetária. Independência do pedido inicial e do título executivo judicial. Os juros de mora e a correção monetária incluem-se na liquidação, ainda que omisso o pedido inicial ou a condenação.

212. Despedimento. Ônus da prova. O ônus de provar o término do contrato de trabalho, quando negados a prestação de serviço e o despedimento, é do empregador, pois o princípio da continuidade da relação de emprego constitui presunção favorável ao empregado.

213. *Cancelada*. Res. do TST nº 46, de 6-4-1995 (*DJU* de 20-4-1995).

214. Decisão Interlocutória. Irrecorribilidade. Na Justiça do Trabalho, nos termos do art. 893, § 1º, da CLT, as decisões interlocutórias não ensejam recurso imediato, salvo nas hipóteses de decisão:

a) de Tribunal Regional do Trabalho contrária à Súmula ou Orientação Jurisprudencial do Tribunal Superior do Trabalho;
b) suscetível de impugnação mediante recurso para o mesmo Tribunal;
c) que acolhe exceção de incompetência territorial, com a remessa dos autos para Tribunal Regional distinto daquele a que se vincula o juízo excepcionado, consoante o disposto no art. 799, § 2º, da CLT.

► Redação dada pela Res. do TST nº 127, de 3-3-2005 (*DJU* de 14-3-2005).

215. *Cancelada*. Res. do TST nº 28, de 27-4-1994 (*DJU* de 12-5-1994).

216. *Cancelada*. Res. do TST nº 87, de 8-10-1998 (*DJU* de 15-10-1998).

217. Depósito recursal. Credenciamento bancário. Prova dispensável. O credenciamento dos bancos para o fim de recebimento do depósito recursal é fato notório, independendo da prova.

218. Recurso de revista. Acórdão proferido em agravo de instrumento. É incabível recurso de revista interposto de acórdão regional prolatado em agravo de instrumento.

219. Honorários advocatícios. Hipótese de cabimento.

► Art. 6º da IN do TST nº 41, de 21-6-2018, que dispõe sobre a aplicação das normas processuais da CLT alteradas pela Lei nº 13.467, de 13-7-2017.

I – Na Justiça do Trabalho, a condenação ao pagamento de honorários advocatícios não decorre pura e simplesmente da sucumbência, devendo a parte, concomitantemente:

► *Caput* do item I com redação dada pela Res. do TST nº 204, de 15-3-2016 (*DJe* de 17-3-2016).

a) estar assistida por sindicato da categoria profissional;
b) comprovar a percepção de salário inferior ao dobro do salário mínimo ou encontrar-se em situação econômica que não lhe permita demandar sem prejuízo do próprio sustento ou da respectiva família.

► Alíneas *a* e *b* com a redação dada pela Res. do TST nº 197, de 12-5-2015.

► Art. 14, § 1º, da Lei nº 5.584, de 26-6-1970.

II – É cabível a condenação ao pagamento de honorários advocatícios em ação rescisória no processo trabalhista.

III – São devidos os honorários advocatícios nas causas em que o ente sindical figure como substituto processual e nas lides que não derivem da relação de emprego.

► Redação dada pela Res. do TST nº 174, de 24-5-2011 (*DJE* de 27-5-2011).

IV – Na ação rescisória e nas lides que não derivem de relação de emprego, a responsabilidade pelo pagamento dos honorários advocatícios da sucumbência submete-se à disciplina do Código de Processo Civil (arts. 85, 86, 87 e 90).

► Item IV inserido pela Res. do TST nº 204, de 15-3-2016 (*DJe* de 17-3-2016).

V – Em caso de assistência judiciária sindical ou de substituição processual sindical, excetuados os processos em que a Fazenda Pública for parte, os honorários advocatícios são devidos entre o mínimo de dez e o máximo de vinte por cento sobre o valor da condenação, do proveito econômico obtido ou, não sendo possível mensurá-lo, sobre o valor atualizado da causa (CPC de 2015, art. 85, § 2º).

► Item V inserido pela Res. do TST nº 204, de 15-3-2016 (*DJe* de 17-3-2016).

VI – Nas causas em que a Fazenda Pública for parte, aplicar-se-ão os percentuais específicos de honorários advocatícios contemplados no Código de Processo Civil.

► Item VI inserido pela Res. do TST nº 204, de 15-3-2016 (*DJe* de 17-3-2016).

220. *Cancelada*. Res. do TST nº 55, de 11-4-1996 (*DJU* de 19-4-1996).

221. Recurso de Revista. Violação de lei. Indicação de preceito. A admissibilidade do recurso de revista por violação tem como pressuposto a indicação expressa do dispositivo de lei ou da Constituição tido como violado.

► Redação dada pela Res. do TST nº 185, de 14-9-2012.

222. *Cancelada*. Res. do TST nº 84, de 13-8-1998 (*DJU* de 20-8-1998).

223 e 224. *Canceladas*. Res. do TST nº 121, de 28-10-2003 (*DJU* de 21-11-2003).

225. Repouso semanal. Cálculo. Gratificação por tempo de serviço e produtividade. As gratificações por tempo de serviço e produtividade, pagas mensalmente, não repercutem no cálculo do repouso semanal remunerado.

226. Bancário. Gratificação por tempo de serviço. Integração no cálculo das horas extras. A gratificação por tempo de serviço integra o cálculo das horas extras.

227. *Cancelada*. Res. do TST nº 121, de 28-10-2003 (*DJU* de 21-11-2003).

228. Adicional de insalubridade. Base de cálculo. Súmula cuja eficácia está suspensa por decisão liminar do Supremo Tribunal Federal. A partir de 9 de maio de 2008, data da publicação da Súmula Vinculante nº 4 do Supremo Tribunal Federal, o adicional de insalubridade será calculado sobre o salário básico, salvo critério mais vantajoso fixado em instrumento coletivo.

► Redação dada pela Res. do TST nº 148, de 26-6-2008 (*DJU* de 4-7-2008 e republicada no *DJU* de 8-7-2008).

► Res. do TST nº 185, de 14-9-2012, acrescenta o adendo a esta Súmula: "Súmula cuja eficácia está suspensa por decisão liminar do Supremo Tribunal Federal".

► O STF, na Rcl nº 6.266-0, deferiu a medida liminar para suspender a aplicação desta Súmula na parte em que permite a utilização do salário básico para calcular o adicional de insalubridade (*DJE* de 5-8-2009).

229. Sobreaviso. Eletricitários. Por aplicação analógica do art. 244, § 2º, da CLT, as horas de sobreaviso dos eletricitários são remuneradas à base de 1/3 sobre a totalidade das parcelas de natureza salarial.

► Redação dada pela Res. do TST nº 121, de 28-10-2003 (*DJU* de 21-11-2003).

230. Aviso prévio. Substituição pelo pagamento das horas reduzidas da jornada de trabalho. É ilegal substituir o período que se reduz da jornada de trabalho, no aviso prévio, pelo pagamento das horas correspondentes.

231. *Cancelada*. Res. do TST nº 121, de 28-10-2003 (*DJU* de 21-11-2003).

232. Incorporada à Súmula nº 102 do TST.

233 a 238. *Canceladas*. Res. do TST nº 121, de 28-10-2003 (*DJU* de 21-11-2003).

239. Bancário. Empregado de empresa de processamento de dados. É bancário o empregado de empresa de processamento de dados que presta serviço a banco integrante do mesmo grupo econômico, exceto quando a empresa de processamento de dados presta serviços a banco e a empresas não bancárias do mesmo grupo econômico ou a terceiros.

► Redação dada pela Res. do TST nº 129, de 5-4-2005 (*DJU* de 20-4-2005).

240. Bancário. Gratificação de função e adicional por tempo de serviço. O adicional por tempo de serviço integra o cálculo da gratificação prevista no artigo 224, § 2º, da CLT.

241. Salário-utilidade. Alimentação. O vale para refeição, fornecido por força do contrato de trabalho, tem caráter salarial, integrando a remuneração do empregado, para todos os efeitos legais.

242. Indenização adicional. Valor. A indenização adicional, prevista no art. 9º da Lei nº 6.708, de 30-10-1979 e no art. 9º da Lei nº 7.238, de 28-10-1984, corresponde ao salário mensal, no valor devido na data da comunicação do despedimento, integrado pelos adicionais legais ou convencionados, ligados à unidade de tempo mês, não sendo computável a gratificação natalina.

243. Opção pelo regime trabalhista. Supressão das vantagens estatutárias. Exceto na hipótese de previsão contratual ou legal expressa, a opção do funcionário público pelo regime trabalhista implica a renúncia dos direitos inerentes ao sistema estatutário.

244. Gestante. Estabilidade provisória.

I – O desconhecimento do estado gravídico pelo empregador não afasta o direito ao pagamento da indenização decorrente da estabilidade (art. 10, II, *b*, do ADCT).

II – A garantia de emprego à gestante só autoriza a reintegração se esta se der durante o período de estabilidade. Do contrário, a garantia restringe-se aos salários e demais direitos correspondentes ao período de estabilidade.

III – A empregada gestante tem direito à estabilidade provisória prevista no art. 10, inciso II, alínea *b*, do Ato das Disposições Constitucionais Transitórias, mesmo na hipótese de admissão mediante contrato por tempo determinado.

► Redação dada pela Res. do TST nº 185, de 14-9-2012.

245. Depósito recursal. Prazo. O depósito recursal deve ser feito e comprovado no prazo alusivo ao recurso. A interposição antecipada deste não prejudica a dilação legal.

246. Ação de cumprimento. Trânsito em julgado da sentença normativa. É dispensável o trânsito em julgado da sentença normativa para propositura da ação de cumprimento.

247. Quebra de caixa. Natureza jurídica. A parcela paga aos bancários sob a denominação "quebra de caixa", possui natureza salarial, integrando o salário do prestador dos serviços, para todos os efeitos legais.

248. Adicional de insalubridade. Direito adquirido. A reclassificação ou descaracterização da insalubridade, por ato da autoridade competente, repercute na satisfação do respectivo adicional, sem ofensa a direito adquirido ou ao princípio da irredutibilidade salarial.

249 e 250. *Canceladas*. Res. do TST nº 121, de 28-10-2003 (*DJU* de 21-11-2003).

251. *Cancelada*. Res. do TST nº 33, de 4-5-1994 (*DJU* de 12-5-1994).

252. *Cancelada*. Res. do TST nº 121, de 28-10-2003 (*DJU* de 21-11-2003).

253. Gratificação semestral. Repercussões. A gratificação semestral não repercute no cálculo das horas extras, das férias e do aviso prévio, ainda que indenizados. Repercute, contudo, pelo seu duodécimo na indenização por antiguidade e na gratificação natalina.

► Redação dada pela Res. do TST nº 121, de 28-10-2003 (*DJU* de 21-11-2003).

254. Salário-família. Termo inicial da obrigação. O termo inicial do direito ao salário-família coincide com a prova da filiação. Se feita em juízo, corresponde à data de ajuizamento do pedido, salvo se comprovado que anteriormente o empregador se recusara a receber a respectiva certidão.

255 e 256. *Canceladas*. Res. do TST nº 121, de 28-10-2003 (*DJU* de 21-11-2003).

257. Vigilante. O vigilante, contratado diretamente por banco ou por intermédio de empresas especializadas, não é bancário.

258. Salário-utilidade. Percentuais. Os percentuais fixados em lei relativos ao salário *in natura* apenas se referem às hipóteses em que o empregado percebe salário mínimo, apurando-se, nas demais, o real valor da utilidade.

► Redação dada pela Res. do TST nº 121, de 28-10-2003 (*DJU* de 21-11-2003).

259. Termo de conciliação. Ação rescisória. Só por ação rescisória é impugnável o termo de conciliação previsto no parágrafo único do art. 831 da Consolidação das Leis do Trabalho.

260. *Cancelada*. Res. do TST nº 121, de 28-10-2003 (*DJU* de 21-11-2003).

261. Férias proporcionais. Pedido de demissão. Contrato vigente há menos de 1 (um) ano. O empregado que se demite antes de completar 12 (doze) meses de serviço tem direito a férias proporcionais.

► Redação dada pela Res. do TST nº 121, de 28-10-2003 (*DJU* de 21-11-2003).

262. Prazo judicial. Notificação ou intimação em sábado. Recesso forense.

I – Intimada ou notificada a parte no sábado, o início do prazo se dará no primeiro dia útil imediato e a contagem, no subsequente.

II – O recesso forense e as férias coletivas dos Ministros do Tribunal Superior do Trabalho suspendem os prazos recursais.

► Item II com a redação dada pela Res. do TST nº 194, de 19-5-2014 (*DJE* de 21-5-2014).

263. Petição inicial. Indeferimento. Instrução obrigatória deficiente. Salvo nas hipóteses do art. 330 do CPC de 2015 (art. 295 do CPC de 1973), o indeferimento da petição inicial, por encontrar-se desacompanhada de documento indispensável à propositura da ação ou não preencher outro requisito legal, somente é cabível se, após intimada para suprir a irregularidade em 15 (quinze) dias, mediante indicação precisa do que deve ser corrigido ou completado, a parte não o fizer (art. 321 do CPC de 2015).

► Redação dada pela Res. do TST nº 208, de 19-4-2016 (*DJe* de 22-4-2016).

264. Hora suplementar. Cálculo. A remuneração do serviço suplementar é composta do valor da hora normal, integrado por parcelas de natureza salarial e acrescido do adicional previsto em lei, contrato, acordo, convenção coletiva ou sentença normativa.

265. Adicional noturno. Alteração de turno de trabalho. Possibilidade de supressão. A transferência para o período diurno de trabalho implica a perda do direito ao adicional noturno.

266. Recurso de revista. Admissibilidade. Execução de sentença. A admissibilidade do recurso de revista interposto de acórdão proferido em agravo de petição, na liquidação de sentença ou em processo incidente na execução, inclusive os embargos de terceiro, depende de demonstração inequívoca de violência direta à Constituição Federal.

267. *Cancelada*. Res. do TST nº 121, de 28-10-2003 (*DJU* de 21-11-2003).

268. Prescrição. Interrupção. Ação trabalhista arquivada. A ação trabalhista, ainda que arquivada, interrompe a prescrição somente em relação aos pedidos idênticos.

► Redação dada pela Res. do TST nº 121, de 28-10-2003 (*DJU* de 21-11-2003).

269. Diretor eleito. Cômputo do período como tempo se serviço. O empregado eleito para ocupar cargo de diretor tem o respectivo contrato de trabalho suspenso, não se computando o tempo de serviço desse período, salvo se permanecer a subordinação jurídica inerente à relação de emprego.

270. *Cancelada*. Res. do TST nº 49, de 24-8-1995 (*DJU* de 30-8-1995).

271 a 273. *Canceladas*. Res. do TST nº 121, de 28-10-2003 (*DJU* de 21-11-2003).

274. Incorporada à Súmula nº 6 do TST.

275. Prescrição. Desvio de função e reenquadramento.

I – Na ação que objetive corrigir desvio funcional, a prescrição só alcança as diferenças salariais vencidas no período de 5 (cinco) anos que precedeu o ajuizamento.

II – Em se tratando de pedido de reenquadramento, a prescrição é total, contada da data do enquadramento do empregado.

► Redação dada pela Res. do TST nº 129, de 5-4-2005 (*DJU* de 20-4-2005).

276. Aviso prévio. Renúncia pelo empregado. O direito ao aviso prévio é irrenunciável pelo empregado. O pedido de dispensa de cumprimento não exime o empregador de pagar o respectivo valor, salvo comprovação de haver o prestador dos serviços obtido novo emprego.

277. Convenção coletiva de trabalho ou acordo coletivo de trabalho. Eficácia. Ultratividade. As cláusulas normativas dos acordos coletivos ou convenções coletivas integram os contratos individuais de trabalho e somente poderão ser modificadas ou suprimidas mediante negociação coletiva de trabalho.

► Redação dada pela Res. do TST nº 185, de 14-9-2012.

278. Embargos de declaração. Omissão no julgado. A natureza da omissão suprida pelo julgamento de embargos declaratórios pode ocasionar efeito modificativo no julgado.

279. Recurso contra sentença normativa. Efeito suspensivo. Cassação. A cassação de efeito suspensivo concedido a recurso interposto de sentença normativa retroage à data do despacho que o deferiu.

280. *Cancelada*. Res. do TST nº 2, de 19-12-1990 (*DJU* de 10-1-1991).

281. *Cancelada*. Res. do TST nº 121, de 28-10-2003 (*DJU* de 21-11-2003).

282. Abono de faltas. Serviço médico da empresa. Ao serviço médico da empresa ou ao mantido por esta última mediante convênio, compete abonar os primeiros 15 (quinze) dias de ausência ao trabalho.

283. Recurso adesivo. Pertinência no processo do trabalho. Correlação de matérias. O recurso adesivo é compatível com o processo do trabalho e cabe, no prazo de 8 (oito) dias, nas hipóteses de interposição de recurso ordinário, de agravo de petição, de revista e de embargos, sendo desnecessário que a matéria nele veiculada esteja relacionada com a do recurso interposto pela parte contrária.

284. *Cancelada*. Res. do TST nº 121, de 28-10-2003 (*DJU* de 21-11-2003).

285. *Cancelada*. Res. do TST nº 204, de 15-3-2016 (*DJe* de 17-3-2016).

286. Sindicato. Substituição processual. Convenção e acordos coletivos. A legitimidade do sindicato para propor ação de cumprimento estende-se também à observância de acordo ou de convenção coletivos.

► Redação dada pela Res. do TST nº 98, de 11-9-2000 (*DJU* de 18-9-2000).

287. Jornada de trabalho. Gerente bancário. A jornada de trabalho do empregado de banco gerente de agência é regida pelo art. 224, § 2º, da CLT. Quanto ao gerente geral de agência bancária, presume-se o exercício de encargo de gestão, aplicando-se-lhe o art. 62 da CLT.

► Redação dada pela Res. do TST nº 121, de 28-10-2003 (*DJU* de 21-11-2003).

288. Complementação dos proventos da aposentadoria.

I – A complementação dos proventos de aposentadoria, instituída, regulamentada e paga diretamente pelo empregador, sem vínculo com as entidades de previdência privada fechada, é regida pelas normas em vigor na data de admissão do empregado, ressalvadas as alterações que forem mais benéficas (art. 468 da CLT).

► Item I com a redação dada pela Res. do TST nº 207, de 12-4-2016 (*DJe* de 18-4-2016).

► OJ da SBDI-I Transitória nº 76 do TST.

II – Na hipótese de coexistência de dois regulamentos de planos de previdência complementar, instituídos pelo empregador ou por entidade de previdência privada, a opção do beneficiário por um deles tem efeito jurídico de renúncia às regras do outro.

► Item II com a redação dada pela Res. do TST nº 193, de 11-12-2013 (*DJe* de 18-4-2016).

► OJ da SBDI-I Transitória nº 76 do TST.

III – Após a entrada em vigor das Leis Complementares nºs 108 e 109, de 29/05/2001, reger-se-á a complementação dos proventos de aposentadoria pelas normas vigentes na data da implementação dos requisitos para obtenção do benefício, ressalvados o direito adquirido do participante que anteriormente implementara os requisitos para o benefício e o direito acumulado do empregado que até então não preenchera tais requisitos.

IV – O entendimento da primeira parte do item III aplica-se aos processos em curso no Tribunal Superior do Trabalho em que, em 12/04/2016, ainda não haja sido proferida decisão de mérito por suas Turmas e Seções.

► Itens III e IV acrescidos pela do TST nº 207, de 12-4-2016 (*DJe* de 18-4-2016).

289. Insalubridade. Adicional. Fornecimento do aparelho de proteção. Efeito. O simples fornecimento do aparelho de proteção pelo empregador não o exime do pagamento do adicional de insalubridade. Cabe-lhe tomar as medidas que conduzam à diminuição ou eliminação da nocividade, entre as quais as relativas ao uso efetivo do equipamento pelo empregado.

290. *Cancelada*. Res. do TST nº 121, de 28-10-2003 (*DJU* de 21-11-2003).

291. Horas extras. Habitualidade. Supressão. Indenização. A supressão total ou parcial, pelo empregador, de serviço suplementar prestado com habitualidade, durante pelo menos 1 (um) ano, assegura ao empregado o direito à indenização correspondente ao valor de 1 (um) mês das horas suprimidas, total ou parcialmente, para cada ano ou fração igual ou superior a seis meses de prestação de serviço acima da jornada normal. O cálculo observará a média das horas suplementares nos últimos 12 (doze) meses anteriores à mudança, multiplicada pelo valor da hora extra do dia da supressão.

► Redação dada pela Res. do TST nº 174, de 24-5-2011 (*DJE* de 27-5-2011).

292. *Cancelada*. Res. do TST nº 121, de 28-10-2003 (*DJU* de 21-11-2003).

293. Adicional de insalubridade. Causa de pedir. Agente nocivo diverso do apontado na inicial. A verificação mediante perícia de prestação de serviços em condições nocivas, considerado agente insalubre diverso do apontado na inicial, não prejudica o pedido de adicional de insalubridade.

294. Prescrição. Alteração contratual. Trabalhador urbano. Tratando-se de ação que envolva pedido de prestações sucessivas decorrente de alteração do pactuado, a prescrição é total, exceto quando o direito à parcela esteja também assegurado por preceito de lei.

295. *Cancelada*. Res. do TST nº 152, de 17-11-2008 (*DJE* de 21-11-2008).

296. Recurso. Divergência jurisprudencial. Especificidade.

I – A divergência jurisprudencial ensejadora da admissibilidade, do prosseguimento e do conhecimento do recurso há de ser específica, revelando a existência de teses diversas na interpretação de um mesmo dispositivo legal, embora idênticos os fatos que as ensejaram.

II – Não ofende o art. 896 da CLT decisão de Turma que, examinando premissas concretas de especificidade da divergência colacionada no apelo revisional, conclui pelo conhecimento ou desconhecimento do recurso.

► Redação dada pela Res. do TST nº 129, de 5-4-2005 (*DJU* de 20-4-2005).

297. Prequestionamento. Oportunidade. Configuração.

1. Diz-se prequestionada a matéria ou questão quando na decisão impugnada haja sido adotada, explicitamente, tese a respeito.

2. Incumbe à parte interessada, desde que a matéria haja sido invocada no recurso principal, opor embargos declaratórios objetivando o pronunciamento sobre o tema, sob pena de preclusão.

3. Considera-se prequestionada a questão jurídica invocada no recurso principal sobre a qual se omite o Tribunal de pronunciar tese, não obstante opostos embargos de declaração.

► Redação dada pela Res. do TST nº 121, de 28-10-2003 (*DJU* de 21-11-2003).

► Orientações Jurisprudenciais nºs 62 e 119 do TST.

298. Ação rescisória. Violação a disposição de lei. Pronunciamento explícito.

I – A conclusão acerca da ocorrência de violação literal a disposição de lei pressupõe pronunciamento explícito, na sentença rescindenda, sobre a matéria veiculada.

II – O pronunciamento explícito exigido em ação rescisória diz respeito à matéria e ao enfoque específico da tese debatida na ação, e não, necessariamente, ao dispositivo legal tido por violado. Basta que o conteúdo da norma reputada violada haja sido abordado na decisão rescindenda para que se considere preenchido o pressuposto.

III – Para efeito de ação rescisória, considera-se pronunciada explicitamente a matéria tratada na sentença quando, examinando remessa de ofício, o Tribunal simplesmente a confirma.

IV – A sentença meramente homologatória, que silencia sobre os motivos de convencimento do juiz, não se mostra rescindível, por ausência de pronunciamento explícito.

V – Não é absoluta a exigência de pronunciamento explícito na ação rescisória, ainda que esta tenha por fundamento violação de dispositivo de lei. Assim, prescindível o pronunciamento explícito quando o vício nasce no próprio julgamento, como se dá com a sentença *extra*, *citra* e *ultra petita*.

► Redação alterada pelo Tribunal Pleno na sessão realizada em 6-2-2012.

299. Ação rescisória. Decisão rescindenda. Trânsito em julgado. Comprovação. Efeitos.

I – É indispensável ao processamento da ação rescisória a prova do trânsito em julgado da decisão rescindenda.

► Item I com a redação dada pela Res. do TST nº 137, de 4-8-2005 (*DJU* de 22-8-2005).

II – Verificando o relator que a parte interessada não juntou à inicial o documento comprobatório, abrirá prazo de 15 (quinze) dias para que o faça (art. 321 do CPC de 2015), sob pena de indeferimento. (ex-Súmula nº 299 – Res nº 8/1989, *DJ* 14, 18 e 19-4-1989).

► Item II com a redação dada pela Res. do TST nº 211, de 22-8-2016 (*DJe* de 24-8-2016).

III – A comprovação do trânsito em julgado da decisão rescindenda é pressuposto processual indispensável ao tempo do ajuizamento da ação rescisória. Eventual trânsito em julgado posterior ao ajuizamento da ação rescisória não reabilita a ação proposta, na medida em que o ordenamento jurídico não contempla a ação rescisória preventiva.

IV – O pretenso vício de intimação, posterior à decisão que se pretende rescindir, se efetivamente ocorrido, não permite a formação da coisa julgada material. Assim, a ação rescisória deve ser julgada extinta, sem julgamento do mérito, por carência de ação, por inexistir decisão transitada em julgado a ser rescindida.

► Itens III e IV com a redação dada pela Res. do TST nº 137, de 4-8-2005 (*DJU* de 22-8-2005).

300. Competência da Justiça do Trabalho. Cadastramento no PIS. Compete à Justiça do Trabalho processar e julgar ações ajuizadas por empregados em face de empregadores relativas ao cadastramento no Programa de Integração Social (PIS).

301. Auxiliar de laboratório. Ausência de diploma. Efeitos. O fato de o empregado não possuir diploma de profissionalização de auxiliar de laboratório não afasta a observância das normas da Lei nº 3.999, de 15-12-1961, uma vez comprovada a prestação de serviços na atividade.

302. *Cancelada*. Res. do TST nº 121, de 28-10-2003 (*DJU* de 21-11-2003).

303. Fazenda Pública. Reexame necessário (nova redação em decorrência do CPC de 2015).

I – Em dissídio individual, está sujeita ao reexame necessário, mesmo na vigência da Constituição Federal de 1988, decisão contrária à Fazenda Pública, salvo quando a condenação não ultrapassar o valor correspondente a: a) 1.000 (mil) salários mínimos para a União e as respectivas autarquias e fundações de direito público; b) 500 (quinhentos) salários mínimos para os Estados, o Distrito Federal, as respectivas autarquias e fundações de direito público e os Municípios que constituam capitais dos Estados; c) 100 (cem) salários mínimos para todos os demais Municípios e respectivas autarquias e fundações de direito público.

II – Também não se sujeita ao duplo grau de jurisdição a decisão fundada em: a) súmula ou orientação jurisprudencial do Tribunal Superior do Trabalho; b) acórdão proferido pelo Supremo Tribunal Federal ou pelo Tribunal Superior do Trabalho em julgamento de recursos repetitivos; c) entendimento firmado em incidente de resolução de demandas repetitivas ou de assunção de competência; d) entendimento coincidente com orientação vinculante firmada no âmbito administrativo do próprio ente público, consolidada em manifestação, parecer ou súmula administrativa.

III – Em ação rescisória, a decisão proferida pelo Tribunal Regional do Trabalho está sujeita ao duplo grau de jurisdição obrigatório quando desfavorável ao ente público, exceto nas hipóteses dos incisos anteriores. (ex-OJ nº 71 da SBDI-1 – inserida em 3-6-1996).

IV – Em mandado de segurança, somente cabe reexame necessário se, na relação processual, figurar pessoa jurídica de direito público como parte prejudicada pela concessão da ordem. Tal situação não ocorre na hipótese de figurar no feito como impetrante e terceiro interessado pessoa de direito privado, ressalvada a hipótese de matéria administrativa. (ex-OJs nºs 72 e 73 da SBDI-1 – inseridas, respectivamente, em 25-11-1996 e 3-6-1996).

▶ Redação dada pela Res. do TST nº 211, de 22-8-2016 (*DJe* de 24-8-2016).

304. Correção monetária. Empresas em liquidação. Art. 46 do ADCT/CF. Os débitos trabalhistas das entidades submetidas aos regimes de intervenção ou liquidação extrajudicial estão sujeitos a correção monetária desde o respectivo vencimento até seu efetivo pagamento, sem interrupção ou suspensão, não incidindo, entretanto, sobre tais débitos, juros de mora.

▶ OJ da SBDI-I nº 408 do TST.

305. Fundo de Garantia do Tempo de Serviço. Incidência sobre o aviso prévio. O pagamento relativo ao período de aviso prévio, trabalhado ou não, está sujeito à contribuição para o FGTS.

306. *Cancelada*. Res. do TST nº 121, de 28-10-2003 (*DJU* de 21-11-2003).

307. Juros. Irretroatividade do Decreto-Lei nº 2.322, de 26-2-1987. A fórmula de cálculo de juros prevista no Decreto-Lei nº 2.322, de 26-2-1987 somente é aplicável a partir de 27-2-1987. Quanto ao período anterior, deve-se observar, a legislação então vigente.

308. Prescrição quinquenal.

I – Respeitado o biênio subsequente à cessação contratual, a prescrição da ação trabalhista concerne às pretensões imediatamente anteriores a cinco anos, contados da data do ajuizamento da reclamação e, não, às anteriores ao quinquênio da data da extinção do contrato.

II – A norma constitucional que ampliou o prazo de prescrição da ação trabalhista para 5 (cinco) anos é de aplicação imediata e não atinge pretensões já alcançadas pela prescrição bienal quando da promulgação da CF/1988.

▶ Redação dada pela Res. do TST nº 129, de 5-4-2005 (*DJU* de 20-4-2005).

309. Vigia portuário. Terminal privativo. Não obrigatoriedade de requisição. Tratando-se de terminais privativos destinados à navegação de cabotagem ou de longo curso, não é obrigatória a requisição de vigia portuário indicado por sindicato.

▶ Lei nº 12.815, de 5-6-2013 (Lei dos Portos)

310. *Cancelada*. Res. do TST nº 119, de 25-9-2003 (*DJU* de 1º-10-2003).

311. Benefícios previdenciários a dependente de ex-empregado. Correção monetária. Legis-

lação aplicável. O cálculo da correção monetária incidente sobre débitos relativos a benefícios previdenciários devidos a dependentes de ex-empregado pelo empregador, ou por entidade de previdência privada a ele vinculada, será o previsto na Lei nº 6.899, de 8-4-1981.

312. Constitucionalidade. Alínea *b* do art. 896 da CLT. É constitucional a alínea *b* do art. 896 da CLT, com a redação dada pela Lei nº 7.701, de 21-12-1988.

313. Complementação de aposentadoria. Proporcionalidade. BANESPA. A complementação de aposentadoria, prevista no art. 106, e seus parágrafos, do regulamento de pessoal editado em 1965, só é integral para os empregados que tenham 30 (trinta) ou mais anos de serviços prestados exclusivamente ao banco.

314. Indenização adicional. Verbas rescisórias. Salário corrigido. Se ocorrer a rescisão contratual no período de 30 (trinta) dias que antecede à data base, observado a Súmula nº 182 do TST, o pagamento das verbas rescisórias com o salário já corrigido não afasta o direito à indenização adicional prevista nas Leis nºs 6.708, de 30-10-1979 e 7.238, de 28-10-1984.

315. IPC de março/1990. Lei nº 8.030, de 12-4-1990 (Plano Collor). Inexistência de direito adquirido. A partir da vigência da Medida Provisória nº 154, de 15-3-1990, convertida na Lei nº 8.030, de 15-4-1990, não se aplica o IPC de março de 1990, de 84,32% (oitenta e quatro vírgula trinta e dois por cento), para a correção dos salários, porque o direito ainda não se havia incorporado ao patrimônio jurídico dos trabalhadores, inexistindo ofensa ao inciso XXXVI do art. 5º da CF/1988.

316 e 317. *Canceladas*. Res. do TST nº 37, de 16-11-1994 (*DJU* de 25-11-1994).

318. Diárias. Base de cálculo para sua integração no salário. Tratando-se de empregado mensalista, a integração das diárias no salário deve ser feita tomando-se por base o salário mensal por ele percebido e não o valor do dia de salário, somente sendo devida a referida integração quando o valor das diárias, no mês, for superior à metade do salário mensal.

319. Reajustes salariais ("gatilhos"). Aplicação aos servidores públicos contratados sob a égide da legislação trabalhista. Aplicam-se aos servidores públicos, contratados sob o regime da Consolidação das Leis do Trabalho, os reajustes decorrentes da correção automática dos salários pelo mecanismo denominado "gatilho", de que tratam os Decretos-Leis nºs 2.284 de 10-3-1986 e 2.302 de 21-11-1986.

320. Horas *in itinere*. Obrigatoriedade de cômputo na jornada de trabalho. O fato de o empregador cobrar, parcialmente ou não, importância pelo transporte fornecido, para local de difícil acesso, ou não servido por transporte regular, não afasta o direito à percepção das horas *in itinere*.

321. *Cancelada*. Res. do TST nº 135, de 30-6-2005 (*DJU* de 5-7-2005).

322. Diferenças salariais. Planos econômicos. Limite. Os reajustes salariais decorrentes dos chamados "gatilhos" e URPs, previstos legalmente como antecipação, são devidos tão somente até a data base de cada categoria.

323. *Cancelada*. Res. do TST nº 38, de 16-11-1994 (*DJU* de 25-11-1994).

324 e 325. Incorporadas à Súm. nº 90 do TST.

326. Complementação de aposentadoria. Prescrição total. A pretensão à complementação de aposentadoria jamais recebida prescreve em 2 (dois) anos contados da cessação do contrato de trabalho.

▶ Redação dada pela Res. do TST nº 174, de 24-5-2011 (*DJE* de 27-5-2011).

327. Complementação de aposentadoria. Diferenças. Prescrição parcial. A pretensão a diferenças de complementação de aposentadoria sujeita-se à prescrição parcial e quinquenal, salvo se o pretenso direito decorrer de verbas não recebidas no curso da relação de emprego e já alcançadas pela prescrição, à época da propositura da ação.

▶ Redação dada pela Res. do TST nº 174, de 24-5-2011 (*DJE* de 27-5-2011).

328. Férias. Terço constitucional. O pagamento das férias, integrais ou proporcionais, gozadas ou não, na vigência da CF/1988, sujeita-se ao acréscimo do terço previsto no respectivo art. 7º, XVII.

329. Honorários advocatícios. Art. 133 da CF/1988. Mesmo após a promulgação da CF/1988, permanece válido o entendimento consubstanciado na Súmula nº 219 do Tribunal Superior do Trabalho.

► Art. 6º da IN do TST nº 41, de 21-6-2018, que dispõe sobre a aplicação das normas processuais da CLT alteradas pela Lei nº 13.467, de 13-7-2017.

330. Quitação. Validade. A quitação passada pelo empregado, com assistência de entidade sindical de sua categoria, ao empregador, com observância dos requisitos exigidos nos parágrafos do art. 477 da CLT, tem eficácia liberatória em relação às parcelas expressamente consignadas no recibo, salvo se oposta ressalva expressa e especificada ao valor dado à parcela ou parcelas impugnadas.

I – A quitação não abrange parcelas não consignadas no recibo de quitação e, consequentemente, seus reflexos em outras parcelas, ainda que estas constem desse recibo.

II – Quanto a direitos que deveriam ter sido satisfeitos durante a vigência do contrato de trabalho, a quitação é válida em relação ao período expressamente consignado no recibo de quitação.

► Redação dada pela Res. do TST nº 108, de 5-4-2001 (*DJU* de 18-4-2001).

331. Contrato de prestação de serviços. Legalidade.

I – A contratação de trabalhadores por empresa interposta é ilegal, formando-se o vínculo diretamente com o tomador dos serviços, salvo no caso de trabalho temporário (Lei nº 6.019, de 3-1-1974).

II – A contratação irregular de trabalhador, mediante empresa interposta, não gera vínculo de emprego com os órgãos da Administração Pública direta, indireta ou fundacional (art. 37, II, da CF/1988).

III – Não forma vínculo de emprego com o tomador a contratação de serviços de vigilância (Lei nº 7.102, de 20-6-1983) e de conservação e limpeza, bem como a de serviços especializados ligados à atividade-meio do tomador, desde que inexistente a pessoalidade e a subordinação direta.

IV – O inadimplemento das obrigações trabalhistas, por parte do empregador, implica a responsabilidade subsidiária do tomador dos serviços quanto àquelas obrigações, desde que haja participado da relação processual e conste também do título executivo judicial.

V – Os entes integrantes da Administração Pública direta e indireta respondem subsidiariamente, nas mesmas condições do item IV, caso evidenciada a sua conduta culposa no cumprimento das obrigações da Lei nº 8.666, de 21-6-1993, especialmente na fiscalização do cumprimento das obrigações contratuais e legais da prestadora de serviço como empregadora. A aludida responsabilidade não decorre de mero inadimplemento das obrigações trabalhistas assumidas pela empresa regularmente contratada.

VI – A responsabilidade subsidiária do tomador de serviços abrange todas as verbas decorrentes da condenação referentes ao período da prestação laboral.

► Redação dada pela Res. do TST nº 174, de 24-5-2011 (*DJE* de 27-5-2011).

332. Complementação de aposentadoria. PETROBRAS. Manual de Pessoal. Norma programática. As normas relativas à complementação de aposentadoria, inseridas no Manual de Pessoal da PETROBRAS, têm caráter meramente programático, delas não resultando direito à referida complementação.

333. Recurso de revista. Conhecimento. Não ensejam recurso de revista decisões superadas por iterativa, notória e atual jurisprudência do Tribunal Superior do Trabalho.

► Redação dada pela Res. do TST nº 155, de 18-2-2009.

► Súm. nº 192 do TST.

334. *Cancelada*. Res. do TST nº 59, de 20-6-1996 (*DJU* de 28-6-1996).

335. *Cancelada*. Res. do TST nº 121, de 28-10-2003 (*DJU* de 21-11-2003).

336. Constitucionalidade. § 2º do art. 9º, do Decreto-Lei nº 1.971, de 30-11-1982. É constitucional o § 2º do art. 9º do Decreto-Lei nº 1.971 de 30-11-1982, com a redação dada pelo Decreto-Lei nº 2.100 de 28-12-1983.

337. Comprovação de divergência jurisprudencial. Recursos de revista e de embargos.

I – Para comprovação da divergência justificadora do recurso, é necessário que o recorrente.

a) Junte certidão ou cópia autenticada do acórdão paradigma ou cite a fonte oficial ou o repositório autorizado em que foi publicado; e

b) Transcreva, nas razões recursais, as ementas e/ou trechos dos acórdãos trazidos à configuração do dissídio, demonstrando o conflito de teses que justifique o conhecimento do recurso, ainda que os acórdãos já se encontrem nos autos ou venham a ser juntados com o recurso. (ex-Súmula nº 337 – alterada pela Res. nº 121/2003, *DJ* 21.11.2003).

II – A concessão de registro de publicação como repositório autorizado de jurisprudência do TST torna válidas todas as suas edições anteriores. (ex-OJ nº 317 da SBDI-I – *DJ* 11-8-2003).

III – A mera indicação da data de publicação, em fonte oficial, de aresto paradigma é inválida para comprovação de divergência jurisprudencial, nos termos do item I, *a*, desta súmula, quando a parte pretende demonstrar o conflito de teses mediante a transcrição de trechos que integram a fundamentação do acórdão divergente, uma vez que só se publicam o dispositivo e a ementa dos acórdãos.

IV – É válida para a comprovação da divergência jurisprudencial justificadora do recurso a indicação de aresto extraído de repositório oficial na internet, desde que o recorrente:

a) transcreva o trecho divergente;

b) aponte o sítio de onde foi extraído; e

c) decline o número do processo, o órgão prolator do acórdão e a data da respectiva publicação no *Diário Eletrônico da Justiça do Trabalho*.

V – A existência do código de autenticidade na cópia, em formato *pdf*, do inteiro teor do aresto paradigma, juntada aos autos, torna-a equivalente ao documento original e também supre a ausência de indicação da fonte oficial de publicação.

► Redação dada pela Res. do TST nº 220, de 18-9-2017 (*DJe* de 21-9-2017 e republicada no *DJe* de 22-9-2017, em razão de erro material).

338. Jornada de trabalho. Registro. Ônus da prova.

I – É ônus do empregador que conta com mais de 10 (dez) empregados o registro da jornada de trabalho na forma do art. 74, § 2º, da CLT. A não apresentação injustificada dos controles de frequência gera presunção relativa de veracidade da jornada de trabalho, a qual pode ser elidida por prova em contrário.

II – A presunção de veracidade da jornada de trabalho, ainda que prevista em instrumento normativo, pode ser elidida por prova em contrário.

III – Os cartões de ponto que demonstram horários de entrada e saída uniformes são inválidos como meio de prova, invertendo-se o ônus da prova, relativo às horas extras, que passa a ser do empregador, prevalecendo a jornada da inicial se dele não se desincumbir.

► Redação dada pela Res. do TST nº 129, de 5-4-2005 (*DJU* de 20-4-2005).

339. CIPA. Suplente. Garantia de emprego. CF/1988.

I – O suplente da CIPA goza da garantia de emprego prevista no art. 10, II, *a*, do ADCT a partir da promulgação da Constituição Federal de 1988.

II – A estabilidade provisória do cipeiro não constitui vantagem pessoal, mas garantia para as atividades dos membros da CIPA, que somente tem razão de ser quando em atividade a empresa. Extinto o estabelecimento, não se verifica a despedida arbitrária, sendo impossível a reintegração e indevida a indenização do período estabilitário.

► Redação dada pela Res. do TST nº 129, de 5-4-2005 (*DJU* de 20-4-2005).

340. Comissionista. Horas extras. O empregado, sujeito a controle de horário, remunerado à base de comissões, tem direito ao adicional de, no mínimo, 50% (cinquenta por cento) pelo trabalho em horas extras, calculado sobre o valor hora das comissões recebidas no mês, considerando-se como divisor o número de horas efetivamente trabalhadas.

► Redação dada pela Res. do TST nº 121, de 28-10-2003 (*DJU* de 21-11-2003).

► OJ da SBDI-I nº 397 do TST.

341. Honorários do assistente técnico. A indicação do perito assistente é faculdade da parte, a qual deve responder pelos respectivos honorários, ainda que vencedora no objeto da perícia.

342. Descontos salariais. Art. 462, CLT. Descontos salariais efetuados pelo empregador, com a autorização prévia e por escrito do empregado, para ser integrado em planos de assistência odontológica, médico-hospitalar, de seguro, de previdência privada, ou de entidade cooperativa, cultural ou recreativo-associativa de seus trabalhadores, em seu benefício e de seus dependentes, não afrontam o disposto no art. 462, da Consolidação das Leis do Trabalho, salvo se ficar demonstrada a existência de coação ou de outro defeito que vicie o ato jurídico.

343. *Cancelada*. Res. do TST nº 185, de 14-9-2012.

344. Salário-família. Trabalhador rural. O salário-família é devido aos trabalhadores rurais somente após a vigência da Lei nº 8.213, de 24-7-1991.

345. BANDEPE. Regulamento Interno de Pessoal não confere estabilidade aos empregados. O Regulamento Interno de Pessoal (RIP) do Banco do Estado de Pernambuco – BANDEPE, na parte que trata de seu regime disciplinar, não confere estabilidade aos seus empregados.

346. Digitador. Intervalos intrajornada. Aplicação analógica do art. 72 da CLT. Os digitadores, por aplicação analógica do art. 72 da CLT, equiparam-se aos trabalhadores nos serviços de mecanografia (datilografia, escrituração ou cálculo), razão pela qual têm direito a intervalos de descanso de 10 (dez) minutos a cada 90 (noventa) de trabalho consecutivo.

347. Horas extras habituais. Apuração. Média física. O cálculo do valor das horas extras habituais, para efeito de reflexos em verbas trabalhistas, observará o número de horas efetivamente prestadas e a ele aplica-se o valor do salário-hora da época do pagamento daquelas verbas.

348. Aviso prévio. Concessão na fluência da garantia do emprego. Invalidade. É inválida a concessão do aviso prévio na fluência da garantia de emprego, ante à incompatibilidade dos dois institutos.

349. *Cancelada*. Res. do TST nº 174, de 24-5-2011 (*DJE* de 27-5-2011).

350. Prescrição. Termo inicial. Ação de cumprimento. Sentença normativa. O prazo de prescrição com relação à ação de cumprimento de decisão normativa flui apenas a partir da data de seu trânsito em julgado.

351. Professor. Repouso semanal remunerado. Art. 7º, § 2º, da Lei nº 605, de 5-1-1949 e art. 320 da CLT. O professor que recebe salário mensal à base de hora aula tem direito ao acréscimo de 1/6 a título de repouso semanal remunerado, considerando-se para esse fim o mês de quatro semanas e meia.

352. *Cancelada*. Res. do TST nº 114, de 21-11-2002 (*DJU* de 28-11-2002).

353. Embargos. Agravo. Cabimento.

Não cabem embargos para a Seção de Dissídios Individuais de decisão de Turma proferida em agravo, salvo:

a) da decisão que não conhece de agravo de instrumento ou de agravo pela ausência de pressupostos extrínsecos;

b) da decisão que nega provimento a agravo contra decisão monocrática do Relator, em que se proclamou a ausência de pressupostos extrínsecos de agravo de instrumento;

c) para revisão dos pressupostos extrínsecos de admissibilidade do recurso de revista, cuja ausência haja sido declarada originariamente pela Turma no julgamento do agravo;

d) para impugnar o conhecimento de agravo de instrumento;

► Redação dada pela Res. do TST nº 171, de 16-11-2010 (*DJe* 19-11-2010)

e) para impugnar a imposição de multas previstas nos arts. 1.021, § 4º, do CPC de 2015 ou 1.026, § 2º, do CPC de 2015 (art. 538, parágrafo único, do CPC de 1973, ou art. 557, § 2º, do CPC de 1973).

► Alínea *e* com a redação dada pela Res. do TST nº 208, de 19-4-2016 (*DJe* de 22-4-2016).

f) contra decisão de Turma proferida em agravo em recurso de revista, nos termos do art. 894, II, da CLT.

► Alínea *f* com a redação dada pela Res. do TST nº 189, de 27-2-2013.

f) contra decisão de Turma proferida em agravo interposto de decisão monocrática do relator, baseada no art. 557, § 1º-A, do CPC.

► Redação dada pela Res. do TST nº 171, de 16-11-2010 (*DJE* de 19-11-2010).

354. Gorjetas. Natureza jurídica. Repercussões. As gorjetas, cobradas pelo empregador na nota de serviço ou oferecidas espontaneamente pelos clientes, integram a remuneração do empregado, não servindo de base de cálculo para as parcelas de aviso prévio, adicional noturno, horas extras e repouso semanal remunerado.

355. CONAB. Estabilidade. Aviso DIREH nº 2, de 12-12-1984. O aviso DIREH nº 2, de 12-2-1984, que concedia estabilidade aos empregados da CONAB, não tem eficácia, porque não aprovado pelo Ministério ao qual a empresa se subordina.

356. Alçada recursal. Vinculação ao salário mínimo. O art. 2º, § 4º, da Lei nº 5.584 de 26-6-1970, foi recepcionado pela CF/1988, sendo lícita a fixação do valor da alçada com base no salário mínimo.

357. Testemunha. Ação contra a mesma reclamada. Suspeição. Não torna suspeita a testemunha o simples fato de estar litigando ou de ter litigado contra o mesmo empregador.

358. Radiologista. Salário profissional. Lei nº 7.394, de 29-10-1985. O salário profissional dos técnicos em radiologia é igual a 2 (dois) salários mínimos e não a 4 (quatro).

359. *Cancelada*. Res. do TST nº 121, de 28-10-2003 (*DJU* de 21-11-2003).

360. Turnos ininterruptos de revezamento. Intervalos intrajornada e semanal. A interrupção do trabalho destinada a repouso e alimentação, dentro de cada turno, ou o intervalo para repouso semanal, não descaracteriza o turno de revezamento com jornada de 6 (seis) horas previsto no art. 7º, XIV, da CF/1988.

361. Adicional de periculosidade. Eletricitários. Exposição intermitente. O trabalho exercido em condições perigosas, embora de forma intermitente, dá direito ao empregado a receber o adicional de periculosidade de forma integral, porque a Lei nº 7.369 de 20-9-1985 não estabeleceu qualquer proporcionalidade em relação ao seu pagamento.

► A Lei nº 7.369, de 20-9-1985, foi revogada pela Lei nº 12.740, de 8-12-2012.

► Art. 193 da CLT.

362. FGTS. Prescrição.

I – Para os casos em que a ciência da lesão ocorreu a partir de 13-11-2014, é quinquenal a prescrição do direito de reclamar contra o não recolhimento de contribuição para o FGTS, observado o prazo de dois anos após o término do contrato;

II – Para os casos em que o prazo prescricional já estava em curso em 13-11-2014, aplica-se o prazo prescricional que se consumar primeiro: trinta anos, contados do termo inicial, ou cinco anos, a partir de 13-11-2014.

► Redação dada pela Res. do TST nº 198, de 9-6-2015 (*DJE* de 11-6-2015).

► Art. 7º, XXIX, da CF.

363. Contrato nulo. Efeitos. A contratação de servidor público, após a CF/1988, sem prévia aprovação em concurso público, encontra óbice no respectivo art. 37, II e § 2º, somente lhe conferindo direito ao pagamento da contraprestação pactuada, em relação ao número de horas trabalhadas, respeitado o valor da hora do salário mínimo, e dos valores referentes aos depósitos do FGTS.

► Redação dada pela Res. do TST nº 121, de 28-10-2003 (*DJU* de 21-11-2003).

364. Adicional de periculosidade. Exposição eventual, permanente e intermitente.

I – Tem direito ao adicional de periculosidade o empregado exposto permanentemente ou que, de forma intermitente, sujeita-se a condições de risco. Indevido, apenas, quando o contato dá-se de forma eventual, assim considerado o fortuito, ou o que, sendo habitual, dá-se por tempo extremamente reduzido. (ex-OJs da SBDI – 1 nºs 05 – inserida em 14-3-1994 – e 280 – *DJ* 11-8-2003).

II – Não é válida a cláusula de acordo ou convenção coletiva de trabalho fixando o adicional de periculosidade em percentual inferior ao estabelecido em lei e proporcional ao tempo de exposição ao risco, pois tal parcela constitui medida de higiene, saúde e segurança do trabalho, garantida por norma de ordem pública (arts. 7º, XXII e XXIII, da CF e 193, § 1º, da CLT).

► Redação dada pela Res. do TST nº 209, de 1º-6-2016 (*DJe* de 1º-6-2016).

365. Alçada. Ação rescisória e mandado de segurança. Não se aplica a alçada em ação rescisória e em mandado de segurança.

366. Cartão de ponto. Registro. Horas Extras. Minutos que Antecedem e Sucedem a Jornada de Trabalho. Não serão descontadas nem computadas como jornada extraordinária as variações de horário do registro de ponto não excedentes de cinco minutos, observado o limite máximo de dez minutos diários. Se ultrapassado esse limite, será considerada como extra a totalidade do tempo que exceder a jornada normal, pois configurado tempo à disposição do empregador, não importando as atividades desenvolvidas pelo empregado ao longo do tempo residual (troca de uniforme, lanche, higiene pessoal, etc).

► Redação dada pela Res. do TST nº 197, de 12-5-2015.

367. Utilidades *in natura*. Habitação. Energia elétrica. Veículo. Cigarro. Não integração ao salário.

I – A habitação, a energia elétrica e veículo fornecidos pelo empregador ao empregado, quando indispensáveis para a realização do trabalho, não têm natureza salarial, ainda que, no caso de veículo, seja ele utilizado pelo empregado também em atividades particulares.

II – O cigarro não se considera salário-utilidade em face de sua nocividade à saúde.

368. Descontos previdenciários. Imposto de renda. Competência. Responsabilidade pelo recolhimento. Forma de cálculo. Fato gerador.

I – A Justiça do Trabalho é competente para determinar o recolhimento das contribuições fiscais. A competência da Justiça do Trabalho, quanto à execução das contribuições previdenciárias, limita-se às sentenças condenatórias em pecúnia que proferir e aos valores, objeto de acordo homologado, que integrem o salário de contribuição.

► Conversão da OJ da SBDI-I nº 141 do TST.

II – É do empregador a responsabilidade pelo recolhimento das contribuições previdenciárias e fiscais, resultantes de crédito do empregado oriundo de condenação judicial. A culpa do empregador pelo inadimplemento das verbas remuneratórias, contudo, não exime a responsabilidade do empregado pelos pagamentos do imposto de renda devido e da contribuição previdenciária que recaia sobre sua quota-parte.

► Conversão da OJ da SBDI-I nº 363 do TST.

III – Os descontos previdenciários relativos à contribuição do empregado, no caso de ações trabalhistas, devem ser calculados mês a mês, de conformidade com o art. 276, § 4º, do Decreto nº 3.048/1999 que regulamentou a Lei nº 8.212/1991, aplicando-se as alíquotas previstas no art. 198, observado o limite máximo do salário de contribuição.

► Conversão das Orientações Jurisprudenciais da SBDI-I nºs 32 e 228 do TST.

IV – Considera-se fato gerador das contribuições previdenciárias decorrentes de créditos trabalhistas reconhecidos ou homologados em juízo, para os serviços prestados até 4.3.2009, inclusive, o efetivo pagamento das verbas, configurando-se a mora a partir do dia dois do mês seguinte ao da liquidação (art. 276, *caput*, do Decreto nº 3.048/1999). Eficácia não retroativa da alteração legislativa promovida pela Medida Provisória nº 449/2008, posteriormente convertida na Lei nº 11.941/2009, que deu nova redação ao art. 43 da Lei nº 8.212/1991.

V – Para o labor realizado a partir de 5-3-2009, considera-se fato gerador das contribuições previdenciárias decorrentes de créditos trabalhistas reconhecidos ou homologados em juízo a data da efetiva prestação dos serviços. Sobre as contribuições previdenciárias não recolhidas a partir da prestação dos serviços incidem juros de mora e, uma vez apurados os créditos previdenciários, aplica-se multa a partir do exaurimento do prazo de citação para pagamento, se descumprida a obrigação, observado o limite legal de 20% (art. 61, § 2º, da Lei nº 9.460/1996).

VI – O imposto de renda decorrente de crédito do empregado recebido acumuladamente deve ser calculado sobre o montante dos rendimentos pagos, mediante a utilização de tabela progressiva resultante da multiplicação da quantidade de meses a que se refiram os rendimentos pelos valores constantes da tabela progressiva mensal correspondente ao mês do recebimento ou crédito, nos termos do art. 12-A da Lei nº 7.713, de 22-12-1988, com a redação conferida pela Lei nº 13.149/2015, observado o procedimento previsto nas Instruções Normativas da Receita Federal do Brasil.

► Redação dada pela Res. do TST nº 219, de 26-6-2017 (*DJe* de 28-6-2017), republicada no *DJe* de 12-7-2017, em razão de erro material.

369. Dirigente sindical. Estabilidade provisória.

I – É assegurada a estabilidade provisória ao empregado dirigente sindical, ainda que a comunicação do registro da candidatura ou da eleição e da posse seja realizada fora do prazo previsto no art. 543, § 5º, da CLT, desde que a ciência ao empregador, por qualquer meio, ocorra na vigência do contrato de trabalho.

► Item I com a redação dada pela Res. do TST nº 185, de 14-9-2012.

II – O art. 522 da CLT foi recepcionado pela Constituição Federal de 1988. Fica limitada, assim, a estabilidade a que alude o art. 543, § 3º, da CLT a sete dirigentes sindicais e igual número de suplentes.

III – O empregado de categoria diferenciada eleito dirigente sindical só goza de estabilidade se exercer na empresa atividade pertinente à categoria profissional do sindicato para o qual foi eleito dirigente.

IV – Havendo extinção da atividade empresarial no âmbito da base territorial do sindicato, não há razão para subsistir a estabilidade.

V – O registro da candidatura do empregado a cargo de dirigente sindical durante o período de aviso prévio, ainda que indenizado, não lhe assegura a estabilidade, visto que inaplicável a regra do § 3º do art. 543 da Consolidação das Leis do Trabalho.

▸ Itens II a V com a redação dada pela Res. do TST nº 174, de 24-5-2011 (*DJE* de 27-5-2011).

370. Médico e engenheiro. Jornada de trabalho. Leis nºs 3.999/1961 e 4.950/1966. Tendo em vista que as Leis nºs 3.999/1961 e 4.950/1966 não estipulam a jornada reduzida, mas apenas estabelecem o salário mínimo da categoria para uma jornada de 4 horas para os médicos e de 6 horas para os engenheiros, não há que se falar em horas extras, salvo as excedentes à oitava, desde que seja respeitado o salário mínimo/horário das categorias.

371. Aviso prévio indenizado. Efeitos. Superveniência de auxílio-doença no curso deste. A projeção do contrato de trabalho para o futuro, pela concessão do aviso prévio indenizado, tem efeitos limitados às vantagens econômicas obtidas no período de pré-aviso, ou seja, salários, reflexos e verbas rescisórias. No caso de concessão de auxílio-doença no curso do aviso prévio, todavia, só se concretizam os efeitos da dispensa depois de expirado o benefício previdenciário.

372. Gratificação de função. Supressão ou redução. Limites.

I – Percebida a gratificação de função por dez ou mais anos pelo empregado, se o empregador, sem justo motivo, revertê-lo a seu cargo efetivo, não poderá retirar-lhe a gratificação tendo em vista o princípio da estabilidade financeira.

II – Mantido o empregado no exercício da função comissionada, não pode o empregador reduzir o valor da gratificação.

373. Gratificação semestral. Congelamento. Prescrição parcial. Tratando-se de pedido de diferença de gratificação semestral que teve seu valor congelado, a prescrição aplicável é a parcial.

374. Norma coletiva. Categoria diferenciada. Abrangência. Empregado integrante de categoria profissional diferenciada não tem o direito de haver de seu empregador vantagens previstas em instrumento coletivo no qual a empresa não foi representada por órgão de classe de sua categoria.

375. Reajustes salariais previstos em norma coletiva. Prevalência da legislação de política salarial. Os reajustes salariais previstos em norma coletiva de trabalho não prevalecem frente à legislação superveniente de política salarial.

376. Horas extras. Limitação. Art. 59 da CLT. Reflexos.

I – A limitação legal da jornada suplementar a duas horas diárias não exime o empregador de pagar todas as horas trabalhadas.

II – O valor das horas extras habitualmente prestadas integra o cálculo dos haveres trabalhistas, independentemente da limitação prevista no *caput* do art. 59 da CLT.

377. Preposto. Exigência da Condição de Empregado.

Exceto quanto à reclamação de empregado doméstico, ou contra micro ou pequeno empresário, o preposto deve ser necessariamente empregado do reclamado. Inteligência do art. 843, § 1º, da CLT e do art. 54 da Lei Complementar nº 123, de 14 de dezembro de 2006.

▸ Redação dada pela Res. do TST nº 146, de 24-4-2008 (*DJU* de 28-4-2008).

378. Estabilidade provisória. Acidente de trabalho. Art. 118 da Lei nº 8.213/1991.

I – É constitucional o artigo 118 da Lei nº 8.213/1991 que assegura o direito à estabilidade provisória por período de 12 meses após a cessação do auxílio-doença ao empregado acidentado. (ex-OJ da SBDI-I nº 105 – inserida em 1º-10-1997)

II – São pressupostos para a concessão da estabilidade o afastamento superior a 15 dias e a consequente percepção do auxílio-doença acidentário, salvo se constatada, após a despedida, doença profissional que guarde relação de causalidade com a execução do contrato de emprego. (1ª parte – ex-OJ da SBDI-I nº 230 – inserida em 20-6-2001)

III – O empregado submetido a contrato de trabalho por tempo determinado goza da garantia provisória de emprego, decorrente de acidente de trabalho, prevista no art. 118 da Lei nº 8.213/1991.

▸ Redação dada pela Res. do TST nº 185, de 14-9-2012.

379. Dirigente sindical. Despedida. Falta grave. Inquérito judicial. Necessidade. O dirigente sindical somente poderá ser dispensado por falta grave mediante a apuração em inquérito judicial, inteligência dos arts. 494 e 543, § 3º, da CLT.

380. Aviso prévio. Início da contagem. Art. 132 do CC de 2002. Aplica-se a regra prevista no *caput* do art. 132 do Código Civil de 2002 à contagem do prazo do aviso prévio, excluindo-se o dia do começo e incluindo o do vencimento.

381. Correção monetária. Salário. Art. 459 da CLT. O pagamento dos salários até o 5º dia útil do mês subsequente ao vencido não está sujeito à correção monetária. Se essa data limite for ultrapassada, incidirá o índice da correção monetária do mês subsequente ao da prestação dos serviços, a partir do dia 1º.

382. Mudança de regime celetista para estatutário. Extinção do contrato. Prescrição bienal. A transferência do regime jurídico de celetista para estatutário implica extinção do contrato de trabalho, fluindo o prazo da prescrição bienal a partir da mudança de regime.

383. Recurso. Mandato. Irregularidade de representação. CPC de 2015, arts. 104 e 76, § 2º (nova redação em decorrência do CPC de 2015)

I – É inadmissível recurso firmado por advogado sem procuração juntada aos autos até o momento da sua interposição, salvo mandato tácito. Em caráter excepcional (art. 104 do CPC de 2015), admite-se que o advogado, independentemente de intimação, exiba a procuração no prazo de 5 (cinco) dias após a interposição do recurso, prorrogável por igual período mediante despacho do juiz. Caso não a exiba, considera-se ineficaz o ato praticado e não se conhece do recurso.

II – Verificada a irregularidade de representação da parte em fase recursal, em procuração ou substabelecimento já constante dos autos, o relator ou o órgão competente para julgamento do recurso designará prazo de 5 (cinco) dias para que seja sanado o vício. Descumprida a determinação, o relator não conhecerá do recurso, se a providência couber ao recorrente, ou determinará o desentranhamento das contrarrazões, se a providência couber ao recorrido (art. 76, § 2º, do CPC de 2015).

▸ Redação dada pela Res. do TST nº 210, 27-6-2016 (*DJe* 30-6-2016).

▸ Arts. 76 e 104 do CPC/2015.

384. Multa convencional. Cobrança.

I – O descumprimento de qualquer cláusula constante de instrumentos normativos diversos não submete o empregado a ajuizar várias ações, pleiteando em cada uma o pagamento da multa referente ao descumprimento de obrigações previstas nas cláusulas respectivas.

II – É aplicável multa prevista em instrumento normativo (sentença normativa, convenção ou acordo coletivo) em caso de descumprimento de obrigação prevista em lei, mesmo que a norma coletiva seja mera repetição de texto legal.

385. Feriado local ou forense. Ausência de expediente. Prazo recursal. Prorrogação. Comprovação. Necessidade.

I – Incumbe à parte o ônus de provar, quando da interposição do recurso, a existência de feriado local que autorize a prorrogação do prazo recursal (art. 1.003, § 6º, do CPC de 2015). No caso de o recorrente alegar a existência de feriado local e não o comprovar no momento da interposição do recurso, cumpre ao relator conceder o prazo de 5 (cinco) dias para que seja sanado o vício (art. 932, parágrafo único, do CPC de 2015), sob pena de não conhecimento se da comprovação depender a tempestividade recursal.

II – Na hipótese de feriado forense, incumbirá à autoridade que proferir a decisão de admissibilidade certificar o expediente nos autos.

III – Admite-se a reconsideração da análise da tempestividade do recurso, mediante prova documental superveniente, em agravo de instrumento, agravo interno, agravo regimental, ou embargos de declaração, desde que, em momento anterior, não tenha havido a concessão de prazo para a comprovação da ausência de expediente forense.

▸ Redação dada pela Res. do TST nº 220, de 18-9-2017 (*DJe* de 21-9-2017 e republicada no *DJe* de 22-9-2017, em razão de erro material).

386. Policial militar. Reconhecimento de vínculo empregatício com empresa privada. Preenchidos os requisitos do art. 3º da CLT, é legítimo o reconhecimento de relação de emprego entre policial militar e empresa privada, independentemente do eventual cabimento de penalidade disciplinar prevista no Estatuto do Policial Militar.

387. Recurso. Fac-símile. Lei nº 9.800/1999.

I – A Lei nº 9.800, de 26-5-1999, é aplicável somente a recursos interpostos após o início de sua vigência. (ex-OJ nº 194 da SBDI-1 – inserida em 8-11-2000)

II – A contagem do quinquídio para apresentação dos originais de recurso interposto por intermédio de fac-símile começa a fluir do dia subsequente ao término do prazo recursal, nos termos do art. 2º da Lei nº 9.800, de 26-5-1999, e não do dia seguinte à interposição do recurso, se esta se deu antes do termo final do prazo. (ex-OJ nº 337 da SBDI-1 – primeira parte – *DJ* 4-5-2004)

III – Não se tratando a juntada dos originais de ato que dependa de notificação, pois a parte, ao interpor o recurso, já tem ciência de seu ônus processual, não se aplica a regra do art. 224 do CPC de 2015 (art. 184 do CPC de 1973) quanto ao *dies a quo*, podendo coincidir com sábado, domingo ou feriado. (ex-OJ nº 337 da SBDI-1 – *in fine* – *DJ* 4-5-2004)

▸ Itens I a III com a redação dada pela Res. do TST nº 208, de 19-4-2016 (*DJe* de 22-4-2016).

IV – A autorização para utilização do fac-símile, constante do art. 1º da Lei nº 9.800, de 26-5-1999, somente alcança as hipóteses em que o documento é dirigido diretamente ao órgão jurisdicional, não se aplicando à transmissão ocorrida entre particulares.

▸ Redação dada pela Res. do TST nº 174, de 24-5-2011 (*DJE* de 27-5-2011).

▸ Art. 224 do CPC/2015.

388. Massa falida. Arts. 467 e 477 da CLT. Inaplicabilidade. A Massa Falida não se sujeita à penalidade do art. 467 e nem à multa do § 8º do art. 477, ambos da CLT.

389. Seguro-desemprego. Competência da Justiça do Trabalho. Direito à indenização por não liberação de guias.

I – Inscreve-se na competência material da Justiça do Trabalho a lide entre empregado e empregador tendo por objeto indenização pelo não fornecimento das guias do seguro-desemprego.

II – O não fornecimento pelo empregador da guia necessária para o recebimento do seguro-desemprego dá origem ao direito à indenização.

390. Estabilidade. Art. 41 da CF/1988. Celetista. Administração direta, autárquica ou fundacional. Aplicabilidade. Empregado de empresa pública e sociedade de economia mista. Inaplicável.

I – O servidor público celetista da administração direta, autárquica ou fundacional é beneficiário da estabilidade prevista no art. 41 da CF/1988.

II – Ao empregado de empresa pública ou de sociedade de economia mista, ainda que admitido mediante aprovação em concurso público, não é garantida a estabilidade prevista no art. 41 da CF/1988.

391. Petroleiros. Lei nº 5.811/1972. Turno ininterrupto de revezamento. Horas extras e alteração da jornada para horário fixo.

I – A Lei nº 5.811/1972 foi recepcionada pela CF/1988 no que se refere à duração da jornada de trabalho em regime de revezamento dos petroleiros.

II – A previsão contida no art. 10 da Lei nº 5.811/1972, possibilitando a mudança do regime de revezamento para horário fixo, constitui alteração lícita, não violando os arts. 468 da CLT e 7º, VI, da CF/1988.

392. Dano moral e material. Relação de trabalho. Competência da justiça do trabalho. Nos termos do art. 114, VI, da Constituição da República, a Justiça do Trabalho é competente para processar e julgar ações de indenização por dano moral e material, decorrentes da relação de trabalho, inclusive as oriundas de acidente de trabalho e doenças a ele equiparadas, ainda que propostas pelos dependentes ou sucessores do trabalhador falecido.

▸ Redação dada pela Res. do TST nº 200, de 27-10-2015 (*DJE* de 29-10-2015).

393. Recurso ordinário. Efeito devolutivo em profundidade. Art. 1.013, § 1º, do CPC de 2015. Art. 515, § 1º, do CPC de 1973.

I – O efeito devolutivo em profundidade do recurso ordinário, que se extrai do § 1º do art. 1.013 do CPC de 2015 (art. 515, §1º, do CPC de 1973), transfere ao Tribunal a apreciação dos fundamentos da inicial ou da defesa, não examinados pela sentença, ainda que não renovados em contrarrazões, desde que relativos ao capítulo impugnado.

II – Se o processo estiver em condições, o tribunal, ao julgar o recurso ordinário, deverá decidir desde logo o mérito da causa, nos termos do § 3º do art. 1.013 do CPC de 2015, inclusive quando constatar a omissão da sentença no exame de um dos pedidos.

▸ Redação dada pela Res. do TST nº 208, de 19-4-2016 (*DJe* de 22-4-2016).

394. Fato superveniente. Art. 493 do CPC DE 2015. Art. 462 DO cpc DE 1973. O art. 493 do CPC de 2015 (art. 462 do CPC de 1973), que admite a invocação de fato constitutivo, modificativo ou extintivo do direito, superveniente à propositura da ação, é aplicável de ofício aos processos em curso em qualquer instância trabalhista. Cumpre ao juiz ou tribunal ouvir as partes sobre o fato novo antes de decidir.

▸ Redação dada pela Res. do TST nº 208, de 19-4-2016 (*DJe* de 22-4-2016).

395. Mandato e substabelecimento. Condições de validade.

I – Válido é o instrumento de mandato com prazo determinado que contém cláusula estabelecendo a prevalência dos poderes para atuar até o final da demanda (§ 4º do art. 105 do CPC de 2015) . (ex-OJ nº 312 da SBDI-1 – *DJ* 11-8-2003).

II – Se há previsão, no instrumento de mandato, de prazo para sua juntada, o mandato só tem validade se anexado ao processo o respectivo instrumento no aludido prazo. (ex-OJ nº 313 da SBDI-1 – *DJ* 11-8-2003).

▸ Itens I e II com a redação dada pela Res. do TST nº 211, de 22-8-2016 (*DJe* de 24-8-2016).

III – São válidos os atos praticados pelo substabelecido, ainda que não haja, no mandato, poderes expressos para substabelecer (art. 667, e parágrafos, do Código Civil de 2002).

IV – Configura-se a irregularidade de representação se o substabelecimento é anterior à outorga passada ao substabelecente.

V – Verificada a irregularidade de representação nas hipóteses dos itens II e IV, deve o juiz suspender o processo e designar prazo razoável para que seja sanado o vício, ainda que em instância recursal (art. 76 do CPC de 2015).

▸ Item V acrescido pela Res. do TST nº 211, de 22-8-2016 (*DJe* de 24-8-2016).

396. Estabilidade provisória. Pedido de reintegração. Concessão do salário relativo ao período de estabilidade já exaurido. Inexistência de julgamento *extra petita*.

I – Exaurido o período de estabilidade, são devidos ao empregado apenas os salários do período compreendido entre a data da despedida e o final do período de estabilidade, não lhe sendo assegurada a reintegração no emprego.

II – Não há nulidade por julgamento *extra petita* da decisão que deferir salário quando o pedido for de reintegração, dados os termos do art. 496 da CLT.

397. Ação rescisória. Art. 966, IV, do CPC de 2015. Art. 485, IV, do CPC de 1973. Ação de cumprimento. Ofensa à coisa julgada emanada de sentença normativa modificada em grau de recurso. Inviabilidade. Cabimento de mandado de segurança. Não procede ação rescisória calcada em ofensa à coisa julgada perpetrada por decisão proferida em ação de cumprimento, em face de a sentença normativa, na qual se louvava, ter sido modificada em grau de recurso, porque em dissídio coletivo somente se consubstancia coisa julgada formal. Assim, os meios processuais aptos a atacarem a execução da cláusula reformada são a exceção de pré-executividade e o mandado de segurança, no caso de descumprimento do art. 514 do CPC de 2015 (art. 572 do CPC de 1973). (ex-OJ nº 116 da SBDI-2 – *DJ* 11-8-2003).

▸ Redação dada pela Res. do TST nº 208, de 19-4-2016 (*DJe* de 22-4-2016).

398. Ação rescisória. Ausência de defesa. Inaplicáveis os efeitos da revelia. Na ação rescisória, o que se ataca é a decisão, ato oficial do Estado, acobertado pelo manto da coisa julgada. Assim, e considerando que a coisa julgada envolve questão de ordem pública, a revelia não produz confissão na ação rescisória.

▸ Conversão da OJ da SBDI-II nº 126 do TST.

▸ Redação dada pela Res. do TST nº 219, de 26-6-2017 (*DJe* de 28-6-2017).

399. Ação rescisória. Cabimento. Sentença de mérito. Decisão homologatória de adjudicação, de arrematação e de cálculos.

I – É incabível ação rescisória para impugnar decisão homologatória de adjudicação ou arrematação.

II – A decisão homologatória de cálculos apenas comporta rescisão quando enfrentar as questões envolvidas na elaboração da conta de liquidação, quer solvendo a controvérsia das partes quer explicitando, de ofício, os motivos pelos quais acolheu os cálculos oferecidos por uma das partes ou pelo setor de cálculos, e não contestados pela outra.

400. Ação rescisória de ação rescisória. Violação manifesta de norma jurídica. Indicação da mesma norma jurídica apontada na rescisória primitiva (mesmo dispositivo de lei sob o CPC de 1973). Em se tratando de rescisória de rescisória, o vício apontado deve nascer na decisão rescindenda, não se admitindo a rediscussão do acerto do julgamento da rescisória anterior. Assim, não procede rescisória calcada no inciso V do art. 966 do CPC de 2015 (art. 485, V, do CPC de 1973) para discussão, por má aplicação da mesma norma jurídica, tida por violada na rescisória anterior, bem como para arguição de questões inerentes à ação rescisória primitiva. (ex- OJ nº 95 da SBDI-2 – inserida em 27-9-2002 e alterada *DJ* 16-4-2004).

► Redação dada pela Res. do TST nº 208, de 19-4-2016 (*DJe* de 22-4-2016).

401. Ação rescisória. Descontos legais. Fase de execução. Sentença exequenda omissa. Inexistência de ofensa à coisa julgada. Os descontos previdenciários e fiscais devem ser efetuados pelo juízo executório, ainda que a sentença exequenda tenha sido omissa sobre a questão, dado o caráter de ordem pública ostentado pela norma que os disciplina. A ofensa à coisa julgada somente poderá ser caracterizada na hipótese de o título exequendo, expressamente, afastar a dedução dos valores a título de imposto de renda e de contribuição previdenciária.

402. Ação rescisória. Prova nova. Dissídio coletivo. Sentença normativa.

I – Sob a vigência do CPC de 2015 (art. 966, inciso VII), para efeito de ação rescisória, considera-se prova nova a cronologicamente velha, já existente ao tempo do trânsito em julgado da decisão rescindenda, mas ignorada pelo interessado ou de impossível utilização, à época, no processo.

II – Não é prova nova apta a viabilizar a desconstituição de julgado:

a) sentença normativa proferida ou transitada em julgado posteriormente à sentença rescindenda;

b) sentença normativa preexistente à sentença rescindenda, mas não exibida no processo principal, em virtude de negligência da parte, quando podia e deveria louvar-se de documento já existente e não ignorado quando emitida a decisão rescindenda. (ex-OJ nº 20 da SBDI-2 – inserida em 20.09.2000).

► Redação dada pela Res. do TST nº 217, de 17-4-2017 (*DJe* de 20-4-2017).

403. Ação rescisória. Dolo da parte vencedora em detrimento da vencida. Art. 485, III, do CPC.

I – Não caracteriza dolo processual, previsto no art. 485, III, do CPC, o simples fato de a parte vencedora haver silenciado a respeito de fatos contrários a ela, porque o procedimento, por si só, não constitui ardil do qual resulte cerceamento de defesa e, em consequência, desvie o juiz de uma sentença não condizente com a verdade.

II – Se a decisão rescindenda é homologatória de acordo, não há parte vencedora ou vencida, razão pela qual não é possível a sua desconstituição calcada no inciso III do art. 485 do CPC (dolo da parte vencedora em detrimento da vencida), pois constitui fundamento de rescindibilidade que supõe solução jurisdicional para a lide.

► Art. 966, III, do CPC/2015.

404. Ação rescisória. Fundamento para invalidar confissão. Confissão ficta. Inadequação do enquadramento no art. 485, VIII, do CPC de 1973. O art. 485, VIII, do CPC de 1973, ao tratar do fundamento para invalidar a confissão como hipótese de rescindibilidade da decisão judicial, referia-se à confissão real, fruto de erro, dolo ou coação, e não à confissão ficta resultante de revelia.

► Redação dada pela Res. do TST nº 209, de 1º-6-2016 (*DJe* de 1º-6-2016).

405. Ação rescisória. Tutela provisória. Em face do que dispõem a MP 1.984-22/2000 e o art. 969 do CPC de 2015, é cabível o pedido de tutela provisória formulado na petição inicial de ação rescisória ou na fase recursal, visando a suspender a execução da decisão rescindenda.

► Redação dada pela Res. do TST nº 208, de 19-4-2016 (*DJe* de 22-4-2016).

406. Ação rescisória. Litisconsórcio. Necessário no polo passivo e facultativo no ativo. Inexistente quanto aos substituídos pelo sindicato.

I – O litisconsórcio, na ação rescisória, é necessário em relação ao polo passivo da demanda, porque supõe uma comunidade de direitos ou de obrigações que não admite solução díspar para os litisconsortes, em face da indivisibilidade do objeto. Já em relação ao polo ativo, o litisconsórcio é facultativo, uma vez que a aglutinação de autores se faz por conveniência e não, pela necessidade decorrente da natureza do litígio, pois não se pode condicionar o exercício do direito individual de um dos litigantes no processo originário à anuência dos demais para retomar a lide.

II – O Sindicato, substituto processual e autor da reclamação trabalhista, em cujos autos fora proferida a decisão rescindenda, possui legitimidade para figurar como réu na ação rescisória, sendo descabida a exigência de citação de todos os empregados substituídos, porquanto inexistente litisconsórcio passivo necessário.

407. Ação rescisória. Ministério público. Legitimidade *ad causam* prevista no art. 967, III, *a*, *b* e *c* do CPC de 2015. art. 487, III, *a* e *b*, do CPC de 1973. Hipóteses meramente exemplificativas. A legitimidade *ad causam* do Ministério Público para propor ação rescisória, ainda que não tenha sido parte no processo que deu origem à decisão rescindenda, não está limitada às alíneas *a*, *b* e *c* do inciso III do art. 967 do CPC de 2015 (art. 487, III, *a* e *b*, do CPC de 1973), uma vez que traduzem hipóteses meramente exemplificativas (ex-OJ nº 83 da SBDI-2 – inserida em 13-3-2002).

► Redação dada pela Res. do TST nº 208, de 19-4-2016 (*DJe* de 22-4-2016).

408. Ação rescisória. Petição inicial. Causa de pedir. Ausência de capitulação ou capitulação errônea no art. 966 do CPC de 2015. art. 485 do CPC de 1973. Princípio *iura novit curia*. Não padece de inépcia a petição inicial de ação rescisória apenas porque omite a subsunção do fundamento de rescindibilidade no art. 966 do CPC de 2015 (art. 485 do CPC de 1973) ou o capitula erroneamente em um de seus incisos. Contanto que não se afaste dos fatos e fundamentos invocados como causa de pedir, ao Tribunal é lícito emprestar-lhes a adequada qualificação jurídica *iura novit curia*. No entanto, fundando-se a ação rescisória no art. 966, inciso V, do CPC de 2015 (art. 485, inciso V, do CPC de 1973), é indispensável expressa indicação, na petição inicial da ação rescisória, da norma jurídica manifestamente violada (dispositivo legal violado sob o CPC de 1973), por se tratar de causa de pedir da rescisória, não se aplicando, no caso, o princípio *iura novit curia*. (ex-Ojs nºs 32 e 33 da SBDI-2 – inseridas em 20-9-2000).

► Redação dada pela Res. do TST nº 208, de 19-4-2016 (*DJe* de 22-4-2016).

409. Ação rescisória. Prazo prescricional. Total ou parcial. Violação do art. 7º, XXIX, da CF/1988. Matéria infraconstitucional. Não procede ação rescisória calcada em violação do art. 7º, XXIX, da CF/1988 quando a questão envolve discussão sobre a espécie de prazo prescricional aplicável aos créditos trabalhistas, se total ou parcial, porque a matéria tem índole infraconstitucional, construída, na Justiça do Trabalho, no plano jurisprudencial.

410. Ação rescisória. Reexame de fatos e provas. Inviabilidade. A ação rescisória calcada em violação de lei não admite reexame de fatos e provas do processo que originou a decisão rescindenda.

411. Ação rescisória. Sentença de mérito. Decisão de Tribunal Regional do Trabalho em Agravo Regimental confirmando decisão monocrática do relator que, aplicando a Súmula nº 83 do TST, indeferiu a petição inicial da ação rescisória. Cabimento. Se a decisão recorrida, em agravo regimental, aprecia a matéria na fundamentação, sob o enfoque das Súmulas nºs 83 do TST e 343 do STF, constitui sentença de mérito, ainda que haja resultado no indeferimento da petição inicial e na extinção do processo sem julgamento do mérito. Sujeita-se, assim, à reforma pelo TST, a decisão do Tribunal que, invocando controvérsia na interpretação da lei, indefere a petição inicial de ação rescisória.

412. Ação rescisória. Regência pelo CPC de 1973. Sentença de mérito. Questão processual. Sob a égide do CPC de 1973, pode uma questão processual ser objeto de rescisão desde que consista em pressuposto de validade de uma sentença de mérito. (ex-OJ nº 46 da SBDI-2 – inserida em 20-9-2000)

► Redação dada pela Res. do TST nº 217, de 17-4-2017 (*DJe* de 20-4-2017).

413. Ação rescisória. Sentença de mérito. violação do art. 896, a, da CLT. É incabível ação rescisória, por violação do art. 896, *a*, da CLT, contra decisão transitada em julgado sob a égide do CPC de 1973 que não conhece de recurso de revista, com base em divergência jurisprudencial, pois não se cuidava de sentença de mérito (art. 485 do CPC de 1973). (ex-OJ nº 47 da SBDI-2 – inserida em 20-9-2000).

► Redação dada pela Res. do TST nº 209, de 1º-6-2016 (*DJe* de 1º-6-2016).

► Art. 966 do CPC/2015.

414. Mandado de segurança. Tutela provisória concedida antes ou na sentença.

I – A tutela provisória concedida na sentença não comporta impugnação pela via do mandado de segurança, por ser impugnável mediante recurso ordinário. É admissível a obtenção de efeito suspensivo ao recurso ordinário mediante requerimento dirigido ao tribunal, ao relator ou ao presidente ou ao vice-presidente do tribunal recorrido, por aplicação subsidiária ao processo do trabalho do artigo 1.029, § 5º, do CPC de 2015.

II – No caso de a tutela provisória haver sido concedida ou indeferida antes da sentença, cabe mandado de segurança, em face da inexistência de recurso próprio.

III – A superveniência da sentença, nos autos originários, faz perder o objeto do mandado de segurança que impugnava a concessão ou o indeferimento da tutela provisória.

► Redação dada pela Res. do TST nº 217, de 17-4-2017 (*DJe* de 20-4-2017).

415. Mandado de segurança. Petição inicial. Art. 321 do CPC de 2015. Art. 284 do CPC de 1973. Inaplicabilidade. Exigindo o mandado de segurança prova documental préconstituída, inaplicável o art. 321 do CPC de 2015 (art. 284 do CPC de 1973) quando verificada, na petição inicial do *mandamus*, a ausência de documento indispensável ou de sua autenticação. (ex- OJ nº 52 da SBDI-2 – inserida em 20-9-2000).

► Redação dada pela Res. do TST nº 208, de 19-4-2016 (*DJe* de 22-4-2016).

416. Mandado de segurança. Execução. Lei nº 8.432/1992. Art. 897, § 1º, da CLT. Cabimento. Devendo o agravo de petição delimitar justificadamente a matéria e os valores objeto de discordância, não fere direito líquido e certo o prosseguimento da execução quanto aos tópicos e valores não especificados no agravo.

417. Mandado de segurança. Penhora em dinheiro.

I – Não fere direito líquido e certo do impetrante o ato judicial que determina penhora em dinheiro do executado para garantir crédito exequendo, pois é prioritária e obedece à gradação prevista no art. 835 do CPC de 2015 (art. 655 do CPC de 1973).

II – Havendo discordância do credor, em execução definitiva, não tem o executado direito líquido e certo a que os valores penhorados em dinheiro fiquem depositados no próprio banco, ainda que atenda aos requisitos do art. 840, I, do CPC de 2015 (art. 666, I, do CPC de 1973). (ex-OJ nº 61 da SBDI-2 – inserida em 20-9-2000).

► Redação dada pela Res. do TST nº 212, de 19-9-2016 (*DJe* de 20-9-2016).

418. Mandado de segurança visando à homologação de acordo. A homologação de acordo constitui faculdade do juiz, inexistindo direito líquido e certo tutelável pela via do mandado de segurança.

► Redação dada pela Res. do TST nº 217, de 17-4-2017 (*DJe* de 20-4-2017).

419. Competência. Embargos de terceiro. Execução por carta precatória. Juízo deprecado. Na execução por carta precatória, os embargos de terceiro serão oferecidos no juízo deprecado, salvo se indicado pelo juízo deprecante o bem constrito ou se já devolvida a carta (art. 676, parágrafo único, do CPC de 2015).

► Redação dada pela Res. do TST nº 212, de 19-9-2016 (*DJe* de 20-9-2016).

420. Competência funcional. Conflito negativo. TRT e Vara do Trabalho de idêntica região. Não configuração. Não se configura conflito de competência entre Tribunal Regional do Trabalho e Vara do Trabalho a ele vinculada.

421. Embargos de declaração. Cabimento. Decisão monocrática do relator calcada no art. 932 do CPC de 2015. Art. 557 do CPC de 1973.

I – Cabem embargos de declaração da decisão monocrática do relator prevista no art. 932 do CPC de 2015 (art. 557 do CPC de 1973), se a parte pretende tão somente juízo integrativo retificador da decisão e, não, modificação do julgado.

II – Se a parte postular a revisão no mérito da decisão monocrática, cumpre ao relator converter os embargos de declaração em agravo, em face dos princípios da fungibilidade e celeridade processual, submetendo-o ao pronunciamento do Colegiado, após a intimação do recorrente para, no prazo de 5 (cinco) dias, complementar as razões recursais, de modo a ajustá-las às exigências do art. 1.021, § 1º, do CPC de 2015.

► Redação dada pela Res. do TST nº 208, de 19-4-2016 (*DJe* de 22-4-2016).

422. Recurso. Fundamento ausente ou deficiente. Não conhecimento.

I – Não se conhece de recurso para o TST se as razões do recorrente não impugnam os fundamentos da decisão recorrida, nos termos em que proferida.

II – O entendimento referido no item anterior não se aplica em relação à motivação secundária e impertinente, consubstanciada em despacho de admissibilidade de recurso ou em decisão monocrática.

III – Inaplicável a exigência do item I relativamente ao recurso ordinário da competência de Tribunal Regional do Trabalho, exceto em caso de recurso cuja motivação é inteiramente dissociada dos fundamentos da sentença.

► Redação dada pela Res. do TST nº 199, de 9-6-2015.

423. Turno ininterrupto de revezamento. Fixação de jornada de trabalho mediante negociação coletiva. Validade. Estabelecida jornada superior a seis horas e limitada a oito horas por meio de regular negociação coletiva, os empregados submetidos a turnos ininterruptos de revezamento não têm direito ao pagamento das 7ª e 8ª horas como extras.

424. Recurso administrativo. Pressuposto de admissibilidade. Depósito prévio da multa administrativa. Não recepção pela Constituição Federal do § 1º do art. 636 da CLT. O § 1º do art. 636 da CLT, que estabelece a exigência de prova do depósito prévio do valor da multa cominada em razão de autuação administrativa como pressuposto de admissibilidade de recurso administrativo, não foi recepcionado pela Constituição Federal de 1988, ante a sua incompatibilidade com o inciso LV do art. 5º.

425. *Jus postulandi* na Justiça do Trabalho. Alcance. O *jus postulandi* das partes, estabelecido no art. 791 da CLT, limita-se às Varas do Trabalho e aos Tribunais Regionais do Trabalho, não alcançando a ação rescisória, a ação cautelar, o mandado de segurança e os recursos de competência do Tribunal Superior do Trabalho.

426. Depósito recursal. Utilização da guia GFIP. Obrigatoriedade. Nos dissídios individuais o depósito recursal será efetivado mediante a utilização da Guia de Recolhimento do FGTS e Informações à Previdência Social – GFIP, nos termos dos §§ 4º e 5º do art. 899 da CLT, admitido o depósito judicial, realizado na sede do juízo e à disposição deste, na hipótese de relação de trabalho não submetida ao regime do FGTS.

427. Intimação. Pluralidade de advogados. Publicação em nome de advogado diverso daquele expressamente indicado. Nulidade. Havendo pedido expresso de que as intimações e publicações sejam realizadas exclusivamente em nome de determinado advogado, a comunicação em nome de outro profissional constituído nos autos é nula, salvo se constatada a inexistência de prejuízo.

428. Sobreaviso. Aplicação analógica do art. 244, § 2º, da CLT.

I – O uso de instrumentos telemáticos ou informatizados fornecidos pela empresa ao empregado, por si só, não caracteriza o regime de sobreaviso.

II – Considera-se em sobreaviso o empregado que, a distância e submetido a controle patronal por instrumentos telemáticos ou informatizados, permanecer em regime de plantão ou equivalente, aguardando a qualquer momento o chamado para o serviço durante o período de descanso.

► Redação dada pela Res. do TST nº 185, de 14-9-2012.

429. Tempo à disposição do empregador. Art. 4º da CLT. Período de deslocamento entre a portaria e o local de trabalho. Considera-se à disposição do empregador, na forma do art. 4º da CLT, o tempo necessário ao deslocamento do trabalhador entre a portaria da empresa e o local de trabalho, desde que supere o limite de 10 (dez) minutos diários.

430. Administração pública indireta. Contratação. Ausência de concurso público. Nulidade. Ulterior privatização. Convalidação. Insubsistência do vício. Convalidam-se os efeitos do contrato de trabalho que, considerado nulo por ausência de concurso público, quando celebrado originalmente com ente da Administração Pública Indireta, continua a existir após a sua privatização.

431. Salário-hora. Empregado sujeito ao regime geral de trabalho (art. 58, *caput*, da CLT). 40 horas semanais. Cálculo. Aplicação do divisor 200. Para os empregados a que alude o art. 58, *caput*, da CLT, quando sujeitos a 40 horas semanais de trabalho, aplica-se o divisor 200 (duzentos) para o cálculo do valor do salário-hora.

► Redação dada pela Res. do TST nº 185, de 14-9-2012.

432. Contribuição sindical rural. Ação de cobrança. Penalidade por atraso no recolhimento. Inaplicabilidade do art. 600 da CLT. Incidência do art. 2º da Lei nº 8.022/1990. O recolhimento a destempo da contribuição sindical rural não acarreta a aplicação da multa progressiva prevista no art. 600 da CLT, em decorrência da sua revogação tácita pela Lei nº 8.022, de 12 de abril de 1990.

433. Embargos. Admissibilidade. Processo em fase de execução. Acórdão de Turma publicado na vigência da Lei nº 11.496, de 26-6-2007.

Divergência de interpretação de dispositivo constitucional. A admissibilidade do recurso de embargos contra acórdão de Turma em recurso de revista em fase de execução, publicado na vigência da Lei nº 11.496, de 26-6-2007, condiciona-se à demonstração de divergência jurisprudencial entre Turmas ou destas e a Seção Especializada em Dissídios Individuais do Tribunal Superior do Trabalho em relação à interpretação de dispositivo constitucional.

434. *Cancelada*. Res. do TST nº 198, de 9-6-2015 (*DJE* de 11-6-2015).

435. Decisão monocrática. Relator. Art. 932 do CPC de 2015. Art. 557 do CPC de 1973. Aplicação subsidiária ao processo do trabalho. Aplica-se subsidiariamente ao processo do trabalho o art. 932 do CPC de 2015 (art. 557 do CPC de 1973).

- ► Redação dada pela Res. do TST nº 208, de 19-4-2016 (*DJe* de 22-4-2016).
- ► Conversão da OJ da SBDI-II nº 73 do TST e com nova redação.

436. Representação processual. Procurador da União, Estados, Municípios e Distrito Federal, suas autarquias e fundações públicas. Juntada de instrumento de mandato.

I – A União, Estados, Municípios e Distrito Federal, suas autarquias e fundações públicas, quando representadas em juízo, ativa e passivamente, por seus procuradores, estão dispensadas da juntada de instrumento de mandato e de comprovação do ato de nomeação.

II – Para os efeitos do item anterior, é essencial que o signatário ao menos declare-se exercente do cargo de procurador, não bastando a indicação do número de inscrição na Ordem dos Advogados do Brasil.

- ► Conversão da OJ da SBDI-I nº 52 do TST e acréscimo do item II.

437. Intervalo intrajornada para repouso e alimentação. Aplicação do art. 71 da CLT.

I – Após a edição da Lei nº 8.923/1994, a não concessão ou a concessão parcial do intervalo intrajornada mínimo, para repouso e alimentação, a empregados urbanos e rurais, implica o pagamento total do período correspondente, e não apenas daquele suprimido, com acréscimo de, no mínimo, 50% sobre o valor da remuneração da hora normal de trabalho (art. 71 da CLT), sem prejuízo do cômputo da efetiva jornada de labor para efeito de remuneração.

II – É inválida cláusula de acordo ou convenção coletiva de trabalho contemplando a supressão ou redução do intervalo intrajornada porque este constitui medida de higiene, saúde e segurança do trabalho, garantido por norma de ordem pública (art. 71 da CLT e art. 7º, XXII, da CF/1988), infenso à negociação coletiva.

III – Possui natureza salarial a parcela prevista no art. 71, § 4º, da CLT, com redação introduzida pela Lei nº 8.923, de 27 de julho de 1994, quando não concedido ou reduzido pelo empregador o intervalo mínimo intrajornada para repouso e alimentação, repercutindo, assim, no cálculo de outras parcelas salariais.

IV – Ultrapassada habitualmente a jornada de seis horas de trabalho, é devido o gozo do intervalo intrajornada mínimo de uma hora, obrigando o empregador a remunerar o período para descanso e alimentação não usufruído como extra, acrescido do respectivo adicional, na forma prevista no art. 71, *caput*, e § 4º da CLT.

- ► Conversão das Orientações Jurisprudenciais da SBDI-I nºs 307, 342, 354, 380 e 381 do TST.

438. Intervalo para recuperação térmica do empregado. Ambiente artificialmente frio. Horas extras. Art. 253 da CLT. Aplicação analógica. O empregado submetido a trabalho contínuo em ambiente artificialmente frio, nos termos do parágrafo único do art. 253 da CLT, ainda que não labore em câmara frigorífica, tem direito ao intervalo intrajornada previsto no *caput* do art. 253 da CLT.

439. Danos morais. Juros de mora e atualização monetária. Termo inicial. Nas condenações por dano moral, a atualização monetária é devida a partir da data da decisão de arbitramento ou de alteração do valor. Os juros incidem desde o ajuizamento da ação, nos termos do art. 883 da CLT.

440. Auxílio-doença acidentário. Aposentadoria por invalidez. Suspensão do contrato de trabalho. Reconhecimento do direito à manutenção de plano de saúde ou de assistência médica. Assegura-se o direito à manutenção de plano de saúde ou de assistência médica oferecido pela empresa ao empregado, não obstante suspenso o contrato de trabalho em virtude de auxílio-doença acidentário ou de aposentadoria por invalidez.

441. Aviso prévio. Proporcionalidade. O direito ao aviso prévio proporcional ao tempo de serviço somente é assegurado nas rescisões de contrato de trabalho ocorridas a partir da publicação da Lei nº 12.506, em 13 de outubro de 2011.

442. Procedimento sumaríssimo. Recurso de revista fundamentado em contrariedade à orientação jurisprudencial. Inadmissibilidade. Art. 896, § 6º, da CLT, acrescentado pela Lei nº 9.957, de 12-1-2000. Nas causas sujeitas ao procedimento sumaríssimo, a admissibilidade de recurso de revista está limitada à demonstração de violação direta a dispositivo da Constituição Federal ou contrariedade a Súmula do Tribunal Superior do Trabalho, não se admitindo o recurso por contrariedade à Orientação Jurisprudencial deste Tribunal (Livro II, Título II, Capítulo III, do RITST), ante a ausência de previsão no art. 896, § 6º, da CLT.

► Conversão da OJ da SBDI-I nº 352 do TST.

443. Dispensa discriminatória. Presunção. Empregado portador de doença grave. Estigma ou preconceito. Direito à reintegração. Presume-se discriminatória a despedida de empregado portador do vírus HIV ou de outra doença grave que suscite estigma ou preconceito. Inválido o ato, o empregado tem direito à reintegração no emprego.

444. Jornada de trabalho. Norma coletiva. Lei. Escala de 12 por 36. Validade. É valida, em caráter excepcional, a jornada de doze horas de trabalho por trinta e seis de descanso, prevista em lei ou ajustada exclusivamente mediante acordo coletivo de trabalho ou convenção coletiva de trabalho, assegurada a remuneração em dobro dos feriados trabalhados. O empregado não tem direito ao pagamento de adicional referente ao labor prestado na décima primeira e décima segunda horas.

445. Inadimplemento de verbas trabalhistas. Frutos. Posse de má-fé. Art. 1.216 do Código Civil. Inaplicabilidade ao Direito do Trabalho. A indenização por frutos percebidos pela posse de má-fé, prevista no art. 1.216 do Código Civil, por tratar-se de regra afeta a direitos reais, mostra-se incompatível com o Direito do Trabalho, não sendo devida no caso de inadimplemento de verbas trabalhistas.

446. Maquinista ferroviário. Intervalo intrajornada. Supressão parcial ou total. Horas extras devidas. Compatibilidade entre os arts. 71, § 4º, e 238, § 5º, da CLT. A garantia ao intervalo intrajornada, prevista no art. 71 da CLT, por constituir-se em medida de higiene, saúde e segurança do empregado, é aplicável também ao ferroviário maquinista integrante da categoria "c" (equipagem de trem em geral), não havendo incompatibilidade entre as regras inscritas nos arts. 71, § 4º, e 238, § 5º, da CLT.

447. Adicional de periculosidade. Permanência a bordo durante o abastecimento da Aeronave. Indevido. Os tripulantes e demais empregados em serviços auxiliares de transporte aéreo que, no momento do abastecimento da aeronave, permanecem a bordo não têm direito ao adicional de periculosidade a que aludem o art. 193 da CLT e o Anexo 2, item 1, c, da NR-16 do MTE.

448. Atividade insalubre. Caracterização. Previsão na Norma Regulamentadora nº 15 da portaria do Ministério do Trabalho nº 3.214/1978. Instalações sanitárias.

► Conversão da OJ da SBDI-I nº 4 do TST.

I – Não basta a constatação da insalubridade por meio de laudo pericial para que o empregado tenha direito ao respectivo adicional, sendo necessária a classificação da atividade insalubre na relação oficial elaborada pelo Ministério do Trabalho.

II – A higienização de instalações sanitárias de uso público ou coletivo de grande circulação, e a respectiva coleta de lixo, por não se equiparar à limpeza em residências e escritórios, enseja o pagamento de adicional de insalubridade em grau máximo, incidindo o disposto no Anexo 14 da NR-15 da Portaria do MTE nº 3.214/1978 quanto à coleta e industrialização de lixo urbano.

► Redação dada pela Res. do TST nº 194, de 19-5-2014 (*DJE* de 21-5-2014).

449. Minutos que antecedem e sucedem a jornada de trabalho. Lei nº 10.243, de 19-6-2001. Norma coletiva. Flexibilização. Impossibilidade. A partir da vigência da Lei nº 10.243, de 19-6-2001, que acrescentou o § 1º ao art. 58 da CLT, não mais prevalece cláusula prevista em convenção ou acordo coletivo que elastece o limite de 5 minutos que antecedem e sucedem a jornada de trabalho para fins de apuração das horas extras.

► Conversão da OJ da SBDI-I nº 372 do TST.

450. Férias. Gozo na época própria. Pagamento fora do prazo. Dobra devida. Arts. 137 e 145 da CLT. É devido o pagamento em dobro da remuneração de férias, incluído o terço constitucional, com base no art. 137 da CLT, quando, ainda que gozadas na época própria, o empregador tenha descumprido o prazo previsto no art. 145 do mesmo diploma legal.

▸ Conversão da OJ da SBDI-I nº 386 do TST.

▸ O STF, por maioria dos votos, julgou procedente a ADPF nº 501, para declarar a inconstitucionalidade desta Súmula, bem como, invalidar as decisões judiciais não transitadas em julgado que, amparadas no referido texto, tenham aplicado a sanção de pagamento em dobro prevista no art. 137 da CLT (*DOU* de 15-8-2022).

451. Participação nos lucros e resultados. Rescisão contratual anterior à data da distribuição dos lucros. Pagamento proporcional aos meses trabalhados. Princípio da isonomia. Fere o princípio da isonomia instituir vantagem mediante acordo coletivo ou norma regulamentar que condiciona a percepção da parcela participação nos lucros e resultados ao fato de estar o contrato de trabalho em vigor na data prevista para a distribuição dos lucros. Assim, inclusive na rescisão contratual antecipada, é devido o pagamento da parcela de forma proporcional aos meses trabalhados, pois o ex-empregado concorreu para os resultados positivos da empresa.

▸ Conversão da OJ da SBDI-I nº 390 do TST.

▸ Art. 7º, XI, da CF.

▸ Art. 1º da Lei 10.101, de19-12-2000 (Lei da Participação nos Lucros e Resultados).

452. Diferenças salariais. Plano de cargos e salários. Descumprimento. Critérios de promoção não observados. Prescrição parcial. Tratando-se de pedido de pagamento de diferenças salariais decorrentes da inobservância dos critérios de promoção estabelecidos em Plano de Cargos e Salários criado pela empresa, a prescrição aplicável é a parcial, pois a lesão é sucessiva e se renova mês a mês.

▸ Conversão da OJ da SBDI-I nº 404 do TST.

453. Adicional de periculosidade. Pagamento espontâneo. Caracterização de fato incontroverso. Desnecessária a perícia de que trata o art. 195 da CLT. O pagamento de adicional de periculosidade efetuado por mera liberalidade da empresa, ainda que de forma proporcional ao tempo de exposição ao risco ou em percentual inferior ao máximo legalmente previsto, dispensa a realização da prova técnica exigida pelo art. 195 da CLT, pois torna incontroversa a existência do trabalho em condições perigosas.

▸ Conversão da OJ da SBDI-I nº 406 do TST.

▸ Art. 7º, XXIII, da CF.

454. Competência da justiça do trabalho. Execução de ofício. Contribuição social referente ao seguro de acidente de trabalho (SAT). Arts. 114, VIII, e 195, I, *a*, da Constituição da República. Compete à Justiça do Trabalho a execução, de ofício, da contribuição referente ao Seguro de Acidente de Trabalho (SAT), que tem natureza de contribuição para a seguridade social (arts. 114, VIII, e 195, I, *a*, da CF), pois se destina ao financiamento de benefícios relativos à incapacidade do empregado decorrente de infortúnio no trabalho (arts. 11 e 22 da Lei nº 8.212/1991).

▸ Conversão da OJ da SBDI-I nº 414 do TST.

455. Equiparação salarial. Sociedade de economia mista. Art. 37, XIII, da CF/1988. Possibilidade.

▸ Conversão da OJ da SBDI-I nº 353 do TST.

À sociedade de economia mista não se aplica a vedação à equiparação prevista no art. 37, XIII, da CF/1988, pois, ao admitir empregados sob o regime da CLT, equipara-se a empregador privado, conforme disposto no art. 173, § 1º, II, da CF/1988.

▸ Redação dada pela Res. do TST nº 194, de 19-5-2014.

456. Representação. Pessoa jurídica. Procuração. Invalidade. Identificação do outorgante e de seu representante.

I – É inválido o instrumento de mandato firmado em nome de pessoa jurídica que não contenha, pelo menos, o nome do outorgante e do signatário da procuração, pois estes dados constituem elementos que os individualizam.

II – Verificada a irregularidade de representação da parte na instância originária, o juiz designará prazo de 5 (cinco) dias para que seja sanado o vício. Descumprida a determinação, extinguirá o processo, sem resolução de mérito, se a providência couber ao reclamante, ou considerará revel o reclamado, se a providência lhe couber (art. 76, § 1º, do CPC de 2015).

III – Caso a irregularidade de representação da parte seja constatada em fase recursal, o relator designará prazo de 5 (cinco) dias para que seja sanado o vício. Descumprida a determinação, o relator não conhecerá do recurso, se a providência couber ao recorrente, ou determinará o desentranhamento das contrarrazões, se a providência couber ao recorrido (art. 76, § 2º, do CPC de 2015).

► Redação dada pela Res. do TST nº 211, de 22-8-2016 (*DJe* de 24-8-2016).

457. Honorários periciais. Beneficiário da justiça gratuita. Responsabilidade da União pelo pagamento. Resolução nº 66/2010 do CSJT. Observância.

► Conversão da OJ da SBDI-I nº 387 do TST.

A União é responsável pelo pagamento dos honorários de perito quando a parte sucumbente no objeto da perícia for beneficiária da assistência judiciária gratuita, observado o procedimento disposto nos arts. 1º, 2º e 5º da Resolução nº 66/2010 do Conselho Superior da Justiça do Trabalho – CSJT.

► Redação dada pela Res. do TST nº 194, de 19-5-2014.

► Art. 790-B da CLT.

458. Embargos. Procedimento sumaríssimo. Conhecimento. Recurso interposto após vigência da Lei nº 11.496, de 22-6-2007, que conferiu nova redação ao art. 894, da CLT.

► Conversão da OJ da SBDI-I nº 405 do TST.

Em causas sujeitas ao procedimento sumaríssimo, em que pese a limitação imposta no art. 896, § 6º, da CLT à interposição de recurso de revista, admitem-se os embargos interpostos na vigência da Lei nº 11.496, de 22-6-2007, que conferiu nova redação ao art. 894 da CLT, quando demonstrada a divergência jurisprudencial entre Turmas do TST, fundada em interpretações diversas acerca da aplicação de mesmo dispositivo constitucional ou de matéria sumulada.

► Redação dada pela Res. do TST nº 194, de 19-5-2014.

► Art. 896, § 9º, da CLT.

459. Recurso de revista. Nulidade por negativa de prestação jurisdicional. O conhecimento do recurso de revista, quanto à preliminar de nulidade, por negativa de prestação jurisdicional, supõe indicação de violação do art. 832 da CLT, do art. 489 do CPC de 2015 (art. 458 do CPC de 1973) ou do art. 93, IX, da CF/1988.

► Redação dada pela Res. do TST nº 219, de 26-6-2017 (*DJe* de 28-6-2017).

460. Vale-transporte. Ônus da prova. É do empregador o ônus de comprovar que o empregado não satisfaz os requisitos indispensáveis para a concessão do vale-transporte ou não pretenda fazer uso do benefício.

461. FGTS. Diferenças. Recolhimento. Ônus da prova. É do empregador o ônus da prova em relação à regularidade dos depósitos do FGTS, pois o pagamento é fato extintivo do direito do autor (art. 373, II, do CPC de 2015).

462. Multa do art. 477, § 8º, da CLT. Incidência. Reconhecimento judicial da relação de emprego. A circunstância de a relação de emprego ter sido reconhecida apenas em juízo não tem o condão de afastar a incidência da multa prevista no art. 477, §8º, da CLT. A referida multa não será devida apenas quando, comprovadamente, o empregado der causa à mora no pagamento das verbas rescisórias.

► Súmula corrigida pela Presidência do TST no *DJe* 30-6-2016.

463. Assistência judiciária gratuita. Comprovação.

I – A partir de 26-6-2017, para a concessão da assistência judiciária gratuita à pessoa natural, basta a declaração de hipossuficiência econômica firmada pela parte ou por seu advogado, desde que munido de procuração com poderes específicos para esse fim (art. 105 do CPC de 2015);

II – No caso de pessoa jurídica, não basta a mera declaração: é necessária a demonstração cabal de impossibilidade de a parte arcar com as despesas do processo.

► Conversão da OJ da SBDI-I nº 304 do TST.

ORIENTAÇÕES JURISPRUDENCIAIS DO TRIBUNAL PLENO DO TST

1. Precatório. Crédito trabalhista. Pequeno valor. Emenda Constitucional nº 37/2002. Há dispensa da expedição de precatório, na forma do art. 100, § 3º, da CF/1988, quando a execução contra a Fazenda Pública não exceder os valores definidos, provisoriamente, pela Emenda Constitucional nº 37/2002, como obrigações de pequeno valor, inexistindo ilegalidade, sob esse prisma, na determinação de sequestro da quantia devida pelo ente público.

2. Precatório. Revisão de cálculos. Limites da competência do presidente do TRT. O pedido de revisão dos cálculos, em fase de precatório, previsto no art. 1º e da Lei nº 9.494/1997, apenas poderá ser acolhido desde que:

a) o requerente aponte e especifique claramente quais são as incorreções existentes nos cálculos, discriminando o montante que seria correto, pois do contrário a incorreção torna-se abstrata;

b) o defeito nos cálculos esteja ligado à incorreção material ou à utilização de critério em descompasso com a lei ou com o título executivo judicial; e

c) o critério legal aplicável ao débito não tenha sido objeto de debate nem na fase de conhecimento, nem na fase de execução.

3. Precatório. Sequestro. Emenda Constitucional nº 30/2000. Preterição. ADIN nº 1.662-8. Art. 100, § 2º, da CF/1988. O sequestro de verbas públicas para satisfação de precatórios trabalhistas só é admitido na hipótese de preterição do direito de precedência do credor, a ela não se equiparando as situações de não inclusão da despesa no orçamento ou de não pagamento do precatório até o final do exercício, quando incluído no orçamento.

4. Mandado de segurança. Decisão de trt. Incompetência originária do Tribunal Superior do Trabalho. Parágrafo único do artigo 168 do Regimento Interno do TST. Ao Tribunal Superior do Trabalho não compete apreciar, originariamente, mandado de segurança impetrado em face de decisão de TRT.

5. Recurso ordinário. Cabimento. Não cabe recurso ordinário contra decisão de agravo regimental interposto em reclamação correicional ou em pedido de providência.

6. Precatório. Execução. Limitação da condenação imposta pelo título judicial exequendo à data do advento da Lei nº 8.112, de 11-12-1990. Em sede de precatório, não configura ofensa à coisa julgada a limitação dos efeitos pecuniários da sentença condenatória ao período anterior ao advento da Lei nº 8.112, de 11-12-1990, em que o exequente submetia-se à legislação trabalhista, salvo disposição expressa em contrário na decisão exequenda.

7. Juros de mora. Condenação da Fazenda Pública.

I – Nas condenações impostas à Fazenda Pública, incidem juros de mora segundo os seguintes critérios:

a) 1% (um por cento) ao mês, até agosto de 2001, nos termos do § 1º do art. 39 da Lei nº 8.177, de 1º-3-1991;

b) 0,5% (meio por cento) ao mês, de setembro de 2001 a junho de 2009, conforme determina o art. 1º-F da Lei nº 9.494, de 10-9-1997, introduzido pela Medida Provisória nº 2.180-35, de 24-8-2001.

II – A partir de 30 de junho de 2009, atualizam-se os débitos trabalhistas da Fazenda Pública, mediante a incidência dos índices oficiais de remuneração básica e juros aplicados à caderneta de poupança, por força do art. 5º da Lei nº 11.960, de 29-6-2009.

III – A adequação do montante da condenação deve observar essa limitação legal, ainda que em sede de precatório.

► Redação dada pela Res. do TST nº 175, de 24-5-2011 (*DJE* de 27-5-2011).

8. Precatório. Matéria administrativa. Remessa necessária. Não cabimento. Em sede de precatório, por se tratar de decisão de natureza administrativa, não se aplica o disposto no art. 1º, V, do Decreto-Lei nº 779, de 21-8-1969, em que se determina a remessa necessária em caso de decisão judicial desfavorável a ente público.

9. Precatório. Pequeno valor. Individualização do crédito apurado. Reclamação trabalhista plúrima. Execução direta contra a Fazenda Pública. Possibilidade. Tratando-se de reclamações trabalhistas plúrimas, a aferição do que vem a ser obrigação de pequeno valor, para efeito de dispensa de formação de precatório e aplicação do disposto no § 3º do art. 100 da CF/1988, deve ser realizada considerando-se os créditos de cada reclamante.

10. Precatório. Processamento e pagamento. Natureza administrativa. Mandado de segurança. Cabimento. É cabível mandado de segurança contra atos praticados pela Presidência dos Tribunais Regionais em precatório em razão de sua natureza administrativa, não se aplicando o disposto no inciso II do art. 5º da Lei nº 1.533, de 31-12-1951.

► A Lei nº 1.533, de 31-12-1951, foi revogada pela Lei nº 12.016, de 7-8-2009 (Lei do Mandado de Segurança Individual e Coletivo).

11. Recurso em matéria administrativa. Prazo. Órgão colegiado. Oito dias. Art. 6º da Lei nº 5.584, de 26-6-1970. Se não houver norma específica quanto ao prazo para interposição de recurso em matéria administrativa de decisão emanada de órgão Colegiado do Tribunal Regional do Trabalho, aplica-se, por analogia, a regra geral dos prazos adotados na Justiça do Trabalho, ou seja, oito dias, conforme estabelecido no art. 6º da Lei nº 5.584, de 26-6-1970. O prazo de dez dias a que alude o art. 59 da Lei nº 9.784, de 29-1-1999, aplica-se somente à interposição de recursos de decisões prolatadas monocraticamente.

12. Precatório. Procedimento de natureza administrativa. Incompetência funcional do Presidente do TRT para declarar a inexigibilidade do título exequendo. O Presidente do TRT, em sede de precatório, não tem competência funcional para declarar a inexigibilidade do título judicial exequendo, com fundamento no art. 884, § 5º, da CLT, ante a natureza meramente administrativa do procedimento.

► Art. 100 da CF.

13. Precatório. Quebra da ordem de precedência. Não demonstração da posição do exequente na ordem cronológica. Sequestro indevido. É indevido o sequestro de verbas públicas quando o exequente/requerente não se encontra em primeiro lugar na lista de ordem cronológica para pagamento de precatórios ou quando não demonstrada essa condição.

► Art. 100, *caput*, da CF.

ORIENTAÇÕES JURISPRUDENCIAIS DA SUBSEÇÃO I DA SEÇÃO DE DISSÍDIOS INDIVIDUAIS DO TRIBUNAL SUPERIOR DO TRABALHO

1. Convertida na OJ da SBDI-II nº 110 do TST.

2. *Cancelada*. Res. do TST nº 148, de 26-6-2008 (*DJU* de 4-7-2008 e republicada no *DJU* de 8-7-2008).

3. Convertida na OJ da SBDI-I Transitória nº 33 do TST.

4. Convertida na Súm. 448 do TST.

5. Convertida na Súm. nº 364 do TST.

6. Incorporada à Súm. nº 60 do TST.

7. Advogado. Atuação fora da seção da OAB onde o advogado está inscrito. Ausência de comunicação. (Lei nº 4.215/1963, § 2º, art. 56). Infração disciplinar. Não importa nulidade. A despeito da norma então prevista no artigo 56, § 2º, da Lei nº 4.215/1963, a falta de comunicação do advogado à OAB para o exercício profissional em seção diversa daquela na qual tem inscrição não importa nulidade dos atos praticados, constituindo apenas infração disciplinar, que cabe àquela instituição analisar.

► Redação dada pela Res. do TST nº 129, de 5-4-2005 (*DJU* de 20-4-2005).

► A Lei nº 4.215, de 27-4-1963, foi revogada pela Lei nº 8.906, de 4-7-1994 (Estatuto da Advocacia e da OAB).

8. Convertida na Súm. nº 365 do TST.

9. Incorporada à Súm. nº 303 do TST.

10. Convertida na Súm. nº 365 do TST.

11. Convertida na Súm. nº 356 do TST.

12. Anistia. Emenda Constitucional nº 26/1985. Efeitos financeiros da promulgação. Os efeitos financeiros decorrentes da anistia concedida pela Emenda Constitucional nº 26/1985 contam-se desde a data da sua promulgação.

► Redação dada pela Res. do TST nº 129, de 5-4-2005 (*DJU* de 20-4-2005).

13. APPA. Decreto-Lei nº 779, de 21-8-1969. Depósito recursal e custas. Não isenção. A Administração dos Portos de Paranaguá e Antonina – APPA, vinculada à Administração Pública indireta, não é isenta do recolhimento do depósito recursal e do pagamento das custas processuais por não ser beneficiária dos privilégios previstos no Decreto-Lei nº 779, de 21-8-1969, ante o fato de explorar atividade econômica com fins lucrativos, o que descaracteriza sua natureza jurídica, igualando-a às empresas privadas.

► Redação dada pelo Ato da Comissão de Jurisprudência e de Precedentes Normativos, de 10-11-2010 (*DJE* de 16-11-2010).

► Dec.-lei nº 779, de 21-8-1969, dispõe sobre a aplicação de normas processuais trabalhistas à União Federal, aos Estados, Municípios, Distrito Federal e Autarquias ou Fundações de direito público que não explorem atividade econômica.

14. Aviso prévio cumprido em casa. Verbas rescisórias. Prazo para pagamento. Em caso de aviso prévio cumprido em casa, o prazo para pagamento das verbas rescisórias é até o décimo dia da notificação de despedida.

► Redação dada pela Res. do TST nº 129, de 5-4-2005 (*DJU* de 20-4-2005).

15. Incorporada à Súm. nº 102 do TST.

16. Banco do Brasil. ACP. Adicional de caráter pessoal. Indevido. A isonomia de vencimentos entre servidores do Banco Central do Brasil e do Banco do Brasil, decorrente de sentença normativa, alcançou apenas os vencimentos e vantagens de caráter permanente. Dado o caráter personalíssimo do Adicional de Caráter Pessoal – ACP e não integrando a remuneração dos funcionários do Banco do Brasil, não foi ele contemplado na decisão normativa para efeitos de equiparação à tabela de vencimentos do Banco Central do Brasil.

► Redação dada pela Res. do TST nº 129, de 5-4-2005 (*DJU* de 20-4-2005).

17. Banco do Brasil. AP e ADI. Os adicionais AP, ADI ou AFR, somados ou considerados isoladamente, sendo equivalentes a 1/3 do salário do cargo efetivo (art. 224, § 2º, da CLT), excluem o empregado ocupante de cargo de confiança do Banco do Brasil da jornada de 6 horas.

18. Complementação de aposentadoria. Banco do Brasil.

I – O valor das horas extras integra a remuneração do empregado para o cálculo da complementação de aposentadoria, desde que sobre ele incida a contribuição à Caixa de Previdência dos Funcionários do Banco do Brasil – PREVI, observado o respectivo regulamento no tocante à integração;

II – Os adicionais AP e ADI não integram o cálculo para a apuração do teto da complementação de aposentadoria;

III – No cálculo da complementação de aposentadoria deve-se observar a média trienal;

IV – A complementação de aposentadoria proporcional aos anos de serviço prestados exclusivamente ao Banco do Brasil somente se verifica a partir da Circular FUNCI nº 436/1963;

V – O telex DIREC do Banco do Brasil nº 5003/1987 não assegura a complementação de aposentadoria integral, porque não aprovado pelo órgão competente ao qual a instituição se subordina.

► Redação dada pela Res. do TST nº 175, de 24-5-2011 (*DJE* de 27-5-2011).

► OJ da SBDI-I Transitória nº 69 do TST.

19 a 21. Incorporadas à OJ da SBDI-I nº 18 do TST.

22. Convertida na OJ da SBDI-I Transitória nº 34 do TST.

23. Convertida na Súm. nº 366 do TST.

24. Convertida na Súm. nº 367 do TST.

25. Incorporada à Súm. nº 339 do TST.

26. Competência da Justiça do Trabalho. Complementação de pensão requerida por viúva de ex-empregado. A Justiça do Trabalho é competente para apreciar pedido de complementação de pensão postulada por viúva de ex-empregado, por se tratar de pedido que deriva do contrato de trabalho.

► Redação dada pela Res. do TST nº 129, de 5-4-2005 (*DJU* de 20-4-2005).

27. Convertida na Súm. nº 355 do TST.

28. Correção monetária sobre as diferenças salariais. Universidades Federais. Devida. Lei nº 7.596/1987. Incide correção monetária sobre as diferenças salariais dos servidores das universidades federais, decorrentes da aplicação retroativa dos efeitos financeiros assegurados pela Lei nº 7.596/1987, pois a correção monetária tem como escopo único minimizar a desvalorização da moeda em decorrência da corrosão inflacionária.

► Redação dada pela Res. do TST nº 129, de 5-4-2005 (*DJU* de 20-4-2005).

29. Convertida na OJ da SBDI-I nº 148 do TST.

30. Convertida na Súm. nº 352 do TST, que por sua vez foi posteriormente cancelada.

31. Incorporada à Súm. nº 86 do TST.

32. Convertida na Súm. nº 368 do TST.

33. Deserção. Custas. Carimbo do banco. Validade. O carimbo do banco recebedor na guia de comprovação do recolhimento das custas supre a ausência de autenticação mecânica.

34 e 35. Convertidas na Súm. nº 369 do TST.

36. Instrumento normativo. Cópia não autenticada. Documento comum às partes. Validade. O instrumento normativo em cópia não autenticada possui valor probante, desde que não haja impugnação ao seu conteúdo, eis que se trata de documento comum às partes.

► Redação dada pela Res. do TST nº 129, de 5-4-2005 (*DJU* de 20-4-2005).

37. Incorporada à Súm. nº 296 do TST.

38. Empregado que exerce atividade rural. Empresa de reflorestamento. Prescrição própria do rurícola (Lei nº 5.889, de 8-6-1973, art. 10, e Decreto nº 73.626, de 12-2-1974, art. 2º, § 4º). O empregado que trabalha em empresa de reflorestamento, cuja atividade está diretamente ligada ao manuseio da terra e de matéria-prima, é rurícola e não industriário, nos termos do Decreto nº 73.626, de 12-2-1974, art. 2º, § 4º, pouco importando que o fruto de seu trabalho seja destinado à indústria. Assim, aplica-se a prescrição própria dos rurícolas aos direitos desses empregados.

► Redação dada pelo Ato da Comissão de Jurisprudência e de Precedentes Normativos , de 10-11-2010 (*DJE* de 16-11-2010).

► Lei nº 5.889, de 8-6-1973 (Lei do Trabalho Rural).

► Arts. 83 a 105 do Dec. nº 10.854, de 10-11-2021, que regulamenta disposições relativas à legislação trabalhista.

39. Convertida na Súm. nº 370 do TST.

40. Convertida na Súm. nº 371 do TST.

41. Estabilidade. Instrumento normativo. Vigência. Eficácia. Preenchidos todos os pressupostos para a aquisição de estabilidade decorrente de acidente ou doença profissional, ainda durante a vigência do instrumento normativo, goza o empregado de estabilidade mesmo após o término da vigência deste.

42. FGTS. Multa de 40%.

I – É devida a multa do FGTS sobre os saques corrigidos monetariamente ocorridos na vigência do contrato de trabalho. Art. 18, § 1º, da Lei nº 8.036/1990 e art. 9º, § 1º, do Decreto nº 99.684/1990.

II – O cálculo da multa de 40% do FGTS deverá ser feito com base no saldo da conta vinculada na data do efetivo pagamento das verbas rescisórias, desconsiderada a projeção do aviso prévio indenizado, por ausência de previsão legal.

► Redação dada pela Res. do TST nº 129, de 5-4-2005 (*DJU* de 20-4-2005).

43. Conversão de salários de cruzeiros para cruzados. Decreto-Lei nº 2.284/1986. A conversão de salários de cruzeiros para cruzados, nos termos do Decreto-Lei nº 2.284/1986, não afronta direito adquirido dos empregados.

► Redação dada pela Res. do TST nº 129, de 5-4-2005 (*DJU* de 20-4-2005).

44. Gestante. Salário maternidade. É devido o salário maternidade, de 120 dias, desde a promulgação da CF/1988, ficando a cargo do empregador o pagamento do período acrescido pela Carta.

45. Convertida na Súm. nº 372 do TST.

46. Convertida na Súm. nº 373 do TST.

47. Hora extra. Adicional de insalubridade. Base de cálculo. A base de cálculo da hora extra é o resultado da soma do salário-contratual mais o adicional de insalubridade.

► Redação dada pela Res. do TST nº 148, de 26-6-2008 (*DJU* de 4-7-2008 e republicada no *DJU* de 8-7-2008).

48. Incorporada à Súm. nº 199 do TST.

49. Convertida na Súm. nº 428 do TST.

50. Incorporada à Súm. nº 90 do TST.

51. Legislação eleitoral. Empresas públicas e sociedades de economia mista. Aos empregados das empresas públicas e das sociedades de economia mista regidos pela CLT aplicam-se as vedações dispostas no art. 15 da Lei nº 7.773, de 8-6-1989.

► Redação dada pelo Ato da Comissão de Jurisprudência e de Precedentes Normativos , de 10-11-2010 (*DJE* de 16-11-2010).

► Lei nº 7.773, de 8-6-1989, dispõe sobre a eleição para Presidente e Vice-Presidente da República, para o mandato a iniciar-se em 15-3-1990, nos termos do § 1º do art. 4º do ADCT.

52. Convertida na Súmula nº 436 do TST.

53. Convertida na Súm. nº 370 do TST.

54. Multa. Cláusula penal. Valor superior ao principal. O valor da multa estipulada em cláusula penal, ainda que diária, não poderá ser superior à obrigação principal corrigida, em virtude da aplicação do artigo 412 do Código Civil de 2002 (art. 920 do Código Civil de 1916).

► Redação dada pela Res. do TST nº 129, de 5-4-2005 (*DJU* de 20-4-2005).

55. Convertida na Súm. nº 374 do TST.

56. Nossa Caixa Nosso Banco (Caixa Econômica do Estado de São Paulo). Regulamento. Gratificação especial e/ou anuênios. Direito reconhecido apenas àqueles empregados que tinham 25 anos de efetivo exercício prestados exclusivamente à Caixa.

57. PCCS. Devido o reajuste do adiantamento. Lei nº 7.686/1988, art. 1º. É devido o reajuste da parcela denominada "adiantamento do PCCS", conforme a redação do art. 1º da Lei nº 7.686/1988.

► Redação dada pela Res. do TST nº 129, de 5-4-2005 (*DJU* de 20-4-2005).

58. Plano Bresser. IPC jun./1987. Inexistência de direito adquirido. Inexiste direito adquirido ao IPC de junho de 1987 (Plano Bresser), em face da edição do Decreto-Lei nº 2.335/1987.

▸ Redação dada pela Res. do TST nº 129, de 5-4-2005 (*DJU* de 20-4-2005).

59. Plano verão. URP de fevereiro de 1989. Inexistência de direito adquirido. Inexiste direito adquirido à URP de fevereiro de 1989 (Plano Verão), em face da edição da Lei nº 7.730/1989.

▸ Redação dada pela Res. do TST nº 129, de 5-4-2005 (*DJU* de 20-4-2005).

60. Portuários. Hora noturna. Horas extras. (Lei nº 4.860/1965, arts. 4º e 7º, § 5º).

I – A hora noturna no regime de trabalho no porto, compreendida entre dezenove horas e sete horas do dia seguinte, é de sessenta minutos.

II – Para o cálculo das horas extras prestadas pelos trabalhadores portuários, observar-se-á somente o salário básico percebido, excluídos os adicionais de risco e produtividade.

▸ Redação dada pela Res. do TST nº 129, de 5-4-2005 (*DJU* de 20-4-2005).

61. Incorporada à OJ da SBDI-I nº 60 do TST.

62. Prequestionamento. Pressuposto de admissibilidade em apelo de natureza extraordinária. Necessidade, ainda que se trate de incompetência absoluta. É necessário o prequestionamento como pressuposto de admissibilidade em recurso de natureza extraordinária, ainda que se trate de incompetência absoluta.

▸ Redação dada pelo Ato da Comissão de Jurisprudência e de Precedentes Normativos, de 19-11-2010 (*DJE* de 23-11-2010).

▸ Súm. nº 297 do TST.

▸ OJ da SBDI-I nº 119 do TST.

63. Incorporada à Súm. nº 199 do TST.

64. Incorporada à Súm. nº 239 do TST.

65. Professor adjunto. Ingresso no cargo de professor titular. Exigência de concurso público não afastada pela Constituição Federal de 1988. O acesso de professor adjunto ao cargo de professor titular só pode ser efetivado por meio de concurso público, conforme dispõem os arts. 37, inciso II, e 206, inciso V, da CF/1988.

▸ Redação dada pela Res. do TST nº 129, de 5-4-2005 (*DJU* de 20-4-2005).

66. Convertida na Súm. nº 351 do TST.

67. Convertida na Súm. nº 358 do TST.

68. Convertida na OJ da SBDI-I Transitória nº 35 do TST.

69. Convertida na Súm. nº 375 do TST.

70. Convertida na OJ do Tribunal Pleno nº 5 do TST.

71 a 73. Incorporadas à Súm. nº 303 do TST.

74. Incorporada à Súm. nº 122 do TST.

75. Substabelecimento sem o reconhecimento de firma do substabelecente. Inválido (anterior à Lei nº 8.952/1994). Não produz efeitos jurídicos recurso subscrito por advogado com poderes conferidos em substabelecimento em que não consta o reconhecimento de firma do outorgante. Entendimento aplicável antes do advento da Lei nº 8.952/1994.

▸ Redação dada pela Res. do TST nº 129, de 5-4-2005 (*DJU* de 20-4-2005).

76. Substituição dos avanços trienais por quinquênios. Alteração do contrato de trabalho. Prescrição total. CEEE. A alteração contratual consubstanciada na substituição dos avanços trienais por quinquênios decorre de ato único do empregador, momento em que começa a fluir o prazo fatal de prescrição.

▸ Redação dada pela Res. do TST nº 129, de 5-4-2005 (*DJU* de 20-4-2005).

77. Convertida na Súm. nº 357 do TST.

78. Convertida na Súm. nº 360 do TST.

79. URPs de abril e maio de 1988. Decreto-Lei nº 2.425/1988. Existência de direito apenas ao reajuste de 7/30 de 16,19%, a ser calculado sobre o salário de março e incidente sobre o salário dos meses de abril e maio, não cumulativamente, corrigidos desde a época própria até a data do efetivo pagamento.

▸ Nova redação devido ao julgamento do Recurso TST-RXOFROAR nº 573.062/1999, pelo Tribunal Pleno (*DJU* de 14-6-2005).

80. Convertida na OJ da SBDI-II nº 110 do TST.

81. Convertida na Súm. nº 394 do TST.

82. Aviso prévio. Baixa na CTPS. A data de saída a ser anotada na CTPS deve corresponder à do término do prazo do aviso prévio, ainda que indenizado.

83. Aviso prévio. Indenizado. Prescrição. A prescrição começa a fluir no final da data do término do aviso prévio. Art. 487, § 1º, CLT.

84. *Cancelada*. Res. do TST nº 186, de 14-9-2012.

85. Convertida na Súm. nº 363 do TST.

86. Convertida na Súm. nº 369 do TST.

87. Entidade pública. Exploração de atividade eminentemente econômica. Execução. Art. 883 da CLT. É direta a execução contra a APPA e MINASCAIXA (§ 1º do art. 173, da CF/1988).

► Nova redação. *DJU* de 16-4-2004.

88. Incorporada à Súm. nº 244 do TST.

89. Convertida na Súm. nº 376 do TST.

90. *Cancelada*. Res. do TST nº 129, de 5-4-2005 (*DJU* de 20-4-2005).

► Art. 897 da CLT.

91. Anistia. Art. 8º, § 1º, ADCT. Efeitos financeiros. ECT.

► ROAR nº 105.608/1994, SDI-Plena. Em 19-5-1997, a SDI-Plena decidiu, pelo voto prevalente do Exmo. Sr. Presidente, que os efeitos financeiros da readmissão do empregado anistiado serão contados a partir do momento em que este manifestou o desejo de retornar ao trabalho e, na ausência de prova, da data do ajuizamento da ação.

92. Desmembramento de municípios. Responsabilidade trabalhista. Em caso de criação de novo município, por desmembramento, cada uma das novas entidades responsabiliza-se pelos direitos trabalhistas do empregado no período em que figurarem como real empregador.

93. Incorporada à Súm. nº 146 do TST.

94. Incorporada à Súm. nº 221 do TST.

95. Embargos para SDI. Divergência oriunda da mesma Turma do TST. Inservível.

► ERR nº 125.320/1994, SDI-Plena. Em 19-5-1997, a SDI-Plena, por maioria, decidiu que acórdãos oriundos da mesma Turma, embora divergentes, não fundamentam divergência jurisprudencial de que trata a alínea *b*, do artigo 894 da Consolidação das Leis do Trabalho para embargos à Seção Especializada em Dissídios Individuais, Subseção I.

96. Incorporada à Súm. nº 159 do TST.

97. Horas extras. Adicional noturno. Base de cálculo. O adicional noturno integra a base de cálculo das horas extras prestadas no período noturno.

98. Convertida na OJ da SBDI-I Transitória nº 36 do TST.

99. Convertida na Súm. nº 377 do TST.

100. Salário. Reajuste. Entes Públicos. Os reajustes salariais previstos em legislação federal devem ser observados pelos Estados membros, suas Autarquias e Fundações Públicas nas relações contratuais trabalhistas que mantiverem com seus empregados.

► Redação dada pela Res. do TST nº 129, de 5-4-2005 (*DJU* de 20-4-2005).

101. Incorporada à Súm. nº 28 do TST.

102. Incorporada à Súm. nº 139 do TST.

103. Adicional de insalubridade. Repouso semanal e feriados. O adicional de insalubridade já remunera os dias de repouso semanal e feriados.

► Redação dada pela Res. do TST nº 129, de 5-4-2005 (*DJU* de 20-4-2005).

104. Incorporada à Sum. nº 25 do TST.

105. Convertida na Súm. nº 378 do TST.

106. Convertida na Súm. nº 396 do TST.

107. Incorporada à OJ da SBDI-I nº 42 do TST.

108. Convertida na Súm. nº 395 do TST.

109. Convertida na OJ da SBDI-I Transitória nº 37 do TST.

110. *Cancelada*. Res. do TST nº 212, de 19-9-2016 (*DJe* de 20-9-2016).

111. Recurso de revista. Divergência jurisprudencial. Aresto oriundo do mesmo Tribunal Regional. Lei nº 9.756/1998. Inservível ao conhecimento. Não é servível ao conhecimento de recurso de revista aresto oriundo de mesmo Tribunal Regional do Trabalho, salvo se o recurso houver sido interposto anteriormente à vigência da Lei nº 9.756/1998.

► Redação dada pela Res. do TST nº 129, de 5-4-2005 (*DJU* de 20-4-2005).

112. Incorporada à Súm. nº 159 do TST.

113. Adicional de transferência. Cargo de confiança ou previsão contratual de transferência. Devido. Desde que a transferência seja provisória. O fato de o empregado exercer cargo de confiança ou a existência de previsão de transferência no contrato de trabalho não exclui o direito ao adicional. O pressuposto legal apto a legitimar a percepção do mencionado adicional é a transferência provisória.

114. Convertida na Súm. nº 379 do TST.

115. Convertida na Sum. nº 459 do TST.

116. Convertida na Súm. nº 396 do TST.

117. Convertida na Súm. nº 376 do TST.

118. Prequestionamento. Tese explícita. Inteligência da Súmula nº 297. Havendo tese explícita sobre a matéria, na decisão recorrida, desnecessário contenha nela referência expressa do dispositivo legal para ter-se como prequestionado este.

119. Prequestionamento inexigível. Violação nascida na própria decisão recorrida. Súmula nº 297 do TST. Inaplicável.

É inexigível o prequestionamento quando a violação indicada houver nascido na própria decisão recorrida. Inaplicável a Súmula nº 297 do TST.

► Redação dada pelo Ato da Comissão de Jurisprudência e de Precedentes Normativos, de 10-11-2010 (*DJE* de 16-11-2010).

► OJ da SBDI-I nº 62 do TST.

120. Recurso. Assinatura da petição ou das razões recursais. Art. 932, parágrafo único, do CPC de 2015.

I – Verificada a total ausência de assinatura no recurso, o juiz ou o relator concederá prazo de 5 (cinco) dias para que seja sanado o vício. Descumprida a determinação, o recurso será reputado inadmissível (art. 932, parágrafo único, do CPC de 2015).

II – É válido o recurso assinado, ao menos, na petição de apresentação ou nas razões recursais.

► Redação dada pela Res. do TST nº 212, de 19-9-2016 (*DJe* de 20-9-2016).

121. Substituição processual. Diferença do adicional de insalubridade. Legitimidade. O sindicato tem legitimidade para atuar na qualidade de substituto processual para pleitear diferença de adicional de insalubridade.

► Redação dada pela Res. do TST nº 129, de 5-4-2005 (*DJU* de 20-4-2005).

122. Convertida na Súm. nº 380 do TST.

123. Bancários. Ajuda alimentação. A ajuda alimentação prevista em norma coletiva em decorrência de prestação de horas extras tem natureza indenizatória e, por isso, não integra o salário do empregado bancário.

► ERR nº 118.739/1994, SDI-Plena. Em 10-2-1998, a SDI-Plena, por maioria, decidiu que ajuda alimentação paga ao bancário, em decorrência de prestação de horas extras por prorrogação de jornada, tem natureza indenizatória e, portanto, não integrativa ao salário.

124. Convertida na Súm. nº 381 do TST.

125. Desvio de função. Quadro de carreira. O simples desvio funcional do empregado não gera direito a novo enquadramento, mas apenas às diferenças salariais respectivas, mesmo que o desvio de função haja iniciado antes da vigência da CF/1988.

► Alterada pelo TST em 13-3-2002.

126. Incorporada à Súm. nº 239 do TST.

127. Hora noturna reduzida. Subsistência após a CF/1988. O art. 73, § 1º da CLT, que prevê a redução da hora noturna, não foi revogado pelo inciso IX do art. 7º, da CF/1988.

128. Convertida na Súm. nº 382 do TST.

129. Prescrição. Complementação da pensão e auxílio-funeral. A prescrição extintiva para pleitear judicialmente o pagamento da complementação de pensão e do auxílio-funeral é de 2 anos, contados a partir do óbito do empregado.

130. Prescrição. Ministério público. Arguição. *Custos legis*. Ilegitimidade. Ao exarar o parecer na remessa de ofício, na qualidade de *custos legis*, o Ministério Público não tem legitimidade para arguir a prescrição em favor de entidade de direito público, em matéria de direito patrimonial.

► Redação dada pela Res. do TST nº 209, de 1º-6-2016 (*DJe* de 1º-6-2016).

131. Convertida na Súm. nº 367 do TST.

132. Agravo regimental. Peças essenciais nos autos principais. Inexistindo lei que exija a tramitação do agravo em autos apartados, tampouco previsão no Regimento Interno do Regional, não pode o agravante ver-se apenado por não haver colacionado cópia de peças dos autos principais, quando o agravo deveria fazer parte dele.

133. Ajuda alimentação. PAT. Lei nº 6.321/1976. Não integração ao salário. A ajuda alimentação fornecida por empresa participante do programa de alimentação ao trabalhador, instituído pela Lei nº 6.321/1976, não tem caráter salarial. Portanto não integra o salário para nenhum efeito legal.

134. Autenticação. Pessoa jurídica de direito público. Dispensada. Medida Provisória nº 1.360, de 12-3-1996. São válidos os documentos apresentados, por pessoa jurídica de direito público, em fotocópia não autenticada, posteriormente à edição da Medida Provisória nº 1.360/1996 e suas reedições.

135. Convertida na Súm. nº 371 do TST.

136. Incorporada à OJ da SBDI-I nº 18 do TST.

137. Convertida na OJ da SBDI-I Transitória nº 38 do TST.

138. Competência residual. Regime jurídico único. Limitação da execução. Compete à Justiça do Trabalho julgar pedidos de direitos e vantagens previstos na legislação trabalhista referente a período anterior à Lei nº 8.112/1990, mesmo que a ação tenha sido ajuizada após a edição da referida lei. A superveniência de regime estatutário em substituição ao celetista, mesmo após a sentença, limita a execução ao período celetista.

► Redação dada pela Res. do TST nº 129, de 5-4-2005 (*DJU* de 20-4-2005).

139. Incorporada à Súm. nº 128 do TST.

140. Depósito recursal e custas processuais. Recolhimento insuficiente. Deserção. Em caso de recolhimento insuficiente das custas processuais ou do depósito recursal, somente haverá deserção do recurso se, concedido o prazo de 5 (cinco) dias previsto no § 2º do art. 1.007 do CPC de 2015, o recorrente não complementar e comprovar o valor devido.

► Redação dada pela Res. do TST nº 217, de 17-4-2017 (*DJe* de 20-4-2017).

141. Convertida na Súm. nº 368 do TST.

142. Embargos de declaração. Efeito modificativo. Vista prévia à parte contrária. É passível de nulidade decisão que acolhe embargos de declaração com efeito modificativo sem que seja concedida oportunidade de manifestação prévia à parte contrária.

► Redação dada pela Res. do TST nº 214, de 28-11-2016.
► Art. 900 da CLT.

143. Empresa em liquidação extrajudicial. Execução. Créditos trabalhistas. Lei nº 6.024/1974. A execução trabalhista deve prosseguir diretamente na Justiça do Trabalho mesmo após a decretação da liquidação extrajudicial. Lei nº 6.830/1980, arts. 5º e 29, aplicados supletivamente (CLT art. 889 e CF/1988, art. 114).

144. Incorporada à Súm. nº 275 do TST.

145. Convertida na Súm. nº 369 do TST.

146. Convertida na OJ da SBDI-I Transitória nº 39 do TST.

147. Lei Estadual, Norma coletiva ou norma regulamentar. Conhecimento indevido do recurso de revista por divergência jurisprudencial.

I – É inadmissível o recurso de revista fundado tão somente em divergência jurisprudencial, se a parte não comprovar que a lei estadual, a norma coletiva ou o regulamento da empresa extrapolam o âmbito do TRT prolator da decisão recorrida.

II – É imprescindível a arguição de afronta ao art. 896 da CLT para o conhecimento de embargos interpostos em face de acórdão de Turma que conhece indevidamente de recurso de revista, por divergência jurisprudencial, quanto a tema regulado por lei estadual, norma coletiva ou norma regulamentar de âmbito restrito ao Regional prolator da decisão.

► Redação dada pela Res. do TST nº 129, de 5-4-2005 (*DJU* de 20-4-2005).

148. Lei nº 8.880/1994, art. 31. Constitucionalidade. É constitucional o art. 31 da Lei nº 8.880/1994, que prevê a indenização por demissão sem justa causa.

► Redação dada pela Res. do TST nº 129, de 5-4-2005 (*DJU* de 20-4-2005).

149. Convertida na Súm. nº 383 do TST.

150. Convertida na Súm. nº 384 do TST.

151. Prequestionamento. Decisão regional que adota a sentença. Ausência de prequestionamento. Decisão regional que simplesmente adota os fundamentos da decisão de primeiro grau não preenche a exigência do prequestionamento, tal como previsto na Súm. nº 297.

152. Revelia. Pessoa jurídica de direito público. Aplicável. (Art. 844 da CLT). Pessoa jurídica de direito público sujeita-se à revelia prevista no artigo 844 da CLT.

► Redação dada pela Res. do TST nº 129, de 5-4-2005 (*DJU* de 20-4-2005).

153. Convertida na OJ da SBDI-I Transitória nº 57 do TST.

154. *Cancelada*. Res. do TST nº 158, de 13-10-2009 (*DJE* de 22-10-2009).

155. Convertida na OJ da SBDI-I Transitória nº 40 do TST.

156. *Cancelada*. Res. do TST nº 175, de 24-5-2011 (*DJE* de 27-5-2011).

157. Convertida na OJ da SBDI-I Transitória nº 41 do TST.

158. Custas. Comprovação de recolhimento. DARF Eletrônico. Validade. O denominado "DARF Eletrônico" é válido para comprovar o recolhimento de custas por entidades da Administração Pública Federal, emitido conforme a IN-SRF 162, de 4-11-1988.

159. Data de pagamento. Salários. Alteração. Diante da inexistência de previsão expressa em contrato ou em instrumento normativo, a alteração de data de pagamento pelo empregador não viola o art. 468, desde que observado o parágrafo único, do art. 459, ambos da CLT.

160. Descontos salariais. Autorização no ato da admissão. Validade. É inválida a presunção de vício de consentimento resultante do fato de ter o empregado anuído expressamente com descontos salariais na oportunidade da admissão. É de se exigir demonstração concreta do vício de vontade.

161. Convertida na Súm. nº 385 do TST.

162. Multa. Art. 477 da CLT. Contagem do prazo. Aplicável o art. 132 do Código Civil de 2002. A contagem do prazo para quitação das verbas decorrentes da rescisão contratual prevista no artigo 477 da CLT exclui necessariamente o dia da notificação da demissão e inclui o dia do vencimento, em obediência ao disposto no artigo 132 do Código Civil de 2002 (artigo 125 do Código Civil de 1916).

► Redação dada pela Res. do TST nº 129, de 5-4-2005 (*DJU* de 20-4-2005).

163. Incorporada à Súm. nº 51 do TST.

164. Oficial de justiça *ad hoc*. Inexistência de vínculo empregatício. Não se caracteriza o vínculo empregatício na nomeação para o exercício das funções de oficial de justiça *ad hoc*, ainda que feita de forma reiterada, pois exaure-se a cada cumprimento de mandado.

► Redação dada pela Res. do TST nº 129, de 5-4-2005 (*DJU* de 20-4-2005).

165. Perícia. Engenheiro ou médico. Adicional de insalubridade e periculosidade. Válido. Art. 195, da CLT. O art. 195 da CLT não faz qualquer distinção entre o médico e o engenheiro para efeito de caracterização e classificação da insalubridade e periculosidade, bastando para a elaboração do laudo seja o profissional devidamente qualificado.

166. Convertida na OJ da SBDI-I Transitória nº 42 do TST.

167. Convertida na Súm. nº 386 do TST.

168. Convertida na OJ da SBDI-I Transitória nº 43 do TST.

169. Convertida na Súm. nº 423 do TST.

170. Incorporada à OJ da SBDI-I nº 4 do TST.

171. Adicional de insalubridade. Óleos minerais. Sentido do termo "manipulação". Para efeito de concessão de adicional de insalubridade não há distinção entre fabricação e manuseio de óleos minerais Portaria nº 3.214 do Ministério do Trabalho, NR 15, Anexo XIII.

172. Adicional de insalubridade ou periculosidade. Condenação. Inserção em folha de pagamento. Condenada ao pagamento do adicional de insalubridade ou periculosidade, a empresa deverá inserir, mês a mês e enquanto o trabalho for executado sob essas condições, o valor correspondente em folha de pagamento.

173. Adicional de insalubridade. Atividade a céu aberto. Exposição ao sol e ao calor.

I – Ausente previsão legal, indevido o adicional de insalubridade ao trabalhador em atividade a céu aberto, por sujeição à radiação solar (art. 195 da CLT e Anexo 7 da NR 15 da Portaria nº 3214/78 do MTE).

II – Tem direito ao adicional de insalubridade o trabalhador que exerce atividade exposto ao calor acima dos limites de tolerância, inclusive em ambiente externo com carga solar, nas condições previstas no Anexo 3 da NR 15 da Portaria nº 3.214/1978 do MTE.

► Redação dada pela Res. do TST nº 186, de 14-9-2012.

174. Incorporada à Súm. nº 132 do TST.

175. Comissões. Alteração ou supressão. Prescrição total. A supressão das comissões, ou a alteração quanto à forma ou ao percentual, em prejuízo do empregado, é suscetível de operar a prescrição total da ação, nos termos da Súmula nº 294 do TST, em virtude de cuidar-se de parcela não assegurada por preceito de lei.

► Alterada pela Comissão de Jurisprudência e Precedentes Normativos em 10-11-2005 (*DJU* de 22-11-2005).

176. Convertida na OJ da SBDI-I Transitória nº 44 do TST.

177. *Cancelada. DJU* de 30-10-2006.

178. Bancário. Intervalo de 15 minutos. Não computável na jornada de trabalho. Não se computa, na jornada do bancário sujeito a seis horas diárias de trabalho, o intervalo de quinze minutos para lanche ou descanso.

► Redação dada pela Res. do TST nº 129, de 5-4-2005 (*DJU* de 20-4-2005).

Orientações Jurisprudenciais

179. Convertida na OJ da SBDI-I Transitória nº 77 do TST.

180. Convertida na OJ da SBDI-I Transitória nº 45 do TST.

181. Comissões. Correção monetária. Cálculo. O valor das comissões deve ser corrigido monetariamente para em seguida obter-se a média para efeito de cálculo de férias, 13º salário e verbas rescisórias.

182. Incorporada à Súm. nº 85 do TST.

183. Convertida na OJ da SBDI-I Transitória nº 46 do TST.

184. Incorporada à Súm. nº 74 do TST.

185. Contrato de trabalho com a Associação de Pais e Mestres – APM. Inexistência de responsabilidade solidária ou subsidiária do Estado. O Estado-Membro não é responsável subsidiária ou solidariamente com a Associação de Pais e Mestres pelos encargos trabalhistas dos empregados contratados por esta última, que deverão ser suportados integral e exclusivamente pelo real empregador.

► Redação dada pela Res. do TST nº 129, de 5-4-2005 (*DJU* de 20-4-2005).

186. Incorporada à Sum. nº 25 do TST.

187. Convertida na OJ da SBDI-I Transitória nº 47 do TST.

188. Decisão normativa que defere direitos. Falta de interesse de agir para ação individual. Falta interesse de agir para a ação individual, singular ou plúrima, quando o direito já foi reconhecido através de decisão normativa, cabendo, no caso, ação de cumprimento.

189 e 190. Incorporadas à Súm. nº 128 do TST.

191. Contrato de empreitada. Dono da obra de construção civil. Responsabilidade. Diante da inexistência de previsão legal específica, o contrato de empreitada de construção civil entre o dono da obra e o empreiteiro não enseja responsabilidade solidária ou subsidiária nas obrigações trabalhistas contraídas pelo empreiteiro, salvo sendo o dono da obra uma empresa construtora ou incorporadora.

► Redação dada pela Res. do TST nº 175, de 24-5-2011 (*DJE* de 27-5-2011).

192. Embargos declaratórios. Prazo em dobro. Pessoa jurídica de direito público. Decreto-Lei nº 779/1969. É em dobro o prazo para a interposição de embargos declaratórios por pessoa jurídica de direito público.

193. Incorporada à Súm. nº 6 do TST.

194. Convertida na Súm. nº 387 do TST.

195. Férias indenizadas. FGTS. Não incidência. Não incide a contribuição para o FGTS sobre as férias indenizadas.

► Redação dada pela Res. do TST nº 129, de 5-4-2005 (*DJU* de 20-4-2005).

196. Incorporada à Súm. nº 244 do TST.

197. Incorporada à Súm. nº 253 do TST.

198. Honorários periciais. Atualização monetária. Diferentemente da correção aplicada aos débitos trabalhistas, que têm caráter alimentar, a atualização monetária dos honorários periciais é fixada pelo art. 1º da Lei nº 6.899/1981, aplicável a débitos resultantes de decisões judiciais.

199. Jogo do bicho. Contrato de trabalho. Nulidade. Objeto ilícito. É nulo o contrato de trabalho celebrado para o desempenho de atividade inerente à prática do jogo do bicho, ante a ilicitude de seu objeto, o que subtrai o requisito de validade para a formação do ato jurídico.

► Redação dada pelo Ato da Comissão de Jurisprudência e de Precedentes Normativos, de 10-11-2010 (*DJE* de 16-11-2010).

200. Mandato tácito. Substabelecimento inválido. É inválido o substabelecimento de advogado investido de mandato tácito.

► Redação dada pela Res. do TST nº 129, de 5-4-2005 (*DJU* de 20-4-2005).

201. Convertida na Súm. nº 388 do TST.

202. Convertida na OJ da SBDI-I Transitória nº 48 do TST.

203. Convertida na OJ da SBDI-I Transitória nº 54 do TST.

204. Incorporada à Súm. nº 308 do TST.

205. *Cancelada*. Res. do TST nº 156, de 23-4-2009 (*DJE* de 27-4-2009).

206. Professor. Horas extras. Adicional de 50% (cinquenta por cento). Excedida a jornada máxima (art. 318 da CLT), as horas excedentes devem ser remuneradas com o adicional de, no mínimo, 50% (cinquenta por cento). (Art. 7º, XVI, CF/1988).

207. Programa de incentivo à demissão voluntária. Indenização. Imposto de Renda. Não incidência. A indenização paga em virtude de adesão a programa de incentivo à demissão voluntária não está sujeita à incidência do imposto de renda.

▸ Redação dada pela Res. do TST nº 129, de 5-4-2005 (*DJU* de 20-4-2005).

208. Radiologista. Gratificação de raios X. Redução. Lei nº 7.923/1989. A alteração da gratificação por trabalho com raios X, de quarenta para dez por cento, na forma da Lei nº 7.923/1989, não causou prejuízo ao trabalhador porque passou a incidir sobre o salário incorporado com todas as demais vantagens.

209. Incorporada à Súm. nº 262 do TST.

210 e 211. Convertidas na Súm. nº 389 do TST.

212. Convertida na OJ da SBDI-I Transitória nº 49 do TST.

213. Telex. Operadores. Art. 227 da CLT. Inaplicável. O operador de telex de empresa, cuja atividade econômica não se identifica com qualquer uma das previstas no art. 227 da CLT, não se beneficia de jornada reduzida.

214. Convertida na OJ da SBDI-I Transitória nº 58 do TST.

215. *Cancelada*. Res. do TST nº 175, de 24-5-2011 (*DJE* de 27-5-2011).

216. Vale-transporte. Servidor público celetista. Lei nº 7.418/1985. Devido. Aos servidores públicos celetistas é devido o vale-transporte, instituído pela Lei nº 7.418/1985, de 16 de dezembro de 1985.

▸ Redação dada pela Res. do TST nº 129, de 5-4-2005 (*DJU* de 20-4-2005).

217. Agravo de instrumento. Traslado. Lei nº 9.756/1998. Guias de custas e de depósito recursal. Para a formação do agravo de instrumento, não é necessária a juntada de comprovantes de recolhimento de custas e de depósito recursal relativamente ao recurso ordinário, desde que não seja objeto de controvérsia no recurso de revista a validade daqueles recolhimentos.

218. Convertida na OJ da SBDI-I Transitória nº 55 do TST.

219. Recurso de revista ou de embargos fundamentado em Orientação Jurisprudencial do TST. É válida, para efeito de conhecimento do recurso de revista ou de embargos, a invocação de Orientação Jurisprudencial do Tribunal Superior do Trabalho, desde que, das razões recursais, conste o seu número ou conteúdo.

220. Incorporada à Súm. nº 85 do TST.

221. Convertida na OJ da SBDI-I Transitória nº 56 do TST.

222. Incorporada à Súm. nº 102 do TST.

223. Incorporada à Súm. nº 85 do TST.

224. Complementação de aposentadoria. Reajuste. Lei nº 9.069, de 29-6-1995.

I – A partir da vigência da Medida Provisória nº 542, de 30-6-1994, convalidada pela Lei nº 9.069, de 29-6-1995, o critério de reajuste da complementação de aposentadoria passou a ser anual e não semestral, aplicando-se o princípio *rebus sic stantibus* diante da nova ordem econômica;

II – A alteração da periodicidade do reajuste da complementação de aposentadoria – de semestral para anual –, não afeta o direito ao resíduo inflacionário apurado nos meses de abril, maio e junho de 1994, que deverá incidir sobre a correção realizada no mês de julho de 1995.

▸ Redação dada pelo Ato da Comissão de Jurisprudência e de Precedentes Normativos (*DJE* de 16-9-2010).

▸ Lei nº 9.069, de 29-6-1995, dispõe sobre o Plano Real.

225. Contrato de concessão de serviço público. Responsabilidade trabalhista. Celebrado contrato de concessão de serviço público em que uma empresa (primeira concessionária) outorga a outra (segunda concessionária), no todo ou em parte, mediante arrendamento, ou qualquer outra forma contratual, a título transitório, bens de sua propriedade:

I – em caso de rescisão do contrato de trabalho após a entrada em vigor da concessão, a segunda concessionária, na condição de sucessora, responde pelos direitos decorrentes do contrato de trabalho, sem prejuízo da responsabilidade subsidiária da primeira concessionária pelos débitos trabalhistas contraídos até a concessão;

II – no tocante ao contrato de trabalho extinto antes da vigência da concessão, a responsabilidade pelos direitos dos trabalhadores será exclusivamente da antecessora.

▸ Redação dada pela Res. do TST nº 129, de 5-4-2005 (*DJU* de 20-4-2005).

226. Crédito trabalhista. Cédula de crédito rural. Cédula de crédito industrial. Penhorabilidade. Diferentemente da cédula de crédito industrial garantida por alienação fiduciária, na cédula rural pignoratícia ou hipotecária o bem permanece sob o domínio do devedor (executado), não constituindo óbice à penhora na esfera trabalhista. (Decreto-Lei nº 167/1967, art. 69; CLT, arts. 10 e 30 e Lei nº 6.830/1980).

► Redação dada pela Res. do TST nº 129, de 5-4-2005 (*DJU* de 20-4-2005).

227. *Cancelada.* Comissão de Jurisprudência e Precedentes Normativos em 10-11-2005 (*DJU* de 22-11-2005).

228. Convertida na Súm. nº 368 do TST.

229. Convertida na Súm. nº 390 do TST.

230. Convertida na Súm. nº 378 do TST.

231. Convertida na OJ da SBDI-I Transitória nº 50 do TST.

232. FGTS. Incidência. Empregado transferido para o exterior. Remuneração. O FGTS incide sobre todas as parcelas de natureza salarial pagas ao empregado em virtude de prestação de serviços no exterior.

233. Horas extras. Comprovação de parte do período alegado. A decisão que defere horas extras com base em prova oral ou documental não ficará limitada ao tempo por ela abrangido, desde que o julgador fique convencido de que o procedimento questionado superou aquele período.

► Redação dada pela Res. do TST nº 129, de 5-4-2005 (*DJU* de 20-4-2005).

234. Incorporada à Súm. nº 338 do TST.

235. Horas extras. Salário por produção. O empregado que recebe salário por produção e trabalha em sobrejornada tem direito à percepção apenas do adicional de horas extras, exceto no caso do empregado cortador de cana, a quem é devido o pagamento das horas extras e do adicional respectivo.

► Redação dada pela Res. do TST nº 182, de 16-4-2012.

236. Incorporada à Súm. nº 90 do TST.

237. Ministério Público do Trabalho. Legitimidade para recorrer. Sociedade de economia mista. Empresa pública (incorporada a Orientação Jurisprudencial nº 338 da SBDI-I)

I – O Ministério Público do Trabalho não tem legitimidade para recorrer na defesa de interesse patrimonial privado, ainda que de empresas públicas e sociedades de economia mista.

II – Há legitimidade do Ministério Público do Trabalho para recorrer de decisão que declara a existência de vínculo empregatício com sociedade de economia mista ou empresa pública, após a Constituição Federal de 1988, sem a prévia aprovação em concurso público, pois é matéria de ordem pública.

► Redação dada pela Res. do TST nº 210, 27-6-2016 (*DJe* 30-6-2016).

238. Multa. Art. 477 da CLT. Pessoa jurídica de Direito Público. Aplicável. Submete-se à multa do artigo 477 da CLT a pessoa jurídica de direito público que não observa o prazo para pagamento das verbas rescisórias, pois nivela-se a qualquer particular, em direitos e obrigações, despojando-se do *jus imperi* ao celebrar um contrato de emprego.

► Redação dada pela Res. do TST nº 129, de 5-4-2005 (*DJU* de 20-4-2005).

239. Convertida na Súm. nº 384 do TST.

240. Convertida na Súm. nº 391 do TST.

241. Convertida na OJ da SBDI-I Transitória nº 55 do TST.

242. Prescrição total. Horas extras. Adicional. Incorporação. Embora haja previsão legal para o direito à hora extra, inexiste previsão para a incorporação ao salário do respectivo adicional, razão pela qual deve incidir a prescrição total.

243. Prescrição total. Planos econômicos. Aplicável a prescrição total sobre o direito de reclamar diferenças salariais resultantes de planos econômicos.

244. Professor. Redução da carga horária. Possibilidade. A redução da carga horária do professor, em virtude da diminuição do número de alunos, não constitui alteração contratual, uma vez que não implica redução do valor da hora aula.

245. Revelia. Atraso. Audiência. Inexiste previsão legal tolerando atraso no horário de comparecimento da parte na audiência.

246. Convertida na Súm. nº 367 do TST.

247. Servidor público. Celetista concursado. Despedida imotivada. Empresa pública ou sociedade de economia mista. Possibilidade.

► Redação dada pela Res. do TST nº 143, de 8-11-2007 (*DJU* de 13-11-2007).

I – A despedida de empregados de empresa pública e de sociedade de economia mista, mesmo admitidos por concurso público, independe de ato motivado para sua validade;

II – A validade do ato de despedida do empregado da Empresa Brasileira de Correios e Telégrafos (ECT) está condicionada à motivação, por gozar a empresa do mesmo tratamento destinado à Fazenda Pública em relação à imunidade tributária e à execução por precatório, além das prerrogativas de foro, prazos e custas processuais.

248. Incorporada à OJ da SBDI-I nº 175 do TST.

249. Incorporada à OJ da SBDI-I nº 138 do TST.

250. Convertida na OJ da SBDI-I Transitória nº 51 do TST.

251. Descontos. Frentista. Cheques sem fundos. É lícito o desconto salarial referente à devolução de cheques sem fundos, quando o frentista não observar as recomendações previstas em instrumento coletivo.

252. Incorporada à Súm. nº 6 do TST.

253. Estabilidade provisória. Cooperativa. Lei nº 5.764/1971. Conselho fiscal. Suplente. Não assegurada. O art. 55 da Lei nº 5.764/1971 assegura a garantia de emprego apenas aos empregados eleitos diretores de Cooperativas, não abrangendo os membros suplentes.

254. Incorporada à OJ da SBDI-I nº 42 do TST.

255. Mandato. Contrato social. Desnecessária a juntada. O art. 75, inciso VIII, do CPC de 2015 (art. 12, VI, do CPC de 1973) não determina a exibição dos estatutos da empresa em juízo como condição de validade do instrumento de mandato outorgado ao seu procurador, salvo se houver impugnação da parte contrária.

► Redação dada pela Res. do TST nº 208, de 19-4-2016 (*DJe* de 22-4-2016).

256. Prequestionamento. Configuração. Tese explícita. Súmula nº 297. Para fins do requisito do prequestionamento de que trata a Súmula nº 297, há necessidade de que haja, no acórdão, de maneira clara, elementos que levem à conclusão de que o Regional adotou uma tese contrária à lei ou a Súmula.

257. Recurso de Revista. Fundamentação. Violação de lei. Vocábulo violação. Desnecessidade. A invocação expressa no Recurso de Revista dos preceitos legais ou constitucionais tidos como violados não significa exigir da parte a utilização das expressões "contrariar", "ferir", "violar" etc.

► Redação dada pela Res. do TST nº 182, de 16-4-2012.

258. Convertida na Súm. nº 364 do TST.

259. Adicional noturno. Base de cálculo. Adicional de periculosidade. Integração. O adicional de periculosidade deve compor a base de cálculo do adicional noturno, já que também neste horário o trabalhador permanece sob as condições de risco.

260. Agravo de instrumento. Recurso de revista. Procedimento sumaríssimo. Lei nº 9.957/2000. Processos em curso.

I – É inaplicável o rito sumaríssimo aos processos iniciados antes da vigência da Lei nº 9.957/2000.

II – No caso de o despacho denegatório de recurso de revista invocar, em processo iniciado antes da Lei nº 9.957/2000, o § 6º do art. 896 da CLT (rito sumaríssimo), como óbice ao trânsito do apelo calcado em divergência jurisprudencial ou violação de dispositivo infraconstitucional, o Tribunal superará o obstáculo, apreciando o recurso sob esses fundamentos.

261. Bancos. Sucessão trabalhista. As obrigações trabalhistas, inclusive as contraídas à época em que os empregados trabalhavam para o banco sucedido, são de responsabilidade do sucessor, uma vez que a este foram transferidos os ativos, as agências, os direitos e deveres contratuais, caracterizando típica sucessão trabalhista.

► OJ da SBDI-I nº 411 do TST.

262. Coisa julgada. Planos econômicos. Limitação à data base na fase de execução. Não ofende a coisa julgada a limitação à data base da categoria, na fase executória, da condenação ao pagamento de diferenças salariais decorrentes de planos econômicos, quando a decisão exequenda silenciar sobre a limitação, uma vez que a limitação decorre de norma cogente. Apenas quando a sentença exequenda houver expressamente afastado a limitação à data base é que poderá ocorrer ofensa à coisa julgada.

263. *Cancelada. DJU* de 14-9-2004.

264. Depósito recursal. PIS/PASEP. Ausência de indicação na guia de depósito recursal. Validade. Não é essencial para a validade da comprovação do depósito recursal a indicação do número do PIS/PASEP na guia respectiva.

265. Convertida na Súm. nº 390 do TST.

266. Convertida na Súm. nº 369 do TST.

267. Incorporada à Súm. nº 132 do TST.

268. Indenização adicional. Leis nºs 6.708/1979 e 7.238/1984. Aviso prévio. Projeção. Estabilidade provisória. Somente após o término do período estabilitário é que se inicia a contagem do prazo do aviso prévio para efeito das indenizações previstas nos artigos 9º da Lei nº 6.708/1979 e 9º da Lei nº 7.238/1984.

269. Justiça gratuita. Requerimento de isenção de despesas processuais. Momento oportuno

I – O benefício da justiça gratuita pode ser requerido em qualquer tempo ou grau de jurisdição, desde que, na fase recursal, seja o requerimento formulado no prazo alusivo ao recurso;

II – Indeferido o requerimento de justiça gratuita formulado na fase recursal, cumpre ao relator fixar prazo para que o recorrente efetue o preparo (art. 99, § 7º, do CPC de 2015).

▶ Redação dada pela Res. do TST nº 219, de 26-6-2017 (*DJe* de 28-6-2017).

270. Programa de Incentivo à Demissão Voluntária. Transação extrajudicial. Parcelas oriundas do extinto contrato de trabalho. Efeitos. A transação extrajudicial que importa rescisão do contrato de trabalho ante a adesão do empregado a plano de demissão voluntária implica quitação exclusivamente das parcelas e valores constantes do recibo.

271. Rurícola. Prescrição. Contrato de emprego extinto. Emenda Constitucional nº 28/2000. Inaplicabilidade. O prazo prescricional da pretensão do rurícola, cujo contrato de emprego já se extinguira ao sobrevir a Emenda Constitucional nº 28, de 26-5-2000, tenha sido ou não ajuizada a ação trabalhista, prossegue regido pela lei vigente ao tempo da extinção do contrato de emprego.

▶ Alterada pela Comissão de Jurisprudência e Precedentes Normativos em 10-11-2005 (*DJU* de 22-11-2005).

272. Salário mínimo. Servidor. Salário-base inferior. Diferenças. Indevidas. A verificação do respeito ao direito ao salário mínimo não se apura pelo confronto isolado do salário-base com o mínimo legal, mas deste com a soma de todas as parcelas de natureza salarial recebidas pelo empregado diretamente do empregador.

273. *Cancelada*. Res. do TST nº 175, de 24-5-2011 (*DJE* de 27-5-2011).

274. Turno ininterrupto de revezamento. Ferroviário. Horas extras. Devidas. O ferroviário submetido a escalas variadas, com alternância de turnos, faz jus à jornada especial prevista no art. 7º, XIV, da CF/1988.

275. Turno ininterrupto de revezamento. Horista. Horas extras e adicional. Devidos. Inexistindo instrumento coletivo fixando jornada diversa, o empregado horista submetido a turno ininterrupto de revezamento faz jus ao pagamento das horas extraordinárias laboradas além da 6ª, bem como ao respectivo adicional.

276. Ação declaratória. Complementação de aposentadoria. É incabível ação declaratória visando a declarar direito à complementação de aposentadoria, se ainda não atendidos os requisitos necessários à aquisição do direito, seja por via regulamentar, ou por acordo coletivo.

277. Ação de cumprimento fundada em decisão normativa que sofreu posterior reforma, quando já transitada em julgado a sentença condenatória. Coisa julgada. Não configuração. A coisa julgada produzida na ação de cumprimento é atípica, pois dependente de condição resolutiva, ou seja, da não modificação da decisão normativa por eventual recurso. Assim, modificada a sentença normativa pelo TST, com a consequente extinção do processo, sem julgamento do mérito, deve-se extinguir a execução em andamento, uma vez que a norma sobre a qual se apoiava o título exequendo deixou de existir no mundo jurídico.

278. Adicional de insalubridade. Perícia. Local de trabalho desativado. A realização de perícia é obrigatória para a verificação de insalubridade. Quando não for possível sua realização como em caso de fechamento da empresa, poderá o julgador utilizar-se de outros meios de prova.

279. *Cancelada*. Res. do TST nº 214, de 28-11-2016.

280. Convertida na Súm. nº 364 do TST.

281. Convertida na OJ da SBDI-I Transitória nº 52 do TST.

282. Agravo de instrumento. Juízo de admissibilidade *ad quem*. No julgamento de Agravo de Instrumento ao afastar o óbice apontado pelo TRT para o processamento do recurso de revista, pode o juízo *ad quem* prosseguir no exame dos demais pressupostos extrínsecos e intrínsecos do recurso de revista, mesmo que não apreciados pelo TRT.

283. Agravo de instrumento. Peças essenciais. Traslado realizado pelo agravado. Validade. É válido o traslado de peças essenciais efetuado pelo agravado, pois sua regular formação incumbe às partes e não somente ao agravante.

284 e 285. *Canceladas*. Res. do TST nº 217, de 17-4-2017 (*DJe* de 20-4-2017).

286. Agravo de instrumento. Traslado. Mandato tácito. Ata de audiência. Configuração.

I – A juntada da ata de audiência, em que consignada a presença do advogado, desde que não estivesse atuando com mandato expresso, torna dispensável a procuração deste, porque demonstrada a existência de mandato tácito;

II – Configurada a existência de mandato tácito fica suprida a irregularidade detectada no mandato expresso.

► Redação dada pela Res. do TST nº 167, de 26-4-2010 (*DJU* de 30-4-2010).

287. *Cancelada*. Res. do TST nº 219, de 26-6-2017 (*DJe* de 28-6-2017).

288. Incorporada à Súm. nº 102 do TST.

289. Incorporada à OJ da SBDI-I nº 18 do TST.

290. *Cancelada*. Comissão de Jurisprudência e Precedentes Normativos em 30-6-2005 (*DJU* de 5-7-2005).

291. Convertida na OJ da SBDI-I Transitória nº 53 do TST.

292. Incorporada à Súm. nº 101 do TST.

293. Incorporada à Súm. nº 353 do TST.

294. Convertida na OJ da SBDI-I Transitória nº 78 do TST.

295. Convertida na OJ da SBDI-I Transitória nº 79 do TST.

296. Equiparação salarial. Atendente e auxiliar de enfermagem. Impossibilidade. Sendo regulamentada a profissão de auxiliar de enfermagem, cujo exercício pressupõe habilitação técnica, realizada pelo Conselho Regional de Enfermagem, impossível a equiparação salarial do simples atendente com o auxiliar de enfermagem.

297. Equiparação salarial. Servidor público da administração direta, autárquica e fundacional. Art. 37, XIII, da CF/1988. O art. 37, inciso XIII, da CF/1988 veda a equiparação de qualquer natureza para o efeito de remuneração do pessoal do serviço público, sendo juridicamente impossível a aplicação da norma infraconstitucional prevista no art. 461 da CLT quando se pleiteia equiparação salarial entre servidores públicos, independentemente de terem sido contratados pela CLT.

298. Incorporada à Súm. nº 6 do TST.

299. Incorporada à Súm. nº 98 do TST.

300. Execução trabalhista. Correção monetária. Juros. Lei nº 8.177/1991, art. 39, e Lei nº 10.192/2001, art. 15. Não viola norma constitucional (art. 5º, II e XXXVI) a determinação de aplicação da TRD, como fator de correção monetária dos débitos trabalhistas, cumulada com juros de mora, previstos no artigo 39 da Lei nº 8.177/1991 e convalidado pelo artigo 15 da Lei nº 10.192/2001.

► Redação dada pela Res. do TST nº 129, de 5-4-2005 (*DJU* de 20-4-2005).

301. *Cancelada*. Res. do TST nº 175, de 24-5-2011 (*DJE* de 27-5-2011).

302. FGTS. Índice de correção. Débitos trabalhistas. Os créditos referentes ao FGTS, decorrentes de condenação judicial, serão corrigidos pelos mesmos índices aplicáveis aos débitos trabalhistas.

303. Convertida na Súm. nº 372 do TST.

304. *Cancelada*. Res. do TST nº 219, de 26-6-2017 (*DJe* de 28-6-2017).

305. Incorporada à Súm. nº 219 do TST.

306. Incorporada à Súm. nº 338 do TST.

307. *Cancelada*. Res. do TST nº 186, de 14-9-2012.

308. Jornada de trabalho. Alteração. Retorno à jornada inicialmente contratada. Servidor público. O retorno do servidor público (administração direta, autárquica e fundacional) à jornada inicialmente contratada não se insere nas vedações do art. 468 da CLT, sendo a sua jornada definida em lei e no contrato de trabalho firmado entre as partes.

309. Incorporada à OJ da SBDI-I nº 147 do TST.

310. Litisconsortes. Procuradores distintos. Prazo em dobro. Art. 229, *caput* e §§ 1º e 2º, do CPC de 2015. Art. 191 do CPC de 1973. Inaplicável ao processo do trabalho. Inaplicável ao processo do trabalho a norma contida no art. 229, *caput* e §§ 1º e 2º, do CPC de 2015 (art. 191 do CPC de 1973), em razão de incompatibilidade com a celeridade que lhe é inerente.

► Redação dada pela Res. do TST nº 208, de 19-4-2016 (*DJe* de 22-4-2016).

311. Convertida na Súm. nº 383 do TST.

312 e 313. Convertidas na Súm. nº 395 do TST.

314. Convertida na Súm. nº 388 do TST.

315. *Cancelada*. Res. do TST nº 200, de 27-10-2015.

316. Portuários. Adicional de risco. Lei nº 4.860/1965. O adicional de risco dos portuários, previsto no art. 14 da Lei nº 4.860/1965, deve ser proporcional ao tempo efetivo no serviço considerado sob risco e apenas àqueles que prestam serviços na área portuária.

317. Incorporada à Súm. nº 337 do TST.

318. Autarquia. Fundação pública. Legitimidade para recorrer. Representação processual.

I – Os Estados e os Municípios não têm legitimidade para recorrer em nome das autarquias e das fundações públicas.

II – Os procuradores estaduais e municipais podem representar as respectivas autarquias e fundações públicas em juízo somente se designados pela lei da respectiva unidade da federação (art. 75, IV, do CPC de 2015) ou se investidos de instrumento de mandato válido.

▶ Redação dada pela Res. do TST nº 220, de 18-9-2017 (*DJe* de 21-9-2017 e republicada no *DJe* de 22-9-2017, em razão de erro material).

319. Representação regular. Estagiário. Habilitação posterior. Válidos são os atos praticados por estagiário se, entre o substabelecimento e a interposição do recurso, sobreveio a habilitação, do então estagiário, para atuar como advogado.

320. *Cancelada. DJU* de 14-9-2004.

321. Vínculo empregatício com a Administração Pública. Período anterior à CF/1988. Salvo os casos de trabalho temporário e de serviço de vigilância, previstos nas Leis nºs 6.019, de 3-1-1974, e 7.102, de 20-6-1983, é ilegal a contratação de trabalhadores por empresa interposta, formando-se o vínculo empregatício diretamente com o tomador dos serviços, inclusive ente público, em relação ao período anterior à vigência da CF/1988.

▶ Redação dada pela Res. do TST nº 129, de 5-4-2005 (*DJU* de 20-4-2005).

322. Acordo coletivo de trabalho. Cláusula de termo aditivo prorrogando o acordo para prazo indeterminado. Inválida. Nos termos do art. 614, § 3º, da CLT, é de 2 anos o prazo máximo de vigência dos acordos e das convenções coletivas. Assim sendo, é inválida, naquilo que ultrapassa o prazo total de 2 anos, a cláusula de termo aditivo que prorroga a vigência do instrumento coletivo originário por prazo indeterminado.

323. Acordo de compensação de jornada. "Semana espanhola". Validade. É válido o sistema de compensação de horário quando a jornada adotada é a denominada "semana espanhola", que alterna a prestação de 48 horas em uma semana e 40 horas em outra, não violando os arts. 59, § 2º, da CLT e 7º, XIII, da CF/1988 o seu ajuste mediante acordo ou convenção coletiva de trabalho.

324. Adicional de periculosidade. Sistema elétrico de potência. Decreto nº 93.412/1986, art. 2º, § 1º. É assegurado o adicional de periculosidade apenas aos empregados que trabalham em sistema elétrico de potência em condições de risco, ou que o façam com equipamentos e instalações elétricas similares, que ofereçam risco equivalente, ainda que em unidade consumidora de energia elétrica.

▶ O referido Dec. nº 93.412, de 14-10-1986, foi revogado pelo Dec. nº 9.917, de 18-7-2019.

325. Aumento salarial concedido pela empresa. Compensação no ano seguinte em antecipação sem a participação do sindicato profissional. Impossibilidade. O aumento real, concedido pela empresa a todos os seus empregados, somente pode ser reduzido mediante a participação efetiva do sindicato profissional no ajuste, nos termos do art. 7º, VI, da CF/1988.

326. Convertida na Súm. nº 366 do TST.

327. Convertida na Súm. nº 392 do TST.

328. Incorporada à Súm. nº 6 do TST.

329. Incorporada à Súm. nº 339 do TST.

330. Convertida na Súm. nº 395 do TST.

331. *Cancelada*. Res. TST nº 210, 27-6-2016 (*DJe* 30-6-2016).

332. Motorista. Horas extras. Atividade externa. Controle de jornada por tacógrafo. Res. nº 816/1986 do CONTRAN. O tacógrafo, por si só, sem a existência de outros elementos, não serve para controlar a jornada de trabalho de empregado que exerce atividade externa.

333. Convertida na Súm. nº 391 do TST.

334. Remessa *ex officio*. Recurso de revista. Inexistência de recurso ordinário voluntário de ente público. Incabível. Incabível recurso de revista de ente público que não interpôs recurso ordinário voluntário da decisão de primeira instância, ressalvada a hipótese de ter sido agravada, na segunda instância, a condenação imposta.

▶ ERR nº 522601/1998, Tribunal Pleno. Em 28-10-2003, o Tribunal Pleno decidiu, por maioria, ser incabível recurso de revista de ente público que não interpôs recurso ordinário voluntário.

335. Contrato nulo. Administração Pública. Efeitos. Conhecimento do recurso por violação do art. 37, II e § 2º, da CF/1988. A nulidade da contratação sem concurso público, após a CF/1988, bem como a limitação de seus efeitos, somente poderá ser declarada por ofensa ao art. 37, II, se invocado concomitantemente o seu § 2º, todos da CF/1988.

336. Embargos interpostos anteriormente à vigência da Lei nº 11.496/2007. Recurso não conhecido com base em orientação jurisprudencial. Desnecessário o exame das violações de lei e da Constituição Federal alegadas no Recurso de Revista. Estando a decisão recorrida em conformidade com orientação jurisprudencial, desnecessário o exame das divergências e das violações de lei e da Constituição alegadas em embargos interpostos antes da vigência da Lei nº 11.496/2007, salvo nas hipóteses em que a orientação jurisprudencial não fizer qualquer citação do dispositivo constitucional.

► Redação dada pela Res. do TST nº 178, de 6-2-2012.

► Art. 894 da CLT.

337. Convertida na Súm. nº 387 do TST.

338. *Cancelada*. Res. TST nº 210, 27-6-2016 (*DJe* 30-6-2016).

339. Teto remuneratório. Empresa Pública e sociedade de economia mista. Art. 37, XI, da CF/1988 (anterior à Emenda Constitucional nº 19/1998). As empresas públicas e as sociedades de economia mista estão submetidas à observância do teto remuneratório previsto no inciso XI do art. 37 da CF/1988, sendo aplicável, inclusive, ao período anterior à alteração introduzida pela Emenda Constitucional nº 19/1998.

► Redação dada pela Res. do TST nº 129, de 5-4-2005 (*DJU* de 20-4-2005).

340. Convertida na Súm. nº 393 do TST.

341. FGTS. Multa de 40%. Diferenças decorrentes dos expurgos inflacionários. Responsabilidade pelo pagamento. É de responsabilidade do empregador o pagamento da diferença da multa de 40% sobre os depósitos do FGTS, decorrente da atualização monetária em face dos expurgos inflacionários.

► Port. do MTE nº 1.095, de 19-5-2010, disciplina os requisitos para a redução do intervalo intrajornada.

► Súmulas nºs 249 e 445 do STJ.

342. *Cancelada*. Res. do TST nº 186, de 14-9-2012.

343. Penhora. Sucessão. Art. 100 da CF/1988. Execução. É válida a penhora em bens de pessoa jurídica de direito privado, realizada anteriormente à sucessão pela União ou por Estado-membro, não podendo a execução prosseguir mediante precatório. A decisão que a mantém não viola o art. 100 da CF/1988.

344. FGTS. Multa de 40%. Diferenças decorrentes dos expurgos inflacionários. Prescrição. Termo inicial. O termo inicial do prazo prescricional para o empregado pleitear em juízo diferenças da multa do FGTS, decorrentes dos expurgos inflacionários, deu-se com a vigência da Lei Complementar nº 110, em 30-6-2001, salvo comprovado trânsito em julgado de decisão proferida em ação proposta anteriormente na Justiça Federal, que reconheça o direito à atualização do saldo da conta vinculada.

► Nova redação devido ao julgamento do recurso TST IUJ-RR nº 1577/2003-019-03-00.8, pelo Tribunal Pleno (*DJU* de 22-11-2005).

► Súmulas nºs 249 e 445 do STJ.

345. Adicional de periculosidade. Radiação ionizante ou substância radioativa. Devido. A exposição do empregado à radiação ionizante ou à substância radioativa enseja a percepção do adicional de periculosidade, pois a regulamentação ministerial (Portarias do Ministério do Trabalho nºs 3.393, de 17-12-1987, e 518, de 7-4-2003), ao reputar perigosa a atividade, reveste-se de plena eficácia, porquanto expedida por força de delegação legislativa contida no art. 200, *caput*, e inciso VI, da CLT. No período de 12-12-2002 a 6-4-2003, enquanto vigeu a Portaria nº 496 do Ministério do Trabalho, o empregado faz jus ao adicional de insalubridade.

346. Abono previsto em norma coletiva. Natureza indenizatória. Concessão apenas aos empregados em atividade. Extensão aos inativos. Impossibilidade. A decisão que estende aos inativos a concessão de abono de natureza jurídica indenizatória, previsto em norma coletiva apenas para os empregados em atividade, a ser pago de uma única vez, e confere natureza salarial à parcela, afronta o art. 7º, XXVI, da CF/1988.

347. Adicional de periculosidade. Sistema elétrico de potência. Lei nº 7.369, de 20-9-1985, regulamentada pelo Decreto nº 93.412, de 14-10-1986. Extensão do direito aos cabistas, instaladores e reparadores de linhas e aparelhos

em empresa de telefonia. É devido o adicional de periculosidade aos empregados cabistas, instaladores e reparadores de linhas e aparelhos de empresas de telefonia, desde que, no exercício de suas funções, fiquem expostos a condições de risco equivalente ao do trabalho exercido em contato com sistema elétrico de potência.

► A Lei nº 7.369, de 20-9-1985, foi revogada pela Lei nº 12.740, de 8-12-2012.

► O referido Dec. nº 93.412, de 14-10-1986, foi revogado pelo Dec. nº 9.917, de 18-7-2019.

348. Honorários advocatícios. Base de cálculo. Valor líquido. Lei nº 1.060, de 5-2-1950. Os honorários advocatícios, arbitrados nos termos do art. 11, § 1º, da Lei nº 1.060, de 5-2-1950, devem incidir sobre o valor líquido da condenação, apurado na fase de liquidação de sentença, sem a dedução dos descontos fiscais e previdenciários.

349. Mandato. Juntada de nova procuração. Ausência de ressalva. Efeitos. A juntada de nova procuração aos autos, sem ressalva de poderes conferidos ao antigo patrono, implica revogação tácita do mandato anterior.

350. Ministério Público do Trabalho. Nulidade do contrato de trabalho não suscitada pelo ente público no momento da defesa. Arguição em parecer. Possibilidade. O Ministério Público do Trabalho pode arguir, em parecer, na primeira vez que tenha de se manifestar no processo, a nulidade do contrato de trabalho em favor de ente público, ainda que a parte não a tenha suscitado, a qual será apreciada, sendo vedada, no entanto, qualquer dilação probatória.

► Redação dada pela Res. do TST nº 162, de 16-11-2009.

351. *Cancelada*. Res. do TST nº 163, de 16-11-2009.

352. Convertida na Súmula nº 442 do TST.

353. Convertida na Súm. 455 do TST.

354. *Cancelada*. Res. do TST nº 186, de 14-9-2012.

355. Intervalo interjornadas. Inobservância. Horas extras. Período pago como sobrejornada. Art. 66 da CLT. Aplicação analógica do § 4º do art. 71 da CLT. O desrespeito ao intervalo mínimo interjornadas previsto no art. 66 da CLT acarreta, por analogia, os mesmos efeitos previstos no § 4º do art. 71 da CLT e na Súmula nº 110 do TST, devendo-se pagar a integralidade das horas que foram subtraídas do intervalo, acrescidas do respectivo adicional.

356. Programa de incentivo à demissão voluntária (PDV). Créditos trabalhistas reconhecidos em juízo. Compensação. Impossibilidade. Os créditos tipicamente trabalhistas reconhecidos em juízo não são suscetíveis de compensação com a indenização paga em decorrência de adesão do trabalhador a Programa de Incentivo à Demissão Voluntária (PDV).

357. Cancelada em decorrência da sua conversão na Súm. nº 434 do TST.

358. Salário mínimo e piso salarial proporcional à jornada reduzida. Empregado. Servidor público.

I – Havendo contratação para cumprimento de jornada reduzida, inferior à previsão constitucional de oito horas diárias ou quarenta e quatro semanais, é lícito o pagamento do piso salarial ou do salário mínimo proporcional ao tempo trabalhado.

II – Na Administração Pública direta, autárquica e fundacional não é válida remuneração de empregado público inferior ao salário mínimo, ainda que cumpra jornada de trabalho reduzida. Precedentes do Supremo Tribunal Federal.

► Redação dada pela Res. do TST nº 202, de 16-2-2016 (*DJe* de 19-2-2016).

359. Substituição processual. Sindicato. Legitimidade. Prescrição. Interrupção. A ação movida por sindicato, na qualidade de substituto processual, interrompe a prescrição, ainda que tenha sido considerado parte ilegítima *ad causam*.

360. Turno ininterrupto de revezamento. Dois turnos. Horário diurno e noturno. Caracterização. Faz jus à jornada especial prevista no art. 7º, XIV, da CF/1988 o trabalhador que exerce suas atividades em sistema de alternância de turnos, ainda que em dois turnos de trabalho, que compreendam, no todo ou em parte, o horário diurno e o noturno, pois submetido à alternância de horário prejudicial à saúde, sendo irrelevante que a atividade da empresa se desenvolva de forma ininterrupta.

361. Aposentadoria espontânea. Unicidade do contrato de trabalho. Multa de 40% do FGTS sobre todo o período. A aposentadoria espontânea não é causa de extinção do contrato de trabalho se o empregado permanece prestando serviços ao empregador após a jubilação. Assim, por ocasião da sua dispensa imotivada, o empregado tem direito à multa de 40% do FGTS sobre a totalidade dos depósitos efetuados no curso do pacto laboral.

362. Contrato nulo. Efeitos. FGTS. Medida Provisória nº 2.164-41, de 24-8-2001, e art. 19-A da Lei nº 8.036, de 11-5-1990. Irretroatividade. Não afronta o princípio da irretroatividade da lei a aplicação do art. 19-A da Lei nº 8.036, de 1º-5-1990, aos contratos declarados nulos celebrados antes da vigência da Medida Provisória nº 2.164-41, de 24-8-2001.

363. *Cancelada*. Res. do TST nº 219, de 26-6-2017 (*DJe* de 28-6-2017).

364. Estabilidade. Art. 19 do ADCT. Servidor Público de fundação regido pela CLT. Fundação instituída por lei e que recebe dotação ou subvenção do Poder Público para realizar atividades de interesse do Estado, ainda que tenha personalidade jurídica de direito privado, ostenta natureza de fundação pública. Assim, seus servidores regidos pela CLT são beneficiários da estabilidade excepcional prevista no art. 19 do ADCT.

365. Estabilidade provisória. Membro de conselho fiscal de sindicato. Inexistência. Membro de conselho fiscal de sindicato não tem direito à estabilidade prevista nos arts. 543, § 3º, da CLT e 8º, VIII, da CF/1988, porquanto não representa ou atua na defesa de direitos da categoria respectiva, tendo sua competência limitada à fiscalização da gestão financeira do sindicato (art. 522, § 2º, da CLT).

366. Estagiário. Desvirtuamento do contrato de estágio. Reconhecimento do vínculo empregatício com a administração pública direta ou indireta. Período posterior à constituição federal de 1988. Impossibilidade. Ainda que desvirtuada a finalidade do contrato de estágio celebrado na vigência da Constituição Federal de 1988, é inviável o reconhecimento do vínculo empregatício com ente da Administração Pública direta ou indireta, por força do art. 37, II, da CF/1988, bem como o deferimento de indenização pecuniária, exceto em relação às parcelas previstas na Súmula nº 363 do TST, se requeridas.

367. Aviso prévio de 60 dias. Elastecimento por norma coletiva. Projeção. Reflexos nas parcelas trabalhistas. O prazo de aviso prévio de 60 dias, concedido por meio de norma coletiva que silencia sobre alcance de seus efeitos jurídicos, computa-se integralmente como tempo de serviço, nos termos do § 1º do art. 487 da CLT, repercutindo nas verbas rescisórias.

368. Descontos previdenciários. Acordo homologado em juízo. Inexistência de vínculo empregatício. Parcelas indenizatórias. Ausência de discriminação. Incidência sobre o valor total. É devida a incidência das contribuições para a Previdência Social sobre o valor total do acordo homologado em juízo, independentemente do reconhecimento de vínculo de emprego, desde que não haja discriminação das parcelas sujeitas à incidência da contribuição previdenciária, conforme parágrafo único do art. 43 da Lei nº 8.212, de 24-7-1991, e do art. 195, I, *a*, da CF/1988.

369. Estabilidade provisória. Delegado sindical. Inaplicável. O delegado sindical não é beneficiário da estabilidade provisória prevista no art. 8º, VIII, da CF/1988, a qual é dirigida, exclusivamente, àqueles que exerçam ou ocupem cargos de direção nos sindicatos, submetidos a processo eletivo.

370. FGTS. Multa de 40%. Diferenças dos expurgos inflacionários. Prescrição. Interrupção decorrente de protestos judiciais. O ajuizamento de protesto judicial dentro do biênio posterior à Lei Complementar nº 110, de 29-6-2001, interrompe a prescrição, sendo irrelevante o transcurso de mais de dois anos da propositura de outra medida acautelatória, com o mesmo objetivo, ocorrida antes da vigência da referida lei, pois ainda não iniciado o prazo prescricional, conforme disposto na Orientação Jurisprudencial nº 344 da SBDI-I.

▸ Súmulas nºs 249 e 445 do STJ.

371. Irregularidade de representação. Substabelecimento não datado. Inaplicabilidade do art. 654, § 1º, do Código Civil. Não caracteriza a irregularidade de representação a ausência da data da outorga de poderes, pois, no mandato judicial, ao contrário do mandato civil, não é condição de validade do negócio jurídico. Assim, a data a ser considerada é aquela em que o instrumento for juntado aos autos, conforme preceitua o art. 409, IV, do CPC de 2015 (art. 370, IV, do CPC de 1973).Inaplicável o art. 654, § 1º, do Código Civil.

▸ Redação dada pela Res. do TST nº 208, de 19-4-2016 (*DJe* de 22-4-2016).

372. Convertida na Súm. 449 do TST.

373. Convertida na Súm. 456 do TST.

374. Agravo de instrumento. Representação processual. Regularidade. Procuração ou substabelecimento com cláusula limitativa de poderes ao âmbito do Tribunal Regional do Trabalho. É regular a representação processual do subscritor do agravo de instrumento ou do recurso de revista que detém mandato com poderes de representação limitados ao âmbito do Tribunal Regional do Trabalho, pois, embora a apreciação desse recurso seja realizada pelo Tribunal Superior do Trabalho, a sua interposição é ato praticado perante o Tribunal Regional do Trabalho, circunstância que legitima a atuação do advogado no feito.

375. Auxílio-doença. Aposentadoria por invalidez. Suspensão do contrato de trabalho. Prescrição. Contagem. A suspensão do contrato de trabalho, em virtude da percepção do auxílio-doença ou da aposentadoria por invalidez, não impede a fluência da prescrição quinquenal, ressalvada a hipótese de absoluta impossibilidade de acesso ao Judiciário.

376. Contribuição previdenciária. Acordo homologado em juízo após o trânsito em julgado da sentença condenatória. Incidência sobre o valor homologado. É devida a contribuição previdenciária sobre o valor do acordo celebrado e homologado após o trânsito em julgado de decisão judicial, respeitada a proporcionalidade de valores entre as parcelas de natureza salarial e indenizatória deferidas na decisão condenatória e as parcelas objeto do acordo.

377. *Cancelada*. Res. do TST nº 204, de 15-3-2016.

378. Embargos. Interposição contra decisão monocrática. Não cabimento. Não encontra amparo no art. 894 da CLT, quer na redação anterior quer na redação posterior à Lei nº 11.496, de 22-6-2007, recurso de embargos interposto à decisão monocrática exarada nos moldes do art. 932 do CPC de 2015 (art. 557 do CPC de 1973), pois o comando legal restringe seu cabimento à pretensão de reforma de decisão colegiada proferida por Turma do Tribunal Superior do Trabalho.

- Redação dada pela Res. do TST nº 208, de 19-4-2016 (*DJe* de 22-4-2016).

379. Empregado de cooperativa de crédito. Bancário. Equiparação. Impossibilidade. Os empregados de cooperativas de crédito não se equiparam a bancário, para efeito de aplicação do art. 224 da CLT, em razão da inexistência de expressa previsão legal, considerando, ainda, as diferenças estruturais e operacionais entre as instituições financeiras e as cooperativas de crédito. Inteligência das Leis nºs 4.595, de 31-12-1964, e 5.764, de 16-12-1971.

- Republicada no *DJe* de 31-3-2017 em razão de erro material no registro da referência legislativa.
- Lei nº 4.595, de 31-12-1964 (Lei do Sistema Financeiro Nacional).
- Lei nº 5.764, de 16-12-1971 (Lei das Cooperativas).

380 e 381. *Canceladas*. Res. do TST nº 186, de 14-9-2012.

382. Juros de mora. Art. 1º-F da Lei nº 9.494, de 10-9-1997. Inaplicabilidade à Fazenda Pública quando condenada subsidiariamente. A Fazenda Pública, quando condenada subsidiariamente pelas obrigações trabalhistas devidas pela empregadora principal, não se beneficia da limitação dos juros, prevista no art. 1º-F da Lei nº 9.494, de 10-9-1997.

- Lei nº 9.494, de 10-9-1997, disciplina a aplicação da tutela antecipada contra a Fazenda Pública.

383. Terceirização. Empregados da empresa prestadora de serviços e da tomadora. Isonomia. Art. 12, *a*, da Lei nº 6.019, de 3-1-1974. A contratação irregular de trabalhador, mediante empresa interposta, não gera vínculo de emprego com ente da Administração Pública, não afastando, contudo, pelo princípio da isonomia, o direito dos empregados terceirizados às mesmas verbas trabalhistas legais e normativas asseguradas àqueles contratados pelo tomador dos serviços, desde que presente a igualdade de funções. Aplicação analógica do art. 12, *a*, da Lei nº 6.019, de 3-1-1974.

- Lei nº 6.019, de 3-1-1974 (Lei do Trabalho Temporário).

384. *Cancelada*. Res. do TST nº 186, de 14-9-2012.

385. Adicional de periculosidade. Devido. Armazenamento de líquido inflamável no prédio. Construção vertical. É devido o pagamento do adicional de periculosidade ao empregado que desenvolve suas atividades em edifício (construção vertical), seja em pavimento igual ou distinto daquele onde estão instalados tanques para armazenamento de líquido inflamável, em quantidade acima do limite legal, considerando-se como área de risco toda a área interna da construção vertical.

► Art. 7º, XXIII, da CF.

► Arts. 170 a 174 e 193, § 1º, da CLT.

386. Convertida na Súm. 450 do TST.

387. Convertida na Súm. 457 do TST.

388. Jornada 12X36. Jornada mista que compreenda a totalidade do período noturno. Adicional Noturno. Devido. O empregado submetido à jornada de 12 horas de trabalho por 36 de descanso, que compreenda a totalidade do período noturno, tem direito ao adicional noturno, relativo às horas trabalhadas após as 5 horas da manhã.

► Art. 73, *caput* e § 4º, da CLT.

389. Multa prevista no art. 1.021, §§ 4º e 5º, do CPC de 2015. Art. 557, § 2º, do CPC de 1973. Recolhimento. Pressuposto recursal. Beneficiário da justiça gratuita e fazenda pública. Pagamento ao final. Constitui ônus da parte recorrente, sob pena de deserção, depositar previamente a multa aplicada com fundamento nos §§ 4º e 5º, do art. 1.021, do CPC de 2015 (§ 2º do art. 557 do CPC de 1973), à exceção da Fazenda Pública e do beneficiário de justiça gratuita, que farão o pagamento ao final.

► Redação dada pela Res. do TST nº 209, de 1º-6-2016 (*DJe* de 1º-6-2016).

► Arts. 893 a 901 da CLT.

► Art. 1.021, §§4º e 5º do CPC/2015.

390. Convertida na Súm. 451 do TST.

391. Portuários. Submissão prévia de demanda à comissão paritária. Lei nº 8.630, de 25-2-1993. Inexigibilidade. A submissão prévia de demanda a comissão paritária, constituída nos termos do art. 23 da Lei nº 8.630, de 25-2-1993 (Lei dos Portos), não é pressuposto de constituição e desenvolvimento válido e regular do processo, ante a ausência de previsão em lei.

► A referida Lei foi revogada pela Lei nº 12.815, de 5-6-2013 (Lei dos Portos).

392. Prescrição. Interrupção. Ajuizamento de protesto judicial. Marco inicial. O protesto judicial é medida aplicável no processo do trabalho, por força do art. 769 da CLT e do art. 15 do CPC de 2015. O ajuizamento da ação, por si só, interrompe o prazo prescricional, em razão da inaplicabilidade do § 2º do art. 240 do CPC de 2015 (§ 2º do art. 219 do CPC de 1973), incompatível com o disposto no art. 841 da CLT.

► Republicada em razão de erro material (*DJe* de 1º-6-2016).

393. Professor. Jornada de trabalho especial. Art. 318 da CLT. Salário mínimo. Proporcionalidade. A contraprestação mensal devida ao professor, que trabalha no limite máximo da jornada prevista no art. 318 da CLT, é de um salário mínimo integral, não se cogitando do pagamento proporcional em relação a jornada prevista no art. 7º, XIII, da Constituição Federal.

394. Repouso semanal remunerado – RSR. Integração das horas extras. Não repercussão no cálculo das férias, do décimo terceiro salário, do aviso prévio e dos depósitos do FGTS. A majoração do valor do repouso semanal remunerado, em razão da integração das horas extras habitualmente prestadas, não repercute no cálculo das férias, da gratificação natalina, do aviso prévio e do FGTS, sob pena de caracterização de *bis in idem*.

► Art. 7º, XV, da CF.

► Art. 67 da CLT.

395. Turno ininterrupto de revezamento. Hora noturna reduzida. Incidência. O trabalho em regime de turnos ininterruptos de revezamento não retira o direito à hora noturna reduzida, não havendo incompatibilidade entre as disposições contidas nos arts. 73, § 1º, da CLT e 7º, XIV, da Constituição Federal.

396. Turnos ininterruptos de revezamento. Alteração da jornada de 8 para 6 horas diárias. Empregado horista. Aplicação do divisor 180. Para o cálculo do salário-hora do empregado horista, submetido a turnos ininterruptos de revezamento, considerando a alteração da jornada de 8 para 6 horas diárias, aplica-se o divisor 180, em observância ao disposto no art. 7º, VI, da Constituição Federal, que assegura a irredutibilidade salarial.

► Art. 65 da CLT.

397. Comissionista misto. Horas extras. Base de cálculo. Aplicação da Súmula nº 340 do TST. O empregado que recebe remuneração mista, ou seja, uma parte fixa e outra variável, tem direito a horas extras pelo trabalho em sobrejornada. Em relação à parte fixa, são devidas as horas simples acrescidas do adicional de horas extras. Em relação à parte variável, é devido so-

Orientações Jurisprudenciais

mente o adicional de horas extras, aplicando-se à hipótese o disposto na Súmula nº 340 do TST.

398. Contribuição Previdenciária. Acordo homologado em juízo sem reconhecimento de vínculo de emprego. Contribuinte individual. Recolhimento da alíquota de 20% a cargo do tomador e 11% a cargo do prestador de serviços. Nos acordos homologados em juízo em que não haja o reconhecimento de vínculo empregatício, é devido o recolhimento da contribuição previdenciária, mediante a alíquota de 20% a cargo do tomador de serviços e de 11% por parte do prestador de serviços, na qualidade de contribuinte individual, sobre o valor total do acordo, respeitado o teto de contribuição. Inteligência do § 4º do art. 30 e do inciso III do art. 22, todos da Lei nº 8.212, de 24-7-1991.

▸ Lei nº 8.212, de 24-7-1991 (Lei Orgânica da Seguridade Social).

399. Estabilidade provisória. Ação trabalhista ajuizada após o término do período de garantia no emprego. Abuso do exercício do direito de ação. Não configuração. Indenização devida. O ajuizamento de ação trabalhista após decorrido o período de garantia de emprego não configura abuso do exercício do direito de ação, pois este está submetido apenas ao prazo prescricional inscrito no art. 7º, XXIX, da CF/1988, sendo devida a indenização desde a dispensa até a data do término do período estabilitário.

400. Imposto de renda. Base de cálculo. Juros de mora. Não integração. Art. 404 do Código Civil brasileiro. Os juros de mora decorrentes do inadimplemento de obrigação de pagamento em dinheiro não integram a base de cálculo do imposto de renda, independentemente da natureza jurídica da obrigação inadimplida, ante o cunho indenizatório conferido pelo art. 404 do Código Civil de 2002 aos juros de mora.

401. Prescrição. Marco inicial. Ação condenatória. Trânsito em julgado da ação declaratória com mesma causa de pedir remota ajuizada antes da extinção do contrato de trabalho. O marco inicial da contagem do prazo prescricional para o ajuizamento de ação condenatória, quando advém a dispensa do empregado no curso de ação declaratória que possua a mesma causa de pedir remota, é o trânsito em julgado da decisão proferida na ação declaratória e não a data da extinção do contrato de trabalho.

402. Adicional de risco. Portuário. Terminal privativo. Arts. 14 e 19 da Lei nº 4.860, de 26-11-1965. Indevido. O adicional de risco previsto no artigo 14 da Lei nº 4.860, de 26-11-1965, aplica-se somente aos portuários que trabalham em portos organizados, não podendo ser conferido aos que operam terminal privativo.

▸ Lei nº 4.860, de 26-11-1965, dispõe sobre o regime de trabalho nos portos organizados.

403. Advogado empregado. Contratação anterior a Lei nº 8.906, de 4-7-1994. Jornada de trabalho mantida com o advento da Lei. Dedicação exclusiva. Caracterização. O advogado empregado contratado para jornada de 40 horas semanais, antes da edição da Lei nº 8.906, de 4-7-1994, está sujeito ao regime de dedicação exclusiva disposto no art. 20 da referida lei, pelo que não tem direito à jornada de 20 horas semanais ou 4 diárias.

▸ Lei nº 8.906, de 4-7-1994 (Estatuto da Advocacia e da OAB).

404. Convertida na Súm. 452 do TST.

405. Convertida na Súm. 458 do TST.

406. Convertida na Súm. 453 do TST.

407. Jornalista. Empresa não jornalística. Jornada de trabalho reduzida. Arts. 302 e 303 da CLT. O jornalista que exerce funções típicas de sua profissão, independentemente do ramo de atividade do empregador, tem direito à jornada reduzida prevista no artigo 303 da CLT.

408. Juros de mora. Empresa em liquidação extrajudicial. Sucessão trabalhista. É devida a incidência de juros de mora em relação aos débitos trabalhistas de empresa em liquidação extrajudicial sucedida nos moldes dos arts. 10 e 448 da CLT. O sucessor responde pela obrigação do sucedido, não se beneficiando de qualquer privilégio a este destinado.

▸ Lei nº 11.101, de 9-2-2005 (Lei de Recuperação de Empresas e Falências).

▸ Súmula nº 304 do TST.

409. Multa por litigância de má-fé. Recolhimento. Pressuposto recursal. Inexigibilidade. O recolhimento do valor da multa imposta como sanção por litigância de má-fé (art. 81 do CPC de 2015 – art. 18 do CPC de 1973) não é pressuposto objetivo para interposição dos recursos de natureza trabalhista.

▸ Redação dada pela Res. do TST nº 209, de 1º-6-2016 (*DJe* de 1º-6-2016).

410. Repouso semanal remunerado. Concessão após o sétimo dia consecutivo de trabalho.

Art. 7º, XV, da CF. Violação. Viola o art. 7º, XV, da CF a concessão de repouso semanal remunerado após o sétimo dia consecutivo de trabalho, importando no seu pagamento em dobro.

- ▶ Art. 67 da CLT.
- ▶ Lei nº 605, de 5-1-1949 (Lei do Repouso Semanal Remunerado).
- ▶ Arts. 151 a 162 do Dec. nº 10.854, de 10-11-2021, que regulamenta disposições relativas à legislação trabalhista.

411. Sucessão trabalhista. Aquisição de empresa pertencente a grupo econômico. Responsabilidade Solidária do sucessor por débitos trabalhistas de empresa não adquirida. Inexistência. O sucessor não responde solidariamente por débitos trabalhistas de empresa não adquirida, integrante do mesmo grupo econômico da empresa sucedida, quando, à época, a empresa devedora direta era solvente ou idônea economicamente, ressalvada a hipótese de má-fé ou fraude na sucessão.

- ▶ OJ da SBDI-I nº 261 do TST.

412. Agravo interno ou agravo regimental. Interposição em face de decisão colegiada. Não cabimento. Erro grosseiro. Inaplicabilidade do princípio da fungibilidade recursal. É incabível agravo interno (art. 1.021 do CPC de 2015, art. 557, §1º, do CPC de 1973) ou agravo regimental (art. 235 do RITST) contra decisão proferida por Órgão colegiado. Tais recursos destinam-se, exclusivamente, a impugnar decisão monocrática nas hipóteses previstas. Inaplicável, no caso, o princípio da fungibilidade ante a configuração de erro grosseiro.

- ▶ Redação dada pela Res. do TST nº 209, de 1º-6-2016 (*DJe* de 1º-6-2016).

413. Auxílio-alimentação. Alteração da natureza jurídica. Norma coletiva ou adesão ao PAT. A pactuação em norma coletiva conferindo caráter indenizatório à verba "auxílio-alimentação" ou a adesão posterior do empregador ao Programa de Alimentação do Trabalhador – PAT – não altera a natureza salarial da parcela, instituída anteriormente, para aqueles empregados que, habitualmente, já percebiam o benefício, a teor das Súmulas nºs 51, I, e 241 do TST.

414. Convertida na Súm. 454 do TST.

415. Horas extras. Reconhecimento em juízo. Critério de dedução/abatimento dos valores comprovadamente pagos no curso do contrato de trabalho. A dedução das horas extras comprovadamente pagas daquelas reconhecidas em juízo não pode ser limitada ao mês de apuração, devendo ser integral e aferida pelo total das horas extraordinárias quitadas durante o período imprescrito do contrato de trabalho.

416. Imunidade de jurisdição. Organização ou organismo internacional. As organizações ou organismos internacionais gozam de imunidade absoluta de jurisdição quando amparados por norma internacional incorporada ao ordenamento jurídico brasileiro, não se lhes aplicando a regra do direito consuetudinário relativa à natureza dos atos praticados. Excepcionalmente, prevalecerá a jurisdição brasileira na hipótese de renúncia expressa à cláusula de imunidade jurisdicional.

417. Prescrição. Rurícola. Emenda Constitucional nº 28, de 26-5-2000. Contrato de trabalho em curso. Não há prescrição total ou parcial da pretensão do trabalhador rural que reclama direitos relativos a contrato de trabalho que se encontrava em curso à época da promulgação da Emenda Constitucional nº 28, de 26-5-2000, desde que ajuizada a demanda no prazo de cinco anos de sua publicação, observada a prescrição bienal.

418. Equiparação salarial. Plano de cargos e salários. Aprovação por instrumento coletivo. Ausência de alternância de critérios de promoção por antiguidade e merecimento. Não constitui óbice à equiparação salarial a existência de plano de cargos e salários que, referendado por norma coletiva, prevê critério de promoção apenas por merecimento ou antiguidade, não atendendo, portanto, o requisito de alternância dos critérios, previsto no art. 461, § 2º, da CLT.

419. *Cancelada*. Res. do TST nº 200, de 27-10-2015.

420. Turnos ininterruptos de revezamento. Elastecimento da jornada de trabalho. Norma coletiva com eficácia retroativa. Invalidade. É inválido o instrumento normativo que, regularizando situações pretéritas, estabelece jornada de oito horas para o trabalho em turnos ininterruptos de revezamento.

**421. Honorários advocatícios. Ação de indenização por danos morais e materiais decorrentes de acidente de trabalho ou de doença profissional. ajuizamento perante a justiça comum antes da promulgação da Emenda Constitucional nº 45/2004. Posterior Remessa dos autos à justiça do trabalho. art. 85 do CPC

de 2015. Art. 20 do CPC de 1973. Incidência. A condenação em honorários advocatícios nos autos de ação de indenização por danos morais e materiais decorrentes de acidente de trabalho ou de doença profissional, remetida à Justiça do Trabalho após ajuizamento na Justiça comum, antes da vigência da Emenda Constitucional nº 45/2004, decorre da mera sucumbência, nos termos do art. 85 do CPC de 2015 (art. 20 do CPC de 1973), não se sujeitando aos requisitos da Lei nº 5.584/1970.

► Redação dada pela Res. do TST nº 208, de 19-4-2016 (*DJe* de 22-4-2016).

ORIENTAÇÕES JURISPRUDENCIAIS DA SUBSEÇÃO I TRANSITÓRIA DA SEÇÃO DE DISSÍDIOS INDIVIDUAIS DO TRIBUNAL SUPERIOR DO TRABALHO

► Orientações Jurisprudenciais da SBDI-I, que tratam de matérias transitórias e/ou de aplicação restrita no TST ou a determinado Tribunal Regional.

1. **FGTS. Multa de 40%. Complementação. Indevida.** A rescisão contratual operada antes da vigência da Constituição Federal de 1988, com o pagamento da multa sobre os depósitos do FGTS no percentual de 10%, é ato jurídico perfeito, não se admitindo retroatividade. Assim, indevido o deferimento da complementação, a título de diferenças de multa do FGTS, do percentual de 30%, referente ao período do primeiro contrato rescindido e pago de acordo com a norma vigente à época. (Lei nº 5.107/1966, art. 6º).

► Redação dada pela Res. do TST nº 129, de 5-4-2005 (*DJU* de 20-4-2005).

2. **CSN. Licença remunerada.** É devido o valor das horas extras até então habitualmente prestadas.

3. **Súmula nº 337. Inaplicabilidade.** A Súmula nº 337 do TST é inaplicável a recurso de revista interposto anteriormente à sua vigência.

► Redação dada pela Res. do TST nº 129, de 5-4-2005 (*DJU* de 20-4-2005).

4. *Cancelada*. Res. do TST nº 175, de 24-5-2011 (*DJE* de 27-5-2011).

5. **SERVITA. Bonificação de assiduidade e produtividade paga semanalmente. Repercussão no repouso semanal remunerado.** O valor das bonificações de assiduidade e produtividade, pago semanalmente e em caráter permanente pela empresa SERVITA, visando incentivar o melhor rendimento dos empregados, possui natureza salarial, repercutindo no cálculo do repouso semanal remunerado.

► Redação dada pela Res. do TST nº 129, de 5-4-2005 (*DJU* de 20-4-2005).

6. **Adicional de produtividade. Decisão normativa. Vigência. Limitação.** O adicional de produtividade previsto na decisão normativa, proferida nos autos do Dissídio Coletivo nº DC-TST 6/1979, tem sua eficácia limitada à vigência do respectivo instrumento normativo.

7. **BANRISUL. Complementação de aposentadoria. ADI e cheque rancho. Não integração.** As parcelas ADI e cheque rancho não integram a complementação de aposentadoria dos empregados do BANRISUL.

► Redação dada pela Res. do TST nº 129, de 5-4-2005 (*DJU* de 20-4-2005).

8. Incorporada à OJ da SBDI-I Transitória nº 7 do TST.

9. **BNCC. Garantia de emprego. Não assegurada.** O Regulamento do BNCC não garante a estabilidade ao empregado nos moldes daquela prevista na CLT, mas apenas a garantia no emprego, ou seja, a garantia contra a despedida imotivada.

10. **BNCC. Juros. Súmula nº 304 do TST. Inaplicável.** A extinção do BNCC não foi decretada pelo Banco Central mas por deliberação de seus acionistas. Portanto, inaplicável a Súmula nº 304 do TST e, em seus débitos trabalhistas, devem incidir os juros de mora.

11. **Complementação de aposentadoria. CEAGESP.** Para o empregado se beneficiar da aposentadoria integral, prevista no § 1º do art. 16 do Regulamento Geral nº 1/1963, da CEAGESP, o empregado deverá contar com 30 anos ou mais de efetivo serviço à CEAGESP.

12. **CSN. Adicional de insalubridade e de periculosidade. Salário complessivo. Prevalência do acordo coletivo.** O pagamento do adicional de insalubridade e periculosidade embutido no salário-contratual dos empregados da CSN não caracteriza a complessividade salarial, uma vez que essa forma de pagamento decorre de acordo coletivo há muitos anos em vigor.

► Redação dada pela Res. do TST nº 129, de 5-4-2005 (*DJU* de 20-4-2005).

13. CSN. Licença remunerada. Aviso prévio. Concomitância. Possibilidade. Devido às circunstâncias especialíssimas ocorridas na CSN (Próspera), considera-se válida a concessão de aviso prévio durante o período da licença remunerada.

14. Defensoria Pública. Opção pela carreira. Servidor investido na função de defensor público até a data em que foi instalada a Assembleia Nacional Constituinte tem direito à opção pela carreira, independentemente de realização de concurso público (celetista ou estatutário), bastando que a opção tenha sido feita até a data supra.

15. ENERGIPE. Participação nos lucros. Incorporação anterior à CF/1988. Natureza salarial. A parcela participação nos lucros, incorporada ao salário do empregado anteriormente à CF/1988, possui natureza salarial e gera reflexos em todas as verbas salariais.

16. Agravo de instrumento interposto na vigência da Lei nº 9.756/1998 e anteriormente à edição da IN nº 16/1999 do TST. Traslado de peças. Obrigatoriedade. Não há como dizer que a exigência de traslado de peças necessárias ao julgamento de ambos os recursos (o agravo e o recurso principal) somente se tornou obrigatória após a edição da IN nº 16/1999, pois trata-se apenas de meio destinado à interpretação acerca das novas exigências que se tornaram efetivas a partir da vigência da Lei nº 9.756/1998.

17. Agravo de instrumento interposto na vigência da Lei nº 9.756/1998. Embargos declaratórios. Para comprovar a tempestividade do recurso de revista, basta a juntada da certidão de publicação do acórdão dos embargos declaratórios opostos perante o Regional, se conhecidos.

18. Agravo de instrumento interposto na vigência da Lei nº 9.756/1998. Peça indispensável. Certidão de publicação do acórdão regional. Necessária a juntada, salvo se nos autos houver elementos que atestem a tempestividade da revista. A certidão de publicação do acórdão regional é peça essencial para a regularidade do traslado do agravo de instrumento, porque imprescindível para aferir a tempestividade do recurso de revista e para viabilizar, quando provido, seu imediato julgamento, salvo se nos autos houver elementos que atestem a tempestividade da revista.

19. Agravo de instrumento. Interposto na vigência da Lei nº 9.756/1998. Peças dispensáveis à compreensão da controvérsia. Desnecessária a juntada. Mesmo na vigência da Lei nº 9.756/1998, a ausência de peças desnecessárias à compreensão da controvérsia, ainda que relacionadas no inciso I do § 5º do art. 897 da CLT, não implica o não conhecimento do agravo.

20. Agravo de instrumento. Ministério Público. Pressupostos extrínsecos. Para aferição da tempestividade do AI interposto pelo Ministério Público, desnecessário o traslado da certidão de publicação do despacho agravado, bastando a juntada da cópia da intimação pessoal na qual conste a respectiva data de recebimento (Lei Complementar nº 75/1993, art. 84, IV).

21. Agravo de instrumento. Traslado. Certidão. Instrução Normativa nº 6/1996 do TST. Certidão do Regional afirmando que o AI está formado de acordo com IN nº 6/1996 do TST não confere autenticidade às peças.

22. Convertida na OJ da SBDI-I nº 287 do TST.

23. Autenticação. Documento único. Cópia. Verso e anverso. Inexistindo impugnação da parte contrária, bem como o disposto no art. 795 da CLT, é válida a autenticação aposta em uma face da folha que contenha documento que continua no verso, por constituir documento único.

24. Abono. Complementação de aposentadoria. Reajuste. CVRD (valia). A Res. nº 7/1989 da CVRD, que instituiu o benefício "abono aposentadoria" (art. 6º), determina que o reajuste seja feito na mesma época e com o mesmo índice aplicado pelo INSS ou observada a variação do IGP ou da OTN, aplicando-se o maior deles.

25. Banco Meridional. Complementação de aposentadoria. Reajustes. Extensão. Os reajustes salariais concedidos sobre quaisquer parcelas aos empregados ativos devem ser estendidos aos inativos, com exclusão apenas das parcelas ressalvadas expressamente no Regulamento do Banco.

26. BANERJ. Plano Bresser. Acordo coletivo de trabalho de 1991. Não é norma programática. É de eficácia plena e imediata o *caput* da cláusula 5ª do Acordo Coletivo de Trabalho de 1991/1992 celebrado pelo BANERJ contemplando o pagamento de diferenças salariais do Plano Bresser, sendo devido o percentual de

26,06% nos meses de janeiro a agosto de 1992, inclusive.

27. BANRISUL. Gratificação Jubileu. Prescrição. A Gratificação Jubileu, instituída pela Res. nº 1.761/1967, que foi alterada, reduzindo-se o seu valor, pela Res. nº 1.885/1970, era devida a todo empregado que completasse 25, 30, 35 e 40 anos de serviço no Banco. Era vantagem a ser paga de uma única vez, na data da aposentadoria, fluindo desta data o prazo prescricional, sendo inaplicável a Súmula nº 294 do TST, que é restrito aos casos em que se postulam prestações sucessivas.

28. CDHU. Sucessão trabalhista. Considerando a moldura fática delineada pelo Regional, conduz-se à ilação de que a CDHU foi a sucessora da CONESP, uma vez que ocupou os imóveis e assumiu os contratos anteriores, dando sequência às obras com o mesmo pessoal.

29. CEEE. Equiparação salarial. Quadro de carreira. Reestruturação em 1991. Válido. O quadro de carreira implantado na CEEE em 1977 foi homologado pelo Ministério do Trabalho. A reestruturação procedida em 1991, mesmo não homologada, é válida.

30. Cisão parcial de empresa. Responsabilidade solidária. PROFORTE. É solidária a responsabilidade entre a empresa cindida subsistente e aquelas que absorverem parte do seu patrimônio, quando constatada fraude na cisão parcial.

31. Planos Bresser e Verão. Acordo coletivo autorizando a quitação através da concessão de folgas remuneradas. Conversão em pecúnia após a extinção do contrato de trabalho. Inviabilidade. Acordo coletivo celebrado entre as partes autorizando a quitação dos valores devidos a título de Planos Bresser e Verão em folgas remuneradas é válido. Incabível a conversão do valor correspondente às folgas remuneradas em pecúnia quando extinto o contrato de trabalho pelo advento de aposentadoria voluntária.

32. Complementação de aposentadoria. Banco do Brasil. Sucumbência. Inversão. Imposta condenação originária em diferenças de complementação de aposentadoria, por ocasião do julgamento de recurso de revista, imperativo o exame no acórdão, sob pena de negativa de prestação jurisdicional, de postulação aduzida em contestação e/ou em contrarrazões visando à limitação da condenação à média trienal e ao teto, matéria insuscetível de prequestionamento.

► OJ da SBDI-I Transitória nº 60 do TST.

33. Adicional de insalubridade. Base de cálculo, na vigência do Decreto-Lei nº 2.351/1987: Piso Nacional de Salários. Na vigência do Decreto-Lei nº 2.351/1987, o piso nacional de salários é a base de cálculo para o adicional de insalubridade.

34. BRDE. Entidade autárquica de natureza bancária. Lei nº 4.595/1964, art. 17. Res. BACEN nº 469/1970, art. 8º. CLT, art. 224, § 2º. CF, art. 173, § 1º. O Banco Regional de Desenvolvimento do Extremo Sul – BRDE é uma entidade autárquica de natureza bancária, e, como tal, submete-se ao art. 173, § 1º, da Constituição Federal de 1988. Desta forma, sendo a natureza das atividades por ele exercidas similares às de qualquer instituição financeira, seus empregados são bancários, regendo-se pelas normas especiais a eles referentes, inclusive o art. 224 da CLT.

35. Reajustes salariais. Bimestrais e quadrimestrais (Lei nº 8.222/1991). Simultaneidade inviável. Nova antecipação bimestral, na mesma época do reajuste quadrimestral, constitui verdadeiro *bis in idem*, pois o bimestre anterior, que servia como base de cálculo, já teve o INPC considerado para fim do reajuste quadrimestral.

36. Hora *in itinere*. Tempo gasto entre a portaria da empresa e o local do serviço. Devida. AÇOMINAS. Configura-se como hora *in itinere* o tempo gasto pelo obreiro para alcançar seu local de trabalho a partir da portaria da AÇOMINAS.

37. MINASCAIXA. Legitimidade passiva *ad causam* enquanto não concluído o procedimento de liquidação extrajudicial. A MINASCAIXA tem legitimidade passiva *ad causam* para figurar nas demandas contra ela ajuizadas enquanto não tiver concluído o processo de liquidação extrajudicial ao qual se encontra submetida.

38. Banco Meridional. Circular 34046/1989. Dispensa sem justa causa. A inobservância dos procedimentos disciplinados na Circular 34046/1989 do Banco Meridional, norma de caráter eminentemente procedimental, não é causa para a nulidade da dispensa sem justa causa.

39. FGTS. Opção retroativa. Concordância do empregador. Necessidade. A concordância do empregador é indispensável para que o empregado possa optar retroativamente pelo sistema do Fundo de Garantia por Tempo de Serviço.

40. BANRISUL. Complementação de aposentadoria. A Resolução nº 1.600/1964, vigente à época da admissão do empregado, incorporou-se ao contrato de trabalho, pelo que sua alteração não poderá prejudicar o direito adquirido, mesmo em virtude da edição da Lei nº 6.435/1977. Incidência das Súmulas nºs 51 e 288.

41. Complementação de aposentadoria. Fundação Clemente de Faria. Banco Real. É válida a cláusula do Estatuto da Fundação Clemente de Faria que condicionou o direito à complementação de aposentadoria à existência de recursos financeiros, e também previa a suspensão, temporária ou definitiva, da referida complementação.

42. PETROBRAS. Pensão por morte do empregado assegurada no manual de pessoal. Estabilidade decenal. Opção pelo regime do FGTS.

I – Tendo o empregado adquirido a estabilidade decenal, antes de optar pelo regime do FGTS, não há como negar-se o direito à pensão, eis que preenchido o requisito exigido pelo Manual de Pessoal.

II – O benefício previsto no manual de pessoal da Petrobras, referente ao pagamento de pensão e auxílio-funeral aos dependentes do empregado que vier a falecer no curso do contrato de trabalho, não se estende à hipótese em que sobrevém o óbito do trabalhador quando já extinto o contrato de trabalho.

► Redação dada pela Res. do TST nº 182, de 16-4-2012.

43. SUDS. Gratificação. Convênio da União com Estado. Natureza salarial enquanto paga. A parcela denominada "Complementação SUDS" paga aos servidores em virtude de convênio entre o Estado e a União Federal tem natureza salarial, enquanto paga, pelo que repercute nos demais créditos trabalhistas do empregado.

44. Anistia. Lei nº 6.683/1979. Tempo de afastamento. Não computável para efeito de indenização e adicional por tempo de serviço, licença-prêmio e promoção. O tempo de afastamento do anistiado pela Lei nº 6.683/1979 não é computável para efeito do pagamento de indenização por tempo de serviço, licença-prêmio e promoção.

45. Comissionista puro. Abono. Lei nº 8.178/1991. Não incorporação. É indevida a incorporação do abono instituído pela Lei nº 8.178/1991 aos empregados comissionistas.

46. Complementação de aposentadoria. Banco Itaú. O empregado do Banco Itaú admitido na vigência da Circular BB-05/1966, que passou para a inatividade posteriormente à vigência da RP-40/1974, está sujeito ao implemento da condição "idade mínima de 55 anos".

47. Décimo terceiro salário. Dedução da 1ª parcela. URV. Lei nº 8.880/1994. Ainda que o adiantamento do 13º salário tenha ocorrido anteriormente à edição da Lei nº 8.880/1994, as deduções deverão ser realizadas considerando o valor da antecipação, em URV, na data do efetivo pagamento, não podendo a 2ª parcela ser inferior à metade do 13º salário, em URV.

48. PETROMISA. Sucessão. PETROBRAS. Legitimidade. Em virtude da decisão tomada em assembleia, a Petrobras é a real sucessora da PETROMISA, considerando que recebeu todos os bens móveis e imóveis da extinta PETROMISA.

49. SERPRO. Norma regulamentar. Reajustes salariais. Superveniência de sentença normativa. Prevalência. Durante a vigência do instrumento normativo, é lícita ao empregador a obediência à norma coletiva (DC nº 8.948/1990) que alterou as diferenças interníveis previstas no Regulamento de Recursos Humanos.

50. Férias. Abono instituído por instrumento normativo e terço constitucional. Simultaneidade inviável. O abono de férias decorrente de instrumento normativo e o abono de 1/3 (um terço) previsto no art. 7º, XVII, da CF/1988 têm idêntica natureza jurídica, destinação e finalidade, constituindo-se *bis in idem* seu pagamento simultâneo, sendo legítimo o direito do empregador de obter compensação de valores porventura pagos.

51. Complementação de aposentadoria. Caixa Econômica Federal. Auxílio-alimentação. Supressão. Súmulas nºs 51 e 288. A determinação de supressão do pagamento de auxílio-alimentação aos aposentados e pensionistas da Caixa Econômica Federal, oriunda do Ministério da Fazenda, não atinge aqueles ex-empregados que já percebiam o benefício.

52. Agravo de instrumento. Acórdão do TRT não assinado. Interposto anteriormente à Instrução Normativa nº 16/1999. Nos agravos de instrumento interpostos anteriormente à edição da Instrução Normativa nº 16/1999, a ausência de assinatura na cópia não a torna inválida, desde que conste o carimbo aposto pelo servidor certificando que confere com o original.

53. Custas. Embargos de terceiro. Interpostos anteriormente à Lei nº 10.537/2002. Inexigência de recolhimento para a interposição de agravo de petição. Tratando-se de embargos de terceiro, incidentes em execução, ajuizados anteriormente à Lei nº 10.537/2002, incabível a exigência do recolhimento de custas para a interposição de agravo de petição por falta de previsão legal.

54. Plano econômico (Collor). Execução. Correção monetária. Índice de 84,32%. Lei nº 7.738/1989. Aplicável. Aplica-se o índice de 84,32%, relativo ao IPC de março de 1990, para a correção monetária do débito trabalhista, por ocasião da execução, nos termos da Lei nº 7.738/1989.

55. Plano Collor. Servidores celetistas do GDF. Legislação federal. Prevalência. Inexiste direito adquirido às diferenças salariais de 84,32% do IPC de março de 1990 aos servidores celetistas da Administração Direta, Fundações e Autarquias do Distrito Federal. (ex-OJs nºs 218 e 241 da SBDI-I – inseridas respectivamente em 2-4-2001 e 20-6-2001)

56. Anistia. Lei nº 8.878/1994. Efeitos financeiros devidos a partir do efetivo retorno à atividade. Os efeitos financeiros da anistia concedida pela Lei nº 8.878/1994 somente serão devidos a partir do efetivo retorno à atividade, vedada a remuneração em caráter retroativo.

57. Adicional de insalubridade. Deficiência de iluminamento. Limitação. Somente após 26-2-1991 foram, efetivamente, retiradas do mundo jurídico as normas ensejadoras do direito ao adicional de insalubridade por iluminamento insuficiente no local da prestação de serviço, como previsto na Portaria nº 3.751/1990 do Ministério do Trabalho.

58. URPs de junho e julho de 1988. Suspensão do pagamento. Data base em maio. Decreto-Lei nº 2.425/1988. Inexistência de violação a direito adquirido. O Decreto-Lei nº 2.425, de 7-4-1988, não ofendeu o direito adquirido dos empregados com data base em maio, pelo que não fazem jus às URPs de junho e julho de 1988.

59. INTERBRAS. Sucessão. Responsabilidade. A PETROBRAS não pode ser responsabilizada solidária ou subsidiariamente pelas obrigações trabalhistas da extinta INTERBRAS, da qual a União é a real sucessora, nos termos do art. 20 da Lei nº 8.029, de 12-4-1990 (atual art. 23, em face da renumeração dada pela Lei nº 8.154, de 28-12-1990).

60. Adicional por tempo de serviço. Base de cálculo. Salário-base. Art. 129 da Constituição do Estado de São Paulo. O adicional por tempo de serviço – quinquênio –, previsto no art. 129 da Constituição do Estado de São Paulo, tem como base de cálculo o vencimento básico do servidor público estadual, ante o disposto no art. 11 da Lei Complementar do Estado de São Paulo nº 712, de 12-4-1993.

► Republicada em decorrência de erro material (*DJE* de 11-4-2011).

61. Auxílio cesta alimentação previsto em norma coletiva. CEF. Cláusula que estabelece natureza indenizatória à parcela. Extensão aos aposentados e pensionistas. Impossibilidade. Havendo previsão em cláusula de norma coletiva de trabalho de pagamento mensal de auxílio cesta alimentação somente a empregados em atividade, dando-lhe caráter indenizatório, é indevida a extensão desse benefício aos aposentados e pensionistas. Exegese do art. 7º, XXVI, da Constituição Federal.

62. PETROBRAS. Complementação de aposentadoria. Avanço de nível. Concessão de parcela por acordo coletivo apenas para os empregados da ativa. Extensão para os inativos. Artigo 41 do regulamento do plano de benefícios da PETROS. Ante a natureza de aumento geral de salários, estende-se à complementação de aposentadoria dos ex-empregados da Petrobras benefício concedido indistintamente a todos os empregados da ativa e estabelecido em norma coletiva, prevendo a concessão de aumento de nível salarial – "avanço de nível" –, a fim de preservar a paridade entre ativos e inativos assegurada no art. 41 do Regulamento do Plano de Benefícios da Fundação Petrobras de Seguridade Social – PETROS.

63. PETROBRAS. Complementação de aposentadoria. Integralidade. Condição. Idade mínima. Lei nº 6.435, de 15-7-1977. Os empregados admitidos na vigência do Decreto nº 81.240, de 20-1-1978, que regulamentou a Lei nº 6.435, de 15-7-1977, ainda que anteriormente à alteração do Regulamento do Plano de Benefícios da PETROS, sujeitam-se à condição "idade mínima de 55 anos" para percepção dos proventos integrais de complementação de aposentadoria.

64. PETROBRAS. Parcelas gratificação contingente e participação nos resultados deferidas por norma coletiva a empregados da ativa. Natureza jurídica não salarial. Não integração na complementação de aposentadoria. As parcelas gratificação contingente e participação nos resultados, concedidas por força de acordo coletivo a empregados da PETROBRAS em atividade, pagas de uma única vez, não integram a complementação de aposentadoria.

65. Representação judicial da União. Assistente jurídico. Apresentação do ato de designação. A ausência de juntada aos autos de documento que comprove a designação do assistente jurídico como representante judicial da União (art. 69 da Lei Complementar nº 73, de 10-2-1993) importa irregularidade de representação.

66. SPTRANS. Responsabilidade subsidiária. Não configuração. Contrato de concessão de serviço público. Transporte coletivo. A atividade da São Paulo Transportes S/A – SPTRANS de gerenciamento e fiscalização dos serviços prestados pelas concessionárias de transporte público, atividade descentralizada da Administração Pública, não se confunde com a terceirização de mão de obra, não se configurando a responsabilidade subsidiária.

67. TELEMAR. Privatização. Plano de incentivo à rescisão contratual (PIRC). Previsão de pagamento da indenização com redutor de 30%. Aplicação limitada ao período da reestruturação. Não é devida a indenização com redutor de 30%, prevista no Plano de Incentivo à Rescisão Contratual da TELEMAR, ao empregado que, embora atenda ao requisito estabelecido de não haver aderido ao PIRC, foi despedido em data muito posterior ao processo de reestruturação da empresa, e cuja dispensa não teve relação com o plano.

68. Banco do Estado de São Paulo S.A. – BANESPA. Convenção coletiva. Reajuste salarial. Superveniência de acordo em dissídio coletivo. Prevalência. O acordo homologado no Dissídio Coletivo nº TST – DC – 810.905/2001.3, que estabeleceu a garantia de emprego aos empregados em atividade do Banco do Estado de São Paulo S.A. – BANESPA e que, portanto, não se aplica aos empregados aposentados, prevalece sobre a fixação do reajuste salarial previsto na convenção coletiva firmada entre a Federação Nacional dos Bancos – FENABAN e os sindicatos dos bancários, ante a consideração do conjunto das cláusulas constantes do acordo e em respeito às disposições dos arts. 5º, XXXVI, e 7º, XXVI, da CF/1988.

69. Banco do Brasil. Complementação de aposentadoria. Alteração do plano de cargos comissionados. Extensão aos inativos. As alterações na estrutura do Plano de Cargos Comissionados do Banco do Brasil, introduzidas pelas Cartas-Circulares DIREC/FUNCI nºs 96/0904 e 96/0957, dentre as quais a substituição do Abono de Função e Representação (AFR) pelo Adicional de Função (AF) e pelo Adicional Temporário de Revitalização (ATR), não autorizam o pagamento de diferenças de complementação de aposentadoria aos inativos por só abrangerem os empregados em atividade, bem como em razão de o Plano de Incentivo à Aposentadoria da época do jubilamento não conter previsão de aplicação de eventual alteração na estrutura dos cargos comissionados àqueles que se aposentassem.

70. Caixa Econômica Federal. Bancário. Plano de cargos em comissão. Opção pela jornada de oito horas. Ineficácia. Exercício de funções meramente técnicas. Não caracterização de exercício de função de confiança. Ausente a fidúcia especial a que alude o art. 224, § 2º, da CLT, é ineficaz a adesão do empregado à jornada de oito horas constante do Plano de Cargos em Comissão da Caixa Econômica Federal, o que importa no retorno à jornada de seis horas, sendo devidas como extras a sétima e a oitava horas laboradas. A diferença de gratificação de função recebida em face da adesão ineficaz poderá ser compensada com as horas extraordinárias prestadas.

71. Empresa Brasileira de Correios e Telégrafos – ECT. Plano de cargos e salários. Progressão horizontal por antiguidade. Necessidade de deliberação da diretoria para comprovar o efetivo cumprimento dos requisitos do PCCS. Condição puramente potestativa para a concessão da promoção. Invalidade. A deliberação da diretoria da Empresa Brasileira de Correios e Telégrafos – ECT, prevista no Plano de Carreira, Cargos e Salários como requisito necessário para a concessão de progressão por antiguidade, por se tratar de condição puramente potestativa, não constitui óbice ao deferimento da progressão horizontal por antiguidade aos empregados, quando preenchidas as demais condições dispostas no aludido plano.

▸ Art. 836 da CLT.

72. PETROBRAS. Domingos e feriados trabalhados. Regime de turnos ininterruptos de revezamento. Pagamento em dobro concedido por liberalidade do empregador. Incorporação ao contrato de trabalho. Supressão unilateral. Acordo coletivo posterior que valida a supressão. Retroação da norma coletiva. Impossibilidade. O pagamento em dobro, concedido por liberalidade da empresa, dos domingos e feriados trabalhados de forma habitual pelo empregado da Petrobras submetido ao regime de turnos ininterruptos de revezamento não pode ser suprimido unilateralmente, pois é vantagem incorporada ao contrato de trabalho, nos termos do art. 468 da CLT. Assim, o acordo coletivo, posteriormente firmado, somente opera efeitos a partir da data de sua entrada em vigor, sendo incabível a utilização da norma coletiva para regular situação pretérita.

▸ Art. 67, parágrafo único, da CLT.

73. Volkswagen do Brasil Ltda. Participação nos lucros e resultados. Pagamento mensal em decorrência de norma coletiva. Natureza indenizatória. A despeito da vedação de pagamento em periodicidade inferior a um semestre civil ou mais de duas vezes no ano cível, disposta no art. 3º, § 2º, da Lei nº 10.101, de 19-12-2000, o parcelamento em prestações mensais da participação nos lucros e resultados de janeiro de 1999 a abril de 2000, fixado no acordo coletivo celebrado entre o Sindicato dos Metalúrgicos do ABC e a Volkswagen do Brasil Ltda., não retira a natureza indenizatória da referida verba (art. 7º, XI, da CF), devendo prevalecer a diretriz constitucional que prestigia a autonomia privada coletiva (art. 7º, XXVI, da CF).

▸ Lei nº 10.101, de 19-12-2000 (Lei da Participação nos Lucros e Resultados).

74. Hospital de Clínicas de Porto Alegre. Custas processuais. Recolhimento. Isenção. Art. 15 da Lei nº 5.604, de 2-9-1970. A isenção tributária concedida pelo art. 15 da Lei nº 5.604, de 2-9-1970, ao Hospital de Clínicas de Porto Alegre compreende as custas processuais, por serem estas espécie do gênero tributo.

75. Parcela "sexta parte". Art. 129 da Constituição do Estado de São Paulo. Extensão aos empregados de sociedade de economia mista e empresa pública. Indevida. A parcela denominada "sexta parte", instituída pelo art. 129 da Constituição do Estado de São Paulo, é devida apenas aos servidores estaduais, celetistas e estatutários da Administração Pública direta, das fundações e das autarquias, conforme disposição contida no art. 124 da Constituição Estadual, não se estendendo aos empregados de sociedade de economia mista e de empresa pública, integrantes da Administração Pública indireta, submetidas ao regime jurídico próprio das empresas privadas, nos termos do art. 173, § 1º, II, da Constituição Federal.

76. Complementação de aposentadoria. Integralidade. Empregado do Estado de São Paulo admitido antes da Lei Estadual nº 200, de 13-5-1974. Implementação do requisito relativo aos 30 anos de serviço efetivo. Incidência da Súmula nº 288 do TST. É assegurado o direito à percepção de complementação de aposentadoria integral ao ex-empregado do Estado de São Paulo que, admitido anteriormente ao advento da Lei Estadual nº 200, de 13-5-1974, implementou 30 anos de serviço efetivo, ante a extensão das regras de complementação de aposentadoria previstas na Lei Estadual nº 1.386, de 19-12-1951. Incidência da Súmula nº 288 do TST.

77. BNDES. Arts. 224 a 226 da CLT. Aplicável a seus empregados. Até o advento da Lei nº 10.556, de 13-11-2002, era aplicável aos empregados do BNDES a jornada de trabalho dos bancários prevista nos arts. 224 a 226 da CLT.

▸ Lei nº 10.556, de 13-11-2002, fixa jornada de sete horas para empregados do BNDES e de suas subsidiárias (art. 7º) e de 8 horas para os empregados da FINEP (parágrafo único do art. 8º).

78. Embargos à SDI contra decisão em recurso de revista não conhecido quanto aos pressupostos intrínsecos. Recurso interposto antes da vigência da Lei nº 11.496, de 22.06.2007, que conferiu nova redação ao art. 894 da CLT. Necessária a indicação expressa de ofensa ao art. 896 da CLT. Para a admissibilidade e conhecimento de embargos, interpostos antes da vigência da Lei nº 11.496/2007, contra decisão mediante a qual não foi conhecido o recurso de revista pela análise dos pressupostos intrínsecos, necessário que a parte embargante aponte expressamente a violação ao art. 896 da CLT.

▸ Redação dada pela Res. do TST nº 194, de 19-5-2014.

79. Embargos. Recurso interposto antes da vigência da Lei nº 11.496, de 22.06.2007, que conferiu nova redação ao art. 894 da CLT. Revista não conhecida por má aplicação de súmula ou de orientação jurisprudencial. Exame do mérito pela SDI. A SDI, ao conhecer dos embargos, interpostos antes da vigência da Lei nº 11.496/2007, por violação do art. 896 – por má aplicação de súmula ou de orientação jurisprudencial pela Turma –, julgará desde logo o mérito, caso conclua que a revista merecia conhecimento e que a matéria de fundo se encontra pacificada neste Tribunal.

► Redação dada pela Res. do TST nº 194, de 19-5-2014.

ORIENTAÇÕES JURISPRUDENCIAIS DA SUBSEÇÃO II DA SEÇÃO DE DISSÍDIOS INDIVIDUAIS DO TRIBUNAL SUPERIOR DO TRABALHO

1. Convertida na Súm. nº 405 do TST.

2. Ação rescisória. Adicional de insalubridade. Base de cálculo. Salário mínimo. Cabível. Viola o art. 192 da CLT decisão que acolhe pedido de adicional de insalubridade com base na remuneração do empregado.

► Mantida pela Res. do TST nº 148, de 26-6-2008 (*DJU* de 4-7-2008 e republicada no *DJU* de 8-7-2008).

3. Convertida na Súm. nº 405 do TST.

4. Ação rescisória. Banco do Brasil. Adicional de Caráter Pessoal. ACP. Procede, por ofensa ao art. 5º, inciso XXXVI, da CF/1988, o pedido de rescisão de julgado que acolheu Adicional de Caráter Pessoal em favor de empregado do Banco do Brasil S.A.

5. Ação rescisória. Banco do Brasil. AP e ADI. Horas extras. Súmula nº 83 do TST. Aplicável. Não se acolhe pedido de rescisão de julgado que deferiu a empregado do Banco do Brasil S.A. horas extras após a sexta, não obstante o pagamento dos adicionais AP e ADI, ou AFR quando a decisão rescindenda for anterior à Orientação Jurisprudencial nº 17, da Seção de Dissídios Individuais do TST (7-11-1994). Incidência das Súmulas nºs 83 do TST e 343 do STF.

6. Ação rescisória. Cipeiro suplente. Estabilidade. ADCT da CF/1988, art. 10, II, *a*. Súmula nº 83 do TST. Rescinde-se o julgado que nega estabilidade a membro suplente de CIPA, representante de empregado, por ofensa ao art. 10, II, *a*, do ADCT da CF/1988, ainda que se cuide de decisão anterior à Súmula nº 339 do TST. Incidência da Súmula nº 83 do TST.

► Redação dada pela Res. do TST nº 137, de 4-8-2005 (*DJU* de 22-8-2005).

7. Ação rescisória. Competência. Criação de Tribunal Regional do Trabalho. Na omissão da Lei, é fixada pelo art. 678, inc. I, *c*, item 2, da CLT. A Lei nº 7.872/1989 que criou o Tribunal Regional do Trabalho da 17ª Região não fixou a sua competência para apreciar as ações rescisórias de decisões oriundas da 1ª Região, o que decorreu do art. 678, I, c, item 2, da CLT.

► Redação dada pela Res. do TST nº 137, de 4-8-2005 (*DJU* de 22-8-2005).

8. Ação rescisória. Complementação de aposentadoria. BANESPA. Súmula nº 83 do TST. Não se rescinde julgado que acolheu pedido de complementação de aposentadoria integral em favor de empregado do BANESPA, antes da Súmula nº 313 do TST, em virtude da notória controvérsia jurisprudencial então reinante. Incidência da Súmula nº 83 do TST.

► Redação dada pela Res. do TST nº 137, de 4-8-2005 (*DJU* de 22-8-2005).

9. Ação rescisória. CONAB. Aviso DIREH 2/1984. Súmula nº 83 do TST. Aplicável. Não se rescinde julgado que reconheceu garantia de emprego com base no Aviso DIREH 2/1984 da CONAB, antes da Súmula nº 355 do TST, em virtude da notória controvérsia jurisprudencial então reinante. Incidência da Súmula nº 83 do TST.

10. Ação rescisória. Contrato nulo. Administração Pública. Efeitos. Art. 37, II e § 2º, da CF/1988. Somente por ofensa ao art. 37, II e § 2º, da CF/1988, procede o pedido de rescisão de julgado para considerar nula a contratação, sem concurso público, de servidor, após a CF/1988.

11. Ação rescisória. Correção monetária. Lei nº 7.596/1987. Universidades Federais. Implantação tardia do Plano de Classificação de Cargos. Violação de lei. Súmula nº 83 do TST. Aplicável. Não se rescinde julgado que acolhe pedido de correção monetária decorrente da implantação tardia do Plano de Classificação de Cargos de Universidade Federal previsto na Lei nº 7.596/1987, à época em que era controvertida tal matéria na jurisprudência. Incidência da Súmula nº 83 do TST.

12. Ação rescisória. Decadência. Consumação antes ou depois da edição da Medida Provisória nº 1.577/1997. Ampliação do prazo.

I – A vigência da Medida Provisória nº 1.577/1997 e de suas reedições implicou o elastecimento do prazo decadencial para o ajuizamento da ação rescisória a favor dos entes de direito público, autarquias e fundações públicas. Se o biênio decadencial do art. 495 do CPC de 1973 findou após a entrada em vigor da referida medida provisória e até sua suspensão pelo STF em sede liminar de ação direta de inconstitucionalidade (ADIn nº 1753-2), tem-se como aplicável o prazo decadencial elastecido à rescisória. (ex-OJ nº 17 da SDI-2 – inserida em 20-9-2000)

II – A regra ampliativa do prazo decadencial para a propositura de ação rescisória em favor de pessoa jurídica de direito público não se aplica se, ao tempo em que sobreveio a Medida Provisória nº 1.577/97, já se exaurira o biênio do art. 495 do CPC de 1973. Preservação do direito adquirido da parte à decadência já consumada sob a égide da lei velha. (ex-OJ nº 12 da SDI-2 – inserida em 20-9-2000).

- Itens I e II com a redação dada pela Res. do TST nº 208, de 19-4-2016 (*DJe* de 22-4-2016).
- Art. 975 do CPC/2015.

13. Incorporada à Súmula nº 100 do TST.

14 e 15. *Canceladas*. Nova redação dada pela Res. nº 109/2001 (*DJU* de 18-4-2001) à Súm. nº 100 do TST.

16. Incorporada à Súmula nº 100 do TST.

17. Incorporada à OJ da SBDI-II nº 12 do TST.

18. Ação rescisória. Decadência. União. Lei Complementar nº 73/1993, art. 67. Lei nº 8.682/1993, art. 6º. O art. 67 da Lei Complementar nº 73/1993 interrompeu todos os prazos, inclusive o de decadência, em favor da União no período compreendido entre 14-2-1993 e 14-8-1993.

19. Ação rescisória. Desligamento incentivado. Imposto de renda. Abono pecuniário. Violação de lei. Súmula nº 83 do TST. Aplicável. Havendo notória controvérsia jurisprudencial acerca da incidência de imposto de renda sobre parcela paga pelo empregador ("abono pecuniário") a título de "desligamento incentivado", improcede pedido de rescisão do julgado. Incidência da Súmula nº 83 do TST.

20. Convertida na Súmula nº 402 do TST.

21. Ação rescisória. Duplo grau de jurisdição. Trânsito em julgado. Inobservância. Decreto-Lei nº 779/1969, art. 1º, V. Incabível. É incabível ação rescisória para a desconstituição de sentença não transitada em julgado porque ainda não submetida ao necessário duplo grau de jurisdição, na forma do Decreto-Lei nº 779/1969. Determina-se que se oficie ao Presidente do TRT para que proceda à avocatória do processo principal para o reexame da sentença rescindenda.

- Redação dada pela Res. do TST nº 137, de 4-8-2005 (*DJU* de 22-8-2005).

22. Convertida na Súmula nº 390 do TST.

23. Ação rescisória. Estabilidade. Período pré-eleitoral. Violação de lei. Súmula nº 83 do TST. Aplicável. Não procede pedido de rescisão de sentença de mérito que assegura ou nega estabilidade pré-eleitoral, quando a decisão rescindenda for anterior à Orientação Jurisprudencial nº 51, da Seção de Dissídios Individuais do TST (25-11-1996). Incidência da Súmula nº 83 do TST.

24. Ação rescisória. Estabilidade provisória. Reintegração em período posterior. Direito limitado aos salários e consectários do período da estabilidade. Rescinde-se o julgado que reconhece estabilidade provisória e determina a reintegração de empregado, quando já exaurido o respectivo período de estabilidade. Em juízo rescisório, restringe-se a condenação quanto aos salários e consectários até o termo final da estabilidade.

25. Ação Rescisória. Regência pelo CPC de 1973. Expressão "lei" do art. 485, V, do CPC de 1973. Não inclusão do ACT, CCT, Portaria, Regulamento, Súmula e Orientação Jurisprudencial de Tribunal. Não procede pedido de rescisão fundado no art. 485, V, do CPC de 1973 quando se aponta contrariedade à norma de convenção coletiva de trabalho, acordo coletivo de trabalho, portaria do Poder Executivo, regulamento de empresa e súmula ou orientação jurisprudencial de tribunal. (ex-OJ 25 da SDI-2, inserida em 20-9-2000 e ex-OJ 118 da SDI-2, *DJ* 11-8-2003).

- Redação dada pela Res. do TST nº 212, de 19-9-2016 (*DJe* de 20-9-2016).
- Art. 966, V, do CPC/2015.

26. Ação rescisória. Gratificação de nível superior. SUFRAMA. A extensão da gratificação instituída pela SUFRAMA aos servidores celetistas exercentes de atividade de nível superior não ofende as disposições contidas nos arts. 37, XIII e 39, § 1º, da CF/1988.

27. Incorporada à Súmula nº 219 do TST.

28. *Cancelada*. Res. do TST nº 149, de 17-11-2008 (*DJE* de 21-11-2008).

29. *Cancelada* devido à nova redação dada à Súm. nº 83 do TST.

30. Ação rescisória. Multa. Art. 920 do Código Civil de 1916 (art. 412 do Código Civil de 2002). Não se acolhe, por violação do art. 920 do Código Civil de 1916 (art. 412 do Código Civil de 2002), pedido de rescisão de julgado que:

a) em processo de conhecimento, impôs condenação ao pagamento de multa, quando a decisão rescindenda for anterior à Orientação Jurisprudencial nº 54 da Subseção I Especializada em Dissídios Individuais do TST (30-5-1994), incidindo o óbice da Súmula nº 83 do TST;

b) em execução, rejeita-se limitação da condenação ao pagamento de multa, por inexistência de violação literal.

▸ Redação dada pela Res. do TST nº 137, de 4-8-2005 (*DJU* de 22-8-2005).

31. Incorporada à OJ da SBDI-II nº 30 do TST.

32 e 33. Convertidas na Súm. nº 408 do TST.

34. Ação rescisória. Planos econômicos.

I – O acolhimento de pedido em ação rescisória de plano econômico, fundada no art. 485, inciso V, do CPC de 1973 pressupõe, necessariamente, expressa invocação na petição inicial de afronta ao art. 5º, inciso XXXVI, da Constituição Federal de 1988. A indicação de ofensa literal a preceito de lei ordinária atrai a incidência da Súmula nº 83 do TST e Súmula nº 343 do STF.

▸ Itens I com a redação dada pela Res. do TST nº 208, de 19-4-2016 (*DJe* de 22-4-2016).

II – Se a decisão rescindenda é posterior à Súmula nº 315 do TST (Res. nº 7, *DJ* de 22-9-1993), inaplicável a Súm. nº 83 do TST.

▸ Art. 966, V, do CPC/2015.

35. Ação rescisória. Planos econômicos. Coisa julgada. Limitação à data base na fase de execução. Não ofende a coisa julgada a limitação à data base da categoria, na fase executória, da condenação ao pagamento de diferenças salariais decorrentes de planos econômicos, quando a decisão exequenda silenciar sobre a limitação, uma vez que a limitação decorre de norma cogente. Apenas quando a sentença exequenda houver expressamente afastado a limitação à data base é que poderá ocorrer ofensa à coisa julgada.

36. Incorporada à Súm. nº 298 do TST.

37. *Cancelada* devido à nova redação dada à Súmula nº 83 do TST.

38. Ação rescisória. Professor-adjunto. Ingresso no cargo de professor-titular. Exigência de concurso público (Lei nº 7.596/1987, Decreto nº 94.664/1987 e art. 206, V, CF/1988). A assunção do professor-adjunto ao cargo de professor titular de universidade pública, sem prévia aprovação em concurso público, viola o art. 206, inciso V, da Constituição Federal. Procedência do pedido de rescisão do julgado.

39. Ação rescisória. Reajustes bimestrais e quadrimestrais. Lei nº 8.222/1991. Súmula nº 83 do TST. Aplicável. Havendo controvérsia jurisprudencial à época, não se rescinde decisão que aprecia a possibilidade de cumulação das antecipações bimestrais e reajustes quadrimestrais de salário previstos na Lei nº 8.222/1991. Incidência da Súmula nº 83 do TST.

40. Convertida na Súm. nº 375 do TST.

41. Ação rescisória. Sentença citra petita. Cabimento. Revelando-se a sentença *citra petita*, o vício processual vulnera os arts. 141 e 492 do CPC de 2015 (arts. 128 e 460 do CPC de 1973), tornando-a passível de desconstituição, ainda que não interpostos embargos de declaração.

▸ Redação dada pela Res. do TST nº 208, de 19-4-2016 (*DJe* de 22-4-2016).

42. Cancelada devido à nova redação dada à Súmula nº 192 do TST.

43. Convertida na Súmula nº 411 do TST.

44 e 45. Convertidas na Súmula nº 399 do TST.

46. Convertida na Súmula nº 412 do TST.

47. Convertida na Súmula nº 413 do TST.

48. Incorporada à Súmula nº 192 do TST.

49. Cancelada em decorrência da conversão da tese mais abrangente da OJ da SBDI-II nº 116 do TST na Súmula nº 397 do TST.

50 e 51. Convertidas na Súmula nº 414 do TST.

52. Convertida na Súmula nº 415 do TST.

53. Mandado de segurança. Cooperativa em liquidação extrajudicial. Lei nº 5.764/1971,

art. 76. Inaplicável. Não suspende a execução. A liquidação extrajudicial de sociedade cooperativa não suspende a execução dos créditos trabalhistas existentes contra ela.

54. Mandado de segurança. Embargos de terceiro. Cumulação. Penhora. Incabível. Ajuizados embargos de terceiro (art. 674 do CPC de 2015 – art. 1.046 do CPC de 1973) para pleitear a desconstituição da penhora, é incabível mandado de segurança com a mesma finalidade.

► Redação dada pela Res. do TST nº 208, de 19-4-2016 (*DJe* de 22-4-2016).

55. Convertida na Súm. nº 416 do TST.

56. Mandado de segurança. Execução. Pendência de recurso extraordinário. Não há direito líquido e certo à execução definitiva na pendência de recurso extraordinário, ou de agravo de instrumento visando a destrancá-lo.

57. Mandado de segurança. INSS. Tempo de serviço. Averbação e/ou reconhecimento. Conceder-se-á mandado de segurança para impugnar ato que determina ao INSS o reconhecimento e/ou averbação de tempo de serviço.

58. Convertida na Súmula nº 414 do TST.

59. Mandado de segurança. Penhora. Carta de fiança bancária. Seguro garantia judicial. A carta de fiança bancária e o seguro garantia judicial, desde que em valor não inferior ao do débito em execução, acrescido de trinta por cento, equivalem a dinheiro para efeito da gradação dos bens penhoráveis, estabelecida no art. 835 do CPC de 2015 (art. 655 do CPC de 1973).

► Redação dada pela Res. do TST nº 209, de 1º-6-2016 (*DJe* de 1º-6-2016).

► Art. 835 do CPC/2015.

60 a 62. Convertidas na Súm. nº 417 do TST.

63. Mandado de segurança. Reintegração. Ação cautelar. Comporta a impetração de mandado de segurança o deferimento de reintegração no emprego em ação cautelar.

64. Mandado de segurança. Reintegração liminarmente concedida. Não fere direito líquido e certo a concessão de tutela antecipada para reintegração de empregado protegido por estabilidade provisória decorrente de lei ou norma coletiva.

65. Mandado de segurança. Reintegração liminarmente concedida. Dirigente sindical. Ressalvada a hipótese do art. 494 da CLT, não fere direito líquido e certo a determinação liminar de reintegração no emprego de dirigente sindical, em face da previsão do inciso X do art. 659 da CLT.

66. Mandado de segurança. Sentença homologatória de adjudicação. Incabível.

I – Sob a égide do CPC de 1973 é incabível o mandado de segurança contra sentença homologatória de adjudicação, uma vez que existe meio próprio para impugnar o ato judicial, consistente nos embargos à adjudicação (CPC de 1973, art. 746).

II – Na vigência do CPC de 2015 também não cabe mandado de segurança, pois o ato judicial pode ser impugnado por simples petição, na forma do artigo 877, *caput*, do CPC de 2015.

► Redação dada pela Res. do TST nº 212, de 19-9-2016 (*DJe* de 20-9-2016).

67. Mandado de segurança. Transferência. Art. 659, IX, da CLT. Não fere direito líquido e certo a concessão de liminar obstativa de transferência de empregado, em face da previsão do inciso IX do art. 659 da CLT.

68. Antecipação de tutela. Competência. Nos Tribunais, compete ao relator decidir sobre o pedido de antecipação de tutela, submetendo sua decisão ao Colegiado respectivo, independentemente de pauta, na sessão imediatamente subsequente.

► Redação dada pela Res. do TST nº 137, de 4-8-2005 (*DJU* de 22-8-2005).

69. Fungibilidade recursal. Indeferimento liminar de ação rescisória ou mandado de segurança. Recurso para o TST. Recebimento como agravo regimental e devolução dos autos ao TRT. Recurso ordinário interposto contra despacho monocrático indeferitório da petição inicial de ação rescisória ou de mandado de segurança pode, pelo princípio de fungibilidade recursal, ser recebido como agravo regimental. Hipótese de não conhecimento do recurso pelo TST e devolução dos autos ao TRT, para que aprecie o apelo como agravo regimental.

70. Ação rescisória. Regência pelo CPC de 1973. Manifesto e inescusável equívoco no direcionamento. Inépcia da inicial. Extinção do processo. Sob a égide do CPC de 1973, o manifesto equívoco da parte em ajuizar ação rescisória no TST para desconstituir julgado proferido pelo TRT, ou vice-versa, implica a extinção do processo sem julgamento do mérito por inépcia da inicial.

- Redação dada pela Res. do TST nº 220, de 18-9-2017 (*DJe* de 21-9-2017 e republicada no *DJe* de 22-9-2017, em razão de erro material).
- Alterada pelo TST, em 26-11-2002.

71. Ação rescisória. Salário profissional. Fixação. Múltiplo de salário mínimo. Art. 7º, IV, da CF/1988. A estipulação do salário profissional em múltiplos do salário mínimo não afronta o art. 7º, inciso IV, da Constituição Federal de 1988, só incorrendo em vulneração do referido preceito constitucional a fixação de correção automática do salário pelo reajuste do salário mínimo.

72. Incorporada à Súm. nº 298 do TST.

73. Convertida na Súm. nº 435 do TST.

74. Convertida na Súm. nº 421 do TST.

75. Incorporada à Súm. nº 298 do TST.

76. Ação rescisória. Ação cautelar proposta sob a vigência do CPC de 1973. Suspensão da execução. Juntada de documento indispensável. Possibilidade de êxito na rescisão do julgado. É indispensável a instrução da ação cautelar proposta sob a vigência do CPC de 1973 com as provas documentais necessárias à aferição da plausibilidade de êxito na rescisão do julgado. Assim sendo, devem vir junto com a inicial da cautelar as cópias da petição inicial da ação rescisória principal, da decisão rescindenda, da certidão do trânsito em julgado da decisão rescindenda e informação do andamento atualizado da execução.

- Redação dada pela Res. do TST nº 220, de 18-9-2017 (*DJe* de 21-9-2017 e republicada no *DJe* de 22-9-2017, em razão de erro material).

77. Incorporada à Súm. nº 83 do TST.

78. Ação rescisória. Cumulação sucessiva de pedidos. Rescisão da sentença e do acórdão. Ação única. Art. 326 do CPC de 2015. Art. 289 do CPC de 1973. É admissível o ajuizamento de uma única ação rescisória contendo mais de um pedido, em ordem sucessiva, de rescisão da sentença e do acórdão. Sendo inviável a tutela jurisdicional de um deles, o julgador está obrigado a apreciar os demais, sob pena de negativa de prestação jurisdicional.

- OJ atualizada pela Res. do TST nº 208, de 19-4-2016 (*DJe* de 22-4-2016).

79. Incorporada à Súm. nº 100 do TST.

80. Ação rescisória. Decadência. *Dies a quo*. Recurso deserto. Súmula nº 100 do TST. O não conhecimento do recurso por deserção não antecipa o *dies a quo* do prazo decadencial para o ajuizamento da ação rescisória, atraindo, na contagem do prazo, a aplicação da Súmula nº 100 do TST.

81. Convertida na Súm. nº 401 do TST.

82. Convertida na Súm. nº 406 do TST.

83. Convertida na Súm. nº 407 do TST.

84. Ação rescisória. Ausência da decisão rescindenda e/ou da certidão de seu trânsito em julgado devidamente autenticadas. Concessão de prazo para complementação da documentação. São peças essenciais para o julgamento da ação rescisória a decisão rescindenda e/ou a certidão do seu trânsito em julgado, devidamente autenticadas, à exceção de cópias reprográficas apresentadas por pessoa jurídica de direito público, a teor do art. 24 da Lei nº 10.522/2002, ou declaradas autênticas pelo advogado na forma do artigo 830 da CLT com a redação dada pela Lei nº 11.925/2009. Em fase recursal, verificada a ausência de qualquer delas, cumpre ao Relator do recurso ordinário conceder o prazo de 5 (cinco) dias ao recorrente para que seja complementada a documentação exigível, nos termos do art. 932, parágrafo único, do CPC de 2015.

- Redação dada pela Res. do TST nº 220, de 18-9-2017 (*DJe* de 21-9-2017 e republicada no *DJe* de 22-9-2017, em razão de erro material).

85. *Cancelada*. Primeira parte convertida na Súm. nº 399 do TST. Parte final incorporada à Súm. nº 298 do TST.

86. Convertida na Súm. nº 414 do TST.

87. *Cancelada*. Res. do TST nº 137, de 4-8-2005 (*DJU* de 22-8-2005).

88. Mandado de segurança. Valor da causa. Custas processuais. Cabimento. Incabível a impetração de mandado de segurança contra ato judicial que, de ofício, arbitrou novo valor à causa, acarretando a majoração das custas processuais, uma vez que cabia à parte, após recolher as custas, calculadas com base no valor dado à causa na inicial, interpor recurso ordinário e, posteriormente, agravo de instrumento no caso de o recurso ser considerado deserto.

89. *Habeas corpus*. Depositário. Termo de depósito não assinado pelo paciente. Necessidade de aceitação do encargo. Impossibilidade

de prisão civil. A investidura no encargo de depositário depende da aceitação do nomeado que deve assinar termo de compromisso no auto de penhora, sem o que, é inadmissível a restrição de seu direito de liberdade.

90. Convertida na Súm. nº 422 do TST.

91. Mandado de segurança. Autenticação de cópias pelas Secretarias dos Tribunais Regionais do Trabalho. Requerimento indeferido. Art. 789, § 9º, da CLT. Não sendo a parte beneficiária da assistência judiciária gratuita, inexiste direito líquido e certo à autenticação, pelas Secretarias dos Tribunais, de peças extraídas do processo principal, para formação do agravo de instrumento.

92. Mandado de segurança. Existência de recurso próprio. Não cabe mandado de segurança contra decisão judicial passível de reforma mediante recurso próprio, ainda que com efeito diferido.

93. Penhora sobre parte da renda de estabelecimento comercial. Possibilidade. Nos termos do art. 866 do CPC de 2015, é admissível a penhora sobre a renda mensal ou faturamento de empresa, limitada a percentual, que não comprometa o desenvolvimento regular de suas atividades, desde que não haja outros bens penhoráveis ou, havendo outros bens, eles sejam de difícil alienação ou insuficientes para satisfazer o crédito executado.

► Redação dada pela Res. do TST nº 220, de 18-9-2017 (*DJe* de 21-9-2017 e republicada no *DJe* de 22-9-2017, em razão de erro material).

94. Ação rescisória. Colusão. Fraude à lei. Reclamatória simulada extinta. A decisão ou acordo judicial subjacente à reclamação trabalhista, cuja tramitação deixa nítida a simulação do litígio para fraudar a lei e prejudicar terceiros, enseja ação rescisória, com lastro em colusão. No juízo rescisório, o processo simulado deve ser extinto.

95. Convertida na Súm. nº 400 do TST.

96. Incorporada à Súm. nº 299 do TST.

97. Ação rescisória. Violação do art. 5º, II, LIV e LV, da Constituição Federal. Princípios da legalidade, do devido processo legal, do contraditório e da ampla defesa. Os princípios da legalidade, do devido processo legal, do contraditório e da ampla defesa não servem de fundamento para a desconstituição de decisão judicial transitada em julgado, quando se apresentam sob a forma de pedido genérico e desfundamentado, acompanhando dispositivos legais que tratam especificamente da matéria debatida, estes sim, passíveis de fundamentarem a análise do pleito rescisório.

► Redação dada pela Res. do TST nº 137, de 4-8-2005 (*DJU* de 22-8-2005).

98. Mandado de segurança. Cabível para atacar exigência de depósito prévio de honorários periciais. É ilegal a exigência de depósito prévio para custeio dos honorários periciais, dada a incompatibilidade com o processo do trabalho, sendo cabível o mandado de segurança visando à realização da perícia, independentemente do depósito.

► Redação dada pela Res. do TST nº 137, de 4-8-2005 (*DJU* de 22-8-2005).

99. Mandado de segurança. Esgotamento de todas as vias processuais disponíveis. Trânsito em julgado formal. Descabimento. Esgotadas as vias recursais existentes, não cabe mandado de segurança.

100. Recurso ordinário para o TST. Decisão de TRT proferida em agravo regimental contra liminar em ação cautelar ou em mandado de segurança. Incabível. Não cabe recurso ordinário para o TST de decisão proferida pelo Tribunal Regional do Trabalho em agravo regimental interposto contra despacho que concede ou não liminar em ação cautelar ou em mandado de segurança, uma vez que o processo ainda pende de decisão definitiva do Tribunal *a quo*.

101. Ação rescisória. inciso IV do art. 966 do CPC de 2015. Art. 485, IV, do CPC de 1973. Ofensa à coisa julgada. Necessidade de fixação de tese na decisão rescindenda. Para viabilizar a desconstituição do julgado pela causa de rescindibilidade do inciso IV do art. 966 do CPC de 2015 (inciso IV do art. 485 do CPC de 1973), é necessário que a decisão rescindenda tenha enfrentado as questões ventiladas na ação rescisória, sob pena de inviabilizar o cotejo com o título executivo judicial tido por desrespeitado, de modo a se poder concluir pela ofensa à coisa julgada.

► Redação dada pela Res. do TST nº 208, de 19-4-2016 (*DJe* de 22-4-2016).

102. Incorporada à Súm. nº 100 do TST.

103. Ação rescisória. Contradição entre fundamentação e parte dispositiva do julgado. Cabimento. Erro de fato. É cabível a rescisória para corrigir contradição entre a parte dispositiva do acórdão rescindendo e a sua fundamentação, por erro de fato na retratação do que foi decidido.

104. Incorporada à Súm. nº 100 do TST.

105. Incorporada à Súm. nº 192 do TST.

106. Incorporada à Súm. nº 299 do TST.

107. Ação rescisória. Decisão rescindenda de mérito. Sentença declaratória de extinção de execução. Satisfação da obrigação. Embora não haja atividade cognitiva, a decisão que declara extinta a execução, nos termos do art. 924, incisos I a IV c/c art. 925 do CPC de 2015 (art. 794 c/c art. 795 do CPC de 1973), extingue a relação processual e a obrigacional, sendo passível de corte rescisório.

► Redação dada pela Res. do TST nº 208, de 19-4-2016 (*DJe* de 22-4-2016).

108. Convertida na Súm. nº 404 do TST.

109. Convertida na Súm. nº 410 do TST.

110. Convertida na Súm. nº 406 do TST.

111. Convertida na Súm. nº 403 do TST.

112. Ação rescisória. Violação de lei. Decisão rescindenda por duplo fundamento. Impugnação parcial. Para que a violação da lei dê causa à rescisão de decisão de mérito alicerçada em duplo fundamento, é necessário que o autor da ação rescisória invoque causas de rescindibilidade que, em tese, possam infirmar a motivação dúplice da decisão rescindenda.

113. *Cancelada*. Res. do TST nº 220, de 18-9-2017 (*DJe* de 21-9-2017).

114. Convertida na Súm. nº 419 do TST.

115. Convertida na Súm. nº 420 do TST.

116. Convertida na Súm. nº 397 do TST.

117. Incorporada à Súm. nº 99 do TST.

118. Incorporada à OJ da SBDI-II nº 25 do TST.

119. Convertida na Súm. nº 409 do TST.

120. Convertida na Súm. nº 418 do TST.

121. Convertida na Súm. nº 405 do TST.

122. Incorporada à Súm. nº 100 do TST.

123. Ação rescisória. Interpretação do sentido e alcance do título executivo. Inexistência de ofensa à coisa julgada. O acolhimento da ação rescisória calcada em ofensa à coisa julgada supõe dissonância patente entre as decisões exequenda e rescindenda, o que não se verifica quando se faz necessária a interpretação do título executivo judicial para se concluir pela lesão à coisa julgada.

► Redação dada pela Res. do TST nº 137, de 4-8-2005 (*DJU* de 22-8-2005).

124. Ação rescisória. Art. 966, inciso II, do CPC de 2015. Art. 485, inciso II, do CPC de 1973. Arguição de incompetência absoluta. Prequestionamento inexigível. Na hipótese em que a ação rescisória tem como causa de rescindibilidade o inciso II do art. 966 do CPC de 2015 (inciso II do art. 485 do CPC de 1973), a arguição de incompetência absoluta prescinde de prequestionamento.

► Redação dada pela Res. do TST nº 208, de 19-4-2016 (*DJe* de 22-4-2016).

125. Convertida na Súm. nº 403 do TST.

126. Convertida na Súm. nº 398 do TST.

127. Mandado de segurança. Decadência. Contagem. Efetivo ato coator. Na contagem do prazo decadencial para ajuizamento de mandado de segurança, o efetivo ato coator é o primeiro em que se firmou a tese hostilizada e não aquele que a ratificou.

128. Ação rescisória. Concurso público anulado posteriormente. Aplicação da Súmula nº 363 do TST. O certame público posteriormente anulado equivale à contratação realizada sem a observância da exigência contida no art. 37, II, da Constituição Federal de 1988. Assim sendo, aplicam-se à hipótese os efeitos previstos na Súmula nº 363 do TST.

129. Ação anulatória. Competência originária. Em se tratando de ação anulatória, a competência originária se dá no mesmo juízo em que praticado o ato supostamente eivado de vício.

130. Ação civil pública. Competência. Local do dano. Lei nº 7.347/1985, art. 2º. Código de Defesa do Consumidor, art. 93.

I – A competência para a Ação Civil Pública fixa-se pela extensão do dano.

II – Em caso de dano de abrangência regional, que atinja cidades sujeitas à jurisdição de mais de uma Vara do Trabalho, a competência será de qualquer das Varas das localidades atingidas, ainda que vinculadas a Tribunais Regionais do Trabalho distintos.

III – Em caso de dano de abrangência suprarregional ou nacional, há competência concorrente para a Ação Civil Pública das Varas do Trabalho das sedes dos Tribunais Regionais do Trabalho.

IV – Estará prevento o juízo a que a primeira ação houver sido distribuída.

► Redação dada pela Res. do TST nº 186, de 14-9-2012.

131. Ação rescisória. Ação cautelar para suspender execução da decisão rescindenda. Pendência de trânsito em julgado da ação rescisória principal. Efeitos. A ação cautelar não perde o objeto enquanto ainda estiver pendente o trânsito em julgado da ação rescisória principal, devendo o pedido cautelar ser julgado procedente, mantendo-se os efeitos da liminar eventualmente deferida, no caso de procedência do pedido rescisório ou, por outro lado, improcedente, se o pedido da ação rescisória principal tiver sido julgado improcedente.

132. Ação rescisória. Acordo homologado. Alcance. Ofensa à coisa julgada. Acordo celebrado – homologado judicialmente – em que o empregado dá plena e ampla quitação, sem qualquer ressalva, alcança não só o objeto da inicial, como também todas as demais parcelas referentes ao extinto contrato de trabalho, violando a coisa julgada, a propositura de nova reclamação trabalhista.

133. Incorporada à Súm. nº 192 do TST.

134. Ação rescisória. Decisão que declara preclusa a oportunidade de impugnação da sentença de liquidação. Produção de coisa julgada formal. Irrescindibilidade. A decisão proferida em embargos à execução ou em agravo de petição que apenas declara preclusa a oportunidade de impugnação da sentença de liquidação não é rescindível, em virtude de produzir tão somente coisa julgada formal.

► Redação dada pela Res. do TST nº 220, de 18-9-2017 (*DJe* de 21-9-2017 e republicada no *DJe* de 22-9-2017, em razão de erro material).

135. Ação rescisória. Violação do art. 37, *caput*, da CF/1988. Necessidade de prequestionamento. A ação rescisória calcada em violação do artigo 37, *caput*, da Constituição Federal, por desrespeito ao princípio da legalidade administrativa exige que ao menos o princípio constitucional tenha sido prequestionado na decisão.

136. Ação rescisória. Erro de fato. Caracterização. A caracterização do erro de fato como causa de rescindibilidade de decisão judicial transitada em julgado supõe a afirmação categórica e indiscutida de um fato, na decisão rescindenda, que não corresponde à realidade dos autos. O fato afirmado pelo julgador, que pode ensejar ação rescisória calcada no inciso VIII do art. 966 do CPC de 2015 (inciso IX do art. 485 do CPC de 1973), é apenas aquele que se coloca como premissa fática indiscutida de um silogismo argumentativo, não aquele que se apresenta ao final desse mesmo silogismo, como conclusão decorrente das premissas que especificaram as provas oferecidas, para se concluir pela existência do fato. Esta última hipótese é afastada pelo § 1º do art. 966 do CPC de 2015 (§ 2º do art. 485 do CPC de 1973), ao exigir que não tenha havido controvérsia sobre o fato e pronunciamento judicial esmiuçando as provas.

► Redação dada pela Res. do TST nº 208, de 19-4-2016 (*DJe* de 22-4-2016).

137. Mandado de segurança. Dirigente sindical. Art. 494 da CLT. Aplicável. Constitui direito líquido e certo do empregador a suspensão do empregado, ainda que detentor de estabilidade sindical, até a decisão final do inquérito em que se apure a falta grave a ele imputada, na forma do art. 494, *caput* e parágrafo único, da CLT.

138. *Cancelada. DJU* de 10-5-2006.

139. Convertida na Súm. nº 414 do TST.

140. Mandado de segurança contra liminar, concedida ou denegada em outra segurança. Incabível. (Art. 8º da Lei nº 1.533/1951). Não cabe mandado de segurança para impugnar despacho que acolheu ou indeferiu liminar em outro mandado de segurança.

► A Lei nº 1.533, de 31-12-1951, foi revogada pela Lei nº 12.016, de 7-8-2009 (Lei do Mandado de Segurança Individual e Coletivo).

141. Convertida na Súm. nº 418 do TST.

142. Mandado de segurança. Reintegração liminarmente concedida. Inexiste direito líquido e certo a ser oposto contra ato de Juiz que, antecipando a tutela jurisdicional, determina a reintegração do empregado até a decisão final do processo, quando demonstrada a razoabilidade do direito subjetivo material, como nos casos de anistiado pela da Lei nº 8.878/1994, aposentado, integrante de comissão de fábrica, dirigente sindical, portador de doença profissional, portador de vírus HIV ou detentor de estabilidade provisória prevista em norma coletiva.

143. *Habeas corpus*. Penhora sobre coisa futura e incerta. Prisão. Depositário infiel. Não se caracteriza a condição de depositário infiel quando a penhora recair sobre coisa futura e incerta, circunstância que, por si só, inviabiliza a materialização do depósito no momento da constituição do paciente em depositário, autorizando-se a concessão de *habeas corpus* diante da prisão ou ameaça de prisão que sofra.

▸ Redação dada pela Res. do TST nº 151, de 17-11-2008 (*DJE* de 21-11-2008).

144. Mandado de segurança. Proibição de prática de atos futuros. Sentença genérica. Evento futuro. Incabível. O mandado de segurança não se presta à obtenção de uma sentença genérica, aplicável a eventos futuros, cuja ocorrência é incerta.

▸ Redação dada pela Res. do TST nº 137, de 4-8-2005 (*DJU* de 22-8-2005).

145. Incorporada à Súm. nº 100 do TST.

146. Ação rescisória. Início do prazo para apresentação da contestação. Art. 774 da CLT. A contestação apresentada em ação rescisória obedece à regra relativa à contagem de prazo constante do art. 774 da CLT, sendo inaplicável o art. 231 do CPC de 2015 (art. 241 do CPC de 1973).

▸ Redação dada pela Res. do TST nº 208, de 19-4-2016 (*DJe* de 22-4-2016).

147. *Cancelada*. Res. do TST nº 142, de 27-10-2007 (*DJU* de 10-10-2007).

148. Custas. Mandado de Segurança. Recurso Ordinário. Exigência do pagamento. É responsabilidade da parte, para interpor recurso ordinário em mandado de segurança, a comprovação do recolhimento das custas processuais no prazo recursal, sob pena de deserção.

149. Conflito de competência. Incompetência territorial. Hipótese do art. 651, § 3º, da CLT. Impossibilidade de declaração de ofício de incompetência relativa. Não cabe declaração de ofício de incompetência territorial no caso do uso, pelo trabalhador, da faculdade prevista no art. 651, § 3º, da CLT. Nessa hipótese, resolve-se o conflito pelo reconhecimento da competência do juízo do local onde a ação foi proposta.

150. Ação rescisória. Regência pelo CPC de 1973. Decisão rescindenda que extingue o processo sem resolução de mérito por acolhimento de coisa julgada. Conteúdo meramente processual. Impossibilidade jurídica do pedido. Reputa-se juridicamente impossível o pedido de corte rescisório de decisão que, reconhecendo a existência de coisa julgada, nos termos do art. 267, V, do CPC de 1973, extingue o processo sem resolução de mérito, o que, ante o seu conteúdo meramente processual, a torna insuscetível de produzir a coisa julgada material.

▸ Redação dada pela Res. do TST nº 212, de 19-9-2016 (*DJe* de 20-9-2016).

▸ Art. 485, V, do CPC/2015.

151. Ação Rescisória e Mandado de Segurança. Procuração. Poderes específicos para ajuizamento de reclamação trabalhista. Irregularidade de representação Processual. Fase recursal. Vício processual sanável. A procuração outorgada com poderes específicos para ajuizamento de reclamação trabalhista não autoriza a propositura de ação rescisória e mandado de segurança. Constatado, todavia, o defeito de representação processual na fase recursal, cumpre ao relator ou ao tribunal conceder prazo de 5 (cinco) dias para a regularização, nos termos da Súmula nº 383, item II, do TST.

▸ Redação dada pela Res. do TST nº 211, de 22-8-2016 (*DJe* de 24-8-2016).

152. Ação rescisória e mandado de segurança. Recurso de revista de acórdão regional que julga ação rescisória ou mandado de segurança. Princípio da fungibilidade. Inaplicabilidade. Erro grosseiro na interposição do recurso. A interposição de recurso de revista de decisão definitiva de Tribunal Regional do Trabalho em ação rescisória ou em mandado de segurança, com fundamento em violação legal e divergência jurisprudencial e remissão expressa ao art. 896 da CLT, configura erro grosseiro, insuscetível de autorizar o seu recebimento como recurso ordinário, em face do disposto no art. 895, *b*, da CLT.

153. Mandado de segurança. Execução. Ordem de penhora sobre valores existentes em conta salário. Art. 649, IV, do CPC de 1973. Ilegalidade. Ofende direito líquido e certo decisão que determina o bloqueio de numerário existente em conta salário, para satisfação de crédito trabalhista, ainda que seja limitado a determinado percentual dos valores recebidos ou a valor revertido para fundo de aplicação ou poupança, visto que o art. 649, IV, do CPC de 1973 contém norma imperativa que não admite interpretação ampliativa, sendo a exceção prevista no art. 649, § 2º, do CPC de 1973 espécie e não gênero de crédito de natureza alimentícia, não englobando o crédito trabalhista.

▸ Redação dada pela Res. do TST nº 220, de 18-9-2017 (*DJe* de 21-9-2017 e republicada no *DJe* de 22-9-2017, em razão de erro material).

154. Ação rescisória. Acordo prévio ao ajuizamento da reclamação. Quitação geral. Lide simulada. Possibilidade de rescisão da sentença homologatória de acordo apenas se verificada a existência de vício de consentimento. A sentença homologatória de acordo prévio ao ajuizamento de reclamação trabalhista, no qual foi conferida quitação geral do extinto contrato, sujeita-se ao corte rescisório tão somente se verificada a existência de fraude ou vício de consentimento.

▸ Art. 836 da CLT.

155. *Cancelada*. Res. do TST nº 206, de 12-4-2016 (*DJe* 18-4-2016).

156. *Habeas corpus* originário no TST. Substitutivo de recurso ordinário em *habeas corpus*. Cabimento contra decisão definitiva proferida por Tribunal Regional do Trabalho. É cabível ajuizamento de *habeas corpus* originário no Tribunal Superior do Trabalho, em substituição de recurso ordinário em *habeas corpus*, de decisão definitiva proferida por Tribunal Regional do Trabalho, uma vez que o órgão colegiado passa a ser a autoridade coatora no momento em que examina o mérito do *habeas corpus* impetrado no âmbito da Corte local.

▸ Art. 895, II, da CLT.

157. Ação rescisória. Decisões proferidas em fases distintas de uma mesma ação. Coisa julgada. Não configuração. A ofensa à coisa julgada de que trata o inciso IV do art. 966 do CPC de 2015 (inciso IV do art. 485 do CPC de 1973) refere-se apenas a relações processuais distintas. A invocação de desrespeito à coisa julgada formada no processo de conhecimento, na correspondente fase de execução, somente é possível com base na violação do art. 5º, XXXVI, da Constituição da República.

▸ Redação dada pela Res. do TST nº 208, de 19-4-2016 (*DJe* de 22-4-2016).

158. Ação Rescisória. Declaração de nulidade de decisão homologatória de acordo em razão de colusão (art. 485, III, do CPC). Multa por litigância de má-fé. Impossibilidade. A declaração de nulidade de decisão homologatória de acordo, em razão da colusão entre as partes (art. 485, III, do CPC), é sanção suficiente em relação ao procedimento adotado, não havendo que ser aplicada a multa por litigância de má-fé.

▸ Art. 966, III, do CPC/2015.

ORIENTAÇÕES JURISPRUDENCIAIS DA SEÇÃO DE DISSÍDIOS COLETIVOS DO TRIBUNAL SUPERIOR DO TRABALHO

1. *Cancelada*. *DJU* de 22-6-2004.

2. Acordo homologado. Extensão a partes não subscreventes. Inviabilidade. É inviável aplicar condições constantes de acordo homologado nos autos de dissídio coletivo, extensivamente, às partes que não o subscreveram, exceto se observado o procedimento previsto no art. 868 e seguintes, da CLT.

3. Arresto. Apreensão. Depósito. Pretensões insuscetíveis de dedução em sede coletiva. São incompatíveis com a natureza e finalidade do dissídio coletivo as pretensões de provimento judicial de arresto, apreensão ou depósito.

4. *Cancelada*. *DJU* de 18-10-2006.

5. Dissídio coletivo. Pessoa jurídica de direito público. Possibilidade jurídica. Cláusula de natureza social. Em face de pessoa jurídica de direito público que mantenha empregados, cabe dissídio coletivo exclusivamente para apreciação de cláusulas de natureza social. Inteligência da Convenção nº 151 da Organização Internacional do Trabalho, ratificada pelo Decreto Legislativo nº 206/2010.

▸ Redação dada pela Res. do TST nº 186, de 14-9-2012.

6. *Cancelada*. *DJU* de 23-3-2001.

7. Dissídio coletivo. Natureza jurídica. Interpretação de norma de caráter genérico. Inviabilidade. Não se presta o dissídio coletivo de natureza jurídica à interpretação de normas de caráter genérico, a teor do disposto no art. 313, II, do RITST.

8. Dissídio coletivo. Pauta reivindicatória não registrada em ata. Causa de extinção. A ata da assembleia de trabalhadores que legitima a atuação da entidade sindical respectiva em favor de seus interesses deve registrar, obrigatoriamente, a pauta reivindicatória, produto da vontade expressa da categoria.

9. Enquadramento sindical. Incompetência material da Justiça do Trabalho. O dissídio coletivo não é meio próprio para o Sindicato vir a obter o reconhecimento de que a categoria que representa é diferenciada, pois esta matéria – enquadramento sindical – envolve a interpretação de norma genérica, notadamente do art. 577 da CLT.

10. Greve abusiva não gera efeitos. É incompatível com a declaração de abusividade de movimento grevista o estabelecimento de quaisquer vantagens ou garantias a seus partícipes, que assumiram os riscos inerentes à utilização do instrumento de pressão máximo.

11. Greve. Imprescindibilidade de tentativa direta e pacífica da solução do conflito. Etapa negocial prévia. É abusiva a greve levada a efeito sem que as partes hajam tentado, direta e pacificamente, solucionar o conflito que lhe constitui o objeto.

12. *Cancelada. DJU* de 30-4-2010.

13. *Cancelada. DJU* de 24-11-2003.

14. *Cancelada. DJU* de 2-12-2003.

15. Sindicato. Legitimidade *ad processum*. Imprescindibilidade do registro no Ministério do Trabalho. A comprovação da legitimidade *ad processum* da entidade sindical se faz por seu registro no órgão competente do Ministério do Trabalho, mesmo após a promulgação da Constituição Federal de 1988.

16. Taxa de homologação de rescisão contratual. Ilegalidade. É contrária ao espírito da lei (art. 477, § 7º, da CLT) e da função precípua do Sindicato a cláusula coletiva que estabelece taxa para homologação de rescisão contratual, a ser paga pela empresa a favor do sindicato profissional.

17. Contribuições para entidades sindicais. Inconstitucionalidade de sua extensão a não associados. As cláusulas coletivas que estabeleçam contribuição em favor de entidade sindical, a qualquer título, obrigando trabalhadores não sindicalizados, são ofensivas ao direito de livre associação e sindicalização, constitucionalmente assegurado, e, portanto, nulas, sendo passíveis de devolução, por via própria, os respectivos valores eventualmente descontados.

18. Descontos autorizados no salário pelo trabalhador. Limitação máxima de 70% do salário-base. Os descontos efetuados com base em cláusula de acordo firmado entre as partes não podem ser superiores a 70% do salário-base percebido pelo empregado, pois deve-se assegurar um mínimo de salário em espécie ao trabalhador.

19. Dissídio coletivo contra empresa. Legitimação da entidade sindical. Autorização dos trabalhadores diretamente envolvidos no conflito. A legitimidade da entidade sindical para a instauração da instância contra determinada empresa está condicionada à prévia autorização dos trabalhadores da suscitada diretamente envolvidos no conflito.

▸ Redação dada pelo Ato da Comissão de Jurisprudência e de Precedentes Normativos, de 10-11-2010 (*DJE* de 16-11-2010).

20. Empregados sindicalizados. Admissão preferencial. Condição violadora do art. 8º, V, da CF/1988. Viola o art. 8º, V, da CF/1988 cláusula de instrumento normativo que estabelece a preferência, na contratação de mão de obra, do trabalhador sindicalizado sobre os demais.

▸ Redação dada pelo Ato da Comissão de Jurisprudência e de Precedentes Normativos, de 10-11-2010 (*DJE* de 16-11-2010).

21. *Cancelada. DJU* de 2-12-2003.

22. Legitimidade *ad causam* do sindicato. Correspondência entre as atividades exercidas pelos setores profissional e econômico envolvidos no conflito. Necessidade. É necessária a correspondência entre as atividades exercidas pelos setores profissional e econômico, a fim de legitimar os envolvidos no conflito a ser solucionado pela via do dissídio coletivo.

▸ Redação dada pelo Ato da Comissão de Jurisprudência e de Precedentes Normativos, de 10-11-2010 (*DJE* de 16-11-2010).

23. Legitimidade *ad causam*. Sindicato representativo de segmento profissional ou patronal. Impossibilidade. A representação sindical abrange toda a categoria, não comportando separação fundada na maior ou menor dimensão de cada ramo ou empresa.

24. *Cancelada. DJU* de 16-4-2004.

25. Salário normativo. Contrato de experiência. Limitação. Tempo de serviço. Possibilidade. Não fere o princípio da isonomia salarial (art. 7º, XXX, da CF/1988) a previsão de salário normativo tendo em vista o fator tempo de serviço.

26. Salário normativo. Menor empregado. Art. 7º, XXX, da CF/1988. Violação. Os empregados menores não podem ser discriminados em cláusula que fixa salário mínimo profissional para a categoria.

27. Custas. Ausência de intimação. Deserção. Caracterização. A deserção se impõe mesmo não tendo havido intimação, pois incumbe à parte, na defesa do próprio interesse, obter os cálculos necessários para efetivar o preparo.

28. Edital de convocação da AGT. Publicação. Base territorial. Validade. O edital de convocação para a AGT deve ser publicado em jornal que circule em cada um dos municípios componentes da base territorial.

29. Edital de convocação e ata da assembleia-geral. Requisitos essenciais para instauração de dissídio coletivo. O edital de convocação da categoria e a respectiva ata da AGT constituem peças essenciais à instauração do processo de dissídio coletivo.

30. Estabilidade da gestante. Renúncia ou transação de direitos constitucionais. Impossibilidade. Nos termos do art. 10, II, *b*, do ADCT, a proteção à maternidade foi erigida à hierarquia constitucional, pois retirou do âmbito do direito potestativo do empregador a possibilidade de despedir arbitrariamente a empregada em estado gravídico. Portanto, a teor do artigo 9º, da CLT, torna-se nula de pleno direito a cláusula que estabelece a possibilidade de renúncia ou transação, pela gestante, das garantias referentes à manutenção do emprego e salário.

► Republicada em decorrência de erro material (*DJE* de 19-9-2011).

31. Estabilidade do acidentado. Acordo homologado. Prevalência. Impossibilidade. Violação do art. 118, Lei nº 8.213/1991. Não é possível a prevalência de acordo sobre legislação vigente, quando ele é menos benéfico do que a própria lei, porquanto o caráter imperativo dessa última restringe o campo de atuação da vontade das partes.

32. Reivindicações da categoria. Fundamentação das cláusulas. Necessidade. Aplicação do Precedente Normativo nº 37 do TST. É pressuposto indispensável à constituição válida e regular da ação coletiva a apresentação em forma clausulada e fundamentada das reivindicações da categoria, conforme orientação do item VI, letra e, da Instrução Normativa nº 4/1993.

33. *Cancelada*. Res. do TST nº 137, de 4-8-2005 (*DJU* de 22-8-2005).

34. Acordo extrajudicial. Homologação. Justiça do Trabalho. Prescindibilidade. É desnecessária a homologação, por Tribunal Trabalhista, do acordo extrajudicialmente celebrado, sendo suficiente, para que surta efeitos, sua formalização perante o Ministério do Trabalho (art. 614 da CLT e art. 7º, inciso XXXV, da Constituição Federal).

35. Edital de convocação da AGT. Disposição estatutária específica. Prazo mínimo entre a publicação e a realização da assembleia. Observância obrigatória. Se os estatutos da entidade sindical contam com norma específica que estabeleça prazo mínimo entre a data de publicação do edital convocatório e a realização da assembleia correspondente, então a validade desta última depende da observância desse interregno.

36. Empregados de empresa de processamento de dados. Reconhecimento como categoria diferenciada. Impossibilidade. É por lei e não por decisão judicial, que as categorias diferenciadas são reconhecidas como tais. De outra parte, no que tange aos profissionais da informática, o trabalho que desempenham sofre alterações, de acordo com a atividade econômica exercida pelo empregador.

37. *Cancelada*. *DJU* de 18-10-2006.

38. Greve. Serviços essenciais. Garantia das necessidades inadiáveis da população usuária. Fator determinante da qualificação jurídica do movimento. É abusiva a greve que se realiza em setores que a lei define como sendo essenciais à comunidade, se não é assegurado o atendimento básico das necessidades inadiáveis dos usuários do serviço, na forma prevista na Lei nº 7.783/1989.

PRECEDENTES NORMATIVOS DA SEÇÃO DE DISSÍDIOS COLETIVOS DO TRIBUNAL SUPERIOR DO TRABALHO

5. Anotações de comissões. O empregador é obrigado a anotar, na CTPS, o percentual das comissões a que faz jus o empregado.

6. Garantia de salário no período de amamentação. É garantido às mulheres, no período de amamentação, o recebimento do salário, sem prestação de serviços, quando o empregador não cumprir as determinações dos §§ 1º e 2º do art. 389 da CLT.

8. Atestado de afastamento e salários. O empregador é obrigado a fornecer atestados de afastamento e salários ao empregado demitido.

10. Banco do Brasil como parte em dissídio coletivo no TRT. Os Tribunais Regionais do Trabalho são incompetentes para processar e julgar Dissídios Coletivos em que sejam partes o Banco do Brasil S.A. e entidades sindicais dos bancários.

► Redação dada pela Res. do TST nº 86, de 8-10-1998 (*DJU* de 15-10-1998).

14. Desconto no salário. Proíbe-se o desconto no salário do empregado dos valores de cheques não compensados ou sem fundos, salvo se não cumprir as resoluções da empresa.

15. Comissão sobre cobrança. Se não obrigado por contrato a efetuar cobranças, o vendedor receberá comissões por esse serviço, respeitadas as taxas em vigor para os demais cobradores.

20. Empregado rural. Contrato escrito. Sendo celebrado contrato por tarefa, parceria ou meação, por escrito, obriga-se o empregador a fornecer uma via deste ao empregado, devidamente datada e assinada pelas partes.

22. Creche. Determina-se a instalação de local destinado à guarda de crianças em idade de amamentação, quando existentes na empresa mais de 30 (trinta) mulheres maiores de 16 (dezesseis) anos, facultado o convênio com creches.

24. Dispensa do aviso prévio. O empregado despedido fica dispensado do cumprimento do aviso prévio quando comprovar a obtenção de novo emprego, desonerando a empresa do pagamento dos dias não trabalhados.

29. Greve. Competência dos Tribunais para declará-la abusiva. Compete aos Tribunais do Trabalho decidir sobre o abuso do direito de greve.

31. Professor ("janelas"). Os tempos vagos (janelas) em que o professor ficar à disposição do curso serão remunerados como aula, no limite de 1 (uma) hora diária por unidade.

32. Jornada do estudante. Proíbe-se a prorrogação da jornada de trabalho do empregado estudante, ressalvadas as hipóteses dos arts. 59 e 61 da CLT.

34. Empregado rural. Moradia. Ao empregado que residir no local de trabalho fica assegurada a moradia em condições de habitabilidade, conforme exigências da autoridade local.

37. Dissídio coletivo. Fundamentação de cláusulas. Necessidade. Nos processos de dissídio coletivo só serão julgadas as cláusulas fundamentadas na representação, em caso de ação originária, ou no recurso.

41. Relação nominal de empregados. As empresas encaminharão à entidade profissional cópia das Guias de Contribuição Sindical e Assistencial, com a relação nominal dos respectivos salários, no prazo máximo de 30 dias após o desconto.

42. Seguro obrigatório. Institui-se a obrigação do seguro, por acidente ou morte, para empregados que transportem valores ou exerçam as atividades de vigia ou vigilante.

47. Dispensa do empregado. O empregado despedido será informado, por escrito, dos motivos da dispensa.

50. Empregado rural. Defensivos agrícolas. O empregador rural é obrigado a possuir o receituário agronômico de defensivos agrícolas e a observar as medidas de prevenção nele contidas.

52. Recebimento do PIS. Garante-se ao empregado o recebimento do salário do dia em que tiver de se afastar para recebimento do PIS.

53. Empregado rural. Rescisão do contrato de trabalho do chefe de família. A rescisão do contrato de trabalho rural, sem justa causa, do chefe da unidade familiar é extensiva à esposa, às filhas solteiras e aos filhos até 20 anos de idade, que exerçam atividades na propriedade, mediante opção destes.

55. Jornalista. Contrato de trabalho. O empregador é obrigado a mencionar no contrato de trabalho o órgão de imprensa no qual o jornalista vai trabalhar.

56. Constitucionalidade. São constitucionais os Decretos-Leis nºs 2.012/1983, 2.024/1983 e 2.045/1983.

58. Salário. Pagamento ao analfabeto. O pagamento de salário ao empregado analfabeto deverá ser efetuado na presença de 2 (duas) testemunhas.

59. Empregado rural. Aferição das balanças. O instrumento de peso e medida, utilizado pelos empregadores para aferição das tarefas no regime de produção, deverá ser conferido pelo INPM.

60. Empregado rural. Latão de café. O latão de café terá capacidade de 60 litros e será padronizado de acordo com as normas do INPM.

61. Cobrança de títulos. Salvo disposição contratual, é vedado ao empregador responsabilizar o empregado pelo inadimplemento do cliente, até mesmo quanto a títulos.

62. Empregado rural. Conservação das casas. Os empregadores são responsáveis pelos reparos nas residências que cedam aos empregados rurais, desde que os danos não decorram de culpa destes.

63. Empregado rural. Ficha de controle da produção. Quando da colheita, o café será entregue na lavoura ou no monte, fornecendo-se ao trabalhador uma ficha com o valor da respectiva produção.

64. Empregado rural. Horário e local de condução. Fornecendo o empregador condução para o trabalho, informará ele aos empregados, previamente, os locais e horários do transporte.

65. Empregado rural. Pagamento de salário. O pagamento de salário será efetuado em moeda corrente e no horário de serviço, para isso permitido o seu prolongamento até duas horas após o término da jornada de trabalho.

66. Garrafas "bicadas". Constituem ônus do empregador aceitar a devolução de garrafas "bicadas" e o extravio de engradados, salvo se não cumpridas as disposições contratuais pelo empregado.

67. Remuneração por produção. Quando o serviço for contratado por produção, a remuneração não poderá ser inferior à diária correspondente ao salário normativo.

68. Empregado rural. Faltas ao serviço. Compras. Autoriza-se o chefe de família, se empregado rural, a faltar ao serviço um dia por mês ou meio dia por quinzena, para efetuar compras, sem remuneração ou mediante compensação de horário, mas sem prejuízo do repouso remunerado, desde que não tenha falta injustificada durante o mês.

69. Empregado rural. Pagamento de dia não trabalhado. O empregado rural fará jus ao salário do dia, quando comparecer ao local de prestação de serviço ou ponto de embarque, se fornecida condução pelo empregador, e não puder trabalhar em consequência de chuva ou de outro motivo alheio à sua vontade.

70. Licença para estudante. Concede-se licença não remunerada nos dias de prova ao empregado estudante, desde que avisado o patrão com 72 horas de antecedência e mediante comprovação.

71. Empregado rural. Transporte. Condições de segurança. Quando fornecidos pelo empregador, os veículos destinados a transportar trabalhadores rurais deverão satisfazer as condições de segurança e comodidade, sendo proibido o carregamento de ferramentas soltas junto às pessoas conduzidas.

72. Multa. Atraso no pagamento de salário. Estabelece-se multa de 10% sobre o saldo salarial, na hipótese de atraso no pagamento de salário até 20 dias, e de 5% por dia no período subsequente.

73. Multa. Obrigação de fazer. Impõe-se multa, por descumprimento das obrigações de fazer, no valor equivalente a 10% do salário básico, em favor do empregado prejudicado.

77. Empregado transferido. Garantia de emprego. Assegura-se ao empregado transferido, na forma do art. 469 da CLT, a garantia de emprego por 1 (um) ano após a data da transferência.

78. Professor. Redução salarial não configurada. Não configura redução salarial ilegal a diminuição de carga horária motivada por inevitável supressão de aulas eventuais ou de turmas.

79. Trabalhador temporário. Descanso semanal. Concede-se ao trabalhador temporário o acréscimo de 1/6 ao seu salário diário, correspondente ao descanso semanal remunerado, por aplicação analógica do art. 3º da Lei nº 605/1949.

80. Serviço militar. Garantia de emprego ao alistando. Garante-se o emprego do alistando, desde a data da incorporação no serviço militar até 30 dias após a baixa.

81. Atestados médicos e odontológicos. Assegura-se eficácia aos atestados médicos e odontológicos fornecidos por profissionais do sindicato dos trabalhadores, para o fim de abono de faltas ao serviço, desde que existente convênio do sindicato com a Previdência Social, salvo se o empregador possuir serviço próprio ou conveniado.

82. Dissídio coletivo. Garantia de salários e consectários. Defere-se a garantia de salários e consectários ao empregado despedido sem justa causa, desde a data do julgamento do dissídio coletivo até 90 dias após a publicação do acórdão, limitado o período total a 120 dias.

83. Dirigentes sindicais. Frequência livre. Assegura-se a frequência livre dos dirigentes sindicais para participarem de assembleias e reuniões sindicais devidamente convocadas e comprovadas, sem ônus para o empregador.

► Redação dada pela Res. do TST nº 123, de 24-6-2004 (*DJU* de 6-7-2004).

84. Seguro de vida. Assalto. Institui-se a obrigação do seguro de vida, em favor do empregado e seus dependentes previdenciários, para garantir a indenização nos casos de morte ou invalidez permanente, decorrentes de assalto, consumado ou não, desde que o empregado se encontre no exercício das suas funções.

85. Garantia de emprego. Aposentadoria voluntária. Defere-se a garantia de emprego, durante os 12 meses que antecedem a data em que o empregado adquire direito à aposentadoria voluntária, desde que trabalhe na empresa há pelo menos 5 anos. Adquirido o direito, extingue-se a garantia.

86. Representantes dos trabalhadores. Estabilidade no emprego. Nas empresas com mais de 200 empregados é assegurada a eleição direta de um representante, com as garantias do art. 543, e seus parágrafos, da CLT.

87. Trabalho em domingos e feriados. Pagamento dos salários. É devida a remuneração em dobro do trabalho em domingos e feriados não compensados, sem prejuízo do pagamento do repouso remunerado, desde que, para este, não seja estabelecido outro dia pelo empregador.

89. Reembolso de despesas. Defere-se o reembolso das despesas de alimentação e pernoite a motorista e ajudante, quando executarem tarefas a mais de 100 km da empresa.

91. Acesso de dirigente sindical à empresa. Assegura-se o acesso dos dirigentes sindicais às empresas, nos intervalos destinados à alimentação e descanso, para desempenho de suas funções, vedada a divulgação de matéria político-partidária ou ofensiva.

92. Garantia de repouso remunerado. Ingresso com atraso. Assegura-se o repouso remunerado ao empregado que chegar atrasado, quando permitido seu ingresso pelo empregador, compensado o atraso no final da jornada de trabalho ou da semana.

93. Comprovante de pagamento. O pagamento do salário será feito mediante recibo, fornecendo-se cópia ao empregado, com a identificação da empresa, e do qual constarão a remuneração, com a discriminação das parcelas, a quantia líquida paga, os dias trabalhados ou o total da produção, as horas extras e os descontos efetuados, inclusive para a Previdência Social, e o valor correspondente ao FGTS.

95. Abono de falta para levar filho ao médico. Assegura-se o direito à ausência remunerada de 1 (um) dia por semestre ao empregado, para levar ao médico filho menor ou dependente previdenciário de até 6 (seis) anos de idade, mediante comprovação no prazo de 48 horas.

97. Proibição de estorno de comissões. Ressalvada a hipótese prevista no art. 7º da Lei nº 3.207/1957, fica vedado às empresas o desconto ou estorno das comissões do empregado, incidentes sobre mercadorias devolvidas pelo cliente, após a efetivação de venda.

98. Retenção da CTPS. Indenização. Será devida ao empregado a indenização correspondente a 1 (um) dia de salário, por dia de atraso, pela retenção de sua carteira profissional após o prazo de 48 horas.

100. Férias. Início do período de gozo. O início das férias, coletivas ou individuais, não poderá coincidir com sábado, domingo, feriado ou dia de compensação de repouso semanal.

102. Assistência jurídica aos vigias. A empresa prestará assistência jurídica a seu empregado que, no exercício da função de vigia, praticar ato que o leve a responder a ação penal.

103. Gratificação de caixa. Concede-se ao empregado que exercer permanentemente a função de caixa a gratificação de 10% sobre seu salário, excluídos do cálculo adicionais, acréscimos e vantagens pessoais.

104. Quadro de avisos. Defere-se a afixação, na empresa, de quadro de avisos do sindicato, para comunicados de interesse dos empregados, vedados os de conteúdo político-partidário ou ofensivo.

105. Anotação na carteira profissional. As empresas ficam obrigadas a anotar na carteira de trabalho a função efetivamente exercida pelo empregado, observada a Classificação Brasileira de Ocupações (CBO).

106. Empregado rural. Atividade insalubre. Fornecimento de leite. Os empregadores que se dedicarem à pecuária leiteira fornecerão, diariamente, 1 (um) litro de leite aos trabalhadores que exerçam atividades insalubres.

107. Empregado rural. Caixa de medicamentos. Nos locais de trabalho no campo serão mantidos pelo empregador medicamentos e materiais de primeiros socorros.

108. Empregado rural. Abrigos no local de trabalho. Os empregadores rurais ficam obrigados a construir abrigos rústicos, nos locais de trabalho, para proteção de seus empregados.

109. Desconto moradia. Autoriza-se o desconto da moradia fornecida ao empregado somente quando o imóvel tiver o *habite-se* concedido pela autoridade competente.

110. Empregado rural. Ferramentas. Fornecimento pelo empregador. Serão fornecidas gratuitamente, pelo empregador, as ferramentas necessárias à execução do trabalho.

111. Relação de empregados. Obriga-se a empresa a remeter ao sindicato profissional, uma vez por ano, a relação dos empregados pertencentes à categoria.

112. Jornalista. Seguro de vida. Institui-se a obrigação do seguro de vida em favor de jornalista designado para prestar serviço em área de risco.

113. Transporte de acidentados, doentes e parturientes. Obriga-se o empregador a transportar o empregado, com urgência, para local apropriado, em caso de acidente, mal súbito ou parto, desde que ocorram no horário de trabalho ou em consequência deste.

115. Uniformes. Determina-se o fornecimento gratuito de uniformes, desde que exigido seu uso pelo empregador.

116. Férias. Cancelamento ou adiantamento. Comunicado ao empregado o período do gozo de férias individuais ou coletivas, o empregador somente poderá cancelar ou modificar o início previsto se ocorrer necessidade imperiosa e, ainda assim, mediante o ressarcimento, ao empregado, dos prejuízos financeiros por este comprovados.

117. Pagamento do salário com cheque. Se o pagamento do salário for feito em cheque, a empresa dará ao trabalhador o tempo necessário para descontá-lo, no mesmo dia.

118. Quebra de material. Não se permite o desconto salarial por quebra de material, salvo nas hipóteses de dolo ou recusa de apresentação dos objetos danificados, ou ainda, havendo previsão contratual, de culpa comprovada do empregado.

119. Contribuições sindicais. Inobservância de preceitos constitucionais. A Constituição da República, em seus arts. 5º, XX e 8º, V, assegura o direito de livre associação e sindicalização. É ofensiva a essa modalidade de liberdade cláusula constante de acordo, convenção coletiva ou sentença normativa estabelecendo contribuição em favor de entidade sindical a título de taxa para custeio do sistema confederativo, assistencial, revigoramento ou fortalecimento sindical e outras da mesma espécie, obrigando trabalhadores não sindicalizados. Sendo nulas as estipulações que inobservem tal restrição, tornam-se passíveis de devolução os valores irregularmente descontados.

▸ Redação dada pela Res. do TST nº 82, de 13-8-1998 (*DJU* de 20-8-1998).

120. Sentença normativa. Duração. Possibilidade e limites. A sentença normativa vigora, desde seu termo inicial até que sentença normativa, convenção coletiva de trabalho ou acordo coletivo de trabalho superveniente produza sua revogação, expressa ou tácita, respeitado, porém, o prazo máximo legal de quatro anos de vigência.

ENUNCIADOS DA SECRETARIA DE RELAÇÕES DO TRABALHO

1. Homologação. Empregado emancipado. Não é necessária a assistência por responsável legal, na homologação da rescisão contratual, ao empregado adolescente que comprove ter sido emancipado.

▸ Revisado pela Port. da SRT nº 4, de 16-9-2014 (*DOU* de 19-9-2014).

▸ Art. 5º do CC.

▸ Art. 439 da CLT.

2. Homologação. Aposentadoria. É devida a assistência prevista no § 1º, do art. 477, da CLT, na ocorrência da aposentadoria espontânea acompanhada do afastamento do empregado. A assistência não é devida na aposentadoria por invalidez.

▸ Revisado pela Port. da SRT nº 4, de 16-9-2014 (*DOU* de 19-9-2014).

▸ Art. 477, § 1º, da CLT.

3. Homologação. Empregado falecido.

I – No caso de falecimento de empregado, é devida a homologação e a assistência na rescisão do contrato de trabalho aos beneficiários habilitados perante o órgão previdenciário ou assim reconhecidos judicialmente, porque a estes se transferem todos os direitos do *de cujus*.

II – No caso de haver beneficiários com idade inferior a 18 (dezoito) anos, suas quotas deverão ser depositadas em caderneta de poupança, consoante Lei nº 6.858/1980 e Decreto nº 85.845/1981, sendo imprescindível a apresentação desta conta bancária para depósito, ou de autorização do juiz que ampare a aquisição de imóvel destinado à residência do menor e de sua família ou o dispêndio necessário à subsistência e educação do menor.

▸ Revisado pela Port. da SRT nº 4, de 16-9-2014 (*DOU* de 19-9-2014).

▸ Art. 477, § 1º, da CLT.

▸ Lei nº 6.858, de 24-11-1980.

4. Homologação. Impedimentos. As seguintes circunstâncias, se não sanadas no decorrer da assistência, impedem o assistente do Ministério do Trabalho e Emprego de efetuar a homologação, ainda que o empregado com ela concorde:

I – a irregularidade na representação das partes;

II – a existência de garantia de emprego, no caso de dispensa sem justa causa;

III – a suspensão contratual, exceto na hipótese do art. 476-A, da CLT;

IV – a inaptidão do trabalhador declarada no atestado de saúde ocupacional (ASO);

V – a fraude caracterizada;

VI – a falta de apresentação de todos os documentos necessários ou incorreção não sanável;

VII – a falta de comprovação do pagamento das verbas rescisórias;

VIII – a recusa do empregador em pagar pelo menos parte das verbas rescisórias.

▸ Revisado pela Port. da SRT nº 4, de 16-9-2014 (*DOU* de 19-9-2014).

5. Homologação. Falta de pagamento de verba rescisória devida. Ciência do empregado. O assistente deverá informar o trabalhador quanto à existência de irregularidades. Cientificado o empregado, caso este concorde com a rescisão, exceto nas hipóteses relacionadas na Ementa nº 4, o assistente não poderá obstá-la, e deverá consignar aquela anuência no verso do TRCT.

▸ Revisado pela Port. da SRT nº 4, de 16-9-2014 (*DOU* de 19-9-2014).

6. Homologação. Meios de prova dos pagamentos. A assistência ao empregado na rescisão do contrato de trabalho compreende os seguintes atos: informar direitos e deveres aos interessados; conciliar controvérsias; conferir os reflexos financeiros decorrentes da extinção do contrato; e zelar pela quitação dos valores especificados no Termo de Rescisão do Contrato de Trabalho. Dada a natureza de ato vinculado da assistência, o agente somente deve admitir os meios de prova de quitação previstos em lei ou normas administrativas aplicáveis, quais sejam: o pagamento em dinheiro ou cheque administrativo no ato da assistência; a comprovação da efetiva transferência dos valores, para a conta corrente do empregado, por meio eletrônico, por depósito bancário, transferência eletrônica ou ordem bancária ou vale postal de pagamento ou de crédito.

▸ Revisado pela Port. da SRT nº 4, de 16-9-2014 (*DOU* de 19-9-2014).

▸ Art. 477, § 4º, da CLT.

7. Homologação. Depósito bancário. Multas. Não são devidas as multas previstas no § 8º, do art. 477, da CLT quando o pagamento integral das verbas rescisórias, realizado por meio de depósito bancário em conta corrente do empregado, tenha observado o prazo previsto no § 6º, do art. 477, da CLT. Se o depósito for efetuado mediante cheque, este deve ser compensado no referido prazo legal. Em qualquer caso, o empregado deve ser, comprovadamente, informado desse depósito. Este entendimento não se aplica às hipóteses em que o pagamento das verbas rescisórias deve ser feito necessariamente em dinheiro, como por exemplo, na rescisão do contrato do empregado analfabeto ou adolescente e na efetuada pelo grupo móvel de fiscalização.

▸ Revisado pela Port. da SRT nº 4, de 16-9-2014 (*DOU* de 19-9-2014).

▸ Art. 477, §§ 6º e 8º, da CLT.

8. *Revogado*. Port. da SRT nº 4, de 16-9-2014 (*DOU* de 19-9-2014).

9. Homologação. Federação de trabalhadores. Competência. As federações de trabalhadores são competentes para prestar a assistência prevista no § 1º, do art. 477, da CLT, nas localidades onde a categoria profissional não estiver organizada em sindicato.

▸ Revisado pela Port. da SRT nº 4, de 16-9-2014 (*DOU* de 19-9-2014).

10. Assistência. Rescisão. Competência dos servidores.

I – A assistência e a homologação de rescisão do contrato de trabalho somente poderão ser prestadas por servidor público em exercício no MTE.

II – Compreendem-se no conceito de servidores públicos, em sentido amplo, os servidores estatutários e ocupantes de cargo público; os empregados públicos contratados sob regime da legislação trabalhista; e os servidores temporários contratados à luz do art. 37, IX, da Constituição Federal e da Lei nº 8.745, de 9 de dezembro de 1993.

▸ Revisado pela Port. da SRT nº 4, de 16-9-2014 (*DOU* de 19-9-2014).

▸ Art. 477, § 1º, da CLT.

11. Homologação. Aviso prévio. O período do aviso prévio, mesmo indenizado, é considerado tempo de serviço para todos os efeitos legais. Dessa forma se, quando computado esse período, resultar mais de um ano de serviço do empregado, deverá ser realizada a assistência à rescisão do contrato de trabalho prevista no § 1º, do art. 477, da Consolidação das Leis do Trabalho.

▸ Revisado pela Port. da SRT nº 4, de 16-9-2014 (*DOU* de 19-9-2014).

12. Homologação. Contagem do prazo. O prazo de um ano e um dia de trabalho, a partir do qual se torna necessária a prestação de assistência na rescisão do contrato de trabalho, deve ser contado pelo calendário comum, incluindo-se o dia em que se iniciou a prestação do trabalho. A assistência será devida, portanto, se houver prestação de serviço até o mesmo dia do começo, no ano seguinte.

▸ Revisado pela Port. da SRT nº 4, de 16-9-2014 (*DOU* de 19-9-2014).

▸ Art. 132, § 3º, do CC.

13. Homologação. TRCT. Os comandos, determinações e especificações técnicas referentes ao Termo de Rescisão do Contrato de Trabalho, aprovado pela Portaria nº 302, de 26 de junho de 2002 ou pela Portaria nº 1.621, de 15 de julho de 2010, não comportam alterações ou supressões, ressalvadas as permitidas na própria regulamentação.

▸ Revisado pela Port. da SRT nº 4, de 16-9-2014 (*DOU* de 19-9-2014).

▸ Art. 477 da CLT.

14. Homologação. TRCT. Identificação do Órgão Homologador.

I – Devem constar, em campo reservado do TRCT, o nome, endereço e telefone do órgão que prestou assistência ao empregado na rescisão do contrato de trabalho.

II – Referida identificação pode ser aquela impressa automaticamente pelo sistema Homolognet, no caso de sua utilização para a assistência à rescisão, ou mediante outro meio, como carimbo, que contemple estas informações.

III – Tratando-se de entidade sindical, deverá ser informado, também, o número da carta sindical ou do processo que concedeu o registro sindical no âmbito do Ministério do Trabalho e Emprego.

▸ Revisado pela Port. da SRT nº 4, de 16-9-2014 (*DOU* de 19-9-2014).

15. *Revogado*. Port. da SRT nº 3, de 9-11-2006 (*DOU* de 13-11-2006).

16. Homologação. Perfil Profissiográfico Previdenciário. Não compete aos assistentes do MTE exigir a apresentação do Perfil Profissiográfico Previdenciário – PPP, previsto na Lei nº 8.213, de 1991 e no Decreto nº 3.048, de 1999, no ato da assistência e homologação das rescisões de contrato de trabalho, uma vez que tal exigência é de competência da Auditoria-Fiscal da Previdência Social.

▸ Revisado pela Port. da SRT nº 4, de 16-9-2014 (*DOU* de 19-9-2014).

▸ Art. 58, § 4º, da Lei nº 8.213, de 24-7-1991 (Lei dos Planos e Benefícios da Previdência Social).

▸ Art. 68, § 2º, do Dec. nº 3.048, de 6-5-1999 (Regulamento da Previdência Social).

17. Homologação. Empresa em processo de recuperação judicial. As empresas em processo de recuperação judicial não têm privilégios ou prerrogativas em relação à homologação das rescisões de contrato de trabalho. Portanto, devem atender a todas as exigências da legislação em vigor.

▸ Revisado pela Port. da SRT nº 4, de 16-9-2014 (*DOU* de 19-9-2014).

▸ Art. 477 da CLT.

▸ Art. 6º da Lei nº 11.101, de 9-2-2005 (Lei de Recuperação de Empresas e Falências).

18. *Revogado*. Port. da SRT nº 9, de 14-4-2011 (*DOU* de 15-4-2011).

19. Homologação. Art. 9º da Lei nº 7.238, de 1984. Indenização adicional. Contagem do prazo do aviso prévio. É devida ao empregado, dispensado sem justa causa no período de 30 dias que antecede a data base de sua categoria, indenização equivalente ao seu salário mensal.

I – Será devida a indenização em referência se o término do aviso prévio trabalhado ou a projeção do aviso prévio indenizado se verificar em um dos dias do trintídio;

II – O empregado não terá direito à indenização se o término do aviso prévio ocorrer após ou durante a data base e fora do trintídio, no entanto, fará jus aos complementos rescisórios decorrentes da norma coletiva celebrada.

- Revisado pela Port. da SRT nº 4, de 16-9-2014 (*DOU* de 19-9-2014).
- Art. 487, § 1º, da CLT.

20. Homologação. Aviso prévio cumprido em casa. Falta de previsão legal. Efeitos. Inexiste a figura jurídica do "aviso prévio cumprido em casa". O aviso prévio ou é trabalhado ou indenizado. A dispensa do empregado de trabalhar no período de aviso prévio implica a necessidade de quitação das verbas rescisórias até o décimo dia, contado da data da notificação da dispensa, nos termos do § 6º, alínea *b*, do art. 477, da CLT.

- Revisado pela Port. da SRT nº 4, de 16-9-2014 (*DOU* de 19-9-2014).

21. Homologação. Aviso prévio. Contagem do prazo. O prazo do aviso prévio conta-se excluindo o dia da notificação e incluindo o dia do vencimento. A contagem do período de trinta dias será feita independentemente de o dia seguinte ao da notificação ser útil ou não, bem como do horário em que foi feita a notificação no curso da jornada.

- Revisado pela Port. da SRT nº 4, de 16-9-2014 (*DOU* de 19-9-2014).
- Art. 132 do CC.
- Art. 487 da CLT.
- Súm. nº 380 do TST.

22. Homologação. Aviso prévio indenizado. Prazo para pagamento. No aviso prévio indenizado, o prazo para pagamento das verbas rescisórias deve ser contado excluindo-se o dia da notificação e incluindo-se o do vencimento.

- Revisado pela Port. da SRT nº 4, de 16-9-2014 (*DOU* de 19-9-2014).
- Art. 132 do CC.
- Art. 477, § 6º, *b*, da CLT.

23. Homologação. Aviso prévio. Dispensa do cumprimento. Prazo. No pedido de demissão, se o empregador aceitar a solicitação do trabalhador de dispensa de cumprimento do aviso prévio, não haverá o dever de indenização pelo empregador, nem de cumprimento pelo trabalhador. A quitação das verbas rescisórias será feita até o décimo dia, contado do pedido de demissão ou do pedido de dispensa do cumprimento do aviso prévio.

- Revisado pela Port. da SRT nº 4, de 16-9-2014 (*DOU* de 19-9-2014).
- Art. 477, § 6º, *b*, da CLT.

24. Homologação. Aviso prévio. Dispensa do empregado durante o cumprimento do aviso. Prazo para pagamento. Quando, no curso do aviso prévio, o trabalhador for dispensado pelo empregador do seu cumprimento, o prazo para o pagamento das verbas rescisórias será o que ocorrer primeiro: o décimo dia, a contar da dispensa do cumprimento, ou o primeiro dia útil após o término do cumprimento do aviso prévio.

- Revisado pela Port. da SRT nº 4, de 16-9-2014 (*DOU* de 19-9-2014).
- Art. 477, § 6º, da CLT.

25. Homologação. Aviso prévio. Contrato por prazo determinado. Nos contratos por prazo determinado, só haverá direito a aviso prévio quando existir cláusula assecuratória do direito recíproco de rescisão antecipada, uma vez que, neste caso, aplicam-se as regras da rescisão dos contratos por prazo indeterminado.

- Revisado pela Port. da SRT nº 4, de 16-9-2014 (*DOU* de 19-9-2014).
- Art. 7º, XXI, da CF.
- Arts. 477 e 481 da CLT.

26. Homologação. Rescisão de contrato de trabalho. Descanso semanal remunerado. Nos contratos por prazo indeterminado, será devido o pagamento do descanso semanal remunerado por ocasião da rescisão do contrato de trabalho nas seguintes hipóteses: quando o descanso for aos domingos e a carga horária semanal tiver sido cumprida integralmente; quando o prazo do aviso prévio terminar em sábado ou sexta-feira e o sábado for compensado; quando existir escala de revezamento e o prazo do aviso prévio se encerrar no dia anterior ao do descanso previsto.

- Revisado pela Port. da SRT nº 4, de 16-9-2014 (*DOU* de 19-9-2014).
- Arts. 67 e 385 da CLT.

27. Homologação. Rescisão de contrato de trabalho. Férias. Parcelas variáveis. Cálculo. Ressalvada norma mais favorável, o cálculo da

Enunciados

média das parcelas variáveis incidentes sobre as férias será efetuado das seguintes formas:

I – com base no período aquisitivo, aplicando-se o valor do salário devido na data da rescisão;

II – quando pago por hora ou tarefa, com base na média quantitativa do período aquisitivo, aplicando-se o valor do salário devido na data da rescisão;

III – se o salário for pago por porcentagem, comissão ou viagem, com base na média dos salários percebidos nos doze meses que precederam seu pagamento ou rescisão contratual.

- Revisado pela Port. da SRT nº 4, de 16-9-2014 (*DOU* de 19-9-2014).
- Art. 7º, VII e XVII, da CF
- Art. 142 da CLT.
- Súm. nº 199 do STF.
- Súm. nº 149 do TST.

28. Capacidade sindical. Comprovação. A capacidade sindical, necessária para a negociação coletiva, para a celebração de convenções e acordos coletivos do trabalho, para a participação em mediação coletiva no âmbito do Ministério do Trabalho e Emprego, para a prestação de assistência à rescisão de contrato de trabalho, bem como para figurar como beneficiário do recolhimento da contribuição sindical compulsória, é comprovada, sem prejuízo da necessidade de inscrição válida e ativa no cartório de pessoas jurídicas, por meio do registro sindical e da regularidade e atualização da diretoria no Cadastro Nacional de Entidades Sindicais deste Ministério.

- Revisado pela Port. da SRT nº 4, de 16-9-2014 (*DOU* de 19-9-2014).
- Art. 8º, I e IV, da CF.
- Arts. 578 e 611 da CLT.

29. Convenção ou acordo coletivo de trabalho. Depósito e registro. Análise das cláusulas.

I – O instrumento coletivo, para ser registrado no MTE, deve cumprir as formalidades previstas em lei aplicáveis ao processo de negociação, inclusive quanto à capacidade jurídica e/ou sindical daqueles que o subscrevem, assim como quanto à correspondência de categorias e bases territoriais.

II – Não será indeferido o registro por questões de mérito ou conteúdo das cláusulas convencionadas, as quais poderão ser objeto de controle de legalidade pelos órgãos competentes.

- Revisado pela Port. da SRT nº 4, de 16-9-2014 (*DOU* de 19-9-2014).
- Art. 7º, XXVI, da CF
- Arts. 611 e 614 da CLT.

30. *Revogado*. Port. da SRT nº 3, de 9-11-2006 (*DOU* de 13-11-2006).

31. Convenção ou acordo coletivo de trabalho. Prazo para depósito.

I – O instrumento coletivo de trabalho deverá observar os requisitos de validade dos atos e negócios jurídicos em geral, razão pela qual não será depositado quando expirada sua vigência.

II – A alteração do instrumento coletivo por Termo Aditivo deve obedecer às mesmas regras previstas para o depósito da solicitação de registro.

- Revisado pela Port. da SRT nº 4, de 16-9-2014 (*DOU* de 19-9-2014).
- Arts. 613 e 614 da CLT.

32. Comissão de Conciliação Prévia – CCP e Núcleo Intersindical de Conciliação Trabalhista – NINTER. Assistência ao empregado na Rescisão do contrato de trabalho.

I – A Comissão de Conciliação Prévia – CCP e o Núcleo Intersindical de Conciliação Trabalhista – NINTER não têm competência para a assistência e homologação de rescisão de contrato de trabalho de empregado com mais de um ano de serviço.

II – O termo de conciliação celebrado no âmbito da CCP ou do NINTER, ainda que ultime uma rescisão, não está sujeito à homologação prevista no art. 477 da CLT.

- Revisado pela Port. da SRT nº 4, de 16-9-2014 (*DOU* de 19-9-2014).

33. Comissão de Conciliação Prévia – CCP e Núcleo Intersindical de Conciliação Trabalhista – NINTER. Descumprimento de prazo para pagamento das verbas rescisórias.

I – Os prazos para pagamento das verbas rescisórias são determinados pelo § 6º, do art. 477, da Consolidação das Leis do Trabalho.

II – O acordado em âmbito de CCP ou NINTER não tem o condão de ilidir a incidência da multa prevista no § 8º do art.477 da CLT, quando a quitação não ocorra nos prazos previstos no § 6º do mesmo dispositivo.

► Revisado pela Port. da SRT nº 4, de 16-9-2014 (*DOU* de 19-9-2014).

34. Comissão de Conciliação Prévia – CCP e Núcleo Intersindical de Conciliação Trabalhista – NINTER. FGTS. Não produz efeitos o acordo firmado no âmbito de CCP e NINTER transacionando o pagamento diretamente ao empregado da contribuição do FGTS e da multa de 40% (quarenta por cento), prevista no § 1º, do art. 18, da Lei nº 8.036, de 11 de maio de 1990, incidentes sobre os valores acordados ou devidos na duração do vínculo empregatício, dada a natureza jurídica de ordem pública da legislação respectiva.

► Revisado pela Port. da SRT nº 4, de 16-9-2014 (*DOU* de 19-9-2014).

35. Mediação de conflitos coletivos de trabalho. Abrangência.

I – A mediação coletiva será realizada pelo Ministério do Trabalho e Emprego, observados os limites de sua competência, para:

a) Promoção de celebração de instrumentos coletivos de trabalho,

b) Resolução de conflitos nas relações de trabalho,

c) Resolução de conflitos intersindicais relativos à representação das categorias.

II – Caso as partes não compareçam à mediação proposta ou não cheguem a um acordo para a regularização dos conflitos existentes, o processo poderá ser encaminhado à Seção de Fiscalização do Trabalho para as providências cabíveis, especialmente quando versarem sobre garantias ou direitos dos trabalhadores que estejam sendo inobservados ou descumpridos.

► Revisado pela Port. da SRT nº 4, de 16-9-2014 (*DOU* de 19-9-2014).

► Art. 4º da Lei nº 10.101, de 19-12-2000 (Lei de Participação nos Lucros e Resultados).

► Art. 11 da Lei nº 10.192, de 14-12-2001, que dispõe sobre medidas complementares ao Plano Real.

► Arts. 33 a 38 do Dec. nº 10.854, de 10-11-2021, que regulamenta disposições relativas à legislação trabalhista.

36. *Revogado*. Port. da SRT nº 4, de 16-9-2014 (*DOU* de 19-9-2014).

37. Mediacão de conflitos coletivos de trabalho. Transação de direitos indisponíveis. Vedação. Na mediação decorrente de descumprimento de norma legal ou convencional, os direitos indisponíveis não poderão ser objeto de transação.

► Revisado pela Port. da SRT nº 4, de 16-9-2014 (*DOU* de 19-9-2014).

► Art. 11 da Lei nº 10.192, de 14-12-2001, que dispõe sobre medidas complementares ao Plano Real.

► Arts. 33 a 38 do Dec. nº 10.854, de 10-11-2021, que regulamenta disposições relativas à legislação trabalhista.

38. Trabalho temporário. Prorrogação do contrato. Local de recebimento do pedido.

I – Os pedidos de prorrogação do contrato de trabalho temporário devem ser realizados até cinco dias antes do termo final inicialmente previsto, mediante inserção da solicitação no Sistema de Registro de Empresa de Trabalho Temporário – SIRETT.

II – Independe de autorização do órgão regional do MTE a prorrogação de contrato de trabalho temporário, quando a duração total da contratação, já somada a prorrogação, não exceder a três meses.

III – A análise das solicitações será feita pela Seção de Relações do Trabalho – SERET da Superintendência Regional do Trabalho e Emprego do local da prestação do serviço.

IV – Em caso de negativa do pedido, o interessado pode, em até dez dias daquele ato, apresentar pedido de reconsideração à autoridade que proferiu a decisão, a qual, se não a reconsiderar, o encaminhará à autoridade superior.

► Revisado pela Port. da SRT nº 4, de 16-9-2014 (*DOU* de 19-9-2014).

► Lei nº 6.019, de 3-1-1974 (Lei do Trabalho Temporário).

39. Trabalho temporário. Prorrogação do contrato. Prazos para pedido e para análise.

I – Pedidos de registro de contratos fora dos prazos previstos na Portaria nº 789/2014 implicam indeferimento da solicitação.

II – A Administração tem cinco dias para analisar os pedidos, salvo motivo de força maior. Este prazo pode ser dilatado até o dobro, mediante comprovada justificação.

► Revisado pela Port. da SRT nº 4, de 16-9-2014 (*DOU* de 19-9-2014).

► Lei nº 6.019, de 3-1-1974 (Lei do Trabalho Temporário).

40. *Revogado*. Port. da SRT nº 4, de 16-9-2014 (*DOU* de 19-9-2014).

41. Trabalho temporário. Motivo justificador. Indicação. Alteração.

I – O art. 2º da Lei nº 6.019, de 03 de janeiro de 1974 serve apenas para enumerar as hipóteses de contratação de trabalho temporário.

II – A empresa deve obrigatoriamente, sob pena de indeferimento, descrever o motivo justificador, entendido como o fato determinado e identificável que ampara a contratação temporária, não sendo suficiente a mera referência às hipóteses legais.

III – A alteração da hipótese legal ou do motivo justificador não amparam prorrogação do contrato de trabalho temporário, mas ensejam nova contratação, a ser analisada à luz dos normativos vigentes.

▸ Aprovado pela Port. da SRT nº 4, de 16-9-2014 (*DOU* de 19-9-2014).

42. Empresa de trabalho temporário. Sócio estrangeiro.

I – A empresa de trabalho temporário pode possuir em seu quadro sócio estrangeiro, visto que a limitação constante no art. 6º, alínea *a* da Lei nº 6.019/1974 não foi recepcionada pela Constituição Federal de 1988, consoante Parecer CONJUR 342/1997, aprovado em caráter normativo pelo Sr. Ministro do Trabalho e Emprego.

II – Se um dos sócios, pessoa física ou jurídica, for estrangeiro, deve apresentar seus documentos de identificação ou de contrato social, com tradução juramentada, além de procuração que atribua plenos poderes a procurador residente no Brasil para, em nome da pessoa física ou jurídica domiciliada no exterior, tratar e resolver definitivamente quaisquer questões perante o MTE.

▸ Aprovado pela Port. da SRT nº 4, de 16-9-2014 (*DOU* de 19-9-2014).

43. Contribuição sindical. Forma e comprovante de recolhimento.

I – Considerando que o art. 583, § 1º, da Consolidação das Leis do Trabalho – CLT, estabelece que o recolhimento da contribuição sindical urbana, que tem natureza tributária, obedecerá ao sistema de guias, de acordo com instruções do Ministério do Trabalho e Emprego, os recolhimentos, seja da parte laboral ou patronal, devem observar as regras constantes da Port. nº 488, de 23 de novembro de 2005.

II – A contribuição sindical rural também é tributo, à luz do art. 149 da Constituição Federal, e seu recolhimento é realizado em rede bancária conforme guias emitidas pelas entidades que a administram.

III – Pagamentos efetuados de modo diverso não são considerados, posto que, além de atentar contra a distribuição entre os beneficiários legais e lesar a conta pública de emprego e salário do Fundo de Amparo do Trabalhador – FAT, é uma ofensa ao princípio da legalidade.

▸ Aprovado pela Port. da SRT nº 4, de 16-9-2014 (*DOU* de 19-9-2014).

44. Depósito, registro e arquivamento dos instrumentos coletivos. Legitimação, habilitação, alteração e prazos.

I – Consoante Instrução Normativa nº 16, de 15 de outubro de 2013, os instrumentos coletivos, como negócios jurídicos que são, devem ser subscritos pelas pessoas legitimadas a fazê-lo, à luz dos arts. 115 a 120 da Lei nº 10.406, de 10 de janeiro de 2002 (Código Civil).

II – A inclusão da norma coletiva no sistema MEDIADOR deve ser feita por pessoa habilitada pelos signatários para a realização do ato.

III – A análise formal de que trata a IN nº 16/2013, para fins de registro e depósito, demanda verificação dos documentos apresentados assinados pelos signatários, sem rasuras; a existência de procuração, quando for o caso; a correspondência de categorias entre as partes signatárias e a correspondência da base territorial de abrangência do instrumento coletivo.

IV – Constatado que o requerimento não é original, encontra-se rasurado ou sem assinatura, as partes deverão ser notificadas para as devidas correções.

V – Verificada a ausência de procuração ou procuração inválida, as partes deverão ser notificadas para apresentarem procurações que concedam poderes a seus representantes legais para atuarem no instrumento coletivo.

VI – Havendo erro de categoria, as partes serão notificadas para fazer a retificação devida por meio do sistema e transmitir novamente o instrumento, ocasião em que será gerado um novo requerimento que deverá ser assinado e protocolado no MTE ou em seus órgãos regionais, conforme o caso.

VII – Enquanto o instrumento coletivo não for transmitido, via sistema, para a base de dados do MTE, o solicitante poderá alterar cláusulas já inseridas. No entanto, se já tiver sido feita a transmissão, a alteração das cláusulas só poderá ser feita através de Termo Aditivo ou mediante nova solicitação.

VIII – Quando se tratar de acordo coletivo, a categoria de trabalhadores deverá ser equivalente à atividade econômica da empresa, e em todos os casos a categoria deverá ser compatível com o que consta no cadastro da entidade no CNES.

IX – O protocolo de instrumento coletivo ocorrido quando expirada sua vigência enseja imediato arquivamento sem registro.

X – A competência para análise, registro e arquivo de instrumento coletivo de abrangência nacional ou interestadual é da Secretaria de Relações do Trabalho, mas quaisquer termos aditivos que possuam base estadual, intermunicipal ou municipal serão registrados pela SRTE correspondente, independente de onde esteja registrado o processo principal.

► Aprovado pela Port. da SRT nº 4, de 16-9-2014 (*DOU* de 19-9-2014).

45. Homologação. Falta de pagamento de verba rescisória devida. Ressalva. Auto de infração. As irregularidades deverão ser especificamente ressalvadas no Termo de Rescisão de Contrato de Trabalho – TRCT ou do Termo de Homologação.

I – Se o assistente for Auditor-Fiscal do Trabalho, deverá lavrar o auto de infração cabível, consignando sua lavratura no ato da homologação;

II – Se o assistente não for Auditor-Fiscal do Trabalho, deverá comunicar a irregularidade ao setor de fiscalização para os devidos fins.

► Aprovado pela Port. da SRT nº 4, de 16-9-2014 (*DOU* de 19-9-2014).

46. Assistência à homologação de rescisão do trabalho. Ministério do Trabalho e Emprego. Administração pública indireta. Regime jurídico. A rescisão de contratos de trabalho com prazo superior a 01 (um) ano, regidos pela Consolidação das Leis do Trabalho (CLT) está sujeita à homologação prevista no art. 477 da CLT, inclusive quando figure como empregador ente pertencente à Administração Pública Indireta.

► Aprovado pela Port. da SRT nº 4, de 16-9-2014 (*DOU* de 19-9-2014).

► Art. 173, § 1º, II, da CF.

47. Revogação ou alteração do plano de cargos e salários. Direito adquirido. Cláusulas do Plano de Cargos e Salários, que revoguem ou alterem vantagens deferidas anteriormente, só atingirão os trabalhadores admitidos após a revogação ou alteração do Plano.

► Aprovado pela Port. da SRT nº 4, de 16-9-2014 (*DOU* de 19-9-2014).

► Súm. nº 51, I, do TST.

48. Coexistência de planos de cargos e salários. Opção do empregado. Havendo a coexistência de Planos de Cargos e Salários da empresa, a opção do empregado por um deles tem efeito jurídico de renúncia às regras do sistema do outro.

► Aprovado pela Port. da SRT nº 4, de 16-9-2014 (*DOU* de 19-9-2014).

► Súm. nº 51, I, do TST.

49. Plano de cargos e salários. Não aplicação de cláusulas. Havendo reivindicação de direito estabelecido no Plano de Cargos e Salários, ainda quando submetido à homologação no Ministério do Trabalho e Emprego, a competência para apreciação da demanda é da Justiça do Trabalho.

► Aprovado pela Port. da SRT nº 4, de 16-9-2014 (*DOU* de 19-9-2014).

► Súm. nº 19 do TST.

50. Plano de cargos e salários. Efeitos pecuniários. Diferença do adicional por tempo de serviço.

I – Promoção por antiguidade não se confunde com adicional por tempo de serviço, sendo estes institutos distintos e independentes.

II – A promoção, tanto por antiguidade quanto por mérito, segue os critérios estabelecidos no PCS, refletindo em efetivo aumento salarial através da incorporação da promoção ao valor do salário-base.

III – O Adicional por Tempo de Serviço leva em consideração somente o critério temporal e, ainda que importe em aumento da remuneração, não altera o salário-base, nem tem o condão de alterar a classe ou o nível do trabalhador dentro do quadro de carreira.

► Aprovado pela Port. da SRT nº 4, de 16-9-2014 (*DOU* de 19-9-2014).

51. Plano de cargos e salários. Trabalhadores em função de confiança ou comissionados.

I – Empregados que estejam ocupando função de confiança ou cargo comissionado na empresa permanecem beneficiários das progressões previstas no PCS, conforme seus critérios.

II – Ocupantes de função de confiança, tais como diretores, conselheiros e afins, podem ser abrangidos pelo Plano de Cargos e Salários, conforme discricionariedade da empresa, desde que expressamente previsto neste.

- Aprovado pela Port. da SRT nº 4, de 16-9-2014 (*DOU* de 19-9-2014).

52. Plano de cargos e salários. Igualdade temporal nos critérios de promoção por mérito e tempo de serviço.

I – O Plano de Cargos e Salários deve conter, de forma detalhada, os critérios a serem aplicados para fins de reflexos pecuniários em favor dos empregados contemplados pela progressão na carreira, tanto no caso de progressão por mérito quanto por tempo de serviço.

II – A progressão deve contemplar a alternância entre as duas modalidades, de forma que ocorra um tipo a cada período idêntico de tempo, sucessivamente.

III – Uma vez cumpridos todos os requisitos detalhadamente previstos para a progressão por antiguidade ou por mérito, o PCS não pode sujeitá-la a qualquer tipo de aprovação ou aval posterior, seja de cunho subjetivo ou de disponibilidade orçamentária.

- Aprovado pela Port. da SRT nº 4, de 16-9-2014 (*DOU* de 19-9-2014).

53. Plano de cargos e salários. Abrangência e universalidade.

I – O Plano de Cargos e Salários compreende toda a universalidade de empregados da empresa, independentemente de adesão.

II – Não será homologado o PCS que contenha cláusulas excludentes, proibitivas, discriminatórias ou restritivas para promoção, progressão ou reclassificação do empregado.

- Aprovado pela Port. da SRT nº 4, de 16-9-2014 (*DOU* de 19-9-2014).
- Lei nº 9.029, de 13-4-1995, proíbe a exigência de atestados de gravidez e esterilização, e outras práticas discriminatórias, para efeitos admissionais ou de permanência da relação jurídica de trabalho.

54. Homologação. Plano de cargos e salários. Administração pública indireta. Quando submetidos à homologação por parte do MTE, cabe análise do plano de cargos e salários de empresa pública ou sociedade de economia mista, desde que se refira a relações de emprego regidas pela Consolidação das Leis do Trabalho.

- Aprovado pela Port. da SRT nº 4, de 16-9-2014 (*DOU* de 19-9-2014).
- Art. 173, § 1º, II, da CF
- Art. 461, § 2º, da CLT.

55. Atos processuais. Meio eletrônico. Assinatura digital. A assinatura autenticada com certificação digital ou meio equivalente que comprove sua autenticidade é hábil a substituir firmas ou assinaturas de declarações, requerimentos ou solicitações, constantes dos documentos em forma eletrônica, presumindo-se verdadeira em relação aos signatários.

- Aprovado pela Port. da SRT nº 4, de 16-9-2014 (*DOU* de 19-9-2014).
- Art. 968, II, do CC

56. Trabalho portuário. Enquadramento sindical. Categoria diferenciada.

I – O trabalho portuário pode se dar na modalidade avulsa ou com vínculo empregatício.

II – Para efeito do enquadramento do trabalhador na categoria diferenciada, é suficiente a verificação do exercício de atividades tipicamente portuárias, sendo irrelevante se a forma de contratação é avulsa ou com vínculo de emprego, assim como independentemente das atividades serem desempenhadas dentro ou fora da área do porto organizado.

- Aprovado pela Port. da SRT nº 4, de 16-9-2014 (*DOU* de 19-9-2014).
- Art. 511, § 3º, da CLT.

57. Direito do trabalho. Categoria dos agricultores familiares. Não se aplica o inciso VI do art. 3º da Portaria nº 326, de 01 de março de 2013. Desnecessária a apresentação da cópia da Carteira de Trabalho e Previdência Social – CTPS, para solicitação de pedido de registro no caso da categoria laboral dos agricultores familiares.

- Aprovado pela Port. da SRT nº 4, de 16-9-2014 (*DOU* de 19-9-2014).

58. Direito constitucional e do trabalho. Registro de estatutos de entidades sindicais. Liberdade sindical. Quando for oposto impedimento, no caso de atualização de mandato de diretoria, de registro pelos cartórios de atas de eleição e de posse com fundamento em duração de mandato superior a três anos ou inobservância do quantitativo de dirigentes, a entidade sindical apresentará ao MTE estes documentos, acompanhados da negativa cartorária, para depósito e registro no CNES.

► Aprovado pela Port. da SRT nº 4, de 16-9-2014 (*DOU* de 19-9-2014).

► Art. 8º da CF.

59. Direito constitucional e do trabalho. Estatutos de entidades sindicais. Liberdade e organização sindical. No que tange à composição ou quantificação dos órgãos diretivos da entidade sindical, assim como à duração dos mandatos de seus dirigentes, a análise do pedido de registro sindical verificará se tais informações estão em consonância com as disposições constantes no estatuto da entidade.

► Aprovado pela Port. da SRT nº 4, de 16-9-2014 (*DOU* de 19-9-2014).

► Art. 8º da CF.

60. Registro sindical. Contagem dos prazos. A prática dos atos previstos na Portaria nº 326, de 01 de março de 2013 deverá observar o que segue:

I – Computar-se-ão os prazos, excluindo-se o dia do começo e incluindo-se o do vencimento.

II – Os prazos só se iniciam e se vencem em dias úteis e/ou de expediente normal dos órgãos do ministério.

► Aprovado pela Port. da SRT nº 4, de 16-9-2014 (*DOU* de 19-9-2014).

► Art. 224 do CPC/2015.

► Art. 66, § 1º, da Lei nº 9.784/1999 (Lei do Processo Administrativo Federal).

61. Mediação. Conflito de Representação Sindical. A mediação para resolução de conflitos de representação sindical, a que se refere o art. 24 da Portaria nº 326/2013, deverá observar os seguintes procedimentos elencados neste enunciado:

I – Solicitada a mediação, a SRT publicará, com a antecedência mínima de dez dias, no *Diário Oficial da União – DOU*, o dia e hora da reunião de instalação da mediação para resolução do conflito de representação, de categoria e/ou base territorial, indicando o objeto do conflito a ser mediado;

II – Serão convocados, o(s) solicitante(s) da mediação, bem como o(s) diretamente interessado(s) na resolução do conflito, considerados para tal, a entidade sindical com registro no CNES ou que já tenha o seu pedido de registro sindical ou de alteração estatutária publicado, que sejam alcançadas pelo objeto da mediação a ser realizada;

III – Caso seja necessária a realização de mais de uma reunião de mediação, as demais prescindirão de convocação prévia via *Diário Oficial da União*, para a sua realização;

IV – Havendo acordo entre as entidades sindicais interessadas sobre a resolução do conflito, a SRT fará análise do acordado e, verificando que o resultado não envolve base e/ou categoria além do que já são representados pelos interessados, e atendido o art. 511 da Consolidação das Leis do Trabalho, a SRT publicará no *DOU* o resultado da mediação, informando a representação final de cada entidade para que, no prazo estabelecido na ata lavrada conforme § 4º, do art. 23, da Portaria nº 326/2013, sejam apresentados os estatutos contendo os elementos identificadores da nova representação sindical acordada;

V – A correção da representação sindical no CNES de cada entidade sindical só será feita quando todas as partes envolvidas no acordo apresentarem os seus estatutos devidamente alterados e registrados em cartório.

VI – Quando a solicitação for feita junto a SRTE ou Gerência, o processo será remetido à SRT, para cumprimento dos procedimentos elencados neste enunciado.

Os procedimentos elencados acima deverão ser aplicados, integralmente, nos casos em que a contenda entre as partes envolvidas for pré-existente. Na hipótese do conflito envolver entidade cujo processo ainda se encontre em trâmite na Secretaria de Relações do Trabalho, não se aplica o item IV.

► Alterado pela Port. da SRT nº 10, de 24-4-2015 (*DOU* de 28-4-2015).

62. *Revogado*. Port. da SRT nº 10, de 24-4-2015 (*DOU* de 28-4-2015).

63. Registro Sindical. Sindicalizados. Sindicalizados Aptos a Votar.

O termo "sindicalizados" e a expressão "sindicalizados aptos a votar", contidos no art. 5º, inciso IV, da Portaria nº 326/2013, devem ser interpretadas como "entidades filiadas" e "entidades filiadas aptas a votar", respectivamente, quando as suas aplicações se referirem às entidades de grau superior.

► Aprovado pelo Despacho da SRT s/nº, de 1º-12-2014 (*DOU* de 5-12-2014).

64. Termo Sindicalizado. Aplicação.

Enunciados

Deve ser entendido como sindicalizado, associado e/ou filiado, aquele membro da categoria profissional em exercício, que é integrante do quadro associativo, nisso incluindo-se os que se aposentaram como membro dela, que possuem o pleno gozo dos direitos em sendo sócios, conforme definido em norma estatutária da entidade.

► Aprovado pela Port. da SRT nº 10, de 24-4-2015 (*DOU* de 28-4-2015).

65. Documentos de identificação dos dirigentes sindicais de diversas categorias. Comprovação do exercício da atividade do dirigente da entidade em diversas categorias. Novos documentos que servirão de comprovação.

AVULSOS:

1. Movimentadores de Mercadorias: Declaração do Sindicato, nos termos da Lei nº 12.023/2009;

2. Portuários: – Porto Organizado: Registro no Órgão Gestor de Mão Obra – OGMO; – Fora do Porto Organizado: Declaração do Sindicato.

PESCADORES ARTESANAIS: Registro no Ministério da Pesca – RGP (Registro Geral de Pesca).

MOTOTAXISTAS E MOTOFRETISTAS: Autorização emitida pelo órgão ou entidade executivo de trânsito dos Municípios, Estados e do Distrito Federal.

SERVIDORES PÚBLICOS: Contracheque; Declaração do órgão; Cópia Autenticada do termo de Nomeação.

TRABALHADORES DOMÉSTICOS: Diarista – Número do NIT (Número de Inscrição do Trabalhador); Cópia dos três últimos recolhimentos da Previdência Social.

TRANSPORTADORES AUTÔNOMOS DE CARGAS: Número do Registro Nacional dos Transportes Nacional de Cargas – RNTNC na Agência Nacional de Transportes Terrestres – ANTT.

PROFISSÕES REGULAMENTADAS: Cópia do registro no Ministério do Trabalho e Previdência Social.

► Redação dada pela Port. da SRT nº 22, de 9-5-2016 (*DOU* de 10-5-2016),

66. Documentos de identificação dos dirigentes sindicais da categoria de rurais. Comprovação do exercício da atividade do dirigente da entidade na categoria de rurais. Novos documentos que servirão de comprovação em complementação aos elencados na Portaria 326, de 11 de maio de 2013:

a) Trabalhador Rural:

1) Assalariado: Contrato de Safra; Contrato de Curta Duração.

2) *Revogado*.

b) Empregador Rural:

1) Pessoa física: Documento que comprove a condição de empregador;

2) Pessoa Jurídica: CNPJ;

c) Propriedade explorada em nome de terceiro: Contrato de Cessão; Contrato de Arrendamento Rural, Comodato, Meação, Parceria ou matrícula onde se encontra averbado o usufruto (Todos os contratos devem estar registrados em Cartório).

► Redação dada pela Port. da SRT nº 21, de 28-4-2016 (*DOU* de 29-4-2016).

67. Análise preliminar realizada pela SRTE nos processos de registro sindical e alteração estatutária. A análise realizada pela SRTE nos processos de pedido de registro sindical e alteração estatutária restringir-se-á a verificar se a documentação elencada nos arts. 3º, 5º, 8º e 10 foi protocolada e se atende o que determina o art. 42, qual seja, se são originais, cópias autenticadas ou cópias simples com visto do servidor; se o comprovante de pagamento da GRU é o original; se os estatutos e as atas foram registrados no cartório da comarca da sede da entidade requerente. A SRTE não notificará a entidade que não realizou assembleia no perímetro urbano do município, uma vez que o saneamento implicará na publicação de novos editais, o que o § 3º do art. 12 proíbe. A análise de mérito será realizada pela CGRS.

► Aprovado pela Port. da SRT nº 18, de 3-3-2016 (*DOU* de 10-3-2016), retificada no *DOU* de 16-3-2016.

68. Cursos de formação de vigilantes no segmento da segurança privada. Os membros das escolas/cursos de formação de segurança privada pertencem à categoria do ramo das empresas que exercem segurança privada.

► Aprovado pela Port. da SRT nº 19, de 22-3-2016 (*DOU* de 28-3-2016).

69. Análise preliminar realizada pela SRTE nos processos de registro sindical e alteração estatutária. A análise realizada pela SRTE nos processos de pedido de registro sindical e alteração estatutária restringir-se-á a verificar se a documentação elencada nos arts. 3º, 5º, 8º e 10 foi protocolada e se atende o que determina o art. 42, qual seja, se são originais, cópias autenticadas ou cópias simples com visto do servidor; se o comprovante de pagamento da GRU é o original; se os estatutos e as atas foram registrados no cartório da comarca da sede da entidade requerente. A SRTE não notificará a entidade que não realizou assembleia no perímetro urbano do município, uma vez que o saneamento implicará na publicação de novos editais, o que o § 3º do art. 12 proíbe. A análise de mérito será realizada pela CGRS.

► Aprovado pela Port. da SRT nº 18, de 3-3-2016 (*DOU* de 10-3-2016).

70. A Coordenação Geral de Registro Sindical considerará como comprovação de endereço do subscritor do edital qualquer documento apresentado pela entidade interessada no processo de pedido de registro sindical ou de alteração estatutária passível de comprovar o endereço do subscritor do edital a que se refere o Art. 3º, II, da Portaria 326/2013.

► Aprovado pela Port. da SRT nº 27, de 3-7-2017 (*DOU* de 5-7-2017).

71 e 72. *Revogados*. Port. da Secretaria Especial de Previdência e Trabalho nº 1.417, de 19-12-2019 (*DOU* de 20-12-2019).

ENUNCIADOS DAS JORNADAS DE DIREITO DO TST E DA ANAMATRA

ENUNCIADOS DA 1ª JORNADA DE DIREITO MATERIAL E PROCESSUAL DO TRIBUNAL SUPERIOR DO TRABALHO E DA ASSOCIAÇÃO NACIONAL DOS MAGISTRADOS DA JUSTIÇA DO TRABALHO – TST/ANAMATRA

► Enunciados aprovados na 1ª Jornada de Direito Material e Processual na Justiça do Trabalho de 23-11-2007.

1. Direitos Fundamentais. Interpretação e Aplicação. Os direitos fundamentais devem ser interpretados e aplicados de maneira a preservar a integridade sistêmica da Constituição, a estabilizar as relações sociais e, acima de tudo, a oferecer a devida tutela ao titular do direito fundamental. No Direito do Trabalho, deve prevalecer o princípio da dignidade da pessoa humana.

2. Direitos Fundamentais – Força Normativa.

I – Art. 7º, I, da Constituição da República. Eficácia Plena. Força Normativa da Constituição. Dimensão objetiva dos direitos fundamentais e dever de proteção. A omissão legislativa impõe a atuação do Poder Judiciário na efetivação da norma constitucional, garantindo aos trabalhadores a efetiva proteção contra a dispensa arbitrária.

II – Dispensa abusiva do empregado. Vedação constitucional. Nulidade. Ainda que o empregado não seja estável, deve ser declarada abusiva e, portanto, nula a sua dispensa quando implique a violação de algum direito fundamental, devendo ser assegurada prioritariamente a reintegração do trabalhador.

III – Lesão a direitos fundamentais. Ônus da prova. Quando há alegação de que ato ou prática empresarial disfarça uma conduta lesiva a direitos fundamentais ou a princípios constitucionais, incumbe ao empregador o ônus de provar que agiu sob motivação lícita.

3. Fontes do direito – Normas Internacionais.

I – Fontes do direito do trabalho. Direito comparado. Convenções da OIT não ratificadas pelo Brasil. O Direito Comparado, segundo o art. 8º da Consolidação das Leis do Trabalho, é fonte subsidiária do Direito do Trabalho. Assim, as Convenções da Organização Internacional do Trabalho não ratificadas pelo Brasil podem ser aplicadas como fontes do direito do trabalho, caso não haja norma de direito interno pátrio regulando a matéria.

II – Fontes do direito do trabalho. Direito comparado. Convenções e recomendações da OIT. O uso das normas internacionais, emanadas da Organização Internacional do Trabalho, constitui-se em importante ferramenta de efetivação do Direito Social e não se restringe à aplicação direta das Convenções ratificadas pelo país. As demais normas da OIT, como as Convenções não ratificadas e as Recomendações, assim como os relatórios dos seus peritos, devem servir como fonte de interpretação da lei nacional e como referência a reforçar decisões judiciais baseadas na legislação doméstica.

4. "*Dumping* social". Dano à sociedade. Indenização Suplementar. As agressões reincidentes e inescusáveis aos direitos trabalhistas geram um dano à sociedade, pois com tal prática desconsidera-se, propositalmente, a estrutura do Estado social e do próprio modelo capitalista com a obtenção de vantagem indevida perante a concorrência. A prática, portanto, reflete o conhecido "dumping social", motivando a necessária reação do Judiciário trabalhista para corrigi-la. O dano à sociedade configura ato ilícito, por exercício abusivo do direito, já que extrapola limites econômicos e sociais, nos exatos termos dos arts. 186, 187 e 927 do Código Civil. Encontra-se no art. 404, parágrafo único do Código Civil, o fundamento de ordem positiva para impingir ao agressor contumaz uma indenização suplementar, como, aliás, já previam os artigos 652, "d", e 832, § 1º, da CLT.

5. Unicidade Sindical. Sentido e Alcance. Art. 8º, II, da Constituição da República. A compreensão do art. 8º, II, da CF, em conjunto com os princípios constitucionais da democracia, da pluralidade ideológica e da liberdade sindical, bem como com os diversos pactos de direitos humanos ratificados pelo Brasil, aponta para a adoção, entre nós, de critérios aptos a vincular a concessão da personalidade sindical à efetiva representatividade exercida pelo ente em relação à sua categoria, não podendo restringir-se aos critérios de precedência e especificidade. Desse modo, a exclusividade na representação de um determinado grupo profissional ou empresarial, nos termos exigidos pelo art. 8º, II, da Constituição da República, será conferida à associação que demonstrar maior representatividade e democracia interna segundo critérios objetivos, sendo vedada a discricionariedade da autoridade pública na escolha do ente detentor do monopólio.

6. Greves Atípicas Realizadas por Trabalhadores. Constitucionalidade dos Atos.

Não há, no texto constitucional, previsão reducionista do direito de greve, de modo que todo e qualquer ato dela decorrente está garantido, salvo os abusos. A Constituição da República contempla a greve atípica, ao fazer referência à liberdade conferida aos trabalhadores para deliberarem acerca da oportunidade da manifestação e dos interesses a serem defendidos. A greve não se esgota com a paralisação das atividades, eis que envolve a organização do evento, os piquetes, bem como a defesa de bandeiras mais amplas ligadas à democracia e à justiça social.

7. Acesso à Justiça. CLT, art. 651, § 3º. Interpretação Conforme a Constituição. Art. 5º, XXXV, da Constituição da República. Em se tratando de empregador que arregimente empregado domiciliado em outro município ou outro Estado da federação, poderá o trabalhador optar por ingressar com a reclamatória na Vara do Trabalho de seu domicílio, na do local da contratação ou na do local da prestação dos serviços.

8. Competência da Justiça do Trabalho. Sucessão na Falência ou Recuperação Judicial. Compete à Justiça do Trabalho – e não à Justiça Comum Estadual – dirimir controvérsia acerca da existência de sucessão entre o falido ou o recuperando e a entidade que adquira total ou parcialmente suas unidades de produção.

9. Flexibilização.

I – Flexibilização dos Direitos Sociais. Impossibilidade de desregulamentação dos direitos sociais fundamentais, por se tratar de normas contidas na cláusula de intangibilidade prevista no art. 60, § 4º, IV, da Constituição da República.

II – Direito do trabalho. Princípios. Eficácia. A negociação coletiva que reduz garantias dos trabalhadores asseguradas em normas constitucionais e legais ofende princípios do Direito do Trabalho. A quebra da hierarquia das fontes é válida na hipótese de o instrumento inferior ser mais vantajoso para o trabalhador.

10. Terceirização. Limites. Responsabilidade Solidária. A terceirização somente será admitida na prestação de serviços especializados, de caráter transitório, desvinculados das necessidades permanentes da empresa, mantendo-se, de todo modo, a responsabilidade solidária entre as empresas.

11. Terceirização. Serviços Públicos. Responsabilidade Solidária. A terceirização de serviços típicos da dinâmica permanente da Administração Pública, não se considerando como tal a prestação de serviço público à comunidade por meio de concessão, autorização e permissão, fere a Constituição da República, que estabeleceu a regra de que os serviços públicos são exercidos por servidores aprovados mediante concurso público. Quanto aos efeitos da terceirização ilegal, preservam-se os direitos trabalhistas integralmente, com responsabilidade solidária do ente público.

12. Ações Civis Públicas. Trabalho Escravo. Reversão da Condenação às Comunidades Lesadas. Ações civis públicas em que se discute o tema do trabalho escravo. Existência de espaço para que o magistrado reverta os montantes condenatórios às comunidades diretamente lesadas, por via de benfeitorias sociais tais como a construção de escolas, postos de saúde e áreas de lazer. Prática que não malfere o artigo 13 da Lei nº 7.347/1985, que deve ser interpretado à luz dos princípios constitucionais fundamentais, de modo a viabilizar a promoção de políticas públicas de inclusão dos que estão à margem, que sejam capazes de romper o círculo vicioso de alienação e opressão que conduz o trabalhador brasileiro a conviver com a mácula do labor degradante. Possibilidade de edificação de uma Justiça do Trabalho ainda mais democrática e despida de dogmas, na qual a responsabilidade para com a construção da sociedade livre, justa e solidária delineada na Constituição seja um compromisso palpável e inarredável.

13. Dono da Obra. Responsabilidade. Considerando que a responsabilidade do dono da obra não decorre simplesmente da lei em sentido estrito (Código Civil, arts. 186 e 927) mas da própria ordem constitucional no sentido de se valorizar o trabalho (CF, art. 170), já que é fundamento da Constituição a valorização do trabalho (CF, art. 1º, IV), não se lhe faculta beneficiar-se da força humana despendida sem assumir responsabilidade nas relações jurídicas de que participa. Dessa forma, o contrato de empreitada entre o dono da obra e o empreiteiro enseja responsabilidade subsidiária nas obrigações trabalhistas contraídas pelo empreiteiro, salvo apenas a hipótese de utilização da prestação de serviços como instrumento de produção de mero valor de uso, na construção ou reforma residenciais.

14. Imagem do Trabalhador. Utilização pelo Empregador. Limites. São vedadas ao empregador, sem autorização judicial, a conservação de gravação, a exibição e a divulgação, para seu uso privado, de imagens dos trabalhadores antes, no curso ou logo após a sua jornada de trabalho, por violação ao direito de imagem e à preservação das expressões da personalidade, garantidos pelo art. 5º, V, da Constituição. A formação do contrato de emprego, por si só, não importa em cessão do direito de imagem e da divulgação fora de seu objeto da expressão da personalidade do trabalhador, nem o só pagamento do salário e demais títulos trabalhistas os remunera.

15. Revista de Empregado.

I – Revista – Ilicitude. Toda e qualquer revista, íntima ou não, promovida pelo empregador ou seus prepostos em seus empregados e/ou em seus pertences, é ilegal, por ofensa aos direitos fundamentais da dignidade e intimidade do trabalhador.

II – Revista íntima – Vedação a ambos os sexos. A norma do art. 373-A, inc. VI, da CLT, que veda revistas íntimas nas empregadas, também se aplica aos homens em face da igualdade entre os sexos inscrita no art. 5º, I, da Constituição da República.

16. Salário.

I – Salário. Princípio da Isonomia. Os estreitos limites das condições para a obtenção da igualdade salarial estipulados pelo art. 461 da CLT e Súmula nº 6 do Colendo TST não esgotam as hipóteses de correção das desigualdades salariais, devendo o intérprete proceder à sua aplicação na conformidade dos artigos 5º, *caput*, e 7º, XXX, da Constituição da República e das Convenções nºs 100 e 111 da OIT.

II – Terceirização. Salário equitativo. Princípio da não discriminação. Os empregados da empresa prestadora de serviços, em caso de terceirização lícita ou ilícita, terão direito ao mesmo salário dos empregados vinculados à empresa tomadora que exercerem função similar.

17. Limitação da Jornada. Repouso Semanal Remunerado. Direito Constitucionalmente Assegurado a Todos os Trabalhadores. Inconstitucionalidade do art. 62 da CLT. A proteção jurídica ao limite da jornada de trabalho, consagrada nos incisos XIII e XV do art. 7º da Constituição da República, confere, respectivamente, a todos os trabalhadores, indistintamente, os direitos ao repouso semanal remunerado e à limitação da jornada de trabalho, tendo-se por inconstitucional o art. 62 da CLT.

18. Princípio da Proteção Integral. Trabalho do Adolescente. Ilegalidade da Concessão de Autorização Judicial. A Constituição Federal veda qualquer trabalho anterior à idade de dezesseis anos, salvo na condição de aprendiz, a partir dos quatorze anos (art. 7º, XXXIII, CF, arts. 428 a 433 da CLT). Princípio da proteção integral que se impõe com prioridade absoluta (art. 227, *caput*), proibindo a emissão de autorização judicial para o trabalho antes dos dezesseis anos.

19. Trabalho do Menor. Direitos Assegurados sem Prejuízo de Indenização Suplementar. A proibição de trabalho ao menor visa protegê-lo e não prejudicá-lo (exegese CF, art. 7º, *caput* e XXXIII e art. 227). De tal sorte, a Justiça do Trabalho, apreciando a prestação de labor pretérito, deve contemplá-lo com todos os direitos como se o contrato proibido não fosse, sem prejuízo de indenização suplementar que considere as peculiaridades do caso.

20. Rurícola. Pagamento Integral das Horas Extras. Não Incidência da Súmula 340 do TST. É devida a remuneração integral das horas extras prestadas pelo trabalhador rurícola, inclusive com o adicional de, no mínimo, 50%, independentemente de ser convencionado regime de "remuneração por produção". Inteligência dos artigos 1º, III e IV e 3º, 7º, XIII, XVI e XXIII, da CF/1988. Não incidência da Súmula nº 340 do C. TST, uma vez que as condições de trabalho rural são bastante distintas das condições dos trabalhadores comissionados internos ou externos e a produção durante o labor extraordinário é manifestamente inferior àquela da jornada normal, base de cálculo de horas extras para qualquer tipo de trabalhador.

21. Férias. Aplicação da Convenção nº 132 da OIT.

I – A época das férias será fixada pelo empregador após consulta ao empregado, salvo manifestação em contrário exteriorizada em acordo ou convenção coletiva;

II – As férias poderão ser fracionadas por negociação coletiva, desde que um dos períodos não seja inferior a duas semanas;

III – Qualquer que seja a causa de extinção do contrato de trabalho serão devidas férias proporcionais.

22. Art. 384 da CLT. Norma de Ordem Pública. Recepção pela CF de 1988. Constitui norma de ordem pública que prestigia a prevenção de acidentes de trabalho (CF, 7º, XXII) e foi recepcionada pela Constituição Federal, em interpretação conforme (artigo 5º, I, e 7º, XXX), para os trabalhadores de ambos os sexos.

23. Competência da Justiça do Trabalho. Ação de Cobrança de Honorários Advocatícios. Ausência de Relação de Consumo. A Justiça do Trabalho é competente para julgar ações de cobrança de honorários advocatícios, desde que ajuizada por advogado na condição de pessoa natural, eis que o labor do advogado não é prestado em relação de consumo, em virtude de lei e de particularidades próprias, e ainda que o fosse, porque a relação consumeirista não afasta, por si só, o conceito de trabalho abarcado pelo artigo 114 da CF.

24. Competência da Justiça do Trabalho. Conflitos Inter e Intrassindicais. Os conflitos inter e intrassindicais, inclusive os que envolvam sindicatos de servidores públicos (estatutários e empregados públicos), são da competência da Justiça do Trabalho.

25. Conduta Antissindical. Participação em Greve. Dispensa do Trabalhador. A dispensa de trabalhador motivada por sua participação lícita na atividade sindical, inclusive em greve, constitui ato de discriminação antissindical e desafia a aplicação do art. 4º da Lei nº 9.029/95, devendo ser determinada a "readmissão com ressarcimento integral de todo o período de afastamento, mediante pagamento das remunerações devidas" ou "a percepção, em dobro, da remuneração do período de afastamento" sempre corrigidas monetariamente e acrescida dos juros legais.

26. Conduta Antissindical. Criação de CCP sem o Aval do Sindicato Laboral. Na hipótese de o sindicato laboral simplesmente ignorar ou rejeitar de modo peremptório, na sua base, a criação de CCP, qualquer ato praticado com esse propósito não vingará, do ponto de vista jurídico. O referido juízo de conveniência política pertence tão somente aos legitimados pelos trabalhadores a procederem deste modo. Agindo ao arrepio do texto constitucional e da vontade do sindicato laboral, os empregadores e as suas representações, ao formarem Comissões de Conciliação Prévia sem o pressuposto da aquiescência sindical obreira, não apenas criam mecanismos desprovidos do poder único para o qual o legislador criou as Comissões de Conciliação Prévia, como também incidem na conduta antissindical a ser punida pelo Estado.

27. Conduta Antissindical. Financiamento pelo Empregador. Vedação. É vedada a estipulação em norma coletiva de cláusula pela qual o empregador financie a atividade sindical dos trabalhadores, mediante transferência de recursos aos sindicatos obreiros, sem os correspondentes descontos remuneratórios dos trabalhadores da categoria respectiva, sob pena de ferimento ao princípio da liberdade sindical e caracterização de conduta antissindical tipificada na Convenção nº 98 da OIT, ratificada pelo Brasil.

28. Ministério Público do Trabalho. Conflitos Sindicais. Legitimidade. O Ministério Público do Trabalho possui legitimidade para promover as ações pertinentes para a tutela das liberdades sindicais individuais e coletivas, quando violados os princípios de liberdade sindical, nos conflitos inter e intrassindicais, por meio de práticas e condutas antissindicais nas relações entre sindicatos, sindicatos e empregadores, sindicatos e organizações de empregadores ou de trabalhadores, sindicatos e trabalhadores, empregadores e trabalhadores, órgãos públicos e privados e as entidades sindicais, empregadores ou trabalhadores.

29. Pedido de Registro Sindical. Cooperativa. Impossibilidade Diante do Princípio da Unicidade Sindical. Não Configura Categoria para Fins de Organização Sindical, nos Termos do art. 511 da CLT e art 4º da Portaria MTE nº 343/2000. Não é possível a formação de entidade sindical constituída por cooperativas, uma vez que afronta o princípio da unicidade sindical, bem como a organização sindical por categorias.

30. Entidade Sindical. Denominação. Resultado de sua Real Representatividade. Art. 572 da Consolidação das Leis do Trabalho. Explicitação da Categoria e Base Territorial. Da inteligência do artigo 572 da CLT decorre a exigência de que as entidades sindicais, em sua denominação, explicitem a categoria e a base territorial que realmente representam, para assegurar o direito difuso de informação.

31. Entidade Sindical Constituída por Categorias Similares ou Conexas. Formação de Nova Entidade com Categoria mais Específica. Possibilidade. Não Ferimento da Unicidade Sindical. Invocação ao Princípio da Liberdade Sindical. É possível a formação de entidade sindical mais específica, por desmembramento ou dissociação, através de ato volitivo da fração da categoria que pretende ser desmembrada, deliberada em Assembleia-Geral amplamente divulgada com antecedência e previamente notificada a entidade sindical originária.

32. Entidades Sindicais de Grau Superior. Requisitos para sua Constituição. Arts. 534 e 535 da CLT. Manutenção desses Requisitos para a Permanência do Registro Junto ao Ministério do Trabalho e Emprego. A permanência do número mínimo de entidades filiadas consubstancia-se condição *sine qua non* para a existência das entidades de grau superior.

33. Negociação Coletiva. Supressão de Direitos. Necessidade de Contrapartida. A negociação coletiva não pode ser utilizada somente como um instrumento para a supressão de direitos, devendo sempre indicar a contrapartida concedida em troca do direito transacionado, cabendo ao magistrado a análise da adequação da negociação coletiva realizada quando o trabalhador pleiteia em ação individual a nulidade de cláusula convencional.

34. Dissídio Coletivo – Cláusulas Preexistentes. O §2º do art. 114 da CF impõe aos Tribunais do Trabalho que, no julgamento dos dissídios coletivos, respeitem as disposições convencionadas anteriormente. Idêntico entendimento deve ser aplicado às cláusulas preexistentes previstas em sentenças normativas.

35. Dissídio Coletivo. Comum Acordo. Constitucionalidade. Ausência de Vulnerabilidade ao art. 114, § 2º, da CRFB. Dadas as características das quais se reveste a negociação coletiva, não fere o princípio do acesso à Justiça o pré-requisito do comum acordo (§ 2º, do art. 114, da CRFB) previsto como necessário para a instauração da instância em dissídio coletivo, tendo em vista que a exigência visa a fomentar o desenvolvimento da atividade sindical, possibilitando que os entes sindicais ou a empresa decidam sobre a melhor forma de solução dos conflitos.

36. Acidente do Trabalho. Competência. Ação Ajuizada por Herdeiro, Dependente ou Sucessor. Compete à Justiça do Trabalho apreciar e julgar ação de indenização por acidente de trabalho, mesmo quando ajuizada pelo herdeiro, dependente ou sucessor, inclusive em relação aos danos em ricochete.

37. Responsabilidade Civil Objetiva no Acidente de Trabalho. Atividade de Risco. Aplica-se o art. 927, parágrafo único, do Código Civil nos acidentes do trabalho. O art. 7º, XXVIII, da Constituição da República, não constitui óbice à aplicação desse dispositivo legal, visto que seu *caput* garante a inclusão de outros direitos que visem à melhoria da condição social dos trabalhadores.

38. Responsabilidade Civil. Doenças Ocupacionais Decorrentes dos Danos ao Meio Ambiente do Trabalho. Nas doenças ocupacionais decorrentes dos danos ao meio ambiente do trabalho, a responsabilidade do empregador é objetiva. Interpretação sistemática dos artigos 7º, XXVIII, 200, VIII, 225, § 3º, da Constituição Federal e do art. 14, §1º, da Lei nº 6.938/1981.

39. Meio Ambiente de Trabalho. Saúde Mental. Dever do Empregador. É dever do empregador e do tomador dos serviços zelar por um ambiente de trabalho saudável também do ponto de vista da saúde mental, coibindo práticas tendentes ou aptas a gerar danos de natureza moral ou emocional aos seus trabalhadores, passíveis de indenização.

40. Responsabilidade Civil. Acidente do Trabalho. Empregado Público. A responsabilidade civil nos acidentes do trabalho envolvendo empregados de pessoas jurídicas de Direito Público interno é objetiva. Inteligência do artigo 37, § 6º da Constituição Federal e do artigo 43 do Código Civil.

41. Responsabilidade Civil. Acidente do Trabalho. Ônus da Prova. Cabe a inversão do ônus da prova em favor da vítima nas ações indenizatórias por acidente do trabalho.

42. Acidente do Trabalho. Nexo Técnico Epidemiológico. Presume-se a ocorrência de acidente do trabalho, mesmo sem a emissão da CAT – Comunicação de Acidente de Trabalho, quando houver nexo técnico epidemiológico conforme art. 21-A da Lei nº 8.213/1991.

43. Estabilidade Acidentária. Ausência de Emissão da CAT. A ausência de emissão da CAT – comunicação de acidente do trabalho pelo empregador não impede o direito à estabilidade do art. 118 da Lei nº 8.213/1991, desde que comprovado que o trabalhador deveria ter se afastado em razão do acidente por período superior a quinze dias.

44. Responsabilidade Civil. Acidente do Trabalho. Terceirização. Solidariedade. Em caso de terceirização de serviços, o tomador e o prestador respondem solidariamente pelos danos causados à saúde dos trabalhadores. Inteligência dos artigos 932, III, 933 e 942, parágrafo único, do Código Civil e da Norma Regulamentadora 4 (Portaria nº 3.214/1977 do Ministério do Trabalho e Emprego).

45. Responsabilidade Civil. Acidente do Trabalho. Prescrição. A prescrição da indenização por danos materiais ou morais resultantes de acidente do trabalho é de 10 anos, nos termos do artigo 205, ou de 20 anos, observado o artigo 2.028 do Código Civil de 2002.

46. Acidente do Trabalho. Prescrição. Termo Inicial. O termo inicial do prazo prescricional da indenização por danos decorrentes de acidente do trabalho é a data em que o trabalhador teve ciência inequívoca da incapacidade laboral ou do resultado gravoso para a saúde física e/ou mental.

47. Acidente do Trabalho. Prescrição. Suspensão do Contrato de Trabalho. Não corre prescrição nas ações indenizatórias nas hipóteses de suspensão e/ou interrupção do contrato de trabalho decorrentes de acidentes do trabalho.

48. Acidente do Trabalho. Indenização. Não Compensação do Benefício Previdenciário. A indenização decorrente de acidente de trabalho ou doença ocupacional, fixada por pensionamento ou arbitrada para ser paga de uma só vez, não pode ser compensada com qualquer benefício pago pela Previdência Social.

49. Atividade Insalubre. Prorrogação de Jornada. Negociação Coletiva. Invalidade. O art. 60 da CLT não foi derrogado pelo art. 7º, XIII, da Constituição da República, pelo que é inválida cláusula de Convenção ou Acordo Coletivo que não observe as condições nele estabelecidas.

50. Insalubridade. Expedição de Ofício à DRT. Constatada a insalubridade em ação trabalhista, o juiz deve oficiar à Delegacia Regional do Trabalho para que a autoridade administrativa faça cumprir o disposto no art. 191, parágrafo único, da CLT.

51. Responsabilidade Civil. Danos Morais. Critérios para Arbitramento. O valor da condenação por danos morais decorrentes da relação de trabalho será arbitrado pelo juiz de maneira equitativa, a fim de atender ao seu caráter compensatório, pedagógico e preventivo.

52. Responsabilidade Civil. Danos Morais. Correção Monetária. Termo Inicial. O termo inicial de incidência da correção monetária sobre o valor fixado a título de indenização por danos morais é o da prolação da decisão judicial que o quantifica.

53. Reparação de Danos – Honorários Contratuais de Advogado. Os artigos 389 e 404 do Código Civil autorizam o Juiz do Trabalho a condenar o vencido em honorários contratuais de advogado, a fim de assegurar ao vencedor a inteira reparação do dano.

54. Prova Pericial. Possibilidade de Dispensa. Aplica-se o art. 427 do Código de Processo Civil no processo do trabalho, de modo que o juiz pode dispensar a produção de prova pericial quando houver prova suficiente nos autos.

► Refere-se ao CPC/1973.

► Art. 472 do CPC/2015.

55. Termo de Ajuste de Conduta – Alcance. A celebração de TAC não importa em remissão dos atos de infração anteriores, os quais têm justa sanção pecuniária como resposta às irregularidades trabalhistas constatadas pela DRT.

56. Auditor Fiscal do Trabalho. Reconhecimento da Relação de Emprego. Possibilidade. Os auditores do trabalho têm por missão funcional a análise dos fatos apurados em diligências de fiscalização, o que não pode excluir o reconhecimento fático da relação de emprego, garantindo-se ao empregador o acesso às vias judicial e/ou administrativa, para fins de reversão da autuação ou multa imposta.

57. Fiscalização do Trabalho. Reconhecimento de Vínculo Empregatício. Desconsideração da Pessoa Jurídica e dos Contratos Civis. Constatando a ocorrência de contratos civis com o objetivo de afastar ou impedir a aplicação da legislação trabalhista, o auditorfiscal do trabalho desconsidera o pacto nulo e reconhece a relação de emprego. Nesse caso, o auditor-fiscal não declara, com definitividade, a existência da relação, mas sim constata e aponta a irregularidade administrativa, tendo como consequência a autuação e posterior multa à empresa infringente.

58. Ação de Execução Fiscal. Presunção de Certeza e Liquidez da Existência da Dívida. Não é dado ao Juiz retirar a presunção de certeza e liquidez atribuída pela lei, nos termos do arts. 204 do CTN e 3º da Lei nº 6.830/1980, à dívida ativa inscrita regularmente. Ajuizada a ação de execução fiscal – desde que presentes os requisitos da petição inicial previstos no art. 6º da Lei nº 6.830/80 –, a presunção de certeza e liquidez da Certidão de Dívida Ativa somente pode ser infirmada mediante produção de prova inequívoca, cujo ônus é do executado ou do terceiro, a quem aproveite.

59. Direito Administrativo Sancionador (Fiscalização do Trabalho). Contraditório e Ampla Defesa. Interpretação Conforme do Artigo 632 da CLT. Aplicam-se ao Direito Administrativo sancionador brasileiro, em matéria laboral, os princípios do contraditório e da ampla defesa (artigo 5º, LV, da CRFB), com projeção concreta no art. 632 da CLT. Nesse caso, a prerrogativa administrativa de "julgar da necessidade das provas" deve ser motivada, desafiando a aplicação da teoria dos motivos determinantes, sob pena de nulidade do ato.

60. Interdição de Estabelecimento e Afins. Ação Direta na Justiça do Trabalho. Repartição Dinâmica do Ônus da Prova.

I – A interdição de estabelecimento, setor de serviço, máquina ou equipamento, assim como o embargo de obra (artigo 161 da CLT), podem ser requeridos na Justiça do Trabalho (artigo 114, I e VII, da CRFB), em sede principal ou cautelar, pelo Ministério Público do Trabalho, pelo sindicato profissional (artigo 8º, III, da CRFB) ou por qualquer legitimado específico para a tutela judicial coletiva em matéria labor-ambiental (artigos 1º, I, 5º, e 21 da Lei nº 7.347/1985), independentemente da instância administrativa.

II – Em tais hipóteses, a medida poderá ser deferida [a] "inaudita altera parte", em havendo laudo técnico preliminar ou prova prévia igualmente convincente; [b] após audiência de justificação prévia (artigo 12, *caput*, da Lei nº 7.347/1985), caso não haja laudo técnico preliminar, mas seja verossímil a alegação, invertendo-se o ônus da prova, à luz da teoria da repartição dinâmica, para incumbir à empresa a demonstração das boas condições de segurança e do controle de riscos.

61. Prescrição. Multas Administrativas Impostas pela DRT. Aplica-se às ações para cobrança das multas administrativas impostas pela Delegacia Regional do Trabalho, por analogia, o prazo prescricional quinquenal, previsto no art. 174 do CTN.

62. Depósito Recursal Administrativo. Recepção Constitucional. O depósito exigido pelo parágrafo 1º do artigo 636 consolidado não afronta qualquer dispositivo constitucional que assegure a ampla defesa administrativa, o direito de petição aos órgãos públicos e o direito aos recursos administrativos.

63. Competência da Justiça do Trabalho. Procedimento de Jurisdição Voluntária. Liberação do FGTS e Pagamento do Seguro-Desemprego. Compete à Justiça do Trabalho, em procedimento de jurisdição voluntária, apreciar pedido de expedição de alvará para liberação do FGTS e de ordem judicial para pagamento do seguro-desemprego, ainda que figurem como interessados os dependentes de ex-empregado falecido.

64. Competência da Justiça do Trabalho. Prestação de Serviço por Pessoa Física. Relação de Consumo Subjacente. Irrelevância. Havendo prestação de serviços por pessoa física a outrem, seja a que título for, há relação de trabalho incidindo a competência da Justiça do Trabalho para os litígios dela oriundos (CF, art. 114, I), não importando qual o direito material que será utilizado na solução da lide (CLT, CDC, CC etc.).

65. Ações Decorrentes da Nova Competência da Justiça do Trabalho – Procedimento da CLT.

I – Excetuadas as ações com procedimentos especiais, o procedimento a ser adotado nas ações que envolvam as matérias da nova competência da Justiça do Trabalho é o previsto na CLT, ainda que adaptado.

II – As ações com procedimentos especiais submetem-se ao sistema recursal do processo do trabalho.

66. Aplicação Subsidiária de Normas do Processo Comum ao Processo Trabalhista. Omissões Ontológica e Axiológica. Admissibilidade. Diante do atual estágio de desenvolvimento do processo comum e da necessidade de se conferir aplicabilidade à garantia constitucional da duração razoável do processo, os artigos 769 e 889 da CLT comportam interpretação conforme a Constituição Federal, permitindo a aplicação de normas processuais mais adequadas à efetivação do direito. Aplicação dos princípios da instrumentalidade, efetividade e não retrocesso social.

67. *Jus Postulandi*. Art. 791 da CLT. Relação de Trabalho. Possibilidade. A faculdade de as partes reclamarem, pessoalmente, seus direitos perante a Justiça do Trabalho e de acompanharem suas reclamações até o final, contida no artigo 791 da CLT, deve ser aplicada às lides decorrentes da relação de trabalho.

68. Intervenção de Terceiros.

I – Admissibilidade da intervenção de terceiros nos Processos submetidos à jurisdição da Justiça do Trabalho.

II – Nos processos que envolvem crédito de natureza privilegiada, a compatibilidade da intervenção de terceiros está subordinada ao interesse do autor, delimitado pela utilidade do provimento final.

III – Admitida a denunciação da lide, é possível à decisão judicial estabelecer a condenação do denunciado como corresponsável.

69. Execução Provisória. Aplicabilidade do art. 475-O do CPC no Processo do Trabalho.

I – A expressão *"...até a penhora..."* constante da Consolidação das Leis do Trabalho, art. 899, é meramente referencial e não limita a execução provisória no âmbito do direito processual do trabalho, sendo plenamente aplicável o disposto no Código de Processo Civil, art. 475-O.

- Refere-se ao CPC/1973.
- Art. 520 do CPC/2015.

II – Na execução provisória trabalhista é admissível a penhora de dinheiro, mesmo que indicados outros bens. Adequação do postulado da execução menos gravosa ao executado aos princípios da razoável duração do processo e da efetividade.

III – É possível a liberação de valores em execução provisória, desde que verificada alguma das hipóteses do artigo 475-O, § 2º, do Código de Processo Civil, sempre que o recurso interposto esteja em contrariedade com Súmula ou Orientação Jurisprudencial, bem como na pendência de agravo de instrumento no TST.

- Refere-se ao CPC/1973.
- Art. 521do CPC/2015.

70. Execução. Penhora de Rendimentos do Devedor. Créditos Trabalhistas de Natureza Alimentar e Pensões por Morte ou Invalidez Decorrentes de Acidente do Trabalho. Ponderação de Princípios Constitucionais. Possibilidade. Tendo em vista a natureza alimentar dos créditos trabalhistas e da pensão por morte ou invalidez decorrente de acidente do trabalho (CF, art. 100, § 1º-A), o disposto no art. 649, inciso IV, do CPC deve ser aplicado de forma relativizada, observados o princípio da proporcionalidade e as peculiaridades do caso concreto. Admite-se, assim, a penhora dos rendimentos do executado em percentual que não inviabilize o seu sustento.

- Refere-se ao CPC/1973.
- Art. 833, IV, do CPC/2015.

71. Artigo 475-J do CPC. Aplicação no Processo do Trabalho. A aplicação subsidiária do artigo 475-J do CPC atende às garantias constitucionais da razoável duração do processo, efetividade e celeridade, tendo, portanto, pleno cabimento na execução trabalhista.

- Refere-se ao CPC/1973.
- Art. 523 do CPC/2015.

72. Embargos à Execução (Impugnação). Efeito Suspensivo. Em razão da omissão da CLT, os embargos à execução (impugnação) não terão efeito suspensivo, salvo quando relevantes seus fundamentos e o prosseguimento da execução seja manifestamente suscetível de causar ao executado grave dano de difícil ou incerta reparação (art. 475-M do CPC).

► Refere-se ao CPC/1973.

► Art. 525 do CPC/2015.

73. Execução de Contribuições Previdenciárias. Revisão da Súmula nº 368 do TST.

I – Com a edição da Lei nº 11.457/2007, que alterou o parágrafo único do art. 876 da CLT, impõe-se a revisão da Súmula nº 368 do TST: é competente a Justiça do Trabalho para a execução das contribuições à Seguridade Social devidas durante a relação de trabalho, mesmo não havendo condenação em créditos trabalhistas, obedecida a decadência.

II – Na hipótese, apurar-se-á o montante devido à época do período contratual, mês a mês, executando-se o tomador dos serviços, por força do art. 33, § 5º, da Lei nº 8.212/1991, caracterizada a sonegação de contribuições previdenciárias, não devendo recair a cobrança de tais contribuições na pessoa do trabalhador.

III – Incidem, sobre as contribuições devidas, os juros e a multa moratória previstos nos artigos 34 e 35 da Lei nº 8.212/1991, a partir da data em que as contribuições seriam devidas e não foram pagas.

74. Contribuições Devidas a Terceiros. Incompetência da Justiça do Trabalho. A competência da Justiça do Trabalho para a execução de contribuições à Seguridade Social (CF, art. 114, § 3º) nas ações declaratórias, condenatórias ou homologatórias de acordo cinge-se às contribuições previstas no art. 195, inciso I, alínea "a" e inciso II, da Constituição, e seus acréscimos moratórios. Não se insere, pois, em tal competência, a cobrança de "contribuições para terceiros", como as destinadas ao "sistema S" e "salário-educação", por não se constituírem em contribuições vertidas para o sistema de Seguridade Social.

75. Ação Civil Pública. Interesses Individuais Homogêneos. Legitimação do Ministério Público.

I – O Ministério Público do Trabalho detém legitimidade para defender direitos ou interesses individuais homogêneos, assim entendidos os decorrentes de origem comum, nos exatos termos do artigo 81, inciso III, do CDC.

II – Incidem na hipótese os artigos 127 e 129, inciso III, da Constituição Federal, pois a defesa de direitos individuais homogêneos quando coletivamente demandada se enquadra no campo dos interesses sociais previstos no artigo 127 da Magna Carta, constituindo os direitos individuais homogêneos em espécie de direitos coletivos *lato sensu*.

76. Ação Civil Pública. Reparação de Dano Moral Coletivo. Trabalho Forçado ou em Condições Degradantes. Legitimidade do Ministério Público do Trabalho.

I – Alegada a utilização de mão de obra obtida de forma ilegal e aviltante, sujeitando o trabalhador a condições degradantes de trabalho, a trabalho forçado ou a jornada exaustiva, cabe Ação Civil Pública de reparação por dano moral coletivo.

II – Legitimidade do Ministério Público do Trabalho para o ajuizamento da ação civil pública na tutela de interesses coletivos e difusos, uma vez que a referida prática põe em risco, coletivamente, trabalhadores indefinidamente considerados.

77. Ação Civil Pública. Interesses Individuais Homogêneos. Legitimação dos Sindicatos. Desnecessidade de Apresentação de Rol dos Substituídos.

I – Os sindicatos, nos termos do art. 8º, III, da CF, possuem legitimidade extraordinária para a defesa dos direitos e interesses – individuais e metaindividuais – da categoria respectiva em sede de ação civil pública ou outra ação coletiva, sendo desnecessária a autorização e indicação nominal dos substituídos.

II – Cabe aos sindicatos a defesa dos interesses e direitos metaindividuais (difusos, coletivos e individuais homogêneos) da categoria, tanto judicialmente quanto extrajudicialmente.

III – Na ausência de sindicato, é da federação respectiva a legitimidade extraordinária para a defesa dos direitos e interesses da categoria e, na falta de ambos, da confederação.

IV – O art. 16 da Lei da ação civil pública contraria toda a filosofia e sistemática das ações coletivas. A decisão proferida nas ações coletivas deve ter alcance, abrangência e eficácia em toda área geográfica afetada, seja em todo o território nacional (âmbito nacional) ou em apenas parte dele (âmbito suprarregional), conforme a extensão do ato ilícito e/ou do dano causado ou a ser reparado.

78. Inexistência de Litispendência entre Ação Coletiva e Ação Individual. Às ações coletivas ajuizadas pelos sindicatos e pelo Ministério Público na Justiça do Trabalho aplicam-se subsidiariamente as normas processuais do Título III do Código de Defesa do Consumidor. Assim, não haverá litispendência entre ação coletiva e ação individual, devendo o juiz adotar o procedimento indicado no art. 104 do CDC: a) o autor da ação individual, uma vez notificado da existência de ação coletiva, deverá se manifestar no prazo de trinta dias sobre o seu prosseguimento ou suspensão; b) optando o autor da ação individual por seu prosseguimento, não se beneficiará dos efeitos da coisa julgada da ação coletiva; c) o autor da ação individual suspensa poderá requerer o seu prosseguimento em caso de decisão desfavorável na ação coletiva.

79. Honorários Sucumbenciais devidos na Justiça do Trabalho.

I – Honorários de sucumbência na Justiça do Trabalho. As partes, em reclamatória trabalhista e nas demais ações da competência da Justiça do Trabalho, na forma da lei, têm direito a demandar em juízo através de procurador de sua livre escolha, forte no princípio da isonomia (art. 5º, *caput*, da Constituição da República Federativa do Brasil) sendo, em tal caso, devidos os honorários de sucumbência, exceto quando a parte sucumbente estiver ao abrigo do benefício da justiça gratuita.

II – Os processos recebidos pela Justiça do Trabalho decorrentes da Emenda Constitucional nº 45, oriundos da Justiça Comum, que nesta esfera da Justiça tramitavam sob a égide da Lei nº 9.099/1995, não se sujeitam na primeira instância aos honorários advocatícios, por força do art. 55 da Lei nº 9.099/1995 a que estavam submetidas as partes quando da propositura da ação.

ENUNCIADOS DA 2ª JORNADA DE DIREITO MATERIAL E PROCESSUAL DO TRIBUNAL SUPERIOR DO TRABALHO E DA ASSOCIAÇÃO NACIONAL DOS MAGISTRADOS DA JUSTIÇA DO TRABALHO – ANAMATRA

► Enunciados aprovados na 2ª Jornada de Direito Material e Processual na Justiça do Trabalho de 9-10-2017 e 10-10-2017.

APLICAÇÃO SUBSIDIÁRIA DO DIREITO COMUM E DO DIREITO PROCESSUAL COMUM. PRINCÍPIO DA INTERVENÇÃO MÍNIMA. PRESCRIÇÃO TRABALHISTA E PRESCRIÇÃO INTERCORRENTE. GRUPO ECONÔMICO E SUCESSÃO DE EMPRESAS.

1. Controle de Convencionalidade da Reforma Trabalhista, Ausência de Consulta Tripartite e de Consulta Prévia às Organizações Sindicais.

I – Reforma trabalhista. Lei nº 13.467/2017. Incompatibilidade vertical com as convenções da OIT. Ausência de consulta tripartite. Ofensa à convenção 144 da OIT.

II – Ausência de consulta prévia às organizações de trabalhadores. Ofensa à Convenção 154 da OIT, bem como aos verbetes 1075, 1081 e 1082 do Comitê de Liberdade Sindical do Conselho de Administração da OIT.

2. Interpretação e Aplicação da Lei nº 13.467/2017. Os juízes do trabalho, à maneira de todos os demais magistrados, em todos os ramos do judiciário, devem cumprir e fazer cumprir a constituição e as leis, o que importa no exercício do controle difuso de constitucionalidade e no controle de convencionalidade das leis, bem como no uso de todos os métodos de interpretação/aplicação disponíveis. Nessa medida: I. Reputa-se autoritária e antirrepublicana toda ação política, midiática, administrativa ou correicional que pretender imputar ao juiz do trabalho o "dever" de interpretar a Lei nº 13.467/2017 de modo exclusivamente literal/gramatical; II. A interpretação judicial é atividade que tem por escopo o desvelamento do sentido e do alcance da lei trabalhista. É função primordial do poder judiciário trabalhista julgar as relações de trabalho e dizer o direito no caso concreto, observando o objetivo da república federativa do Brasil de construir uma sociedade mais justa e igualitária. Exegese dos artigos 1º, 2º, 3º, 5º, inciso XXXV, 60 e 93, IX e 114 da CRFB; III. Inconstitucionalidade do § 2º e do § 3º do artigo 8º da CLT e do artigo 611-A, § 1º, da CLT. Será inconstitucional qualquer norma que colime restringir a função judicial de interpretação da lei ou imunizar o conteúdo dos acordos e convenções coletivas de trabalho da apreciação da Justiça do Trabalho, inclusive quanto à sua constitucionalidade, convencionalidade, legalidade e conformidade com a ordem pública social. Não se admite qualquer interpretação que possa elidir a garantia da inafastabilidade da jurisdição, ademais, por ofensa ao disposto no art. 114, I, da CF/88 e por incompatibilidade com os princípios da separação dos poderes, do acesso a justiça e da independência funcional.

3. Fontes do Direito Material e Processual do Trabalho na Lei nº 13.467/2017. Teoria do diálogo das fontes. A teoria do diálogo das fontes é aplicável à interpretação da nova legislação trabalhista.

4. Fundamentos, Princípios e Hermenêutica do Direito do Trabalho. Lei nº 13.467/2017. A Lei nº 13.467/2017, da Reforma Trabalhista, não afetou os fundamentos do Direito do Trabalho positivados na CLT (art. 8º), bem como os princípios da proteção (títulos II a IV), da primazia da realidade (arts. 3º e 442), da irrenunciabilidade (arts. 9º e 468), da norma mais favorável, da imodificabilidade contratual em prejuízo do trabalhador (art. 468), da supremacia do crédito trabalhista (arts. 100 da CF e 186 do CTN) e dos poderes inquisitórios do Juiz do Trabalho (art. 765), dentre outros, cuja observância é requisito para a validade da norma jurídica trabalhista.

5. Grupo Econômico Trabalhista. Distribuição Racional do Ônus da Prova.

I – A Lei nº 13.467/2017 reconheceu expressamente a figura do grupo econômico trabalhista por coordenação (art. 2º, § 2º) e estabeleceu requisitos subjetivos (interesse integrado e comum) e objetivos (atuação conjunta) para a caracterização do grupo, a serem verificados no caso concreto pelo juízo (art. 2º, § 3º);

II – Nas hipóteses restritas de aplicação do parágrafo 3º do artigo 2º da CLT, a mera identidade de sócios entre as empresas integrantes, embora não baste à caracterização do grupo econômico, constitui indício que autoriza a inversão ou redistribuição do ônus da prova, nos termos do art. 818 § 1º da CLT, com redação dada pela Lei nº 13.467/2017. Incumbe então ao empregador o ônus de comprovar a ausência de interesses integrados, da comunhão de interesses e/ou da atuação conjunta das empresas. Aplicação dos princípios da aptidão para a prova e da paridade de armas em concreto (isonomia processual).

6. Ilegitimidade da Lei nº 13.467/2017. A Lei nº 13.467/2017 é ilegítima, nos sentidos formal e material.

7. Princípio da Intervenção Mínima. A autonomia da vontade coletiva impede interferência judicial ou administrativa na eclosão de greve em outros mecanismos de pressão de que dispõem os trabalhadores.

8. Cadeia de Fornecimento e Responsabilidade Civil Objetiva do Poder Economicamente Relevante. Cadeia de fornecimento. Responsabilidade civil objetiva do poder economicamente relevante por violações aos direitos fundamentais da pessoa do trabalhador. Devida diligência para a promoção de trabalho decente. Obrigação de reparar os danos experimentados pelo trabalhador, independentemente de culpa.

9. Responsabilidade Solidária das Empresas que Atuam em Cadeia Produtiva Global ou Nacional. Subordinação estrutural. Grupo econômico. Responsabilidade solidária das empresas que atuam em cadeia produtiva nacional ou global, por interpretação dos parágrafos 2º e 3º do artigo 2º da CLT, acrescentados pela Lei nº 13.467/2017.

10. Grupo Econômico. Integração. Conceito do Direito Empresarial. Base Ssocietária, Obrigacional e Pessoal. Não configurado o grupo econômico na forma do novo art. 2º, § 2º, da CLT, com a redação dada pela Lei nº 13.467/2017, é possível a integração do direito, na forma do art. 8º da CLT (especialmente considerando sua nova redação), para abarcar situações não disciplinadas pela nova legislação trabalhista. o grupo econômico pode ter natureza societária, obrigacional ou pessoal, bastando apenas a atuação coordenada, conjunta ou coligada das sociedades empresárias. Assim, como tal concepção destina-se à defesa da ordem econômica e da livre concorrência, com mais razão ainda deve ser aplicada à defesa das verbas trabalhistas.

11. Interrupção da Prescrição. Interrupção da prescrição. Integração. Sendo a prescrição regulada pelo Código Civil, aplicam-se ao Direito do Trabalho as hipóteses de interrupção da prescrição previstas no art. 202 do Código Civil, nos termos do art. 8º da CLT. Assim, é possível a interrupção da prescrição fora da hipótese prevista no § 3º do art. 11 da CLT.

12. Prescrição Total. Incompatibilidade Com o Artigo 7º, XXIX, da Constituição Federal. A prescrição total, consubstanciada no artigo 11, § 2º, da CLT, é incompatível com o artigo 7º, XXIX, da constituição federal.

13. Sucessão Trabalhista. Sucessão trabalhista. A teor do art. 1.146 do Código Civil, aplicável ao Direito do Trabalho (CLT, art. 8º), é cabível a responsabilidade solidária do sucedido e do sucessor pelos créditos trabalhistas constituídos antes do trespasse do estabelecimento, independentemente da caracterização de fraude.

JORNADA DE TRABALHO. BANCO DE HORAS. REMUNERAÇÃO E PARCELAS INDENIZATÓRIAS. DANOS EXTRAPATRIMONIAIS: TARIFAÇÃO E OUTROS ASPECTOS.

14. Banco de Horas. Banco de horas por acordo individual. A compensação de horários requer intervenção sindical obrigatória, independentemente do seu prazo de duração, conforme artigo 7º, XIII, CF, que autoriza a compensação apenas mediante acordo ou convenção coletiva de trabalho.

15. Jornada 12x36.

1. Tratando-se de regime de compensação de jornada, é essencial para a sua validade a previsão em acordo coletivo ou convenção coletiva de trabalho, nos termos do artigo 7º, XIII, da Constituição Federal, inclusive em relação ao comerciário, em razão de lei especial (Lei nº 12.790/2013). 2. Artigo 60, parágrafo único da CLT. Dispensa de licença prévia para a realização de jornada 12x36. Matéria de saúde e segurança do trabalho. Inconstitucionalidade por infração ao artigo 7º, XXII, da Constituição Federal. 3. Impossibilidade de regime "complessivo" quanto ao pagamento de feriados e prorrogação da jornada noturna, por infração ao artigo 7º, IX, da Constituição Federal. 4. A prestação de horas extras, inclusive pela supressão do intervalo intrajornada (ainda que parcial), descaracteriza o regime de compensação de jornada 12x36, implicando o pagamento como hora extraordinária daquelas laboradas além da 8ª diária, por infração ao artigo 7º, XIII e XXVI, da Constituição Federal.

16. Horas de Trajeto: Hipóteses de Cômputo na Jornada Após a Lei nº 13.467/2017.

1. A estrutura normativa matriz do art. 4º da CLT contempla a lógica do tempo à disposição, não eliminada a condição de cômputo quando se verificar concretamente que o transporte era condição e/ou necessidade irrefutável, e não de escolha própria do empregado, para possibilitar o trabalho no horário e local designados pelo empregador, mantendo-se o parâmetro desenvolvido pela Súmula nº 90 do TST, caso em que fará jus o trabalhador à contagem, como tempo de trabalho, do tempo de deslocamento gasto em trecho de difícil acesso ou sem transporte público por meio fornecido pelo empregador, na ida ou retorno para o trabalho. Inteligência do artigo 3º, c, da Convenção 155 da OIT. 2. Inaplicabilidade do § 2º do art. 58 da Lei nº 13.467/2017 ao trabalho executado na atividade rural.

17. Parcelas Remuneratórias Sob a Lei nº 13.467/2017.

1. Expressão "ainda que habituais" constante do § 2º do art. 457, da CLT, com a redação dada pela Lei nº 13.467/2017. A interpretação sistemática dos artigos 195, I e 201, *caput* e § 11, da Constituição Federal revela que a contribuição social incide sobre os ganhos habituais, a qualquer título, para se preservar o equilíbrio financeiro e atuarial do RGPS – Regime Geral da Previdência Social com igual razão, a interpretação do art. 457, § 2º, da CLT, em conformidade com a Constituição, denota que não importa o título atribuído pelo empregador à parcela, porquanto, para ter natureza jurídica salarial, basta que ela seja habitual e decorrente do trabalho prestado por conta alheia, sendo meramente exemplificativo o rol do § 1º e admitindo-se outras parcelas salariais, tais como adicionais, importâncias variáveis e gratificações legais e convencionais. A não integração na remuneração das parcelas relacionadas no art. 457, §§ 2º e 4º, da CLT depende de que efetivamente sirvam a propiciar condições para realização do trabalho ou se retiram a situações excepcionais ao cotidiano da relação de emprego. 2. Prêmios. Necessária vinculação a desempenho profissional diferenciado. A concessão habitual de prêmios, desvinculada do requisito de desempenho profissional superior ao ordinariamente esperado (art. 457, § 4º, da CLT), constitui fraude (art. 9º, CLT), integrando a remuneração do empregado a parcela paga fora dos preceitos legais.

18. Dano Extrapatrimonial: Exclusividade de Critérios. Aplicação exclusiva dos novos dispositivos do Título II-A da CLT à reparação de danos extrapatrimoniais decorrentes das relações de trabalho: inconstitucionalidade. A esfera moral das pessoas humanas é conteúdo do valor dignidade humana (art. 1º, III, da CF) e, como tal, não pode sofrer restrição à reparação ampla e integral quando violada, sendo dever do Estado a respectiva tutela na ocorrência de ilicitudes causadoras de danos extrapatrimoniais nas relações laborais. Devem ser aplicadas todas as normas existentes no ordenamento jurídico que possam imprimir, no caso concreto, a máxima efetividade constitucional ao princípio da dignidade da pessoa humana (art. 5º, V e X, da

CF). A interpretação literal do art. 223-A da CLT resultaria em tratamento discriminatório injusto às pessoas inseridas na relação laboral, com inconstitucionalidade por ofensa aos arts. 1º, III; 3º, IV; 5º, *caput* e incisos V e X e 7º, *caput*, todas da Constituição Federal.

19. Danos Extrapatrimoniais: Limites. É de natureza exemplificativa a enumeração dos direitos personalíssimos dos trabalhadores constante do novo artigo 223-C da CLT, considerando a plenitude da tutela jurídica à dignidade da pessoa humana, como assegurada pela Constituição Federal (artigos 1º, III; 3º, IV, 5º, *caput*, e § 2º).

20. Dano Extrapatrimonial: Limites e Outros Aspectos. Danos extrapatrimoniais. O artigo 223-B da CLT, inserido pela Lei nº 13.467, não exclui a reparação de danos sofridos por terceiros (danos em ricochete), bem como a de danos extrapatrimoniais ou morais coletivos, aplicando-se, quanto a estes, as disposições previstas na Lei nº 7.437/1985 e no título III do Código de Defesa do Consumidor.

21. Padrões de Vestimenta e de Logomarcas Impostas pelo Empregador: Limite. Art. 456-A da CLT. Padrões impositivos de vestimentas e logomarcas. Limites a direitos fundamentais. A prerrogativa do empregador de definir padrão de vestimenta, bem como outras formas de identificação e propaganda, encontra limites nos direitos fundamentais dos trabalhadores. Assim, a definição de uniformes, logomarcas e outros itens de identificação deve preservar direitos individuais, tais como os relacionados a privacidade, honra e pudor pessoal, e não se exclui a aplicação do artigo 20 do Código Civil.

22. Prestação de Horas Extras: Descaracterização do Acordo de Compensação e Banco de Horas. Horas extras. Descaracterização do acordo de compensação e banco de horas. A prestação de horas extras habituais ou, ainda que eventuais, em número superior a duas horas diárias, implica descaracterização do acordo de compensação e do acordo de banco de horas, conforme artigos 7º, XIII e XVI, da Constituição Federal, e 59 da CLT.

23. Banco de Horas: Base de Cálculo das Horas Sobejantes. Banco de horas. Compensação. Pagamento. Artigo 59 da CLT. O pagamento das horas extras acumuladas em banco de horas e não compensadas será feito com base no valor do salário-hora mais vantajoso ao trabalhador.

24. Tempo de Serviço: Exceções à Aplicação do Artigo 4º, § 2º, da CLT. Tempo de serviço. Permanência no estabelecimento. I – Para fins de aplicação da regra constante no artigo 4º, § 2º, da CLT, não se considera de escolha própria e/ou exercício de atividades particulares aquelas permanências que decorrerem de riscos inerentes à natureza da atividade do empregador, conforme artigo 2º, *caput*, da CLT; II – Se, em função da natureza da atividade, for necessária a realização de higiene pessoal ou a troca da vestimenta no local de trabalho, o período correspondente será computado como tempo de serviço.

25. Equiparação Salarial. Restrições Relacionadas ao Tempo de Serviço na Função e ao Local da Prestação do Trabalho: Violação Ao Princípio Da Isonomia.

1. Equiparação salarial. Restrições relacionadas ao tempo de serviço na empresa. Violação ao princípio da isonomia. O artigo 461 da CLT, ao vedar a equiparação salarial para empregados com diferença de mais de quatro anos de tempo de serviço na empresa, é contrário ao princípio da isonomia constante do artigo 5º, *caput* e 7º, XXX, da Constituição Federal.

2. Entende-se por estabelecimento, para fins do artigo 461 da CLT, o "complexo de bens organizado para exercício da empresa, por empresário ou por sociedade empresária", nos termos do artigo 1.142 do Código Civil.

26. Remuneração e Parcelas Indenizatórias: Gratificação de Função. Gratificação de função. Supressão ou redução. Limites. Lei nº 13.467/2017. I – Uma vez percebida a gratificação de função por dez ou mais anos pelo empregado, se o empregador, sem justo motivo, revertê-lo a seu cargo efetivo, não poderá retirar-lhe a gratificação, tendo em vista os princípios da razoabilidade, proporcionalidade e segurança jurídica, garantidores da estabilidade financeira. II – Mantido o empregado no exercício da função comissionada, não pode o empregador reduzir o valor da gratificação.

PREVALÊNCIA DO NEGOCIADO SOBRE O LEGISLADO. NEGOCIAÇÃO COLETIVA (ASPECTOS FORMAIS). SAÚDE E DURAÇÃO DO TRABALHO. ULTRATIVIDADE DAS NORMAS COLETIVAS.

27. Adequação Setorial Negociada.

I – Negociação coletiva. Limites. Adequação setorial negociada. As regras autônomas coletivas podem prevalecer sobre o padrão geral heterônomo trabalhista, desde que implementem padrão setorial de direitos superior ao padrão geral heterônomo, ou quando transacionam setorialmente parcelas e direitos trabalhistas de indisponibilidade apenas relativa, respeitadas as normas de indisponibilidade absoluta;

II – A "adequação setorial negociada" não autoriza a supressão ou redução de direitos *tout court*, cabendo às partes, nos termos do artigo 611-A da CLT, com a redação dada pela Lei nº 13.467/2017, justificar a excepcionalidade da adequação e sua transitoriedade, bem como definir as contrapartidas, com razoabilidade e de boa-fé, sendo inconstitucional o disposto no § 2º do art. 611-A da CLT.

28. Negociado sobre Legislado: Limites. Nos termos do art. 5º, § 2º, da Constituição Federal, as convenções e acordos coletivos de trabalho não podem suprimir ou reduzir direitos, quando se sobrepuserem ou conflitarem com as convenções internacionais do trabalho e outras normas de hierarquia constitucional ou supralegal relativas à proteção da dignidade humana e dos valores sociais do trabalho e da livre iniciativa.

29. Normas Coletivas: Princípio da Norma Mais Benéfica.

I – Normas coletivas. Princípio da norma mais benéfica. Os acordos coletivos firmados não prejudicarão direitos garantidos pelas convenções coletivas de trabalho, em respeito à aplicação do princípio da norma mais favorável (art. 7º, *caput*, CF). Com efeito, a nova redação do artigo 620 da CLT, dada pela Lei nº 13.467/2017, não exclui a aplicação do princípio da norma mais favorável, de orientação e aplicação no direito do trabalho;

II – Ademais, prevalece em todo caso, em relação à matéria negociada, os princípios da proteção, e da inafastabilidade da tutela jurisdicional;

III – A auditoria fiscal do trabalho possui o dever de exigir o cumprimento das normas laborais mais favoráveis ao trabalhador, o que inclui a possibilidade de verificação da aplicabilidade ou não de convenções e acordos coletivos de trabalho sob aquela sistemática.

30. Negociação Coletiva: Licitude e Aspectos Formais. Direitos trabalhistas garantidos por normas de ordem pública, relativos a medidas de higiene, saúde e segurança do trabalho, são infensos à redução ou supressão mediante negociação coletiva, consoante a interpretação conjunta dos incisos XXII e XXVI do art. 7º da Constituição. É, portanto, inconstitucional a previsão do art. 611-A, III e XII, da CLT (com a redação dada pela Lei nº 13.467/2017).

31. Instrumento Coletivo e Anulação de Cláusula Compensatória.

I – Contrapartidas em sede de negociação coletiva. Exigência inerente à boa-fé objetiva. Impossibilidade de supressão por lei. Inconstitucionalidade. A disposição constante do artigo 611-A, § 2º, da CLT, não é compatível com os artigos 7º, XXVI e 8º, VI, da Constituição Federal, e tampouco com o artigo 5º da convenção 154 da OIT;

II – Negociação coletiva. Convenção coletiva de trabalho ou acordo coletivo de trabalho. Anulação de cláusula compensatória. Art. 611-A, § 4º da CLT. Havendo dúvida acerca da existência de cláusula compensatória em benefício de outra cláusula principal, aquela deverá permanecer no instrumento coletivo, mesmo na hipótese do art. 611-A, § 4º (1ª parte), em observância ao princípio da proteção ao trabalhador (*in dubio pro operario*).

32. Negociado sobre Legislado: Graus de Insalubridade. Institucionalidades, Inconvencionalidades, Retrocesso Social. As disposições dos incisos XII e XIII do art. 611-A da CLT (possibilidade de enquadramento de trabalhadores em graus de insalubridade e de prorrogação de jornada em ambientes insalubres por meio de acordo ou convenção coletiva de trabalho) perfazem retrocesso social, com prejuízos à vida digna e à saúde do trabalhador, sendo incompatíveis com os artigos 3º, I e IV, 5º, XXIII, 6º, 7º, XXII, 170, III, 196 e 225 da Constituição Federal, com o art. 11, *a*, da Convenção 155 da OIT, com o art. 611-B, XVII, da CLT, e, no campo processual/decisório, com os artigos 1º, 8º e 489, § 2º, do CPC.

33. Enquadramento do Grau de Insalubridade: impossibilidade de redução considerando o princípio da primazia da realidade, e sendo a saúde um direito de todos e dever do Estado, e considerando ainda a ilicitude da supressão ou redução dos direitos provenientes de normas de saúde, higiene e segurança no trabalho, prevalecerá o acordado sobre o legislado sempre que se tratar de pagamento de percentual superior àquele determinado na NR-15, não sendo possível a redução do referido adicional.

34. Intervalo Intrajornada como Norma de Segurança e Saúde Pública.

I – Regras sobre o intervalo intrajornada são consideradas como normas de saúde, higiene e segurança do trabalho e, por consequência, de ordem pública, apesar do que dispõe o art. 611-B, parágrafo único da CLT (na redação da Lei nº 13.467/2017).

II – O estabelecimento de intervalos intrajornadas em patamares inferiores a uma hora para jornadas de trabalho superiores a seis horas diárias é incompatível com os artigos 6º, 7º, inciso XXII, e 196 da Constituição.

35. Prevalência do Negociado sobre o Legislado e Controle de Jornada de Trabalho.

I – O registro de jornada de trabalho permanece obrigatório, nos termos do art. 74 da Consolidação das Leis do Trabalho.

II – A mera previsão em acordo ou convenção coletiva de trabalho não basta para a validade do sistema de registro eletrônico de jornada de trabalho. necessidade de prova da inviolabilidade e veracidade dos registros e possibilidade de extração de dados pela fiscalização do trabalho.

36. Negociado sobre Legislado e Redução Salarial. Negociação coletiva. Contrato individual de trabalho. Objeto ilícito. Salário mínimo normativo. Art. 611-B, IV, da CLT. As convenções coletivas, os acordos coletivos de trabalho e os acordos individuais de trabalho devem respeitar o salário mínimo normativo em qualquer modalidade de contratação, nos termos do art. 7º, inciso IV, da Constituição Federal.

37. Saúde e Duração do Trabalho. É inconstitucional o parágrafo único do art. 611-B da CLT, pois as normas e institutos que regulam a duração do trabalho, bem como seus intervalos, são diretamente ligados às tutelas da saúde, higiene e segurança do trabalho como estabelecidas pelos arts. 7º, XIII, XIV e XXII, 196 e 225 da Constituição Federal, pelos arts. 3º, *b* e *e*, e 5º da Convenção 155 da OIT, pelo art. 7º, II, *b* e *d*, do PIDESC (ONU), pelo art. 7º, e, *g* e *h*, do Protocolo de San Salvador (OEA), e pelo próprio art. 58 da CLT, que limita a jornada a oito horas diárias, sendo, assim, insuscetíveis de flexibilização por convenção ou acordo coletivos.

38. Contribuição Sindical.

I – É lícita a autorização coletiva prévia e expressa para o desconto das contribuições sindical e assistencial, mediante assembleia geral, nos termos do estatuto, se obtida mediante convocação de toda a categoria representada especificamente para esse fim, independentemente de associação e sindicalização.

II – A decisão da assembleia geral será obrigatória para toda a categoria, no caso das convenções coletivas, ou para todos os empregados das empresas signatárias do acordo coletivo de trabalho.

III – O poder de controle do empregador sobre o desconto da contribuição sindical é incompatível com o *caput* do art. 8º da constituição federal e com o art. 1º da Convenção 98 da OIT, por violar os princípios da liberdade e da autonomia sindical e da coibição aos atos antissindicais.

39. Ultratividade das Normas Coletivas.

I – A vedação à ultratividade, constante do artigo 614, § 3º, da CLT, não é compatível com os artigos 7º, XXVI, 8º, VI, 114, § 2º da Constituição Federal, com as Convenções 98 e 154 da OIT, com o artigo 2º, § 1º do PIDESC (ONU) e com o princípio da boa-fé.

II – Se admitida a constitucionalidade e a convencionalidade do art. 614, § 3º da CLT, a ultratividade das normas coletivas, enquanto matéria de conteúdo a prever em instrumento coletivo de trabalho, é objeto lícito, tendo em vista as disposições do art. 7º, XXVI, 8º, VI, da Constituição Federal, bem como do princípio da não regressividade, insculpido no *caput* do art. 7º da Constituição Federal.

40. Prevalência do Negociado sobre o Legislado e Cláusula Restritiva de Modalidades de Contratação em Instrumento Coletivo (Terceirização, Teletrabalho e Trabalho Intermitente). É válida cláusula de instrumento coletivo que restringe terceirização, teletrabalho ou trabalho intermitente.

41. Prevalência do Negociado sobre o Legislado e Regime de Sobreaviso. Negociação coletiva. Regime de sobreaviso. Escala de plantão. Art. 611-A, V, da CLT. A convenção coletiva ou o acordo coletivo de trabalho que dispuser sobre o regime de sobreaviso, nos termos do art. 611-A da CLT, deverá conter cláusula com escala de plantão.

42. Prevalência do Negociado sobre o Legislado e 13º salário. Negociação coletiva. Objeto ilícito. Décimo terceiro salário. Art. 611-B da CLT. A vedação de suprimir ou reduzir o décimo terceiro salário por meio de instrumento coletivo, conforme dispõe o art. 611-B da CLT, estende-se aos reflexos e às integrações na referida verba remuneratória.

43. Prevalência do negociado sobre o legislado e definição de cargos de confiança. Negociação coletiva. Definição dos cargos de confiança. Presunção relativa. Art. 611-A, V, da CLT. A cláusula de instrumento coletivo que define os cargos que se enquadram como de confiança possui presunção relativa de veracidade, sendo necessária a análise da real função exercida e não meramente a função prescrita no contrato de trabalho, em razão do princípio da primazia da realidade.

44. Negociado sobre o Legislado e Patamar Civilizatório Mínimo. É nula cláusula normativa, por quebra das características fundantes do direito do trabalho como ramo jurídico especializado, quando importar violação ao patamar civilizatório mínimo (artigos 9º, 444, 468 e 611-A da CLT).

45. Inconstitucionalidade na Fixação de Jornada Superior a Oito Horas em Atividades Insalubres. A fixação de jornada de trabalho superior a oito horas em atividades insalubres, sem prévia autorização das entidades responsáveis pela higiene e segurança no trabalho, viola os termos do inciso XXII do artigo 7 da Constituição Federal de 1988. Assim, são inconstitucionais o parágrafo único do artigo 60 e o inciso XIII, do artigo 611-A, introduzidos pela Lei nº 13.467/2017.

46. Negociado sobre Legislado e Remuneração por Produtividade. Implantação de Métodos de Gestão Lesivos ao Meio Ambiente Laboral: impossibilidade. Negociado sobre legislado. Remuneração por produtividade. Implantação de métodos de gestão lesivos ao meio ambiente laboral. Impossibilidade. A inserção da "remuneração por produtividade" no artigo 611-A, IX, da CLT, não pode ser compreendida de modo a permitir a implementação de métodos de gestão, de formas de organização do trabalho e de estruturas remuneratórias baseadas em metas e em resultados reconhecidamente relacionados ao aparecimento de doenças.

47. Contribuição Sindical: Natureza Jurídica Tributária. Necessidade de Lei Complementar para sua Alteração. A contribuição sindical legal (art. 579 da CLT) possui natureza jurídica tributária, conforme consignado no art. 8º c/c art. 149 do CTN, tratando-se de contribuição parafiscal. Padece de vício de origem a alteração do art. 579 da CLT por lei ordinária (reforma trabalhista), uma vez que somente lei complementar poderá ensejar sua alteração.

48. Negociação *in pejus* e inconvencionalidade do art. 611-A da CLT. Negociação *in pejus*. Inconvencionalidade. Efeitos paralisantes. A comissão de expertos em aplicação de Convênios e Recomendações da OIT (CEACR), no contexto de sua observação de 2017 sobre a aplicação, pelo Brasil, da Convenção 98 da OIT, reiterou que o objetivo geral das Convenções 98, 151 e 154 é a promoção da negociação coletiva para encontrar acordo sobre termos e condições de trabalho que sejam mais favoráveis que os previstos na legislação. Segundo a CEACR, um dispositivo legal que institui a derrogabilidade geral da legislação laboral por meio da negociação coletiva é contrário ao objetivo da promoção da negociação coletiva livre e voluntária prevista em tais convenções. O artigo 611-A da CLT "reformada" não é verticalmente compatível com a Convenção 98 da OIT e remanesce formalmente inconvencional, circunstância que impede a sua aplicação, em virtude da eficácia paralisante irradiada pelas convenções.

TRABALHADORA GESTANTE E TRABALHADORA LACTANTE. TRABALHADOR AUTÔNOMO EXCLUSIVO. HIPERSSUFICIENTE ECONÔMICO. ARBITRAGEM E CLÁUSULA COMPROMISSÓRIA.

49. Trabalhador Hipersuficiente. Art. 444, parágrafo único da CLT.

I – O parágrafo único do art. 444 da CLT, acrescido pela Lei nº 13.467/2017, contraria os princípios do direito do trabalho, afronta a Constituição Federal (arts. 5º, *caput*, e 7º, XXXII, além de outros) e o sistema internacional de proteção ao trabalho, especialmente a Convenção 111 da OIT.

II – A negociação individual somente pode prevalecer sobre o instrumento coletivo se mais favorável ao trabalhador e desde que não contravenha as disposições fundamentais de proteção ao trabalho, sob pena de nulidade e de afronta ao princípio da proteção (artigo 9º da CLT c/c o artigo 166, VI, do Código Civil).

50. Trabalhadora Gestante e Lactante. Art. 394-A da CLT. A autorização legal permitindo o trabalho da gestante e lactante em ambiente insalubre é inconstitucional e inconvencional porque violadora da dignidade humana, do direito à redução dos riscos inerentes ao trabalho, da proteção integral ao nascituro e à criança e do direito social à saúde. Ademais, o meio ambiente do trabalho saudável é direito fundamental garantido pela Constituição da República, revestido de indisponibilidade absoluta. Incidência dos arts. 1º, III; 6º; 7º, XXII; 196; 200; 201, II; 203, I; 225; 226 e 227 da Constituição Federal; Convenção 103 e 183 da OIT; arts. 25, I e II da DUDH.

51. Trabalhador Autônomo Exclusivo e art. 9º da CLT. Trabalhador autônomo exclusivo. Reconhecimento da relação de emprego. A norma do artigo 442-B da CLT não impede o reconhecimento da relação de emprego, quando presentes os pressupostos dos artigos 2º e 3º da CLT e configurado o desvirtuamento do trabalho autônomo, com fraude à relação de emprego, à luz do art. 9º da CLT.

52. Trabalhador Autônomo Exclusivo e Primazia da Realidade. Primazia da realidade sobre a forma. É a primazia da realidade, e não a formalidade exteriorizada de atos e negócios jurídicos, que deve ser considerada para o reconhecimento do vínculo de emprego (arts. 2º e 3º da CLT) ou de trabalho autônomo (art. 442-B da CLT).

53. Trabalho Autônomo Contínuo e Exclusivo. Limites e Interpretação Conforme: Inteligência do art. 442-B da CLT à Luz da Constituição Federal. Presume-se o vínculo empregatício diante da prestação de serviços contínua e exclusiva, uma vez que a relação de emprego é direito fundamental (arts. 1º, III e IV, 5º, *caput* e 7º da CF/1988), devendo o art. 442-B da CLT ser interpretado conforme a constituição federal para afastar a caracterização do trabalho autônomo sempre que o trabalhador, não organizando a própria atividade, tenha seu labor utilizado na estrutura do empreendimento e integrado à sua dinâmica.

54. Trabalhador Autônomo Exclusivo e Formas Jurídicas Irreais. O artigo 442-B da CLT não permite a contratação de trabalhador constituído sob a forma de pessoa jurídica, de microempreendedor individual (MEI) e de empresa individual de responsabilidade limitada (EIRELI), entre outras, quando presentes os pressupostos para o reconhecimento da relação de emprego (arts. 2º e 3º da CLT).

55. Trabalhadora Gestante e Irrenunciabilidade de Direitos do nascituro. Impossibilidade de Negociação do Enquadramento da Insalubridade e Prorrogação de Jornada em Condições Insalubres. Interpretação Restritiva do Artigo 444, parágrafo único, da CLT. Com o intuito de proteger a vida do nascituro, não poderão ser objeto de livre estipulação, no contrato de trabalho, direitos estabelecidos na constituição federal que afetem sua integridade, sendo proibida a negociação pela trabalhadora gestante, ainda que "hipersuficiente", do enquadramento da insalubridade em grau inferior ou da prorrogação de jornada sob condições insalubres.

56. Cláusula Compromissória de Arbitragem nas Relações de Trabalho. Cláusula compromissória de arbitragem. Art. 507-A da CLT. Impossibilidade de ser instituída em se tratando de créditos decorrentes da relação de trabalho, à luz do artigo 1º da Leinº 9.307/1996, art. 100 da CF/88, art. 1707 do CC e art. 844, § 4º, II da CLT. Caráter alimentar do crédito trabalhista. Indisponibilidade e inderrogabilidade dos direitos trabalhistas.

COMISSÕES DE REPRESENTAÇÃO DE EMPREGADOS. DISPENSAS INDIVIDUAIS E COLETIVAS. PROCEDIMENTO DE QUITAÇÃO ANUAL. PROGRAMAS DE DEMISSÃO VOLUNTÁRIA.

57. Dispensa Coletiva: Inconstitucionalidade. O art. 477-A da CLT padece de inconstitucionalidade, além de inconvencionalidade, pois viola os artigos 1º, III, IV, 6º, 7º, I, XXVI, 8º, III, VI, 170, *caput*, III e VIII, 193, da Constituição Federal, como também o artigo 4º da Convenção nº 98, o artigo 5º da Convenção nº 154 e o art. 13 da Convenção nº 158, todas da OIT. Viola, ainda, a vedação de proteção insuficiente e de retrocesso social. As questões relativas à dispensa coletiva deverão observar: a) o direito de informação, transparência e participação da entidade sindical; b) o dever geral de boa fé objetiva; e c) o dever de busca de meios alternativos às demissões em massa.

58. Termo de Quitação Anual.

I – Os pagamentos efetuados por conta de termo de compromisso arbitral, "quitação anual" de obrigações trabalhistas, extinção do contrato por "mútuo acordo" e plano de demissão voluntária ou incentivada só podem produzir eficácia liberatória limitada aos valores efetivamente adimplidos das parcelas discriminadas. em respeito à garantia constitucional de acesso à jurisdição (art. 5º, XXXV) e ao artigo 25 da Convenção Americana de Direitos Humanos, mantém-se o pleno direito de acesso ao judiciário para solucionar situações conflituosas, inclusive para satisfação de diferenças sobre rubricas parcialmente pagas.

II – O termo de quitação deverá estar necessariamente acompanhado de documentos comprobatórios, sob assistência efetiva do sindicato.

III – O termo de quitação deve, pois, ser interpretado restritivamente, com eficácia liberatória de alcance limitado aos valores das parcelas expressamente especificadas no documento, sem implicar renúncia ou extinção da obrigação e nem impedir o exercício do direito fundamental de ação.

IV – O referido termo será nulo de pleno direito se desvirtuar, impedir ou fraudar as disposições de proteção ao trabalho, os contratos coletivos e as decisões das autoridades trabalhistas competentes.

59. Rescisão Contratual por Mútuo Consentimento. Extinção do contrato de trabalho por mútuo consentimento. Observância dos requisitos formais e substanciais de validade. A extinção do contrato de trabalho por mútuo consentimento prevista no artigo 484-A da CLT se encontra submetida ao escrutínio quanto à validade formal e substancial do termo de rescisão, à luz dos artigos 138 a 188 do Código Civil c/c o artigo 8º, § 1º, da CLT e do artigo 9º da CLT.

60. Comissões de Representação de Empresas

I – Representação dos trabalhadores no local de trabalho. Cabe às entidades sindicais a defesa dos interesses individuais e coletivos da categoria representada. Decorre dessa prerrogativa constitucional o livre exercício da negociação coletiva. É possível a previsão de participação sindical na representação dos trabalhadores, independentemente da nomenclatura e condições estabelecidas em lei ordinária.

II – a representação dos trabalhadores de uma categoria profissional e a negociação coletiva são prerrogativas constitucionais dos sindicatos (artigo 8º, incisos III e VI), sendo que as convenções 135 e 154 da OIT, ratificadas pelo Brasil, são expressas ao impedir que a presença de representantes eleitos venha a ser utilizada para o enfraquecimento da situação dos sindicatos interessados ou de seus representantes (Convenção 135) e, ainda, que a existência destes representantes não seja utilizada em detrimento da posição das organizações de trabalhadores interessadas (Convenção 154). Nesse sentido deve ser interpretado e aplicado o disposto nos artigos 510-A a 510-D da CLT, com a redação dada pela Lei nº 13.467/2017.

61. Membros das Comissões de Representação.

I – Garantias. 1 – ao lado da garantia constante do artigo 510-D, § 3º, da CLT, os membros da comissão de representação são protegidos contra (a) despedida sem justa causa; (b) transferência para outro estabelecimento; (c) remoção para setor da empresa onde o contato com os demais empregados reste inviabilizado; (d) afastamento por razões pretensamente disciplinares; e (e) constante requisição para a realização de trabalhos externos, dentre outros expedientes francamente atentatórios à literalidade do art. 1º da Convenção 135 da OIT.

II – Prerrogativas. Para o exercício adequado de suas atribuições, os membros da comissão de representação possuem, com arrimo no artigo 2º da Convenção 135 da OIT, os direitos (a) ao tempo livre para o exercício das atividades representativas; (b) ao ingresso em todas as dependências dos locais de trabalho; (c) ao acesso direto aos dirigentes empresariais; (d) à disponibilização de quadro de avisos com fácil acesso para os trabalhadores; (e) à livre distribuição de publicações junto aos trabalhadores; e (f) à livre distribuição de mensagens por via eletrônica, por intermédio dos canais institucionais da empresa.

62. Cláusula Geral da Garantia de Emprego como Efeito da Aprovação da Lei nº 13.367/2017. Diante dos fundamentos apresentados para a aprovação da Lei nº 13.467/2017, inclusive na exposição de motivos, no sentido de que a lei ampliaria a proteção jurídica dos trabalhadores, conferindo efetividade aos direitos dos trabalhadores constitucionalmente assegurados, e também em razão do disposto no § 3º do artigo 510-D e do § 3º do artigo 611-A da CLT, decorre uma cláusula geral de garantia de emprego, pela qual resta reforçada a proteção contra a dispensa arbitrária, fixada no inciso I do art. 7º da CF, e se torna impossibilitada, sobretudo, a substituição de postos de emprego com vínculos efetivos, diretos e com plenos direitos por empregados vinculados a contratos precários criados ou reafirmados pela lei em questão.

63. Comissão de Representação: Recondução. O § 1º do artigo 510-D, que dispõe que o membro que houver exercido a função de representante na comissão não poderá ser candidato nos dois períodos subsequentes, viola o artigo 8º, I, da Constituição Federal e as Convenções 98 e 135 da OIT.

64. Rescisão Contratual por Mútuo. Consentimento e Sem Assistência Sindical: Ônus da Prova. Negando o trabalhador que a ruptura contratual ocorreu por mútuo consentimento (art. 484-A), é do empregador o ônus da prova, tendo em vista a revogação do § 1º do 477 da Consolidação das Leis do Trabalho (assistência/fiscalização sindical obrigatória) e em face dos princípios da continuidade da relação de emprego e da primazia da realidade, assumindo maior relevância a orientação da Súmula 212 do Tribunal Superior do Trabalho.

65. Invalidade de Negócio Jurídico que Aniquila Direitos pela Forma. O desrespeito aos direitos trabalhistas constitui um ato ilícito, que deve ser punido para a devida preservação da autoridade da ordem jurídica, não se podendo compreender como válidos negócios jurídicos que simplesmente tentam, pela forma, aniquilar direitos.

66. Comissão de Representação e Coexistência com as Representações Sindicais na Empresa. Comissão de representação dos empregados. Coexistência com as representações sindicais na empresa. I – A instituição de comissão de representantes nas empresas, nos termos do artigo 510-A da CLT, não obsta a instalação e a manutenção das representações sindicais organizadas por local de trabalho; II – nos termos do artigo 3º da Convenção 135 da OIT, as mesmas garantias estabelecidas para os membros das comissões de representação mencionadas no Título IV-A da CLT são asseguradas aos integrantes das representações sindicais nos locais de trabalho.

67. Comissões de Representação e Participação de Sindicatos Profissionais. A vedação de interferência do sindicato da categoria na eleição de representante dos empregados, de que trata o § 1º do artigo 510-C da CLT, com a redação dada pela Lei nº 13.467/2017, somente pode estar dirigida ao sindicato da categoria econômica, uma vez que ao sindicato da categoria profissional cabe participar do processo no sentido de "incentivar a cooperação, relativa a todas as questões pertinentes, entre os representantes eleitos, por uma parte, e os sindicatos interessados e seus representantes, por outra parte" (artigos 3º-B e 5º da Convenção 135/OIT).

68. Comissão de Representação e Previsão em Acordo ou Convenção Coletiva. Comissão de representação dos empregados. Previsão em acordo ou convenção coletiva. A instituição de comissão de representação nas empresas ou de representação sindical no local de trabalho é condicionada à prévia negociação coletiva com a participação do sindicato representativo da categoria profissional.

69. Comissões de Representação: Combate a Práticas Discriminatórias. Rol Exemplificativo. Comissões de representação de empregados. Combate a práticas discriminatórias. Rol exemplificativo. As comissões de representação de empregados são destinadas, entre outras atribuições igualmente relevantes, a assegurar tratamento justo e imparcial aos empregados, impedindo qualquer forma de discriminação por motivo de sexo, idade, religião, opinião política ou atuação sindical (CLT, art. 510-B, V), sendo esse um rol meramente exemplificativo de motivações, haja vista o vetor constitucional de combate a qualquer forma de discriminação (arts. 3º, IV e 5º, XLI da CF).

TELETRABALHO. CONTRATO DE TRABALHO INTERMITENTE. CONTRATO DE TRABALHO A TEMPO PARCIAL. TERCEIRIZAÇÃO.

70. Teletrabalho: Custeio de Equipamentos. O contrato de trabalho deve dispor sobre a estrutura e sobre a forma de reembolso de despesas do teletrabalho, mas não pode transferir para o empregado seus custos, que devem ser suportados exclusivamente pelo empregador. Interpretação sistemática dos artigos 75-D e 2º da CLT à luz dos artigos 1º, IV, 5º, XIII e 170 da Constituição da República e do artigo 21 da Convenção 155 da OIT.

71. Teletrabalho: Horas Extras. São devidas horas extras em regime de teletrabalho, assegurado em qualquer caso o direito ao repouso semanal remunerado. Interpretação do art. 62, III e do parágrafo único do art. 6º da CLT conforme o art. 7º, XIII e XV, da Constituição da República, o artigo 7º, *e*, *g* e *h* protocolo adicional à Convenção Americana sobre Direitos Humanos em matéria de direitos econômicos, sociais e culturais ("Protocolo de San Salvador"), promulgado pelo Decreto nº 3.321, de 30 de dezembro de 1999, e a Recomendação 116 da OIT.

72. Teletrabalho: Responsabilidade Civil do Empregador por Danos. A mera subscrição, pelo trabalhador, de termo de responsabilidade em que se compromete a seguir as instruções fornecidas pelo empregador, previsto no art. 75-E, parágrafo único, da CLT, não exime o empregador de eventual responsabilidade por danos decorrentes dos riscos ambientais do teletrabalho. Aplicação do art. 7º, XXII da Constituição c/c art. 927, parágrafo único, do Código Civil.

73. Contrato de Trabalho Intermitente: Inconstitucionalidade. É inconstitucional o regime de trabalho intermitente previsto no art. 443, § 3º, e art. 452-A da CLT, por violação do art. 7º, I e VII da Constituição da República e por afrontar o direito fundamental do trabalhador aos limites de duração do trabalho, ao décimo terceiro salário e às férias remuneradas.

74. Contrato de Trabalho Intermitente: Salário Mínimo. A proteção jurídica do salário mínimo, consagrada no art. 7º, VII, da Constituição da República, alcança os trabalhadores em regime de trabalho intermitente, previsto nos arts. 443, § 3º, e 452-A da CLT, aos quais é também assegurado o direito à retribuição mínima mensal, independentemente da quantidade de dias em que for convocado para trabalhar, respeitado o salário mínimo profissional, o salário normativo, o salário convencional ou o piso regional.

75. Terceirização: Abrangência. A Lei nº 13.467/2017, ao alterar a Lei nº 6.019/1974, tanto no tema da contratação temporária quanto da terceirização de serviços, não serve como marco regulatório para a administração pública direta ou indireta, em razão do disposto no art. 37, *caput*, e incs. II e IX, da Constituição Federal.

76. Terceirização: Isonomia Salarial. Os empregados das empresas terceirizadas têm direito de receber o mesmo salário dos empregados das tomadoras de serviços em mesmas atividades, bem como usufruir de iguais serviços de alimentação e atendimento ambulatorial. Viola os princípios da igualdade e da dignidade da pessoa humana (artigos 1º, III e 5º, *caput*, da Constituição da República) o disposto nos §§ 1º e 2º do artigo 4º-C da Lei nº 6.019/1974, ao indicarem como mera faculdade o cumprimento, pelo empregador, desses deveres constitucionais. Aplicação dos artigos 1º, III, 3º, I, 5º, *caput* e 7º, XXXII da Constituição da República.

77. Terceirização: Limites de Legalidade. A validade do contrato de prestação de serviços previsto no artigo 4º-A da Lei nº 6.019/1974 sujeita-se ao cumprimento dos seguintes requisitos: I – Efetiva transferência da execução de atividades a uma empresa prestadora de serviços, como objeto contratual; II – Execução autônoma da atividade pela empresa prestadora, nos limites do contrato de prestação de serviço; III – Capacidade econômica da empresa prestadora, compatível com a execução do contrato. A ausência de qualquer desses requisitos configura intermediação ilícita de mão de obra (art. 9º da CLT) e acarreta o reconhecimento de vínculo de emprego entre os trabalhadores intermediados e a empresa tomadora do serviço.

78. Terceirização: Capacidade Econômica. A capacidade econômica da empresa prestadora de serviços, compatível com a execução do contrato, nos termos do art. 4º-A da Lei nº 6.019/1974, deve ser aferida pela contratante no ato da contratação e no curso do contrato, e não se restringe à observância do capital social mínimo exigido pelo art. 4º-B, inciso III, que é requisito de funcionamento e que deve estar integralizado. Consiste, mais, na situação econômica positiva para cumprir todos os compromissos decorrentes da atividade contratada, pressupondo: (a) pactuação de preço do serviço compatível com os custos operacionais (comerciais, trabalhistas, previdenciários, tributários etc.); e (b) inexistência de passivo comercial, trabalhista, previdenciário e/ou fiscal, decorrente de outro(s) contrato(s), que constitua risco ao adimplemento contratual.

79. Terceirização: Perda da Capacidade Econômica Superveniente. A perda da capacidade econômica da empresa prestadora invalida o contrato de prestação de serviços e caracteriza vínculo de emprego entre os trabalhadores intermediados e a empresa contratante, caso a contratante não adote posturas para preservar o adimplemento contratual.

80. Terceirização: Atividade-Fim. O *caput* e parágrafo 1º do artigo 4º-A da Lei nº 6.019/1974 (que autorizam a transferência de quaisquer atividades empresariais, inclusive a atividade principal da tomadora, para empresa de prestação de serviços), são incompatíveis com o ordenamento jurídico brasileiro (art. 7º, I, CR e arts. 3º e 9º, CLT), pois implicam violação do princípio da dignidade da pessoa humana e do valor social do trabalho (arts. 1º, IV; 5º, § 2º; 6º; 170 e 193, todos da CR e Constituição da OIT). Presentes os requisitos do art. 3º da CLT, forma-se vínculo de emprego direto com a empresa tomadora de serviços.

81. Terceirização: Representação Sindical dos Terceirizados. Presume-se como sendo da mesma categoria, e representados pelo mesmo sindicato profissional, todos os trabalhadores terceirizados e aqueles diretamente contratados pela tomadora que realizem serviços relacionados à sua atividade principal. Inteligência que se extrai do interesse integrado e da atuação conjunta da empresa contratada e contratante, previstos no § 3º do artigo 2º da CLT, combinado com o conceito de categoria profissional decorrente do trabalho em comum em atividades econômicas similares ou conexas do artigo 511, § 2º, da CLT, e com a atividade preponderante conceituada no § 2º do artigo 581 da CLT.

82. Terceirização: Meio Ambiente do Trabalho. A responsabilidade solidária do contratante quanto à elaboração e implementação do programa de prevenção de riscos ambientais, de acordo com o disposto na Norma Regulamentadora 9 (NR-9), independe da qualidade do vínculo de trabalho dos obreiros, decorrendo da simples presença de trabalhadores no local, visto que o meio ambiente e as questões de saúde e segurança no trabalho englobam todos os trabalhadores cujas atividades laborais sejam prestadas em favor do mesmo tomador, de forma isonômica, sem qualquer distinção, independentemente do vínculo laboral.

83. Teletrabalho: Controle dos Riscos Labor-Ambientais. O regime de teletrabalho não exime o empregador de adequar o ambiente de trabalho às regras da NR-7 (PCMSO), da NR-9 (PPRA) e do artigo 58, § 1º, da Lei nº 8.213/1991 (LTCAT), nem de fiscalizar o ambiente de trabalho, inclusive com a realização de treinamentos. Exigência dos artigos 16 a 19 da Convenção 155 da OIT.

84. Contrato de Trabalho Intermitente: Carga Horária. Como o contrato de trabalho intermitente deve ser celebrado por escrito, do instrumento contratual deverão constar os períodos de prestação de serviços ou a estimativa de serviços a executar, a respeito dos quais se obriga o empregador.

85. O contrato de Trabalho Intermitente no Brasil Não Corresponde ao *Zero-Hours Contract* Britânico. Nos contratos de trabalho intermitente, é obrigatório indicar a quantidade mínima de horas de efetiva prestação de serviços, pois não se admite contrato de trabalho com objeto indeterminado ou sujeito a condição puramente potestativa, consoante artigos 104, II, 166 II e 122 do Código Civil, aplicáveis subsidiariamente à matéria, nos termos do art. 8º, parágrafo único, da CLT.

86. Férias e Trabalho Intermitente. Férias. Trabalho intermitente. Diante da existência de antinomia jurídica entre o disposto no § 6º do art. 452-A da CLT e o disposto no § 9º do mesmo art. 452-A da CLT, deve-se interpretar o ordenamento jurídico de forma sistemática e utilizar o critério hierárquico para solução do conflito de normas. Assim, tendo em vista o art. 7º, XVII, da CF/88, que dispõe sobre o direito às férias anuais remuneradas, ou seja, pagas no momento do gozo do período de descanso (conforme também disposto no art. 452-A, § 9º, CLT), o pagamento de férias proporcionais após a prestação de serviços (art. 452-A, § 6º, II, CLT) não encontra aplicabilidade. Assim, no trabalho intermitente, as férias devem ser remuneradas quando da sua fruição.

87. Contrato de Trabalho Intermitente. Salário Mínimo e Piso Profissional. Multa. Inconstitucionalidade. A multa prevista no art. 452-A, § 4º, da CLT, imposta ao trabalhador que descumprir convocação anteriormente atendida, não é compatível com os princípios constitucionais da dignidade humana, do valor social do trabalho, da isonomia, da proteção do trabalhador e da função social da empresa.

88. Trabalho Intermitente e Risco para Terceiros. O trabalho intermitente não poderá ser exercido em atividades que possam colocar em risco a vida, a saúde e a segurança dos próprios trabalhadores e/ou de terceiros.

89. Contrato de Trabalho Intermitente. Permanência do Trabalhador Dentro ou Fora do Estabelecimento do Empregador por Conveniência deste Último. Cômputo como Tempo de Serviço. Contrato de trabalho intermitente. Permanência do trabalhador dentro ou fora do estabelecimento do empregador por conveniência deste último. Cômputo como tempo de serviço. No contrato de trabalho intermitente, a teor do artigo 452-A, § 5º, da CLT, os períodos em que o trabalhador permanecer dentro ou fora do estabelecimento do empregador para atender a interesses, conveniências ou no aguardo de instruções deste último serão computados como horas ou frações efetivamente trabalhadas.

Enunciados

90. Contrato de Trabalho Intermitente e Demandas Permanentes. 1. É ilícita a contratação sob a forma de trabalho intermitente para o atendimento de demanda permanente, contínua ou regular de trabalho, dentro do volume normal de atividade da empresa. 2. É ilegal a substituição de posto de trabalho regular ou permanente pela contratação sob a forma de trabalho intermitente. 3. O empregador não pode optar pelo contrato de trabalho intermitente para, sob esse regime jurídico, adotar a escala móvel e variável da jornada. 4. Presente a necessidade de trabalho intermitente, o empregado contratado na forma do art. 443, § 3º, da CLT tem direito subjetivo à convocação, sendo ilícita sua preterição ou a omissão do empregador.

91. Dia e Hora Incertos para Labor e Risco Exclusivo do Empregador. Tempo à Disposição é de Efetivo Serviço. No contrato de trabalho intermitente, o período sem convocação pelo empregador é de tempo à sua disposição e deve ser remunerado como de efetivo serviço. Ônus das variações de demanda do empreendimento são exclusivos do empregador.

92. Contratação por Tempo Parcial de Trabalhadores no Comércio. O art. 58-A e seus parágrafos, da CLT, alterados por força da Lei nº 13.467/2017, não são aplicáveis aos comerciários, em virtude da aplicação obrigatória do art. 3º, § 1º da Lei nº 12.790/2013, em decorrência da especificidade e da prevalência da norma mais favorável ao trabalhador.

93. Contrato de Prestação de Serviços. Requisitos de Validade. Efetiva Transferência da Execução da Atividade. Contrato de prestação de serviço. Requisito de validade: efetiva transferência da execução da atividade. A transferência da execução da atividade por meio de contrato de prestação de serviço, na forma do art. 4º-A da Lei nº 6.019/1974, com redação conferida pela Lei nº 13.467/2017, pressupõe autonomia formal, administrativa, organizacional, finalística e operacional da empresa contratada, à qual cabe exercer com exclusividade o controle do processo de produção da atividade, sem interferência da contratante, mera credora do serviço como resultado útil, pronto e acabado. Configura fraude ao regime de emprego o uso de contrato de prestação de serviço para transferência de vínculos formais de emprego à empresa contratada, sem efetiva transferência da execução da atividade.

94. Contrato de Prestação de Serviço. Requisito de Validade: Autonomia na Execução da Atividade. No contrato de prestação de serviço, de que trata o art. 4º-A, *caput*, da Lei nº 6.019/1974, com redação dada pela Lei nº 13.467/2017, a execução autônoma da atividade por empresa prestadora de serviço pressupõe: (a) que a empresa prestadora contrate e remunere os empregados necessários à execução da atividade, exercendo com exclusividade a direção de seu trabalho (art. 4º-A, § 1º); e (b) que a empresa contratante se abstenha de utilizar a mão de obra contratada pela prestadora de serviço para finalidade distinta da prevista no contrato (art. 5º-A, § 1º). A presença de subordinação pessoal ou estrutural de trabalhador intermediado em relação à empresa contratante descaracteriza a prestação de serviço, ensejando reconhecimento de vínculo de emprego com o tomador dos serviços (art. 9º da CLT).

95. Empresa Individual. Prestação de Serviços à Tomadora pelo Titular. Vínculo Empregatício. A prestação de serviços de empresa individual contratada deve ser realizada por seus empregados. Quando seu titular realiza pessoalmente as atividades para a empresa tomadora, forma-se o vínculo empregatício entre titular e tomadora.

96. Terceirização. Inadimplemento de Verbas Trabalhistas. Reconhecimento Direto do Vínculo com a Contratante. O inadimplemento das verbas trabalhistas por parte da empresa prestadora de serviços revela sua incapacidade econômica para a execução dos serviços (art. 4º-A da Lei nº 6.019/1974) e autoriza o consequente reconhecimento do vínculo diretamente com a contratante.

97. Terceirização. Capacidade Econômica da Prestadora de Serviços. Requisito de Validade do Negócio Jurídico. O inadimplemento das obrigações trabalhistas pela empresa prestadora de serviços atrai para a empresa tomadora de serviços o ônus da prova da capacidade econômica da primeira. Inteligência do artigo 818, § 1º, da CLT.

ACESSO À JUSTIÇA E JUSTIÇA GRATUITA. HONORÁRIOS ADVOCATÍCIOS. HONORÁRIOS PERICIAIS. LITIGÂNCIA DE MÁ-FÉ E DANO PROCESSUAL.

98. Honorários de Sucumbência. Inaplicabilidade aos Processos em Curso. Em razão da natureza híbrida das normas que regem honorários advocatícios (material e processual), a condenação à verba sucumbencial só poderá ser imposta nos processos iniciados após a entrada em vigor da Lei nº 13.467/2017, haja vista a garantia de não surpresa, bem como em razão do princípio da causalidade, uma vez que a expectativa de custos e riscos é aferida no momento da propositura da ação.

99. Sucumbência Recíproca. O juízo arbitrará honorários de sucumbência recíproca (art. 791-A, par.3º, da CLT) apenas em caso de indeferimento total do pedido específico. O acolhimento do pedido, com quantificação inferior ao postulado, não caracteriza sucumbência parcial, pois a verba postulada restou acolhida. Quando o legislador mencionou "sucumbência parcial", referiu-se ao acolhimento de parte dos pedidos formulados na petição inicial.

100. Honorários e Assistência Judiciária. É inconstitucional a previsão de utilização dos créditos trabalhistas reconhecidos em juízo para o pagamento de despesas do beneficiário da justiça gratuita com honorários advocatícios ou periciais (artigos 791-A, § 4º, e 790-B, § 4º, da CLT, com a redação dada pela Lei nº 13.467/2017), por ferir os direitos fundamentais à assistência judiciária gratuita e integral, prestada pelo estado, e à proteção do salário (artigos 5º, LXXIV, e 7º, X, da Constituição Federal).

101. Honorários Periciais.

I – Honorários periciais. Antecipação. Possibilidade. Aplicação da Resolução 66/2010 – CSJT. É compatível com a nova sistemática da CLT a antecipação de honorários periciais, nos termos do art. 2º, § 2º, da Resolução CSJT 66/2010 ou de norma superveniente, permitindo que o perito seja remunerado com recursos próprios da união, ainda na fase instrutória do processo. Após o trânsito em julgado da decisão, sendo o autor beneficiário da justiça gratuita, a união pagará o valor remanescente ao perito, devidamente atualizado, nos termos do art. 5º, parágrafo único, da Resolução 66/2010, sendo aplicáveis apenas as normas dos tribunais regionais que apresentem condição mais favorável à efetividade do processo.

II – Honorários periciais. Antecipação convencional das partes. Sub-rogação. O pagamento feito pela empresa de honorários periciais, de forma antecipada e convencional, é compatível com o disposto no art. 790-B, § 3º da CLT, permitindo que o perito seja remunerado com recursos próprios da empresa ainda na fase instrutória do processo. Após o trânsito em julgado da decisão, sendo o autor beneficiário da justiça gratuita, a união fará a restituição integral dos valores antecipados pela empresa, no limite do previsto na Resolução 66/2010 ou em norma superveniente, sub-rogando-a nos créditos do perito em face da união, sendo aplicáveis apenas as normas dos tribunais regionais que apresentem condição mais favorável à efetividade do processo.

102. Sucumbência em Ação Civil Pública e Ação Civil Coletiva: Não Aplicação. Honorários advocatícios Sucumbenciais, honorários periciais e custas processuais, como previstos na Lei nº 13.467/2017, não são aplicáveis às ações regidas por leis especiais, a saber, lei da ação civil pública (art. 17 e 18 da Lei nº 7.347/1985) e Código de Defesa do Consumidor (art. 87 da Lei nº 8.078/1990).

103. Acesso à Justiça. Art, 844, § 2º e § 3º, da CLT. Inconstitucionalidade. Viola o princípio de acesso à justiça a exigência de cobrança de custas de processo arquivado como pressuposto de novo ajuizamento. O princípio do acesso à justiça é uma das razões da própria existência da justiça do trabalho, o que impede a aplicação dessas regras, inclusive sob pena de esvaziar o conceito de gratuidade da justiça.

104. O § 5º do art. 844 da CLT não Afasta a Revelia e a Confissão. O § 5º do art. 844 da CLT não afasta a revelia e seus efeitos de confissão, apenas permitindo que o juiz possa conhecer das questões de ordem pública e da matéria não alcançada pela confissão do fato constitutivo alegado pelo autor.

105. Sentença Sem Exame de Mérito. Direito Autoral à Emenda. CLT, art. 840, § 3º. Sentença sem exame do mérito. Necessidade de oportunizar a emenda. A exordial que não atende integralmente os requisitos legais deve ensejar oportunidade para emenda e não imediata sentença sem exame do mérito, sob pena de obstar o direito do autor à integral análise do mérito (CPC, arts. 4º, 6º, 317, 319 e 321; TST, Súmula 263).

106. Limite Temporal para o Autor Desistir da Ação Sem o Consentimento do Réu. CLT, art. 841, § 3º. Desistência da ação. Necessidade de consentimento do réu. Limite temporal. A CLT estabelece que o momento processual próprio para o demandando "oferecer a contestação" é na audiência, depois de proposta a conciliação. Por isso, ainda que a parte demandada envie/protocole a contestação antes da fase processual prevista em lei, não há razão para a anuência pelo réu de desistência da ação enquanto não atingido tal momento processual.

107. Acesso à Justiça. Isonomia. *Jus Postulandi*.

1. Não sendo representante legal da pessoa jurídica ou empregado do réu, o preposto poderá apenas prestar depoimento pessoal na audiência, sendo-lhe vedada a prática de atos processuais privativos do advogado.

2. Não sendo empregado do réu, é vedado ao advogado funcionar como seu preposto.

3. É defeso ao advogado funcionar no mesmo processo, simultaneamente, como patrono e preposto do empregador (Código de Ética e Disciplina da OAB, art. 23).

108. Litisconsorte Necessário de Entidades Sindicais. Ação de anulação de cláusula de instrumento coletivo. Entidades sindicais subscritoras. Litisconsórcio necessário. Ônus processual da lide. Artigo 611-A, § 5º da CLT. A exigência legal da participação da entidade sindical como litisconsorte necessário nas ações que tenham como objeto a anulação de cláusulas de instrumento coletivo não obriga as entidades sindicais subscritoras desses instrumentos ao pagamento das custas processuais e honorários advocatícios, quando não derem causa ao processo.

SISTEMA RECURSAL E LIMITAÇÕES À EDIÇÃO DE SÚMULAS. INCIDENTE DE DESCONSIDERAÇÃO DA PERSONALIDADE JURÍDICA. AÇÃO DE HOMOLOGAÇÃO DE ACORDO. ASPECTOS GERAIS DA EXECUÇÃO TRABALHISTA.

109. Processo do Trabalho. Incidente de Desconsideração da Personalidade Jurídica: Aplicação Limitada

I – No processo do trabalho, o redirecionamento da execução para o sócio não exige o incidente de desconsideração da personalidade jurídica (arts. 133 a 137 do CPC).

II – A dissolução irregular da pessoa jurídica inclui as hipóteses de impossibilidade de satisfação da dívida pelo devedor, o que autoriza o redirecionamento da execução para os sócios, independentemente de instauração do incidente de desconsideração da personalidade jurídica (art. 135 do CTN).

III – Admite-se o incidente de desconsideração da personalidade nas hipóteses de sócio oculto, sócio interposto (de fachada ou "laranja"), associação ilícita de pessoas jurídicas ou físicas ou injuridicidades semelhantes, como constituição de sociedade empresária por fraude, abuso de direito ou seu exercício irregular, com o fim de afastar o direito de credores.

IV – Adotado o incidente de desconsideração da personalidade jurídica, o juiz, no exercício do poder geral de cautela, determinará às instituições bancárias a indisponibilidade de ativos financeiros e decretará a indisponibilidade de outros bens pertencentes aos sócios, pessoas jurídicas ou terceiros responsáveis, sendo desnecessária a ciência prévia do ato.

110. Jurisdição Voluntária. Acordo Extrajudicial. Recusa à Homologação. O juiz pode recusar a homologação do acordo, nos termos propostos, em decisão fundamentada.

111. Súmulas e Enunciados de Jurisprudência. Edição e Alteração. Requisitos. Inconstitucionalidade. São inconstitucionais os requisitos do art. 702, I, *f*, e § 4º, da CLT, introduzidos pela nº Lei nº 13.467/2017, para a edição ou alteração de súmulas e outros enunciados de jurisprudência, por violação aos arts. 2º, 5º, LIV, 93, 96, I, *a*, e 113 da CF.

112. Execução Provisória. Liberação de Depósito em Dinheiro: Aplicação dos Artigos 520 e 521 do CPC. Os artigos 520 e 521 do CPC são aplicáveis ao processo do trabalho, sendo admitida a liberação de depósito em dinheiro, independentemente de caução (CPC, art. 521, II).

113. Execução de Ofício e Art. 878 da CLT. Em razão das garantias constitucionais da efetividade (CF, art. 5º, XXXV), da razoável duração do processo (CF, art. 5º, LXXVIII) e em face da determinação constitucional da execução de ofício das contribuições previdenciárias, parcelas estas acessórias das obrigações trabalhistas (CF, art. 114, VIII), o art. 878 da CLT deve ser interpretado conforme a constituição, de modo a permitir a execução de ofício dos créditos trabalhistas, ainda que a parte esteja assistida por advogado.

114. Execução. Impulso Oficial. Pesquisa e Constrição de Bens. Possibilidade. O impulso oficial da execução está autorizado pelo art. 765 da CLT e permite ao juiz a utilização dos mecanismos de pesquisa e de constrição de bens, inclusive por meio do sistema BACENJUD, sendo esse mero procedimento para formalização da penhora em dinheiro.

115. Execução de Ofício. Inexistência de Nulidade. A teor do art. 794 da CLT, não há nulidade processual quando o juízo realiza a execução de ofício, porque inexistente manifesto prejuízo processual.

116. Tutelas de Urgência de Natureza Cautelar no Incidente de Desconsideração da Personalidade Jurídica. A adoção do incidente de desconsideração da personalidade jurídica no processo do trabalho não exclui a possibilidade de deferimento de tutelas de urgência de natureza cautelar antes da citação do novo executado, inclusive de ofício, dentro do poder geral de cautela do magistrado.

117. Responsabilização dos Sócios. Redirecionamento da Execução. Recuperação Judicial. Aplicação Analógica do Art. 28, § 5º, do CDC. Por aplicação analógica do art. 28, § 5º, do CDC (Lei nº 8.078/1990), o juiz poderá redirecionar a execução para a responsabilização dos sócios quando decretada a recuperação judicial da empresa.

118. Depósito Recursal. Redução, pela Metade, Em Favor das Entidades Sem Fins Lucrativos. Aplicação às Entidades Sindicais. O artigo 899, § 9º, da CLT, introduzido pela Lei nº 13.467/2017, que reduz pela metade o valor do depósito recursal para as entidades sem fins lucrativos, aplica-se às entidades sindicais.

119. Execução. Seguro-Garantia Judicial. Acréscimo de 30%. A aceitação do seguro-garantia judicial previsto no art. 882 da CLT pressupõe o acréscimo de 30% do débito, por aplicação supletiva do art. 835, § 2º, do CPC.

120. Execução. Medidas Executivas Indiretas. Prazo para Implementação e Cancelamento do Protesto. Inconstitucionalidade. A exigência do dilatado prazo de 45 (quarenta e cinco) dias para protesto da sentença, inscrição do executado em órgãos de proteção ao crédito e/ou no banco nacional de devedores trabalhistas e o cancelamento do registro pela simples garantia da execução ferem os princípios constitucionais da razoabilidade, efetividade, razoável duração do processo e da isonomia (CF, art. 5º, *caput*, XXXV e LXXVIII), por promover distinção injustificada entre o credor trabalhista e o credor comum.

121. Transcendência: Indicadores.

I – A transcendência econômica, nos termos do artigo 896-A, § 1º, I, da CLT deverá considerar a repercussão da pretensão no patrimônio das partes.

II – o exercício da técnica do *distinguishing*, por parte dos tribunais regionais, a respeito da aplicabilidade da jurisprudência sumulada do STF e do TST aos casos concretos, não configura desrespeito para fins de enquadramento no artigo 896-A, § 1º, II, da CLT.

III – a relevância social e jurídica envolve também as questões atinentes à interpretação e à aplicação dos tratados de direitos humanos ratificados pelo Brasil.

122. Transcendência. Recurso de Revista. Sustentação Oral. A fixação de prazo exíguo (cinco minutos) para a sustentação oral do advogado, por ocasião do julgamento do agravo interno perante a turma do tribunal superior do trabalho (artigo 896-A, §§ 2º e 3º, da CLT), não se compatibiliza com o princípio do devido processo legal, plasmado no artigo 5º, LIV, da Constituição Federal.

123. Homologação de Acordo Extrajudicial.

I – A faculdade prevista no Capítulo III-A do Título X da CLT não alcança as matérias de ordem pública;

II – O acordo extrajudicial só será homologado em juízo se estiverem presentes, em concreto, os requisitos previstos nos artigos 840 a 850 do Código Civil para a transação;

III – Não será homologado em juízo o acordo extrajudicial que imponha ao trabalhador condições meramente potestativas, ou que contrarie o dever geral de boa-fé objetiva (artigos 122 e 422 do Código Civil).

124. Homologação de Acordo Extrajudicial. Recurso. Análise pelo Tribunal. No caso de recurso da decisão que não homologar de forma fundamentada o acordo extrajudicial, o tribunal não poderá retornar o processo para que o juiz de primeiro grau o homologue.

125. Processo de Jurisdição Voluntária. Homologação de Acordo Extrajudicial. Competência Territorial.

I – A competência territorial do processo de jurisdição voluntária para homologação de acordo extrajudicial segue a sistemática do art. 651 da CLT.

II – Aplica-se analogicamente o art. 63, § 3º, do CPC, permitindo que o juiz repute ineficaz de ofício a eleição de foro diferente do estabelecido no art. 651 da CLT, remetendo os autos para o juízo natural e territorialmente competente.

ENUNCIADOS DA 3ª JORNADA DE DIREITO MATERIAL E PROCESSUAL DO TRIBUNAL SUPERIOR DO TRABALHO E DA ASSOCIAÇÃO NACIONAL DOS MAGISTRADOS DA JUSTIÇA DO TRABALHO – ANAMATRA

▶ Enunciados aprovados na 3ª Jornada de Direito Material e Processual na Justiça do Trabalho de 23-3-2023 e 24-3-2023.

OS DIREITOS SOCIAIS DOS TRABALHADORES EM PLATAFORMA

1. Necessidade de Justificativa para Aplicação de Punição.

I – A aplicação de qualquer punição ao trabalhador que desenvolve as suas atividades por meio de plataforma digital, limitando de forma temporária ou definitiva o acesso à plataforma e o recebimento de ofertas de trabalho, deve ser precedida da possibilidade de apresentação de defesa.

II – Isso pressupõe a necessidade de a empresa proprietária da plataforma digital justificar toda e qualquer sanção aplicada, para que o trabalhador tenha a oportunidade de apresentar os seus argumentos a fim de que não tenha direitos restringidos.

III – Aplicação da lei geral de proteção de dados (LGPD) e do precedente do caso Lagos Del Campo *vs.* Peru da Corte Interamericana de Direitos Humanos.

2. Jurimetria e Litigância Manipulativa da Jurisprudência.

I – A celebração de acordos judiciais por empresas proprietárias de plataformas digitais, com base na jurimetria, quando determinado caso pode ser julgado por órgão judicial que tende a proferir decisão contrária aos seus interesses, com o objetivo de manipular a formação de jurisprudência, é contrária ao ordenamento jurídico.

II – Violação do princípio do juiz natural (art. 5º, XXXVII e LIII, da Constituição Federal), do princípio da boa-fé (art. 5º do CPC), do devido processo legal (art. 5º, LIV, da Constituição Federal), do princípio da cooperação (art. 6º do CPC) e do princípio do contraditório.

III – Aplicação do art. 81 do CPC e do § 2º do art. 77 do CPC, por incidência de seu inciso VI.

3. Natureza Jurídica das Empresas de Plataformas Digitais: Empresas Prestadoras de Serviços. A utilização de instrumento digital pelas empresas de plataformas digitais, como recurso tecnológico para realizar as suas atividades econômicas, não as qualificam como "empresas de tecnologia" voltadas à intermediação ou emparelhamento entre a demanda e a oferta de serviço (*marketplace*), mas tão somente como empresas prestadoras de serviços que se utilizam de tecnologia para realização do seu negócio, mediante a contratação de trabalhadores sob sua responsabilidade e oferta de serviços aos clientes em ambiente virtual.

4. Direito à Sindicalização e à Negociação Coletiva. Direito fundamental à sindicalização. Trabalhadores em plataforma. Princípio constitucional. Patamar mínimo civilizatório. O direito à livre associação profissional ou sindical (art. 8º, CF/1988) deve ser assegurado aos trabalhadores em plataforma, independentemente da celeuma existente sobre a classificação jurídica acerca da modalidade referente à relação de trabalho.

5. Liberdade de Contratar e Escolha Substancial Digital. Liberdade de contratar trabalho e contratos de adesão. A liberdade de contratar pressupõe a possibilidade material de interferir na formulação do contrato, mormente suas cláusulas estruturais, relacionadas com o tempo de trabalho e a contraprestação. A adesão a contratos baseados em formulários digitais ao estilo *take or leave*, não representa a liberdade de contratar, sendo suas cláusulas interpretadas de modo estrito quanto ao estipulante e de relativa validade quanto ao aderente.

6. Trabalhadores em Plataformas Digitais. Tutela Jurídica Baseada em Classificação como Categoria Intermediária ou *Sui Generis*. Incompatibilidade com a Isonomia Convencional e Constitucional.

I – A classificação dos trabalhadores de plataformas digitais em categorias *sui generis* ou intermediárias, a exemplo dos supostos parassubordinados, é incompatível com a tutela adequada de seus direitos, pois a realidade da prestação dos serviços apresenta os mesmos pressupostos das relações de trabalho tradicionais.

II – A diretriz geral isonômica, informada pela Constituição Federal e pelas normas internacionais, norteia todo o sistema e assegura aos trabalhadores digitais os mesmos direitos garantidos aos demais, reservando-se, à legislação infraconstitucional e à negociação coletiva, estabelecer condições de trabalho superiores aos patamares mínimos e disciplinar as peculiaridades da prestação de serviços.

7. Gerenciamento Algorítmico e Subordinação.

I – Algoritmos são conjuntos de etapas de um processo em que o objetivo é a solução de um problema ou a execução de uma tarefa.

II – O gerenciamento algorítmico, do ponto de vista da organização do trabalho, implica a transferência da administração da mão de obra para os algoritmos.

III – Trata-se da automação de atividades anteriormente atribuídas a gerentes, contadores, atendentes e trabalhadores do setor de recursos humanos. Por meio da programação algorítmica ocorre a distribuição de atividades entre os trabalhadores, a fixação do valor do trabalho, a indicação do tempo para realização de dada tarefa, a duração de pausas, a avaliação dos trabalhadores, a aplicação de sanções, dentre outras formas de controle.

IV – Subordinação configurada.

V – Aplicação do parágrafo único do art. 6º da CLT.

8. Gamificação e Subordinação.

I – A gamificação (ou ludificação) é uma prática em que se adotam técnicas comuns aos videogames em situações de não jogo, com o propósito de motivar uma determinada pessoa ou um grupo a executar uma determinada tarefa.

II – Existem diversas empresas proprietárias de plataformas digitais que adotam a gamificação para modular o comportamento dos trabalhadores, partindo de enfoques em incentivos psicológicos e outras técnicas criadas pelas ciências sociais para influenciar quando, onde e quanto os trabalhadores executarão as suas atividades sem que transpareça que isso ocorre de acordo com as necessidades da empresa.

III – Poder diretivo configurado.

IV – Aplicação dos arts. 2º, 3º e 6º, parágrafo único, da CLT.

9. Enfoque no Controle das Empresas Proprietárias de Plataformas Digitais.

I – A forma pela qual o poder judiciário examina a dinâmica do trabalho via plataformas digitais é essencial para a compreensão do fenômeno e a devida aplicação do direito no caso concreto.

II – As decisões judiciais devem analisar o controle exercido pelas empresas proprietárias das plataformas digitais sobre a atividade desempenhada.

10. Poder Diretivo das Empresas Proprietárias de Plataformas Digitais.

I – O poder diretivo no trabalho via plataformas digitais manifesta-se por meio da tecnologia, no entanto, contempla as mesmas premissas do poder diretivo tradicional na medida em que representa um conjunto de comandos impostos por um empregador em uma relação de emprego.

II – Envolve ordens relacionadas ao tempo, ao espaço e a forma sobre como o trabalho deve ser realizado, voltando-se diretamente à conduta do trabalhador, com um conteúdo de obrigações de fazer ou não fazer.

III – Nesse sentido, o poder hierárquico encontrado nessa nova morfologia de trabalho está subsumido às regras dos arts. 2º, 3º e 6º da CLT.

11. Poder Regulamentar das Empresas Proprietárias de Plataformas Digitais.

I – O poder regulamentar exercido pelas empresas proprietárias de plataformas digitais consiste no mais amplo dos seus poderes empregatícios.

II – Com a possibilidade de alteração unilateral dos sujeitos contratuais, condições de preço, modo de prestação dos serviços, responsabilidade dos envolvidos, prazos e características das ferramentas de trabalho, o poder regulamentar das plataformas digitais, em seus moldes atuais, viola dispositivos do direito civil e do direito do trabalho, ao tempo em que, como contraface da subordinação, autoriza o reconhecimento do vínculo empregatício.

12. Poder Fiscalizatório das Empresas Proprietárias de Plataformas Digitais.

I – As empresas proprietárias das plataformas digitais exercem intenso controle sobre todas as atividades dos seus trabalhadores, característico do poder empregatício.

II – Essa supervisão patronal atinge aspectos espaciais, temporais e relacionados à própria conduta dos empregados, com um monitoramento em tempo real e total registro e quantificação por parte dos algoritmos.

III – Referida vigilância sobre todos os elementos da prestação de serviço realizada, no entanto, é incompatível com as características de um trabalho autônomo.

13. Expressões do Poder Disciplinar.

I – As empresas proprietárias das plataformas digitais exercem o poder disciplinar através da imposição de sanções como advertências, suspensões e demissões, ainda que tais medidas punitivas sejam aplicadas por meio de tecnologia e tenham nomenclatura diferenciada.

II – Essas punições podem ser visualizadas através de críticas, rebaixamento de notas, bloqueios, multas, direcionamento de tarefas desvantajosas, ou através de desativações.

III – Enquanto poder empregatício, o poder disciplinar é outro elemento incompatível com o trabalho autônomo, que autoriza o reconhecimento do contrato de trabalho diante do caso concreto.

14. Flexibilidade de Jornada e Recusa à Convocação não Impedem o Reconhecimento do Vínculo de Emprego. Trabalho externo e jornada flexível (art. 6º e 62 da CLT) e recusa à convocação ao trabalho (art. 452-A, § 2º, da CLT) não impedem a formação do vínculo de emprego, desde que presentes os requisitos do art. 3º da CLT.

15. A Precarização da Relação Jurídica Laboral. Inversão do Risco Negocial. Mecanismo de Perpetuação de Dependência Laboral. A transferência do risco negocial da plataforma digital para o trabalhador é abusiva diante da suposta autonomia do prestador de serviço. A absorção de quase totalidade dos custos de existência e manutenção da relação jurídica representam a contradição existente no fato do prestador receber maior parte do valor do trabalho, mas permanecer na condição de hipossuficiente dependente e facilmente descartável para a plataforma que pune e expulsa parceiros de forma unilateral com base em avaliações algorítmicas. Assim, a precarização laboral disfarçada de autonomia se manifesta pela inversão negocial em que o trabalhador suporta quase todos os prejuízos do negócio em troca de falsa autonomia sutilmente controlada pela política de gestão de preços e custos elevados do serviço.

16. A CLT já Regula, com Flexibilidade, o Trabalho em Plataformas Digitais de Transporte e de Entregas. Os artigos 235-A até 235-H da CLT sobre o "motorista profissional empregado" comportam a jornada flexível dos entregadores e motoristas de plataformas digitais, pois o assalariamento ali é baseado em "tarefa". O assalariamento por "tarefa" é previsto na CLT nos seus arts. 78 e 83. No caso de motoristas de veículos ou motocicletas das empresas-plataformas, a CLT viabiliza que o horário de trabalho não seja fixo (art. 235-G, § 13), que o salário seja por esta tarefa de transportar pessoa ou coisa (art. 235-G). Ainda, é direito desses trabalhadores plataformizados com salário por "tarefa" o direito ao salário mínimo hora, conforme art. 83 da CLT.

17. As Organizações de Trabalhadores Plataformizados – Sejam eles Empregados ou Autônomos – Podem Ser Reconhecidas como Sindicatos. O *caput* do artigo 511 da CLT já alcança a representação dos trabalhadores de empresas do modelo de plataformas digitais, estejam eles na condição de autônomos ou de empregados. Logo, as organizações dos trabalhadores "plataformizados" têm o direito de representar esta categoria profissional e, consequentemente, defender judicialmente seus interesses. A concessão do registro sindical, então, às organizações desses trabalhadores não está condicionada ao debate sobre a existência de vínculo empregatício, pois a legislação reconhece tanto o sindicalismo de empregados como de autônomos.

18. Reconhecimento da Representatividade das Entidades Sindicais de Motoristas Plataformizados para Postular em Juízo Direitos da Categoria. Legitimidade. O reconhecimento da representatividade das entidades sindicais de motoristas plataformizados advém diretamente do artigo 8º da Constituição da República de 1988, não podendo a ausência de registro sindical constituir óbice ao exercício do direito fundamental à liberdade sindical, devendo ser reconhecida legitimidade processual desses entes sindicais para demandar em juízo na defesa dos interesses da categoria, quando comprovados o estatuto sindical, a ata de fundação e aprovação de estatuto, eleição e posse da diretoria e do conselho fiscal, registro do sindicato no cartório de registro de pessoas jurídicas, inscrição no cadastro nacional de pessoa jurídica — CNPJ, e publicações em jornal de grande circulação noticiando a sua criação ou exercício de atividade representativa.

19. A Digitalização da Economia e a Evolução Tecnológica. A digitalização da economia e a evolução tecnológica possibilitaram o surgimento de novas formas de organização, direção e controle sobre os trabalhadores, sem que isso tenha alterado a relação de dependência e subordinação do trabalho assalariado. Os poderes de organização, diretivo e disciplinar do empregador podem ser exercidos, efetiva e potencialmente, até de forma mais intensa, por meio de programação algorítmica, da geolocalização, de instrumentos e plataformas digitais, sem a presença de gerentes, supervisores, chefes ou outros prepostos do empregador. Os meios digitais ou telemáticos de comando, controle e supervisão do labor sob demanda de entregadores de mercadorias e alimentos por meio de plataformas digitais equiparam-se, para fins de subordinação jurídica, aos meios pessoais e diretos de comando, controle e supervisão do trabalho exercido por conta alheia.

SOCIEDADE DIGITAL, MEIO AMBIENTE DO TRABALHO E LGPD

1. Meio Ambiente do Trabalho Digital. O meio ambiente do trabalho é condicionado e delimitado pela esfera da atividade econômica patrocinada pelo empregador, pelo prestador e pelo tomador de serviços, por meio das mais variadas formas jurídicas. Os riscos criados por tais atividades em rede tem potencial efeito poluidor, de onde emergem os deveres jurídicos de sustentabilidade e de prevenção de tais riscos sobre o patrimônio jurídico dos seres humanos envolvidos. A incidência dos artigos 200, inciso VIII, e 225 da Constituição da República, ganha densidade jurídica quando o dano decorrente da atividade econômica digital é imputável a todas as empresas que patrocinam essa atividade, com maior ou menor intensidade, como consequência do princípio poluidor-pagador, o que ganha especial relevância nas empresas de logística.

2. Responsabilidade Jurídica do Setor de Transportes. A Lei nº 13.429/2017 passou a conceituar prestador de serviços e tomador de serviços, permitindo a execução dos contratos de prestação de serviços em atividades indistintas das empresas tomadoras e imputando ao tomador a responsabilidade jurídica pelo meio ambiente do trabalho interno ou local por ela designado. As empresas de transportes, mediadas ou não por plataformas digitais, são sempre responsáveis pelos riscos criados na atividade, quer quanto aos passageiros, quer quanto aos prestadores de serviços, quer quanto aos seus empregados. Inteligência dos artigos 5º e 9º da Lei nº 13.429/2017.

3. A LGPD e os Limites da Autonomia Privada Coletiva. Admite-se a possibilidade de regulamentação de proteção de dados para os trabalhadores em norma coletiva negociada, mas apenas para ampliar o direito fundamental assegurado no art. 5º, inciso LXXIX, da Constituição Federal de 1988, jamais para restringi-lo, em consonância com o princípio de vedação de retrocesso social, da dignidade da pessoa humana, da cidadania e da eficácia direta dos direitos fundamentais na relação de emprego.

4. Prioridade Absoluta na Análise das Ações e Incidentes Processuais que Digam Respeito à Ação Preventiva em Relação aos Riscos de Acidentes Ambientais Trabalhistas Ampliados. As recentes tragédias ambientais, com mortes e doenças, instantâneas ou crônicas, demandam seja priorizada a apreciação de ações e pedidos de tutela, em todas as instâncias, visando dar efetividade aos princípios ambientais da prevenção e da precaução, da forma como vem sendo destacada pelo STF. Responsabilidade institucional do sistema de justiça com o direito concreto ao meio ambiente ecologicamente equilibrado, essencial à sadia qualidade de vida, também no espaço laboral, dando relevo aos comandos constitucionais e à normativa internacional de afirmação dos direitos humanos. Pertinência da agenda 2030 da ONU.

5. Empresas-Plataforma. Dados e Contrato de Trabalho. Com fundamento no artigo 20 da LGPD, os trabalhadores contratados por empresas-plataforma, bem como os sindicatos que os representem, têm o direito de conhecer: I – o conteúdo de seus contratos de trabalho e termos de uso; II – os critérios utilizados na fixação da remuneração; III – os critérios para a distribuição dos chamados; IV – os critérios e motivos de bloqueios e desligamentos; V – de forma prévia, qualquer alteração nos seus contratos de trabalho; VI – os dados coletados do seu trabalho, como conversas, trajetos, relativos à atividade, e a sua destinação.

6. Notificação Obrigatória de Agravos à Saúde de Trabalhador de Aplicativo. O trabalhador cuja atividade é organizada por aplicativos e plataformas digitais deve ter a garantia de meio ambiente do trabalho equilibrado. As suas atividades e riscos se apresentam em todas as dimensões reconhecidas do meio ambiente, a saber, natural e artificial (laboral, urbano, cultural e digital), devendo o mantenedor zelar pela observância da prevenção. A decisão judicial que reconhecer a ocorrência de acidente ou agravo à saúde relacionado ao trabalhador gerido por plataformas digitais deve determinar a expedição da comunicação de acidente do trabalho – CAT e a notificação da vigilância em saúde do trabalhador – VISAT para registro no sistema de informação de agravos de notificação – SINAN, independentemente de eventual não reconhecimento do vínculo empregatício.

7. O Veículo Utilizado pelo Trabalhador Cadastrado na Plataforma Digital Integra seu Meio Ambiente de Trabalho. A organização é responsável pelo meio ambiente do trabalho, que engloba a preservação das condições de manutenção e segurança dos veículos e utensílios utilizados pelos trabalhadores cadastrados no atendimento à sua atividade.

8. Dever das Empresas Proprietárias de Plataformas Digitais de Promoção da Saúde do Trabalhador. O dever de promoção e de proteção da saúde inclui o dever de vigilância em saúde do trabalhador para a compreensão do impacto das novas tecnologias na saúde dessa população (art. 6º, § 3º, IV, da Lei nº 8.080/1990). As ações de vigilância em saúde devem ser documentadas e abranger os trabalhadores que atuam cadastrados na plataforma digital. Inteligência dos art. 7º, XXII, da Constituição Federal, art. 3º, 3, da Convenção nº 155 da Organização Internacional do Trabalho, art. 3º, I, da Convenção nº 161 da Organização Internacional do Trabalho, art. 18 do Regulamento Sanitário Internacional e Decreto nº 7.602/2011.

ACESSO À JUSTIÇA E PROVAS DIGITAIS

1. Competência da Justiça do Trabalho.

I – A competência é definida pelo pedido e pela causa de pedir formulados na petição inicial, o que aponta para a sua determinação em abstrato, sem qualquer exame do mérito e das provas produzidas nos autos (teoria da asserção).

II – Demandas relacionadas às relações de trabalho entre trabalhadores e empresas proprietárias de plataformas digitais são de competência material da justiça do trabalho, conforme ampliação de sua competência prevista no artigo 114 da Constituição Federal, promovida pela EC nº 45/2004. III. Aplicação do artigo 114, incisos I e IX, do texto constitucional.

2. Legitimidade da Produção das Provas Digitais no Processo do Trabalho. Provas digitais. Legitimidade e viabilidade de produção no processo do trabalho. Tanto a parte interessada pode requerer, quanto o magistrado pode determinar de ofício a produção de provas digitais. A única restrição é quanto aos dados em trânsito, conforme o art. 5º, XII, da CF/1988, pois nessa hipótese a obtenção dos dados implica interceptação, restrita ao processo penal e à investigação criminal, sendo possível para os dados que estão armazenados nos dispositivos. Inteligência do art. 22 da Lei nº 12.965 de 23 de abril de 2014 (Marco Civil da Internet) e do art. 7º, VI, da Lei nº 13.709 de 18 de abril de 2018 (Lei Geral de Proteção de Dados – LGPD).

3. Privacidade e Proteção de Dados vs. Devido Processo Legal, na Produção das Provas Digitais. Provas digitais. Privacidade e proteção de dados *x* devido processo legal. Tanto o direito à privacidade e à proteção de dados (art. 5º, X e LXXIX, respectivamente) quanto o direito à prova, corolário do devido processo legal (art. 5º, LIV), são direitos fundamentais, de modo que se houver conflito entre esses direitos, o juiz deve utilizar a técnica da ponderação dos valores fundamentais envolvidos.

4. Perícias Judiciais por Telemedicina. Perícias psiquiátrica e psicológica realizadas por meio virtual (telemedicina) como via de acesso à justiça. Possibilidade a critério do juiz, observada a legislação regulamentadora do ato médico e dos conselhos profissionais correspondentes.

5. Sistemas de Coleta de Geolocalização do Google. Sistemas de coleta de geolocalização do Google. Meio de comprovação do trabalho e tempo de trabalho. Em se tratando de controvérsia judicial sobre a prestação de serviços, dias e horários trabalhados, dados colhidos do celular utilizado pelo trabalhador (usuário), por meio do GPS (*Global Positioning System*), que coleta dados em tempo real, constitui prova digital válida.

6. Registros de Geolocalização – Meio de Prova. Os registros de geolocalização podem ser utilizados como meio de prova em processo judicial, desde que observados os requisitos de necessidade e proporcionalidade, não havendo direito líquido e certo à produção de tal prova, quando os fatos puderem ser demonstrados pelos meios ordinários e menos invasivos da privacidade das partes.

TABELA DE LEIS REGULAMENTADORAS DE PROFISSÕES

LEI Nº	EMENTA
2.757/1956	Dispõe sobre a situação dos empregados **porteiros, zeladores, faxineiros e serventes de prédios** de apartamentos residenciais.
3.207/1957	Regulamenta as atividades dos empregados **vendedores, viajantes ou pracistas**.
3.999/1961	Altera o salário mínimo dos **médicos e cirurgiões dentistas**.
4.886/1965	Regula as atividades dos **representantes comerciais autônomos**.
4.950-A/1966	Dispõe sobre a remuneração de profissionais diplomados em **Engenharia, Química, Arquitetura, Agronomia e Veterinária**.
7.377/1985	Dispõe sobre o exercício da profissão de **secretário**.
9.719/1998	Dispõe sobre normas e condições gerais de proteção ao trabalho **portuário**.
10.220/2001	Institui normas gerais relativas à atividade de **peão de rodeio**, equiparando-o a atleta profissional.
11.760/2008	Dispõe sobre a profissão de **Oceanógrafo**.
12.467/2011	Dispõe sobre a regulamentação do exercício da profissão de **Sommelier**.
12.468/2011	Regulamenta a profissão de **taxista**.
12.790/2013	Dispõe sobre a regulamentação do exercício da profissão de **comerciário**.
12.842/2013	Dispõe sobre o exercício da Medicina.
12.867/2013	Regula a profissão de **árbitro de futebol**.
12.870/2013	Dispõe sobre o exercício da atividade profissional de **vaqueiro**.
13.103/2015	Dispõe sobre o exercício da profissão de **motorista**.
13.180/2015	Dispõe sobre a profissão de artesão.
13.601/2018	Regulamenta o exercício da profissão de *Técnico em Biblioteconomia*
13.643/2018	Regulamenta as profissões de Esteticista, que compreende o *Esteticista* e *Cosmetólogo*, e de *Técnico em Estética*.
13.653/2018	Dispõe sobre a regulamentação da profissão de *arqueólogo* e dá outras providências.
14.282/2021	Regulamenta o exercício da profissão de despachante documentalista.
14.725/2023	***Regula a profissão de sanitarista***

LEI COMPLEMENTAR Nº	EMENTA
150/2015	Dispõe sobre o contrato de trabalho doméstico.

DEC.-LEI Nº	EMENTA
691/1969	Dispõe sobre a não aplicação, aos contratos de **técnicos estrangeiros**, com estipulação de pagamento de salários em moeda estrangeira, de diversas disposições da legislação trabalhista.

HISTÓRICO DO SALÁRIO MÍNIMO BRASILEIRO

SALÁRIO MÍNIMO BRASILEIRO		
VIGÊNCIA	**FUNDAMENTO LEGAL**	**VALOR**
4-7-1940	Dec.-lei nº 2.162/1940	240 mil réis
1º-1-1943	Dec.-lei nº 5.670/1943	Cr$ 300,00
1º-12-1943	Dec.-lei nº 5.977/1943	Cr$ 380,00
1º-1-1952	Dec. nº 30.342/1951	Cr$ 1.200,00
4-7-1954	Dec. nº 35.450/1954	Cr$ 2.400,00
1º-8-1956	Dec. nº 39.604-A/1956	Cr$ 3.800,00
1º-1-1959	Dec. nº 45.106-A/1958	Cr$ 6.000,00
18-10-1960	Dec. nº 49.119-A/1960	Cr$ 9.600,00
16-10-1961	Dec. nº 51.336/1961	Cr$ 13.440,00
1º-1-1963	Dec. nº 51.631/1962	Cr$ 21.000,00
24-2-1964	Dec. nº 53.578/1964	Cr$ 42.000,00
1º-2-1965	Dec. nº 55.803/1965	CR$ 66.000,00
1º-3-1966	Dec. nº 57.900/1966	Cr$ 84.000,00
1º-3-1967	Dec. nº 60.231/1967	NCr$ 15,00
26-3-1968	Dec. nº 62.461/1968	NCr$ 129,60
1º-5-1969	Dec. nº 64.442/1969	NCr$ 156,00
1º-5-1970	Dec. nº 66.523/1970	NCr$ 187,20
1º-5-1971	Dec. nº 68.576/1971	Cr$ 225,60
1º-5-1972	Dec. nº 70.465/1972	Cr$ 268,80
1º-5-1973	Dec. nº 72.148/1973	Cr$ 312,00
1º-5-1974	Dec. nº 73.995/1974	Cr$ 376,80
1º-12-1974	Lei nº 6.147/1974	Cr$ 415,20
1º-5-1975	Dec. nº 75.679/1975	Cr$ 532,80
1º-5-1976	Dec. nº 77.510/1976	Cr$ 768,00
1º-5-1977	Dec. nº 79.610/1977	Cr$ 1.016,40
1º-5-1978	Dec. nº 81.615/1978	Cr$ 1.560,00
1º-5-1979	Dec. nº 84.135/1979	Cr$ 2.268,00
1º-11-1979	Dec. nº 84.135/1979	Cr$ 2.932,80
1º-5-1980	Dec. nº 84.674/1980	Cr$ 4.149,60
1º-11-1980	Dec. nº 85.310/1980	Cr$ 5.788,80
1º-5-1981	Dec. nº 85.950/1981	Cr$ 8.464,80

SALÁRIO MÍNIMO BRASILEIRO		
VIGÊNCIA	FUNDAMENTO LEGAL	VALOR
1º-11-1981	Dec. nº 86.514/1981	Cr$ 11.928,00
1º-5-1982	Dec. nº 87.139/1982	Cr$ 16.068,00
1º-11-1982	Dec. nº 87.743/1982	Cr$ 23.568,00
1º-5-1983	Dec. nº 88.267/1983	Cr$ 34.776,00
1º-11-1983	Dec. nº 88.930/1983	Cr$ 57.120,00
1º-5-1984	Dec. nº 89.589/1984	Cr$ 97.176,00
1º-11-1984	Dec. nº 90.301/1984	Cr$ 166.560,00
1º-5-1985	Dec. nº 91.213/1985	Cr$ 333.120,00
1º-11-1985	Dec. nº 91.861/1985	Cr$ 600.000,00
1º-3-1986	Dec.-lei nº 2.284/1986	Cz$ 84,00
1º-1-1987	Port. nº 3.109/1987	Cz$ 964,80
1º-3-1987	Dec. nº 94.062/1987	Czr$ 368,00
1º-5-1987	Port. nº 3.149/1987	Cz$ 1.641,60
1º-6-1987	Port. nº 3.175/1987	Cz$ 1.969,92
10-8-1987	Dec.-lei nº 2.351/1987	Cz$ 1.970,00
1º-9-1987	Dec. nº 94.815/1987	Cz$ 2.400,00
1º-10-1987	Dec. nº 94.989/1987	Cz$ 2.640,00
1º-11-1987	Dec. nº 95.092/1987	Cz$ 3.000,00
1º-12-1987	Dec. nº 95.037/1987	Cz$ 3.600,00
1º-1-1988	Dec. nº 95.479/1987	Cz$ 4.500,00
1º-2-1988	Dec. nº 95.686/1988	Cz$ 5.280,00
1º-3-1988	Dec. nº 95.758/1988	Cz$ 6.240,00
1º-4-1988	Dec. nº 95.884/1988	Cz$ 7.260,00
1º-5-1988	Dec. nº 95.987/1988	Cz$ 8.712,00
1º-6-1988	Dec. nº 96.017/1988	Cz$ 10.368,00
1º-7-1988	Dec. nº 96.235/1988	Cz$ 12.444,00
1º-8-1988	Dec. nº 96.442/1988	Cz$ 15.552,00
1º-9-1988	Dec. nº 96.625/1988	Cz$ 18.960,00
1º-10-1988	Dec. nº 96.857/1988	Cz$ 23.700,00
1º-11-1988	Dec. nº 97.024/1988	Cz$ 30.800,00
1º-12-1988	Dec. nº 97.151/1988	Cz$ 40.425,00
1º-1-1989	Dec. nº 97.385/1988	NCz$ 63,90
1º-5-1989	Dec. nº 97.696/1989	NCz$ 81,40
1º-6-1989	Lei nº 7.789/1989	NCz$ 120,00
3-7-1989	Dec. nº 97.915/1989	NCz$ 149,80
1º-8-1989	Dec. nº 98.006/1989	NCz$ 192,88
1º-9-1989	Dec. nº 98.018/1989	NCz$ 249,48
1º-10-1989	Dec. nº 98.211/1989	NCz$ 381,73
1º-11-1989	Dec. nº 98.346/1989	NCz$ 557,31
1º-12-1989	Dec. nº 98.456/1989	NCz$ 788,12
1º-1-1990	Dec. nº 98.783/1989	NCz$ 1.283,95
1º-2-1990	Dec. nº 98.900/1990	NCz$ 2.004,37
1º-3-1990	Dec. nº 98.985/1990	NCz$ 3.674,6
1º-4-1990	Port. nº 191-A/1990	Cr$ 3.674,6

SALÁRIO MÍNIMO BRASILEIRO		
VIGÊNCIA	FUNDAMENTO LEGAL	VALOR
1º-5-1990	Port. nº 289/1990	Cr$ 3.674,6
1º-6-1990	Port. nº 38/1990	Cr$ 3.857,66
1º-7-1990	Port. nº 415/1990	Cr$ 4.094,76
1º-8-1990	Portarias nºs 429/1990 e 3.557/1990	Cr$ 5.023,46
1º-9-1990	Port. nº 512/1990	Cr$ 6.056,31
1º-10-1990	Port. nº 561/1990	Cr$ 6.425,14
1º-11-1990	Port. nº 631/1990	Cr$ 8.329,55
1º-12-1990	Port. nº 729/1990	Cr$ 8.836,82
1º-1-1991	Port. nº 854/1990	Cr$ 12.325,60
1º-2-1991	Lei nº 8.178/1991	Cr$ 15.895,46
1º-3-1991	Lei nº 8.178/1991	Cr$ 17.000,00
1º-9-1991	Lei nº 8.222/1991	Cr$ 42.000,00
1º-1-1992	Lei nº 8.222/1991 e Port. do MEFP nº 42/1992	Cr$ 96.037,33
1º-5-1992	Lei nº 8.419/1992	Cr$ 230.000,00
1º-9-1992	Lei nº 8.419/1992 e Port. do MEFP nº 61/1992	Cr$ 522.186,94
1º-1-1993	Lei nº 8.542, de 23-12-1992	Cr$ 1.250.700,00
1º-3-1993	Port. Interministerial nº 4/1993	Cr$ 1.079.400,00
1º-5-1993	Port. Interministerial nº 7/1993	Cr$ 3.033.300,00
1º-7-1993	Port. Interministerial nº 11/1993	Cr$ 4.639.800,00
1º-8-1993	Port. Interministerial nº 12/1993	CR$ 5.534,00
1º-9-1993	Port. Interministerial nº 14/1994	CR$ 9.066,00
1º-10-1993	Port. Interministerial nº 15/1993	CR$ 12.024,00
1º-11-1993	Port. Interministerial nº 17/1993	CR$ 15.021,00
1º-12-1993	Port. Interministerial nº 19/1993	CR$ 18.760,00
1º-1-1994	Port. Interministerial nº 20/1993	CR$ 32.882,00
1º-2-1994	Port. Interministerial nº 2/1994	CR$ 42.829,00
1º-3-1994	Port. Interministerial nº 4/1994	URV 64,79 = R$ 64,79
1º-7-1994	MP nº 566, de 29-7-1994	R$ 64,79
1º-9-1994	Lei nº 9.063, de 14-6-1995	R$ 70,00

SALÁRIO MÍNIMO BRASILEIRO		
VIGÊNCIA	FUNDAMENTO LEGAL	VALOR
1º-5-1995	Lei nº 9.032, de 28-4-1995	R$ 100,00
1º-5-1996	Lei nº 9.971, de 18-5-2000	R$ 112,00
1º-5-1997	MP nº 1.946-38, de 30-3-2000	R$ 120,00
1º-5-1998	MP nº 1.947-25, de 30-3-2000	R$ 130,00
1º-5-1999	MP nº 1.933-12, de 30-3-2000	R$ 136,00
3-4-2000	Lei nº 9.971, de 18-5-2000	R$ 151,00
1º-4-2001	MP nº 2.194-6, de 23-8-2001	R$ 180,00
1º-4-2002	Lei nº 10.525, de 6-8-2002	R$ 200,00
1º-4-2003	Lei nº 10.699, de 9-7-2003	R$ 240,00
1º-5-2004	Lei nº 10.888, de 24-6-2004	R$ 260,00
1º-5-2005	Lei nº 11.164, de 18-8-2005	R$ 300,00
1º-4-2006	Lei nº 11.321, de 7-7-2006	R$ 350,00
1º-4-2007	Lei nº 11.498, de 28-6-2007	R$ 380,00
1º-3-2008	Lei nº 11.709, de 19-6-2008	R$ 415,00
1º-2-2009	Lei nº 11.944, de 28-5-2009	R$ 465,00
1º-1-2010	Lei nº 12.255, de 15-6-2010	R$ 510,00
1º-1-2011	MP nº 516, de 30-12-2010	R$ 540,00
1º-3-2011	Lei nº 12.382, de 25-2-2011	R$ 545,00
1º-1-2012	Dec. nº 7.655, de 23-12-2011	R$ 622,00
1º-1-2013	Dec. nº 7.872, de 26-12-2012	R$ 678,00
1º-1-2014	Dec. nº 8.166, de 23-12-2013	R$ 724,00
1º-1-2015	Dec. nº 8.381, de 29-12-2014	R$ 788,00
1º-1-2016	Dec. nº 8.618, de 29-12-2015	R$ 880,00
1º-1-2017	Dec. nº 8.948, de 29-12-2016	R$ 937,00
1º-1-2018	Dec. nº 9.255, de 29-12-2017	R$ 954,00
1º-1-2019	Dec. nº 9.661, de 1º-1-2019	R$ 998,00
1º-1-2020	Lei nº 14.013, de 10-6-2020	R$ 1.039,00
1º-2-2020	Lei nº 14.013, de 10-6-2020	R$ 1.045,00
1º-1-2021	Lei nº 14.158, de 2-6-2021	R$ 1.100,00
1º-1-2022	MP nº 1.091, de 30-12-2021	R$ 1.212,00
1º-1-2022	Lei nº 14.358, de 1º-6-2022	R$ 1.212,00
1º-5-2023	***Lei nº 14.663, de 28-8-2023***	***R$ 1.320,00***
1º-1-2024	***Dec. nº 11.864, de 27-12-2023***	***R$ 1.412,00***

QUADRO DAS NORMAS REGULAMENTADORAS DE SEGURANÇA E SAÚDE DO TRABALHO

NR	CONTEÚDO
01	Disposições gerais – regras que servem à interpretação e à aplicação das NRs.
02	Inspeção prévia – regulamenta a previsão do artigo 160 da Consolidação das Leis do Trabalho, que exige prévia inspeção de quaisquer estabelecimentos.
03	Embargo e Interdição – regulamenta a previsão do artigo 161 da Consolidação das Leis do Trabalho, que permite a interdição dos estabelecimentos fiscalizados pela Superintendência Regional do Trabalho na inspeção previa, ou em fiscalização de rotina.
04	Serviços Especializados em Engenharia de Segurança em Medicina do Trabalho – regulamenta a previsão do artigo 162 da Consolidação das Leis do Trabalho, que exige a instalação dos serviços especializados para quaisquer entidades públicas ou privadas, que mantenham empregados regidos pela CLT.
05	Comissão Interna de Prevenção de Acidentes – CIPA – regulamenta a previsão do artigo 163 da Consolidação das Leis do Trabalho, que exige a constituição de CIPA nos estabelecimentos. Aplicável aos estabelecimentos com 20 ou mais empregados.

NR	CONTEÚDO
06	Equipamentos de Proteção Individual – EPI – regulamenta os artigos 166 e 167 da Consolidação das Leis do Trabalho, que tratam dos EPIs.
07	Programa de Controle Médico da Saúde Ocupacional – PCMSO – regulamenta o capítulo V, Seção V do Título II da Consolidação das Leis do Trabalho, artigos 168 e 169 da Consolidação das Leis do Trabalho, que estabelece obrigatoriedade de medidas preventivas de garantia à saúde ocupacional dos empregados.
08	Edificações – regulamenta os artigos 170 a 174 da Consolidação das Leis do Trabalho, que tratam das condições regulares das edificações nos estabelecimentos que abriguem empregados.
09	Programa de Prevenção de Riscos Ambientais – PPRA – regulamenta a prevenção contra riscos ambientais, artigos 198 a 200 da Consolidação das Leis do Trabalho, substituindo as regras antes contidas nos artigos 202 a 223 da Consolidação das Leis do Trabalho.
10	Segurança em Instalações e Serviços em Eletricidade - Instalações elétricas – regulamenta os artigos 179 a 181 da Consolidação das Leis do Trabalho, que determinam regras para as instalações elétricas dos estabelecimentos com empregados.
11	Transporte, Movimentação, Armazenagem e Manuseio de Materiais.
12	Máquinas e Equipamentos – regulamenta os artigos 184 a 186 da Consolidação das Leis do Trabalho, que estabelecem padrões de segurança nas máquinas utilizadas por empregados.
13	Caldeiras e Vasos de Pressão – regulamenta os artigos 187 e 188 da Consolidação das Leis do Trabalho, que estabelecem padrões de segurança para esses tipos de equipamentos industriais.
14	Fornos – regulamenta os artigos 187, parágrafo único, e 188, parágrafo terceiro, da Consolidação das Leis do Trabalho, que tratam da segurança na instalação dos fornos industriais.
15	Atividades e Operações Insalubres – regulamenta os artigos 190 e 195 da Consolidação das Leis do Trabalho, especificando as condições e operações insalubres e indicando os graus do adicional devido em cada espécie de operação.
16	Atividades e Operações Perigosas – regulamenta os artigos 193 e 195 da Consolidação das Leis do Trabalho, conceituando e especificando as atividades perigosas.
17	Ergonomia – regulamenta as condições dos equipamentos e mobiliário para assegurar conforto e adequação física aos empregados.

NR	CONTEÚDO
18	Condições e Meio Ambiente de Trabalho na Indústria da Construção – Construção civil – estabelece diretrizes de ordem administrativa, de planejamento e de organização, que objetivam a implementação de medidas de controle e sistemas preventivos de segurança nos processos, nas condições e no meio ambiente de trabalho na Indústria da Construção.
19	Explosivos – regulamenta as condições de armazenagem, transporte e manuseio de explosivos, operação perigosa, segundo o artigo 193 da Consolidação das Leis do Trabalho.
20	Líquidos e Combustíveis e Inflamáveis – regulamenta as condições de armazenagem, transporte e manuseio de líquidos e combustíveis inflamáveis, operação perigosa, segundo o artigo 193 da Consolidação das Leis do Trabalho.
21	Trabalho a Céu Aberto – regulamenta o artigo 200, V da Consolidação das Leis do Trabalho, estabelecendo as condições de trabalho a céu aberto.
22	Segurança e Saúde Ocupacional na Mineração – Mineração – regulamenta as condições de trabalho na mineração.
23	Proteção Contra Incêndios – especifica as obrigações mínimas de proteção dos empregados contra incêndios nos estabelecimentos.
24	Instalações Sanitárias e de Conforto nos Locais de Trabalho – regulamenta o artigo 200, VII da Consolidação das Leis do Trabalho, estabelecendo regras de construção, manutenção e higiene nas instalações sanitárias dos estabelecimentos com empregados.
25	Resíduos Industriais – regula o tratamento dos resíduos industriais sólidos, líquidos e gasosos, com vistas à proteção da saúde dos trabalhadores do estabelecimento.
26	Sinalização de Segurança – estabelece padrão da sinalização de segurança nos estabelecimentos com empregados.
27	Registro profissional de técnico de segurança do trabalho no MTB – *Revogada* pela Portaria nº 262/2008.
28	Fiscalização e Penalidades – regulamenta o Título VII da Consolidação das Leis do Trabalho.
29	Norma Regulamentadora de Segurança e Saúde no Trabalho Portuário – regulamenta as condições de saúde, prevenção de riscos e segurança no trabalho dos portuários, tanto em terra, quanto a bordo.

NR	CONTEÚDO
30	Norma Regulamentadora de Segurança e Saúde no Trabalho Aquaviário – regulamenta as condições de saúde, prevenção de riscos e segurança no trabalho dos aquaviários, tanto em embarcações nacionais, como em estrangeiras, nos limites da Convenção nº 147 da OIT.
31	Norma Regulamentadora de Segurança e Saúde no Trabalho na Agricultura, Pecuária Silvicultura, Exploração Florestal e Aquicultura.
32	Segurança e Saúde no Trabalho em Estabelecimentos de Saúde – regulamenta as condições de segurança e saúde dos empregados nos estabelecimentos de saúde.
33	Segurança e Saúde no Trabalho em Espaços Confinados – Espaços confinados – regulamenta as condições de segurança e saúde dos empregados nos espaços com meios limitados de entrada e saída, cuja ventilação existente é insuficiente para remover contaminantes ou onde possa existir a deficiência ou enriquecimento de oxigênio.
34	Condições e Meio Ambiente de Trabalho na Indústria da Construção e Reparação Naval.
35	Trabalho em Altura.
36	Segurança e Saúde no Trabalho em Empresas de Abate e Processamento de Carnes e Derivados.

NORMA REGULAMENTADORA 15 – ADICIONAL DE INSALUBRIDADE DEVIDO

Anexo	Atividades ou operações que exponham o trabalhador	Percentual
1	Níveis de ruído contínuo ou intermitente superiores aos limites de tolerância fixados no Quadro constante do Anexo 1 e no item 6 do mesmo Anexo.	20%
2	Níveis de ruído de impacto superiores aos limites de tolerância fixados nos itens 2 e 3 do Anexo 2.	20%
3	Exposição ao calor com valores de IBUTG, superiores aos limites de tolerância fixados nos Quadros 1 e 2.	20%
4*	*Revogado*. Port. do MTE nº 3.751, de 23-11-1990.	–
5	Níveis de radiações ionizantes com radioatividade superior aos limites de tolerância fixados neste Anexo.	40%
6	Ar comprimido.	40%
7	Radiações não ionizantes consideradas insalubres em decorrência de inspeção realizada no local de trabalho.	20%
8	Vibrações consideradas insalubres em decorrência de inspeção realizada no local de trabalho.	20%
9	Frio considerado insalubre em decorrência de inspeção realizada no local de trabalho.	20%
10	Umidade considerada insalubre em decorrência de inspeção realizada no local de trabalho.	20%
11	Agentes químicos cujas concentrações sejam superiores aos limites de tolerância fixados no Quadro 1.	10%, 20% e 40%
12	Poeiras minerais cujas concentrações sejam superiores aos limites de tolerância fixados neste Anexo.	40%
13	Atividades ou operações, envolvendo agentes químicos, consideradas insalubres em decorrência de inspeção realizada no local de trabalho.	10%, 20% e 40%
14	Agentes biológicos.	20% e 40%

Índice por Assuntos

Índice por Assuntos da Legislação Complementar à CLT, Súmulas, Precedentes Normativos e Orientações Jurisprudenciais das Seções de Dissídios Individuais e Coletivos

A

ACIDENTE DE TRÂNSITO

ACIDENTE DO TRABALHO

B

Índice por Assuntos

Índice por Assuntos

Índice por Assuntos

U

V